U0666778

中華大典

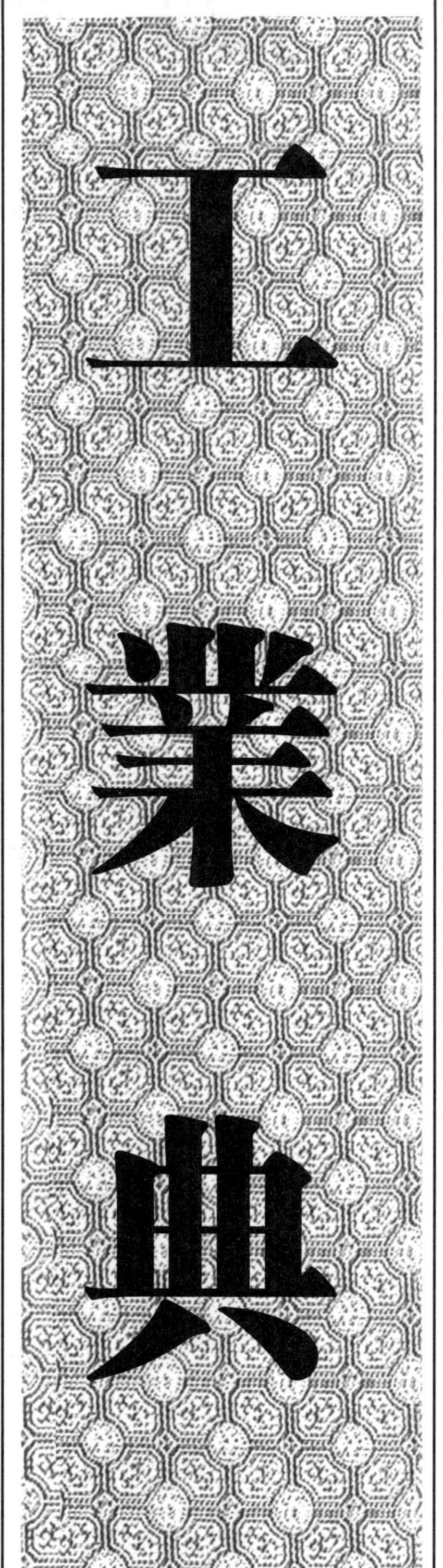

上海古籍出版社

中華人民共和國國務院批准的重大文化出版工程

國家文化發展綱要的重點出版工程項目

新聞出版總署列為「十一五」國家重大工程出版規劃之首

國家出版基金重點支持項目

《中華大典》編纂委員會

《中華大典》前言

《中華大典》是運用我國歷代漢文古籍編纂的一部大型工具書。其目的是爲學術界及願意瞭解中國古代珍貴文化典籍的人士提供準確詳實、便於檢索的漢文古籍分類資料。

中國是世界文明古國之一，幾千年來纂寫和聚集的文化典籍浩如烟海。我國歷代都有編纂類書的優良傳統，具有代表性的《永樂大典》等大多已佚失，現存《古今圖書集成》編就距今也已數百年。爲了適應今天和以後研究和檢索的需要，一九八八年海内外三百多位專家學者和各古籍出版社同仁倡議，在已有類書的基礎上，用現代科學方法編纂一部新的類書《中華大典》。

國務院在關於編纂《中華大典》問題的批覆中指出，編纂《中華大典》「是我國建國以來最大的一項文化出版工程」。本書所收漢文古籍上起先秦，下迄清末，約三萬種，達七億多字，分爲二十四個典，近百個分典，内容廣博，規模宏大，前所未有。

《中華大典》的編纂工作堅持科學態度和百花齊放、百家争鳴方針。儘量採用古精校精刻本，優先採用我國建國後文獻學和考古學的優秀成果。對傳統文化中重要的不同學派的資料，兼收并蓄。運用現代圖書分類的方法，對收集到的資料，精選、精編，力求便於檢索，準確可信。

這項工作從開始起就受到中共中央、國務院和有關部門的重視和支持。國家主席江澤民、國務院總理李鵬分别爲《中華大典》題詞。江澤民的題詞是：「同心同德群策群力認真編好中華大典爲建設有中國特色的社會主義服務」。李鵬的題詞是：「繼承和弘揚民族優秀傳統文化」。全國政協主席李瑞環、國務委員李鐵映也作了重要指示，要求抓緊辦理。一九九零年五月，國務院批准《中華大典》爲國家重點古籍大典》工作、編纂會議。自此，《中華大典》的編纂工作由試點轉入正式啓動，逐步鋪開。
整理項目。一九九二年九月，正式成立了《中華大典》工作委員會和《中華大典》編纂委員會，召開了《中華

編纂《中華大典》，學術性很强，工作量很大，工程十分艱巨，全賴廣大專家學者和全國各有關高等院校、科研院所、圖書館、出版單位的鼎力支持與積極參與。大家本着弘揚中華民族優秀文化的心願，發揚奉獻精神，克服各種困難，團結協作，給這部巨大類書的出版提供了根本保證。在此謹表示誠摯的謝意。

對本書的批評與建議，我們將十分歡迎。

《中華大典》編纂委員會

一九九七年四月

二〇〇六年十一月修訂

《中華大典》編纂通則

一、性質：《中華大典》（以下簡稱《大典》）是對漢文古籍（含已翻譯成漢文的少數民族古籍）進行全面的、系統的、科學的分類整理和匯編總結的新型類書，是在繼承歷代類書優良傳統、考慮漢文古籍固有特點的基礎上，借鑒和參照近代編纂百科全書的經驗和方法編纂而成。編纂《大典》的目的，是爲學術界及願意瞭解中國古代珍貴文化典籍的人士提供各種分門別類的，準確詳細的古代漢文專題資料。

二、規模和體例：《大典》所收古籍的時限，上自先秦，下迄辛亥革命。全書共收各類漢文古籍三萬餘種，七億多字。全書體例，着重汲取清代《古今圖書集成》所採用的經目和緯目相交織這一統一框架結構的模式，同時參照現代科學的學科、目録分類方法，并根據各類學科内容的實際情況，一般將每一大類學科輯爲一典，也有將幾個相關學科共輯爲一典的。對各典名稱，均以現代學科命名，對於所收入的各種古籍資料，亦儘可能納入現代科學分類體系之中。

三、經目：大典共分二十四個典，即哲學典、宗教典、政治典、軍事典、經濟典、法律典、教育典、語言文字典、文學典、藝術典、歷史典、歷史地理典、民俗典、數學典、物理化學典、天文典、地學典、生物學典、醫藥衛生典、農業典、林業典、工業典、交通運輸典、文獻目録典。典以下以分典、總部、部、分部分級，分部之下的標目根據各學科特點由各典自行擬定。

四、緯目：共設置九項緯目，用以包容各級經目的具體内容：

①題解：對有關學科的名稱、概念、涵義、特點等作總體介紹的資料。

②論説：有關理論部份的資料。

③綜述：有關學科或事物的系統性資料，凡有關學科或事物的性狀、制度、範疇、特點及學科地位、發展情況等具體内容均編入此緯目中。

④傳記：有關人物的傳記資料。

⑤紀事：有關學科或事物的具體活動或事例的資料。

⑥著録：重要人物或文獻的有關著作資料，如專集介紹、序跋、藏書題記，以及有關著作的成書經過、版本源流等。

⑦藝文：有關屬於文學欣賞性的散文或韵文。

⑧雜録：凡未收入以上各緯目，而又有較高參考價值的資料，均入雜録。

⑨圖表：根據有關經目的内容需要，圖與表附於相關專題之下，或集中匯總於某級經目之後。

《大典》以内容分類安排各級緯目，各級緯目的正文，一般以原書爲單位，按時代順序排列。每一條資料前標明出處，包括書名或作者名、篇名或卷次，以利讀者核對原書。

五、書目：每分典後附有該分典所收書之書目，書目包括書名、作者、時（年）代、版本等内容。時代以成書時代爲準，成書時代不詳者，以作者主要活動時代爲準，并遵從歷史習慣。

六、版本：《大典》在選用版本時儘量採用古人的精校精刻本，亦採用學術界通用的近、現代整理圈點本及現代學者校點整理本。

七、校點：爲儘可能保存古籍原貌，《大典》祇對底本中明顯的脱、訛、衍、倒進行勘正。古本中的避諱字一般不作改動，祇對缺筆字補足筆畫。後人刻書時避當朝人諱而改動的字，據古本改回。《大典》採用新式標點法。

一九九六年八月

二〇〇六年十一月修訂

《中華大典·工業典》編纂委員會

主編：魏明孔

編委（以姓氏筆畫爲序）：

王興文　李紹强　范建鏋　林廣志

胡小鵬　高超群　郭遠英　陳文源

湯開建　趙利峰　趙連穩　蔡　鋒

鄧　堪　劉建麗　盧華語　魏正孔

《中華大典·工業典》序

《工業典》是《中華大典》的一個組成部分，系統地分類彙集上起先秦下迄清末有關中國工業的文獻資料。

中國傳統工業的歷史，可以說就是一部手工業的歷史。現代人類學研究中的一個主流觀點是，人類揖別猿類是從打製第一塊石質工具所體現的勞動開始的，而被打製出來的这第一塊石質工具就是人類的第一件手工業產品，手工業由此濫觴。因而，我們可以認爲，人類是與手工業同時步入歷史舞臺的，而且直到工業革命前，手工業一直是科技乃至生產力進步的主要推動者、承載者和傳播者，而科技和生產力進步對人類文明的綿延和提升的意義則是不言而喻的： 農業生產的進步、商業活動半徑的擴大、交通運輸能力的提高、軍事實力的增强、文化内容的豐富、生活水平的提高、劳动强度的降低、居住环境的改善，等等，皆離不開手工業的發展。工業革命濫觴於英倫三島之前，中國之所以能成爲人類文明的主要輸出地之一，很大程度上與中國傳統手工業的領先地位密切相關。當然，當人類基本生產形態因工業革命而徹底換軌之後，雖然中國的手工業並未裹步不前，但是已經無力繼續承擔起助中華文明領先於世界文明之重任。

我國傳統社會的一個重要特點是耕織經濟發達，個體小生產農業及家庭副業手工業經濟構成了當時社會財富的基本來源，「男耕女織」或「晴耕雨織」是廣大農民的基本生產方式。另外一個特點是，官營手工業經濟一直比較活躍。上述特點，對中國傳統工業水準的提升、科學技術的進步乃至社會經濟的發展所造成的影響無疑是多方面的，但是，越到晚近，它的負面影響就越凸顯出來。這無疑決定了我國的國情，且影響深遠。

我國歷史上的手工業技術對於人類的影響是深刻的，「四大發明」對推動人類文明進步的作用是人人皆知的例子，而通過「絲綢之路」向中亞、西亞、歐洲乃至非洲輸送的由中國製造的絲綢、紙張等精美手工業品，更成爲中外文化交流的重要媒介。隨着海上絲綢之路的開通與延伸，我國輸出的手工業品的數量及品種在不斷增加，其中最重要的商品是瓷器，其對世界的影響巨大，以至於英語中「中國」（China）與「瓷器」是同一詞。當然，當時的手工業品的交流是雙向的，並非只是單一的輸出。

除此之外，我國歷史上的彩陶、採礦、冶金、鑄造、造船、漆器、紡織、印染等工藝，亦處於當時世界的領先水準，社會影響亦是具有國際性的。被譽爲古代建築「活化石」的唐代建築山西五臺山南禪寺、佛光寺、芮城廣仁王廟、平順天台庵等榫卯結構建築，經過千餘年的風雨滄桑，依然在向世人展示着中國古代工匠獨特的藝術神韻。《工業典》就是對包括上述內容在內的資料進行搜集和整理。

我國流傳至今的古籍可謂汗牛充棟，而在傳統的農本主義經濟形態下，在國家制度設計中，手工業作爲「末」而沒有得到應有的重視，受此影響，史家對工業的記載或是只言片語，或是在記載其他內容時附帶提及。早在《史記·商君列傳》中就明確提出重本輕末的思想，唐代人司馬貞在《史記索隱》中指出，這里「『末』謂工商也」。一些時期甚至將手工業技術發明視作奇技淫巧而備受限制。正因爲如此，古籍中有關工業的記載非常零散，系統記載者可謂鳳毛麟角。受此影響，手工業方面的資料在後世缺乏必要的整理，即使今天，這種情況也並沒有得到多大改觀。這無疑使《工業典》資料的搜集難度非常大，遠遠超過了我們的估計。當然，各種官修典籍和文獻對手工業的輕視，並不意味着手工業不重要。事實上，手工業生產從某種程度上早已成爲中國人文化因子的一部分。例如，中國古代的製陶和冶煉工藝曾被視爲最尖端的工藝，故而人們常用「陶冶情操」來形容提升思想、道德和情趣的艱難過程。另外，刻範是我國古代手工業生產活動中出現較早的工具，而且精準度和標準化應該達到了很高的水準，故而人們用「模範」一詞來指被大家廣泛認同的樣板。凡此種種，不勝枚舉。

《工業典》在編纂過程中，除了不遺餘力地利用傳世文獻外，對於新發現和整理的資料，也儘量給予關注，特別對最近發現和整理的資料費力較多，以體現編纂的時代特點。

《工業典》共計九個分典。根據現代工業主要行業且結合我國傳統手工業自身的特點，《工業典》設置了《陶瓷與其他燒製品工業分典》《金屬礦藏與冶煉工業分典》《製造工業分典》《造紙與印刷工業分典》《建築工業分典》《紡織與服裝工業分典》《食品工業分典》以及《綜合分典》。因爲傳統手工業發展到近代，在內外條件的變化下，出現了近代工業，這具有劃時代的意義。因此，在《中華大典》編委會領導的支持和上海古籍出版社專家的贊許下，《工業典》下設了《近代工業分典》。《近代工業分典》搜集材料時主要遵循兩個方面的原則：一是具有近代工業的生產形式，二是具有近代工業的管理與組織功能。這雖然與其他分典體例不盡一致，卻不失爲一種創新。這是需要說明的。

《工業典》的編纂，對瞭解中國傳統社會的工業佈局和經濟狀況，對發揚壯大手工業技術，對傳承和弘揚傳統文化，具有重要的意義。特別在將實現工業化和推進城鎮化作爲國家戰略的今天，挖掘整理這份文化遺產，無疑具有不可替代的歷史鏡鑒價值。

參加《工業典》編纂的學者分别來自重慶、廣州、蘭州、曲阜和北京以及澳門等地，均是手工業經濟史方面的專家。《工業典》自二〇〇六年啓動以來，已逾九載。《工業典》的編纂工作，自始至終得到了《中華大典》工作委員會和編纂委員會的指導，特别是《中華大典》辦公室的領導和工作人員付出心血頗多，各編纂者所在單位給予諸多方便，上海古籍出版社領導及編輯先生費心良多，在此一併深表謝忱。

我們從事《工業典》的編纂工作，限於水準和時間，難免存在掛一漏萬的問題，特别是在選材、整理方面的錯誤，需要方家和廣大讀者的批評指正。

魏明孔

二〇一五年十月

中華大典·工業典

造紙與印刷工業分典

主　編：胡小鵬
副主編：王旺祥　魏梓秋　胡選成

《中華大典·工業典·造紙與印刷工業分典》編纂説明

《中華大典·工業典·造紙與印刷工業分典》（以下稱「本分典」），是《中華大典·工業典》的分典之一。本分典包括造紙和印刷兩個總部，另附製墨、製筆和製硯三個總部，共五個總部。本分典的編纂，在體例的制定和文獻資料的收録與處理方面，原則上執行《中華大典》和《工業典》的有關規定。

一、編纂體例

本分典下設總部與部二級經目。緯目設題解、綜述、傳記、紀事、著録、藝文、雜録、圖録。由於情況不同，緯目設置不盡相同，根據資料的實際情況，各自靈活處置。

二、資料收録

（一）取材範圍，選用歷史文獻，包括近人整理彙編的檔案、碑刻、叢書、專項資料等，上起先秦，下迄公元一九一一年。

（二）依據「古代求全，近代求精」的原則，以及本分典的實際情況，對明朝以前（包括明朝）的文獻資料，凡有一定史料價值者，一概采用。

（三）清代資料的收録，以突出製作爲宗旨，嚴格精選。

（四）類書文獻存在較多重複情況，原則上宋元以上類書文獻一律收録，明清時期的類書文獻酌情收録。

（五）周邊民族與地區以及域外的相關資料，衹要是漢文資料，但凡有價值者，也一概采用。

三、資料分類

秉持「能分則分，不强硬分」，既要體現不同事物性質，又不割裂文獻的原則，將處理後的資料，依據其不同事物的屬性，分别歸屬於相應的經目或緯目中。定義性質的資料，入題解。叙述性質的資料，入綜述或紀事：凡有關學科或者某類事物的性狀、制度、範疇、特點及學科地位、發展情況，具有一定的横向性或縱向性的資料，歸入綜述；記述具體事物的性狀、具體工藝或具體事件，地域性或時間性强的資料，則歸入紀事。類書和彙編性的資料一般入綜述緯目，不再拆分。涉及人物的資料，一般歸入傳記。詩詞、曲賦、韵文類資料，歸入藝文，或完整，或片斷，依情况而定。相關的序、跋、記、提要及著録性文獻，一般入著録。傳説、傳奇、小説、涉及域外的文獻入雜録，難以歸類或拆分的資料也歸入雜録。圖像資料入圖録。

三、引書格式

（一）標目。依原書所載，有三種情况，不强求一致：四級標目，即標作者、書名、卷次、篇名；三級標目，即標作者、書名、卷次；二級標目，即標作者、書名。此外，二十四史不標作者。類書、志書或總集類文獻，在收録其中單篇文獻時，一般標編者名、書名、卷次、單篇文獻作者名、篇名，類書編者名也可省去。

（二）中間省略文字用「【略】」。有整段省略者，上段末尾「【略】」不占行，提行再接下文。

（三）對資料中明顯的脱、訛、倒字進行勘正，改正符號用「（）」括住錯訛文字，用「［］」括住正字或缺字。在使用前人校勘本時，直接采用校勘後文字。均不出校記。

（四）數字符號。書目卷次標目，使用中文數字一、二、三、四、五、六、七、八、九、〇，不使用十、百、千、萬等表整數的文字。

本分典二〇〇七年三月開始編纂，由胡小鵬任主編，王旺祥、魏梓秋、胡選成任副主編。具體分工如下：胡選成負責《造紙總部》的編纂工作，胡小鵬負責《印刷總部》的編纂工作，魏梓秋負責《附一：製墨總部》和《附二：製筆總部》的編纂工作，王旺祥負責《附三：製硯總部》的編纂工作。胡小鵬負責全書的規劃和統稿工作。歷時八年，終於完成。

胡小鵬

二〇一五年一月

總目

造紙總部

《造紙總部》提要

本總部收録有關造紙工業的生産狀况、産業分佈、産品類型、造紙原料、造紙工藝、加工紙工藝、各種紙製品生産、消費以及評論鑒賞的資料。

造紙術是中國四大發明之一，也是人類文明史上的一項傑出的發明創造。紙是用以書寫、印刷、繪畫或包裝等的片狀纖維製品。將經過製漿處理的植物纖維的水懸浮液，用細密的簾模抄起濾除水分後，揭起留下的纖維薄層，再經壓縮、烘乾即成爲紙。中國是世界上最早發明紙的國家，東漢許慎的《説文解字》中爲紙下的定義是：「紙，絮一苫也。」這一解釋具備纖維體和透水的席（簾模）這兩個造紙的基本因素，非常符合今天對紙的定義。根據考古發現，西漢時期，中國已經有了麻質纖維紙。在此之前，可能曾有過絲絮紙的一段歷史時期。智慧的中國人民很早就已經懂得養蠶、繅絲。秦漢之際以次繭作絲綿的手工業十分普及，這種處理次繭的方法稱爲漂絮法，即在水中反復捶打搗碎蠶衣。古籍中還有用此種方法處理敝絮敗綿的記載。這一技術後來發展成爲造紙中的打漿。此外，中國古代常用石灰水或草木灰水爲絲麻脱膠，這種技術也給造紙中爲植物纖維脱膠以啟示。造紙術就是借助這些技術發展起來的。

在造紙術發明的初期，造紙原料主要是樹皮和破布。當時的破布主要是麻纖維，品種主要是苧麻和大麻；所用的樹皮主要是檀木和構皮（即楮皮）。由於工藝簡陋，所造出的紙張質地粗糙，夾帶著較多未鬆散開的纖維束，表面不平滑，還不適宜於書寫，一般祇用於包裝。

東漢和帝元興元年（公元一〇五年），蔡倫改進了造紙術。蔡倫用樹皮、麻頭及敝布、魚網等原料，經過挫、搗、抄、烘等工藝製造的紙，是現代紙的淵源。這種紙，原料容易找到，又很便宜，品質也提高了，逐漸普遍使用。爲紀念蔡倫的功績，後人把這種紙叫做蔡侯紙。

經過蔡倫改進的造紙術，形成了一套較爲定型的造紙工藝流程，其過程大致可歸納爲四個步驟：第一是原料的分離，就是用漚浸或蒸煮的方法讓原料在碱液中脱膠，並分散成纖維狀；第二是打漿，就是用切割和捶搗的方法切斷纖維，並使纖維帚化，而成爲紙漿；第三是抄造，即把紙漿滲水製成漿液，然後用撈紙器（簾模）撈漿，使紙漿在撈紙器上交織成薄片狀的濕紙；第四是乾燥，即把濕紙曬乾或晾乾，揭下就成爲紙張。這樣造出來的紙，紙質纖維交結勻細，外觀潔白，表面平滑，可謂「妍妙輝光」。此後，紙逐步取代帛、簡而成爲我國唯一的書寫材料，有力地促進了我國科學文化的傳播和發展。

漢代以後，雖然工藝不斷完善和成熟，但上述四個步驟基本上没有變化。造紙技術的發展主要體現在兩個方面：一是原料方面，魏晉南北朝時已經開始利用桑皮、藤皮造紙。到了隋朝至五代時期，竹、檀皮、麥秆、稻秆等也都已作爲造紙原料，先後被利用，從而爲造紙業的發展提供了豐富而充足的原料來源。其中，唐朝利用竹子爲原料製成竹紙，標志著造紙技術取得了重大的突破。竹子的纖維硬、脆、易斷，技術處理比較困難，用竹子造紙的成功，表明中國古代的造紙技術已經達到相當成熟的程度。二是紙的深加工方面，北魏賈思勰的《齊民要術》中已有染潢紙的記載。唐宋時期，在造紙過程中加礬、施膠、拖漿、加椒、填粉、塗蠟、灑金銀、捶熟、砑光等加工技術層出不窮，爲生産各種各樣的工藝用紙奠定了技術基礎。生産出來的紙張品質越來越高，品種越來越多。

隋唐五代時期，産紙地區遍及南北各地。李肇《唐國史補》中歷數了諸州精紙：「紙則有越之剡藤苔牋，蜀之麻面、屑末、滑石、金花、長麻、魚子、十色牋，揚之六合牋，韶之竹牋，蒲之白薄、重抄，臨川之滑薄。又宋亳間有織成界道絹素，謂之烏絲欄、朱絲欄，又有繭紙。」當時向朝廷貢紙的有常州、杭州、越州、婺州、衢州、宣州、歙州、池州、江州、信州、衡州等十一個州邑，兩京四部書籍都使用産自四川的優質麻紙繕寫。造紙需要豐富而清潔的水源，因此南方造紙有得天獨厚的條件，長江沿岸設立了許多官營造紙工廠，最著名的産品是南唐的「澄心堂紙」。

隨著雕板印刷術的發明，印書業的興起，造紙業得到了進一步的發展，紙的産量、品質都有提高，價格也不斷下降。宋代，「東南出紙處最多」，蔡襄《文房四説》評論説：「今世紙多出南方，如烏田、古田、由拳、温州、惠州，皆知名，擬之績溪，曾不得及其門牆耳。」北宋時，徽州「上供七色紙歲百四十四萬八千六百三十二張」。南宋時，以績溪爲中心的徽、嚴（今浙江建德）等七州，每州每年要撩造會紙一千萬張。另一大造紙中心四川，生産量大且紙質佳，宋代印製紙幣多用四川紙，取其堅實耐用而不易仿造。造紙工業的發展意味著從事造紙生産的人數與日俱增，公元一一七五年，杭州官紙作坊雇傭日工達千餘人。除了官營造紙作坊和面向官府生産的紙户、槽户、窑户、檻户外，民間造紙專業户和以造紙爲副業的農户更是難以計數，造紙工業的重要性日益凸顯。由於造紙工業的高需求、高利潤，某些地區出現了「南畝之民轉而爲紙工者十且四五」的現象，甚至影響到了農業生產。明清時期，造紙工業在某些地區仍然是支柱産業，如江西鉛山縣有紙坊不下三十家，各雇傭工人一兩千人；公元一五九七年時該地約有五六萬人從事造紙業，手工業各行當中，唯有造紙業能够獲利。

從宋元到明清，各種加工紙品種繁多，除了一般的紙張外，還有各種彩色的蠟箋、冷金、錯金、羅紋、泥金銀加繪、砑紙等名貴紙張，以滿足專門的需求。紙的用途日廣，除書畫、印刷和日用外，我國還最先在世界上發行紙幣。這種紙幣在宋代稱作「交子」或「會子」，類似用途的還有鹽引、茶引等，元明後繼續發行，所謂「天下大計仰給於紙」。

利用紙原料和造紙技術生産的各種紙製品也非常豐富，有紙衣、紙襖、紙冠、紙帳、紙被、紙枕、紙褥、紙瓦、紙屏、紙扇、紙甲、紙炮，以及祭祀、節日、娛樂所用的紙錢、紙馬、紙冥器、紙鳶、紙牌等，大都是與人民生活密切相關的日常生活用品，造紙工業惠及社會生活的各個方面。

關於紙的文獻資料可分兩類：一類是一般著述中有關紙的記載，如史籍、方志、文集、雜著，以及類書。例如，紙的起源，最早見於公元一二〇年左右官修的《東觀漢記》和五世紀時的《後漢書》。此後的紙和造紙的發展不僅見於正史，而且載入了各朝的會典和會要中，如《唐六典》記録了與紙有關的職官名稱和人數，《宋會要輯稿》記録了官方下達給各地的官紙生産數額、尺寸樣式以及品質要求。地方志和地方文獻有大量産紙地及其紙貢品的記載，如《元和郡縣圖志》《方輿勝覽》《嘉泰會稽志》《弘治徽州府志》《江西省大志》等。關於紙製品的資料，如紙衣、紙冠、紙被、紙帳、紙屏、紙扇等，常見於唐宋詩集。節日、祭祀和娛樂用紙則多見於方志和筆記。類書如《北堂書鈔》《太平御覽》《古今圖書集成》等，也有紙的專章，彙集史籍、詩文、筆記中有關紙的資料，雖與原文有所出入，但分類排列，查考方便。

另一類文獻資料是關於紙和造紙術的專著。最早是宋人蘇易簡的《文房四譜》，其中紙的部分，分爲叙事、製作、雜説和辭賦四類，所引資料頗多唐代著述，大部現已散佚。其他如元代費著的《箋紙譜》，記述四川的名紙，如十色箋、薛濤箋等。宋人米芾的《評紙帖》記述紙的品質和鑒賞。《負暄野録》《弘治徽州府志》《江西省大志》《天工開物》等書，均有造紙技術的描述，特别是宋應星的《天工開物》，記録用竹和楮皮造紙的過程十分詳細，並附有圖解六幅，可謂是中國造紙技術的總結性歸納，其所記載的造紙步驟和現代手工造紙的操作大致相同。

基於上述史實，本總部下設經目三：

一、《造紙原料與工藝部》。收録造紙原料、造紙工藝及與造紙有關的人物、詩文等資料。包括題解、綜述、傳記、紀事、藝文和雜録六個緯目。需要説明的是，類書和彙編性的資料入綜述緯目，不再拆分。紀事緯目主要有三方面内容，一是收録造紙原料的資料，二是收録造紙工藝的資料，三是收録染、蠟、捶、研光、裝潢等紙加工工藝和各類加工紙的資料。按類羅列，各類之間空一行標示，各類之内依時間排序。藝文緯目所收詩文都與造紙工藝或紙加工工藝有關。雜録緯目收録與造紙、加工紙有關的傳聞、故事、議論或鑒賞資料。

二、《紙的生産與消費部》。收録紙的生産者、産地、紙類貢賦和消費方面的資料。包括綜述、紀事和藝文三個緯目。其中類書和彙編性的資料入綜述緯目，不再拆分。紀事緯目主要有三方面内容，一是歷代有關紙的各種資料，以及紙官署、紙户、紙的生産數量等；二是紙的産地或與紙有關的地名等，主要來自方志或地理志；三是紙的貢賦和消費方面的材料。分類羅列，各類之内依年代排序。藝文緯目收録歷代詩文中關於紙的一般性描述的資料。

三、《紙雜貨部》。收録各種紙製品的材料。包括紀事、藝文和雜録三個緯目。其中紀事緯目主要涉及各類紙製品，分類羅列，各類之内依年代排序。藝文緯目收録有關各類紙製品的詩文。其他不好歸類的資料或傳聞入雜録緯目。

目録

造紙原料與工藝部

題解

許慎《説文解字》卷一三上 紙 絲滓也。从糸，氏聲。都兮切。

許慎《説文解字》卷一三上 紙 絮一苫也。从糸，氏聲。諸氏切。

劉熙《釋名》卷六《釋書契第十九》 紙，砥也。謂平滑如砥石也。

孔平仲《珩璜新論》 紙，字從系；帋，字從巾。蔡倫未造紙以前，以帛爲紙，所謂竹帛也。《賈逵傳》：「肅宗以簡紙《經》、《傳》各一通與逵。」注：「竹簡及紙也。」此紙亦帛耳。《倫傳》云：「自古書契多編以竹簡，其用縑帛者謂之紙。縑貴而簡重，倫乃造意用樹膚、麻頭及敝布、魚網以爲紙。」倫，桂陽人。而宅在耒陽縣，有春紙石臼尚在。

董逌《廣川書跋》卷一〇《爲邵仲參書寶章集》 古人論書，要識書家主人，則妄誤者故常奴爾，亦何至亂真耶？後世於書，既失眼目，而摹搨轉僞，則雖欲如古人懸斷真僞不復得也。故常求辨其縑紙所因，以識其世先後，其間甚僞者可以辨，至工於臨搨而得舊縑紙者，則不能盡知。服虔謂「方絮曰(絮)〔紙〕」，蓋漢紙如此。古人治紙，要自有法，故以縑帛依舊書長短，隨事截之，則爲幡紙；以生布作紙，絲□絚，故名麻紙；以樹木皮作紙，名穀紙； 至龒汁涅染點治槌裝，則爲經紙。自漢魏遺字多作幡紙，晉宋多作麻紙，而隋唐用經紙。

王觀國《學林》卷四 古未有紙，故簡牘以竹或木爲之。其謬誤則以刀削之，故刀筆吏者持刀筆以自隨，乃俗吏之所爲也。至後世則或以縑帛寫書，故紙字從糸，帋字從巾，皆以縑帛爲之。至蔡倫乃用木膚、麻頭、敝巾、魚網以爲紙，自是天下從用焉。

戴侗《六書故》卷三〇《紙》 紙，諸氏切。《説文》曰：「絮一苫也。」紙，《説文》曰：絲滓也。孫氏，都兮切。按：紙、紙一字，蓋以絲滓敗絮合而爲之。後漢蔡倫始以敗網、樸樹膚爲紙，以代簡牘。今人以楮皮爲之。或作帋。

呂宗傑《書經補遺》卷之三《紙記》 紙之原委亦何所自乎？按《釋名》有曰：「紙，砥也。」言其平滑如砥也。古者謂磨礪之石曰砥礪，砥乃石之細而平者，礪乃石之粗而澁者，故取平滑乃可書。秦漢以前，用竹用石。或以縑帛，隨用長短割截，以書文書尺牘。公府所用咸以是爲，名曰幡紙，故其字從系。後漢元興中，蔡倫剉故布擣抄作紙，又其字從巾。或者謂倫擣故魚網作紙，名曰網紙，其由來也遠矣。厥後，南越獻側理紙。南人以海苔爲紙，其理倒側，晉武以賜張華，寫《博物志》。漢語訛謂之陟釐紙。至於剡溪藤，亦可作紙。今之錯爲文者，皆天閟剡溪藤也。近世以楮皮、以桑皮、以繭絮，此最柔韌，滑澤可書。次則以竹、以草、以麻。又有返魂紙，則故紙復抄者也。或者染以綵色，謂之箋紙。裁幅之小者號薛濤箋，又以薄小者謂之赫蹏。飾以金花曰金花牋，澤以蠟曰蠟箋。紙之變製也亦多矣。凡書字，令筆鋒透紙背，平直端正，勿傾勿邪。故《筆陣》云：「紙者，陣也。」陣欲其整齊嚴肅，則操戈赴敵爲有力。紙之爲助多且博也。然學書者不可惜紙，能書者不可擇紙，玆可謂名言哉。

顧起元《説畧》卷二二 莊子曰：「小夫之知，不離苞苴、竿牘。」注云：「苞苴以遺，竿牘以問。」竿，音干，即簡牘也。以竹曰竿。又曰：簡以木曰牘，又曰札。《説文》：「牘，書板也。」古者與朋儕往來，以板代書帖，故從片。曰牋，曰牒，皆此意也。《説文》作「箋」，表識書也。後轉作牋，亦是用竹爲箋，用木爲牋也。紙亦曰箋紙，不忘其本也。

方以智《通雅》卷三二 幱幭即赫蹏，一作㶴綈、䞓蹄，赤紙也。《成趙后傳》：「發篋中藥二枚，赫蹏書。」孟康曰：「蹏，猶地也，染紙令赤。」應劭曰：「薄小紙也。」晉灼曰：「今謂薄小物爲赫蹏，又曰赤紙，又作幱幭。」《廣韻》、《韻會》皆載之。《西京雜記》稱薄蹏幱，音赫。或作㶴綈，則以《説文》「㶴，大赤也」。升菴作䞓蹄，又引《太公丹書》、《左傳丹書》注：「近世魏律緣坐没爲樂工、雜户者，皆赤紙爲籍。」

周祈《名義考》卷一二《紙》 古者書用竹帛。竹，簡策是已，其字从竹。帛，紙是已，其字从糸，一作帋，從巾。馮鑑《事始》謂蔡倫始造紙。史繩祖引趙飛燕赫蹏書注「赫蹏，小紙也」，謂紙已見於前漢，其辨似是而亦未燭其原。按《説文》：「紙，絲滓也。」以絲纅餘絮爲紙，以是爲書，謂之帛書，非真縑帛也。後漢蔡倫始用樹膚及敝布、魚網爲紙。今穀樹皮紙，即蔡倫樹膚紙；高麗蠶繭紙，即古絲滓紙。又有用竹與秸者，因樹膚而生智也。紙，一音低，蹏音題，聲相近，謁謂紙爲蹏。赫，赤也。赫蹏謂赤紙也。鄧展謂「赫音閱」，孟康謂「蹏猶地」，晉灼謂「薄小物爲赫蹏」，皆非。後人以漢人之説多未詳考也。糸音覓，赫音黑，纅音騷，縠谷搆二音，閬音奭。

何琇《樵香小記》卷下《紙字》 或疑古無紙，小篆何以有紙字。案：《説文》紙訓絲滓也，然則蔡倫以敗絮、魚網爲紙，正絲滓耳，故以名之。

段玉裁《説文解字注》十三篇上《糸部》 紙，絮一箈也。箈各本譌笘。今正。箈下曰：潎絮簣也。潎下曰：於水中擊絮也。《後漢書》曰：蔡倫造意，用樹膚、麻頭及敝布、魚網以爲紙。元興元年奏上之，自是莫不從用焉。天下咸稱蔡侯紙。按造紙昉於漂絮，其初絲絮爲之，以箈荐而成之。今用竹質、木皮爲紙。亦有緻密竹簾荐之是也。《通俗文》曰：方絮曰紙。《釋名》曰：紙，砥也。平滑如砥。从糸，氏聲。諸氏切。十六部。

綜述

李肇《唐國史補》卷下 紙則有越之剡藤苔牋，蜀之麻面、屑末、滑石、金花、長麻、魚子、十色牋，揚之六合牋，韶之竹牋，蒲之白薄、重抄，臨川之滑薄。又宋亳間有織成界道絹素，謂之烏絲欄、朱絲欄，又有繭紙。

蔡襄《蔡忠惠集》卷三四《雜著・文房四説》 歙州績溪紙乃澄心堂遺物，唯有新色，鮮明過之。今世紙多出南方，如烏田、古田、由拳、温州、惠州皆知名，擬之績溪，曾不得及其門墻耳。【略】李陝下於績溪，而優於由拳，與烏田相埒。循州藤紙微精細而差黄，他處以竹筋，不足道。

高似孫《剡録》卷七《紙》

剡藤

李肇《國史補》曰：紙之妙者，越之剡藤。舒元輿有《悲剡川古藤文》，文在文卷中。吴淑《紙賦》曰：金花玉骨，剡藤麻面。劉禹錫詩：精彩添隃墨，波瀾起剡藤。顧逋翁《剡紙歌》：雲門路上山陰雪，中有玉人持玉節。宛委山裏禹餘糧，石中黄子黄金屑。剡溪剡紙生剡藤，噴水搗爲蕉葉稜。欲寫金人金口偈，寄與山陰山裏僧。手把山中紫羅筆，思量點畫龍蛇出。正是垂頭塌翼時，不免向君求此物。丁晉公《紙詩》：妙制剡溪人，多名錦水春。歐陽公詩：剡藤瑩滑如玻璃。熊岑《送程公闢詩》：溪藤頻得句，雪舫夜留賓。黄太史詩：蠆尾銀鈎寫珠玉，剡藤蜀蠒照松烟。韓持國詩：剡溪柔弱難争强，紫巖緊實爲最長。李商老詩：相望唇亡齒寒國，書來莫惜剡溪藤。僧巽中《謝吴令惠越紙詩》：不用微文弔剡藤，紙成功用貴深精。布頭未足全彰美，魚網徒勞獨擅名。贈我喜同青玉案，報公慚乏碧雲情。道山何日鞭歸騎，給札還應付長卿。

剡紙

陸龜蒙詩：宣毫利若風，剡紙光如月。梅聖俞詩：花牋脆蠹不禁久，剡楮薄慢還可怡。

剡硾

薛能《送浙東王大夫詩》：越毫逐厚俸，剡硾得佳名。注曰：近相傳以搗熟紙名硾。《雞林志》曰：高麗紙治之緊滑，不凝筆，光白可愛，號白硾紙。林和靖詩：紙軸敲晴響，茶鐺煮晚濃。和靖又有《槐木紙椎贈周太祝詩》：輕如魚網滑如脂，時寫新詩肯寄來。硾紙其法椎擣也。

剡溪玉葉紙

皇甫松《非烟傳》曰：臨淮武公業位河南功曹參軍，愛妾曰非烟，北鄰子趙象窺見慕之。象取薛濤詩，以剡溪玉葉紙書之，達意於非烟。烟復以金鳳紙題詩酬之。

澄心堂紙

剡用南唐澄心堂紙，其様甚展。《新安志》曰：績溪紙乃澄心堂遺物。歐陽公、韓持國有澄心堂紙詩，米元章、薛道祖亦有詩。

玉版紙

東坡詩：溪石琢馬肝，剡藤開玉版。黄太史有《次韵王炳之惠玉版紙詩》。

敲冰紙

張伯玉《蓬萊閣詩》：敲冰呈妙手，織素競交鴛。注曰：越俗呼敲冰紙。《新安志》曰：紙敲冰時爲之益佳。剡之極西水深潔，山又多藤楮，故亦以敲冰時爲佳，蓋冬水也。吕本中詩：敲冰落手盈卷軸，頓使几案生清芬。

羅牋

蘇易簡《紙譜》曰：蜀人造十色牋，其文謂之魚子牋，又謂之羅牋。剡溪有焉。

陳槱《負暄野録》卷下《論紙品》 《蘭亭序》用鼠鬚筆書烏絲欄蠒紙。所謂蠒紙，蓋實絹帛也，烏絲欄，即是以黑間白織其界行耳。布縷爲紙，今蜀箋猶多用之。其紙遇水滴則深作窠臼，然厚者乃爾，故薄而清瑩者乃可貴。古稱剡藤，本以越溪爲勝，今越之竹紙，甲於他處，而藤乃獨推撫之清江。清江佳處，在於堅滑而不留墨。新安玉板，色理極膩白，然質性頗易軟弱，今士大夫多糨而後用。既光且堅，用得其法，藏久亦不蒸蠹。又吳人取越竹，以梅天水淋，晾令稍乾，反覆硾之，使浮茸去盡，筋骨瑩澈，是謂春膏。其色如蠟，若以佳墨作字，其光可鑑。故吳箋近出，而遂與蜀産抗衡。江南舊稱澄心堂紙，劉貢父詩所謂「百金售一幅」，其貴如此。今亦有造者，然爲吳蜀箋所揜，遂不盛行於時。外國如高麗、闍婆，亦皆出紙。高麗紙類蜀中冷金，縝實而瑩；闍婆者，厚而且堅，而長者至三四丈。高麗人云「抄時使幅端連引」，故得爾長。胡人用作帷幄，修齋供則張之滿室。若有嘉會，乃更設花布及罽綺所爲者。

陳元靚《事林廣記》戊集卷五《藝圃須知・評帋》 帋之佳者，多出南方，如烏田、古田、由拳、池、撫、温、惠等處，皆知名當世。以(疑)〔擬〕歙之績溪，曾不及其門墻，蓋績溪乃澄心堂遺物。循帋亦微精，然差黄爾。其它如烏絲欄、玉板、桑根、松花等，雖爲絶品，但稍難致，餘不足算也。

費著《牋紙譜》 古者書契，多編以竹簡，其次用縑帛。至以木膚、麻頭、敝布、魚網爲紙，自東漢蔡倫始。簡太重，縑稍貴，人遂以紙爲便。倫，宦者也，傳多稱其能，然受宫掖風旨，諂親貴，猶宦者態也。智足以創物，而亦足以殺身，第於文字有功，人至今傳蔡倫紙。今天下皆以木膚爲紙，而蜀中乃盡用蔡倫法。牋有玉板，有貢餘，有經屑，有表光。玉板、貢餘雜以舊布、破履、亂麻爲之，惟經屑、表光非亂麻不用，於是造紙者廟以祀蔡倫矣。廟在大東門雪峰院，雖不甚壯麗，然每遇歲時祭祀，香火纍纍不絶，示不忘本也。恩足以及數十百家，雖千載猶不忘如此。

《易》以西南爲坤位，而吾蜀西南，重厚不浮，此坤之性也。故物生於蜀者，視他方爲重厚，凡紙亦然。此地之宜也。府城之南五里，有百花潭，支流爲一，皆有橋焉。其一玉溪，其一薛濤，以紙爲業者家其旁。錦江水濯錦益鮮明，故謂之錦江。以浣花潭水造紙故佳，其亦水之宜矣。江旁鑿臼爲碓，上下相接，凡造紙之物，必杵之使爛，滌之使潔，然後隨其廣狹長短之制以造，研則爲布紋，爲綾綺，爲人物花木，爲蟲鳥，爲鼎彝，雖多變，亦因時之宜。紙以人得名者，有謝公、有薛濤。所謂謝公者謝司封景初師厚。師厚創牋樣以便書尺，俗因以爲名。薛濤本長安良家女，父郎，因官寓蜀而卒。母孀，養濤及笄，以詩聞外，又能掃眉塗粉，與士族不侔，客有竊與之宴語。時韋中令臯鎮蜀，召令侍酒賦詩，僚佐多士爲之改觀。期歲，中令議以校書郎奏請之，護軍曰不可，遂止。濤出入幕府，自臯至李德裕，凡歷事十一鎮，皆以詩受知。其間與濤唱和者，元稹、白居易、牛僧孺、令狐楚、裴度、嚴綬、張籍、杜牧、劉禹錫、吳武陵、張祜，餘皆名士，記載凡二十人，競有酬和。濤僑止百花潭，躬撰深紅小彩牋，裁書供吟，獻酬賢傑，時謂之薛濤牋。晚歲居碧雞坊，創吟詩樓，偃息於上。後段文昌再鎮成都，太和歲，濤卒，年七十三，文昌爲撰墓誌。謝公有十色牋，深紅、粉紅、杏紅、明黄、深青、淺青、深緑、淺緑、銅緑、淺雲，即十色也。楊文公億《談苑》載韓浦寄弟詩云：「十樣蠻牋出益州，寄來新自浣花頭。」謝公牋出於此乎？濤所製牋特深紅一色爾。僞蜀王衍賜金堂縣令張蠙霞光牋五百幅，霞光牋疑即今之彤霞牋，亦深紅色也。蓋以胭脂染色，最爲靡麗。范公成大亦愛之，然更梅溽則色敗萎黄，尤難致遠，公以爲恨。一時把玩，固不爲久計也。濤以牋名可矣，雖良家女，乃失身爲妓，韋尹欲官之，段尹誌其墓焉。何哉？時幕府賓客多天下選，一時縱適不少斂，大抵唐藩鎮不度，皆習然也。濤固得之，而諸公似以濤失云。

紙固多品，皆玉板、表光之苗裔也。近年有百韵牋，則合以兩色材爲之，其横視常紙長三之二，可以寫詩百韵，故云。人便其縱闊，可以放筆快書。凡紙，皆有連二、連三、連四。售者連四一名曰船。牋又有青白牋，背青面白。有學士牋，長不滿尺，小學士牋又半之。倣姑蘇作雜色粉紙，曰假蘇牋，皆印金銀花於上。承平前輩蓋常用之，中廢不作，比始復爲之。然姑蘇紙多布紋，而假蘇牋皆羅紋，惟紙骨柔薄耳，若加厚壯，則可勝蘇牋也。

蜀牋體重，一夫之力僅能荷五百番。四方例貴川牋，蓋以其遠，號難致。然徽紙、池紙、竹紙在蜀，蜀人愛其輕細，客販至成都，每番視川牋價幾三倍。范公在鎮二年，止用蜀紙，省公帑費甚多。且佐蜀諸司及州縣緘牘必用徽、池紙，范公用蜀紙，重所輕也，蜀人事上，則不敢輕所重矣。此以價大小言也。余得之蜀士云。澄心堂紙取李氏澄心堂樣製也，蓋表光之所輕脆而精絶者。中等則名曰玉水紙，最下者曰冷金牋，以供泛使。

廣都紙有四色：一曰假山南，二曰假榮，三曰冉村，四曰竹絲，皆以楮皮爲之。其視浣花牋紙最清潔，凡公私簿書、契券、圖籍、文牒皆取給於是。廣幅無粉者，謂之假山南。狹幅有粉者，謂之假榮。造於冉村曰清水。造於龍溪鄉曰竹紙，蜀中經史子籍皆以此紙傳印。而竹絲之輕細似池紙，視上三色價稍貴。近年又倣徽、池法作勝池，亦可用，但未甚精緻耳。

雙流紙出於廣都，每幅方尺許，品最下，用最廣，而價亦最賤。雙流實無有也，而以爲名，蓋隋煬帝始改廣都曰雙流，疑紙名自隋始也。亦名小灰紙。

宋詡《竹嶼山房雜部》卷七《紙》 紙有楮皮所成，經水則朽；有竹皮所成，勝水。雖色牋，膠礬多者脆而易點。高麗白硾紙與倭牋鮮得，南唐澄心堂紙絶無。若宋牋最厚，元牋頗薄，亦漸罕矣。今之龍牋出自内府，平厚滑膩，幅重一斤。優於他箋也。

張應文《清秘藏》卷上《論紙》 法書名畫，必資紙而久傳。紙之不可無考，審矣！粤稽造紙始於蔡倫，有網紙、穀紙、麻紙，徒存其名而已。晉有子邑紙、側理紙、一名水苔紙，以苔爲之。繭紙。日本有松皮紙，大秦有蜜香紙，一云香皮紙，微褐色，紋如魚子，極香而堅韌。高麗有蠻紙，扶桑國有芨皮紙。江南有竹紙、楮皮紙、黟歙凝霜紙，浙中有麥麲稻稈紙，吴有由拳紙，剡溪小等月面松紋紙。唐有短白簾硬黄紙、粉蠟紙、布紙、藤角紙、麻紙、有黄白二色。桑皮紙、桑根紙、雞林紙、苔紙、建中女兒青紙、卵紙，一名卵品，晃滑如鏡面，筆至上多退，非善書者不敢用。李後主有會府紙，長二丈闊一丈，厚如繒帛數重。陶穀家鄱陽白，長如匹練。南唐有澄心堂紙。膚如卵膜，堅潔如玉，細薄光潤，爲一時之甲。宋有張永自造紙，爲天下最，尚方不及。藤白紙、研光小本紙、蠟黄藏經箋、有金粟山，轉輪藏二種。白經箋、鵠白紙、白玉版匹紙、蠶繭紙。元有黄麻紙、鉛山紙、常山紙、英山紙、上虞紙，皆可傳之百世。近時大内白牋，堅厚如板，兩面研光，潔白如玉。磁青紙、高麗繭紙、皮紙、新安土箋，乃絶細堅韌白綿紙，裁爲小幅。譚牋，不用粉造，以堅白荆川連褙厚研光，用蠟打各樣細花，古雅可愛。觀音簾匹紙，後世必見珍者也。

屠隆《考槃餘事》卷二《紙》

古紙

北紙用横簾造，其紋横，其質鬆而厚，謂之側理紙；南紙用竪簾，其紋竪，晉二王真跡多是會稽竹紙。

唐紙

有硬黄紙，唐人以黄蘗染之，取其辟蠹，其質如漿，光澤瑩滑，用以書經。今秘閣所藏二王書皆唐人臨倣，紙皆硬黄。又元和初，蜀妓薛洪度以紙爲業，製小牋十色，名薛濤牋，亦名蜀牋。

宋紙

有澄心堂紙極佳，宋諸名公寫字及李伯時畫多用此紙。亳間有紙，織成界道，謂之「烏絲欄」。有歙紙，今徽州府歙縣地名龍鬚者，紙出其間，光滑瑩白可愛。有黄白經牋，可揭開用之。有碧雲春樹牋、龍鳳牋、團花牋、金花牋。有匹紙，長三丈至五丈，陶穀家藏數幅，長如匹練，名「鄱陽白」。有藤白紙、觀音簾紙、鵠白紙、蠶繭紙、竹紙、大箋紙。有彩色粉牋，其色光滑，東坡、山谷多用之作畫寫字。

元紙

有彩色粉牋、蠟牋、黄牋、花牋、羅紋牋，皆出紹興。有白籙紙、觀音紙、清江紙，皆出江西，趙松雪、巙巙子山、張伯雨、鮮于樞書多用此紙。

國朝紙

永樂中，江西西山置官局造紙，最厚大而好者，曰連七，曰觀音紙。有奏本紙，出江西鉛山。有榜紙，出浙之常山、直隸廬州英山。有小牋紙，出江西臨川。有大牋紙，出浙之上虞。今之大内，用細密洒金五色粉牋、五色大簾紙、洒金牋，有白牋，堅厚如板，兩面研光，如玉潔白。有印金五色花牋，有磁青紙，如段素堅韌可寶。近日吴中無紋洒金牋紙爲佳。松江潭牋不用粉造，以荆川連紙褙厚研光，用蠟打各色花鳥，堅滑可類宋紙。新安倣造宋藏經牋紙亦佳。折舊裱畫卷綿紙，作畫甚佳，有則宜收藏之。

高麗紙

以綿繭造成，色白如綾，堅韌如帛，用以書寫，發墨可愛。此中國所無，亦奇品也。

胡應麟《少室山房筆叢》卷四《經籍會通四》 凡印書，永豐綿紙上，常山柬紙次之，順昌書紙又次之，福建竹紙爲下。綿貴其白且堅，柬貴其潤且厚。順昌堅不如綿，厚不如柬，直以價廉取稱。閩中紙短窄黧脆，刻又舛訛，品最下而直最廉，余筐篋所收什九此物，即稍有力者弗屑也。近閩中則不然，以素所造法演而精之，其厚不異於常而其堅數倍於昔，其邊幅寬廣亦遠勝之。價直既廉而卷帙輕省，海内利之，順昌廢不售矣。餘他省各有産紙，余弗能備知。大率閩、越、燕、吴所用刷書不出此數者。燕中自有一種紙，理粗龐，質擁腫而最弱，久則魚爛，尤在順昌下，惟燕中刷書則用之。惟滇中紙最堅，家君宦滇，得張愈光、楊用修等集，其堅乃與絹素敵，而色理疎慢蒼雜，遠不如越中。高麗璽絶佳，純白滑膩，如舒雪，如匀粉，如鋪玉，惟印記用之。

陳繼儒《妮古録》卷二 唐有魚子箋。宋顏方叔嘗創製諸色箋，有杏紅、露桃紅、天水碧，俱研花竹、鱗羽、山林、人物，精妙如畫，亦有金縷五色描成者，士夫甚珍之。范成大云：蜀中粉箋正用吳法。元有春膏、水玉二箋，魷色尤奇。又以親紙作蠟色，兩面光瑩，多寫《大藏經》傳流於世。故有宋箋、元箋之稱。近年所造者，幅小于昔，雖便於用而無古法。

趙宧光《寒山帚談》卷下　紙有三品之異，量才施用。一古佳紙如宋經箋、高麗繭之類；二宣德紙、涇縣古干之類；三則滿世間疏漏惡札是也。上紙須用古作法，中紙隨意皆可，下非飛白稿草不能就其獷劣也。

曹學佺《蜀中廣記》卷六七《牋》　段氏《游蜀記》云：「竹維九種，牋惟十色。」《成都古今記》云：「蜀牋十樣：曰深紅、曰粉紅、曰杏紅、曰明黃、曰深青、曰淺青、曰深綠、曰銅綠、曰淺雲。又有松花、金沙、流沙、彩霞金粉、桃花、冷金之別，即其異名。」

《續博物志》云：「元和中，元稹使蜀，營妓薛濤以十色彩牋貽稹，稹於松花紙上寄詩謝之。其名有松花紙、雜色流沙紙、彩霞金粉龍鳳紙，近年皆廢，唯餘十色綾紋紙尚在。」《南部新書》云：「元和初，薛濤好製小詩，惜其幅大，不忍長賸，乃狹之，因號爲薛濤牋。」

《蜀檮杌》：王衍以霞光牋五百幅賜金堂令張蠙。霞光即深紅牋也。又有百韵牋，以其幅長可寫百韵詩。其次學士牋，則短於百韵焉。

唐范崇凱、元凱兄弟俱有才名。元凱贈兄詩云：「洛陽紙價因兄貴，蜀地紅牋爲弟貧。南北東西九千里，除兄與弟更無人。」鮑溶寄王播侍御詩云：「蜀川牋紙綵雲初，聞說王家最有餘。野客思將池上學，石楠紅葉不堪書。」李義山送崔珏詩：「卜肆至今多寂莫，酒壚從古擅風流。浣花牋紙桃花色，好好題詩詠玉鈎。」

楊文公《談苑》云：韓浦與弟洎皆有辭藻，洎語人曰：「吾兄爲文譬如繩樞草舍，聊蔽風雨，予爲文是造五鳳樓手。」浦因寄洎蜀牋，贈以詩曰：「十樣蠻牋出益州，寄來新自浣溪頭。老兄得此渾無用，助爾添修五鳳樓。」石守道以燕脂板浣花牋寄徐合州詩：「合州太守鬢將絲，聞說歡情尚未衰。板與歌郎拍新調，牋供狎客寫芳詞。」文潞公寄人蜀牋絶句：「素牋明潤如豐玉，新樣翻傳號冷金。遠寄南都豈無意，緣公揮翰似山陰。」此則冷金牋也。司馬君實蜀牋獻太傅同年葉兄詩：「西來萬里浣花箋，舒卷雲霞照手鮮。書笥久藏無可稱，願投詩客助新篇。」

《貞觀故事》云：大明宮光順門外，東都永福門外，皆創集賢書院，學士通籍出入。既而太府月給蜀郡麻紙五千番。《東坡志林》云：川人取布頭機餘經不受緯者，治作紙，名布頭牋，冠於天下。今六合人亦解作，終是不及。

《寰宇記》：「益州舊貢薛濤十色牋，短而狹，纔容八行。」《益部談資》云：薛濤井舊名玉女津，在錦江南岸。水極清澈，石欄周環，久屬蜀藩，爲製牋處，有堂室數楹，令卒守之。每年定期命匠製紙，用以爲入京表疏，市無貿者。予庚戌秋過此，詢諸紙房吏云，每歲以三月三日汲此井水造牋二十四幅，入貢十六幅，餘者存留。乃作詩云：「七八百年間，陳事若俄頃。西川錦江畔，猶有薛濤井。朝發春花艷，夕沉秋月冷。所以可傳故，問人人不省。但云造彩牋，直貢君王前。」

謝肇淛《五雜組》卷一二《物部四》　今世苦無佳紙，柬帖腐爛不必言，綿料白紙頗耐，然澀而滯筆。古人箋多砑光，取其不留也。華亭粉箋歲久模糊，愈不可堪。蜀薛濤箋亦澀，然着墨即乾，但價太高，尋常豈能多得耶？高麗繭紙膩粉可喜，差易購於薛濤，然歲久則蛀。自此而下，灰者、竹者非胥曹之羔雉，即剞劂之芻狗耳，不意剡溪子孫不振乃爾。

宋之諸帝留心翰墨，故文房所製率皆精品，澄心堂紙之外，蜀有玉版、有貢餘、有經屑、有表光，歙有墨光、有冰翼、有白滑、有凝光，又越中有竹紙，江南有楮皮紙，溫州有蠲紙，廣都有竹絲紙，循州有藤紙，常州有雲母紙，又有香皮紙、苔紙、桑皮紙、芨皮紙。蔡君謨言績溪、烏田、古田、由拳、惠州紙皆知名。今試觀宋人書畫紙無一不佳者，可知其製造之工且多也。

蔡君謨嘗禁所部不得用竹紙，蓋有獄訟未決而案牘已零落者。至於今時，有剛連、連七毛邊之目，尤極腐爛，入手即碎，而人喜用之者，價直輕爾。毛邊之用，上自奏牘，下至柬帖短札，遍於天下，稍濕即腐，稍藏即蠹，紙中第一劣品，而世用之不改者，光滑便於書也。

印書紙有太史、老連之目，薄而不蛀，然皆竹料也。若印好板書，須用綿料白紙無灰者，閩、浙皆有之，而楚、蜀、滇中綿紙瑩薄，尤宜於收藏也。

作字，高麗、薛濤不可常得矣，綿紙砑光，差宜於筆墨。余在山東爲魯藩作書，內中有香箋數幅，甚貴重之，然亦是毛邊之極厚者，加以香料而打極緊滑，書不留手，甚覺可喜，但未知耐藏否耳。初書行草二幅，俱不當意，最後書《赤壁賦》，計格截然，上下整齊，乃大稱善，尤可笑也。

歐陽率更不擇紙筆，無不如意，而蔡中郎非紈素不下筆。然既能書，亦須自愛重。魏、晉人墨迹，類是第一等褚先生，即宋、元猶然。今人不擇紙而書者多矣，亦由請乞太濫，粗惡競進，却之則重拂其意，易之則責人以難，故往往以了酬應耳。

饒州有鄱陽白，長如一疋絹。元李氏藏古紙，長二丈餘。今世有一種碧紙亦長丈餘，不知何處所造，甚爲鉅麗，但爛澀不中書耳。

紙須白而厚，堅而滑，筆須健而圓，長而輕，墨須黑而有光，硯須寛而發墨。置之明窗净几，時書一二段文選、小説，亦人間至樂也。

沈德符《萬曆野獲編》卷二六《玩具・高麗貢紙》　今中外所用紙，推高麗貢牋第一，厚逾五銖錢，白如截肪切玉，每番揭之爲兩，俱可供用，以此又名鏡面牋。毫穎所至，鋒不留行，真可貴尚。獨稍不宜於畫，而董玄宰酷愛之，蓋用黄子久潑墨居多，不甚渲染故也。其表文咨文俱鹵悍之甚，不足供墨池下陳矣。宣德紙近年始從内府溢出，亦非書畫所需。正如宣和龍牋、金粟藏經紙，俱可飾裝褫耳。此外則涇縣紙，粘之齋壁，閲歲亦堪入用，以灰氣且盡，不復沁墨。往時吴中文、沈諸公又喜用裱褙家複褙故紙作畫，亦以灰盡發墨，而不顧紙理之粗，終非垂世物也。因思南唐一隅，尚能作澄心堂紙，妙冠古今，乃全盛聖朝，不遑與側釐結一勝緣耶。近日利西泰攜其國書籍來，質理堅瑩，云是敝布所作。亦奇。

高濂《遵生八牋》卷一五《論紙》　高子曰：上古無紙，用汗青者以火炙竹，令汗出取青，易于作書。至漢蔡倫始製紙，誠萬世利也。初搗漁網爲紙，曰網紙；以布作者曰麻紙；以楮皮作者曰穀紙。蜀有凝光紙、雲藍牋、花菓紙、十色薛濤牋，名曰蜀牋。有側理紙、松花紙、流沙紙、彩霞金粉龍鳳紙、綾紋紙、短簾白紙、硬黄紙、布紙、縹紅紙、青赤緑桃花牋、籐角紙、縹紅麻紙、桑根紙、六合箋、魚子箋、苔紙。建中年，有女兒青紙、卵紙。宋有澄心堂紙、蠟黄藏經牋、白經牋，碧雲春樹箋，有龍鳳印邊三色内紙，有印金團花并各色金花牋紙，有藤白紙、研光小本紙。李僞主造會府紙，長二丈闊一丈，厚如繒帛數重。陶穀家藏有鄱陽白數幅，長如匹練。西山觀音簾紙、鵠白紙、蠶繭紙、竹紙、大牋紙。元有黄麻紙、鉛山紙、常山紙、英山紙、臨川小牋紙、上虞紙。又若子邑之紙，妍妙輝光，皆世稱也。今之楚中粉箋，松江粉箋，爲紙至下品也，一徽即脱，陶穀所謂化化箋，此爾。止可用供溷材，一化也；貨之店中包麪藥菓之類，二化也。甚言紙之不堪用者類此。若今之大内細細密洒金五色粉箋、五色大簾紙、洒金紙，有等白牋，堅厚如板，兩面砑光，如玉潔白。有印金花五色牋紙。又若磁青紙，如段素，堅韌可寶，多用寫泥金字經。有等藍色者，薄而不佳。高昌國金花牋亦有五色，有描金山水圖者。高麗有綿繭紙，色白如綾，堅韌如帛，用以書寫，發墨可愛。有等皮紙，用以爲簾，爲雨帽，爲書夾，堅厚若油爲之，中國所無，亦奇品也。近日可用作書者，吴中無紋洒金箋紙爲佳。松江近日譚牋，不用粉造，以荆川簾紙褙厚砑光，用蠟打各色花鳥，堅滑可類宋紙。又新安新造倣宋藏經箋紙，亦佳。吴中近亦爲之，但不如宋箋抄成堅韌如段帛有性，數百載流傳，尚有揭開受用。若今做效者，紙性終脆，久徽糊懈必鬆。時尚花邊格子白鹿牋，用以作柬寫詩甚便。其式余家有數十種，但白鹿紙以緑子水併槐黄水微煎印者，雅甚，以青以紅俱不佳也。又如蠟砑五色箋，亦以白色、松花色、月下白色羅紋箋爲佳，餘色不入清賞。兩人砑者精美，又不壞板。若用水濕一紙，以潤十紙砑者不佳。然以白蠟砑者受墨，蜜蠟者遇墨成珠，描寫不上，深可恨也。并録以共鑒賞。

文震亨《長物志》卷七《紙》　古人殺青爲書，後乃用紙。北紙用横簾造，其紋横，其質鬆而厚，謂之側理。南紙用竪簾，二王真蹟多是此紙。唐人有硬黄紙，以黄蘗染成，取其辟蠹。蜀妓薛濤爲紙，名十色小箋，又名蜀箋。宋有澄心堂紙；有黄白經箋，可揭開用；有碧雲春樹、龍鳳、團花、金花等箋；有匹紙，長三丈至五丈；有彩色粉箋及藤白、鵠白、蠶繭等紙。元有彩色粉箋、蠟箋、黄箋、花箋、羅紋箋，皆出紹興；有白籙、觀音、清江等紙，皆出江西。山齋俱當多蓄以備用。國朝連七、觀音、奏本、榜紙俱不佳，惟大内用細密灑金五色粉箋，堅厚如板，面砑光如白玉。有印金花五色箋，有青紙如段素，俱可寶。近吴中灑金紙、松江潭箋，俱不耐久。涇縣連四最佳。高麗別有一種，以綿繭造成，色白如綾，堅韌如帛，用以書寫，發墨可愛，此中國所無，亦奇品也。

曹昭《格古要論》卷上《古紙》　北紙用横簾造，紋必横，其質鬆而厚；南紙用竪簾，紋竪，若二王真跡多是會稽竪紋竹紙。唐有麻紙，其質厚；有硬黄紙，其質如漿，潤澤瑩滑，用以書經，故善書者多取其作字，今有二王真跡用硬黄紙者，皆唐人倣書也。五代有澄心堂紙。宋有觀音紙，匹紙長三丈；有彩色粉箋，其質光滑，蘇、黄多用是作字。元亦有彩色粉箋，有蠟箋、彩色花箋、羅紋箋，皆出紹興；有白籙紙、清江紙、觀音紙，出江西，趙松雪、庫庫子山、張伯雨、鮮于樞多用此紙。有倭紙，出倭國，以蠶繭爲之，細白光滑之甚。

徐應秋《玉芝堂談薈》卷二八《松皮紙》　漢和帝時，中常侍蔡倫始擣樹膚、麻頭、敝布作紙。後有左子邑造紙。唐時，高麗歲貢蠻紙。日本國出松皮紙，扶桑國出笈皮紙。大秦國出蜜香紙，一云香皮紙，即晉武賜杜預寫《春秋釋例》者。水苔紙，一名側理紙，亦名陟釐紙，即晉武賜張華寫《博物志》者。銀光紙，一名凝光紙，即高帝以賜王僧虔者。金花箋，玄宗令李龜年命李白進《清平調》者。雲藍紙，段成式造于九江者。霞光箋，王衍以五百幅賜金堂令張蠙者。蠶繭紙，雁頭箋，羅隱以贈蒖鳳鳴者。《清異録》：楊炎糊窻用桃花紙。《童子通神録》：姜澄父燒糠協竹造洪兒紙。《僧園逸録》：玄奘印普賢像用回鋒紙，宣和殿書畫贉卷多用三韓紙。《酉陽雜俎》：異蜂相語，與青童君弈，獲琅玕紙。白樂天墨蹟有印文曰：「剡溪月面松紋紙。」黄山谷爲范子默求染鴉青紙。剡溪有敲冰紙，温州有蠲紙，績溪界出墨光紙、白滑紙、冰翼紙、凝霜紙。東坡詩有麥光紙、非烟紙。及王建《宫詞》有金鳳紙。《資暇集》有松花紙。浙中有麥䴸紙、稻桿紙。宋有澄心堂紙，又玉版紙、貢餘紙、經屑紙、表光紙。《文房四譜》有衍波箋。《蜀譜》有百韵箋、學士箋、薛濤箋、蠻箋。元有春膏箋、水玉箋。許執中有葵箋。《成都記》載十樣鸞箋，有深紅、粉紅、杏紅、明黄、深青、淺青、深緑、淺緑、銅緑、淺紅，又有松花、金沙、流沙、彩霞金粉、桃花、冷金之目。宋顔方叔刻製諸色箋，有杏紅、霞紅、桃紅、天水碧，砑花竹、鱗毛、人物精妙，亦有金縷五色描成者。《新異録》：姚愷善造五色箋，光澄新華，砑活版乃沈香，刻山水、林木、折枝、花果、獅鳳、蟲魚，幅幅不同，文縷奇細，號砑光小本。孟氏在蜀時，製十樣錦，名長安欣、天下樂、(鵬圜)〔鵰團〕、宜男、(實)〔寶〕界地、方勝、獅(圓)〔團〕、象眼、八塔韵、銕梗(衰)〔蓑〕荷。唐初，將相官誥亦用銷金箋及鳳凰紙書之，餘用魚箋、花箋。建元中，日本人來朝，譯者乞得章草兩幅，一曰女兒青，微紺；一曰卯兒品，晃白。

潘之淙《書法離鉤》卷九《原紙》

劉氏云：紙者，砥也。平滑如砥。上古竹簡韋編。漢蔡倫，字敬仲，用樹膚、敝布、魚網爲之，故從巾，一從糸，氏聲。坡翁云：成都浣花溪，水清勝常，以漚麻楮作箋紙，堅白可愛，數十里外便不堪造，信水之力也。揚州有蜀岡，岡上有大明寺井，知味者謂與蜀水相似。西至六合，岡盡而水發，合爲大溪。溪左右居人亦造紙，與蜀産不甚相遠。自十年以來所造益多，工亦益精，更數十年，當與蜀紙相亂也。

北紙用横簾造，紋必横，其質鬆而厚；南紙用竪簾，紋竪，故二王真迹多是會稽竪紋竹紙。唐有麻紙，其質厚；有硬黄紙，其質如漿，潤澤瑩滑，用以書經，故善書者多取作字。五代有澄心堂紙。宋有觀音紙，匹紙長三丈，有彩色粉箋，其質光滑，蘇、黄多用是作字。元亦有彩色粉箋，有蠟箋、彩色花箋、羅紋箋，皆出紹興。有白籙紙、清江紙、觀音紙，出江西。趙松雪、巎子山、張伯雨、鮮于樞多用此紙。有倭紙，出倭國，以蠶繭爲之，細白光滑之甚。或云倭國無蠶，亦樹膚也。

紙取無灰者爲妙，然愈舊愈佳。堅滑則勝，鬆澀則惡。

方以智《通雅》卷三二

《法書要録》曰：王羲之用蠶繭紙、鼠鬚筆書《蘭亭》。《唐國史補》有繭紙。韓駒詩：「王卿贈我三韓紙。」謂高麗紙也。宣和殿書碑卷，亦用繭紙。今高麗紙有三等，上者即宣德鏡面箋也。《卮言》曰：班史稱「赫蹏」，《三輔故事》衛太子以紙塞鼻，皆前于蔡倫。倫，和帝中常侍也。蕭子良云：「左子邑之紙，研妙輝光。」在倫後。《東宫舊事》：「皇太子初拜，給赤紙、縹紅麻紙、敕紙各一百。」唐高麗歲貢蠻紙，襯書卷。日本國出松皮紙。又大秦出蜜香紙，一云香皮紙，微褐，紋如魚子，極香而堅韌，晉武賜杜預萬番。又有側理紙，賜張華。扶桑國芨皮紙。中國有桑皮紙，蜀中藤紙，江南竹紙、楮皮紙、黟歙凝霜紙。浙中有麥䴸稻稈紙。宋張永製紙，尚方不及。齊高帝造銀光紙，賜王僧虔。段成式在九江造雲藍紙。湘東王奉簡文紅紙二千番，又特送五色紙三萬枚。吴越有温州蠲紙、烏程由拳紙。南唐有澄心堂紙，細薄光潤，爲一時之甲。智按趙希鵠《洞天清録》：宋有亳間烏絲欄、歙之龍鬚紙、黄白經箋。匹紙長三丈至五丈，有藤白、有觀音簾、有鵠白、有竹紙。元有彩粉、有蠟箋、羅紋箋，皆出紹興，白藤、觀音出江西。希鵠，元及明初叢書中誤刻宋人。趙與時《賓退録》：「臨安有漿粉紙，謂之蠲紙。」言以椰汁蠲之也。永樂于江西西山造紙，曰連七、曰觀音紙。有奏本，出鉛山；有榜紙，出浙之常山、廬之英山。松江潭箋不用粉造，以荆川連褙厚蠟石砑之。新安倣造宋藏經箋，皆此類。大内各箋故不如宣紙。有楮皮者，茸細而白，可作畫，有「宣德五年造素馨紙」印。有桑皮者，牙色有礬光者可書。出紙則興國州涇縣，敝邑桐城浮山之左，然皆名連四，以其漸小耳。《東坡志林》曰：「竹紙古未有也。」王右軍竹葉帖，長安水丘氏傳寶之，豈因其名而造紙邪？今曰「倣紙」。

方以智《物理小識》卷八《器用類·箋紙》

永樂于江西造連七紙。奏本出鉛山，榜紙出浙之常山、廬之英山。宣德五年造素馨紙印。有洒金箋、五色金粉磁青蠟箋。此外，薛濤箋則礬潰雲母粉者，鏡面高麗則繭紙也。後唐澄心堂紙絶少。松江潭箋或倣宋藏經箋，漬荆川連芨，褙蠟砑者也。宣德陳清欵白楮皮，厚可揭三四張，聲和而有穰。其桑皮者牙色矲光者可書。今則綿推興國涇縣，敝邑桐城浮山左亦抄楮皮結香紙，邵、建則竹紙、順昌紙。柬紙則廣信爲佳，即奏本也。《續録》曰：北紙横簾，南紙竪簾。

沈翼機《浙江通志》卷一〇四《物産・紹興府》 剡牋。《嵊志》：剡藤紙，名擅天下。式凡五：藤用木椎椎治，堅滑光白者，曰硾牋；瑩潤如玉者，曰玉版牋；用南唐澄心紙樣者，曰澄心堂牋；用蜀人魚子牋法者，曰粉雲羅牋；造用冬水佳，敲冰爲之，曰敲冰紙。今莫有傳其術者。陳端剡牋詩：「雲母光籠玉楮温，得來元是剡溪濆。清涵天姥峯頭雪，潤帶金庭谷口雲。九萬未充王内史，百番聊贈杜參軍。從知醉裏縱横墨，不到羊欣白練裙。」

阮葵生《茶餘客話》卷一七 造紙始於蔡倫，有網紙、穀紙、麻紙，徒成其名而已。晉有子邑紙、側理紙、一名水苔紙，以苔爲之。繭紙。日本有松皮紙，大秦有蜜香紙，一名香皮紙，微褐色，紋如魚子，極香而堅韌。高麗有蠻紙，扶桑國有笈皮紙。江南有竹紙、楮皮紙、黟歙凝霜紙，浙中有麥䴷稻稈紙，吴有由拳紙、剡溪小等月面松紋紙。唐有短白簾、硬黄紙、粉蠟紙、布紙、藤角紙、麻紙、有黄白二色。桑皮紙、桑根紙、鷄林紙、苔紙、建中女兒青紙、卯紙。一名卯品，晃滑如净面，筆至上多退，非善書者不敢用。李後主有會府紙，長二丈闊一丈，厚如繒帛數重。陶穀家鄱陽白。長如匹練。南唐有澄心堂紙，膚如卵膜，堅潔如玉，細薄光潤，爲一時之甲。宋有張永自造紙，爲天下最，尚方不及。藤白紙、研光小本紙、蠟黄藏經箋、有金粟山、轉輪藏二種。白經箋、鵠白紙、白玉版、匹紙、蠶繭紙。元有黄麻紙、鉛山紙、常山紙、英山紙、上虞紙，皆可傳之百世。明時大内白箋，堅厚如板，兩面研光，潔白如玉。磁青紙、高麗繭紙、皮紙、新安玉箋，乃絶細堅韌白棉紙，裁爲小幅。譚箋，不用粉造，以潔白荆川連(楷)〔褙〕厚研光，用蠟打各様細花。觀音簾、匹紙，皆可珍者也。

阮元《石渠隨筆》卷八《論紙籤》 澄心堂紙細膩，光潔挍鏡面，宣德牋質地尤妙。舊紙有端本堂紙，如金粟牋而少薄，其簾紋可見，上有「端本堂」三篆字，蠟印。【略】明仁殿紙與端本堂紙略同，上有泥金隸書「明仁殿」三字印。見《輟耕録》。乾隆年亦有倣明仁殿紙，亦用金字印。

梅花玉板牋極堅、極光滑，上用泥金畫冰紋，間以梅花。乾隆年倣梅花玉板牋亦用長方隸字硃印。

金粟牋以色白而堅如有蠟者爲最；其次則老黄色，亦堅緻。若黄白不勻、質理鬆者，即不得墨氣。其有經字墨迹者概不用之。其印字各種不一。【略】金粟牋，金元人畫即有用之者。

玉粟牋極大者極難得。御筆畫盤山全圖用此，長約六尺餘，寬三尺餘。

御筆小品多用粉牋、蠟牋，皆新製者。

乾隆年間又仿造圓筒側理紙，色如苦米，摩之留手，幅長有至丈餘者。

御筆卷册軸，最愛舊宋紙。有偶書不慊意，命藝匠通刮去一層再寫者。題舊畫亦偶有刮去再寫者。又有大册，以金粟牋接補裝成，泯然無迹，而作擘窠書者。

郭柏蒼《閩産録異》卷一 福州紙房三四十所，以扣紙染花箋，砑蠟則成蠟箋。興化産紅花，施烏梅染紙，價廉工省，然不及京槽重染之深紅。又有米色紙，名九牧，乳細金爲贉頭，爲幀眉，堅實不爛。

紀事

陸璣《毛詩草木鳥獸蟲魚疏》卷上《其下維穀》 穀，幽州人謂之穀桑，或曰楮桑。荆揚交廣謂之穀，中州人謂之楮。殷中宗時，桑穀共生是也。今江南人績其皮以爲布，又擣以爲紙，謂之穀皮紙，長數丈，潔白光輝，其裏甚好。其葉初生，可以爲茹。

嵇含《南方草木狀》卷中 蜜香紙以蜜香樹皮葉作之，微褐色，有紋如魚子，極香而堅韌，水漬之不潰爛。泰康五年，大秦獻三萬幅，嘗以萬幅賜鎮南大將軍當陽侯杜預，令寫所撰《春秋釋例》及《經傳集解》以進。未至而預卒，詔賜其家，令上之。

賈思勰《齊民要術》卷五《種穀楮第四十八》 《説文》曰：「穀者，楮也。」案：今世人有名之曰角楮，非也。蓋角、穀，聲相近，因訛耳。其皮可以爲紙者也。楮宜澗谷間種之，地欲極良。【略】指地賣者，省功而利少；煮剥賣皮者，雖勞而利大。柴足供然。自能造紙，其利又多。

段公路《北户録》卷三《香皮紙》 羅州多棧香樹，身如柜柳，其華繁白，其葉似橘皮，堪搗紙，土人號爲香皮帋。作灰白色，文如魚子牋。今羅、辨州皆用之。《三輔故事》云：「衛太子以紙蔽鼻。」前漢已有之，非蔡倫造也。此蓋言其善，不云創耳。又和熹鄧后貢獻悉斷，歲時但供紙筆而已。然則其用久矣，但不知何物爲之。按王隱《晉書》曰：王隱答華恒云：魏太和六年，河間張揖上《古今字詁》，其巾部云：今帋也。古之素帛依書長短隨事截絹，狀數重沓，即明幡紙。字從糸，此形聲。貧者無之，故温舒截蒲寫也。和帝元興元年，中常侍蔡倫挫故布、網，搗作帋，字從巾。又是其聲雖同，糸、巾則殊，不言古帋爲今帋。又山謙之《丹陽記》曰：「平準署有紙官。古以縑素爲書記，又以竹爲簡牘，其貧諸生或用蒲爲牒也。」《瑶山玉彩》亦具。小不及桑根、竹莫紙，睦州出之。松皮紙，日本國出。側理紙也。側理，陟釐也。後人說呼釐爲側理，即苔也。事見張華。又《爾雅》曰：「苔，石衣也。」郭璞注：「水苔也。」一名石髮，江東食之。又《瑶山玉彩》載薛道衡詠苔紙詩云：「昔時應春色，引緑泛清流。今來承玉管，布字轉銀鈎。」又嘗讀謝康樂《山居賦》云「剥芨音及巖椒」，言芨皮可爲紙，未詳其木也。又扶桑國在中國之東二萬里。其土多扶桑木，故以爲名。扶桑葉似桐，初生如笋，國人食之。實如梨而赤。績其皮爲布，以爲衣，亦以皮爲帋。齊永元二年，其國有沙門慧深來至荆州者。

李肇《唐國史補》卷下 凡造物由水土。故江東宜紗綾、宜紙者，鏡水之故也。

劉恂《嶺表録異》卷中 廣管羅州多棧香樹，身似柳，其花白而繁，其葉如橘皮，堪作紙，名爲香皮紙。灰白色，有紋如魚子牋。其紙慢而弱，沾水即爛，遠不及楮皮者。

陶穀《清異録》卷下《化化牋》 記未冠時，游龍門山寺，欲留詩求紙，僧以皺紙進，余題大字曰「化化牋」，還之。僧懡㦬躬揖，請其故，答曰：「紙之麄惡，則供溷材，一化也；丐徒取諸圊厠積之家，匠買別抄麩麵，店肆收苞果藥，遂成此紙，二化也，故曰化化牋。備雜用可也，載字畫不可也，舉以與人不可之甚。汝秃士不通世故，放過三十拄杖，亦知感幸否乎？」今年履風波，豪氣挫滅，不能爲是事矣。

李昉《太平御覽》卷七八四《扶桑國》 《南史》曰：扶桑國者，齊永元元年，其國有沙門慧深來至荆州，説云扶桑在大漢國東二萬餘里，地在中國之東。其土多扶桑木，故以爲名。扶桑葉似桐，初生如笋，國人食之。實如梨而赤。績其皮爲布，以爲衣，亦以爲錦。作板屋，無城郭，有文字。以扶桑皮爲紙。

李昉《太平御覽》卷九六〇《穀》 《詩義疏》曰：幽州謂之穀桑，或曰楮桑，荆、揚、交、廣謂之穀。今江南績其皮以爲布，又搗以爲紙，長數丈，潔白光澤，甚好。

李昉《太平御覽》卷一〇〇〇《苔》 《博物志》曰：晉武帝欲觀書，司空張華撰《博物志》進武帝。帝嫌煩，令削之，賜側理紙萬張。王子年云：側〔理〕，陟釐也。此紙以冰苔爲之，溪人語訛謂之「側理」。今名「苔紙」。取水中苔造，紙青黄色，體澀。其苔水中石上生，如毛，緑色。

吴淑《事類賦》卷二四《木》 穀宜作紙。《詩義疏》曰：幽州謂之「谷桑」，或曰「楮桑」，荆、揚、交、廣謂之「穀」。今江南績其皮以爲布，又搗以爲紙，長數丈，潔白光澤。

蘇軾《東坡志林》卷九 昔人以海苔爲紙，今無復有。今人以竹爲紙，亦古所無有也。

蘇軾《東坡志林》卷一一 川紙，取布頭機餘經不受緯者治作之，故名布頭牋。此紙冠天下，六合人亦作，終不及爾。

王讜《唐語林》卷八 凡造物由水，水由土。故江東宜綾紗，宜紙，鏡水之故也。

徐兢《宣和奉使高麗圖經》卷二三《雜俗二·土産》 紙不全用楮，間以藤造。槌搗皆滑膩，高下數等。

曾慥《類説》卷五八 五色紙 蕭誠采野麻、土穀，造五色斑紋紙。

曾慥《類説》卷五九 寫《華嚴經》 永徽中，定州僧欲寫《華嚴經》，先以沉香水種楮樹，取以造紙。

曾慥《類説》卷五九 香皮紙 嶺表棧香樹，身似巨桑，葉似橘皮，堪作紙，名「香皮紙」，灰白色。

鄭樵《通志》卷七六《昆蟲草木略》 楮，亦謂之穀，其實入藥，其皮造紙，濟世之用也。桑、穀共生者即此也。

羅愿《爾雅翼》卷九《穀》 穀，惡木也。易生之物。【略】江南人績其皮以爲布，又擣以爲紙，長數丈，絜白，光澤甚好。

梁克家《〔淳熙〕三山志》卷四一《土俗類三·物産》 紙。竹穰、楮皮、薄藤、厚藤，凡柔韌者，皆可以造紙。竹紙出古田、寧德、羅源村落間。黄魯直有《次韵惠玉板詩》：「古田小牋惠我百，應知溪翁能解玉。」楮紙出連江西鄉，薄藤紙出候官赤岸，厚藤紙出福享嶺。

高似孫《剡録》卷九《草木禽魚上·楮》 出越。經《説文》曰：「楮，穀也。」陸璣《草木疏》曰：江南以楮搗紙。剡溪作氷紙，亦取此。東坡詩：「膚爲蔡侯紙，子入桐君録。」李易《剡貴門卜築詩》：「趂時務擷茗，餘力工搗楮。」謂作紙也。

施宿《(嘉泰)會稽志》卷一七《布帛》　古有蠒紙，蓋以蠒爲之。《蘭亭》亦蠒紙書也。今非獨無能製者，亦不復見矣。

施宿《(嘉泰)會稽志》卷一七《木部》　《本草》曰：「楮，一名穀。」陶氏云即今構木，誤矣。先賢以爲皮斑者是楮，皮白者是穀，有瓣者曰楮，無瓣者曰構。古之剡藤名天下，今剡中楮紙寖有佳者，亦不在徽、池之下。

施宿《(嘉泰)會稽志》卷一七《草部》　劫竹，今會稽煮以爲紙者皆此竹也。苦竹亦可爲紙，但堪作冥錢耳。

趙汝适《諸蕃志》卷上《天竺國》　以貝多樹葉爲紙。

張淏《(寶慶)會稽續志》卷四《木》　楮，《説文》曰穀也。陸璣《草木疏》曰：江南以楮搗紙。剡溪作冰紙，亦取此。

史能之《(咸淳)重脩毗陵志》卷一三《土産》　楮。俗呼爲「穀」，生子如彈，秋深則紅，皮可擣紙。東坡有《老楮詩》。

戴侗《六書故》卷二一《穀楮》　穀，古禄切。楮，丑吕切。楮、穀兩種。【略】楮皮漚之宜爲紙；穀皮粗，宜爲茵帳，故謂紙楮也。又作檸。又有藤皮亦可爲紙。後漢蔡倫始用敗網、襍樹膚爲紙。今之爲紙者用楮與竹，竹紙毳而易敗，楮之用多焉。

李衎《竹譜》卷四　淡竹處處有之，凡三種，【略】竹嫩時，可造紙也。【略】嘗見越人多煮烏末苦爲紙，但堪作寓錢，不堪印書寫字。【略】劫竹出浙東，類淡竹，節差遠。越人煮以爲紙，多此竹也。

虞集《道園類稿》卷三三《書趙學士經筵奏議後》　今年春，趙集賢始以建議召入侍講。一日，既進書，待命殿廬，趙集賢慨然嘆曰：於是四年矣，未聞一政事之行，一議論之出，顯有取於經筵者，將無虚文乎？集乃言曰：鄉者公奏熒惑退舍事，玉音若曰：講官去歲嘗及此，又欲方册便觀覽。命西域工人搗楮爲帙，刻皮鏤金以護之，凡二十枚，專屬燕赤，繕録前後所進書。以此觀之，簡在上心明矣。誠使少留淵衷，則見於德業者，何可得而名哉？且先儒有言：政不足適，人不與間，其要格心而已。然則所慮者，言不足以達聖賢之旨，誠不足以感神明之通，吾積吾誠云耳，他不敢知也。然而集賢懇懇切至，於孟子之所謂恭敬者，蓋可見焉。故併書於奏議稿後而歸之。

王禎《農書》卷一〇《穀楮》　《説文》云：「穀者，楮也。」有二種：一種皮有斑花文，謂之「斑穀」，今人用爲冠者；一種皮白無花，枝葉相類。或云斑者是楮，白者是穀。楮宜澗谷間種之，地欲極良。【略】指地賣者，省功而利少；煑剥賣皮者，雖勞而利大。其柴足以供燃。自能造紙，其利又多。

危素《危太樸文續集》卷九《跋黄居士墓誌銘》　此紙太史院以書御用曆，西域人所造，擣麻爲之。今設官於保安州，專掌其事，諸方所産紙，皆不能及。黄氏子孫其珍襲之！

《永樂大典》卷一九八六五《新安志·土産》　苦竹，本大末鋭，與鈞絲竹相似，而鈞絲筍味甘，今越州亦有此四種。又有頓地苦，堅中，可以爲矛。又掉纇苦，節頗疏。又湘潭苦，節疏宜爲篳。又油苦、石斑苦、烏末苦。又有高苦竹，名曰青蛇，枝各有用處。然嘗見越人多煮烏末苦爲紙，但堪作寓錢，不堪印書寫字。

董越《朝鮮賦》　紙造以楮，而以繭認者，以其搗練之工。舊皆傳其國所出之紙爲繭造，至乃知以楮爲之，但製造工耳。予嘗以火試之，而知其然。

夏良勝《(正德)建昌府志》卷三《物産》　猫竹。方言謂之茅竹，大者可屋，其嫩者可作紙。

馮曾修、李汛《(嘉靖)九江府志》卷四《食貨志·物産》　楮。皮可造紙，實堪入藥。

馮繼科《(嘉靖)建陽縣志》卷四《户賦志·貨産》　苦竹。性堅，色微紫，一名雪竹。有二種，肉厚葉長，笋微苦。一種本極麤大，笋味殊苦，可作紙，亦爲船篙。楮。即穀樹也。江東所産者結實，本地所産者不結實。其皮可搗爲紙，亦可治爲衣，爲衾。

楊慎《丹鉛摘録》卷六　謝康樂《山居賦》：「剥芨巖椒。」自注言芨皮可以爲紙。顧文薦《負暄雜録》云：「扶桑國出芨皮紙。」

楊慎《升菴集》卷六六《蜜蒙花紙》　蜜香紙，以蜜香樹皮葉作之，微褐色，有紋如魚子，極香而堅韌，水漬之不潰爛。晉太康五年，大秦國獻三萬幅，帝以萬幅賜杜預，令寫《春秋釋例》。疑今之蜜蒙花也。其皮可作紙。

豐坊《書訣》　晉陟釐紙，以海苔爲之。唐麻紙以菽染，以檗爲硬黄。澄心堂以楮，寶晉齋以台藤。金粟以野繭，高麗亦然，必加萬杵之功，斯爲全美。

王世懋《閩部疏》　閩山所産，松杉而外，有竹茶、烏臼之饒。竹可紙，茶可油，烏臼可燭也。【略】粉竹春絲爲佳紙料者，美於江東白苧。

郭宗昌《金石史》卷一《唐懷仁集王逸少書聖教序》 此未斷舊本也。是武關構皮紙，堅柔相得，虛和受墨，秦産也。

陳繼儒《妮古録》卷二 蔡倫牋紙，有玉版，有貢餘，有經屑，有表光。玉版、貢餘，雜以零布、破履、亂麻爲之，惟經屑、表光，非亂麻不用。

王肯堂《鬱岡齋筆麈》卷四 余見西域歐邏巴國人利瑪竇出示彼中書籍，其紙白色如繭，薄而堅好，兩面皆字，不相映奪。贈余十餘番，受墨不滲，着水不濡，甚異之。問何物所造，利云：「以故布浸搗爲之。」乃知蔡倫擣故魚網作紙，即此類爾。又宋時川牋取布機餘經不受緯者治作之，故名布頭牋，其品冠天下，六合人亦作，終不佳，蓋水力不同故也。

徐光啟《農政全書》卷三八《種植·木部》 烏臼。《玄中記》曰：荆陽有烏臼。烏臼樹高數仞，葉似梨杏，花黄白紫黑色，極易生長。玄扈先生曰：烏臼樹收子取油，甚爲民利。他果實總佳，論濟人實用，無勝此者。江浙人種者極多，樹大或收子二、三石，子外白穰壓取臼油造蠟燭；子中仁壓取清油，然燈極明，塗髮變黑，又可入漆，可造紙。【略】其木可刻書及雕造器物。

李日華《六研齋二筆》卷二 古剡藤紙得名最舊，其次苔箋，今獨竹紙名天下，他方效之不及，遂掩藤紙矣。竹紙上品有三：曰姚黄，曰學士，曰邵公。王荆公好用小竹紙，士大夫書簡往來多用焉。

東坡海外歸，買剡紙二千幅。米元章著《書史》云：「予嘗硾越州竹紙，光透如金版。」前輩貴竹紙於此可見。

艾儒畧《職方外紀》卷二《歐邏巴總説》 有苧蔴之類名利諾者爲布，絶細而堅，輕而滑，大勝棉布。敝則可搗爲紙，極堅韌。今西洋紙率此物。

張爾岐《蒿庵閒話》卷一 世傳明鈔用大學生課本做紙爲之，其青黎色，是紙墨雜合所致。按宋孝宗造湖廣會子，亦下江西湖南漕司，根刷舉人落卷及毀抹茶引應副抄造。以宋例明，當不誣。

屈大均《廣東新語》卷一五《紙》 東莞出蜜香紙，以蜜香木皮爲之。色微褐，有點如魚子。其細者光滑而韌，水漬不敗，以襯書，可辟白魚。南浙書殼，皆用栗色竹紙，易生粉蠹。至粤中必以蜜香紙易之，始不蠹。最堅厚者曰純皮，過於桑料。細者曰紗紙，染以紅黄，以帷燈，恍若空穀。以有細點如沙，亦曰沙紙。晉武帝賜杜預蜜香紙萬番。《嶺表録異》：廣州多棧香，以作紙，名爲香皮。是此紙也。長樂有穀紙，厚者八重爲一，可作衣服，浣之至再不壞，甚煖，能辟露水。穀紙自昔見重，唐蕭倣爲嶺南節度使，敕諸子以穀紙繕補殘書。子廩諫曰：「州距京師且萬里，書成不可露齎，必將貯以囊笥，貪者伺望，得無薏苡之嫌乎？」倣曰：「善，吾思偶不及此。」此穀紙之故事也。從化有流溪紙，紙出流溪一堡。有上流紙艘、下流紙艘，二艘專以運紙故名。其竹名曰紙竹，與他竹異。男女終歲營營，取給筐箐，絶無外務。其法：先斬竹投地窖中，漬以灰水，久之乃出而椎練。漬久則紙潔而細，速則粗而滲。粗者一名後紙。

屈大均《廣東新語》卷二七《草語·竹》 有單竹，節長二尺。有花穰、白穰之別。白穰篦脆，可爲紙。

范端昂《粤中見聞録》卷二三《物部三·紙》 東莞出蜜香紙，以蜜香木皮爲之，色微褐，有點如魚子。其細者光滑而韌，水漬不敗。以襯書，可辟蠹魚。最堅厚者曰純皮。細而薄者曰紗紙，染紅染黄帷燈，恍若空穀。以有細點如沙，亦曰沙紙。

愛新覺羅·玄燁《康熙幾暇格物編》卷上《朝鮮紙》 世傳朝鮮國紙爲蠶繭所作，不知即楮皮也。陸璣《詩疏》謂之楮葉，又曰江南人擣以爲紙，光澤甚好，蓋以其形似葉也。朕詢之使臣，知彼國人取楮樹，去外皮之麤者，用其中白皮擣煮，造爲紙，乃綿密滑膩，有似蠶繭，而世人遂誤傳耶。

張楷《（康熙）安慶府志》卷四《地理志·物産》 紙，以楮爲之，名曰皮紙，六縣俱有。

譚瑄《（康熙）弋陽縣志》卷三《農政志·食貨·物産》 紙，本縣黄家源、石壠等處雜竹絲獲藁爲之，止可焚之神前，不可書字。

沈清崖《（雍正）陝西通志》卷四三《物産一》 許原自蒲城連朝邑界産麻最佳。《雍勝畧》。《爾雅翼》曰：麻，其縷可爲布。雖不及南北山、鳳翔諸處最佳，而亦可供用抄紙。《咸陽縣志》。

沈清崖《（雍正）陝西通志》卷四四《物産二》 馬蓮，可用作紙。《府谷縣志》。【略】楮，其下維穀。《詩經·小雅》。穀，今之楮樹也。《朱子集傳》。南山西北八十里曰大時之山，上多穀。申山其上多穀。鳥山其下多楮。《西山經》。於官社後立官稷，稷種穀樹。《漢書·郊祀志》。皮可作紙，實入藥。《咸寧縣志》。俗名構，一曰穀。田荒蕪久則穀自生，葉有花瓣，無曰構，可作紙。《咸陽縣志》。民以此皮爲穰做紙。《山陽縣志》。

和珅《欽定大清一統志》卷三三〇《延平府·土産》 紙。《閩書》：「延以竹爲紙。」《府志》：「順昌有猫竹，取其笋將成竹者，浸爲竹絲，造各紙色。」

傅恒《欽定皇輿西域圖志》卷四一《服物一・準噶爾部》 察遜，草名。搗爛可成紙，因呼紙亦謂之「察遜」。質厚而麤，壓之研之，可供書寫。

傅恒《欽定皇輿西域圖志》卷四二《服物二・回部》 喀阿斯，即紙也。以桑枝嫩條搗爛爲之。色微帶碧，其光潔者略似高麗紙。

鄂爾泰《欽定授時通考》卷五八 穀樹，取其幹，可作骨；取其汁，可作膠，書金字；取其子，中藥材；取其皮，可造紙；取其木，可種蕈。

田易《畿輔通志》卷五六《土産》 楮。《草木蟲魚疏》：「幽州人謂之穀桑，或曰楮桑。」皮可作紙。今永平出。《磁州志》：「楮皮，浸之造紙。出響水亮東、武任二村。」

沈翼機《浙江通志》卷一〇一《物産・杭州府》 楮。《仁和縣志》：「葉茁花蕤並堪作茹，造紙、練布、撚氊。」

沈翼機《浙江通志》卷一〇六《物産・金華府》 理皮藤。《金華府志》：「皮有文理，造紙最堅。土人煮竹籜和之。東陽永寧鄉白溪能造，其地近剡故爾。」梨藤。《東陽縣志》：「其條細擣如綿，取汁作紙膠最良。」【略】紙。《墨藪》：紙取東陽魚卵虛柔滑浄者。《（嘉靖）金華縣志》：「梁山近盤泉，舊有紙廠造紙。」《東陽縣志》：「尋常所用皮紙，大者名呈文綿紙。大槩皆用桑皮、筍殼煮成，而以藤汁澆之。」《萬曆浦江縣志》：「興賢鄉出紙。」

沈翼機《浙江通志》卷一〇七《物産・温州府》 淡竹。《（隆慶）樂清縣志》：「可造紙及取瀝。」【略】石竹。《（萬曆）温州府志》：「夏生筍，味甘，可爲紙。」

謝道承《福建通志》卷九《風俗・延平府》 順昌，介東廣之衝，溪山秀麗，煮竹爲紙。

謝道承《福建通志》卷一〇《物産・福州府》 楮。《詩》謂之穀。生子如楊梅，皮可織爲布，亦可搗爲紙。

杜詔《山東通志》卷二四《物産誌》 紙。以桑樹、楮樹等皮爲之。又名毛頭紙。

魯曾煜《廣東通志》卷五二《物産誌》 紙竹，出從化之流溪堡，居民以造紙。粵東印歷日用此，每年解司三十萬爲額。

錢元昌《廣西通志》卷三一《物産》 穀紙，田州、土州各土司出。以穀木爲之，因名。草紙，舊城土司出。

冉棠修、沈瀾纂《（乾隆）泰和縣志》卷五《食貨志・土産》 竹紙，二十六都出。

程肇豐《（乾隆）上饒縣志》卷二《地理・物産》 紙，以竹筍久浸搗碎爲之，西南北鄉皆有，其名色不一。

段玉裁《説文解字注》六篇上《木部》 榖，楮也。此篆體，依五經文字正。各本作穀者從隸便也。《小雅傳》曰：穀，惡木也。陸璣疏曰：江南以其皮擣爲紙，謂之穀皮紙，絜白光輝。按《山海經傳》曰：穀，亦名構。此一語之輕重耳。從木𣪊聲。古禄切，三部。

嚴如熤《三省山内風土雜識》 叢竹生山中，遍嶺漫谷，最爲茂密。取以作紙，工本無多，獲利頗易，故處處皆有紙廠。山内險阻，老林之虬幹螺枝固爲一端，而挂衣刺眼令人不能展布，則叢竹之爲患更烈。竹筠常青，春燒不然，多有竹廠砍伐，非惟利民，亦可除害。

《回疆志》卷三《物産・回子紙》 回疆紙有黑、白二種，以桑皮、棉布絮和作成，粗厚堅韌，幅小不盈大，用石子磨光，方堪寫字。

周靄聯《西藏紀遊》卷一 藏紙似繭紙而堅韌過之，有寬廣至三四丈者。予曾購一幅，約長丈二三尺，寬七八尺。文理堅緻，如高麗紙。攜至成都，爲奴子撕爲火焠，可惜也。藏紙即藏經紙也。彼地有草一種，葉如槐，花如紅花。以其根浸搗，如造皮紙法，常用者不禁。其潔白而厚，寬長三四丈者，惟前後藏達賴、班禪用以寫經。有私造私售亦犯重辟云。

周作楫《（道光）貴陽府志》卷四七《食貨略・土貢　土物》 楮。《貴陽志》云：「俗名構皮樹，可作紙，名紙皮樹。」【略】慈竹。性韌可作竹器，有大如碗者，秋筍成竹時，柔稍下垂，形如釣竿，一名釣魚竹，取嫩竹可作紙。

賈懋功《（道光）順昌縣志》卷之三《物産》 紙。猫兒竹、赤梘竹、苦竹煮料而成者，有扛連、毛邊二種，行至京都。近有蒼絲古連，其紙略粗。

朱一慊修、許瓊纂《（道光）石城縣志》卷一《輿地志・物産》 紙，去城六十里，禮上里有横江紙，煮竹絲爲之，製造甚精潔，省會山左通行，每商賈貿販歲不下累萬金。

薛祥綏《（道光）西鄉縣志・物産》 紙。砍龍頭竹以灰浸之，濾渣爲紙，可染五色。又爲黄表，工極細。

王汝惺修、鄒焌杰等纂《(同治)瀏陽縣志》卷七《食貨三・物産》　草紙，一名折表紙，春以石灰漚筍，秋出爲紙，山人恒賴之，然亦極勞費。

汪敩灝修、王闓運纂《(同治)桂陽直隸州志》卷二〇《貨殖》　蘆村以内及白水洞旁，伐竹漚紙多者歲二、三千金。

陳大章《詩傳名物集覽》卷一一　王盤《農書》云：「荆桑宜飼小蠶，魯桑宜飼大蠶。桑生黄衣，謂之金桑，蠶食必病。葉多積可備荒，亦可食猪、羊、牛、馬。又皮可製紙。」米芾云：「北地桑皮紙最佳。」

林葆元修、申正颺纂《(同治)石門縣志》卷四《食貨志・物産》　諸筍解籜時刈取，皆可造紙。

羅星、伍浚祥《(道光同治)綦江縣志》卷一〇　竹紙，從前水竹爲之，然水竹必平壤，人皆墾爲田土，惟栽甜慈、料慈二種，而料慈之紙較佳。府紙大而鄉紙小，兩捆爲一擔。近日府紙擔直銀四錢許，鄉紙二錢許。亦有舀爲書紙黄紙，但不能作貢川等耳。歲出亦不止數千金。

許庭梧修、謝鐘瑾纂，陸嗣淵增修、謝鐘玿增纂《順昌縣志》卷三《食貨志・物産》　紙，貓八竹、赤根竹、苦竹煮料而成者，有扛連、毛邊二種，行至京都。近有蒼絲、古連，其紙略粗。

汪文炳《(光緒)富陽縣志》卷一五《風土・物産》　富陽竹紙一項，每年約可博六、七十萬金。草紙一項，約可博三、四十萬金。【略】竹紙出南鄉，以毛竹、石竹二者爲之，有元書、六千、五千、塘紙、昌山、高白、時元、中元、海放、段放、京放、京邊、長邊、鹿鳴、粗高、化箋、裱心等名，不勝枚舉，爲邑中出産第一大宗。總浙江各郡，邑出紙以富陽爲最良，而富陽各紙，以大源之元書爲上上佳門，其中優劣，半系人工，亦半賴水色，他處不能争。

郭慶颺修、文嶽英纂《衡山縣志》卷二〇《風俗》　惟岳後諸山頗宜南竹，春筍解籜，農民灰浸爲紙，售諸遠方，稍獲其利。然操作之苦，劇費多功，每一槽輒十餘人，或數十人。若穀價昂而紙價賤，亦有虧折其本者矣。

張龍甲修、吕調陽纂《(光緒)重修彭縣志》卷三《民事門・物産志》　天彭、慈坪、五龍山中多竹，筍出林時，匠者采以作紙，細者名化連，粗者名土連，充用至廣。

周克堃《(光緒)廣安州新志》卷一二《土産志》　紙，竹産天池大山中，多蓬户，搗竹以製紙爲業，光潔精美，色目不一，遠近采買皆集戴市。商賈歲販，上通陜、漢，下達湘、鄂。

徐保齡修、劉沛纂《零陵縣志》卷五《風俗》　漚竹爲紙，轉運他省，獲利尤勝。

黨蒙修、周宗洛纂《(光緒)續修順寧府志稿》卷五《地理志三・風俗》　山城多構樹，土人因解造紙，惟綿料本色作單抄、雙抄，大者長六尺、廣三尺，小者可備文書糊裱之用，堅細稍遜榆産，然無厚利，亦未聞行遠發客。

文秀修、盧夢蘭纂《(光緒)新修清水河廳志》卷一九《物産》　毛頭紙，以麻屑爲之，清郡所製與關北州縣暨口外各廳所造大約相同，紋理粗糙而無筋骨，殊不及平陽府所産蒲紙之細膩而白也。

陳熾《續富國策》卷一《種竹造紙説》　猶憶癸未以前，瑞金、石城兩縣皆産紙之區，寧都州屬固無有也。金精之谷，有竹萬竿，魏崧園、李嘯峰兩友人，讀書其間，忽發奇想，遂往石城横江覓造紙工師二人，至谷中建棚造紙，仍於下濕之地課工種竹，三歲成林。造紙既成，自運省城售賣。迄今十載，每歲已出紙二十萬金，而魏、李二友均大富。竹則歲歲增種，紙則歲歲增多，利源亦歲歲增廣，不獨二友致富也，倚種竹造紙以爲活以安家業而長子孫者，歲已將及萬人。州城本瘠區，歲得此二十萬金之入款，工商士庶，咸有生機，氣象鬱鬱蔥蔥然，與十載以前迥異甚矣。

吴綺《嶺南風物記》　女兒香，出東莞縣馬蹄岡、金桔嶺、梅林、百花洞諸鄉，離城四十里。土人采香歸家，女兒揀選，拾其精者而藏之，故有女兒之名。栽種于清明未雨之前，收成於二三十年之後，必祖孫父子相繼爲業，畧無近功。又擇地土所宜，故他鄉罕樹焉。【略】皮堪作紙，堅厚過於桑料，名曰純皮紙。

王國平《明清以來蘇州社會史碑刻集》四〇九《蘇州府示諭敬惜字紙碑》

署理江南蘇州府正堂加十級紀録十次平，爲給示諭禁事。據提舉銜前山東濰口批驗大使韓崇、翰林院編修馮桂芬、候選員外郎潘筠倬、内閣中書潘希甫、前刑部福建司郎中潘曾瑋、候選員外郎汪錫珪、前工户屯田司行走郎中候選道汪藻、前丹陽縣教諭汪寅、已酉科舉人顧鳳喈、吴縣學生員夏長齡、府學增生曹文燮、翰林院待詔銜何元熙遣屬韓升赴府稟稱：竊字紙理應敬惜，而蘇城之穢瀆者甚多。即如漆作所糊帽籠、烘籃及盤盒、扇子等物，向用素紙黄黝，近因紙價日昂，遷就生理，竟將有字廢紙裱糊，外加黑黝，令人莫辨，但因射利，不知穢瀆。現經伊行司事吕松年遍爲勸諭，伊等亦知造孽。公議以後仍用素紙，只准黄黝，不准黑色。各作允遵，議規粘呈。誠恐日久玩生，復萌故智，依然穢瀆，均未可知。爲此環請給示永禁，俾可勒石遵守，以昭敬緒而戒穢瀆。等情。到府。據此，除批示外，合行給示諭禁。爲此示仰蘇城内外漆作店鋪人等知悉：自示之後，毋許再將有字紙片裱糊作物，外用黑黝貨買。至招牌等物上鏟下字跡，亦不許掃入灰堆，務須存留，聽局收取，送入江海。倘敢故違，一經察出，定行提究，決不寬貸，各宜凛遵毋違。特示遵。

咸豐五年六月初八日示。

王國平《明清以來蘇州社會史碑刻集》四一〇《蘇州府永禁污蔑字紙碑》

江蘇候補道署理蘇州府正堂隨帶加一級記録十次察，爲惜字分段押收議請勒石永禁事。據郡紳彭翰孫、潘儀鳳、汪朝棨、汪朝棻、汪朝堂，生員彭森、土清潞、馮桂英、陸燦文，職員王炳榮等禀稱：竊職等前因土匪鄧壽、殷三、秦大造作還魂，污蔑字紙，禀蒙飭縣嚴提並示禁在案。又據生員彭森等禀：請委員稽查，蒙委照廳張會同議辦。職等遵諭，會同在倉聖廟，邀集紳董，議於六城内外，各局分段輪派司事押收，以絶揀賣還魂之弊，各司事均各踴躍遵行。另由委員詳請給發四言示牌，揀置字擔出收爲憑，及擔夫添給腰牌，以别真僞。如無示牌私收，即系還魂之黨，許交地保禀解訊辦。倘敢恃衆抗違，即由照磨隨時移縣嚴辦，以歸劃一。禀請出示□□各局勒石，以垂久遠，並札照磨遵辦。等情。到府。禀此。查此案前據該紳等具禀，即經出示嚴禁，並札飭照磨衙專司稽察，並給發捐牌曉諭遵辦。在案。據禀前情，除批示並札照磨衙遵照查辦外，合再給示永禁。爲此示仰郡城内外各善局司事、地保及鋪户居民人等知悉：爾等鋪户、居民，收撿字紙，聽候各善局司事人□□□□□□□品行付給。該司事等務各敬實力押收，毋稍懈弛。如有匪棍仍敢冒收撿賣造作還魂紙，□□□□□□□□□決不寬貸。各宜凛遵毋違。特示遵。

咸豐八年□月□日示。

余治《得一録》 蘇州府正堂李示。【略】

一、破布頭店。城内齊門街、護龍街，城外山塘街、馬鋪橋等處，皆布頭店聚集之所，專收碗船饋擔及僞惜字擔，殘書舊簿字紙，由糧船夾帶至山東、直隸等處。又有客販到蘇，販運各省，造作回殘紙張，或作花炮等項。疊奉撫憲、道憲、前府及本陞府各出示嚴禁，嗣後如再不遵諭禁，仍敢屯積銷售者，定即按户嚴提，從重懲治。

一、拾荒擔内，檢拾紙片，不論有字無字，俱賣與紙作坊。僞惜字擔，擔上假掛文昌宫、魁星閣惜字會牌子，凡收回字紙，逐類檢出，舊書賬簿賣與破布頭店，白料飛花賣與回殘作，桑皮紙賣與腳籃漆匠店、假洋扇店，破文章賣與賃小説店，裱夾裹黄筒紙賣與匠作打紙筋，僅剩零碎紅雜色紙，不能回殘者，賣與惜字會焚化，否則竟供炊爨之用。經前府示禁，並傳諭各會真字紙擔，如遇僞擔，即時扭送各地方官懲治在案。嗣後如再有以僞亂真者，仍前辦理。

一、紙作坊廣收殘書賬簿字紙，堆貯缸中，用水泡爛，用足踐踏，作爲還魂紙。蘇郡北寺後沙河蕩、退居里，承天寺前桃花塢，雙塔寺前四擺渡，各處皆有作坊。其始但收紙店書坊切下紙腳，浸爛回造，其後並收僞惜字擔上，白料有字紙名曰飛花，一併回造。入缸時，必加人溺及穢濁之物，字蹟乃化。自後各紙作坊不許收買字紙、飛花等造作還魂紙。一經查出，定將器具銷燬，房屋入官充賞。

一、齊門外錢萬里橋，紙行家將黄筒紙、七都紙原來紙捆邊上印記鏟去，重印此地印記，其鏟下字屑，每年有一千餘擔之多，各紙行棧房管事俱賣與匠作打紙筋。從前紙行曾會議刊碑建爐焚化，現今廢弛已久，究屬何故？着各紙行迅加整頓，仍舊焚化，毋任散棄。

一、店鋪包貨紙張，印記招牌字號，最易穢污者，莫如香粉肥皂，一經用盡，鮮不棄擲。如零賣糕點、茶葉、建煙、水煙、潮煙、杭煙之類，亦必加印牌號，往往代作粗紙，陷於厠内。嗣後各鋪户包貨紙張，概不許印用字號招牌，各自改鐫花樣圖記，蓋印紙包，以誌辨别。至紙店、香蠟店所賣粗細紙如雨横蓋有字號者，務先翦去字跡，再行發賣。

《申報》同治癸酉十月十四日《邑尊奉行敬惜字紙告示》 爲通飭事。奉本府正堂楊札，奉布政使司恩札，奉總督都堂李札開：據鎮江府試用訓導茅辛年等禀稱：切以積學以窮經爲本，讀書以惜字爲先。近來紙坊諸多穢褻者莫如草紙，蓋戳舊紙還魂爲尤甚。草紙之類不一，其大而極粗者出於江西，蘇州亦時或造之，俗呼爲炕背紙，衹以供生育之用。其滑而較小者亦出江西，俗呼放西紙，衹以供溷厠之用。其粗而較長者出自蘇、常及溧陽諸地，安慶、蕪湖、大通亦皆造是帋，俗呼爲帋筋，以供墻壁紙脚之用。此等粗料紙面紙邊皆加字號戳記，棄諸糞土，污穢已極。紙料大半出自江西，所有不出紙料之地甚將舊書廢帳重行造作，名爲還魂紙，其粗者亦衹以拭污穢。江甯、上元亦取書鋪切下紙邊，聚齊重造，雖屬細紙居多，然紙邊皆有字跡，亦多作踐。種種穢褻，於心何安。職等觸目驚心，已非一日。爲此承乞賞准立案，一面札飭江寧、上元、溧陽各府縣查明各紙坊，按鋪給示禁止，永遠勒石禁止。庶幾士林感化，同深敬惜之心，商賈自知，亦切欽崇之至等情到。本部堂據此，除批查字紙必應敬惜，據禀各紙坊於草紙等項紙邊均加蓋字據戳記，甚將廢書舊帳改造還魂紙，實屬穢褻。候分飭甯、蘇、安、西各藩司通飭各屬一體查禁牌示外，合行札飭。札司道飭各屬一體查禁，不准差役藉端需索，仍令各將遵辦緣由具報等因到司，札府轉飭到縣。□此合行出示曉諭，爲此示，仰各紙坊鋪知悉，自示之後，不准於草紙等項紙邊加蓋字號戳記，更不許將廢書舊帳改造還魂紙，以免穢褻。如敢故違，經察出定即提究。倘有差保人等藉端需索，准其禀候究辦。其各凛遵，切切特示。

《蜨階外史》卷四《敷地蘭》 天津城西南鄉，村民業紙，名敷地蘭。收買字紙及舊書重漬，仿造紙法製成，供市肆包裹之用。紙上往往見半字，愚無知者以拭諸不潔物，大乖惜字之義。官斯土者，所當懸爲厲禁也。

孟繼塤《石阡物産記・花木之屬》 柘，俗名構樹，又名穀樹，取以作紙。楮，枝葉略似柘，夏結軟紅子，野鳥爭啄之，京師呼爲麻果樹。作紙者皮葉並用，古法猶存。【略】槲，大葉長枝，迎風作響，皮葉皆可造紙。

李方赤《視已成事齋官書》卷三《禁抄缸改造字紙示》 訪得揚州徐凝門外東西大灘，有等無業游民，設立紙局，專買字紙，和水浸入缸内，用脚踏爛，改造成紙，名爲抄缸。其紙字迹宛然，糊上蒲包，賣給居民，以作幼孩婦女鞋底之用。鞋破之後，棄擲坑厠。【略】無如開設抄缸之人，迷而不悟，旋禁旋開。尤其爲刁滑者，又稱專抄白紙，不在例禁。焉有如許零星白紙可入抄缸？且白紙即可糊上蒲包，何必再落抄缸，踏爛改造，多費人工。【略】自出示之後，爾等原設抄缸及早歇業，免致查拿究辦。【略】定將抄缸器具銷燬，房屋入官，改造之人，從重治罪。

劉錦藻《清朝續文獻通考》卷三七九《實業考二・農務》 又户部奏工部郎中唐浩鎮請令各省自闢利源以贍國用一摺。【略】五曰種竹。竹之爲物，可製器，可造紙，獲利較他産尤速。中國除直隸、山陝諸省不能豐植，餘皆可種。産紙之區向以浙江之紹興，安徽之宣城，甯國爲最，惟春煑烘焙仍未得法。若用洋機製造，和以菅麻，加其堅韌，則成紙速而銷場廣。每年洋紙數百萬之利可以抵制，而竹竿竹器出口之價亦可廣增。

劉錦藻《清朝續文獻通考》卷三七九傅春官《江西農務紀略》 〔光緒〕三十年，義甯州尹牧葆衷稱：【略】黄岡山亘數十里，苟能芟蕪伐木，火種刀耕，獲利無窮，而倡辦不易。至樹藝，則樟樹滿山而不知煎腦，種竹僅造火紙，而不知改良。【略】

新昌縣山多田少，種植以竹爲多，茶次之。【略】各鄉所墾荒山，飭令栽種毛竹，爲造紙之用。

宜春縣人煙稠密，山多田少。近河之地全賴水車灌溉，高阜之處專恃塘堰。鄉民祇知種苧麻以織夏布，種茶以榨油，種竹以造紙。【略】

萬載縣西南北三面，溪澗紛歧，均有筒車，足資灌溉。【略】該縣種竹，足充造紙原料。【略】

〔光緒〕三十年，弋陽鍾令元贊稱：東北兩鄉向以種松易長利速，種植最多。東鄉間亦産竹，可以造紙，惟紙質不佳，已飭加工製造。民間樹藝，向以種竹作紙，植桐梓榨油爲務。【略】

〔光緒〕三十年，樂平縣馮令用霖稱：縣屬向不産棉，【略】甘蔗爲向有物産，其汁可以熬糖，其稿復可造紙，成本輕而獲利速。勸推廣種蔗，雇吉贛熬糖工人試辦，再考究造紙之法，使無遺利。【略】

萬年縣處萬山之中，樹木本極茂密，因屢伐不種，遂致濯濯。【略】東南各鄉向以種竹造紙爲業，見勸補種苗竹，兼種烏桕茶子等類。【略】

興國縣花生、茶油出産最多，桐柏均可榨油，樟可熬腦。各鄉産竹，製造貢川、連泗、竹紙三項。貢川僅敷本地銷售；連泗則銷售廣東興甯及贛郡廬陵，惟原料不充，出貨無多。勸民多種毛竹，以充造紙原料。

劉錦藻《清朝續文獻通考》卷三八三《實業考六・工務》 〔光緒〕三十一年，陝西巡撫夏旹奏：「富國恃乎商，通商恃乎工。五行百産，轉運者商也，製造者工也。【略】華山多竹，簾蓆、筐籃、蜀箋、宣紙之屬可造也。」

劉錦藻《清朝續文獻通考》卷三八四傅春官《江西工務紀略》 新昌縣以栽竹造紙爲大宗，僅花箋與火紙兩種。如萬載之表芯，竟不能造。三十二年，馬令肇修飭紙商派匠往萬載學習。

上高縣張紳曙初在徐家渡設造紙廠，以蔗稿造紙。光緒二十九年，由縣詳請，獎六品功牌。【略】

鉛山縣河口鎮向出竹器，有兜輿、牀榻、椅凳、面盆架等類。【略】紙張一項，從前洋紙未行時，年可售銀四五十萬兩。其名目有連泗、貢川、竹紙等類，皆以新竹爲之，草紙則以禾草爲之，原料産本地。鄉間紙槽共有二百餘處，雖色黄質脆，不及閩紙，但其價較賤，江浙綢絹布疋各店均用鉛邑紙張包裹。近因洋紙盛行，不免滯銷虧折，槽户偷工减料，銷場愈滯。【略】

大庾縣種竹甚多，製成之紙有毛邊、膠礬等類，除本地人民敷用外，可運至廣東南雄州一帶發售。三十二年，蕭令兆熊飭各槽户加工製造，以期暢銷行遠。

羅願《新安志》卷一〇《叙雜説・紙》 黟歙間多良紙，有凝霜、澄心之號。復有長者，可五十尺爲一幅，蓋歙民數日理其楮，然後於長船中浸之，數十夫舉抄以抄之，傍一夫以鼓節之，續於大熏籠上周而焙之，不上於墻壁也。於是自首至尾勻薄如一。《四譜》。

張淏《〔寶慶〕會稽續志》卷四《紙》 敲冰紙，剡所出也。《新安志》：「紙敲冰爲之，益佳。」剡之極西，水深潔，山又多藤楮，故亦以敲冰時爲佳，蓋冬水也。張伯玉《蓬萊閣詩》：「敲冰呈好手，織素競交鴛。」注：越俗呼敲冰紙。

戴侗《六書故》卷二一《植物一》 凡治楮，藝而薅之三年，然後可伐。伐而漚諸水火，取其皮，暴而藏之。將爲紙，則漬而刮之，取其粹白者粥之，以蜃炭若石灰而漾諸清流以去其灰。出而暴之，而沃之，而再漾之，然後取而熟捶之，囊盛而濯之，去其水而搏之。織竹爲密簾，爲槽容簾，爲煏四周皆壁而炭其中。既治楮，和之以水，投黄葵之根焉，則釋而爲淖麋。酌諸槽，抄之以簾，其薄者單抄再抄，厚者至五抄六抄。既抄，則覆諸煏，乾而揭之。蓋紙之成也，其難若是。

周密《癸辛雜識續集》下《撩紙》 凡撩紙，必用黄蜀葵梗葉新擣，方可以撩，無則占粘不可以揭。如無黄葵，則用楊桃藤、槿葉、野蒲萄皆可，但取其不粘也。

陸容《菽園雜記》卷一三 衢之常山、開化等縣人，以造紙爲業。其造法，采楮皮蒸過，擘去粗質，糁石灰，浸漬三宿，蹂之使熟。去灰又浸水七日，復蒸之。濯去泥沙，曝曬經旬，舂爛，水漂，入胡桃藤等藥，以竹絲簾承之。俟其凝結，掀置白上，以火乾之。白者，以磚板制爲案卓狀，圬以石灰，而厝火其下也。

《〔弘治〕徽州府志》卷二《食貨一・土貢・元》 造紙之法：荒黑楮皮率十分割簏得六分，净溪漚灰籥暴之，沃之，以白爲度。瀹灰大鑊中，煑至麋爛，復入淺水漚一日，揀去烏丁、黄眼，又從而籥之，擣極細熟，盛以布囊，又於深溪用轆轤推盪，潔净入槽。乃取羊桃藤擣細，别用水桶浸挼，名曰滑水，傾槽間與白皮相和攪打勻細，用簾抄成張。榨經宿，乾於焙壁，張張攤刷，然後截沓解官。其爲之不易蓋如此。

王世懋《閩部疏》 閩中水碓最多，然多以木櫃，運輪不駛，急溪中壅激爲之則佳。順昌人作紙家有水碓。至造舟急灘中，夾以雙輪如飛，舂聲在舟。余戲謂此洞庭賊楊么故製耶。

謝肇淛《滇畧》卷三《産畧》 紙出大理，蒸竹及榖皮爲之。其水必用藥。師井者良，膩而不燥，謂之青抄，可以久藏，但差狹小耳。其用米粉抄者，鮮白有餘，而善腐蠹，字畫易脱，若華亭粉箋，然其製稍長。滇無束紙，以此代之。

笪繼良《〔萬曆〕鉛書》卷之一《食貨書第五》 何謂五利？一曰韋編之利。石塘人善作表紙，搗竹爲之。竹筍三月發生，四月立夏後五日，駁其殼作蓬紙，而竹絲置於池中，以石灰漿數日，取絲，連漿上竹楻鍋煑爛，經宿，水漂净之，復將稿灰淋瀝水，上楻鍋煖爛，復水漂净之，始用黄豆泂，安一大桶楻，一層竹絲則一層豆泂，過三五日始起爲之。白表紙止用藤紙藥，黄表紙則用薑黄，細舂篩末，稱定分兩。每一槽四人：扶頭一人，舂碓一人，檢擇一人，焙乾一人，則日出紙八把。拾有三把爲一石，八日而得五石，石貨銀錢七錢，五七而得三兩五錢也。蓬紙不過如法一煮一煖，一人成之，日可四塊，一名茶紙，或三十把二十奚，或三十二把二十奚，亦論揭白，則往河南、信陽、蕪湖、舒城、安慶耳。塊有十斤，則貨銀五分，以此分輕重。上表七日乾，中表五日乾。石塘出毛邊紙、奏本紙爲上，車盤出次之，他都所産下之。十三都獨連小表，亦有黄白。石壟近年所造有白棉紙，精妙光瑩，本名水玉箋，宋顔方叔創制，傳流於今，用以寫經典，則爲貴耳。紙凡十有四種：毛邊、京文、堂本、陳坊竹帛、西港火紙、草紙、大小夾板光、古婁、古塊紙、書策紙、連四、古本毛梳，而太史連、荆川連、白綿紙，則皆近年所造也。鉛山惟紙利天下之所取足，故四山皆以煮竹爲生。

宋應星《天工開物》卷中《殺青第十三》 宋子曰：物象精華，乾坤微妙，古傳今而華達夷，使後起含生，目授而心識之，承載者以何物哉？君與民通，師將弟命，馮藉呫呫口語，其與幾何？持寸符，握半卷，終事詮旨，風行而冰釋焉。覆載之間之藉有楮先生也，聖頑咸嘉賴之矣。身爲竹骨與木皮，殺其青而白乃見，萬卷百家，基從此起。其精在此，而其麤效于障風護物之間。事已開于上古，而使漢、晋時人擅名記者，何其陋哉！

紙料

凡紙質，用楮樹一名穀樹。皮與桑穰、芙蓉膜等諸物者，爲皮紙，用竹、麻者爲竹紙。精者極其潔白，供書文、印文、柬啟用。麤者爲火紙、包裹紙。所謂「殺青」，以斬竹得名，「汗青」以煮瀝得名。簡即已成紙名，乃煮竹成簡，後人遂疑削竹片以紀事，而又誤疑韋編爲皮條穿竹札也。秦火未經時，書籍繁甚，削竹能藏幾何！如西番用貝樹造成紙葉，中華又疑以貝葉書經典，不知樹葉離根即焦，與削竹同一可哂也。

造竹紙

凡造竹紙，事出南方，而閩省獨專其盛。當筍生之後，看視山窩深淺，其竹以將生枝葉者爲上料。節界芒種，則登山斫伐。截斷五、七尺長，就于本山開塘一口，注水其中漂浸。恐塘水有涸時，則用竹梘通引，不斷瀑流注入。浸至百日之外，加功槌洗，洗去麤殼與青皮是名殺青，其中竹穰形同苧麻樣。用上好石灰化汁塗漿，入楻桶下煮，火以八日八夜爲率。凡煮竹，下鍋用徑四尺者，鍋上泥與石灰揑弦，高闊如廣中煮鹽牢盆樣，中可載水十餘石。上蓋楻桶，其圍丈五尺，其徑四尺餘。蓋定受煮，八日已足。歇火一日，揭楻取出竹麻，入清水漂塘之內洗淨。其塘底面四維皆用木板合縫砌完，以防泥汚。造麤紙者不須爲此。洗淨，用柴灰漿過，再入釜中，其上按平，平鋪稻草灰寸許。桶內水滚沸，即取出別桶之中，仍以灰汁淋下。倘水冷，燒滚再淋。如是十餘日，自然臭爛。取出入臼受舂，山國皆有水碓。舂至形同泥麪，傾入槽內。凡抄紙槽，上合方斗，尺寸闊狹，槽視簾，簾視紙。竹麻已成，槽內清水浸浮其面三寸許，入紙藥水汁于其中，形同桃竹葉，方語無定名。則水乾自成潔白。凡抄紙簾，用刮磨絶細竹絲編成。展卷張開時，下有縱橫架匡。兩手持簾入水，蕩起竹麻入于簾內。厚薄由人手法，輕蕩則薄，重蕩則厚。竹料浮簾之頃，水從四際淋下槽內，然後覆簾，落紙于板上，疊積千萬張。數滿則上以板壓，俏繩入棍，如榨酒法，使水氣淨盡流乾。然後以輕細銅鑷逐張揭起焙乾。凡焙紙，先以土磚砌成夾巷，下以磚蓋。巷地面數塊以往，即空一磚。火薪從頭穴燒發，火氣從磚隙透巷外。磚盡熱，濕紙逐張貼上焙乾，揭起成帙。近世闊幅者，名大四連。一時書文貴重，其廢紙洗去朱墨汚穢，浸爛入槽再造，全省從前煮浸之力，依然成紙，耗亦不多。南方竹賤之國，不以爲然。北方即寸條片角在地，隨手拾取再造，名曰還魂紙。竹與皮，精與麤，皆同之也。若火紙糙紙，斬竹煮麻，灰漿水淋，皆同前法，唯脱簾之後，不用烘焙，壓水去濕，日曬成乾而已。盛唐時，鬼神事繁，以紙錢代焚帛，北方用切條，名曰板錢。故造此者名曰火紙。荆楚近俗，有一焚侈至千斤者。此紙十七供冥燒，十三供日用。其最麤而厚者，名曰包裹紙，則竹麻和宿田晚稻藁所爲也。若鉛山諸邑所造柬紙，則全用細竹料厚質蕩成，以射重價。最上者曰官柬，富貴之家通刺用之。其紙敦厚而無筋膜，染紅爲吉柬，則先以白礬水染過，後上紅花汁云。

造皮紙

凡楮樹取皮，于春末夏初剥取。樹已老者，就根伐去，以土蓋之，來年再長新條，其皮更美。凡皮紙，楮皮六十斤，仍入絶嫩竹麻四十斤，同塘漂浸，同用石灰漿塗，入釜煮糜。近法省嗇者，皮竹十七而外，或入宿田稻藁十三，用藥得方，仍成潔白。凡皮料堅固紙，其縱文扯斷如綿絲，故曰綿紙。衡斷且費力。其最

上一等，供用大内糊窗格者，曰欞紗紙。此紙自廣信郡造，長過七尺，闊過四尺。五色顔料，先滴色汁槽内和成，不由後染。其次曰連四紙，連四中最白者曰紅上紙。皮名而竹與稻藁參和而成料者，曰揭帖呈文紙。芙蓉等皮造者統曰小皮紙，在江西則曰中夾紙。河南所造，未詳何草木爲質，北供帝京，産亦甚廣。又桑皮造者曰桑穰紙，極其敦厚，東浙所産，三吴收蠶種者必用之。凡糊雨傘與油扇，皆用小皮紙。凡造皮紙長闊者，其盛水槽甚寬，巨簾非一人手力所勝，兩人對舉蕩成。若欞紗，則數人方勝其任。凡皮紙供用畫幅，先用礬水蕩過，則毛茨不起。紙以逼簾者爲正面，蓋料即成泥浮其上者，麤意猶存也。朝鮮白硾紙，不知用何質料。倭國有造紙不用簾抄者，煮料成糜時，以巨闊青石覆于炕面，其下爇火，使石發燒。然後用糊刷蘸糜，薄刷石面，居然頃刻成紙一張，一揭而起。其朝鮮用此法與否，不可得知。中國有用此法者，亦不可得知也。永嘉蠲糨紙，亦桑穰造。四川薛濤牋，亦芙蓉皮爲料煮糜，入芙蓉花末汁。或當時薛濤所指，遂留名至今。其美在色，不在質料也。

方以智《物理小識》卷八《抄紙法》 治楮者漚之，投黄葵之根，則釋而爲淖糜。酌諸槽，抄之以簾。其薄者一再抄，厚至五六抄。覆諸夾墻，煏乾而揭之。或以石灰水浸楮，後滌其灰。僞者加竹料、草料，以粉取白，則沁不耐書矣。竹取筍初成竹，斷之去青，謂之竹絲。浸而舂之。江西抄者粗，其抄草紙，按尺者煮當子藤葉，抄而累之，則番張不黏。或用榆皮。閩中抄竹紙、簡紙，取榔樹合圍者鋸片舂碎，煮水、抄簾，乃可笮之，而番張烤煏也。或用大圓黄香樹皮，廣信用羊桃藤水，皆取其滑。

方以智《通雅》卷三二 造紙者謂之抄紙，幅謂之番。治楮者漚之，投黄葵之根，則釋而爲淖糜，酌諸槽，抄之以簾。其薄者單抄、再抄，厚者至五抄、六抄。覆諸煏，乾而揭之。右軍守會稽，謝公乞箋紙，庫中有九萬版，悉與之。杜暹爲婺州參軍，吏以紙萬番贐，受百番。張華《博物志》賜側理紙萬番。集賢院學士大府供紙五千番。陳後主供智者藤紙一堕。今人以折成葉子者謂之版，其大者謂之番，百張謂之刀，五百謂大刀。

陶成《江西通志》卷二七《土産·廣信府》 紙。玉山縣東北鄉有楮皮紙，廣豐東鄉亦有之。其楮皮俱出自湖廣鉛山、貴谿二縣。有白鹿紙，煮竹絲爲之，今鉛山者佳。有高簾紙，俗名蓬紙。上饒縣有黄、白表紙，亦有連四紙，俱不甚佳。弋陽黄家源、石壠等處，雜竹絲荻蒿爲紙，止可祭神，不可書字。

按王宗沐《江西大志》：廣信府紙槽，前不可考。自洪武年間創于玉山一縣，至嘉靖以來始有永豐、鉛山、上饒三縣續告官司，亦各起立槽房：玉山槽坐峽口等處，永豐槽坐柘楊等處，鉛山槽坐石塘、石壠等處，上饒槽坐黄坑、周村、高洲、鐵山等處。皆水土宜槽。窮源石峽，清流湍急，漂料潔白。蒸熟搗細，藥和溶化，澄清如水。簾撈成紙，製作有方。其槽所非一地，故附屬因革，無從稽覈，矧係民屋，姑紀其略耳。

楮之所用，爲構皮，爲竹絲，爲簾，爲百結皮。其構皮出自湖廣，竹絲産于福建，簾産於徽州、浙江，自昔皆屬吉安、徽州二府，商販裝運本府地方貨賣。其百結皮，玉山土産。槽户雇倩人工，將前物料浸放清流急水，經數晝夜，足踹去殼，打把撈起，甑火蒸爛，剥去其骨，扯碎成絲，用刀剉斷，攪以石灰，存性月餘，仍入甑蒸。盛以布囊，放於急水，浸數晝夜，踹去灰水，見清，攤放洲上，日曬水淋，毋論日月，以白爲度。木杵舂細，成片摛開。復用桐子殼灰，及柴灰和匀，滚水淋泡。陰乾半月，澗水洒透，仍用甑蒸。水漂暴曬，不計遍數。多手擇去小疵，絶無瑕玷。刀斫如炙，揉碎爲末，布袱包裹。又放急流洗去濁水，然後安放青石板合槽内，決長流水入槽，任其自來自去，藥和溶化，澄清如水。照依紙式大小高闊，置買絶細竹絲。以黄絲線織成簾床，四面用筐綳緊，大紙六人、小紙二人扛簾入槽，水中攪轉浪動，撈起簾上，成紙一張。揭下，叠榨去水，逐張掀上磚造火焙，兩面粉飾光匀，内中陰陽火燒，薰乾收下，方始成紙。工難細述論。雖隆冬炎夏，手足不離水火。諺云：「片紙非容易，措手七十二。」

司禮監行造紙名二十八色，曰白榜紙、中夾紙、勘合紙、結實榜紙、小開化紙、呈文紙、結連三紙、綿連三紙、白連七紙、結連四紙、綿連四紙、毛邊中夾紙、玉版紙、大白鹿紙、藤皮紙、大楮皮紙、大開化紙、大户油紙、大綿紙、小綿紙、廣信青紙、青連七紙、鉛山奏本紙、竹連七紙、小白鹿紙、小楮皮紙、小户油紙、方榜紙，以上定例五年題造一次。乙字庫行造紙名二十一色，曰大白榜紙、大中夾紙、大開化紙、大玉版紙、大龍瀝紙、鉛山本紙、大青榜紙、紅榜紙、黄榜紙、緑榜紙、皂榜紙，以上隨缺取用，造解無期。按《府志拾遺》云：「石塘人善作表紙，搗竹絲爲之。竹笋三月發生，四月立夏後五日，剥其殼作篷紙，而竹絲置於池中，浸以石灰漿，上竹楻鍋煮爛。經宿，水漂凈之，復將稿灰淋瀝水，上楻鍋煮爛。復水漂凈之，始用黄豆泂注，一大桶楻，一層竹絲，則一層豆泂。過三五日，始取爲之。白表紙止用籐紙藥，黄表紙則用姜黄細舂末，稱定分兩。每一槽四人：扶頭一人，舂碓一人，檢料一人，焙乾一人。每日出紙八把。」

沈翼機《浙江通志》卷一〇一《物産・杭州府》 竹燒紙。《餘杭縣新志》：出南建上高斜坑，以竹浸之灰水中，碓成紙。祭祀焚以代帛。

沈翼機《浙江通志》卷一〇二《物産・湖州府》 水碓。《(嘉靖)安吉州志》：「惟孝豐以上有之。中虚，可容黍數斗，不人而運。或截竹置其中，待水自舂，搗爛如泥，輒用竹簾撈起，堆積蒸曝，便可成紙。」今之黄紙、白紙是也。

嚴如熤《三省邊防備覽》卷九《山貨》 紙廠。定遠、西鄉、巴山林甚多，廠擇有樹林、青石、近水處方可開設。有樹則有柴，有石方可燒灰，有水方能浸料。如樹少水遠，即難做紙，只可就竹箐開笋廠。笋廠於小滿後十日，采笋焙乾發客。紙廠則於夏至前後十日内，砍取竹初解籜尚未分枝者，過此二十日即老嫩不匀，不堪用。其竹名木竹，粗者如杯，細者如指，於此二十日内，將山場所有新竹一并砍取，名剁料。於近廠處開一池，引水灌入，池深二三尺，不拘大小，將竹盡數堆放池内，十日後方可用。其料須供一年之用，倘池小竹多，不能堆放，則於林深陰濕處堆放。有水則不壞，無水則間有壞者。從水内取出剁作一尺四五寸長，用木棍砸至扁碎，篾條捆縛成把，每捆圍圓二尺六七寸至三尺不等。另開灰池，用石灰攪成灰漿，將笋捆置灰漿内蘸透，隨蘸隨剁，逐層堆砌如墻。候十餘日，灰水喫透，去篾條，上大木甑。其甑用木攢成，竹篾箍緊，底徑九尺，口徑七尺，高丈許。每甑可裝竹料六七百捆，蒸四五日，晝夜不斷火，甑旁開一水塘引活水，可灌可放。竹料蒸過後，入水塘放水冲浸兩三日，候灰氣泡净，竹料如麻皮，復入甑内，用鹼水煮三日夜，以鐵鈎撈起，仍入水塘淘一兩日，鹼水淘净。每甑用黄豆五升，白米五升，磨成水漿。將竹料加米漿拌匀，又入甑内再蒸七八日，即成紙料。取出紙料，先下踏槽。其槽就地開成，數人赤脚細踏後，撈起下紙槽。槽亦開於地下，以二人持大竹棍攪極匀，然後用竹簾揭紙。簾之大小，就所做紙之大小爲定。竹簾一扇，揭紙一層。逐層夾叠，叠至尺許厚，即緊壓，候壓至三寸許，則水壓净，逐張揭起，上焙墻焙干。其焙墻用竹片編成，大如墻壁，灰泥塘平，兩扇對靠，中燒木柴，烤熱焙紙。如細白紙，每甑紙料入槽後，再以白米二升磨成汁攪入，揭紙即細緊。如做黄表紙，加薑黄末，即黄色。其紙大者名二則紙，其次名圓邊、毛邊紙、黄表紙。二則、圓邊、毛邊論捆，每捆五六合，每合二百張。每甑之料，二則紙可做三十捆，圓邊、毛邊紙可做三十五六捆。黄表紙論箱，每甑可做一百五六十箱。染色之紙，須背運出山，於紙房内將整合之紙大小裁齊，上蒸籠干蒸後，以膠礬水拖濕晾乾刷色。此造紙之法也。

范端昂《粵中見聞録》卷二三《物部三・紙》 廣州又多棧香，以作紙，名爲香皮，最堅韌。從化流溪一堡，男女終歲營營取給於紙。有竹名曰紙竹，其法先斬竹投地窖中，漬以灰水，久之乃出而椎練。漬久則紙潔而細，速則粗而滲。

郭柏蒼《閩産録異》卷一 閩坊造紙，春取竹穰和石灰，以巨石壓塘中，或貯以木桯；夏至出之，分粗細，臨流敲洗，曝乾，以備紙料。用時調米漿入槽，揭以細竹簾，爲皮料，爲次皮，其厚實者爲卷紙，文闈用之；閩卷紙不及廣東。明朝廣東卷紙以棉爲之，閩人稱爲明棉，五百年不蛀，視天一閣所藏可知。次於卷紙者曰致中。四種皆呼白料。凡皮料之屬，名目各異，失曬即蛀。去米漿者，爲竹紙，寬廣殺於皮料，亦稱扣紙。其名目亦隨槽而變稱。簍扣者，以薄結爲上，薄不蛀，結不破也。其不裝簍者，則松而厚，松易破，厚易蛀也。書坊以毛泰印書薄極難撿。將樂縣所造青絲扣，永安縣所造西莊扣，皆光潤幻結。次則建陽扣，土人呼爲書紙，宋元麻沙板書，皆用此紙。二百年吳中書坊，每歲以值壓槽，禁不外用，故閩人不得建陽扣。沙縣所制最多，有大扣等目，皆失之厚而易蛀。近書坊所印學堂書用之。松溪制者，名松扣，質亦松。甯洋所造次於皮料者，名甯洋紙，輕薄而價廉，揭褙匠以爲神紙。蒙塾所用寬尺六七寸，廣八九寸者，名京紙，其最厚者爲頂標，次曰割長，三曰薄京。將樂縣義豐楊家山所造之京紙薄而韌，經久不蛀，湖廣、江右行之。【略】各縣所造紙張，年市數十萬金，以之書畫，終遜宣城、涇縣兩處。

楊瀾《臨汀彙考》卷四《物産考》 汀地貨物，惟紙遠行四方，各邑製造不同。長邑有官邊、花箋、麥子黄獨等名色，紙則有黄丹木紅，若市間所鬻竹紙、貢紙，則來自歸、連兩邑，長邑無之。歸邑紅紙最佳，其金銀紙則以錫箔刷粘紙面，或染以黄爲冥帛。連邑紙有連史、官邊、烟紙、高簾夾板等名，皆以竹穰爲之。

其法：先剖竹殺青，特存其縞，投地窖中，漬以灰水，久之乃出，而暴於日，久則紙潔而細，速則粗滲，俗呼竹麻是也。迨其造紙，累石爲方空，高廣尋丈以置鑊，和堊灰而煮之，以化其性，傍溪分流，激石轉水，爲碓爲舂而搗之，以糜其質。置水槽中時攪使浮，乃用竹簾撈起，手一推挽，輒成一紙，揭簾復按板上，折一角使分張易舉，烘諸火。其竈穴地爲之，築長堵墻，中空通火氣，揭紙於墻，其乾速於日暴。紙槽中語云：「片紙非容易，措手七十二。」言其施工煩瑣也。

勞光泰修、但傳煊纂《（道光）蒲圻縣志》卷四《鄉里・張開〈東紙棚記〉附》

邑南山之東，有地曰紙棚，左有洞，右有泉，其居人曰鄭氏，凡四十餘户，除數耕者外，悉以造紙爲業。其法：取稻藁漬而舂之，暴於日，而以練水簡其穢惡，復漬於水，乃去其筋絡而存液，采構楼漿，和而匯於石窠。延江南工人，批竹篾如絲，爲簾如其紙之式，置於木匡，以手納石窠水中，水之精浮結於簾上者，皆成紙胎，覆於板，疊而累之如其數，乃榨去其水而揭之，以分布於焙。既燥，則又疊而累之，亦各如其數。其棚在宅之外，泉之下，或覆以瓦，或以茅，夾澗而處。凡造紙之具悉庀焉。時以竹筧乘泉而瀉於石窠，不用則去之。朝夕治棚下者約百餘人，每歲值可獲五六千金，凡此數十户一切食用皆取給於此。【略】則紙棚之爲利也，豈其微哉！雖然蒲故有名紙見於傳記，余不及見久矣。今乃爲此，縷粗而色闇者，豈嘗非其地歟？抑其法故不傳歟？否則用是物而知者希歟？是可慨也！

劉濬修、潘宅仁纂《（光緒）孝豐縣志》卷四《食貨志・土産》 紙，有黄白紙、草紙、桑皮紙等種，出東南鄉爲多。造紙者掘深坑，積竹腐之，轉水爲碓搗之，以糜其質；壘石置鑊，和堊灰著之，以化其性；浮於水，以成其形；暴於日，以烈其氣；成紙作捆，以鬻於市。若草紙，則製以稻草。桑皮紙，用紫草皮爲之。

陳吴萃修、姚炳奎纂《（光緒）邵陽縣鄉土志》卷四《地理志・商務》 紙分黄、白、藍、紅諸色，多系以竹爲之。初取嫩竹斬伐成片，入以石灰，浸於池内，使之日軟日化，然後以法漸令爲紙。縣地如東鄉龍山、中鄉、西鄉灘頭隆回，産竹最繁，造紙因衆。在龍山者，多由漣水入湘達省；在中鄉黄帝嶺、大雲山者，多由蒸水抵衡州，或再入湘達省；在灘頭、三門、石山者，多由陸路肩至縣城，再由資入洞庭大江以達於漢口、湖北。此紙産爲縣商務一大宗也。自用竹造紙以外，亦有以稻草爲最粗紙者，亦有以皮葉樹爲皮紙者，皮葉樹即所謂穀木，産並不多。縣雖出紙，不及外省江西、福建精好，故上品紙張仍多自外地至。

劉國光《（光緒）長汀縣志》卷三一《物産》 紙。《通俗文》曰：方絮爲紙。《釋名》曰：紙，砥也。平滑如砥石也。一作帋。邑人截竹置窖中，用石灰水浸數十日，竹輭，則去皮取穰，踏融另漖水中，以簾盛液而造之。有大小二種，大者曰乾邊，又曰毛邊，其料有生有熟，又可以造色紙；小者曰斗方，曰花箋。邑人賃山栽竹，設槽造紙，爲汀貨之最云。又穀皮紙，楮皮所爲，不及竹多。一種稿禾莖和竹穰造成，色黄而小，曰煤紙。

于學琴《（光緒）耒陽縣志》卷七《物産》 紙。《釋名》：紙，砥也。平滑如砥石也。《東觀漢記》：黄門蔡倫造意用樹皮及敝布、魚網擣抄作紙，紙曰猶存。

今邑人做之，取筍竹剉斷，漚石灰池中，擣爛抄成爲草紙，紫山區最多。又有成於薛荔樹膚者爲皮紙。

封祝唐《〔光緒〕容縣志》卷六《輿地志・物産下》 火紙。一波順里出。《舊志》：康熙間，有閩人來容教作福紙，創紙篷於山間。春初采扶竹各種筍之未成竹者，漬以石灰，漚於山池，越月碾漉成絮，濯以清流。又匝月下槽，隨撈隨焙，因而成紙。每槽司役五六人，歲可獲百餘金。至乾隆間，多至二百餘槽。如遇荒年，藉力役以全活者甚衆。

《蜨階外史》卷四《桑皮紙》 永平之地多老桑，居人植此爲業，而育蠶者頗少。大者蔽牛中車，材柔條脆，榦摧爲薪。葉霜後采入藥，能明目。而利尤在皮，剥之，劚之，揉之，舂之成屑，焙釜中令熱。拓石塘方廣數尺，浸以水，調以汁，如膠漆。製紙者刳木爲範，罨蝦鬚簾，兩手持範，漉塘中去水存性，覆置石板上，時揭而曝之，即成紙矣。今永平一帶，如遷安紙寨、灤州何家莊爲尤多。貧民操作甚苦，而獲利微尠。

《徐愚齋自叙年譜》 光緒十七年辛卯七月二十二日，走灤河上水，出潘家口唐山車站，與景翁諸君話别。【略】十二點鐘到楊家崖尖站。工人以桑皮造紙，每百斤十四吊，造紙十五刀，每一百九十張，沽東錢兩吊二百文。每吊合制錢一百六十三文。 對面山出白土，最合做紙之用。

《徐愚齋自叙年譜》（光緒二十三年） 一曰桑皮紙。遷安縣屬沙地，不能種棉花，雜糧者多種桑枝，其條則爲簍，其皮則爲紙，又名毛頭紙，津、京各處暨關外一帶多用此紙，銷路極廣，車載馱負，不可勝計。查江西土法造紙，廣東、上海機器紙廠向皆運售北方，若就近設機器造紙廠，能省運費關税，此可獲利者六也。

陳其元《庸閒齋筆記》卷三《製造食物之穢》 飲食日用之物，非目睹不知其製造之穢。余在福建，見製冰糖者，皆雜以猪脂。在蘭谿，觀製南棗，用牛油拌之，乃見光彩，故嗅之微有羶氣也。富陽竹紙名天下。造時，竹絲不用小便煮則不能爛。

馮贄《雲仙雜記》卷七《雨點螺磨紙》 治紙之昏而不染墨者，用雨點螺磨紙，左右三千下，其病去矣。《文房實飾》。

蘇易簡《文房四譜》卷四《紙譜》 蜀人造十色牋，凡十幅爲一榻，每幅之尾必以竹夾夾，和十色水，逐榻以染。當染之際，棄置椎埋，堆盈左右，不勝其委頓。逮乾，則光彩相宣，不可名也。然逐幅于方版之上研之，則隱起花木麟鸞，千狀萬態。又以細布先以麵漿膠令勁挺，隱出其文者，謂之「魚子牋」，又謂之「羅牋」。今剡溪亦有焉。亦有作敗麵糊和以五色，以紙曳過，令露濡，流離可愛，謂之「流沙牋」。亦有煮皂莢子膏，并巴豆油傅於水面，能點墨或丹青於上，以薑揾之則散，以狸鬚拂頭垢引之則聚，然後畫之爲人物，砑之爲雲霞及鷙鳥翎羽之狀，繁縟可愛，以紙布其上而受采焉。必須虚窻幽室，明槃净水，澄神慮而製之，則臻其妙也。近有江表僧於内庭造而進上，御毫一灑，光彩焕發。

米芾《書史》 真紙色淡而勻静，無雜漬，斜紋皴裂在前，若一軸前破後加新甚衆。薰紙，煙色上深下淺；染紙，濕色，紙紋棲塵；勞紙，作璽紋，軟。

吕希哲《吕氏雜記》卷下 治平初，某監藥蜜庫出黄蘗，供染紙處，其色甚鮮。近聞乃以紅花退水染紙，紙甘蠹聚，當益速壞矣。

邵博《邵氏聞見後録》卷二八 近世薄書，學在筆墨，事類草創，于紙尤不擇。唐人有熟紙，有生紙。熟紙所謂妍妙輝光者，其法不一；生紙非有喪故不用。退之與陳京書，云《送孟郊序》用生紙寫，言急于自解，不暇擇耳。今人少有知者。

葉庭珪《海録碎事》卷一一上《麥紙》 侵紅點書詔，皆用麥汁持紙。李德裕。

周煇《清波别志》卷二 米元章《書史》載唐人帖用硾熟紙，且引韓退之用生紙録文爲不敏。生紙當是草土所用。如米所言，乃有喪服者所用毛頭紙，既涉不祥，其可寫録文書，又恐别有意義。

范成大《吴郡志》卷二九《土物》 綵牋，吴中所造，名聞四方。以諸色粉和膠刷紙，隱以羅紋，然後研花。唐皮、陸有《倡和魚牋詩》云：「向日乍驚新藺色，臨風時辨白萍文。」注：魚子曰「白萍」，此豈用魚子耶？今法不傳，或者紙紋細如魚子耳。今蜀中作粉牋，正用吴法，名吴牋。

陳元靚《事林廣記》戊集卷五《藝圃須知・漿帋》 每帋百幅用阿膠半兩，以沸湯一大椀煮化。次研珠礬二兩，投，投澄，取清汁，别用白粳米研漿二椀，三分内取一分同膠礬煮熟，候温，杓起兩茶脚，多滴麻油少許，研令無珠，併傾入餘漿攪和，令如稠飯湯爲度。逐幅表裏各刷一遍，竢乾，疊起壓伸。可以肆筆揮染，不至透墨。

陳元靚《事林廣記》戊集卷五《藝圃須知・舂膏》 無泥竹帋每四五幅作一

沓，鋪平板上，用清水勾入，少染皂汁，攪勻，逐沓噴潤，疊垛，再用平板置上壓去水脉，仍前逐沓褐起，碾取八分乾，以軟熟稈草捲合，每百幅作一軸，用厚藤帋包襯，令人如槌帛法槌之，愈久愈佳。頻數輪轉，大約從早至晚，可成兩軸。直竢光滑如油單方止。此帋乃衆牋之最。其他色牋雖有造法，然皆事繁。舊説須春雨灑帋爲之，是則歲但可造爾，初何拘此。

陳元靚《事林廣記》戊集卷五《藝圃須知・洒牋》 銀牋取雲母石同生薑煮軟，去薑研治，爲粉清膠水調洒。金牋取舊明瓦魚鱗，慢火畧炙，研令極細，入濃煎槐花汁膠水各少許調洒。其洒之法，須將樱糊刷蘸汁，却以手指遠遠彈落，則點勻細，若點密而麄則不佳。

趙汸《東山存稿》卷五《跋趙文敏公臨東方先生畫贊》 汸往歲遊吴興，登松雪齋，聞文敏公門下士言公初學書時，《智永千文》臨習，背寫盡五百紙，《蘭亭序》亦然。今觀宋仲珩所藏《東方先生畫贊》臨本，見公於書學雖老不倦，前言於是益信。然公子仲穆父嘗謂汸曰：「先人書，某不當論。晚歲嘗書《大洞經》，必求佳紙，遣人於姑蘇擣治入潢。每用，清晨起盥漱焚香，下筆以三紙爲節。是書真不愧古人，惜乎書之未畢而捐館矣。」因出以示，坐客皆稱歎，以爲筆勢超絶，乃平生所未見。

劉基《多能鄙事》卷五

造牋紙法

先用新白糯米五升，水浸一宿。淘浄，研細，以水二升調攪，生絹濾過。入綠豆粉一斤，再調攪勻，下鍋慢火煎，頻用杖子不住手打。候滚，入白色黄蠟半兩，攪勻。候蠟溶漿熟，入白礬細末一兩，急打。如漿濃，旋添水量，稀稠適中收之。鍋若小，則分作二次煎之。

紙須揀厚實耐騰倒。煮漿、用漿法同。

白牋：入鉛粉、銀粉、白石脂，爲細末研勻。先刷表面，候乾，刷裏面，乾則上軸槌羅紋或研花。

肉紅牋：以蘇木汁加紫草，少許黄丹、少許銀粉，煮漿，調勻。色淡爲佳。

鵝黄牋：用槐花一兩炒焦，赤色，以冷水一碗烹汁，入銀粉煮漿，調勻。色淡爲佳。

粉青牋：與天青水碧色同。用靛一斤，淘浄，澄去灰，入銀粉煮漿。色淡爲佳。

綠雲牋：用槐花汁、靛汁調勻，看顔色淺深入銀粉煮，調勻。古經紙每紙百張爲率，用漿五碗、槐花汁一碗、蘇木汁二碗，用濃墨水半碗調和，看深淺加減。

青牋：用靛青二碗，和漿五碗。

姜黄牋：入槐花汁二小碗，蘇木汁一中碗。

杏紅牋：用漿二碗，入梔子、蘇木汁各一碗，和勻。刷紙一遍，則爲脚用。梔子汁二碗、蘇木汁一碗加刷。如色未足，再一、二、三遍。

深紅牋：用漿二碗，蘇木汁二碗。上脚後再以蘇木汁盞二、三、四遍爲佳。

潢紙漿

每紙百張用白礬二兩、黄明膠一兩，滚湯頃化稀水，刷紙面兩遍。陰乾作垛，以平板壓十分乾，逐張以生布擂光。

槌紙法

每紙百張作一石槌。每乾紙十張，外灑濕一張沓上，如此重疊沓起，以百張作一垛，放平正卓上。又以平板壓上，以大石壓之，經一伏時，上下乾濕皆均，置平石上勻槌二三百下，皆着實。於百張内將五十張曬乾，却與濕者五十張相間沓了，再勻槌二三百下。依前曬沓，又槌。如此三四次，直至無一張沾粘爲度。再以五七張一次倒下槌勻，直至光滑如油紙方止。此法全在槌揭，務要手勻爲佳。

春膏紙法

紹興竹紙不必十分佳者，遇春後細雨時，用卓子置雨中，鋪紙在卓上，候雨濕微透，一張張疊起，雖三四百幅不妨。用平板壓去水，每五七張揭起，晾令七分乾。以軟熟布捲紙，以木槌於槌帛石上槌之，直至光滑如油單方止。爲紙第一。造時須細雨，霧雨最佳。粗則破紙。立夏後勿造，造則損壞。

造牋紙上金花法

白雲母一兩、焰硝二錢，同研，絹袋盛漿水内揉爲粉。另放□□。□金三箇、梔子十箇、槐花三錢，炒赤色。右爲細末，以水一碗煎濃汁。入白礬、明黄膠少許，濾過。入前雲母、焰硝粉，加雌黄、雄黄末一兩，印子研之。

造真青紙法

鵝兒青二兩、膽礬、硇砂、鉛粉各一兩。右爲末，以皂角明膠煎汁，調染之。

造油紙法

碧清桐油二斤，慢火煎槐花，攪候滚，下皂角一寸、蟬殼二十個、蜜陀僧半兩、無明異少許，煎二三沸，不住手攪。下黄丹一兩，煎至色微紫，下鉛粉一兩，勤攪，莫要火緊。候色退，如無油色，以枝葉點木上。候冷，抹開如漆光，隨手便乾乃止。不但油紙、絹，亦可油木板，用亂絲蘸油使。

項元汴《蕉窗九録・紙録》

造葵箋法

五六月，戎葵葉和露摘下，搗爛取汁。用孩兒石鹿堅厚者裁段。葵汁内稍投雲母細粉，明礬些少，和勻，盛大盆中，用紙拖染，挂乾。或用以砑花，或就素用。其色緑可人，且抱野人傾葵微意。

染宋箋色法

黄柏一片搥碎，用水四升，浸一伏時，煎熬至二升止，聽用；橡斗子一升，如上法煎水，聽用；胭脂五錢，深者方妙，用湯四盌，浸榨出紅，三味各成濃汁。用大盆盛汁，每用觀音簾堅厚紙，先用黄柏汁拖過一次，復以橡斗汁拖一次，再以胭脂汁拖一次。更看深淺加減，逐張晾乾可用。

染紙作畫不用膠法

紙用膠礬，作畫殊無士氣，否則不可著色。開染法：以皁角搥碎，浸清水中一日，用砂罐重湯煮一炷香，濾净，調勻，刷紙一次，挂乾；復以明礬泡湯加刷一次，挂乾。用以作畫儼若生紙，若安藏三二月用更妙。折舊裱畫卷緜紙作畫甚佳，有則宜寶藏可也。

造搥白紙法

法取黄葵花根搗汁，每水一大盌，入汁一二匙攪勻，用此令紙不粘而滑也。如根汁用多，則反粘不妙。用紙十幅，將上一幅刷溼，又加乾紙十幅，累至百幅無礙。紙厚以七八張相隔，薄則多用不妨。用厚板石壓紙過一宿，揭起俱潤透矣。溼則晾乾，否則平鋪石上，用打紙槌敲千餘下，揭開晾十分乾，再疊壓一宿，又槌千餘槌，令發光，與蠟箋相似方妙。余嘗製之，甚佳，但跋涉耳。

造金銀印花箋法

用雲母粉同蒼朮、生薑、甘草煮一日，布包揉洗。又用絹包揉洗。愈揉愈細，以絶細爲佳。收時，以緜紙數層置灰矼上，傾粉汁在上，滩乾。用五色箋將各色花板平放，次用白芨調粉，刷上花板，覆紙印花板上，不可重搨，欲其花起故耳。印成，花如銷銀。若用薑黄煎汁，同白芨水調粉刷板印之，花如銷金。二法亦多雅趣。

造松花箋法

槐花半升炒煎赤，冷水三盌煎汁。用銀母粉一兩，礬五錢研細，先入盆内。將黄汁煎起，絹用濾過，方入盆中攪勻。拖紙以淺爲佳。文房用箋外，此數色皆不足備。

馮夢禎《快雪堂漫録・造色紙》 用橡子殼、大黄梔，傘店所用者二味，量濃淡合用。次用上白荆川連厚而少路者，光淨長几上鋪開，用排筆上色，次疊上，務令色遍，勿使有白點。約一刀分兩疊，置透風處，候乾極燥，揭開裱用。季象傳。

宋詡《竹嶼山房雜部》卷七 造五色牋法：每官印紙一幅，用煮漿及顔色水調雲母石碓粉，水澄絶細。先刷表面上桁，俟乾後刷裏面上桁。俟乾槌過，熿色，隨灑以金或以顔色水拖染，晾乾加熿色，篩雲母石粉金，槌平。一用白禄紙百幅，牛膠半斤、明礬八錢湯化醒之。春夏微釅，秋冬甚薄。調顔色，正面拖過。晾乾槌平爲牋，正可蠟印花。一用白禄紙，礬膠拖過，晾乾，研上等定粉，加顔色膠調刷紙，砑滑膩爲牋，惟可點以金。

槌紙法：每乾紙一幅，則以洒濕一幅疊之，百幅爲一垛置平板上，用大石重壓。經一伏時，俾上下乾濕皆勻，於平石上勻槌二三百下，務着實。於百副内將五十幅曬乾，却與濕者五十幅乾濕相間，再勻槌三二百下，依上再曬一半，候乾，又乾濕相疊槌之，以無一幅占粘爲度。

煎顔色水法：肉紅，用蘇木加紫草少許，同水煎汁；紅，用蘇木八兩，槌碎，沸湯八碗，浸三二時，煎濃加白礬濾；黄，用槐花半升，炒令焦黄色，同水三碗煎，數沸，候色濃，加白礬半兩濾；粉青，用靛花一斤，淘潔研細。其餘顔色，惟此三色濃淡輕重調合。若沉香色，煎栗殼水染；大紅，用紅花水膏，刷於膠礬紙也。

熿紙法：計紙百幅，白礬二兩、黄明膠一兩滚湯頓化，醒成稀水收。

李日華《六研齋二筆》卷二 唐薛能詩曰：「越毫逐厚俸，剡紙得佳名。」注云：近相傳以搗熟紙名碓。《雞林志》云：「高麗紙治之緊滑，不凝筆，光白可愛，名白碓紙，一名玉葉紙。」

宋應星《天工開物》第二卷《礬石・白礬》 凡礬燔石而成。白礬一種，亦所在有之，最盛者山西晉、南直無爲等州。值價低賤，與寒水石相彷。然煎水極沸，投礬化之，以之染物，則固結膚膜之間，外水永不入，故製糖餞與染畫紙、紅紙者需之。

方以智《物理小識》卷八　作故色紙：樺皮燒烟熏紙，作故色如泥。凡紙沁者，熏之不沁。《續録》曰：「紙自然故者，其表故色，其裏必新。」

熿槌法：熿百幅，白礬倍黄明膠滚化，而稀水收之。槌紙以一濕一乾合百爲垛，用大石壓一伏時，乃槌三百下，以互間勾疊爲度。米元章：「硾越竹如金版，入芨番覆。」《輟耕録》亦載藏經紙法：「芨合石硾爲光。」

摹帖紙：嚮搨槌蠟，明如魷角，次捶油紙，若熟桐油重塗綿紙，久則茶洗，可用數年。

沈翼機《浙江通志》卷一〇七《物産・温州府》　紙。《太平寰宇記》：温州産蠲紙。《清波别志》：唐有蠲府紙。凡造紙户免本身力役，故以蠲名。今出於永嘉。士大夫喜其發越翰墨，争捐善價取之，殆與江南澄心堂等。《甌江逸志》：蠲紙，《廣輿記》所云蠲糨紙也。潔白緊滑，過於高麗。《賓退録》：温州貢紙五百張。其來久矣。明開局於瞿溪，差官監造。後因水濁，製紙轉黑，乃以地氣改遷奏罷。少此佳紙，殊爲可惜。《温州府志》：造紙以糨粉和飛麪，入朴硝，沸湯煎之。候冷，藥釀用之。先以紙過膠礬，乾，以大筆刷藥，上紙兩面。再候乾，用蠟打，如打碑。以粗布縛成塊，揩磨之。舊州郡尺牘皆用之。今已罷製，姑存其法。

錢泳《履園叢話》一二《藝能・硾紙》　紙類不一，各隨所製。近時常用者不過竹料、綿料兩種，竹料用之印書，綿料用之寫字。然紙質雖細，總有灰性存乎其間，落筆輒滲。若欲去其灰性，必用糯米漿，或白芨水，或清膠水拖之，然後卷在木桿上，以椎千硾萬硾，則灰性去而紙質堅。米南宫製紙亦用是法。若欲灰性自退，非百餘年不可，然其質仍鬆不可用也。

箋紙近以杭州製者爲佳，硾箋、粉箋、蠟箋俱可用，蓋杭粉細，水色峭，制度精，松江、蘇州俱所不及也。有虚白齋製者，海内盛傳，以梁山舟侍講稱之得名。余終嫌其膠礬太重，不能垂久。

書箋花樣多端，大約起于唐、宋，所謂衍波箋、浣花箋，今皆不傳。每見元、明人書札中有印花、砑花精妙絶倫者，亦有粗俗不堪者，其紙雖舊，花樣總不如近今。自乾隆四十年間蘇、杭、嘉興人始爲之，愈出愈奇，争相角勝，然總視畫工之優劣，以定箋之高下。花樣雖妙，紙質粗鬆，舍本逐末，可發一笑。

唐秉鈞《文房肆考圖説》卷八《製造印色簡便佳妙法》　以芝麻油或菜油，入大口盆中，投白芨、川椒於内，紙封日曬，以俟粘膩。點紙不沸而用，非經歲月不成。市肆每以紙板浸漂代艾，【略】所以色不鮮明。

唐秉鈞《文房肆考圖説》卷八《收藏字畫書册碑帖法》　然紙必須油，方可經雨不破。其造紙訣云：「桐三麻四不須煎，十五草麻去殼研，胡粉一分和合了，太陽一照便光鮮。」其法：揀潔薄綿料紙，灑濕，甑蒸過。然後上油，捲於棍上，外又布捲一層，打數百下，則油匀無迹，紙更堅薄，用以糊窗。

劉義慶《世説新語》卷中之上　元皇帝既登阼，以鄭后之寵，欲舍明帝而立簡文。【略】慮諸公不奉詔，於是先唤周侯、丞相入，然後欲出詔付刁。刁協。周、王既入，始至階頭，帝逆遣傳詔遏使就東廂。周侯未悟，即卻略下階。丞相披撥傳詔，徑至御牀前曰：「不審陛下何以見臣？」帝默然無言，乃探懷中黄紙詔，裂擲之，由此皇儲始定。周侯方慨然愧歎曰：「我常自言勝茂弘，今始知不如也。」

明帝在西堂會諸公飲酒，未大醉，帝問：「今名臣共集，何如堯舜時？」周伯仁爲僕射，因厲聲曰：「今雖同人主，復那得等於聖治！」帝大怒，還内，作手詔滿一黄紙，遂付廷尉令收，因欲殺之。

馮贄《雲仙雜記》卷九《黄紙寫勑》　貞觀中，太宗詔用麻紙寫勑詔。高宗以白紙多蟲蛀，尚書省頒下州縣，並用黄紙。

宋敏求《春明退朝録》下　唐《日曆》正正字犯仁宗嫌名觀十年十月，詔始用黄麻紙寫詔敕。又曰：上元三年閏三月戊子敕：「制敕施行，既爲永式，比用白紙，多有蟲蠹，自今已後，尚書省頒下諸司及州下縣，宜並用黄紙。」《魏志》：劉放、孫資勸明帝召司馬宣王，帝納其言，即以黄紙令放作詔。

李肇《翰林志》　三公宰相命將曰制，並用白麻紙，不用印。【略】凡賜與、徵召、宣索、處分曰詔，用白藤紙。凡慰軍旅，用黄麻紙，並印。凡批答表疏不用印。凡太清宫道觀薦告詞文，用青藤紙，朱字，謂之青詞。凡諸陵薦告、上表、内道觀嘆道文，並用白麻紙，雜詞、祭文、禁軍號並進本。

李濬《松窗雜録》　明日，寧王率岐、薛已下同奏曰：「臣聞起居注必記天子言動，臣恐左、右史不得記天子閨中。行庶人之禮，無以光示萬代。臣請自今後臣與兄弟各輪日載筆於乘輿前，得以行在記叙其事。四季則用朱印，聯名牒送史館，然皆依外史例，悉以上聞，庶明臣等職守。如螭頭官上以八分書，日本國紙爲。」答辭甚謹，欣然悉允所奏。自是，天寶十載冬季已成三百卷，率以五十幅黄麻爲一編，用雕檀軸，紫龍鳳綾褾。

李翱《李文公集》卷八《勸河南尹復故事書》　某道無可重，每爲閣下所引納。又不隔卑賤，時訪其第，故竊意閣下或以翺爲有所知也。情苟有未安，不宜以默，故詳之以辭。河南府板榜縣於食堂北梁，每年寫黃紙，號曰黃卷。

《舊唐書》卷五《高宗紀》下 （上元三年閏三月）戊午，勑：制比用白紙，多爲蟲蠹，今後尚書省下諸司州縣，宜並用黃紙。

王欽若《册府元龜》卷六〇《帝王部·立制度》 （上元）三年閏三月，詔曰：「制勑施行，既爲永式。比用白紙，多有蟲蠹，自今以後尚書省頒下諸司諸州及下縣，宜並用黃紙。其承制勑之司，量爲卷軸，以備披簡。」

宋祁《宋景文公筆記》上 古人寫書盡用黃紙，故謂之黃卷。顔之推曰：「讀天下書未徧，不得妄下雌黃。」雌黃與紙色類，故用之以滅誤。今人用白紙，而好事者多用雌黃滅誤，殊不相類。道、佛二家寫書，猶用黃紙。《齊民要術》有治雌黃法。或曰：古人何須用黃紙？曰蘗染之，可用辟蟫。今臺家詔敕用黃，故私家避不敢用。

錢易《南部新書》卷九 元和三年，李藩爲給事中，時制勑有不可，遂於黃紙批之。吏曰宜連白紙。藩曰別以白紙是文狀，豈曰批勑？裴垍言於上，以爲有宰相器。俄而鄭絪罷免，藩遂拜相。

李上交《近事會元》卷二《書詔名 白藤紙 黃麻紙 青藤紙 五色金花綾紙 五色麻紙》 《翰林志》云：凡賜與、徵召、宣索、處分，曰「詔」，使白藤紙。凡慰撫軍旅，曰「書」，使黃麻紙，並使印也。道場薦告詞文，使青藤紙，朱字，謂之「青詞」。凡諸陵薦告、上表、内道場嘆道文，並使白麻紙。凡將相告身，用金花五色綾紙；其次小番，用五色麻紙。並不使印。

葉夢得《石林燕語》卷三 唐中書制詔有四：封拜册書用簡，以竹爲之；畫旨而施行者曰發，曰勑，用黃麻紙；承旨而行者曰勑牒，用黃藤紙；赦書皆用絹黃紙，始貞觀間，或云取其不蠹也。紙以麻爲上，藤次之，用此爲重輕之辨。學士制不自中書出，故獨用白麻紙而已，因謂之白麻。今制不復以紙爲辨，號爲白麻者，亦池州楮紙耳。曰發，曰勑，蓋今手詔之類，而勑牒乃尚書省牒，其紙皆一等也。

程大昌《演繁露》卷四《詔黃》 石林言制敕用黃紙始高宗時，非也。晉恭帝時，王韶之遷黃門侍郎，凡諸詔黃，皆其辭也。《南史》十四。則東晉時已用黃紙寫詔矣。又《南史》傳十五卷曰：宋明帝時，「吏部尚書褚彦回就赭圻行選，是役也，皆先戰授位，板檄不供，由是有黃紙札。」則宋世即軍補官賞功又已用黃紙矣。沈約永平八年，奏彈南郡丞王源曰：「源官品應黃紙，輒奉白簡以聞。」則是奏彈之文嘗用黃紙矣。《文選》四十。又徐羨之召蔡廓爲吏部尚書，謂黃門已下悉以相委，廓聞之曰：「我不能爲徐羨之書紙尾。」其曰紙尾者，黃案之尾也。此時選案黃紙，録事尚書與吏部尚書連名，故云然也，則是宋世已用黃紙爲案也。至齊世，立左右丞，書案之制，曰白案則右丞書名在上，左丞次書；黃案則左丞上書，右丞下書。雖世遠莫知其何者之爲白案，何者之爲黃案，所可知者，其紙已分黃、白兩色決矣。南齊東昏侯遊戲無度，臺閣案奏或不知所在，閹人以紙包裹魚肉還家，並是三省黃案。然則文書之用黃紙其來已久，高宗朝凡謄寫詔制以下州縣，始皆用黃紙耳。槩言詔用黃紙始於高宗，不審也！

程大昌《演繁露》卷四《黃麻白麻》 唐世，王言之別有七：其一爲册書，次爲制書，又次爲勞慰，又次爲發日敕。册書惟除拜王公將相則用白麻紙書，封付閣門，閣門集朝士拆封宣讀。宣已，付有司書諸竹簡，是爲册已。所謂擇日備禮册命者，即以此麻入之竹册，而涓吉臨軒以授其人者也。自制書已下至發日勑，則用黃麻紙書之，老杜所謂「黃麻似六經」者也。若降敕旨論事及敕牒，則用黃藤紙，其禮又降於黃麻矣。《六典》。

王楙《野客叢書》卷八 敕舊用白紙，唐高宗上元間以施行之制，既爲永式，白紙多蠹，遂改用黃。除拜將相制書用黃麻紙，其或學士制不自中書出，故獨用白麻紙，所以有黃麻、白麻之異也。詔，晉時多用青紙，見楚王倫、太子遹等傳；故劉禹錫詩曰：「優詔發青紙。」表亦用黃紙，觀《前燕録》載岷山公黃紙上表，《北史》邢邵爲人作表，自買黃紙寫送之，因知古者上下所書之紙不拘如此。李肇《翰林志》曰：凡賜予、徵召、宣索、處分曰詔，用白藤紙；撫軍旅曰書，用黃麻紙；道觀薦告詞文用青藤紙，謂之青詞；凡諸陵薦告上表用白麻紙。《石林燕語》曰：唐中書制詔有四：畫紙而施行者曰發，曰敕，用黃麻紙；承旨而行者曰敕牒，用黃藤紙；赦書用絹黃紙。或云取其不蠹也。《東齋雜記》：治平間，以館中書多蠹，更以黃紙寫。又知易白以黃者，往往以避蠹之故，非專爲君命而然。

趙升《朝野類要》卷四《白麻》 文武百官聽宣讀者，乃黃麻紙所書制可也，若自内降而不宣者，白麻紙也，故曰「白麻」。自元和初，凡赦書、德音、立后、建儲、大誅討、拜免三公宰相、命將曰制書，並用白麻，不用印。

高晦叟《珍席放談》卷上 凡詔書、德音、立后、建儲、行大誅討、拜免三公宰相樞密使、命將曰制，並用白麻紙，不使印。百官立班宣讀，故謂之白麻，亦曰宣麻。杜子美有詩云：「紫誥追三代，黄麻似六經。」按杜甫贈張垍詩：「紫誥仍兼綰，黄麻似六經。」此作追三代，未詳所本。黄麻不覩所出，蓋唐貞觀以詔勅多蠹，始用黄麻紙書寫爾。名與白麻相類而事則殊矣。

王應麟《玉海》卷五二《嘉祐編定書籍・昭文館書》（嘉祐）六年十二月辛丑，三館秘閣上寫黄本書六千四百九十六卷。【略】先是，崇文白本書歲久多蠹，又多散失。置官校正，補寫别本，亦以黄紙，以絶蠹敗。

王溥《唐會要》卷七五《選部下》（元和）八年八月，吏部奏請差定文武官告紙軸之色物：「五品已上用大花異紋綾紙，紫羅裏，檀木軸；六品下朝官裝寫大花綾紙，及小花綾裏，檀木軸；命婦邑號許用五色牋，小花諸雜色錦褾，紅牙碧牙軸。其他獨窠綾褾，金銀花牋，紅牙，發鏤軸鈿等，除恩賜外，請並禁斷。」勅旨依奏。

王溥《五代會要》卷一四《尚書省・司封》 一、當司所給公、王封爵，承襲告身，如帶同中書門下，使色背金花綾紙，如節察不帶使相者，白背金花綾羅紙，已下諸官並使白綾紙。其追封并邑號，則不係品位高卑，並使色背金花羅紙。其紙面除内出翰林修寫告身外，不得輒畫龍鳳。

王欽若《册府元龜》卷六〇《帝王部・立制度》（元和）八年八月壬寅，吏部奏請差定文武官告紙、軸之物色：「五品已上用大花異文綾紙、紫羅褾、檀木軸；六品以下朝官並内裝寫，許與大花綾褾，餘小花綾紙，通用紫綾褾檀木軸；命婦邑號許用色牋花素紙，小花諸色錦褾，紅牙軸。其紅地獨窠金錦線花牋，紅花牙撥鏤鈿軸等，除恩賜，請並禁斷。」從之。

李上交《近事會元》卷二《官誥沿革・命婦官誥用金花紙》 李愚《翰林舊規》云：舊例，宰相、使相官，用五色背綾金花紙；節帥，白綾金花紙；命婦，即金花綾紙。唐昭宗乾寧二年十月，李鋋自黔南節度授京兆尹，兩度諮報中書，使白綾紙也。

王鞏《聞見近録》 國書嚴奉未有如玉牒者。祖宗以來，用金花白羅紙、金花紅羅褾，黄金軸。神宗時，詔爲黄金梵筴，以軸大難披閲也。

宋敏求《春明退朝録》中 凡官告之制：后妃，銷金雲龍羅紙十七張，銷金褾袋，寶裝軸，紅絲網，金帉棤；公主，銷金大鳳羅紙十七張，銷金褾袋，瑇瑁軸，紅絲網，塗金銀帉棤；按皇后，當降制誕告，不裝告身而用册。本朝諸后皆止用告。景祐元年，立后，始用册。治平、熙寧皆循之。親王、宰相、使相，背五色金花綾紙十七張，暈錦褾袋，犀軸，色帶，紫絲網，銀帉棤；樞密使、三師、三公、前宰相至僕射、東宫三師、嗣王、郡王、節度使，白背五色金花綾紙十七張，暈錦褾袋，犀軸，色帶；參知政事、樞密副使、知院、同知院、簽書院事、宣徽使、僕射、東宫三師、御史大夫、宗室率府副率以上，白背五色綾紙十七張，暈錦褾袋，牙軸，色帶；尚書、觀文殿大學士、資政殿大學士、東宫三少、六統軍、上將軍、留後、觀察使同上，惟用法錦褾；近者用翠毛師子錦，以代暈錦，非舊制也。三司使、翰林學士承旨至直學士、待制、丞郎、御史中丞、大兩省賓客、大卿監、祭酒、詹事、庶子、大將軍、防團刺史、横行使、内諸司使、軍職遥郡、樞密都承旨、初除駙馬都尉，白綾大紙七張，法錦褾，大牙軸，色帶；三司副使、少卿監、司業、起居郎至正言、知雜至監察御使、郎中、員外郎、四赤令、諭德、少詹事、家令、率更令、太子僕、太常博士、節度行軍司馬、副使、横行副使、諸司副使、樞密副承旨、軍職都指揮使、忠佐馬軍步軍都軍頭以上、藩方馬步軍都指揮使，并不遥郡者，白綾大紙七張，大錦褾，牙軸，青帶；國子博士至洗馬、通事舍人、諸王友、六尚奉御、諸衛將軍、承制、崇班、閤門祇候、五官正、諸州别駕、樞密院諸房承旨，如官至將軍以上，用大綾紙、大錦褾、大牙軸。兩使判官、防團副使、率府率副率、京官館職、堂後官、中書樞密院主事、諸軍職都虞候、忠佐馬軍步軍副都軍頭、諸班指揮使、藩方馬步軍副都指揮使、都虞候、内供奉官至内品，白綾中紙五張，中錦褾，中牙軸，青帶；秘書郎至將作監主簿，白綾小紙五張，黄錦褾，角軸，青帶；幕職州縣官、靈臺郎、保章正、諸州長史司馬、中書録事、主書守當官、樞密院令史、書令史、諸軍指揮使、内品待詔、書蓺，白綾小紙五張，小錦褾，木軸，青帶；諸蕃蠻子大將軍、司階、司戈、司候、郎將以上，並白綾大紙，法錦，大牙軸，色帶；凡修儀、婉容、才人、貴人、美人，銷金小鳳羅紙七張，銷金褾袋，瑇瑁軸，紅絲網，塗金銀帉棤；司言、司正、尚衣、尚食、典寶常使，金花羅紙七張，法錦褾袋；内降夫人、郡君，團窠羅紙七張，暈錦褾袋；宗室婦常使，金花羅紙七張，法錦褾袋；宗室女，素羅紙七張，法錦褾袋；國夫人，銷金團窠五色羅紙七張，暈錦褾袋；郡夫人、常使，金花羅紙七張，見任兩府母、妻使團窠。法錦褾袋；以上至司言、司正等，皆用瑇瑁紫絲網、帉棤。郡君、縣太君，遥郡刺史、正郎以上妻並銷金，常使羅紙七張，餘命婦並素羅紙七張。

凡封贈父祖爲降麻官，用白背五色綾紙，法錦褾、大牙軸，餘雖極品，止給大綾紙，法錦褾，大牙軸。

李燾《續資治通鑒長編》卷八五大中祥符八年閏六月　癸丑，令官告院：自今大除授告身，賜外蕃書，仍用金花綾羅紙。時禁銷金，有司上請故也。

洪遵《翰苑羣書》卷五《翰林學院舊規・沿革》　舊例，宰相及使相官告並使五色背綾金花紙，節度使並使白綾金花紙，命婦即金花羅紙。乾寧二年十月，李鋋自黔南節相改授京兆尹，兩度諮報中書使白綾紙。

孫逢吉《職官分紀》卷九《官告院》　凡宰相、親王、使相，用五色背金花綾紙，犀軸，暈錦褾袋，色帶；三師、三公、樞密使及曾任宰臣官至太子三師、僕射以上，嗣王、郡王、節度使，用白背金花五色綾紙，犀軸，暈錦褾袋，色帶；參知政事、宣徽使、樞密副使、太子三師、僕射、御史中丞、兩京留守、皇弟、皇子、皇姪、皇孫，用白背五色綾，暈錦褾，大牙軸，色帶；尚書、文明殿學士、太子三少、京牧、大都護、兩省侍郎、京尹、上將軍、兩使留後、觀察使，用白背五色綾紙，法錦褾，大牙軸，色帶，並七張；三司使、翰林學士、侍讀學士、樞密直學士、尚書省御史臺四品、兩省五品以上諸司、東宮三品王傅、中都督、諸府尹、上都護、下都護、昭文館、集賢院學士、左右庶子、詹事、諸衛大將軍、防禦團練使、刺史、橫班諸使、昭宣使、樞密都承旨及諸使司軍職帶刺史者，用大綾紙，大錦褾，大牙軸，色帶；三司副使、升朝官太常博士以上、京府少尹、赤縣令、王府長史、司馬、諸司副使、樞密副承旨、節度行軍副使、判官、檢校至常侍、中丞以上者、諸軍都指揮使及供奉官、軍職加爵邑者，用大綾紙，大錦褾，大牙軸，青帶；候官帶館閣三司職事者、防團副使、兩使判官、畿令、諸州別駕、幕職、州縣檢校至員外郎者、中書樞密主事以上、兩省主事、入內高班內品以上、諸軍都虞候以上、供奉官以下及三司勾院覆官以上、檢校至尚書、省技術官至朝官、同正官，用中綾紙，中錦褾，中牙軸，青帶；京官靈臺、保章正、幕職州縣官、高班內品、翰林待詔、醫官、中書行首、守當、樞密院主事、令史、法直、禮直官，用小綾紙，小錦褾，木軸，青帶，並五張；諸番蠻子授大將軍、司階、司戈、司候、軍將等，用大綾紙，大牙軸，法錦褾，色帶。咸平三年九月重定，十二月詔：京官供奉官、侍禁殿直祗候內品，用小綾紙，水角貼金軸，紬地黃花錦褾青帶。又詔皇親崇班以下用大綾紙。其文武官封贈，凡降制追贈者，用白背五色綾紙，銀鈎暈錦紅裏褾，大牙軸；宫掖官告，用遍地銷金龍鳳羅紙；妃嬪及大長公主，遍地銷金斜花鳳子羅紙；內命婦、國夫人，用銷團窠花羅紙；郡主、縣主同。以上並犀軸，暈錦褾袋，紫絲網銀帉鐠。諸王妻、宰相樞密使、參知政事樞密使、副宣徽使、節度使母妻，團窠金花羅紙，犀軸，暈銀褾袋，紫絲網銀帉鐠；僕射、尚書丞郎、三司使、中丞、觀察使、內客省使母妻，用金花羅紙，犀軸，法錦褾袋，紫絲網銀帉鐠；防禦使、刺史、軍主、廂主、南北省五品諸司使以上母妻，用五色金花綾紙，牙軸，大錦褾袋，餘官母妻用中錦褾袋。其後郎中諸司使以上母妻，皆用金花五色羅紙，犀軸，法錦袋，自餘母妻皆同上，惟用玳瑁軸，五色羅紙，大牙軸，大錦褾。學士以上母妻皆賜之，餘官則入其直。又有預印書紙，在中書舍人院，有除授則就寫之。景德三年勅吏部郎中掌文官告身，司封郎中掌封爵皇孫諸親內外命婦告身，兵部郎中掌文武告身。贈官同正官，其封爵命婦贈官合用吏部、兵部告身印，內追封公主亦合用封司告身印。今後兵部、吏部及敘封加勳須各用逐司印。皇弟、皇子、皇姪、皇孫除官，並用白背五色綾紙十七張，暈錦褾，大牙軸，色帶。

熙寧二年，皇親副率以上即用白綾紙，暈錦褾，大牙軸，色帶子。若有近勅比換文資出官者，依皇親例供使。

六年，官告院言：「內殿承制，無使紙條貫。不以有無食邑，例用大綾紙七張。緣本官自在殿中丞下乞改正用中綾紙，褾軸，如有食邑者，如舊。」從之。

七年，舍人院言：「檢會官告院條制，大學士以上並用白背五色綾紙，法錦褾。觀文殿學士只用大綾紙，法錦褾，大牙軸，色帶子。緣觀文殿學士在資政殿大學士之上，是舊制誤定，乞用如大學士例。」從之。

李心傳《建炎以來繫年要録》卷四六紹興元年秋七月庚子　宣撫處置使張浚以便宜印造綾紙度牒，鬻之川、陝、京西以助軍用。至是以聞，詔日下住罷。

李心傳《建炎以來朝野雜記》甲集卷九《官告式》　淳熙十三年，李叔永昌圖爲工部侍官，用郊恩贈其父用賓少師，私命文思院工閻諒以銷金綾紙爲告。陳子榮侍御劾于朝，坐落職奉祠。

李心傳《建炎以來朝野雜記》甲集卷九《禮官學士爭詔紙》　乾道中，李仁父爲禮部郎中，洪景盧直學士院。時占城入貢，詔學士院答敕，景盧引故事，乞用金花白藤紙寫詔。而仁父上言當從紹興近例，用白藤紙作敕書。景盧以爲侵官，論奏其事。

《宋史》卷一六三《職官志三》　大抵官告之制，自乾德四年，詔定告身綾紙褾軸，其制闕略。咸平、景德中，兩加潤澤，至皇祐始備。神宗即位，循用皇祐舊格，逮元豐改制，名號雖異，品秩則同，故亦未遑別定。徽宗大觀初，乃著爲新格，凡褾帶、網軸等飾，始加詳矣。

凡文武官綾紙五種，分十二等：

色背銷金花綾紙二等。一等一十八張，滴粉縷金花大犀軸，八答暈錦褾韜，色帶。三公、三少、侍中、中書令用之。一等一十七張，滴粉縷金花中犀軸，天下樂錦褾犀軸，色帶。左右僕射、使相、王用之。

白背五色綾紙二等。一等一十七張，滴粉縷金花，翠毛獅子錦褾韜，玳瑁軸，色帶。知樞密院，兩省侍郎，尚書左、右丞，同知、簽書樞密院事，嗣王，郡王，特進，觀文殿大學士，太尉，東宮三少，冀、兗、青、徐、揚、荆、豫、梁、雍州牧，御史大夫，宗室節度使至率府副率之帶皇字者用之。一等一十七張，暈錦褾韜，玳瑁軸，色帶。觀文殿學士，資政殿大學士，六尚書，金紫光禄、銀青光禄、光禄大夫，左、右金吾衛，左、右衛上將軍，節度，承宣，觀察，並用之。

大綾紙四等。一等一十五張，暈錦褾，兩面撥花穗草大牙軸，色帶。宣奉、正奉大夫，翰林學士，資政、端明殿學士，龍圖、天章、寶文、顯謨、徽猷閣學士，左、右散騎常侍，御史中丞，開封尹，六曹侍郎，樞密直學士，龍圖、天章、寶文、顯謨、徽猷閣直學士，正議、通奉大夫，諸衛上將軍，太子賓客，詹事，侯，用之。一等十二張，法錦褾，兩面撥花細牙軸，色帶。給事中，中書舍人，通議大夫，司成，左、右諫議大夫，龍圖、天章、寶文、顯謨、徽猷閣待制，太中大夫，秘書、殿中監，伯，用之。一等一十張，法錦褾，撥花常使大牙軸，色帶。中大夫，七寺卿，京畿、三路轉運使，發運使，中奉、中散大夫，通侍大夫，樞密都承旨，祭酒，太常、宗正少卿，秘書、殿中少監，正侍、中侍大夫，入内内侍省、内侍省都知，諸州刺史，中亮、中衛大夫，防禦、團練使，太子左、右庶子，諸衛大將軍，駙馬都尉，典樂，子，用之。一等八張，盤毬錦褾，大牙軸，色帶。七寺少卿，朝議、奉直大夫，左、右司郎中，司業，開封少尹，少府、將作、軍器監，都水使者，拱衛大夫，太子詹事，左、右諭德，左武、右武大夫，入内内侍省、内侍省副都知，樞密承旨、副都承旨，諸房副承旨，起居郎、舍人，侍御史，左、右司員外郎，六曹郎中，朝請、朝散、朝奉大夫，京畿、三路轉運副使，諸路轉運使、副使，知上州，提舉三路保甲，入内内侍省、内侍省押班，武功至武翼大夫，開封左、右司録事，蕃官使臣，殿中侍御史，左右司諫、正言，監察御史，和安大夫至翰林良醫，男，用之。内殿中侍御史、監察御史用九張，蕃官使臣用大錦褾，背帶，此其小異者也。

中綾紙二等。一等七張，中錦褾，中牙軸，青帶。諸司員外郎，朝請、朝散、朝奉郎，少府、將作、軍器少監，諸衛將軍，太子侍讀、侍講，中亮、中衛、左武、右武郎中，知下州，諸路提點刑獄，發運判官，提點鑄錢，承議郎，武功至武翼郎，太子中允、舍人，親王府翊善、贊讀、侍讀，符寶郎，太常、中正、祕書、殿中丞，六尚奉御，大理正，著作郎，通事舍人，太子諸率府率，直龍圖閣，開封府諸曹事，大晟府樂令，直祕閣，崇政殿説書，和安郎至翰林醫正，用之。一等六張，中錦褾，中牙軸，青帶。奉議郎，七寺丞，祕書郎，太常博士，著作佐郎，國子、少府、將作、軍器、都水監丞，國子博士，大理司直、評事，修武、敦武郎，通直郎，内常侍，轉運判官，提舉學士，諸州通判，御史臺檢法官、主簿，九寺主簿，親王記室，閤門祗候，樞密院逐房副承旨，從義、秉義郎，太學、武學博士，開封諸曹掾，陵臺令，兩赤縣令，忠訓、忠翊郎，節度、防禦、團練副使，行軍司馬，太醫正，太史局令、正、丞、五官正，翰林醫官，辟廱博士，太子諸率府副率，用之。

小綾紙二等。一等五張，黄花錦褾，角軸，青帶。校書郎，正字，宣教郎，太常寺協律、奉禮郎，太祝，郊社、太官令，律學博士，國子、少府、將作、軍器、都水監主簿，宣義郎，保義、成忠郎，太學正、録，律學，承事、承奉、承務、承信、承節郎，門下、中書省録事，尚書省都事，三省、樞密院主事，辟廱正、録，用之。一等五張，黄花錦褾，次等角軸，青帶。幕職州縣官，三省樞密院令史、書史，流外官，諸州別駕、長史、司馬、文學、司士、助教，技術官，用之。

凡宮掖至外命婦羅紙七種，分十等：

遍地銷金龍五色羅紙二等。一等一十八張，韜帶，兩面銷金雲鳳褾，紅絲網子，金樣鈒花塗帉鍇，滴粉縷金花鳳大犀軸。大長公主、長公主、公主用之。一等一十七張，韜帶，兩面銷金雲鳳褾，紅絲網子，金樣鈒花塗帉鍇，滴粉縷金花鳳子中犀軸。貴儀、淑儀、淑容、順儀、順容、婉儀、婉容、内宰用之。

遍地銷金鳳子五色羅紙二等。一等一十五張，韜帶，銷金鳳子褾，紅絲網子，金塗銀帉鍇，滴粉縷金雲鳳玳瑁軸。昭儀、昭容、昭媛、修儀、修容、修媛、充儀、充容、充媛、副宰用之。一等一十二張，韜帶，銷金盤鳳褾，紅絲網子，金塗銀帉鍇，滴粉金雲鳳玳瑁軸。婕妤、才人、貴人、美人用之。

銷金團窠花五色羅紙二等。一等一十張，八答暈錦褾韜，色帶，紫絲網子，銀帉鍇，滴粉縷金葵花玳瑁褾軸。尚儀，尚服，尚食，尚寢，尚功，官正，内史，宰相曾祖母、祖母、母、妻，親王妻，用之。一等八張，翠色獅子錦褾韜，色帶，紫絲網子，銀帉鍇，滴粉縷金梔子花玳瑁軸。郡主，縣主，國夫人，内命婦，郡夫人，執政官祖母、母、妻，用之。

銷金大花五色羅紙一等。七張，雲鴈錦褾韜，色帶，紫絲網子，銀帉鍇，滴粉縷金玳瑁軸。寶林御女，采女，二十四司典掌，尚書省掌籍、掌樂，主管仙韶，用之。

金花五色羅紙一等。七張，法錦褾韜，色帶，紫絲網子，銀帉鍇，縷金玳瑁軸。郡夫人，郡君，宗室妻，朝奉大夫、遥郡刺史以上母妻，升朝官母，諸班直都虞候、指揮使、禁軍都虞候、軍都虞候、御前忠佐母，蕃官母妻，諸神廟夫人，用之。

五色素羅紙一等。七張，錦褾韜，色帶，紫絲網子，銀畚鐕，大牙軸。宗室女、升朝官妻，諸班直都虞候、指揮使、禁軍都虞候、軍都指揮使、忠佐妻，用之。

凡內外軍校封贈綾紙三種，分四等：

大綾紙二等。一等七張，法錦褾，大牙軸，青帶。遥郡刺史以上用之。一等七張，大錦褾，大牙軸，青帶。藩方指揮使、御前忠佐馬步軍都副都軍頭、馬步軍都軍頭、藩方馬步軍都指揮使用之。內帶遥郡者，法錦褾，色帶。

中綾紙一等。五張，中錦褾，中牙軸，青帶。都虞候以上諸班指揮使，御前忠佐馬步軍副都軍頭，藩方馬步軍副都指揮使、都虞候，用之。內加至爵邑者，用大綾紙，大牙軸，大錦褾。

小綾紙一等。五張，黄花錦褾，次等角軸，青帶。諸軍指揮使以下用之。如加至爵邑者，同上。

凡封蠻夷酋長及蕃長綾紙兩種，各一等：

五色銷金花綾紙一等。一十八張，翠色獅子錦褾，法錦韜，紫絲網子，銀畚鐕，滴粉縷金牡丹花玳瑁軸，色帶。南平、占城、真臘、闍婆國王用之。

中綾紙一等。七張，法錦褾，中牙軸，青帶。蕃蠻官承襲、轉官用之。

李濬《松窗雜録》 開元中，禁中初重木芍藥，即今牡丹也。【略】上曰：「賞名花對妃子，焉用舊樂詞爲？」遂命龜年持金花牋，宣賜翰林學士李白進《清平調詞》三章。

李匡乂《資暇集》卷下 薛陶牋。松花牋代以爲薛陶牋，誤也。松花牋其來舊矣。元和初，薛陶尚斯色，而好製小詩，惜其幅大，不欲長，賸長之長。乃命匠人狹小之。蜀中才子既以爲便，後減諸牋亦如是，特名曰薛陶牋。今蜀紙有小様者皆是也，非獨松花一色。

馮贄《雲仙雜記》卷三《筆文章貨》 羅隱喜筆工，萇鳳語之曰：「筆，文章貨也。吾以一物助子取高價。」即贈鴈頭牋百幅。士夫聞之，懷金同價或以綵羅大組換之。《龍鬚志》。

馮贄《雲仙雜記》卷一〇《風流藪澤》 長安平康坊，妓女所居。新進士以紅牋名紙遊其中，時謂此坊爲「風流藪澤」。

王仁裕《開元天寶遺事》卷二《風流藪澤》 長安有平康坊，妓女所居之地。京都俠少萃集於此，兼每年新進士以紅牋名紙遊謁其中，時人謂此坊爲「風流藪澤」。

王定保《唐摭言》卷三 裴思謙狀元及第後，作紅箋名紙十數，詣平康里，因宿於里中。詰旦，賦詩曰：「銀釭斜背解鳴璫，小語偷聲賀玉郎。從此不知蘭麝貴，夜來新惹桂枝香。」

李昉《太平御覽》卷六七二 《登真隱訣》曰：楊君、許長史其書《洞房經》於小碧牋紙。又云篆書白麻紙。

錢易《南部新書》庚 建中二年，南方貢朱采鳥，形如戴勝，善巧語。養於宫中，斃於巨雕。內人有金花紙上爲寫《多心經》者。尋泚犯禁闈，亦朱采之兆也。

錢易《南部新書》壬 元和之初，薛濤好製小詩，惜其幅大，不欲長賸，乃狹小之。蜀中才子既以爲便，後減諸牋亦如是，特名曰「薛濤牋」。

高駢既好神仙，性復多誕。每稱與玉皇及羣仙書札來往，時對賓客，或書彩牋以爲報答。

蔡襄《蔡忠惠集》卷三四《雜著・文房四説》 蜀牋惟白色而厚者爲佳，今上方有故時貢者，實可愛也。近歲利在薄而易售，以是絶不佳，此物乃可惜耳。常州强武賢造粉牋，殊精，雖未爲奇物，然於當今好事亦難得耳。雲母粉不利人目，用者宜審之。吾嘗禁所部不得輒用竹紙，至於獄訟未決，而案牘已零落，況可存之遠久哉！

沈括《夢溪筆談》卷二二 予出使淮南時，見有重載入汴者，求得其籍，言兩浙牋紙三暖船，他物稱是。

王鞏《聞見近録》 李和文都尉好士，一日，召從官呼左右軍官妓置會夜午。臺官論之，楊文公以告先文正，文正不答，退以紅箋書小詩以遺和文，且以不得預會爲恨。

高似孫《剡録》卷七《剡溪玉葉紙》 皇甫松《非烟傳》曰：臨淮武公業，位河南功曹參軍。愛妾曰非烟，北鄰子趙象窺見，慕之。象取薛濤詩，以剡溪玉葉紙寫之，達意於非烟。烟復以金鳳紙題詩酬之。

高晦叟《珍席放談》卷下 江南李後主善詞章，能書畫，皆臻妙絶。是時，紙筆之類亦極精緻，世傳尤好玉屑牋，於蜀主求牋匠造之，唯六合水最宜於用，即其地製作。今本土所出麻紙，無異玉屑，蓋所造遺範也。

曾慥《類説》卷五九《十色牋》 成都薛濤者，營妓中尤物也。元微之治蜀，屢陪宴咲，元公後於松花紙上寄詩曰：「別後相思隔烟水，菖蒲花發五雲高。」薛於浣花溪種菖蒲，故有是句。蜀中松花紙、金沙紙、流沙紙、彩霞紙、金粉紙、龍鳳紙近年皆廢，惟十色牋尚在。

曾慥《類説》卷五九《絳羅箋》 張仲舒在廣，久雨，造絳羅箋甚多。

袁褧《楓窗小牘》卷上 余嘗見内庫書《金樓子》，有李後主手題曰：「梁孝元謂王仲宣昔在荆州，著書數十篇，荆州壞，盡焚其書。今在者一篇，知名之士咸重之。見虎一毛，不知其斑。後西魏破江陵，帝亦盡焚其書，曰：「文武之道盡今夜矣！」何荆州壞、焚書二語先後一轍也！」詩以慨之曰：「牙籤萬軸裹紅綃，王粲書同付火燒。不是祖龍留面目，遺篇那得到今朝。」書卷皆薛濤紙所抄。

李石《續博物志》卷一〇 元和中，元稹使蜀，營妓薛濤造十色彩牋以寄，元稹於松華紙上寄詩贈濤。蜀中松花紙、雜色流沙紙、彩霞、金粉、龍鳳紙近年皆廢，唯餘十色綾紋紙尚在。

李石《方舟集》卷一八《蜀楮》 蜀楮，今之冷金牋是也。非善書者不敢使，敗墨滑筆堅耐。山谷老人喜使之，真草多傳。蜀中不貴粉牋，小幅可以結字，不耐收藏也。前輩亦時有一二小幅，往往招蠹壞凋落也。

王誥、劉雨《〔正德〕江寧縣志》卷三《物産》 粉箋。金陵在齊有銀光紙，南唐有澄心堂紙，今無。近有粉箋，亦頗精緻。

楊慎《升菴集》卷六六《十樣蠻牋》 韓浦詩曰：「十樣蠻牋出益州。」《成都古今記》載其目，曰深紅，曰粉紅，曰杏紅，曰明黄，曰深青，曰淺青，曰深緑，曰淺緑，曰銅緑，曰淺雲，凡十樣。又有松花、金沙、流沙、彩霞、金粉、桃花、冷金之別，即其異名。又《蜀志》載：「王衍以霞光牋五百幅賜金堂令張蠙。」霞光，即深紅牋也。又有百韵牋，以其幅長，可寫百韵詩爲名。其次學士牋，則短於百韵焉。

高濂《遵生八牋》卷八《葉牋》 余作葉牋三種，以蠟板砑肖葉紋，用翦裁成。紅色者肖紅葉，緑色者肖焦葉，黄色者肖貝葉，皆取閩中羅紋長箋爲之。此亦山人寄興岑寂所爲。若山遊偶得絶句，書葉投空，隨風飛颺，泛舟付之中流，逐水浮沈，自有許多幽趣。

何宇度《益部談資》卷中 薛濤井舊名玉女津，在錦江南岸。水極清澈，石欄周環，久屬蜀藩，爲製箋處。有堂室數楹，令卒守之，每年定期命匠製紙，用以爲入京表疏，市無貿者。

李日華《六研齋筆記》卷三 馬仲塗家藏蔡忠惠書金花牋十六幅，每幅四字。玩其波畫，令人起敬。題云「梅三馬五蔡大皇祐壬辰中春」。

于敏中《欽定日下舊聞考》卷一五〇《物産》 大内洒金五色粉箋、五色大簾紙，洒金箋最細密。有等白牋，堅厚如板，兩面研光，如玉潔白；有印金花五色牋紙，又若磁青紙，如段素，堅韌可寶，多用寫泥金字經；有等藍色者，薄而不佳。《遵生八箋》。

宣紙，至薄能堅，至厚能膩。有貢箋，有綿料邊，有宣德五年造素馨紙印。又有白箋、洒金箋、五色粉箋、金花五色箋、五色大簾紙、磁青紙。以陳清欵爲第一。《帝京景物略》。

王士禛《池北偶談》卷一五《談藝五・蜀産》 明時蜀王府，例以三月三日取薛濤井水製箋二十四幅，以十六幅貢京師。近督撫監司稍募工仿製，殊不能佳。予使蜀時訪之，井傍石臼尚存，雕鐫精麗。井在錦江東，亦名玉女津也。按《續博物志》云：「蜀松花紙、雜色流沙紙、彩霞金粉龍鳳紙，近年皆廢。惟十色綾紋紙尚在。」今絶響矣。

王應奎《柳南續筆》卷二《宋箋》 太倉王文肅公家有宋箋一，可長十丈，米元章細楷題其首，謂此紙世不經見，留以待善書者。後公屬董思翁書之，思翁亦欣然自信，曰：「米老所謂善書者，非我而誰？」遂竟滿幅。

沈初《西清筆記》卷一 内庫藏明代香牋甚多，今製尚沿其舊，亦宋人蠟牋遺意，而堅緻過之。

上命造梅花玉版牋，仿澄心堂箋、雲龍牋諸種，尤勝。

馮贄《雲仙雜記》卷一《養硯墨筆紙》 養筆以硫黄酒，舒其毫；養紙以芙蓉粉，借其色；養硯以文綾，蓋貴乎隔塵；養墨以豹皮囊，貴乎遠溼。逢溪子遵之。《文房寶飾》。

馮贄《雲仙雜記》卷二《桃花紙》 楊炎在中書，後閣糊窻用桃花紙，塗以冰油，取其明甚。

陶穀《清異録》卷下《剡溪小等月面松紋紙》 先君蓄白樂天墨蹟兩幅，背之右角，有方長小黄印，文曰：「剡溪小等月面松紋紙，臣彦古等上。」彦古，得非守臣之名乎？

陶穀《清異録》卷下《卵品》 建中元年，日本使真人興能來朝，善書札，有譯者乞得章草兩幅，皆《文選》中詩。沙苑楊履，顯德中爲翰林編排官，言譯者乃遠祖，出兩幅示余，筆法有晉人標韵。紙兩幅：一云「女兒青」，微紺；一云「卵品」，晃白，滑如鏡面，筆至上多褪，非善書者不敢用，意惟雞林紙似可比肩。

陶穀《清異録》卷下《硏光小本》 姚顗子侄善造五色牋，光緊精華。硏紙版乃沉香，刻山水林木、折枝花果、獅鳳蟲魚、壽星八仙、鐘鼎文，幅幅不同，文縷奇細，號「硏光小本」。余嘗詢其訣，顗侄云：「妙處與作墨同，用膠有工拙耳。」

陶穀《清異録》卷下《鄱陽白》 先君子蓄紙百幅，長如一匹絹，光緊厚白，謂之「鄱陽白」。問饒人，云本地無此物也。

王珪《華陽集附録》卷八 《江干初雪圖》真蹟藏李邦直家，唐蠟紙本，世傳王摩詰所作。

鄭興裔《鄭忠肅奏議遺集》卷下《跋淳化帖》 高廟紹興中，令國子監摹本，首尾與淳化略無少異。當時御前拓者多用匱紙，蓋打金銀箔者也。自後碑工作蟬翼本，且以厚紙覆版上，隱然爲銀鋌㩻痕以愚人，但損剥，非後拓本之遒勁矣。

袁説友《東塘集》卷一九《跋李西臺臨魏晉帖》 唐人臨書多用粉蠟紙、薄紙，或冷金、硬黄，是直欲真相似者。《西臺帖》獨用厚牋摹搨，筆勢迅速，意足而迹弗拘，此尤不可及。不然有若似孔子，豈真似孔子者耶？

楊萬里《誠齋集》卷九八《跋曾子宣帖》 曲阜筆迹斷爛可惜，擣粉爲牋，其色也，豈不滑澤可愛？其久乃爾。問交亦然。

趙與時《賓退録》卷二 臨安有鬻紙者，澤以漿粉之屬，使之瑩滑，謂之蠲紙。蠲猶潔也。《詩》：「吉蠲爲饎。」《周禮》：「宫人除其不蠲。」名取諸此。又記五代《何澤傳》載：「民苦于兵，往往因親疾以割股，或既喪而廬墓，以規免州縣賦役。户部歲給蠲符，不可勝數，而課州縣出紙，號蠲紙。」蠲紙之名適同，非此之謂也。

《調燮類編》卷二《文苑》 油紙臨寫法帖，以濕手巾按之，則易上，其油厚者以肥皂汁磨墨則上。

荆川紙亦可加礬襯帖，摹臨勝於油紙。

紙用膠礬作畫，殊無生氣，否則不可着色。法以皂角搗碎，浸清水中一日，用沙礶重湯煮一炷香，濾浄調匀刷紙。一次挂乾，復以明礬泡湯加刷一次挂乾。用以作畫，儼若生紙。若藏二、三月用，更妙。拆舊畫卷綿紙作畫，甚佳，有則寶藏可也。

趙希鵠《洞天清禄集・古翰墨真蹟辯》 硬黄紙，唐人用以書經，染以黄蘗，取其辟蠹。以其紙加漿，澤瑩而滑，故善書者多取以作字。今世所有二王真蹟，或用硬黄紙，皆唐人倣書，非真蹟。

胡祗遹《紫山大全集》卷一四《跋臨王右軍帖》 絹素經三百年則壞，紙可延五百歲。晉人墨跡，至唐恐不能傳遠。虞、褚名公以硬黄紙摹之，此帖不惟全不失真，在右軍諸帖當爲得意書。山谷題後，後來者復何言！

楊慎《升菴集》卷六六《蠲紙》 古有蠲紙，以漿粉之屬使之瑩滑。蠲之爲言「潔」也。《詩》：「吉蠲爲饎。」《周禮》：「宫人除其不蠲。」蠲紙之名義取此。劉績《霏雪録》謂蠲紙起於五代，民間有因親疾封股，親喪廬墓，規免州縣賦役，歲給蠲符以蠲免之，號爲蠲紙。非也。

王世貞《弇州四部稿》卷一七〇《宛委餘編十五》 古書紙用硏光粉澤，而今不用，以其神易脱也。今玉貴漢製，書貴宋板，墨刻貴宋搨，則如故也。

屠隆《考槃餘事》卷二《紙・唐紙》 有硬黄紙，唐人以黄蘗染之，取其辟蠹。其質如漿光澤瑩滑，用以書經。今秘閣所藏二王書，皆唐人臨倣，紙皆硬黄。

顧起元《説畧》卷一五 唐太宗詩：「水摇文蠲動，浪轉錦花浮。」唐世有蠲紙，一名衍波牋，蓋紙文如水文也。

張丑《清河書畫舫》卷二上 硬黄紙，唐人用以書。染以黄檗，取其辟蠹。以其紙加漿，澤瑩而滑，故善書者多取以作字。今世所有二王真跡或用硬黄紙，皆唐人倣書，非真跡。冷金紙，色正黄，理緊而堅，摸之索索有聲。《洞天清録》。

郁逢慶《續書畫題跋記》卷一 唐人寫字多用硬黄，其次則用槌熟紙，蓋韓退之以爲生紙録文爲不敏是也。

金埴《巾箱説》 闕里孔稼部東塘尚任殁載餘，予重過其居，索色觀其家藏唐硬黄、宋海苔側理二紙，與嗣君榆邨衍誌坐黄玉齋摩挲半日，洵法物也。顧失記其體質輕重與長闊之數。後覽孔翰博宏輿毓埏所著《拾籜餘閒》，載列甚晰。云硬黄紙長二尺一寸七分，闊七寸六分，重六錢五分。紙質之重，無逾此者。海苔側理紙長七尺六寸，闊四尺四寸五分，紋極麤疏，猶微含青色云云。蓋宏輿先予見之也。因憶予家所藏澄心堂白麻一紙，寶之數世，歸於陳香泉，而予爲後裔者，竟不得一覩先人之物。以觀榆邨所藏，益增悵歎爾！

阮葵生《茶餘客話》卷一七《絹素光紙》 畫不重絹素，若唐宋人畫，皆是絹素上作，紙者絶少，不可一概不取，而元章父子畫又絶無一筆作於絹者，不可不知。墨迹不重硏光粉澤紙，神易脱故也。

褚人穫《堅瓠秘集》卷三《臨摹硬黄向榻》 唐人崇事法書，其治書有四種，曰臨，曰摹，曰硬黄，曰向榻。臨，置紙法書之旁，觀其大小濃淡形勢而仿爲之，若臨深之臨。摹，籠紙法書之上，隨其曲折婉轉用筆曰摹。硬黄，嫌紙性終帶暗澀，置之熱熨斗上，以黄蠟涂匀，則瑩徹透明，儼如魚枕明角，纖毫必見。向榻，坐暗室中，穴牖如盎大，以紙覆帖上，映而取之，欲其透射畢見，以法書年久，縑色沉暗，非此不澈也。大都施之晉、魏諸迹，故極意以收之耳。

王嘉《拾遺記》卷九　側理紙萬番，此南越所獻。後人言陟里，與側理相亂。南人以海苔爲紙，其理縱横邪側，因以爲名。帝常以《博物志》十卷置於函中，暇日覽焉。

陳繼儒《妮古録》卷四　晉武帝賜張華側理紙，乃水苔所成。賜密香紙萬幅，令杜武庫寫《春秋》，又蜜蒙花所成也。

方以智《通雅》卷三二　陟釐，一作側理、陟俚，苔紙也。晉武賜張華側理紙。南越以海苔爲紙，其理側，故名。王子年《拾遺記》云：本陟釐紙，漢人語訛爾。

陳康祺《郎潛紀聞二筆》卷九《趙徵君賜錦堂》　趙谷林徵君昱，家藏側理紙，蓋南越人以海苔爲之，質堅而膩，世不輕有。高宗南巡，獻之行在，拜賜宫錦四端。沈觀察椒園以「賜錦」名其堂，梁觀察瑶峯爲之書，沈宗伯歸愚記之，梁少師薌林書以勒石。

歐陽修《文忠集》卷七三《跋三絶帖》　南唐澄心堂紙爲世所珍，今人家不復有。曼卿詩與筆稱雄於一時，今亦未有繼者。謂之三絶，不爲過矣。余家藏此，蓋三十餘年。熙寧壬子正月，雨中記。六一居士。

蔡襄《端明集》卷三四《評書》　顔魯公，天資忠孝人也。人多愛其書，書豈公意耶？閩中無佳石，以堅木刊字，往往有予筆迹，模刻多或失真。自今年來眼昏，求書者一切謝絶。向時子弟輩多蓄予字，皆爲人持去。余有澄心紙百幅、李庭珪墨數丸，皆人間罕見者，當作諸家體以傳子孫。其餘非故人不能作手書。子弟輩得余書者，當自收之。

蔡襄《蔡忠惠集》卷三四《雜著·文房四説》　紙，李王澄心堂爲第一。其物出江南池、歙二郡，今世不復作精品。蜀牋不堪久，自餘皆非佳物也。

王闢之《澠水燕談録》卷八《事誌》　南唐後主留心筆札，所用澄心堂紙、李廷珪墨、龍尾石硯三物爲天下之冠。

陳師道《後山談叢》卷二　余於丹徒高氏見楊行密節度淮南補將校牒紙，光潔如玉，膚如卵膜，今士大夫所有澄心堂紙不迨也。

邵博《邵氏聞見後録》卷一九　蘇仲虎言有以澄心紙求東坡書者，令仲虎取京師印本《東坡集》，誦其中詩即書之。

程大昌《演繁露》卷九《澄心堂紙》　江南李後主造澄心堂紙，前輩甚貴重之。江南平後六十年，其紙猶有存者。歐公嘗得之，以二軸贈梅聖俞。梅詩鋪叙其由而謝之曰：「江南李氏有國日，百金不許市一枚。當時國破何所有，帑藏空竭生莓苔。但有圖書及此紙，棄置大屋墻角堆。幅狹不堪作詔命，聊備麤使供鸞臺。」用梅詩以想其制，必是紙製大佳而幅度低狹，不能與麻紙相及，故曰「幅狹不堪作詔命」也。然一紙已直百錢，亦已珍矣。

徐㶿、宋珏《蔡忠惠别紀補遺》卷下《逸編》　澄心堂紙一幅，闊狹、厚薄、堅實皆類此乃佳。工者不願爲，又恐不能爲之，試與厚直莫得之，見其楮細，似可作也，便人只求百幅。癸卯重陽日，襄書。《古香齋帖》。

郎瑛《七修類稿》卷一九《澄心堂紙》　澄心堂紙，陳后山以謂膚如卵膜，堅潔如玉。此必見之，而言之得如此真也。但在宋時亦罕觀，劉貢父詩云：「當時百金售一幅，澄心堂中千萬軸。後人聞此那復得，就使得之亦不識。」予嘗見一幅，堅白則同，但差厚耳。及宋板所榻六帖之紙，亦似之，又覺差少黑也。世以此紙爲宋物，殊不知澄心堂乃南唐烈祖徐之誥金陵燕居之名。今《南畿志》作藏書籍處，誤矣。宋時即誤以爲知誥之子元宗所造，《詩文發原》以爲後主所造，皆非也，故《后山叢談》辯之。今《徽州志》又以爲出於彼地，與李廷圭墨爲二絶，則誤之尤甚矣。諒后山宋人且嘗見之，辯爲烈祖所造無疑。惜歐陽公亦曰「但不知出處」。

金埴《不下帶編》卷三　埴寒家有世珍李後主澄心堂白麻紙一番去，內有經緯，乃曾王父太常府君所遺。世父文學子彀公諱炯，有善行，博學工文。藏之數十年，從不以示人，即埴亦未一見也。弟上舍墨香堂携之遊長安，諸名公卿踵門索色觀者，日日履滿。陳户部香泉奕禧用百日之功，手書册子十幀，行楷各半。與予弟易之去，而題詩於一幀之後云：「南唐澄心帋，一番去值百金。當時歐與梅，品題赫藝林。更有黄白麻，用之宣玉音。桑根與布頭，古製不易尋。子族浙東舊，遺滕儲夙搆。面腴滑澤顔，中含經緯皺。落墨心手融，膩欲貼肌肉。去，叶。我以書易之，行狎勞爬梳。若賞幽深際，應求古雅餘。追慕獲機難，祛篋呈瓊琚。曾聞一鷺字，滿價五十萬。興到曇礦邨，羣鶩即酬願。倘得家法傳，脫手復何恨。」香泉此詩於澄心白麻之妙，尚未盡其形容，而遽以手書易而得之。聊録其詩，以志感。墨香素工書，雖輕棄先人法物，而從此盡得香泉衣鉢。其書署香泉名，香泉幾乎不自辨。嘗舉似人曰：「得吾書法者，海内十八家，吾兒某第一，次則金墨香矣。」後香泉以此紙進於内廷，聞御鑑甚褒，遂以濡洒宸翰，則埴之家珍亦大有幸也夫！

褚人穫《堅瓠續集》卷二《澄心堂紙》 建業澄心堂，即今内橋中兵馬司遺址也。李後主時製紙極光潤滑膩，古人書畫多藉之，故劉貢父詩云：「後人聞名寧復得，就令得之當不識。」梅聖俞詩云：「静几鋪寫無塵埃。」又云：「堪入右軍迹，慚無幼婦詞。」劉原父云：「斷水折圭作宫紙。」王文正公云：「魚涸肯數荆州池。」王元禎嘗散步月下，至内橋，因誦諸詩，想見此紙之妙。

鄒炳泰《午風堂叢談》卷一《澄心堂紙》 澄心堂紙光潤滑膩，故劉原父云：「斷水折圭作宫紙。」李伯時作畫好用澄心堂紙。余嘗見伯時真迹亦莫能辨。建業澄心堂即今内橋中兵馬司遺址。

米芾《書史》 余嘗硾越竹，光滑如金版，在油拳上。短截作軸，入笈番覆，一日數十張。學書作詩《寄薛紹彭劉涇》云：「越筠萬杵如金板，安用杭油與池蠒。高壓巴郡烏絲欄，平欺澤國清華練。老無他物適心目，天使殘年同筆硯。圖書滿室翰墨香，劉薛何時眼中見。」薛和云：「書便瑩滑如碑版，古來精紙惟聞蠒。杵成剡竹光淩亂，何用區區書素練。細分濃淡可評墨，副以谿嵓難乏硯。世間此語誰復知，千里同風未相見。」其論筆硯間物云：「研滴須琉璃，鎮紙須金虎。格筆須白玉，研磨須墨古。越竹滑如苔，更須加萬杵。自對翰墨卿，一書當千户。」

《三希堂法帖》米芾《晉紙帖》 此晉紙式也，可爲之。越竹千杵裁出，陶竹乃復不可杵，只如此者乃佳耳。

蘇軾《東坡志林》卷一〇 世言竹紙可試墨，誤矣。當於不宜墨紙上。竹紙蓋宜墨，若池、歙精白玉版，乃真可試墨。若於此紙黑，無所不黑矣。褪墨硯上研，精白玉版上書，凡墨皆敗矣。

蘇軾《東坡志林》卷一二 李獻之遺予天台玉版，殆過澄心堂，頃所未見。

袁文《甕牖閒評》卷六 《聞見後録》載：王荆公平生用一種小竹紙，甚不然也。余家中所藏數幅，卻是小竹紙，然在他處見者不一，往往中、上紙雜用，初不曾少有揀擇。荆公文詞藻麗，學術該明，爲世所推重，故雖細事，人未嘗不記録之，至于用紙亦然。雖未詳審，亦可見其愛之之篤也。

袁文《甕牖閒評》卷六 今所謂邵公紙者，乃龍圖學士公邵龢知越州時作也。余聞其姪孫箎言如此。

楊慎《丹鉛摘録》卷三 廣安州紙名雪藤，玉板之類也。何志熙詩：「雪藤尤異產，應不數花牋。」

沈翼機《浙江通志》卷一〇四《物産・紹興府》 竹紙。《紙箋譜》：越中竹紙。《嘉泰會稽志》：「剡之藤紙，得名最舊，其次苔牋，今獨竹紙名天下，遂掩藤紙、竹紙。上品有三：曰姚黄，曰學士，曰邵公。工書者喜之：滑，一也；發墨色，二也；宜筆鋒，三也；卷舒雖久墨終不渝，四也；性不蠹，五也。」米元章《書史》云：「予嘗硾越州竹，光透如金版，在油拳上。」前輩貴會稽竹紙，於此可見。米芾《硾越竹學書詩》：「越筠萬杵如金版，安用杭油與池繭？高壓巴郡烏絲闌，平欺澤國清華練。老無長物適心目，天使殘年司筆研。圖書滿室翰墨香，劉薛何時眼中見？」薛道祖《和米芾越州竹紙詩》：「書便瑩滑如碑版，古來精紙難闡繭。楮成剡竹光零亂，何用區區書永練？細分濃淡可評墨，副以溪巖難乏硯。世間此理誰復知，千里同風未相見。」

徐度《却掃編》卷下 予所見藏書之富者，莫如南都王仲至侍郎家，其目至四萬三千卷，而類書之卷帙浩博如《太平廣記》之類，皆不在其間，雖祕府之盛，無以踰之。聞之其子彦朝云：其先人每得一書，必以廢紙草傳之，又求別本參較，至無差誤，乃繕寫之。必以鄂州蒲圻縣紙爲册，以其緊慢厚薄得中也。每册不過三四十葉，恐其厚而易壞也。此本專以借人及子弟觀之。又別寫一本，尤精好，以絹素背之，號「鎮庫書」，非己不得見也。

王明清《揮麈後録》卷五 鄭毅夫爲《江氏書目記》，載文集中，云：「舊藏江氏書數百卷，缺落不甚完。【略】書多用油拳紙，方册如笏頭，青縑爲標，字體工拙不一。」

高似孫《緯略》卷一二《三韓紙》 韓子蒼《謝錢珣仲惠高麗墨》詩：「王卿贈我三韓紙，白若截肪光照几。錢侯繼贈朝鮮墨，黑如點漆光浮水。」所謂三韓紙者，即繭紙也，宣和殿書畫磾卷盡用此紙。右軍以蠒紙書《蘭亭帖》。然晉宋自有一種紙，長丈餘，就船抄之，謂之繭紙。黄大史《謝鄭閎中惠高麗畫扇》詩：

「會稽内史三韓扇，分送黄門畫省中。」子蒼用三韓紙，蓋本於此。杜詩：「方丈三韓外，崑崙萬國西。」東坡云：「潘谷作墨精妙，雜用高麗。」

陳元靚《事林廣記》戊集卷五《藝圃須知・書窻》 書窻須油㕑糊之則明。其造訣云：「五桐六麻不用煎，二十萆麻去殼研。光粉黄丹各半匕，柳枝攪用似神仙。」又云：「桐三麻四不須煎，十五萆麻去殼研。定粉一分和合了，太陽一見便争鮮。」

孔齊《至正直記》卷二《白鹿紙》 世傳白鹿紙，乃龍虎山寫籙之紙也，有碧黄白三品。其白者，瑩澤光浄可愛，且堅韌勝西江之紙。始因趙魏公松雪用以寫字作畫，盛行于時。闊幅而長者，稱曰白籙，後以籙不雅，更名白鹿。臨江亦造紙，似舊宋之單抄清江紙，兵後亦鮮矣。

錢大昕《恒言録》卷六《白鹿紙》 《至正直記》：「世傳白鹿紙，乃龍虎山寫籙之紙也。有碧黄白三品。其白者，瑩澤光浄可愛，趙魏公用以寫字作畫。闊幅而長者，稱大白籙，後以籙不雅，更名白鹿。」常生按：《考槃餘事》：「白籙紙出江西，趙松雪、張伯雨多用之。」又《江西志》有大、小白鹿紙。

范成大《吴船録》 次至經藏，亦朝廷遣尚方工作寶藏也。正面爲樓闕，兩傍小樓夾之。釘鉸皆以碖石，極備奇靡。相傳純用京師端門之制。經書則造於成都，用碧硾紙銷銀書之。卷首悉有銷金圖畫，各圖一卷之事。經簾、織輪、相鈴、杵器物及「天下太平」、「皇帝萬歲」等字於繁花縟葉之中，今不復見此等織文矣。

周密《齊東野語》卷一五 霅川南景德寺，爲南渡宗子聚居之地，大殿皆欏木爲之，經數百年略不欹傾，俗傳以爲神匠所爲。佛像尤古。咸淳辛未三月，火忽起自佛腹，其中藏經數百卷，多五代及國初時人手寫，皆硾碧紙，金銀書，間有舍利、珠玉、金銀、錢之類，多爲宗子所得。

張燕昌《金粟箋説》 金粟箋之名定自《天府詞館》，以製賦題可爲楮生慶遭遇矣。燕昌生長海濱，愛金粟山水之勝，春秋佳日，扁舟訪赤烏遺跡，欲探藏經閣，則片紙無存。間于里中獲見散帙，亟爲編録。其他若法喜及秀州精嚴智覺，宜興善權諸藏堪與金粟互證者，并印記摹之，造紙及寫經人名一一類叙。後列裝潢家數則以資博覽。

潘澤民《金粟寺記》：寺先有宋藏數千軸，皆硬黄複繭。後人剥取爲裝璜用，零落不存，世所傳金粟山藏經紙是也，或云唐藏矣。胡震亨《海鹽縣圖經》：金粟山，縣西南三十五里。金粟寺在金粟山下，吴赤烏中建。宋濂《太平萬壽寺記》云：吴時江以南尚無佛寺，赤烏中，康居沙門僧會爲吴大帝祈獲釋迦文佛真身舍利，始建三寺：一爲金陵之保寧，一爲太平之萬壽，其一即海鹽之金粟也。大中祥符初元，始改爲金粟廣惠禪院。毘陵胡澄撰《金粟廣惠寺紀略》云：歲在赤烏，有神僧號康僧會自康居國而來，顯其靈異，海鹽金粟山時值炎暑，構亭施茶以濟渴。朝廷聞之，賜名茶院，已而建寺居焉。

姚桐壽《樂郊私語》：金粟寺有康僧會身像，余于至正癸巳始得頂禮。明年春，余以伯兄見背，到寺禮懺，復與潘廣文澤民檢發唐代所書三藏，然零落過半，惟《華嚴》、《法華》、《楞嚴》、《寶積》、《維摩》、《長阿含》及諸律論之半猶完整不壞。翻閲踰旬，忽于晡時作禮像前，見像眉間有光，須臾光若白線，婀婀而出，盤繞華蓋而上。余遂鳴鐘聚僧，稱佛名號，頂禮拜讚。至莫而光復從眉間收攝，人人歎爲希有。澤民因作《放光記》紀其事。

董穀《續澉水志》：大悲閣内貯《大藏經》兩函，萬餘卷也。其字卷卷相同，殆類一手所書。其紙幅幅有小紅印，曰「金粟山藏經紙」，間有元豐年號。五百年前物矣。其紙内外皆蠟，無紋理，與倭紙相類。造法今已不傳，想即古所謂白麻者也。當時澉鎮通番，或買自倭國而加蠟與？日漸被人盜去，四十年而殆盡，今無矣。計在當時縻費不知幾何，諒非宋初盛時不能爲也。

案：《碧里記》：大悲閣内貯《大藏經》萬餘卷，當時若得盡録其卷末年月并書人校人爲一卷，傳之今日，不更資考證邪。

《金粟寺志》：藏經繭紙硬黄，筆法精妙，其墨黝澤如漆，每幅有小紅印曰「金粟山藏經紙」，計六百函。宋熙寧十年丁巳，寫造《大藏》。賜紫思恭誌。今僅存百餘軸。

案：《樂郊私語》謂唐代書，《續澉水志》謂元豐年號，此云熙寧十年，皆與今所見熙寧元年者不同。可知《大藏》寫造非一時爾。

《海鹽縣圖經》：金粟寺有藏經千軸，用硬黄繭紙，内外皆蠟摩光瑩，以紅絲闌界之。書法端楷而肥，卷卷如出一手，墨光黝澤如髹漆，可鑒紙背。每幅有小紅印文曰「金粟山藏經紙」。後好事者剥取爲裝潢之用，稱爲宋箋，徧行宇内，所存無幾。有言此紙當是唐藏，蓋以其製測之。然據董穀以爲紙上間有元豐年號，則其爲宋藏無疑矣。

姚際恒《好古堂書畫記》：《阿毗達摩法藴足論》後署「熙寧元年，海鹽金粟山廣惠禪院大藏，吳鼎書」。

案：藏經卷首「海鹽金粟山廣惠禪院大藏」十一字，卷後題年月，所見相同。此云後署者，恐誤合年月爲一行也。

王穉登與劉少典書：「沙裏狗幸寄一籠，宋經箋有殘者乞一二番，若成卷者僕自有之，不須割裂。」又與劉少彝書：「宋藏經紙乞數番，欲裝一二舊帖，冀不斬。」

吾邑明隆萬間如劉氏少彝、少典兄弟，暨錢氏懋穀，俱風雅壇坫，一時名流，文翰往復，皆足以徵故實。自後繼之者陳氏則梁，有聲藝苑，此百穀帖真蹟曾藏則梁半偈菴，今歸吾友錢柞溪本誠家。

《大般若經》一卷，余昔年所得，卷首右下題「海鹽金粟山廣惠禪院大藏日」，一十六紙，每幅率□行，以朱絲爲直界，行率□字，卷尾署「維宋熙寧元年龍集戊申二月甲辰朔二十六日己巳起首，吳拱書，校勘僧普演勾當寫造大藏，報願僧惠明、都勸緣住持傳法沙門知禮挍證」。其字比經文差小，每幅有「金粟山藏經紙」印。

又《大般若經》一卷，吾以方進所得，卷首「海鹽金粟山」云云。收一十四紙，卷後「維皇宋熙寧元年」云云。嘉禾蔣鑄書，同挍勘僧立政勾當寫造大藏，報願僧惠明、都勸緣住持傳法沙門知禮并挍勘。

案：此卷紀年月日與余藏一卷同，惟寫經手及挍勘僧異耳。此卷收字前卷日字，蓋以千文紀數也。

又藏經一卷，錢柞溪所得，卷末署「聖宋治平元年歲次甲辰四月十五日起首，四明馮預敬寫，當寺沙門惟宥挍證，住持募緣寫造大藏，賜紫沙門守英造藏，檀越渤海吳延亮延宥，耆宿講經沙門昭益，法屬沙門守榮、守寧」。

案：此卷有三印，皆楷書，一曰「金粟山藏經紙」；一曰「勾當賜紫守英」，皆朱印。一曰「徐惠翁秀陳義舍墨」印。

金粟山藏經紙

勾當賜紫守英

徐惠翁秀陳義捨墨

太倉畢氏靜逸齋見宋仲温草書，立軸，白色藏經紙二接，有「金粟山」小印，又一印文曰「□德大藏」。

昌德大藏

案：金粟山藏經白色最少見。

徐紹曾《法喜寺重請藏經碑記》：舊有藏經，余不忍其毀廢而終泯。云云。

《海鹽縣圖經》：法喜寺，《吳地記》曰通元寺，吳大帝孫權吳夫人舍宅置。唐載初元年，則天皇后改爲重雲寺，移鹽官縣東四十里鮑郎市。明永樂志：寺在縣西南三十里，舊名通元寺，宋祥符元年賜額法喜寺。

鮑以文廷博知不足齋藏元文宗御書刻「永懷」二字墨帖卷子，藏經紙，引首上有楷書方印曰「法喜大藏」。陸咸仲以誠藏明朱西村題陳墨山畫木芙蓉詩，藏經箋，有楷書長方朱印作兩行，曰「法喜轉輪大藏」。

案：法喜寺藏經流傳絶少，惟背紙曾見幾番，光潔如玉，與金粟無異。鈐印有三：一曰「法喜大藏」，作一行，又作兩行；一曰「法喜轉輪藏經」，作兩行。陸貫夫曰「法喜轉輪藏經」亦有圜印者。

法喜大藏

法喜大藏

法喜轉輪藏經

案：吾邑藏經有金粟、法喜兩種，今寺中散佚殆盡，收藏家間得尺幅亦頗寶貴。其經文向來不堪重，今并經文亦難得矣。《滋蕙堂帖刻》有《大般若》殘本，係金粟山廣惠禪院大藏地一十七紙，題爲唐人書者恐誤。又案：金粟、法喜造紙大小相同，度以宋三司布帛尺，高一尺七寸有奇，長三尺三寸，質料用繭紙兼硬黄法也。

曾恒德《滋蕙堂法帖題跋・唐人書般若波羅蜜多經》：余子毓光于廠肆棄紙中得唐人藏經真蹟割裂廢殘者十有餘片，内有《大般若波羅蜜多經》卷十三，標題款識完好，餘則每行存五六字，或二三字不等。翦續成帙，得四百八十七字，顆顆明珠，行行朗玉，具多寶之莊嚴，發靈飛之冥幻，于唐賢中當與顔清臣、鍾可大伯仲。飄零千載，出塵灰間，加拂拭而珍秘之，且爲勒貞珉以傳不朽。物之遇合有時大率如此。案：曾氏所謂唐人書，蓋沿《樂郊私語》之誤。

陸時化《吳越所見書畫録》：《大藏經》十一幅，高八寸五分，有圜印鈐縫，又興國福壽院印。

海寧周松靄春藏元搨《淳化閣帖》，題籤皆宋藏經箋，上有圜印文曰「興國福壽院轉輪大藏經」十字，中有梵書。

錢柞溪藏藏經數幅，上有朱印文曰「興國福業院轉輪大藏經」十字，中有梵書。

案：二家所藏皆圜印楷書，兩梵字結體稍異。又福壽與福業不同。

吴槎客騫云：宋時凡經典碑幢等往往于寺院上加興國、安國、護國、報國諸字，實非寺院名也。此福業院蓋即今海鹽之南觀音院，中有藏經閣，剏自明代。王沂陽作記，謂院舊無藏經，有之自明始，豈未之深攷邪。

孫松亭師錫偕朱叔巖過侶鶴軒，出示《大般若經》數幅，末署「大宋至和二年歲次乙未三月十五日起首，募緣寫造，當寺挍勘沙門賜紫了乘」。正背俱有鈐印，文曰「秀州精嚴寺浄土院大藏經紙」，較金粟、法喜略短，色澤光瑩相同也。

案：精嚴藏經，每紙高二尺五寸，長二尺六寸，廿八行，十七字，間有十八字。

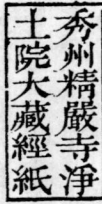

秀州精嚴寺浄土院大藏經紙

吾以方云：余所藏《大般若經》，每紙三十行，行十七字。又音疏一卷，每紙廿四五六行不等，行十四字，注皆雙行，朱絲闌邊，高低麤細咸歸一律，非止書法如出一手也。

吴槎客贈余藏經套，合紙四層爲之，紙色與金粟牋同，面題「大方廣佛華嚴經卷十八」，凡十字，是墨印。下有「秀州智覺大藏」小印，亦墨印。又槎客自藏數幅《大方廣佛華嚴經》卷十八，亦有「秀州智覺大藏」墨印，又有「金粟山藏經紙」印。聞陳條初藏印本藏經亦有智覺大藏印。

秀州智覺大藏

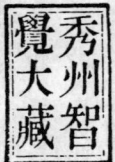

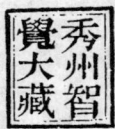

秀州智覺大藏

案：藏經用印，有朱墨二種。朱印用于造紙時，如金粟山秀州精嚴寺諸印。當時設局營造，專爲寫經，故每幅鈐記至勾當及捨墨二印。又秀州智覺大藏印，乃寫經成後記也。

姜紹書《韵石齋筆談》：句容崇明寺有斗書藏經，年久散落人間，楮素完好，展之墨色映人眼睫，信毘陵法寶也。相傳寺僧欲延請名流書經滿藏，忽有全真七人至寺，俱渥顔飄髯，風度沖遠，謂僧曰：「吾能書此，何必倩人。」主僧允之，扃閉一室。至明，啟扉，闃無其人，止有七鴿沖霄而去，剡藤貝葉繕寫無遺，鋒穎端莊，如出一手。始悟北斗神顯化，建齋以謝之。余舞象之年聞其説而異之，留意采訪，後先凡得二卷，皆朱絲界行，紙瑩如玉，書體類眉山。其一爲《大雲經》，宋元祐五年庚午七月錢塘張暉書。其一爲《法輪經》，元祐五年庚午七月崑山潘澤書。想元祐庚午乃寫經起首之期也。姓名歲月班班可考，何乃神其説而謂北斗降靈之迹乎。

余于杭城蓮居觀白色藏經二卷，其一《大般若波羅蜜多經》卷第五百二，江寧府句容縣崇明寺大藏巨一十八紙，末署「大宋元祐五年歲次庚午七月初六日起首寫造，姑蘇李訒書，劉慷比證，徒弟僧法隆、法典、景初、守象勾當寫造，僧守明、閣主僧永真、都勸緣興教禪院住持傳法沙門清濟，當縣郭下延賓里坊製置里。開福謹案：此四字疑有誤。奉佛弟子江舜臣謹捨」。其一《説一切有部品類足論》卷第十一，江寧府句容縣崇明寺大藏，投一十三紙，末署「大宋元祐五年歲次庚午七月初六日起首寫造，姑蘇陸云松書，揚州僧子修挍證，徒弟僧法隆、法典、景初、守象勾當寫造，僧守明、閣主僧永真、都勸緣興教禪院住持傳法沙門清濟，當鄉崇德鄉盧江村崇德里奉佛弟子淩守宗謹捨。」按二本皆摺版，經面木版，一中題「大般若經卷第五百二巨句容崇明大藏」，又旁書「捨入釋迦佛藏内」七字。墨瀋淋漓，氣勢酣暢，蓋亦宋人書也。一中題「阿毘達摩品類足論卷第十四，投句容崇明大藏」，雙行，與《大般若經》同。又卷首左下二卷皆有「句容經藏禪寺斗書毘盧法寶」十二字長方印，殆即所謂北斗降靈者與。

李日華《六硯齋筆記》：天平寺藏經，多唐人書，背有封橋常住印記。

己酉十月朔日，同仁和朱朗齋文藻、常熟毛寶之琛于趙味辛懷玉寓中觀唐荆川遺像，有手書藏經紙卷，上有印文不可辨。

又于蘇州沙青巖寓，同陸貫夫紹曾觀印本藏經，背紙有印文曰「戴□」，是倒用。

秀水蔣春雨元龍藏黄色藏經紙，有「書府藏用」朱印。

梁太史山舟家黄色藏經紙，朱印二種，一押書，一「慶政□錫」四字。

知不足齋觀宋版《羣經音辨》黄色藏經紙，面有朱印文，模糊不可辨，依缺略摹其筆畫。

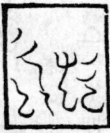

邱至山學勄杭城寓中觀古書畫，內有白色藏經紙一幅，有朱印文曰「善權山重修藏經紙」八字，二行，趙洛生魏所藏一幅亦有此印。

案：吴槎客云：宜興善權山之麓，有廣教禪院，亦曰善權寺，剏于南齊。考碑志，善權寺宋建炎中李忠定綱嘗裝嚴像設，迨寶祐間李相曾伯益加宏拓，有重修藏經殿之語，見于曾伯記中。則印文所云重修大藏經者，殆即寶祐時矣。殿柱宋時有雷篆甚奇，自明以來梵宇屢被鬱攸，雷篆既亡，而藏經亦不可問。惟與山相近地名陶墅，至今出佳紙，白如鋪玉，爲書畫家所重，豈猶是白藏經之適嗣與。

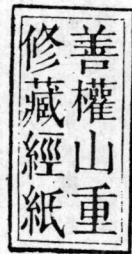

海寧俞冀山搴示藏經紙，摺版，是從印本後揭下者。印文曰「普照法寶」，紙色不如金粟箋之明潤，然亦真宋蠟紙也。

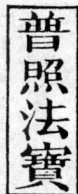

錢唐黄相圃模出示藏經紙一幅，亦有「普照」印，照字已缺。趙洛生又示白藏經紙，有「藏司記」三字印。又周□朱印，周下一字是押，余在杭寓，爲燈花落下失之，今惟存「藏司記」印。

乾隆壬午，燕昌于吴門敬觀今上御筆賜和沈德潛紀恩詩横幅藏經紙，高九寸，寬一尺七寸，紙上朱印「倪仁稾□」，下一字不可辨。

錢唐梁太史藏宋藏經紙，朱印「倪仁稾」，字較前所見略大，稾下一字是押，歐陽公所謂署書是也。

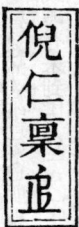

京師過陳伯恭崇本齋觀宋搨《聖教序》跋尾金粟箋，有梅花印。又一卷經背有「馮□」，皆朱印。

案：《江村銷夏録》：元吴仲圭《四友圖》卷首有梅花印，與此稍異。又馮□是元人押印，今京師琉璃廠押印甚多，此殆是收藏家印爾。

余藏宋搨晉唐小楷六種帖尾藏經紙半幅，上有朱印文曰「乾□大藏」，乾下一字似門字，印有輕重，不能辨。

陸貫夫藏朱澤民《古玉圖》藏經，引首上有篆文「經」字朱印。

庚子春同貫夫于閶門裝潢家見藏經紙，有楷書朱印文曰「九品净會」。

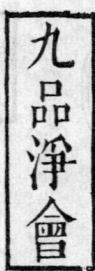

桐鄉金鄂巖德輿桐花館藏藏經紙，其色瑩澤，與金粟、法喜同，印有「義文」字篆書。又「丁戈染摺」小長印。

葉紹袁《甲行日記》：興善寺在秦溪，村深地古，竹木爲多。馥林云舊有宋藏，皆卷軸，非摺本也。萬曆初，寺當中衰，香火寥落，箱函毁阤。馮開之太史收歸，置之鄴架，忽元冥不禳，烈熖中飛去《法華》、《華嚴》二部。《華嚴》八十一軸，零星散□，人有捨之。《法華》七軸同飛至王江涇，墜具足菴，金書贉云「興善寺藏」，故菴仍以歸寺。箋印裝潢，斕然古物。後又不知何如失去矣。

曾見藏經紙，紙色肌理絶似金粟，上朱印文曰「報國豆」，豆字不解。陸貫夫云或印有未到處，疑「房」字也。

錢杵溪云曾見藏經一種，上下以朱爲邊，凖中無直界行，其書體較小，紙與金粟、法喜同。余見一幅，亦小字，書法遒勁，兩面無印記，紙色亦極類金粟，但光净而薄，不若金粟箋之厚也。

知不足齋觀《賢愚因緣經》一卷，摺版，每版十二行，行十七字。紙色黄而腴，比金粟稍薄，且有簾紋，闊二指，有套，亦似金粟。

陳繼儒《妮古録》云：宋紙于明處望之無簾紋。按：藏經紙亦然，大都繭紙爲之，無簾紋也。

案：藏經有黄白二種，有卷筒及摺本，有每幅印記，有不印記，印式亦不同。印文有篆有楷之别，如「經」字、「慶政」、「□錫」是篆，「金粟」、「法喜」、「精嚴」、「善權」諸印是楷，而楷書中雜以梵書押字，如「福壽」、「福業」、「倪仁稟」諸印是也。即印色亦有朱有墨，殆非一例。

藏經有寫、印兩種，鮑以文云：凡寫經用卷筒，印造則摺版。其寫者，《圖經》所謂卷卷如出一手是也。卷筒者，經卷上無摺痕；摺版者，摺成本子，每幅有痕。案所見藏經都宋人書，然亦有沿唐諱缺筆者，如「愍」偏旁「民」字缺末筆。余居京師日，嘗以一本贈北平翁學士覃溪，學士用山谷韻賦詩爲報云：「愍字尚沿唐諱筆，我嘗以證宋槧書。誰知迅掃若風雨，絳宫雲笈千蘂珠。宋楷二派瘠與腴，啄磔然否鍾虞如。斷斷撕押扁闊際，如剖鹿洞參鵞湖。」

余曾見金粟藏經全卷，包首即用藏經一色紙，卷以細竹片，軸以圜木，出其兩端，澤以丹漆，今裝潢家所謂出軸是也。又見金粟藏經木匣，甚古樸，式如今手卷，匣面深而平，四邊峻起，外以丹漆，内素質，其鬭筍處内外皆有痕跡可尋。又于海寧裝潢家見摺本藏經，外函亦用藏經紙糊十數層爲之。又崇明寺藏經摺本上下皆版面，先書經名，而澤以漆，質似東洋松本。

陶穀《清異録》云：建元中，日本使真人興能來朝，善書札。譯者乞得章草二幅，其一紙云「女兒青」，微紺；一云「卵品」，光白如鏡面，筆至上多褪，非善書者不敢用。按藏經紙亦褪筆，善書者遇之，興會愈佳。

案：宋有黄白經箋二種，此云黄經者，黄色藏經也。

郭若虚《圖畫見聞志》：李后主裝潢，提頭多用織成絛帶，籤帖多用黄經紙。

周嘉胄《裝潢志》：帖籤，宋徽宗、金章宗多用鵞藍紙泥金字，殊臻壯偉之觀。金粟牋次之。又云：余裝卷以金粟牋，白芨糊摺邊，永不脱，極雅致。

文震亨《長物志》：畫卷引首須用宋經牋、白宋牋及宋元金花牋。

周二學《賞延素心録》：横卷贉池用白宋牋、藏經牋或宣德鏡面牋，邊用精薄藏經牋，矮卷用白綾鑲高，然後接藏經牋或白宋牋。

毛氏《汲古閣珍藏秘本書目》：宋版《駱賓王集》二本，宋版《四靈詩》三本，元版《麗則遺音》一本，宋版《岳倦翁宫詞》、宋版《石屏詩》、許棐《梅屋詞》二本，元版《陽春白雪》二本，皆藏經牋面。

陳仲魚鱣云：山陰祁氏淡生堂藏祕册，多以宣綾包角，藏經牋作面，昔人題《淡生堂書目》有「宣綾包角藏經牋，抵得當時裝訂錢」之句。

余童時多見古書，面用藏經牋，間作書畫標籤者。近吴下裝潢家大半以僞者代之。勝國名流書畫用藏經牋全幅。國朝查二瞻輩以零星條子裝册供善書者，則知此紙在昔已重矣。吾邑故家册頁、護頁、手卷、贉池、立軸，詩堂往往見真藏經牋，今并尺幅片紙視爲奇貨，即留心鑒藏家亦未易數數覯也。更閲數十百年，不知珍重爲何如邪。

趙希鵠《洞天清禄集》：硬黄紙，唐人用以書經，染以黄檗，取其辟蠹。其紙如漿澤，瑩而滑。《唐六典》：裝潢匠，潢音光，上聲，謂裝成而以蠟紙也。《齊民要術》染潢法云：潢紙滅白便是，不宜太深，深則年久色闇。注謂浸黄檗汁爲之，蓋以辟蠹也。《廣韵》：潢，乎壙切，染書也。

錢柞溪云：藏經紙味苦。試之良然。蓋以黄檗染成耳。

《長物志》云：宋有黄白藏經紙，可揭開用。錢柞溪云：藏經紙有數層，似乎層層可揭，其實不然。後世愛重此紙，不得不揭用，遂有厚薄不匀。要知此紙本無可揭也。

陶九成《輟耕録》王古心先生筆録内一則：方外交青龍鎮隆平寺主藏僧永光字寂照，訪余觀物齋，時年已八十有四。話次，因問光前代藏經接縫如線，日久不脱何也？光云：古法用楮樹汁、飛麪、白芨末三物，調和如糊，以之接縫，不脱解，故如膠漆之堅。先生上海人。

陸貫夫云：金粟山藏經紙造于蘇州承天寺，此古老相傳之説。今承天寺造紙乃其遺制。

胡侍《真珠船》云：永徽中定州僧欲寫《華嚴經》，先以沉香種楮樹，取以造紙。

曾子愉《春宵鶴唳》：范成大云緄紙作蠟色，兩面光瑩，多寫《大藏經》，流傳于世，故有宋牋元牋之稱。近年所造者幅小于昔，雖便于用，而無古法。

屠隆《考槃餘事》：宋有歙紙，今徽州歙縣地名龍鬚者，紙出其間，光白可愛，有黄白經牋，可揭開用之。又云新安仿造宋藏經牋亦佳。高濂《清賞箋》云：吴中近亦爲之，但不如宋牋抄成堅韌如段帛有性，數百載流傳，尚可揭開受用耳。

姚際恒《好古堂家藏書畫記》卷下 宋藏經一卷《阿毗達摩法蘊足論》，後書「熙寧元年海鹽金粟山廣惠禪院大藏吴鼎書」。下註云：「二十五紙。」每幅背有「金粟山藏經紙」印。此緄紙作蠟色，縝密光滑，面背如一，背幅可揭作書。白色者作畫。嘗見趙吴興書此紙，明人尤多用之。又裝卷軸，用爲素幅，及裁割作題簽。將來此紙亦漸盡矣。

張彦遠《歷代名畫記》卷二《論畫體工用搨寫》 好事家宜置宣紙百幅，用法蠟之，以備摹寫。

于敏中《天禄琳琅書目》卷二《宋版史部・唐書》 詳閲此本，行密字整，結構精嚴，且於仁宗以上諱及嫌名缺筆甚謹，不及英宗以下，其即爲嘉祐奉敕所刊之本無疑。印紙堅緻瑩潔，每葉有「武侯之裔」篆文紅印，在紙背者十之九，似是造紙家印記，其姓爲諸葛氏。考宣城諸葛筆最著，而《唐書》載宣城紙筆並入土貢，唐張彦遠《歷代名畫記》亦稱好事家宜置宣紙百幅，用法蠟之，以備摹寫，則宣城諸葛氏亦或精於造紙也。

沈初《西清筆記》卷二 涇縣所進仿宣紙以供内廷諸臣所用。匠人略加礬，若礬多，則澀滯難用。又每紙三層折而礬之，其正面滑潤，中一層不中書。

鄒炳泰《午風堂叢談》卷八 宣紙至薄能堅，至厚能膩，箋色古光，文藻精細。有貢箋，有綿料，式如榜紙，大小方幅，可揭至三四張，邊有宣德五年造素馨紙印。白箋堅厚如板，面面研光如玉。洒金箋、洒五色粉箋、金花五色箋、五色大簾紙、磁青紙，堅紉如段素，可用書泥金。宣紙陳清欵爲第一，薛濤蜀箋、高麗箋、新安倣宋藏金箋、松江譚箋，皆非近製可及。

俞樾《春在堂隨筆》三　勒少仲同年方錡嘗攝江蘇臬使至三年之久，余寓吳下，往來甚密。後奉檄至皖北筦鹺捐局事，寄宣紙長一丈有二尺者，索余書大字作楹帖，其來書云：「曩在京師，見伊墨卿先生以六尺素紙作五言楹帖，可喜之至，惜未購得，至今憾之。同年中平時欽佩出於肝鬲，無逾兄者。若不能多得兄書，他日老去，定以爲憾矣。」余深愧其言，自惟筆力孱弱，方之墨卿先生，無能爲役，乃承良友拳拳如此，心誠憐白髮公，信夫！

查慎行《人海記》卷下《宣德紙》　宣德紙有貢箋，有綿料邊，有宣德五年造素馨紙印，又有白箋、灑金箋、五色粉箋、金花五色箋、五色大簾紙、磁青紙，以陳青款爲第一。

王應奎《柳南續筆》卷二《王麓臺作畫》　公每作畫，必以宣德紙、重毫筆、頂烟墨，曰：「三者一不備，不足以發古雋渾逸之趣也。」公官京師時，每歲初冬輒贈門人、幕賓畫，人人一幅，以爲製裘之需。好事欲得之，往往緘金以俟焉。

沈初《西清筆記》卷二　羊腦箋，以宣德磁青紙爲之。以羊腦和頂煙墨，窨藏久之，取以塗紙，研光成箋，黑如漆，明如鏡。始自明宣德間，製以寫金，歷久不壞，蟲不能蝕。今内城惟一家猶傳其法，他工匠不能作也。

宋如林《〔嘉慶〕松江府志》卷六《疆域志·物産》　談箋。《考槃餘事》：松江談箋不用粉造，以荆川連紙背厚研光，用蠟打各色花鳥，堅滑類宋紙。《陳志》：吾鄉談仲和箋，擣染有祕法，蓋其祖彝齋公倫得之内府，其孫梧亭授之仲和者也。妍妙精潔，在古密香、冰翼之上。董元宰謂其潤而綿密，下筆瑩而不滑，能如人意之所至。今多贋造者。《通志》：有數種，惟玉版、玉蘭、鏡面、宫箋爲最。　絹箋。《通志》：出郡城，光澤細美，四方書畫家多寶貴。

李銘皖《〔同治〕蘇州府志》卷二〇《物産》　箋。唐時魚子箋最著，蜀中傳其法，名吴箋。宋顔方叔製箋，有杏紅、露桃紅、天水碧諸色，其研箋極精妙，亦有用金縷五彩描成者。《姑蘇志》：元有春膏、水玉二箋，紺色尤奇。又以綵紙作蠟色，兩面光瑩，多寫《大藏經》，傳流於世，故有宋箋元箋之稱。張燕昌《金粟箋説》：金粟山藏金紙造於蘇州承天寺，今承天寺造紙乃其遺製。唐陸龜蒙《魚子箋》：「擣成霜粒細鱗鱗，知作愁吟幸見分。向日乍驚新繭色，臨風時辨白萍文。好將花下承金粉，堪送天邊詠碧雲。見倚小窗親襞染，畫圖春色寄夫君。」

應寶時《〔同治〕上海縣志》卷八《物産》　談箋。《考槃餘事》：談箋不用粉造，以荆川連紙褙厚研光，用蠟打各色花鳥，堅滑類宋紙。《郡志》：談仲和箋擣染有祕法，其祖倫得之内府，研妙精潔，在古密香、冰翼之上。《通志》謂有數種，惟玉版、玉蘭、宫牋爲最。

褚華《滬城備考》卷三《談箋》　談箋有數種，玉版、玉蘭、鏡面、宫牋爲最。初，談彝庵侍郎得擣染祕法于内府，其孫梧乂授其法于仲和。昔人謂其品在蜜香、冰翼之上。今邑中所市談牋皆自郡來，以他紙刷五色膏粉爲之，久久必盡脱落，非佳物也。

楊光輔《淞南樂府》　談野翁侍郎第在鶴坡塘上，其子東石建園以娱親。【略】其孫和以内府擣染祕法製玉版、玉蘭、鏡面諸箋。思翁謂其潤而綿，瑩而不滑。眉公謂其精潔在蜜香、冰翼之上。

徐康《前塵夢影録》卷上　虚白齋紙宜書不宜畫，許氏因梁山舟而設此。其店友王誠之所説雲間鞠松華善製粉箋，於純廟南巡時經進，特蒙睿賞。嗣後每年辦例貢於華、婁兩邑，支領工價，每次約七百餘金。余遊婁幕時，尚見鞠氏支領紙價，而紙質工料俱極不堪，有名無實，徒糜費錢糧而已。

藝文

徐堅《初學記》卷二一傅咸《紙賦》　蓋世有質文，則理有損益。故禮隨時變，而器與事易。既作契以代結繩兮，又造紙以當策。夫其爲物，厥美可珍。廉方有則，體潔性真。含章蘊藻，實好斯文。取彼之淑，以爲己新。攬之則舒，舍之則卷。可屈可伸，能幽能顯。

歐陽詢《藝文類聚》卷五八劉孝威《謝賚宫紙啟》　臣與謝睱俱蹔基聖。臣之衝梯，實愧魯般之巧；睱之城壘，時無禽子之守。攻弱侮亡，其勞甚薄。策勳行賞，爲渥過隆。雖復鄴殿鳳銜、漢朝魚網、平淮桃花、中宫穀樹，固以慙茲靡滑，謝此鮮光。

姚鉉《唐文粹》卷三三下舒元輿《悲剡谿古藤文》　剡谿上緜四五百里，多古藤，株枿逼土，雖春入土脉，他植發活，獨古藤氣候不覺，絶盡生意。予以爲本乎地者，春到必動，此藤亦本地，地方春，且有死色。遂問谿上人，有道者云：「谿中多紙工，刀斧斬伐無時，擘剥皮肌以給其業。」噫！藤雖植物者，温而榮，寒而枯，養而生，殘而死，亦將似有命於天地間。今爲紙工斬伐，不得發生，是天地氣力爲人中傷，致一物疾癘之若此。異日過數十百郡，洎東雒西雍，歷見書文者皆以剡紙相夸，予寤曩見剡藤之死，職止由此。此過固不在紙工，且今九牧士人自專，言能見文章户牖者，其數與麻竹相多，聽其語，其自安重，皆不啻握驪龍珠。雖苟有曉寤者，其倫甚寡。不勝衆者亦皆斂手無語，勝衆者果自謂天之文章歸我，遂輕傲聖人道，使《周南》《召南》風骨折入於抑揚皇華中，言偃、卜子夏文學陷入於淫靡放蕩中。比肩握管，動盈數千百人，數千百人筆下動行數千萬言，不知其爲謬誤，日日以縱，自然殘藤命易甚。桑臬波波頽沓未見止息如此，則綺文妄言輩誰非書剡紙者耶？紙工嗜利，曉夜斬藤以鬻之，雖舉天下爲剡谿，猶不足以給，況一剡谿者耶！以此，恐後之日不復有藤生於剡矣。大抵人間費用，苟得著其理，則不枉之道在，則暴耗之過莫由横及於物。物之資人，亦有其時，時其斬伐，不爲夭閼。予謂今之錯爲闕文者，皆夭閼剡谿藤之流也。藤生有涯而錯爲文者無涯。無涯之損物不直於剡藤而已，予所以取剡藤以寄其悲。

吴淑《事類賦》卷一五《紙賦》 方絮之體，平滑如砥，在古則無，簡牘而已。若乃晉武側理，漢成赫蹏，松花鳳尾，玉屑香皮。意其裂之以告敗，朱詹吞之而療饑。至于平淮桃花，東陽魚卵，段氏雲藍，王公蠶繭，金花薛骨，剡藤麻面。分輕重于黄白，隨屈伸于舒卷。至若干寶之賜二百，陶侃之獻三千，青童琅玕之美，范甯藤角之妍。五色方見于鳳銜，純白或遭于蟲蠹。貢以和熹，求之秘府，嘉百幅于杜暹，美一函于魏武。爾其玩兹靡滑，閲此廉方，薛濤則矜誇蜀様，僧虔則衒耀銀光。出晉朝者爲山濤之賜，墜郴州者爲温裕之祥。美東宫之縹紅，重六合之雲陽。至有樹葉尤珍，桑根更潔，蔡侯始訝于鮮華，子良復稱其妙絶。因相如而逾貴，遇羲之而不節。羊續補被而道隆，葛洪賣薪而志切。斯可以資日用于詞園，垂無窮之芳烈者也。

王十朋《梅溪先生後集》卷一《會稽風俗賦》 剡藤番番，管城斑斑。越紙出於剡，舒元輿有《悲古剡藤文》。《圖經》：「越出筆管。」冰敲嵊水，張伯玉詩：「敲冰呈巧手。」注云：「越俗呼敲冰紙爲巧手。」竹翦顧園。

《永樂大典》卷一〇一一一《會稽志·詩文》 孫因《越紙賦》：緊剡藤之爲紙兮，品居上者有三。蓋篠蕩之變化兮，非藤楮之可參。在晉而名側理兮，儲郡庫以九萬。曰姚黄今最顯兮，蒙詩翁之賞談。加越石以萬杵兮，光色透於金版。近不數夫杭由兮，遠孰稱夫池繭。半山愛其短様兮，東坡嗜夫竹展。薛君封以千户兮，元章用司筆硯。數其德有五兮，以縝滑而爲首。發墨養鋒兮，性不蠹而耐久。惜昌黎之未見兮，姓先生而爲楮。使元輿之及知兮，又何悲剡藤之有。

客曰孅哉越紙兮，有大造於斯文。然世方好紙而玉兮，又烏知乎此君。

李德淦《〔嘉慶〕涇縣志》卷三〇儲在文《羅紋紙賦》 楮號先生，製陳文苑。魚網始於荆池，鳳銜傳于鄴殿。殷紅霞燦而妍呈，浮碧脂凝而美炫。桑根柔滑，曾矜雷氏之藏；藤角芳鮮，偏沐范家之眷。浣花波緑，校書裁小幅以争憐；滄海苔青，南國出陟釐而競善。既邀賞於鉅卿，亦受知於碩彦。然而人經隔世，事屬他邦。名縱噪于寰宇，價已冷於洛陽。雖共資其含藴，寧復贅以揄揚。若夫涇素羣推，種難悉指。山稜稜而秀簇，水汩汩而清駛。彌天穀樹，陰連銅寶之雲；匝地杵聲，響入宣曹之里。精選則層嵒似瀑，彙徵則孤村如市。度來白鹿，尺齊十一以同歸；貢去黄龍，篚寔萬千而莫擬。固已軼玉版而無前，駕銀光而直起。乃有浚儀華胄，天水名流。卑白州之刺史，薄好畤之通侯。化先民之舊軌，焕一己之新猷。竭智慮，運神謀，驅布脚，屏麻頭。緬疏密而設想，依締綴以凝眸。幾徘徊於五夜，遂獲效于三秋。界道紛紛，不見亦顯。方空朗朗，不圓亦轉。映日則星星彩爛，疑辰宿之周攢；臨風則縷縷絲横，恍晶簾之欲捲。雜翻鴻而比象，互交無藻繢之繁；較蟬翼以殊觀，獨巧有玲瓏之辨。豈天孫之機杼，抑小玉之刀剪。何體潔而性貞，竟騰花而散繭。使其披綉篋，解湘函，縫短褶，緝長衫。衣婀娜之小婢，飾穠粹之嬌鬟。試栝柈而寧異，永色笈以奚間。譬彼秋雲，入奩不棄；等諸文被，設座非凡。爾乃四庫王孫，百城公子。挾風吞篆之儔，奪錦擲鰲之士。和風乍拂，午夢初醒，茗瓷未燥，沉水留馨。倚綺疏而搔首，排竹户以抽扃。或神來于舞劍，或機到于隨形；或千緡之乞賦，或萬疋之求銘。時則黄陳金線，烏磨玉玦，目睨淋漓，心摹工拙。舒皓腕以將揮，醮青鏤而還輟，陋古田之過小，怪素段之濫截。于是興雖暫遏，意豈遂忘。格必臻乎超脱，品乃異於尋常。致貴華而不縟，理欲透而彌光。寓天然之黼繡，備自在之文章。几净窗明，欲敵情於楮佝；似紈非縠，應索最於猷疆。爰乃舟泛青翰，騎乘白鼻，帆收柳閘之津，障卸肩摩之地。持鑄礫，搜新異，呼闤闠，研真僞。越楓坑而西去，咸誇小嶺之輕明；渡馬瀆以東來，並説曹溪之工緻。志存自爲，欣分瑜次之珍；雅好居奇，争拔波斯之幟。追阿堵之傾篚，儼伯樂之空冀。夫其方廉未改，洞矚不猶，緊功寔懋，厥用當籌。是宜輸之會稽，納之秘府，與九萬而爲隣，與四百而爲伍。更必錫之屠龍，畀之繡虎，惟穠郁之是浸，惟博洽之是譜。倘有豪華狂客，委瑣村翁，罔思難致，未信初逢。細裏温柔之劑，勒回玉女之風。何如規竹，大類炊桐。條雖漏于三尺，辜應坐以五窮。至若力詆書癡，質同樗散；師怯劉城，花慚江翰。購百番之轇轕，貯千枚之璀燦。興公已往，空懷金石于當年；韋岫長辭，漫羨宫商于一旦。際曉寒而寡夢，詎甘廷尉之氊遺；念助汝而無樓，莫作夫人之髮貫。疏藩未久，誇美無多。爰曳屣而徐起，仍握管而爲歌。歌曰：天生桂陽開楮國兮，厥功遐被用靡極兮。千古而遥疇比則兮，惟此涇川邁新式兮。智巧絶殊驚莫測兮，不絢而文勝五色兮。洞洞矚矚光涣泐兮，宛如碁布泯白黑兮。復似星羅輝南北兮，絲何纂纂致偏直兮。藐彼越獻理胡側兮，豈其龍梭隱爲織兮。敬仲雖神阮亦逼兮，屬在翰墨胥闢臆兮。傳之無窮寧有息兮。

徐堅《初學記》卷二一江洪《爲傳建康詠紅牋詩》 雜彩何足奇？唯紅偏可作。灼爍類蕖開，輕明似霞破。鏤質卷芳脂，裁花承百和。不遇精華人，豈入風流座！

徐堅《初學記》卷二一後梁宣帝《詠紙詩》 皎白猶霜雪，方正若布棊。宣情且記事，寧同魚網時？

徐堅《初學記》卷二一薛道衡《詠苔紙詩》 昔時應春色，引淥泛清流。今來承玉管，布字轉銀鈎。

齊己《白蓮集》卷九《謝人惠紙》 烘焙幾工成曉雪，輕明百幅疊春冰。何銷才子題詩外？分與能書貝葉僧。

林逋《林和靖集》卷四《槐木紙椎贈與周太初》 入手輕乾是古槐，幾聲清響徹池臺。椎餘魚網如脂滑，時寫新詩肯寄來。

梅堯臣《宛陵集》卷二七《答宋學士次道寄澄心堂紙百幅》 寒溪浸楮春夜月，敲冰舉簾匀割脂。焙乾堅滑若鋪玉，一幅百錢曾不疑。江南老人有在者，爲予嘗説江南時。李主用以藏祕府，外人取次不得窺。城破猶存數千幅，致入本朝誰謂奇。漫堆閑屋任塵土，七十年來人不知。而今製作已輕薄，比於古紙誠堪嗤。古紙精光肉理厚，邇歲好事亦稍推。五六年前吾永叔，贈予兩軸令寶之。是時頗叙此本末，遂號澄心堂紙詩。我不善書心每媿，君又何此百幅遺。重贈吾赧不敢拒，且置縑箱何所爲！

梅堯臣《宛陵集》卷四七《李宣叔祕丞遺川牋及粉紙二軸》 蜀人擣玉屑，楚客調金粉。製牋君有贈，草疏我無藴。宜書揚雄辭，莫寫屈原憤。誰識此意微，曾非事摇吻。

司馬光《傳家集》卷五《送冷金牋與興宗》 蜀山瘦碧玉，蜀土膏黄金。寒谿漱其間，演漾清且深。工人剪稺麻，擣之白石砧。就溪漚爲紙，瑩若裁璆琳。風日常清和，小無塵滓侵。時逐賈舟來，萬里巴江潯。王城壓汴流，英俊萃如林。雄文溢箱篋，争買傾奇琛。夫君乃冠冕，辭氣高千尋。十載爲舉首，於今猶陸沉。嗟我蓄此紙，才藻不足任。願以寫君詩，益爲人所欽。縞帶豈多物？足明同好心。黄鐘聲如雷，豈病無知音？請以此爲質，佗年神所臨。華軒策駟馬，慎勿忘遺簪。

彭汝礪《鄱陽集》卷二《六月自西城歸》 田功微粱稻，圃學蓄麻枲。截筒户割漆，剥楮人抄紙。千楓立青冥，萬竹秀披靡。時時得流泉，濯溉移日晷。

歐陽修《居士集》卷六《和劉原父澄心紙一作奉賦澄心堂紙》 君不見，曼卿子美真奇才，久已零落埋黄埃。子美生窮死愈貴，殘章斷藁如瓊瑰。曼卿醉題紅粉壁，壁粉已剥昏煙煤。河傾崑崙勢曲折，雪壓太華高崔嵬。自從二子相繼没，山川氣象皆低摧。君家雖有澄心紙，有敢下筆知誰哉。宣州詩翁餓一作飢欲死，黄鵠折翼鳴聲哀。有時得飽好言語，似聽高唱傾金罍。二子雖死此翁在，老手尚能工翦裁。奈何不寄反示我，如棄正論求俳詼。嗟我今衰不復昔，空能把卷闔且開。百年干戈流戰血，一國歌舞今荒臺。當時百物盡精好，往往遺棄淪蒿萊。君從何處得此紙，純堅瑩膩卷百枚。官曹職事喜一作樂閑暇，臺閣唱和相追陪。文章自古世不乏，間出安知無後來。

《成都文類》卷二薛田《成都書事百韵詩并序》 讐書競印諸家集，博識咸修百氏箋。紙碓暮春臨岸滸，水樽春注截河壖。

王安石《臨川集》卷一一《次韵酬微之贈池紙并詩》 微之出守秋浦時，椎冰看擣萬穀皮。波工龜手咤今樣，魚網肯數荆州池。霜紈奪色賈不售，虹玉喪氣山無輝。方船穩載獻天子，善價徐取供吾私。十年零落尚百一，持以贈我隨清詩。君寧久寄金谷地，方執賜筆磨坳螭。當留此物朝上國，日侍帝側書新儀。不然名山副史本，褒拔元凱誅窮奇。咨予文章非世用，畫鏤空爾糜冰脂。怱怱點污亦何忍？嘉貺但覺難爲辭。篇終有意責趙璧，窮國恐誤連城歸。傾囊倒篋聊一報，安敢坐以秦爲雌。

王令《廣陵集》卷四《再寄滿子權》 有錢莫買金，多買江東紙。江東紙白如春雲，獨君詩華宜相親。綴連卷大十牛腹，要盡寄我無寄人。

蘇軾《東坡全集》卷一二《和王鞏六首並次韵》 少年帶刀劍，但識從軍樂。老大服犂鋤，解佩付鎔鑠。雖無獻捷功，會賜力田爵。敲冰春擣紙，刈葦秋織箈。櫟林斬冬炭，竹塢收夏籜。四時俯有取，一飽天所酢。

蘇軾《東坡全集》卷二四《宥老楮》 我墻東北隅，張王維老穀。樹先樗櫟大，葉等桑柘沃。流膏馬乳漲，墮子楊梅熟。胡爲尋丈地，養此不材木？蹶之得輿薪，規以種松菊。靜言求其用，略數得五六。膚爲蔡侯紙，子入桐君録。黄繒練成素，黝面頮作玉。灌灑烝生菌，腐餘光吐燭。雖無傲霜節，幸免狂酲毒。孤根信微陋，生理有倚伏。投斧爲賦詩，德怨聊相贖。

黄庭堅《山谷集》卷二《次韻王炳之惠玉板紙伯虎》 王侯鬚若緣坡竹，哦詩清風起空谷。古田小牋惠我百，信知溪翁能解玉。嗚碪千杵動秋山，裹糧萬里來輦轂。儒林文人有蘇公，相如子雲再生蜀。往時翰墨頗横流，此公歸來有邊幅。小楷多傳《樂毅論》，高詞欲奏《雲門曲》。不持歸掃蘇公門，乃令小人今拜辱。去騷甚遠文氣卑，畫虎不成書勢俗。董狐南史一筆無，誤掌殺青司記録。雖然此中有公議，或辱五鼎榮半菽。願公進德使見書，不敢求君米千斛。

黄庭堅《山谷外集》卷三《長句謝陳適用惠送吴南雄所贈紙》 廬陵政事無全牛，恐是漢時陳太丘。書記姓名不肯學，得紙無異夏得裘。琢詩包紙送贈我，自狀明月非暗投。詩句縱横剪宫錦，惜無阿買書銀鈎。蠻溪切藤卷盈百，側釐羞滑璽羞白。想當鳴杵砧面平，桄榔葉風溪水碧。千里鵝毛意不輕，瘴衣腥膩北歸客。君侯謙虚不自供，胡不贈世文章伯。一涔之水容牛蹄，識字有數我自知。

黄庭堅《山谷外集》卷三《奉答茂衡惠紙長句》 陽山老藤截玉肪，烏田翠竹避寒光。羅侯包贈室生白，明於機上之流黄。愧無征南薑尾手，爲寫黄門急就章。羅侯相見無雜語，苦問潙山有無句。春草肥牛脱鼻繩，菰蒲野鴨還飛去。故將藤面乞伽佗，願草驚虵起風雨。長詩説紙落秋河，要知溪工下手處。却將冰幅展似君，震旦花開第一祖。烏田，一作烏孫。

黄庭堅《山谷集》卷一一《求范子默染鵶青紙二首》 學似貧家老破除，古今迷忘失三餘。極知鵠白非新得，漫染鵶青襲舊書。老一作免。

深如女髮蘭膏罷，明似山光夜月餘。爲染藤溪三百箇，待渠湔拂一牀書。

孔武仲《清江三孔集》卷六《内閣錢公寵惠高麗扇以梅州大紙報之仍賦詩》 昨夜秋風來户庭，殘燈閃滅微凉生。得公團扇未及用，挂向空堂神骨清。但將遠趣醒耳目，不獨暑月排歊蒸。慚當厚意無以報，前詩空説玖與瓊。漆箱猶有南中紙，闊似碁枰浄如水。傳聞造之自梅州，蠻奴赤脚踏溪流。銀波滲徹雲蟾髓，入軸萬杵光欲浮。收藏終恐非吾物，寶劍銀鈎有時失。不如包卷歸文房，錢公家世能文章。五日京兆聊爾耳，歸步金鑾上玉堂。玉堂不復知吏事，紫橐華簪一作荷囊奉天子。鳳閣曾觀思湧泉，謫仙今振辭如綺。不似冷官太苦辛，吟哦風月愁山鬼。

陳師道《後山集》卷八《從寇生求茶庫紙》 南朝官紙女兒膚，玉版雲英比不如。乞與此翁元不稱，他年留待大蘇書。

陳師道《後山集》卷八《酬顔生惠茶庫紙》 破卵剥膜肌理滑，削玉作版光氣熏。老子尚堪哦七字，阿買頗能書八分。

陳槱《負暄野録》卷下《春膏紙詩》 吴門孫生造春膏紙，尤造其妙。予嘗賦詩曰：「膏潤滋松雨，孤高表竹君。夜碪寒擣玉，春几瑩鋪雲。越地雖呈瑞，吴天乃策勳。莫言名晚出，端可大斯文。」

王十朋《梅溪後集》卷九《剡紙贈嘉叟以詩爲謝次韻》 仁義知君學子輿，豈惟詞賦似相如。剡溪百幅敲冰紙，换得臨池小草書。

李綱《梁谿集》卷九《黄道夫惠紙》 文房嘉楮製敲冰，遺我千番得未曾。敢比蠻牋修五鳳，願將綺語讚三乘。金花乍覺毫端滑，玉版尤宜墨點凝。只恐多言空費紙，更將文弔剡谿藤。

汪藻《浮溪集》卷二九《次韻周聖舉從子乞紙》 溪翁擣冰時，寒甚龜手絮。千金售詞客，妙語零唾霧。回看烏絲欄，一嫡輕百庶。長供薑尾落，肯受蠅頭汙。今朝持贈君，真似翼傅虎。應緣未給札，欲草《子虚賦》。他年五十萬，渠復願鄰富。行看醉帖來，家不設寒具。

陳與義《簡齋集》卷七《以紙託樂秀才擣治》 古人争名翰墨藪，柿葉桑根俱不朽。周知老楮下歐陽，控御管城須好手。嫁非時好聊自强，幅則甚短慙甚長。聞道蔡侯閒石臼，爲借餘力生銀光。

孫覿《鴻慶居士集》卷二《志新遣介致書餽以巴蜀紙黄柑珠欖大栗鵝鮓胎蝦爲餉戲作長句爲謝》 巴江新擣萬穀皮，褚生粉面膚凝脂。故人千里特寄我，落筆宛宛天投霓。綈囊丹果十襲包，爆栗飛爐石火敲。紅顔著樹落青子，香霧噀手披黄苞。蒼鵞無罪見菹鹽，苦酒濯之光五采。蝦跧久已成枯腊，咫尺波濤渺江海。客舍紛席争滿前，饋羹不復五漿先。殷勤重餉有吾子，兩夫擔荷頳其肩。

馮時行《縉雲文集》卷一《偶成》 越羅與蜀錦，被體何其華。豹胎與猩脣，適口良自佳。佳美未必得，飽暖不可賒。明通紙勝雪，樂昌墨如鴉。更招南浦石，四友相寵加。謾薰新寧香，時烹固陵茶。蕭然文字間，亦足爲生涯。

張孝祥《于湖集》卷二《從張欽夫覓紙》 蜀江擣麻色勝玉，百金才能致一幅。君家入則充棟宇，再拜未肯乞纖粟。爲君破慳作此詩，擔囊揭篋應有時。比鄰寒亡忌唇齒，君但勤渠送川紙。

周紫芝《太倉稊米集》卷一〇《山中避盜後十首·八》 翠巘幾曲折，往來三數家。擣皮催作紙，擁焙看烘茶。山盡始見日，溪晴時露沙。武陵知便是，隔岸有桃花。

周紫芝《太倉稊米集》卷三八《傅朋爲作游絲小軸報以長句》 竟陵老守尚書郎，平生墨妙窺鍾王。會令夜鬼助奇崛，更與游絲争短長。游絲忽從天際落，洗眼熟視無毫芒。癡兒著意吹不起，春風無力難飛揚。草雖號聖亦可到，此品入神誰復强？使君憐我頗知好，五十六珠投夜光。溪藤擣紙滑勝玉，古錦縫囊牢祕藏。要遣張顛與醉素，不敢與公分雁行。

趙蕃《淳熙稿》卷一八《從趙崇道求蜀紙五首》 紫巖夥歙畧相同，小字緘題寄子公。縱使分沾能到我，質麤内緩不堪攻。

舊聞黄雀走頭顱，近歲清江亦與俱。舒卷定憐無尺枉，敷陳盡可見臣愚。

人僞區區信日窮，楮藤苔竹互争雄。自從蜀紙東南見，凡馬真成一洗空。

麻紙敷腴色勝銀，冷金凝滑倍精神。自餘族類猶多有，王謝名家總絶人。

病起猶餘覔句勤，要題柿葉厭繽紛。陟釐盡付五十萬，今代誰爲王右軍。

洪适《盤洲文集》卷四《送唐左史紙墨》 黄山奇峯三十六，聳壑壽松多節目。真工曲突掃芳煤，介圭拱璧陳玄玉。淛河千里茲濫觴，萬縠之皮擣冰霜。肌理細膩色白皙，蜀綱剡藤難鴈行。使君來自岷峨麓，曾賦客卿朝奏牘。細字不作蠅頭書，高文富有牛腰軸。向來平步第一螭，勇通宛在番之湄。陶泓毛穎幸旅進，快寫元和聖德詩。

陸游《劍南詩稾》卷八《江樓》 急雨洗殘瘴，江邊閑倚樓。日依平野没，水帶斷槎流。擣紙荒村晚，呼牛古巷秋。腐儒憂國意，此際入搔頭。

陸游《劍南詩稾》卷九《謁漢昭烈惠陵及諸葛公祠宇》 雨止風益豪，雪作雲不動。凄凉漢陵廟，衰草卧翁仲。【略】陵邊四五家，茆竹居接棟。手皸紙上箔，居民皆以造紙爲業。醅熟酒鳴甕。雖嗟生理微，亦足逭飢凍。

陸游《劍南詩稾》卷一四《夢中作》 路平沙軟净無泥，香草丰茸没馬蹄。擣紙聲中春日晚，悅然重到浣花溪。

陸游《劍南詩稾》卷二一《記夢》 夢裏都忘兩鬢殘，恍然白紵入長安。砑教紙熟修温卷，僦得驢騎候熱官。紅葉滿街秋著句，青樓燒燭夜追歡。如今萬事消除盡，老眼摩挲静處看。

陳造《江湖長翁集》卷八《謝高機宜惠紙》 詩人百用皆草草，文房所儲備精好。君家此紙世上珍，肯分嘉惠及此老。女膚膩滑葮膜匀，溪叟擣氷舊疑神。何人袖有善幻手？解藍田玉山爲貧。銀光魚卵人皆重，薛濤小牋纔近用。盍自留供鳳尾諾，十吏卷舒看飛動。杜郎百幅顧見貽，敢用實腹療朝饑。囊詩方逐大堤客，快意揮掃播搪辭。策翰墨勳閎宏大，功名逼君方未沫。何當太史牛馬走，秉筆特書端有待。

陳思《兩宋名賢小集》卷一九〇曾幾《剡溪竹紙三首》 會稽竹箭東南美，來伴陶泓住管城。可惜不逢韓吏部，相從但説楮先生。

會稽竹箭東南美，化作經黄紙叠層。舊日土毛無用處，剡中老却一溪藤。

會稽竹箭東南美，研席之間見此君。爲問溪工底方法？殺青書字有前聞。

周弼《端平詩雋》卷三《朱潭》 消散羈愁益坦然，況當初暖欲晴天。清溪苔滑重抄紙，淺屋柴香正煮綿。隔水殺雞祠社土，過橋嘶馬入人煙。今朝自覺難忘酒，應更無人笑謫仙。

馬廷鸞《碧梧玩芳集》卷二二《次韻謝潔齋惠春膏紙》 霜毫秃盡千枝竹，銅雀臺荒死潘谷。哀哉四寶併成空，猶有老崖藤擣玉。青錢學士將相科，黑頭刺史朱丹轂。懷銀早去鎮湖湘，挾藻端如起巴蜀。天乎歲晚椓斯文，往往長吟書短幅。雲昏雨暗白龍牋，林密山深紫芝曲。鳳樓誰助斧斤修，魚網不禁塵土辱。我馳家畔楮先生，越薄吴脨此粗俗。鏗金戛玉新有聲，縫霧裁雲豈堪録。向來交友文字間，矢往湍奔如撒菽。薄材那敢派江西，一寸詩腸愁萬斛。

耶律楚材《湛然居士集》卷九《燕京大覺禪寺奥公乞經藏記既成以詩戲之》 詞源老去苦無功，强著閒文讚釋迦。酋健兔毫生月窟，光明繭紙出新羅。金爐幾瓣龍涎爇，玉板十分鳳墨磨。此起科差真可笑，湛然陪酒更陪歌。新獲紫玉板硯於友人。

方回《桐江續集》卷四《淡竹嶺農家》 茅塢石巉喦，無雲亦有嵐。紙材槌稚竹，泉筧穴枯杉。跣足何曾襪？頳肩或不衫。鄰家石茶磨，婦借自能擔。

戴表元《剡源文集》卷二九《晚秋遊中溪四首戊子·其二》 經秋溪水碧洄洄，無數曉山如鏡臺。紅葉流從龍奥出，白雲飛向石門來。亦逢紙户曾相識，尚有樵蹤且莫回。端爲何人作風物？漫山漫谷野花開。

吳澄《吳文正集》卷九七《代東魯小軒謝馮筆蠟紙之貺》 變化惡木膚，用舍堪卷舒。蜜脾百花精，漸漬鍊治餘。外理透中黄，骨澤玉不如。甚慚負此寳，誰解鍾王書。心蕴托手畫，聊以傳吾徒。雖然是糟魄，糟魄未容無。

玉堂揮翰手，歸賦田園居。牕几浄無塵，四友日與俱。分界墮深谷，光輝潤蓬廬。森森春筍齊，澹澹秋雲鋪。方今圖治棘，任使正爾須。顧我焉所用？卑身註蟲魚。

王惲《秋澗集》卷六《匹紙歌謝王道人子寧》 楚山修竹森如玉，千杵鳴碪響空谷。溪翁鬬巧紙愈佳，淥泛秋江連百幅。春斂籠燻素練輕，鳳梭停織天孫顰。聲光一日天下白，萬古作配中書君。道人來自蒼陵天，名品閲盡東吳船。惠然贈我以此紙，入手展放銀河飜。脂凝玉瑩絶纖滓，風流綽約貌似姑射之真仙。扶餘綿繭固堅膩，中有雲影霮䨴浮秋瀾。金華五色非不佳，不放墨松使者光通玄。何如此君貴重百金比，當與澄心玉屑並驅争後先。媿無少陵詩，魯公筆如椽，揮毫一掃空雲烟。文章元氣古，無問玉堂人物今翩翩。此而不贈返惠我，夜光暗投真可憐！道人一笑春生頰，琢腎雕肝爾心折。千首新詩意未窮，分取烟江愁萬疊。我今靈臺久荒穢，老樹秋蕪餘廢垤。何時除治若此紙？一片冰壺貯秋月。深藏且須珍惜之，准備虚堂夜生白。

王惲《秋澗集》卷一四《砧帋》 鵝溪蠶繭太豪華，新紙蒙茸隱細紗。不惜秋砧聲夜杵，要翻新法自吾家。搗匀楮脈光舒練，拂散龍煤字點鴉。我録詩書何所事？擬尋源委泛靈槎。

馬祖常《石田文集》卷二《猗緑園》 殖産吾何取？開林我獨能。縛船嘗取竹，擣紙每移藤。池曲波濤小，花繁霧雨蒸。春雲同礎潤，秋月共江澄。

歐陽玄《圭齋文集》卷四《漁家傲南詞》 十一月，都人居暖閣。吳中雪紙明如堊，錦帳豪家深夜酌。金鷄喔，東家撤雪西家噱，纖指柔長宫線弱。陽回九九官氷鑿，盡道今冬氷不薄。都人樂，官家喜愛新年朔。

許有壬《至正集》卷八《謝洪憲副惠繭紙》 江牛編簡罄竹木，蔡氏弊網功方興。剡溪藤角會稽楮，文場擅美紛相仍。東方妙製中天下，照眼瑩滑涵春冰。清泉麋繭融玉液，不動機杼成霜繒。感公分惠到狂客，欲奉瓊瑶道途隔。等閒肯造五鳳樓，留草匡時萬言策。

許有孚《圭塘欸乃集》卷上《侍兄赴圭塘》 時出西門履信坊，望中楊柳是圭塘。軒車每被兒童識，風物能令杖履忙。山客荷囊多草藥，溪人抄紙滿隣墻。年來頗識幽棲樂，愈覺林泉興味長。

柳貫《待制集》卷六《送楊元誠庫使製紙事畢還京》 江南貢楮擣霜餘，舊品澄心未必如。華玉光浮飛白几，璚戈欵著鏤金書。尚方製作從時備，使者恩榮有詔除。閣下逶迤承御宿，幸因天語話畋漁。

吳師道《禮部集》卷六《次韵王繼學參政胡古漁編脩剪燈詩》 剡渚推冰紙，并州剪水刀。輕明新雅製，麗巧極纖毫。不讓琉璃貴，渾疑錦繡韜。皺紋縈細縠，叠縷引長繰。花草形相錯，鵷鸞勢欲翱。騰光宜秉炬，透色賤塗膏。愛著詩聯綴，嫌逢騎驛騷。香風翻寳帶，華月湧雲濤。良夕娱佳賞，元臣念小勞。都人應共樂，歌舞送春醪。

陳旅《安雅堂集》卷二《送楊元誠奉旨南還造紙》 金鑾罷講日初斜，屈曲奎文炫筆花。玉版遥令擣秋水，綵箋仍許截晴霞。侍臣天上催傳勅，使者湖邊得過家。我亦今年理江棹，君還何處轉星槎。

傅若金《傅與礪詩集》卷三《送奎章閣廣成局副楊元成奉旨之徽州染紙因道便過家錢塘二首》 新安江水清見底，水邊作紙明於水。兔舊霜殘曉月空，鮫宫練出秋風起。

五雲高閣染宸章，最憶吳牋照墨光。明朝驛使江南去，詔許千番貢玉堂。

成廷珪《居竹軒詩集》卷四《贈劉生》 玉堂官紙白於銀，曾爲山人寫緑筠。絶似瀟湘烟雨外，萬竿濃翠拂秋旻。

劉嵩《槎翁詩集》卷六《見搗竹爲紙者人多貨爲楮幣感而有賦》 斬竹踏泥泉漬香，蒸雲搗霧洗成漿。一簾春水琉璃滑，萬叠晴雲玉版光。蜀郡鸞牋勞拂拭，秦人魚網費評章。遥憐叔世滋奸僞，鬼幣翻崇簡牘荒。

鄭潛《樗菴類稾》卷二《山行》 千林竹死皆成紙，萬隴叢生總是茶。空谷雲深疑路斷，緑陰流水有人家。

解縉《文毅集》卷四《紙》 剡溪藤，魚網線，搗剉如麋浸水涀。神工抄作五色箋，鳳舞鸞翔雲片片。漢庭帝子愛如寳，詔下蔡侯多製造。文華殿上賦新詩，御墨淋漓盡章草。

倪岳《青谿漫稿》卷一五《紙銘》 維紙之作，剡溪之藤。雪瑩粉膩，雲薄砥平。剏製之初，竹簡是代。載道垂訓，萬世永賴。効勞文房，厥功懋哉！勿妄夭閼，用枉其才。

吴偉業《吴詩集覽》卷八下《嘉湖訪同年霍魯齋觀察》 門外銀塘滿，鷗飛入晚衙。公田若下酒，鄉夢杜陵花。水碓筒輸紙，溪船簍貢茶。看雲堪拄笏，幕客莫思家。

朱彝尊《曝書亭集》卷一八《觀造竹紙五十韻》 信州入建州，篁竹冗於篠。彝尊。居人取作紙，用穉不用老。查慎行。遑惜簫笛材，緣坡一例倒。彝尊。束縛沉清淵，殺青特存縞。慎行。五行遞相賊，伐性力揉矯。彝尊。出諸鼎鑊中，復受杵臼擣。慎行。不辭身糜爛，素質終自保。彝尊。汲井加汰淘，盈箱費旋攪。慎行。層層細簾揭，餤餤活火㷫。彝尊。舍麄乃得精，去濕忽就燥。慎行。擘來風舒舒，暴之日杲杲。彝尊。箬籠走南北，適用各言好。慎行。緬維邃古初，書契始蒼皞。彝尊。自從史記煩，方策布豐鎬。慎行。中經祖龍燔，孰敢撲原燎。彝尊。漆簡及韋編，殘灰跡同埽。慎行。當時禍得脱，賴爾生不早。彝尊。漢代崇師儒，家各一經抱。慎行。截緝蒲柳姿，刀削詎云巧。彝尊。如何刱物智，乃出寺人造。慎行。麻頭魚網布，棄物收豈少。彝尊。後來逾争奇，新製越意表。慎行。山苗割藤芨，水澨采苔藻。彝尊。桑根斧以斯，蠶繭機不絞。慎行。澄心光緻緻，鏡面波皛皛。彝尊。研宜金粉膏，繪作龍鸞爪。慎行。桃花注輕紅，松花染深縹。彝尊。鵶青密香色，一一隨浣澡。慎行。十樣益部箋，萬番傳癖稾。彝尊。紛然輸館閣，遝矣來海島。慎行。要爲日用需，若黍稷粱稻。彝尊。惜哉俗暴殄，塗抹太草草。慎行。俗詩鼃蟈鳴，俗書蛇蚓繞。彝尊。俗學調必俳，俗文説多勦。慎行。流傳人有集，刷印方未了。彝尊。積穢堆土苴，餘殃毒梨棗。慎行。或汙瓜牛涎，或供蠹魚飽。彝尊。或爲肉馬踏，或被飢鼠齩。慎行。黏牕信兒童，覆瓿付翁媪。彝尊。遭逢幸不幸，所繫豈纖杪。慎行。平生嗜奇古，卷帙事研討。彝尊。祕笈藉爾鈔，籯金匪我寶。慎行。響搨溯籀斯，斷碑拓洪趙。彝尊。提攜白刺史，著録庶可考。慎行。由拳法失傳，將樂槽苦小。彝尊。楚産肌理疎，晉産膚澤槁。慎行。物情相倍蓰，美惡心洞曉。彝尊。非無雲霞膩，愛此霜雪皎。慎行。小疊熨帖平，捆載赴遠道。彝尊。預恐壓歸裝，又滋征榷擾。慎行。

朱彝尊《曝書亭集》卷一八《水碓四十韻》 百灘趨漸江，昏旦鳴不息。彝尊。大波恣奔放，小波迴汨㴔。查慎行。居人擅水利，審曲引使直。彝尊。其長走蛟蛇，其廣納溝洫。慎行。遏防激之怒，徑隘流轉急。彝尊。夫豈水性然，適來遭勢逼。慎行。于焉扼其吭，壘石添橛杙。彝尊。椽茅架小屋，度地隨偃仄。慎行。斲木爲巨輪，當衝立樞極。彝尊。旁安三十輻，輻輻輳斤墨。慎行。龜文交兩兆，鼈甲支九肋。彝尊。括張等虞機，璇運就圜則。慎行。江心鏡欲躍，海底月半蝕。彝尊。滅頂泅人騰，升陑壯士踣。慎行。尻高首或下，後湧前乃匿。彝尊。團團牛旋磨，匝匝鴉翻翼。慎行。棗軸貫中央，有如箸在扐。彝尊。循環觸牙動，揚者必先抑。慎行。石臼質本頑，甘爲杵所賊。彝尊。昂然馬騰槽，俛若鶴啄食。慎行。砯砰應闞椇，次第符漏刻。彝尊。擣紙十萬箋，取禾三百億。慎行。糠秕除未盡，藤竹需孔急。彝尊。一爲機事牽，焉得休汝力。慎行。先王昔制器，取象配卦德。彝尊。舟楫涉大川，耒耜徂畛域。慎行。養生務佃漁，分壤別動植。彝尊。鄰歌答舂相，作苦爰稼穡。慎行。俾習四體勤，羣黎無懈忒。彝尊。後世技巧繁，淫奇難忖測。慎行。桔槔轆轤作，便利成典式。彝尊。紛紛鑿渾沌，一一逞胸臆。慎行。能令蠢者靈，通者忽以塞。彝尊。即此水碓論，用意略可識。慎行。居然役造化，安坐無怍色。彝尊。乃知天生民，若苗之有塍。慎行。夜來山雨驟，趙漲漫澤國。彝尊。沙崩岸漂沉，有械施不得。慎行。物成久則毁，兹理復何惑。彝尊。逸豫安可貪，民勞宜率職。慎行。

朱彝尊《曝書亭集》卷二三《送施生重游武夷三首》 止止菴深舊下帷，焙茶擣紙遠如期。春山一路無啼鳥，澗水聲中到武夷。

查慎行《敬業堂詩集》卷二四《烏石村》 修竹連山萬萬栽，斬新换葉碧如苔。特留老節非無用，歲歲生孫作紙材。村家造紙多取新竹，故云。

查慎行《敬業堂詩集》卷二七《愷功侍讀惠宣德紙走筆謝之二首》 小印分明宣德年，南唐西蜀價争傳。儂家自愛陳清欵，不取金花五色牋。宣德貢牋有宣德五年造素馨紙印，又有五色粉牋、金花五色牋、五色大簾紙、磁青紙，以陳清欵爲第一。九萬山陰何敢望，澄心百幅亦應難。從今稍變歐梅例，一首詩須博一番。歐陽以澄心紙百幅遺梅聖俞，聖俞有詩，故東坡有「詩老囊空不一留，百番曾作百金收」之句。

陶成《江西通志》卷一五一《藝文・鄭日奎〈信民謡六首〉》 鉛山紙，堪束册，厚如錢，白如雪，尤物勞民民力竭。幾工能得一番成？官府一聲千萬幀。但願交官官不怒，價值有無誰敢訴！

愛新覺羅・弘曆《御製詩二集》卷五二《豁山》 夏秋間，擣敗苧楮絮，入水漚（去聲）之成毳，瀝蘆簾，匀暴爲紙，堅韌如革，謂之「豁山」。凡紙箋，胥以是名之。 擣苧漚麻亦號箋，粘窗寫牘用猶便。百番徒訝銀光薄，萬杵還輕越竹堅。但取供書何貴巧，便稱鋪玉詎能賢？高麗鏡面尋常有，愛此淳廉舊制傳。

愛新覺羅・弘曆《御製詩二集》卷五八《紙》 竹不便行施，擣麻代簡馳。尚卿神號炳，雲母玉光披。紀實傳今古，修辭贊禮儀。蜜香書釋例，杜預有芳規。

愛新覺羅・弘曆《御製詩三集》卷八六《紙》 敝布麻頭古刱製，後來側理意猶存。銷金鋪玉巧滋甚，踵事增華世可論。卷退放彌符易蘊，月將日就詠詩敦。吾惟圖易思艱切，白簡誰當進讜言。

愛新覺羅・弘曆《御製詩四集》卷一三《題梅花玉版牋六韻》 硾漿法失傳，何處覓由拳？幸富新宣紙，倣宣德紙爲之者。因成玉版牋。冰紋常自綴，花朵鎮如鮮。林叟仍資好，去聲。蘇翁且戲禪。冷金真少見，側理或相沿。五合偶斯藉，求精奚有焉？

愛新覺羅・弘曆《御製詩四集》卷五四《豁山漢語紙也》 漚苧弗殊用敝麻，以爲紙乃樸無華。擣取苧故絮，漚以爲紙，製樸而性堅，猶存古初遺意。不知有漢蔡倫合，漫數上聲惟萊左伯嘉。紀事傳言胥貴實，銷金鋪玉那求奢？卷筒金粟常臨帖，藏經紙無摺痕者謂之卷筒，較經背紙尤難得。敢忘斯哉惕自嗟！

愛新覺羅・弘曆《御製詩四集》卷八五《浙省新製側理紙成試書因得句》 丁丑初獲側理紙，訝爲創見祇兩幅。見舊詠側理紙詩。既而懋勤檢庫物，五番原以弆之夙。一再吟詠試墨卿，兼喻鑒人失清目。丁丑南巡，得側理紙兩番，迴蹕檢查，內庫復得五番。曾一再題詠，有「或且當面失，奚藉不脛走。抑又瞿然懼，將毋人似否」之句。邇年倣爲命浙匠，始猶難之近則熟。海苔漁網弗讓古，用實不竭勝越竹。鏡牋滑潤玉版脆，此獨精堅更淳樸。譬之漢庭固多材，相如輩夥汲黯獨。既思何求而弗獲？於人艱哉益增恧。

黃沛翹《西藏圖考》卷三查禮《藏紙詩》 蜀紙逐豫章，工拙奚足尚。結胎多槽霉，嘲誚實非謗。既失蔡侯傳，更乏涇縣匠。錦城學書人，握筆每惆悵。孰意黃教方，特出新奇樣。日擣柘皮漿，簾漾金精浪。取材徑丈長，約寬二尺放。質堅宛繭練，色白施瀏亮。瀏喜受喻麋，明勿染塵障。題句意固適，作畫興當暢。裁之可彌窗，綴之堪爲帳。何意高麗楮，洋箋亦復讓。國家盛聲華，夷夏歌蕩蕩。佛國技藝能，無遠不籌創。東土應夸觀，頌美烏斯藏。

李德淦《〔嘉慶〕涇縣志》卷三二趙廷揮《感坑》 山裏人家底事忙，紛紛運石疊新牆。沿溪紙碓無停息，一片春聲撼夕陽。

嚴如熤《三省邊防備覽》卷一四《藝文下・紙廠詠》 洋州古龍亭，利賴蔡侯紙。二千餘年來，遺法傳鄉里。新篁四五月，千畝束青紫。方塘甃磚石，尺竿浸藥水。成泥奮鐵鎚，縷縷成絲枲。精液凝瓶甑，急火沸鼎耳。幾迴費淘漉，作意淨渣滓。入槽揭小簾，玉版層層起。染繢增彩色，縱橫生文理。雖無繭綿堅，尚供管城使。馱負秦隴道，船運鄖襄市。華陽大小巴，廠屋簇蜂壘。匠作食其力，一廠百手指。物華天之寶，取精不嫌侈。溫飽得所資，差足安流徙。況乃翦蒙茸，山徑坦步履。行歌負販人，叢絕伏莽子。熙穰聽往來，不擾政斯美。嗟哉蔬筍味，甘脆殊脯胏。區區文房用，義不容奸宄。寄語山中牧，勿以勞胥史。

顧翰《拜石山房詞鈔》卷一《望江南・遊餘杭作》 餘杭道，坐得筍輿過。碓紙聲忙流水急，繅絲風緊落花多。相望隔煙蘿。

丘逢甲《嶺雲海日樓詩鈔》卷一二《憶上杭舊遊》 知是煙痕是露痕？四山一碧竹連村。家家製紙臨溪屋，水碓聲中晝掩門。

雜録

《全後漢文》卷四五崔瑗《與葛元甫書葛龔，字元甫》 今遣奉書錢千爲贄，並送《許子》十卷，貧不及素，但以紙耳。《北堂書鈔》一百四、《藝文類聚》三十一。

李亢《獨異志》卷上 唐賀知章，會稽永真人。進士擢第太常少卿，秘書監，爲太子諸王侍讀。性落托放縱，逸思過人。年八十餘，因醉賦詩，問左右曰：「紙多少？」對曰：「有十幅。」乃書告老，乞歸鄉里。

釋道世《法苑珠林》卷二六 陳揚州嚴恭者，本是泉州人。【略】後恭至市買經紙，少錢，忽見一人持錢三千授恭，曰：「助君買紙。」言畢不見，而錢在。其怪異如此非一。

馮贄《雲仙雜記》卷一《夢裁錦》 蕭穎士少夢有人授紙百番，開之，皆是繡花。又夢裁錦，因此文思大進。《文筆襟喉》。

馮贄《雲仙雜記》卷六《紙封九錫》 稷又爲紙封九錫，拜楮國公、白州刺史，統領萬字軍、界道中郎將。《事畧》。

李昉《太平廣記》卷一二一《邢文宗》 唐河間邢文宗，家接幽燕，稟性麤險。貞觀年中，忽遇惡風疾，旬日之間眉鬢落盡。於後就寺歸懺，自云近者向幽州路逢一客，將絹十餘疋，迴澤無人，因即劫殺。此人云：「將向房州，欲買經紙。」

終不得免。

李昉《太平廣記》卷一四五《鉅鹿守》　唐文德戊申歲，鉅鹿郡南和縣街北有紙坊長垣，悉曝紙，忽有旋風自西來，卷壁紙略盡，直上穿雲，望之如飛雪焉。此兵家大忌也。夏五月，郡守死。出《三水小牘》。

陶穀《清異録》卷下《金迷紙醉》　癰醫孟斧，昭宗時常以方藥入侍。唐末竄居蜀中，以其熟於宫故，治居宅法度奇雅。有一小室，窗牖煥明，器皆金紙。光瑩四射，金采奪目。所親見之，歸語人曰：「此室暫憩，令人金迷紙醉。」

陶穀《清異録》卷下　自紙行於世，簡牘之制遂絶。

高承《事物紀原》卷七《金耀門書庫》　景德三年置。以貯三司文案，俗曰「故紙倉」。《東京記》曰：「三年置，掌三司積年文案。舊曰『三司文書倉』。」

米芾《寶晉英光集》卷八《題持古良醫妙技二十六條並不標題》　李重光作此種紙，以供澄心堂用。其出不一，以池州馬牙砸漿者爲上品。此乃饒紙，不入墨，致字少風神也。

米芾《書史》　王右軍《筆陣圖》前有自寫真紙，緊薄如金葉，索索有聲。

歐陽修《文忠集》卷一三〇《學書費紙》　學書費紙猶勝飲酒費錢。曩時嘗見王文康公戒其子弟云：「吾生平不以全幅紙作封皮。」文康，太原人，世以晉人喜嗇資談笑，信有是哉。

江休復《江鄰幾雜志》　楊弦望之當官，凡私家上曆，亦自買紙。

畢仲游《西臺集》卷六《陳子思傳》　陳子思者，名知默，【略】後一年，子思平居無事，謂其妻曰：「吾體不樂，殆死乎！」乃之賈延年家擣紙，欲次其詩，未成，而子思病，遂卒。

邵博《邵氏聞見後録》卷二八　司馬文正平生隨用所居之邑紙，王荆公平生只用小竹紙一種。

近世薄書學，在筆墨事類草創，於紙尤不擇。唐人有熟紙、有生紙。熟紙，所謂妍妙輝光者，其法不一；生紙，非有喪故不用。退之《與陳京書》云：「《送孟郊序》用生紙寫。」言急於自解，不暇擇耳。今人少有知者。

胡仔《漁隱叢話後集》卷一九《張復之》　《蔡寬夫詩話》云：乖崖少喜任俠，學擊劍，尤樂聞神仙事。爲舉子時，常從陳希夷，欲分華山一半，希夷以紙筆蜀牋贈之。

洪邁《夷堅甲志》卷七《周世亨寫經》　鄱陽主使周世亨，謝役之後，奉事觀世音甚謹。慶元初，發願手寫經二百卷，施人持誦。因循過期，遂感疾，乃禱菩薩祈救護。既小安，即以錢三千、米一石付造紙江匠，使抄經紙。江用所得別作紙入城販鬻，周見而責之。江以貧告，復增畀其直。及售紙于此，每幅皆斷爲六七，懼而亟還家，悉力緝製，納于周。周倩一僧摺成册，齋戒繕寫，方及二十卷，正書握筆，羣鴉數十鳴譟屋上，逐之不退。起禱像前，迨出視，蓋一鴉中箭流血，衆鴉爲拔之不能得，故至悲鬨。周連誦寶勝如來、救苦觀世音二佛，以筆指之，箭脱然自拔，鴉飛入空中。周贊嘆之際，箭從天井内擲落于佛龕。靈感如此。

洪邁《夷堅支乙》卷二《大梵隱語》　常熟縣寓客曾尚書下世已久，有四子。淳熙元年春，夢告其長縣丞曰：「我被天符，爲福山嶽廟土地。方交承之始，闔府官僚當有私覿，禮不可廢。吾東書院黑厨内藏佳紙數千張，可盡付外染黄，印造大梵隱語，敬焚之。毋忽吾戒！」

洪邁《夷堅三志辛》卷八《湘潭雷祖》　慶元二年，湖湘粒米翔貴，郊郭間無不艱食。湘潭境内有昌山，周回四十里，中多篠簜，環而居者千室，尋常於竹取給焉。或擣爲紙，或售其骨，或作簟，或造鞋，其品不一，而不留意耕稼。

洪邁《夷堅志再補・治目疾方》　江陵傅氏，家貧，鬻紙爲業。性喜雲水，見必邀迎，小閣塑吕仙翁像，奉事甚謹，雖妻子不許輒至。

《錦繡萬花谷後集》卷二九　魚吐青色。葛玄見賣大魚，謂曰：「暫煩此魚往河伯處。」魚主曰：「魚已死。」玄曰：「無害。」乃丹書紙，内口中，投水。有頃，魚化騰躍上岸，吐墨書，青色如木葉而去。並葛洪《神仙傳》。

桂萬榮《棠陰比事・王璩故紙》　寺丞王璩嘗爲襄州中廬令，有賊久譏不得情，偶於賊囊中得故紙，揭示之，乃房陵商人道爲賊所掠者，賊遂服。

桂萬榮《棠陰比事・江分表裏》　陵州仁壽縣有里胥洪氏，利鄰人田，紿之曰：「我爲收若税，免若役。」鄰人喜，劃其税歸之。踰二十年，且僞爲券，以茶染紙，類遠年者。訟之於縣，縣令江某郎中取紙卷展開視之，曰：「若遠年紙，裏當色白，今表裏如一，僞也。」譏之，果服。

陳櫄《負暄野録》卷下《紙分陰陽面》　凡紙，皆以澆處向上爲陽，著簾處向下爲陰。今人多爲面陽而背陰，蓋以陽面雖麄，而光滑不凝滯；陰背雖細，而艱澀能沁墨故也。然太滑又易失用筆之意，太澀又推筆不行。惟今之清江及越竹紙，其陰面細而不澀，用以作字，筆法具存；其陽面則光滑太甚，筆鋒未到而墨已先馳，似過於駿快也。

周密《齊東野語》卷一〇《絹紙》　坡翁嘗醉中爲河陽鄭倅書，明日視之，紙乃絹也，遂自題於後云：「古者本謂絹紙，近世失之云。」蓋古人多以絹爲紙，烏絲欄乃織成爲卷而書之。所謂覃紙者，亦以覃爲紙也。按《蔡倫傳》云：用縑帛者，謂之紙。縑貴簡重，不便於人，乃用木膚、麻皮等。

隋《修文殿御覽》載晉人藏書數，有白絹草書、白絹行書、白鍛絹楷書之目。又魏太和間，博士張揖上《古今字帖》，其《巾部》辨紙字云：「今世其字從巾。蓋古之素帛，依舊長短，隨事截絹，枚數重疊，即名幡紙，故字從糸，此形聲也。蔡倫以布擣剉作紙，故字從巾，是其聲雖同，而糸、巾則殊也。」盧仝《茶歌》有「白絹斜封三道印」之句，豈以絹書之邪？

常慶《〔道光〕耒陽縣志》卷一九《重修新亭蔡侯廟記至元四年》　嘗聞神之載祀典者所當修崇，郡之有名勝者所宜表揚。城南李氏，祖業有池一泓，推官李淑原承任其業主也。謂昔蔡倫於池邊造紙，漢時侯封，不知何代於池畔立祠設像，因名蔡倫廟。後爲洪水漂蕩，其像移於他廟，故基尚存。予聞而考之傳，自古書契並以竹簡縑帛書之，縑貴而簡重，不便於用。後漢和帝時，中官蔡倫，創意以樹膚、麻頭布、魚網之屬造紙以代縑簡，於世便益，封龍亭侯，至今千有餘年。竊思侯之異能功垂萬世，遂掛升斗之俸，並到郡之好義者協力命工，度其故地，爲祠一所，仍設侯像於中，祠傍置屋，募民居之以奉祀事。又於鷲山鄉北衝口置田一十畝，並廣濟倉後予親置桑一百四十株，俱付其祠，以充給贍。祠成，勒石以記重興之本末。其助資之士，列於左方。至元四年九月立。

曹昭《格古要論》卷上　余嘗見宋徽廟御筆書千文一軸，其紙首尾長五丈奇，信乎匹紙三丈也。

李詡《戒庵老人漫筆》卷一《陰陽互藏》　綿紙有軟弱而聲甚啞者，問其人，曰：「此夏天所造，名爲陰紙，若冬天造者，則有聲。」因可見陰陽互藏之義。先儒言水生燥，火生溼，曾試觀黏膩之物，以水或湯滌之，則索然乾爽，生燥之謂也；乾物火邊熇久，則轉潮潤，生溼之謂也。亦可見陰陽互藏之義。

王世貞《弇州四部稿》卷一二九《又前後漢書後》　余生平所購《周易》、《禮經》、《毛詩》、《左傳》、《史記》、《三國志》、《唐書》之類，過二千餘卷，皆宋本，精絕。最後班、范二《漢書》尤爲諸本之冠，桑皮紙，勻潔如玉，四旁寛廣。字大者如錢，絕有歐柳筆法。細書絲髮膚緻，墨色清純。

于慎行《穀山筆麈》卷一四《雜考》　楮書不始於蔡倫，倫第以魚網木皮爲紙，別刱一法耳。自前漢有赫蹏書。

張萱《疑耀》卷三《宋紙背面皆可書》　顔文忠每於公牒背作文稿。黄長睿得雞林小紙一卷，已爲人書鄭衛《國風》，復反其背，以索靖體書章草《急就》二千一百五十字。余嘗疑之：自有側理以來未聞有背面皆書者。顔乃惜紙，黄或好奇耳！余幸獲校祕閣書籍，每見宋板書多以官府文牒翻其背以印行者，如《治平類篇》一部四十卷，皆元符二年及崇寧五年公私文牒牋啓之故紙也。其紙極堅厚，背面光澤如一，故可兩用，若今之紙不能爾也。

張萱《疑耀》卷五《青紙詔》　晉楚王瑋傳有青紙詔，密詔也。説者意以青紙爲之，用藥物作書，以水浮即見，如今人挾帶文字入棘試者，於青布衣上以藥物寫文字，臨時以水沃之，其字立見也。

彭大翼《山堂肆考》卷一八四《唾盤》　《述異記》：「南康雩都縣西，沿江有石室，名夢口穴。嘗有船人遇一人，遍身黄衣，擔兩籠黄紙求寄載。行至崖下，此人唾盤上，徑下崖，直入石中。船主初甚忿之，見其入石，始知神異。視盤上唾，悉是黄金。」

胡應麟《少室山房筆叢》卷二〇《藝林學山二》　十樣蠻箋。韓浦詩「十樣蠻箋出益州」云云。「蠻」諸書悉作「鸞」，此蓋傳録之誤，非用修意也。

張景《補疑獄集》卷一〇《易貴杖石買紙》　易貴，成化間守辰州府，有寠人擔紙息肩路旁，倦而寐熟，失盜。訴於貴，即使人擡失紙處一石到府階下杖焉，擁入觀者如市。閉門，量罰入者以資寠人，復詰曰：「汝紙有識乎？」曰：「有。」遂俾潛住在外。數日，出公牘泛買諸賈人紙。彼送至，令各書名于上，乃召寠人認之，果得原紙。盜紙人伏罪。

陳元龍《格致鏡原》卷五五《花子》　宋淳化間，京師婦女競剪黑光紙團靨。

陳元龍《格致鏡原》卷五五《綵勝》　周祈《名義考》：「北俗：元日剪烏金紙，翩翩若飛翔之狀，簪之，謂之黑老婆。」按：元日剪綵爲燕戴之。

祁駿佳《遯翁隨筆》卷上《紙筆墨》　前代未有紙，故載書盈五車，即秦始皇衡石量書，亦當是竹非紙。史稱漢和帝時，中常侍蔡倫用樹膚麻頭作紙，後世皆謂紙始於倫也。按班史《趙皇后傳》，有赫蹏，《西京記》稱薄蹏，注云：小紙也。又《三輔故事》：衛太子以紙塞鼻。此三者，皆在倫之前，定知紙不始於倫，或倫之製紙，襲古法而加精工，故獨傳有名耳。

錢大昕《潛研堂文集》卷三一《跋北山小集》　黄孝廉丕烈買得宋槧本《北山

小集》四十卷，皆用故紙印刷，驗其紙背，則乾道六年官司簿帳也。【略】古人公移案牘所用紙皆精妙，仍可它用。蘇子美監進奏院，以鬻故紙公錢祀神得罪，可見宋世故紙未嘗輕棄。今官文書紙率軟薄不耐久，數年之後，黴爛蠹蝕，不復可用矣。

梁章鉅《浪迹叢談》卷九《記紙四則》 昔蘇文忠公嘗書赫蹏云：「吾此紙可以劖錢祭鬼，後五百年，當受百金之享。」當時人或嗤之。然至今日，又豈止百金之享已哉！

納蘭成德《淥水亭雜識》云：「文衡山曾見一紙，廣二丈，趙文敏不敢作字，題記而已。不知紙工以何器成之。」

王東溆《柳南續筆》云：「太倉王文肅家，有宋箋，可長十丈，米元章細楷題其首，謂此紙世不經見，留以待善書者。後公屬董思翁書之，思翁亦欣然曰：『米老所謂善書者，非我而誰？』遂書滿幅。」

南唐澄心堂紙，陳後山以謂膚如卵膜，堅潔如玉，此必親見其紙之言。然在宋時，已稱罕覯，故劉功父詩云「當時百金售一幅，澄心堂中千萬軸。後人聞此那復得，就使得之亦不識」是也。余家藏李龍眠白描羅漢卷，文二水跋以爲是澄心堂紙，其堅白異於他紙。又藏李後主行書册，則紙質稍厚，色又微黄，疑當時紙色不必一律，必謂澄心堂紙白色者，無據也。

俞樾《春在堂隨筆》五 壬甫兄示余舊鈔書二册，曰《文房四友除授集》。首册所録「中書令管城子毛穎進封管城侯制」、「石鄉侯石虚中除翰林學士誥」、「陳玄除子墨客卿誥」、「賜楮知白詔」各一篇。其撰人名氏不書，但題「安晚先生」四字。又「代毛穎謝表」、「代石虚中謝表」、「代陳玄謝啓」、「代楮知白謝表」各一篇，撰者爲「竹溪林史君」，注云名希逸，字肅翁。次册一制、二誥、一詔、三表、一啓，並如前，撰者爲後村劉中書，注云名克莊，字潛夫。又「擬彈中書令管城侯毛穎疏」、「擬駁石鄉侯石虚中除翰林學士奏」、「擬駁陳玄除子墨客卿奏」、「擬駁召楮知白奏」各一篇，則新安胡廉厚所撰也。紙墨雖舊，而文字完好可讀。卷首有林肅翁序，其略云：「淳祐丙午，安晚先生以少師領奉國節鉞，留侍經帷，寓第涌金門外養魚莊，日有湖山之適。僕時備數校讎府官，閑無他職，頗得奉公從容。一日，謂僕曰：『某嘗爲文房四友除授制誥，因官湖外而歸，舊稿蠹蝕不復存，今僅能追憶一二語。』僕因請聞其略，公曰：『容某思之。』又數日，公連以數則示教曰：『余因子之請，遂得追補成之。』僕讀而喜曰：『此前人文集所未有也。然既有除授，而無謝可乎？』遂各爲表、啓一首，以呈公，公大加稱賞。逾年，公再入相，僕謹閟不敢出。今既補外，無復争名求進之嫌，因取而刊之郡齋云云。」所稱安晚先生，乃鄭清之也。清之有《安晚堂集》。考宋理宗端平二年乙未六月，以鄭清之、喬行簡爲左右丞相兼樞密使，明年九月，以有事明堂，大雨震電，二人俱免。自是至丙午，爲淳祐六年，正其優遊湖山之日。至七年，清之復爲太傅、右丞相兼樞密使，即序所謂逾年再入相者也。清之與史彌遠議廢立，得至宰輔，其再相，則年衰齒暮，政歸妻子，相業更無足稱。林竹溪、劉後村並依附賈似道，亦非端上。然此卷以文爲戲，頗有可觀，亦舊籍之幸存者也。余語壬甫兄，當付之剞劂，以詒好事者，因先記大略如此。惟讀胡謙厚序，知尚有李幾復所作一奏、三狀代四友辭免者，惜不可見矣。

吴趼人《二十年目睹之怪現狀》第七二回《逞强項再登幕府　走風塵初入京師》 一路問訊到了琉璃廠，路旁店鋪，儘是些書坊、筆墨、古玩等店家。走到一家松竹齋紙店，我想這是著名的店家，不妨進去看看。【略】然後又看了兩種信箋。老者道：「小店裏有一種『永樂箋』，頭回給你看過的，可要再看看？」説罷，也不等我回話，便到櫃裏取出一個大紙匣來。我打開匣蓋一看，裏面是約有八寸見方的玉版箋，左邊下角上一朵套色角花，紙色極舊。老者道：「這是明朝永樂年間，大内用的箋紙，到此刻差不多要到五百年了，的真是古貨。你瞧，這角花不是印板的，是用筆劃出來的，一張一個樣子，没有一張同樣兒的。」我拿起來仔細一看，的確是畫的；看看那紙色，縱使不是永樂年間的，也是個舊貨了。因問他價錢。老者道：「别的東西有個要價還價，這個紙是言無二價的，五分銀子一張。」我笑道：「怎么單是這一種做不二價的買賣呢？」老者道：「你明見得很，我不能瞞著你。别的東西，市價有個上下，工藝有個粗細，唯有這一號紙，是做不出來的，賣了一張，我就短了一張的了。小號收來是三千七百二十四張，此刻只剩了一千三百十二張了。」我心裏雖是笑他搗鬼，卻也歡喜那紙，就叫他數了一百張，一共算帳。因爲没帶錢，便寫了個條子，叫他等一會送到廣升棧第五號。便走出來。那老者又呵腰打拱的一路送出店門之外，嘴裏説了好些没事請來談論的話。

歐陽修《文忠集》卷一四八《與劉侍讀原父，嘉祐二年》 某啟：暖甚。果復作陰，嘉節豈遂爲雨耶？建寧物論益喧，當制之人，必被收理。後日之遊且不欲往，幸爲致意。人事之難乃爾！烏絲欄依前書不染墨，今納還，當以澄心紙試書一章塞命也。

蘇軾《東坡全集》卷八四《與楊濟甫》 遠蒙厚惠蜀紙藥物等，一一如數領訖，感怍之至。人行速，無佳物充信，謾寄腰帶一條。俗物增愧，不罪不罪！

蘇軾《東坡全集》卷八五《與劉器之》 志仲本以烏絲欄求某録雜詩耳。某自出意，欲與寫《廣成子解篇》，舟中熱倦，遂忘之。然此意終在也，今豈可食言哉！病不能作，志仲書乞封此紙去。

蘇軾《東坡全集》卷八五《與程德孺運使》 告爲買杭州程奕筆百枝及越州紙二千幅，常使及展手者各半，不罪不罪！正輔知已到京，非久上狀次，乞因信致懇。

蘇轍《欒城集》卷四〇《言張頡第五狀二十三日》 一、元豐四年，内臣綦元亨差往廣西起發韶、惠州錢，頡以轉運使權廣州，送沉香七兩，朱砂半觔，桂花、竹紙等與元亨，兼違條以妓樂與元亨燕會。

黄庭堅《山谷別集》卷一三《與趙都監帖二》 伏暑稍易堪，夜中清冷美睡，想殊得所，但當深思寶護玉體，立功名爾！所寄尺六觀音紙，欲書《樂府》，似大不韵。【略】須佳紙，當奉寄。宜州紙只是包裹材器耳。彼易得藿香草豆蔻否？

黄庭堅《山谷別集》卷一六《答陳季常書二》 惠高麗紙卷，遂爲人所取，不可得。深秋凉時別寫數紙雜詩去。

黄庭堅《山谷別集》卷一七《與潘邠老帖五》 比辱車馬，瞻相風度，殊有塵外之韵，中心竊獨喜。知足下留中進於忠厚之實，故見此光華爾。得示誨及新文，怱怱中疾讀，已覺沈疴去體，未三復也。蒲圻紙佳惠，亦未暇省録。

黄庭堅《山谷集》卷一九《與敦禮祕校帖五》 須蜀紙，今送三百。

黄庭堅《山谷集》卷二五《題樂府木蘭詩後》 唐朔方節度使韋元甫得於民間。劉原父往時於祕書省中録得，元豐乙丑五月戊申，會食於趙正夫平原監郡西齋，觀古書帖甚富，愛此紙得澄心堂法。與者三人：石輔之、柳仲遠、庭堅。

黄庭堅《山谷集》卷二九《跋與張載熙書卷尾》 張載熙，名家子。能官而好文，尤喜筆札。自以平生好余書，但見碑板，以予喜其兄弟，故以連州藤紙兩大軸來乞行草。

黄庭堅《山谷簡尺》卷上《與人簡》 庭堅頓首：昨日辱置酒，甚勤重。旦來伏想起居輕安，欲買故紙四斤，恐貴局可有之？幸爲垂意，速得爲佳。

黄庭堅《山谷簡尺》卷上《與人簡》 庭堅頓首再拜：前日過蒙主禮，敬佩懃懇之意。天氣暄暖，喜承起居萬福。色牋有雜色而無紅牋。王子飛云有之。候子飛送到，即同遣上。字軸付來人。數日間事空當參詣。庭堅再拜上鴻范七舅提舉通直。

黄庭堅《山谷簡尺》卷上《與人簡》 適來紙堪用否？此亦有冷金、厚玉屑，但不成數耳。若五十幅作一沓用，兩種更加小牋，似可。庭堅再拜。【略】有竹紙，乞數十，但恐亦竭矣。庭堅再拜。

黄庭堅《山谷簡尺》卷上《與人簡》 大墨一笏，頗堅黑，恨不多耳。陽山九峯紙各一百，漫副匱乏耳，不能佳也。

黄庭堅《山谷簡尺》卷上《與人簡》 若要簡紙即示諭，此居處隔江即紙户家。每來問勞之，遂可使旋買百十張，積自可得五七百耳。亦差光緊。如官中買者，蓋於官紙中擇差者見售也。

黄庭堅《山谷簡尺》卷上《與人簡》 草書漫用連州大紙寫去，不知可意否？昨發武昌時，便爲輕齎至宜州之計，凡重物皆不將行，所以紙、研、墨極闕，大圭往取，猶未來耳。有隨行紙，昨在八桂已用竭，連州紙乃旋買來耳。須草書，但要自看，不必堅紙，更約二十年看得便可耳。一噱。兩日發熱，意思不甚佳，今日猶憒憒。來人索索作此，所謂草草。庭堅再拜。

黄庭堅《山谷簡尺》卷下《答人簡》 藤紙宜筆墨，但老人不堪作勞。又如此盛暑，可厭煩猥。秋凉或可下筆耳。庭堅頓首。

黄庭堅《山谷簡尺》卷下《答人簡》 庭堅頓首：伏奉二十三日手誨，審稍凉，起居輕安，家母縣君萬福，小親家母安勝爲慰。寄惠栗橄欖三千，荷不忘之意。硾紙亦好，候令溪東紙工加意作極厚極白簡紙，去每硾了，輒中分之，亦應乏也。

黄庭堅《山谷簡尺》卷下《答人簡》 庭堅頓首：伏奉手誨，審涉冬，安勝爲慰。【略】冷金二軸，極不堪，是公庫買者，差勝黔中臭米紙耳。小兒學書或須也。

黄庭堅《山谷簡尺》卷下《答人簡》 庭堅頓首：辱手筆，喜承日用，輕安示諭。讀書甚喜，然須承佳篇，須蜀紙。

黄庭堅《山谷簡尺》卷下《答人簡》 庭堅再拜：方欲奉上，遽辱賜教，存問勤懇，并惠黎祁屑紙，欽荷珍重之意。謹奉啟道謝，不能萬一。庭堅再拜。

李之儀《姑溪居士前集》卷二四《與劉延仲》 早來客在門，起又差晚，索書擁至勤來，使極滅裂，慚負可勝言耶？少間不審起居，何似佳楮，固已過厚。二缶緘紙極精，但未知包藏如何耳。

李之儀《姑溪居士前集》卷三四《與崇因欽長老》 麻紙、新綿、御米，皆珍物也。見遇如此，被賜增感。乍出世應接處多荷煩，致厚過寵，愧戢愧戢！

李復《潏水集》卷五《與喬叔彥通判》 某蒙惠古田玉版紙，瑩滑可愛，不勝感荷。武夷山聞之久矣，【略】煩叔彥令用紙畫此山，但設麤色。

李綱《梁谿集》卷一六二《書杜子美魏將軍歌贈王周士》 余趣寧江謫所，取道湘潭，王周士出高麗紙求書。

釋居簡《北磵集》卷五《送鍾賢良序》 宣子未幾登甲科，賀者及門，則蹙頞而作曰：「吾儻費數百金，買麻沙一沓紙，故而至此也，何以賀爲？」或謂其輕朝廷，非知言也，輕場屋耳！

楊萬里《誠齋集》卷一〇五《答王提舉大著郎中南強》 某頓首再拜。敬問慈闈雙親福壽，兼隆台眷郎娘均慶。精帋寄贈，政所匱也，敢下拜珍感。山間不敢請委，竦息竦息。某小懇家藏撫州公庫六經，偶缺三傳之釋文，敢乞頤指小史以清江薄紙印補，便中惠我，至幸。不必裁割也。

楊萬里《誠齋集》卷一三三《謚文節公告議太常博士陳貴誼、考功郎官李道傳》 是夕不寐，次朝不食。兀坐齋房，取春膏紙一幅，手書八十有四言。

魏齊賢《五百家播芳大全文粹》卷六七袁思正《與黃魯直帖》 承誨諭致蒲圻紙，適家侄無悔蒲圻作尉，即令往市。紙多滓，又薄厚不均，色黑，似不堪用。有人惠分寧化紙，差白，但苦薄耳。

李存《俟菴集》卷二九《與劉彥基》 未能躬造山棲，以謝枉顧之辱。竊聞行李將赴秦淮，又不能走餞，慚悚之至！皆以新年忽感眩疾故也，幸照恕。清江紙四百番，聊奉翰墨之餘。沿途千萬自愛。領袖名山，惟大公至正以光玄學，幸甚！不宣。

米芾《書史》 裝書，褾前須用素紙一張，捲到書時，紙厚已如一軸子，看到跋尾，則不損古書。所用軸頭以木性輕者，紙多有益於書。油拳麻紙硬堅，損書第一。池紙勻碪之，易軟，少毛，澄心其製也。今人以歙爲澄心，可笑。一卷即兩分理，軟不耐卷，易生毛。古澄心，以水洗浸一夕，明日鋪于卓上曬乾，漿碪已去，紙復元性，乃今池紙也，特擣得細無筋耳。古澄心有一品薄者最宜背書。台藤背書，滑無毛，天下第一，餘莫及。

唐人背右軍帖，皆碪熟軟紙如綿，乃不損古紙。又入水蕩滌而曬，古紙加有性不糜，蓋紙是水化之物，如重抄一過也。余每得古書，輒以好紙二張，一置書上，一置書下，自傍濾細皂角汁，和水，霈然澆水入紙底。於蓋紙上用活手軟按拂，垢膩皆隨水出，內外如是，續以清水澆五七遍，紙墨不動，塵垢皆去。復去蓋紙，以乾好紙滲之三張，背紙已脫，乃合於半潤好紙上，揭去背紙，加糊背焉。不用絹壓四邊，只用紙，免摺背重硼損古紙。勿倒襯帖，背古紙隨隱便破，只用薄紙，與帖齊頭相挂，見其古損斷尤佳，不用貼補。古人勒成行道，使字在筒瓦中，乃所以惜字。今俗人見古厚紙，必揭令薄方背。若古紙去其半，損字精神，一如摹書。又以絹帖勒成行道，一時平直，良久舒展爲堅，所隱字上却破。京師背匠壞物不少。王詵家書畫屢被揭損，余諭之，今不復揭。又，好用絹背，雖熟猶新硬，古紙墨一時蘇磨，落在背絹上，王所藏《書譜》、《桓謝帖》俱爲絹磨損。近好事家例多絹背磨損，面上皆成絹文。余又以右軍《與王述書》易得唐文皇手詔，以棗花黃綾背詔，面上一齊隱起花紋，余尋重背，以台州黃巖藤紙，碪熟，揭一半背，滑淨軟熟，卷舒更不生毛。余家書帖多用此紙，一一手背手裝，方入笈。古背佳者，先過自揭不開，乾紙印了，面向上，以一重新紙四邊著糊黏卓上，帖上更不用糊，令新紙虛硼壓之。紙乾，下自乾。慎不可以帖面金漆卓，揭起必印墨。【略】右軍唐摹四帖，一帖有「裹鮓」字，薛道祖所收，命爲《裹鮓帖》；兩幅是冷金硬黃；一幅是楮薄紙，摹右軍暮年更妙帖也。

趙希鵠《洞天清祿集・古今石刻辯》 北紙用橫簾，其質鬆而厚，不甚滲墨，以墨拂之，如薄雲之過青天，猶隱隱見紙白處也。凡北碑皆然，且不用油蠟，可辨。

趙希鵠《洞天清祿集・古今石刻辯》 世言紙之精者，可支千年。今去二王纔八百餘年，而片紙無存。不獨晉人，如唐世善書之蹟，甫三百餘年，亦稀如星鳳。何也？嘗攷其故，蓋物之奇異者，常聚於富貴有力之家，一經大盜與水火，則舉羣失之，非若他物散落諸處，猶有存者。桓元之敗，取法書名畫一夕盡焚，所喪幾何，良可悲也！

趙希鵠《洞天清祿集・古翰墨真蹟辯》 北紙用橫簾造，紙紋必橫，又其質鬆而厚，謂之側理紙，桓温問王右軍求側理紙是也。南紙用豎簾，紋必豎，若二王真蹟多是會稽豎紋竹紙。蓋東晉南渡後難得北紙，又右軍父子多在會稽故也。其紙止高一尺許，而長尺有半。蓋晉人所用大率如此，驗之《蘭亭》押縫可見。

屠隆《考槃餘事》卷一《南北紙墨》 古之北紙，其紋横，質鬆而厚，不甚受墨。北墨多用松烟，色青而淺，不和油蠟。故北搨色淡而紋皺，如薄雲之過青天，謂之夾紗作蟬翅搨也。南紙其紋豎，墨用油湮，以蠟及造烏金紙水敲刷碑文，故色純黑而有浮光，謂之烏金搨。

屠隆《考槃餘事》卷二《古絹素》 唐紙，則硬黄、短簾；絹，則絲粗而厚，有搗熟者，有四尺闊者。宋紙，則鵠白、澄心堂；絹，則光細若紙，揩摩如玉。

陳繼儒《妮古録》卷二 宋紙於明望之無簾痕。

方以智《物理小識》卷八《帖搨類》 舊搨紙薄，久則磨光，而紙面無氣味，即謂之墨香可也。《淳化閣帖》，棗木刻，用匱紙，或用烏金搨，或蟬翼搨。

阮葵生《茶餘客話》卷一七《觀帖之法》 凡欲觀古帖，先觀字法刻手，次觀搨法，紙墨色澤。若不能識字法刻手，審其墨氣可矣。色堅如漆，手揩不污者，真古也。微抹之而滿指染黑者，僞搨耳。 凡帖以北紙北墨爲佳。北紙用豎簾，其質鬆而厚，不甚滲墨。以手拂之，如薄雲之過青天，猶隱隱見紙白處。又北用松烟，墨色清淡，不和油蠟，故色淡而紋縐，非夾沙作蟬翅搨也，凡北碑皆然。南紙堅薄，極易搨，墨用烟和蠟爲之，乃色純黑而面有浮光。此南北紙墨之辨也。

賈思勰《齊民要術》卷三《雜説》 染潢及治書法：凡打紙欲生，則堅厚，特宜入潢。凡潢紙滅白便是，不宜太深，深則年久色闇也。人浸蘗熟，即棄滓，直用純汁，費而無益。蘗熟後，漉滓擣而煮之，布囊壓訖，復擣煮之，三擣三煮，添和純汁者，省四倍，又彌明净。寫書，經夏然後入黄，縫不綻解。其新寫者，須以熨斗縫縫熨而潢之，不爾，入則零落。豆黄不宜裛，裛則全不入潢矣。

賈思勰《齊民要術》卷三《雜説》 雌黄治書法：先於青硬石上，水磨雌黄令熟；曝乾，更於磁碗中研令極熟；曝乾，又於磁碗中研令極熟。乃融膠清，和於鐵杵臼中，熟擣。丸如墨丸，陰乾。以水研而治書，永不剥落。若於碗中和用之者，膠清雖多，久亦剥落。凡雌黄治書，待潢訖治者佳；先治，入潢則動。

馮贄《雲仙雜記》卷八《書册以竹漆爲糊》 凡書册以竹漆爲糊，逐葉微攤之，不惟可以久存字畫，兼紙不生毛，百年如新。此宫中法也。《白氏金鎖》。

李昉《太平御覽》卷二三三 魚豢《典略》曰：芸臺香辟紙魚蠹，故藏書臺稱芸臺。

姚寬《西溪叢語》卷下 唐秘書省有熟紙匠十人，裝潢匠六人。潢，《集韻》：「音胡曠切。」《釋名》：「染紙也。」《齊民要術》有《裝潢紙法》，云：「浸蘗汁入潢，凡潢紙滅白便是，染則年久色暗，蓋染黄也。」後有《雌黄治書法》云：「潢訖治者佳，先治，入潢則動。」《要術》，後魏賈思勰撰，則古用黄紙寫書久矣。寫訖入潢，辟蠧也。今惟釋藏經如此，先寫後潢。《要術》又云：「凡打紙欲生，生則堅厚。」則打紙工蓋熟紙匠也。予有舊佛經一卷，乃唐永泰元年奉詔於大明宫譯，後有魚朝恩銜，又有經生并裝潢人姓名。

江少虞《宋朝事實類苑》卷三一《詞翰書籍・雌黄塗字》 館閣新書净本，有誤書處，以雌黄塗之。嘗校改字之法，刮洗則傷紙，紙貼之又易脱。粉塗則字不没，塗數遍方能漫滅。惟雌黄則一漫滅，仍久而不脱。古人謂之鉛黄，蓋用之有素矣。並《筆談》。

范公偁《過庭録》 忠宣舊藏一《江都王馬》。往年自慶赴闕，李伯時自京前路延見求觀。【略】然絹地朽爛爲數十片，無能修之者。李因薦一匠者，酬傭直四十千，就書室背之。乃以畫正湊於卓上，略無邪側，用油紙覆，微灑水，以物砑之，著紙上，毫釐不失。然後用絹托其背，遂爲完物。崇寧初，歸上方矣。

謝采伯《密齋筆記》卷四 裝潢匠。裝乃裝背，潢乃今之所謂糨紙者。唐人進奏文字多用潢紙寫，故《韓退之集》中有「用生紙寫」之語。

陶宗儀《南村輟耕録》卷二七《裱背十三科》 世人但知醫有十三科，畫有十三科，殊不知裱背亦有十三科。一織造綾錦絹帛，一染練上件，一抄造紙劄，一染製上件顔色，一餬料麥麪，一餬藥礬蠟，一界尺裁版桿帖，一軸頭，或金，或玉，或石，或瑪瑙、水晶、珊瑚、沉檀、花梨、烏木。每軸止用一色，所以只歸一科。 一餬刷，一鉸練，一絛，一經帶，一裁刀。數内闕其一，則不能成全畫矣。其餬刷、裁尺，亦皆有名。餬刷，欆軟者謂之平分，欆硬者謂之餬捌，大小得中者謂之黏合，狹小者謂之寸金。裁尺，極等闊者曰滿手，次等曰三指，又次等曰兩指，最狹者曰單指。

陶宗儀《南村輟耕録》卷二九《粘接紙縫法》 王古心先生《筆録》内一則云：「方外交青龍鎮隆平寺主藏僧永光，字絶照，訪予觀物齋，時年已八十有四。

話次因問光：『前代藏經，接縫如一綫，歲久不脱，何也？』光云：『古法用楮樹汁、飛面、白芨末三物調和如糊，以之粘接紙縫，永不脱解，過如膠漆之堅。』先生，上海人。

胡侍《真珠船》卷七《裝潢》 《懶真子録》云：唐秘書省，裝潢匠六人。恐是今之表背匠，謂之潢，其義未詳。余按《釋名》：「潢，染紙也。」《齊民要術》染潢法云：「潢紙滅白便是，不宜太深，深則年久色闇。」注謂浸蘗汁爲之。蓋以辟蠹也。《廣韵》：「潢，乎壙切，染書也。」

楊慎《丹鉛餘録》卷一四 《唐六典》有「裝潢匠」，注：音光上聲。謂裝成而以蠟潢紙也。今製牋法猶有潢漿之説。

文震亨《長物志》卷五《裝潢》 裝潢書畫，秋爲上時，春爲中時，夏爲下時，暑濕及沍寒俱不可。裝褫勿以熟紙背，必皺起，宜用白滑漫薄大幅生紙。紙縫先避人面及接處，若縫縫相接，則卷舒緩急有損，必令參差其縫，則氣力均平。太硬則强急，太薄則失力。絹素彩色重者不可擣理。古畫有積年塵埃，用皂莢清水，數宿托於太平案，扦去，畫復鮮明，色亦不落。補綴之法：以油紙襯之，直其邊際，密其隟縫，正其經緯，就其形制，拾其遺脱，厚薄均調，潤潔平穩。又凡書畫法帖不脱落不宜數裝背，一裝背則一損精神。古紙厚者，必不可揭薄。

顧起元《説畧》卷二二 馬大年攷唐秘書省有裝潢匠六人，以爲恐是今之表褙，而未詳潢義。按姚寬《叢語》云：潢，《集韵》：胡曠切。《釋名》：染紙也。魏賈〔思〕勰《齊民要術》有裝潢紙法云：浸蘗汁入潢，凡潢紙滅白便是。若染黄，則年久色暗矣。後有「雌黄治書法」云：潢訖，治者使寫而後入黄，辟蠹也。吾因悟雌黄改誤，亦以紙色黄，故用黄塗，掩其墨而後用筆耳。今人呼表褙爲裝潢，蓋爲馬大年所誤。而好奇之士至於白紙訛字上塗黄，亦誤也。唐人用硬黄紙臨右軍書，亦以右軍名蹟，皆爲收藏家潢過，故書黄紙以效之。

阮葵生《茶餘客話》卷二〇《古語釋例》 裝潢，見《唐六典》。筆神曰佩阿，硯神曰淬妃，墨神曰回氏，紙神曰尚卿。筆神又曰昌化，瑟曰文鵠，笙曰采庸，皷曰送君，鐘曰華山，磬曰洗東，皆仙樂，俱見《致虚雜組》。篦梳一名落塵，又名洛成，見《奚囊橘柚》。不落爲酒杯，不律爲筆。扶老、櫛櫪，皆杖名，見《表異録》。麥光紙、栗尾筆，見坡詩。

周嘉胄《裝潢志・覆》 覆背紙必純用緜料，厚薄隨宜。亦須上壁與畫心同幹過，灑水潤透，用糊相合，全在用力多刷，令紙表裏如抄成一片者，乃見超乘之技。或用上號竹料連四，以好緜料紙托，爲覆背用，亦妙。竹料研易光，舒卷之間，與畫有益。切忌用連七及扛連。

周嘉胄《裝潢志・貼籤》 宋徽宗、金章宗多用磁藍紙泥金字，殊臻莊偉之觀，金粟牋次之。長短貼近圈縄處，毋得過與不及，此定式也。

周嘉胄《裝潢志・染古絹托紙》 古絹畫必用土黄染紙托襯，則氣色湛然可觀，經久逾妙。【略】最忌橡子水染紙，久則透出絹上作斑漬，可恨。舊紙浸水染，俱不堪用。

周嘉胄《裝潢志・治畫粉變黑》 畫用粉，或製不得法，或經穢氣熏染，隨變黑色矣。生紙用粉，猶易變黑，用法治之，其白如故。法：用白凈礬塊調水，即浣衣者，以新筆塗黑處，不可使暈開。將連七紙覆蓋捲收，過半月取看，其黑氣盡透連七紙上。如未退浄，再如法治，輕則一二次退，年久者三四次，無不潔浄如新。再用新京淡茶塗一次，以去礬氣。

周嘉胄《裝潢志・手卷》 余裝卷以金粟牋，用白芨糊折邊，永不脱，極雅致。白芨止可用之于邊，覆紙選上等連四料潔而厚者，錘過則更堅緊質重。

周嘉胄《裝潢志・墨紙》 碑帖本身紙，或緜或竹，及搨法或烏金蟬翅雪花等色，俱一一染搨，配同一色裝成，則渾成無跡。

周嘉胄《裝潢志・硬殼》 余裝有碑帖百餘種，册葉十數部，皆手製硬殼。【略】紙用秋闈敗卷，純是緜料，價等劣紙，以之充用，可謂絶勝。間用金膏紙。

周嘉胄《裝潢志・紙料》 紙選涇縣連四，或供單，或竹料連四，覆背隨宜充用。余裝軸及卷册碑帖，皆純用連四，絶不夾一連七。連七性强不和適，用連四，如美人衣羅綺；用連七，如村姑著布。

紙的生産與消費部

綜述

虞世南《北堂書鈔》卷一〇四《紙四十》

蔡倫造紙。《博物志》云：漢桓帝使桂陽人蔡倫始袁樹皮以造紙。又《輿服志》：蔡侯紙用故麻，名麻紙；木皮，名穀紙；故漁網，名網紙。補。又案：盛弘之《荆州記》云：棗陽縣百許步蔡倫宅，其傍有池，即名蔡子池。倫，漢順帝時人，始以魚網造紙。縣人今猶多能作紙，蓋倫之遺業也。附。尚方作紙。《東觀漢記》云：蔡倫典作尚方作紙，所謂蔡侯紙也。補。賫紙寫國志。王隱《晉書》云：陳壽卒，詔下河南尹華澹遣吏賫紙筆就壽門下寫《三國志》。布紙寫起居。虞預表云：祕府有布紙三萬餘枚，不任寫御書而無所給，愚欲請四百枚付著作吏，書寫起居注。崔瑗送許子但以紙。崔瑗與葛元甫書云：今遣送許子書十卷，貧不及書，但以紙耳。陸雲集兄文紙不精。陸雲與平原書云：前集兄文爲二十卷，書不工，紙又惡，恨不精謹。啟。惠書四紙。延篤答張興書云：惟别三年，夢想憶念，向月有逵伯英來惠紙四張，讀之反覆，喜不可言。與書六紙。《蜀志》：李嚴與雍闓書六紙，辭喻利害甚切。兩紙八行。馬融與竇伯和書云：書雖兩紙，八行七字。楊戲指事希盈紙。《蜀志》：楊戲性雖簡惰省略，未嘗以甘言加人，以情接物，書符指事，希有盈紙。楊修預爲答數紙。《文士傳》云：楊修爲魏武主簿，嘗白事，知必有反覆，教豫爲答數紙，以次牒之。有風吹紙亂，遂錯誤。公怒推問，脩慚懼，以實答。案《世語》曰：脩爲主簿，而爲植所友，每當就植，慮事有闕，忖度太祖意，預作答教十餘條，勑門下教出，以次答。教裁出，答已入，太祖怪其捷，推問，始泄。附。太子紙蔽鼻。《三輔故事》云：衛太子大鼻，武帝病，太子入省，江充曰：上惡大鼻，當持紙蔽其鼻而入。帝怒。案《楚策》云：夫人鄭褎謂新人曰：王愛子美矣，雖然惡子之鼻，子爲見王則必掩子鼻。新人見王，因揜其鼻，王問故，鄭褎曰：其似惡聞君王之臭也。王曰：悍哉！令劓之。二事正相類，讒人用口，信一轍哉。附。帝子持紙花。孫放《西寺銘》云：長沙西寺層構傾頽，謀欲建立。時有帝子持紙花插地，故寺東西相去十餘丈，於是建刹正當花處。五色紙。《鄴中記》云：石虎詔書以五色紙著鳳凰口中，令啣之飛下端門。桃花紙。《桓玄僞事》曰：玄詔令平淮作青、赤、縹桃花紙，使極精，令速作之。藤角紙。范甯教云：土紙不可以作文書，皆令用藤角紙。生布紙。《董巴記》云：蔡倫以生布作紙，絲縌如故，名麻紙；以樹皮作紙，名穀紙。牋記紙。《先賢行狀》云：延篤從唐溪季受《左傳》，欲寫本，無紙，季以殘牋紙與之。篤以牋記紙不可寫，乃借本誦之。左伯紙。《三輔決録》云。見前筆篇。蔡侯紙。《董巴記》云：東京有蔡侯紙，即倫紙也。縹紙。《東宫舊事》云：皇太子初拜，給縹紅紙各一百枚。緑紙。《續晉陽秋》云：姚略好書，有緑紙赤軸。素紙。張杭詩云：昔吾好典籍，下帷幕董氏。吟咏倣遺風，染軸舒素紙。牋紙。《語林》曰：王右軍爲會稽令，謝公就乞牋紙，檢校庫中有九萬牋紙，悉以付謝公。補。當策。傅咸《紙賦》云：蓋世有質文，則理有損益，故禮隨時變而器與事易。既作契以代結繩兮，又造紙以當策。夫其爲物，厥美可珍。廉方有則，體潔性真。含章蘊藻，實好斯文。取彼之淑，以爲己新。續補。代簡。《桓玄僞事》云：古無紙，故用簡，非主於敬也。今諸用簡者，皆以黄紙代之。續補。

徐堅《初學記》卷二一《紙第七叙事》

《釋名》曰：紙，砥也。謂平滑如砥石也。古者以縑帛依書長短，隨事截之，名曰幡紙。故其字從絲。貧者無之，或用蒲寫書，則路温舒截蒲是也。至後漢和帝元興中，常侍蔡倫剉故布，擣抄作紙，又其字從巾。《東觀漢記》云：黄門蔡倫典作尚方作帋，所謂蔡侯紙是也。又魏人河間張揖上《古今字詁》，其巾部云：紙，今帋。則其字從巾之謂也。見《漢記》及王隱《晉書》。一云倫擣故魚網作紙，名網紙。後人以生布作紙，絲縌如麻，名麻紙。以樹皮作紙，名穀紙。見《董巴記》及《博物志》。事對如右

方絮。《釋名》曰：紙，砥也。平滑如砥石也。服虔《通俗文》曰：方絮曰紙。裹柱，補絢。王羲之《筆經》曰：探毫竟以麻紙裹柱根，次取上毫薄薄布，令柱不見，然後安之。謝承《後漢書》曰：羊續字叔祖，爲南陽太守，以清率下，唯卧一副布絢，敗，胡紙補之。當策，代簡。傅咸《紙賦》曰：既作契以代繩兮，又造紙以當策。猶純儉之從宜，亦唯變而是適。攬之則舒，舍之則卷。《桓玄僞事》曰：古無紙，故用簡，非主於敬也。今諸用簡者，皆以黄紙代之。黄書，白疏。王隱《晉書》曰：劉卞爲四品吏，訪問推一鹿車黄紙，令卞寫書。卞語訪問：劉卞非爲人寫黄紙也。訪問案卞罪，下品二等，補尚書令史。崔鴻《前燕録》曰：慕容儁三年，廣義將軍岷山公黄紙上表，儁曰：吾名號未異於前，何宜便爾。自今但可白紙稱疏。擣網，持花。張華《博物志》曰：漢桓帝時，桂楊人蔡倫始擣故魚網造紙。孫放《西寺銘》曰：長沙西寺層構傾頽，謀欲建立。其日，有帝子持紙花插地，故寺東西相去十餘丈，於是建刹，正當花處。殘行，分句。干寶表曰：臣前聊欲撰記古今恠異非常之事，會聚散逸，使同一貫，博訪知之者，片紙殘行，事事各異。張翰詩序曰：永康之末，疾苦痿瘵，故人頗候之，常以閑静，爲著詩一首，分句改紙，各有别讀。尚方，祕府。《東觀漢記》曰：《蔡倫傳》云：倫典作尚方作紙。虞預表曰：祕府有布紙三萬餘枚。縹紅，青赤。《東宫舊事》曰：皇太子

初拜，給縹紅等紙各一百。《桓玄僞事》曰：詔命平准作青、赤、縹、緑桃花紙，使極精，令速作之。藤角，桃花。范甯教曰：土紙不可以作文書，皆令用藤角紙。《桓玄僞事》曰：詔命平准作青、赤、縹、緑桃花紙，使極精，令速作之。別駕函，右軍庫。魏武令曰：自今諸掾屬侍中、別駕常以月朔各進得失，紙書函封，主者朝常給紙函各一。裴啓《語林》曰：王右軍爲會稽令，謝公就乞牋紙，庫中唯有九萬枚，悉與之。桓宣武云：逸少不節。蔡倫遺業，唐季殘牋。盛弘之《荆州記》曰：棗陽縣百許步蔡倫宅，其中具存。其傍有池，即名蔡子池。倫，漢順帝時人，始以魚網造紙。縣人今猶多能作紙，蓋倫之遺業也。《先賢行狀》曰：延篤從唐溪季受《左傳》，欲寫本，無紙，季以殘牋紙與之，篤以牋記紙不可寫，乃借本誦之。賦：晉傅咸《紙賦》。蓋世有質文，則理有損益，故禮隨時變，而器與事易。既作契以代結繩兮，又造紙以當策。夫其爲物，厥美可珍。廉方有則，體潔性真。含章蘊藻，實好斯文。取彼之淑，以爲己新。攬之則舒，舍之則卷。可屈可伸，能幽能顯。詩：梁江洪爲傅建康詠紅牋詩。雜彩何足奇，唯紅偏可作。灼爍類蕖開，輕明似霞破。鏤質卷芳脂，裁花承百和。不遇精華人，豈入風流座。後梁宣帝詠紙詩。皎白猶霜雪，方正若布棊。宣情且記事，寧同魚網時。隋薛道衡詠苔紙詩。昔時應春色，引渌泛清流。今來承玉管，布字改銀鈎。表：晉虞預請祕府紙表。祕府中有布紙三萬餘枚，不任寫御書，而無所給。愚欲請四百枚付著作吏，書寫起居注。啓：梁劉孝威謝賚宮紙啓。臣與謝嘏俱慙基聖。臣之銜梯，實愧魯般之巧；嘏之城壘，時無禽子之守。攻弱侮亡，其勢甚薄。策勳行賞，爲渥過深。雖復鄴殿鳳銜，漢朝魚網，平准桃花，中宮穀樹，固以慙茲靡滑，謝此鮮光。

歐陽詢《藝文類聚》卷五八《紙》 《東觀漢記》曰：黃門蔡倫典作上方作紙，所謂蔡侯紙也。《董巴記》云：東京有蔡侯紙，即倫也。故麻名麻紙，木皮名穀紙，故網紙也。

《三輔決録》曰：韋誕奏蔡邕自矜能兼斯籀之法，非紈素不妄下筆。夫工欲善其事，必先利其器，用張芝筆，左伯紙及臣墨，皆古法。兼此三具，又得臣手，然後可以盡徑丈之勢，方寸之言。

王隱《晉書》曰：陳壽卒，詔下河南尹華澹，遣吏賚紙筆就壽門下寫《三國志》。

《東宮舊事》曰：皇太子初拜，給赤紙、縹紅紙、麻紙、敕紙、法紙各一百。

《抱朴子》曰：洪家貧，伐薪賣之，以給紙筆。晝營園田，夜以柴火寫書。坐此之故，不得早涉藝文，常乏紙，每所寫皆反覆有字，人少能讀。

《文士傳》曰：楊脩爲魏武主簿，嘗白事，知必有反覆，教豫爲答數紙，以次牒之而行。告其守者曰：向白事，每有教出，相反覆，若案此第連答之。已而有風吹紙亂，遂錯誤。公怒推問，脩慙懼，以實答。

《晉陽秋》曰：劉弘爲荆州刺史，每有興發，手書郡國，丁寧欵密，故莫不感悦，顛倒恭赴。咸曰：公一紙書，賢於十部從事也。

《語林》曰：王右軍爲會稽令，謝公就乞牋紙，檢校庫中有九萬牋紙，悉以予謝公。

沈約《宋書》曰：張永善隸書，又有巧思，紙及墨皆自營造。上每得永表啟，輒玩咨嗟，自歎供御者不之及也。

李昉《太平御覽》卷六〇五《紙》 《釋名》曰：紙，砥也。平滑如砥石也。

服虔《通俗文》曰：方絮曰紙。

《東觀漢記》曰：黃門蔡倫典作上方造紙，所謂蔡侯紙也。

《董巴記》曰：東京有蔡侯紙，即倫也。用故麻名麻紙，木皮名穀紙，用故魚網作紙名網紙也。

王隱《晉書》曰：魏太和六年，博士河間張揖上《古今字詁》，其巾部云：紙今帋，其字從巾。古之素白，依書長短，隨事截絹，枚數重沓，即名幡紙。字從系，此形聲也。後和帝元興中，中常侍蔡倫以故布擣剉作紙，故字從巾。是其聲雖同，系巾爲殊，不得言古之紙爲今紙。

崔鴻《前燕録》曰：慕容儁三年，廣義將軍岷山公黄紙上表。儁曰：吾名號未異于前，何便宜爾。自今但可白紙爲疏。

《唐書》曰：杜暹爲婺州參軍，秩滿將歸，吏胥以紙萬餘張贈之。暹惟受百幅。時人嘆曰：昔清吏受一大錢，何異也。

《拾遺記》曰：張華獻《博物志》，賜側理帋萬番，南越所獻也。後人言陟里與側理相亂，南人以海苔爲帋，其理縱横衺側，因以爲名。

《世説》曰：戴安道就范宣學所爲，范宣讀書亦讀書，范宣抄紙亦抄紙。

《桓玄僞事》曰：古無紙，故用簡，非主于敬也。今諸用簡者，皆以黄紙代之。

又曰：玄令平準作青、赤、縹、緑桃花紙，使物精，令速作之。

石虎《鄴中記》曰：石虎詔書以五色紙著鳳雛口中。

范甯教曰：土紙不可以作文書，皆令用藤角紙。

《異苑》曰：張仲舒在廣陵，晨夕輒見門側有赤氣布空中，忽雨絳羅于其庭周，廣七八分，長五六寸，皆以箋紙繫之，廣長亦與羅等，紛紛甚駛。經宿，仲舒暴疾死。

孫放《西寺銘》曰：長沙西寺層搆傾頽，謀欲建立。其日有童子持紙花插地，故寺東西相去十餘丈，于是建刹正當花處。

白居易、孔傳《白孔六帖》卷一四《紙十七》

白寸紙。張芝伯英善書，寸紙不遺。紈素。韋誕非紈素不妄下筆。蔡侯紙。後漢蔡倫字敬仲，造意用樹皮及敝布、魚網以爲紙。奏上，帝善其能，自是莫不用，故天下咸稱蔡侯紙。花牋。桓玄詔命青、赤、縹、緑桃花牋。舒卷。隨人。藤角紙。范甯作。五色牋。石虎詔以五色牋著鳳皇之中。乞。謝玄就王右軍乞牋紙。江洪有詠。紅牋詩。孔求廢紙著家傳。李繁從吏求廢紙，著家傳。丐官筆楮。王元感所撰書凡數十百篇，長安時上之，丐官筆楮，寫藏祕書。徒喪紙札。吴筠曰：深於道者無如老子五千文，其餘徒喪紙札耳。似璽而澤。日本建中元年使者真人興能獻方物。興能善書，其紙似璽而澤，人莫識。以紙萬番贐。杜暹補婺州參軍，秩滿歸，吏以紙萬番贐之，暹爲受百番。毛穎與會稽楮先生友善。韓愈《毛穎傳》：毛穎與會稽楮先生友善相推，致其出處必偕。穀紙。蕭廪之放嶺南，海多穀紙，敕諸子繕補殘書。書盈尺之紙。韓愈文。繡紙。《文筆襟喉》曰：蕭穎士以夢有人授紙百番，開之皆是繡花。又夢裁錦，文思乃大進。楮國公。《事略》曰：薛稷爲紙封九錫，拜楮國公、白州刺史，統領萬字軍，略道中郎將。桃花紙。《鳳池編》曰：楊炎在中書，後閤糊窻用桃花紙，塗以冰油，取其甚明。柳綿肝。《文房寶飾》：毛重教授於導江，春日主人宴，乃賦散語曰：蟣肝之奉何堪，龍首之攀可望。主人大喜，勸以陸源酒，賞以柳綿肝。洪兒紙。《童子神通録》：姜澄十歲，苦無紙，澄乃燒糠熁竹爲紙以供文。澄小字洪兒，鄉人號洪兒紙。養紙以芙蓉粉。《文房寶飾》：養紙以芙蓉粉，惜其色。以五采牋爲書記。韋陟。薛濤牋。元和之初，薛濤好製小詩，惜其幅大，不欲長賸，乃狹小之。蜀才子後減諸牋如是，號薛濤牋。《南部新書》。鴈頭牋。羅隱喜筆工萇鳳，贈鴈頭牋百幅。出《龍鬚志》。烏絲欄。唐李肇《國史補》：宋、亳間紙有織成界道者，謂之烏絲欄紙。琅玕紙。十幅可爲札。《墨子詞雜俎》。金花牋。帝與妃賞牡丹，命李龜年持金花牋賜李白。《太真外傳》。造五鳳樓手。韓浦、洎皆有辭。洎常輕浦，語人曰：吾兄爲文，譬如繩樞草舍，聊避風雨。予之爲文，是造五鳳樓手。浦聞之，因親知寄蜀牋，題詩贈洎曰：老兄得此全無用，助爾添修五鳳樓。悲剡溪古藤文。舒元輿文：剡溪多古藤樹，方春且死，有言溪中多紙工，斬伐無時。今士人自言能文者，其數與麻竹相多，孰非書剡藤者耶，雖舉天下爲剡溪不足給。余謂今之爲文者，皆天閼剡藤者也。巴牋染翰光。杜甫寄高岑詩。衡陽紙價頓能高。杜甫員外：春興不知凡幾首，衡陽紙價頓能高。同上。佳句染華牋。暮懷。諫紙賜牋藤。元稹詩。户部蠲紙。五代何澤。户部歲給蠲符不可勝數，而課州縣出，號爲蠲紙。澤上書言其弊。明宗下詔，悉廢户部蠲紙。手請諫紙。白居易與元稹書云：身是諫官，手請諫紙。

蘇易簡《文房四譜》卷四《紙譜三》

一之叙事　二之造　三之雜説　四之辭賦

一之叙事

《周禮》：有史官掌邦國，大事書於策，小事簡牘而已。而古又用札。《釋名》云：札者，櫛也，如櫛之比編之也。亦策之類也。漢興，已有幡紙代簡，而未通用。至和帝時，蔡倫字敬仲，用樹皮及敝布、魚網以爲紙。奏上，帝善其能。自是天下咸謂之蔡侯紙。

左伯字子邑，漢末益能爲之，故蕭子良答王僧虔書云：「子邑之紙，妍妙輝光；仲將之墨，一點如漆。」

《説文》云：紙者，絮一笘也。從糸氏聲。蓋古人書於帛，故裁其邊幅，如絮之一笘也。

《真誥》云：一條有楊椽，椽名曦，書兩本，一黄牋，一碧牋。

魏韋誕云：蔡邕非紈素不妄下筆。

張芝善書，寸紙不遺，有絹，必先書後練。

桓玄詔平准作桃花牋紙及縹緑、青赤者，蓋今蜀牋之製也。

《真誥》云：三君多書荆州白牋紙，歲月積久，首尾零落，或兼缺爛，前人糊搨，不能悉相連補。

《釋名》曰：「紙者，砥也。謂平滑如砥石。」

幡紙。古者以縑帛依書長短隨事截之，以代竹簡也。

服虔《通俗文》曰：方絮曰紙。字從糸氏，無氏下從巾者。

桓玄令曰：古無紙，故用簡，非主於恭。今諸用簡者，宜以黄紙代之。

虞豫表云：祕府有布紙三萬餘枚，不任寫御書，乞四百枚付著作吏寫起居注。

廣義將軍岷山公以黄紙上表於慕容儁，儁曰：「吾名號未異於前，何宜便爾。」讓令以白紙稱疏。

古有藤角紙。范甯教云：土紙不可作文書，皆令用藤角紙。古謂紙爲幡，亦謂之幅。蓋取繒帛之義也。自隋唐已降，乃謂之枚。

魏武令曰：自今諸掾屬侍中別駕，常於月朔各進得失，給紙函各一。

張華造《博物志》成，晉武帝賜側理紙萬番，南越所貢。漢人言「陟釐」與「側理」相亂。蓋南人以海苔爲紙，其理縱横邪側，因以爲名。

《東觀漢記》曰：和熹鄧后立時，方國貢獻，悉令禁絶，歲時但供紙墨而已。

李陽冰云：紙常宜深藏篋笥，勿令風日所侵。若久露塵埃，則枯燥難用矣。攻書者宜謹之。

《墨藪》云：紙取東陽魚卵虚柔滑净者。

《三輔決録》曰：韋誕奏蔡邕自矜能書，兼明斯喜之法，非得紈素，不妄下筆。工欲善其事，必先利其器。用張芝筆，左伯紙及臣墨，皆古法。兼此三具，又得臣手，然後可以盡徑丈之勢，方寸之言。

《晉書》：爲詔，以青紙紫泥。

貞觀中始用黄紙寫敕制。

高帝上元二年，詔曰：「詔敕施行，既爲永式。比用白紙，多有蟲蠹，宜令今後尚書省頒下諸司諸州縣，並宜用黄紙。」

歐陽通紙必堅緊白滑者方書之。

陶侃獻晉帝牋紙三千枚極妙，并墨。

《東宫舊事》：皇太子初拜，給赤紙、縹紅麻紙、敕紙各一百張。

雷孔璋曾孫穆之猶有張華與祖書，乃桑根紙也。王右軍爲會稽謝公就乞牋筆，庫内有九萬枚，悉與之。桓宣武云逸少不節。

《抱朴子》曰：洪家貧，伐薪買紙筆，故不得早涉藝文。常乏紙，每所寫皆反覆有字，人少能讀。

《御史故事》云：按彈奏白簡爲重，黄紙爲輕。今一例白紙，無其差降矣。古彈文白紙爲重，黄紙爲輕，故《彈王源表》云源官品應黄紙，臣輒奉白簡以聞矣。

《國史補》云：紙之妙者，則越之剡藤、苔牋，蜀之麻面、屑骨、金花、長麻、魚子十色牋，雲陽州六合牋，蒲州白薄重抄，臨川滑薄。

唐韋陟書名如五朵雲，每以綵牋爲緘題，時人譏其奢縱。

《抱朴子》曰：吴之杪季，有不知五經之名，而享儒官之禄，不閑尺紙之寒暑，而坐著作之地，筆不注簡而受駮議之勞。

干寶表曰：臣前聊欲撰記古今怪異非常之事，會聚散逸，使自一貫。博訪知古者，片紙殘行，事事各異。又乏紙筆，或書故紙。詔答云：今賜紙二百枚。

晉令諸作紙，大紙一尺三分，長一尺八分聽參，作廣一尺四寸。小紙廣九寸五分，長一尺四寸。石虎詔曰：先帝君臨天下，黄紙再定。至於選舉於銓，用爲允可。依晉氏九班爲准格。

《京邦記》：東宫臣上疏用白紙，太子答用青紙。

崔瑗與葛元甫書：今送許子十卷，貧不及素，但以紙爾。

徐邈與王珉書：東宫臣既黄紙奉表於天朝，則宜白紙上疏於儲宫。或説白紙稱表，吾謂無此體。

山簡表：臣父故侍中司徒濤，奉先帝手筆青紙詔。

二之造

漢初已有幡紙代簡。成帝時已有赫蹏書詔。應劭曰：「赫蹏，薄小紙也。」至後漢和帝元興，中常侍蔡倫剉故布及魚網、樹皮而作之彌工。如蒙恬已前已有筆之謂也。又棗陽縣南蔡倫故宅，彼土人多能作紙。又庾仲雍《明州記》云：應陽縣蔡子池南有石臼，云是蔡倫舂紙臼也。一云耒陽縣。黟歙間多良紙，有凝霜於心之號。復有長者，可五十尺爲一幅。蓋歙民數日理其楮，然後於長船中以浸之，數十夫舉抄以抄之，傍一夫以鼓而節之，於是以大薰籠周而焙之，不上於墻壁也。於是自首至尾勻薄如一。

蜀中多以麻爲紙，有玉屑、屑骨之號。江浙間多以嫩竹爲紙，北土以桑皮爲紙，剡溪以藤爲紙，海人以苔爲紙。浙人以麥麴稻稈爲之者脆薄焉，以麥膏油藤紙爲之者尤佳。漢末左伯字子邑，又能爲紙，故蕭子良答王僧虔書云：「子邑之紙，妍妙輝光。仲將之墨，一點如漆。伯英之筆，窮神盡思。妙物遠矣，邈不可追。」仲將，韋誕字也。

宋張永自造紙墨。見墨部。

蜀人造十色牋，凡十幅爲一榻，每幅之尾必以竹夾夾，和十色水，逐榻以染。當染之際，棄置椎埋，堆盈左右，不勝其委頓。逮乾，則光彩相宣，不可名也。然逐幅於文版之上研之，則隱起花木麟鸞，千狀萬態。又以細布，先以麵漿膠令勁挺，隱出其文者謂之魚子牋，又謂之羅牋。今剡溪亦有焉。亦有作敗麵糊和以五色，以紙曳過，令霑濡，流離可愛，謂之流沙牋。亦有煮皂莢子膏并巴豆油，傅於水面，然點墨或丹青於上，以薑揾之則散，以貍鬚拂頭垢引之則聚。然後畫之爲人物，舒之爲雲霞，又鷙鳥翎羽之狀，繁縟可愛，以紙布其上而受采焉。必須虚窗幽室，明槃净水，澄神慮而製之，則臻其妙也。近有江表僧於內庭造而進上，御毫一灑，光彩煥發。

晉武賜張華側理紙。已具叙事中。《本草》云：陟釐味甘，大温無毒，主心腹大寒，温中，消穀强胃氣，止洩痢。生江南池澤。陶隱居云：此即南人用作紙者。唐本注云：此物乃水中苔，今取爲紙，名爲苔紙。青黄色，體澀。《小品方》曰：水中粗苔也，音陟釐。陟釐與側黎相近，側黎又與側理相近也。又云即石髪也。薛道衡詠苔紙云：「今來承玉管，布字轉銀鈎。」

搨紙畫紙法，見「雜説門」。

永徽中，定州僧修德欲寫《華嚴經》，先以沈香漬水種楮樹，俟其拱，取之造紙。

《丹陽記》：江寧縣東十五里有紙官署，齊高帝於此造紙之所也。常造凝光紙，賜王僧虔。一云銀光紙也。

《林邑記》云：九真俗書樹葉爲紙。

段成式在九江出意造紙，名雲藍紙，以贈温飛卿。

三之雜説

《鄴中記》：石虎詔書以五色紙著木鳳凰口中令銜之，飛下端門。

庾永興答王羲之書曰：得示，連紙一丈，致辭一千，增其歎耳，了無解往懷。

江南僞主李氏常較舉人放牓日，給會府紙一張，可長二丈，闊一丈，厚如繒帛數重，令書合格人姓名。每紙出則縫掖者相慶，有望於成名也。僕頃使江表，覩壞樓之上，猶存於數幅。

《畫品》云：古畫尤重紙。上者言紙得五百年，絹得三百年方壞。

紙投火中烟起，尤損人，令肺腑中有所傷。座客或云天下神祠中巫祝間少有肥者，蓋紙錢烟常熏其鼻息故也。

山居者常以紙爲衣，蓋遵釋氏云不衣蠶口衣者也。然服甚煖，衣者不出十年，面黄而氣促，絶嗜慾之慮，且不宜浴。蓋外風不入，而内氣不出也。

亦常聞造紙衣法：每一百幅用胡桃、乳香各一兩煮之，不爾，蒸之亦妙。如蒸之，即恒灑乳香等水令熱熟，陰乾，用箭幹横卷而順蹙。然患其補綴繁碎。今黟歙中有人造紙衣，段可如大門闔許。近士大夫征行亦有衣之者，蓋利其拒風於陰沍之際焉。陶隱居亦云，武陵人作穀皮衣，甚堅好也。

今江浙間有以嫩竹爲紙，如作密書，無人敢拆發之。蓋隨手便裂，不復黏也。

羊續字叔祖，以清率下，紙布被以敗糊紙補之。時爲南陽守。

在昔書契已還，簡策作矣。至于厥後，或以縑帛，蔡侯有作方行於世。近代以來，陰陽卜祝通於幽冥者，必斵紙爲幣以賂諸冥漠君。每覩諸家玄怪之語，或有鬼祈於人而求之者，或有賂之而獲洪福者。噫！遊魂爲變，綿古而然，漢室已前，鬼何所資乎？得非神不能自神，而隨世之態乎？唐志太學博士王光庭亦有紙錢説，文多不録。

《杜陽編》：德宗朝有朱來鳥，常啾玉屑，聲甚清暢，及爲鷙鳥所搏，宫人皆以金花牋寫《多心經》薦其冥福。

張平子與崔子玉書云：乃者朝賀，明日讀《太玄經》，玄四百歲其興乎？竭力精思，以揆其義，使人難論陰陽之事。足下累世窮道極微，子孫必命世不絶，且幅寫一通，藏之待能者。幅寫者，絹帛代紙以寫也。

邢子才少在洛陽，會天下無事，專爲山水之遊，時人方之王粲。苟一文出，京師爲之紙貴。

陳後主常令八婦人擘綵牋，製五言詩。

魏收文襄令爲檄梁文，初夜執筆，三更便成，文過七紙。

《唐書》：杜暹爲婺州參軍，秩滿將歸，吏以紙萬張贈之，暹唯受百幅。人歎之曰：昔清吏受一大錢，復何異也。

《異苑》：張仲舒在廣陵，天雨絳羅牋紙，紛紛甚駛，非吉兆也。

馬融與竇伯向書曰：孟陵奴來，賜書手跡，歡喜何量，次於面也。書雖兩紙，紙八行，行七字。延篤答張惟奂書曰：惟别三年，夢想言念，何日有違。伯英來惠書，書盈四紙，讀之反覆，喜不可言。

張奂與陰氏書曰：舊念既密，文章粲爛，名實相副，來讀周旋，紙弊墨渝，不離於手。

羲之永和九年製《蘭亭序》，乘樂興而書，用蠶繭紙、鼠鬚筆，遒媚勁健，絶代更無。太宗後得之，洎玉華宫大漸，語高宗曰：「吾有一事，從之方展孝道。」高宗泣涕，引耳而聽，言「得《蘭亭序》陪葬，吾無恨矣」。

鄭虔爲廣文博士，學書，病無紙。知慈恩寺有柿葉數屋，遂借僧房居止，取紅葉學書，歲久殆徧。

《歷代名畫記》云：背書畫，勿用熟紙，背必皺起。宜用白滑慢薄大幅生紙，紙縫先避畫者人面及要節處，若縫之相當，則强急，卷舒有損。要令參差其縫，則氣力勻平，太硬則强急，太薄則失力。絹素彩色，不可擣理，紙上白畫，可以砧石妥帖之。仍候陰陽之氣調適，秋爲上時，春爲中時，夏爲下時，暑溼之時不可也。

《歷代名畫記》云：江東地潤無塵，人多精藝，好事者常宜置宣紙百幅，用法蠟之，以備摸寫。古人好搨畫，十得七八不失神彩筆跡。亦有御府搨本，謂之官搨。

搨紙法：用江東花葉紙，以柿油好酒浸一幅乃下鋪，不浸者五幅，上亦鋪五幅。乃細卷而硾之，候浸漬染著，如一搨書畫，若俯止水，窺朗鑑之明徹也。初舉子云：宜齎入詞場，以護試紙逢他物所污。

庚闡字仲初，造《揚都賦》成，其文偉麗，時人相傳爭寫，爲之紙貴。

漢成帝趙婕妤妒，後宫有兒生八九日，客持詔記，封緑小篋與獄中婦人。發篋，有裹藥二枚，赫蹏書曰：告傅能努力飲此藥。孟康曰：赫蹏，染黄素令赤而書之，若今黄紙也。劉展曰：赫音兄弟鬩于墻（之鬩）。應劭曰：赫蹏，薄小紙也。互有所説。《本草拾遺》云：印紙翦取印處燒灰，水服令人絶産。

撫州有茶衫子紙，蓋裹茶爲名也。其紙長連，自有唐已來，禮部每年給明經帖書。見《茶譜》

藥品中有冈刀紙，蓋裁紙之際，一角疊在紙中，匠人不知漏裁者。醫人入藥用。

孔温裕因直諫貶郴州司馬，有鵲喜於庭，兒孫拜之。飛去，墜下方寸紙，上有補闕字。未幾徵還，果有此拜。見《因話録》

《資暇》云：松花牋代以爲薛濤牋，誤也。松牋其來舊矣。元和之初，薛濤尚斯色而好製小詩，惜其幅大，不欲長賸之，乃命匠人狹小爲之。蜀中才子既以爲便，後裁諸牋亦如是，特名曰「薛濤牋」。今蜀紙有小樣者皆是也，非獨松花一色。

魏人謗邢劭云：邢家小兒常作文表，自買黄紙，寫之而送。

司馬消難不知書，書架上徒設空紙，時人云：黄紙五經，赤軸三史。

蘇綽爲人公正，周文推心委任而無間。或出遊，常豫置空紙以授綽，若須有處分，則隨事施行。及還，啟知而已。

南朝有士人朱詹，家貧力學，常吞紙療飢。

今大寮書題上，紙籤出於李趙公。

唐初，將相官告亦用銷金牋及金鳳紙書之，餘皆魚牋、花牋而已。厥後李肇《翰林志》云：凡賜與、徵召、宣索、處分曰「詔」，用白麻紙；慰撫軍旅曰「書」，用黄麻紙；太清宫内道觀薦告辭文用青藤紙朱書，謂之「青辭」；諸陵薦告上衣表内道觀文並用白藤紙。凡赦書、德音、立后、建儲、大誅討、拜免三公、命相命將並用白藤紙，不用印。雙日起草，隻日宣。宰相、使相官告並用色背綾金花紙，節度使並用白背綾金花紙，命婦則金花羅紙。吐蕃及贊普書及别録用金花五色綾紙，上白檀木，真珠瑟瑟，鈿函金鏁鑰。吐蕃宰相、摩尼師已下，書用五色麻紙。南詔及青平官，書用黄麻紙。唐朝進士牓頭豎黏黄紙四張，以氊筆淡墨衮轉書曰「禮部貢院」四字。或云文皇以飛帛書，或云象陰注之象。

宣宗雅好文儒，鄭鎬知貢舉，忽以紅牋筆札一名紙曰「卿貢進士李」御名以賜之。

孫放《西寺銘》曰：長沙西寺層構傾頽，謀欲建立。其日有童子持紙花插地，故寺東西相去十餘丈，於是建刹正當紙花處。

攝生者尤忌枕高，宜枕紙二百幅，每三日去一幅，漸次取之，迨至告盡，則可不俟枕而寢也。若如是，則腦血不減，神光愈盛矣。

《神仙傳》云：李意，真神仙人也。蜀先主欲伐吴，問之，意乃求紙筆，畫作兵馬數十，手裂壞之。又畫一大人，又壞之。先主出軍敗衄。

戴祚《甄異傳》云：王肇常在内宿，晨起出外，妻韓氏時尚未覺，而奴子云郎索紙百幅，韓視帳中，見肇猶卧，忽不復見。後半載，肇亡。

王琰《冥祥記》：元嘉八年，蒲坂城中大災火，里中小屋雖焚，而於煨燼下得金經紙素如故。

《林邑記》：九真俗書樹葉爲紙。《廣州記》：取穀樹皮熟槌，堪爲紙。蓋蠻夷不蠶，乃被之爲褐也。

釋迦佛爲磨休王時，剥皮爲紙，寫大乘經。見《筆譜》。

王羲之《筆經》云：以麻紙裹柱根，欲其體實，得水不脹。

《搜神記》：益州西南有神祠，自稱黄石公，祈禱者持一百幅紙及筆墨放石室中，則言吉凶。

劉恂《嶺表録異》云：廣管羅州多棧香樹，身似柜柳，其花白而繁，其葉如橘皮，堪作紙，名爲香皮紙。灰白色，有文如魚子牋。雷、羅州，義寧、新會縣率多用之。其紙慢而弱，沾水即爛，遠不及楮皮者。

施宿《（嘉泰）會稽志》卷一七《紙》 王右軍爲會稽内史，謝公一作桓温。就乞陟釐紙，一作側釐。庫内有九萬枚，一作五十萬。悉與之。以此知會稽出紙尚矣。剡之藤紙得名最舊，其次苔牋，然今獨竹紙名天下，他方效之，莫能彷彿，遂掩藤紙矣。竹紙上品有三：曰姚黄，曰學士，曰邵公。學士以太守直昭文館陸公軫所製得名。邵公以提刑邵公龥所製得名。三等皆又有名展手者，其修如常而廣倍之。自王荆公好用小竹紙，比今邵公様尤短小，士大夫翕然效之。建炎、紹興以前，書柬往來率多用焉。後忽廢書簡而用劄子，劄子必以楮紙，故賣竹紙者稍不售，惟工書者獨喜之：滑，一也；發墨色，二也；宜筆鋒，三也；卷舒雖久，墨終不渝，四也；性不蠹，五也。東坡先生自海外歸，與程得孺書云：「告爲買杭州程奕筆百枝，越州紙二千幅，常使及展手各半。」汪聖錫尚書在成都，集故家所藏東坡帖，刻爲十卷，大抵竹紙居十七八。米元章禮部著《書史》云：「予嘗硾越州竹，光透如金版，在由拳上。短截作軸，入笈番覆，一日數十紙學書。」前輩貴會稽竹紙，於此可見。會稽竹有宜爲矢者，其竹名箭，自漢以來乃併謂矢爲箭。雖裔夷遠域地不産竹，或用柳，或用楛爲矢，然彼人亦謂矢爲箭，則竹矢之著於天下可知。又今樂部笙率以會稽卧龍山竹爲貴，蔡中郎得柯亭椽竹爲笛，亦會稽之竹，其美如此。今爲紙者乃自是一種，收於筍長未甚成竹時，乃可用，民家或賴以致饒。

祝穆《古今事文類聚別集》卷一四《文房四友部・紙・古今事實》

蔡倫造紙

後漢蔡倫爲中常侍、尚方令，有才思。自古書契多編以竹簡，其用縑白者亦謂之紙。《東觀漢記》作帋，其字從巾。縑貴而簡重，並不便於人。倫乃造意，用樹膚、麻頭、白麻紙及敝布、魚網爲網紙，楮皮爲穀紙。奏上之。和帝善其能，自是莫不用焉。天下咸稱蔡侯紙。

洛陽紙貴見賦門

用桑根紙

雷孔璋曾孫穆之有張華與祖書，乃桑根紙。《紙譜》。

造側釐紙

張華獻《博物志》，製側釐紙萬番，南越所獻也。漢人言陟釐，與側理相亂。南人以海苔爲紙，其理縱横衺側，因以爲名。

造銀光紙

齊高帝嘗造銀光紙，贈王僧虔。《丹陽記》。

受紙百番

唐杜暹爲婺州參軍，秩滿將歸，州吏以紙萬餘張贈之。暹唯受一百，時人歎曰：「昔清吏受一大錢，復何異也！」

薛濤牋

唐蜀妓薛濤造松花牋。好製小詩，惜其幅大，乃狹小之，人以爲便，號「薛濤牋」。

烏絲欄

霍小玉取珠絡縫綉囊中，出越姬烏(孫)〔絲〕欄素段三尺以授王生，生援筆成章。《異聞集》。

傳記

《漢書》卷九七下《外戚・趙皇后傳》 (籍)武發篋中有裹藥二枚，赫蹏書。鄧展曰：「赫音兄弟鬩墻之鬩。」應劭曰：「赫蹏，薄小紙也。」晉灼曰：「今謂薄小物爲鬩蹏。」師古曰：「今書本赫字或作擊。」

《後漢書》卷一〇上《鄧皇后紀》 是時，方國貢獻，競求珍麗之物，自后即位，悉令禁絶，歲時但供紙墨而已。

《後漢書》卷三六《賈逵傳》 書奏，帝嘉之，賜布五百匹，衣一襲，令逵自選《公羊》嚴、顔諸生高才者二十人，教以《左氏》，與簡紙經傳各一通。

《後漢書》卷七八《蔡倫傳》 蔡倫字敬仲，桂陽人也。以永平末始給事掖，建初中，爲小黄門。及和帝即位，轉中常侍，豫參帷幄。

倫有才學，盡心敦慎，數犯嚴顔，匡弼得失。每至休沐，輒閉門絶賓，暴體田野。後加位尚方令。永元九年，監作祕劒及諸器械，莫不精工堅密，爲後世法。

自古書契多編以竹簡，其用縑帛者謂之爲紙。縑貴而簡重，並不便於人。倫乃造意，用樹膚、麻頭及敝布、魚網以爲紙。元興元年奏上之，帝善其能，自是莫不從用焉，故天下咸稱蔡侯紙。《湘州記》曰：「耒陽縣北有漢黄門蔡倫宅，宅西有一石臼，云是倫舂紙臼也。」

酈道元《水經注》卷三九《耒水》 倫，漢黄門。【略】順帝之世，擣故魚網爲紙，用代簡素，自其始也。

《魏書》卷六五《邢巒傳》 世宗初，巒奏曰：「臣聞昔者明王之以德治天下，莫不重粟帛，輕金寶。然粟帛安國育民之方，金玉是虛華損德之物。故先皇深觀古今，去諸奢侈。服御尚質，不貴雕鏤，所珍在素，不務奇綺，至乃以紙絹爲帳扆，銅鐵爲鑾勒。訓朝廷以節儉，示百姓以憂務，日夜孜孜，小大必慎。輕賤珠璣，示其無設，府藏之金，裁給而已，更不買積以費國資。」

《晉書》卷三六《劉卞傳》　卞後從令至洛，得入太學，試經爲臺四品吏。訪問令寫黄紙一鹿車，卞曰：「劉卞非爲人寫黄紙者也。」

《晉書》卷五九《楚王瑋傳》　瑋臨死，出其懷中青紙詔，流涕以示監刑尚書劉頌曰：「受詔而行，謂爲社稷，今更爲罪。託體先帝，受枉如此，幸見申列。」

《南史》卷五《齊本紀・東昏侯》　及至近郊，乃聚兵爲固守計，召王侯分置尚書都坐及殿省。尚書舊事，悉充紙鎧。

《南史》卷三一《張裕傳附子永》　永涉獵書史，能爲文章，善隸書，騎射雜藝，觸類兼善。又有巧思，益爲文帝所知。紙墨皆自營造，上每得永表啓，輒執玩咨嗟，自嘆供御者了不及也。

釋道宣《廣弘明集》卷三　孝緒，陳留人，宋中領軍歆之曾孫。祖慧真，臨賀太守。父彦，太尉從事中郎。孝緒年十三，畧通《五經》大義，隨父爲湘州行事，不書南紙，以成父之清。

張彦遠《法書要録》卷六　員外蕭公，名成於薛，安西變體，光潤愉悦。蕭公，名誠，蘭陵人。梁之後，起家奉禮郎。開元初，時尚褚、薛，公爲之最。拜右司員外郎。善造班石文紙，用西山野麻及虢州土穀，五色光滑，殊勝子彭。

張彦遠《法書要録》卷九　左伯字子邑，東萊人。特工八分，名與毛弘等列，小異於邯鄲淳，亦擅名漢末，尤甚能作紙。漢興，用紙代簡。至和帝時蔡倫工爲之，而子邑尤得其妙。故蕭子良答王僧虔書云：「左伯之紙，妍妙輝光；仲將之墨，一點如漆；伯英之筆，窮神盡思。」妙物遠矣，邈不可追。然子邑之八分，亦猶斥山之文皮，即東北之美者也。

李亢《獨異志》卷中　王右軍，永和九年曲水會，用鼠鬚筆、蠶繭紙爲《蘭亭記叙》，平生之札，最爲得意。其後雖書數百本，無一得及者。

李華《李遐叔文集》卷二《故左谿大師碑銘并序》　左谿僻在深山，衣弊食絶，布紙而綻，掬泉而齋。

李翺《李文公集》卷四《解惑》　王野人，名體静，蓋同州人。始游浮山觀，原未有室居，縫紙爲裳，取竹架樹，覆以草，獨止其下。

馮贄《雲仙雜記》卷三《洪兒紙》　姜澄十歲時，父苦無紙，澄乃燒糠協竹爲之，以供父。澄小字洪兒，鄉人號洪兒紙。《童子通神録》。

《舊唐書》卷九八《杜暹傳》　自暹高祖至暹，五代同居，暹尤恭謹，事繼母以孝聞。初舉明經，補婺州參軍，秩滿將歸，州吏以紙萬餘張以贈之，暹惟受一百，餘悉還之。時州僚别者，見而歎曰：「昔清吏受一大錢，復何異也！」

《舊唐書》卷一一四《周智光傳》　時淮西節度使李忠臣入覲，次潼關，聞智光阻兵，駐所部將往禦之。及智光死，忠臣進兵入華州大掠，自赤水至潼關二百里間畜産財物殆盡，官吏至有著紙衣，或數日不食者。

《舊唐書》卷一三〇《王璵傳》　王璵，少習禮學，博求祠祭，儀注以干時。【略】璵專以祀事希倖。每行祠禱，或焚紙錢，禱祈福祐，迎於巫覡，由是過承恩遇。

《舊唐書》卷一七二《蕭倣傳》　子廩，咸通三年進士擢第，累遷尚書郎。乾符中，以父出鎮南海，免官侍行。中和中，徵爲中書舍人，再遷京兆尹。僖宗再幸山南，廩以疾不能從。襄王僭竊，廩宗人遘受僞署，廩懼，自洛避地河朔，鎮冀節度使王鎔館之於深州。光化三年卒。廩貞退寡合，綽有家法。初從父南海，地多穀紙，倣敕子弟繕寫缺落文史，廩白曰：「家書缺者，誠宜補葺。然此去京師，水陸萬里，不可露齎，當須篋笥。人覩兼乘，謂是貨財，古人薏苡之嫌，得爲深誡。」

《舊唐書》卷一八二《高駢傳》　駢既死，左右奴客踰垣而遁，入行密軍。行密聞之，舉軍縞素，繞城大哭者竟日，仍焚紙奠酒，信宿不已。

《舊五代史》卷九七《楊光遠傳》　冬十一月，承勳與弟承信、承祚見城中人民相食將盡，知事不濟，勸光遠乞降，冀免于赤族。光遠不納，曰：「我在代北時，嘗以紙錢，駝馬祭天池，皆沉没。人言合有天子分，宜且待時，勿輕言降也。」

李昉《文苑英華》卷八七〇李隲《徐襄州碑》　又教其軍積紙爲戰衣千五百領，矢不能陷。

王禹偁《小畜集》卷三〇《建谿處士贈大理評事柳府君墓碣銘》　有唐以武戡亂，以文化人。自宰輔公卿至方伯連率皆用儒者爲之，而柳氏最稱顯族。【略】屬王審知據福建，以公補沙縣丞。時審知殘民自奉，人多衣紙。公曰：「此豈有道之穀耶？」即以就養引去。因自誓終身御布衣，稱處士而已。

王欽若《册府元龜》卷六六六《内臣部・才識》　後漢蔡倫，和帝時爲中常侍，有才學。自古書契多編以竹簡，其用縑帛者謂之爲紙。縑貴而簡重，並不便於人。倫乃造意用樹膚、麻頭及敝布、魚網以爲紙。元興元年奏上之，帝善其能，自後莫不從用焉，故天下咸稱蔡侯紙。

王欽若《册府元龜》卷七八六《總録部·多能》 張永涉獵書史，能爲文章，善隸書，曉音律，騎射，雜藝，觸類兼善，又有巧思，益爲太祖所知。紙及墨皆自營造。帝每得永表啓，輒執玩咨嗟，自歎供御者了不如也。

王欽若《册府元龜》卷八二一《總録部·崇釋教》 張仲武爲幽州節度。故事：每有新帥，多創招提以邀福利。仲武曰：「勞人求福，何福之有？」因出己所俸，擇吏之清潔者，厚給其家，使市紙於江南，遠傭其善書者録其釋氏之典，傳之於人。因謂其賓客曰：「此非取福，貴助其教化耳！」

錢易《南部新書》癸 楊暉内侍，字道濟。僖皇末，權樞密，出爲浙西監軍。【略】手寫《九經》《三史》《百家》，用蒲薄紙，字如蠅頭。年九十餘卒。

《新唐書》卷一〇九《王璵傳》 漢以來葬喪皆有瘞錢，後世里俗稍以紙寓錢爲鬼事，至是璵乃用之。

《新唐書》卷一一三《徐商傳》 商，字義聲，或字秋卿。客新鄭再世，因爲新鄭人。幼隱中條山，擢進士第。大中時，擢累尚書左丞。宣宗詔爲巡邊使，使有指拜河中節度使。突厥殘種保特峨山，以千帳度河自歸，詔商綏定。商表處山東寬鄉，置備征軍凡千人。襞紙爲鎧，勁矢不能洞。

《新唐書》卷二二四《周智光傳》 先是，淮西李忠臣入朝，次潼關，聞智光反，率兵討之。會敗，忠臣因入華大掠，自赤水至潼關畜産財物皆盡，官吏至衣紙自蔽，累日不食者。

《新唐書》卷二二五《史思明傳》 朝恩等不能戢軍，與回紇縱掠，延及鄭、汝，閭井至無煙。方冽寒，人皆連紙褫書爲裳。

《新五代史》卷四〇《温韜傳》 五代之君，往往不得其死，何暇顧其後哉。獨周太祖能鑒韜之禍，其將終也，爲書以遺世宗，使以瓦棺、紙衣而斂，將葬，開棺示人，既葬，刻石以告後世，毋作下宫，毋置守陵妾，其意丁寧切至，然實録不書其葬之薄厚也。

《新五代史》卷五六《何澤傳》 五代之際，民苦於兵，往往因親疾以割股，或既喪而割乳廬墓，以規免州縣賦役。户部歲給蠲符，不可勝數，而課州縣出紙，號爲「蠲紙」。澤上書言其敝，明宗下詔悉廢户部蠲紙。

吴處厚《青箱雜記》卷八 樞相張公昇，字杲卿，陽翟人。大中祥符八年蔡齊下及第，仕亦晚達，皇祐中自潤州解官時已六十餘，語三命僧化成曰：「運限恰好，去未得。」未幾除侍御史知雜事，不十年作樞相，退歸陽翟，生計不豐，短縧輕縧，翛然自適。乃結庵於嵩陽紫虚谷，每旦晨起焚香讀《華嚴》，庵中無長物，荻簾、紙帳、布被、革履而已。

王闢之《澠水燕談録》卷四《高逸》 麻先生仲英，幼有俊才，七歲能詩，隨侍父官鄜州。時宋翰林白方謫官鄜時，聞而召之。坐賦詩十篇，宋大稱賞。翌日，宋以浣溪牋、李廷珪墨、諸葛氏筆遺之，乃贈以詩曰：「宣毫歙墨川箋紙，寄與麻家小秀才。七歲能吟天骨異，前生已折桂枝來。」

劉道醇《宋朝名畫評》卷一《高文進》 高文進，蜀中人。太宗時，入圖畫院爲祇候。上萬幾之暇，留神繪事，文進與黄居寀常列左右，賜予優腆。相國寺高益畫壁，經時圮剥，上惜其精筆，將營治之，詔文進曰：「丹青誰如益者？」對曰：「臣雖不及，請以蠟紙摸其筆法，復移於壁，毫髮較益無差矣。」

范純仁《范忠宣集》卷一五《司空康國韓公墓誌銘》 江南歲以賤價市繒、紙、竹箭及他物種種，民苦之。公乃令優其直，仍以户口多少爲差。

馬令《南唐書》卷二二 李元清，濠州人也。周世宗征淮南，其父聚鄉里義士，襞紙爲鎧，號「白甲軍」，與官軍同守濠州水寨。

畢仲游《西臺集》卷一三《朝議大夫賈公墓誌銘原注代范忠宣作》 公字仲通，姓賈氏，其先趙之真定人也。【略】初爲鳳翔府郿縣令。人以紙爲業，號紙户，歲輸錢十萬，謂之檻錢。其後檻廢不治，無以自資而輸不改，紙户苦之甚。公曰：「吾請于轉運司，不肯蠲也。」乃自請于朝，蠲其輸。

李之儀《姑溪居士後集》卷一九《故朝請郎直秘閣淮南江制荆湖制置發運副使贈徽猷閣待制胡公行狀》 少嘗得一疾，醫不能效，日以爲虞，默有所禱，期遇人以收其功。忽於通衢中逢一窶者，鬻紙撚，人争市之而不與。偶見公，獨授之。比開，乃公姓氏年甲。

釋惠洪《禪林僧寶傳》卷一《撫州曹山本寂禪師青原六世》 禪師，諱耽章，泉州莆田黄氏子，幼而奇逸。【略】有僧以紙爲衣，號爲紙衣道者，自洞山來。章問：「如何是紙衣下事？」僧曰：「一裘纔挂體，萬事悉皆如。」又問：「如何是紙衣下用？」其僧前而拱立，曰：「諾。」即脱去。章笑曰：「汝但解恁麽去，不解恁麽來。」

釋惠洪《禪林僧寶傳》卷一三《福昌善禪師南岳十二世》 禪師名惟善，不知何許人。住荆南福昌寺。【略】南禪師嘗曰：「我與翠碞悦在福昌時，適病寒，服藥出汗，悦從禪侣徧借被，咸無焉。有紙衾者，皆以衰老，亦可數。悦太息曰：『善，公本色作家也！』」

釋惠洪《禪林僧寶傳》卷一五《衡嶽泉禪師南岳十一世》 禪師名谷泉，泉南人也。少聰敏，性耐垢汙。大言不遜，流俗憎之。【略】以杖荷大酒瓢，往來山中。人問瓢中何物？曰：「大道漿也。」自作偈曰：「我又誰管你天，誰管你地，著个破紙襖，一味工打睡。一任金烏東上，玉兔西墜。榮辱何預我，興亡不相關。一條拄杖一胡蘆，間走南山與北山。」

釋惠洪《禪林僧寶傳》卷二九《雲居佛印元禪師青原十一世》 禪師名了元，字覺老，生饒州浮梁林氏。【略】嘗謂衆曰：「昔雲門説法如雲雨，絶不喜人記録其語，見必罵逐曰：『汝口不用，反記吾語。異時裨販我去。』今室中《對機録》，皆香林明教，以紙爲衣，隨所聞即書之。後世學者漁獵文字語言，正如吹網欲滿，非愚即狂。」時江浙叢林尚以文字爲禪，謂之請益，故元以是諷之。

釋惠洪《林間録》卷下 荆州福昌善禪師，明教寬公之子。【略】南禪師與悦公亦在會下，南公曰：「我時病寒服藥，須被出汗，遣文悦徧院借之，皆無有。百餘人例以紙爲之。」

葉夢得《避暑録話》卷下 張友正，鄧公之季子。少喜學書，不出仕，有別業，價三百萬，盡鬻以買紙。

祝穆《古今事文類聚別集》卷一四《蔡倫造紙》 後漢蔡倫爲中常侍、尚方令，有才思。自古書契多編以竹簡，其用縑白者亦謂之紙。《東觀漢記》作帋，其字從巾。縑貴而簡重，並不便於人。倫乃造意用樹膚、麻頭、白麻紙及敝布、魚網爲網紙，楮皮爲穀紙。奏上之，和帝善其能，自是莫不用焉，天下咸稱蔡侯紙。

陳思《書小史》卷一〇 蕭誠，蘭陵人。官至右司員外郎。工正書，善摹勒。弟諒亦善書，世謂「誠真諒草」。開元中，時尚褚、薛，誠爲之最善。李邕每不重誠，誠因采西山野麻、虢郡土穀造五色斑文紙，作王右軍書帖與之，邕覽翫不悟，謂其真迹。誠因道其所撰，邕乃歎服。

釋普濟《五燈會元》卷一三《青原下五世洞山价禪師法嗣》 撫州曹山本寂禪師，泉州莆田黄氏子。【略】紙衣道者來參，師問：「莫是紙衣道？」若否者曰「不敢」。師曰：「如何是紙衣下事者？」曰：「一裘纔挂體，萬法悉皆如。」師曰：「如何是紙衣下用者？」近前應諾，便立脱。

釋普濟《五燈會元》卷一八《天童交禪師法嗣》 慶元府蓬萊圓禪師住山三十年，足不越閫，道俗尊仰之。師有偈曰：「新縫紙被烘來煖，一覺安眠到五更。聞得上方鐘鼓動，又添一日在浮生。」

王惲《秋澗集》卷四九《金故忠顯校尉尚書户部主事先考府君墓誌銘》 豐衍庫使進士劉濬以沿代不審，陷良紙三十萬，是用追解。先君爲伸理，復官如初。

同恕《榘菴集》卷五《雷經歷行狀》 父諱思齊，字希賢。邃儒學，篤於踐履，化行於鄉。訟者往往求質，或未至而返。治家以樸素率下，冬一紙帳，夏坐大樹下，課子弟耕鉏讀書。唯知有恩禮，不較利多寡，故族里内外舉欣欣也。

黄溍《文獻集》卷一〇下《董秉彝墓碣》 秉彝名復禮，姓董氏，世爲奉化州人。自曾祖庭堅、祖成柏至其父潤無仕者。秉彝少嗜書，不以貧輟其學，故衣敗絮無以禦寒，擁紙被挾册坐竟日，人莫見其有不堪之色。

柳貫《待制集》卷一八《跋晏右司撰冲素處士鄭綺墓銘》 龜山楊公時每稱薛會通持己甚可畏，雖泰山之勢不可屈。臨財甚介，人有餽帋百番者，不見會通委而去，直追至百里外還之。

唐元《筠軒集》卷一二《松江府判致仕吕公墓銘》 公諱良弼，字輔之，姓吕氏。世爲歙縣人。【略】上供紙號爲民害，徽爲最，宣次之。舊比最下等。估價既不恤民矣，況宣非土物，轉販者並緣爲姦。公兩平定價，日歷紙先事移文，令民預備，公私便之。

蘇天爵《滋溪文稿》卷一七《元故通議大夫徽州路總管兼管内勸農事朱公神道碑》 徽州歲貢紙數百萬，皆賦細民，民不勝困，流移失所者衆。公騐户籍，請以田多者賦之，爲除其租。中書是其言，民害始息。

鄭玉《師山集》卷八《周榮之墓表》 時縣有姦猾，購府檄，徵民紙倍他縣，將以射利。榮之詣府白，除二十萬，民賴以蘇。

陸友《墨史》卷上《宋》 張永，字景雲，吴郡吴人裕之子。仕宋至征西將軍。涉獵書史，能爲文章。善隸書，又有巧思，並爲文帝所知。紙墨皆自營造，帝每得永表啟，輒執玩咨嗟，自嘆供御者了不及也。又詔永更製御紙，緊潔光麗，耀目奪日。又合秘墨，美殊前後，色如點漆，一點竟紙。

陸友《墨史》卷下《宋》 葉茂實，太末人。善製墨。周公瑾言其先君明叔佐郡日，嘗令茂實造軟帳，烟尤輕遠。其法用煖閣，冪之以紙帳，約高八九尺，其下用盌貯油炷燈，烟直至頂。

釋念常《佛祖歷代通載》卷二〇　己丑，普庵禪師入寂，【略】師布衾紙衣，晨粥暮食，禪定外唯閱《華嚴經》。

《宋史》卷二七一《李韜傳》　李韜，河朔人。有勇力膽氣，善用矟，爲禁軍隊長。周祖征三叛，韜從白文珂攻河中，兵傳其城。文珂夜詣周祖議犒軍，留韜城下。時營柵未備，李守貞乘虚來襲，營中忽見火發，知賊驟至，惶怖失據。客省使閻晉卿率左右數十人，遇韜於月城側，謂韜曰：「事急矣，城中人悉被黄紙甲，爲火光所照，色俱白，此殊易辨。奈軍士無鬭志何？」

《宋史》卷三八七《杜莘老傳》　始莘老自蜀造朝，不以家行。高宗聞其清脩獨處，甚重之，一日因對，褒諭曰：「聞卿出蜀，即蒲團、紙帳如僧然，難及也。」未幾，遂擢用。

《宋史》卷四六二《甄棲真傳》　甄棲真字道淵，單州單父人。博涉經傳，長於詩賦。一應進士舉，不中第，歎曰：「勞神敝精，以追虚名，無益也。」遂棄其業，讀道家書以自樂。【略】乾興元年秋，謂其徒曰：「此歲之暮，吾當逝矣。」即宫西北隅自甃殯室。室成，不食一月，與平居所知叙别，以十二月二日衣紙衣，卧磚榻卒。

《宋史》卷四八三《李觀象傳》　李觀象，桂州臨桂人。行逢署爲掌書記。行逢性殘忍，多誅殺，觀象懼及禍，清苦自勵，以求知遇，帳幃、寢衣悉以紙爲之。行逢頗加信任，軍府之政一皆取決觀象。

《金史》卷一〇七《高汝礪傳》　（興定元年）十一月，汝礪言：「臣聞國以民爲基，民以財爲本，是以王者必先愛養基本。國家調發，河南爲重，所徵税租率常三倍于舊。今省部計歲收通寶不敷所支，乃于民間科斂桑皮故紙錢七千萬貫以補之。近以通寶稍滯，又加兩倍。河南人户，農民居三之二，今税租猶多未足，而此令復出，彼不羅所當輸租，則必減其食以應之。夫事有難易，勢有緩急。今急用而難得者芻糧也，出於民力，其來有限。可緩圖而易爲者鈔法也，行于國家，其變無窮。向者大鈔滯更爲小鈔，小鈔弊改爲寶券，寶券不行易爲通寶，從權制變皆由于上，尚何以煩民爲哉。彼悉力以奉軍儲已患不足，而又添徵通寶，苟不能給，則有逃亡。民逃亡則農事廢，兵食何自而得。有司不究遠圖而貪近效，不固本原而較末節，誠恐軍儲、鈔法兩有所妨。臣非於鈔法不爲意也，非與省部故相違也，但以鈔法稍滯物價稍增之害輕，民生不安軍儲不給之害重耳。惟陛下外度事勢，俯察臣言，特命有司減免，則羣心和悦，而未足之租有所望矣。」

《金史》卷一三二《僕散師恭傳》　（大定）二十八年，上謂宰臣曰：「海陵遣僕散師恭、蕭禿剌、蕭懷忠追撒八不及，皆坐誅，遂夷其族，虐之甚也。」平章政事襄對曰：「是時臣在軍中，忽土、磧有精甲一萬三千有餘，賊軍雖多，皆脅從之人，以氈紙爲甲，易與也。忽土等恇怯遷延，賊乃遁去。」

《元史》卷一二四《塔本傳》　癸卯立春日，宴羣僚。歸而疾作，遂卒。是夕星隕，隱隱有聲。遺命葬以紙衣、瓦棺。

《元史》卷二〇一《列女傳》　諸暨蔡氏者，王琪妻也。至正二十二年，張士誠陷諸暨，蔡氏避之長寧鄉山中。兵猝至，有造紙鑊方沸，遂投其中而死。

宋濂《文憲集》卷二四《先大父府君神道表》　府君生於宋季，宋未已而官政先亂，諸惡少年緝紙爲鎧，剪荼爲櫌，斬牲以祭社神，唯務相屠劉。

何喬新《椒丘文集》卷三〇《贈特進左柱國太傅謚文莊丘公墓誌銘》　公諱濬，字仲深。【略】執筆者謂黄竑易儲之奏，出前工部尚書江淵，史館多以爲然。公獨曰：「聞當時竑殺其兄，爲此覬免死耳。且廣西書奏用土産紙，易辨也。」索其奏，驗之果廣西紙，衆乃服。

李東陽《懷麓堂集》卷七一《都城故老傳》　徐本，字以道，姑蘇人，藉京師。【略】獨嗜書，每得一書，手自披對。缺板脱字，則界烏絲欄紙，乞善書者補之。笑謂人曰：「吾猶老鼠搬生薑，勞無用也。」年八十餘，乃卒。其自號曰「竹軒」。【略】陳謙，字士謙，姑蘇人。居京師，能楷、行書，專效趙松雪，華媚可人。時染古紙僞作趙書，猝莫能辨，購書者踵接户外。

徐紘《明名臣琬琰録》卷一五楊守陳《浙江按察使楊公墓誌銘》　歲餘，遂副憲于浙。【略】屬府造上供紙歲若干萬，工估價每張銀一兩。公計量纖悉，減十之九，歲省銀若干萬兩，民德之。

王世貞《弇州續稿》卷七五《沈理先生傳》　沈先生者，諱理，字體道，嘗自號鐵山。里中人事先生謹。【略】尤工治紙，自謂合古張永蠲法。人乞先生詩，並紙與書得之，以黠自幸。而先生亦媮其意，數中不厭也。

胡文學《甬上耆舊詩》卷一三《布政使錢公奂》　擢湖廣布政使。值大旱，公疏請暫停造紙，以蘇民困。詔可其奏。

孫奇逢《中州人物考》卷一《吴舉人道行》　道行，洛陽人，舉人。受業于尤時熙，爲人繩趨矩步，雖饔飧不給，未嘗一事干人。嚴冬，糊紙被自覆。或曰：「紙温歟？」曰：「紙被豈能温？惟借其片段，更加衣服耳！」

毛奇齡《西河集》卷七三《張大司空傳》 張大司空[illegible]，字時峻。【略】丁未第進士，歷官南京兵曹郎。【略】會遣造内用紙劄，公領其役。故例：督内造紙劄，槽户償料，而以官價錢盡輸之濠，揀濾收裝復多剋索。公親舍玉山，給估辦料子，槽户工廪，如法監造，得羨錢數千緡，儲爲司災營建之費。濠怒，密令鎮守太監黎安劾紙番敝劣，剋給自盗，而以餘番盡入之己。

儲大文《山西通志》卷九〇《名宦》 周鼎，江南宜興人。萬曆四十一年，以進士任平陽推官，有清操。州縣吏餽送者，嚴禁之，不使至。嘗署府篆，所有羨銀俱貯庫上報。公事後，布被紙帳，突蕭然無煙。後遷兵部主事，累官總理河道，工部尚書。

儲大文《山西通志》卷一〇七《人物》 鄭崑璽字殿光，文水人。辛酉壬戌，聯雋進士。授三河知縣，補普寧安化，所至以廉能著。【略】選工科給事中，晉户科掌印。僑寓古寺一室，布被紙帳，澹泊如故書生，論者稱之。

儲大文《山西通志》卷一三一《人物》 裴一諫，夏縣人，唐晉國裴文忠公之後也。徙居夏。萬曆間貢，事親極孝，操行敦篤。【略】後補唐山教諭，陞山陽知縣。地瘠民貧，逋逃甚衆，極意招徠流民復歸。革紙户税，革里支費，革收頭陋規。

儲大文《山西通志》卷一四三《孝義》 薛英賢，永濟縣人。鬻菸紙於市，夜輒苦讀。

儲大文《山西通志》卷二二九《雜志》 裴思謙，狀元及第後作紅箋名紙十數。

陶成《江西通志》卷五八《名宦》 孫遇字際時，福山人。正統進士，授户部主事，累官江西右布政使。宅心仁厚，愛民如子。不爲皎皎之名，而操持凛然不可奪。嘗罷西山紙廠，以甦民累，人尤德之。

陶成《江西通志》卷六一《名宦》 張磻字渭老，福州人。嘉定四年進士。鄱郡有清江渡，産紙，部牒誤爲清江縣，下郡日鈔會紙三萬。時磻知臨江，申省辨之，乃得報罷。

陶成《江西通志》卷九五《寓賢》 余彦忠號清心，忠襄安道六世孫。由邵武訪親至新喻，遂家吟峰下。恬淡樂善，不慕榮名。刻《勸善録》行世，謝尚書謌序之。嘗自閩攜匠開書市，以利後學；起鐵冶，以利公家。喻之紙户，蓋創於彦忠云。《縣志》。

沈清崖《陜西通志》卷五二《名宦三》 龔錞，澧州人，舉人。萬曆中知商州，愛民禮士。改收頭支，使議紙户召募，裁鋪司兵銀，蠲免逃亡，尤甦民困。

李斗《揚州畫舫録》卷九 吴縣葉御夫裝潢店在董子祠旁。御夫得唐熟帋法。舊畫絹地雖極損至千百片，一入葉手，遂爲完物。然性孤直，慎結納，不以技輕許人。

蔣繼洙修、李樹藩纂《（同治）廣信府志》卷九之六下《人物志・義行》 鉛山鄭加瑞，字桂南，號梅西。其地業紙槽，人多米缺。

蔣繼洙修、李樹藩纂《（同治）廣信府志》卷九之六下《人物志・義行》 鉛山雷玉案，字貴發，號勉齋，性忠厚，善排解。家貧，隨兩兄業紙生理，因往石塘售紙，於黄柏嶺亭拾小衣囊，知人所遺，守候移時，見一人踉蹌來，色沮喪。問故，曰：「吾姓湯，爲石塘周姓某入閩售紙回，憩此，失一衣囊，内有千金券，無此，何以見主人。」審其狀悉符，還之。其人感激拜謝，問玉案何往。以石塘售紙對。其人喜，邀同行，至則向主人言其故，義之，助以三百金，俾作資本。玉案堅辭，乃約以紙分年減償，不起息。方受而歸，交兩兄經營紙貨，每年除償原金，有餘利，家以小康。卒年八十有一。

閔爾昌《碑傳集補》卷二三郭嵩燾《張少衡先生墓志銘》 歸化地磽無生計，民皆傭旁縣造紙，先生課之種竹，求得養竹法十餘事，逾年竹成，歸化紙遂爲閩中冠。

牛誠修《定襄金石考》卷三邢元輔《故邢氏節行之銘》 祖父諱廣，早世。祖母楊氏。其祖父爲人沉厚，言不妄發，善造紙貨，有入進之功，供王輔之用。至庚寅歲，敬受阿只吉大王令旨，蠲免雜役，榮受金寶，光顯白身。

紀事

《三輔故事》 衛太子大鼻。武帝病，太子入省，江充曰：「上惡大鼻，當持紙蔽其鼻而入。」帝怒。

《後漢書》志二六《百官三》 尚書六人，六百石。【略】左右丞各一人，四百石。本注曰：掌録文書期會。左丞主吏民章報及騶伯史。右丞假署印綬，及紙筆墨諸財用庫藏。

《後漢書》志二六《百官三》 守宮令一人，六百石。本注曰：主御紙筆墨，及尚書財用諸物及封泥。

張九齡《唐六典》卷三 江南道，古揚州之南境。【略】厥貢紗、編綾、【略】魚、藤紙。

顧况《華陽集》卷下《戴氏廣異記序》 至德初，天下肇亂，况始與同登一科。君自校書終饒州録事參軍，時年五十七，有文集二十卷。此書二十卷用紙一千幅，蓋十餘萬言。雖景命不融，而鏗鏘之韵固可以輔於神明矣。

劉禹錫《劉賓客文集》卷二〇《奏記丞相府論學事》 築學室，具器用，豐簋食，增掌故，以備使令。凡儒官各加稍食。其紙筆鉛黄，視所出州，率令折入學徒。既備明經日課繕書若干紙，進士命讐校亦如之，則貞觀之風粲然不殊。其它郡國，皆立程督，投紱懷璽，棫樸華華，良可詠矣。

馮贄《雲仙雜記》卷四《貧而圖婚》 白厚貧而圖婚娶劉純材女，厚送烏瑠十事，欵紙爲書。純材大笑，答以象田珠十升，紫弱千餘頭及使家僮撤燭花盈路。厚閉門大慙，賓客走去。《耕桑偶記》。

《舊唐書》卷四七《經籍志下》 開元時，甲乙丙丁四部書各爲一庫，置知書官八人分掌之。凡四部庫書，兩京各一本，共一十二萬五千九百六十卷，皆以益州麻紙寫。

《舊唐書》卷一九六上《吐蕃傳上》 高宗嗣位，授弄讚爲駙馬都尉，封西海郡王，賜物二千段。弄讚因致書于司徒長孫無忌等云：「天子初即位，若臣下有不忠之心者，當勒兵以赴國除討。」并獻金銀珠寶十五種，請置太宗靈座之前。高宗嘉之，進封爲賓王，賜雜綵三千段。因請蠶種及造酒、碾、磑、紙、墨之匠，並許焉。

王溥《唐會要》卷三五 （太和）四年二月，集賢院奏：大中二年正月一日以後至年終，寫完貯庫及填缺書凡三百六十五卷，計用小麻紙一萬一千七百七張。

王溥《唐會要》卷五九《尚書省諸司下・户部員外郎改復並與郎中同》 開元四年五月二十九日勅：「蠲符，每年令當州取緊厚紙，背上皆書某州某年及紙次第，長官句當同署印記。京兆、河南六百張，上州四百張，中州三百張，下州二百張。安南、道、廣、桂、容等五府，准下州數，管内州蠲同。此紙不別書題州名，並赴朝集使，送户部本判官掌納，依次用之。」

王溥《唐會要》卷五九《尚書省諸司下・度支員外郎改復與郎中同》 開元二十四年三月六日，户部尚書，同中書門下三品李林甫奏：「租庸丁防和糴雜支、春綵税草諸色旨符，承前每年一造。據州府及諸司計，紙當五十餘萬張，仍差百司抄寫，事甚勞煩。條目既多，計檢難遍，緣無定額，支税不常，亦因此涉情，兼長奸僞。臣今與采訪使、朝集使商量，有不穩便於人，非當土所出者，隨事沿革，務使允便。即望人知定準，政必有常，編成五卷，以爲常行旨符。省司每年但據應支物數，進書頒行，每州不過一兩紙，仍附驛送。」勅旨依。

王溥《唐會要》卷六五《秘書省》 （貞元）三年八月，祕書監劉太真奏：「准貞元元年八月二日勅，當司權宜停減諸色糧外，紙數内停減四萬六千張。續准去年八月十四日勅，修寫經書，令諸道供寫書功糧錢，已有到日，見欲就功。伏請於停減四萬六千張内，卻供麻紙及書狀藤紙一萬張，添寫經籍。其紙寫書足日，即請停。又當司准格，楷書八年試優，今所補召，皆不情願。又准今年正月十八日勅，諸道供送當省寫經書及校勘《五經》學士等糧食錢。今緣召補楷書，未得解書人。元寫經書，其歷代史所有欠闕，寫經書畢日餘錢，請添寫史書。」從之。

王溥《唐會要》卷七五《選部下》 （天寶）十三載三月二十八日勅旨：「授官取蜀郡大麻紙一張寫告身。」

王溥《五代會要》卷一三《中書門下起諸雜條附》 周廣順二年十一月，詔逐月給紙五百幅，付起居院。

王溥《五代會要》卷二八《諸色料錢下》 右諸州府、京百司、内諸司州縣，官課户、莊户、俸户、柴炭紙筆户等，望令本州及檢田使臣依前項指揮勒歸州縣，候施行畢，具户數奏聞。

李昉《太平御覽》卷二三六 《唐書・官品志》曰：「少府卿，位視尚書左丞，置【略】細作、炭庫、紙官、染署等令丞。」

錢易《南部新書》壬 臨安出紙，紙徑短色黄，狀如牙版。字誤可以舌舐之不污，近亦絶有，蓋取多工尠而價卑也。

王欽若《册府元龜》卷一六九《帝王部・納貢獻》 （天祐四年）九月壬申，河中進百司紙三萬張，詔紙二萬張。舊制也。

王欽若《册府元龜》卷一六〇《帝王部・革弊第二》 （明宗天成元年）閏八

月，吏部郎中何澤請廢戶部蠲紙。奉勑：日月流行之處，王人億萬之家，既絶煩苛，無濫力役，唯忠、孝二柄可以旌表戶門。若廣給蠲符，深爲弊事。昨日所爲地圖方域逐閏重疊，上供州郡之中皆須厚斂，而猶尋降誡束，並勒廢停。令此倖端，豈合更啟？逐年蠲紙，宜令削去。

《新唐書》卷五二《食貨志二》 常州刺史裴肅鬻薪炭案紙爲進奉，得遷浙東觀察使。刺史進奉，自肅始也。

《新唐書》卷五四《食貨志四》 隋末行五銖白錢，天下盜起，私鑄錢行。千錢初重二斤，其後愈輕，不及一斤，鐵葉、皮紙皆以爲錢。

《新唐書》卷五七《藝文志一》 初，隋嘉則殿書三十七萬卷，至武德初，有書八萬卷，重複相糅。王世充平，得隋舊書八千餘卷，太府卿宋遵貴監運東都，浮舟泝河，西致京師，經砥柱舟覆，盡亡其書。貞觀中，魏徵、虞世南、顏師古繼爲祕書監，請購天下書，選五品以上子孫工書者爲書手，繕寫藏于內庫，以宮人掌之。玄宗命左散騎常侍、昭文館學士馬懷素爲脩圖書使，與右散騎常侍、崇文館學士褚無量整比。會幸東都，乃就乾元殿東序檢校。無量建議：御書以宰相宋璟、蘇頲同署，如貞觀故事。又借民間異本傳録。及還京師，遷書東宮麗正殿，置修書院於著作院。其後大明宮光順門外、東都明福門外，皆創集賢書院，學士通籍出入。既而太府月給蜀郡麻紙五千番，季給上谷墨三百三十六丸，歲給河間、景城、清河、博平四郡兔千五百皮爲筆材。兩都各聚書四部，以甲、乙、丙、丁爲次，列經、史、子、集四庫。

《新唐書》卷四一《地理志五・江南道》 厥賦：麻、紵。厥貢：金、銀、紗、綾、蕉、葛、綿、練、鮫革、藤紙、丹沙。

杭州餘杭郡，上。土貢：白編綾、緋綾、藤紙、木瓜、橘、蜜薑、乾薑、芑、牛膝。

越州會稽郡，中都督府。土貢：寶花、花紋等羅，白編、交梭、十樣花紋等綾，輕容，生縠，花紗，吳絹，丹沙，石蜜，橘，葛粉，瓷器，紙，筆。

衢州信安郡，上。武德四年析婺州之信安縣置，六年没輔公祏，因廢州，垂拱二年析婺州之信安、龍丘、常山復置。土貢：綿紙，竹扇。

婺州東陽郡，上。土貢：綿、葛、紵布、藤紙、漆、赤松澗米、香秔、葛粉、黃連。

宣州宣城郡，望。土貢：銀、銅器、綺、白紵、絲頭紅毯、兔褐、簟、紙、筆、署預、黃連、碌青。

歙州新安郡，上。土貢：白紵、簟、紙、黃連。

池州，上。武德四年以宣州之秋浦、南陵二縣置，貞觀元年州廢，縣還隸宣州，永泰元年復析宣州之秋浦、青陽，饒州之至德置。土貢：紙、鐵。

江州潯陽郡，上。本九江郡，天寶元年更名。土貢：葛、紙、碌、生石斛。

吉州廬陵郡，上。土貢：絲葛、紵布、陟釐、斑竹。

衡州衡陽郡，上。本衡山郡，天寶元年更名。土貢：麩金、綿紙。

歐陽修《文忠集》卷三九《夷陵縣至喜堂記》 峽州治夷陵，地濱大江，雖一無此字有椒、漆、紙以通商賈，而民俗儉陋，常自足，無所仰於四方。

歐陽修《文忠集》卷一二九《峽州河中紙説》 夷陵紙不甚精，然最耐久。余爲縣令時，有孫文德者，本三司人吏也，嘗勸余多藏峽紙，云其在省中見天下帳籍，惟峽州不朽損，信爲然也。今河中府紙惟供公家及館閣寫官書爾。

歐陽修《文忠集》卷一五二《論徐嶠稱弟子帖》 金氏世以財雄南方，今乃出佳子弟，甚可愛也。雄、漠、瀛、霸、保州，粉紙謂不可書，請試察。試察之下尚隱有字，漫滅不可讀，不知與何人帖也。

曾鞏《元豐類藁》卷一七《分寧縣雲峯院記》 分寧人勤生而嗇施，薄義而喜爭，其土俗然也。自府來抵其縣伍百里，在山谷窮處，其人修農桑之務。率數口之家留一人守舍行饁，其外盡在田。田高下磽腴，隨所宜雜殖五穀，無廢壤。女婦蠶杼，無懈人。茶、鹽、蜜、紙、竹、箭、材、葦之貨，無有纖鉅，治咸盡其身力。其勤如此！

呂陶《淨德集》卷三《奏爲繳連先知彭州日三次論奏榷買川茶不便并條述今來利害事狀》 一、名爲茶法，却販布并大寧鹽及陶器，并運解鹽入川，相兼收受。近更置博易茶場，買絲綿、紬絹、紗羅、綾布、金銀、楮皮、牋紙、香藥、米豆等，出息貨賣，仍許監官出外招誘及遣牙子往諸縣編攔，其害過于市易。

沈遼《雲巢編》卷七《三遊山記・其二》 四月己卯，潤之公闢德相來會，余將爲九華之遊也。【略】明日，雨不止，遂先至龍潭，出馬牙市南行，觀民家擣楮爲紙，皆即其溪流，有足佳者。

鄭俠《西塘集》卷六《上王荆公書》 且如開倉法，立條只爲饒潤客旅耳。法未行時，諸門入務之物皆役大商，其人自不以些少税錢冒犯公法。【略】故倉法未行如此，既行之後亦如此。偶以本門有税長連紙者，其額每一千税錢五十足。

攔頭輩以爲務例，每一千收千百五張税錢，自取條貫遍檢，無此條，取則例檢之，又無。以其無條例，遂不敢行，祗領依條每一千張收錢五十足。不知舊時紙在院税時盡於税院左右貨賣，諸處紙鋪盡往彼收買。及於諸門收税，則客人就便盡得。貨賣紙鋪有姓劉者，舊時税院前賣紙主人也，以不得賣紙，遂以此告本門不合只將姓丁人紙每張只税一張，本院行遣姓丁者及攔頭公人輩各禁繫五六日科斷。

李之儀《姑溪居士前集》卷一七《莊居阻雨，鄰人以紙求書，因而信筆》 由拳紙工所用法，乃澄心之緒餘也，但其料或雜。而吴人多參以竹筋，故色下而韵微劣。其如瑩滑受墨，耐舒卷適人意處非一種。今夏未涉秋，多暴雨，潮水大，圩田之水不能洩，吾之野舍浸及外限，户内著屐乃可行。會莊夫以收成告，既來，復值雨，寸步不能施，終日臨几案，忽忽無况。雲破山出，時時若相慰藉者。邂逅鄰人，出此紙見邀作字。既與素意相投，凡數十番不覺寫遍，安得能文詞者相與周旋！既爲太息，而又字畫不工似是，此紙厄會所招也。

李之儀《姑溪居士前集》卷三六《分寧縣廳雙松道院記》 分寧治洪之西南，距州城四百餘里。四達皆山，縣居衆山間，自爲一樂國。山刻露峭拔，溪流回環，可鑒毫髮。繁竹木，富茶紙蜜蠟。

陳師道《後山談叢》卷一 南唐於饒置墨務，歙置硯務，揚置紙務，各有官，歲貢有數。求墨工於海，求紙工於蜀。中主好蜀紙，既得蜀工，使行境内。

陳師道《後山居士文集》卷一一《論國子賣書狀》 右臣伏見：國子監所賣書，向用越紙而價少，今用襄紙而價高。紙既不迨而價增於舊，甚非聖朝章明古訓以教後學之意。臣愚欲乞計工紙之費以爲之價，務廣其傳，不以求利，亦聖教之一助。伏候敕旨。

〔貼黄〕臣惟諸州學所買監書係用官錢買充官物，價之高下何所損益，而外學常苦無錢而書價貴，以是在所不能有國子之書，而學者聞見亦寡。今乞止計工紙，别爲之價，所冀學者益廣見聞，以稱朝廷教養之意。乞依公使庫例，量差兵士般取。

陳師道《後山居士文集》卷一一《寇參軍集序》 寇氏之伯曰元老，喜事而多能，張、李氏之墨，吴、唐、蜀、閩、兩越之紙，端溪、歙穴之硯，鼠鬚、栗尾、狸毫、兔穎之筆，所謂文房四物，山藏海蓄，極天下之選。傾家破産，急士之窮，輕身下氣而交名勝，士多歸之者。

葉夢得《避暑録話》卷上 世言歙州具文房四寶，謂筆、墨、紙、硯也，其實三耳。【略】紙則近歲取之者多，無復佳品。余素自不喜用，蓋不受墨，正與麻紙相反，雖用極濃墨，終不能作黑字。

趙鼎《忠正德文集》卷二《乞免上供紙》 臣契勘洪州年額，合發紹興三年上供紙八十五萬張，内一半本色，一半折發。價錢依年例，下分寧、武寧、奉新三縣收買，解州裝發。據逐縣申：自建炎四年以前，各有窑户一百餘名抄造中賣，後來累遭賊馬，人户死及九分已上。見今並無紙户，委是難以抄造應付，乞蠲免收買。臣今照對分寧、武寧、奉新縣自建炎四年十二月已後，被趙延壽、馬進、張莽蕩等賊馬侵犯，占據縣道，燒劫鄉村，殺擄人民。後來收復，繼續又遭趙進、曹成、田進、劉忠及紹興二年十月内交廣賊馬侵犯分寧、武寧縣，紹興三年正月内李宗亮侵犯分寧縣，三月内又有草寇侵犯奉新縣，遍於管下鄉村放火殺擄人民，被害深重。委是逐縣原抄紙窑户例遭殺擄，目今全無人户抄紙，兼本州除分寧、武寧、奉新三縣外别無出産去處，若不申陳，切恐有誤上供歲計，致負曠責。伏望睿慈特與蠲免買發。

趙鼎《忠正德文集》卷二《條具宣撫處置使司畫一利便狀》 一、行遣紙札、朱紅及發遞皮角牌子等，及油單、黄蠟、點照油燭、收盛文字籠仗、打角官物合用物色等，並具數於臨安府取索，限日下供應。内紙令左藏庫支供，在外並於所至州軍闕取。伏望聖慈特降睿旨施行。

張九成《横浦集》卷一八《尚書》 令似學士學問日新，恨未得一見。想見神骨清峻，雙瞳照人。庚甲乃與賤命同，老漢抑何幸耶！蠲紙二百，聊作揮灑供。

朱彧《萍洲可談》卷二 陽翟田望，勤於竿牘，亦善其事，日發數十函不倦，由此自出官移令，改秩出常調，皆自致也。一書用好紙數十幅，近年紙價高，田倖入盡索於此。親朋間目之爲「紙進納」，蓋納粟得官號「進納」，故以名之。

李燾《續資治通鑑長編》卷一三太祖開寶五年二月 癸亥，詔潭州歲調紙百七十八萬餘幅特免十年。

李燾《續資治通鑑長編》卷二三太宗太平興國七年春正月 初，太祖免潭州歲所調紙十年。期滿當徵，州言民飢，願俟豐歲乃輸，詔並除之。

李燾《續資治通鑑長編》卷七六真宗大中祥符四年六月 上以歙州歲供宣敕大紙，其數甚多，頗勞民力，思有以寬之。知樞密事王欽若因奏諸房紙羨餘者，凡一十萬八千三百番，望令三司罷給一年，仍減本州造數。從之。遣中使宣諭副都承旨張質已下，仍特賜御筵。

李燾《續資治通鑑長編》卷九七真宗天禧五年　天下户八百六十七萬七千六百七十七，口一千三百九十三萬三百二十。所收租税，比至道末，黄蠟增五萬餘斤，又鞿八十一萬六千餘量，麻皮三十九萬七千餘斤，鹽五十七萬七千餘石，紙十二萬三千餘幅，蘆蓆三十六萬餘張，大率名物約此。

李燾《續資治通鑑長編》卷一〇二仁宗天聖二年十一月　令三司榷住和市綢絹一年，減歙州上供紙三之一。

李燾《續資治通鑑長編》卷二五四神宗熙寧七年六月　詔降宣紙式下杭州，歲造五萬番。自今公移常用紙，長短廣狹毋得用宣紙相亂。

李燾《續資治通鑑長編》卷三一五神宗元豐四年八月　都大提舉汴河隄岸宋用臣言：「本司沿汴及京城所房廊地並召人僦，納官課，紙、紅花、麻布、酵行皆隸本所，爲堆垛場，令馮景拘攔賣紙及送紙。行班文昌於開封府侵奪課額，欲乞據本司已立逐行外，餘令馮景拘攔，所責課額各辦。」詔：「八月以前已賃提岸司及京城所房堆垛物在地者，更不起遣，餘無得妄拘攔，騷擾行市。」

李燾《續資治通鑑長編》卷三三七神宗元豐六年七月　御史翟思言：「聞京西轉運司下州縣責商人納紙，官以小條印爲記，紙輸一錢，人户税鈔非印紙不受。朝廷理財，固自有義，蓋不如是之苛也。」詔轉運司具析以聞。

李燾《續資治通鑑長編》卷三四四神宗元豐七年　三月壬戌，手詔：「李憲昨奏果莊送馬十三匹，乞買寫經紙事，紙可就賜之，而還其馬。」

《宋會要輯稿・禮》二九之七　太宗至道三年三月二十九日，太宗崩於萬歲殿。【略】又諸軍人百姓，白衫紙帽子，婦人素縵不花釵，三日哭而止。京城内外禁止音樂。

《宋會要輯稿・禮》二九之一七　真宗乾興元年二月十九日，真宗崩于延慶殿。【略】京城坊市及外縣，禁止音樂。軍人百姓等白衫紙帽，婦人素縵不花釵，三日而止。

《宋會要輯稿・禮》三一之三　（建隆二年六月）二十五日，太常禮院言，吉凶儀仗準詔減省數目。【略】黄白紙帳各二。

《宋會要輯稿・禮》五七之二九　天聖元年二月二十七日，上封者言天慶、天祺、天貺、先天、降聖五節，費用尤廣。而禮儀院亦言每歲醮紙散配民間甚擾，逐節諸宫観同時開啟，三清、玉皇一日開祠者五七。又歲設醮四十有九，頗爲煩瀆。欲自今五節并四季三元，輪定宫觀設醮，歲可省醮二十有七。詔舊醮皆二千四百分，今減其半，餘並依奏。官吏宿齋，所有酒稟蠟燭之類，並令減省。時汾州人上言天慶節醮紙多以故麻屨擣造，是不潔淨。

《宋會要輯稿・儀制》七之一九　（大中祥符八年）四月二十一日，禮儀院言：「臣僚所進章表文字，不許使闊幅大紙脩寫。近日中外頗違約束，望令閤門、御史臺、進奏院申戒，除用常程表紙、三抄、西川麻紙外，更不得别用展様大紙、牋紙、屑紙。」從之。

《宋會要輯稿・職官》三之一三　（皇祐二年十月）是月，詔舍人每員月給草詞小紙百番，令三司隨制敕院料錢撥送。

《宋會要輯稿・職官》五之三七　高宗建炎四年七月三十日，入内殿頭權主管合同憑由司盧祖道言：「本司自來印造合同，并行遣紙札，每料合勘請池表紙一千張，大表紙六百張。乞行下所屬，依舊於行在本司歷内批勘請領。」詔令糧料院各以三分爲率，批勘二分。

《宋會要輯稿・職官》一八之一〇四～一〇五《國史日曆所》　（淳熙十六年）六月十六日，秘書省著作佐郎黄唐等言，國史日曆所見接續修纂至尊壽皇聖帝日曆，乞依體例責限成書，庶幾聖時典章早得進呈。詔依仍限半年。既而七月九日，黄唐等言本所修纂至尊壽皇聖帝日曆，每月依例止修一月。今來接續編類，自淳熙五年正月至十六年，計一十年零一個月。乞依淳熙五年七月指揮，每月旋行奏知，庶使官吏以爲課程，早得辦集。日曆内有三省宣諭聖語，中書門下省時政記，樞院時政記，聖語，中書門下省起居注未降下月分，乞下逐處催促施行。一、修纂日曆見闕淳熙十三年正月至十六年正月分御殿排日，乞下閤門疾速編類送所。一、合將昨來奏知日篇帙歷起自紹興三十二年六月十一日至淳熙四年十二月，與自今接續所修日曆通爲一書，寫成副本，約爲二千卷。依淳熙六年體，每卷約五千字，雇工錢四百五十文，紙四十五張，刷黄紙二張，共合用雇工錢九百貫文，三省紙九萬張，刷黄紙四千張。乞劄付户部下所屬依數應副。

《宋會要輯稿・職官》一八之一〇五《國史日曆所》　（淳熙十六年）十二月二十六日，祕書監楊萬里等言，國史日曆所修寫至尊壽皇聖帝日曆，進册三本，合行事件下項：照得今來修寫進册，每本約計一千五百餘萬字，三本共計合用雇工錢九千餘貫。乞下户部直支會子，并支欄界朱紅三百兩，每本用貢餘紙四萬五千張，内小本一部用二萬二千五百張，并裝物帛等。本所裝界匠三人，趣辦欄界，委是不前，乞下臨安府差撥五名併手趂辦。

《宋會要輯稿・食貨》二四之二二（元豐五年）四月二十二日，三司言：「朝旨給鹽鈔二百萬貫與涇原路、陝西轉運司，勘會印鈔紙見闕四十八萬張，若伺候商、虢等州科買起發，顯見住滯。欲用雜物庫襄州夾表紙印造。」上批：「紙色不依自來所用非便，宜止令依久例所用上色堪好紙印造。」

《宋會要輯稿・食貨》二四之三四～三五（熙寧元年）八月五日，户部言：「太府寺申：自來解鹽鈔用商、虢州、河中府筭處一鈔紙印造，於鈔法係關防指擦交引庫。近乞於東南出紙州軍造一等抄紙，預行買發三年，準備泛給鈔紙計六百八十四萬張，依見印鈔板長一尺七寸，徑一尺一寸。今乞下商、虢州、河中府依上項長闊造一鈔連毛頭紙，依數起發前來赴（文）[交]引庫交納，印造交鈔。仍乞指揮逐州府據上項一樣紙，不許通商貨賣，除供官抄造印鈔紙外，輒敢依上件尺樣抄造買賣者，各杖一百。許人告捉，每名支賞錢三十貫，以關防革絶姦弊。看詳於東南路分應出紙州軍，令發運司管認上件紙數，責限起發，徑赴太府寺交納。所有不許通商一節，並依解鹽司相度事理。」從之。時渭州申：勘到僞鈔人，緣户部自來支降外路鹽鈔，並用常紙印給，致用僞造。都省提送户部，本部下太府寺相度，而有此請。

《宋會要輯稿・食貨》三四之三八《各路産物買銀價》 江南東路：絹四十七萬三千三百八十疋，紬一千三萬三千九百二十三疋，額錢五萬貫，買紬、絹、銀，綿紙池州大抄連紙，宣州大抄、三抄連紙，南康大抄、三抄、小抄，江西大抄、小抄，歙州詔紙降樣、常樣，大抄、三抄連紙。三百二十五萬五千四百張。江南西路：紙興（軍國）[國軍]大抄、三抄、小抄，洪州表紙大抄、三抄、小抄，筠州表紙大抄、三抄、小抄。一百二十七萬四千張，絹三十四萬疋，紬六萬二千疋，額錢五萬貫買銀。荆湖南路：額錢一十萬貫買銀。荆湖北路：絹一十三萬疋，紬四萬疋，額錢五萬貫買紬、絹，内一萬貫買絹一萬疋，應付廣西鄂州連紙，峽州小鈔，岳州大鈔、三抄、小抄。五十五萬九千五百五十張。

《宋會要輯稿・食貨》三五之三四《無額上供錢》（紹興二年）七月十四日，詔南康軍今歲合發上供紙並特與放免一年。

《宋會要輯稿・食貨》三五之三五《無額上供錢》（紹興）三年正月二十九日，詔江東西、湖北路紹興(二)[元]年、二年未起上供紙數，並特與權行倚閣；紹興三年合發數目，一半權折納價錢。

《宋會要輯稿・食貨》三七之一〇（天聖四年）十月三日，司農少卿李湘言：「河中府每年收買上京諸般紙約百餘萬，欲乞今後於河南出産州軍收買。」詔送三司相度均減聞奏。

《宋會要輯稿・刑法》二之一二（大中祥符五年七月）十九日，開封府言，三司先降紙式，並長二尺三寸，付洪、歙州擣造。除給中書、樞密、學士院外，自餘止用次等黄紙。非詔勑所用，悉染淺色。近日頗有踰式者，望申明前禁。從之。

《宋會要輯稿・刑法》二之三四（熙寧）七年六月十九日，樞密副都承旨張誠一言，乞令三司約計年例宣紙，預遣軍大將或殿侍就出産州軍管押上京，專置寫宣吏人。詔降紙式下杭州抄造，歲五萬番。自今公私常用紙，長短廣狹不得與宣紙相亂。

《宋會要輯稿・刑法》二之六九《禁約》（政和）八年正月十二日詔：「訪聞拱州每年社會賽城隍、土地，聚集百姓、軍人，張黄羅繖，及唱喝排立起居行列，兼本州南寺幹辦年例，作葬佛會，多是僧行預散帖子，糾率縣下鄉民户百姓，男女同處，身服布衣，首施紙花，沿路引迎紙佛，及經由道路林木皆用紙錢裝掛，選地焚燒，數千餘人並行舉哭事，奉御筆爲累經赦宥，特免根究。可下本州禁止。」

汪應辰《文定集》卷一五《與陳樞密》 近日令制置司抄造錢引，紙工料之直約二十三萬貫有奇，起綱糜費在外，今又以無用令罷矣。推此類言之，若審于出令，亦節用愛人之一端也。

晁公遡《嵩山集》卷三五《查總領篇》 伏蒙貺以律令，朝夕敬以從事，正所願也。近得微紙，似佳，輒進三百并三碑，恐或須之，所幸台察。

周必大《文忠集》卷一四三《乞修架閣庫》 兩月前，曾有人艤舟于岸，偷竊吏部案卷勑黄之類，欲載往外州作故紙出賣。既覺察擒捕，即投棄水中。慢藏誨盗，必至於此！

周必大《文忠集》卷一六五 癸丑，早至金谿。乙卯歲嘗過此，值大水，留數日。【略】至耿源市有新興寺，天尚早，不宿。過清江渡，甚狹，而水可造紙。

陳騤《南宋館閣録》卷一〇 行遣紙。紹興十四年五月，秘書省劄子補寫所合用行遣紙札，乞就本省大歷内每季批勘歙表紙小抄五百，連紙三百，應副本所行遣等使用。

李心傳《建炎以來朝野雜記》乙集卷一七《關外諸軍多私役》 關外諸軍多爲諸將私役者，其間軍士有因食貧而爲手技者，則又有拘而使之；否則計日而責其工直，以故士日益貧。家子欽知金州，子欽，眉山人，嘉定二年以通直郎知金州。

遇歲杪，有軍士夜揭民居之楮鏹者，蜀人遇歲除，則以紙鏹徧貼于門扉之上，謂之門戶錢。爲廂巡所縛。子欽怪而問之，曰：「某麤能鈔紙，本將日責鈔紙若干張，未嘗給其直也。計無所從出，故至是耳。」子欽憐而釋之。

李心傳《建炎以來系年要録》卷一七〇紹興二十五年十二月乙亥　左朝奉郎通判筠州劉章爲尚書司封員外郎，左朝奉郎通判廬州張晟爲司勳員外郎。上覽除目，曰：「晟，會稽人，前日論本府科買箭筍擾民，想皆曹泳、趙士粲所爲。」魏良臣曰：「不獨越之箭筍，如平江之洞庭柑，每對直二千，宣之蜂兒，每斤三四十千，多是科買，民極苦之，皆郡守無狀，以此取悅權倖。」上乃詔悉罷之。因曰：「朕平時未嘗毫末有取於民，如日用紙亦不委臨安府，只自令人買於市肆，便得佳者。」

趙與時《賓退録》卷一〇　任土作貢，三代而下未之或廢，時有損益而已。高宗建炎三年，始詔除金、銀、匹帛、錢穀，餘悉罷貢，盛德事也。《禹貢》以來，歷代史志及地理之書，但載土貢之目，而不書其數。惟《元豐九域志》爲詳。嘗最一歲所貢，凡爲金二十四兩，【略】筆一千管，江寧五百管，宣五百管。墨三百枚，兗、潞，絳各一百枚。硯四十枚，虢二十枚，寧、端各一十枚。紙四千張，越、歙、池各一千張，真、温各五百張。雜色牋五百張。成都。

趙升《朝野類要》卷四《省劄》　自尚書省施行事，以由拳山所造紙書押，給降下百司、監司、州軍去處是也。

《西湖老人繁勝録・諸行市》　粘頂膠紙、【略】蠲糨紙、造翠紙、乾紅紙。

王應麟《玉海》卷二〇　天禧二年六月丙辰，三司言：「每歲帳籍省九萬餘道，三十四萬五千二百餘紙。」詔三司諸路計帳，毋得增益，以滋煩擾。

王應麟《玉海》卷九〇《雍熙賜玉硯》　雍熙三年正月，錢俶進草書絹圖二，翌日，墨詔獎諭，賜玉硯一，金匣副之，龍鳳墨百挺，紅緑筆百管，盈丈紙百軸。

吴自牧《夢粱録》卷九《監當諸局》　造會紙局，在赤山湖濱。先造於徽城，次成都，以蜀紙起解。後因路遠而弗給，詔杭州置局於九曲池，遂徙於今。安溪亦有局，仍委都司官屬提領。但工役經定額，見役者日以一千二百人耳。

吴自牧《夢粱録》卷一三《鋪席》　市西坊南和劑惠民藥局，局前沈家、張家金銀交引鋪，劉家、吕家、陳家綵帛鋪，舒家紙劄鋪，五間樓前周五郎蜜煎鋪，童家柏燭鋪，張家生藥鋪，獅子巷口徐家紙劄鋪，凌家刷牙鋪，【略】汪家金紙鋪。

吴自牧《夢粱録》卷一三《團行》　其他工役之人，或名爲「作分」者：【略】裁縫作、修香澆燭作、打紙作、冥器等作分。

吴自牧《夢粱録》卷一八《物産・貨之品》　餘杭由拳村出藤紙，富陽有小井紙，赤亭山有赤亭紙。

王惲《秋澗集》卷八〇《中堂事記上》　敏珠爾丹所譯簿籍，搗治方厚尺紙爲葉。以木筆挑書普速蠻字，該寫衆事。紙四隅用縷穿繫，讀則脱而下之。

袁桷《清容居士集》卷四六《東坡玉堂制草》　淳化後，學士院紙貢從池陽。唐五代所用迺矮麻紙。熙陵愛李氏澄心，遂易此制。蘇公此卷正號玉堂底本。桷見文潞公、吕申公辭免平章批答，有賈相私印，疑當時故家剪以修媚，與此紙無異。今留河東李士弘。袁桷識。

《兩朝綱目備要》卷一二嘉定二年十二月　子欽是歲知金州。遇歲杪，有軍士夜揭民居之楮鏹者，爲廂巡所縛，子欽怪而問之，曰：「某粗能抄紙，本將日責抄紙若干張，未嘗給其直也。計無所從出，故至是耳。」子欽憐而釋之。

《宋史全文》卷二二上《宋高宗》（紹興二十五年十二月）己亥，上曰：「朕平時未嘗毫末有取于民，如日用紙，亦不委臨安府，只自令人買于市肆，更得佳者。」

《宋史》卷六六《五行志四》　宋初，陳摶有紙錢使不行之説，時天下惟用銅錢，莫喻此旨。其後用交子、會子，其後會價愈低，故有「使到十八九，紙錢飛上天」之謡。似道惡十九界之名，乃名關子，然終爲十九界矣，而關子價益低，是紙錢使不行也。

《宋史》卷八八《地理志四・臨安府》　貢綾、藤紙。

《宋史》卷八八《地理志四・紹興府》　貢越綾、輕庸紗、紙。

《宋史》卷八八《地理志四・婺州》　貢綿、藤紙。

《宋史》卷八八《地理志四・瑞安府》　貢鮫魚皮、蠲糨紙。

《宋史》卷八八《地理志四・衢州》　貢綿、藤紙。

《宋史》卷八八《地理志四・真州》　貢麻紙。

《宋史》卷八八《地理志四・徽州》　貢白苧、紙。

《宋史》卷八八《地理志四・池州》　貢紙、紅白薑。

《宋史》卷八九《地理志五・成都府》　貢花羅、錦、高紵布、牋紙。

《宋史》卷一七四《食貨志上二》　物産之品六：一曰六畜，二曰齒、革、翎毛，三曰茶、鹽，四曰竹木、麻草、芻菜，五曰果、藥、油、紙、薪、炭、漆、蠟，六曰雜物。

《宋史》卷一八一《食貨志下三》 崇寧三年，置京西北路專切管幹通行交子所，倣川峽路立僞造法。通情轉用并鄰人不告者，皆罪之；私造交子紙者，罪以徒配。

《宋史》卷一八一《食貨志下三》 淳祐二年，宗正丞韓祥奏：「壞楮幣者只緣變更，救楮幣者無如收減。自去年至今，楮價粗定，不至折閲者，不變更之力也。今已罷諸造紙局及諸州科買楮皮，更多方收減，則楮價有可增之理。」上曰：「善。」三年，臣僚言：「今官印之數雖損，而僞造之券愈增。且以十五、十六界會子言之，其所入之數，宜減於所出之數。今收換之際，元額既溢，來者未已，若非僞造，其何能致多如是？大抵前之二界，盡用川紙，物料既精，工製不苟，民欲爲僞，尚或難之。迨十七界之更印，已雜用川、杜之紙，至十八界則全用杜紙矣。紙既可以自造，價且五倍於前，故昔之爲僞者難，今之爲僞者易。人心循利，甚於畏法，況利可立致，而刑未即加者乎？臣愚以爲抄撩之際，增添紙料，寬假工程，務極清緻，使人不能爲僞者，上也；禁捕之法，厚爲之勸，厲爲之防，使人不敢爲僞者，次也。」

《宋史》卷一八一《食貨志下三》（咸淳）七年，以行在紙局所造關子紙不精，命四川制司抄造輸送，每歲以二千萬作四綱。

《宋史》卷一八一《食貨志下三》 當時會紙取於徽、池，續造於成都，又造於臨安。

《金史》卷一六《宣宗紀下》（興定四年八月）乙亥，上諭宰臣，河南水災，唐、鄧尤甚。其被災州縣，已除其租。餘順成之方，止責正供，和糴、雜徵並免。仍自今歲九月始，停周歲桑皮故紙折輸。

《金史》卷四六《食貨志》 故物力之外又有鋪馬、軍須、輸庸、司吏、河夫、桑皮故紙等錢，名目瑣細，不可殫述。

《金史》卷五六《百官志》 印造鈔引庫大安二年兼抄紙坊。

使，從八品。副，正九品。判，正九品。掌監視印造勘覆諸路交鈔、鹽引，兼提控抄造鈔引紙。承安四年，罷四小庫，併罷庫判四員。至寧元年設二員。貞祐二年作從九品。

抄紙坊大安二年以印造鈔引庫兼。貞祐二年復置，仍設小都監二員。

使，從八品。貞祐二年同隨朝。

副使，正九品。

判，從九品。

交鈔庫物料場至寧元年置。

場官，舊正八品，後作正九品。掌收支交鈔物料。

隨處交鈔庫抄紙坊

使，從八品。貞祐二年，設於上京、西京、北京、東平、大名、益都、咸平、真定、河間、平陽、太原、京兆、平涼、廣寧等府，瑞、蔚、平、清、通、順、薊等州，貞祐三年罷之。

《金史》卷五六《百官志》 書畫局

直長一員，正八品，掌御用書畫紙札。

《元史》卷八五《百官志一・户部》 都提舉萬億廣源庫，掌香藥、紙劄諸物。

《元史》卷八五《百官志一・户部》 抄紙坊，提領一員，正八品；大使一員，從八品；副使二員，從九品。中統四年始置，用九品印，止設大使、副使各一員。至元二十七年，陞正八品，增置提領、副使各一員。

《元史》卷八五《百官志一・禮部》 白紙坊，秩從八品。掌造詔旨宣敕紙劄。大使一員，副使一員。至元九年始置。

《元史》卷一〇三《刑法志二》 諸白紙坊典守官，私受桑楮皮折價者，計贓以枉法論，除名不敘，仍追贓，收買本色還官。

《明太祖實録》卷一〇三洪武九年春正月丙寅 罷龍江抄紙局。

《明太祖實録》卷一一九洪武十一年秋七月 己亥，遣光禄寺少卿徐英以茶、紙、衣服往罕東市馬，得馬四百六十九匹。

《明太祖實録》卷二三四洪武二十七年八月 癸酉，詔有司免輸明年桑穰。先是，以造鈔歲買浙江【略】諸府桑穰爲鈔料，民間不免伐桑以供科索。至是，上以其不便於民，恐妨蠶作，故免之。

《明太宗實録》卷九一永樂七年閏四月丁卯 設北京寶鈔提舉司紙印鈔局，官制如南京。

《明仁宗實録》卷一上永樂二十二年八月丁巳 上登寶位，朝群臣，大赦天下，詔曰：【略】一、各處買辦諸色紵絲、紗羅、段匹、寶石等項及一應物料、顔料等，并蘇杭等處續造段疋，各處抄造紙札、磁器，采辦黎木板，造諸品海味、果子等項，悉皆停罷。其差去官員人等，即起程回京，不許指此爲由，科斂害民。

《明宣宗實録》卷一洪熙元年六月庚戌 遂頒詔，大赦天下，曰：【略】一、各處閘金銀、抄造紙札、坐買靛青，除已閘辦造完見收在官者差人送部外，其餘悉皆停罷，以蘇民力。原差官員人等，速即回還，如有托故稽延者，以違制論。

《明宣宗實録》卷四七宣德三年冬十月　乙未，巡撫蘇松等處大理寺卿胡槩奏，各部累差郎中、主事等官催督蘇、松及浙江諸郡造紙、買銅鐵等物。今年蘇、松及紹興等府水澇民飢，乞停買諸物，所差官員悉取回京。上命六部除軍需所用外，餘悉停止，所差官各令還京。

《明宣宗實録》卷五二宣德四年三月乙丑　有紙匠訴于行在通政司，云永樂中自南京取至，執役天財庫，去家遠，日給爲難。通政司官以聞。上諭尚書郭敦曰：「官府但知役之，而不知養之，豈政理哉。」凡工匠役内府者，悉月給食米三斗。

《明宣宗實録》卷一〇一宣德八年夏四月　戊戌，以南北直隸、河南、山東、山西旱，下詔寬恤，詔曰：【略】一、各處抄造及買辦一應紙劄，但宣德六年十二月以前拖欠未完者，悉皆蠲免。

《明英宗實録》卷一宣德十年春正月　壬午，上即皇帝位，頒詔大赦天下，詔曰：【略】一、各處買辦諸色紵絲、紗羅、段匹及一應物件，并續造段匹、抄造紙劄，鑄造銅錢，燒造饒器，煽煉銅鐵，采辦梨木板，及各處燒造器皿、買辦物料等件，悉皆停罷，其差去内外官員人等，即便回京，違者罪之。

《明英宗實録》卷一五正統元年三月乙亥　行在光禄寺卿郝郁等奏，醞賫酒需紙劄檾麻諸物，請令順天府買用。上以百姓艱難，事皆從簡，紙劄可取給於法司，餘物十取其七用之。

《明英宗實録》卷一九正統元年閏六月　癸酉，湖廣按察司奏署都指揮僉事陳震欲奪取故都指揮同知黄榮自營第宅，榮子武昌左衛指揮使貴不從，非法虐之。又擅占造紙局官房數十間，黑其紅門以居。上命巡按御史鞫之以聞。

《明英宗實録》卷一二一正統九年九月丙子　命各按察司、在京法司問囚納紙事例減半追紙，送布政司收貯支用，餘者冬終數解順天府。從江西按察司副使焦宏言也。

《明英宗實録》卷一四八正統十一年十二月丁酉　浙江右參政高峻奏：緣海巡檢司五十餘處皆備倭要地，然城多土築卑小，而民兵皆衣紙甲。乞勑有司甃甎城，造鐵甲，庶爲久利。從之。

《明英宗實録》卷一八五正統十四年十一月己丑　免順天、河間二府明年該納藥材、曆日紙劄。

《明英宗實録》卷一九二景泰元年五月乙巳　（户部）又奏寶鈔局造鈔近已停止，每年止造草紙七十餘萬，而用匠六百餘名，分爲二班，三日一代，歲支糧共三千六百餘石。今各人自願一年四季分番更代，除上工之日則支月糧，其餘截日住支，以備他用。俱從之。

《明英宗實録》卷二三一景泰四年秋七月甲子　禮部尚書胡濙，侍郎薩琦、姚夔暨吏部等衙門尚書王直、王翱、金濂、于謙、儀銘、俞士悦、石璞，侍郎俞山、項文曜、孟鑑、俞綱、李賢、王偉、周瑄、劉清、趙榮，左副都御史羅通、劉廣衡，大理寺卿蕭維禎，寺丞李茂聯名合奏：【略】一、欽天監成造進用曆日該用黄白榜紙、書籍紙，連年坐派順天府宛、大二縣鋪户買辦，并分派衢州開化出産去處抄造送用。所有拖欠，宜悉與停免。

《明英宗實録》卷三一一天順四年春正月　賜哈密忠順王母努温答失里轎、洗面盆各一，金箔二百貼，細茶三十斤，乳香、檀香、丁香、心紅各三斤，良薑、桂皮各五斤，桐油、胡椒、蓽茇、白礬各十斤，厚榜紙、中夾紙各二百張。從其請也。

《明英宗實録》卷三一七天順四年秋七月甲午　先是，遣中官阮棗造紙於湖廣。至是，三司府縣各奏民饑，乞停罷。工部奏請成造於無災及災輕州縣。上命皆罷之，召棗還京。

《明英宗實録》卷三五〇天順七年三月壬寅　詔曰：【略】一、各處抄造紙劄停止三年，已造完者照例解京，見造未完者亦造完解京。其差去内外官員人等，詔書到日即便回京，所有原用器具等項，所在有司收庫，不許毀棄。廠房令人看守。

《明憲宗實録》卷一天順八年正月乙亥　遂頒詔大赦天下，詔曰：【略】一、自天順七年十二月終以前，各處歲辦野味、皮翎、觔角、課鐵、生漆、翠毛、銅絲、鐵線、梔子、槐花、烏梅、藍靛、蒲草、席草、蘆柴、松香、榜紙、書籍等紙【略】等項，除成造軍器、供應器皿、漕運船料并預備賞賜皮張、羊毛外，其餘已徵在官者，仍令起解，未徵者，悉皆蠲免。

《明憲宗實録》卷三二成化二年秋七月　壬午，司禮監奏請遣官往浙江等處督造紙劄。給事中黄甄、監察御史趙敔等言：近年以來水旱相仍，人民饑困，遣官督造，恐重爲煩擾。上特命止之，惟勑所司督造而已。

《明憲宗實録》卷三九成化三年二月庚申　江西紙廠火焚夫房一百三十間。

巡按監察御史趙敔請治按察司委官僉事楊大榮約束不嚴之罪。都察院覆奏，謂大榮宜罪如律，仍察布政司委官，亦罪之。詔可。

《明憲宗實録》卷四六成化三年九月己丑　户科給事中彭序言，湖廣、江西水旱相仍，歲派諸色物料及抄造紙價、買辦閘辦諸物料請暫停止。事下工部議，宜令各布按司勘實災重郡縣暫止之，災輕處否。詔可。

《明憲宗實録》卷六二成化五年春正月丙子　（孫遇）陞江西布政使，時造紙廠甚爲民病，遇會計一年上供之數，徵價易紙，而免役夫厚斂疫死之患，又得餘銀三萬兩助供軍需。

《明憲宗實録》卷九三成化七年秋七月　己卯，湖廣按察司僉事尚褫言五事：【略】一、大統曆我國家正朔所繫，近在外兩司官視爲家藏之書，濫作私門之餽，紙費動以萬計，航運鉅如山積，無非藉以結權豪，求名譽，而圖陞薦也。士風之壞，此其一端。臣請勑禮部，條議爲令，今後務使紙數有常，印造有額，而私餽者有罰。疏入，上命所司知之。

《明憲宗實録》卷一五一成化十二年三月　甲寅，順天府府尹邢簡以災異修省，條陳本府事宜：【略】一、比例便民。内府各監局并各部光禄寺顔料、紙劄等件，歲以萬計，俱坐宛平、大興二縣并通州各項鋪户預先買納，然後估價領鈔。鋪户之貧者不免稱貸應用，比及關領，利歸富家，民受侵損。

《明憲宗實録》卷一六九成化十三年八月己亥　貴州按察司僉事周重令所部民造紙，民不聽，用火挺杖之至死。巡撫都御史宋欽以聞。都察院請下巡按御史逮治如律。從之。

《明憲宗實録》卷一七九成化十四年六月　丁巳，巡撫甘肅左僉都御史王朝遠奏上邊方事宜：【略】一、行都司舊設造紙房用以糊砲，歲科甘州等衛麻筋等物動以數萬，復以正軍充紙匠，數亦不少。臣見都司斷事及各衛鎮撫所問囚犯例納紙劄，及衛學生員批過倣紙，俱堪送本司作糊砲之用。或有不足，以本司贓銀支赴西安、鳳翔産紙之處買給亦可。臣今已行各衛停徵麻筋等物，其鈔紙正軍亦已退還本伍操備。宜革去紙房，以絶去科斂之弊。

《明憲宗實録》卷一八一成化十四年八月戊戌　禮部奉旨議上救災事宜，乞將北直隸、山東、江西成化十六年歲辦欽天監曆日紙、太醫院藥材、光禄寺牲口及折色銀俱酌量減免。從之。

《明憲宗實録》卷一九九成化十六年春正月庚戌　户部臣奏：【略】一、減征科以蘇民困。欽天監曆日紙計用二百餘萬，歲派山東、河南、山西三布政司并北直隸各府州縣。連歲荒歉，買辦甚艱。今天下問刑衙門每囚人納紙一分，又有投批倒文罰納者尚多，自後囚人免納連七等紙，止收綿紙。以十分爲率，量存二分，按察司一年五十萬，布政司理問所二十六萬，以代三布政司歲納欽天監曆日紙，免民間買納。福建、陝西、浙江等處問刑衙門去京遠者，囚人等紙亦存二分公用，其餘依都御史張瓚奏准事例，每民紙一分折收銀一錢，官紙折銀三錢，俱發缺糧州縣備用。【略】一、直隸州縣亦依此例行之。疏入，命絹仍舊制，餘並准議行。

《明孝宗實録》卷一五弘治元年六月　以兩浙饑，暫免供用綾紗、紙劄。從巡按御史暢亨奏也。

《明孝宗實録》卷二一弘治元年十二月癸巳　巡按浙江監察御史陳金以崇德縣大雷電暴雨之變，上疏請【略】暫免處州歲辦銀課及見造綾紗、紙劄之類，以甦民困。得旨：「所言事多已行，不必紛擾。」

《明孝宗實録》卷四八弘治四年二月庚午　内府寳鈔司言：本司歲造供用草紙七十二萬張，該部每年止撥輪班匠十二名，不足供役，請量增其數。工部覆奏：各處匠役其初爲一年或二年一班，後乃定爲四年一班，其中又有南部上工及造船、炒鐵、運筏、輿夫、修建王府之役，間亦有徵價免役者。以是當班之數日減於前，而内外監局并諸司應用之數皆前此酌量奏擬，已爲定例，不宜紛更。從之。

《明孝宗實録》卷五三弘治四年七月庚寅　巡撫湖廣副都御史謝綬陳五事：一、停紙劄以蘇民困。謂近奉旨造各色紙二百六十萬張，及轉運之費用銀七萬五千餘兩。雖解納以五次爲期，而非其所産，悉從各省買辦。切見湖廣每歲供應之數無慮七萬餘兩，各王府修造祭祀歲無休息，及海舡上料又不止萬兩，此皆出於常計之外。况灾傷流移，盜賊時發，而倉庫庫藏在在缺乏，宜各年未解之數暫且停免，庶民苦可蘇。

《明孝宗實録》卷五四弘治四年八月丁卯　命暫停廣東未解紙劄一百五十六萬張。以地方灾傷，巡撫都御史謝綬請也。

《明孝宗實録》卷一一七弘治九年九月壬子　工部尚書徐貫等言：「江西、湖廣抄造紙劄係内府供用之數，固不可缺，但湖廣累年蓋造王府未完，災傷未蘇，民困已極，未到紙劄尚一百五十六萬張，合用銀四萬五千餘兩，若復一併催督，恐小民重困，意外之虞，不可不慮。且江西紙劄已經起解，亦足以應目前之用。其湖廣未到者欲暫停止，待工完及年豐之日，責令完解。」得旨：「不必停止，仍陸續解納。」

《明孝宗實録》卷一六七弘治十三年十月 己酉，湖廣長沙衛經歷司劉巽解上供紙劄赴京，中途舟壞，紙漂没者十四萬八千餘張。工部言：「事本出於不測，以舟壞而紙漂没，請宥其罪。紙之漂没者，仍令所司補解。」從之。

《明孝宗實録》卷一七一弘治十四年二月癸巳 南京寶鈔提舉司鈔紙匠舊月支米五斗，後以裁省例住支，而應役如故，至是始復之。

《明孝宗實録》卷一九〇弘治十五年八月己酉 南京監察御史余敬等言七事：【略】二曰節國用。謂錦衣衛等衙門傳奉官無慮數千員，内府及南京各監濫收軍民人匠無慮數千人，歲支俸糧無慮數千萬石。又如南京寶鈔提舉司，既不印造，而鈔紙匠二百七十七名，歲支米千六百六十餘石。南京太醫院既不進方藥，而醫士一百五十二名，歲支米八百餘石。宜將傳奉官員盡行革罷，鈔紙匠悉宜遣當差，醫士等精通藝業者量留備用，内府監局人匠有不諳本藝及濫收者，亦皆裁革。

《明武宗實録》卷五〇正德四年五月庚申 太常寺卿吴昊卒。昊江西臨川縣人，由欽天監天文生累陞太常寺卿，仍掌監事。至是卒。其子奏乞祭葬，許之。昊居官盡職，每遇乾象示變，進直言，指切時政，覬有所感悟，縉紳皆重其爲人。印曆紙舊取之畿郡、山東，輸者苟且充數，多薄惡不可用，而民間歲如常。昊建請輸價，歲以祠部一人督本監收買，有餘價則留備來年，而陰損派取于民之數，公私皆便焉。

《明世宗實録》卷一四嘉靖元年五月丙午 停止浙江織造生綾八百餘疋。初，内監以缺紗綫、紙劄等用，奏下諸處買造，已相繼輸納，惟浙江未完。至是，巡按浙江御史何鉞以詔書蠲免，奏請停造。工部覆奏。從之。

《明世宗實録》卷一六嘉靖元年七月甲寅 詔御用監歲徵物料如弘治例。先是，工部議上弘治以前例，歲坐浙江金箔二千貼，河南水膠二千五百斤，黑鉛五百斤，山東椵木五百丈、檀木二十根，山西大甘鍋三千箇，廣東白圓藤五百斤，陝西明羊角二百角，羊毛五百斤，蘇州府白長節猫竹三百根，大名府細銅絲三百斤、礬紅土五百斤，河間府瀛沙三千斤、土硝四百斤，永平府灤州榜紙三千張、爐甘石萬斤，順天府青甘五百斤、水和炭三十萬斤，工部石灰五萬斤，易州山廠木柴炭各二十萬斤。視正德中十省八九。已而該監奏派復有花梨木、花楸木等物，係奉欽依裁省之數，部臣覆申前議釐革。上從之。

《明世宗實録》卷二五嘉靖二年四月丁丑 户部條上脩省事宜：【略】一言寶鈔局歲派草紙，最爲瑣屑，率以連七十餘萬，用五百餘金。宜令工部辦進，可省三之二。

《明世宗實録》卷一四五嘉靖十一年十二月 丁丑，命南京户部并寶鈔司廣惠、天財二庫鈔紙匠一百五十八名分爲二班，上班者食糧，下班者住支，有缺則以餘丁選補。

《明世宗實録》卷一六九嘉靖十三年十一月丁卯 停大興、宛平二縣歲辦崇文門宣課分司紙劄。從順天府臣議也。

《明神宗實録》卷四九萬曆四年四月乙丑 先是，御用監太監王幹等題請各色紙張，工部覆言該司每年額派料銀八萬兩，各處解未一半。用紙張遵照先年事例，以三分爲率，先行召買二分，共該銀一萬九千四百七十三兩零，比隆慶六年全辦價已相同。本部委官會同科道驗收應用，該庫仍將支放過數目每月終申報本部查考。不允。

《明神宗實録》卷五八萬曆五年正月丙辰 兵科左給事中林景暘等條上事宜：【略】一、勤教演以精武藝。短兵諸法，惟都督俞大猷獨得其傳，宜取教師勤習。而南方紙甲不能當矢彈，仍用鐵甲爲便。

《明神宗實録》卷七三萬曆六年三月 乙丑，户部覆南京户科給事中傅作舟奏，爲南京百官硃票硃封紛買貨物以致上、江二縣鋪行買辦賠累不少，臣今擬爲四款上請，俟命下之日，着各衙門施行。一、議革重紙以蘇衆行。大重紙鋪行原供孝陵支用包帛、國子監春秋二祭、兵仗局藥線數項，取用不多，價亦不少。後緣各衙門公用，以致賠累。攀殷實户幫貼，多至八百餘人，今盡行查革。有行者仍歸本行，無行者徑革不編。

《明神宗實録》卷一三八萬曆十一年六月 癸丑，命景府徵收蕪湖青布，太倉夏布，京店紙貨，江西油紙扇、檾、好麻，徽州茶葉、青靛。

《明熹宗實録》卷三泰昌元年十一月甲戌 工部覆司禮監太監盧受題催内供物料，言：「據該科抄參，查萬曆三十五年例，止題辦素紗五千疋，徽墨一萬斤，小白綿紙、大連七紙各一百萬張，白毛邊紙五十萬張，並無金箔、片腦、麝香之類。今各色紙張已如數辦進，該監復申前請，殊屬濫觴。應如科議，將本無者悉行删裁，應有者量行辦送。」得旨：「這未完物料係上供急需，難容議減。除片麝已經内庫闕用外，餘照原題數目作速辦進。」

《明熹宗實録》卷一四天啓元年九月癸丑 遼東巡撫王化貞揭稱，虎墩兔憨調兵四十萬助攻奴酋，先遣夷使伯言顧哈等報知，隨後齊到。廣寧兵力未集，慮或示弱，乞量調近鎮兵以助其鋒，查發盔甲、器械、車輛、馬匹以壯其勢，仍請帑金三十萬，貯爲賞功之需。兵部覆言：近鎮秋防正急，難以多調，廣寧舊兵及新募計十四萬一千三百有奇，總多不堪，亦可十中得五。工部前後解過紫花等甲八萬四千副，紙甲三千副，盔八萬頂，刀槍斧等器七萬八千六百有奇，弓矢銃砲火藥稱是。

《明熹宗實録》卷二〇天啓二年三月庚戌 工部將發過援遼軍需自萬曆四十六年起至天啓元年止總數，開具以聞：【略】綿紙甲一萬四千副，【略】連七紙三十萬張，京高紙三千刀，桑皮紙一千刀。

《明熹宗實録》卷三〇天啓三年正月 乙卯，順天巡撫岳和聲條安攘七事：【略】一曰備器物。武康貓竹，山陰箭竹，餘杭篔筦、毛舫竹，温州藤牌、藤盔，永康竹盔，昌化緜紙，松江布疋，淮安牯皮，嚴州、處州油漆、槍桿及射虎藥，皆軍前所急需。請動永平庫見貯視師銀六千兩，擇委廉幹職官往各處購買濟急。

《崇禎長編》卷六〇崇禎五年壬申六月己卯 湖廣巡撫魏光緒恭報新製諸葛弩并皮甲、紙甲以佐軍興之用。帝命各以數件呈覽。

《痛史》本《崇禎長編》卷一崇禎十六年十月 王德化請造鈔工役，帝言：「造鈔急需匠役，著該部責令五城上緊召募一千名，務選諳練鈔紙刷印者，炤數速解，以供造作。仍雇覓在京工人一千五百名，分派各作，隨匠演習。其應給養贍工價等項，著户、工二部酌議速奏。」

帝諭禮部：「向來考卷，原備造鈔之需。見今積存若干，並年充文移紙張俱搜括送司，以充造作。其在京在外各衙門，廢籍故紙，著該部一併搜取解司，不得違誤。」

吕毖《明宫史》卷一《宫殿規制》 皇城内自北安門裏街，東曰黄瓦東門，門之東街，南曰尚衣監街，北曰司設監。再東曰酒醋麪局，曰内織染局，曰皮房、紙房，曰針工局、巾帽局，曰火藥局，即兵仗局之軍器庫也。

吕毖《明宫史》卷二《寶鈔司》 掌印太監一員，管理、僉書十餘員，掌司、監工數十員。每年工部商人辦納稻草、石灰、木柴若干萬斤；又香油四十五斤，以爲膏車軸之用。抄造草紙，竪不足二尺，闊不足三尺，各用簾[抄]成一張，即以獨輪小車運赴平地[曬乾]，類總入庫，每歲進宫中備宫人使用。至于皇上所用草紙，則係内官監紙房抄造，淡黄色，綿軟細厚，裁方可三寸餘，進交(官)[管]浄近侍收，非此司造也。神廟至天啟，惟市買杭州好草紙用之。祖宗時造鈔印板及紅印，聞俱在庫中貯埋。其衙門，左臨河，後倚河。有泡稻草池。而每年池中濾出石灰草渣，二百餘年，陸續堆積，竟成一卧象之形，名曰「象山」。有作房七十二間，各具一竈，突朝天，名曰「七十二凶神」。凡空闊地土，最宜種蔬，今畦圃綿亘，桔槔相聞，如田家清野之象云。

吕毖《明宫史》卷二《乙字庫》 職掌奏本紙、欒榜紙、中夾等紙，及各省解到胖襖，以備各項奏准取討。

王禕《王忠文集》卷一一《甘泉寺佛殿記》 分水縣北二百步有山曰「玉華」。山之南有寺曰「甘泉」。【略】蓋分水地僻而賦薄，其人勤生而嗇施。大抵其土所産，不過茶、炭、紙、漆絲、枲之屬。

陳宏緒《寒夜録》卷下 國初，貢紙歲造于吾郡西山，董以中貴，即翠巖寺遺址以爲楮廠。其應聖宫西皮庫蓋舊以貯楮皮也。今改其署于信州，而廠與寺俱廢。

田汝成《西湖遊覽志》卷九《北山勝蹟》 近者曰鮑家田，吴越相鮑慶臣采地也。皇明宣德間置白紙局，就池造紙，淆濁久之。局廢，而泉復清矣。

王直《抑菴文後集》卷二〇《送劉知縣赴任序》 開建在廣東爲小邑，而隸於德慶州。【略】縣境多良田，富粳稌，而又多大山，産竹木。至於薪、炭、茶、紙之類，蓋往往而有。商賈之貿遷，取贏者相躡而往還。

王直《抑菴文後集》卷二〇《送陸太守序》 閩之郡八，而其半附山。附山之郡雖不若瀕海之利，然田既肥沃，而山之産亦饒。爲其民者，秫、稻、菽、麥、猪、鵞、鴨、雞、牛、馬、犬、羊之屬之畜於家，竹、木、茶、紙、金、鐵、桑、苧、果、蓏、鹿、兔、魚、鱉、梟、鴈之類之育於野。

王恕《王端毅奏議》卷一《申明律例奏狀》 一件囚人納紙事。照得法司見行事例，除真犯死罪，竊盗并逃軍、逃匠、逃囚不納紙劄外，其餘一應罪囚各納紙一分入官。竊詳立法初意，蓋謂逃軍、逃匠、逃囚多是窮苦小人，以此免其納紙。今照報効義勇民壯舍餘勇士力士人等，名雖與軍不同，其實與軍一般，操備、征進爲事一般，照例發遣。守哨法司因見前例不曾除豁，亦令納紙，未免破費盤纏，實是窮苦不堪。及有一家同居人口被人牽告，三兩口在官者有之，五七口者亦有之。發落之時，數亦不敷。若所産之地，在浙江則有衢州常山，江西則有廣信鉛山，二省府縣相去南都，水陸不下二千餘里。爲鋪户者，貲本既已不足，盤費復何所資？觀此，其不能辦納必矣。不能辦納而强之承認，豈惟徒累貧買，實恐有誤上供。【略】該户部題，奉欽依移咨南京户部：今後壹應該派物料，先儘甲字等庫見貯數内明白會支。若有不敷，每人各納紙一分，且民紙一分直銀三四錢，官吏紙一分直銀一兩，富貴者固不爲事，貧難者從何措辦？甚至傾財破産，鬻男賣女。若此窮苦，實可矜憐。如蒙准言，乞勅三法司計議，合無將今後問擬在逃報効義勇民壯舍餘勇士力士人等俱照逃軍事例，免其納紙。及一家同居人口有犯，不分人數多少，只令納紙一分，如此則窮苦小人不致失所矣。

王恕《王端毅奏議》卷四《參奏南京經紀私與番使織造違禁紵絲奏狀》　不期又於本年十一月初一日，有安南使人裴山到於上新河。有彼中人阮福因前成交，來與石聰用言説其使要織各樣段疋，可去成交。有璋又不合與同石聰到於使臣船上，承攬織金違禁紗羅段疋共三百餘疋，俱各將象牙作銀，交與機户吴斌等，寫立合同，依樣織造，待回交付。内有各樣紙劄，該銀三百六十七兩。

王恕《王端毅奏議》卷九《議給事中林廷玉陳言翊治奏狀》　查得成化二十二年九月，爲急缺綾紗、紙劄事，將御史劉俊調除福建邵武府光澤縣知縣訖。

邱濬《重編瓊臺藁》卷七《請訪求遺書奏弘治壬子五月十二》　自古藏書之所，非止一處。漢有東觀、蘭臺、鴻都等，【略】勅祭酒司業行取監生抄録，字不必工，惟取端楷。録畢，散各堂官校，合用刊字揩背刷印。匠作及紙筆之費，行合於衙門量爲撥辦。

陸容《菽園雜記》卷一二　浙之衢州，民以抄紙爲業，每歲官紙之供，公私糜費無算，而内府貴臣視之，初不以爲意也。聞天順間，有老内官自江西回，見内府以官紙糊壁，面之飲泣，蓋知其成之不易，而惜其暴殄之甚也。又聞之故老云：洪武年間，國子監生課簿倣書，按月送禮部。倣書發光禄寺包麵，課簿送法司背面起稿，惜費如此。永樂、宣德間，鰲山烟火之費，亦兼用故紙，後來則不復然矣。成化間，流星爆杖等作，一切取榜紙爲之，其費可勝計哉。世無内官如此人者，難與言此矣。

鄭紀《東園文集》卷四《奏革制外濫支官糧疏》　寶鈔提舉司紙鈔匠二百八十一名，每名月支米五斗。

倪岳《青谿漫稿》卷一四《會議》　一、量停造作。竊惟上之供用有缺，固不得不徵取於下；下之財力有限，亦不得不赴愬於上。蓋下有餘力則上無不足之患，而上或過取，則下有不勝之憂。此皆國用之所急，民情之所切者，皆不可不詳思而慎處之也。查得本部先於弘治十年十一月内該南京内官監揭帖一件，爲欽依起運急缺供用物件事。該太監李廣奏取生漆、桐油、肥皂各二十萬斤，銀硃各三萬斤，分派應天等府辦納。續行本部成造裝盛箱桶、瓦罈、雨罩共一萬九千八百箇隻，鐵鎖九千二百把，單榜紙三萬一千陸百張，黄蠟、白麵、桐油等項共一千六百餘斤。又於本月内准本監揭帖一件，欽依成造急缺供用物件事，亦該太監李廣奏取硃紅、漆戧【略】行本部成造裝盛箱桶、木匣、鎖鑰、黄氊、黄紅綿布、綿花套、桐油、木扛、雨罩等項共六千八百九十餘件，黄單榜、黄白中夾紙四萬八百五十張。

楊一清《關中奏議》卷一五《一爲地方情事》　俱民紙各一分，每分折穀八斗。

何孟春《何文簡疏議》卷八《陳革内官疏》　臨安府衛、景東衛取紙劄銀八十五兩。大理府衛、蒙化衛取奏表尺夾牌榜手本單紙共三萬七千四百張、墨一百二十錠、筆一百五十枝。

劉麟《清惠集》卷五《根究節年拖欠工料補還借過官銀疏》　揭查得：嘉靖元年十一月内，本部派行順天府辦解白榜等紙料，共銀六百四十二兩。

張永明《張莊僖文集》卷二《議處鋪行疏》　南京禮科署科事、南京刑科給事中臣張永明謹奏：爲議定鋪行，以蘇京城民困事。【略】試以一二行論之，如重紙鋪户，止應辦各衙門公用紙劄。衙門既多，取用無時，差重人少，已不能勝。自二十一史之書成，紙張數多，印刷甚衆，而乃加災於鋪户。又有以公用之餘給鋪户以追其價，久藏之故紙發鋪户以換其新，交納之時又不免有前項諸費，此重紙之所以困也。

孫懋《孫毅菴奏議》卷下《十分貧乏鋪行無力辦納重大紙張乞憐比例區處以便官民事》　據上元、江寧二縣重紙鋪户胡璉等連名告稱：身等俱於二十年前僉編重紙行頭。初役未累之先，蒙派上用大料紙一百三十萬張，因價浩繁，無力措辦。當有行頭賀瓊等告，蒙分豁准召客商李崇等均同辦納，蒙將食鹽、銅錢支給，有卷可查。自後，身等連年陪納消乏，猶未造册更代，困苦難言。每班雖有貼户數名，年久逃亡，僅存一二，各皆貧窘。近日又蒙行取前項紙張，原行南京工部轉行出産去處采買，今蒙仍拘身等各班辦納，若不預先告鳴，切思前紙價銀動經萬有餘兩，身等小民不過錙銖微本，亦在京畿貿易，素非産有地方，况前未累之先，尚難措辦，而今既累之後，豈能進納？晝夜驚惶。【略】身等負累日久，貲産既傾，脂血枯耗，縱加鞭撲比較，未免束手待斃，徒亡獄底，於事無益。如蒙准告，伏乞憐憫生靈危迫困苦之極，查照前項事例，給賜價銀，委官前去産有去處收買，庶使商賈各有樂從之心，官府亦無稽誤之累，公私兩全，實爲便益。爲此，冒罪連名上告。及單開貼户賀廷蘭等三十九名俱各消乏，慎廣明等四十四名俱已逃亡，見存止有陳佐等三十七名等情到府。卷查嘉靖十五年六月初二日，該南京工部劄付：爲供應紙劄事，内開合用大榜紙三十萬張，中夾紙五十萬張，奏本紙五十萬張，劄行本府，轉行上、江二縣著落。當該官吏查照先年事例，即便拘集該行鋪户到官，照依街市時直，從公估計，白榜紙每張該價鈔若干，中夾紙每張該價鈔若干，奏本紙每張該價鈔若干，務在兩平，不致虧官損民。仍將估過價鈔共計若干貫總數具由連人火速一併解部，以凴轉送内府南京司禮監關填勘合，赴南京天財庫關領鈔貫收買等因，已經帖仰上元、江寧二縣著落。當該官吏照依帖文内事理，即便查照先年事例，拘集該行鋪户到官，照依街市時直，從公估計收買去後。隨於本年十月初七日據本府經歷司案呈抄，蒙巡視九庫南京吏科等衙門給事中等官陳塏、南京浙江道監察御史申用休等案驗，爲估計事，據應天府上元、江寧二縣手本，開送委官主簿李奇章、典史藍璞，帶領各行鋪户前赴會同館，公同該府府尹孫懋逐一體比街市兩平，從公估計明白等因。計開一起爲供應紙劄事，合用白榜紙，每張價銀二分，共該銀六千兩；中夾紙，每百張價銀一錢二分，共該銀六百兩；奏本紙，每張價銀三厘，共該銀一千五百兩。三項通共該銀八千一百兩。臣等看得百金者，中人十家之産也。今計所直之價八千一百兩，實中人八十一家之産也。而况此等鋪户原無産業，止靠些須貲本輾轉貿易，規圖生計，則又非中人之比。及照南京原非産紙地方，雖有一二客商興販前來，多不如式，且敷酌量貴賤，移文齎價於産有地方收買送用，勿累解人。或量派上元、江寧貳縣買辦，隨即給價，務使官民兩便，經久可行，通行遵照外，今照重紙之價，加倍於絲綿，産有之地，遠在於江浙，貳項價銀均之取給於食鹽錢鈔。前此絲綿鋪户乞憐困苦，已蒙皇上明燭幽遐，恩施浩蕩，免其辦納，如獲更生。今茲重紙鋪行乞憐貧乏，情尤懇切，如蒙伏乞皇上壹視同仁，將臣等所言下之該部，咨行南京户、工貳部從長議處，仍照絲綿事例，量支食鹽銀兩，差官壹員，或帶本行鋪户壹貳名，齎文所産地方，着落該府官吏拘集抄紙人户到官，時估價直，當官交易，刻期完解，仍於該府守取明文，回部查考。如此，則上供之需既不致誤，而下民之瘼庶亦有瘳。我皇上天地覆載之恩、日月照臨之明已隆而益隆矣。南都人民幸甚！臣等幸甚！嘉靖十五年十一月初九日。

海瑞《備忘集》卷五 一、侵欺倉庫，律有明條。舉凡紙贖等項，無分上下，皆在庫錢糧也。本院非爲公爲民決不支用。其送過客、送鄉官，爲人做坊牌、具贐舉賀一切不舉。若道府州縣敢有紙贖等項用充人情，不行申報，本院知有律法，決不曰此俗弊也。

海瑞《備忘集》卷五 一、今日諸弊不能盡革，大槩在文移過繁。本院一時不能盡言，各官自行酌量，一以簡省爲主。凡事不必抄寫前案許多，緊急者畧節用之。府縣所自議，説話一句而盡者止用一句，二三句而盡者用二三句，當用片紙者用片紙，當用長紙者用長紙，止使事情不遺便是。

海瑞《備忘集》卷五《督撫條約》 一、各官參見手本，用價廉草紙。前後不著殼，後不留餘紙，別事具手本亦然。凡册用稍堅可耐久而價廉紙，不許如前用高價厚紙。申文紙亦然。册用白紙表褙爲殼，封筒用單紙，内先用一草紙，護封防弊，不用表褙紙。

潘季馴《潘司空奏疏》卷七《協濟站錢疏》 且今本省地方，連年水旱頻仍，閭閻困苦已極。邇奉勘合帶徵歷年拖欠，民窮財盡，刑比無措。近又奉文燒造瓷器，抄造白榜等紙，共該工料銀壹拾叁萬壹千陸百餘兩。庫藏空虚，小民又難加派，雖節奉部文行催，無從設處。

潘季馴《潘司空奏疏》卷七《協濟站錢疏》 况江省素稱貧瘠，加以水旱頻仍，近又增添燒造瓷器、抄造紙張，約該增銀壹拾叁萬餘兩。省貸無幾而加派又至，閭閻之苦，誠有不可言者。

姜准《岐海瑣談》卷一一 温州作蠲紙，潔白緊滑，大略類高麗紙。吴越錢氏時，供此紙蠲其賦，故名。《賓退録》云：温州貢鮫魚皮五張，紙五百張。其來久矣。傳聞我朝開局於建牙鄉瞿溪，差官監造。何東園出守，病其傷民，潛施計，變其水，制紙轉黑。以地氣改遷奏聞，奉旨勘實，方獲除免。《芸局秘書》云：制紙之料，蜀以麻，江浙以嫩竹，北土以桑皮，剡溪以藤，海人以苔，宋、亳間紙有織成界道，謂之「烏絲紙」。

王世貞《弇州四部稿》卷一〇八《糾劾貪縱有司官員疏》 張某之守鄧也，農民之納補與木鐸鄉老人之盡更寧止百也？而人責紙至十刀，少亦五刀，刀爲價銀五錢八。闕厢四鄉小集，斗秤行頭之盡，【略】而人責紙一刀，刀爲價銀三錢五分，此其求索之贓貪狀一也。

王世貞《弇山堂别集》卷九八《中官考九》（嘉靖元年七月）詔御用監歲徵物料如弘治例。先是，工部議上：弘治以前例坐浙江金箔二千貼，河南水膠二千五百斤，黑鉛五百斤，【略】永平府灤州榜紙三千張，爐甘石萬斤，【略】視正德十省八九。【略】上從之。

王世貞《弇山堂别集》卷九八《中官考九》（嘉靖元年）五月，停止浙江織造生綾八百餘疋。初，内監以缺乏綾紙劄等用，奏下諸處買造，已相繼輸納，惟浙江未完。至是，巡按浙江御史何鈛以詔書蠲免，奏請停進。工部覆奏，從之。

黄訓《名臣經濟録》卷一三程敏政《李賢行狀録》　公遂疏十事：一、清淹禁罪人；二、止銀場煎辦；三、停歲造紙劄。

徐宏祖《徐霞客遊記》卷一下《後遊閩日記》　其地東南有浮蓋山，跨浙、閩、【略】即浮蓋山北麓村也。分溪錯嶺，竹木清幽，里號金竹，云度木橋。由業紙者籬門入，取小級而登。初皆田畦高疊，漸漸直躋危崖。

徐宏祖《徐霞客遊記》卷九下《西南遊日記十六・雲南》　十二日，覺宗具騎，挈飡候何君，同爲清碧溪游。出寺，即南向行三里，過小紙房，又南過大紙房，其東即郡城之西門。

徐宏祖《徐霞客遊記》卷一一上《西南遊日記十九・雲南》　十三日，禹錫以他事不及往卧佛，予獨行。【略】北行平川中，爲紙房村間道，其循山直北者乃逾嶺，而西向清蒿壩，通乾海子者。予乃由間道二里，北過紙房村，又東一里出大道，始爲拱北門，直向卧佛寺者。

倪元璐《倪文貞奏疏》卷一一《請撤桑穰中官疏》　頃自浙江來者，俻述民間驚聞中使之至，凡紙户、傘鋪悉皆竄逃。其浙西有桑之家，鬨傳朝廷將以入春不俟蠶熟勒剗桑皮，衣食之源於此將絶，洶洶藉藉，十室九驚。凡此皆民間訛言，過計使者未然之事也。【略】南京禮部曆日紙，原自浙江解送，今乃改從南京買辦，然曆日紙張式樣與他紙不同，今之鋪户猶憑商人於浙江抄作也，每百張原價一錢，今減八分。夫一分固中價也，然自今冬買紙，明冬領價，該監有無名之徵，經年有出息之累，鋪户不重困乎？舉重紙，而其他物料可知也。

郎瑛《七修類稿》卷一七《刺紙》　予少年見公卿刺紙，不過今之白录紙二寸，間有一二蘇箋，可謂異矣，而書柬摺拍，亦不過一二寸耳。今之用紙非表白录羅紋箋，則大紅銷金紙，長有五尺，闊過五寸，更用一綿紙封袋遞送，上下通行，否則謂之不敬。嗚呼！一拜帖五字，而用紙當三釐之價，可謂暴殄天物，奢亦極矣。《資暇集》中以唐門狀競用善紙，嘆其巧諂，而謂禰正平生於今日如何？予以使李濟翁生於今日，不知又如何詆辯也！

計六奇《明季北略》卷一九《搗錢造鈔新史》　從來京師錢價，紋銀一兩，買錢六百，其貴賤只在零十與二十之間。自崇禎踐祚，與日俱遷。至十六年，賣至二千矣；夏秋間二千幾百矣。宣問賤之所由來，云：「私錢摻入過多。」乃于九門特點御史九員督理其事：街衢錢桌，有私錢一文，笞；二文，徒；三文，遣；四文外，斬矣。其價限定一兩六百，多一文亦斬。復設石臼鐵杵，一見私錢，不暇入爐鎔化，即刻搗碎，以絶其影。有挾入，搜獲必斬。小民貿易存剩，許送納御史臺，獎之。令至嚴也。臼設官坐以待，自朝至暮。半月來，小民無捨錢之俠腸，商販無觸網之奸棍，清對無聊，各西臺不得不出自己槖，買私錢以搗之。辰出午飯，必使班役持錢三四千，或五六千不等，日費兩許，將碎錢積于臼杵之間，爲人觀看。匝月餘，舉以報命，云：「私錢收完，錢價頒定。」塞責而已。而民間之錢價，下趨無抵也。凡賣錢諸處，對面現付，必如欽限，如一兩可買二千四百，其一千八百則于桌下私授，或少轉來取，以廠衛多人，曾有照常交市擒去梟首故也。于是決意行鈔，省中條議鈔有十便、十妙之説：一造之之費省，一行之之途廣，一齎之也輕，一藏之也簡，一無成色之好醜，一無稱兑之輕重，一革銀匠之奸偷，一杜盜賊之窺伺，一錢不用而用鈔，其銅可鑄軍器，一銀不用而用鈔，其銀可入内帑。上大喜，即刻造鈔，立發儀制司從來解入之硃卷，與宗師優劣科歲試卷，爲鈔質之資本，押工部收領，限日搭廠，撥官選匠計工。如有阻其事者，法同十罪。工部查二祖時典故，造鈔工料，紙六皮四。皮者，樺皮也，産于遼東。今有紙而無皮，無從下手。乃令工部召商，商人皆京師大俠棍，具疏願領銀百萬往遼買回。上又責之工部，工部又庫洗上告。時流賊渡河之信已確，已之。崇禎十六年十一月中事也。

《明史》卷七二《職官志一》　鈔紙局，大使、副使各一人。後革副使。

《明史》卷七九《食貨志三・倉庫》　正德中，令囚納紙者，以其八折米入倉。

《明史》卷一五九《熊概傳》　時屢遣部官至江南造紙、市銅鐵。概言水潦民饑，乞罷之。

《明史》卷一六八《江淵傳》　初，黄玹之奏易儲也，或疑淵主之。丘濬曰：

「此易辨也，廣西紙與京師紙異。」索奏視之，果廣西紙，其誣乃白。成化初，復官。

汪森《粵西叢載》卷三一林壽公《近民堂記》 紹定庚寅春，南武城曾侯來佐郡。明年，攝郡事，遏變於萌芽，拊俗於荒瘠，全以治理，天子聞而嘉之。又明年，就俾爲真命，下民歡躍。侯亦思稱上恩，除兩邑買紙，止灌陽，借以寬民力。

翁連溪《清内府刻書檔案史料彙編·康熙五十六年五月二十六日》 奴才李國屏謹奏，爲請旨事。今年四月十四日，大太監蘇牌勝交羅紋紙一萬四千張，傳旨：此紙用於印書。欽此。欽遵。查得御纂《性理精義》第十卷第十七頁内有講地理一節，既然尚未定稿，除將此暫不刷印外，他版均刊刻完竣。刷印此一套需羅紋紙六十張。再，宋版《四書》依模刻版亦將刻竣，刷印此一套需羅紋紙一百四十張。此二種書各刷印幾套，請聖上定奪，待奉旨後遵行，現得之版，欲先刷印之。爲此謹奏，請旨。硃批：兩種各刷印十套。

《清内務府活計檔·乾隆三十八年八月》 初十日，接得熱河寄來信帖，内開七月二十九日，將杭州織造寅，著做得雙頁梅花玉板箋紙五十張，單頁梅花玉板箋紙五十張，並將原交舊紙一千二百七十九張内，有黴漬破損及汗跡微點過重者十居六七，不敢逐行率辦，今另備新紙一張，仿樣做畫，準時照樣成做抵數，或仍用原紙染畫之處等因，交太監胡世傑呈覽。奉旨：現送到箋紙俱交懋勤殿權貯，不必另用新紙染畫，將舊揀選染畫得多少張，做多少張送來。欽此。於本月十三日交檔房海壽行文訖。

翁連溪《清内府刻書檔案史料彙編·乾隆四十年十月》 十三日，庫掌五德、福慶來説，太監胡世傑送到畫金龍黄箋四十張，隨樣燬造高麗紙四十張，並用舊宣紙做得仿藏經大紙樣二張，《永樂大典》舊紙燬造仿藏經紙二張，持進呈覽。奉旨：畫金龍箋紙四十張，燬造高麗紙四十張，交寧壽宫十張，交懋勤殿二十張，淳化軒十張，再向懋勤殿要舊宣紙五十張，交寅，著並先發去舊宣紙五十張，成做藏經大紙一百張，其仿藏經小紙俱著照樣成做送來。欽此。

翁連溪《清内府刻書檔案史料彙編·乾隆四十六年十月》 十四日，員外郎五德、催長大達色將杭州送到白紙邊燬抄得紙二百張，隨經管理造辦處事務大臣舒文查看得，現用此樣紙刷印銅板圖，因紙張大銅板小，周圍須得裁下紙邊，未免又用燬抄，今請將圖樣發去一張，令伊照依圖樣尺寸抄做，張數又可得等情交太監鄂勒里呈覽。三十日將杭州送到有斑點藏經紙五百張，仿明仁殿紙五十張，有斑點藏經紙二十張，係用高麗紙抄做，筒子側理紙五張，交太監鄂勒里呈覽。奉旨：將藏經紙五百張，仿明仁殿紙二十五張，用高麗紙抄做藏經紙十張，交懋勤殿，其餘藏經紙十張，仿明仁殿紙二十五張，筒子側理紙五張，俱交煙波致爽大櫃内收貯。欽此。

《清内務府活計檔·乾隆四十七年四月》 初三日，員外郎五德、催長大達色、金江、舒興將杭州送到有斑點藏經紙五百張，元筒側理紙五張，單片側理紙五張，白紙過抄做紙五百十張，持進交太監鄂魯里呈覽。奉旨：側理紙俱交寧壽宫，藏經紙交懋勤殿，寫經用其白紙邊抄做紙交銅板處刷印圖用。再傳與杭州織造將有斑點藏經紙再抄做一萬張，其顔色少爲黄淺些，得時陸續呈進。欽此。於本日隨將送到藏經紙等俱交各該處收訖。於四十七年十月十九日，將杭州送到小藏經紙五百張呈進交懋勤殿訖。

於十二月十五日，將杭州送到藏經紙五百張呈進交懋勤殿訖。於四十八年五月二十七日，將杭州送到藏經紙一千張呈進交懋勤殿訖。於十一月三十日將杭州送到有斑點藏經紙五百張呈進交懋勤殿訖。於五十年二月二十日將杭州送到有斑點藏經紙五百張呈進交懋勤殿訖。

《清内務府活計檔·乾隆四十九年十月》 初四日，庫掌大達色，催長舒興、金江來説，太監鄂魯里交《永樂大典》雙頁紙二千零五十三張，單頁紙三千三百九十七張。傳旨：交杭州織造盛住燬造藏經紙送來。欽此。於五十年二月二十四日，據杭州織造盛住來文爲奉發《永樂大典》雙頁紙二千零五十三張，單頁紙三千三百九十七張。奉旨：交杭州織造盛住燬抄藏經紙送來。欽此。欽遵。隨將奉發雙單頁紙遵查奉仿抄做，但此項藏經紙是否係大藏經紙，抑係小藏經紙，並是否須有斑點或無斑點之處備文咨呈貴處查明發樣指示，以備遵照辦送等因前來，當經本處查照來文内請示情節，回明管理造辦處大臣事務舒文，轉交懋勤殿總管吕進忠具奏。奉旨：著照有斑點小藏經紙抄做送來。欽此。

於五十一年正月二十九日，杭州送到有斑點小藏經紙五百張呈進，交懋勤殿訖。

於五十一年五月初八日，杭州送到有斑點小藏經紙五百張呈進，交懋勤殿訖。

於五十二年三月十三日，杭州送到有斑點小藏經紙五百張呈進，交懋勤殿訖。

於五十二年十二月初六日，杭州送到有斑點小藏經紙五百張呈進，交懋勤殿訖。

於五十三年四月二十一日，杭州送到有斑點藏經紙一千張呈進，交懋勤殿訖。

於五十四年四月二十三日，杭州送到有斑點藏經紙五百張呈進，交懋勤殿訖。

於五十四年十一月二十五日，杭州送到有斑點藏經紙五百張呈進，交懋勤殿訖。

於五十五年四月二十三日，杭州送到有斑點藏經紙五百張呈進，交懋勤殿訖。

於五十六年四月二十八日，杭州送到有斑點藏經紙五百張呈進，交懋勤殿訖。

二十二日庫掌大達色、催長舒興來説，太監鄂魯里交得勝圖册頁一分，隨紅木罩蓋匣裂縫。傳旨：將匣蓋面板安穿帶，裂縫處收什好，其册頁殼面上畫泥金花邊，金字籤子另换新的。欽此。 初五日催長金江來説，太監鄂魯里交御書千手千眼觀世音菩薩大悲心陀羅尼錦緞面經一册，如意館新裱。傳旨：配糊錦插套，外配紫檀木匣盛裝，先呈樣得時交上天竺寺供奉。欽此。

於初六日，將御書觀世音菩薩大悲心陀羅尼經一册，做錦插套，挑得內庫金黄地大花宋錦一塊持進，交太監鄂魯里呈覽，奉旨：准用。欽此。於九月二十二日，庫掌大連色、催長舒興將御書千手千眼大悲觀世音菩薩陀羅尼經一册，配得錦套雕紫檀木匣一件，交太監鄂魯里呈覽，奉旨：交懋勤殿刻籤子。欽此。

於九月二十九日，庫掌大連色，催長金江、舒興將御書千手千眼觀音陀羅尼經一册，配得錦套紫檀木罩蓋匣，懋勤殿刻得字持進交太監鄂魯里呈覽，奉旨：著交杭州織造盛住在京家人請至杭州上天竺寺供奉。欽此。

翁連溪《清內府刻書檔案史料彙編・乾隆五十五年十二月》 乾隆五十五年十二月二十日奉旨：臣阿桂、臣和珅、臣王杰、臣福長安、臣董誥、臣慶桂謹奏，爲奏銷領用紙張等項事。查先經户部於乾隆十二年四月奏銷各項用過紙張等項一摺。奉旨：知道了。嗣後奏銷紙張時，著該處將上年領過數目，詳細注明具奏。欽此。欽遵在案。臣等謹將乾隆五十五年正月起至十二月止辦理《南巡盛典》、《安南紀略》、《巴勒布紀略》領用過紙張、黄綾等項，並將乾隆五十四年領過數目一併詳細開列繕摺奏聞。謹奏。

計開

乾隆五十五年領過：

金線榜紙壹千張。舊存陸拾壹張，繕寫《南巡盛典》、《巴勒布紀略》、《安南紀略》各正本，及各書抽换篇頁共用四百零一張，現存陸百陸十張。

臺連紙一萬張。舊存八千柒百十五張，繕寫各書纂副本及包書行文造册零星使用壹萬二千一百八十一張，現存六千五百三十四張。

本紙一百張。舊存陸十五張，繕寫奏摺片及各項，無存。

五摺黄榜紙二百張。舊存一百九十六張，裝釘檔案、零星使用、包封書籍，並裝釘各書副本及發報包封等項，無存。

白榜紙壹百張。舊存肆百九十五張，裝釘檔案及裱稿、抄寫檔案，無存。

裱料紙一千張。裝釘各書皮面，無存。

舊存黄花綾四十五丈三尺五寸。裝釘《南巡盛典》、《安南紀略》、《巴勒布紀略》玖拾肆本，及各書抽换皮面裱糊匣子貳個，共用拾肆丈壹尺貳寸，現存三拾壹丈貳尺三寸。

舊存黄絲線拾兩。裝釘正本刻本等書共用貳兩，現存捌兩。

舊存紅花水貳拾伍斤。刷印各書正副本、殿本書篇，無存。

舊存素黄箋貳拾玖張。現存。

舊存石青杭絹伍丈貳尺。現存。

烤炭貳千肆百斤。

乾隆五十四年領過：

五摺黄榜紙柒百張，

奏本紙三百張，

臺連紙三萬張，

裱料紙壹千張，

金線榜紙貳千張，

黄花綾肆拾捌丈，

雙料紅花水壹百斤，

黄絲線壹斤，

白榜紙壹千張，
烤炭貳千肆百斤。

翁連溪《清内府刻書檔案史料彙編・乾隆五十五年十二月二十九日》 臣阿桂等謹奏，爲奏銷紙張事。

查乾隆五十四年分軍機處支領户部紙張，又清漢檔房領用紙張，循例報銷，理合一並開單奏聞。謹奏。

計開

軍機處五十五年分領用紙張：

本紙五千張。繕寫奏摺及抄録各處奏摺、行文等項用，實銷無存。

白榜紙一千張。抄寫檔案、包封事件用，實銷無存。

黄榜紙一百張。釘輯檔案、包封案件用，實銷無存。

高麗紙一百張。包封月摺及印封用，實銷無存。

臺連紙七千張。翻清譯漢並寫底稿用，實銷無存。

計開

清漢檔房五十四年繕寫清漢檔用存紙張：

白榜紙三千零二十張，
黄榜紙三百九十張，
臺連紙五千一百九十張，
毛邊紙三十二張，
高麗紙八十七張。

五十五年十二月領過紙張：

白榜紙五千張，
黄榜紙一千張，
臺連紙五千張，
高麗紙二百張。

今將五十五年正月起至十二月止報銷實用實存數目

白榜紙抄寫月摺、清漢檔共用一千七百七十張，實存六千二百五十張。

臺連紙訂檔墊書、抄寫月摺、譯漢《巴勒布》書共用三千零五十張，實存七千一百四十張。

黄榜紙包封每月摺檔、裱皮面共用二百六十張，實存一千一百三十張。

高麗紙裱皮面、換月摺檔包共用八十九張，實存一百九十八張。

毛邊紙裁摺片，實用無存。

翁連溪《清内府刻書檔案史料彙編・乾隆　年　月　日》 等謹奏：爲奏銷紙張事。

查乾隆五十六年分軍機處支領過户部紙張，又清漢檔房領用紙張循例報銷，理合一併開單奏聞。謹奏。

計開

軍機處五十六年分領用紙張：

本紙五千張。繕寫奏摺及抄録各處奏摺行文等項用。實銷無存。

白榜紙一千張。抄寫檔案包封事件用，實銷無存。黄榜紙一百張。釘輯檔案、包封案件用，實銷無存。高麗紙一百張。包封月摺及印封用，實銷無存。臺連紙七千張。翻清譯漢並寫底稿用，實銷無存。

計開

清漢檔房五十五年繕寫清漢檔用存紙張：

白榜紙六千二百五十張，臺連紙七千一百四十張，黄榜紙一千一百三十張，高麗紙一百九十八張。

今將五十六年正月起至十二月止報銷實用實存數目

白榜紙，抄寫月摺、清漢檔共用四千三十一張，實存二千二百十九張。

臺連紙，訂檔墊書、抄寫月摺、譯漢《巴勒布》書共用五千四百二十五張，實存一千七百十五張。

翁連溪《清内府刻書檔案史料彙編・乾隆　年　月　日》 臣阿等謹奏：爲奏銷領用紙張等項事。查先經户部於乾隆十二年四月奏銷各項用過紙張等項一摺，奉旨：知道了。嗣後奏銷紙張時，著該處將上年領過數目詳細注明具奏。欽此。欽遵在案。臣等謹將乾隆五十六年正月起至十二月辦理《南巡盛典》、《安南紀略》、《巴勒布紀略》領用過紙張，黄綾等項，並將乾隆五十五年領過數目一併詳細開列繕摺奏聞。謹奏。

計開

乾隆五十六年領過：

金線榜紙三百張。舊存六百六十張，繕寫《南巡盛典》、《巴勒布紀略》、《安南紀略》各正本及抽换篇頁，共用五百二十張，現存四百四十張。

臺連紙八千張。舊存六千五百三十四張，繕寫各書纂副本及包書行文造册零星使用一萬四千一百三十張，存四百零四張。

本紙二百張。繕寫奏片摺及各項，現在無存。

五摺黄榜二百張。裝訂檔案、零星使用、包封書籍並裝釘各書副本及發報包封等項，無存。

白榜紙二百張。裝釘檔案及裱稿、抄寫檔案，現在無存。

裱料紙一千五百張。裝釘各書皮面共用一千二百張，現存三百張。

紅花水五十斤。刷印各正、副本、殿本共用三十五斤十兩，現存十四斤六兩。

舊存黄花綾三十一丈二尺三寸，裝釘《巴勒布》及重辦《南巡盛典》九十六本書套十個，匣子二個，共用十六丈六尺九寸，現存十四丈五尺四寸。

舊存黄絲線八兩，裝釘正本各書共用二兩，現存六兩。

舊存黄素箋二十九張，現存。

黄榜紙，包封每月換月摺檔包共用二百八十五張，實存八百四十五張。

高麗紙，裱皮面、換月摺檔包共用七十四張，實存一百二十四張。

舊存石青絹五丈二尺，現存。

烤炭二千四百斤。

乾隆五十五年領過：

金線榜一千張，臺連紙一萬張，本紙一百張，五摺黄榜二百張，白榜紙一百張，裱料一千張，烤炭二千四百斤。

翁連溪《清内府刻書檔案史料彙編・光緒十九年七月二十八日》 欽差大臣、辦理通商事務、兵部尚書、直隸總督部堂臣李鴻章，爲咨覆事。

七月初九日准貴館咨開，照得本館奉旨纂輯《平定陝甘回匪》、《雲南回匪方略》並《貴州苗匪紀略》現在將次告竣，亟應刷印。查同治十二年刷印《剿平粵捻方略》需用粉連、毛太兩項紙張，係奏明由貴督在津、滬等處采買解京應用。此次所需紙張，查照成案，擬仍由貴督采辦運解，爲此先行咨商，即希速爲咨覆，以便具奏，幸毋少遲可也。等因到本閣爵大臣。准此查同治十二年貴館所需紙張，經總理衙門函屬代購粉連紙七千九百五十刀，毛太紙一萬五千四百五十刀，均經飭委軍械所、銀錢所在津、滬購買運寄。兹准前因，應由軍械局張道行營銀錢所李道查照上届所購紙色、尺寸、數目，仍在津、滬迅速照數購買，呈由本閣爵大臣派員運京，所需價銀仍由張海關營道先行會商籌墊。右咨軍機處方略館。

《清代鈔檔：順治十年八月十六日户部尚書車克等題》 看得奉派綾紗紙張并三色榜紙，皆屬上用之需，既例應江省分造，敢不欽遵辦解。但時際凋殘，兵寇交訌，較之承平，有不可同日而論者。【略】在昔未經荒亂，槽多人衆，尚難抄造，不能完解。迨及今日，地方屢遭兵燹，人民大半逃亡，即存一二孑遺，亦皆僅有皮骨，兼之物力維難，百倍于昔。其槽房廠局，久已悉成荒蓁，即地方官嚴行督責，一苦無人，再苦無力，欲其如數全完，依期起解，恐亦萬不能之事也。案查抄造紙張，十三郡之中，惟廣信一府，向日極力搜捉，僅獲槽匠八名，責令領價抄造。【略】據該府知府朱治泰申稱：廣土雕殘，地荒民亡，造紙處所，悉屬盜踞，槽毁匠絶，不能起抄，且屢申屢飭，方據報到四縣槽首四人，散匠四人，皆非經練熟嫻者。但事切欽件，敢不欽遵。隨經通詳批允，暫借庫銀，先發三千兩；又據該府詳，動各縣解到款銀二千四十二兩，給發各槽抄造。

《清代刑部鈔檔：乾隆三十五年九月十九日鍾音題》 據崇安縣知縣徐之寬詳稱：乾隆三十四年十一月三十日據席漢狀告前事。【略】席漢來看明控告的訊。據吴貴玉供：小的今年四十二歲，是江西南豐縣人，來到轄下白沙地方開廠做紙，有多年了。小的廠内雇有工人虞五開，每月工銀五錢，并未立有文卷，議有年限。

《清代刑部鈔檔：乾隆四十八年秋審》 陳黑因喻梅家雇伊破竹造紙，每日議給工錢二十五文。喻梅請陳黑飲酒開工，陳黑查知各篷破竹每工均系錢三十文，當即辭工不做。

鄭之僑《（乾隆）鉛山縣志》卷之一 附録示禁：欽差巡按江西監察御史許，爲巡狩事，按臨廣信。順治十五年六月十八日准到鉛山縣十二都里地，槽户鄭以仁等俱稟詞稱：槽工人等擁衆歇槽，酗酒賭博，鬥狠傷命，盜竊貨物，敗露免脱，禍累槽户，老死病亡，移屍圖賴等情。蒙院憲發刑館，給示嚴禁，勒石申飭，毋許槽工恃衆禍亂地方。攤場賭博，盜竊貨物，借死作賴，種種不法，肆行無忌，嗣後務遵示禁，不許仍蹈前轍。如有故違，許該地方槽户指名赴轅呈稟，以憑嚴拿，律究重懲，斷不姑恕。爲此勒石嚴禁。

《清代刑部鈔檔：嘉慶十二年十月七日巡撫浙江等處地方清安泰題》 華更隴雇許文啓幫做紙廠短工，平等相稱，議定每月工錢九百文。

《清代刑部鈔檔：嘉慶二十年十一月十日管理刑部事務董誥等題》 任克

淩雇楊思魁幫工做紙，每月工錢一千二百文，同坐共食，并没主僕名分。

黃榜元《〔光緒〕興寧縣志》卷一五《禁科索抄紙碑》 據興寧六七都民人胡天錫、陳君泰、裴三台等連名詞稱：蟻等抄紙小業，借此營生，今日州差州書，明日縣吏縣牌，索詐爲害，苦累難堪等情。【略】據詳胡天錫之口供，而不明指其人，無非欲杜後日之累，明屬畏忌，飲忍而不敢言，法應窮究，但念事在從前，姑免批駁，合行出示嚴禁。爲此，示仰興寧縣六七都地方抄紙居民知悉，示後各安本業，盡力謀生。倘有州縣差役，仍蹈不法，承票下鄉，或指稱行查，或借端打網索詐爲害者，許指名赴道首告，以憑拿究。

黃叔璥《臺海使槎録》卷二《商販》 海船多漳泉商賈，貿易於漳州，則載絲線、漳沙、翦絨、紙料、煙、布、草席、甎瓦、小杉料、鼎鐺、雨傘、柑柚、青果、橘餅、柿餅；泉州則載磁器、紙張；興化則載杉板、甎瓦；福州則載大小杉料、乾筍、香菰；建甯則載茶。回時載米、麥、菽豆、黑白糖餳、番薯、鹿肉，售於厦門。諸海口或載糖、靛、魚翅至上海，小艇撥運姑蘇行市，船回則載布匹、紗緞、枲緜、凉煖帽子、牛油、金腿、包酒、惠泉酒；至浙江，則載綾羅、緜綢、縐紗、湖帕、絨線；甯波則載緜花、草席；至山東，販賣粗細盌碟、杉枋、糖、紙、胡椒、蘇木，回日則載白蠟、紫草、藥材、繭綢、麥、豆、鹽、肉、紅棗、核桃、柿餅；關東販賣烏茶、黃茶、綢緞、布匹、盌、紙、糖、麵、胡椒、蘇木，回日則載藥材、瓜子、松子、榛子、海參、銀魚、蟶乾。海壖彈丸，商旅輻輳，器物流通，實有資於内地。

李漁《資治新書二集》卷一周亮工《綾紗紙帳事》 看得綾紗紙帳，奉旨坐派江、浙、閩、湖四省，事關尚方供用，辦解寧敢後時？但閩僻處海濱，年來山海未靖，剿撫之羽書交馳，有司措餉之心血已竭，凋殘之景，真有繪圖難盡者。造紙必先取料，閩中產料山場，江西、浙江三省聯界。自山妖蠢動，依險負嵎，毋論一草一木不能留存，即嶺峰峻頂皆削爲平陂，踞爲巢窟，尚顧惜產紙之竹木乎？此閩抄造先苦乏料者一也。製造必資廠場，始可居肆成事。閩地自昔無上用紙廠。前有抄造者，亦必遠取諸江西、浙江三省交界之地。地既相隔，追呼未便，以致解部愆期，違式駁回，即官匠抵法，究竟無補於用。今浦城所連江浙一帶地面，爲山寇盤踞日久，行旅斷絶，見今三省會剿即在造紙之地。該地人民携竄流離，廠地盡成丘墟。此閩抄造實苦乏地者二也。造紙首重匠役，如式樣高下，紙料厚薄，須世傳作手方可勝官槽之任，堪備宫闕之需。設以新募初進之役濫充名數，官選入手，造不如法，即責在承委之官匠，而錢糧已不可問矣。日經查慣造之祖匠，通屬上游之編氓，當此兵荒頻仍，半屬逃亡，半屬賊脅，廬室桑麻已付灰餘，遍覓祖役，杳無形影。此閩抄造又苦乏人者三也。有此三苦，是以抄造久廢，解進無期。自八年奉文，至今兩載，承委之官仰屋無策，躭延歲月，徒煩部催。職自閏六月十二日履任，清理積案，心凛上供之難緩，目擊閩地之凋殘，鰓鰓縈慮，至廢寢興。適閱邸報，見湖廣按察司僉事王錫隆備陳楚省困苦，紙張采買維艱。移咨江、浙二省，俱回咨稱：「人民四散，無從備辦。」現經工部疏復，奉聖旨：「湖廣綾紗紙帳，暫行停止，俟年豐民安時，請旨定奪。欽此。」仰見皇恩浩蕩，楚民更生。今閩省之苦，殆有甚於楚中者。上游山寇載道，加以五月不雨，赤地千里，菑獲失望，饑荒是虞。下游地皆濱海，年來軍興孔棘，丁壯斃於鋒鏑，老弱困於轉輸，正供催科不給，再益以造紙之差，勢必覓料覓地覓人，百姓萬不堪命。前歲伏奉恩詔，抄造紙張福建減免三分，業荷聖慈坐照萬里之外。而民力已竭，敲骨難應，職承乏兹土，目擊慘傷，故敢冒昧援楚省已行之例，俯爲閩民請命。伏乞亟賜咨題，暫准停止，以俟年豐民安之日，請旨定奪。倘得邀俞允，庶幾天末窮民，普沾無疆之褆福矣。

于成龍《于清端政書》卷一《再陳粤西事宜》 一、雜派之不可包於官，由單之亟宜發於民也。夫雜派之禁，奉旨嚴飭，不啻再四，然亦有確不可少者。每歲之中，造由單紙張工墨，有派在縣造，實徵紙張工墨。【略】是皆一定之例，萬不能除。

于成龍《于清端政書》卷七《興利除弊條約》 一、禁止私派。小民終歲勤苦，竭胼胝之力，難完輸將之供，而不肖州縣，往往巧立名色，借端私派。如條銀則有傾銷解費之派，漕糧則有修厫監兑之派，由單編審則有刊刻紙張之派，種種名色，弊難枚舉。

嚴如熤《三省邊防備覽》卷五 山内聚人最多，不可紀記。在陝爲木紙各廠，在川爲鹽井匠作。私販咸壯健人夫，自食其力。廠中非遇山内清風，糧貴停工，則人夫不致散而滋事；井中匠作歲歉不歇業，鹽販非改配引商，與之争口岸，立卡攔截，亦不至生事。

葉夢珠《閲世編》卷七 竹紙如荆川太史連、古筐將樂紙，予幼時七十五張一刀，價銀不過二分，後漸增長。至崇禎之季、順治之初，每刀止七十張，價銀一錢五分。馴至康熙丁未，每刀不過一分八釐。自甲寅春，閩中兵變，價復驟長，每刀又至一錢四五分，往往以浙中所產醜惡者充賣。至十五年丙辰九月，耿藩歸正，而後紙價漸平。今每刀七十張，價銀三分五釐，庶幾去舊不遠。至康熙二十六年，每刀不過紋銀二分，竟復古矣。

葉夢珠《閲世編》卷八《交際》　昔年平等慶賀往來，單紅全柬，非新親不用；單紅單帖，非京官不用。猶憶吾鄉一孝廉，北闈中式，下第而歸，用單紅單帖拜客，人譏其僭。此在崇禎末猶然。時尋常單帖，止用五印花紙，其後用松城五雲軒、精一軒所造拱花着色白單帖，則華麗極矣。其全紅古折，通用砂紅紙，不以爲陋也。今單柬全紅古折，俱用雙紅；單紅或用京式衢紅。其先各色花單帖及花紅全折，市中幾不屑賣矣。

張之洞《張之洞全集》卷五《請折解綢絹紙張片光緒八年六月十二日》　再，晋省常年例解大小潞綢八十匹，生素絹一千二百匹，毛頭紙一百萬張，呈文紙四萬張，上項諸色，爲物甚菲，而累及官民甚重，所役馱載甚多。【略】紙户向以承應官差，爲行頭，胥吏所擾，而蒲州紙户流亡失業，尤爲困苦，屢次呈訴求免。綜計綢浮於例價五倍，絹、紙浮於例價十倍。又各項價脚不敷，攤之通省，一縣不齊，則全批停運。臣到任後，多方督催，甫於四月内各解一批，綢解至光緒四年止，絹、紙解至光緒元年止。此就解多者言之。其餘各府積欠，尚在十年以上。查晋省土性疆檗，産絲粗繈，水色沈暗，湅染無方，織爲衣料，不惟非江、浙、四川綢緞之比，亦遠不如南陽、鄖陽之繭緞，僅與雲南所産相等，并無足貴。若生素農桑等絹，質地尤爲疏薄，略如京師羅底稀紗。至毛頭、呈文等紙，理粗色黯，即京師市肆通行之皮紙，而潔白遜之。【略】按綢、絹、紙張，皆以江南所産爲勝。近年華商輪舶，暢行江海，絲貨、紙貨，充牣津沽，達於輦下。由其轉輸輕利，故物美而價廉，都市之中，何求不得？即如毛頭紙一百萬張，呈文紙四萬張，合計包裹繩索，箱篋氈席，解役行李，共重三四萬斤。晋地山路艱難，任載有限。用大車五十餘輛，用驢騾則須三四百頭。再加以他項綢絹，勞民重役，抑又可知。全省之中，騷然煩費，而運致此粗重之物，此固因時制宜之道，所當斟酌者也。合無仰懇天恩，俯念晋省積累，物微運艱，量予變通，可否將此項綢、絹、紙張抵支例價、例脚解部。此外，再由晋省籌款按照例價、例脚現行扣減實銀之數，津貼銀二千七百一十四零一分三厘，并舊章部飯，一并附京餉之便，搭解户、工兩部，就近采買應用。如此一轉移間，内府曹司，不缺需用，不煩催迫，而晋省承辦之民户，攤捐之州縣，委解之佐雜微員，均免賠累之苦，共戴皇仁，實無涯涘。伏查【略】毛頭紙一項，乾隆三十九年，户部奏准停辦，折價解部。至乾隆五十一年，始又飭解本色。呈文紙一項，元額一萬張，乾隆三十四年增至今數。嘉慶五年，户部奏准停解。嘉慶八年復舊。咸豐三年，户部奏准停辦，折價解部，以節帑項。至咸豐六年，始又飭解本色。又如晋省原有辦解高錫、黄蠟之例，於乾隆、道光年間，先後停止。此皆先朝舊典，屢有變通，可見核減有曾沛之恩綸，而折解有可稽之故事。聖人時中，所謂化而裁之，與民宜之者矣。

張之洞《張之洞全集》卷七《奏議七・年例物料請分别免解折光緒九年十一月十七日》　竊惟晋省額解之物，其大端有五：曰鐵，曰綢，曰絹，曰紙，曰磺。每年例解平鐵一批，共八萬四百九十八斤，好鐵四批，共二十萬斤。大潞綢一批，共三十匹，小潞綢一批，共五十匹。農桑絹一批，共三百匹。生素絹四批，共一千二百匹，遇閏加四十匹。呈文紙一批，共四萬張。毛頭紙一批，共一百萬張。硫磺一批，共十萬斤。各項物價運脚，例皆動支地丁。然價脚之不敷者數倍，例款有限，各官攤捐，攤捐不敷，行户幫貼。騷然繁費，官民苦之。臣於上年六月具疏，瀝陳晋省苦累情形，請免攤捐，并請將平好鐵一項，議給津貼，均蒙恩旨允准在案。至綢、絹、紙三項，前請折價解部，經户部、工部、内務府議覆，仍令照舊造辦，并准工部叠次催解硫磺前來。查以上各宗物料，在物産豐盈之時，價廉工省，尚以勞費無度，以致累年均有積欠。大祲以後，官吏工商，無不大困，欠解愈多。自臣抵晋，極力經營，籌專款，設專局，選擇廉干之員，釐剔弊端，盡除冗費，甘爲怨府，力任其難。計自上年正月至本年十一月，共籌解平鐵二批、好鐵十六批、大潞綢二批、小潞綢二批、農桑絹二批、生素絹八批、呈文紙二批、毛頭紙三批、硫磺三批。除臣任内兩年所解，已足兩年之數外，并爲補解鐵、磺、紙十批。論晋省之物力，實已竭盡無餘。然通計從前積欠，截至光緒九年，除户部議免光緒三四五等年平好鐵十五批外，尚有未解平鐵一批、好鐵四十四批、大潞綢四批、小潞綢四批、農桑絹十一批、生素絹三十二批、呈文紙六批、毛頭紙十三批、硫磺三批。就此欠數，合而計之，例價例脚之應動地丁者，共需銀一十萬六千六百餘兩，幫價幫脚之應出攤捐者，共需銀三十萬七千六百餘兩。若必一一補解，不惟攤捐已裁，幫費無從取辦，即例應正動地丁之款，爲數亦逾十萬，庫儲未免大傷。伏思以上數端，但使年額無虧，自可不闕於用。【略】擬自光緒十年爲始，每年辦解本年大小潞綢、硫磺各一批，并搭解舊欠各一批，至鐵、絹、紙三項，質既重滯，數更浩繁。質重則轉運艱，數繁則工費大。正款既巨，攤幫尤多。今方仰沐聖慈掃除積弊，官民交慶，喘息稍舒。若此三項亦責以新陳并辦，舊攤既不能追收，新攤又不便科派，如此巨款，籌措何從？且歷來部檄敦趣，責舊則移新，責新則遺舊，以致貽此巨累，牽搭拖延，永無廓清之日。此等辦法，原可掩飾一時，但事理既有所不可，微臣愚拙之性，亦有所不爲，不得不瀝誠呼吁，量請裁免。合無仰懇天恩，俯念晉省凋敝之區，公私交困，准將同治三年分起，至光緒八年分止，欠解各批平鐵、好鐵、農桑絹、生素絹、呈文紙、毛頭紙，概予免解。俾臣得以專力，於額運年清年款，斷不至再有所虧。

董醇《度隴記》 是日登程以來，左沿華麓，右望平原，過此，右有村莊，華岳頂多積雪，麓攢叢樹。昨登閣正看，今沿途側看矣。五里羅紋橋，橋下水因勢浚渠堰，東西各流，西流按日分水溉田，北下入渭。橋南村居千家，搗山楮作小山紙。

《通商各關華洋貿易總册》下卷《光緒二十一年九江口華洋貿易情形論略》 是日粗細紙張較去年少一萬八千餘擔，若較之往年，則相懸實甚。推究其故，因北省軍務不靖，紙商各懷戒心，不敢將貨物運往，以致江西素來產紙有名之區，多有作槽因此輟業者。

王茂蔭《王侍郎奏議》卷一〇《附陳陝西軍情片》 南山各處，木厢鐵廠紙廠炭洞工作，計不下數萬人。

朱壽朋《東華續録（光緒朝）》卷一九三 華山多竹，而簾簟、筐籃、蜀箋、宣紙之屬可造也。又若棉紗織帶，封羊爲裘，牛革打箱，猪鬣制巾，因地取材，因材制器，因器執工，因工謀利，使物物皆盡其用，而地無棄物，人人自食其力，而國無游民，此固設廠之通義，而尤大有益於秦民者也。現已於川招紙匠，於隴雇毯師，於閩覓漆工，分類傳習，諸端并舉，其始務在收斂，未敢鋪張，僅就行宮左側之養馬場搭棚葺宇，小試其端。近則制作稍精，衆情踴躍，不日工師紛至，門類增多，非別購廠基，展寬局勢，不能安機器而來百工。現於西門外得地一區，由藩司力任其難，籌款興築，一俟廠屋落成，機器運到，工師齊集，即添募學徒，日省月試，局則由小而大，器則由粗而精，藝則由淺易而漸造乎深且難，迨至難者深者精者皆能爲之，而秦民無患不智，亦不患其貧矣。

劉錦藻《清朝續文獻通考》卷二二一《兵考二十》 （光緒）三十三年，新疆巡撫聯魁奏：「新疆北路上年安設卡倫，查禁逃哈。東自鎮西廳屬之紙房起，西至精河廳屬之忙葛布魯，山程約三千餘里。地方遼闊，路徑紛歧，原設卡倫十七座，兵力太單，於事無益，設卡以後，逃哈仍不免竄入。若不變通裁改，糜費甚鉅。」

劉錦藻《清朝續文獻通考》卷三一〇《輿地考六·山西省》 陽曲有清泉數處，挾急流之勢。居民藉其水力鼓盪機器以造紙者凡數千户云。

劉錦藻《清朝續文獻通考》卷三一三《輿地考九·安徽省》 甯國府，在省治東四百三十里，【略】其所産宣紙，今古馳名，甲於海内。

霍山縣南楮皮嶺，俗能造紙。

劉錦藻《清朝續文獻通考》卷三一五《輿地考十一·福建省》 汀州府在省治西九百七十五里，【略】西鄉所製毛邊紙，合於印刷之需。

劉錦藻《清朝續文獻通考》卷三七八《實業考一》 甘涼則設有工藝教養局、織布廠；甯夏則設工藝學堂，階州設習藝廠；安化、玉門鎮，原合水、平涼、成縣、正甯等縣，設有工藝局。涇州並設女工藝所，敦煌則於四關各設紙坊。至習藝所，則各州縣相繼設立。

劉錦藻《清朝續文獻通考》卷三七九《實業考二》 新昌縣山多田少，種植以竹爲多，茶次之。本地産麻無幾，向購於湖南。三十二年，馬令肇修勸民赴袁州買運麻兜，廣植城内曲水園，有荒地賃作試驗場，種麻種桑，並飭紳士籌資改辦實業公司。【略】各鄉所墾荒山，飭令栽種毛竹，爲造紙之用。

宜春縣人烟稠密，山多田少，近河之地全賴水車灌溉，高阜之處專恃塘堰，鄉民祇知種苧麻以織夏布，種茶以榨油，種竹以造紙。【略】

萬載縣西南北三面溪澗紛歧，均有筒車，足資灌溉。【略】該縣種竹，足充造紙原料。【略】

三十年，弋陽鍾令元贊稱東北兩鄉向以種松，易長利速，種植最多。東鄉間亦産竹，可以造紙，惟紙質不佳，已飭加工製造。民間樹藝，向以種竹作紙、植桐梓榨油爲務，此外棉蔗桑麻，種植不多，勸於荒地試各項秧種，苧麻最多，惜不知培壅諸法。【略】

三十年，樂平縣馮令用霖稱縣屬向不産棉，前縣郭令曾準刊《種棉説略》，勸令仿種，各鄉間有遵辦者。查縣屬沙土相和之地甚多，於棉性最宜，見勸廣種。西鄉沿河一帶，多種烏桕，其子可以榨油，惜所出無多。甘蔗爲向有物産，其汁可以熬糖，其稿復可造紙，成本輕而獲利速。勸推廣種蔗，雇吉、贛熬糖工人試辦，再考究造紙之法，使無遺利。【略】

興國縣花生、茶油出産最多，桐柏均可榨油，樟可熬腦，各鄉産竹，製造貢川、連泗、竹紙三項。貢川僅敷本地銷售，連泗則銷售廣東、興甯及贛郡廬陵，惟原料不充，出貨無多。勸民多種毛竹以充造紙原料。縣屬不産棉麻，並勸多種，紡織棉夏各布。

劉錦藻《清朝續文獻通考》卷三八三《實業考六》（光緒）三十一年陝西巡撫夏峕奏【略】見定簡章以氈毯爲首，次則棉花居土産之多數，而秦人不自紡織，專運川省。近來局中改用洋紗，陝花遂無銷路。見派員赴滬訂購紡紗織布各機，教之織作，以屯積之花作章身之用。既可抵制洋販，并堪銷售鄰封。又次則南山出漆，箱篋盤盒几案椅櫈之屬，可製也。華山多竹，簾簟筐籃蜀箋宣紙之屬，可造也。若棉紗織帶，封羊爲裘，牛革打箱，豬鬣製巾，因地取材，因材製器，因器執工，因工謀利，使地無棄物，國無游民。於川招紙匠，於隴雇毯師，於閩覓漆工，分類傳習。於西門外得地一區，籌款興築。俟廠屋落成，機器運到，工師齊集，即添募學徒，日省月試，而秦民不患貧矣。【略】

又農工商部奏准通飭各省研究工藝並先酌予奬勵，略稱：臣部進呈陳列所貨品，面奉懿旨，應令各省將製造各品，精益求精，力求進步。查工藝爲商務基礎，是以史遷有言，虞而成之，工而出之，商而通之。工商二者，實有互相維持之益。謹遵諭，通飭各省地方官及商會，將已有之工藝，極力改良，未有之工藝，殫精仿造。每年作爲課程，編成工業進步表彙送。臣部備核本届各省咨送陳列所各品，除廣東、浙江尚未解到外，其中如直隸、山東、湖南繡貨，及工藝局所製布疋等件，均係官廠製品。京師砂器、福建漆器、江蘇燙畫等件，均係該工匠自製精品。見在亟求進步，自應酌予奬勵。擬請將官廠製品，由臣部給予扁額，工匠製品，參照功牌式樣，酌給奬牌，藉示觀感。如果製品日精，卓著成效，再按奏定商勳給奬，以示等差，而表寵榮。又奏准工藝局擴充新廠，分設織工、繡工、染工、木工、皮工、藤工、紙工、料工、鐵工、畫漆、圖畫、鑿井等十二科，招集工徒五百名，聘募工師，分科傳習，並附設講堂，授以普通教育。設立成品陳列室，羅列貨品，以資研究。【略】

又湖廣總督陳夔龍奏湖北設立造紙廠、鍼釘廠。

《東三省政略紀・造紙工業》：江省紙料豐富，爲工業上最大利源，惜未諳製紙新法，以致有用之材，委棄於地。原料可采者，若省城東九十里之九道溝，東南三十里之哈拉烏蘇，迆南之葦子溝，省城北四百餘里之北山，西三百里之碾子山等處所産榆皮，省城東北四百餘里之哈拉扒山所産椴皮，東南七十里之大小推扒所産烏拉草，皆關造紙原料。光緒三十三年，設北路工業小學堂，分別造紙、造鞾兩科，實地練習。其原料則取材於當地，其製造則取法於東西洋。擇材料中成色較優者，製成佳良之紙，而汰其不良之品質，爲粗用紙，逐漸改良，力求進步。就地取材，化無用爲有用。以本地産出最廉之紙，抵抗東西洋，杜外人壟斷之謀，圖江省漏卮之塞。利權既不外溢，而人民工業知識，亦藉此漸可開通矣。

臣謹案：吾國造紙之法，自折竹梢至炙畢，凡更七十二手而始成。詳載楊鍾羲《雪橋詩話續集》。人工繁瑣，售價昂貴。又不能兩面印字。外人製以機器，既速且精，乘機輸入，十餘年間，由三百萬而增至二千餘萬，殊足駭人。海關洋紙進口貨表，宣統元年己酉三百零二萬八千四百八十六兩，迨丙寅二千七百六十七萬八千六百七十五兩。考歐美造紙材料，始以棉，繼以麻。一千八百六十年，發明木料。普通者爲檜，爲白楊，松樹。大都性質鬆脆，不合建築之需。其廠胥設在産林之區。美洲全國有七百餘家，多自造木漿以供紙料，其出數之多寡，視紙質之優劣厚薄而定。廠之小者，約日出二十五噸，合中國十六擔七十斤。大者，三百五十噸。原料既充，兼利用天然水力，所費尤省。此種木漿造成之紙，每磅成本不過美金二三分耳。中國欲與競争，材木雖不可勝用，而東三省最爲豐富，非開闢森林，利用水力，創大規模之機廠，未易言也。按中國購用洋紙，當在通商之後。自戊戌變政，刷印事業發達，國産供不敷求。於是洋紙用途日增月盛，華紙由內地運各口岸者每年僅九百六十五萬餘兩。因國人寫字向用毛筆，非此不稱揮灑，賴以行銷耳。尚有一部分消耗於祭祀敬神所用之黄表白紙。紙之用度最繁者，首推報紙及包皮紙。二十年前，包裝商品均用毛邊，今則大小商鋪，莫不用洋牛皮紙，非無愛國心也，價廉物美，不免趨之若鶩。毛邊每磅大洋二角六分，牛皮一角五分。目前機製之東洋連史毛邊，對於揮毫雖遜，施於刷印則優。倘加研究，不難與國産媲美。手工紙業若不從速改良，十年後恐將絶迹。願國人亟起而圖之也。

劉錦藻《清朝續文獻通考》卷三八四《實業考七》 又吉林巡撫陳昭常奏設實習工廠，以當地所出物産爲準。曰機織、曰染色、曰木工、曰習藝。查吉省富於産麻及木質之纖微者，皆宜製紙。前撫臣曾議建造紙廠，聘日本技師調查，造端宏大，未易觀成。因於該廠添製紙一科，兼招本國工匠，試造通用紙張，再謀推廣。總期細民習有片長，即可塞一漏卮。餘如冶金、陶器、織毯、製革諸科，俟成績日彰，逐漸擴充，以期普及。

臣謹案：苧麻向産於湖南、四川、江西諸省，近時東三省亦植焉。四五月間布種，淺埋土中，密度宜稀，生長頗速。不及三月，即可收穫割取。外皮細者可織夏布，粗者可製繩索、紙張等。其種子可製油，其莖之内心，普通填補墻壁，爲用亦大矣哉。舊法剥取，率用木槌打擊，易傷纖微。見東省農民已采用德國製之新式機器，輕輕壓過，其外皮及種子自然落下，揀選莖之粗細長短，各歸一類，亦由機器任之，收效速而省事，非人工所能及。我國除自用外，所餘之細質纖微原料，則運往日本；粗麻則運英國，每年計值百萬元。英領印度，盛産苧麻，因本邦銷廣，賸餘無多，英圖擴張此項生産，而種種困難，卒難如願。我國苧麻原質，日人化驗，認爲全世界最佳之品。乃東邦之土壤天氣，不適於種植。不得已，在中東鐵路兩旁竭力獎勵農民，假以資本，教以技術，迨其收成，統歸買去，以供本國需要。其用甚宏，豈僅製紙一端哉。

劉錦藻《清朝續文獻通考》卷三八四《實業考七》 又郵傳部奏，部内設立印刷處，凡每年需用船票、車票、郵票、收發電紙各件，概歸該處承辦，以昭畫一而杜漏卮，並派員管理。得旨，著歸度支部印刷局辦理。

劉錦藻《清朝續文獻通考》卷三八四《實業考七·江西工務紀略》 新昌縣以栽竹造紙爲大宗，僅花箋與火紙兩種，如萬載之表芯竟不能造。三十二年，馬令肇修飭紙商，派匠往萬載學習。

上高縣張紳曙初在徐家渡設造紙廠，以蔗稿造紙。光緒二十九年，由縣詳請獎六品功牌。【略】

鉛山縣河口鎮向出竹器，有兜輿、牀榻、椅凳、面盆架等類，竹皆産自本地。【略】紙張一項，從前洋紙未行時，年可售銀四五十萬兩，其名目有連泗、貢川、竹紙等類，皆以新竹爲之。草紙則以禾草爲之，原料産本地鄉間，紙槽共有二百餘處。雖色黄質脆，不及閩紙，但其價較賤，江浙綢絹布疋各店，均用鉛邑紙張包裹。近因洋紙盛行，不免滯銷虧折，槽户偷工减料，銷場愈滯。【略】

雩都縣以造紙熬糖爲大宗，城鄉多種苧麻，向俱搓作錢串。三十一年，張令承祖諭紳民仿織夏布，北鄉青塘一帶，已有仿織者。【略】

毛邊紙一項，爲瑞金縣出産大宗。近來洋紙充斥，銷路極滯。見由孫令飭各槽户仿造洋紙，以期暢銷。

石城縣上鄉一帶所製瓦鉢，三十年，譚令從炳飭匠人於鉢面鎸刻篆文，綵繪蘭菊，獲利倍蓰。大庾縣種竹甚多，製成之紙，有毛邊、膠礬等類，除本地人民敷用外，可運至廣東南雄州一帶發售。三十二年，蕭令兆熊飭各槽户加工製造，以期暢銷行遠。【略】

靖安縣工藝無造精妙之品，僅有銅匠所製之茶炊、與木工所製之摺疊椅尚堪寓目，見已督工趕造。又産古尖紙張，向來赴吴售賣，飭各紙槽選料加工，以期紙質精良，售價增漲。【略】

宜春縣産夏布，次則造紙。爆竹一項，城鄉業此者亦不少。【略】

德興縣民多務農，不甚留心工藝。雖有造紙、榨糖者，紙既甚粗，糖亦不潔。西鄉有花箋紙廠十餘處，見因南鄉産竹甚多，在重溪等處添設兩廠，雇募廣信紙工仿造連泗紙。【略】

泰和縣蕭紳紹渠獨力捐建工藝院，以理絲撚綫作爆竹爲細工，礱穀舂米爲粗工。城内向産油紙扇，授以新法，並令用絹精繪，飾以洋漆。又由局紳教匠製成紀限儀，以測日揆地；板螺車以吸水。又闢地種薄荷、香艾，製油銷售。龍泉縣大汾墟所製油紙摺扇，造法不精。羅令大冕迭諭覓浙江良工來縣傳習，該紳呈驗仿造扇式，其嵌螺鈿及烙印山水人物花卉，大致可觀。【略】

萬安縣王令作綍報工藝，以製紙、榨油、編棕、鞲打竹纜四種爲多，然皆窳拙。擬將南門外舊營房改作工藝所，收集游民，各習一藝。【略】

永甯縣胡令嘉銓稱各堡共有紙篷二十餘户，每篷歲出小紙五六百擔，皆本地男婦自行工作，並未另延工師。飭勸各紙篷仿萬安、新昌花箋表芯成式，力求改良。【略】

瑞金縣惟毛邊紙爲出産大宗。三十一年，章令乃正飭購機仿造洋紙、洋漆。

劉錦藻《清朝續文獻通考》卷三八六《實業考九》 製紙業：舊日此種紙廠普通稱紙槽，分布極廣，産紙省分以江西、福建、四川、廣東、浙江、奉天、廣西爲最重要，原料爲竹樹、皮蕖、葦草、舊紙等。竹紙産於南方，皮紙除山東、甘肅外，各省都有。藁紙原料北方用高粱幹，南方用稻幹。紙之名目繁多，安徽之宣紙，江西、福建之連史、毛邊，雲貴之皮紙爲最有名。江西産額約占全國三分之一，袁州、瑞州爲産紙要地，相傳舊時全國所需，皆取給於此。其中以萬載、宜春爲最旺，南安之沙村紙，袁州之表芯紙，廣信府湖口鎮之連史紙，撫州之草紙，九江附近之楮皮紙及草紙，吉安之竹紙，均爲名産，以竹紙爲最多。湖南之湘鄉、瀏陽、寶慶爲重要産紙區，湘潭爲集散中心，運銷上海及揚子江各埠。衡陽附近向以産綿紙聞，見産白果紙。福建閩江流域及連江、龍巖、漳平、甯洋、泉州等地，均産各紙。紙爲該省三大輸出品之一，自最大之銷場臺灣失後，紙業已衰。四川之夾江、銅梁、合川、廣安，均産紙要地。夾江自來著名，業此者幾占全縣三分之二，銷敘、瀘、成、渝一帶。廣東産量雖遜，然多細紙，故在海關貿易册中稱爲上等。皖産雖微，亦極著名。貴州平番、直隸遷安之皮紙，居民業此亦久。浙江以衢州爲重要。宣紙産安徽之涇縣。涇在晉屬宣城郡，在唐屬宣州，其紙自唐以來，皆爲貢品。今人多以宣紙爲宣城所産，不知宣城爲甯國府首邑，並無宣紙。宣紙原料爲藁及檀皮。藁即尋常稻榦，檀似楓而形圓，爲我國特産，其枝之皮，即用製紙。涇縣宣紙業在小嶺村製者多曹氏，世守其祕，不輕授人。今江西及日本有仿製者，終不及涇縣品質之佳。

新式製紙業：始於光緒十七年，李鴻章等在上海所辦之倫章造紙廠，至次年香港亦設新式紙廠。日俄戰争以後，成立重要工場約二十餘所，倫章經營不善，不久倒閉。光緒二十五年，上海浦東華昌造紙廠聘日本技師，成績頗佳。迨三十二年，龍章紙廠繼起，原料頓貴，加以進口洋紙競争，龍章虧累不堪，而華昌亦出售。此外，武昌、漢口各廠，皆時作時輟。濟南濼源之廠，以成績不良休業。廣東鹽步增源紙廠，以虧累而併於廣東官紙局。故我國新式造紙業，全歸失敗。溯厥原因，一水質不良；二交通不便，布縷之供給狹小；三木漿仰給國外；四鹼、漂白粉、樹脂黏料等，亦仰給舶來品。根本缺陷，故難發展。最近日人鑒於東三省森林豐富，欲用以製木漿作造紙原料，故於奉天安東及吉林等處，有造紙廠之經營。

紙之輸出輸入：通常輸出之額，自海關銀三百數十萬兩至四百餘萬，貿易册中分上等、次等、下等。紙箔廠製紙黄紙版，他類紙七類中，以上等、次等、紙箔三項爲最多。近年輸出紙箔，竟居第一，價值達二百十餘萬兩。此紙多産於福建、浙江，紹興地方最多。爲祭祀之用。上等、次等輸出，均在百萬兩以上，多運香港、安南、新嘉坡、南洋，供華僑應用。紙之輸入，近十年來少時一千四百十餘萬兩，多時二千餘萬兩。進口紙之重要者，爲有光紙、新聞紙、印刷紙三種。有光紙多由瑞典、挪威及日本輸入；新聞紙、印刷紙，各國皆有進口。此外尚有包裝紙、唐史紙、洋貨煙草包裝用。厚紙、名片等用。板紙、硬紙紙盒等用。及圖畫紙等。外國紙銷路日廣，遂成一競争事業。輸入最多者爲香港、瑞典。歐戰時，來源缺乏，日本、美國起而代之，戰事告終，又源源而至矣。

劉錦藻《清朝續文獻通考》卷三八六《實業考九》　傘業扇業：中部南部諸省，産製傘材料甚富，品以浙江温州、湖南長沙爲最著。亦有産極佳之傘，以交通不便，或釐金繁重，不能運銷他處，如安徽太平縣甘棠。是傘爲輸出品之一，運往日本爲大宗，多屬温州及長沙之産品，在安南、暹羅、緬甸、馬來羣島、香港等處，均有銷路，尤以香港、暹羅爲重要。近年輸出價值在一百萬兩以上，香港占其半，日本約十之三。洋傘多來自外國，尤以日本爲多，上海等處有仿製之者，然原料大部份仍爲舶來品。扇之種類頗多，有棕葉製、紙製、紗製、鳥羽製、麥桿製等。棕葉製者，通稱葵扇，或芭蕉扇，多産廣東，價廉質輕。紙扇以杭州爲中心，在宋代即已著名，南京亦占重要。當光緒二十六年時，業此者有六萬人，與杭州並駕，但今已衰落。廣州、九江、蘇州、上海、湖州等處，亦頗重要。扇爲家庭工業之一，婦女暇時在家爲之。上海近地製扇婦女多至數千。葵扇在光緒十八年輸出一千一百萬柄，十年後增至四千一百萬柄，但因質料不佳，及國外嗜好更變，逐漸減少，最近統計，年輸出僅三千萬柄。

《光緒政要鈔本・實業八・東三省總督徐世昌等奏設奉省工藝傳習所暨造磚廠官紙局》　前督臣趙爾巽，在省城東門外設立工藝傳習所，臣等到任後，次第考查，見規模粗備，廠舍尚待擴充，隨飭勸業道於局南源小河沿地内，另行建房設局，於去年十一月工竣遷入。該所原分雕漆、金木、織染、彩印、縫紉等工，分爲八廠，迭經釐正改良，添設玻璃、毛氈、刷印、顧綉等工廠，將原有之染雕金漆各工，分附毯木等廠。招有官費學徒六十名，延聘教習藝師傳工藝，兼教國文、測算、繪畫等科學，分廠肄習。俟藝成，分派各府州縣，輾轉傳習。復因建築繁多，在西門外設立造磚廠；因紙張翔貴，又在城中開設官紙局，均已先後開辦。建屋購料，及常年經費，皆於鎊餘項下動用，應請作正開銷。奉旨：該部知道。

《申報》光緒三十一年三月二十日《派人赴日學習造幣新法》　衢郡土産竹紙，向極著名，行銷甚廣。近因竹料工費漸昂，價亦漸貴，復被洋紙侵奪，銷數日疲。兹由該業行棧礄户等會集籌商，先行提舉公欵，派人赴日本學習造紙新法，俟學成歸國，公設一廠，采辦機器，仿造各種洋紙，俾適時用而挽利權。

傅春官《江西農工商礦記略・奉新縣》　（光緒）三十一年四月，蕭令渭表稱：工藝院仍照常工作，并經略籌資本，購備各種土機，紡織洋紗辮帶，暨教以卷爆竹筒搓梭繩等項。七月表稱：現又購買草紙苧麻，令在押諸輕犯，搓卷紙拈及麻綫。八月表稱：上富地方，山多田少，人烟稠密，多以造紙爲業，工人往往恃衆滋事，前經飭將每廠工人若干名，填注門牌，并飭羅坊巡檢，就近稽查。現在造紙各工，均能相安無事。九月表稱：羅坊一帶，造紙之户，每屆水涸之時，沿河築壩，以便取水，上下船隻，必俟天雨開壩，始能行駛，往往因此滋事。現諭各鄉紳耆，只准就河濱用沙圍水，不准築壩攔入河中，有礙船行。現在一律遵辦，商民俱爲稱便。

傅春官《江西農工商礦記略・金谿縣》（光緒三十一年）十一月，王令濟中表稱：該縣許灣開設染紙作坊，銷售甚廣。現往蘇州雇請蠟箋工師，試作箋紙，以廣銷路。

傅春官《江西農工商礦記略・義寧州》（光緒三十年）十二月表稱：鄉間種竹甚廣，制器所用無多，餘皆運售鄰縣，諭紳勸民分設紙槽，作紙行銷，以拓利源。三十一年正月表稱：竹笋刻正發生，民間僅知劚笋，獲利無幾，徒耗物質。前諭分設紙槽，各鄉均已照辦，已據報開五處，出示嚴禁挖笋，冀充造紙原料。

傅春官《江西農工商礦記略・靖安縣》（光緒）三十三年二月，鄭令應墀表稱：曾令前擬招股購機織布，尚無成議。現經查悉縣屬出産古尖紙張，向來裝赴吴城售賣，已分飭各紙槽，選料加工，以期紙質精良，售價增漲，較之布匹，獲利必厚。三月表稱：勸令紙槽購機製造，僉稱資本微末，刻難議及。已諭嗣後務須精益求精，以期擴充斯業。四月表稱：各紙槽自經勸諭以後，出貨日漸精良，銷售得價，獲利較厚。

傅春官《江西農工商礦記略・宜黄縣》（光緒）三十三年三月，胡令會昌表稱：諭紳籌款，擬開辦工藝廠，并查得該縣出産夏布，每年約十三四萬匹，草紙每年約六七十萬塊，因其尚利行銷，仍勸諭富商，選派聰穎子弟，往外學習改良之法，以期益臻發達。

傅春官《江西農工商礦記略・安樂縣》（光緒三十三年）四月，據葉令在鋆表稱：種竹造紙者，四鄉皆有，每年約出毛邊紙五六千擔，表芯紙三四千塊，已諭逐漸推廣，以興地利。

《通商各關華洋貿易總册》下卷《光緒三十三年九江口華洋貿易情形論略》 現在機器制成之紙，運進中國行銷日廣，即土紙利權日削，似當設法維持；且聞民人迷信鬼神之俗漸革，即紙錢之銷路漸稀。

《通商各關華洋貿易總册》下卷《光緒三十四年三都澳口華洋貿易情形論略》 羅源縣本有紙廠四處，今年春間歇業者三處，其一則移往寧德。

《通商各關華洋貿易總册》下卷《宣統二年九江口華洋貿易情形論略》 紙張運至上海銷路極形暢旺，因系轉運北省而然，蓋因減價之故，竟能將年來幾於壟斷市面之日本紙戰勝。

《時報》宣統三年正月二十八日 紙業，亦分粗細兩行。粗紙向銷於長江各埠，爲冥錢紙煤之用。近年來迷信漸除，又紙烟流行，紙煤亦無所用。細紙則因洋紙價廉物美，大受打擊，故紙業尤爲失敗。如不設法大加改良，恐難免天演淘汰之悲也。

江蘇省博物館《江蘇省明清以來碑刻資料選集》三九《奉各憲嚴禁紙作坊工匠把持勒增工價永遵碑》 江南蘇州府元、長、吴三縣爲民害邀查等事。乾隆二十一年正月二十四日奉本府正堂趙憲牌内開，乾隆二十年十二月十六日奉布政司許憲牌内開，本年十二月二十一日奉蘇撫部院莊批，本司議詳蘇郡染紙作坊工價平色數目及作坊扣克各匠停工分别治罪，勒石永遵緣由。奉批：如詳轉飭勒石永遵，有犯必懲，毋稍寬縱。此繳。等因到司。奉此。合就抄詳飭遵，仰府立遵來□憲批并抄看□事理，迅飭分别明白，曉諭勒石永遵。速取碑摹送轉，如有違犯，立拿詳究，均毋寬縱違延等因到府。奉此。合就抄粘憲看轉行。仰縣文到遵照憲批并抄看事理，立即會同分别明白曉諭，勒石永遵。取碑摹送憲并本府查考，如有違犯，立拿詳究，均毋寬縱。并奉抄粘司看，内開：查得蘇郡染紙作坊所給各匠工銀，原有一定成規，坊主固不容苛刻短扣，各匠亦未便勒索居奇。前於乾隆九年間，經前升府趙守斷令給發工銀，總以九九平九五色爲定。並蒙示禁歇業把持閑宕滋擾等情。遵奉在案。詎今日久法弛，復有張聖明、戴象坤、徐玉林等妄思增價，混以坊主折扣平色爲辭，糾衆停工。經作坊潘永豐、許萬源、王同順、楊茂盛等具控，前司批發吴縣會同長、元二縣酌定工價平色數目及作坊扣克、各匠停工治罪之處。查案議詳間，接奉憲臺批發丁三元等控告張聖明等煽惑停工加價斂錢包訟情詞，轉長、吴二縣審擬詳覆在案外，荷憲批前因。行據長、元、吴三縣會議各坊工價，總以九九平九五色，按日按工給發，按照時價高下。倘敢再將工價折扣給發，請照示應重律杖八十。工匠持□漲價，應照把持行市、以賤爲貴律杖八十。如糾衆停工，請予照律問擬之外，加枷號兩個月。小甲徇隱包庇，一并嚴行究處。勒石永禁。將來工匠倘有争訟滋事，即查拿嚴究。其不法之尤者，解回原籍安插等情。悉照原議詳覆前來，本司覆核無異，相應將送到各坊姓名工價清册，一并詳送，伏候憲臺鑒核批示，以便轉飭，勒石永遵。等因。到縣。奉此。合將坊主姓名工價數目勒石永遵。爲此示仰作坊小甲汪子才及各作坊主工匠人等知悉：嗣後給發工價，務遵憲定章程，總以九九平九五色，按日按工，錢照時價高下。倘有折扣□工匠把持停工，請□□□滋訟等情，□□□立即指名禀報詳究。小甲徇隱，一并嚴行究處，決不寬貸。各宜凛遵毋忽。須至碑者。

一向先每日推□□□五刀爲一工，除飯食外，每工銀二分四厘，另外多刷五刀，另加工銀並貼伙食，共加銀五分。倘每日五刀之外二三分者，留抵下日湊足五刀爲一工。以下各條，仿此類推。

一每日刷蠟□四刀爲一工，每工銀二分四厘，多刷四刀，另加伙食工銀五分。

一每日灑南紅金二刀爲一工，每工銀四分，多灑二刀，另加伙食工銀五分。

一每日刷高本□紅□經六刀爲一工，每工銀二分四厘，多刷六刀，另加伙食工銀五分。

一每日梅本巨紅十刀爲一工，每工銀二分四厘，多梅十刀，另加伙食工銀五分。

一每日梅頂行高本紅十二刀爲一工，每工銀二分四厘，多梅十二刀，另加伙食工銀五分。

一每日灑本箋金三刀爲一工，每工銀二分四厘，多灑三刀，另加伙食工銀五分。

一每日灑真本箋金四刀爲一工，每工銀二分四厘，多灑四刀，另加伙食工銀五分。

一每日刷□丹紅五刀爲一工，每工銀二分四厘，多刷五刀，另加伙食工銀五分。

一每日刷砂綠七刀爲一工，每工銀二分四厘，多刷七刀，另加伙食工銀五分。

一每日灑□金五刀爲一工，每工銀二分四厘，多灑五刀，另加伙食工銀五分。

一每日刷玉板箋七刀爲一工，每工銀二分四厘，多刷七刀，另加伙食工銀五分。

一每日插玉版箋三刀半爲一工，每工銀二分四厘，多插三刀半，另加伙食工銀五分。

一每日灑金箋金三刀爲一工，每工銀二分四厘，多灑三刀，另加伙食工銀五分。

一每日托京放鳳邊背十刀爲一工，每工銀二分一厘，多托十刀，另加伙食工銀五分。

一每日刷京放鳳邊灰紙八刀爲一工，每工銀二分一厘，多刷八刀，另加伙食工銀五分。

一每日梅京放鳳邊紅十刀爲一工，每工銀二分一厘，多梅十刀，另加伙食工銀五分。

一每日刷山木紅灰紙十刀爲一工，每工銀二分一厘，多刷十刀，另加伙食工銀五分。

一每日梅山木紅十二刀爲一工，每工銀二分一厘，多梅十二刀，另加伙食工銀五分。

一每日表箋色紙拖紅，每工銀二分四厘，多拖一工，另加伙食工銀五分。

一每日拖藍及巷，每工銀二分六厘，多拖一工，另加伙食工銀五分。

一每日表箋色紙坊粘補打雜，每日工銀二分。

一每日表箋及山貨管作拖膠，每日工銀二分。

一每日大色紙坊管作刀剪，每日工銀四分。

乾隆二十一年閏九月　日長元吳三縣坊主

毛泰隆　張恒順　孫世順　楊彩霞　潘永豐　王同順　楊茂盛

沈萬全　張世泰　王洪順　龔鳳啣　戴乾元　胡聚成　許啟昌

王興隆　王同升　胡裕成　孫永盛　許萬順　許　萬　陶起隆

周正泰　許聚和　徐榮臣　胡祥興　許恒豐　丁三元　汪隆泰

胡獻文 王公盛 朱端臣 孫長興 倪萬里

傅祥順

公立

江蘇省博物館《江蘇省明清以來碑刻資料選集》四〇《遵奉各憲詳定紙坊條議章程碑》 江南蘇州元、長、吴三縣爲定案難翻事。案奉蘇州府正堂胡憲行開，奉按察司覺羅琅憲行開，奉宫保總督部堂薩批，本司詳元和縣詳紙匠工價設法稽查彈壓各條章程一案核議緣由。奉批：仰候撫部院核示。繳。□□爲巡撫部院閲批開，如詳轉飭遵照，仍候督部堂批示繳册存。又於乾隆五十七年十月初四日奉蘇州府正堂馮憲行開，奉按察司汪憲行，乾隆五十七年八月二十一日奉巡撫部院奇批，前署司議詳紙匠章程一案，行據長、元、吴三縣，仍照乾隆四十七年元邑坊户楊彩霞等原案章程，議以嗣後各匠所刷紙張，以六百張□□□□□□□月每□□□□□□□□□月給工銀一兩二錢，如有勤力多刷者，亦即按工給價外，再給茶點銀半分，以示鼓勵各緣由。蒙批：如詳飭遵，仍照從前楊彩霞等原案勒石遵守。取具□□□□□□□部堂批，總督部堂書批開，仰候護部院核示飭遵。繳。等因。到司行府。仰縣并奉抄發定擬章程册下縣。奉此。合將坊户姓名、稽查彈壓章程立石□□爲□□紙坊□□沈永茂及各坊户□□□□知悉。嗣後務遵□□□□□□□□永遠遵守。該坊甲仍不時留心稽查，如有不遵條議者，據實具稟究辦，決不寬貸。各宜凛遵毋忽。須至碑者。

計開 詳定章程

一議紙匠工價。自乾隆二十二年奉前撫憲莊勒石示禁碑載，每月每工給九九平九五色銀七錢二分。嗣於三十七年起至四十四年，迭□□□□坊給飯食不□外□□□□□□給銀一兩二錢。茲各坊户仰遵憲飭，設法嚴禁，將前九九平加增一分二厘，改爲足兑。嗣後工價銀一兩二錢，應以蘇圓曹平足兑給發。□□□□匠原支錢文，總□□□□□□□□□□□錢，不許扣底。乾隆五十六年九月爲始，不得短扣，以歸劃一。

一議紙坊向無司月稽考，漫無約束。今各坊户據議設立司月，城内城外各設三坊，專司稽查，應如所議。嗣後設司月六坊，每月稽查，倘□□□□司月同坊甲據實(下缺)。

一議得紙匠每日以刷紙六百張爲一工，系計刷數爲工，并不計日。如紙匠勤力，春夏晝長，秋冬夜作，盡力刷造，除去六百張爲正工，□□□□有多至六百張□□□□□□□□□按月統算，每工給茶點銀半分，共成四分五厘，以示鼓勵。若每日僅能刷紙六百張，或數日共刷六百以湊一工者，毋庸一體給予茶點銀。

一議收用徒弟，并無□□□德□□□□□習業，在坊匠頭散匠，毋許勒索酒席銀兩。每徒習學三年爲滿，仍照舊規給與漿洗□□□□如有□□阻(下缺十二字)坊甲指名稟究。

一議各坊匠總以拖膠、刀紙兩匠爲把作匠頭，各散匠進坊，由其保薦，如散匠來歷不明，責歸匠頭查察。倘有狗隱□擾倡停等事，並將(下缺)。

一議坊甲專司稽查各坊，彈壓各匠。嗣後坊甲到坊，務將功令森嚴之語，善爲開導各匠，使其安分勤工，不得混聽匪人。□□停歇□□日果(下缺十九字)怠玩，革除另簽。

一議蘇城内外匠工共有八百餘人，悉系江寧、鎮江等處人氏，各坊向無各匠籍貫簿册。今仿照憲定踹匠章程例，各坊户各匠工籍□□嗣□□月(下缺十五字)坊甲送查，倘有犯案遞籍匪匠更名易姓，另投别坊，許各匠互相稽查，以别良莠，以杜事端。

一禁侵盗貨物。凡工匠侵盗貨物逃走，例着保薦人追償，仍關拘該犯到案，計贜從重治罪。

一禁撮銀避工。凡坊匠侵空工銀，避不做工，及投别坊傭工者，先將保薦人責處，該匠仍差押歸坊償欠。

一禁夜不歸坊。凡匠等夜不歸坊，非嫖即賭，爲賊爲盗，皆由此起。違者重杖遞籍。坊差不舉，一并究處。

一禁犯匠改名。凡坊匠犯事，遞籍按插，如敢改名易姓，復到傭趂，保人狥隱，保薦者察出，將保人一并治罪。

乾隆五十八年十月 日長元吴三縣合郡紙坊 楊彩霞 王同順 汪元益 毛文成 陶正隆 許啟昌 王三義 丘同勝 萬義興 陳森瑞 張三益 陶義隆 王茂興 許協順 戴乾元 王立成 啟源坊 張文寶 王泳興

魏復興　許協茂　潘萬興　陶盛昌　王萬盛　張文□　廣聚坊　□雙茂
謝玉興　王鳳鳴　曹三益　李壽泰　□淩坊　□盛坊　等公立
坊甲沈泳茂同刊
吳門王敬文鐫

《延邵紙商會館碑文》都門之東，有吾閩延、邵二郡紙商會館，爲祀天后而建也。天后系出吾閩莆田林氏，自曾祖保吉公始居莆之嵋嶼。父惟愨公，母王氏，有善行。宋建隆元年三月二十三日，紅光入室，而天后誕焉。誕而穎異，十三歲，得元通道士微秘法，越十五年而升遐，時雍熙四年九月九日也。里人相傳，生前即有機上救親、海中拯人諸異，因號曰通賢靈女。其事近於幻，然性孝而愛人，誠之所至，無感不通，其亦理之有可信歟？抑天之生神奇不偶，固未可以常理測歟？初，嵋嶼立廟，屢顯靈異，廟享漸及他郡邑。宋紹興中，始封曰靈惠夫人，紹興初曰靈惠妃，元至元中曰天妃，明因之。亦越我朝使節渡洋，舟師剿寇，以及糧艘北運，罔不仰資神力，履險若夷。以是康熙二十三年加封天后，累增徽稱至三十二字，曰護國庇民、妙靈昭應、宏仁普濟、福佑群生、誠感咸孚、顯神贊順、垂慈篤祐、安瀾利運。又封后父曰積慶公，后母曰顯慶夫人，詔各省一體春秋致祭。蓋天后之輔相國家大，而國家之崇其典亦已至矣。延、邵二郡紙商，每歲由閩航海，荷神庇，得順抵天津。既在帡幪之中，宜隆享祀之報。乾隆四年，酒僉謀於崇文門外繆子胡同，合建會館，以祀天后。厥后隨時修葺，兼拓旁楹。然殿止數武，觀瞻未壯，今年復協群策而廣之，更於左邊增構基址，□者以正。自始建迄今，統費萬金有奇。用是殿炳日星，廊絢虹蜺，後宇前臺，左館外舍，環以瓊垣，金碧交錯，麟哉煥矣。商人每於歲之冬十月，售紙入都，敬享後，因會飲於一堂，既答神貺，而鄉誼亦可敦焉。《書》曰：亦罔不能厥初，惟其終。繼自今商人，各由舊章，計紙出金，以爲敬神、演戲、會飲之資，其羨則公存備館。行之永久，不衍不怠，庶幾長敦鄉誼，而妥神庥於勿替也。是爲記。

賜進士出身、誥授奉直大夫、刑部四川司主事加一級里人上官懋本撰并書。

皇清道光十有六年歲次丙申季秋月小浣谷旦

福建延平、邵武二郡紙商公立。

蘇州博物館《明清蘇州工商業碑刻集》第三目《紙業創立兩宜公所購置房基文契碑》立永遠拔根割藤杜絶賣房屋基地文契。汪玉樹將自置房屋基地一所，坐落吳邑北正二圖寶林寺前西首，朝北門面，小石橋内出入，計共上下樓房平屋十九間，後面基地六間，並連後門。爲因正用，憑中陳念周、周冠山等議絶賣與紙業公所管業。三面言明，時值絶價足兑紋銀三百四十八兩正。當時隨契一並收足，並無貨債准折，亦無重疊交易。此房的系自置已產，並無門房上下有分人爭執。如有等情，出產人理直，與得業者無干。自絶之後，無贖無加。謹遵憲例，總書一契爲絶，永爲紙業公所世產，任憑拆卸改造，各無異言。當交三聯印單一紙。所有上首老契，俱被難遺失無存，並無片紙只字存留。倘有日後檢出，概作廢紙無用。另立擔代一紙爲據。此系兩願成交，各無反悔。欲後有憑，立此永遠拔根割藤杜絶賣房屋基地文契爲照。當日隨契一並收足紋銀足兑三百四十八兩整。東至汪姓產，南至體善堂，西至官街，北至官街。

同治九年九月　日立。

蘇州博物館《明清蘇州工商業碑刻集》第三目《紙業兩宜公所辦理同業善舉碑》代理江南蘇州府事鎮江府正堂蔣爲給示禁約事。據職員李金鏞、周光明，監生劉美璠、錢藹山暨蘇城紙業各鋪户等稟稱：職等均紙業營生。習斯業者，異鄉人氏居多，而年老失業，貧病身故及孤寡無靠者甚衆。職等誼切同舟，或關桑梓，情難坐視。爰集同業，議立兩宜公所於吳邑北正二圖寶林寺前西首，專辦同業老病、孤寡、義園諸善舉。復念紙備書寫之用，字紙尤宜敬惜。並雇夫擔收，按期焚化，以免拋棄。其一切經費，統由同業進貨每兩提捐五厘，匯存公所，以備抵支，並不外募抑勒。至出入帳目，現由同業公議，酌派各店分管，司季司月，輪流經理，以專責成，並公舉丁卯科舉人曹毓俊董理其事。誠恐地匪棍徒藉端阻撓滋擾，爲擬章程，環叩分給與修辦善，示諭勒石遵守，以垂久遠。並求檄飭長、元、吳三邑一體給示等情。到府。據此，除批示並札行三首縣一體示禁外，合就給示禁約。爲此示，仰各該地保及紙業人等知悉：所有該職員李金鏞等在於吳邑北正二圖寶林寺前西首設立兩宜公所，辦理同業善舉，務各章程妥爲經理，以垂久遠。如有地匪棍徒，藉端阻撓滋擾，許即指稟，以憑提究。地保徇縱，並懲不貸。毋違。特示遵。

同治九年十月二十五日示。

蘇州博物館《明清蘇州工商業碑刻集》第三目《吳縣爲蠟箋紙業創建絢章公所辦理善舉給示曉諭碑》欽加知府銜即補直隸州署江南蘇州府吳縣正堂加十

級紀録十次高爲出示曉諭事。本年七月初九日，奉本府正堂李札開，據絢章公所司事徐鴻賓、馮正浩、趙成楷、徐廷彩等赴府稟稱：身等朱蠟砸箋紙業幫夥，類多異鄉人氏。或年老患病，無資醫藥，無所棲止；或身後棺殮無備，寄厝無地。身等同舟之誼，或關桑梓之情，不忍坐視。伏查郡中各業，向設公所。稟蒙大憲給示勒石，暨三首縣廉一體立案。茲因原處逼仄，現經公議，籌資於吳邑北利四圖寶城橋弄内珍香街，契買得程姓朝南基地一所，計内屋三進九間三披，三聯印單執業，建立絢章公所，並設義塚一處，稟縣另請給示。身等司年，輪流共襄善舉。凡同業之人，生則醫藥，死則殮埋，以全鄉誼，而廣招徠。誠恐地匪棍徒闖入，以及夫役人等藉圖欲索，均未可定。環乞循給示諭永禁。等情。當經批飭示禁在案。正在札行間，據該司事等稟請勒石諭禁前來。除批示外，合行札飭札縣，即便遵照，出示曉諭。一面先行具復察奪毋違。等因。到縣。奉此，合行出示曉諭。爲此示，仰該司事及居民地保人等知悉：現在徐鴻賓等公議籌資建立絢章公所，並設義塚，辦理善舉。倘有地匪棍徒，闖入滋擾，以及夫役人等藉端需索情事，許該司事指名稟縣，以憑提究。地保徇庇，察出並處不貸。其各凜遵毋違。特示遵。

同治十一年七月十日示。

江蘇省博物館《江蘇省明清以來碑刻資料選集》四三《捐資重建浙南公所碑記》 竊維吾幫厚薄粗紙箬葉一業，在蘇城商賈，向於南濠談家巷南首下岸，建有浙南公所，爲同幫議公宴會之區，供奉天曹福主神象。歲時伏臘，俎豆維馨。每屆誕辰，咸集同鄉慶祝。竭誠瞻敬，由來久矣。謹按神系出潁川，諱惲，字子厚，浙之桐廬人。三國時，在吳仕至黄門侍郎征寇將軍，封餘杭侯。有仙術，能驅使鬼神。嘗於餘杭一夕築九里塘，不假人力而成。事載《嚴州府志》。千百年來，爲吾郡庇佑生民，功績最著。故遐邇咸虔奉也。庚申歲，蘇垣兵燹，公所被焚，僅存基地。迨克復後，商貨寥落，集資無多，故附租新泰棧屋，爲暫權計。近數年，貨羅商集，踴躍輸將，經費雖未裕如，積累漸有成數。亟宜興工，不能再緩。行忝居枌社，久歷吳門，性拙才庸，不耐煩劇。迺蒙衆情所舉，潔己奉公，何敢推諉。今集得各商號書捐款項并逐年抽提貨數厘金，以充經費。惟是重創不易，綜理尤難，雖居心從儉，而措手需資。估料計工，匪朝伊夕。於七年分孟冬，清理荒址，擇吉開工，越五載始落成。是役也，匠人徐炳方包工建造前埭樓房一所，中埭平廳一所，均三間二廂，垣牆周圍，共計需洋錢九百九十元。窗扇欄干方磚油漆等項，共計需洋錢六百四十元有奇。後埭沿河，尚多基地，舊時設有河埠，以備商船往來停泊之所。值此前工甫竣匱乏之時，籌劃經營，願俟異日。非敢緩也，蓋有待也。所有各商號急公好義，樂輸贊成，厥功難泯。書勒貞石，以垂不朽云。時在同治十一年歲次壬申九月　日。董事徐行昌謹立。

順履居　申居宗筠　周東高　方殿奎　趙如阜　周其炳　徐時功　申居
洪如　周渭泉　戴文三
姚三元　周鳳泉　方迎如　申居玉昌　徐大中　徐發向　潘雲章　鄧永
銘　方生魁　申居日全
方其記　周秋高　徐時富　王聖良　周宏先　潘始保　張利生　申居寅
春　申居萃珍　方載書
申居其求　鍾大琪　江五全　周夏泉　方武昌　潘始賢　申居五洽　孫
仲先　姚瑞記　汪春林
周孔照　詹利全　申居雨甘　徐五元
以上各商號每號各捐錢七千文
所有逐年抽提到貨厘金開載細數另立碑記。

蘇州博物館《明清蘇州工商業碑刻集》第三目《元長吳三縣爲紙業出進概用制錢給示碑》 補用同知直隸州江南蘇州府元和縣正堂楊、升用道江蘇候補府正堂蘇州督糧總捕府寶蘇局監督朱、欽加同知銜江南蘇州府長洲縣正堂萬、欽加道銜補用府即補分府署江南蘇州府吳縣正堂褚，爲據稟給示勒石永禁事。案據兩宜公所經董丁卯科舉人曹毓俊、運同銜浙江補用同知李經鏞、候選府同知周光明、世襲雲騎尉陳禮璜等稟稱：蘇城紙業進出制錢，邇來小錢統市行使，皆由零兑錢鋪攙和。早欲稟禁，無奈獨力難爲，因循未舉。前蒙示禁，立限綦嚴。並令各業自行匯議具給□案。即於五月二十日闔業平價，首先遵禁。現蒙憲示，以砂廣鉛鐵雖已禁除，斷砂名目預爲私錢地步，日久弊生。等因。業等具給。但市上所稱店大，即系斷砂，請諭大小錢鋪兑出洋價，只准制錢一價，不得另有店大、斷砂等名目。業願先遵，稟求恩准給示勒石公所，永遠遵禁。奉禁後，如有同業陽奉陰違，徇私搭用，即由公所稟請究辦。等情。到府。據經會商，核議在案。茲據該業兩宜公所經董等，一再稟求，姑准給示。除批示外，合行據情示禁勒石。爲此示，仰該業經董、鋪户人等知悉：自示之後，務須出進概用制錢。其店大、斷砂等名目，一概永禁。切勿陽奉陰違，徇私攙用。如敢故違，察出提究不貸，凛之。特示遵。

同治十三年十月初九日示。

蘇州博物館《明清蘇州工商業碑刻集》第三目《紙業興建兩宜公所緣起碑》

切蘇城紙業一項，人衆業繁，爲貿易中之上等。歷代相沿，未立公所，甚爲歉事。聞之從前先輩，亦嘗留意於斯，迄無功成者，少贊襄之助也。同治庚午秋，克復已越多年，同業漸次繁盛。阮君秋田出爲首倡，議立公所，邀同各居停執事彭君菊亭、戚君茂章、劉君美璠、邱君春華、趙君國屏、錢君靄山、趙君墀亭、楊君子萱等，公請曹孝廉錦濤先生董理其事。籌款興創，抽收同業進貨厘金，以資經費。復思積累而成，需延歲月，先從各司季月中借挪洋蚨，在吴邑寶林寺前，搆地辟基，先建殿庭三間及門房大門等屋，爲同業會集辦公之所，題曰「兩宜」。立則立規，各臻妥善。旋因經費不敷，工程未竟。越六載，光緒乙亥，楊君子萱、邱君春華、趙君國屏、趙君嵩山、蕭君心齋、陳君達甫等，復商舉五魁會，集得洋蚨一千元有奇，湊集厘金，於丁丑春造建聖帝正殿，祖師後殿，文昌寶閣，巍然焕然，永垂不朽。是舉也，阮君首倡，鋭身矢志，不避艱難。又賴諸君子任怨任勞，和衷共濟，庶可蕆事。所謂有志竟成，實堪欽佩。嗣後得能市面振興，厘金充裕，行見善後事宜，方興未艾，厥功偉矣。爰記梗概勒石，俾後之來者共知緣起云爾。時在

光緒三年歲次丁丑二月　日，海昌朱榕韻笙謹識。

江蘇省博物館《江蘇省明清以來碑刻資料選集》四四《吴縣禁止蠟牋業做手私立行頭勒捐斂錢不准收徒動輒蠻霸碑》　奉憲勒石

欽加府銜補用直隸州特授金壇縣調署江南蘇州府吴縣正堂馬爲給示遵守事。據李榮先、郃嗣淮、許繼潛呈稱：身等在治各開蠟牋作坊，因做手違禁，私立行頭，勒捐斂錢，不准收徒，動輒蠻霸，身等禀蒙給示嚴禁。緣身等均有八九年未曾收徒，於本年先後各收一徒，詎有自稱四亭柱之王衍聚、雍毓義、章傳雲、施忠恒，糾合同行數十人，至身嗣淮作内，喝令做手一齊停工，逼令將所收學徒辭歇。後至身繼潛作内尋毆，幸而避脱，即將做手拉出，不准工作。身等停工月餘，生計攸關，呈求飭提訊究押，令先行開工等情。并據趙文書、姚振錫、高錦山、楊耕九呈送碑摹條規禀訴各到縣。據經提案質訊，本縣平心核斷，各作坊原定規條，每做手一人，每月捐錢五十文。爲伙助同業事故起見，系屬義舉，應准照舊如數捐收。所捐錢文，均交曹信義、鳳鳴齋、張同順、華正和四大作收存。如有同業病故，開具姓名籍貫，赴作支錢十千文，以爲棺殮之費。不准聚衆飲茶，浪用糜費。每至年底，開列管收除在細數，公同查閲，以昭衆信。將來積有餘資，置備恒産。所出足資應用，即可將各做手捐錢停止。至原議捐錢必足十二千文，始許收徒，不許做手多捐，亦不許作主代捐，在大作做手較多，錢易足數，收徒不難。其做手僅一二人之作，必須捐至十餘年二十年，方能收徒。爲時過遠，未免偏枯。嗣後各小作均以六年爲限，准收一徒。此六年中，做手所捐，不足十二千之數，即由作主照數捐足，如不捐足此數，不許收徒。如此則捐錢仍不致短少，收徒亦不致漫無期限，庶免争端。當據兩造輸服遵斷，除取具各結附卷外，合行給示遵守。爲此示仰各蠟牋作坊作主做手人等知悉：嗣後務須恪守此次定案，不得再滋異議。如有聚衆把持，及不照期限錢數，率行收徒，或浪費捐錢之人，准隨時指名呈縣，定行提案究懲不貸。其各凛遵毋違。特示遵。

光緒十五年七月二十一日示。

發蠟牋紙業公所勒石

江蘇省博物館《江蘇省明清以來碑刻資料選集》四五《蠟牋業公議規條碑》

奉憲永禁勒石

欽加同知銜在任候補直隸州調補蘇州府吴縣正堂淩爲給示勒石遵守事。據絢章公所董事王鳳鳴、曹信義、張同順、華振和、王鳳餘、即餘明、周信美、即宜動等禀稱：董等均系蠟牋紙業，開設作坊，向有議規，作伙每人每月捐錢五十文，以資善舉，必須捐至錢十二千文，方許收徒一人。而小作坊僅止雇一二人者，若就捐至足數，須俟一二十年始可收徒，爲日過久，小本經紀，未免力不逮，甚有私收等弊。遂致伙工借口紊亂業規，結衆把持，停工挾制。即經公議，四年收受一徒。於光緒十四年禀蒙給示遵守。嗣因伙友王衍聚、雍毓義等倡衆尋釁，百般擾攘，董等復於十五年禀蒙馬前憲提案，斷令捐錢照舊數，捐收均交董等四大作收存，抵支棺殮之費。嗣後六年准收一徒，如小作所捐不足十二千之數，即由作主捐足。如此則捐錢不致短少，收徒亦不漫無限期。各具遵結出示遵守在案。迄今多年，各作主及伙工咸都悦服，均無異辭。詎戴傳芝一人，陽奉陰違，十五年起，以收四徒，本年又增兩徒。非惟自名下抗不付捐，且敢串聳上年輪應經收之張錦楊，吞用公款。似此顛倒妄爲，已屬非是，反敢捏飾誣蒙請示，意圖挾制。并勾串做手張錦楊，冒爲開作，反以向開作之王餘明、周宜動蒙爲伙友，違斷紊規。若不勒石於公所，擾累無休。環求給示勒石，永遠遵守等情

到縣。據經批飭邀集同業定議，禀候給示勒石永遵，以杜争端而免纏訟去後。茲據王鳳鳴等遵批集議規條，掣立合同議。據呈求核明給示勒石永遠遵守前來。查此案既據公同集議，願遵馬前縣斷案，大作仍照向章，以捐足十二千文收用一徒，小作以六年准收一徒，如果捐錢不足十二千者，由作主如數湊足。立議呈核，應准照辦。除批示外，合抄規條給示勒石遵守。爲此示仰蠟牋作坊作主做手人等知悉：自示之後，務各查照後開規條，永遠遵守，不得再有異議。倘敢故違，許即指名禀縣，以憑提究。地保徇隱，察出一并重懲。各宜凛遵毋違。特示遵。

計開　規條五條

一議得每做手伙友一人，辛工内每月抽捐錢五十文，由司年經手，每逢四九兩月祖師壽誕日期，向作東收取，彙交四大作存儲，備支棺殮善舉等費。每於年終，將收支細數開賬報銷，如有盈餘，存積置買公産，或存莊生息。總期實用實銷。倘有侵蝕等弊察出，聽衆議罰，不得徇情輕恕，以昭信實。如有不敷，應由公議籌墊，庶免半途而廢。

一議得或有作主自做手塾，概照伙友一體抽捐，不得隱戤。

一議得收徒年限，仍遵吴縣馬前憲斷定，六年准收一徒，總須捐至十二千爲限。如果小作少用伙友，六年不及捐足者，應由作東湊數捐足，方許收徒。但大作伙友衆多，易於集捐，未及六年，捐已盈數。向議捐至十二千文，隨即收徒，非在六年之限，均無借口紊亂，以示大公之意。

一議得各伙友遇有年老歸鄉者，酌量路之遠近，贈給川資三千文，聽其歸鄉。

一議得喪費人酌給棺殮錢十千文，代阡義塚，以免暴露而全友誼。如喪家自有墳地，各聽其便。倘或有力之家，不應支錢辦喪，亦聽其主，以期節省而歸實在。

光緒二十年六月十二日示。　　　　發絢章公所勒石

《申報》光緒丙子二月念六日　江省箔市情形　江省作箔一業，與杭垣畧不相同，即所出之貨色亦異。蓋杭垣每責成各砑户，自開手以至蕆事，亦多轉折，而工自爲業，人自爲家。至如磨箔之事，則婦女亦可爲之，蓋分取衆力以襄一業。其出貲爲商者，僅總其成而已。江省則須聚集衆工於一處，事事皆須司櫃者經理，謂之作坊。每一作坊之内，多至百數十人，其操業者亦不下十餘等，自鎔錫製成箔坯，發往打錘。錘分輕重二種，而用重錘者又較量箔質之闊狹，分爲厚薄二種，即以工之優絀而定等差焉。自是而用裱，而拾齊，而綁箔，凡易數十手，始克出市，亦殊費周折矣。按該業手藝，以打錘一項爲最巨，而人數則又以裱箔一行爲最多。裱箔者以張數計發給工貲，餘則皆以月計也。惟是出貨之多寡，只在乎人力之勤惰，但司櫃者經營得當，則每日所出必較他家爲稍勝。然此等用力之人，勤者動取惰者爲法，多者每以寡者爲言，不數月間而勤皆習爲惰，多亦變爲寡，而惰與寡者益不可問矣。此該處箔業之大概情形也。又彼操業人等亦甚難滿其願，非處置得宜，則動致與鋪主爲難，往往聚衆把持，概不興工，甚至涉訟公庭。從前業此者或見生理不佳，隨時可以暫停，待機會既至，仍行開工。又每歲正臘月及午節，中秋四月之内，常有歇作之事，蓋此數月内每多規費故也。嗣因上前年鋪主及衆工等大興訟事，議定此後每一歲内既經動手，即須至歲底始可停工，中間不得任意開閉。以故該處作坊自去臘停收度歲，至今尚無舉動興工之事，誠恐一起工後，無論生意虧盈，總須挨至歲底才可歇息。而近年以來，市業減色，鋪主又不得不算核周到，是以開工甚不易易也。查此項貨物每歲惟清明、中元兩節銷行最大，現在清明節近，已無新貨可出，將來率作興事，僅可望中元收成耳。然聞得舊歲積貨頗多，似亦無傷大局也。

《申報》光緒丙子三月念四日　箔作興工　江右箔作情形具已疊列前報，茲悉現已有興工之舉，其新議章程較前似更爲妥善。蓋鋪主因此一事與衆工人商酌已及數月之久，始有成議。謂自今興工之後，不得仍照前式捱至歲底，當以生意之優絀而定其啓閉，然亦必以三節爲準。如春間起手，必須至四月三十日爲止，才可歇閉；午節起，則以七月爲止；桂節起，則以十一月爲止。又每歲正臘五八數月之内，或作或輟，均聽憑鋪主意見，但欲暫停，亦必須於前一月之晦日議定，方可爲憑。若至本月之朔日尚未停工，則仍作一節算耳。又撫州門外有新開一箔坊，聞即係石頭街西合號所分設者。以外興作之處，約計有念餘家，均訂於本月十五日開手，先於十二日起大鍋，蓋即鎔錫之謂也。市業之興隆，將於是卜之。

劉坤一《劉忠誠公遺集》卷六　本年三月間，新昌縣紙廠業户因生意淡薄，議減紙匠工資，匠人不允，以致停工。聞有互相格斗之事，現在飭縣拿辦。【略】臣以新昌縣紙廠工匠人數甚衆，倘與教匪勾結滋事，必釀巨案。【略】新昌縣境

內多竹山，業户俱設廠雇匠造紙售賣，每廠工作八人，另有包頭一人。匠人工資，向于年前議定。鄒壽朋鄒爲歲貢生就職訓導，前充天寶鄉團局紳董。家亦有紙廠，本年春間紙銷不多，各廠户議令工匠每名每日減銀二分。各工匠不允，因而停止。包頭李世魁等曾入紅蓮教，遂邀在逃之紅蓮教頭目楊長受等糾衆起事，先搶紳富，再撲縣城。【略】李世魁等因停工乏食，先于四月初十日糾集紙匠二千餘人，各携筷子一雙，碗一只，亦有携帶禾擔竹棍菜刀者，至斜港廠户吴福家索鬧，不由分説，擁入倉內，搶取穀石碧米煮食，十一日擬往鄒家村廠户曹宗海家。

《京師正陽門外打磨廠臨汾鄉祠公會碑記》 夫協力同心，商賈具興隆之象；向章舊例，規矩循制作之原。凡晉省商人，在京開設紙張、顔料、干果、烟行各號等，夙敦鄉誼，共守成規，同在臨汾鄉祠公會，默叨神貺，保護平安。光緒八年十二月間，有牙行六吉、六合、廣豫三店，突興訛賴之舉；凡各行由津辦買運京之貨，每件欲打用銀二錢。衆行未依，伊即在宛平縣將紙行星記、洪吉、源吉、敬記四號先行控告，未經訊結。九年二月間，適有魯琪光侍御條陳場務，向有牙行藉差派累情事。隨奉上諭，永行禁止。四月間，有乾果行之永順義，顔料行之全昇李，烟行之德泰厚等，在大興縣將牙行呈控。五月內，經大、宛兩縣會訊斷結。諭令紙張衆行等，各守舊章；并不准牙行妄生枝節。須頒發告示，各持爲憑。此皆仰荷鴻慈，化逆爲順，凡我同人，無不實深感戴。自今以往，倘牙行再生事端，或崇文門税務另行訛詐，除私事不理外，凡涉同行公事，一行出首，衆行俱宜幫助資力，不可藉端推諉，致失和氣。使相友相助，不起半點之風波；同澤同胞，永固萬年之生業。神靈廣遠，爰敬勒石。附志上諭并告示，以垂不朽云爾。

鴻臚寺序班潞河李鏞敬撰并書丹。

全昇李　洪吉號　永順義　德泰厚　全德公　瑞昌號　德聚永　源吉號
聚昌號　西慶雲　通三益　廣益公　星記號　福聚號　通興順　敬記號
同茂義　三益公　永順通　信昌恒　金盛德蚨記　元盛合　公盛合　義吉成
聚泰德　昌記號　合盛永　義盛號　長順德　益昌號　公源義　公泰義

馬傳經修、洪清芳纂《尤溪縣志》卷之八《蘇元樫禁革公幫告示》 出示禁革公幫事。本年五月初四，蒙臬憲張批：據縣稟覆飭，查廩生蔡輝沙等上控林長成、林長章、陳茂盛、林廣成、林協美、丁泉益、丁同益、吴永興、林三成、王豐記、陳德豐、陳德興等把持情形等由。蒙此。查律載凡賈買諸物，兩不和同，而把持行市、專取其利者，杖八十。兩不和同，謂買者賣者皆不情願，即俗所謂强買强賣而又不許他人買賣者。尤溪地瘠民貧，惟賴紙爲生計。林長成等紙行並非領帖之户，盡人可開，私立公幫，已干例禁。觀其所定幫規者，如紙客別賣，不准幫內私抬價值，違者重罰，如有私買，將紙充公，其店閉歇等語，是謀禁錮槽户、壓制別行，即律所謂把持行市、專取其利者也。該商等亦知衆情不服，乃以養槽、舊欠兩事炫惑有司。查養槽系保給工資，餘與貨物，以准折槽户之紙價，各處紙行皆然，不獨公幫如此；舊欠則何行蔑有，槽户有欠，盡可呈追，不能禁其紙之別售，亦不能禁別行之不收其紙。是所謂養槽、舊欠又該商抵制上控之托詞。至於紙米之價，請由官定，其言似公矣。然百貨漲落無常，但使買賣和同，即是公平價值，何必請由官定。况林長成等力足以强立公幫，莫之禁遏，由官定價，豈不陰遂其私？是猶把持抵制之詭謀，何足爲信！昔年延建邵司徒道爲該商出示，嚴禁不准私開私買，並將泉源標封，至於入幫而後已。又因泉源添開，經府封禁。查紙系尋常貨物，並非引地之鹽、例禁之酒，但輸厘税，其所謂私即公幫，實便於民，尚不能禁人增設，何况居奇壟斷，盤剝小民？前道司徒不遵例章，不恤民隱，壞彼成此，辦理殊欠公平。且泉源一經府提，即便閉歇，而公幫則安然自若。據稟，自本年正月二十四日泉源閉歇之後，米價日增，紙價日減，即此數端，其爲恃强自恣，罔利病民，尤屬信而有征。來稟所謂以把持抑勒之錢，行把持抑勒之術，殆非虛語。綜核該令先後所稟，證本司查訪情形，槽户蓄怨已深，所以未即滋事者，知該令尚有持平，姑隱忍以冀挽回耳。案已提府逾年，迄今未能了結，若必候人證到齊，再行定斷，適遂該幫等延累之謀。倘槽户呼籲無門，鋌而走險，亦非保全該商之道。總之，此案等病在公幫，禁革公幫，則該商一切把持抵制之術俱無所施，人心自平，物價自定，訟端自息。應即由縣出示嚴禁，勒將尤溪紙商公幫名目永遠禁革。林長成等十三家開閉聽其自便。嗣後該紙行無論何等商人，俱准其開設。槽户願售何行，各聽其便，不得阻撓，地方官不得稍涉偏袒。如有私立幫規，妄取市利，或捏詞上控，挾制有司，即嚴治以應得之罪，並將該店標封。前道司徒所給告示，由縣追回撤銷。其與楊泉源等互控案內，在府候訊人證，由司飭府，即行開設，以恤民生，而斷訟蔓。除録批報明督憲，暨移藩司巡道，並行延平府遵照外，仰即遵照認真辦理，並録示稿通報備案，毋延。此檄。等因。蒙此。嘗論案達實情，方立於不敗之地，而無謊不狀，或亦爲求勝之常。自來訟獄疊興，雖云譸張爲幻，然必視於理以［掩］罪，托於是以飾非，從未有顯干衆怒，明犯科條，毒害既遍於生民，汙濁且及於官長，如長成等之强立公幫者也。查林長成等開張之初，久稱利市。當是時，商民相安，生意發財，該商等應尚能記憶及之。詎意開設日久，同行日多，思擅獨得之利，遂成壟斷之謀。於是巧立公幫，私定規條，猶慮私規之不足壓人，乃請官示以遂其奸計，使槽户有紙不准别售，他人有貨不能添開。復將紙價日低，米價日貴，其私定合議日期及紅單章程張貼於會館者，皆不啻自聲其把持抑勒之罪。而槽户終歲勤勤，得不償本，虧折消耗，幾不聊生。以致各抱不平，怨讟沸騰，該商等猶復詡詡得意，日事盤剝，亦豈不知事干衆怒，顯犯例禁乎！殆亦利令智昏，雖身爲怨府而不知，甘蹈刑章而不顧也。此次因泉源一店不願入幫，纏訟數年，枝節叢生，紳耆、槽户群起環攻。查十九年間，該幫結連縣差，攔奪私賣，各都槽户會集數百人與該商尋仇，幾至釀成巨案。在該幫目擊情事，比量曲直，雖難云知足不辱，當亦思知難而退。乃查其中若重有所恃者，復敢無中生有，强詞奪理。其控槽户也，一曰養槽數十年，又曰槽欠數十萬，既不慮帳簿之無憑；其誣紳耆也，始以爲賄串，繼反以爲梟債，又不顧前後之矛盾。抵制拖累，日復一日，官司未了，公怒成仇。如再抑而不伸，必致釀成巨禍。彼時勢不足恃，利盡歸人，豈能再晏然開立，行其把持抑勒之術乎！今幸蒙臬憲念恤民隱，查悉詭謀，摘伏指奸，詞意嚴切，質之該幫，應無絲毫冤抑。所有該幫之鬼域伎倆，諒亦無可再施。而所以不究把持之罪，竟令禁革公幫者，是於嚴厲之中，仍寓寬恤之意。須知憲恩高厚，各宜激發天良，共相感悟，從此洗心滌慮，息訟安分，切莫再結公幫，尚可保全商業。至本縣辦理此事，一秉至公，即先後通稟各節，亦系查訪實在情形，毫無私曲，雖爲地方生民起見，然亦保全該商不淺。乃林長成等，屢以無稽之詞妄加誣議，居心猶爲刁狡，第能悔禍以誠，不怙前非，亦當從寬免究，不咎既往。所有公幫名目，自應遵批永遠禁革，以除民害而安商業。除將前奉司徒道憲告示遵批飭差追回撤銷，一面傳領帳簿稟請銷案外，合行出示嚴禁。爲此示仰合邑紙行、槽户人等一體知悉：爾等須知私結幫規、把持抑勒，大屬有干例禁，嗣後務將公幫名目永遠革除，即私立條約，亦克日繳消。無論何籍商人，俱准開設紙行，槽户願向何行買賣，各聽其便，不得阻撓。至各行買紙賣米，以及百貨價值，尤須公平交易，不許仍前高抬抑勒。如有私立幫規，罔取市利，一經查出，當照兩罪並治之例，一律窮究。此系奉憲飭禁，期在必行，慎勿嘗試。至於槽欠一節，亦經本縣查悉，爲數無多，亦應陸續清還，不得因公幫革除，任意拖欠，致干究追。各宜凛遵毋違，特示遵。

光緒二十二年丙申五月二十三日。

光緒三十二年《武岡梅葛祀條規》 我行貿斯業於都梁者，始於同治之初，店户不過一二，工司不過七八。數十年店户之增，工司之廣，已數倍矣。近來人衆心雜，工不精造，商無遠謀，兼之洋紙洋料，充塞海内。若不謹頓規模，將來行商爲之纏足，是以邀約同行，玉成一祀，曰梅葛祀。幸諸君慷慨樂從，集腋成裘，捐資存儲，以權子母，勿分工商，是爲一體。商爲唇，工爲齒，工商相輔，百事可成。然朝廷振興商務，開工商之學，商非工不琢，工非商不運，故工商團成一體，同心共濟，生理之暢，定必蒸蒸日上，願諸君勿分工商之疑忌，永遠遵守，勿懷異念。

李吉甫《元和郡縣圖志》卷二六《江南道二・衢州》 貢、賦：開元貢：緜紙。賦：紵布。元和貢：紙，黄連，葛粉，簟，扇，龍鬚席。

李吉甫《元和郡縣圖志》卷二六《江南道二・余杭縣》 由拳山，晉隱士郭文舉所居。旁有由拳村，出好藤紙。

李吉甫《元和郡縣圖志》卷二八《江南道四・信州》 貢、賦：元和貢：緜，藤紙。

樂史《太平寰宇記》卷四六《河東道七・蒲州・土産》 有鹽鐵之饒，竹扉、經紙、氈毯、五味子、天蒸棗、藺蓆、麻布、綿絹。

樂史《太平寰宇記》卷七二《劍南西道一・益州・土産》 按《十道志》云：巴蜀土地肥美，有江水沃野、山林竹木、蔬食果實之饒，橘柚之園，郊野之富，號爲近蜀丹青文采。家有鹽泉之井，户有橘柚之園。紙惟十色，竹則九種。

樂史《太平寰宇記》卷七七《劍南西道六・雅州領投降吐蕃部落七羈縻吐蕃四十六州・土産》 麩金、石菖蒲、升麻、黄連、蠲紙、客雁木、茶。

樂史《太平寰宇記》卷八四《劍南東道三・劍州龍州・土産》 今貢：巴戟、蠲紙。

樂史《太平寰宇記》卷九三《江南東道五・杭州・土産》 乾地黄、牛膠、藤紙、蜜、乾薑。

樂史《太平寰宇記》卷九三《江南東道五・余杭縣》 大辟山。《郡國志》云青障山，高峻爲最，在縣南十八里。山謙之《吳興記》云：晉隱士郭文，字文舉，初從陸渾山來居之。王敦作亂，因逸歸入此處。今傍有由拳村，出藤紙。

樂史《太平寰宇記》卷九九《江南東道十一・温州・土産》 貢：鮫魚、蠲紙。

樂史《太平寰宇記》卷一〇二《江南東道十四・泉州・土産》 貢：蠲符紙、生蕉，白藤箱。

樂史《太平寰宇記》卷一〇二《江南東道十四・汀州・土産》 古《圖經》云：進黄蠟、蠲紙。

樂史《太平寰宇記》卷一〇三《江南西道一・宣州・土産》 《職方氏》：其利金，錫，竹箭，畜宜鳥獸，穀宜稻。南陵利國山出銅。當塗縣界赤金山亦出好銅，紵布、綺、五色線毯、綾、塾線綾、紙、綿、筆、絹。

樂史《太平寰宇記》卷一〇四《江南西道二・歙州・土産》 硾紙、茶、漆、蜜、墨、蠟、銀。

樂史《太平寰宇記》卷一〇九《江南西道七・袁州・土産》 白紵布、葛、紙、竹鞋、酒。

樂史《太平寰宇記》卷一〇九《江南西道七・吉州・土産》 碁子、竹紙、絲布、白紵布、茶。

樂史《太平寰宇記》卷一一一《江南西道九・江州・土産》 雲母、葛布、布水紙。

樂史《太平寰宇記》卷一一一《江南西道九・南康軍・土産》 布水紙、雲母。

樂史《太平寰宇記》卷一三三《山南西道一・興元府・土産》 唐貢：紅花胭脂、夏蒜、冬笋、糟瓜、藥物。今貢：胭脂、蠲紙、紅花。

樂史《太平寰宇記》卷一四一《山南西道九・金州・土産》 麝香、黄蘗、紙、漆、蠟、鍾乳、麸金、厚樸。

樂史《太平寰宇記》卷一四九《山南東道八・萬州・土産》 金貢、白膠、蠲紙。

王存《元豐九域志》卷五《淮南東路・上真州軍事》 土貢：紙五百張。

王存《元豐九域志》卷五《兩浙路・大都督府杭州餘杭郡寧海軍節度》 土貢：綾三十疋，藤紙一千張。

王存《元豐九域志》卷五《兩浙路・大都督府越州會稽郡鎮東軍節度》 土貢：越綾一十疋、茜緋花紗一十疋、輕容紗五疋、紙一千張、甆器五十事。

王存《元豐九域志》卷五《兩浙路・上婺州東陽郡保寧軍節度》 土貢：綿一百兩，藤紙五百張。

王存《元豐九域志》卷五《兩浙路・上温州永嘉郡軍事》 土貢：鮫魚皮五張，紙五百張。

王存《元豐九域志》卷五《兩浙路・上衢州信安郡軍事》 土貢：綿一百兩，藤紙五百張。

王存《元豐九域志》卷六《江南東路・上歙州新安郡軍事》 土貢：白苧一十疋，紙一千張。

王存《元豐九域志》卷六《江南東路・上池州池陽郡軍事》 土貢：紙一千張。

王存《元豐九域志》卷七《成都府路》 土貢：花羅六疋，錦三疋，高紵布一十疋，雜色紙五百張。

周淙《乾道臨安志》卷二《錢塘縣・物産》 《舊經》云：産白編綾、緋綾、藤紙、木瓜、橘、蜜、薑、牛膝、地黄。

周淙《乾道臨安志》卷二《錢塘縣・土貢》 《唐書・地理志》：貢白編綾、緋綾、藤紙、木瓜、橘、蜜、薑、乾薑、芑、牛膝。《太平寰宇記》：歲貢乾地黄、牛膝、藤紙、蜜。《九域志》：貢綾三十匹，藤紙一千張。

羅願《新安志》卷二《叙物産・貨賄》 舊稱歙有金與銀，而今無有。以《國朝會要》考之，出金之州十，出銀之州四十有二，歙無預焉。良木之産，則已見於右方。而茶則有勝金、嫩桑、僊芝、來泉、先春、運合、華英之品。又有不及號者，是爲片茶八種。其散茶號茗茶。而紙亦有麥光、白滑、冰翼、凝霜之目。今歙縣、績溪界中有地名龍鬚者，紙出其間，故世號龍鬚紙。大抵新安之水清徹見底，利以漚楮，故紙之成，振之似玉雪者，水色所爲也。其歲晏，敲冰爲之者，益堅韌而佳。

羅願《新安志》卷二《叙物産・進貢》 《新唐書》又有紙及黄連。國朝貢表紙、麥光、白滑、冰翼紙、乾預、藥臘、牙茶、細布。景德四年閏五月，詔特減放諸郡六十六處貢物，而歙所貢七物在其數中，且飭官吏後不得以土貢爲名妄有配率。熙寧中，貢白滑紙千張，大龍鳳墨十斤。元豐中，貢白苧十匹，紙如熙寧，而無墨。今貢白苧十匹。其天申節進奉有銀、絹五百匹、兩。

羅願《新安志》卷二《敘物產・上供紙》 上供七色紙歲百四十四萬八千六百三十二張。七色者，常樣、降樣、大抄京連、三抄京連、小抄。自三抄以下，折買奏紙，是爲七。外有年額折錢紙，用以折買大抄。皆以上下限起發赴左藏庫。又有學士院紙、右漕紙、鹽鈔茶引紙之屬，不在其數中。始大中祥符四年六月，上以歙州歲供大紙數多，頗勞民，思有以寬之。知樞密院王欽若奏，本院諸房所請歙州表紙自元年後置曆拘管，今支使外剩十一萬八千三百張，望下三司住支一年，及於本州減造。從之。又遣中使就院宣諭，副都承旨張質已下於太平興國寺賜御宴。今供數不知何年所定。

羅願《新安志》卷一〇《敘雜說・紙》 黟歙間多良紙，有凝霜、澄心之號。復有長者，可五十尺爲一幅。蓋歙民數日理其楮，然後於長船中浸之，數十夫舉抄以抄之，傍一夫以鼓節之，續於大熏籠上，周而焙之，不上於墻壁也。於是自首至尾，勻薄如一。《四譜》。

紙李主澄心堂爲第一，其物出江南池、歙二郡，今世不復作。精品蜀牋不堪久，自餘皆非佳物也。《文房四說》。

歙州績溪紙，乃澄心堂遺物，其新也鮮明過之。今世紙多出南方，如烏田、古田、由拳、溫州、惠州，皆知名，擬之績溪，曾不得及其門墻耳。

梁克家《〔淳熙〕三山志》卷三《地里類三・青田鄉》 安樂里西寮、蓋竹、杉洋、徐坂、皮寮、西溪、潭書皆造竹紙。

順委里犯御名，改爲順。黃柏、茶洋造竹紙。

梁克家《〔淳熙〕三山志》卷四一《土俗類三・物產》 紙。竹穰、楮皮、薄藤、厚藤，凡柔軟者皆可以製。竹紙出古田、寧德、羅源村落間。黃魯直有《次韻惠玉板》詩：「古田小箋惠我百，應知溪翁能解玉。」楮紙出連江西鄉，薄藤紙出候官赤岸，厚藤紙出永福辜嶺。

劉文富纂、陳公亮修《〔淳熙〕嚴州圖經》卷一《物產》 絲、漆、茶、蜜、蠟、紙。

施宿《〔嘉泰〕會稽志》卷四《庫務場局等》

湯浦紙局

新林紙局

楓橋紙局

三界紙局

施宿《〔嘉泰〕會稽志》卷五《雜貢》 以匹貢者，爲綾二十、排花紗十、輕容紗五，表紙千張，瓷器五十事。

施宿《〔嘉泰〕會稽志》卷七《宮觀寺院・大能仁禪寺》 歲用名香、朱丹、幣帛、酒醴、華果，不可勝數。紙札尤多，一取以千計，皆池表、歙表之類，不許以他所產充數。

陳耆卿《〔嘉定〕赤城志》卷一六《財賦門》 鹽鈔紙札二萬張。係本州行下臨海、天台、僊居三縣收買起發。

陳耆卿《〔嘉定〕赤城志》卷一六《財賦門》 行遣紙札一萬五千張。行下臨海、天台、僊居三縣，分作兩次買發。內平表一樣檢紙各五千。

陳耆卿《〔嘉定〕赤城志》卷三六《風土門一・土產》 紙。蘇文忠軾《雜志》云：「呂獻可遺余天台玉版，過於澄心堂。」又米元章用黃巖藤紙，硾熟，揭其半用之，有滑淨軟熟之稱。今出臨海者，曰黃檀，曰東陳；出天台者，曰大淡；出寧海者，曰黃公；而出黃巖者，以竹穰爲之，即所謂玉版也。

羅濬《〔寶慶〕四明志》卷六《敘賦下・朝廷窠名》 鹽鈔紙七萬九千三百幅。歲支錢一千一十九貫五百六十八文，錢會各半，行下奉化、象山、鄞縣收買，赴太府寺交引庫。

周應合《〔景定〕建康志》卷三二《儒學志五》 本府勸駕：於貢院揭名一月後，就設廳開鹿鳴宴，凡本府新舊文武舉及漕司新舉人皆預焉。津送有差：本府正請士人，每員送十七界會子三十貫文，折緑襴過省見錢一十貫文七十八陌，酒四瓶，兔毫筆一十枝，試卷劄紙四十幅，點心折十七界會子一十貫、酒一瓶，特送十七界會子一千貫文。

江東漕司：正請官員士人，除漕司津送外，本府每員送十七界會子三十貫，折緑襴過省見錢一十貫七十八陌，酒四瓶，兔毫筆一十枝，試卷劄紙四十幅，點心折十七界會子一十貫、酒一瓶。

淮郡附試：正請士人每員送十七界會子三十貫，折緑襴過省見錢一十貫七十八陌，酒四瓶，兔毫筆一十枝，試卷劄紙四十幅，點心折十七界會子一十貫、酒一瓶，特送十七界會子二百五十貫文。

潛說友《咸淳臨安志》卷九《監當諸局》 造會紙局 在赤山之湖濱。先是，造紙於徽州，既又於成都。乾道四年三月，以蜀遠，紙弗給，詔即臨安府置局，從提領官權兵部侍郎陳彌作之請也。始局在九曲池，後徙今處。

潛說友《咸淳臨安志》卷二四《山川三・由拳山》 在縣南二十六里。高一百八十丈九尺，周迴一十五里。按《搜神記》云：「由拳，即嘉興縣。吴元帝時，縣人郭暨猷與由拳山人隱此，因以爲名。」《郡國志》亦曰：「餘杭山，一名由拳，高峻爲最。旁有由拳村，出籐紙。」

潛説友《咸淳臨安志》卷五八《物産》 紙。歲貢藤紙。按《舊志》云：「餘杭由拳村出藤紙，省劄用之。富陽有小井紙，赤亭山有赤亭紙。」

黄巖孫《仙溪志》卷一《物産》 縣境依山瀕海，故水陸之産足於他邦，五穀之種隨所宜樹。【略】用物則窠蜂而取蜜，且溶其房以蠟，灰蠣而柔竹，則蒸其屑以紙。

祝穆《方輿勝覽》卷六《浙東路紹興府・土産》 剡紙。舒元輿有《弔剡溪古藤文》。其意蓋謂今之爲文者，皆夭閼剡藤者也，所以言弔。竹紙。曾文清詩：「會稽竹箭東南美，來伴陶泓住管城。可惜不逢韓吏部，相從但説楮先生。」

祝穆《方輿勝覽》卷一六《江東路徽州・土産》 紙。有麥光、白滑、冰翼、凝霜之目。今歙縣、績溪界有地名龍鬚者，紙出其間。大抵新安之水清徹見底，利以漚楮，故紙如玉雪者，水色所爲也。【略】《郡志》又云：「祁門水入于鄱，民以茗、漆、紙、木行江西，仰其米自給。」

祝穆《方輿勝覽》卷一六《江東路池州・土産》 劄紙。王介甫《酬贈池紙》：「微之出守秋浦時，椎冰看擣萬穀皮。波工龜手咤今樣，魚網肯數荆州池。霜紈奪色賈不售，虹玉喪氣山無暉。方舡穩載獻天子，善價徐取供吾私。千年零落尚百一，持以贈我隨清詩。君寧久寄金谷地，方執賜筆磨坳螭。當留此物朝上國，日侍帝側書新儀。不然名山副史本，褒拔元凱誅窮奇。咨予文章非世用，書鏤空爾糜冰脂。揮毫才足記姓字，竊學又耻從師宜。怱怱點汙亦何忍，嘉貺但覺難爲辭。篇終有意責趙璧，窮國恐誤連城歸。傾囊倒篋聊一報，安敢坐以秦爲雌？」

祝穆《方輿勝覽》卷二一《江西路撫州・土産》 清江紙。黄魯直《謝陳適惠紙》：「蠻溪工藤卷盈疋，側釐羞滑繭絲白。想當鳴杵砧面平，桄榔葉風溪水碧。」

祝穆《方輿勝覽》卷二九《湖北路峽州・土産》 椒、紙、漆。歐陽公記：「有椒、紙、漆以通商賈。」〇夷陵紙不甚精熟，然最柰久。歐公《紙説》：「三省中帳籍，惟峽州者不壞。」

祝穆《方輿勝覽》卷五一《成都府路成都府・土産》 蜀牋。有薛濤十色牋。濤，蜀妓也，以紙爲業。〇《南部新書》云：「元和之初，薛濤好製小詩，惜其幅大，不忍長賸，乃狹小之。蜀中才子後減諸牋，因號爲『薛濤牋』。」〇李義山《送崔珏》詩：「卜肆至今多寂寞，酒壚從古擅風流。浣花牋紙桃花色，好好題詩詠玉鈎。」〇楊文公《談苑》載：韓浦與弟洎皆有辭藻。洎語人曰：「吾兄爲文，譬如繩樞草舍，聊避風雨。予之爲文，是造五鳳樓手。」因寄蜀牋，仍贈詩曰：「十樣蠻牋出益州，寄來新自浣溪頭。老兄得此渾無用，助爾添修五鳳樓。」

張鉉《至大金陵新志》卷一二上 紙官署。在長樂橋側，齊造銀光紙賜王僧虔處。

徐碩《〔至元〕嘉禾志》卷三《鄉里・録事司》 嘉禾鄉管里四：作兒、朱巷、紙行、華表。

徐碩《〔至元〕嘉禾志》卷八《橋梁・録事司》 紙行橋，在澄海門東北一里。

陳公亮《巖州圖經》卷一《今産》 絲、漆、茶、蜜、蠟、紙。

王元恭《〔至正〕四明續志》卷六《賦役志》 曆日紙劄，歲買貳拾貳萬捌阡陸拾叁張。

馬端臨《文獻通考》卷三一八《輿地考四・真州》 貢麻紙。

馬端臨《文獻通考》卷三一八《輿地考四・池州》 貢紙、紅白薑。

馬端臨《文獻通考》卷三一八《輿地考四・徽州》 貢白紵、紙。

馬端臨《文獻通考》卷三一八《輿地考四・臨安府》 貢綾、藤紙。

馬端臨《文獻通考》卷三一八《輿地考四・紹興府》 貢越綾、輕庸紗、紙。

馬端臨《文獻通考》卷三一八《輿地考四・温州》 貢鮫魚皮、蠲紙。

馬端臨《文獻通考》卷三一八《輿地考四・婺州》 貢綿、藤紙。

馬端臨《文獻通考》卷三一八《輿地考四・衢州》 貢綿、藤紙。

馬端臨《文獻通考》卷三一八《輿地考四・成都府》 貢花羅錦、高紵布、牋紙。

《永樂大典》卷五二〇一《太原志・田賦》 （永樂元年）紙房鈔八錠二貫四佰七十文。

《永樂大典》卷五二〇一《太原志・土産・榆次縣》 紙，出縣東八里源渦村，各户抄造，官爲收課。

《永樂大典》卷二二七七《吴興續志・田賦・長興縣》 紙劄，歲辦一萬六千三百二十張。

《永樂大典》卷二二七七《吴興續志・田賦・武康縣》 紙劄，歲辦一十萬六千三百二十張。

《永樂大典》卷二二七七《吴興續志・田賦・安吉縣》 紙劄，二萬四千七百二十張。

《永樂大典》卷一九七八一《宣城志・官署》 撩造會子局，以城北澄江亭廢址及闕民居爲之。先是朝廷以西蜀擾攘，闕少會子紙料，亦既即都城置局撩造，數目不敷。嘉熙三年，省劄下嚴、衢、撫、吉、徽、建昌六郡分造。已而又增本府，日造三萬片。郡侯杜範、倅尹焕以本府素非産楮去處，申乞寢免，毋慮數十疏，至謂朝廷若以方命爲罪，即擇有幹力者來任此責。閲明年，顔侯頤仲繼之，復申前請，不許，衹抽回專官，令本府自造，乃減作二萬片，通歲計之，用楮二十八萬八千片。州家不得已，以十一月開局，極其材力，不能如數。再乞免其半，又不許，僅更日減三千片而已。異時蜀道底平，責輸如故，江南諸郡庶幾免夫。

《永樂大典》卷七八九〇《臨汀志・土産》 貨之屬：金、銀、銅、鐵、蠟、蜜、糖、蕈、靛、紙、紅椒。

《永樂大典》卷二三三九《昭潭志・税賦》（永樂元年）紙槽課鈔一百九十八貫一百二十文。

《永樂大典》卷二三三九《鬱林志・田賦・梧州府》（永樂元年）紙槽課鈔三貫九佰二十文。

《永樂大典》卷二三三九《容州志・田賦・容縣》（永樂元年）紙槽課鈔一貫九十六文。

《永樂大典》卷二三三九《容州志・田賦・北流縣》（永樂元年）紙槽課鈔六十六貫五佰六十文。

《永樂大典》卷二三三九《容州志・田賦・陸川縣》（永樂元年）紙槽課鈔三貫三十文。

《永樂大典》卷一〇一一〇《郡縣志・物産》 産紙，真州。

《永樂大典》卷一〇一一〇《元一統志・物産》 産紙，金華府、温州府、衢州府、處州府、嚴州府、興州、義州、建州。

《永樂大典》卷一〇一一〇《太原志・物産・榆次縣》 紙出縣東八里源渦村，各户抄造，官爲收課。安陽縣羊群村，又西故縣之章武村、方山村，皆有。

《永樂大典》卷一〇一一〇《杭州志・物産》 杭州府總抄造紙劄一十萬九千四百四十張。

仁和縣抄造紙二千八百八十張。

錢塘縣抄造紙二千八百八十張。

餘杭縣抄造紙四千五百六十張。

臨安縣抄造紙二萬五千二百張。

富陽縣抄造紙一萬七千二百八十張。

昌化縣抄造紙二千一百六十張。

新城縣抄造紙六千張。

於潛縣抄造紙四萬八千四百八十張。

《永樂大典》卷一〇一一〇《新安志・物産》 休寧縣。本縣之水南及虞芮、和睦、良安三鄉，皆有槽户抄紙。國朝除每月解納榜紙三千八百張外，其餘和買無定額。

和買紙。績溪縣十都、十一都皆有槽户，舊志。國朝除每月解納榜紙一千張外，每年和買，時估色數不等。

歙縣出産紙都分，四都、五都、十七都、三十都至三十四都、三十六都，皆有槽户，除榜紙每月解納四千八百張外，其餘諸色紙各年和買，時估數目則例不等。

休寧縣虞芮、和睦、良安三鄉除納榜紙三千八百張外，其餘和買無定額。

《永樂大典》卷一〇一一〇《鄱陽志・物産》 浮梁西鄉出印書紙，精白耐用，傘紙有大小，通販。浮梁烏田出狀紙、劄紙，京師朝省嘗用之，畢姓者最精，其後徽、池紙出，不復用。德興亦有之，皆加土差厚，非徽、池之比。

《永樂大典》卷一〇一一〇《南豐志・物産》 建昌縣三抄紙。

《永樂大典》卷一〇一一〇《韶州府曲江志・物産》 南有洞造紙。

《永樂大典》卷一〇一一〇《賓陽志・物産》 産紙，遷江縣。

《永樂大典》卷一〇一一〇《雲南志・物産》 産紙，北騰府、永昌府、通安州、澂江府、鄧州府、鶴慶府。

李賢《明一統志》卷五《永平府・土産》 紙。灤州及遷安縣出。

李賢《明一統志》卷一四《廬州府・土産》 紙。英山縣出。

李賢《明一統志》卷一六《池州府・土産》 紙。貴池縣出。

李賢《明一統志》卷一六《徽州府・土産》 紙。歙縣龍鬚山出，有麥光、白滑、水翼、凝霜之名。

李賢《明一統志》卷四一《嚴州府・土産》 紙。建德、淳安二縣出。

李賢《明一統志》卷四二《金華府・土産》 紙。俱永康縣出。

李賢《明一統志》卷四三《衢州府・土産》 藤紙。開化縣出。

李賢《明一統志》卷四八《温州府·土産》 蠲糨紙。永嘉縣出。

李賢《明一統志》卷五九《武昌府·土産》 火紙。各縣俱出。

李賢《明一統志》卷六四《衡州府·土産》 紙。耒陽縣出。

章潢《圖書編》卷八九《各織省府縣土産·永平府》 紙。灤、遷安。

章潢《圖書編》卷八九《各織省府縣土産·廬州府》 紙。英山。

章潢《圖書編》卷八九《各織省府縣土産·池州府》 紙。貴池。

章潢《圖書編》卷八九《各織省府縣土産·徽州府》 紙。有麥光、白滑、水翼、凝霜。

章潢《圖書編》卷八九《各織省府縣土産·嚴州府》 紙。建德、淳安。

章潢《圖書編》卷八九《各織省府縣土産·金華府》 紙。永康。

章潢《圖書編》卷八九《各織省府縣土産·衢州府》 藤紙。開化。

章潢《圖書編》卷八九《各織省府縣土産·紹興府》 剡箋。嵊。竹紙。

章潢《圖書編》卷八九《各織省府縣土産·温州府》 蠲糨紙。永嘉。

章潢《圖書編》卷八九《各織省府縣土産·武昌府》 大紙。各。

章潢《圖書編》卷八九《各織省府縣土産·衡州府》 紙。耒陽。

曹學佺《蜀中廣記》卷一一《名勝記·嘉定州》 沫水發源大渡河，一名峩水，自陽山縣流入江。按：青衣、沫水合流，在州西十五里，俗名尖山。其下爲紙房。楮薄如蟬翼，而質堅可久。

曹學佺《蜀中廣記》卷三四《邊防記·鹽井衛》 《土夷考》云：鹽井之沙坪驛，在瀘河西，去建昌僅四十里。又十五里爲紙房堡，十里爲瀘州治所也。

黄仲昭《八閩通志》卷二五《食貨志·土産·福州府》 紙。竹穰、楮皮、薄藤、厚藤，凡柔韌者皆可以造。舊誌謂竹紙出古田羅源村落間，楮紙出連江西鄉，薄藤紙出候官赤岸，厚藤紙出永福辜嶺。今皆少造，惟古田杉洋人造極粗厚者，謂之錢紙，即俗祀神楮幣也。

黄仲昭《八閩通志》卷二六《食貨志·土産·汀州府》 紙。

黄仲昭《八閩通志》卷二六《食貨志·土産·漳州府》 紙。

陳弘緒《南昌郡乘》卷三《輿地·物産》 《紙箋》云：永樂中，江西西山置官局造紙。最厚大而好者曰連七，曰觀音紙。〇又云：豫章彩色粉箋最光滑，山谷用之作畫寫字。

《編蒲館雜録》云：明初，貢紙於江西，董以中貴。有太監楊姓者，即翠巖寺遺址以爲楮廠，建皮庫於應聖宫西以貯楮料。俄中貴病風，毛髮脱落，遂奏請改署信州。

陳弘緒《南昌郡乘》卷三《輿地·物産》 紙。出寧州。火紙。以竹麻爲之，出奉新縣。

《〔永樂〕樂清縣誌》卷三《貢賦·國朝歲進》 禮部黄紙叁千伍百張，白紙伍萬張。

布政使司白紙伍萬叁千張。

楊寔《〔成化〕寧波郡志》卷四《土産考》 紙。

章律修、張才纂，徐珪重編《〔弘治〕保定郡志》卷六《食貨一·土貢》 唐貢生漆五百斤，桑皮紙五萬張，細綿布五千疋，粗綿布四千疋，綿花七百五十斤，席三千領。《九域志》。

章律修、張才纂，徐珪重編《〔弘治〕保定郡志》卷七《食貨三·土産》 貨屬：羊毛、蠟、綿子、蜜、炭、綿花、席、紙、絲。

彭澤修、汪舜民纂《〔弘治〕徽州府志》卷二《食貨一·土産》 紙。舊有麥光、白滑、冰翼、凝霜之目。歙績溪界中有地名龍鬚山，紙出其間，號「龍鬚紙」。大抵新安之水清澈見底，利以漚楮，故紙如玉雪者，水色所爲也。其歲晏敲冰爲之者，益堅韌而佳。宋時紙名則有所謂進劄、殿劄、玉版、觀音、京簾、堂劄之類，亦出休寧之水，南及虞芮、良安、和睦三鄉。餘見《拾遺志》。〇按舊志雖載此，然今新安紙絶無佳者，惟市於常山、開化二縣者乃佳。

彭澤修、汪舜民纂《〔弘治〕徽州府志》卷二《食貨一·土貢·唐》 白苧、竹簟、紙、黄連。按《六典》：歙州貢白苧，布。大府卿以布方土精粗爲九等，而歙苧在第七。《通典》：貢苧十五端，竹簟一合。《新唐書》：又有紙及黄連。

彭澤修、汪舜民纂《〔弘治〕徽州府志》卷二《食貨一·土貢·宋》 表紙、麥光紙、白滑冰翼紙、乾預、藥臘、芽茶、細布、景德四年閏五月，詔特減放諸郡六十六處貢物，而歙所貢七物在其數中。且飭官吏後不得以土貢爲名，妄有配率。白滑紙、大龍鳳墨、熙寧貢白滑紙千張，大龍鳳墨千片。白苧、紙、元豐中貢白苧布十疋，紙如熙寧而無墨。後貢白苧十疋。銀、絹、天申節進奉有銀伍百兩，絹伍百疋。貍、宋淳熙後有牛尾貍，又有玉面貍。上供七色紙、歲百四十四萬八千六百三十二張。七色者：常樣、降樣、大抄京連、三抄京連、小抄，自三抄以下折買奏紙，是爲七。外有年額折銀紙，用以折買大抄，皆以上下限起發，赴左藏庫。又有學士院紙、右曹紙、鹽鈔茶引紙之屬，不在其數。始太中祥符四年，以歙州歲供大紙數多，頗勞民，思有以寬之。知樞密院王欽若奏，本院諸房所謂歙州表紙，自元年後置曆拘管，今支使外剩十一萬八千三百張，望下三司住支一年，及於本路減造。從之。

彭澤修、汪舜民纂《〔弘治〕徽州府志》卷二《食貨一・土貢・元》 上供紙。常歲供官有赴北紙、行臺紙、本道廉訪司紙。其紙有三色，曰夾紙、線紙、檢紙。其赴北夾紙歲三百萬張，皇慶二年省劄坐下金玉府料例：赴北夾紙每千張重五十觔，用白淨楮一百五十觔；線紙每千張重三十二觔八兩，用白淨楮九十觔三兩四錢八分；檢紙每千張重二十觔，用淨楮五十五觔四兩一錢。續降式樣：夾紙每張長二尺四寸，闊二尺；線紙每張長二尺二寸，闊一尺八寸；檢紙每張長二尺，闊一尺六寸半。行臺紙、廉訪司紙通計歲額亡慮二十萬張，色樣不齊，輕重不等。又有諸衙門和買紙、常課日紙，或和買經文紙，動以百萬計，不在常數。【略】而當時有司和買數多，惟務立辦，令甫下而追呼沓至，並緣漁獵。先是，宋之季年，因四川破，上供紙外撩造關子紙。嘗於城南置局，然所造關子，方之四川，輒破爛不可用久。至於元時，槽户不堪，逃移者衆。至大三年以前隸雜造局，其後改屬有司，最後買楮悉依實估，稍革前弊。皇慶二年，嘗於人户夏税内折納赴北紙。延祐六年，總管朱霽言于行省，乞將此紙於産楮歙及績溪、休寧三縣夏税輕齎上户内折收，其横造紙劄，令停塌人户，依直和買。移准都省回咨，若止於三縣，恐人力不均，久而靠損，擬於本路所轄州縣上户内斟酌折收。歙縣出紙都分：四都、五都、十七都、三十都、三十二都、三十三都、三十四都、三十六都，皆有槽户。休寧縣出紙鄉分：水南及虞芮鄉、和睦鄉、良安鄉，皆有槽户。績溪縣出紙都分：十都、十一都，皆有槽户。

彭澤修、汪舜民纂《〔弘治〕徽州府志》卷二《食貨一・土貢・國朝》 上供紙。本府國初歙縣每月解納榜紙四千八百張，休寧縣每月解納榜紙三千八百張，績溪縣每月解納榜紙一千張，其餘各色紙每年有用則以時估給價和買，無定額，無定色。

彭澤修、汪舜民纂《〔弘治〕徽州府志》卷三《食貨二・財賦》 （歲辦）勘合中夾紙。四萬四千二十張。

王誥、劉雨《〔正德〕江寧縣志》卷三《鋪行》 重紙、抄紙、零紙、紙扇、扇面、扇骨、表背、經書、畫、冥衣、紙馬、翠花、染紙、花盝、賣鐵、鐵鍋、倒金、金箔、金線、打銀、筆、傾銀、賣銅、打銅、銅錢、碎銅、底皮、船板、打錫、酒坊、磨坊、柴炭、墨。

夏良勝《〔正德〕建昌府志》卷三《物産》 紙。責竹皮稻草成之，可作紙劄，不中書也。

嚴嵩《〔正德〕袁州府志》卷二《土産》 物貨：茶、茶油、茶子搗之爲油。桐油、棕毛、火紙、白蠟、木炭、石炭、蜜、竹紙。

束載修、張可述纂《〔嘉靖〕洪雅縣志》卷三《食貨志・物産》 貨之類：有絲，有葛，有苧，有黄蠟，有竹紙，有蜂蜜，有綿紙，有銅。

甘澤《〔嘉靖〕蘄州志》卷二《土産》 帋。《後漢書・蔡倫傳》：自古書多以竹簡，其用縑帛謂之帋，縑貴而簡重，並不便於人。蔡倫乃造意，用樹皮、麻頭、弊皮、魚網以爲帋，時稱爲蔡侯帋。

姚卿修、孫鐸纂《〔嘉靖〕魯山縣志》卷二《田賦志・物産》 楮皮紙、桑皮紙。

管景《〔嘉靖〕永豐縣志》卷三《物産》 在器物曰紙。舊志云：楮皮紙出自湖廣，今永豐縣東鄉亦造之，有連四，有咨呈，有呈文，出十都。

張孚敬《〔嘉靖〕温州府志》卷三《貢賦》 南京曆日黄紙六千四十張，白紙九萬八千三百五十七張。樂清黄紙三千九百五十五張，價銀七錢五分；白紙四萬八千九十一張，價二十四兩四分五釐八毫。瑞安黄紙二千八十五張，價九錢二分；白紙五萬二百四十六張，價二十五兩一錢二分七釐七毫。

姚鳴鸞修、余坤纂《〔嘉靖〕淳安縣志》卷四《物産》 貨：絲、綿、紗、絹、紬、綾、布、苧、紙。

曾才漢修、葉良佩纂《〔嘉靖〕太平縣志》卷三《食貨志・貢賦》 曆日紙。價銀一十七兩四錢七分二釐。

毛鳳韶《〔嘉靖〕浦江志略》卷二《民物志・户口・各匠》 銀匠七名，鐵匠三十名，銅匠八名，錫匠五名，木匠七十四名，竹匠一十九名，石匠一十九名，瓦匠二十二名，鋸匠七名，刊字匠一名，漆匠二名，絡絲匠二名，織匠二名，伍墨匠八名，裁縫匠一十九名，穿甲匠二十四名，黑窑匠七名，雙線匠七名，土工匠三名，樂器匠一名，紙匠一名，泥水匠一名，染匠二十四名，機匠三十九名，索匠一十八名。

毛鳳韶《〔嘉靖〕浦江志略》卷二《民物志・土産》 曰紙，興賢鄉出。

黎晨修、李默纂《〔嘉靖〕寧國府志》卷六《職貢紀》 曆日紙料坐派銀一百三十八兩有奇，解南京禮部。

黎晨修、李默纂《〔嘉靖〕寧國府志》卷六《職貢紀》 解紙脚價六縣。歲辦解紙脚價銀二十七兩，每巡按御史差解都察院紙劄則給之。

程嗣功修、駱文盛纂《〔嘉靖〕武康縣志》卷四《食貨志・物産》 貨之屬：曰絲，曰綿，曰絹，曰苧布，曰麻布，曰茶，曰黄紙，曰靛。

王崇《〔嘉靖〕池州府志》卷二《風土篇・土産》 貨有紙。出貴池。

夏玉麟修、汪佃纂《〔嘉靖〕建寧府志》卷一三《物産・貨》 簡紙、墨、棕櫚、碗窑、書籍紙、墨窑，俱建陽産。【略】紙被、松溪、政和、建陽、崇安産。草紙、草席，俱八縣産。稻稿紙、甌寧、松溪、政和産。柏油、建安、甌寧、崇安、浦城、政和、松溪産。綿花、松溪、政和、浦城産。黄臘，松溪、浦城産。栲油、竹紙，浦城産。行移紙、黄白紙。建陽、崇安産。

陳能修、鄭慶雲纂《(嘉靖)延平府志》卷五《食貨志・物産》 貨之屬：銀、銅、鐵、糖、蜜、黄蠟、白蠟、綿花、苧麻、葛、棕毛、茶、南平茶出半巖者極佳。紙、油。

馮繼科《(嘉靖)建陽縣志》卷四《户賦志・貨産》 紙。嫩竹爲料，凡有數品：曰簡紙，曰行移紙，曰書籍紙，出北洛里，曰黄白紙，出崇政里。

劉天授修、林魁纂《(嘉靖)龍溪縣志》卷四《田賦志・土貢》 曆日紙七萬一千六十八張，松烟并人匠工食銀六兩八錢。

莫尚簡修、張岳纂《(嘉靖)惠安縣志》卷七《上供》 額辦則有曆日紙。

汪瑀修、林有年纂《(嘉靖)安溪縣志》卷一《土産》 紙。以草穰爲之，其紙堅厚，與草紙相似，名曰官紙，土人焚以事神。又有大如席者，曰角紙，出感德、常樂二里。

汪瑀修、林有年纂《(嘉靖)安溪縣志》卷一《貢賦・額辦》 曆日紙。二萬張。弘治年間無。查正德十一年二萬張，連松烟工食價銀七兩四錢。餘年至嘉靖以來俱同。

汪瑀修、林有年纂《(嘉靖)安溪縣志》卷一《貢賦・雜辦》 紙張。弘治十五年，十六年銀五兩七錢六分。正德四年少者二兩二分，十三年多至二十八兩一錢九分。嘉靖二年六兩六分，七年徵三錢二分。

汪尚寧《(嘉靖)徽州府志》卷七《食貨志》 歲貢之目有二十：其一曰表紙，二曰麥光紙，三曰白滑冰翼紙，【略】八曰白滑紙，九曰大龍鳳墨，熙寧貢白滑紙千張，大龍鳳墨千斤。十曰白苧，十一曰紙，元豐中貢白苧布十疋，紙如熙寧而無墨，後貢白苧十疋。十二曰銀，十三曰絹，天申節進奉有銀五百兩，絹五百疋。十四曰貍，宋淳熙後有牛尾貍，又有玉面貍。十五曰上供七色紙。歲百四十四萬八千六百三十一張。七色者，常樣、降樣、大抄京連、三抄京連、小抄，自三抄以下，折買奏紙，是爲七。外有年額折銀紙，用以折買大抄，皆以上下限起發，赴左藏庫。又有學士院紙、右曹紙、鹽鈔茶引紙之屬，不在其數。始大中祥符四年，以歙州歲供大紙數多，頗勞民，思有以寬之。知樞密院王欽若奏本院諸房所謂歙州表紙，自元年後置曆拘管，今支使外剩十一萬八千三百張，望下三司住支一年，及于本路減造。從之。

馮曾修、李汛纂《(嘉靖)九江府志》卷四《食貨志・物産》 紙。楮皮紙出瑞昌，草紙出德安。

鍾崇文《(隆慶)岳州府志》卷一一《食貨考・慈利縣》 又有方物：【略】蜜、漆、蠟、紙。細白且廣。

鍾崇文《(隆慶)岳州府志》卷一一《食貨考・巴陵縣》 又有方物：【略】紙。薄而多，類可造繖。

劉儲修、謝顧纂《(隆慶)瑞昌縣志》卷一《輿地志・物産》 貨：絲、茶、苧、紙。

袁應祺修、牟汝忠纂《(萬曆)黄巖縣志》卷三《食貨志・貢賦》 皇明歲辦。曆日紙天字號黄紙二千六百四十四張，白紙四萬五千一百九十三張；暑字號白紙四萬七千八百五十五張。

袁應祺修、牟汝忠纂《(萬曆)黄巖縣志》卷三《食貨志・貢賦》 (弘治以來歲辦額)曆日紙，南京黄白一萬七百五十九張，使司黄白共二萬四千八百八十張。

田琯《(萬曆)新昌縣志》卷五《物産誌・貨之屬》 紙。有竹紙、綿紙。

唐世徵修、郭金臺纂《(康熙)玉山縣志》卷二《疆域・物産》 玉無異物也，所傳玉山紙殊薄劣，不受濡墨。

于琨、陳玉璂《(康熙)常州府志》卷一〇《物産》 器用之屬如筆、箋、扇、箸、梳、枕以及竹木器皿之類，俱與他郡無異。

陶成《(雍正)江西通志》卷二七《土産・廣信府》 按王宗沐《江西大志》：廣信府紙槽，前不可考。自洪武年間創於玉山一縣，至嘉靖以來，始有永豐、鉛山、上饒三縣續告官司，亦各起立槽房。玉山槽坐峡口等處，永豐槽坐柘楊等處，鉛山槽坐石塘、石壠等處，上饒槽坐黄坑、周村、高洲、鐵山等處，皆水土宜槽，【略】制作有方。其槽所非一地，故附屬因革，無從稽核。

按江西監察御史邵陛疏稱：「廣信府鉛山、玉山、永豐三縣原係産紙地方，既欽依派造，自應如期速完解進。緣在官積槽悉係市井豪猾，原非本業紙户，瞰文一到，居爲奇貨，百計鑽營，千方賄託，把持行市，高擡時值，弊端種種，難以盡言。設令依期造解以供上用，情尤可原，且領銀入手，即便視爲己有，蕩費不貲，不才委官，吞餌箝口，承行吏胥受賄行私，上恬下玩，日化月遷，以故頭運踰限七年尚未完造起解。是上竊公家之職貢，饜飽私囊，下朘小民之脂膏，恣充谿壑，蠹國害民，靡有止極。況兩奉明旨催辦，任其抗違延緩，臣等亦何所逃罪？臣會同都御史行司道查議，并弔該省賣紙鋪户經紀逐一研審，親定時價。臣等尤恐有礙，覆行布政司再議重覈相同，隨經臣揭數計算：白榜紙每張定銀六釐，白大中夾紙每張定銀六釐五毫，白大開化紙每張定銀八釐，三運共該實價六萬一千五百兩，比前減去虚擡價銀五萬零一百兩。木櫃、氈套、槓索、銷袱等項工料及解户盤纏，三運共實該銀九千三十七兩六錢三分二釐，比前減去多費銀三千八百七十九兩四錢零。除頭運多去銀三千四百四十兩，姑依司議免追，其杠解及解官衣糧等銀，俱照舊規給發外，即頭、二運見徵貯庫銀兩足抵三運之費，可免槩省加派，尚餘三千九百有奇。爲照江省頻年以來旱澇不常，小民愁苦，即今正供輸納不前，仍復帶徵累年逋賦，臣等待罪地方，目擊耳聞，日夜思惟，休息無策，似此浮蠹，若減一分則民受一分之賜，臣等豈敢故爲刻削，以沽節省之虚名，貽虧損之實累？又豈有神運鬼輸之術，使之廉於受直而敏於趨事哉？祇緣向來積弊，皆係市井姦豪射此爲利，始以賁緣之費酬干請，繼以分例之費徇官吏，十分之中虚耗過半，後將領出餘銀轉展覔息。及奉臣等嚴限催督，僅照時估向本業紙户勒買供官，毫無加益。似此浪費銀兩，上不在官，下不在民，盡屬姦豪漁獵，而復蔑視上供，苟延歲月，漫不完解，良可痛恨！故臣等今日之所議裁者，裁侵漁之積弊也，而非以裁紙張之實價也。臣等今日之所議革者，革市井之積槽也，而非以革本業之紙户也。價無虚估，侵蠹自消，收造得人，完解自早矣。除將頭運三百萬張嚴限勒完，委驗如式，仍委傅昂于三月初六日起解，又另委奉新縣主簿唐士廉沿途儹運去後。但念立法之始，若不題請著爲定例，恐將來官更案冷，此輩復覬爲姦。伏乞敕下工部，再加查議，如果臣等所言可采，速爲題覆，將議定紙價、數目載入咨劄，并乞叙入着落司府掌印官呈委風力府佐貳官一員專管其事，不許别項差委。即遇陞遷，亦要責令完事，方許離任。管一運畢，詳送臣等考察一次。如果督買合式，完解及時，即于起運文内開薦工部，以憑轉咨吏部紀録陞擢，否者參究，不得姑息。庶幾責成之法嚴，則上供不至悞期；浮淫之蠹汰，則民力漸從休息。即紙户身親貿易，得價贏於時估，當官又無虚費，蒙惠非小，一舉而三善備矣。」

和珅《欽定大清一統志》卷一四《永平府・土産》 紙。遷安縣出。又灤州亦出紙。

和珅《欽定大清一統志》卷二三《大名府・土産》 紙。《開州志》：州東清河濱人多造紙爲業，頗佳。

和珅《欽定大清一統志》卷五三《江寧府・土産》 紙。出六合縣，謂之六合箋。又府境舊亦出紙，有故紙官署，在長樂橋側。《江寧縣志》云：齊造銀光紙處也。

和珅《欽定大清一統志》卷七九《徽州府・土産》 紙。唐宋時土貢。《方輿勝覽》：出歙州績溪界龍鬚山，有麥光、白滑、冰翼、凝霜等名。《府志》：府雖貢紙，紙無佳者，往往市於常山、開化間。

和珅《欽定大清一統志》卷八三《池州府・土産》 紙。《府志》：石埭、銅陵、建德諸縣皆出。《唐書・地理志》：池州貢紙。《明統志》：貴池縣出。

和珅《欽定大清一統志》卷一〇二《蒲州府・土産》 紙。出府境，以麻爲之。《寰宇記》：河中府産經紙。

和珅《欽定大清一統志》卷一五七《彰德府・土産》 紙。《府志》：涉縣産桑皮紙。

和珅《欽定大清一統志》卷一七〇《陳州府》 紙店鎮。在沈邱縣東北四十里，明初設巡司。

和珅《欽定大清一統志》卷一八四《鳳翔府》 紙坊橋。在鳳翔縣東郭外紙坊河上。

和珅《欽定大清一統志》卷二二八《紹興府・土産》 藤紙。剡之藤紙，得名最舊，其次苔牋，今獨竹紙名天下。

和珅《欽定大清一統志》卷二三二《金華府・土産》 紙。《元和郡縣志》：婺州貢白藤細紙。《明一統志》：永康縣出。《通志》：東陽縣出。

和珅《欽定大清一統志》卷二三五《温州府・土産》 蠲糨紙。以糨粉釃爲之。宋時貢。

和珅《欽定大清一統志》卷二三六《處州府・土産》 紙。縉雲、龍泉出。

和珅《欽定大清一統志》卷二四二《廣信府・土産》 藤紙。《元和志》：信州貢藤紙。《府志》：上饒縣有黄白表紙，亦有連四紙，俱不甚佳。又鉛山、貴溪二縣有白録紙，煮竹絲爲之，鉛山者佳。又有高簾紙，俗名蓬紙。又玉山縣東北鄉有楮皮紙，今廣豐東鄉亦有之，其楮皮出自湖廣。

和珅《欽定大清一統志》卷二四四《九江府・土産》 紙。《唐書・地理志》：江州土貢紙。《寰宇記》：産布水紙。《省志》：楮皮紙出瑞昌，草紙出德安。

和珅《欽定大清一統志》卷二四七《撫州府・土産》 紙。《寰宇記》：撫州貢。祝穆《方輿勝覽》：金谿清江渡出紙劄。《省志》：清江紙金谿出。又捭紙，崇仁出。宋人墨刻用捭紙者貴，今絶無矣。

和珅《欽定大清一統志》卷二五〇《吉安府・土産》 竹紙。《唐書・地理志》：吉州土貢陟釐。《寰宇記》：産竹紙。《省志》：泰和縣出。

和珅《欽定大清一統志》卷二五一《瑞州府・土産》 紙。《省志》：有青紙，三縣皆出。又竹紙即古之陟釐，有老大、中大、羅端、曬紙等名，出新昌。

和珅《欽定大清一統志》卷二五五《南安府・土産》 竹紙。《省志》：出大庚縣。

和珅《欽定大清一統志》卷三一六《忠州・土産》 紙。《府志》：梁山出紙。

和珅《欽定大清一統志》卷三三三《汀州府・土産》 紙。長汀縣出。《寰宇記》：汀州進蠲紙。

和珅《欽定大清一統志》卷三三四《福寧府・土産》 穀紙。出府境杯洋。

和珅《欽定大清一統志》卷三四一《韶州府》 紙山。在翁源縣東南八十里，産竹，可造紙。

和珅《欽定大清一統志》卷三五八《慶遠府・土産》 楮皮紙。府境出。

和珅《欽定大清一統志》卷三五九《思恩府・土産》 草紙。舊城司出。

和珅《欽定大清一統志》卷三九八《思州府・土産》 綿紙。出青溪。

和珅《欽定熱河志》卷九六《物産五》 興中州、建州土産，紙是也。

于敏中《欽定日下舊聞考》卷三八《京城總紀》 文籍市在省前東街。紙劄市，省前。

于敏中《欽定日下舊聞考》卷六〇《城市》 原白紙坊，在新城廣寧門、右安門西南角。【略】南城諸坊，白紙坊最大。【略】臣等謹按：白紙坊居民，今尚以造紙爲業，此坊所由名也。

于敏中《欽定日下舊聞考》卷一一四《京畿・薊州一》 原河陽，在州西五里，亦名五里河。源出城西鵝毛臺，臺亦名紙坊。

田易《畿輔通志》卷五七《土産・紙》 《帝京景物略》：有貢箋，有綿料邊，又有白箋，洒金箋、五色粉箋、金花五色箋、五色大簾紙、磁青紙。《畿輔舊志》：永平，桑皮者著。《開州志》：清河濱，人多造紙爲業，頗佳。

田易《畿輔通志》卷二四《川・大名府》 清河，在開州東二十里。澄碧汪洋，居民因造紙爲業。

黄之雋《江南通志》卷八六《食貨志・物産・寧國府》 紙。郡邑皆出，宣、寧二邑尤擅名。

黄之雋《江南通志》卷八六《食貨志・物産・池州府》 紙。唐宋池州貢紙。《石林燕語》曰：宋學士制用白麻紙。白麻者，池州楮紙也。

黄之雋《江南通志》卷八六《食貨志・物産・太平府》 紙。繁昌紅花山出，又土名、高墈二處紙户造紙。

黄之雋《江南通志》卷八六《食貨志・物産・六安州》 紙。州邑造者多。

陶成《江西通志》卷一〇《山川四・撫州府》 清江水，在金谿縣南三十里。其水清洌，宜漚楮，故土人造紙以清江著名。

陶成《江西通志》卷二七《土産・南昌府》 紙。有粉箋、連七、觀音、疏紙等名。按《紙箋》云：「豫章彩色粉箋最光滑，山谷用之作畫寫字。」又云：「永樂中，江西西山置官局造紙，最厚大者曰連七，曰觀音紙。後改局信州。今無復造者，止土棉紙及火紙出寧州奉新等處。」《編蒲館雜録》云：「明初，貢紙於江西，董以中貴。有太監楊姓者即翠巖寺遺址以爲楮廠，建皮庫於應聖宫西，以貯楮料。俄中貴病風，毛髮脱落。」

陶成《江西通志》卷二七《土産・瑞安府》 青紙。三縣皆出。 竹紙。即古之陟釐，有老大、中大、羅端、曬紙、火紙等名，出新昌。

陶成《江西通志》卷二七《土産・吉安府》 竹紙。泰和縣出。

陶成《江西通志》卷二七《土産・撫州府》 清江紙。金谿縣出。 牛舌紙。以稻草爲之，崇仁出。 捭紙。宋人墨刻，用捭紙者爲貴，今絶無矣。

陶成《江西通志》卷二七《土産・南康府》 紙。楮皮紙出瑞昌，草紙出德安。

陶成《江西通志》卷二七《土産・南安府》 竹紙。出大庾行路阬。其坑之水，惟一處可造紙。

陶成《江西通志》卷三四《關津・上水税則》 書紙、順昌紙、單雙紙每百簍，油牌紙每百刀，絲綿金線每百觔，首帕每百連，菉豆酒、醬油、酒蠏、金酒每百罈，褐子襪每百雙，梧子每百簍，火紙每百擔，粗油紙扇每十簍，俱二錢六分零。

沈翼機《浙江通志》卷一八《山川十・衢州府》 球川。《常山縣志》：「在縣西五十里。溪水清潔，民多造紙。」

沈翼機《浙江通志》卷九九《風俗》 《富陽縣志》：「邑人率造紙爲業，老小勤作，晝夜不休。」

沈翼機《浙江通志》卷一〇一《物産・杭州府》 藤紙。《元和郡縣志》：餘杭縣由拳村出好藤紙。《咸淳臨安志》：富陽有井紙，赤亭山有赤亭紙。

蠲紙。《朝野類要》：宋時，臨安有蠲紙者，澤以漿粉，謂之蠲紙。

油紙。《錢塘縣志》：錢塘出油紙。

沈翼機《浙江通志》卷一〇三《物産・寧波府》 皮紙、竹紙。《[至正]四明續志》：皮紙出鄞縣章溪。竹紙出奉化棠溪，亦有皮紙。

沈翼機《浙江通志》卷一〇四《物産・紹興府》 雁頭箋。《談薈》：羅隱以越中雁頭牋贈萇鳳鳴。

冰紙。《草木疏》：江南以楮搗紙。剡溪作冰紙，亦取此。

蠶繭紙。《書史會要》：王逸少以蠶繭紙書《蘭亭序》。

寓錢紙。《〔弘治〕紹興府志》：山陰夏履埠出。

麥䴷紙。《談薈》：浙東有麥䴷、稻稈紙。

大牋紙。《格古要論》：上虞縣有大牋紙，一種至厚，一種稍薄。

月面松紋紙。《談薈》：白樂天墨蹟，有印文曰剡溪月面松紋紙。

草紙。《山陰縣志》：出南池，以草爲之。

沈翼機《浙江通志》卷一〇五《物産・台州府》 玉版紙。《赤城志》：《蘇文忠雜志》云：吕獻可遺余天台玉版，過於澄心堂。又米元章用黄巖藤紙，砸熟揭其半用之，有滑净軟熟之稱。今出臨海者，曰黄檀，曰東陳；出天台者，曰大淡；出寧海者，曰黄公；而出黄巖者，以竹穰爲之，即所謂玉版也。

呈文紙。《〔萬曆〕仙居縣志》：出朱溪。

沈翼機《浙江通志》卷一〇六《物産・嚴州府》 曆日紙。《桐廬縣志》：明代歲辦曆日紙，黄、白二色。

墨煤草紙。《桐廬縣志》：貨産：墨、煤、草紙。

沈翼機《浙江通志》卷一〇六《物産・金華府》 紙。《常山縣志》：「大小厚薄，名色甚衆，曰曆日紙、贓罰紙、科舉紙、册紙、三色紙、大紗窗、大白榜、大中夾。又曰十九色紙：白榜、白中夾、大開化、小開化、白綿、連三、結實連三、白連七、白綿、連四、結實連四、竹連七、竹奏本、白楮皮、小綿紙、毛邊、中夾、白呈文、青奏本。又間一用之曰玉版紙，簾大料細，尤難抄造。他若客商所用，各隨販賣處所宜名色，不可枚舉。凡江南、河南等處贓罰，及湖廣、福建大派官紙，俱來本縣買納。」《衢州府志》：「藤紙、綿紙、竹紙三種，並皆細品。」《蔱園雜記》：「衢之常山、開化等縣以造紙爲業。其法：采楮皮，蒸過。石灰浸三宿，揉去灰，又浸水七日，春爛，漉入胡桃藤等藤。以竹簾承之，俟其凝結，掀置磚板，以火乾之。」

燒紙。《〔萬曆〕龍游縣志》：「貨品中惟多燒紙，勝於别縣。」《西安縣志》：「邑之紙，以草雜竹絲爲之，色黄粗糙，止供楮幣及包裹之用，不中書也。」

沈翼機《浙江通志》卷一〇七《物産・處州府》 竹紙。《括蒼彙紀》：松陽、宣平出紙。《青田縣志》：出竹紙。

謝道承《福建通志》卷七《水利》 黄坑紙礶堰、方坑紙礶堰。

謝道承《福建通志》卷八《橋梁・漳州府龍溪縣》 捐貲修葺打紙橋。

謝道承《福建通志》卷一〇《物産・福州府》 紙。竹穰、楮皮、薄藤、厚藤，凡柔韌者，皆可以造。《舊志》謂：「竹紙出古田、羅源村落間，楮紙出連江西鄉，薄藤紙出候官赤（色）〔岸〕，厚藤紙出永福辜嶺。」今皆少造。惟古田杉洋人造極粗厚者，謂之錢紙，即俗祀神楮幣也。

謝道承《福建通志》卷一〇《物産・漳州府》 紙、茶、油。

謝道承《福建通志》卷一一《物産・建寧府》 紙。出建陽、浦城、崇安三縣，又有稻稿紙，出松溪。

謝道承《福建通志》卷一一《物産・延平府》 紙、各縣俱有，出順昌縣者尤佳。

謝道承《福建通志》卷一一《物産・邵武府》 竹紙、楮衾。即紙被，俱出邵武縣。

紙被、油。

謝道承《福建通志》卷一一《物産・汀州府》 紙。

謝道承《福建通志》卷一一《物産・臺灣府永春州》 茶、紙、茶油。

謝道承《福建通志》卷一一《物産・臺灣府龍巖縣》 紙。連四，號出吴地者佳。

夏力恕《湖廣通志》卷一八《物産・武昌府》 皮紙、苧、九節狸，俱出興國州。【略】火紙出各縣。

夏力恕《湖廣通志》卷一九《物産・衡州府》 紙，出耒陽。

孫灝《河南通志》卷二九《物産》 桑皮紙。涉縣出。

錢元昌《廣西通志》卷三一《物産》 穀木，皮可爲紙。紙，各州縣出。又竹紙出六峝。近設官廠，製頗光潔。

杜詔《山東通志》卷一二《田賦志・短載紙價》 舊係管河道徵收，因無定額，康熙四十一年工部覆准山東濟寧道徵收短載紙價。自四十二年開河之日起至歲底止，儘收一年，將所餘銀兩作爲定額。四十三年題准濟寧道四十二年自開河之日起至年底止共收銀肆千伍百柒拾貳兩柒錢肆分，嗣後作爲定額。雍正四年後，儘收儘解。

儲大文《山西通志》卷四七《物産》 綿紙。以麻爲之，有尺樣、雙抄諸名。臨汾襄陵出。

儲大文《山西通志》卷二〇五《藝文・麻治〈重修律吕神祠記〉》 渾源州西北七里許有小丘，其上律吕神祠三間四架。神之源委，廟之權輿，考無圖記，不敢附會。長老相傳創於元魏，修於李唐。神谿之水出其陽。谿之泉以十數，而趵突爲最。或者濬而堰之，水既合湍，爲碾磨，側置紙房池漚麻。泉西引灌溉，其利無窮，流益遠，利益大。

李迪《甘肅通志》卷二〇《物産・階州》 紙。成縣出。

張晉生《四川通志》卷一五上《茶灋》 永樂六年，勑户部：陝西、四川地方多有通接生番偏僻小路，嚴諭把隘頭目查禁緞疋、絹帛、私茶、青紙出境，違者，犯人與把隘頭目俱各從重治罪。

張晉生《四川通志》卷三八之六《物産誌・保寧府》 紙。《寰宇記》：劍州貢蠲紙。

張晉生《四川通志》卷三八之六《物産誌・夔州府》 紙。《寰宇記》：萬州産蠲紙。《新志》：梁山出紙。

張晉生《四川通志》卷三八之六《物産誌・龍安府》 楮紙。出江油縣。

張晉生《四川通志》卷三八之六《物産誌・雅州府》 蠲紙。《寰宇記》：州土産。

靖道謨《雲南通志》卷二七《物産・大理府》 紙。有青紙、粉紙二色。

靖道謨《貴州通志》卷一五《物産・貴陽府》 穀皮紙。出定番、翁貴，白韌如綿，俗名綿紙，文史多用之，土人或以製帳。厚者名夾紙，油之以爲雨具。

靖道謨《貴州通志》卷一五《物産・遵義府》 綿紙。出綏陽者爲佳。

黄之隽《江南通志》卷一七《輿地志・山川・太平府》 龍華山，在繁昌縣十五里，【略】相近爲紅花山，一名荷花尖，諸峰如蓮萼，下有紅花澗，爲邑人造紙處。

黄之隽《江南通志》卷一八《輿地志・山川・潁州府》 楮皮嶺，在霍山縣東南四十里，居人於此造紙。

黄之隽《江南通志》卷三〇《輿地志・古蹟・江寧府》 紙務，在六合縣南。唐主好蜀紙，得蜀工，使行境内，惟六合之水與蜀同，遂於揚州置務。今浮橋南一帶尚呼爲「紙房」。

沈清崖《陝西通志》卷二六《貢賦三》 太祖洪武三年，陝西礬課一千一百六十貫一百一十文。《續文獻通考》。二十六年，定陝西紙劄十五萬張，鐵課一萬二千六百六十六斤。《明會典》。

沈清崖《陝西通志》卷四三《物産一》 紙：興元府貢蠲紙。金州貢紙。《寰宇記》。爲紙則有楮、構。《盩厔縣志》。洋縣出楮紙。舊郡志。構皮可作紙。《商州志》。民做紙，田賦賴此出。《山陽縣志》。水莊作山紙。《華州志》。紙潔白細膩，出興市鎮武店。《蒲城縣志》。按：今城固縣亦出紙，頗佳。

曾曰瑛修、李紱纂《〔乾隆〕汀州府志》卷八《物産》 紙。竹穰、楮皮、薄藤、厚藤，凡柔韌者皆可造。而竹紙多出連城、歸化。

朱珪修、李紱纂《〔乾隆〕福寧府志》卷一〇《食貨志・商税》 前明福甯州舊額商税課鈔一千四百六錠四貫五百三十七文，門攤課鈔四百八十錠二貫四百文，窑冶課鈔九十錠七十文，紙烘課鈔二十錠三貫五百四十文。

朱珪修、李紱纂《〔乾隆〕福寧府志》卷一二《食貨志・物産》 楮紙、藤紙、綿紙。

徐景熹修、魯曾煜纂《〔乾隆〕福州府志》卷二六《物産》 紙。《正德府志》：竹穰、楮皮、薄藤、厚藤，凡柔韌者皆可以造。舊志謂竹紙出古田、羅源村落間，楮紙出連江西鄉，薄藤紙出候官赤岸，厚藤紙出永福辜嶺。今皆少造，惟古田杉洋人造極粗厚，謂之錢紙，即俗祀神楮帛也。《五雜組》：蔡君謨常禁所部不得用竹紙，蓋有訟獄未決而案牘已零落者。至於今時有剛連、連七、毛邊之目，尤極腐爛，入手即碎，而人喜用之者，俱直輕耳。毛邊之用，上自奏牘，下至柬帖短札，偏於天下。稍濕即腐，稍藏即蠹，紙中第一劣品，而世用之不改者，光滑便於書也。

史鳴臯《〔乾隆〕梧州府志》卷之三《輿地志・物産》 紙。《岑溪縣志》：火紙以丹竹爲之，福紙以蒲竹爲之。《容縣續志》：康熙間，閩、潮來容始創紙篷於山中，今有篷百餘間，工匠動以千計，宜幾察焉。皮紙出岑溪。

黄鉦《〔乾隆〕蕭山縣志》卷一八《物産》 紙出河南山鄉，有黄、白各種，質粗，不堪書畫。

陳廷枚修、熊日華纂《〔乾隆〕袁州府志》卷七《物産》 皮紙，有厚至數重者，土人以之爲褥，其精潔者可作衾帳。【略】表心紙，萬載所出視他土爲良，然只以供市肆之用，不中書。

章學誠《湖北通志檢存稿・食貨考》 紙，絹箋、松箋，來自杭州、松江；竹連紙、切邊紙、表青紙，來自湖南；油紙、銀皮紙，來自谷城、白河；金榜紙、卷連紙、改連紙，來自興國。

李德淦、洪亮吉《〔嘉慶〕涇縣志》卷五《食貨志・物産》 貨之屬：絲、綿、苧麻、黄麻、棉花、苧布、麻布、棉布、紙。金榜、路王、白鹿、畫心（亦名澄心堂）、羅紋、卷簾、連四、公單、學書、傘紙（皆皮爲之），千張、火紙（竹爲之），下包紙、高簾、衣紙（皆草爲之）。

陳壽祺《(道光)重纂福建通志》卷五七《物産·邵武府》 貨。有苧，有苧布，有葛布，有杉，有楮衾，有漆，有紙，有石灰，有茶油，有茶，有棕毛，有薑黄，有蕨粉，有銀絲，有白磁器。

陳壽祺《(道光)重纂福建通志》卷五七《物産·建寧府》 貨。有鐵，有棉花，有苧，有藍靛，有鐕瓦，有鉛，有光粉，有兘絲，有草紙，有紙被，有草席，有棕櫚，有麻，有糖，有蜜，有坰窑，有桐油，有茶，有機布，有書紙，有白蠟，有棕帽，有掐高紙，有柏油，有苧布，有麻布，有木棉布，有䅟油，有芝麻，有菜油，有竹紙，有麻油，有白扇，有合香，有書籍。

周作楫《(道光)貴陽府志》卷四七《食貨略·土貢·土物》 穀皮紙。出定番翁貴，白韌如綿，俗名綿紙，可以製帳。厚者曰夾紙，油之以爲雨具。出翁貴者爲上，擺所次之，狗場營又次之。其佳者亦潔白光潤，可備文房之用。雙料者爲夾紙，土人以之作傘、包物。

譚瑀《(道光)略陽縣志》卷之四《藝文部·淡金籯〈寒蓬山記〉》 其在正南者爲寒蓬溝，自山流三十餘里注樂素河；在東南者爲瓦舍溝，自山流四十餘里注樂素河。兩溝之地，多産楮材，故其民三時務農，而冬則造紙爲業焉。

賈懋功《(道光)順昌縣志》卷之一 坑谷，居民以紙爲業，因名池坑紙。縣西北。

札隆阿修、程卓樑纂《(道光)宜黄縣志》卷一二《土産志》 綿綢、葛布、夏布、斗方紙、牛膠紙。

彭衍堂修、陳文衡纂《(道光)龍巖州志》卷七《風俗志》 工匠巖州不能備具，民間習藝事者，惟銀匠、漆匠、泥水、瓦窑及皮紙、設色諸工。

彭衍堂修、陳文衡纂《(道光)龍巖州志》卷八《土産志》 紙。州與漳平産者俱粗，惟寧洋之連四紙出吴地者爲佳。又大邊一種，出白潭鄉。

于尚齡修、王兆杏纂《(道光)昌化縣志》卷五《户賦志·物産》 秀下、陳村、商解、田圩等村，以造紙爲業。

劉祖憲修、何思貴纂《(道光)安平縣志》卷四《食貨志·土産》 草紙，出西堡上下紙廠及底岡各寨，居民業此者不下數百户。

孫義修、陳樹蘭纂《(道光)永安縣續志》卷九《風俗志·商賈》 紙客，有運至江南、廣東、福州者。

馮蘭森《(同治)重修上高縣志》卷四《物産》 新昌饒竹木暨紙，商販絡繹，咸稱富藪。

吕懋先修、帥方蔚纂《(同治)奉新縣志》卷一《輿地志·風俗》 里人重農，逐末者寡，無富商巨賈操奇贏於通都大邑，市販持空囊走四方，其挾資懋遷者惟火紙、葛布、紅曲數種，往來吴楚之交，稍獲贏餘，賦税日用咸取資焉。

周瑛《(同治)重刊興化府志》卷一二 考宋志：興化縣宰嶺村有厚藤紙。彭志：莆田縣文賦皇繭村有皮紙。近皆輟業。莆人所用紙，皆自順昌等縣興販而至者。近九座等處産紙胚，其紙不可書字，專以事鬼。鄰邑有黄氏者，因而致富。

達春布修、黄鳳樓纂《(同治)九江府志》卷九《地理志·物産》 楮紙與漆皆出於瑞昌、彭澤。

草紙出於德安，粗細美惡亦不等，其細膩而潔白者曰篦子紙。

潘懿修、朱孫詒纂《(同治)清江縣志》卷二《疆域志·物産》 秦志曰：鄰郡有清江渡，出紙名「清江紙」。宋時，部牒誤下，刻日抄會紙三萬。郡守張磻力争，至援芳洲求杜若爲比，得報罷。後鄰郡規避，趂辦如初。郡守復申前請，得免。此無與清江土産，而當時德政有足紀者，因類及之。

杜林修、彭斗山纂《(同治)安義縣志》卷一《地理志·物産·貨之屬》 火紙。西山出。土綿紙。紗綿紙。西山架頭出。

按《紙箋》云：永樂中江西西山置官局造紙，最厚大而好者，曰連七，曰觀音紙。後改局信州，遂無復造者，止土綿紙及火紙。近復有紗綿者，薄而堅，可任帳材。

陳鼒修、黄鳳樓纂《(同治)德化縣志》卷九《地理志·物産》 紙。有草紙、錢紙，出甘泉、白鶴。

林葆元修、申正颺纂《(同治)石門縣志》卷四《食貨志·物産》 燒紙。芭茅、稻草皆可造，惟筍篛爲佳。東坡公所謂鑿錢祭鬼者即此。草紙。

蔣繼洙修、李樹藩纂《(同治)廣信府志》卷一之二《地理志·物産》 郡中出産多而行遠者，莫如紙。以近閩多竹故。上饒、廣豐、弋陽、貴溪皆産紙，其名則簾細、毛邊、花箋、方高，俱不甚佳。向惟玉山玉版紙擅名。《通志》載東北鄉出楮之所，槽户倩人治料，施工成紙，費難不可殫述。雖隆冬炎夏，手足不離水火。諺云：「片紙非容易，措手七十二。」相傳明時與鉛、豐同貢，今則無矣。前府志載石塘人善作表紙，搗竹爲之。白表紙止用藤，紙藥，黄表紙則入姜黄。今業之者日衆，可資貧民生計。然率少土著，富商大賈挾貲而來者，大率徽、閩之人，西北亦間有。

魏瀛修、鍾音鴻纂《(同治)贛州府志》卷二一《輿地志·物産》 紙。出興國竹管洞等處，潔白細嫩者曰竹紙，白而長大者曰連四，紙質韌而色黯者曰棉紙。

黄廷金修、蕭浚蘭纂《(同治)瑞州府志》卷二《地理志・物産》 有靛，漚治藍草成靛，用以染青藍。有青紙，三縣皆能染豔，而青者出高安。【略】竹紙即古之陟釐，有老大、中大、羅端、曬紙等名。有火紙，人多貨爲楮幣，故名。俱出新昌。

蔣繼洙修、李樹藩纂《(同治)廣信府志》卷一之一《地理志・鄉都》 湖坊市。縣西六十里，其山産煤，窑民頗雜。又饒紙利，行鋪二百餘家。【略】石塘鎮。縣東南三十里，界近閩越，地居險僻，流民繁多，土著稀少。其地宜竹，水極清洌，紙貨所出，曰毛六，曰黄表，名色不一，而殊無佳者。【略】上瀘坂。縣南七十里，近山産竹，槽户製紙，頗爲近利，客商販運，行户二百餘家。

蔣繼洙修、李樹藩纂《(同治)廣信府志》卷一之二《地理志・物産》 鉛山之紙，精潔遜閩中，然業之者衆，小民藉以食其力十之三四焉。

孟繼塤《石阡物産記・貨殖之屬》 皮紙。去城數十里，有小河名曰紙廠河，居民皆業此。其紙之厚者與高麗同，薄者燈花類也，惜篇幅太小。

劉煐《(光緒)佛坪廳志》卷二 廳治向有板號、鐵廠、紙廠。自兵燹後，無復業此者。

楊錞《(光緒)南安府志補正》卷一《物産・貨類》 蠟、紙。

許應鑅修、謝煌纂《(光緒)撫州府志》卷一三《地理志・物産》 貨之屬有紬，有苧布，有水綿布，有葛布，有清江紙，有火紙，有牛舌紙，有石炭。紬則閑民市綿抽絲以織，六縣間有之。苧布緝苧麻爲之，有扁生，有圓線，與清江紙俱出金谿。木綿布紡木綿花爲之，聚萬石塘出。東鄉葛布與火紙、牛舌紙俱出崇宜，宋人墨刻以用撫州捍紙者爲貴，今絶無矣。

定祥修、劉繹纂《(光緒)吉安府志》卷一《地理志・物産》 竹紙出泰和。

王琛修、張景祁纂《(光緒)重纂邵武府志》卷一〇《物産》 苧麻、苧布、葛布、杉木、漆、茶、紙。名類不一。

王琛修、張景祁纂《(光緒)重纂邵武府志》卷一〇《物産・附録邵武物産總論》 光澤産紙較邵尤夥，遍産於北路一帶。

鍾桐山修、柯逢時纂《(光緒)武昌縣志》卷三《風俗》 出境貨物以麻與油爲上品，花布爲中品，火紙、爆料紙爲下品，餘皆資給於外來。

林步瀛修、史恩緒纂《(光緒)慶元縣志》卷七《風土志・習尚》 工匠悉資外籍，石工則寧德，木工則江西，近則紙廠爲盛。

汪文炳《(光緒)富陽縣志》卷一五《風土・風俗》 富陽民不習工，百工手藝皆惟他邑人是司，故工價昂貴。自經匪亂，人丁尚未繁衍，南業竹紙，北業草紙，終歲操作，亦無閑惰之人，他藝未遑顧也。

余修鳳《(光緒)定遠廳志》卷三《地理志・山》 星子山，在廳東三十里，高出雲表，綿亘百餘里，洋水出焉。上産木竹深密，傍有紙廠，名紅石槽，是在廳東六十里。【略】巴山，在廳西北隅。【略】層巒高聳，横亘數百里，竹木叢生，賈人多設槽造紙，利尚溥焉。

史澄《(光緒)廣州府志》卷一六《輿地略・物産》 藍瀵紙。出龍門藍瀵山，造紙之竹曰紙竹，男女終歲營營，取給篁箐，絶無外務。近歲出紙多於從化流溪，運赴省城、佛山，石龍者不絶。

史澄《(光緒)廣州府志》卷八二《前事略八》 (龍門)縣西南之藍瀵山，疊巘層巒，多以紙廠爲業。

張鵬翼《(光緒)洋縣志》卷四 其在山中昔時香菌、木耳、鐵、紙、木料等廠，今皆無之，惟紙廠尚餘二三。

《鄠縣鄉土志》下 南山材木，近已刊伐殆盡，做厢者寥寥數家。火紙廠爲自來火所隔，幾乎閉歇。咸同之間，木坊每年銷三四千副，火紙銷三四千捆，今之銷數不及其半。貿易之衰，大都類此。

譚鑣《(光緒)新會鄉土志》卷一四《物産》 紙，由佛山、陳村等處運入，每年約值銀四十萬元，銷於本境者十之六，餘則由高、雷、瓊、陽等處采運。

李麟圖《(光緒)鎮安縣鄉土志》卷下《商務》 本境製品：皮紙，陸運出西安，水運往老河口，每千張爲一引，三引爲一捆，每年約銷二、三千捆。火紙，銷路與皮紙同，百張爲一引，五十引爲一捆，每年行銷約萬捆有奇。引紙，八千張爲一引，二十引爲一捆，銷路與皮紙同，每年銷數較皮紙稍遜。

朱景星修、鄭祖庚纂《(光緒)閩縣鄉土志・商務雜述四・輸出貨》 本境所出有目紅紙，每簍一千二百張，年約二千三百簍，價銀四兩餘至五兩餘，年約一萬一千餘兩，海運銷售上海、天津、牛莊、膠州等處。若上游運來毛邊紙、大小海紙、大小廣紙、川連撈紙、毛泰方高花箋、南屏代白、連泗、松扣、雙合、中包、節包、福紙、簍紙、草紙，名目不一，均從本境轉輸出口。

金蓉鏡《〔光緒〕靖州鄉土志》卷四《志商務》　紙，本境僅製包皮紙、炮料紙、千張紙、黄草紙、大紙、本帘紙，每歲所製約值銀四千兩，不敷用。其會同之本帘紙、錢紙，綏寧、城步各處之當票紙，武岡之各種紅紙，貴州之皮紙，皆由陸路運入本境，每歲銷數約值銀五千兩。

盧坤《秦疆治略·岐山縣》　南鄉有紙廠七座，廠主雇工，均係湖廣四川人。

盧坤《秦疆治略·寶雞縣》　紙廠三處，其資本俱不甚大，工作人等亦屬無多，皆極安静。

盧坤《秦疆治略·漢中府定遠廳》　並有紙廠四十五處，鐵廠二處，耳廠十二處，其工作人數衆多。

盧坤《秦疆治略·西鄉縣》　山内又有紙廠三十八座，【略】每廠匠工不下數十人。

盧坤《秦疆治略·興安府磚坪廳》　紙廠二十二處，每處工作人等不過十餘人，均係親丁子侄，尚無外來游民。

盧坤《秦疆治略·興安府安康縣》　又有紙廠六十三座，工匠衆多。

盧坤《秦疆治略·紫陽縣》　惟六道河有造火紙者數家，每家不過四五人。

盧坤《秦疆治略·商南縣》　間有三四家草紙廠，每家匠作不過三四人及五六人不等，非别縣紙廠聚集多人可比。

盧坤《秦疆治略·洵陽縣》　由縣而北至茅坪，出構穰，可以製造白紙。

陳作霖《鳳麓小志》卷三《記機業弟七》　至於機房包裹緞匹謂之筒貨，表裹皆用緜紙，按廣狹計長短裁製合宜，每匹必二十張，所需極夥。故鎮淮橋口及新橋沙灣之紙坊，有專供緞買用者。此皆與機業聯事者也。

黄本驥《湖南方物志》卷二《長沙府》　瀏陽縣出皮紙，肌理甚細，與貴州産相似，製書畫屏障特佳。省志。益陽縣出紙，漚竹黄搗碎爲之。縣志。

黄本驥《湖南方物志》卷三《衡州府》　衡州土貢緜紙。《唐書·地理志》。耒陽出紙。《明統志》。耒陽蔡倫故宅旁有蔡子池。倫，漢黄門郎，順帝之世擣故魚網爲紙，用代簡素，自其始也。《水經注》。蔡倫故宅旁有池，即倫造紙處。今縣人猶能作紙，蓋其遺業也。《荆州記》。池南舊有春紙臼，唐别駕李懸貢於朝。《省志》。衡陽出五家紙，又云五里紙。《全唐詩注·唐郭愛寄杜甫詩》：「衡陽紙價頓能高。」

黄本驥《湖南方物志》卷五《岳州府》　華容團山多赭石，可研以書字。禹山、桃花山下溪流中皆有水碓，可造紙。《一統志》。

田雯《古歡堂集》卷三九《黔紙》　石阡紙極光厚，可臨帖。

王士點《秘書監志》卷三《紙劄》　至元十年十一月呈：夾紙一百張，線紙二百張，檢紙一百張，印色心紅三兩。

至元十二年十月十一日，本監照得十月分令史紙劄等未曾關支：

夾紙五十張，線紙一百張，檢紙五十張，印色心紅一兩。

中書省〔判〕送：議得秘書監呈，整理秘書漸多，元關紙劄不敷，今添支事送本部，擬自至元十三年正月爲始，約量添支夾線紙各五十張，似爲相應。覆奉都堂鈞旨：「准呈，似數放支者。」

至元十五年正月，照得本監春季紙札心紅未曾關支開坐，移關中書户部，依例放支：

夾紙三百張，線紙四百五十張，檢紙一百五十張，印色心紅三兩。

王士點《秘書監志》卷三《工匠》　大德五年八月初六日，秘書監據知書畫支分褾褙人王芝呈，近蒙都省欽奉聖旨：褾褙書畫，差官前到杭州取發芝并匠人陸德祥等共五名，馳驛前來秘書監褾褙書畫勾當。所據芝等夏衣已蒙關支，所有冬衣，合行開坐具呈，乞賜依例放支。

總計五名：

知書畫支分褾褙人一名：王芝。

褾褙匠三名：陸德祥、馮斌、允誠。

接手從人一名：陳德。

至元二十一年十月十三日，秘書監據本監管勾董濟呈，本監褾褙人匠趙德秀等除已支夏季四月至閏六月鹽糧外，有秋季六月至九月合支鹽糧數目開坐具呈。得此，關户部依例放支。

一總白米二石四斗。

白麵一百二十斤，鈔一十兩。

趙德秀，每月白米三斗，白麵一十五斤，鈔一兩五錢。四個月總該米一石二斗，白麵六十斤，鈔六兩。

張柏松，每月白米三斗，白麵一十五斤，鈔一兩五錢。四個月計該白米一石二斗，白麵六十斤，鈔六兩。

王士點《秘書監志》卷三《雜録》 至元十二年十一月十三日，准少中大夫、秘書監於今月初九日内裏暖殿内對陰陽人阿里威等，也薛做怯里馬赤奏造阿苔了也。奉聖旨：「將去秘書監裏與秘書一處放着，交令史每寫見數目者。欽此。」當職照得係官大蓋造處用度開坐，關請照驗聖旨處分事意收頓。

一總計阿荅九百六十四個。

青石一百單五個。錫一百個。

生帖一百單一個。瓦的一百個。

錫鑞八十個。銅帖一百個。

鴉青紙二百二十四個。

白紙四百五十三個。

大銅帖一個。

王士點《秘書監志》卷四《纂修》 大德元年三月初三日，秘書監據著作郎呈，近爲編寫雲南地理文字，計料到合用紙劄筆墨等物。除發下檢紙等物銷用外，據上静夾紙蒙秘府指揮，候編定檢目至日計料取發。照得上項地理文字，今已編定檢目。計料得合用上静夾紙筆墨數目，開坐具呈，乞賜行移合屬放支。

江淮夾紙二千五百張。

好心子筆五十管。

上等細墨一斤。

大德二年二月初五日，據著作郎呈，奉秘府指揮，編類雲南甘肅地理圖册，依上編類到雲南等處圖志，通計五十八册，合用裝褙物料已經開坐，具呈照詳。外有遼陽行省地理圖册，照得别不見開到(所轄本省)(本省所轄)路府州縣建置沿革等事蹟，及無彩畫到各處圖本，難以編類。照得元設書寫孔思逮等五名即(日)(目)别無所寫文字。據各人日支飲食，擬合自大德二年二月二十一日權且住支，候遼陽行省發到完備圖志，再行編類，依例呈覆關請。

大德二年五月初五日，據著作郎呈，依上編類到雲南等處圖志，通計五十八册，未曾裝褙。就唤到裱褙匠趙德秀等，計料到合用物料，開坐呈乞照詳，移准中書兵部關呈，奉都堂鈞旨：連送兵部，行移工部，比料實用數目無差，就行合屬，依例應付。

禮部應付：

白麵七斤四兩。

户部應付：

夾紙二伯九十張。

綿紙一伯一十六張。

黄綾一伯三十九尺二寸。

藍綾八尺七寸。

王士點《秘書監志》卷六《秘書庫》 延祐三年三月二十一日，木剌忽怯薛第一日嘉禧殿内有時分，對速古兒赤也奴、院使呀不花與張彦清學士有來，叔固大學士對本監官闊闊出少監傳奉聖旨：「秘書監裏有的書畫，無籤貼的教趙子昂都寫了者麽道。」

至元十四年正月二十二日，内裏斡魯朵裏有時分，孛羅官人、張左丞、趙侍郎欽奉聖旨：「秘書監裏有損壞了底文書書畫，都擗掠底好者。欽此。」

至元十四年二月，裱褙匠焦慶安計料到裱褙書籍物色：

書籍文册六千七百六十二册。

褙殼綾一萬三千八百六十二尺一寸。

每册黄綾二尺，計一萬三千五百二十四尺。

每册題頭藍綾半寸許，三百三十八尺一寸。

紙札每册大小紙六張，計四萬五百七十二張。

濟源夾紙三張，計二萬二百八十六張。

東鹿綿紙三張，計二萬二百八十六張。

打麵糊物料：

黄蠟一錢，計四十二斤四兩二錢。明膠一錢，計四十二斤四兩二錢。

白礬一錢，計四十二斤四兩二錢。白芨一錢，計四十二斤四兩二錢。

藜蔞一錢，計四十二斤四兩二錢。皂角一錢，計四十二斤四兩二錢。

茅香一錢，計四十二斤四兩二錢。藿香半錢，計二十一斤二兩一錢。

白麵五錢，計二百一十二斤一兩。硬柴半斤，計該二百一十一秤五斤。

木炭二兩，計五十二秤一十三斤四兩。

畫軸大小相滚作二幅計，一千單九軸，每軸用物料：

顔色綾紅絹八尺，計八千七十二尺。

色綾上等四尺，計四千三十六尺：

黄綾一千五百尺，藍綾一千五百尺，

白綾五百一十八尺，皂綾五百一十八尺。

色絹計四千三十六尺：

黃絹一千五百尺，藍絹一千五百尺，

白絹五百一十八尺，皂絹五百一十八尺。

紙每一軸大小四十張，計四萬三百六十張：

濟源夾紙一十六張，計一萬六千一百四十四張，

東鹿綿紙二十四張，計二萬四千二百一十六張。

打麵糊物料每軸：

黃蠟二錢，計一十二斤九兩八錢。明膠一錢，計六斤四兩九錢。

白礬一錢，計六斤四兩九錢。白芨一錢，計六斤四兩九錢。

藜蔞一錢，計該六十三斤一兩。藿香一錢，計六斤四兩九錢。

白麵一兩，計該六十三斤一兩。硬柴一斤，計六十三秤一十斤。

茅香二錢，計一十二斤九兩四錢。皂角二錢，計一十二斤九兩八錢。

木炭半斤，計三十一秤八斤四兩。

申時行《明會典》卷一《宗人府》 凡玉牒紙劄，永樂二十二年奏准於司禮監關領；表背匠，工部取用。洪熙元年奏准行司禮監別造紙劄，翰林院委官一員，公同附注。宣德三年奏准本府附寫玉牒，用翰林院官一員，同本府經歷於史館内附寫。

凡本府合用紙劄，弘治十年奏准於刑部關領。印色，順天府買辦。

申時行《明會典》卷三《吏部二》 抄紙局。大使一員，副使一員。後不設。

申時行《明會典》卷一一《吏部十・各色課程依本處原辦課額開報》 一、紙課。歲辦幾百幾拾幾錠。

申時行《明會典》卷一三《吏部十二》

諸司職掌

凡本部合用紙劄，移咨刑部，於贓罰鈔内關支。

事例

洪武間，凡紙劄每季各司會計合用數目，明白開附。本司案呈本部，填寫實支數目，具手本赴户科關領。後奏准於刑部都察院見收囚人紙劄内具奏關用。

申時行《明會典》卷三二《户部十七》 其收稅則例：【略】上等紗綾錦每疋、青紅紙每一千張、篦子每一千箇，稅鈔六貫七百文，牙錢鈔六貫七百文，塌房鈔六貫七百文；中等紗綾錦每疋、細羊羔皮襖每領、黃牛真皮每張、扇骨每一千把，稅鈔五貫，牙錢鈔五貫，塌房鈔五貫；青三梭布每疋、紅油紙每八千張、冥衣紙每四千張、鐵鍋每套、四口藤黃每斤，稅鈔四貫，牙錢鈔四貫，塌房鈔四貫；褐子綿紬每疋、毛皮襖氈衫每領、乾鹿每箇，稅鈔三貫四百文，牙錢鈔三貫四百文，塌房鈔三貫四百文；官絹官三梭布每疋、絨線每斤、五色紙每四千五百張、高頭黃紙每四千張，稅鈔三貫，牙錢鈔三貫，塌房鈔三貫；小絹白中布青匾線夏布每疋、手帕每連、三箇手巾每十條、皮褲每件、小靴每套、三雙板門每合、響銅每斤、連五紙每千張、連七紙每一百五拾張，稅鈔一貫，牙錢鈔一貫，塌房鈔一貫；青大碗每二十五箇、青中碗每三十箇、青大碟每五十箇，稅鈔七百四十文，牙錢鈔七百四十文，塌房鈔七百四十文；洗白夏布青緑紅中串二布每疋，包頭每連，二十箇氈條每條，大碌、銅青碌、枝條碌、生熟銅、蘇木、胡椒、川椒、黃蠟、蘑菇、香蕈、木耳每斤，酒墰土酒海每箇，青中碟每五十箇，白大盤每十箇，書房紙每四簍，筆管每五百箇，油靴每副，稅鈔六百七十文，牙錢鈔六百七十文，塌房鈔六百七十文；青小碟每五十箇，白中盤每十五箇，稅鈔六百文，牙錢鈔六百文，塌房鈔六百文；花布被面每段、白中串二布每疋、靛花青紅花針條每斤、青靛銀杏、菱米、蓮肉、軟棗、石榴每十斤，青大盤每十二箇、青盤每十五箇、青小盤每二十箇、青小碗每三十箇、乾鷟天鵞等野味每隻、南豐大簍紙每四塊、竹椅每把，稅鈔五百文，牙錢鈔五百文，塌房鈔五百文；喜紅小絹每疋，稅鈔四百七十文，牙錢鈔四百七十文，塌房鈔四百七十文；麻布每疋、花椒水牛底皮每斤、土青盤每十五個、土青碗小白盤每二十箇、土青碟每五十箇、青茶鍾每七箇，稅鈔四百文，牙錢鈔四百文，塌房鈔四百文；小麄綿布每疋、氈襪每雙、土降香白砂糖餳每斤、草席每領、雨傘每把、翠花每朵、草花每十朵、刷印馬紙每四塊、土尺八紙每塊、南豐簍紙每六塊、連三紙每一千張、毛邊紙、中夾紙每一百張、酒麯每十塊，稅鈔三百四十文。

申時行《明會典》卷四一《户部二十六》 寶鈔提舉司鈔紙匠，月支米五斗。

申時行《明會典》卷一〇二《諸番四夷土官人等二》 一、貿易使臣進貢到京者，每人許買食茶五十斤、青花磁器五十副，【略】紙馬三百張、花毯二條、顔料五斤、綿花三十斤、烏梅三十斤、皂白礬十斤，不許過多。【略】天順四年，王母差來使臣，領去厚榜紙、中夾紙各三百張，金箔一百貼。

申時行《明會典》卷一〇五《禮部六十四》 凡各處該解南京欽天監造曆紙劄，每年以六月終為限。違者參究。

申時行《明會典》卷一二五《兵部二十・紙劄》 凡本部合用紙劄，移咨刑部，於贓罰鈔内關支。

申時行《明會典》卷一三七《刑部十二》

收買紙劄

本部紙劄，舊例收買應用，後令囚人納紙。而各衙門紙劄亦從本部關給，各有事例，今具列于後。

諸司職掌

凡本衙門合用奏啓本、案驗行移、簿籍、囚人寫招服辯一應紙劄，山西部掌行。每季會計合用奏啓本等紙各若干，估計合用鈔若干，本部明立文案開付湖廣部於贓罰鈔内照數關支，差官前去街市及客商販賣去處，照依時價兩平收買數足，到部堂上官，用印封鈐，責付庫子收領在庫聽候。各部將各季用紙數目呈堂，判送湖廣部立案，照數關支。候至季終，銷用盡絶，各部開稱爲某事用過某色紙若干，逐一開付本部，將各部花銷紙數，查理明白將來，付附卷。其餘季分如前施行。

事例

洪武二十七年，奏准：問過罪囚，除逃軍、逃囚全家抄劄起發并劫賊外，其餘官吏軍民人等俱各辦納紙劄一分。每年春、夏、秋、冬四季，本衙門置立文簿一扇，輪流管掌。各部追到紙劄俱送該管部分，附簿明白，着令管庫、吏典、庫子收貯。每月各部分合用紙劄，赴該部關支，應用餘剩之數，季終，該部呈繳本部，出給長單，送赴内府該庫交納，取獲長單附卷。天順二年，令本部囚人官民紙劄，俱收貯在庫。每季劄委主事一員，輪流掌管放支及令照磨所置立印信文簿，將日逐大理寺審允回報犯人姓名備寫，以憑稽考。其浙江等十三司亦各立文簿一扇，公同收紙。令史將囚人紙劄每名追收附簿，每日一次將有紙犯人開具手本二本，一本送照磨所查名勾銷，一本連紙送管庫主事收庫，以備各衙門關支。其管庫主事收放紙劄，一季滿日，將紙數呈堂，批送山西司查照。成化二年，奏准囚人有力者該折奏本、手本、榜紙、中夾紙張照依時價，兩平折納，收受入庫，候各衙門關用。每官紙一分，榜紙四十張；告紙一分，勘合紙二十張，中夾紙三十張；軍民紙一分，中夾紙五十張，奏本紙十張，手本紙五張。内中夾紙每張折納手本紙二張，每五張折納榜紙一張，每二張半折納奏本紙一張。十三年，奏准各司囚人紙劄各立文卷一宗，就令收紙令史呈行收過并送過數目，明立文案，每五日一次，具印信手本，仍送管庫主事處交收，守取印信實收附卷備收。其管庫主事置立收放紙數文卷一宗，收過某司紙劄若干，放過某衙門紙劄若干，明白立案附卷。候管庫委官滿日，連卷呈堂，發下照磨所照刷，批送山西司收照。其各司紙劄文卷亦每月一次送所照刷，如有隱漏不報、增減紙數者，呈堂究問。凡問過囚人發審有名者，各納紙一分。文武職官正妻、監生、生員、吏典、總小旗、知印、承差、僧道、僧道官、醫生、天文生、應襲舍人、里老，俱官紙。軍校、竈匠、厨役、勇士、力士及各餘丁、陰陽人、民人、婦女，俱民紙。原告及訴人該納官紙者仍納官紙，該納民紙者俱納民紙，供明亦照例納紙。凡强竊盗死罪、逃軍、民匠、囚犯充軍，遇革釋放者，並免納紙。

凡囚犯紙劄，照依時估，聽其自行買納。若無藉之徒及管押吏典人等通同作弊，分外增騙錢物者，問罪枷號一箇月發落。若監追紙劄三箇月之上不能完納者，放免。弘治十年，奏准吏、户、禮、兵、工五部及大理寺歲用紙劄，刑部關支不敷，於都察院見收類解紙劄内關用。如又不敷，并刑部題奏本紙，俱於兩法司支贓罰銀買辦。有餘，作次年之用。

申時行《明會典》卷一三六《刑部十一・計贓時估》

榜紙一百張，四十貫。

中夾紙一百張，一十貫。

奏本紙一百張，一十六貫。

手本紙一百張，七貫。

各色大箋紙一百張，二十貫。

申時行《明會典》卷一五七《工部十一・紙劄》

諸司職掌

凡每歲印造茶鹽引由、契本、鹽糧勘合等項合用紙劄，著令有司抄解其合用之數，如庫缺少，定奪奏聞，行移各司府州照依上年紙數抄造解納。如遇起解到部，隨即辨驗堪中如法，差人進赴乙字庫收貯聽用。

産紙地方分派造解額數：

陝西十五萬張，湖廣十七萬張，山西十萬張，山東五萬五千張，福建四萬張，北平十萬張，浙江二十五萬張，江西二十萬張，河南五萬五千張，直隸三十八萬張。

事例

宣德七年，令各處進到紙劄不依原式及水濕不堪者，本部行移本處抄來補數。九年，福建進到紙劄不合原式及粗薄不堪，其提調官令本部行按察司取招。

申時行《明會典》卷一六三《工部十七》 凡直隸安慶、徽州二府解到歲造糧長勘合紙二千九十七張，底簿中夾紙三百八十一張，送南京户部交納。

申時行《明會典》卷一六四《都察院一・十二道監察御史照刷卷宗衙門》

福建道 龍江批驗鹽引所，抄紙局。

申時行《明會典》卷一六七《通政使司》 凡本司合用紙劄，於刑部見收囚人紙劄内關用。印色等項原從順天府買用，後奏過於刑部支給官錢買用。

申時行《明會典》卷一六七《南京通政使司》 凡寫誥勑合用紙劄筆墨，具奏於司禮監關用。其武官誥勑合用紙劄筆墨，該兵部具奏行順天府買用。

申時行《明會典》卷一六七《六科通行事例》 凡各科合用紙劄，於刑部關用。印色於順天府買用。

申時行《明會典》卷一七〇《詹事府》 凡本府合用紙劄每月於刑部關給，筆墨印色，順天府買辦送用。

申時行《明會典》卷一七〇《南京詹事府》 凡紙劄印色等項，俱於詹事府分給。

申時行《明會典》卷一七三《國子監・給賜事例》 永樂二年，申明監生燈油、紙劄於順天府官錢給辦。燈油無家小作課者，每人日支五錢，自五月下半月至八月上半月，炎暑不支。課倣紙月大每人三十一張，小盡三十張。

申時行《明會典》卷一七四《翰林院》 凡内閣官，光禄寺日逐支給料物，撥厨役製造酒飯，司禮監撥匠作裝製書籍紙劄，工部撥輪班匠供役。本院官酒飯俱於光禄寺支給。

凡内閣合用筆墨及雌黄、硃墨俱於司禮監關給，紙劄本監及刑部關給。

申時行《明會典》卷一七六《欽天監》 凡本監合用紙劄，成化間奏准照例遇吏部送考陰陽生中式者，令其量出應用。

申時行《明會典》卷一七六《南京欽天監》 凡本監造曆紙，分派應天、寧國二府并浙江解納，俱限六月以裏至京。

申時行《明會典》卷一七六《太醫院》 凡本院合用紙劄，俱令府州縣舉到醫士考中者量納應用。後不行。成化十八年奏准，仍照舊例。

申時行《明會典》卷一七九《中軍都督府・公用紙劄》 凡本廳并五司合用紙劄，於官收贓罰鈔内關支。差官一員，照依按月時估價值兩平收買，於各宗卷内銷用。仍將用過紙數，盡實花銷，明白附卷。

申時行《明會典》卷一八〇《錦衣衛・鎮撫司》 凡本司紙劄，正統五年奏准令囚人買用。

黄佐《翰林記》卷四《供需》 《會典》云：凡内閣官光禄寺日逐給料物，撥厨役製造酒飯；司禮監撥匠作，裝製書籍紙劄；工部輪撥班匠供役。本院官酒飯，俱於光禄寺支給。宣德以前講讀史官歲撥班匠一名，其後寢。凡内閣合用筆墨，及雌黄、硃墨，俱於司禮監關給。紙劄，本監及刑部關給。木炭，惜薪司及工部關給。南京翰林院合用匠役，於南京工部撥給。詹事府合用紙劄，每月於刑部關給。筆墨印色，順天府買辦送用。若食鹽每日例支一觔，乃祖設各衙門以來常例。本院該吏於各官處先各領銀三錢，送户部折鈔，謂之扛擡費。

俞汝楫《禮部志稿》卷九九《行人司例》 凡本司合用紙劄于刑部關用，印色于順天府買用。

俞汝楫《禮部志稿》卷一〇〇《雜行備考・紙劄》 萬曆三十四年署部左侍郎李堂規。

一、刑部紙

刑部每年例送主客司本色紙張官價銀二兩七錢四分八釐、精膳司本色紙張官價銀六兩七錢二分，共銀九兩四錢六分八釐。因紙户賠累，移咨刑部捐免矣。

一、都察院紙

萬曆三十三年起，每年折價銀一百四十九兩四錢七分，本色本紙八千七百六十八張。緣都察院有順天巡按紙贖貯順天府，每年支銀如前數給紙户，買紙納内閣吏部衙門，實用銀一百九十五兩六錢五分。是紙户既賠銀四十六兩一錢二分，而又費交納，苦拘僉，故本部願將此項折抵，即一百四十九兩四錢七分准作一百九十五兩六錢五分，其餘仍支本紙。在本部將價隨宜而買，撙節而用，而所便畿民多矣。詳在部咨及都察院回咨，每年合部應支本折數簿存廳司，價有贏餘，隨入積貯箱内，以備置買修理公費之用。

沈榜《宛署雜記》卷一四《經費上・壇壝》 工部祭旗纛，霜降取用，共該銀捌錢壹分肆厘。浄盆焰硝三斤八兩，價一錢四分；熟硫黄八兩，價二分；柳柴炭一斤八兩，價六分；白麪二斤，價一分六厘；黄連七紙五張，價三分；開化紙五十張，價六分；白麻一斤八兩，價六分；高頭黄紙一百五十張，價一錢五分；

欒紙五十張，價四分；毛邊黃紙二十張，價一錢四分；白刃鍋鐵一斤八兩，價七分五厘；連七紙五張，價五分，行銀辦送。

沈榜《宛署雜記》卷一四《經費上・宗廟》 太廟每年正祭合用品物，除大興縣分辦一半外，本縣該辦：正月分，共銀壹拾肆兩貳分玖厘伍毫。【略】本紙一百七十二張，價一兩三分二厘；呈文紙二百二十張，價四錢八分四厘；碗紅紙四張半，價一錢三分五厘；黃咨紙一百二十五張，價一錢二分五厘；包本呈文紙一百張，價三錢五分；白咨紙一百二十五張，價一錢二分五厘；連七紙六百張，價四錢二分；表黃本紙十七張半，價一錢五厘；青夾紙七張，價二分一厘；金錢紙一百張，價六分；黃榜紙一張半，價二分二厘；白榜紙三張，價四分二厘。二月分，共該銀壹拾柒兩伍錢玖分玖厘。【略】本紙一百七十五張，價一兩五分；呈文紙二百張，價四錢四分；表黃紙一十張，價六分；碗紅紙五張，價一錢五分；黃榜紙三張，價四分五厘；白榜紙七張半，價一錢五厘；紅榜紙一張，價二分；青夾紙七張，價二分一厘；金錢紙一百張，價六分；黃咨紙七十五張，價七分五厘；白咨紙七十五張，價七分五厘；包本大呈文紙一百張，價三錢五分；頂花半朵，價一分五厘；燒燎紅咨紙一百張，價一錢三分；連七紙六百張，價四錢二分；國子監糊窗紙七百五十張，價九錢七分五厘。三月分，共該銀伍拾叁兩陸錢肆分壹厘。【略】本紙二百九十張，價一兩七錢四分；呈文紙二百四十張，價五錢二分八厘；表黃紙三十四張，價一錢八分；碗紅紙七張，價二錢一分；黃榜紙六張，價九分；白榜紙六張半，價七分一厘；青夾紙七張，價二分一厘；金錢紙一百張，價六分；黃咨紙一百七十五張，價一錢七分五厘；白咨紙一百六十張，價一錢六分；包本大呈文紙一百張，價三錢五分；連七紙六百張，價四錢二分。四月分，共該銀陸兩陸錢陸分捌厘。【略】本紙一百九十五張，價一兩一錢七分；呈文紙二百二十五張，價四錢九分五厘；碗紅紙四張半，價一錢三分五厘；青夾紙七張，價二分一厘；金錢紙一百張，價六分；黃咨紙五十張，價五分；白咨紙五十張，價五分；表黃紙七張半，價四分五厘；包本大呈文紙一百張，價三錢五分；連七紙六百張，價四錢二分。五月分，共該銀玖兩捌錢叁分。【略】本紙一百七十五張，價一兩五分；呈文紙二百二十五張，價四錢九分五厘；表黃紙八張半，價五分一厘；碗紅紙六張，價一錢八分；黃榜紙二張半，價三分七厘；白榜紙四張，價五分六厘；青夾紙七張，價二分一厘；金錢紙一百張，價六分；白咨紙五十張，價五分；黃咨紙一百五十張，價一錢五分；連七紙六百張，價四錢二分；燒燎黃咨紙一百二十五張，價一錢二分五厘；杏黃紙半張，價一分五厘；包本大呈文紙一百張，價三錢五分。六月分，共該銀壹拾壹兩壹錢肆分肆厘五毫。【略】本紙一百八十張，價一兩八分；呈文紙二百四十張，價五錢二分八厘；碗紅紙四張半，價一錢三分五厘；白榜紙二張，價二分八厘；青夾紙七張，價二分一厘；金錢紙一百張，價六分；黃咨紙七十五張，價七分五厘；白咨紙七十五張，價七分五厘；表黃紙十九張半，價一錢一分七厘；包本大呈文紙一百張，價三錢五分；黃榜紙半張，價七厘五毫；連七紙六百張，價四錢二分。七月分，共該銀肆拾肆兩肆錢貳分貳厘。【略】本紙二百四十張，價一兩四錢四分；呈文紙二百四十五張，價四錢九分五厘；表黃紙二十九張半，價一錢七分七厘；碗紅紙六張，價一錢八分；黃榜紙六張半，價九分七厘；白榜紙八張半，價一錢一分九厘；青夾紙七張，價二分一厘；白咨紙一百七十五張，價一錢七分五厘；黃咨紙一百七十五張，價一錢七分五厘；金錢紙一百張，價六分；包本大呈文紙一百張，價三錢五分；連七紙六百張，價四錢二分。八月分，共該銀貳拾叁兩陸分捌厘。【略】本紙二百二十五張，價一兩三錢五分；呈文紙二百二十五張，價四錢九分五厘；表黃紙十張，價六分；碗紅紙九張，價二錢七分；黃榜紙三張，價四分五厘；白榜紙六張，價八分四厘；黃咨紙一百張，價一錢；白咨紙七十五張，價七分五厘；金錢紙一百張，價六分；青夾紙七張，價二分一厘；包本大呈文紙一百張，價三分五厘；連七紙六百張，價四錢二分；燒燎黃咨紙一百張，價一錢；大筆五枝，價五分；小筆十枝，價五分；國子監糊窗紙七百五十張，價九錢七分五厘。九月分，共該銀七十二兩七錢四分三厘五毫。【略】本紙二百二十五張，價一兩三錢五分；呈文紙一百九十五張，價四錢二分九厘；表黃紙三十二張半，價一錢九分五厘；碗紅紙四張半，價一錢三分五厘；黃榜紙七張，價一錢五厘；白榜紙八張半，價一錢一分九厘；青夾紙七張，價二分一厘；金錢紙一百五十張，價一錢五分；白咨紙一百五十五張，價一錢五分五厘；連七紙六百張，價五錢二分；【略】包本大呈文紙一百張，價三錢五分；澆燭香油三百三十一斤，價九兩九錢三分；包燭黃咨紙三百二十五張，價三錢二分五厘。【略】十月分，共該銀壹拾肆兩柒錢肆分柒厘伍毫。【略】本紙二百二十張，價一兩三錢二分；呈文紙一百九十五張，價四錢二分九厘；表黃紙九張半，價五分七厘；碗紅紙八張，價二錢四分；青夾紙七張，價二分一厘；金錢紙一百五十張，價九分；黃咨紙五十張，價五分；白咨紙五十張，價五分；連七紙六百張，價四錢二分；上滌糊窗紙五百張，價六錢五分；黄票毛邊本紙九百張，價五兩四錢；包本大呈文紙一百張，價三錢五分。十一月分，共該銀伍拾叁兩肆錢捌分壹厘伍毫。【略】本紙二百九十張，價一兩七錢四分；呈文紙二百四十五張，價五錢三分九厘；表黄紙四十二張半，價二錢二分五厘；碗紅紙九張半，價二錢八分五厘；天榜紙十張，價□錢六分；榜扣紙二十五張，價四分；黄榜紙□張，價一錢五厘；白榜紙八張半，價一錢一分九厘；回殘二兩燭心八千枝，價四兩八錢；官青紙半張，價一分五厘；青夾紙十張，價三分；金錢紙一百五十張，價九分；黄咨紙一百七十五張，價一錢七分五厘；燒燎黄咨紙五百張，價五錢；青榜紙一張，價一分五厘；包本大呈文紙一百張，價三錢五分；連七紙六百五十張，價四錢五分五厘。十二月分，共該銀柒拾伍兩玖錢五分玖厘伍毫。【略】本紙二百七十五張，價一兩六錢五分；呈文紙二百七十五張，價六錢五厘；表黄紙三十三張，價一錢九分八厘；碗紅紙六張，價一錢八分；黄榜紙四張半，價六分七厘五毫；白榜紙五張半，價七分七厘；青夾紙七張，價二分一厘；金錢紙一百五十張，價九分；白咨紙一百七十五張，價一錢七分五厘；黄咨紙一百七十五張，價一錢七分五厘；連七紙六百張，價四錢二分；包本大呈文紙一百張，價三錢五分。以上正祭，每年除大興縣外，本縣共約銀叁百玖拾柒兩叁錢叁分肆厘，俱行銀內支，商人同該吏辦送。遇閏月增。

沈榜《宛署雜記》卷一四《經費上・行幸》 隨駕鞍子馬取連七紙一千四百張，價一兩一錢二分；刷小票四千八百張，靛花二斤八兩，價一錢五分；刷印匠工食二錢一分；京文紙一刀，價一錢八分；毛邊帖四百，價六錢；碗紅紙二十張，價五錢；銀硃八兩，價三錢二分；墨四錠，價一錢；印色二兩，價一錢；刊票梨板一塊，價三分；刊字匠工食五分。以上本寺贖銀辦送，本縣備硃匣、圍屏，刑具該吏送，事畢領回。

沈榜《宛署雜記》卷一四《經費上・宫禁》 隆慶六年閏二月，東宫出閣講讀，冠禮成。刊刻儀註，合用梨木板六片，銀一兩八錢；奏本紙六百張，銀三兩六錢；大紅紙五十張，銀一兩五錢；連七紙二千張，銀一兩六錢；煙墨四斤，銀一兩二錢；棕毛三斤，銀一錢五分；油燭六斤，銀六錢；匠役工食銀三兩。二縣鋪税銀辦。

每月朔望日，文武百官於文華殿外行禮，刊刻儀註，合用梨木板八片，銀二兩四錢；連七紙一千五百張，銀八錢四分；墨三斤，銀九錢；毛邊本紙三百張，銀一兩捌錢；油燭三斤，銀三錢；棕毛二斤，銀一錢；匠役工食三兩。二縣鋪税銀内辦。

隆慶六年五月，皇太子即皇帝位。公侯駙馬伯，文武官員，軍民耆老人等勸進登極，詔告天下，刊布通行，合用進呈本紙三百張，銀一兩八錢；浄邊本紙五百張，銀二兩；大梨板二十片，銀八兩；椵木板三片，銀六錢；黄本紙五千張，銀三十兩；大黄連七紙一萬張，銀八兩；棕毛十斤，銀五錢；煙墨十五斤，銀四兩五錢；油燭二十斤，銀二兩；速香一斤，銀四兩八分；大燭一對，重四斤，銀四錢；小燭三對，重三斤，銀三錢；大紅本紙五十張，銀一兩五錢；大呈文紙一百張，銀四錢；刊刷匠工食十兩。二縣鋪税銀辦。

三勸進箋文，合用紅杭細絹包袱三個，計六丈，銀一兩八錢；裱裏箋匣並套，用紅綾一丈八尺，銀七錢二分；慶表文用紅杭細絹包袱一個，計二丈，銀六錢；裱裏表匣並套用黄綾七尺，銀二錢八分；做表箋上好本紙二十張，銀一錢二分；表匠工食銀三錢；二縣鋪税均辦，刊刻儀註，合用梨板六片，銀一兩八錢；連七紙六千張，銀四兩八錢；進呈本紙五百張，銀三兩；浄邊本紙八百張，銀三兩二錢；大紅紙一百張，銀三兩；油燭二十斤，銀二兩；棕毛十斤，銀五錢；煙墨十斤，銀三兩。二縣鋪税辦。

隆慶六年七月内，恭上仁聖皇太后、慈聖皇太后徽號。刊布儀註，合用梨木板六片，銀一兩八錢；連七紙六千張，銀四兩八錢；烟墨六斤，銀一兩八錢；進呈本紙五百張，銀三兩；浄邊本紙八百張，銀三兩二錢；棕毛五斤，銀二錢五分；大紅紙五十張，銀一兩五錢；油燭十斤，銀一兩；匠役工食銀十兩。兩縣鋪税均辦。

詔告天下，刊布通行，合用進呈本紙三百張，銀一兩八錢；浄邊本紙五百張，銀二兩；大梨板二十片，銀六兩；黄本紙五千張，銀三十兩；大黄連七紙七千張，銀五兩六錢；棕毛八斤，銀四錢；烟墨十斤，銀三兩；油燭十五斤，銀一兩五錢；速香一斤，銀四錢八分；大紅燭一對，重四斤，銀四錢；小紅燭三對，重三斤，銀三錢；大紅本紙四十張，銀一兩二錢；大呈文紙八十張，銀三錢二分；刷印刊刻匠工食銀十兩。二縣鋪税銀辦。

命婦並文武百官進表慶賀，表文三通，用黄杭細絹包袱三個，共六丈，銀一兩八錢；表裏表匣並套用黄綾二丈，銀八錢；上號本紙二十張，銀一錢二分；裱褙匠工食銀三錢；大紅燭二對，銀四錢；中紅燭二對，銀二錢；小燭一斤，銀一錢；速香半斤，銀二錢四分。二縣鋪税銀辦。

鴻臚寺題議各衙門奏事，儀註刊式，通行合用梨板二片，價六錢；毛邊本紙九十張，銀五錢四分；烟墨半斤，銀一錢五分；大連七紙一百八十張，銀一錢四分四厘；棕毛一斤，銀五分；刊刷工食銀一錢五分。二縣鋪税銀辦。欽宴纂修實録官宴圖，合用梨木板五塊，銀一兩五錢；大紅紙三十張，銀九錢；連七紙五十張，銀四分；皮膠十兩，銀一分八厘；毛邊紙二百張，銀一兩二錢；大呈文紙一百張，銀四錢；青紙二十張，銀六錢；呈文紙四十張，銀一錢；烟墨一斤，銀三錢；麪五斤，銀五分；刊刷木匠工食銀五錢。二縣鋪税銀辦。

隆慶六年，穆宗敬皇帝大行禮。巾帽局成造梁冠等件，合用麻布等料，除大興外，本縣辦麻布一百五十疋，每疋銀一錢五厘；白苧布一百三十七疋，每疋銀二錢五分；諸暨布五疋，每疋銀二錢，白線鞋一百三十五雙，每雙銀八分；青素銀絲紗一疋，銀一兩一錢；白生絹五疋，每疋銀六錢；白麻九百三十斤，每斤銀二分七厘；鐵線四十二斤，每斤銀四分五厘；高頭竹紙七千三百一十六張，每百張銀八分；榜紙三百八十九張，每百張銀一兩；【略】以上共銀壹百捌兩陸錢伍分貳厘捌毫，本縣鋪税銀辦。禮部祠祭司取用，除大興外，本縣辦送奏本紙三批，銀四兩八錢；呈文紙九刀，銀三兩六錢；川毫筆三十枝，銀九錢；連七紙一千八百張，銀一兩八錢；【略】以上共銀壹拾陸兩玖分伍厘，本縣鋪税銀辦。

上尊謚各儀註並頒各詔書謄黄紙張物料，合用奏本紙五批，銀八兩；本筆三十枝，銀九錢；連七紙三千張，銀三兩；墨十兩，銀二錢；香油一斤八兩，銀六分；牛油燭九斤，銀三錢六分；麪三斤，銀三分；黄連七紙六百張，銀八錢四分；黄本紙一批，銀一兩六錢；磁青紙九張，銀二十二兩五錢；梨木板三塊，銀九錢；黑煤三斤，銀一錢二分；水膠一斤八兩，銀六分；棕一斤八兩，銀七分五厘；刊刷匠工食銀四錢。以上共銀貳拾捌兩壹錢肆分伍厘，兩縣鋪税辦。

發引儀註，禮部祠祭司合用本紙十四批，銀二十二兩四錢；連七紙六千張，銀六兩；本筆六十枝，銀一兩八錢；梨板三丈五尺，銀三兩；各匠工食銀九兩。以上共銀肆拾貳兩貳錢，二縣鋪税辦。

主客司合用，除大興外，本縣合辦黄本紙一百張，銀八錢；墨四錠，銀一錢六分；麪一斤，銀一分；香油半斤，銀二分；匠人酒飯銀三錢五分。共銀一兩三錢四分，本縣鋪税辦。【略】

萬曆五年正月，仁聖皇太后、慈聖皇太后誥諭恭行大婚禮。本年正月內禮部取大榜紙二百張，價三兩；奏本紙二千張，價一十四兩；呈文紙五百張，價二兩；連七紙五千張，價四兩；大紅紙二百張，價六兩；榜筆五十枝，價一兩；好墨三斤，價一兩八錢；蠟燭二十斤，價一兩六錢；梨板六片，價六錢；連七紙一千張，價八錢；進呈紙二百張，價一兩六錢；毛邊本紙六百張，價四兩二錢；大紅紙五十張，價一兩五錢；煙墨五斤，價一兩五錢；油燭五斤，價四錢；棕毛三斤，價一錢五分；匠工銀三兩；呈文紙十刀，價四兩。俱兩縣行銀辦。奉府開造淑女某，姓名、生年月日時、嫡庶、長次、相貌眉目、耳鼻、齒牙、髮鬢、身體、父母、鄰右結狀費約用銀二錢八分。三月，內府票諸王館開勑取大紅燭四斤，價四錢；速香一斤，價四錢八分；大紅本紙三百張，價九兩。四月二十日，太監馮保，奉勑至館選婚，兩縣帶領女子穩婆候選，打掃用人夫二百名，每名工食三分，共六兩；結綵二架，賃價銀一錢。七月，各省淑女七位，同母諸王館住，禮部供給儀註奏本紙四千張，價二十八兩；呈文紙十刀，價四兩；連七紙一萬五千張，價十二兩；大紅本紙五百張，價十五兩。【略】

萬曆十四年，先是壽陽、永寧、瑞安婚禮相同。延慶公主婚禮。選擇駙馬，除大興縣外，宛平辦送禮部大榜紙十五張，銀一錢五分；奏本紙五十張，銀三錢；呈文紙一百張，銀四錢；連七紙一百張，銀七分；大紅紙二十張，銀六錢；按榜筆十枝，銀二錢；煙墨八兩，銀三錢。【略】

禮部至諸王館選擇，合用本紙一百張，銀七錢；呈文紙一百張，銀四錢；大紅紙三十張，銀九錢；連七紙二百五十張，銀二錢；榜筆七枝半，銀一錢五分；好墨四兩，銀一錢五分。

公主成婚合用儀註紙劄，大紅紙一百十五張，銀三兩四錢五分；本紙六百張，銀四兩二錢；呈文紙二百張，銀八錢；連七紙一千張，銀八錢；榜紙二十五張，銀五錢；好墨一斤，計二十錠，銀三錢；烟墨二斤八兩，銀二錢五分；梨板二片，銀八錢；兔毫筆二十枝，銀四錢；棕一斤，銀五分；刊刻匠工食銀一兩五錢；諸王館打掃夫工食銀六兩。以上共銀捌拾柒兩玖錢壹分，本縣行銀支辦。

沈榜《宛署雜記》卷一五《經費下・內府》 酒醋局磨户，見徭編下。酒户三百三十名，鋪户內簽送，工食無。杏仁一十一石五斗，每石價四兩三錢，共銀四十九兩四錢五分。代辦通州杏仁三石五斗，每石四兩三錢，共銀一十五兩五分。二項鋪墊脚價十兩。包麯紙三萬張，每百張價四分五厘，共價一十三兩五錢。代辦通州包麯紙一萬張，每百張價四分五厘，共銀四兩五錢。

沈榜《宛署雜記》卷一五《經費下・各衙門》 吏部：三年用文職貼黄紙一千五百張，折價一十五兩，行銀吏解。【略】查理須知取紙劄筆墨價一兩八錢，行銀吏解。

禮部：遇重修《大明會典》，用中夾紙二千五百張，價三十七兩五錢；大呈文紙四千張，價十六兩；連七紙一萬一千六百張，價九兩二錢八分。係按院贖銀。筆五百枝、墨一百錠，價十三兩；擡連紙二千張，價一兩八錢；棕毛一百斤，價五兩；光漆十斤，價三兩；白麪五百六十四斤，價五兩六錢四分；藍呈文紙五千張，價三十三兩；桐油五十斤，價八錢五分；真漆一百斤，價十七兩；麻布十疋，價一兩八錢；香油五十斤，價一兩。共銀一百四十四兩八錢七分，行銀鋪户解。遇筵宴考滿閣下用梨板三塊，價一兩二錢；大紅紙十二張半，價三錢七分五厘；毛邊紙五十張，價三錢；咨呈紙五十張，價一錢七分五厘；連四紙二十五張，價一錢七分五厘；大磁青紙十張，價一兩；墨二笏，價一錢；烟墨一斤，價五錢；宴圖工料銀四錢三分；筆五枝，價一錢；榜紙二十五張，價三錢七分五厘；大鐵釘十個，價三分；刊刷裱褙匠工食銀二錢八分。共銀五兩四分，鋪税銀辦。【略】四夷館合用紙硃每季折價三兩二錢六分五厘三毫，四季共折價一十三兩六分一厘二毫，行銀吏解。添設暹羅館譯字生，每季該書做呈文紙七百八十七張，價一兩五錢七分四厘一毫；筆六十三枝，價一兩二錢六分；墨三十一錠半，價九錢四分五厘；標書做紙硃二十一兩，價六錢三分；季考賞紙一千五十張，價二兩一錢；筆四十二枝，價八錢四分；墨二十一錠，價六錢三分；進呈課業紙一千五十張，價三兩六錢七分五厘；印課銀硃五兩二錢五分，價一錢五分七厘五毫。行銀吏解。四季共銀四十七兩二錢四分六厘四毫。代辦通州四夷館筆墨價，除春秋大興外，本縣該夏冬銀六十兩，行銀大户解。兵部續寫軍職貼黄紙劄折價銀一十九兩六分六厘。五年一次，取清黄紙劄折價五十三兩二錢三分四厘，抄寫武官選薄紙張折價十二兩四錢四分五厘，以上俱行銀吏解。

刑部：五年恤刑，造方册，每張工食銀六厘；略節册，每張銀四厘；大呈文紙每百張價三錢五分；擡連紙每百張價一錢；連七紙每百張價六分六厘；青殼紙每張價三分，裝釘工食銀一錢，共銀四兩一錢六分八厘。送會審囚犯，應用大呈文紙一百張，價三錢五分；中呈文紙一百張，價二錢；連七紙一百張，價七分；毛邊紙二十張，價六分；碗紅紙五張，價一錢；僉判筆四枝，價六分；銀硃二兩，價六分；徽墨一錠，價二分；刑具一副，價二錢二分；共銀一兩一錢四分，吏辦解。押解囚犯，每囚一名，解子三名、皂隸一名，每名盤費銀二錢，約用銀一十八兩餘。以上五年恤刑各項，俱支行銀，係萬曆二十年見行；如因有多寡，送審有遠近，照數增減。遇小市曹，監斬官四員，紙劄二分，價一兩二錢二分；刑具二副，價四錢四分；懶杆二十根，價五分；白布二疋，價三錢六分；鷄四隻，價一錢六分；燒酒、石灰價一錢八分；大木牌一面，價一錢；拶指六把，連繩價七分；蒼朮麪糊價二分五厘；香價三分五厘；木標一十根，價七分五厘；小木牌五面，價一錢五分；荆筐二個，價五分；麻繩三十根，價一錢五分；狗一隻，價一錢二分；馬十四，價五錢；劊子手飯食銀八錢；共銀四兩四錢八分四厘，行銀吏辦。如因犯數多，加增不等。大市曹，監斬官四員，合用大呈文紙三百張，價銀七錢；中呈文紙一百張，價銀四錢；毛邊紙一百張，價銀六錢；碗紅紙二十張，價銀四錢；連七紙二百張，價銀一錢四分；僉判筆八枝，價銀一錢二分。

按院項下：凡遇到任、開印，合用三牲、香紙等，價二錢二分；鼓樂一錢，彩一錢，二縣輪辦。凡到任並新年開印，並出巡回京，並審録，每縣各送刑具一副，價二錢二分；紙劄大呈文、中呈文、連七各一百，毛邊二十，紅紙五張，筆四枝，墨一笏，硃二兩，茶一包，香一百，共銀一兩五分。到任印色八兩，錫池一個，共價四錢七分；紅氈一條，價六錢。公所合用煤炭，凡遇到任、開印、巡回並每月二縣各送煤一馱，炭二簍，共價三錢，以上俱行銀吏辦。本院公用紙劄銀四兩六錢二分，每年終奉本府票取，動本院贖銀，差吏解府，差官類買。

京畿道項下：到任，二縣各刑具一副，價二錢二分；紙劄一副，加印色、印池共價一兩四錢一分。到任、門神、桃符、卓套、夾板、門簿、糊房紙張、砂碙、苕箒并裱褙工食除大興外，該分辦八錢二分二厘五毫。到任，三牲、鼓彩四錢七分，二縣輪辦。每年開印，刑具、紙劄各一付，共一兩一錢六分。每年紙劄，分辦六個月，每月大呈文、中呈文、連七各一百張，毛邊二十張，銀硃二兩，筆四枝，墨一笏，糨一分，共八錢五分。

學院項下：到任，紙劄加印色、印池，共四錢七分。到任號簿、紙張、桃符、糊窗紙等，除大興縣外，分辦二兩二錢。到任條約刊刻印刷，二縣輪辦。萬曆十八年，奉本院徐刊刻板片工食七兩二錢，刷印八百四十一本，價十四兩七錢零七厘。十九年，本縣辦過本院詹到任，有行照舊，以省煩費，未行。每年學院公所茶果銀一兩二錢，鋪兵領兩縣輪辦。每到任，每開印並巡回，每次送刑具、紙劄各一副，共一兩一錢六分。到任並開印，用三牲、鼓彩等項，分辦銀二錢一分。以上俱行銀吏辦。

鹽院項下：到任，門神、桃符四副，五錢；大卓套二個，一錢八分；夾板並繩六分；門簿二扇，紙張、裝釘，三錢二分；大號簿四扇，紙張、裝釘，六錢四分；糊房屏用大呈文二百，中呈文三百，欒紙三百，麪五斤，共銀一兩四錢九分；沙鍋、苕箒，三分；裱褙八工，銀四錢。以上行銀二縣均辦。到任，紙劄價九錢四分；外加印色、印池價四錢七分；刑具一副，價二錢二分；遇每年開印並巡回，每次刑具一副，價二錢二分；紙劄價九錢四分。以上行銀辦。麪糊奉裁。

倉院項下：到任，紙劄並印色、印池，價一兩四錢一分；刑具一副，價二錢二分。到任，三牲，五城辦。鼓彩，二縣分賃。每年開印並巡回，每次刑具一副，價二錢二分；紙劄一副，價九錢四分。賀新舉人、進士，各不等，二縣均辦。萬曆十九年分，送六名，每名銀三兩；書三分；扁，二錢八分。二十年分，送一名，銀三兩；書三分；扁，二錢八分。以上倉院各項，俱行銀。

關院項下：到任，紙劄内加印色、印池，價四錢七分。凡到任並出巡回京，每年開印，每次各刑具一副，價二錢二分；各紙劄價九錢四分。到任，三牲、香紙，二錢二分；鼓手，一錢；彩，一錢；二縣輪辦。萬曆二十年四月，宛平縣辦過。以上俱行銀。

屯院項下：凡遇到任，糊窗等費不等。萬曆十七年，用大呈文一百，中呈文二百，青紙三張，刊刻批條等板四塊，茶壺一把，交床一把，麪二斤，大小門神、桃符八副，共價一兩五錢六分；裱褙工食一錢八分。遇到任、開印，三牲、香紙共價三錢二分；鼓樂，一錢；彩，一錢；打掃夫八名，工食銀一錢六分；共該六錢八分。遇出巡、點馬，賃房一所，酒飯三卓、酒一罈，共銀二兩三錢；印烙馬匹用炭二錢；扛夫四名，二錢四分，以上三項，俱兩縣均辦。遇到任、開印、出巡、回京並點馬，各送刑具一副，價二錢二分；紙劄一副，共價九錢四分。遇到任，合用什物，除大興外，本縣吏分辦公座卓、椅子各一張，卓套一個，脚凳一條，錫筆架、水壺各一件，卷箱一隻，架釭繩、鎖各一件，青絹卓幃、花絹坐褥各一件，幃褥裏青布二丈四尺，綿花一斤，印牌一面，印綬牌繐各一件，手本二個，共價四兩零一分。

審編鋪行科道，五年一次，費用多寡不等。萬曆十六年，合用公所，賃價二兩七錢五分；官酒三桌，價一兩五錢；書辦酒三桌，價九錢；攢盤，價六錢五分，俱二縣共辦。心紅紙劄，價一兩五錢五厘；刑具一副，二錢二分，二縣各送。本府轉送下程一分，價三兩九分；人夫銀一錢八分。取用書辦五名，工食三兩；皂隸二名，工食二兩；寫本揭工食一兩二錢；日逐用過紙張，價二兩五錢二分三厘；造草册、清册紙張，飯食銀六兩二錢。委官廪給銀一兩。犒賞銀五錢；包裹、夾板等價五錢；造奏册紙張、工食銀八兩七錢；犒賞銀三錢；本縣佐領分查造册紙張、工食各不等，共銀一十兩四錢一分四毫。又大興關稱行銀均用造册、工食不等，關取銀十四兩；本縣填刷徵銀小票，紙張、刻板價二兩一錢六分。以上共銀六十一兩八錢，俱行銀。

國子監：每年須知紙一萬五千張，價十一兩六錢六分六厘七毫；松煙五斤十兩，價五錢六分一厘二毫；棕毛十二兩六厘，價一分九厘一毫；香油一兩五錢零，銀一厘三毫；白麪四斤一兩六錢零，價二分二毫五絲。共折價一十二兩二錢六分八厘五毫五絲，行銀大户解。

太僕寺：四季紙劄銀共四兩八錢八分。每季本紙一百張，價三錢五分；呈文紙二百張，價四錢；大連七紙二百張，價一錢六分；僉判筆六枝，價九分；銀硃四兩，價一錢六分；墨二笏，價六分。每年少卿出巡，紙劄、卷箱、下程等價八兩五錢四分；大呈文紙一百張，價三錢五分；中呈文紙一百張，價二錢；連七紙一百張，價八分；本紙二十張，價七分；碗紅紙五張，價一錢；銀硃二兩，價七分；僉判筆四枝，價四分；墨一笏，價三分；卷箱四隻並繩扛、蓋席、架鎖、油飾銀二兩五錢六分；刑具一副，價二錢二分；下程一分，價銀四兩八錢二分。寺丞堂取圍屏、紙劄、卷箱銀三兩九錢三分，卷箱二隻並扛架、繩鎖，銀八錢五分。【略】呈文紙二刀，價四錢；墨四笏，價八分；靛花八兩，價五分。以上俱行銀吏解。

太醫院：額派本縣代通州上納蒼术六百斤，價六兩；牛黄一兩，價六兩；紅黄紙，價五錢四分。以上共銀一十二兩五錢四分，行銀大户解。

本府公用：每月四聖祠行香紙燭，除大興分辦朔日外，本縣該辦望日，價一錢二分。凡遇新任堂上並上五廳上任，及朔望儒學行香紙張、筆墨、給賞不等。又學院、按院新任、學院朔望各行香、賞紙不等，每年共約銀三十兩。送院歲考生員，各年不等。萬曆十九年，除大興外，本縣分辦卷箱一隻，扛架、繩鎖、棕蓋、蘆蓆全，竹籤三百五十七根，籤筒二個，試卷三百五十七卷，彌封連七紙五十張，印卷硃四兩，刊板一塊，并靛墨刷印匠、抬箱夫工食，共□□□□□□□□。本府考送儒童，各年不等。萬曆十九年，除大興外，本縣分辦酥餅六百九十八個，卷箱三隻，並扛架、鎖繩、蘆蓆全，看卷工食，各用不等，並厨役工食共二兩五錢二分五毫。【略】每年造通計處以濟匱竭事册，并造禦民災以靖地方事册，二項紙張、工食，共銀一兩。每年奏繳會同館馬價事例，合用黄綾四尺，每尺銀三分，該銀一錢二分；夾板一副，銀一錢；大呈文紙一百張，銀三錢五分；並工食共銀一兩。每年額解御覽紙張、工食銀一兩五錢；遇閏加銀一錢二分五厘，店家解。每年寫本書辦工食銀九兩，遇閏加銀七錢五分；關文皂隸頭解。十年取造黄册，見户部下。每年按院查盤府庫，備辦看席、吃席、下馬，并更衣飯、下庫手盒及馬上攢盤各二卓付，搭棚、結彩並紅禮帖、筆、墨，共價三兩六錢四分五厘，以上俱本縣行銀吏辦。每年查盤府庫，造册紙張、工食共九兩一錢八分八厘零，於本府贖銀申給。

本府正堂項下：到任，大門、二門、東西角門、後宅門合用門神、桃符各五付，卓套五個，共價一兩七錢四分。新正，除大興分辦二門、角門外，本縣例辦三副，價六錢三分；外加小門神十四副，桃符五副，卓套三個，共價六錢二分。【略】到任合送大呈文、中呈文、連七各一百張，毛邊二十張，紅紙五張，僉判筆四枝，墨一笏，硃二兩，刑具一副，共價一兩一錢六分。新正開印並覲回各送紙劄數同前。【略】朝覲，黃卷箱一隻，並扛架、繩鎖、全黃藍夾板、黃毡、紅黃綾册殼並綾册套各一條付，青藍綾紙殼手本三十個，小手摺五個，裱褙匠並寫通行及造册書辦紙張、工食共價九兩五錢九分，批解。覲回，勑筒黃絹包袱各一件，價二錢，以上俱本縣行銀吏辦。

本府左堂項下：並本府軍匠廳、糧廳、馬廳，俱大興縣辦，惟到任刑具、紙劄、下程各辦，數同前。

治廳：到任，大門、儀門、桃符、門神四副，卓套二個，共價七錢三分八厘。新正，照例用四副，價五錢，外加小門神、桃符各八副，卓套一個，共價三錢三分八厘。到任，合送大呈文、中呈文、連七各一百張，紅紙五張，毛邊紙二十張，僉判筆四枝，墨一笏，硃二兩，印色八兩，印池一個，下程一副，刑具一副，共價三兩四錢九分。【略】每年六月、十二月，例送每月大呈文二百張，中呈文、連七各四百張，共價二兩八錢二分。每年攢造按院考察京衛官員，並復命賢否事蹟册，及查驛遞錢糧各造册紙張、書手、裱褙匠工價，共一十二兩九錢九分九厘。以上俱本縣行銀吏辦。

糧廳：每年派算稅糧馬草並造巡青科道賢否文册書手工食共價二兩八錢，本縣行銀支給。

馬廳：每年出巡點馬，合送酒飯二卓，大呈文、中呈文、連七各一百張，毛邊二十張，紅紙五張，僉判筆四枝，墨一笏，硃二兩，卷箱一隻，並扛架，繩鎖，全白牌一面，刑具一副，共價二兩六錢八分五厘。行銀吏辦。

沈榜《宛署雜記》卷一五《經費下·鄉試》 鄉場飲饌品物：【略】御覽紙六百九十張，表紙一萬一千三百六十張，印題等項大呈文紙一萬八千六百張，中呈文紙一萬一千六百五十張，連七紙八千一百七十張，上碗紅紙九十張半，毛邊紙二百九十二張，中碗紅紙五十一張，草紙三千七百張，剛連紙三萬七千三百十張，連四紙二千三百張，大紅行移紙四十張，分水紙一千六百張，青連七紙二千十三張，官青紙六張，藍連四紙四十七張，白榜紙八十張，紅黃榜紙六十張，紅黃龍瀝紙二十張。

鄉場雜辦錢糧，除大興縣分辦數外，本縣該辦：搜檢察院取用白牌、刑具、紙劄，價四兩一錢九分五厘。有架白牌二十面，刑具一副，大呈文紙一百張，中呈文紙一百張，連七紙一百張，毛邊紙二十張，碗紅紙五張，銀硃二兩，僉判筆四枝，徽墨一笏。本府取進呈本匣竹籤、桶、牌、車等項，共銀一十二兩九錢六分八厘。【略】本府軍匠廳取編生員號簿紙張、顔料等項，共銀二十九兩六錢九分一厘。大呈文紙一百張，連七紙一百張，剛連紙七百張，靛花三斤，水膠二斤，銀硃一斤八兩，棕毛二斤，中判筆五十枝，徽墨十二笏，大燭一百枝，蘇木二斤，黃丹一斤，白芨六兩，白礬八兩，土礆十二兩，定粉三兩，石硯七十五個，蘆蓆二十領，刷印匠工食銀二兩四錢五分，卷箱四十六隻。本府馬政廳取造老軍册紙張銀五錢五分，大呈文紙一百張，長柄白牌二面。本府理刑廳取造生員年貌册紙張等項共銀四兩二錢，大呈文紙四百張，中呈文紙三百張，連七紙一百五十張，大青殼紙四張，水筆十三枝，徽墨十三笏，羊油燭十斤，銀硃八兩，印老軍號簽紙一百張，長柄白牌一面，卷箱一隻。本府經歷司成造御名廟諱試録紙張、綾絹共銀二百二十一兩九錢五分五厘五毫五絲，毛頭紙四萬一千七百三十三張，黃連七紙五千五百二十張，中呈文紙二萬五千三百七十一張，大呈文紙六百九十九張，表紙三萬一千七百三十一張，剛連紙六萬五千七百四十二張，青連七紙二千二百九十五張，白連七紙三千五百三十七張，連四紙四百四十六張，七分碗紅紙八十二張，半紅帖一百七個，紅封套二百七個，毛邊帖四百六十九個，藍呈文紙八張，藍鳳綾六分二厘五毫，藍雀綾十六疋六分，藍包頭絹一十一疋四分七厘五毫，刷印匠工食銀一十兩，卷箱十一隻。以上鄉場雜辦共銀二百九十六兩七錢八分三厘五毫五絲，本縣鋪存銀支。

沈榜《宛署雜記》卷一五《經費下·殿試萬曆二十年分數》 御覽登科録紙六百張，奏本紙六萬張，大黃夾榜紙二百張，中夾紙四千張，藍青連七紙七十四張，碧青紙七百五十張，大白連七紙九千四百五十張，行移紙一千二百三十八張，黃綾一丈五尺，紅綾一丈五尺，藍綾四丈，藍絹一十四丈，黃羅銷金袱六個，紅羅銷金袱五個，牙圈三十個，紫石硯七十個，心紅三十兩，上筆一百五十枝，上墨三十笏，中墨七斤半，墨煤六斤，麪六十五斤，棕十斤八兩，梨板八十片，蠟燭七百五十枝，錫印盒十五個，綿紙簿五十扇，漆匣硯五十個，錫筆架五十個，錫水滴五十個，大紅開化紙一百五十張，白芨一兩，小樣撾筆二枝，鎮紙石四十塊，硃墨二錠，兔毫筆二百枝，烟墨二十笏，銀硃二斤，鎖鑰五副，裁刀四把，黃紅毡五十條，大糊刷四把，黃磁盆二個，鐵鎖四把，黃絹包袱三十五個，大油絹包袱一十七個，剪子四把，抿子四把，青布門簾四十個。以上共該銀四百四十六兩四錢三分六厘，二縣召商分辦。

禮部取用燭炭、恩榮宴圖紙張：蠟燭四百枝，木炭一千斤，黄絨繩四條，大磁青紙五十張，煙子二斤，水膠八兩，棗核釘十六個，二寸釘十個，大呈文紙一千張，毛邊紙五百張，大紅紙七十張，連七紙五百張，梨板二塊，糊麪二斤，徽墨五塊，大宴軸一杆，飯軸二杆，油漆匠工食二錢，刊字匠工食一兩二錢，木匠工食二錢，刷印匠工食一兩，裱褙匠工食七錢，書辦工食二兩一錢。以上共該銀二十四兩八錢六分八厘，二縣分辦。

總計：殿試合用登科録紙張、床帳、家火等四項，共該銀伍百叁拾叁兩陸錢陸分，於二縣鋪存銀内支。

沈榜《宛署雜記》卷一五《經費下・雜費》 按院差滿，本縣攢造事蹟册二本，紙張工食四錢二分，行銀支給。

按院審録本縣重囚，造報本院并理刑廳方册各一本，約用呈文紙一百二十張，剛連紙二百五十張，造册書手并裝釘匠工食共約銀三兩五錢零，臨時起數，增減不等，行銀支。

遇保定處决重囚，造報按院、刑部、監斬官、霸州道、保定府、理刑廳並本府及理刑廳略節册九本，招由册七本，共約用呈文紙三百六十三張，剛連紙一百五十八張，青殼十張，造册書手并裝釘匠工食共約銀七兩七錢零，押解皂隸解子六十名，每名工食銀六錢，押解吏書盤纏車價共二兩，臨時起數，增減不等，俱行銀支給。

徐光啓《新法算書》卷四 一、謄寫進呈書册紙張工食。崇禎三年十月起，陸續給過秋官周胤等買涇縣呈文、連四等紙，共銀二十二兩四錢。寫稿太史連紙五十五刀，共銀二兩七錢五分。剛連紙二十七刀，共銀四兩五錢六分。

何士晋《工部廠庫須知》卷三《營繕司・乙字庫》 高頭紙二十萬張，每百張銀一分九厘，該銀三十八兩。欒榜紙一千張，每百張銀一錢二分，該銀一兩二錢。紙觔紙二千斤，每斤銀六分，該銀一百二十兩。黄白錫箔六千張，每百張銀一分八厘，該銀一兩八分。奏本紙三千張，每百張銀五錢，該銀一十五兩。

何士晋《工部廠庫須知》卷三《營繕司》 内官監成造細草紙，二年一行，物料分作兩年送用，每年會有繕工司取用白灰四萬斤，每百斤銀七分五厘，該銀三十兩，召買紙觔紙五千斤，每斤銀六分，該銀三百兩，外付屯田司買辦木柴四萬斤，每萬斤銀一十八兩五錢，該銀七十四兩。

何士晋《工部廠庫須知》卷六《虞衡司・乙字庫年例龍瀝等紙》 召買大白龍瀝紙四百萬張，每百張銀三錢四分二厘，該銀一萬三千六百八十兩。小白中夾紙四百萬張，每百張銀一錢，該銀四千兩。大黄龍瀝紙一百五十萬張，每百張銀三錢四分二厘，該銀五千一百三十兩。大紅龍瀝紙五十萬張，每百張銀三錢四分二厘，該銀一千七百一十兩。大緑龍瀝紙五十萬張，每百張銀三錢四分二厘，該銀一千七百一十兩。大皂龍瀝紙五十萬張，每百張銀三錢四分二厘，該銀一千七百一十兩。高頭白紙三百萬張，每百張銀一分九厘，該銀五百七十兩。小開化紙二百萬張，每百張銀四分，該銀八百兩。以上八項共銀二萬九千三百一十兩。

何士晋《工部廠庫須知》卷六《虞衡司外解額征》 安慶府，白榜紙一萬七千三百六十張。【略】浙江、江西、湖廣十年題派，紅緑榜紙各六十六萬六千六百六十六張，本色榜紙一百三十三萬三千三百三十三張。

韓世琦《撫吴疏草》卷三七《覆減十八年紙張價值疏》 題爲采買紙張事。康熙二年十二月二十八日，准户部咨開，江南清吏司案呈，奉本部送户科抄出該本部覆江撫韓題前事等因。康熙二年十月二十二日題，十一月十三日奉旨：該部知道，欽此。欽遵于本日抄出到部。該臣等查得，江、太、寧三府采買順治十八年分紙張，先經臣部行令造册題報前來備查，册開剛連、毛邊、古連、毛頭等紙，雖各式但比太平府銷過價值太浮，至于不合式毛邊、毛頭、榜紙，先經臣部行令減價，今反比合式紙價太浮。且又據該撫册開，其駁減紙張有太平府分認另册減報等語。查太平府紙張價值，先經該撫題報臣部覆銷在案，既稱不合式紙張内有太平府分認當，時册内因何不行註明其所駁等紙價值，應再行照時價確減相應。請勅下江、安二撫一併查明確減，速行具題，以憑核覆可也。恭候命下，臣部遵奉施行。等因。康熙二年十二月初一日題，本月初三日奉旨：依議。本内止寫十八年，未寫年號不合，着飭行，欽此。欽遵抄部送司。奉此，相應移咨，案呈到部，擬合就行。爲此，合咨前去查照本部覆奉旨内事理，欽遵施行等因到臣。准此，隨經備行該司確查覆減去後，先據左布政使崔澄減報前來，因登答未明，核減未確，復又駁查去後。又據該司詳稱云云等情。臣查太平府册内未註不合式字樣，係安撫臣原據左司之册報部者。臣未悉其由，隨咨安撫臣聽其查明覆部外，惟是江寧、寧國二府不合式紙與合式同價，尚屬未確，又經駁行去後，今據左布政使崔澄減寔册報前來。該臣看得江寧、寧國二府采買順治十八年分紙張價值，先經行據藩司造册，臣經會同安撫臣張具疏題報，部議以合式之剛連、毛邊、古連、毛頭等紙，并不合式之毛邊、毛頭、榜紙價各浮溢，且不合式紙既太平府分認當，時册内何不註明，復請敕臣查明確減具奏。臣遵。行據左司核覆前來，除太平府册内未註不合式情由，移咨安徽撫臣，已准咨回自行查覆外，其江寧、寧國二府辦過合式紙張，各照部臣減定太平府報銷之價，一例減寔。至于奉駁不合式者，亦已另行加減，通計前後共減過銀六百九十八兩，似已無浮。除將清册送部查核外，謹會同安徽撫臣張合詞具題，伏乞睿鑒，勅部核銷施行。

康熙三年四月初十日題，奉旨：該部知道。

韓世琦《撫吴疏草》卷三九《報銷康熙三年紙張價值疏》 題爲采買紙張事。

康熙二年十二月初十日，准户部咨開，江南清吏司案呈，奉本部送户科抄出該本部題前事内開：照得康熙三年分各衙門應用毛邊紙三十萬張，古連紙十萬張，毛頭紙二十萬張，榜紙五十萬張，台連紙六十萬張，呈文紙二十萬張，連四紙二萬張，以上共一百九十二萬張，若不預行采買，必致臨期有悮相應。請勅各該撫轉檄藩司，動支康熙二年分雜項錢糧，照依時價，速行如數采買上好精細潔白紙張，遴選的當官員，限文到三個月内，盡數解部，如遲緩併以粗惡損薄短窄不堪混冒搪塞逾限，定將承買各官併該撫一併參處。其用過價值即隨紙張造册具題，以憑核銷可也。恭候命下，臣部遵奉施行等因。康熙二年十一月初十日題，本月十二日奉旨：依議，欽此。欽遵抄部送司。奉此，相應移咨，案呈到部，擬合就行。爲此，合咨前去查照本部題奉旨内事理，欽遵施行等因到臣。准此，隨行江南布政司遵照辦解，内除寧國府分辦榜紙、呈文、連四等項，因開槽定造，尚需時日，先經安徽撫臣會同咨部展期在案，續據左布政使崔澄將辦完江寧府紙七十五萬張，太平府紙四十五萬張，批差解官。邢嘉祺、劉國才于四月初八日赴臣衙門，掛號起解，并將各紙價值造册呈報。臣查各色紙價，先准部覆順治十八年分紙張，核有定數，較對尚多浮溢，不便報銷。臣將號批掛發，一面勒令速解以副定限，一面將册駁發該司核減去後，今據減實造報前來。據此，該臣看得：部行采買康熙三年分紙張，臣經行據左司催，據江、太二府分辦全完，除臣于四月初八日掛發號批，責令解官邢嘉祺、劉國才兼程解進，所有用過價值，先據該司查照順治十六年部定之數減定，該銀五千六百二十兩，及臣檢查部駁順治十八年定價，較有浮溢，復經駁減，合計共減銀四百八十兩，實銷銀五千一百四十兩，似已無浮。除將原册送部查核外，謹會同安徽撫臣張合詞具題，伏乞睿鑒，勅部查核施行。

康熙三年五月十六日題，奉旨：着察核户部知道。

韓世琦《撫吴疏草》卷四六《順治十八年紙張價值疏》 題爲采買紙張事。

康熙三年六月十九日，准户部咨，江南清吏司案呈，奉本部送户科抄出該本部覆江撫韓題前事等因。康熙三年四月初十日題，五月初二日奉旨：該部知道，欽此。欽遵于本日抄出到部。該臣等查得江寧、寧國二府采買順治十八年紙張，先經臣部因價值太浮，併太平府不合式紙張不行註明分認，駁令核減去後。今據江撫韓將江寧、寧國二府紙張，照太平府報銷之價，另行加減造册，具題前來備查。册開合式扛連紙四十萬張，每張原報價銀四厘，今減銀三毫；古連紙五萬張，每張原報價銀一厘二毫，今減銀三毫；連七紙八萬張，每張原報價銀一厘，今減銀一毫，共減過銀一百四十三兩，實用銀一千五百九十七兩，查價值俱與上年相符，毋容再議外，其不合式榜紙、毛邊、毛頭等紙共五十萬張，臣部原因磽薄不堪，故行駁減，該撫自應嚴查，確減題報。今何得以不合式紙張略減搪塞，殊屬不合相應。請勅下江撫，再行嚴加確減題報，以憑查核。其減過銀兩，速行解部。再查太平府不註分認情由，據稱已經安撫自行查覆，應作速查明核減報部，以憑查核可也。恭候命下，臣部遵奉施行等因。康熙三年五月二十一日題，本月二十三日奉旨：依議，欽此。欽遵抄部送司。奉此，相應移咨，案呈到部，擬合就行。爲此，合咨查照本部覆奉旨内事理，欽遵施行等因。又于閏六月初二日准户部咨同前事，江南清吏司案呈，奉本部送准安撫張咨前事等因到部。奉批：司查册併發送司。奉此，查得采買順治十八年紙張，先經本部因不合式紙張價值太浮，駁令核減去後。今據安撫張將太平府不合式毛頭紙另行核減，併江寧、寧國二府減過各紙價值，造册咨報前來備查。册開除江寧、寧國二府不合式榜紙、毛邊等紙，已經本部于江撫疏内行令確減在案。今安撫所報不合式毛頭紙價，應令會同江撫一併核減，造册題報，以憑核覆可也。等因。呈堂。奉批：行送司。奉此，相應移咨，案呈到部，擬合就行。爲此，合咨查照施行等因，各咨到臣。准此，俱經備行布政司核減册報去後。今據左布政使王鉷詳稱云云等情前來。據此，該臣看得：采買順治十八年分各色紙張，先准部駁價值太浮，經臣核減具題，部覆以合式剛連、古連、連七紙張價值，俱與上年相符，毋容再議。其不合式榜紙、毛邊、毛頭等紙共五十萬張，磽薄不堪，勅臣再行嚴加確減。又准部覆，安徽撫臣張咨報太平府不合式毛頭紙一并行令會核。今行據藩司詳報，册開江、太、寧三府采辦順治十八年紙張奉文，毛頭、毛邊、榜紙三項內，除太平府毛頭紙先經另案減價銀三十兩外，續奉駁減已經報減銀五百六十五兩，今又奉部再行核減，遵復減銀一百八十五兩，先後三次共減銀七百八十兩。內已解部銀三十兩，今見減銀七百五十兩，造册前來。該臣覆加核明，除册送户部外，臣謹會同安徽撫臣張合詞具題，伏乞睿鑒，勅部核銷施行。

康熙三年八月二十三日題，奉旨：着察核該部知道。

韓世琦《撫吴疏草》卷五三《覆康熙三年紙張價值疏》 題爲采買紙張事。康熙三年十一月十三日，准户部咨，江南清吏司案呈，奉本部送户科抄出該本部覆江撫韓題前事等因。康熙三年五月十六日題，六月初九日奉旨：着察核户部知道，欽此。欽遵于本日抄出到部。該臣等查得江撫韓將康熙三年分采買毛邊、古連等紙一百二十萬張，價值銀五千一百四十兩，造册具題前來。臣部先因紙張未到，難以預定價值，必候解部收完之日酌議。已經題明在案。今紙張俱已解到，部收訖備查，册開價值雖與順治十八年價值相符，但時價不等，該撫竟不查明今之時價，照順治十八年之價爲準，價值太浮，難以准銷。應仍請勅該撫照時價確減題報，以憑核銷可也。恭候命下，臣部遵奉施行等因。康熙三年十月十二日題，本月十四日奉旨：依議，欽此。欽遵抄部送司。奉此，相應移咨，案呈到部，擬合就行。爲此，合咨前去查照本部覆奉旨內事理，欽遵施行等因到臣。准此，隨行江南左布政司核減去後。今據署左司事江安督糧道參政李聖翼詳稱云云等情前來。據此，該臣看得江、太二府采辦康熙三年分紙張價值，臣經核減具題，部覆謂雖與順治十八年價值相符，但時價不等，難以准銷，復請勅臣照時價確減題報。臣遵，嚴行左司駁減，兹據覆稱該年價值先前册開實係照時核報，因臣比對順治十八年部定之價，似有浮溢，是以照駁覆減，非不按時估計，而徑以順治十八年之價爲準也。臣查康熙二年減定之價，亦與順治十八年相同，今寧國府紙張係照康熙二年減實之價報部，准銷在案，是江、太二府原報價值仍係一例。況查毛頭紙較康熙二年每張已少二毫，則其並無虛冒可知矣。既經該司造册前來，除册送部外，臣謹會同安撫臣張合詞具題，伏乞睿鑒，勅部核銷施行。

康熙四年三月初九日題，奉旨：户部知道。

韓世琦《撫吴疏草》卷五六《報銷康熙四年右司分辦紙張價值疏》 題爲采買紙張事。康熙三年十一月二十六日，准户部咨，江南清吏司案呈，奉本部送户科抄出該本部題前事。照得康熙四年分各衙門應用毛邊紙四十萬張，毛頭紙三十萬張，綿料榜紙五十萬張，台連紙六十萬張，呈文紙二十萬張，若不預行采買，必致臨期有悮相應。請勅江、安二撫轉檄左右藩司，動支康熙三年分地丁錢糧，照依時價，速行如數采買上好精細潔白紙張，遴選的當官員，限文到三個月內，盡數解部，如遲緩並以粗惡損薄短窄不堪混冒搪塞，定將承買各官參處，其用過價值即隨紙張造册題報，以憑核銷可也。恭候命下，臣部遵奉施行等因。康熙三年十月二十二日題，本月二十四日奉旨：依議，欽此。欽遵抄部送司。奉此，相應移咨，案呈到部，擬合就行。爲此，合咨查照本部題奉旨內事理，欽遵施行等因到臣。准此，會同安徽撫臣轉行左右兩藩司分辦起解去後。今于康熙四年四月初十日據右布政使佟彭年呈稱云云等因到臣。該臣看得：康熙四年分各衙門應用紙張，臣遵照部文轉檄左右兩藩司，動支康熙三年地丁錢糧，照依時價，采買起解。除左司應辦紙張聽安撫臣催解外，其右司分辦各色紙張，已據轉督江寧府如數辦完，差委江寧縣縣丞金毓煥領解，于四月十一日由臣衙門掛發號批，督押起行，赴部投交，其用過價值因册報尚浮，駁行確減。今據右司核明，册報毛邊紙十萬張，每張價銀八厘三毫，共計用銀八百三十兩；毛頭紙二十萬張，每張價銀一厘七毫，共計用銀三百四十兩；台連紙三十萬張，每張價銀三厘七毫，共計用銀一千一百一十兩；古連紙十萬張，每張價銀九毫，共計用銀九十兩，俱係照時核減之數，給辦毫無浮冒。該臣覆核無異，除將清册送部外，相應具題，伏乞睿鑒，勅部核銷施行。

康熙四年五月初四日題，奉旨：着察核該部知道。

孫承澤《春明夢餘録》卷三八 崇禎十七年正月二十七日，閣臣蔣德璟回奏行鈔揭，適蒙發下二本改票，一爲户部坐會關税事，內言浙江解造鈔桑穰夾紙，動支關税二萬金。一爲各城御史鈔匠城役無多事，內言五城解到鈔匠，並未學習及人數不足。【略】另擬：惟是造鈔一事，原係祖制，當此三空四盡之時而能化紙穰爲金錢，且歲得數千萬之入，其利甚大。果如所言，即一時勞費亦不足惜。而近來中外攢眉，動稱窒礙，細酌情勢，頗費經營。

嵇璜《皇朝文獻通考》卷一九《户口考》 又定棚民寮民照保甲之例：江西、浙江、福建三省各山縣內，向有民人搭棚居住，種麻種箐，開爐煽鐵，造紙做菇爲業，謂之棚民。今照保甲之例，每年按户編查，責成地主并甲長出結，呈送州縣官。

嵇璜《皇朝文獻通考》卷二三《户口考》 （雍正四年）江西、浙江、福建三省各山縣內，以種麻種箐、開爐煽鐵、造紙做菰等項爲業，其間土著甚多，亦有鄰省失業之人流寓。令各該督撫，將現在各縣棚民，照保甲之例，每年照户編查，責成地主，并保甲長出具保結，州縣官據册稽查。

嵇璜《皇朝文獻通考》卷三八《土貢考》 江西省額解銀硃二千五百八十九斤四兩九錢三分零、桐油二千五百一十一斤十二兩零、五棓子二百九十七斤三兩三錢五分零、紫草一百六十二斤七兩六錢，又解銀硃二千斤、擡連紙一百萬張、苧布五千四百九十六疋二丈。現在停辦。福建省額解紅銅四千六百二十二斤、黑鉛一十萬五千一百五十七斤四兩、黄熟銅三千一百二十七斤一兩七錢五分、扛連紙一百萬張。【略】山西省額解毛頭紙五十萬張、添解五十萬張。高錫一萬一千八百斤、生素絹一千二百疋，遇閏加添四十四疋。農桑絹三百疋、呈文紙一萬張。

嵇璜《皇朝文獻通考》卷三八《外藩南方東南西南方各國額貢物産》 朝鮮國萬壽聖節貢物

御前貢黄細苧布十疋、白細苧布二十疋、黄細綿綢三十疋、紫細綿綢二十疋、白細綿綢二十疋、龍文簾席二張、黄花席二十張、雜彩花席四十張、滿花方席二十張、獺皮二十張、白綿紙一千四百卷、粘六張、厚油紙十部。【略】御前貢黄細苧布十疋、白細苧布二十疋、黄細綿綢二十疋、白細綿綢二十疋、龍文簾席二張、滿花席二十張、黄花席二十張、滿花方席二十張、雜彩花席二十張、白綿紙一千三百卷。【略】御前貢白苧布二百疋、紅綿綢一百疋、綵綿綢一百疋、白綿綢二百疋、白木棉一千疋、木棉二千疋、五爪龍席二張、各樣花席二十張、鹿皮一百張、獺皮三百張、好腰刀十把、好大紙二千卷、好小紙三千卷、粘米四十石。

慶賀貢物

御前貢黄細苧布三十疋、白細苧布三十疋、黄細綿綢二十疋、白細綿綢三十疋、龍文簾席二張、黄花席十五張、滿花席十五張、雜彩花席十五張、白綿紙二千卷。

凡請封貢物

御前貢黄細苧布二十疋、白細苧布二十疋、黄細綿綢二十疋、紫細綿綢二十疋、白細綿綢三十疋、龍文簾席二張、黄花席十張、滿花席二十張、雜彩花席十張、獺皮二十張、青鼠皮三十張、白綿紙二千卷、黄毛筆一百枝、油煤墨五十錠。

允祹《欽定大清會典則例》卷三八《户部》 山西布政使司應解平鐵七萬斤、舊繫江蘇辦解，雍正三年改歸山西。毛頭紙四十萬張、呈文紙萬張。【略】

雍正三年，奏準舊定各省解送物料有非本省所出者，皆停。【略】山西增解之毛頭紙百有五萬張，停其解送，每年但將原解十有五萬張解送。數年之後，酌量足用，再停額解。

允祹《欽定大清會典》卷七八《盛京户部》 凡供給物用三陵殿宇及宫殿槅表飾，各官署、寺廟歲需諸色紙及銀硃，均由部關支。

允祹《欽定大清會典則例》卷八五《禮部・祠祭清吏司》 朝鮮國王遣使進香，恭進祭文一道，沉香三兩、芙蓉香二十柱，【略】白棉紙二十萬，白紙二十萬。

允祹《欽定大清會典則例》卷九三《禮部・主客清吏司》 一、貢物。崇德二年，定朝鮮貢物。年貢黄金百兩、【略】大小紙五千卷、米百石。萬壽聖節禮物：各色苧布三十疋、各色棉紬七十疋、龍紋席二、各色花席六十、豹皮十、水獺皮二十、白綿紙二千卷、厚油紙十部。元旦、冬至二節，減棉紬三十疋及水獺皮、油紙二種。【略】三年，朝鮮國王恭進慶賀方物：苧布六十疋、棉紬七十疋、龍紋席二、花席四十五、豹皮五、白棉紙二千卷。

（康熙）十年，琉球國世子尚貞入貢，於常貢外加貢鬃烟、番紙、蕉布。

八年，安南國王黎維禑遣陪臣丁輔益等進四年、七年正貢。【略】並進金龍黄紙二百張、玳瑁筆百枝、斑石硯二方、土墨二包。

允祹《欽定大清會典則例》卷一四二《理藩院》 一、卹唁。康熙十一年題準：外藩蒙古和碩親王薨逝，賜犢一、羊八、酒九缾、紙萬張，内閣撰擬清字、蒙古字祭文，遣内大臣一人、侍衛一人，禮部本院尚書或侍郎一人，郎中或員外郎各一人前往讀文致祭。多羅郡王薨逝，賜犢一、羊六、酒七缾、紙八千張，遣侍衛一人，禮部本院侍郎一人，郎中或員外郎各一人前往讀文致祭。多羅貝勒薨逝，賜犢一、羊四、酒五缾、紙五千張；鎮國公溘逝，賜犢一、羊四、酒四缾、紙四千張；輔國公溘逝，賜羊四、酒四缾、紙三千張，皆遣侍衛一人，禮部本院郎中或員外郎一人，前往讀文致祭。一等台吉溘逝，賜羊三、酒三缾、紙二千張；因功授子爵者溘逝，賜羊二、酒二缾、紙千張，皆酌遣禮部或本院官前往，讀文致祭。下嫁外藩固倫公主薨逝，賜牛、羊、紙、酒，遣官致祭之禮，與和碩親王同。和碩公主、郡主、親王、適福晉薨逝，賜牛、羊、紙、酒，遣官致祭之禮，與多羅郡王同。縣主、多羅郡王適福晉薨逝，賜羊五、酒五缾、紙六千張，酌遣禮部或本院官前往，讀文致祭。凡祭文均由内閣撰擬，兼書清字、蒙古字。郡君、貝勒適夫人薨逝，賜羊三、酒三缾、紙四千張。縣君、貝子夫人薨逝，賜羊二、酒二缾、紙四千張。

鄉君、公夫人溘逝，賜羊二、酒二鉼、紙三千張。郡君、貝勒夫人以下，鄉君、公夫人以上，不給祭文，酌遣本院官前往致祭。以上遣往官員將祭文齎赴殯所，本家率所屬官員於一里外跪迎候。

允裪《欽定大清會典則例》卷一五九《内務府》 一、敬神。順治初年，定每月宫中祭神應用上等朝鮮貢紙、浄竹料連四紙、棉線，均照數送進。

又定每年春秋二季立杆大祭，用九色細綾、素夏布、棉線、朝鮮貢紙、浄竹料連四紙。染紙用槐子、白礬及女朝衣二分。皆據司俎官來文給發。〇又定每年春、秋二季爲馬祭神，用紅色、青色大潞紬、緑色小潞紬三等，朝鮮貢紙、浄竹料連四紙，棉線、藍布等物，皆據司俎官來文給發。

允裪《欽定大清會典則例》卷一六一《内務府掌儀司一》 又定每年春秋立杆致祭於堂子，用松樹一株，留樹杪枝葉十有三層，餘皆芟去枝葉，削成杆長二丈。 枏木旛頭黄絹旛一首、五色綾各九尺，剪爲縷。三色朝鮮貢紙八十張，打爲錢。 黄棉線三斤八兩，及染旛染紙用紫花、槐子、白礬，均交各該處辦進。

嵇璜《欽定續文獻通考》卷一〇《錢幣考・明》（永樂）七年四月，設北京寶鈔提舉司抄紙印鈔局，官制如南京。

嵇璜《欽定續通典》卷七八《禮凶・喪制中》 元順帝至元七年十二月，尚書刑部奉尚書省札付，該准中書省咨，十一月十八日奏：民間喪葬多有無益破費，署舉一節：紙房、方相等，近年起置，有每家費鈔一兩定鈔底，至甚無益。其餘似此多端。奉旨：紙房子無疑禁了，其餘商量。行都省議得：除紙錢外，據紙糊房子、金錢人馬并綵帛衣服帳幙等物，欽依聖旨盡行禁斷，咨請照驗施行。

梁國志《欽定國子監志》卷四三《經費二・明》 監生紙劄，於順天府官錢給辦。須知紙劄用手本，赴祠祭司，行移順天府轉屬收買，徑送國子監印造。公用紙劄共九千六百張，春秋二季四千八百張，於刑部山西清吏司關支。冬、夏二季四千八百張，於都察院經歷司關支。 祭酒、司業，每月心紅三兩、筆四枝、墨一丸、大呈文紙三十張、封皮小呈文紙三十張、毛邊紙三十張、竹板一片，各該銀四錢四分。 繩愆廳，每月心紅三兩、筆四枝、墨一丸、大呈文紙八十張、封皮小呈文紙三十張、毛邊紙三十張、連七紙一百張、竹板二片，該銀六錢四分。 西廳六堂典籍掌饌，每季心紅二兩五錢、筆六枝、墨二丸、毛邊紙四十張、竹板二片，該銀三錢。典簿廳，每月硃、墨、紙、筆，共該銀四錢七分。堂上吏，每月紙、筆、墨，銀一錢。典簿廳吏，每月紙、筆、墨，銀一錢四分。《明太學志》。

梁國志《欽定國子監志》卷四三《經費二》 國子監支領官物，【略】白紙，由典簿廳具稿呈堂，行文户部顔料庫給發。【略】其紙歲領綿榜紙三百七十。 給堂案房四十，繩愆廳八十，典簿廳一百，檔子房七十，八旗八十。 剛連紙五百五十。 全給檔子房。

雍正元年，命國子監支領户部紙張，於年終彙奏。

《欽定户部則例》卷三二《茶法七・領引紙價》 一、江蘇、安徽、浙江、湖北、湖南、甘肅六省茶引每銷一道，徵紙價銀叁釐叁毫。江西省茶引每銷一道，徵紙價銀叁釐叁毫叁絲。四川、雲南、貴州三省茶引每銷一道，徵紙價銀叁釐。 其請領餘引之安徽、浙江、四川等三省俱照正引徵解。

一、江蘇省茶引紙價按則按引共額解銀肆拾玖兩伍錢。

一、安徽省茶引紙價按則按引共正引額解銀貳百捌拾柒兩叁錢陸分肆釐。 餘引額解銀捌拾兩伍錢貳分。

一、江西省茶引紙價按則按引共額解銀玖兩柒錢玖分肆釐。

一、浙江省茶引紙價按則按引共額解銀肆百陸拾貳兩，於商交引價銀内扣解。 引價詳見本卷行茶税課。 餘引額解銀陸百玖拾叁兩。

一、湖北省茶引紙價按則按引共額解銀捌錢壹分捌釐有奇。 建始縣加解脚力銀陸分陸釐有奇。

一、湖南省茶引紙價按則按引共額解銀柒錢玖分貳釐。

一、甘肅省茶引紙價按則按引共額解銀玖拾柒兩伍錢陸分柒釐捌毫。

一、四川省茶引紙價按則按引共正引額解銀叁百玖拾壹兩零叁分伍釐。 餘引額解銀壹拾伍兩。

一、雲南省茶引紙價按則按引共額解銀玖兩。

一、貴州省茶引紙價按則按引共額解銀柒錢伍分。

《欽定户部則例》卷四三《税則一・崇文門用物税則》 粧餙用物。 絹圍屏每架、錦紙匣每百箇各税壹錢貳分。 手卷每箇，紙匣每百箇，金扇、上等用扇每百把，紙圍屏每架各税陸分。 南京紗扇每百把税肆分貳釐。 蘇、杭、紹興紙扇、錫箔扇、中等川扇每百把，絹畫每軸各税叁分。 藁金扇每百把、大紗燈每盞各税貳分貳釐。 金骨扇每百把税壹分捌釐。 油紙扇每百把，中紗燈每盞各税壹分貳釐。 小紗燈每盞税陸釐。

《欽定户部則例》卷四三《税則一・崇文門雜販税則》 紙劄。 青紅紙每萬張税肆錢貳分。 西洋金箋紙每百張税貳錢捌分捌釐。 玉尺八紙每百塊税貳錢捌分貳釐。 榜紙每千張稅貳錢肆分。小呈文紙、京文紙每萬張，南豐小簍紙每陸拾塊各稅貳錢肆釐。許德興紙、印書紙、毛頭紙、青棉紙、將樂紙、川連紙、中夾紙每萬張各稅壹錢伍分。南紅紙、硃箋紙每百張各稅壹錢肆分肆釐。小土紙每百塊、毛邊紙每千張、板夾紙每萬張各稅壹錢貳分。分水紙每萬張稅壹錢捌釐。南豐大簍紙每肆拾塊稅壹錢貳釐。紅全柬每百箇、浣紅紙每百張各稅柒分貳釐。浄邊紙，江寧、蘇州上等箋紙，龍力紙每千張，封套每千箇，白露紙、琉球紙、通草紙、銀箋紙、表文紙、大錦紙、布木紙每百張，花箋紙、元連紙每萬張，各稅陸分。連三紙每百張稅肆分捌釐。蠟花紙每千張稅肆分貳釐。仿書紙每肆百張，漆金紙、連四紙每百張，紅古摺每百箇各稅叁分陸釐。大呈文紙、江寧、蘇州中等箋紙，高麗紙、大雙料紙、曹黄紙、黄表紙、張金紙、小表紙每千張，南豐中簍紙每肆拾塊，紅油紙每萬張各稅叁分。中呈文紙每千張稅貳分肆釐。五色紙每肆千張，青紅連五紙、大連七紙、老八柏紙每千張，大阡張每拓，大刷印紙每貳簍各稅壹分捌釐。桑皮紙、江寧、蘇州下等箋紙，小連七紙、連五紙每千張，白單帖每千箇，白全柬每百箇，小阡張每擔各稅壹分貳釐。扛連紙每簍稅玖釐。烏金紙、冥衣紙、倘連紙、高頭紙、高白紙每千張，古連紙、小刷印紙每簍，白古摺每百箇，小牌紙每百張，土紙、草紙每貳塊各稅陸釐。

《欽定户部則例》卷四七《稅則五·張家口雜貨稅則》紙劄。古連草紙、紙馬每駄各稅陸分。燒紙每包稅陸釐。

《欽定户部則例》卷四八《稅則六·殺虎口雜貨稅則》紙劄。京文紙、扛連紙、連四紙、表紙、大紅紙每駄各稅壹錢貳分。古連紙、毛頭紙每駄各稅陸分。草紙每駄稅叁分。

《欽定户部則例》卷四八《稅則六·歸化城雜貨稅則》紙劄。京文紙、扛連紙、連四紙、表紙、大紅紙每駄各稅壹錢貳分。古連紙、毛頭紙每駄各稅陸分。草紙每駄稅叁分。

《欽定户部則例》卷四九《稅則七·坐糧廳雜貨稅則》紙劄。烏金紙每百觔落地稅壹錢貳分，起京稅肆分伍釐。湖廣呈文紙每扛、大毛頭紙每包、贓罰紙每板落地各稅伍分陸釐，起京各稅貳分壹釐。湖廣呈文紙每百張落地稅肆釐，起京稅壹釐伍毫。連四紙每扛、咨呈文紙每包落地各稅肆分捌釐，起京各稅壹分捌釐。連四紙每百張落地稅肆釐捌毫，起京稅壹釐捌毫。何文紙每包落地稅肆分壹釐陸毫，起京稅壹分伍釐陸毫。四夾紙、分水小綿紙、小毛頭紙每包，京文紙每扛，榜紙每夾落地各稅肆分，起京各稅壹分伍釐。京文紙每百張落地稅貳釐肆毫，起京稅玖毫。上毛邊紙每箱壹千貳百張，落地稅叁分陸釐，起京稅壹分叁釐伍毫；每百張落地稅叁釐，起京稅壹釐壹毫貳絲伍忽。中夾紙、中呈文紙每包每扛，許興紙、紗牕紙每包落地各稅叁分貳釐，起京各稅壹分貳釐。中呈文紙每百張落地稅貳釐肆毫，起京稅玖毫。次毛邊紙每箱落地稅貳分捌釐捌毫，起京稅壹分捌毫；每百張落地稅貳釐肆毫，起京稅玖毫。京文紙、小黄紙、油紙每包，小連四紙、黄表紙、堂本紙每箱落地各稅貳分肆釐，起京各稅玖釐。黄表紙每百張落地稅壹釐貳毫捌絲，起京稅肆毫捌絲。浄邊紙每箱壹千伍百張落地稅貳分，起京稅柒釐伍毫；每百張落地稅壹釐叁毫陸絲，起京稅伍毫壹絲。方連紙每包落地稅壹分玖釐貳毫，起京稅柒釐貳毫。小呈文紙每扛，廣文紙每板，池州毛頭紙每塊，高白紙、連五紙、竹夾紙每包，小條紙馬壹大包落地各稅壹分陸釐，起京各稅陸釐。小條紙馬每小包落地稅捌釐，起京稅叁釐。小呈文紙每百張落地稅壹釐貳毫，起京稅肆毫伍絲。大連七紙每包、大阡張每擔落地各稅壹分肆釐肆毫，起京各稅伍釐肆毫。倘連紙每包每塊落地稅壹分貳釐捌毫，起京稅肆釐捌毫。箋紙每包、南紅全帖每百箇、表紙每箱、元連紙每包每塊落地各稅壹分貳釐，起京各稅肆釐伍毫。表紙每百張落地稅陸毫肆絲，起京稅貳毫肆絲。碗紅紙每百張落地稅玖釐陸毫，起京稅叁釐陸毫。小連七紙、紅紙、包裡紙每包落地各稅捌釐，起京各稅叁釐。小阡張每擔落地稅柒釐貳毫，起京稅貳釐柒毫。中簍扛連紙、金川連紙、刷書紙每簍，草紙每包肆塊落地各稅陸釐肆毫，起京各稅貳釐肆毫。大刷印紙、臺連紙每簍落地各稅伍釐陸毫，起京各稅貳釐壹毫。刷藍紙每刀落地稅肆釐捌毫，起京稅壹釐捌毫。藍呈文紙每百張、中連紙、小刷印紙□□連紙每簍，老文紙每夾，北紅全帖古殼手本每百箇，土紙、鬼錢紙每包落地各稅肆釐，起京各稅壹釐伍毫。荆川連紙每拾刀、板夾紙每包、紙帖每百箇落地各稅貳釐肆毫，起京各稅玖毫。封套每百箇落地稅壹釐陸毫，起京稅陸毫。桑皮紙每刀落地稅壹釐貳毫，起京稅肆毫伍絲。老紙每刀落地稅捌毫，起京稅叁毫。箋紙單帖每百箇落地稅貳毫捌絲，起京稅壹毫伍忽。單拜帖每百箇落地稅壹毫陸絲，起京稅陸絲。雜色紙貨。紙花每箱壹萬伍千枝，落地稅捌分肆釐，起京稅叁分壹釐伍毫。扇面每百箇落地稅叁釐貳毫，起京稅壹釐貳毫。

《欽定户部則例》卷五〇《稅則八·天津關雜貨稅則》紙劄。江西草紙每百塊稅貳錢。南紅紙每百張稅壹錢貳分。五色箋紙、高麗紙每百張，粗雜紙、色箋紙、砑花紙每千張，粗江西草紙每百塊，銷金全帖每百箇，古連紙每拾簍各稅壹錢。色粉連紙每百張稅捌分。青棉連紙、藍官單紙每千張各稅柒分。章金紙每百張稅陸分。呈文紙、曹黄紙每千張，白古柬、紅單帖每千箇，銷金封套、紅全帖每百箇各稅伍分。色毛邊紙、榜紙、畫心紙每百張，大燻金紙、色連七紙每千張各稅肆分。粉連紙、棉連紙每百張，大連七紙、色毛長紙、色扛連紙、表料紙、油紙、小燻金紙、小錦紙、色紗窻紙、色官單紙每千張，大阡張每擔各稅叁分。西紙、扛連紙、小連七紙、南西紙、折帖紙、段折紙、毛長紙、官單紙、方稿紙、小棉紙、紙窻紙、元連紙、表心紙、夾紙每千張，白花單帖每千箇，毛邊紙每百張，小阡張每擔，白全帖每百箇各稅貳分。粗草紙每貳塊，倘連紙、高白紙、川連紙、烏金紙每千張，火紙每塊各稅壹分。

《欽定户部則例》卷五一《稅則九·臨清關雜貨稅則》紙劄。草紙每百塊稅壹錢陸釐。小毛頭紙每百塊稅壹錢貳釐。黄浄邊紙每千張打成燒紙每百觔各稅陸分叁釐。榜文紙每千張稅伍分肆釐。紅黄表羅箋紙每千張稅肆分捌釐。小黄表紙每千張稅肆分壹釐。板摺紙、花箋紙每塊各稅叁分捌釐。紅全柬每千箇，大紅銷金柬、銷金套每百箇，印花紙每千張各稅叁分貳釐。大呈文紙每千張稅貳分伍釐。高白紙、高黄紙每萬張各稅貳分肆釐。

大毛邊紅紙每百張，扛連紙畫、花炮面紙每千張各税壹分玖釐。小呈文紙、油紙每千張，白鹿紙每百張，封套每千箇，小桑皮紙每萬張，大毛頭紙每拾塊各税壹分陸釐。花箋帖每千箇，五色花牕紙每千張，上等紅黃金表箋紙每百張各税壹分叁釐。青殼手本每百箇，烏金紙每拾觔，葦紙每拾塊各税壹分壹釐。五色雲箋紙、各色連七紙每千張各税壹分。藍殼紙、浣紅紙、棉連紙、粉連紙每百張，單拜帖每千箇，川連紙每千張各税陸釐。小毛邊紙每千張税伍釐。倘連紙、古連紙、大桑皮紙、元連紙每千張，毛邊白全束、毛邊副啟大護封每百箇各税叁釐。護封小者減半。

《欽定户部則例》卷五二《税則十・淮安正關雜貨税則》 紙劄。烏金紙、紙片金、紙金線每擔各税貳錢柒分。門神每擔税壹錢貳分。錫箔每百塊折壹擔每擔税壹錢。九江紙、小桑皮紙、連柒紙每拾陸塊，輝屏紙、神馬紙、黃倘紙、毛廠紙、火紙、高白紙、表心紙、申文紙、花箋紙每貳塊，元連紙每叁塊，竹棉紙、古柬紙、毛邊紙、官方紙、黃表紙、對方紙、連四五紙每肆塊，荊川紙、扛連紙每陸簍，文號紙每陸塊，毛六紙、桑皮紙每捌塊，古簍紙、古連紙每貳拾肆塊，捲筒紙每肆拾塊，金磚紙每百塊，砂紙每擔，紙箋每擔各税捌分。

《欽定户部則例》卷五二《税則十・淮倉雜貨税則》 紙劄。紙金線每擔税壹錢壹分伍釐捌毫。白紙扇面每貳千把税玖分陸釐伍毫。門神、紙畫每擔各税肆分。文號紙、古千紙、供單紙每塊各税貳分捌釐玖毫伍絲。砂紙每擔税貳分。千張紙、油紙、連七紙、箋紙、門袱紙、五色紙、毛邊紙、黃表紙、表心紙、夾板紙、連四五紙、皂紙、雜紙每塊，單帖每箱，紙腳每擔，錫箔每百帖各税壹分玖釐叁毫。摺把紙每塊税伍釐柒毫玖絲。元連紙、倘連紙、神馬紙、端把紙、輝屏紙、扛連紙、毛廠紙、包烟紙每塊，燒紙每包，各税叁釐玖毫。倣紙、龍虎山紙、火紙、毛六紙、草紙、皮紙每塊各税壹釐玖毫叁絲。

《欽定户部則例》卷五二《税則十・宿遷關雜貨税則》 紙劄。連四紙、五色箋紙、印花紙、古千紙每擔，毛邊紙肆塊合壹擔，對方紙貳塊合壹擔，每擔各税壹錢。川連紙四簍合壹擔税捌分。連七紙、黃表紙、呈文紙每擔，粗色箋紙四簍合壹擔，每擔各税陸分。束紙每擔税伍分。扛連紙四簍合壹擔，輝屏紙貳塊合壹擔，倘連紙、黃塘紙每塊各税叁分。磨盤紙貳塊合壹擔，每擔税貳分。摺子每掛税貳釐。

《欽定户部則例》卷五二《税則十・徐州關雜貨税則》 紙劄。書柬紙每箱税貳錢。門神每刀、紙畫每刀各税捌分。錫箔每箱捌拾塊税柒分。連四紙每塊拾伍刀税陸分。古千紙每塊税肆分伍釐。桑皮紙每包肆拾肆刀，黃表紙每簍貳拾刀，各税肆分。永豐紙、輝屏紙每塊，磨盤紙、燒紙每擔各税貳分。扛連紙每簍，川連紙每塊各税壹分貳釐。衢紅紙每刀税捌釐。雪紅紙、大色箋紙每刀各税肆釐。小色箋紙每刀、連七紙每塊、古簍紙每箇、摺子每掛各税貳釐。

《欽定户部則例》卷五二《税則十・廟灣口雜貨税則》 紙劄。色紙每擔税貳錢。摺子每百箇税壹錢柒分。各色粗紙每百觔，紙印畫每千張各税陸分。連四、毛邊紙每千張，紙箋每百觔各税伍分。時連紙、扛連紙每千張，紅紙、箋紙、大油紙每百張各税叁分。草古紙每百觔税壹分捌釐。阡張紙每擔税壹分陸釐。小油紙每百張、砂皮紙每千張各税壹分伍釐。大棉紙每千張税壹分。烏金紙每千張税捌釐。太史連、竹紙、黃表紙、小棉紙每千張各税伍釐。又：無紙錫箔每帖税叁錢。有紙錫箔每百帖税貳錢。大飛金箔、大薰金箔每百帖各税陸分。小飛金箔、小薰金箔每百帖各税叁分。薰金銀箔每百帖税陸釐伍毫。

《欽定户部則例》卷五三《税則十一・揚州關雜貨税則》 紙劄。色紙每塊税壹錢伍分。木紙、毛邊紙、連四紙、捲筒紙、油紙、綿紙、尖紙每塊各税伍分。紙箋每捆税叁分。灰平紙、方里紙每塊各税貳分叁釐。改黃紙、毛長黃紙每塊各税壹分柒釐。扛連紙、毛六紙、毛長紙、小皮紙每塊，棉紙每小塊各税壹分貳釐。草紙每塊税壹釐。又：錫箔每包税貳錢，門神每包税壹錢。

《欽定户部則例》卷五三《税則十一・瓜州新城鎮兩閘口增餉雜貨税則》 紙劄。色紙每擔税陸分叁釐。花箋紙、輝屏紙、毛廠紙、火紙、草紙每擔各税貳分壹釐。

《欽定户部則例》卷五三《税則十一・瓜州新城鎮兩閘口零點雜貨税則》 紙劄。色紙每包税壹錢貳分。連四紙每塊税肆分。輝屏紙、花箋紙、毛廠紙、毛邊紙每塊各税叁分。川連紙、扛連紙、改黃紙、大皮紙每塊各税貳分。毛絲紙每塊税壹分伍釐。火紙每塊税壹分貳釐。捆黃紙、表心紙、小皮紙每塊各税壹分。草紙每塊税壹釐。

《欽定户部則例》卷五四《税則十二・江海關雜貨税則》 紙劄。各色粗紙每百觔、紙印畫每千張各税陸分。京文紙、連四紙、毛邊紙、日本大紙每千張，紙箋每百觔各税伍分。紅紙、箋紙、大油紙每百張，時連紙、扛連紙每千張各税叁分。日本小紙每千張、高麗紙每百張各税貳分。草古紙每百觔税壹分捌釐。阡張紙每擔税壹分陸釐。小油紙每百張、砂皮紙每千張各税壹分伍釐。烏金紙每千張税捌釐。太史連竹紙每千張税伍釐。

《欽定户部則例》卷五五《税則十三・滸墅關雜貨小販税則》 紙劄。各色紙係箱盛者，每貳箱作壹擔，税壹錢壹分。油紙每伍拾把作壹擔，每擔税壹錢貳分。光古紙每捌塊，江連紙、川連紙、黃表紙、桑皮紙每陸塊，東墉紙每伍塊，連史紙、元連紙每肆塊，白鹿紙、對方紙、毛長紙、毛邊紙每叁塊，灰屏紙每貳塊，各作壹擔，阡張紙大者每拾陸角、中者每貳拾角、小者每貳拾肆角各作壹擔，黃倘紙大者每叁塊、小者每肆塊各作壹擔，碑色紙大者每壹塊、中者每貳塊、小者每叁塊各作壹擔，以上每擔各税壹錢壹分。阡張坯大者每拾陸角、中者每貳拾角、小者每貳拾肆角各作壹擔，每擔各税柒分。草紙大者每拾塊、小者每貳拾肆塊各作壹擔，燒紙大者每貳塊、中者每叁塊、小者每伍塊各作壹擔，無錫燒紙每陸塊作壹擔，紙腳每貳百陸拾觔作壹擔，每擔各税伍分。

《欽定户部則例》卷五六《税則十四・西新關都税司雜貨税則》 紙料。連四紙每塊、雙簍紙每拾簍、紙項黄錢每百觔各税肆分伍釐陸毫。棉紙、油紙每百觔各税貳分玖釐陸毫肆絲。中高紙骨每百觔税貳分柒釐叁毫陸絲。木紅紙每百張，色紙、門神、神馬、書柬紙、紙畫每擔各税貳分貳釐捌毫。毛緑紙每拾塊、紙金每拾張各税壹分捌釐貳毫肆絲。表新紙每拾塊、草紙每百觔各税壹分壹釐肆毫。大紅紙每拾張、表紙紙筋每擔各税陸釐捌毫肆絲。

《欽定户部則例》卷五六《税則十四・龍江江東二司雜貨税則》紙料。曬紙每千張税陸錢。加紅紙每千張税肆錢。木紅紙每千張，黄毛緑紙、大連七紙每百塊各税貳錢。毛緑紙、黄古連紙、改筐古連紙每百塊各税壹錢陸分。三尺紙每百簍、小連七紙每百塊各税壹錢伍分。大草紙每百塊税壹錢貳分伍釐。古連紙每百塊税壹錢貳分。京榜紙每塊、扇面紙每擔計貳塊税捌分。大紅紙每百張税陸分。小毛邊紙每百觔、拜帖每箱各税伍分。連四紙每箱、楚紙每塊，色紙、青礬紙每千張各税肆分。烟紙、石潭紙、綿紙、油紙、供單紙每百觔，奏本紙、毛邊紙每簍各税貳分陸釐。草稿紙、中高紙每擔，黄連紙每擔計貳拾塊，音連紙每擔計陸塊，柒尺紙每拾塊各税貳分肆釐。古簡帖每千箇，阡張每擔計捌角，杭州草紙每拾陸塊各税貳分。堂本紙每簍税壹分陸釐。江西、安慶紙，小草紙每貳拾塊税壹分肆釐。光澤紙每貳拾塊税壹分貳釐。烏金紙每帖、古簡封帖每千箇各税壹分。大荆川紙、雙筐太史連紙每簍各税捌釐。蘇州白紙扇面每百張、表紙每簍、紙筋每擔各税陸釐。小荆川紙、切邊紙、太史連紙、將樂紙每塊各税肆釐。扛連紙、黄扛連紙每簍各税貳釐。符紙、火紙每塊各税壹釐。

《欽定户部則例》卷五六《税則十四・朝陽聚寶二司雜貨税則》紙料。京榜紙每塊税玖分貳釐。連四紙每塊税肆分陸釐。桑皮紙、綿紙每擔各税貳分玖釐玖毫。草稿紙每擔税貳分柒釐陸毫。阡張每擔計捌角税貳分叁釐。烏金紙每帖税壹分壹釐伍毫。紙筋每擔税陸釐玖毫。

《欽定户部則例》卷五七《税則十五・鳳陽大關水販雜貨税則》紙料。山紙每塊貳拾伍觔，曬紙每塊肆拾伍觔，各每叁塊税肆分。色尖紙每塊税貳分。光州商販連七紙每包陸拾貳觔，税貳分伍釐。光州商販毛邊紙每簍肆拾觔，税壹分伍釐。光州商販曬紙每塊肆拾觔至伍拾觔，税壹分肆釐。光州商販方表心紙每塊伍拾餘觔，又折表心紙每塊肆拾觔至伍拾觔，各税壹分貳釐。光州商販切邊紙每簍貳拾觔，扛連紙、川連紙每簍各貳拾觔以内，黄表紙每簍拾陸觔，白紙每夾貳拾貳觔，烟殼紙每簍拾捌觔，各税捌釐。光州商販光古紙每夾陸柒觔，税肆釐。光州商販婁古紙每簍肆觔餘，税貳釐。

《欽定户部則例》卷五七《税則十五・鳳陽大關旱販雜貨税則》紙料。烏金紙每百觔税叁錢伍分，每千張税捌釐。灰平紙每百塊税壹錢貳分。連四紙每擔四塊、束帖每箱、雜色紙每馱各税捌分。對方紙每擔貳拾塊税柒分捌釐。金榜紙每千張税陸分肆釐。川連紙每擔捌塊、古千紙每擔貳包各税伍分捌釐。研花紙每包税伍分貳釐。磁青紙每包税肆分捌釐。木紅紙、木本紙每包各税肆分伍釐。紅紙、青紙每塊，包油紙每百刀，大油紙每百張各税肆分。毛頭做紙每包税叁分玖釐。切邊紙每擔肆塊税叁分貳釐。桑皮紙每百刀税叁分。文號紙、光古紙每擔，婁古紙每擔貳拾塊，將樂紙每擔捌塊，連七紙每擔拾陸塊各税貳分陸釐。大紅全柬每百箇、白全柬每千箇各税貳分肆釐。毛邊紙每簍税貳分。古柬、封筒每千箇各税壹分陸釐。扛連紙每簍税壹分。黄表紙、色尖紙每塊，砂紙每千張各税捌釐。小高紙每塊、單帖紅簽每千箇各税肆釐。大曬紙每塊税陸釐。小曬紙每塊税叁釐。

《欽定户部則例》卷五七《税則十五・鳳陽關臨淮口旱販雜貨税則》紙料。烏金紙每百觔税貳錢肆分。雜色紙每馱、連四紙每擔計四塊各税捌分。對方紙每擔税柒分貳釐。荆川連每擔計陸簍、古千紙每擔、磁青紙每包各税伍分捌釐。杭連紙、小油紙每擔，研花紙每包，束帖每箱各税伍分貳釐。木本紙每包税肆分伍釐。紅紙每塊、包細紙每百刀各税肆分。中排紙、毛頭做紙每包各税叁分玖釐。切邊紙每擔税叁分貳釐。桑皮紙每百刀税叁分。將樂紙、光古紙每擔，婁古紙每擔計貳拾塊，女號紙、連七紙每擔各計貳簍，各税貳分陸釐。毛邊紙每簍税貳分。白連紙每包税壹分叁釐。黄真阡張每擔税壹分貳釐。扛連紙每簍税壹分。白真阡張每擔，黄表紙、色尖紙每簍各税捌釐。曬紙每大塊税陸釐，每小塊税叁釐。

《欽定户部則例》卷五七《税則一五・鳳陽關盱眙口旱販雜貨税則》紙料。連四紙每擔肆塊税捌分。對方紙每擔税柒分捌釐。古千紙、荆川連每擔陸簍，磁青紙每擔貳包各税伍分捌釐。杭連紙、研花紙每包貳捆，束帖每箱各税伍分貳釐。木本紙每包税肆分伍釐。雜色紙每擔，雙紅紙每塊，毛邊紙、中排紙、毛頭做紙每擔貳包，元長紙每擔肆塊，包綢紙每百刀，大油紙每百張，烟紙每千張各税肆分。切邊紙每擔税叁分貳釐。桑皮紙每百刀税叁分。白連紙、將樂紙、文號紙、光古紙、連七紙每擔，婁古紙每擔貳拾塊各税貳分陸釐。木紅紙每塊税貳分。大高紙每塊、大表對每千張各税壹分陸釐。黄真阡張每擔税壹分貳釐。扛連紙每簍，元連紙、灰平紙每塊，各税壹分。白真阡張每擔，中高紙、表心紙每塊，黄表紙、色箋紙每簍，小油紙、砂紙、烏金紙每千張各税捌釐。曬紙每大塊税捌釐，每小塊税肆釐。小高紙每塊税肆釐。

《欽定户部則例》卷五七《税則十五・鳳陽關亳州口旱販雜貨税則》紙劄。烏金紙每百觔税貳錢肆分。連四紙每擔肆塊，緑紙每箱各税捌分。對方紙每擔叁拾貳塊税柒分捌釐。扛連紙每擔陸簍税陸分。古千紙每擔陸簍、官紙每擔貳包、川連紙每擔陸塊各税伍分捌釐。杭連紙每擔貳包，小油紙每擔，磁青紙、研花紙每包，束帖每箱各税伍分貳釐。木本紙每包税肆分伍釐。紅紙每塊、包綢紙每百刀各税肆分。中排紙、毛頭做紙每包各税叁分玖釐。切邊紙每擔税叁分貳釐。桑皮紙每百刀税叁分。白連紙、文號紙、連七紙每擔，將樂紙每擔捌塊，婁古紙每擔貳拾簍，光古紙每擔拾塊各税貳分陸釐。毛邊紙每簍、色紙每塊各税貳分。紙頭、黄真阡張每擔各税壹分貳釐。黄表紙、色箋紙、烟紙每包，白真阡張每擔各税捌釐。曬紙每大塊稅陸釐，每小塊稅叁釐。表心紙、桐板紙每塊各稅肆釐。

《欽定户部則例》卷五八《稅則十六・蕪湖關雜貨稅則》 紙劄。硃砂紙每擔稅伍錢。紅紙每擔稅叁錢。金榜紙、疋紙、竹紙、奏本紙、堂本紙、太史連紙、供單紙、色紙、簡帖每擔各稅貳錢。扛連紙每擔稅壹錢捌分。符紙、小古連紙、光古連紙、皮紙、四皮馬板紙、書倣紙、廠古連紙、四尺連紙、三尺連紙、黃連四紙、黃連紙、大連七紙、小連七紙、傘紙、毛邊紙、荆川紙、白表紙、黃表紙、烏金紙、砂紙、烟紙、卷筒紙、京高紙、毛頭紙、毛長紙、毛綠紙、黃光古紙、石鏍紙、油紙、雙筐紙每擔，棉紙陸塊作一擔各稅壹錢。磨盤紙、粗紙、紙筋、西山紙、沿山紙、表心紙、阡張紙、天寶劉紙、曬紙、光澤紙、夾板大紙、六皮大紙、草紙、包裹紙每擔各稅伍分。

《欽定户部則例》卷五九《稅則十七・東海關雜貨稅則》 紙劄。江西草紙每百塊稅貳錢。南紅紙每百張稅壹錢貳分。五色箋紙、高麗紙每百張，砑花紙、粗雜色箋紙每千張，粗江西草紙每百塊，銷金全帖每百箇，古連紙每拾簍各稅壹錢。色粉連紙每百張稅捌分。青棉連紙、藍官單紙每千張各稅柒分。章金紙每百張稅陸分。呈文紙、曹黃紙每千張，白古柬紅單帖每千箇，銷金封套紅全帖每百箇各稅伍分。色毛邊紙、榜紙、畫心紙每百張，大燻金紙、色連七紙每千張各稅肆分。粉連紙、棉連紙每百張，小呈文紙、大連七紙、色毛長紙、色扛連紙、表料紙、小燻金紙、色紗窗紙、色宫單紙每千張，大阡張每擔各稅叁分。毛邊紙每百張，扛連紙、小連七紙、南西紙、折帖紙、段折紙、毛長紙、官單紙、方稿紙、小棉紙、紗窗紙、元連紙、表心紙、西紙、黃表紙、夾紙、海紙每千張，白花單帖每千箇，白全帖每百箇，小阡張每擔各稅貳分。帖粗草紙每貳塊，儻連紙、高白紙、川連紙、烏金紙每千張，火紙每塊各稅叁分。

《欽定户部則例》卷六二《稅則二十・贛關上水雜貨稅則》 紙料。單雙紙、順昌紙、書紙每百簍，火紙每百把，油牌紙每百刀各稅貳錢陸分貳釐陸毫。金銀紙、烏金紙每簍每箱，黃白紙每拾把各稅叁分玖釐肆毫。棉紙、連四紙每簍各稅貳分柒釐陸毫。寧州紙每拾把稅貳分陸釐叁毫。毛邊紙、烟紙每箱每簍各稅壹分玖釐柒毫。莞紅紙每刀稅壹分叁釐壹毫。

《欽定户部則例》卷六二《稅則二十・贛關下水雜貨稅則》 紙劄。東帖紙、五色紙每包每箱各稅壹錢。箔紅紙每簍稅陸分。草紅紙每包每簍各稅叁分玖釐肆毫。連四紙每簍每夾各稅貳分肆釐陸毫。京文紙、順昌紙每拾夾，火紙每拾把各稅貳分叁釐伍毫。高簍竹紙每擔稅壹分柒釐陸毫。矮簍竹紙每擔稅捌釐捌毫。

《欽定户部則例》卷六三《稅則二一・閩海關雜貨稅則》 紙劄。時連紙、京文紙、連四紙、毛邊紙、色紙每千張各稅陸分肆釐。竹紙、白紙、鬼紙、古紙、扛連紙、黃古紙、川連紙、烟紙、竹傘紙、海紙、甲紙、桂山紙、各様粗紙每百觔各稅陸分叁釐。紅紙、表箋紙、涇縣紙每百張，紅副啟每千箇各稅肆分。大油紙每百張稅肆分，小者稅貳分。白全帖、手本每千箇各稅叁分貳釐。小涇縣紙、箋紙每百張，紅單帖每千張，紅全帖、紅手本每百箇各稅貳分。火紙、草紙每百觔各稅壹分捌釐。烏金紙、砂紙每千張各稅捌釐。匣箋紙每匣稅肆釐。

又：草古紙每百觔涵江口稅壹分捌釐，各口稅陸分叁釐。

《欽定户部則例》卷六四《稅則二二・北新關雜貨稅則》 紙劄。連三紙、連四紙、榜紙每千張各稅陸分肆釐。沙紅綠紙、雲母箋、高麗紙、莞紅紙、大油紙每百張，青紅紙每塊，禮書禮目每拾副各稅肆分。白鹿奏本紙每塊計陸把稅貳分捌釐。大紅全柬、大紅手本每百箇，白全柬每千箇各稅貳分肆釐。木紅紙、三色紙每塊，大油紙坯每百張各稅貳分。粗白簍紙每塊計拾貳把，冥衣紙、連七紙、大高紙、大青紙、馬黃紙、刷黃紙每塊，表箋紙、錦斗方紙每千張，古柬封筒每千箇各稅壹分陸釐。黃正阡張每擔計捌角，馬旛紙、高黃紙、高白紙每塊，瓦金紙每百張各稅壹分貳釐。大毛邊紙每千張稅壹分。白正阡張每擔計肆角，連五紙、黃白簍紙每塊計拾陸把，中高紙每塊，書箋紙、小油紙、烏金紙、沙紙每千張各稅捌釐。中毛邊紙每千張稅陸釐陸毫捌絲。茶白紙每擔計拾掇，中青紙、竹貢紙每塊各稅陸釐。塊中紙每擔計肆角，小高紙、高貢紙、粗高紙、衢貢紙、松貢紙、姚黃紙、五抄紙、元書紙、大紙坯每塊，單帖紅簽每千箇，紙糕招、紙腰簽每千張各稅肆釐。小毛邊紙每千張稅貳釐陸毫捌絲。塊頭紙每擔，塊頭紙坯每塊各計捌角，冷熇紙、斗方紙、小紙坯每塊各稅貳釐。草紙每塊稅壹釐肆毫。四金紙每擔計捌角，草四金紙每擔捌把各稅陸毫。坯同。

《欽定户部則例》卷六五《稅則二三・浙海關乍浦口雜貨稅則》 紙劄。進口高麗紙每千張作捌百張稅捌分。出口沙紙每大包作壹萬張稅捌分，每小包作玖千張稅柒分貳釐。出口小毛邊紙每塊作叁千張，木紅紙、叁色紙每件作叁塊，各稅陸分。出口大油紙每百張作捌拾張稅叁分貳釐。出口小油紙每千張作捌百張稅壹分陸釐。進口日本紙每百張作捌拾張，大者稅叁釐貳毫，小者稅壹釐陸毫。

《欽定户部則例》卷六八《稅則二六・打箭爐雜貨稅則》 紙劄。青梅紅紙、銀箋紙、大沙綠紙每百張各稅陸分。雙紅紙每百張稅貳分肆釐。淡紅紙每百張稅壹分貳釐。化連紙每百張稅玖釐。小紅綠紙、土連紙每百張各稅叁釐。黃白紙每百張稅壹釐伍毫。門神每副稅陸毫。燒紙每百張稅叁毫。

《欽定户部則例》卷六九《稅則二七・粵海關雜貨稅則》 紙劄。各色紙每百觔稅貳錢。金銀版紙每百觔稅兩貳錢。洋白紙每百觔稅肆錢。錫箔紙每百觔稅叁錢。千張紙每百觔稅貳錢。粗紙每百觔稅壹錢。烏金紙每千張稅捌釐。金箋紙每張稅壹釐。雜色紙料。紙蓪花紙扇面每百觔稅貳錢。金扇面每貳觔稅壹錢。紙堆花每張稅壹釐叁毫柒絲伍忽。

《欽定户部則例》卷七〇《稅則二八・太平遇仙兩關橋下水雜貨稅則》 紙劄。烏金紙每百觔稅壹錢肆分捌釐。油紙每百張稅壹錢貳分肆釐。紅全柬、紅手本每百箇，紅單帖每千箇，各折紙壹刀、每拾刀各税壹錢壹分貳釐。連四紙、棉料紙、漂連紙、棉紙每拾刀各税柒分玖釐陸毫。毛邊紙、青紙每拾刀各税伍分捌釐。全柬帖每壹百柒拾箇折毛邊紙壹刀，古折柬每伍百貳拾捌箇折毛邊紙壹刀，單帖每壹千柒百陸拾箇折毛邊紙壹刀，每拾刀税與毛邊紙同。紙畫門神紙每百觔、紙器每百箇各税肆分。時連紙每簍計拾壹刀税貳分捌釐。半官紙每簍計陸刀、京文紙每簍各税壹分捌釐肆毫。扛連紙每拾刀、黄紙每貳拾刀各税壹分肆釐捌毫。梅紅紙、大緑紙、色箋紙每伍拾張各税壹分壹釐肆毫。書紙、單牌紙、順昌紙、黄册紙、吉方紙、小紙、火紙、烟紙、軍册紙每簍各税捌釐貳毫。

《欽定户部則例》卷七一《税則二九・潯南廠雜貨税則》 紙劄。京紅紙每千張潯税叁錢。毛邊紙每千張甯税壹錢陸分，潯税壹錢伍分。金銀紙每百觔潯税壹錢伍分，甯税同。連四紙每千張潯税壹錢肆分，甯税壹分。五色紙每百觔潯税壹錢，甯税同。火紙每百觔税壹錢，南北同。浣紅紙每百張甯税壹錢，潯税玖分。烟紙每簍甯税捌分，潯税柒分。呈文、順昌紙每千張甯税陸分叁釐，潯税陸分。草紙每百觔潯税伍分，甯税同。青殻紙每千張甯税肆分柒釐，潯税肆分伍釐。紅手本每百箇甯税叁分捌釐，潯税叁分貳釐。大青殻紙每百張税叁分，南北同。白手本每百箇甯税貳分捌釐，潯税貳分貳釐。黄紙每千張甯税貳分，潯税壹分捌釐。貢川紙每千張甯税壹分，潯税玖釐。皮紙每千張甯税玖釐，潯税捌釐。又：紙軸畫每百軸、花錢每百觔各税叁錢，南北同。紅錢每百觔税貳錢，南北同。門神每百副大者税叁分，中者税貳分，南北同。神花每百對大者税叁分，中者税貳分，小者税壹分，南北同。紙元寶每條大者税貳分，中者税壹分伍釐，小者税捌釐，南北同。寸楮每百箇潯税伍釐，甯税同。

《欽定户部則例》卷七二《税則三十・梧州廠雜貨税則》 紙劄。黄册紙每綑税柒分捌釐。色紙、火紙、寶紙每大包各税柒分捌釐，每小包各税肆分陸釐捌毫。賓州紙每綑税柒分捌釐，每千張税貳分叁釐伍毫。包烟紙每千張税柒分捌釐。竹紙每笠肆千張税陸分貳釐肆毫。順昌紙每千張税肆分柒釐。浣紅紙、大沙緑紙每百張各税叁分玖釐。貢川紙每拾刀税叁分壹釐貳毫。箋紙、表黄紙每百張各税壹分玖釐貳毫。青殻紙每百張大者税壹分玖釐貳毫，小者税玖釐陸毫。連四紙、毛邊紙每百張各税壹分伍釐陸毫。京文紙、呈文紙每百張各税陸釐陸毫。雙牌紙、單牌紙每百張各税陸釐叁毫。小沙緑紙每刀税貳釐。

《欽定户部則例》卷九一《雜支一・户部支款》 户部歲領棉榜紙貳萬壹千伍百叁拾柒張，擡連紙肆萬陸千柒百伍拾張，連回紙叁千伍百貳拾叁張，毛頭紙柒千柒百貳拾捌張，呈文紙壹千捌拾張，毛六紙肆千柒百柒拾張，毛邊紙貳萬柒千伍百玖拾捌張。銀硃貳拾壹觔壹拾肆兩，靛花玖觔。

《欽定户部則例》卷九一《雜支一・宗人府支款》 宗人府歲領毛邊紙壹千張，擡連紙叁千叁百張，榜紙肆百張，棉榜紙肆千張。銀硃叁觔，蘇木叁觔，紫草叁觔。

《欽定户部則例》卷九一《雜支一・吏部支款》 吏部歲領毛邊紙貳萬貳千玖百張，擡連紙壹萬壹千捌百張，大毛頭紙捌千柒百伍拾張，棉榜紙伍千貳百伍拾張，銀硃肆觔，蘇木伍觔，白礬壹觔捌兩，土鹻貳觔捌兩，靛青壹觔捌兩，白芨肆兩，錠粉貳匣半。

《欽定户部則例》卷九一《雜支一・兵部支款》 兵部歲領榜紙貳萬壹千柒百張，毛邊紙貳萬柒百肆拾張，連四紙壹千肆百張，黄榜紙貳拾張，銀硃壹拾觔，蘇木貳拾貳觔，胭脂貳百伍拾片，錠粉壹拾柒觔，土鹻伍觔，靛花貳觔，白礬叁觔。又會試殿試之年支領榜紙肆百張，連四紙肆百張，中夾紙貳千柒百張，毛邊紙壹千捌百張，呈文紙貳千伍百張，擡連紙叁萬叁千張，連七紙叁千貳百張，黄榜紙捌拾張，黄高麗紙捌拾張，黄蠟貳拾觔。

《欽定户部則例》卷九一《雜支一・工部支款》 工部歲領毛邊紙貳千叁百伍拾壹張，夾榜紙貳千陸百貳拾捌張，半白呈文紙伍千伍百貳拾伍張。

《欽定户部則例》卷九一《雜支一・通政司支款》 通政司歲領毛邊紙捌拾張，擡連紙肆百陸拾張，棉榜紙貳百捌拾張，清水連四紙捌拾張，銀硃肆觔，靛花貳觔，蘇木肆觔。

《欽定户部則例》卷九一《雜支一・大理寺支款》 大理寺歲領棉榜紙柒拾張，榜紙貳百張，擡連紙陸百張，銀硃壹觔。

《欽定户部則例》卷九一《雜支一・上諭處支款》 稽查欽奉上諭事件處歲領棉榜紙陸百張，毛頭紙肆百張，擡連紙壹千伍百張，本摺紙壹百肆拾張，銀硃壹拾兩，筆伍百枝，墨壹觔肆兩。

《欽定户部則例》卷九一《雜支一・領侍衛處支款》 領侍衛處歲領毛邊紙貳拾張，棉榜紙壹千柒百捌拾張，銀硃捌兩。

《欽定户部則例》卷九一《雜支一・户部支款》 （官商采辦）白鹿紙每張定價銀肆錢叁分，黄脆榜紙、紅脆榜紙俱每張定價銀伍分貳釐，白脆榜紙每張定價銀叁分伍釐壹毫，竹料呈文紙每張定價銀壹分叁釐，開化白榜紙、五摺黄榜紙、四摺黄榜紙、白棉榜紙俱每張定價銀壹分，清水連四紙每張定價銀柒釐，竹料連四紙每張定價銀陸釐伍毫，毛邊紙每張定價銀伍釐，棉料呈文紙每張定價銀肆釐，池州毛頭紙每張定價銀肆毫柒絲，京高紙每張定價銀肆毫伍絲。內四庹羅、開化白榜紙、五摺黄榜紙、白棉榜紙、棉料呈文紙、池州毛頭紙俱照定價采買。繡絨照定價加貳伍節省。四摺黃榜紙照定價加貳節省，又按實領銀數再加貳節省。其餘各項紙張及絹布絨線等項俱照定價加貳節省。

《欽定户部則例》卷九一《雜支一·户部支款》 官商赴江南浙江二省采辦物料水脚，絹線、杭細綢運脚照正價加壹支給，絨觔、杭細綢、絹線染大紅照正染價加壹支給。白鹿、清水連四、毛邊、毛頭等紙按正價銀壹兩給銀貳分捌釐，黃白紅脆榜紙每張給銀捌毫捌絲有奇，竹料連四、呈文、京高等紙每張給銀陸毫陸絲有奇。各直省采辦另詳專條。

《欽定户部則例》卷九二《雜支二·倉場衙門支款》 倉場侍郎衙門歲領毛邊紙伍百張，榜紙壹千玖百捌拾張，擡連紙肆千玖百陸拾張。

《欽定户部則例》卷九二《雜支二·上駟院支款》 上駟院歲領棉榜紙貳千柒百張，毛邊紙玖拾張，又三處馬駝牧場棉榜紙柒百伍拾張，大凌河牧場棉榜紙貳百伍拾張。

《欽定户部則例》卷九二《雜支二·奉宸苑支款》 奉宸苑歲領白榜紙壹千叁百張，擡連紙壹千貳百張。又南苑檔房歲領毛邊紙壹百張，白榜紙玖百張，擡連紙貳百張，毛頭紙叁百張。

《欽定户部則例》卷九二《雜支二·翰林院支款》 翰林院歲領毛邊紙叁百張，夾榜紙壹千張，白擡連紙叁千張，黃榜紙叁拾張，銀硃壹觔。

《欽定户部則例》卷九二《雜支二·詹事府支款》 詹事府歲領夾榜紙叁百張，擡連紙壹千張。

《欽定户部則例》卷九二《雜支二·太常寺支款》 太常寺歲領磁青紙陸張，黃脆榜紙肆拾捌張，黃呈文紙陸百伍拾張，白呈文紙陸百伍拾張，黃本紙伍拾捌張，竹料連四紙貳百張，白本紙伍百陸拾柒張，黃榜紙貳百伍張，白棉榜紙貳千壹百肆拾伍張，夾榜紙貳千壹百肆拾伍張，毛頭紙貳千伍拾肆張，高麗紙陸拾貳張，白棉連四紙壹百叁拾張，紅本紙壹拾柒張，銀硃肆觔，蘇木壹拾觔，錠粉肆觔，白礬肆觔，土鹻肆觔，白布肆拾肆丈捌尺，棉花伍拾觔。

《欽定户部則例》卷九二《雜支二·順天府支款》 順天府歲領榜紙壹千陸百張，擡連紙壹萬貳千張，毛邊紙陸百張，大毛頭紙貳千捌百張，南毛頭紙壹千張，銀硃陸觔。

《欽定户部則例》卷九二《雜支二·太僕寺支款》 太僕寺歲領夾榜紙伍百張，擡連紙捌百張，毛邊紙肆拾張，銀硃壹拾貳兩，蘇木壹觔，靛花貳觔。

《欽定户部則例》卷九二《雜支二·鴻臚寺支款》 鴻臚寺歲領毛邊紙壹百伍拾張，連四紙壹百張，棉榜紙壹百張，擡連紙伍拾張，銀硃捌兩。

《欽定户部則例》卷九二《雜支二·國子監支款》 國子監歲領擡連紙伍百伍拾張，棉榜紙叁百柒拾張。

《欽定户部則例》卷九二《雜支二·中書科支款》 中書科歲領白棉榜紙貳百陸拾張，黃棉榜紙壹拾張，擡連紙柒百張，銀硃肆觔，白蠟陸兩。

《欽定户部則例》卷九二《雜支二·欽天監支款》 欽天監印造時憲書，無閏之年額領銀肆百叁拾陸兩肆錢伍分捌釐有奇，有閏之年額領銀肆百肆拾陸兩捌錢貳釐有奇。應領紙硃各項該衙門按年奏請户部核題。

《欽定户部則例》卷九三《雜支三·采辦物價》 山西省額解好鐵，每觔定價銀貳分，毛頭紙每百張定價銀捌分，呈文紙每張定價銀叁釐。

《欽定户部則例》卷九三《雜支三·采辦物價》 江西省額解銀硃每觔定價銀肆錢陸分，桐油每觔定價銀叁分，五棓子每觔定價銀叁分伍釐，紫草每觔定價銀叁分壹釐，擡連紙每張定價銀壹釐壹毫，苧布每疋定價銀壹錢叁分。

《欽定户部則例》卷九三《雜支三·采辦物價》 福建省額解擡連紙，以壹百叁拾張爲壹刀。每刀定價銀壹錢壹分捌釐。

《欽定户部則例》卷九三《雜支三·采辦物價》 浙江省額解黃蠟每觔定價銀壹錢伍分伍釐，桐油每觔定價銀叁分，黃熟銅每觔定價銀壹錢伍分，芽茶每觔定價銀陸分，黃白榜紙每張定價銀壹分伍釐。

《欽定户部則例》卷九三《雜支三·采辦物價》 山西省辦解毛頭、呈文等紙按每百張給水脚銀壹分貳釐。

《欽定户部則例》卷九三《雜支三·采辦物價》 江西省歲解銀硃，肆千伍百捌拾玖觔有奇。額支水脚銀伍拾玖兩壹錢壹分有奇。桐油，貳千伍百壹拾壹觔有奇。額支水脚銀貳兩壹錢玖釐有奇。五棓子，貳百玖拾柒觔有奇。額支水脚銀壹錢玖分壹釐貳毫有奇。紫草，壹百陸拾貳觔有奇。額支水脚銀壹錢肆分壹釐有奇。苧布，伍千肆百玖拾陸疋貳丈。額支水脚銀壹百陸拾肆兩玖錢有奇。擡連紙，壹百萬張。額支水脚銀叁百柒拾壹兩柒錢叁分柒釐。

《欽定户部則例》卷九三《雜支三·采辦物價》 福建省歲解銅、鉛、點錫、擡連紙，每觔給水脚銀肆釐捌毫叁絲有奇，津貼銀壹分。又領解銅鉛及擡連紙委員，各給盤費銀叁百兩。

《福省政事録》卷四《采辦運解事例・擡連紙張》 閩省逓年應解户部擡連紙張一百萬張，由將樂縣采買齊全，報司由司詳委現任佐襍巡典一員管解，定限四月起程，十月到部。紙價年需銀兩九百四十九兩，由將樂縣於地丁銀内動給。

剛毅修、安頤纂《晉政輯要》卷四〇《工制・采辦一》 毛頭紙一百萬張。向例山西每年辦解户部毛頭紙五十萬張，長一尺七寸，寬一尺五寸，由太、汾、平、蒲四府屬承辦，由太、汾、平三府一遞一年，輪委府屬實任佐雜管解。卷查乾隆二十八年，户部咨令每年添解五十萬張，共解一百萬張。内派太原府屬之陽曲縣辦解七萬六千張，太原、榆次、交城、文水四縣各辦解三萬二千三百五十張。汾州府屬之汾陽、介休二縣各辦解二十萬張。平陽府屬之臨汾縣，蒲州府屬之永濟縣各辦解二十萬張，每年共辦解一百萬張。又查乾隆三十九年户部咨令停解。又查乾隆五十一年户部咨仍照數辦解。又查嘉慶四年户部咨每年減解五十萬張。又查嘉慶五年户部咨令停解。又查嘉慶十年户部咨仍照原額辦解一百萬張。又查光緒九年十月巡撫張奏準嗣後毛頭紙等項統歸鐵絹局采辦。又查光緒九年十二月户部議覆巡撫張奏欠解同治三、六、七、九、十二、十三等年及光緒二年至八年止毛頭紙十三批，準其緩解。又查光緒十年户部咨令以後毛頭紙等項均歸鐵絹局辦解，與鐵絹同。例價《户部則例》内載山西省額解毛頭紙每百張定價銀八分。銀八百兩，減三成銀二百四十兩。實支銀五百六十兩。例脚《户部則例》内載山西省辦解毛頭紙每百張給水脚銀一分二釐。銀一百二十兩，減三成銀三十六兩。實支銀八十四兩。以上例價例脚二款共銀六百四十四兩，均由司庫地丁項下動支。【略】呈文紙四萬張。《會典》内載雍正三年定山西布政使司應解呈文紙四萬張。卷查雍正十二年户部咨令減解三萬張，由潞、澤二府屬承辦。又查乾隆三十四年户部咨令每年仍辦解四萬張，内潞安府屬之長治縣辦二千五百八十四張，長子縣辦二千五百一十二張，屯留縣辦二千三百一十二張，襄垣縣辦二千七百七十二張，潞城縣辦三千四百八十四張，黎城縣辦二千六百四十張，壺關縣辦三千七百五十二張。澤州府屬鳳臺、高平二縣各辦四千六百八十張，陽城縣辦三千七百四十張，陵川、沁水二縣各辦三千四百四十張。由潞、澤二府委解生素絹委員搭解。又查嘉慶五年户部咨令停解。又查嘉慶七年户部咨令仍按年辦解。又查咸豐三年户部咨令暫行停解。又查咸豐六年户部咨令仍按年辦解。又查光緒九年十月巡撫張奏準嗣後呈文紙等項統歸鐵絹局采辦。又查鐵絹局承辦呈文紙，長一尺九寸五分，寬二尺九寸五分。又查光緒九年十二月户部議覆巡撫張奏欠解光緒三年起至八年止呈文紙六批，準其緩解。又查光緒十年正月户部咨令以後呈文紙等項均歸鐵絹局辦解，與鐵絹毛頭紙同。例價《户部則例》内載每張定價銀三釐。銀一百二十兩。例脚《户部則例》内載每百張給水脚銀一分二釐。銀四兩八錢。以上例價、例脚二款共銀一百二十四兩八錢，均由司庫地丁項下動支。

仇繼恒《陝境漢江流域貿易稽覈表》卷下

黃表	
件數重量	每二十四刀爲一箱，每刀九十五張。
產地	四川綏定府大樹壩、梁山、元巴驛等處，以府城爲聚莊。
銷路用處	運至河口，轉銷河南、直隸、山西，專從紫陽之任河出口，并由漢江上駛銷漢中。民間敬神焚化之用。湖北則用江西所出之表。
運費	由綏定至河口，每箱水旱力一百四十。
釐金	湖北鄖陽捐每箱十二文，河口八文。陝西每箱每道銀一分。
成本賣價	綏定買價頭等名牌每百箱二十六兩，雜牌二十五兩；河口賣價名牌頭等每百箱五十兩，次等四十六兩。

運過數目	上兩届 癸卯十月至甲辰九月	上一届 甲辰十月至乙巳九月	本届 乙巳十月至丙午八月 中有閏四月
十月	六萬七千六百七十五箱	五萬二千四百八十九箱	八萬一千一百六十九箱
十一月	七萬四千四百三十四箱	六千一百二十六箱	三萬八千二百四十一箱
十二月	八萬九千七百二十六箱	七萬零七千五百七十六箱	六萬三千二百七十七箱
正月	二萬二千八百八十八箱		一千一百五十箱
二月	九萬二千五百零三箱	七萬二千七百八十五箱	五百七十箱
三月	二萬二千七百六十三箱	二萬五千五百五十五箱	一萬四千六百六十箱
四月	一萬五千八百六十箱	六萬六千三百八十六箱	一十二萬三千一百四十箱
五月	九千九百二十八箱	一萬六千三百二十六箱	閏四月 三萬二千九百一十箱
六月	三萬六千一百一十三箱	五千八百箱	五月 三千四百二十八箱
七月	四萬二千四百二十三箱	六萬零五十三箱	六月 九千零五十箱
八月	四萬零六十三箱	二萬七千五百箱	七月 四萬六千五百零八箱
九月	九萬零一百三十三箱	五萬一千三百五十六箱	八月 一萬二千九百七十八箱
合計	六十萬四千五百零九箱	四十九萬五千九百五十二箱	四十二萬七千零八十一箱

右四川黄表，每年約運五十餘萬箱，價銀二十餘萬兩。究其實用，祇歸於楚人之一炬而已。顓愚迷信，堅固而不可破。沿用既久，士大夫亦祇習而從之，不則以爲不敬。南方人焚化冥鏹，以錫箔製成，杭州、福建錫箔大莊每年出入數百萬，工匠之製箔爲業者，奚止數萬家，視黄表所費十倍，尤可惜也。陝省不過以粗火紙鑿成錢形燒化而已，北人之質直，固有勝於南人者。

皮紙	細者曰銀封紙，粗者曰簍紙。
件數重量	銀封紙每三十刀爲一塊，重五十餘斤，每刀九十五張。簍紙六十刀爲一塊，重九十斤，每刀一百張。
産地	白河出産最多，洵陽、安康次之。以竹瓤及構皮爲之。本地商人工匠恃紙廠謀生者甚衆。
銷路用處	湖北漢口一帶，細者作雨繖、糊細料貨箱，粗者糊油簍、包裹物件，用項頗廣。
運費	白河至漢口銀封紙每塊一百六十。簍紙每塊三百二十。
釐金	陝西每塊每道銀四分五釐，簍紙每塊每道九分。
成本賣價	白河買價銀封紙每塊五千，簍紙每塊七千。漢口賣價銀封紙每塊五兩五六錢，簍紙七兩以外。

運過數目	上兩届 癸卯十月至甲辰九月	上一届 甲辰十月至乙巳九月	本届 乙巳十月至丙午八月 中有閏四月
十月	二千六百二十六塊	四千四百三十四塊	三千九百六十八塊
十一月	二千六百三十三塊	三千九百二十八塊	四千五百三十塊
十二月	一萬零四百五十三塊	五千六百七十五塊	九千五百六十二塊
正月	二千五百三十塊	八百四十八塊	一千七百三十九塊
二月	七千六百八十八塊	五千六百九十二塊	六千六百七十六塊
三月	六千零二十六塊	六千五百二十二塊	六千六百九十四塊
四月	二千九百二十三塊	三千九百五十八塊	五千一百二十二塊
五月	一千九百一十塊	四千六百八十七塊	閏四月 五千二百七十塊
六月	四千四百零九塊	三千一百五十二塊	五月 二千一百一十一塊

（續表）

運過數目	上兩届 癸卯十月至甲辰九月	上一届 甲辰十月至乙巳九月	本届 乙巳十月至丙午八月 中有閏四月
七月	四千六百八十三塊	四千九百七十一塊	六月 四千零四十三塊
八月	二千三百六十七塊	五千九百一十三塊	七月 三千一百九十三塊
九月	四千一百四十一塊	四千二百五十一塊	八月 二千六百四十九塊
合計	五萬二千三百八十九塊	五萬四千零三十一塊	五萬五千五百五十塊

火紙	
件數重量	分粗細二種，細者每一千四百張爲一塊，重十一斤；粗者一千張爲一塊，重八斤。
産地	白河出産最多，洵陽次之。
銷路用處	湖北沙洋一帶及北路河南。
運費	白河至沙洋每塊二十二文。
釐金	陝西每塊每道四文。
成本賣價	買價細者每百塊十六七兩，粗者十兩幾錢。賣價細者每百塊十八九兩，粗者十二三兩。

運過數目	上兩届 癸卯十月至甲辰九月	上一届 甲辰十月至乙巳九月	本届 乙巳十月至丙午八月 中有閏四月
十月	一萬九千三百四十六塊	一萬七千零八十六塊	一萬五千七百三十三塊
十一月	一萬九千二百六十三塊	一萬五千六百零一塊	一萬五千六百零一塊
十二月	一萬二千零八十九塊	八千一百八十三塊	八千一百八十三塊
正月	九千零一十二塊	三千三百一十八塊	二千三百一十八塊
二月	一萬三千三百一十三塊	一萬零一百二十五塊	一萬零一百二十五塊
三月	九千九百五十四塊	四千零四十三塊	四千零四十三塊
四月	四千一百六十六塊	一萬三千四百九十塊	一萬三千零六十三塊

（續表）

運過數目	上兩屆 癸卯十月至甲辰九月	上一屆 甲辰十月至乙巳九月	本屆 乙巳十月至丙午八月 中有閏四月
五月	五千五百五十塊	九千四百九十塊	閏四月 五千八百一十塊
六月	一萬五千零一十五塊	一萬一千六百一十四塊	五月 一萬一千三百二十五塊
七月	一萬零九百二十六塊	一萬四千二百一十塊	六月 七千二百九十六塊
八月	四千五百四十八塊	一萬二千四百八十塊	七月 一萬零三百七十五塊
九月	一萬三千五百一十塊	一萬一千二百九十九塊	八月 六千七百塊
合計	一十三萬六千六百九十六塊	一十五萬五千四百二十四塊	一十一萬零五百十二塊

藝文

蘇易簡《文房四譜》卷四文嵩《好時侯楮知白傳》　楮知白，字守玄，華陰人也。其先隱居商山之百花谷，因谷氏焉。幼知文，多爲高士之首冠，自以材散不仕。殷太戊失德于時，與其友桑同生入朝直諫，拱於庭七日，太戊納其諫而修德以致聖敬日躋，因賜邑于楮，其後遂爲楮氏。二十二代祖枝，因後漢和帝元興中下詔，徵巖穴隱逸，舉賢良方正之士，中常侍蔡倫搜訪得之於耒陽，貢于天子。天子以其明白方正，舒卷平直，《詩》所謂「周道如砥，其直如矢」者也。用簉史官，以代簡册，尋拜治書侍御史。奉職勤恪，功業昭著，帝用嘉之，封好時侯。其子孫世修厥職，累代襲爵不絶。博好藏書，尤能編緝，自有文籍以來，經誥典策及釋道百氏之書，無不載之素幅。遇其人則舒而示之，不遇其人則卷而懷之，終不自矜其該博。晉宋之世，每文士有一篇一詠出於人口者，必求之繕寫，於是京師聲價彌高，皆以文章貴達。歷齊、梁、陳、隋已至今，朝廷益甚見用。知白爲人，好薦賢汲善，能染翰墨，與人鋪舒行藏，申冤雪恥，呈才述志，啓白公卿台輔，以至達于天子，未常有所艱阻，隱蔽歷落，布在腹心，何秖於八行者歟！知白家世自漢朝迄今千餘載，奉嗣世官，功業隆盛，簿籍圖牒布於天下，所謂日用而不知也。知白以爲不失先人之職，未嘗輒伐其功，與宣城毛元鋭、燕人易玄光、南越石虚中爲相須之友，每所歷任，未嘗不同。知白自國子受牒補主簿，直弘文館爲書吏，所賂因潤而墜之，當軸素知廉潔，憐而不問，他日方戒而用之，是以其道益光，曾無背面。累遷中書舍人史館修撰，直筆之下，善惡無隱。明天子御宇，海内無事，志於經籍，特命刊校集賢御書，書成奏之，天子執卷躬覽，嘉賞不已，因是得親御案，乃復嗣爵好時侯。

史臣曰：春秋有褚師氏爲衛大夫，乃中國之華族也。好時侯楮氏，蓋上古山林隱逸之士，莫知其本出，然而功業昭宣，其族大盛焉，天下所利用矣，世世封侯爵食，不亦宜乎。

蘇頌《蘇魏公集》卷三八《謝賜筆墨紙》　右臣伏蒙聖慈特賜臣開局筆共七十管、墨五十挺二十餅、紙共一十三軸者，摩研編削，濫官太史之司；授簡抽毫，獲識上方之品。緣國書而假寵，拜君賜以爲榮。

黄庭堅《山谷集》卷二六《書所作官題詩後》　元祐三年閏六月十七日，少章携此澄心堂紙問余疾於城西。余方病瘍，意慮無聊，爲寫比來戲效諸生作數詩。余爲兒時，見進士劉韶用烏田紙寫賦，嘗竊笑，以爲用隋侯之珠彈雀，使韶今在，豈免一笑耶？

鄭清之《文房四友除授集・楮知白詔》　朕讀司馬遷《史記》，知楮先生名舊矣。想其議論風采，恨不同時。卿養素林下，潔己不汙，操行砥平，襟量寬博，躬自厚而薄責於人。凡古今治忽，人物賢不肖，納納容受，豈若輕兼，有窘邊幅。且學貫九流，事窮千載，六經百氏，靡不該洽，可謂博學多識之士矣。朕稽古之暇，富於著述，方與毛穎、陶泓、陳玄三人者，朝夕從事，獨卿懷長才，以傭書自給，浮湛市肆間，人情番薄，堅忍不顧。雖宋人之刻，蔡倫之造，玉雪楚楚，曾不與易，豈老於世故，猶有結繩之風歟？其亟就公車，與衆賢雜遝而進，以抒心畫，以展素蕴，用騰洛價，毋鬱剡藤。故兹詔召，想宜知悉。

鄭清之《文房四友除授集》竹溪林史君《代楮知白謝表》　雲隔幾重，自喜卷舒之適；風馳一劄，俾陪雜遝之賢。菲薄何堪，震疊自愧。伏念臣源流好時，飄泊剡溪。江以濯，陽以暴之，歸潔而已；鄰之厚，君之薄也，奚擇於斯。家有鳳樓之譏，世以蟬翼爲重。雖曹交亦長九尺，而衛尉不直一錢。謂其文，媲白以取青；謂其視，看朱而成碧。一紙豈賢於從事，百番僅浼於參軍。從令沉浸以滿家，且疑破碎而害道。補綴以進，安得趙普之薦賢；邊幅是修，堪笑子陽之待士。自高曾累葉而下，有善和千卷之藏。刻楮自勞，學者徒費，誰肯爲之道地？乃俾貴于洛陽，豈陳玄毛穎之流，力期推挽。念左伯蔡倫之後，久歎寂寥，誤與剡聞，致叨簡拔。兹蓋恭遇陛下，以重規疊矩之聖，思席珍待價之才。謂尺有短，寸有長，要使及時而展布；毋惡者貴，美者賤，反令避地以卷懷。特命兼收，豈必自售。臣敢不裁其偏側，束以規繩。十日一箱，當密藏於諫紙；千裨萬補，願無棄於書囊。

方岳《秋崖集》卷一八《楮知白賜號純素先生誥》 朕垂精文化，側席幽人。披剡溪萬藤，既得方幅之士；賜鑑湖一曲，聿高粹白之風。以爾卷舒自如，裁制甚整。方枕流於冰壑，不勝徹骨之清；比延月於山簾，已覺掇皮之似。玉雪楚楚，風雲番番。信純素而不緇，非汗青之敢跂。兹以文會，本無宦情。卷而懷之，亦異三子之撰；與其潔也，用華一字之褒。謹勿爲帝城之書，罔自損洛陽之價。噫，毀程一錢不直，莫汝疵瑕；今交九尺以長，何窘邊幅。毋或怵蒯通之背面，其自珍姑射之肌膚。勉矣鋪張，副予傾寫。

王惲《秋澗集》卷六六《楮都護銘》 漢開西域，國三十六。中置都護，控制約束。强凌弱折，迺有攸屬。我嗜群經，視爲席珍。繙閲不時，未免絲紛。亦作護府，仰兹楮君。統之有要，無相奪倫。侵損日遠，緝熙日新。插架安書，曰史曰墳。勒銘于上，策燕然勛。

《青雲梯》卷下劉岳申《紙田賦》 東皋子輟耕而問夫大人先生曰：「家世業農，勞而無功。曰有百畝，東皋之東。期苦身而甘食，乃求通而反窮。十旱九潦，百歉一豐。欲棄農而易技，恐見笑於荷蓧之叟、擊壤之翁。冀先生之開吾蒙也。」先生曰：「吁！子來前。子能口誦目送而畫方圓乎？子能突圍陷陣而張空拳乎？子能奪肉於饞虎之口而探珠於驪龍之淵乎？凡此者，皆非子之長也。則不如以子爲農之技，而耕吾所謂紙田之田。吾所謂田者，在於不土之里，出於無心之思。非阡非陌，何公何私？后稷播植之具不及用，神農揉木之具無所施，貢徹之法不得以加吾賦，雨暘之愆不足以荒吾畦。蓋其體具於太古結繩之後，而其用見於倉頡雨粟之時。彼蔡侯者，有創物之知，化臭腐而神奇。是刈是穫，桑膚楮皮。一簾之清，不窘於邊幅；九錫之封，未易以瑕疵。計其畝則廣不袤尺，辨其色則白而不緇。銀光玉板，蠶繭烏絲。厚薄長短，品第不齊。吾田此田，一稔可期。子如樂聞，則具告以播植之宜。」東皋子再拜請曰：「先生既告我以忠言，願惠我以良策，敢不悉心以聽指畫。」先生曰：「吾聞之：君子勞心，小人勞力。勞力者其獲幾何，勞心者其利千百。今吾是田也，所耕者道，所種者德。以筆墨爲耒耜，以文籍爲稼穡。經史集傳，諸子百家，此則田之稻粱黍稷；箋註訓詁，騷雅詩賦，此則田之禾麻菽麥。耕耨之期，不限於春秋；培養之功，當勤於旦夕。思泉不竭於灌溉，教雨深資於潤澤。夫然後知磽日以肥、荒日以闢。然而楊墨之道，亂苗之莠也；佛老之教，害稼之蟊也。穿鑿異説者，妄立於町畦；操戈同室者，自爲之螟螣。儻芟夷之力未至，耕耨之事或闕，菑畬必至於蕪穢，心地亦爲之茅塞矣。」言未既，東皋子躍然而起，請事斯語。先生曰：「未也。不語其效，必惰其事。桓榮車馬稽古之力，買臣印綬勤學所致，一編可爲帝者師，半部亦足以佐興王之治。是皆力穡而有秋，吾未見惰農而逢歲。彼益州之箋以五鳳而用，洛陽之價以《三都》而貴。特不過天闕溪藤，其與揠苗助長何異？」東皋子乃辭而盡棄東皋之事，冀獲紙田之利。未幾，科舉詔興，賓賢取士，東皋子復見先生，曰：「吾田已秋，先生之賜。」先生曰：「子慎勿言，吾幾禍子。子知其一，未知其二。方今仁政所先，自經界始，尺地寸土，罔不經理。吾與子之田，版籍不載於司徒，租税未輸於倉氏，律以今日之則，亦隱漏之例。」於是與東皋子盡籍其所有，獻於天子。天子嘉其不欺，賜以美莊三十所，終二子之身不復税。

褚人穫《堅瓠壬集》卷一《楮先生傳》 張山來有《楮先生傳》：會稽楮先生者，上世不知何許人，亦不傳其名氏。爲人柔和端整，有方潔稱。善屬文，識卷舒之義。不欲受污流俗，高隱會稽剡溪間，自號楮先生，人因以是呼之云。幼時師事蔡倫，其所造就爲多。居常與歙州羅文、絳人陳伭、中山毛穎相友善，其出處必偕，而與穎尤莫逆，間有任使，隨所指畫，莫不帖然從。即伭欲有所致於楮，亦必藉穎爲介紹，獨於文爲稍疏。後三人咸貴顯，羅封萬石君，毛授中書令，陳拜墨卿，獨楮未嘗以尺寸長干謁於上，蓋自分草木同朽腐焉。一日上欲下求賢詔，命毛穎草創，陳伭琢磨，羅文潤色。三人辭以「臣等雖蒙任使，然三臣所爲，不能行之四方。臣友楮先生者工於典籍，又能鋪集衆長，得若共事，臣等可藉以施功矣」。上乃敕侍臣徵之會稽。楮方托體林麓間，與木石居游，自以樗櫟餘材，辭不就詔。郡縣敦迫，繫維登車，至乃衣素衣，磬折見上。上以其樸素，顧而喜，拜尚書令，且笑之曰：「白衣昔有宰相，今復有白衣尚書乎？」解黄袍衣之，「爾其體朕意，爲求賢詔」。楮謝受命，即展己之長，集數子所爲者加以叙次，皆成文章，上甚嘉焉。會遠方寇起，武臣咸議興兵，或謂興兵則多費，楮生善於辭命，使説之必降。上亦知先生能辨賊，趣之行。先生至，爲之陳説利害，寇果延頸受命。報捷，上喜曰：「楮生此行賢於十萬師遠矣。」嗣是四人以知舊同朝，戮力秉政，凡策文詔誥之屬，必僉謀始各奏其能，而楮常沐異寵，名之曰柔翰，召見呼楮卿。顧性畏風，遇微颸輒戰慄，舉體摇動，不能自持。上憐而佩之玉以爲鎮。不數月，中書令以老憊謝政，墨卿又才盡壽終，逾年萬石君亦以闕失斥歸，惟楮校書中秘，纂録無遺，上時加眷顧。然文等已去，孤處無援，且有蠹國鼠竊之臣，嫉其才能，日揭短長缺損於上前。上見楮體日薄，考之小事，漸復糊涂，乃令休致，以子領其職，亦克繼父績。而其族緣以宦顯者甚衆，衣朱紫者不可勝計，自學士大夫以至諸子百家，皆與之游處，不能一日無之。蓋其柔和端整，猶具有乃祖風焉。

外史氏曰：楮氏之先不知其所自出，自先生以柔翰顯於世，子孫遂爾繁衍，間亦有逃禪者，隱居金粟山，聲價尤貴。一支遠在高麗，以時入中國。其族大抵多壽，輒有數千歲，少亦數百歲云。

鄭相如《漢林四傳·楮先生傳》 秦李斯相始皇帝并六國，有楮先生者，率其友毛潁、陳玄、陶泓三人，遊丞相門，能稱皇帝意旨，歷年三十有六。天下黔首，趍于猥巧便捷，紛然多故，迄漢、魏、晉、六朝、唐季，獄訟煩興，邪説淫辭百出，或歸過四君。楮先生鬱鬱不樂，南遊金陵，説唐主曰：「陛下撫有江表，甲兵士馬，不可與北國争鋒，惟是文史一道，臣輩所掌，爲武夫悍將所不能抗。陛下儻屬意委任臣輩，則文明之朝也。」唐主曰：「孤僻處荒江，有志未逮，辱先生教，敢不委命！」曰：「臣嘗從錢王遊若耶，王曰：『美哉是谿，東南其最乎！』臣對：昔我友李白詩曰，『涇川三百里，若耶羞見之』，尚有勝此者。王聞而神往。今地屬陛下，願借是邦山水，修煉其中，異日佐陛下興文教、朝八國、誇耀中原，臣之願也。」唐王曰：「山水吾國所饒，聽先生自擇。」於是東遊琴溪，聞颯颯之音，曰：「是高公鍊丹處乎！」沿谿而上，石齒峭厲，曰：「是令威丁公化鶴遊來乎！」南陟齊雲承流，曰：「許、竇二隱君所棲也！」西過小嶺，泛桃花潭，曰：「太白、羅隱、顥叔之所觴咏也，我其駐足乎！」是爰搆一室，煉身修性，一年毛伐，二年髓洗，三年骨蜕，道成，報唐主。欲行，屬長子白鹿君曰：「我以生質澆薄，爲世所輕，汝魁梧過我，後當顯。但自愛，久爲人割裂足矣。再屬次子羅文君曰：「汝以玉版之姿，效彼綺羅，本質雖變，逢時器也。後好文主出，當拱璧汝。」又屬三子金榜君曰：「五百年後，汝聲價高，朝廷或爲供事者狼籍，恐不克終。」未幾下詔曰：「惟汝素質白體，道參太樸，假爾丹青，資我賞鑒。汝其前來！」先生辭涇，乘肩輿，駕箬舟，抵金陵，朝唐主於澄心堂。主喜，命光禄宴，先生西向坐，三友預焉。酒酣，毛潁君歌《竹枝》，陳玄子舞《松風》，陶泓公誦「巧匠斲山骨」之句。先生辭曰：「臣不能作高麗舞，歌雪濤曲，請出。」唐主曰：「先生休矣！」垂命徐熙、君希雅持五色采，命徐鉉、韓熙載脱毛潁冠，吮陳玄瀋，臨陶泓池，拂拭先生面，畫龍蛇，繪山水、鳥獸、花果、竹樹。四人者，終日應命不休，頗厭之。越歲，南唐主歸宋，先生偕三友隱，不知所終，而白鹿、羅文、金榜諸子裔，皆貴顯於時。

太史公曰：「楮先生之裔遍華夸，皆涇産也，微先生道德文章不顯。雖然，豈無壞人心術之事假先生行者？要與先生何涉哉！方明高皇鑄鈔不成，或奏取文人心血和之，高皇意疑不決。高后曰：「士子試帖，非文人心血乎？」爰命焚帖和鑄鈔，鈔成。嗚呼！文人之心靈，通于神人，勿以不道之心之文，點污先生清白之名也夫！

釋皎然《杼山集》卷六《五言從軍行》 黄紙君王詔，青泥校尉書。誓師張虎落，選將擐犀渠。霧暗津蒲失，天寒塞柳疎。横行千萬騎，欲掃塞塵餘。

劉長卿《劉隨州集》卷二《淮上送梁二恩命追赴上都》 賈生年最少，儒行漢庭聞。拜手卷黄紙，回身謝白雲。故關無去客，春草獨隨君。淼淼長淮水，東西自此分。

劉禹錫《劉賓客外集》卷一《和汴州令狐相公到鎮改月偶書所懷二十二韵》 受脤新梁苑，和羹舊傅巖。援毫動星宿，垂釣取韜鈐。赤奕三川至，歡呼百姓瞻。緑油貔虎擁，青紙鳳皇銜。

劉禹錫《劉賓客外集》卷五《詶元九院長自江陵見寄》 無事尋花至仙境，等閒栽樹比封君。金門通籍真多士，黄紙除書每日聞。

劉禹錫《劉賓客外集》卷六《微之鎮武昌中路見寄藍橋懷舊之作悽然繼和兼寄安平》 今日油幢引，他年黄紙追。同爲三楚客，獨有九霄期。宿草恨長在，傷禽飛尚遲。武昌應已到，新柳映紅旗。

劉禹錫《劉賓客外集》卷六《酬鄭州權舍人見寄十二韻》 佇聞黃紙詔，促召紫微郎。

劉禹錫《劉賓客文集》卷二八《西裴中丞二十三兄》 貴臣持牙璋，優詔發青紙。

吕温《吕衡州集》卷二《上官昭容書樓歌貞元十四年友人崔仁亮於東都買得研神記一卷有昭容列名書縫處因用感歎而作是歌》 漢家婕妤唐昭容，工詩能賦千載同。自言才藝是天真，不服丈夫勝婦人。歌闌舞罷閒無事，縱恣優游弄文字。玉樓寶架中天居，緘奇祕異萬卷餘。水精編帙綠鈿軸，雲母擣紙黃金書。風飄花露清旭時，綺窻高挂紅綃帷。【略】君不見洛陽南市賣書肆，有人買得《研神記》。紙上香多蠹不成，昭容題處猶分明，令人惆悵難爲情。

張籍《張司業集》卷五《新除水曹郎答白舍人》 年過五十到南宫，章句無名荷至公。黃紙開呈趨府後，朱衣引入謝班中。諸曹縱許爲仙侣，羣吏多嫌是老翁。最幸紫薇郎見愛，獨稱官與古人同。

李賀《昌谷集》卷二《湖中曲》 長眉越沙采蘭若，桂葉水葒春漠漠。橫船醉眠白晝閒，渡口梅風歌扇薄。燕釵玉股照青渠，越王嬌郎小字書。蜀紙封巾報雲鬢，晚漏壺中水淋盡。

李賀《昌谷集》卷三《昌谷詩五月二十七日作》 昌谷五月稻，細青滿平水。遥巒相壓疊，頹綠愁墮地。【略】溪灣轉水帶，芭蕉傾蜀紙。岑光晃縠襟，孤景拂繁事。

李賀《昌谷集》卷四《許公子鄭姬歌鄭園中請賀作》 長翻蜀紙卷明君，轉角含商破碧雲。

元稹《元氏長慶集》卷一二《送王協律游杭越十韻》 去去莫悽悽，餘杭接會稽。松門天竺寺，花洞若耶溪。【略】紙亂紅藍壓，甌凝碧玉泥。荆南無抵物，來日爲儂攜。

李德裕《李衛公別集》卷三附元稹《奉和浙西大夫述夢四十韻》 綾紙侵紅點，書詔皆用綾搏紙。蘭燈焰碧膏。

白居易《白氏長慶集》卷四《杜陵叟傷農夫之困也》 杜陵叟，杜陵居，歲種薄田一頃餘。三月無雨旱風起，麥苗不秀多黃死。九月降霜秋早寒，禾穗未熟皆青乾。【略】白麻紙上書德音，京畿盡放今年税。昨日里胥方到門，手持尺牒牓鄉村。十家租税九家畢，虚受吾君蠲免恩。

白居易《白氏長慶集》卷一四《開元九詩書卷》 紅箋白紙兩三束，半是君詩半是書。經年不展緣身病，今日開看生蠹魚。

白居易《白氏長慶集》卷一六《謝李六郎中寄新蜀茶》 故情周匝向交親，新茗分張及病身。紅紙一封書後信，綠芽十片火前春。湯添勺水煎魚眼，末下刀圭攪麴塵。不寄他人先寄我，應緣我是別茶人。

白居易《白氏長慶集》卷一七《劉十九同宿時淮寇初破》 紅旗破賊非吾事，黃紙除書無我名。唯共嵩陽劉處士，圍棊賭酒到天明。

白居易《白氏長慶集》卷一七《送蕭鍊師步虚詞十首卷後以二絶繼之》 花紙瑶緘松墨字，把將天上共誰開。試呈王母如堪唱，發遣雙成更取來。

白居易《白氏長慶集》卷一七《別草堂》 正聽山鳥向陽眠，黃紙除書落枕前。爲感君恩須暫起，爐峰不擬住多年。

白居易《白氏長慶集》卷一七《元十八從事南海欲出廬山臨別舊居有戀泉聲之什因以投和兼伸別情》 賢侯辟士禮從容，莫戀泉聲問所從。雨露初承黃紙詔，煙霞欲別紫霄峰。傷弓未息心驚鳥，得水難留久卧龍。我正退藏君變化，一杯可易得相逢。

白居易《白氏長慶集》卷一九《酬元郎中同制加朝散大夫書懷見贈》 命服雖同黃紙上，官班不共紫垣前。青衫脱早差三日，白髮生遲較九年。曩者定交非勢利，老來同病是詩篇。

白居易《白氏長慶集》卷二二《和我年》 我年五十七，歸去誠已遲。歷官十五政，數若珠纍纍。野萍始賓薦，場苗初縶維。因讀管蕭書，竊慕大有爲。及遭榮遇來，乃覺才力羸。黃紙詔頻草，朱輪車載脂。妻孥及僕使，皆免寒與飢。省躬私自愧，知我者微之。永懷山陰守，未遂嵩陽期。如何坐留滯，頭白江之湄。

白居易《白氏長慶集》卷二三《留題天竺靈隱兩寺》 在郡六百日，入山十二回。宿因月桂落，醉爲海榴開。天竺嘗有月中桂子落，靈隱多海石榴花也。黃紙除書到，青宫詔命催。僧徒多悵望，賓從亦徘徊。寺閣煙埋竹，林香雨落梅。別橋憐白石，辭洞戀青苔。石橋在天竺，明洞在靈隱。漸出松間路，猶飛馬上杯。誰教冷泉水，送我下山來。

白居易《白氏長慶集》卷二四《寫新詩寄微之偶題卷後》 寫了吟看滿卷愁，淺紅牋紙小銀鉤。未容寄與微之去，已被人傳到越州。

白居易《白氏長慶集》卷二五《初到洛陽閒遊》 漢庭重少身宜退，洛下閒居迹可逃。趁伴入朝應老醜，尋春放醉尚粗豪。詩攜綵紙新裝卷，酒典緋花舊賜袍。曾在東方千騎上，至今躞蹀馬頭高。

白居易《白氏長慶集》卷二八《早飲醉中除河南尹敕到》 雪擁衡門水滿池，温爐卯後煖寒時。緑醅新酎嘗初醉，黄紙除書到不知。厚俸自來誠忝濫，老身欲起尚遲疑。應須了却丘中計，女嫁男婚三逕資。

王建《王司馬集》卷三《閑居即事》 老病貪光景，尋常不下簾。妻愁耽酒僻，人怪考詩嚴。小婢偷紅紙，嬌兒弄白髯。有時看舊卷，未免意中嫌。

王建《王司馬集》卷三《原上新居》 自掃一間房，唯鋪獨卧牀。野羹溪菜滑，山紙水苔香。

王建《王司馬集》卷五《贈胡証將軍》 書生難得是金吾，近日登科記總無。半夜進儺當玉殿，未明排仗到銅壺。朱牌面上分官契，黄紙頭邊押敕符。恐要蕃中新道路，指揮重畫五城圖。

王建《王司馬集》卷八《宮詞》 内人對御疊花箋，繡坐移來玉案邊。紅蠟光中呈草本，平明昇出閤門宣。

千牛仗下放朝初，玉案傍邊立起居。每日進來金鳳紙，殿頭無事不多書。

鮑溶《鮑溶集外詩·寄王璠侍御求蜀箋》 蜀川牋紙綵雲初，聞説王家最有餘。野客思將池上學，石楠紅葉不堪書。

李商隱《李義山詩集》卷上《送崔珏往西川》 年少因何有旅愁，欲爲東下更西遊。一條雪浪吼巫峽，千里火雲燒益州。卜肆至今多寂寞，酒壚從古擅風流。浣花牋紙桃花色，好好題詩詠玉鉤。

李商隱《李義山詩集》卷中《鄭州獻從叔舍人褎》 蓬島煙霞閬苑鐘，三官牋奏附金龍。茅君奕世仙曹貴，許掾全家道氣濃。絳簡尚參黄紙案，丹爐猶用紫泥封。不知他日華陽洞，許上經樓第幾重。

李商隱《李義山詩集》卷中《無愁果有愁曲北齊歌》 東有青龍西白虎，中含福星包世度。玉壺渭水笑清潭，鑿天不到牽牛處。騏驎踏雲天馬獰，牛山撼碎珊瑚聲。秋娥點滴不成淚，十二玉樓無故釘。推煙唾月抛千里，十番紅桐一行死。白楊别屋鬼迷人，空留暗記如蠶紙。日暮向風牽短絲，血凝血散今誰是。

李商隱《李義山詩集》卷下《河陽詩》 黄龍摇溶天上來，玉樓影近中天臺。【略】楚絲微覺竹枝高，半曲新詞寫綿紙。巴西夜市紅守宮，後房點臂斑斑紅。堤南渴鴈自飛久，蘆花一夜吹西風。

陸龜蒙《甫里集》卷六《襲美題郊居十首次韵·其三》 倭僧留海紙，山匠製雲牀。懶外應無敵，貧中直是王。池平鷗思喜，花盡蝶情忙。欲問新秋計，菱絲一畝强。

鄭谷《雲臺編》卷下《省中偶作》 三轉郎曹自勉旃，莎堦吟步想前賢。未如何遜無佳句，若比馮唐是壯年。捧制名題黄紙尾，約僧心在白雲邊。乳毛松雪春來好，直夜清閒且學禪。

鄭谷《雲臺編》卷下《南宮寓直》 寓直事非輕，宦孤憂且榮。制承黄紙重，詞見紫垣清。

鄭谷《雲臺編》卷下《蜀中》 夜無多雨曉生塵，草色嵐光日日新。蒙頂茶畦千點露，浣花牋紙一溪春。揚雄宅在唯喬木，杜甫墳荒絶舊鄰。却共海棠花有約，數年留滯不歸人。

杜荀鶴《唐風集》卷二《送友人宰漵陽》 高興那言去路長，非君不解愛漵陽。有時猿鳥來公署，到處煙霞是道鄉。釣艇滿江魚賤菜，紙窑連嶺楮多桑。陶潛舊隱依稀在，好繼高蹤結艸堂。

徐寅《徐正字詩賦》卷二《尚書新造花箋》 濃染紅桃二月花，只宜神筆縱龍蛇。淺澄秋水看雲母，碎擘輕苔問粉霞。寫賦好追陳后寵，題詩堪送竇滔家。使君即入金鑾殿，夜直無非草白麻。

釋齊己《白蓮集》卷九《謝人自鍾陵寄紙筆》 故人猶憶苦吟勞，所惠何殊金錯刀！霜雪剪裁新剡硾，鋒鋩管束本宣毫。知君倒篋情何厚，借我臨池價斗高。詞客分張看欲盡，不堪來處隔秋濤。

韋莊《浣花集補遺·乞彩牋歌》 浣花溪上如花客，緑闇紅藏人不識。留得溪頭瑟瑟波，潑成紙上猩猩色。手把金刀裁彩雲，有時剪破秋天碧。不使紅霓段段飛，一時驅上丹霞壁。蜀客才多染不供，卓文醉後開無力。孔雀銜來向日飛，翩翩壓折黄金翼。我有歌詩一千首，磨礱山岳羅星斗。開卷長疑雷電驚，揮毫只怕龍蛇走。班班布在時人口，滿軸松花都未有。人間無處買烟霞，須知得自神仙手。也知價重連城璧，一紙萬金猶不惜。薛濤昨夜夢中來，殷勤勸向君邊覓。

王定保《唐摭言》卷一二 元相公在浙東時，賓府有薛書記，飲酒醉後，因争令，擲注子擊傷相公，猶子遂出幕。醒來乃作十離詩上獻府主：「馴擾朱門四五年，毛香足凈主人憐。無端咬著親情客，不得紅絲毯上眠。犬離主 越管宣毫始稱情，紅箋紙上撒花瓊。都緣用久鋒頭盡，不得羲之手裏擎。筆離毛」

王禹偁《小畜集》卷五《送劉職方》　罷直出玉堂，詔授尚書郎。朝僉假郡印，承乏來永陽。喜開黄紙書，云替劉職方。職方老狀頭，疇昔名擅場。

王禹偁《小畜集》卷七《寄碭山主簿朱九齡》　忽思蓬島會羣仙，二百同年最少年。利市襴衫抛白紵，風流名紙寫紅牋。歌樓夜宴停銀燭，柳巷春泥污錦韉。今日折腰塵土裏，共君追想好凄然。

王禹偁《小畜集》卷九《新秋即事》　百歲浮生一夢中，夢中何事有窮通？姓名舊署黄麻紙，顔狀今成白髮翁。煙暝曉窻螢火碧，雨昏幽逕蓼花紅。謫居始信爲儒苦，生計兼無一畝宫。

王禹偁《小畜集》卷一〇《賦得紙送朱嚴即席探題》　潔白又方正，似君心坦平。空隨文價貴，未免刺毛生。客被侵霜薄，山窻映雪明。前春懸作牓，應見淡書名。

王禹偁《小畜集》卷一二《謝宣賜御草書急就章并朱邸舊集歌》　小臣再拜受一軸，擣紙抄書猶未足。

楊億《武夷新集》卷四《因與西廳參政侍郎奕棊予輸紙筆硯三物以詩見徵屬宣毫適盡但送蜀牋端硯繼以此章》　多年燥吻蒼苔砌，秃盡江南石上毫。五色蠻牋猶有剩，一拳端硯豈勝勞？蕭齋幸預談賓末，謝墅深降奕思高。微物供堂方猶豫，丹青筆下枉風騷。

楊億《武夷新集》卷五《故蘄州王刑部閣老挽歌》　東觀未絶筆，西垣俄解龜。罷裁青紙詔，重入白雲司。流落成三黜，聯翩換一麾。黄崗與滁上，應立去思碑。

魏野《東觀集》卷三《乞箋紙寄犀浦王專著作》　故人何處暫驅雞，犀浦封疆濯錦西。五色彩箋宜寄惠，知君管得浣花溪。

魏野《東觀集》卷七《三峰王耿殿丞將移鎮陜下通理先已同袁刑部以唱和詩見寄因次前韵和酬二首》　君移棠樹民皆喜，我住東郊却懶誇。拙性怕逢詩債主，病身愁見酒讐家。郢辭温潤如絲雨，蜀紙鮮明似綺霞。况是已經仙手和，點頭空使角冠斜。

强至《祠部集》卷七《答章傳道》　旋刻辭章就禮闈，禁園花在遂空歸。客愁春雪杯間釋，詩句青雲紙上飛。從祖近持丞相印，舊交半著侍臣衣。揚雄未老猶堪薦，忍聽滄州買釣磯。

强至《祠部集》卷一二《楊公濟以詩索粉紙依韵和答》　春雲落紙不歸天，就把霜刀翦四邊。欲送草堂還縮手，少陵慣見浣花牋。

蘇頌《蘇魏公集》卷一一《次韵楊立之觀韵海》　六學先聲病，羣書欲備詳。摛文資引據，結字辨偏旁。篆楷顔毫妙，編聯蜀紙光。殘篇雖脱落，猶可挹遺芳。

劉敞《公是集》卷一七《去年得澄心堂紙甚惜之輒爲一軸邀永叔諸君各賦一篇仍各自書藏以爲翫故先以七言題其首》　六朝文物江南多，江南君臣《玉樹》歌。擘牋弄翰春風裏，斵冰析玉作宫紙。當時百金售一幅，澄心堂中千萬軸。摛辭欲卷東海波，乘興未盡南山竹。樓船夜濟降幡出，龍驤將軍數軍實。舳艫銜尾獻天子，流落人間萬無一。我從故府得百枚，憶昔繁麗今塵埃。祕藏篋笥自矜玩，亦恐歲久空成灰。後人聞名寧復得？就令得之當不識。君能賦此哀江南，寫示千秋永無極。

劉攽《彭城集》卷九《寄楊十七》　辛邑成三異，吾兄復妙年。長愁越聲短，不似古詩傳。高唱今獨步，知音深謂然。還疑剡溪上，紙貴幾多錢？

劉攽《彭城集》卷一五《次韵酬曹極司法》　越紙題詩寄我來，君家八斗定多才。冰清玉潤高風舊，白雪陽春病眼開。長見夔龍參濬哲，不聞徐樂避雄猜。自緣衰老無能解，戰勝方當去剪萊。

吕陶《淨德集》卷三〇《和孔毅甫州名》　謫宦寓湖南，憔悴變容質。老懷極孤窮，益友最親密。【略】遂將蜀溪紙，連寫漸成帙。慚非高尚者，思古感事物。

吕陶《淨德集》卷三四《和紅蕉》　嫩青叢裏色何如？猩血雖紅莫奪朱。曉薦赤璋開纈藉，夜燃絳蠟照珊瑚。穠華如擘霞光紙，芳價堪酬明月珠。欲識此花堅與否，願將真偈叩文殊。

梅堯臣《宛陵集》卷七《永叔寄澄心堂紙二幅》　昨朝人自東郡來，古紙兩軸緘縢開。滑如春冰密如繭，把玩驚喜心徘徊。蜀牋脆蠹不禁久，剡楮薄慢還可咍。書言寄去當寶惜，慎勿亂與人翦裁。江南李氏有國日，百金不許市一枚。澄心堂中唯此物，静几鋪寫無塵埃。當時國破何所有？帑藏空竭生莓苔。但存圖書及此紙，輦大都府非珍瓌。于今已踰六十載，弃置大屋牆角堆。幅狹不堪作詔命，聊備麤使供鸞臺。鸞臺天官或好事，持歸祕惜何嫌猜！君今轉移重增媿，無君筆札無君才。心煩收拾乏匱櫝，日畏撦裂防嬰孩。不忍揮毫徒有思，依依還起子山哀。

梅堯臣《宛陵集》卷三五《依韵和永叔澄心堂紙答劉原甫》　退之昔負天下

才，埽掩衆説猶除埃。張籍盧仝鬭新怪，最稱東野爲奇瑰。當時辭人固不少，漫費紙札磨松煤。歐陽今與韓相似，海水浩浩山嵬嵬。石君蘇君比盧籍，以我擬郊嗟困摧。公之此心實扶助，更復有力誰論哉？禁林晚入接俊彦，一出古紙還相哀。曼卿子美人不識，昔嘗吟唱同樽罍。因之作詩答原甫，文字駛穩如刀裁。怪其有紙不寄我，如此出語亦善詼。往年公贈兩大軸，于今愛惜不輒開。是時有詩述本末，值公再入居蘭臺。崇文庫書作總目，未暇綴韵酬草萊。前者京師競分買，罄竭舊府歸鄒枚。自慚把筆粗成字，安可遠與鍾王陪。文高墨妙公第一，宜用此紙傳將來。

梅堯臣《宛陵集》卷三五《潘歙州寄紙三百番石硯一枚》 永叔新詩笑原父，不將澄心紙寄予。澄心紙出新安郡，臘月敲冰滑有餘。潘侯不獨能致紙，羅紋細硯鐫龍尾。墨花磨碧涵鼠鬚，玉方舞盤蛇與虺。其紙如彼硯如此，窮儒有之應瞰鬼。

梅堯臣《宛陵集》卷三六《九月六日登舟再和潘歙州紙硯》 文房四寶出二郡，邇來賞愛君與子。子傳澄心古紙樣，君使製之精意餘。自茲重詠南堂紙，將令世人知首尾。又得水底碧玉腴，溪匠畏持如抱虺。拜貺雙珍不可辭，年衰只怕擨揄鬼。

梅堯臣《宛陵集》卷四五《送杜君懿屯田通判宣州》 京兆外郎稱善書，當時相與集江都。日書藤紙争持去，長鉤細畫如珊瑚。自茲乖隔三十載，始駕吾鄉別乘車。

梅堯臣《宛陵集》卷四七《表臣惠蜀牋偕玉硯池》 蜀牋珉硯池，爲贈知雅故。慙無右軍書，亦乏左思賦。環水象辟雍，紋花如織素。願傳君德政，况已聞行路。

梅堯臣《宛陵集》卷五五《得王介甫常州書》 斜封一幅竹膜紙，上有文字十七行。字如瘦棘攢黑刺，文如温玉爛虹光。別時春風吹榆莢，及此已變蒹葭霜。道途與弟奉親樂，後各失子懷悲傷。

韓維《南陽集》卷四《奉同原甫賦澄心堂紙》 江南國土未破前，澄心名紙世已傳。高堂久傾不復見，誰謂此物猶依然。當時萬杵搗雲葉，鋪出几案滑且堅。剡溪藤骨不足數，蜀江玉屑誰復憐。君臣嬉燕盛文采，駢章麗曲鬭巧儇。一朝零落隨散地，中原篋笥生光鮮。君安得此尚百幅，題以大句先羣賢。羣賢落筆富精麗，瓊琚寶玦相鈎聯。嗟子材力豈當敵，雖欲强賦何能妍！躭獨玩物古所戒，崇尚浮藻政豈先？江南可哀紙可惜，後有觀者存吾篇。

徐積《節孝集》卷二〇《寄崔汝弼》 數幅長沙紙，慇勤爲寫懷。知公富情義，念我老形骸。處世日無幾，歸耕計未諧。若論身後事，賤骨要深埋。

歐陽修《文忠集》卷五《和劉原父澄心紙》 君不見曼卿子美真奇才，久已零落埋黄埃。子美生窮死愈貴，殘章斷藁如瓊瑰。曼卿醉題紅粉壁，壁粉已剥昏烟煤。河傾崑崙勢曲折，雪壓太華高崔嵬。自從二子相繼没，山川氣象皆低摧。君家雖有澄心紙，有敢下筆知誰哉？宣州詩翁餓一作飢欲死，黄鵠折翼鳴聲哀。有時得飽好言語，似聽高唱傾金罍。二子雖死翁猶在，老手尚能工翦裁。奈何不寄反示我，如棄正論求俳詼。嗟我今衰不復昔，空能把卷闔且開。百年干戈流戰血，一國歌舞今荒臺。當時百物盡精好，往往遺棄淪蒿萊。君從何處得此紙？純堅瑩膩卷百枚。官曹執事喜一作樂閒暇，臺閣唱和相追陪。文章自古世不乏，間出安知無後來！

蘇軾《東坡全集》卷三《八月十七復登望海樓自和前篇是日牓出余與試官兩人復留》 樓上烟雲怪不來，樓前飛紙落成堆。非關文字須重看，却被江山未放回。

蘇軾《東坡全集》卷一七《次韵宋肇惠澄心紙二首》 詩老囊空一不留，百番曾作百金收。永叔以澄心百幅遺聖俞，聖俞有詩。知君也厭雕肝腎，分我江南數斛愁。

君家家學陋相如，宜與諸儒論石渠。古紙無多更分我，自應給札奏新書。

蘇轍《欒城集》卷五《次韵徐正權謝示閔子廟記及惠紙》 西溪秋思日盈牋，幕府拘愁學久騫。記廟終慙無好句，酹墳猶喜有前篇。先生作祭閔子文。屏除筆硯真良計，寫寄交遊畏妄傳。吴紙贈君君莫怪，耕耘廢罷有閒田。

孔平仲《清江三孔集》卷二六《新作西庵將及春景戲成兩詩請李思中節推同賦以下藥名》 此地龍舒國，池隍戰血餘。木香多是橘，石乳最宜魚。古瓦松杉冷，旱天麻麥疎。題詩雲母紙，牋膩粉難書。

米芾《寶晉英光集》卷三《題唐摹子敬范新婦帖》 貞觀欵書丈二紙，不許兒奇專父美。何爲寥寥寶是似，遭亂真兼歸闕水。千年誰人能繼趾？不自名家殊未智。【略】直裂紋匀真古紙，跋印多時俗眼美。誠懸尚復誤疑似，有渭方能辨涇水。真僞頭面拳趺趾，久假中分辨愚智。

米芾《寶晉英光集》卷五《筆》 摹畫由來妙手知，彩箋落處直疑飛。寸心用盡終須補，贏得霜毫禿後歸。

米芾《寶晉英光集》卷五《紙》 陶泓毛潁陳玄輩，同日聲名四海飛。獨有先生素高價，誰人獻賦洛陽歸。

郭祥正《青山集》卷一一《謝蔣潁叔惠澄心紙》 李氏三世皆名書，古今筆法誰能如。澄心堂中畜妙紙，敲冰擣楮惟恐麁。當時文物稱第一，教勑往往親涵濡。赫然真龍躍中國，僭迹甘就雷霆誅。論功行賞盡金玉，唯有此物多贏餘。流傳既久乃珍絶，一軸不换千明珠。樂安御史輒寄我，二十五幅無纖汙。却疑織女秋夜醉，素段劃裂天所須。又如美玉纔出璞，瑩采射目爭陽烏。文章未到二王法，寶紙謾對明窻鋪。

張舜民《畫墁集》卷一《京兆安汾叟赴辟臨洮幕府南舒李君自畫陽關圖并詩以送行浮休居士爲繼其後》 古人送行贈以言，李君送人兼以畫。自寫陽關萬里情，奉送西安從辟者。澄心古紙白如銀，筆墨輕清意瀟灑。短亭離筵列歌舞，亭亭諠諠簇車馬。

晁説之《景迂生集》卷四《和斯立見還詩卷》 神仙劉子夏，不愧許遠遊。今日秋風客，襟度更爲優。如何琅玕紙，亦作李相投。釋之還在手，愛涎隨不收。霜渚望何限，鳧鵠遠嘯儔。金篦識清揚，玉麈見風流。新知雖云喜，果勝故知不。相期不用名，散盡人間憂。

晁説之《景迂生集》卷八《奉紙百番於姑夫主簿并以謝四詩之寵》 怯見詩千首，慳持紙百番。紙多詩剩到，費殺啞兒言。

李綱《梁谿集》卷九《紙筆墨盡戲成沙陽地僻，紙筆墨皆不佳。予遠來不能多攜，至是皆盡。獨一硯如故，因戲成此詩**》** 我生飄泊苦西東，四子相逐半世中。越楮如雲隨散滅，絳玄終日困磨礲。禿憐毛潁頻遭斥，靜愛陶泓解困窮。一笑寓軒無所有，本來文字相皆空。

許景衡《横塘集》卷六《寄邱覺時在天台**》** 每欲扁舟老江海，不堪五斗尚塵埃。煩君且覓天台紙，待取横塘居士來。

葛勝仲《丹陽集》卷一八《依韵和子有教授姪寄雪詩》 空中紛霏誰剪水，夜半天窻明蠟紙。天將奇寶借詞客，使酒驅詩難但已。紅爐活火然松明，閒施博局呼明瓊。

陳與義《簡齋集》卷四《出山宿向翁家》 紙坊山絶頂，直下夕陽斜。卻看來處路，南北兩巖花。

王珪《華陽集》卷五《宫詞》 清曉自傾花上露，冷侵宫殿玉蟾蜍。擘開五色銷金紙，碧瑣窻前學草書。

喻良能《香山集》卷七《文舉仙尉以詩寄似兼惠新安紙乳洞茶次韵奉酬》 閉户鶯聲老，開緘鯉素新。多慚青眼舊，遠寄白頭人。佳楮氷天繭，芳芽雪洞春。著書兼破睡，勒謝敢辭頻。

黄彦平《三餘集》卷二《田家春日》 緯竹梁溪面，誅茅舍道旁。臘收氷下紙，春課社前薑。露草牛羊長，風花杖屨香。人生但如此，官獨爲誰忙？

韓駒《陵陽集》卷一《謝錢珣仲惠高麗墨》 王卿贈我三韓紙，白若截肪光照几。

楊萬里《誠齋集》卷一四《試蜀中梁杲桐烟墨玉版紙》 木犀煮泉漱寒齒，殘滴更將添研水。子規鄉裏桐花烟，浣花溪頭瓊葉子。先生老去怯苦吟，瘃無肝肺嘔無心。芙蓉在左木犀右，漫無七言真藉手。秋光一點入骨清，有筆如椽擂不就，先生不瘦教誰瘦！

楊萬里《誠齋集》卷一六《謝福建茶使吴德華送東坡新集》 東坡文集儂亦有，未及終篇已停手。印墨模糊紙不佳，亦非魚網非科斗。富沙棗木新雕文，傳刻疎瘦不失真。紙如雪繭出玉盆，字如霜鴈點秋雲。老來兩眼如隔霧，逢柳逢花不曾覷。只逢書册佳且新，把翫崇朝那肯去！東坡癡絶過於儂，不將一褐易三公。只將筆頭挂月脇，萬古凡馬不足空。故人憐我老愈拙，不寄金丹扶病骨。却寄此書來惱人，挑落青燈搔白髮。

楊萬里《誠齋集》卷二四《題曾無已所藏高麗疋紙蔡君謨歐公筆蹟》 三韓玉葉展明蠲，諸老銀鈎卷碧鮮。幸自不逢文與可，一竿秋竹掃風烟。

陸游《劍南詩稾》卷二六《閒居無客所與度日筆硯紙墨而已戲作長句》 水複山重客到稀，文房四士獨相依。黄金那得與齊價，白首自應同告歸。韞玉面凹觀墨聚，浣花理膩覺豪飛。韞玉，淄硯名。浣花，蜀牋名。興闌却欲燒香睡，閒聽松聲晝掩扉。

陸游《劍南詩稾》卷四〇《紙墨皆漸竭戲作》 官庫誰能餉陟釐？漢宫無復賜隃麋。不如掃盡書生事，閒伴兒童竹馬嬉。

陸游《劍南詩稾》卷五五《試筆》 用筆如用人，利鈍烏可常。必欲責其全，無乃廢所長。宣城與晉陵，聲價略相當。不知今何年？森然集鼂堂。和墨若墜黑，擣紙如銀光。心手適調一，運此紫毫鋩。前却俱稱意，六驥馳康莊。聊復取一快，詎必師鍾張。

陸游《**劍南詩稾**》**卷六五**《**幽事絶句**》　矮紙來吴下，長毫出宛陵。自書霜夜句，持寄剡中僧。

曾極《**金陵百詠・澄心堂**》　王直方《詩話》：「澄心堂紙，江南李後主所製。」劉貢父詩：「當時百金售一幅，澄心堂中千萬軸。」

楮生玉面霧深藏，未肯横陳翰墨場。一幅降牋何用許？價高緣寫宋文章。

劉宰《**漫塘集**》**卷一**《**走筆謝王老丈惠花牋**》　璀璨金魚學士牋，玉堂落筆起雲煙。半生野外扶犂手，乞去聲與真如擲道邊。

釋文珦《**潛山集**》**卷一二**《**閒居多暇追叙舊遊成一百十韵**》　予生駑且鈍，良御謾加鞭。蹇步常居後，長途靡克前。【略】醜梨生檇李，佳紙出由拳。漸聽華亭鶴，將求瀚海鱣。

王邁《**臞軒集**》**卷一六**《**送人紙筆**》　阿連詩語已通神，玉版霜毫不厭珍。老我簿書安用此？自應回施與青春。

劉克莊《**後村先生大全集**》**卷第三六**《**戲詠文房四友・四**》　月似金蓮炬，天如碧玉牋。剡藤邊幅窘，寫不盡遺編。

方岳《**秋崖集**》**卷一五**《**三次韵答惠蘭亭紙翠毫筆**》　半生書癡蟲蠹木，不管缾無舊儲粟。青燈竹屋雪村寒，聲鳴益悲夢難續。晚菘早韭有書味，詩腹冰清鄙粱肉。邇來毛穎會稽楮，乃欺余貧共羞縮。夜深磨墨訴石平，五色熒光隨下燭。寫間錯落驚暴富，每見兒曹輒相祝。奇牋勿污寒具油，玩弄其毋當肴蔌。

張耒《**柯山集**》**卷一三**《**送程德儒赴江西**》　從君多乞歙州紙，歲晏天禄供吟詩。

李俊民《**莊靖集**》**卷三**《**紙**》　慇懃翰林主，揮掃驚風雨。滴滴是玄珠，點破先生楮。

耶律鑄《**雙溪醉隱集**》**卷四**《**從涣然覓紙**》　珍重含章承素業，價高摛藻掞皇州。秖緣布濩《三都賦》，更欲恢張五鳳樓。元鋭銘心由白戰，陳玄研思爲冥搜。風流坐上芸窗下，落紙雲烟待解憂。時余將書《獨醉園》、《獨醉亭》、《獨醉道者》三賦。

馬臻《**霞外詩集**》**卷七**《**爲翁子善作晴江圖**》　故人遺我清江縣裏一疋紙，白光晶熒心所好，幾欲寫作《晴江圖》。

李繼本《**一山文集**》**卷二**《**紙**》　吳繭裁成秋水寒，烱然光彩動柴關。香分梅蘂飄金潤，色奪梨花襯玉環。石几凈堆春雪冷，璚窗輕拂曉雲閑。東林白社多年別，好與題詩寄鶴還。

王逢《**梧溪集**》**卷二**《**奉謝楊山居宣慰寄遺繭紙**》　明公枉珍遺，開緘霜雪色。自非玉女春，必假天孫織。剡藤失浮薄，海苔無光澤。元是秘府藏，親向御手得。秋風柿葉館，筆研久荒寂。飛來一朵雲，列第厭金碧。如何上所賜，波及滄浪客？焚香再封裹，還坐翻太息。盜發唐昭陵，無復晉墨蹟。顧兹抱貞素，恬閲世代易。尚憐先代時，龍翰溢邦國。蠶絲一作縲盡輸征，鶉結曾不惕。吾元本恭儉，世祖膺聖德。羊鞹代白麻，遂爾混區域。侈用幾何年？離亂亦以極。明星爛河嶽，雞叫扶桑白。當寫大寶箴，直上玉階側。詎敢輕點涴，令人却湔滌。

王逢《**梧溪集**》**卷五**《**江邊竹枝詞**》　巫子驚湍天下聞，商人望拜小龍君。茹蘆草染榴紅紙，好剪淩波十幅裙。

楊維楨《**東維子集**》**卷三一**《**徐固又次四絶**》　道人曉起天鼓罷，石盆换水種菖陽。詩成寫滿白籙紙，春江人來能寄將。春江，陳曉山也。

李存《**俟菴集**》**卷一〇**《**贈賣楮士**》　門前柿葉未堪書，窗外芭蕉雨後踈。正恨新詩没題處，故人攜紙過庭除。

吕誠《**來鶴亭集**》**卷七**《**寄謝諶西堂惠紙**》　閒居歲月暗消磨，珍重高人寄素波。子墨客卿當諦受，老人真欲寫伽陀。

雲蠒羅紋幸見投，烏皮几上雪凝眸。懷人端爲雙魚信，作賦空慚五鳳樓。

唐桂芳《**白雲集**》**卷二**《**代送汪彦文幃語**》　新安本是神明鄉，黄山萬仞摩天蒼。溪流淺碧魚可數，巨石贔屭横爲梁。紙光漆液硯比玉，春風吹出金芽香。

唐桂芳《**白雲集**》**卷二**《**題蔣震夫竹窗詩卷**》　世人愛竹有何好？箋詩緑竹本二草。建溪搗紙女兒膚，拂拭光生照晴昊。孰似蔣家三逕中，稚子嶄然脱錦褓。自從尺寸長淩雲，修幹翛翛青未了。

烏斯道《**春草齋集**》**卷四**《**送陳生往建寧省覲**》　一路青山數百盤，建州山盡野雲寬。燈明夜市如吳會，花重春城勝錦官。繭紙出溪開玉版，石茶憑水試龍團。尊親拜後應相問，獨卧滄江草閣寒。

胡儼《**頤庵文選**》**卷下**《**二翁歎**》　一翁雖貧身尚强，數年不見今還鄉。奔波道路何爲者，爲人駕船走湖湘。湖湘米穀賤如土，人家急糶輸官府。商人得利不知止，滿船又載新昌紙。日夜行船不得休，遥遥捩舵赴章秋。章秋留連竟不歸，春來幾見落花飛。

楊慎《升菴集》卷六六《養紙芙蓉粉》　養紙芙蓉粉，薛濤事。薰衣荳蔻香。霍小玉事。

《御定佩文齋詠物詩選》卷一八二明毛鈺龍《紙》　家住稽山剡水頭，陳玄毛潁憶同游。榮封楮國金符在，尺素修成五鳳樓。

愛新覺羅·弘曆《御製詩二集》卷七五《詠側理紙》　海苔爲紙傳拾遺，徒聞厥名未見之。何來暎座光配藜？不脛而走翳予思。囫圇無縫若天衣，縱横細緯纖網絲。即側理耶猶然疑，張筆李墨試焠妃。羲獻父子書始宜，不然材可茂先追。何有我哉宛撫兹？萬番毋乃侈記私。兩幅已足珍瓌奇，藏一書一聊紀辭。清風穆如對古時，澄心金粟父視兒。寄情枕葄宜隃糜，博覽缺詠又何其。宣毫綈几爲摛詞，仿佛尚卿首肯斯。

愛新覺羅·弘曆《御製詩二集》卷七五《書側理紙得句》　吾曾惜闕詠，誰識有河東。薛道衡有詠苔紙詩，近題側理紙有「博覽闕詠又何其」之句，始悟向乃未曾細考也。典守百年出，滑堅五部同。藏書皆得亞，向獲僅兩番，故書一而藏一。今得五幅，或書或藏，皆有其副矣。金玉慢稱工。腕力惟慚劣，苔牋固不窮。

愛新覺羅·弘曆《御製詩二集》卷七五《再詠側理紙》　南巡獲陟釐，兩幅珍瓊玖。錦囊藏其一，説項栩吾口。西清有典司，檢點所弆守。五番哀時對，謂是束置久。誰知爲海苔，徒觀麤且厚。恐不宜墨卿，未敢供几右。新獲與兹同，呈覽聽去取。撫掌囅然笑，天府何不有？或又當面失，奚藉不脛走。抑且瞿然懼，將毋人似否？

愛新覺羅·弘曆《御製詩二集》卷八七《詠側理紙》　異域傳奇製，今時見古初。海苔堪響像，魚網此遺餘。山谷雞毛筆，右軍龍爪書。似伊方合用，笑我欲何如！

愛新覺羅·弘曆《御製詩四集》卷六《詠側理紙》　萬幅昔何夥，一番今已稀。磽堅知略勝，側理紙出晉時，今無晉時陶器，知紙堅過之。銅久較誠非。三代范銅頗多，如側理不多見也。浮碧虛稱錦，流黃謾説機。有名惟魚網，無縫乃天衣。子邑堪方妙，右軍始稱去聲揮。臨池亦偷暇，敢誤勑時幾。

愛新覺羅·弘曆《御製詩四集》卷九六《右藏紙》　非人磨墨墨磨人，猶有磨焉義未臻。兹以兩枚藏厥用，恰同十翼顯諸仁。厭他五色誇奇品，明代御墨有五色者。喜此元霜愜素珍。著得水天爻上六，由來不速得龍賓。

愛新覺羅·弘曆《御製詩五集》卷八《澄心堂》　舊傳佳紙擅堂名，玉版之間有尚卿。逸少時原無此製，不妨五字貴如瓊。

愛新覺羅·弘曆《御製詩五集》卷四〇《浙江製側理紙成用壬辰詠古側理紙韵題句並仍以整紙書之》　何以棄餘暇？喜書猶古稀。倣成古杭是，炫賈海苔非。内府所藏側理紙僅有數番，近浙省倣製，亦復相似。可知世固有能造者，不必《拾遺記》所云「海苔爲之也」。或炫稱晉時苔箋，皆賈人近利居奇之辭耳。仍就囫圇體，隨其宛轉機。短長不裁幅，蘿薜勝爲衣。棐几平陳待，綵豪疊韵揮。怵然有所慮，所好去聲慎兹幾。

昨既書《壬辰詠古側理紙》詩於古紙，不割裂其原體，兹用前韵，題浙江倣製之紙，仍以整紙書之。夫側理自晉迄今千數百年，而兹所製竟能仿佛，不可謂古今人不相及！予因思之，偶詠側理紙，而浙江即有倣爲之者，絜矩人君所好，不可不慎也。

田雯《古歡堂集》卷九《紙房作》　車路經牛塹，行塍入紙房。懶雲低不動，斜日瘦無光。寒有澆書酒，眠須濯足湯。一年三過此，岐路歎亡羊。

蔣士銓《忠雅堂詩集》卷五《南昌翟異水郡丞以涇上琴魚及白露紙藏墨梅片茶見餉各報以詩》

觸熱無益閉板門，放筆疾埽青天雲。麤箋硬絹亂塗抹，轢材棄擲徒紛紛。司馬贈我涇上白，肌理膩滑藏骨筋。平鋪江練展晴雪，澄心宣德堪等倫。秋蛇春蚓敢輕污，卷束似寶羊家裙。生平作字厭凡俗，形橅貌襲蝨處褌。把筆同持大將纛，從横信縮皆有神。古人此意足千古，繼世只恐無兒孫。亂頭粗服具窈窕，新粧艷飾多醜邨。我生臂腕本庸弱，那得妄議增吾惛。中書老秃不堪用，對紙叉手聲暗吞。廿年脚下盡海嶽，欲乞畫取江山痕。小齋四壁挂横幅，卧遊便可終其身。多君紙外更貽墨，未免竊慮墨磨人。

紙雜貨部

紀事

羅隱《羅昭諫集》卷七《廣陵妖亂志》　吴堯卿者，家於廣陵。初，傭保於逆旅，善書記。因出入府庭，遂聞於縉紳，始爲鹽鐵小吏。【略】夜令堯卿以他服而遁。至楚州，遇變，爲讐人所殺，棄屍衢中，其妻以紙絮葦棺斂之。

《舊唐書》卷一九五《回紇傳》　時，東郡再經賊亂，朔方軍及郭英乂、魚朝恩等軍不能禁暴，與廻紇縱掠坊市及汝、鄭等州，比屋蕩盡，人悉以紙爲衣，或有衣經者。

《舊五代史》卷一一三《周太祖紀》（帝自）郊禋後，其疾乍瘳乍劇。晉王省侍不離左右，《東都事畧》：李重進，周太祖之甥，母即福慶長公主。重進年長于世宗，及太祖寢疾，召重進受顧命，令拜世宗以定君臣之分。累諭晉王曰：「我若不起此疾，汝即速治山陵，不得久留殿内。陵所務從儉素，應緣山陵役力人匠竝須和雇，不計近遠，不得差配百姓。陵寢不須用石柱，費人功，只以甎代之，用瓦棺、紙衣。臨入陵之時，召近税户三十家爲陵户。下事前揭開瓦棺，徧視過陵内，切不得傷他人命。勿修下宫，不要守陵宫人，亦不得用石人、石獸，只立一石記，子鐫字云：大周天子臨晏駕，與嗣帝約，緣平生好儉素，只令著瓦棺、紙衣葬。若違此言，陰靈不相助。」

李昉《太平廣記》卷二八九《紙衣師》　大曆中，有一僧稱爲苦行，不衣繒絮布絁之類，常衣紙衣，時人呼爲紙衣禪師。

錢儼《吴越備史》卷三　先是，有日者視王曰：「公手刃百人，當大貴。」時，又有僧名自新，常衣紙住廣德山院。王至，衆皆遁，而自新巋然晏坐軍中。有詰其不去者，新曰：「前後左右皆兵耳，去將安適？」

王欽若《册府元龜》卷四四五《將帥部·軍不整》　郭英乂爲神策軍節度使，代宗初，元帥雍王自陝統諸軍討賊雒陽，留英乂在陝爲後殿。東都平，以英乂權知東都留守。時東都再經賊亂，朔方軍及英乂、魚朝恩等軍不能禁暴，與回紇縱掠坊市及鄭、汝等州，比屋蕩盡，人悉以紙爲衣，或有裸身者。

《新唐書》卷二一七《回鶻傳》　方其時，陝州節度使郭英乂留守東都，與魚朝恩及朔方軍驕肆，因回紇爲暴，亦掠汝、鄭間。鄉不完廬，皆蔽紙爲裳，虐于賊矣。

王闢之《澠水燕談録》卷九　熙寧八年，淮西大饑，人相食。朝廷遣近臣安撫，同監司賑濟。而措置乖戾，不能副朝廷愛養元元之意。安撫先檄郡縣，以厚朴燒荳腐開饑民胃口，提刑司督諸郡多造紙襖爲衣，而又得稻田居之，安撫可無慮矣。聞者大慚。朝廷知之，重行降黜。

范祖禹《范太史集》卷一三《論喪服儉葬疏元豐八年六月七日》　昔周太祖將終，戒世宗曰：「昔吾西征，見唐十八陵無不發掘者，此無它，惟多藏金玉故也。我死，當衣以紙衣，斂以瓦棺，勿作石羊虎人馬，惟刻石置陵前，云『周天子平生好儉約，遺令用紙衣瓦棺，嗣天子不敢違也。』汝或吾違，吾不福汝。」

任廣《書叙指南》卷一一　著紙衣曰綻紙爲裳。

釋惠洪《石門文字禪》卷二一《隋朝感應佛舍利塔記》　晉建興二年，長沙縣之西一里二十步，有千葉青蓮華兩本，生於陸地。掘之丈餘，蓮之根莖自瓦棺而出。發棺而視，但紙衣拴索，而蓮寔生頭顱齒頰間。有銘棺上曰：「僧不知名氏，唯誦《妙法蓮華經》已數萬部。既化，遺言以紙爲衣，瓦棺葬于此。」郡以其事聞朝廷，有旨建寺其上，號蓮華。

汪應辰《文定集》卷四《御劄再問蜀中旱歉》　一、臣契勘綿州申到本府及外縣共管義倉米三萬七百餘石。前此以守臣未到，制置司選差隆州簽判李蘩權州事，李蘩自去年十月即行賑濟，抄劄到缺食人四萬五千九百餘口。既減價糶米，其老疾貧乏，不能自存者，支與食米，無衣者給以紙襖。案：紙原本訛紙。今據《説文》紙絲滓也，從系氏聲改正。

李燾《續資治通鑑長編》卷三一太宗淳化元年十月　乙丑，賜知白州蔣元振絹三十疋，米五十石。元振江東人，清苦厲節，親屬多貧，不能贍養，聞嶺南物賤，因求其官，寄家於潭州，盡留俸禄供給，元振啜菽飲水，縫紙爲衣。頗以簡易爲政，民甚便之。秩滿還，轉運使乞留，凡七、八年不得代。采訪使言其狀，上嘉歎久之，故有是賜。

李燾《續資治通鑑長編》卷二七五神宗熙寧九年五月　勾當皇城司、内侍押班王中正罰銅三十斤。坐狂人孫真衣紙衣夜越皇城，登文德殿屋，誦佛經，爲妖言故也。

洪邁《容齋三筆》卷六 周日章，信州永豐人。操行介潔，爲邑人所敬。開門授徒，僅有以自給，非其義一毫不取。家至貧，常終日絶食，鄰里或以薄少致餽，時時不繼，寧與妻子忍餓，卒不以求人。隆寒披紙裘，客有就訪，亦欣然延納。望其容貌，聽其論議，莫不聳然。

朱熹《晦菴集》卷六八《深衣制度·緇冠》 糊紙爲之。武高寸許，前後三寸，左右四寸。

朱熹《晦菴集》卷六九《君臣服議》 今禮官以幞頭解四脚是矣，而又不肯詳言，其制則未知。其若馬陳之所謂周武之所制者耶，抑將以紙爲胎，使之剛强植立，亦若今之漆紗所爲者耶？【略】今臣民之服，如前所陳，則已有定説矣。獨庶人、軍吏之貧者，則無責乎其全，雖以白紙爲冠，而但去紅紫華盛之飾，其亦可也。

羅願《新安志》卷一〇《敘雜説·紙》 山居者嘗以紙爲衣，蓋遵釋氏云不衣蠶口衣也，然復甚暖。衣者不出十年，面黄而氣促，絶嗜欲之慮，且不宜浴，蓋外風不入，而内氣不出也。亦嘗聞造紙衣法，每一百幅，用胡桃、乳香各一兩煮之，不爾蒸之，亦妙。如蒸之，即常灑乳香等水令熱熟，陰乾，用箭簳横卷而順蹙之，然患其補綴繁碎。今黟、歙中有人造紙衣段，可如大門闔許。近士大夫征行，亦有衣之者，蓋利其拒風於凝沍之際焉。陶隱居亦云武陵人作穀皮衣，甚堅好也。

施宿《(嘉泰)會稽志》卷一三《漏澤園》 又有居養院以惠養鰥寡孤獨，安濟坊以濟疾病，立法皆甚備。居養院最侈，至有爲屋三十間者。初遇寒，惟給紙衣及薪，久之，冬爲火室，給炭，夏爲涼棚，什器飾以金漆，茵被悉用氈帛。

程珌《洺水集》卷七《臨安府五丈觀音勝相寺記》 有西竺僧曰智，冰炎一楮袍，人呼「紙衣道者」。

祝穆《古今事文類聚前集》卷五《賑饑無術》 王荆公參政方得君，鋭意於政事，多不待奏者。淮浙大饑，人相食，朝堂督安撫監司賑濟。李溥爲發運使，移檄郡縣，以厚朴炒豆爲屑開饑民胃口，多造紙襖以衣貧民，榜勸諭富民施錢以種福田。或謂曰：「東南之民胃口既開，又得紙襖爲衣，兼得福田居之，不須慮也。」監司大慙。臺章聞上，盡行降黜。

葉紹翁《四朝聞見録》卷一《五丈觀音》 觀音高五丈，本日本國僧轉智所雕，蓋建隆元年秋也。轉智不御煙火，止食芹蓼。不衣絲綿，嘗服紙衣，號紙衣和尚。

謝維新《古今合璧事類備要前集》卷四八 紙衣道者。到曹山，曹山便問：「作麼生是紙衣下事？」對云：「一毬掛體，萬法皆如。」曹山云：「作麼生是紙衣下用？」紙衣進前，唱一聲「喏」，便立脱去。良久，紙衣却回來，問曹山云：「如何靈覺不托胎時如何？」曹山云：「不得妙。」紙衣云：「如何是妙？」曹山云：「不借借。」紙衣禮謝畢，便歸僧堂，坐脱去。出《傳燈録》。

《宋會要輯稿·食貨》五九之七 （崇寧元年）十二月十四日，詔户部差官剗刷合出賣及無用故紙，具數關送開封府造紙襖。遇大寒，置歷給散在京并府界無衣赤露之人。每年依此。

李詡《戒庵老人漫筆》卷一《宫女護領》 宫女衣皆以紙爲護領，一日一换，欲其潔也。江西玉山縣貢。

吴之鯨《武林梵志》卷二《城外南山分脈》 勝相寺，俗稱五丈寺。萬曆間燬，僧如准重建，程中書珌作寺記。寺負錢塘，就山。唐開成四年建，曰龍興千佛寺。後西竺僧曰轉智，冬夏一楮袍，人呼紙衣道者。

董斯張《廣博物志》卷三〇 子敬好書，觸遇造玄。有一好事年少故作精白紙裓，着往詣子敬，便取裓書之，草正諸體悉備，兩袖及標略周，自嘆「比來之合」。少年覺王左右有凌奪之色，如是掣裓而走，左右逐及於門外，鬭争分裂，少年纔得一袖而已。《圖書會粹》

屈大均《廣東新語》卷一五《紙》 長樂有穀紙，厚者八重爲一，可作衣服，浣之至再不壞，甚煖，能辟露水。

范端昂《粤中見聞録》卷二三《物部三·紙》 長樂有穀紙，係穀木樹皮爲之。厚者八重爲一，可作衣服。浣之至再不壞，甚暖，能辟露水。

周羽翀《三楚新録》卷二 李觀象爲節度副使，以行逢嚴酷，恐其及禍，乃寢紙帳，卧紙被。行逢信而用之。

史浩《鄮峰真隱漫録》卷七《保舉豐謨充知縣劄子》 竊見右儒林郎監秀州華亭縣青墩催鹽場豐謨，係故御史中丞謚清敏豐稷之曾孫，克守家法，廉介自將。初爲楚州寶應縣令，於荆棘瓦礫之地招誘逋亡，期年即成井邑。歸日以一擔自隨，中途有盜剽掠，發視，皆絮衣紙被。盜相覷咨嗟，羅拜而去。【略】次爲光州定城縣令，專於摩撫，烏合之民相率樂業。一日疾作，縣官即卧内見之，不設帷帳，絮衣紙被，不堪其憂。民爲作佛事，覬其生。

梁克家《〔淳熙〕三山志》卷三《寺觀類二・僧寺》　西禪寺。【略】僧慧稜依雪峰二十九年。一日，曬紙衾而泣，且曰：「行脚吊坐此，今已穿破而未有所見。」雪峯曰：「今夕來爲汝説。」稜至，侍立達旦。雪峯令卷簾，稜大悟。後住長慶，號超覺。

徐夢莘《三朝北盟會編》卷一三二建炎三年　上在揚州，會昌禹知蔡州。有進士陳味道，順昌人，與昌禹在學會同筆硯有契。是時順昌府郭允迪已投拜金人，故遣味道詣蔡州説昌禹。味道至蔡州以刺謁昌禹，昌禹同州官見之。味道叙拜禮畢，昌禹因留早飲，置酒五杯。而昌禹使人物色得味道隨行唯一紙被，内有檄文，昌禹大驚，即招州官聚廳，使擁味道至庭下，以不忠責之。

吴自牧《夢粱録》卷一八《恤貧濟老》　數中有好善積德者，多是恤孤念苦，敬老憐貧。每見此等人買賣不利，坐困不樂，觀其聲色，以錢物周給，助其生理。【略】或散以紙被絮襖與貧丐者，便暖其體。如此賑於飢寒得濟，合家感戴無窮矣。

祝穆《古今事文類聚續集》卷二一《敗裯紙補》　羊續爲南陽太守，以清率下，惟卧一幅布裯，與裯同。敗則糊紙。

祝穆《方輿勝覽》卷一一《建寧府》　紙被。出松溪縣。○陸務觀謝朱待制紙被之況二首：「紙被圍身度雪天，白于狐腋煖于綿。放翁用處君知否？不是蒲團夜坐禪。」○又詩云：「木枕藤床席見經，卧看飛雪入窻櫺。布衾紙被元相似，只欠高人爲作銘。」

梅應發《四明續志》卷四《廣惠院・規式》　夏則造爲罩子，冬則添買綿絮，造爲布被，或買紙被，計口分給。其有故不愛惜，争奪損壞者，量拘日給之錢修整。

劉祁《歸潛志》卷七　國所以設官，士所以居官，先以養其口體妻子，然後得專意王事。雖不可取于民，奢縱害公，亦不必釣名要譽太儉陋也。余見河南爲令者，夜蓋紙被，朝服敝衣，以示廉，又令妻子輩汲爨，不使吏卒代者，其意皆欲聞上位媚細人，然其聽斷撫養之道殊不在是。能使其車騎儀從、屋宇服用整鮮，而遇事風生，吏民稱快，較之此曹，何自苦也？

黄仲昭《八閩通志》卷二五《食貨志・土産・建寧府》　紙。出建陽、浦城、崇安三縣。又有稻稿紙，出松溪。紙被。以楮樹皮爲之。陸放翁詩：「紙被圍身度雪天，白於狐腋煖於綿。」出甌寧、建陽、松溪、崇安四縣。

黄仲昭《八閩通志》卷二六《食貨志・物産・邵武府》　竹紙。楮衾。即紙被，俱出邵武縣。

陸楫《古今説海》卷一一四　元末有人襆被行山逕間，遇惡少，意所負必楮鏹也，擊殺之，視襆中特楮衾耳。大悔之，乃書楮衾曰：「的的的，孰令爾紙被似鈔角？問我何處住？五色雲中住。問我是何姓？杓子少箇柄。爾也錯，我也錯，不如歸去。的的的。」愬官，不知主名，召商謎者問之，曰：「五色雲，綵煙也。綵煙，新昌山名。杓子少柄，盂也，蓋于姓也。」密令隸人往蹤跡之，久而不得。隸人亦了事者，一日坐鑷肆櫛髮，見一人對門製餅，鼓其槌作的的之聲，乃揚言曰：「某山中劫負紙被者，官察知賊處，即來捕也。」覘其人有懼色，次日閉門不賣餅矣。竟捕之，果服其辜。

夏玉麟修、汪佃纂《〔嘉靖〕建寧府志》卷一三《物産・貨》　紙被。松溪、政和、建陽、崇安産。

方以智《物理小識》卷六　紙被舊毛起將破，用黄蜀葵梗五七根槌碎，水浸其涎而刷之，則如新。嫌紙被作聲，則以芝麻萁烟熏之。

褚人穫《堅瓠丙集》卷四《楮衾》　江西徐大山尹處州龍泉縣，有一僧獻一楮衾，并上以詩曰：「寒泉瀉出剡溪藤，白勝秋霜冷若冰。願比一廉清似水，梅花紙帳伴孤燈。」大山見之甚喜，因與之宴，令一婢隔壁而歌。

吴震方《嶺南雜記》下卷　西洋紙被長丈餘，圓如繭，而空其首。細看無縫，色白如綿，云國中夫婦同寢其中，可以禦寒。

謝道承《福建通志》卷一一《物産・建寧府》　紙被。以楮樹皮爲之。陸放翁詩：「紙被圍身度雪天，白於狐腋煖於綿。」出甌寧、建陽、松溪、崇安四縣。

曹庭棟《養生隨筆》卷四　《江右建昌志》：「産紙大而厚，揉軟作被，細膩如繭，面裏俱可用之，薄裝以綿，已極温暖。」唐徐寅詩：「一床明月蓋歸夢，數尺白雲籠冷眠。」明龔詡詩：「紙衾方幅六七尺，厚軟輕温膩而白。霜天雪夜最相宜，不使寒侵獨眠客。」可謂曲盡紙被之妙。龔詩雲獨眠，紙被正以獨眠爲宜。《交廣物産録》：「高州出紙褥，其厚寸許，以杵捶軟，竟同囊絮。」老年于夏秋時卧之，可無煩熱之弊。

梁紹壬《兩般秋雨盦隨筆》卷七《紙褥》　雲南騰越州，善製紙褥，一牀可用六七年。堅滑馴軟，無其匹也。廣東始興清化山人，亦能作之，然不如滇製。洞庭蔡洗凡廷棟爲余言。又貴州出紙硯，先伯祖諫庵公有一方，用之歷年，余曾見之，可入水滌，亦一奇也。

王琛修、張景祁纂《〔光緒〕重纂邵武府志》卷一〇《物産》　楮衾。擣楮皮爲紙，以製衾，極粗厚。泰甯、建甯又有藤衾。

《〔光緒〕南安府志補正》卷一《物産・貨類》 紙被。取木皮漬爛爲之，輭温如絮。

王欽若《册府元龜》卷八一六《總録部・訓子》 宋孔顗爲安陸王子綏冠軍長史，顗弟道存從弟徽頗營産業。二弟請假東還，顗出渚迎之，輜重十餘船，皆是緜絹紙席之屬。顗見之，僞喜，謂曰：「我比困乏，得此甚要。」因命上置岸側，既而正色謂道存等曰：「汝輩忝預士流，何至東還作賈客耶？」命左右取火燒之，燒盡乃去。

曹庭棟《養生隨筆》卷四 貴州土産，有紙席，客適餉予。其長廣與席等，厚則什倍常紙，雖細而頗硬，卧不能安。乃爲緊卷，以杵捶熟，柔軟光滑，竟同絨制，又不嫌熱，秋末時需之正宜。

屠隆《考槃餘事》卷四《枕》 有書枕，臞仙所製，用紙三大卷，狀如碗，品字相疊，束縛成枕。

黄庭堅《山谷别集》卷三《别劉静翁序》 富順劉静翁自成都來，集於僰道，以余與其同母弟郭方進爲洛平卜同年進士也，數來相過。其人如孤雲野鶴，來亦無心，去無定所。余於静翁無宿昔之好也。有鄭少微明舉者，成都名士也，稱静翁紙帷、布被、琴鶴以爲行李，似不能不求於人，而未嘗發於詞氣。

《調燮類編》卷二《衣服》 紙帳，用藤紙纏於木上，以索纏緊，勒作皺紋，以線折縫縫之。稀布爲頂，取其透風，或畫以梅花，或畫以蝴蝶，自是分外清致。

馮繼科《〔嘉靖〕建陽縣志》卷四《户賦志・貨産》 紙帳。以楮樹皮爲之，出崇泰里。

高濂《遵生八牋》卷八 梅花紙帳。即榻牀外立四柱，各柱掛以銅瓶，插梅數枝。後設木版，約二尺，自地及頂，欲靠以清坐。左右設横木，可以掛衣。角安斑竹書貯一，藏畫三四。掛白麈拂一，上作一頂，用白楮作帳罩。之前安踏牀，左設小香几，置香鼎，燃紫藤香。榻用布衾、菊枕、蒲褥，乃相稱「道人還了鴛鴦債，紙帳梅花醉夢間」之意。古云：「千朝服藥，不如一夜獨宿。」倘未能了雨雲業，能不愧此鐵石心？當亟移去寒枝，毋令冷眼偷笑。

屠隆《考槃餘事》卷四《帳》 冬月帋帳，或白厚布，或厚絹爲之。夏月吴中毳紗爲妙，以粗布爲帳底，如綴頂式，約其三面，前餘半幅下垂，上寫梅花，副以布衾、蔔枕、蒲褥。左設几鼎，燃紫藤香，迺相稱「道人還了鴛鴦債，帋帳梅花醉夢間」之意。

徐宏祖《徐霞客遊記》卷七下《西南遊日記十二・雲南》 余就寢，寢以紙爲帳，即嚴君之榻也。另一榻亦紙帳，是其姪者。

褚人穫《堅瓠甲集》卷一《紙帳》 五代李觀象爲周行逢節度使，因行逢嚴酷，恐及禍，乃寢紙帳，卧紙被。《名物通》載《紙帳》詩云：「清懸四面剡溪霜，高卧梅花月半床。璽瓮有天春不老，瑶臺無夜雪生香。覺來虚白神光發，睡去清閒好夢長。一枕總無塵土氣，何妨留我白雲鄉。」

曹庭棟《養生隨筆》卷四 紙可作帳，出江右，大以丈計，名「皮紙」，密不漏氣，冬得奇暖。或布作頂，少令通氣。東坡詩：「困眠得就紙帳暖。」劉後村詩：「紙帳鐵擎風雪夜。」又元張昱詩：「隔枕不聞巫峽雨，繞床惟走剡溪雲。」或繪梅花於上，元陳泰詩：「夢回蘄竹生清寒，五月幻作梅花看。」蓋自宋元以來，前人賞此多矣，如有題詠，並可即書於帳。

沈翼機《浙江通志》卷一〇二《物産・湖州府》 紙帳。《〔嘉靖〕安吉州志》：荻浦多桑皮紙，疊而爲帳，有若魚鱗，正所謂梅花紙帳也。然亦不甚佳。

和珅《欽定大清一統志》卷三三三《汀州府・土産》 紙帳。長汀縣出。

曾曰瑛修、李紱纂《〔乾隆〕汀州府志》卷八《物産》 紙帳。出長汀縣。

樓鑰《攻媿集》卷五二《紙閣詩序》 鑰官永嘉，一日以書來，曰：「我處此二十年，簡儉粗足，無復緣飾。紙閣方可丈餘，藏修游息。」

彭大翼《山堂肆考》卷一二八《詩有香氣》 宋王冀公未第時，寒窘，依于幕府。章聖以壽王尹開封，一日晚，過其舍，左右不虞王且至，亟取紙屏障風。王顧屏間一聯云：「龍帶晚烟離洞府，鴈拖秋色入衡陽。」大喜，賞愛曰：「此語落落，若有香氣，何人詩也？」對曰：「某門客王欽若作。」王遽召之，一見欽若風采，大喜。後信任頗專，致位上相，風雲之會實基于此。

舒岳祥《閬風集》卷八《老椿并序》 京口多此樹。余昔從趙菊坡遊景韓時，在總幕廳前見此樹。廳有大紙屏，余記其説於屏上。十年後遊金陵，過京口，有總所老吏收藏此屏，紙墨如新。問其故，乃用素紙蒙其上，揭去其蒙，故如新。

蓋一時醉後書，今不復記其文矣。

魏初《青崖集》卷五《題安漢中紙屏》 吉甫安侯作紙屏二十，用列於所館之室。初謂侯位梁州牧，秩比漢二千石，且少長紈綺中，作錦、作繡、作著色、作翡翠孔雀，無往而有不可者，乃今樸素如此，其亦有意乎？否耶？侯曰：「余家滏陽，去漢中三千里。母老在堂。不審一日考滿，萍梗何向？姑爲此，以取棄去爲輕爾，無他意也。」因爲侯言：侯能鋭意致治，不屑此外物，比之視田宅便利則買之，玩好詭異則奪之，車載馬負，去路絡繹，蓋有間矣。君侯此心，幸終守之。不知者恐有公孫布被之譏，故書此，爲侯他日解嘲云。

李斗《揚州畫舫録》卷一七《工段營造録》 造屋者，先平地盤。平地盤，又先于畫屋樣尺幅中畫出闊狹淺深、高低尺寸，搭簽註明，謂之圖說。又以紙裱使厚，按式做紙屋樣。令工匠依格放線，謂之燙樣。

馮贄《雲仙雜記》卷四《詩成裁窗紙》 段九章詩成，無紙，就窗裁故紙，連綴用之。九章，字惠文。逢原記。

蘇軾《東坡全集》卷八一《與毛維瞻》 歲行盡矣，風雨凄然。紙窗竹屋燈火青熒，時於此間得少佳趣。無由持獻，獨享爲愧，想當一笑也。

唐庚《眉山文集》卷九《上錢憲雜文序》 憲使錢公按益昌，命某獻其所爲文，意將有以教之也。承命欣躍，退求平生所業，而多淪失，存者無幾。其間復有俳諧者、放蕩者、觸時忌者、不近道者、妄論天下利害非所當言者。文多不足録者，爲故紙糊牕。

方以智《物理小識》卷八 窗紙。簷窗畏漂雨，用桐油則耀目，當以豆腐漿塗之。此漿亦可糊紙。《廣牘》曰：「五桐六麻不用煎，二十草麻去殼研。光粉黄丹各半七，桃枝攪用似神仙。」

唐秉鈞《文房肆考圖說》卷八《書窗》 讀書之所，若非窗明几浄，筆硯精良，何以俾胸襟開朗，文情奮發？然窗欲明亮，【略】總不若紙糊之明朗便易也。所以官署中，及蓮幕書房，無不用紙。即京都公館客寓，莫不皆然。

黄庭堅《山谷簡尺》卷上《與人簡》 造二簾，極如法，甚煩調護也。告指揮來取物料錢，更欲得兩對小簾鉤，只木工作者可也。得此簾，則當去牕紙，甚涼矣。

林之奇《拙齋文集》卷一《記聞上》 張橫渠晚年所居室，有紙簾一番，用紙條子寫聖賢語，貼之殆遍。

馬端臨《文獻通考》卷一四《征榷考一》 至道元年，詔兩浙諸州紙扇、芒鞵及細碎物，皆勿税。

屠隆《考槃餘事》卷四《道扇》 有羽扇，有新安竹篾扇，輕便可携，但不宜漆。有紙糊者，如篾扇，式亦佳，但有竹根紫檀妙柄爲美。

何宇度《益部談資》卷上 川扇不知起自何時，然李德裕有《畫桐華鳳扇賦》云：「未若繪茲禽於素扇，動涼風於羅薦。」則唐時此地已嘗製之矣。竹，本蜀所富有，第不甚堅厚。紙則出嘉州彭縣，輕細柔薄，惟可製扇。是其來已非一日，欲不克貢，得乎？

楊慎《升菴集》卷八〇《檽棗》 檽棗俗作軟棗，一名牛妳柹，一名丁香。柹《文選・蜀都賦》所謂「榑」也。蜀中製扇，以此果榨油，染紙爲之。

謝肇淛《五雜組》卷一二《物部四》 昔人書字多用箋素，書於扇者蓋少，故右將軍書六角扇，老嫗爲之不懌。即宋、元人書畫，見便面者不一二也，今則以扇乞書者多於紙矣。然元以前多用團扇，絹素爲之，未有摺者。元初東南夷使者持聚頭扇，人共笑之。國朝始用摺扇，出入懷袖殊便。然漢張敞以便面拊馬，則又似今之摺扇也。

古人多用羽毛之屬爲扇，故扇字從羽。漢時乘輿用雉尾扇，周昭王時聚鵲翅爲扇，諸葛武侯、王猛皆執白羽扇，庾翼上晉武帝毛扇。今世輒以毛扇爲賤品，上自宫禁，下至士庶，惟吴、蜀二種扇最盛行。蜀扇每歲進御，饋遺不下百餘萬，上及中宫所用，每柄率值黄金一兩，下者數銖而已。吴中泥金最宜書畫，不脛而走四方，差與蜀箑埒矣。大内歲時每發千餘，令中書官書詩以賜宫人者，皆吴扇也。

蜀扇譬之内酒，非富人筲中則婦女手中耳。吴扇初以重金妝飾其面爲貴，近乃并其骨製之極精。有柳玉臺者，白竹爲骨，厚薄輕重稱量，無毫髮差爽，光滑可鑒，每柄值白金半兩，斯亦淫巧無用者矣。

張岱《陶庵夢憶》卷一《吴中絶技》 吴中絶技：陸子岡之治玉，鮑天成之治犀，周柱之治嵌鑲，趙良璧之治梳，朱碧山之治金銀，馬勳、荷葉李之治扇，張寄修之治琴，范昆白之治三弦子，俱可上下百年保無敵手。但其良工苦心，亦技藝之能事。至其厚薄深淺，濃淡疏密，適與後世賞鑒家之心力、目力，鍼芥相對，是豈工匠之所能辦乎？蓋技也而進乎道矣。

姜准《岐海瑣談》卷一一　摺疊扇一名撒扇，蓋收則摺疊，用則撒開。或寫作翣者，非是。翣即團扇，可以遮面，故又謂之「便面」，觀前人題咏及圖畫中可見矣。摺疊之制，宋元以前中國未有，不特吾温而已。元初東南夷使者持聚頭扇，當時(幾)[譏]笑之。我朝永樂初始有持者，然特僕隸下人用，以便事人焉耳。至倭國以充貢，或曰朝鮮人，上喜其卷舒之便，命工如式爲之，以供賜予。南方女人皆用團扇，惟妓女用撒扇，近年天下遂遍用之。而古團扇，則吾温易制之以箋，稱曰「掌扇」，販鬻四方，爲時取重。然特宜於燕居與僕隸執以待上而已，終不若撒扇可懷諸袖，用舍隨時之爲便也。近制一種，長幾二尺，柄槌大若雀卵，鄙之爲「打狗扇」，殊爲可厭。

俞汝楫《禮部志稿》卷三八《主客司職掌·歲進·川扇》　四川布政司造，撫臣奏進，歲例扇一萬一千五百四十把。嘉靖三十年，加造備用扇二千一百把；四十三年，又加造小式細巧扇八百把，共一萬四千四百四十把。初起鎮守中官，後以爲常。又蜀王府別有奏進。

談遷《棗林雜俎智集·川扇》　乙未四月七日，文書房傳旨，着四川布政司照進到年例扇柄內，欽降花樣彩畫面各樣龍鳳扇八百一十柄，內金釘鉸彩畫面渾貼雕邊骨龍鳳舟船扇十五柄，壽比南山福如東海扇十五柄，四陽捧壽福禄扇十五柄，百子扇十五柄，羣僊捧壽扇十五柄，松竹梅結壽福禄扇十五柄，七夕銀河會扇十五柄，菊花兔兒扇十五柄，天師降五毒扇十五柄，四獸朝麒麟扇十五柄，孔雀牡丹扇十五柄，蒼松皓月扇十五柄，菊花僊子扇十五柄，閙花扇十五柄，滿地嬌翎毛扇十五柄，金菊對芙蓉扇十五柄，錦帳花木貓兒扇十五柄，人物故事扇十五柄，四季花扇十五柄，茶梅花草蟲扇十五柄，聚番扇十五柄，白澤五毒扇十五柄，盆景五毒扇十五柄，八蠻進寶扇十五柄，百鳥朝鳳扇十五柄，盤桃捧壽扇十五柄。以上三十三樣，俱金釘鉸彩畫面，渾貼雕邊骨，每樣添造四十五柄，共六千柄，每年爲例。其餘年例的、今年二月傳添造的八千八百柄，俱照樣數每年如法精緻赤金造進。禮部知道。

方以智《物理小識》卷八《宮扇類》　摺疊扇貢于東夷，永樂間盛行。陸文裕得楊妹子寫扇，摺痕尚存。東坡言高麗白松扇是也。智按孫愐《韵注》搊扇，則唐人已有矣。取宮扇、川扇者，以其輕而易收，漆骨不汗，綿漆不畏風日也。蜀府用丹稜綿紙，有藤骨者，徽、杭加金加彩金銀鉸，皆以蜀府椑色爲地，故槩名之曰蜀府。又有折團扇、折掌扇。凡辨舊川扇，以欵以紙，嘗嗅而知之，無紙漆氣。然僞者以紙封而烟熏之。書畫以蘇白地毛金爲貴。僞者銅錫箔熏，或以沔陽沙蟲矢熏。

劉廷璣《在園雜志》卷四　昔人所持惟紈扇最古，宮中名爲合歡扇，班婕妤歌曰：「新制齊紈素，皎潔如霜雪。裁爲合歡扇，團團似明月。」後呼白團扇，王珉嫂婢歌曰：「團扇復團扇，許君自障面。」諸葛武侯綸巾白羽扇，指揮三軍。謝安爲鄉人捉蒲葵扇。唐詩云：「南風不用蒲葵扇，紗帽閑眠對水鷗。」若今人所用，多金白紙扇矣。其扇本名摺疊，亦謂之撒扇，取收則摺疊、展則撒舒之義。明永樂中，朝鮮國入貢，成祖喜其卷舒之便，命工如式爲之，自內傳出，遂遍天下。其始不過竹骨、繭紙、薄面而已。迨後定制每年多造重金者進御，一面命待詔書寫端楷，一面命畫苑繪畫工緻，預於五月一日進呈，以備午日頒賜嬪妃、宮女。其釘鉸眼錢皆用精金，每扇價值五金。至本朝三百餘年，日盛一日。其扇骨有用象牙者、玳瑁者、檀香者、沉香者、棕竹者、各種木者、羅甸者、雕漆者、漆上灑金退光洋漆者；有鏤空邊骨，內藏極小牙牌三十二者；有鏤空通身，填以異香者。扇頭釘鉸眼錢，有鑲嵌象牙、金銀、玳瑁、瑪瑙、蜜蠟、各種異香者；且有空圓釘鉸，內藏極小骰子者，刻各種花樣，備極奇巧；甚有仿擬燕尾；更有藏釘鉸於內，而外無痕迹者。其便面有白紙三礬者，有五色繽紛者，有糊香涂面者，有捶金者，灑金者。命名不一，其骨多而輕細者名曰春扇、秋扇；以香涂面者曰香扇；可藏於靴中以事行旅者曰靴扇；更有以各色漏地紗爲面，可以隔扇窺人者曰瞧郎扇；且有左右可開，制爲三面，暗藏其中畫橫陳像者曰三面扇。有制樣各別，因地因人得名者，曰黃扇、川扇、曹扇、潘扇、青陽扇。而相傳最久遠者，無如杭州之芳風館。其家世以售扇爲業，遂致素封。城內構一別墅，花木竹石，頗極清幽。予兼攝杭州府篆時曾過其園，題以詩曰：「非不在城市，寂然花竹間。池成凹處雨，石疊意中山。爲惜三春老，來偷半日閑。憑欄待飛鳥，薄暮亦知還。」座間詢及主人制扇之法，乃出一扇曰「百骨扇」，傳已幾世矣。數之，果有百骨。初不以骨多而厚大，其色古潤蒼細，洵舊物也。據云今亦不能仿造，即强造亦不佳矣。此予生平一見者。若古之紈扇、羽扇、蒲葵扇，亦間有用之者，不甚多也。

陳元龍《格致鏡原》卷五八《扇》　《器物總論》：「扇，箑也，所以障日，又所以引風。古者以紈素裁之，今多用紙，尤便。」

陳元龍《格致鏡原》卷五八 《楊慎外傳》：李德裕《畫桐花鳳扇賦序》云：成都夾岷江，磯岸多植紫桐。每至春暮，有靈禽五色，小於玄鳥，來集桐花以飲朝露。及花落，則烟飛雨散，不知其所往。有名工繪於素扇，余戲作小賦書其上，其略曰：「續此鳥於珍箑，動涼風於羅薦。發長袂之清香，掩短歌之孤囀。」愚按：此則川扇之始也。今川扇一種以青紙爲地，畫人物、花鳥於上，此其遺製乎？

陳元龍《格致鏡原》卷五八 《曲洧舊聞》：「哲宗御講筵，誦讀畢，賜坐，例賜扇。潞公見帝手中獨用紙扇，率羣臣降階稱賀。」

阮葵生《茶餘客話》卷一九《扇》 明人皆尚金扇，即上方賜予亦皆金面。康熙間，尚金陵仰氏扇、伊氏素紙扇，繼又尚青陽扇、武陵夾紗扇、曹扇、靴扇、溧陽歌扇，近日又尚豐潤畫扇。《野獲編》稱聚頭扇，吴制外惟川扇至佳，其精雅宜士人，其華燦宜艷女。至於正龍側龍百龍百鳥之屬，尤宫掖所尚，溢出人間，尤貴重可寶。予近從陸耳山舍人處見其先世文裕公拜賜金扇，亦百龍之式，雖駁落已甚，而璀燦可觀，當是川制。聚頭一名聚骨，即摺疊扇，永樂間，外國入貢始有之。明時制扇名手有馬勛、馬福、劉永暉、沈少樓、柳玉臺、蔣蘇臺，一柄值數金。

阮葵生《茶餘客話》卷一九《技藝名家》 昔人治一業，攻一器，足以傳世行遠而不朽，較之抱兔園一册，飽食終日，老死牖下，淹没而無聞者，不可同年語矣。如陸子剛一作岡。治玉，鮑天成治犀，朱碧山治銀，濮謙治竹，又嘉興王二漆竹，蘇州姜華雨莓緑竹，趙良璧、黄元占、歸懋德治錫，李昭、一作荷葉李。馬勛治扇，周柱治鑲嵌，吕愛山治金，王小溪治瑪瑙，蔣抱雲、王吉治銅，雷文、張越治琴，范昌白治三弦子，楊茂、張成治漆器，江千里治嵌漆，胡四治銅爐，談氏箋，顧氏綉，張氏爐，洪氏漆，孫春陽燭。又文衡山非方扇不書，及近時薛晉臣治鏡，曹素功治墨，穆大展刻字，顧青娘、王幼君治硯，張玉賢火筆竹器，皆名聞朝野，信今傳後無疑也。濮謙壬午生，與老蒙同庚。按老蒙即錢謙益。十二卷本所選各條於有蒙叟字樣處均删去，獨此條僅删一「老」字，與蒙同庚，遂不可通。嘗贈以詩云：「滄海茫茫感劫塵，靈光無恙見遺民。少將楮葉供遊戲，晚向蓮花結净因。杖底青山爲老友，窗前翠竹似閑身。堯年甲子欣相並，何處名山許卜鄰。」

趙翼《陔餘叢考》卷三三《摺扇》 高江村《天禄識餘》謂今之摺疊扇，初名聚頭扇，元時高麗始以充貢，明永樂間稍效爲之，今則流傳寖廣，團扇廢矣。至於揮灑翰墨，則始於成化間云。《癸辛雜識》：倭人聚扇，用倭紙爲之，雕木爲骨，金銀花草爲飾，并有作不肖之畫於其上者。《七修類藁》亦謂成化初，高麗貢至，朝命倣製以答，復書格言以賜羣臣，民間遂效而爲之。按陸深《春風堂隨筆》云：今之摺扇，張東海以爲貢於東夷，永樂間盛行於中國。然予見南宋以來，詠摺扇者頗多。東坡謂高麗白松扇，展之廣尺餘，合之止兩指，即此也。又按洪《容齋隨筆》記朱新仲有摺扇詩云：「宫紗蜂趕梅，寶扇鸞開翅。數摺聚清風，一捻生秋意。摇摇雲母輕，裊裊瓊枝細。莫解玉連環，怕暮新花墜。」張安世見而書諸扇。又豐坊云：家有趙彦所畫摺扇。金章宗題摺扇詞云：「幾股湘江龍骨瘦，巧樣翻騰，疊作湘波皺。」則摺扇非始於元，蓋宋、金時已有之，特其時尚未盛行，民間猶多用團扇，是以陸放翁有「生綃裁扇又團團」及「團扇家家畫放翁」之詩，直至永樂中，始盛行於中國耳。馮時可《篷窗續録》亦謂貢自東夷，永樂間乃盛行。《客中閒談》又謂之撒扇，永樂中，朝鮮貢至，上喜其舒卷之便，命工如式爲之，南方婦女猶用團扇，惟妓女用撒扇，近年良家婦亦用之矣云。又按昔人摺扇，有用絹者，陸儼山有楊妹子書摺絹扇。郎瑛又謂黑骨泥金起於日本云。南齊褚淵以腰扇障日，《通鑑》註云：腰扇，佩之於腰，今謂之摺疊扇。此恐誤。唐時尚未有摺扇，何得六朝已有之，胡三省蓋以後世之物妄爲附會耳。

黄之雋《（乾隆）江南通志》卷八六 摺紙扇，出江寧城中者，四方稱最。

曾曰瑛修、李紱纂《（乾隆）汀州府志》卷八《物産》 扇。上杭洒金扇，清流油紙扇。惟永定竹掌扇薄嫩如絹，最爲工緻。

姚鼐《（嘉慶）江寧府志》卷一一 摺疊扇，康熙間有制之，最工者曰仰家扇，今江寧猶傳其法。高濡制雁翎、鵞翎扇，以之入貢。

汪士鐸《（同治）上江兩縣志》卷七 往時，南城列肆，雖賤夫率自愛重精其業。如仰氏之扇，伍少西之氈貨，汪天然之包頭絹，幾如和矢兑弓，著名四遠，今無已。

汪士鐸《（同治）上江兩縣志》卷五 敬香阜，汪天然包頭，吴玉峰膏藥，耿氏香糕，楊君達海味，仰氏紙扇，伍少西氈貨，皆以一物名其家，而其招牌又皆名人手筆。

廖朝翼、施學煌《（同治光緒）榮昌縣志》卷一六 扇，以紙爲之。古稱摺疊扇，一名撒扇，蓋收則摺疊，用則撒開故也。聞撒扇始於永樂中，因朝鮮國進撒扇，上喜其卷舒之便，命工如式爲之。邑中職此業者，不下千家萬户。每年春間，各郡縣客商雲集於斯，販往他處發賣。

范祖述《杭俗遺風》 五杭者，杭扇、杭綫、杭粉、杭烟、杭剪也。扇店推芳風館爲首，其餘則張子元、顧升泰、朱敏時等。

甘熙《白下瑣言》卷二 吾鄉造作摺紙扇骨，素有盛名，多聚居通濟門外。其面用杭連紙者，謂之本面，用京元紙者，謂之蘇面，較本面良。三山街綢緞廊一帶，不下數十家。張氏慶云館爲最，揩磨光熟，紙料潔厚，遠方來購，其價較高。惟時樣短小，求舊時之老椶竹櫻桃紅湘妃竹骨長而脚方者，不可得矣。且雕刻字畫，有取紅樓女名者，殊失雅馴。姚惜抱先生最厭之。

顧震濤《吳門表隱附集》 業有人名著名者：孫春陽南貨，高遵五葵扇，曹素功墨局，錢葆初、沈望雲筆，褚三山眼鏡，金餐霞烟筒，張漢祥帽子，朱可文香飾，雷允上藥材，吳龍山香粉，王素川刻扇，穆大展刻字。

劉錦藻《清朝續文獻通考》卷三八四《江西工務紀略》 泰和縣蕭紳紹渠獨力捐建工藝院，以理絲撚綫作爆竹爲細工，礱穀舂米爲粗工。城内向産油紙扇，授以新法，並令用絹精繪，飾以洋漆。【略】龍泉縣大汾墟所製油紙摺扇造法不精，羅令大冕迭諭覓浙江良工來縣傳習。該紳呈驗仿造扇式，其嵌螺鈿及烙印山水人物花卉，大致可觀。

李石《方舟集》卷一八《祀事私志》 郡國祀孔子，用日出禮也。是日，有司行事及未明，猶闇祭也。【略】先日，作篝，蒙以朱碧紙，内燈其中，置簷廡，上下熒熒，猶燈市戲也。

《西湖老人繁勝録・街市點燈》 慶元間，油錢每斤不過一百會，巷陌爪札，歡門掛燈。南至龍山，北至北新橋，四十里燈光不絶。城内外有百萬人家，前街後巷僻巷亦然。掛燈或用玉栅，或用羅帛，或紙燈，或裝故事，你我相賽。

張岱《陶庵夢憶》卷六《紹興燈景》 紹興燈景爲海内所誇者無他，竹賤、燈賤，燭賤。賤，故家家可爲之；賤，故家家以不能燈爲恥。故自莊逵以至窮簷曲巷，無不燈、無不棚者。棚以二竿竹搭過橋，中横一竹，挂雪燈一，燈球六。大街以百計，小巷以十計。從巷口回視巷内，複疊堆垜，鮮妍飄灑，亦足動人。十字街搭木棚，挂大燈一，俗曰「呆燈」，畫《四書》、《千家詩》故事，或寫燈謎，環立猜射之。庵堂寺觀以木架作柱燈及門額，寫「慶賞元宵」、「與民同樂」等字。佛前紅紙荷花琉璃百盞，以佛圖燈帶間之，熊熊煜煜。廟門前高臺鼓吹。五夜市廛，如横街軒亭、會稽縣西橋，閭里相約，故盛其燈。更於其地門獅子燈，鼓吹彈唱，施放烟火，擠擠雜雜。小街曲巷有空地，則跳大頭和尚，鑼鼓聲錯，處處有人團簇看之。城中婦女，多相率步行，往鬧處看燈；否則大家小户雜坐門前，吃瓜子糖豆，看往來士女，午夜方散。鄉村夫婦，多在白日進城，喬喬畫畫，東穿西走，曰「鑽燈棚」，曰「走燈橋」，天晴無日無之。萬曆間，父叔輩於龍山放燈，稱盛事，而年來有效之者。次年，朱相國家放燈塔山，再次年放燈蕺山，蕺山以小户效顰，用竹棚多挂紙魁星燈。有輕薄子作口號嘲之曰：「蕺山燈景實堪誇，箌篠竿頭掛夜叉。若問搭彩是何物？手巾脚布神袍紗。」繇今思之，亦是不惡。

褚人穫《堅瓠乙集》卷一《對句》 滇南趙某仕楚中爲郡守，好出對句。一日，見坊役用命紙糊燈，遂出句云：「命紙糊燈籠，火星照命。」思之未得。至歲暮見老人高捧曆日叩頭獻上，拍案大叫，遂對前句曰：「頭巾頂曆日，太歲當頭。」老人認其怒已，叩首乞哀。守語其故，厚賞而出。

吳震方《嶺南雜記》上卷 高州除夕元旦，各公署俱有鼓吹，謂之鬧衙門，複有蠻人裝獅子跳擲爲戲。元宵城南燈市甚盛，每隔五家縛一燈棚，以竹爲之，匾曰「興賢」，掛紅繒其下。多用雜色紙糊毬燈，剪紅白紙綴成玲瓏萬眼燈，光彩奪目，魚龍之類，皆不足觀。

富察敦崇《燕京歲時記・走馬燈》 走馬燈者，剪紙爲輪，以燭嘘之，則車馳馬驟，團團不休，燭滅則頓止矣。其物雖微，頗能具成敗興衰之理，上下千古，二十四史中無非一走馬燈也。是物之外，又有車燈、羊燈、獅子燈、繡球燈之類。每届十月，則前門、後門、東四牌樓、西單牌樓等處在在有之。携幼而往，歡喜購買而還，亦閒中之樂事也。

黄叔璥《臺海使槎録》卷二《習俗》 七月十五日亦爲盂蘭會。數日前，好事者醵金爲首，延僧衆作道場，將會中人生年月日時辰開明緣疏内，陳設餅餌、香橼、柚子、蕉果、黄棃、鮮薑，堆盤高二三尺，并設紙牌、骰子、煙筒等物。至夜分，同羹飯施餤口。更有放水燈者，頭家爲紙燈千百，晚於海邊親然之，頭家幾人則各手放第一盞，或捐中番錢一，或減半置於燈内，衆燈齊然，沿海漁船争相攫取，得者謂一年大順。

李銘晥修、馮桂芬纂《〔同治〕蘇州府志》卷二〇《物産》 燈。周密《乾淳歲時記》：禁中元夕張燈，以蘇燈爲最。《姑蘇志》：往時吳中最多。范成大詩有琉璃球、萬眼羅二燈爲奇絶。一種名栅子燈，在魚行橋，盛氏造，今不傳，即雲南所謂繚絲燈也。《康熙志》：

以五色紙鐫細巧人物者，出梅里，名梅里燈，以刻紙刻花竹禽鳥。

張春華《滬城歲事衢歌》第一集　日夜笙簫步緑塍，珠簾垂處小樓凭。吴綾輸與談箋紙，妙擅江鄉算織燈。

燈之盛於二月者，俗謂花神燈，又名涼傘燈。燈作傘形，六角，間有圓者，鏤刻人物、花卉、珍禽、異獸，細於繭絲而纓絡鬚帶無不精妙。却皆以紙爲者，惟吾邑有之。談箋亦邑之土産。

《明史》卷六五《輿服志》　傘蓋之制。洪武元年，令庶民不得用羅絹涼傘，但許用油紙雨傘。【略】二十六年定一品、二品傘用銀浮屠頂，三品、四品用紅浮屠頂，俱用黑色茶褐羅表，紅絹裏，三簷；雨傘用紅油絹。五品紅浮屠頂，青羅表，紅絹裏，兩簷；雨傘同。四品、六品至九品，用紅浮屠頂，青絹表，紅絹裏，兩簷；雨傘俱用油紙。

路景舒《(嘉慶)續修婺源縣志》卷四　雨傘，城及中雲作之，他處亦有造者，由休邑屯溪達浙江，行之頗廣。

《光緒三十年益陽傘店條規》　我行雨傘一業，名居屬藝，由本小而利微；功貴及時，亦遮晴而蔽雨。事難悉數，價可參詳。所買貨物最繁，多由外省而至，應用料當時缺，屢經價值增高。近兼日食工資繳盤極貴，天時人事，造作維艱。現今進價日上，出價漸低，本且難全，利從焉得。若不急爲整頓，將來流弊無窮。是以爰集同人，大彰公議，不准賤售，毋庸貴賣，重整條章，同歸劃一。

《宣統元年長沙紙盒店條規》　竊思百貨本于工本，工本微則貨值廉。是故價值不一，自難責乎貨劣；章程不一，何能期乎垂久？我等紙盒生理一業，合計城厢不下三十餘家，向來議有舊章。而今昔情形迥異，加以百貨騰貴，各行工藝，均議加價。且近年盒式作興，愈新愈奇，銷行各鋪店商，較暢于昔。所有價值貨式，未能定章劃一，難免無低昂懸殊。而巧詐之徒，勢必借滋生端，貽害非淺。

一議帶徒以三年爲滿，雖店主兄弟子侄學習，當亦依限。若先期出師，有人賤價雇請者，查出立將該徒退出，該店主即罰以後永不帶徒。或徒自行半途廢學者，不得借少師俸，伙食仍即按日照算。或徒有故師願退者，不在此例，將俸退還，仍然酌扣伙食。無論師徒退廢，均可補習年限，與從補帶日起，以全終始。

一議買主願添某店做貨，上首不得借事生端，新接者不許減價搶奪。如違，查出公同議罰。但各色紙盒，均載實價實錢，不得以貨兑貨發賣者。有違，查出罰錢十串文。

一議近來工本倍昂，貨價公同酌量加增，定單載明實價，并無折扣。如有賣出折扣、抹尾及短價濫賣者，議定罰戲一部敬神。知情隱徇不首者，罰錢五串文。

一議售貨應由買客投店，不得持貨向人減價出賣。如違，將貨充公。

一議離城二里以外，如有私作私卸，一經查出，同公處罰。

周亮工《閩小紀》卷二《紙簫》　閩開元寺前，舊有卷紙爲簫者。予得其一，是三年外物。色如黄玉，扣之鏗鏗。以試善簫者，云外不澤而中不乾，受氣獨全，其音不窒不浮，品在好竹上。後以贈劉公戫，公戫爲賦紙簫詩。雲間潘君仲亦能以紙製奕子，狀如滇式，色瑩亦然，且敲之有聲。其爲五瓣梅花香盒，蒙之以錦，不可覓其聯縫之迹。皆奇技也。

王士禎《分甘餘話》卷三　閩中紙織畫，山水、花卉、翎毛皆工，設色亦佳。或言近日始刱爲之。余按《留青日札》嘉靖中没入嚴嵩家貲，有刻絲、衲紗、紙織等畫之名，則其來久矣。

富察敦崇《燕京歲時記·春聯》　春聯者，即桃符也。自入臘以後，即有文人墨客，在市肆簷下，書寫春聯，以圖潤筆。祭竈之後，則漸次粘掛，千門萬户，焕然一新。或用硃箋，或用紅紙，惟内廷及宗室王公等例用白紙，緣以紅邊藍邊，非宗室者不得擅用。

顧震濤《吴門表隱附集》　業有招牌著名者：悦來齋茶食，安雅堂酏酪，有益齋藕粉，紫陽館茶乾，仰蘇樓花露，步蟾齋膏藥，丹桂軒白玉膏，天奇齋鈕扣，青蓮室書箋。

高承《事物紀原》卷八《紙鳶》　俗謂之風箏。古今相傳云是韓信所作。高祖之征陳豨也，信謀從中起，故作紙鳶放之以量未央宫遠近，欲以穿地隧入宫中也。蓋昔傳如此，理或然矣。梁太清中，侯景攻臺城，内外斷絶，羊侃教小兒作紙鳶，藏詔於中間。文帝出太極殿前，因西北風放之，冀得達援軍，賊謂是厭勝，又射下之。見馬總《通歷》云。然其事初一見於此，證知其審爲韓信造矣。

李石《續博物志》卷一〇　今之紙鳶，引絲而上，令兒張口望視，以洩內熱。

李昭玘《樂靜集》卷七《燕遊十友序》　客有聞十友者，過而譏之，謂余曰：「孰無好？子獨瑣陋淺促，非磊落人也，特兒戲耳！」余曰：「以紙爲鳶，以竹爲馬，奔走跳擲，觀者笑之。乃自爲戲而不以戲人，於人何病？必曰舍己所好以從人，正所病也！」

陳元龍《格致鏡原》卷六〇《紙鳶》　《稗史類編》：「紙鳶俗謂之風箏。」《誠齋雜記》：「韓信約陳豨從中起，乃作紙鳶放之，以量未央宮遠近，欲穿地入宮中。」《獨異志》：「梁武太清三年，侯景圍臺城，遠不通問。簡文作紙鳶飛空告急於外，侯景謀臣王偉謂景曰：『此紙鳶所至，即以事達外。』令左右善射者射之。及墮，皆化爲鳥，飛入雲中，不知所往。」《事物原始》：「紙鳶，古傳韓信所作。」按《六帖》云：五代漢李業與隱帝爲紙鳶，於宮門外放之。今春時小兒紙鷂是也。《埤雅》：「昔墨子作木鳶，飛三日不集。今人乘風放紙鳶，鳶輒引絲而上，令小兒張口望視，以洩內熱。」

屈大均《廣東新語》卷九《事語・放鷂》　南海之佛山，歲九月十日爲放鷂會。先期主者懸式于谿塲，鷂皆以白楚紙爲之。

褚人穫《堅瓠廣集》卷四《風箏》　風箏一名紙鳶，吳中小兒好弄之。然當其搏風而上，蓋亦得時則駕者歟？張元長《筆談》載：梁伯龍戲以彩繒作鳳凰，吹入雲端，有異鳥百十拱之，觀者大駭。

近又作女人形，粉面黑鬢，紅衣白裙，入於雲霄，裊娜莫狀，懸絲鞭於上，輒作悅耳之音。且昔惟春日則放，以春之風自下而上，紙鳶因之而起，夏日則風橫行空中，故有「清明放斷鷂」之諺，今則四時皆可放矣。

富察敦崇《燕京歲時記・風箏》　兒童玩好亦有關於時令。京師十月以後，則有風箏、毽兒等物。風箏即紙鳶，縛竹爲骨，以紙糊之，製成仙鶴、孔雀、沙雁、飛虎之類，繪畫極工。兒童放之空中，最能清目。有帶風琴鑼鼓者，更抑揚可聽，故謂之風箏也。

黄叔璥《臺海使槎録》卷二《習俗》　重陽前後競放紙鳶如內地。

封演《封氏聞見記》卷六《紙錢》　紙錢，今代送葬爲鑿紙錢。積錢爲山，盛加雕飾，舁以引柩。按：古者享祀鬼神，有圭璧幣帛，事畢則埋之。後代既寶錢貨，遂以錢送死，《漢書》稱盜發孝文園瘞錢是也。率易從簡，更用紙錢。紙乃後漢蔡倫所造。其紙錢，魏晉以來始有其事，今自王公逮於匹庶通行之矣。凡鬼神之物，其象似，亦猶塗車芻靈之類。古埋帛，一本埋帛下有金錢二字。今紙錢則皆燒之，所以示不知神之所爲也。

王欽若《册府元龜》卷九二二《總録部・妖妄第二》　王璵，開元末爲太常博士。每行祠禱，或焚紙錢禳祈福祐，近於巫覡。【略】

莊宗同光三年八月，【略】鄴都御河溢岸，【略】瀲灩將溢，人心危恐。初，有書生陳禳水法，請於上流爲紙屋、人物、馬牛五萬投於河流，殺牲以祀。

《新五代史》卷九《晉本紀》　八年春正月，契丹于越使武都温來。二月壬子，景延廣爲御營使。己未，如東京。赦廣晉府囚。庚申，次澶州，赦囚。乙丑，至自鄴都。庚午寒食，望祭顯陵于南莊，焚御衣紙錢。焚衣野祭之類皆閭巷人之事也，用之天子，見禮樂壞甚。

《新五代史》卷一七《晉家人傳》　五代，干戈賊亂之世也，禮樂崩壞，三綱五常之道絶，而先王之制度文章掃地而盡於是矣！如寒食野祭而焚紙錢，天子而爲閭閻鄙俚之事者多矣！

邵伯温《邵氏聞見録》卷二　仁宗皇帝嘉祐八年三月二十九日升遐，遺詔到洛，伯温時年七歲，尚記城中軍民以至婦人孺子朝夕東向號泣，紙烟蔽空，天日無光。時舅氏王元修自京師過洛，爲先公言：「京師罷市，巷哭數日不絶。雖乞丐者與小兒皆焚紙錢，哭於大內之前。」又有周長孺都官赴劍州，普安知縣行亂山中，見汲水婦人亦載白紙行哭。嗚呼，此所謂百姓如喪考妣者歟！

高承《事物紀原》卷九《寓錢》　今楮鏹也。《唐書・王嶼傳》曰：玄宗時，嶼爲祠祭使，專以祠解中帝意，有所禳祓，大抵類巫覡。漢以來葬者皆有瘞錢，後世里俗稍以紙寓錢爲鬼事，至是嶼乃用之。則是喪祭之焚紙錢起于漢世之瘞錢也，其禱神而用寓錢則自王嶼始耳。今巫家有焚奏禳謝之事，亦自此也。《法苑珠林》云：「紙錢起于殷長史。」

魏泰《東軒筆録》卷二　李太后始入掖廷，纔十餘歲。惟有一弟七歲，太后臨別，手結刻絲鞶囊與之，拍其背泣曰：「汝雖淪落顛沛，不可棄此囊。」異時我若遭遇，必訪汝，以此爲物色也。」言訖，不勝嗚咽而去。後其弟傭於鑿紙錢家，然常以囊懸於胸臆間，未嘗斯須去身也。一日，苦下痢，勢將不救，爲紙家棄於道左。

袁褧《楓窗小牘》卷下 思陵神輿就祖道祭，陳設窮極工巧，百官奠哭。紙錢差小，官家不喜，諫官以爲俗用紙錢，乃釋氏使人以過度其親者，恐非聖主所宜以奉賓天也。今上抵于地曰：「邵堯夫何如人而祭先亦用紙錢，豈生人處世如汝，能日不用一錢否乎？」

廖剛《高峰文集》卷一《乞禁焚紙劄子》 臣聞謂天下事有人情所未厭，不可以强去者，去之未見有益，存而不問未見其害，則存之可也。其有世俗積習之弊，所從來久遠者，存之而民不知其非，去之而民實受其賜者，又烏可以不去之哉！此則在於聖智開天下之昏憒，以與之一新其耳目爾。臣嘗怪世俗鑿紙爲縃錢，焚之以徼福於鬼神者，不知何所據依？非無荒忽不經之説，要皆愚民下俚之所傳耳。使鬼神而有知，謂之慢神欺鬼可也。兹固不足論。惟積習久遠，送終追遠者，以此致其孝，禱祀供給者，以此致其誠。是使南畝之民轉而爲紙工者，十且四五，東南之俗爲尤甚焉。蓋厚利所在，惰農不勸而趨，以積日累月之功，連車充屋之積，付之瞬息之火，人力幾何其不殆哉！竊痛今天下之農夫，死於兵寇者過半矣。而東南不耕之田，在在有之，可謂民力不足之時。而邇來造紙爲錢者益衆，愚民終不悟其不足以救禍，然則此弊果將何時已耶！臣謂末作之妨農，其他猶或有用，若窮力以輸鬼工，傾資以給野火，尤無謂也。臣願陛下斷然下焚紙之禁，斥其有害於農，無補於教，使愚民頓悟百千年習俗之非，不亦善乎！此臣所謂去之而民實受其賜，則不可不去者也。若曰凡民之於神鬼，孝子之於其先，必欲有以致意焉，則如釋氏經幡之類，量許焚化，以貴賤爲之限制，亦足以徇其情矣。此殆所謂民所未厭而存之，未見其害者也。大抵彌文之弊，近世爲甚，簿書案牘之繁，百倍於古，姑置不論。且如尺書通問，古人不過一紙，今則不然，必務多以相悦。倘亦爲之禁約，則敲冰屑玉，無所於售，將亦易業而爲農夫矣。是率天下以爲敦本務實之事也，豈小補哉！幸聖明裁之。

王觀國《學林》卷五《寓錢》 《唐書·王璵傳》曰：「漢以來葬喪皆有瘞錢，後世里俗稍以紙寓錢爲事，至是璵乃用之。」觀國案《王璵傳》曰：璵少爲禮家學，明皇在位久，推崇老子道，好神仙事，廣修祠祭，靡神不祈，璵上言請築壇，東郊祀青帝，天子入其言，擢太常博士、侍御史，爲祠祭使。璵專以祠解中帝意，有所祈禱，大抵類巫覡，至是乃以里俗紙寓錢用之。是國家凡有祠祭，皆用紙寓錢也。【略】璵既以紙寓錢用於祠祭，世俗常情多信鬼神，於是公私沿襲用之，信彌篤矣。《五代史》：「晉天福八年，寒食望祭，焚御衣紙錢。」史譏其不經也。

李燾《續資治通鑑長編》卷一一一仁宗明道元年三月 初，李宸妃入宫，其弟用和纔七歲，後不復相聞知。用和窮困，鑿紙錢爲業，居京師。

洪邁《夷堅支景》卷八《諸暨陸生妻》 諸暨縣治有湖四，饒民陸生者，居縣後湖堘上，以打鑿紙錢爲業。

梁克家《(淳熙)三山志》卷四一《土俗類二·中元》 焚紙衣。前中元一二日具酒饌，享祭。逐位爲紙衣焚獻。

《朱子語類》卷一三二《雜類》 紙錢起於玄宗時王璵。蓋古人以玉幣，後來易以錢，至玄宗惑於王璵之説，而鬼神事繁，無許多錢來理得，璵作紙錢易之。文字便是難理會，且如唐《禮書》載范傳正言「唯顔魯公、張司業家祭不用紙錢」。故衣冠效之。而國初言禮者錯看，遂作紙衣冠，而不用紙錢。不知紙錢、衣冠有何間别？

《朱子語類》卷一三二《本朝六·中興至今人物下》 高宗朝，有朝士後爲尚書，【略】上言邵武、南劍人多鑿紙錢，費農業，乞降旨禁之。或人家忌日之類不得燒紙錢，只燒經幡一二紙，好笑如此！

陳淳《北溪大全集》卷二七《答陳伯澡八》 世俗用紙作人，爲屋宇等，雖大小不同，亦是明器之遺。

戴埴《鼠璞》卷上《寓錢》 《法苑珠林》載：「紙錢起於殷長史。」唐《王璵傳》載：「漢來皆有瘞錢，後里俗稍以紙寓錢，王璵乃用於祠祭。」【略】漢之瘞錢，【略】近於之死而致生。以紙寓錢，亦明器也。

葉隆禮《契丹國志》卷二七《歲時雜記·冬至》 十月内，五京進紙造小衣甲并槍刀器械各一萬副。十五日一時堆垜，帝與押蕃臣僚望木葉山葬太祖所。奠酒拜。用蕃字書狀一紙，同焚燒奏木葉山神。

葉隆禮《契丹國志》卷二七《歲時雜記·冬至》 每歲五京進人馬紙物各萬餘事，祭山而焚之。其禮甚嚴，非祭不敢近山。

葉寘《愛日齋叢抄》卷五 朱文公云：「紙錢起玄宗時王璵，蓋古人以玉幣，後來易以錢。玄宗惑於王璵之術，而鬼神事繁，無許多錢來埋得，璵作紙錢易之。文字便是難理會。且如唐《禮書》載：范傳正言唯顔魯公，張司業家祭不用紙錢，故衣冠效之。而國初言禮者錯看，遂作紙衣冠而不用紙錢，不知衣冠、紙錢有何間别？」【略】唐《王璵傳》載：「漢末皆有瘞錢，後里俗稍易以紙錢，王璵乃用於祭祠。」【略】予觀洪慶善《杜詩辨証》載文宗備問云：「南齊廢帝東昏侯好鬼神之術，剪紙爲錢以代束帛。」至唐盛行其事，云有益幽冥。又牛僧孺云：「楮錢，唐初剪紙爲之。」此足以補《事林廣記》之未及。

祝穆《古今事文類聚續集》卷二六《爇紙幣求福》 王嗣宗爲節度使，性剛正。常卧病，家人私爇紙幣以祈福。嗣宗大呼而止之，曰：「神苟有知，豈枉法而受賄耶？」（《聖宋掇遺》）

祝穆《古今事文類聚續集》卷二六《康節焚紙錢》 康節先生春秋祭祀約古今禮行之，亦焚楮錢。程伊川怪問之，則曰明器之類也。脱有一非，豈孝子慈孫之心乎？

王應麟《困學紀聞》卷一四 歐陽子謂五代禮壞，寒食野祭而焚紙錢。按：紙錢始於開元二十六年王璵爲祠祭使，祈禱或焚紙錢，類巫覡，非自五代始也。古不墓祭，漢明帝以後有上陵之禮。蔡邕議以爲禮有煩而不可省者。《舊唐書》：「開元二十年，寒食上墓編入五禮，永爲常式。」寒食野祭蓋起於此。朱文公謂：「漢祭河，用寓龍寓馬，以木爲之。」已是紙錢之漸。

《遼史》卷五三《禮志六》 歲十月，五京進紙造小衣甲、槍刀、器械萬副。十五日，天子與羣臣望祭木葉山，用國字書狀，並焚之。國語謂之「戴辣」。「戴」，燒也；「辣」，甲也。

冬至日，國俗，屠白羊、白馬、白雁，各取血和酒，天子望拜黑山。黑山在境北，俗謂國人魂魄，其神司之，猶中國之岱宗云。每歲是日，五京進紙造人馬萬餘事，祭山而焚之。俗甚嚴畏，非祭不敢近山。

沈榜《宛署雜記》卷一七《民風一・土俗》 祭禮。富貴家廟祠如儀。民間多樸野，不知節文，惟遇時節，則市買阡張，紙馬焚之而已。歲清明，無貴賤，率持酒肴上墳，男女盛服以往，即古墓祭意。

沈榜《宛署雜記》卷一七《民風一・土俗》 燒阡張。各家祖先，俱用三牲熟食，貨草紙細剪者爲阡張，供其前，俟三日後焚而徹之。惟佛前則供用果麪，阡張至元宵罷，乃焚。

徐釚《詞苑叢談》卷一一 《因話録》云：紙錢起自唐時。紙畫人未知起於何代。

吴震方《嶺南雜記》上卷 粤俗民家拜掃後，墓上俱覆白紙，宗孫盛者堆如積雪，清明尤盛。

于敏中《欽定日下舊聞考》卷一四八《風俗三》 八月十五日祭月，其祭果餅必圓，分瓜必牙錯，瓣刻之如蓮華。紙肆市月光紙，繢滿月像，趺坐蓮華者，月光徧照菩薩也。華下月輪，桂殿有兔，杵而人立，搗藥臼中。紙小者三尺，大者丈。工緻者金碧繽紛。家設月光位於月所出方。向月供而拜，則焚月光紙。

阮葵生《茶餘客話》卷五《紙錢香燭》 唐王璵爲祠祭使，廢帛用楮，此在當時未嘗非崇儉之意，家從伯雪亭先生深以爲非，家祭概不用，嘗云：自唐以來，歲歲家家焚之，人人塞破屋子，不但黄金與土同價而已，不足貴則無所需也。然而此物至今未革，每歲所費億秭計。耗有用之財，擲無用之地，始作俑者其王璵乎？或云，紙錢始於殷長史。又《清異録》載周世宗發引之日，金銀錢寶皆寓以形，楮泉大如盞口。其印文黄者曰「泉臺上寶」，白者曰「冥游亞寶」。按自漢以來，即有以紙寓瘞錢之文。予曩客武林，見捶箔者聯衢達陌，男婦老幼殆不下萬餘人，皆指此爲生計，當不獨杭城然也。假令禁革，此輩有游手之慮，誠不必議裁也。安溪先生云：錢楮乃五代後事，行之久亦難廢，使聖人到今，其制禮亦不同於三代時。蓋人之習俗，古今不同，即鬼神之情狀，亦古今有異。古人祭取蕭合膟膋焚之，所以求神於陽；灌酒於地，所以求神於陰。今之燒香，亦求神於陽之義。朱子謂用燭，乃爲人事，非爲神也。毛西河謂紙錢代幣帛，乃是明器。阡張紙即古刀布，故刻文如「ㄱ」，如「凸」。其卷紙而束者即帛也，鑼錫糊錠形者即梟蹄也。徐仲山曰：蘭以香自焚，膏以明自煎，即今香燭二物也。陳東岩嘗言：此皆太平豐隆之時，故有此俗。試看災荒之地，豈復有枵腹焚香者？其言煞有味，乃知迂儒所見之不廣也。

錢泳《履園叢話》三《考索・紙錢》 紙錢之名，始見於《新唐書・王嶼傳》。蓋漢以來，葬者皆有瘞錢，後里俗稍以紙剪錢爲鬼事。開元二十六年，嶼爲祠祭使，始用之以禳祓祭祀。然古人有用有不用者，范傳正謂顔魯公、張司業家祭不用紙錢，宋錢若水不燒楮鏹，邵康節祭祀必用紙錢。有明以來，又易紙錠、大小元寶，黄白參半，與紙錢並用。近人又作紙洋錢，鄉城俱有之，真可笑也。

福格《聽雨叢談》卷六《紙錢》 京師祀神，用黄紙鑿成錢象，以代焚帛。祭墓則用白紙鑿成大錢，徑圓三四寸，以代冥器。若祠廟則否。按唐臨《冥報（録）〔記〕》云，鏹紙爲錢，以供鬼神，謂之寓錢。是此物自唐時已有之矣。

富察敦崇《燕京歲時記》 又《帝京景物略》：十月朔，紙坊剪紙五色作男女衣，長尺有咫，曰寒衣。有疏印識其姓字行輩，如寄家書然，家家修具，夜奠而焚之其門，曰送寒衣。今則以包袱代之，有寒衣之名，無寒衣之實矣。包袱者，以冥鏹封於紙函中，題其姓名行輩，如前所云。

白居易、孔傳《白孔六帖》卷五八《甲冑九》 襞紙爲鎧。徐商拜河中節度，置備征軍凡千人，襞紙爲鎧，勁矢不能動。

史□《釣磯立談》 頃見故老，猶能言淮上事。周師之出也，畝無棲糧，廩無留藏，卷地以往，視人如土芥。墳墓圮毀，老幼係纍，墟落之地，胔腐骨填，里鼓絶響，殆無炊煙。於是自邗溝以北，皆羣聚而成團，糊紙以爲甲，壞鋤耰以爲器，因廢壘以爲固，官軍與之對，則往往折北。

龍袞《江南野史》卷二 初，江北諸郡興屯田，執事者虐用民力，人多怨之。及周師至，皆以牛、酒迎之，而周師不能安撫，皆奴隸俘虜，視之猶如草芥。民乃不愜，相與起義。治農器爲兵，襞紙爲鎧，處處保聚，謂之「白甲子」。周師討之，每爲所禦。

曾公亮《武經總要前集》卷一三 右有鐵、皮、紙三等。其制：有甲身，上輟披膊，下屬弔腿，首則兜鍪。

司馬光《涑水記聞》卷一二 康定元年四月戊子，都轉運司奏請令淮江南造紙甲三二萬副，本路給防城手力。詔委逐路州軍以遠年帳籍製造。

蘇軾《東坡全集》卷六一《乞將合轉一官與李直方酬獎狀》 元祐七年正月日，龍圖閣學士左朝奉郎知潁州蘇軾狀奏：「臣自到任以來，訪聞得本州舊出惡賊，【略】每次打劫，皆用金貼紙甲，其餘兵仗弓弩並全。」

李綱《梁谿集》卷五〇《乞應付長入祗候人馬劄子》 臣已到封丘門，伺候左右中軍人馬齊足出城近壕。差到長入祗候四十八人，並未有馬，欲乞降旨於本班中選擇應副，謹具奏知。細紙甲乞降付十副。

李燾《續資治通鑑長編》卷一二七仁宗康定元年四月己丑 又詔淮南、江、浙州軍造紙甲三萬，給陝西防城弓手。

李燾《續資治通鑑長編》卷一三二仁宗慶曆元年五月 太常丞、直集賢院、簽書陝西經略安撫判官田況上兵策十四事：【略】臣前通判江寧府，因造紙甲，得遠年帳籍，見曹彬攻江南日，和州逐次起餉豬肉數千斤，以給戰士。

李燾《續資治通鑑長編》卷二二二神宗熙寧四年四月 先是，王安石言於上曰：「今士卒極窘，或云有衣紙而擐甲者，此最爲方今大憂。」

洪适《盤洲文集》卷四二《招安海賊劄子三・第二劄子》 今月二十九日酉時，本所差去使臣承節郎任慶，取押到招安人王先海船二隻到岸。船面闊一丈七尺。【略】其船内有紙甲一百一十副，槍刀、弓弩、旗鼓等軍器共一千五百六十八件。

梁克家《（淳熙）三山志》卷一八《兵防類一・都作院指揮》 土俗所用器仗如偏架弩、紙皮甲之類，令本路官取索講求便利輕捷可用名件製造，仍具圖樣、名色聞奏。

徐夢莘《三朝北盟會編》卷二三五紹興三十一年十月十七日丙辰 今見廬州四城門出榜召募本州逃移老小，限一月歸業。其諸山水寨聚結逃避之民聞此榜，日夜入廬州，與敵買賣，如同一家。兼以沿淮數處逃移民社鄉兵强壯，動以萬計，隨身各有長槍、紙甲、軍須器械，將帶老小牛馬約數十萬，見在中派河以南舒城縣及廬江縣等處屯駐。

周必大《文忠集》卷二〇《金谿鄉丁說》 先是，縣別有陸氏，尤豪于一鄉，頃年轉運司命充都社，鄧、傅皆隸焉。近亦零落，獨族人某者行義頗著，鄉人議使世其職，縣亦視諸故府，以爲當然，由是鄧氏子意稍怠，蓋懼受制于陸，則功不在己也。然其家僮素輕捷，衷紙甲，機毒矢，善騰趠山谷間，尚技癢，思與賊角，亦其風聲氣俗然也。

周必大《文忠集》卷一九七《高汝一夔 淳熙十二年》 所謂紙甲，殊省費。又不知能當箭鑿否？

黄榦《勉齋集》卷三四《安慶勸諭團結保伍榜文》 嘗觀五代之末，周世宗攻兩淮，州郡各已降附，周之諸將恣行殺戮，淮人相與結集保伍，截紙爲甲，號白甲軍，大敗周師，雖周世宗之英武，亦且退却。

李心傳《建炎以來系年要録》卷三〇建炎三年十二月壬午 金人侵安吉縣，知縣事曾綽聚鄉兵往石郭守隘，或視其矢，曰：「金人也。」鄉兵皆棄紙甲、竹槍而遁。

李心傳《建炎以來系年要録》卷五七紹興二年八月辛丑 中書言：「東南州縣鄉兵多因私置紙甲，而嘯聚作過。《熙寧編敕令》：有若私造紙甲五領者，絞。乞著爲令。」從之。

真德秀《西山文集》卷八《申樞密院措置沿海事宜狀戊寅十一月》 所有本寨軍器却稍足備，但水軍所需者紙甲。今本寨乃有鐵甲百副，今當存留其半，而以五十副就本軍换易紙甲。

吴潛《履齋遺稿》卷四《上廟堂書論用兵河南》 竊見金人既滅，我遂與彼爲隣，法當以和爲形，以守爲實，以戰爲應。【略】如科買物件，只常德一郡數月之間敷下牛三百頭、犂三千具、布三千疋、漆二千斤、獺皮五百張、紙甲三千副、布衲綿襖綿袴三千副、傘三千柄、紙二千萬張、漆茶盞托一千副，其他項目不可盡述。

周應合《景定建康志》卷三五《文籍志三・奏議・葉適〈議安集淮民以扞江面〉》 照得：兩淮民兵最便于皮笠、紙甲、皮甲。

《元史》卷七《世祖紀四》 （至元七年二月）乙酉，立紙甲局。

孫懋《孫毅菴奏議》卷上 三曰利器用。兵法：器械不備，以卒予敵。今之器械，若紙盔、布甲之制，朽弓敗弩之習，平日操演皆爲虚具，一遇堅利能免倉皇？

朱國禎《湧幢小品》卷一二《紙鎧綿甲》 紙鎧起於唐宣宗時，河中節度使徐商劈紙爲之，勁矢不能入。商，有功五世孫也。官至平章事、太子太保。子彦若，官亦如之，有功仁恕之報也。【略】紙甲用無性極柔之紙，加工鎚軟，疊厚三寸，方寸四釘，如遇水雨浸濕，銃箭難透。

馮甦《滇考》卷下 先是，能鎮雲南久，漸謀不軌，造紙甲極堅利，至百兩一副者殆千領。

閔敘《粤述》 粤西紙甲矢石不能入，勝於鐵也。其紙出柳之賓州，裹以舊絮，雜松香熟搗千杵，外固以布，綴而縫之。每甲費白金六七錢。然搗不熟則矢礮亦穿。

楊萬里《誠齋集》卷四四《海鰌賦有後序》 辛巳之秋，北人侵邊。既飲馬于大江，欲斷流而投鞭。【略】紹興辛巳，金亮至江北掠民船，指麾其衆欲濟。我舟伏于七寶山後，令曰：「旗舉則出江。」先使一騎偃旗于山之頂，伺其半濟，忽山上卓立一旗，舟師自山下河中兩旁突出大江，人在舟中踏車以行船，但見舟行如飛，而不見有人，敵以爲紙船也。舟中忽發一霹靂礮，蓋以紙爲之，而實之以石灰、硫黄。礮自空而下落水中，硫黄得水而火作，自水跳出，其聲如雷。紙裂而石灰散爲烟霧，瞇其人馬之目，人物不相見。吾舟馳之壓敵舟，人馬皆溺，遂大敗之云。

唐順之《武編前集》卷五《紙砲火鍼》 神驚石半斤、硝四十斤、熏黄一斤、狼筋十斤，【略】共爲末，裝爲紙包。其大如斗，外以竹絲圍之，内以針塞密。火發針刺，人無不立死。

又如製造紙糊圓砲，今製者不過震響一聲，無益于用。本職因此舊物而觸爲新製，造成此砲。待其糊成紙殼之時，中含小鐵刺菱二三十枚，地火鼠一二十枚，方入藥于其内，然後緊糊其口。每砲一枚開藥線眼四處，各穿藥線，使其丢落城下不至滅火。賊近城下時燃砲，而下砲一響，則砲中所藏刺菱自然布散，其中火鼠飛去，賊見火鼠燒身，必走，而刺菱又傷其足，况城上且擊之矣。

破綿紙碎五錢、舊青布碎五錢，用此二物微有烟。又用作紙撚，用舊綿花絮浸陰溝内，取乾，入甑内。

鄭若曾《江南經畧》卷八上《製火毬法附録》 若曾查製火毬一法，舊制紙糊圓砲，不過震響一聲而已，何益於事？合於糊成紙殼之時，中含小鐵刺菱二三十枚，地火鼠一二十枚，然後入藥於内，緊糊其口。每砲一枚竅眼四處，各穿藥線，使丢落城下，不致滅火。賊近城，或臨敵燃砲。而發砲聲一響，則其中所藏刺菱自然布散，火鼠飛燒賊身，必將奔走，而刺菱又傷其足。我兵乘而擊之，是亦一助也。兹皆戰守之要，擇而行之，殆或有濟也。

屈大均《廣東新語》卷一六《器語・佛山大爆》 佛山有真武廟，歲三月上巳，舉鎮數十萬人，競爲醮會。又多爲大爆以享神。其紙爆大者徑三四尺，高八尺，以錦綺多羅洋絨爲飾。【略】計一大爆紙者費百金，椰者半之。大紙爆多至數十枚，椰爆數百。

吴震方《嶺南雜記》上卷 粤俗最喜賽神迎會，凡遇神誕，則舉國若狂。余在佛山見迎會者，台閣故事，争奇鬥巧。富家競出珠玉珍寶裝飾孩童，置之綵輿，高二丈，陸離炫目。大紙爆俱以繒綵裝飾，四人舁之，聲徹遠近。中藏小爆數百，五色紙隨風飛舞如蝶。聞未亂時更盛，士人頗慚此會，殊寒儉矣。

魏瀛修、鍾音鴻纂《〔同治〕贛州府志》卷二一《輿地志・物産》 爆竹。出信豐龍南者甲於諸邑。

金蓉鏡《〔光緒〕靖州鄉土志》卷四《志商務》 爆竹每歲所製約值銀二萬兩，本境銷數約值銀八千兩，其運出本境者，由陸路運至會同、綏寧、通道及貴州之黎平、古州各處，有水陸兼運至廣西之長安、古宜各處，銷行約值銀萬餘兩。

傅春官《江西農工商礦記略・東鄉縣》 （光緒）三十二年正月表稱：所制

爆竹，街市頗多購用。

十二月據陳令元焯表稱：習藝所自本年二月開辦起，至十二月止，共織布五百三十七匹，制爆竹三百八萬一千個，貨色尚佳，銷售亦易。

趙令畤《侯鯖録》卷一 《刊誤》云：古無文刺，唯書竹簡以代結繩，謂之簡册也。魏禰衡，處士，致名於紙。是紙上題名投刺公侯。自後相承，刺謁者見通名紙爲公狀也，至今士子之家存焉。

吴曾《能改齋漫録》卷二《事始・名紙》 名紙之始，高承《事物紀原》云：「《釋名》曰：『書名字于奏上曰刺。』後漢禰衡，初遊許下，懷一刺，既無所之適，至于刺字漫滅。蓋今名紙之制也。則名紙之始，起于漢刺也。」以上皆高説。予以爲不然，蓋禰衡傳只言刺，不言名紙。雖名紙爲刺之變，然高説無所據。予按，梁何思澄終日造謁，每宿昔作名紙一束，曉便命駕，朝賢無不悉狎。蓋名紙始見于此。

陸遊《老學庵筆記》卷三 元豐中，王荆公居半山，好觀佛書，每以故金漆版書藏經名遣人就蔣山寺取之，人士因有用金漆版代書帖與朋儕往來者。已而苦其露泄，遂有作兩版相合，以片紙封其際者。久之，其製漸精。或又以縑囊盛而封之，南人謂之「簡版」，北人謂之「牌子」，後又通謂之「簡版」或「簡牌」。予淳熙末還朝，則朝士乃以小紙，高四五寸，闊尺餘相往來，謂之「手簡」，簡版幾廢，市中遂無賣者，而紙肆作手簡，賣之甚售。

袁文《甕牖閒評》卷六 名紙，古只謂之「名」。案《南史》：「何思澄每宿昔，作名一束，曉便命駕，朝賢無不悉狎。投晚還家，所齎名必盡。」以是知名紙古只謂之「名」也。

周密《癸辛雜識前集・簡槧》 簡槧，古無有也。陸務觀謂始於王荆公，其後盛行。淳熙末，始用竹紙，高數寸，闊尺餘者，簡版幾廢。自丞相史彌遠當國，臺諫皆其私人，每有所劾薦，必先呈副，封以越簿紙書，用簡版繳達。合則緘還，否則別以紙言某人有雅故，朝廷正賴其用，於是旋易之以應課，習以爲常。端平之初，猶循故態。陳和仲因對首言之，有云：「稟會稽之竹，囊括蒼之簡。」正謂此也。又其後括蒼爲軒樣紙，小而多，其層數至十餘疊者。凡所言要切則用之，貴其卷還，以泯其迹。然既入貴人達官家，則竟留不遣，或別以他槧答之。往者御批至政府從官皆用蠲紙，自理宗朝亦用黄封簡版，或以象牙爲之，而近臣密奏亦或用之，謂之御槧，蓋亦古所無也。

張萱《疑耀》卷四《拜帖不古》 余閲一小説，古人書啓往來及姓名相通，皆以木竹爲之，所謂刺也。至宋時，王荆公居半山寺，每以金漆木版寫經書名目，往寺僧處借經，時人遂以金漆版代書帖。已而恐有宣洩，又作兩版相合，以片紙封其際。久之，其製漸精。或又以縑囊盛而封之。在宋時，南人謂之簡板，北人謂之牌，其後通謂之簡板。至淳熙之世，朝士乃以小紙，高四五寸，闊尺餘，相往來，謂之手簡。市中遂製手簡紙賣之，而竹木之刺廢矣。今之拜帖用紙，蓋起于熙寧也。余謂簡札用紙，其來已久矣。馮盛嘗誚盧杞提三百綾文刺爲名利奴，郄愔遺牋詣桓温，子超取視，寸寸毁裂。若竹木之刺，何稱綾文，又寧堪寸裂耶。意東漢造紙後，簡札之制，已爲之一變矣。王沂公取殘束裂去前幅，以遺孫京，是時書帖已有長餘，但不如今之侈耳。其以金漆版代書帖，特取一時之便，倣古制而爲之，決非古制至此時猶存也。若從前未有書帖，何言代乎。吴質答子建書：發函伸紙。文帝與劉楨書：獲累紙之命。此漢、魏間語，尤可證。但其製止闊尺餘而已，今用七八摺爲全柬者，是後人積奢之所致也。余嘗見楊公士奇一帖，其紙即今長安中之連七紙最粗惡者，亦僅三摺，而上一紅籤，僅如筯，姓名之字僅大如指頂，其所語事，即書於左，不用今之副啓，而其字草書，蓋真跡也。今用副啓，聞亦起於世廟末年。書名字大，則近見。今日凡京朝官，其字至大，與政府相等，此亦士風之不古也。

王世貞《觚不觚録》 相傳司禮首璫與内閣刺用單紅紙，而内閣用雙紅摺帖答之，然彼此俱自稱侍生，無他異也。【略】余舉進士時尚然。及以太僕卿入都，則惟内閣報單帖如故，而六部自仁和張公以下皆以雙帖見報矣。余等于各部屬中書行人等官，皆用雙帖往返，不知起自何時，殊覺陵替，所費紙亦不少。

海瑞《備忘集》卷五 姑以手本言，本院革去有殼厚白紙餘紙矣，禁之禁之，病根尚在，本院之外能保其無用之者乎？即其用之，往往來來，而民心不一矣。古人謂：「一道德以同風俗。」府縣官即當責令製賣之家不復製賣印簿書名，時加覺察，躬行所在，而法度隨之。他如忠靖凌雲巾、宛紅撒金紙、斗糖斗纏大定勝餅桌席物、金銀紙馬、符籙等紙，先經科道題革，若刻絲補宋錦等絹，凡屬侈靡，法當嚴禁。

姜准《岐海瑣談》卷七 嘉靖初年，士大夫刺紙不過用白(鹿)[録]，如掌闊，而書簡或用顔色蘇箋。近則競用奏本白録羅文箋，甚至於松江五色蠟箋、胭脂球青花鳥格眼白録。官司年節用大紅紙爲拜帖，以至參謁饋贈無不皆然。此風起於京師勛戚之家，延及庶士，傚尤成風。往者諸生之通名上官，止用白紙揭帖而已，乃今非此目爲不恭，蓋有不得不隨風而靡者。夫上司索之府縣，府縣征之行户，無非剥民膏血，書已姓名以充獻媚之資，士民則捐己之囊，事不經之費，奢侈暴殄，以炫美觀，惡可當哉！雖邇日變用折簡，制遵復古，然紅紙之用，未始因之除省，蓋亦徒然而已！

王士禛《香祖筆記》卷一〇　宋士大夫以四六牋啓，與手簡駢緘之，謂之雙書。後益以單紙直叙所請，謂之品字封。後又變而爲劄子，多至十幅。淳熙末，朝士以小紙高四五寸、闊尺餘相往來，謂之手簡。予家所藏萬曆中先達名人與諸祖父書劄，皆用朱絲闌大副啓，雖作家書亦然。五十年來，乃易爲寸楮，日趨簡便，而古意無復存矣。

藝文

徐寅《徐正字詩賦》卷二《紙被》　文采鴛鴦罷合歡，細柔輕綴好魚牋。一床明月籠歸夢，數尺白雲覆冷眠。披對勁風温勝酒，擁聽寒雨煖於綿。赤眉豪客見皆笑，却問儒生直幾錢？

潘閬《逍遥集·句》　土牀安睡穩，紙被轉身鳴。客舍作，見劉克莊《詩話》。

王禹偁《小畜集》卷八《道服》　楮冠布褐皂紗巾，曾忝西垣寓直人。此際暫披因假日，如今長着見閑身。濯纓未識湘江水，漉酒空經六里春。不爲行香着朝服，貳車誰信舊詞臣。

釋契嵩《鐔津集》卷二〇《送章表民秘書》　紙衾蒲席誠可嗤，不計豐約但適美。

徐積《節孝集》卷五《寄張文潛》　不知今之人，誰識張縣尉？勿問胸中事，但看面上氣。【略】今兹歲且盡，爲子吟不睡。起坐却就枕，伸頭出紙被。約是三四更，老老抱雙脚。

蘇轍《欒城集》卷一二《詠霜》　江南雪不到，霜露滿山村。紙被欺氊厚，茅簷笑瓦温。

釋惠洪《石門文字禪》卷一三《玉池禪師以紙衾見遺作此謝之》　紙衾來自玉峯前，旋坼封題一粲然。便覺室廬增道氣，不憂風雨攪閑眠。就牀堆疊明如雪，引手模蘇軟似綿。擁被並鑪和夢暖，全勝白氎紫茸氈。

李新《跨鼇集》卷四《謝王司户惠紙被》　霧中楮皮厚一尺，岷溪秋浪如藍碧。山僧夜抄山鬼愁，白雪千番沍牆壁。裁成素被劣繒綺，故人聊助蘇門癖。經年鼾鼻吼蝸室，睡魔已作膏肓疾。蕭蕭散髮卧南窻，腹稿未成空費日。小兒惡寐驚踏裂，村妻手線自縫密。幸無寒泪泣牛衣，却有春温借光逸。的知非布誰識詐，沙汰襆歸安足訝。合歡若繡雙鴛鴦，出門便有連城價。世外浮華雖自許，錦爛珠光變爲土。落日南柯一夢回，斷雲流水無尋處。

王洋《東牟集》卷六《以紙衾寄叔飛代簡》　我有江南素繭衣，中宵造化解潛移。隆冬必可獨不死，分向苕溪雪闇時。

李正民《大隱集》卷七《建昌寄紙被》　擣楮爲衾被，吁江遠寄將。夜寒如挾纊，晨起訝凝霜。雅稱維摩室，增輝杜老堂。心平可高卧，蝴蝶夢飛揚。

朱松《韋齋集》卷四《三峰長老送紙被》　笑我布衾故，分君楮幅温。尚嫌肱當枕，端稱薦爲門。敗篋薪錢盡，幽窻雪意昏。痁驚雙脚暖，猶恐錦鯨存。

劉子翬《屏山集》卷一三《吕居仁惠建昌紙被》　寒聲晚移林，殘臘無幾日。高人擁楮眠，欒卷意自適。素風含混沌，春煦回呼吸。餘温偶見分，來自芝蘭室。乍舒魄流輝，忽卷潮無迹。未能澡余心，愧此一衾白。嘗聞盱江藤，蒼崖走虬屈。斬之霜露秋，漚以滄浪色。粉身從澼絖，蜕骨齊麗密。乃知瑩然姿，故自漸陶出。治物猶貴精，治心豈宜逸？平生感交遊，耳剽非無得。精神隨事分，内省殊未力。寸陰捐已多，老矣將何及！自從得此衾，夢覺常惕惕。清如夷齊隣，粹若淵騫覿。獨驚發鏗鍧，邪思戢毫忽。勿謂絶知聞，虚閑百靈集。鼎彝或存戒，韋弦亦規失。則知君子所，惠以勵蒙塞。

吕本中《東萊詩集》卷二〇《去冬以紙衾遺劉彦冲劉有詩來謝以二絶句答之》

初無一物獻高人，紙被封題意却真。想得蒙頭忘百慮，滿山風雪自成春。

錦繡堆床已不宜，芬芳淑郁又成痴。心知此被無他巧，能與山翁换好詩。

吕本中《東萊詩集》卷二〇《去歲嘗以紙被竹簡遺劉致中後爲大水所漂致中有詩以二絶句答之》

念君無愛亦無求，一室翛然冷欲秋。尚恐深居有餘念，更將衾簡委洪流。

紙被公無笑不才，兩公相繼有詩來。五更睡足天昏黑，也似他人錦繡堆。

張孝祥《于湖集》卷一〇《送紙衾韓中父》

韓郎香盡諸緣絶，壞衲篝燈供佛熏。乞與紙衾綿樣暖，撩教醉裏夢紛紜。

了知夢境皆虚妄，妄念常從夢處開。敗子道心因此夢，夢成還我紙衾來。

張孝祥《于湖集》卷一〇《再用韵》

雪中紙衾有奇趣，煖香夜作椒蘭熏。毗耶丈室本無病，天女爲散花紛紜。

雪花如席風色惡，擁被圍爐門不開。我亦窮閻車馬絶，一杯相屬望君來。

周紫芝《太倉稊米集》卷二二《次韵德莊惠南城紙衾且示妙句》 范公古遺直，富貴不自娱。平生一布衾，歲晚眠粗疎。至今鑱新銘，尚得司馬書。此老抱剛節，豈與公孫俱？乃知枯槁士，白單良復須。南城謂紙衾爲白單。衰年忍風露，蹭蹬來東吴。感君借餘温，此意知何如？青氈寄幽夢，蕙帳羞吾廬。得此林下具，爛錦不願餘。況乃粲佳句，薄袖翻明珠。恨我無蒼珉，爲君載龜趺。願與冰雪姿，卧起同卷舒。荆土作翠被，此俑無乃愚。問言擁六尺，豈不賢一襦。

陳藻《樂軒集》卷一《詠快活》 客舍寒窗月色明，紙衾展罷睡縱横。傍人正是無聊景，怪我狂呼快活聲。

趙蕃《章泉稿》卷四《初寒無衾買紙被以紓急作四絶》

平生結得楮生緣，覓句抄書日費捐。只有夜牕宜暫舍，也須包裹伴幽眠。

瑟縮從渠體尚生，不妨攲擁度天明。書生活計能消底，太息牛衣王仲卿。

度夕陰風吹戾廖，布衾如鐵念嬌兒。夜來例拜奇温賜，但覺安眠曉不知。

識字誰令勝爛奚，自應無褐更無衣。宵安亦念明朝計，兒報屋簷生早暉。

王炎《雙溪類稾》卷八《紙被行》 瑶姬不觸麒麟紅，金壺瀲灧琥珀濃。狐裘公子喜夜永，杯行暖玉煩春葱。簷頭雪花大如掌，洞房但覺春融融。豈知有客方貪睡，漏盡更闌不能寐。花紅玉白不相隨，賴有楮生爲伴侣。生家住處近麻姑，亦能幻出氷肌膚。絶嫌墨客蠅頭污，懶入官黄藏蠹魚。寧隨人意任舒卷，雖則軟美非脂韋。風姨霜女皆退舍，稍覺和氣生氍毹。梅花破雪催寒去，春回人向花前醉。女郎霧縠試輕衫，至此失時因坐廢。緑槐影底夏日長，人間只要一味涼。青奴元自不嫵媚，居然負恃能專房。秋風一夜來消息，又却見渠先棄擲。冬來復挽楮生歸，屬付蒼頭輕拂拭。用則鋪張舍則藏，喜愠未嘗形玉色。世事乘除無不然，安用動心三嘆息。

陸游《劍南詩稾》卷三六《謝朱元晦寄紙被》 木枕藜牀席見經，卧看飄雪入窗櫺。布衾紙被元相似，只欠高人爲作銘。

紙被圍身度雪天，白於狐腋軟於綿。放翁用處君知否？絶勝蒲團夜坐禪。

陸游《劍南詩稾》卷四一《龜堂雜興》 閩溪紙被輭於綿，黎峒花紬暖勝氈。一夜山中三尺雪，未妨老子日高眠。

陸游《劍南詩稾》卷五五《菴中雜書》 蒲龕久坐暖如春，紙被無聲白似雲。除却放生并施藥，更無一事累天君。

陸游《劍南詩稾》卷五五《連日暴下薾然不支戲作》 老子心如行脚僧，秋風久已辦行藤。紙衾夜夜江湖夢，小復遲留待判懲。

陸游《劍南詩稾》卷五五《霜曉》 霜有連甍白，林無一葉青。紙衾圍栗烈，風響送東丁。酒盡尊餘滴，灰深火撥星。蓬窗了無事，默坐養黄庭。

陸游《劍南詩稾》卷六三《貧居即事》 月黑梟鳴樹，燈殘鼠穴牆。牀空圍紙被，室静爇楓香。不恨言傷直，惟憂慾敗剛。回頭顧名利，百世永相忘。

真德秀《西山文集》卷三三《楮衾銘示子志道》 楮君之先，滕同厥宗。麻源湛廬，豈其分封？粤有智者，創之爲紙。傳聖賢心，衣被萬世。巧者述之，製爲斯衾。覆冒生人，厥功亦深。朔風怒號，大雪如席。晝且難勝，況於永夕。豈無纖纊，衣以厚繒。擁之高眠，可當嚴凝。井地不行，民俗所窶。終歲之厘，弗給布絮。一衾萬錢，得之曷繇？不有此君，凍者成丘。我嘗評君，蓋具四德。盎兮春温，皜兮雪白。廉於自鬻，樂於燠貧。誰其似之？君子之仁。我方窮時，惟子與處。豈如弁髦，而忍棄女？不歃而盟，偕之終身。且將傳之，于萬子孫。咨爾小子，惟素可寶。敝緼是慚，豈曰志道。奢不可縱，欲不可窮。去華務實，前哲所同。以侈致喪，何羨乎季倫之錦障？以德見欽，何陋乎温公之布衾？怵心一開，其流曷已？獸攫狼吞，實自兹始。故曰：「儉者，廉之本；廉者，行之先。」吁嗟汝曹，可不勉旃！

汪莘《方壺存稿》卷四《鵲橋仙欲雪》 倘來無定，浮生如寄，休説真非真是。道人半睡半醒時，全身在碧霄宫裏。風師四起，雲君六合，茅舍有何准擬。待他雪陣打窗來，旋披起半床紙被。

程公許《滄洲塵缶編》卷一二《工侍國史李丈奉御香禱雪上竺前一夕雪瑞已應道間志喜成詩以示敬借韵同賦》 夜窗細跋燭花紅，窗外那知雪墮空。危坐不如眠較煖，紙衾休要水沉烘。

華岳《翠微南征録》卷一〇《患瘡》　前回風疾徧身紅，布褐因燒艷火烘。兩腿熱瘡今又發，休將紙被把頭蒙。

李曾伯《可齋續藁》後卷一〇《用韵答紙衾簡雲巖》

骨胎盡出先生楮，醉夢常宜處士梅。席上雪鋪便我寢，帳中風動任渠開。

欹枕猶存舒卷聲，覆寒時與寢衣更。價廉功倍人人燠，一幅春風造化成。

劉克莊《後村集》卷五《初宿囊山和方雲臺韵》　客遊萬里踐霜冰，旦旦披衣坐待明。累黍功名成未易，跳丸歲月去堪驚。即今紙被攜尋宿，當日油幢聽報更。賴有雲臺公好事，追程來送老門生。

韓淲《澗泉集》卷二《對雪思山居之時》　煙迷南屏山，凍壓竹落磵。幽人紙被軟，卧起日已晏。藩籬鳥雀噪，亦復斷藜莧。慘淡詩未成，詩成復何患！

韓淲《澗泉集》卷六《謝黄子耕惠紙被時在錢塘乍冷無衾窘甚》　西江寒藤濯清冰，擣成楮衾起霜稜。朱門鼎食笑弗顧，只有蕙帳眠山僧。精緻不數氈毯厚，潔淨未必綾錦能。禦冬氣清神煜煜，煖老體輕夢騰騰。幽人玩之喜欲舞，可與飲水同曲肱。江夏無雙知此意，又見寒來衹布被。吴山客舍久窮愁，帝城貴家誰顧視！急呼大兒開篋箱，取以贈吾真雅遺。拂拭牀間時自思，展轉枕邊誠有愧。當如此衾堅且白，身外輕肥皆棄置。

釋居簡《北磵集》卷九《銕牛住霅隱疏石橋住淨慈同法嗣》　道北道南，自是同工異曲；難兄難弟，孰非跨竈衝樓。四蜀兩翁，一門雙駿。恭惟某人，建瓴不竭，側管徒闚。如雲無心，等一身於土木；尊法有體，重九鼎于山林。長蘆起劫灰之前，小朵在屋簷之下。袖中有東海，豈錦衣不榮故鄉？屋裡販揚州，携紙被便歸方丈。　時在本寺西堂右山門。

姚勉《雪坡集》卷一九《余評事惠龍團獸炭香瓔凫實且許以百丈山楮衾而未至》　青禽銜雲落蓬壺，風簷快讀光眉鬚。**【略】**王孫醉擁紅氍毹，楮生長揖非吾徒。藤床紙帳恰此須，能供梅花清夢無？

陳起《江湖小集》卷一九《紙被》　踈布裹敗綿，破碎錯經緯。嚴風過强弩，終夜縮如蝟。剡溪楮夫子，益友吾所畏。策勳在覆冒，周密罕傳彙。隱然萬里城，可却戎馬氣。脉髓盎春温，濁酒有醲味。直躬免拳踢，夜氣益洪毅。吴宮鳳花錦，伐命可歔欷。物微用匪薄，道在窮不諱。緼袍可終身，狐狢不足貴。

陳起《江湖小集》卷二六《紙衾三首》

碎擣霜藤月下砧，清泉瀉出篳紋勻。老翁采藥歸來晚，剪得山南半段雲。

繭面新乾帶露揉，春回斗帳伴吟愁。殘年已辦蒙頭過，風雪從教打戍樓。

一幅新裁碧澗氷，野人留客宿雲層。山房恰好松醪熟，夜半無眠話葛藤。

陳起《江湖後集》卷二四《次黄伯厚惠紙衾韵》　冷浸溪藤松下月，密緘遠寄袁安雪。忍蹴茸茸一逕氈，依約江行曉時節。

謝枋得《疊山集》卷一《謝張四居士惠紙衾》　何年擣玉楮，瑩潔無滓垽？清興厭純綿，安有塵可振。夜卧白晝中，氷雪心不紊。夢覺梅花香，爐紅絶煙熅。疑到玉皇前，俯視日月暈。人間羅綺帳，何異錦覆糞！吾慕忍寒人，從師游魯隣。爵禄不可辭，高舉已在汶。獨憐無褐民，茅簷凍欲僨。大裘正萬丈，德心欠廣運。天下皆無寒，孔孟有素藴。願與物爲春，衾鐵吾不愠。以君志趣高，惠我無俗韵。縞帶報紵衣，僑札真契分。

謝枋得《疊山集》卷一《乞紙衾》　避世知無地，危身只信天。寧持龔勝扇，不着挺之綿。養性真同道，知心有宿緣。紙衾加惠絮，晴日卧雲邊。

謝枋得《疊山集》卷三《謝人惠紙衾啟》　平生真實，不爲布被之欺；雅志孤高，亦有紙衾之惠。寢興知感，寤寐難忘。切以荃壁藥房，薄塵寰之帷帳；蓉裳蘭佩，笑濁世之綺羅。觀騷人之清修，乃至士之法則。獨無奇服，如此寢衣。服木質之氛埃，真成玉楮；敷竹床而瑩潔，無異瑶臺。近而南浦之名儒，遠而西川之耆俊。儉於奉己，銘以示人。某最厭黄紬之矜夸，未見青綾之華煖。雄心英氣，尚有寢獸皮之言；義膽忠肝，不聽泣牛衣之語。得此琪圃瓊林之物，稱其玉壺泳壑之懷。何須柳絮以鋪氈，恐有梅花之入夢。精神愈爽，思慮無涯。物外獨清，疑是卧袁安之雪；室中生白，宛然宿杜老之雲。恭惟某人，睡不抛書，寢猶思學。喜留詩客，醒常擕枕簟而遊；静聽鐘聲，卧不覺衣裳之冷。某共承珍貺，願廣德心。因鐵衾而歌千間，儻遂庇寒之志；得布裘而長萬丈，必無不煖之民。

謝枋得《疊山集》卷五《謝惠楮衾》　吴宮金蹙鳳花綾，春暖熏籠換水沉。那似冰橋楮夫子，滿牀明月解微吟。

釋文珦《潛山集》卷五《江山縣旅夜》　江郎峯頭雲漠漠，江郎廟前風雨作。路傍古寺不可棲，破屋殘僧情味惡。重尋野店度前林，夜寒無奈春衣薄。慚媿主人能會意，地鑪爇火深相慰。何似山中夢覺時，紙被蒙頭聽松吹！

釋文珦《潛山集》卷九《身老》　身老心仍懶，深棲樂此園。飲冰難變節，卧雪不開門。八尺藜牀輭，三重紙被温。傷懷惟一事，凍破石陶尊。

薛嵎《雲泉詩·松岡過許峯送葬》 此行吟更苦，哭舊萬山深。處士花猶昔，何人詩在今？奉親無旅況，對佛動慈心。霜夜增寒思，半牀安紙衾。

趙必瑑《覆瓿集》卷一《懷梅水村十絶用張小山韵》 紙衾如水夢難成，抱膝燈前讀《北征》。懊恨鴈來無箇字，海雲千里雨溟溟。

舒岳祥《閬風集》卷九《無題》 緑樹陰中春雨過，乳鴉聲裏曉寒生。紙衾木枕清如水，暗想山城又殺更。

劉詵《桂隱詩集》卷四《彭琦初用坡翁紙帳韵惠建昌紙衾次韵二首爲謝》

雪綿揉碎密縈連，清卧梅花性更便。茸煖何須蠻客帳，座寒但少廣文氈。窗升紅日那知曉？夢壓白雲疑近天。但恐少陵茅屋漏，雨宵沾破不成眠。

盱溪水暖楮藤連，練作雲衾與老便。補幅全勝羊續布，裹身疑是鄧侯氈。温欺枲絮娱霜夜，潔與梅花共雪天。要識故人投贈意，可貪一暖但高眠。

陳宜甫《秋巖詩集》卷下《賦紙被呈王克齋同知》 楮糜秋水滑，造出已端方。一片雪如席，幾多春滿床。梅花頻有夢，龍腦不沾香。只抱天然白，綺羅難久長。

侯克中《艮齋詩集》卷一四《晚興》 林外孤岑倚暮烟，江頭羈旅問歸船。丹心有素人誰信？白首無成我自憐。笑舉匏尊邀月飲，醉和紙被裹雲眠。幾時拂袖三峯上，玉井閒看十丈蓮。

謝宗可《詠物詩·紙衾》 霜搗谿藤一幅新，醉來高卧付詩人。松床夜煖雲生席，蕙帳香融雪滿身。翡翠多情嫌寂寞，鴛鴦無分樂清貧。枕邊不作紅塵夢，睡足梅花玉洞春。

葉顒《樵雲獨唱》卷二《雲顛山人紙衾吟》 楮柏霜華細，藍田玉色鮮。全無針線迹，寧費綺羅錢！照席凝氷潔，鋪床奪錦妍。卷舒皆自在，表裏出天然。瑩徹明無滓，温柔軟勝綿。姜公聞必喜，杜甫見還憐。素質誠無讓，紅塵已斷緣。銀屏非等伍，石枕慣周旋。野客深相結，豪家定棄捐。不勞寒女織，唯稱老夫眠。光彩生虚白，真純絶外鉛。陽生春浩浩，暖快腹便便。蓋覆功非淺，清虚理不偏。致身天地外，迥出羲皇前。睡去山雲熱，情空海月圓。梅花頻入夢，香影繞林泉。瓊姬亦垂顧，丰姿美嬋娟。邀我登廣庭，恍惚游鈞天。天風雜環珮，上謁瑶華仙。遺我不死藥，授我長生篇。使我顔色好，犀齒還榴編。蒼容返朱唇，緑鬢垂華顛。方瞳復如漆，碧沼浮疎蓮。從玆久住世，遊戲三千年。我聞而喜忽驚寤，但見清虚滿室月白雲翩翩。

葉子奇《草木子》卷四 徐大山，江西人。尹處州龍泉縣。嘗有一僧獻一楮衾，并上以詩曰：「寒泉瀉出剡溪藤，白勝秋霜冷若冰。願比一廉清似水，梅花紙帳伴孤燈。」

張昱《可閒老人集》卷四《紙被》 閒眠受用剡藤香，不比行雲惱宋郎。月裏楊花終夜落，雲中蝴蝶過春狂。象牀繡枕知難稱，道館僧房或可當。還是夢中風景别，東華塵土久相忘。

鄧雅《玉笥集》卷四《楮衾用貫酸齋蘆花被韵》 楮衾如雪絶纖塵，穩卧還須藉布茵。一片白雲松下榻，五更明月夢中身。惟應紙帳堪同調，祇恐梅花亦笑貧。贏得素風含混沌，夜寒一煦便回春。

藍仁《藍山集》卷三《紙被》 采得仙巖不老藤，蒸雲煮雪搗輕氷。光浮一片崑山玉，煖壓三冬内府綾。衣被生靈真有道，卷舒明晦亦堪徵。衰年朽骨寒尤甚，自擁蒙頭到日升。

管時敏《蚓竅集》卷六《紙被》 萬杵霜藤練色匀，卷舒一幅浄無塵。梨花夜暖雲迷夢，柳絮春寒雪滿身。未恠青綾能見妬，也勝白氈尚欺貧。五更聽徹金門漏，得似山林晏起人。

王冕《竹齋集》卷中《紙衾》 楮衾能潔白，孤卧得平安。作客心如水，纏身雪作團。吴綾爛花草，蜀錦動螭鸞。未必清如此，那堪慰考槃！

胡奎《斗南老人集》卷四《題楮衾歌》 任公子，釣鼇龍伯宫，爛爛五色雲，飛出榑桑東。海若天吴失顔色，河東美人織不得。并刀剪斷紫霞綃，八繭吴蠶空自白。仙人王子晉，騎鶴來人間。手卷錦鯨去，東入蓬萊山。相逢會稽楮，共聽西窻雨。滿牀蝴蝶花片飛，夢中笑殺秦川女。何人視草白玉堂，青綾夜對官燭光。豈如蓬萊山人醉眠日丈五，獨擁八天谿藤霜。

龔詡《野古集》卷上《詠紙被》 紙衾方幅六七尺，厚軟輕温膩而白。霜天雪夜最相宜，不使寒侵獨眠客。老夫得此良多年，舊物寶愛同青氈。不論素爛出南海，豈羨文錦來西川？受用將圖此生過，爭柰義孫要與阿翁相伴卧。阿翁夜夜苦丁寧，莫學惡睡驕兒輕踏破。

徐寅《徐正字詩賦》卷二《紙帳》 幾笑文園四壁空，避寒深入剡藤中。誤懸謝守澄江練，自宿嫦娥白兔宫。幾疊玉山開洞壑，半巖春霧結房櫳。針羅截錦饒君侈，爭及蒙茸煖避風。

釋齊己《白蓮集》卷一《夏日草堂作》 沙泉帶草堂，紙帳卷空床。靜是真消息，吟非俗肺腸。園林坐清影，梅杏嚼紅香。誰住原西寺？鐘聲送夕陽。

王禹偁《小畜集》卷一〇《夜長》 後樓前閣五嚴更，顔髩侵人睡漸輕。病眼已甘書冊廢，愁腸猶取酒杯傾。風摇紙帳燈花碎，日照氷壺漏水清。吟盡舊詩猶展轉，百迴移枕未天明。

楊傑《無爲集》卷七《山房枕上作》 十里溪源尋未見，忽逢茅屋白雲堆。竹牀紙帳睡正穩，無奈野猿驚覺來。

蘇軾《東坡全集》卷三《自金山放船至焦山》 困眠得就紙帳暖，飽食未厭山蔬甘。

蘇軾《東坡全集》卷三《紙帳》 亂文龜殼細相連，慣卧青綾恐未便。潔似僧巾白氎布，暖於蠻帳紫茸氈。錦衾速卷持還客，破屋那愁仰見天？但恐嬌兒還惡睡，夜深踏裂不成眠。

蘇軾《東坡全集》卷三〇《和參寥》 芥舟只合在坳堂，紙帳心期老孟光。不道山人今忽去，曉猨啼處月茫茫。

蘇軾《東坡全集》卷一九《贈月長老》 蒲團坐紙帳，自要觀我身。

蘇轍《欒城集》卷四《和柳子玉紙帳》 夫子清貧不耐冬，書齋還費紙重重。牕明曉日從教入，帳厚霜飇定不容。京兆牛衣聊可藉，公孫布被旋須縫。吴綾蜀錦非嫌汝，簡淡爲生要易供。

蘇轍《欒城集》卷一〇《山房》 岸幘携筇夜夜來，蒲團紙帳竹香臺。直須覓取僧爲伴，更爲開菴剷草萊。

蘇轍《欒城集》卷一一《次韵毛君燒松花》 茅庵紙帳學僧眠，爐爇松花取易然。唯有未能忘酒在，手傾金盞斸垂蓮。

李廌《濟南集》卷四《夜坐》 且喜屋無穿隙雪，未愁漏盡滿韝霜。紙幃布被從牢落，賴有希牙齒頰香。

釋道潛《參寥子詩集》卷二《建隆秋夜》 娟娟雲月照窗扉，紙帳形開夢覺時。庭下風篁自成韵，吹簫安用玉人爲。

釋道潛《參寥子詩集》卷一一《次韵李端叔題孔方平書齋壁》 萬事年來即罷休，心縈雲水尚追求。草堂早晚投君宿，紙帳蒲團不用收。

郭祥正《青山集》卷二六《冬》 黃昏鳥飛絶，夜半猿啼切。紙帳寒不眠，開門數點雪。

郭祥正《青山集》卷二七《桐城青山裴山人枉步見尋興盡遽歸》 門外青山是我山，手攜筇杖只今還。巖花落盡鶯啼懶，紙帳孤燈夢亦閒。

饒節《倚松詩集》卷一《潤屋軒詩》 客來坐胡床，紙帳卷輕皺。

李之儀《姑溪居士前集》卷一一《訪瑫上人值喫葱茶》 軟火明窗紙帳低，一聲初報午來雞。葱茶未必能留坐，爲愛高人手自提。

鄒浩《道鄉集》卷九《簡仲益求紙帳》 紅錦暖籠樽酒後，絳紗輕覆簡書前。懸知紙帳君無用，斥與邊韶助晝眠。

謝逸《溪堂集》卷五《以水沉香寄呂居仁戲作六言》 紙帳竹窗夜永，蒲團棐几人閑。萬籟聲沉沙界，一爐香裊禪關。

毛滂《東堂集》卷二《立秋日破曉入山携枕簟睡於禪静庵中作詩一首》 西風初起無人鄉，雲深萬籟含清商。山容便與新秋浄，稻花已作豐年香。斷蟬抱柳咽殘月，卧霞排霧通朝陽。過橋寺影出疎木，入户竹色來低牆。蒲團紙帳兩寂寞，獨有老檜磨風霜。東堂老子喜睡人，來借一榻樂未央。

毛滂《東堂集》卷五《賀豐待制移杭州啓》 伏審光奉天恩，寵移藩鎮。雖尚淹於外補，已少慰於輿情。竊謂餘杭爲東南之大州，太守必左右之近侍。【略】棠陰聽訟，不妨具足之真如；紙帳安禪，誰識縱横之妙用？坐馳此道，行安斯人。

李若水《忠愍集》卷三《睡覺》 布衾紙帳餞殘冬，老眼俄驚曉日紅。好夢追尋忘首尾，但聞窗外竹摇風。

李綱《梁谿集》卷一八《白公草堂》 樂天平生不可及，謫官乃作廬中集。香爐峯下結草堂，石屏紙帳隨時給。維摩丈室亦何有？天女散花空結習。何須江上聽琵琶？泫然淚滴青衫濕。

李綱《梁谿集》卷二二《山居四詠·紙帳》 潔如白疊軟於氈，縠浪龜紋細結聯。雅稱獨欹斑竹枕，最宜深炷紫沉煙。斜風細雨吴綾暖，萬草千花蜀錦鮮。何似禪房褚夫子，日高覆幬擁衾眠。

李光《莊簡集》卷七《連夕大寒示隣士》 紙帳蒲團度厄年，一菴聊可寄深禪。隔窗要聽芭蕉雨，襆被須來對榻眠。

曹勛《松隱集》卷一五《謝楊監丞雪中送羊羔酒》 紙帳熏爐今已矣，解嘲得免繼前修。

陳與義《簡齋集》卷六《小閣晨起》 紙帳不知曉，鴉鳴當吾興。開牕面老松，相對寒崚嶒。

張嵲《紫微集》卷七《十二月二十一日贈沃令》 訟庭無事長苔衣，卧聽松風白晝遲。紙帳亂紋龜殼皺，道衫深緑鶴翎垂。塵犀揮處論前史，香篆銷時理秘辭。官長既閒春亦早，玉梅初綻兩三枝。

王洋《東牟集》卷六《徐思遠趙大猷寄梅以詩謝之次韵》 蒲團紙帳老生涯，只看新詩勝看花。遥解知君得詩處，竹籬茅舍兩三家。

李流謙《澹齋集》卷三《題覺庵》 此人此庵何地著？蒲團紙帳睡未足。百蟲薨薨殘月白，六窗玲瓏境超廓。箇中自有真消息，兔走君前君不知。

韓駒《陵陽集》卷一《湖南有大竹世號貓頭取以作枕仍爲賦詩》 湖南人家養貍奴，夜出相乳肥其膚。【略】茆齋紙帳施團蒲，與我同歸夜相娱。更長月黑試附卧，鼠目尚爾驚睢盱。

朱翌《灊山集》卷二《五更不睡》 擂罷城頭鼓，膏凝燭下檠。窗留三尺月，纊挾五更寒。事事華巾結，年年紙帳寬。梅花正好在，青女莫摧殘。

王庭珪《盧溪文集》卷一七《頤軒》 門外紅塵走客車，閉門風月下簷隅。南山霧雨宜藏豹，東海龍芻試秣駒。竹几蒲團消永日，銅爐紙帳夢清都。靈龜隱處無人識，似置寒冰在玉壺。

阮閱《郴江百詠・崇毅寺》 城外招提竹隱門，更無一點利名塵。蒲團紙帳松窗下，却有安禪藏卷人。

張元幹《蘆川歸來集》卷六《浣溪沙夜坐》 曲室明牕燭吐光，瓦爐灰煖炷飄香。夜闌茗椀間飛觴。坐穩蒲團憑棐几，熏餘紙帳掩藜床。箇中風味更難忘。

張元幹《蘆川歸來集》卷七《好事近》 華燭炯離觴，山吐四更寒月。公子唾花枝玉，盡一時豪傑。三冬蘭若讀書燈，想見太清絶。紙帳地爐香煖，傲一牕風月。

胡寅《斐然集》卷一《紙帳》 細皺卷寒波，輕明籠白霧。何以相徘徊？歲晚正凝沍。枕欹一尺竹，被展幾幅布。賢哉楮先生，不以貧不顧。夜玉凰紅綃，羞澁强自賦。書生説富貴，志士安貧素。風驚銀海潮，春在明月庫。先生睡方濃，不覺糟床注。

鄭剛中《北山集》卷一一《清明前十日大雪》 五花素色逼窗簷，紙帳重將布被添。天爲韶陽太妖冶，故令翦水作清嚴。

鄭剛中《北山集》卷二二《春晝》 深村春晝永，事事不相關。花少蜂蝶瘦，水清鷗鷺閒。栢香熏紙帳，竹枕傍屏山。付與脩然夢，樂哉天地間。

馮時行《縉雲文集》卷一《紙帳》 野人抄谿苔，十幅圍秋風。缺月窺我床，皎皎一室空。錦繡開華堂，坐挾不賞功。戮辱在其後，居然是樊籠。先生於此間，微吟和寒蛩。須臾寢不夢，覺來日升東。

馮時行《縉雲文集》卷二《寓棲隱僧舍讀書》 茅竹無錢結翠霞，歸來棲止梵王家。夜窗聽雨翻書葉，曉研凌霜注井花。已隔朱樓安管鑰，獨尋碧磵問津涯。蘆簾紙帳門如水，兀坐蒲團事不賒。

張孝祥《于湖集》卷一〇《和如庵》 飛蛾撲撲誤占燈，火色何人要上騰。我已澹然忘世味，蒲團紙帳只依僧。

周紫芝《太倉稊米集》卷三八《紙帳二首》

雪帳垂空萬事休，醉來高枕竹猫頭。不知金谷園中障，輸與儂家幾百籌？

荆王翠羽衾中夢，太尉銷金帳裏歌。若以道人銀色界，雖無歡笑亦無魔。

史浩《鄮峰真隱漫録》卷二《題蝸室》 平生喜善類，遇之以青目。廣厦千萬間，帡幪未渠足。唯予自棲身，三椽乃蝸縮。問之何爲然？知足常不辱。人生天地間，渺然如一粟。侈心纔動摇，曷厭溪壑欲！紙帳煖有餘，蒲團眠易熟。神遊萬物表，不慮此局促。門外競軒冕，卑哉蠻與觸。

史浩《鄮峰真隱漫録》卷五《次韵劉國正再賦》 去臘尋幽良獨難，杖藜何處見斕斑？江村籬落雪晴路，水月池臺春近山。紙帳朦朧來醉裏，人家依約在林間。西湖處士君今是，月曉多應獨自攀。

吴儆《竹洲集》卷一七《寄題鄭集之醉夢齋》 梅花霜雪姿，紙帳蔬筍臭。問君有何好？甘作老鰥叟。窮狀徒纍纍，舊債長負負。猶如荷旃人，難論純綿厚。但問雪煎茶，何如羊羔酒？

王質《雪山集》卷一四《銀山寺和宗禪師四季詩・春》 但聽清圓不覺喧，松牀紙帳坦便便。草深雉子争烘日，樹煖蜂鶵懶趁烟。無事石頭頻打睡，有時村店蹔逃禪。尋花問柳山前後，隱隱鐘聲暮已傳。

王質《雪山集》卷一四《銀山寺和宗禪師四季詩・冬》 夾徑長松耐凛冬，隨溪覓路杳無窮。曉霜易滑荆橋上，朔雪難侵紙帳中。溪冷無魚供酒客，林荒有鹿伴樵翁。江湖水濼多蘆葦，不異飄鴻泊野風。

王質《雪山集》卷一六《前調聽琴》 紙帳梅花，有叢桂，又有脩竹。是何聲，雪飄遠渚，泉鳴幽谷？紅蓼白蘋須拂袖，餘音尚帶清香馥。挽素娥青女，問飛瓊，誰家曲？

陳傅良《止齋集》卷七《除夜宿處州天寧寺》 人言老去不如初，我愛初心老轉無。懶向門前題鬱壘，喜從人後飲屠蘇。杯盤甚簡眠須早，禮數多寬拜要扶。況復躬躬僧紙帳，雞人不聽禁庭呼。

樓鑰《攻媿集》卷四《泉口浄明院晝寢》 沙頭古招提，往來幾經行。茲來當春晝，解衣愒西楹。玉立青琅玕，小牕虛且明。紙帳白如雪，牀輭枕更平。

虞儔《尊白堂集》卷一《脚婆子》 着瓦霜威重，侵牕月色昏。相依紙帳夢，猶勝火爐蹲。

虞儔《尊白堂集》卷二《新糊小室明簾戲書》 先生丈室浄無塵，白紙糊簾莫笑貧。夜静風嚴褰不動，朝來雪積欲争新。圍爐只用深藏火，隱几還應煖似春。紙帳一床餘紙被，不妨更作獨眠人。

曾豐《緣督集》卷四《壽廣東提舉韓判院》 君不見天上之老人，夜夜增芒爛如銀。又不見柱下之老子，年年换骨輕如紙。【略】雅懷信在蓬壺島，非要瓊芝與瑶草，公原自有長生道。藤床紙帳二十年，上至泥丸下丹田，孰非可爲地行仙？

蔡戡《定齋集》卷一八《丁未立春日讀白樂天浩歌行不覺身年四十七之句時方悼亡有感而作》 不覺身年四十七，此身雖在鬢如霜。平生意氣空摧索，老去功名付渺茫。愁裏不知佳節至，尊前那復少年狂？梅花紙帳焚香坐，感舊傷懷淚兩行。

蔡戡《定齋集》卷一九《燈夕不出偶成》 晚歲光陰只自驚，眼中樂事數何曾？雕鞍繡幰多游子，紙帳蒲龕一病僧。塵翳掃除方寸地，光明散作百千燈。維摩丈室跏趺坐，千息調匀唤不譍。

楊萬里《誠齋集》卷八《戊戌正月二日雪作》 夢回紙帳怪生寒，童子傳呼雪作團。已被曉風融作水，頭巾不裹起來看。

楊萬里《誠齋集》卷一一《雪夜候迎使客》 六花不放一塵生，晴後猶餘十日凝。新月未光輪與雪，夜風儘冷只留冰。候迎銀漢槎頭客，挑盡玉蟲窻下燈。紙帳蒲團地爐煖，自憐不及草菴僧。

楊萬里《誠齋集》卷一四《戲題常州草蟲枕屏》 黄蜂作歌紫蝶舞，蜻蜓蚱蜢如風雨。先生晝眠紙帳温，無那此輩喧夢魂。眼中了了華胥國，蜂催蝶唤到不得。覺來忽見四摺屏，野花紅白野草青。勾引飛蟲作許聲，何緣先生睡不驚。

陸游《劍南詩稾》卷七《雨》 映空初作繭絲微，掠地俄成箭鏃飛。紙帳光遲饒曉夢，銅鑪香潤覆春衣。池魚鱍鱍隨溝出，梁燕翩翩接翅歸。惟有落花吹不去，數枝紅溼自相依。

陸游《劍南詩稾》卷九《道室晨起》 紙帳晨光透，山爐宿火燃。雞鳴猶喔喔，鴉起已翩翩。形槁寒巖木，心凝古澗泉。何須更臨鏡，斷是一癯僊。

陸游《劍南詩稾》卷一一《夜坐》 老知世事謾紛紛，紙帳蒲團自策勳。一夜北風吹裂屋，石樓無耳不曾聞。

陸游《劍南詩稾》卷一三《醉眠曲》 老夫暮年少嗜好，但願無事終日眠。斜風急雨勢方横，低窻小閣且幽妍。爐紅酒緑足閒暇，橙黄蟹紫窮芳鮮。一盃一盃意忽倦，徑撥紙帳投蠻氈。鼻間鼾聲欲撼屋，手中書册正墮前。不知投事白中聖，那惜門生嘲腹便？

陸游《劍南詩稾》卷一四《睡》 紙帳青氈暖有餘，昏昏信脚到華胥。凍醪有力勸推挽，春茗無端苦破除。半熟擁衾聞急雨，乍回推枕覓殘書。

陸游《劍南詩稾》卷一四《禪室》 早誇劇飲無勍敵，晚覺安禪有宿因。赫赫心光誰障礙，緜緜鼻息自輕匀。蒲龕紙帳藏身穩，香椀燈籠作夢新。勿爲霜寒憶温暖，少林立雪彼何人？

陸游《劍南詩稾》卷一四《冬夜》 窮巷蕭條早閉門，北窻燈火夜昏昏。老于俗事不挂眼，愁憶故人空斷魂。急雪打窻飛礫細，狂風卷野怒濤翻。土牀紙帳寒無寐，彊把村醪不厭渾。

陸游《劍南詩稾》卷一五《齋前獨坐戲作》 閉户學僧坐，頹然遺世情。虚窻鵠飛影，枯葉犬行聲。雪擁杉灰煖，雲垂紙帳明。清饞不可耐，一笑聽華鯨。

陸游《劍南詩稾》卷一六《獨夜》 城上長更續短更，江平天迥雁方征。燈明紙帳雪霜色，火熟銅瓶風雨聲。濁酒未傾心已怯，細書時讀眼猶明。蕭然一室平生慣，纛下何須擁萬兵。

陸游《劍南詩稾》卷一九《大風》 初聞澒洞怒濤翻，徐聽駿驊戰馬奔。紙帳蒲團坐清夜，恍如身在若耶村。

陸游《劍南詩稾》卷一九《東齋夜興》 山城殘角伴疎鐘，擁褐頹然一病翁。紙帳燈明蹙龜甲，銅瓶火熟起松風。雨來尤覺睡味美，酒後不知愁思空。

陸游《劍南詩稾》卷二五《贈鏡中隱者》 小築林間避世紛，不妨野叟是知聞。來遊喜有櫬迎我，歸卧豈無雲贈君？得鹿夢回初了了，吠獒聲惡尚狺狺。從今雪夜頻相過，紙帳蒲團要策勳。

陸游《**劍南詩稾**》**卷二八**《**十月下旬暄甚戲作小詩**》 老怯霜風晝日眠，素屏紙帳擁鑾氊。爲君小試回春手，便似暄妍二月天。

陸游《**劍南詩稾**》**卷三三**《**雨中熟睡至夕**》 擁爐聽雨生睡思，澀眼昏昏惟欲閉。丈夫少壯要自力，飽食養慵真可媿。我今不睡欲何爲？常恐兒曹落吾事。鑾氊紙帳方施行，五鼎八珍無此味。

陸游《**劍南詩稾**》**卷三六**《**菴中夜興**》 示疾維摩無侍者，夜闌自掩草菴門。有情梅影半窗月，相應雞聲十里村。紙帳擁衾尋斷夢，地爐撥火煖殘樽。扶衰又踐新春境，萬事元知不足論。

陸游《**劍南詩稾**》**卷四四**《**冬夜**》 北斗挂屋角，西風驚雁羣。山寒歲云莫，人静夜中分。酒滴糟牀雨，香生紙帳雲。眼花書課減，舊學失鋤耘。

陸游《**劍南詩稾**》**卷四八**《**夜雨**》 吾詩滿篋笥，最多夜雨篇。四時雨皆佳，莫若初寒天。紙帳白于氊，紙被輭于綿。枕傍小銅匜，海沉起微煙。是時聞夜雨，如絲竹管弦。恨我未免俗，吟諷勤雕鐫。南朝空堦語，妙出建安前。意謂奪造化，百世莫比肩。安知梧桐句，乃復與竝傳。夜雨何時無，奇語付後賢。

陸游《**劍南詩稾**》**卷四九**《**枕上**》 送盡小窗月，數殘孤戍更。清詩時自至，幽夢久方成。衣杵斷還續，燈花落復生。細衾臢得暖，紙帳不知明。

陸游《**劍南詩稾**》**卷七三**《**霜夜**》 土牀紙帳卧幽寂，枕上細聽城上更。榾柮燒殘地爐冷，喔咿聲斷天窗明。風霜欲透艸茨屋，鹽酪不下薺糝羹。猶恨扶犁老無力，向來枉是請躬耕。

陸游《**劍南詩稾**》**卷七四**《**歲莫**》 書房偷得蝸廬樣，僅僅能容老病身。紙被蒙頭方坐穩，却愁轉眼又新春。

陸游《**劍南詩稾**》**卷七八**《**仲秋書事**》 心明始信元無佛，氣住何曾别有仙？領取三山安樂法，蒲團紙帳過年年。

劉應時《**頤菴居士集**》**卷下**《**祐上人製紙帳作詩謝之**》 老來何物是生涯，一榻翛然亦自佳。睡裏山禽弄霜曉，夢回明月上梅花。頗知常侍嫌烏布，未羡先生坐絳紗。最愛灑牕風雪夜，道人施法復何加？

張鎡《**南湖集**》**卷五**《**冬日**》 半空飛雨整還斜，翳日遊雲散復遮。七字吟情書柿葉，一年心事約梅花。關門人識陶潛室，静坐自疑龐蘊家。紙帳蒲龕方用事，更須何物作生涯？

張鎡《**南湖集**》**卷六**《**長至前夕書寄陸嚴州**》 銅爐熟火暖無烟，一盞清燈紙帳邊。遲睡頗如除夜景，新陽方幸好晴天。詩成水閣梅堪折，信斷山城鴈不傳。

裘萬頃《**竹齋詩集**》**卷三**《**睆山紙帳送宋居士**》 翦裁不惜褚先生，要護高人雪屋眠。只恐鶴書催起去，長留空帳北山巔。

魏了翁《**鶴山集**》**卷一〇**《**十日夜聞風聲**》 雪盡冰澌涕亦晴，布衾紙帳復求成。卷書擬續前宵夢，一夜狂風撼户聲。

華岳《**翠微南征録**》**卷六**《**紙帳劉大紙帳詩者絶矣鄧五九兄以劉丈命來索詩因次軸間韵**》 主人氷雪灑胸襟，買宿銀城不計緡。春草有詩皆白雪，秋毫無夢到紅塵。月娥好作雲間侣，風伯不寒氷下人。更喜五更窻外月，梅梢分得一枝春。

鄭清之《**安晚堂詩集**》**卷八**《**再和**》 香浮紙帳夢欲醒，影到窻紗月移石。爲梅著語將無同，左袒孤山未爲得。

史彌寧《**友林乙稿・紙帳**》 高卧羲皇萬慮空，吟懷剥落杳無蹤。恨渠紙帳鬬詩夢，勾引梅花攪一冬。

包恢《**敝帚藁畧**》**卷八**《**壽家君克堂先生**》 布衾紙帳間，瑩若氷雪姿。自從知止後，何思復何爲？但願主益聖，比肩皆臯夔。

李曾伯《**可齋雜藁**》**卷二七**《**和傅山父小園十詠**》 一室掃除才斗許，幾番醉夢與梅清。琱戈翠節成何事？紙帳蒲團了此生。

李曾伯《**可齋雜藁**》**卷二八**《**和闕幹雪中韵**》 夜來白鳳下天潢，幻得人間玉樣光。萬里園林變春景，幾家籬落失秋香。黄紬歌枕水爲骨，紙帳吟梅鐵作腸。争似城南老夫婦，地爐相對擁蒲穰。

李曾伯《**可齋雜藁**》**卷二九**《**久雨之餘隔窻聞雪簡書院諸丈**》 雨覆雲翻越月餘，苦疑滕六欠工夫。倏敲窻竹清成玉，細剪簷花碎作珠。【略】地爐紙帳盃行了，呼起詩翁爲撚鬚。

李曾伯《**可齋續藁前**》**卷六**《**題推篷梅軸**》 重羞籌鼎供，醉夢紙帳傍。賴君潤色之，着我懷袖藏。

李曾伯《**可齋續藁後**》**卷一〇**《**道間梅花可愛風後無復存者**》 可恨封姨妬雙玉，飄殘羽袂委泥塗。香餘江路詩傳甫，影落孤山仙去逋。桃李兒曹從後我，竹松朋友肯疎吾。夢回紙帳身爲蝶，留得掀篷數尺圖。

劉克莊《後村集》卷五《和方孚若瀑上種梅》 瀑映梅花何所似？蚌胎蟾彩浴寒江。夢回東閣頻牽興，吟到西湖始豎降。雪屋戀香開紙帳，月窻憐影掩書缸。若將漢晉間人比，不是淵明即老龐。

劉克莊《後村集》卷七《記夢》 父兄誨我髫髦初，老不成名鬢髮疎。紙帳鐵檠風雪夜，夢中猶誦小時書。

劉克莊《後村集》卷二〇《浪淘沙》 紙帳素屏遮，全似僧家。無端霜月闖牕紗。喚起玉關征戍夢，幾疊寒笳。歲晚客天涯，短髮蒼華。今年衰似去年些。詩酒新來俱倚閣，孤負梅花。

韓淲《澗泉集》卷一《雪中》 雪映山牕白，竹爐殘葉灰。寒垂紙帳低，起坐百念催。推枕理吾夢，栩栩鼻如雷。覺來神氣中，平旦陽明開。

韓淲《澗泉集》卷一〇《夜坐雨聲》 山静蕭蕭吹雨聲，葉爐無火有燈檠。潛神試數出入息，專氣不聞長短更。坐定布衾疑地煖，起遲紙帳失天明。年來白髮身爲老，《齊物》篇成亦强名。

韓淲《澗泉集》卷一八《次韵子似梅花》 時時覓句與香逢，看見春風上玉容。興熟歸來眠紙帳，夢魂何處有詩窮？

方岳《秋崖集》卷四《宿不老山》 借得松風一覺眠，旋燒枯葉煮山泉。人間蟻蛭王侯夢，不到梅花紙帳邊。

方岳《秋崖集》卷四《題鄭尉愛山樓·其二》 三間屋與佛同住，紙帳梅花烟雨寒。有客肯來清話否？上樓借與好山看。

方岳《秋崖集》卷八《立春》 花柳胚胎午夜風，一尊聊與破紅封。醉餘安用淄澠口，妙處元無涇渭胷。紙帳不知寒浩蕩，銀幡自愛雪鬔鬆。小樓認得春來處，晴靄蒼茫南北峯。

劉黻《蒙川遺稿》卷一《謝惠笋》 飢腸數日吼，往往茄莧争。幽人盻寂寥，餉我慈竹萌。斑斑未離裲，白下莫與京。寒泉煮青茆，手調玉版羹。招僧招不來，貰酒乃獨烹。茄莧避三舍，紙帳午夢寧。

姚勉《雪坡集》卷一六《雪窻》 地爐宿松火，紙帳横梅枝。春蟲撲蔌蔌，惟有蒲團知。

文天祥《文山集》卷二《紙帳》 紙帳白如雪，上有坐客影。一白不自由，黑光蕩無定。人倦影已散，依然雪花瑩。須臾秉燭眠，相忘心目静。

陳著《本堂集》卷二《傷春》 杜鵑非是翠芳殘，底事年年叫出山。紙帳竹牀

清到底，不堪聲入夢魂間。

陳著《本堂集》卷七《入城似吴竹溪》 投眠方丈室，爲趁午潮差。父執子愛我，客身心是家。夜牀安紙帳，曉枕夢梅花。早作臨溪别，此情天共涯。

陳著《本堂集》卷二〇《次韵弟觀似單君範》 聚忽如萍散忽雲，今朝得見滿腔春。詩書有味兵前友，官府無名天上人。相對兩窮清白日，不交一語到紅塵。梅花紙帳寒初試，儘可留連示病身。

陳著《本堂集》卷二一《次韵弟茝醉中示弟觀》 六十家婆八十翁，此心無事便融融。肉香韭甲磁盆内，蝶夢梅花紙帳中。自道乾坤無俯仰，誰知否泰是窮通！出門一笑春風闊，孤鶴横天忽自東。

陳著《本堂集》卷二一《十月十二日到慈雲見去歲與齡叟詩因次韵》 短筇敲路又投西，滿眼皆詩不用題。風撼樹聲如海怒，天鋪雪意放雲低。自憐白髮貂裘敝，欲借紅爐紙帳棲。記取年年此時節，兩翁一醉笑扶攜。

陳著《本堂集》卷二一《次韵戴時芳病中》 平生英氣欲摩天，晚節逢罹却自憐。紙帳謾移春夢枕，晝叉難繼日支錢。那知病及窮韓愈，肯把貧謀富計然。但得身安字堪煑，寄聲自有故山鵑。

陳著《本堂集》卷二六《贈僧仁澤解后以數語舒明遠之子》 温温白玉璞，楚楚秋蘭香。胡爲乎此中？紙帳栢子房。詩書豈不仁？宿念落渺茫。况有白髮親，朝露争餘光。時復一回首，雲飛青天長。人生能幾何？世事那能量！不觀身上衣，昔緇今忽黄。我亦何心者？解后成感傷。颯然清風來，欲言言已忘。

王柏《魯齋集》卷三《舟中和陳子東》 低垂紙帳絶纖埃，冷透孤衾夢易回。宿霧未收沙瀨墨，大江纔近水程開。細搜景物歸詩句，盡逐羈愁入酒盃。最是推篷頻問訊，崖旁未見一枝梅。

釋文珦《潛山集》卷一〇《天地之間有此身》 天地之間有此身，此身豈肯惹風塵。竹籬茅舍居來穩，紙帳蒲團趣更真。行已作成山水癖，到頭不是利名人。使予生遇陶唐世，當與許由巢父倫。

胡仲弓《葦航漫遊稿》卷二《夜過蕭寺》 尋僧過野寺，清話捧茶甌。幡影風生樹，鐘聲月在樓。梅花薰紙帳，貝葉看銀鈎。爲問西來意，因成一夜留。

胡仲弓《葦航漫遊稿》卷二《過山庵》 天地一間屋，心安到處家。淡中嘗世味，吟裏足生涯。煨芋頻添炭，烹泉旋品茶。空山無紙帳，夢不到梅花。

薛嵎《雲泉詩・閒居言懷》 老子從來不爲名，放教心地到和平。庭前草色知春近，窗外梅花終夜明。紙帳夢回移月影，石溪流斷失灘聲。吟邊莫問紅塵事，只住茅茨亦自清。

薛嵎《雲泉詩・漁村有感》 小窗長日苦吟聲，獨倚闌干看晚晴。居士莫疑貧可棄，春風不爲病相親。梅邊紙帳重重影，壁上《離騷》字字清。鷗鷺往來情更熟，只消此地度殘生。

衛宗武《秋聲集》卷三《曉枕追記山梅》 高眠紙帳思無塵，祇憶冰花入夢頻。斜倚溪山獨標致，明分霜月倍精神。瑞纔六出先呈臘，香壓羣芳不敢春。今古騷翁題不盡，孤山續筆屬何人？

牟巘《陵陽集》卷六《贈羅竹山術者》 韡紋紙帳稻畦衲，榾柮地罏煨芋供。此是人間真富貴，莫將輕易許渠儂。

林景熙《霽山文集》卷一《賦梅一花得使字》 道人紙帳卧江月，却愛獨清同此意。

林景熙《霽山文集》卷三《題海上人棲雲樓》 水村烟景隔晴霏，十二闌干在翠微。一壑暮雲閒獨倚，半簷秋影澹相依。栢爐貝葉香猶潤，紙帳梅花夢不飛。會得此中無所住，來來去去總玄機。

吴龍翰《古梅吟稿》卷五《樓居狂吟》 覓得樓中一覺眠，將身化蝶入壺天。平生睡債何時足？春在梅花紙帳邊。

真桂芳《真山民集・三峯寺》 寂寞烟林噪亂鴉，青鞋步入野僧家。雲深不礙鐘聲出，日轉還移塔影斜。廊下蝸黏沿砌蘚，佛前蜂戀插瓶花。竹床紙帳清如水，一枕松風聽煮茶。

于石《紫巖詩選》卷三《浄居院》 峰廻澗曲路縈紆，萬壑中藏一畫圖。雪墮枯枝龍解甲，藤纏怪石虎生鬚。滿樓山色自濃淡，隔竹泉聲半有無。紙帳蒲團清思足，更添梅種兩三株。

陳杰《自堂存藁》卷一《陳梅境恩科晚遇由廣而江帥幕留司索賦》 昔年鋤梅嶺頭月，今年看梅江路雪。月還在江雪在嶺，兩處開花一般境。道人兩眼冰霜寒，道人一襟湖海寬。夢回紙帳北窗曉，眼前肯作南枝看。月夜雪天花一色，未怕孤山分破得。

陳杰《自堂存藁》卷三《重宿城頭驛》 天地秋聲早，山河夜色深。市荒餘冷銼，村迥落孤砧。紙帳三生夢，蒲團萬古心。漫漫獨無旦，微步數看參。

蒲壽宬《心泉學詩稿》卷四《題梅窗嘯月圖》 梅花紙帳夢，耿耿欲宵殘。何處幽人嘯？一窗明月寒。素光流肺腑，清響動巖巒。擁膝無言語，歸來意自歡。

陳起《江湖小集》卷一〇《紙帳》 五色流蘇不用垂，楮衾木枕更相宜。高眠但許留禪客，低唱應難著侍兒。白似雪窗微霽後，暖於酒力半醺時。蒲團静學觀身法，歲晚工夫要自知。

陳起《江湖小集》卷二八《紙帳送梅屋小詩戲之》 十幅溪藤皺縠紋，梅花夢裡閟氤氳。裴航莫作瑶臺想，約取希夷共白雲。

柴元彪《柴氏四隱集》卷三《紙帳吟》 有斐楮先生，覆冒過襟度。澡身清泚泉，被世軼於布。置之山齋中，朔風歲云暮。無分媚其奢，可寶色惟素。媿彼錦步障，榮華塵一聚。永此雪霜潔，不識羔羊汙。影横月窗梅，香透地爐芋。道人何太寂，新故謾納吐。勿爲袁卧高，勿爲莊夢栩。願均燠寒心，以散隆寒沍。

趙秉文《滏水集》卷三《歲暮言懷》 歲晏多北風，塞向卧南壁。龜紋羃紙帳，規以安我室。

李俊民《莊靖集》卷四《不寐》 露下中庭鶴睡驚，娟娟缺月照窗明。夜深讀罷牀頭《易》，紙帳梅花夢不成。

李俊民《莊靖集》卷五《香梅》 一枝瀟洒隴頭香，分付新愁竹葉觴。紙帳不須尋短夢，天涯倦客已無腸。

李俊民《莊靖集》卷七《别梅》 懷抱惡，猶被暗香著。莫想在隴頭，誰領畧？一枝分付錯。　今夜雲窗霧閣，明夜烟村水郭。紙帳天寒人寂寞，夢回聞雪落。

楊公遠《野趣有聲畫》卷上《隱居雜興》 生計新來喜有涯，蒔菘栽韮樹桑麻。慣眠紙帳三竿日，飽聽萍池兩部蛙。往事真成看墮甑，凡身安敢望乘槎。一般受用還官樣，門外黄蜂爲報衙。

楊公遠《野趣有聲畫》卷上《再謁紫極宫》 一去重來已十年，頭顱堪笑尚依然。何當了却塵紛事，來結梅花紙帳緣。

楊公遠《野趣有聲畫》卷下《次友梅編校獨卧牀》 梅花紙帳伴書窗，氊褥平鋪小小牀。趺膝横琴情自適，曲肱當枕樂偏長。詩魂直透冰霜國，衾錦那沾粉膩香？丈五日高眠正熟，不知前古又三皇。

楊公遠《野趣有聲畫》卷下《連日雪次黄仲宣韵》　天遣馮夷剪水飛，拏空萬木凍龍癡。寒思坡老玉樓句，清想劉義冰柱詩。謾擁地爐然竹火，更垂紙帳當羅帷。誰知預作豐年瑞，不療貧家眼下飢。

黄庚《月屋漫稿・冬夜即事》　獨寢書窻下，其如寒夜何？頭邊枕黄妳，脚底踏湯婆。紙帳梅花暖，布衾春意多。道人無妄想，夢不到南柯。

黄庚《月屋漫稿・夜坐即事》　霜氣侵窻冷客氊，青鐙白髮老堪憐。光陰明日又明日，世事一年難一年。眼底江山元似舊，胸中風月本無邊。道人不作陽臺夢，紙帳梅花伴獨眠。

黄庚《月屋漫稿・寄别方蘭室》　醉下山樓客袂分，杖藜猶帶碧闌雲。歸來紙帳眠清夜，半夢梅花半夢君。

黄庚《月屋漫稿・和李藍溪梅花韵》　一枝寒玉倚横塘，和雪攀來袖亦香。插向膽瓶籠紙帳，長教夢遶月昏黄。

黄庚《月屋漫稿・牀屏墨竹》　淇澳新梢筆下分，枕屏墨暈點寒雲。詩人紙帳眠清夜，不夢梅花夢此君。

陸文圭《牆東類稿》卷一九《題畫梨花》　淡容露如洗，生色春欲動。紙帳小屏低，同入梅花夢。

劉因《静修集》卷一八《紙帳》　閒中今古道中身，静裏乾坤夢裡神。放下蒲團閒打坐，紙簾和月一壺春。

王惲《秋澗集》卷一四《自適》　旋收柏實炷爐薰，紙帳低垂自有春。竹几隱眠無俗夢，蒲團容膝勝華裀。窻間白日驚濤迅，門外黄塵萬事新。

王惲《秋澗集》卷一八《謝道人惠竹》　春露堂成户牖空，閉藏無物禦深冬。長梢來覓筠溪種，祥祉思憑道蔭功。清泛細香添瓦鼎，静連秋月想烟叢。夜來紙帳梅花夢，已在融融和氣中。

王惲《秋澗集》卷三二《詠梅》　日日雙瓶换水温，爲憐幽谷似佳人。夜來紙帳青燈夢，繞遍羅浮樹下春。

程鉅夫《雪樓集》卷二八《答陳玉峯覓紙帳》　城南有詩老，贈我意綿綿。住久家猶客，更長坐不眠。來尋白紙帳，去敵紫茸氊。我愧蘇司業，賡酬欠酒錢。

尹廷高《玉井樵唱》卷中《玉井峰會一堂》　數間茅屋萬山巔，天賜閑人地自偏。門外遠峰銜落日，簷前古木卧蒼煙。葛衣草食從吾志，紙帳蒲團了夙緣。偶向空城裁翠柏，莫將境會趙州禪。

尹廷高《玉井樵唱》卷中《山居晚興》　高住青峰不計層，閉門危坐絶交朋。竹聲欲斷微聞雨，村色初昏遠見燈。宿鳥並枝閑寂寂，歸雲度壑慢騰騰。隣翁笑我生涯拙，紙帳梅花絶類僧。

袁桷《清容居士集》卷一四《次韵潛昭焚香・三》　紙帳温雲如醉，綺樓春夢成虚。知見何須盡絶，詩成要是禪餘。

馬臻《霞外詩集》卷五《追别詩友》　送客歸來益自驚，飄零又覺歲華新。瑶琴絃絶知音在，紙帳燈昏得夢頻。江上有家皆舊業，門前無路不通津。詩人漸漸東西去，誰爲梅花報答春。

馬臻《霞外詩集》卷九《謾成》　枯蒲風急駭棲禽，紙帳燈昏坐擁衾。門外霜華如練白，不知何處尚鳴砧？

黄玠《弁山小隱吟録》卷一《月出》　月出寒木杪，照我軒東榮。悵然下玉琴，彈作離鸞聲。夜久强就枕，孤燈如秋螢。紙帳不自暖，一片梅花冰。

侯克中《艮齋詩集》卷五《寄徐中丞子方》　虚室寥寥紙帳深，起來欹枕聽幽禽。一杯謾記别時語，千里空嗟病後吟。裊裊爐烟羈旅恨，蕭蕭鬢影故人心。春風何日梅花底，細嚼幽香酒滿斟。

侯克中《艮齋詩集》卷八《野興》　杖策從容訪酒壚，野人相贈四腮鱸。一溪碧水千竿竹，萬仞青山兩岸蘆。虚室香生新紙帳，小窻烟裊古銅罏。醉魂正到悠然處，恨殺隣翁轉轆轤。

侯克中《艮齋詩集》卷一三《戲題》　歲月空催白髮新，詩書只博老來貧。一杯竹葉茅亭晚，三弄梅花紙帳春。病怯朔風穿户急，愁聞飛雪打窻頻。蓱虀豆粥晨飱了，笑殺風流石季倫。

貢奎《雲林集》卷六《池州郡齋除夜寄呈家君》　郡齋寥落夜無眠，紙帳青燈思悄然。不是今生惜今夕，却緣明日是明年！

陳泰《所安遺集・紙帳歌和全初上人韵并柬劉光朝時朝納寵故戲之耳》　道人於事百不聞，歲晚鶴骨誰相温？禪床璽光薄如霧，宜月宜霜復宜露。夢回蘄竹生清寒，五月幻得梅花看。初疑脆膜輕無力，一片凝秋剡中色。道人巧手天機深，兩杵獨伴蛩吟。卷舒似聽枯葉音，珍重莫遣煙煤侵。百年富貴誰能免？錦幄彤廬語恩怨。可憐老楮歲寒心，用舍在吾難自薦。君不見燕山穹廬氊百幅，狎坐圍春醉紅玉。道人不學製戎衣，空煮南山卧茅屋。安知幕人席地一希夷，長共青山白雲宿。

許有壬《至正集》卷八一《如夢令》 火榻只疑春早，紙帳不知天曉。枕上問山童，門外雪深多少？休掃，休掃，收拾老夫茶竈。

李士贍《經濟文集》卷六《題鄭彦昭郎中爲溥泉所作梅竹》 山中人，寫梅竹，琅玕清瘦花如玉。幕中坐客多才華，鎮日揮毫寄幽獨。窻間月底忽相逢，紙帳香飄雲滿屋。

劉仁本《羽庭集》卷一《梅澗寒冰》 青州古澗凝寒冰，上有老樹盤稜層。玉壺明月印疎影，乃知梅與冰爭清。迥然孤標出萬壑，淩室寒光照東閣。欲攜紙帳澗底眠，餐水啖梅兩不惡。

劉仁本《羽庭集》卷三《榾柮窩》 陽氣潛回小有天，白生虚室蜃光圓。茯苓根養丹砂火，枸杞香生玉井泉。不羨朱門堆獸炭，尚憐青海起狼煙。道人芋栗煨將熟，紙帳梅花且自眠。

劉仁本《羽庭集》卷四《贈北高峰趺坐道人》 梅花紙帳小蒲團，好在高峰頂上安。夜半忽聞孤鶴唳，一輪明月寶光寒。

鄭元祐《僑吴集》卷六《寄倪雲林》 經鉏齋外月娟娟，嘗照梅花紙帳眠。回首三年幾圓缺，塵埃堆垛白雲篇。

謝宗可《詠物詩·紙帳》 清懸四壁剡溪霜，高卧梅花月半牀。繭甕有天春不老，瑶臺無夜雪生香。覺來虚白神光發，睡去清閒好夢長。一枕總無塵土氣，何妨留我白雲鄉。

丁鶴年《鶴年詩集》卷二《太守兄遺紙帳仍贈以詩次韵奉謝》 湘娥剪水霜刀匀，虚室生白無纖氛。壺中但覺風雨隔，殼裏豈知天地分？蟾光夜明楮葉露，蝶夢春遶棃花雲。恍然置我銀世界，縱有瓊瑶難報君。

錢惟善《江月松風集》卷一二《夜坐志喜》 母在高堂兒在旁，燈前補綴舊衣裳。移居獨喜親年健，得句空歌子夜長。千里鴻飛半江月，四鄰誰和滿天霜？翛然牀榻如僧舍，紙帳梅花入夢香。

謝應芳《龜巢稿》卷一《禦寒賦》 有北鄰客訪於南鄰主人曰：「四序相推，暑往寒來。天時既變，人事亦催。風霜高潔，氷雪皚皚。敢問諸子將何以禦之哉？」主人對曰：「吾用吾計，卿用卿策。【略】予也布衾如雪，紙帳如雲，縞綦茹慮，聊樂吾貧。」客哂然而笑。

王逢《梧溪集》卷四《紅紙帳奉朱知事太夫人》 溪藤百杵成，桃浪縠紋生。日氣虚暘谷，霞光護赤城。暖添顔面益，寒隔夢魂清。正爲高堂壽，怡然快雪晴。

葉顒《樵雲獨唱》卷三《曉窻禽語》 紙帳夢初醒，山窻月上明。宿雲離石去，幽鳥話新晴。

葉顒《樵雲獨唱》卷四《紙帳梅花》 銷金帳暖酒盈觴，醒後依前世慮長。何似白雲深處卧，春風一枕夢魂香。

葉顒《樵雲獨唱》卷四《月嶺猿啼》 樹頭清嘯兩三聲，紙帳梅花睡欲成。唤醒冷泉亭上夢，嶺雲飛動月初明。

葉顒《樵雲獨唱》卷五《紙帳》 琴榻生虚白，吟帷異馬融。睡無紅霧入，醒有白雲封。月窟光千丈，塵寰路萬重。梅窻香影瘦，清夢聽松風。

葉顒《樵雲獨唱》卷五《霜晨》 琴榻對山城，僧鐘半夜鳴。玉簫音調遠，紙帳夢魂清。霜重蟾光冷，山空鶴影驚。南枝芳信動，春色正關情。

劉楚《槎翁文集》卷一一《紙帳銘》 余留王氏館中，設紙帳焉，余甚愛之，以其起居寢息恒於焉依，有相長之義，乃作銘云：奕奕乎其能覆也，濯濯乎其不可污也。邪氣不得以奸其間，則守之固也；采繢不得以施其華，則質之素也。賤而可尊，幸不爲女紅之蠹也，卷而可舒，亦幽貞之度也。

郭鈺《静思集》卷九《寄李少府》 學仙不向吴門去，百丈詩壇主舊盟。白雪寒添巾下滿，采雲晴繞筆間生。香分芸草茅齋小，夢入梅花紙帳清。竹下每聞賓客滿，我來何日酒同傾！

沈夢麟《花谿集》卷三《紙帳》 新製溪藤半榻寬，日光玉潔照衣冠。可容公子圍春色，祇爲儒生障歲寒。五夜白雲頭上起，一天香雪夢中看。覺來門外霜風冽，却憶蒼生卧不安。

張昱《可閒老人集》卷四《演法師惠紙帳》 銀燈夜照白紛紛，四面光摇白縠文。隔枕不聞巫峽雨，繞牀惟走剡溪雲。風和柳絮何因到？月與梅花竟不分。塞北江南風景別，却思氊帳舊從軍。

鄧雅《玉笥集》卷八《賦謝仲寧紙帳》 溪藤百幅浄如練，裁作斗帳同君清。覺來滿洞白雲起，耳畔更聽松風聲。

馮子振《梅花百詠·紙帳梅》 溪藤十幅簇春温，時有清香入夢魂。多少羅幃好風月，不知消得幾黄昏。

孫原理《元音》卷一二陸景龍《紙帳》 溪藤擣雪浄無瑕，素箔圍風絶可夸。

夢入清虛明月偃，神遊廣漠白雲遮。藺窩春煖浮銀色，鮫室宵分散玉華。野鶴一聲天已曙，老夫詩思繞梅花。

朱元璋《明太祖文集》卷二〇《老禪紙帳》 樓閣峥嶸半倚天，老禪紙帳畫酣眠。精魂惟識黄龍劍，定省還知叩玉泉。

陶安《陶學士集》卷四《宣湛即事》 水退潛魚露，洲寬落雁多。裹糧山估集，擊鼓野巫歌。紙帳春生夢，瓷杯夜酌酡。朔風吹雨至，行旅歎蹉跎。

林弼《林登州集》卷六《送酒一壺與張櫟里》 臘醅新熟泛霞紅，持慰山中輒醉翁。須信微醺真樂在，也知少飲衆歡同。梅花紙帳春生夢，榾柮齋爐雪滿篷。無限衡門攜幼意，菊松三逕老秋風。

藍仁《藍山集》卷六《紙帳》 數幅秋藤拂地齊，匡牀閒對竹爐低。山中一枕梅花月，不識雞聲送馬蹄。

高啟《大全集》卷六《賦永上人紙帳》 剡藤裁素幬，坐使諸塵隔。冬室自生温，寒窻屢驚白。不隨直省被，長覆棲禪簣。思曾雪夜時，宿伴山中客。

胡奎《斗南老人集》卷四《友人紙帳名卧雲求題》 白雲劈藺春重重，仙人卧雲如卧龍。天風吹下太古雪，平地幻出瓊瑶宫。白雲來來還復去，何如一榻留雲住？胡蝶莊周兩不知，誰能解此雲中趣。小鬟折花香滿衣，霓裳夜半行雲歸。周公夢回日丈五，此樂人間今古稀。梨花散漫春雲煖，一色瑶臺月華滿。醉倚仙家十二樓，夜寒不上珊瑚鉤。飛瓊隔花吹小鳳，縞衣驚起羅浮夢。谿藤剪霜翻素濤，翠禽啼煙紅日高。世間萬事邯鄲道，人生不及卧雲好。

陳獻章《陳白沙集》卷五《新設紙帳軒中》 如雲白紙罩方牀，翠簟眠穿我固當。世到葛天終不遠，先生枕外即羲皇。

張寧《方洲集》卷八《書牕梅月》 東閣梅開繞畫闌，娟娟霜月下詩壇。山河有影冰輪滿，風露無聲玉樹寒。歌罷霓裳人不見，夢回首鳥思無端。卻憐此夕孤牕月，紙帳香消獨自看。

張寧《方洲集》卷八《過梅莊懷舊》 野梅茆屋石闌干，白首空山幾度看。紙帳梨雲春夢冷，斷橋殘雪暮牕寒。風光不減當年好，詩酒猶懷晚歲歡。卻憶種花人不見，隴頭無信月漫漫。

張寧《方洲集》卷九《雪村書舍》 積雪空林晚乍晴，小牕孤榻罷韓檠。光摇竹簡芸牕浄，寒入梅花紙帳清。坐久卻疑更漏斷，夜深兼借月華明。洛陽舊隱如相問，爲報袁安素業成。

沈周《石田詩選》卷一〇《咏物・喻席》 組織文章七尺身，庚庚烟縷碧菅新。放開儘自有安地，卷動如何又信人？舍者相争昧容德，管生因割墮偏塵。只隨野老高眠穩，紙帳藜牀且任貧。

李東陽《懷麓堂集》卷一三《再次仁輔韵》 曉風殘雪上堦層，謝朓樓頭客未登。紙帳不知寒日出，硯池初覺暖雲蒸。關心遠道妻孥隔，作伴空齋杖履能。斗酒綈袍吾欠此，贈君空有笑言曾。

周瑛《翠渠摘稿》卷七《紙帳》 紗厨罩暑籠香霧，錦幔圍寒擁綵霞。曾似道人養清素，白雲洞裏夢梅花。

朱誠泳《小鳴稿》卷七《紙帳》 海國裁成別樣新，白雲一片浄無塵。流蘇香煖懵騰處，可有梅花夢裡春？

祝允明《懷星堂集》卷六《寶夢》 牕外星河五鼓天，香凝紙帳裏雲眠。遥尋鶴夢游塵外，却怪雞聲到枕前。拱璧光陰悲此日，懷珠奔走笑當年。知音總没惟懷古，卷裏相看共默然。

何瑭《柏齋集》卷一一《梅雪卷》 榾柮烟消紙帳温，梅花雪影共黄昏。興來我欲閒相訪，分付奚童莫掩門。

陸深《儼山集》卷一六《春日雜興》 紙帳蒲茵白板床，祇將春睡答春光。夢中幾曲溪南路，水浴風行總未忘。

陸深《儼山集》卷二二《素履齋》 新裁紙帳木綿裘，曲几圍屏事事幽。明月射窻殘雪霽，夜深人在水晶樓。

朱朴《西村詩集補遺・爲僧浩公畫雪嵓圖》 雪嵓道者僧中傑，踏雪曾參雪竇禪。歸到雪岩心似水，梅花紙帳日高眠。

王立道《具茨詩集》卷五《題梅》 獨樹離奇帶雪看，小窻應絶勝江干。竹床紙帳成幽伴，冷蕋踈枝幾歲寒。

褚人穫《堅瓠己集》卷一《題紙帳》 永樂中胡克仁壽安爲新昌令，以古靈先生教民之言諭鄉耆里甲，俾知親睦安分之道，率皆從化克仁。性清介，不事奢侈，在官惟粗衣糲食。嘗題所眠紙帳云：「紫絲步障最奢華，卧雪眠雲自一家。雪又不寒雲又暖，扶持清夢到梅花。」

白居易《白氏長慶集》卷一六《香爐峯下新卜山居草堂初成偶題東壁五首》 五架三間新草堂，石階桂柱竹編牆。南簷納日冬天煖，北户迎風夏月涼。灑砌飛泉纔有點，拂牕斜竹不成行。來春更葺東廂屋，紙閣蘆簾著孟光。

方回《瀛奎律髓》卷三五王安石《紙閣》　聯屏蓋障一尋方，南設鈎簾北置床。側坐對鋪紅絮煖，仰窻分啓碧紗涼。氈盧易以梅蒸爛，錦幄終于草野妨。楚穀越藤真自稱，每糊因得減書囊。

張擴《東窗集》卷四《次韵子公舍人姪紙閣用荆公韵二首》　清修是藥別無方，紙閣新糊暫著床。定自中扃元潔白，直教平地亦清涼。布衾衲被總相稱，暮雪曉風渾不妨。似要經營淡生活，忽驚鋒穎露錐囊。

老楮聲名泱四方，栟櫚隱陋到藜床。境空生白道所集，氣煖如熏德未涼。眼底咄嗟貧亦辦，世間淫巧行終妨。只愁費盡螭頭草，却向危時但括囊。

周紫芝《太倉稊米集》卷一七《紙閣初成》　小閣春温借隙光，風簾不掛最宜香。窻前睡鴨吹雲縷，聊與幽人度日長。

范成大《石湖詩集》卷二一《雪寒圍爐小集》　席簾紙閣護香濃，説有談空愛燭紅。高飣羶根澆杏酪，旋融雪汁煮松風。康年氣象冬三白，浮世功名酒一中。無事閉門渠易得，何人躡屐響牆東？

陸游《劍南詩稾》卷三一《紙閣午睡》　放翁不管人間事，睡味無窮似蜜甜。紙閣甎爐火一杴，斷香欲出礙蒲簾。

黄紬被暖青氊穩，紙閣油窻晚更妍。一飽無營睡終日，自疑身在結繩前。

陸游《劍南詩稾》卷三三《題菴壁》　身似蝸牛贏有廬，却緣無用得安居。地爐封火欺寒雨，紙閣油窻見細書。麵熟山僧分餺飥，船來溪友餉薪樗。閉門莫笑衰頽甚，讀《易》論詩亦未疏。

陸游《劍南詩稾》卷七三《東偏紙閣初成》　蚍蜉占雨解移穴，蟋蟀畏寒先近牀。我亦聯屏爲燠室，一冬省火又宜香。

蘇泂《泠然齋詩集》卷七《更賦一首》　紙閣新糊擁亂書，青燈依舊照詩癯。隔城經月踈相見，却憶金陵瞌睡圖。

劉跂《學易集》卷三《和長歷賦紙閣用王介甫韵》　頂還平直得中方，肯作僧庵半夜牀。脱帽不憂風栗烈，熾爐仍助日蒼涼。賞音正自鳴琴便，宴坐何辭問疾妨。我有陟釐三百幅，禦冬真欲倒歸囊。

陳起《江湖後集》卷一〇《紙閣》　紙閣新裝褫，青氊喜尚存。翠圓垂彩絡，紅朵粲陶盆。藏密寒無著，融真體自温。夜深誰晤語？花綴短檠昏。

釋善住《谷響集》卷二《冬日書况寄無照》　香氷紙閣晝沈沈，古鑑横陳且照心。喬木天寒風易急，斷河雨竭水難深。爐頭煮茗才中飯，庭下觀梅已夕陰。老大才踈倦馳騁，漫書幽况寄知音。

釋善住《谷響集》卷三《偶成》　紙閣餘寒去尚遲，淡雲香雨苦催詩。無知草木猶春色，老石蒼蒼只舊姿。

白居易《白氏長慶集》卷三九《素屏謡》　素屏素屏，胡爲乎不文不飾不丹不青？【略】素屏素屏，物各有所宜，用各有所施。爾今木爲骨兮紙爲面，捨吾草堂欲何之？

晁補之《雞肋集》卷一一《淮壖》　淮壖日没風卷沙，黄昏飛雪如落花。孤舟有客寒不飲，攲枕關篷夜憶家。雪飛篷底洒我額，篷隙虚明來曉色。紙屏布被風颼颼，驚起開篷滿船白。

趙鼎臣《竹隱畸士集》卷四《晝眠》　枕瓷歌婭姹，屏紙漲漣漪。左角蝸休鬭，南柯蟻正爲。静喧閑處失，憂喜夢中移。吐握真賢相，相邀不計時。

陸游《劍南詩稾》卷四一《暖閣》　裘輭勝狐白，爐温等鵒青。宮中供爐炭用胡麻文鶉鴿青。紙屏山字様，布被隸書銘。養目簾稀卷，留香户每扃。日晡濃睡起，盥濯誦《黄庭》。

韓淲《澗泉集》卷一九《崇福庵》　夜長風雨撼空山，老意幽懷儘自閒。更是一庵人不到，紙屏藤枕竹爐間。

陳著《本堂集》卷三六《泌紙屏銘》　既潔既光，既直既方。静以觀身，曷其有常！

舒岳祥《閬風集》卷八《全余有取於此也》　江南江北皆宜産，濠上莊生語不虚。京口舊來曾記此，紙屏流落近何如？

黄玠《弁山小隱吟録》卷二《紙屏風銘》　風之動，屏以障之；欲之縱，禮以防之。

白居易《白氏長慶集》卷一七《曉寢》　轉枕重安寢，回頭一欠伸。紙牕明覺曉，布被煖知春。莫强踈慵性，須安老大身。雞鳴猶獨睡，不博早朝人。

白居易《白氏長慶集》卷二二《和自勸》　微酣静坐未能眠，風霰蕭蕭打窻紙。

白居易《白氏長慶集》卷四三《草堂記》　草堂成，三間兩柱，二室四牖，廣袤豐殺，一稱心力。洞北户，來陰風，防徂暑也；敞南甍，納陽日，虞祁寒也。木斲而已，不加丹；牆圬而已，不加白。城七計切階用石，冪牖用紙，竹簾紵幃，率稱是焉。

韓偓《韓内翰别集・贈隱逸》 静景須教静者尋，清狂何必在山陰。蜂穿窻紙塵侵硯，鳥鬬庭花露滴琴。莫笑亂離方解印，猶勝顛蹶未抽簪。築金總得非名士，況是無人解築金。

徐寅《徐正字詩賦》卷二《長安即事》 抛擲清溪舊釣鉤，長安寒暑再環周。便隨鶯羽三春化，只説蟬聲一度愁。掃雪自憐窻紙照，上天寧愧海槎流。明時則待金門詔，肯羨班超萬户侯。

釋齊己《白蓮集》卷九《荆渚偶作》 無味吟詩即把經，竟將疏野訪誰行。身依江寺庭無樹，山遶天涯路有兵。竹瓦雨聲漂永日，紙窻燈焰照殘更。從容一覺清涼夢，歸到龍潭掃石枰。

王禹偁《小畜集》卷一〇《今冬》 休思官職落青雲，且算今冬養病身。白紙糊窻堪聽雪，紅爐著火别藏春。旋蒭官醖漂浮蟻，時取溪魚削白鱗。況是豐年公事少，爲郎爲郡似閒人。

文同《丹淵集》卷五《東谷獨往》 久不到東谷，晚晴欣細履。陰陰夾路木，濺濺落溪水。幽涎界屏粉，亂喙刻窻紙。兀坐忘所歸，烟雲逼人起。

文同《丹淵集》卷六《極寒》 燈火宜冬杪，圖書稱夜長。簾鉤挂新月，窻紙漏飛霜。酒醴慙孤宦，皮毛逐異鄉。誰知舊山下，梅艷滿東牆。

韋驤《錢塘集》卷五《海陵逢春》 海角春初至，林樊氣未和。天寒梅發晚，沙近鴈飛多。窻紙疏明玉，簾旌蕩翠波。旅懷隨日長，索莫不勝歌。

曾鞏《元豐類藁》卷五《不飲酒》 不飲酒，不善諧，少年醒眼看花開。況從多病久衰耗，自顧白髮垂毿毿。縱遇花時少情思，經春不曾銜酒杯。布穀但憂天雨少，提壺謾聞山鳥催。且坐蒲團紙牕暖，兩衙退後睡敦敦。

曾鞏《元豐類藁》卷七《和孔仲平》 園池方喜共追尋，正是槐榆夾路陰。雙燭縱談樽酒渌，一枰消日紙牕深。波濤萬字驚人筆，塵土千鍾異俗心。佳句從來知寡和，愧將沙礫報一作兼黄金。

曾鞏《元豐類藁》卷七《離齊州後》 雲帆十幅順風行，卧聽隨船白浪聲。好在西湖波上月，酒醒還對紙牕明。

梅堯臣《宛陵集》卷二九《次韵和王道損風雨戲寄》 小雪纔過大雪前，蕭蕭風雨紙窻穿。而今共唱新詞飲，切莫相邀薄暮天。

徐積《節孝集》卷一二《睡》 人莫嗟勞生，睡者吾一樂。困來入醉鄉，夢去得仙藥。瘦脛鶴伸足，老背龜側殼。日出紙窻明，煙霞忽失脚。

蘇轍《欒城集》卷一二《題方子明道人東窻》 紙窻雲葉净，香篆細烟青。客到催茶磨，泉聲響石缾。禪關敲每應，丹訣問無經。贈我刀圭藥，年來髮變星。

黄庭堅《山谷外集》卷一三《和仲謀夜中有感》 紙窗驚吹玉蹀躞，竹砌碎撼金琅璫。蘭釭有淚風飄地，遥夜無人月上廊。愁思起如獨緒繭，歸夢不到合懽牀。少年多事意易亂，詩律坎坎同寒螿。

張耒《柯山集》卷二六《聞鵂鶹》 紙窻未白燭微明，鵂鶹枝頭一兩聲。卻憶去年桃李後，淮陽旅舍聽殘更。

米芾《寶晉英光集》卷五《硯》 金井寒生一水池，讀書窻紙照螢飛。悲歡窮泰尋常共，擲破還須匣取歸。

劉弇《龍雲集》卷九《次韵譚令尹茅庵十詠》 罅月明窻紙，涼竿掃徑塵。却應環堵在，瀟洒屬吾人。

吕南公《灌園集》卷六《曉日》 曉日曈曈上紙窗，小爐文火近縑緗。銜愁滿盞扶頭酒，笑殺醫師第一方。

程俱《北山集》卷八《次韵和叔問古風送曾吉甫提刑》 夢覺紙窻白，幽禽語匆匆。傳呼動林野，楚歌已三終。

程俱《北山集》卷一〇《山近》 山近雲多態，身閒夢亦幽。紙窻先得曉，布被最知秋。

鄭剛中《北山集》卷一一《寺前書院》 竹屋紙牕無限好，觀書學字不妨清。誰知夜夢饒驚枕，莊舄依前自越聲。

鄭剛中《北山集》卷一一《蕭山老儒余志寧求拙庵詩爲賦之》 紙牕竹屋閉幽深，古木簷頭對好陰。大巧家風祇如此，世人何苦用機心！

陸游《劍南詩藁》卷三七《閒居初冬作》 香椀蒲團又一新，天將閒處著閒身。東窻换紙明初日，南圃移花及小春。婦女晨炊動井臼，兒童夜誦聒比鄰。早知閭巷無窮樂，悔不終身一幅巾。

方回《桐江續集》卷二三《紙牕》 梅水仙花插古銅，紙窻通日不通風。天香何假龍涎爇，地暖無勞獸炭烘。

褚人穫《**堅瓠補集**》**卷四**《**紙窗詩**》 《青瑣後集》：郭希聲震《紙窗》詩云：「偏宜酥壁稱閒情，白似溪雲薄似冰。不是野人嫌月色，免教風弄讀書燈。」

釋齊己《**白蓮集**》**卷九**《**城中晚夏思山**》 葛衣霑汗功雖健，紙扇搖風力甚卑。苦熱恨無行脚處，微涼喜到立秋時。竹軒静看蜘蛛掛，莎徑閑聽蟋蟀移。天外有山歸即是，豈同遊子暮何之？

蔡襄《**蔡忠惠集**》**卷五**《**漳州白蓮僧宗要見遺紙扇每扇各書一詩共十首**》

山僧遺我白紙扇，入手輕快清風多。物無大小貴適用，何必吴綾與蜀羅。

徑尺規圓比雪霜，昔人何事恨秋涼。珍藏篋笥未爲失，更有明年夏日長。

武侯白羽麾三軍，帳前甲馬生風雲。憐君才地亦疏薄，相過書林至夜分。

薄似蒲葵質更圓，忽疑明月落尊前。南堂暑氣生煩濁，一座清涼直幾錢。

野老尋山翦白雲，欲將清吹助南薰。不堪便面張京兆，恰稱能書王右軍。

混白新牋卷線稜，刮青纖竹纏紅藤。可憐子夜書帷下，一片圓光得未曾。

黄庭堅《**山谷集**》**卷二**《**次韵錢穆父贈松扇**》 銀鉤玉唾明璽紙，松箑輕涼并送似。可憐遠度幘溝溇，適堪今時褦襶子。丈人玉立氣高寒，三韓持節見神山。應得安期不死草，使我蟬蜕塵埃間。

黄庭堅《**山谷集**》**卷二**《**戲和文潛謝穆父松扇**》 猩毛束筆魚網紙，松柎織扇清相似。動摇懷袖風雨來，想見僧前落松子。張侯哦詩松韵寒，六月火雲蒸肉山。持贈小君聊一笑，不須射雉彀黄間。

郭印《**雲溪集**》**卷九**《**紙扇**》 裁成方絮後，涼意便相親。烈日工遮影，飛塵少汙人。襟披殊覺快，掌運莫辭頻。紈綺徒觀美，論功曷比倫！

釋居簡《**北磵集**》**卷六**《**紙箑銘**》 流金燎天，其酷無敵於天下；勁節廩姿，獨當柄用百其身。如縷不憖，楮生夾輔。盡綿薄爲犄角，雖未即殄其炎炎，奉揚仁風，亦足以慰彼黎庶。

馮時行《**縉雲文集**》**卷四**《**題定軒堅師紙扇**》 子以風之作也，其自作也，無與於此。坐焕宇，處煩室，何以勞子之臂指？子當於其未動而求其所以動，於其既動而求其未動之始。若然者，子且於非風非紙之間坐得清涼之理矣。

劉宰《**漫塘集**》**卷二五**《**扇銘**》 竹爲骨，紙爲容。不受朱粉污，不煩針線縫。動則四座清風，静則天下隆冬。

李俊民《**莊靖集**》**卷一**《**紙扇**》 竹疏而骨，楮剥而膚，權以行巽風乎坐隅。

黄玠《**弁山小隱吟録**》**卷二**《**紙扇銘**》 彼雪之皎如此，心之純如彼。風之穆如此，心之晏如彼。

劉敏中《**中庵集**》**卷一九**《**竹糊扇銘**》 含糊匪子願，屈曲隨所遭。請君挹清風，乃始知其高。

劉敏中《**中庵集**》**卷一九**《**紙扇銘**》 曲其握兮木之天，圓其製兮竹之堅。潔其面兮紙之瑩，言其用兮物之賢。得其天者，吾知其不遷；守其堅者，亦能於自全；終乎瑩者，無由而可污。噫！此其所以有清風之邈然也耶。

蕭𣂏《**勤齋集**》**卷七**《**紙扇**》 南薰時未至，先生豈無功？用舍非關己，何傷篋笥中！

蒲道源《**閒居叢稿**》**卷七**《**龍岩上人工紙羅扇**》

楮先生掌絲綸事，柄用還須召此君。且爲蒼生今日起，相期解愠助南薰。

楮先生上凌烟閣，便有驕奢紈綺姿。賴得此君來柄用，端能諷諫進良規。

倪瓚《**清閟閣全集**》**卷六**《**和拙逸翁謝惠紙扇之作**》 楮箑輕於一葉桐，凄凄懷袖灑溪風。吟摇楊柳春煙緑，醉障荷花落日紅。疑是片雲飛忽墮，修成寶月樣偏同。美人半掩歌唇小，翠黛清眸莫惱公。

劉楚《**槎翁文集**》**卷一**《**紙扇銘**》 爾形若圓，爾行則方。清風載揚，君子是將。明粹之文，正直之德，蓋庶幾未嘗易操於凄凄而矜容於赫赫者也。

吕誠《**來鶴亭集**》**卷六**《**白紙扇歌**聞次安惠紙筆，因賦此以贈之》 我昔舟泊西江湄，椎冰看擣萬楮皮。江神相顧色慘愴，波工自詫手不龜。懷金問價雲滿篋，霜紈失素無晶輝。廿年歸來存百一，製成團扇真絶奇。洪爐百煉太古雪，紫質三尺盤屈鐵。銀潢清影秋鑑光，玉虹冷貫青天月。昏日摩娑驚老醜，動摇清風生腋肘。高堂晝把蠅蚋空，魑魅潛藏飛電走。豈不聞蕺姥不識王右軍，茂弘曾障元規塵。謝公高風固足尚，班女篋笥空悲呻。烏飛兔走急於箭，商飈奄忽號枯林。嗚呼！盛衰天地無古今，炎涼不易君子心。

鄧雅《**玉笥集**》**卷四**《**酬海藏主紙扇歌**》 海一漚氣骨，有似生驊騮。凡轡俗絡羈不得，西望八駿瑶池遊。終焉不遂志，屏棄妻子祝髮爲比邱。遨遊名山川，脚跰不肯休。誓絶俗士交，有語常不酬。西來貽我白紙扇，瀟灑不畫三湘秋。雙石相對峙，下壓長江流。上有禿髮翁，踞坐披羊裘。手垂獨繭絲，下掛直鐵鉤。

朱彝尊《**曝書亭集**》**卷一四**《**油紙扇**》 本自錢唐製，猶存蜀府名。彝尊。雖殊白羽潔，却比素紈輕。坤。蓬勃塵難污，清涼風易生。彝尊。翻嗤王內史，題字費真行。坤。

元稹《元氏長慶集》卷二五《有鳥二十章庚寅》 有鳥有鳥羣紙鳶，因風假勢童子牽。去地漸高人眼亂，世人爲爾羽毛全。風吹繩斷童子走，餘勢尚存猶在天。愁爾一朝還到地，落在深泥誰復憐。

羅隱《羅昭諫集》卷二《寒食日早出城東》 青門欲曙天，車馬已喧闐。禁柳摇風細，牆花折露鮮。向誰誇麗景，只此是流年。不得高飛便，回頭望紙鳶。

寇準《忠愍集》卷中《紙鳶》 碧落秋方静，騰空力尚微。清風如可託，終共白雲飛。

謝維新《古今合璧事類備要別集》卷六六 楊譽《紙鳶賦》。相彼鳶矣，亦何戾天！問何能爾？風之力焉。余因稽於造物，知不得於自然。原其始也，謀及小童，徵諸哲匠。蔡倫造紙，公輸獻此，理纖蔑以體成，刷丹青而神王。殷然而髡彼羽翼，邈爾而引夫圓吭。膺繫纖縷，尾續長繩。俯劇驂之七達，挂高臺之九層。形同而和，似鬬雞之養紀渻；目大不覩，若異鵲之在彫陵。因所好而毛羽，思有遇而騫騰。鄙宋都之退鷁，暮溟海之搏鵬。於是扇以扶摇，縱諸寥廓，絢練倏閃，翕赫忽霍。瞬息而上千尋，咄嗟而遊大漠。翔鶤仰不逮逮，況青鳥之與黄雀。彼都人士，瞻竚城隅。初指冲天之鶴，遠言拂日之烏。望有塵埃，謂翻形而載旆；德無音響，疑避影以銜蘆。始回翔於元氣，終出入於高衢。所以羽翮既成，雲霄自致。比畫虎之非真，與芻狗之同棄。寧待時而畜力，信因人以成事。吁嗟鳶兮，適時與我相期！知我者使我飛浮，不知我者謂我拘留。啄腐鼠兮非所好，嘯茅楝兮增至愁。才與不才，且異能鳴之雁；適人之適，將同可狎之鷗。我於風兮有待，風於我兮何求？幸接蜚廉之便，因從汗漫之遊。當一舉而萬里，焉比夫榆枋之與鶯鳩者哉？

王令《廣陵集》卷一三《紙鳶》 誰作輕鳶壯遠觀，似嫌飛鳥未多端。才乘一線憑風去，便有愚兒仰面看。未必碧霄因可到，偶能終日遂爲安。扶摇不起滄溟遠，笑殺鵬搏似爾難！

韋驤《錢塘集》卷五《春思》 香心天艷尚包藏，蜂蝶優游苦未忙。何處紙鳶飛白晝？幾家歸燕認琱梁！

韓元吉《南澗甲乙稿》卷六《紙鳶》 排風決起鬧羣兒，勢力由來一線微。天上鶬鸞徒似耳，卻驚遮日傍雲飛。

賀鑄《慶湖遺老詩集》卷九《局中歸 庚申五月滏陽賦》 心火成灰不復然，故園笑別十三年。晚涼退食無餘事，坐與兒曹挽紙鳶。

郭印《雲溪集》卷一一《和錢叔凭長官京師新春即事》 青門冠蓋近迎春，物態天容旦暮新。日暖御溝初破凍，雪消馳道未生塵。曉煙暗緑金條眼，佳氣晴浮碧瓦鱗。唯有紙鳶堪一噱，掠天翔泳不由身。

曾慥《類説》卷五二《紙鳶詩》 陳繼達，本武夫，不知書，夢人以墨水升餘飲之，即能識字。作《紙鳶詩》曰：「人生寵辱能知此，一似翩翩紙老鴟。霄漢只因風送上，無風還有下來時。」

陸游《劍南詩稾》卷九《秋興》 成都城中秋夜長，燈籠蠟紙明空堂。高梧月白繞飛鵲，衰草露濕啼寒螿。堂上書生讀書罷，欲眠未眠偏斷腸。

陸游《劍南詩稾》卷一五《燈籠》 我年十六遊名場，靈芝借榻棲僧廊。鐘聲纔定履聲集，弟子堂上分兩廂。燈籠一樣薄臘紙，瑩如雲母含清光。

虞儔《尊白堂集》卷四《和漢老弟夜雨詩》 蠟紙燈籠雲母輕，近來勾我睡魂生。醒來驟聽空堦雨，疑是糟床壓酒聲。

虞儔《尊白堂集》卷三《蚊》 床前蠟紙一燈明，殷殷聞雷數震驚。忽去青天無鳥跡，驟來紅樹有鶯聲。嗜膚噬血寧甘死，投隙穿帷太巧生。爲爾通宵愁不寐，幾回枕上又詩成。

王守仁《王文成全書》卷一九《家僮作紙燈》 寥落荒村燈事賒，蠻奴試巧剪春紗。花枝綽約含輕霧，月色玲瓏映綺霞。取辦不徒酬令節，賞心兼是惜年華。何如京國王侯第，一盞中人産十家。

林光朝《艾軒集》卷一《鞭春行》 轆轤罥寒田雀饑，江梅落蚌兔脚肥。枯腸一夜轉雙轂，眼光吹上蝦蟆衣。巖腹新晴山鬼哭，女媧墳外春風歸。蔛村紙簾大如薦，拆拆藜杖金雀飛。

陸游《劍南詩稾》卷三八《新作火閤》 旋設篝爐下紙簾，樂哉容膝似陶潛。囊中佩藥無時服，架上堆書信手拈。似玉秋菰殊未老，如雲宿麥不須占。

韓淲《澗泉集》卷一〇《下簾兀坐詠雪》 紙簾垂下竹爐深，火白燈青窻氣侵。但可吟哦經我手，不須斟酌問它心。天寒頻歲無飛雪，地煖連朝有積陰。萬逕千山蹤跡外，躊躇足力詠投簪。

韓淲《澗泉集》卷一六《正月初三日》　新年喜共閒僧語，薄暮明燈下紙簾。活火慢煎茶漸熟，呼童時把炭來添。

李覯《盱江集》卷三七《清話堂詩》　釋子相延暫解冠，一宵清話到更闌。漆盤香燼死蚯蚓，紙瓦雨聲鳴彈丸。往事莫將閒口笑，勞生誰在定中看？明朝顙面還歸去，依舊塗泥濺馬鞍。

范成大《石湖詩集》卷四《十一月十二日枕上曉作》　竹響風成陣，窗明雪已花。柴扉吟凍犬，紙瓦啄飢鴉。宿酒欺寒力，新詩管歲華。日高猶擁被，蓐食媿鄰家。

范成大《石湖詩集》卷四《病中絶句》　病中心境兩俱降，猶憶江湖白鳥雙。一夜雨聲鳴紙瓦，聽成飛雪打船窗。

楊萬里《誠齋集》卷九《清明雨寒》　莫嫌細雨苦飄蕭，政要寒聲伴寂寥。杏蘂猶疎不成響，且將紙瓦當芭蕉。

陳淳《北溪大全集》卷三《平坦雪兼風雨》　自從平坦望衢南，值雪霏霏日日添。既挾狂風和面撲，又偕猛雨向身沾。手拈紙傘凝猶痺，足踏皮鞋凍亦漸。那識堅剛金石操，於中凜凜獨争嚴。

郭祥正《青山續集》卷三《遇雨》　客行日暮飢且渴，況值漫山雨未絶。蜀黍林中氣慘淡，黄牛岡頭路曲折。狂風亂掣紙傘飛，瘦馬屢拜油裳裂。記得默齋端坐時，唯愛霶霈洗煩熱。

釋寒山《寒山子詩集》　田舍多桑園，牛犢滿厩轍。肯信有因果，頑皮早晚裂。眼看消磨盡，當頭各自活。紙袴瓦作裩，到頭凍餓殺。

釋契嵩《鐔津集》卷二一《錢湖艸堂沙門惟晤次韵上》　雪滿西山春未歸，泉聲凍咽鳥聲稀。静觀眼境人間渺，驅逐詩魔天外飛。一飽每將松作飯，大寒重换紙爲衣。我憐詩是君家事，更約論心極細微。

元好問《遺山集》卷一一《雜著》　萬期流轉不須臾，物物觀來定有無。玉席紙衣仝一盡，枉將白骨計榮枯。

元好問《遺山集》卷一四《馬雲卿畫紙衣道者像》　太古清風匝地來，紙衣長往亦悠哉。鐵牛力負黄河岸，生被曹山挽鼻迴。

蔡襄《端明集》卷二《送許寺丞知古田縣》　大雪擁都門，子行亦良苦。予貧乏觴豆，子車誰爲祖？【略】編紙作戰衉，紉聯驅婦女。輸來不適用，空屋棄蟲鼠。

《宋文鑑》卷二二錢易《南兵》　曾見南兵苦，征遼事亦如。金瘡寒長肉，紙甲雨生蛆。山小瘴霜骨，河枯臚腐魚。黎元無處哭，丁户日相疎。

劉子翬《屏山集》卷一七《書齋十詠・紙拂》　拂兒雖草創，日用最相親。莫遣維摩室，潛生庚亮塵。

劉克莊《後村先生大全集》卷第三六《戲效屏山書齋十詠・紙拂》　炎暑甚炊蒸，夏蟲難語冰。家無紅拂妓，捉麈自驅蠅。

杜甫《九家集注杜詩》卷三《彭衙行》　憶昔避賊初，北走經險艱。夜深彭衙道，月照白水山。【略】煖湯濯我足，剪紙招我魂。宋玉爲屈原招魂。從此出妻孥，相視涕闌干。

張籍《張司業集》卷二《北邙行》　洛陽北門北邙道，喪車轔轔入秋草。【略】寒食家家送紙錢，烏鳶作窠銜上樹。人居朝市未解愁，請君暫向北邙遊。

張籍《張司業集》卷七《華山廟》　金天廟下西京道，巫女紛紛走似煙。手把紙錢迎過客，遣求恩福到神前。

李賀《昌谷集》卷四《神絃》　女巫澆酒雲滿空，玉爐炭火香鼕鼕。海神山鬼來座中，紙錢窸窣鳴飇風。相思木帖金舞鸞，攢蛾一啑重一彈。

王建《王司馬集》卷二《寒食行》　寒食家家出古城，老人看屋少年行。【略】三日無火燒紙錢，紙錢一作哀哀郫得到黄泉。

白居易《白氏長慶集》卷四《黑潭龍　疾貪吏也》　黑潭水深色如墨，傳有神龍人不識。潭上架屋官立祠，龍不能神人神之。豐凶水旱與疾疫，鄉里皆言龍所爲。家家養豚漉清酒，朝祈暮賽依巫口。神之來兮風飄飄，紙錢動兮錦傘摇。神之去兮風亦静，香火滅兮盃盤冷。

白居易《白氏長慶集》卷一二《寒食野望吟》　丘墟郭門外，寒食誰家哭？風吹曠野紙錢飛，古墓纍纍春草緑。棠梨花映白楊樹，盡是死生離别處。冥漠重泉哭不聞，蕭蕭暮雨人歸去。

白居易《白氏長慶集》卷一四《感元九悼亡詩因爲代答三首・答謝家最小偏憐女》　嫁得梁鴻六七年，躭書愛酒日高眠。雨荒春圃唯生草，雪壓朝厨未有煙。身病憂來緣女少，家貧忘却爲夫賢。誰知厚俸今無分，枉向秋風吹紙錢。

吴融《唐英歌詩》卷上《野廟》 古原荒廟掩莓苔，何處喧喧鼓笛來？日暮鳥歸人散盡，野風吹起紙錢灰。

李俊民《莊靖集》卷一〇《抄紙疏》 焚紙錢而祭，唐之遺事；用紙衣而葬，周之儉風。習以爲常，俗莫能易。

徐釚《詞苑叢談》卷一一 郎瑛曰：庠彦沈明德宣嘗賦吾杭除夕、元旦《蝶戀花》二詞，道盡中人以下之家俗，誠足解頤，録以遺好事者。【略】《元旦》云：接得竈神天未曉，爆竹喧喧催要開門早。新畫鍾馗先挂了，大紅春帖銷金好。爐燒蒼术香繚繞，黄紙神牌上寫天尊號。燒得紙灰都不掃，斜日半街人醉倒。

唐順之《武編前集》卷六《水中雷》 水火元來不可逢，大江星火愈難容。誰將紙砲中響響，兩岸如聞山嶽崩。

雜録

張鷟《朝野僉載》卷六 言訖而向所教之吏趨出，云姓韋名鼎，亦是生人，在上都務本坊。自稱向來有力，祈錢十萬，鵬舉辭不能致。鼎云：「某雖生人，今於此，用紙錢易致耳。」遂許之，又囑云：「焚時願以物藉之，幸不着地，兼呼韋鼎，某即自使人受。」【略】至家，見身在牀上，躍入身中，遂寤。臂上所記如朽木，書字尚分明。遂焚紙錢十萬，呼贈韋鼎。

孫光憲《北夢瑣言》卷一二 唐王潛司徒，與武相元衡有分。武公倉卒遭罹，潛常於四時爇紙錢以奉之。王後鎮荆南。有染户許琛，一旦一作「日」。暴卒，翌日卻活。乃具牓子詣衙，云要見司徒。乃通入，於階前問之。琛曰：「初被使人追攝，至一衙府，未見王，且領至判官廳。見一官人憑几曰：『此人錯來，自是鷹坊許琛，不干汝事。』即發遣回，謂許琛曰：『司徒安否？我即武相公也。大有門生故吏，鮮有念舊於身後者。唯司徒不忘，每歲常以紙錢見遺，深感恩德。然所賜紙錢多穿不得，司徒事多，檢點不至，仰爲我詣衙具導此意。』」王公聞之，悲泣惝訝，而鷹坊許琛果亦物故。自此選好紙剪錢以奉之。此事與楊收相於鄭愚尚書處借錢事同。又南嶽道士秦保言威儀，勤於焚修者，曾白原本作「曰」。據吴鈔本校改。真君云：「上仙何以須紙錢？有所未喻。」夜夢真人曰：「紙錢即冥吏所籍，我又何須？」由是嶽中亦信之。

陶穀《清異録》卷下《風流箭》 寶曆中，帝造紙箭竹皮弓，紙間密貯龍麝末香。每宫嬪羣聚，帝躬射之，中者濃香觸體，了無痛楚。宫中名「風流箭」，爲之語曰：「風流箭，中的人人願。」

李昉《太平廣記》卷一〇〇《李思元》 唐天寶五載夏五月中，左清道率府府史李思元暴卒，卒後心煖，家不敢殯。積二十一日，夜中而纔蘇，即言曰：「有人相送來，且作三十人供。」又曰：「要萬貫錢與送來人。」思元父爲署令，其家頗富，因命具饌，且鑿紙爲錢。饌熟，令堂前布三十僧供。思元白曰：「蒙恩相送，薄饌單蔬不足以辱文德。」須臾若食畢，因令焚五千張紙錢於庭中。又令具二人食，置酒肉，思元向席曰：「蒙恩釋放，但懷厚惠。」又令焚五千張紙錢。畢，然後偃卧至天曉。

李昉《太平廣記》卷一一一《王琦》 乾元中在江陵，又疾篤復至，心念觀音，遥見數百鬼乘船而至。遠來飢餓，就琦求食。遂令家人造食施於庭中，羣鬼列坐，琦口中有二鬼躍出，就坐食訖，初云：「未了。」琦云：「非要衣耶？」鬼言：「正爾。」乃令家人造紙衣數十對，又爲緋緑等衫，庭中焚之。鬼著而散，疾亦尋愈。

李昉《太平廣記》卷三八〇《王璹》 唐尚書刑部郎中宋行質，博陵人也。性不信佛，有慢謗之言。永徽二年五月，病死。至六月九日，尚書都官令史王璹暴死，經二日而蘇，言初死之時，見四人來，云官府追汝，【略】立待少時，見向者追璹之吏從門來，曰：「君尚能待我甚善，可乞我錢一千。」璹因媿謝曰：「依命。」吏曰：「吾不用銅錢，欲得白紙錢，期十五日來取。」璹許，因問歸路，吏曰：「但東行二百步，有牆，穿破見明，可推倒，即至君家。」璹如言，已至所居隆政坊南門矣。於是歸家，見人坐泣，入户而蘇。至十五日，璹忘與錢，明日復病，困絶，見吏來，怒曰：「君果無行，期與我錢遂不與，今復將汝。」因即驅行出金光門，令入坑。璹拜謝百餘，遂即放歸。又蘇，璹告家人買紙百張作錢送之。明日，璹又病困，復見吏曰：「君幸能與我錢，而錢不好。」璹辭謝，請更作，許之。又蘇。至二十日，璹令用錢別買白紙作錢，并酒食，自於隆政坊西渠水上燒之，既而身康體健，遂平復如故。出《冥報記》。

王欽若《册府元龜》卷九〇八《總録部・工巧》 北齊郎基爲海西鎮將。梁吳明徹率衆攻圍海西，基獎勵兵民，固守百餘日，軍糧具罄，凱仗亦盡，乃至削木爲箭，剪紙爲羽。圍解，還朝，僕射楊愔迎勞之，曰：「卿本文吏，遂有武略，削木、剪紙皆無故事，班、墨之思何以相過？」

蘇軾《東坡志林》卷三《陳昱被冥吏誤追》 今年三月，有書吏陳昱者暴死三日而蘇，云：初見壁有孔，有人自孔擲一物，至地化爲人，乃其亡姊也。攜其手自孔中出，曰：「冥吏追汝，使我先。」見吏在旁，昏黑如夜，極望有明處，空有橋，榜曰「會明」。人皆用泥錢，橋極高，有行橋上者。姊曰：「此生天也。」昱行橋下，然猶有在下者，或爲烏鵲所啄。姊曰：「此網捕者也。」又見一橋，曰「陽明」，人皆用紙錢。有吏坐曹十餘人，以狀及紙錢至者，吏輒刻除之，如抽貫然。

葉庭珪《海録碎事》卷一三上《紙驢》 張果常乘一白驢，日行百里，夜即疊之，置於箱篋中，乃紙。《明皇雜録》。

洪邁《夷堅三志壬》卷一《饒次魏后土詩》 臨川饒次魏，居於彭原。乞夢於郡后土廟，得詩一聯云：「銅爐柏子香初爇，紙帳梅花夢易闌。」殊自負，以爲大吉也。轉告朋儔，多疑紙帳夢闌之言不得爲吉兆。慶元乙卯秋試罷，入市買得句容銅香爐一枚歸邸，適有僧餉以柏子香。至初冬早梅開，自折花一枝，置書室，與同志祝季明飲玩，且即爐中焚香，微爲酒困，醉眠紙帳。次日，不疾而卒。

吳師道《敬鄉録》卷二《漢烏傷侯趙君廟碑》 烏傷縣碑云：【略】邑之鄉所謂太平者，皆能造紙，鑿錢以售。衣食於廟者數十家，多由此富者。其地無風雹之災，他鄉雖隔，車轍而時或有焉。若祭不潔與黯漫者，竟禍。以震動之故，民事之如嚴吏也。

陶宗儀《説郛》卷五八下《集仙傳曾慥》 王先生隱王屋山，常衣紙襖，人呼王紙襖。

李詡《戒庵老人漫筆》卷一《宸濠元宵紙船》 宸濠曾因元宵，用紙造旱蓮船一隻，頭作二獅子，口俱銜錢，傍列五道士，冠皆斜側，一竿半青，至尾則否。徧遊各街，問人有曉其意者召來。忽遇一秀才見，云此甚有意，召去問之，對曰：「好一白蓮船，兩司俱要錢。五道官不正，一竿清不全。」大喜，留宴，賞元寶一箇。蓋江西有五道太守姓甘，初政頗清，故云。

陸長春《香飲樓賓談》卷二《紙貨》 吳門某紙棧，寄頓客貨，堆聚甚多。紙客皆寓棧中，隨時評價而沽。一夕，有客起如厠，見一赤面朱袍神立檐下，指揮一吏，持筆向紙上作圈，若編號狀，須臾而滅。客陰念所見類火神，棧必被災。次日，告主人曰，貨滯不售，需貿遷於他處。乃以己貨裝載入舟，主人再三留之，不聽。至夕，舟中火發，客從睡夢中驚覺，倉卒逃避，僅以身免，一舟貨物皆燼焉，而棧固無恙。

杜臻《粵閩巡視紀略》卷五《福寧州》 道者爲周顯德間人，清潭謝氏子。出家，名義韶。居常不食，以紙爲衣。一日，赴齋赤岸，被人推墮深潭中，咸以爲死矣。及至齋所，則道者先在，紙衣亦不濕也。

《欽定户部則例》卷四三《税則一・崇文門雜販税則》 紙雜貨。紙筋貨每百觔税陸分。扇面每千張、隔背每百觔各税叁分。小畫紙每百張税壹分捌釐。

《欽定户部則例》卷四六《税則四・山海關用物税則》 各色裱背器。上等川扇每百把税陸分貳釐。中等川扇每百把税叁分貳釐。絹畫每軸税叁分壹釐。大紗燈每盞税貳分玖釐。中紗燈每盞税壹分柒釐。油紙扇每百把税壹分肆釐。小紗燈每盞税壹分壹釐。

《欽定户部則例》卷四六《税則四・山海關雜貨税則》 紙雜貨。扇面子每千張税叁分貳釐。大阡張每擔税壹分玖釐貳毫伍絲。錫箔每千張税陸釐捌絲。

《欽定户部則例》卷四八《税則六・殺虎口雜貨税則》 雜色紙貨。花炮每馱税壹錢陸分。連四紙畫每拾張税叁釐。扛連紙畫每拾張税壹釐伍毫。

《欽定户部則例》卷四八《税則六・歸化城雜貨税則》 雜色紙貨。錫箔每馱税叁錢，每塊税叁釐。花炮每馱税壹錢陸分。金箔每塊税叁分。連四紙畫每拾張税叁釐。扛連紙畫每拾張税壹釐伍毫。

《欽定户部則例》卷四九《税則七・坐糧廳用物税則》 裱褙裝飾用物。蘇州中扇每百把落地税貳分肆釐，起京税玖釐。紗扇每百把落地税貳分，起京税柒釐伍毫。熏金扇每百把落地税壹分陸釐，起京税陸釐。川扇每拾把、蘇州紙扇每百副落地各税捌釐，起京各税叁釐。錫箔扇每百把落地税肆釐，起京税壹釐伍毫。粗油紙扇每百把落地税貳釐，起京税柒毫伍絲。金骨扇每拾把落地税壹釐陸毫，起京税陸毫。白紙扇每拾把落地税肆毫，起京税壹毫伍絲。

《欽定户部則例》卷四九《税則七・坐糧廳雜貨税則》 雜色紙貨。紙花每箱壹萬伍千枝落地税捌分肆釐，起京税叁分壹釐伍毫。扇面每百箇落地税叁釐貳毫，起京税壹釐貳毫。

《欽定户部則例》卷五〇《税則八・天津關用物税則》 紙器。紙爐墊每百箇税貳錢。紙高粧每貳箇税壹分。紗絹紙張裱褙器。油紙燈籠每百盞税貳錢。金扇每百把税壹錢。大紗燈每對税捌分。紗扇每百把税柒分。中紗燈每對税陸分。白紙扇每百把、紙扇面每千箇各税伍分。小紗燈每對税肆分。油紙扇每百把税貳分。紫檀扇每把税壹分。

《欽定户部則例》卷五〇《税則八・天津關雜貨税則》 紙雜貨。爆竹每百觔稅貳錢肆分。小紙畫每百副稅叁分。南掛錢每百張、大門神每拾副各稅貳分。小門神每拾副、紙桌圍每百張各稅壹分。

《欽定户部則例》卷五一《稅則九・臨清關用物稅則》　裱褙器。灑線圍屏每架稅壹錢伍分玖釐。絹畫圍屏每架稅肆分捌釐。屏風燈每架稅肆分。紙圍屏每架稅貳分玖釐。紗絹燈每對稅壹分叁釐。紙插屏每架稅壹分。絹畫每副稅陸釐。

《欽定户部則例》卷五一《稅則九・臨清關雜貨稅則》　紙雜貨。羊皮金每百張稅陸分叁釐。錫箔紙每百塊稅肆分捌釐。紙皮金每千張、金扇面每拾箇各稅叁分貳釐。紙爆竹每千箇稅叁分。大紙馬每千張、燻金扇面每百箇各稅壹分陸釐。小紙畫每拾副稅壹分壹釐。大阡張每百塊稅壹分。紙扇面每百箇稅捌釐。小阡張每百塊、小紙馬每千張各稅陸釐。大紙畫每副、畫門神每拾副各稅叁釐。

《欽定户部則例》卷五二《稅則十・淮安正關用物稅則》　紙器。雜紙箱每擔稅捌分。摺子每拾盤稅叁分。

《欽定户部則例》卷五二《稅則十・廟灣口用物稅則》　諸色零星用物。油傘、金扇每百把各稅壹錢。白紙扇、油紙扇每百把各稅叁分。抿刷每千根稅貳分。

《欽定户部則例》卷五三《稅則十一・瓜州新城鎮兩閘口增餉雜貨稅則》　紙雜貨。錫箔每擔稅壹錢伍釐。

《欽定户部則例》卷五三《稅則十一・瓜州新城鎮兩閘口零點雜貨稅則》　紙雜貨。門神每箱稅壹錢貳分。錫箔每原包稅捌分。紙角每籃稅貳分。

《欽定户部則例》卷五四《稅則十二・江海關雜貨稅則》　又：無紙錫箔每百觔稅叁錢。有紙錫箔每百觔稅貳錢。羊皮金每百張稅壹錢貳分。大飛金箔每百帖稅陸分。小飛金箔每百帖稅叁分。薰金銀箔每百帖稅陸釐伍毫。

《欽定户部則例》卷五五《稅則十三・滸墅關雜貨小販稅則》　諸色紙貨。紙門神大包每貳包、小包每肆包各作壹擔，紙炮每壹百肆拾觔作壹擔，每擔各稅壹錢貳分。

《欽定户部則例》卷五六《稅則十四・西新關都稅司雜貨稅則》　又：烏金紙每百帖稅貳分貳釐捌毫。中扇面每拾觔、錫箔每拾觔各稅壹分壹釐肆毫。

《欽定户部則例》卷五六《稅則十四・龍江江東二司雜貨稅則》　又：錫箔每百觔稅壹錢肆分。細門神每百副稅肆分。粗門神每百副稅貳分。紙金每拾張稅壹分陸釐。

《欽定户部則例》卷五六《稅則十四・朝陽聚寶三司雜貨稅則》　又：細門神每百副稅肆分陸釐。粗門神每百副稅貳分叁釐。

《欽定户部則例》卷五七《稅則一五・鳳陽大關水販雜物稅則》　紙雜貨。爆竹每陸拾觔稅肆分。摺子每條稅貳釐。

《欽定户部則例》卷五七《稅則十五・鳳陽大關旱販雜貨稅則》　紙雜貨。門神紙貨每箱稅捌分。爆竹每百觔稅肆分。

《欽定户部則例》卷五七《稅則十五・鳳陽關臨淮口旱販用物則例》　裱褙糊飾用物。京扇每箱稅壹錢貳分。白紙扇每箱、真金扇每百把各稅捌分。杭扇每箱稅陸分。圍屏燈每架、青陽扇每箱各稅肆分。大紗燈每盞稅肆釐。小紗燈每盞稅貳釐。

《欽定户部則例》卷五七《稅則十五・鳳陽關臨淮口旱販雜貨稅則》　紙雜貨。爆竹每百觔稅壹錢貳分。門神紙貨每箱稅捌分。摺子每百條稅叁分。紙鬼臉每百箇稅肆釐。

《欽定户部則例》卷五七《稅則十五・鳳陽關盱眙口旱販用物稅則》　紙器。小紙盒每百箇稅肆釐。【略】裱褙裝飾用物。京扇每箱稅壹錢貳分。白紙扇每箱、真金扇每百把各稅捌分。杭扇每箱稅陸分。青陽扇每箱、薰金扇每百把各稅肆分。圍屏燈每架稅貳分。大紗燈每盞稅捌釐。小紗燈每盞、軸子每箇、油紙扇每百把各稅肆釐。

《欽定户部則例》卷五七《稅則十五・鳳陽關盱眙口旱販雜貨稅則》　紙雜貨。門神紙貨每箱稅捌分。紙炮每百觔、紙鬼臉每百箇各稅肆分。摺子每百條稅叁分。紙筋每擔稅壹分貳釐。

《欽定户部則例》卷五七《稅則十五・鳳陽關亳州口旱販雜貨稅則》　雜色紙貨。門神紙畫每箱各稅捌分。爆竹每百觔稅肆分。摺子每百條稅叁分。紙鬼臉每百箇稅肆釐。

《欽定户部則例》卷五八《稅則十六・蕪湖關雜貨稅則》　雜色紙貨。門神紙、紙畫、紙貨、爆竹每擔各稅貳錢。紙錢每擔、紙金線每拾觔各稅壹錢。假紙金片每拾觔稅肆分。紙金每拾張稅伍釐。

《欽定户部則例》卷五九《稅則十七・東海關用物稅則》　紙器。紙鑪墊、紙盒每百箇各稅貳錢。紙高妝每貳箇稅壹分。紗絹紙張裱褙器。油紙鐙籠每百盞稅貳錢。金扇每百把稅壹錢。大紗鐙每對稅捌分。紗扇每百把稅柒分。中紗鐙每對稅陸分。白紙扇每百把、紙扇面每千箇各稅伍分。小紗鐙每對稅肆分。油紙扇每百把稅貳分。紫檀扇每把稅壹分。

《欽定户部則例》卷五九《稅則十七・東海關雜貨稅則》　紙雜貨。爆煒每百觔稅貳錢肆分。紙礮每千箇稅捌分。小紙畫每百副、油紙每千張各稅叁分。南挂錢每百張、大門神每拾副各稅貳分。小門神每拾副、紙圍桌每百張各稅壹分。

《欽定户部則例》卷六二《稅則二十・贛關上水雜貨稅則》　紙雜貨。爆竹每包稅貳分陸釐叁毫。

《欽定户部則例》卷六二《稅則二十・贛關下水用物稅則》　紙器。紙盒匣每百箇、紙殼扇每百把各税叁分陸釐。粗扇每件税柒釐。

《欽定户部則例》卷六三《税則三·閩海關雜貨税則》　雜色紙貨。洋畫、紙畫每百張各税陸錢。紙十三花每百張税陸分。金扇面每百張税伍分。白扇面每百把税叁分。紙礮、紙冠每千箇，門神紙每百張，紙馬、紙人馬每百箇各税捌釐。

《欽定户部則例》卷六四《税則二二·北新關用物税則》　裱褙裝飾用物。神傘每拾把、綾畫每拾軸各税貳錢。綾手卷册頁每拾箇税壹錢貳分。真金扇每百把税捌分。圍屏每架，紙裱畫、綾單條畫、圍屏心、絹手卷册頁、紙手卷册頁每拾軸拾箇，絹寫心每百眼，絹人物每百箇，紗燈圍每拾副，圍屏燈每架，薰金扇、小紗窗每百把，神旗每拾面各税肆分。紗燈籠每百盞，綾扇面、真金扇面每百片，燈籠每百箇各税貳分。紙爐墊每百箇税壹分貳釐。香扇面、薰金扇面每百片各税壹分。紗絹燈每盞，錫花油紙扇、白紙扇、蜀府扇每百把各税捌釐。紗絹燭每對，小紗燈每盞，油紙扇每百把，白紙、青紙扇面、黄土扇面每百片，軸子每箇，紙經摺、紙扇匣、紙墨匣每百箇，各税肆釐。

《欽定户部則例》卷六四《税則二二·北新關雜貨税則》　雜色紙貨。爆竹每百觔税壹錢貳分。小紙畫每千張税陸分肆釐。紙鬼面、紙套頭每百箇，紙筋每百觔各税肆分。紙棋盤每百張、紙線帖每百箇各税貳分。阡張紙筋每百觔，紙泥人、粗高紙帽襯每百箇各税壹分貳釐。紙鷄馬每百箇税肆釐。

《欽定户部則例》卷六五《税則二三·浙海關乍浦口用物税則》　諸色裱褙裝飾器。出口油骨扇、白紙扇每箱作叁百陸拾把各税壹錢肆分肆釐。出口油紙扇每箱作肆百把税壹錢貳分。出口紗燈每拾盞作捌盞，大者税陸分肆釐，小者税叁分貳釐。出口雜色漆邊扇，每百把作捌拾把，税叁分貳釐。

《欽定户部則例》卷七二《税則三十·梧州廠雜貨税則》　各色紙料。元寶朴每大包税柒分捌釐，每小包税肆分陸釐捌毫。紙花每簣，副啟、寸楮每千箇，白扇面每千柄，泥金扇面每百柄各税柒分捌釐。神花每簣税肆分陸釐捌毫。鬼衣每件、紅全紅手本每百箇、紅單帖每千箇各税叁分玖釐。古柬每千箇、神金每千張各税叁分壹釐貳毫。白全手本、封筒每百箇各税壹分伍釐陸毫。紅封套每百箇税捌釐。小書帖紙每百張税柒釐捌毫。神炮每箇大者税柒釐捌毫，小者税肆釐陸毫捌絲。紙畫每軸税叁釐。

《欽定户部則例》卷九三《雜支三·采辦物價》　一、江南省辦造紅飛金每十成金壹兩，黄飛金每十成金捌錢伍分，紋銀壹錢伍分，各核造見方叁寸叁分飛金貳千叁百壹拾玖張。每金壹兩准銷風飛折耗金陸分。金照時價采買。捶造匠六十五工，每工工食銀壹錢，飯食銀陸分。夾金紙張銀叁錢，炭銀肆錢。均係市平市色以九三折實庫平紋銀給發。每金壹百兩給水脚銀貳拾兩。照庫平紋銀給發。統於地丁正項銀内動用題銷。

印刷總部

《印刷總部》提要

本總部收録有關印刷業和印刷工藝方面的文獻資料。

中國的印刷術，源遠流長，傳播廣遠。它既是漢文化的重要組成，也是傳統的手工業生産部門。同時，作爲中國古代四大發明之一，印刷術對世界文明進程也有重要的推動作用，享有「文明之母」的美譽。

印刷術的出現與紙、墨的生産與廣泛運用有著密切的關係，同時，古代的印章、石碑的刻印與絹帛印染技術也對印刷術的出現具有啟發意義。

雖然史籍早就有「刊章」、「雕撰」之類的疑似印刷術的記載，但學界一般認爲，雕版印刷的起源時間在公元五九〇至六四〇年之間，也就是隋朝至唐初。早期印刷活動主要在民間進行，多用於印刷佛像、經咒、發願文以及曆書等。唐初，玄奘曾用回鋒紙印普賢像，施給僧尼信衆。唐穆宗長慶四年（公元八二四年），詩人元稹爲白居易的《長慶集》作序，稱讚其詩廣受歡迎，「至於繕寫模勒，衒賣於市井」。「模勒」就是模刻，「衒賣」就是叫賣。這説明當時詩集的傳播，除了手抄本之外，已有印本。一九〇七年，在敦煌千佛洞裏發現一本印刷精美的《金剛經》，末尾題有「咸通九年（公元八六八年）四月十五日」等字樣，這是目前世界上最早的有明確日期記載的印刷品實物。

九世紀時，雕版印刷的使用已相當普遍。五代時期，不僅民間盛行刻書，政府也大規模刻印儒家書籍。自後唐明宗長興三年（公元九三二年）起，到後周廣順三年（公元九五三年），前後二十二年刻印了《九經》、《五經文字》、《九經字樣》共一百三十卷。這是儒家經典的首次印刷，也是國子監印售官定書籍的開始。

宋代雕版印刷更加發達，從官府到民間，全國各地到處都刻書。北宋政府的中央教育機構——國子監，印賣經史方面的書籍，刻板達十多萬塊，爲保證質量，許多書都是專門到杭州刻印的。佛藏雕印方面，《大藏經》的刊刻不下六版之多，有印於成都的《開寶藏》，印於福州的《崇寧藏》、《毗盧藏》，印於湖州的《圓覺藏》，印於安吉的《資福藏》，印於平江（今蘇州）的《磧砂藏》，這六部經藏各有五千卷至近七千卷，每部約需雕版八萬塊左右。至於福建建陽的麻沙，主要刻印科舉考試方面的書，以量大價廉取勝。從以上可以看出當時印刷業規模之大，分佈之廣，浙江的杭州、福建的建陽、四川的成都成爲當時各具特色的印書中心。

南宋時期，地方官署刻書成風，有茶鹽司本、安撫使本、庾司本、漕司本、提刑司本、轉運司本、倉臺本、計臺本、公使庫本、州軍學本、郡齋本、郡庠本、縣齋本、學宮本、學舍本、書院本、州府縣衙本等等，主要分佈在江浙、福建一帶。宋代民間印書大致可分爲私宅家塾刻本與書坊刻本，前者以岳珂的相臺家塾和廖瑩中的世綵堂爲代表，以經典傳承爲已任，精雕細校；後者以建安余氏、臨安陳氏爲代表，這些私家書坊雕鏤不如官刻之精，校勘不如家塾之審，但能迎合市場需求，印刷適銷對路的書籍，並以價廉量大取勝。若干書坊集中在一地，便形成規模化的商品生産，如福建建陽的麻沙，所印書籍周流天下。書手、刻工、印工等各種技術嫻熟的工人在官署、書坊之間自由流動，按字取酬。印刷業成爲新興的工業部門。

元、明、清三代刻書，繼承了宋代的傳統，官刻、私刻、坊刻并存發展。平陽、北京、南京、湖州、歙縣、常熟、無錫、揚州等地先后成爲新的雕版中心。明代宫中設立經廠，永樂的北藏、正統的道藏都是由經廠刻板。南藏和許多官刻書則在南京刻板。值得一提的是，明代藩府刻書是前所未有的現象，各藩王府印行的書可以考證的不下二百五十種。私家印書最著名的人物是常熟的毛晉，曾印行古書六百餘種，其中刊印「十三經」用版一萬一千八百四十六塊，印「十七史」用版二萬二千二百九十三塊，印《津逮秘書》收書一百四十種，用版一萬六千六百三十七塊。其書坊汲古閣雇用刻印工人約二十人，貯存書版達十萬塊。清代朝廷刊印書籍的機構是内務府下屬的武英殿修書處，這裏出版的書籍通稱「殿本」。地方各省也有印書機構。同治、光緒年間，爲補充戰火中損失的大量書籍，以及適應洋務運動的需求，从中央到各省紛紛成立官書局或編譯局，數量達五十多個，影響較大的有京師同文館印書處、江南製造局印書處、金陵官書局、江蘇官書局、浙江官書局、廣雅書局等。官書局除了印刷傳統的經史子集外，也印刷了大量的地方志和西學書籍。民間印書方面，張之洞的刻書傳世留名説影響很大，引領了當時私人刻書的風潮，湧現了一大批著名的刻書家，編印了大量的叢書。報紙、期刊及紙幣、郵票等有價證券的興起則從另一個方面促進了印刷事業的發展。晚清印刷工業重現輝煌。

宋代以來的雕版印刷，多用棗木、梨木板刻字。雕印的步驟是在雕刻前，先將文字抄寫在薄紙上，反轉以米糊粘貼在木板上，待其乾後，將紙背刮去，僅留一層薄膜，可以看到文字的反文。然後再用刀鑿等按照字的筆劃雕刻鑿削，讓每一字劃凸出。木板雕好後，刷上墨，再把紙鋪在版上，以軟刷在紙背上刷過。據説一個熟練的印刷工人，每天能刷印一千五百至二千張。雕版也有用銅板雕刻的，如印刷會子便有專門的銅板。上海博物館收藏有北宋「濟南劉家功夫針鋪」印刷廣告所用的銅版，可見當時也掌握了雕刻銅版的技術。

雕版印刷開始只有單色印刷，一般常用黑色，有時用紅色或藍色。五代以後的印刷實踐中逐漸發展出了彩色印刷技術。用這種方法，宋代曾印過「朱墨間錯」的會子。彩色印刷歷經刷塗套色（印後塗色）、刷捺套印、刷版套印（元順帝至元六年中興路所刻的《金剛經注》是現存最早的套色印本）、分版套印，到明末發展到餖版印刷或餖版印刷後施以拱花壓印術，代表作有吴發祥的《蘿軒變古箋譜》、胡正言的《十竹齋畫譜》和《十竹齋箋譜》，它們不僅色彩鮮明，而且雲紋水波都一一凸現，幾可亂真，古代中國的雕版印刷技術在這時達到了頂峰。

拓印既是印刷術的源頭之一，也是雕版印刷術的一個分支。大約在公元四世紀左右，人們發明了拓碑的方法：把一張堅韌的薄紙浸濕後敷在石碑上，再蒙上一張吸水的厚紙，用毛刷輕敲，到紙陷入碑上刻字的凹穴時爲止，然後揭去外面的厚紙，用棉絮或絲絮拍子，蘸著墨汁，輕輕地均匀地往薄紙上刷拍，等薄紙乾後揭下來，便是白字黑地的搨本。這種拓碑的方法，跟雕板印刷的性質相同，所不同的是，碑帖的文字是内凹的陰文，而雕板印刷的文字是外凸的陽文。石碑上的文字是陰文正寫。拓碑提供了從陰文正字取得正寫文字的複製技術。後來，人們又把石碑上的文字刻在木板上，再從而傳拓。唐代大詩人杜甫在詩中曾說：「嶧山之碑野火焚，棗木傳刻肥失真」。這和雕板印刷已經所差無幾了。拓印包括石碑、印章、鐘鼎銘文等，最著名的拓印品除石刻九經外，還有《淳化閣帖》、《三希堂法帖》等。

北宋時期，畢昇發明活字印刷術。活字印刷術是印刷業的一次革命，對中國、歐洲乃至世界文化發展有著深遠影響。據沈括《夢溪筆談》記載，公元一〇四一至一〇四八年，畢昇用膠泥制成活字，一個字爲一個印，用火燒硬。印刷時先將活字安放在敷有松脂蠟和紙灰的鐵板上，再以另一鐵板將字面按平，便可進行印刷。如將數塊鐵板輪流使用，則印刷速度更快。畢昇的發明比德國谷登堡創用鉛活字早四百年左右。

膠泥活字容易殘損，不能耐久。元成宗大德年間，王禎創製了一套木活字，請工匠刻製木活字共三萬多個，兩年完成，用其試印《旌德縣志》，全書六萬餘字，不到一個月時間，印成一百部，證明效率很高，這是現在所知的第一部木活字印本。

王禎不僅創造了木活字，而且還設計了轉輪排字架。活字依韵排列在字架上，排版時轉動輪盤，以字就人，提高排字效率，減輕勞動强度。王禎還把木活字製造方法以及印刷經驗記録下來，這就是《農書》後所附的《造活字印書法》，這是世界上最早的系統地叙述活字版印刷術的珍貴文獻。

王禎創造木活字以後，木活字印刷術得到了廣泛的使用。特别是清朝乾隆年間，在武英殿刻成大小棗木字二十五萬三千五百個，先後印成《武英殿聚珍版叢書》一百三十八種二千三百多卷，這是中國歷史上規模最大的一次用木活字印書。直至公元一九一〇年，蘇州校經山房還以木活字出版書籍。

與泥活字、木活字並行的是金屬活字，分錫活字、銅活字、鉛活字數種。在王禎以前，已有人用錫做活字，但没有得到推廣。公元十五、十六世紀之際，銅活字流行於江蘇無錫、蘇州、常州、南京一帶。銅活字印刷在清代進入新的高潮，最大的工程要算印刷數量達萬卷的《古今圖書集成》了，估計用銅活字達一百至二百萬個。福州林春祺在其所著《銅板叙》中稱自己曾出資製作四十萬枚銅活字，印刷福田書海銅活字本。

清道光朝以後，中外通商城市廣州、上海等地陸續引進了西方現代印刷技術，西方鉛活字和石印技術影響尤大。上海天主教的土山灣印刷局首先使用照相石印法印製天主教宣傳品。一八七四年於上海開設的點石齋，一八八一年開設的同文書局以及一八九七年開設的商務印書館開風氣之先，均使用多色照相石印技術。同文書局備有石印機十二部，雇員五百人，居當時石印業之首，用石印技術印刷了不少書籍，其中工程最大的是翻印《古今圖書集成》和《殿版二十四史》。在它們的帶動下，各地紛紛仿效，鉛活字印刷術、珂羅版印刷、銅刻印刷等也逐漸被國人接受，古老的印刷工業開始向現代印刷工業邁進。

基於上述史實，本總部下設經目三：

一、《印刷業與印刷工藝部》。收録印刷工業的總體生産狀况和印刷工藝方面的資料，包括題解、綜述、傳記、紀事、藝文、著録、雜録和圖録八個緯目。需要説明的是紀事緯目分爲兩部分，前一部分主要收録印刷業經營情况，包括經營方式，版權，廣告，招股，書價，印刷成本等資料；後一部分主要收録印刷工藝方面的材料，分爲雕版印刷、活字印刷、其他（拓印、套色印、石印）幾類。爲區别起見，本部的著録緯目專門收録活版、套色、石印等非單色雕印書籍。其他難以清楚界定性質的材料入雜録緯目，如購、藏、編、著、刻、鑒賞混雜在一起的資料，傳聞性質的資料，域外印刷，書籍裝潢等。

二、《官府印刷部》。收録官府印刷資料，包括綜述、紀事、著録和雜録四個緯目。其中紀事緯目分爲三部分，一是主要收録官方印刷機構和管理禁約等方面的資料，二是收録官方印書資料，三是收録鈔引曆日等印刷資料。分類羅列，各類之内按時間排序。著録緯目分爲兩部分，前一部分所收以序跋爲主，按作者生年或大致生年排序；後一部分所收以版本目録學著作爲主，按宋（遼、金）版、元版、明版排序，各版内部又按經、史、子、集排序。雜録緯目主要收録編著、收藏、刻印混雜在一起的官方機構的資料，特别是國子監、書院的藏書、藏板、刻書情況，以及與藏書、刻書有關的逸聞等。

三、《民間印刷部》。主要收集民間印刷業和印刷活動的資料，包括綜述、紀事、著録和雜録四個緯目。其中著録緯目分爲兩部分，前一部分所收以序跋爲主；後一部分所收以版本目録學著作爲主，按宋（遼、金）版、元版、明版排序，各版内部又按經、史、子、集排序。清代部分則主要收録較大型的類書印刷資料。雜録緯目收録與刻書有關的逸聞、議論等，以及紙牌、紙馬之類的日用印刷品的資料。

目録

印刷業與印刷工藝部

題解

劉熙《釋名》卷六《釋書契第十九》 契，刻也。刻識其數也。

劉熙《釋名》卷六《釋書契第十九》 書，庶也。紀庶物也。亦言著之簡紙永不滅也。**【略】**書稱刺書，以筆刺紙簡之上也。

徐官《古今印史·古今書刻》 自古以竹爲簡，以刀爲筆，故簡牘浩繁，而書用大缺。其餘則金石之文，如夏禹九鼎，周宣石鼓之類是也。至於木刻，非特三代以上無之，雖秦漢亦未聞。唐末僅有之而未盛，故宋時較正《説文》諸書，但言唐本而不言唐刻、唐版可知。故葉夢得曰唐以前書籍，皆寫本是也。五代馮道以艱於求假，木刻浸興。然蘇東坡尚云，近借得《漢書》抄成，便是貧兒暴富。信斯言也，木刻之盛，其在宋之中葉乎。官閲宋版書，端楷絶倫。元末、國初，猶有可觀，然比宋刻則有間矣。嗣是而後，愈盛而愈不足觀也。於乎！昔精而今不然者何邪？蓋前所刻者，皆有用之書，可傳之本，珍重之至，宜乎其刻之精也。比年以來，非程文類書，則士不讀而市不鬻，日積月累，動盈箱篋，越二三載，則所讀者變於前，所鬻者非其初矣。是皆無益於用者，安得求其刻之精乎。昔人有云加災於木，正爲此耳。嗟夫！士之窮年而習此者，豈其所樂爲哉。上以是取，故下以是應也。使爲人上者，務於行而不騖於詞，則士必反求諸古，而游心於聖賢之學矣，周禮賓興，將不可復舉邪。

楊慎《丹鉛總録》卷一三《辨刻刊字》 《説文》：刊，削也，又剟也。揚子雲《方言序》：懸諸日月不刊之書，謂不可削也。李鼎祚《周易集解》宗鄭玄而削王弼，其序曰「刊輔嗣之野文，輔康成之逸象」是也。至宋人轉失其義，乃以爲刻木印書之義。如王氏《揮麈録》所云郡府多刊文籍。且易以刊爲刻，訛矣。刻，鏤木也。從《晉書·虞溥傳》當作㓞，從陶隱居《茅山碑》當作栔，從丁度《集韵》又作鍥，皆鏤木印板之義。刊爲俗字，不可從也。

方以智《通雅》卷三一《器用書札》 《孔融傳》：侯覽刊章下州郡，以名捕儉。注：刊章謂削去告人姓名。愚謂刊章若榜行郡縣，因朱偶刊定州奏，遂以刊爲削。蓋刊即刻也。漢即無今版印，或刻書其大章于版，以遍行捕之。《漢書》言章大者數千，若文書全案也。

葉德輝《書林清話》卷一《刀刻原於金石》 凡物之初，無不簡樸。草衣卉服，而後有冠裳；巢居穴處，而後有宫室；汙尊抔飲，而後有樽罍；結繩畫卦，而後有文字。惟刻工亦然，刻竹削牘，鏤金勒石，皆以刀作字之先河。然紀事多用竹木，《漢書·東方朔傳》：奏三千奏牘。此古人公牘用木刻字之證。又姚方興於大航頭得《舜典》二十字，此亦木刻之僅存者。紀功專用金石，古鼎彝金器字，有范鑄者，有刀刻者，漢印亦然。今之所謂單刀法者，即當時刻印字也。劃然二途，各有體也。漢末，蔡邕書《九經》，刻石鴻都太學，是爲以石刻經之始。自後魏三體之《尚書》、《左傳》，唐石臺之隸書《孝經》，皆在開成十二經之先，以其時未知刻版之利便也。唐開元御書《道德經》，今易州石刻乃其舊本。以石刻子，殆始於此時，然實胚胎於六朝厓峪石幢之刻佛經。蓋魏晉以後，佛老大行。其刻《道德經》，乃重釋老，非刻諸子也。故論有唐一代文治之盛，全在初盛之時。石刻既繁，木版亦因之而出。柳玭《訓序》所云，蜀時書肆，字書小學，率雕版印紙，可見當時蜀刻之廣。迨乎末造，五季雕匠人役，學有專門。《六經》、《文選》大部書，亦遂層出不窮，非復墨搨紙鈔之多所濡滯矣。夫石刻氈椎，曠工廢日；裝潢褾背，費亦不貲。因是羣趨於刻板之一途，遂開書坊之利藪，此亦文治藝術由漸而進之效也。吾嘗言漢儒以後有功經傳者三人：一爲劉歆，一爲蔡邕，一爲馮道。有劉歆之《七略》，班固乃得因之爲《藝文志》，於是經師不傳之本，可以覩其目而知其人，此功之至大者也。其次則蔡邕之刻石，俾士人得覩全經。馮道之刻板，俾諸經各有讀本。兩廡特豚之祀，與其爲語録空談之儒所竊據，何若進此三人之饜人心志哉！雖然，此三人者，一則臣事王莽，一則失身董卓，一則爲五姓恩榮之長樂老，至今爲人口實，不得稍爲之寬假，是則出處之際又不可不自審已。

葉德輝《書林清話》卷一《刊刻之名義》 刻板盛於趙宋，其名甚繁。今據各書考之，曰雕、曰新雕、曰刊、曰新刊、曰開雕、曰開造、曰雕造、曰鏤板、曰鋟板、曰鋟木、曰鋟梓、曰刻梓、曰刻木、曰刻板、曰鐫木、曰繡梓、曰模刻、曰校刻、曰刊行、曰板行，皆隨時行文之辭，久而成爲習語。其曰雕者，《瞿目》宋刊本杜佑《通典》二百卷，一百五、六、八、九卷末有「鹽官縣雕」是也。又曰新雕，仍别於舊板之名。《瞿目》校宋本《管子》二十四卷，每卷末有墨圖記云「瞿源蔡潛道墨寶堂新雕印」是也。其曰刊者，《瞿目》影宋鈔本《作邑自箴》十卷，末有「淳熙己亥中元浙西提刑司刊」是也。又曰新刊，亦别於舊板之名。《天禄琳琅》三慶元六禩孟春建安魏仲舉家塾刻《新刊五百家註音辨昌黎先生文集》是也。其曰開雕者，《黄書録》宋紹興九年刻《文粹》一百卷，末有栞刻地名年月官銜，云「臨安府今重行開雕《唐文粹》」是也。其曰開板者，《張志》、《瞿目》影宋本《聖宋皇祐新樂圖記》三卷，後有「皇祐五年十月初三日奉聖旨開板印造」二行是也。其曰開造者，《陸志》影宋本《建康實録》二十卷，後記「江寧府嘉祐三年十一月開造《建康實録》，並案《三國志》、《東西晉書》並《南北史》校勘，至嘉祐四年五月畢工」是也。其曰雕造者，《瞿目》影鈔宋本孫奭《律》十二卷《音義》一卷，末有「天聖七年四月日准敕送崇文院雕造」一行是也。其曰鏤板者，《瞿目》宋刊本《資治通鑑》二百九十四卷，「元祐元年十月四日奉聖旨下杭州鏤板」是也。其曰鋟板者，《瞿目》影宋本《補漢兵志》一卷，有嘉定乙亥門人王大昌跋，别行記云「大昌於是年九月鋟板漕廨，益廣其傳」是也。其曰鋟木者，《瞿目》宋刊本《漢雋》十卷，末有嘉定辛未趙時侃題記云「訪求舊本，再鋟木於郡齋」是也。其曰鋟梓者，《黄書録》、《丁志》宋刊本陸游《渭南文集》五十卷，游子遹跋云「鋟梓溧陽學宫」是也。其曰刻梓者，《天禄琳琅》一宋廖氏世綵堂本《春秋經傳集解》三十卷，卷末有印記曰「世綵廖氏刻梓家塾」是也。其曰刻木者，《張志》乾道丁亥會稽太守洪适刻王充《論衡》三十卷，云「刻之木，藏諸蓬萊閣」是也。其曰刻板者，《黄書録》宋刊本《産科備要》八卷跋云「淳熙甲辰刻板南康郡齋」是也。其曰鑱木者，《楊録》宋麻沙本《類編增廣黄先生大全集》五十卷，有麻沙鎮水南劉仲吉宅牌記云「不欲私藏，庸鑱木以廣其傳」是也。其曰繡梓者，《張志》宋刊本趙汝愚《國朝名臣奏議》一百五十卷，末有淳祐庚戌諸王孫希瀞跋云「屬泮宫以繡諸梓」是也。其曰模刻者，阮氏文選樓仿刊宋《繪圖列女傳》卷八，末有白文墨地木印記云「建安余氏模刻」是也。其曰校刻者，《張志》、《錢日記》宋蔡夢弼刻《史記》一百三十卷，《三皇本紀》後有「建溪蔡夢弼傅卿親校刻梓於東塾」是也。其曰刊行者，《繆記》宋魏仲立刻本《新唐書》二百二十五卷，目後有牌子云「建安魏仲立宅刊行，士大夫幸詳察之」是也。其曰板行者，《瞿目》校宋本《管子》二十四卷，卷終有圖記二行云「瞿源蔡潛道宅板行」是也。其餘官書，有曰校勘，有曰監雕，有曰印造。坊塾刻本，有曰校正，有曰録正，有曰印行。皆刊刻前後之職，亦因事立名，各有所本。在唐末、宋初習見者，曰鏤板，《宋史·毋守素傳》「毋昭裔在成都，令門人勾中正、孫逢吉書《文選》、《初學記》、《六帖》鏤版」是也。曰雕版，唐柳玭《訓序》言在蜀時嘗閲書肆，云「字書小學率雕板印紙」是也。曰印板，宋王溥《五代會要》云「後唐長興三年二月，中書門下奏請依石經文字刻《九經》印板」是也。蓋鏤板、雕板、印板皆當時通俗之名稱。其寫樣本，則曰篆板，《舊五代史·和凝傳》「有集百卷，自篆於板，模印數百帙」是也。其印行本，則曰墨板，宋朱翌《猗覺寮雜記》云「唐末益州始有墨板」是也。元明坊刻習用者，多曰綉梓，《陸續跋》《新刊惠民御院藥方》二十卷，末有「南溪精舍鼎新綉梓」八字。《楊録》建陽書林劉克常刻《新箋決科古今源流至論前集》十卷、《後集》十卷、《續集》十卷、《别集》十卷，目録後牌記有「近因回禄之變，重新繡梓」等語。《楊志》、《楊譜》元刊本《大廣益會玉篇》三十卷，目録後方木記云「建安鄭氏鼎新綉梓」。《孫記》元版《唐詩始音輯注》一卷、《正音輯注》六卷、《遺響輯注》七卷，目録後有木長印云「建安葉氏鼎新繡梓」。按：此非元版，蓋入明後刻版。蓋一時風氣，喜用何種文辭，遂相率而爲雷同之語。勝代至今四五百年，書坊刻書，皆曰綉梓，亦有用新刊字者。知此類字通行日久，習而相忘，宜其不知有雕、鏤、鋟、鑱等字之用矣。

葉德輝《書林清話》卷一《書之稱册》 古書止有竹簡，曰「汗簡」，曰「殺青」。汗者，去其竹汁；殺青者，去其青皮。漢劉向《别録》云殺青者，直治竹作簡書之耳。新竹有汗，善朽蠹，凡作簡者，皆於火上炙乾之。陳楚間謂之汗，汗者去其汁也。而其用有二：一爲刀刻，《説文解字》云八體之刻符是也；一爲漆書，《後漢書·杜林傳》「於西州得漆書古文《尚書》一卷，《晉書·束皙傳》「太康二年，汲郡人發塚，得竹書數十車，皆簡編，科斗文字雜寫經史」，又云「時人於嵩山下得竹簡一枚，上兩行科斗書」是也。大抵秦漢公牘文，多是刀刻，故《史記》稱蕭何爲秦之刀筆吏。漆寫多中祕書，故漢時經師有賄蘭臺令史改漆書經文之事。刀刻不能改，漆書則易改，此二者所以有分别。然因此推見，周秦以前，竹書之用甚廣。《説文解字》篆籀等字，即其明證。如篆曰「引書」，籀曰「讀書」，籍曰「簿書」，箋曰「識書」，皆從竹而各諧聲。《漢志》稱書曰多少篇，篇亦从竹。《説文》：篇，書也；一曰關西謂榜曰「篇」。而册部「扁」，署也；从户册者，署門户之文也。榜篇之「篇」，即「扁」之通借字。凡類於書者，皆可以从竹之字例之。《漢志》又云：「劉向以中古文校歐陽、大小夏侯三家經文，《酒誥》脱簡一，《召誥》脱簡二，率簡二十五字者，脱亦二十五字。簡二十二字者，脱亦二十二字。」《春秋左傳·杜預序》疏引《鄭氏論語序》：《鉤命決》云《春秋》二尺四寸書之，《孝經》一尺二寸書之。《儀禮·聘禮》疏引《鄭氏論語序》云：《易》、《詩》、《書》、

《春秋》、《禮》、《樂》册皆尺二寸，當依《左傳》疏引作二尺四寸。《孝經》謙半之，《論語》八寸策者三分居一，又謙焉。是班鄭所見古簡策書，其大小雖不一，而稱書爲一册，必由簡策之册而來。《説文解字》：「册，符命也。諸侯進受於王也，象其札一長一短，中有二編之形。笧，古文册，从竹。」又竹部：「符，信也。漢制以竹長六寸，分而相合，从竹，付聲。」蓋一長一短相比謂之册，六寸分合謂之符。故册可推稱於符命，而符不可轉稱爲書册。凡竹簡必編以繩，亦護以革。《史記》：孔子晚喜《易》，韋編三絶。唐虞世南《北堂書鈔》引劉向《别録》：「孫子書以同已殺青簡，編以縹絲繩。」《南史·王僧虔傳》「楚王冢書青絲編」。然則今人言編輯，固猶沿其舊稱矣。册，本通作策。《説文解字》：「策，馬箠也。」别爲一義，然漢人通借策作册。《禮記·中庸》：「文武之政，布在方策。」《周禮》：內史「凡命諸侯及孤卿大夫，則策命之」。《左傳·僖二十八年》：「王命尹氏及王子虎內史叔興父策命晉侯爲侯伯。」《昭三年》：「鄭伯如晉……晉侯嘉焉，授之以策。」是册即策之證。至漢末則通行以策爲册。蔡邕《獨斷》云：「策者，簡也。禮曰：不滿百文不書於策，其制長二尺，短者半之。王充《論衡》云短書俗記，即策之短者。劉向《戰國策敍録》云：「或曰《國策》，或曰《國事》，或曰《短長》，或曰《事語》，或曰《長書》，或曰《修書》。」余意當時以一國之事爲一策，而其策有長有短，故又謂之短長。劉向又謂爲游士策謀，蓋不知策爲簡策之義。其次一長一短，兩編。書下附篆書，起年月日，稱皇帝曰，以命諸侯王。」劉熙《釋名》：「策，書教令於上，所以驅策諸下也。」《儀禮·聘禮記》：「百名以上書於策。」《鄭注》：「策，簡也。」《正義》：「策是衆簡相連之稱。」然則古書以衆簡相連而成册，今人則以線裝分釘而成册，沿其稱而失其義矣。程大昌《演繁露》七：「《張蒼傳》：主柱下方書。如淳曰：方，版也。《中庸》：文武之政，布在方册。方册云者，書之於版。亦或書之竹簡也。通版爲方，連版爲册。近者太學課試，曾出《文武之政布在方册賦》，試者皆謂册爲今之書册。不知今之書册，乃唐世葉子，古未有是也。」宋陳大猷《書集傳》十二卷、《或問》二卷，前有進表云：「臣所編《書集傳》壹拾貳卷，《集傳或問》叁卷，繕寫成壹拾伍卷。」蓋每卷爲一册，見《瞿目》。瞿鏞《鐵琴銅劍樓目》，詳見前。茲省稱，他目仿此。是以一卷爲一册，自宋以來如此。北宋刻《史記》分三十册，版心注數目。紹興二年，劉嶠刻《温國文正司馬公集》八十卷，前有進表云：八十卷計十有七册。宋本陳暘《樂書》前有進表云：并目録二百二十卷，謹繕寫成一百二十册。影寫宋刊本唐許嵩《建康實録》二十卷，末有記云：「江寧府嘉祐三年十一月開造《建康實録》，并案《三國志》、《東西晉書》并《南北史》校勘，至嘉祐四年五月畢工。凡二十卷，總二十五萬七千五百七十七字，計一十策。」並見《陸志》。《白氏六帖類聚》三十卷，宋仁宗時刊本分十二册，卷一、二爲第一册，卷三、四爲第二册，卷五、六爲第三册，卷七、八爲第四册，卷九、十爲第五册，十一、十二爲第六册，十三、十四、十五爲第七册，十六、十七、十八爲第八册，十九、二十、二十一爲第九册，卷廿二、廿三爲第十册，廿四、廿五、廿六、廿七爲第十一册，廿八、廿九、三十爲第十二册，版心有帖一至帖十二等字。見《陸跋》。當時裝訂，有以一卷爲一册者，有以數卷爲一册者，必視其書之厚薄爲之。元時書册亦如此。孔行素《至正直記》云：「江西學館讀書，皆有成式。《四書集注》作一册釘，《經傳》作一册釘，《少微通鑑詳節》作一册釘，《詩苑叢珠》作一册釘，《禮部韻略》增注本作一册釘。」觀此，則册、策二字，在宋元間時固猶通用也。

葉德輝《書林清話》卷一《書之稱卷》

卷子因於竹帛之帛。竹謂簡，帛謂紙也。《墨子》云：「以其所行，書於竹帛。」《漢書·東方朔傳》：「箸於竹帛。」王充《論衡》：「短書俗記，竹帛胤俗本作亂。文，非儒者所見，衆多非一。」是竹帛本漢時通用物矣。帛之爲書，便於舒卷，故一書謂之幾卷。凡古書，以一篇作一卷。《漢書·藝文志》有稱若干篇者，竹也。有稱若干卷者，帛也。如《六經》漢人注本，皆小題在上，大題在下。如《易》首《乾卦》。《書》《堯典》在上，《虞書》在下。《詩》《關雎訓詁傳》在上，詩名在下，皆是。果爲通連，則當大題在上，小題在下矣。卷之心必轉以圓軸，兩頭稍長出於卷，餘出如車軸然。《隋書·經籍志》云：「煬帝即位，祕閣之書分爲三品：上品紅瑠璃軸，中品紺瑠璃軸，下品漆軸。」《舊唐書·經籍志》：「集賢院御書，經庫皆鈿白牙軸，黄縹帶，紅牙籤；史庫鈿青牙軸，縹帶，緑牙籤；子庫雕紫檀軸，紫帶，碧牙籤；集庫緑牙軸，朱帶，白牙籤。」蓋隋唐間簡册已亡，存者止卷軸，故一書又謂之幾軸。韓愈詩：「鄴侯家多書，插架三萬軸。一一懸牙籤，新若手未觸。」三萬軸即三萬卷也。其卷長短隨其紙料，亦便於雜鈔。吾嘗謂《呂氏春秋》每卷月令十二紀後，雜入他文四五篇，其義絶不可曉。後始悟所書月令後有餘幅，故以他文接鈔，迨改爲刻本，遂仍其舊。又悟大小二《戴記》之分析，初本無所去取，特兄弟分執數卷，習之日久，各自爲學，而小戴先列學官，大戴遂微。然觀大戴三十九篇中，又雜出《曾子》十篇，益信古人鈔書，取便誦習。自卷并爲本，此義益無可考見矣。

葉德輝《書林清話》卷一《書之稱本》

書之稱本，必有所因。《説文解字》云

「木下曰本」，而今人稱書之下邊曰書根，乃知本者，因根而計數之詞。北齊顏之推《顏氏家訓·書證篇》云：《漢書》「中外禔福」字當從示，而江南書本多誤從手。《後漢書·酷吏·樊曅傳》「寧見乳虎穴」。江南書本「穴」皆誤作「六」。杜臺卿《玉燭寶典》引《字訓》解瀹字云：「其字或草下，或水旁，或火旁，皆依書本。」《漢書·孔光傳》「犬馬齒载」，顏師古注：「讀與耋同，今書本有作截字者，俗寫誤也。」又《外戚孝成趙皇后傳》「赫蹏紙」，顏師古注：「今書本赫字或作擊。」是書本之稱，由來已久。至宋刻板大行，名義遂定。如岳珂《九經三傳沿革例》，以書本爲一例是也。日本島田翰因謂書本爲墨版之稱，實爲大誤。說見後《書有刻板之始》條。吾謂書本由卷子摺疊而成，卷不如摺本翻閲之便，其制當興於秦漢間。《戰國策》劉向《敍録云》：「或曰國策，或曰國事，或曰短長，或曰事語，或曰長書，或曰修書。」意其時以一國爲一策，隨其策之長短，而名之以短長書。亦有改策爲本者，《戰國策·序》高誘注云：「六國時縱横之說，一曰短長書，一曰國本。」蓋以一國爲一本，猶之以前策式，以一國爲一策也。《太平御覽·學部》六百七卷《正謬誤類》引《劉向別傳》曰：「讎校者，一人持本，一人讀析，若怨家相對，故曰讎也。」夫不曰持卷，而曰持本，則爲摺本可知。魏晉以後，佛經梵夾大行於世，而其用益宏。唐釋道宣《廣宏明集》引梁阮孝緒《七録·序》，其稱《七略》、《漢書·藝文志》曰若干種，若干家，若干卷。引袁山松《後漢書·藝文志》亦然。至稱晉《中經簿》，始云四部書若干部，若干卷。稱晉《義熙祕閣書目》以下，始云若干帙，帙即袠字。若干卷。所謂帙者，合數卷爲之，則摺疊之制，在晉時已通行。而唐人試卷之式，亦本此而爲之。宋趙彦衛《雲麓漫鈔》三云：「釋氏寫經一行，以十七字爲準。故國朝試童行誦經，計其紙數，以十七字爲行，二十五行爲一紙。」程大昌《演繁露》七云：「唐人舉進士，必行卷者爲緘軸，録其所箸文以獻主司也。其式見《李義山集》。《新書·序》曰：治紙工率一幅以墨爲邊準，原注：今俗呼解行也。用十六行式，原注云：一幅改爲墨邊十六行也。率一行不過十一字。原注：此式至本朝不用。」是唐宋以下試卷之式，即本佛經，故一本一卷，遂爲今日之定號。宋黄庭堅《山谷別集》十一跋張持義所藏吴彩鸞《唐韵》云：「右仙人吴彩鸞書孫愐《唐韵》凡三十七葉。此唐人所謂葉子者也。按：彩鸞隱居在鍾陵西山下，所書《唐韵》，民間多有。余所見凡六本，此一本二十九葉彩鸞書，其八葉後人所補。」宋張邦基《墨莊漫録》云：「裴鉶《傳奇》載，成都古仙人吴彩鸞，善書小字，嘗書《唐韵》鬻之。今蜀中導江迎祥院經藏，世稱藏中《佛本行經》六十卷，乃彩鸞所書，亦異物也。今世間所傳《唐韵》，猶有□旋風葉，字畫清勁，人間往往有之。」而《演繁露》十五云：「古書不以簡策縑帛皆爲卷軸，至唐始爲葉子，今書册是也。然古竹牒已用疊簡爲名，顧唐始以縑紙卷軸改爲册葉耳。」然則今之書册，乃唐時葉子舊稱，因是而變蝴蝶裝。蝴蝶裝者，不用綫釘，但以糊粘書背，夾以堅硬護面。以板心向内，單口向外，揭之若蝴蝶翼然。阮文達元仿宋刻《繪圖古列女傳》，其原書即如此裝式。森立之《經籍訪古志補遺》《祕傳眼科龍木總論》十卷，云「應永二十七年舊粘葉本」。據云「此本爲狩谷望之舊藏，册不綫釘，紙心粘裝，宋人所謂蝴蝶裝也。」吾按：此等裝式，至元初猶存。吾藏有王應麟《王會解注》、《踐阼解注》，粘糊至今如故。後人刻地圖書，因合葉不便横閲，多有仿其裝式者。然據阮刻《繪圖列女傳》跋云：「卷末有籤條云，一本，永樂二年七月二十五日蘇敬叔買。」是無論綫裝、蝴蝶裝，皆得通稱爲本矣。

葉德輝《書林清話》卷一《書之稱葉》

今俗稱書一紙爲一頁。按《說文解字》頁部首云：「頭也，从百从兒。古文䭫首如此。」是頁爲稽首之稽本字，於書無與也。其字又作葉，自有書本，即有此名。《墨莊漫録》稱吴彩鸞所書《唐韵》爲旋風葉是也。但《說文解字》草部：「葉，草木之葉也。从草，枼聲。」於書葉之葉亦不相類。蓋其本字當作枼。《說文解字》木部：「枼，楄也。枼，薄也。从木，世聲。」而「楄」下云：「楄部，方木也。從木，扁聲。《春秋傳》曰：楄部薦榦。」按今《左昭·二十五年傳》作「楄柎藉幹」。杜注：「楄柎、棺中笭牀也。榦，骸骨也。」自是枼之本義。其云「枼，薄也」，則爲書葉之枼。古者簡籍之式，或用竹，或用木。竹以一簡爲一𥳑，木以一版爲一枼。《說文解字》竹部：「𥳑，籥也；从竹，枼聲。籥，書僮竹笘也；从竹，龠聲。」此竹簡从𥳑之證也。又片部：「牒，札也。从片，枼聲。」木部：「札，牒也。从木，乙聲。」此札牒从木之證也。牒之木多用柹。《顏氏家訓·書證篇》云：「《後漢書·楊由傳》云，風吹削肺，此是削札牘之柹耳。古者書誤則削之，故《左傳》云，削而投之是也。或即謂札爲削。王褒《童約》『書削代牘』，蘇竟書云『昔以磨研編削之才』，皆其證也。《詩》『伐木滸滸』，毛傳云：『滸滸，柹貌也。』史家假借爲肝肺字，俗本悉作脯臘之脯，或爲反哺之哺。學士因解云削脯是屏障之名，既無證據，亦爲妄矣。此是風角占候耳。《風角書》曰：『庶人風者，拂地揚塵轉削。』若是屏障，何由可轉也。」觀黄門所辨，知札牒之木爲柹木。又知木牒之牒，其制甚薄，故風可吹亦可轉。六書枼一訓薄，薄則便於翻檢，故一翻爲一葉。段玉裁注「䈎」字云：「小兒所書寫，每一笘謂之一䈎。今書一紙謂之一頁，或作葉，其實當作此䈎。」按段氏知其一不知其二。䈎之與牒，皆从枼聲，是枼字在䈎牒之前明矣。竹簡之書，僅能成行，不能成牒。書僮之笘，又其小者，何能謂之葉。不知䈎字專爲竹笘一䈎之稱，牒則木牘一版之稱。一葉之葉本當作枼，亦取其薄而借用之，非其本義如此也。吾嘗疑葉名之緣起，當本於佛經之梵貝書。釋氏書言西域無紙，以貝多樹葉寫經，亦稱經文爲梵夾書。此則以一翻爲一葉，其名實頗符。不然，草木之葉，於典册之式何涉哉。

葉德輝《書林清話》卷一《書之稱部》 今人言書曰某部，又曰幾部。按漢史游《急就章》云：「分別部居不雜厠。」《説文解字·序》亦云：「分別部居，不相雜厠。」此以分類爲分部，故稱某類爲某部，因而以一種爲一部，義得相同。然吾以爲本是篰字。《説文》竹部：「篰，蔄爰也。」此爰書之名。下文云：「等，齊簡也，从竹从寺。寺，官曹之等平也。」「笵，法也。从竹。竹簡書也，氾聲。古法有竹刑。」爰書爲案牘文，其類至多，故以篰稱。蔄即滿字，今人以盈數爲滿，古亦如之。自後人以部爲篰稱，而篰之本字，人罕知之矣。

葉德輝《書林清話》卷一《書之稱函》 書稱函者，義當取於函人之函，謂護書也。漢時卷子裹之以袟，其名曰袠。《説文解字》：「袠，書衣也。」《後漢書·楊厚傳》：「祖父春卿，善圖讖學，爲公孫述將。漢兵平蜀，春卿自殺，臨命，戒子統曰：吾綈袠中有先祖所傳《祕記》，爲漢家用，爾其修之。」《太平御覽》六百六卷。文部袠類，引宋謝靈運《書袠銘》：「懷幽卷賾，戢妙抱密。用舍以道，舒卷不失。亮唯勤翫，無或暇逸。」又引梁昭明太子《詠書袠詩》曰：「擢影兔園池，挺莖淇水側。幸雜緗囊用，聊因班女織。」是其製以竹織成，與後書所云綈帙者有别。然則同一護書，則竹織者當稱函矣。敦煌石室所藏卷子，外皆以細織竹簾包之，蓋即竹帙之一種。見羅振玉《鳴沙山石室祕録》。《太平御覽》引晉《中經簿》：「盛書有縑袠、青縑袠、布袠、絹袠。」既曰盛，則亦用函明甚。然則阮孝緒《七録》所稱若干袠，殆亦函矣。自改卷爲摺，而後盛之以函，因是而有書囊。《隋書·經籍志》所謂魏祕書監荀勗分爲四部，盛以縹囊是也。古書大率以五卷或十卷爲一袠。晉葛洪《西京雜記》云：「劉子駿《漢書》一百卷，無首尾。始甲終癸，爲十袟。袟十卷，合爲百卷。」《梁昭明太子集》前有梁簡文帝《序》云：「凡二袟，二十卷。」《北堂書鈔》引阮《七録》云：大抵五卷以上爲一袠。《隋志》云：《周易》一袠十卷。陸德明《經典釋文·敘録》：「《毛詩故訓傳》二十卷，鄭氏箋。」下接「馬融注十卷」云無下袠，蓋失後袠之十卷也。唐魏徵《羣書治要》五十卷，目録分五袠，亦以十卷爲一袠。宋刻書尚同，《黄記》宋咸平國子監專刻本《吴志》二十卷云：「閱其目録牒文，自一卷至十卷分爲上袟，十一卷至二十卷分爲下袟。」真德秀《大學衍義》前有進表云：「臣書適成，爲卷四十有三，爲帙十有二。」是以四卷爲一帙，蓋亦視本之厚薄多少定之。總而論之，梁以前袠以裹書，梁以後袠以函書。故袠之名微，而函之名著矣。

綜述

葉夢得《石林燕語》卷八 唐以前，凡書籍皆寫本，未有模印之法，人以藏書爲貴。人不多有，而藏者人字據《通考》一百二十四，引此條增入。又案《筆叢正集》四，亦有人字。精於讎對，故往往皆有善本。學者以傳録之艱，故其誦讀亦精詳。五代時，馮道始奏請始字從《通考》、《筆叢》改。官鏤六經板印行。國朝淳化中，復以《史記》、《前》、《後漢》付有司摹印，自是書籍刊鏤者益多，據《五代會要》入刻者皆九經，此云六經，非。又案邵博《聞見後録》五，邵氏尚存五代所刻《儀禮》一部，則實九經矣。士大夫不復以藏書爲意。學者易於得書，其誦讀亦因滅裂，然板本初不是正，不無訛誤。世既一以板本爲正，而藏本日亡，《筆叢》引此條有辨。其訛謬者遂不可正，甚可惜也。余襄公靖爲祕書丞，嘗言《前漢書》本謬甚，詔與王原叔同取祕閣古本參校，遂爲《刊誤》三十卷。其後劉原父兄弟，《兩漢》皆有刊誤。余在許昌得宋景文用監本手校《西漢》一部，末題用十三本校，中間有脱兩行者。惜乎今亡之矣。

世言雕板印書始馮道，此不然，但監本五經板，道爲之爾。柳玭《家訓序》，言其在蜀時，嘗閲書肆，云「字書、小學，率雕板印紙」，則唐固有之矣，但恐不如今之工。今天下印書，以杭州爲上，蜀本次之，福建最下。京師比歲印板，殆不減杭州，但紙不佳；蜀與福建多以柔木刻之，取其易成而速售，故不能工；福建本幾徧天下，正以其易成故也。《叢鈔》有辨極詳，《筆叢》亦有辨。

陸容《菽園雜記》卷一〇 古人書籍，多無印本，皆自鈔録。聞五經印版，自馮道始，今學者蒙其澤多矣。國初書版，惟國子監有之，外郡縣疑未有。觀宋潛溪《送東陽馬生序》可知矣。宣德、正統間，書籍印版尚未廣。今所在書版，日增月益，天下古文之象，愈隆於前已。但今士習浮靡，能刻正大古書以惠後學者少，所刻皆無益，令人可厭。上官多以餽送往來，動輒印至百部，有司所費亦繁，偏州下邑寒素之士，有志佔畢，而不得一見者多矣。嘗愛元人刻書，必經中書省看過下所司，乃許刻印。此法可救今日之弊，而莫有議及者，無乃以其近於不厚歟。

陸深《儼山外集》卷八《金臺紀聞》 後唐明宗長興三年，令國子監校定九經，雕印賣之，其議出於馮道，此刻書之始也。石林葉少藴以爲雕板印書始馮道，此不然，但監本《五經》道爲之爾。柳玭《訓序》言其在蜀時，嘗閲書肆，云字書小學，率臘板印紙，則唐固有之矣。石林時印書以杭州爲上，蜀本次之，福建最下，京師比歲印板殆不減杭州，但紙不佳。蜀與福建多以柔木刻之，取其易成而速售，故不能工。福建本幾遍天下。然則建本之濫惡，蓋自宋已然矣。今杭絶無刻，國初蜀尚有板，差勝建刻，今建益下，去永樂、宣德間又不逮矣。唯近日蘇州工匠稍追古作可觀。

郎瑛《七修類稿》卷四五《事物類・書册》 印板，《筆談》以爲始于馮道奏鏤《五經》，柳玭《訓序》又云：嘗在蜀時，書肆中閲印板小學書。則印板非始於五代矣，意其唐時不過少有一二，至五代刻《五經》後始盛，宋則群集皆有也。然板本最易得而藏多，但未免差訛，故宋時試策，以爲《井卦》何以無筰，正爲閩本落刻，傳爲笑柄。我朝太平日久，舊書多出，此大幸也，亦惜爲福建書坊所壞。蓋閩專以貨利爲計，但遇各省所刻好書，聞價高即便翻刊，卷數目録相同，而於篇中多所減去，使人不知。故一部止貨半部之價，人争購之。近如徽州刻《山海經》，亦效閩之書坊，只爲省工本耳。嗚呼！秦火燔而六經不全，勢也；今爲利而使古書不全，爲斯文者寧不奏立一職以主其事，如上古之有學官，或當道於閩者，深曉而懲之可也。

焦竑《焦氏筆乘續集》卷三《板本之始》 漢以來六經多刻之石，如蔡邕石經，嵇康石經，邯鄲淳三字石經，裴頠刻石寫經是也。其人間流傳，惟有寫本。唐末益州，始有墨板，多術數字學小書而已。蜀毋昭裔請刻板印九經，蜀主從之，自是始用木板摹刻六經。景德中又摹印司馬、班、范諸史與六經，皆傳，世之寫本漸少。然墨本訛駁，初不是正，而學者無他本刊驗，司馬、班、范三史，尤多脱亂，其後不復有古本可證，真一恨事也。

項元汴《蕉窗九録・書録・讎對》 葉少藴云，唐以前凡書籍皆寫本，未有摸印之法，人以藏書爲貴，人不多有，而藏書者精於讎對，故往往皆有善本。學者以傳録之艱，故其誦讀亦精詳。五代時，馮道始奏請官鏤板印行，國朝淳化中復以《史記》、《前》、《後漢》付有司摹印。自是書籍刊鏤者益多，士大夫不復以藏書爲意，學者易於得書，其誦讀亦因滅裂。然板本初不是正，不無訛誤，世既一以板本爲正，而藏本日亡，其訛謬者遂不可正，甚可惜也。此論宋世誠然，在今則甚相反，蓋當代板本盛行，刻者工直重鉅，必精加讎校，始付梓人，即未必皆善，尚得十之六七。而鈔録之本，往往非讀者所急，好事家以備多聞，束之高閣而已，以故謬誤相仍，大非刻本之比。凡書市之中無刻本，則鈔本價十倍，刻本一出，則鈔本咸廢不售矣。

胡應麟《少室山房筆叢》卷四《經籍會通四》 古今墳籍，梗概略陳，然率綜覈陳編，未遑近蹟。余九齡入燕，往來吴越垂三十載，涉歷賓遊，脞言鄙事，時有足存，輒綴大都附於簡末。後之博雅徵求故實，萬一在焉。述見聞第四。

宋世書千卷不能當唐世百，唐世書千卷不能當六朝十，六朝書千卷不能當三代一，難易之辨也。然今世書萬卷亦不能當宋千。

魏晉以還藏書家至寡，讀《南》、《北史》，但數千卷率載其人傳中，至《唐書》所載，稍稍萬卷以上而數萬者尚希，宋世驟盛，葉石林輩弁山之藏遂至十萬。蓋雕本始唐中葉，至宋盛行，薦紳士民有力之家，但篤好則無不可致，往往宋世書十卷其直僅可當六朝一，至功力難易則六朝之一足以當宋世百矣。終宋世書目無十萬者，葉嘗自言：備見諸家，皆不過四萬，而甚多猥雜，惟宋宣獻獨精，其難者已不能盡致。則弁山之藏亦僅可三、四萬，餘皆重複或猥雜也。

今欲購書又差易於宋，何也？經則一十三家注疏遍梓於諸方，史則二十一代類頒於太學，合之便可三千餘卷，宋初諸大類書合之又可三千餘卷，南渡類書十餘合之又可三千餘卷，唐及勝國并附。則不啻萬卷矣。釋藏金陵、道藏句曲，捐數百金即吾家物，稍益神仙、小説諸家，合之又不下萬卷矣。然猶非今所急也。今文人所急者先秦諸書，詩流所急者盛唐諸書，舉子所急者宋世諸書，大約數百家，弘雅之流稍加博焉，録經之閏者、史之支者、子之脞者、集之副者又無慮數百家，悉世所恒有，好而且力則無弗至也，然而未也，過此則絶不易言矣。山巖屋壁之藏，牧豎之所間值；丹鉛星曆之譜，方技之所共珍；晉、梁隱怪之譚，好事之所掇拾；唐、宋浮沉之業，遺裔之所世藏。往往鈔録傳摹，人所吝惜，間有刻本，率寡完篇。摧殘市肆，蠹嚙民家，展轉流亡，什九煨燼。又如朝署典章、都邑簿記，地多遐僻，用絶迂緊，仕宦僅攜，商賈希鬻，諸家悉備，此可缺如？又如畸流洽客，領異拔新，時出一編，人所未覩，非其知暱，餉遺何繇？凡此數端皆極難致，必多方篤好，庶幾逢之。不然，貲鉅程、陶，權壓梁、竇，他可力强，此未易云。

今宦塗率以書爲贄，惟上之人好焉，由諸經、史、類書卷帙叢重者，不逾時集矣。朝貴達官多有數萬以上者，往往猥複相揉，芟之不能萬餘，精綾錦標，連窗委棟，朝夕以享羣鼠，而異書秘本百無二三。蓋殘編短帙，筐篚所遺，羔雁弗列，位高責冗者又無暇綴拾之，名常有餘而實遠不副也。

牛弘之主購書勤矣，力矣，鄭樵之論求書備矣，精矣。隋之書籍所以盛絶古今，奇章力也。漁仲求書之説窮極苦心，計鄭藏書必富，而《通志》所載今古混淆，靡從考核，甚爲惜之。

余自髫歲夙嬰書癖，稍長從家大人宦遊諸省，遍歷燕、吴、齊、趙、魯、衛之墟，補綴拮据垂三十載。近輯《山房書目》，前諸書外，自餘所獲纔二萬餘，大率窮蒐委巷，廣乞名流，録之故家，求諸絶域，中間解衣縮食，衡慮困心，體膚筋骨靡所不憊，收集僅兹。至釋、道二藏，竟以非力所及，未能致也。

今海内書，凡聚之地有四，燕市也，金陵也，閶闔也，臨安也。閩、楚、滇、黔則余間得其梓，秦、晉、川、洛則余時友其人，旁諏歷閲，大概非四方比矣。兩都吴、越皆余足隸所歷，其賈人世業者往往識其姓名，聊記梗概於後。

燕中刻本自希，然海内舟車輻輳，筐篚走趨，巨賈所攜，故家之蓄錯出其間，故特盛於他處。第其直至重，諸方所集者每一當吴中二，道遠故也；輦下所雕者每一當越中三，紙貴故也。

越中刻本亦希，而其地適東南之會，文獻之衷，三吴、七閩典籍萃焉。諸賈多武林龍丘，巧於壟斷，每瞯故家有儲蓄而子姓不才者，以術鉤致，或就其家獵取之。此蓋海内皆然。楚、蜀、交、廣，便道所攜，間得新異。關、洛、燕、秦，仕宦橐裝所挾往往寄鬻市中，省試之歲甚可觀也。

吴會、金陵，擅名文獻，刻本至多，鉅帙類書咸會萃焉。海内商賈所資，二方十七，閩中十三，燕、越弗與也。然自本方所梓外，他省至者絶寡，雖連楹麗棟，蒐其奇秘，百不一二。蓋書之所出而非所聚也。至薦紳博雅，勝士韵流，好古之稱藉藉海内，其藏蓄當甲諸方矣。

凡燕中書肆，多在大明門之右及禮部門之外及拱宸門之西，每會試舉子則書肆列於場前，每花朝後三日則移於燈市，每朔望并下澣五日則徙於城隍廟中。燈市極東、城隍廟極西，皆日中貿易所也。燈市歲三日，城隍廟月三日，至期百貨萃焉，書其一也。凡徙，非徙其肆也，輦肆中所有，税地張幕，列架而書置焉，若綦繡錯也。日昃復輦歸肆中。惟會試則税民舍於場前，月餘試畢賈歸，地可羅雀矣。

凡武林書肆多在鎮海樓之外及湧金門之内，及弼教坊、及清河坊，皆四達衢也。省試則間徙於貢院前；花朝後數日則徙於天竺，大士誕辰也；上巳後月餘則徙於岳墳，游人漸衆也；梵書多鬻於昭慶寺，書賈皆僧也。自餘委巷之中，奇書秘簡往往遇之，然不常有也。

凡金陵書肆多在三山街及太學前，凡姑蘇書肆多在閶門内外及吴縣前，書多精整，然率其地梓也。余二方皆未嘗久寓，故不能舉其詳。他如廣陵、晉陵、延陵、檇李、吴興皆間值一二，歙中則余未至也。

凡刻之地有三，吴也，越也，閩也。蜀本宋最稱善，近世甚希。燕、粤、秦、楚今皆有刻，類自可觀，而不若三方之盛。其精，吴爲最；其多，閩爲最，越皆次之。其直重，吴爲最；其直輕，閩爲最，越皆次之。

凡印書，永豐綿紙上，常山柬紙次之，順昌書紙又次之，福建竹紙爲下。綿貴其白且堅，柬貴其潤且厚，順昌堅不如綿，厚不如柬，直以價廉取稱。閩中紙短窄黧脆，刻又舛譌，品最下而直最廉，余筐篋所收什九此物，即稍有力者弗屑也。近閩中則不然，以素所造法演而精之，其厚不異於常而其堅數倍於昔，其邊幅寛廣亦遠勝之，價直既廉而卷帙輕省，海内利之，順昌廢不售矣。餘他省各有産紙，余弗能備知。大率閩、越、燕、吴所用刷書不出此數者。燕中自有一種紙，理粗龐，質擁腫而最弱，久則魚爛，尤在順昌下，惟燕中刷書則用之。惟滇中紙最堅，家君宦滇得張愈光、楊用修等集，其堅乃與絹素敵，而色理疏慢蒼雜，遠不如越中。高麗璽絶佳，純白滑膩，如舒雪，如匀粉，如鋪玉，惟印記用之。

凡書之直之等差，視其本，視其刻，視其紙，視其裝，視其刷，視其緩急，視其有無。本視其鈔、刻，鈔視其譌正，刻視其精粗，紙視其美惡，裝視其工拙，印視其初終，緩急視其時又視其用，遠近視其代又視其方，合此七者參伍而錯綜之，天下之書之直之等定矣。凡本，刻者十不當鈔一，鈔者十不當宋一，三者之中自相較，則又以精粗、久近、紙之美惡、用之緩急爲差。凡刻，閩中十不當越中七，越中七不當吴中五，吴中五不當燕中三，此以地論，即吴、越、閩書之至燕者，非燕中刻也。燕中三不當内府一，五者之中自相較，則又以其紙、其印、其裝爲差。凡印，有朱者，有墨者，有靛者，有雙印者，有單印者。雙印與朱，必貴重用之。凡板漶滅，則以初印之本爲優。凡裝，有綾者，有錦者，有絹者，有護以函者，有標以號者。吴裝最善，他處無及焉。閩多不裝。有裝、印、紙、刻絶精而十不當凡本一者，則不適於用，或用而不適於時也。有摧殘斷裂而直倍於全者，有模糊漶滅而價增於善者，必代之所無與地之遠也。夫不適於時者遇，遇則重；不適於用而精焉，亦遇也。噫！

葉少藴云：唐以前，凡書籍皆寫本，未有模印之法，人以藏書爲貴。人不多有而藏書者精於讎對，故往往皆有善本；學者以傳録之艱，故其誦讀亦精詳。五代時馮道始奏請官鏤板印行，國朝淳化中復以《史記》、《前》、《後漢》付有司摹印，自是書籍刊鏤者益多，士大夫不復以藏書爲意，學者易於得書，其誦讀亦因滅裂。然板本初不是正，不無譌誤，世既一以板本爲正而藏本日亡，其譌謬者遂不可正，甚可惜也。此論宋世誠然，在今則甚相反。蓋當代板本盛行，刻者工直重鉅，必精加讎校始付梓人，即未必皆善，尚得十之六七，而鈔録之本往往非讀者所急，好事家以備多聞，束之高閣而已，以故謬誤相仍，大非刻本之比。凡書市之中，無刻本則鈔本價十倍，刻本一出則鈔本咸廢不售矣。今書貴宋本，以無譌字故，觀葉氏論，則宋之刻本患正在此，或今之刻本當又譌於宋邪？余所見宋本譌者不少，以非所習，不論。葉又云：天下印書以杭爲上，蜀次之，閩最下。余所見當今刻本，蘇、常爲上，金陵次之，杭又次之。近湖刻、歙刻驟精，遂與蘇、常争價。蜀本行世甚寡，閩本最下，諸方與宋世同。葉以閩本多用柔木，故易就而不精。今杭本雕刻時義亦用白楊木，他方或以烏柏板，皆易就之故也。

葉少藴云：世言雕板始自馮道，此不然，但監本始馮道耳。柳玭《訓序》言其在蜀時，嘗閲書肆所鬻字書、小學率雕本，則唐固有之。陸子淵《豫章漫鈔》引《揮麈録》云：毋昭裔貧時嘗借《文選》不得，發憤云：「異日若貴，當板鏤之以遺學者。」後至宰相，遂踐其言。子淵以爲與馮道不知孰先，要之皆出柳玭後也。載閲陸《河汾燕閒録》云：隋文帝開皇十三年十二月八日敕廢像遺經，悉令雕板，此印書之始。據斯説則印書實自隋朝始，又在柳玭先，不特先馮道、毋昭裔也。第尚有可疑者，隋世既有雕本矣，唐文皇胡不擴其遺制，廣刻諸書，復盡選五品以上子弟入弘文館鈔書何邪？余意隋世所雕特浮屠經像，蓋六朝崇奉釋教致然，未及概雕他籍也。唐至中葉以後，始漸以其法雕刻諸書，至五代而行，至宋而盛，於今而極矣。活板始宋畢昇，以藥泥爲之，見沈氏《筆談》十八卷，甚詳。遍綜前論，則雕本肇自隋時，行於唐世，擴於五代，精於宋人。此余參酌諸家，確然可信者也。然宋盛時刻本尚希，蘇長公《李氏山房記》謂國初薦紳即《史》、《漢》二書不人有，《揮麈録》謂當時仕宦多傳録諸書，他可見矣。

今世欲急於印行者有活字，然自宋已兆端。《筆談》云：板印書籍，唐人尚未盛爲之。自馮瀛王始印五經，已後典籍皆爲板本。慶曆中，有布衣畢昇又爲活板。其法用膠泥刻字，薄如錢脣，每字爲一印，火燒令堅。先設一鐵板，其上以松脂、蠟和紙灰之類冒之，欲印則以一鐵範置鐵板上，乃密布字印，滿鐵範爲一板，持就火煬之，藥稍鎔則以一平板按其面，則字平如砥。若止印三、二本未爲簡易，若印數十百千本則極爲神速。常作二鐵板，一板印刷，一板已自布字，此印者纔畢則第二板已具，更互用之，瞬息可就。每一字皆有數印，如「之」、「也」等字每字有二十餘印，以備一板内有重複者。不用則以紙貼之，每韵爲一貼，木格貯之。有奇字素無備者，旋刻之，以草火燒，瞬息可成。不以木爲之者，木理有疏密，沾水則高下不平，兼與藥相黏，不可取，不若燔土，用訖再火令藥鎔，以手拂之其印自落，殊不沾汚。昇死後，藥印爲其羣從所得，至今寶藏之。右俱《筆談》所載，今無以藥泥爲之者，惟用木稱活字云。

今人事事不如古，固也，亦有事什而功百者，書籍是已。三代漆文竹簡冗重艱難，不可名狀，秦、漢以還浸知鈔録，楮墨之功簡約輕省，數倍前矣。然自漢至唐猶用卷軸，卷必重裝，一紙表裏，常兼數番，且每讀一卷或每檢一事，紬閲展舒甚爲煩數，收集整比彌費辛勤。至唐末、宋初，鈔録一變而爲印摹，卷軸一變而爲書册，易成難毁，節費便藏，四善具焉，遡而上之至於漆書竹簡，不但什百而且千萬矣。士生三代後，此類未爲不厚幸也。又前代篆、隸與今楷書，工亦有難易也。【略】

國朝開基紹統，大綱萬目，靡不度越前朝。至表章六籍，統壹聖真，則巍然上揖夏、商，埒周而四，漢、唐以降無足云也。惟是儲畜一端，前代英君哲辟往往係心，似亦右文之世不容後者。國初高皇帝首命頒刻六經，繼之文皇帝躬修《永樂大典》，草創之晨，勤思載籍尚爾，矧今日綦隆之極邪？近年楚試發策，以蒐集遺書爲問，一時雅士多韙其言。竊惟我國家汎逐腥膻，肇建區宇，文明之象，際地極天，中祕所畜簡編固應倍蓰往昔，重以累朝史局鴻鉅肩摩，詎乏劉、班、王、魏等輩？而藝文一録尚似缺如，是真有待於今日也。況今雕本盛行，異書迭出，較之漢、唐，難易萬萬相懸，誠略倣前史求書遺意，稍示向方，事半昔人，功必百之，俟以三年之力，盡括四海之藏，然後大出石渠、東觀累葉祕書，分命儒臣編摩論次，勒成一代弘文之典，俾百世後知皇朝儲蓄之富冠古絶今，實宇宙之極觀，生人之殊際也。時不可失，芹曝之念，恒眷眷於斯云。

歐陽永叔《集古録》序云：物常聚於所好而常得於有力之彊，有力而不好，好之而無力，雖近且易，有不能致之。象、犀、豹、虎，蠻夷山海殺人之獸，然其齒、角、皮革可聚而有也。玉出崑崙、流沙萬里之外，經十餘譯乃至乎中國；珠出南海，常生深淵，采者腰絙而入水，形色非人，往往不出，則下飽蛟魚；金礦於山，鑿深而穴遠，篝火餱糧而後進，其崖崩窟塞，則遂葬於中者率常數十百人。其遠且難而又多死，禍常如此，然而金玉珠璣，世常兼聚而有也。凡物好之而有力，則無不至也。湯盤、孔鼎，岐陽之鼓，岱山、鄒嶧、會稽之刻石，與夫漢、魏以來聖君賢士桓碑彝器、銘詩序記，下至古文籀篆分隸、諸家之字書，皆三代以來至寶，怪奇偉麗、工妙可喜之物。其去人不遠，其取之無禍，然而風霜兵火，湮没磨滅，散棄於山崖墟莽之間未嘗收拾者，由世之好者少也。幸而有好之者，又其力或不足，故僅得其一二而不能使其聚也。夫力莫如好，好莫如一。予性顓而嗜古，凡世人之所貪者皆無欲於其間，故得一其所好於斯，好之已篤，則力雖未足，猶能致之。故上自周穆王以來，下更秦漢、隋唐、五代，外至四海九州、名山大澤，窮崖絶谷、荒林破冢，神僊鬼物詭怪所傳，莫不皆有，以爲《集古録》。以謂轉寫失真，故因其石本軸而藏之，有卷帙次第而無時世之先後，蓋其取多而未已，故隨其所得而録之。又以謂聚多而終必散，乃撮其大要别爲目録，因并載夫可與史傳正其闕謬者，以傳後學，庶益於多聞。或譏予曰：「物多則其勢難聚，久而無不散，何必區區於是哉！」予對曰：「足吾所好玩而老焉，可也。象犀金玉之聚，其能果不散乎？予固未能以此而易彼也。」

蘇子瞻《李氏山房記》略曰：「象犀珠玉怪珍之物，有悦於人之耳目而不適於用；金石、草木、絲麻、五穀、六材，有適於用而用之則弊、取之則竭。悦於人之耳目而適於用，用之而不弊、取之而不竭者，惟書乎？自孔子聖人，其學必始於觀書。當是時，惟周之柱下史聃爲多書。韓宣子適魯，然後見《易》象與魯《春秋》；季札聘於上國，然後得聞《詩》風、雅、頌；而楚獨有左史倚相，能讀三墳、五典、八索、九丘。士之生於是時，得見六經者蓋無幾，其學可謂難矣，而皆習於禮樂、深於道德，非後世君子所及。自秦、漢以來，作者益衆，紙與字畫日趨於簡便而書益多，世莫不有，然學者益以苟簡，何哉？余猶及見老儒先生，自言其少時欲求《史記》、《漢書》而不可得，幸而得之，皆手自書，日夜誦讀，惟恐不及。近歲市人轉相摹刻，諸子百家之書日傳萬紙，學者之於書多而且易致如此，其文詞、學術當倍蓰於昔人，而後生科舉之士皆束書不觀，遊談無根，此又何也？余友李公擇，讀書於廬山白石菴之僧舍，藏書凡九千餘卷，既以涉其流，探其源，采剥其華實而咀嚼其膏味，以發於文詞，見於行事，聞名於當世矣，而書固自如也。余既衰且病，無所用於世，而廬山固所願遊而不得者，蓋將老焉，盡發公擇之藏，拾其餘棄以自補，庶有益乎？公擇求余文以爲記，乃爲一言，使來者知昔之君子見書之難，而今學者有書而不讀爲可惜也。

右歐、蘇二文皆關涉經籍，故録之。永叔謂好而能一，則力雖不足猶能致之，余竊有深味焉，而猶惜公之不以金石之好聚於墳典也。子瞻所論，較之今則書愈易求而讀者愈寡矣。

李易安《金石録後序》云：予以建中辛巳歸趙氏，時德甫在太學，每月朔望謁告出，質衣取半千錢，步入相國寺，市碑文、果實歸，相對展玩咀嚼。後二年從官，便有窮盡天下古文奇字之志，傳寫未見書，買名人書畫、古奇器。有持徐熙牡丹圖求錢二十萬，留宿計無所得，卷還之，夫婦相向惋悵者數日。及連守兩郡，竭俸入以事鉛槧，每獲一書即同勘校、裝輯，得名畫、彝器亦摩玩舒卷，指摘疵病，盡一燭爲率。故紙札精緻，字畫全整，冠於諸家。

張萱《疑耀》卷一《書籍板行》 上古書籍，皆編竹爲簡，以韋貫之，用漆作書。簡袠浩重，不便提挈。自有製紙筆及墨者，乃易去竹簡，誠爲便易，然皆寫本，亦未有刻板印行也。後唐明宗長興二年，宰相馮道、李愚，請令刊九經國子監，田敏校正。又毋昭裔貧時，嘗借《文選》於交遊，其人有難色。昭裔發憤曰：「異日若貴，當版鏤之，以遺學者。」後仕孟蜀，爲宰相，遂踐其言。又以石鏤九經於成都。是印行書籍，始之者後唐，繼之者孟蜀也。葉夢得曰：書籍未印行之先，人以藏書爲貴，書雖不多，而藏書者精於讎對，故往往皆有善本。學者以傳録之難，故誦讀亦精詳。蘇東坡作《李公擇山房藏書記》，亦謂少時嘗見前輩欲求《史記》、《漢書》不可得，幸得之，皆手自書，日夜誦讀，惟恐不及。近市人轉相摹刻諸子百家之書，日傳萬紙，學者於書既多，且易致如此，其文辭學術當倍蓰昔人，而今乃不然者，豈非多而難精耶？二公之言，誠中時弊。

謝肇淛《五雜組》卷之一三《事部一》 宋時刻本以杭州爲上，蜀本次之，福建最下。今杭刻不足稱矣，金陵、新安、吴興三地，剞劂之精者不下宋板，楚、蜀之刻皆尋常耳。閩建陽有書坊，出書最多，而板紙俱最濫惡，蓋徒爲射利計，非以傳世也。大凡書刻，急於射利者必不能精，蓋不能捐重價故耳。近來吴興、金陵，駸駸蹈此病矣。

近時書刻，如馮氏《詩紀》、焦氏《類林》及新安所刻《莊》、《騷》等本，皆極精工，不下宋人，然亦多費校讎，故舛訛絶少。吴興凌氏諸刻，急於成書射利，又慳於倩人編摩，其間亥豕相望，何怪其然。至於《水滸》、《西廂》、《琵琶》及《墨譜》、《墨苑》等書，反覃精聚神，窮極要眇，以天巧人工，徒爲傳奇耳目之玩，亦可惜也。

書所以貴宋板者，不惟點畫無訛，亦且箋刻精好，若法帖然。凡宋刻有肥瘦二種，肥者學顔，瘦者學歐，行款疏密任意不一，而字勢皆生動，箋古色而極薄，不蛀。元刻字稍帶行，而箋時用竹，視宋紙稍黑矣。國初用薄綿紙，若楚、滇所造者，用氣色超元匹宋，成、弘以來，漸就苟簡，至今日而醜惡極矣。

孫承澤《硯山齋雜記》卷一《刻書》 刻書咸云始於後唐明宗，《揮麈餘話》云毋丘儉貧賤時，借《文選》于交遊間，有難色。發憤異日若貴，當板鏤之遺學者。後仕蜀爲宰相，遂踐其言刊之。印行書籍，剏見于此。事載陶岳《五代史補》。唐平蜀，明宗命太學博士李諤書五經，倣其製作，刊板于國子監。監中印書之始，今盛行于天下，蜀中爲最。明清家有諤書印本五經，後題長興二年。予考常熟毛氏刻《五代史補》無此條。吴太史任臣《十國春秋・蜀毋昭裔傳》：請後主鏤板印九經，又令門人句中正、孫逢吉書《文選》、《初學記》、《白氏六帖》，刻板行之。録誤昭裔爲毋丘儉耳。

刻書始于五代，昔人率以爲然。予按司空表聖《一鳴集》有爲東都敬愛寺募雕刻律疏印本疏，云自洛城乃焚印本，漸虞散失，欲更雕鏤云云。則唐已刻書，此其昭昭可據者，顧前無引之者何也。

沈存中云慶曆中有畢昇爲活字板，用膠泥燒成。今用木刻字銅板合之。

王士禛《池北偶談》卷一七《談藝七・刊書》 《恕齋叢談》云：「書籍版行，始於後唐。昔州郡各有刊行文籍，《寰宇書目》備載之，雖爲學者之便，而讀書之功，不及古人矣。且異書多泯没不傳，《後漢書》注事最多，所引書今十無一二三。如漢武《秋風辭》，見於《文選・樂府》、《文中子》，晦菴收入《楚詞後語》，然《史記》、《漢書》皆不載，《藝文志》又無漢祖歌詞，不知祖於何書？」予按《五代會要》，後唐長興三年四月，敕差太子賓客馬縞、太常丞陳觀、太常博士段顒、尚書屯田員外郎田敏充詳勘九經官，委國子監於諸色選人中，召能書人端楷寫出，付匠雕刻，每日五紙，與減一選。漢乾祐間，《周禮》、《儀禮》、《公羊》、《穀梁》四經始鏤版。周廣順三年六月，尚書左丞判國子監事田敏進印版九經書、五經文字様各二部。顯德二年，中書門下奏國子監祭酒尹拙狀校勘《經典釋文》三十卷，雕造印版，欲請兵部尚書張昭、太常卿田敏同校勘。葉夢得言：唐柳玭《訓序》言在蜀見字書，雕本不始馮道，監本始道耳。《河汾燕閑録》隋開皇十三年，遺經悉令雕版，又(母)[毋]昭裔有鏤版之言。蓋刊書始隋，暨唐至五代，宋而始盛耳。

孫從添《藏書記要》第二則《鑒別》 夫藏書而不知鑒別，猶瞽之辨色，聾之聽音，雖其心未嘗不好，而才不足以濟之，徒爲有識者所笑，甚無謂也。如某書係何朝何地著作，刻於何時，何人翻刻，何人鈔録，何人底本，何人收藏，如何爲宋元刻本，刻於南北朝何時何地，《零拾》本加注云：案此云南北朝，當指宋金元之閒，下同。如何爲宋元精舊鈔本，必須眼力精熟，攷究確切。再於各家收藏目録、歷朝書目、類書總目、讀書志、敏求記、經籍攷、《昭代》本、《零拾》本經籍攷在敏求記上。誌書誌書二字《零拾》本作府州縣志書內六字、文苑誌、書籍誌、二十一史書籍志、《零拾》本書作經。名人詩文集、書序跋文內查攷明白，然後四方之善本祕本，或可致也。大抵收藏書籍之家，惟吴中蘇郡、虞山、崑山，浙中嘉、湖、杭、寧、紹最多。金陵、新安、寧國、安慶及河南、北直、山東、閩中、山西、關中、江西、湖廣、蜀中亦不少藏書之家。《零拾》本有注云：案藏書家江浙而外，以山東、福建爲最，四川則絶無矣。在其人能到處訪求，辨別真僞，則十得八九矣。藏書之道，先分經史子集四種，取其精華，去其糠秕，經爲上，史次之，子集又次之。凡收藏者《零拾》本凡下有將字。須看其板之古今，紙之新舊好歹，卷數之全與缺，不可輕率。大略從《十三經》、《二十一史》、《三通》、《三記》辨起。《十三經》蜀本爲最，北宋刻第一，巾箱板甚精，其次南宋本亦妙，唐本不可得矣。北監板無補板初印亦可。其餘所刻各有不同。《十七史》宋刻九行十八字最佳，《零拾》本有注云：案各史宋刻之佳者，以十行十九字最佳，九行十八字則罕見矣。北宋本細字《十三經注疏》、《十七史》亦精美可愛。南北朝各家經史《漢書》，字劃甚精，其《十七史》北監板無補板初印本亦妙。宋、遼、金、元四史以初印好紙者爲佳，而零收雜板舊板刻本湊成原印者，勝於南監本多矣。《零拾》本有注云：案南監本《廿一史》調取各學宋元板修配印行，舊印本自佳，北監刻於萬曆年閒，即照南監本重刻，改易行款，有南監缺葉而誤連者，最不足重。此所紀恐南北互訛。惟毛氏汲古閣《十三經》、《十七史》校對草率，錯誤甚多，不足貴也。宋刻本書籍傳留至今，已成希世之寶，其未翻刻者及不全者，即翻刻過而又不全者，皆當珍重之，吉光片羽，無不奇珍，豈可輕放哉。宋刻有數種：蜀本，太平本，臨安書掤本，《零拾》本掤作棚。書院學長刻本，仕紳請刻本，各家私刻本，御刻本，麻沙本，茶陵本，鹽茶本，釋道二藏刻本，銅字刻本，活字本。諸刻之中，惟蜀本、臨安本、御刻本爲最精。又有元翻宋刻本，明翻宋刻本，金遼刻本，元初刻本作宋刻本，明初刻本作元刻本、金遼刻本，與宋刻本稍遜。而蘇人又將明藩本、明蜀本、明翻宋刻本，假刻本文序跋，染紙色僞作宋刻，真贋雜亂，不可不辨。而宋元刻本書籍雖真，而必原印初刻，不經圈點者爲貴。古人尊重宋刻，弗輕塗抹，後世庸流俗子，不知愛惜書籍，妄自動筆，有始無終，隨意圈點，良可歎也。鑒別宋刻本，須看紙色、羅紋、墨氣、字劃、行款、忌諱字、單邊、末後卷數、不刻末行、隨文隔行刻，又須將真本對勘乃定。如項子京《蕉窗九録》、董文敏《清祕録》講究宋刻，僅舉其大略耳。近又將新翻宋刻本，去其年月，染紙色，或將舊紙印本僞作宋刻甚多。若果南北宋刻本，紙質羅紋不同，字畫刻手，古勁而雅，墨氣香淡，紙色蒼潤，展卷便有驚人之處，所謂墨香紙潤，秀雅古勁，宋刻之妙盡之矣。汲古主人集大小各種宋刻《史記》一部，名曰《百合錦史記》，以此對勘，方爲精詳而無錯誤者也。元刻不用對勘，其字脚、行款、黑口，一見便知。而洪武、永樂間所刻之書，尚有古意。至於以下之板，更不及矣。況明紀刻本甚繁，紀《昭代》本作季，《零拾》本作代。自南北監板以至藩院刻本、御刻本、欽定本、各學刻本、各省撫按等官刻本，又有閩板、浙板、廣板、金陵板、太平板、蜀板、杭州刻本、河南刻本、延陵板、王板、袁板、樊板、錫安氏板、坊板、凌板、葛板、陳明卿板、内監廠板、陳眉公板、胡文焕板、内府刻本、閔氏套板所刻，不能悉數，惟有王板翻刻宋本《史記》之類爲最精。北監板、内府板、藩板，行款字脚不同。袁板亦精美，較之胡文焕、陳眉公所刻之書多而不及。其外各家私刻之書，亦有善本可取者，所刻好歹不一耳。稚川凌氏與葛板無錯誤，可作讀本。獨有廣、浙、閩、金陵刻本最惡而多。陳明卿板、閔氏套板亦平常。汲古閣毛氏所刻甚繁，好者亦僅數種。本朝所刻之書，有御刻精刻，可與宋竝。惟《全唐詩》雖極精美，惜乎校正猶爲未盡也。若外國所刻之書，高麗本最好，五經四書、醫藥等書，皆從古本。凡中夏所刻，向皆字句脱落，章數不全者，高麗竟有完全善本。天文算法，西洋爲最。宋本釋道二藏經典刻本行款，非長條行款即闊本，另自一種，與所刻不同。

五代刻本，《六經》刻起，蜀本《六經》第一，今亦罕有。《史》、《漢》至宋初方行，刻板印本，便於誦讀，相傳至今，盛行於世久矣。所以書籍首重經、史，其次子、集。鑒別書籍，經、史中有疏義、注解、圖説、論講、史斷、互攷、補缺、攷略、刊正謬俗。稗官野史，各國春秋傳載，音釋句解者，當細心鑒之。至於雜記小説偶録之書，有關行誼攷據，學問政治者，紬繹而收藏之。述古文詞，翰苑經濟之文，小學，字學、韵學，山經、地志、遊覽，技藝、養生、博物、種植、歲時、醫卜、九流雜技之書，有關利濟學術者，亦須留意。文辭、詩集、文集、詞曲、碑記、性理語録、子書小説等，皆當擇其最上者收藏之。各種書籍，務於舊刻祕鈔完全善本爲妙，又必於《稗統》、《稗海》、《百川學海》、《眉公祕笈》、《文焕叢書》、《漢魏》、《唐宋叢書》、《夷堅志》、《津逮祕書》、《邱林學山》、《顧氏四十小説》、《皇宋四十家小説》、《皇明小説》等書，擇其卷數完全刻本，與宋本、舊鈔、祕鈔本對明卷數字句同與不同，一一記清，以便檢不全而未備者棄之，見有全而精美者收藏之。經解亦然。而本朝又有《説鈴》、《學海類編》、《昭代叢書》，亦當查清記出。漢、唐、宋、元、明詩文集有《漢魏百三名家》、《唐音統籤》、《全唐詩》、《趙孟頫分類唐詩》、《吴門席氏百家唐詩》等書，揀擇善本，校正宋刻底本，收藏爲美。若見有未入大部者，乃爲祕本，賞鑒者當究心別之。

阮葵生《茶餘客話》卷一六《隋唐已有刻板》《揮麈餘話》：「毌邱儉貧賤時，借《文選》于交遊間，有難色。自言異日身貴，當鏤板以行。后仕蜀，至宰相，遂刊之。」陶岳《五代史補》亦載其事，今毛刻《五代史補》無此。按《十國春秋·蜀毌昭裔傳》：「請后主鏤板印九經，又令門人句中正、孫逢吉書《文選》、《初學記》、《白氏六帖》，刻板行之。」誤毋昭裔爲毌邱儉耳。毌邱儉，《三國志》魏人，所謂事雖不成可謂忠臣者是也。司空表聖《一鳴集》爲東都敬愛寺募雕刻律疏印本疏云：「自洛城焚，印本漸虞散失，更欲雕鏤。」又《隋書》：「文帝敕廢像遺經，悉令雕撰。」則隋、唐已有刻印。

趙翼《陔餘叢考》卷三三《刻書書册》《池北偶談》引《五代會要》，後唐長興三年，命太子賓客馬縞等充詳勘九經官，於諸選人中召能書者，寫付匠雕刻，每日五紙，與減一選。漢乾祐中，《周禮》、《儀禮》、《公羊》、《穀梁》四經始鏤版。周廣順三年，尚書左丞田敏進印板九經。馬端臨《文獻通考·書籍門》，亦載刻書始於後唐。沈括《筆談》及《孔氏雜説》亦皆以爲始于馮道奏鏤五經。又和凝有集百餘卷，自鏤版行世。廣順中，蜀人毋昭裔出私財百萬刻九經板，又刻《文選》、《初學記》、《白孔六帖》行于世。是刻書始於五代明矣。然葉夢得又謂，唐柳玭《訓序》言在蜀見字書雕本。而元微之序白樂天《長慶集》，亦云繕寫摹勒，衒賣于市井。摹勒即刊刻也。則唐時已開其端歟。《筆談》亦謂，板印書籍，唐時尚未盛。曰尚未盛，則已有之也。《河汾燕閒録》又謂，隋開皇十三年十二月八日敕廢像、遺經，悉令雕撰。王阮亭引之，以爲刊書之始。刊書與抄書難易不啻百倍，若隋已有雕刻，何以唐時尚未盛行，直至五代時始有之。當是隋、唐時習其技者少，刻書甚艱故耳。胡應麟《筆叢》亦謂雕本肇于隋，行于唐，擴于五代，精于宋。郎瑛《七修類藁》又謂，唐時不過少有一二，至五代始盛，宋則羣集皆刻。要不謬也。今世刻工有活板法，亦起於宋時。沈括云，其法用泥刻字，每字爲一印，火燒令堅，欲印，則以鐵範置板上，而密布字印于其中，頃刻印千百本。此即活板法也。但宋時猶用泥刻字，今則并用木刻，尤爲適用耳。陸深《金臺紀聞》云，近日毘陵人用銅鉛爲活字，視板印尤巧便。則又以活字爲起於明代，蓋未知宋時已有刻泥活字之法也。又程大昌《演繁露》云，古書皆卷，至唐始爲葉子，即今書册也。此恐未必，唐時如鄴侯插架三萬軸，白樂天云「新詩三十軸，軸軸金玉聲」，微之序樂天詩亦云「前後數十軸」，是其時尚用卷軸也。《筆叢》亦謂，唐末宋初鈔録變而爲印摹，卷軸變而爲書册。

錢泳《履園叢話》一二《藝能・刻書》 刻書以宋刻爲上，至元時翻宋，尚有佳者。有明中葉，寫書匠改爲方筆，非顔非歐，已不成字，近時則愈惡劣，無筆畫可尋矣。然康熙、雍正、乾隆三朝所刻之書，如《佩文齋書畫譜》、《駢字類編》、《淵鑒類函》及《五禮通考》諸書，尚有好手。今則寫刻愈劣，而價愈貴矣，豈亦有運會使然耶？

李元復《常談叢録》卷一《刊刻板印》 書籍自雕鐫板印之法行，而流布始廣，亦藉以永傳。然創之者，初不必甚難，以自古有符璽可師其意，正無待奇想巧思也。

竊意漢蔡倫造紙之後，當魏晉六朝，宜有繼起而爲之者矣，其法但未盛行耳。世乃謂肇興於宋，是不其然。予見鐫板之工，每以宋歐、蘇爲創始，設位以祀之，則更無稽也。

山陽阮吾山葵生著《茶餘客話》，歷引《十國春秋》蜀相毋昭裔請后主鏤版印經，又書《文選》、《初學記》、《白氏六帖》印板行之，司空圖《一鳴集》有爲東都敬愛寺募雕刻律疏，印本疏文。又溯而上，引《隋書》文帝敕廢像遺經，悉令雕撰，則板印不近始於宋，已有顯微，惜隋唐以前無可考據，有識者可囿於世俗之言哉！

張之洞《書目答問》四《勸刻書説》 凡有力好事之人，若自揣德業、學問不足過人而欲求不朽者，莫如刊布古書一法。但刻書必須不惜重費，延聘通人，甄擇秘籍，詳校精雕。刻書不擇佳惡，書佳而不讎校，猶糜費也。其書終古不廢，則刻書之人終古不泯，如歙之鮑、吴之黄、南海之伍、金山之錢，可決其五百年中必不泯滅，豈不勝於自著書，自刻集者乎？假如就此録中隨舉一類，刻成叢書，即亦不惡。且刻書者傳先哲之精藴，啓後學之困蒙，亦利濟之先務，積善之雅談也。

葉德輝《書林清話》卷一《總論刻書之益》 昔宋司馬温公云：「積金以遺子孫，子孫未必能盡守；積書以遺子孫，子孫未必能盡讀。不如積陰德于冥冥之中，以爲子孫無窮之計。」吾按此數語，元孔行素《至正直記》亦引之，世皆奉爲箴言。然積德而子孫昌大，或金根伏獵之見譏，亦非詒謀之善。故余謂積德、積書二者當并重。且温公雖有是言，而其好書亦有深癖。宋費衮《梁谿漫志》云：「温公獨樂園之讀書堂，文史萬餘卷。而公晨夕所常閱者，雖累數十年，皆新若手未觸者。常謂其子公休曰：『賈竪藏貨貝，儒家惟此耳！然當知寶惜。吾每歲以上伏及重陽間，視天氣晴明日，即設几案於當日所，側羣書其上，以曝其腦，所以年月雖深，終不損動。至於啓卷，必先視几案潔净，藉以茵褥，然後端坐看之，或欲行看，即承以方版，未嘗敢空手捧之，非惟手汗漬及，亦慮觸動其腦，每至看竟一版，即側右手大指面襯其沿，而覆以次指捻面，撚而挾過，故得不至揉熟其紙。每見汝輩多以指爪撮起，甚非吾意。今浮圖老氏猶知尊敬其書，豈以吾儒反不如乎？當宜志之。』」是則温公愛書，可云篤至，其諄諄垂誡，又何嘗不爲子孫計哉。雖然，吾有一説焉：「積金不如積書，積書不如積陰德」，是固然矣。今有一事，積書與積陰德皆兼之，而又與積金無異，則刻書是也。宋王明清《揮麈餘話》云：「毌邱儉按：毋昭裔之誤。不知王氏原誤耶，抑刻者誤耶。貧賤時，嘗借《文選》於交游間，其人有難色。發憤異日若貴，當板以鏤之遺學者。後仕至蜀爲宰，遂踐其言刊之。印行書籍，創見於此。載陶岳《五代史補》。按：今通行汲古閣刻《五代史補》無此文，王氏所見當是原本。後唐平蜀，明宗命太學博士李鍔書《五經》，倣其製作，刊板於國子監，監中印書之始。今則盛行於天下，蜀中爲最。明清家有鍔書印本《五經》存焉，後題長興二年也。」按：李鍔亦誤。日本有覆宋大字本《爾雅郭注》三卷，末題一行云「將仕郎守國子四門博士臣李鶚書」，蓋宋時重刻蜀本也。然則李鍔爲李鶚，斷可知也。今此書有黎庶昌《古佚叢書》仿北宋刻本。明焦竑《筆乘》續四云：「蜀相毋公，蒲津人。先爲布衣，嘗從人借《文選》、《初學記》，多有難色。公歎曰：『恨余貧不能力致，他日稍達，願刻板印之，庶及天下學者。』後公果顯於蜀，乃曰：『今可以詶宿願矣。』因命工日夜雕板，印成二書，復雕九經、諸史，兩蜀文字由此大興。洎蜀歸宋，豪族以財賄禍其家者什八九。會藝祖好書，命使盡取蜀文籍諸印本歸闕。忽見卷尾有毋氏姓名，以問歐陽炯。炯曰：『此毋氏家錢自造。』藝祖甚悦，即命以板還毋氏。是時其書遍於海内。初在蜀雕印之日，衆多嗤笑。後家累千金，子孫禄食，嗤笑者往往從而假貸焉。左拾遺孫逢吉詳言其事如此。」按：此爲宋人記載，惜原引未著書名。朱彝尊等《徵刻唐宋祕本書目》凡例云：「大梁周子梨莊，櫟園司農長公。司農世以書爲業，嘉、隆以來，雕板行世，周氏實始其事。遊宦所至，訪求不遺餘力。閩謝在杭先生萬曆中鈔書祕閣，後盡歸司農。兩遭患難，數世所積，化爲烏有。獨此繕寫祕本二百餘種，梨莊極力珍護，巋然獨存，大抵皆今世所不數見者。」陳瑚《爲毛潛在隱居乞言小傳》云：「毛氏居昆湖之濱，以孝弟力田世其家。祖心湖，父虚吾，皆有隱德。子晉生而篤謹，好書籍。自其垂髫時即好録書，有屈、陶二集之刻。客有言於虚吾者曰：『公拮据半生以成厥家，今有子不事生産，日召梓工弄刀筆，不急是務，家殖將落。』母戈孺人解之曰：『即不幸以録書廢家，猶賢於摴蒱六博也。』迺出橐中金助成之。書成而雕鏤精工，字絶魯亥，四方之士，購者雲集。於是向之非且笑者，轉而歎羨之矣。」徐康《前塵夢影録》云：「汲古閣在虞山郭外十餘里，藏書刊書皆於是，今析隸昭邑界。剞劂工陶洪、湖孰、方山、溧水人居多。開工於萬曆中葉，至啓、禎時，留都沿江飢就。毛氏廣招刻工，以《十三經》、《十七史》爲主。其時銀串每兩不及七百文，三分銀刻一百字。所刻經、史、子、集、道經、釋典，品類甚繁。當時盜賊蠭起，賴工多保家。至國初，家亦因此中落。有子曰扆，曰褒，曰表。扆字斧季，最著名，即鈔本亦精校影寫，風流文采，照映一時。下至童奴青衣，亦能鈔録。所藏書多祕籍。三十年前，在紫珊齋中見汲古閣圖山水挂屏，頗有名人筆意，惜忘爲何人所繪矣。」按此因刻書或子孫食其禄，或亂世保其家，或數百年板本流傳，令人景仰，故張文襄之洞《書目答問》附勸人刻書説云：「凡有力好事之人，若自揣德業學問不足過人，而欲求不朽者，莫如刊布古書一法。其書終古不廢，則刻書之人終古不泯。如歙之鮑、吴之黄、南海之伍、金山之錢，可決其五百年中必不泯滅，豈不勝於自著書自刻集乎？且刻書者，傳先哲之精蘊，啓後學之困蒙，亦利濟之先務，積善之雅談也。」文襄倡此言，故光緒以來，海内刻書之風，幾視乾、嘉時相倍。而文襄僅在粤督任内刻《廣雅叢書》百數十種，自後移節兩湖幾二十年，吾屢以續刻爲請，公絶不措意。蓋是時朝野上下，争以舍舊圖新、變法强國爲媒進，一倡百和，公亦不免隨波逐流，忽忽至於暮年，亡羊補牢，興學存古，進退失據，喪其生平。七十生辰自撰《抱冰堂弟子記》，敍述本心欲學司馬温公，已官中丞，居洛著書。嗟乎！温公好書之誠且敬，人不可及，安敢效其居官著書，俯仰古今，益歎宋賢敻乎遠矣。

葉德輝《書林清話》卷一《古今藏書家紀板本》

古人私家藏書，必自撰目録。今世所傳，宋晁公武《郡齋讀書志》、袁州本四卷、後志二卷，宋趙希弁《考異》一卷、《附志》一卷。一康熙壬寅海昌陳氏刻本，一道光十年裔孫貽端刻本。又衢州本二十卷，嘉慶己卯汪士鐘刻本。陳振孫《直齋書録解題》二十二卷。一武英殿聚珍版本，一浙江重刻武英殿聚珍版袖珍本。是也。其時，有李淑《邯鄲圖書志》十卷，載《晁志》、《陳録》；董逌《廣川藏書志》二十六卷，濡須《秦氏書目》一卷，莆田《李氏藏六堂書目》一卷，漳浦吴權《吴氏書目》一卷，莆田鄭寅《鄭氏書目》七卷，并載《陳録》。諸家所藏，多者三萬卷，少者一二萬卷，無所謂異本重本也。自鏤板興，於是兼言板本，其例創於宋尤袤《遂初堂書目》，一卷。一元陶九成《説郛》本，一道光丙午潘仕誠《海山仙館叢書》本，一光緒丙申盛宣懷《常州先哲遺書》本。目中所録，一書多至數本，有成都石經本、祕閣本、舊監本、京本、江西本、吉州本、杭本、舊杭本、嚴州本、越州本、湖北本、川本、川大字本、川小字本、高麗本。此類書以正經正史爲多，大約皆州郡公使庫本也。同時岳珂刻《九經三傳》，其《沿革例》所稱有監本、唐石刻本、按：此開成石經。晉天福銅版本、京師大字舊本、紹興初監本、監中現行本、蜀大字舊本、蜀學重刻大字本、中字本、中字有句讀附音本、潭州舊本、撫州舊本、建大字本、原注：俗稱「無比九經」。俞紹經家本、又中字凡四本、婺州舊本，併興國于氏、建余仁仲凡二十本，又越中注疏舊本、建有音釋注疏本、蜀注疏本，合二十三本。知辨別板本，宋末士大夫已開其風。明毛扆《汲古閣珍藏祕本書目》，一卷。黄丕烈《士禮居叢書》刻本。注有宋本、元本、舊鈔、影宋、校宋本等字，此乃售書於潘稼堂耒，不得不詳爲記載，以備受書者之取證，非其藏書全目也。當時豐道生爲華夏撰《真賞齋賦》，一卷。繆氏雲自在龕刻本。不專敍宋、元板書。江陰李鶚翀《得月樓書目》，一卷。一金氏《粟香室叢書》本，一《常州先哲遺書》重編刻本。亦注宋板、元板、鈔本字。國初季振宜《季滄葦書目》、一卷。一嘉慶十年黃丕烈《士禮居叢書》刻本，一光緒乙亥伍紹棠《續刻粵雅堂叢書》本。錢曾《述古堂藏書目》，四卷。道光庚戌伍崇曜刻《粵雅堂叢書》本。卷首均別爲宋板書目。徐乾學《傳是樓宋元本書目》，一卷。光緒乙酉吴丙湘《傳硯齋叢書》刻本。至以專名屬之。顧不詳其刻於何地何時，猶是抔飲汙尊之意。明范氏《天一閣書目》，十卷。嘉慶中阮元編，文選樓刻本。又六卷，光緒乙酉薛福成編刻本，板存寧波。載宋、元、明刻及鈔本字頗詳，顧編撰出自後人，非范氏原例。錢曾《讀書敏求記》，《四庫全書總目提要》存目著録四卷。雍正四年趙孟升刻本，乾隆十年沈尚傑刻本，乾隆六十年沈氏重刻本，卷同。道光乙酉阮福文選樓刻本，據嚴氏書福樓本多數十種，又增《補遺》一卷。道光丙午潘仕誠《海山仙館叢書》合校沈、阮兩刻本，亦四卷。號爲賞鑒家，《四庫存目提要》謂其但論繕寫刊刻之工拙，於考證不甚留意。誠哉是言，吾謂即論繕刻亦擇焉不精，猶門外也。自康、雍以來，宋元舊刻日稀，而搢紳士林佞宋祕宋之風，遂成一時佳話。乾隆四十年，大學士于敏中奉敕編《天禄琳琅書目》十卷，分列宋板、元板、明板、影宋等類，於刊刻時地、收藏姓名、印記，一一爲之考證。嘉慶二年，以《前編》未盡及書成以後所得，敕彭元瑞等爲《後編》二十卷，光緒甲申長沙王先謙合刻前後編。是爲官書言板本之始。《四庫全書提要》、《浙江采集遺書總録》、十卷。《閏集》，一卷。乾隆三十九年浙江布政使王亶望編刻本。亦偶及之。其後臣民之家，孫星衍有《祠堂書目内編》、四卷。《外編》，三卷。嘉慶庚午蘭陵孫忠愍祠刻板。宋元舊板并同時所刻，分別注明。自爲《平津館鑒藏書籍記》、三卷。《補遺》、一卷。《續編》，一卷。陳宗彝又爲之編《廉石居藏書記》。二卷。光緒甲申章氏《式訓堂叢書》刻本。吴焯有《繡谷亭薰習録》。殘稿本，存經部易一卷，集部三卷，近仁和吴昌綬校刻。吴壽暘有《拜經樓藏書題跋記》、五卷。《附録》。一卷。一道光己亥蔣光煦《涉聞梓舊》刻本，一光緒庚辰《式訓堂叢書》本。黄丕烈有《士禮居藏書題跋記》、六卷。光緒十年潘祖蔭刻本。《續記》、二卷。光緒二十一年江標刻本。《再續》，二卷。近日袖珍活字本。《百宋一廛書録》，一卷。殘稿本，近有《適園叢書》刻本。顧廣圻爲作《百宋一廛賦》。一卷。丕烈自爲注。一嘉慶乙丑丕烈手書《士禮居叢書》本，一光緒三年吴縣潘氏重刻本。張金吾有《愛日精廬藏書志》、三十六卷。《續志》。四卷。一道光丁亥家刻本，一光緒丁亥吴縣徐氏活字排印本。陳鱣有《經籍跋文》、一卷。一道光丁酉《涉聞梓舊》本，一光緒庚辰《式訓堂叢書》本。《簡莊隨筆》。一卷。鈔本。彭元瑞有《知聖道齋讀書跋尾》。二卷。一家刻《恩餘堂經進稿》附刻本，一《式訓堂叢書》本。瞿中溶有《古泉山館題跋》。一卷。光緒戊申江陰繆氏《藕香零拾》刻本。錢泰吉有《曝書雜記》。三卷。一家刻《甘泉鄉人稿》本，一道光丁酉蔣光煦《別下齋叢書》本，一同治戊辰莫友芝刻本，一光緒甲申《式訓堂叢書》本。朱緒曾有《開有益齋讀書志》、六卷。《續》，一卷。附《金石記》。一卷。光緒庚辰緒曾子崇嶧刻本。陳樹杓有《帶經堂書目》。五卷。近鄧氏風雨樓活字印本。朱學勤有《結一廬書目》。四卷。光緒壬寅德輝刻本。邵懿辰有《批注四庫全書簡明目》。二十卷。無刻本。莫友芝《知見傳本書目》即據以爲底本。袁芳瑛有《卧雪廬藏書簿》。四本。家藏底本。瞿鏞有《鐵琴銅劍樓書目》。二十四卷。光緒三十四年鏞孫啓甲刻本。丁丙有《善本書室藏書志》。四十卷。光緒辛丑家刻本。丁日昌有《持静齋書目》、四卷。《續》。一卷。家刻本，無年月。莫友芝有《宋元舊本書經眼録》，三卷，附録一卷。同治癸酉友芝子繩孫刻。又有《郘亭知見傳本書目》。四卷。宣統己酉日本田中慶活字印本。楊紹和有《楹書隅録》、五卷。《續編》。五卷。光緒甲午家刻本。陸心源有《皕宋樓藏書志》、一百二十卷。光緒壬午家刻本。《續志》，四卷。光緒壬辰刻本。又有《儀顧堂題跋》、十六卷。光緒庚辰家刻本。《續跋》。十六卷。光緒壬辰刻本。楊守敬有《日本訪書志》，十六卷。光緒丁酉家刻本。又有《留真譜》。十二册。光緒辛丑模印本。繆荃孫有《藝風堂藏書記》、八卷。光緒辛丑家刻本。《續記》，八卷。癸丑家刻本。又編《學部圖書館善本書目》。四卷。癸丑鄧氏活字印本。此外傅沅叔增湘、況夔笙周頤、何厚甫培元，收藏與過眼頗多，均有存目，尚未編定。蓋自乾、嘉至光、宣，百年以來，談此學者，咸視爲身心性命之事，斯豈長恩有靈與，何沆瀣相承不絕如是也？外此諸家文集、日記、雜志亦多涉之，如王士禎《居易録》，三十四卷。康熙辛巳刻《漁洋全集》本。朱彝尊《曝書亭集》，中多鈔本書跋。何焯《義門讀書記》、五十八卷。校書僅數種，乾隆辛未刻本。《校注通志堂經解目録》，一卷。一翁方綱《蘇齋叢書》刻本，一咸豐癸丑《粵雅堂叢書》本。盧文弨《羣書拾補》，三十八種。乾隆庚戌抱經堂刻本。又《抱經堂集》，三十四卷。乾隆乙卯刻本。錢大昕《竹汀日記鈔》，三卷。一何氏夢華館編刻本，一章氏《式訓堂叢書》本。顧廣圻《思適齋文集》，十八卷。道光己酉徐渭仁《春暉堂叢書》刻本。錢泰吉《甘泉鄉人稿》，二十四卷。一咸豐甲寅海昌刻本，一同治壬申刻本。阮元《揅經室外集》，五卷。即《四庫未收書目》。《文選樓叢書》刻本。蔣光煦《東湖叢記》，六卷。咸豐元年別下齋刻本，光緒九年繆氏雲自在龕重刻本。陸心源《儀顧堂集》，十六卷。同治甲戌刻本。大抵於所見古書，非有考據，即有題記。浸淫及於日本，如森立之《經籍訪古志》、六卷。《補遺》，二卷。光緒乙酉活字印本。島田翰《古文舊書考》，四卷。明治甲辰刻本。皆於宋元古鈔各書，考訂至爲精析。而西儒如法人伯希和，得敦煌鳴沙山石室古書，乃能辨析卷數之異同、刊刻之時代。上虞羅振玉撰《鳴沙山石室祕録》，述其問答之詞，讀之令人驚歎。吾同年友王仁俊，撰《敦煌石室真蹟録》，甲乙丙丁戊己六卷。序稱英印度總督派員司待訥，搜石室梵夾文載歸。然則此種學術，將來且光被東西，裨助文化，豈止儒生佔畢之業哉。

葉德輝《書林清話》卷一《書有刻板之始》 書有刻本，世皆以爲始於五代馮道，其實唐僖宗中和年間已有之。據唐柳玭《家訓序》諸書稱引多作柳玭《訓序》，無家字。此殿本薛《五代史·唐書·明宗紀》注引。云：「中和三年癸卯夏，鑾輿在蜀之三年也。余爲中書舍人。旬休，閲書於重城之東南。其書多陰陽雜記、占夢、相宅、九宫五緯之流，又有字書小學。率雕板印紙，浸染不可曉。」是爲書有刻板之始。先六世祖宋少保公《石林燕語》八云：「世言雕板印書始馮道，此不然。但監本《五經》板，道爲之爾。柳玭《訓序》言其在蜀時，嘗閲書肆，云字書小學，率雕板印紙。則唐固有之矣，但恐不如今之工。」此雖節載《訓序》之文，固信以爲唐有刻板書之證，特當時所刻印者，非經典四部及有用之書，故世人不甚稱述耳。宋朱翌《猗覺寮雜記》云：「雕印文字，唐以前無之。唐末益州始有墨版，後唐方鏤《九經》，悉收人間所收經史，以鏤板爲正。見《兩朝國史》。」據朱氏亦謂刻板實始於唐矣。近日本島田翰撰《雕板淵源考》，所撰《古文舊書考》之一。據《顔氏家訓》稱「江南書本」，謂書本之爲言，乃對墨板而言之。又據陸深《河汾燕閒録》引隋開皇十三年十二月八日敕「廢像遺經悉令雕板」之語，謂雕板興於六朝。然陸氏此語本隋費長房《三寶記》，其文本曰「廢像遺經，悉令雕撰」，意謂廢像則重雕，遺經則重撰耳。阮吾山《茶餘客話》，亦誤以雕像爲雕板。而島田翰必欲傳合陸説，遂謂陸氏明人，逮見舊本，必以雕撰爲雕板。不思經可雕板，廢像亦可雕板乎？島田翰又歷引《顔氏家訓》「江南書本」，《玉燭寶典》引《字訓》解瀹字曰「皆依書本」；宋晁公武《古文尚書訓詁傳》引隋劉炫《尚書述議》曰「四隩既宅，今書本隩皆作墺」，謂「書本」是墨板，爲北齊以前有刻板之證。上虞羅振玉作《鳴沙山石室祕録記》，於雕本《一切如來尊勝陀羅尼經》下，亦從其説。吾以爲謂雕板始於唐，不獨如前所舉唐柳玭《訓序》，可爲確證。唐元微之爲白居易《長慶集》作序，有「繕寫模勒衒賣於市井」之語。司空圖《一鳴集》九載有《爲東都敬愛寺講律僧惠確化募雕刻律疏》，可見唐時刻板書之大行，更在僖宗以前矣。若以諸書稱本，定爲墨版之證，則劉向《别傳》「校讎者一人持本」，後漢章帝賜黄香《淮南子》、《孟子》各一本，亦得謂墨板始於兩漢乎？島田氏謂在北齊以前，其所援据止諸書稱本之詞，陸氏誤字之語，則吾未敢附和也。

葉德輝《書林清話》卷一《刻板盛於五代》 雕板肇祖於唐，而盛行於五代。薛《五代史·唐書·明宗紀》：「長興三年二月辛未，中書奏請依《石經》文字刻《九經》印板，從之。」宋王溥《五代會要》八經籍云：「後唐長興三年二月，中書門下奏請依《石經》文字刻《九經》印板。敕令國子監集博士儒徒，將西京《石經》本，各以所業本經句度鈔寫注出，子細看讀。然後顧召能雕字匠人，各部隨帙刻印板，廣頒天下。如諸色人要寫經書，並須依所印敕本，不得更使雜本交錯。其年四月，敕差太子賓客馬縞、太常丞陳觀、太常博士段顒、路船、尚書屯田員外郎田敏，充詳勘官。兼委國子監於諸色選人中召能書人，端楷寫出，旋付匠人雕刻。每日五紙，與減一選。如無選，可減等第，據與改轉官資。」又《漢書·隱帝紀》：「乾祐元年五月己酉朔，國子監奏《周禮》、《儀禮》、《公羊》、《穀梁》四經未有印板，欲集學官考校雕造，從之。」《五代會要》云：「漢乾祐元年閏五月，國子監奏，見在雕印板《九經》内，有《周禮》、《儀禮》、《公羊》、《穀梁》四經未有印本，今欲集學官校勘四經文字鏤板。從之。」宋王溥《五代會要》卷八經籍：「周廣順六年六月，尚書左丞兼判國子監事田敏，進印板《九經書》、《五經文字》、《九經字樣》各二部，一百三十册。」按《會要》所采多薛史。此亦薛史《周本紀》文，今本薛史輯自《永樂大典》，原文本多殘缺，故《會要》所引周漢事亦較薛史爲詳，或亦薛史原文也。王應麟《玉海》引《中興書目》云：「《字樣》一卷，開成丁巳歲唐元度撰。大曆十年司業張參纂成《五經文字》，以類相從。開成中，翰林待詔唐元度加《九經字樣》，補所不載。晉開運末，祭酒田敏合二者爲一編。後周廣順三年，田敏進印板《九經書》、《五經文字樣》各二部。」按：應麟所記與《會要》微有不同。《會要》言田敏所進爲《五經文字》、《九經字樣》，而應麟謂田敏合二者爲一編。據陳振孫《直齋書録解題》云：「《九經字樣》一卷，往宰南城，出謁。有持故紙鬻於道者，得此書。乃古京本，五代開運丙午所刻也，遂爲家藏書籍之最古者。」是振孫所見舊刻《五經文字》、《九經字樣》，各自爲書，未嘗合編也。應麟稱引，與《會要》、《書録》皆不符，非《中興書目》之誤，即所見爲流俗本也。「顯德二年二月，中書門下奏國子監祭酒尹拙狀稱：准敕校勘《經典釋文》三十卷，雕造印板，欲請兵部尚書張昭、太常卿田敏同校勘。敕其《經典釋文》已經本監官員校勘外，宜差張昭、田敏詳校。」按顯德二年，周世宗即位之二年也。疑亦薛史舊文。當五代兵戈俶擾，禪代朝露之際，而其君若臣，猶能崇尚經典，刻板印行，不得謂非盛美事也。夫上有好者，下必有甚。其時士大夫之好事者，如《宋史·毋守素傳》云：「毋昭裔在成都，令門人勾中正、孫逢吉書《文選》、《初學記》、《白氏六帖》鏤版，守素齎至中朝，行於世。」其嘉惠士林，固有足多者。有至自刻己集，如薛史《和凝傳》云：「平生爲文章，長于短歌艷曲，尤好聲譽。有集百卷，自篆于版，模印數百帙，分惠于人焉。」又貫休《禪月集》，有王衍乾德五年曇域後序，稱「檢尋藁草及闇記憶者，約一千首，雕刻成部」。可見其時刻板風行，舉之甚易，故上自公卿，下至方外，皆得刻其私集，流播一時。今和凝僅傳《宫詞》、《宋朝類苑》（殿本薛史本傳注引）：和魯公凝有艷詞一編，名《香奩集》，凝後貴，乃嫁其名爲韓偓。今世傳韓偓《香奩集》，乃凝所爲也。凝生平著述，分爲《演綸》、《游藝》、《孝悌》、《疑獄》、《香奩》、《籯金》六集。自爲《遊藝集序》云：「予有《香奩》、《籯金》二集，不行于世。」凝在政府避議論，諱其名，又欲後人知，故于《游藝集序》實之。此凝之意也。《疑獄集》四卷。《四庫全書·法家類》著録云：「五代和凝與其子㠓同撰。今本四卷，疑後人所分。」【略】陳振孫《書録解題》稱：《疑獄》三卷，上卷爲凝書，中下二卷爲㠓所續。而貫休《禪月集》，乃裒然有二十卷傳世，則固有幸有不幸也。若其時諸書刻本，自來未聞藏書家收藏。光緒庚子，甘肅敦煌縣鳴沙山石室出《唐韻》、《切韻》二種，爲五代細書小板刊本。載羅振玉《鳴沙山石室祕録》。惜爲法人伯希和所收，今已入巴黎圖書館。吾國失此瓌寶，豈非守土者之過歟？

葉德輝《書林清話》卷二《巾箱本之始》 巾箱本之名，不始於有刻本時也。晉葛洪集《西京雜記》二卷，序云：「劉子駿《漢書》一百卷，無首尾，始甲終癸，爲十袟。袟十卷，合爲百卷。今鈔出爲二卷，以裨《漢書》之闕。」爾後洪家遭火，書籍都盡，此二卷在巾箱中，嘗以自隨，故得猶在。《南史》：齊衡陽王鈞手自細書寫《五經》，部爲一卷，置於巾箱中，以備遺忘，諸王聞而争效爲巾箱《五經》。此蓋小袠，便於隨行之本。南宋書坊始以刻本之小者爲巾箱本。宋戴埴《鼠璞》下云：「今之刊印小册謂巾箱，起於南齊衡陽王鈞手寫《五經》置巾箱中，諸王從而效之。古未有刊本，雖親王亦手自鈔録，今巾箱刊本無所不備。嘉定間，從學官楊璘之奏，禁燬小板。近又盛行，第挾書非備巾箱之藏也。」觀此則宋刻巾箱全爲士子懷挾之用，誣此美名矣。近世所傳各經，宋版最小者有不分卷《九經》。見《天禄琳琅後編》三。一爲婺州本《點校重言重意互註尚書》，卷止四寸，寬不及三寸，見《瞿目》。一爲《纂圖附音重言重意互註周禮》鄭注，長三寸一分，幅二寸，見《森志》。一爲京本《點校附音重言重意互註禮記》，長三寸半，寬二寸半，見《楊譜》。一爲淳熙三年阮氏種德堂刻《春秋經傳集解》三十卷，宋刻十行本，行十八字，注文雙行二十二字。高四寸八分，廣三寸四分。一爲《名公增修標注隋書詳節》二十卷，宋刻十行本，行二十字。高三寸半，寬二寸，均見《繆續記》。吾所藏明刻小板，有《永嘉八面鋒》，長止今工部尺二寸六分，寬一寸七分。近則乾隆十三年姚培謙刻《世説》八卷，五行十一字本，長止今工部尺一寸八分，寬一寸一分。又乾隆中蘇州彭氏刻有《論》、《孟》注疏兩種，行字極細密，長止今工部尺二寸，寬一寸七分。此皆至近時刻本。往年京師廠肆出一部，前無彭序，福山王文敏懿榮詫爲宋槧，以重價得之，後始悟之，已傳爲笑柄也。

葉德輝《書林清話》卷二《刻書有圈點之始》 刻本書之有圈點，始於宋中葉以後。岳珂《九經三傳沿革例》有圈點必校之語，此其明證也。《孫記》宋版《西山先生真文忠公文章正宗》二十四卷，旁有句讀圈點。《瞿目》明刊本謝枋得《文章軌範》七卷，目録後有門人王淵濟《跋》，謂「此集惟《送孟東野序》、《前赤壁賦》係先生親筆批點，其他篇僅有圈點而無批注，若《歸去來辭》、《出師表》並圈點亦無之」。《森志》、《丁志》、《楊志》宋刻吕祖謙《古文關鍵》二卷，元刻謝枋得《文章軌範》七卷，又《孫記》元版《增刊校正王狀元集注分類東坡先生詩》二十五卷，廬陵須溪劉辰翁批點，皆有墨圈點注。劉辰翁，字會孟，一生評點之書甚多。同時方虚谷回，亦好評點唐宋人説部詩集。坊估刻以射利，士林靡然向風。有元以來，遂及經史，如《繆記》元刻葉時《禮經會元》四卷，何焯校《通志堂經解目》程端禮《春秋本義》三十卷，有句讀圈點。大抵此風濫觴於南宋，流極於元明。《丁志》有明嘉靖丙辰三十五年。刻《檀弓叢訓》二卷，則託名於謝疊山批點矣。《繆續記》有明刻蘇批《孟子》二卷，則託名於蘇老泉朱墨矣。至於《史漢評林》，竟成史書善本；歸評《史記》，遂爲古文正宗。習俗移人，賢者不免。因是愈推愈密，愈刻愈精。有朱墨套印焉，有三色套印焉，有四色套印焉，有五色套印焉，至是而槧刻之能事畢矣。

葉德輝《書林清話》卷六《宋蜀刻七史》 嘉祐中，以《宋》、《齊》、《梁》、《陳》、《魏》、《北齊》、《周書》，舛謬亡闕，始詔館職讎校。曾鞏等以祕閣所藏多誤，不足憑以是正，請詔天下藏書之家悉上異本，久之始集。治平中，鞏校定《南齊》、《梁》、《陳》三書上之，劉恕等上《後魏書》，王安國上《北周書》。政和中，始皆畢，頒之學官，民間傳者尚少。未幾，遭靖康丙午之變，中原淪陷，此書幾亡。紹興十四年，井憲孟爲四州漕，始檄諸州學官求當日所頒本。時四川五十餘州皆不被兵，書頗有在者，然往往亡缺不全。收合補綴，獨少《後魏書》十許卷。最後得宇文季蒙家本，偶有所少者，於是七史遂全，因命眉山刊行。語詳晁公武《郡齋讀書志·宋書》下。宋以來藏書家稱爲蜀大字本。元時板印模糊，遂稱之爲九行邋遢本，蓋其書半葉九行，每行十八字也。元以來遞有修板。明洪武時，取天下書板實之南京，此板遂入國子監，世遂稱爲南監本。洪武至嘉靖、萬曆、崇禎又疊經補修，原板所存無幾矣。入國朝，順、康、雍、乾四朝，尚存江寧藩庫，間亦出以印行。嘉慶藩庫火，與吴《天發神讖碑》同付祝融一炬。計自紹興刻板至嘉慶火，幾七百年，木板之存於世者，未有久於此者也。物之成毁有定，豈不信歟。

葉德輝《書林清話》卷八《唐宋人類書刻本》 唐宋人類書，宋刻罕傳，惟恃元明翻刻本相接續。而明刻有善有不善，是當分别觀之。《白帖》原書，注文本略。《陸志》有北宋刊本三十卷，云題曰：「《新雕白氏六帖事類添注出經》，每葉二十六行，每行二十六七字不等，小字雙行，歐書極精。」德輝按：既曰新添出經，則知白氏原書注文必略。今《白孔六帖》合刻，注文無多，或是據原本。自以《孔帖》合并，宋《孔傳六帖》亦三十卷。《天禄琳琅後編》五有宋刊本，云乾道丙戌刊於泉南郡齋。前有泉守韓仲通序，蓋即韓主刻者，二書合併之始。據王應麟《玉海》云孔傳亦有《六帖》，今合爲一書，則在南宋末年。觀《陸志》有南宋刊殘本《白孔六帖》，益足證應麟之語不謬矣。益無足觀。《北堂書鈔》經陳禹謨重刻，竄改舊文，任意補綴，好古者時恨不見原書。幸朱竹垞、錢遵王所傳易名之《古唐類範》猶在人間，孫星衍又得明陶九成鈔本，屬嚴鐵橋孝廉可均校勘，僅刻陳本竄改太甚者，凡卷一至卷二十六，又卷一百二十二至卷一百六十，共五十五卷。蓋《書鈔》首尾諸卷，其殘缺爲尤甚也。然孫雖屬嚴校勘，終其剞劂之資，出之廬江胡氏，故每卷末有「督理江西通省鹽法道兼管瑞袁臨等處地方廬江胡稷以影宋本校刊」字一行，又有「烏程嚴可均分校」一行。張文襄《書目答問》有校明初寫本《北堂書鈔》五十五卷，云「嚴可均校四録堂本，罕見。」德輝按：《張目》以此本屬之嚴氏四録堂，似未知此書爲胡氏校刻，嚴祇在校人之列也。大約功未及完，版亦涣散。光緒己丑，歸安姚覲元以活字排印七十餘卷，印未竣而姚亦殁。蓋此六十年間，兩刻而兩未成矣。今陶鈔原本，爲南海孔廣陶所藏，孔於光緒戊子付刊。但校者非專門，以校語夾雜注中，閲之令人目炫，是則不過存其書而已。《初學記》卷末之三十卷，原卷久佚，明刻皆以安國桂坡館刻本爲善，而此卷與他卷缺佚，多出肊補。其後晉藩、瀋藩、揚州九洲書屋、徐守銘寧壽堂諸本皆從之出，未有善本訂正也。獨陳大科刻本自序云：「南國妄一男子，謬以其意損益之，至竄入宋事什二三。」似即指安刻而言，然所刻亦未可信。今陸心源《羣書拾補》以元刻較安刻以下各本，詳略異同之處至八卷之多，而與陳本亦絶不合。世稱乾隆内刻古香齋袖珍本出自元槧，究亦與明本無殊，是固此書一重公案也。《藝文類聚》有明正德乙亥十年。華鏡蘭雪堂活字印本，又有萬曆丁亥十五年。王世貞序刻本，二本訛脱，大致相同。自來攷據家多重陸采刻小字本及宗文書堂本，以其源出宋槧，文句完全，詳於大字、活字兩本也。《太平御覽》宋本，自明張溥析分五百卷爲二女奩貲，其書久成破鏡。至乾嘉時存三百六十卷，藏黄丕烈士禮居，爲百宋一廛中宋本之冠。後存三百卷，歸之陸心源皕宋樓。陸没後，其子將其書盡售於日本岩崎静嘉堂，中國遂無宋本矣。明人倪燦以活字印五百部，同時即有重刻，前皆有萬曆改元黄正色序。而錯簡誤字，疑似頗多，然有絶勝嘉慶二十三年鮑崇城刻小字本之處。鮑刻自謂所據爲宋本，阮文達元爲作序，亦極稱之，其言無可徵信。此外有嘉慶十四年張海鵬刻大字本，嘉慶十七年汪氏活字印本，近日本安政乙卯校宋活字印本，皆云從宋本舊鈔校勘，以校明刻，時或不逮。蓋明時兩本雖有訛錯，究未擅改。誤書思之一適，此邢子才有爲而言也。

葉德輝《書林清話》卷八《叢書之刻始於宋人》 叢書舉四部之書而并括之，誠爲便於購求之事。宋人《儒學警悟》、《百川學海》二者，爲叢書之濫觴。《儒學警悟》宋太學俞鼎孫同上舍兄經編，其書分七集：一集爲《石林燕語辨》，卷一之十；葉夢得撰，汪應辰辨。二集爲《演繁露》，卷十一之十六；程大昌撰。三集爲《嬾真子》卷十七之二十一；馬永貞撰。四集爲《攷古編》卷二十二之三十一；程大昌撰。五集爲《捫蝨新話·上集》，卷三十二之三十五；六集爲《捫蝨新話·下集》，卷三十六之三十九；陳善撰。七集爲《螢雪集説》，卷四十上之四十下。每卷題《儒學警悟》一集至七集止，題與記數皆同。目録後有嘉泰辛酉正吉十有五日建安俞成元德父謹跋一則。二卷有題識云：「壬戌三月初有七日，承議郎前劍州通判俞聞中夢達刊之於家塾。」壬戌爲嘉泰二年，《百川學海》前人攷定爲咸淳癸酉刻，則《儒學警悟》猶在其前。而其通連計卷，不各還各書。近世如吴省蘭《藝海珠塵》，阮文達元《皇清經解》，皆於每卷大題列本名，次行列書名撰人。板心則本名居中，在魚尾上；書名小字傍列魚尾下。即《四庫全書》鈔本亦然。然統羣書爲一書，翻檢未爲不便，而欲列架分類，則有澌散之虞。光緒中，長沙王氏刻《皇清經解續編》，多有主一書爲一種，如《知不足齋》、《守山閣》各叢書之例者。王氏泥阮刻之例，不欲别自爲書，因是全書中多有據稿本刊刻，而不能單印單行，是亦恨事也已。

葉德輝《書林清話》卷八《宋以來活字板》 活字板印書之製，吾竊疑始於五代。晉天福銅板本載宋岳珂《九經三傳沿革例》，此銅版殆即銅活字版之名稱。而孫從添《藏書紀要》云宋刻有銅字刻本、活字本，分銅字、活字爲二。惜岳氏未及注明，不得詳其製也。明陸深《金臺紀聞》云：「毘陵人初用鉛字，視板印尤巧妙。」此爲今日鉛字活板之濫觴。宋慶曆中，畢昇造膠泥活字板，其法用膠泥刻字，薄如錢唇，每字爲一印，火燒令堅。先設一鐵版，其上以松脂蠟和紙灰之類冒之。欲印，則以一鐵範置鐵版上。乃密布字印，滿紙鐵範爲一版，持就火煬之。藥稍融，則以一平板按其面，則字平如砥。若止印三二本，未爲簡易。若印數十百千本，則極爲神速。詳宋沈括《夢溪筆談》。吾藏《韋蘇州集》十卷，即此板。其書紙薄如細繭，墨印若漆光，惟字畫時若黯缺，蓋泥字不如銅鉛之堅，其形製可想而知也。《天禄琳琅後編》二有《毛詩》四卷，云是「南宋季年本，然『家伯維宰，降予卿士』之類，從古本，與後來諸本不同。」又云：「宋活字本，《唐風》內『自』字橫置可證。模印字用藍色，尤稀見。」《繆續記》載范祖禹《帝學》八卷，宋活字本，末有印書緣起，爲嘉定辛巳十四年。季夏望日青社齊礪書。書中「宋」字、「玉音」字抬頭，又云「訪得元本，因俾鋟木」。據此，則活字印書已盛行於兩宋，刻泥刻木，精益求精，此勢之必然者。元時活字印書雖不傳，然明嘉靖庚寅九年。山東布政司李翀、顧應祥刻元王楨《農書》三十六卷，後有文移一通。內稱梨版刻字畫匠工食銀兩，於司庫貯泰山頂廟香錢內動支。王士禎《居易録》二十九云：「吾鄉泰山收碧霞元君祠香税，自明正德十一年從鎮守太監言始。」《通訣》後載，楨「前任宣州旌德縣尹時，方撰《農書》。因字數太多，難於刊印，故尚己意，命匠創活字，二年而畢工，試用一如刊版。古今此法未有所傳，故編録於此，以待後之好事者，爲印書省便之法，本爲《農書》而作，因附於後。」然則元時活字用木刻，即此可知。但謂古今此法未有所傳，則未知兩宋已有此法也。明以來，活字板盛行。弘治間，錫山華氏蘭雪堂、會通館印書尤多，爲世珍祕，吾別爲之考矣。又有吴郡孫鳳印宋陳思《小字録》一卷，見《瞿目》。建業張氏印《開元天寶遺事》二卷，見《黄記》、《楊録》、《丁志》。鈔本，云：前有「建業張氏銅版印行」一條。錫山安國印《顔魯公集》十五卷、《補遺》一卷，《魏鶴山先生大全集》一百九卷，見《張續志》、《瞿目》、《陸志》、《丁志》、《繆續記》。云板心有「錫山安氏館」五字。金蘭館印《石湖居士集》三十四卷，弘治癸亥（十六年）印。見《朱目》、《瞿目》、《丁志》。五雲溪館印《襄陽耆舊集》一卷，見《張志》、《陸志》。《玉臺新詠》十卷，見《袁簿》。蜀府嘉靖辛丑二十年。印蘇轍《欒城集》五十卷、《後集》二十四卷、《三集》十卷，見《繆記》。芝城嘉靖壬子三十一年。藍印《墨子》十五卷，見《森志》、《黄記》；後藏楊以增海源閣，見《楊録》。按明唐藩莊王名芝址，弟芝垝、芝埏并好古，有令譽。此芝城亦疑唐藩兄弟。浙人倪燦萬曆元年印《太平御覽》一千卷，前有黄正色序。見《錢日記》。無名氏印《杜審言集》二卷，見《陸志》。云：明初活字印本。《曹子建集》十卷，見《丁志》。郭雲鵬刻曹集跋。《劉漫塘先生文集》二十二卷，見《繆記》。云：《天禄琳琅後目》推爲宋版者。《唐太宗皇帝集》二卷、《玄宗皇帝集》二卷、《李嶠集》三卷、《張説之集》八卷、《錢考功集》十卷、《劉隨州集》十卷、《戴叔倫集》二卷、《羊士諤集》二卷、《二皇甫集》五卷、《李嘉祐集》二卷，并見《丁志》。崑山吴大有印《小字録》不分卷，見《黄記》。云：「陳思纂次一行後，有『崑山後學吴大有較刊』一行。」《瞿目》云：「吴郡孫鳳以活字本印行，此板後歸崑山吴氏，於『陳思纂』次一行添出『崑山後學吴大有校刊』一行，書中剜改之迹顯然。」按：瞿説非是。活字印本隨聚隨散，安有以板歸人之理？此明爲兩人，一以活字印行，一即據活字本重刊，瞿誤以二本爲一本耳。明人如此類活字印本，傳世甚多。至國朝乾隆時，《四庫全書》告成，以活字印行者，《武英殿聚珍版叢書》。《御製題武英殿聚珍板十韵》有序：「校輯《永樂大典》內之散簡零編，並蒐訪天下遺籍，不下萬餘種，彙爲《四庫全書》。擇人所罕覯，有裨世道人心及足資考鏡者，剞劂流傳，嘉惠來學。第種類多則付雕非易，董武英殿事金簡，以活字法爲請。既不濫費棗梨，又不久淹歲月，用力省而程功速，至簡且捷。考昔沈括《筆談》記宋慶曆中，有畢昇爲活版，以膠泥燒成，而陸深《金臺紀聞》則云：毘陵人初用鉛字，視版印尤巧便。斯皆活版之權輿。顧埏泥體麤，鎔鉛質輭，俱不及鋟木之工緻。茲刻單字計二十五萬餘，雖數百十種之書，悉可取給。而校讎之精，今更有勝於古所云者。第活字之名不雅馴，因以聚珍名之，而系以詩：『稽古搜四庫，於今突五車。開鐫思壽世，積版或充閭。張帖唐院集，周文梁代餘。同爲製活字，用以印全書。精越鶡冠體，（昨歲江南所進之書，有《鶡冠子》，即活字版，第字體不工，且多訛謬耳。）富過鄴架儲。機圓省雕氏，功倍謝鈔胥。聯腋事堪例，埏泥法似疏。毁銅音悔彼，（康熙年間編纂《古今圖書集成》，刻銅字爲活版。排印蕆功，貯之武英殿。歷年既久，銅字或被竊缺少。司事者懼干咎，適值乾隆初年京師錢貴，遂請毁銅字供鑄。從之。所得有限，而所耗甚多，已爲非計。且使銅字尚存，則今之印書不更事半功倍乎。深爲惜之。）刊木此慚予。既復羨梨棗，還教慎魯魚。成編示來學，嘉惠志符初。』乾隆甲午仲夏。」（德輝按：姚元之《竹葉亭雜記》四：「乾隆三十九年，金侍郎簡請廣《四庫全書》中善本，因仿宋人活字板式，鐫木單字二十五萬餘。高宗以活字板之名不雅馴，賜名曰聚珍板。」）自後，嘉道以來，民間則有吴門汪昌序嘉慶丙寅十一年。印《太平御覽》一千卷。每卷後間題吴興陳杰、沈宸、儀徵畢貴生分校等字，頗罕見。璜川吴志忠嘉慶辛未十六年。印五代邱光庭《兼明書》五卷，元迺賢《河朔訪古記》二卷，《洛陽伽藍記》五卷。朱麟書白鹿山房嘉慶壬申十七年。印《中吴紀聞》六卷，高似孫《緯略》十二卷。張金吾愛日精廬嘉慶己卯二十四年。印宋李燾《續資治通鑑長編》五百二十卷。成都龍燮堂萬育嘉慶十四年印《天下郡國利病書》一百二十卷，道光三年印《讀史方輿紀要》一百三十卷，《形勢紀要》九卷。此二書後均重刻。京師琉璃廠半松居士印《南疆繹史》二十四卷，《摭遺》十八卷，《卹謚考》八卷，《南略》十八卷，《北略》二十四卷。留雲居士印《明季稗史》十六種，共二十七卷。咸同間，則有仁和胡珽琳琅祕室印《琳琅祕室叢書》五集。五集尤罕見。江夏童和豫朝宗書屋印明嚴衍《資治通鑑補》二百九十四卷、附《刊誤》二卷，宋袁樞《資治通鑑紀事本末》四十二卷，明陳邦瞻《宋史紀事本末》二十六卷，《元史紀事本末》四卷，谷應泰《明史紀事本末》八十卷，馬驌《左傳事緯》十二卷、《附録》八卷，《陳思王集》十卷。光緒間，則有董金鑑重印《琳琅祕室叢書》四集。吴門書坊印日本《佚存叢書》全集。光緒戊子姚覲元印《北堂書鈔》七十餘卷，功未竟而覲元殁，板遂散佚。余見一殘本，前有「光緒己丑集福懷儉齋以活字印行」字兩行。凡此皆以木刻活字印書者也。其他書坊射利，時亦有之。吾藏活字印僞本蘇過《斜川集》六卷，方岳《秋崖詩集》三十八卷，無擺印人姓名。《邵注四庫書目》、《秋崖詩集》目爲乾隆本。其書無直闌，其字近楷體，似是國初時坊本。然此類書隨印隨散，爲吾輩所不及見者多矣。

葉德輝《書林清話》卷八《明錫山華氏活字板》 明人活字板，以錫山華氏爲最有名。活字擺印，固不能如刻印之多，而流傳至今四五百年，蟲鼠之傷殘，兵燹之銷燬，愈久而愈稀。此藏書家所以比之如宋槧名鈔，爭相寶尚，固不僅以其源出天水舊槧，可以奴視元明諸刻也。當時印本有曰蘭雪堂，有曰會通館。蘭雪堂爲華堅、華鏡，會通館爲華燧、華煜。蘭雪堂印行者，《春秋繁露》十七卷，見《瞿目》，云末有「正德丙子季夏，錫山蘭雪堂華堅允剛活字銅板印行」一條。《陸續跋》據云每葉十四行，每行十三字，版心上有「蘭雪堂」三字，下有刻工姓名，間有「活字印行」四字。《藝文類聚》一百卷，見《瞿目》，云目後有圖記云「乙亥冬錫山蘭雪堂華堅允剛活字銅版校正印行」。《森志》有朝鮮國銅版活字本，乃據華本重擺印者，云每半版十二行，行十九字。末有《蘭雪堂重印藝文類聚後序》，末記「正德乙亥冬後學華鏡謹拜序」。《繆記》。云每葉十四行，每行十三字。目後有墨圖記云「乙亥冬錫山蘭雪堂華堅允剛活字銅板校正印行」。每卷後有圖記「錫山」二字，長記「蘭雪堂華堅活字板印行」十字，均陽文。《蔡中郎文集》十卷，《外傳》一卷，見《孫記》，云目録後有「正德乙亥春三月錫山蘭雪堂華堅允剛活字銅版印行」二十二字。又一部即影寫此本。《瞿目》、《陸志》。云：板心有「蘭雪堂」三字。一部爲覆蘭雪堂本。《元氏長慶集》六十卷，見《瞿目》。校宋本。《白氏長慶集》七十卷，見《天禄琳琅》十、云各卷末俱有錫山蘭雪堂華堅活字銅板印記。《瞿目》。云每半葉十六行，行十六字。板心有「蘭雪堂」三字。目録前後有墨圖記云「錫山」，又「蘭雪堂華堅活字銅板印」二方。會通館印行者，《容齋隨筆》十六卷，《續筆》十六卷，《三筆》十六卷，《四筆》十六卷，《五筆》十卷，見《錢日記》，云明弘治八年錫山華煜序。板心有「會通館活字銅板印」八字。《瞿目》。云板心上方有「弘治歲在旃蒙單閼」八字，下方有「會通館活字銅板印」八字。每半葉十八行，行十七字，有邁自序，華燧印書序。《古今合璧事類前集》六十三卷，見《范目》。弘治戊午（十一年）華燧序。標題云「會通館印正古今合璧事類前集」。《文苑英華纂要》八十四卷，見《范目》。首行題「會通館印正文苑英華纂要」。板心有「歲在旃蒙單閼」六字，每半葉十四行，實止七行雙行。吾藏此本，分四大卷，前三卷《纂要》，後一卷《辨證》。《文苑英華辨證》十卷，見《孫記》、云「會通館印正文苑英華辨證十卷」。《瞿目》。云：此本出錫山華氏蘭雪堂，以銅字擺印，特無印記耳。板心有「歲在柔兆攝提格」及大小字數。《錦繡萬花谷前集》四十卷，《後集》四十卷，《續集》四十卷，見《繆續記》。云嘉靖乙未（十四年）徽藩崇德書院重刻會通館本。《諸臣奏議》一百五十卷，見《瞿目》。云錫山華氏會通館本，即依宋本擺印。惟原闕處即連接之爲謬，友人邵朖仙據宋本校正。今皆稀見之本。此外有所謂華珵者，印《渭南文集》五十卷，見《丁志》。云：明弘治壬戌致光禄署丞事錫山華珵汝德得溧陽本，因託活字摹而傳之。又有但稱爲華氏者，印桓寬《鹽鐵論》十卷，見《瞿目》。云：舊鈔本，從錫山華氏活字本傳録。華氏一門好事，洵足爲藝苑之美談。然其印行諸書，亦實不能無遺議。嘗取前人之説考之，如《天禄琳琅》十《白氏長慶集下》云：「明時活板之書，出於錫山安國家者，流傳最廣。華堅姓名，不見郡邑志乘，蓋與安國同鄉里，因效其以活版製書。其書於一行之中，分列兩行之字，全部皆如小註，遂致參差不齊。則其法雖精，而其製尚未盡善也。」此言其板本不善也。《瞿目》校宋本《元氏長慶集》六十卷，蒙叟跋：「《元集》誤字，始於無錫華氏之活板，謬稱『得水村冢宰所藏宋刻本，因用活字印行』。董氏不學，因之沿誤耳。」嘉靖壬子東吴董氏用宋本翻雕，行款同。《丁志》明萬曆庚辰茅一相文霞閣刻《蔡中郎集》十一卷，後有記云：「《中郎集》余得三本：一出無錫華氏，爲卷十一，得文七十有一首，前後錯雜，至不可句讀；再得陳子器本，襲華之舊；最後得俞氏汝成本，益文二十有一，而損卷爲六，其間亦稍稍補輯遺漏。今而後始覩中郎之完册云。」《黄記再續》鈔校本《蔡中郎集》十卷云：「頃得惠松崖閲本，係《百三名家》，而所校字多非舊鈔、活字兩本所有。其《太尉橋公碑》中『臨令賂財贓多罪正』，惠校云：『案謝承書臨淄令路芝。』余覆檢活字本，云『臨淄令賂之贓多罪正』，舊鈔云『臨淄令路之贓多罪正』。今就惠校核之，是惟舊鈔爲近。蓋『路』本未誤，『芝』僅脱『艸』頭。若活字本已訛『路』爲『賂』矣。」《瞿目》鈔校本《蔡中郎文集》十卷，有顧氏澗薲三跋。其一云：「活字版似據一行書寫本作底子，故『數』譌爲『如』、『閑』譌爲『困』之類，往往而有。若得宋槧，必多是正也。」又《瞿目》《文苑英華辨證》十卷云：「出錫山華氏蘭雪堂，以銅字擺印。是書字句多所脱遺，未爲精善。以其出自宋本，存之。」又《張志》：宋本趙汝愚《國朝諸臣奏議》一百五十卷跋云：是書除此本外，有明會通館活字本，繆誤不可枚舉。如卷四十六謝泌《論宰相樞密接見賓客疏》，卷六十一傅堯俞《再論朱穎士李允恭疏》，此本俱存上半篇。卷一百廿四蘇轍《乞募保甲優等人刺爲禁軍疏》，存首二行。吕陶《論保甲二弊疏》，存下半篇。卷一百三十三范仲淹《論元昊請和不可許者三、大可防者三疏》，存首三葉。活字本俱删去，猶可曰以其殘闕而去之。最可異者，如卷廿六司馬光《論任人賞罰要在至公名體禮數當自抑損疏》『恩雖至厚而人不可炻者何也？衆人』下此本缺兩頁，活字本於『衆人』下竟直接傅堯俞《上慈聖皇后乞還政疏》：『誠贊翊援皇帝於藩邸以繼大統』。卷一百廿四范純仁《乞揀閲保甲疏》『乞並結盤纏赴闕委殿前』下，此本缺兩頁，活字本於『殿前』下竟直接王巖叟《乞免第四等第五等保丁冬教及罷畿内保甲第二疏》『釋然放之也』。不思字句之不貫，不顧文義之隔絶，藉非宋本尚存，奚從訂正其誤。」《黄記》宋本《文苑英華纂要》：「鈔補甲集中，仍闕第二十八葉。會通館活字本即據缺失之本開雕，并削去第二十九葉首行『初賦』二字，以當十六卷之首葉。苟非宋本，何從知其僞乎。書之不可不藏宋刻如是。」此言其校勘不善也。蓋華氏當日隨得隨印，主者既無安桂坡之精鑒，校者亦非岳荆谿之專門，徒以祕本流傳，印行後又多爲人翻刻，故世人耳食，益重其書耳。

葉德輝《書林清話》卷八《繪圖書籍不始於宋人》 徐康《前塵夢影録》云：「繡象書籍，以宋槧《列女傳》爲最精，顧抱冲得而翻刻。上截圖象，下截爲傳，仿佛武梁祠造象，人物車馬極古拙，相傳爲顧虎頭繪。按：顧刻無圖，阮福仿宋刻有圖。又顧虎頭畫，亦阮刻推揣之詞，非相傳有此説。徐氏云云，殆誤記耳。元槧則未之見。明代最爲工細，曾見《人鏡陽秋》及鄭世子載堉《樂書》、《隋煬艷史》、《元人百種曲》首衷、《水滸傳》首本、《隋唐演義》首衷，皆有繪畫。國朝則《萬壽盛典》、《南巡盛典》首衷，圖象係上官竹莊、山水皆石谷子畫。即《圖書集成》中有圖數十冊，悉名手所繪，鐫工絶等。自兵劫以來，此種珍本均不得見矣。」又云：「松江沈綺雲所刻宋本《梅花喜神譜》，頗爲博雅君子所賞鑑。沈氏家本素封，有池亭園林之勝。改七薌嘗居停其處，譜中梅花，皆其一手所臨，印本今尚有之。鮑渌飲刻《知不足齋叢書》，亦附刊焉。」吾謂古人以圖書並稱，凡有書必有圖。《漢書·藝文志·論語家》有《孔子徒人圖法》二卷，蓋孔子弟子畫像。《武梁祠石刻七十二弟子像》，大抵皆其遺法。而《兵書略》所載各家兵法，均附有圖。《隋書·經籍志》禮類有《周官禮圖》十四卷。又注云：「梁有《郊祀圖》二卷，亡。」又載鄭玄及後漢侍中阮諶等《三禮圖》九卷。《論語》類有郭璞《爾雅圖》十卷，又注云：「梁有《爾雅圖讚》二卷，郭璞撰，亡。」晉陶潛詩云「流觀山海圖」，是古書無不繪圖者。顧自有刻板以來，惟《繪圖列女傳》尚存孤本。而徐氏所未見者，有元大德本《繪圖列女傳》，元板《繪像搜神》前後集，毛扆《祕本書目》著録，吾友姚子梁觀察文棟有其書。明刻《三教搜神大全》七卷頗精，即此書改名分卷，吾曾仿刻。明仇英繪圖《列女傳》，十六卷，明汪道昆本，劉書增輯。至乾隆時原版猶存，售於鮑以文廷博，始印行之。明顧鼎臣《狀元圖攷》。三卷，萬曆己酉刻本。咸豐六年漢陽葉氏重刊行。《增編會真記》《繆續記》云：「四卷，明顧玄緯輯，《校記》一卷，《雜録》四卷。圖繪字書極精，隆慶元年衆芳書齋校刻本。」等，尚非當時希有之書，何以未之盡覩。至元人影宋鈔本《爾雅圖》四卷，下卷分前後。有嘉慶六年曾燠仿刻本。金貞祐二年宋寧宗之嘉定七年。嵩州福昌孫夏氏書籍鋪印行《經史證類大觀本草》三十一卷，宋唐慎微撰。附《本草衍義》二十卷，宋寇宗奭撰。有元大德壬寅六年。宗文書院重刊本，又有明萬曆丁丑五年。重刊元大德本。金泰和甲子宋寧宗之嘉泰四年。晦明軒刊《重修政和經史證類備用本草》三十卷，有明成化四年商輅序刻本，又有嘉靖癸未二年。重刊成化本。元李衎《竹譜詳録》七卷，有鮑廷博《知不足齋叢書》本。繪圖均極精能，不下真本一等。而外此如傳奇雜曲，吾所藏者，明刻《三國志演義》、二十冊。前有圖二百四十幅，余藏本不全，《繆續記》有全冊。《玉茗堂四夢》及明吴世美《驚鴻記》、單槎仙《蕉帕記》、無名人《東窗記》、高奕《四美記》、閔刻《西廂記》之類，其工緻者尤多。又内府刻《避暑山莊圖詠》二卷，《補蕭雲從離騷全圖》二卷，山水人物，妙擅一時。今雖傳本日希，言藏書者不可不留心采訪矣。

葉德輝《書林清話》卷八《顏色套印書始於明季盛於清道咸以後》 朱墨套印，明啓禎間，有閔齊伋、閔昭明、淩汝亨、淩濛初、淩瀛初，皆一家父子兄弟刻書最多者也。閔昭明刻《新鐫朱批武經七書》。閔齊伋刻《東坡易傳》、《左傳》、

《老》、《莊》、《列》三子、《楚辭》、陶靖節、韋蘇州、王右丞、孟浩然、韓昌黎、柳宗元諸家詩集，蜀趙崇祚《花間詞》。淩汝亨刻《管子》。淩濛初、瀛初刻《韓非子》、《呂氏春秋》、《淮南子》。皆墨印朱批，字頗流動。其一色藍印者，如《黃記》墨子十五卷；《陸志》《李文饒集》二十卷，《別集》十卷，《外集》四卷；《邵注四庫簡明目》張登雲刻《呂氏春秋》二十六卷；明萬曆丁亥刻張佳胤《崌崍集》二十七卷。此疑初印樣本，取便校正，非以藍印爲通行本也。他如三色套印，則有《古詩歸》十五卷，《唐詩歸》三十六卷，其間用朱筆者鍾惺，用藍筆者譚元春也。四色套印，則有萬曆辛巳九年。淩瀛初刻《世說新語》八卷，其間用藍筆者劉辰翁，用朱筆者王世貞，用黃筆者劉應登也。五色套印，明人無之。道光甲午涿州盧坤刻《杜工部集》二十五卷，其間用紫筆者明王世貞，用藍筆者明王慎中，用朱筆者王士禎，用綠筆者邵長蘅，用黃筆者宋犖也。是并墨印而六色矣，斑斕彩色，娛目怡情，能使讀者精神爲之一振。然刻一書而用數書之費，非有巨貲大力，不克成功。故虞山二馮評點《才調集》，其從子武刻之，以重圈細圈分別，又以三角尖點劃明，是亦節省工貲之道。但一經翻刻，則易混淆，固不如套印之易於區別也。

葉德輝《書林清話》卷九《古今刻書人地之變遷》 王士禎《居易録》十四云：「陸文裕深《金臺紀聞》云：『葉石林時印書以杭州爲上，蜀本次之，福建最下。』又云：『比歲京師印板，不減杭州。蜀、閩多以柔木刻之，取其易售。今杭絕無刻，國初蜀尚有板，差勝建刻。今建益下，去永樂、宣德亦不逮矣。唯蘇州工匠稍追古作。』此嘉靖初語也。近則金陵、蘇、杭書坊刻板盛行，建本不復過嶺，蜀更兵燹，城郭邱墟，都無刊書之事，京師亦鮮佳手。數年以來，石門即崇德縣。呂氏，崑山徐氏，雕行古書，頗仿宋槧，坊刻皆所不逮。古今之變，如此其亟也。」吾按：文簡時，金陵、蘇、杭刻書之風，已遠過閩、蜀。乾嘉時，如盧、文弨。鮑、廷博。孫、星衍。黃、丕烈。張、敦仁。秦、恩復。顧、廣圻。阮元。諸家校刻之書，多出金陵劉文奎、文楷兄弟。咸豐赭寇之亂，市肆蕩然無存。迨乎中興，曾文正首先於江寧設金陵書局，於揚州設淮南書局，同時杭州、江蘇、武昌繼之。既刊讀本《十三經》，四省又合刊《廿四史》。天下書板之善，仍推金陵、蘇、杭。自學校一變，而書局并裁，刻書之風移於湘、鄂，而湘尤在鄂先。同、光之交，零陵艾作霖曾爲曹鏡初部郎耀湘校刻《曾文正公遺書》及釋藏經典。撤局後，遂領思賢書局刻書事，主之者張雨山觀察祖同、王葵園閣學先謙與吾三人。而吾三人之書，大半出其手刻。晚近則鄂之陶子齡，同以工影宋刻本名。江陰繆氏、宜都楊氏、常州盛氏、貴池劉氏所刻諸書，多出陶手。至是金陵、蘇、杭刻書之運終矣。然湘、鄂如艾與陶者，亦繼起無其人。危矣哉刻書也。

葉德輝《藏書十約·購置一》 置書先經部，次史部，次叢書。經先《十三經》，史先《二十四史》，叢書先其種類多校刻精者。初置書時，豈能四部完備，于此入手，方不至誤入歧途。宋元刻本，舊抄名校，一時不能坐致，尋常官板局板，每恨校勘不精，今有簡易之法，尚不近于濫收。經有明南監本，皆雜湊宋監元學諸刻而成，其書亦尚易覯，而北監本、毛晉汲古閣本次之，此板之舊者，爲乾嘉以前學者通用之書。官刻有武英殿本爲最佳，廣東翻刻則未善。嘉慶末年，阮文達元以家藏宋元本注疏及單注單疏合校刻于南昌府學，凡諸刻文字之異同，各爲校勘記附後，而于書中文字異同之處旁刻墨圈識之，依圈以檢校勘，讀一本而衆本皆具，此在宋岳珂刊九經三傳例外，別開一徑，啓人神悟，莫善于斯。後來各省繙刻，盡去其圈，實爲乖謬。刻一書而一書廢，寧可闕如，不可取以充數也。史亦以明南監《二十一史》爲善，其板亦雜湊宋監元路諸本而成，惟其板自明以來，遞有補修，國朝嘉慶時，其板尚在江寧藩庫。明正德時，印本補板尚少，難得其全。嘉靖、萬曆後，修板多諸生罰項爲之，最爲草率，而北監本之脫誤，尤爲荒唐。明沈德符《野獲編》云：諸史校對鹵莽，訛錯轉多，至于遼、金諸史，缺文動至數葉，俱仍其脫簡接刻，文理多不相續，即謂災木可也。毛晉汲古閣僅刻十七史，中有據宋本重雕者，惜亦不全。或以邵經邦《弘簡録》續之，究屬不類，故南監本外，則以武英殿刻本爲完全。當時館臣校刊，多據宋刻善本，又處分頗嚴，故訛誤遂少。若得明南監正德前後本，則宜以明聞人詮刻《舊唐書》，武英殿活字聚珍本《舊五代》，康熙原修《明史》，配合以成全書，不宜以尋常習見之本羼入也。叢書則明弘治間華珵重印宋左圭《百川學海》、程榮《漢魏叢書》、毛晉《津逮祕書》、《武英殿聚珍板叢書》福州、江西、浙江均有重刻，福州最全，浙刻最少，及今訪求殿印原本，尚不甚難。鮑廷博《知不足齋叢書》、潘仕誠《海山仙館叢書》、伍崇曜《粵雅堂叢書》，其書多而且精，足資博覽。俟有餘力，徐求他刻叢書及單行善本。舊刻名抄，于是次第收藏，舉古今四部之書，皆爲我有矣。

蕅香零拾本《藏書記要》繆荃孫跋 右《藏書紀要》一卷，孫慶增撰。慶增字從添，一字石芝，常熟人。性嗜書，兼收藏、賞鑑兩家，所記皆甘苦之言，益人識見不少。原書係黃蕘圃刻入《士禮居叢書》，癸未從長沙袁漱六前輩所藏得一鈔本，頗勝黃刻，爰即校定付梓。按明屠赤水《考槃遺事》有論宋板一則云：論藏書以爲資博洽，爲丈夫子生平第一要事。宋元刻書，雕鏤不苟，校閲不訛，書寫肥細有則，印刷清朗，况多奇書未經後人重刻，惜不多見。佛氏、醫家二類更富，然醫方一字差訛，其害匪輕，故以宋刻爲善。宋人之書，紙堅刻輭，字畫如寫，格用單邊，間多諱字，用墨稀薄，雖著水經燥無湮跡，開卷一種書香，自生異味。元刻仿宋單邊，字畫不分粗細，較宋邊條闊多一綫，紙鬆刻硬，用墨穢濁，中無諱字，開卷了無臭味，有種官券殘紙背印，更惡。宋板書以活襯紙爲佳，而蠶繭紙、鵠白紙、藤紙固美，而存遺不廣。若糊背宋書，則不佳矣。余見宋刻大板《漢書》，不惟内紙堅白，每本用澄心堂紙數幅爲副，今歸吴中，真不可得。又若宋板遺在元印，或元補欠缺，時人執爲宋刻。元板遺在國初補欠，人亦執爲元刻。然而以元補宋，其去猶未易辨，以國初補元，内有單邊雙邊之異，且字刻迥然別矣。若國初愼獨齋刻書，似亦精美。近日作假宋板書，特鈔微黄厚實竹紙，或用川中繭紙，或用糊扇方簾緜紙，或用孩兒白鹿紙，筒卷用槌細敲過，名之曰刮，以墨浸去臭味印成。或將新刻板中殘缺一二要處，或湮黴三五張，破碎重補，或改刻開卷一二序文年號，或貼過今人注刻名字，留空小印，將宋人姓氏扣填；兩頭角處或用砂石磨去一角，或作一二缺痕，以鐙火燎去紙毛，仍用草煙薰黄，儼狀古人傷殘舊跡。或置蛀米櫃中，令蟲蝕作透漏蛀孔，或以鐵綫燒紅，錐書本子，委曲成眼，一二轉折，種種與新不同。用紙裝襯，綾錦套殼，入手重實，光膩可觀，初非今書彷彿，以惑售者。或札夥囤，令人先聲，指爲故家某姓所遺，百計蠱人，莫可窺測，多混名家，收藏者當具真眼辨證。案高深甫《燕閒清賞牋》一則，與此大略相同，謹附於後，以備好書家之采擇云。光緒丙申重陽江陰繆荃孫識。

劉錦藻《清朝續文獻通考》卷三八四《實業考七》 又農工商部奏：工藝爲廣興製造改良土貨要圖，臣部悉心規畫，先後奏辦工藝局、高等實業學堂、藝徒學堂、勸工陳列所、女子繡工科，又選派滿漢子弟出洋學習工藝。各省所辦工藝事宜業經報部者，直隸、吉林、四川、河南等處，均設工業學堂，京師、奉天、甘肅、熱河、察哈爾、新疆、荊州、廣州等處，均設工藝廠，京師、天津、荊州等處，均設女工廠。而紡紗織布各公司之報部者四十餘家，織呢、製革、造紙、製瓷、玻璃、甎瓦、洋灰、火柴、水泥，各公司之報部者三十餘家，類能廣設專科，整理實業。

又兩江總督端方奏籌辦南洋印刷官廠。略稱該廠之設，本以杜弊爲宗旨，倘能推行有效籌款之道，自在其中，悉心參考，定爲三項。一曰官用品，二曰民用品，三曰商用品。除商用一項，事屬貿易，如何程式，應聽自便外，至官用民用，統由該廠定式印行。凡非該廠印行，於法律上視爲無效。至定價發售，又分甲乙兩類，甲類如官用品之糧串、票照，民用品之呈詞、狀紙、契券、合同，本有由官發行之權，即可由廠酌定價值。乙類如官用品之鈔票、文件，民用品之當票、簿摺，本爲商業交通之品，仍照工本計值，但須由廠畫定格式，以杜向來簡陋弊混之習。又以事方經始，俗尚不齊，應順習慣之人情，定施行之次序。復飭該廠細考，將各種用品，分別先後，逐漸發行，俾免窒礙。至設廠規則，名雖官辦，實重工商，欲求廠務振興，必盡去官場習氣。故所定章程，悉仿日本工場之例，將全廠事務畫分爲商務、工務兩大部。商務專管營業，工務專管製造。商務部下以會計、書記、庶務、營業四課隸之；工務部下以製版、圖案、活版、印刷四課隸之。各部又分各系。部有部長，課有課長，系有系長，而以總辦提調總其成。另設甯蘇發行所，委會辦以分管之。該廠經費，飭財政局籌撥，計購置機器，修改廠屋，共用湘平銀六萬五百九十三兩有奇。自剏辦至今，薪資廠用等項，共湘平銀二萬五千一百八十餘兩。該廠本屬商業性質，自應權衡本利，力戒虚糜。惟印刷用品，未經發行以前，本無入款，而月支款項，仍須續付。擬仿商業公司之例，以所用機器廠房等項湘平銀作爲該廠資本，週年七釐官息，年終結算，解交財政局收存，並飭另籌營業活本湘平銀二萬兩作購辦印刷材料周轉之用。其業經支銷薪費，概作借項，俟印品發行，獲利漸豐，於每年餘利項下提還。明知目前財政支絀，籌款維艱，然既關改良行政，爲除弊興利之要圖，何敢故步自封，存惜費畏難之成見。見在印刷機件，大致完全，官民用品，次第籌備，擬定六月爲發行之期。嗣後仍當督飭廠員，認真辦理，以爲部廠輔助。

（宣統二年）又吉林巡撫陳昭常奏：吉省設立工藝教養所，計設木工、靴履、皮革、機織、染色、縫紉、印刷、鑲造八科，所出物品及購買原料，請援例免税。

傳記

劉崇遠《金華子雜編》下 王師範性甚孝友，而執法不渝。其舅柴某酒醉，歐殺美人張氏，爲其父詣州訴冤，師範以舅氏之故，不以部民目之，呼之爲父，冀其可厚賂和解，勉諭重疊。其父確然曰：「骨肉至冤，唯在相公裁斷爾。」曰：「若必如是，即國法，予安敢亂之！」柴竟伏法。其母恚之，然亦不敢少責。《新書》云：師範立堂下，日三四至，不得見者三年，拜省户外，不敢少懈。至今青州猶印賣《王公判事》。

《舊五代史》卷一二六《周書・馮道傳》　時以諸經舛繆，與同列李愚委學官田敏等，取西京鄭覃所刊石經，雕爲印板，流布天下，後進賴之。

《舊五代史》卷一二七《和凝傳》　凝性好修整，自釋褐至登台輔，車服僕從，必加華楚，進退容止偉如也。又好延納後進，士無賢不肖，皆虚懷以待之，或致其仕進，故甚有當時之譽。平生爲文章，長於短歌豔曲，尤好聲譽。有集百卷，自篆於板，模印數百帙，分惠於人焉。案《宋朝類苑》：和魯公凝有豔詞一編名《香奩集》，凝後貴，乃嫁其名爲韓偓，今世傳韓偓《香奩集》，乃凝所爲也。凝生平著述，分爲《演綸》《遊藝》《孝弟》《疑獄》《香奩》《籯金》六集，自爲《遊藝集序》云：「予有《香奩》《籯金》二集，不行於世。」凝在政府避議論，諱其名，又欲後人知，故于《遊藝集序》實之，此凝之意也。（《舊五代史考異》）

《新五代史》卷五六《和凝傳》　凝好飾車服，爲文章以多爲富，有集百餘卷，嘗自鏤板以行于世，識者多非之。然性樂善，好稱道後進之士。唐故事，知貢舉者所放進士，以己及第時名次爲重。凝舉進士及第時第五，後知舉，選范質爲第五。後質位至宰相，封魯國公，官至太子太傅，皆與凝同，當時以爲榮焉。

曾協《雲莊集》卷五《右中散大夫提舉台州崇道觀强公行狀》　先是，諸州捕賊得，輒殺，不問其所由來。良民往往爲賊，堅守巢穴，屢拒官軍。公請于宣撫司懸賞募爲首及用事者，脅從一切不問。【略】且諭巡尉曰：「吾曹第爲國家畢事，無貪功幸賞。他時有賞，通判不專有也，多寡當與諸君均之。」乃鏤板爲榜百紙，募人持入賊中，揭道上。衆稍離叛，間有執賊來者，問知脅從，立慰遣之，于是徒黨盡散。

釋居簡《北磵集》卷六《贈陳生》　寫字與刻字孰難？曰寫字難。畫被忘穿，臨池忘緇，專心致志，僅彷彿古人用筆意。公孫氏劍舞，觀者得草聖之妙，彼順朱耳。或曰：「鑿爲筆，鎚代腕，欲顔則顔，欲柳則柳，勁鐵瘦蔓，出筆墨畦畛。與夫游刃肯綮，砉然中桑林之舞，十九年若新發於硎，何以異？故曰刻字難。」往復競辯，侃侃不相下，欲解其紛而未能也，則謂之曰：「昔人夢鹿，子知之矣。敢用是而中分之，曰二難。」丁亥九月幾望，丁山法堂紀歲月，郡刻工陳文頗臻妙，策其勳，弔其貧，書以爲贈。

謝應芳《龜巢藁》卷一四《贈刊字張生序》　古者毫楮未興，書以刀筆，故六經往往口傳耳受，不能無誤。然識者正焉，其失猶未遠也。毫楮既作，書道乃備，轉相傳寫，譌謬滋多。至近代板刻之誤，而人有不敢遽易者，況俗徒規利，至有節去其詞，使章斷句裂，以誤學者。然板本既行，聖經賢傳乃得家傳而人誦之，固亦有功名教矣。金沙張敬之，善鏤書者也。家本業儒，故能矯二者之弊，且以篆隸究字書原委，偏傍點畫，毫髮無舛，士大夫咸以是稱之。方今天下文明，正制度考文之日，館閣諸書校讎有人，勒之琬琰，以幸來世，將有取若之藝者，若之名由是亦彰矣。敬之其勉哉。

吴澄《吴文正公集》卷一九《贈鬻書人楊良甫序》　古之書在方册，其編褏繁且重，不能人人有也。京師率口傳，而學者以耳受，有終身止通一經者焉。噫！可謂難也已。然其得之也艱，故其學之也精，往往能以所學名其家。紙代方册以來，得書非如古之難，而亦不無傳録之勤也。鋟板肇於五季，筆功簡省，而又免於字書之訛，不謂之有功於書者乎？宋三百年間，鋟板成市，板本布滿乎天下，而中秘所儲莫不家藏而人有。不惟是也，凡世所未嘗有與所不必有，亦且日新月益。書彌多而彌易，學者生於今之時，何其幸也！無漢以前耳受之艱，無唐以前手抄之勤，讀書者事半而功倍宜矣。而或不然，何哉？挾其可以檢尋考證之且易，遂簡於耽玩思繹之實，未必非書之多而易得者誤之。噫！是豈鋟者之罪哉？讀者之過也。汴人氏楊字良甫，業鋟賢聖之書，市徧致其所無，以資學者。余嘉其功，而慮讀者之或因是而不自勉也。蓋欲人人善讀書而得於心，則楊氏之功爲不虚。

《宋史》卷三八八《陳良祐傳》　首言會子之弊，願捐内帑以紓細民之急。上曰：「朕積財何用，能散可也。」慨然發内府白金數萬兩收换會子，收銅版勿造，軍民翕然。未幾，户部得請，改造五百萬。又奏：「陛下號令在前，不能持半歲久，以此令民，誰能信之？豈有不印交子五百萬，遂不可爲國乎？」既而又欲造會子二千萬，屢爭之不得，遂請以五百萬换舊會，俟通行漸收之，常使不越千萬之數。

《宋史》卷四三一《儒林一・邢昺傳》　景德二年，上言：「亡兄素嘗舉進士，願霑贈典。」特贈大理評事。是夏，上幸國子監閱庫書，問昺經版幾何，昺曰：「國初不及四千，今十餘萬，經、傳、正義皆具。臣少從師業儒時，經具有疏者百無一二，蓋力不能傳寫。今板本大備，士庶家皆有之，斯乃儒者逢辰之幸也。」上喜曰：「國家雖尚儒術，非四方無事何以及此。」上又訪以學館故事，有未振舉者，昺不能有所建明。先是，印書所裁餘紙，鬻以供監中雜用，昺請歸之三司，以裨國用。自是監學公費不給，講官亦厭其寥落。上方興起道術，又令昺與張雍、杜鎬、孫奭舉經術該博、德行端良者，以廣學員。

《宋史》卷四三一《儒林一・孔維傳》　受詔與學官校定《五經疏義》，刻板行用，功未及畢，被病，上遣太醫診視，使者撫問。初，維私用印書錢三十餘萬，爲掌事黄門所發，維憂懼，遽以家財償之，疾遂亟，上赦而不問。維將終，召其壻鄭革口授遺表，以《五經疏》未畢爲恨。

《宋史》卷四三四《儒林四・吕祖謙傳》　先是，書肆有書曰《聖宋文海》，孝宗命臨安府校正刊行。學士周必大言《文海》去取差謬，恐難傳後，盍委館職銓擇，以成一代之書。孝宗以命祖謙。遂斷自中興以前，崇雅黜浮，類爲百五十卷，上之，賜名《皇朝文鑑》。

邵寶《容春堂後集》卷七《會通君傳》　會通君姓華氏，諱燧，字文輝，無錫人。少於經史多涉獵，中歲好校閲同異，輒爲辨證，手録成帙，遇老儒先生即持以質焉。或廣坐通衢，高誦不輟。既而爲銅字板以繼之，曰吾能會而通之矣，乃名其所曰會通館。人遂以會通稱，或丈之，或君之，或伯仲之，皆曰會通云。華自宋原泉至君之父守方，凡若干世，由隆亭而鵝湖凡三遷，世有令人，而幼武在元季尤以隱節著。君於幼武爲來孫，性爽朗質直，不拘小節。事父能服其勞，與兄文熙、弟文高相友愛。父嬰足疾，常寢卧，君爲室寢西，每兄弟侍而退，則誦詩於斯，講禮於斯，以樂親志。父既葬，廬於墓側，著《治喪切問》。祭必率諸子齊於宗子。初，君有世業田若干頃，鄉稱本富。後以劬書故，不復以經紀爲務，家故少落，而君漠如也。

王世貞《弇州續稿》卷二〇二《劉日孚》　覽吴國賢《强識録》，嘗鼎一臠，可以知味。兄能校而梓之，洛陽紙當爲貴。然刻手勿輕用楚人，楚人無佳手故也。

劉若愚《酌中志》卷二二　中官最信因果，好佛者衆，其墳必僧寺也。惟晏太監名宏者，不知何許人，武廟時曾鎮守陝西，與督臣王瓊同事。其墳在西山，不設佛像，止以石砌壁，而鐫刻古來賢孝典故爲勸化計，俗所謂晏家廟者是也。今經廠所貯《晏公綱目》板一部，宏遺物也，内臣多愛重刷印之。

毛晋《隱湖題跋》卷首陳繼儒《隱湖題跋叙》　吾友毛子晋負妮古之癖，凡人有未見書，百方購訪，如縋海鑿山以求寶藏。得即手自鈔寫，糾訛謬，補遺亡，即蛛絲鼠壤風雨潤濕之所糜敗者，一一整頓之，雕板流通，附以小跋，種種當行，非杜撰判斷硬加差排於古人者。蓋胸中有全書，故本末具有脈絡；眼中有真鑒，故真贋不爽秋毫。無論寒膚嗛腹之儒駭未曾有，雖士大夫藏書家李邯鄲、宋宣獻復生，無不侈其博而服其鑒也。故叙而行之。眉道人陳繼儒題於頑仙廬，崇禎仲春二十日燈下。

朱彝尊《曝書亭集》卷七九《嚴孺人墓誌銘》　常熟隱湖之濱，隱君子毛翁居焉。其繼室曰嚴孺人。孺人者，明光禄大夫太子太保吏部尚書武英殿大學士贈少保謚文靖諱訥之曾孫，隆慶丁卯鄉貢進士承廕中書科中書舍人諱治之孫，國子監生諱枬之女。年二十有三，嬪于毛氏。孺人生長高門，既嫁，卻綺紈金翠之飾，簪蒿裙布，甘與翁偕隱。翁先有母戈，甫昏疾篤，孺人居姑喪，所以致其孝者無不盡也。翁先有一子三女，孺人撫之若己出，所以用其慈者無不周也。翁于家祭折衷司馬氏《書儀》、朱子《家禮》行之，孺人潔治錡釜，所以將其敬者無不專也。翁勤學嗜古，博覽典籍，謂經術必本漢唐，庶窮源得以津逮。乃于崇禎元年開梨棗之局，發雕經十三、史十七于所居汲古閣下。時諸務未中條理。明年，孺人來主中饋，分命傔僕各執其役，讐勘之賓、剞劂之工、裝潢熟紙之匠，各從其宜，秩然有序，則孺人内助之力居多。自元典章用宋熙寧經義取士，所主傳注率本淳熙諸儒，明因之，經生立異義者黜。又以灑埽應對進退易古小學，其後書數方名均置不講，而識文字者寡矣。挾三家村夫子兔園册，足以取高第，縻好爵而有餘，無事洽聞周見也。翁深憂之，力搜祕册，經史而外百家九流下至傳奇小説，廣爲鏤板，由是毛氏録本走天下。翁既没，孺人持門户又二十一年。其子扆精小學，傳寫諸家金石書畫記及古五曹九章算經，思盡刊刻以行，可謂善述先人之事者已。翁初名鳳苞，字子晋，後更名晋，別字潛在。天啓、崇禎間，屢試于鄉，不利，後遂高蹈不出。有子五，孺人出者四，曰褒、曰衮、曰表，存者扆也。孫二十人，曾孫二十三人。翁之葬也于某里某原。

陶成《江西通志》卷九五《寓賢》　余彦忠號清心，忠襄安道六世孫。由邵武訪親至新喻，遂家吟峰下。恬淡樂善，不慕榮名。刻《勸善録》行世，謝尚書譔序之。嘗自閩攜匠開書市，以利後學。

江熙《掃軌閒談》　毛潛在先生晋家隱湖，創汲古閣，刻經史諸書。中爲閣，閣後有樓八間，藏書板者。樓下及廂廊俱刻書所。閣四圍有緑君、二如等亭，招延天下名士校書於中。風流文雅，江左首推焉。潛在第四子斧季扆最知名，又補刻書數百種。許吟亭云毛氏本有三閣，汲古閣在載德堂西，以延文士；其雙蓮閣在問漁莊，以延緇流；一失名，俗呼爲闞王閣，在曹溪口，以延道流者。今俱廢。又有一滴庵，爲潛在父子焚修處，中揭一聯云：『三千餘歲上下古，八十一家文字奇』，爲王新城先生手書。

于琨、陳玉璂《（康熙）常州府志》卷二五《孝友》 華珵，字汝德，無錫人。以貢授大官署丞，稱疾歸，事生殖，致窖粟萬鍾，闢地千頃。爲德於鄉，受其澤者每元朔叩謝滿户庭，珵無德色。有反噬者，構大獄以誣珵，既而其人坐發塚論戍，間逃還，珵勞苦飲食之，歡如平生。又多聚書，所製活板甚精密，每得秘書，不數日而印本出。

錢泳《履園叢話》六《耆舊・淥飲先生》 鮑廷博字以文，安徽歙縣人。少習會計，流寓浙中，因家焉。以冶坊爲世業，而喜讀書，載籍極博。乾隆三十八年詔求天下遺書，廷博獨得三百餘種，賫浙江學政王杰上進，奉旨以內府所刻《圖書集成》一部賜廷博，鄉里榮之。廷博嘗校刻《知不足齋叢書》二十四集，嘉慶二十年流傳禁中，仁宗見之，傳諭撫臣曰：「朕近日讀鮑氏叢書，亦名知不足齋，爲語鮑氏勿改，朕帝王家之知不足，鮑氏乃讀書人知不足也。」迨廿五至廿八集進呈，有旨欽賜舉人，傳爲盛事。年八十四卒於家。

錢泳《履園叢話》二二《汲古閣》 虞山毛子晉生明季天、崇間，時流賊橫行，兵興無定。子晉本有田數千畝，質庫若干所，一時盡售去，即以爲買書刻書之用。創汲古閣于隱湖，又招延海內名士校書，十三人任經部，十七人任史部，更有欲益四人，并合二十一部者，因此大爲營造，凡三所。汲古閣在湖南七星橋載德堂西，以延文士；又有雙蓮閣在問漁莊，以延緇流；又一閣在曹溪口，以延道流。汲古閣後有樓九間，多藏書板，樓下兩廊及前後，俱爲刻書匠所居。閣外有綠君亭，亭前後皆種竹，枝葉凌霄，入者宛如深山。又二如亭左右則植以花木，日與諸名士宴會其中，商搉古今，殆無虛日。又有所謂一滴菴者，爲子晉焚修處，中揭一聯云「三千餘年上下古，八十一家文字奇」，爲王新城尚書筆也。當崇禎末年，穀屢荒，人民擾亂，凡吳郡鄉城諸富家莫不力盡筋疲，而子晉處之自若，其用意良深矣。子晉没後，其子名扆字斧季者，于諸子中最爲知名，又補刻書數十種，以承父志，實爲海內藏書第一家也。初子晉自祈一夢，夢登明遠樓，樓中蟠一龍，口吐雙珠，頂光中有一山字，仰見兩楹懸金書二牌，左曰：「十三經。」右曰：「十七史。」自後時時夢見，至崇禎改元戊辰，忽大悟曰：「龍，即辰也。珠頂露山，即崇字也。」遂于是年誓願開雕，每年訂證經史各一部，其餘各種書籍，亦由此而成焉。

趙慎畛《榆巢雜識》卷下 藏書之家，推浙之范氏天一閣爲最。閣建自前明嘉靖末，至今二百餘年。因時修葺，未曾改移。問之間數及梁柱寬長尺寸，皆有精義。蓋取天一生水，地六成之之意。輯《四庫全書》時，疆吏圖閣式以進，諭倣式建閣於御園中，是爲文源閣。《四庫全書》分三類，一刊刻，一鈔録，一祇存書目。其刊刻者，便於行世，用武英殿聚珍版刷印，邊幅頗小。其鈔録依《永樂大典》之例，繕正本各四部，貯文源閣者其一也。外貯紫禁者，曰文淵閣；貯盛京者，曰文溯閣；貯避暑山莊者，曰文津閣。

顧廣圻《思適齋序跋》序六《知不足齋叢書序庚午六月》 嘗論刻書之難有三：所據必善本而後可，一難也；所費必多貲而後可，二難也；所校必得人而後可，三難也。此三者不具，終無足與於刻書之數，豈非難乎？今之具此三難而以之刻書者，其莫如吾友鮑君以文也。君收儲特富，鑒裁甚精。壯歲多獲兩淛故藏書家舊物，偶聞他處有奇文秘册，或不能得，則勤勤假鈔厥副，數十年無懈倦。其稱説一書，輒舉見刻本若鈔本、校本凡幾，及某刻本如何，某鈔本如何，某校本如何，不爽一二也。其於本有如此者。梨棗之材，剞劂之匠，遴選其良，費而勿靳。生産斥棄，繼以將伯，千百錙銖，咸歸削氏。猶復節衣減食，裨補不足。視世間所謂榮名厚實，快意怡情者，一切無堪暫戀，祇有流傳古人著述，急於性命，乃能黜范其所處，朱頓乎斯事也。其於貲有如此者。并涉四部，旁綜九流，奧篇隱事，心識口誦，元元本本。有經丹黄甲乙者，如風庭之掃葉。又況先達聞人，洎二三雅素，往復揚搉，集思廣益，外此即土壤細流，咸不讓擇。大要期諸求是。每定一書，或再勘三勘，或屢勘數四勘。祁寒毒暑，舟行旅舍，未嘗造次鉛槧去手也。其於校有如此者。是故生平前後所刻不下數百種，獨彙而爲叢書者，已至二十五集。人徒見知不足齋板片滿家，印本徧天下，幾等齊夫尋常刻書之易易也，而亦知君之爲其難者有如是乎？他日見語，曰相知二十年餘，且於書有同嗜焉。予何可無叢書之序。夫叢書向有序矣，將奚以序之，亦唯有論刻書之難而已，亦唯有論君刻書之難而已。抑吾聞知其難而以難者爲易，則其易也將至矣；不知其難而以難者爲難，則其難也將至矣。事誠有之，書亦宜然。吾願今而序叢書也，後有刻書者得因以奉教於知不足齋，毋專守兔園册子，毋計較錐刀錢物，毋貽笑造磨弱杖，先其難，後其易，留刻書種子於不絕，則君之有功於書，豈僅在所刻數百種哉？遂不辭而序之如此。

顧廣圻《思適齋序跋》序六《藝芸書舍宋元本書目序》 汪君閬原藏書甚富，取宋本元本别編其目，各成一册，以予於此向嘗究心，出以相示，且屬爲序。夫宋元本之可貴，前人所論綦詳，收藏之家，罔不知寶。而近世稱鑒别精審，網羅廣博者，唯遵王、斧季數子而已。今汪君宿具神解，凡於有板以來，官私刊刻，支流派别，心開目瞭，遇則能名，而又嗜好所至，專壹在兹。仰取俯拾，兼收並蓄，揮斥多金，曾靡厭倦。以故郡中傳流有名秘笈，搜求略徧。遠地聞風，挾册趨門，朝夕相繼。如是累稔，遂獲目中所列宋若干種、元若干種。既精且博，希有大觀。海内好古敏求之士，未能或之先也。汪君之於宋元本，可謂知之深，而愛之篤矣。閒嘗思之，天水、蒙古兩朝，自秘閣興文，以暨家塾、坊場、儒學書院雕鋟印造，四部咸備，往往可考。固無書無地無人不皆宋元本，其距今日遠者，甫八百餘年，近者且不足五百年，而天壤間乃已萬不存一。雖常熟之錢、毛，泰興之季，崑山之徐，尚著於録者，亦十存二三。然則物無不敝，時無不遷，後乎今日之年何窮，而其爲宋元本者，竟將同三代竹簡、六朝油素，名可得而聞，形不可得而見，豈非必然之數哉。然則爲宋元本計，當奈何，曰：舉斷不可少之書，覆而墨之，勿失其真，是縮今日爲宋元也，是緩千百年爲今日也。幸其閒更生同志焉，而所謂宋元本者，或得以相尋而無窮，計無過於此者矣。乃若汪君之於宋元本，其知之也深，其愛之也篤。其欲爲之計者，當必有度越尋常之見，故詳述斯語，用爲序而稔諸。壬午閏月朔書，時將復之揚州，爲洪賓華殿撰校刊《説文繫傳》之前一日也。

吴振棫《養吉齋餘録》卷之七 寧波范氏天一閣，藏書爲天下冠。阮公元撫浙時，刊其書目爲四卷，又以類分帙，共爲十卷。兵火之後，蓋散失不少矣。

吴振棫《養吉齋餘録》卷之七 鮑渌飲名廷博，字以文，歙人。遷烏程之烏鎮。生平於書無所不窺，搜緝宏富，參校精審。乾隆閒開四庫館，進書三百餘種，奉《圖書集成》之賜。後刊《知不足齋叢書》，仁宗傳諭撫臣曰：「朕讀鮑氏叢書名知不足齋，與宫内齋名同。爲語鮑氏勿改，朕帝王家之知不足，鮑氏乃讀書人知不足也。」二十五集進呈，蒙賜舉人。後刊至二十八集，年八十卒於家。

吴振棫《養吉齋餘録》卷之七 竹垞《經義考》，既類次《爾雅》二卷，而形聲、訓詁之屬闕焉。南康謝蘊山中丞啟昆撰《小學考》五十卷補之，謂小學皆所以解經也。首敕撰，次訓詁，次文字，次聲韵，次音義。書成後，其子觀察公嘗刊板，而流布未廣，旋燬於火。其孫蔚青刺史質卿欲重刊，而覓外間印本不可得。咸豐閒，忽於長安市中見書簿有此書名，急詢之，則已爲人購去。宛轉商之，贖以重價，復行校刊。前有翁覃溪、錢竹汀、姚姬傳諸序。蔚青今爲乾州牧。

吴振棫《養吉齋餘録》卷之九 傅青主山，生平詩文隨作隨棄，家無藏稿。戴楓仲搜輯爲《霜紅龕集》，久佚。陽曲張思孝復輯十二卷，又輯先生子壽毛居士《眉我詩集》六卷，刊於宜興。版旋燬。道光閒，壽陽張静生收原刻未載者六卷，謂之《拾遺》。咸豐初年，里人劉雪厓霈棠刊爲《霜紅龕集》四十卷、《我詩集》十一卷，名曰備存，意在賅備，有所得即録，不復甄擇。又附《仙儒外紀》十卷，則集青主與郭還陽静中二人之遺帙也。

吴振棫《養吉齋餘録》卷之九 富平李天生因篤，康熙中舉鴻博，當時所稱天下四布衣之一也。所著《受祺堂詩集》，田少華大令刊之。文集采入《四庫全書》，而世無刊本。道光丁亥，楊松林孝廉浚因馮雲杏所藏本刊成四卷。庚寅，又以采獲者續刊四卷。

吴振棫《養吉齋餘録》卷之九 婁縣姚春木椿，字子壽，號樗寮。博聞强識。十餘歲以詩鳴，中年絶意仕進，晚歲尤用意宋儒諸書。有司將以孝廉方正薦，辭不就。性和而介，不妄取與。家甚貧，不戚戚也。所爲詩不下數千篇，今所刊《通藝閣詩》僅八卷，《文集》六卷。先爲莊舍人仲方集貲用活字板成之。其後楊象濟、沈南一以其自定稿訂爲十二卷，名《晚學齋文集》。其所輯《國朝文録》，張公祥河刻於陝西。《國朝學案》一書，已創稿，兵燹之後，不可復問。

陸以湉《冷廬雜識》卷七《知不足齋叢書》 歙縣鮑渌飲先生廷博，寓居吾里之楊樹濱，好學博聞，尤喜搜羅散佚。乾隆時，開四庫館，獻書七百種，欽頒《圖書集成》。旋刻秘籍數百種，曰《知不足齋叢書》。進呈乙覽，宸翰賜題卷首，有「知不足齋奚不足，渴于書籍是賢乎」之句，睿皇帝復賜以舉人。兩朝褒寵，可謂極稽古之榮矣。所刻叢書，校訂精審，風行海内。嘗謂：「與其私千萬卷於己，或子孫不爲之守，孰若公一二册於人，與奕祀共永其傳。」今其孫曾輩以書爲業，奇編寶笈，價重藝林，蓋猶食其報云。

徐康《前塵夢影録》卷下 汲古閣，在虞山郭外十餘里，藏書刊書皆於是。今析隸昭邑畇，剞劂工陶洪、湖孰、方山、溧水人居多。開工於萬曆中葉，至啟、禎時，留都沿江軋軋，毛氏廣招刻工，以《十三經》、《十七史》爲主。其時銀串，每兩不及七百文，三分銀刻一百字，所刻經史子集、道經釋典，品類甚繁。當其時盜賊蠭起，毛氏賴工多保家，至國朝初年，亦因此中落。有子三，曰扆、曰褒、曰表。扆字斧季，最著名，即鈔本亦精校影寫，風流文采，照映一時。下至童奴青衣，亦能鈔録，所藏書多秘籍，後歸之季滄葦。三十年前，在紫珊齋中，見汲古閣圖山水挂屏，煙嵐幽秀，峰斷雲連，頗有名人筆意，惜忘爲何人所繪矣。

徐康《前塵夢影録》卷下 汪秀峰先生於雍、乾時，富而好禮，所交皆知名士，凡金石書畫無不好，而篤耆者爲古今印。嘗彙集漢印曰《漢銅印叢》，皆古銅印，皆巾箱本。同時諸名家所刻者，曰《飛鴻堂印譜》，五集二十巨册。又彙古今印曰《集古印存》，十六巨册，下綴刻人姓名，嘗以羅文牋精印。又有《秋官印萃》六册，曰《退齋印類》四册，皆同時友朋制作。其最小者，曰《錦囊印林》，小僅寸餘，云嘗得宋錦被面，因製爲囊盛之。前序後跋，下如《印存》之例注，印質爲人參、珍珠、珊瑚、馬腦、水晶、白玉各名色，於劫前購得兩部，皆四卷，其一歸之朱小漚太常鈞，一爲淩翁華常易去，而皆無錦囊。此先友黄心翁云。舊有印譜十一種，并續周櫟園《印人傳》。

郭嵩燾《郭嵩燾日記》第一卷 （咸豐十年三月初八日）明陳繼儒《寶顔堂秘笈》，所刻書自漢晉以迄明人，間附己作，分正、續、廣、普、匯五集，共二百五種，末附《眉公雜著》十五種。惟所刻古書，多遭删削，不爲定本。甚或割裂古籍，别標名目以惑人，此亦明人刻書之惡習，不獨繼儒爲然，而繼儒爲尤甚。其自著書，意在侈博，故多立名目，而實則每種不過數卷，每卷不過數葉。今散見《四庫全書提要》中，多已斥存其目。

郭嵩燾《郭嵩燾日記》第一卷 （咸豐十年三月初八日）顧修所刻《讀畫齋叢書》十函，與鮑廷（溥）〔博〕《知不足齋叢書》同時並刊，搜采不如鮑刻之富，而唐宋以後遺文墜簡，猶賴以存。其自序所稱：「上宗經訓，餘溢文章，可擴見聞，亦資疏證。」尚非過論。

郭嵩燾《郭嵩燾日記》第三卷 （光緒五年三月）廿八日。達文波、禧在明來見。以定初一日乘坐江廣船赴武昌，稍出辭行。晤劉芝田、李勉林、劉融齋、王厚山、莫善徵、叶顧之、徐雨之，并久談。莫善徵處見鄭伯更，鄭子元先生之世兄，名知同，號伯更，在姚慶伯廉訪處校刊所刻叢書。姚君入都陛見，因爲江浙之游，而以上海爲初階。其人博洽多聞，尤精《説文》之學。言子元先生治《説文》之學，所著《説文逸文考》、《説文新附考》、《汗簡箋》，并刻之《姚氏叢書》中。

俞樾《春在堂隨筆》二 鄞縣董梓庭吏部名作模，道光三年進士，嘗以事戍伊犁，辛丑、壬寅間從靖逆將軍於廣東，罷歸，遂僑寓揚州，十年一夢，極烟花三月之樂。今歲行年七十有七矣，腰脚猶健，自言昔歲游西湖，尚步行三十里也。時從廣東載書數萬卷至蘇州求售，蘇州太守李薇生爲之先容，頗有所獲。與余相遇，知余有《群經平議》已刻版，爲印百部去。余笑曰：「楊子草《太玄》，同時有尚白之嘲，覆瓿之議。今鄙人殺青甫竟，而公即以奇貨居之，勝古人多矣！」

俞樾《春在堂隨筆》七 錢涉園先生名選，字枚一，安徽懷寧人，著《綱目考訂》一書。其書成於康熙戊寅歲，刊版行世，而《四庫》未收，人罕知者。亂後原版毁於兵火，其鄉人楊君鳳儀、邵君景書醵錢重刻之，問序於余。視其自序，有小印二方，一曰「錢選之印」，一曰「己丑進士」。余按己丑乃康熙四十八年也。然其子鵬字扶南者有序一篇，言：「癸未冬鋟版過半，先大人抱微痾，猶手不停批，逾月病革，呼不肖而命之曰：『余年已七十有四，逝復何憾，惟此書述儒先之緒論，備來學之津梁，剞劂未竣，是吾慮耳。』」然則先生卒於癸未，乃康熙四十二年，不得爲四十八年進士。疑己丑當作乙丑，傳刻誤耳。乙丑爲康熙二十四年。先生於癸未歲年七十四，則當生於明崇禎三年庚午，至康熙乙丑爲五十六歲。卷首有張文端公英序，文稱「先生晚捷南宫」，信矣。又云「出宰粤之茂名，以年向七十，未半載，即請告歸田」。據沈鎬序，云「歲甲戌陟園錢先生自粤東致仕歸」。甲戌爲康熙三十三年，先生年六十五矣，故云年向七十也。

王韜《瀛壖雜志》卷四 黄韵珊孝廉憲清，海鹽人，才氣倜儻，稱於一時。戊午春間來游滬瀆，作《海上蜃樓詞》三十首，今僅記一絶云：「牓題墨海起高樓，謂西人印書館。供奉神仙李鄴侯。謂壬叔。多恐秘書人未見，文章光燄借牽牛。謂印書車以牛曳。」時壬叔方刊所譯天算諸書，故詩中及此。

丁申《武林藏書録》卷中《陳宗之芸居樓》 錢塘陳宗之起，事母孝。寧宗時，鄉貢第一人，稱陳解元，居睦親坊，開肆鬻書，自稱陳道人，著《芸居乙稿》。凡江湖詩人皆與之善。取名人小集數十家，選爲《江湖集》。鄭斯立贈詩云：「昔人耽隱約，屠沽身亦安。矧伊叢古書，枕籍於其間。讀書博詩趣，鬻書奉親歡。君能有此樂，泠然世所難。」劉克莊贈詩云：「陳侯生長紛繁地，卻以芸香自沐薰。鍊句豈非林處士，鬻書莫是穆參軍。雨檐兀坐忘春去，雪案清談至夜分。何日我閒君閉肆，扁舟同泛北山雲。」葉茵贈句云：「得書授與世人讀，選句長教野客吟。」趙師秀《贈賣書陳秀才》云：「四圍皆古今，永日坐中心。門對官河水，檐依柳樹陰。每留名士飲，屢索老夫吟。最感書燒盡，時容借檢尋。」危稹贈詩云：「兀坐書林自切磋，閲人應自閲書多。未知買得君書去，不負君書人幾何？」又方回《瀛奎律髓》詩注：寶慶初，史彌遠專權，睦親坊書肆陳宗之刊《江湖集》以售，劉潛夫《南岳稿》與焉。宗之詩有云：「秋雨梧桐皇子府，春風楊柳相公橋。」哀濟邸而誚彌遠也。或嫁秋雨春風爲敖器之詩，言者並潛夫梅詩論列，劈《江湖集》版，二人皆坐罪，而宗之坐流配。於是詔禁士大夫作詩。紹定癸巳，彌遠死，詩禁始解。

丁申《武林藏書録》卷中《小陳道人思》 《夢粱録》：杭城市肆有名者，橘園亭文籍書房。《行都記事》：橘園亭在豐樂橋北，自棚橋直穿即是也。當時書肆林立，著名者陳起之後，又有陳思。起自稱道人，世遂稱思爲小陳道人。石門顧君修據宋本《羣賢小集》重刊，疑思爲起之子，稱起之字芸居，思之字續芸，所居睦親坊棚北大街，地亦相近，然終不得其確據。思所著有《寶刻叢編》、《海棠譜》、《書小史》、《書苑英華》、《小字録》及《兩宋名賢小集》。《小字録》前有結銜，稱成忠郎緝熙殿國史實録院祕書省搜訪。又《海棠譜》自序稱開慶元年，則理宗時人也。按《寶刻叢編》紹定二年鶴山翁序曰：余無他嗜，惟書癖殆不可醫，臨安陳思多爲余收攬，叩其書顛末，輒對如響。一日以其所粹《寶刻叢編》見寄，且求一言，蓋屢卻而請不已。發而視之，地世年行，炯然在目。嗚呼！賈人闕書於肆，而善其事若此，可以爲士而不如乎。撫卷太息，書而歸之。又直齋陳伯玉序云：都人陳思，儈書於都市，士之好古博雅，蒐遺獵忘，以足其所藏，與夫故家之淪墜不振，出其所藏以求售者，往往交於其肆，且售且儈，久而所閲滋多，望之輒能別其真贋。一旦盡取讀書所録，輯爲一編，以今九域京府州縣爲本，而繫其名物於左，昔人辨證審定之語，具著之。又咸淳間，天台謝愈修《書小史》序曰：《書小史》者，陳道人所編。道人趣尚之雅，編類之勤，可謂不苟於用心矣。予識之五十餘年，每刻一部，必先來訪，訂證名帖，飽窺異書，愈久而愈不相忘，亦未易多得也。《四庫提要》載《兩宋名賢小集》三百八十卷，題宋陳思編，元陳世隆補。所録宋人詩集，始於楊億，終於潘音，凡一百五十七家，有紹定三年魏了翁序，與《寶刻叢編》序惟更書名數字，僞託無疑。國朝朱彝尊跋中，謂是書又稱爲《江湖集》，於寶慶、紹定間史彌遠疑有謗己之言，牽連逮捕，思亦不免，詩版遂毁。案：刊《江湖》者乃陳起，非陳思，且《江湖集》皆南宋以後之人，而是書起自楊億、宋白，二書迥異。彝尊牽合爲一，紕繆殊甚。然考彝尊《曝書亭集》，有宋高《菊磵遺稿序》，中述陳起罹禍之事甚悉，未嘗混及陳思，而集中不載此跋，當由近人依託爲之。又跋内稱陳世隆爲思從孫，于思所編六十家外，增輯百四十家，稿本散佚。按世隆字彦高，嘗館嘉禾陶氏，至正間没於兵。錢大昕《藝圃搜奇跋》云：元末錢唐陳世隆彦南，天台徐一夔大章避兵檇李，相善。彦高篋中攜祕書數十種，檢有副本，悉以贈大章，大章彙而編之，世無刊本。彦南著有《北軒筆記》、《文選補遺》及《宋詩拾遺》二十三卷。其選輯當代詩篇，猶承陳氏遺派，故題曰《拾遺》。其書今尚有流傳者，朱氏增輯之説，亦難盡信。然贋託者所編之詩，實出棚北大街所刊，宋人遺稿藉以薈萃，木本水源，不得不歸功於思也。

丁申《武林藏書録》卷中《文會堂》 仁和胡文焕字德甫，號全庵，一號抱琴居士。嘗於萬曆、天啓間，構文會堂藏書，設肆流通古籍，刊《格致叢書》至三四百種，名人賢達多爲序跋。自著《琴譜》六卷，凡分十八條，後十一條，皆論鼓琴之事。

丁申《武林藏書録》卷中《玉玲瓏閣》 龔佳育字祖錫，號介岑。由經歷知安定縣，入爲户部主事；歷兵部正郎，遷山東按察司僉事，分巡通永，以政績聞，特擢江南布政使，内遷太常卿，改光禄，歷中外數十年，以清介著。生平無他好，惟收藏圖史，課子誦讀，以毋墮家聲爲戒。子翔麟字天石，號蘅圃。康熙辛酉順天副貢，歷官御史，立朝有直聲，未幾罷歸。居横河沈氏之庚園，園以玉玲瓏得名，宋花石綱物也。築玉玲瓏閣以儲書，更刻唐陸淳《春秋集傳纂例》、《春秋微旨》、《春秋集傳辨疑》，元趙汸《春秋左傳補註》、明朱睦㮮《授經圖》爲《玉玲瓏閣叢書》。晚年移家張駝園，自號田居。有《田居詩稿》、《玉玲瓏閣詞》。《錢塘志》稱翔麟讀書萬卷，可知育之家學，洵不愧詩禮之傳也。

丁申《武林藏書録》卷下《清吟閣》 瞿世瑛，字良玉，號穎山，錢塘人。家雖素封，迹若寒素，手鈔罕見古書，以爲日課。積數十年，幾得千册，金石書畫，靡不考索。張叔未解元、徐問蘧、汪驄卿明經常主其家，校刻《東萊博議》、《帝王經世圖譜》、《陽春白雪》，世稱善本。築清吟閣以儲書籍，曾編目録，計名人鈔本七百九十二種，批校鈔本四百七十五種，影宋元鈔本三十種，皆祕笈異本。而此外之古今版印之籍，不啻汗牛充棟矣。惜失於庚辛之亂。

丁申《武林藏書録》卷末《知不足齋》 鮑廷博字以文，號渌飲，晚號通介叟，歙諸生。父思詡，娶於仁和顧氏，因家杭州。嘉慶十八年恩賜舉人。乾隆癸巳，詔開四庫館，采訪遺書，渌飲命子仁和監生士恭進其家所藏書六百餘種，蒙賜《古今圖書集成》一部。又刊所藏古書善本，成《知不足齋叢書》三十集。士恭旋蒙恩賞給舉人，仁廟御製内府知不足齋詩云：「齋名沿鮑氏，闕史御題詩。集書若不足，千文以序推。」注云：齋額沿杭城鮑氏藏書室名。乾隆辛卯壬辰，詔采天下遺書，鮑士恭所獻最爲精夥，内《唐闕史》一書，曾經奎藻題詠，嗣後其家刊刻知不足齋叢書，以《唐闕史》冠册，用周興嗣《千字文》以次排編，每集八册，今已十八九集，可爲好事之家矣。嘉慶癸酉，浙撫復以續刊進，渌飲復蒙恩賞給舉人，卒年八十六。渌飲勤學耽吟，不求仕進，天趣清遠，嘗作《夕陽詩》甚工，人呼之爲鮑夕陽。尤工詠物，如《闌干》云：「有約頻敲花底月，多情時拂柳邊風。」又云：「施朱太赤花應妒，倚玉無人月也憐。」《剪刀》云：「細將楊柳偷裁出，不信春風也學伊。」皆有風致。申按：朱文藻《知不足齋叢書序》云：吾友鮑君以文，築室儲書，取《戴記》「學然後知不足」之義，以顔其齋。君讀先人遺經，益增廣之，令子士恭，復沈酣不倦，君字之曰志祖，蓋嗜書累葉，如君家者，可謂難矣。三十年來，近自嘉禾吴興，遠而大江南北，客有舊藏鈔刻異本來售武林者，必先過君之門，或遠不可致，則郵書求之。浙東西諸藏書家若趙氏小山堂、汪氏振綺堂、吴氏瓶花齋、汪氏飛鴻堂、孫氏壽松堂、鄭氏二老閣、金氏桐花館，參合有無，互爲借鈔，至先哲後人家藏手澤，亦多假録，得則狂喜，如獲重資，不得，雖積思累歲月不休。余館於振綺堂十餘年，君借鈔諸書皆余檢集，君所刻書余嘗預點勘，余與君同嗜好，共甘苦，君以爲知之深者莫余若也。

陳康祺《郎潛紀聞初筆》卷一四《粤東伍氏刻書之多》 近刻《粤雅堂叢書》百八十種，校讐精審，中多祕本，幾與琴川之毛、鄔鎮之鮑，有如驂靳。每書卷尾必有題跋，皆南海譚玉生舍人瑩手筆，間亦嫁名伍氏崇曜。蓋伍爲高貲富人，購書付雕，咸藉其力，故讓以己作云。頃閲《南海縣志》，知伍氏所刻書尚有《嶺南遺書》六十二種，《粤東十三家詩》、《楚庭耆舊集》七十二卷，復影刊元本王象之《輿地紀勝》，皆舍人爲之排訂。編璫截貝，闡滯揚幽，賢主嘉賓，可謂相得益彰矣。

李岳瑞《春冰室野乘·知不足齋日記鈔本》 叢書之刻，至國朝而始精。若歙之鮑，吴之黄，金山之錢，張南皮所謂五百年中決不泯滅者也。然士禮居專重景宋，秘岌無多。守山閣專取四庫未刻之本，猶嫌其經説及考據書太多，而唐宋説部及前人遺集獨少。唯知不足齋三十二集，於四部無所不收，而雜史、小説兩種所收尤夥，皆據精本足本付刊，絶無明人專擅删改之弊。且巾箱小册，最便流通，其有功文獻者，更在黄、錢上矣。南海潘嶧琴學士衍桐，嘗言曾在揚州書肆，見有《知不足齋日記》鈔本數帙，密行細字，是渌飲老人真蹟，皆記所得古書始末，及與乾嘉諸老往還商搉之語，於古刻之優劣，鑒别之方法，收藏家傳授之源流，皆言之綦詳。次日往購，則已爲他人取去矣。此書未經刦火，當仍在世間。海内好事家，倘爲之刻布傳流，其聲價當在《百宋一廛賦》之上也。

李岳瑞《春冰室野乘·金簡》 曩客都門，助友人纂輯《會典》，檢得一故事，絶可笑。乾隆某年月日，上諭内閣：本日召見都統金簡，見其補服獅子尾端繡有小錦雞一隻，訝而問之，則對以奴才以都統兼户部侍郎，侍郎係文職二品，然照例文武兼官章服當從其尊者，故繡此以表兼綜文武之恩榮耳。章服乃國家大典，豈容任意兒戲，金簡著交部議處。此事殆可入笑苑，然亦可見當時重文輕武之心理矣。金簡本朝鮮人，入仕中朝，隸内務府旗籍，一女入宫爲嬪，後仕至尚書。爲人精幹有巧思，《武英殿聚珍板程式》其所手刱也。朝鮮人入仕中國，自唐已然，高仙芝乃至任將相，封王爵。而唐末崔致遠且登進士第，佐節度幕，入爲朝官，後復啓請還仕其國，亦曲許之。柔遠之意，至爲厚矣。明成祖賢妃權氏，亦朝鮮人也。金簡之仕於本朝，自非刱舉，但何以不入漢籍，不用本國籍，而必入内務府旗籍？則書缺有閒，莫明其故矣。

葉德輝《書林清話》卷八《明華堅之世家》 《天禄琳琅》十謂華堅姓名不見郡邑志乘，然吾竊疑爲華燧之從子行。按明華渚撰《勾吴華氏本書·華燧傳》《本書》三十三承事傳之一：「會通公燧，字文輝。少於經史多涉獵，中歲好校閲異同，輒爲辨證，手録成帙。遇老儒先生，即持以質焉。或廣坐通衢，高誦琅琅，旁若無人。既乃範銅板錫字，凡奇書難得者，悉訂正以行。曰：『吾能會而通之矣。』名其讀書堂曰會通館，人遂以會通稱。或丈之，或君之，或伯仲之，皆曰會通云。所著有《九經韵覽》、《十七史節要》。其事時葺翁稱色養。德輝按：時葺名方，字守方，以字行。時葺翁嬰足疾，常寢卧，公爲室寢西。每兄弟侍而退，則誦詩讀禮於斯，以樂翁志。翁既卒，獨廬於墓，著《治喪切問》。祭必率諸子齋於家。修譜，考世系論宗法頗詳。家世以本富，公以劬書，不復經紀爲務，家故少落，公漠如也。居之西數里，有原田積蕪，公仿古井田制，溝洫之，疆界之。會公疾，不得就。然其規制可觀，人謂公具經濟才以此。公六十杖鄉之年，修撰錢福先生壽公序，其言曰：『予嘗與先生同寢處，見其昧爽而興，操觚揮翰，環列四庫書，童子分執，有所采掇，各簡所執以獻，至晚不輟，知其學之博而力之勤也如此。又嘗讀其所著仁、性命及律吕、廟制諸篇，皆舒徐典奥，究極理致，知其見之明而探之深也如此。又嘗讀其所慰伯兄註誤詩，知其天倫之篤而排難之勇也如此。

又嘗聞其少力家蠱，應公役，五十始讀書，而句工筆粹，成一家言，知其志之堅而神之完也如此。』錢先生稱質家言，其頌公也，其有所試哉！公年七十五卒，未劇時，自爲誌與銘，葬西壽山。吏部尚書喬公宇表曰：『會通子者，廬墓以思親，近乎孝；修族譜以論宗，近乎仁；補遺稅以周人之急，近乎義；較刊羣書以廣其傳，近乎文；自爲墓銘以安死生之説，近乎知道：兼此數者，可謂有道君子也矣。』公又別號梧竹氏，會通，從同也。」又邵文莊寶《容春堂集》中有《會通君傳》云：「會通君，姓華氏，諱燧，字文輝，無錫人。少於經史多涉獵，中歲好校閲同異，輒爲辨證，手録成帙。遇老儒先生，即持以質焉。既而爲銅字板以繼之，曰：『吾能會而通矣。』乃名其所曰會通館。人遂以會通稱，或丈之，或君之，或伯仲之，皆曰會通云。君有田若干頃，稱本富。後以劬書故，家少落，而君漠如也。三子：塤、奎、壁。」又《無錫縣志》：「華珵，字汝德，以貢授大官署丞。善鑒別古奇器法書名畫，築尚古齋，實諸玩好其中。又多聚書，所製活板甚精密。每得祕書，不數日而印本出矣。」《志》雖無堅名，然燧三子皆取土旁爲名，則堅必其猶子，而煜則兄弟也。跋《藝文類聚》之華鏡，以字義推之，則必堅之從子也。蓋五行之次，火生土，土生金。鏡者，金旁字也。惟華珵乃從王旁，別爲一例。珵刻有宋左圭《百川學海》，改竄宋本舊第，爲世所譏。大約華氏所刻書，均不必可據，特以傳世日稀，又無宋本可以比校，故書估藏家展轉推重也。

葉德輝《書林清話》卷八《明安國之世家》 安氏亦無錫富人。《常州府志》云：「安國，字民泰，無錫人。居積諸貨，人棄我取，贍宗黨，惠鄉里。乃至平海島，濬白茅河，皆有力焉。父喪，會葬者五千人。嘗以活字銅版印《吳中水利通志》。」又《無錫縣志》云：「安國，字民泰，富幾敵國。居膠山，因山治圃，植叢桂於後岡，延袤二里餘，因自號桂坡。好古書畫彝鼎，購異書。又西林膠山，安氏園也。嘉靖中，安桂坡穿池廣數百畝，中爲二山，以擬金、焦。至國孫紹芳，即故業大加丹雘，與天下名士游賞其中，二百年來東南一名區也。」德輝按：國之子如山，嘉靖己丑八年。進士，知裕州，均田得體。士民誦德，祀名宦。歷仕至四川僉憲。孫希範，萬曆丙戌十四年。進士，官南京吏部司封郎。以忤輔臣王錫爵，削籍歸。與光禄顧憲成仿龜山講學故址，闢東林書院。闡濂、洛、關、閩之學，暇則纂述諸書切身心性命者。卒之明年，子廣譽、廣居伏闕上疏，白其遺忠。特贈光禄寺少卿，賜卹典，請祀鄉賢。事詳《明史》本傳。明德之後，必有達人，于安國見之矣。又按：希範曾孫紹傑，輯希範年譜。名《安我素先生年譜》。我素，希範之別號也。追述先世云：「其先黃姓，洪武初，諱茂者，姑蘇縣珠里人。贅於長史安明善氏，蒙安姓，四傳封户部員外郎桂坡公諱安國，多遠略，禦海寇，濬白茅河，皆有力焉。好蓄古圖書，鑄活字銅版，印《顏魯公集》、徐堅《初學記》等書。重建膠山李忠定公祠，蠲田奉祀。邵文莊公寶譔記：足迹遍名山，交遊遍海内。著《遊吟稿》。載《邑志・行義》。」據紹傑所述先世印書，殊不明晰。蓋國所印之書，《初學記》爲刻本，《顏魯公集》則活字印本，非《初學記》亦活字印也。《顏魯公集》又有嘉靖二年安國刻本，則在活字印本之後，萬曆中，平原令劉思誠刻本即從之出。半葉十行，行二十字。《四庫全書總目》著録爲安氏刻本，提要云：「萬曆中真卿裔孫允祚所刊，脱漏舛錯，盡失其舊。獨此本爲錫山安國所刻，然猶元剛原本也。」元剛，留元剛，宋嘉定間守永嘉，得宋敏求編十五卷本殘本十二卷，失其三卷。乃以所見真卿文別爲補遺，併撰次年譜付之，爲後序。後人復即元剛之本分十五卷。安刻諸書頗爲世重，故詳考其世系，而并辨其後人之誤記者著于篇，是固談書林掌故者所樂聞也。

紀事

祝穆《方輿勝覽》附《福建轉運使司録白》 據祝太博宅幹人吳吉狀稱：本宅先隱士私編《事文類聚》、《方輿勝覽》、《四六妙語》，本官思院續編朱子《四書附録》，進塵御覽，並行于世。家有其書，乃是一生燈窗辛勤所就，非其它剽竊編類者比。當來累經兩浙轉運使司、浙東提舉司給榜，禁戢翻刊。近日書市有一等嗜利之徒，不能自出己見編輯，專一翻板。竊恐或改換名目，或節略文字，有誤學士大夫披閲，實爲利害。照得雕書合經使臺申明，狀乞給榜下麻沙書坊長平、熊屯刊書籍等處張掛曉示，仍乞帖嘉禾縣嚴責知委，如有此色，容本宅陳告，追人毁板，斷治施行，庶杜翻刊之患。奉運使判府節制，待制、修史中書侍郎台判給榜，須至曉示。

右今榜麻沙書坊張掛曉示，各仰通知，毋至違犯，故榜。咸淳貳年陸月　日。

使　台押

兩浙路轉運司狀乞給榜約束所屬不得翻刊上件書板，並同前式，更不再録白。

范浚《香溪集》卷一八《答姚令聲書》 得足下去月尾書，辭意良勤，系念雪釋，曠然以喜。然寒温問外，首及妄人假僕姓名和《元祐賦》，鋟板散鬻，若欲僕亟圖自辯白者，此足下愛之深也。僕亦聞諸道路，謂僞和賦集頗已流布，僕固陋甚，妄人又欲以此涴衊之，是支離寢醜，而更蒙不潔也。然似聞所和賦無一語可讀者，審爾則不待家至人諭，苟一寓目，必洞其妄。世言薺苨亂人參，蛇牀亂蘼蕪，蓋惡其似耳。使僞賦誠無與鄙文似，則恐未能爲我浼也，其又何辯。足下閱古今名人鉅公所爲書若集多矣，僞妄增加者往往有之，况僕眇鄙，横被涴衊，又胡足多怪。唐元白詩爲時人繕寫模勒，衒賣於市井，甚者至有盗竊姓名，苟求自售，雜亂間厠，無可奈何。今僞賦自爲一集，不以僕文參之，則無雜亂間厠之患，其爲盗竊姓名甚易見也。然傳聞失真，翻轉名實，古人所歎。近亦嘗白官司移文建陽破板矣。前散鬻者人得之，當即以供瓿覆藥楮。有不得其詳者，足下以是告之。

葉德輝《書林清話》卷二《翻板有例禁始於宋人》 書籍翻板，宋以來即有禁例。吾藏五松閣仿宋程舍人宅刻本王偁《東都事略》一百三十卷，目録後有長方牌記云：「眉山程舍人宅刊行。已申上司，不許覆板。」其申文格式不載本書，其詳不可得知也。此本今恒見。五松閣未知何人，後板歸蘇城寳華堂。《莫目》所云「蘇城汪氏有宋眉山程氏刊本，每葉二十四行，每行二十四字」者，即原本也。《陸志》、《丁目》均有之。《楊志》宋槧本祝穆《方輿勝覽》前集四十三卷、後集七卷、續集二十卷、拾遺一卷，自序後有兩浙轉運司録白。【略】《張志》舊鈔本宋段昌武《叢桂毛詩集解》三十卷，前有行在國子監禁止翻版公據曰：「行在國子監據迪功郎新贛州會昌縣丞段維清狀：維清先叔朝奉昌武，以《詩經》而兩魁秋貢，以累舉而擢第春官，學者咸宗師之。印山羅史君瀛嘗遣其子姪來學，先叔以《毛氏詩》口講指畫，筆以成編。本之東萊《詩記》，參以晦庵《詩傳》，以至近世諸儒，一話一言，苟足發明，率以録焉，名曰《叢桂毛詩集解》。獨羅氏得其繕本，校讎最爲精密，今其姪漕貢樾鋟梓以廣其傳。維清竊惟先叔刻志窮經，平生精力，畢於此書。倘或其他書肆嗜利翻板，則必竄易首尾，增損音義，非惟有辜羅貢士鋟梓之意，亦重爲先叔明經之玷。今狀披陳，乞備牒兩浙福建路運司備詞約束，乞給據付羅貢士爲照。未敢自專，伏候台旨。呈奉台判牒，仍給本監。除已備牒兩浙福建路運司備詞約束所屬書肆，取責知委文狀回申外，如有不遵約束違戾之人，仰執此經所屬陳乞，追板劈毀，斷罪施行。須至給據者。以下別起提行。右出給公據付羅貢士樾收執照應。淳祐八年七月日給。」竊謂此等括帖之書，本無關於功令，當時幹人門下，不過意圖壟斷漁利，假官牒文字以遂其罔利之私，此亦自來書坊禁人翻雕已書之故智也。至其他官刻諸書，則從無此禁例。如雍熙三年敕准雕印許慎《説文解字》，末附中書門下牒文云：「中書門下以下空四格。牒，徐鉉等以下別爲一行，低三格再起。新校定《説文解字》以下別起提行。牒，奉以下別起提行。敕，許慎《説文》起於東漢，歷代傳寫，譌謬實多。六書之蹤，無所取法。若不重加刊正，漸恐失其原流。爰命儒學之臣，共詳篆籀之跡。右散騎常侍徐鉉等，深明舊史，多識前言，果能商榷是非，補正闕漏。書成上奏，克副朕心，宜遣雕鎸，用廣流布。自我朝之垂範，俾永世以作程。其書宜付史館，仍令國子監雕爲印版，依《九經》書例，許人納紙墨價錢收贖。兼委徐鉉等點檢書寫雕造，無令差錯，致誤後人。牒至準以下別起提行。敕。故牒。以下元號年月日一行。雍熙三年十一月以下空二格。日牒。以下官銜人名列三行。給事中參知政事辛仲甫、給事中參知政事呂蒙正、中書侍郎兼工部尚書平章事李昉。」毛晉《汲古閣》、額勒布《藤花榭》、孫星衍《平津館》仿宋刊本，均載此牒。乾興元年補刻《後漢志》，中書門下牒文云：「中書門下牒，國子監翰林侍講學士尚書工部侍郎知審官院事兼判國子監孫奭奏：臣忝膺朝命，獲次近班，思有補於化文，輒干塵于睿覽。竊以先王典訓，在述作以惟明；歷代憲章，微簡册而何見。鋪觀載籍，博考前聞。制禮作樂之功，世存沿襲；天文地理之説，率有異同。馬遷八書，于焉咸在；班固十志，得以備詳。光武嗣西漢而興，范曄繼東觀之作。成當世之茂典，列三史以並行。克由聖朝，刊布天下。雖紀傳之類，與遷、固以皆同；書志之間，在簡編而或闕。臣竊見劉昭注《補後漢志》三十卷，蓋范曄作之于前，劉昭述之于後。始因亡逸，終遂補全。綴以遺文，申之奥義。至于輿服之品，具載規程；職官之宜，各布制度。儻加鉛槧，仍俾雕鎪。庶成一家之書，以備前史之闕。伏□晉、《宋書》等，例各有志，獨前、後漢有所未全。其《後漢志》三十卷，欲望聖慈，許令校勘雕印。如允臣所奏，乞差臣與各官同共校勘，兼乞差劉崇超都大管勾，伏候敕旨。牒。奉敕：宜令國子監依孫奭所奏施行，牒至准敕。故牒。乾興元年十一月十四日牒。右諫議大夫參知政事魯、給事中參知政事呂、中書侍郎兼禮部尚書平章事王，守司徒兼侍中……」蔣光煦《東湖叢記》載此牒。案李燾《資治通鑑長編》：真宗乾興元年秋七月辛未，王曾加中書侍郎平章事，呂夷簡爲給事中，魯宗道爲右諫議大夫並參知政事。據此，則牒尾魯爲宗道，呂爲夷簡，王爲曾。惟守司徒兼侍中以下有缺，不能詳爲何人。又是年十二月乙巳，以内殿崇班皇甫繼明同勾管三館祕閣公事。咸平中，初命劉崇超監三館祕閣圖籍，其後因循與判館聯署堂事，時論非之。崇超素與王欽若厚善，丁謂爲相，惡之，用繼明以分其權，更號監圖籍曰勾當公事。紹聖三年開雕《千金翼方》、《金匱要略方》、《王氏脈經》、《補注本草》、《圖經本草》等五件醫書，末附國子監牒文云：「國子監以下提行。准以下空一格。監關准尚書禮部符，准紹聖元年六月二十五日以下提行。敕。中書省尚書省送到禮部狀，據國子監狀，據翰林醫學本監三學看治任仲言狀。伏覩本監先准以下提行。朝旨，開雕小字《聖惠方》等共五部出賣，并每節鎮各十部，餘州各五部，本處出賣。今有《千金翼方》、《金匱要略方》、《王氏脈經》、《補注本草》、《圖經本草》等五件醫書，日用而不可闕。本監雖見印賣，皆是大字，醫人往往無錢請買，兼外州軍尤不可得。欲乞開作小字，重行校對出賣，及降外州軍施行。本部看詳，欲依國子監申請事理施行，伏候指揮。六月二十三日奉以下提行。聖旨，依。奉敕如右。牒到奉行。都省前批六月二十六日未時付禮部施行。仍關合屬去處主者，一依以下提行。敕命指揮施行。以下元號年月日一行。紹聖三年六月以下空二格。日雕。以下列官銜人名八行。集慶軍節度推官監國子監書庫向宗恕、承務郎監國子監書庫曾繰、延安府臨真縣令監國子監書庫鄧平、潁川萬壽縣令監國子監書庫郭直卿、宣義郎國子監主簿王仲薿、通直郎國子監丞武騎尉檀宗益、朝散郎守國子監司業上輕車都尉賜緋魚袋趙挺之、朝奉郎守國子司業兼侍講雲騎尉龔原。」光緒癸巳，宜都楊守敬爲宗人某仿宋嘉定何大任刊本載此牒。又紹興壬子福建庾司刻《六經疏義》，後載三山黄唐識語云：「《六經疏義》，自京監蜀本皆省正文及注，又篇章散亂，覽者病焉。本司舊刊《易》、《書》、《周禮》，正經注疏，萃見一書，便於披繹，它經獨闕。紹興辛亥仲冬，唐備員司庾。遂取《毛詩》、《禮記》疏義，如前三經編彙，精加讎正，用鋟諸木，庶廣前人之所未備。乃若《春秋》一經，顧力未暇，姑以貽同志云。壬子秋八月三山黄唐謹識。」載《森志》足利學藏宋槧本《尚書注疏》二十卷。《楊志》亦載此書，云是紹熙壬子。《七經考文》於《禮記》後誤「熙」爲「興」。阮氏《十三經校勘記》遂謂合疏於注，在南北宋之間，又爲山井鼎之所誤也。余按日本山井鼎《七經孟子考文物觀補遺左傳》下云：《禮記》有三山黄唐跋，其言曰：「本司舊刊《易》、《書》、《周禮》，正經注疏，萃見一書，便於披繹，它經獨闕。紹興辛亥，遂取《毛詩》、《禮記》疏義，如前三經編彙，精加讎正。乃若《春秋》一經，顧力未暇，姑以貽同志。」此與《尚書》後識語同作紹興，並非紹熙之訛。楊氏所見本有補鈔，殆傳寫誤耳。嘉定丙子興國軍學刻《五經》，聞人模書後云：「本學《五經》舊板，乃僉樞鄭公仲熊分教之日所刊，實紹興壬申歲也。歷時浸久，字畫漫滅，且缺《春秋》一經。嘉定甲戌夏，有孫緝來貳郡，嘗商略及此，但爲費浩瀚，未易遽就。越明年，司直趙公師夏，易符是邦。模因有請，慨然領略。即相與捐金出粟，模亦撙節廩士之餘，督工鋟木。書將成，奏院葉公凱下車觀此，且惜《五經》舊板之不稱。模於是併請于守貳，復得工費，更帥主學糧幕掾沈景淵同計置而更新之。迺按監本及參諸路本而校勘其一二舛誤，併攷諸家字説而訂正其偏旁點畫。粗得大概，庶或有補於觀者云。嘉定丙子年正月望日聞人模敬書」。載楊守敬《留真譜》。凡若此者，大都敍述刻書之由，並無禁人翻板之語。可見當時一二私家刻書，陳乞地方有司禁約書坊翻板，並非載在令甲，人人之所必遵，特有力之家，聲氣廣通，可以得行其志耳。雖然，此風一開，元以來私塾刻書，遂相沿以爲律例。吾藏元陳宲刊黄公紹《古今韻會舉要》三十卷，前有長方木牌記云：「宲昨承先師架閣黄公在軒先生委刊《古今韻會舉要》，凡三十卷。古今字畫音義，瞭然在目，誠千百年間未睹之祕也。今繡諸梓，三復讎校，並無譌誤，愿與天下士大夫共之。但是編係私著之文，與書肆所刊見成文籍不同。竊恐嗜利之徒，改換名目，節略翻刻，纖毫争差，致誤學者。已經所屬陳告乞行禁約外，收書君子，伏幸藻鑑。後學陳宲謹白」。《陸志》、《繆記》並同。是則肆估翻刻他人書板，誠有害於士林。宋時文網甚寬，故官書均未申禁。世風日降，遇有風行善本，無不展轉翻雕，則又無怪刻書者之防範增嚴矣。

葉德輝《書林清話》卷一〇《宋朱子劾唐仲友刻書公案》 宋陳騤《中興館閣續録》云：「祕書郎莫叔光上言：今承平滋久，四方之人，益以典籍爲重。凡搢紳家世所藏善本，外之監司郡守搜訪得之，往往鋟版，以爲官書，然所在各自版行。」是宋時士大夫以刻書爲風尚。世傳宋刻書所謂司郡刻者，皆可支領公使庫錢，故此類刻本，又謂之公使庫本。名類甚繁，别已詳記。然朱子劾唐仲友一重公案，世固鮮有知之者。淳熙八年，唐仲友守台州，領公使庫錢刻《荀子》、《揚子》二書，爲朱子所彈劾。今朱子集載有按知台州唐仲友前後凡六狀。其第六狀云：「一據蔣輝供，元是明州百姓。淳熙四年六月内，因同已斷配人方百二等僞造官會事發，蒙臨安府府院將輝斷配台州牢城。差在都酒務著役，月糧雇本州住人周立代役，每日開書籍供養。去年三月内，唐仲友叫上輝就公使庫開雕《揚子》、《荀子》等印板。輝共王定等一十八人，在局雕開。至八月十三日忽據婺州義烏縣弓手到來台州，將輝捉下，稱被僞造會人黄念五等通取。輝被捉，欲隨前去證對公事，仲友使使承局學院子董顯等三人捉回。仲友台旨：『你是弓手，捉我處兵士，你不來下牒捉人。』當時弓手押回，奪輝在局生活。至十月內，再蒙提刑司有文字來追捉輝。仲友使三六宣教，令輝收拾作具入宅，至後堂名清屬堂安歇宿食，是金婆婆供送飯食。得三日，仲友入來，説與輝稱：『我救得你在此，我有些事問你，肯依我不？』輝當時取覆仲友：『不知甚事，言了是。』仲友稱説：『我要做些會子。』輝便言：『恐向後敗獲不好看。』仲友言：『你莫管我，你若不依我説，便送你入獄囚殺，你是配軍不妨。』輝怕台嚴依從。次日見金婆婆送飯入來，輝便問金婆婆如何得紙來。本人言：『你莫管，仲友自交我兒金大去婺州鄉下撩使菴頭封來。』次日金婆婆將描摸一貫文省會子樣入來，人物是接履先生模樣。輝便問金婆婆，言是大營前住人賀選在裏書院描模，其賀選能傳神寫字，是仲友宣教耳目。當時將梨木板一片與輝，十日雕造了，金婆婆用籐箱乘貯，入宅收藏。又至兩日，見金婆婆同三六宣教入來，將梨木板一十片雙面，并《後典麗賦》樣第一卷二十紙。其三六宣教稱：『恐你閑了手，且雕賦板，俟造紙來。』其時三六宣教言説：『你若與仲友做造會子留心，仲友任滿，帶你歸婺州，照顧你不難。』輝開賦板至一月。至十二月中旬，金婆婆將籐箱貯出會子紙二百道，并雕下會子板及土朱靛青棱墨等物付與輝，印下會子二百道了。未使朱印。再乘在箱子內付金婆婆，將入宅中。至次日，金婆婆來，將出篆寫一貫文省并專典官押三字，又青花上寫字號二字。輝是實方使朱印三顆。輝便問金婆婆，三六宣教此一貫文篆文并官押是誰寫，金婆婆稱是賀選寫。至十二月末旬，又印一百五十道。今年正月內至六月末間，約二十次共印二千六百餘道。每次或印一百道及一百五十道并二百道。至七月內不曾印造。至七月二十六日見金婆婆急來報説：『你且急出去，提舉封了諸庫，恐搜見你。』輝連忙用梯子布上後牆，走至宅後亭子上，被趙監押兵士捉住，押赴紹興府禁勘。』此按狀中貼黄之一，可見仲友被劾，僞造會子亦其一節，非專因刻書也。今黎庶昌刻台州大字本《荀子》，板心有蔣輝等名十八人。字仿歐體，想見當時雕鏤之精，不在北宋蜀刻之下。使其居官能飭簠簋，亦豈非當時之賢士哉。

葉德輝《書林清話》卷六《宋刻書之牌記》 宋人刻書，於書之首尾或序後、目録後，往往刻一墨圖記及牌記。其牌記亦謂之墨圍，以其外墨闌環之也。又謂之碑牌，以其形式如碑也。元明以後，書坊刻書多效之，其文有詳有略。詳者，如宋刊《春秋經傳集解》三十卷，卷末有墨圍識語八行云：「謹依監本寫作大字，附以釋文，三復校正刊行，如履通衢，了亡室『室』當爲『窒』之訛。礙處，誠可嘉矣。兼列圖表如卷首，迹夫唐、虞、三代之本末源流，雖千載之久，豁然如一日矣，其明經之指南歟。以是衍傳，願垂清鑒。淳熙柔兆涒灘中夏初吉，閩山阮仲猷種德堂刊。」按：「柔兆涒灘」爲丙申，孝宗淳熙三年。見《楊譜》、《繆續記》。一、宋刊《東萊先生詩律武庫》三十卷，前集有碑牌四行云：「今得吕氏家塾手校《武庫》一帙，用是爲詩戰之具，固可以掃千軍而降勍敵。不欲祕藏，刻梓以原空諸天下。收書君子，伏乞詳鑒。謹咨。」見《黄記》、《陸志》。一、宋刊本《後漢書》一百二十卷，目録後有木記云：「本家今將《前》《後漢書》精加校證，並寫作大字，鋟版刊行，的無差錯。收書英傑，伏望炳察。錢唐王叔遠謹咨。」見《楊録》。一、宋刊本《類編增廣黄先生大全文集》五十卷，目録後有碑牌云：「麻沙鎮水南劉仲吉宅，近求到《類編增廣黄先生大全文集》五十卷，比之先印行者增三分之一。不欲私藏，庸鑱木以廣其傳，幸學士詳鑒焉。乾道端午識。」見《楊録》。一、宋麻沙本《纂圖互注揚子法言》十卷，後有木記云：「本宅今將監本《四子》纂圖互注附入重言重意，精加校正，兹無訛謬，謄作大字刊行。務令學者得以參考，互相發明，誠爲益之大也。建安下空三字謹咨。」見《陸續跋》、《陸志》、《瞿目》。並云元刊本，《陸志》脱謹咨二字。按此宋季麻沙坊本，建安下脱刻人姓名，因版轉鬻他人，故爾剜去。《四庫存目》子部雜家《纂圖互注五子》，亦云宋刊本。此皆文之詳者也。略者，如宋刊本《新編近時十便良方》十卷，末有墨圖記云：「萬卷堂作十三行大字刊行，庶便檢用，請詳鑒。」見《瞿目》。宋刊殘本。宋建安魏仲立刻《新唐書》二百五十卷，目後有牌記云：「建安魏仲立宅刊行，士大夫幸詳察之。」見《繆記》。此文之至簡者，然未若蔡琪刻《後漢書》一百二十卷，目録後有碑牌云：「時嘉定戊辰季春既望，蔡琪純父謹咨。」見《黄書録》。其牌記不言事實，但紀年月，而亦曰謹咨，則誠不知其取義。大抵此類木記牌識，見於坊肆刻本爲多。其近於官刻者，有宋刊本胡致堂先生《讀史管見》八十卷，目後刻有長木記四行云：「旹淳熙壬寅中夏既望，刊修於州治之中和堂。奉議郎簽書平海軍節度判官廳公事兼南外宗正簿賜緋魚袋胡大正謹識。」見《陸志》。此亦僅記刻書年月姓名之例而識之，與「咨」義正不同。然則蔡琪刻《兩漢書》，僅記年月姓名而亦曰「咨」者，偶爾效顰，未之深考耳。以後元明坊刻，見於各家目録題跋者，大要不出此詳略二牌。今但舉宋刻爲例，餘皆不具録焉。

《清高宗實録》卷七〇乾隆三年六月 辛卯，諭：從前奉世宗憲皇帝諭旨，將聖祖仁皇帝御刊經史諸書，頒發各省布政司敬謹刊刻，准人刷印，並聽坊間刷賣，原欲士子人人誦習，以廣教澤也。近聞書板收貯藩庫，士子及坊間刷印者甚少，著各撫藩留心辦理，將書板重加修整，俾士民等易於刷印。有願翻刻者，聽其自便，毋庸禁止。如御纂諸書內，有爲士人所宜誦習，而未經頒發者，著該督撫奏請頒發，刊板流布。至於武英殿、翰林院、國子監，皆有存貯書板，亦應聽人刷印。並從前内府所有各書，如滿漢官員有願購覓誦覽者，概准刷印。其如何辦理之處，著禮部會同各該處，定議請旨，曉諭遵行。尋議：將刷印各書所需紙墨工價銀兩，逐部核定，凡滿漢官員有願購誦者，令其在各衙門具呈，自備價值，概准刷印。有情願捐俸若干，刷印書籍若干部者，由該旗衙門查明，移咨武英殿各衙門，照數給發書籍，行文户部，扣俸還項。並將武英殿各種書籍，交於崇文門監督，存貯書局，准令士子購覓。從之。

吕撫《精訂綱鑑廿一史通俗衍義・凡例》 一、是書欲廣其傳，不禁翻板。第無數載苦心，原非爲利。如有易名，及去名翻板，又或翻板而將本朝之事跡得之傳聞，妄意增添者，雖千里必究。

康有爲《康有爲全集》第二集《上海强學會章程》 一、本會專爲中國自强而立。以中國之弱，由於學之不講，教之未修，故政法不舉。今者鑒萬國强盛弱亡之故，以求中國自强之學。總會立於上海，以接京師，次及於各直省。

一、今日學校頹廢，士無術學，只課利禄之業，問考文史，不周世用。又士皆散處，聲氣不通，講習無自，既違敬業樂群之義，又失會友輔仁之旨。西國每講一種學術，必有專會，會中無書不備，無器不儲，即僻居散處，亦得購書閲報以廣觀摩。故士有專業而才日以成，國資其用而勢日以盛。今設此會，聚天下之圖書器物，集天下之心思耳目，略仿古者學校之規，及各家專門之法，以廣見聞而開風氣，上以廣先聖孔子之教，下以成國家有用之才。最要者四事，條列於下，其局章附焉。

一、譯印圖書。道莫患於塞，莫善於通。互市者，通商以濟有無；互譯者，通士以廣問學。嘗考講求西學之法，以譯書爲第一義。蓋以中國人而講西文，不過通酬酢語言，只能譯書札尺牘，其能讀朝章國律者已少，至各學專門之書，各具深微之理，即其字義，各有專門，不盡相通。彼方士人不入此門者，亦不識其字，此固非游歷洋差人所能解，亦非同文方言譯生所能知。即有一二專門之士，無以發天下之學者，其爲益甚鮮。欲令天下士人皆通西學，莫若譯成中文之書，俾中國百萬學人，人人能解，成才自衆，然後可給國家之用。今西學堂知課語言文字，而寡及譯書，惟聖祖仁皇帝御纂《性理精藴》，潤色西算，嘉惠士林。高宗純皇帝欽定《四庫提要》，凡自明以來所譯西書，並許著録。曾文正公開製造局，以譯書爲根，得其本矣。今此各會先辦譯書，首譯各國各報，以爲日報取資；次譯章程、條教、律例、條約、公法、目録、招牌等書，然後及地圖暨各種學術之書，隨譯隨刊，並登日報，或分地，或分事，或分類，或編表，分之爲散報，合之爲宏編，以資講求而廣聞見，並設譯學堂，專任此事。

一、刊布報紙。陳文恭公勸士閲邸報以知時務，林文忠公常譯《澳門月報》，閲報以覘敵情。近來津、滬各報，取便雅俗，語涉繁蕪；官譯新聞紙，外間未易購求。今之刊報，專録中國時務，兼譯外洋新聞，凡於學術治術有關切要者，巨細畢登，會中事務附焉。其邸鈔全分，各處各種中文報紙，各處新事，各人議論，并存鈔以廣學識，各局互相鈔寄。【略】

右四條，皆本會開辦，視款多寡，陸續推行，各有詳細章程，別行刊布。【略】

一、凡捐助百兩以上者，每譯印成書，各送一部；五十兩以上者，譯印之書，但收成本；三十兩以上者，取譯印之書，減價一成；自十兩以上，報紙皆減二成，並刊名報上。其有捐助千金者，永準其送一人入學堂肄業，由會中支給。

光緒二十二年《時務報》第一册鄒代鈞《譯印西文地圖公會章程》 蒙所見華文地球各國輿圖有《瀛寰志略》本，《海國圖志》本，製造局《地球圖》本，皆照西人原圖譯出，然展轉繪刻，不無差移；且分率過小，山川形勢僅得彷彿。近日坊間所印《萬國輿圖》及《中外地輿圖説》，尤爲疏陋，蓋書賈射利之作，不足責也。蒙昔年隨使英法，購得德意志人所作圖本，方尺之幅百紙，精絶冠泰西，於天下各國皆備，惟歐洲各國則甚詳，餘尚嫌略。乃悉意搜單行之幅，得俄人所作中亞西亞、西比利亞二圖，英人所作印度、緬甸、暹羅及北亞美利加、南阿非利加等圖，法人所作越南圖，德人所作南洋羣島圖、阿非利加洲圖，均稱精詳，足補圖本之缺。兹不揣固陋，擬以圖本爲底稿，其略者則增入。各單幅盡行譯繪，付之石印。比例略歸一律，以中尺二寸爲一度，合一百八十萬分地周之一。阿非利加、南亞美利加，地多荒漠，西人所作圖亦不甚詳，擬用中尺一寸爲一度，合三百六十萬分地周之一。以京師中綫爲起數，市鎮滿五百人者載之。險惡均載。約南北一尺，東西一尺四寸之幅，四百餘紙。又内地直省地圖，擬用胡文忠《全圖》爲底本，而以本公會所藏近今中外測定各種新圖，如江蘇書局本《江寧江蘇兩藩司地圖》，同治五年刊本《廣東地圖》，《湖南通志》本《湖南地圖》，《江西通志》本《江西地圖》，浙江新測《會典》本《浙江地圖》，湖北新測《會典》本《湖北地圖》《會典》本地圖現惟浙江、湖北印出。光緒十六年本《三省黄河圖》，德意志人所作直隸、盛京、山東、山西、河南、陝西六省地圖，英吉利海部本盛京、直隸、浙江、福建、廣東七省圖，又長江、白河、江西等圖參訂胡圖，誤者改之，略者增之。並不惜重貲，託友人於京師將各省業經咨呈會典館圖稿，摹繪一分，以資參訂。分省爲圖，其分率較外國圖大倍之，以四寸爲一度，幅數殆二百紙，合計六百幅。於天下山川險要，道路遠近，海口形勢，可一覽無餘，似爲當今切要。惟工程浩大，需費頗鉅，非一人之力所能辦。謹將圖目並招股章程列後，凡我同志，幸爲將伯之助。

一、圖目。《大地平方總圖》一幅　《亞西亞洲總圖》一幅　東三省、蒙古、新疆兼俄羅斯亞洲地圖百幅內輿地圖本應遵《會典》本繪印，惟東三省、蒙古、新疆、西藏等地，均經西人游歷，繪有善圖，且與俄、英地交界，先據西人譯繪。并與俄、英地聯幅，以爲談界務者之助；俟《會典》本出，再與直省比例同繪，似不厭其複也。　西藏兼印度圖三十二幅　暹羅圖四幅馬來隅在內。　越南圖二幅　緬甸圖二幅　高麗圖二幅　日本圖四幅南北各小島在內。　南洋羣島圖五十幅凡沿海地及島圖均照海圖譯繪，詳海水深淺并行船海道。　土耳其亞洲地圖四幅　阿剌伯圖四幅以上亞洲二百一十一幅。　歐羅巴洲總圖一幅　德意志圖四幅　瑞士圖一幅　奥斯馬加圖四幅　意大利圖二幅　法蘭西圖四幅　西班牙、葡萄牙圖四幅　荷蘭、比利士圖一幅　丹麥圖一幅　英吉利圖三幅　俄羅斯、瑞典、挪瓦圖二十四幅　土耳其圖四幅　希臘圖一幅以上歐洲五十四幅。　北亞美利加洲總圖一幅　加拿他圖四幅加拿他西境荒漠特甚，英人所作圖亦不能詳；東境魁北克、安剔衣鳌阿二部及紐芬蘭等島，英人建置頗多。兹圖四幅，僅以二分寸之一爲一度，蓋就西境而作；東境另作三幅，仍以二寸爲一度，可詳者則詳之。　加拿他分圖三幅即上所言魁北克、安剔依鳌阿及紐芬蘭等海島之圖也。　米利堅圖二十四幅　墨西哥圖十六幅　中美洲五國、西印度羣島圖十八幅　南美洲總圖一幅　南美洲分圖二十四幅底本分率不甚大，此以一寸爲一度。以上美洲九十一幅。　阿非利加洲總圖一幅　阿非利加洲分圖三十幅底本分率不甚大，爲德人所作，約十分寸之八爲一度，實宇宙間最詳之本，此稍加拓，以一寸爲一度。以上阿洲三十一幅。　澳斯大利亞島總圖一幅　澳斯大利亞分圖七幅以一寸爲一度。爲澳島東南各部及新西蘭各島業開闢之地。以上澳島圖八幅。　印度洋島圖二幅以一幅繪全洋，俾得知各島相距、方向遠近；以一幅繪各島，分率稍加大，每島作一小圖，排列爲之，各島之相距、方向遠近不計也，但明一島之形勢、海口，凡海多島少者做此。　太平洋島圖三幅　大西洋島圖三幅　地中海島圖二幅　北極下地圖一幅　南極下地圖一幅兩極下地皆歐洲人歷年覓得者，多無所屬，圖之以見兩極下形勢。　共圖四百十幅凡總圖及印度洋以後各圖，分率均小，不注各圖，以二寸爲一度者，蓋通例亦不注，餘分注之。

直隸地圖十七幅　盛京地圖十一幅　江蘇地圖七幅　安徽地圖八幅　江西地圖十幅　浙江地圖七幅　福建地圖七幅　湖北地圖十一幅　湖南地圖十三幅　河南地圖十二幅　山東地圖十二幅　山西地圖十二幅　陝西地圖十五幅　甘肅地圖十九幅　四川地圖三十幅　廣東地圖十七幅　廣西地圖十五幅

雲南地圖二十四幅　貴州地圖十三幅都爲二百六十幅。

一、每圖一幅，東西一尺四寸，南北一尺，積一百四十方寸。全圖六百幅，計八萬四千方寸。現擬以十人開繪，每人每日能成六方寸，須起稿一次，或放、或縮；或纂繪一次，寫繪均求精好，故每人每日不能多繪。每日得六十方寸，約需時五年，方成全圖。

一、全圖告成，計日頗久，若俟底本盡出，始行開印，則不特同人殷盼，即海內留心時務者，亦翹企爲勞。今擬分三次出圖：初次成東三省、蒙古、新疆兼俄羅斯亞洲地圖百幅，並大地總圖一幅。需時一年；二次成內地直省各圖二百六十幅，需時一年半；三次成亞洲之二百一十一幅，歐洲之五十四幅，阿洲之三十一幅，澳島之八幅，美洲之九十一幅，各海洋及兩極下之十二幅，需時二年。按次逐印，裝潢精美；分之則各自爲册，合之則成全部。

一、全圖篇幅既多，爲工亦巨；次紙料之費；擬用西人印圖紙，價頗昂；蓋紙質堅密，便於石印，且裝訂時不待裱襯。再次則印工。照尋常印書價倍之。　計譯音、地名字數有甚繁者，入圖占紙位頗多，今擬用字畫少而合音者爲地名，庶寫者易於明白；但地名之字不能盡與前人已譯者合，擬再編地理志，附圖而行，於每地之下，則詳注某書爲某名，並注其地距國都之方向遠近，及本圖之經緯度分，今繪圖但取其易寫而已，惟前後互見者必歸一律，繪圖、山作平視形；水有分率者雙綫，無分率者單綫，未經測準者虛綫；鐵路雙綫而間以黑點，大路雙綫，小路單綫；海口詳淺深；通都大邑繪真形；餘計人數多少爲單雙綫圈及墨點；停泊輪船之處及鐙塔均爲識。　圖例另紙詳繪，此舉大略而已。　寫楷、字不宜過小，以石印能顯明爲度，當先繪數幅試印，取其合者爲準，校勘，置備儀器格紙、租賃房屋等項，自開工日起至底本告成日止，約費洋二萬一千五百元；印工、紙料、裝潢等費約千份，需洋九千六百元；全圖千份需實本洋三萬一千一百元。

一、有益於國有裨於學者，西人爲之無不衆志成城，一唱百和，故無難舉之事，無不興之業。今爲此圖，必須借重同人，擬招股四百分，每分五十元，可得二萬元，以爲開印之資。所有股分亦按次收價。計每次每股先收英洋二十五元，第一次出圖收洋二十元，第二次出圖收洋五元。

一、股票於初次期内入者，每股五十元，按次收回全圖；於第二次期内入者，每股五十六元，分兩次收回二次三次之圖；其初次之圖俟五年後重印補給。

一、售價：初次所成百幅，每份價十三元五角，全圖每份八十一元；如千份售完，除清還本利及重印補給二次股份外，所存之款，以之重印原圖。如各國疆界建置有改變，山川有新測者，即購新圖重譯，更正底本，并與泰西地理公會訂約，互相考究。凡中外新出輿地圖書必購存之，應譯刊者即譯刊。以行名存款曰輿地社款。天下有志輿地學者，均可入社共相切磋。除辦事人照章支薪外，講學之人均須自備資斧，此款永無入私囊之日，用以購刊圖書，推廣此學。社章别議。

右七條祇就淺見所及者言之，如有未洽，尚望同志君子斟酌示我。鄙人懷此久矣，未能即行，適達縣吴筱邨孝廉德潚、義寧陳伯嚴吏部三立、錢塘汪穰卿進士康年三君子極力慫恿，爲設法招股以期必成；三君子又引華陽王雪城觀察秉恩、滿洲志仲魯觀察志鈞爲之助，藉諸君之力，使六百幅地圖盡出，亦古今一大觀也。新化鄒代鈞識。

本會現由上海時務報館兼辦，凡欲購股票者請向時務報館掛號。地圖公會啓

《湘學報》第二十一册《譯書公會章程》一、本公會之設，以采譯泰西東切用書籍爲宗旨。考各國書籍，浩如烟海，中國從前所譯各書，僅等九牛一毛；兹已向倫敦、巴黎各大書肆，多購近時切要之書，精延繙譯高手，凡有關政治、學校、律例、天文、輿地、光化、電汽諸學，礦務、商務、農學、軍制者，次第譯成，以饜海内同志先睹爲快之意。至日本爲同文之國，所譯西籍最多，以和文化中文取徑較易，本會尤爲此兢兢焉。

一、本會集股廿份，每股規元銀五百兩，官利暫提周年六厘，三年後，將所獲贏餘按股均分。

一、會中延聘總理一人，協理一人，英文繙譯三人，法文繙譯二人，德、俄、日本文繙譯各一人，西文總校一人，邃於英法文字者。中文總校一人，覆校一人，初校三人，寫字四人。

一、譯書之法，凡繙譯能中西並通者，則親自涉筆，否則一人口授，一人筆述後，仍互相勘校，務與原書語氣不差纍黍，事蹟不少增損，方爲定本，原書具在，海内通人仍可覆核，而知本公會煞費經營之苦心。

一、所譯各書略仿拋而毛而藏書報之例，每一星期將譯成之書彙訂成册，以三十頁爲率，用三號鉛字精印，俾各自爲卷，以便拆訂。

一、泰西新政史策等書，大都薈輯時報而成，兹擇西報之最要者，如英《泰晤士》、《律例報》，法《勒當報》，德《東方報》，法《國政報》五種，纈其菁英，汰其鄙委，譯附書籍之後，以備留心時務者流覽。俟歲星一周，即將以上各報，考核同異，訂爲《西曆繫年録》，另行發售。

一、中國已譯各書，如兵法、軍械、格致、製造、算數、化學、礦質、醫理等書，已粗具崖略；若各國刑律，僅見《法國律例》一書，未臻詳備；他如各國條約及職官表、度量權衡考，尤所罕見，本會當求善本，一一詳譯刊行。

一、江浙商務出口之貨，以絲繭爲大宗，近年華商所耗，苦累已極，日本蠶務蒸蒸日上，由其加意考核廣譯西書也。今本會廣譯東方蠶桑各書，并刊簡明善本，繪圖列説，遍饗村農，或亦中國收回權利之一助云爾。

一、本會意在挽回風氣，富國保民，而願大力棉，時虞絶臏，如荷當代鉅公鑒此微忱，慨輸廉俸，用相引掖，俾底於成，本會當書立尊銜於報端，以申感激；所有譯出各書，當照送一部，藉酬盛意。

附録：現譯各書目

法文《五洲通志》、《東游隨筆》

英文《交涉紀事本末》、《中日搆兵紀》、《拿破侖失國記》、《威靈吞大事記》、《英歲政比較》、《五洲輿地圖考》、《西事紀原》、《泰西志林》

續譯各書目已購未來者

法文《歐洲今世史》、《國政制度字典》、《拿破侖任總統及得國記》、《俄帝王本紀》、《現今武備》、《英政府議院制》、《輿地史大事記》、《歐洲通制》

英文《歐洲人物志》

東文《日新叢書》共七册、《歐洲新政史》、《慶長以來名人著述書目》和學家、《慶長以來名人著述書目》漢學家

按此公會，均由董君康、趙君元益主持，集資萬金，在上海新馬路開設。先

是，趙君擬譯法文《地圖史事》一大册，正擬集款興辦，適董君集成此會，遂與合辦。有吴君挹清精於法文，由歐西回，應廖穀帥之聘，公事餘暇，尚可譯書，遂與訂明在杭譯書，分期寄交公會刊印。近來中國所刊之書，多爲初學而設，得此公會以輔助不及，獲益良非淺鮮。若各省仿而行之，中國自强之基，捷如影響，本會實有厚望於諸君子焉。

梁啓超《飲冰室文集》之一《西學書目表序例》 余既爲《西書提要》缺醫學、兵政兩門未成，而門人陳高第、梁作霖、家弟啓勳以書問應讀之西書及其讀法先後之序，乃爲表四卷，札記一卷示之，媵之以敘曰：大哉，聖人之道！孔子適周，求得百二十國寶書。聖祖仁皇帝御纂《數理精蘊》，潤色西算，弁諸卷首。高宗純皇帝欽定《四庫總目》，凡譯出西書，悉予著録。先聖後聖，其事不同，其揆若一。嗚呼！溥博宏遠，蔑以加矣。海禁既開，外侮日亟。曾文正開府江南，創製造局，首以譯西書爲第一義。數年之間，成者百種，而同時同文館及西士之設教會於中國者，相繼譯録，至今二十餘年，可讀之書略三百種。昔紀文達之撰提要，謂《職方外紀》、《坤輿圖説》等書，爲依仿中國鄒衍之説，夸飾變幻，不可究詰。阮文達之作《疇人傳》，謂第谷天學，上下易位，動静倒置，離經畔道，不可爲訓。今夫五洲萬國之名，太陽地球之位，西人五尺童子，皆能知之。若兩公固近今之通人也，而其智反出西人學童之下。何也？則書之備與不備也。大凡含生之倫，愈愚獷者其腦氣筋愈粗，其所知之事愈簡；愈文明者，其腦氣筋愈細，其所知之事愈繁。禽獸所知最簡，故虎豹雖猛人能檻之；野人所知亦簡，故苗、黎、番、回雖悍，人能制之。智愚之分，强弱之原也。今以西人聲、光、化、電、農、礦、工、商諸學與吾中國考據詞章帖括家言相較，其所知之簡與繁相去幾何矣。兵志曰：「知彼知己，百戰百勝。」人方日日營伺吾側，纖細曲折，虚實畢見，而我猶梏然自大，偃然高卧，非直不能知敵，亦且昧於自知，坐見侵陵，固其宜也。故國家欲自强，以多譯西書爲本；學者欲自立，以多讀西書爲功。此三百種者，擇其精要而讀之，於世界蕃變之迹，國土遷異之原，可以粗有所聞矣。抑吾聞英倫大書樓所藏書凡八萬種有奇，今之所譯，直九牛之一毛耳。西國一切條教號令，備哉粲爛，實爲致治之本，富强之由，今之譯出者何寥寥也？彼中藝術，日出日新，愈變愈上，新者一出，舊者盡廢。今之各書譯成，率在二十年前，彼人視之，已爲陳言矣。而以語吾之所謂學士大夫者，方且詫爲未見，或乃瞠目變色如不欲信。嗚呼！豈人之度量相越遠邪？抑導之未得其道也？

一、譯出各書，都爲三類：一曰學，二曰政，三曰教。今除教類之書不録外，自餘諸書分爲三卷：上卷爲西學諸書，其目曰算學、曰重學、曰電學、曰化學、曰聲學、曰光學、曰汽學、曰天學、曰地學、曰全體學、曰動植物學、曰醫學、曰圖學；中卷爲西政諸書，其目曰史志、曰官制、曰學制、曰法律、曰農政、曰礦政、曰工政、曰商政、曰兵政、曰船政；下卷爲雜類之書，其目曰游記、曰報章、曰格致，總曰西人議論之書，曰無可歸類之書。

一、明季、國初，利、艾、南、湯諸君，以明曆見擢用，其所著書見於《天學彙函》、《新法算書》者百數十種。又製造局、益智書會等處譯印未成之書百餘種。通商以來，中國人著書言外事其切實可讀者亦略有數十種。掇拾薈萃，名爲附卷。

一、西學各書，分類最難。凡一切政皆出於學，則政與學不能分；非通羣學不能成一學，非合庶政不能舉一政，則某學某政之各門不能分。今取便學者，强爲區別，其有一書可歸兩類者，則因其所重。如《行軍測繪》，不入兵政，而入圖學。《御風要術》，不入天學，而入船政。《化學衛生論》不入化學，而入醫學是也。又如《電氣鍍金》、《電氣鍍鎳》等書，原可以入電學；《脱影奇觀》、《色相留真》、《照像略法》等書，原可以入光學；《汽機發軔》、《汽機必以》、《汽機新制》等書，原可以入汽學，今皆以入工藝者，因工藝之書，無不推本於格致，不能盡取而各還其類也。又如《金石識别》，似宜歸礦學類，又似宜歸地學類，而皆有不安，故歸之化學。《海道圖説》，似宜歸地學類，又似宜歸海軍類，而皆有不安，故歸之船政。此等門目，亦頗費參量。然究不能免牽强之誚，顧自《七略》、《七録》以至《四庫總目》，其門類之分合，歸部之異同，通人猶或訾之，聚訟至今，未有善法，此事之難久矣。海内君子惠而教之，爲幸何如。【略】

一、收藏家最講善本，故各家書目於某朝某地刻本至爲斷斷。今所列皆新書，極少别本，仍詳列之者，不過取便購讀，與昔人用意微殊。其云在某某書中者，無單行本也。其云《格致彙編》本、《萬國公報》本、《時務報》本，其下不注本數價值者，亦無單行本也。

一、古書用卷子本，故標卷數。後世裝潢既異，而猶襲其名，甚無謂也。故今概標本數，不標卷數。

一、目録家皆不著價值，蓋所重在收藏，無須乎此。今取便購讀，故從各省官書局之例，詳列價值，其標若干兩、若干錢者，銀價也；其標若干千、若干百者，制錢價也；其標若干元、若干角者，洋銀價也。製造局、同文館、天津學堂之書，概據原單。其家刻本乃西士自印本，據格致書室單。

一、表下加識語，表上加圈識，皆爲學者購讀而設，體例不能雅馴，所不計也。惜所識太略，又學識淺陋，未必得當耳。世之君子，尚救正之。

一、附卷所載通商以前之西書，多言天算、言教兩門，今除言教之書不著録外，自餘諸書不能以類別，故以著書人爲別。

一、附卷所載中國人言西學之書，搜羅殊隘，其海內通人或有書成而未刻，刻成而鄙人未及見者，當復不少。管窺蠡測，知其孤陋。若夫坊間通行之本，有裨販前人，割裂原籍以成書者，乃市儈射利之所爲，方聞之士所不屑道，概不著録，以示謹嚴，非罣漏也。

一、中國人言西學之書，以游記爲最多，其餘各種亦不能以類別，今用內典言人非人，化學家言金非金之例，區爲游記類、非游記類二門。

梁啓超《飲冰室文集》之二《大同譯書局敍例》　譯書真今日之急圖哉。天下識時之士，日日論變法，然欲變士，而學堂功課之書靡得而讀焉；欲變農，而農政之書靡得而讀焉；欲變工，而工藝之書靡得而讀焉；欲變商，而商務之書靡得而讀焉；欲變官，而官制之書靡得而讀焉；欲變兵，而兵謀之書靡得而讀焉；欲變總綱，而憲法之書靡得而讀焉；欲變分目，而章程之書靡得而讀焉。今夫瞽者雖不忘視，跛者雖不忘履，其去視履固已遠矣，雖欲變之？孰從而變之？無已，則舉一國之才智，而學西文，讀西籍，則其事又迂遠，恐有所不能待。即學矣，未必其即可用，而其勢又不能舉一國之才智而盡出於此一途也。故及今不速譯書，則所謂變法者，盡成空言，而國家將不能收一法之效。雖然，官譯之書，若京師同文館、天津水師學堂、上海製造局始事迄今，垂三十年，而譯成之書，不過百種，近且悉輟業矣。然則以此事望之官局，再自今以往，越三十年，得書可二百種，一切所謂學書、農書、工書、商書、兵書、憲法書、章程書者，猶是萬不備一，而大事之去固已久矣。是以憤懣，聯合同志，創爲此局，以東文爲主，而輔以西文；以政學爲先，而次以藝學。至舊譯希見之本，邦人新著之書，其有精言，悉在采納。或編爲叢刻，以便購讀；或分卷單行，以廣流傳。將以洗空言之誚，增實學之用，助有司之不逮，救燃眉之急難，其或憂天下者之所樂聞也。

一、本局首譯各國變法之事，及將變未變之際一切情形之書，以備今日取法。譯學堂各種功課，以便誦讀。譯憲法書，以明立國之本。譯章程書，以資辦事之用。譯商務書，以興中國商學，挽回利權。大約所譯先此數類，自餘各門，隨時間譯一二，種部繁多，無事枚舉。其農書則有農學會專譯，醫書則有醫學會專譯，兵書則各省官局尚時有續譯者，故暫緩焉。

一、舊譯之書，或有成而未刻，刻而已佚者，隨時搜取印布，或編爲叢書，以便新學購讀。

一、中國人所著或編輯之書，有與政教藝學相關、切實有用者，皆隨時印布。

一、海內名宿，有自譯自著自輯之書，願託本局代印者，皆可承印。或以金錢奉酬，或印成後以書奉酬，皆可隨時商訂，同志之士，想不吝見教。

一、本局所印各書，行款裝潢，悉同一式。散之則爲單行本，合之則爲叢書，收藏之家，至爲便益。

一、本局係集股所立，不募捐款，印出各書，譯費印費，所糜甚鉅。已在上海道署存案，翻印射利者究治。

同文書局《股印古今圖書集成啓》　書籍之興，由來已久。唐宋以降，類書漸行，宋太宗首詔羣臣搜羅典籍，同時所纂如《太平御覽》、《册府元龜》、《文苑英華》三書，各盈千卷，藝林傳爲佳話，然於掌故、詞章，各從一類，弗能兼也。明成祖則有《永樂大典》之舉，本末兼賅，事物畢備，惟是體例蕪雜，卷帙浩繁，終明之世，未嘗頒行。若我聖祖仁皇帝欽定《古今圖書集成》，凡爲卷一萬，爲册五千零二十，爲案四十二萬六千三百零四，爲典三十有二，分部六千一百零九，爲圖八千零四十一，經兩朝聖主之心傳，彙千百文臣所手録，洵千秋之至寶，亦六合之奇觀矣。恭聞是書初成，以活字銅版排印不踰百部，當時惟親王大臣及總裁是書者各賜一部，餘皆藏之內府；其後乾隆中葉，詔於揚州、鎮江、杭州三閣，各以一部分貯，又海內之獻書較多者范氏、鮑氏、汪氏、馬氏四家，亦各賜一部，他無聞矣。兵燹以來，四家之書半多散佚，而三閣所藏則蕩然無一存者，由是士林之欲見是書也難矣。本局現以萬餘金購得白紙者一部，用以縮印；又以六千金購得竹紙者一部，用以備校，約兩年爲期，其工可竣。去年曾經啓知，以招印一千五百股爲額，並呈書樣四式，嗣蒙諸大雅示復，皆以字大行疏，每部三百六十兩者爲最，本局謹遵衆論，即照三百六十兩樣本開辦。凡來認股者，先交半價銀一百八十兩爲定，一俟目録告成之日，再登《申報》通知在股諸君來取目録，即將所餘半價繳足，本局並發分次取書單三十二紙，以後各典續出，隨出隨取，俾臻兩便。目前股份尚未足數，如欲購是書者，尚祈及早惠臨，庶幾股額早滿，蕆事亦速，是所厚望焉。

同文書局《股印二十四史啓》　自汲古閣有《十七史》之刻，後世據爲善本，然於《南》、《北》二史、《舊唐書》、《舊五代史》、《遼》、《金》二史，付之闕如。而國朝所修《明史》，卷帙繁富，外間向無單行本，大率以横雲山人《明史稿》備數，故欲窺全史者非殿版不可；而殿版又非乾隆初印不可，蓋重修晚出之本，往往漸失其真，不足貴也。道光以前，累世承平，人文蔚起，通都大邑，必有庋藏全史，以備大雅觀摩者；兵燹而後，斯文浩劫，志學之士欲求全史而讀之，蓋有登天之難焉。本局現以二千八百五十金購得乾隆初印開化紙全史一部，計七百十一本，不敢私爲己有，願與同好共之，擬用石印，較原版略縮，本數則仍其舊。如有願得是書者，預交英洋壹百元，掣取收條，並分次取書單念四紙，各史隨出隨取，兩得其便。現經添設汽爐，日不停晷，較諸人力尤爲敏捷。《陳書》、《史記》、《前漢》等書既已告成，《後漢書》及《三國志》俱可計日而就。目前股份尚未足數，欲購者請早來局認取股單；若俟各史迭出，股額足數，即行截止矣。此啓。

《申報》同治壬申三月二十三日《本館條例》　啟者：新聞紙之設，原欲以闢新奇、廣聞覩，冀流布四方者也。使不事遐搜博采以擴我見聞，復何資兼聽並觀以傳其新異，是不可徒拘拘于一鄉一邑也。兹本館特將條例開列于左，如貴客願賜教，或樂觀者，祈惠顧一切爲幸。

一、本新報議價：于上海各店零賣每張取錢八文。各遠處發賣每張取錢十文。本館躉賣每張取錢六文。

一、如有騷人韵士有願以短什長篇惠教者，如天下各名區竹枝詞及長歌紀事之類，概不取值。

一、如有名言讜論實有係乎國計民生、地利水源之類者，上關皇朝經濟之需，下知小民稼穡之苦，附登斯報，概不取酬。

一、如有招貼、告白、貨物、船隻、經紀、行情等欵，願刊入本館新報者，以五十字爲式，買一天者取刊費二百五十文，倘字數多者，每加十字照加錢五十文。買二天者取錢一百五十文，字數多者每加十字照加錢三十文起算。如有願買三四天者，該價與第二天同。

一、如有西人告白欲附刻本館新報中者，每五十字取洋壹元。倘五十字之外欲再添字數，每一字加洋一分，並先收刊費。此止論附刊一天之例。若欲買日子長久，本館新報限于篇幅，該價另議。如係西字，本館代譯亦可。

一、西人告白惟輪船開行日期及拍賣二欵，刻費照中國告白一例。倘係西字欲本館譯出者，第一天該價加中國刻費一半，並祈先惠。

一、蘇杭等處地方有欲刻告白者，即向該賣報店司事人説明某街坊某生理，並須作速寄來。該價另加一半爲賣報人飯費。

一、本館新聞開設伊始，今雇人分送各行號或沿街零買。如貴客欲看者，請向該送報人取閱，每張取錢八文。如有願買一月之新報者，先請向送報人注明入册，本館上期收一月之價，每張先取錢六文，餘二文爲送報人飯費，俟其于月底自取，以免逐日零星收錢之算。

一、本館之設新報，原冀流傳廣遠，故設法由信局帶往京都及各省銷售。貴信局如有每日躉買一二百張者，請先赴本館注明入册，以便逐日分送。本館議價每張六文，該價于月底算賬時再付。如各處不能銷售，俟月底仍將新報交回本館，不取價資。

一、貴客如有欲販至他處銷售，其價錢一切均與信局一式，請赴本館面議可也。

一、本館新報概係整賣，貴客如欲零買，請向送報各店自取，本館事繁不能兼顧也。以上各欵，本館經營伊始，條例未週，望四方君子賜教爲幸。

申報主人謹白。

《申報》同治壬申七月初七日《墨餘録原本》　上海毛對山大令所著《墨餘録》十六卷，鋟刻精工，紙張潔白。明窻凈几展玩，頗足怡神；酒後餘緒閲茶，亦堪適意。乃近閲翻板則錯落甚多，模糊可厭。欲尋原本，須看首頁有仿帖封面刻上海亦可居毛氏藏板，并有對山書屋硃印者方爲原本，蓋小東門内緑蔭堂書肆所藏也。入琅環之室者，尚其鑒之，而無爲麻沙本所悮哉！

七月初五日緑蔭堂告白。

《申報》同治壬申十一月二十日《書坊告白》　啟者：本堂發售新舊各種書籍，並代客刻印裝訂勸善書。凡仕商賜顧者，請移玉至望平街三馬路口本坊面議可也。

今將新刊袖珍並舊版大部書列左：

《御定分類字錦》〇《新刻通商税則》〇《袖珍小題靈秀集》〇新出陳鈞堂許

竹賢《袖珍時文》。　千頃堂啟。

《申報》同治壬申十二月初三日《書坊告白》　本堂今新刻袖珍小題《靈秀集》，又新出陳鈞堂、許竹賢《袖珍時文》出售。其價格外公道。倘貴客欲買閲者，請至三馬路望平街便是。　千頃堂啟。

《申報》同治壬申十二月初五日《外科全生集發售》　《外科全生集》一書，王洪緒先生原著。其書經兩次刊行，點畫精審，最爲善本。奈流傳未廣，觀者每以無從購覓爲悵。近坊間有袖珍小本之刻，則焉烏帝虎，既校對之未精，復板式之過狹。以之庋諸鄴架，殊不登大雅之品題；以之用作金針，更苦其訛文之錯謬。雖曰取携甚便，未免觀覽多艱。兹特參求善本，較正誤文，重刊行世。其讐校之精，紙墨之善，雖不及《武英殿聚珍板叢書》之盡美，而較之坊本當已遠過之矣。留心證治諸君子，自必家置一編以争先覩之爲快也。特其書刷印不多，欲取閲者，幸即來本館購買，深恐後來之不能遍及，反有孤賜教之盛心矣。特此佈聞。　本館謹啟。

《申報》同治壬申十二月初五日《代客印書》　本館可代客印書，即照字數定價，較之刻字費亦更廉，且板字極明，印刷又甚捷便。如各書鋪有賜顧者，請來面議可也。八月初九日。　本書館謹啟。

《申報》同治壬申十二月初六日　新鐫莫直夫先生法書《朱夫子家訓》今已告竣。此次加工刷印，字清墨潤，書法精妙，頗甚雅觀。諸翁喜懸者，可屬信局帶寄。科舉紙任阜長畫雲夔邊加硃絲每堂二百八十文。料半紙硃絲加色夔龍邊二百念文。硃夔龍一百八十文。硃絲一百四十文。代裱須定。蒙購十堂敬送陰隲文四幅。特此佈聞。　彭自省謹啟。

《申報》同治壬申十二月十三日《刊行〈瀛寰瑣紀〉自叙》　新聞紙之流布於寰區也，香港則間日呈奇，峙佳名於三秀；滬瀆則每晨抽秘，鬥彩筆於兩家。或著録應來復之期，教堂握槧；或成帙在合朔之候，京國傳書。凡此紀事而纂言，莫不標新而領異。議分鄉校，願考見夫濟世之經猷；源討楹書，願采輯夫證今之學問。下至方言里語，足備談諧；雜筆小詩，亦供嘔噱。奈日力之有限，致篇幅之無多。花類折枝，僅悦一時之目；玉非全璧，誰知千古之心。斷爛之朝録堪嗤，聞見之羼録難遍。用特勤加搜討，遍訪知交。積三十日之斷錦零縑，居然成幅；合四大洲之隋珠和璧，用示奇珍。擬爲《瀛寰瑣紀》一書，凡已登《申報》者不録，每月以朔日出書一卷，其價則每本八十文。若本館躉售則每本六十五

文。初印之時，以一千本爲率，如有各書坊定印，必當預先知會，臨時不能議添矣。備中朝之史料，名敢託夫稗官；廣異域之談資，陋不嫌夫蠻語。瑣聞兼述，用附搜神志怪之餘；碎事同登，不薄巷議街談之末。所願文壇健者、儒林丈人，惠贈瑶章，共襄盛舉。庶幾琳瑯日耀，如入寶山；梨棗風行，不慚詞苑。則本館有厚望焉。

同治十一年　月　日　本館告白。

《申報》同治癸酉二月廿四日《告白》　今有新刻《增補曾文正公文鈔》及婺源齊玉谿先生所著《見聞隨筆》。如蒙賜顧，請至上海新北門内北香花橋南堍醉六堂書坊發兑。

《申報》同治癸酉三月廿二日《徵刻時藝啟》　啟者：今歲爲癸酉科鄉試之期，本館特延請名人選刻時藝，以供學者揣摩。所選皆近時初出名作，一切陳文概不登入。惟慮所見不多，或形孤陋，尚希同志諸君匡其不逮。如有佳作，請惠寄來館。本館不揣固陋，謹當精加選擇，然後發刊，不取刻貲。想諸君子定不吝教也。　本館謹白。

《申報》同治癸酉三月三十日《募刻書本南藏啟》　書本《南藏》自前明達觀大師後三百年未有續刻。前因兵事乘除，東南法寶，大半灰燼。妙空等於大江南北募刻書藏，以便供奉流通。遵依《龍藏彙記》刻七千二百餘卷，雍正以後新出注解若果有可采，謹附於外，不列字號。奉請十方有志之士、有力之家，惠寄佳本，以資校對。吹噓功德，以結勝緣。使此善舉圓成，必有最勝果報。現在已刻者十分之一，在金陵及揚州之磚橋兩處流通者最多，如皋、常熟遠及武林亦各有誠信居士相助辦理。凡指刻何經及隨緣助刻者，各以所宜就近赴局，出錢之人所有心願詳列各經之後，以憑徵信。謹此奉白。　妙空啟。

《申報》同治癸酉閏六月初三日《本館告白》　本館所編輯之時藝，標名《文苑菁華》，現已陸續付刊四書文五百篇，計至七月朔旦可以蕆工。至發售各埠，則在江寧、杭州、武昌、福建四處。或自行派人代爲零賣，或躉買於各處書店。倘有某處諸書店合議匯買若干部者，其價可來面議，且在本館可立約。不在該書店發售省分，另行自賣也。其中制藝均皆名手所爲，會藝窻作以及院課季考之文，并各家選集，搜羅廣博，校勘精審。凡高古横逸諸作，不合近時眉樣者，概不入選。且于近時匯刻時文如《制義鎔裁》、《庸孟文椒》等集所已經傳播者，概不闌入云。先此布聞。

《申報》同治癸酉閏六月廿六日《新書出售》 啟者：吾蕭任渭長先生所繪《越中名賢像》，先大夫嘯篁公既爲之贊，並將原傳及《劍俠像傳》付梓刊行矣。現復印訂發售，《越賢》二本，需洋二元，《劍俠》一本，需洋一元。價到付書，帶資回給。特此佈聞。

庽蘇垣盤門浙紹會館王氏午琪告白。

再者，或向元妙觀前宮巷任阜長先生處購買亦可。

《申報》同治癸酉七月初七日《文苑菁華刷齊出售》 本館選刊《文苑菁華》，計四書文五百十篇，現已刷印齊全，可以出售矣。定價每部洋銀七角，本館躉買價洋六角。如有各書坊承賣者，可來館面議數目可也。特此佈聞。

《申報》同治癸酉十二月初六日《滬上文濟惜字局募啟》 蓋自結繩以書契，而字之濟世無窮，變楮墨以彫鐫，而文之濟人尤廣。天下皆賴文字之通濟，豈可不存敬惜之心。見滬上士商雲集一大都會，義學等項善舉頗多，苦無此承辦惜字專局。竊思聖人造字以便日用，凡在士商均宜敬惜。間有漁利之徒，販造還魂，其爲不敬惜也尤甚，例宜禁止。必須彙刻惜字專集行世，俾四民力行惜字，互相勸勉，廣爲流播，務期一體敬惜。於是本局設立義學，敬惜字紙，并收毀淫書，刊送《大清聖諭廣訓》并諸善書。今因板資工費浩大，奉勸滬上各舖户以及紳富士庶，破銀錢鈔，結文字緣，每月勸助隨愿。祈望各舖寶號，各宜踴躍，集腋成裘，功德無量。今將朔望收買章程價目開後：大本淫書每本計錢□文，中本淫書每本計錢七文，小詞每本計錢一文，破碎銅錢二錢換一，破碎碗字每十字計錢二文，筆杆字每枝計錢一文，傘柄字每杆計錢二文，燈籠殼每个計錢一文。本局擇本月初七日開刊大板《聖諭廣訓》，定明年二月間可以完工，印送各舖户。第二板開刊《惜字彙編》，分送行世。并知。

《申報》同治甲戌正月初八日《新到各貨出售》 啟者：本行今有新到各物，價亦格外公道。凡貴士商賜顧者，請至小行可也。計開：外國巧様水龍，大小皮管，印字機器架子，印字紙頭，機器風爐，各種菜子小人，新式各色要物。特此佈聞。

福利洋行告白。

《申報》同治甲戌正月廿八日《廣策學纂要》 一、是書凡宋元以來攷證家言，如《困學紀聞》之類，無不旁搜博采，提要鉤元，洵策學之大觀，藝林之寶笈也。

一、是書凡已見《策學纂要》、《廣治平畧》等書，概不再登，以免繁複。

一、是書分經史子集四門，又復類分子目，凡經解、史論、詩賦俱可采用。

一、是書以卷帙繁重，謹遵古香齋袖珍本式刊行，在都門琉璃廠書坊並蘇州、上海掃葉書坊發兑。是宜家置一編，列諸座右，以貲攷訂。古諷籀齋主人啟。

《申報》同治甲戌二月十五日《本館告白》 本館登刊告白，計第一日每字取錢五文，第二日至第七日每字取錢三文，七日之後每字取二文半。至算字數，先以五十字爲率，多則以十字遞加，倘登之日久，價亦一例。惟可間日刊登，按登日納價。以上皆生意賣買等事。如公司保險等事，第一日每字取洋五厘，二日以後取二厘半矣。中西一例無欺。謹此通知。特白。

《申報》同治甲戌九月二十七日《新印儒林外史出售》 本館新印《儒林外史》一書，裝成八本，校勘精工，擺刷細緻，實爲妙品。其書中描摹世態人情，無不窮形盡相，活現毫端。如鄉紳之習氣，衙署之情形，名士之陋，書生之獃，公子闊官之脾氣，娼伎幫閒之口吻，遊方把勢之身段，真屬鑄鼎象物，殊可噴飯解頤。尤妙在雅俗皆宜，有目共賞。乃因原板久燬，都中活字板印者訛字既多，板身復大，於榻畔燈前舟唇車腹中取閱殊覺不便。故特仿袖珍板式以便携帶，閱者諒之。○本館此書於十月初一日即禮拜一發售。計零賣每部價洋五角正。本埠由各送報人分賣，別埠亦屬經理申報人代賣。士商欲購者，請即知會各賣報人。再者，此書分寄各埠僅止印一千部，既爲聚珍板所印，亦已隨印隨拆，不能隨意再刷矣。故貴客欲買者，請即來購定可也。

本館告白。

《申報》同治甲戌十月二十日《西青散記印齊告白》 本館啟：本館現擺印《西青散記》一書，爲金壇史悟岡先生原本。書中寫山水之奇勝，叙鬼仙之縹緲，摹美人之情懷，澆名士之壘塊。筆墨艷異，詩詞幽秀。此書在乾隆時曾經傳播藝林，一時紙貴。第板片久失，書亦不傳，因特爲排印，以公同好。校對精詳，裝訂齊備。准于二十二日即禮拜二可以出書，計每部取回紙張工價洋二角正。幸諸君子早來賜顧可也。

《申報》光緒乙亥四月十七日《儒林外史出售》 《儒林外史》一書雖係小說，而詼諧之妙，叙述之工，實足別開蹊徑，宜爲海內仕商所賞鑑。本館前用活字版排印千部，曾不浹旬而便即銷罄，在後購閱者俱以來遲弗獲爲憾。是以近又詳加讐校，重印一千五百部。并附以上元金君跋語，俾共知作者之姓名，而并知書中所述之人亦皆歷歷可考，非同憑空臆造也。計此書仍訂爲八本，於月之十八日定能出售。每部仍收回紙價銀圓五角。如蒙賜閱，可向本館來購，或向賣申報人購取亦可。若外埠則均歸賣報者經手也。此佈。　本館告白。

《申報》光緒丙子正月初六日《發賣印書各器》　蓋舍舊謀新，人情之常，實循環之道也。夫西法印書，最爲時尚，既省料惜工，靈快捷速，價廉物美，奚啻倍蓰。今新法漸次通行，不數十年而刻板之舊製將無所用矣。兹本館與英國製造印字器具者恒有交易，凡欲取用新法，皆可代爲購辦，其機器、鉛字、大錘等物，并爲代購，油墨、鉛胚、小種鉛字並鉛邊胚子等物即向内隨要隨賣可也。　申報館内美查啓。

《申報》光緒丙子正月二十日《新印平浙紀畧出售》　啓者：本館前刊《吴中平寇記》，業已不脛而走。兹又印得《平浙紀畧》一書，計共四册，所有左伯相克復全浙情形，及各州縣鄉鎮被難景况，靡不臚列詳備，此實足爲一時之掌故也。計禮拜四即本月十六日當可出書，每部收回紙價工銀三角。如蒙賜購，請來本館或向賣申報者買取均可。若外埠則統歸賣報者經手也。此布。

《申報》光緒丙子正月念七日《代印書籍》　啓者：本館承辦代印各書，其價銀格外公道，凡諸君有自著佳搆或欲排印，則有至便且捷之法也。計印中國常式書一本約四萬字者，照新出《平浙記畧》式樣，連紙連刷五百本之數，只取工料銀二十五元。若再加五百本，亦祇須增加十二元五角。所需時日，每一本書約三四日便可完工。兼本館鉛字現已盡换一新，故此後出書愈覺清爽，非木板可比。務祈諸君審之。　本館告白。

《申報》光緒丙子三月十六日《新印印雪軒隨筆出售》　啓者：《印雪軒隨筆》德清俞徊花封翁所撰，向曾刊以行世，争相購閲。年來板已散失，客冬從蔭甫太史乞得陳本，重爲排印。兹已工竣，準於月之初九日即禮拜一出售。此書記述之賅博，議論之精確，實爲自來説部之首出，洵不啻龍威之秘帙，鴻寶之珍函也。每部現仍裝爲四册，僅取紙工費洋二角正。蓋本館不欲居奇，祇期傳播耳。且排版時悉用新鑄之鉛字，故點畫分明，閲者愈覺爽目。諸君如蒙購取，在上海則仍祈至本館帳房或向賣申報、民報人均可。外埠則專歸買報者經手。此佈。

《申報》光緒丙子四月十二日《招印時文》　啓者：四子文爲操觚家所尚。近來如有選家欲將時文託本館代排代印，計文百篇照《快心編》版口者，每五百部連紙價收洋銀四十七元；照《畫舫録》版口者，每五百部連紙價收洋銀六十六元。如欲增印五百部者，照前價減半遞加。百頁之書約五日當可完工，惟版口之大小不同或排印之遲速稍異。倘蒙賜顧，祈即早來本館議定爲盼。此佈。　本館告白。

《申報》光緒丙子四月十二日《蒐書》　啓者：本館以刷印各書籍發售爲常。如遠近諸君子有已成未刊之著作擬將問世，本館願出價購稿，代爲排印，抑或俟裝訂好後送書數十部或數百部，以申酬謝之意，亦無不可，總視書之易售與否而斟酌焉。再如藏有世上罕見之本宜於重刊者，本館亦可以價買，或送數十部新印之書藉以報酬，至原本於刊成後仍可璧繳也。現在承賣申報之人隨處皆有，若以書籍託交寄下，諒不致悮，或託信局寄來亦可。接信後不數日内當可奉覆耳。此佈。　本館告白。

《申報》光緒丙子五月十一日《本館告白》

啟者：本館專辦代客購買印字機器一切等事。此佈。　申報館主人啟

《申報》光緒己卯十一月二十日《照相石印〈詩畫舫〉出售》　點石齋告白：前明隆、萬諸公取古來詩句之可以入畫者，細意揣摹而描繪之，計分六册，曰山水，曰人物，曰花鳥，曰草蟲，曰梅蘭竹菊，曰扇譜。即以詩句冠其首而總名之曰《詩畫舫》。雕鏤工細，大可娱目。卷首有唐寅、林之盛、吴翰臣、汪躍鯉、陳繼儒諸先生之序，書法各極整齊，顧華人皆未之見，而其畫獨感傷於東瀛。經本館郵致來華，暇則取而閲之，見其畫山水則烟雲氣運，明晦隱現，莫可窺測；畫人物則貴賤窮通，冠裳面貌，儒雅風流，各有意度；畫花卉則四時景候，斜正向背各見生發；畫鳥獸蟲魚則筋力毛骨，飛鳴棲啄，神采如生；畫臺殿宫觀則翬飛鳥革，時聳峙於木末霄表，不徒竹籬茅舍之掩映於一邱一壑間也。迴環循覽，不敢終秘，亦就點石齋以照相石印之法印成。蓋詩中有畫，畫中有詩，舍此書其誰與歸也。今即日訂竣發兑，分爲六册，仍其舊也，而另用夾板，以垂不朽。每部價洋六角五分正。諸君賜顧，請向申報館申昌書畫室，或託送報人代購，均無不可。外埠則仍歸經理報務人發售。此啓。

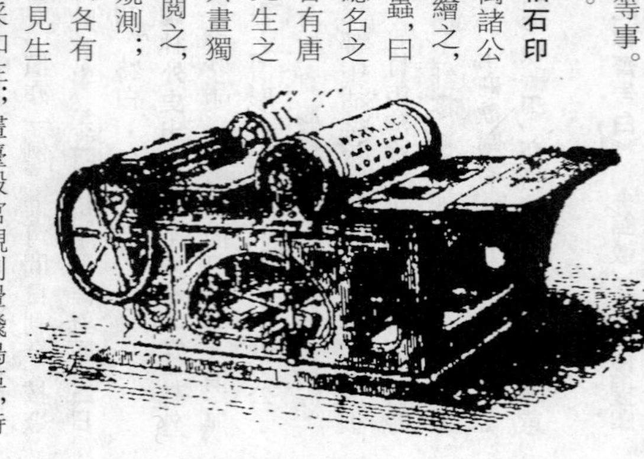

《申報》光緒己卯十一月二十日《精印琴條對聯出售》 本館告白：點石齋所印各字畫久爲名流所鑒賞，今又印成若干種，合即開列於左，賜顧者請就本館申昌書畫室可也。〇計開：行書小屏六條計洋八分。〇行書中屏四條計洋一角，裱者合計四角。〇任伯年翎毛花卉真蹟屏條四張計洋二角，着色者五角，裱者加工洋四角五分。〇陸芝祥七言對計洋二角，色紙二角五分，裱者另加工洋二角。〇行書中屏四條計洋一角。

《申報》光緒己卯十一月念五日《重印吴越所見書畫録》 書爲聽松老人陸如花所著，備載唐、宋、元、明四朝四王、吴、惲與夫各名家書畫字跡，參考珍藏印紀題跋，無不詳細載述。前經陸氏鐫版，印書無多，遂遭祖龍之虐，嗣即缺如也。兹本堂購得原本，校對詳準，仿照聚珍銅板，延請名工擺印，誠與原版無異。兹書裝訂成集寄到，評定實價。計：白紙者每部六本，價洋十元；竹紙者每部十二本，價洋七元。若申江及各外埠惠購者，請信至上海招商局帳房侯豫桐經售。蘇州在本堂發兑，專售各種新舊書籍。此佈。

蘇城圓妙觀前老世經堂啓。

《申報》光緒庚辰七月初五日《重印鴻雪因緣圖記出售》 點石齋啓：《鴻雪因緣圖記》爲前河帥長白麟見亭先生自記其生平游歷而繪，圖二百有四十，撰記如其數，爲游記中刷別生面者也。本齋於去年照印縮本五千部，不一年而售罄。今重取原圖縮印成帙，其記悉以活字板排成直行，不若初印者須横書而觀也。至是書之精妙，前登告白人盡知之，無待贅言。每部連夾板一付，仍照舊價收洋一元。此佈。

《申報》光緒庚辰十二月念八日《價廉石印家譜雜作等》 今本齋另外新購一石印機器，可以代印各種書籍，價較從前加廉。今議定代印書籍等以二百本爲率，以每塊石印連史紙半張起算，除重寫抄寫費不在其内，每百字洋二分半，每半張連史紙僅需洋一分。比如連史紙半張分四頁，書内六十頁，共石板十五塊，印書二百本，共連史紙三千個半張，以每張一分計，共洋三十元。如書内共三萬字，除抄寫價外，計洋七元五角，共書二百本，不連訂工，只須洋三十七元五角。倘自己刻木板，其費約四十五元，刷印及紙料尚不在内也。兩相比較，實甚便宜，况石印之書比木板更覺可觀乎。又如書頁欲縮小加大，亦照半張連史紙核算。此佈。

點石齋告白。或問申報館亦可。

《申報》光緒辛巳正月初六日《新出書籍發兑》 新板增修《大清律例》白紙五元，竹紙三元。邊紙阮刻原板《十三經注疏》附校勘記十六元。白紙《龍威秘書》十集七元。白紙袖珍《三魏集》五元。白紙《知不足齋叢書》廿元，《天中記》八元。白紙《明紀三編》八角。白紙《天文大成》四元。白紙原刻《駢雅》二元。《正誼堂全書》十四元。《泰西水法》三角。《阮刻鐘鼎》八角。《履園叢話》八角。《明季南北略》二元。白紙《正續鶴徵録》一元。批本《儒林外史》七角。《醫學匯纂》一元二角。《尚友録》一元二角。鉛板《詩韻合璧》一元。鉛板《選擇正宗》三角。外國新式訂鉛板《四書全注》二角五。白紙《硃批金石三例》二元。《任渭長畫像》四元。《漢印分韵》二集一元五角。《新選小題笑話軒》二角五。《新選小塔文鯖》一角。《春雲堂集》白紙一元。半白紙《碑板廣例》一元二角。近來新刻各書繁多，不及備載。鑒賞者請至上海北市抛球場並城内蘇州閶門内埽葉山房。謹啓。

《申報》光緒辛巳二月初一日《點石齋印售書籍碑帖字幅價目》 本齋主人啓：本齋於去年在泰西購得新式石印機器，另用照相之法照印各種書畫，皆能與元本不爽錙銖，且神采更覺焕發。至照成縮本，尤極精工，舟車携帶者，可無累墜之虞。且行列井然，不費目力，誠天地間有數之奇事也。今在申報館申昌書畫室出售。今將印成每種價目列左。

《申報》光緒辛巳二月初一日《重印皇朝直省地輿全圖出售》 點石齋主人啓：本齋前有直省地圖排印出售，係照漢鎮輿圖局原本照印。久已蒙海内珍賞，亦既銷售將盡矣，而購者源源仍復不絶。兹又購銅板《一統輿地全圖》，各省分印，益加縮小，以便舟車携帶。而每省各府州縣，則又詳晰標明，毫無遺漏。校對更精，裝訂更工，裝成一本，悉用綢面。刻已告峻，定於下禮拜一即二月初一日出售。每部收回工本洋八角正。售處仍照原例。諸君幸即賜顧爲盼。

《申報》光緒辛巳二月初一日《精一閣告白》 邇來書籍競尚鉛板，每值書出，無不争相購置。實因校讐精詳，字跡清晰，無過於此。故本坊特購泰西靈巧機器，自鑄大小鉛字，陸續排印諸書。如有秘本欲行世者，俱可代印。且兼辦各路鉛板、局板，及製造局譯印西學新書《格致彙編》，并日報所登各書俱全。今移四馬路申報館間壁交易，其價格外公道，賜顧者祈移玉爲盼。

《申報》光緒辛巳六月初四日《新書籍發兑》 《袖珍日知録集釋》一元六角。

《四書會要録》一元二角。足本《經義述聞》四元。原板《畫史彙傳》四元。《清河書畫舫》一元四角。《杜詩注釋》一元。《古文選》八角。《王注全七家詩》五角。《硃批七家詩》四角。《七箋困學紀聞》一元。《墨林今話》四角。《玉盆賦》九角。《徐靈胎醫書八種》一元半。原板《聖武記》一元。《金臺書院四集》七角。《三朝墨準》三角半。《文史選續》二元。《五經鴻才》七角。《新選直省墨類》二角半。《知愧軒》二角。《硃批六朝文絜》一角。《新刻繪圖針灸大成》六角。《陽宅愛衆》四角。倘蒙賜顧者，請至上海北市抛球場並城内掃葉山房。啓。

《申報》光緒辛巳六月初四日《新書籍發兑》 姚某伯先生《大梅山館全集》十六本四元。《精刻袖珍漢魏六朝名家全集》四十八本四元半。《吴氏一家稿全集》兩元半，白。《趙小樓註蘇詩》四元。校正鉛板《詩韵合璧》一元。《館閣新增袖珍白臨文便覽》三角，白。《六書分類》三元。《校正增注袁文箋正》四角，白六角。《新選巧搭津梁》七角。《鄭氏爻辰補》二角，白。《念二史詠詩》二角。《精刻袖珍白四書五經》二元，竹一元六角。《中西算學集要》二元四角。原板白《李笠翁一家言》一元四角。近來新出書繁多，不及備載。並各省官書及家藏寄售各書等。賞鑒者請至上海抛球場並城内掃葉山房。謹啓

《申報》光緒辛巳六月初四日《搢紳書籍告白》 本季《文武搢紳》八角，秃文六角。另有仿宋本《爾雅單疏》一元。陳祥道《禮書》、陳暘《樂書》白紙十二元，竹紙九元。《國朝文録》并《續録》十元。《式訓堂叢書》四元。影宋本《管子》二元。仿宋本《陶靖節詩註》三角，白紙。《兩漢金石記》三元。《新斠註地理志集釋》三元。廖刊顧校《華陽國志》白紙一元四角，竹紙一元。《文字蒙求》二角。《方註蒙求》二角。近來新出各家登報之書，本坊俱皆全備。諸君鑒賞者，請至寶善街北首醉六堂，或二馬路味三堂均可。 城内醉六堂啓。

《申報》光緒辛巳六月初四日《精刻書籍》 《唐李翺孫樵皇甫湜三大家文集》二元。《黄氏字詁》一元。原刻任渭長先生《畫像於越先賢高士傳》三元。《紅樓夢圖詠》三元。京板《庚子消夏記》二元。重太紙《水道提綱》二元。俞蔭甫撰《右台仙館筆記》六角，白紙一元。《孫氏説文》一元，白紙一元四角。《鄧石如篆文》四角。《翠薇山房數學》二元七角。《務民義齋算學》四角。《數學拾遺》二角五分。《輿地經緯度里表》四角五分。《開方説附少廣縋鑿》四角。常熟原板白紙《三國演義》二元。《小石山房印譜》二元。京板《策學淵萃》二元五角。白紙原板《鑄史駢言》五角。 上海三洋涇橋讀未樓啓。

《申報》光緒辛巳六月初四日《新印書籍出售》 《袖珍漢魏叢書》白紙十元。《萬選青錢文海》十元。《北徼彙編》三角五。《明末貳臣逆臣傳》五角。鉛板《艷史叢鈔》八角。《弢園尺牘》四角五。《新刊火器説略》四角。《日本雜事詩》四角。《普法戰紀》三元。《法蘭西國志》一元。《米利堅志》七角。《精校正續唐宋八大家文》，皮紙印成，每部三元。任渭長繪《於越先賢高士傳》三元。《陳綱齋畫賸》四元。《中西算學集要》二元四角。諸君鑒賞者，請至二馬路味三堂，或寶善街北首醉六堂均可。 城内醉六堂啓。

《申報》光緒辛巳六月初五日《秘本書籍出售》 啓者：歸安姚氏所刻各種書籍，多人間罕見之本，其大略載在《書目答問》，向係本宅自行印送，故流傳頗少。兹本店印得數十部，在於粤東雙門底翰墨園藏修堂、姑蘇觀前緑潤堂、武昌青龍巷藜青閣出售，湖州托裕泰布店出售。即行寄上所有書目，價值開列於左：《類篇》四元。《集韵》三元。《禮部韵略》一元。以上楝亭本。《漢隸字原》三元，汲古閣本。《笠澤叢書》五角。《説文解字繫傳》三元。祁刊宋本《説文校議》二元。《繆篆分韵》二元。《古音譜》一元五角。《邃雅堂文集》二元。《邃雅堂學古録》一元五角。《漢印偶存》附《姚氏印存》二元。《讀律心得》一角。《唐人近體詩鈔》四角。

《申報》光緒十三年正月十二日《藝林盛事》 書籍印本至活字板而精巧極矣。自西人創爲石印，而明如犀角，細若牛毛，工雅絶倫，人咸以爲未見。滬上設有數家，早已精益求精，争奇鬥勝。今歲又有巨賈，就會審署前新開蜚英館，網羅羣籍，次第印成，嘉惠士林，實非淺鮮。本館因樂得而記之。

《申報》光緒十三年正月十二日委宛書傭稿《秘探石室》 石印書籍肇自泰西，自英商美查就滬上開點石齋，見者悉驚奇讚歎。既而甯、粤各商倣效其法，争相開設，而所印各書無不勾心鬥角，各炫所長。大都字跡雖細若蠶絲，無不明同犀理，其裝潢之古雅，校對之精良，更不待言。誠書城之奇觀，文林之盛世也！近又有殷商某君出資甚鉅，向外洋購定印書火輪機十數張，擇定英會審署前朝北舊房數十幢，不日興工，重新改造。屋峻牆高，一如西式，額曰『蜚英館』。内擬建東西互對樓房若干幢，分設總帳房、會客廳、總校處、繪圖處、裱書處、鈔

書處、畫格處、描字處，以及照相房、火輪印機房、印稿房、校書房、磨石處、積書處、堆紙處、裝訂處，門分户别，井井有條。今已延訂各項熟悉之人，預備督率各司，一俟佈置完全，即須開辦。先印大部要書數種，必須善期盡善，精益求精，駕乎諸家之上，其餘各種祕笈待印者，何止數百部，均須次第付石。其屋已飭匠頭繪定圖樣，限期從速起工，早日完工。行見鏡石磨來，眼賞蠅頭之字；金錢飛去，汗堆牛背之書矣。嘻，盛矣！

《申報》光緒三十一年二月十八日《欲印五彩地圖銀錢票月份牌及照相銅版者鑒》 本館現從日本東京聘到精做五彩石印照相銅版工師十餘人，制出各件，極蒙大雅嘉許。各省官商如有欲做以上各件者，務請光臨，無不價廉物美，以副雅意。伏乞垂鑒。

《申報》光緒三十一年二月十九日《文寶五彩石印局廣告》 本局開設以來，迄今數載，精印各省官商錢票、五彩絲紗等牌、新式仿單圖書，兼印中外書籍。向荷遠近紳商同聲稱道，今因推廣招徠，價目格外克己，以副雅意而圖久遠。如蒙賜顧，願移玉至新聞新馬路福海里或至四馬路中本分局均可交易。

林文俊《方齋存稿》卷二《進二十史疏》 初臣邦奇具奏新刊《史記》、兩《漢書》、《遼史》、《金史》五部，共該用銀一千一百七十五兩四錢，彼時定價每書二葉該梨木板一塊，價銀二分二釐，謄寫工食銀一分四釐，刊字工食銀二錢八釐。後各役因見工食算計太輕，不肯就工。臣邦奇等又行體訪各處刊書事例，從宜酌處。議得《史記》、兩《漢書》各有小註釋文，艱於寫刻，以此每一葉量加謄寫銀三釐，刊字銀一分六釐。其《遼》《金》二史，原無註者，照依原定工價，彼此通融，始克就緒。又原奏五部書共九千六百三十五葉，今實刊過一萬八百四十一葉，並前項共該加銀二百八十七兩六錢二分三釐。計新刊書五部，共用過銀一千四百六十三兩二分三釐。其脩補書十五部，並紙劄印刷工食等項，又用過銀一千四百九十六兩三錢七分五毫。通共用銀二千九百五十九兩三錢九分三釐五毫，俱備細造册，隨書奏報。

王樵《方麓集》卷九《與再從子堯封書》 夏劉二君至即見之，抄過《易稿》三册，《春秋》二册，《周官》一册，付來人。侯子寫價記不真了。前日黄安朝面言，願照此中刻價，每字一百價銀三分，寫每字一百工銀二釐，每板一塊價銀一分。張節推處，禮決不可失。吾與姪共差一人何如？伯字。

項元汴《蕉窗九録·書録·印書》 凡印書，永豐緜紙上，常山柬紙次之，順昌書紙又次之，福建竹紙爲下。緜貴其白且堅，柬貴其潤且厚，順昌堅不如緜，厚不如柬，直以價廉取稱。閩中紙短窄黧脃，刻又舛訛，品最下而直最廉。余筴所收什九此物，即稍有力者弗屑也。

項元汴《蕉窗九録·書録·書直》 凡書之直之等差，視其本，視其刻，視其紙，視其裝，視其刷，視其緩急，視其有無。本，視其鈔刻；校，視其譌正；刻，視其精粗；紙，視其美惡；裝，視其工拙；印，視其初終；緩急，視其時，又視其用；遠近，視其代，又視其方。合此七者參伍而錯綜之，天下之書之直之等定矣。

劉若愚《酌中志》卷二《憂危竑議後紀》 萬曆三十一年十一月十二日，提督東廠太監臣陳矩奏稱：辦事蔣臣等訪得《國本攸關》刊書一本，封進御覽。《國本攸關》，本書用紅連紙刷印，皮面上簽是此四字，無邊欄。【略】又禮部李公廷機斷生光十二款曰：一、造意報仇，妖書意思與妖詩《岸游稿》意思相同，其筆力相類。一、先年妖書内有「侯之門，仁義存」句，今妖書内亦有此句。去冬會審，令本犯念妖書一二句，本犯便念此句。一、刻字匠徐承惠供：本犯與刻字工銀每字一百，時價四分，因本犯要承惠僻静處刻，勿令人見，每百字加銀五厘，約工銀三錢四分。今算妖書八百餘字，與工銀數相同。一、徐承惠供稱：書板無邊欄，後有年月。妖書果無邊欄，有年月。一、皦其篇供稱：布散妖書，見面上票簽有「國本攸關」四字，誤認「攸」爲「收」。又徐承惠供稱：書面票簽有「關」字，問是何「關」字，云關老爺「關」字。一、妖書内有「文王舍伯邑考而立武王」一句，此一句出《禮記·檀弓》，本犯做生員時，習《禮記》。又本犯詩集有《讀檀弓有感》詩題。一、本犯妾供：本犯托病不出，卧房若干日，又後一日向妾取刀劈木燒炕，及妾入房，滿房烟火。一、刻字匠工銀不過三錢四分，本犯與過徐承惠錢一百三十文，作兩次與之，竟欠承惠銀一錢四分，顯係窮賊所爲。

俞汝楫《禮部志稿》卷七二《科試備考·會試·刻録支費》 刻《登科録》，其紙劄等項，查照舊規，將後開物件，照例行順天府官錢内支價收買，送部應用。《御覽登科録》，紙六百張、奏本紙六萬張；藍絹七段，每段二丈；中夾紙四千張，藍青連七紙七十五張，大黄夾牓紙一百張，心紅一斤十四兩，小石硯七十五箇，墨三十笏，碧青紙七百五十張，棕十斤八兩，麪五十五斤，白連七紙九千四百五十張，黄綾一丈五尺，紅綾五丈，蠟燭七百五十枝，行移紙一千一百三十七張，墨煤六斤；藍綾二段，每段二丈；粗墨七斤八兩，梨木板八十片，黃羅銷金包袱二箇，紅羅銷金包袱四箇，筆一百五十枝。

俞汝楫《禮部志稿》卷七二《科試備考・會試・會場經費》 嘉靖三十一年，本部奏准會試刊字刷印等匠工價，分永平等七府，每名該工食銀二兩八錢。□□、大名二府各八名，各該銀二十二兩四錢；順德、廣平二府各七名，各該銀十九兩六錢；河間府五名，該銀十四兩；真定府十名，該銀二十八兩；保定府九名，該銀二十五兩二錢。遇會試年分，行文各府催取。

俞正燮《癸巳存稿》卷一二《刻書》 蔡清《易經蒙引》，前有勘合云：「嘉靖八年九月二十九日禮部題，臣等訪得科舉之書盡出建寧書坊，合無侯命下之日，本部移咨都察院，轉行福建提學副使，將《易經蒙引》訂正明白，發刊書坊，庶幾私相貿易，可以傳播遠邇；就便刊刻，亦不至虛費國財。十月初一日奉聖旨：『是，欽此。』都察院卯字一千八百十九號勘合劄付。九年正月十四日，福建按察司副使案驗其書，嫌木理疏鬆。」案《石林燕語》云：「刻書以杭州爲上，汴京比歲亦不減杭州。汴則紙不佳；蜀、建則柔木，板不佳。」是北宋時建板已不爲學者所重。業此者，西沿及邵武、金谿、撫州，而科舉之書，多出山東東昌，板亦不佳。其工價旁出可證者，劉若愚《酌中志略》李廷機審皦生光案云：「刊字匠徐承惠供：『本犯與刻字工錢，每字一百，時價四分。本犯要承惠僻靜處刻，勿令人見，每百字加銀五釐，得工銀三錢四分。』」云云。今推妖書七百六十字。明萬曆時，每百字併板，時價四分，京師如此，則外省價廉可知。今上元鄉間刻工、蘇州散放刻工，亦止字一百銀四分也。乾隆三十九年六月初八日，武英殿修書處咨，通行書交納紙張工價請領：《十三經》竹紙書十七套，十四兩四錢九分一釐八毫一絲五忽；二十三史有《舊唐書》竹紙書七十七套，六十五兩五錢八分九釐六毫二絲。今二十四史增《舊五代史》，價不同。

滂香零拾本《藏書記要》繆荃孫跋 按宋王禹偁《小畜集》影宋鈔本，有紹興十七年校刊，開列紙墨工價云：今得舊本，計一十六萬三千八百四十八字，一部共八册，計五百三十二板，書紙并副板五百四十八張，表背碧青紙共一十一張，大紙八張，共錢二百六文足，賃板棧墨錢五百文足，裝印工食錢四百三十文足，除印書紙外，共計錢一貫一百三十六文足。見成出賣每部錢五貫文省。按此，知南宋錢法行用有足與省之分，但未詳省之視足相去幾何耳。又馮時行《縉雲集》附重慶府推官李璽呈四川巡按文書，略曰：本府所屬璧山縣，宋有馮縉雲先生，名時行，字當可，經明行修，嘉熙間登狀元第。初宰丹稜，有政績名，入忤權奸，坐貶，復出守，竟持節以死。嘗居璧邑北縉雲山中，因別號縉雲，著書立言，授徒講學，而書院至今尚存。又有《縉雲文集》行於世，迨後胤嗣落寞，世代兵燹，而此集竟失其傳。又訪鄉少參劉培菴，鈔録舊本五十五卷，共計四百餘板，但其原未删正，多散佚不全。又復呈蒙兵備張、僉事李命官校選，凡得詩文之有關繫而精且粹者一十八卷，計一百四十板，估計買板刊匠工食共該白銀九兩八錢，將原發該縣貯庫無礙贓罰官錢動支翻刻。又唐李長吉詩，明弘治壬戌寧國刻本，開卷有製書雅意四則：一、紙用清水京文古千或太史連方稱；一、印用方氏徽墨、孫氏京墨，凡墨弗用；一、殼用月白雲綾紙，厚青絹椒表陰乾；一、裁用利刀，光用細石，俱付良工。右三則，宋人印書紙工墨價與今彷彿，但流傳於世者，無不精妙，不似今之粗率。明人刻工最輕，製書雅意，在有明中葉尚屬講求，末造則不及矣。荃孫再識。

丁國鈞《荷香館瑣言》卷下《宋時書價》 欽定《續天禄琳琅》載：宋板《漢雋》有淳熙十年楊王休《記言》，象山縣學《漢雋》每部二册，現賣錢六百文足。印造用紙一百六十幅，碧紙二幅，賃板錢一百文足，工墨裝背錢一百六十文足。又云：善本鋟木儲之縣庠，且藉工墨贏餘爲養士之助，故書末詳臚工價云云。據此，南宋時善本書值約略可推而知，且藉贏餘爲養士之助，則板價及工墨裝錢二百六十文外，紙價亦必不昂也。按記言裝背不云裝訂，蓋蝴蝶裝，故不用訂工也。

葉德輝《書林清話》卷六《宋元刻本歷朝之貴賤》 宋元刻本，在明時尚不甚昂貴，觀毛扆《汲古閣珍藏祕本書目》所列之價目，在今日十倍而廉矣。中如宋版影鈔李鼎祚《周易集解》十本，價五兩。其時銀串每兩不及七百文。徐康《前塵夢影録》云，崇禎十三年，蘇城浄錢一千值白銀五錢零，通行之錢止四錢五六。吾見明無撰人《啓禎記聞録》二卷，又六卷，順治二年乙酉，新鑄順治錢七百文，當銀一兩。元板《周易兼義》八本，價四兩。綿紙抄本《禮記集説》四十二本，價二十兩。名人墨抄，如秦西岩手抄《太和正音譜》二本，價二兩。周公謹弁陽山房抄本《絳帖平》二本，價一兩二錢。其餘一二本之抄本，皆三錢五錢。其中最貴者，宋板影抄《杜工部集》十本，價三十兩。《宋詞一百家》精抄，價一百兩。然宋詞一家合一兩，仍不爲貴。而當時人稱「三百六十行生意，不如鬻書於毛氏」，可見其收入時能出善價，故人稱之云云。若以書目所載數目論之，則售出時固未嘗一索高值也。大抵明時宋元本書，本不十分昂貴。《天禄琳琅後編》三，宋板徐鍇《説文解字韻譜》五卷，卷後墨蹟：「萬曆乙未年長至日，得於北京城隍廟，價銀十兩，子孫其世寶之。張誠父藏書記。」其時銀價，每銀一兩鑄錢六百九十文，市止每錢四百五十文換銀一兩，見明賀仲軾《兩宫鼎建記》上，蓋記萬曆三十四年丙辰建乾清、坤寧兩宫工費之事。董斯役者賀盛瑞，時爲營繕司郎中，即仲軾父也。可見當日宋本書價不過如斯而已。明王世貞《弇州山人四部稿》一百二十九卷。前後《漢書》後略云：「余生平所購《周易》、《禮經》、《毛詩》、《左傳》、《史記》、《三國志》、《唐書》之類，過三千餘卷，皆宋本精絶。最後班、范二《漢書》尤爲諸本之冠，前有趙吴興小像，當是吴興家物。入吴郡陸太宰，又轉入顧光禄，失一莊而得之。」其書後歸錢謙益，《初學集》載跋略云：「趙文敏家藏前後《漢書》爲宋槧本之冠，前有文敏公小像，太倉王司寇得之吴中陸太宰家。余以千金從徽人贖出，藏弆二十餘年，今年鬻之於四明謝象三。癸未中秋日書於半野堂。」以一書而破中人之産，似乎近於好事，然哀然兩巨部，又重以文敏、弇州之藏，猶非太過。國初康熙時書價漸貴，王士禎《分甘餘話》二云：「趙承旨家宋槧前後《漢書》，錢牧齋大宗伯以千二百金購之新安賈人。後售於四明謝氏，後又歸新鄉張司馬坦公。康熙中有人攜至京師，索價甚高。真定梁蒼岩大司馬酬以五百金，不售攜去，後不知歸誰何矣。」又《居易録》三十三云：「《通鑑紀事本末》，宋刻大字，有尚寶司卿柳莊袁忠徹家藏印及陸子淵、項子京諸印，浙江人攜至京師，索價百二十金，留二日而還之。」是時銀價甚賤，《居易録》九云：近自洋銅不至，錢日益貴，銀日益賤。今歲屢經條奏，九卿雜議，究無良策。即每銀一兩抵錢一千之令，户部再三申飭，亦不能行。錢遵王《敏求記》云：「李誠《營造法式》三十六卷，以四十千從馮魚山購歸。」《黄記》：「《賓退録》十卷校宋鈔本，王聞遠跋：『今康熙六十有一年歲壬寅孟夏，書估王接三持宋槧五册來，索價十金。無力購之，留案二日，扃户屏客，細加校勘。』」此由國初至康熙末年書價之可考者。至乾嘉時，宋元舊本多爲有力者收藏，其價已過康熙時十倍。錢泳《履園叢話》舊聞類銀價一則云：乾隆初年，每白銀一兩，換大錢七百文，後漸增至七二、七四、七六至八十、八十四文。余少時每白銀一兩，亦不過換錢八九百文。嘉慶元年，銀價頓貴，每兩可換錢一千三四百文，後又漸減。近歲洋錢盛行，則銀錢俱賤矣。今以諸家題跋考之，惟《黄記》多詳載。《記》中如宋余仁仲《公羊解詁》十二卷，價一百二十兩；宋板《春秋繁露》十七卷，價百兩；朱竹垞曝書亭藏本《輿地廣記》三十六卷，價一百二十兩；《新定續志》十卷，價三十兩；宋本《吴郡圖經續記》三卷，價五十兩；宋刻《歷代紀年》十卷，價二十兩；殘宋本章衡《編年通載》四卷，價四十兩；宋本孟元老《東京夢華録》十卷，價二十四兩；宋本《新序》十卷并宋小字本《列子》八卷，共價八十兩；北宋本《説苑》二十卷，價三十兩；校宋本《新序》十卷，值番餅四十二枚；宋本《管子》二十四卷，價一百二十兩；宋本《棠陰比事》一卷，價番餅十四枚；宋本《史載之方》二卷，價三十兩；舊抄本《緯略》十二卷，值十二番；舊抄本《珩璜新論》一卷，值番銀七餅；殘宋本《太平御覽》三百六十卷，價二百四十兩；宋本《陶靖節詩注》四卷，價百金之大半；宋本《三謝詩》三卷，價十六兩；宋本《王右丞集》十卷，價一百二十兩；宋本《孟浩然集》三卷，以京板《佩文韵府》相易，貼銀十四兩；宋本《甲乙集》十卷，價十六兩；宋本《朱慶餘集》不分卷，目録五葉、詩三十四葉，價番銀十圓；宋本《唐女郎魚玄機集》一卷十二葉，價五番；校宋本《林和靖詩集》四卷，價四兩；宋本《温國司馬文正公集》八十卷，價一百六十兩；宋本《參寥子詩集》十二卷，價三十兩；元本《吴禮部集》二十卷，價三十兩有奇；金本《中州集》十卷，價五十兩；元本《東坡樂府》二卷，價三十兩；元本《樂府新編陽春白雪》十卷，價五十一番。又《續記》中，如錢穀手抄《游志續編》不分卷，價二十兩；影宋抄本《韓非子》二十卷，價三十兩；宋本《鑑誡録》二册，價番錢三十三圓；明活字本《曹子建集》十卷，價十兩；宋本《嘉祐集》十五卷，價四十兩；宋本《渭南文集》五十卷，價五十兩。許叔微《普濟本事方》殘本六卷，跋云：「僅存三册，索值六十金，中人須酬十金，余未及還價而罷。仲冬尚在某坊，問其直，元易爲洋矣。今日遂與議易，給以番餅二十枚，以他書貼之，合四十兩。細點葉數共計一百四十四番，合每葉青蚨一百九十五文。近日書直昂貴，聞有無錫浦姓書賈持殘宋本《孟東野集》，索直每葉元銀二兩，故余戲以葉論，此書猶賤之至者也。」又《再續》，宋本《魏鶴山集》一百二十卷，價六十兩。又《書録》宋本《楊誠齋易傳》二十卷，五柳居主人云昔年某王府許以二百金購此書，又一宋本朱叔英跋索直一百六十金。北宋本《漢書》云：「余之得此，用朱提二百五十金。」宋本《李翰林全集》三十卷，以一百五十金得之繆氏。德輝按：此即繆曰芑仿宋刻李集之原本。此外陳鱣《經籍跋文》載影宋本《周易集解》：「《汲古閣祕本書目》以此居首，價銀五兩，余以三十金購之，較原價已加五倍。」宋本《爾雅疏》，以白金四十兩購之。顧廣圻批《讀書敏求記》《淮南鴻烈解》二十一卷云：「宋板，歸黄蕘翁，維揚得來，元八十兩。」嚴久能元照悔庵集書手録《儀禮要義》宋本後，略云：「此書載於《聚樂堂書目》，朱錫鬯所未見者。予財弱冠，好宋刻書。杭州汪氏藏宋刻本二十册，索值五百金。予必欲得之，求之急，議價二十六萬錢。議既定，顧無以得如干錢，乃盡買家所有書得錢畀之。年來資用日絀，度此書不能長爲吾有，又寫此本校而藏之。」此乾嘉時書價見於記録之可考者也。嘉慶十七八年，銀價每兩九百文内外，見張廷濟壬申、癸酉兩年《日記》。至近時，宋板書本日希見，以吾見聞所及，張南皮以三百金購宋板《詩經朱子集傳》，徐梧生以三百金購北宋本《周易正義》，道州何氏所藏。此在光緒甲乙間事。年來北京拳亂以後，舊本愈稀，故家所藏，頗罹兵劫。猶聞京師書估以五百金售宋人李壁《雁湖集》，醴陵文氏所藏，海内孤本也。貴池劉某以番餅四百圓得汲古舊藏宋本《孔子家語》，縣人袁思亮以三千金購宋牧仲、翁覃溪所校殘宋本《施注蘇詩》。閙富争奇，視古書如古玩，此亦可以觀世變矣。

葉德輝《書林清話》卷六《宋監本書許人自印并定價出售》 宋時國子監板，例許士人納紙墨錢自印。凡官刻書，亦有定價出售。今北宋本《説文解字》後，有「雍熙三年中書門下牒徐鉉等新校定説文解字」，牒文有「其書宜付史館，仍令國子監雕爲印板，依九經書例，許人納紙墨錢收贖」等語。南宋刻林鉞《漢雋》，有淳熙十年楊王休記後云：「象山縣學《漢雋》，每部二册，見賣錢六百文足，印造用紙一百六十幅，碧紙二幅，賃板錢一百文足，工墨裝背錢一百六十文足。」又題云：「善本鋟木，儲之縣庠，且藉工墨盈餘爲養士之助。」見《天禄琳琅後編》四。淳熙三年舒州公使庫刻本州軍州兼管内勸農營田屯田事曾穜《大易粹言》，牒文云：「今具《大易粹言》壹部，計貳拾册，合用紙數印造工墨錢下項，紙副耗共壹仟叁百張，裝背饒青紙叁拾張，背青白紙叁拾張，樓墨糊藥印背匠工食等錢共壹貫伍百文足，賃板錢壹貫貳百文足。庫本印造見成出賣，每部價錢捌貫文足。右具如前。淳熙三年正月日雕造所貼司胡至和具。」此牒在本書前。吾曾見宋刻原本，今《天禄琳琅後編》二載壹貳叁等字，均作一二三，不知牒文原式數目字借用筆畫多者，乃防胥吏添改，若作省寫，失其意矣。明仿宋施宿等《會稽志》，前有記云：「紹興府今刊《會稽志》一部，二十卷。用印書紙八百幅，古經紙一十幅，副葉紙二十幅，背古經紙平表一十幅，工墨錢八百文，每册裝背□□文。右具如前。嘉泰二年五月日手分俞澄、王思忠具。」此書見《陸志》。其數目字省寫，或由傳刻改之，或鈔手省寫所致，未可知也。又舊鈔本宋孔平仲《續世説》十二卷，前有記二則。其一云：「沅州公使庫重修整雕補到《續世説》壹部，壹拾貳卷，壹伯伍拾捌板，用紙叁百壹拾陸張。右具如前。」其二云：「今具印造《續世説》一部，計六册，合用工食等錢如後：一印造紙墨工食錢，共五百三十四文足：大紙一百六十五張，計錢三十文足；工墨錢，計二百四文足。一褾褙青紙物料工食錢，共二百八十一文足：大青白紙共九張，計錢六十六文足；麵蠟工錢，計二百一十五文足。以上共用錢八百一十五文足，右具在前。」又有紹興二十七年三月日校勘題名。見《張志》。後一則數目用本字，或亦傳鈔所省也。明正德己卯重刻宋慶元元年二月刊《二俊文集》，前有記云：「《二俊文集》一部，共四册。印書紙共一百三十六張，書皮表背并副葉共大小二十張，工墨錢一百八十文，賃板錢一百八十六文，裝背工糊錢，按：此下有脱文。右具如前。二月日印匠諸成等具。」明影宋紹興十七年刻王黄州《小畜集》三十卷，前記一則云：「黄州契勘諸路州軍，間有印書籍去處。竊見王黄州《小畜集》，文章典雅，有益後學，所在未曾開板。今得舊本，計壹拾陸萬叁仟捌百肆拾捌字。檢准紹興令諸私雕印文書，先納所屬申轉運司選官詳定，有益學者聽印行。除依上條申明施行。今具雕造《小畜集》一部，共捌册，計肆佰叁拾貳版。合用紙墨工價下：印書紙并副板肆佰肆拾捌張，表背碧青紙壹拾壹張，大紙捌張，共錢貳佰陸拾文足。賃板樓墨錢伍百文足，裝印工食錢肆佰叁拾文足，除印書紙外共計壹貫壹佰叁拾陸文足。見成出賣，每部價錢伍貫文省。右具如前。紹興十七年七月日。」《孫記》舊影寫本有此書，數目字均用本字，文亦未全。以上諸書牒記，并載《陸志》，可見宋時刻印工價之廉，而士大夫便益學者之心，信非俗吏所能企及矣。

葉德輝《書林清話》卷七《元時刻書之工價》 元時刻書工價，據陳編《廉石居記》載，元張鉉《金陵新志》十五卷前鈔録御史臺等處文移，略云：宋景定十志，舊板已經燒毁，元時重刊。先有郡士戚光，妄更舊志。當時議因舊志之已成，增本朝之新創，故其書皆用《建康志》準式。凡壹拾伍卷，壹拾叁册。分派溧陽州學刊雕五卷，溧水州學、明道書院各三卷，本路儒學刊造二卷，按：五卷、三卷、二卷等「卷」字，當是「册」字誤筆。若作「册」則合壹拾叁册之數，作「卷」則少二卷。及序文圖本，照依元料工物合用價錢，於各學院錢糧内除破。共中統鈔壹伯肆拾叁定貳拾玖兩捌錢玖分玖釐，俱見序例所載。按定即鋌子，正本作鋌。《金史·食貨志》：舊例銀每鋌五十兩，其直百貫。民間或有截鑿之者，其價亦隨低昂，遂改鑄銀，名承安寶貨。一兩至十兩分五等，每兩折錢二貫，公私同見錢用。陶九成《輟耕録》：至元十三年，大兵回揚州，丞相伯顔號令搜檢將士行李，所得撒花銀子，銷鑄作錠，每重五十兩，歸朝獻納，後朝廷亦自鑄。至元十四年重四十九兩，十五年重四十八兩。據此，則金、元幣制，一錠銀皆五十兩爲率。《金陵志》刻價果以五十兩一錠計算，則需實銀七千一百柒十玖兩捌錢九分玖釐，是每卷合用銀四百四十餘兩。古今刻書之工，恐未有貴於此者。即以五兩一錠計算，亦需實銀七百四十四兩捌錢玖分玖釐，以十五卷之書似不應有如許刻價。豈當時浮支冒領，亦如今日各省書局之不實不盡乎？元政不綱，於此可見。然一代刻書之費，全出於學院錢糧，則元代學糧之富足，又爲唐宋所未有矣。

葉德輝《書林清話》卷七《明時刻書工價之廉》 蔡澄《雞窗叢話》云：「先輩云，元時人刻書極難，如某地某人有著作，則其地之紳士呈詞於學使，學使以爲不可刻則已，如可，學使備文咨部。部議以爲可，則刊板行世，不可則止。故元人著作之存於今者，皆可傳也。前明書皆可私刻，刻工極廉。聞前輩何東海云，刻一部古注《十三經》，費僅百餘金。故刻稿者紛紛矣。嘗聞王遵巖、唐荆川兩先生相謂曰：數十年讀書人，能中一榜，必有一部刻稿；屠沽小兒，身衣飽煖，殁時必有一篇墓誌。此等板籍幸不久即滅，假使盡存，則雖以大地爲架子，亦貯不下矣。又聞遵巖謂荆川曰：近時之稿板，以祖龍手段施之，則南山柴炭必賤。」按明時刻字工價有可攷者，《陸志》、《丁志》有明嘉靖甲寅閩沙謝鸞識嶺南張泰刻《豫章羅先生文集》，目録後有「刻板捌拾叁片，上下二帙，壹佰陸拾壹葉，繡梓工貲貳拾肆兩」木記。以一版兩葉平均計算，每葉合工貲壹錢伍分有奇，其價廉甚。至崇禎末年，江南刻工尚如此。徐康《前塵夢影録》云：「毛氏廣招刻工，以《十三經》、《十七史》爲主。其時銀串每兩不及七百文，三分銀刻一百字。」則每百字僅二十文矣。今湖南刻書，光緒初元，每百字並寫刻木版工貲五六十文。中葉以後，漸增至八九十文，元體字小者百五十文，大者二百文，篆隸每字五文。至宣統初，已增至百三十文，以每葉五百字出入，每錢銀直百六十文計，每葉合銀叁錢畸零，視明末刻書已增一倍。然此在湖南永州一處則然。永州刻字多女工，其坊行書刻價每百字僅二三十文。江西、廣東亦然。價雖廉而訛謬不可收拾矣。

翁連溪《清内府刻書檔案史料彙編·康熙五十六年十一月初九日》 乾清門侍衛奴才喇錫等謹奏，爲請旨事。

康熙五十六年四月初四日，奴才口奏：頭等侍衛山壽奉聖諭：據稱爾家有蒙古《甘珠爾經》。京城有圖伯特《甘珠爾經》刻板，但蒙古《甘珠爾經》無刻版，倘刻版甚佳，此乃一好事。稟乾清門侍衛喇錫，命八旗蒙古大臣、侍衛、官員、巴克什等共議，若出布施刻版，刷印後甚利於祭誦，較書寫從又便宜，將此共同會議，出布施，朕亦出布施。欽此。謹思：聖主崇尚佛道，爲衆蒙古行慈善事，又爲《甘珠爾經》義留傳萬世，頒降聖旨。此聖旨由喀喇沁固山貝子沙木巴喇錫、蘇尼特多羅貝勒希里聞之告我者，聖主推興佛教，加福全蒙古人之善事，自古無有。鐫刻《甘珠爾經》之版者，實爲經揚佛法。我二人意，現存蒙古《甘珠爾經》俱係陸續謄寫者，遺誤字者甚多。此一旦刻版，既爲萬萬世家永留經典，太皇太后之刻圖伯特《甘珠爾經》版者，校勘詳細，製作完整。請將我蒙古《甘珠爾經》與此圖伯特《甘珠爾經》詳細校勘，補寫缺失之處，妥加恭刻甚善。校勘此《甘珠爾經》，揀選多倫諾爾之諾彦錫勒圖，大喇嘛粗勒齊木噶布楚，及熟悉我等經書之賢能喇嘛、巴克什等，將存於我處蒙古《甘珠爾經》攜往，共同詳加勘明後，鐫刻則好等因奏入。奉旨：甚好。交貝勒希里，貝子沙木巴喇錫，攜往多倫諾爾校勘。再，不可點派布施，按自願布施。欽此。欽遵。現自多倫諾爾廟經校勘後送來蒙古《甘珠爾經》一部，一百八函，點數經頁，共四萬五千張，爲刻製蒙古《甘珠爾經》，奴才會同喇嘛、巴克什等商議，與先前所刻圖伯特《甘珠爾經》版同樣堅牢，此項刊刻蒙古《甘珠爾經》需用布施銀，以儉省又儉省計，一部蒙古《甘珠爾經》恭抄，粘版鐫刻，需用以紅花水刷印有行之二層裱紙共九萬張，第張以九釐計，需銀八百十兩。用於鐫刻梨木長二尺、寬七寸，厚一寸五分之板四萬五千塊，第塊板以二錢計，需價銀九千兩。第塊板兩面刻字，以三錢五分計，鐫刻四萬四千七百八十塊板，需手工銀一萬五千六百七十三兩。需板兩面光潔，四面出脊，每塊板以三分計，製作四萬五千塊，需手工銀一千三百五兩。漆板之四面，兩端裹二層布，漆三次，每塊板以計，製作四萬五千塊，需手工銀一千三百五兩。漆板之四面，兩端裹二層布，漆三次，每塊板以一錢三分五釐計，漆四萬五千板，需手工銀六千七十五兩。一百八函，每經套首頁兩旁二佛，中繪海洋字畫，四周雕畫番草花，每塊板以二兩計，雕畫一百八塊板，需手工銀二百十六兩。再連同頁内四周畫番草花字，鐫刻一塊板，以一兩二錢計，一百八塊板需手工銀一百二十九兩六錢。一部《甘珠爾經》修竣，所有四塊板，每板雕畫四金剛佛，四周雕畫番草花，每塊板以五兩四錢計，四塊板需手工銀二十一兩六錢。刻竣之板三次刷印，遺誤之字，予以複製，用擡連紙一百二十簍，第簍以一兩計，需銀一百二十兩。刷印三次，用紅花水四千四百斤，每斤以一錢五分計，需銀三百五十二兩八錢，三次刷印，需手工銀一百二十兩。裝置刻竣之《甘珠爾經》板，用架子一百五十，第架高八尺、寬一丈，所製六層架，每架以十二兩五錢計，需銀一千九百五十二兩。工匠等鐫刻經字，用高桌一百張，每桌長一丈、寬一尺六寸，厚二寸、高二尺七寸之高桌一張，以一兩六錢計，需銀一百六十兩。鐫刻匠等坐板凳一百條，每板凳長一丈、寬五寸，高一尺七寸，板凳一條以二錢計，需銀二十兩。刻製此一部《甘珠爾經》，用銀三萬六千兩。

查得妙應寺大喇嘛諾爾布格隆既甚熟悉刻製圖伯特、蒙古佛經之事，現將刻製《甘珠爾經》交付諾爾布格隆製作，由多倫諾爾廟校勘送來之《甘珠爾經》，謹謄抄粘板鐫刻，將所用一部《甘珠爾經》，交付由八旗選取寫經文喇嘛、巴克什等繕寫。將撥給寫經喇嘛、巴克什等飯銀，繕寫一張以二分五釐計，繕寫九萬張，需飯銀二千二百五十兩，繕寫經文用墨五十斤，每斤墨以六錢計，需銀三十兩。

校勘繕寫《甘珠爾經》之喇嘛、巴克什，改正刻版內謬字之喇嘛、巴克什等共三十人，每日每人各給銀一錢，共以三十月計，需飯銀二千七百兩。喇嘛、巴克什等寫經校勘時，用矮桌四十張，每矮桌以五錢銀計，需銀二十兩。一百八函《甘珠爾經》疊放時用長七尺、寬二尺二寸之高桌五張，每高桌以一兩五錢銀計，需銀七兩五錢。所有繕寫《甘珠爾經》喇嘛、巴克什，校勘製作經文之喇嘛、巴克什冬季每日用烤火木炭以一百斤計，三冬用烤火炭二萬七千斤，一百斤烤火木炭，以五錢計，需銀一百三十五兩。每日熱炕用煤以二百斤計，三冬用熱炕煤五萬四千斤，一百斤以二錢計，需銀一百八兩。修製《甘珠爾經》喇嘛、巴克什等所居官房內掘炕、製做補修窗門時，需銀一百五十兩。刻製此《甘珠爾經》完竣，我等人蒙古人敬謹刷印一部《甘珠爾經》，爲聖主萬歲永恒記誦。刷印此一部《甘珠爾經》，需銀二千二百八十七兩四錢。刻製一部《甘珠爾經》諸項費用，耗銀合計，需銀共爲四萬三千六百八十七兩九錢。刻製此《甘珠爾經》於皇城內油氈房製作。繕寫經文之喇嘛、巴克什等，亦集于此房內繕寫。將繕寫經文校勘刻等等，交喇嘛、巴克什等監製。製作完竣後，入進金榜庫放置。刻製蒙古《甘珠爾經》諸所用布施錢糧，既然關係甚重大，著將此交理藩院（廣善庫）辦理。京城八旗蒙古等、外四十九旗扎薩克蒙古、遊牧處察哈爾蒙古、京城喇嘛、外地喇嘛等給之布施銀總數由理藩院（廣善庫）查明收取奏聞，以用於刻製《甘珠爾經》。爲此謹奏。請旨。

硃批：儻由理藩院收，此部原怠惰，交廣善庫一處，錢糧方可清楚。將此交付二處。

翁連溪《清內府刻書檔案史料彙編・乾隆三十九年六月二十六日》 奴才福（隆安）遵旨，寄詢英廉，將《佩文韻府》係內府精好之書，應較別書量爲增價，並此外精好適用之書，亦應一體分別查辦等因。又于二十六日續奉寄信金諭旨，以《佩文韻府》計二十套，何以定價如此之少，今將因何賤售緣由及原印若干部，已售去若干部，據實聲復交臣查奏等因。各行知去後。茲據英廉復稱，查得此項《佩文韻府》，向來用臺連紙刷印發售，每部價銀十一兩六錢二分九釐。今次所售因係庫存原板初刊，又係竹紙刷印，是以按照紙色工費，每部銀十二兩四錢六分，較臺連紙書每部增價銀八錢三分一釐。至此外尚有《淵鑒類函》等書十種，亦係精好適用，現在出售價值，均按舊例，分別連四竹紙、榜紙作價，比之臺連紙，亦皆稍增。謹分別繕單寄覆等語。又據金簡復稱，武英殿通行書籍，自乾隆九年奏准售賣，悉按部數多寡，計其所需紙張、棕墨、工價外加耗餘合計作爲定價發售。查舊日通行之書，亦有《佩文韻府》，但係臺連紙刷印，每部紙張、工價作銀九兩五錢四分八釐，外加耗餘銀二兩八分一釐，共銀十一兩六錢二分九釐，具係散本散篇，並不裝釘。現在所售庫存《佩文韻府》因係初刊，字畫明白，又係竹紙刷印，較舊時發售者更爲精好，是以未敢照臺連紙舊價售變。公同酌核，遵照竹紙定舊例，每部作價十二兩四錢六分，亦係散本散篇，並不裝釘。此項《佩文韻府》，原有一千九十六部，奏明存庫二百部，應發售八百九十六部，已賣去四十四部，得價銀五百四十八兩二錢四分，尚餘八百五十二部，現在存庫。再，此項發售書籍共五十四種，此內有榜紙、連四竹紙之分，亦俱按其紙張等差，照例分別三等量加耗餘作價。如定價太昂，轉恐售變壅滯。此亦公同按例定擬之事，非簡自敢獨出臆見。今蒙聖詢，不勝悚懼等語。奴才查英廉、金簡所復情形，以《佩文韻府》一書，因係庫存初印，又係竹紙本，是以酌增價值，較之通行臺連紙刷印者已增價銀八錢三分，且係草釘散本。若加以裝釘做套，精緻者約需銀二十餘兩，其次亦需銀十餘兩，即每部不下二三十兩以上，較外間書肆所售，裝成紙本其價轉覺浮多。再，查此書共計八百九十六部，自本年五月奏准發售之日起，迄今僅售去四十四部，似外間尚無貪圖賤價趨買情形。應否交英廉、金簡另議，加增價值，抑或仍照現定價值發行之處，請旨遵行，並將送到各單一並呈覽。謹奏。

翁連溪《清內府刻書檔案史料彙編・記事録》 乾隆四十六年四二十八日，

太監鄂勒里傳旨：伊蘭泰現起諧趣圖稿不能即時落墨，著向造辦處要兩人進内落墨。欽此。

於四十七年三月初三日，候缺筆帖式百福持來旨意帖一件，内開二月十三日將如意館畫得西洋樓水法圖畫第一起至六張持進管理養心殿造辦處事務舒文交太監鄂勒里呈覽。奉旨：交舒文刻做銅板。欽此。

於四十七年五月二十一日，候缺筆帖式百福持來旨意帖一件，内開五月初九日管理養心殿造辦處事務舒文，將刻得西洋樓北花園北門銅板小樣一塊，隨印得圖樣三張，並將畫得清圖稿六張，俟得勝圖銅板趕六月内造完即接續先行辦造，俟圖稿全行交出時，量其稀密再行約估確實錢糧數目具奏等因，交太監鄂勒里呈覽轉奏。奉旨：即照樣造辦，餘知道了。欽此。奴才舒文謹奏：爲約估工料銀兩銅斤事遵旨成造諧奇趣銅板圖二十塊，奴才于本年五月間刊刻得銅板壓印得小樣恭呈御覽，奉旨：候金川得勝圖完峻後准照樣接續成造。欽此。欽遵。隨派原辦金川得勝圖銅板官員承辦，今據該員等呈稱：成造諧奇趣銅板二十塊，按照現辦金川得勝圖銅板奏准之例，估計每銅板一塊長二尺九寸二分，寬一尺七寸八分，約用紅銅五十二斤三兩二錢，化銅打造鏇刮磨光等匠九十工，每工銀一錢五分四釐，計銀十三兩八錢六分，謄稿過粉落墨共用畫匠二百十五工，每工銀二錢五分五釐，計銀五十四兩八錢二分五釐，刊刻殿宇、陳設、樹木等項，共用刻字匠六百工，每工銀二錢，計銀一百二十兩。以上成造銅板二十塊，共約需紅銅一千四十四斤，工價銀三千七百七十三兩七錢。壓印清圖四千張，每張需用工料銀三錢一分二釐，計銀一千二百四十八兩，通共約需五千二十一兩七錢。等因呈報前來。奴才伏查金川得勝圖銅板所刻山川人物以及碉卡層次營盤形勢稠密俱有皴法，與現辦諧奇趣清圖詳細比較，此圖雖有殿宇陳設樹木等項，較之得勝圖做法稍覺省手，擬將每銅板一塊，謄稿、過粉、落墨等畫匠二百十五工内，酌減工六十工，刊刻殿宇、陳設等項刻字匠六百工内酌減工一百二十工，共減工一百八十工，計值銀三十九兩三錢，除減外每塊仍需工價銀一百四十九兩三錢八分五釐。再查得勝圖銅板每塊用銀一百八十八兩六錢八分五釐，與現辦諧奇趣銅板比較核算，此次辦造銅板每塊省用銀三十九兩三錢，二十塊共省用銀七百八十六兩外，仍需銀二千九百八十七兩七錢。以上成造銅板並壓印圖張通共約需銀四千二百三十五兩七錢，紅銅一千四十四斤，並應需紙張、氈塊理合奏明，仍照得勝圖之例，向造辦處各該庫領用，謹將需用工料銀兩銅斤等項分晰細數一併恭呈御覽，統俟工竣之日奴才再行派員詳細斟查據實報銷。謹奏。於十月二十八日具奏，奉旨：所壓清圖不必照得勝圖每銅板一塊壓二百張，此次俱每塊印一百張。再所壓圖張，每二張得清圖一張，不必拘泥或三張得二張，或五張得三張，著舒文另行查辦，其所用銅斤如何用此之多，查明回奏。欽此。查得原奏壓印圖八千張，計得清圖四千張，雖係從前金川奏准，現在壓印金川得勝圖，奴才實未准其印二廢一得一之例，飭令承辦撙節據實辦理，統俟壓印完竣之日奴才通盤查核，除挑選清圖四千張外，實在撿出廢圖若干張，節省未用紙若干張，據實奏銷。仍請將廢圖交杭州織造另行抄做，其用節省紙張令其交庫，現在辦理諧奇趣銅板，將來亦照此查銷，仍遵旨此次壓印諧奇趣清圖一百分計二千張，少壓印清圖二千張，計可省銀六百二十四兩。至打造銅板應用銅五十二斤零，現係連摺耗化火回殘約用之數，俟全行打造得時仍交庫還報實在斤兩核銷，其有餘剩回殘銅斤仍係照例交庫。所有查辦實在情形謹據實具奏。於十月二十九日具奏，奉旨：知道了。欽此。

於四十九年正月二十日，署理武備院卿舒文，將刻得西洋樓第三、第四銅板二塊，持進交太監鄂勒里呈覽，奉旨：問銅板已刻得四塊，其餘十六塊於何時可得完竣？欽此。隨經署理武備院卿舒文，合計工次，趕緊催刻，亦必需五十一年夏季方能趕完等情具奏，奉旨：知道了。其已刻得銅板四塊，每塊著壓印紙圖一百張。欽此。乾隆四十九年十月初四日，將刻得西洋樓水法圖銅板第五至第八銅板四塊，隨印得紙圖四張持進，武備院卿舒文交太監鄂勒里呈覽，奉旨：知道了。欽此。乾隆五十年正月初八日，將刻得西洋水圖第九、第十銅板二塊，隨印得紙圖二張持進，武備院卿舒文，交太監鄂勒里呈覽，奉旨：問現已刻得銅板十塊，其未刻得銅板十塊，於何時完竣？欽此。隨經武備院卿舒文奏，前經奏准於五十一年六月完竣，現奴才督催加緊趕辦，至五十一年二月即可趕完等因具奏，奉旨：知道了。欽此。乾隆五十一年四月初一日，將刻得西洋樓水法殿圖銅板二十頁，並印得紙圖一百分。安設齋宫呈覽，奉旨：銅板二十頁並印得紙圖十分，交水法殿安設，其所有收貯墨刻十一處分，交圖十一分陳設，交造辦處裱册頁圖九分，所餘圖七十分另行按從前回部金川圖陳設之處查明開單具奏，仍著續印白露紙圖一百分。欽此。於五十二年正月初十日，將續印得諧奇趣圖一百分，擬寫得補交各行宫陳設圖二十二分清單一件，並擬賞阿哥、王公大臣、督撫清單二件持進，交太監鄂勒里呈覽。奉旨：此諧和奇趣圖張不必賞人用，已交水法殿陳設十分，再陳設圖三十分，配匣盛裝。其餘圖四十八分，再預備看，餘知道了。欽此。於正月十二日，將諧奇趣圖四十八分持進，交太監鄂勒里呈覽，奉旨：賞六阿哥、八阿哥、十一阿哥、十五阿哥、十七阿哥、三公主、十公主、綿恩阿哥、綿億阿哥、綿惠阿哥、綿志阿哥、綿勤阿哥、綿懿阿哥、奕純阿哥，軍機大臣阿桂、和珅、福康安、福長安、王杰、董誥各一分，熱河二十分，盤山五分，造辦處圖房三分。欽此。

翁連溪《清内府刻書檔案史料彙編・乾隆五十六年十二月十九日》　武英殿修書處官員等呈，爲清結書籍銀兩事。

查本處通行書籍處一項，結至五十四年十二月，呈明下存銀九百八十二兩一錢二分七釐三毫七絲二忽；舊存書二千二百九十九部，值銀五千三百五十一兩三錢七分一釐九絲九忽；新刷《日下舊聞考》等書三種，計五百部，值銀一千三百五十兩三錢二分五釐一毫。五十五年正月起至十二月止，本處賣過書一百八十二部，得價銀四百五十二兩四錢三分四釐九毫三絲八忽，耗餘銀一百七十四兩四錢五分四釐一毫九絲九忽；五城賣過書五部，得價銀四兩二錢八分四毫三絲，耗餘銀一兩七錢八分六釐六毫二絲二忽。以上舊存新賣，共存銀一千六百十五兩八分三釐五毫六絲一忽。下存書二千六百十七部，内撥給五城《大清會典》等書三種，計八十部，計值銀三百七十兩六錢五釐，本處下存書二千五百三十七部，值銀五千九百三十八兩三錢二分七釐六毫一絲一忽；五城下存書二百八十一部，值銀五百零九兩四錢二分三毫一絲六忽。

又查兩庫通行書籍一項，結至五十四年十二月，呈明下存銀二千三十九兩七錢九分四釐四毫三絲九忽；存書三千七百四十五部，值銀一萬八百六十七兩六分六釐五毫五絲四忽。五十五年正月起至十二月止，本處賣過書五十二部，得價銀一百八十五兩六錢四分六釐；五城賣過書七十八部，得價銀八百五十九兩二錢九分八釐。以上舊存新賣，共存銀三千八十四兩七錢三分八釐四毫三絲九忽。下存書三千六百九十三部，内撥給五城《佩文韻府》一百部，值銀一千三百八十二(部)〔兩〕二錢；本處下存書三千五百九十三部，值銀九千二百九十九兩二錢二分五毫五絲四忽。五城下存書六百十三部，值銀一千七百二十三兩七錢四釐三毫四絲三忽。

以上賣書處並兩庫一共存銀四千六百九十九兩八錢二分二釐。除上年刷《舊五代史》並刻板片已銷過銀九百九十五兩五錢七分一釐六毫一絲，下實存銀三千七百四兩二錢五分三毫九絲，内又刷《日下舊聞考》等書五百部，用過銀一千三百五十兩三錢二分五釐一毫，現存銀二千三百五十二兩九錢二分五釐二毫九絲。

謹將通行書處現存書籍另造清册，鈐用印信，以備存案可也。爲此具呈。

翁連溪《清内府刻書檔案史料彙編・乾隆五十八年十一月　日》　查清字經館應行翻辦刊刻刷裱裝潢《全藏大般若》等經至《師律戒行經》共二千五百九十六套，計一百八套，每套十二份，統計一千二百九十六套。自三十七年開館起至五十八年正月，共頒發過《大般若》等經一千一百四十套，共用過刻字工價銀三萬二千一百二十兩，寫板工價銀二千三百六十七兩七錢，漆邊工價錢五千四百四兩六錢，刷裱工價銀一千六百三十四兩錢，繪畫佛像工價銀三千一百五十五兩九錢，辦買棉連四紙價銀一萬二千四百五十七兩六錢，辦買太史連紙、毛頭紙、黄箋紙、黄布包袱、木盤等項物料工價銀四千三百八十一兩五錢，辦買紅花水價銀一萬二千六百三十三兩三錢。纂修、翻譯、收掌、謄録、校對和尚、喇嘛、供事蘇拉人等飯事計二十一年用銀一千六百十五兩五錢。恩賞閒散人錢糧計二十一年共用銀十一萬九千二百十六兩。每月需用紙張筆墨計二十一年通計共過銀一萬八百十五兩八錢。

以上共用過銀五十一萬四千八百三十兩八錢。

現在刊刻《師律戒行經》十六套，計應刷裱一百九十二套，所有刊刻板、漆邊、刷裱工價，采買紙張、紅花水、筆墨以及公費飯食等項約尚需銀四五千兩，行取梨板價值每塊四錢，共約需銀二萬五千六百餘兩，運板脚價約需銀二千五百餘兩，棉連四紙約需銀九千一百餘兩，白本紙、榜紙共約需銀一千三十餘兩，裝潢每套二十五兩四錢零，統計裝潢一千二百九十六套，共約需銀三萬三千四十三兩。

統計翻辦刊刻、刷裱、裝潢全藏經完竣約需物料工價銀五十九萬一千餘兩。

訓宋字每百個工價銀八分。

寫宋字每百個工價銀二分。

翁連溪《清内府刻書檔案史料彙編・嘉慶五年十月十九日》　武英殿修書處官員等呈，爲呈明酌定采買物料價值事。

查本處現在刊刻《大清一統志》等書，内圖板需用棗木，存刊刻所分板片不敷應用，尚需采買。查此項板片曾於乾隆五十五年呈准照依順天府所報時價，每塊銀二兩合減四成辦買在案。今據該作庫掌呈報，現在時價每塊銀一兩九錢，如核減四成，實不能辦買。職等覆經斟核，請照五十一年呈准辦買梨木板之例，按時價核減二成辦買應用。復查本處從前采買板片、紙張、顔料等項，俱照本處定例。因物價昂貴，彼時不能辦買，於乾隆五十一年後節次呈明，咨行順天府采訪時價，復經斟核定價，呈明辦買在案。迄今已越十餘年之久，順天府所呈時價或增或減，殊無定制。今派該作庫掌等詳悉采訪，有必須照依時價者，有應仍照舊例者，有應按時價核減者等因呈報前來。職等復行斟酌，分别核定，應照舊例者十一項仍照舊例，其應按時價者九項俱按時價采買，至現在按時價核減者六項。嗣後時價遇有增減，請俱照依此次核減成數核減辦買，如此實與公事有益，而錢糧亦不至於浮冒。謹將各物料分别核定減價成數，繕寫清單，一併呈明，伏候堂臺批准，以便載入《則例》，永遠遵照辦理可也。爲此具呈。

計開

照舊價：

長二尺二寸、寬九寸五分、厚一寸梨木板，每塊銀一兩二錢八分。

長一尺四寸五分、寬一尺五分、厚一寸梨木板，每塊銀五錢二分。

長一尺一寸五分、寬八寸五分、厚一寸梨木板，每塊銀一錢六分八釐。

長一尺、寬八寸、厚一寸梨木板，每塊銀一錢五分二釐。

定粉，每斤銀一錢。

硃砂，每斤銀二兩四錢。

古色連四紙，每張銀一分五釐。

架榜紙，每刀銀九錢五分。

黄軟箋紙，每張銀四分。

樹棕，每斤銀一錢四分。

銀朱，每斤銀九錢。

照時價：

芸香，每兩銀八分。

臺連紙，每簍銀一兩八錢。

青，每斤銀二兩六錢。

古色毛邊紙，每刀銀九錢。

紅花水，每斤銀三錢八分。

白芨，每斤銀一錢五分。

徽墨，每斤銀九錢八分。

白麵，每斤銀一錢五分。

廣膠，每斤銀一錢五分。

照時價核減：

長一尺一寸五分、寬八寸五分、厚一寸棗木板，每塊銀一兩九錢。核減二成。准銷銀一兩五錢二分。

長一尺、寬八寸、厚一寸棗木板，每塊銀一兩八錢五分，核減二成。准銷銀一兩四錢八分。

太史連紙，每刀銀一錢五分，核減二成。准銷銀一錢二分。

石碌，每斤銀一兩，核減二成。准銷銀八錢。

大赤金，每百張銀一兩二錢，核減一成。准銷銀一兩零八分。

川連紙，每刀銀一錢二分，核減二成。准銷銀九分六釐。

架榜紙，每刀銀九錢五分。

黄軟箋紙，每張銀四分。

樹棕，每斤銀一錢四分。

銀硃，每斤銀九錢。

照時價：

芸香，每兩銀八分

臺連紙，每簍銀一兩八錢。

青，每斤銀二兩六錢。

古色毛邊紙，每刀銀九錢。

紅花水，每斤銀三錢八分。

白芨，每斤銀一錢五分。

徽墨，每斤銀九錢八分。

白麵，每斤銀二分五釐。

廣膠，每斤銀一錢五分。

照時價核減：

長一尺一寸五分、寬八寸五分、厚一寸棗木板每塊銀二兩九錢，（核減二成）准銷銀一兩五錢二分。

長一尺、寬八寸、厚一寸棗木板每塊銀一兩八錢五分，（核減二成）准銷銀一兩四錢八分。

太史連紙，每刀銀一錢五分，(核減二成)准銷銀一錢二分。

石碌，每斤銀一兩，(核減二成)准銷銀八錢。

大赤金，每百張銀一兩二錢，(核減一成)准銷銀一兩零八分。

川連紙，每刀銀一錢二分，(核減二成)准銷銀九分六釐。

《清代刑部鈔檔・嘉慶十二年六月四日管理刑部事務董誥等題》(直隸等省)共刷印招册一萬七千五百六十四本：

刊刻新事漢字共一百十六萬二千七百四十四字，每百字工價四分四釐，該銀五百二十三兩二錢三分五釐。

刊刻舊事後尾漢字共五萬六千五百二十七字，每百字工價六分五釐，該銀三十六兩七錢四分三釐。

修補舊事漢字共三萬六千六百九十字，每百字工價一錢二分，該銀四十四兩零二分八釐。

新舊板片刨面共四千九百六十二塊，每塊工價八分，該銀三兩九錢七分。

新舊板片鋸邊共四千九百六十二塊，每塊工價八分，該銀三兩九錢七分。

刻出蒙古案件新事清字共一千二百七十九字，每百字工價八分，該銀一兩零二分三釐。

繕寫新舊漢字紅格共二百十六萬八千一百二十六字，每百字工價一分，該銀二百十六兩八錢一分三釐。

繕寫蒙古案件清字紅格，共一千二百七十九字，每百字工價一分三釐，該銀一錢六分六釐。

刷印漢字招册并蒙古事件清册及紅格紙共一百六十萬零八千四百四十四頁，每百頁工價一分二釐，該銀一百九十三兩零一分三釐。

裝訂漢字招册并蒙古事件清册共一百五十二萬一千五百四十三頁，每百頁工價一分三釐，該銀一百九十七兩八錢零一釐。

黄册描邊共一萬四千七百十一頁，每百頁工價五分五釐，該銀八兩零九分一釐。以上各項工價共銀一千二百二十八兩八錢五分三釐，每兩遵照酌減四分，該實銀一千一百七十九兩六錢九分八釐。

翁連溪《清内府刻書檔案史料彙編・嘉慶十五年六月初四日》 武英殿修書處官員等呈，爲呈明存案事。

據掌稿筆帖式玉廣等稟稱，兹據刻字頭目胡佩和等呈，稱本殿向例刊刻各種書籍板片每百工銀捌分，繕寫宋字每百字工銀二分。每日每名僅刻字百拾餘個，寫宋字肆百餘個，每日只(領)工銀捌玖分不等，均係康熙年間舊例。現在食物米糧價漸昂貴，所得工銀不敷薪水之用。至頭目等六名，向無飯食工銀，現因賠累逋欠甚多，實在辦理拮据等因具呈，懇請籌辦前來。查該匠役等每日所領工銀不敷日用，頭目等陸名，因無工飯銀兩，度日維艱，尚屬實在情形。若不稍爲調劑，恐伊等力不能支，於刊刻書籍等事亦無裨益。職等再四籌酌呈明，仰懇王爺中堂恩准。嗣後刻字匠每百字擬酌給飯銀貳分，寫字匠每百字酌給飯銀壹分，剷除鋸截板片匠役每百字酌給飯銀四分，匠役頭目遇有活計照依出差之例，例每名每日酌給飯銀陸分。如此辦理，該匠役等所得工飯銀兩已敷食用，庶于公事有益。伏候王爺中堂批准存案，以便遵照辦理可也。爲此具呈。

翁連溪《清内府刻書檔案史料彙編・光緒十四年八月初一日》 江蘇學政王先謙奏，爲《經解》刊成書，恭摺具陳，仰祈聖鑒事。

竊臣於光緒十二年六月十九日，附片奏明在江陰南菁書院設局彙刊《經解》情形。七月二十六日遞回原片，軍機大臣奉旨：知道了。欽此。臣以此次蒐訪《經解》漢書較多，刻費浩繁，非臣綿力所能獨任，比即函知督臣曾國荃、撫臣崧駿，商請轉諭乃屬酌量捐措，賴督撫臣同力相助，飭屬鳩資源源而來，極形踴躍，即他省官紳亦以臣此舉爲表章經術起見，多有不待函商自措案前來者。臣飭局撙節動用，嚴密趕催，撫臣亦飭蘇州書局助刊多種，首尾五載，幸獲有成，爲書二百零九部，都一千四百三十卷，體例一仿前大學士臣阮元所刊《皇清經解》，名曰《皇清經解續編》，蕆事後板存書院刷印流傳，俾藝林承學之士宏觀覽而備研摩，庶幾文教日益振興，上副聖作作人至意。至此次捐資合計漕平足銀一萬九千三百三兩二錢二分五釐，除蘇局助刊書二百四十三卷外，計臣局刊書一千一百八十七卷，實用銀一萬六千三百三兩二錢二分五釐，餘存銀三千兩正，飭交江陰縣知縣發商生息，以裕書院經費。書局(印)(即)行裁撤。此項悉書官紳捐助，並未絲毫動用公款，仰懇天恩准免造册報銷，除將印本咨呈軍機處備查外，所有刊刻《經解》成書緣由，理合恭摺具陳，伏乞皇太后、皇上聖鑒訓示。

硃批：知道了。欽此。

翁連溪《清内府刻書檔案史料彙編・武英殿修書處刷印圖書匠役工價銀兩清册道光三十年正月初一日至十二月三十日》 武英殿修書處自道光三十年正月初

一日起至十二月三十日止，此一年寫刻刷印摺配裝潢各書，給發匠役工價供事公費等項，用過銀兩料數目清册。

舊　存

銀一百三十二兩四錢零二釐九毫九絲九忽、白榜紙紅格七萬一千九百頁、太史連紙紅格七萬一千三十三頁、羅文紙一百十七張、黄箋紙十七張、黄軟箋紙十七張、六十層合背四千二百二十八塊半、四十層合背十四塊半、徽墨四百五十三斤九兩六錢八分八釐、雄黄七兩六錢九分八釐、廣花末六兩四錢三分八釐、朱砂錠四錢一分、胭脂三十二張、銀硃一百四斤十四兩四錢一分、玫瑰花露三斤五兩、芸香露三斤五兩七錢、乳鉢二個、玉鷟子大小二十三對、玉勾鷟子二個、象牙鷟子四對、泡紅象牙鷟子一對、長九寸寬七寸梨木板二百五十二塊、長八寸寬六寸梨木板三百十塊、長八寸寬六寸棗木板一百四塊、備刻書籤板四百八十二塊、杉木板二千五十二套。

新　收

銀二千兩。

開　除

爲年例批寫進呈《時憲書》六本、《萬年書鑑》六份，每份工銀六錢八分，合銀四兩八分；又補寫次年《星命須知》一本，計一工，每工銀一錢五分四釐，合銀三錢八釐。又繕寫進呈《中星更録》一本，計宋字一萬五千五百三十六個，每百字工銀二分，飯銀一分，合銀四兩六錢六分八毫。刷印紅格用太史連紙一塊，合銀一錢二分。刷印並界畫工銀等項合銀一兩。又收什年例進呈背式骨買辦摺匣、白蠟刷子等項，用銀一兩五錢。以上共合銀十一兩六錢六分八釐八毫。

爲本處刻字頭目二名，寫字頭目一名，又刻字匠一名，自本年正月初一日起至十二月底止，共計三百五十四日，每名每日飯銀六分，共合銀八十四兩九錢六分。

爲圓明園由懋勤殿造辦處自道光三十年正月起至九月十八日止陸續交出，御筆楠木匣並花梨木寶匣等項活計二十六件，內計一寸五分字五十七個，每字工銀一分八釐，合銀一兩二分六釐。刻六字一工、填三十字一工內，填青字四十三個，每字用青二分，填碌字十四個，每字用碌四分，寸字五十個，每字工銀一分，合銀五錢。刻十二字一工，填三十字一工，內填青字二十一個，每字用青一分，填碌字二十五個，每字用碌二分，填硃字四個，每字用硃一分；又寶匣十一件字填青、邊填金內二寸見方八件，每件工銀三錢四分，合銀二兩七錢二分。每方用金四張，用青六分五寸見方一件，合銀八錢五分。每方用金八張，用青一錢二分三寸見方二件，每件工銀五錢一分，合銀一兩二分。每方用金六張，用青八分，戳子七件，內二寸二件刻寶二方，每方工銀三錢四分，合銀六錢八分，一寸見方五件，刻寸寶五方，每方工銀一錢七分，合銀八錢五分。刻字並刻寶共用刻字匠三十一工半，每工飯銀六分，合銀一兩八錢九分。填字並填寶共用畫匠十三工，每工銀一錢五分四釐，飯銀六分，合銀二兩七錢八分二釐。鉤油條用鉤字匠三工，每工銀一錢五分四釐，飯銀六分，合銀六錢四分二釐。共用金五十二張，每百張價銀一兩零八分，合銀五錢六分一釐六毫，用青一兩五錢四分，每兩價銀一錢六分二釐五毫，合銀二錢五分二釐二毫，用碌一兩六分，每兩價銀五分，合銀五分三釐，青硃碌每兩用廣膠二錢五分，金每百張用廣膠四錢，共用廣膠八錢五分，每斤價銀一錢五分，合銀七釐九毫，以上共合銀十三兩八錢三分四釐。

爲刷印存庫《佩文詩韵》書二千部，每部書身，小頁一百七十七頁，共計小頁三十五萬四千頁，刷印每千頁工銀一錢，合銀三十五兩四錢，摺配每千頁工銀一錢三分，合銀四十六兩零二分，每千頁用棕一兩五錢，共用棕三十三斤三兩，每斤價銀一錢四分，合銀四兩六錢四分六釐二毫，以上共合銀八十六兩零六分六釐二毫。

爲刷印存庫《佩文詩韵》二千部，應用墨三十三斤三兩；爲裝潢恭親王傳用《增訂清文鑑》一部八套，醇郡王傳用《四書》一部一套、《詩經》一部一套、《禮記》一部二套，又懋勤殿傳做《寶藪》一册，做本不做套書摺四個做一套。詩本處傳用黄綾太史連紙空本十本，黄綾夾板十副，以上共計二十四套，每套工銀一錢，合銀二兩四錢，照例每套用白麵五兩，共用白麵七斤八兩，每斤價銀二分五釐，合銀一錢九分五釐。

懋勤殿交做《開國方略》楠木書匣一個，工料銀三兩四錢；楸木夾板一副，工料銀三錢；黄綾帶一條，工料銀一錢二分；銅圈一個，合銀二分二釐；辦買古色連四紙二十三張，每張價銀一分五釐，合銀三錢五釐；太史連紙五百張，每七十八張合一塊，共合七塊，每塊價銀一錢二分，合銀八錢四分；雙料連四紙一百二十張，每塊價銀一兩二錢，合銀二兩四錢四分。以上共合銀九兩零七分二釐。

爲派給圓明園住班官員、筆帖式、庫掌等支領本年七月至十二月分項銀五十七兩六錢。

爲給圓明園抖掠文源閣《四庫全書》應領匠役項銀十五兩；懋勤殿並方略

准當差界畫匠飯銀八十八兩五錢；年例官員辦事房並各作房租搭涼棚用銀四十九兩一錢六分七釐；采買白胰子三斤，用銀四兩八錢；年例封開即信買辦新紅紙張印色等項，用銀十五兩。

爲值宿庫掌柏唐阿等飯食以及暑費等項，自本年二月初一日起至次年正月底止，應領項銀二百零九兩四錢。

聚珍館辦事收掌一員，每月飯銀二兩四錢，自本年正月初一日起至十二月底止，共領銀二十八兩八錢。

提調處額缺供事八名，自本年正月初一日起至十二月底止，共領公費銀一百四十四兩。

爲年例繕寫進呈年總奏銷黃册一份，藍册一份，應領工飯銀十七兩九錢九分一釐。又繕寫墨刻法帖、黃册、藍册篇頁，用銀二兩，辦買黃績紙張摺匣等項用銀一兩。共合銀二十兩九錢九分一釐。

爲恭鐫御筆德齋幬載匾額一張，計三尺二寸，大字四個五寸，寶一方，照例核算，每刻一字，合八工，每工工銀二錢二分，共三十二工，合銀七兩零四分。每一字加石匠四工，每工工銀一錢五分四釐，合銀二兩四錢六分四釐五寸。寶一方，照例合刻工六工，每工工銀二錢二分，合銀兩三錢二分。鉤黑紅字，每一字合一工，每工工銀一錢二分，鉤二分，合銀九錢六分。以上共合銀十一兩七錢八分四釐。

爲恭拓御筆德齋幬載扁額計二千份，每份工銀一錢四分，合銀二百八十兩。每分用三草墨三千三百兩，每兩價銀六分，合銀一百九十八兩。以上共合銀四百七十八兩。

爲恭拓御筆德齋幬載扁額計二千份，應用夾披連四紙一萬五千四百張，照例采買，每九十四張合一塊，共合一百六十三塊七十八張，每塊價銀二兩二錢，核減二成，共合實用銀二百八十八兩二錢五分二釐八毫。

爲前往慕陵恭鐫石牌樓御筆字二張，內計三寸二分大字十九個，每刻四字一工，每鉤二十四字一工，上樣每十字一工，每字用朱砂籠罩漆各三錢六分。填二十四字一工，一寸五分字十七個，每記事四十八字一工，每刻八字一工，每字用硃漆各一錢八分六寸五分，大字滿蒙漢共計字六個，鉤十六字一工，每刻一字二工，每字加石匠一工，上樣每七字一工，填二十字一工，硃漆每字各六錢三分。一寸寶二方，每刻二方一工，硃漆各九分三寸，大寶每方三工，硃漆各二錢七分。

以上共用上樣匠、刻字匠二十六工，每工工飯銀二錢二分，合銀五兩七錢二分。鉤字二工，每工工飯銀一錢八分，共三錢六分。石匠六工，每工工飯銀一錢八分，合銀一兩零八分。填色合漆共用匠三工，每工銀一錢八分，合銀五錢四分。籠罩漆十共用硃砂十四兩一錢三分，每兩價銀一錢五分，合銀二兩一錢一分。籠罩漆十四兩一錢三分，每兩價銀一錢五分，合銀二兩一錢一分。共合銀十一兩九錢二分。帶匠官司二員，匠役六名，每日各應領盤費銀一錢三分，共十八日，合銀十八兩七錢二分。車四輛，行程八日，每日每輛車價銀一兩，在二十日，每日每輛車價銀八錢，合銀六十四兩。以上共合銀九十四兩六錢四分。【略】

以上通共合銀二千零五十八兩五錢四分三釐八毫，爲查核房通行處墨刻作裝訂册檔，應用太史連紙紅格六百頁。

現　存

銀七十三兩八錢五分九釐一毫九絲七忽，白榜紙紅格八萬八千九百頁，太史連紙紅格七萬四百三十三頁，羅文紙一百十七張，黃箋紙十七張，黃軟箋紙三張，六十層合背四千二百二十八塊半，四十層合背十四塊半，徽墨四百二十斤六兩六錢八分八釐，雄黃七兩六錢九分八釐，廣花末六兩四錢三分八釐，硃砂錠四錢一分，胭脂三十二張，銀硃一百四十斤十四兩四錢一分，玫瑰花露三斤五兩，芸香露三斤五兩七錢，乳鉢二個，玉鷙子大小二十三對，玉勾鷙子二個，象牙鷙子四對，白象牙鷙子四對，泡紅象牙鷙子一對，長九寸寬七寸梨木板二百五十二塊，長八寸寬六寸梨木板三百十塊，長八寸寬六寸棗木板一百四塊，備刻書簽板四百八十二塊，杉木板二千五十二套。

翁連溪《清內府刻書檔案史料彙編·武英殿辦理道光帝〈聖訓〉錢糧清册咸豐七年三月至同治元年十二月》 武英殿恭辦清漢文《宣宗成皇帝聖訓》用過錢糧奏銷數目清册。

武英殿修書處，自咸豐七年三月起至十二月止，恭辦《宣宗成皇帝聖訓》所需款項，由户部陸續領到製錢一萬二千串。

開　除

五月

爲初次采買梨木版五千塊，每塊長一尺一寸五分，寬八寸五分，厚一寸，照時價每塊用製錢四佰二十文，共合製錢二千一百串文。

爲提調處來文，該處額設供事八名，照舊章每名每月給公費銀三兩，自七年正月至四月四個月，每名各應領公費銀十二兩，共應領公費銀九十六兩。每兩按製錢一串五百文發給，共合製錢一百四十四串文。

六月

爲提調處恭繕漢文《聖訓》底本，應用太史連黑格紙一萬二千頁，計費頁二成，共計費頁二千四百頁，二共合一萬四千四百頁。每二頁合紙一張，共合太史連紙七千二百張。每七十八張合一塊，共合九十二塊二十四張。每塊照時價用製錢六百七十五文，共合製錢六十二串二百四十八文。刷印每千頁工飯銀一錢，合銀一兩二錢。刷印每千頁用棕一兩五錢，共用棕十八兩，每斤價銀一錢四分，合銀一錢五分七釐六毫，通共合銀一兩三錢五分七釐六毫。每兩發給製錢一串五百文。以上通共合製錢六十四串一百三十五文。

爲恭繕漢文《聖訓》宋字版樣，應用太史連紅格紙六千頁，計費頁二成，共計費頁一千二百頁，二共合七千二百頁。每二頁合紙一張，共合太史連紙三千六百張。每七十八張合一塊，共合四十六塊十二張。每塊照時價用製錢六百七十五文，共合製錢三十一串一百二十五文。刷印每千頁工飯銀一錢，合銀六錢。刷印每千頁用棕一兩五錢，共用棕九兩，每斤價銀一錢四分，合銀七分八釐八毫。每兩發給製錢一串五百文，以上通共合製錢三十二串一百四十三文。

爲提調處恭繕《聖訓》底本，續用太史連黑格紙一萬頁，計費頁二成，共計費頁二千頁，二共合一萬二千頁。每二頁合紙一張，共合太史連紙六千張。每七十八張合一塊，共合七十六塊七十二張。每塊照時價用製錢六百七十五文，共合製錢五十一串九百二十六文。刷印每千頁工飯銀一錢，合銀一兩。刷印每千頁用棕一兩五錢，共用棕十五兩，每斤價銀一錢四分，合銀一錢三分一釐二毫。每兩發給製錢一串五百文，以上通共合製錢五十三串六百二十三文。

七月

爲提調處來文，恭辦《聖訓》總裁、提調、總纂、纂修、協修等官，每二員每日食肉菜一桌，每十桌價銀二兩五錢七分五釐。每員每日茶葉二錢，每斤價銀一錢三分。校録每員每日飯銀六分。自七年三月十六日起至六月底止，共合銀六百五十七兩一錢一分五釐四毫八絲三忽。每兩發給製錢一串五百文，共合製錢九百八十五串六百七十三文。

八月

爲恭繕漢文宋字版樣，自卷一至卷三十止，共三十卷，計宋字三十二萬六千七百五十八字，寫宋字匠每百字工飯用製錢七十五文，共合製錢二百四十五串零六十八文。

爲提調處來文，自七年五月至八月連閏月五個月，供事八名，每名五個月，各應領公費銀十五兩，共應領公費銀一百二十兩。每兩發給製錢一串五百文，共合製錢一百八十串文。

十一月

爲提調處來文，恭辦《聖訓》總裁、提調、總纂、纂修、協修等官，每二員每日食肉菜一桌，每十桌價銀二兩五錢七分五釐。每員每日茶葉二錢，每斤價銀一錢三分。校録每員每日飯銀六分。自柒年柒月起至九月止，共合銀四百三十七兩九錢五分七釐。每兩發給製錢一串五百文，共合製錢六百五十六串九百三十五文。

爲恭繕漢文宋字版樣，自卷三十一起至卷六十七止，截卷共三十卷，計宋字三十七萬二千零五十二字，寫宋字匠每百字工飯用製錢七十五文，共合製錢二百七十九串零三十九文。

爲恭刊清文，自卷一至卷十共十卷，計清字十萬六千零七十七個字，每百字刻工用製錢六百六十文，共合製錢七百串零一百八文。漢字小號計三千一百七十二字，每百字刻工用製錢三百文，共合製錢九串五百十六文。末頁尾子版共三十八塊，每塊打空行刻工用製錢三十文，共用製錢一串一百十六文。通共合製錢七百十串零八百四十文。

十二月

爲提調處來文，恭辦《聖訓》總裁、提調、總纂、纂修、協修等官，每二員每日食肉菜一桌，每十桌價銀二兩五錢七分五釐。每員每日茶葉二錢，每斤價銀一錢三分。校録每員每日飯銀六分。自七年十月起至十二月止，共合銀四百四十八兩二錢七分八釐七毫。每兩發給製錢一串五百文，共合製錢六百七十二串四百十八文。

爲提調處來文，自七年九月至十二月四個月，供事八名，每名四個月，各應領公費銀十二兩，共應領公費銀九十六兩。每兩發給製錢一串五百文，共合製錢一百四十四串文。

爲恭刊清文，自卷十一至卷二十止，又卷二十二、二十三、二十五、二十六截卷共十四卷，計清字十七萬五千六百六十三個字，每百字刻工用製錢六百六十文，共合製錢一千一百五十九串三百七十五文。漢字小號計七千九百九十六字，每百字刻工用製錢三百文，共合制錢二十三串九百八十八文。末頁尾子版共二十一塊，每塊打空行刻工用製錢三十文，共用製錢六百三十文。以上通共合製錢一千一百八十三串九十三文。

爲恭繕漢文宋字版樣，自卷四十一起至卷一百零三止，截卷共三十五卷，計宋字四十六萬三千零二十字，寫宋字匠每百字工飯用製錢七十五文，共合製錢三百四十七串二百六十五文。

爲刷清、漢文《聖訓》版樣，清文共刷二分，每分計一百三十卷，每分書頁一萬五千一百四十八頁，共計書頁三萬零二百九十六頁。每分一百三十本，共二百六十本。每本付頁四頁，計付頁一千零四十頁。漢文共刷二分，每分一百三十卷，每分書頁六千一百二十七頁，計書頁一萬二千二百五十四頁。每分一百三十本，共二百六十本。每本付頁四頁，計付頁一千零四十頁。以上通共計清、漢書頁四萬四千六百三十頁。每六頁合紙一張，共合五摺榜紙七千四百三十八張。每九十八張合一塊，共合七十五塊八十八張。每塊照時價用製錢四串柒百五十文，共用製錢三百六十串五百十五文。又刷印書頁四萬二千五百五十頁，刷印每千頁工銀一錢，摺配每千頁工銀一錢三分，合銀九兩七錢八分六釐。每千頁用棕一兩五錢，共用棕三斤十五兩八錢。每斤價銀一錢四分，合銀五錢七分，共合銀十兩零三錢五分六釐。每兩發給製錢一串五百文，共合製錢十五串五百三十四文。以上通共合製錢三百七十六串零四十九文。

爲二次續采買梨木版三千塊，每塊長一尺一寸五分，寬八寸五分，厚一寸，照時價每塊用製錢四百二十文，共合製錢一千二百六十串文。

以上共用過製錢九千四百三十五串一百八十文。

下存製錢二千五百六十四串八百二十文。

咸豐八年正月起至十二月止，恭辦《宣宗成皇帝聖訓》所需款項，由户部陸續領到製錢二萬二千串，並存製錢二千五百六十四串八百二十文，二共存製錢二萬四千五百六十四串八百二十文。

開　除

四月

爲三次續采買梨木版五千塊，每塊長一尺一寸五分，寬八寸五分，厚一寸，照時價每塊用製錢四百二十文，共合製錢二千一百串文。

五月

爲提調處來文，恭辦《聖訓》總裁、提調、總纂修、協修等官，每二員每日食肉菜一桌，每十桌價銀二兩五錢七分五釐。每員每日茶葉二錢，每斤價銀一錢三分。校録每員每日飯銀六分。自八年正月起至三月止共合銀四百三十七兩九錢五分七釐。每兩發給製錢一串五百文，共合製錢六百五十六串九百三十五文。

爲恭刊漢文宋字版樣，自卷一至卷十共十卷，計九萬五千四百七十五字，每百字刻工用製錢三百文，共合製錢二百八十六串四百二十五文。末頁尾子版共二十五塊，每塊打空行刻工用製錢三十文，共合製錢七百五十文。以上通共合製錢二百八十七串一百七十五文。

爲恭刊清文，自卷二十一起至卷三十七止，截卷共十三卷，計十八萬六千九百七十九字，每百字刻工用製錢六百六十文，共合製錢一千二百三十四串零六十一文。漢字小號八千六百三十四字，每百字刻工用製錢三百文，共合製錢二十五串九百零二文。末頁尾子版十三塊，每塊打空行刻工用製錢三十文，共用製錢三百九十文。通共合製錢一千二百六十串零三百五十三文。

爲提調處來文，自八年正月至四月四個月，供事八名，每名四個月，各應領公費銀十二兩，共應領公費銀九十六兩。每兩發給製錢一串五百文，共合製錢一百四十四串文。

六月

爲四次續采買梨木版二千塊，每塊長一尺一寸五分，寬八寸五分，厚一寸，照時價每塊用製錢四百二十文，共合製錢八百四十串文。

爲預備安放清、漢文《聖訓》版片，成做木凳二百五十個，每個照時價用製錢二串五百文，共合製錢六百二十五串文。

七月

爲提調處來文，恭辦《聖訓》總裁、提調、總纂、纂修、協修等官，每二員每日食肉菜一桌，每十桌價銀二兩五錢七分五釐。每員每日茶葉二錢，每斤價銀一錢三分。校録每員每日飯銀六分。自八年四月起至六月止，共合銀四百三十七兩九錢五分七釐。每兩發給製錢一串五百文，共合製錢六百五十六串九百三十五文。

八月

爲提調處來文，自八年五月至八月四個月，供事八名，每名四個月，各應領公費銀十二兩，共應領公費銀九十六兩。每兩發給製錢一串五百文，共合製錢一百四十四串文。

爲恭繕漢文宋字版樣，自卷七十七起至卷一百三十止，截卷共三十五卷，計五十三萬五千七百六十一字，每百字工飯用製錢七十五文，共合製錢四百零一串八百二十文。

爲恭刊清文，自卷三十八至卷四十五共八卷，計十一萬三千五百七十四字，每百字刻工用製錢六百六十文，共合製錢七百四十九串五百八十八文。漢字小號五千三百十五字，每百字刻工用製錢十五串九百四十五文。末頁尾子版八塊，每塊打空行刻工用製錢三十文，共用製錢二百四十文。以上通共合製錢七百六十五串七百七十三文。

爲恭刊漢文宋字版樣，自卷十一至卷二十共十卷，計十萬零七千三百九十四字，每百字刻工用製錢三百文，共合製錢三百二十二串一百八十二文。末頁尾子版共十塊，每塊打空行刻工用製錢三十文。以上通共合製錢三百二十二串一百八十二文。

十一月

爲提調處來文，恭辦《聖訓》總裁、提調、總纂、纂修、協修等官，每二員每日食肉菜一桌，每十桌價銀二兩五錢七分五釐。每員每日茶葉二錢，每斤價銀一錢三分。校録每員每日飯銀六分。自八年七月至九月止，共合銀四百四十三兩一錢一分七釐八毫七絲五忽。每兩發給製錢一串五百文，共合製錢六百六十四串六百七十文。

爲預備裝潢清、漢文《聖訓》六十層合背一萬塊，每塊用白麵一斤二兩，共用白麵一萬一千二百五十斤，每斤照時價用製錢一百一十二文，共合製錢一千二百六十串文。

爲恭刊清文，自卷四十六至卷五十六共十一卷，計十二萬五千一百九十五字，每百字刻工用製錢六百六十文，又奏准每百字加津貼製錢二百四十文，共每百字刻工製錢九百文，共合製錢一千一百二十六串七百五十五文。漢字小號五千五百七十九字，每百字刻工用製錢三百文，又奏准每百字加津貼製錢二百文，共每百字刻工製錢五百文，共合製錢二十七串八百九十五文。末頁尾子版共十一塊，每塊打空行刻工用製錢三十文，共用製錢三百三十文。以上通供合製錢一千一百五十四串九百八十文。

爲恭刊漢文宋字版樣，自卷二十一至四十三共二十三卷，計二十九萬二千九百零六字。每百字刻工用製錢五百文，共合製錢一千四百六十四串五百三十文。末頁尾子版共二十三塊，每塊打空行刻工用製錢三十文，共合製錢六百九十文。以上通共用製錢一千四百六十四串八百七十五文。

十二月

爲提調處來文，自八年九月至十二月四個月，供事八名，每名四個月，各應領公費銀十二兩，共應領公費銀九十六兩。每兩發給製錢一串五百文，共合製錢一百四十四串文。

爲提調處來文，恭辦《聖訓》總裁、提調、總纂、纂修、協修等官，每二員每日食肉菜一桌，每十桌價銀二兩五錢七分五釐。每員每日茶葉二錢，每斤價銀一錢三分。校録每員每日飯銀六分。自八年十月至十二月，共合銀四百四十三兩一錢一分七釐八毫七絲五忽。每兩發給製錢一串五百文，共合製錢六百六十四串六百七十文。

爲恭刊漢文，自卷四十四至卷六十一、又自卷七十一至卷七十五共二十三卷，計二十六萬四千五百零四字，每百字刻工用製錢五百文，共合製錢一千三百二十二串五百二十文。末頁尾子版共二十三塊，每塊打空行刻工用製錢三十文。以上通共合製錢一千三百二十三串二百十文。

爲恭刊清文，自卷五十七至卷六十八共十二卷，計十九萬零五百零八字，每百字刻工用製錢九百文，共合製錢一千七百十四串五百七十二文。漢字小號八千七百四十二字，每百字刻工用製錢五百文，共合製錢四十三串七百十文。末頁尾子版共十二塊，每塊打空行刻工用製錢三十文，共合製錢三百六十文。又換刻卷三十內刻版六塊，計七百八十字，每百字刻工用製錢九百文，共合製錢七串零二十文。漢字小號五十字，合製錢二百五十文。以上通共合製錢一千七百六十五串九百十二文。

爲預備裝潢頒賞清、漢文《聖訓》，需用粗紙加襯合背一萬塊，每塊用製錢三百七十八文，共用製錢三千七百八十串文。

以上共用過製錢二萬零四百二十六串四百九十文。

下存製錢四千一百三十八串三百三十文。

咸豐九年正月起至十二月止，恭辦《宣宗成皇帝聖訓》所需款項，由户部陸續領到製錢三萬串，並舊存製錢四千一百三十八串三百三十文，二共合製錢三萬四千一百三十八串三百三十文。

開　除

二月

爲五次續采買梨木版一千六百塊，每塊長一尺一寸五分，寬八寸五分，厚一寸，照時價每塊用製錢五百文，共合製錢八百串文。

爲陸續刷印清、漢文《聖訓》清樣，計清文一部，書身小頁一萬五千一百四十八頁，每部一百三十本，每本付頁四頁，共五百二十頁，二共一萬五千六百六十八頁。漢文一部，書身小頁六千一百二十七頁，每部一百三十本，每本付頁四頁，共五百二十頁，二共六千六百四十七頁。每六頁合紙一張，每千頁用棕一兩五錢，刷印采買五摺榜紙一百塊，棕五斤，每塊照時價用製錢九串八百文，共合製錢九百八十串。棕五斤，每斤照時價用製錢四串五百文，共合製錢二十二串五百文。以上通共合製錢一千零二串五百文。

四月

爲恭刊清文，自卷六十九至卷八十六，截卷共十一卷，計十三萬九千九百三十五字，每百字刻工用製錢九百文，共合製錢一千二百五十九串四百十五文。漢字小號計六千四百十一字，每百字刻工用製錢五百文，共合製錢三十二串零五十五文。末頁尾子版共十一塊，每塊打空行刻工用製錢三十文，共合製錢三百三十文。又换刻清文卷二十六内計版十塊，計一千三百零七字，每百字刻工用製錢九百文，共合製錢十一串七百六十三文。漢字小號計六十字，合製錢三百文。以上通共合製錢一千三百零三串八百六十三文。

爲恭刊漢文，自卷六十二至卷九十止，截卷共二十一卷，計二十七萬三千零五十三字，每百字刻工用製錢五百文，共合製錢一千三百六十五串二百六十五文。末頁尾子版二十一塊，每塊打空行刻工用製錢三十文，共合製錢六百三十文。以上通共合製錢一千三百六十五串八百九十五文。

爲提調處來文，自九年正月至四月，供事八名，每名四個月，各應領公費銀十二兩，共應領公費銀九十六兩。每兩發給製錢一串五百文，共合製錢一百四十四串文。

爲提調處來文，恭辦《聖訓》總裁、提調、總纂、纂修、協修等官，每二員每日食肉菜一桌，每十桌價銀二兩五錢七分五釐。每員每日茶葉二錢，每斤價銀一錢三分。校録每員每日飯銀六分。自九年正月至三月止，共合銀三百六十五兩二錢七分八釐二毫。每兩發給製錢一串五百文，共合製錢五百四十七串九百十七文。

六月

爲六次續采買梨木版五百塊，每塊長一尺一寸五分，寬八寸五分，厚一寸，照時價每塊用製錢五百文，共合製錢二百五十串文。

爲恭刊漢文，自卷九十一至卷一百十二，截卷共十卷，計十五萬一千五百八十二字，每百字刻工用製錢五百文，共合製錢七百五十七串九百十文。末頁尾子版共十塊，每塊打空行刻工用製錢三十文，共合製錢三百文。以上通共合製錢七百五十八串二百十文。

爲恭刊清文，自卷九十一至卷九十五止共五卷，計八萬二千二百六十六字，每百字刻工用製錢九百文，共合製錢七百四十串零三百九十四文。漢字小號計五千七百零六字，每百字刻工用製錢五百文，共合製錢二十八串五百三十文。末頁尾子版五塊，每塊打空行刻工用製錢三十文，共合製錢一百五十文。以上通共合製錢七百六十九串零七十四文。

爲二次修補清文，自卷一至卷四十一止，共修補正半字二萬九千八百八十八字，每一字折三字，共折五萬九千六百六十四字。圈點拉嗎修補七千八百二十四處，每四處折一字，共折一千九百五十六字，每一字折三字，共折五千八百六十八字。通共折六萬五千五百三十二字。每百字刻工用製錢九百文，以上通共合製錢五百八十九串七百八十八文。

七月

爲恭刊清文，自卷七十五至卷一百零二止，截卷共十二卷，計二十萬二十三百四十二字，每百字刻工用製錢九百文，共合製錢一千八百二十一串零七十八文。漢字小號計一萬三百九十字，每百字刻工用製錢五百文，共合製錢五十一串九百五十文。末頁尾子版十二塊，每塊打空行刻工用製錢三十文，共合製錢三百六十文。以上通共合製錢一千八百七十三串三百八十八文。

爲恭刊漢文，自卷八十三至卷一百二十一止，截卷共二十卷，計三十二萬二千九百十二字，每百字刻工用製錢五百文，共合製錢一千六百十四串五百六十文。末頁尾子版二十塊，每塊打空行刻工用製錢三十文，共合製錢六百文。以上通共合製錢一千六百十五串一百六十文。

爲提調處來文，恭辦《聖訓》總裁、提調、總纂、纂修、協修等官，每二員每日食肉菜一桌，每十桌價銀二兩五錢七分五釐。每員每日茶葉二錢，每斤價銀一錢三分。校録每員每日飯銀六分。自九年四月至六月止，共合銀三百九十三兩三錢二分。每兩發給製錢一串五百文，共合製錢五百八十九串九百八十文。

八月

爲提調處來文，自九年五月至八月，供事八名，每名四個月，各應領公費銀十二兩，共應領公費銀九十六兩。每兩發給製錢一串五百文，共合製錢一百四十四串文。

九月

爲預備裝訂清、漢文《聖訓》清様需用黄箋紙面頁，先行采買黄箋紙八百張，每張照時價用製錢二百六十文，共合製錢二百零八串文。

爲預備裝潢頒賞清、漢文《聖訓》應用黄軟箋紙面頁，先行采買一萬張，每張照時價用製錢三百二十文，共合製錢三千二百串文。

爲七次續采買梨木版一千四百塊，每塊長一尺一寸五分，寬八寸五分，厚一寸，照時價每塊用製錢五百文，共合製錢七百串文。

爲二次修補漢文，自卷一至卷三十五止，共修補二萬六千五百五十字，每一字折三字，共折七萬九千六百五十字，每百字刻工用製錢五百文，共合製錢三百九十八串二百五十文。

十月

爲恭刊漢文，自卷一百二十二至卷一百三十止，截卷共七卷，計十萬零五千六百十三字，每百字刻工用製錢五百文，共合製錢五百二十八串零六十五文。末頁尾子版七塊，每塊打空行刻工用製錢三十文，共合製錢二百十文。又換刻四十二頁，計一萬四千四百七十字，每百字刻工用製錢五百文，共合製錢七十二串三百五十文。以上通共合製錢五百八十六串二百五十文。

爲恭刊漢文，自卷一百零九至卷一百二十九止，截卷共六卷，計八萬五千三百九十三字，每百字刻工用製錢五百文，共合製錢四百二十六串九百六十五文。末頁尾子版六塊，每塊打空行刻工用製錢三十文，共合製錢一百八十文。以上通共合製錢四佰二十七串一百四十五文。

十一月

爲恭刊清文，自卷九十六至卷一百止共五卷，計七萬六千六百五十一字，每百字刻工用製錢九百文，共合製錢六百八十九串八百五十九文。漢字小號計三千三百九十八字，每百字刻工用製錢五百文，共合製錢十六串九百九十文。末頁尾子版五塊，每塊打空行刻工用製錢三十文，共合製錢一百五十文。以上通共合製錢七百零六串九百九十九文。

爲提調處來文，恭辦《聖訓》總裁、提調、總纂、纂修、協修等官，每二員每日食肉菜一桌，每十桌價銀二兩五錢七分五釐。每員每日茶葉二錢，每斤價銀一錢三分。校録每員每日飯銀六分。自九年七月至九月止，共合銀四百十七兩八錢七分九釐。每兩發給製錢一串五百文，以上共合製錢六百二十六串八百文。

十二月

爲清様初次修補，自卷一至卷二十止，共修補一千四百六十五字，每一字折三字，共折四千三百九十五字，每百字刻工用製錢九百文，共合製錢三十九串五百五十文。又二次修補清様，自卷一至卷二十止，共修補一千一百六十五字，每一字折三字，共折三千四百九十五字，每百字刻工用製錢九百文，共合製錢三十一串四百五十五文。以上通共合製錢七十一串零十文。

爲三次修補漢文，自卷一至卷三十止，共修補五千九百三十三字，每一字折三字，共折一萬七千七百九十九字，每百字刻工用製錢五百文，以上通共合製錢八十八串八百九十五文。

爲恭刊清文，自卷一百零三至卷一百三十止，截卷共十五卷，計三十萬零六千八百三十三字，每百字刻工用製錢九百文，共合製錢二千七百六十一串四百九十七文。漢字小號計一萬九千五百九十六字，每百字刻工用製錢五百文，共合製錢九十七串九百八十文。末頁尾子版十七塊，每塊打空行刻工用製錢三十文，共合製錢五百十文。以上通共合製錢二千八百五十九串九百八十七文。

爲恭刊清文，自卷一百零一至卷一百二十七止，截卷共五卷，計八萬四千五百四十一字，每百字刻工用製錢九百文，共合製錢七百六十八串八百六十九文。漢字小號計五千四百四十三字，每百字刻工用製錢五百文，共合製錢二十七串二百十五文。末頁尾子版五塊，每塊打空行刻工用製錢三十文，共合製錢一百五十文。以上通共合製錢七百八十八串二百三十四文。

爲二次修補清文，自卷四十二至卷六十六止，截卷共修補二萬一千五百九十六字，每一字折三字，共折六萬四千七百八十八字，每百字刻工用製錢九百文，共合製錢五百八十三串零九十二文。又换刻版柒十五塊，每塊照時價用製錢五百文，共合製錢三十柒串五百文，計九千三百七十五字，每百字刻工用製錢九百文，共合製錢八十四串三百七十五文。漢字小號計六百三十二字，每百字刻工用製錢五百文，共合製錢三串一百六十文。又恭刊清文花格大版三塊，每塊刻工用製錢一串九百文，合製錢五串七百文。每塊版價用製錢一串文，合製錢三串文。又六續恭刻清文長方簽一百九十條，每條刻工用製錢一百八十文，合製錢三十四串二百文。每六條用版一塊，共用版三十二塊，每塊用製錢五百文，合製錢十六串文。以上通共合製錢七百六十七串零二十七文。

爲三次修補清文，自卷一至卷三十三止，共修補四千七百六十五字，每一字折三字，共折一萬四千二百九十五字，每百字刻工用製錢九百文，共合製錢一百二十八串六百五十五文。

爲提調處來文，恭辦《聖訓》總裁、提調、總纂、纂修、協修等官，每二員每日食肉菜一桌，每十桌價銀二兩五錢七分五釐。每員每日茶葉二錢，每斤價銀一錢三分。校録每員每日飯銀六分。自九年十月至十二月止，共合銀四百三十一兩四錢三分七釐。每兩發給製錢一串五百文，共合製錢六百四十七串一百五十文。

爲提調處來文，自九年九月至十二月，供事八名，每名四個月，各應領公費銀十二兩，共應領公費銀九十六兩。每兩發給製錢一串五百文，共合製錢一百四十四串文。

爲八次續采買梨木版五百塊，每塊長一尺一寸五分，寬八寸五分，厚一寸，照時價每塊用製錢五百文，共合製錢二百五十串文。

爲恭刊清文，自卷一百零十至卷一百二十九止，截卷共九卷，計十五萬六千三百零三字，每百字刻工用製錢九百文，共合製錢一千四百零六串七百二十七文。漢字小號計九千二百六十九字，每百字刻工用製錢五百文，共合製錢四十六串三百四十五文。末頁尾子版九塊，每塊打空行刻工用製錢三十文，共合製錢二百七十文。以上通共合製錢一千四百五十三串三百四十二文。

以上共用過製錢二萬五千八百零五串五百十九文。

下存製錢八千三百三十二串八百十一文。

咸豐十年正月起至十二月止恭辦《宣宗成皇帝聖訓》所需款項，由户部陸續領到製錢一萬串，並舊存製錢八千三百三十二串八百十一文，二共合製錢一萬八千三百三十二串八百十一文。

開　除

二月

爲恭辦清、漢文《聖訓》板片全行刊竣，由校勘、提調二處陸續來文發修之書，監視修補至聽差匠役人等挪運版片，該監修等每日添設飯食、聽差匠役人等量加津貼以及刻字匠茶水等項，每月需用製錢四百二十串，自十年正月起至四月連閏五個月，共應領製錢二千一百串文。

三月

爲二次修補漢文，自卷三十六至卷一百二十九止，截卷共七十四卷，計五萬七千一百七十一字，每一字折三字，共折十零萬一千五百十三字，每百字刻工用製錢五百文，以上通共合製錢八百五十七串五百六十五文。

四月

爲提調處來文，恭辦《聖訓》總裁、提調、總纂、纂修、協修等官，每二員每日食肉菜一桌，每十桌價銀二兩五錢七分五釐。每員每日茶葉二錢，每斤價銀一錢三分。校録每員每日飯銀六分。自十年正月至三月止，共合銀四百兩二錢五分。每兩發給製錢一串五百文，共合製錢六百串八百十文。

爲提調處來文，自十年正月至四月連閏月五個月，供事八名，每名五個月，各應領公費銀十五兩，共應領公費銀一百二十兩。每兩發給製錢一串五百文，共合製錢一百八十串文。

五月

爲二次修補清文，自卷五十二至卷一百止，截卷共三十九卷，計二萬五千三百八十五字，每一字折三字，共折七萬六千一百五十五字，每百字刻工用製錢九百文，共合製錢六百八十五串三百九十五文。

爲三次修補清文，自卷三十四至卷六十六止共三十三卷，計四千九百七十八字，每一字折三字，共折一萬四千九百三十四字，每百字刻工用製錢九百文，共合製錢一百三十四串四百六文。

爲初次修補清文清樣，自卷二十一至卷五十止共三十卷，計五千五百二十八字，每一字折三字，共折一萬六千五百八十四字，每百字刻工用製錢九百文，共合製錢一百四十九串二百五十六文。又二次修補清樣，自卷二十一至卷三十三止，共修補三百四十五字，每一字折三字，共折一千三十五字，每百字刻工用製錢九百文，共合製錢九串三百十五文。二共合製錢一百五十八串五百七十一文。

爲三次修漢文，自卷三十一至卷一百止共七十卷，計七千九百五十九字，每一字折三字，共折二萬三千八百七十七字，每百字刻工用製錢五百文，共合製錢一百十九串三百八十五文。

爲初次修補漢文清樣，自卷一至卷四十二止共四十二卷，計一萬七千六百六字，每一字折三字，共折五萬二千八百十八字，每百字刻工用製錢五百文，共合製錢二百六十四串九十文。

七月

爲二次修補清文，自卷一百零一至卷一百三十止共三十卷，計二萬二千五百五十八字，每一字折三字，共折六萬七千六百七十四字，每百字刻工用製錢九百文，共合製錢六百九串六十六文。又擡頭趕行換刻共三千二百四十七字，每百字刻工用製錢九百文，共合製錢二十九串二百二十三文。又漢字小號共計二百九十八字，每百字刻工用製錢五百文，共合製錢一串四百九十文。通共合製錢六百三十九串七百七十九文。

十二月

爲初次修補清文清樣，自卷一百至卷一百三十止共三十卷，計一萬四千四百十五字，每一字折三字，共折四萬六千三百三十五字，每百字刻工用製錢九百文，共合製錢四百十七串十五文。又二次自卷三十四至卷九十止，共修補五千六百九十二字，每一字折三字，共折一萬七千七十六字，每百字刻工用製錢九百文，共合製錢一百五十三串六百八十四文。又擡頭趕行換刻共一千三十字，每百字刻工用製錢九百文，共合製錢九串二百七十文。以上共合製錢五百七十九串九百六十九文。

爲初次修補漢文清樣，自卷一百一至卷一百三十止共三十卷，計二萬九千一百十四字，每一字折三字，共折八萬七千三百四十二字，每百字刻工用製錢五百文，共合製錢四百三十六串七百十文。又擡頭趕行換刻共九千八百二十六字，每百字刻工用製錢五百文，共合製錢四十九串一百三十文。二共合製錢四百八十五串八百四十文。

爲提調處來文，恭辦《聖訓》總裁、提調、總纂、纂修、協修等官，每二員每日食肉菜一桌，每十桌價銀二兩五錢七分五釐。每員每日茶葉二錢，每斤價銀一錢三分。校録每員每日飯銀六分。自十年十月至十二月止，共合銀四百二十六兩二錢八分六釐。每兩發給製錢一串五百文，共合製錢六百三十九串四百二十九文。

爲提調處來文，自十年九月至十二月，供事八名，每名四個月，各應領公費銀十二兩，共應領公費銀九十六兩。每兩發給製錢一串五百文，共合製錢一百四十四串文。

爲二次修補清文清樣，自卷九十一至卷一百三十止共四十卷，計三千一百八十五字，每一字折三字，共折九千五百五十五字，每百字刻工用製錢九百文，共合製錢八十五串九百九十五文。

爲二次修補漢文清樣，自卷一至卷一百三十止共一百三十卷，計八千五百七十字，每一字折三字，共折二萬五千七百十字，每百字刻工用製錢五百文，共合製錢一百二十八串五百五十文。

爲刷印清、漢文《聖訓》正本各一部、陳設書各八部雇覓匠役工飯等項，共合製錢一千五百五十三串八百文。

以上共用過製錢一萬三千八百九十九串二百五十六文。

下存製錢四千四百三十三串五百五十五文。

咸豐十一年正月起至同治元年，恭辦《宣宗成皇帝聖訓》所需款項，由户部陸續領到銀一千兩，共易製錢六千七百九十八串九百八十八文，並舊存製錢四千四百三十三串五百五十五文，二共合製錢一萬一千二百三十二串五百四十三文。

開除

正月

爲裝訂清、漢文《聖訓》草本移送校勘、提調二處校閲、刷印，需用香墨二十斤，每斤時價用製錢九串文，合製錢一百八十串文。棕二十斤，每斤時價用照時價用製錢五百文，共合製錢一千串文。

四月

爲提調處來文，恭辦《聖訓》總裁、提調、總纂、纂修、協修等官，每二員每日食肉菜一桌，每十桌價銀二兩五錢七分五釐。每員每日茶葉二錢，每斤價銀一錢三分。校録每員每日飯銀六分。自十一年正月至三月止，共合銀四百十兩七錢六分九釐。每兩發給製錢一串五百文，共合製錢六百十六串一百五十四文。

爲提調處來文，自十一年正月至四月四個月，供事八名，每名四個月，各應領公費銀十二兩，共應領公費銀九十六兩。每兩發給製錢一串五百文，共合製錢一百四十四串文。

爲恭往行在呈進《宣宗成皇帝聖訓》，提調、供事、筆帖式、匠役等共用車七輛，每日每輛車價銀一兩，往返十六日共車價銀一百一十二兩。每員每日盤費銀一錢三分，往返十六日共盤費銀三十零九兩一錢二分。雇覓駝轎一乘，用銀二十兩，共合銀一百六十九兩一錢二分。每兩發給製錢一串五百文，共合製錢二百五十三串六百八十文。每兩又核減製錢一百文，除核減製錢十六串九百十二文外，實用製錢二百三十六串七百六十八文。

六月

爲提調處來文，恭辦《聖訓》總裁、提調、總纂、纂修、協修等官，每二員每日食肉菜一桌，每十桌價銀二兩五錢七分五釐。每員每日茶葉二錢，每斤價銀一錢三分。校録每員每日飯銀六分。自十一年四月至六月止，共合銀三百九十二兩六錢八分七釐。每兩發給製錢一串五百文，共合製錢五百八十九串三十文。

八月

爲提調處來文，自十一年五月至八月四個月，供事八名，每名四個月，各應領公費銀十二兩，共應領公費銀九十六兩。每兩發給製錢一串五百文，共合製錢一百四十零四串文。

九月

爲恭辦清、漢文《聖訓》各九部，每部書身小頁二萬零八百八十六頁，共計小頁十八萬七千九百七十四頁。每千頁工銀一錢三分，共合銀二十四兩四錢三分六釐。每兩發給製錢一串五百文，共合製錢三十六串六百五十零文。自十一年正月十六日起至七月三十日止，計一百九十二日，每日匠役八名，每名每日飯食製錢四百文，共合製錢六百十四串四百文。又改做杉木版套並添做立牆杉木版九百三十六塊，每部五十二套，計九部共四百六十八套。每部工料製錢一串四百文，共合製錢六百五十零五串二百文。以上共合製錢一千三百六串二百五十文。

十一月

爲提調處來文，恭辦《聖訓》總裁、提調、總纂、纂修、協修等官，每二員每日食肉菜一桌，每十桌價銀二兩五錢七分五釐。每員每日茶葉二錢，每斤價銀一錢三分。校録每員每日飯銀六分。自十一年七月至九月止，共合銀三百七十兩一錢五釐。每兩發給製錢一串五百文，共合製錢五百五十五串一百五十七文。

十二月

爲提調處來文，自十一年九月至十二月四個月，供事八名，每名四個月，各應領公費銀六兩，共應領公費銀四十八兩。每兩發給製錢一串五百文，共合製錢七十二串文。

爲提調處來文，恭辦《聖訓》總裁、提調、總纂、纂修、協修等官，每二員每日食肉菜一桌，每十桌價銀二兩五錢七分五釐。每員每日茶葉二錢，每斤價銀一錢三分。校録每員每日飯銀六分。自十零一年十零月至十零二月止，共合銀三百六十零五兩四錢一分七釐。每兩發給製錢一串五百文，共合製錢五百四十八串一百二十五文。

以上共用過製錢七千六百十八串六百八十四文。

下存製錢三千六百十三串八百五十九文。

同治元年二月

爲裝潢《聖訓》清、漢文各九部，共四百六十八套，需用裱料紙九千八百五十張，每張時價用製錢二十零五文，合製錢二百四十六串二百五十文。每套用白麵五兩，每斤時價用製錢一百六十文，合製錢二十二串四百文。每部用黄布挖單六塊，共用黄布挖單五十四塊。每塊用黄布七尺，共用黄布三百七十八尺，每尺時價用製錢一百五十文，合製錢五十六串七百文。每部用木盤六個，共用木盤五十四個，每個時價用製錢一串七百五十文，合製錢九十四串五百文。刷印本簽、套簽每部二百六十四條，共五千六百四十條，每日用匠役二名，計十日每名每日飯食製錢四百文，合製錢八串文。共用棕、墨各八兩，每斤時價用製錢四串五百文，合製錢四串五百文。用魚鰾七斤五兩，每斤時價用製錢四串文，合製錢二十八串。以上共合製錢四百六十串三百五十文。

爲裝潢清、漢文《聖訓》各九部，每部五十二套，共四百六十八套。每套工銀一錢，合銀四十六兩八錢。每兩發給製錢一串五百文，合製錢七十串二百文。

自十一年二月初二日起至十一月二十二日止，共計二百八十八日，每日匠役八名，每名每日飯食製錢四百文，合製錢九百二十一串六百文。二共合製錢九百九十一串八百文。

四月

爲提調處來文，自正月至四月四個月，供事八名，每名四個月，各應領公費銀六兩，共應領公費銀四十兩。每兩發給製錢一串五百文，共合製錢七十二串文。

以上共用過製錢一千五百二十四串一百五十文。

下存製錢三千零八十九串七百九文。

四月

奏准由户部咨行紙價，於七月領到銀二千八百七十兩，製錢一千四百三十八串二百文。該部以錢摺銀一百四十三兩五錢，共合銀三千十三兩五錢。照依時價采買粉連四紙四十萬三千二百六十張，合銀三千十三兩。

除用過銀三千三兩。下存銀十兩五錢。

翁連溪《清內府刻書檔案史料彙編·武英殿修書處刷印圖書匠役工價銀兩清册同治元年正月初一日至十二月三十日》 武英殿修書處自同治元年正月初一日起至十二月三十日止，此一年寫刻、刷印、摺配、裝潢各書，給發匠役工價供事公費等項，用過銀兩錢糧料數目開後。

舊存

製錢陸百陸拾陸串肆百柒拾五文，銀捌百兩，白榜紙紅格捌萬捌千五百頁，太史連紙紅格五萬五千三百三十三頁，羅紋紙一百十七張，涇縣榜紙一千一百九十張，五摺榜紙二百三十一張，黃箋紙五百四十七張，黃軟箋紙一萬零三張，六十層合背十塊，四十層合背十四塊半，徽墨二百一斤十二兩六錢八分四釐，雄黃七兩六錢九分八釐，廣花末六兩四錢三分八釐，硃砂錠四錢一分，胭脂三十二張，銀硃九十五斤九錢一分，玫瑰花露三斤五兩，芸香露三斤五兩七錢，乳鉢二個，玉彆子大小二十三對，玉勾彆子二個，象牙彆子四對，白象牙彆子四對，泡紅象牙彆子一對，長九寸寬七寸梨木板二百五十二塊，長八寸寬六寸梨木板三百十塊，長八寸寬六寸棗木板一百四塊，備刻書籤板四百八十二塊，杉木板二千五十二套，錦三十五尺六寸，舊紡絲木板套十七個，舊杭紬合背套四個。

新收

黃花綾二百三十六匹，黃素綾四十三匹，黃杭紬二百四十文，黃高麗布一千丈，大珠線四十七斤，粗合背一萬塊，象牙彆子三千二百對；銀一千兩，連上共存銀一千八百兩內提出銀一千四百七十九兩七錢二分，共易製錢六千四百八十七串一百三十六文，連上共存製錢七千一百五十三串六百十一文。

開除錢糧

懋勤殿陸續交出楠木匣蓋十四件，內計三寸五分字六個，每字工飯銀三分六釐，合銀二錢一分六釐，刻六字一工，填二十字一工，每字用青四分。二寸五分字十六個，每字工飯銀二分七釐，合銀四錢三分二釐。刻十二字一工，填二十字一工，每字用金十二張半。一寸五分字十六個，每字工飯銀一分八釐，合銀二錢八分八釐，刻十二字一工，填三十字一工，每字用金四張半。一寸字八個每字工飯銀一分，合銀八分，刻三十字一工，填三十字一工。計刊刻周圍邊線十三件每件工飯銀三分，合銀三錢，計九件，每件用金八張。刻字並邊線用刻字匠十工，每工銀一錢五分四釐，飯銀六分，合銀二兩一錢四分，共合銀四兩一錢四分六釐，每兩發給製錢一串五百六，合製錢六串二百十九文。共用青二錢四分，每兩時價用製錢八百文，合製錢一百九十二文。共用金三百九十二張，每百張時價用製錢十串文，合製錢三十九串二百文。金每百張用廣膠四錢，共用廣膠一兩五錢六分八釐，每兩時價用製錢五百文，合製錢七百八十四文。以上通共合製錢四十六串三百九十五文。

欽天監移送《續刻三元甲子編年萬年書》一份，內計續刻三元三頁、換刻二頁，續刻《萬年書》六頁，換刻八頁，計字一萬三千八百七十個，修補《萬年書》八十五頁，計字二千九百二十個。共繕寫宋字一萬六千七百九十個，每百字工飯用製錢七十五文，合製錢十二串五百九十二文。刊刻字一萬三千八百七十個，每百字工飯用製錢五百文，合製錢六十九串三百五十文。補修字二千九百二十個，每字折三字算，共折字八千七百六十個，每百字工飯用製錢五百文，合製錢四十三串八百文。刊刻格子板五塊，每塊工飯用製錢一串文，合製錢五串文。共用長一尺一寸五分、寬八寸五分、厚一寸梨木板十九塊，每塊時價用製錢五百文，合製錢九串五百文。繕寫宋字板樣用太史連紙一塊，時價用製錢一串五百文。以上共合製錢一百四十二串七百四十二文。

懋勤殿陸續交出楠木匣蓋十一件，內計三寸五分字八個，填青每字工飯銀三分六釐，合銀二錢八分八釐，刻六字一工，填十二字一工。二寸五分字三十八個，填青每字工飯銀三分七釐，合銀一兩二分六釐，刻六字一工，填十二字一工。

一寸五分字三十六個，填青每字工飯銀一分八釐，合銀六錢四分八釐，刻十二字一工，填三十字一工。一寸字二十二個，每字工飯銀一分，合銀二錢二分，刻十二字一工，填三拾字一工。計刊刻周圍邊線十一件，每件工飯銀一錢五分四釐，合銀一兩六錢九分四釐。內填青邊線六件，一寸五分字十八個，填金每字用金四張半，周圍邊線五件，填金每件十二張半。一寸五分字十二個，填金每字用金八張。又由造辦處移交檀木匣蓋一件，未及一寸字七百三十一個，填金每字工飯銀一分，合銀七兩三錢一分，刻十二字一工，填三十字一工，每字用金一張，一寸寶二方，每方用金二張。以上刻字並邊線共用刻字匠九十一工，每工工銀六分，合銀五兩四錢，填字並邊線共用書匠四十五工，每工工銀一錢五分四釐，飯銀六分，合銀九兩六錢三分，共合銀二十六兩二錢二釐。每兩發給製錢一串五百文，共合製錢三十九串三百三文。共用青一兩八錢二分，每兩時價用製錢五百文，合製錢九百十文。共用金一千零五十四張，每百張時價用製錢八串文，合製錢八十四串三百二十文。金每百張用廣膠四錢，共用廣膠四兩二錢一分六釐，每兩時價用製錢二百文，合製錢八百四十四文。以上通共合製錢一百二十五串三百七十七文。【略】

欽天監行取《三元甲子書》二百部，並本處存庫書五十部，共計刷印二百五十部，每部書身小頁二百六十頁，共計書身小頁三萬九千頁，一成二費計費頁四千六百八十頁，每本付頁四頁，計三百本共計付頁一千二百頁，三共計小頁四萬四千八百八十頁。三頁合紙一張，共用粉連四紙一萬四千九百六十張，每九十四張合一塊共合一百五十九塊十四張，每十五塊合一件，共合十件九塊十四張，每件時價用製錢四十八串文，合製錢五百九串二百文。刷印每千頁工銀一錢，合銀三兩九錢。摺配每千頁工銀一錢三分，合銀五兩七分。刷印每千頁用棕墨各一兩五錢，共用棕三斤十兩五錢，每斤時價用製錢三串五百文，合製錢十二串六百八十五文。所需墨斤由本處庫存動用開銷外，共合銀八兩九錢七分。每兩發給製錢一串五百文，合製錢十三串四百五十五文。以上通共合製錢五百三十五串三百四十文。

爲刷印存庫《佩文詩韵》四千本，每本書身小頁一百七十七頁，共計書身小頁七十萬八千頁。刷印每千頁工銀一錢，合銀七十兩八錢。摺配每千頁工銀一錢三分，合銀九十二兩四分。刷印每千頁用棕墨各一兩五錢，共用棕六十六斤六兩，每斤價銀一錢四分，合銀九兩二錢九分二釐四毫。共用墨六十六斤六兩，先行發給一半用墨三十三斤三兩。以上共合銀一百七十二兩一錢三分二釐四毫。每兩發給製錢一串五百文，共合製錢二百五十八串一百九十八文。

爲裝潢上傳《庭訓格言》清文一部，漢文三部，每部一套一本，做藍紡絲套，藍紡絲面頁，黃絹簽包角穿線。每套用紡絲三尺二寸，里縫四寸面頁七寸，共用藍紡絲二十尺，每尺時價用製錢一串二百文，合製錢二十四串文。共用黃絹一尺三寸二分，每尺時價用製錢一串一百文，合製錢一串四百五十二文。糊飾套里托裱材料用加連紙十八張，每張時價用製錢一百六十文，合製錢二串八百八十文。每本用白三珠綫一分五釐，共用綫六分，每兩時價用製錢三串文，合製錢一百八十文。用彆子四對，每對時價用製錢七十五文，合製錢三百文。共用書匠四工，每工工飯用製錢四百文，合製錢一串六百文。又預備懋勤殿傳用打造六十層合背六十塊，每塊用裱料紙六十張，共用裱料紙三千六百張，每張時價用製錢三十四文，合製錢一百二十二串四百文。每塊用白麵一斤二兩，共用白麵一百二十二斤八兩，每斤時價用製錢一百四十文，合製錢十七串一百五十文。以上共合製錢一百六十九串九百六十二文。

爲裝潢欽天監行取《三元甲子萬年書》一百部，每部一套二本，做藍布套黃箋紙面頁，包角穿線。每套用藍布三尺二寸，共用藍布三百二十尺，每尺時價用製錢二百文，合製錢六十四串文。套簽里縫包角共用黃絹五十六尺，每尺時價用製錢六百文，合製錢三十三串六百文。每本用白三珠線一分五釐，共用線三兩，每兩時價用製錢四串文，合製錢十二串文。糊飾套里托裱材料共用連四紙三百張，每張時價用製錢五十文，合製錢十五串文。每套用白麵五兩，共用白麵三十一斤，每斤時價用製錢一百二十文，合製錢三串七百二十文。共用彆子一百對，每對時價用製錢六十文，合製錢六串文。面頁共用黃箋紙一百張，每張時價用製錢一百五十文，合製錢十五串文。每套工銀一錢，合銀十兩。每兩發給製錢一串五百文，合製錢十五串文。以上共合製錢一百六十四串三百二十文。

懋勤殿傳用打造六十層合背五十塊，備用十塊，六層二十塊，每層用裱料紙一張，共用三千七百二十張，每二百張合一塊，共合十八塊一百二十張，每塊時價用製錢八串文，合製錢一百四十八串八百文。每塊用白麵一斤二兩，單股每塊用白麵一兩八錢，共用白麵六十九斤十二兩，每斤時價用製錢一百六十文，合製錢十一串一百六十文。又傳用《寶藪》一冊五十開，每六開用紙一張，七寸書摺二個，計二百開，每八開用紙一張，六寸書摺四個，計二百開，每十二開用紙一張，共用白毛邊紙九十五張，每張時價用製錢三百九十文，合製錢三十七串五十文。殼面簽共用紡絲絹六尺五寸，每尺時價用製錢七百文，合製錢四串五百五十文。托裱摺疊共用書匠二十二工，每工飯食用製錢四百文，合製錢八串八百文。以上共合製錢二百十串三百六十文。

爲裝潢上傳漢文《四書》一部一套六本，入襯頁做藍布套，古色紙面頁，包角穿線。共四百六十頁，每三頁用紙一張，共用連四紙一百五十張，每張時價用製錢八十文，合製錢十二串文。套面月藍布四尺二寸，每尺時價用製錢二百文，合製錢八百四十文。用古色紙三張，每張時價用製錢三百文，合製錢九百文。包角里縫用絹六寸四分，每尺時價用製錢一串一百文，合製錢七百文。每本用線一分五釐，共用白三珠線九分，每兩時價用製錢二串文，合製錢一百八十文。成做書套用製錢一百五十文。又由懋勤殿傳用合背二十塊，每塊用紙十張，共用裱料紙二百張，每張時價用製錢六十文，合製錢十二串文。白榜紙本四十本，古色紙面頁包角穿線。每本四十頁，六頁合紙一張，共用五摺榜紙二百六十五張，每張時價用製錢二百五十文，合製錢六十六串二百五十文。頁面合紙一張，共用古色紙二十張，每張時價用製錢三百文，合製錢六串文。包角用絹八寸，合製錢八百八十文。每本用白三珠線一分五釐，共用線六錢，合製錢一串二百文。每本工銀一分五釐，合銀六錢，每兩發給製錢一串五百文，合製錢九百文。以上共合製錢一百二串文。【略】

懋勤殿交出御筆「聖神天縱」扁額樣一分，照式搨印一千七百三十三分，每分匠役工飯用製錢一串四百文，合製錢二千四百二十六串二百文。每分用墨三兩，共用墨五千一百九十九兩，每兩時價用製錢四百文，合製錢二千零七十九串六百文。今先行發給搨印一千一百三十八分工飯，合製錢一千五百九十三串二百文，墨價三千四百十七兩，合製錢一千三百六十六串八百文。以上共合製錢二千九百六十串文。【略】

提調處自本年五月起至十二月止連閏月共應領供事公費銀一百九十二兩，每兩發給製錢一串五百文，共合製錢二百八十八串文。年例官員辦事房、各作房租搭涼棚用銀四十九兩一錢六分七釐，每兩發給製錢一串五百文，共合製錢七十三串七百五十文。年例刻字頭目二名，寫字頭目一名，刻字匠一名，自正月初一日起至十二月底止連閏月共應領飯銀九十二兩一錢六分，每兩發給製錢一串五百文，共合製錢一百三十八串二百四十文。年例懋勤殿並方略館界書匠共五名，自正月初一日起至十二月底止連閏月共應領飯銀九十六兩，每兩發給製錢一串五百文，共合製錢一百四十四串文。年例值宿庫掌等飯食以及署費等項自本年正月起至次年三月止連閏月共領製錢八百六十四串文。年例批寫呈進《時憲書》六本、《萬年書監》六分，每分工銀六錢八分，又補寫次年《星命須知》一本，合二工每工工銀一錢五分四釐，呈進《中星更録》一分，計宋字一萬四千三百八十個，每百字飯食用製錢七十五文，合製錢十串七百八十五文。刷印紅格用太史連紙一塊用銀四錢七分二釐，刷印工飯並界書等項合銀二兩，共合銀五兩八錢六分，每兩發給製錢一串五百文，合製錢八串七百九十文。以上通共合製錢十九串五百七十五文。年例辦買白胰子三斤，共領銀四兩八錢，每兩發給製錢一串五百文，共合製錢七串二百文。年例繕寫呈進年總奏銷黃册一分，藍册一分，並買辦黃綾紙張摺匣等項合銀二十兩九錢九分一釐，每兩發給製錢一串五百文，共合製錢三十一串四百八十六文。年例封開印信買辦新紅紙張印色等項，共領銀十五兩，每兩發給製錢一串五百文，共合製錢二十二串五百文。以上通共用過製錢六千六百十八串六百文。

開除材料：爲裝潢《宣宗成皇帝聖訓》進呈陳設頒賞清漢各書，需用黃花綾一百七十九匹，黃素綾四十一匹，黃杭紬一百七十六丈，黃高麗布九百三十六丈，大珠線三十六斤，榜紙二百二十六張，黃箋紙一百八張，黃軟箋紙六千五百張，六十層合背十塊，粗合背三千九百塊，杉木板一千一百四十四套，象牙彆子三千一百七十二對，刷印漢文《宣宗成皇帝聖訓》並《三元甲子》、《佩文詩韻》等書及搨墨。

紫光閣武成殿鑲牆活計共用墨一百九十六斤六兩，頒賞漢文《聖訓》、訂立册檔並檔案房訂立册檔共用太史連紙紅格一千三百頁，預備批寫封條等項用銀硃一斤。

現　存

製錢五百三十五串十一文，銀三百二十兩二錢八分，太史連紙紅格五萬四千三十三頁，羅紋紙一百十七張，涇縣榜紙一千一百九十張，五摺榜紙五張，黃箋紙四百三十九張，黃軟箋紙三千五百三張，四十層合背十四塊半，徽墨五斤六兩六錢八分四釐，雄黃七兩六錢九分八釐，廣花末六兩四錢三分八釐，硃砂錠四錢一分，胭脂三十二張，銀硃九十四斤九錢一分，玫瑰花露三斤五兩，芸香露三斤五兩七錢，乳鉢二個，玉彆子大小二十三對，玉勾彆子四對，象牙彆子四對，白象牙彆子四對，泡紅象牙彆子一對，長九寸寬七寸梨木板二百五十二塊，長八寸寬六寸梨木板三百十塊，長八寸寬六寸棗木板一百四塊，備刻書簽板四百八十二塊，杉木板九百八套，錦三十五尺六寸，舊紡絲杉木板套十七個，舊杭紬合背套四個，黃花綾五十七匹，黃素綾二匹，黃杭紬六十四丈，黃高麗布六十四丈，大珠線十一斤粗合背六千一百塊象牙彆子二十八對。

舊存

《五朝聖訓》清文一百九十五部滿文五十七部、內乾清宮陳設《聖祖聖訓》清漢各一部。《太祖大破明師於松山之戰書事》一百九部、《御註孝經》四十部、《聖祖仁皇帝御製文集》六部、《御製周易折中》七部、《御纂性理精義》清文九十二部漢文七十一部、《御纂朱子全書》七十七部、《御製律呂正義》十一部、《世宗憲皇帝御製文集》六部、《聖諭廣訓》清文八十八部漢文六十九部、《聖諭廣訓》十六部蒙古文、《欽定訓飭州縣規條》五部、《欽定音韻闡微》三部、《上諭八旗》清文二十一部漢文二十三部、《上諭內閣》二十三部、《上諭武臣》三十分、《御製盛京賦》清文十四部、《硃批諭旨》十四部、《高宗純皇帝聖訓》清文六十八部漢文九十五部、《樂善堂全集定本》二十三部、《御製詩初集》一部、《御製詩二集》四部、《御製詩三集》二部、《御製文初集》七部、《御製文二集》三部、《欽定康濟録》十七部、《御纂醫宗金鑑》五部、《欽定軍衛道里表》六部、《御覽經史講義》四十三部、《欽定叶韵彙輯》三十一部、《欽定科場條例》十八部、《欽定中樞政考》清文十二部漢文十七部、《御纂詩易折中》三十四部、《御撰資治通鑑綱目三編》五十一部、《欽定授時通考》九部、《御纂周易述義》三十二部、《御纂圓明園四十景詩》一百三十九部、《欽定三禮義疏》十部、《欽定八旗則例》清文九部漢文八部、《欽定儀象考成》四十八部、《欽定鼓鑄則例》六部、《御批歷代小板通鑑》四十五部、《御纂篆文盛京賦》清文八部漢文八部、《欽定四書文》四部、《欽定蒙古回部王公表傳》蒙古文一部清文二部漢文三部、《欽定續通志》四十部、《欽定續通典》四十部、《欽定續通考》四十部、《欽定授衣廣訓》九十六部、《欽定廓爾喀紀略》二十八部、《御製避暑山莊詩》清文九十九部漢文九十八部、《御選唐詩》八十六部、《欽定臺灣紀略》二十八部、《南巡盛典》二十一部、《仁宗睿皇帝聖訓》清文四十五部漢文四十二部、《味餘書室全集定本》十六部、《味餘書室全集定本》五十部、袖珍《味餘書室隨筆》十部、《御製詩初集》四部、《御製詩二集》九部、《御製詩三集》二十三部、《御制文初集》八十二部、《御製文二集》十八部、《御製詩文餘集》二十三部、《御製詩初集》五十部、袖珍《御製文初集》五十部、袖珍《御製文》三十部、《欽定學政全書》四十三部、《欽定辛酉工賑紀事》四十七部、《欽定新疆識略》八部、《嗣統述聖詩》三十部、《西巡盛典》五部、《欽定續纂外藩蒙古回部王公功績表傳》蒙古文五部清文三部漢文三部、《欽定熙朝雅集》十六部、《宣宗成皇帝御製詩初集》四十七部、《御製文初集》四十七部、《御製詩文餘集》一百部、《御製巡幸盛京詩》十八部、《欽定左傳讀本》九十一部、《欽定續纂外藩蒙古回部王公表傳》十部、《欽定合璧孝經》連四紙書九部、《欽定合璧孝經》涇縣榜紙書九十九部、《上諭附疏議條款》九部、《皇清文頴》六十全部、《皇朝禮器圖》一部、《皇清職貢圖》一部、《皇朝記事林典故》五十八部、《皇朝通志》十六部、《皇朝通考》十六部、《皇朝通典》十六部、《皇清文頴續編》十二部、《大清續纂條例》二十一部、《大清通禮》一部、《大清律例》清文二十部漢文十四部、《大清會典》漢文十五部、嘉慶年間《盛京通志》二十九部、《廣群芳譜》九部、《三元甲子》五部、《四樣字清涼山新志》一部、《萬年書》十五部、《大禮記註》五部、《大學衍義》一部、《鄉守輯要合鈔》九部樣本一部、《冰嬉賦》十五部、《協紀辨方》九部、《萬善同歸》三十四部、《大數表》十二部、《月令輯要》八十八部、《五譯合璧輯要》三部、《西清古鑑》七十部、《春秋直解》八部、《分類字錦》七十二部、《小數表》十六部、《督捕則例》三部、《千叟宴詩》一百七部、《唐宋文醇》七十五部、《周易本義》九十九部、《近思録》二部、《大藏瑜珈施食儀》十五部、《平定兩金川方略》八部、《日知薈説》八部、《合璧四書》十五部、《佩文韵府》二十二部、蒙古字《曆法書》九十四部、清文小學集註五部、大板《四書》一百四十九部、清文《祭祀條例》六部、宋板《禮記》五十部、《子史精華》四部、《韵府拾遺》十四部、《合璧易經》二十五部、《對數廣韵》十部、《增訂清文鑑》三部、《蒙古律例》十八部、《三流道里表》十部、《性理大全》三十九部、《宗室王公功績表傳》清文八部漢文八部、《五軍道里表》十五部、《舊清語》十四部、《國子監則例》清文五部漢文五部、清字書寫《蒙古文鑑併總綱》六部、《宗室王公功績表傳》二部、《西域同文志》四十三部、《對音字式》一百四部、《盤山志》七部、《日下舊聞考》五十二部、《詩經樂譜》五十四部、《開國方略》清文四十四部漢文四十四部、《三合切音清文鑑》八十七部、《户部則例》五部、《禮部則例》六部、《評鑒闡要》十七部、《河源紀略》九部、宋板《五經》二十三部、《臨清紀略》十九部、《論語集解》三十七部、《清文八旗氏族通譜輯要》九十三部、《太常寺則例》六部、《儲貳金鑑》十三部、《衢歌樂章》九十七部、大板《古文淵鑑》一部、《合璧禮記》八十四部、《平定準噶爾方略》清文五十四部漢文五十四部、《蘭州紀略》四十六部、《明史本紀》四十七部、《熱河志》三十四部、《職官表》九十部、《合璧春秋》三十二部、《同文韵統》六部、《四庫全書總目》七部、《四體字清文鑒》五十五部、《洗寃録》七部、《三元甲子》三十一部、《十全集》三十八部、《兵部軍器則例》七部、《皇輿西域圖志》三十四部、擺印《千叟宴詩》六十六部、擺印《吏部則例》七部、《兩金川方略》清文四十六部漢文四十三部、《滿洲源流考》一百二十三部、《補後漢年表》四十八部、《吏部則例》清文二十三部乾隆年間漢文十八部、《日講易經解義》五部、《蒙古源流》蒙古文四十七部清文四十七部漢文四十三部、《繹史》九部、《十全記》一部、《二體大藏全咒》二十部、《清涼山志》五部、《勝朝殉節諸臣録》四十七部、《九家集註杜詩》二十部、《日講書經解義》一部、《日講禮記解義》一部、《日講春秋解義》一部、袖珍《五經》四十四部、袖珍《史記》十五部、袖珍《春明夢餘録》三十四部、袖珍《蘇詩》四十四部、杜佑《通典》十二部、《文獻通考紀要》八部、清文《日講書經》二十七部、袖珍《四書》四十九部、袖珍《淵鑒類函》十六部、袖珍《古文淵鑒》七部、袖珍《綱目三編》三十六部、袖珍《朱子全書》四十九部、《文獻通考》十四部、鄭樵《通志》十七部、清文《日講四書》二十五部、清文《日講易經》二十七部、清文《日講春秋》四十五部、《前漢書》十一部、《三國志》十四部、《宋書》十五部、《北齊書》九部、《陳書》十七部、《南史》十七部、《周書》十八部、《唐書》十三部、《史記》九部、《後漢書》十四部、《晉書》十七部、《南齊書》十六部、《梁書》十八部、《魏書》十六部、《北史》十七部、《隋書》十八部、《舊唐書》八部、《五代史》十三部、《宋史》九部、《金史》四十九部、《明史》一部、《論語註疏》二十二部、《詩經註疏》九部、《周易註疏》二十三部、《儀禮註疏》二十一部、《禮記註疏》十三部、《舊五代史》八十六部、《遼史》二十四部、《元史》一部、《三史語解》三十一部、《孟子註疏》二十二部、《書經註疏》十九部、《周禮註疏》十四部、《穀梁註疏》十九部、《公羊註疏》十八部、《左傳註疏》十二部、《爾雅註疏》二十二部、《新千叟宴詩》五部、漢文《小學集註》四十八部、《書經傳説彙纂》三部、《悦心集》三十部、《平定教匪紀略》十六部、《八旗通志》漢文十八部嘉慶年間、《孝經註疏》三十一部、《孝經衍義》九部、漢文《孝經集註》四十四部、《詩經傳説彙纂》四部、《讀尚書詩》十部、《幾輔安瀾志》一部、《剿平三省邪匪方略》十四部、《八旗通志》清文五部乾隆年間漢文一部、《白塔信礮章程》十六部、《駢字類編》十六部、《遼史》十八部、《元史》十七部、《全史詩》三十部、《詩經》九十一部、《易經》九十一部、《春秋》九十九部、《佩文詩韵》七百九十部、《三元甲子》十二部、《金史》十八部、《三史語解》十九部、《四書》八十四部、《書經》九十三部、《禮記》九十一部、《宗室王公功績表傳》清文四部漢文二部、《詞林典故》三十部、《回疆方略》五十部、《康熙字典》一百九十一部、《合璧四書》四十部、《合璧書經》四十三部、《合璧禮記》九十三部、《翻譯大學衍義》十九部。重修廿史計開：《史記》一百八部、《後漢書》一百八部、《晉書》一百八部、《三元甲子》二百部、《合璧詩經》四十三部、《合璧易經》四十四部、《合璧春秋》九十三部、《前漢書》一百八部、《三國志》一百八部、《宋書》一百八部、《南齊書》一百八部、《梁書》一百八部、《魏書》一百八部、《北史》一百八部、《隋書》一百八部、《舊唐書》一百八部、《宋史》一百八部、《北齊書》一百八部、《陳書》一百八部、《南史》一百八部、《周書》一百八部、《唐書》一百八部、《五代史》一百八部、《明史》一百八部。以上舊存書一萬三千七百二十八部。

新收

《三元甲子》一百五十部，《佩文詩韵》二千部。

開除

實録館行取《五朝聖訓》一部、《高宗純皇帝聖訓》一部、《仁宗睿皇帝聖訓》一部、《聖諭廣訓》二部、《御製詩》一部、《御製文》一部、《御製詩文餘集》一部、《皇朝通考》一部、《皇朝通典》一部、《皇朝通志》一部、《大清通禮》一部、《大禮記註》一部、《八旗通志》一部、《康熙字典》四部、《三元甲子》一部、《職官表》一部、《八旗氏族通譜》一部、《四體字清文鑒》三部、《萬年書》一部、《清文鑒》一部、《回疆方略》一部、《翻譯詩經》一部、《翻譯詩經》之一《翻譯春秋》一部、上傳《漢文四書》一部。翰林院行取、禮部行取《佩文詩韵》二千部、《對音字式》一部、《翻譯四書》一部、《翻譯書經》一部、《翻譯禮記》一部、《滿蒙清文鑒》二部、《佩文詩韵》三百部、《孝經衍義》一部。欽天監行取《三元甲子》一百部。

以上開除書二千四百三十八部。

現存

《伍朝聖訓》清文一百九十伍部漢文伍十六部。内乾清宮陳設《聖祖聖訓》清漢文各一部。《太祖大破明師於薩爾滸山之戰事》四十一部、《太祖大破明師於松山嵐之戰書事》一百九部、《御註孝經》四十部、《聖祖仁皇帝御製文集》六部、《御製周易折中》七部、《御纂性理精義》清文九十二部漢文七十一部、《御纂朱子全書》七十七部、《御製律呂正義》十一部、《世宗憲皇帝御製文集》六部、《聖諭廣訓》清文八十七部漢文六十九部、《聖諭廣訓》十伍部（蒙古文）、《欽定訓飭州縣規條》伍部、《欽定音韻闡微》三部、《上諭八旗》清文二十一部漢文二十三部、《上諭內閣》二十三部、《上諭武臣》三十分、《御製盛京賦》清文十四部、《硃批諭旨》十四部、《高宗純皇帝聖訓》清文六十八部漢文九十四部、《樂善堂全集定本》二十三部、《御製詩初集》一部、《御製詩二集》四部、《御製詩三集》二部、《御製文初集》七部、《御製文二集》三部、《欽定康濟録》十七部、《御纂醫宗金鑑》伍部、《御製恭和詩》十六部、《欽定軍衛道里表》六部、《御覽經史講義》四十三部、《欽定叶韻彙輯》三十一部、《欽定科場條例》十八部、《欽定中樞政考》清文十二部漢文十七部、《御纂詩易摺中》三十四部、《御撰資治通鑑綱目三編》伍十一部、《欽定授時通考》九部、《御纂周易述義》三十二部、《御纂圓明園四十景詩》一百三十九部、《欽定三禮義疏》十部、《欽定八旗則例》清文九部漢文八部、《欽定儀象考成》四十八部、《欽定鼓鑄則例》六部、《御批歷代小板通鑑》四十伍部、《御纂篆文盛京賦》清文八部漢文八部、《欽定四書文》四部、《欽定蒙古回部王公表傳》蒙古文一部清文二部漢文三部、《欽定平苗紀略》四十六部、《欽定續通志》四十部、《欽定續通典》四十部、《欽定續通考》四十部、《欽定授衣廣訓》九十六部、《欽定廓爾喀紀略》二十八部、《御製避暑山莊詩》清文九十九部漢文九十八部、《御選唐詩》八十六部、《欽定臺灣紀略》二十八部、《南巡盛典》二十一部、《仁宗睿皇帝聖訓》清文四十伍部漢文四十一部、《味餘書室全集》定本十六部、《味餘書室全集》定本伍十部、袖珍《味餘書室隨筆》十部、《御製詩初集》四部、《御製詩二集》九部、《御製詩三集》二十三部、《御製文初集》八十二部、《御製文二集》十八部、《御製詩文餘集》二十三部、《御製詩初集》伍十部、袖珍《御製文初集》伍十部、袖珍《御製文》三十部、《欽定學政全書》四十三部、《欽定辛酉工賑紀事》四十七部、《欽定新疆識略》八部。《嗣統述聖詩》三十部、《西巡盛典》伍部、《欽定續纂外藩蒙古回部王公功績表傳》蒙古文伍部清文三部漢文三部、《欽定熙朝雅頌集》十六部、《宣宗成皇帝御製詩初集》四十六部、《御製文初集》四十六部、《御製詩文餘集》九十九部，《御製巡幸盛京詩》十八部、《養正書屋全集》定本九十伍部、《欽定續纂外藩蒙古回部王公表傳》十部、《欽定合璧孝經》連四紙書九部、《欽定合璧孝經》涇縣榜紙書九十九部、《上諭附疏議條款》九部、《皇清文穎》六十伍部，《皇朝禮器圖》一部、《皇朝詞林典故》伍十八部、《皇朝通志》十伍部、《皇朝通考》十伍部、《皇朝通典》十伍部、《皇清文穎續編》十二部、《大清續纂條例》二十一部、《大清律例》清文二十部漢文十四部、《大清會典》漢文十伍部、嘉慶年間《盛京通志》二十九部，《廣群芳譜》九部、《三元甲子》伍部、四樣字《清涼山新志》一部、《萬年書》十四部、《大禮記註》四部、《鄉守輯要合鈔》九部樣本一部、《冰嬉賦》十伍部、《協紀辨方》九部、《萬善同歸》三十四部、《大數表》十二部、《大學衍義》一部、《月令輯要》八十八部、《伍譯合璧輯要》三部、《近思録》二部、《西清古鑒》七十部、《大藏瑜珈施食儀》十伍部、《春秋直解》八部、《平定金川方略》八部、《分類字錦》七十二部、《日知薈説》八部、《小數表》十六部、《合璧四書》十伍部、《督捕則例》三部、《千叟宴詩》一百七部、《唐宋文醇》七十伍部、《佩文韻府》二十二部、《蒙古字曆法書》九十四部、《周易本義》九十九部、大板《四書》一百四十八部，清文《祭祀條例》六部、《宋板禮記》伍十部、《子史精華》四部、《韻府拾遺》十四部、《合璧易經》二十伍部、《光禄寺則例》六部、《對數廣韻》十部、清文《小學集註》伍部、《蒙古律例》十八部、《三流道里表》十部、《性理大全》三十九部、《宗室王公功績表傳》清文七部漢文二部、《刪註詩韻》六百六十一部、《旗務則例》清文八部漢文八部、《伍軍道里表》十伍部、《舊清語》十四部、《增訂清文鑒》二部、《國子監則例》清文伍部漢文伍部、《清字書寫蒙古文鑒併總綱》六部、《宗室王公功績表傳》二部、《西域同文志》四十三部、《對音字式》一百三部、《盤山志》七部、《日下舊聞考》伍十二部、《詩經樂譜》伍十四部、《開國方略》清文四十四部漢文四十四部、《户部則例》伍部、《禮部則例》六部、《評鑒闡要》十七部、《河源紀略》九部、《宋板伍經》二十三部、《臨清紀略》十九部、《論語集解》三十七部、《三合切音清文鑒》八十伍部、《太常寺則例》六部、《儲二金鑒》十三部、《衢歌樂章》九十七部、《大板古文淵鑒》一部、《合璧禮記》八十四部、《平定準噶爾方略》清文伍十四部漢文伍十四部、《蘭州紀略》四十六部、《明史本紀》四十七部、漢文《八旗氏族通譜輯要》九十二部、《職官表》八十九部、《合璧春秋》三十二部、《同文韻統》六部、《四庫全書總目》七部、《四體字清文鑒》伍十二部、《洗冤録》七部、《三元甲子》三十一部、《熱河志》三十四部、《兵部軍器則例》七部、《皇輿西域圖志》三十四部、擺印《千叟宴詩》六十六部、擺印《吏部則例》七部、《兩金川方略》清文四十六部漢文四十三部、《滿洲源流考》一百二十三部、《補後漢年表》四十八部、《吏部則例》清文二十三部漢文十八部、乾隆年間《十全集》三十八部、《蒙古源流》蒙古文四十七部清文四十七部漢文四十三部、

《繹史》九部、《十全記》一部、《二體大藏全咒》二十部、《清涼山志》伍部、《勝朝殉節諸臣録》四十七部、《九家集註杜詩》二十部、《日講書經解義》一部、《日講易經解義》伍部、《日講春秋解義》一部、袖珍《伍經》四十四部、袖珍《學記》四十一部、袖珍《史記》十伍部、袖珍《春明夢餘録》三十四部、袖珍《蘇詩》四十四部、杜佑《通典》十二部、《文獻通考紀要》八部、《日講禮記解義》一部、袖珍《四書》四十九部、《袖珍淵鑒類函》十六部、袖珍《古文淵鑒》七部、袖珍《綱目三編》三十六部、袖珍《朱子全書》四十九部、《文獻通考》十四部、鄭樵《通志》十七部、清文《日講四書》二十伍部、清文《日講書經》二十七部、清文《日講春秋》四十伍部、《前漢書》十一部、《三國志》十四部、《宋書》十伍部、《北齊書》九部、《陳書》十七部、《南史》十七部、《周書》十八部、清文《日講易經》二十七部、《史記》九部、《後漢書》十四部、《晉書》十七部、《南齊書》十六部、《梁書》十八部、《北史》十七部、《隋書》十八部、《唐書》十三部、《五代史》十三部、《宋史》九部、《金史》四十九部、《明史》一部、《論語註疏》二十二部、《詩經註疏》九部、《周易註疏》二十三部、《儀禮註疏》二十二部、《舊唐書》八部、《舊伍代史》八十六部、《遼史》二十四部、《元史》一部、《三史語解》三十一部、《孟子註疏》二十二部、《書經註疏》十九部、《周禮註疏》十四部、《穀梁註疏》十九部、《禮記註疏》十三部、《左傳註疏》十二部、《爾雅註疏》二十二部、《新千叟宴詩》伍部、漢文《小學集註》四十八部、《書經傳説彙纂》三部、《續琉球國志》二十八部、《悦心集》三十部、《平定教匪紀略》十六部、《公羊註疏》十八部、《孝經註疏》三十一部、《孝經衍義》八部、漢文《孝經集註》四十四部、《詩經傳説彙纂》四部、《讀尚書詩》十部、《幾輔安瀾志》一部、《剿平三省邪匪方略》十四部、《八旗通志》清文伍部、乾隆年間漢文一部、《八旗通志》漢文十七部、嘉慶年間《駢字類編》十六部、《遼史》十八部、《元史》十七部、《全史詩》三十部、《詩經》九十一部、《易經》九十一部、《春秋》九十九部、《清寧合撰》三十部、《白塔信礮章程》十六部、《三元甲子》十二部、《金史》十八部、《三史語解》十九部，《四書》八十四部，《書經》九十三部、《禮記》九十一部、《宗室王公功績表傳》清文四部漢文二部、《詞林典故》三十部、《佩文詩韻》四百九十部、《康熙字典》一百八十七部、《合璧四書》三十九部、《合璧書經》四十二部、《合璧禮記》九十二部、《翻譯大學衍義》十九部。重修廿史

計　開

《史記》一百八部、《後漢書》一百八部、《前漢書》一百八部、《三國志》一百八部、《晉書》一百八部、《南齊書》一百八部、《梁書》一百八部、《魏書》一百八部、《北史》一百八部、《隋書》一百八部、《舊唐書》一百八部、《宋史》一百八部、《宋書》一百八部、《北齊書》一百八部、《陳書》一百八部、《南史》一百八部、《周書》一百八部、《唐書》一百八部、《伍代史》一百八部、《明史》一百八部。以上現存書一萬三千四百四十二部。

後庫舊存

《五朝聖訓》清文一部、《三朝聖訓》四部、《聖祖仁皇帝御製詩》一部、《御製詩初集二集》二百二十四部、《御製詩三集》四百四十四部、《御纂性理精義合璧》一部、《御選四朝詩》一部、《御製全韻詩》二部、《御製全韻詩》十四部、袖珍《世宗憲皇帝上諭》一部、《硃批諭旨》一部、《御選語録》伍部、《上諭八旗》七部、《御製盛京賦》清文二部、《庭訓格言》清文二十伍部漢文四十八部、《高宗純皇帝御製詩初集》二十七部、《御製詩二集》二部、《御製詩三集》一部、《御製詩伍集》一部、《御製文初集》一部、《樂善堂全集定本》二部、《萬壽聖典》十六部、《御製擬白居易新樂府》二十伍部、《御製擬白居易新樂府》三部(大板)、《御製月令七十二候詩》三部、《御製圓明園四十景詩》二部、《御批歷代通鑒輯覽》一部、《御製圓明園四十景詩》一部(小板)、《御製古稀説》二部、《八旬萬壽盛典》十伍部、《欽定石經考文提要》一部、《欽定歷代職官表》一部、《御選唐詩》一部、《仁宗睿皇帝聖訓》清文十三部漢文伍十部、《欽定明鑒》二十六部、《皇朝禮器圖》一部、《皇清職貢圖》一部、《大清會典》清文一部清文寫本一部漢文一部、《佩文齋詠物詩選》三十六部，《佩文齋書書譜》三十九部，《古香齋施註蘇詩》一部、《樂律正俗》九十八部、《開國方略》清文一部、《朔漢方略》清文四十六部漢文四十二部、《協紀辨方》一部、《日知薈説》十六部、《律書淵源》一部、《金川戰圖》一分、《周易傳義合訂》四十一部、清文《日講易經》十八部、《横渠易説》一部、漢文《日講書經解義》一部、《尚書》二部、《詩經》四十伍部、《合璧春秋》十伍部、《周易折中》四部、《四壁禮記》十七部、《易傳義》一部、清文《日講書經解義》十七部、《書經》伍十九部、清文《詩經》九部、《毛詩名物解》一部、《春秋傳説彙纂》三十四部、《左傳集解》一部、《周禮》一部、《日講禮記解義》一部、《易經》伍十六部、《禮記集説》一部、《四書》二十二部、《史記鈔》一部、《少徽通鑒節要》一部、《晉書》一部、《舊伍代史》二部、《三禮義疏》一部、《禮記》六十二部、《儀禮註疏》一部、《爾雅註疏》二部、《四書大全》三部、《前漢書》四部、《前漢書》二部(小板)、《梁書》一部、《明史列傳稿》

一部、《資治通鑑綱目》三十八部、袖珍《書經》一部、《大學衍義補》一部、《國策》一部、《小學大全》一部、《史記》四部、《會典則例》一部、《續修會典》一部、清文《八旗氏族通譜》四部、《通典》一部、《大學衍義》二部、《國語》二部、《楚辭》伍部、《通志堂經解》八部、清文《通鑑綱目》一部、《歷代紀事年表》十八部、《繹史》二部、《古今逸史》一部、《户部則例》一部、《悦心集》三十一部、《科場條例》一部、《蒙古律例》一部、《彙纂條例總目》一部、《會典》一部、《昭忠祠列傳初集》清文一部漢文一部、《昭忠祠列傳續集》清文四部漢文四部、《吏律》一部、《廿一史文鈔》二部、《篆文六經四書》四十三部、《廿二史考異》一部、《史懷》二部、《三藩紀事本末》一部、《文中子》一部、《昭忠祠列傳二集》清文一部漢文一部、清字《昭忠祠列傳》一部、《户律》一部、《禮律》一部、《刑律》一部、《名律》一部、《唐宋文醇》一部、《平齋文集》一部、《李忠定公文集》一部、《漢字寫册昭忠祠列傳續集》一部、《平定準噶爾方略前編正編續編》一部、《平定臺灣昭忠祠列傳續集》清文一部漢文一部、《平定安南昭忠祠續集》清文一部漢文一部、《陸宣公集》三部、《韓昌黎集》一部、《韓昌黎詩集注》一部、《九家集註杜詩》伍部、《詩史》一部、《詩論》一部、《瀛奎律髓》一部、《全唐詩録》十二部、《白玉蟾集》一部、《玉臺新詠》一部、《全唐詩》二十二部、《元豐類稿》一部、《吕東萊博議》二部、《朱子遺書》一部、《柳文》一部、《麗句集》一部、《錦繡萬花谷前集續集後集》一部、《白香山長慶集後集補遺年譜》一部、《元文類》一部、《韋蘇州集》二部、《十二家唐人詩集》一部、《唐詩類苑》一部、《唐人選唐詩八種》一部、《東壁圖書府》一部、《盤山志》一部、《詩記》一部、《永明心賦》十六部、《藝文類聚》一部、《貞觀政要》一部、《四體字清文鑒》十九部、《舊清語》二部、《清涼山志》伍部、《歲華紀麗》十六部、《事文類聚》一部、《通志》一部、《黄山圖》一部、《文獻通考》一部、《無圈點清字書》一部、《康熙字典》九部、《淵鑒類函》二十八部、《曉清字》一部、《駢字類編》一部、《律吕正論》一部、《音韻闡微》二部、《韻府群玉》一部、《對數廣韻》一部、《天文圖註》一部、《三元甲子萬年書》九十九部、《伍車韻瑞》二部、《子史精華》一部、《四庫全書總目》一部、《詞林典故》二部、《法書考》一部、《圖繪寶鑒》一部、《佩文韻府》四十二部、《選擇書》三部、《星律考源》十七部、康熙年分《清漢合璧時憲書》一部、《數表》七部、《大數表》六部、《編日新書》一部、《新法律書》九部、《事編》一部、《群書考索》一部、《月令輯要》一部、《博古圖》一部，康熙年分清字《時憲書》一部、《子平集要》一部、《通德類情》一部、清文《前定數》一部、清字鈔本《麻衣相法》一部、《漢雋》一部、清字《星律考源》一部、《儒宗理要》一部、《酉陽雜俎》一部、《墨海》一部、《廣吏傳》一部、《張氏春秋》一部、《長物志》一部、《四家題跋》一部、《卓氏藻林》一部、《經海一滴》四部、《經世大訓》一部、《性理綜要》一部、《讀書紀數略》四十部、《月令廣義》二部、《文品外録》一部、《全芳備祖》一部、《鑪譜》一部、《兩漢雋言》二部、《文選錦字》一部、《文選尤》一部、《比例規解》一部、《文選雙字類要》一部、《萬善同歸》十六部、《詞譜》二十三部、《本草綱目必讀》一部、《醫宗金鑒》一部、《寶筏精華》一部、《宗鏡録》一部、《書記洞銓》一部、《道元一炁》一部、《太平清語》一部、《瓶廬韻箋》三部、《謝華啟秀》十六部、《四十家雜説》一部、《全唐文正本》一部、《三合切音清文鑒》十四部、《洞元珠》一部、《鑒古韻語》一部、《程書》一部、《吉字韻編》一部、《六書賦》一部、清字《古文淵鑒》二十一部。以上舊存書二千伍百四十七部。

新　收

《宣宗成皇帝聖訓》清文四部漢文二十部。

備　賞

《宣宗成皇帝聖訓》漢文一百部。

開　除

上　傳

《庭訓格言》清文一部漢文三部。

頒　賞

《宣宗成皇帝聖訓》漢文六十四部。

提調處行取

《宣宗成皇帝聖訓》漢文一部。

以上現存書二千六百二部。

武英殿後庫收存墨刻法帖

聖祖仁皇帝御書扁額法帖大小十六套、《勸農諭得雨詩》手卷一卷、《諭直省督撫》三張、《賜尹會一之母詩》一軸、《賜尹嘉銓聯》一副、《喜雨賦》二册、《幸翰林院柏梁體詩》一册、《幸翰林院分韻詩》一册、《幸萬壽山玉瀾堂錫宴十五老臣賡歌圖繪以彰盛事手卷》十卷、《高上玉皇本行集經》八十分、《御賜門聽政述志詩》四十九分、《御筆四言韻文》一百分、《御筆懲戒因循詩》九分、《御筆馬圖》九分、《御筆萬世人極扁額》六十三分、《五言七言對聯》九十六副、扁二十分、雜詩二十分、合牌殼面九册，《升平讌詩》三册、對聯三副，《十思疏》一卷、《朋黨論》手卷一卷、《柏梁體詩》四册、獲訓松齡横披一張、《得雪詩》一張、《清芬閣米帖》八册、《得雨》詩二張、墨記得軸子四軸、《薩爾滸山之戰書事》一卷、《三希堂法帖》楠森林殼面三十二册（絹殼面八套）、大小福字三張、《快雪堂法帖》五卷、《快雪堂補記得》木石版九張一聯一卷、《淳化閣法帖》一分、《快雪堂法帖》十七分、《金剛經》一分、《右軍六十帖》一套、《淳化閣四帖》一套、《蘭亭八柱帖》一套、《太清樓法帖》一套、《秀餐軒法帖》四册、《荔青軒法帖》四册、《心經》一册、《顏魯公麻姑仙壇記》一册、《磚塔銘》一册、《四十二章經》五册、《蘭亭臨本四種》一册、《蘭亭四種》一册、《宋搨縮本蘭亭》一册、《金剛般若波羅密經》伍十包、法帖單頁二百一種、法帖八張、燈聯詞一卷、刷印菩提二字各色箋紙一百張、《快雪堂法帖》單頁九十九分。以上舊存各種法帖伍十六種，並無新收開除。

翁連溪《清内府刻書檔案史料彙編・武英殿修書處寫刻刷印工價並顏料紙張定例清册》 武英殿造辦處寫刻刷印工價並顏料紙張定例開於後。

寫書内宋字每千工銀二錢，歐字每千工銀四錢，軟字每千工銀三錢。寫圖内小字不拘宋、軟字，每千工銀三錢。寫書籤大字每千工銀三錢，小字每千工銀二錢，寫宋、歐、軟等字，較書内字或大，臨期酌定。

圈每百個工銀二釐。戳各種書滿篇，圈每篇工銀二分。書内宋字每百工銀八分，歐字每百工銀一錢六分，軟字每百工銀一錢二分。

刻圖内小字不拘宋、軟，每百工銀一錢二分。刻清、漢篆字每個工銀七釐。刻篆文音釋字每百工銀一錢二分。

以上如刻用棗板加倍，刻宋、歐、軟等字，較書内字或大，臨時酌加。

凡書頁後無一字，每塊加打空工銀一分五釐；刻表格，每頁加打空工銀一分五釐。刻長方簽每條工銀三分，如遇三四樣字每條工銀加倍。刻紅套圈每塊工銀八分，如有字另算字工。刻書内清字，除小呢字外，九個字爲一行，工銀三分。

刻棗板加倍。

刻書内章圈算字，句讀圈點不算。刻花格板每塊合二工，每工銀一錢五分四釐，用銀三錢八釐。刻空格板，每塊工銀一錢五分四釐。

刻御筆字一寸上下每個工銀二分，一寸五分字每個工銀一分八釐，二寸五分字每個工銀二分七釐，三寸五分字每個工銀三分六釐，四寸五分字每個工銀四分五釐，五寸五分字每個工銀五分四釐，六寸五分字每個工銀六分三釐，七寸五分字每個工銀七分二釐，八寸五分字每個工銀八分一釐，九寸五分字每個工銀九分，一尺一寸字每個工銀一錢八釐，一尺二寸字每個工銀二錢一分七釐。

刻陽文一寸之内字，照象牙字例算。寶一寸見方，每顆工銀一錢七分。二寸見方，每顆工銀三錢四分。如三寸見方者，臨期按工銷算。刻圖並假門牆壁畫稀密，臨期酌定工，每工銀一錢五分四釐。

刻象牙一寸之内字每個工銀一分，如過一寸者臨期酌定。

刻臣工書寫字一寸上下者每個工銀六釐，一寸五分字每個工銀一分二釐，二寸五分字每個工銀一分八釐，三寸五分字每個工銀二分四釐，四寸五分字每個工銀三分，五寸五分字每個工銀三分六釐，六寸五分字每個工銀四分二釐，七寸五分字每個工銀四分八釐，八寸五分字每個工銀五分四釐，九寸五分字每個工銀六分，一尺一寸字每個工銀七分二釐，一尺二寸字每個工銀七分八釐。

御筆序文之中縫字如用宋字寫者，仍照宋字例。如宸翰，每百字工銀一錢四分。

刻圖書一寸見方每顆工銀六分，二寸見方每方工銀一錢二分。

刻萬字回文錦邊，寬一寸長八寸合一工，每工銀一錢五分四釐，畫寬一寸合一工。

刻書身套圈牌子，每塊工銀四分，如有字另算。

刻蒙古字照清字例算，如刻西番字照蒙古字例合算，如刻棗板加倍。刻圓明園、静明園、静宜園、清漪園等處之刻字匠、畫匠，每日每名飯銀六分，帶匠之庫掌柏唐阿，每員一日飯銀一錢。刻熱河、盤山等處刻字匠、畫匠每名一日飯銀一錢三分，每四名雇車一輛，每日車價銀七錢二分，係照養心殿之例。帶匠之庫掌柏唐阿，每員一日飯銀一錢三分。

庫掌柏唐阿帶匠給幫銀二十兩。【略】

遇有新刻書籍，用上板紅格一分，校對草樣一分，批准請樣一分，小樣半分。

刷進呈並存庫書，每百頁用費一成六。用棕、墨各四五分。

刷紅套用銀朱二錢五分，紅花水四錢，白芨四分。

藍套用靛二錢，用廣膠二分。

緑套用藤黄一錢，靛末一錢，廣膠二分。

黄套用雄黄二錢五分，白芨二分五釐。

紅批用銀硃一錢二分，用紅花水一錢六分，白芨一分六釐。

藍批用靛末一錢二分，廣膠一分二釐。

黄批用雄黄一錢二分，白芨一分二釐。

刷進呈並頒發套寶，又臣工圖書每方用朱砂一分二釐，紅花水一分六釐，白芨一釐六毫。

刷各種龍邊，上諭摺一分用毛邊紙四張，銀硃二分五釐，紅花水四分，白芨四釐，飯銀八釐。

刷紅格子每百篇用銀硃一錢，黄丹一錢。

刷經每百篇飯銀二分，用棕、墨各一兩。

刷寸楮十分，用本紙十一條六釐，四條合紙一張，廢在内。

刷封套十分，用雙料連四紙十一篇六釐，十五篇合紙一張，用銀硃二錢五分，白芨一錢五分，棕四分五釐，紅花水一兩五錢。

刷上諭武臣一分，用紅花水六錢四分，飯銀一分。

家内匠役刷書每千篇飯銀一錢。

外雇匠役刷書每千篇工銀一錢二分。外雇畫匠填畫顔色並繪畫圖章，臨期酌量定工，按長短之工給發工銀。

刷清文進呈各種大板經每十連用銀硃五分，紅花水八分，白芨八釐，棕三分。每二連合印經連四紙一張，托紙照樣，用二層。

刷清文進呈各種小板經照書身例用銀硃、紅花水、白芨、棕。每十連合印經連四紙一張，托紙照樣，用二層，用連四紙二張。

刷清文頒發喇嘛習誦各種小板經，照書身例每百篇用棕、墨。每二十四連合五摺榜紙二張，托紙一張。

刷四樣字經每千連用棕、墨各三兩，飯銀二錢。

刷蒙古上諭每一分用黄榜紙二張，棕、墨各一分二釐，百分飯銀一兩。上諭套龍邊每百分用棕、墨各二兩四錢，飯銀二兩，黄榜紙二百張。

刷進呈並存庫、頒發袖珍古香齋《古文淵鑒》每千篇用銀、墨各一兩。無批紅套，每千篇用銀硃一兩六錢六分，紅花水二兩六錢六分，白芨二錢六分六釐。有批紅套，每千篇用銀硃二兩五錢，紅花水四兩，白芨四錢。黄批每千篇用雄黄八錢，白芨一錢六分。藍批每千篇用靛末一兩三錢三分，廣膠一錢三分三釐。

刷頒發書每百頁用一成四連廢，棕、墨一錢三分。紅套用銀硃二錢，紅花水三錢，白芨三分。藍套用靛末一錢五分，廣膠一分五釐。黄套用雄黄二錢，白芨二分。紅批用銀硃一錢二分，紅花水一錢六分，白芨一分六釐。藍批用靛末一錢二分，廣膠一分二釐。黄批用雄黄一錢二分，白芨一分二釐。刷《儀象考成大星圖》每十分用五摺榜紙十張，用棕、墨各一錢二分，飯銀一錢。刷校對各館交刻有紅套草樣，每百篇用銀硃二錢，紅花水三錢，白芨三分，棕一錢五分。臨期板片若干，領紙張若干。

《上諭武臣》、《上諭朋黨論》、《上諭州縣》、《上諭勸農》、《上諭農林訓要》黄榜紙四篇合大紙一張，《上諭内庭諭訓》四篇合連四紙一張。

四種上諭一張合連四紙一張。

《上諭公本》、《上諭嘉禾圖》、《儀象考成大星圖》一張合榜紙一張。

二種上諭一張合五摺榜紙一張。

《大清律續纂條例》、《西清古鑒》、《御注孝經》、清文《三國志》、《醫宗金鑒》臺連紙。

五種書二篇合連四紙一張，四篇合五摺榜大紙一張。

《冰嬉賦》、《叶韵彙集》、《周易義例啟藏附論》、《三元甲子七政四餘萬年書》、《佩文韵府》、《人臣儆心録》、《清漢小數表》。八種書八篇合連四紙一張，二篇合太史連紙一張。

《資政要覽》清漢文、《清孝經》、《大數表》摺連四紙六篇合紙一張，《小數表》摺連四紙八篇合紙一張，《千言賦》大板、小板《資政要覽》、清《大學衍義》、《佩文詩韵》三篇合竹紙一張，《國學禮樂録》、《近思録》、《對數廣韵》八篇合連四紙一張，《八陽經》、《皂王經》、《保胎經》、《龍藏會集》、《子史精華》連四紙六篇合紙一張。《金剛經》、《藥師經》、《地藏本在經》、《安宅經》、《大悲懺》、《楞嚴懺》、《玉皇本行經》、小摺《詩韵》，以上書籍、各種經，本庫無存，候刷時再行定准紙張。

《五朝聖訓》、《周易本義》、《軍衛道里表》、《祭祀條例》、《八旗通志》清漢文、《督捕則例》清漢文、《中樞政考》清漢文、《金川方略》清漢文、《篆文盛京賦》、《大清律例》清漢文、《大清通禮》。

十五種三篇合連四紙一張，六篇合榜紙一張。

袖珍《五經四書》、袖珍《蘇詩》、袖珍《綱目》、袖珍《春明夢餘録》、袖珍《朱子》、袖珍《初學記》、袖珍《史記》、袖珍《類函》、袖珍《四書易經》。

十種小書十五篇合連四紙一張，三篇合川連紙一張。

《上諭巡撫》、《上諭知府》、《上諭關差》、《上諭布政》、《上諭州縣》、《上諭提督》、《上諭道員》、《上諭督學》、《上諭總兵》、《上諭副將》、《上諭八旗》、《上諭總督》、《上諭按察》、《上諭八旗小團龍摺》。

十四種上諭每一種一分，用上好黄毛邊紙四張，托紙在内。

書寫《清文鑒》、《文獻通考紀要》、《訓飭州縣規》、《悦心集》、《日知薈説》、《執中成憲》、《樂善堂》、《康濟録》、《恭和詩》、《明史綱目》、《硃批上諭》、《大禮記注》、《庭訓格言》、《四十景詩》、《廣群芳譜》、《御製孝經》、《古文淵鑒》、《詩經傳説》、《春秋傳説》、《書經傳説》、《世宗文集》、大板《四書五經》、《四書文選》、《大數表》、《聖祖文集》、《御制詩集》、《月令輯要》、《音韵闡微》、《合璧四書》、《經史講義》、《詩義折中》、《痘疹不求人》、《詞林典故》、《朱子全書》、《古文約選》、《明史》、《周易折中》、《唐宋文醇》、《聖諭廣訓》、《二十八種經》、《皇清文穎》、《施食儀》、《文獻通考》、《通典》、鄭樵《通志》、《盛京通志》、《唐宋詩醇》、《日講禮記》、《大清一統志》、《曆象考成後編》、《同文韵統》、《日講書經》漢文、《日講易經》漢文、《日講四書》漢文、《日講春秋》漢文、《御選唐詩》、《繹史》、《孝經衍義》、《授時通考》、《小學》、《孝經》清漢、《性理精義》、《八旗氏族通譜重訂》、《教乘法數》、《科場條例》、《學政全書》、《三流道里表》、《洗冤録》、《協紀辨方》、《萬年書》、《清涼山志》、《三禮》、《儀象考成》、《律曆淵源》、《周易述義》、《千叟宴詩》、《上諭人君圖治》、《上諭君臨天下》、《上諭比周爲黨》、《上諭首重安民》、《上諭科甲》、《上諭西暖閣》、《上諭八旗》、《上諭八旗》手卷、《上諭朋黨論》黑、《上諭》漢文黑、《上諭十條》、《上諭西安》、《上諭乾清門》、《上諭三教歸一》、《上諭文武各職》、《上諭内閣》、《上諭八旗議覆奏議》、《十三經》、《二十一史》。

以上一百二十六種，進呈連四紙書，六篇合大紙一張；頒發太史連紙書，二篇合大紙一張；五摺榜紙隨式樣用。

年例搭蓋刷書作凉棚二間。年例搭蓋翰林校對書籍處凉棚三間。年例進呈時憲書四本，底稿二本，添寫紅字行，朱墨三錠，並《萬年書鑒》四分，寫字工銀每分六錢八分。

年例刷書作行取煤爐二座，自十一月初十起，至正月三十日止。内除放匠八日不領外，每煤爐一座用煤十斤，炭一斤。

年例翰林校對書籍處行取煤爐一座，硯炙四個。每硯炙一個，一日用黑炭一斤。照作房例，放匠不領。

年例進呈背式骨需用黄油敦布面，白油敦布里夾口袋長一尺二寸寬九寸二個，長一尺寬八寸二個，長八寸寬六寸二個。俱用黄絨條穿口，四幅見方黄油敦布挖單一塊，白油敦布八尺。弓匠六名，黑炭十斤，白蠟四兩，刷子二把，順德紅紙一張。

奉旨重刻補並各館奏准交來改補刻者，每一字作三字算。

年例翰林校對書籍處並刷印作，自初伏起，至處暑止，每日用冰二塊。

刷西番、蒙古横直南礬連四紅格紙四連合大紙一張，清文大經竹紙紅格每連合紙一張，每千連用銀朱、黄丹各二兩五錢。清文小經竹紙紅格六連合紙一張，每百連用銀朱、黄丹各一錢。

刻一寸至一寸五分大字，每人一日刻十二個字。

二寸五分至三寸五分大字，每人一日刻六個。

四寸五分至五寸五分大字，每人一日刻四個。

六寸五分至七寸五分大字，每人一日刻三個。

八寸五分至九寸五分大字，每人一日刻二個。

如過一尺至一尺四寸大字，每人一日刻一個。

刻四寸至六寸見方大寶，每顆工銀六錢八分。

填四寸至六寸見方寶字，每顆用朱硃三錢。

填一尺三寸字用金三百三十八張，魚子金五百七張，青五錢，碌一兩。

一尺四寸字用金三百九十二張，魚子金五百八十八張，青六錢二分，碌一兩二錢四分。

一尺五寸字用金四百五十張，魚子金六百七十五張，青八錢二分，碌一兩六錢四分。

一尺六寸字用金五百十二張，魚子金七百六十八張，青一兩二分，碌二兩四分。

如遇刻一尺三寸大字每個工銀一錢二分六釐，一尺四寸大字每個工銀一錢三分五釐，一尺五寸大字每個工銀一錢四分四釐，一尺六寸大字每個工銀一錢五分三釐。一寸至一寸五分大字每三十個字用畫匠一名，二寸五分至三寸五分大字每二十個字用畫匠一名，四寸五分至五寸五分大字每十二個字用畫匠一名，六寸五分至七寸五分大字每九個字用畫匠一名，八寸五分至九寸五分大字每七個字用畫匠一名，一尺至一尺一寸大字每六個字用畫匠一名，一尺二寸至一尺三寸大字每五個字用畫匠一名，一尺四寸至一尺五六寸大字每四個字用畫匠一名。

大寶每二方用畫匠一名，寸寶每四方用畫匠一名，小寶並圖書每十方用畫匠一名，博古座子、架子、殼面等項填色每六十個用畫匠一名。【略】

每年正月起至十二月止，懋勤殿陸續交出各等處已四過御筆詩條、橫披、圓光匾對等項，於年底彙總，視御筆之大小寬窄，比較行取五摺榜紙托裱，完竣時仍交懋勤殿訖，其白麵照書作例行用。

書作定例

每裝訂書一套，描界書二百六十頁，托經一百頁，俱領銀一錢。

一、界畫匠出差，每日領飯銀五分。

一、往遠處送書，跟箱匠役、押送人員，每名一日盤費銀一錢三分。

一、車脚擡夫，裝箱棉花，包書紙張，俱是看道路遠近、書之多寡，臨期酌量領用。

又圓明園等處出差人員每名一日飯銀一錢，匠役每名一日飯銀六分。又雇寫字人繕寫書頭書籤，俱是臨期酌量字之多寡，按數按套定工，照例領取。從前寫《佩文韵府》每部九十五本，領過工銀五工。《韵府拾遺》每部二十本，領過工銀二工。以後再有另樣書頭寫者，照此二種字之多少比較算工。

每舊絹套面三個行托紙一張。做杉木套，糊頭層里，俱照依客連四紙領用。如有添做者，再按張照例行取。

又各處陳設等書掛籤，每黄高麗紙一張俱行黄榜紙托紙二張。每次或五張或十張行取下，以備不時應用，俟用完之時，再行行取。每黄高麗紙半張、黄榜紙一張裁大掛籤一百條，袖珍小掛籤二百三十條。

古香齋袖珍等。

每套或錦、絹、綾俱行五寸分，布行八寸。做錦布套如係紙面頁，行連里縫絹一寸。

每套行頭等白麵二兩五錢八分，牙別子一對，用沙紙一張。如係杉木套，用魚鰾一錢二分五釐。

合背套，每四套用四十層合背一塊。

每六套用客連四紙一張，每二十套連外縫行三號高麗紙一張，如不及二十套者不行。

每本絹、綾俱行三寸。如紙面頁，每二十頁合用紙一張。

包角行絹一分，訂書行線七釐五毫。

《西清古鑒》

每套或錦、絹、綾俱行三尺七寸，做錦套如係紙面頁，連里縫行絹四寸。

每套行頭等白麵五兩，一寸五牙別子一對，南砂紙二張。如係杉木套，用魚鰾二錢五分。

合背套用六十層合背一塊半，每一套用客連四紙一張，每十套連外縫行三號高麗紙一張，如不及十套者不行。

每本或絹、綾俱行一尺四寸。如紙面頁，每四頁合用紙一張。包角行絹三分，訂書行三珠線二分。

每長籤、方籤十條，絹、綾俱行一尺。如紙籤，每四十條用紙一張。

每絹、綾一丈，行托紙四張。每客連四紙一張，做籤紙一張，做面頁紙一張，俱行托紙一張。

如係進呈或陳設書，每十頁平書用白裱紙一張。如係原有面頁今改做，每本用副頁二篇。原無副頁者，每本用副頁四篇。每三篇合用紙一張。

又行材料，除《西清古鑒》、袖珍小書外，裝訂中套書，每套行白麵五兩，牙別子一對，沙紙二張。杉木板套用魚鰾二錢五分。每三套用客連四紙二張，每十套用高麗紙一張，不及十套者不行。

每本用包角絹二分，訂書線一分五釐。

每絹一丈，行托紙四張。每客連四紙一張，裁籤紙一張，俱行托紙一張。每做古色毛邊紙面頁紙一張，行清水紙一張。

如係進呈或陳設書，每十頁用平書紙一張。

如係原有面頁今改做，每本用副頁二篇。原無副頁者，每本用副頁四篇。

至於所用錦、綾、布、合背、古色紙、做副頁紙，俱是看書大小，酌量領取。

如係内庭交出换杉木板或改套，仍用舊套面者，每個摺帶子綾、絹俱行一寸，布行二寸，里縫絹量書大小行取。

《道德寶章》每套絹、綾俱行三尺四寸。做錦套行錦二尺五寸，絹九寸，六十層合背一塊。每本絹、綾俱行一尺二寸五分，每六頁用紙一張。每籤十條絹、綾俱行九寸，每五十條用紙一張。每副頁三篇用紙一張。

清漢《八旗通志》、《增訂清文鑒》、清字《日講易經解義》、清字《日講書經解義》、清字《日講四書解義》、清字《日講春秋解義》、《五朝聖訓》、《大清會典》、清字《祭祀書》。

每套錦、絹俱行三尺二寸，里縫絹、綾四寸，六十層合背一塊。每本絹、綾俱行九寸，每六頁用紙一張。每副頁三篇用紙一張。每籤十條絹、綾俱行九寸，五十條用紙一張。

《性理大全》、清字《詩經》、清漢《平定朔漢》、清字《資治通鑒綱目》、《醫宗金鑒》、大板《四書》、清字《督捕則例》、清漢《吏部則例》、清漢《中樞政考》、清漢《八旗則例》、《軍衛道里表》。

每套錦、絹、綾俱行三尺一寸，里縫絹、綾四寸，六十層合背一塊。每本絹、綾俱行九寸，每七頁用紙一張。每副頁三篇用紙一張。每籤十條絹、綾俱行九寸，每籤五十條紙一張。

清字《三國志》每套絹、綾俱行三尺，里縫絹、綾四寸，六十層合背一塊。每本綾，絹俱行一尺二寸五分，每七頁用紙一張。每副頁三篇用紙一張。每籤十條綾，絹俱行九寸，每籤五十條用紙一張。

漢字《大清律例》、清字《古文淵鑒》、《同文韵統》、《大清一統志》、漢字《督捕則例》、《盛京通志》、《文獻通考》、《蒙古合刻清文鑒》、《十三經》、《廿四史》。

每籤十條或絹、綾俱行一寸五分，紙籤每一百六十條用紙一張。每絹、綾一丈行托紙四張。每客連四紙一張，裁籤紙一張，面頁紙一張，俱行托紙一張。如係進呈或陳設書，每二十頁平書用白裱紙一張。如係原有面頁今改做，每本用副頁二篇。原無副頁者，每本用副頁四篇。每十二頁合用連四紙一張。

托裱進呈清字大式經每頁行面六錢，進呈清字小式至每頁行面二錢。包大經每一分，小經每四分，供行黄榜紙一張，大夾板一付，小夾板一付，共用六十層合背一塊半，客連四紙一張，黄榜紙一張。又托裱喇嘛念經小式經，每頁行面一錢五分。長式樣夾大二尺五寸，寬八寸。小式樣夾長九寸，寬五寸。

所有行取過書尺寸清字《大清律例》每套絹、錦、綾俱行三尺二寸，里縫絹、綾(突)[四]寸，六十層合背一塊。每本絹、綾俱行一尺三寸五分，每六頁用紙一張。每籤十條絹、綾俱行(綾)[九]寸，每五十條用紙一張。每副頁三篇用紙一張。

《二史》、清字《性理精義》、《大禮記注》、《通典》、《通志》、《清文鑒》、《洗冤録》、《周易折中》、《三流道里表》、《年表》、《上諭内閣》、《皇朝禮器圖》。

每套錦、絹俱行一尺五寸，布行三尺，里縫絹、綾二寸，六十層合背一塊。每本絹，綾俱行七寸，每八頁用紙一張。每副頁六篇用連四紙一張，每二篇用竹紙一張。每籤十條絹、綾俱行七寸，每六十條用紙一張。

《唐宋文醇》、《唐宋詩醇》、漢字《性理精義》、《協紀辨方》、《萬年書》、《春秋傳説彙纂》、《三禮義疏》、清字《庭訓格言》、《文獻通考紀要》、《硃批諭旨》、清字《四書》、《日講春秋解義》、《日講禮記解義》、《日講四書解義》、《日講書經解義》、《日講易經解義》、《詩義折中》、《律吕正義後編》、《康熙字典》、《古今圖書集成》、《儀象考成》、《味餘書室集》。

每套錦、絹、綾俱行一尺四寸，布行二尺八寸，里縫絹、綾二寸，每三套用六十層合背二塊。每本絹、綾俱全集行七寸，每十頁用紙一張。每副頁六篇用連四紙一張，每二篇用竹紙一張。每籤十條絹、綾俱行七寸，每六十條用紙一張。

漢字《庭訓格言》、清漢《聖諭廣訓》、清漢《孝經集注》、清漢《避暑山莊詩》。

做插套每套絹、綾俱行一尺五寸，錦行八寸，布行一尺六寸，外行套七寸。做掀套每套絹、綾俱行一尺一寸，布行二尺二寸，里縫絹、綾二寸，每三套用六十層合背二塊。每本絹、綾俱行七寸，每十頁用紙一張。每副頁六篇用連四紙一張，每二篇用竹紙一張。每籤十條絹、綾俱行七寸，每六十條用紙一張。

《音韵闡微》、《康濟録》、《詞林典故》、《日知薈説》、《清涼山新志》、《大數表》、《四書文》、《授時通考》、《律曆淵源》、《曆象考成後編》、清字書寫《蒙古文鑒》、《御製文集》、《御製詩集》、《世宗文集》、《上諭八旗》、《歷代賦彙》、《五經四書》、《科場條例》、《經史講義》、《五譯合璧集要》、《皇清文穎》、《學政全書》、清漢《八旗氏族通譜》、《執中成憲》、《篆文六經》。

每套錦絹、綾俱行一尺三寸，布行二尺六寸，里縫綾、絹二寸，每三套用六十層合背二塊。每本絹，綾俱行七寸，每十頁用紙一張。每副頁六篇用連四紙一張，竹紙每二篇用紙一張。每籤十條綾、絹俱行七寸，每六十條用紙一張。

《古文淵鑒》、《恭和詩》、《滿漢合璧四書》、《朱子全書》、《月令輯要》、《資治通鑒綱目》、《題畫詩類》、《子史精華》、《繹史》、《駢字類編》。

每套錦、絹、綾俱行一尺三寸，布行二尺六寸，里縫絹、綾二寸，每三套用六十層合背二塊。每本絹、綾俱行六寸，每十二頁用紙一張。每連四紙副頁六篇用紙一張，竹紙副頁二篇用紙二張。每籤十條絹、綾俱行六寸，每七十條用紙一張。

《御選唐詩》、《分類字錦》、《詞譜》。

每套絹、錦、綾俱行二尺四寸，布行二尺八寸，里縫絹、綾二寸，每三套用六十層合背二塊。每本絹、綾俱行六寸，每十二頁用紙一張。每連四紙副頁六篇用紙一張，竹紙副頁二篇用紙一張。每籤十條絹、綾俱行六寸，每七十條用紙一張。

《佩文韻府》、《韻府拾遺》、《讀書紀數略》。

每套絹、綾、錦俱行一尺三寸，布行二尺六寸，里縫綾、絹二寸，每二套用六十層合背二塊。每本絹、綾俱行五寸，每十四頁用紙一張。連四紙副頁每六篇用紙一張，竹紙副頁每二篇用紙一張。每籤十條絹、綾俱行五寸，每八十條用紙一張。

《四朝詩》、《全唐詩》、《諸史提要》、《廣群芳譜》、《淵鑒類函》、《小學漢字》。

每套錦、絹、綾俱行二尺二寸，布行二尺四寸，里縫綾、絹二寸，每三套用六十層合背二塊。每本綾、絹俱行五寸，每十四頁廚紙一張。連四紙副頁每六頁用紙一張，竹紙副頁每二頁用紙一張。每籤十條絹、綾俱行五寸，每八十條用紙一張。

《書畫譜》、《詠物詩選》、《叶韻彙輯》、《全唐詩録》。

每套錦、綾俱行一尺一寸，布行二尺二寸，里縫綾、絹二寸，每三套用六十層合背一塊。每本綾、絹俱行五寸，每十四頁用紙一張。連四紙副頁每六篇用紙一張，竹紙副頁每二篇用紙一張。每籤十條綾、絹俱行五寸，每八十條用紙一張。

《小數表》、《佩文詩韵》。

每插套每套綾、絹俱行九寸，錦、布行六寸，外絹四寸，做一套俱行五寸，里縫絹、綾一寸。每本絹、綾俱行四寸，每三套用六十層合背一塊。每十八頁用紙一張。連四紙副頁每八頁用紙一張，竹紙副頁每三頁用紙一張。每籤十條綾、絹俱行三寸，每一百條用紙一張。

《千叟宴詩》、《揀魔辨異録》。

每套錦、綾、絹俱行一尺一寸，布行二尺二寸，里縫、綾、絹二寸，每三套用六十層合背二塊。每本綾、絹俱行六寸，每十二頁用紙一張。連四紙副頁每六篇用紙一張，竹紙副頁每二篇用紙二張。每籤十條綾、絹俱行六寸，每七十條用紙一張。

《樂善堂全集定本》、《周易述義》。

每套錦、絹、綾俱行一尺二寸，布行二尺四寸，里縫絹、綾二寸，每三套用六十層合背一塊。每本絹綾俱行七寸，每十頁用紙一張。連四紙副頁每六頁用紙一張，竹紙副頁每二頁用紙一張。每籤十條絹、綾俱行七寸，每六十條用紙一張。

《藥師瑠璃經》。

每套錦、綾、絹連殼面俱行一尺五寸，布行一尺五寸，里縫綾、絹二寸，每套用六十層合背一塊。每四册用殼面一張。每籤十條綾、絹俱行七寸，每六十條用紙一張。

《四體字金剛經》。

每套絹、綾、錦連殼面俱行二尺，每三套用六十層合背二塊。每籤十條絹、綾俱行一尺。

《金川方略》。

每套綾、絹、錦俱行二尺六寸，里縫絹、綾四寸，每套用六十層合背一塊。每本綾、絹俱行九寸，每七頁用紙一張。連四副頁每三篇行紙一張。每籤十條綾、絹俱行七寸，每五十條用紙一張。

《篆文盛京賦》。

每套錦、絹、綾俱行三尺三寸，里縫綾、絹四寸，每套用六十層合背一塊。每本綾、絹俱行九寸，每七頁用紙一張。連四紙副頁每三篇行紙一張。每籤十條綾、絹俱行七寸，每五十條用紙一張。

翻書房清文《大清通禮》。

每套絹、錦、綾俱行二尺九寸，里縫絹、綾四寸，每套用六十層合背一塊。每本絹、綾俱行九寸，每七頁用紙一張。連四紙副頁每三篇用紙一張。每籤十條絹、綾俱行七寸，每五十條用紙一張。

漢文《大清通禮》。

每套錦、綾、絹俱行三尺，里縫絹四寸，每套用六十層合背一塊。每本絹、綾俱行九寸，每七頁用紙一張。連四紙副頁每三篇用紙一張。每籤十條綾、絹俱行八寸，每五十條用紙一張。

《西清古鑒》。

連外縫行紙每套用長一尺四寸寬一寸高麗紙四條，每三號高麗紙一張裁五十條。

《通志》經史等書。

每套用長八寸寬一寸一條四條，每三號高麗紙一張裁九十九條。

《佩文韵府》等書。

每套用長八寸寬一寸四條，每三號高麗紙一張裁九十二條。

袖珍小書。

每套用長五寸五分寬一寸四條，每三號高麗紙一張裁一百三十八條。

内庭傳要寫御製詩太史連紙空本。

每本綾，絹俱行七寸，每二篇用紙一張。

圓明園等處取送各種書，每年行柳木柱子十根，撻繩二十條。一年例行取連繩柳柴四個，笤箒二十把，簸箕六個，毛撣子十把，糊刷八把，大紅袍筆二十枝，墨四兩，寫檔案筆十二枝。

涼棚四間，冷布十丈。

暑伏日起至處暑日止每日行冰一塊。

一、打熕糊燒烙鐵常爐一座，每日行煤十觔，炭一觔。

十一月初一日起至正月三十日止，每日行煤爐四座。每座一日行煤十斤，炭一觔。硯炙四個，每個一日行炭一觔。

一、所用傢夥刀子螺加銼墊板、尺油案子、糊壁子、棹子、板凳、磨石等項，俱是間一二年實在不堪用時向該處行取。

一、盤子挖單俟有進呈書時酌量尺寸數目向該處行取。

長一尺六寸、寬四寸、厚一寸棗木板，每塊價銀三錢。

長八寸、寬六寸、厚一寸棗木板，每塊價銀二錢二分。

長一尺二寸、寬六寸、厚一寸棗木板，每塊價銀二錢八分。

長一尺一寸五分、寬八寸五分、厚一寸梨木板，每塊價銀一錢。

長一尺一寸五分、寬八寸五分、厚一寸棗木板，每塊價銀三錢。

長一尺五寸、寬一尺三分、厚一寸梨木板，每塊價銀二錢七分。

長一尺、寬八寸、厚一寸棗木板，每塊價銀二錢七分。

長一尺、寬八寸、厚一寸梨木板，每塊價銀九分。

長二尺二寸、寬五寸、厚一寸梨木板，每塊價銀一錢六分。

長七寸三分、寬八寸五分、厚一寸棗木板，每塊價銀二錢六分。

見圓做成二尺四寸、厚一寸棗木板，每塊價銀二兩五錢。

長九寸、寬一尺三寸、厚一寸梨木板，每塊價銀二錢四分。

長一尺、寬三寸、厚一寸梨木板，每塊價銀三分。

長一尺四寸五分、寬一尺五分、厚一寸梨木板，每塊價銀二錢七分。

長八寸、寬三寸、厚一寸梨木板，每塊價銀三分。

長二尺五寸、寬一尺五寸、厚一寸五分梨木板，每塊價銀六錢。

長九寸三分、寬六寸七分、厚一寸梨木板，每塊價銀七分。

長一尺、寬七寸三分、厚一寸梨木板，每塊價銀八分。

長二尺、寬八寸、厚一寸梨木板，每塊價銀一錢八分。

長五寸八分、寬三寸八分、厚八分棗木板，每塊價銀四分。

長二尺八寸、寬一尺三寸、厚一寸棗木板，每塊價銀一兩。

長七寸、寬七寸、厚一寸棗木板，每塊價銀二錢一分。

雙料連四紙，每刀價銀一兩三錢五分。舊價銀一兩二錢，入過黃册奏過。

太史連紙，每簍價銀三兩二錢。舊價銀二兩八錢，呈過堂呈增過價銀四錢，辦入黃册奏過。

臺連紙，每簍價銀二兩三錢。

鋼連紙，每簍價銀一兩四錢五分。

蔣羅紙每簍價銀二兩五錢。

竹客連四紙，每刀價銀五錢。

白裱紙，每張價銀一釐二毫。舊價銀一釐一毫，入過黃册奏過。

灑金黃軟箋紙，每張價銀八分。

黃箋紙，每張銀一分六釐。

黃軟箋紙，每張銀四分。

粉紅軟箋紙，每張銀三分。

南砂紙，每張銀一釐五毫。

古色毛邊紙，一張銀一分。

大赤金，每張價銀六釐二毫。於三十九年五月内增價銀二釐三毫。

石碌，每觔銀六錢。
青，每觔銀四兩八錢。於三十五年又五月内減價銀一兩六錢。
硃砂，每兩銀一錢五分。
廣膠，每觔銀一錢二分。
樹棕，每觔銀六分。
橡碗子，每觔銀二分。
梔子，每觔銀八分。
定粉，每觔銀一錢。
白粉，每觔銀口分二釐五毫。
胭脂，每張銀一分一釐。
白芨，每觔銀一錢一分。
黄花水，每觔銀二錢三分。
黄丹，每觔銀八分。
貼金油，每兩銀六釐二毫五絲。
銀朱，每觔銀九錢。入過黄册奏過。
廣花末，每觔銀六錢八分。
雄黄，每觔銀四錢。
藤黄，每觔銀六錢。
排筆，一把用銀三錢二分。
黄江石，每觔銀一分。
南糊刷，每把銀一錢五分。
大紅袍筆，每枝銀三分。
白芩，每兩銀二分五釐。
鬃刷，每把銀五釐五毫。
順紅紙，每張銀三分。
冷布，每丈銀七分。
漆，每觔銀七錢。
印經連四紙，四刀銀五錢。
玫瑰花，每觔銀五分。
黑礬，每觔銀一分二釐五毫。
火硝，每觔銀四分。
硇砂，每觔銀三兩。
魚鰾，每觔銀三錢。舊價銀二錢六分增銀四分，入過黄册奏過。
芸香，每觔銀七錢。舊價銀二錢八分。
西洋胰子，每觔銀八錢五分。舊價銀五錢。
填赤金，每張銀五釐二毫。
魚子金，每貼銀五毫。
小頭水筆，每枝銀一分。
長五尺、寬一尺四寸、厚二寸梨木板，每塊銀一兩八錢。
長二尺二寸、寬九寸五分、厚一寸梨木板，每塊銀七錢。
長二尺二寸、寬六寸五分、厚一寸梨木板，每塊銀二錢五分。
黄毛邊紙，每張價銀四分。
桐油，每觔價銀八分。
南礬連四紙，每張價銀一分五釐。
碑連紙，每簍價銀二兩五錢。
長二尺、寬六寸、厚一寸棗木板，每塊價銀六錢。
長五寸五分、寬五寸、厚一寸棗木板，每塊價銀一錢五分。
長一尺八寸、寬一尺八寸、厚一寸棗木板，每塊價銀四兩二錢。
長一尺六寸、寬一尺六寸、厚一寸棗木板，每塊價銀三兩八錢。
墨，每觔價銀三錢五分。
棉連四紙，每刀價銀六錢。

檔案房年例行取五摺榜二百張，臺連紙八百張，本紙五十張，南紅紙十張，毛頭紙二百張，印色四兩，銀朱四兩，墨四兩，筆四十枝。年例十一月初一日起，至次年正月三十日止，冬季添設煤爐一座，硯炙一個。煤爐每日用煤十觔，炭一斤，硯炙每日用炭一斤。

一件，月例翰林廚房做飯，每日煤五觔，炭五斤。茶爐一座，每日用煤十斤，炭一觔。每月初一日起，三十日止，一月一行。

一件，本處行走副管領一員，領催八名，效力柏唐阿無定額。現行分例十八分，内有領催八名。年例十二月二十八日、二十九日、三十日至次年正日初一日、初二日、十四日、十五日、十六日放匠八日不領，内如有患病等情，行文向該處停止。

每日每分羊肉十兩，米九合，木柴一觔，煤一觔，炭二兩，鹽菜一兩，豆腐四兩，醬一兩，青菜八兩，青醬五錢。

一件，露房醫生四名，每日行分例飯二分。

每日每分豬肉十二兩，米九合。

露房蒸做鏹水，拾觔用火硝貳拾伍斤，黑礬五十觔，硝砂五十兩，行木柴二千觔，大炭二百斤，黄土二十五斤，連繩十觔，粗白布十丈，收拾爐灶用小製錢二串。

蒸芸香露，壹甑用芸香二十觔，按時采買。行大炭六十觔，其炭觔臨期不敷用時再行呈明添買。

敬事房年例行西洋胰子四觔八兩，按時價采買。

通行書處

刷書，每千篇用破廢二百二十篇，用棕墨各二兩三錢。

刷紅套板，每千篇用銀朱二兩，紅花水三兩，白芨三錢，棕一兩三錢。

刷黄套板，每千篇用雄黄二兩，白芨二錢，棕一兩三錢。

刷藍套板，每千篇用廣花末一兩五錢，廣膠一錢五分，棕一兩三錢。

雇刷印匠刷書，一千篇工銀一錢二分。

雇折配以折配齊釘書，一千篇工銀一錢三分。

買材料俱按時價辦買。

折配作定例

折配齊訂各種書籍，每千篇工銀一錢三分。

改字抽换折色串訂各種書籍，每千篇工銀二錢六分。

折配齊訂已得者復行拆散按頁入襯紙，每千篇工銀六分五釐。

包存庫各種書籍，每套行呈文紙一紙。

翁連溪《清内府刻書檔案史料彙編·武英殿辦理同治帝聖訓錢糧清册光緒六年至九年》 武英殿恭辦清漢文《穆宗毅皇帝聖訓》用過錢糧奏銷數目清册。

武英殿修書處，自光緒六年正月起至十二月底止，恭辦《穆宗毅皇帝聖訓》所需款項，由户部領到銀二萬兩。

開除

爲提調處來文恭辦《聖訓》總裁、提調、總纂、纂修、協修等官，每二員每日食肉菜一桌，每十桌價銀二兩五錢七分五釐。校録每員每日茶葉二錢，每斤價銀一錢三分。校録每員每日飯銀六分。自六年二月起至六月止，共合銀五百二十兩五錢八分七釐。

五月

爲恭辦《聖訓》雇覓人夫在館開工，現在房間滲漏，牆垣坍塌，大半不齊，具呈准其修理等因，共估需工料銀九十二兩六錢。

六月

爲提調處來文恭辦《聖訓》校録房，應行租搭涼棚六間，並本處官員辦事值房以及檔案房各作房涼棚十間，共搭涼棚十六間，應領銀五十九兩七錢。

爲恭繕漢文《聖訓》底本，應用黑格紙二萬頁，計費頁二成，共計費頁四千頁，共合二萬四千頁。三頁合紙一張，共合紙八千張。每百張時價用銀六錢五分，合銀五十二兩。刷印每千頁工銀一錢，合銀二兩。刷印每千頁用棕、墨各一兩五錢。共用棕三十兩，棕每斤時價用銀二兩二錢，合銀二兩二錢四分二釐五毫。共用墨三十兩，每兩時價用銀六分，合銀一兩八錢。以上共合銀五十八兩四分二釐五毫。

爲提調處來文恭辦《聖訓》總裁、提調、總纂、纂修、協修等官，每二員每日食肉菜一桌，每十桌價銀二兩五錢七分五釐。每員每日茶葉二錢，每斤價銀一錢三分。校録每員每日飯銀六分。自六年七月起至九月止，共合銀三百八十七兩一錢二分四釐。

七月

爲初次采買梨木版八千塊，每塊長一尺一寸，寬八寸五分，厚一寸。每塊時價用銀一錢九分三釐，共合銀一千五百四十四兩。

爲恭繕漢文《聖訓》宋字版樣，應用川連紅格紙一萬五千頁，計費頁二成，共計費頁三千頁，共合一萬八千頁。二頁合紙一張，共合川連紙九千張。每百張時價用銀二錢二分，合銀十九兩八錢。刷印每千頁工銀一錢，合銀一兩五錢。刷印每千頁用棕、紅花水各一兩五錢，共用棕、紅花水各一斤六兩五錢。棕每斤時價用銀一兩二錢，合銀一兩六錢八分七釐五毫。紅花水每斤時價用銀一兩四錢，合銀一兩九錢六分八釐。以上共合銀二十四兩九錢五分五釐。

七月

爲提調處來文該處額設供事八名，照舊章每月公費銀三兩，自五月至八月四個月，每名各應領公費銀十二兩，共應領公費銀九十六兩。

九月

爲二次續采買梨木版八千塊，每塊長一尺一寸，寬八寸五分，厚一寸。每塊時價用銀一錢九分三釐，共合銀一千五百四十四兩。

爲預備刷印清漢文草樣、清樣並頒賞存庫各書，先行采買中等徽墨二百斤。每斤時價銀七錢六分，合銀一百五十二兩。又預備刷印進呈樣本以及陳設清漢文等書，先行采買上等徽墨一百斤。每斤時價銀九錢八分，合銀九十八兩。棕一百斤，每斤時價銀八錢，合銀八十兩。以上共合銀三百三十兩。

爲提調處來文恭辦《聖訓》總裁、提調、總纂、纂修、協修等官，每二員每日食肉菜一桌，每十桌價銀二兩五錢七分五釐。每員每日茶葉二錢，每斤價銀一錢三分。校録每員每日飯銀六分。自六年十月至十二月止，共合銀三百九十六兩九錢四釐。

爲提調處來文自六年九月至十二月四個月，供事八名，每名四個月，各應領公費銀十二兩，共應領公費銀九十六兩。

爲恭繕漢文宋字版樣，自卷一至卷七十止共七十卷，計宋字七十四萬四千九百六個。每百字工飯用銀六分五釐，合銀四百八十四兩一錢八分八釐九毫。

爲恭辦《聖訓》於六年五月初七日奏准，所有繕齊宋字版樣經提調處六續校妥開刻，派出監視及執事各員，每月需用薪水銀四十兩，自六年九月起至十二月底，共需薪水銀一百六十兩。

以上通共用過銀五千七百九十四兩一錢一釐四毫。下存銀一萬四千二百五兩八錢九分八釐六毫。

光緒七年自正月起至十二月止，恭辦《穆宗毅皇帝聖訓》所需款項，由户部領到銀一萬兩，並上存銀一萬四千二百五兩八錢九分八釐六毫，共存銀二萬四千二百五兩八錢九分八釐六毫。

開除

爲提調處來文，恭辦《聖訓》總裁、提調、總纂、纂修、協修等官，每二員每日食肉菜一桌，每十桌價銀二兩五錢柒分五釐。每員每日茶葉二錢，每斤價銀一錢三分。校録每員每日飯銀六分。自柒年正月至三月止，共合銀三百九十五兩一錢六分四釐。

爲恭刊漢文，自卷一至卷三十止共三十卷，計宋字二十九萬七千一百四十二個，每百字工銀一錢四分，合銀四百十五兩九錢九分八釐八毫。末頁尾子版二十四塊，每塊打空行工銀一分五釐，合銀三錢六分。剷除鋸邊每百字飯銀二分，合銀一百十八兩八錢五分六釐八毫。以上共合銀五百三十五兩二錢一分五釐六毫。

爲提調處來文，恭辦《聖訓》總裁、提調、總纂、纂修、協修等官，每二員每日食肉菜一桌，每十桌價銀二兩五錢七分五釐。每員每日茶葉二錢，每斤價銀一錢三分。校録每員每日飯銀六分。自七年四月至六月止，共合銀三百九十兩六錢五分四釐五毫。

爲恭刊漢文，自卷三十一起至卷六十止共三十卷，計宋字三十二萬五千三百九十六字，每百字工銀一錢四分，合銀四百五十五兩五錢五分四釐四毫。末頁尾子版二十四塊，每塊打空行工銀一分五釐，合銀三錢六分。剷除鋸邊每百字飯銀二分，合銀一百三十兩一錢五分八釐四毫。以上共合銀五百八十六兩七分二釐八毫。

四月

爲提調處來文，恭辦《聖訓》校録房，應行租搭涼棚六間，並本處官員辦事值房以及檔案房、各作房涼棚十間，共搭涼棚十六間，應領銀五十九兩七錢。

四月

爲刷印漢文《聖訓》校樣二分，每分一百六十卷，共計書身小頁五千二百七十八頁，共計費頁一千四百七十七頁，每本付頁四頁，共一千二百八十頁，通共計小頁一萬三千三百十三頁。每六頁合紙一張，共合榜紙二千二百十八張半。每九十八張合紙一塊，共合二十二塊六十二張半。又預備抽換篇頁並修籤字樣等項，合紙二塊。以上共合榜紙二十四塊六十二張半，每塊時價銀三兩二錢四分，合銀七十九兩八錢。刷印每千頁工銀一錢二分，合銀一兩二錢六分六釐七毫二絲。折配每千頁工銀一錢三分，合銀一兩三錢七分二釐二毫二絲。以上共合銀八十二兩四錢三分九釐。

爲預備刷印進呈正本陳設頒發及盛京恭存暨本殿存庫清、漢文各書，先行采買粉連四紙二百件，每件時價銀十一兩，共合銀二千二百兩。

爲恭繕漢文宋字版樣，自卷七十一至卷一百二十止共五十卷，計宋字六十萬八千四百四十八個，每百字工飯用銀六分五釐，合銀三百九十五兩四錢九分一釐二毫。

爲恭辦《聖訓》，所有監視及執事各員每月需用薪水銀四十兩，自七年正月起至四月底，共需薪水銀一百六十兩。

爲提調處來文，自七年正月至四月四個月，供事八名，每名四個月，各應領公費銀十二兩，共應領公費銀九十六兩。

爲恭刊漢文，自卷六十一至卷九十止共三十卷，計宋字三十六萬一千四百九十五個，每百字工銀一錢四分，合銀五百六兩九分三釐。末頁尾子版三十塊，每塊打空行工銀一分五釐，合銀四錢五分。剷除鋸邊每百字飯銀二分，合銀一百四十四兩五錢九分八釐。以上共合銀六百五十一兩一錢四分一釐。

爲恭刊清文，自卷一至卷二十止共二十卷，計清字十九萬七千五百三字，每百字工銀三錢三分三釐，合銀六百五十七兩六錢八分四釐九毫九絲。漢字小號計六千一百四字，每百字工銀一錢四分，合銀八兩五錢四分五釐六毫。末頁尾子版十七塊，每塊打空行工銀一分五釐，合銀二錢五分五釐。剷除鋸邊每百字工銀二分，合銀七十九兩一釐二毫。以上共合銀七百四十五兩四錢八分六釐七毫九絲。

爲恭刊清文，自卷二十一至卷四十止共二十卷，計清字二十五萬八百九十三字，每百字工銀三錢三分三釐，合銀八百三十五兩四錢七分三釐六毫九絲。漢字小號計一萬一千一百三十一字，每百字工銀一錢四分，合銀十五兩五錢八分三釐四毫。末頁尾子版十八塊，每塊打空行工銀一分五釐，合銀二錢七分。剷除鋸邊每百字工銀二分，合銀一百四兩八錢九釐六毫。以上共合銀九百五十六兩二錢二分三釐九絲。

八月

爲三次續行采買梨木版五千塊，每塊長一尺一寸，寬八寸五分，厚一寸。每塊時價用銀一錢九分三釐，共合銀九百六十五兩。

爲恭辦《聖訓》，所有監視及執事各員每月需用薪水銀四十兩，自七年五月起至八月底止連閏月份，共需薪水銀二百兩。

爲提調處來文，自七年五月至八月連閏月份共五個月，供事八名，每名五個月，各應領公費銀十五兩，共應領公費銀一百二十兩。

爲恭刊清文，自卷四十一至卷六十五止共二十五卷，計清字二十九萬八千五百三十字，每百字工銀三錢三分三釐，合銀九百九十四兩一錢四釐九毫。漢字小號計一萬三千一百四十八字，每百字工銀一錢四分，合銀十八兩四錢七釐二毫。末頁尾子版二十五塊，每塊打空行工銀一分五釐，合銀三錢七分五釐。剷除鋸邊每百字工銀二分，合銀一百二十四兩六錢七分一釐二毫。以上共合銀一千一百三十七兩五錢五分八釐三毫。

爲提調處來文，恭辦《聖訓》總裁、提調、總纂、纂修、協修等官，每二員每日食肉菜一桌，每十桌價銀二兩五錢七分五釐。每員每日茶葉二錢，每斤價銀一錢三分。校録每員每日飯銀六分。自七年七月至九月連閏月份，共合銀五百三十四兩三錢六分九釐五毫。

爲恭刊清文，自卷六十六至卷八十五止共二十卷，計清字二十五萬一千二百三十六字，每百字工銀三錢三分三釐，合銀八百三十六兩六錢一分五釐八毫八絲。漢字小號計一萬六百五十五字，每百字工銀一錢四分，合銀十四兩九錢一分七釐。末頁尾子版二十塊，每塊打空行工銀一分五釐，合銀三錢。剷除鋸邊每百字工銀二分，合銀一百四兩七錢五分六釐四毫。以上共合銀九百五十六兩五錢八分九釐二毫八絲。

爲提調處來文，恭辦《聖訓》總裁、提調、總纂、纂修、協修等官，每二員每日食肉菜一桌，每十桌價銀二兩五錢七分五釐。每員每日茶葉二錢，每斤價銀一錢三分。校録每員每日飯銀六分。自七年十月至十二月止，共合銀三百九十五兩一錢六分四釐。

爲恭刊漢文，自卷九十一至卷一百二十止共三十卷，計宋字三十六萬一千八百九十四字，每百字工銀一錢四分，合銀五百六兩六錢五分一釐六毫。末頁尾子版三十塊，每塊打空行工銀一分五釐。合銀四錢五分。剷除鋸邊每百字飯銀二分，合銀一百四十四兩七錢五分七釐六毫。以上共合銀六百五十一兩八錢五分九釐二毫。

十月

爲刷印清文《聖訓》校樣二份，每份一百六十卷，共計書身小頁二萬九千三百六十八頁，共計費頁四千一百十一頁，每本副頁四頁，共一千二百八十頁，通共計小頁三萬四千七百五十九頁。每六頁合紙一張，共合榜紙五千七百九十三張。每九十八張合紙一塊，共合五十九塊十一張。又預備抽換篇頁並修籤字樣等項合紙五塊。以上共合榜紙六十四塊十一張。每塊時價銀三兩一錢，合銀一百九十八兩七錢三分。刷印每千頁工銀一錢二分，合銀三兩五錢二分四釐二毫。折配每千頁工銀一錢三分，合銀三兩八錢一分七釐八毫四絲。以上共合銀二百六兩七分一釐九毫六絲。

爲恭刊清文，自卷八十六至卷一百止共十五卷，計清字二十萬四百十九字，每百字工銀三錢三分三釐，合銀六百六十七兩三錢九分五釐二毫七絲。漢字小號八千四百八十九字，每百字工銀一錢四分，合銀十一兩八錢八分四釐六毫。末頁尾子版十五塊，每塊打空行工銀一分五釐，合銀二錢二分五釐。剷除鋸邊每百字工銀二分，合銀八十三兩五錢六分三釐二毫。以上共合銀七百六十三兩六分八釐七絲。

爲恭繕漢文宋字版樣，自卷一百二十一至卷一百六十止共四十卷，計宋字四十五萬五千七十四字，每百字工飯用銀六分五釐，合銀二百九十五兩七錢九分八釐一毫。又趕行換寫，自卷一起至卷一百六十止，共計字二十四萬二千二百六十二字，每百字工銀六分五釐，合銀一百五十染兩四錢七分三毫。以上共合銀四百五十三兩二錢六分八釐四毫。

爲恭刊漢文，自卷一百二十一至卷一百五十止共三十卷，計宋字二十六萬四百七十字，每百字工銀一錢四分，合銀三百六十四兩六錢五分八釐。末頁尾子版三十塊，每塊打空行工銀一分五釐，合銀四錢五分。剷除鋸邊每百字飯銀二分，合銀一百四兩一錢八分八釐。以上共合銀四百六十九兩二錢九分六釐。

爲提調處來文，自七年九月至十二月共四個月，供事八名，每名四個月，各應領公費銀十二兩，共應領公費銀九十六兩。

爲恭刊清文，自卷一百一至卷一百二十止共二十卷，計清字二十五萬七千七百九十一字，每百字工銀三錢三分三釐，合銀八百五十八兩四分四釐三絲。漢字小號一萬二千八十字，每百字工銀一錢四分，合銀十六兩九錢一分二釐。末頁尾子版二十塊，每塊打空行工銀一分五釐，合銀三錢。剷除鋸邊每百字工銀二分，合銀一百三兩一錢一分六釐四毫。以上共合銀九百七十八兩七錢七分二釐四毫三絲；

爲恭辦《聖訓》，所有監視及執事各員每月需用薪水銀四十兩，自七年九月起至十二月底止，共需薪水銀一百六十兩。

爲二次修補漢文，自卷一至卷三十止，共修補一萬六千七百四十七字。每一字折三字，共折五萬二百四十一字。每百字工銀一錢四分，共合銀七十兩三錢三分七釐四毫。

爲六續刷印漢文《聖訓》清樣，每部共計五千二百七十六頁。每部一百六十本，共刷四部，共計二萬一千一百四頁。每本副頁四頁，共計副頁二千五百六十頁。通共計小頁二萬三千六百六十四頁。三頁合紙一張，共用連四紙七千七百八十八張。每九十八張合一塊，共合八十塊四十八張。每十二塊合一件，共合六件八塊四十八張。每件價銀十一兩，共合銀七十七兩八錢二分。刷印每千頁工銀一錢二分，合銀二兩五錢三分二釐四毫八絲。折配每千頁工銀一錢三分，合銀二兩七錢四分三釐五毫。以上共合銀八十三兩九分五釐九毫。

爲預備安放清、漢文《聖訓》版片，成做木凳一百六十個，每個價銀六錢五分，共合銀一百四兩。

以上通共用過銀一萬五千六百七兩三分八釐四毫二絲。

下存銀八千五百九十八錢六分一毫八絲。

光緒八年正月起至十二月止，恭辦《穆宗毅皇帝聖訓》所需款項，上年存銀八千五百九十八兩八錢六分一毫八絲，由通行項下撥入銀三千二十兩，共存銀一萬一千六百十八兩八錢六分一毫八絲。

開除

爲提調處來文，恭辦《聖訓》總裁、提調、總纂、纂修、協修等官，每二員每日食肉菜一桌，每十桌價銀二兩五錢七分五釐。每員每日茶葉二錢，每斤價銀一錢三分。校録每員每日飯銀六分。自八年正月至三月，共合銀三百七十九兩三錢二分四釐。

爲恭刊清文，自卷一百二十一至卷一百四十止共二十卷，計清字二十二萬二千七百九十二字。每百字工銀三錢三分三釐，合銀七百四十二兩八錢九分七釐三毫六絲。漢字小號一萬三千八十字，每百字工銀一錢四分，合銀十八兩三錢一分二釐。末頁尾子版二十塊，每塊打空行工銀一分五釐，合銀三錢。剷除鋸邊每百字工銀二分，合銀九十四兩三錢四分八釐八毫。以上共合銀八百五十四兩八錢五分八釐一毫六絲。

爲提調處來文，恭辦《聖訓》總裁、提調、總纂、纂修、協修等官，每二員每日食肉菜一桌，每十桌價銀二兩五錢七分五釐。每員每日茶葉二錢，每斤價銀一錢三分。校録每員每日飯銀六分。自八年四月至六月止，共合銀三百八十三兩六錢三分四釐五毫。

爲恭刊清文，自卷一百四十一至卷一百六十止並前序一卷共二十一卷，計清字二十三萬一千二十二字，每百字工銀三錢三分三釐，合銀七百六十九兩三錢三釐二毫六絲。漢字小號一萬三千一百九十三字，每百字工銀一錢四分，合銀十八兩四錢七分二毫。末頁尾子版二十塊，每塊打空行工銀一分五釐，合銀三錢。剷除鋸邊每百字工銀二分，合銀九十七兩六錢八分六釐。以上共合銀八百二十七兩二錢八分九釐二毫六絲。

爲恭刊漢文，自卷一百五十一至卷一百六十止共十卷，計宋字十二萬九千五百十六字，每百字工銀一錢四分，合銀一百八十一兩三錢二分二釐四毫。末頁尾子版十塊，每塊打空行工銀一分五釐，合銀一錢五分。剷除鋸邊每百字工銀二分，合銀五十一兩八錢六釐四毫。又趕行換刻共版一百七十九塊，計宋字五萬一千五百六十八字，每百字工銀一錢四分，合銀七十二兩一錢九分五釐二毫。以上共合銀三百五兩四錢七分四釐。

爲六續刷印清文《聖訓》清樣，每部共計一萬四千六百八十四頁，每部一百六十本，共刷四部，共計五萬八千七百三十六頁。每本副頁四頁，共計副頁二千五百六十頁。通共計小頁六萬一千二百九十六頁。三頁合紙一張，共用連四紙二萬四百三十三張。每九十八張合一塊，共合二百八塊四十九張。每十二塊合一件，共合十七件四塊四十九張。每件價銀十一兩，共合銀一百二十八兩二錢四分。刷印每千頁工銀一錢二分，合銀七兩四錢八分八釐八毫。折配每千頁工銀一錢三分，合銀七兩六錢三分六釐二毫。以上共合銀一百四十二兩九錢二分五釐。

爲二次修補漢文，自卷三十一至卷六十止，共修補二萬三千五百七字，每一字折三字，共折七萬五百二十一字，每百字工銀一錢四分，共合銀九十八兩七錢二分九釐四毫。

三月

爲提調處來文，恭辦《聖訓》校録房應行租搭涼棚六間，並本處官員辦事值房以及檔案房各作房涼棚十間，共搭涼棚十六間，應領銀五十九兩七錢。

爲二次修補清文，自卷一至卷五十止，共修補七千三百二十二字，每一字折三字，共折二萬一千九百六十六字，每百字工銀三錢三分三釐，合銀七十三兩一錢四分六釐七毫八絲。圈點拉嗎二千三百七十處，每四處折一字，共折五百九十二字，每一字折三字，共折一千七百七十六字，每百字工銀三錢三分三釐，合銀五兩九錢一分四釐八絲。以上共合銀七十九兩六分八毫六絲。

爲二次修補漢文，自卷六十一至卷九十止，共修補一萬九千四百二十六字，每一字折三字，共折五萬八千二百七十八字，每百字工銀一錢四分，共合銀八十一兩五錢八分九釐二毫。

爲恭辦《聖訓》，所有監視及執事各員每月需用薪水銀四十兩，自八年正月起至四月底止，共需薪水銀一百六十兩。

爲提調處來文，八年正月至四月共四個月，供事八名，每名四個月，各應領公費銀十二兩，共應領公費銀九十六兩。

爲二次修補清文，自卷五十一至卷一百止，共修補一萬三千五百九十二字，每一字折三字，共折四萬七百七十六字，百字工銀三錢三分三釐，合銀一百三十五兩七錢八分四釐八毫。圈點拉嗎三千一百九十八處，每四處折一字，共折七百八十九字，每一字折三字，共折二千三百六十七字，每百字工銀三錢三分三釐，合銀八兩八錢七分三釐一絲。以上共合銀一百四十四兩六錢五分七釐九絲。

爲二次修補漢文，自卷九十一至卷一百二十止，共修補一萬三千七百七十字，每一字折三字，共折四萬一千三百十字，每百字工銀一錢四分，共合銀五十七兩八錢三分四釐。

爲提調處來文，恭辦《聖訓》總裁、提調、總纂、纂修、協修等官，每二員每日食肉菜一桌，每十桌價銀二兩五錢七分五釐。每員每日茶葉二錢，每斤價銀一錢三分。校録每員每日飯銀六分。自八年七月至九月止，共合銀三百八十三兩六錢二分四釐五毫。

爲二次修補清文，自卷一百一至卷一百六十止，共修補一萬一千一十九字，每一字折三字，共折三萬三千八十七字，每百字工銀三錢三分三釐，合銀一百十兩一錢七分九釐七毫一絲。圈點拉嗎三千一百五十一處，每四處折一字，共折七百八十七字，每一字折三字，共折二千三百六十一字，每百字工銀三錢三分三釐，合銀七兩八錢六分二釐一毫三絲。以上共合銀一百十八兩四分一釐八毫三絲。

爲二次修補漢文，自卷一百二十一至卷一百六十止，共修補二萬二千一百九十字，每一字折三字，共折六萬六千五百七十字，每百字工銀一錢四分，共合銀九十三兩一錢九分八釐；

爲恭辦《聖訓》，所有監視及執事各員，每月需用薪水銀四十兩，自八年五月起至八月底止，共需薪水銀一百六十兩。

爲提調處來文，自八年五月至八月共四個月，供事八名，每名四個月，各應領公費銀十二兩，共應領公費銀九十六兩。

爲預備刷印進呈正本陳設頒發盛京恭存暨本殿存庫清、漢文各書，續行采買粉連四紙二百件，每件時價銀十一兩，共合銀二千二百兩。

爲預備刷印清漢文《聖訓》進呈正本各書續行采買上等徽墨十七斤十兩，每斤時價銀九錢八分，合銀十七兩二錢七分五釐五毫。棕二百十七斤十兩，每斤時價銀八錢，合銀一百七十四兩一錢。以上共合銀一百九十一兩三錢七分二釐五毫。

爲三次修補清文，自卷一起至卷一百六十止，共修補二萬一千七百五十字，每一字折三字，共折六萬五千二百五十字。圈點拉嗎五千五百八十處，每四處折一字，共折一千三百九十五字，每一字折三字，共折四千一百八十五字。刊刻長方籤套籤，共用版二十二塊，共計三千六百四十八字。換刻版七十九塊，共計一萬三千八百五十二字。以上共計八萬六千九百三十五字，每百字工銀三錢三分三釐。以上共合銀二百八十九兩四錢九分三釐五毫五絲。

爲三次修補漢文，自卷一起至卷一百六十止，共修補三萬三千八百八十二字，每一字折三字，共折十萬一千六百四十六字，每百字工銀一錢四分，合銀一百四十二兩三錢。刊刻長方籤共用版二十二塊，計一千一百八十六字。趕行換刻版一百八十六塊，共計五千五百八十字，連上共計十萬八千四百十二字。每百字工銀一錢四分，合銀一百五十一兩七錢七分六釐八毫。

爲裝潢清、漢文《聖訓》各十一部，每部六十四套，共成做杉木版套七百四套，每套工料銀三錢五分，合銀二百四十六兩四錢。糊飾版面外縫用高麗紙三百五十二張，每張時價銀四分，合銀十四兩八分。托裱黃綾糊飾套裏用粉連四紙十七塊，每塊價銀九錢五分，合銀十六兩一錢五分。劃畫書身邊欄每百頁工銀九錢減半，合銀九十八兩七錢九分七釐。劃畫長方籤一千一百五十二條，每十條工銀一錢二分四釐，合銀十三兩八錢二分四釐。以上共合銀三百八十九兩二錢五分一釐。

爲提調處來文，恭辦《聖訓》總裁、提調、總纂、纂修、協修等官，每二員每日食肉菜一桌，每十桌價銀二兩五錢七分五釐。每員每日茶葉二錢，每斤價銀一錢三分。校録每員每日飯銀六分。自八年十月至十二月止，共合銀三百九十四兩三錢一分四釐五毫。

十月

爲恭刷進呈正本清、漢文各一部，陳設書各十部，每部書頁一萬九千九百五十九頁，共計書頁二十五萬九千四百六十七頁，刷印每千頁工銀六錢，合銀一百五十五兩六錢八分二毫。折配每千頁工銀六錢五分，合銀一百六十八兩六錢五分三釐五毫五絲。頒發存庫各書共計八十九萬一千三百二十六頁，每千頁工銀一錢二分，合銀一百六兩九錢五分九釐一毫二絲。折配每千頁工銀一錢二分，合銀一百六兩九錢五分九釐一毫二絲。以上共合銀五百三十八兩二錢五分一釐九毫九絲。

爲裝潢清、漢文《聖訓》各十一部，共成做七百四套，每套工銀三錢五分，合銀二百四十六兩四錢。裱料紙七千四十張，每張價銀五釐，合銀三十五兩二錢。每套用白麵五兩，共用二百二十斤，每斤價銀三分，合銀六兩六錢。每部用長七尺黃挖單六塊，共用黃布四百六十二尺，每尺價銀三分，合銀十三兩八錢六分。共用黃盤六十六塊，每塊價銀四錢，合銀二十六兩四錢。刷印本籤套籤七千六百八十條，每百條用銀五分，合銀三十八兩四錢。以上共合銀三百六十六兩八錢六分；

爲提調處來文，自八年九月至十二月共四個月，供事八名，每名四個月，各應領公費銀十二兩，共應領公費銀九十六兩。

以上通共用過銀九千二百三十九兩二錢六分一毫四絲。

下存銀二千三百七十九兩六錢四絲。

光緒九年正月起至九月止，恭辦《穆宗毅皇帝聖訓》所需款項，上年存銀二千三百七十九兩六錢四絲。

開　除

爲提調處來文，恭辦《聖訓》總裁、提調、總纂、纂修、協修等官，每二員每日食肉菜一桌，每十桌價銀二兩五錢七分五釐。每員每日茶葉二錢，每斤價銀一錢三分。校録每員每日飯銀六分。自九年正月至三月止，共合銀三百八十九兩八錢八分四釐。

爲提調處來文，自九年正月至四月共四個月，供事八名，每名四個月，各應領公費銀十二兩，共應領公費銀九十六兩。

爲提調處來文，恭辦《聖訓》總裁、提調、總纂、纂修、協修等官，每二員每日食肉菜一桌，每十桌價銀二兩五錢柒分五釐。每員每日茶葉二錢，每斤價銀一錢三分。校録每員每日飯銀六分。自九年四月至六月止，共合銀三百八十九兩八錢八分四釐。

爲預備裝潢頒賞清、漢文《聖訓》，需用粗紙加襯合背三千二百塊，每塊工料用銀一錢六分，合銀五百十二兩。用黄箋紙五千二百張，每張價銀二分四釐，合銀一百二十四兩八錢。以上共合銀六百三十六兩八錢。

爲裝潢頒發漢文《聖訓》二百部，每部三十二套，共計三千二百套。每套工銀一錢，合銀三百二十兩。糊飾套裏托裱材料用連四紙六千四百張，每張價銀八釐，合銀五十一兩二錢。每套用白麵五兩，共用一百斤，每斤價銀三分，合銀三兩。刷印漢文長方簽三萬八千四百條，每千條工銀一錢二分，合銀四兩六錢八釐。以上共合銀三百七十八兩八錢八釐；

爲提調處來文，自九年五月至八月共四個月，供事八名，每名四個月，各應領公費銀十二兩，共應領公費銀九十六兩。

爲提調處來文，恭辦《聖訓》總裁、提調、總纂、纂修、協修等官，每二員每日食肉菜一桌，每十桌價銀二兩五錢柒分五釐。每員每日茶葉二錢，每斤價銀一錢三分。校録每員每日飯銀六分。自九年七月至九月止，共合銀三百八十三兩六錢二分四釐五毫。

以上通共用過銀二千三百七十一兩五毫。

下存銀八兩五錢九分九釐五毫四絲。

清同治光緒間寫本《清同治光緒年間武英殿賣書底簿》 同治三年十二月底舊存

銀一兩九錢五分五釐一毫

同治四年三月十六日收

大人買

《醫宗金鑒》一部，價銀九兩四錢九分

司長買

《皇朝詞林典》一部，價銀四兩八錢五分

《悦心集》一部，價銀二錢八分

《開國方略》一部，價銀四兩五錢七分

折配匠趙俊英買

《駢字類編》六部，每部價銀四十一兩

《韵府拾遺》一部，價銀四兩五錢

《五代史》一部，價銀一兩三錢六分

《皇清職貢圖》一部，價銀一兩八錢五分

《周易本義》五部，每部價銀二錢六分六釐

《駢字類編》一部，價銀四十一兩

《硃批諭旨》一部，價銀三十一兩

《韵府拾遺》一部，價銀四兩五錢

以上共賣書二十一部，共合銀三百五十一兩

連上共存銀三百五十二兩九錢五分五釐一毫

武英殿總管事務武備院卿銜郎中恩　三月十九日

武英殿總管事務護軍統領銜郎中松　三月十九日

正監造延　三月十九日

副監造景　三月十九日

委署主事常　三月十九日

六品庫掌文　三月十九日

四月二十日收

内閣侍讀錦　買

《駢字類編》一部，價銀四十一兩

《周易本義》一部，價銀二錢六分

《續三通》一部，價銀五十四兩三錢五分

宋版《五經》一部，價銀七兩二錢六分

《左傳讀本》二部，價銀二兩一錢五分

《三史語解》一部，價銀二兩五錢四分

《對音字式》一部,價銀一錢八分八釐
折配匠趙俊英買
《韵府拾遺》二部,每部價銀四兩五錢五分
漢文《避暑山莊詩》五部,每部價銀一錢六分
以上共賣書十四部,合銀一百一十八兩六錢四分八釐
連上共存銀四百七十一兩六錢零三釐一毫
武英殿總管事務武備院卿銜郎中恩　四月二十三日
武英殿總管事務護軍統領銜郎中松(臣工)
正監造延　四月二十四日
副監造景　四月二十四日
委署主事常　四月二十四日
六品庫掌文　四月二十四日
七月二十二日收
郡王買
《左傳讀本》三部,共價銀九兩四錢五分
趙俊英買
舊《南史》一部,價銀三兩四錢九分
《周易本義》十一部,每部價銀二錢六分六釐,共銀二兩九錢二分
滿蒙《聖諭廣訓》七部,每部價銀八錢零六釐,共銀五兩六錢四分二釐
清文《日講春秋》一部,價銀九兩八錢六分
禮部書吏李吉人買
《續三通》一部,價銀五十四兩三錢五分
以上共賣書二十四部,共合銀八十五兩七錢二分二釐
連上共存銀五百五十七兩三錢六分五釐一毫
武英殿總管事務武備院卿銜郎中恩(差)
武英殿總管事務護軍統領銜郎中松　七月二十六日
正監造延　七月二十七日
副監造景　七月二十六日
委署主事常　七月二十七日
六品庫掌文　七月二十七日
十二月十七日籤
爲修理聚珍館房間動用銀二百五十六兩五錢
爲恭往定陵神牌過朱應領幫貼銀二十四兩
爲刷印通行滿蒙漢《聖訓》應領工料銀九十七兩三錢五分四釐二毫
以上共用銀三百七十七兩八錢五分四釐二毫
下存銀二百七十九兩四錢七分九毫
武英殿總管事務武備院卿銜郎中恩(差)
武英殿總管事務護軍統領銜郎中松　十二月二十日
正監造延　十二月二十日
副監造景　十二月二十日
委署主事常　十二月二十日
六品庫掌文　十二月二十日
四月二十一日收
折配匠趙俊英買
《續三通》一部,價銀五十四兩三錢五分
《職貢圖》二部,每部價銀一兩八錢五分,共合銀三兩七錢
《三史語解》一部,價銀二兩五錢四分
以上共賣書四部,共合銀六十兩零六錢
連上共存銀二百四十兩七錢九釐九毫
武英殿總管事務武備院卿銜郎中恩(差)
武英殿總管事務護軍統領銜郎中松　四月二十五日
正監造延　四月二十五日
副監造景　四月二十五日
委署主事常　四月二十五日
六品庫掌文　四月二十五日
九月二十二日收

胡大人買
《左傳讀本》一部，價銀三兩一錢五分
《悦心集》一部，價銀二錢八分
松司長買
《硃批諭旨》一部，價銀三十一兩
提調許買
《晉書》一部，價銀五兩九錢九分
《周易注説》一部，價銀九錢一分
禮部郎中李文敏買
《史記》一部，價銀七兩一錢三分
《前漢》一部，價銀八兩六錢八分
《後漢》一部，價銀六兩五錢一分
《職貢圖》一部，價銀一兩八錢六分
《醫宗金鑒》一部，價銀九兩四錢九分
《韵府拾遺》一部，價銀四兩五錢
《分類字錦》一部，價銀八兩二錢七分
《經典釋文》一部，價銀一兩一錢九分
《職官表》一部，價銀五兩六錢五分
《詩經傳説彙纂》一部，價銀四兩八錢三分
《書經傳説彙纂》一部，價銀三兩五錢七分
禮部主事延茂買
《職貢圖》一部，價銀一兩八錢六分
民人童世榮買
《職貢圖》一部，價銀一兩八錢六分
《韵府拾遺》一部，價銀四兩五錢
《分類字錦》一部，價銀八兩二錢七分
《經典釋文》一部，價銀一兩一錢九分
《聖諭廣訓》五部（蒙古文），每部價銀八錢一分，共合銀四兩零五分
《督捕則例》一部（清文），價銀三錢九分
以上賣書二十七部，共合銀一百二十五兩一錢三分

連上共存銀三百六十五兩二錢九毫
武英殿總管事務武備院卿銜郎中恩　（差）
武英殿總管事務護軍統領銜郎中松
正監造延
副監造景
委署主事常
六品庫掌文

九月二十五日
九月二十五日
九月二十五日
九月二十五日

九月初九發
爲提調處修理房間，呈明動用銀二百八十兩三錢五分
下存銀八十四兩八錢五分九毫
十月初九日收
禮部主事劉錫金買
《職貢圖》一部，價銀一兩八錢六分
《韵府拾遺》一部，價銀四兩五錢
《史記》一部，價銀七兩一錢三分
《前漢書》一部，價銀八兩六錢八分
《後漢書》一部，價銀六兩五錢一分
《三國志》一部，價銀三兩九錢四分
民人張廷芬買
《續三通》一部，價銀五十四兩三錢五分
《職貢圖》二部，每部價銀一兩八錢五分，共合銀三兩七錢
禮部主事延茂買
《三元甲子》一部，價銀五錢七分
《左傳讀本》一部，價銀三兩一錢五分
《詞林典故》一部，價銀八錢八分
以上共賣書十二部，共合銀九十五兩二錢五分
連上共存銀一百八十兩六錢九毫
武英殿總管事務武備院卿銜郎中恩　（差）

武英殿總管事務護軍統領銜郎中松　十月十一日
正監造延　十月十一日
副監造景　十月十一日
委署主事常　　十月十一日
六品庫掌文　十月十一日

十二月初七日收
民人王殿至買
《左傳讀本》一部，價銀三兩一錢五分
《詩經》一部，價銀七錢六分
《書經》一部，價銀六錢六分
《易經》一部，價銀四錢五分
《禮記》一部，價銀一兩六錢六分
《春秋》一部，價銀一兩一錢
禮部主事延茂買
《史記》一部，價銀七兩一錢三分
《前漢書》一部，價銀八兩六錢八分
《後漢書》一部，價銀六兩五錢一分
《三國志》一部，價銀三兩九錢四分
以上共賣書十部，共合銀三十四兩二分
連上共存銀二百十四兩一錢二分九釐
武英殿總管事務武備院卿銜郎中恩（差）
武英殿總管事務護軍統領銜郎中松　十二月初十日
正監造延　十二月初十日
副監造景　十二月初十日
委署主事常　十二月初十日
六品庫掌文　十二月初十日

十二月二十四日收
郎中福長買
《駢字類編》一部，價銀四十二兩
提調許振祎買
《晉書》一部，價銀五兩九錢九分
以上共賣書二部，共合銀四十七兩一錢一分
連上共存銀二百六十一兩二錢三分九釐
武英殿總管事務武備院卿銜郎中恩（差）
武英殿總管事務護軍統領銜郎中松　十二月二十七日
正監造延　十二月二十日
副監造景　十二月二十日
委署主事常
六品庫掌文　十二月二十日

四月初四日發
爲修理官員辦事值房等處房間呈明動用銀二百五十六兩六錢
下存銀四兩六錢三分九釐
武英殿總管事務武備院卿銜郎中恩　四月初四日
武英殿總管事務護軍統領銜郎中松　四月初八日
正監造延　四月初十日
副監造景　四月初十日
委署主事常　四月初十日
六品庫掌文　四月初十日

六月初一日收
民人李奧買
《三合聖諭廣訓》十部，每部價銀九錢八分，共合銀九兩八錢
連上共存銀拾肆兩肆錢三分玖釐
武英殿總管事務武備院卿銜郎中恩　六月初二日
武英殿總管事務護軍統領銜郎中松　六月初二日
正監造延　六月初二日
副監造景　六月初二日

委署主事常
六品庫掌文

十一月初一日收
提調處協修楊紹和買
《續三通》一部，價銀五十四兩三錢五分
《四庫全書總目》一部，價銀十六兩六分
《職貢圖》一部，價銀一兩八錢六分
《開國方略》一部，價銀四兩五錢八分
《日下舊聞考》一部，價銀六兩七錢二分
民人趙俊英買
《職官表》一部，價銀五兩六錢五分
以上共賣書六部共合銀八十九兩二錢二分
連上共存銀一百零三兩六錢五分九釐
武英殿總管事務武備院卿銜郎中恩
武英殿總管事務護軍統領銜郎中松
正監造延
副監造景
委署主事常
六品庫掌文

十二月二十二日收
惠郡王
《悦心集》三部，每部價銀二錢八分，合銀八錢四分
《小學集注》三部，每部價銀三錢九分，共合銀一兩一錢七分
《人臣儆心録》一部，價銀七分
《欽定清漢文對音字式》一部，價銀一錢九分
《巡幸盛京詩》一部，價銀一錢五分
《滿洲源流考》一部，一兩七錢九分九釐
《日下舊聞考》二部，每部價銀六兩七錢二分，共合銀十三兩四錢四分四釐

六月初二日 《合璧詩經》一部，價銀九錢二分
六月初二日 《袖珍古文淵鑒》一部，價銀五兩二錢七分一釐
以上共賣書十四部，共合銀二十三兩八錢五分四釐
連上共存銀一百三十三兩零九分三釐

十二月二十二日發
爲恭往慕東陵神牌過朱應領幫貼銀十九兩二錢
下存銀二百十三兩八錢九分三釐
武英殿總管事務武備院卿銜郎中恩 十二月二十三日
武英殿總管事務護軍統領銜郎中松 十二月二十三日
正監造延 十二月二十三日
副監造景 十二月二十三日
委署主事常 十二月二十三日
六品庫掌文 十二月二十三日

十一月初四
十一月初四 同治七年月二十九日收
淳王爺買
十一月初四 《御製詩初集》，每部價銀二兩一錢六分，五部合十兩零八錢
十一月初四 《二集》，每部價銀四兩四錢七分，五部合銀二十二兩三錢五分
十一月初四 《三集》，每部價銀五兩八錢七分，五部合銀二十九兩三錢五分
《四集》，每部價銀六兩一錢四分，五部合銀三十兩零七錢
《五集》，每部價銀六兩四錢七分，五部合銀三十二兩三錢五分
《御製文初集》，每部價銀九錢三分，五部合銀四兩六錢五分
《二集》，每部價銀一兩，五部合銀五兩
《詩文餘集》，每部價銀一兩四錢三五分，五部合銀七兩二錢五分（以上乾隆年）
《御製詩初集》，每部價銀二兩八錢，五部合銀十四兩
《二集》，每部價銀四兩四錢九分，五部合銀二十二兩四錢五分
《三集》，每部價銀三兩五錢八分，五部合銀七兩一錢六分
《御製文初集》，每部價銀三錢七分，五部合銀一兩八錢五分

《二集》，每部價銀七錢六分，五部合銀三兩八錢
《袖珍詩初集》，每部價銀一兩七錢四分，五部合銀八兩七錢
《袖珍文初集》，每部價銀二錢五分，五部合銀一兩二錢五分（以上嘉慶年）
《御製詩初集》，每部價銀一兩五錢二分，五部合銀七兩六錢
《文初集》，每部價銀一兩五錢四分，五部合銀二兩七錢
《詩文餘集》，每部價銀七錢，五部合銀三兩五錢（以上道光年）
《御製詩文全集》，每部價銀八錢五分，五部合銀四兩二錢五分（咸豐年）
《御製巡幸盛京詩》每部價銀一錢五分，五部合銀七錢五分（道光年）
以上共賣書九十七部，共合銀二百二十兩零四錢六分
連上共存銀三百三十四兩三錢五分三釐
武英殿總管事務武備院卿銜郎中恩　八月初二日
武英殿總管事務護軍統領銜郎中松　八月初二日
正監造延　八月初二日
副監造景　八月初二日
委署主事常　八月初二日
六品庫掌文　八月初二日

十一月十三日收
惠郡王買
《御製詩文餘集》（乾隆），每部價銀一兩四錢五分，二部合銀二兩九錢
《詩初集》（道光），每部價銀一兩五錢二分，二部合銀三兩零四分
《文初集》（道光），每部價銀五錢四分，二部合銀一兩零八分
《詩文餘集》（道光），每部價銀七錢，二部合銀一兩四錢
《詩文全集》（咸豐），每部價銀介八錢五分，二部合銀一兩七錢
副内管領吉純買
《四庫全書總目》一部，價銀十六兩六分
《駢字類編》一部，價銀四十一兩一錢二分
《日下舊聞考》一部，價銀六兩七錢二分
《周書》一部，價銀一兩四錢
以上共賣書十四部，合銀七十五兩四錢二分

連上共存銀四百零九兩七錢七分三釐
武英殿總管事務武備院卿銜郎中恩　十一月十七日
武英殿總管事務護軍統領銜郎中松（服）　十一月十七日
正監造延　十一月十七日
副監造景　十一月十七日
委署主事常　十一月十七日
六品庫掌文　十一月十七日

十一月二十六日收
郡王買
袖珍《古文淵鑒》一部，價銀五兩二錢七分
清文《人臣儆心録》一部，價銀七分
《嗣統述聖詩》一部，價銀二錢四分
《全史詩》二部，每部價銀四錢三分，共合銀八錢六分
《悦心集》一部，價銀二錢八分
《對音字式》一部，價銀一錢九分
《詩經》一部，價銀七錢六分
《書經》一部，價銀六錢六分
《易經》一部，價銀四錢五分
《禮記》一部，價銀一兩六錢六分
《春秋》一部，價銀一兩一錢
《左傳讀本》一部，價銀三兩一錢五分
《分類字錦》一部，價銀八兩二錢七分
《皇朝詞林典故》一部，價銀四兩八錢六分
《詞林典故》一部，價銀八錢八分
《三合切音清文鑒》，價銀四兩八錢六分
《綱目續編》一部，價銀二錢五分
以上賣書十八部，共合銀三十三兩八錢一分
連上共存銀四百四十三兩五錢八分三釐

武英殿總管事務武備院卿銜郎中恩　十一月二十九日
武英殿總管事務護軍統領銜郎中松　(服)
正監造延　十一月二十九日
副監造景　十一月二十九日
委署主事常　十一月二十九日
六品庫掌文　十一月二十九日

《詞林典故》一部，價銀八錢八分
《日下舊聞考》一部，價銀六兩七錢二分
《史記》一部，價銀七兩一錢二分
《綱目續編》一部，價銀二錢五分
《四庫全書總目》一部，價銀十六兩零六分
《周易注疏》一部，價銀五錢二分
《書經注疏》一部，價銀一兩三錢二分
《詩經注疏》一部，價銀二兩八錢三分
《公羊注疏》一部，價銀一兩五錢八分
《穀梁注疏》一部，價銀九錢八分
《周禮注疏》一部，價銀二兩三錢七分
《儀禮注疏》一部，價銀一兩八錢七分
《禮記注疏》一部，價銀三兩四錢八分
《孟子注疏》一部，價銀九錢九分
《左傳注疏》一部，價銀三兩八錢四分
以上賣書十五部，共合銀五十兩零八錢一分
連上共存銀四百九十四兩三錢九分三釐

武英殿總管事務武備院卿銜郎中恩　十一月二十九日
武英殿總管事務護軍統領銜郎中松　(服)
正監造延　十一月二十九日
副監造景　十一月二十九日
委署主事常　十一月二十九日
六品庫掌文　十一月二十九日

十二月初一日收
郡王買
《初集》一部，價銀二兩一錢六分
《二集》一部，價銀四兩四錢七分
《三集》一部，價銀五兩八錢七分
《四集》一部，價銀六兩一錢四分
《五集》一部，價銀六兩四錢七分
《二集》一部，價銀一兩(以上乾隆年)
《初集》二部，每部價銀三錢七分，共合銀七錢四分
《二集》一部，價銀七錢六分(以上嘉慶年)
以上賣書九部，共合銀二十七兩六錢一分
連上共存銀五百二十二兩零三釐

武英殿總管事務武備院卿銜郎中恩　十二月初三日
武英殿總管事務護軍統領銜郎中松　(服)
正監造延　十二月初三日
副監造景　十二月初三日
委署主事常　十二月初三日
六品庫掌文　十二月初三日

十二月十三日收
禮部主事延茂買
《醫宗金鑒》一部，價銀九兩四錢九分
袖珍《易經》二部，每部價銀一錢三分，二部合銀二錢六分
提調處協修吴元炳買
《史記》三部，每部價銀七兩一錢二分，共合銀二十一兩三錢六分
《前漢書》二部，每部價銀八兩六錢七分，共合銀十七兩三錢四分
《後漢書》二部，每部價銀六兩五錢一分，共合銀十二兩零二分
《三國志》二部，每部價銀三兩九錢四分，共合銀七兩八錢八分
《韵府拾遺》一部，價銀四兩五錢
《駢字類編》一部，價銀四十一兩一錢二分

《日下舊聞考》一部，價銀六兩七錢二分
《皇清職貢圖》一部，價銀一兩八錢六分
《悅心集》一部，價銀二錢八分
《聖諭廣訓》一部(漢文)，價銀二錢
以上共賣書十八部，共合銀一百二十四兩零三分
連上共存銀六百四十六兩零三分三釐
武英殿總管事務武備院卿銜郎中恩　十二月十七日
武英殿總管事務護軍統領銜郎中松(服)
正監造延　十二月十七日
副監造景　十二月十七日
委署主事常　十二月十七日
六品庫掌文　十二月十七日

十二月二十二日收
民人趙冀名買
《史記》二部，每部價銀七兩一錢二分，共合銀十四兩二錢四分
《前漢書》二部，每部價銀八兩六錢七分，共合銀十七兩三錢四分
《後漢書》二部，每部價銀六兩五錢一分，共合銀十二兩零二分
《三國志》二部，每部價銀三兩九錢四分，共合銀七兩八錢八分
《晉書》一部，價銀五兩九錢九分
《宋書》一部，價銀六兩一錢八分
《南齊書》一部，價銀二兩四錢二分
《北齊書》一部，價銀一兩六錢五分
《梁書》一部，價銀二兩一錢五分
《陳書》一部，價銀一兩九錢
《周書》一部，價銀一兩九錢四分
《南史》二部，每部價銀四兩八錢四分，共合銀九兩六錢八分
《北史》二部，每部價銀七兩六錢九分，共合銀十五兩三錢八分
《魏書》一部，價銀七兩八錢九分
《隋書》一部，價銀五兩五錢八分
《五代史》一部，價銀二兩三錢
《舊曆書》二部，每部價銀十四兩六錢，共合銀二十九兩二錢
《唐書》一部，價銀十三兩九錢四分
《宋史》一部，價銀三十兩七錢一分
《明史》一部，價銀十九兩八錢五分
《遼史》一部，價銀四兩二錢三分
《金史》一部，價銀七兩九錢四分
《元史》一部，價銀十三兩八錢八分
《三史語解》一部，價銀二兩五錢四分
《續三通》一部，價銀五十四兩三錢六分
《詩經》一部，價銀七錢六分
《書經》一部，價銀六錢六分
《易經》一部，價銀四錢五分
《禮記》一部，價銀一兩六錢六分
《春秋》一部，價銀一兩一錢
《三國志》一部，價銀三兩九錢四分
《日下舊聞考》一部，價銀六兩七錢二分
以上共賣書三十九部，共合銀三百零九兩九錢
連上共存銀九百五十五兩九錢三分三釐
武英殿總管事務武備院卿銜郎中恩　十二月二十六日
武英殿總管事務護軍統領銜郎中松(服)
正監造延　十二月二十六日
副監造景　十二月二十六日
委署主事常　十二月二十六日
六品庫掌文　十二月二十六日

同治八年二月初七日收
副内管領吉純買
《小學集注》一部，價銀三錢九分
《悅心集》一部，價銀二錢八分

《韵府拾遺》一部，價銀四兩五錢
《醫宗金鑒》一部，價銀九兩四錢九分
《駢字類編》一部，價銀四十一兩一錢二分
《詩經》一部，價銀七錢六分
《書經》一部，價銀六錢六分
《易經》一部，價銀四錢五分
《禮記》一部，價銀一兩六錢六分
《春秋》一部，價銀一兩一錢
《孟子注疏》一部，價銀九錢九分
《左傳讀本》一部，價銀三兩一錢五分
《詩經傳説彙纂》一部，價銀四兩八錢二分
《遼史》一部，價銀四兩二錢三分
《金史》一部，價銀七兩九錢四分
《元史》一部，價銀十三兩八錢八分
《三史語解》一部，價銀二兩五錢四分
重修《前漢書》一部，價銀八兩六錢七分
重修《後漢書》一部，價銀六兩五錢二分
重修《三國志》一部，價銀三兩九錢四分
重修《晉書》一部，價銀八兩四錢一分
重修《宋書》一部，價銀六兩一錢八分
重修《南齊書》一部，價銀二兩四錢二分
重修《北齊書》一部，價銀一兩六錢五分
重修《梁書》一部，價銀二兩一錢五分
重修《陳書》一部，價銀一兩九錢
重修《周書》一部，價銀一兩九錢四分
重修《南史》一部，價銀四兩八錢四分
重修《北史》一部，價銀七兩六錢九分
重修《魏書》一部，價銀七兩八錢九分
重修《隋書》一部，價銀五兩五錢八分
重修《五代史》一部，價銀二兩三錢
重修《唐書》一部，價銀十三兩九
重修《舊唐書》一部，價銀十四兩六錢
重修《宋史》一部，價銀三十兩七錢一分
重修《明史》一部，價銀十九兩八錢五分
宋仁甫買
《滿洲源流考》一部，價銀一兩八錢
《續三通》二部，每部價銀五十四兩三錢六分，共合銀一百零八兩七錢二分
《韵府拾遺》二部，每部價銀四兩五錢，共合銀九兩
《聖諭廣訓》(蒙古文)二部，每部價銀八錢，合銀一兩六錢
《避暑山莊詩》(清文)二部，每部價銀一錢三分，共合二錢六分
《合璧四書》一部，價銀九錢九分
《合璧易經》一部，價銀六錢八分
《合璧禮記》一部，價銀一兩八錢四分
《合璧春秋》一部，價銀六兩七錢八分
《康熙字典》三部，每部價銀八兩二錢七分，合銀二十四兩八錢二分
《駢字類編》一部，價銀四十一兩一錢二分
重修《三國志》一部，價銀三兩九錢四分
以上共賣書五十四部，共合銀四百五十兩零六錢七分
連上共存銀一千四百兩六錢零三釐
武英殿總管事務武備院卿銜郎中恩　二月十一日
武英殿總管事務護軍統領銜郎中松　二月十一日
正監造延　二月十一日
副監造景　二月十一日
委署主事常　二月十一日
六品庫掌文　二月十一日
同治八年二月二十五日收
副内管領吉純買
《小學集注》一部，價銀三錢九分
《悦心集》一部，價銀四兩五錢

《韵府拾遺》一部，價銀四兩五錢
重修《唐書》一部，價銀十三兩九
重修《舊唐書》一部，價銀十四兩六錢
重修《明史》一部，價銀十九兩八錢五分
重修《三國志》一部，價銀三兩九錢四分
《禮記》一部，價銀一兩六錢六分
《春秋》一部，價銀一兩一錢
《書經》一部，價銀六錢六分
《易經》一部，價銀四錢五分
《四庫全書總目》一部，價銀十六兩零六分
《醫宗金鑒》一部，價銀九兩四錢九分
《騈字類編》一部，價銀四十一兩一錢二分
《皇清職貢圖》二部，每部價銀一兩八錢六分，共合銀三兩七錢
舊《南史》二部，每部價銀三兩四錢五分，共合銀六兩九錢
舊《北史》二部，每部價銀五兩五錢一分，共合銀十一兩零二分
舊《宋史》一部，價銀二十一兩七錢七分
《數理精藴》一部，價銀四兩六錢八分
以上共賣書二十二部，共合銀二百七十五兩七錢一分
連上共存銀一千五百八十二兩三錢二分三釐
武英殿總管事務武備院卿銜郎中恩　二月二十八日
武英殿總管事務護軍統領銜郎中松　二月二十八日
正監造延　二月二十八日
副監造景　二月二十八日
委署主事常　二月二十八日
六品庫掌文　二月二十八日
四月初五日收
折配匠趙俊英買
《四庫全書總目》二部，每部價銀十六兩零六分，共合銀三十二兩一錢二分
《韵府拾遺》五部，每部價銀四兩五錢，共合銀二十二兩五錢
《三國志》三部，每部價銀三兩九錢四分，共合銀十一兩八錢二分
《康熙字典》二部，每部價銀八兩二錢七分，合銀十六兩五錢四分
重修《史記》一部，價銀七兩一錢二分
《騈字類編》一部，價銀四十一兩一錢二分
漢文《性理精義》一部，價銀五錢七分
《分類字錦》一部，價銀八兩二錢七分
《小學集注》一部，價銀三錢九分
重修《前漢書》一部，價銀八兩六錢七分
重修《後漢書》一部，價銀六兩五錢二分
《三元甲子》三部，每部價銀五錢七分，合銀一兩七錢一分
《職官表》一部，價銀三兩六錢五分
以上共賣書二十四部，共合銀一百六十二兩九錢九分
連上共存銀一千七百四十五兩三錢零三釐
武英殿總管事務武備院卿銜郎中恩　四月初九日
武英殿總管事務護軍統領銜郎中松　四月初九日
正監造延　四月初九日
副監造景　四月初九日
委署主事常　四月初九日
六品庫掌文　四月初九日
六月初一日收
趙俊英買
《韵府拾遺》三部，每部價銀四兩五錢，共合銀十三兩五錢
《職官表》五部，每部價銀五兩六錢五分，共合銀二十八兩六錢五分
重修《史記》三部，每部價銀七兩一錢二分，共合銀二十一兩三錢六分
重修《三國志》三部，每部價銀三兩九錢四分，共合銀十一兩八錢二分
重修《舊唐書》一部，價銀十四兩六錢
重修《前漢書》一部，價銀八兩六錢七分
重修《後漢書》一部，價銀六兩五錢二分
《職貢圖》五部，每部價銀一兩八錢五分，共合銀九兩二錢五分

《日下舊聞考》一部,價銀六兩七錢二分

吴元炳買

《續三通》一部,價銀五十四兩三錢六分

《四庫全書總目》二部,每部價銀十六兩零六分,共合銀三十二兩一錢二分

《詩經》二部,每部價銀七錢六分,共合銀一兩五錢二分

《書經》三部,每部價銀六錢六分,共合銀一兩九錢八分

《易經》二部,每部價銀四錢五分,共合銀九錢

《子史精華》二部,每部價銀五兩五錢四分,共合銀十一兩零八分

《開國方略》一部,價銀四兩五錢八分

供事侯邦興買

舊《千叟宴詩》一部,價銀三錢三分

《合璧四書》一部,價銀九錢九分

《清寧合撰》一部,價銀一錢

《全史詩》一部,價銀四錢三分

《詞林典故》一部,價銀八錢八分

《小學集注》一部,價銀三錢九分

民人葉保清買

《對音字式》一部,價銀一錢九分

宋板《五經》一部,價銀七兩二錢七分

《三元甲子》一部,價銀五錢七分

《駢字類編》一部,價銀四十一兩一錢二分

《悦心集》一部,價銀二錢八分

《左傳讀本》二部,每部價銀三兩一錢二分,共合銀六兩三錢

《醫宗金鑒》一部,價銀九兩四錢九分

以上共賣書五十部,共合銀二百九十五兩五錢六分

連上共存銀二千四十兩零八錢二分三釐

武英殿總管事務武備院卿銜郎中恩　六月初三日

武英殿總管事務護軍統領銜郎中松　六月初三日

正監造延　六月初三日

副監造景　六月初三日

委署主事常　六月初三日

六品庫掌文　六月初三日

六月十八日收

朱仁甫買

重修《史記》二部,每部價銀七兩一錢二分,共合銀十四兩二錢四分

重修《前漢書》二部,每部價銀八兩六錢七分,合銀十七兩三錢四分

重修《後漢書》二部,每部價銀六兩五錢二分,合銀十三兩二分

重修《三國志》四部,每部價銀三兩九錢四分,共合銀十五兩七錢六分

重修《五代史》三部,每部價銀二兩三錢,合銀六兩九錢

舊《北史》二部,每部價銀五兩五錢一分,合銀十一兩二分

《職官表》二部,每部價銀五兩六錢五分,合銀十一兩三錢

《周易本義》二部,每部價銀二錢七分,合銀五錢四分

《悦心集》二部,每部價銀二錢八分,合銀五錢六分

《三合切音清文鑒》四部,每部價銀四兩八錢六分,合銀十九兩四錢四分

《萬年書》三部,每部價銀五錢七分,合銀一兩七錢一分

供事蔣錫周買

重修《五代史》一部,價銀二兩三錢

《全史詩》一部,價銀四錢三分

《小學集注》二部,每部價銀三錢九分,合銀七錢八分

《四庫全書總目》二部,每部價銀十六兩零六分,共合銀三十二兩一錢二分

《漢文五經》二部,每部價銀四兩六錢三分,合銀九兩二錢六分

以上共賣書三十六部,共合銀一百五十六兩七錢二分

連上共存銀二千一百九十七兩五錢五分三釐

武英殿總管事務武備院卿銜郎中恩

武英殿總管事務護軍統領銜郎中松

正監造延

副監造景

委署主事常　八月初四日

六品庫掌文　八月初四日

月　日收

爲民人王治買

《駢字類編》一部，價銀四十一兩一錢二分

筆帖式玉恒買

《續三通》一部，價銀五十四兩三錢六分

《御製詩文全集》二部，每部價銀八錢五分，合銀一兩七錢

《聖諭廣訓》清漢文各二部，每部價銀四錢一分，合銀一兩六錢四分

《御選唐詩》二部，每部價銀四兩七錢五分，合銀九兩五錢

《職貢圖》二部，每部價銀一兩八錢五分，合銀三兩七錢

以上共賣書十二部，共合銀一百十二兩零二分

連上共存銀二千三百零九兩五錢七分三釐

武英殿護軍參領銜銀庫郎中慶　八月十二日

武英殿四品銜磁庫員外郎春　八月十三日

正監造

副監造常　八月十二日

委署主事

六品庫掌文　八月十二日

月　日收

爲修理借用校勘處房間，應領工料銀一百三十三兩

下存銀二千一百七十六兩五錢七分三釐

武英殿護軍參領銜銀庫郎中慶　八月二十八日

武英殿四品銜磁庫員外郎春　八月二十八日

正監造常　八月二十八日

副監造

委署主事祥

六品庫掌文

月　日發

爲發給做書作成做木案等項，應領工價銀五十六兩四錢五分

下存銀二千一百二十兩零一錢二分三釐

武英殿護軍參領銜銀庫郎中慶　九月十三日

武英殿四品銜磁庫員外郎春　九月十三日

正監造常　九月十三日

副監造

委署主事祥　九月十三日

六品庫掌文　九月十三日

同治九年　月　日收

侍郎潘　買

《四庫全書總目》二部，每部價銀十六兩零六分，共合銀三十二兩一錢二分

連上共存銀二千一百五十二兩二錢四分三釐

月　日發

爲發給刷印《通行聖諭十六條附律易解》應領工料銀十九兩九錢五分九釐

下存銀二千一百三十二兩二錢八分四釐

武英殿武備院卿銜銀庫郎中慶　四月初二日

武英殿護軍參領銜磁庫員外郎春　三月三十日

正監造常　三月三十日

副監造文　三月三十日

委署主事祥　三月三十日

六品庫掌松　三月三十日

同治九年五月日呈明提出銀二千一百兩（撥入專款項下）

下存銀三十二兩二錢八分四釐

武英殿武備院卿銜銀庫郎中慶　五月初四日

武英殿護軍參領銜磁庫員外郎春　五月初三日

正監造常　五月初三日

副監造文　五月初三日

委署主事祥　五月初三日

六品庫掌松　五月初三日
月　日收
爲郎中慶　買
《四庫全書總目》一部，價銀十六兩零六分
《朱子全書》一部，價銀五兩五分
《韻府拾遺》一部，價銀四兩五錢
《康熙字典》一部，價銀八兩二錢七分
《養正書屋全集》定本一部，價銀三兩五錢三分
《日下舊聞考》一部，價銀六兩七錢三分
以上共賣書六部，共合銀四十四兩一錢四分
連上共存銀七十六兩四錢二分四釐
武英殿武備院卿銜銀庫郎中慶　五月二十三日
武英殿護軍參領銜磁庫員外郎春　五月二十一日
正監造常　五月二十一日
副監造文　五月二十一日
委署主事祥　五月二十一日
六品庫掌松
月　日收
員外郎春　買
《駢字類編》二部，每部價銀四十一兩一錢二分，合銀八十二兩二錢四分
《朱子全書》二部，每部價銀五兩五分，共合銀十兩一錢
《三國志》一部，價銀三兩九錢四分
滿蒙《聖諭廣訓》五部，每部價銀四錢一分，合銀四兩九錢
《韻府拾遺》二部，每部價銀四兩五錢，共合銀九兩
《御選唐詩》四部，每部價銀四兩七錢五分，共合銀十九兩
《日下舊聞考》一部，價銀六兩七錢
以上共賣書十七部，共合銀一百三十五兩九錢一分
連上共存銀二百十二兩三錢三分四釐

武英殿武備院卿銜銀庫郎中慶　七月二十五日
武英殿護軍參領銜磁庫員外郎春　七月二十五日
正監造常　七月二十三日
副監造文　七月二十三日
委署主事祥　七月二十三日
六品庫掌松
月　日收
郡王買
《開國方略》一部，價銀四兩五錢八分
清文《避暑山莊詩》一部，價銀一錢三分
袖珍《古文淵鑒》一部，價銀五兩二錢八分
民人喬茂買
《日下舊聞考》一部，價銀六兩七錢
《韻府拾遺》一部，價銀四兩五錢
《御選唐詩》三部，每部價銀四兩七錢五分，共合銀十四兩二錢五分
《朱子全書》二部，每部價銀五兩五分，合銀十兩一錢
員外郎春　買
《日下舊聞考》二部，每部價銀六兩七錢，十三兩四錢六分
《駢字類編》二部，每部價銀四十一兩一錢二分，合銀八十二兩二錢四分
《韻府拾遺》一部，價銀四兩五錢
《朱子全書》一部，價銀五兩五分
供事石敬安買
《聖諭十六條附律易解》三部，每部價銀一錢五分，合銀四錢五分
重修《舊唐書》二部，每部價銀十四兩六錢一分，合銀二十九兩二錢二分
《韻府拾遺》六部，每部價銀四兩五錢，合銀二十七兩
重修《史記》二部，每部價銀七兩一錢二分，共合銀十四兩二錢四分
重修《前漢書》一部，價銀八兩六錢七分
重修《後漢書》一部，價銀六兩五錢二分
《周易本義》五部，每部價銀二錢七分，合銀一兩三錢

《御選唐詩》二部，每部價銀四兩七錢五分，合銀九兩五錢
《職貢圖》一部，價銀一兩八錢六分
《日下舊聞考》一部，價銀六兩七錢
《職官表》一部，價銀五兩六錢五分
《詩經》二部，每部價銀七錢七分，合銀一兩四錢四分
以上共賣書四十三部，共合銀二百六十三兩一錢八分
連上共存銀四百七十五兩五錢一分四釐

月　日發

爲發給挪運通行庫書籍並修理房間應領銀四十一兩八錢二分
下存銀四百三十二兩七錢一分四釐

武英殿武備院卿銜銀庫郎中慶　十一月初一日
武英殿護軍參領銜磁庫員外郎春　十一月初一日
正監造常　十一月初一日
副監造文　十一月初一日
委署主事連　十一月初一日
六品庫掌松　十一月初一日

十二月十五日收

恭辦《聖訓》專款項下銀六十二兩二錢二分五釐七毫七絲
郎中慶　買
《駢字類編》一部，價銀四十一兩一錢二分
重修《史記》一部，價銀七兩一錢二分
重修《前漢書》一部，價銀八兩六錢七分
重修《後漢書》一部，價銀六兩五錢二分
重修《晉書》一部，價銀八兩四錢一分
重修《宋書》一部，價銀六兩一錢八分
重修《南齊書》一部，價銀二兩四錢二分
重修《北齊書》一部，價銀一兩六錢五分
重修《梁書》一部，價銀二兩一錢五分
重修《陳書》一部，價銀一兩九錢
重修《周書》一部，價銀一兩九錢四分
重修《南史》一部，價銀四兩八錢四分
重修《北史》一部，價銀七兩六錢九分
重修《魏書》一部，價銀七兩八錢九分
重修《隋書》一部，價銀五兩五錢八分
重修《五代史》一部，價銀二兩三錢
重修《唐書》一部，價銀十三兩九
重修《舊唐書》一部，價銀十四兩六錢
重修《宋史》一部，價銀三十兩七錢一分
重修《明史》一部，價銀十九兩八錢五分
《遼史》一部，價銀四兩二錢三分
《金史》一部，價銀七兩九錢四分
《元史》一部，價銀十三兩八錢八分
《三史語解》一部，價銀二兩五錢四分
元外郎春　買
重修《史記》一部，價銀七兩一錢二分
《遼史》一部，價銀四兩二錢三分
《金史》一部，價銀七兩九錢四分
《元史》一部，價銀十三兩八錢八分
員外郎世勳買
《開國方略》一部，價銀四兩五錢八分
《左傳注疏》一部，價銀三兩八錢四分
《左傳讀本》一部，價銀三兩一錢五分
恩甲信貴買
《康熙字典》一部，價銀八兩二錢七分
《三元甲子》一部，價銀五錢七分
《周易本義》一部，價銀二錢五分
以上共賣書三十四部，共合銀二百七十七兩七錢七分
連上共存銀七百七十三兩七錢零九釐七毫七絲

武英殿武備院卿銜銀庫郎中慶　十二月十五日
武英殿護軍參領銜磁庫員外郎春　十二月十七日
正監造常　十二月十五日
副監造文　十二月十五日
委署主事連　十二月十五日
六品庫掌松　十二月二十一日

月　日收
爲民人喬茂買
《日下舊聞考》一部，價銀六兩七錢
《御選唐詩》五部，每部價銀四兩七錢五分，合銀二十三兩七錢五分
《韵府拾遺》二部，每部價銀四兩五錢，合銀九兩
以上共賣書八部，共合銀三十九兩四錢八分
連上共存銀八百十三兩一錢八分九釐七毫七絲
武英殿武備院卿銜銀庫郎中慶　十二月二十一日
武英殿護軍參領銜磁庫員外郎春　十二月二十一日
正監造常　十二月二十一日
副監造文　十二月二十一日
委署主事連　十二月二十一日
六品庫掌松　十二月二十一日

月　日收
員外郎春　買
《三史語解》一部，價銀二兩五錢四分
《日下舊聞考》一部，價銀六兩七錢
《御選唐詩》一部，價銀四兩七錢五分
《職貢圖》一部，價銀一兩八錢六分
以上共賣書四部，共合銀十五兩八錢八分
連上共存銀八百二十九兩六分九釐七毫七絲
武英殿武備院卿銜銀庫郎中慶　十二月二十六日
武英殿護軍參領銜磁庫員外郎春　十二月二十六日
正監造常　十二月二十六日
副監造文
委署主事連　十二月二十六日
六品庫掌松

同治十年二月　日收
員外郎春　買
《御選唐詩》七部，每部價銀四兩七錢五分，合銀三十三兩二錢五分
《周易本義》四部，每部價銀二錢五分，合銀一兩零四分
《合璧禮記》二部，每部價銀一兩八錢四分，合銀三兩六錢八分
《合璧春秋》一部，價銀六兩七錢八分
《滿洲源流考》一部，價銀一兩七錢九分
《聖諭廣訓》滿蒙漢五部，每部價銀一兩二錢三分，合銀六兩一錢五分
《日下舊聞考》二部，每部價銀六兩七錢，合銀十三兩四錢四分
《晉書》一部，價銀八兩四錢一分
《朱子全書》一部，價銀三兩零四分
以上共賣書二十四部，共合銀七十九兩五錢八分
連上共存銀九百零八兩六錢四分九釐七毫七絲
武英殿武備院卿銜銀庫郎中慶　二月十二日
武英殿護軍參領銜磁庫員外郎春　二月十二日
正監造常　二月十二日
副監造文　二月十二日
委署主事連　二月十二日
六品庫掌松

月　日收
侍郎胡肇智買
《史記》一部，價銀七兩一錢二分
《明史》一部，價銀十九兩八錢五分

《御選唐詩》四部，每部價銀四兩五錢，合銀十九兩
《宋史》一部，價銀三兩七錢一分
《朱子全書》三部，每部價銀三兩五分，合銀十五兩一錢五分
《職官表》一部，價銀五兩六錢五分
《前後漢》一部，價銀八兩六錢七分，價銀六兩五錢一分
《悅心集》二部，每部價銀二錢八分，合銀五錢六分
以上共賣書十五部，共合銀一百十三兩二錢二分
連上共存銀一千零二十一兩八錢六分九釐七毫七絲
武英殿武備院卿銜銀庫郎中慶
武英殿護軍參領銜磁庫員外郎春　二月二十九日
正監造常　二月二十九日
副監造文　二月二十八日
委署主事連　二月二十八日
六品庫掌松
月　日收
員外郎春　買
重修《魏書》一部，價銀七兩八錢九分
重修《唐書》一部，價銀十三兩九
重修《舊唐書》一部，價銀十四兩六錢
重修《陳書》一部，價銀一兩九錢
重修《隋書》一部，價銀五兩五錢八分
《南史》一部，價銀四兩八錢四分
《北史》一部，價銀七兩六錢九分
《五代史》一部，價銀二兩三錢
以上共賣書八部，共合銀一十八兩七錢四分
連上共存銀一千零八十兩六錢九釐七毫七絲
武英殿武備院卿銜銀庫郎中慶　（差）
武英殿護軍參領銜磁庫員外郎春　七月二十九日
正監造常　七月二十七日
副監造松　七月二十七日
委署主事連　七月二十七日
六品庫掌文　七月二十七日
月　日收
朱仁甫買
《詩經注疏》一部，價銀二兩八錢三分
《書經注疏》一部，價銀一兩三錢二分
《禮記注疏》一部，價銀三兩四錢八分
《明史》一部，價銀十九兩八錢五分
以上共賣書四部，共合銀二十七兩四錢八分
連上共存銀一千一百零八兩八分九釐七毫七絲
武英殿武備院卿銜銀庫郎中慶　（差）
武英殿護軍參領銜磁庫員外郎春　十月初九日
正監造常　十月初五日
副監造松　十月初六日
委署主事連　十月初六日
六品庫掌文
月　日收
員外郎春　買
《前漢書》一部，價銀八兩六錢七分
《後漢書》一部，價銀六兩五錢二分
《南齊書》一部，價銀二兩四錢二分
《北齊書》一部，價銀一兩六錢五分
《梁書》一部，價銀二兩一錢五分
《周書》一部，價銀一兩九錢四分
《宋書》一部，價銀六兩一錢八分
《晉書》一部，價銀八兩四錢一分
《宋史》一部，價銀三十兩七錢一分

《明史》一部，價銀十九兩八錢五分
《合璧春秋》一部，價銀六兩七錢八分
《合璧禮記》一部，價銀一兩八錢四分
《日下舊聞考》二部，每部價銀六兩七錢三，合銀十三兩四錢六分
《醫宗金鑒》一部，價銀九兩四錢九分
《職貢圖》四部，每部價銀一兩八錢五分，合銀七兩四錢
《御選唐詩》二部，每部價銀四兩七錢五分，合銀九兩五錢
滿蒙《聖諭廣訓》五部，每部價銀八分一釐，合銀四錢五釐
折配匠祁金垣買
《御選唐詩》五部，每部價銀四兩七錢五分，合銀二十三兩七錢五分
柏唐阿舒淩買
《遼史》一部，價銀四兩二錢三分
《金史》一部，價銀七兩九錢四分
《元史》一部，價銀十三兩八錢八分
《三史語解》一部，價銀二兩五錢四分
以上共賣書三十五部，合銀一百九十三兩三錢六分
連上共存銀一千三百零一兩四錢四分九釐七毫七絲
武英殿武備院卿銜銀庫郎中慶（差）
武英殿護軍參領銜磁庫員外郎春　十一月二十九日
正監造常　十一月二十九日
副監造松　十一月二十九日
委署主事連　十一月二十九日
六品庫掌文　十一月二十九日
月　日收
員外郎孔買
《四庫全書總目》一部，價銀十六兩六分
《醫宗金鑒》二部，每部價銀九兩四錢九分，合銀十八兩九錢八分
《皇清職貢圖》一部，價銀一兩八錢六分
民人喬茂買
《醫宗金鑒》一部，價銀九兩四錢九分
《朱子全書》二部，每部價銀五兩五分，合銀十兩一錢
《御選唐詩》二部，每部價銀四兩七錢五分，合銀九兩五錢
《三元甲子》二部，每部價銀五錢七分，合銀一兩一錢四分
以上共賣書十一部，價銀六十七兩一錢三分
連上共存銀一千三百六十八兩五錢七分九釐七毫七絲
武英殿武備院卿銜銀庫郎中慶（差）
武英殿護軍參領銜磁庫員外郎春　十二月二十五日
正監造常　十二月二十五日
副監造松　十二月二十五日
委署主事連　十二月二十五日
六品庫掌文　十二月二十五日
月　日收
主事延買
《四庫全書總目》一部，價銀十六兩六分
民人喬茂買
《日下舊聞考》一部，價銀六兩七錢
《康熙字典》二部，每部價銀八兩二錢七分，合銀十六兩三錢四分
《唐書》一部，價銀一兩八分
以上共賣書五部，共合銀四十九兩四錢
連上共存銀一千四百十七兩九錢七分九釐七毫七絲
武英殿武備院卿銜銀庫郎中慶（差）
武英殿護軍參領銜磁庫員外郎春　二月二十九日
正監造常　二月二十九日
副監造松　二月二十九日
委署主事連　二月二十九日
六品庫掌文　二月二十九日

月　日發

爲發給修理本處房間應領銀九十四兩六錢

下存銀一千三百二十三兩三錢七分九釐七毫七絲

武英殿武備院卿銜銀庫郎中慶（差）　三月二十五日

武英殿護軍參領銜磁庫員外郎春　三月二十五日

正監造常　三月二十五日

副監造松　三月二十五日

委署主事連　三月二十五日

六品庫掌文　三月二十五日

月　日發

爲發給進内鉤描刊刻刷印活計應領銀三百七十二兩一錢

下存銀九百五十一兩二錢七分九釐七毫七絲

武英殿武備院卿銜銀庫郎中慶（差）　十二月十二日

武英殿賞換花翎四品頂戴衣庫員外郎文　十二月十二日

正監造常　十二月十二日

副監造松　十二月十二日

委署主事連　十二月十二日

六品庫掌文　十二月十二日

月　日發

爲發給由借用實録館房間移回本殿應領擡夫銀九十八兩

下存銀八百五十三兩二錢七分九釐七毫七絲

武英殿總管事務武備院卿銜銀庫郎中慶

武英殿總管事務賞換花翎四品頂戴衣庫員外郎文

武英殿總管事務武備院卿銜即補道廣儲司總理六庫事務郎中恩　五月初三日

武英殿總管事務武備院卿銜前候選知府候補郎中松　五月初三日

正監造常　五月初三日

副監造松　五月初三日

委署主事連　五月初三日

六品庫掌文　五月初三日

月　日發

爲恭往慕陵等處神牌過朱應領封吊貼銀七十二兩五錢

下存銀七百八十兩七錢七分九釐七毫七絲

武英殿總管事務武備院卿銜銀庫郎中慶

武英殿總管事務賞換花翎四品頂戴衣庫員外郎文

武英殿總管事務武備院卿銜即補道廣儲司總理六庫事務郎中恩　七月二十六日

武英殿總管事務武備院卿銜前候選知府候補郎中松　七月二十六日

正監造常　七月二十六日

副監造松　七月二十六日

委署主事連　七月二十六日

六品庫掌文　七月二十六日

光緒四年十二月二十二日收

謨公爺認買

《御製文二集》（乾隆）一部，價銀一兩

《御製詩文餘集》（乾隆）一部，價銀一兩五錢四分

以上賣書二部，共合銀二兩五錢四分

連上共存銀七百八十三兩三錢一分九釐七毫七絲

武英殿總管事務武備院卿銜即補道廣儲司總理六庫事務郎中恩　十二月二十三日

武英殿總管事務護軍參領銜銀庫員外郎增　十二月二十四日

正監造文　十二月二十三日

副監造寶　十二月二十三日

委署主事百　十二月二十三日

六品庫掌克　十二月二十三日

月　日發

爲發給前任東陵備差官員匠役就領幫貼銀十兩八錢

共存七百七十二兩五錢二分九釐七毫七絲

武英殿總管事務武備院卿銜即補道廣儲司總理六庫事務郎中恩　正月十九日

武英殿總管事務護軍參領銜銀庫員外郎增　正月二十日

正監造文　正月十四日

副監造寶　正月十三日

委署主事百　正月十三日

六品庫掌克　正月十三日

月　日發

爲恭往惠陵神牌過朱應領幫貼銀三十四兩八錢

下存銀七百三十七兩七錢七分九釐七毫七絲

武英殿總管事務賞戴花翎武備院卿銜即補道廣儲司總理六庫事務郎中恩　五月十一日

武英殿總管事務護軍參領銜銀庫員外郎增　五月十一日

正監造文　五月十一日

副監造寶　五月十一日

委署主事百　五月十一日

六品庫掌克　五月十一日

光緒五年六月日收

內務府筆帖式玉森等認買

《皇清職貢圖》八部，每部價銀一兩八錢五分，合銀十四兩八錢

《皇清文集續編》一部，價銀二十二兩四錢六分

《聖諭廣訓》滿蒙文三部，每部價銀八錢，合銀二兩四錢

《御選唐詩》三十一部，每部價銀四兩七錢五分，合銀一百四十七兩二錢五分

《聖諭廣訓》滿蒙漢文五部，每部價銀九錢八分，合銀四兩九錢

《聖諭廣訓》漢文一部，價銀四錢一分

《小學集注》五部，每部價銀三錢九分，合銀一兩九錢五分

《周易本義》四部，每部價銀二錢七分，合銀一兩八分

《滿洲源流考》十三部，每部價銀一兩八錢，合銀二十三兩四錢

《合璧禮記》五部，每部價銀一兩八錢四分，合銀九兩二錢五分

《合璧易經》二部，每部價銀六錢八分，合銀一兩三錢六分

《合璧春秋》五部，每部價銀六兩七錢八分，合銀三十三兩九錢

《朱子全書》七部，每部價銀五兩四分，合銀三十五兩二錢八分

《四庫全書總目》一部，價銀十六兩六分

《三省方略》一部，價銀三十二兩一錢二分

《駢字類編》二部，每部價銀四十一兩一錢二分，合銀八十二兩二錢四分

《詩經》一部，價銀七錢六分

《書經》一部，價銀六錢六分

《易經》一部，價銀四錢五分

《禮記》一部，價銀一兩六錢六分

《春秋》一部，價銀一兩一錢

《開國方略》三部，每部價銀四兩五錢八分，合銀十三兩七錢四分

《左傳讀本》一部，價銀三兩一錢五分

宋板《五經》一部，價銀七兩二錢七分

《日下舊聞考》七部，每部價銀六兩七錢二分，合銀四十七兩四分

《三史語解》二部，每部價銀二兩七錢二分，合銀五兩四錢四分

《康熙字典》一部，價銀八兩二錢七分

《明史》一部，價銀十九兩八錢五分

《三元甲子》二部，每部價銀五錢七分，合銀一兩一錢四分

《清寧合撰》一部，價銀一錢

《詞林典故》一部，價銀八錢八分

《三合切音清文鑒》六部，每部價銀四兩八錢六分，合銀二十九兩一錢六分

以上共賣書一百二十六部，共合銀五百六十八兩五錢四分

連上共存銀一千三百六兩三錢一分九釐七毫七絲

武英殿總管事務賞戴花翎即補道廣儲司總理六庫事務郎中恩

武英殿總管事務花翎三院卿銜銀庫員外郎增　六月十七日
正監造文　六月十六日
副監造寶　六月十六日
委署主事百　六月十六日
六品庫掌克　六月十六日

《欽定户部則例》卷五〇《税則八·天津關雜貨税則》 梨木刻字板、杜木刻字板每千塊各税肆錢貳分。

《欽定户部則例》卷九一《雜支一·禮部支款》 一、禮部刊刻刷印　詔書每工給制錢壹百叁拾捌文陸毫，刊刻進呈會試、登科等録按每百字給工價銀捌分，條例每百字給工價銀壹錢。刷印、摺溜、搭配、裝釘每工給制錢壹百伍拾肆文。

《欽定户部則例》卷九一《雜支一·刑部支款》 一、刑部每歲預領次年刊印秋審招册等項銀陸千兩。每年於七八月具領，事竣將用過數目造册，咨送户部覈實題銷。

《欽定户部則例》卷九三《雜支三·憲書工價》 一、各省刊刻時憲書，直隸省歲額支銀伍百柒拾肆兩。

一、山東省歲額支銀壹百柒拾陸兩伍錢有奇。遇閏加增銀玖兩貳錢。

一、山西省歲額支銀壹千壹百貳拾捌兩肆錢伍分有奇。遇閏加增銀壹拾兩。

一、河南省歲額支銀壹百柒拾兩。

一、江蘇省歲額支銀壹百壹拾叁兩。

一、安徽省歲額支銀叁百貳拾兩叁錢叁分有奇。

一、江西省歲額支銀肆百貳拾捌兩貳錢伍分有奇。

一、福建省歲額支銀叁百壹拾捌兩。

一、浙江省歲額支銀柒百兩。

一、湖北省歲額支銀肆百捌拾柒兩有奇。

一、湖南省歲額支銀叁百肆拾伍兩貳錢有奇。

一、陝西、甘肅二省歲額支銀肆百貳拾肆兩肆錢伍分有奇。

一、四川省歲額支銀叁百貳拾捌兩陸錢叁分有奇。遇閏加增銀貳拾叁兩貳錢捌分有奇。

一、廣東省歲額支銀貳百肆兩捌錢柒分有奇。

一、廣西省歲額支銀柒拾伍兩捌錢有奇。

一、雲南省歲額支銀伍百肆拾柒兩捌錢貳釐。

一、貴州省歲額支銀貳百肆兩柒錢捌分柒釐。

《福省政事録》卷四《采辦運解事例·時憲書工價》 一時憲書。福建省按年由欽天監頒發樣本到閩，發本司經歷官照樣刊刷，於十月朔日通頒，呈送備覽。所需工價銀三百兩，由福清、仙遊、惠安、建寧、武平等五縣地丁存留項下專欵解司，給發承領，年有定額。又有加增工價銀一十八兩，由甄寧、浦城二縣地丁存留項下解司，時因工價，毋須加增，留充司庫撥充閑欵公用，年有定額。

《福省政事録》卷四《采辦運解事例·刊刷律例》 一奉部頒發律例樣本到司，檄飭本轄經歷官照樣繕寫，刊刷刻應需工價，造具估册送司，在于司庫不報部欵内，借支發領，印刷通頒。飭令各屬匀捐解司，歸補原欵。

《福省政事録》卷四《采辦運解事例·不時流捐書價》

一、武英殿頒發《乾道醇熙章》等書，工價二千二百三十五兩二錢一厘。

一、《尚書詳解》等書，工價銀二千九百七十一兩四錢四分八厘二毫。

一、《易原考證》二種書，工價銀四千九百九十四兩七錢一分八厘。

一、《悦心集》書，工價銀一千八百二十一兩五錢八分四厘。

一、《學政全書》，工價銀三百八十四兩二錢七厘。

一、《九章算術》書，工價銀一千四百八十二兩九錢四分三厘。

一、《禮部則例》書，工價銀七百六十五兩七錢五分四厘。

一、《佩文韵府》書，工價銀二百兩。

一、唐、西漢《會要》書，工價銀二千一百五十五兩二錢七厘四毫。

一、《春秋經解》等書，工價銀二千六百八十四兩三錢四分四厘。

一、《平苗紀畧》書，工價銀四百八十四兩三厘。

一、《熙朝雅頌》書，工價銀一千三十九兩六錢六分八厘八毫。

以上各欵書價，均經先後在于司庫裸欵項下撥給領辦解部，由各縣匀捐歸補。

陶風樓藏《楊守敬致倪文蔚手札》一 頃拜謁，不遇爲悵。《錢略》已刻成，此系初印樣本，除前已呈覽數本外，一並呈上，其有誤字等等，隨飭修改，大約不過數日，即能竣工，其賬簿容日清理。板片存於何處？祈示知。所欠刻貲已長，用過添裕三四十串。可否再撥數十串，先開零碎之工錢，其餘候算清後結給。駕臨省垣，想必應接不暇，未知何日得聞書再走候，特此留字。即請豹岑公祖大人升安不莊。治晚楊守敬頓首。

此紅樣顔色不佳，印手亦劣，緣印此一項，需錢二串有餘，工人不肯再印，如要再印看樣，可否以綠色印之，則價廉而鮮朗矣，再禀。

陶風樓藏《楊守敬致倪文蔚手札》三 豹岑公祖大人閣下：前由貴紀達一函，諒邀青覽。前刻人袁姓來此倩寫工，此地人多不願之，俱詳前書中，惟有在敝寓，雷君系爲寫《錢譜》之人，現值《錢譜》已竣工，敬力慫恿之，始允。《錢譜》與洪彦哲商酌後，又請姚方伯審定板再發鈔。緣方伯將書持去之後，久未擲還，日日著人催之，總以未克編覽爲辭，蓋方伯亦好此書如酒也。因之工人住手近一月，適值莳門張瑜生重刻《隸篇》，敬因讓其刻之，現《隸篇》亦告竣，刻字人甚多，書亦斟酌盡美。唯所存未刻之板片僅二百塊，尚須用約三百塊，數月内此地並無賣板片人，唯思敬家中尚有板片約三百塊，意欲懇公祖專差或有便人送去，亦可到敬家中，將此板片取下，到沙市再搭妥船寄來，敬已屬家中專人送下，但恐未必有人來也。大約不出二十日到漢，此板尚有用也。半月以來，患水瀉，頽唐之甚，力疾草此不莊，諸維亮察，即請升安。晚生守敬頓首，十五日。

陶風樓藏《楊守敬致倪文蔚手札》六 豹岑公祖大人閣下：今日辰刻，有要事過江。當已囑工人將書板清理，每架帖有卷數，共板片七百二十八塊，壹千三百八十三葉，封面、簽子在外，是小兒親手交清明白，並非含糊了事，或習君一時未能了了耳。此板將來如要修整，可問普渡庵陶之岡，緣敬之板片皆交是人清理也。餘十部書已成，特未穿線，已飭趕緊訂訖，敬督同工人，無論三四更，總將此書送呈。敬本擬隨同來人走謁，恐工人因天晚四散，故必督催，訂成方許歇息，明日辰刻，定當趨送行旌。屢承賜以厚贐，愧感無似，謝謝！又承賜書二部，因思此十部爲精，不如將前日所繳之二十部中换來兩部，則公祖可多得兩部精本也。諸維亮察，即請行安不莊。晚生守敬頓首，十六日燈下。

陶風樓藏《楊守敬致倪文蔚手札》一〇 豹岑大公祖大人閣下：睽違鈞誨，邈若山河，不勝翹企，恭維起居曼福爲頌。客歲又蒙賜白金五十兩，敬自維於迂公之書，未能有所增益，乃累承厚貺，實深愧恧。敬攜書版於客歲冬月二十三日，搭輪船到武昌，帶小兒、小妾並家丁一人，是皆粗知書史，可以監刷印，助校刊者也。唯迂公此書不刻，敬終以爲缺陷。此公竭三十年之力成此書，不幸未授梓而殁，粤寇之亂，不火於劫灰者僅耳。敬攜此書到省□人，梓人有云四百金可以成功。又有漁古山房書莊情願先墊刻貲，唯書成之後，彼必先印行百餘部以求息利，而後以板歸公祖。問何時可成，期以百二十日。敬本在省售書，大約此數月内亦未能入都，可以校刊竣事。維公祖之意非惜此四百金，亦不過恐其不成，中道而廢耳，若如此辦法，似乎無礙。若以先人秘笈，不肯假手他人以獲利，則速賜回音，以便將原書繳還。前札囑校定此書後交令弟收存，敬訪之，藩禮房云已刻到漢陽出差。敬以書尚未校訖，又歲暮匆遽，未能過江訪謁，稍暇必能晤會也。《志書》想已告成，刻此書時可不列賤名，蓋本無功也。必不獲辭，附於分校之列，如廁諸總纂則不敢居。盛宏之《荆州記》，尚未得《初學記》、《藝文類聚》等書掇抄。緣敬初到省，藏書之家皆未識也。《楷法溯源》已告成，求大序不得，雲門又未晤面，急於印書，遂勉作一序，托之友人畢君，文辭淺陋，且於此體素非當家，故未敢冒公祖大名，恐有損文聲耳。不以此書爲可哂，仍請作序，以光拙册。呈上式樣壹部，中多訛奪，尚待校補也。敬倉皇外出，本擬移家至省垣，而人口衆多，措貲不易，此復尚懇拂拭，則没世感戴，讀嵇叔夜《悲憤詩》，可以知敬之苦心矣。臨紙神馳，勿任惶恐。諸惟亮察不宜，即請升安，並賀年喜。治晚生楊守敬頓首，己卯正月初六日。

陶風樓藏《楊守敬致倪文蔚手札》一二 豹岑公祖大人左右：頃尊紀來省，遞到手書，知以前有賜章，並囑將第二十八卷引書體例改刻。惟此信並原印書樣至今未接到，不知是由何處寄來。又囑爲雇寫手二人，當即特囑刻字人物色之，皆云志書局所請寫字工價每千字必得壹百三十文。又聞志書已得一半，彼來寫字，一人不過十萬。又去上下盤費數串，除日用火食，幾不能剩數串，故人人趑趄。而此地佳寫手亦實少，前領手人袁姓屢次帶信來，云工人往者爲此也，如必要人，須略增價，上下盤費縱不全認，亦給一半，方有好手。《錢略》又刻得數卷，時值農忙，工人多告假回家，刻下始漸有人來。蓋此地刻字人亦農亦工，非得重貲，不肯舍其田事。此書之成，又當遲至六月底、七月初矣。蓋又恐其刈獲時有擔閣也。頃聞有人云錢圖每品四十文價太昂，彼不知其費功，其中若壓勝、洋錢諸品，竟有每人一日不能刻成一品者。倒是宋體每字一文，彼尚樂於從事，一言刻圖即人人皺眉。旁觀者不知當局之難，敬若非平日受公祖知遇之感，幾不能終其事。非敬輕諾，良由領手人輕諾，然刻圖確難，然即萬難，亦必終其事。前云圖樣當印墨本，宋體當印硃本，非有他意，不過以墨本好看，圖之神氣，此書成，公祖未印本，而有一部行世，敬豈復得爲人乎？豈有以重資購不全不備之書者乎？既有言，當遵命盡印紅本。連日肚瀉，力疾草此。不恭祈恕之，爲請升安不宣。晚生守敬謹稟，五月初八日。

陶風樓藏《楊守敬致倪文蔚手札》一三　豹岑公祖大人座右：和齋來省，得讀手教。疑《錢略》非歲莫不能竣工，此由敬前於病中，匆遽稟報不悉之故。前云欠板片三百塊者，非《錢略》實欠三百塊，因敬家中尚存三百塊，既往取，不得不盡數搬來，以備揀擇，其實不過欠數十、百塊耳。現在業已購買足數，並不需家中之板。《錢略》現已刻得十分之七，不過尚未收拾淨盡，數日後必有紅樣十餘本呈覽。所餘未刻之書，僅第一卷及副品數卷耳。若非炎暑，二十日定可成功。已囑工人刻期於七月初十日竣事，並領工人見和齋，訂以勿得誤期，縱有參池，諒亦不得出四五日。總之，駕臨鄂垣時，全書准定告成。至前日停工刻他書，此亦有故，蓋因《錢略》底本求姚方伯鑒定，方伯欣然允諾，及呈去兩月有餘，未得領回，敬催之不下六七次，懇請其審定，又許爲細校，遂亦不敢自作主張。及賜還則又多所更定，又不能不囑工人重寫重劃，尚有未盡校出者，敬又爲重理一番。又加以板片不齊，他人板片多薄且間有廂者，此厚而整，所以難得，非刻他書有板，此無板也。所未刻之洋錢等品，工人復多畏難。適值友人張瑜生欲刻《隸篇》，商之於敬，敬因刻樣未校定，恐停工人散即難復聚，故讓其刻一月，豈敢故擱《錢略》而別刻他書乎？至所存刻貲，敬分毫未曾妄動，至今添裕之錢，尚未用完，可覆問也。總之，書一日不成，公祖一日不再與錢，稍有欠缺，敬當設法墊之，若半途而廢，敬將何顏以對，專此稟明。臨穎悚惶，諸維鑒察，即請升安不莊。晚生楊守敬頓首，六月十一日。

陶風樓藏《楊守敬致倪文蔚手札》一四　讀手書敬悉。據刻工云洪北江之書系六八寸，又薄且有廂板，此書七九寸且六分成，非八十文不能購得，但此事彼不能全做主，購板時敬必親到講價。況敬欲刻《古文匯編》，雖要板無多，亦必親自購辦，此輩亦無所容其欺。昨細檢此書，約八百塊雙面，三百塊系宋體用，五百塊刻圖用，且以每塊八十文計之，當得六十四串，寫宋字以三十萬，約計當得四十串。此宜先付，蓋八百塊板片勢不盡得乾板，恐有稍濕，當預辦候乾，故開工即要此款也。行旌何日，當走送。即請豹岑大公祖大人晚安。治晚生守敬頓首，初五日燈下。

《後漢書》卷六七《黨錮列傳序》　又張儉鄉人朱並，承望中常侍侯覽意旨，上書告儉與同鄉二十四人別相署號，共爲部黨，圖危社稷。以儉及檀彬、褚鳳、張肅、薛蘭、馮禧、魏玄、徐乾爲「八俊」，田林、張隱、劉表、薛郁、王訪、劉祇、宣靖、公緒恭爲「八顧」，朱楷、田槃、疎耽、薛敦、宋布、唐龍、嬴咨、宣褒爲「八及」，刻石立墠，共爲部黨，而儉爲之魁。靈帝詔刊章捕儉等。

《後漢書》卷六七《黨錮列傳・張儉傳》　延熹八年，太守翟超請爲東部督郵。時中常侍侯覽家在防東，殘暴百姓，所爲不軌。儉舉劾覽及其母罪惡，請誅之。覽遏絶章表，並不得通，由是結仇。鄉人朱並，素性佞邪，爲儉所弃，並懷怨恚，遂上書告儉與同郡二十四人爲黨，於是刊章討捕。

《後漢書》卷七〇《孔融列傳》　山陽張儉爲中常侍侯覽所怨，覽爲刊章下州郡，以名捕儉。

白居易《白氏長慶集》卷首元稹《白氏長慶集序》　《白氏長慶集》者，太原人白居易之所作。【略】然而二十年間，禁省觀寺郵候牆壁之上無不書，王公妾婦牛童馬走之口無不道，至於繕寫模勒，衒賣於市井。

司空圖《司空表聖文集》卷九《爲東都敬愛寺講律僧惠確化莫雕刻律疏莫、募通。印本共八百紙》　竊以化化無窮，遞成遷染；孜孜不倦，方導沈淪。啟秘藏而演毗尼，熏戒香以消煩惱。風波未息，横智鵠而難超；繩墨可遵，制心猿而有漸。豈容穿鑿，但致紛拏。雖設喻於三乘，同歸覺路；蓋防微於羣品，共稟成規。汎灑六塵，攝持萬行。寧俟空林宴坐，方爲解脱之門；必令大地周游，皆詣清涼之境。蓋能仁之警策也。今者以日光舊疏，龍象弘持，京寺盛筵，天人信受。□迷後學，競扇異端。自洛城罔遇時交，乃焚印本，漸虞散失，欲更雕鎪。惠確無愧專精，頗嘗講授。遠欽信士，擔結良緣。所希龜鏡屯□，津梁靡絶，再定不刊之典，永資善誘之方。必期字字鐫銘，種彗牙而不竭；生生親眷，遇勝會而同聞。敢期福報之微，願允標題之請。謹疏。

馮贄《雲仙雜記》卷五《印普賢象》　玄奘以回鋒紙印普賢象，施於四衆，每歲五馱無餘。

葉盛《水東日記》卷六《生物足供人用》　獨石書板刷墨，用帶毛兔脚，廣州則大香櫞厚皮。又獨石苦寒處，素不產藤竹，人家箍桶等用，則取綿柳條爲之，不異籐竹也。乃知天地生物，不絶生人之用，顧用之者何如爾。

莫尚簡修、張岳纂《〔嘉靖〕惠安縣志》卷五《物產》　楓木有脂而香，葉厚弱善摇，故字從風。取脂及木柹烘焦，碾屑極細，和以乳檀、麝香，助其芬郁。篆盤一縷，可達晝夜，名印香。其木理密緻，亦可鏤刻文字。

焦竑《焦氏筆乘續集》卷四《雕板印書》 蜀相毋公蒲，津人，先爲布衣，嘗從人借《文選》、《初學記》，多有難色。公歎曰：恨余貧不能力致，他日稍達，願刻板印之，庶及天下學者。後公果顯於蜀，乃曰今可以酬宿願矣。因命工日夜雕板，印成二書，復雕九經諸史，兩蜀文字由此大興。洎蜀歸宋，豪族以財賄禍其家者什八九，會藝祖好書，命使盡取蜀文籍諸印本歸闕，忽見卷尾有毋氏姓名，以問歐陽炯。炯曰：此毋氏家錢自造。藝祖甚悅，即命以板還毋氏。是時其書遍於海内，初在蜀雕印之日，衆多嗤笑，後家累千金，子孫禄食，嗤笑者往往從而假貸焉。左拾遺孫逢吉詳言其事如此。

謝肇淛《五雜組》卷之一三《事部一》 近來閩中稍有學吳刻者，然止於吾郡而已。能書者不過三五人，能梓者亦不過十數人，而板苦薄脆，久而裂縮，字漸失真，此閩書受病之源也。

張岱《夜航船》卷八《文學部・經史・印板》 隋文帝爲印板。馮道請唐明宗行印板，始印五經，始依石經文字，刊九經板。宋真宗始摹印司馬、班史諸史板。

王士禎《居易録》卷七 刻書咸云始于後唐明宗，予《池北偶談》已備考羣説。適讀《揮麈餘話》云毋邱儉貧賤時，借《文選》于交遊間，有難色。發憤異日若貴，當板鏤之遺學者。後仕蜀爲宰相，遂踐其言刊之。印行書籍，創見于此。事載陶岳《五代史補》。唐平蜀，明宗命太學博士李諤書五經，倣其製作刊板于國子監，監中印書之始。今盛行于天下，蜀中爲最。明清家有諤書印本五經，後題長興二年。予考常熟毛氏刻《五代史補》無此條，吳太史任臣《十國春秋》蜀毋昭裔傳請後主鏤板印九經，又令門人句中正、孫逢吉書《文選》、《初學記》、《白氏六帖》刻板行之。録誤昭裔爲毋邱儉耳。

翁連溪《清内府刻書檔案史料彙編・康熙五十一年八月初七日》 奴才和素、李國屏謹奏，七月二十四日，張常住咨稱，奉旨：熱河三十六景，每景各畫説圖二張，一張於絹板刊刻，另一張交報帶去，於木板刊刻可也。欽此。欽遵畫完之二張畫交報帶去，伏乞命朱貴、梅雨峰以木板刊刻等語具奏。奉旨：由報帶來刊刻。欽此。等因，將兩張畫一併帶去。續又帶去二張，將此示朱貴、梅雨峰觀之，伊等稱，刊刻此畫時，棗木板才可用。再，用手之畫也有。幹活時，東西畫亦有。略算之，一個人二十天左右可以刻一塊。再，現找得之棗木板雖長寬尺寸勉强夠，但潮濕，乾後方可刊刻若干，需十幾日。我聞得，穿山甲、川膠放入水中，煮二三日，放陰涼處晾乾，乾得快，亦不易裂。營造處來我材料處查找，未找到乾棗木板，現將找到之棗木板煮之，乾後再看。再，朱貴、梅雨峰都在刻黄經板，黄經字九月十日刻完，經頭、經尾畫九月底刻完。此間若板乾可用，或另尋得乾板，可命朱貴、梅雨峰倆一人刻黄經，一人刻畫。然僅命二人刊刻，恐需時太久，故命朱貴、梅雨峰，爾等往尋原先能刻之人。伊等曰，我等已尋找，没有找到，欲勤加尋找等語。奴才等亦分別尋找。爲此謹奏，請旨。

硃批：知道了。

翁連溪《清内府刻書檔案史料彙編・乾隆元年九月十二日》 允禄、弘晝奏，九月初八日，奏事郎中張文彬等，交出四川道監察御史程盛修奏稱，采買經板購取梨木，官民交累，似宜斟酌變通或三塊合一或兩塊合一湊合成板，則地方之購求既易，州縣之承辦不難等因具奏。奉旨：這所奏是，著莊親王、和親王速行。欽此。欽遵等因，當即遵行，一面飭令該督撫著地方官留心采辦，秉公發價，勿許絲毫累民。【中略】一面飭令收板之該管官悉心訪察，于解到之板，除不堪應用者，隨到隨收，不許稍有停留，有累解役。但臣等身任刊刻藏經之事，稍有見聞，不得不據實陳奏。查從前刊刻藏經原因經板年久損壞，所以翻新重刻，彼時臣等身任其事，念板片浩繁，恐一時難覓，有睡工程，隨遍訪刻匠，凡有省便之處如拼合板片之類無不備至。據刻字匠稟稱，經板面大，兩面見刻，節潮濕且不可用，何況拼合，若只顧目前苟且塞責，恐日後易裂，不惟徒費錢糧，亦且難垂久遠。臣等即查前明永樂年間庫存經板俱係正塊，並無拼合，因年久朽壞，於康熙四十二年間重修補，其中雜有湊合之板，今已全行脱落損壞，與刻字匠所稟難歷久遠情由毫無虚假，如果拼合之板不妨應用實屬省便，誠恐過二三年間仍復損裂，是以臣等不敢擅用拼合與腫節潮濕之板。後因差派内府官員采辦維艱，於乾隆元年二月十七日奏准著直隸山東出産梨木地方每州縣量派一二百塊，發給官價，秉公照式采辦，爲力甚易。詎意該地方官解運之板好歹不一，其中好者全到全收，或有十分之中遇有一二不堪應用者，查收無益，著令退回，其退回之板俱可改作書板發賣，行家亦不致于廢棄。今據該御史所奏采辦板片有累地方，我皇上念切民生，勤求懷保，豈有爲此經板貼累地方。臣等時聆聖訓，方愧不能宣猷效力，亦何敢忽板片事務，而不善施行，但恐地方官奉行不善，致如該御史所奏亦未可定。伏查經板所需七萬餘塊，現今地方官解過萬餘，連前内府采辦萬餘，與日下地方官已辦未解之板，約略三停已辦者有二，其一停未辦之板若攙進雜拼合之板，不惟易致損壞，恐於從前已辦之板不能正齊劃一，似有未協。

《軍機處上諭檔・寄諭直隸河南山東三省督撫采買刊書梨板乾隆三十七年十月》 尚書公福隆安字寄直隸、河南、山東各督撫，乾隆三十七年十月　日奉上諭：現在需用刊書梨板約計五六萬塊，若於京城就近采買，恐難如數購覓。著交直隸、河南、山東三省督撫，飭令出産梨木之各州縣，照發去原開尺寸，檢選乾整堅緻合式堪用者，即動支閒欵，悉依時價公平采買，亦不必一時亟切購足辦解。着三省各先行采辦三百塊解京，以備刊刻之用。但不得混雜翹裂腫節潮濕等版，以致駁換稽悮。其所動價銀，統於板片解京時報明内務府，核定實數，令長蘆鹽政於應解内務府銀欵内撥解該省歸欵，毋庸報部核銷。該督撫務飭承辦之地方官，毋許絲毫勒派，並嚴禁胥役，不得藉端滋擾。如有前項弊竇，即行據實參處。倘督撫等不實力查察，致滋擾累，經朕别有訪聞，該督撫亦不能辭咎。可將此傳諭知之。欽此。

板片尺寸：每塊淨長二尺，寬六寸二分，厚一寸四分。今采買應每塊酌量加荒，以便剞劂做細。

《軍機處上諭檔・大學士舒赫德等奏送呈硃筆點出各書暨解到板片仍交武英殿查辦摺乾隆四十一年六月初九日》 臣舒赫德等謹奏：

前據兩江總督高晉委員解到各種書籍板片，經臣等先將查明收貯緣由奏聞，同原單一併呈覽。奉旨：單内點出各書，著遇便送至熱河閱看。至此項板片，向來作何辦理，著查明具奏。欽此。

查高晉繳到之書，共有五十九種，今蒙硃筆點出陳繼儒《訂正雜書》等部六種，謹於各書内檢出開單，隨内閣本報馳送行在呈閲。至板片作何辦理之處，查乾隆三十八年十二月十七日，臣舒赫德等奏明將錢謙益《初學集》等書板片，交武英殿查明，其中或有尚可剷用者，作爲刊刻别項書籍之用；其殘損澆薄者，即行燒燬等因。奉旨：知道了。欽此。又四十年二月二十一日奉旨：三寶奏稱，現在查出《屈大均詩詞選》刊板一付，委員解京等語。俟此項板片解到時，將字跡鏟去，其板片存留備用，毋庸一概燒燬。欽此。行知武英殿遵照，各在案。是節次解來板片，俱交武英殿分别辦理。

今臣等奉旨確行查問，據覆稱：三十八年軍機處交到《初學集》等書板片，共二千九十八塊，俱係市坊薄板，兩(兩)〔面〕刻字，且經年久糟朽，不能改刻别項書籍。至四十年六月後陸續收到各省書板，并此次收存高晉解到之板片，統計一萬八千七十八塊，亦俱係兩面刻字，每塊祇厚四五分，若再鏟去字跡，僅存二三分，實不堪留存備用。應照本殿廢板之例劈碎，交琉璃廠作爲硬木燒柴之用等語。臣等查《初學集》等書板片，已經武英殿秤明觔兩，交廠應用。其現存各板，自俱應照此辦理。仍俟將來續有解到時，交與武英殿逐細查看，如有鏟去字跡尚可刊刻者，即行留用，毋致一概燒燬。謹遵旨查明覆奏，伏祈睿鑒。

再，本日又據暫(營)〔管〕江蘇巡撫薩載委員繳送違礙書籍共五十五種，板片三千八百七十四塊到京。查此項書單，先經該撫於四月二十八日奏到，奉硃筆點出《天啓實録》等書十六種，内除《三藩紀事本末》一部，已於此次高晉繳到書籍内呈進，毋庸重復，其餘十五種，謹開列清單，將原封一併進呈御覽。所有板片，仍交武英殿查辦，其未經點出各書，俟將來照例辦理。合併陳明。謹奏。

徐康《前塵夢影録》卷下　繡象書籍，以宋槧《列女傳》爲最精。顧抱沖得而翻刻，上截圖象，下截爲傳，仿佛武梁祠象，人物車馬極古拙，相傳爲顧虎頭繪。元槧則未之見。明代最爲工細，曾見《人鏡陽秋》及鄭世子載堉《樂書》、《隋煬豔史》、《元人百種曲》首袠、《水滸傳》首本、《隋唐演義》首袠，皆有繪畫。國朝則《萬壽盛典》、《南巡盛典》首袠圖象，係上官竹莊山水，皆石谷子畫，即《圖書集成》中有圖數十册，悉名手所繪，鐫工絶等。自兵劫以來，此種珍本均不得見矣。

葉德輝《書林清話》卷一《板片之名稱》　《陸志》有元馮福京《昌國州圖志》七卷，福京跋後有字數行云：「《昌國州圖志》板五十六片，雙面五十四，單面二，計印紙一百零十副，永爲昌國州官物，相沿交割者。大德二年十一月長至日畢工。」《繆續記》有元趙汸《春秋屬辭》二十五卷、《春秋補注》十卷、《春秋師説》二卷，後有洪武元年程性謹書云：「右《春秋屬辭》二十五卷，序目跋尾共該板三百二十三片。《左氏傳補注》十卷，共該板一百片。《春秋師説》三卷，《附録》二卷，共該板六十九片。總計板四百九十二片。初，商山義塾奉命以是書刻梓。自庚子迄癸卯，計會廪膳賦輸之餘，膳本鳩工刻板一百一十片，皆直學黄權視工。」此板之稱片，習見於元明諸書。而明《南雍經籍考》之載板片數目，蓋相沿久矣。

葉德輝《書林清話》卷二《刻書分宋元體字之始》　今世刻書字體，有一種横輕直重者，謂之爲宋字；一種楷書圓美者，謂之爲元字。世皆不得其緣起。吾謂北宋蜀刻經史及官刻監本諸書，其字皆顔、柳體，其人皆能書之人。其時家塾書坊，雖不能一致，大都筆法整齊，氣味古樸。如《瞿目》影鈔宋本《古文苑》九卷，孫岷自手跋曰：「趙凡夫藏宋刻《古文苑》一部，紙墨鮮明，字畫端楷。靈均鈎摹一本，友人葉林宗見而異之，亦録成一册，藏之家塾。辛巳夏同陸敕先假歸，分諸童子，三日夜鈔畢。但存其款式耳，其宋字形體，葉本已失之也。」又《黄記》殘宋刻本《禮記》二十卷所云「字畫整齊，楮墨精雅」。又宋刻本《史載之方》二卷所云「字畫斬方，神氣肅穆」。又校宋鈔本《春秋繁露》十七卷所云「鈔本爲影宋，字畫斬方，一筆不苟」。又殘宋刻本《圖畫見聞志》六卷所云「字畫方板，南宋書棚本如許丁卯、羅昭諫唐人諸集，字畫方板皆如是」是也。則南宋時已開今日宋體之風。光宗以後，漸趨於圓活一派。如《天禄琳琅》一宋版類光宗時刻《周易》十卷所云「字畫圓活，刻手精整」。《陸續跋》宋槧宋印建本《北史》一百卷，光宗時刻本所云「字體秀勁」。此已近於今日之元體字。而有元一代官私刻本，皆尚趙松雪字，此則元體字之所濫觴也。前明中葉以後，於是專有寫匡廓宋字之人，相沿至今，各圖簡易。杭世駿《欣託齋藏書記》云：「宋刻《兩漢書》，板縮而行密，字畫活脱，注有遺落，可以補入。此真所謂宋字也，汪文盛猶得其遺意。元大德板，幅廣而行疏。鍾人傑、陳明卿稍縮小，今人錯呼爲宋字，拘板不靈，而紙墨之神氣薄矣。」錢泳《履園叢話·藝能類》刻書一則云：「刻書以宋刻爲上，至元時翻宋，尚有佳者。有明中葉，寫書匠改爲方筆，非顔非歐，已不成字。近時則愈惡劣，無筆畫可尋矣。」錢泰吉《曝書雜記》論刻書用宋體字，亦引杭説，謂：「宋字濫觴於明季。汪琬、薛熙刻《明文在》凡例云：『古本均係能書之士各隨字體書之，無有所謂宋字也。明季始有書工專寫膚廓字樣，謂之宋體，庸劣不堪。』余嘗以此言驗所見書，成化以前刻本，雖美惡不齊，從未有今所謂宋字者，知《明文在》凡例之言不謬。」吾按杭氏所論，尚不知宋、元兩體之變遷。蓋宋刻，一種整齊方板，故流爲明體之膚廓；一種圓活秀勁，故流爲元體之流動。世傳明萬曆戊午四十六年。趙用賢刻《管子》、《韓子》，已用今之所謂宋體字，想其時宋體字刻書已通行。然雖横輕直粗，猶有楷書風範。毛氏汲古閣刻《十三經》亦然。其他各種，則多近於今刻書之宋字。古今藝術之良否，其風氣不操之於搢紳，而操之於營營衣食之輩。然則今之倡言改革大政、變更法律者，吾知其長此擾攘，不至於禮俗淪亡文字消滅未已也。

沈括《夢溪筆談》卷一八《技藝》 版印書籍，唐人尚未盛爲之。自馮瀛王始印五經，已後典籍，皆爲版本。慶曆中，有布衣畢昇，又爲活版。其法用膠泥刻字，薄如錢脣，每字爲一印，火燒令堅。先設一鐵版，其上以松脂臘和紙灰之類冒之，欲印則以一鐵範置鐵板上，乃密布字印，滿鐵範爲一板，持就火煬之，藥稍鎔，則以一平板按其面，則字平如砥。若止印三、二本，未爲簡易；若印數十百千本，則極爲神速。常作二鐵板，一板印刷，一板已自布字，此印者纔畢，則第二板已具。更互用之，瞬息可就。每一字皆有數印，如「之」、「也」等字，每字有二十餘印，以備一板内有重複者。不用則以紙貼之，每韵爲一貼，木格貯之。有奇字素無備者，旋刻之，以草火燒，瞬息可成。不以木爲之者，木理有疎密，沾水則高下不平，兼與藥相粘，不可取，不若燔土，用訖再火令藥鎔，以手拂之，其印自落，殊不沾污。昇死，其印爲余羣從所得，至今保藏。

周必大《廬陵周益國文忠公集》卷一九八《與程元成給事劄子二 紹熙四年**》**

某竊以歲華有俶，恭惟致政待制給事年德加新，燕居日適，台候動止萬福。昔人有云：「無事若静坐，一日是兩日。」台座急流勇退，從容葵心，秀野攬看之間，白日自長，修齡方永。區區羡慕，豈惟鄙夫。願加保調，副此頌詠。

某比於奏邸附記解釋前詩，其至必稍速。黟縣人逼歲方到，祗領教墨，感慰已深。二記、詩序、《緑筠岡賦》等又蒙誨誘，彌勤三復，允切歎仰。給事早以奥學瓌詞獨步一世，得謝而歸，齒宿意新，詞旨敷暢，視泰之加醇明焉。非特知筆力之日勝，又喜壽祺之未艾也。某素號淺拙，老益謬悠，兼之心氣時作，久置斯事。近用沈存中法，以膠泥銅版移換摹印，今日偶成《玉堂雜記》二十八事，首慁台覽；尚有十數事，俟追記補綴續納。竊計過目念舊，未免太息歲月之沄沄也。《桂海虞衡志》、《會飲》、《滑稽》二帖并考坡公在宜興歲月，併致棐几。道遠不能致他物，皇恐。

姚燧《牧庵集》卷一五《中書左丞姚文獻公神道碑》 公諱樞，字公茂。事世祖潛邸十年左右，宸極十有九年。居近密之地，受尊寵之任，可謂必世之久。【略】遂攜家來輝，墾荒蘇門，糞田數百畝。修二水輪，誅茅爲堂。城中置私廟，奉祠四世，堂龕魯司寇容，傍垂周、兩程、張、邵、司馬六君子像，讀書其間。衣冠莊肅，以道學自鳴。佳時則鳴琴百泉之上，遯世而樂天，若將終身。後生薄夫或造庭除，出語人曰：「幾褫吾魄。」又汲汲以化民成俗爲心，自版小學書《語孟或問》、《家禮》，俾楊中書版《四書》，田和卿版《尚書》、《聲詩折衷》、《易程傳》、《書蔡傳》、《春秋胡傳》，皆脱于燕。又以小學書流布未廣，教弟子楊古爲沈氏（括）〔活〕版，與《近思録》、《東萊經史説》諸書散之四方。

王楨《農書》卷二二《農器圖譜二十·雜録附》 造活字印書法：伏羲氏畫卦造契，以代結繩之政，而文籍生焉。注云：書字于木，刻其側以爲契，各持其一，以相考合。黄帝時，倉頡視鳥跡以爲篆文，即古文科斗書也。周宣王時，史籀變科斗而爲大篆，秦李斯損益之而爲小篆，程邈省篆而爲隸，由隸而楷，由楷而草，則又漢魏間諸賢變體之作。此書法之大概也。或書之竹，謂之竹簡，或書于縑帛，謂之帛書。厥後文籍寖廣，縑貴而簡重，不便于用，又爲之紙，故字從巾。按《前漢·皇后紀》已有赫蹏紙，至後漢蔡倫以木膚、麻頭、敝布、魚網造紙，稱爲蔡倫紙。而文籍資之，以爲卷軸，取其易于卷舒，目之曰卷。然皆寫本，學者艱于傳録，故人以藏書爲貴。五代唐明宗長興二年，宰相馮道、李愚請令判國子監田敏校正九經，刻板印賣，朝廷從之。鋟梓之法，其本于此。因是天下書籍遂廣。然而板木工匠所費甚多，至有一書字板，功力不及，數載難成。雖有可傳之書，人皆憚其工費，不能印造傳播。後世有人别生巧技，以鐵爲印盔界行，内用稀瀝青澆滿，冷定，取平火上，再行煨化，以燒熟瓦字，排于行内，作活字印板。爲其不便，又有以泥爲盔界行，内用薄泥將燒熟瓦字排之，再入窑内燒爲一段，亦可爲活字板印之。近世又有鑄錫作字，以鐵條貫之作行，嵌于盔内界行印書。但上項字樣，難于使墨，率多印壞，所以不能久行。今又有巧便之法，造板木作印盔，削竹片爲行，雕板木爲字，用小細鋸鎪開，各作一字，用小刀四面修之，比試大小高低一同，然後排字作行，削成竹片夾之。盔字既滿，用木掮掮先結切之，使堅牢。字皆不動，然後用墨刷印之。

寫韵刻字法：先照監韵内可用字數，分爲上、下平，上，去，入五聲，各分韵頭，校勘字樣，抄寫完備，擇能書人取活字樣製，大小寫出各門字樣，糊于板上，命工刊刻。稍留界路，以憑鋸截。又有如助辭「之」、「乎」、「者」、「也」字及數目字，并尋常可用字樣，各分爲一門，多刻字數，約有三萬餘字。寫畢，一如前法。今載立號監韵活字板式于後。其餘五聲韵字，俱要倣此。一、東通侗恫桐同仝童僮瞳朣曈銅峒橦絧罿筒穜潼犝羶詷艟籠龔聾曨朧櫳瓏礱瀧芃篷髼蒙冡幪幏濛霥矇艨曚懵悤蔥聰驄騣豵緵鬷叢藂篵蘽潨洪洚紅葒鴻訌烘空悾箜公功工攻玒翁豐酆灃風楓馮渢嵩娀菘崧充忼琉忡終螽戎禯駥狨崇漴中衷忠蟲沖冲种爞翀隆癃窿融蠶彤雄熊弓躬躳宮芎窮藭。二、冬彤鼕農儂宗鬆賨悰琮潀慒淙攻。三、鍾鐘橦舂椿惷衝衕罿憧艟鱅慵茸樅鏦從蓯蹤樅松丰夆鋒鏠烽逢峯蠭蜂桻重穜龍蘢醲濃穠欉容溶蓉庸墉鎔鄘鏞封葑逢傭恭共供龔胷匈凶洶詾訩跫邕嗈雍雝灉癰饔壅顒喁禺蛩邛笻蛬。四、江扛杠矼釭玒腔控降悾缸瓨項洚訌虹邦龎尨庬哤雙艭雙瀧牕窻囪鏦椿惷幢。五、支枝肢巵梔觝氏樁搘禔衹衹衹秖衹秖砥跂施葹鍦鉈䤯廝篪褫吹歈炊差衰匙翅垂陲倕腄兒痿斯祈凘澌虒褫雌貲髭觜疵呰玼齜隨遺隋知摛螭縭馳池邸篪褫錘鎚槌搥甀離离蠡劙剺黎蘺褵纚罹籬縭醨漓璃灕鸝驪鵹孋梨藜犂犛來倈徠釐嫠嫠犛狸貍霾羸鈹被陂羆碑卑痺裨錍鈚裨埤箄鞞皮疲罷。

鎪字修字法：將刻訖板木上字樣，用細齒小鋸，每字四方鎪下，盛于筐筥器内。每字令人用小裁刀修理齊整。先立準則，於準則内，試大小高低一同，然後另貯别器。

作盔嵌字法：于元寫監韵各門字數，嵌於木盔内，用竹片行行夾住，擺滿，用木榍輕掮之，排於輪上，依前分作五聲，用大字標記。

造輪法：用輕木造爲大輪，其輪盤徑可七尺，輪軸高可三尺許。用大木砧鑿竅，上作横架，中貫輪軸，下有鑽臼，立轉輪盤，以圓竹笆鋪之，上置活字板面，各依號數，上下相次鋪擺。凡置輪兩面，一輪置監韵板面，一輪置雜字板面。一人中坐，左右俱可推轉摘字。蓋以人尋字則難，以字就人則易，此轉輪之法，不勞力而坐致。字數取訖，又可補還韵内，兩得便也。

取字法：將元寫監韵另寫一册，編成字號，每面各行各字，俱計號數，與輪上門類相同。一人執韵，依號數喝字，一人於輪上元布輪字板内取摘字隻，嵌於所印書板盔内。如有字韵内别無，隨手令刊匠添補，疾得完備。

作盔安字刷印法：用平直乾板一片，量書面大小，四圍作欄，右邊空，候擺滿盔面，右邊安置界欄，以木掮掮之。界行内字樣，須要個個修理平正。先用刀削下諸樣小竹片，以别器盛貯，如有低邪，隨字形襯䪜徒念切掮之，至字體平穩，然後刷印之。又以椶刷順界行竪直刷之，不可横刷。印紙亦用椶刷順界行刷之。此用活字板之定法也。

前任宣州旌德縣縣尹時，方撰《農書》，因字數甚多，難於刊印，故尚己意命匠創活字，二年而工畢。試印本縣志書，約計六萬餘字，不一月而百部齊成，一如刊板，使知其可用。後二年，予遷任信州永豐縣，挈而之官。是《農書》方成，欲以活字嵌印，今知江西見行命工刊板，故且收貯，以待别用。然古今此法未有所傳，故編録于此，以待世之好事者。爲印書省便之法，傳於永久。本爲《農書》而作，因附于後。

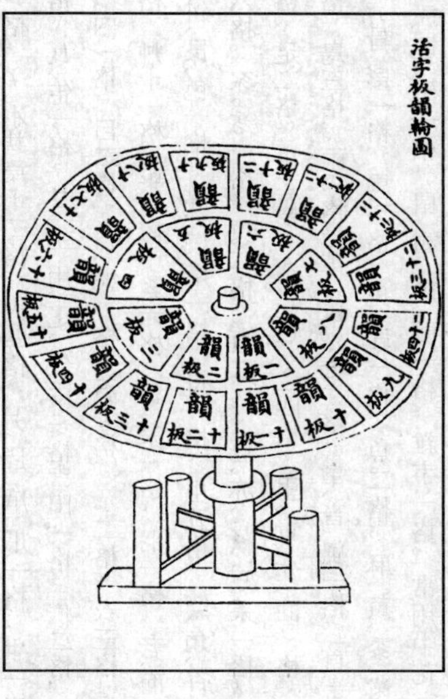

陸深《儼山外集》卷八《金臺紀聞下》 古書多重手抄，東坡於李氏山房記之甚辨。比見石林一説云，唐以前凡書籍皆寫本，未有模印之法，人不多有，而藏者精於讐對，故往往有善本。季者以傳録之艱，故其誦讀亦精詳。五代時，馮道始奏請官鏤板印行。國朝淳化中，復以《史記》、前後《漢》付有司摹印。自是書籍刊録者益多，士大夫不復以藏書爲意。學者易於得書，其誦讀亦因滅裂。然板本初不是正，不無訛謬。世既一以板本爲正，而藏本日亡，其訛謬者遂不可正，甚可惜也。其説殆可與坡並傳。近日毘陵人用銅鉛爲活字，視板印尤巧便，而布置間訛謬尤易。夫印已不如録，猶有一定之義，移易分合，又何取焉。兹雖小故，可以觀變矣。

李詡《戒庵老人漫筆》卷八《時藝坊刻》 余少時學舉子業，並無刊本窗稿。有書賈在利考，朋友家往來，鈔得鐙窗下課數十篇，每篇謄寫二三十紙，到余家塾，揀其幾篇，每篇酬錢或二文或三文。憶荆川中會元，其稿亦是無錫門人蔡瀛與一姻家同刻。方山中會魁，其三試卷，余爲慫恿其常熟門人錢夢玉以東湖書院活字印行，未聞有坊間板。今滿目皆坊刻矣，亦世風華實之一驗也。

皇甫録《近峰聞畧》卷八 弘治、正德時，大家多鐫活字銅印，頗便於用。其法蓋起於慶曆間布衣畢昇爲活板法，用膠泥刻字，火燒令堅，作鉄板二，密布字于上，一板印刷，則一板布字，更互用之，瞬息可得百本。其費比銅字則又廉矣。近銅字亦不復用也。

金埴《巾箱説》 康熙五十六、七年間，泰安州有士人，忘其姓名，能鍛泥成字，爲活字版。予初聞之，矜爲刱造之奇，而不知其有本也。及檢宋沈存中括《筆談》云：「慶曆中，有畢昇爲活字版，用膠泥燒成。」乃知巧心妙手，在前人蚤已爲之。按昇即活字版之始，得書之易，洵藝林樂事也。埴特表而出之。

吕撫《精訂綱鑑廿一史通俗衍義》卷二五 撫因思一法，以秫米粉，和水捻成團，如梅子大，入滚湯内，煮令極熟。去湯，用小木捶練成薄糊，待牽絲不斷，以大梳梳彈過新熟綿花和匀，乃和漂過燥泥粉，放厚板上，用斧杵千百下，寧硬無軟。用兩開方銅管，借他人刻就印板，或照《字彙》，將要字另刊擠印，造成字母，如圖書狀。陰乾待燥，照《字彙》分行分格排定，面寫本字，以便尋印；背寫行格馬子，以便退還。然後以熟桐油練漂過細泥，用斧杵千萬下，寧燥毋濕。待極粘膩，屈絲不斷，將油泥打成薄薄方片，用飛丹刷格板，以泥片印成細格，乃用木板刷薄油一層，以泥片切齊鋪板上。先做外方線，撮字母，依書樣用尺用線照格逐字印之。其字母有高者，用磚畧磨平之，印以平直爲主。每印一行，用刻字小刀割清一行。若有歪斜，用字母套移端正，再用平頭小竹針於空處築實，用筆再塗桐油做圈點。待堅燥訖，用沙帋沙平刷印，價甚廉而工甚省。因與兒維垣、維城、維基、姪維藩、維封、維榮，及親鄰俞説再等，姑試爲之，堅於梨棗。乃計其刷印帋張之費，非二金不能成一部，喟然曰：此富人書也，非通俗也。【略】

附

印字物件列後：

漂泥法：擇細膩好泥，入水内攪渾，去下沙，將泥水另取澄清，去水，用下泥曬乾，其底下一層沙泥亦須割去。臨用杵細，將絹篩篩過聽用。

煎桐油法：煎油與漆匠煎法同，須畧老些，泥須拌油燥揀，久之自溶。

兩開方銅管總形：竹針形：

此竹針兩頭平，一頭大，一頭小，須於銅管内面可行，不大不小方妙。

銅管形：銅管分形：

外邊中間有耳，以便開合。内邊中間外面爲雌雄笋，犬牙相挽，拿緊方不參差。將銅管掰開，入秫米粉糊所取泥條在内，叩在印板字上，將平頭方竹針搴下，即成陰文字一個，待陰乾後，曬極燥聽用。

放字格子形：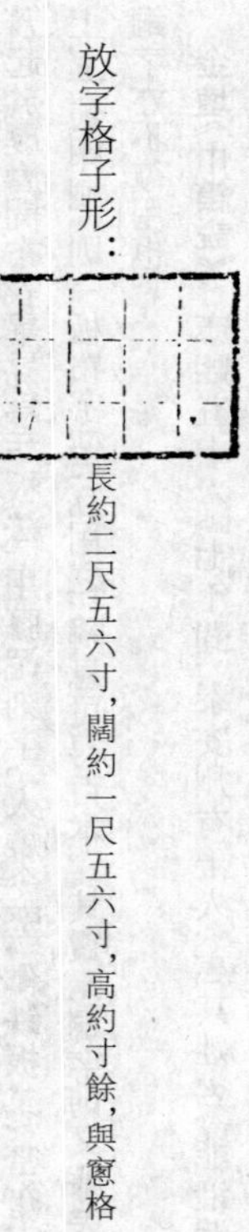長約二尺五六寸，闊約一尺五六寸，高約寸餘，與窻格一同造法。長五格，闊三格，下釘薄板以放字母。其每格傍邊，將格内所有字開寫於上，以便尋覓。共一十六盤作一担，以便携帶。每八盤爲一頭，上下用夾板，以便捆縛收藏，臨時依次序，排列聽用。

其字擇《字彙》中緊要常用者，其奇怪不常用者不必入也。其體或宋或時，或蘇、王、米、蔡，不拘。文章約刊三千餘字，古書約刊七千餘字。將銅管叩印出，已自足用矣。其〇、△乚陰文，每個用木刊切就，大小須多造幾個聽用。其放字格，一、乙爲一格。丨、亅、丶、丿爲一格。二、亠爲一格。人字照畫數分爲九格，入、八一格。兒、几一格。冂、匚、匸一格。其冑、冐二字，兼入肉部，晟、冕二字，兼入曰部。冖、宀共分二格。穴一格。刀二格。力一格。勹、凵、厶一格。出字兼入山部。匕、比、毛一格。十、卜、寸一格。卩、邑共爲三格。其危、卷、卺三字，兼入已部。厂、广共分爲二格。又、攵、夕一格。歹、殳一格。口九格。囗一格。土三格。士、干、工一格。大一格。女四格。子一格。小、九、巛、已一格。山三格。尸、户一格。巾二格。幺、玄、支、無、斗一格。艹、弓一格。弋、戈一格。彐、彡、斤一格。彳一格。行、止一格。文、攴一格。心八格。手九格。方一格。日四格。曰、白一格。月、肉共五格。欠一格。木十格。禾二格。母、氏、气、父、爻一格。冫、水共爲十二格。火四格。爿、片、爪、瓜一格。牛一格。犬三格。玉三格。瓦、缶一格。甘、生、用、疋、癶、皮一格。田一格。疒二格。皿、血一格。矛、矢、内一格。目二格。自、網一格。石二格。示二格。衣三格。立、辛一格。竹五格。艸十一格。米一格。糸六格。羊、耒一格。羽一格。老、而、耳一格。臣、舌、至、舛、艮、色一格。聿、臼、虍一格。舟一格。虫五格。西、角、谷一格。見一格。言六格。豕、豸一格。貝二格。頁二格。豆、赤、身、辰、采一格。反、走一格。辵四格。足二格。車二格。酉二格。金四格。里、青、非、面一格。門、鬥二格。隹一格。鳥三格。雨一格。革一格。食二格。韋、音、風一格。首、香、鬯、鬲、鹵、麥一格。骨、髟一格。馬二格。鬼、鹿一格。魚二格。麻、黄、黍、黹、鼎、鼓、鼻一格。黑、黽、龜一格。鼠、齊、齒、龍一格。雜字一格。常用中花字，及之、乎、者、也、耶，有、在、無、夫、存，心、懷、想、念、天，大、小、上、中、下，蓋、以、焉、哉、矣等字，與數目字重放二格。〇、、、△、乚一格。刀、線、竹針等項放一格。

格板、托板：格板，即刊就格板，全部只用一片，多少隨意。托板，乃托油泥印字板，每二頁共一片，必須此面乾燥極，乃可印反面，及印脣。其板須燥過性，杉木爲上，白楊雜木次之，惟松木伸縮不可用。凡印字，先印格數行，用大漆刷將托字板上刷油令勻。粘泥倒退印完，再將泥片印格數行，放上續印，方不燥皮。字母先在燥泥粉中印過，則不粘。

界方：印字者每人一根，須高闊至一寸六七分以上，以便靠手，使不壞字。小竹界方：亦每人一根，如篾片狀，須平直，以便畫線。又將字數長短闊狹，畫於其上，叩字使無朗密高低。平頭竹針：其平頭小竹針，兩頭削成大小方員不等，所以剔字旁使清，築字旁使實。約長尺餘，以細爲妙，兩頭垂線以泥餅，每印一行，兩頭牽線叩字，使無歪斜高低。清字小刀　如刻字刀形，一頭圓扁，小而平，以便築字空處使堅；一頭如馬蹄刀形，以披切餘泥，併切線。凡印字，指力須勻，乃稱妙手，多印則巧生。刮鐵：所以移正行數之字。撮字手格：以薄板爲之，闊約五寸，長約六寸，柄長三寸，四旁釘以小木條，木條内邊上下開孔，界以篾片，以便行走撮字。放字板：直短闊長，所以放字於前便印。其餘做法，悉見前篇。大抵一人撮，二人印，每日可得四頁。率昆弟友生爲之，不用梓人，雖千篇數月立就。士人得書之易，無以加於此矣。

陳琦《〔乾隆〕奉化縣志》卷一二李洧孫《知州馬稱德去思碑記》 至治三年

廣平馬侯稱德，字致遠，作州于慶元之奉化，興利補弊，無一事不就正。三載代者至，州人士相與言曰：「馬侯之來吾州也，廉明勤强，杜私謁而布公道，夙夜所究心者，惟好民所好，惡民所惡，猶父母於其子。今父母之去，如之何勿思。」吾觀於鄉，則義倉之積至八千餘石，荒田之墾至十三頃，桑以畦計者三千九百，雜木以株計者二百八十二萬餘，非侯以務本業爲急者能若是乎！遊于泮則宮牆炳焕，尊經閣之偉，大成樂之備，養士田增置千二百石，活書板鏤至十萬字，教養有規，外逮鄉學六百餘所，非侯以興文治爲先者能若是乎！

《軍機處録副奏摺・多羅質郡王永瑢等奏擬派肄業貢生校録〈永樂大典〉應刊書籍並再添擺板供事摺乾隆三十九年二月二十三日》 臣永瑢等謹奏：

臣等辦理四庫全書，所有《永樂大典》内采出散篇彙輯成部者，頗有堪以刊行之書，應行刊刻。前經臣金簡奏准用活字板擺刷，現在籌商應辦諸事。因此等散篇原録草本，移改增易，行字參差，難以照式排板，而正本又不便令其校對，致有污損。臣等公同酌議，此等應刊書籍，非另辦副本不可。擬於國子監揀派現食膏火之内肄業貢生十名到武英殿，照現在行走貢生例，專供校録刊本之用，並擬派原任翰林院編修祥慶承辦擺板之事。業於本月二十二日臣于敏中面奏，仰蒙俞允。

再，檢擺字板必須供事經手，前經臣金簡奏明，額設供事六名在案。但查字板頭緒紛繁，六人尚不敷用，擬再添供事六名，統照武英殿供事之例，一體行走，以資供役。

理合據實奏聞，仰祈聖鑒。謹奏。

多羅質郡王臣永瑢　大學士臣舒赫德　大學士臣于敏中　工部尚書忠勇公臣福隆安　户部尚書臣王際華　禮部尚書臣蔡新　刑部尚書臣英廉　左都御史臣張若溎　吏部左侍郎臣曹秀先　工部右侍郎臣李友棠　總管内務府大臣臣金簡

乾隆三十九年二月二十三日奉旨：知道了。欽此。

《軍機處録副奏摺・諭武英殿現辦四庫全書之活字版著名爲武英殿聚珍版乾隆三十九年四月二十五日》 乾隆三十九年四月二十五日奉旨：

武英殿現辦四庫全書之活字版，著名爲武英殿聚珍版。欽此。

《軍機處録副奏摺・四庫全書處總裁王際華等奏請再領刻字刊書銀兩並給擺版供事分例飯食摺乾隆三十九年四月二十六日》 臣王際華、英廉、金簡謹奏，爲請旨事。

前經臣金簡奏請，將四庫全書内應刊各書，改刻大小活字十五萬個，擺版刷印通行，荷蒙允准。嗣又仰遵訓示，添備十萬餘字。二共應刻二十五萬餘字，現已刻得，足敷排用。仰蒙欽定嘉名爲武英殿聚珍版，實爲藝林盛典。擬於每頁前幅版心下方，列此六字。至所有工料，前經臣金簡奏明，領過廣儲司庫銀一千四百兩。兹添刻木字等項，尚屬不敷，應請仍在廣儲司銀庫内再領銀八百兩，統俟臣金簡另行核實奏銷。

現在四庫全書處交到奏准應刻各書，應按次排版刷印，每部擬用連四紙刷印二十部，以備陳設，仍各用竹紙刷印頒發，定價通行。其某種應印若干部之處，臣等謹會同各總裁酌量多少，另繕清單，恭呈御覽。所需刷印紙張工料銀兩，除現在武英殿存貯通行書籍贏餘銀一千七十兩四錢五分八釐，堪以支用外，應請再於廣儲司支領銀二千兩，以備刷印。仍照武英殿通行書籍之例，俟收到價值，陸續歸款。其書内僻字，必須隨時增添，及將來刷多模糊，應行换補者，無庸另行支領，應即於武英殿每年奏請備用銀兩項下，核實支銷。

至此項書籍，既經頒發，嘉惠藝林，必須排列精審。現在已責成原任翰林祥慶、筆帖式福昌，專司其事。其原書樣本，尤須校對詳慎，應請即於每頁後幅版心下方，印某人校字樣，俾益專其責成，校對自更不敢草率。

再，查御書處現行之例，凡做墨刻字人等，服役之日，俱給與分例飯食。今排印聚珍版處，亦照此辦理。至額設供事十二名，專供擺版，實與匠役無異，與別館供事僅供登記收發者有間，應請亦照匠役之例，遇有擺版之日，給與分例飯食，庶令常川供役，免致遲悞。其無書可擺之日，仍毋庸濫給。

理合奏明，請旨遵行。謹奏。

乾隆三十九年四月二十六日具奏，奉旨：好。知道了。欽此。

《辦理四庫全書檔案・四庫全書處副總裁金簡奏核銷製刻活版木字器具實用工料銀兩並請爲定例摺乾隆三十九年五月十二日》 乾隆三十九年五月十二日，臣金簡謹奏，爲奏聞核銷錢糧數目事。

前經臣奏請將四庫全書内應刊各書改爲活版擺刷通行，擬刻大小木字十五萬個，每百個約計工料銀八錢，並成做槽版及盛貯木字箱格等項，約需銀一千四百餘兩，荷蒙允准。嗣又仰遵訓示，添備十萬餘字，約需銀八百餘兩，通共請領過銀二千二百兩在案。

臣督同原任翰林祥慶、筆帖式福昌敬謹辦理，今已刊刻完竣。細加查核成做棗木子，每百個銀二錢二分，刻工每百個銀四錢五分，寫宋字每百個工銀二分，共合銀六錢九分，計刻得大小木字二十五萬三千五百個，實用銀一千七百四十九兩一錢五分。備用棗木子一萬個，計銀二十二兩。擺字楠木槽版八十塊，各長九寸五分，寬七寸五分，厚一寸五分，每塊各隨長短夾條一分，工料銀一兩二錢，計銀九十六兩。每塊四角包釘銅片工料銀一錢五分，計銀十二兩。板箱十五個，每個工料銀一兩二錢，計銀十八兩。檢字歸類，用松木盤八十個，長一尺八寸，中安格條，每個工料銀三錢五分，計銀二十八兩。套版格子二十四塊，各長一尺，寬八寸，厚一寸，每個工料銀三錢，計銀七兩二錢。成做收貯木子大櫃十二座，各高七尺二寸，寬五尺一寸，進深二尺二寸，每座各安抽屜二百個，實用工料銀三十兩，計銀三百六十兩。抽屜二千四百個，成釘銅眼錢曲須圈子二千四百副，每副銀一分五釐，計銀三十六兩。木板槕十二條，各長五尺，寬一尺，高一尺五寸，每條工料銀九錢五分，計銀十一兩四錢。通共實用銀二千三百三十九兩七錢五分。查原奏請領過銀二千二百兩，尚不敷銀一百三十九兩七錢五分，請仍向廣儲司支領給發。

再，查此項木子器具成造工價，事屬初創，並無成例可援，所有請領價值，俱係實用實銷，請將此次奏准工料價值作爲定例，造具清册，咨送武英殿存案。此後如有刷多模糊及槽版等項，應行增添更换之處，即遵照辦理。

俟將來四庫全書處交到各書按次排印完竣後，請將此項木子槽版等件移交武英殿收貯，遇有應刊通行書籍，即用聚珍版排印通行。爲此謹奏。

奉旨：知道了。欽此。

《辦理四庫全書檔案·四庫全書處副總裁金簡奏請旨排印聚珍版刻法摺乾隆四十一年十二月二十二日》 臣金簡謹奏：

臣遵旨辦理聚珍版事務，所有印出各書，業經陸續呈進。其中刻字、置櫃、擺版、刷印等事，臣率同承辦字版之原任編修祥慶等，悉心講求，務期工簡事速，以仰副我皇上嘉惠士林之至意。三年以來，排印過書籍約共三十餘種，一切章程漸皆習熟。臣謹倣《墨法集要》體例，將現在辦法，分别條款，著爲圖説，擬名《欽定武英殿聚珍版程式》，繕繪清本，恭呈御覽，伏候訓示，永遠遵辦。可否即將此帙擺印通行，俾海内欲將善本流傳之人，皆得曉此刻書簡易之法，似於我皇上右文之盛，愈覃敷於廣遠矣！臣謹奏。

奉旨：知道了。交四庫全書處總裁閲看。欽此。

《軍機處上諭檔·軍機大臣奏請將〈武英殿聚珍板程式〉印行並録入全書及薈要片乾隆四十一年十二月二十八日》 臣等蒙發下侍郎金簡撰進《武英殿聚珍板程式》一本，交臣等閲看。臣等伏查聚珍板刊行書籍，施工簡而致用博，(罪)(最)爲良法，仰蒙皇上肇錫嘉名，宸章題咏，實足昭垂奕世，嘉惠藝林。今金簡以現在辦法，仿《墨法集要》之例，纂輯成編，紀録頗爲詳備，俾此後刊書者皆得有所遵循，於(密)[秘]籍流傳，殊有裨益。應照所請，即將此帙交武英殿擺印通行，仍請於全書及《薈要》内，各行抄録一部，用以傳示久遠。

是否如此辦理，伏候訓示遵行。謹奏。

乾隆四十一年十二月二十八日奉旨：知道了。欽此。

《辦理四庫全書檔案·四庫全書處正總裁王際華等奏用聚珍版排印〈鶡冠子〉情形摺乾隆三十九年十二月二十六日》 乾隆三十九年十二月二十六日，臣王際華、英廉、金簡謹奏：

所有應用武英殿聚珍版排印各書，今年十月間曾排印《禹貢指南》、《春秋繁露》、《書録解題》、《蠻書》共四種，業經裝潢樣本呈覽。今續行校得之《鶡冠子》一書，現已排印完竣，遵旨刷印連四紙書五部、竹紙書十五部，以備陳設。謹各裝潢樣本一部，恭呈御覽外，又刷印得竹紙書三百部，以備通行。其應行帶往盛京恭貯之處，照例辦理。爲此謹奏。

奉旨：知道了，書交懋勤殿。欽此。

永瑢《欽定四庫全書總目》卷八二 欽定武英殿聚珍版程式一卷 乾隆四十一年，户部侍郎金簡恭撰進呈。初，乾隆三十八年詔纂修《四庫全書》。復命擇其善本校正剞劂，以嘉惠藝林。金簡實司其事，因棗梨繁重，乃奏請以活字排印，力省功多，得旨俞允，併賜以嘉名，紀以睿藻。行之三載，印本衣被於天下。金簡因述其程式以爲此書。考沈括《夢溪筆談》稱慶曆中有布衣畢昇始爲活版，其法用膠泥刻字，薄如錢脣，每字爲一印，火燒令堅。先設一鐵版，其上以松脂蠟和紙灰之類冒之。欲印，則以一鐵範置鐵版上，乃密布字印，滿鐵範爲一版，持就火煬之，藥稍鎔，以一平版按其面，則字平如砥。若止印二、三本，未爲簡易，若印數十百本，則極爲神速云云。活字之法，斯其權輿。然泥字既不精整，又易破碎，松脂諸物亦繁重周章。故王楨《農書》所載活字之法，易以木版，其貯字之盤，則設以轉輪，較爲徑捷，而亦未詳備。至陸深《金臺紀聞》所云鉛字之法，則質柔易損，更爲費日損工矣。是編參酌舊制而變通以新意，首載諸臣奏議，次載取材雕字之次第，以及庋置排類之法，凡爲圖十有六，爲説十有九，皆一一得諸試驗，故一一可見諸施行。乃知前明無錫人以活字印《太平御覽》，自隆慶元年至五年，僅得十之一二者，案：事見黃正色《太平御覽序》。由於不得其法。此亦足見聖朝制器利用，事事皆超前代也。

金簡《欽定武英殿聚珍版程式》

目録

奏議

成造木子有圖竝木槽銅漏子式二

刻字有圖竝刻字木床式

字櫃有圖竝式

槽版有圖竝式

頂木與夾條總圖總式

夾條一分通長　半分通長　一分長短　半分長短

中心木與夾條頂木總圖總式

類盤有圖竝式

套格有圖竝式

擺書有圖

墊版

校對

刷印

歸類

逐日輪轉辦法附輪轉擺印課程

乾隆三十八年十月二十八日，臣金簡謹奏爲酌辦活字書版仰祈睿鑒事。竊臣奉命管理《四庫全書》一應刊刻刷印裝潢等事，臣惟有敬謹遵循，詳慎辦理。今聞內外彙集遺書，已及萬種。現奉旨擇其應行刊刻者，皆令鐫版通行，此誠皇上格外天恩，加惠藝林之至意也。但將來發刊，不惟所用版片浩繁，且逐部刊刻，亦需時日。臣詳細思維，莫若刻做棗木活字套版一分，刷印各種書籍，比較刊版，工料省簡懸殊。臣謹按《御定佩文詩韻》，詳加選擇，除生僻字不常見于經傳者不收集外，計應刊刻者約六千數百餘字，此內虛字以及常用之熟字，每一字加至十字或百字不等，約共需十萬餘字。又豫備小註應刊之字，亦照大字每一字加至十字或百字不等，約需五萬餘字。大小合計，不過十五萬餘字。遇有發刻一切書籍，只須將槽版照底本一擺，即可刷印成卷。倘其間尚有不敷應用之字，豫備木子二千個，隨時可以刊補。其書頁行款、大小式樣，照依常行書籍尺寸，刊作木槽版二十塊。臨時按底本將木字檢校明確，擺置木槽版內。先刷印一張，交與校刊翰林處詳校無誤，然後刷印。其棗木子大小共應用十五萬餘個。臣詳加核算，每百字工料需銀八錢，十五萬餘字約需銀一千二百餘兩。此外成做木槽版，備添空木子，以及盛貯木字箱格等項，再用銀一二百兩，已敷置辦。是此項需銀通計不過一千四百餘兩。臣因以武英殿現存書籍核較，即如《史記》一部，計版二千六百七十五塊，按梨木小版例，價銀每塊一錢，共該銀二百六十七兩五錢。計寫刻字一百一十八萬九千零，每寫刻百字，工價銀一錢，共用銀一千一百八十餘兩。是此書僅一部，已費工料銀一千四百五十餘兩。今刻棗木活字套版一分，通計亦不過用銀一千四百餘兩，而各種書籍，皆可資用。即或刷印經久，字畫模糊，又須另刻一分，所用工價亦不過此數。或尚有堪以揀存備用者，于刻工更可稍爲節省。如此則事不繁而工力省，似屬一勞久便。至擺字必須識字之人，但向來從無此項人役，即一時外僱，恐不得其人，且滋糜費。臣愚見請添設供事六名，分領其事。所有刊刻木子字十五萬，按韻分貯木箱內。其木箱用十個，每個用抽屜八層或十層，抽屜中各分小格數十個，盛貯木字。臨時以供事二人，專管擺版，其餘供事四人，分管平上去入四聲字。擺版供事按書應需某字，向管韻供事喝取，管韻供事辨聲應給。如此檢查便易，安擺迅速。查武英殿現有臣等奏添書吏二名，改爲供事，止須再添供事四名。間常皆令在檔案房書寫檔案，遇擺字時，即令應役。如果勤慎，五年之後歸併武英殿修書處供事，一體辦理。如此擺字之人既不必外僱，而于辦理活字版更爲有益。臣因刊刻遺書工料浩繁起見，不揣冒昧，謹照御製「命校《永樂大典》詩」，刻成棗木活字套版共四塊，並刷印黑紅格子樣式各五十張，恭呈御覽。是否可用，伏候聖訓遵行。謹奏。奉旨：甚好，照此辦理。欽此。

乾隆三十九年二月二十三日，臣永瑢等謹奏：【略】

乾隆三十九年四月二十六日，臣王際華、英廉、金簡謹奏：【略】

乾隆三十九年五月十二日，臣金簡謹奏：爲奏聞核銷錢糧數目事。【略】

乾隆三十九年十二月二十六日，臣王際華、英廉、金簡謹奏：【略】

乾隆三十九年十二月初四日，臣永瑢等謹奏：爲奏明事。查四庫全書處供事一項，上年初辦時翰林院設供事二十名，武英殿繕寫處設供事十二名，謄要處設供事四名，聚珍版處設供事十二名。俱以次奏請，荷蒙允准在案。但設立之初，止就當時應用酌量定額，未及通盤籌計。迨行之既久，實有未敷，如翰林院辦書，自總裁以下，官至七十餘員，各有所司之事，皆需供事供役。又《永樂大典》而外，各省送到遺書甚多，一切登記、搬貯、收發等件，分派承管，頭緒紛繁，實非二十人所能了事。是以臣等於上年七月内募選額外供事二十七名幫助辦理。又武英殿及薈要處共謄録六百餘名，校閲各官七十餘員，所有收發書籍、綜核字數、登記各種檔案日久益繁，近又添有額外謄録，人數愈多，前設供事十六名仍不敷分辦，臣王際華亦節次募選額外供事十三名應役。又聚珍版處刊刻木字數十萬，檢查、排版、换篇、歸類，頭緒更繁，現有供事亦不敷使用，臣金簡亦募選額外供事十二名協同幫辦。以上各供事等，俱在額設之外，自備資斧、飯食効力，其逐日到各該處供役，與額設供事無異。現在既不可少，但無實缺可補，將來即行走多年，亦例不議敘，同一辦事，未免向隅。臣等酌議，將此等額外供事三處共五十二名，一併奏明，咨行吏部，于奉旨之日，一體著役註册。仍毋庸給與公費飯食，俟行走五年之後，如果勤慎得力，與役滿額缺供事一同議敘。庶各供事更加鼓勵，於辦書亦有裨益。爲此公同具奏請旨。謹奏。奉旨：依議。欽此。

乾隆四十一年十二月二十二日，臣金簡謹奏：【略】

乾隆四十一年十二月二十五日，臣永瑢等謹奏：【略】

成造木子

聚珍版擺印書籍，固稱簡捷，然以數十萬散字中掇輯成章，其木子大小難以畫一，若逐字鏇削，又事繁而工費。故製造木子之法，利用棗木解板，厚四分許，竪裁作方條，寬一寸許。先架疊晾乾，兩面用鑤取平，以淨厚二分八釐爲準。然後横截成木子，每個約寬四分。豫以硬木一塊，長一尺四寸，寬一寸八分，中挖槽一條，内寬一寸，深三分，底牆欲平直，外牆以鐵鑲口，下首兩牆挖空寸許。將木子數十個仄排槽内，用活閂擠緊鑤之，以平槽口爲度。是槽深三分，則木子亦淨寬三分。寬厚分數既得，再用木槽一個，其法如前，中挖之槽，只寬三分，而深用七分。將木子竪排于槽内鑤之，平槽口，則得直長之數。凡大木子，每個厚二分八釐，寬三分，直長七分。其小木子，厚長分數皆與大木子相同，而寬只二分。將前槽深三分者，另製深二分木槽一個，仄排鑤之即得。但用鑤必須輕捷，若沈著太過，恐鑤齒，致損槽口。仍于鑤完後，用銅製大小方漏子二個，中空分數與大小木子相符，將木子逐個漏過，自無不準之弊矣。

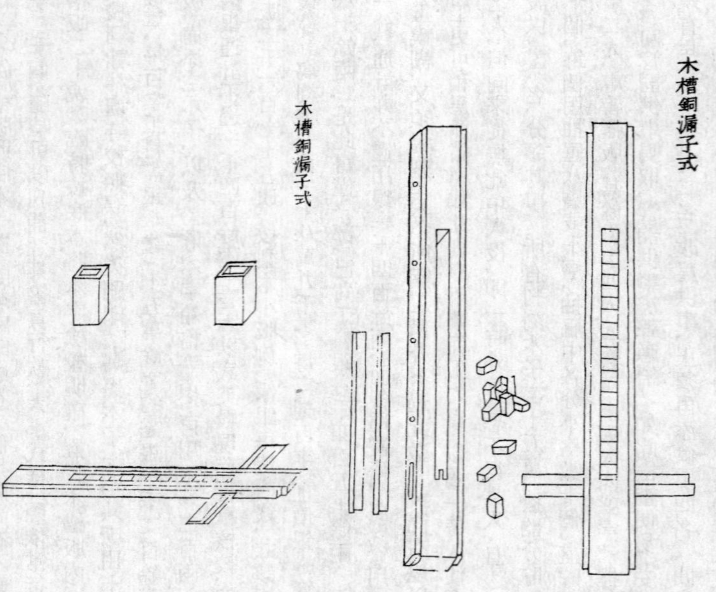

刻字

應刊之字，照格寫準宋字後，逐字裁開，覆貼于木子之上面。用木牀一個，高一寸，長五寸，寬四寸，中挖槽五條，寬三分，深六分。每槽可容木子十個，上下用活門塞緊，即與鐫刻整版無異。

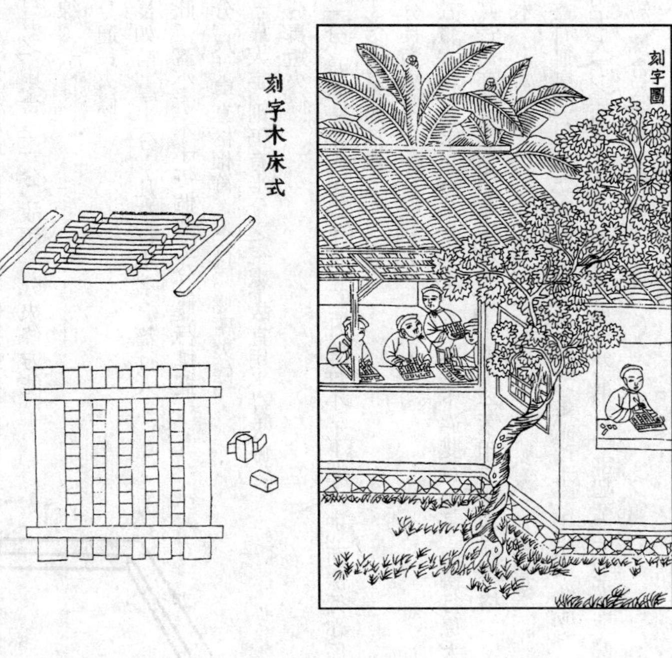

字櫃

按照《康熙字典》分十二支名，排列十二木櫃，高五尺七寸，寬五尺一寸，進深二尺二寸，足高一尺五寸。每櫃下用木櫈一條，高與櫃足相齊，以便登踏取字。每櫃做抽屜二百個，每屜分大小八格，每格貯大小字母各四，俱標寫某部某字及畫數于各屜之面。取字時，先按偏旁應在何部，則知貯于何櫃，再查畫數，則知在于何屜。如法熟習，舉手不爽。間有隱僻之字，所用不多，而備數亦少，仍按集另立小櫃，置于各櫃之上，自能一目了然。

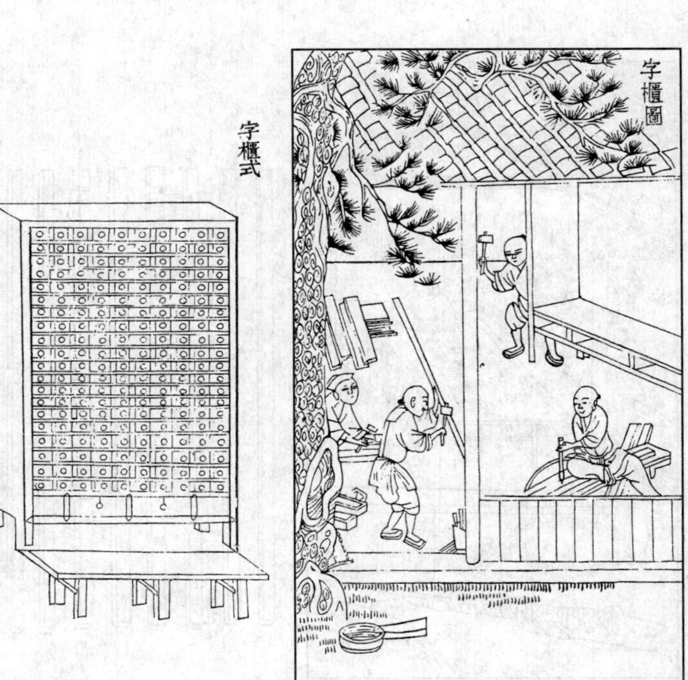

槽版

用陳楠木做方盤，外口面寬九寸五分，徑長七寸七分，高一寸六分，裏口面寬七寸六分，徑長五寸八分八釐，深五分。四圍用銅包角，以期堅固。

一分通長夾條

用楠木或松木做成條片，寬五分，長五寸八分八釐，厚一分。凡書内整行大字靠整行大字，即用此夾擺。按套格每行額寬四分，而大字木子只寬三分，以之居中，則每行之兩傍各空半分，二行計之，則合空一分，故用一分夾條方能恰合格線。

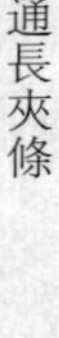

半分通長夾條

寬長如前，厚半分。凡整行小字靠整行大字者用此。蓋小字木子每個寬二分，雙行排擺則寬四分，尺寸與套格相符。本行原無庸夾條，但傍邊若靠大字，則仍有半分之空處，故宜用半分夾條。

一分長短夾條

厚一分，長自一字起至二十字止。凡雙行小字下遇大字，而傍行亦係大字者，視字之多寡長短揀用。

半分長短夾條

厚五釐，亦自一字起至二十字止。凡大字下遇雙行小字，而傍行係大字者用此。其長短亦隨字揀用，若傍邊均係小字，則全不用夾條，自然合格。

頂木

凡書有無字空行之處，必需嵌定方不移動，是謂頂木。用松木做成方條，高五分，用于大字者面寬三分，小字者面寬二分，俱自一字起至二十字止。量其空字處長短，揀合尺寸嵌于無字空行處。

中心木

凡擺書至九行，即放中心木一條。亦用松木，高五分，長五寸八分八釐，寬四分。此即套格之版心處也。

類盤

用松木做托盤，寬一尺四寸，長八寸，深五分，内嵌木檔數十根，檔寬四分

槽版式

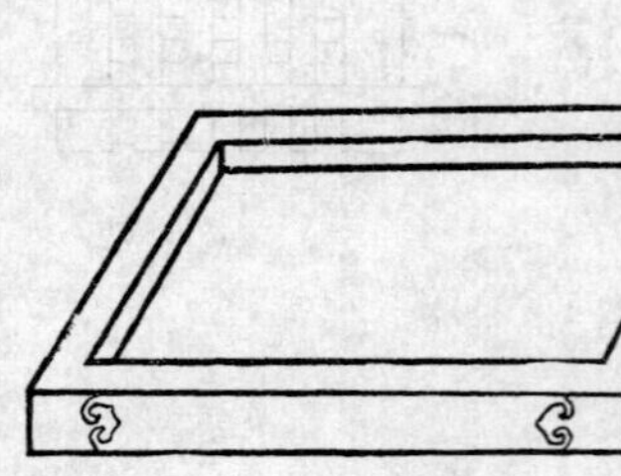

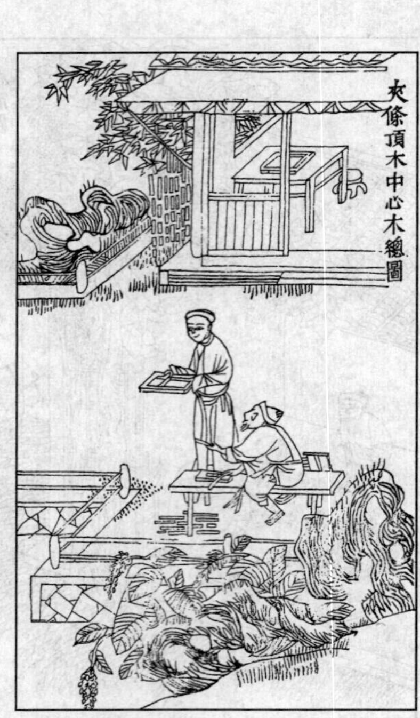

夾條頂木中心木總圖

夾條頂木中心木式

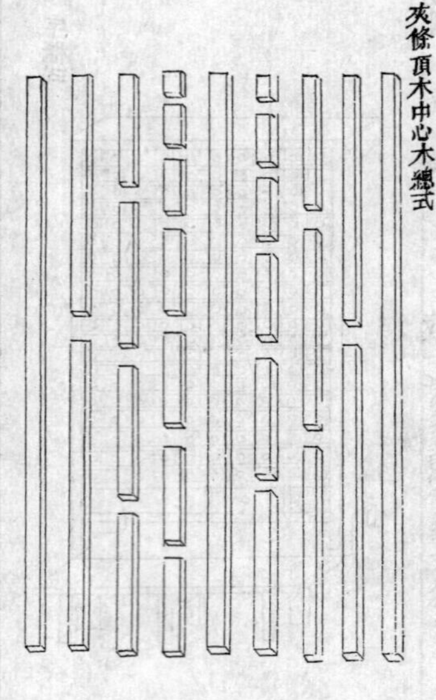

類盤圖

許。凡取字歸字，隨時安放木子，庶不致倒亂。

套格

用梨木版，每塊面寬七寸七分，長五寸九分八釐，與槽版裏口畫一，周圍放寬半分爲邊。按現行書籍式樣，每幅刻十八行格線，每行寬四分，版心亦寬四分，即將應擺之書名、卷數、頁數暨校對姓名，先另行刊就，臨時酌嵌版心。

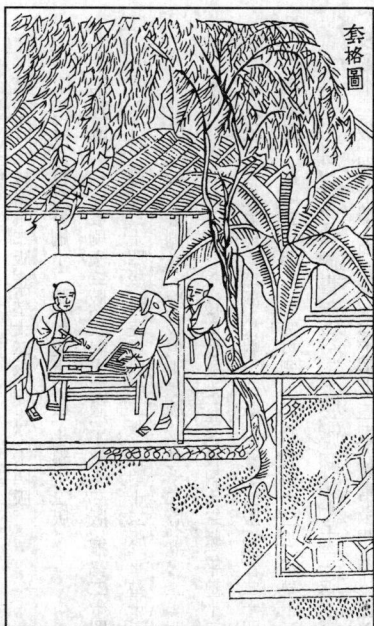

類盤式

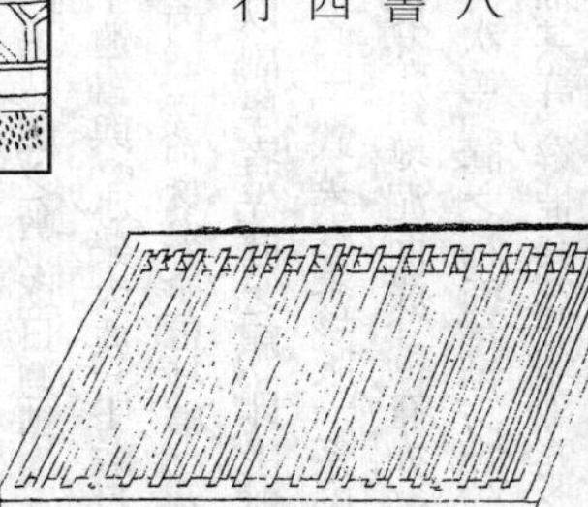

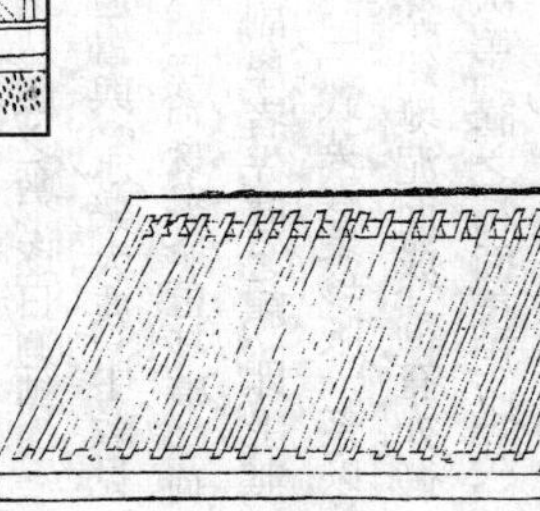

套格圖

擺書

俱用麤通文義、明白字體之人，分稿後即將原文統計文內某字用若干個，各以類聚，另謄一單，按單取完各字，置于類盤之內。然後照稿順其文義，配合夾條、頂木，排擺于槽版之內。隨用小方簽寫某書某卷某頁，貼于槽版之外邊，以便查記。凡遇大字書，每人一日可擺二版，小字書只可得一版之數。間有某字即同某字，今字櫃中祇其重複，酌存其一。抑或原稿內寫法與字櫃中寫法不同，而實即一字者，俱不可不審其同異，而辨其正俗之體

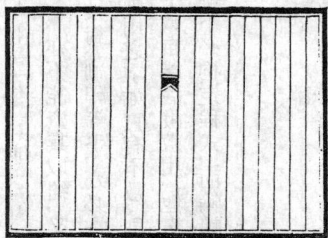

套格式

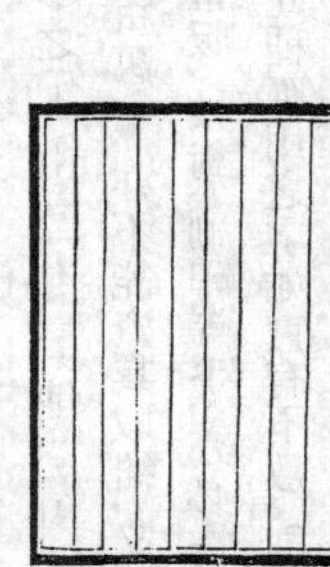

也。至于有不歸偏傍而未易檢查之字，在字典中補遺。檢字諸法皆備，習之則自得崖略。

擺書圖

墊版

木子雖按式製準，然經刷印之後，乾濕不勻，則木性究有伸縮。故擺書完後，視其不平之處，將低字抽出，用紙摺條微墊，即能平整。

校對

每版墊平之後，即印草樣一張校閱，或有移改以及錯字，即時抽換，再刷清樣覆校，妥即可刷印。其換出之字，仍即貯于本櫃內。

刷印

逐版校竣之後，即將前刻套格版先行刷印格紙。如某書應刷若干部，則每塊豫刷格紙若干張，隨將所擺之槽版查對方簽與格紙卷頁相符，用以套刷，即可成書。如遇溽暑天氣，刷書時木子滲墨微漲，即略爲停手，將版盤風晾片刻，再爲刷印。至套刷本係常法，然用之于書圖套色套邊偶爲之耳。今逐部逐篇用此，其中墨氣條線均不得草率從事，亦宜令藝精者爲之。

歸類

每版印完之後，即將槽版內字子盡數抽出，各按部分檢置于類盤之內，然後就櫃歸于原屜。凡取字歸字，出入必須按類，方能清晰無訛。故雖千百萬之多，亦不覺其浩繁。若稍有紊淆，則茫無涯際，取給何能應手。仍于每年歲底，逐櫃檢查一次，不但字數有所稽考，亦且無魯魚之謬矣。

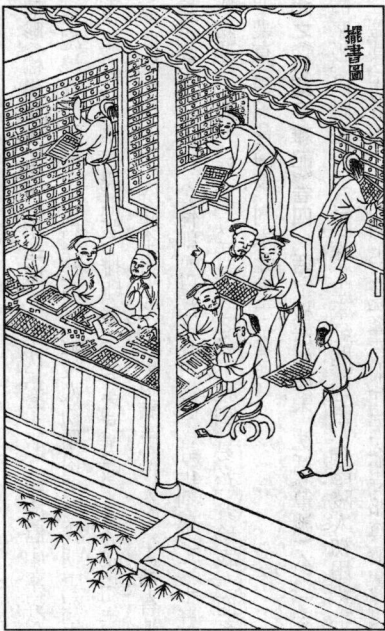

逐日輪轉辦法

現在刊成字數，其中虛字及經見常用之字多備，已不啻倍蓰。然書帙種類不一，其用字各有所重，如算書之于數目字，《禹貢》之于「山」、「海」、「地」、「輿」字，多有一語而兩三見者。苟辦理不善，則雖備數百萬字，亦不能資其取給，又何簡捷之有焉。故擺書與歸類必須間日相繼，而墊版、校對、刷印等事，亦必按日輪轉，不可令有一處躭延。或遇卷頁浩繁之書，此種應用之字如實有不敷，則宜兼擺別種書一部，俟歸類一二次，再行續擺本書，則字數自能活潑敷用，他書亦可兼辦而出矣。茲列十日辦法于左，其版數之多寡縱不必拘定程式，而輪轉之法殆不可忽也。

輪轉擺印課程

第一日 擺書二十四版。

第二日 平墊十二版。

第三日 校對十二版，平墊十二版，擺書二十四版。

第四日 校完發刷十二版，校對十二版，平墊十二版。

第五日 校完發刷十二版，校對十二版，平墊十二版，擺書二十四版。

第六日 歸類二十四版，校完發刷十二版，校對十二版，平墊十二版。

第七日 校完發刷十二版，校對十二版，平墊十二版，擺書二十四版。

第八日 歸類二十四版，校完發刷十二版，校對十二版，平墊十二版。

第九日 校完發刷十二版，校對十二版，平墊十二版，擺書二十四版。

第十日 歸類二十四版，校完發刷十二版，校對十二版，平墊十二版。

以上十日，計之共擺書一百二十版，應歸類七十二版，現在刷印十二版，現校對十二版，現平墊十二版，未平墊十二版，共常積四十八版之數，逐日週轉。

乾隆三十八年春，詔出內府所藏秘籍，及徵天下遺書與《永樂大典》中散見而世罕傳本者，彙録爲《四庫全書》，擇其尤者刊布海內。臣簡實奉命董其事。簡惟羣書既集，擬刊者多，悉用版行則頒布需時，下無以副學者先睹之願，即上無以體聖主嘉惠之意。爰以活字法奏請，得旨允行，錫名曰「武英殿聚珍版」，系以睿製。簡乃率屬鳩工，行之三年，事省而功速，較勝於鎔鉛埏泥而成，洵有如御題詩序所云者。顧其間刻木有法，藏皮有具，排校有次第，講之精而後用之熟，則程式不可不定也。間嘗因事爲圖，因圖系説，事惟其詳，辭惟其質，雖工匠之微，皆得通曉。俾從事者有所守，而將來有所遵云。

乾隆四十一年十二月戶部右侍郎、總管內務府大臣、正藍旗滿洲副都統、管理武英殿御書處、奉宸苑事務、四庫全書副總裁臣金簡謹記。

趙翼《陔餘叢考》卷三三《刻時文》 《雲谷臥餘》載楊常彝云，十八房之刻，自萬曆壬辰鈎元録始。旁加批點，自王房仲選程墨始。其後坊刻漸衆，大約有四種，曰程墨，則科場主司及士子之文；曰房稿，則十八房進士之舊作；曰行卷，則舉子之作；曰社稿，則諸生會課之作。每科房考之刻，皆出於蘇、杭。而北方賈人市買以去，天下羣奉爲的矣。《戒菴漫筆》曰，余少時未見有房稿刻本，有書賈從利考朋友家抄得驄課，每篇酬錢數文，持去發刻。唐荊川中會元，其稿是門人蔡瀛所刻。薛方山中會魁，其三試卷亦門人錢夢玉以東湖活板印行之。今則滿目皆坊刻矣。《七修類藁》亦云，成化以前，世無刊本時文。杭州通判沈澄刊《京華日抄》一冊，甚獲重利。後閩省效之，漸至各省提學考卷也。按《明史》，萬曆十五年，禮部言舉業流弊太甚，請選宏治、正德、嘉靖初年中式文字，選其尤者刊布學官，俾知趨向。此又官刻時文之始。

阮葵生《茶餘客話》卷一六《畢昇活字板》 沈存中云：「慶曆中，有畢昇爲活字板，用膠泥燒成。」今用木刻字合印之，又銅鑄字，工費而不便久藏。

趙紹祖《琴士詩鈔》卷四《詠微蟲三首》 盛春谷以黃泥鐫字，草火煉之，即古活字法也。秋夜出詩盤，各取數千分賦微蟲於盤上，排列成詩。余得三首。

趙慎畛《榆巢雜識》卷下《聚珍版》 宋沈括《筆談》，記慶曆中畢昇爲活版印書，原以膠泥燒成。陸深《金臺紀聞》則云毗陵人初用鉛字。我朝康熙年間編纂《古今圖書集成》，刻銅字爲活版，排印藏工，貯之武英殿。至乾隆初年，值京師錢貴，遂燬此銅供鑄。後《四庫全書》成，詔董事諸臣，擇人所罕覯，有裨世道人心及足資考鏡者付剞劂。金侍郎簡以活字法爲請。計止刻單字二十五萬餘，用力省而成功速，至簡且捷。上以活字版之名不雅馴，易名「聚珍版」，而系以詩十韵。故聖製有「燬銅昔悔彼，刊木此慚予」之句。

姚元之《竹葉亭雜記》卷四 活字板造始於宋，沈括《筆談》云：「宋慶曆中，畢昇爲活字板，以膠泥燒成。」陸深《金臺紀聞》則云：「毘陵人初用鉛字，視板印尤巧妙。」蓋其始或以泥，或以鉛也。乾隆三十九年，金侍郎簡請廣《四庫全書》中善本，因仿宋人活字板式，鐫木單字二十五萬餘。高宗以活字板之名不雅馴，賜名曰「聚珍板」。

姚元之《竹葉亭雜記》卷四　《通志堂經解》納蘭成德容若校刊，實則崑山徐健菴家刊本也。高廟有「成德借名，徐乾學逢迎權貴」之旨。成爲明珠之子。徐以其家所藏經解之書薈而付梓，鐫成名，攜板贈之，《序》中絶不一語及徐氏也。山東朱鳶湖在武英殿提調書中有宋孫莘老《春秋經解》十五卷，而目録中無之。其時校是本時得是本，以外間無此書，用活字板印之，蓋以通志堂未曾付刻也。秦家有通志堂刻本，持以告朱，朱愕然，不知當日目中何者爲秦編修敦甫恩復。秦云，據其所見，爲目中所無者尚不止此。豈是書有續刻歟？

吴振棫《養吉齋餘録》卷之一〇　宋慶曆中，布衣畢昇創爲膠泥活字版法。乾隆間刊《四庫全書》，如法鑄銅爲字，凡若干，依文排比，無不可印之書，亦名活字版，後改名聚珍版。排比印造之法，詳載侍郎金公簡所撰《武英殿聚珍版程式》一卷。後有請燬銅以助京局鼓鑄者，所增益無多，而版遂廢。剞劂之工，日有耗費，而蠹敗已甚，始知燬銅字爲可惜也。

梁紹壬《兩般秋雨盦隨筆》卷六《聚珍版》　沈存中云：「慶曆中有畢昇爲活字版，用膠泥燒成。」武英殿聚珍版，自易銅爲木之後，近聞亦多散失。頃廣東新製活字版一付，以黄楊堅木爲之，現已有二萬餘字，隨時增益，大約至五六萬字，可以足用。吴石華蘭修、曾勉士釗兩學博，儀墨農孝廉克中主司其事，將來可成一鉅觀也。

李瑤《〈校補金石例四種〉序》　濟南潘氏《金石例》十卷，當元之世，版已三鋟，向來操觚家之奉爲矜式也審矣。明初長洲王氏推廣其意，别著《墓銘舉例》四卷，發明表裏，以津逮後學。世僅傳鈔，名幾湮闕，此也是翁《敏求記》中之所以弗詳也。迨後四百年來始有金匱王秉誠者爲之讎校，并合姚江黄氏《要例》一卷刻之，遂名之《金石三例》也。聿自《三例》出，而金石文字之道尊；金石文字之道尊，而具見吾人立言傳信之非易易爲也。昔吾李氏習之之言曰：古之爲文唯其是，今之爲文唯其工，所求乎是者，規矩準則之不容稍懈也。此書原刻精當，而微嫌夾註叢列，坊本則魚豕之病雜陳矣。余乃慨然思廣其傳，即以自治膠泥版，統作平字捭之，且以近見吴江郭氏祥伯之《金石例補》補之。夫例之創自蒼崖也，引而伸之者有止仲，縫其所闕者爲梨洲，至臚晰而賅備者，則近惟祥伯，是潘氏之學益有以昌之也。因别署其編曰《校補金石例四種》，都十七卷。庶使操觚家之有志于古者，如獲指南車焉。道光十有二年冬嘉平既望，吴郡李瑤子玉氏序于杭州吉羊里寓樓。

李瑤《南疆繹史勘本・續用書目》　又續見諸書於紀傳中，隨時轃損，雖經排版印成，亦多案事翻改，并坿識。嗟夫，不才少務交遊，絀于知己，名心獨冷，俠骨空張，鼏維急人之急，每致絫益加絫。今而纘此故史，托驥尾，逐蠅頭，亦計之末焉者矣。憶昨從事都轉幕下，浮家西子湖邊，月滿一樓，花明四壁，詩酒壺矢之會，旬輒載舉，親疏依坿之流，日繁有徒。及兹黄金散盡，白髮漸生，鼓枻重來，入山小住。聽萬籟之既寂，對一燈而自孤。我因注史杜門，人亦棄交絶跡。撫今感昔，尚忍何言夫？是書之初助我借書考鏡者，苕上坊友吴壽昌；助我貨泉始事於梓者，磐石九品官周劍堂。既而我子辛生來自蕪湖，命之校字。楮本不足，則罄我行裝，投諸質庫；又不足，則乞貸市儈，耐盡誹嘲。自夏歷秋，工徒百有餘指，岌岌欲潰，亦不啻爾時江上防兵。獨守我心，散而複振。先嘗馳書吴門幕中舊雨，或以危言相恐，間詣鹺政偕事諸人，几至敂關弗納。竭智盡力，書乃有成。成之時，幸錢唐大令同里石敦夫同福、前漢陽觀察富春周芸皋凱、前湖州太守贛榆董奕山梁、杭州别駕同郡吴兼山嵰，先後分廉相餉。且不専則更得蕭山蔡氏松町封翁鶴偕其妷孝廉篴椽年丈聘珍，爲之稱貸以益之。是書初印計八十部，工閲二百四十餘日，縻用平泉三十萬有奇，所以歷識集事之難於此者，藉以示吾後人，知賣文爲活之難乎其爲難也。凡一江上下，十年前後之奉觴爲壽，折簡爲盟及誼稱世執而嘗小受吾惠者，或呼之弗應，或望之輒走，非之笑之之不暇，而皆以冰炭視也。噫！己丑秋仲吴山觀潮日，七寶轉輪藏主古高易氏並計於十二峰寓樓。

道光二十六年福田書海銅活字本《音論》卷首林春祺《銅板敘》　世有銅板之書，而銅板之傳甚少。春祺齠年即聞先大父與先君論説古銅板書，恒惋惜世無銅板，致古今宿儒碩彦有不刊之著述而無力刻板，與夫已刻有板而湮没朽蠹終同於無板者，難更僕數。春祺心焉志之。弱冠就學古杭、姑蘇，從親宦遊洛陽、粤海，每接見名公大人，亦無不以古銅板之書爲可寶貴，然舉世刻之者卒罕覯。歲乙酉，捐貲興工鐫刊，時春祺年十八，至丙午而銅字板告成，古今字體悉備，大小書籍皆可刷印，爲時二十載。計刻有《正韵》筆畫楷書銅字大小各二十餘萬字。爲之實難，成更不易，中間幾成而不成者屢矣。今幸成此銅板，則古今宿儒碩彦有所著述無力刻板，與夫已刻有板而湮没者，皆可刷而傳之於不朽。是春祺不惜耗貲二十餘萬金，辛苦二十年，半生心血，銷磨殆盡，岌岌乎黽勉成此，庶亦勿忘夫祖與父之夙志云爾。春祺世籍本古閩福清之龍田，因即名此銅板爲福田書海云。古閩怡齋林春祺誌。

黃爵滋《仙屏書屋初集文録》卷一〇《聚秀軒泥鬬版記》 道光乙巳之冬，翟子文虎導予爲桃花潭之遊，潭之東岸即翟村也。晤其族叟西園，出所造泥鬬版字視予，蓋君於此事竭心力者三十年矣。君子一傑請以君所自著試印成册，於是詩律之妙，文機之巧，煙墨輝采，互相映發。夫材得所選故良，業專所習故精。嘗聞昌南之製，取土爲先，練泥蕩泑，厥工備矣。君不遠千里以求其材，不惜時日以盡其業，擴宋代寶藏之秘，踵我朝「聚珍」之傳，此其有裨載籍，將爲不朽功臣，豈比魏磚崔瓊僅誇窯技已哉！復憶桃潭西岸峭壁高數十丈，其石均齊方正，有若書版，扶輿之秀實萃於斯。然則西園此製，其必與此石竝壽爲無疑矣。

《申報》同治壬申四月二十一日 活字板之法，始於宋慶曆中布衣畢昇爲活板，以膠泥燒成。陸深《金臺紀聞》云毗陵人初用鉛字，視板印尤巧，斯皆活板之權輿。吾朝康熙年間編纂《古今圖書集成》，刻銅字爲活板，排印甚速，事簡工倍。乾隆時又以木字代之，錫名「聚珍板」，亦極工緻。然則活板之來久矣。歐洲之有木板，始於明初，時始刻木板以印紙牌，爲法王迦羅恩第六玩物。永樂二十一年，又以木板鐫刻圖畫，其初印者現藏置英京倫敦書院。嗣後作者精益求精，駸駸日上，刻印歷代事跡全圖，旁綴以字，刻字肇端於此。後分每字母爲活板，不必逐版鋟刻，而數十百種之書，悉可取給。始造此者爲谷敦保，生於明永樂元年，世居每納士。正統四年，設局於斯達四巴，初印臘頂字《新舊約》，印於羊革，至今猶存，貯普魯士書庫。谷以是得不朽名。澆製之法始於饒弗，亦谷後起之雋也。然則中國活字之行始於宋，西國活字之行始於明，相去幾二百年，中華爲文學淵藪，實開泰西之先聲。顧中國刻板盛行，而活字一法行之者少，西人設印書局於中土，則無不用活字者。其以西法變通之於華字，則始於嘉慶時。英人馬施曼至印度，學華言，譯印《新舊約書》，始造華字鉛胚。此又印刻華字之濫觴也。繼之者爲臺約爾，至檳榔島，悉心於華字，造陰模陽模，澆製成字。今行之香港、上海即此是也。簡捷利便，莫逾於此。今聞中國總理衙門亦至香港購買活板及各種印字機器，擬以來春舉行印書，此誠可嘉也。說者謂活字之法中國先於西國，而至今日反向西國購置，不亦奇歟。此無他，中國人士不以此爲留意也。

《申報》同治癸酉十月廿四日《鉛字印書宜用機器論》 自昔倉頡造字，設立書契以後而方策遂興，故由上古以至成周，國家政事文誥，皆書之於方策。至嬴秦之後，蒙恬造筆，蔡倫作紙，遂易方策而爲卷帙，故凡世之典籍，盡皆書之於卷帙，以流傳於人世。漢興，尊崇經學，恐學經諸士，互相鈔録，易於舛譌，故以石刊刻《十三經》於太學，俾習經者奉爲楷模。其他各書，仍傳鈔於卷帙。然書籍日多，卷帙日繁，好古讀書之士，每苦其繁多，不便於覽誦矣。至後唐明宗時，長樂老人馮瀛王始創爲刊刻木板之制，將石經本縮爲小字，改刊木板，刷印以頒天下。自是以後，士人始購刊書，可免鈔録之勞。於是子史詩文，皆有刊本。讀書之士，既便於覽誦；積書之家，亦便於收藏。卷帙之名雖存，卷帙之實已改矣。木板書籍盛行之後，更有創刊木質各字，集而成書，刷印行世，美其名曰「聚珍板」。但須有字數萬，而世行各書，無不可以集印，真愈出愈巧矣。然中國以木刊字，猶恐易於缺殘，今西人以鉛鑄字，似更難於朽壞。中國之刷印，尚藉人工，西人之刷印，則用機器。以機器代人工，則一人可敵十人之力。若改用牛，其費更省。近日上海、香港等處，中西諸人以此法刷印書籍者，實屬不少，其功加倍，其費減半，而且成事較易，收效較速，豈非大有益世之舉哉。頃聞蘇、杭等處來申購買鉛字者，接踵而至。但購買印書機器者，未聞有人。不知鉛字集成之板，若無機器，僅用人工，諸多不便。倘能以數百金購一機器，則髮逆焚燬諸書，可以次第集印，多則五年，少則三載，諸書若不齊全，我不信也。昔嘗聞諸父老，康熙年間武英殿曾鑄銅字，大小各數十萬枚，即《圖書集成》一書，亦係用此項銅字擺印者。數萬卷多之書，尚能舉行，何況卷數較少者乎。惜乎典守者不知貴重，被人偷竊，以致字數日少，不敷集印，後遂視爲無用之物，盡行銷毁，豈非一大恨事。今之以鉛爲字，較木刊更能堅而且久，較銅鑄更覺易而且廉。既不惜鉛字之費，萬勿惜機器之貲，是本館所厚望於購買鉛字諸君也。試以本館之新聞紙而論，每日八板，紙大且薄，若以人工刷印，力頗難施。因購機器全架，每日刷印四千張僅用六人，不過兩時有餘，即能告竣。諸君之欲以鉛字集印書籍者，曷爲惜此區區機器之費，以致曠日持久不能成功哉。古人有言，成大功者不惜小費，諸君曷不詳細三思之。本館原不必效豐干饒舌，但至聖訓人，君子成人之美，故不敢憚煩，爲諸君借箸而代籌也，諸君其采納焉。

《申報》同治甲戌六月二十三日《論鉛字》 書籍之易於流傳也，莫善於易石刻而爲木板，而書籍之易於刷印也，尤莫善於易整板而爲聚珍。五代以前，有石經而無木板，故石經之外，其餘書籍均係抄寫而成，此所以有卷帙之名也。自長樂老人創木刻爲板之事，天下至今利賴之，然猶未聞有聚珍之制也。厥後未知何時，又有木刻聚珍之制，凡書籍之有待刷印，無須藏板者，皆用此法以行之。而各姓修印譜牒，其尤著焉者也。故人有聚珍板字數萬，即無書不能擺印，其法之良又在於長樂老人之上矣。然向之所刻聚珍板字，皆用木質，而木質之字易於損壞模糊，其法雖良而其字仍不耐久也。本朝康熙年間，武英殿鑄有銅質聚珍板字全副，即《圖書集成》一書多至數十萬卷，尚能擺印，其餘更不待言矣。聞雍正時將此銅字銷燬，自後有新修新纂之書，始仍用木板刊印，不能如前有銅字之便易也。泰西各國均用白鉛鑄成各字，以備擺印。各項書籍，其質較木刻者更堅，其費較銅鑄者更省，是又聚珍板中之尤善美者也。故西國之書籍較盛於中國，凡能文之士，無論何項著作，苟有益於人事者，均令印行於世。其故何哉？因各處均有鉛字擺印，較易於爲力，不至如刊刻木板較難於爲功也。自中西通商之後，而泰西人士之至中國者，亦均携有鉛字，及至中國已久，而西士之中又多有能識華字通華文者，遂推廣其法於各通商之地，設立書館，鑄造鉛質華字，以備擺印其所繙譯各西書，及印刷華字新聞紙之用。中國人士見而善之，常與購買，以供用焉。惟是中國各憲創設各項製造之局，延西士以教華人，故今日者華人能仿造西國各項機器以及輪船、槍、礮等物者，實繁有徒。惟於鑄造鉛字之法，亦尚無人講求，故華人之能鑄鉛字者尚無其人。今則華人竟於未經講求之日，居然能效法以鑄，以余所見，如無錫徐君雪村、慈谿錢君栽棠，均能知其奥妙，得其精微，其所鑄成各字，直與西人所鑄毫無差别，亦可謂能矣。余每至其館中，見其前後左右所陳列者，無非白鉛鑄成之字，雖有大小之殊，全無纖豪之異，置之西人所鑄各字之間，幾不能辨。所惜者現尚未得一通行之書籍，俾令擺印以細觀其美善耳。然書雖未擺印，而字實甚整齊，將來擺印亦斷無不佳之處也。未識徐、錢兩君何以晤此良法也。若有人欲鑄造鉛字者，可以向兩君以問津焉。他日者倘能擴充其法，多鑄此等鉛字，中國能文之士若有著作易於擺印，較之刊刻木板費半功倍，不至如昔之難於刊行，多湮没而不彰矣。此亦闡幽顯微之盛德事也。吾願有志之士，無惜資本而習學此技藝，不但利人，亦且利己也，無徒笑予有癖嗜於西法可也。

葉德輝《書林清話》卷九《四庫發館校書之貼式》 乾隆纂修《四庫》時，每書發交館臣，首貼一紙。翰林院儲存底本，往往見之。其式如右，□者，原空字格，填寫數目也。

第　卷底本　十　頁
武英殿於　月　日發出
分校處於　月　日簽出　處發交謄録　寫成
十　頁於　月　日收到寫本於　月　日校畢交覆
收訖
覆校處於　月　日收於　月　日覆校畢交
殿
此卷計　萬　千　百　十　字
連前共交過　萬　千　百　十　字

按右式所載收發、簽校、謄録等名目，開館時皆設有專官。總校、分校以翰林編檢爲之。又有繕書處總校官、分校官，則翰林、六部郎中、主事、内閣中書、國子監學録皆有其人。至繕書處收掌官，則止中書科中書、國子監典簿、學正等。武英殿收掌官，僅各部筆帖式，無大臣也。諸人姓名職銜均載《欽定四庫全書》卷首。其簽校各書異同之處，于乾隆四十一年九月三十日奉上諭，令該總裁另爲編次，與《總目提要》一體付聚珍板排刊流傳，即今《武英殿聚珍板叢書》所印《四庫全書考證》一百卷是也。當時簽校或誤，處分甚輕。總裁、總校、分校等按次記過，三月查核，交部議處，原不過薄示懲儆。此見乾隆四十三年五月二十六日上諭，亦載《欽定四庫全書》卷首，可覆按也。

張彦遠《法書要録》卷四《唐韋述敘書録》 開元十六年五月，内出二王真跡及張芝、張昶等真跡，總一百五十卷，付集賢院，令集字搨進。

釋文瑩《湘山野録》卷下 歐公撰石曼卿墓表，蘇子美書，邵餗篆額。山東詩僧祕演力幹，屢督歐俾速撰，文方成，演以庚二兩置食於相藍南食殿。礱訖，白歐公寫名之日爲具，召館閣諸公觀子美書。書畢，演大喜曰：「吾死足矣。」飲散，歐、蘇囑演曰：「鐫訖，且未得打。」竟以詞翰之妙，演不能却。歐公忽定力院見之，問寺僧曰：「何得？」僧曰：「半千買得。」歐怒，回詬演曰：「吾之文反與庸人半千鬻之，何無識之甚！」演滑稽特精，徐語公曰：「學士已多他三百八十三矣。」歐愈怒，曰：「是何？」演曰：「公豈不記作省元時，庸人競摹新賦，叫於通衢，復更名呼云『兩文來買歐陽省元賦』，今一碑五百，價已多矣。」歐因解頤。

徐又語歐曰：「吾友曼卿不幸蚤世，固欲得君之文張其名，與日星相磨；而又窮民售之，頗濟其乏，豈非利乎。」公但笑而無説。

釋惠洪《冷齋夜話》卷二《雷轟薦福碑》　范文正公鎮鄱陽，有書生獻詩，甚工，文正禮之。書生自言天下之至寒餓者，無在某右。時盛行歐陽率更書薦福寺碑，墨本直千錢。文正爲具紙墨打千本，使售于京師。紙墨已具，一夕雷擊碎其碑，故時人爲之語曰：「有客打碑來薦福，無人騎鶴上揚州。」

徐度《却掃編》卷下　東坡既南竄，議者復請悉除其所爲之文，詔從之。於是士大夫家所藏既莫敢出，而吏畏禍，所在石刻多見毀。徐州黄樓東坡所作而子由爲之賦，坡自書。時爲守者獨不忍毀，但投其石城濠中，而易樓名觀風。宣和末年，禁稍弛，而一時貴游以蓄東坡之文相尚，鬻者大見售。故工人稍稍就濠中摹此刻。有苗仲先者適爲守，因命出之，日夜摹印。既得數千本，忽語僚屬曰：「蘇氏之學法禁尚在，此石奈何獨存。」立碎之。人聞石毀，墨本之價益增。仲先秩滿，攜至京師，盡鬻之，所獲不貲。

周復俊《全蜀藝文志》卷三六上范成大《石經始末記》　石經已載《前記》，晁子止作《考異》而爲之序。《考異》之作，大抵以監本參考，互有得失，其間顛倒缺譌，所當辨正，然古今字畫，雖小不同，而實通用耳。《考異》并序，凡二十一碑，具在石經堂中。子止之序曰：「鴻都石經，自遷徙鄴、雍，遂茫昧於人間。至唐太和中，復刊十二經，立石國學。而唐長興中，詔國子博士田敏與其僚校諸經，鏤之版，故今世六學之傳，獨此二本爾。按趙清獻公《成都記》，僞蜀相毋昭裔捐俸金，取九經琢石於學宫。而或又云：毋昭裔依太和舊本，令張德釗書。國朝皇祐中，田元均補刻公羊高、穀梁赤二傳，然後十二經始全。至宣和間，席文獻又刻孟軻書，參焉。今考之，僞相實毋昭裔也。《孝經》、《論語》、《爾雅》，廣政甲辰歲張德釗書。《周易》，辛亥歲楊鈞、孫逢吉書。《尚書》，周德正書。《周禮》，孫朋吉書。《毛詩》、《禮記》、《儀禮》，張紹文書。《左氏傳》不誌何人書，而詳觀其字畫，亦必爲蜀人所書。然則蜀之立石蓋十經，其書者，不獨德釗，而能盡用太和本，固已可嘉。凡歷八年，其石千數，昭裔獨辨之，尤偉然也。公武異時守三榮，嘗討國子監所模長興版本讀之，其差誤蓋多矣。昔議者謂太和石本授寫弗精，時人弗之許，而世以長興版本爲便，國初遂頒布天下，收向日民間寫本不用。然有訛舛，無由參校判知其謬，猶以爲官既刊定，難於獨改。由是而觀，石經固脱錯，而監本亦難盡從。公武至少城，寒暑一再易，節暇日，因命學官讎校之。石本《周易・説卦》乾，健也，以下有韓康伯注略例，有邢璹注《禮記・月令》，從唐李林甫改定者，監本皆不取。外，《周易》經文不同者五科，《尚書》十科，《毛詩》四十七科，《周禮》四十二科，《儀禮》三十一科，《禮記》三十二科，《春秋左氏傳》四十六科，《公羊傳》二十一科，《穀梁傳》一十三科，《孝經》四科，《論語》八科，《爾雅》五科，《孟子》二十七科。其傳注不同者尤多，不可勝記。獨計經文，猶三百二科。迹其文理，雖石本多誤，然如《尚書・禹貢篇》『夢土作乂』，《毛詩・日月篇》『以至困窮而作是詩也』，《左氏傳・昭公十七年》『六物之占，在宋、衛、陳、鄭乎』，《論語・述而篇》『舉一隅而示之』，《衛靈公篇》『敬其事而後食其禄』之類，未知孰是。先儒有改《尚書》『無頗』爲『無陂』，改《春秋》『郭公』爲『郭亡』者，世皆譏之，此不敢決之以臆，姑兩存之，亦鐫諸樂石，附於經後不誣，將來必有能考而正之者焉。」子止又刻《古文尚書》於堂，而爲之序曰：「自秦更前代法制以來，凡曰古者，後世寥乎無聞。書契之作，固始於伏羲，然變狀百出，而不彼之若者，亦已多矣。《尚書》一經，獨有古文在，豈非得於壁間，以聖人舊藏，而天地亦有所護，不忍使之絶滅。中間雖遭漢巫蠱、唐天寶之害，終不能晦蝕，今猶行於人間者，豈無謂耶！況孔子謂《尚書》以其上古之書也，當時科斗既不復見，其爲隸古定此實一耳。雖然，聖人遠矣，而文字間可以概想，則古書之傳，不爲浪設。予抵少城，作《石經考異》之餘，因得此古文全編於學官，乃延士張奭，倣呂氏所鏤本再刻諸石。是不徒文字足以貽世，若二《典》『曰若』、『粤㞢』之類，學者可不知歟？嗚呼，信而好古，學於古訓，乃有獲，蓋前牒所令，方將配《孝經》、《周易》經文之古者，同附於石經之列，以故弗克。第述一二，以示後之好識奇字者，又安知世無揚子雲？時乾道庚寅仲夏望日序。」

袁桷《清容居士集》卷四七《題定武損本》　損本定武，多匱金蟬翼越紙所印，字彌精神，不知者乃以纖瘦疑之。當宣和流觴亭成，有旨從薛嗣昌宣索，急驛以進。内侍梁師成，暮夜亟以蟬翼三紙連覆，得百餘本，故上本差瘦，中本肥瘦得宜，最下本與不損肥本亡異，雖非北紙，實皆薛氏所竊本也。此本蓋是薛氏舊本，紙墨昏渝，殆猶東郭子綦，垢獘愈甚，而神益清。望而就之，真有道之士也。

陶宗儀《南村輟耕録》卷六《蘭亭集刻》　《蘭亭》一百一十七刻，裝褫作十册，乃宋理宗内府所藏，每版有内府圖書鈐縫玉池上，後歸賈平章。至國朝有江南，八十餘年之間，凡又易數主矣。往在錢唐謝氏處見之，後陸國瑞携至松江，因得再三披閲，併録其目，真傳世之寶也。

甲集一十二刻州郡

修城本葉仲山跋。 定武闊行若合一契行闊。 定武肥 定武瘦 定武板刻 霅子明跋。 定武缺石 定武斷石 定武古刻 西京斷石 永興 古懿郡齋 宣城

乙集一十三刻

舊梅花 三衢板刻 安吉古苔真草 臨川麻石 臨賀 豫章二 静江府 復州 鼎州後有武陵二字。 古潭 新梅花 宣城南陵

丙集一十刻

蘇州府治 福州府治 福州棗木 道州 金陵三米米芾、米尹仁、米尹知。 永嘉 古雪斷石 隆州 郴州 蘭亭重言

丁集一十刻

紹興府治二 紹興倉司 紹興府學 紹興古刻 餘姚縣治 曲水詩蘭亭 曲水詩前 曲水詩後 婺州府治褚遂良摹。

戊集一十刻内府

高宗臨定武米友仁跋。 唐貞觀 太清開皇 祕省 内殿 内司四 京師 玉堂

己集九刻雜集

玉枕 花石 柳誠懸大字。 唐人硬黄臨 唐人雙鉤 晉唐刻 孫過庭草 京師鵝黄棗木黄紙印。 彭城小字

庚集一十一刻故家

蔡君謨臨 薛紹彭 秦少游小字 安定家藏 辛道宗 建康晁謙之 紹興 湯氏 南昌京氏 廬陵胡氏 蜀劉涇 唐摹刻

辛集一十四刻

吴説草書 吴璜 劉無言臨 龍潭潘氏 方朔習寫 周平所藏 臨江張氏 天台丁氏 新安汪氏 江西故家 廬山甲秀堂 九江陶氏 循王家藏米芾跋云，壬午閏六月九日，大江濟川亭。艤寶晉齋，艎對紫金、浮玉羣山，迎快風消暑，重裝。 番陽洪氏

陶宗儀《南村輟耕録》卷六《淳化祖石刻》 今世言淳化閣帖用銀錠欜棗木板刻，而以澄心堂紙、李廷珪墨印者，則傳慶板本之説合。故趙希鵠《洞天清禄集》亦云用棗木板摹刻，故時有銀錠紋。用李廷珪墨打，手揩之不污手。余嘗見閣本數十，止三本真者，其紙墨法度，種種迥別，妙在心悟，固難以言語形容。然又傳仁宗嘗詔僧希白刻石于祕閣，前有目録，卷尾無篆書題字，所謂祖石刻者，豈即此與。

陶宗儀《南村輟耕録》卷六《法帖譜系》 《法帖譜系》云：熙陵以武定四方，載櫜弓矢，文治之餘，留意翰墨，乃出御府所藏歷代真蹟，命侍書王著摹勒，刻版禁中，釐爲十卷，各於卷尾題「奉聖旨模勒入石」，此歷代法帖之祖。

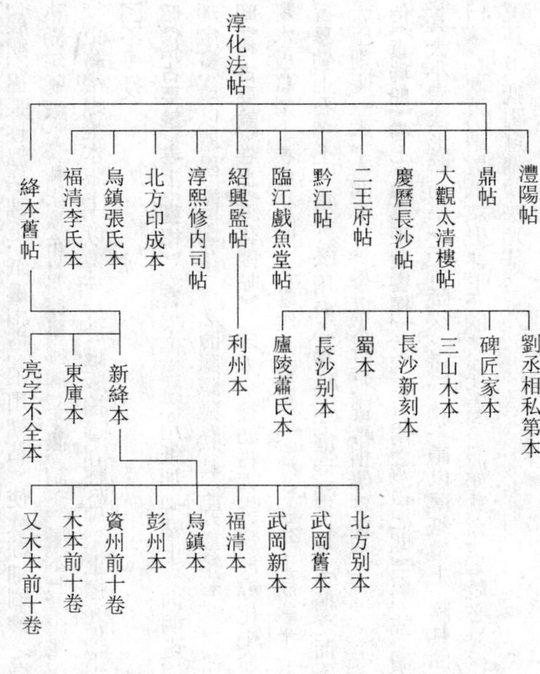

陶宗儀《南村輟耕録》卷一五《淳化閣帖》 淳化閣帖，非精於鑒賞者莫能辨其真僞，非博於討論者不可得其源流。第六卷中嘗記祖石刻之説，今復究研大略於稽古之書，質正是否於好事之人，用贅于此云。宋太宗留意翰墨，淳化中，出御府所藏，命侍書王著臨榻，以棗木鏤刻，釐爲十卷，於每卷末篆題云「淳化三年壬辰歲十一月六日，奉聖旨模勒上石」。至仁宗，又詔僧希白刻石于祕閣，前有目録，卷後無篆題。世傳以爲二王府帖者，非也。蓋元祐中，親賢宅從禁中借板墨百，但用潘谷墨，光輝有餘，而不甚黝黑，又多木横裂紋，時有鈹皺失字處。親賢宅，魏王所居。魏王，二王也。又有高宗紹興中國子監本，其首尾與淳化略無

少異。當時御前拓者多用匱紙，蓋打金銀箔者也。自後碑工作蟬翼本，且以厚紙覆板上，隱然爲銀鋌欄痕以愚人，但損剥，非復拓本之遒勁矣。初徽宗建中靖國間，出内府續所收書，令刻石，即今續法帖也。大觀中，又奉旨摹榻歷代真跡，刻石于太清樓，字行稍高，而先後之次，與淳化則少異。其間數帖，多寡不同。他各卷末題云「大觀三年正月一日，奉聖旨摹勒上石。」此蔡京書也。而以建中靖國續帖十卷，易去歲月名銜，以爲後帖。又刻孫過庭《書譜》及《貞觀十七帖》，總爲二十二卷，謂之大觀太清樓帖。絳帖者，尚書郎潘師旦以官帖摹刻于家，爲石本，而傳寫字多譌舛，世稱爲潘駙馬帖，凡二十卷。其次序卷帙雖與淳化官帖不同，而實則祖之，特有所增益耳。單炳文曰：淳化官本法帖，今不復多見。其次絳帖最佳，而舊本亦已艱得。嘗以數本較之，字畫多不侔，煒家藏舊本，比之今本，第九卷内今本多誤，筆法且俗。曹士冕曰：帖總二十卷，元無字號及斷眼數目。單炳文、曹士冕各有模刻本。世傳潘氏析居，法帖分而爲二，其後絳州公庫乃得其一，於是補刻餘帖，名東庫本，第九卷之舛誤，蓋始於此。且逐卷逐段，各分字號，以日、月、光、天、德等二十字爲次第。後避金主亮諱，但庚亮帖内亮字，皆去右邊轉筆，謂之亮字不全本。又有新絳本，北方别本，武岡新舊本，福清、烏鎮、彭州、資州本木本，前十卷等，類皆絳帖之别也。潭帖者，慶曆中，劉丞相帥潭日，以淳化官帖，命慧照大師希白模刻于石，寘之郡齋，增入傷寒、十七日、王濛、顔真卿諸帖，而字行頗高，與淳化閣本差不同，逐卷有慧照大師希白重模字，而歲月各異。中間繆處甚多，朱文公譏其極爲可笑者是也。潭帖之别，則有劉丞相私第本，長沙碑匠新刻本，三山木本，蜀本，廬陵蕭氏本，等類甚多。戲魚，即臨江帖也。元祐間，劉次莊以家藏淳化閣帖十卷，摹刻于戲魚堂，除去篆題，而增釋文。慶元中，四川總領權安節又重摹于利州。黔江者，黔人秦世章於長沙買石摹僧寶月古法帖十卷，寶月，慧照也，謀舟載入黔中，壁之黔江之紹聖院後，題云：「長沙湯正臣重摹鼎帖板本。」校諸帖增益最多。澧陽石刻散失，僅存者右軍數帖而已。又有淳熙修内司本，北方印成本，烏鎮張氏，福清李氏本。若此之類，大抵皆法帖一再之翻摹，殊失筆意，無足觀者。汪逵，字季路，衢州人，官至端明殿學士，建集古堂，藏奇書祕蹟金石遺文二千卷，著《淳化閣帖辨記》共十卷，極爲詳備。末云：其本乃木刻，計一百八十四版二千二百八十七行，其逐段以一二三四刻于旁，或刻人名。或有銀鋌印痕，則是木裂。其墨乃李廷珪墨，黑甚，如漆。其字精明而豐腴，比諸刻爲肥。劉潛夫曰：近人多不識閣帖，某家寶藏本，皆非真，真者字極豐穰，有神采。如潭、絳則太瘦，臨江則太媚。又用李廷珪墨印造。余始得汪端明所記閣帖行數，恨無真帖參校，晚使江左用二千楮致一本，尤伯晦見之，曰：「寶物也。」夫真帖可辨者有數條：墨色，一也。他本刊卷數在上，版數在下，惟此本卷數、版數字皆相聯屬，二也。他本行數字比帖字小而瘦，此本行數字比帖中字皆大而濃，三也。余所得江左本，每版皆全紙，無接黏處，一部十卷，無一版不與端明所記合。乃知昔人裝禙之際，寧使每版行數或多或寡，而不肯剪截湊合者，欲存舊帖之真面目，四也。

劉基《多能鄙事》卷五《打碑文法》 薄紙每張摺疊定，於沸湯内蘸過。以布按去水，展開，逐張趂濕帖碑上，紙邊相搭，不用糊粘。使軟椶細刷拂之微乾。用小粉熟糊勻刷紙上，却用軟布磨，擦墨拂碑，字濃，謂之「墨本」；少淡，謂之「蟬翼」。更將溶蠟澆木版上，以氈一片於蠟版擦過，却於碑紙上擦光揭下。如遇南風□不可打。

曹昭《格古要論》卷上《響榻》 響榻僞墨跡，用紙加碑帖上，向明處，以游絲筆圈却字畫，填以濃墨，謂之響榻。然圈隱隱猶存，其字亦無精彩。

曹昭《格古要論》卷上《淳化閣帖》 宋太宗搜訪古人墨跡，於淳化中命侍書王著用棗木板摹刻十卷於祕閣。各卷尾篆書題云：淳化三年壬辰歲十一月六日奉聖旨摹勒上石。上有銀錠紋，用澄心堂紙、李庭珪墨拓打，手揩之而不污。乃親王大臣則賜一本，人間罕得。今世人所有，皆轉相傳摹者。

胡侍《真珠船》卷七《臨摹硬黄響榻》 宋張世南《游宦記聞》云：臨，謂置紙在傍，觀其大小濃淡形勢而學之，若臨深之臨。摹，謂以薄紙覆上，隨其曲折婉轉用筆曰摹。硬黄，謂置紙熱熨斗上，以黄蠟塗勻，儼如魫角，毫釐必見。響榻謂以紙覆其上，就明窻牖間映光摹之。

陳繼儒《巖棲幽事》 打碑文，上墨後須融蠟揩之，則字畫光潤而墨不脱，否則漫漶不明。北方用駱駝油亦佳，或以酥融蠟用之。

《南齊書》卷五三《裴昭明傳》 永明三年，使虜，世祖謂之曰：「以卿有將命之才，使還，當以一郡相賞。」還爲始安内史。郡民龔玄宣，云神人與其玉印玉板書，不須筆，吹紙便成字，自稱「龔聖人」，以此惑衆。前後郡守敬事之，昭明付獄治罪。

何薳《春渚紀聞》卷二《雜記・畢斬趙諗》 畢漸爲狀元，趙諗第二。初唱第，而都人急於傳報，以蠟板刻印，漸字所模點水不著墨。傳者厲聲呼云：「一狀元畢斬第二人趙諗。」識者皆云不祥。而後，諗以謀逆被誅，則是畢斬趙諗也。

陶宗儀《輟耕録》卷二六《武當山降筆》 至元十三年，江南初内附，民間盛傳武當山真武降筆，書長短句曰《西江月》者。鋟刻于梓，黄紙模印，貼壁間。

周復俊《全蜀藝文志》卷五七費著《楮幣譜》 蜀民以錢重難于轉輸，始製楮爲券，表裏印記隱密，題號朱墨間錯，私自參驗，書緡錢之數，以便貿易，謂之「交子」。【略】大觀元年五月，改交子務爲錢引務，爲鑄印凡六：曰「勑字」，曰「大科例」，曰「年限」，曰「背印」，皆以墨；曰「青面」，以藍；曰「紅團」，以朱。六印皆飾以花紋，紅團、背印則以故事。

李詡《戒庵老人漫筆》卷三《曆書分色》 王守溪曰：「曆書有白黑緑碧黄赤紫，此《河圖》數也。《河圖》之數，戴九履一。一爲白，九爲紫；左三右七，三爲緑，七爲赤；二四爲肩，二黑四碧；六八爲足，白。故陰陽家一六八爲白，二黑三緑，四碧五黄，七赤九紫。」

吴發祥《蘿軒變古箋譜》卷首顔繼祖《箋譜小引》 吾友吴發祥，性耽一壑，卜居秦淮之干；志在千秋，尚友羲皇以上。閉門閑白日，揮麈自如；飲酒讀《離騷》，唾壺欲缺。嘗語余云：我輩無趣今而畔古，亦不必是古而非今。今所有餘，雕琢期返於樸；古所不足，神明總存乎人。自結繩易書，筆墨傳於楮上；及系帛通問，箋柬出乎人間。或藻繪以争工，偏支離而入俗。於焉刻意標新，顓精集雅。删詩而作繪事，點綴生情；觸景而摹簡端，雕鏤極巧。尺幅盡月露風雲之態，連篇備禽蟲花卉之名。大如樓閣關津，萬千難窮其氣象；細至盤盂劍佩，毫髮倍見其精神。少許丹青，盡是匠心錦綉；若干曲折，却非依樣葫蘆。眼界頓寬，笑已陳皆爲芻狗；圖書有據，立不朽而奉蓍龜。固翰苑之奇觀，實文房之至寶。三山紙貴，户滿王謝風流；四海名高，人傾芝蘭臭味。玄黄已勒缥湘而掩映，梨棗豈隨金石以銷沉！故是家珍，應與世共。天啓丙寅嘉平月丹霞友弟顔繼祖撰并書。

胡正言《十竹齋箋譜》卷首李于堅《箋譜小引》 余素躭績事，在菰蘆中即聞曰從氏清秘之雅。久之，宦游白門，始相與把臂。其爲人醇穆幽湛，研綜六書，若蒼籀鼎鐘之文，尤其戰勝者。故嘗作篆隸真行，簡正嫿逸，直邁前哲。今海内名流珍襲，不翅百朋矣。時秋清之霽，過其十竹齋中，緑玉沉窗，缥帙散榻，茗香静對，間特出所鐫箋譜爲玩。一展卷而目艷心賞，信非天孫七襄手，曷克辦此。曰從莊語余曰：「兹不敏，代耕具也。家世著書，不肩畚耜。憶昔堂上脩髓之供，此日屋下生聚之贍，於是託焉。何能不私一藝，而耻雕蟲耶。」余聞而起敬曰：「誠如君言，柔翰自人文攸賴，與天章雲漢并麗無窮，寧得謂傷巧乎！」遂觀卒業。蓋凡古今典制，中外新裁，以暨高逸之倫，名勝之奥，欣欣卉木，翩翩羽蟲，靡不漫爛天真，殊離刻意。編摩風韻，一往深情。澤剡藤玉版之光，彙鶖溪薛濤之艷，吾知曰從氏自不以箋名，而箋自以曰從氏名無疑矣。因丐一册，携之越，將以贄西子於湖上。

崇禎甲申新秋九龍李于堅撰

胡正言《十竹齋箋譜》卷首李克恭《十竹齋箋譜敘》 粤稽竹素寖興，久當致飾，菁華既溢，盛則必傳。自十竹齋之箋後先疊出，四方賞鑒，輕舟重馬，笥運郵傳，不獨江南爲賫而已。所以然者，非第重箋，因人以及箋也。人何人？斯齋内主人曰從氏胡次公也。次公家著清風，門無俗屨，出塵標格，雅與竹宜。嘗種翠筠十餘竿於楯間，昕夕博古，對此自娱，因以十竹名齋。齋中所藏奇書錯玩，種類非一。嘗與先祖如真翁商六書之學，摩躙鐘鼎石鼓，旁及諸家，於是篆、隸、真，行一時獨步。而兼好繪事，遇有佳者，即鏤諸板公諸同好。箋之流布久且多矣，然未作譜也。閒作小譜數册，花鳥竹石各以類分，靡非佳勝，然未有全譜也。近始作全譜，譜成而問敘於予，曰：「題詞不喜泛泛，惟好之深者，始有情至之詞。君雅好此，而不一抒寫其所欲言，能恝然乎？」予乃許諾，爰縱筆而臆言之。夫繪之與詩相爲表裏，昔人論詩有初終盛晚，而箋繪亦猶之。昭代自嘉、隆以前，箋制樸拙，至萬曆中年，稍尚鮮華，然未盛也。至中晚而稱盛矣，歷天、崇而愈盛矣。十竹諸箋匯古今之名蹟，集葳苑之大成，化舊翻新，窮工極變，毋乃太盛乎？而猶有説也。蓋拱花餖板之興，五色繽紛，非不爛然奪目，然一味濃裝，求其爲濃中之淡，淡中之濃，絶不可得。何也？餖板有三難：畫須大雅又入時眸，爲此中第一義；其次則鐫忌剽輕，尤嫌痴鈍，易失本稟之神；又次則印拘成瀍，不悟心裁，恐損天然之韵。去其三疵，備乎衆美，而後大巧出焉。然虚衷静氣，輕財任能，主人之精神獨有籠罩於三者之上而瀰漫其間者。是譜也，創稾必追蹤虎頭、龍眠，與夫彷彿松雪、雲林之支節者，而始倩從事。至於鐫手，亦必刀頭具眼，指節通靈，一絲半髮，全依削鐻之神；得手應心，曲盡斲輪之妙，乃俾從事。至於印手，更有難言。夫杉杙欆膚，《攷工》之所不載；膠清彩液，巧繪之所難施。而若工也，乃能重輕匠意，開生面於濤箋；變化疑神，奪仙標於宰筆。玩兹幻相，允足亂真。拜前二美，合成三絶。譜成而架插青緗，齋函寶藏。光交十竹，迎眸蜿筰笮雲龍；彩映六朝，開卷見齊梁烟月。其與鐘鼎石鼓之遺珍並傳不朽乎！此雖次公之緒餘，而緣以想其六藝之沉涵，亦可稍見其崖略矣。是爲敘。

崇禎甲申夏上元李克恭書。

張兆祥《文美齋詩箋譜》卷首張祖翼序 書畫之妙，當以神會，難以形求。故世之評畫者，以神韻爲上，迹象次之。然神韻迹象缺一不可。古今工花卉者，不可勝數，至我朝惲南田先生，出以工筆，寫生花之精神與花之狀態，皆栩栩欲活，可謂極蓺林之能事矣。自是而後，求如惲先生之生香活色，戛戛其難之。析津張龢菴先生精六法，尤工折枝花卉，海内賞鑒家莫不許爲南田後身。文美齋主人以所畫花卉，製爲詩箋百幅，鏤版行世。侔色揣稱，盡態極妍，所謂趙昌畫花寫花形，徐熙畫花名花神者邪。鏤既竣，爲書數語以贈。時光緒丙午秋八月桐城張祖翼書於京師。

張爾岐《周易説略》卷首徐志定序 戊戌冬，偶創磁刊，堅緻勝木，因亟爲次第校正，逾己亥春而《易》先成。既喜其書之不終於藏，而人與俱傳，且并樂此刻之堪以歷遠久也。遂爲一言以識之。

康熙己亥四月泰山後學徐志定書於七十二峰之真合齋。

張爾岐《蒿庵閒話》卷二末附李文藻跋 右張稷若先生《蒿菴閒話》二卷，計二百九十九條，向有真合齋磁版印本。予假鈔於歷城周書昌永年，攜至嶺南，藏行篋五年，始校而刻之。其自序謂無關經學世務，故命之閒話。然先生邃於經，練達於世務，所劄記多精義，爲前賢所未發。其下者亦專辨名物，匡謬譌，非小説家所能有。亭林顧氏嘗云：精於三禮，卓然經師，吾不如稷若。先生蓄道力學，能文章，正與顧同，是書蓋《日知録》之亞也。其文集三巨册，胡書巢太守德琳選刻其半於東昌。他所著已刻者，《易説略》八卷，《儀禮鄭注句讀》十卷，《夏小正注》一卷，《弟子職注》一卷。【略】乾隆四十年十一月二十一日，益都李文藻書於潮郡寓館。

黄溍《金華黄先生文集》卷四一《榮禄大夫大司空大都大慶壽禪寺住持長老佛心普慧大禪師北溪延公塔銘》 仁宗皇帝在春宫，聞禪師名，俾駙馬太尉瀋王傳令，以居彰德之天寧，仍即慶壽開堂演法。瀋王欲便於咨叩，請以居呼奴之弘福。會西雲示寂，朝廷以慶壽禪宗第一刹，非德器之重、道眼之明、力量足以荷擔大事者，莫宜尸之，乃詢于藂林大知識，僉謂禪師西雲上足，當補其處。仁宗方以萬機之暇游心聖教，且雅知禪師，勅近臣函香，有司具威儀，送之入寺，賜號佛心普慧大禪師。法席肇正，學徒咸集。禪師一一辨勘而策勵之，退省其私，而升堂入室，契心印於言下者甚衆，王公大臣稱譽之不置。上每幸慶壽，數顧而與之語，特授榮禄大夫、大司空、領臨濟宗事，前後賜以金玉佛像、經卷及它珍玩之物數十事，秘府所蓄名畫，凡涉於佛氏故事者，悉出以示之。英宗皇帝以禪師先朝舊德，每入見必賜坐，訪以道要，命於永福寺與諸尊宿校勘三(歲)〔藏〕，將鏤銅爲板以傳。後因屑金書藏經，慮前賢撰集之書或有僞濫，復命之删定焉。

顧起元《客座贅語》卷六《利瑪竇》 利瑪竇西洋歐邏巴國人也。面皙，虬鬚，深目而睛黄如猫，通中國語，來南京居正陽門西營中。自言其國以崇奉天主爲道，天主者，制匠天地萬物者也。所畫天主，乃一小兒，一婦人抱之，曰「天母」。畫以銅板爲幀，而塗五采於上，其貌如生，身與臂手儼然隱起幀上，臉之凹凸處，正視與生人不殊。人問畫何以致此，答曰：「中國畫但畫陽，不畫陰，故看之人面軀正平，無凹凸相。吾國畫兼陰與陽寫之，故面有高下，而手臂皆輪圓耳。凡人之面，正迎陽，則皆明而白，若側立，則向明一邊者白，其不向明一邊者，眼耳鼻口凹處皆有暗相。吾國之寫像者解此法，用之故能使畫像與生人亡異也。」攜其國所印書册甚多，皆以白紙一面反復印之，字皆旁行，紙如今雲南綿紙，厚而堅韌，板墨精甚。間有圖畫人物屋宇，細若絲髮。其書裝釘如中國宋摺式，外以漆革周護之，而其際相函，用金銀或銅爲屈戌鉤絡之，書上下塗以泥金，開之則葉葉如新，合之儼然一金塗版耳。

朱彝尊《經義考》卷二九三《鏤板》 楊守陳曰：古之書，汗簡裁帛，點漆磨石液，筆書刀削，皆科斗文字，篆籀分書，蓋甚難也。漢魏間，始有今紙墨與楷書，筆之易矣，然未有不筆而成書者。至魏太和有石經，晉天福有銅板九經，皆可紙墨摹印，無庸筆寫，傳亦未廣。後唐以降，迺有木板。昔以梓，今以梨，刊摹甚便。於是五經皆有印本偏天下，人不復傳寫，易易甚矣。

金武祥《粟香二筆》卷七 王少芳部郎守基曰：鹽引之制，始於元至元年間，前代皆係内府刊鑄銅板印刷，特差户部一人往南京頒發，謂之督引部院。本朝順治七年始行停差，令運使官吏赴部關領。

《清内務府活計檔・乾隆四十二年三月十九日》 接得郎中圖明阿押帖一件，内開三月十九日太監如意傳旨：著艾啟蒙照徐揚畫平定金川得勝圖十六張起稿呈覽。欽此。

於三十六年十一月十九日，庫掌四德、五德將粵海關送到印成銅板圖五百四十三張，隨原稿三張，連上年帶繳印過樣式，共計五樣，内伊犁人民投降圖一百二十張，隨原樣一張；鄂羅紮拉之戰圖一百三十一張，隨原樣一張；凱晏回部圖一百三十二張，隨原樣一張；阿爾楚爾圖一百三十一張(原稿上無帖籤子，隨著艾啟蒙認看得係阿爾楚爾之戰圖)；其餘圖一樣，計二十九。並上次送到愛玉史詐營圖二百張、阿爾楚爾圖四張、伊犁人民投降圖二十八張，俱持進交太監胡世傑呈覽。

奉旨：圖樣俱交啟祥宮收貯。再，成造銅板圖十六樣，今已五、六年有餘，才得圖六樣，尚有十樣未得，著問德魁因何如此遲滯，並令催辦。所印圖每樣只印二百張，不必多印。其進到圖六樣内，除愛玉史詐營圖已足二百張之數外，其餘五樣不敷二百張之數者，俱著按所短之數補印送來。欽此。

此次送到，阿爾楚爾圖一百三十一張，上次送到四張，共一百三十五張，尚少六十五張，應補印送來。此次送到伊犁人民投降圖一百二十張，上次送到二十八張，共一百四十八張，尚少五十二張，應補印送來。此次送到鄂羅紮拉之戰圖一百三十一張，尚少六十九張，應補印送來。此次送到凱晏回部圖一百三十二張，尚少六十八張，應補印送來。此次送到阿爾楚爾之戰圖二十九張(原稿上無帖籤子，係艾啟蒙認看得名色)，尚少一百七十一張，應補印送來。

於三十六年十二月初九日，庫掌四德、五德將粵海關送到阿爾楚爾圖十五張、伊犁人民投降圖五十八張、鄂羅紮拉之戰圖六十七張、凱晏回部圖六十六張、呼爾璊圖六十六張(隨原稿一張)。並查得三十五年十月二十八日第一次送到愛玉史詐營圖二百張、阿爾楚(爾)圖四張、伊犁人民投降圖二十八張。三十六年十一月十九日，第二次送到阿爾楚爾圖一百三十一張、伊犁人民投降圖一百二十張、鄂羅紮拉之戰圖一百三十一張、阿爾楚爾之戰圖二十九張、凱晏回部圖一百三十二張，並此次送到六十六張，尚少二張。阿爾楚爾圖前後三次共送到一百五十張，尚少五十張。鄂羅(紮拉)之戰圖二次共送到一百九十八張，尚少二張。呼爾璊圖現送到六十六張，尚少一百三十四張。伊犁人民投降圖三次共送到二百零六張，餘六張。愛玉史詐營圖二百張，足數。繕寫清單一件。持進交太監胡世傑呈覽。

奉旨：圖俱交啟祥宮收貯。樣再傳與德魁，除愛玉史詐營圖二百張、伊犁人民投降圖二百零六張，已足數，不必印，其餘所少之圖，俱按二百張之數補印送來。欽此。

於十一月二十日，庫掌四德、五德、筆帖式福慶，將粵海關送到阿爾楚爾圖七十七張、黑水圍解圖一百張、呼爾璊圖三張、鄂羅紮拉之戰圖二張、凱晏回部成功將士圖三張、愛玉史詐營圖銅板一塊、伊犁人民投降圖銅板一塊、呼爾璊圖銅板一塊、凱晏回部成功將士圖銅板一塊，持進交太監胡世傑呈覽。

奉旨：將圖交啟祥宮，歸入先前送到之圖一事收貯。其銅板四塊，著造辦處刷印銅板圖之人刷印呈覽。欽此。

於十二月二十二日，庫掌四德、五德將粵海關監督德魁送到阿爾楚爾圖七十七張、黑水圍解圖一百張、平定回部獻俘圖九十八張(原稿一張)、阿爾楚爾圖銅板一塊、鄂羅紮拉之戰圖銅板一塊、黑水圍解圖銅板一塊、粘金邊玻璃平定回部獻俘圖畫一面，持進交太監胡世傑呈覽。

奉旨：圖交啟祥宮，歸入先收圖一處；銅板三塊，歸入刷印銅板一處；金邊玻璃圖畫一面，看地方安掛。再查頒發外洋鐫刻銅板時賞賜過多少銀兩？欽此。

查得方體浴任内摺奏頒發外洋銀一千兩。

於三十八年正月二十一日，庫掌四德、五德來説太監胡世傑傳旨：著英廉寄信與德魁，成造此項銅板工價若干，伊等自有成議。除前曾發過銀一千兩外，如尚有應行找發之工價，可即具奏給發。欽此。

《清内務府活計檔・乾隆四十二年六月二十日》二十日，内付管領白色持來旨意帖一件，内開六月初三日，如意館將賀清泰畫得攻克美諾得勝圖一張呈覽，奉旨：著交金刻銅板。欽此。

於初十日，將賀清泰畫得金川攻克美諾得勝圖一張，照依從前壓印得勝圖比較，新畫之圖山樹人物俱少皴法，若照此樣鐫刻，誠恐得時不及回部得勝圖細緻，但現造銅板，請照依原畫本文圖樣鐫刻，其山樹人物皴法請照依回部得勝圖鐫刻，並隨新舊圖二張，小銅板一塊持進，副都統金交太監如意口奏。奉旨：知道了。欽此。

於七月十九日，如意館交來旨意帖一件，内開七月十六日，太監鄂勒里傳旨：艾啟蒙現起金川得勝圖稿六張，賀清泰已落墨兩張半，今不必著賀清泰落墨，著交金承辦。欽此。

於二十四日，内付管領白塞持來旨意帖一件，内開七月十六日，將現畫得金川攻克美諾得勝圖第一張，隨原交本文一張，並回部得勝圖一張，侍郎金持進呈覽。承旨：知道了。欽此。

於二十九日，侍郎金將原交出金川攻克喇穆得勝圖第二張，本文改畫五處俱粘紙樣呈覽。奉旨：改畫得是。傳與金，著用好銅打造銅板。欽此。隨交出第七張攻克木思工噶克圖稿一張，於十月初五日，內付管領白色持來旨意帖一件，內開初二日，侍郎金將現做得銅板一塊，上畫得第一張圖樣一張，並現畫得第二張攻克喇穆拉木圖稿一張，持進交太監如意呈覽。奉旨：知道了。欽此。

於十月初六日，內付管領白色持來旨意帖一件，內開初五日，太監鄂勒里傳旨：將現做得金川得勝圖銅板，並粵海關做得得勝圖送進呈覽。欽此。隨將金川得勝圖銅板一塊，並將粵海關得勝圖銅板一塊持進，侍郎金交太監鄂勒里呈覽。奉旨：將現做得金川得勝圖銅板背面著銼刮磨平呈覽。欽此。

於四十三年四月二十八日，內付管領白色持來旨意帖一件，內開四月十一日，奉旨：著問金現辦得勝圖銅板刻得一塊無有？其餘刻至何成數？將銅板送進呈覽。欽此。於十二日，將現刻攻克美諾銅板一塊，隨第一張原稿清圖持進，侍郎金交太監鄂勒里呈覽。奉旨：清圖畫的好，銅板係幾個人刊刻？幾個月可得一塊？欽此。大人金隨交太監鄂勒里口奏。奉旨：著問金畫此圖係食錢糧之人？係民人？飯食工價有無多少？查明回奏。餘知道了。欽此。奴才金謹奏遵旨查得，四十二年七月初一日繪畫金川得勝圖起，至四十三年二月，計七個月畫得清圖三張半，連改畫原稿，均合兩個月得清圖一張，起初試手原有旗民畫匠十名，內因有手藝平常者陸續駁去六名，現有好手民人四名，每名工銀二錢五釐，係照禮器館畫工之例發給。謹奏。於四十三年四月十三日，交太監鄂勒里具奏。奉旨：知道了。欽此。於五月二十四日，將刻得金川得勝圖攻克美諾第一塊銅板，隨壓印圖三張，並原稿一張，原畫清圖一張俱持進，侍郎金交太監厄勒里呈覽。奉旨：知道了。其壓印紙務要與回部得勝圖墨氣一樣。欽此。

於六月二十四日，將金川得勝圖銅板第一塊，隨壓得紙圖十張，前項印得一張回得一張持進，侍郎金交太監鄂勒里呈覽。奉旨：知道了。欽此。於四十四年十一月十三日，將畫得第十三張清圖，並原畫得第十二張清圖持進，大人舒交太監鄂勒里呈覽。奉旨：第十三張畫的其已畫得第十二張俱細加查看，如有不好的，俱照第十三張畫法另行改畫。欽此。於十月初九日，將壓印得紙圖六百張，並第四塊銅板刻至八成，第五塊銅板刻至四成，畫得第十二張清圖持進，大人舒交太監厄勒里呈覽。奉旨：第十二張清圖較此第一張清圖畫的粗，將第十二張另行往細緻裏畫，嗣後刻做銅板亦照第一張畫法刻做。欽此。

於四十五年五月十八日，將另畫得第六張清圖，並將第六塊銅板刻至六成，第七塊銅板刻至六成，大人舒交太監鄂勒里呈覽。奉旨：知道了。欽此。於九月二十五日，將刻得第六、第七塊銅板二塊，隨壓印得清圖二張俱持進，大人舒交太監鄂勒里呈覽。奉旨：陰陽不甚分明，著再收什。欽此。於十月初八日，將改刻第六第七銅板二塊，隨壓印得清圖二張，並舊圖二張持進，大人舒交太監鄂勒里呈覽。奉旨：准照新收什之圖壓印，欽此。於十一月二十四日，將原畫得第一至第五清圖五張，並改畫得第六至第八清圖三張持進，大人舒交太監鄂勒里呈覽。奉旨：知道了。欽此。

《清內務府活計檔・乾隆四十六年十月二十五日》 二十五日，副催長海住持來軍機處奏底一件，內開領侍衛內大臣尚書一等勇公福隆安謹奏：侍郎博清額進古穆布穆廟至後藏隨路繪畫，(與)《皇輿全圖》合看，相同者十二處之外，其餘七十五處圖樣上無有，再山河之際不對者亦多，俱應改式，應交武英殿造辦處，應照博清額進畫之式辦此樣，特派大臣敬謹更改，於事方益。因此應改應畫之數將管理武英殿造辦處之大臣另録漢字名單奏聞，俟命下每處除大臣看改。爲此謹奏請旨。於乾隆四十六年十月二十二日具奏。奉旨：派出金簡、舒文，續派出福長安。欽此。于十二月初三日，副催長海住持來摺底一件，內開謹奏本年十月二十二日，公尚書福隆安具奏，侍郎博清額呈進由後藏入內地道路輿圖，與《皇輿全圖》內山河地名不符之處甚多，請交武英殿造辦處照式改刻。奉旨著派臣等辦理。臣等查得博清額所進之圖與《皇輿全圖》山河地名相符者十二處，不符者七十五處，應照博清額所進之圖，將造辦處斜格銅板三塊，武英殿方格木板四塊，斜格木板三塊，如式添畫改刻。臣等先行繪畫方格圖草樣四張，帖簽恭呈御覽，伏候訓示，俟發下時臣等交輿圖房照式繪出斜格、方格三分，分別交造辦處武英殿將銅板、木板上緊改刻，其乾清宮、圓明園陳設《皇輿全圖》二分，亦應請出一併交造辦處照依新圖改畫，所有鐫刻銅板一分、木板二分，約共用工料銀二百三十六兩四錢三分三釐，繕寫清單一併恭呈御覽。爲此謹奏。於乾隆四十六年十二月初三日具奏。奉旨：知道了。欽此。四十八年四月二十五日，副庫掌景文持來摺底，內開二月初八日，臣金簡、福隆安、舒文謹奏：前據博清額呈進由後藏入內地道路輿圖與《皇輿全圖》內山河地名不符之處甚多，經臣等奏明交武英殿造辦處照樣式改刻。今將造辦處斜格銅板三塊，武英殿斜格木板三塊，方格木板四塊，業經如式添畫改刻，謹刷印新圖粘簽呈覽。其乾清宮、圓明園陳設輿圖二分，今一併改畫，交還原處陳設。再查銅板斜格圖原存造辦處收貯十分，今每分改換三張，計共印新圖三十張，木板斜格圖原存武英殿收貯十分，今每分改換三張，計共印新圖一百五十張，木板方格圖原存武英殿收貯五十分，今每分改四張，計共印新圖二百張，合併聲明。謹奏。奉旨：各處陳設輿圖著即查明照式改畫。欽此。四月二十四日，軍機處傳懋勤殿陳設《皇輿全圖》一分，將新改後藏入內地道路地名，照式添畫，其各處陳設銅板《皇輿全圖》五十分，各更換三張記此。

《清內務府活計檔·乾隆五十三年十月二十一日》 二十一日，筆帖式舒慶持來如意館押帖一件，內開八月十七日，報上帶來協辦大學士福康安進呈臺灣戰圖。奉旨：圖內人物繪畫尚未合式，將原圖十六幅寄京交如意館，著伊蘭泰將從前畫過戰圖尺寸查清再畫一分，其原圖十六幅內已選定十幅，著繆炳泰照依尺寸起賜宴圖稿一幅，著姚文瀚起渡海凱旋圖稿一幅，其原圖十幅，亦照尺寸另起稿，共十二幅，其山川形勢與打仗情形照福康安所進之圖一樣，人物畫法照西域、金川戰圖尺寸大小一樣起稿。俟起得稿時，會同軍機處章京方維甸、范鼇斟酌商議，準時發報呈覽。欽此。於九月二十日，姚文瀚將起得渡海凱旋圖稿呈覽。奉旨：准畫。著楊大章、賈全、謝遂、莊豫德、黎明分畫。欽此。

於十月初五日，太監鄂魯里傳旨：姚文瀚等現畫臺灣戰圖著色冊頁十二幅，如畫得一兩幅陸續交如意館照西域戰圖畫法一樣畫十二幅，俟畫得時交造辦處刻銅板。欽此。

於五十五年正月初七日，將刻得凱旋渡海銅板一塊，隨印得圖樣一張呈覽，奉旨：知道了。欽此。

於五十五年五月初六日，將刻得攻克斗六門銅板一塊，隨印得紙圖一張，攻克大武壟銅板一塊，隨印得紙圖一張持進，交太監鄂魯里呈覽。奉旨：著印二百分。如意館現畫安南國圖六張，不必如意館繪畫清圖，著銅板處繪清圖過板，隨趕刻亦壓印二百分。欽此。

於五十五年五月初八日經總管內務府大臣舒文將四十三年粵海關辦送到印圖紙二千四百三十張，交太監鄂魯里呈覽。奉旨：即著交杭州織造基厚照做圖張尺寸盡數另行抄做，作速送京壓印臺灣圖應用，其不足者再用白露紙壓印。欽此。

於五十六年五月十九日，筆帖式百福持來旨意題頭底一件，五月十二日，奉旨：著尚書金簡查回部得勝圖共刷印過多少分，俱交與何處，現存多少分，銅板現存何處，查明回奏。欽此。於五月十四日，查辦得回部得勝圖、金川得勝圖俱已陳設分賞訖，現在無存，其銅板現在紫光閣收貯，摺片一件、清單一件尚書金簡隨午活持進，交太監鄂魯里具奏。奉旨：知道了。其紫光閣現收貯銅板二分，每分撤取一塊於進宮之日預備呈覽。欽此。

於五月十七日，將紫光閣撤來西域戰圖銅板一塊、金川戰圖銅板一塊隨匣，尚書金簡持進交太監鄂勒里呈覽。奉旨：著將西域戰圖、金川戰圖銅板二分，係西洋成造，背後鐫刻西洋鐫做，並次續係造辦處成造，背後鐫做並次續，其現造臺灣、安南等圖得時亦背後照樣鐫做次續。欽此。於五十七年九月二十九日，額駙豐、侍郎伊齡阿將刻得安南戰圖銅板第一、第三隨印得紙圖二張，第二塊刻至八成，第四塊刻至七成，一併持進交太監鄂魯里呈覽。奉旨：知道了。欽此。於十一月十九日，將印得臺灣戰圖二百分，並各處陳設戰圖清單一件，隨午活持進，額駙豐、侍郎伊齡阿交太監鄂魯里呈覽。奉旨：著照例陳設圖一百二十分，其應裱冊頁配做木匣之處照例辦理，其餘八十分內十五分交啟祥宮裱做冊頁，得時分賞阿哥們並軍機處大臣，餘六十五分交軍機擬賞。欽此。於五十八年正月初五日，將刻得安南戰圖銅板第二塊、第四塊，隨印得紙圖二張持進，侍郎伊齡阿交太監鄂魯里呈覽。奉旨：知道了。欽此。

於五十八年正月二十七日，造辦處謹奏，爲奏銷用過工料銀兩事。遵旨刊刻臺灣戰圖銅板十二塊，並壓印清圖二百分，計二千四百張，業經陸續呈覽，遵旨分發各處陳設，分晰辦理在案。今據該員等呈稱成造銅板十二塊，按例用過紅銅四百五十七斤二兩二錢。每銅板一塊打造、銼刮磨光、臨稿過粉、過墨刊刻等工，按例共需用銀一百八十八兩六錢八分五釐，十二塊共用過銀二千二百六十四兩二錢二分。壓印圖三千七百九十二張，內撿得清圖二百分，計二千四百張，廢圖一千三百九十二張，共用過杭州織造抄做印圖紙二千三百三十張，長一丈二尺、寬五尺四寸白露紙二百四十三張，計印圖工料銀五百九十一兩五錢五分二釐。再查清圖十二張，除如意館已畫二張外，由該作接畫清圖十張，遵照畫工節省二成之例，實用過銀四百三十八兩六錢。以上通共按例實用銀三千二百九十四兩三錢七分二釐，呈請核銷等因前來。奴才等伏查向例壓印圖張每張得一廢一層蒙聖訓不必拘擬。欽此。欽遵。奴才等遵即嚴飭該等敬謹督匠小心壓印，不得糜費，共計印得圖三千七百九十二張。奴才等遂派委郎中常福詳加斟查，計選得清圖二百分，計二千四百張，其餘不堪用之廢圖一千三百九十二張，請仍照例交杭州織造另行抄做紙張，送京以備應用等情。奴才等覆核無異，謹將用過工料銀兩，並庫貯物料細數另繕清單，一併恭呈御覽。爲此謹奏等因，繕寫摺片清單具奏。奉旨：知道了。欽此。

於五十八年十一月二十日，銅板處持來旨意帖一件，內開十一月初二日，奉旨：著查所有造過戰圖銅板俱係何處，查明具奏。欽此。侍郎伊齡阿遵旨查得平定西域戰圖銅板一分，計十六塊，壓印過二百四十七分，各處陳設一百三十八分，賞用一百九分；金川戰圖銅板一分，計十六塊，壓印過二百二十分，各處陳設一百三十八分，賞用八十二分；臺灣戰圖銅板一分，計十二塊，壓印過二百分，各處陳設一百十九分，賞用八十一分。安南戰圖銅板一分，計六塊，已刻得五塊，第六塊現今赴辦，約於十一月內完竣，業經奉旨「得時壓印二百分。欽此」。廓爾喀戰圖銅板一分，計八塊，現繪畫清圖打造銅板。謹此奏聞。摺片一件，於初三日具旨「將西域戰圖、金川戰圖俱係陳設收貯一百三十八分，臺灣戰圖著陳設一百十九分，著查明補印分發。欽此」。遵旨查得西域戰圖、金川戰圖陳設收貯俱係一百三十八分，臺灣戰圖陳設一百十九分，比較西域金川戰圖尚少圖十九分，係各督撫將軍衙門收貯之圖，今遵旨補印臺灣戰圖十九分，分發各該督撫將軍衙門敬謹收貯。謹此奏聞。於初四日，隨晚活具奏。奉旨：准其補印分發，如安南、廓爾喀戰圖得時俱照此數目壓印。欽此。

《清內務府活計檔・乾隆五十三年　月　日》　協辦大學士福康安進呈臺灣戰圖。奉旨：與圖內人物繪畫尚未合式，將原圖十六幅等字交如意館，著伊生泰將從前畫過戰圖尺寸查清，再畫一份。

於九月二十日，姚文瀚將起得渡海凱旋圖稿呈覽。奉旨：准畫，著楊大章、賈全、謝遂、莊豫德、黎明分畫。欽此。

於十月初五，太監鄂勒里傳旨：姚文瀚等現畫臺灣戰圖著色册十二幅，如畫得一兩幅，陸續交如意館照西域戰圖畫法一樣畫十二幅，俟畫得時交造辦處刻銅版。欽此。

如意館現畫安南國圖六張，不必如意館繪畫清圖，著銅版處繪清圖過版，隨趕刻亦壓印二百份。欽此。

於五十五年五月初八，經總管內務府大臣舒文將四十三年粵海關解送到印圖紙二千四百八十張，內有海水潮濕黴爛紙一千七百三十張，交太監鄂勒里呈覽。奉旨：即著杭州織造基厚照依圖張尺寸，盡數另行抄做紙，速送京壓印。欽此。

徐潤《徐愚齋自敘年譜》（光緒八年）從弟秋畦、宏甫集股創辦同文書局，余力贊成，並附股焉。

附記　查石印書籍始於英商點石齋，用機器將原書攝影石上，字跡清晰，與原書無毫發爽，縮小放大，悉隨人意，心竊慕之，乃集股創辦同文書局，建廠購機，搜羅書籍以爲樣本。旋於京師寶文齋覓得殿板白紙二十四史全部，《圖書集成》全部，陸續印出，《資治通鑑》、《通鑑綱目》、《通鑑輯覽》、《佩文韵府》、《佩文齋書畫譜》、《淵鑑類函》、《駢字類編》、《全唐詩文》、《康熙字典》，不下十數萬本，各種法帖、大小題文府等十數萬部，莫不惟妙惟肖，精美絶倫，咸推爲石印之冠。迨光緒十七年辛卯，內廷傳辦石印《圖書集成》一百部，即由同文書局承印，壬辰年開辦，甲午年全集告竣進呈，從此聲譽益隆。唯十餘年後，印書既多，壓本愈重，知難而退，遂於光緒二十四年停辦。

黃協塤《淞南夢影録》卷二　石印書籍，用西國石板，磨平如鏡，以電鏡映像之法，攝字迹於石上，然後傅以膠水，刷以油墨，千百萬頁之書，不難竟日而就，細若牛毛，明如犀角，剞劂氏二子可不煩磨厲以須矣。英人所設點石齋，獨擅其利者已四五年矣。近則甯人之拜石山房，粵人之同文書局，與之鼎足而三。甚矣，利之所在，人争趨之也！

汪康年《莊諧選録》卷六《石印書》　近年石印書盛行，然業此者射利爲主，貪縮小則書少易售，遂至小如絲縷，因此傷目者多矣！又印書者多不校對，謬誤顛倒，貽害匪輕。余謂國家應定例：凡印書者，書中最小之字，以至四號爲止，五六號字並禁不得用。又每書印出，應登報聲明，如有錯漏，準人知會，即行照改；凡校正脱漏顛倒者，每事酬費若干，校正誤字者，每字酬費若干。既定此例，則印書者自不敢忽略。必須依此二例，方許禁他人翻印。又凡石印，必須縮小及割裂，然他書可縮，而有關大小長短之程度者，必不可縮；他書可割裂，而表則不可割裂。今石印書於此二事皆忽略，殊可恨！

管斯駿《上海彝場景緻記・石印書籍》　印書之石，造自外洋，以照相法攝書下於石上，嵌入機器印架中印之。印時，石上常潑清水，則無字跡處墨油不污，法至善也。自點石齋、同文局石印書局盛行於世，接踵而起者不下十數家。所印各種縮本，極爲精巧簡便，惟嫌字跡過於細小，殊耗精神；蓋久視則眼花，若用顯微鏡，又易於頭眩，且難經久，爲經書家所不取，是亦美中不足耳！

翁連溪《清内府刻書檔案史料彙編·光緒十六年十月十四日》 臣奕劻等跪奏，爲遵旨石印書籍酌擬辦法，恭摺仰祈聖鑒事。

本年六月間臣等面奉諭旨：著照殿板式樣石印《圖書集成》。臣等查石印書籍以上海商人辦理最爲熟悉，當即電知上海道聶緝槼就近飭商估計，詳細聲覆，以憑辦理。疊據電覆，價值之增減，以印書之多寡、紙張之大小爲斷，現與同文書局核實，估計議用料半開三紙，照殿板原式刷印一百部，每部計價規平銀三千五百餘兩，惟料半紙出於安徽，常年製造爲數無多，此書卷帙浩繁，必須添造，約計須以三年爲期，方能供用，議即立限三年，令其印齊，先行購買。殿板原書一部，以爲描潤照印底本，另給價銀一萬三千兩，事竣仍將原書呈繳，並於一百部之外，報效黄綾本一部，不給價值。臣等公同商酌，所議尚屬妥協，擬請旨飭下兩江總督，督飭該道照議辦理，並由該督遴派正途出身精細勤慎之員前往駐局，逐篇詳校，以臻完善。所需印書百部，價銀共計規平三十五萬一千餘兩，暫由出使經費内提用，書成之後由臣等奏明請旨。留用若干部令其運京，此外若干部令該道暫行存儲，由兩江督臣知照京外各衙門，如有學宫書院擬購此書者，即由該處按照每部三千五百餘兩備價承領，其官紳中有願備價承領者亦聽其便。此項承領價銀即解繳江海關道庫，歸還原款，並隨時報知臣衙門存案。如此辦理，成書不致過遲，用款亦不致多費，較之木刻擺印實屬事半功倍。所有臣等遵旨籌辦書籍緣由理合繕摺具陳，恭候命下，敬謹遵行。伏乞皇上聖鑒。謹奏。

硃批：依議。

著録

弘治十五年華珵銅活字印本《渭南文集》卷首吴寬《新刊渭南集序》 《渭南集》者，宋華文閣待制、封渭南縣伯、山陰陸游務觀之文也，凡五十卷。近少其本，致光禄署丞事、錫山華君汝德得之，乃嘉定中其子知溧陽縣子遹初刻本也。因託活字，摹而傳之。按待制以文名當時，其言雍雅典則，足爲學者資益。今觀子遹跋語，稱其所聞於父者，以《六經》、《左氏》、《莊》、《騷》、班、馬、韓、曾爲師匠，而天資工力，自得尤深。然則其言豈剽略割綴之所成哉，宜其沛然爲一家言而莫之禦也。集中如表、啟、狀、劄記、序、銘、贊、碑誌、題跋，以及道釋詞疏、長短曲調皆具。大率宋多彌文，而四六之習滋甚，偶儷萎弱，士恒病之。若斯集之渾成，讀之新妙可愛，而又何有於厭倦哉。抑今之士無詞科贄幅之累，而它文所成如是者幾人歟？此又重可激昂，而光禄君之心之功尤厚且至者也。印成，使來徵序，因以幸古人之見於今，而又望今人之追乎古也。於是爲序。

弘治壬戌春三月上日，嘉議大夫、吏部右侍郎、掌詹事府事、翰林院學士長洲吴寬書。

何良俊《四友齋叢説》卷首張仲頤《重刻本序》 内翰何先生撰《叢説》三十卷，以活字行有年矣。歲癸酉，續撰八卷，先生慮板難播遠而説有改定，議捐長水園居重繕雕梓。

何良俊《四友齋叢説》卷二四《詩一》 今徐崦西家印五十家唐詩活字本《李端集》，亦有此詩。

錢謙益《有學集》卷四六《春秋繁露》 萬曆壬寅，余讀《春秋繁露》，苦金陵本譌舛，得錫山安氏活字本，校讎增改數百字，深以爲快。今見宋刻本，知爲錫山本之祖也。宋本第十二卷《陰陽始終篇》「入者損一而出者」句下，二行闕五字，二行闕六字，雖紙墨漫漶，行間字跡，尚可捫揣，錫山本蓋仍之。而近刻遂相沿以爲闕文。其第十三卷，《四時之數》及《人副天數》二篇，宋刻闕卷首二紙，亦偶失之耳，非闕文也。如更得宋本完好者，則尚可爲全書，好古者宜廣求之。

毛晉《隱湖題跋》卷一《跋渭南文集》 放翁富於文辭，諸體具備。惜其集罕見於世。馬氏《通攷》載《渭南集》三十卷，今不傳。邇來吴中士夫有鈔而秘其本者，亦頗無詮次。紹興郡有刻本，去《入蜀記》，混增詩九卷。據翁命子云，詩家事不可施於文，況十僅一二耶。既得光禄華君活字印本《渭南文集》五十卷，乃嘉定中翁幼子遹編輯也。跋云命名次第皆出遺意，但活板多謬多遺，因嚴加讐訂，并付剞劂。自秋徂冬凡六月而書成。

于敏中《天禄琳琅書目》卷一〇《明版集部·渭南文集一函八册》 宋陸游著。五十卷。前《宋史》本傳，後遊子遹跋、明毛晉識語。毛晉識語稱，馬氏《通考》載《渭南集》三十卷，今不傳。邇來吳中士大夫有鈔而祕其本者，亦頗無詮次。紹興郡有刊本，去《入蜀記》，溷增詩九卷。近得光禄華君活字印本《渭南集》五十卷，乃嘉定中翁幼子遹編輯也。但其版多謬多遺，因嚴加讐訂，并付剞劂云云。按：琴川毛氏嘗刊《渭南全集》，此則其分出單行之本。考《宋史・藝文志》，亦別稱《渭南集》五十卷，卷帙與此正同，則不必與全集並行，方足以爲完書。所稱光禄華君者，前《白氏長慶集》書中有「蘭雪堂華堅活字銅版」印記，未知光禄即華堅否？誌乘中不載其人，惜無所考。然概稱光禄，則凡爲光禄之丞簿皆可以光禄稱之，其人故無可詳焉。

于敏中《天禄琳琅書目》卷一〇《明版集部・白氏長慶集四函三十二册》 唐白居易著。七十一卷。前唐元稹序，後載宋陶穀《重修白樂天影堂記》。此書目録後并各卷末，俱有「錫山蘭雪堂華堅活字銅版」印記。考明時活版之書，出於錫山安國家者，流傳最廣。華堅姓名，不見郡邑誌乘。蓋與安國同鄉里，因倣其以活版製書。其書於一行之中分列兩行之字，全部皆如小注，遂致參錯不齊，則其法雖精，而其製尚未盡善也。

錢大昕《十駕齋養新録》卷一四《容齋隨筆》 洪氏《容齋隨筆》、《續筆》、《三筆》、《四筆》各十六卷，卷首皆有自序；唯《五筆》僅十卷，而無序，蓋猶未成之本也。《隨筆》初刻于婺州。至嘉定壬申，從孫伋由贛州守擢江西提刑，合《五筆》刻之章貢，有何異及邱橚前後兩序。又十年，伋守建寧，再刻于郡齋，伋自爲跋，稱「從孫朝議大夫直華文閣知建寧軍府事新除知隆興府江西安撫使」，則嘉定十六年八月也。最後有紹定改元臨川周謹跋，稱贛本漫不可辨，以建本參考鋟梓，則第三刻矣。今世所傳者，明季吾邑馬元調刻本，唯存何異一序，餘皆削之。此明宏治八年活字印本，板心有「會通館活字銅板印」兩行八字，前有錫山華煜序，正文皆作夾注，不依元刻，不如馬本之精，而序跋俱完好，勝于馬本。

彭元瑞《天禄琳琅書目後編》卷二《宋版經部・毛詩一函，四册》 四卷。不依風、雅、頌分卷，祇列詩序、經文，其《小雅》分什依《集傳》，是南宋季年本，然「家伯維宰」、「降予卿士」之類尚從古本，與後來諸本不同。宋活字本，《唐風》内「自」字横置可證。考沈括《夢溪筆談》，慶曆中，有畢昇爲活版，以膠泥燒成。而陸深《金臺紀聞》云，毘陵人初用鉛字，視版印尤巧。則活字版，實昉宋時矣。模印字用藍色，尤稀見。

彭元瑞《天禄琳琅書目後編》卷一二《明版經部・東坡書傳一函八册》 宋蘇軾撰。書二十卷。《宋志》作十三卷，惟《萬卷堂書目》作二十卷，與此合。前有淩濛初序。上方輯諸家評説與《易傳》同，亦閔齊伋家朱墨本。

彭元瑞《天禄琳琅書目後編》卷一二《明版經部・東坡易傳一函八册》 宋蘇軾撰。書八卷。【略】是書明焦竑刻入《兩蘇經解》中，毛晉刻入《津逮祕書》中。此本乃烏程閔齊伋所刻朱墨本，前有軾本傳節文，册首朱字《論易》六條，及本文上方行間朱字自漢迄明諸家之説，則齊伋所輯耳。

彭元瑞《天禄琳琅書目後編》卷一六《明版子部・管子一函十二册》 《通鑑外紀》引《傅子》曰「管仲之書，過半便是後之好事者所加」，葉適《水心集》曰「《管子》非一人之事，亦非一時之書。以其言毛嬙、西施、吳王好劍推之，當是春秋末年人作」。仲卒於桓公前，篇中處處稱桓公，不出仲手已無疑義。書二十四卷。凡八十六篇，經言九，外言八，内言九，短語十八，區言五，雜篇十三，管子解五，管子輕重十九，無注，前有劉向校上奏。明趙用賢序，用賢校梓是書頗爲精核。是本乃淩汝亨取用賢所校，及朱大復《管子權》、張賓王《管子選評》語，用朱墨本刊印。

汪璐《藏書題識》卷二《子部・太平御覽一千卷目録十卷》 宋李昉等撰。朱文藻曰：此書活字印本。按：黄正色序稱閩省梓人用活字校刊，纔印其十之一二，閩人散去，浙人倪炳鋟諸棃棗。若是，則活字本非完善矣。今余所見板本，惟杭太史堇浦家有之。小晉巷孫氏所藏，是活字本，與此本同。然則活字本者，仍是全書，而行世較廣，黄序云云，未詳何故也。此本舊缺十卷，又零星缺佚，計百四十餘葉。乾隆戊子，吳丈西林館于東軒，以未經寓目，索插架觀之。病其字句訛脱難讀，錯簡甚多，遂借杭氏板本校讐，其脱謬處更甚，乃旁考引用諸書之現在行世者校正。亦間有兩本不同者仍之，尤喜因此得見古本面目。其他有可以意會者，朱書改補，雖未必盡合原本，取其大意無悖，粗可誦讀而已。終年校畢，缺卷則余爲補抄。又借得孫本增抄。缺佚僅三十餘葉，無從更覓。而吳丈與予之用心于此書，爲無負矣。此書與《册府元龜》、《太平廣記》、《合璧事類》並爲宋代所纂輯。彼三書者，今皆有善本，獨此書無人校爲重刊者。然其中引用諸書，大半失傳，吉光片羽，賴以稍存，讀書好古之士，所當究心而玩味之也。往在吳下見朱丈文游，與余言其親串有藏宋槧半部，屢與借觀不獲，因相與浩歎。希世之珍，固宜秘惜，然借得其人，亦何必過吝耶？

孫星衍《平津館鑒藏記書籍》卷二《明版・蔡中郎集十卷外傳一卷》 題「漢左中郎將蔡邕伯喈撰」。前有天聖癸亥歐静序，稱：「《唐書・藝文志》洎《吳氏西齋書目》並云邕集十五卷。今之所傳纔十卷，亡《外傳》，計六十四篇。」此本止六十三篇，無《宗廟頌贊》一篇，又《外傳》八篇不在數中。目録後有「正德乙亥春三月，錫山蘭雪堂華堅允剛活字銅板印行」廿二字，末卷後亦有，唯不署年月。洪頤煊曰：《天禄琳琅》有《白氏長慶集》，錫山蘭雪堂華堅活字銅板印本。錢氏《日記鈔》有《容齋五筆》，弘治八年錫山華煜序，板心有「會通館活字銅板」八字。每篇題作單行，正文作雙行。每葉十四行，行十三字。

孫星衍《平津館鑒藏記書籍》卷二《明版・太平御覽一千卷目録十卷圖書綱目一卷》 題「翰林院學士承旨正奉大夫守工部尚書知制誥上柱國隴西縣開國伯食邑百户賜紫金魚袋臣李昉等奉敕纂」。銜後空二行。前有慶元五年蒲叔獻序，李廷允跋。別本前有萬曆元年黄正色序，稱：「宋世刻本，俱已湮滅。海內鈔本，譌舛益甚。吾錫士大夫，因閩省梓人，用活字校刊。始事於隆慶二年，至五年纔印其十之一二。閩人散去，於是浙人倪炳文録諸梨棗，弗克終事。薛憲副應登有校得善本，藏於家塾，仲子逢繕寫付梓」云云。《四庫全書》稱「活字印本」。其板心稱「共印五百部」，此本無之。然細審此本，有用活字摹印，有係補刻葉，當即倪氏續定之本。黄氏序，收藏偶失耳。每葉廿二行，行廿二字。

瞿中溶《古泉山館題跋・會通館活字銅版容齋五筆隨筆十六卷續筆十六卷三筆十六卷四筆十六卷五筆十卷十四册》 大板。序文每葉十八行，行十七字。目録以下文皆小字雙行，每葉三十六行，行亦十七字。摺口。板心中上雙行小字云「弘治歲在旃蒙單閼」，下亦有二行云「會通館活字銅版印」。此與前《春秋》板式行款及大小字俱無異，惟《春秋》爲弘治十年丁巳印，此則印於弘治八年乙亥，猶在《春秋》之前，故字畫較爲清朗。書首有弘治八年錫山華燧會通館印正《容齋隨筆》序。觀其序中所言，似會通館乃當時錫山印書之局，其活字銅版，似即華氏所造也。惟當時華氏既爲此版，所印之書想亦不少，而今予所得廑有此二種，又未見藏書家別有他書。蓋自明弘治八年乙卯至今道光四年甲申，已有三百二十九年之久，其不爲兵火蠹蝕所殘毀如此二書者亦幸矣。後人勿以此書爲明刻而忽視之。況此書字文古雅匀正，又排列整齊，直與板本無異，遠非後代木刻活字所能及也。洪氏此書世所行惟有毛氏汲古閣所刻津逮祕書中本，乃在此刻之後。而今津逮祕書板久已散佚，印本亦甚爲世所貴重，則此書尤宜寶愛之矣。《續隨筆》前有嘉定壬申何異五集總序。書之卷首有淳熙庚子景盧自作小序。《續筆》首有紹熙三年自序。《三筆》首有慶元二年自序。惟《四筆》序佚去。至《五筆》終於十卷，乃未畢之書，本無序也。華序又在何序之前，亦大字，皆低一格，載此刻原流甚悉，附録於後以備攷。

博學而詳説之，將以反説約也。然博而不約者有矣，未有不博而能至於約也。《容齋隨筆》書之博者也，提綱挈領，博而能約者也。書成於宋學士洪景盧，學者歆羨而未得其真者久矣。太醫院醫士吳郡盛用美得之於京師，士夫欲板其行，邑宰邢君傷民用而未行。適僉憲空雷公水利江南，巡行吾錫，遂致禮會通館以達君志。嗚呼！燧生當下提行文明之運，而活字銅板樂天之成，苟以是心至應之惟謹，況士夫以稽古爲事，君以愛民爲心，而公禮意兼至者乎。雖然，學者徒務其博，而不能反説以至於約，則是書爲糟粕，豈公之所望於人者哉。弘治八年中秋錫山華燧序。

瞿中溶《古泉山館題跋・明會通館活字銅板校正音釋春秋十二卷一册》 大板。每葉十八行，行十七字。前無序文銜名等，後陸氏《釋文》雙行注。摺口，板心中上有小字二行云「弘治歲在强圉大荒落」，下有二行云「會通館活字銅板印」。案：會通館者，蓋錫山華氏書局之名也。略見予所藏《容齋五筆》序中，詳後。板本書籍起於唐末，而經書則刻始於後唐長興三年。据岳倦翁《九經三傳沿革例》載，有晉天福銅板本。攷石晉天福元年，上距長興三年僅隔四年，則銅板之書與木板實同時興作矣。此云活字銅板者，蓋以銅鑄字，聚成一板印之，則又兼用活字法也。活字印板書籍，乃北宋慶曆中畢昇所刱造，其法詳載沈存中《夢溪筆談》。惟彼用火燒泥土爲字，此則用銅鑄之耳。此皆古今來未有之奇巧，可知後人精心所寄，亦有勝於前人者矣。予故録而表出之，俾世知有其人其事，庶幾不没其善云。予又嘗見王狀元標目《唐文類》十二卷，首題祁東李氏銅板印行。似是我鄉人而無可攷見。附志於此，以待知者。

顧廣圻《思適齋書跋》卷四《蔡中郎集十卷明活字本》 東漢人文集存於世者，僅此一種。尚是宋以前人所編，其餘無之矣。又此集頗於今文家之學有關涉，尤學者所不可廢。此余所以亟亟費日力，爲之再三訂正者也。思適居士書。【略】此活字板似據一行書寫本作底子，故「數」誤爲「如」、「閒」誤爲「困」之類，往往而有。若得宋槧，必多是正也。九日鐙下又記。

吴壽暘《拜經樓藏書題跋記》卷五《嘉祐集》 《嘉祐集》十四卷，《四庫書目》作十六卷，云：「洵集在宋凡四本。曾鞏作洵墓誌，稱二十卷，晁氏、陳氏著録皆十五卷，徐氏傳是樓紹興十七年婺州槧本作十五卷附録二卷，又有邵仁泓翻雕宋本，與徐本小有異同，亦十六卷。今所傳者有兩本：一爲淩濛初朱墨板本十三卷，又有蔡士英刻本十五卷。曾鞏所誌與晁、陳所録，今不可見。以所存四本相較，當以徐氏宋本爲近古。今用以著録，而以邵氏宋本互核焉。」是本卷數與諸家悉不合，紙墨頗舊，惟無序及刊刻歲月，未能定爲何本耳。

吴壽暘《拜經樓藏書題跋記》卷二《資治通鑑》 明陳氏刻本。朱、墨、黄三色評點，最爲精密。先君子題卷首云：「《資治通鑑》爲慈谿裘庶常閲本。庶常名璉，康熙乙未進士，除翰林院庶吉士。深於史學，評點《通鑑》凡五次。」

莫友芝《持静齋藏書記要》卷上《葛瞿菴遺集四卷》 明丹陽葛麟蒼公撰。崇禎壬午舉人，順治二年死難。活字本。

莫友芝《持静齋藏書記要》卷上《丁鶴年集四卷》 元丁鶴年撰。《四庫》本一卷，《藝海珠塵》本三卷，亦不足。此琳琅祕室據愛日精廬影鈔元刊本活字印。一卷《海巢集》，二《哀思集》，三《方外集》，四《續集》。附。

莫友芝《持静齋藏書記要》卷上《茅亭客話十卷》 宋黄休復撰。琳琅祕室依宋本活字印。

莫友芝《持静齋藏書記要》卷上《傷寒九十論一卷》 宋許叔微撰。《四庫》録其《本事方》，而此未收。其書列證論治，剖析甚精。世久無傳，惟張金吾愛日精廬有舊鈔，琳琅祕室以活字印行。

莫友芝《持静齋藏書記要》卷上《質孔説二卷》 國朝康熙間崑山周夢顔撰。琳琅祕室活字本。

莫友芝《持静齋藏書記要》卷上《考工記注二卷》 唐杜牧撰。道光間仁和胡珽琳琅祕室活字印本。未收。

莫友芝《持静齋藏書記要》卷上《蠹言四卷》 國朝嘉慶間高密李詒經五星撰。宿遷王氏信芳閣活字本。

傅以禮《華延年室題跋》卷上《欽定四庫全書總目》 謹案：是編於乾隆四十七年告成，由武英殿排印，通行即此聚珍本也。越十有二載，浙江人士感蒙敕建文瀾閣於西湖，頒貯《四庫全書》，既得就近傳寫，而《提要》一書，鈔者尤衆，因共輸資，以《全書總目》並《簡明目録》刻爲袖珍本，廣厥流傳。時阮文達太傅元適視浙學，曾爲文恭紀其盛。同治七年，廣東書局復就浙板翻雕，其開卷乃署重刊揚州本，殆因書尾恭紀之文，誤認爲阮刻耳。此則聚珍本外有浙本、粤本之緣由也。若《簡明目録》，向無聚珍排印本，亦惟浙江鮑氏據趙味辛司馬懷玉得館中副墨付梓。其中惟書目大書，餘則雙行分注，視與《總目》合刊者，雖同一袖珍，而行款稍别。既而桐城胡氏虔，以鮑刻既不連《總目》，因采《總目》中附存其目各種，取書目及撰人姓名輯爲《存目》十卷。此則合刻本外又有單行本之《簡明目録》及《存目》之崖畧也。伏讀乾隆三十九年諭旨，以《全書總目提要》卷帙甚繁，應於《提要》外另刊《簡明書目》，俾學者由《書目》而尋《提要》，由《提要》而得全書，考訂源流，特敕館臣纂輯成二十卷。是《總目》乃《簡明》之祖本，所列諸書應俱一律。而浙刻係從文瀾閣藏本鈔出，則與聚珍本亦應無不脗合。乃取各本參考，非特《總目》與《簡明目録》時有參差，即《總目》之聚珍、袖珍兩本，與《簡明目録》之浙刻、鮑刻兩本，亦所載不盡相符。或此有而彼遺，或彼存而此闕。而卷數之多寡，字句之詳畧，更無論已。此本係就豐順丁氏所藏聚珍原印本重鋟，以補閩刻所未備。曾偕孫鹺尹星華，擬共薈萃紬繹，臚敘異同，爲校勘記。以兹事體大，未容草草卒業，謹先據浙本增入諭旨一道，乃乾隆五十五年所頒者。此本印行在先，自不及載。惟《表》尾偶缺諸臣職名，並依浙本補鐫，即此亦足爲各本互異之一證焉。

傅以禮《華延年室題跋》卷上《欽頒武英殿聚珍版書浙刻本》 右武英殿聚珍版書三十九種，一百二十四册，二十函，浙江重刊本也。卷首無總目而有書單，本記各書價值，今藉以考其種數。每種附督撫、學政、司道等恭紀一篇，後載承刊校對諸臣職名。先是，乾隆癸巳詔以《永樂大典》中散見諸書裒輯成編者，用排字板印行，賜名「聚珍版」，從侍郎金簡之請也。越五載，頒其書於東南五行省，俾所在覆鐫，廣厥流傳。一時承命開雕，踴躍從事。此本而外，曾見江南、福建兩槧。江南本未覩其全，不知共如干種，其板亦袖珍式，視此稍闊。各種亦綴以恭紀，特文乃駢體耳。福建本就原書翻刻，卷帙特侈，今板儲司庫者，尚有一百二十二種之夥。光緒初，當事議以校補之役諈諉，會經費無出，不果。此本初分三次授梓，故俗有初、二、三單之稱。嗣以初、二單卷帙皆簡，而巨編咸萃三單，前後不稱，於是復加排比，都爲一集。各單之原目知者遂尠，賴恭紀文内在事諸人名姓互有異同，得以辨别其次序。姑以首列之督臣證之，凡署鐘音名者，初單也，其書爲《欽定武英殿聚珍版程式》、《易象意言》、《儀禮識誤》、《漢官舊儀》、《鄴中記》、《嶺表録異》、《老子道德經》、《海島算經》、《洞泉日記》、《浩然齋雅談》、《歲寒堂詩話》、《茶山集》、《拙軒集》共十三種。易三寶名者，二單也，其書爲《禹貢指南》、《春秋傳説例》、《春秋辨疑》、《帝範》、《傅子》、《農桑輯要》、《墨法集要》、《五經算術》、《孫子算經》、《夏侯陽算經》、《甕牖閑評》共十一種。三寶兼閣銜者，三單也，其書爲《易緯》、《郭氏傳家易説》、《融堂書解》、《絜齋毛詩經筵講義》、《魏鄭公諫續録》、《麟臺故事》、《水經注》、《直齋書録解題》、《明本釋》、《雲谷雜記》、《考古質疑》、《敬齋古今黈》、《文恭集》、《絜齋集》、《金淵集》共十五種。重訂後通題第一單，蓋此以爲初編。餘書嗣出，惜時局變遷，從此輟工，遂不逮閩槧之富，而讐勘之精詳，雕造之工緻，則遠過之。時董其役者爲振綺堂汪氏、壽松堂孫氏、大知堂汪氏、知不足齋鮑氏，皆吾鄉藏書家。其書用巾箱本亦仿鮑氏叢書也。不幸咸豐末兩丁兵燹，板本盡付刦灰。今祇零種偶存，即全書亦不可多得矣。夫以斯世罕覯之秘籍，頒布出自内廷，剞劂成於大府，當日固頌爲曠典，後世宜傳爲美談。乃甫歷百年，浙人已不能道其事，間有知初、二、三單之名者，詰以某單共幾種，某書在何單，皆瞠目無以應。以禮深懼先朝盛事之湮没不彰也，爰就宿昔所得故老遺聞，覼縷述之，庶後之有志收藏留心掌故者，藉此得悉其顛末云。

曩歲辛亥秋試，在都損十金獲是書於廠肆。校刊頗審，惜未能通體清朗。蓋當時分三次付鍥，洎後訖工，而先出者寖漫漶矣。幸刊行在前者流傳較多，購致亦易。嗣覩初印零種，輒博收以備抽换。會得陶文簡望齡手批《侯鯖録》，其族裔琴子明府夔咸見而乞去，而以是書全部見詒，由是所聚益夥。方擬分别甄釐，裒爲兩本，以最善者珍藏，以稍次者備覽。不意辛酉遭亂，並先世圖籍播散殆盡。事平後摭拾殘賸，友人又從常賣家贖歸十二函，然視舊藏祇十存五六已。今夏權守建州，攜庋行幐，暇日董理，其中鼠傷蟲嚙，爇痕漬迹，觸目皆是。幸各種咸具，尚可輯爲全書。爰擇楮墨致佳者，或數本合併，或逐頁補輯，依舊分裝一百二十四册。考是書頒刻，在乾隆丁酉戊戌間，迄今已逾百稔，即歸余齋亦垂四十年。況以百數十卷巨編，出於沈霾剥蝕之餘，居然首尾無闕，復爲完帙，雖其本不一，而其版則一，較之前人百衲《史記》，大小長短諸刻雜糅者，同一集腋成裘，而論裁縫滅迹，則彼相形見絀矣。裝訖綴筆，不覺以書癡自笑。

傅以禮《華延年室題跋》卷上《欽頒武英殿聚珍版書閩刻本代》 洪維我朝稽古右文，聖聖相承，邁越三代，是以御製欽定諸書昭示海内者，炳焉與日星並耀。高宗純皇帝幾餘典學，復以古今載籍極博，詔中外搜訪遺編，彙爲《四庫全書》，分儲七閣。仁宗睿皇帝因阮文達太傅奏進《四庫》未及著録之本一百七十四種，賜名《宛委别藏》，以補《全書》所闕。仰見金匱石渠蔚然美備，固非宋之崇文、明之文淵所可同年而語已。溯夫四庫館之初開也，以前明《永樂大典》足資采摭，簡派儒臣裒集彙訂，暨世所罕覯秘袠，命由武英殿聚珍版排印，頒發東南五省。同時遵敕重雕者，惟閩中一百二十三種爲最夥。惜歷年已久，屢經修葺，而校勘粗疏，編次淩亂，幾於不可卒讀。故前督部下、譚二公先後督修，遴傅太守以禮爲總纂，孫鹺尹星華等分任編校。凡書中殘斷及衍奪之處，於正文修補外，復間據他本，輯爲拾遺或校勘記附後，並廣所未備，增刻二十五種。前歲癸巳，毓恩領藩是邦，值書局經費支絀，勉籌巨資，久之乃獲蕆事。適今制府邊公涖任，聿觀厥成，因咨送翰林院國子監及各行省書院，用廣流布。誠以文治光昭，陳編盡出，且幸際我皇上纘緒彌殷，親政以來，特命繙譯世祖章皇帝御纂《勸善要言》，賞給臣工並轉飭重刊。其有儲藏家呈請代進書籍，無不上邀垂獎。即各直省局刻之書，亦蒙隨時徵取。矧此聚珍本諸種，乃高宗純皇帝嘉惠藝林，欲使天下萬世家絃户誦者。伏讀乾隆五十五年諭旨，以此各書排印無多，恐有未能全行購覓，曾廑聖念。則今日閩中之重校增刻，永厥流傳，無非仰體先朝啟牖來學有加無已之至意，並藉以益擴我皇上繼述隆規於萬一云爾。

又代

謹案：乾隆甲午五月，詔儒臣彙集《永樂大典》内散見之書重輯成編者，及世所罕覯秘籍，以活字版印行，賜名《聚珍版書》。每種冠以御題五言詩十韵，前繫小序。越三載，丁酉九月，頒發其書於東南五省，敕所在鋟勒通行，用廣流布。一時承命開雕者，浙江刊袖珍本三十九種。江南所刊板式同浙，共計若干，未覩其全。江西亦僅見近刻五十四種。惟福建舊刻一百二十三種爲最夥，即此本也。當時内府排字成書，其字旋即改排他印，所印行者自亦無多。故百餘年來，零種偶有流傳，全帙早所希覯。江浙兩槧又毁於兵燹，幸閩刻具存，且卷帙繁富，即較近日南昌局刻多猶過半。則合諸刻以計之，洵推爲碩果僅存之巨帙矣。惟版片庋儲布政司廨，閩地卑濕，歷年稍多，漸就斷爛。故先後官閩藩者，如吴中丞榮光、陳中丞慶偕、鄧方伯廷枏、潘中丞霨，均不惜巨帑，相繼修補。距今皆甫閲數十年，而殘字脱簡，又復更僕難數。前制府卞公惜是書之缺而不完也，屢以監修事相屬。國正既辱諉誣，且曾三攝承宣，則勉踵前規，責無旁貸。於是檢理版片，集款鳩工，設局會垣。檄傅太守以禮總司其事，並派員分任校對收掌之役。先就閩中搜羅舊槧，或訪諸紳耆，或購諸坊肆，並參證以别本。初校將竣，會今制府宫保譚公持節南來，聽政之暇，詢及是書。以爲讐勘之事，不厭詳審。

矧此刻自同治間，修校草率，匪特金根白芨，觸處紛然，甚至有版無字者，亦且不一而足。若非整理完善，奚以昭先朝嘉惠藝林、垂示無窮之盛軌。爰命廣求善本，添設局員，通體覆勘。訪知豐順丁氏藏有當年排印原書，專員航海越粤，往返至再始獲，全假以來。得此依據，補正益多，且較閩刻溢出十餘種。丁本之外，又稽諸各家書目稱爲聚珍本，而尚有他刻可據者，似亦不應概付闕如。適黄方伯毓恩洊任閩藩，力任籌資。福州府唐太守寶鑑，復移借公使錢以贊成之，遂得一律補鐫。計修校舊刻外新增者，兩次凡二十種。其各本中有篇章缺佚，由傅太守寓書浙江藏書家，如杭州丁氏、湖州陸氏，互相商榷。或録副以來，或刻或寄校。若諸種中訪有宋槧元鈔尚存者，亦經輾轉物色，據以更易舊刻。否則甄采裒集，自十餘以至一二篇，附爲拾遺。惟卷帙既繁，校手不一，落葉之喻，在所難免。況其間有灼知其誤，以無所依據，不敢輒改。乃互考其異同，別作校勘記，各綴跋尾，以識崖略。孫鹹尹星華又成例言十則，並將新舊諸刻，謹遵《四庫全書總目》，按經史子集序列。其有《總目》未載各種，亦依類纂入，重訂目録，弁諸簡端。凡本非聚珍版之書，前此修版誤入者，則析出別行，另列一目焉。經始於壬辰二月，至甲午季冬蕆事。雖不敢謂聚珍版之書已盡於此，第念在昔排印此書，其全數幾何，未見記載。今於傳刻最多之閩本，又復一再增益。即耳目有所未及，安知他日不有諳悉掌故者博搜而踵增之，則此次校修增補，亦不過前馬之導而已。

傅以禮《華延年室題跋》卷中《揅經室經進書録》 嘉慶中，阮文達相國視學浙江，繼官巡撫，先後進書一百七十四種，皆《四庫》未著録者。每書仿《欽定提要》，櫽括全書，撮舉大凡，各有解題，隨卷奏進。仁廟奬賚有加，特建「宛委別藏」以庋之。文達次子福，以稿本刻入《揅經室外集》，題曰《四庫未收書提要》，凡五卷。近日又有巾箱翻本，蓋久爲儲藏家證引之資。惜書成衆手，時有牴牾，如《漢文鑑》，原載卷一篇內有前次所録《東漢文鑑》語，初疑此書以進呈先後爲序。及檢《東漢》一種，翻列卷五，與前編絶不相應，始知裒集成編，未經合訂，故有一人而名字雜舉者，一事而冗複屢見者。此外體例不一處尚夥，未及殫述。又未分門類，不便尋檢。曩歲癸酉，嘗命侍史逐篇分録，有志重編，尋以事中輟。客夏杜門卻埽，復加銓次，凡考論偶疏，衍奪失校，輒據他書是正，書中最舛者，如《傷寒明理論》已入《四庫》，《策學統宗》則列《存目》，皆不應重録。其次則《支遁集》，亦不足存。考支集《宋志》已不載，亡佚久矣。嘉靖中，蘇人皇甫涍忽以二卷刊行，明人援引古籍例不著出處，一時遂詫爲秘册，互相傳寫。不知其書全從《弘明集》録出，別無增益。如《清涼傳》中支遁《文殊像贊序》即未采及，並不得稱重輯之本。況《弘明集》《四庫》已收，焉用此抄撮者乎？並就所見新舊槧本分別附注，用備嗜古者訪求。復從《瀛舟筆談》增《通鑑釋文》一種，暨《洞霄詩集》篇尾二十一字。部類謹遵《四庫全書總目》，釐爲經史子集四卷。楊卧雲舍人曾相排比，謂此書原名似已進見遺，與《附存書目》淆溷，因改題《揅經室經進書録》。已定，可繕寫。緬昔乾隆中崇文舉典，嘉惠藝林。既以《四庫全書總目》、《簡明目録》次第刊布，後沓輯《永樂大典》中罕覯祕笈，以聚珍板印行，頒發東南五省，海内傳誦，家置一編。百餘年來，濡涵教澤，風氣益開，承學之士，莫不願讀未見書。借鈔傳刻，鋭志蒐羅，於是陳編日出，昔之帳祕枕函，今皆復顯於世。以禮僻宦海嶠，見聞弇陋，但就一已涉獵所及，其爲《四庫》未采、此書未及者，已不下百數十種。且有書名已見《總目》，爲當日采訪偶遺者，謹臚列其目，畧疏原委，亦以前明爲斷，成《備采書録》如干卷，附是編後。倘有繼文達而起者，薈萃校録，上塵乙覽，非特前賢撰著，彙登册府，得以傳示無窮，即金匱石室之藏，亦由是益臻美富，用昭聖世右文之盛，豈不懿與？是所望於當代大人君子。

傅以禮《華延年室題跋》卷中《詩倫二卷》 右《詩倫》二卷，國朝汪薇編。薇，字思白，歙縣人，康熙二十三年進士，官福建提學副使，見《福建通誌》。其書甄采商周訖明歌謡樂府暨五七言古詩義關倫紀者，裒爲一集。每首標題及篇末各加註，以申明之。與沈易《五倫詩》、鄭人炳《明倫集》命意畧同，蓋總集也。丁氏《持静齋書目》列入經部詩類，誤已。謹案：聚珍板諸書，惟兩宋撰著爲最夥，元祇《名臣事畧》、《金淵集》、《牧菴集》三種，明祇《墨法集要》一種，本朝官書而外，私家記載僅《琉球國志畧》、《畿輔初瀾志》並此而三耳。顧《琉球》、《畿輔》兩志，均經表進於朝。而薇以康熙間儒臣，身後遺書獲邀睿鑒，並蒙排印頒行，洵千載一時之遭際云。

傅以禮《華延年室題跋》卷上《紀載彙編》 《紀載彙編》不知出何人手，無授梓歲月，但署「琉璃廠排字本」。

傅以禮《華延年室題跋》卷中《唐史論斷》 謹案：此書聚珍版舊曾排印，見

《書目答問》,惟云福本有之,則偶誤也。豐順丁氏所藏聚珍版原槧,種數較夥,亦缺是編。傳刻有《藝海珠塵》、《學津討原》、《粤雅堂叢書》各本。又從丁松生明府丙假得舊鈔,參互讐對,擇善而從。其中詳畧異同,另輯校勘記用備考證。各本以《粤雅》本爲最善,蓋得吴枚菴翌鳳《祕籍叢函》寫本參訂也。朱竹垞檢討彝尊跋,《學津》、《粤雅》兩本均載,今亦據以並附焉。

潘祖蔭《滂喜齋藏書記》卷三《明刻蔡中郎集十卷四册》 宋天聖中歐静編,盧抱經所謂最古本也。此書明有華堅活字本、徐子器本。此本目後題字云:「正德乙亥,錫山蘭雪堂華堅允剛活字印行,今鄭氏得之重刻。」是即從活字本出。楮墨古雅,當在明中葉時。前後皆有墨圖記,當是刊刻年月,惜爲人剜去,以充宋刻,目後題字則去之未盡也。華刻板心下有「蘭雪堂」三字,此刻黑口,一望而知。楊氏校刻此集所據明刻凡□本,亦未見此刻,則雖後於蘭雪,亦以稀見珍矣。

繆荃孫《藝風藏書記》卷二《諸子·新鎸硃批武經七書十卷》 明閔昭明伯弢刻本。評點朱色套印。

繆荃孫《藝風藏書記》卷五《類書·藝文類聚一百卷》 明活字本。題「唐太子率更令弘文館學士渤海男歐陽詢撰」,與宋本同。明本每條空二格,此本逐條提行。每半葉七行,每行十三字。目後有墨圖記云「乙亥冬錫山蘭雪堂華堅允剛活字銅板校正印行」陰文。每卷後有圓記「錫山」二字,長記「蘭雪堂華堅活字板印行」十字,均陽文。

繆荃孫《藝風藏書記》卷五《金石·和林金石録一卷》 順德李仲若師撰。荃孫從手稿影橅滬上石印本。無碑文,非完書也。

繆荃孫《藝風藏書記》卷六《詩文·須溪先生批點孟浩然集三卷》 明活字本。有正德元年黎堯卿跋。

繆荃孫《藝風藏書記》卷六《詩文·新刻蔡中郎伯喈文集十卷》 明嘉靖甲申宗文堂鄭氏刊。本集十卷,外傳一卷,詩集二卷,《獨斷》二卷。宋天聖癸亥歐静序,序後有木牌子兩行云「嘉靖甲申孟冬月宗文堂鄭氏新刻」十四字。目録後又有「此書原係正德乙亥春三月錫山蘭雪堂華堅允剛活字銅板印行。今鄭氏得之,繡梓重刊」兩行。《獨斷》後有淳熙庚子江都吕宗孟跋。又弘治癸亥劉遜後序,華本所無也。蔡集以十卷本爲最,尚是宋人編次舊第。黄蕘圃、顧澗蘋盛推華本。此取華本重刻,僅後華氏十年。

繆荃孫《藝風藏書記》卷六《詩文·欒城集五十卷後集二十四卷三集十卷》 明嘉靖辛丑蜀府活字本。前有劉大模、王珩兩序,後有崔廷槐序。

繆荃孫《藝風藏書記》卷六《詩文·顔魯公文集十卷補遺一卷年譜一卷附録一卷》 錫山安國活字本。首有楊一清序。瞿氏、丁氏《書目》均無《補遺》、《年譜》,此本獨全,亦可貴也。

繆荃孫《藝風藏書記》卷六《詩文·漫塘劉先生文集二十二卷》 宋嘉熙四年趙葵序,即《天禄後目》所推爲宋版者。然字形微帶方體,又係活字,不敢遽定爲宋刻。疑《天禄》所收爲真宋本,此則明人以活字印行者。第紙墨俱古,大字活板亦決不在化、治以下,仍可貴也。

繆荃孫《藝風藏書記》卷七《詩文·金董解元西厢四卷》 明閔刻朱墨套印本。

《續資治通鑑長編》卷首黄廷鑑跋 李文簡公《續通鑑長編》一書,今世所傳,僅存建隆至治平一百七十五卷,蓋即乾道四年所進之本也。其淳熙元年續進神、哲以下四朝之書,自元、明以來久無傳本。今七閣所儲《永樂大典》本雖缺徽、欽二紀,而熙寧訖元符兩朝三十餘年事迹,犂然具在,洵爲北宋紀載之淵藪矣。其中分注、考異詳引他書,而於神、哲之代尤多。如《宋會要》、《政要》、歷朝實録,《時政記》、王禹偁《建隆遺事》、《蔡襄直筆》、《王拱辰别録》、《司馬温公日記》、《王荆公日記》、《劉摯日記》、吕大防《政目》、《吕公著掌記》、《曾布日録》、《林希野史》、《王巖叟朝論》、歐陽靖《聖宋掇遺》、《邵氏辨誣》諸書及諸家傳誌碑銘,皆無一存者,即幸有傳書如《東齋紀事》、《涑水記聞》、《東軒筆録》、《湘山野録》、《玉壺清話》、《邵氏聞見録》、《筆談》、《揮麈録》之類,往往傳寫訛脱,亦足據是正。則此編非特足以考定宋、遼二史之闕訛,而有宋一代雜史、小説家不存之書,亦可賴以傳其十二,誠温公《通鑑》後不可不讀之書也。第考異中載有《宋史全文》、《十朝綱要》諸條,其書皆出於《長編》之後,而《十朝綱要》即文簡之子李𡌴所撰,尤不應引入,此或後人有所附益,未可知也。幸逢右文之化,此書殘闕復完。惟是天府儲藏,佔畢之士得見者鮮,兼卷帙繁重,即繕鈔亦自不易。及門張子月霄購得閣中傳鈔本,不敢自祕,願公之世,爰以活字版排印全書,亦藝林一快事也。以余稍涉獵史事,畀以校讐之役,自己卯夏迄庚辰秋,凡十有五月而畢。所惜印本易盡,後難爲繼。儻世有好古之君子,壽之梨棗,流傳俾益久遠,厥功更鉅,願以是舉爲嚆矢云爾。海虞後學黄廷鑑謹跋。

《續資治通鑑長編》卷首張金吾跋　嘉慶己卯，從錫山得活字十萬有奇，適錢塘何君夢華以《續資治通鑑長編》五百二十卷歸，余慫恿排印，以廣其傳，始事於己卯四月，蕆役於庚辰七月。闕文譌字，非顯有依據者不敢臆改，志慎也。書成，謹識其緣起如此。昭文張金吾書。

光緒二年聚珍堂活字印本《紅樓夢》卷首程偉元《紅樓夢引言》　一、是書前八十回，藏書家抄録傳閲幾三十年矣。今得後四十回，合成完璧。緣友人借抄争覩者甚夥，抄録固難，刊板亦需時日，姑集活字刷印。因急欲公諸同好，故初印時不及細校，間有紕繆。今復聚集各原本，詳加校閲，改訂無訛，惟識者諒之。

一、書中前八十回，抄本各家互異。今廣集核勘，準情酌理，補遺訂訛。其間或有增損數字處，意在便於披閲，非敢争勝前人也。

一、是書沿傳既久，坊間繕本及諸家所藏秘稿繁簡歧出，前後錯見。即如六十七回，此有彼無，題同文異，燕石莫辨。兹惟擇其情理較協者，取爲定本。

一、書中後四十回係就歷年所得集腋成裘，更無他本可考。惟按其前後關照者，畧爲修輯，使其有應接而無矛盾。至其原文，未敢臆改。俟再得善本，更爲釐定，且不欲盡掩其本來面目也。

一、是書詞意新雅，久爲名公鉅卿賞鑒。但創始刷印，卷帙較多，工力浩繁，故未加評點。其中用筆吞吐、虛實掩映之妙，識者當自得之。

一、向來奇書小説題序署名，多出名家。是書開卷畧誌數語，非云弁首，實因殘缺有年，一旦顛末畢具，大快人心。欣然題名，聊以記成書之幸。

一、是書刷印原爲同好傳玩起見，後因坊問再四乞兑，爰公議定值，以備工料之費，非謂奇貨可居也。

壬子花朝後一日，小泉蘭墅又識。

蔡爾康《申報館書目序》　邇日申江以聚珍板印書問世者，不下四五家，而申報館獨爲其創。六載以來，日有搜輯，月有投贈，計印成五十餘種，皆從未刊行及原版業經燬失者，故問價之人踵相接也。歲丁丑，余假館於尊聞閣，暇日，主人請撰叢書之目。余謂凡書須手披口吟，涵詠數四，始可敘其要領。貴館之書，雖間預參定，偶作弁言，究未能盡識廬山真面；今貿貿然爲之，恐不免蹈失言之咎，君盍見示大概乎？主人曰諾。翌晨，以一册眎余。既扶質以立幹，未垂條而結繁。乃竭數日之力，傳以色澤，運以機杼，輯成此書。其原本有推崇鄙人之處，爲淘汰其十之八而付手民。主人又以序爲請，並定其名曰提要。余曰：叢書之刻，漢魏尚矣。唐宋以下，代有專本。至我高宗純皇帝御宇，文教昌明，遂命開四庫全書館。其時紀文達公閎博碩彦，實總其成，撰《提要》一帙，源探星宿，語別壤流，久爲士林所膾炙。今若妄欲續貂，微特無先達之才，且將背尊王之制，奚其可者！乞以《書目》易其名，似較融渾。主人曰善，惟「申報館」字樣，似欠雅馴。余曰：皮之不存，毛將焉附，命名以此，從其朔也，又何諱之與有。工既竟，即書問答語於簡端，以質觀者，即謂之序，亦無不可。

光緒三年四月下浣，海上縷馨僊史漫書。

美查《申報館續書目序》　魯有先大夫曰臧文仲，既没，其言立。立言固不朽之一也。士君子生當輓近，及身則功業爛然，聲名鵲起；没則已焉。物换星移，湮没而不彰者，何可勝道！而獨有遊思竹素，發爲著述，藏之名山，傳之其人者，百世而後，猶動人以高山仰止，景行行止之心。嗚呼！可不謂不朽之盛業歟？雖然，亦賴有傳之者耳。僕少長泰西，壯遊中土，間嘗究極中國之文字，思欲一一有以傳之。爰自（壬戌）〔壬申〕歲昉，敬遵武英殿聚珍板之制，校印各種書籍，清奇濃淡，不名一家，迄於丁丑夏五，印成五十餘部，屬縷馨僊史撰成《書目》一卷。乃二年以來，日積月累，又陸續印成六十餘部，悉依袖珍之式，舟車所至，便於取攜，且類多精雅絶倫者，雖曰敝帚千金，然自珍而不敢自秘也。又念古人著書立説，必有命意之所在，若徒事披覽，得糟粕而遺菁華，奚其可者！春日方長，端居多暇，重屬縷馨僊史更撰《續集》一卷，先考作者之姓名爵里，次及其精神所專注之端，間或旁參當時之事蹟，而輔以議論，佐以點綴，閲者雖如帳中之李夫人可望而不可即，然已不啻手披而口吟之。迨至誦其詩，讀其書，又實有知人論世之感焉。《書》曰：若網在綱，有條而不紊。《記》曰：三王之祭川也，皆先河而後海，或源也，或委也，此之謂務本。《書目》之作，其有合於條與本焉否？願以質諸世之博雅君子。

光緒五年歲次己卯，如月之吉，尊聞閣主序。

藝文

袁説友《成都文類》卷二薛田《成都書事百韵詩并序》　讐書競印諸家集，博識咸修百氏箋。紙碓暮春臨岸滸，水樽春注截河壖。

楊萬里《誠齋集》卷一六《謝福建茶使吴德華送東坡新集》 黄金白璧明月珠，清歌妙舞傾城姝。他家都有儂家無，却有四壁環相如。此外更有一牀書，不堪自飽飽蠹魚。故人遠送東坡集，舊書避席皆讓渠。兒時作劇百不嬾，説著讀書偏起晚。乃翁作惡嗔兒癡，强遣飢腸饞蠹簡。老來萬事落人後，浪取故書遮病眼。病眼逢書輒著花，筆下蠅頭成老鴉。病眼將奈故書何，故書一開一長嗟。東坡文集儂亦有，未及終篇已停手。印墨糢糊紙不佳，亦非魚網非科斗。富沙棗木新雕文，傳刻疎瘦不失真。紙如雪繭出玉盆，字如霜鴈點秋雲。老來兩眼如隔霧，逢柳逢花不曾覷。只逢書册佳且新，把翫崇朝那肯去。東坡癡絶過於儂，不將一褐易三公。只將筆頭挂月脇，萬古凡馬不足空。故人憐我老愈拙，不寄金丹扶病骨。却寄此書來惱人，挑落青燈搔白髮。

方岳《秋崖集》卷一四《題刊字蔡生》 六經四十三萬字，古未版行天所秘。魯皦得見易春秋，書到漢時猶默記。不知何年有爾曹，誤我百世惟寸刀。日傳萬紙未渠已，宇宙迫窄聲嘈嘈。一第竟爲吾子恩，辦筆如椽補龍衮。生母謂我不讀書，待撿麻沙見成本。

方回《桐江續集》卷八《三吊吟》 市有印書叟，日印可千紙。間得工墨錢，苟足贍妻子。近欲役其人，告者謂已死。醉歌夜徹曉，熟卧呼不起。人鬼頃刻分，火葬骨骸燬。豈不謂達生，誰獨能免此。

方回《桐江續集》卷二七《贈俞碧巖體仁刊圖書文元婺源人》 上古包羲卦初畫，五行之金刀爲革。兩儀四象生□□，□初一圈寫太極。八卦之上六十四，右乾左坤名曰易。因重□定科斗書，削木爲方竹爲册。擣紙束毫寫今字，世降俗□動山積。何如簡徑却艱難，篠簜梓桐事雕刻。所以近人刊圖書，篆籀依稀規鳥迹。博雅君子具老眼，爾□生者□不識。紫陽山西星源州，遥見長虹□□日。伊人□□□間，雲氣開晴碧巖碧。一旦飄然□□湖，硎刃如□□□□。□嘗石鼓玩陳倉，忽似野碑揭鄒嶧。贈我三印經屈蟠，細□遊絲疎復密。侯王黄金槖駝紐，韓彭何曾得渠力。如我□緑綬亦無，不過小匣藏寸物。閒詩倡和外謹封，家書時用報兒姪。

王惲《秋澗集》卷二三《贈中山賈仲器》 刻書工賈仲器，中山永平人，諱德玉。爲人誠信，多巧思。平生好讀許慎《説文》，解識字意，故刊書之際，多所助益，衆工讓能，推爲方今第一手。近趙人珠嘉氏亦稱善碑刻者，膠書紙於石，立鐫全文，略不失真，未審與仲器所刻氣韻爲何如也。賈今年近七旬，技精不少衰，白髮蒼顏，兩目鴟視，似恥與凡禽爲伍耳。來求詩，書此爲贈。

翠琰深停有異觀，賈生昆削近烏蘭。須知成已填書藝，信是春坊刻玉官。千字誄精山鬼泣，一鐙思苦夜臺寒。惜君不致山陰禊，八法從渠入木看。

程鉅夫《雪樓集》卷二六《刻字熊生》 精藝令人注意深，斯文百世得追尋。伏經口授終非古，周鼓體訛猶至今。子已萬言歸一默，誰知隻字抵千金。鉛刀可是傳心具，有畫無心畫是心。

蘇天爵《滋溪文稿》卷二四《表牋・抄紙坊開檻祝文》 泉貝之興，原自古昔。因時立制，以權重輕。當歲之春，肇造楮幣。神其克相，國用阜殷。

蘇天爵《滋溪文稿》卷二四《祝文・印鈔庫開板祝文》 泉貨之用，式厚民生。若稽舊章，圜法是則。造幣伊始，蠲吉致虔。神其相之，利周四海。

虞集《道園類稿》卷八《送秘書也速答兒大監載書歸成都》 連舸載書三十萬，雪消春水上成都。列仙歌舞成煙霧，世將旌旗屬畫圖。定有鴻儒堪設醴，豈無佳客共投壺？子雲白首歸無日，獨抱遺編隔五湖。

謝應芳《龜巢稿》卷一七《寄宜興教諭》 《思賢録》，元末爲宋先賢鄒忠公祠墓而作也。洪武壬戌，會崑山王仲昭語及之，慨然有鏤板之意，後果如其言。蘭初意凡遇郡守及府教到任，各送一部，庶有所觀感而不廢其祭掃之禮焉。今蘭於垂死之秋，追念疇昔，乃口占以抒其情曰：

故人家住千墩麓，爲儂版刻《思賢録》。祇緣見説道鄉翁，傳道程門能慎獨。刻書未了謫炎荒，寄聲龜巢事宜速。乃將楮幣折青蚨，七萬五千錢數足。不要譽，不求福，高義景前修，遺風振頽俗。惜哉時無鍾子期，聽我焦桐彈此曲。

朱彝尊《曝書亭集》卷一七《贈繆篆顧生》 秦碑换棗木，傳刻或失真。詎若漢摹印，小大皆可珍。鑄金用撥蠟，琢玉同運斤。其文雖參差，離合各有倫。後人昧遺製，惟取字畫匀。鐘鼎雜款識，古法漸以湮。顧生習繆篆，頗見精力勤。博采諸家體，覽者多所欣。一藝期至工，必也醇乎醇。請君薄流俗，專一師古人。

《天禄琳琅書目・天禄琳琅鑒藏舊版書籍聯句有序》 芸編藴古，香盈羣玉之藏；茗椀延韶，歡洽重華之賞。溯前度，籤羅縹碧，聯吟美已窺全；遞今番，響戛琳琅，比例珍宜居上。緊此傳稱善本，取之而盡拔其尤；原夫刻貴初摹，數焉而必從其朔。蓋自石經乍泐，製創成都，雕字旋繁，文詳廣順。範移鐵版，存中之舊話堪稽；倚向書牀，邦彦之遺文彌豔。况復西廊、東庫，頒官留胄監之書；兼看崇化、麻沙，入市走巾箱之式。考紀年於大定，翠琰曾鐫；徵掌署於興文，白藤競印。逮勝國技沿劓氏，蘇州樣比杭州；更誰家影付鈔胥，汲古妙偕述古。別梓梨而選粹，寧徒邊論單雙？驗楮墨而差良，奚止畫分粗細？嗤耳食鈐題，漫信摭名，則贋鼎都刪；任手披摸索，非難審體，則善刀能品。物克聚於所好，喜四百部甲乙都排；書在佳而不多，閱半千年菁華盡備。歷宋、金、元、明而完弆，護持應藉六丁；依經、史、子、集以臚陳，整姽真同二酉。爰迺拈題舉典，因之授簡分曹。日是初三，中適春朝元旦；人仍四七，班兼鳳閣鸞坡。計祈年尚及經旬，招宜徵角；顧侍讌纔過疇昔，樂逮臣鄰。詎矜中壘，閣藜名沿天禄；略仿新吳，府玉韵叶青陽。矧茲儲以昭仁，以予益凛體仁之義；亦曰喻惟求舊，願爾無忘由舊之規。

御製：上正三節肇春祥，茶宴重華例有常。黄閣玉堂胥就列，赤文仙藻首成章。什研麗則抽中秘，箋授臣鄰侍左厢。四庫舊曾賡竹素，上年茶宴以《四庫全書》聯句。臣舒赫德。百城茲又詠琳琅。涵書味復融詩味，挹茗香頻沁墨香。照以青藜卑漢閣，臣于敏中。積來玄圃陋曹倉。府區典籍西都固，美埒球玕禹貢梁。漫詡鄴侯籤插架，臣李侍堯。浪吟何氏屋連牀。乙光偕賦乙未讌，甲觀聯披甲子裝。書自乾隆甲子重裝以來，凡有所得，均籤書年月以誌鑒藏先後。各按部分部系句，諸書各系以句。臣福隆安。御製：總臚目舉目歸綱。宋板及影宋鈔全入題詠，亦如《四庫全書》例，以經、史、子、集爲次。其元、明版，則各舉其尤佳者入詠。宋金鉛槧元明繼，經史精華子集襄。續後韋編王弼注，《周易》。箋依毛傳鄭公鄉。監本《毛詩》。呂詩真鑑屬元汴，呂祖謙《讀詩記》，項氏天籟閣藏本。《周禮》精鋟標建陽。《周禮》，宋建本。纂備闕官逸教補，無名氏《周禮纂圖互注》。臣官保。解求盲左癖奚忘。杜預《春秋經傳集解》。朠詞音辨脣兮齒，陸德明《左氏音義》。墨守疵攻膏與肓。《公羊傳注疏》。紅印鄂州霑紙溼，《公羊解詁》，即何休注，徐彦疏，宋建本，末有「鄂州州學」官印。臣程景伊。繆紋晉第帶芸香。《穀梁傳注疏》，首有「晉府書畫之印」。中書劄付胥徒掌，程公説《春秋分記》，末有元大德間「奉江浙行中書省劄付」紅印。小字巾箱尺寸强。《五經》小字本。續匠六經貽宋殿，楊甲《六經圖》，有宋「緝熙殿書籍印」。臣王際華。學童四子溯衢庠。《四書》，宋衢州庠本。詳申鄒邑推張栻，張栻《孟子詳説》。廣梓閩中演野王。孫彊《大廣益會玉篇》，增顧野王原本，宋閩中刻。蹟對聃規嘗紀數，六經之名，始見《莊子·天運篇》，謂「吾何以規老聃哉」，及「六經先王之陳迹」云云。臣蔡新。御製：數虛班藝匪遺忘。《漢書·藝文志》無史類，蓋是時諸史未興。如《楚漢春秋》等書，今入史類者，皆在春秋類，非闕遺也。惟欣文景能休養，《漢書》。亦曰明章號治康。《後漢書》。五代即隋尚如鄶，《隋書》。兩家改眴并存唐。《唐書》。宋祁、歐陽修改劉昫《舊唐書》，明監本廿一史遂不收眴作，論者謂舊書自有勝處。武英殿版新、舊并存。考鈔涑水聊稽異，司馬光《資治通鑑考異》。鑑刻盧陵肇間行。朱子《資治通鑑綱目》。是書初刻温陵，別其綱爲《提要》。此本乃繼刻盧陵者，綱、目分行間列，如《春秋》經、傳例。具本末全啓馮谷，袁樞《通鑑紀事本末》。按：樞昉爲此體，馮琦《宋元紀事本末》、谷應泰《明紀事本末》，皆襲之。臣嵇璜。念終始典冠羲黄。范祖禹《帝學》。提其要取括繁冗，錢端禮《諸史提要》。糾厥繆爰資救匡。吳縝《新唐書糾繆》。直筆幾家窺筆削，呂夏卿《唐書直筆新例》。臣英廉。確評誰某彙評量。《唐宋名賢歷代確論》，不著彙人姓氏。重儓藍本擬循顧，劉向《古列女傳》。每傳有圖，傳爲顧愷之遺製。半壁黄圖僻賸杭。祝穆《方輿勝覽》。時宋偏安餘杭，書中不及中原郡縣。上下歲三千可計，歷代史雖未備，然已具編年、紀事兩體，可得經世之全。臣阿思哈。寓卮説九百相望。諸子雖立意不同，總不越漆園寓言卮言之旨。志皆論也遷仍況，《荀子》。《史記·禮志》即取《荀子·禮論》爲之。蝶或周與紱寫莊。《南華經》，有莊子像，明永樂間，舍人王紱奉敕作贊。爭逞儀秦用贏趙，《戰國策》。臣張若溎。御製：特憮耕織更農桑。汪綱《農桑書》。向曾題刻樓璹《耕織圖》於多稼軒。茲書乃集陳旉《農書》、秦觀《蠶書》及樓璹《耕織圖詩》成之。洪懷逸少筆隨記，洪邁《容齋三筆》。程演仲舒意寓良。程大昌《演繁露》。鐘鼎蟲魚亞《爾雅》，王俅《嘯堂集古録》。形聲點畫匹《凡將》。李錫《排韵字類》。虞初字漸淆羣喙，小説始自《虞初》，乃子家之流派。摯別沿徐擷衆芳。《漢志》但云某家若干篇，集之名始摯虞《流別論》。紉佩秋蘭託湘澧，《楚辭》。臣曹秀先。翻階春草接池塘。《謝朓集》。拾遺句配黄金匱，《杜工部詩史》。九注函緗敗錦囊。《九家集注杜詩》。是書從武英殿庫貯殘書内檢得之。淮蔡僕碑壓山斗，《韓昌黎文集》。臣梁國治。溪潭遊記闢蠻荒。《柳柳州文集》。博誇五百狐留腋，《五百家注韓昌黎集》。輯者自誇摭拾之富，實祇百四十八家而已。巧遇一雙劍合鋩。《五百家注柳子厚集》，乃武英殿舊貯，因新得《五百家注韓集》取校之，同爲韓醇刊本，足稱雙璧。思潁手排雜琴局，歐陽修《六一居士集》。臣周煌。和陶神遇引壺觴。蘇軾《和陶集》。箕弓裘冶兄師教，蘇轍《欒城集》。爲其曾孫所刊。輪略水冰賓客場。《六臣注文選》。了識佚名録枚傳，徐陵《玉臺新詠》。按：《文選·古詩十九首》，不著作者姓名。其云枚乘、傅毅之詩，僅見於《玉臺新詠》。臣王杰。御製：不收新律韵宫商。姚鉉《唐文粹》。此書祇收古詩而不及律體，自屬有見。遺蘇文選疑難解，《聖宋文選》。内獨無三蘇，此不可解。憶杜正宗慨以慷。真德秀《文章正宗》。其自序以自昔集録文章者，若杜預諸家湮没弗傳，而行世之《昭明文選》、《唐文粹》二書，未得源流之正云云。賦擬青錢蓋小技，《選青賦箋》。考憑玉枕祇專長。桑世昌《蘭亭考》。以上宋版。金源印獨難驂靳，吴兢《貞觀政要》。乃金時版，祇此一種，爲世所罕見。宋影謄佳擬頡頏。藏書家競貴宋槧，今内府所儲影鈔各種，精好實有遠過雕本者。聞擴九思通奥窔，趙汝楳《周易輯聞》。臣彭元瑞。説宗七日契微茫。趙彦肅《復齋易説》。贊爻象彖猜圖馬，王宗傳《童溪易傳》。其説主義理以言象數。徵夏商周愛餼羊。聶崇禮《三禮圖》。會讀論須淳祐蔡，蔡節《論語集説》。臣汪廷璵。豔題名訝狀元張。張九成《孟子傳》。頡篇約譜物從朔，夏竦《古文四聲韵》。内則少儀謙弗遑。張時舉《小學五書》。年表自然堪綴范，熊方《後漢書年表》。臣董誥。長編焉肯遽齊光。李燾《續資治通鑑長編》。按：司馬光作《通鑑》，先排長編，燾紀宋事，不敢自謂《續通鑑》，但云《續長編》而已。河山故汴雁横塞，王存《九域志》。風月清波雀處堂。周煇《清波雜誌》。魯語餘猶傳孔聖，《家語》。臣阿肅。御製：宋儀精敢企軒皇。《新儀象法要》。宋蘇頌編，當時臺郎所肄。皇祖學契圜穹，會通西法，欽定《數理精藴》、《儀象考成》諸書，實足爲天下後世法。全圖庚鼎足冠冕，吕大臨《考古圖》。輯繪三代、秦、漢銅玉古器，首載庚鼎。雜記金壺頗博詳。宋釋適之《金壺記》。屈子志寧在草木，吴仁傑《離騷草木疏》。劉郎詞早叶笙簧。《劉賓客外集》。友朋輞水言都妙，《王摩詰集》。昆弟盤洲譽最揚。洪适《盤洲集》。寫比鉤摹觀太乙，以上影宋鈔本。臣達椿。刊偏鄭重牒文昌。元時，書籍並由中書省牒下諸路刊行。義原靡盡聖經大，真德秀《大學衍義》。音所由生樂記彰。陳暘《樂書》。瑣載續貂補安取，李肇《國史補》。劉餗作《國朝傳記》，肇續之。臣汪永錫。瓌譚鑄象怪何妨。《山海經》。戈矛西蜀乃同室，李心傳《道命録》。斧鉞東萊空望洋。吕祖謙《東萊博議》。才雋左司宜柳替，《韋蘇州集》。臣吴綬詔。謀深内相爲裴傷。《陸宣公集》。大都叢簡搜瑜瑾，以上元版，入選者共八十餘部，今略舉數種，以例其餘。勝國雕梨汰莠稂。内府所藏明版指不勝屈，今取其最精者，尚得二百五十餘部。王侍書饒瘢且垢，明版黄伯思《東觀餘論》。是書内有《法帖刊誤》一種，辨正王著之失，頗稱精核。《欽定淳化閣帖釋文》考異多采之。臣曹文埴。御製：元才子直走而僵。《白氏長慶集》。當時元、白齊名，其實微之不逮樂天遠甚也。輯今弆古非同事，天禄文淵故别藏。舊藏宋、金、元版書籍，彙爲「天禄琳琅」。至新輯録之《四庫全書》，則特建文淵、文源、文津三閣分貯之。贋製還因重訂正，近因重校「天禄琳琅」舊藏，凡僞充宋、元槧印者，俱詳加别擇改正。兼權嚴與判低昂。有確係舊刻，而時代向未詳者，並爲核正歸入。二坊私版官三舍，祝穆云，建寧崇化、麻沙二坊號圖書之府。今所藏有建本、麻沙本，蓋宋時坊書。其監本，則官版也。諸邸外儲内兩廊。中有「東宫書府」、「晋府」印。又「内殿」、「緝熙殿」諸璽乃東、西廊書庫物。樞、鮮于樞。頫、趙孟頫。璧、文。貞、王世貞。昌、董其昌。晋、毛。振，季振宜。皆鑑藏諸書人，各有題跋印記。臣沈初。趙、衢守長沙趙淇。韓、臨邛韓醇。陳、臨安鞔鼓橋南陳宅書鋪。岳、相臺岳氏家塾。廖、世綵堂。余、建安勤有堂。汪。新安汪綱。以上七家皆宋時刻書姓氏，惟余氏勤有堂，則有宋至元、明世守其業。流傳手眼衡殊允，諸書中如《漢書》、《唐書糾繆》久經鑒賞，流傳確有可據。繪畫鬚眉興欲狂。《漢書》前有趙孟頫、王世貞象，《楚辭》前有屈原、朱子象。少益貴乎多益善，有一書而自兩部以至十數部之多者。臣紀昀。前思作矣後思臧。有一書而宋、元、明各有梓本，以後仿前而益工者，兼爲收録。盤螭璽疊登瑤府，每部用「乾隆御覽之寶」及「天禄琳琅」兩璽。紫虯章鮮揭寶房。間有舊用「文淵閣」及「内府圖書」等章。寵賁天顏知有喜，内最善本，如《前漢書》、《資治通鑑綱目》、《九家注杜詩》，皆命寫御容於卷端。臣陸錫熊。褒題奎翰訓無疆。曾經御題者，計三十二種。聚珍井井超模範，武英殿聚珍版製極精良簡備，如書中明無錫華氏銅活字《長慶集》亦此法，然致用較爲不便。掃葉紛紛對勘戕。諸舊本皆完善精確，憑以校對，或可少免掃葉之誤。聯詠服膺源出水，御製三閣記，並以水言文，涵匯萬有，源委一貫，以四部爲六義，乃詩之淵源也。臣陸費墀。御製：蒧編拭目派歸滄。舊時寢息仰霄漢，「天禄琳琅」之書貯於昭仁殿，乃昔時皇祖寢宫也。此日書聲達尚方。上書房即對此殿，皇子讀書聲每達於此，向曾有詩。銘著昭仁深體驗，行斯未逮敢無蕘。

愛新覺羅·弘曆《御製詩五集》卷一《五經萃室聯句有序》

彌綸六合，羣言所以祖五經；模範百王，萃美於斯歸一室。粤昔乾開坤闔，文明肇啟夫詩書；洎乎月紀年編，禮教隱維於筆削。顧金絲孔壁，難溯漆書蝌蚪之遺；即石刻鴻都，誰傳漢隸龍鸞之舊。自鏤版始長興之世，印競麻沙；迨校刊盛端拱之年，功精雕造。良稱宋槧，欵題最擅荆溪；名重相臺，藏弆久歸天禄。昔者珎先片羽，吉光初現於麟經；今兹數應駢珠，象緯相聯於虎觀。九十卷衺延分寸，古香流簡牘之間；七八家離合異同，精鑒爛雲烟之蹟。爰因秘殿，分此後楹；薈厥全編，都陳一几。移貯依然慎儉，位置自爾得宜。於是舊帙鱗排，新楣額煥。賦詩言志，類聚亦以羣分；記事成文，即小因之見大。影宋鈔而雕梨重付，好將萬本流傳；較岳刻而掃葉無譌，更予百寮宣賜。況復文孫善繼，穆然想肯構之艱；大造無私，邈矣感長城之寄；道原不變，於焉證外王内聖之同；文即在兹，可以見天理人心之正。乃者年逢開甲，春叶先庚，踵舊什以拈題，宴重華而賡韵。六百載運鍾辰會，撫五辰而歲紀龍光；廿八人序協星躔，應經星而祥符緯聚。咨爾在公，敬事無忘乎日星歲月之省成；庶其相悅，同聲交儆於喜起明良之盛際。

御製壽諸梨棗宋雕精，鮮覯五經茹彙征。祇有相臺曾遍刻，快於秘閣遹觀成。長興依石工兹肇，王明清《揮麈録》：後唐明宗命太學博士李鍔書五經，刊板於國子監，監中印書之始。明清家有鍔書五經印本存焉，後題長興二年也。郎瑛《七修類稿》：印板在唐時少有，至五代刻五經後始盛。胡應麟引葉少蘊云：世言雕本始自馮道，此不然，但監本五經始馮道耳。廣順遴儒勘用程。《册府元龜》敕：近以編注石經，雕刻印板，委國學每經差專知業博士儒徒五六人勘讀并註，今更於朝官内別差五人充詳勘官，太子賓客馬縞、太常丞陳觀、祠部員外郎兼太常博士段顒、太常博士路航、屯田員外郎田敏等。朕以五經事大，不同諸書，雖以委國學差官勘注，蓋緣文字極多，尚恐偶有差悮。馬縞以下皆是碩儒，各專經業，更令詳勘，貴必精研。廣順三年六月田敏等獻印板《九經》《五經文字》、《九經》字樣各二部。潁達凾存鏤端拱，《玉海》：端拱元年三月，司業孔維等奉勑校勘孔穎達《五經正義》百八十卷，詔國子監鏤板行之。按是爲宋板五經之始。臣阿桂。孔維職董集膠黌。《玉海》：《易》則維等四人校勘，李説等六人詳勘。又再校書亦如之。《春秋》則維等二人校，王炳等三人詳校，邵世隆再校。《詩》則李覺等五人再校，畢道昇等五人詳勘，孔維等五人校勘。《禮記》則胡迪等五人校勘，紀自成等七人再校，李至等詳定。咸平二年《五經正義》始畢。燒泥布鐵昇刱製，《經義考》江少虞曰：布衣畢昇爲活板，其法用漆泥刻字，薄如錢，每字爲一印，火燒令堅。先設一鐵板，其上以松脂蠟和紙灰之類冒之。欲印，則以銀範置鐵板上，乃密布字，滿鐵爲一板，持就火煬之。藥稍鎔，則以一平板按其面，字平如砥，印數十百千本，極爲神速。崇化麻沙閩盛行。祝穆《方輿勝覽》：建寧麻沙、崇化兩坊産書，號爲「圖書之府」。北監匪無譌脱患，岳珂《沿革例》：經本行於世多矣，率以見行監本爲宗，而不能無訛謬脱畧之患。蓋京師胄監經史多仍五季之舊，今故家往往有之，實與俗本無大相遠。臣三寶。南州又各異同争。《沿革例》云：紹興初，僅取刻板於江南諸州，視京師承平監本又相遠甚，與潭、撫、閩、蜀諸本互爲異同。芸芸疇匹余于廖，草草紛嗤杭蜀京。《沿革例》：世所傳經自監、蜀、京、杭而下，有建余氏、興國于氏二本稱善，廖氏又合諸本參訂，爲最精。于氏音義不列於本文下，率隔數葉始一聚見，不便尋索，且經之與注遺脱滋多。余本間不免誤舛，要皆不足以言善也。流寓坊顔猶指秀，宋嘉定中，珂守嘉興，後寓居郡城金陀坊，著有《金陀稡編》。臣嵇璜。鑒鐫塾蹟遂留荆。在常州府宜興縣，今分設荆溪。《漢書·地理志》虞喜曰：漢初置荆國，以有荆溪在陽羨界爲名。考《一統志》，珂父霖墓在宜興縣西，蓋岳氏自南渡後徙常州，故家塾以荆溪名。麇凡元本爰橅仿，《沿革例》：今以家塾所藏唐石刻本、晉天福銅板本、京師大字舊本、紹興初監本、見行本、蜀大字舊本、蜀學重刊大字本、中字本、又中字有句讀附音本、潭州舊本、撫州舊本、建大字本、俞紹卿家本、又中字凡四本、婺州舊本，并興國于氏、建余仁仲凡二十本，又以越中舊本注疏，建本有音釋注疏，合二十三本，反覆參訂，始命良工入梓，自信以爲盡善。鳩厥老生偕品評。《沿革例》：與明經老儒分卷校勘，視廖氏世綵堂本加詳焉。字注句音例沿革。《沿革例》：如字畫、如注文、如音釋、如句讀，悉循其舊，《沿革例》者，珂自述其刻經之總例也。凡一卷。臣蔡新。

【略】殿梓比嚴葉掃落，武英殿舊刻經史，皆有考證。臣阿肅。庫全最博笱抽萌。《四庫全書》浩如淵海，每書皆考證精博。功深削楮勸農使，珂官淮東統領管内勸農使，其詩集曰《玉楮詩藁》，自序引宋人三年刻楮故事。業廣傳薪子墨卿。書手鋪雲光了了，臣彭冠。剛工啄木響丁丁。聚珎板並敷文德，《四庫全書》不下萬餘種，欲擇其人所罕覯而足資考鏡者，剞劂流傳，嘉惠來學，而付雕不易，因倣宋人活板式，鐫木單字計二十五萬餘，雖數十百種，悉可取給，錫名「聚珍板」，御題詩以紀其事，用工省而校讐精，使海内士子得讀未見之書，敷文之盛千古未有。羣玉府原開武英。彝訓仰尊三極建，劉勰云：三極彝訓，其名爲經。臣嵇承謙。御製菑畬嘉予萬方耕。韓愈詩：經訓乃菑畬。細摹紙墨選良印，用仿宣紙刷印，三覆而後成，紙墨最爲精好，以備宮庭各處陳設。分置宮庭以暇横。頒賜臣工公汲古，書成頒賜内外諸臣。守貽子弟世資生。既瞻鷺序拜焉受，兼聽鴻都觀者擎。恩許刷印通行，俾普天下士子得研經食古之益。口沫手胝曲直几，臣吴壽昌。夏絃春誦短長檠。館編多輯文淵富，本朝所纂諸經不下數十部，皆入《四庫全書》，彙插文淵閣架。徐解重增修内營。近復命增補徐氏《通志堂經解》。制協虞巡岳輯瑞，甲辰新正廿一日上六舉南巡盛典，啓蹕伊邇《書經》。臣黄軒。世躋豳頌壽稱觥。是歲，聖壽古稀有四，萬壽無疆，允符豳祝。《詩經》。

紀昀《紀曉嵐文集》第一册《進呈書籍蒙賜内府初印〈佩文韵府〉呈請奏謝折子乾隆三十九年》 欽惟我皇上化闡天苞，道光地紀。寶緯聚文章之府，星蔚連珠；神霄辟著作之庭，山標群玉。九流秘簡，匯學海以同歸；二酉珍圖，啓書岩而畢露。江東舊典，全征梅賾之藏；河北遺經，遂效顔芝之獻。方愧太倉之一粟，未稱搜求；何期敝帚之千金，頻邀錫賚。龍香寶墨，已荷寵於奎章；鳳字琅函，更叨榮於壁府。光生緗帙，一時感荷殊恩；彩耀青箱，三館共傳盛事。竊惟樓名韵海，遠肇唐年；編號書林，舊聞蜀國。四聲隸事，自前代而已然；萬卷搜奇，至聖朝而大備。人間流播，久傳藝苑之珍；天上頒宣，彌長儒林之價。兼以蘭臺寶弆，祕在仙都；棗本初摹，貴同祖帖。墨融古漆，真文思供御之餘；紙疊輕羅，是天禄藏書之副。紫霄丹地，集僚友以傳觀；鈿軸牙籤，付子孫而世守。名題雲笈，一編爲百代之榮；字染天香，四海祇九家之本。龍光彌渥，鳧藻何窮。况昀等幸際休明，叨司編纂。一經授受，偶先世之貽留；七略搜羅，本儒官之職掌。上應求書之詔，於分原當；濫居受賞之班，非情所料。恩真逾格，感倍難名。惟有努力丹黄，殫心竹素。賜書勤讀，深思玉字之文；古義精研，少免金根之誤。庶幾久餐黄卷，或通脈望之神仙；共照青藜，遺葳琅嬛之校録。

翟金生《泥版試印初編・拙著編成賦五絶句》

自刊

一生籌活版，半世作雕蟲；珠玉千箱積，經營卅載功。

自檢

不待文成就，先將字備齊；正如兵養足，用武一時提。

自著

舊吟多散佚，新作少敲推；爲試澄泥版，重尋故紙堆。

自編

明知終覆甕，此日且編成；自笑無他技，區區過一生。

顧廣圻《百宋一廛賦》予以嘉慶壬戌遷居縣橋，構專室貯所有宋槧本書，名之曰百宋一廛，請居士撰此賦既成，輒爲之下注，多陳宋槧之源流，遂略鴻文之詁訓，博雅君子幸無譏焉。

佞宋主人，佞宋，出《述古堂書目序》，予恒引爲竊比，故居士設此名也。搜求經籍，鳩集藝文，深識妙覽，博學瞻聞，折肱既更，醉心有在。東都託始，南渡斷代，排比百種，標榜一廛，此讀依徐仙民《周禮》者。傳之好事，詫爲極觀。乃有瞑行闌子，寓言也。踵廛而誶諸曰：「蓋吾聞善讀者之於書也，并包自古，貫穿及今，瑑璞任手，握珠委心。祛鍥舟於來編，悟斲輪於往牒。敏超閱肆，識邁亡篋。縱有隋唐卷軸，漢魏油素，尚將規檢迴泬，刊落抵捂。是知惡札非苦，俗本何病，值擿獲佳，遭鉛斯正。且夫相變者勢，遞運者時，殺簡忽其告謝，鏤版迺以方滋。而乃峻立畦畛，强分堂室，豈貴遠而賤近，抑噉名而吐實。辱在下風，惑此莫釋，敢效其愚，高明盍擇。」主人造然未有以云也。時則思適居士存焉，居士姓顧，名廣圻，元和縣學生，喜校書，皆有依據，絶無鑿空。其持論，謂凡天下書，皆當以不校校之，深有取於邢子才「日思誤書，更是一適」語，以之自號云。將盱衡而誥，爰有睟其容，曰：「異乎！客真所謂夏蟲難與語冰，栝柏之鼠，不知堂密有美樅也。郭注《爾雅》引《尸子》此文，栝本作松。在昔校領者依中，寫定者据故，徐遵明之所往讀，杜伯山之所愛護，用以發其深思，於焉遂其好古。自曩哲而固然，非僂指之勝數。夫宋也者，滄摹印之重源，延轉録之一脈。孳長興以萌芽，拓顯德而增益。貽後留真，睎先襲迹。及靈光之猶存，舍司南其安適。此四韵，實顯宋槧之體用也。夫書之言宋槧，猶導河言積石也。上言之，則東漢一字𡩋經，魏三字𡩋經，并典論鐫勒於石。此一源也。下言之，則唐元和壁經，析堅木，負墉而比之，製如版櫝。此又一源也。自是至于後唐長興《九經》刻版，周顯德《經典釋文》雕印，既省傳寫之勞，兼視豐碑爲便。人事所趨，勢固宜爾。於是終始宋代，官私所造，遍於四部，《玉海》及馬氏《經籍考》等，詳其事焉。就中即有利病，究之上承轉録，此其嫡脉，故曰貽於後而留其真，以睎於先而襲其迹也。及今遠者千年，近者猶數百年，所存乃當日千百之一二耳。幸而得之，以校後本，其有未經改竄者鮮矣！夫君子不空作，必有依據，宋槧者，亦讀書之依據也。故比之以司南，謂指南之車，韓子書爲此稱矣。奈何謾訛正以同歸，昧精濫之殊致。觸手斷鎮庫之珍，瞥目乏驚人之秘。耳域限食，心安陋肆，指趣已爽，涉獵皆盭。今將究深情，宣至理，勘利病，讐臧否。中長見於主人，咨未聞於吾子，則有舉此明後皆陳一廛之所有，下文云亦有，云其餘又有，義皆同。姬公禮經，六籍冠冕，高密家法，傳注之選。厄繇難讀，文褫句揃，不覩嚴州，絶學曷顯。忠甫所載，則符節必合；開成所勒，則矩矱未偭。嚴州本《儀禮鄭氏注》十七卷，每半葉十四行，每行大廿五字，小卅字不等。居士嘗跋其後云：張忠甫校《儀禮》，有監、巾箱、杭、嚴凡四本，今所存識誤稱嚴本者十許條，以此驗之，無一不合，其爲嚴本決然矣云云。亭林顧氏言：十三經中，《儀禮》脱誤尤多，《士昏禮》脱壻授綏云云一節十四字，賴有長安石經據補，而其注疏遂亡。又言：《鄉射》脱士鹿中云云七字，《士虞》脱哭止云云七字，《特牲》脱舉觶者祭云云十一字，《少牢》脱以授尸云云七字，以爲此秦火之未亡，而亡於監刻。今考嚴本，則各條固儼然具存也，其餘補正注文者，尤不可枚舉。居士嘗采入所撰《思適齋筆記》後。經史子三部，古書亦多有所采也。宏文學士，悉情裁疏，陳李聞人，紛紜失路。官本復出，景德旦暮，列卷五十，面目呈露，標經題注，乃完乃具。尋馬序於《通考》，豁長夜而重曙。景德官本《儀禮疏》五十卷，每半葉十五行，每行廿七字，每卷題唐朝散大夫行太學博士宏文館學士臣賈公彦等撰。悉情裁疏者，公彦等序中語也。陳，陳鳳梧，李，李元陽，聞人，聞人詮。散疏入注，而注之分卷遂爲疏之分卷。又去疏所標經文起止，蓋出於陳鳳梧，明正德時事也。而聞人詮、李元陽因之，萬曆監本、汲古毛氏本，又轉轉因之。於是而馬氏《經籍考》所載《儀禮疏》五十卷，又載其先公序曰：得景德中官本《儀禮疏》四帙，正經注語皆標起止，而疏文列其下者，舉世無復識其面目者矣。先公，貴與父，名廷鸞，今與其所得者正同。末後名銜盈幅，案之《玉海》，悉符故事。居士屢誇此書在宋槧中爲奇中之奇，寶中之寶，莫與比倫者也。唯第三十二至第三十七，凡缺六卷，僅從魏了翁《要義》中粗識其大略耳。亦有《周禮》一官，春秋泰半，憮許劍之待懸，悵籯金之莫換。殘大字本

《周禮》鄭氏注《秋官》二卷，每半葉八行，每行大十六字，小廿一字，舊許贈居士從兄抱沖道人之逵，未及而道人歿矣。殘相臺岳氏本《春秋經傳杜氏集解》，行字之數，與覆本同，所存一至六，又十五至十八，又二十三至二十六，又二十九、三十凡十六卷，得三十卷之泰半也。同縣袁廷壽壽皆甫亦有殘本，而未能取之以相補。《月令》第六，昭公廿年，玩索有得，丹鉛所傳。耒耕上曲，死而賜謚，隻字能排，百朋奚啻。殘大字本《禮記鄭氏注》，每半葉十行，每行大十八字，小廿五字不等，所存五至八，又十一至十五，僅九卷。予跋之云：《月令注》：耒，耕之上曲也。他本「耕」皆誤爲「耜」，賴此正之。可知其佳也。殘小字本《春秋經傳杜氏集解》，每半葉十四行，每行大廿三字，小廿三字，所存前後凡二十三卷。又殘中字本，每半葉八行，每行十七字，所存前後凡十八卷。若以兩本相補，唯少第十四卷耳。其昭公廿年，兩有，與閻百詩、何義門所說死而賜謚皆合，但未知當日所見爲何本。《穀梁》附音之制，《爾雅》單義之式，先聲孕南，支流殿北。監本《附音春秋穀梁傳注疏》二十卷，每半葉十行，每行大十八字，小廿三字。官本《爾雅疏》十卷，每半葉十五行，每行三十字。言此《穀梁》既并注疏，又附釋文，其制與明南監所貯十行版大段悉同，是孕其先聲。《爾雅》則邢義單行舊式猶在，雖疏家支流，實爲北宋之殿也。居士前在阮中丞元十三經局立議，言北宋本必經注自經注、疏自疏；南宋初，始有注疏；又其後，始有附釋音注疏。晁公武、趙希弁、陳振孫、岳珂、王應麟、馬端臨諸君，以宋人言宋事，條理脉絡粲然可尋，而日本山井鼎《左傳考文》所載，紹興辛亥三山黄唐跋《禮記》語，尤爲確證。安得有北宋初刻《禮記注疏》，及淳化刻《春秋左傳注疏》事乎。今此賦所云，即平昔議論也。《說文解字》，始一終亥，無手迹於邵陵，有舊觀於東海。隘林宗之重寫，鄙斧季之輕改，收儲則一夔已誇，著述則三家猶采。小字本《說文解字》十五卷中，缺者影寫補足，每半葉十行，每行大十八字，大小廿五字不等。嘗別見國初葉林宗弈所藏，僅從此刻傳寫者耳。近青浦王司寇昶家乃有之，極加寶貴，幾流一足之譽也。常熟毛氏初刊，頗與相近，後經斧季扆節次校改，而大徐氏之舊觀，漸以盡失。金壇段茂堂先生玉裁來寓吳中，遂有《汲古閣說文訂》之作，宋本之妙，固已洗剔一新，即遇其誤，亦必反覆推尋，不加遽斥。夫以海內通儒，談其專業，猶且伏膺鄭重，鉛槧疲勞者如此，然則有何末學置喙地哉？客曰：今之《說文》，皆許慎手迹乎？事見《顏氏家訓》。人不通古今，而好爲議論，類如是耳。南唐繫傳，難弟楚金，漶漫俄傾，點竄侵尋，碩果之辨，不食字林。起寒山以把臂，咨靈威以賞音。殘本《說文繫傳》，每半葉七行，每行大十四字，小廿二字，所存起通釋之第三十至末，凡十一卷。寒山趙頤光家舊物也。此書尤延之、呂太史、李巽巖皆言其斷爛闕誤，時距小徐未爲遠，故曰俄傾也。今歙人有刊行之者，正文尚脫落數百字，又經不學之徒以大徐本點竄殆遍，真有不如不刻之歎。予得此本，當即《困學紀聞》所云今浙東所刊得於石林葉氏蘇魏公本者也。非猶不食之碩果乎？殘本故云辨。辨，古瓣字，小學類，故云字林耳。予又有虞山錢楚殷家所鈔完本，鈕君樹玉曾借去校讀，擊節不置，使槧本而完，當復何如也。鈕君家洞庭山。浩澥乙部，逴躒三家，冒戒傷廉，所取

太奢。此言《史》、《漢》、《國志》三家，史部之最，而尚必取宋本焉，故云傷於廉也。《漢書》特善，清秘留將，是曰景祐，戛乎弗亡。余丞之上言，觀洙之參詳。僕嘗目驗，若毛若汪，削長決贅，補乙彌創。招小宋以研精，當悔下其雌黄。每之罔而愈況，胡項背之敢望。景祐二年本《漢書》一百卷，每半葉十行，每行大十九字，小廿七字，末列秘書丞余靖上言。又，張觀、王洙皆預參詳中也。每卷上下方皆有朱校字，最後復有墨書二行云：「右宋景文公以諸本參校，手所是正，並附古注之末。至正癸丑三月十二日，雲林倪瓚在凝香閣謹閱。」居士曾爲予細校汲古本，而予以汪文盛本佐證之，凡於二本所削所補，各千百字，推原其故，景文之是正，已屬有失無得，烏論後此者，乃遞經大書深刻，悉溷班書，可不謂至誣乎。唯此本未經淆亂，誠宜壓卷史部也。之罔，元劉之罔，其所刻，流俗輒目爲佳，故居士偶涉之耳。乙者，以鉤識去其字。招，舉也，讀如翹闗。良史實録，藉用識蜀。乃本古以愜心，復字大以悦目。蜀大字本《史記集解》一百三十卷，每半葉九行，每行大十六字，小廿字，所缺舊鈔補足。又殘本僅有西南夷至汲鄭五列傳，考汲古閣秘本目，有蜀本大字《史記》，云有缺，未知與此何如也。孤行《吳志》，數册仍六，舉承祚之一隅，反少期之全局。單行本《吳志》二十卷，每半葉十四行，每行廿五字，冠裴松之上《三國志》注表於首，其下即接《吳書》一云云。乃當日專刻，即汲古閣秘本目所載宋版《吳志》六本者也。舉一隅，反全局，言推異同之大凡。承祚、少期，文體之互耳。後漢翻雕，秘書指蹤，牒互孫宣，班范闗通。建塾敬室，緻美罕同，兼收並蓄，矩疊規重。殘本《後漢書》，每半葉十行，每行大二十字，小廿四字，僅存紀八、志三、列傳十五卷而已。乃北宋年間，翻雕景祐本也，故行欵正同。又殘本二，皆缺損已甚。嘉定戊辰，蔡琪純父所刻也。前仍列秘書丞余靖上言，而行欵改爲八行十六字矣。景祐校班、范二書，同時雕印。予所藏班書，前互入乾興元年中書門下牒國子監文一通，即孫奭以劉昭注司馬彪志、補章懷注范書故事也。《曝書亭集》謂此不自奭始，以今考之，則以彪補范，誠始於劉，而以昭補賢，實始於孫，朱說疏矣。又殘本二，一但缺志，一缺損已甚，而其中有志第二十二，又第二十四至末，凡八卷，每半葉十行，每行十八字，目録後題云「建安劉元起刊于家塾之敬室」，乃南宋精雕也。此一書三刻，而殘本共五。緬劉昫之撰唐，時罔新而那舊。緣歐宋以易稱，幾不察於相狃。驟開卷而知益，杖紹興之教授。殘本劉昫等《唐書》，每半葉十四行，每行廿五字，僅存志十一至十廿四，一至廿五，廿八至卅，列傳十五至廿八，卅八至卅七，五十至六十，七十八至八十三，一百十五至一百十九，一百廿九至一百卅四，一百四十下至一百四十四上，凡六十七卷有零。每卷末有題名云「左奉議郎充紹興府府學教授朱倬校正」，又有校勘人題名四行，文繁不録。予跋之曰：標題云《唐書》者，昫等撰時本然，蓋歐、宋《新唐書》未盛行之先，無舊稱也。覆本在明嘉靖時，不特多誤，抑神氣索然矣。莆田編年，始末九朝，流傳寓內，夥矣胥鈔。皆目升而綱降，閔實混而名淆。快拜嘉於一諾，飫良友之淳醪。遜廿五以居乙，引積薪

而解嘲。莆田陳均《皇朝編年備要》三十卷，每半葉八行，每行大十六字，小廿三字，編年下有空字二格。又殘本《皇朝編年綱目備要》每半葉八行，每行大十六字，小廿四字，列目止於廿五卷，後別爲一行，云已後五卷，見成出售。今於廿五卷中，又缺其五，所存者凡二十卷而已。二本版刻不同，皆宋精雕，今世通行傳鈔，改大小字而一之，又不復知其有綱目之名，失之甚矣。完本初爲予友五硯主人袁壽皆甫所藏，後割愛見歸，遂甲予舊有也。見可釋鑑，音訓是優，被抑身之，耽與闡幽。行明字繣，終卷無脩。哂舊史之枕秘，謂未白乎豕頭。史炤《通鑑釋文》三十卷，每半葉十二行，每行大小三十字，自元胡三省身之《通鑑釋文辨誤》盛行，而此書遂微。其實胡所長地理，若聲音訓故，乃不如史之有所受之也。予別見同郡蔣姓所藏，行間字裏，皆未若此本之明繣。昔瞟城舊史氏某公，偶得一新鈔本，特詑爲枕中秘，曾請借觀，堅不相許。後既得此，因於予所畫得書圖跋語中稍靳之，而居士取以入賦也。見可，炤字。《中興館閣》，録續系聯。《永樂大典》，證明匪全。奪胎肖貌，簡或閒編。潛采自鄮，洵無譏焉。陳騤《中興館閣録》十卷、《續録》十卷，每半葉九行，每行大小十八九字不等。《書録解題》云：《續録》者，後人因舊文增附之也。《録》缺沿革一門，《續録》缺廩禄一門，《永樂大典》已如此矣。居士從兄抱沖道人所藏，乃毛氏影鈔精本，惟貌惟肖者也。然宋本誤裝《續録》卷第七提舉編脩國朝會要一葉，及提舉秘書省提綱史事二葉，上入録之七卷中，而影鈔者竟改填板心字爲中興館閣録云云以實之，非見此本，無由覆正也。外此所見鈔本，更非毛比矣，故曰竹垞潛采堂以下，等諸自鄮焉。東家雜記，去聖雖遠，杏壇三成，堯頽親展。愈求野於禮失，慨并官之久舛。會叔節之書丹，諗郰邑以數典。孔傳《東家雜記》二卷，每半葉十行，每行十八字，首列《杏壇圖說》，詳《讀書敏求記》。壇三重也，遵王家所鈔，今在抱沖道人小讀書堆，而余所得未知即葉九來宋槧否。中載聖妃氏曰并官，錢少詹大昕有言，以韓勑碑考之，字本是并，而今作開，即聖裔有不知其誤者。此尚未謁，故居士以爲豈非劉子駿所謂不猶愈於野者也。子政《列女》，深父發矇，頌後有贊，遂等俄空。割賚研之和璧，競南城之楚弓。惜畫像之終佚，進補亡於屏風。建安余氏勤有堂本《古列女傳》七卷，續一卷，每傳有圖，傳在圖之左右及下方，行字之數不畫一。此書是王回深父據頌所定，於是而顏黃門以爲後人所羼者，始別在續內矣。予初見此書，從抱沖道人許，有國初人跋云：余藏《列女傳》古本有二，一得於吳門老儒錢功甫，一則亂後入燕，得於南城廢殿中，此則廢殿本也。近又簡吳中舊刻，頌後有贊，乃黃魯曾以已作竄入，與古文錯迕，讀者習而不察久矣。秦漢古書，多爲今世妄庸人駮亂，其禍有甚於焚燎云云。後予遂從他所得此，即所謂錢功甫本也。又別見蔣篁亭杲校本，嘗兩及之，云何義門處見之，謂賚研齋寶如雙璧也。居士爲道人校讎，重刊行世，文悉仍舊，即考證亦別爲卷，獨定其畫像題顧凱之者，爲余氏補繪而削去。予佞宋，尚時時惜之，故居士以爲豈欲進補屏風之亡乎？仍意不之許也。畫之屏風，向頌義大序之一句。歷代紀年，十得其九，自序紹興，今也烏有。順理懸解，陳録乃剖，也是疎略，難復辭咎。殘本晁公邁《歷代紀年》卷二至十，所缺第一卷也，每半葉十行，每行十九字，《書録解題》云其自爲序，當紹興七年，今未見，以此序在首而亦缺也。此即述古堂舊物，而《敏求記》但言紹興壬子，樂清包履常爲之鋟木以傳，不及自序之有無并所缺卷，是疎略也。土風清嘉，維桑與梓。樂圃先生，石湖居士，圖經續前，郡志肇始。必文足以能徵，寧疵刓之徒恃。幸宋子之導先，喜葉公之見竢。汰懸磬之秕穅，洗汲古之泥滓。紹興甲寅本朱長文《吳郡圖經續記》三卷，每半葉九行，每行十八字，中閒缺葉，錢磬室手鈔補足。首有楷字長方印，其文曰「葉文莊公家世藏」。紹定本范成大《吳郡志》五十卷，每半葉九行，每行大小十八字，述古堂舊物也。《圖經續記》磬室曾刊行，志則汲古閣刻之，予最先得太倉宋賓王蔚如所校志，知毛据殘宋本開雕，故如牧守題名，脱落特多，餘亦每與此不合，乃懸磬室中親藏宋槧《圖經》，何詑舛亦復不少耶。明代刻本其不足徒恃有如此者。臨安百卷，分豆剖瓜，海鹽嘗熟，薈萃竹垞。墜簡十七，或亡或賖，不遘神膠，詎容足蛇。殘本潛說友《咸淳臨安志》，所存八十三卷，每半葉十行，每行大小廿字，又鈔補者十卷。《曝書亭集》跋此書曰：予從海鹽胡氏、嘗熟毛氏先後得宋槧本八十卷，又借鈔一十三卷，其七卷終闕焉。今予所得，較多宋刻三卷矣，然其餘十七卷或竟未見，或雖鈔補而終非宋刻，唯聞長塘鮑君廷博所藏本，內有宋刻六十五、六十六二卷，爲出竹垞所見外，不識天壤間其尚有他本可補是否也。嚴州故郡，一名新定，錢君可則，成志氏姓。入山得寶，斯癡宜詅，欿然有懷，食蹠之性。錢可則《新定續志》十卷，每半葉八行，每行大小十八字，編纂者爲方仁榮、鄭瑤，其曰續志者，續董弅《新定志》也。志即《嚴州圖經》，錢少詹大昕論此曰：宋人州志，多用郡名標題，其說是矣。初，書賈某甲，業於杭之城隍山，收雜誌書數百種，以帳寄示，《續志》在焉，予遂探得之，每以波斯識寶自衒。然《圖經》殘本首三卷，近在某乙許，因居奇差池，亦用爲歉，每展此書，輒復縈抱，居士其知予心哉。姚校短長，抽其端緒，懸諸國門，不朽盛舉。永續命於剡川，厚釋誣於雅雨。方綴學之共仰，良無煩乎覼縷。剡川姚氏本《戰國策》三十三卷，每半葉十一行，每行二十字，其注之所校，又雙行分系於注下，所謂注中有注者也。癸亥年，予影摹重刊，又以至正乙巳吳師道本互勘，爲之札記，詳列異同，凡三卷。於是而盧雅雨本竄入鮑彪所改及加字并抹除者各條，始不復相牽溷矣。此書與予庚申年刊明道本影鈔《國語》，皆頗行於世。蘭陵老師，舊監經營，唐棐台庫，瞠其先鳴。擴紀聞之同異，訂軒輊而爲平。懲餘姚之匍匐，循故步乎熙寧。熙寧本《荀子》二十卷，每半葉八行，每行大十六字，小廿四字。《困學紀聞》云：《勸學篇》青出之藍，作青取之於藍；聖心循焉，作備焉；玉在山而木潤，作草木潤；君子如嚮矣，作知嚮矣。《賦》篇請占之五泰，作五帝。監本未必是，建本未必非，餘不勝紀。又云：今監本，乃唐與政台州所刊，熙寧舊本亦未爲善。當俟詳考。此本之末，有呂夏卿重校、王子韶同校題名，即熙寧舊本也。建本與元纂圖互注者頗近，明世德堂本又從之出。餘姚盧學士文弨合校諸本，撰定開雕，曾見從此影鈔者而引之。居士細加覆審，其所沿革，往往可議，故步一失，無所持循。凡合校之弊，必至於此矣。《新序》經進，年月具官，庚寅焚如，歷劫偏完。裨益是正，奚止一端，髯兮侈當，於玆寒酸。《新序》十卷，每半葉十一行，每行廿字，每卷首題「陽朔元年二月癸卯護左都水使者光禄大夫臣劉向上」。第一卷後有國初人跋云：舊本《新序》、《説苑》，卷首開列「陽朔鴻嘉△年△月具官臣劉向上」一行，此古人脩書經進之體式，今本先將此行削去云云。本紅豆舊物也，後入延令書目，可知未遭庚寅之炬。予嘗校之一過，每與居士商榷，如《戰國策札記》所載，桃仁字之屬，取資宏多矣。陽山顧大有所藏，亦宋槧，後歸蔣辛齋氏，賜書樓之書散出，予嘗見之，其刻差後，遂多錯誤。然則此真北宋槧也，昔何義門手校，據彼而未知有此，故言何所見他宋槧極多，而於玆有所不逮矣。何用一小方章，其文曰「髯」。授《老》則漢時結草，注《莊》則晉代懸河。易州深刻而齊軌貴少，吴縣大書而合轍美多。建安虞氏本《道德經》二卷，每半葉十行，每行大小廿字不等，河上公章句也。予跋之曰：如春登臺，尚未誤倒，與唐開元易州石刻合，因知其佳也。南宋本《南華真經》十卷，每半葉十行，每行十八字，郭象注也。以《經典釋文》標舉之大字證之，合者居多矣。吴縣，謂陸元朗。《沖虛》錯互，舉世相仍，處度敬順，糾纆淄澠。劃然分判，使我伏膺，《吴都》注後，藐藐坳朋。《沖虛至德真經列子》張湛處度注八卷，每半葉十二行，每行二十五字，今世所行明世德堂本注，與唐當塗縣丞殷敬順釋文合，并不復可以識別。盧學士《羣書拾補》以意分之，不若此本未附釋文，尤爲確然而無誤也。卷第五「五山始峙而不動」一句，俗本皆脱「而不動」三字，居士舉劉淵林《吴都賦》注有之以相證，謂《列子》善本無踰此。今考《玉海》載祥符四年官校《列子》事，殆其時之本歟。居士嘗爲余言，殷敬順釋文，乃宋道士碧虛子陳景元依託，今賦文仍云敬順者，不遽改舊稱也。高解《鴻烈》，蓋云善哉，向貴蘆泉，頓成陪臺。憒《道藏》之贋鼎，每張目而一欸。將高郵以助予，臨欲借而遲回。小字本《淮南鴻烈解》二十一卷，每半葉十二行，每行大廿二字，小廿五字，楝亭曹氏舊物也。相傳惠松厓絶稱明蘆泉劉績補注本，惠嘗見宋本者也。其實劉出於正統十年《道藏》，不如宋槧遠甚。近有妄庸人，取《道藏》以己意塗竄增删，又多造童牛角馬之字，移易舊文，刻版印行，不知者遂目《道藏》爲真。如此，其貽誤何可勝言耶。高郵王庶子引之方事重校，曾枉札相訊，居士與王不相知，而頗諷予借與之也。黄門《家訓》，篇廿卷七，欣遇考證，檢度缮密。縮述古而稍布，窘邊幅之小失。恢逸聞於書院，喟共山其無匹。淳熙台州公庫本《顔氏家訓》七卷，每半葉十二行，每行十八字，後附嘉興沈揆考證一卷，凡三册。每册首尾有「省齋」一印，「共山書院」一印。省齋未詳，共山書院有藏書目録，柳待制爲之序，稱汲郡張公，不詳其名，延祐三年，參議中書省，錢少詹大昕補《元史·藝文志》載之者也。又每册首尾紙背有一長方鈐記云「國子監崇文閣官書，借讀者必須愛護，損壞闕失典掌者不許收受」，皆逸聞也。末有何義門跋云：「此書爲沈虞卿所刊。虞卿，紹熙中嘗以中大夫秘閣修撰知吾郡，見范志牧守題名。」又云：「虞卿自號欣遇，見楊廷秀《朝天集》。」近長塘鮑氏，已用述古堂影鈔木刊入《知不足齋叢書》第十一集，然就其叢書爲大小，邊幅失之窘矣。倦翁《愧郯》，亦叢長塘，導源夢羽，功歸濫觴。岳珂《愧郯録》十五卷，每半葉九行，每行十七字，八至十一凡四卷皆鈔補，餘尚有空白未補者十葉，即鮑氏叢書底本也。有「楊氏夢羽」一印。光遠《鑑戒》，鼎爲不腆，流丹青而貿實，睠雲煙之過眼。小字重雕足本何光遠《鑑誡録》十卷，每半葉十五行，每行廿四字，出項氏天籟閣，經阮亭、竹垞諸老手題。初，居士從徐七來家廉值得之，旋爲其友程子世銓奪去，鮑緑飲時尚未與居士相識，從程借鈔，近亦刻入叢書，其跋絶不及居士，且有程以厚價購得語，當由不悉原委也。今其事已閲二十許年，程薄宦江右，而書轉展歸予，曾屬居士補作一跋，跋之尾句曰「不能無雲煙過眼之感也」。文瑩《湘山》，元鈔未并，《揮麈》結銜，朝請明清。認諱《圖畫》，添序《茅亭》，津逮率爾，革祕之名。釋文瑩重雕改正《湘山野録》三卷續一卷，每半葉九行，每行廿字，宋刻上卷三葉起至中卷二十三葉止，凡四十七葉，餘五十三葉元人補鈔。有跋云：「至正十九年六月十九日覽訖。」殘本《揮麈後録》，所存僅第一、第二兩卷，三録三卷全，每半葉十一行，每行廿字，卷首題「朝請大夫主管台州崇道觀汝陰王明清」一行。臨安府陳道人書籍舖刊行本郭若虛《圖畫見聞志》六卷，每半葉十一行，每行廿字，遇宋諱皆闕筆，翻本不如是矣。黄休復《茅亭客話》十卷，每半葉九行，每行十八字，末有石京後序一篇。以上四種，皆經汲古毛氏刊入《津逮》中。然《湘山野録》斧季重用前本手勘者，今亦在予家，錯誤無慮數十百處也。其餘大率類是。故居士以爲秘書之名，即革之斯可矣。醫藥方論，載網載羅，乾道《傷寒》，淳熙《産科》，專門疇覺，遑計其他。李檉《傷寒要旨》二卷，每半葉九行，每行十六字，末葉有二行云「右《傷寒要旨》一卷《藥方》一卷，乾道辛卯歲刻于姑孰郡齋」。此書載《書録解題》，陳氏曰：皆不外仲景也。朱端章《衛生家寶産科備要》八卷，每半葉九行，每行十五字，末卷有三行云「長樂朱端章以所藏諸家産科經驗方編成八卷，刻板南康郡齋。淳熙甲辰歲十二月初十日」。錢遵王言其首列借地、禁草、禁水三法，今罕有行之者，亦罕有知之者矣。《活人》問答之叢殘，《事親》圖説之戢孴，得《十便》於《大衍》，貴《千金》於《備急》，窺《秘要》於鄰臺，僉有瀋之可拾。殘本重校正《活人書》，每半葉十行，每行十九字，所存十至十二，凡三卷。《書録解題》云：《南陽活人書》十八卷，朝奉郎直秘閣吴興朱肱翼中撰，以張仲景《傷寒方論》各依類聚，爲之問答也。《晁氏讀書志》云二十卷，今未知孰是。殘本張從正《儒門事親》，所存二十一葉，自《撮要》至《扁華訣》凡七目，有毛子晋印章，汲古閣秘本目「宋板醫家圖説」一本即此也。殘本《十便良方》，每半葉十三行，每行廿二字，所存十一至十七，又廿一至廿三，凡十卷。其目尚存，蓋本四十卷，勵得四之一耳。其序乃鈔補，稱附益紹熙孫稽仲所集《大衍方》，果得其便，凡十焉。末署「慶元乙卯十月二十四日汾陽博濟堂書」，作者姓名未詳。孫名紹遠，《大衍方》載《書録解題》。殘本《新雕孫真人千金方》，每半葉十四行，每行廿四字不等，所存一至五，又十一至十五，又二十一至末，凡二十卷。以錢述古鈔本《千金備急要方》校之，尚鮮有一處符合者，可稱奇秘矣。人命至重，有貴千金，思邈自序語也。殘本《外臺秘要方》，每半葉十三行，每行廿四字，所存但目録及第廿二卷耳。近聞居士爲陽城張古餘先生敦仁以廉值獲泰半部，心馳神往於一見矣。以上五書，皆缺損已甚，故等之於拾瀋。拾瀋字本出《左氏傳》，而此所用，意有小異也。籠經史與百氏，羌更僕而未殫。苟泛言以及集，又文海而詩山。此二韵爲下文其餘又有張本也。爾其陶誠夐世，籤題元筆。規往之外，几塵屡拂。《陶淵明集》十卷，每半葉十行，每行十六字，《汲古閣秘本目》云與世本夐然不同，如《桃花源記》中「聞之欣然規往」，今時本誤作「親」，謬甚。他如此類甚多。籤題係元人筆，不敢易去云云。即此本也。最後附曾紘説一首云：親友范元羲寄示義陽太守公所開陶集，末署「宣和六年」，是北宋槧矣。宋宣獻言，校書如拂几上塵，旋拂旋生，即此説中語也。翰林歌詩，古香溢紙，擩染亂真，對此色死。元豐三年臨川晏氏本《李太白文集》三十卷，行字之數與康熙中繆氏覆本同，繆嘗用以亂真，然特不可以對此耳。九家杜注，寶慶漕録，自有連城，蝕甚勿嫌。殘本新刊校定《集注杜詩》，每半葉九行，每行十六字，所存五十五葉，即寶慶乙酉曾噩于肅重摹淳熙成都本，刊于南海之漕臺者也。《敏求記》稱其開板宏爽，刻鏤精工，洵然，惜缺損已甚耳。自有連城者，斷章於遺山詩。王沿表進，移氣麻沙，秀句半雨，夙假齒牙。《王右丞文集》十卷，每半葉十一行，每行二十字不等，傳是樓舊物也。王縉搜求其兄詩筆，隨表奉進，此刻是麻沙宋板，《送梓州李使君詩》亦作「山中一半雨，樹杪萬重泉」云云，皆見《敏求記》。孟出史院，懂脱覆瓿，抉剔其妙，辰翁卻走。《孟浩然詩集》三卷，每半葉十二行，每行廿一字，有「翰林國史院官書」楷字鈐記，嘉定瞿中溶鏡濤甫見之曰：此元時印也，存於今者僅矣。懂僅同字。予以校元刻須溪先生批點孟集，乃知辰翁强分門類，遂致全篇或脱或衍，字句閒更不足言矣。《昌黎》數四，百衲之裔，別加《點勘》，須兹起例。殘大字本《昌黎先生文集》，每半葉十行，每行十八字，所存卷二十二至卷二十六而已，傳是樓舊物也。又殘小字本《昌黎先生集》，每半葉十一行，每行廿字，所存卷一至十，字畫方勁，而未有注，當是北宋槧。又殘本同前刻，所存第三十九、第四十兩卷。又殘本朱文公校《昌黎先生集》，每半葉十二行，每行廿一字，所存卷十一至末。予欲以四殘本相補完，故曰可作述古堂主人百衲《史記》之流裔也。別加點勘者，郡前輩陳少章氏，先已著有《韓集點勘》也。又張古餘先生向得殘本，今年春曾許與南宋殘本《九章》及《張邶[邱]建》、《孫子筭經》，一併脱手見贈，介居士及袁壽皆甫易校。予新得殘本《太平御覽》，助孫淵如先生星衍付刻於山東，後經某人惎之，不果。某人者，予舊學徒也。廬山《長慶》，見取六丁，金華太史，獨著精靈。殘本《白氏文集》，每半葉十一行，每行廿一字，所存十三至十六，又二十六至三十四，又五十五至五十八，凡十七卷。《長慶集》，北宋時鏤諸版，所謂廬山本者。庚寅一炬，種子斷絶，唯此金華宋氏景濂所藏小宋版，圖記宛然，古香可愛，推希世珍矣。事詳《敏求記》。其所數存卷有誤，今正之。賓客碑文，受教名儒，以石攻錯，乍彰其瑜。殘本《劉夢得文集》，每半葉十二行，每行廿一字，所存一至四而已，曩者錢少詹大昕借讀明刻完本劉集於予，手校袁州萍鄉縣楊岐山《故廣禪師碑文》疏於別紙云：石刻與刻本不同者二十餘字，多五十餘字，今宋本雖未能盡爾，然與明刻異者，必與石刻同矣。五言長城，未隳《文房》雜著附見，知勝建昌。殘本《劉文房文集》，每半葉十二行，每行廿一字，所存五至十，凡六卷。《書録解題》云：《劉隨州集》，唐隨州刺史宣城劉長卿文房撰，詩九卷，末一卷雜著數篇而已。建昌本十卷，別一卷爲雜著。予別藏臨何義門校，即據建昌本以相覆勘，知此爲勝也。次道序後，貞曜增重，彼哉玩物，厠諸骨董。小字本《孟東野詩集》十卷，每半葉十一行，每行十六字，北宋槧也，有集賢校理常山宋敏求後序及本傳、《貞曜先生墓誌》各一首。曾藏於延令季氏，亦入傳是樓，蓋疊爲真賞家所重矣。又有「安麓村」一印。安，賣骨董者。敬與《中書》，文饒《一品》，事涉經濟，不厭其審。殘小字本《陸宣公奏草》，五六兩卷。又《中書奏議》，五六兩卷，每半葉十二行，每行廿二字，汲古閣舊物也。殘本《會昌一品制集》，每半葉十三行，每行廿二字，所存一至十，凡十卷。此二種，予悉嘗用以手勘他本，語人云：不敢因其缺損已甚而忽之，豈特佞宋，亦以重二公也。今爲賦所取。胡曾《詠史》，廣陵賸餘，米評陳注，興歎翳如。《注胡曾詠史詩》三卷，每半葉十一行，每行大廿二，小廿七字，延令季氏舊物也。首題前進士胡曾著述并序，邵陽叟陳蓋注詩，京兆郡米崇吉評注并續序，世罕知之者矣。此書，江君藩自揚州以之歸余也，詩凡一百五十首，起《烏江》，終《滎陽》。雖小可觀，睦親之坊。唐求味江山人，幼微咸宜女郎。昭諫《甲乙》，用晦《丁卯》，泊《朱慶餘》，一一妍好。《唐山人詩》一卷，《女郎魚元機詩》一卷，《甲乙集》十卷，《許丁卯集》二卷，《朱慶餘集》一卷，每半葉十行，每行十八字，皆臨安府棚北大街睦親坊南陳宅書籍鋪印行，所謂書棚本是也。若乃覩温國於徐盧，箴傳家之膏肓。《温國文正司馬公文集》八十卷，每半葉十二行，每行廿字，首爲劉嶠序，次爲《進司馬温公文集表》，表第一葉間有朱書一行云「洪武丁巳秋八月收」，鈐以小方章一文云「徐達左印」，又大方章一文云「松雲道人徐良夫藏書」，卷第八十後副葉有墨書三行云「國初吳儒徐松雲先生收藏温公集八十卷缺九卷，雍謹鈔補，以爲完書云。宏治乙丑秋九月望日石湖盧雍謹記」。予得之以嘉慶丁巳，暇日偶校舊鈔《傳家集》，觸處見誤，近刻復何足道耶。書之可稱祖本者，唯此種是矣。眡石林之《奏議》，欝剥落而生芒。葉夢得《石林奏議》十五卷，每半葉十行，每行廿字，每卷次行題模編二字，後有跋，末署「開禧丙寅六月既望，姪孫朝奉大夫改差權知台州軍州兼管內勸農事借紫箋謹書」。此書陳直齋著於録，近《汲古閣祕本目》載影宋精鈔，此較勝之矣。居士頗惜其紙板有剥落處也。神子遹之《渭南》，叶告夢之殊祥。《渭南文集》五十卷，每半葉十行，每行十七字，前有序一首，署「嘉定十有三年十一月壬寅，幼子承事郎知建康府溧陽縣主管勸農公事子遹謹書」。此是家刻，故游字皆去末筆。白堤錢聽默，書賈之多聞者也，語予曰：相傳庚寅一炬之先，放翁示夢於汲古主人曰，有《渭南文集》一部，在某所，可往借之。遂免於厄。噫！文人結習有如是哉！通體完好，中有闕葉，錢叔寶手鈔補足。摭《劍南》以作貳，俾掍連之就匡。殘本新刊《劍南詩稿》，每半葉十行，每行廿字，所存一至四，又八至十，又十五至十七，凡十卷，前有淳熙十有四年臘月幾望門人迪功郎監嚴州在城都税務鄭師尹序一首。《書録解題》云：《劍南詩藁》二十卷，止淳熙丁未續藁六十七卷，自戊申以及其終，當嘉定庚午，其幼子遹續刻之。今經汲古毛氏一槩合刻，面目無復存焉者矣。此雖殘帙，猶可考其初不掍連也。躋《友林》之逸品，儷聲價於吉光。史彌亭《友林乙稿》一卷，每半葉八行，每行十六字，予又有覆本，行字相同，《潛揅堂題跋》中在都門所見，即覆本耳。真本流麗娟秀，兼饒古雅之趣，在宋槧中別有風神，未容後來摹倣也。予跋之，目爲逸品。又考趙希弁《讀書附志》云：《友林詩藁》二卷，有黄景説、曾丰序，今詩既一卷，又無此序，佚其甲稿無疑矣。裂《梁溪》之卅八，孰斯文之可喪。殘本《梁溪文集》，每半葉九行，每行廿字，凡三十八卷，末有乾隆六年二十六世孫枚跋，稱雍正己酉，下榻衍聖公之九如堂，詢知《梁溪文集》爲舊族高陽相公持去。高陽，諱霨。越十餘年，過上谷所屬之地，高陽府第，半屬荒基，而是集猶在，因以歷歲所餘館穀與之，而是集始得返趙云云。觀此，可知其珍重也。然實經割移卷第，而跋未之知。今予就版心字跡釐正焉：古律詩九、十兩卷，爲第十三、十四；表劄奏議三至十四，爲卷第四十一至五十二；又廿四至卅二，爲第六十二至七十；又五十三至六十，爲第九十一至九十八；又六十二，爲第一百；迂論四，爲第一百四十八；又九、十兩卷，爲第一百五十三、一百五十四；題跋上中下，爲第一百六十一至一百六十三。《書録解題》云百二十卷，趙希弁《讀書附志》云百七十卷，此即百七十卷之本。證《擊壤》於泰興，殘本《伊川擊壤集》，每半葉十行，每行廿一字，所存三至六，凡四卷而已，泰興季氏舊物也。《延令目》云宋邵康節《擊壤集》二十五卷，即此。彼時蓋尚完。然考晁、陳及馬氏著録，五乃衍字。譣《乖崖》於崇陽。殘本《乖崖先生文集》，每半葉十行，每行廿字，所存一卷至六卷，以下至卷十二，皆賜書樓舊鈔本也。《讀書志》十卷，陳直齋云：近時郭森卿宰崇陽，刻此集舊本十卷，增廣并語録爲十二卷。今此本前有咸淳乙巳中春朔邑子朝散大夫特差荆湖安杭大吏司主管機宜文字權澧州軍州事賜緋龔夢龍序云：前令君天台郭公森卿嘗琹寘郡齋，己未兵燹，遂爲煨燼。今令史左綿伊公賡以儒術飾吏，復鋟梓以壽其傳。是郭本之重刻於崇陽者也。奇兩探於真魏，《西山先生真文忠公文集》五十五卷，每半葉十行，每行十八字，其卷八至十一，又二十五至二十八，又五十二至五十五，皆鈔補。而第五十一全卷盡缺。考《書録解題》、《經籍考》，皆五十六卷，《延令目》乃云五十一卷。今宋槧前後凡存四十二卷而止於卷之第五十，鈔補未知所出，無以訂此也。《鶴山先生大全集》一百十卷，每半葉十一行，每行廿字，首有淳熙己酉宛陵吳淵序，第一卷首缺損一葉又四行，其第五行始爲《寄題雅州胥園》云云。而明邛州刻本竟以此題爲首，誤甚矣。惜缺十八、十九，卅五至卅八，四十三至四十六，五十至五十三，七十五至七十七，一百八，凡十八卷。西山與鶴山並稱，洵南宋之兩大儒也，予皆得其集之善本，亦足以豪矣。異三摮乎《豫章》。殘本《豫章黄先生文集》，每半葉九行，每行十八字，所存一至十四，又十七至十九，凡十七卷，其第一卷末有「山房李彤、洛陽朱敦儒正是」一行。殘本《豫章黄先生外集》，每半葉九行，每行十八字，所存一至六而已，第六卷末葉爲書賈所去，別以第十四卷末葉足之，因此葉後亦有山房李彤云云一行，自詭於全帙也。《延令書目》載後集六卷，殆緣是歟。然其所載《山谷集》三十卷則未缺，今不知在何所。殘本任淵《山谷黄先生大全詩注》，每半葉十一行，每行大廿字，小廿四字，所存卷一至十八，其後皆缺，每卷中復多缺葉，末葉有粘籤一條云：「一本永樂二年七月二十五日蘇叔敬買到」，抱沖道人得南城廢殿本《古列女傳》有此，即載於《敏求記》者，其外未聞更見於他書也。予嘗攜就小讀書堆驗之，字跡正出一手。文考信於南卿，殘本王阮《義豐文集》，每半葉十行，每行十八字，所存五十八葉，前有淳祐戊申大梁趙希烝敍，後有淳祐癸卯吳愈敍，通體均遭割補，文僅末半葉，與前半葉《和淵明詞》云云初不連屬，缺損已甚矣。元書幾卷，無從考見，惟《程史》以爲阮所作詩號《義豐集》，刻江泮，校官馮椅爲之序者，有詩無文，決非此本也。南卿，阮字。詞傳疑於立方。殘本侍郎葛公《歸愚集》，每半葉十二行，每行廿二字，所存五至十三，凡九卷。漁洋山人《居易録》云：宋葛立方常之《歸愚集》十卷，詩四卷，樂府一卷，騷賦雜文一卷，外制二卷，表啓二卷。今宋槧無樂府，而予藏汲古毛氏精鈔《宋人詞百種》中有之，即刻入六十家者也。或是傳鈔者取以附益耳。《書録解題》二十卷，此槧當與之同，但不識樂府在缺卷内否。諦《欒城》而小字，殘本《欒城集》，每半葉十一行，每行十八字，所存前集共八卷，後集所存九至廿一，凡十三卷。明刻於文中年月官銜任意删削，殊不耐觀，予別從抱沖道人處見一殘册，其字較大，亦宋槧也。披《益公》而疏行。殘本《周益公集》，每半葉十行，每行十六字，所存者爲《省齋文稿》一至八，又廿八至卅六，《平園續藁》一至十五，又廿七至卅，又卅六至四十，《玉堂類藁》六至八，又十一至十三，《歷官表奏》一至五，又十至十二，《承明録》一至六，《書稿》九至十一，附録五卷，凡六十九卷。疏行大字，軒爽悅目。予又嘗別見歐集於某所，欵式悉同，此殆倣彼而爲之也。《參寥》歸攝六之物，《參寥子詩集》十二卷，每半葉十一行，每行廿四字，驗其收藏最先爲蓮鬚閣舊物，有「黄子羽讀書記」小印也。子羽，名翼，攝六是其號。此印，前《湘山野録》亦有之。凡各書圖記，唯涉賦文，乃加詳述，餘或有偶及者，然多不盡也。如此書，并有季滄葦、徐健菴名氏章。致道返淮東之藏。《北山小集》四十卷，程俱致道撰，每半葉十行，每行廿字，用故紙刷印，錢少詹有跋云：驗其紙背，皆乾道六年官司簿帳，其印記文可辨者，曰「湖州司理院新朱記」，曰「湖州户部贍軍酒庫記」，曰「湖州監在城酒務朱記」，曰「湖州司獄朱記」，曰「烏程縣印」，曰「歸安縣印」，曰「監湖州都商税務朱記」，意此集板刻於吳興官廨也。紙墨古雅，洵是淳熙以前物云云。卷尾有黄氏淮東書院圖籍印，未詳其爲何人。上句曰歸，此曰返者，由吾宗以取義也。伊駢列以十數，悉求是之康莊。言宋集而得宋槧，考信最確，不假他塗也。至於宣城之三謝，唐庚集《三謝詩》一卷，每半葉十二行，每行廿二字，卷中有嘉泰甲子郡守譙令憲重脩云云，所謂宣城本者是也。予得於蔣氏貯書樓，篁亭有手記字數行在末葉。京兆之五竇，《竇氏聯珠集》，每半葉九行，每行十七字，淳熙五年刊本也。昔見何義門校汲古閣刻，其跋云「康熙辛卯春日，購得葉九來所藏宋本，乃顧大有舊物，因改正五十餘字，中《行杏山館聽子規》一篇，諸本皆脱去。尤可笑者，和峴王崧二跋中，大天字皆訛爲大夫，人不通今古，其陋乃至此耶」云云。今覆案之，誠然。其聽子規詩，乃竇常之末篇。使君之《才調》，《才調集》十卷，每半葉十行，每行十八字，卷二至卷五爲宋槧，餘鈔補。第一卷有「季振宜藏書」一印。合諸《延令目》云：《才調集》十卷四本，宋本鈔補。知其即此。衲子之《宏秀》，殘本唐僧《宏秀集》，每半葉十行，每行十八字，缺後二卷，并缺第一卷一葉又半葉。《敏求記》載元人鈔本十卷云：寶祐第六春，菏澤李龏和父編，蓋完帙也。唯《汲古閣秘本目》：影宋板精鈔。不著其完與殘，未知出何本耳。荆公之《百家》，殘本《唐百家詩選》，每半葉十行，每行十八字，所存一至十一，凡十一卷。首有楊蟠序，商邱新刻所無，餘亦相去逕庭。又有分類宋槧殘本，在小讀書堆。洪氏之《萬首》，殘本《萬首唐人絶句》，每半葉九行，每行廿字，所存前後凡三十六卷，而序及目録完好無恙。《敏求記》言：目録二卷，七言七十五卷，五言二十五卷，六言一卷，趙宧光所刊，統而一之。譏其好自用，誠哉是言也。明嘉靖時，有覆宋本者，規模未改，勝趙刻遠甚，然終不若此之可寶。唐粹則一朝，《文粹》一百卷，每半葉十五行，每行廿六字不等，末題云「臨安府今重行開雕《唐文粹》壹部，計貳拾策，已委官校正訖。紹興九年正月△日。」其名銜文繁不録。嘗見何義門、小山兄弟皆用此以校明刻本，朱字爛然，至於盈紙。予近亦思手勘一副本，而逡巡未就，乃知前人用功之勤，亦有未可遽没者。宋選則衆手。小字本《聖宋文選》三十二卷，每半葉十六行，每行廿八字，無序目并撰録人姓名。凡選十四家，歐陽永叔二卷，司馬君實三卷，范希文一卷，王禹偁一卷，孫明復二卷，王介甫二卷，余元度一卷，曾子固二卷，石守道三卷，李邦直五卷，唐子西一卷，張文潛七卷，黄魯直一卷，陳瑩中一卷。此書徐立齋舊物也，近從武進趙司馬懷玉所歸於予。又嘗別得殘本，同此一刻，缺卷七至十一王禹偁、孫明復、王介甫三家，他日當影鈔補足之。遇其全可以樂，遭其缺可以守。冶金鐵而必精，流纖洪而均受。言總集類八種，全缺參半，其書亦非一致，特因宋槧並收也。其餘又有朱楊之《易》，徐解拾遺。朱子《易學啓蒙》上下卷，每半葉七行，每行十五字，卷首自序一通，末署「雲臺真逸手記」，亦逸聞矣。《張先生校正楊寶學易傳》二十卷，每半葉十行，每行廿一字。張先生者，誠齋門人張敬之顯父也。前有淳熙戊申誠齋自序及奏劄。此二種，宋人説經之未入徐氏《通誌堂經解》者，故曰拾遺也。紅豆累跋，河汾表微。《文中子》十卷，每半葉□行，每行□□字，紅豆舊物也。卷端有其二跋，其一云：「此爲宋刻善本，今世行本出安陽崔氏者，經其刊定，駮亂失次，不復可觀。今人好以己意改竄古書，雖賢者不免，可嘆也。」其一云云，乃論王通也，茲不具録。統和《手鏡》，方遼庶幾。

《龍龕手鑑》四卷，每半葉十行，每行大小卅字不等，上聲一册，汲古毛氏精鈔補足。相傳此書遼刻，元名「手鏡」，宋刻改爲「鑑」。今驗此標題，是宋而非遼矣。《敏求記》所載，與此正同。乃遵王仍以契丹鏤板説之，豈因首列「統和十五年丁酉七月初一癸亥燕臺憫忠寺沙門智光字法炬序」，遂以爲據耶。序云：猶手持於鸞鏡，鏡字但缺一筆而不改，則又何也。《四六餘話》，非槧猶稀。《雲莊四六餘話》，不分卷，每半葉十一行，每行十九字，首題楊囦道深仲，末題幔亭黎夢庚秀伯校正。此書不見於諸家著録，唯《述古堂目》有之，云一卷鈔。益知宋槧之爲罕秘矣。一册垂丞相之型，《漢丞相諸葛忠武侯傳》一卷，每半葉十行，每行十七字，凡卅三葉爲一册，文三橋舊藏也。此傳，宋侍講張栻所爲，其詳在《書録解題》傳記類。廿葉感左徒之躅。錢杲之《離騷集傳》一卷，每半葉九行，每行十八字，凡廿一葉，云廿葉，舉大數。鮑氏刊入叢書，即從此出，汲古閣舊物也。予得之桐鄉金主事德輿家，卷首有畫，闕一幅，香草以配忠貞，其斯之謂歟。蔡撮鑑而甫知文子，《袁氏〈通鑑紀事本末〉撮最》八卷，每半葉十四行，每行廿三字，首列兩行，一云「建安袁樞機仲編」，一云「建安蔡文子行之撮」，各家書目所未載，有「毘陵周九松藏書」一印。劉苑詩而纔聞伯玉。《詩苑衆芳》，每半葉九行，每行十五字，無序目卷數，凡詩廿四家，首長樂潘氏，終古汴吴氏，署云「吴郡梅溪劉瑄伯玉敬編。」亦各家書目所未載也。愚齋增注之《三賦》，大字本王十朋《會稽三賦注》不分卷，每半葉九行，每行大十八字，小卅二字不等，注中有注。三賦者：《會稽風俗》、《民事堂》、《蓬萊閣》也。前有嘉定丁丑愚齋史鑄序云：「《風俗》一賦，雖有剡溪周君爲之注，惟以表出山川事物爲意，而公之文章，以經史百家之言，盤屈于筆下者，殊未究其根柢。暨《民事》、《蓬萊》之作，其注又闕然無聞，由是不揆蕪淺，輒皆爲之注」云云。周，名世則。梅山校正之尺牘。李學士《新注孫尚書内簡尺牘》十六卷，每半葉十二行，每行大廿字，小廿五字，無序文及刊刻年月，目後有「蔡氏家塾校正」六字。予向有趙靈均用元天曆庚午本所校之明刻，其首有鈔補序一通，云「慶元三祀閏餘之月，梅山蔡建侯行父謹序」。以之相證，即此本之序，而今失去耳，元本蓋從之出也。《文訣》變其從同，殘本《迂齋先生標注崇古文訣》，每半葉十二行，每行廿三字，所存首至卷八，又卷十五至末，又鈔補四卷，元二十卷之中仍少十二、十四兩卷，有一印文曰「吴郡西崦朱卦榮書畫印」，又有「卦榮」、「西崦」各一印，吾郡明初之藏書者也。頗不經見，《文訣》藉此增重矣。予嘗欲搜訪藏書家，起元明之交，終於所聞見，各撰小傳，合編一集，然後如卦榮者，或不致有名氏翳如之歎，此亦好古者之責也。《歷要》矜於所獨。《三歷撮要》一卷，每半葉十行，每行十九字，竹汀錢少詹觀之曰：所引《萬通》、《百忌》、《萬年俱注》、《集聖》、《廣聖》諸書，皆選擇家言，司天監據以鋪注頒朔者也。劉德成、方摻仲、汪德昭、倪和甫，蓋當時術數之士，今無能舉其姓名者矣。予謂陰陽伎術之書，本易亡失。《集聖曆》四卷，宋楊可撰，載晁志。《百忌歷》二卷，稱唐吕才撰，載陳録。今皆未見。此歷亦載陳録，云一卷，無名氏。又一本名《擇日撮要歷》，大略皆同。建安徐清波宜翁云其尊人尚書公應龍所輯，不欲著名，今予所得，即直齋著録之本也，外間絶未聞有傳之者。以及硯石南宫，米芾《硯史》一卷，每半葉十一行，每行廿字，白堤錢聽默曰：「此《山林拾遺集》之一種也。」錢嘗收得完本，今轉徙未詳所歸。書法道人。陳思《書小史》十卷，每半葉十一行，每行廿字，宋槧起卷第六，其以上毛氏鈔本補足，有天台謝愈修序，稱道人趣尚之雅編類之勤云云。《忘憂清樂》，《忘憂清樂集》不分卷，板有上中下小數，行字不等，載足本《敏求記》中，稱爲《李逸民棋譜》二卷，非也。《書録解題》云：《忘憂清樂集》一卷，棊待詔李逸民撰集。即此。又考《讀書志》云：《忘憂集》三卷，宋朝劉仲甫編。故此集首題曰前御書院棊待詔李逸民重編也。上中下小數，豈記劉之舊第耶。特拈出正之。《梅花喜神》。宋伯仁《梅花喜神譜》不分卷，自蓓蕾以至就實，圖形百，各系以五言斷句，景定辛酉金華雙桂堂重鋟。此書亦載足本《敏求記》，予辛酉北游，得之琉璃廠。伯仁，字器之，湖州人，《江湖小集》載其《雪岩吟草》，歷官事行，大略可見。然世之知有此人此書者，鮮矣。其初刻在嘉熙戊戌者，今當不復可得。《夷堅》片甲，殘本《夷堅支甲》，每半葉十二行，每行廿三字，所存一至三，又七、八，凡五卷。又殘本支壬，每半葉十行，每行十八字，所存三至十，凡八卷。支癸所存一至八，凡八卷。合兩刻僅廿一卷而已。文惠元書，共四百二十卷，此缺損已甚矣。《類説》一鱗。殘本《類説》，每半葉十行，每行十六字，所存序及《仇池筆記》、《遯齋閒覽》、《東軒筆録》而已。序末署「紹興六年四月望日，温陵曾慥引」。《汲古閣秘本目》云宋板《類説》真本首册，即此也。《讀書志》六十卷。莫不附驥而服上駟，在御而充下陳。自「其餘又有」以下，居士第其品於乙，故云爾也。揔無慮而筭目，頗踰數而多閏。通數所賦，不數重本，凡得百有九種。嗜遑遑其靡厭，挹兼箱於劣僅。馳香嚴與芳茮，思計日而取儁。範居室於衛荆，姑掩皕而一憖。香嚴，吾友同郡周君錫瓚書屋名。其家宋槧有殘本《太平御覽》等。芳茮，歸安嚴君元照之堂也，君字九能，居士與之稔，爲予言其宋槧《儀禮要義》等。右皆銘心絶品，爲之形於夢寐者也。居士既成此賦，予旋得《御覽》矣。又別得紹興本《管子》、《洪氏集驗方》、《秦隱君詩》，殘本《幼幼新書》、《揮麈録》前録，殘小字本《三蘇文粹》，殘本《續資治通鑑節要》、《皇朝中興繫年要録節要》，殘本《王逸注楚辭》，衛湜《禮記集説》，錢佃本《荀子注》，殘本《資治通鑑》，李善注《文選》，殘本《東都事略》，《史載之方》，《韓文考異》，李復言《續幽怪録》之屬，凡數十種，倘符掩皕之頌，其請居士爲後賦乎。皕，二百也。見《説文》。於是撰江夏之別録，彙無雙而作囿。要擇精而語詳，竭兩端於我叩。推尚友於延令，覈名實之不售。置《敏求》以絶塵，肯卑之而或糅。予思撰所藏書録，專論各本，以宋槧一、元槧二、毛鈔三、舊鈔四、雜舊刻五分列，今宋槧粗就矣。昔人書目，未有題以宋板者。有之，自延令季氏始。但其目後仍厠他刻，此區區之未盡愜心者也。《讀書敏求記》則凡宋元鈔刻，雜糅並陳，又或騁其行文之便，一槩略去弗言，致令不可識別，尤不能無憾耳。且其篋部福帙，福，即副貳字，顔氏《匡謬正俗》詳之矣。千積萬嬴，甄綜近時，陶鑄元明。亦嘗雲而仍之。至其遐稽幽討，鋠豪攗芒，測量中古，傳聞漢唐，固已高而曾之。得其大，則存亡起廢，憭惑條紛，炙轂賢路，擁篲聖門。得其小，則博物所效，多聞攸資，祕帳助談，闤市立師。是故上徹下通，鉅函細入，交讀藏以成其善，此百宋之所以莫能及也。存亡者，晦而仍出也。起廢者，壞而復善也。憭惑者，疑而取決也。條紛者，亂而獲理也。四者居宋槧之大端矣。聖賢經傳乃賴之以不墜，其爲用亦鉅矣哉！故博物多聞，猶其小者耳。夫洞庭廣樂，豈齊響於鼃咬；豐人杼首，焉偶形於么麽。狂簡不知所裁，識者燭其弗可。而況顛倒白黑，錯亂是非，予兔園以徇曲，奪鴻寶以挾私。亦猶折衡而揣輕重，踣表而儗高卑。必倍勞而倍拙，不足哈而足悲。用是略抒揚榷，粗陳梗槩，冀蘇重性之久迷，請覺貤繆之常寐。倘欲極其精微，窮其博大，逐字洞其癥結，每篇斷其凡最。鑽孯卒業，竟壽畢世，非僕倦談所能一二者也。」居士之言未終，客乃氣索神沮，手頹不能畫，舌强不能語，忘乎其所詰，失乎其所據。敞罔靡徙，遷延而去。於是主人曰：「善！願因筆墨，次第厥詞，答難應問，終身誦之。」始，予請居士撰藏書賦，在己未庚申間，許而未爲也。後以今名重請，迨甲子冬杪，此賦方就。時居士教讀於廬州府晋江張太守所。又明年乙丑春，手書其藁見寄。及秋，居士以將往山東應孫淵如先生之招，而歸家省母，然後行。適余注賦竟，遂仍相商榷定之如右也。

梁章鉅《歸田瑣記》卷八《北東園日記詩》　長年梨棗似雲屯，善與人同即福門。群笑兩家真好事，留香室與北東園。余好刻書，而東巖亦同。近復輯刊善書十種，時恭兒方刻《勸戒近録》、《續録》、《三録》，余亦有雜著待刻。梨棗之煩，只此兩家，浦人咸咄咄以爲怪事也。【略】

鄉邦文獻共關心，早惜虛縻數萬金。今日却非當務急，壽山福海枉崇深。接廖鈺夫、魏和齋信，以奉大府諭令，捐刊省志。此誠盛舉，而此日實非其時。憶嘉慶年間，有長沙僧寄塵者，在烏石山大書「壽山福海」四字磨崖，實與彼時郡城殷賑恬熙氣象相稱。今則名山已歸異族，鯷海正漲狂瀾，當務之急，恐不在此也。

附復廖鈺夫尚書、魏和齋山長書

日來接誦來函，諸叨綺注，承以《福建通志》一書，待刊已久，亟應付之棗梨，以垂久遠，仰見情深文獻，誼篤鄉邦，並傳述劉制軍鈞諭，令某與蘇鼇石先生首捐，爲士夫倡，並諭應同薦紳倡始，繼及官僚，令即裁復，以便轉達大府等語，自當凜遵。惟此事本末，似大府尚未能悉其詳。前此數萬金付之一擲，至今嘖嘖人口，衆怨未消。且《通志》爲合省官書，必應合通省官紳之力以成之，自當由大府主持，通行各外郡縣遵辦。今轉欲薦紳倡始，官僚繼之，於名不正，於言不順。

況以目下情形而論，外侮未退，鹺務方殷，他處所不敢知，即以某現居浦城而論，舉商之事未息，半載以來，死亡逃匿者，屈指可數，現在追呼日至，紳富尚皆重足而立，惴惴於心。若一波未平，一波復起，斷難冀其望風慕義，踴躍從公。某伏處山邑，有家難歸，閉户養疴，不預時局，愚昧之見，聊布區區，尚望閣下與在省同人從長計議。或仰藉大府風聲，竟能集事，亦未可知。某必竭盡綿力，以步諸君子後塵，斷不肯置身事外也。專此，復請道安，順璧侍謙，統祈朗鑒，不備。

葉昌熾《藏書紀事詩》卷一《毋昭裔守素》 蜀本九經最先出，後來孳乳到長興。蒲津毋氏家錢造，海内通行價倍增。

葉昌熾《藏書紀事詩》卷一《趙文定安仁》 不善刻書書一厄，永興面目嘆全非。舊鈔莫怪如星鳳，三館已聞傳本稀。

《宋史・趙安仁傳》：「安仁字樂道，河南洛陽人。雍熙二年登進士第，補梓州榷鹽院判官。會國子監刻《五經正義》板本，以安仁善楷書，遂奏留書之，直集賢院。歷官御史中丞。謚文定。」又：「安仁嗜讀書，所得禄賜多以購書。三館舊闕虞世南《北堂書鈔》，惟安仁家有本，真宗命内侍取之。喜其好古，手詔褒美。」

嚴可均《書北堂書鈔原本後》：「王伯厚云：『三館舊闕《書鈔》，惟趙安仁家有本。』是北宋已極罕覯。明中葉，常熟陳莊靖瓚得胥鈔本，其裔禹謨改補梓行。明人習氣，好作聰明，變亂舊章，是謂刻書而書亡。」

葉昌熾《藏書紀事詩》卷一《趙元考彦若》 膚如卵膜白如肪，演紙先求辟蠹方。臘雪更調寒食面，不須黄蘗煮成漿。

《後山談叢》：「澄心堂，南唐烈祖節度金陵之燕居也。趙内翰彦若家有《澄心堂書目》，纔三千餘卷。有『建業文房印』，後有主者，皆牙校也。」又云：「《建業文房書目》三千餘卷，有『金陵圖書院印』。」又云：「余於丹徒高氏見楊行密節度淮南補將校牒，紙光潔如玉，膚如卵膜，今士大夫所有澄心堂紙不逮也。」又云：「趙元考用寒食麪，臘月雪水爲粘，則不蠹。南唐煮粘用黄丹，王文獻公以皂莢末置書葉間，然不如也。」

葉昌熾《藏書紀事詩》卷一《周啓明昭回　高頔子奇》 古人得本皆親寫，至與貧兒暴富同。雕印流傳千百部，置書雖易馬牛風。

《宋史・隱逸傳》：「周啓明字昭回，其先金陵人，占籍處州。景德中，舉賢良方正科。仁宗即位，試助教，遷秘書省秘書郎，改太常丞。卒。藏書數千卷，多手自傳寫，而能口誦之。」又《文苑傳》：「高頔字子奇，開封雍丘人。後唐清泰中舉進士。力學强記，手寫書千餘卷。雍熙二年卒，年八十四。」

《紫桃軒雜綴》：「東坡自鈔兩《漢書》，既成，夸以爲貧兒暴富。唯手寫校勘，經幾番注意，自然融貫記憶，無鹵莽之失。今人買印成書，連屋充棟，多亦不讀，讀亦不精。書日多而學問日虚疏，子弟日愚，可嘆也！」

葉昌熾《藏書紀事詩》卷一《劉恕道原　子羲仲壯輿》 宋時諸州公使庫，刻書常有羨餘緡。家書自比官書善，何不精雕付手民。

黄庭堅《劉道原墓誌銘》：「道原高安劉氏，諱恕。博極群書，以史學擅名一代。年四十有七，卒於元豐元年九月。」又云：「道原生三男，羲仲、和叔稱。和叔以文鳴，而稱篤行，不幸相繼死。」

《宋史・文苑傳》：「劉恕字道原，筠州人。父涣，與歐陽公同年進士。恕篤好史學，司馬光編次《資治通鑒》，召爲局僚。遇史事紛錯難治，輒以諉恕。求書不遠數百里，身就之讀且鈔，殆忘寢食。宋次道知亳州，家多書，恕枉道借覽，次道日具饌爲主人禮。恕曰：『此非吾所爲來也，殊廢吾事，悉去之。』獨閉閣，晝夜口誦手鈔。留旬日，盡其書而去，目爲之翳。」

《郡齋讀書志》：「《十國紀年》四十二卷，劉恕道原撰。」

《却掃編》：「劉羲仲字壯輿，道原之子也。道原以史學自命，羲仲世其家學。嘗摘歐陽公《五代史》之誤爲《糾繆》。」

《老學庵筆記》：「劉道原、壯輿再世，藏書甚富。壯輿死，無後，書録於南康軍官庫。後數年，胡少汲過南康，訪之，已散落無餘矣。」

魏了翁《眉山孫氏書樓記》：「劉壯輿家於廬山之陽，所儲亦博。今其子孫無聞焉。」

高似孫《史略》：「劉壯輿家廬山之陽。自其祖凝之以來，圖書多有藏印，今不存。」

葉昌熾《藏書紀事詩》卷一《黄伯思長睿》 静几明窗善校讎，古書曾見太清樓。赫蹄留得鷄林紙，兩面文從牒背求。

李綱《左朝奉郎行秘書省秘書郎贈左朝請郎黄公墓誌銘》：「公諱伯思，字長睿父，姓黄氏，邵武人。天資警敏，自幼學至强仕，手未嘗釋卷。所至雖假室暫寓，必求明窗静几，圖史滿前，欣然處其間。上自六經，下至諸子百家，歷代史氏之書，無不精詣。亦好道家言，自號雲林子，別字霄賓。男二人，長詔，次訒。」

《四庫提要》：「《東觀餘論》三卷，宋黃伯思撰。」

樓鑰《跋東觀餘論》：「歐陽公《集古録》、趙德甫《金石録》，考訂甚工，然猶未免差誤。惟雲林之書爲盡善。」又云：「以雲林之美才，又仕於洛，多見故家名帖。及居館閣，盡見太清樓所藏異書。嘗自言曰：『考校往古事迹，先須熟讀强記，遇事加之精審，決無疏略。』」

《東觀餘論·跋章草鷄林紙卷後》：「政和丁酉歲五月二十一日，於丹陽城南第暴舊書，得此鷄林小紙，已爲人以鄭衛辭書盈軸矣。紙背尚可作字，因以索靖體書章草《急就》一卷，藏於家，庶幾顔文忠牒背書稿舊事云。」

張萱《疑耀》：「長睿得鷄林小紙一卷，書章草《急就》，余嘗疑之。幸獲校秘閣書籍，每見宋板書多以官府文牒翻其背以印行，如治平《類篇》一部四十卷，皆元符二年及崇寧五年公私文牒箋啓之故紙也。其紙極堅厚，背面光澤如一，故可兩用。若今之紙不能也。」

葉昌熾《藏書紀事詩》卷一《岳珂肅之》　監蜀何能比相臺，九經三傳例堪推。決科機要編成未，笑倒承平好秀才。

《四庫提要》：「《刊正九經三傳沿革例》一卷，宋岳珂撰。珂字肅之，號倦翁，湯陰人，居於嘉興。岳忠武王飛之孫，敷文閣待制霖之子也。官至户部侍郎、淮東總領制置使。」

《曝書雜記》：「宋岳倦翁刊《九經》、《三傳》，以家塾所藏諸刻，並興國于氏、建安余仁仲本，凡二十本。又以越中舊本注疏、建本有音釋注疏、蜀注疏合二十三本。專屬本經名士，反覆參訂，始命良工入梓。其所撰《相臺書塾刊正九經三傳沿革例》，於書本、字畫、注文、音釋、句讀、脱簡、考異皆羅列條目，詳審精確，不可不家置一編也。」

岳珂《愧郯録》：「場屋編類之書，建陽書肆方日輯月刊。時異而歲不同，四方傳習，率携以入棘闈，以眩有司，謂之懷挾。嘗考承平時，黄潛善奏：『學者比年以來，於時文中采摭陳言，區別事類，編次成集，便於剽竊，謂之《決科機要》。欲望聖斷，特行禁毁，庶使人知自勵。』先朝盛時，而此風已見於議者之口。駸至今日，固無怪也。」

葉昌熾《藏書紀事詩》卷一《賈似道　廖瑩中　明嚴嵩》　狎客平津慣吮癰，九經新造墨光濃。冰山一樣銷天水，留得人間曲脚封。

《居易録》：「《研北雜誌》云：韓侂胄閲古堂圖書，皆出向若水鑒定。此亦賈似道之廖瑩中也。」

《志雅堂雜鈔》：「廖瑩中，號藥洲，邵武人。登科爲賈師憲之客。嘗爲太府丞，知某州。」

《癸辛雜識》：「賈師憲選十三朝國史、會要、諸雜説，如曾慥《類説》例，爲百卷，名《悦生堂隨鈔》。板成，未及印，其書遂不傳。其所援引多奇書。廖群玉諸書則始開景《福華編》，備載江上之功，事雖夸而文可采。江子遠、李祥父諸公皆有跋。《九經》本最佳，凡以數十種比較，百餘人校正而後成。以撫州草鈔紙、油烟墨印造，其裝池至以泥金爲簽。然或者惜其删落諸經注，反不若韓、柳文爲精妙。又有《三禮節》、《左傳節》、《諸史要略》，及建寧所開《文選》。其後又欲開手節《十三經注疏》、姚氏注《戰國策》、注坡詩，皆未及入梓，而國事異矣。」又云：「賈師憲還越待罪，瑩中從不舍。一夕，與賈公痛飲終夕，悲歌雨泣。歸舍，命愛姬煎茶以進，自於笈中取冰腦服之而斃。」

《持静齋書目》：「《韓昌黎集》，宋廖瑩中世綵堂精刊本。相傳刊書時用墨皆雜泥金香麝爲之。此本爲當時初印，紙寶墨光，醉心悦目。」

莫氏《宋元舊本書經眼録》：「明東雅堂翻刻世綵堂《韓文》，一仍舊式而不著其所以來。今觀此本每葉中縫下截，悉有『世綵堂』字，徐氏悉以東雅堂易之。」

葉昌熾《藏書紀事詩》卷二《寧獻王權　朱謀㙔郁儀》　匡廬山前雲氣濃，爲雲作囊密密縫。氤氲宮闕白雲裏，此是西陽第幾峰。

《明史·諸王傳》：「寧獻王權，太祖第十七子。正統十三年薨。」

《明詩綜·小傳》：「錢受之云：王博學好古，諸書無所不窺。志慕沖舉，自號臞仙。令人往廬山之顛，囊雲以歸，結小屋曰『雲齋』，障以簾幕。每日放雲一囊，四壁氤氲，如在巖洞。凡群書有秘本，莫不刊布。」

又：「朱謀㙔字郁儀，寧獻王七世孫。以中尉攝石城王府事。既卒，豫章人士私謚貞静先生。有《枳園近稿》。」

趙一清《水經注釋·附録》：「寧獻王諸孫曰石城王奠堵，奠堵諸孫曰石城鎮國將軍宸浮。中尉，宸浮之曾孫也。」

《列朝詩集小傳》：「郁儀著書百有十二種，皆手自繕寫，未嘗假手小胥。常詒書告余，願盡出其藏，以相佽助。繕寫經歲，卷帙宏多。餘干令爲余邑子，屬以相寄。令，酒人也，舞其書而焚之。至今念之，猶有餘恨。」

《明畫録》：「朱統鍡字伯璺，號群玉山樵，石城王孫。其父謀㙔，以著書名世。鍡承家學，復精於繪事。」

《千頃堂書目·簿録類》：「《寧獻王書目》一卷。」

《四庫提要》：「《寧藩書目》一卷，不著撰人名氏。初，寧獻王權以永樂中改封南昌，日與文士往還。所纂輯刊刻之書甚多，其目凡一百三十七種，詞、曲、院本、道家、煉度、齋醮諸儀俱附焉。」

張芳《徵刻唐宋秘本書例》：「中州之西亭，豫章之郁儀，兩王孫家藏與天府埒。西亭所藏，盡付黃流；郁儀之書，亦遭劫火。」

葉昌熾《藏書紀事詩》卷二《晉莊王鍾鉉　靖王奇原　端王知烊　簡王新㙉　秦簡王誠泳　定王惟焯》　九師易是劉安授，三爵詩能衛武監。竊比河間無愧色，遺經往往出山巖。

《茶餘客話》：「明代藏書，周、晉二府。」

《天禄琳琅》：「《穀梁注疏》，晉藩藏本。朱謀㙔《藩獻記》：晉莊王鍾鉉，憲王之子，高皇帝曾孫也。正統七年，以榆林王進封。博古喜法書，嘗令世子奇原刻《寶賢堂法帖》。今世傳書畫多晉府章，即其人也。」

又：「《唐柳先生集》，晉莊王鍾鉉藏本。」

《甘泉鄉人稿·跋明晉藩刻元文類》：「晉藩自太祖子恭王棡始封太原。當嘉靖十六年丁酉，長史馬朋作序時，爲簡王新㙉嗣封之二年。《明史·諸王表》：『端王知烊，嘉靖十二年薨，無子。新㙉以新化王知㸅長子奉敕管府事，十五年嗣封。』序稱：『志道堂先王殿下刻《文類》，未完，我虛益堂賢王殿下，仰承先王之統，克紹厥志。』先王當謂端王知烊也。端王之祖靖王爲世子時，嘗取《閣》、《絳》、《大觀》、《寶晉》諸帖，益以所藏宋、元、明人墨迹，爲《寶賢堂帖》。端王合刻《文選》、《文粹》、《文鑒》、《文類》、《文衡》。簡王能踵成其志。馬氏身爲長史，蓋親見兩賢王美行者，其文以河間獻王爲比，無愧辭矣。」

又《跋秦藩本史記》：「嘉靖十三年，秦藩鑒抑道人序。以《明史·諸王傳表》考之，乃定王惟焯也。序稱：『我簡祖呻吟佔畢，以力學終其身。』則爲簡王誠泳。定王爲簡王從孫，傳稱有賢行。序言：『景慕衛武，以鑒抑名軒。』則信乎其有賢行矣。」

葉昌熾《藏書紀事詩》卷二《王文恪鏊　子延喆子貞　徐文敏縉》　一月何能付棗梨，新城諷語太無稽。館甥亦有驚人秘，紙是澄心墨是奚。

《明史·王鏊傳》：「鏊字濟之，吳縣人。成化乙未進士第三，授編修。累官至大學士。卒，贈太傅，謚文恪。」

《池北偶談》：「明尚寶少卿王延喆，文恪少子也。其母張氏，壽寧侯鶴齡之妹，昭聖皇后同産。延喆少以椒房入宫中，性豪侈。一日，有持宋槧《史記》求鬻者，索價三百金，延喆紿其人曰：『姑留此，一月後可來取直。』乃鳩工就宋本摹刻，甫一月而畢。其人如期至，紿之曰：『以原書還汝。』其人不辨真贋，持去。既而復來曰：『此亦宋槧，而紙差不如吾書，豈誤邪？』延喆大笑，告以故，因取新雕本數十部，散置堂上，示之曰：『君意在獲三百金耳，今如數予君，且爲君書幻千萬億化身矣。』其人大喜過望。今所傳有『震澤王氏摹刻』印，即此本也。」

錢泰吉《王刻史記跋》：「文恪後人有居海昌者，假其家譜觀之，延喆字子貞，爲文恪長子。以蔭入官，由中書舍人擢太常寺右寺副，出爲兖州府推官，謝病歸。子有壬，爲尚寶寺丞，贈如其官。故王氏稱子貞爲尚寶公。今觀跋尾述文恪語，謂吳中刻《左傳》，郢中刻《國語》，閩中刻《漢書》，而《史記》尚未板行。延喆因取舊藏宋刊，重加校讎，翻刻於家塾。則宋本爲文恪舊藏。又言工始於嘉靖乙酉臘月，迄丁亥之三月。則亦非一月而成。子貞早歲豪放，世傳其佚事，漁洋遂筆之於書。如謂延喆爲尚寶少卿，文恪少子，亦考之未審也。」昌熾案：邵寶撰《文恪墓誌銘》：「子男四，長延喆，中書舍人；次延素，南京中軍都督府都事；次延陵，郡諸生；次延昭。」《七十二峰足徵集》：「王延陵字子永，號少溪，文恪季子，以父蔭爲中書舍人。希心風雅，早歲與皇甫子循、張幼于輩結社。有《春社編》、《王中舍集》。」

葉昌熾《藏書紀事詩》卷三《安國民泰》　膠山樓觀甲天下，曲橋華薄蕩爲煙。徒聞海内珍遺槧，得一珠船價廿千。

《無錫縣志》：「安國字民泰，富幾敵國。居膠山，因山治圃。植叢桂於後岡，延袤二里餘，因自號桂坡。好古書畫彝鼎，購異書。」又：「安紹芳字懋卿。所居膠山西林，廣池十頃，帶以華薄，蔚然深靚。曲橋飛樓，逶迤天矯，雜置圖書彝鼎其中。名士過從，置酒刻燭，至忘日夜。」又：「西林，膠山安氏園也。嘉靖中，安桂坡穿池廣數百畝，中爲二山，以擬金、焦。至國孫紹芳，即故業大加丹雘，與天下名士游賞其中。二百年以來，東南一名區也。」

《無聲詩史》：「紹芳自號研亭居士。後更名泰來，字未央。」

錢受之《跋高誘注戰國策》：「天啓中，二十千購之梁溪安氏，不啻獲一珍珠船也。」又《跋春秋繁露》：「金陵本訛舛，得錫山安氏活字本校改數百字，深以爲快。今見宋刻本，知爲錫山本之祖。」

《天禄琳琅》：「《初學記》，板心上標『安桂坡刊』。每卷標題之下，又稱『錫山安國校刊』。安國所刊書甚夥，此書取九洲書屋本翻刻。」昌熾案：安國所刊，有《顔魯公集》、《熊朋來集》、《吴中水利書》。又：「《史記》，有『大明錫山桂坡安國民太氏書畫印』。」又：「元本《博古圖》，有『桂坡安國賞鑒印』。」《紅豆樹館書畫記》：「徐幼文《秋林草亭圖》，有『安』字圓印，『錫山安氏西林秘玩印』、『墨顛齋圖書印』。」

葉昌熾《藏書紀事詩》卷三《鈕石溪》 虞初九百有新説，更演酉陽支諾皋。家近太倉嘗一粟，侏儒飽死笑商高。

《居易録》：「唐王定保《摭言》足本，凡十五卷，宋嘉定中柯山鄭昉刻。今會稽商氏刻僅十之一耳。商刻《稗海》，多得之浙東鈕石溪家。」

黄宗羲《天一閣藏書記》：「古今書籍之厄，不可勝計。以余所見言之，越中藏書之家，鈕石溪世學樓其著也。余見其小説家目録亦數百種，商氏之《稗海》皆從彼借刻。崇禎庚午間，其書初散，余僅從故書鋪得十餘部而已。」昌熾案：《人海記》數藏書之厄，亦及會稽鈕氏萬卷樓。

葉昌熾《藏書紀事詩》卷三《姚翼翔卿　國朝姚觀元彦侍　子慰祖公蓼》 老子韓非竟同傳，孫公樂令每清淡。藏書倘補吴興録，海屋流風晉石厂。

《湖録》：「姚翼字翔卿，號孺參，歸安人。嘉靖中，以貢爲新淦訓導，再爲黄州教授，遷廣濟知縣。告歸，傍南城構屋數楹，貯圖書萬卷。晚年自號海屋子。年六十九卒。」

《吴興藏書録》：「姚翼《玩畫齋藏書目録》自序略云：『金玉珠璣之好，舉世所同也。同則聚於吾也，垂涎者必衆。而況其人所好，既終身於此，則其子若孫率皆溺於紈綺膏粱，作業竭而財日匱，其末必不能自給，又無義禮以養其心，而孝敬之念既衰，則其於祖父精神手澤，渺然不爲介慮，舉而棄之，如視敝屣。以子孫如視敝屣之心，而乘之以舉世垂涎之欲，吾見聚之以數十年之力者，不終朝而澌滅無遺矣。乃若書之好，千萬人而無一二焉。方吾之好而聚之也，人將嗤之不暇，焉有同好者睥睨其旁哉？而況爲其子孫者，縱非皆能讀父書，而目染耳濡之餘，或稍稍習儉素以自保。且非甚狂病不肖，當不忍死其親而捐其所甚好；雖欲捐之，又或苦於售之不易而中沮。然則吾之好書，雖限於力而不能多，致使汗牛充棟，竊獨喜其可久據以爲吾有也。故特齋而藏之，又籍而録之。』」姚彦侍方伯，名覲元，歸安人，文僖公之孫，由農曹出爲川東道。闓忠介公、筦司農公與楊鵠山諸君同被劾，罷官，僑寓吾吴蕭家巷。公子慰祖，字公蓼。父子皆好藏書。方伯所刻《咫進齋叢書》，有功藝林甚巨。公蓼别刻《晉石厂叢書》，僅成《吴興藏書録》、《經籍跋文》、《鄭氏學録》、《古今僞書考》四種。初鋟木時，即以見貽。今父子相繼宿草，每檢遺編，不勝山陽之感。晉石厂者，方伯在蜀得晉楊宗石闕題字，携以東歸，顔其藏書之室也。

葉昌熾《藏書紀事詩》卷三《毛晉子晉　子褒華伯　表奏叔　扆斧季　孫綏萬嘉年》 律論流通到羅什，家錢雕印過毋昭。只因玉蟹泉香冽，滿架薪材煮石銚。

錢受之《隱湖毛君墓誌銘》：「毛子晉初名鳳苞，晚更名晉，世居虞山東湖。父清，孝弟力田，爲鄉三老。子晉通明好古，强記博覽，壯從余游，益深知學問之指意。經史全書，勘讎流布，毛氏之書走天下。生五子：襄、褒、衮、表、扆，襄、衮皆先卒。晉生於己亥歲正月五日，卒於己亥歲之七月二十七日，年六十有一。」昌熾案：晉又號潛在，《皕宋樓藏書志》：「《薛許昌詩集》有『毛子九讀書記』、『鳳苞』諸印。」子九當亦其號也。褒字華伯，號質庵；表字奏叔，號正庵；扆字斧季，生於崇禎十三年六月二十六日，余曾見《龔璛集》有斧季跋，自述生年甚詳，可考也。晉有孫二十人，見朱彝尊所撰晉妻《嚴孺人墓誌銘》。

《海虞詩苑》：「毛太學綏萬字嘉年，號破崖，汲古主人孫也。前身爲吴昌白椎庵文照禪師，汲古孫行最盛，惟君知名於時。」昌熾案：《士禮居題跋記》：「《玄英先生集》，汲古後人毛綏萬校。」即其人也。

《同治》蘇州府志》：「晉世居迎春門外七星橋，少爲諸生，性嗜卷軸。

湖州書舶雲集於門，邑中爲之諺曰：『三百六十行生意，不如鬻書於毛氏。』前後積至八萬四千册，構汲古閣、目耕樓以庋之。」

《天禄琳琅》：「毛晉藏宋本最多，其有世所罕見而藏諸他氏不能得者，則選善手以佳紙墨影鈔之，與刊本無異，名曰『影宋鈔』，一時好事家皆争仿傚。而宋槧之無存者，賴以傳之不朽。」

吴偉業《汲古閣歌》：「嘉隆以後藏書家，天下毗陵與琅邪。整齊舊聞汲放失，後來好事知誰及？比聞充棟虞山翁，里中又得小毛公。搜求遺佚懸金購，繕寫精能鏤板工。繇來斯事推趙宋，歐虞楷法看飛動。集賢院印校讎精，太清樓本裝潢重。損齋手跋爲披圖，蘇氏題觀在直廬。館閣百家分四庫，巾箱一幅盡三都。本朝儒臣典制作，累代縹緗輸秘閣。徐廣雖編石室書，孝徵好竊華林略。兩京太學藏經史，奉詔重修賜金紫。高齋學士費餐錢，故事還如寫黄紙。釋典流傳自洛陽，中官經廠護焚香；諸州各請名山藏，總目難窺内道場。南湖主人爲嘆息，十年心力恣收拾。史家編輯過神堯，律論流通到羅什。當時海内多風塵，石經馬矢高丘陵。已壞書囊縛作袴，復驚木册摧爲薪。君家高閣偏無恙，主人留宿傾家釀。醉來燒燭夜攤書，雙眼摩挲覺神王。古人闕書借三館，羡君自致五千卷；又云獻書輒拜官，羡君帶索躬耕田。伏生藏壁遭書禁，中郎秘惜矜談進。君獲奇書好示人，鷄林巨賈争摹印。讀書到死苦不足，小學雕蟲置廢簏。君今萬卷盡刊訛，邢家小兒徒碌碌。客來詩酒話生平，家近湖山擁百城。不數當年清秘閣，亂離踪迹似雲林。」

《茶餘客話》：「子晉家藏本，或云王駙馬以金錢輦之去。駙馬，吴三桂之婿也。」

《汲古閣刻板存亡考》：「相傳毛子晉有一孫，性嗜茗飲，購得洞庭山碧螺春茶，虞山玉蟹泉水，患無美薪，因顧四唐人集板，而嘆曰：『以此作薪，其味當倍佳也。』遂按日劈燒之。」

《東湖叢記》：「毛氏於宋元刊本之精者，以『宋本』、『元本』橢環式印别之，又以『甲』字印鈐於首，其餘藏印曰『毛晉秘篋審定真迹』、曰『毛氏藏書』、曰『東吴毛氏圖書』、曰『汲古閣世寶』、曰『子孫永寶』、曰『子孫世昌』、曰『在在處處有神物護持』、曰『開卷一樂』、曰『筆研精良人生一樂』、曰『笀谿』、曰『弦歌草堂』、曰『仲雍故國人家』、曰『汲古主人』、曰『汲古得修綆』，又有朱文大方印，其文曰：『趙文敏公書卷末云，吾家業儒，辛勤置書，以遺子孫，其志何如？後人不讀，將至於鬻，頽其家聲，不如禽犢！若歸他室，當念斯言。取非其有，無寧舍旃。』」

《天禄琳琅》：「毛表藏《荀子》，有『西河』、『汲古後人』、『叔鄭後裔』、『中吴毛奏叔收藏書畫記』四印。」

《愛日精廬藏書志》：「《爾雅注疏》，有『西河季子之印』，則扆所藏也。嚴元照《書宣和奉使高麗圖經後》：『斧季校正，補綴處皆以朱文長印鈐縫，甚精好，其文曰『虞山毛扆手校』。」

又案《士禮居題跋記》：「《薩天錫詩集》，子晉手鈔，板心有『篤素居』三字。《玄英先生集》，毛晉跋於讀禮齋。」《愛日精廬藏書志》：「《雲臺編》，毛晉跋於載德堂。」《皕宋樓藏書志》：「《韓内翰别集》，毛晉跋於續古草廬。」此皆汲古遺聞，可資參考者也。

葉昌熾《藏書紀事詩》卷四《周亮工元亮　子在浚雪客》　梨莊本本盡精良，觀宅何嘗非吉祥。務抑輕華存微尚，好嘘嘉種爲寒香。

《明代名人尺牘·小傳》：「周亮工字元亮，號櫟園，又號減齋。明崇禎庚辰進士。國朝户部右侍郎。革職。康熙初復僉事，歷江安督糧道。好古圖史書畫，有《讀畫録》、《印人傳》、《字觸》、《書影》、《閩小記》、《賴古堂詩文集》等書。」又「周在浚字雪客，亮公長子，官經歷。有《雲烟過眼録》、《晉碑》、《梨莊集》、《秋水軒集》。」

《賴古堂詩集·自序》：「裒庵晉公，自稱曰笠僧，人率稱曰櫟下生。本豫章人，籍大梁，然公實生梁秣陵。公生於壬子四月七日，眉長垂頰，人又呼之爲長眉公。所著《同書》四卷、《鹽書》四卷、《湘編》四卷、《字觸》一卷、《詩人傳》三卷、《賴古堂文選》十卷，皆次第行世。」

《鷗陂漁話》：「《因樹屋書影》述其先人作觀宅四十吉祥相，其第二條『架上無整齊書』注云：『本本精良，一一完善，手且未觸，目於何有？但觀架中，便知腹中。』此爲藏書而不讀者痛下針砭。然余謂真能讀書者，必能珍護，若但如櫟園所云，適足啓子弟輕褻簡編之惡習，豈雅人深致哉！」

《徵刻唐宋秘本書例》：「大梁周子梨莊，櫟園司農長公。司農世以書爲業，嘉、隆以來，雕板行世，周氏實始其事。遊宦所至，訪求不遺餘力。閩謝在杭先生，萬曆中鈔書秘閣，後盡歸司農。而遭患難，數世所積，化爲烏有，獨此繕寫秘本二百餘種，梨莊竭力珍護，巋然獨存。」又朱彝尊啓：「黄子俞邰，周子雪客，藏書累葉，手澤猶新。玉笈縹湘，不減李鄴侯之架；御書炳焕，何殊孫長儒之樓。」

又張芳《論略》：「黄、周兩君秘集，惟唐沈下賢、宋柳仲涂、金趙閑閑先列數種，其餘經史逸册，有裨名教者，冀公之當世，略存微尚，稍抑輕華。」又云：「吾黨平時，眷念前人之著述，而不可必得；一聞跫音於空谷，遂噓嘉種爲寒香。」

葉昌熾《藏書紀事詩》卷五《鮑廷博以文》 羽陵姓字九重聞，《闕史》題詩帝右文。正是夕陽無限好，白頭携杖拜卿雲。

《嘉興府志・流寓傳》：「鮑廷博字以文，本歙人，以商籍生員，寄居桐邑青鎮之楊樹灣。」

阮文達《知不足齋鮑君傳》：「高宗純皇帝詔開《四庫》館，采訪天下遺書。鮑君廷博集其家所藏書六百餘種，命其子士恭由浙江進呈。既著録矣，復奉詔還其原書《唐闕史》及《武經總要》，皆聖製詩題之。嘉慶十八年，方公受疇巡撫浙江，奉上問鮑氏《叢書》續刊何種。方公以第二十六集進，奉上諭：『鮑廷博年逾八旬，好古積學，老而不倦。著加恩賞給舉人，俾其世衍書香，廣刊秘籍。』亦藝林之勝事也。元案：君又號渌飲，世爲歙人。父思詡携家居杭州。君以父性嗜讀書，乃力購前人書以爲歡，既久而所得書益多且精，遂哀然爲大藏書家。自乾隆進書後，蒙御賜《古今圖書集成》、《伊犁得勝圖》、《金川圖》，疊膺異數，褒獎彌隆。君以進書受主知，謂諸生無可報稱，乃多刻所藏古書善本，公諸海内。至嘉慶十八年，年八十有六，所刻書至二十七集，未竣，而君以十九年秋卒。」

翁廣平《鮑渌飲傳》：「先生世居歙之西鄉，父母相繼卒於杭，乃卜葬於湖州烏程縣某鄉。後遷居桐鄉縣之烏青戍，今爲桐鄉人也。先生酷嗜書籍，每一過目，既能記其某卷某頁某訛字。有持書來問者，不待翻閲，見其板□，即曰此某氏板，某卷刊訛若干字，案之歷歷不爽。」

又《賜書堂記》：「高宗純皇帝賜《古今圖書集成》，先生既拜受是書，辟堂三楹，分貯四大厨，顔其堂之額曰『賜書』。」

朱文藻《知不足齋叢書序》：「吾友鮑君以文，築室儲書，取《戴記》『學然後知不足』之義以顔其齋。君讀先人遺經，益增廣之。令子士恭，復沈酣不倦，君字之曰『志祖』，蓋嗜書累葉如君家者可謂難矣。三十年來，近自嘉禾、吴興，遠而大江南北，客有舊藏鈔刻異本來售武林者，必先過君之門。或遠不可致，則郵書求之。浙東西諸藏書家，若趙氏小山堂、汪氏振綺堂、吴氏瓶花齋、汪氏飛鴻堂、孫氏壽松堂、鄭氏二老閣、金氏桐花館，參合有無，互爲借鈔。至先哲後人，家藏手澤，亦多假録。得則狂喜，如獲重貨。不得，雖積思累歲月不休。余館於振綺堂十餘年，君借鈔諸書，皆余檢集。君所刻書，余嘗預點勘。余與君同嗜好，共甘苦，君以爲知之深者，莫余若也。」

葉昌熾《藏書紀事詩》卷六《張海鵬若雲　侄金吾月霄　大鑒友柏　邵恩多朖仙》 三世同耕不税田，後賢功可及先賢。誰爲有福誰無福，此語可爲知者傳。

黄廷鑒《朝議大夫張君行狀》：「曾祖士恒，祖朝績，父仁濟。君諱海鵬，字若雲，號子瑜。年二十一，補博士弟子員，絶意名場，篤志墳素。先是，君考訥齋公與伯兄静谷公皆好藏書，家多宋元舊刻。君治經之暇，以剞劂古書爲己任，刊《學津討原》、《墨海金壺》、《借月山房匯鈔》，又輯《金帚編》，工始而君捐館矣。君恒嘗語人曰：『藏書不如讀書，讀書不如刻書。讀書只以爲己，刻書可以澤人。上以壽作者之精神，下以惠後來之沾溉，其道不更廣耶！』」

葉昌熾《藏書紀事詩》卷六《郁松年萬枝　顧秉源潤齋》 樓台海上湧金銀，織屩西來自大秦。誰識子雲高閣畔，遺書寂寞訂先民。

同治《上海縣志》：「郁松年字萬枝，號泰豐，恩貢生。好讀書，購藏數十萬卷，手自校讎。以元明舊本世不多見，刊《宜稼堂叢書》。」昌熾案：泰峰，道光二十五年恩貢，見《上海縣志・選舉表》。

《師友淵源記》：「松年饒於財，凡宋人典籍，有未刻或刻而板廢者，不惜重資，以羅置鄴架。吴門黄氏百宋一廛所藏，歸山塘汪閬源家，近亦散布而入滬瀆矣。」

莫氏《宋元舊本書經眼録》：「魏鶴山《毛詩要義》三十八卷，儀徵相國采進遺書，亦未見。上海郁泰峰氏乃搜獲曹楝亭舊弆宋槧本於嘉興士家，海内更無第二本，遂卓然爲宜稼堂數十宋槧之冠。」

《甘泉鄉人稿・沈曉滄炳垣寄贈徐君渭仁新刻思適齋集》詩：「沈侯嗜好别流俗，休沐逍遥辭劇務。好事近得郁與徐，異書校勘爲點注。」自注云：「上海郁松年所刻《宜稼堂叢書》，曉滄亦曾相贈。徐、郁兩君所刻書，皆曉滄精心爲之校定。」

葉昌熾《藏書紀事詩》卷七《趙之謙益甫　孫古徐》　奇鶬大豕翳纖兒，煮字爲粻技止斯。絶妙好詞誰得似，辛家皮與勒家皮。

趙先生名之謙，字益甫，又字撝叔，自號悲盦，或曰思悲翁，浙之會稽人。與李㤅伯侍御爲中表，各以文章遨遊公卿間，頗以名相軋。嘗聞潘文勤師言，撝叔藏秘册甚富，先後付梓。今叢書僅四集三十一種，知其未刻者尚多也。所輯《補寰宇訪碑録》，乃其少作，後深悔之。書畫篆刻，妙絶古今。下至飲饌、服御、遊藝之屬，探源溯委，窮析微奥。同治甲子，高平祁季聞在都門，舉鼻煙論難，著《勇盧閑詰》一編。吾友程蒲生太史序之云：「《閑詰》者，《淮南》之佚文也；勇盧者何，《龍魚河圖》云鼻神之號也。」屢試春官不第，以江西一縣令終。撝叔《仰視千七百二十九鶴齋叢書自序》：「余年二十一，山陰孫古徐好聚書，得王氏佐《北征日記》、張氏岱《石匱文編》，狂喜。余語古徐：『盍取家藏本希有者刻叢書？』是歲道光己酉，吾鄉沈氏鳴野山房藏書初散，精本半歸楊器之，猶可假録，搜訪五年，得百三十餘種。古徐病作，尋卒，事不克成。」又云：「同治初元，航海入京師，栖遲逆旅，煮字爲糧，幸積數金，復稍稍置書。雖昔之所見不能重遇，而零箋端楮，轉多新得。」又云：「庚辰春病咳，四月不愈。夜夢鶴山，仙人之所都也。老者坐茅舍中，告余東壁下有丹篆二十四，記之當瘳。文曰：『奇已鶬，大復豕，翳纖兒，作是子。鳥所擲，弓則馳，技止斯，吾憐爾。』」

葉昌熾《藏書紀事詩》卷七《方功惠柳橋》　東丹副葉寫書根，顆若昆吾切玉痕。此是碧琳琅館本，典裘持付海王村。

方柳橋太守，名功惠，湖南巴陵縣人。起家鹽筴，曾一攝潮州府篆。饒於貲，喜收書，所藏明賢集尤富。光緒丙戌、丁亥間，昌熾遊幕至五羊，介程蒲生太史求一窺其册府，未得請。越十餘年，至庚子春，太守已捐館，其家捆載遺書，至都門求售。過廠肆，見樣本，一睹其裝潢圖記，即知爲粵中裝訂，碧琳琅館舊藏也。每册有東丹箋副葉，可以辟蠹，書根宋字，齊如刀切。顧絀於資，望洋興嘆，僅典衣購得吳中鄉先哲書五六部，《皇甫司勛集》其一也。尚有錢叔寶《續吳都文鈔》一百卷鈔本，索高價，正往來商榷，而拳禍作，倉皇避地，遂不復可問津矣。

太守《刻全唐文紀事跋》：「惠少時好收書，近尤喜刻書。數十年來，收藏十餘萬卷，願見而不得者漸少，惟其書未刻，則不可得見耳。近人精博之書而未刻者，有陳范川先生《唐文紀事》。惠服官於粵，與哲嗣子因大令同官，得盡讀其全帙。」

又陳蘭甫先生序：「嘉慶中，詔輯《全唐文》，編修嘉興陳先生爲總纂官。彙萃考證，録於別紙，積一百二十二卷，名曰《全唐文紀事》。季子子因藏此書，柳橋太守出資寫刊，仍以元本付子因藏之。」

又《草堂詩箋序》：「方柳橋太守得元刻本於南海吳荷屋中丞家。太守好聚書，官粵東三十年，歲歲購藏，凡數十萬卷，而此書爲最。」昌熾案：方氏所刻《草堂詩箋》、《全唐文紀事》之外，尚有夏英公《古文四聲韵》袖珍本，以汪秀峰舊藏付梓。

葉昌熾《藏書紀事詩》卷七《畢昇　華燧文輝　華珵汝德　華堅活字板一首》　范銅制出膠泥上，屈鐵縈絲字字分。一日流傳千百本，何人不頌會通君。

《夢溪筆談》：「慶曆中，有布衣畢昇爲活板。其法用膠泥刻字，薄如錢唇，每字爲一印，火燒令堅。先設一鐵板，其上以松脂蠟和紙灰之類冒之。欲印，則以一鐵範置鐵板上，乃密布字印，滿鐵範爲一板。持就火煬之，藥稍熔，則以一平板按其面，則字平如砥。若止印二三本，未爲簡易，若印數十百千本，則極爲神速。」

邵文莊《會通君傳》：「會通君姓華氏，諱燧，字文輝，無錫人。少於經史多涉獵，中歲好校閲同異，輒爲辨證，手録成帙，遇老儒先生，即持以質焉。既而爲銅字板以繼之，曰：『吾能會而通之矣！』乃名其所曰『會通館』，人遂以會通稱，或丈之、或君之、或伯仲之，皆曰會通云。君有田若干頃，稱本富，後以劬書，故家少落，而君漠如也。三子：塤、奎、壁。」

嚴元照《書〈容齋隨筆〉活字本後》：「此翻宋紹定間所刻，每番中縫上方有『弘治歲在旃蒙單閼』八字，下有『會通館活字銅板印』八字，書後有華燧序。」

《天禄琳琅》：「《白氏長慶集》，每卷末有『錫山蘭雪堂華堅活字銅板印記。』」

《無錫縣志》：「華珵字汝德，以貢授大官署丞。善鑒別古奇器、法書、名畫，築尚古齋，實諸玩好其中，又多聚書。所制活板甚精密，每得秘書，不數日而印本出矣。」昌熾案：燧之子塤、奎、壁，名皆從土旁。珵、堅疑亦其群從，而珵爲埕之誤。余所見錫山華氏活字本，又有《春秋繁露》、《蔡中郎集》，皆甚精。

葉昌熾《藏書紀事詩》卷七《建安余氏書賈八首》　聖人詔下紫泥緘，海岳遺聞訪翠巖。唐宋元明朝市改，一家世業守雕劖。

《九經三傳沿革例》：「《九經》世所傳本，以興國于氏、建安余氏爲最善。逮詳考之，余本間不免誤舛，不足以言善也。」

《天禄琳琅續編》：「《儀禮圖》，是本序後刻『崇化余志安刊於勤有堂』。案宋板《列女傳》，載『建安余氏靖安刻於勤有堂』。乃南北朝余祖焕始居閩中，十四世徙建安書林，習其業。二十五世余文興，以舊有勤有堂之名，號『勤有居士』。蓋建安自唐爲書肆所萃，余氏世業之，仁仲最著，岳珂所稱建安余氏本也。」又「《禮記》，每卷有『余氏刊於萬卷堂』或『余仁仲刊於家塾』」。

《續東華録》：「乾隆四十年正月丙寅，諭軍機大臣等：『近日閲米芾墨迹，其紙幅有『勤有』二字印記，未能悉其來歷。及閲内府所藏舊板《千家注杜詩》，向稱爲宋槧者，卷後有『皇慶壬子余氏刊於勤有堂』數字。皇慶爲元仁宗年號，則其板是元非宋。繼閲宋板《古列女傳》，書末亦有『建安余氏靖安刊於勤有堂』字様，則宋時已有此堂。因考之宋岳珂相臺家塾，論書板之精者，稱建安余仁仲。雖未刊有堂名，可見閩中余板，在南宋久已著名，但未知北宋時即以『勤有』名堂否。又它書所載明季余氏建板猶盛行，是其世業流傳甚久。近日是否相沿，並其家刊書始自北宋何年，及勤有堂名所自，詢之閩人之官於朝者，罕知其詳。若在本處查考，尚非難事。着傳諭鐘音於建寧府所屬訪查余氏子孫，見在是否尚習刊書之業。並建安余氏自宋以來刊印書板源流，及勤有堂昉於何代何年，今尚存否，或遺迹已無可考，僅存其名。並其家在宋時曾否造紙，有無印記之處。或考之志乘，或征之傳聞，逐一查明，遇便覆奏。此系考訂文墨舊聞，無關政治，鐘音宜選派誠妥之員，善爲詢訪，不得稍涉張皇，尤不得令胥役等藉端滋擾。將此隨該督奏摺之便，諭令知之。』尋據奏，余氏後人余廷勷等呈出族譜，載其先世自北宋建陽縣之書林，即以刊書爲業。彼時外省板少，余氏獨於它處購選紙料，印記『勤有』二字，紙板俱佳，是以建安書籍盛行。至勤有堂名相沿已久，宋理宗時有余文興，號勤有居士，亦系襲舊有堂名爲號。今余姓見行紹慶堂書集，據稱即勤有堂故址，其年代已不可考。」昌熾案：《四庫》著録林之奇《尚書詳解》、黄倫《尚書精義》，亦皆建安余氏刊。其它見於各家書目者，不知凡幾。翠巖精舍所刊本有《玉篇》、《元文類》、《陸宣公奏議注》。

葉昌熾《藏書紀事詩》卷七《陳起宗之　陳思　陳世隆彦高》　臨安鬻書陳道人，芸香累葉續芸頻。其他鞔鼓橋南宅，亦與江鈿共姓陳。

《瀛奎律髓》：「陳起睦親坊開書肆，自稱陳道人，字宗之。能詩，凡江湖詩人，皆與之善。嘗刊《江湖集》以售。宗之詩有云：『秋雨梧桐皇子府，春風楊柳相公橋。』哀濟邸而誚彌遠也。或嫁其語於敖器之，言者論列，劈《江湖集》板，宗之坐流配。」

戴表元《題孫過庭書譜後》：「杭州陳道人家印書，書之疑處，率以己意改令諧順，殆是書之一厄也。」

陳伯玉《寶刻叢編序》：「都人陳思，儥書於都市。士之好古博雅、搜遺獵忘以足其所藏，與夫故家之淪墜不振，出其所藏求售者，往往交於其肆，且售且儥。久之所聞滋多，望之輒能别其真贋。」

《夢蘭瑣筆》：「陳思彙刻《群賢小集》，自洪邁以下六十四家，流傳甚罕。鮑以文詩云：『大街棚北睦親坊，歷歷刊行字一行。喜與太丘同里閈，芸編重擬續芸香。』注云：『陳解元詩名《芸香稿》，子名續芸。』」

《楹書隅録》：「錢心壺先生跋所藏《棠湖詩稿》云：『卷末稱「臨安府棚北大街陳氏印行」者，即書坊陳起解元也。曹斯棟《稗販》以南宋名賢遺集刊於臨安府棚北大街者爲陳思，而謂陳起自居睦親坊。然予所見名賢諸集，亦有稱「棚北睦親坊陳解元書籍鋪印行」者，是不爲二地。且起之字芸居，思之字續芸，又疑思爲起之後人也。』予案：《群賢小集》，石門顧君修己據宋本校刊，亦疑思爲起之子。思又著有《寶刻叢編》，尤爲淵博。蓋南宋時臨安書肆有力者，往往喜文章、好撰述，而江鈿、陳氏其最著者也。」

錢大昕《藝圃搜奇跋》：「元末，錢塘陳世隆彦高、天台徐一夔大章，避兵檇李，相善。彦高篋中携秘書數十種，檢有副本，悉以贈大章，大章匯而編之，世無刊本。」

《皕宋樓藏書志》：「《宋詩拾遺》二十三卷，舊鈔本，元錢塘陳世隆彦高撰輯。案世隆書賈陳思之從孫。」

《天禄琳琅》：「《容齋隨筆》，目録後記『臨安府鞔鼓橋南河西岸陳宅書籍鋪印』。考《杭州府志》：『鞔鼓橋在城内西北隅，當時臨安書肆，陳氏多著名。』」昌熾案：陳思所撰，尚有《書苑菁華》十二卷、《海棠譜》三卷，今皆存。

葉昌熾《藏書紀事詩》卷七《尹家書籍鋪　平水書籍王文郁》　《三輔黄圖》五色描，别風枍詣望嶕嶢。尹家鋪子臨安市，平水書林正大朝。

《志雅堂雜鈔》：「先子向寓杭，收異書。太廟前尹氏嘗以彩畫《三輔黄圖》一部求售，每一宫殿，各繪畫成圖，甚精妙，爲衢人柴氏所得。」

《讀書敏求記》：「《茅亭客話》十卷，元祐癸酉西平清真子石京募工鏤板，此則尹家書籍鋪刊行本也。」

《士禮居藏書題跋記》：「《續幽怪録》四卷，臨安府太廟前尹家書籍鋪刊行本也。《茅亭客話》遵王記之，而此書絶未有著於録者，可云奇秘矣。」

許古《新刊韵略序》：「平水書籍王文郁，見《禮部韵》嚴且簡，私韵又無善本，精加校讎，少添注語。僕嘗披覽，賢於舊本遠矣。」

錢大昕《跋平水新刊韵略》：「黄蕘圃孝廉得《平水新刊韵略》元槧本，前載正大六年河間許古道真序，卷末有墨圖記二行，其文云：『大德丙午重刊新本，平水中和軒王宅印。』或即文郁之後。」昌熾案：道真序後署「書於嵩郡隱者之中和軒」，則王宅即爲文郁之後無可疑者。自正大六年己丑至大德丙午，已七十餘年，書林世業，亦北方之余氏矣。

葉昌熾《藏書紀事詩》卷七《童珮子鳴》　高士南州以禮羅，前萇後佩接雲蘿。龍丘一葉藏書舫，卧聽烟波漁父歌。

王世貞《童子鳴傳》：「童子鳴名珮，世爲龍游人。父曰彦清。子鳴少依父游，詩有清韵，尤善考證諸書畫名蹟、古碑彝敦之屬。兄珊舉於邑，爲諸生。子鳴歸，必就兄書舍買升酒相勞苦。高淳韓邦憲出守衢，行部過其家龍丘山塢中，索所輯唐故邑令楊炯、邑人徐安貞集，鋟梓行之，遂下教邑綱紀：『南州杜門，文舉首騐；北海爲政，康成標里。龍丘逸民之藪，前萇後珮，千載兩賢。萇猶託跡功曹，一試綦組，而童君畢志雲蘿，聲跡俱挫，可謂皭然不滓，瞻之在前矣。其樹楔左閭，以風在野。』子鳴卒年僅五十四，有藏書萬卷，皆其手所讎校。」

《少室山房筆叢》：「龍丘童子鳴家藏書二萬五千卷，余嘗得其目，頗多秘帙。」

《列朝詩傳》：「童書賈珮，字子鳴，一字少瑜。從其父以鬻書爲業，往來吴越間，買一舫不能直項，帆檣下皆貯書，讀之窮日夜不休。」

王漁洋《跋童子鳴集》：「余觀南宋陳思撰《寶刻叢編》，嘆書賈中乃有嗜古雅尚如斯人者。龍游童子鳴，亦以賈書有詩名。其集吴郡黄河水所定，凡六卷。」

葉昌熾《藏書紀事詩》卷七《老韋》　翁年七十瘦如柴，日走公卿一刺懷。袖有奇書休問訊，老韋高價本難諧。

李文藻《琉璃廠書肆記》：「瑞錦堂即老韋之舊肆，本名鑒古堂，八年前書甚多。」又云：「延慶堂劉氏在路北，其肆賈即老韋，前開鑒古堂，近來不能購書於江南矣。韋頗曉事，而好持高價，査編修瑩、李檢討鐸日游其口。數年前，予房師紀曉嵐先生買其書，亦費數千金。書肆中之曉事者，惟五柳之陶、文粹之謝及韋也。韋，湖州人，陶、謝皆蘇州人。」又云：「周書昌嘗見吴才老《韵補》，爲他人買去，怏怏不快，老韋云：『邵子湘《韵略》已盡采之。』書昌取視果然。又嘗勸書昌讀魏鶴山《古今考》，以爲宋人深於經學，無過鶴山，惜其罕行於世，書昌亦心折其言。韋年七十餘矣，面瘦如柴，竟日奔走朝紳之門。朝紳好書者，韋一見諗其好何等書，或經濟、或詞章、或掌故，能各投所好得重值，而少減輒不售，人亦多恨之。」

葉昌熾《藏書紀事詩》卷七《陶正祥庭學　子珠琳蘊輝》　儥畫者王儥陶顧，市印者吴市硯詹。同與陶翁居近市，不言龍斷學鷄廉。

孫星衍《清故封修職郎兩浙鹽課大使陶君墓志銘》：「君名正祥，字庭學，號瑞庵。少貧，以儥書爲業，聞見日廣，能知何書爲宋元佳本，有誰氏刊本，板貯何所，誰氏本善且備，誰氏本删除本文若注，或舛誤不可從。都中鉅公宿學，欲購異書者皆詣君，車轍滿户外。會開《四庫全書》館，安徽提學朱君筠言於當道，屬以搜訪秘書，能稱事。子珠琳，由内廷三館供事叙用，得兩浙錢清場鹽課大使，貤贈君如其官。君在官署逾年，教子引退曰：『汝多疾而素餐，不如歸儥書也！』君既家吴門，僑寓都下，賢士大夫往來輻輳，廣求故家書籍秘本歷數十年。嘗慕陳思之爲《寶刻叢編》也，語余云：『恨不爲一書，記所過目宋、元、明刊刻經傳、諸子各本卷帙，文字異同優劣，補書目家未備，惜今晚矣！』與人貿易書，不沾沾計利，所得書若值百金者，自以十金得之，止售十餘金，自得之若干金者，售亦取餘。其存之久者，則多取餘，曰：『吾求贏餘以糊口耳！人之欲利，誰不如我！我專利而物滯不行，猶爲失利也。』當是時，都門售書畫有王某，售舊瓷什器有顧某，意見悉如君，皆盛行於時。老子言欲取必與，左丘明言以欲從人，其道然也。君以嘉慶二年八月二日卒於都門，春秋六十有六。子珠琳，以予僑居金陵，寄《至元金陵志》爲潤筆，作君墓碣。予念世之稱事者少，雖書賈無復如君之知書也。爲文，且銘曰：『不知書，何足數，斗筲人，媿書賈。教子歸來似其祖，不求甚解能嗜古。我銘其墓不爲諛，兼金可却書可取。』」

錢儀吉《跋董用晦楹帖》：「董君，元鏡名，用晦字，農陽老人其自號，漢軍人。乾隆末，爲户部員外郎，年幾七十矣。貌黑瘠，目近視，而篤嗜書，終歲尋誦，累置數百册几榻間，卷悉闇敝。同時方茶山、孫淵如兩先生與用晦游。有市書者陶、市印吴、市硯詹，雖賈，皆長者，皆七八十歲，淵翁爲之作《三老傳》者也。用晦往往在此三人舍中，談笑閲視，日暮忘返。」

李文藻《琉璃廠書肆記》：「五柳居陶氏在路北，近來始開，而舊書甚多。與文粹堂皆每年購書於蘇州，載船而來。五柳多璜川吴氏藏書，即吴企晉舍人家物也。」昌熾案：珠琳字藴輝，黄蕘翁稱其熟讀《讀書敏求記》。爲蕘翁購宋本《王右丞集》，即所謂「山中一半雨本」，元刻《許丁卯集》，即所謂「較宋板多詩幾大半本」。蕘翁得書，多與商榷。

葉昌熾《藏書紀事詩》卷七《錢聽默》　不須刮目用金鎞，根脚題籤望不迷。此調書林今絶響，空煩重訪白公堤。

嚴元照《書春秋經傳集解宋刻殘本後》：「宋刻《左傳》四卷，萃古齋主人錢景開所貽。景開名時霽，湖之書估也，寓於蘇州。能詩，善鑒别宋元板刻並法帖書畫。以此書貽我，畀以錢不受，亦稱有雅尚者。」

《士禮居藏書題跋記》：「白堤錢聽默開萃古齋，素稱識古，所見書多異本。」又《續録》：「白堤錢聽默，書友中巨擘也。其遺聞逸事，有關於書籍者所得最多。嘗謂余曰：『絳雲未火之先，有白髮老人，自稱放翁，示夢於汲古毛氏，謂：「我有集在絳雲樓，曷假之？」既寤，異其夢，遂向假歸，越日火發，《放翁集》得免於厄。』」又：「向聞錢聽默言，書籍有明刻而可與宋元板埒者，惟明初黑口板爲然，故藏書家多珍之。」

顧千里《題清河書畫舫》：「常熟錢遵王、毛子晉父子、席玉照、陸敕先、馮定遠、曹彬侯各家書散出，予見之最早最多。乾隆年間，滋蘭堂主人朱文游三丈、白堤老書賈錢聽默，能視裝訂籤題根脚上字，便曉屬某家某人之物。」又《笠澤叢書跋》：「二十年前，老書估錢聽默嘗告余曰：『聞吴宫詞「大姑蘇兮小長洲」，善本「大」作「火」，「小」作「沼」。』」

《天禄琳琅》：「《盤洲集》，毛鈔本有『白堤錢聽默經眼』一印。」

葉昌熾《藏書紀事詩》卷七《侯駝子　陳駝子》　痀僂登場語媕娿，好錢笑罵盡由他。闕文借乘吾猶見，江北江南兩疥駝。

《異説披昌》：「鷄林之紙，充溢於市，估人長袖善舞者，皆以販舶書爲業，問以古籍，瞠然不知所對。余幼時識侯念椿，短而僂，貌寢行賤，日登壟斷以售黎丘之技，然頗曉事。多識簿録，舊鈔、舊刻，何年何人收藏，何省何地裝訂，寫槧先後，題跋真僞，一見紙墨，輒能言之不爽。老友劉泖生丈蒿隱前輩，皆與往還，搜遺獵忘，四方收藏家至吴門訪古者，亦無不造世經堂焉。揚州陳姓估，亦弓背，佚其名，與侯年相若。識古差不逮侯，但里下河地未經赭冠焚蕩，故家出所藏求售者較多，其見聞亦稍廣。自癸酉至丙子，余三度至白門省試，輒節舟車之費，以游其肆。其人喜奔走豪貴之門，視寒士如土苴，雖有秘册，不能見也。當時好事者稱書估，至謂大江南北有兩駝子。宣統紀元，重編是集，閔古學之就湮，悵解人之難索。援《圬者王承福》、《種樹郭槖駝》之例，二人合撰一傳，以繼錢聽默之後。昔見今亡，未可以人廢也。緣裻述。」

淩泗《莘廬遺詩・詠石印書》　倉聖造字混沌鑿，夜聞鬼哭天雨粟，鬼今識字倉聖哭。媧補天石餘海隅，五千年後鬼負趨，利權奪盡乃到書。溯自漆簡與竹册，稍避繁重易紙筆，劬鈔腕脱頭畢白。後唐墨板始益州，自宋迄今窮雕鏤，聚珍排比星碁裯。粤焰南來赤石吐，絳雲拉雜梨棗斧，鬼工伺間巧文舞。《蘭亭》《玉枕》燈影描，縮本作俑始帖妖，變而機械窮秋毫。爛斷朝報藩溷紙，五車充斥五都市，長恩愕避蠹飽死。古患書少今患多，安得秦坑一蕩磨，祖龍不出可奈何？

雜録

葉德輝《書林清話》卷二《書肆之緣起》　《揚子法言・吾子》二：「好書而不

要諸仲尼，書肆也；好説而不要諸仲尼，説鈴也。」此「書肆」二字見於文士著述之始。《後漢書・王充傳》：「常游洛陽市肆，閲所賣書，一見輒能誦憶。」此後漢時有書肆也。梁任昉《答劉居士詩》「才同文錦，學非書肆」，此六朝時有書肆也。唐柳玭《訓序》，言其在蜀時嘗閲書肆，云「字書小學率雕板印紙」。又吕温《衡州集》中《上官昭容書樓歌》：「君不見洛陽南市賣書肆，有人買得研神記。」此唐時有書肆也。馬令《南唐書・魯崇範傳》：「崇範雖窶，九經子史世藏於家。刺史賈皓就取之，薦其名，不報，皓以己緡償其直。崇範笑曰：典墳天下公器，世亂藏於家，世治藏於國，其實一也。吾非書肆，何估直以償耶？卻之。」此五代時有書肆也。至宋則建陽、麻沙之書林、書堂，南宋臨安之書棚、書鋪，風行一時。迄今如乾嘉間錢景開萃古齋，陶正祥、珠琳父子五柳居，以及李文藻《琉璃廠書肆記》中韋氏瑞錦堂，舊名鑑古堂。劉氏延慶堂，一經文人品題，遂得附名千古。章學誠《文史通義》援周長發之言，目此輩爲「横通」，著《横通篇》以寓諷焉，亦可謂善於題目也已。

葉德輝《書林清話》卷五《明人刻書之精品》 明人家刻之書，其中爲收藏家向來珍賞者，如豐城游明大昇，翻雕元中統本《史記集解索隱》一百三十卷，見《繆記》、《森志》、《陸集》。云明正統九年舉人，景泰二年進士，天順末官福建提學僉事，又九年而後卒。是書行款紙質與建安余氏勤有書堂所刊相似，疑爲大昇官福建時所刊。刻《宋史全文續資治通鑑》三十六卷，附《宋季朝事實》二卷，見《張志》、《森志》、《丁志》。

吴郡沈辨之野竹齋，刻《韓詩外傳》十卷，見陳編《廉石居記》、《楊譜》、《丁志》。刻《畫鑒》一卷，見《楊續録》。沈辨之，名與文，明嘉靖間人。藏書家多誤以爲元刻。又沈刻書亦有繁露堂名，吾藏所刻顧璘《近書》一卷，前序有吴郡沈與文校刻五小字，在翻葉闌邊末有「吴郡沈氏繁露堂雕」亞形印。

崑山葉氏菉竹堂，此文莊公盛後人，仍用先人堂名。刻《雲仙雜記》十卷，見《四庫書目提要》、《廉石居記》、《瞿目》、《丁志》。隆慶六年刻陶穀《清異録》二卷，見《張志》、《瞿目》。後有「隆慶六年壬申葉氏菉竹堂繡梓印行」十五字。

江陰涂禎，弘治辛酉十四年。仿宋刻九行本桓寬《鹽鐵論》十卷，見《森志》。德輝按：《孫目》有影寫本，與顧千里校張敦仁刻本，皆明人重刻涂禎十行本也。

錫山安國桂坡館，嘉靖癸未二年。刻《顔魯公文集》十五卷、《補遺》一卷，見《孫記》。嘉靖甲午十三年。刻宋紹興本《初學記》三十卷，見《范目》、《天禄琳琅》九、《丁志》、《陸志》、《楊志》。按：明晉藩及徐守銘寧壽堂本，皆從此出。

震澤王延喆恩褒四世之堂，嘉靖丁亥六年。刻《史記集解索隱正義》一百三十卷，見《朱目》、《丁志》、《陸志》、《繆續記》。據云後序目後有「震澤王氏刻梓」篆文木記，集解序後有「震澤王氏刻於恩褒四世之堂」隸文木記，索隱後序有延喆跋，末云「工始嘉靖乙酉臘月迄丁亥之三月，林屋山人王延喆識於七十二峯深處」。

吴郡金李澤遠堂，嘉靖戊子七年。刻《國語韋昭解》二十一卷，見《邵注四庫目》。德輝按：此亦出宋本，較黄丕烈士禮居仿宋刻注文有多數字者。

吴門龔雷，嘉靖戊子七年。刻鮑彪校注《戰國策》十卷，見《瞿目》。按：此與金李刻《國語》皆同時仿宋刻本，取校孔繼汾詩禮堂本，勝處頗多。

吴郡袁褧嘉趣堂，嘉靖癸巳十二年。仿宋刻《大戴禮記》十三卷，見《天禄琳琅》九、《孫記》。嘉靖乙未十四年。仿宋刻《世説新語》三卷，見《天禄琳琅後編》十六、《陸志》。嘉靖己酉二十八年。仿宋張之綱本《文選注》六十卷，見《天禄琳琅》十、《朱目》、《丁志》、《繆記》。

顧春世德堂，嘉靖癸巳十二年。刻《六子全書》：老子《道德經》二卷、《南華真經》十卷、《冲虚至德真經》八卷、《荀子》二十卷、《新纂門目五臣音注揚子法言》十卷、《中説》十卷，見《孫記》。嘉靖甲午十三年。刻王子年《拾遺記》十卷，見《楊志》、《楊譜》。

澶淵晁瑮寶文堂，嘉靖甲午十三年。刻《昭德新編》三卷，晁冲之《具茨集》一卷，見《丁志》。嘉靖丙午二十五年。刻晁説之《晁氏客語》一卷、《晁氏儒語》一卷，晁迥《道院集要》三卷、《法藏碎金》十卷，見何厚甫培元《經眼書目》。

南平游居敬，嘉靖丙申十五年。刻《韓文》四十卷、《外集》十卷、《集傳遺文》二卷，《柳文》四十三卷、《別集》二卷、《外集》二卷、《附録》一卷，見《丁志》。德輝按：嘉靖丙辰（三十五年）莫如士重刻，卷數行格同，吾有藏本。

餘姚聞人詮，嘉靖己亥十八年。刻《舊唐書》二百卷，見《天禄琳琅》九、《孫記》、《丁志》。

金臺汪諒，嘉靖乙酉四年。刻《史記索隱正義》一百三十卷，見《錢日記》、《錢稿書跋》、《朱目》、《丁志》、《陸志》。錢大昕《養新録》「史記宋元本」一則云：「明嘉靖四年莆田柯維熊校本，金臺汪諒刻，始合《索隱》、《正義》爲一書。前有費懋中稱陝西翻宋本無《正義》，白鹿洞本有《正義》，是柯本出於白鹿本。同時震澤王氏亦有翻宋本，大約與柯本不異。」錢泰吉《甘泉鄉人稿》五「校史記雜誌」一則云：「小題在上，大題在下，柯、王兩本皆然。

然柯本大題旁注，不若王本並作大字，尤爲近古。」又云：「柯本《索隱》序後有『紹興三年四月十二日右修職郎充提舉茶鹽司幹辦公事石公憲發刊，至四年十月二十日畢工』二十八字，凡三行。始知柯本從紹興本翻刻也。」又云：「《福建通志》卷三十六，正德十二年舒芬榜進士柯維熊工部郎中。」

福建汪文盛，嘉靖己酉二十八年。刻《前漢書》一百二十卷，《後漢書》一百二十二卷，見《錢日記》、《孫記》、《丁志》、《繆記》。丁云：「《錢竹汀日記》云：《漢書》嘉靖本卷首題福建按察司周采、提學副使周埦、巡海副使何喬校刊，末題嘉靖己酉年孟夏月吉旦侯官縣儒學署教諭事舉人廖言監修。今細按周采等銜名，實自後加。其中汪文盛、高瀔、傅汝舟名字，尚有剷削未盡者。瀔，字宗吕，號髯翁，侯官人，著有《石門詩集》。汝舟，字虚木，瀔同縣人，有《傅山人集》。」德輝按：汪本書名大題後云「漢班固撰，唐顔師古注，明汪文盛、高瀔、傅汝舟校」，凡十九字，作兩行書。其中各卷亦或題二周一何名，蓋汪、高、傅爲地方鄉紳，周、何則地方官也。官主刻，紳主校，故皆題名也。刻《五代史記》七十四卷，見《丁志》。書名大題後云「宋歐陽修撰，徐無黨注，明汪文盛、高瀔、傅汝舟校」。每葉二十四行，行二十二字。版式與所刊《兩漢書》同，惟字略肥。天一閣、皕宋樓所藏皆此本。文盛所刻《儀禮注疏》、《兩漢》及此書，皆高、傅兩人同校。

蘇獻可通津草堂，嘉靖己未三十八年。刻王充《論衡》三十卷，見《天禄琳琅》九、《孫記》、《朱目》、《陸志》、《森志》、《繆續記》。刻《韓詩外傳》十卷，見《莫目》。德輝按：此與沈辨之野竹齋刻本實同一版本。細審野竹齋木記，似是將原有木記削去補刻，而通津本則出於自然。世皆以沈本誤作元刻，余竊疑其更在通津本之後。傳世已久，疑莫能明矣。

東吴郭雲鵬濟美堂，嘉靖癸卯二十二年。刻《分類補注李太白詩集》三十卷，見《丁志》。云：後有雲鵬自跋，並「嘉靖癸卯春元月寶雲堂梓行」小木記。嘉靖己未三十八年。刻《曹子建集》十卷，見《丁志》。無年號刻《河東先生集》四十五卷、《外集》二卷、《附録》二卷、《集傳》一卷、《後序》一卷，見《孫記》、《陸志》、《丁志》。云：每卷尾有「東吴郭雲鵬校壽梓」篆文木記，版心有「濟美堂」三字。德輝按：此與徐氏東雅堂韓集板式行字相同，蓋同出宋廖瑩中世綵堂本，但韓集猶刻於柳集之後，而世盛稱東雅堂《韓集》鮮稱此本者，何也。刻《歐陽先生文粹》二十卷、《補遺》十卷，見《天禄琳琅》十、云：雲鵬跋，題寶善堂梓行。德輝按：此與所刻李集木記同，非僅濟美堂矣。《丁志》作《歐陽先生遺粹》。

俞憲鴸鳴館，嘉靖戊申二十七年。刻《西溪叢語》三卷，見《黄記》、《陸志》、《陸跋》、《莫録》、《繆記》。

東吴徐氏，嘉靖間仿宋刻《儀禮注》十七卷，見《陸志》。德輝按：徐刻《三禮》罕見。黄丕烈士禮居仿刻之《周禮注》，亦其一也。蓋《三禮》皆據宋本，與武英殿仿岳氏《五經》之一《禮記》，行字相同。但岳本有釋音，徐本無釋音，以此爲異。吾藏明刻《儀禮》與此同，《周禮》有釋音與《禮記》同，蓋翻岳本也。

東吴徐時泰東雅堂，刻宋廖瑩中世綵堂《韓昌黎集》四十卷、《外集》十卷，見《天禄琳琅後編》十、《陸志》、《繆續記》、《丁志》。云眉間有雍正丁未長洲陳景雲記云：「近吴中徐氏東雅堂主人徐時泰，萬曆中進士，歷官工部郎中。崇禎末，堂已易主，項宮詹煜居之。煜後以降賊名麗丹書，里人譟而焚其宅，堂遂燬。今僅存池塘遺迹而已。」德輝按：據陳記，則時泰通籍在萬曆，其刻書必在通籍後，而郭刻柳集疑當在時泰前，故天啓中柳氏有重刻本，韓板乾隆時猶存江蘇洞庭東山王氏。吾藏二本，一本明印，一本後有乾隆十一年洞庭東山王金增師李氏修板跋。

嘉禾項篤壽萬卷堂，隆慶庚午四年。刻《鄭端簡奏議》十四卷，見《丁志》、云：末有「隆慶庚午九月雕工畢」一條。《繆續記》。萬曆甲申十二年。刻《東觀餘論》三卷，見《天禄琳琅》九、《孫記》、《陸續跋》、《丁志》。

嘉禾項德棻宛委堂，刻元陸友仁《研北雜識》二卷，見《陸志》、《丁志》。天啓甲子四年。刻《奇姓通》四十卷，見《繆記》。德輝按：德棻疑篤壽兄弟之子。篤壽之兄名元淇，弟名元汴，字子京，流傳書畫名蹟所謂項墨林天籟閣是也。篤壽子德楨，萬曆己未進士。孫鼎鉉，萬曆辛丑進士；聲國，崇禎甲戌進士。見《嘉興府志·進士題名》。元汴子穆，字德純。穆季弟德明，字鑑臺。亦見《府志·列傳》。又德新字又新，見朱彝尊《明詩綜·小傳》。又德宏，見朱彝尊《曝書亭集》「蘭亭神龍本跋」。均以德爲名，則德棻必其從子行也。刻《避暑録話》四卷，見《莫目》。吾藏此本。

馬元調寶儉堂，萬曆甲辰三十二年。刻元稹《長慶集》六十卷，白居易《長慶集》七十一卷，見《森志》、《繆記》。

鄧渼文遠堂，萬曆丁巳四十五年。刻程大昌《演繁露》十六卷、《續》六卷，見《丁志》。無年號刻《唐文粹》一百卷，見《孫記》。刻王楨《農書》三十六卷，見《天禄琳琅後編》十六。

高承埏稽古堂，刻《劉賓客佳話録》一卷，《劇談録》二卷，《雲仙散録》十卷，《隋唐佳話》三卷，見《繆記》。《南部新書》十卷，《友會叢談》十卷，見《繆續記》。德輝按：吾縣王山長岱《浮槎文集》五「高寓公先生」云：高公諱承埏，字澤外，號寓公，晚號鴻一居士。系出齊公子高後，以王父字爲氏，至宋武烈王諱瓊，發迹於汴。至忠節公世，則隨蹕南渡。元末，九世孫文忠公遜志，自蕭縣避地嘉興，因繫籍焉。長補諸生，己卯得雋，庚辰捷南宫，廷對三甲，官終工部虞衡司主事。戊子感懷賦詩，絶筆而逝，時年四十六。傳甚詳，兹略摘其仕履。己卯爲崇禎四年，庚辰爲五年，卒於戊子，則順治五年。所刻書又有唐牛僧孺《玄怪録》，李復言《續玄怪録》，李濬《北窗續録》，梅彪《石藥爾雅》，元伊世珍《嫏環記》，高德基《平江紀事》，唐姓佚名《灌畦暇語》，明陳繼儒《偃曝餘談》、《墨畦》，袁宏道《關中遊歷》等書。總題《稽古堂日鈔》，見顧修《彙刻書目》。以不見於諸家書目，附記於此。刻《子夏易傳》十一卷。吾藏此本。

吴氏西爽堂，無年號刻《晉書》一百三十卷，見《楊志》。刻《三國志》六十五卷，見《繆續記》。

萬玉堂，刻《太玄經》十卷，見《天禄琳琅後編》五、誤入宋版。《瞿目》、《森志》、《繆續記》。

吴郡杜詩，刻鮑彪《戰國策校注》十卷，見《天禄琳琅後編》四。誤入宋版。

元和吴元恭，刻《爾雅注》三卷，見顧廣圻《思適齋集》。顧有翻刻。此皆刻書有根據，不啻爲宋槧作千萬化身者也。其餘叢刻書，以顧元慶《四十家文房小説》爲最精，胡維新《兩京遺編》次之，程榮《漢魏叢書》又次之。吴琯《古今逸史》時有脱訛，何允中《增刻漢魏叢書》殊少抉擇。至晚季胡文焕《格致叢書》，陳繼儒《祕笈》之類，割裂首尾，改换頭面，直得謂之焚書，不得謂之刻書矣。

葉德輝《書林清話》卷六《宋刻經注疏分合之别》 北宋各經注疏皆單行，其合并爲一，阮文達元刻南昌學《注疏》後作《校勘記》，據日本山井鼎《七經孟子考文補遺》引黄唐刻《注疏》跋紹興題年，謂合注於疏在南北宋之間。按《考文》、《左傳》一引《禮記》三山黄唐跋云：「本司舊刊《易》、《書》、《周禮》，正經注疏，萃見一書，便於披繹，它經獨闕。紹興辛亥，遂取《毛詩》、《禮記》疏義，如前三經編彙，精加讎正。乃若《春秋》一經，顧力未暇，姑以貽同志。」《楊志》載有宋槧《尚書注疏》二十卷，云：南宋紹熙間，三山黄唐題識，是紹熙壬子刻，阮氏《校勘記》爲山井鼎所誤。然森立之《經籍訪古志》亦載有此本，卷末有題記，文獨完全，云：「六經疏義，自京、監、蜀本皆省正文及注，又篇章散亂，覽者病焉。本司舊刊《易》、《書》、《周禮》，正經注疏，萃見一書，便於披繹，它經獨闕。紹興辛亥仲冬，唐備員司庾，遂取《毛詩》、《禮記》疏義，如前三經編彙，精加讎正，用鋟諸木，庶廣前人之所未備。乃若《春秋》一經，顧力未暇，姑以貽同志云。壬子秋八月三山黄唐謹識。」其刊刻年號亦作紹興辛亥。識語題壬子，後刻書一年。其書即足利所藏，是森氏所見之書，爲當日山井所見之書，同一紹興所刻注疏，何至楊所見獨爲紹熙。辛亥、壬子相距一年，刻成始識，情事之常，而紹熙誤作紹興，則去之太遠。竊疑楊所見不甚可據，故誤紹興爲紹熙，非《考文》誤以紹熙爲紹興也。況楊所見十册内有鈔補二册，非森氏所見之全，則其所據之本不足以難阮氏。而楊之以不誤爲誤，不足令人徵信矣。

葉德輝《書林清話》卷六《宋刻纂圖互註經子》 宋刻經、子，有「纂圖互註重言重意」標題者，大都出於坊刻，以供士人帖括之用。經有南宋刻巾箱本《纂圖附釋音重言重意互註周易》九卷，《略例》一卷，見《森志》。云半葉九行，行十七字，注雙行，行十八字，長三寸一分，幅二寸。《纂圖附釋音重意重言互註尚書》十三卷，見《天禄琳琅後編》二。云麻沙本，闕筆至惇字止，乃光宗時刊。婺州本《點校重言重意互注尚書》十三卷，見《陳跋》、《瞿目》，云長止四寸，寬不及三寸。每半葉十行，行二十字。匡、恒、慎、敦等字皆闕筆。《黄書録》。云上有「彭城楚殷氏讀書記」印，知是虞山故物。又有「傳家一卷帝王書」小圓印，亦若專爲《尚書》設者，是一奇也。《監本纂圖重言重意互註點校尚書》十三卷，見《繆讀記》。云半葉十行，行大字十九，小字二十四，高六寸六分，廣四寸二分，白口雙邊。《監本纂圖重言重意互註點校毛詩》二十卷，見《天禄琳琅》一、《陳跋》、云每葉十二行，行十八字。德輝按：當作每葉二十行。《黄續記》、云宋刊本。楊録。云半葉十行，行大十八字，小二十四字。士禮居舊藏本殘三卷。宋麻沙坊本《附釋音纂圖重言重意互註毛詩》德輝按：兼刻《箋》。二十卷，附《毛詩舉要圖》、《毛詩篇目》，見《張志》。云傳、箋釋文俱雙行小字，每葉二十四行，行大字二十一，小字二十五。《京本附釋音纂圖互註重言重意周禮》十二卷，見《天禄琳琅》一、《吴跋》、《陳跋》、《黄記》、《瞿目》、《陸續跋》。跋有二部，一云宋刊巾箱本，每葉二十四行，每行二十三字，小字雙行。一云每葉二十四行，每行大字二十一，小字雙行，每行二十五六字不等。宋巾箱本《纂圖附音重言重意互注周禮鄭注》十二卷，見《森志》。云半葉九行，行十七字，或十五六字，注雙行，十八字。長三寸一分，幅二寸。《京本點校附音重言重意互注禮記》二十卷，見《森志》、《楊譜》。譜載：半葉十一行，每行大字十九字，小注雙行，長三寸半，寬二寸半。《監本纂圖重言重意互注禮記》二十册，見《丁志》。云宋刊本，存卷九《玉藻》、《明堂位》，卷十《喪服小記》、《大傳》、《少儀》兩卷。南宋麻沙本《纂圖互註禮記》二十卷，《禮記舉要圖》一卷，見《陸志》。云每半葉十一行，每行二十一字，小字雙行，每行二十五六字不等。鄭注下附陸氏釋文，釋文之後爲重言重意。「讓」字闕筆，蓋孝宗時刊本也。《京本纂圖附音重言重意互註春秋經傳集解》三十卷，見《天禄琳琅》一、陳編《廉石居記》、云序後有「紹定庚寅垂裕堂刊」。《莫録》。云南宋本，半葉十一行，行大二十字，小二十一字。（小字雙行）。《監本纂圖春秋經傳集解》三十卷，見《丁志》。云附釋文，每半葉十行，行二十字，夾注小字，行二十四字。中有重言重意似句互注諸例，俱加方圍。《監本纂圖重言重意互注論語》二十卷，見《楊譜》。譜載：半葉十行，行十九字，小字雙行，行二十四五字。子有纂《圖互註荀子》二十卷，見《天禄琳琅》二、云標題爲纂圖互注，書中於倞注外又加重意重言互注諸例。《孫記》、云宋版，重意重言俱用墨蓋子别出，每葉二十二行，行二十一字。《吴跋》、云元版，每葉二十二行，每行大字二十一，小字二十五。《陸志》、《陸續跋》。云行款字數皆與《互注重言重意道德經》同。德輝按：《續跋》宋槧本《纂圖互注老子道德經》，每葉二十二行，每行二十一字，小字雙行，每行二十五字，宋景定刊本。《纂圖互注揚子法言》十卷，見《孫記》、云重意重言互注俱用墨蓋子别出，黑口版，每葉二十二行，行二十一字。《瞿目》、云元刊本。《丁志》、云元刊本，每葉二十二行，每行二十四字。《森志》、云明代覆元刊本，每半版十一行，行二十一字，注二十五字。凡重言重意互注，皆以白字爲識别。《陸志》、《陸續跋》。《纂圖互注老子道德經》二卷。見《孫記》、云宋版，卷中有重意重言互注，用墨蓋子别之。黑口版，每葉二十二行，每行二十一字。《吴跋》、云宋本，每葉二十四行，每行大字二十，小字二十三。德輝按：此别一宋刻，故與《孫記》不同。《瞿目》、云元刊本，書中句字與經籍相合者，標出之爲互注。《莫録》、云巾箱本，十三行，行二十三字。德輝按：此又别一元刊本。《陸志》、《陸續跋》。云宋槧本，每葉二十二行，每行二十一字，小字雙行，每行二十五字，宋景定刊本。其書先河上公注，次解，「解曰」二字以黑質白章小字别之。次互註，「互註」二字以黑質白章小字别之。次音釋，以圜圍之。次重言重意，以黑質白章大字别之。音切皆本陸氏釋文而不全録。所稱「解曰」者，不著作者姓名，遍考各注，乃知出林希逸《鬳齋老子口義》。《纂圖互注南華真經》十卷，見《天禄琳琅》二、《孫記》、云宋版，重意重言互注俱用墨蓋子别出，黑口版，每葉二十二行，每行二十一字。陸德明音義。《瞿目》、云元刊本，附刻陸氏音義於註中。《丁志》、云元刊本，蓋宋時麻沙本而元代重刻之。《陸志》、《森志》。云明初依閩中元版重雕，重言重意附釋音，每半板十一行，行二十一字。《纂圖互註列子沖虚至德真經》八卷，見《天禄琳琅後編》五、云建陽麻沙本。《孫記》。同前。《纂圖互註文中子》十卷，見《吴跋》、宋本，與前《纂圖互註老子》同。《孫記》。同前。云：「自《老子》以下巾箱本六子，皆南宋坊間所刻。據《法言》序後木印，纂圖互註監本大字止有四子，後改巾箱本，又添入重言重意，暨《列子》、《中説》，共爲六子。此册六子猶全。」大抵經有七而子則四。《四庫全書提要・子雜家存目》，《五子纂圖互註》四十二卷，云：「宋龔士離編。是書於《老子》用河上公註，凡二卷。於《莊子》用郭象註，附以陸德明音義，凡十卷。於《荀子》用楊倞注，凡十卷。於《揚子法言》用李軌、柳宗元、宋咸、吴秘、司馬光五家註，凡十卷。於《文中子中説》用阮逸註，凡十卷。每種前各有圖，而於原註之中增以互註，多引五經四書及諸子習見之語，未能有所發明。其於文中子則並無互註，體例殊未畫一。」德輝按：《文中子》爲後加，故體例獨異。《儀禮》、《孟子》非場屋所用，故置之，老、莊、荀、揚外，加入《列子》、《文中子》，亦出當時坊估重刻之雜湊，非原有也。

葉德輝《書林清話》卷六《宋刻本一人手書》 宋時刻書，多歐、柳、顔體字，故流傳至今，人争寶藏。然當時有本人手書以上版者。《瞿目》有宋刊本吴説編《古今絶句》三卷，後自跋云：「手寫一本，鋟木流傳，以與天下後世有志於斯文者共之。」《陸志》有宋岳珂《玉楮詩稿》八卷，後自記云：「此集既成，遣人謄録，寫法甚惡俗不可觀。欲發興自爲手書，但不能暇。二月十日，偶然無事，遂以日書數紙。至望日，訪友過海寧，攜於舟中，日亦書數紙。迨歸而畢，通計一百零七版。肅之記。」按肅之，珂字也。又有楊次山《歷代故事》十二卷云：「宋刊宋印本，其書乃次山手書付刊，書法娟秀可喜。」《張志》有《文苑英華》一千卷，後有記云：「吉州致政周少傅府，昨於嘉泰元年春，選委成忠郎新差充筠州臨江軍巡轄馬遞鋪權本府使臣王思恭，專一手抄《文苑英華》，并校正重複，提督雕匠，今已成書，計一千卷。其紙札工墨等費，并係本州印匠承攬，本府並無干預，今申説照會。四年八月一日權幹辦府張時舉具。」此以一人之力寫千卷之書，較之肅之自書己集，尤爲難得。惜陸所藏爲傳鈔本，今并售之東瀛。使當時有一卷之存，當不知藏書家於宋版甲印上，更將以何字别之，惜乎其不傳也。

葉德輝《書林清話》卷六《宋刻書著名之寶》 宋板書自來爲人珍貴者，一《兩漢書》、一《文選》、一《杜詩》，均爲元趙文敏松雪齋故物。《兩漢書》牒文前葉有文敏小像，明時歸王弇州世貞，跋稱：「班、范二《漢書》，桑皮紙白潔如玉，四傍寬廣，字大者如錢，絶有歐、柳筆法。細書絲髮膚緻，墨色精純，奚、潘流瀋。蓋自真宗朝刻之秘閣，特賜兩府。而其人亦自寶惜，四百年而手若未觸者，當是吴興家物。入吴郡陸太宰，又轉入顧光禄，失一莊得之。」後歸錢氏絳雲樓，後有謙益跋，稱：「以千金從徽人贖出，藏弆二十餘年，今年鬻之四明謝象三。床頭黄金盡，生平第一殺風景事也。此書去我之日，殊難爲懷。李後主去國，聽教坊雜曲揮淚别宫娥一段，凄涼景色，約略相似。」又跋云：「景山李維柱，字本石，本寧先生之弟也，書法橅顔魯公。嘗語余，若得趙文敏家《漢書》，每日焚香禮拜，死則當以殉葬。余深愧其言。」三跋載《初學集》。又跋稱：「趙吴興家藏宋槧《兩漢書》，王弇州先生鬻一莊得之陸水村太宰家。後歸於新安富人，余以千二百金從黄尚寶購之。崇禎癸未，損二百金售諸四明謝氏。今年遊武林，坦公司馬攜以見眎，余聳臾勸亟取之。司馬家插架萬籤，居然爲壓庫物矣。」此跋末題戊戌孟夏，蓋在順治十五年矣。乾隆時進入内府，甲子御題云：「雕鐫紙墨，並極精妙，實爲宋本之冠。」又《文選》亦在內府，二十三卷後有吳興小行楷書跋云：「霜月如雪，夜讀阮嗣宗《詠懷詩》，九咽皆作清冷氣，而是書玉楮銀鉤，若與鐙月相映，助我清吟之興不淺。至正二年仲冬三日夜，子昂識。」亦有弇州跋云：「余所見宋本《文選》，亡慮數種。此本繕刻極精，紙用澄心堂，墨用奚氏，舊爲趙承旨所寶。往見於同年生朱太史家，云得之徐太宰所。幾欲奪之，義不可而止。」又有萬曆甲戌人日王穉登書云：「此本紙墨鋟摹，並出良工之手，政與瑯琊長公所藏《漢書》絶相類。《漢書》有趙魏公小像，此書有公手書，流傳至今僅三百年，而卷帙宛然。今歸朱司成象玄，出示諦賞。此本視《漢書》，亦猶蜀得其龍、吳得其虎矣。」又董其昌跋云：「顏真卿書送劉太冲序後，有『宋四家書派皆宗魯公』之語，則知北宋人學書，競習顏體，故摹刻者亦以此相尚。其鐫手於整齊之中寓流動之致，洵能不負佳書。至於紙質如玉，墨光如漆，無不各臻其妙，在北宋刊印中亦爲上品。」乾隆御題云：「此書董其昌所稱與《漢書》、《杜詩》鼎足海內者也。紙潤如玉，南唐澄心堂法也。字跡精妙，北宋人筆意。《漢書》見在大內，與爲連璧，不知《杜詩》落何處矣。」按《天禄琳琅》目載宋版書甚多，而御題又云若此者，亦不多得。嘉慶二年，武英殿災，目載之書同歸一燼，神物久歸天上，留此題跋，可見宋本書之精妙，古今人之愛護，心理相同。《文選》今尚有明袁褧仿宋裴氏本，國朝胡克家仿宋尤丞相本，可作虎賁中郎。《漢書》則形影無存，尤令人追思無已矣。

葉德輝《書林清話》卷六《宋刻書字句不盡同古本》　藏書貴宋本，人人知之矣。然宋本亦有不盡可據者，經如《四書》朱注本，不合於單注單疏也。其他《易》程傳、《書》蔡傳、《詩》集傳、《春秋》胡傳，其經文沿誤，大都異於唐、蜀《石經》及北宋蜀刻。宋以來儒者但求義理，於字句多不校勘。其書即屬宋版精雕，祇可爲賞玩之資，不足供校讎之用。南宋刻書最有名者，爲岳珂相臺家塾所刻《九經三傳》，別有《總例》，似乎審定極精。而取唐、蜀《石經》校之，往往彼長而此短。唐《石經》在西安。蜀《石經》有《毛詩傳箋》卷一卷二殘本，刻入陳宗彝《獨抱廬叢書》。《左傳》杜注殘本、《公羊》何氏解詁殘卷、《穀梁》范寧集解殘卷，舊藏福山王文敏所，後歸他氏。繆藝風老人曾取以校注疏本，義長者最多。又黎庶昌《古佚叢書》中刻《爾雅》郭注三卷，原本亦出蜀《石經》，勝於宋元諸刻。故北宋蜀刻諸經之可貴者，貴其源出唐、蜀《石經》也。宋本中，建安余氏所刻之書不能高出俗本者，爲其承監本、司、漕本之舊也。至於史、子，亦以北宋蜀刻爲精。如《史記》、《漢書》、《後漢書》、《三國志》，見於各藏書家題跋所稱引者，固可見其一班。子如《荀子》，熙寧呂夏卿刻本，勝於南宋淳熙江西漕司錢佃本。《世説新語》北宋刻十行本，注文完全，勝於南宋陸游本。此固未可概以爲宋刻而遂一例視之，不復知辨别也。

葉德輝《書林清話》卷六《宋刻書多訛舛》　王士禎《居易録》二云：「今人但貴宋槧本，顧宋板亦多訛舛，但從善本可耳。如錢牧翁所定杜集『九日寄岑參』詩，從宋刻作『兩脚但如舊』，而注其下云：陳本作『雨』。此甚可笑。《冷齋夜話》云：『老杜詩「雨脚泥滑滑」，世俗乃作「兩脚泥滑滑」。』此類當時已辨之，然猶不如前句之必不可通也。」吾謂不特此也，如盧文弨《抱經堂文集》所跋《白虎通德論》，宋刻二卷本開卷即譌「通德」爲「建德」。《陸志》載宋刻任淵注《山谷黄先生大全詩注》二十卷，前序稱紹興鄱陽許尹敍，紹興下脱年月。均爲可笑。又《陸跋》宋本《王右丞集》十卷云：「卷六末有跋，凡七十餘字，爲元以後刊本所無。卷五《送梓州李使君》『山中一半雨』，不作『山中一夜雨』，與《敏求記》所記宋本同。惟卷二《出塞作》，脱二十一字，不免白璧微瑕耳。」然如此類，豈僅微瑕，實爲大謬。《錢日記》載宋蔡夢弼刻《史記》，目録後題識稱「乾道七月春王正上日書」，七月「月」字，爲「年」之訛。《繆續記》載宋阮仲猷種德堂本《春秋經傳集解》，前牌子方印文「了無窒礙」，「窒」誤作「室」。此雖小誤，則其校讎不善可知。且又安知書中如此類者，不爲佞宋者所諱言乎。古今藏書家奉宋槧如金科玉律，亦惑溺之甚矣。《陸續跋》有宋槧宋印建本《北史》一百卷，云：「光宗時刊本，紙白如玉，字體秀勁，與福建蔡氏所刊《草堂詩箋》、《史記》、《陸狀元通鑑》、《內簡尺牘》相似，當亦蔡行父文子輩所刊。校讎不精，譌羼所不能免，在宋刊中未爲上乘。」《陸志》有《管子》二十四卷，爲陸敕先貽典校宋本，其後跋云：「古今書籍，宋板不必盡是，時板不必盡非。然較是非以爲常，宋刻之非者居二三，時刻之是者無六七，則寧從其舊也。余校此書，一遵宋本，再勘一過，復多改正。後之覽者，其毋以刻舟目之。康熙五年歲次丙午五月七日，敕先典再識。」然則前輩校書，並不偏於宋刻，是又吾人所當取法矣。

葉德輝《書林清話》卷六《宋刻書行字之疏密》　蕭山王端履晚聞先生宗炎子，嘉慶甲戌翰林。《重論文齋筆録》五云：「或謂余曰，宋人刻書，每行字數如其行數。如每葉二十行，則每行各二十字；每葉二十二行，則每行各二十二字。此亦不盡然。如《錢竹汀日記鈔》所載宋板《儀禮注》，每葉二十八行，行二十四字；宋刻《漢書》，每葉二十八行，行二十四字；宋刻《司馬温公集》，每葉二十四行，行二十字；宋刻《史記》，每葉二十六行，行二十五字；又一本每葉十八行，每行十六或十七字；宋刻《列子》，每葉二十四行，行二十五字。略舉一二，餘不備載。則其説不足據矣。近日書賈，無不作僞以欺世，新進後生皆當慎之。」又小注云：「先君嘗言，書賈惟吾可與周旋，爾等慎無與交，未有不被其愚弄者。不特書賈也，即同學中如何夢華元錫、趙晉齋魏輩，亦莫不沾染其習氣。小琅嬛仙館藏書，皆伊二人代購，恐將來半是不全之本也。嗣後何、趙以書來售，余皆婉辭謝之。」按王氏云云，門外語也。宋本行字兩較，不甚參差。以全版計算，行多少二字似覺相懸，以半版計數，則出入僅一二字而已，於行式無損也。況彼所據《錢記》所載，乃宋本之少者乎。版片一事，自爲專門，文章家言向多隔膜之語。如《陸志》宋蜀大字本《三蘇先生文粹》七十卷，末有李申耆先生手跋云：「此書有宋刊密字本，絶精美。此本疏朗，乃宋刊之別體，明時東雅堂、奇字齋所依仿也。補寫諸卷，雅潔足以相稱。珍賞家之於古書，如君子善成人美如此。李兆洛過眼因識。」按李氏舉奇字齋與東雅堂并論，亦非能識板刻之言。東雅堂出自宋廖瑩中世綵堂，字體不如原刻之工，而行款一仍舊式。若奇字齋刻雖精美，字體扁方，不如《韓集》之勁古。余藏其《王右丞文集》及《王右丞詩集補注》二種，此所見《補注蒙求》一種，皆自出心裁，非仿宋也。至所摘何夢華、趙晉齋之事，此類行徑亦寒畯謀生之常。一代巨公如畢鎮洋、阮文達諸公，何嘗不精於賞鑒，而必假手於門生門客，豈非別有用意乎。近世宜都楊惺吾守敬，前則依黎蒓齋星使於日本，後則依南反相國於鄂中，殆亦士人之習慣。與其爲錢遵王、季滄葦一輩人之刻薄，毋寧爲畢、阮、黎、張諸公之渾涵；與其爲杭堇浦床下積青銅錢，又不如汪容甫以鑒別字畫分鹺使鹽估之膏腴，爲取所當取也。宋板書，行少者每半葉四行，行八字；如寶祐五年陳蘭森所刻《干祿字書》。行多者每半葉二十行，行二十七八字至三十字不等。南宋刻《九經》白文。吾友江建霞標，著有《宋元行格表》二卷，余爲校補，刻於長沙，言版片者當奉爲枕中鴻寶也已。

葉德輝《書林清話》卷六《宋刻書紙墨之佳》 先文莊公《水東日記》十四云：「宋時所刻書，其匡廓中摺行中，上下不留黑牌，首則刻工私記本板字數，次書名，次卷第數目，其末則刻工姓名以及字總數。余所見當時印本書如此。浦宗源郎中家有《司馬公傳家集》，往往皆然。又皆潔白厚紙所印，乃知古人於書籍，不惟雕鐫不苟，雖摹印亦不苟也。」明高濂《燕閒清賞箋・論藏書》云：「藏書以宋刻爲善。宋人之書，紙堅刻軟，字畫如寫，格用單邊，間多諱字。用墨稀薄，雖著水濕，燥無湮跡。開卷一種書香，自生異味。元刻仿宋，單邊，字畫不分粗細，較宋邊條闊多一線。紙鬆刻硬，用墨穢濁。中無諱字，開卷了無臭味。有種官券殘紙，背印更惡。宋板書以活襯紙爲佳，而蠶繭紙、鵠白紙、藤紙固美，而存遺不廣。若粘褙宋書則不佳矣。」孫從添《藏書紀要》云：「若果南北宋刻本，紙質羅紋不同，字畫刻手古勁而雅，墨氣香淡，紙色蒼潤，展卷便有驚人之處。所謂墨香紙潤，秀雅古勁，宋刻之妙盡之矣。」按《天祿琳琅》一，宋版《周易》十卷云：「是書不載刊刻年月，而字法圓活，刻手清整，且於宋光宗以前諱皆缺筆。琴川毛晉藏書，於宋本印記之下復加『甲』字印，乃宋槧之最佳者。」又二，宋版司馬光《資治通鑑考異》三十卷，元祐槧本，乾隆甲子御題云：「是書字體渾穆，具顏、柳筆意，紙質薄如蟬翼，而文理堅緻，爲宋代所製無疑。」又宋版《南華真經》十卷云：「此書版高不及半尺，而字畫倍加纖朗，紙質墨光亦極瑩緻。乾隆御題云：『蠅頭細書，紙香墨古，誠寶蹟也。』」又三，《新刊訓詁唐昌黎先生文集》四十卷、《外集》十卷、《遺文》一卷：「卷一下標『臨邛韓醇』四字，《訓詁柳先生集》亦出醇手。書後有記，作於孝宗淳熙丁酉，稱『世所傳昌黎文公文，雖屢經名儒手，余昔校以家集，其舛誤尚多』云云，則醇爲愈之裔可知。其家在臨邛，當即蜀中所刊。宋葉夢得以蜀本在建本之上，觀此書字精紙潔，刻印俱佳，洵不誣也。」乾隆乙未御題云：「字畫精好，紙墨細潤，《天祿琳琅》所貯《韓集》，當以是本爲第一。」又宋版姚鉉《唐文粹》一百卷，北宋寶元二年臨安孟琪刻。乾隆御題云：「字畫工楷，墨色如漆。」觀此知有宋一代文化之盛，物力之豐，與其工藝之精，斷非元以後所能得其彷彿。《黃記》校宋本《姚少監文集》六卷，前録陸西屏寫《梅花草堂筆談》云：「有傳示宋刻者，其文鉤畫如繡，手摸之若窪窿然。故出紹興守家，其先副憲藏書也。問故，將質以償路符之費，且誡售者勿洩，有是哉。」此等宋刻，求之今日，誠如鳳毛麟角之希見。近年京師、滬瀆偶出一宋季元初麻沙坊刻，動估千金。虎賁以代中郎，碔砆可充和璧，時無英雄，豎子成名。世間事何莫不然，豈獨阮籍有廣武之嘆哉。

葉德輝《書林清話》卷六《宋造紙印書之人》 《天祿琳琅》二宋版類，《唐書》二百二十五卷：「嘉祐五年提舉曾公亮等奉敕刊印，紙堅緻瑩潔，每葉有『武侯之裔』篆文紅印在紙背者，十之九似是造紙家印記，其姓爲諸葛氏。考宣城諸葛筆最著，而《唐書》載宣城紙筆並入土貢。唐張彦遠《歷代名畫記》亦稱好事家宜置宣紙百幅，用法蠟之，以備模寫，則宣城諸葛氏亦或精於造紙也。」《瞿目》宋刻

《西漢文類》五卷殘本云：「紙面鈐『清遠堂』三字朱記，當是南宋時紙鋪號也。」至建安余氏勤有堂之紙，遠在北宋初，迄於國朝乾隆時，經高廟諭閩督鍾音考查，而得其家世造紙印書之人，洵楮墨之至榮，亦太平之佳話也已。

葉德輝《書林清話》卷六《宋人鈔書印書之紙》 五代之季，江南李氏有國，造澄心堂紙，百金不許市一枚。然其幅狹，不堪草詔。及李氏入宋，其紙遂流出人間。程大昌《演繁露》九：「江南李後主造澄心堂紙，前輩甚貴重之。江南平後六十年，其紙猶有存者，歐公嘗得之，以二軸贈梅聖俞。梅詩鋪敍其由而謝之曰：『江南李氏有國日，百金不許市一枚。當時國破何所有，帑藏空竭生莠苔。但存圖書及此紙，棄置大屋牆角堆。幅狹不堪作詔命，聊備粗使供鸞臺。』因梅詩以想其製，必是紙製大佳而幅度低狹，不能與麻紙相及，故曰『幅狹不堪作詔命』也。然一紙百金，亦已珍矣。」顧此紙本出江南，而江南反不甚用。宋王明清《揮麈後録》云：「李煜有國日，樊若水與江氏子共謀。江年少而黠，時李主重佛法，即削髮投法眼禪師爲弟子，隨逐出入禁苑，凡國中虛實盡得之。先令若水赴闕下獻下江南之策，江爲內應。其後李主既俘，各命以官。江後累典名州，家於安陸。江氏名正，字元叔，江南人。嘗爲越州刺史，越有錢氏時書，正借本謄寫，遂并其本有之。及破江南，又得其逸書，兼吳越所得殆數萬卷。書多用由拳紙，方册如笏頭，青縑爲標，字體工拙不一。《史記》、《晉書》或爲行書，筆墨尤勁。」據此，則元叔江南人，不用澄心紙而用由拳紙，則澄心之不便用，概可知矣。又陳師道《後山叢談》云：「余於丹陽高氏見楊行密節度淮南補將校牒紙，光潔如玉，膚如卵膜，今士大夫所有澄心堂紙不逮也。」然則澄心徒有虛名，故北宋本書從未有用此紙印者，殆不獨幅狹不合用也。明高濂《燕閒清賞箋·論藏書》云：「余見宋刻大板《漢書》，每本用澄心堂紙數幅爲副。」是止用以副書，未嘗印書也。王世貞跋趙松雪藏《文選》云「紙用澄心堂，墨用奚氏」，恐是過譽之辭。乾隆御題云「紙潤如玉，南唐澄心堂法」，斯爲得之矣。當時又有一種雞林紙，雞林即高麗。黃伯思《東觀餘論》跋章草雞林紙卷後：「政和丁酉歲五月二十一日，於丹陽城南第暴舊書，得此雞林小紙一卷，已爲人以鄭衛辭書盈軸矣。顧紙背尚可作字，因以索靖體書章草《急就》一卷藏於家，庶幾顏文忠牒背書藁舊事云。」明張萱《疑耀》：「長睿得雞林小紙一卷，書章草《急就》，余嘗疑之。幸獲校祕閣書籍，每見宋板書多以官府文牒翻其背印以行，如治平《類篇》一部四十卷，皆元符二年及崇寧五年公私文牒牋啓之故紙也。其紙極堅厚，背面光澤如一，故可兩用，若今之紙不能也。」當時張氏所見宋板書式，亦雞林紙之類。又湖北蒲圻出紙，爲當時鈔印書籍所尚。宋徐度《卻掃編》云：「予所見藏書之富者，莫如南都王仲至侍郎家，其目至四萬三千卷。而類書之卷帙浩博，如《太平廣記》之類，皆不在其間。聞之其子彥朝云，其先人每得一書，必以廢紙草傳之，又求別本參校，至無差誤，乃繕寫之。必以鄂州蒲圻縣紙爲册，以其緊慢厚薄得中也。每册不過三四十葉，恐其厚而易壞也。此本傳以借人及子弟觀之。又別寫一本尤精好，以絹素背之，號鎮庫書，非己不得見也。鎮庫書不能盡有，纔五千餘卷。」陸游《老學庵筆記》：「前輩傳書多用鄂州蒲圻縣紙，云厚薄緊慢皆得中，又性與麵粘相宜，能久不脱。」按今蒲圻不聞產名紙，由拳即今嘉興，亦然。古今人物變遷，大率如此。南宋時則以撫州萆鈔紙爲有名，周密《癸辛雜識》：「廖羣玉九經本最佳，以撫州萆鈔紙、油烟墨印造，其裝褫至以泥金爲籤。」當時廖氏選紙之精，獨重撫州萆鈔，可見此紙之勝於他產。吾向於丁雨生中丞日昌嗣君叔雅茂才惠康笥中，見所攜廖瑩中世綵堂刻《韓昌黎集》，紙不甚堅韌而光潔如新，墨若漆點，醉心悦目，如覩歐、褚法書。瑩中爲似道客，不知所用亦萆鈔紙否。今撫州猶產紙，無此等工料矣。

葉德輝《書林清話》卷六《宋印書用椒紙》 宋時印書紙，有一種椒紙，可以辟蠹。《天禄琳琅後編》三宋版類《春秋經傳集解》三十卷杜預後序又刻印記云：「淳熙三年四月十七日左廊司局內曹掌典秦玉禎等奏聞，《壁經》、《春秋》、《左傳》、《國語》、《史記》等書，多爲蠹魚傷牘，不敢備進上覽。奉敕用棗木椒紙各造十部，四年九月進覽。監造臣曹棟校梓，司局臣郭慶驗牘。」按此可考宋時進書之掌故。椒紙者，謂以椒染紙，取其可以殺蟲，永無蠹蝕之患也。其紙若古金粟牋，但較牋更薄而有光，以手揭之，力頗堅固。吾曾藏有陸佃《埤雅》二十卷，舊爲汲古閣、季滄葦、陳仲魚諸家收藏，每卷有諸人印記。相傳以爲金源刻本，似即以此種椒紙印者也。又縣人袁漱六芳瑛卧雪廬散出殘書中，有《史記》表傳數卷，亦是此紙印成。色有黃斑，無一蠹傷蟲蛀之處。是書今并歸吾架上，豈椒味數百年而不散歟。是皆與蝴蝶裝之粘連不解，歷久如新者，同一失傳之祕製也。

葉德輝《書林清話》卷七《元刻書之勝於宋本》 宋本以下，元本次之。然元本源出於宋，故有宋刻善本已亡，而幸元本猶存。勝於宋刻者，經則元元貞丙申平陽梁宅本《論語注疏》，勝於宋十行本也。元大德平水曹氏進德齋本《爾雅郭璞音注》，勝於明吳元恭所從出之宋本也。史則元大德九年重刊宋景祐本《後漢書》，勝於宋建安劉元起之本也。《黄記》。此外如建安劉元起刊於家塾敬室本，又有一大字，皆名爲宋，而實則不及元明刊本，蓋所從出本異也。子則元大德本《繪圖列女傳》，勝於阮氏文選樓所據刻之余氏勤有堂本也。阮本謂圖出晉顧凱之，頗爲附會。觀孟母傳圖刻有書院題字，則是宋坊估所爲也。元刻《纂圖互注揚子法言》，勝於宋治平監本也。集則元大德本《增廣音注丁卯詩集》，勝於宋板也。二卷。《瞿目》云：錢遵王云元刻較宋板多詩太半。元張伯顔刻《文選李善注》，勝於南宋尤袤本也。胡克家仿刻宋本即尤本。《孫記》極稱張伯顔本之善。蔣光煦《東湖叢記》元板李善《文選》注跋云：「錢遵王《讀書敏求記》云善注有張伯顔重刊元板，不及宋板遠甚。以余所聞，中吴藏書家所有宋本已多不全，似未若斯之完善。」皆張本定論。元延祐庚申葉曾南阜書堂刻本《東坡樂府》，勝於宋紹興辛未曾慥刻本也。《黄記》顧千里曰：非宋刻卻勝於宋刻，昔錢遵王已云宋刻殊不足觀，則元本信可寶。舉此數者以概其餘，是不當震於宋刻之名，而謂元明皆自檜以下也。

葉德輝《書林清話》卷七《元刻書多用趙松雪體字》

徐康《前塵夢影録》云：「元代不但士大夫競學趙書，如鮮于困學、康里子山，即方外如伯雨輩亦刻意力追，且各存自己面目。其時如官本刻經史，私家刻詩文集，亦皆摹吴興體。至明初吴中四傑高、楊、張、徐，尚沿其法。即刊板所見，如《茅山志》、周府《袖珍方》，皆狹行細字，宛然元刻，字形仍作趙體。沿至《匏庵家藏集》、《東里文集》，仍不失元人遺意。至正德時，慎獨齋本《文獻通攷》細字本，遠勝元人舊刻。大字巨册，僅壯觀耳。迨至萬曆季年，風行書帖禮書，不求足本，但取其名，如陳文莊、茅鹿門、鍾人傑輩，動用細評，句分字改，如評時文。然刻書至此，全失古人真面。顧千里擬之秦火，未爲苛論也。」按徐康爲吴枚庵門人，故言板刻甚精核。《天禄琳琅》六，《歐文忠公文集》一百五十三卷、《年譜》一卷、《附録》五卷，云：「此書字法，規仿鷗波，深得其妙。觀其槧印之精，非好古者不能爲此。」《陸續跋》有元槧吴澄《禮記纂言》三十六卷，雕刊工整，字皆趙體。《黄記》元本《稼軒長短句》十二卷，是書舊刻，純乎元人松雪翁書。又校元本張認庵跋云，大德刊本，大字行書，流麗娟秀，如松雪翁體。又《陸志》有元刊元印《清容居士集》五十卷，云有趙子昂筆意，元版中上乘也。又影寫元刊本《漢泉曹文貞公詩集》十卷，云宋賓王識略云，閲桃花塢文瑞堂所得秀野草堂顧氏藏《曹漢泉集》五卷，字畫端楷，直出松雪手書。元時名集動國帑鏤板，故得名手書文，良工刊刻。《瞿目》元刊本曹伯啓《漢泉曹文貞公詩集》十卷，云國子生浚儀胡益編録，寫刻甚精，書法似趙文敏，殆即益所書也。吾藏元張伯顔刻《文選》、大德本《繪圖列女傳》，字體流動，而沈厚之氣溢於行間。《列女傳》繪圖尤精，碻爲松雪家法，字含鍾繇筆意，當是五十以後所書。然不如所書《道德寶章》卷末題趙名者，信而有徵也。《四庫書目提要》，内府藏本爲元本。《瞿目》有明刊本，吾亦有之。道光戊戌施禹泉刊本，摹仿亦精。至世傳大定乙巳刻宋人編《兩漢策要》，十二卷。毛扆《珍藏祕本書目》載之，謂爲元人手鈔，與元人手鈔《古文苑》相次，云二書一筆趙字，或謂趙文敏手書而無款，不敢定之。乾隆五十八年，如皋張氏以毛本重刻，摹仿極工。前附有翁方綱題，後附梁同書、竇光鼐、周駿發、朱鈺、姚棻、邵齊熊諸跋，但以爲元名手書，不敢定爲松雪親筆。惟邵跋援陸學士、秦中丞及簡齋先生，當是袁簡齋。定爲松雪手跡，謂非餘子能辨，吾亦信以爲然。蓋松雪平生工於寫字，亦勤於鈔書，世傳所書《道德經》，見於各家集帖收藏家題跋者，已十數本之多。明張丑《書畫見聞表》，列有《左傳》正文全部及《李太白集》。沈初《西清筆記》，有趙文敏小楷《四十二章經》、《法華經》全部。可見趙鈔之未傳刻者正復不少，不僅元時一朝刻書風氣視此翁爲轉移也。

葉德輝《書林清話》卷七《元刻書多名手寫》

元刻字體有倩名手書者，《天禄琳琅》五元板史部，《山海經》十八卷，云：字仿歐體，用筆整嚴，在元刻中洵爲善本。乾隆御題云：是本筆法，刻畫清峭，當爲元版之佳者。又《後編》十一，元版集部，曾鞏《元豐類稿》五十卷，云：書法槧手，俱極古雅，麻紙濃墨，摹印精工，爲元刻上乘。又《歐陽文忠公集》一百五十三卷，槧法精朗，紙墨俱佳，元版中甲觀。《陸續跋》元槧周伯琦《六書正譌》五卷，每葉八行，篆文約占小字六格，小字雙行，每行二十字，篆文圓勁，楷書遒麗，蓋以伯温手書上版者。又元刊楊桓《書學正韵》三十六卷，分韵編排，先篆次隸省，次譌體，條理周詳，字畫端整。又元刊楊桓《六書統》二十卷、《六書溯源》十三卷，《瞿目》云，桓夙工篆籀，全書皆其手寫，故世特重之。又元刊本元吴萊《淵穎吴先生集》十二卷云，刻於至正二十六年，末有「金華後學宋璲謄寫」一行。璲工四體書，此書爲其手寫，古雅可愛，尤足珍也。又元刊本劉大彬《茅山志》十五卷云，明永樂刻本，胡儼序謂原本爲張雨所書，至爲精潔，即此本也。此類元刻，其工者足與宋槧相頡頏，特以時代論，不免有高下之見耳。至《陸志》有元本俞琰《周易集説》不分卷，上下經、彖傳後跋所載，皆其孫貞木、楨植繕寫，謹鋟梓於家之讀易樓。此家寫家刻本，尤爲千古佳話，宋元以來刻書中所罕見也。

葉德輝《書林清話》卷七《明人不知刻書》 吾嘗言明人好刻書，而最不知刻書。郎瑛《七修類稿》云：「世重宋版詩文，以其字不差謬。今刻不特謬，而且遺落多矣。予因林和靖詩而歎之，舊名止曰《漫稿》，上下兩卷，今分爲四卷。舊題如『送范寺丞仲淹』今改爲『送范仲淹寺丞』者最多，已非古人之意矣。今拾遺，『和運使陳學士遊靈隱寺』古詩四章，宋刻首篇者也。今僅律絶多，而遂以此爲拾遺可乎。」《丁志》影宋本《和靖先生詩集》二卷下，引之不詳。然不獨林集爲然也。《四庫書目提要》集部詩文評類：「《詩話總龜前集》四十八卷、《後集》五十卷，宋阮閲撰。案胡仔《苕溪漁隱叢話》序曰：舒城阮閲，昔爲郴江守，嘗編《詩總》，頗爲詳備。則此書本名《詩總》，其改今名，不知出誰手也。此本爲明宗室月窗道人所刊，併改其名爲阮一閲，尤爲疏舛。其書《前集》分四十五門，所采書凡一百種；《後集》分六十一門，所采書亦一百種。分類瑣屑，頗有乖於體例。前有郴陽李易序，乃曰：阮子舊集頗雜，月窗條而約之，彙次有義，棼結可尋。然則此書已經改竄，非其舊目矣。」是雖天潢刻書，亦不可據。今阮氏原本已歸繆氏藝風堂，卷帙完全，與月窗所刻者迥別。以較《提要》所指摘者，皆非原書之文。可知朱明一朝刻書，非仿宋刻本，往往羼雜己注，或竄亂原文，如月窗之類，觸目皆是，不僅此二書然也。嗟乎，明人虚僞之習，又豈獨刻書一事也哉。

葉德輝《書林清話》卷七《明人刻書改換名目之謬》 明人刻書有一種惡習，往往刻一書而改頭換面，節删易名。如唐劉肅《大唐新語》，馮夢禎刻本改爲《唐世説新語》；先少保公《巖下放言》，商維濬刻《稗海》本改爲鄭景望《蒙齋筆談》；郎奎金刻《釋名》，改作《逸雅》，以合《五雅》之目。全屬凡造，不知其意何居。又如陶九成《説郛》，《四庫書目提要》子部雜家雜纂之屬，《説郛》一百二十卷云：「周亮工《因樹屋書影》稱：南曲寇四家，有宗儀《説郛》全部，凡四巨橱，世所行者非完本。弘治丙辰，上海郁文博改編百卷，竄改舊本，已非九成之舊。此本百二十卷，爲順治丁亥姚安陶珽所編，又非文博之舊矣。」胡文煥《格致叢書》，《黄記》校元本《宋提刑洗寃録》云：「胡文煥覆本，文理略同，殊多脱誤，且改易卷第。」又云：「明人喜刻書而又不肯守其舊，故所刻往往戾於古。即如此書，能翻刻之，可謂善矣，而必欲改其卷第，添設條目，何耶？」陳繼儒《祕笈新書》，《四庫書目提要》子雜家類，《野客叢書》三十卷附《野老記聞》一卷云：「書本三十卷，見於自序。陳繼儒《秘笈》所刻僅十二卷，凡其精核之處，多遭删削。今仍以原本著録，而繼儒繆本則不復存目。」尤爲陋劣。然《説郛》爲後人一再改編，信非南村之病。胡文煥一坊估，無知妄作，亦不必論其是非。獨《祕笈》全出於欺世盜名，其智計與書帖房卷何異，否則豈有自命文人，而爲此誣亂古人疑誤後學之事者。此明季山人人品之卑下，即此刻書而可見矣。

葉德輝《書林清話》卷七《明人刻書添改脱誤》 宋刻書遇脱字，添補字行之傍，或二字并作一格。吾見張栻所撰《諸葛武侯傳》大字宋刻本如此，明仿南宋八行十七字本《兩漢書》亦然。南宋有兩刻本，一爲嘉定戊辰建甯書鋪蔡琪一經堂刻，一爲無元號年月白鷺洲書院刻，皆重刻北宋嘉祐本。是脱字添改，在宋初已有之。明時有甘復《山窗餘藁》一卷，《黄記》云：「此刻遇衍字，加點於旁，或即以所改字注於旁，遇脱字亦如之，此法甚善。古書每行字不齊，故有時擠下幾字、拔疏幾字以遷就之，從未有如此刻例之旁注者。吾謂刻書之法，此可取，則省修板剜損之虞，且古帖有如此刻者，何獨不可施諸書耶。」吾謂黄氏亦過於好古之言，究竟刻書首在凝神校勘，以免脱誤。如宋本之一格兩字，苟其書文法甚古，幾何不使讀者致正文注文之不分乎？經史子部，多有此病。至誤字添改於旁，尤有刺目之害。黄氏言古帖有如此者，不知古帖或由原本真蹟，不可改移，或由重刻裁行，致有奪字。然《蘭亭》因「曾不知老之將至」，奪「曾」添「曾」，於「曾」傍加「亻」，後遂誤「曾」爲「僧」。懷素《千文》，「律召調陽」，因草「召」如「吕」，今竟訛「召」爲「吕」。安得攷碑帖者人人如翁覃溪，讀古書者人人如王懷祖，黄氏所言，殆不可爲訓矣。

葉德輝《書林清話》卷七《明許宗魯刻書用説文體字》 明嘉靖間，閩中許宗魯刻書，好以《説文》寫正楷，亦是一弊。吾家有《國語》韋昭注一種，板心有「宜静書屋」四字，望之殊爲古雅。然宋岳珂《九經三傳沿革例》字畫一條云：「其有駭俗者，則通之以可識者。」注：「謂如『宜』之爲『宜』，『簪』之爲『晉』之類，皆取石經遺文。」又云：「非若近世眉山李肩吾從周所書《古韵》及文公《孝經刊誤》等書，純用古體也。」可知刻書字貴通俗，在宋已然，何況今日。許氏於嘉靖七年刻《吕氏春秋》，亦係古體字。畢氏沅經訓堂校刻吕書，其引據諸本目列之第二，云：此從宋賀鑄舊校本，字多古體。是畢氏直以許刻源本宋槧，而不知其自我作古也。顧此亦嘉靖間風氣如此，吾藏嘉靖十年陸鈛刻《吕氏家塾讀詩記》，亦係如此，在明人則又過於好古矣。

葉德輝《書林清話》卷七《明刻書用古體字之陋》 明中葉以後諸刻稿者，除七子及王、唐、羅、歸外，亦頗有可采取者。然多喜用古體字，即如海鹽馮、豐諸人尤甚。查他山先生見之曰：「此不明六書之故，若能解釋得出《説文》，斷不敢用也。」雖然，查氏之説，未免高視明人。有明一代，爲《説文》之學者，僅有趙宧光一人，所爲《長箋》，猶多肊説。且其人已在末季，其時刻書用古體字之風亦稍衰歇矣。吾嘗言，與明時刻書人言字學，但語以王安石《字説》，即可去其嗜古好奇之病。蓋王氏《字説》，多從真楷一體，以言六書，則誠不免杜撰，以言刻書，則可引之通俗，何必欲其解釋《説文》耶。

葉德輝《書林清話》卷七《明人刻書載寫書生姓名》 明人刻書，亦有極其慎重，必書刻並工者。如《天禄琳琅後編》十一元版，此以明版誤作元版。《文心雕龍》十卷，末刻「吴人楊鳳繕寫」。弘治間衢州推官賀志同刻《續博物志》十卷，卷末有「開化庠生方衛謹録」一行。《張志》、《瞿目》明刻楊維楨《鐵崖文集》五卷，卷末有「姑蘇楊鳳書於揚州之正誼書院」一行。皆誤元刻。《孫記》明版《論衡》三十卷，板心有「通津草堂」四字，末卷後有「周慈寫，陸奎刻」六字。《丁志》、《繆記》明嘉靖王敦祥刻王楙《野客叢書》三十卷，卷末有「長洲吴曜書，黄周賢等刻」兩行，板心亦有黄周賢、嚴椿等刻工姓名。德輝按：莫友芝《郘亭知見書目》有此本，云嘉靖壬戌王穀祥刊本，以敦祥誤作穀祥。此本吾有之，乃細字刻本，實王敦祥，非王穀祥也。《瞿目》先文莊菉竹堂刻《雲仙雜記》十卷，云倩友俞質夫寫而刻之。質夫名允文，工書。《黄續記》舊刻本《文温州集》，云相傳爲其子徵明手書以付剞劂者，故於明人集中最爲珍重。《繆續記》崇禎庚辰葉益蓀春書堂刻《陶靖節集》六卷，板心有「春書堂」三字，葉益蓀、林異卿手書上版。其他楊慎《升庵全集》、王世貞《弇州山人四部稿》，字體雅近歐、柳，首尾如一筆書，意當時必覓工楷法者爲之。惜如此巨編，而不著其姓氏名字。然則林吉人之寫《漁洋精華録》、《午亭文編》、《堯峯文鈔》，許翰屏爲胡果泉中丞影寫宋本《文選》，幸而記載流傳，俾讀者摩挲景仰，不然，没世無稱，亦枉抛心力也。

葉德輝《書林清話》卷八《宋元明印書用公牘紙背及各項舊紙》 宋時印書，多用故紙反背印之，而公牘尤多。《黄賦注》、《黄書録》：《北山集》四十卷，程俱致道撰，用故紙刷印。錢少詹有跋云：「驗其紙背皆乾道六年官司簿帳，其印記文可辨者，曰湖州司理院新朱記，曰湖州户部贍軍酒庫記，曰湖州監在城酒務朱記，曰湖州司獄朱記，曰烏程縣印，曰歸安縣印，曰湖州都商税務朱記，意此集板刻於吴興官廨也。」又聊城楊氏海源閣仿宋刻《花間集》十卷，王鵬運跋云：「系用淳熙十一、十二等年册子紙印行，其紙背官銜略可辨識者，曰儒林郎觀察支使措置酒務施，成忠郎監在城酒務賈，成□郎本州指使差監拜斛場吴，江夏縣丞兼拜斛場温，□□郎本州指使差監大江渡潘，進□尉差監猪羊欄董，進義副尉本州指使監公使庫范，鄂州司户參軍戴，成義郎添差本州排岸差監本津關發收税劉，信義郎本州准備差使監公使庫朱，除江夏縣丞、鄂州司户參軍二官，餘皆添差官。此書其刻於鄂州乎？」《黄記》宋本《蘆川詞》二卷云：「宋板書紙背多字迹，蓋宋時廢紙亦貴也。此册宋刻固不待言，而紙背皆宋時册籍，朱墨之字，古拙可愛，并間有殘印記文。惜已裝成，莫可辨認。附著之以待藏是書者留意焉。」又宋本《北山小集》四十卷云：「書友胡益謙持《北山小集》示余，欲一决其宋本與否。余開卷指示紙背曰：『此書宋刻宋印。子不知宋本，獨不見其紙爲宋時册子乎？』胡深謂余爲不欺。」《瞿目》宋刊本《洪氏集驗方》五卷云：「其書以淳熙七、八兩年官册紙背所印，中鈐官印，惜不可識。」《莫録》宋紹興本《集古文韵》五卷云：「紙背大半是開禧元年黄州諸官致黄州教授書狀。紙背狀中首尾結銜：一曰朝散郎權知黄州軍州事王可大，一曰秉義郎新添差黄州兵馬監押趙善覬，一曰訓武郎黄州兵馬都監兼在城巡檢徐靄，一曰迪功郎黄岡縣尉巡捉私茶鹽礬銅錢私鑄鐵錢兼催綱陸工程，一曰朝奉郎行户部員外郎吴獵，一曰武略郎添差淮南西路將領張□，一曰學諭章準，一曰學生教諭李起北，一曰學生直學徐灝，一曰升大，失其官及姓，凡十人。其本官結銜則云『從事郎黄州州學教授吕吾衍』。」足見爾時交際儀式。《瞿目》吕祖謙《皇朝文鑑》一百五十卷云：「紙面俱鈐紙鋪朱記。卷二十五至二十七紙背有字，審是星命家言。其中有寶慶二年云云，的是宋槧宋印也。」《陸續志》影宋鈔本《方言》十三卷，後有無名氏跋曰：「余舊藏子雲《方言》正是此本，而楮墨尤精好，紙背是南宋樞府諸公交承啓劄，翰墨燦然。於今思之，更有東京夢華之感。辛丑五月三日書。」《丁志》唐馮贄《雲仙散録》一卷云：「宋開禧元禩臨江郭應祥刻，鏤板寬大，字畫端秀，且用嘉泰及開禧等年官印册紙所印。歷六百數十年，古香襲人。有徐渭仁跋。」又宋巾箱本《歐陽先生文粹》五卷，綿紙，背有宋時公牘并鈐宋印。然余謂不獨宋印如此也，元明印書亦然。《陸志》北宋刊本《爾雅疏》：「其紙乃元致和、至順中公牘，有蒙古文官印。蓋金入汴京，盡輦國子監祕書監書版而北，事載《北盟會編》及《靖康要録》。至順上距靖康甫二百年，其版尚存，故有元時印本耳。」又《陸跋》宋刻本《歐公本末》四卷，吕祖謙編，嘉定中嚴陵詹義民刻版，紙背乃延祐四年官册，蓋元初印本。《陸志》北宋蜀刻大字本《漢書》殘本八卷，紙背皆元時公牘。《張志》

元刊本《隋書》八十五卷，紙背係洪武初年行移文冊。《黄記》元刊本《幽蘭居士東京夢華録》十卷云：「印本當在明初。蓋就其紙背文字驗之，有本班助教廖崇志，堂西二班學正翁深、學正江士魯考訖，魏克讓考訖，正誼堂、誠心堂西二班民生黄刷卷遠差易中等論語大誥云云。雖文字不可卒讀，而所云皆國子監中事，知廢紙爲監中冊籍也。」又明刻本《僑吴集》十二卷云：「乃弘治中張習重刊本，字跡古雅，與所藏張來儀、徐北郭諸集悉同。惟紙背皆明人箋翰簡帖，雖非素紙印本，然古氣斑斕，亦自可觀。宋元舊本往往如是，又何傷也。」《丁志》明翻宋本《李端詩集》三卷，云用弘治元年至四年蘇州府官冊紙背所印。《繆續記》宋刊元修明印本《國語》二十一卷，以成化二十餘年冊紙印行。元西湖書院本《國朝文類》七十卷，明中葉冊籍紙印。觀此數則，知古時紙料之堅，故可一用再用。而古人愛惜物力之意，亦可於此見之矣。

葉德輝《書林清話》卷九《國朝刻書多名手寫録亦有自書者》 國初諸人刻書，多倩名手工楷書者爲之。如倪霱爲薛熙寫《明文在》，侯官林吉人佶爲王士禎書《漁洋精華録》，爲汪琬書《堯峯文鈔》，爲陳廷敬書《午亭文編》，常熟王子鴻儀爲漁洋書《時續集》。《香祖筆記》二。均極書刻之妙。徐康《前塵夢影録》云：「乾嘉時，有許翰屏以書法擅名，當時刻書之家，均延其寫樣。如士禮居黄氏、享帚樓秦氏、德輝按：秦爲享帚精舍，不名樓也，此即石研齋。平津館孫氏、藝芸書舍汪氏以及張古餘、吴山尊諸君，所刻影宋本祕籍，皆爲翰屏手書。一技足以名世，洵然。」《録》又云：「嘉慶中，胡果泉方伯議刻《文選》，校書者爲彭甘亭、兆蓀。顧千里，廣圻。影宋寫樣者爲許翰屏，極一時之選。即近時所謂《胡刻文選》也。」又云：「享帚樓刻吕衡州、李翱等集，顧澗翁更覓得足本沈亞之等集七家，皆用昌皮紙，浼翰屏精寫。不加裝釘，但用夾板平鋪，以便付梓。余曾訪澗翁文孫河之孝廉，曾一見之。今河之久歿，所居亦遭劫，書樣無可訪問矣。」今孫、黄、秦、胡、張、吴諸家所刻書，均不署翰屏姓名，微徐《録》，將湮没不傳矣。同時，長洲有李福爲士禮居寫明道本《國語》，見本書序。吴縣陸損之爲士禮居寫《汪本隸釋刊誤》。士禮居刻本。幸皆於刻本著名，使姓名與書不朽。至黄丕烈寫《季蒼葦書目》，余秋室學士集書元周密《志雅堂雜鈔》、金元好問《續夷堅志》，孫承澤《庚子消夏記》、《百衲琴》，嘉慶戊午刻。許梿寫元李文仲《字鑑》、《六朝文絜》，吴玉搢《金石存》，江元文寫王芑孫《碑版廣例》，顧南雅學士蒓爲錢大昕寫《元史藝文志》，初刻初印，直欲方駕宋元。其自書已集者，則鄭燮自書《板橋集》，金農自書《冬心集》。而尤以江聲自書篆字《尚書集注音疏》十二卷、《經師系表》一卷、《釋名疏證》八卷、《補遺》一卷，張敦仁草書《通鑑補識誤》三卷，爲刻版中別樹一幟。今則初刻精印，皆不易得矣。

葉德輝《書林清話》卷九《都門書肆之今昔》 吴門書肆之牌記，書估之姓名，吾既據黄蕘翁《士禮居藏書題跋記》具列于前矣。京師爲人文薈萃之區，二百餘年，廠甸書肆如林，竟無好事如蕘翁其人者，得一書而詳記之，是亦書棚之闕史矣。吾讀李文藻《南澗文集》中有《琉璃廠書肆記》，雖不及蕘翁記載吴門之詳，要亦足備都門之掌録。按其文曰：「乾隆己丑五月二十三日，予以謁選至京師，寓百順胡衕。九月二十五日，籤選廣東之恩平縣。十月初三日引見，二十三日領憑，十一月初七日出京。此次居京師五月餘，無甚應酬，又性不喜觀劇，茶園酒館足迹未嘗至，惟日借書鈔之，暇則步入琉璃廠觀書，雖所買不多，而書肆之不到者寡矣。出京後，逆旅長夜不能寐。乃追憶各肆之名號及所市書之大略記之。琉璃廠因琉璃瓦窯爲名，東西可二里許。未入廠，東門路北一鋪曰聲遥堂，皆殘破不完之書。予從其中買數種，適有《廣東新語》，或選恩平之兆也。入門爲嵩□堂唐氏，名盛堂李氏，皆路北。又西爲帶草堂鄭氏，同陞閣李氏，皆路南。又西而路北者，有宗聖堂曾氏，聖經堂李氏，聚秀堂曾氏。路南者，有二酉堂、文錦堂、文繪堂、寶田堂、京兆堂、榮錦堂、經腴堂，皆李氏。宏文堂鄭氏，英華堂徐氏，文茂堂傅氏，聚星堂曾氏，瑞雲堂周氏。其先後次第憶或不真，而在南在北則無誤也。或曰：二酉堂自前明即有之，謂之老二酉。而其略有舊書者，惟京兆、積秀二家。餘皆新書，而其裝潢，紙不佳而冊薄。又西而南，轉沙土園北口，路西有文粹堂金氏，肆賈謝姓，蘇州人，頗深于書。予所購，鈔本如《宋通鑑長編紀事本末》、《蘆浦筆記》、《麈史》、《寓簡》、《乾坤清氣集》、《滏水集》、《吕敬夫詩集》、《段氏二妙集》、《禮學彙編》、《建炎復辟記》、《貢南湖集》、《月屋漫稿》、《王光庵集》、《焦氏經籍志》之屬，刻板如《長安志》、《雞肋集》、《胡雲峯集》、《黄稼翁集》、《江湖長翁集》、《唐眉山集》之屬，皆于此肆。又北轉至正街，爲文華堂徐氏，在路南。而橋東之肆盡此矣。橋居廠中間，北與窯相對。橋以東街狹，多參以賣眼鏡、煙筒、日用雜物者。橋以西街闊，書肆外惟古董店及賣法帖、裱字畫、雕印章、包寫書稟、刻板、鐫碑耳。近橋左右則補牙、補唇、補眼及售房中之藥者。遇廷試，進場之具如試筆、卷帒、墨壺、鎮紙、弓棚、疊褥備列焉。橋西賣書者才七家。先月樓李氏在路南，多內板書。又西爲寶名堂周氏，在路北，本賣仕籍及律例路程記，今年忽購得果親王府書二千餘套，列架而陳之，其書裝潢精麗，俱鈐圖記。予于此得梁寅《元史略》、《揭文安集》、《讀史方輿紀要》等書，皆鈔本；《自警編》半部、《温公書儀》一部，皆宋槧本。又方望溪所著書原稿，往往有之。又有鈔本《册府元龜》及明憲宗等《實録》。又西爲瑞錦堂，亦周氏，在路南。亦多舊書，其地即老韋之舊肆，本名鑑古堂，八年前韋氏書甚多。又邵陽人董姓同賣法帖其中。吾友趙六吉精于法帖，亦來此，遂客没，其櫬至今未歸。又西爲焕文堂，亦周氏。又西爲五柳居陶氏，在路北，近來始開，而舊書甚多，與文粹堂皆每年購書于蘇州，載船而來。五柳多璜川吳氏藏書，嘉定錢先生云即吳企晉舍人家物也，其諸弟析產，所得書遂不能守。又西爲延慶堂劉氏，在路北，其肆賈即老韋前開鑑古堂者也，近來不能購書于江南矣。夏間從內城買書數十部，每部有楝亭曹印其上，又有長白敷槎氏堇齋昌齡圖書記，蓋本曹氏而歸于昌齡者。昌齡官至學士，楝亭之甥也。楝亭掌織造、鹽政十餘年，竭力以事鉛槧，又交于朱竹垞，曝書亭之書，楝亭皆鈔有副本。以予所見，如《石刻鋪敘》、《宋朝通鑑長編紀事本末》、《太平寰宇記》、《春秋經傳闕疑》、《三朝北盟會編》、《後漢書年表》、《崇禎長編》諸書皆鈔本，魏鶴山《毛詩要義》、《樓攻媿文集》諸書皆宋槧本，餘不可盡數。韋頗曉事，而好持高價。查編修瑩、李檢討鐸日游其中。數年前，予房師紀曉嵐先生買其書，亦費數千金。書肆中之曉事者，惟五柳之陶、文粹之謝及韋也。韋湖州人，陶、謝皆蘇州人。其餘不著何許人者，皆江西金谿人也。正陽門東打磨廠，亦有書肆數家，盡金谿人賣新書者也。內城隆福諸寺，遇會期多有賣書者，謂之「趕廟」。散帙滿地，往往不全而價低。朱少卿豫堂日使子弟物色之，積數十年，蓄數十萬卷，皆由不全而至于全。蓋不全者多是人家奴婢竊出之物，其全者固在，日日待之而自至矣。吾友周書昌，遇不全者亦好買之。書昌嘗見吳才老《韵補》爲他人買去，怏怏不快。老韋云邵子湘《韵略》已盡采之，書昌取視之，果然。老韋又嘗勸書昌讀魏鶴山《古今攷》，以爲宋人深於經學，無過鶴山。惜其罕行于世，世多不知采用。書昌亦心折其言。韋年七十餘矣，面瘦如柴，竟日奔走朝紳之門。朝紳好書者，韋一見諗其好何等書，或經濟、或辭章、或掌故，能各投所好，得重值，而少減輒不肯售，人亦多恨之。予好書幾與書昌同，不及書昌能讀耳。朝食後即至廠，手繙至鋪，或典衣買之。而積秀堂有楊萬里、洪盤州二集鈔本，索錢三十千，庋數日仍還之，而不能釋于念也。延慶劉，項生大瘤，人呼之劉噶噠。又西爲博古堂李氏，在路南。其西爲廠西門，門外無鬻書者。」按南澗此記作于乾隆己丑，在純廟中葉時。迨吾光緒乙酉偕計入都，迄于壬辰通籍，上距己丑，甲子再週。此百年之中，其書肆之開閉幾何，書估之姓名幾何，皆無可考，惟二西堂巋然獨存。據其同貿人云肆址猶前明故處，而主人則屢易姓矣。吾官京曹時，士大夫猶有乾嘉餘韵，每于退值或休務日，羣集于廠肆。至日斜，各挾數破帙驅車而歸。此景此情，固時時形諸夢寐。甲寅至京，追憶前事，曾作《後買書行》云：有《買書行》，與此並刻于京集中。「好書要仲尼，否則同書肆。斯語載《法言》，自漢書有市。三國逮六朝，迄於隋唐世。皆以鈔寫名，卷軸納諸笥。中唐創雕版，梨棗資刀鍥。天水始右文，蜀杭本羅致。建陽坊刻興，臨安書棚萃。當時視尋常，後世殊珍異。元明承其流，聖清法益備。康雍繕寫工，乾嘉校勘細。洪楊亂中原，回捻同攜貳。中更幾劫灰，五厄罹其二。曾、左命世英，所至搜文粹。蘇揚官局開，閩浙踵相繼。精鏤仿宋元，餘亦稱中駟。插架幸苟完，簿録分條例。頗師瞿木夫，中溶，錢大昕女夫，有藏書題跋，多載乾嘉時仿宋元刻。近刻搜羅易。盧文弨。孫星衍。補逸文，顧廣圻。黄丕烈。發奇祕。堂堂畢沅。阮元。翁，朱彝尊。何焯。信無媿。歙鮑廷博。侈巾箱，讀畫顧修。又其次。伍崇曜。潘仕誠。各傚顰，宛若承謦欬。貸園李文藻。雅雨堂，盧見曾。鼎足微波孔繼涵。峙。連筠楊墨林。與惜陰，李錫齡。同起道光季。北學有南風，矯矯羣空驥。齊魯吳越間，輶跡我頻至。獲書梱載歸，充棟無餘地。計偕入京師，欲探西山邃。日從廠甸游，琳琅啓金匱。路南肆如林，路北居雜廁。贋鼎寓目多，寧作朱崖棄。時有漏綱珠，拾之出無意。內城隆福街，比之慈仁寺。客來訪漁洋，約與寺門伺。粵維光緒初，承平日無事。王孫推祭尊，宗室盛昱。詒晉薰香媚。潘文勤。張文襄。振儒風，繆老荃孫。傳清祕。丁丙。陸心源。勤刻書，詔旨褒嘉惠。同官半書淫，交遊重文字。一朝海水飛，變法滋浮議。新學仇故書，假途干禄位。哀哉文物邦，化作傀儡戲。坐觀九鼎沈，人亡邦國瘁。吾衰庶事艱，或咎書爲祟。豈知兵燹餘，反獲長恩庇。齎斧倘有餘，罄作收書費。問汝欲何爲，老至謀生計。刻書復鬻書，較勝食租税。遠法蕘圃窮，近貪玉簡利。羅振玉在日本賣書買書，頗獲利市，所刻《玉簡齋叢書》甚精。從此道人行，不輕去鄉里。連年寇盜侵，幸託此知契。天不喪斯文，或者無人忌。偶憶半生癡，何止六經醉。甘苦託歌謡，聊抵買書記。李文藻有《琉璃廠書肆記》。」蓋吾在都時，廠甸書肆皆在路南，僅有二家在路北，與文藻所記迥然不同。惜其間變遷因革之故，莫得而詳也。今則藍皮之書，充牣肆市，西域之韵，篡奪風騷。宋槧貴至千金，插架等於古玩；廖板齒儕十客，牟利甚于榷場。以故鬻書者日見其多，讀書者日見其少。士大夫假雕印而造交會，大都唐仲友之貪污；收藏家因字畫而及古書，無非項子京之賞鑒。吾生也晚，恨不如蕘翁、南澗生際聖明。後之視今，恐猶有一蟹不如一蟹之慨者。吾恒言：今日藏書之人，即昔日焚書之人。何者？羽陵之蠹，酷于秦灰；藏室之龍，化于胡地。周末文勝而鼎移，明季社多而國亂。管子有云：「美者惡之至。」其今日風尚之謂乎。

葉德輝《書林清話》卷一〇《天禄琳琅宋元刻本之僞》 《天禄琳琅後編》所載宋版書，不如前編之可據。如卷四之《史記集解索隱正義》一百三十卷，目録後印「校對宣德郎祕書省正字張耒」八分書條記，因定爲元祐時槧。此書不見於各家書目，宋時官刻書又無此體式，其用八分而不用真書，正以掩其詐耳。卷五之《重廣補注黄帝内經素問》二十四卷第四部，每板心有「紹定重刊」四字，宋版亦無此體式。且有元號無年月，即元明兩監補修宋本諸史不如此含胡。蓋板心四字必書估僞造，加印其上，斷然可知。又《太玄經》十卷，校勘圖後刻「萬玉堂」三字，此爲明仿宋本。卷六《孫可之集》十卷，目録後刻「大宋天聖元年戊辰祕閣校理仲淹家塾字」。考仁宗天聖元年，歲在癸亥，戊辰乃六年。據云「字畫濃重，與通部不同，蓋書估增印作僞」。然即知爲僞而仍列入宋版，不知何故。又《增刊校正王狀元集注分類東坡先生詩》二十五卷，姓氏後有篆書條記「建安虞平齋務本書坊刊」，此爲元刻本，虞氏所刻他書有年號者可證。然則祕閣之藏，鑑賞尚不可據如此，則其他藏書家見聞淺陋，其爲書估所騙者，正不知有幾人也。

葉德輝《書林清話》卷一〇《坊估宋元刻之作僞》 自宋本日希，收藏家争相寶貴，於是坊估射利，往往作僞欺人，變幻莫測。總之不出以明翻宋板剜補改换之一途，或抽去重刊書序，或改補校刊姓名，或僞造收藏家圖記，鈐滿卷中，或移綴真本跋尾題籤，掩其贋跡。就《天禄琳琅》所辨出者，已有十餘種之多。蓋貢之尚方之時，人人如野人之獻芹，初未嘗有所區别。及經諸臣鑒别，而後涇渭分明。今悉載之，藏書家當取爲秦宫鏡矣。如明板經部《春秋經傳集解》三十卷，僞作「咸平辛丑刊」五字補印於板心。宋楊甲《六經圖》六册，割去序文并校刊姓氏，以希僞充宋槧。明板史部《史記集解》一百三十卷，目録後第三行四行有割去重補之痕，當是明人所記刻書年月，書估以其形似宋板，故爲割去。此書目録後無「史記目録終」五字，而有「校對宣德郎祕書省正字張耒」隸書木記，較前書所補之痕增寬一倍。若果爲原版所有，前書何以割去，而補痕寬窄何以不合。按祕書省正字雖宋代官名，而張耒亦無可考。其爲書估欲僞充宋槧，别刊目録末葉增入木記，彰然矣。《晉書》一百三十卷，從宋版翻出，目録後仍存「淳熙丁未季春弘文館校刊」一行，蓋刻是書者竟欲作宋槧爲賈利之資耳。又明板子部《戰國策鮑彪注》十卷，卷末有「嘉定五年夏月世綵堂刊」木記，其左右邊闌墨綫俱就板中分行綫痕湊成木記之式，其爲僞造，固已顯然。又明板集部《東坡全集》一百十卷，序後原署姓名，爲書估割去，補刊一行，則云「乾道九年閏正月望選德殿書賜蘇嶠夫」，賜書但賜其書耳，即以年月姓名標識卷中，宜出手書，不應刊印。書估無知妄作，真不直一噱矣。此外《六臣注文選》六十卷，袁褧刻本，五十六卷末葉標「戊申孟夏十三日李清雕」，李宗信、李清疑皆當日剞劂高手，故自署其名。又一部末葉李宗信、李清之名，俱被書估割去，袁褧識語亦經私汰，而於六十卷末葉改刊「河東裴氏考訂諸大家善本，命工鍥於宋開慶辛酉季夏，至咸淳甲戌仲春工畢」，并於末一行增「把總鍥手曹仁」。其字畫既與前絶不相類，版心墨綫亦參差不齊，且考訂訂字誤作金旁，則僞飾之蹟，顯然畢露矣。又一部卷末僞刊「奉議郎充提舉茶鹽司幹辦公事臣朱奎奉聖旨廣都縣鏤板，起工於嘉定二年歲次己巳，畢工於九年壬子臘月」，并標「督工把總惠清」。亦係割去原紙，别刊半葉黏接於後。且嘉定九年，係丙子而非壬子，則其作僞益顯然矣。又一部於蕭統序後「標紹聖三年丙子歲臘月十六日祕閣發刊」，又於吕延祚表後列曾布、蔡卞等校正銜名，卷六十後復標「紹聖四年十月十五日大學博士主管文字陳瓘督鐫匠孫和二等工完」，皆係别刊半幅黏接。然袁氏識語木記，盡爲割補。又一部卷五十二末葉「戊申孟夏十三日李宗信雕」一行，橅印之時，以别紙掩蓋其上，然十三兩字，墨痕猶隱透行間，依稀可辨。板心上方，復以「熙寧四年刊」五字，别刊木記，逐幅鈐印。又一部存序後裴宅印賣一條，其餘識語木記，俱經私汰。卷二十四後僞標「嘉祐改元澄心堂刊」八字。而「祐」字誤作「祜」，「改」字「己」旁譌作「巳」。又一部，於序末及卷六十後，僞刊「淳祐二年庚午歲上蔡劉氏刊」隸書木記。又二部，於六十卷後刻「河東裴氏考訂」，二「訂」字誤作「金」旁。合計内府所藏《文選》十部，而作僞居八九。此可見袁本雕刻之精，而書估狡獪之奇，亦層見疊出而未有已也。

葉德輝《書林清話》卷一〇《宋元刻僞本始於前明》 宋刻日少，書估作僞，巧取善價，自明已然。明高濂《遵生八箋》，其《燕閒清賞牋》論藏書云：「宋元刻書，雕鏤不苟，校閲不訛，書寫肥細有則，印刷清朗。況多奇書，未經後人重刻，惜不多見。佛氏、醫家二類更富。然醫方一字差誤，其害匪輕，故以宋刻爲善。」以下言宋本紙墨之佳，見前六卷「宋刻書紙墨之佳」條下，今節去。「又若宋板遺在元印或元補欠缺時，人執爲宋刻。元板遺至國初補欠，人亦執爲元刻。然而以元補宋，其去猶未易辨。以國初補元，内有單邊雙邊之異，且字刻迥然別矣。若國初慎獨齋刻書，似亦精美。近日作假宋板書者，神妙莫測。將新刻摹宋板書，特抄微黄厚實竹紙，或用川中繭紙，或用糊褙方簾綿紙，或用孩兒白鹿紙，筒捲用搥細細敲過，名之曰刮，以墨浸去臭味印成。或將新刻板中殘缺一二要處，或濕黴三五張，破碎重補。或改刻開卷一二序文年號，或貼過今人注刻名氏留空，另刻小印，將宋人姓氏扣填。兩頭角處或用沙石磨去一角，或作一二缺痕。以燈火燎去紙毛，仍用草煙薰黄，儼然古人傷殘舊迹。或置蛀米櫃中，令蟲蝕作透漏蛀孔。或以鐵線燒紅，鎚書本子，委曲成眼。一二轉折，種種與新不同。用紙裝襯，綾錦套殼，入手重實，光膩可觀，初非今書彷彿，以惑售者。或札夥囤，令人先聲，指爲故家某姓所遺。百計瞽人，莫可窺測。收藏者當具真眼辨證。」按高氏説書估作僞之弊，至爲透闢。然究之宋刻真本，刻手、紙料、墨印，迥然與元不同。元人補修宋版，明人補修宋元，多見古本書之人，可以望氣而定。如宋元舊板，明時盡貯於國子監。自元迄明，遞有補修。其板至國朝嘉慶時，始燬於江甯藩庫之火。明初印本流傳尚多，試取其紙料墨色印工驗之，斷乎不能混入天水。南宋末年刻印之書，轉瞬入元，其氣味便有清濁之異。宋清而元濁，究亦不解其所以然。惟元末明初之書，稍難分別。正統以後，則又判然。南監修板最後印者，板式參差不齊，字迹漫漶難辨。即令工於作僞，無如開卷了然。至所稱扣填姓名，非獨墨色濃淡各殊，而字行決不能聯貫。且新紙染舊，燥氣未除，初印新雕，鋒鋩未斂。種種無形之流露，可以神悟得之。吾沉溺於此者三十餘年，所見所藏，頗有考驗。高氏之言，但明其迹，吾所論則純取之於神理也。

葉德輝《書林清話》卷一〇《張廷濟蜀銅書笵不可據》 張廷濟《清儀閣題跋》蜀槧《韓文》笵跋：「《易》、《詩》故不當後《春秋》、《左氏》也。此與今異，真舊本《韓文》矣。墨板始於唐末，板本《文選》，益州始有。歐陽子書少時所得於州南李氏之《韓集》後云：『《集》本出於蜀，文字刻畫，頗精於今世俗本。』則此爲孟蜀敕刊《韓集》，鬄銅爲式可知也。」又引蔡澄《雞窗叢話》云：「嘗見骨董肆古銅方二三寸，今刻本作一二寸。刻《選詩》或《杜詩》、《韓文》二三句，字形反，不知何用。識者謂此名書笵，宋太宗初年頒行天下刻書之式。」按此笵屬之蜀者，以歐陽文忠書少時所得於州南李氏之《韓集》後有云「《集》本出於蜀，文字刻畫，頗精於今世俗本」之言耳。若唐末宋初校刊書籍，鬄銅頒笵，事固有之，蔡説自可存證也。又云：「廖瑩中世綵堂《韓集》原刻本，今在吳門藏書家。己卯之春，黄友蕘圃丕烈孝廉見是笵，爲余一檢，亦作『《春秋》謹嚴，《左氏》浮誇。《易》奇而法，《詩》正而葩』。案歐陽所見行本，已不如蜀本之精，況廖刻又後二百年乎？今讀《進學》一解，鮮有致疑及此。乃天壤間存此片銅，使知昌黎敍列經典，不少紊於俗刊之手，是可寶矣。」據此，則是張氏竟視此爲真刻書銅笵。余曾見之於長沙故家，係一方銅片，高及二寸，寬二寸强，厚半寸許。上有反書四行突起，曰：「《易》奇而法，《詩》正而葩。《春秋》謹嚴，《左氏》浮誇。」裝以紫檀匣，墊以白綾，張書小楷於白綾，攷證頗辨。而銅質砂重，字亦生硬不匀。竊疑張書是真，銅片是僞。張冠李戴，亦骨董之常。惟必謂之刻書之笵，則未敢附和。蓋此疑古時鎮紙之物，其所以反書者，由於土模正書，倒注則反。古人笵金合土之法，大抵如斯。世傳泉笵、斗檢封，即可引以爲證。蔡説前無所本，張獨信以爲真，是亦好奇之過。特此銅列經典次序，以《易》、《詩》先《春秋》，是所據韓文，似是善本，雖不足資校勘，亦可以廣異聞矣。

葉德輝《書林清話》卷一〇《明王刻史記之逸聞》 王士禛《池北偶談》二十二云：「明尚寶少卿王延喆，文恪少子也。其母張氏，壽寧侯鶴齡之妹，昭聖皇后同産。延喆少以椒房入宫中，性豪侈。一日，有持宋槧《史記》求鬻者，索價三百金，延喆紿其人曰：『姑留此，一月後可來取直。』乃鳩集善工，就宋版本摹刻，甫一月而畢工。其人如期至索直，故紿之曰：『以原書還汝。』其人不辨真贋，持去。既而復來曰：『此亦宋槧，而紙差不如吾書，豈誤耶？』延喆大笑，告以故。因取新雕本數十部散置堂上示之曰：『君意在獲三百金耳，今如數予君，且爲君書幻千萬億化身矣。』其人大喜過望。今所傳有震澤王氏摹刻印，即此本也。」按此説最不可信。以如許巨帙之書，斷非一月所能翻刻完竣。且既欲仿刻以欺鬻書者，則其事當甚祕密。如其廣召刻工，一月蕆事，鬻書人豈有不向其索還之理。此可斷其必無之事。今王本《史記》藏書家尚有流傳，雕鏤誠精，校勘亦善。有延喆跋云：「工始嘉靖乙酉臘月，迄丁亥之三月。」明有年月可稽，並非一月之事。文簡亦藏書家，其時距王刻《史記》時未及百年，豈其書文簡竟未見歟。王本《史記》與柯維熊刻本，同出宋紹興本，故兩本行款相同。惟王本《史記》卷數在小題下，與正文字同。柯本《史記》則史記卷數作小字，外加橢圓圈，在小題下傍。

王欽臣《王氏談録・録書須黏葉》 公言：作書册，黏葉爲上，雖歲久脱爛，苟不逸去，尋其葉第，足可抄録次序。初得董子《繁露》數卷，錯亂顛倒，伏讀歲餘，尋繹綴次，方稍完復，乃縫綴之弊也。嘗與宋宣獻談之，公悉命其家所録書作黏法。

彭乘《墨客揮犀》卷四《館閣新書有誤以雌黄塗之》 館閣新書净本，有誤書處，以雌黄塗之。嘗校改字之法，刮洗則傷紙，紙貼之又易脱，粉塗則字不没，塗數遍方能漫滅。惟雌黄一漫則滅，仍久而不脱，古人謂之鉛黄，蓋用之有素矣。

彭乘《墨客揮犀》卷四《藏書辟蠹用芸》 古人藏書辟蠹用芸。芸，香草也，今人謂之七里香者是也。葉類豌豆，作小叢生，其葉極芳香。秋間葉微白如粉污，辟蠹殊驗。南人采置席下，能去蚤虱。予判昭文館時，曾得數株於潞公家，移植秘閣後，今復有存者。香草之類，大率多異名，所謂蘭蓀，蓀，即今菖蒲是也，蕙，今零香是也，茝，今白芷是也。

張邦基《墨莊漫録》卷四《王原叔作書册粘葉》 王洙原叔内翰嘗云：「作書册，粘葉爲上。久脱爛，苟不逸去，尋其次第，足可抄録。屢得逸書，以此獲全。若縫績，歲久斷絶，即難次序。初得董氏《繁露》數册，錯亂顛倒，伏讀歲餘，尋繹綴次，方稍完復，乃縫績之弊也。」嘗與宋宣獻談之，公悉令家所録者作粘法。予嘗見舊三館黄本書及白本書，皆作粘葉，上下欄界皆界出於紙葉。後在高郵，借孫莘老家書，亦作此法。又見錢穆父所蓄亦如是，多只用白紙作標，硬黄紙作狹簽子。蓋前輩多用此法。予性喜傳書，他日□得奇書，不復作縫績也。

周密《齊東野語》卷六《紹興御府書畫式》 内府裝褫分科引式格式

粘裁　　摺界　　裝背　　染古

集文　　定驗　　圖記

按唐《藝文志序》，載四庫裝軸之法，極其瓌緻。《六典》載崇文館有裝潢匠五人，即今背匠也。本朝祕府謂之裝界即此事，蓋古今所尚云。

張萱《疑耀》卷五《古裝書法》 今祕閣中所藏宋板諸書皆如今制。鄉會進呈試録謂之「蝴蝶裝」，其糊經數百年不脱落，不知其糊法何似？偶閲王古心《筆録》，有老僧永光相遇，古心問僧：「前代藏經接縫如線，日久不脱，何也？」光云：「古法用楮樹汁、飛麪、白芨末三物調和如糊，以之粘紙永不脱落，堅如膠漆。」宋世裝書豈即此法耶？

胡侍《真珠船》卷七《裝潢》 《懶真子録》云：唐秘書省，裝潢匠六人。恐是今之表背匠。謂之潢，其義未詳。余按《釋名》，潢，染紙也。《齊民要術》染潢法云：潢紙滅白便是，不宜大深，深則年久色闇。注謂浸蘗汁爲之。蓋以辟蠹也。《廣韵》：潢，乎壙切。染書也。

孫從添《藏書記要》第五則《裝訂》 裝訂書籍，不在華美飾觀，而要護帙有道。款式古雅，厚薄得宜，精緻端正，方爲第一。古時有宋本、蝴蝶本、册本各種訂式，書面用古色紙，細絹包角，裱書面用小粉糊入椒礬細末於内，太史連三層裱好，貼於板上挺足，候乾揭下壓平用。須夏天做秋天用。摺書頁要摺得直，壓得久，捉得齊，乃爲高手。訂書眼要細，打得正，而小草訂眼亦然。又須少，多則傷書腦，日後再訂，即眼多易破，接腦煩難。天地頭要空得上下相趁，副頁用太史連，前後一樣兩張。截要快刀截，方平而光，再用細砂石打磨，用力須輕而匀，則書根光而平，否則不妥。訂線用清水白絹線雙根訂結，要訂得牢，嵌得深，方能不脱而緊，如此訂書，乃爲善也。見宋刻本襯書紙，古人有用澄心堂紙，書面用宋箋者，亦有用墨箋灑金書面者，書籤用宋箋藏經紙古色紙爲上。至明人收藏書籍，講究裝訂者少，總用棉料古色紙，書面襯用川連者多。錢遵王述古堂裝訂，書面用自造五色箋紙，或用洋箋書面，雖裝訂華美，却未盡善，不若毛斧季汲古閣裝訂書面用宋箋、藏經紙、宣德紙，染雅色自製古色紙更佳。至於松江黄緑箋紙書面，再加常錦套，金箋貼簽，最俗。收藏家間用一二錦套，須真宋錦或舊錦舊刻絲，不得已細花雅色上好宫錦則可，然終不雅，僅可飾觀而已矣。至於修補舊書，襯紙平伏，接腦與天地頭并補破貼欠口，用最薄綿紙熨平，俱照補舊書法，摸去一平，不見痕迹，弗覺鬆厚，真妙手也。而宋元板有模糊之處，或字脚欠缺不清，俱用高手摹描如新，看去似刻，最爲精妙。書套不用爲佳，用套必蛀，雖放於紫檀香楠匣内藏之，亦終難免。惟毛氏汲古閣用伏天糊裱，厚襯料，壓平伏，裱面用灑金墨箋或石青石緑棕色紫箋，俱妙。内用科舉連裱裏，糊用小粉川椒白礬百部草細末，庶可免蛀，然而偶不檢點，稍犯潮濕，亦即生蟲，終非佳事。糊裱宜夏，摺訂宜春。若夏天摺訂，汗手并頭汗滴於書上，日後泛潮，必致霉爛生蟲，不可不防。凡書頁少者宜襯，書頁多者不必，若舊書宋元鈔刻本，恐紙舊易破，必須襯之，外用護頁方妙。書籤用深古色紙裱一層，簽要款貼，要正齊，不可長短闊狹，上下歪斜，斯爲上耳。虞山裝訂書籍，講究如此。聊爲之記，收藏家亦不可不知也。

阮葵生《茶餘客話》卷六《裝潢名家》 王弇州藏古迹最多，尤重裝潢。有强氏者精此藝，弇州延爲上賓，居于家園。又湯氏者亦擅此藝，時有汪景純在白門得右軍真迹，往聘湯氏，厚遺儀幣，張筵下拜。景純朝夕不離左右，閱五旬始成，酬贐甚厚。又吴人莊希僑寓白門，與湯、强名相埒。其人亦慷慨誠篤，士大夫多與之游。《唐六典》有裝潢匠，注音光，上聲，謂裝成而以蠟光紙也。觀此則《鳴鳳記》亦實有其人也。

錢泳《履園叢話》一二《藝能・裝潢》 裝潢以本朝爲第一，各省之中以蘇工爲第一。然而雖有好手，亦要取料净，運帚匀，用漿宿，工夫深，方稱善也。乾隆中，高宗深于賞鑒，凡海内得宋、元、明人書畫者，必使蘇工裝潢。其時海内收藏家有畢秋帆尚書、陳望之中丞、吴杜村觀察爲之提獎，故秦長年、徐名揚、張子元、戴彙昌諸工，皆名噪一時。今書畫久不行，不過好事士大夫家略有所藏，亦不精究裝法，故工于此者日漸日少矣。

趙慎畛《榆巢雜識》上卷《宋板書》 宋板書，魚尾下不刊印書名，間有之，不篇篇有也。有亦不真書，但行書耳。編流水頁數，在魚尾上下不一。或有編行書流水頁數於頁末界畫外者。古裝潢書籍用長編，不如今摺疊。又上下界畫只一綫墨，無二綫墨，各行字數，亦參差不齊整也。

葉德輝《書林清話》卷七《明人裝釘書之式》 徐康《前塵夢影録》云：「余在玉峯，得《鴻慶居士大全集》，舊爲澹生堂鈔藏，計帙。每本面葉有祁氏藏書銘，棉料紙，藍格，五色綫釘，刀口不齊。據湖州書友云：明代人裝釘書籍，不解用大刀，逐本裝釘。以此集相證，始信。」按徐説甚確，吾藏明邱濬《大學衍義補》，爲成化初刻小字本，書用藍褾紙面，内用紙捻鈴釘之。書之長短寬窄，微有出入，可悟其非一刀直截。然此猶册本多之書也。又有萬曆乙酉十三年。郭子章序刻之《秦漢圖記》、《三輔黄圖》六卷、《西京雜記》六卷。書僅二本，裝釘如《大學衍義補》，而大小參差不齊。是亦可證明人截書，一本爲一本。推而至於宋元本，亦無不然。京師學部圖書館藏明内閣宋元本殘册甚多，或蝴蝶裝，或紙捻釘，或線裝，皆無數本一刀截者。又古人理書，多不劃齊下邊闌線。然紙有餘地，故重裝時猶可整齊。吾見宋元明以來原裝書，於此等處均不甚經意，蓋所重在校勘而不在外飾也。

葉德輝《藏書十約・裝潢三》 書不裝潢，則破葉斷線，觸手可厭。余每得一書，即付匠人裝飾，今日得之，今日裝之，則不至積久意懶，聽其叢亂。裝釘不在華麗，但取堅緻整齊。面紙以細紋宣紙染古銅色，内褾以雲南薄皮紙，釘時書面内襯以單宣或汀貢，汀州所造，竹料厚者。或潔净宣堆，或仍留原書面未損者，本宜厚不宜薄。釘以雙絲線，書内破損處，覓合色舊紙補綴，上下短者，以紙襯底一層，無書處襯兩層，則書裝成不至有中凸上下低之病。書背逼至釘線處者，亦襯紙如之，襯紙之處鑽小孔，一孔在襯紙，一孔在原書之邊，以日本薄繭紙捻條，騎縫跨釘，而後外護以面紙，再加線釘。線孔佔邊分許，而全得力于紙捻，日久線斷而葉不散，是爲保留古書之妙法。斷不可用蝴蝶裝及包背本，蝴蝶裝如褾帖，糊多生霉而引蟲傷，包背如藍皮書，紙豈能如皮之堅韌，此不必邯鄲學步者也。蝴蝶裝雖出於宋，而宋本百無一二，包背本明時間有之，究非通用之品，家中存一二部以考古式，藉廣見聞，然必原裝始可貴。若新仿之，既費匠工，又不如線裝之經久，至無謂也。北方書喜包角，南方殊不相宜，包角不透風，則生蟲，糊氣三五年尚在，則引鼠。余北來之書，悉受其害。又北方多用紙糊布匣，南方則易含潮，用夾板夾之最妥。夾板以梓木、楠木爲貴，不生蟲，不走性，其質堅而輕。花梨、棗木次之，微嫌其重。其他皆不可用。二十年前，余書夾多用樟木，至今生粉蟲，無一部不更换，始悔當時考究之未精。宋元舊刻及精抄精校，以檀木、楠木爲匣襲之，匣頭鎸刻書名撰人，宜于篆隸二體，夾板繫帶邊孔須離邊二分，其上下則準書之大小，如書長一尺，帶離上下約二寸，以此類推，指示匠人遵守勿失。蓋離上下過近則眉短腹長，離上下過遠則頭足空而不著力，此亦裝釘時所宜講求者也。裝釘之後，隨時書邊，書名、撰人、刊刻時代，不可省字，以便檢尋。凡作書論行氣，此爲横看，一本分列有横行，數本合并有直行，雖善書者不知其訣，則不如覓梓人之工宋體字者書之，校爲清朗入目也。

錢易《南部新書・庚》 懺之始，本自南齊竟陵王。因夜夢往東方普光王如來所，聽彼如來説法後，因述懺悔之言。覺後即賓席，梁武、王融、謝朓、沈約共言其事，王因兹乃述成《竟陵集》二十篇、《懺悔》一篇。後梁武得位，思懺六根罪業，即將《懺悔》一篇，乃召真觀法師慧式，遂廣演其文，述引諸經而爲之。故第二卷中發菩提心文云：「慧式不惟凡品，輕摽心志；實由渴仰大乘，貪求佛法。依倚諸經，取譬世事。」即非是爲郄后所作。今之序文，不知何人所作，與本述不同。近南人新開印本，去其「慧式」二字，蓋不知本末也。

蘇軾《東坡志林》卷一 宣德郎、廣陵郡王院大小學教授眉山任伯雨德公，喪其母吕夫人，六十四日號踊。稍間，欲從事於佛。或勸誦《金光明經》，具言世所傳本多誤，惟咸平六年刊行者最爲善本，又備載張居道再生事。德公欲訪此本而不可得，方苦卧柩前，而外甥進士師續假寐於側，忽驚覺曰：「吾夢至相國寺東門，有鬻薑者云有此經，夢中問曰：『非咸平六年本乎？』曰：『然。』『有《居道傳》乎？』曰：『然。』此大非夢也！」德公大驚，即使續以夢求之，而獲覩鬻薑者之狀，則夢中所見也。德公舟行扶柩歸葬於蜀，余方貶嶺外，遇弔德公楚、泗間，乃爲之記。紹聖元年同郡蘇某記。

釋文瑩《玉壺清話》卷五　長沙北禪經室中懸觀音印像一軸，下有文，乃故待制王元澤撰，鏤板者乃郡倅關蔚宗。文云：「都官聳彦輔郎中嘗魘去。初，兩緋衣召入一大府，嚴甚，有紫衣當案者曰此王也，置廡下。授以沙盆，剔因目，使研之。餘斷腕截耳，不可勝數，或恐懼失便溺。頃一官至，呵聳解衣，聳以有官無罪，官怒曰：『此治殺生獄，豈問官耶？』聳窘呼觀音，囚者皆和，而殘者完，繫者釋，俱出，聳亦出，乃蘇。余友吴居易與聳同官開封府，言聳性朴直，不苟於獄，以故或忤在勢者云。壬子歲，王雱元澤記，會稽關杞刻之，以廣其傳，庶乎世之聞見者，有所警焉。戊午歲題。」

何薳《春渚紀聞》卷一《雜記·李偕省試夢應》　李偕晉祖，陳瑩中之甥也。嘗言其初被薦赴試南宫，試罷，夢訪其同舍陳元仲，既相揖，而陳手執一黄背書，若書肆所市時文者，顧視不輟，略不與客言。晉祖心怒其不見待，即前奪其書曰：「我意相念，故來訪子，子豈不能輟書相語也。」元仲置書似略轉首，已而復視書如初。晉祖復前奪書而語曰：「子竟不我談，我去矣。」元仲徐授其書於晉祖曰：「子無怒我乎，視此，乃今歲南省魁選之文也。」晉祖視之，即其程文，三場皆在，而前書云：「別試所第一人李偕。」方欲更視其後，夢覺。聞扣户之聲，報者至焉。後刊新進士程文，其帙與夢中所見，無纖毫異者。

洪邁《夷堅乙志》卷一六《董穎霜傑集》　饒州德興縣士人董穎，字仲達，平生作詩成癖，每屬思時，寢食盡廢，詩成，必徧以示人。嘗有警語云：「雲壑釀成千嶂雨，風蘋吹老一汀秋。」蒙韓子蒼激賞。徐師川爲改「汀」字爲「川」，汪彦章曰：「此一字大有利害。」目其文曰《霜傑集》，且製敍以表出之。然其窮至骨，他日入郡，爲人作秦丞相生日詩，窮思過當，遂得狂疾，走出，欲投江水。或爲遣人呼其子，買舟載以歸，歸數日而死。家貧子弱，葬不以禮，亦無錢能作佛事。歷十餘日，宗人董應夢者夢見之，曰：「穎死後，以家貧之故，不蒙佛力，尚未脱地獄苦。吾兄儻施宗誼，微爲作齋七，以資冥路，併刻《霜傑集》傳于世，則瞑目九泉，別當報德矣。」應夢如其請，先飯僧作齋，又夢來謝曰：「荷兄追拔，已得解脱，《霜傑》願終惠也。」以詩一章爲謝，記其一句曰：「日斜人度鬼門關。」原注：餘句鄉人或能言之。應夢家正開書肆，竟爲刻集。

洪邁《夷堅丙志》卷一二《舒州刻工》　紹興十六年，淮南轉運司刊《太平聖惠方》板，分其半於舒州。州募匠數十輩置局於學，日飲喧譁，士人以爲苦。教授林君以告郡守汪希旦，徙諸城南癸門樓上，命懷寧令甄倚監督之。七月十七日，門傍小佛塔，高丈五尺，無故傾摧。明旦，天色廓清，至午，黑雲倏起西邊，罩覆樓上，迅風暴雨隨之。時羣匠及市民賣物者百餘人，震雷一擊，其八十人隨聲而僕，餘亦驚慴失魄。良久，樓下飛灰四起，地上火珠迸流，皆有硫黄氣。經一時頃，僕者復甦。作頭胡天祐白于甄令，入按視，内五匠曰蘄州周亮，建州葉濬、楊通，福州鄭英，廬州李勝，同聲大叫，踣而死，遍體傷破。尋詢其罪，蓋此五人尤嗜酒懶惰，急於板成，將字書點畫多及藥味分兩隨意更改以誤人，故受此譴。

洪邁《夷堅支乙》卷二《大梵隱語》　常熟縣寓客曾尚書，下世已久，有四子。淳熙元年春，夢告其長縣丞曰：「我被天符爲福山嶽廟土地，方交承之始，闔府官僚當有私覿，禮不可廢。吾東書院黑廚内藏佳紙數千張，可盡付外染黄，印造大梵隱語，敬焚之，毋忽吾戒。」丞既覺，未以爲然。又見夢於仲子，仲以扣所知鄭道士曰：「大梵隱語，是爲何經文？吾不識也。」鄭曰：「此乃《度人經》之末章。」取示之。仲笑曰：「無甚緊要，顧何足爲冥塗助。」亦不肯用父言。已而叔、季同夕感夢，二子嗜酒荒怠，略不經意。邑有陳秀才，素游曾公門，夢尚書至，怒駡諸子以不孝，欲愬於上帝痛治之。陳不待旦，趨往告，猶且信且疑。至三月二十六日，邑人羣詣廟下。曾之季子與三四少年縱觀，行經四廂，遇一婦人，絶美，注目諦視，乃尚書也，凝立庭下，顧兩鬼捽僕地，剥其衣，叱曰：「不孝子，尚敢來此！」四傍往來人皆見季呻呼楚痛，若不可堪。主廟吏炷香爲致禱，命左右送以歸。迨反室，昏無所知。舍中百物皆無故自相觸擊，必碎乃止。明日，縣丞邀法師陳國潛至家，使施法禁禦逐。陳召集將吏測問，曰：「非祟也，乃尚書公以四子違命，請于天而罰之。」陳令排備酒饌，設席堂上，祝而祭焉。家人悉見亡靈出現，與陳對席，陳懇祈數四，於是得釋。季良久而寤，流汗遍體，盡以所見爲三兄及陳言之。即日印此經五百本，焚獻謝過。

洪邁《夷堅支景》卷九《謝樞密夢》　謝子肅，台州臨海人。元名某，爲舉子時，夢人告曰：「君若改名某則小吉，名深甫則大吉。」紹興己卯歲，先用某名赴州學春補，教授金華季翔喜其文，既中選，自是月書季考，連占前列。及應舉試，始更爲深甫，已而不利，至壬午秋復然。私自笑曰：「鬼神戲我如是，豈非當止於州學生乎！」乾道乙酉歲，議别更名，逼期復夢前人告曰：「終不成這回又不得。」驚而寤，仍以深甫投牒，遂預計偕，明年登第。久之，夢一卒如皇城親事快行家者，攜一牌，刻曰「御史中丞」。紹熙初，謝自左史尹臨安。鄉人或聞昨夢，語其友曰：「此去獨坐不遠矣。」蓋以其嘗爲諫官也。友答曰：「吾所知一士子，夢得省榜一册，乃市井遂急印賣者，其上列人姓名盈版，而謝公在焉，於名下白書刊一『相』字，若墨刻。以是推之，中丞不足賀也。」繼而果拜此官，擢登樞密，相位固可涉級而進也。

洪邁《夷堅支丁》卷一《徐熙載禱子》 樂平徐熙載，只有一子，以淳熙甲午歲八月二十四日亡。明年，徐寓舒州，宿松令鍾炤之館舍。值子初朞偕「偕」字疑誤。南臺寺供佛，長老宗悟陞座，爲舉唐顧況之子非熊再生爲顧氏之子事，且云：「吾有觀音聖相，極靈異，今以相授。能刊板印施，必獲報格。」徐敬而受之，携歸書齋。鍾令爲喚匠者於郡城，踰月方至。

李東有《古杭雜記》 驛路有白塔橋，印賣朝京里程圖。士大夫往臨安，必買以披閱。有人題於壁曰：「白塔橋邊賣地經，長亭短驛甚分明。如何只説臨安路，不較中原有幾程。」

祝穆《古今事文類聚别集》卷三二《柳勝傳》 柳勝字平之，卯金鄉升平里人也。濫得一官，藉以武斷鄉曲。性鴆毒而鼠貪，苟可攫財，雖親族比鄰亦反眼不相顧。其所居鄉，素産書籍，流佈天下，無問宦族儒家，皆畜書板以資生理。鄉有兩市，相距僅一舍隔，往來貿易，惟人之便。其印書傭工，則有私約，非納錢於衆，不許輒以傭售。此乃小民欲擅衣食之源，其習俗亦從古然矣。勝視書市可爲龍斷以罔其利，不憚身爲市駔，攘取鬻書之權，一聽於己。則下令曰：此市之書，不許鬻於彼市，違者罰錢若干。其印書傭工，不許以私約限，違者亦罰錢若干。行之未久，適有征商其官殷述慶字去貧，瑞芝鄉卿雲里人也。貪酷之聲素著，刻剥鄉鄰正與勝等。始至交篆，勝往謁之，一見首告以取財之法，述慶大喜，自此同惡相濟，互爲表裏。勝挾私以行科罰，述慶假公以施敲朴，鄉人嚴憚而心不以爲便，仍以書籍越境售之。勝乃嗾鄉之惡少巡邏搜捕，如犯私鹺，遭罰者不知其幾。傭工則各使納價於官，而不理私約。以此得鏹甚豐，每遇休澣，勝與述慶設燕對飲，綜計所得鴻溝以分。雖書板之家惡其貪鄙，不欲與競，而諸傭工不堪其害，怨讟之聲籍籍於道。於是羣聚爇香，而訴於廟之神通，晝夜禮阿育王塔，以詛以呪者餘二百人。未半載，勝果以暴死。死之日，七竅流血如注。不數日，述慶亦以惡疾殂。會無與主喪者，吏遣人馳訃報其家，比其反，則尸蟲出户，臭溢街巷，過者掩鼻。於時衆傭工相與鼓樂歌舞於市，以幸二貪之死。雖古之燃臍襪口，有不足以喻其快也。然尤有一異事，勝家有老僕病，忽與一黑犬同日而死。越一宿，僕犬皆復甦，僕良久蹶然起坐，徧體汗流，且告人曰：吾適登一所，若世之官府，兵衛森列，有王者戴平天冠，衣猩紅袍，廟坐殿上，吏卒傳呼甚嚴。堦下有數夜叉鬼，押二罪人至，皆囚首械繫，每囚各有惡蛇六纏繞其身而嚙之。髣髴能認其一，乃吾主人翁，其一即征官也。吾見之，不覺戰懼，須臾，引問二囚，皆若隱諱不實者。後令綳拷捶撻，痛楚之聲至不忍聞。又敕左右取呪詛者書來示二囚，又取帖子一沓，則是記吾爲主人翁領錢數，而黑犬則常隨吾往領錢以歸者，以此爲証，二囚乃伏辯。殿上若有呼者，云柳勝、殷述慶再押入地獄，不以赦原，永不在輪迴之數。恍惚間夜叉鬼推吾及犬皆墮河水中，及開目，則此身乃在卧榻上，而黑犬亦嗚嗚然若有所訴者。是後書市復通融，貿易如舊，而傭工私約亦竟不可破云。

凌濛初《二刻拍案驚奇》卷二二《癡公子狠使燥脾錢 賢丈人巧賺回頭婿》 如此多次，公子連押字也不耐煩了，對賈清夫道：「這些時不要我拿銀子出來，只寫張紙，頗覺便當。只是定要我執筆押字，我有些倦了。」趙能武道：「便是我們斬著槍棒且溜撒，只這一管筆，重得可厭相！」賈清夫道：「這個不打緊，我有一策，大家可以省力。」公子道：「何策？」賈清夫道：「把這些賣契套語刊刻了板，空了年月，刷印百張，放在身邊，臨時只要填寫某處及多少數目，注了年月。連公子花押也另刻了一個，只要印上去，豈不省力？」公子道：「妙，妙。卻有一件，賣契刻了印板，這些小見識的必然笑我，我那有氣力逐個與他辨？我做一首口號，也刻在後面，等别人看見的，曉得我心事開闊，不比他們猥瑣的。」賈清夫道：「口號怎麽樣的？」公子道：「我念來你們寫著：千年田土八百翁，何須苦苦較雌雄？古今富貴知誰在，唐宋山河總是空！卻時顧似來時易，無他還與有他同。若人笑我亡先業，我笑他人在夢中。」念罷，叫一個門客寫了。賈清夫道：「公子出口成章，如此何愁不富貴！些須田業，不足戀也。公子若刻此佳作在上面了，去得一張，與公子揚名一張矣。」公子大喜，依言刻了。每日印了十來張，帶在賈、趙二人身邊，行到一處，遇要賞賜，即取出來，填注幾字，印了花押，即已成契了。公子笑道：「真正簡便，此後再不消捏筆了。快活，快活！」其中門客每自家要的，只須自家寫注，偷用花押，一發不難。如此過了幾時，公子只見逐日費得幾張紙，一毫不在心上。豈知皮裏走了肉，田産俱已蕩盡，公子還不知覺！但見供給不來，米糧不繼，印板文契丢開不用，要些使費，别無來處。問問家人何不賣些田來用度？方知田多没有了。

《檮杌閑評》第二十回《達觀師兵解釋厄　魏進忠應選入宫》話説萬曆年間，皇上聖慈，太子仁孝，宫闈和洽，萬國熙恬。不意有一等不安分的人，妄生事端，以圖非望，密探宫闈之事，造成譭謗之書，名之曰《憂厄蛇議》，專用那不明不白的私語砌湊成書。就是皇上枕蓆間的密語，也都載在上面，大都如漢梁王、晉賈后的故事，意欲蒙蔽聖聰，摇撼東宫。不知用何術，一時間六宫内苑，並在京文武大小各衙門，俱散一本，内外俱遍。神宗見了，天威震怒，即刻發出旨來，著錦衣衛即速緝獲妖人。其中又有一等奸黨，謀欲嫁禍于東林諸賢。如侍郎顧憲成、吏部于至立、順天府學教授劉永澄等二十餘人，皆坐名排陷，拿赴法司刑訊，家眷都著人看守。

次相沈龍江不能解救，是夜猶疑不決，不能安寢，只在廊下兩頭走來走去，總無策可救。忽聽後面喧嘩，心中疑惑，不唤家人，止着使女提燈，同到後面堂屋内。再細聽時，卻是後邊空院内畜的鵝鴨聲喧，便叫使女開了門來看，並無人。親自提燈照時，只見墻脚下堆著許多板片。取起塊看時，就是那妖書的印板。心中大駭，也不言，着忙叫使女唤起衆丫頭、養娘來，齊把些板都搬到厨下，命衆人仍舊去睡。他親同夫人到厨下，一塊塊都劈得粉碎，架起火來盡皆燒燬，把灰俱抛在井中。關了門回來，猶疑不寧，坐以待旦。家人等總不知道。將至天明，忽聽得外面嘈嚷，擁進了許多人來，乃是東廠殷太監領著人來搜板的，翻箱倒籠，掘地通溝，只有相公並夫人身上不好搜，其餘侍妾、家姬、男婦等，皆遍身搜過，並無影響才去。這正是天佑正人，故此預先知覺，不然若搜出板來，怎免得殺身滅族之禍！

笠翁先生《合錦回文傳》第六卷《認義女柳太守寄書　被奸謀梁秀才失錦》柳公當日奉了朝命，便打點起身。因對夢蘭説道：「自楚入蜀，一路甚是難行，料梁生决不到那邊去尋你。他知你向曾隨父在京，或者如今竟到京中尋訪，亦未可知。況今當大比之年，他服制已滿，也必赴京應試。你不若隨我進京訪他來相會。」夢蘭依言，即與錢乳娘收拾行裝，隨著柳公一同起行。臨行時，柳公又恐梁生未必便到京師，倘還在襄州附近地方尋訪，卻如何得與夢蘭相遇？因心生一計，把這半幅回文錦依樣刻成印板，後刻一行云：「蘇氏璇璣半幅圖，如有合得此圖者，可至京師柳府來相會。」柳公將這刻板回文圖做個暗號，分付家人印下幾百張。凡自襄州入京一路馬頭市鎮上，都要粘貼，使梁生見了，好到京中來尋我。家人領命，分頭往各處粘貼去了。柳公一面自攜家眷，起身赴京，不在話下。

吴敬梓《儒林外史》第二十九回《諸葛佑僧寮遇友　杜慎卿江郡納姬》季恬逸這三個人在寺門口聚升樓起了一個經折，每日賒米買菜和酒吃，一日要吃四五錢銀子。文章已經選定，叫了七八個刻字匠來刻，又賒了百十桶紙來，準備刷印。

李緑園《歧路燈》第四回《孔譚二姓聯姻好　周陳兩學表賢良》到次日，孝移飯後到碧草軒，同婁潛齋候孔耘軒。不多一時，只見程嵩淑、孔耘軒齊到。跟的小廝手巾内包著七八本新書。譚婁起身相迎，讓在厢房坐下。耘軒道：「昨日失候有罪，今日特邀程兄同來，正好緩頰，恕我負荆。」潛齋道：「久違渴慕，不期過訪不遇。」孝移道：「端的何事公出？」程嵩淑接道：「我們見了就説話，那有工夫滿口掉文，惹人肉麻！」耘軒道：「張類村請了個本街文昌社，大家損貲，積了三年，刻成一部《文昌陰騭文注釋》版，昨日算刻字刷印的賬，一家分了十部送人。誰愛印時，各備紙張自去刷印。如今帶了兩部，分送二公。」隨取兩本，放在桌上。譚婁各持一本，看完凡例、紙版，都説字刻的好。

李緑園《歧路燈》第二十回《孔耘軒暗沉腹中淚　盛希僑明聽耳旁風》嵩淑問希僑：「令祖老先生《挹嵐齋詩稿》、《秣陵旅吟》、《燕中草》，近日刷印不曾？」希僑道：「不知道。」嵩淑道：「這是令祖詩稿，家中有藏板，如何説不知道？」希僑道：「家有一樓印板，也不知都是什麽，已久不開這樓門了。」嵩淑向潛齋道：「《挹嵐齋詩稿》，二公見過不曾？」耘軒道：「我記得上面有贈程兄的詩。」嵩淑道：「那詩是我十五六歲時，老先生到舍下，與先君閒談，我總角侍側，老先生問及我的名字，即口占一首，勉以上進。到如今老大無成，甚負老先生期望之意。」一言及此，令人愧赧欲死！」因又向希僑道：「當日令祖，猶勉我以遠大。今世兄偉表敏才，亦當加意刻勵，以繩祖武。近聞人言，世兄竟是不大親書，似乎大不是了。」

李緑園《歧路燈》第七十三回《炫乾妹狡計索聘　謁父執冷語冰人》及到

程宅門首，逕自進去。恰遇程嵩淑在廳上，看刻字匠刻板，程績也在那裏校字。上前恭敬爲禮，程嵩淑道：「賢侄久疏此地，今來必有事體，咱去東書房説話。績兒，你叫人送茶，可自上學讀書去。」紹聞見話頭，面上不甚親熱，少不的跟了上東書房來。及到書房坐下，紹聞把濟寧書筒呈上，並取出銀二十兩，放在桌面。程嵩淑將書拆了一看，又把詩序看了，只説：「好。」紹聞道：「這是老師幫老叔刻書銀二十兩。」程嵩淑道：「存住。」茶畢，程嵩淑道：「貴老師容顔何如？」紹聞道：「比在家微覺老像了。」嵩淑點頭道：「也該老像了。你在濟寧，何時起身？」紹聞道：「前月二十四日。」嵩淑道：「到家幾天？」紹聞道：「今已五天。因有小事，未得送書來。」嵩淑道：「送來就是。」此後便不復他有所問，只是默然對坐。紹聞自覺得無情無緒，又不敢遽然言去，少不得另爲搜尋，問道：「刻版一面幾行？」嵩淑道：「九行。」紹聞道：「一行幾個字。」嵩淑道：「二十個字。」紹聞道：「圈點呢？」嵩淑道：「都包在内。」紹聞道：「批語哩？」嵩淑道：「與大字一樣算。」紹聞道：「煮板的柴，寫板的紙，都是咱的麽？」嵩淑道：「自然。」紹聞道：「何處匠人？」嵩淑道：「江南。」一問一答。聽來俱是有聲話，細想仍然無字碑。

李綠園《歧路燈》第九五回《赴公筵督學論官箴　會族弟監司述家法》　紹聞道：「如今本城中，還有藏著一樓印板之家。」觀察道：「是誰家呢？」紹聞道：「是盛藩台家。」觀察道：「什麽書名？是刷印送人的，是賣價的？」紹聞道：「只知道鎖著一樓印板，多年不曾開樓門。」觀察道：「他家有什麽人？」紹聞道：「藩台公兩個孫孫，長叫盛希僑，次叫盛希瑗。」觀察道：「什麽功名呢？」紹聞道：「盛希僑國子監生，盛希瑗府學生員，後中副車。」觀察道：「明日即差迎迓生送帖，請他弟兄二人進署，問問是什麽書籍。或是文集，或是詩稿，叫他刷印幾部，帶到南邊，好把中州文獻送親友，是上好筆帕人情。中州有名著述很多，如鄢城許慎之《説文》，滎陽服虔所注《麟經》，考城江文通、孟縣韓昌黎、河内李義山，都是有板行世的。至於鄴下韓魏公《安陽集》，流寓洛陽邵堯夫《擊壤集》，只有名相傳，却不曾見過，這是一定要搜羅到手，也不枉在中州做一場官。爲子孫留一個好宦囊。吾弟回家，定要在廢筒敗簏中密密找尋，或有一半片子手翰，書上批的，幅間寫的，認清筆迹，雖隻字也是咱家珍寶。賢侄也要留心。」

李綠園《歧路燈》第九十六回《盛希僑開樓發藏板　譚紹聞入闈中副車》

盛氏兄弟行庭參禮，觀察謙遜不受，也還了半禮，分賓主而坐。謝座謝茶已畢，觀察道：「久仰尊府爲中州閥閲世族，典型大家，一向未敢輕造。今日屈尊幸邀攀談。」盛希僑道：「憲公祖下車以來，久沐德化，素懷瞻仰。今幸蒙傳唤，得侍臯比，欣榮何似。」觀察向盛希瑗道：「聞已中副車，小屈大伸，將來飛騰雲路，繩武繼美，仁羨，仁羨。」盛希瑗道：「少年失學，幸副榜末，已出望外，何能寸進，以慰憲大人成就至意。」觀察道：「秋闈在即，指日高捷，定詣潭府趨賀。」盛希僑道：「全仗憲公祖作養。」觀察道：「聽得貴府前輩老先生，有藏板一付，若有刷印裝裁成本，懇賜三五部捧讀。」盛希僑道：「委實久未刷印，恐致散佚，固封一室。既承憲大人垂諭，即當遵命料理，工竣即恪具呈覽。」觀察道：「梨棗塊數約計多少？」希僑道：「存貯一樓，不曾核計，何敢面陳。」觀察道：「卷帙浩繁，也恐一時紙價騰貴，貲力不給。大約一塊板得三十張，方可刷印一番，不然潤板刷墨，不是輕易動作的。學生即送印刷工價到府，俟匠役工完，只賻賄十部，便叨惠多多。」盛希僑道：「祖上留貽，只應自爲辦理，工成即送二十部到署，請憲公祖評閲。」觀察道：「豈有此理。若刷印現成，理可領取捧讀，若因學生慫恿，定當幫助一二，以勸盛舉。【略】到了廳上，説起印書之事。盛希瑗道：「這印板在樓上鎖有幾年了。」盛希僑道：「我自幼時鎖至如今。」希瑗道：「怪道，我看那鎖，連鎖的窟窿都銹成一塊。如今這鑰匙哩？」盛希僑道：「也不知在那裏，大約是没有了。」希瑗道：「怎的開法哩？」盛希僑道：「叫一個小爐匠生發開他；十分工不得，把門鼻子起了，有什麽難呢。」盛希瑗道：「哥也太把爺爺的著作不在意了。」盛希僑道：「我便罷了。你不是讀書也中過副榜麽？我不肯動著，還是我的好處哩，我畢竟是能守的，後輩自有能刷印的人。像那張繩祖，聽説他把他老人家的印板，都叫那些賭博的、土娼們，齊破的燒火篩了酒。又如管貽安家朱卷板，叫家人偷把字兒刮了，做成泥屐板兒。我雖不肖，這一樓印板，一塊也不少，還算好子孫哩。」盛希瑗道：「如今要印多少部？」盛希僑道：「得三十部。」盛希瑗道：「多少板數？」盛希僑道：「我影影記得，樓上棚乾，塞的滿滿的；樓底棚濕，是支凳放著，比上棚少一半兒，總之紙得幾百刀，上千刀也不定。開開樓把板移在大廳上，叫位匠人估量。」盛希瑗道：「等道大人送銀子來，好打算買紙。」盛希僑道：「第二的，你總不離乎小見，委實要做一輩子副車哩。道臺送銀子，那不過是一句話，你就認真起來。像如今州縣官想著要紳衿鹽當商的古董玩器，以及花盆魚缸東西，只用誇誇就是要的。司道若叫州縣辦值錢的東西，一定要奉價，上頭送來，下頭奉回，説：『這東西卑職理宜孝敬，何用大人賞價。」再一次不說，州縣已知上臺是此道中人，就下邊奉去，上頭用了。總之，上臺要下僚的錢，或硬碰，或軟捏，總是一個要。若遇見一個州縣官心裏没病，也就罷了。」【略】這盛公子怎的開樓門，怎的雇匠人，怎的買張紙，怎的移印板，怎的刷墨然，怎的裝部套，詳起來千言難盡，略起來一行可了。不過半月，刷印完畢，裝裁二十部。單等鄉試場完，觀察監試回衙，並原銀三十兩，一齊繳進道署。

李緑園《歧路燈》第九十七回《閻楷謀房開書肆　象藎掘地得窖金》　却說閻楷辭了東人回家，領了伊舅氏一付本錢。這正經老成人，居心肫慤，行事耿介，焉有不發財之理，不十年發了兩萬多利息。現今舅氏吩咐，要在河南省城，開一座大書店，在南京發了數千銀子典籍，所雇車輛就在書店街喂著。因心感老主人之盛德，在書箱内取了《朱子綱目》一部，湖筆二十封，徽墨二十匣，來望舊少東君。傷心的是舊年封賻儀，喜的是今日送賀禮。譚紹聞讓到書房，閻相公將套書、筆墨放在桌面。先與衆客爲禮，後與紹聞行禮，又請篑初也到了行禮。說道：「南京發書回來，想到咱祥符開鋪。原是與表兄筆墨紙張硯臺鋪子合夥計，已將蘇家星黎閣舊存筆墨兑下。聽說少爺連登，少大相公也進了學，無以爲敬，即以《綱目》一部，筆墨等件，權作賀儀。」

李緑園《歧路燈》第一百回《王隆吉怡親慶雙壽　夏逢若犯科遣極邊》　却說夏鼎責革之後，追繳七兩八錢四分銀子完款。他還有一向幹没侵蝕銀兩，尚可度日。急乃棒瘡平復，育譎狡難悛，私交刻字匠，刻成葉子紙牌版，刷印裱裁售買，以圖作奸犯科之厚利。後來祥符有人命賭案，在夏鼎家起出牌版，只得按律究擬私造賭具，遣發極邊四千里，就完了夏鼎一生公案。

逍遥子《後紅樓夢》第二十五回《兑母珠世交蒙惠贈　揭兒茶義僕效勤勞》　從前老國公在邊疆立功的時節，有幾件心愛的寶貝，一件是犀紋古定劍，劍靶上鑲有桂圓大的東珠，一件是紅漢玉扳指，都鎸有老國公的名號，真是先人手澤所貽，馮紫霄也不知費了多少銀子覓來送與賈政。賈政不好不收，還他銀子也不知還他多少，他又斷不肯收，只得徇了交情，買他些古董玩器。他的第一件就是從前看的那一顆大母珠，一個瑪瑙盤盛著，周圍聚了一千顆大小滚盤珠，實價三萬銀，原本可愛。其餘賈政揀中的便是嗽金烏吐屑八兩，風磨銅大小活字版二付，趙飛燕菱花鏡一奩，天寶二年仿軒轅鏡十二面，萬年漢玉觚一隻。寶玉揀中的便是《萬歲通天帖》墨蹟一部，李正臣壺中九華一座，幾件西洋巧法鐘錶及零碎小玩意兒。馮紫霄還再三請賈政父子多揀幾件兒，賈政再三不肯了。算起來九折實兑已經要四萬二千七百兩紋銀，故此請黛玉商議。黛玉只退了金屑八兩，就平去了七千二百。黛玉說：「其餘物事通好。這母珠兒他們不知道養法，只要養得好，原會領了這些小珠，各自各長出些小珠兒。那活字版也好，也清楚得當，字畫兒也考校，看來是通于《說文》的弄的，也好刻出好些秘本的書來。這兩件原也長的利，其餘物事留著玩玩便了。倘如一總是個呆貨，認真咱們家白丢了銀做個漢子。」賈政夫婦也喜歡。

俞萬春《蕩寇志》第一〇三回《高平山叔夜訪賢　天王殿騰蛟誅逆》　張公進了城門，一路在馬上鷄犬不聞，只見家家閉户。張公便駐紮在知縣衙門，不折一兵，不煩一矢，唾手而得，三軍大悦。張公道：「我們來時，不見潰散的百姓，家家閉户，莫非人人躲藏在家。」差人四路查探。不一時，都轉來稟道：「百姓果然都在家裏。現有幾家開門，查問明白，伊等看見大兵入城，嚇得要死。那兩個監教將軍，有人看見，從西門爬城而出。百姓人家，無分老小，手執丈香，朝北禮拜，口念『皈命禮多寶如意天尊』，此刻尚在急拜。」張公歎道：「可憐，好忠厚百姓！」便傳軍中刻字匠，刻就數十塊印板，趕緊印好告條，差公人大街小巷，逐户敲門分給。百姓等戰戰兢兢的接看，只見上寫著：「特授曹州府正堂張渝：凡爾居民鋪户，照常辦事，切勿驚懼，決無干害。特示。」

《說岳全傳》第二十五回《王横斷橋霸渡口　邦昌假詔害忠良》　再說那李太師寫了一張冤單，暗暗叫人去刻出印板，印上數千張，叫張保、王横兩人分頭去貼，只說張邦昌陷害岳飛情由，遍地傳揚。

李伯元《官場現形記》卷三三《查帳目奉札謁銀行　借名頭斂錢開書局》　這日正想夜裏趁招商局輪船動身，早晨還在棧房裏默默自想：「深悔自己多事，憑空的要捉人家的錯處。如今人家錯處捉不著，自己倒弄了一場没趣。」越想越没味。正在出神的時候，忽然門上傳進一個手本，又拎着好幾部書，又有一個黄紙簿子，上面題着「萬善同歸」四個大字。藩台見了詫異，忙取手本看時，只見上面寫着「總辦上海善書局候選知縣王慕善」。又看那幾部書：一部是《太上感應篇詳解》，一部是《聖諭廣訓圖釋》，一部是《陰騭文制藝》，一部是《戒淫寶鑒》，一部是《雷祖勸孝真言》。藩台看了，心上尋思道：「原來都是些善書。刻善書固是好事，但他忽然要來找我，却爲何事？」心上正想回復不見，那個拿手本的二爺說道：「這位王老爺據他自己說起，真正是個好人。自從他開了這個書局之後，所有的淫書已經被他搜尋着七百八十三種，現在一齊存在局中，預備大人調查。有些書外頭都没有板子，只有他那裏一部。他隨身帶個手折，都開的明明白白，預備當面呈上來的。」藩台一聽這話，心上便想：「姑且叫他進來問問再説。我生平淫書亦算看得多了，那裏會有七百八十幾種？他既然有，姑且調來看看。等到看過，再出示禁止不遲。」主意打定，便吩咐了一聲「請」。少停王慕善進來，磕頭請安，自不必説。歸坐之後，藩台先問他：「這個局子是幾時開的？一共刻了多少書？」王慕善道：「回大人的話，從卑職曾祖手裏以至傳到如今，一直以行善爲念。到卑職父親晚年，就想創個『善書會』；苦於力量不足，没有辦得起來。卑職仰承先志，現在雖然粗具規模，然而經費總還不够，所刻的書亦有限得狠，剛纔呈上來的幾部都是的。卑職此來，一來想求大人提倡提倡；二來還有一篇淫書目録，等大人寓目之後，求大人賞張告示，嚴行禁止，免得擾亂人心。」一面説，一面又站起來把呈上來的書檢出二部，指着説道：「凡事以尊主爲本，所以卑職特地注了這部《聖諭廣訓圖釋》，是專門預備將來進呈用的。這一部《太上感應篇詳解》，是卑職仰體制台大人的意思做的。聽説制台大人極信奉的是道教，這《太上感應篇》便是道教老祖李老子先生親手著的救世真言，卑職足足費了三年零六個月工夫，方纔解釋得完。意思想要再求大人賞張告示，禁止書賈翻刻，只准卑局一家專利；如此卑局方能持久，以後有什麽善書，便可多刻幾部。就是大人有什麽著作，卑局亦可效勞。」藩台道：「能够多刻幾部原是極好的事；不過專利一層，我們做大憲的人，衹能禁人爲非，那能禁人向善，至於提倡一節，亦是我們應盡之責。什麽《聖諭廣訓圖釋》、《太上感應篇詳解》，你明天可送幾百部來，等我下個公事，派給各府、州、縣去看。」王慕善道：「卑局裏的書能得大人如此提倡，將來一定可以暢銷。卑職回去就在每部書的面上加上『奉憲鑒定』四個大字。明天每樣先繳進兩百部來。」藩台道：「狠好。」王慕善道：「請大人的示：這筆書價，卑職還是具個領字由大人這裏來領呢？還是等到大人回省之後再到大人庫上來領呢？」藩台初意，以爲他這些善書雖然賣錢，至於這一二百部一定是捐送給各府、州、縣看的。今見他論到書價，心上便有點不高興。楞了半天，説道：「既然想要勸人爲善，最好把這些書捐送與人家，如果要人家拿錢，恐怕來買的就少了。」王慕善不禁一驚道：「回大人的話：三部、五部，卑職還捐送得起；再多，不要説是卑職捐不起，就是卑局裏也難支持得住！」藩台道：「這開書局的經費是那裏來的？」王慕善道：「都是捐得來的。」説着，又把那本《萬善同歸》的簿子翻了出來，查給藩台瞧。一頭指着，一頭説道：「這是某軍門捐銀五十兩，這是某中丞捐洋五十元，這是某方伯捐銀三十兩，這是某太守捐洋四十元。」隨後又特地翻出一條指給藩台看，道：「只是家兄王子密部郎，就是現在做小軍機的，他也幫過二十四兩。」藩台道：「原來老兄是子翁的令弟！兄弟同令兄狠要好，兄弟去年陛見進京，我們兩個狠説得來。但是這些錢都是衆人捐凑的，更不應該拿他賣錢。兄弟既同令兄相好，將來回省之後，替老兄想個法子，弄一筆永遠經費。外府州、縣有肯爲善的，也等他們捐兩個。」王慕善聽了，特地離位請了一個安，又説了聲「謝大人栽培」。藩台道：「這書同簿子你先帶回去。我這裏有什麽捐款隨手就送來給你，不消得寫簿子的。」王慕善於是感激涕零而去。

劉鶚《老殘游記》第七回《借箸代籌一縣策　納楹閒訪百城書》　次日早起，老殘出去雇了一輛騾車，將行李裝好，候申東造上衙門去禀辭，他就將前晚送來的那件狐裘，加了一封信，交給店家，説：「等申大老爺回店的時候，送上去，此刻不必送去，恐有舛錯。」店裏掌櫃的慌忙開了櫃房裏的木頭箱子，裝了進去，然後送老殘動身上車，逕往東昌府去了。無非是風餐露宿，兩三日工夫已到了東昌城内，找了一家乾净車店住下。當晚安置停妥，次日早飯後，便往街上尋覓書店。尋了許久，始覓着一家小小書店，三間門面，半邊賣紙張筆墨，半邊賣書。遂走到賣書這邊櫃臺外坐下，問問此地行銷是些什麽書籍。那掌櫃的道：「我們這東昌府，文風最著名的。所管十縣地方，俗名叫做『十美圖』，無一縣不是家家富足，户户絃歌。所有這十縣用的書，皆是向小號來販。小號店在這裏，後邊還有棧房，還有作坊。許多書都是本店裡自雕板，不用到外路去販買的。你老貴姓？來此有何貴幹？」老殘道：「我姓鐵，來此訪個朋友的。你這裡可有舊書嗎？」掌櫃的道：「有，有，有。你老要什麽罷？我們這兒多着呢！」一面回過頭來，指着書架子上白紙條兒數道：「你老瞧！這裡《崇辨堂墨選》、《目耕齋初二三集》，再古的還有那《八銘塾鈔》呢。這都是講正經學問的。要是講雜學的，還有《古唐詩合解》、《唐詩三百首》。再要高古點，還有《古文釋義》。還有一部寶貝書呢，叫做《性理精義》。這書看得懂的，可就了不得了！」老殘笑道：「這些書我都不要。」那掌櫃的道：「還有，還有。那邊是《陽宅三要》、《鬼撮脚》、《淵海子平》、《諸子百家》，我們小號都是全的。濟南省城那是大地方，不用説，若要説黄河以北，就要算我們小號是第一家大書店了。別的城池裡都没有專門的書店，大半在雜貨舖裏帶賣書。所有方圓二三百里，學堂裏用的《三》、《百》、《千》、《千》，都是在小號裡販得去的，一年要銷上萬本呢。」老殘道：「貴處行銷這『三百千千』，我到没有見過，是部甚麽書？怎樣銷得這們多呢？」掌櫃的道：「嗳！别哄我罷！我看你老很文雅，不能連這個也不知道。這不是一部書，『三』是《三字經》，『百』是《百家姓》，『千』是《千字文》，那一個『千』字呢，是《千家詩》。這《千家詩》還算一半是冷貨，一年不過銷百把部；其餘《三》、《百》、《千》，就銷的廣了。」

吴趼人《二十年目睹之怪現狀》第七二回《逞强項再登幕府　走風塵初入京師》　我别過了，走到一家老二酉書店，也是最著名的，便順著脚走了進去。【略】我又看見他書架上庋了好些石印書，因問道：「此刻石印書，京裏也大行了？」那人道：「行是行了，可是賣不出價錢。從前還好，這兩年有一個姓王的，只管從上海販了來，他也不管大衆行市，他販來的便宜，就透便宜的賣了，鬧的我們都看不住本錢了。」我道：「這姓王的可是號叫伯述？」那人道：「正是。你認得他麽？」我道：「有點相熟。不知道他此刻可在京裏？住在甚麽地方？」那人道：「這可不大清楚。」我就不問了。

吴趼人《近十年之怪現狀》第十回《陡變幻人心叵測　善支離世事難爲》　聚鷗道：「有一個杭州人許老十，去年在二馬路開了一家書局，下本卻有六七千，可惜用人不當，開不到一年，蝕了個不亦樂乎。前幾天把一部頂大的機器賣了，方才過節。此刻打算招人盤受。我想紫翁你可以做得。」紫旒道：「不知他要多少錢？」聚鷗道：「紫翁如果有意，我便去討一篇細帳來。」紫旒道：「明天就請拿來，我們商量著看。」聚鷗答應了，兩個又閒談了一會，方才散去。【略】紫旒看那帳時，卻是二號、三號、四號、五號鉛字俱全，統共約有一萬磅，其中上了架用過的約一半，還在箱子裏没用過的也一半，還有一部日本機器，其餘小樣、架子、手盤、鉛條等，一應俱全，索價要三千六百元。看過依然放在桌上。吃過午飯，方才袖了這一篇帳，走到二馬路，尋到了那家書局，踱了進去，指明要尋老板。許老十出來見了，彼此通過姓名，問其來意。紫旒道：「蘇州有個朋友寫信來，要印一部書。久仰貴局的價廉物美，所以特來求教。」老十道：「不知要印甚麽書？」紫旒道：「要印一部《皇朝經世文編》。」老十道：「這是一部大書。不知印幾開的？用幾號字？統共印多少？」紫旒道：「大約總印一千。便是我也未曾清楚，不過先要問個價目，好揀便宜的做去。」老十道：「也要問明用幾號字，做多少大，每板幾行，每行幾字，才好算埃。」紫旒道：「既是這樣，我去問明了，再給回信罷。」

吴趼人《近十年之怪現狀》第一二回《盤書局妙施巧術　賣字畫暫免釘門》　自此紫旒把鴻仁里房子退了，搬到書局裏去。喜得喬子遷走時，留下的古玩陳設不少，搬了過來，把一間書局陳設一新。便又在局裏請過幾回客，無非是盡力亂吹。一面掛了這書局的旗號，亂招股分，定了七厘官息，每股百元。於是做一股的，做兩股的，倒也被他招了不少。恰好一家□報館新换東家，這新東嫌那副鉛字舊了，要另買一副新的，不免着人到外面去打聽價錢，問來問去，便問到紫旒的書局裏。紫旒便異想天開的想了一個法子，叫□報館把那一副舊字拿出來，换自己的新字，每磅要他貼還六分洋錢。那□報的新東默默計算了一會，若要買新字，每磅要在兩角以外，這舊字賣出去，只能做廢鉛，值不到一角一磅的了，算着很有自家的便宜，便答應了。彼此對换了一萬磅字，紫旒便乾落了六百元。以後因爲字樣太舊，做不出生意來，那是股東晦氣，與他無干的了。此是後話，表過不題。

吴沃堯《九命奇冤》第四回《盼鄉榜焦心似沸　講風水信口開河》　卻説丙午這一年，廣東鄉科，定在九月初九日放榜。到了初八這一天，淩貴興就起了忙頭了：拉了宗孔，商量開列菜單，預備定酒席，請喜酒；又取過黄曆來，看了開賀的日子；又進去叫何氏，預備賞報子的賞錢。【略】忽聽得門外高叫一聲：「新科解元試録！」此廣東風氣也。放之前一夕，探榜者逐名探出，連夜以活字排版，全榜即成即印出，沿街叫賣，謂之試録，時榜尚未張掛也。

司香舊尉《海上塵天影》第三五章《月澄秋抱巧露禪機　風縐春池憨含妒意》　只見佩纕走來，笑回道：「剛纔仲蔚差人送姑娘的石印《幽貞館詩稿》來，只有五百本。因今年鄉試，印書局趕印夾帶本子，機器没得閒。這五百本還是催了十幾次，做的夜工呢。姑娘送完了，横豎過了七月，就可以再照的。仲蔚有一字帖兒，請姑娘過目。」説著，便交了上去。一面到幽貞館書橱裏取了幾本稿子來，韵蘭數了一數，上下兩卷，計五十四頁，下面附著桃花社聯句詩。書樣字樣，都還精緻，心中自是歡喜。

葉德輝《書林清話》卷一《唐天祐刻書之僞》　日本水野梅曉行笥中，有《文選·歸去來辭》，卷尾刻「大唐天祐二年秋九月八日餘杭龍興寺沙門無遠刊行」字一行。德清傅雲龍《纂喜廬叢書》中刻有此種殘本，黎庶昌跋盛稱之。據島田翰云，是彼國大坂西村某贗刻三種之一。三種者：一延喜十三年《文選》一，即

《歸去來辭》，一忘其名。用寫經故紙，集寫經舊字活字擺印。水野所藏，正是此種。傅、黎當梯航四達之時，而猶受欺如此，則又無怪錢遵王以日本正平本《論語集解》當高麗本，而詫爲書庫中奇寶也。

葉德輝《書林清話》卷八《日本朝鮮活字板》 活字板之製，流入外藩最早者，莫如朝鮮、日本，而尤以日本爲最精。以余考之，其盛行已在明初。永樂庚子冬，朝鮮國王命造銅字活板，又命新鑄造大樣銅字印行《十八史略》。事詳《森志·史略》下。《志》又有天順八年，朝鮮國活字印板《爾雅注疏》十一卷。又弘治十年，朝鮮國活字印板《唐鑑音注》二十四卷，嘉靖二十三年甲辰，朝鮮宋麟壽活字印《陳簡齋詩注》十五卷。大抵朝鮮活字本，始行於明初時。余藏有《國語韋昭注》，爲銅活字大字本。後有跋云：「我東活字印書之法，始自太宗朝癸未，以經筵古註《詩》、《書》、《左傳》爲本，命判司平府事李稷等鑄十萬字，是爲癸未字。世宗朝庚子，命工曹參判李蕆等改鑄，是爲庚子字。甲寅，以《孝順事實》、《爲善陰騭》等書爲字本，命集賢殿直提學金墩等鑄二十餘萬字，是爲甲寅字。英宗朝壬辰，正宗大王在東宮，仰請大朝以甲寅字所印《心經》、《萬病回春》二書爲字本，鑄十五萬字，藏於芸館，是爲壬辰字。正宗朝丁酉，命平安道觀察使徐命膺，以甲寅字爲本，鑄十五萬字儲之内閣。又於壬寅命平安道觀察使徐浩修以本朝人韓構書爲字本，鑄八萬餘字，亦儲之内閣。壬子，命仿中國四庫書聚珍版式，取字典字本，木刻大小三十二萬餘字，名之曰生生字。甲寅，命内閣銅字移藏於昌慶宫之舊弘文館，稱以鑄字所。丙辰，《整理儀軌》將印行，命奎章閣直提學李晚秀、奎章閣原任直閣尹行恁監董，以生生字爲本，鑄大字十六萬，小字十四萬餘，名之曰整理字。分儲七櫥，藏於鑄字所。後六十二年，當寧丁巳，鑄字所失火。戊午，命奎章閣檢校提學金炳冀、奎章閣提學尹定鉉、奎章閣提學金炳國主館。鑄整理大字八萬九千二百三字，小字三萬九千四百十六字，韓構字三萬一千八百二十九字，與燼餘完字十七萬五千六百九十八字，藏於鑄字所。己未，命以整理字印《國語》。蓋鑄字成，試印一書，例也。」按此跋載高麗活字板始末極詳，固知彼國雖僻處東隅，其文化之所漸被亦久矣。日本銅活字版書傳世爲古者，據《森志》所載，有文禄五年丙申當明萬曆二十四年。甫庵道喜印《蒙求補注》三卷；慶長四年己亥當明萬曆二十七年。敕印《論語》、《孟子》、《大學》、《中庸》單經本二十六卷；慶長五年庚子敕校《貞觀政要》十卷；又足利學奉敕印《七經》、《孟子》八種，黄石公《三略》三卷；又十一年丙午當明萬曆三十四年。敕印《武經七書》；又十二年丁未當明萬曆三十五年。直江兼續用銅雕活字印六臣《文選注》六十卷；元和四年戊午當明萬曆四十六年。那波道圓印《白氏文集》七十一卷；承應二年癸巳當順治十年。印朱子《小學書》六卷。據余所見，有元初七年辛酉當明天啓元年。敕印《事實類苑》六十三卷。據余所藏，有安政二年乙卯當咸豐五年。江都喜多邨學訓堂印《太平御覽》一千卷；明治十八年乙酉當光緒十一年。弘教書院印《釋藏》八千五百三十四卷。又皆煌煌巨册，與吾國武英殿聚珍本相頡頏。近則鉛字風行，又便於銅鑄、石印之法，更捷於檢排。機器日新，而古法蕩然，無所師授矣。

《教會新報》一八七一年第一六五期《美華書館述略》 上海小東門外之美華書館，西國排印活字版書之館也。初以排印美國書籍及中華書籍，故名曰美華。其活字及鉛字，有大字、中字、小字、極小字數種，凡《康熙字典》所有字皆有之，並有字典所無之字。每一常用字者，備百字、數十字；不常用者，只備十餘字、數字，故同時排印數書而不窮於用字。列架别部，如字典之部，分畫次，井然也。故排字者按部按畫取字，不稽時，一人一日可排數千字，排成書頁，有邊欄焉，有直格焉，則鉛線條爲之也。鉛字極工，排成，而無大小參差。印而校，校而再印再校，故鮮訛字。印畢仍入架，仍部屬畫次，不紊亂焉。其印也，用機器，日印萬頁。蓋中國印書，一印則一紙一頁。西國機器印書，一印則一紙數頁也。機器以鐵造成，大如長桌，闊二尺有奇，長約三尺，形長方如盤。其底平，以排成書版，數頁平聯置内，上墨而印也。既鋪紙，即挽機。其機螺旋引其蓋下，而平壓紙上。以機螺轉，故力大壓重，而印字極清。既印，而通機之螺，即蓋啓，一紙出，而一紙復入。一紙也，已印數頁矣。印百紙千紙，即已數百頁數千頁矣。其墨用外國墨，粘如油糊。機器形圓如筒，包革於外，沾墨於上，器轉而字皆上墨矣。不用中國墨者，以字系鉛制，中國墨不能上鉛也。其墨名曰自來墨，以機挽而進，則紙入蓋下而壓，印已成，挽機而退，即蓋啓紙出，而機筒前轉，即自上墨，而又可入紙矣，不煩人力，故曰自來墨也。【略】又有銅版，則非銅字排成，乃鑄銅而成有字之全版。其法：始則以鉛字爲模，依書排字，繼將排字覆印於蠟版之上，以黑鉛粉塗蠟版上，以銅板與蠟版對置，置電氣箱内，俄而電氣化銅，蠟版吸銅而成銅版。銅版之字，堅光精妙，勝木版遠矣。【略】諸書中有銅版者，如聖書之《五編五常撮要》，聖書之《酒財氣色四戒撮要》及《馬太傳》、《福音之言》、《耶穌之言》、《天道溯源》、《天路歷程》、《續天路歷程》、《亨利實録》、《訓兒真言》

諸書，皆鉛字本外又有銅版者焉。

《中西見聞録》一八七二年第四號德貞《蒸汽機印字摺疊法説略》 稽西國五十年以來，蒸汽之盛，無逾於此，其創製之源流，姑毋論之；惟今適用者，有汽機三品，一輪轉之器，其名曰和。其爲器也，有類大碌碡之式，碡外通體嵌安活字，週圍有軋字輾數軸，軋印其紙；而輾與碡其間有隙，人在旁用手置紙片於其間，嵌字碡之機輪一轉，而軋字印紙之輾若干，則印出字片亦若干，盡在一面之上。其軋字之輾，由四軸至十軸不等，其印出之字片多寡，全在其送紙人手遞之快慢也。以中等人之技藝核計，一人每一下鐘，可印出字片一千七百張每張約中國尺長四尺寬三尺。如用軋字輾六軸，一下鐘可以印出字片萬張。然此印乃一面之工刻也，印背面之時，與前工刻無少異也。以兩面計之，用六輾一下鐘，即印出字片五千張，而六輾須用六人送遞其紙。西國造紙作坊，其紙式與中土殊。其造法：用機器，如織布，可以成匹，隨意大小，用刀裁製；厥後有人設想其紙之長，由機杼卷之，既可以成匹，而印字局中之汽機，亦由輪轉而印字，莫若整匹印之；紙作之人免其裁製之工，豈非兩得其便。起初有美國人布洛柯試行之，而今美國多用此匹印之法，然其法印書最便，較印新聞紙則延緩耳。又有英人瓦喇得爾，在英京代瑪斯新聞紙局中爲局長，用此匹印之法，一下鐘可印出一萬至一萬二千張，惟此印法爲最善，緣此新聞紙出售，不暇摺疊也，而英京以外之各新聞紙局，多摺疊而出售。局中另外有摺疊紙之機器，必需人之遞送方可，仍需如數之人摺疊。即今又益新法，其器名「得勝」，不特匹印，而兼摺疊因有摺疊之器，費工而稍緩，倘不摺疊，而一下鐘亦可以印出字片一萬一二千張，添此摺疊機器，不過印字八九千張耳此乃快捷之數也。以行常之工，無逾七百五十張者，較比如上英國印字二局所出，若用瓦喇得爾之兩器，當印出字片二萬二千張，須用六人每一機器用人三名，另外用傳遞舒展其紙片人須三名，摺疊二萬二千張，一下鐘在機器旁須要人工十三名，總計需用人工二十二名；其用「得勝」之三器，只須人工六名，一下鐘不但印字，以及摺疊，亦可出字片二萬二千張。

左列之圖，觀此以明印字摺疊之法。卷紙之轆轤，用鐵軸架之，其紙隨箭走過甲甲，柱端之轆轤，至軋字輾之第一，軋其紙於嵌字碡第一之體上，即可印成一面；過第一軋輾之下，至第二，過第二碡之時，其紙之背面，已軋於嵌字之第二碡上。其兩面印成之紙匹，起乙乙小轆轤下，轉至子輾，至丙轆轤，自丙下以抵庚卯二輾之中。其印成之字匹，將要及未，而丑輪之週圍，橫安一刀，其狀類窄鋸，由丑輪激其刀鋒，切過紙匹，入子輾之隙處，裁斷其紙端，此即新聞紙之首張也。裁斷首張，而紙邊已抵於未，其紙之中在寅卯摺疊輪之正中，而寅輪戊處，橫安頓刀一把，由寅輪激其頓刀，切於紙片之中，入卯輪隙中，其卯隙之裏有鐵抓一排，抓疊其紙，送抵巳處。緣以上機器，將已抵未之紙片之下半，牽過庚之轆轤，至上半之頂，此乃第一次摺疊也。其摺疊對合，即雙層，乃由新聞紙之中，至巳而其抓放鬆，而卯輪之週圍，又橫安一刀，有輪激之，使入雙層紙之中，以抵辰輪之隙，復有鐵抓，辰輪轉動，復摺之與上法一般，此乃二次摺疊也。而兩疊之紙，由辰輪之抓，牽送其紙，以抵辛轆轤，其抓已放鬆，嗣後由扁帶排上，過壬癸酉之轆轤，以抵戌處，有截擋之，而申處又有一刀切下，激其紙之正中，入於亥之兩轆轤之中，此乃第三次之摺疊也。按以下二次，至是已疊成直角長方

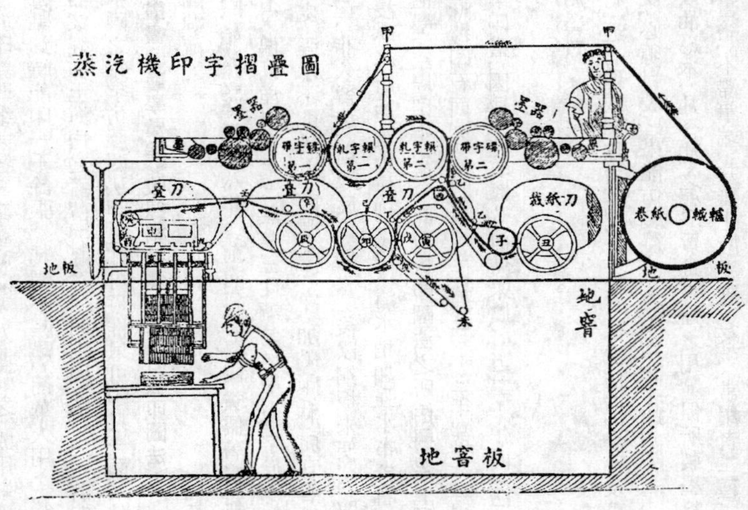

之式，而下邊又有機器，推送其摺疊已畢之新聞紙，至有人之處。其送紙之器，形猶扁籠，動類鐘擺之搖擺，籠內亦有扁寬帶排列，擺向左搖，疊成之紙則下走，擺向右搖，疊成之紙送抵案上，飄飖如落葉之狀。其摺疊之式，整齊長方，更無蹂躪之跡。

核其第二「得勝」首局，在噶喇斯格，而七日一出之新聞紙，須用淨紙兩萬斤；其紙匹之長也，約三百里有奇，而軋印裁疊已成之新聞紙，統計十二萬八千餘件。

《格致匯編》一八七六年第一卷第三期《印書機器圖説》 中國刻木板印書籍者，已二千餘年矣，至今仍守舊制，尚未更變。西國刻木板印書之始，不到四百年前而創行之，惟近今所用之法，年精一年，與昔日者迥異。其先將字母分而刻之，然後湊集成字、成文，後又以鉛作字而代木刻。因造鉛字之一模，則能做出若干鉛字，豈非大勝於用木刻之字母哉？其鉛字已算最爲得法，加以再行考究印書之架。設架之始，頗行粗拙。印工大爲勞力，所做工課猶覺甚少。其架之形，略如壓物之螺絲架，印書時稍不留神，必將鉛字壓壞。後有荷蘭國人，設更妙之法，仍以螺絲爲之，惟有簧能令壓紙之蓋板自行向上，又有一杆將其杆下壓，則蓋板仍然落下，即印書一張。但其初用之架，以木爲之，略一百年前，有人設法以鐵爲架，復設靈巧之器，大省印工之勞。其架之最靈者，於一點鐘內能印二百五十張。西法印書之紙，兩面皆印，是以每點鐘時只可印成一百二十五張。略一百年前，新聞紙初次興旺，觀者甚衆，所印者不敷所賣，故務必另索新法而得極快之印書器具始可。西歷一千八百十四年十一月二十八日，始用新法所造之機器，在英國倫敦印新聞紙。此機器以汽機之力運動，當日所印之新聞紙，係新法之第一次也。其機器有大輥輪，將鉛字擺於活板上，令活板由輥輪之下，往來不停。其紙亦有自行之法，能環繞輥輪之上。以二幼童專司其事：一童添未印之紙入内，一童收取印成之紙。其輪上之油墨，亦有自行之法能敷之。自設此法以來，印書之工更加便捷，以一具輥輪之器，每點鐘能印新聞紙九百至一千二百張，即活板往來一次而印一張也。有此器之後，復又造雙滾輪器。其活板來時可印(一)張，往時又印一張。比前造之機器又可多得一倍，而以四幼童司理之，即兩童添紙入内，兩童專收印成之紙。西國之紙兩面皆印，而印成一面之紙，先在機器之側置成一堆，俟一面之印工已完，再易鉛字而印紙背面。然而尚有人嫌此工課太繁，所以另設一器，一動即能印出兩面，其機器大而印工更快，間有能並用兩色墨而印出兩種顏色之字。此器雖可印成兩面，然尚不足日報所應出之數，是以一千八百四十八年，有人在倫敦造新機器，印倫敦極大之新聞紙，其法將鉛字排在大輪之上，輪以生鐵爲之，徑五尺六寸，以法相連鉛字於輪面不使墜落下，其輪爲直安者，又有繞紙之輥輪八個，圍附大輪之面，則大輪每轉一周，能印紙八大張。近來英國有新設立之新聞紙館，以此新法造印書機器，其價銀略一萬五千兩，有連鉛字之一大輪，又有輥輪六個，每輪須用添紙者一人，其大輪轉一周，可印紙六大張，每點鐘時能印一萬二千二百四十張，可知添紙者每人每分時必添三十四張，每分時共印二百零四張。倘若添紙之人已經熟手，則每點鐘時能添二千五百張，而一點鐘內共能印成一萬五千張矣。近今倫敦之大新聞紙館中所造之新機器，有用十個輥輪者，每點鐘能印二萬張，每張長四尺，寬三尺，惟所印者不過一面耳。至其背面工亦同也。如第六圖爲一個輥輪之機器。便於印新聞紙與各書籍。可以人力運動之，或用牛馬力，或以汽機運動皆可。每點鐘時能印一千餘張。其價不甚昂，而華人用之亦不易損壞。蓋此種印書機器業經在上海用之者，已有數具，而別埠亦有之。若印中國書籍，即以中國紙與中國之鉛字仿照西法印之亦可。惟只可印其一面，因紙薄耳。

《通學齋叢書・藝學彙編》收録格致彙編本《石板印圖法》

石板印圖源流

石板印圖，始於乾隆五十八年。前有日耳曼國貧儒著書，無貲刊刻，極思省法，久未能得，偶以洋皂、蜜臘、黑炱三件調勻作墨，書字於銅板，乾時稍浸硝強水，見有墨處，強水不能蝕入，隨強水洗淨，加墨印紙，與刊者無大異，但書字必反，印之始正，非久習之，斷難反正如一。後以銅板未便，因取石板，任意書字，以硝強水浸試之，見與銅板無別，遂以清水稍加強水布於石面，乘濕加墨，見有字跡處蝕墨，空處則不粘染，此石板印圖法之所由興也。嗣以反書不便，又取紙作正書，覆印石面，亦甚明晰。至嘉慶二十三年，英法二國遂得此法，然各國素慣活字印書，因秘之，故歷久流傳未廣。近二十年間，法遂暢行而益加精焉。

石板應用墨料

書繪墨料，近有造成出售者，購之甚易。依法仿造，恐弗及專工此藝者，但有時購之不便，必須自製。果能仿製得法，自明立法之理。

此墨料以油爲本，凡含油之質，皆合書繪之用。但所製墨料，必如尋常便用，方能任意書繪，不滯筆端，并無化散墨迹之弊。常用者二種：一爲流質，一爲定質。法與尋常墨水暨鉛筆同工。

書繪墨料方：取牛油或羊油二兩，浄蜜蠟二兩，入鐵鍋內，蓋密加熱至能自燃。次取上等洋皂二兩，切成小塊，俟一塊已鎔，陸續加入，頻以桿調和不止，及加完後，俟燃至如前未加洋皂時之油蠟，體積相等爲度，但自燃勿令過猛，如見燃發過高，即取離火，少頃再置火上，將未詳。據云，係虫類於樹上作爲巢穴，其色黄明如膠。二兩加入，隨令鍋內火熄，俟全融合，即不可令其再燃。復取熬熟胡麻子油、黑炱，調勻，并入鍋內，熬成濃膏，約至減少一半，即成墨料。至應添炱若干，以黑色深淺爲主。用炱愈多，愈易研勻，但過多亦不合用。凡墨料已成，傾入紙模，冷定成條。或取平面大理石，先用洋皂拭勻，然後傾於石面，及將冷時，另取大理石板一塊，以洋皂拭勻，覆壓墨上，冷定，切成長條，即如墨錠。

凡作墨料，必經意於鍋內自燃之時。如鍋內火燃不旺，鍋下必復加熱；如鍋內火燃過猛，見鍋內四周全燃，聞有爆裂之聲，必立取鍋離火。設鍋內火仍太猛，以蓋覆之，少停，再加熱，否則墨料全燒壞矣。

試墨料成功與否：取墨料研之，見有黑痕，不與水和勻，即知尚未熬成，必再入鍋內，如法熬之。如終不與水化融和勻，必再入鍋熬融，稍加洋皂。若見油質幾盡，墨無結力，又知火候過度，必再入鍋內，添洋皂與蜜蠟。

以上墨料，爲書繪石面所用。若書繪紙面覆印石上者，法與前同，惟多加蜜蠟而已。

製定質墨料方：取上等洋皂一兩半，或牛油或羊油二兩、浄蜜蠟二兩半、舍拉克一兩，黑炱四分兩之一，製法同前。所成墨條，可削尖，同鉛筆以備用。

印紙墨料：用黑炱與熬熟之胡麻子油，或核桃油，調勻，油墨多寡相配，須視乎天時寒暑。嘗有取作成之墨，每二十分添入洋靛一分，又有添蜜蠟或牛羊油於內者，設市中常售之墨，覺得太濃，可加熬熟胡麻子油少許，調合備用。至墨之稀濃合宜，印工必常留心。因石質各點中有小孔，加墨時着力過猛，細線必鋪展變粗；墨質過稀，則細線所加之墨亦必漸鋪散，改變原圖。若墨質過濃，則石板無字跡之處，亦易粘墨。總之，加墨之法，視所繪之圖與所加之墨。其愛攝力愈能化合，所印書畫自然清爽；設製不如法，二墨無相愛攝力，則所印書畫自淡而無色，且印數張後，原本已無用矣。

辨各種石板并解石板法

凡印書畫所用之石板，其質爲灰石，性能蝕油。傾硝强水於石面，則發氣泡。尋常所用者，多產於日耳曼國。石質粗細不等，有白色與深灰色者，大抵多半爲石灰，與炭、養二氣相合而成，適備石板印圖之用。如欲尋此石料，須携帶硝强水一小瓶，大鋼鎌一把，遇一種石，疑爲此類者，先以鋼鎌敲之。若不見火，則傾强水數滴於石面，見多發氣泡者，即是也。石質最佳者，其色黄白，劈裂石面，成凸凹形，嘘氣於石面，嗅之有白泥氣味。

近有取各質，造此石料，尚未知能同石質否。

剖石板法：用鋼鋸，加沙與水解之。既成平板，復以鋼錯錯平其邊浮石，磨光其面。凡印圖時必復磨一次，緣有手指撫摩油膩也。磨法以二平石相合，加細白沙與水，旋轉磨之。嗣洗去白沙，復加細黄沙磨之。此石板爲定質墨繪粗圖所用者。若墨水所繪細圖，先以粗浮石，次以細浮石，或用極細石質等，磨之極平滑。設如繪山水圖，有遠近粗細之分，則於繪細線處磨之極光，繪粗線處磨之稍粗。圖已印完，可磨浄藏之以備再用，先以細沙磨之，則各線俱滅，再布淡硝强水於石面，每强水一分，配浄水二十分，爲淡硝强水之總，可免下次用圖，仍露前圖形跡也。硝强水洗浄後，仍如前法磨之以備用。

印書圖紙料

印圖之紙，不可用布料內之有白礬者，與有鹽强水漂白者，如以此二種紙印之，則石板底圖即壞。又紙不可過薄，薄則粘合石板，揭之則損。其紙質以細而面平者爲佳。取紙五六張，浸入水桶，隨取出懸之，令水流盡，置於平板內壓之。如紙太乾，則不能帖服石面，太溼則不粘墨，約以揉之無聲爲度。

脱墨紙購之甚便，紙內有暗格者，便於書字，覆印石板，不見格痕，而甚平勻。若欲自製，可取棉料薄紙，截裁合式，另取樹膠半兩、牛皮膠一兩、籐黄半兩，與水化融；另取滑石粉四兩、舊石膏半兩、小粉一兩相合，研爲細粉，用極細籮篩過之，再加入前料，入乳鉢，稍添水，久研之，以濃如油爲度，以極軟毛刷布於紙面。

脱墨紙過石板法

按以上所製脱墨紙，或繪圖，或書字，取前墨入磁器內，以温水研之，或用鋼筆與鵝毛管筆皆可，但不可手指撫摩，并口氣噴嘘於帋面。書繪已成，取石板稍加熱至一百二十五度，加熱之意，令石之質點稍相離也，其石質點之小孔亦稍開，故易受墨。先將脱墨紙背刷水令濕，隨覆石面，加帋數層，入架，壓至五六次。每次稍加壓力，後於帋背刷水令濕，然後揭去，則書繪墨跡自脱於石面，毫髮不爽。次加膠水於石面，俟乾，再用淡硝强水浸之。每硝强水一分，配清水百分，稍加膠水於內，傾於石面，令石板兩端疊次平斜，俾淡硝强水流走石面。見石面稍發水泡，隨用清水洗淨，再加淡膠水於石面，即可備用。用硝强水之意，因墨內之洋皂有礆質，不特滅此礆質，又能令無線之處不食油墨。用膠水之意，能塞石質小孔，俾墨痕不致鋪散。

石面繪法

石面繪圖法：先用紅鉛筆繪成粗稿，嗣用前墨細繪之。若先用黑鉛筆，則蒙混不清。又圖字反書非易，別有省法：先以軟紅鉛筆繪正式草稿，覆帋於石面，入架，加壓力，則粗稿已布石面。又有便法，取繪成之圖，於背面滿布紅石粉，覆於石面，再以細針按圖正面依樣點之，則石面已有紅線。若有精圖不可污染背面，先取薄帋勻刷紅石粉，覆於石面，再加圖如前法。但作工之時，不可手指撫摩，并不可噓氣與唾沫着石面。若用定質墨書繪石面，必手能着力，宛轉相生，枝節爲之者，必不勻圓。繪竣後，依前法加膠水於上。

石面刻圖法

石板刻書圖法：必先磨石極平，傾淡硝强水於上，立刻洗去。另以膠水與黑臭研勻如細漿，待石面乾時，隨刷極薄黑色一層，俟全乾後，用粗細銅針書繪。凡針尖所過之處，即露石面，取熬熟胡麻子油，刷於石面，隨用水洗去黑底。餘法同前。惟甫視之頗嫌過粗，然印於紙則甚細。

依前法印圖，可分數色。用蠟二分、洋皂一分、銀硃少許，入鍋內化融調勻，傾模成條，以水研濃如漿，滿布石面。次取第一石板所印原圖，覆於紅色石面。凡圖中擬留空白處，以利刀刮去紅色。如不欲過白之處，少刮之。逐層遞印，即成數色。此套板法也。

印圖法

凡印書圖，必依前法。先以海絨與清冷水輕潤石面，以皮墨輥置墨石上，推輥多次，令墨勻粘皮輥，然後輥於書圖石面一二次，隨覆帋於上，入架加壓力。每印一張，必加墨一次。又於石面勿多置墨，以鋪勻爲度。加墨時必自四角向中推輥，設加水過多，則石面太滑而墨輥不轉；設加水過少，則空處皆易粘墨。但此弊易治，用水洗盡，亦可無妨。設圖線鋪散不清，至底圖已廢，法用松香酒一分、水一分、橄欖油一分，置一玻璃瓶內，摇動片刻，見多生泡，先以水勻濕石面，次以瓶內松香酒等類傾布石面，取海絨拭之，則圖跡盡滅，微有白線，再如前加墨，則書圖仍清如前。設見有線仍過粗，則以淡硝强水依線拭之，隨以清冷水洗淨。

如印完後，欲存之以待將來復印，設歷時不久，略多加墨存之；設歷時過久，所加之墨過硬，已不能加墨復印，必另用一種墨始可存之。歷久不壞之法：用熬熟胡麻子油二分，或牛油或羊油四分，松香油一分，淨蜜蠟一分，入鍋熬融，再漸添黑臭四分，調勻，已加此墨，再布膠水一層，是雖存之歷久，亦可復印。不用此墨時，必封置馬口鐵盒內存之，否則易於變壞。

如印圖時欲配數色，必一石一色，逐次遞印，其配料與前同，惟以各色代黑臭而已。又法：用細綢數塊，每塊與所印之石同式。先以細綢加膠，令略硬，每塊控去所留一色空處，逐幅鋪於石面，可加各應着之色。

設如第一圖至第四圖，係各石色所印者，一黑，二金，三藍，四紅。

以下數端爲印書圖最要之件：

一、印紙後見墨太淡，而石板墨線猶深，則知壓力不足。

一、見圖內細線黑色太深，加墨須稍輕。若圖內線粗，須多加墨。如有數處不易粘墨，可用皮墨輥之邊拭之。

一、如圖中有印壞之處，或以浮石，或以利刃磨刮已盡，另以筆描清，復加淡强水與膠水如前。

一、如印紙後，見圖中，中有色淺處，非石不平，即架上横推不直。石不平則墊紙横推，不直則削平之。

一、如石板加墨見各線不差，及印紙時而線邊昏蒙，即知所加油墨太稀，必換稍濃者方可合用。

一、如見石面各線漸欲鋪散，則可加淡硝强水，或加醋少許，或於印紙時所加之水內入硝强水數滴。

一、如見石面生數黑點，以利刃刮之，或小浮石磨之。

一、印紙後須緩揭起。

一、如印紙時見石蝕水甚速，則取石入冷水中浸片刻即得。

一、所用强水總不可過猛，凡備用之時，若嚐味過酸，則加水和之。

一、墨石布墨之時，不可太多。

銅板印圖法

印銅板器具，有用雙輥輪者，以粗法蘭絨或粗氈勻包輥輪，所用墨料與尋常不同，惟皮輥墨與石墨可通用，更宜潔淨爲要。加墨以後，先用布拭淨銅板浮墨，又另備最細白石粉，以手按粉中，拭銅板令明，僅存各線中所含墨痕。取板入架，覆於面，兩輥輪并轉，銅板自由兩輥輪間經過。有將紙稍濕加於板面者，亦有以乾紙印者。又，銅板須常令熱，如極小之圖，可以墨撲加墨，或以指染墨塗之，亦以指拭之。又銅板印法，必多費墨，且每次磨拭，亦易磨壞，故欲印數千張者，必取鋼板。近時各圖皆係銅板刻成，以前墨印紙，依法覆過石板，自生生不已也。

煎油法印鉛字用

不拘何油，但擇清薄無渣者爲貴。每油百兩，入金頂即密陀僧，又名金爐底。末十兩，無名土即無名異，藥店有。末一兩，用第四等火，耳聞煉丹之法，六七斤火候記此。先緩後急，第四等火，即風爐火。至鍋中黑煙大起，須防着火。所以煎須於露天，並預備溼布、鍋蓋等物。倘油着火，原不妨事。經着火後，大忌用水。火不相合，油浮於水面，流火之患，無法可治，宜以鍋蓋蓋上，上加絞乾布巾，密鋪以及鍋蓋相合之縫，陽氣頃絶，火自滅矣。溼布用時，須要絞乾，恐點水入油，油即無用矣。煎至滴水成珠，退火一半；再煎至滴紙不化，再退火用第二等火，即無燄火，不使滚沸。然後加入煙煤末屑，常常煨煖二三日，須看油面甚黑，必須試印，以看如何。間日將印過之紙於火面烘之，見油不化者方可。用紗或細夏布，内襯絲綿，將温煖油墨傾瀝，再過四五日，將油墨隔水燉熱，去沈底細滓，油可用矣。而渣滓尚可後用，更易成功也。若用火烘，而沈底之渣滓又泛上耳。若看油面時，不甚黑，必是煙煤未融和之故，當稍加火，無用加煤也。試印須煖油，蓋冷油不易化，日久始走黄邊。然煖油初印，亦不易化。蓋油與紙不甚相得，故須間日於手爐上，或熱水壺上，再行烘煖，看走邊否。倘有絲毫走意，即不可用，三年内必化黄也。亦須加火煨一二日，再試之。用沈底煎油易爲事者，即無此等病也。大抵金頂性膠粘，昔聞其性燥，未聞其膠粘耳。無名土性乾厚。而油取其薄而不化，粘而不厚爲上，若厚如膠泥，不獨用油難，而書板易容積垢，故油厚者印三百張之數，即刷清書板一次，然後再印。若油薄者，雖印千張之數，無容刷也。用油上書板，貴少而薄勻，則字清又不易化，若書板上用油太多，則書不好看，而恐變黄耳。

印圖法後卷

石板上墨之淡濃有二事：一在墨之好壞，一在人之工夫。輥墨之法，須重按慢過。如輕而快，不但不能上墨，反將已有之墨收去。稀墨慢輥重按，細線必變粗。墨若極乾而濃，快輥而輕，石上必變淡。由此可見，墨稀而輕輥，或墨濃而重輥，亦勉强可印。如欲極好，墨須不稀不濃，而少用；又須多備稀濃各種，以看天氣之寒暖。因天暖，油自變稀，刷上之水亦易乾，不及輥墨，圖即模糊。所以每印一圖，必看模糊之處，小心收拾。若多次之後，必不能印。可知細線變粗，乃手法不配墨之稀濃，及天時冷暖之故。必將浄佛蘭絨蘸常用膠水，輕輕揩擦，洗去石板上之餘墨，再用墨刀刮去一切稀墨，換稍濃之墨爲之。

天暖，應用最濃而乾之墨，須二人急爲之。一人上墨，一人刷水，因水欲速乾也。所刷之水内，須稍添膠水，即不化散。膠如太多，滚軸又有粘滯之弊。天時極冷，須反其法。冰度之時，再難上墨，所印之或圖或字，必淡而不清，必用火爐烘暖房内，自能免病。輥墨之時，石上太乾，墨即不當上而上；石上太溼，軸上必致有水，墨即爲水所隔，而不能上石。如人貪快而欲省事，軸上用墨太多，或太稀，必致模糊。管理者須時時省察，如有不好之處，非墨料之極壞，必手工之不合也。如寫字之墨太稀，或墨内油質太少，或磨石不平，或用水污穢。四事若犯其一，所印必淡。治法：將石烘暖，多刷以水，將佛蘭絨蘸緑色油西名巴麻油。擠乾，輕輕擦於有水之處，再用軸輥墨。如再不清，再做一次或多次，以清爲止。如久做尚不能清，則用淡果酸或淡醋酸水洗之，待乾，用筆與濃墨順清之。即緑色油可點燈，可作肥皂，價極賤，出於亞非利加。

欲補不清之處，先去其膠水，用刮刀刮去不要之處，或用石磨之，然後補寫之。如所補之處甚大，另用紙一張重寫，照過石法過上。有二事極宜留心：其一，所補之處不可留舊蹟；其二，鋪稿須極準，不可稍離分毫。

印圖之紙，内或有白礬及别種酸質，則印至數百張之後，再不能清楚。如紙質不甚硬，無有酸質，手工甚好，可印五千張至一萬張。印石板所用之紙，手工所造者不及輪機所造者。

摘出要事：天氣冷暖，墨質稀濃，按力輕重，輥油快慢，用水多少。天冷，稀墨重按，慢輥水少；天熱，乾墨輕按，快輥水多。

鄒凌沅《格致答問類編》

製造

問：西國用銅板刻陰文，印地圖、海圖等最佳，果用何法印之？

答：所用之墨爲特造者，買現成者最便當。將銅板少加熱，再將佛蘭絨捲成一綑，蘸墨拍在板上，用軟麂皮速揩之，再以手掌揩盡，則墨存於陰文内。其印法用軋輪，將紙鋪於板面，一軋即已印成。仍照前法上墨。

鄒凌沅《格致答問類編》 西國之墨，始於何時，幾難查攷。蓋上古無文字，亦無紙張，至中古始有以獸皮代紙之法。若中國，上古無書契，結繩而治，中古始有蒲編竹簡之制。但無論爲何等紙，必有垂久之墨，始能將當時著作，傳留後世。否則，雖有垂久之紙，而墨數年即退，仍屬烏用。詳考各國所製之墨，其佳者可數千百年不變。古人之墨，多有膠與油性。製法以顔料和以樹膠與油，常用之料爲油炱，每炱四分配膠一分，另加水若干，磨至勻細，用模鑄成條塊或餅。中國至今尚用此法。但數百年來，中國墨在各西國甚爲有名，初呼爲印度墨，不知爲中國所製者。此墨最耐久，但有一弊，如寫於皮或硬紙面，見水易脱。古西人製墨多以醋代水，又嘗用一種墨，謂之金墨，以其有金色也。又有銀墨，亦有以銀朱作紅墨者。古之抄本書，間有用紫墨者，如憑劵等件則用緑墨。希臘國凡王之親族人等未成人者，以緑墨寫其名號。古人亦有用藍黄墨者，攷西國六百年來，尚未有用黄墨者。又古書凡用金墨、銀墨者外，則敷漆一層，如羅馬、希臘等國，寫字後則敷蠟一層。西歷八百至九百年所抄之書，大半敷以漆蠟。如羅馬則以墨魚腹中黑料爲墨。此魚在水中如遇他魚吞食，則放其墨，令水混，他魚即不能見，待水清，已逃去矣。古人所用之墨，間有千年前之抄本，比百年前抄本或印本更顯明者。大畧四百年前之墨俱能耐久。史書言，東方各王以紅墨寫字，墨盛以金盒，盒鑲各種寶石。據近來之墨，可分四大宗：

一中國墨，即西人呼爲印度墨者；二西國印書墨；三西國寫字墨；四變色墨。此各墨大半爲黑色，但另有紅藍緑各色之墨，西國亦多用之。兹將各墨製法分陳於左：一中國墨。以毫筆書於軟紙，最爲合用。西國向不知此墨製法，購自印度，爲繪畫等要事之用。今知爲油炱和膠，或外加香料而製造。炱法燃燈上加覆盆，與燈相近，以收其炱。但墨亦有精粗之别，華人盡知，不必細論。

二印書墨。此墨爲西國一大生意，有數大廠專製此墨。西紙厚硬，如令潮濕，則墨更易粘連。故西字新聞紙，每晨出買時，其紙尚溼，職此故也。其墨大半爲胡蔴油和炱而作，間有松香油或黑松香若干者，亦有加普魯士藍少許，令色更深者，亦有稍加紅鉛粉者，製法頗繁。法以圓鐵鍋内盛熬成之胡蔴油料，鍋中有立軸，軸上有數刀，以汽機令軸轉動，則刀劃其料成細塊，添以炱等料，轉若干時，令勻，再以軋輪軋之，或研之，即可爲印書之用。若印新聞紙之墨，比印書之墨更廉而稀。因印之最快，濃則不及。其餘他色印書墨，亦以此法製之，惟以他色代炱耳。

三寫字墨。西國寫字所用墨水，沁入紙中，無法洗退，如落於木器之上，可以濃鹽强水洗除，再用净水揩洗，即無痕跡。製法以瓦瓶能容水十磅者，加碎五倍子一磅，皂礬一磅，瓶中滿以沸過雨水，每日掉和數次，數日即合用。如另加樹膠半磅，即成脱墨。寫字後，蓋以濕薄之紙，架内壓之，即印成底稿，與原文無異。製藍墨法，將普魯士藍和入草酸消化之即成。製紅墨，以蘇木在醋内煮之，加白礬、樹膠少許即成。

四變色墨。能於白布寫字，洗之不脱。法以銀養淡養五，即照像必需之料，水中化之，另加淡輕四養水並樹膠，中國墨少許。寫字初不見跡，遇熱則變深黑色。又有數種料，可寫於厚紙。託信局寄與某人，信局視爲白紙，但接信者知之，以火烘紙，其字全顯。此水有一種謂之鈷養淡養五，西藥房中均有出售。

郭嵩燾《郭嵩燾日記》第三卷 (光緒三年七月)初三日。簡多馬約赴達克斯登塞爾里布來申會。達克斯登生于一千四百七十七年，始以活字板印刷書籍，歷今四百年，國人創爲此會。塞爾里布來申，猶言相與表章光顯之也。活字板創自日耳曼人古登伯爾克，英國用其法印書，則自達爾斯登始也。其會匯集印刷書籍種種機器，及以前所用諸法，及各國印書之法，又匯集三數百年書籍及古今所刻刷人物山水諸圖書，及以前印書之著名者。斯博得斯武得亦列置古書一櫃，約數十百種。詢知斯博得斯武得世爲其國家印工，至斯博得斯武得乃以學問著。聞其最著名者，一爲舍色斯畢爾，爲英國二百年前善譜齣者，與希臘詩人何滿得齊名。何滿得所著詩二種，一曰諦雅得，一曰阿錫得。其時有買田契一紙，舍色斯畢爾簽名其上，亦裝飾懸挂之。其所譜出一帙，以趕此會刻印五百本。一名畢爾庚，亦二百年前人，與舍色斯畢爾同時。英國講求實學自畢爾庚始。其所列機器，有用煤氣，有用風力，有用水力，出奇無窮。其機器有刷書，有叠紙，有製造字模，有排字，亦出奇無窮。其用電氣排字者曰克羅斯，用機器排字者曰莫爾拉，曰戛斯登稗音，曰哈得爾百里，曰阿里瑱弗，曰色尼非爾曼，各出新意爲之。亦有繪圖兼刻石者，皆奇。【略】

(光緒三年十月廿五日)里格邀同蘇愛爾午膳。遂至格拉倫敦卜來斯印書局。格拉倫敦輯查爾斯第一被弑事爲一書，消[銷]行甚廣，厚積資産，臨卒盡躅所有，立一印書局，新舊印書機器凡數院。總管曰畢格爾得何爾，精勾股算術。西洋印書皆用檢字法，集各國文字印刷所有書籍，凡爲剌丁，爲希臘，爲印度，爲波斯，爲日本，爲阿剌伯，凡文字與歐羅巴所傳字母异者皆備，中國檢字法亦具焉。其書板分銅、鉛二種，并用檢字法，用厚紙浸水拓之，烘干而字皆浮起，夾入鐵板中，三方界以銅而虛其上，熔鉛灌之，而板立成。然鉛板不受壓，故不能經久。因用薄銅片壓成板，浸强水中，引電氣練〔煉〕之，傅以鉛，厚薄惟所施，則成銅板。局分東西兩廠。左廠專印福音書，積紙數屋，先灌水浸之，壓使干而微帶潮濕，乃受印，連機器二三十座。印既成，分别整齊之，第其章數，又送入一院，次第合并之。婦女及童稚等所役亦數百人。畢格爾得何爾云：「每年所印福音書，紙寬六尺可鋪英里三千，若寬八寸可繞地球一周。」問：「福音書所在有之，安置此？」曰：「此遍行各國。」前游印書會，格蘭斯敦陳列福音書一帙，而標識其上云：「此書無奇，却有一奇語：昨夜尚是整張紙，裁成數百葉，刷印裝潢成一巨册，只用十二點鐘工夫，今早已成書矣。」即此廠所印也。【略】

（光緒四年正月初七日）羅稷臣開示赴康朵街聽講倫敦畫會情形。聽講者二百餘人。主會者審順，歷述倫敦畫報原始。一千八百四十二年前，此惟《佩士畫報》一種，差强人意。刻畫三法：用銅、用石、用木。銅版價昂。石板起于一千八百三十年，價廉費省，故近來印畫多用石板。木板用黄楊木湊合成之，用螺絲鉗接，可以分段鐫刻，刻畢斗合，尤易集事，《倫敦畫報》專用之。各國新奇事，皆遣畫工馳赴其地摹繪。中國同治年間大婚，英國太子出遊印度，普法之戰，俄土之争，皆具其事實，圖其形勢，往往爲邏卒所獲，據爲偵探，受監禁。寄圖回館用紅封，以便檢查。館中畫工十二人，刻工五十人，每以禮拜三成圖，禮拜五印齊。繼《倫敦畫報》起者《克來非其》。與《倫敦畫報》相仿則有《機器》新報、《攀趣》新報、《凡匿台緋阿》新報，或詳器物，或主諷刺，或繪名人小像，其用意又各不同也。【略】

（光緒四年三月）初九日。安布洛約游色爾西得尼窪爾得魯，云紙行也。往視，乃知爲印造各種應用紙張，而役工至二千五百人，事忙時可增至三千人。凡相連兩廠。其一專造火車輪〔火輪車〕行小票及電報局所用紙條，皆機器爲之。火輪車行小票由粗紙襯背，上下兩層，所糊面醬，至貯麥面十餘巨桶，用氣爐引水熬之，入火竈焙乾。爲巨房收火氣，用皮條轉叠十餘層，出入惟兩門，以逼乾爲度。用扎刀截成條，每條八小票，入機器叠成八段，約高尺餘，送入壓印機器此機器絶奇：左右兩高方筒，從右叠小票筒中，中爲印模三，皆用活字編號，由一至萬萬，無重復者。轉入左筒，滿則出之。其間一票或破爛，機器即自停止。亦可謂神奇矣。每機器一具，約一點鐘壓印一萬方。又入一記數機器，與壓印機器編號同，以查考壓印或有脱漏及模糊者。其叠票、裝票，皆十二三齡童子爲之，每箱裝五萬方。電報紙條連紙成卷，圍徑尺許，而條寬不足三分。紙卷中空，納入車輪杵中，旁用小刀，轉小輪機器一畫而成條。云東洋及印度所用電報紙條皆取給于此。其一爲大廠，凡五層，用自升屋徑達上一層，則皆編次大小字板。次則大小信封紙，并用機器壓成；亦有不用機輪而用人力壓成者。其叠各種封套紙，皆童子爲之。又次則折成封套，其機器亦絶奇：從前方納紙入，旁列兩杵，施膠左右方，右方旁加一杵，爲封口加印文，轉入後方；有方池，四方皆有活鐵片，其中爲方印；壓紙入池内，兩旁小鐵片亦隨壓下，左右兩方膠合處皆已黏固，前方已先施膠令乾，合而不黏，一壓已成封套。〔旁注：聞二十五年前猶用人工造之。有團拉羅者，始以機器製造；萊門德又以壓力法爲之。〕隨叠入下方盒内，自然整齊。皆婦女爲之。其旁各屋，亦有用人力黏封者，亦皆婦女也。又次則刷印機器，有用鋼板者，有用畫石者，有加五色者，有一機器次第加色者，有歷數機器加色者。其石板但用墨畫，以油涂之，其着墨處皆搨入紙上，無墨處五色皆不着也。石板惟德國有之，與中國白石同，而紋理較細，微帶蠟色，不純白，逾尺小方約值十磅，每金洋一枚爲一磅。大者三佩宜一磅。每十二兩爲一磅。其貯石板處，大小約數千方。又次則修整各機器，大小機輪各一，工匠多則用大機輪，蓋凡修整機器，仍用機器爲之故也。其旁爲印刷大字機器，有藍地印白字，紙大約四五尺，云本日印搨四千張，用藍料約值六十四磅。此外有作畫者，或畫入石板，或紙，或加五色，或爲機器式，尺寸有度，上下有程。有傾鉛板者，有製造巨册者。有調五色花紋者，爲小長方池，貯膠水其下，上加以油，用五色筆畫。其上有小銅條排針若懸齒，從五色畫紋中横推之，即成小花紋，若錯錦然。其法調五色小池中，用紙掠其上，即成花紋。有刻鋼板者，大率英國各家圖記印入簡端，多由此製造；横列小厨長丈許，抽提〔屜〕凡數百，每抽提〔屜〕中貯小印方數十，蓋亦多矣。各國國家印文大逾數寸者亦數十百事。詢之，每一禮拜支工價三千餘磅。約一萬餘金。一切皆用機器，而人工亦至如此之巨。窪爾得魯凡五子，三子皆在廠中，其二子專習起造，猶中國之木工也。其幫辦曰懷音，款接甚恭，爲置酒，并致頌詞。爲龍文，并制皮匣貯之；又爲製圖記、書簡及封套，共四盒，以相饋遺。二廠之外尚有二廠，其一近代模江，專運送各國及本國各部；其一則以鬻之市者。此二廠則專主製造也。〔旁注：二廠并在芬士布列街，其發運之肆在温來士得，零估之肆在倫敦華爾。〕窪爾得魯亦下會堂議紳。是日下午，格非斯邀茶會，至則近夕，人客存留無幾矣。案窪爾得魯廠所製造紙張，一曰信箋信封，一曰火輪車行票，一曰火輪車行按日記程册，一曰火輪車行牌單，一曰電信局報條，一曰電信局報單及外封，一曰銀行匯單及支數單，一曰帳簿，一曰刷印圖板。因而有畫廠，因而有修理機器廠。大小皆用機器，而役用人工亦二三千。在中國不過一購買信箋帳簿之行店而已。【略】

（光緒五年三月）二十日。偕姚彦嘉、張聽帆至格致書院，約林樂知會談。所藏各種小機器亦數百事，法國磁器及鳥、獸、蟲、介，亦頗有之。其間化學機器，多比利時國主所捐置。因并偕林樂知至徐家匯天主堂，神父名步天衢，字亦趨，在中國二十年，亦襲中國衣冠。旁設學館，肄業生百六十餘人，并習中國書。亦有博物院，藏書三楹，後楹皆中國書，略分經、史、子、集及釋典、道藏、雜書，布置極有條理。其金石、鳥獸、蟲介并取之中國。有小鹿無角，長不盈尺，云得自寧國府。學館凡分三所，一女學館，一課習外國學館。外國學館以剌丁文字爲主，兼及數學、化學；馬眉叔受業于此十數年，今此學不過十數人而已。又育嬰院一所，收養近二百人，以五歲爲始，至二十二歲，課以百工技藝，能自營生乃出館。大率縫工、木工、皮工，及畫，及搏土之工，皆有師授。而印書局亦在其中，中、西兩文并鉛字板，所印多教書，亦有新報，每月二次，名曰《益智録》。

俞樾《春在堂隨筆》二 西人有醫士名合信者，著《博物新編》，內載有用電氣制煉字畫銅板之法。其有舊樣者，即以白蠟印舊樣爲模，若作新樣者，即以白蠟捻成一版，畫工用刀筆劃刻山水人物于蠟版上畫成之，後再以墨鉛屑薄糁劃痕，乃用鐵綫一條，長約二尺，一端穿插蠟版，一端穿係精錡數片。復用清水兩盤，一浸蠟版，一浸精錡。精錡之盤，調以磺强水，蠟版之盤，撒膽礬浸之。精錡爲强水所化，即有電氣發出，由鐵綫傳遞于膽礬水中，膽礬被電氣所逼，礬質漸化，即有紅銅結積于蠟版上。礬盡加礬，水涸添水，紅銅漸積漸多，三數日後，銅版厚結二三分許，取出刮去白蠟，則銅版錚錚，凹凸成章，幾疑其有鬼斧神工之妙也。按此法以之刷印書籍最佳，聞滬上已有試爲之者，未知成否，故記于此。精錡質如白鉛，亦出外國，大約欲爲此法，則此二物必從彼國購來也。磺强水又名火磺油，西人制磺强水有二法，均見《博物新編》，兹不録。

王韜《甕牖餘談》卷五《西國印書考》 西國印書之昉古矣。昔迦勒底國藏有巴比倫印章，其刻或字或畫，鐫版之法，實兆於此。但印小鈐遲，事勞工費，不能通之於印書也。當明初時，歐洲始有以木板印紙牌爲法王迦羅思第六玩物者。永樂二十一年，又以木板鐫刻圖畫。其初印者，現度置英京書院，第創始未知何人。嗣後作者精益求精，刊印歷代事蹟全圖，旁綴以字，刻字肇端於此。後分每字母爲活板，不必逐板鐫刻，而數十百種之書，悉可取給。始造此者爲谷敦保，世居每納士，生於明永樂元年，二十二年至斯達四吧，洪熙末，同其地之特雒盛立夫希耳曼合作，設局於特舍。亡何特死，谷致書特弟，毋令人入其室，恐人知之而竊傳其法也。是時，局中四人互相争，乃訟諸官，因此衙署中始知谷爲始作活板者，事在正統四年。四人由是不和，而谷貲亦罄，回故鄉，欲其法克傳，特患貧，力不足以濟事。時有金工弗思特，家巨富，與之謀貸，因同設印書局焉。始印零星小帙，自景泰元年至六年，乃用臘頂語印《新舊約書》。字係鉛質，用刀鐫刻。現有一册印於羊革，存於普魯士書庫。谷因是得馳名一時。書成閲五載，弗思特之家業又罄。弗始料不及此，怒甚，訟谷於官，責償子母，於是谷所置器具，盡爲弗有，而弗遂得專行其業，人之見之者盡奇之。谷印《約書》外，更印別書，古致可觀，自離弗後，踵跡莫詳。有言谷自後忽忽不樂，隱處山林，人罕見其面，成化元年，國王詔給糈禄，四年乃卒。谷所造活字有謂鐫刻者，有謂澆製者，聚訟紛紛。但觀字之鋒稜，實係刀刻，澆製之法，始於饒弗，乃谷後起之雋也。饒弗年少思精，爲弗高弟，弗與谷相絶後，即偕饒同業。年餘，始印《大闢詩篇》，書尾言活字之作，肇自我二人。按是書作已四載，明爲谷所未竟之業。饒按二十六字母之數，以作字模，鎔鉛澆製，潛與弗思特觀之，弗喜甚，因妻以女。其法秘不示人，印書工匠來者，必先密誓，後令工作。天順六年，其地法兵，衆匠離散，以印書法傳於他邦，於是歐洲列國始知其用。亂定，弗再建局於哈崙，復從哈崙遷於羅馬。成化三年，法國立印書局於吐耳。五年，設局於法京巴黎斯。天順四年，俄羅斯立局印書。英國刻印書册，未知始於何時，相昉傳自惡肆弗爾及京都倫敦，後建於阿爾班等處，咸爲教師勸立，所印皆教中書。宏治年間，設立官局，專掌王印書事。行之六七十年，皆用臘頂語及他國文士之言。後有以英國方言譯印《新舊約》者，主教嫉之。嘉靖五年，有博學士子譯印《新約》以英國語，倫敦教主怒，因繙譯他文，理旨或有背謬也，乃下令國中禁勿誦讀，諭人盡納是書於官而投諸火，否則以背道論。令下，民勿從，購者殊衆。按印書之法，行於英國甚遲。嘉靖、隆、萬間，國中亂甚，民不向學，印書者寥寥，國法局中無得過二十人。久而禁弛，文學大興，歐洲印書由漸而盛。顧惟日耳曼無禁，其餘皆有厲禁。凡事有關家國，例不許印。每刻一書，必上呈於官。法京巴黎斯禁稍寬，然總不若英之不設禁令也。以是印法莫精於英，富人助貲者衆。他國忌諱多，羣情疑沮，貲以不集。因歐洲多書禁，而米利堅乃興於西。明崇禎時，麻薩朱實立第一印書局，印器從英運至。其後日增月盛，至以西法變通，行於華字，此不過五十餘年耳。嘉慶時，英人馬施曼自天竺學華言，譯印《新舊約書》，始造華言鉛胚，此印刻華字之濫觴也。其書至今尚有存於華地者。後有臺約爾至檳榔島，悉心於華字，造陰模陽模，澆製成字，大小二種。建屋曰英華書院。立和約後，遷於香港，開局印書。臺死，合衆人谷立繼之，廣印書籍。臺所作陰陽字模之未成者，谷竟其業，更作小字，及數目等字，共四種，他處印書購字者，悉於此取給焉。甯波聖華書院，又將每字偏旁分析，或分二，或分三，用字省簡，而工較費。近合衆姜教士，更以化學新法製字，以木胚代鋼模，費省事速，其價漸賤。觀於此可以略知西國印書之源流矣。

王韜《瀛壖雜志》卷六　西人設有印書局數處，墨海其最著者。以鐵製印書車牀，長一丈數尺，廣三尺許，旁置有齒重輪二，一旁以二人司理印事，用牛旋轉，推送出入。懸大空軸二，以皮條爲之經，用以遞紙，每轉一過，則兩面皆印，甚簡而速，一日可印四萬餘紙。字用活板，以鉛澆製。墨用明膠、煤油合攪煎成。印牀兩頭有墨槽，以鐵軸轉之，運墨於平板，旁則聯以數墨軸，相間排列，又揩平板之墨，運於字板，自無濃淡之異。墨匀則字跡清楚，乃非麻沙之本。印書車牀，重約一牛之力，其所以用牛者，乃以代水火二氣之用耳。

印書車牀，製作甚奇，華士之往來墨海者，無不喜觀，人之吟咏，秀水孫次公《洋涇浜雜詩》云：「車翻墨海轉輪圓，百種奇編宇内傳。忙殺老牛渾未解，不耕禾隴種書田。」海鹽黄韵珊《海上蜃樓詞》云：「榜題墨海起高樓，供奉神仙李鄴侯。多恐秘書人未見，文章光燄借牽牛。」黄詩中所云李鄴侯者，蓋指壬叔，其時正排印天算諸書也。墨海後廢，而美士江君別設美華書館於南門外，造字製板，悉以化學，實爲近今之新法。按西國印書之器有大小二種，大以牛運，小以人挽。人挽者亦殊便捷，不過百金可得一具云。

王韜《瀛壖雜志》卷六　西人於近事日必刊刻，傳播遐邇，謂之新聞紙，有似京師按日頒行之邸報，特此官辦彼則民自爲之耳。滬上設有專局，非止一家，亦聚鉛字成板，皆係英文，排印尤速。同治初年，字林印字館始設華文日報。嗣後繼起者一曰《申報》，倡於同治十一年，英人美查主之。一曰《彙報》，倡於同治十三年，美人葛理主之。皆筆墨雅飭，識議宏通，而字林遂廢。

王肇鋐《銅刻小記》

自敘

天下事有一技一物，雖至纖至微，用之得當，因小以成大，足以立功而顯名。宋人不龜手之藥，用於洴澼絖耳，一善用之，即利於水戰，得裂地而封；然非買以百金，研精而習之，亦不能適於用也。鋐一介諸生，痛先人之賫志以終也，思爲有用之學，以繼先志，遂東游日本。自揣不文，惟於輿地爲性之近。但孤寒無力，提挈無人，薄游三載，始盡得其沿海各島險要。有未備者，更轉輾求諸彼國海軍署中。成書十二卷，於口岸形勢，纖悉畢載。是時遵義黎公，出使是邦，先以呈之公，公閲而首肯。今年春，始得以咨達海軍及總署北洋諸處。祇以卷帙繁重，圖幅纖細，力難付鐫，僅於戊子春將總圖付諸銅版。因知彼國刻銅之法，創自泰西，較之石印爲精。慮分圖之未便再假手東人也，乃考求其法，研精而習之，盡得其方。爰分繪刻銅諸器，各繫以説。世有知者，或以爲用之異於洴澼絖也，資助而成之，不獨是書之幸能印成，即寰宇諸輿圖均可精繪而付録，雖牛毛之細，亦朗若列眉，則鋐之獲是法也，其亦如吴人之用以水戰乎，抑僅適用於洴澼絖乎。或有以圖籍付書肆爲牟利計告予者，笑謝之曰：此乃鬻技數金耳，況適爲彼國所忮忌；鋐猶思續游東瀛，更周閲其險要，以上備國家之用，詎有利之見存於中耶。楊子云：「雕蟲小技，壯夫不爲。」鋐欲因小以成大，而用之得當也，故敍其緣起如此。

光緒己丑十月　王肇鋐敍於都門寓次。

總論

刻銅版之法，創自泰西，行諸日本。鐫刻極精圖式，宜取諸此。雖細如毫髮之紋，亦異常清楚。其免燥濕伸縮之虞也，勝乎木刻；其無印刷模糊之病也，超乎石印。惟刊刻之法固難於木刻，亦遲乎石印，非心粗氣浮者所能從事也。茲就其工之次序縷言之：先磨版，次上蠟，次鈎圖，次上版，次刻蠟，次爛

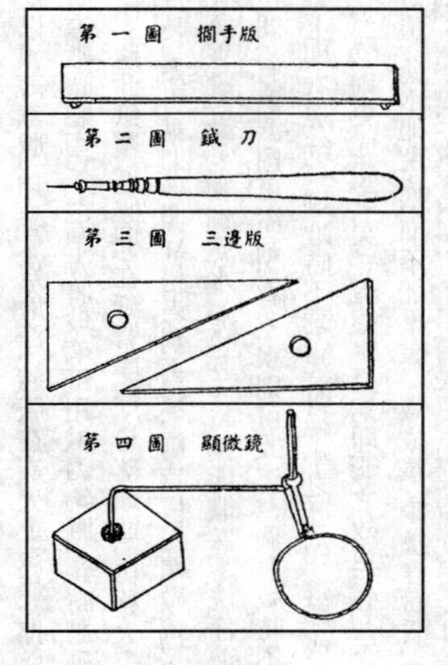

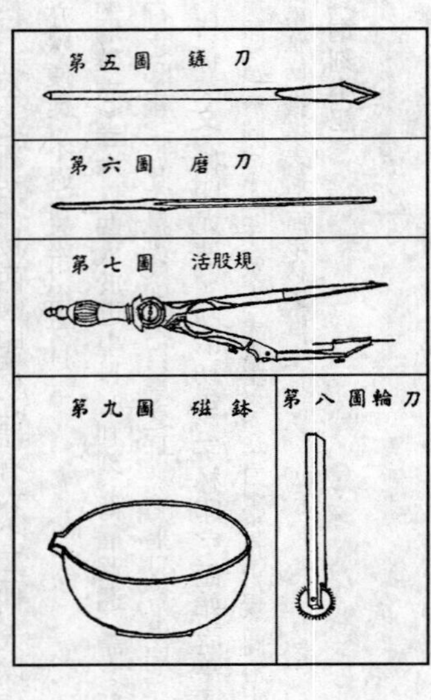

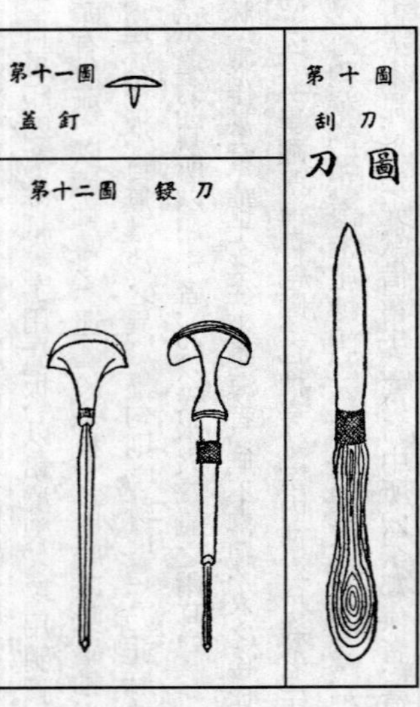

銅，次修版。法以平薄銅版，用堅木炭磨净，將版在炭火上微烘，擦以黄蠟，輭毛板刷刷匀之，陰涼數時聽用。一面先將玻璃紙用鍼刀鈎圖，鈎時劃破紙半層，以紅粉揩入紙紋中，將此紙覆於版面，在紙背摩擦，粉落蠟面，再移火上稍烘，粉俱粘牢，仍陰涼片時，始可動刀。照紅粉處劃去蠟，劃時目視顯微鏡，將刀緩緩移動。刊迄，放版於平處，灌上爛銅藥水，俟一二時銅即爛深。洗净藥水，揩去黄蠟，先印樣張校閱，有遺漏則可添刻，有差誤則可改正。倘磨版時不能净，起有細紋，印出之紙上即有黑絲；刷蠟時不匀，起有極小之孔，印後即成黑點；或刻時偶帶傷蠟面一塊，則更成墨團矣。蓋藥水見銅即爛之故也。如未灌藥水時知之，尚有留藥敷塗，藥水即留住，而不能下矣。版成後，須擦净藏妥，以免起鏽碰傷。至刷印也，亦有賴乎機器等物，蓋陰文之不同陽文耳。凡應用諸器，運用諸法，皆得筆之於書，神而明之，則存乎其人也已。

磨版　以紅銅打成薄版，其厚薄視乎大小，厚者不過一分；用堅木炭磨之，使其極光净爲度。磨時不可第一磨横磨，第二磨直磨，須俟滿版磨到，始可轉手，則版上之光歸一律。亂磨則光必錯落，刻時耀目也。粗磨則以水，細磨則以油，或更以毡捲一圓式帚蘸油加擦之。

上蠟　以銅版就炭火文火爐上烘熱，將蠟擦之。版熱則蠟烊下，用輭毛板刷，式如糊刷，帚毛長半寸，木柄上圓而下扁闊。將蠟刷匀。刷法同磨法，勿横直錯雜。蠟須極薄而匀，刷時有灰沙粘入必起粒，此處易脱，爛銅後即成深孔。上蠟後須陰涼若干時刻，使其蠟老結。

鈎圖　用玻璃紙罩於圖面，四角用蓋釘式如第十一圖。釘牢。釘後，手握鍼刀，式如第二圖。目視顯微鏡，式如第四圖。細細鈎劃，將紙劃破半層；此紙一著口中熱氣即不平正，須留意之，宜將近身處遮没。至鈎時應用之器：平行直線則用三邊版，式如第三圖。曲線則用曲線規，式如第十三圖。圈線則用活股規。式如第七圖。其畫圖無異，不過彼用鉛筆墨筆，此用鉄筆；彼則一筆可到，此則須雙鈎耳。玻璃紙西洋者白且厚，日本者稍黄而薄，其價僅十倍之一，然已儘可應用。蓋釘銅面鉄脚，面徑四五分，脚長二三分。鍼刀長約四寸，圓木柄，頭鑲銅套，中插一鍼，套内面有螺絲紋轉緊，不致摇動。顯微鏡分三節，下礎極重，中節上下曲尺式，下插孔中，上套顯微鏡，轉動靈活，伸縮遠近如意，以省屢移下礎。三邊版以堅木爲之，大小不等，厚約一分，上有圓孔，便於以指移動，弦合弦安放，按住下版，而移動上版，平行線用之最見均匀。曲線規式樣極多，隨圖配用，質係明角等類之物最佳，明若玻璃，可透見下圖。活股規兩股可開可合，一股半截活動，有螺絲轉緊。

上版　玻璃紙鈎好圖式後，用棉花粘紅粉擦之，則粉入紙紋中，鮮明可觀，如有脱漏，甚易見出。將此紙覆於版蠟面，用光潔圓頭物擦紙背，則粉落蠟上。然粉易揩落，須將版再就火上微烘，蠟熱則粉俱粘住。惟擦摩紙背時不可移動，否則起雙線而花樣不清。

刻蠟　上版後須待蠟老透，始可動刀。刻時版上放一有脚擱手版，式如第一圖。始中間空虛，不著蠟面。擱版之長短，視乎銅版，其脚須在銅版外。手握鍼刀，照顯微鏡，將紅紋處緩緩劃去其蠟，不必用大力，銅版上僅鍼頭帶過耳。其握刀之法，將大、食、中三指捧住刀柄，柄尾適擱在食指下節上，無名指、小指適托住中指，再將左手中指捺刀頭處，其食指則駢於中指也。不可性急，否則鍼頭一快必踰閑，蠟面即帶傷。有不順手處勿勉强刻劃，宜將銅版倒轉或横轉爲妥，否恐犯屈曲之病。總之，刻之工夫較遲鈎之工夫三五倍，蓋遇粗紋，鈎時總歸雙鈎，刻則費三刀五刀不等。如遇一分粗者，先雙鈎復劃布紋，且不能一氣成之；先爛雙鈎，後再劃布紋再爛，兩番之工必不能省作一番也。不然，銅爛後粗紋之表裏皆毛矣。其刻平行線，亦可用三邊版；曲線不必定用曲線規，圈線亦可用活股規。其刻斷續線處，則用輪刀。式如第八圖。線之疏密，依輪齒之多少；線之粗細，依齒輪之厚薄。倘地圖中須舖滿細點者，用鍼刀恐不匀而費工，則另有機器也。

爛銅　刻去蠟後，用有嘴磁鉢式如第九圖。盛爛銅藥水灌于版面。其腐爛之時刻，視乎藥力之强弱。見水面浮沫，則吹開沫，照以顯微鏡，如尚未深，則再待片時，視深淺適度，即將藥水仍瀉入鉢，下次尚可用也。其藥水餘迹，先用紙或布輕輕揩抹，後用醋少許，灌上無醋時以食鹽少許擦上代之。冷水净洗，然後在炭火上抹去其蠟，始能刷印樣張。

修版　印出樣張後，見有未刻到處，另用鋟刀式如第十二圖。硬刻之。刀長四寸許，四方形，刀尾裝短木柄，形如半荏。裝刀入柄，須一稜向下，一稜向上，將刀頭磨斜，故斜面成斜長方形。亦有長木柄者，柄下面起三角槽，將刀鑲入槽内，外用鉄圈套緊之。握刀之法，手心抵住木柄，無名指、小指鈎轉木柄，下面中、大二指捧刀兩旁稜上，食指捺住上稜，將下稜鋟入銅版，緩緩推去，其左手中指仍須捺於刀頭，庶不致鋟出界限也。如有小孔細紋須磨去之，則用磨刀式如第六圖。用力磨平之。刀長五寸，其頭如鞋釘形。其握刀之法，將刀尾夾入無名指、小指指縫中，食、中二指搭於刀頭外，大指抵於內，磨時甚著力也。如因有改正處，磨去之地步不少，則用彎頭斜鏟刀式如第五圖。鏟平，再將炭蘸油加磨之。如有許多細紋欲磨净之，則用鎗頭形大刮刀式如第十圖。刮之。

爛銅藥水　此藥水盛於玻璃瓶中，用時倒入磁鉢式如第九圖。內，由鉢嘴灌於版，版爛成後，仍倒入鉢內，由鉢入瓶，水色初如淡湖，隨用隨深，爛銅之力則逐緩。然新者爛銅紋必闊而淺，舊者則細而深；蓋新者力强，易於横走，舊者不過時刻久耳。其藥水之名，西人名阿斯哈魯託。舶來者藥力太强，不過數分時版即爛深；日本自合者，用鹽酸一磅，鹽酸加里加里者，倭語也，係鹽酸之乾塊，其色白而如冰一般。七錢，清水五合，用瓦罐在火上配合。

融蠟　合蠟之法，以松脂、黄蠟等分用瓦罐在文火上煮七日，乘熱用絹篩過於別器，稍停即結牢器中；再於火上旋轉微烘，蠟即脱然而出，然後捲條切斷聽用。惟併合之分量，四時變遷，寒則松脂多而黄蠟少，暑則反之。

留藥　以松脂及挨魯殼魯西洋藥水名。各等分，安放玻璃中，隔數日即化合。用時將毛筆蘸點傷蠟處，見風即凝。爛銅時藥水被其留住，而不入矣。

藏版　用木箱上下做槽，將版背對背，兩枚放一槽内，恐版面碰傷也。藏時須揩净墨迹。揩法以毡捲作圓帚，蘸油擦之至亮，再用輭布揩净，以免起鏽。

薄紙上版　不用玻璃紙者，用潔薄之紙，描出圖樣後，將紙稍著濕，反貼於蠟面，襯紙數層，徐徐摩之，墨即印於蠟面。其紙名雁皮紙，又名轉寫紙，滑而結，練畫時墨水不化也。

縮刻　縮刻之法有二：一須縮繪後付刻；一用照相法，照小再鈎出付刻，故能與原樣相肖。

刷印　刷印之法，先以紙張切齊，須較銅版稍小，將清水著濕，疊在機器上邊，一面將墨膏調匀，用斜版刮墨，刷於銅版，再行轉手刮去，則版面無墨，而陰文中有墨矣。將濕紙覆上，上襯一呢，入機器軸中軋之，則紋中之墨皆在紙上也。此紙須高挂陰乾，始能摺疊。日本印刷局内則夾厚紙於烘橱中烘乾。至銅印之機器，有木有鐵；如版在方一尺五寸左右者，可用木機器印之，每日可印二百張至三百張。

圖録

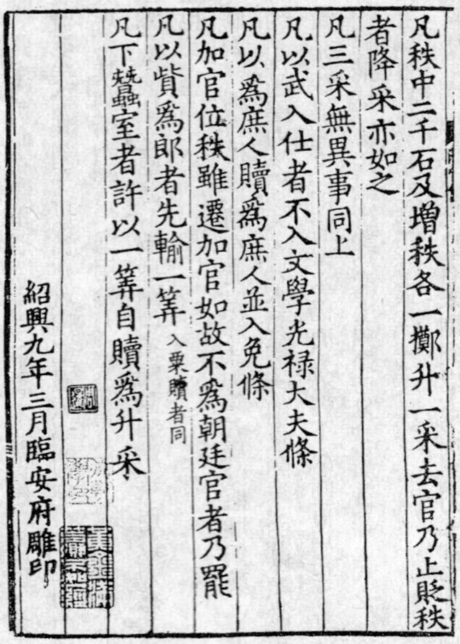

臨安府紹興九年刻《漢官儀》

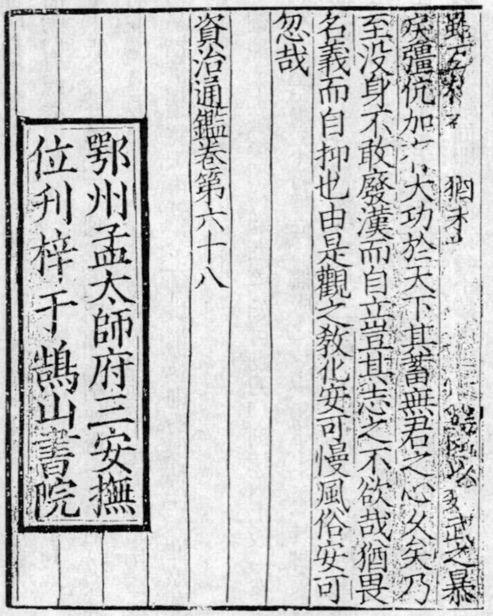

凡秩中二千石又增秩各一擲升一采去官乃止貶秩
者降采亦如之
凡三采無異事同上
凡以武入仕者不入文學光禄大夫條
凡以爲庶人贖爲庶人並入免條
凡加官位秩雖遷加官如故不爲朝廷官者乃罷
凡以貲爲郎者先輸一筭 入粟贖者同
凡下蠶室者許以一筭自贖爲升采
紹興九年三月臨安府雕印

鄂州孟太師府鵠山書院孝宗以後復刻《資治通鑑》

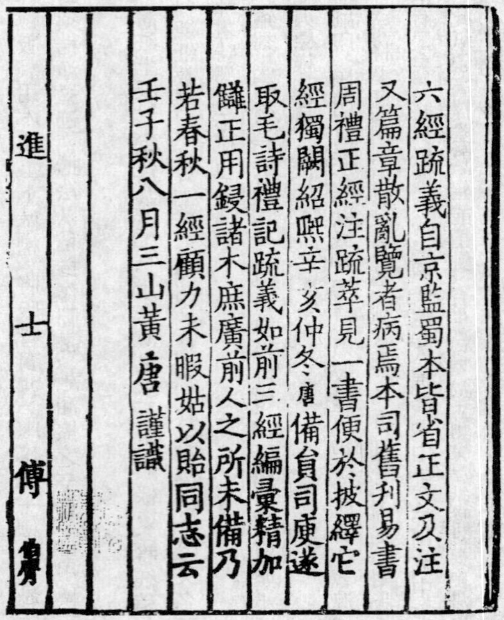

[illegible]猶才[illegible]武之暴
突彊伉加以大功於天下其蓄無君之心久矣乃
至沒身不敢廢漢而自立豈其志之不欲哉猶畏
名義而自抑也由是觀之教化安可慢風俗安可
忽哉
資治通鑑卷第六十八

鄂州孟太師府三安撫
位刊梓于鵠山書院

兩浙東路茶鹽司紹熙三年刻《禮記正義》

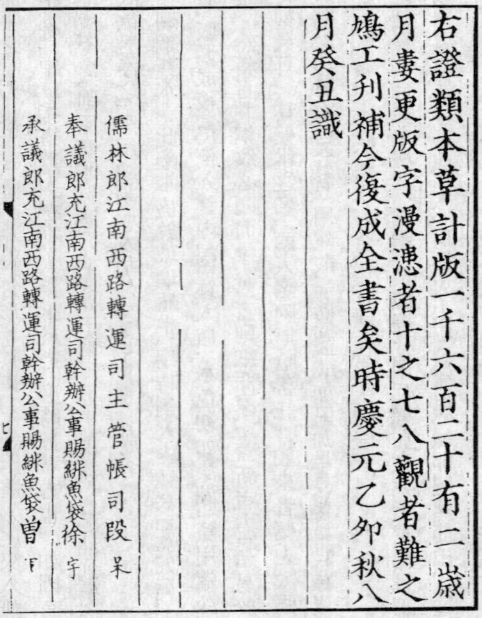

六經疏義自京監蜀本皆省正文及注
又篇章散亂覽者病焉本司舊刊易書
周禮正經注疏萃見一書便於披繹它
經獨闕紹熙辛亥仲冬唐備員司庾遂
取毛詩禮記疏義如前三經編彙精加
讎正用鋟諸木庶廣前人之所未備乃
若春秋一經顧力未暇姑以貽同志云
壬子秋八月三山黄唐謹識

進士傅[illegible]

江西轉運司淳熙十二年刊慶元元年重修《經史証類大全本草》

右證類本草計版一千六百二十有二歲
月寖更版字漫漶者十之七八觀者難之
鳩工刊補今復成全書矣時慶元乙卯秋八
月癸丑識

儒林郎江南西路轉運司主管帳司段 杲
奉議郎充江南西路轉運司幹辦公事賜緋魚袋徐 宇
承議郎充江南西路轉運司幹辦公事賜緋魚袋曾 [illegible]

白鷺洲書院嘉定十七年刻《漢書》

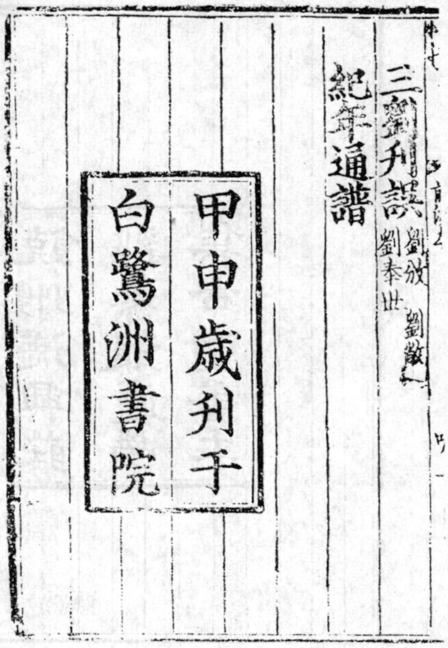

三劉刊誤 劉攽 劉奉世 劉敞

紀年通譜

甲申歲刊于

白鷺洲書院

廣東漕司寶慶元年刻《新刊校定集注杜詩》

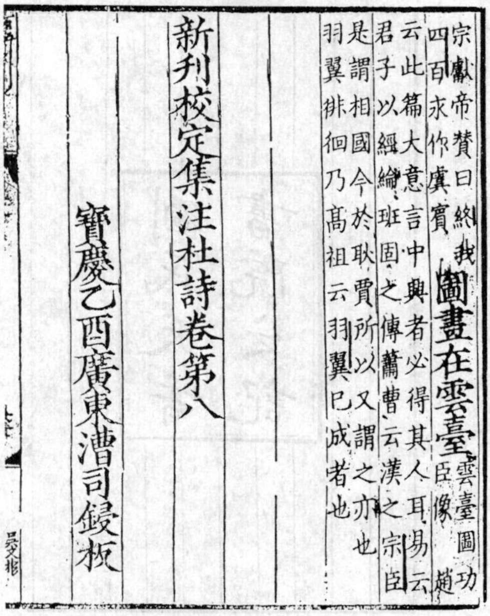

新刊校定集注杜詩卷第八

圖畫在雲臺 雲臺圖功臣像 趙

宗獻帝贊曰紹我

四百永作漢資

云此篇大意言中興者必得其人耳易云

君子以經綸班固之傳蕭曹云漢之宗臣

是謂相國今於耿賈所以又謂之亦也

羽翼排佪乃高祖云羽翼已成者也

寶慶乙酉廣東漕司鋟板

江西上饒郡學淳祐十年刻《朱文公訂正門人蔡九峰書集傳》

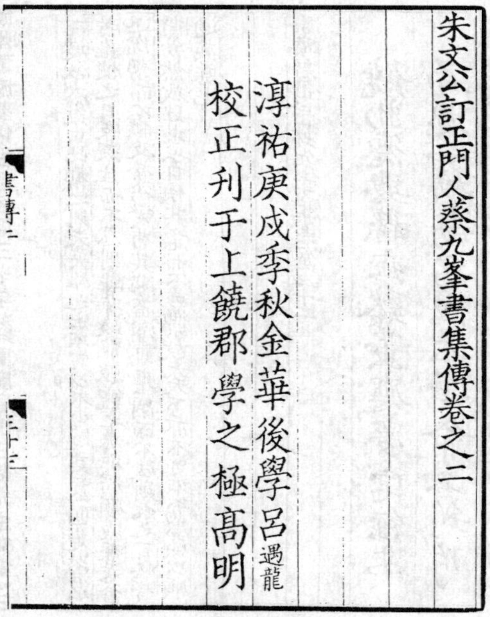

朱文公訂正門人蔡九峯書集傳卷之二

淳祐庚戌季秋金華後學呂遇龍

校正刊于上饒郡學之極高明

福建漕治咸淳間刻《張子語録》、《龜山語録》

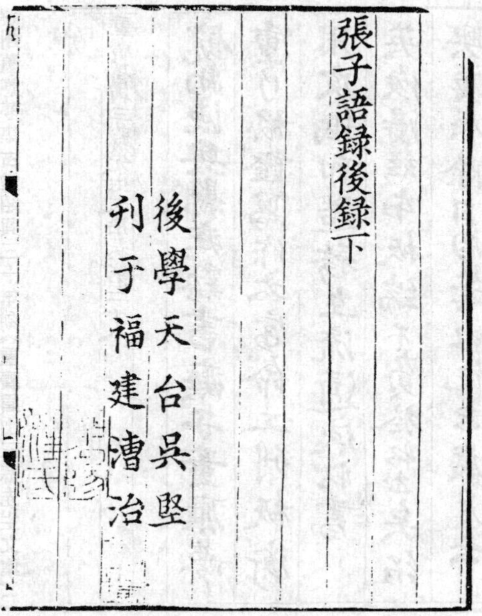

張子語録後録下

後學天台吴堅

刊于福建漕治

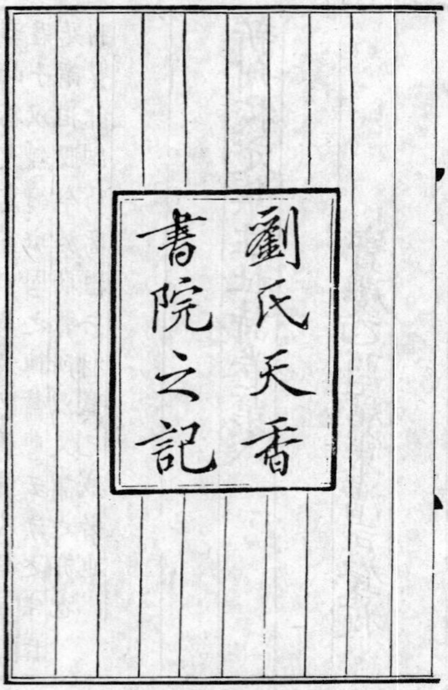

劉氏天香書院之記

劉氏天香書院無年號刻《監本纂圖重言重意互註論語》

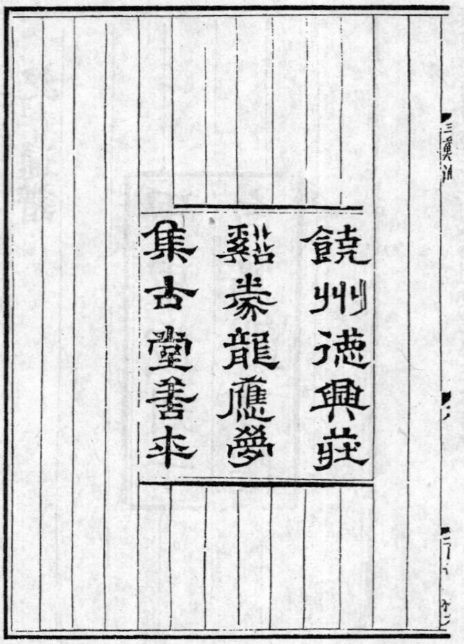

饒州德興莊谿董應夢集古堂書本

饒州董應夢集古堂紹興三十年刻《重廣眉山三蘇先生文集》一

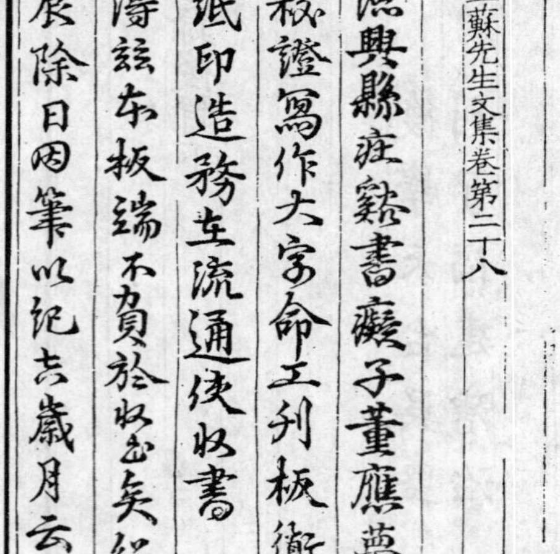

重廣眉山三蘇先生文集卷第二十八

饒州德興縣莊谿書癡子董應夢
重行校證寫作大字命工刊板衡
用皮紙印造務在流通使收書
英俊得茲本板端不負於收書矣紹
興庚辰除日因筆以紀其歲月云

饒州董應夢集古堂紹興三十年刻《重廣眉山三蘇先生文集》二

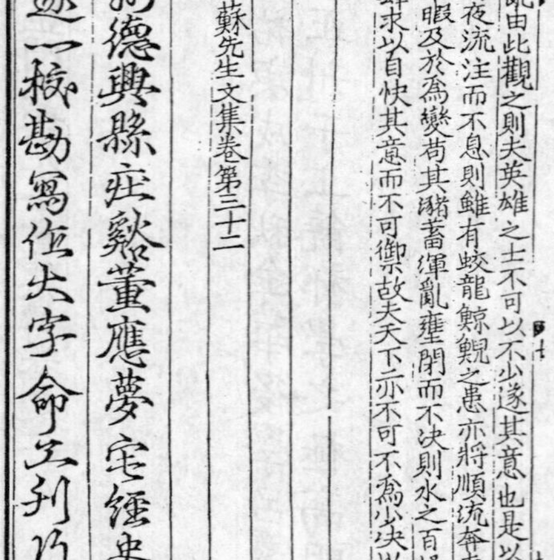

下遂以大亂由此觀之則夫英雄之士不可以不少遂其意也是以治水者惟使之日夜流注而不息則雖有蛟龍鯨鯢之患亦將順流奔走奮迅悅豫而不暇及於為變苟其瀦蓄渾亂壅閼而不決則水之百怪皆將勃然放肆求以自快其意而不可禦故夫天下亦不可不為少決以順適其意也

重廣眉山三蘇先生文集卷第三十二

饒州德興縣莊谿董應夢宅經史
局逐一校勘寫作大字命工刊行

饒州董應夢集古堂紹興三十年刻《重廣眉山三蘇先生文集》三

王氏取瑟堂南宋刻《中說》

其極中存疑闕庸俟後賢仍其舊篇分爲十卷謹

序

篇目

王道篇　天地篇

事君篇　周公篇

問易篇　禮樂篇

述史篇　魏相篇

立命篇　關朗篇

隱士王氏取瑟堂刊

婺州市門巷唐宅南宋初刻《周禮注》

展牲若今夕牲也特牲饋食之禮曰宗人視牲告充舉獸尾告備近之　碩牲則贊　贊助也君奉牲入將致之助持之也春秋傳曰故奉牲以告曰博碩肥腯

周禮卷第三

婺州市門巷唐宅刊

建谿蔡夢弼乾道七年刻《史記》一

皇王何昇而告但古書亡矣不可備論豈得謂無帝王耶故春秋緯稱自開闢至於獲麟凡三百二十七萬六千歲分爲十紀凡丗七萬六百年一曰九頭紀二曰五龍紀三曰攝提紀四曰合雒紀五曰連通紀六曰序命紀七曰循飛紀八曰回提紀九曰禪通紀十曰流訖紀盖流訖當黄帝時制九紀之間是以録於此補紀之也

三皇本紀第一上　史記一上

建谿蔡夢弼傅卿親校刻梓於東塾時歲乾道七月春王正上日書

建谿蔡夢弼乾道七年刻《史記》二

未能考覈是非解釋文句其裴駰實亦後進名家博採羣書專取經傳訓釋以爲集解然則時有冗長至於盤根錯節殘缺紕繆咸拱手而不言斯未可謂通學也今輒採按今古仍以裴爲本兼自見愚管重爲之註號曰小司馬史記然前朝顔師古止註漢史今並謂之顔氏漢書貞雖位不逮顔公既補史舊兼下新意亦何讓焉

建安蔡夢弼傅卿謹案京蜀諸本校理寘梓於東塾

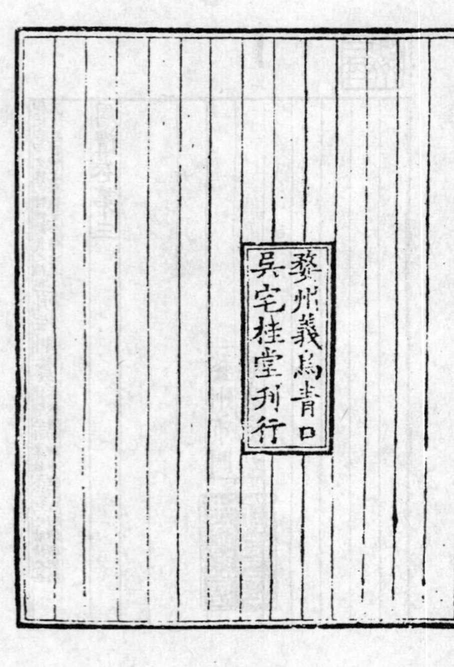

婺州義烏青口
吴宅桂堂刊行

婺州吴宅桂堂乾道間刻《三蘇文粹》

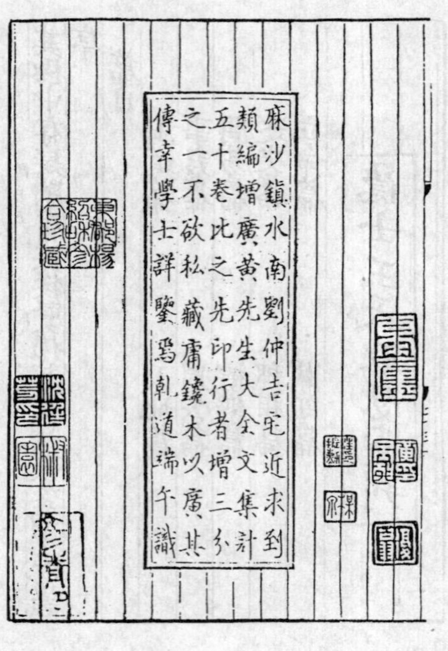

麻沙鎮水南劉仲吉宅近求到
類編增廣黄先生大全文集計
五十卷比之先印行者增三分
之一不欲私藏庸鑱木以廣其
傳幸學士詳鑒焉乾道端午識

麻沙鎮劉仲吉宅乾道間刻《類編增廣黄先生大全文集》

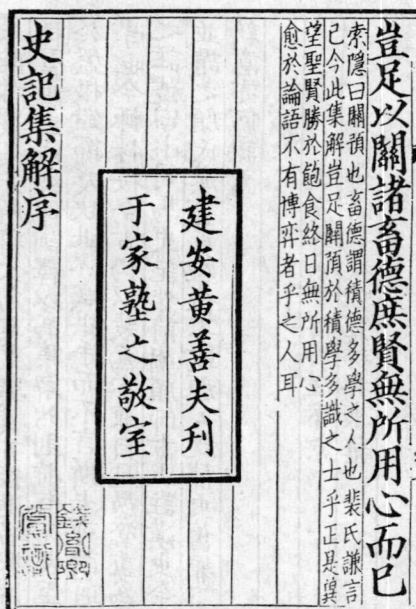

豈足以關諸畜德庶賢無所用心而已

索隱曰關預也畜德謂積德多學之人也裴氏謙言己今此集解豈足關預於積學多識之士乎正是與望聖賢勝於飽食終日無所用心愈於論語不有博弈者乎之人耳

建安黄善夫刊
于家塾之敬室

史記集解序

建安黄善夫慶元間刻《史記集解索隱正義》一

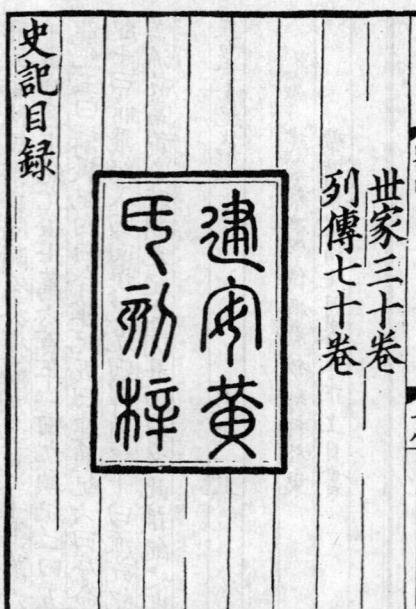

世家三十卷
列傳七十卷

建安黄
氏刻梓

史記目録

建安黄善夫慶元間刻《史記集解索隱正義》二

後漢書目録

建安黃善夫刊于家塾之敬室

建安黃善夫慶元間刻《後漢書注》

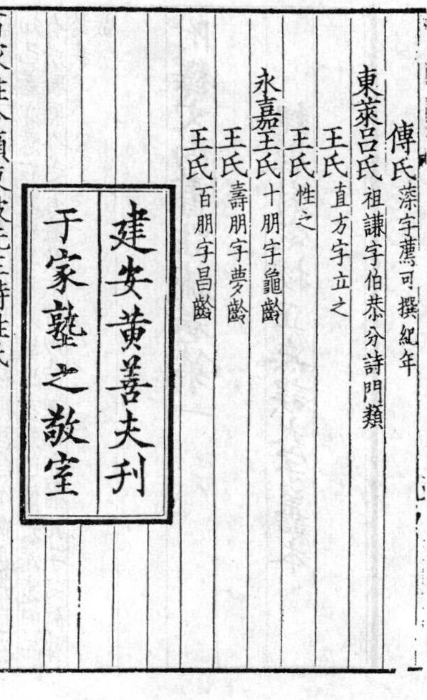

傳氏淙字薦可撰紀年

東萊呂氏祖謙字伯恭分詩門類

王氏直方字立之

王氏性之

永嘉王氏十朋字龜齡

王氏壽朋字夢齡

王氏百朋字昌齡

建安黃善夫刊于家塾之敬室

百家註分類東坡先生詩姓氏

建安黃善夫慶元間刻《王狀元集百家註分類東坡先生詩》

建安劉元起刊于家塾之敬室

建安劉元起慶元間刻《漢書注》

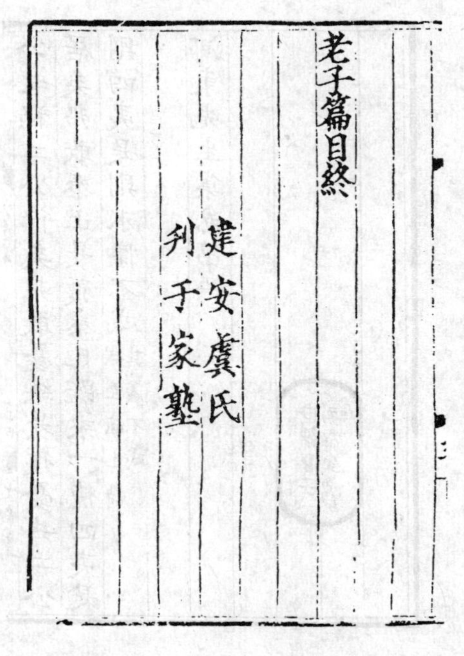

老子篇目終

建安虞氏刊于家塾

建安虞氏家塾孝宗以後刻《老子道德經》

建安魏縣尉宅光宗以後刻《附釋文尚書註疏》

丞相劉屈氂發三輔兵討之太子敗長安因與鬬不勝而出走奔湖關自殺此即巫蠱事也言不隱者不謂恐隱藏己道以己道人所不知懼其幽隱人能行之使顯為不隱蔽爾易曰謙謙君子仁者好謙而孔君自作揄揚云君子知己者亦意在教世欲令人覩此言知己傳是深遠因而有所曉寤令之有益故不可以苟謙也亦猶孔子曰何有於我哉

附釋文尚書註疏卷第一

魏縣尉宅校正無誤大字善本

廖瑩中世綵堂咸淳間刻《昌黎先生集》

字既連用之不應異體或是窨字一作窮耳○窨烏皎切窕徒了切聞者亦何

事但知時俗康自從公旦死公或作姬千載閟其

光即杜子美鳳凰臺詩所謂西伯今寂寞鳳聲亦悠悠也吾君亦勤理

遲爾一來翔易遲歸有時漢書側席遲士遲待也音穉

昌黎先生集卷第一

世綵廖氏刻梓家塾

廖瑩中世綵堂咸淳間刻《河東先生集》

公之祿二公行矣弗敢憂縱是獲憂共二公

居矣弗敢泰止是獲泰已既柔一德四夷是

則四夷是則永懷不忒忒差忒也詩其儀不忒

河東先生集卷第一

世綵廖氏刻梓家塾

宋佚名無年號刻《東萊先生詩武庫》

東萊先生詩武庫目錄

東萊呂氏編于麗澤書院

今得呂氏家塾手抄武庫一帙用是為詩戰之具固可以掃千軍而降勍敵不欲秘藏刻梓以淑諸天下收書君子伏幸詳鑒謹咨

○卷之一

慶誕門

天上石麒麟　充閭之慶

頭角嶢然　令子

龍駒鳳雛　雙珠出老蚌

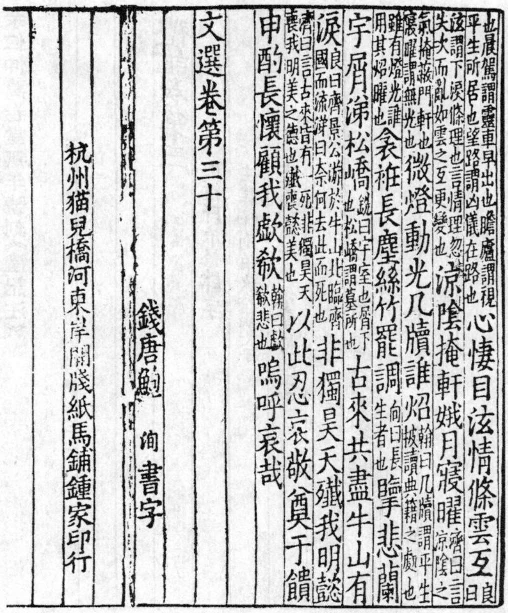

也晨駕謂靈車早出也瞻廬謂視平生所居也望路謂凶儀在路也心悽目泫情條雲互良曰泫謂下淚條理也言情理忽失次而亂如雲之互更變也涼陰掩軒娥月寖曜濟曰言涼陰之氣掩蔽門軒也寖曜謂無光也微燈動光几牘誰炤翰曰几牘謂平生披讀典籍之處也雖有燈光誰用其炤曜也衾衽長塵絲竹罷調向曰長生者也嗶悲蘭宇屑月涕松嶠銑曰宇室也屑下也松嶠謂墓所也古來共盡牛山有淚良曰齊景公遊於牛山北臨齊國而流涕曰奈何去此而死也非獨昊天殲我明懿濟曰言古來皆有一死非獨昊天喪我明美之德也懿美也以此忍哀敬奠于饋申酌長懷顧我歔欷翰曰歔欷悲也嗚呼哀哉

文選卷第三十

錢唐鮑洵書字

杭州猫兒橋河東岸開牋紙馬鋪鍾家印行

杭州開牋紙馬鋪鍾家建炎三年前刻《文選五臣注》

儒者芳里負笈以尋其師況長生之道真人所重可不勤求足問者哉然不可不精簡其真僞也余恐古強蔡誕項曼都白和之不絶於世間好事者省余此書可以少加沙汰其善否矣文仙經云仙人目瞳皆方洛中見之白仲理者爲余説其瞳正方如此果是異人也

抱朴子内篇祛惑卷第二十

舊日東京大相國寺東榮六郎家見寄居臨安府中瓦南街東開印輸經史書籍鋪今將京師舊本抱朴子内篇校正刊行的無一字差訛請四方收書好事君子幸賜藻鑒紹興壬申歲六月旦日

臨安榮六郎紹興二十二年刻《抱朴子》

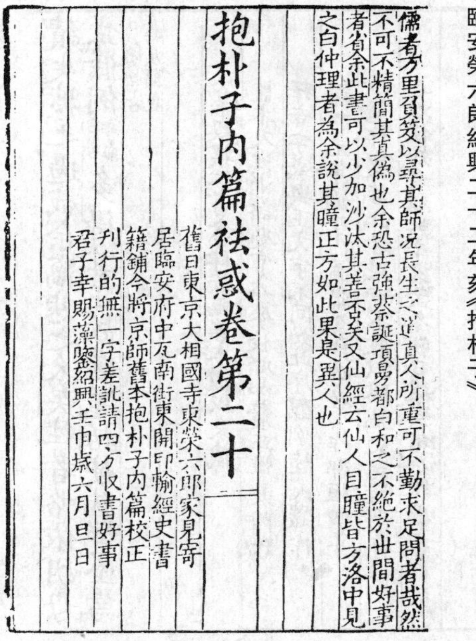

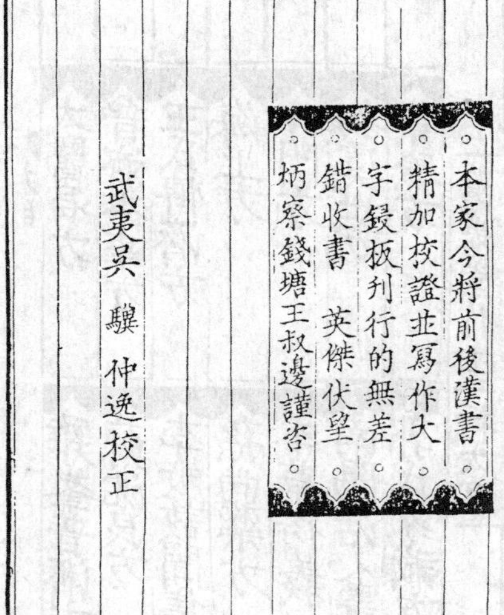

本家今將前後漢書精加校證並寫作大字鋟板刊行的無差錯收書英傑伏望炳察錢塘王叔邊謹咨

武夷吳驥仲逸校正

錢唐王叔邊隆興二年前後刻《後漢書》

千三百八十三言仍篆隷石經勒存正體幸不譏繁于時歲次辛卯天寶十載也

論曰切韻者本乎四聲紐以雙聲疊韻欲使文章麗則韻調精明於古人耳或人不達文性便格於五音爲定夫五音者五行之響八音之和四聲間迭在其中矣必以五音爲定則參宫參羽半徵半商引字調音各自有清濁若細分其條目則令韻部繁碎徒拘桎於文辞耳

己丑建寧府黄三八郎書鋪印行

建寧黄三八郎書鋪乾道五年刻《鉅宋廣韻》

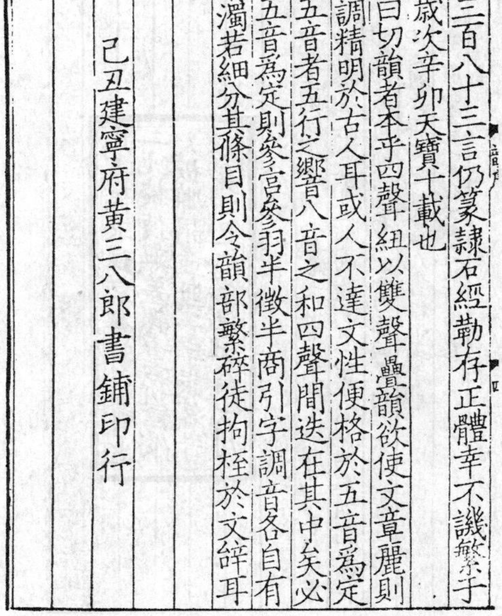

余仁仲萬卷堂紹熙二年刻《春秋公羊經傳解詁》

續失據之過哉。余竊悲之久矣。徃者啗依胡母生條例。母音無 多得其正。故遂隱括。使就繩墨焉。○隱括古奪反結也

公羊穀梁二書書肆苦無善本謹以家藏監本及江浙諸處官本參校頗加釐正惟是陸氏釋音字或與正文字不同如此序釀嘲陸氏釀作讓隱元年嫡子作適歸含作唅召公作邵桓四年曰蒐作廋若此者衆皆不敢以臆見更定姑兩存之以俟知者紹熙辛亥孟冬朔日建安余仁仲敬書

余仁仲萬卷堂無年號刻《禮記注》

禮記卷第三

經伍阡柒拾肆字

注肆阡捌伯玖拾捌字

音義貳阡玖伯壹拾陸字

余仁仲刊于家塾

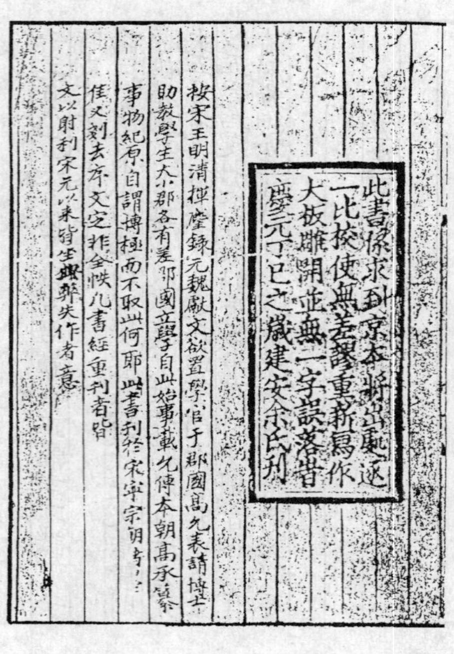

此書係求到京本將出處逐一比校使無差謬重新寫作大板雕開並無一字誤落書

慶元丁巳之歲建安余氏刊

按宋王明清揮麈錄元魏獻文欲置學官于郡國高允表請博士助教學生大小郡各有差郡國立學自此始事載允傳本朝高承纂事物紀原自謂博極而不取此何耶此書刊於宋寧宗朝者佳又刻去序文定非全帙凡書經重刊者皆文以射利宋元以來皆坐此弊失作者意

建安余氏慶元三年刻《重修事物紀原集》

成都眉山萬卷堂刻《新編近時十便良方》

太醫局方

普濟本事方

王氏博濟方

海上方

斗門方

初虞世方

集驗方

雞峯普濟方

蘇沈良方

李畋該聞集

孫尚藥方

本草衍義

南陽活人書

郭氏家藏方

萬卷堂作十三行大字刊行庶便檢用請詳鑒

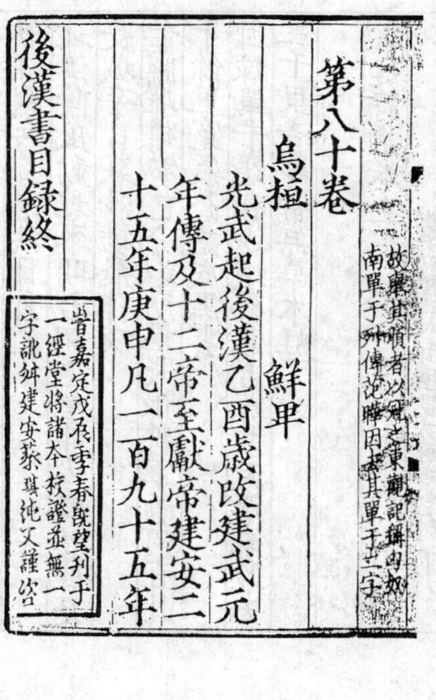
故舉其諳者以冠之東觀記稱匈奴南單于列傳范曄因之其單于立字

第八十卷

烏桓　鮮卑

光武起後漢乙酉歲改建武元年傳及十二帝至獻帝建安二十五年庚申凡一百九十五年

後漢書目録終

嘉定戊辰季春既望刊于一經堂將諸本挍證並無一字訛舛建安蔡琪純父謹咨

建安蔡琪一經堂嘉定元年前後刻《後漢書》

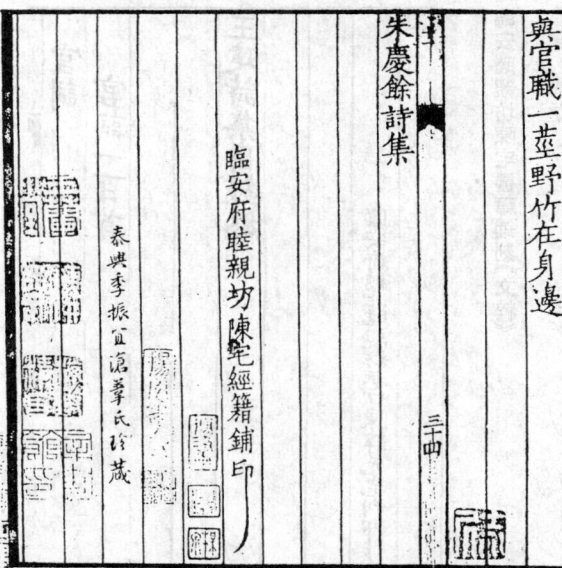

三劉刊誤　劉攽　劉敞　劉奉世

紀年通譜

建安蔡純父刻梓于家塾

建安蔡琪一經堂嘉定元年前後刻《漢書》

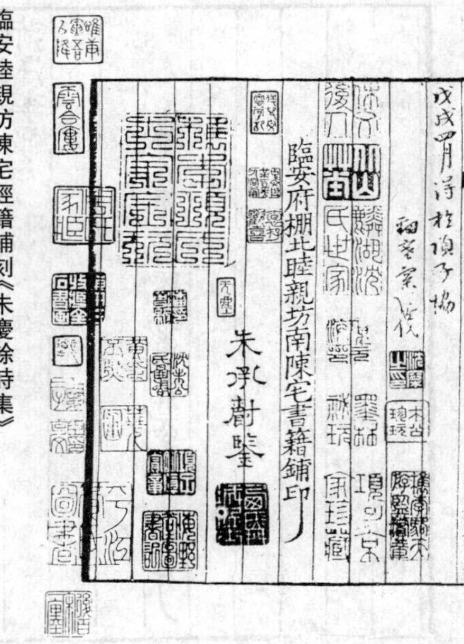
臨安府棚北睦親坊南陳宅書籍鋪印

朱承爵鑒

臨安睦親坊陳宅書籍鋪刻《唐女郎魚玄機詩》

與官職一莖野竹在身邊

朱慶餘詩集

臨安府睦親坊陳宅經籍鋪印

泰興季振宜滄葦氏珍藏

臨安睦親坊陳宅經籍鋪刻《朱慶餘詩集》

臨安睦親坊陳宅書籍鋪刻《周賀詩集》

夜宿邊禽

臨安府棚北睦親坊南陳宅書籍鋪印

臨安睦親坊陳宅書籍鋪刻《常建詩集》

無征戰兵　非爲日月光[illegible]

北海陰風動地來明君祠上望龍堆髑髏皆是

長城卒日暮沙場飛作灰

龍鬬雌雄勢已分山崩鬼哭恨將軍黄河直北

千餘里寃氣蒼茫成黑雲

因嫁單于怨在邊蛾眉萬古葬胡天漢家此去

三千里青塚常無草木煙

常建詩集卷上

臨安府棚北大街睦親坊南陳宅刊印

臨安睦親坊陳宅書籍鋪刻《王建詩集》

宮詞

宮詞一百首

王建詩集目録終

臨安府棚北睦親坊巷口陳解元宅刊印

臨安睦親坊陳宅書籍鋪刻《文粹》

[illegible]皇宋寶祐第六春中和節日

菏澤李[illegible]

臨安府棚北大街睦親坊南陳解元宅書籍鋪刊行

臨安府洪橋子陳宅書籍鋪刻《李丞相詩集》

暮歸處踈雨滿江湄

李丞相詩集卷上

臨安府洪橋子南河西岸陳宅書籍鋪印

臨安府尹家書籍鋪刻《續幽怪録》

李衛公靖行雨

續幽怪録目録

臨安府太廟前尹家書籍鋪刊行

建陽龍山書堂刻《揮麈録》

九七 唐崔相國德政碑

九八 顔魯公墨帖

九九 團石讖語

一百 趙知府政

此書浙間所刊止前録四卷 學士大夫恨不得見全書今得 王知府宅眞本全帙四録條章無遺誠冠世之異書也敬三復校正鋟木以衍其傳 覽者幸 鑒龍山書堂 謹咨

揮麈録餘話總目終

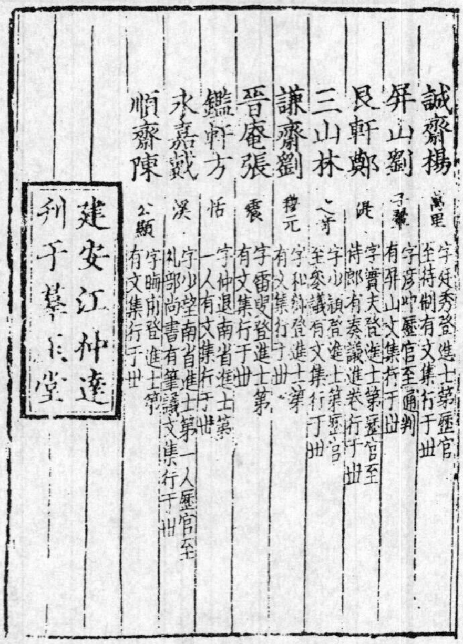

誠齋楊 屏山劉 艮軒鄭 三山林 謙齋劉 晉庵張 鑑軒方 永嘉戴 順齋陳

建安江仲達刊于羣玉堂

建安江仲達羣玉堂刻《二十先生迴瀾文鑑》

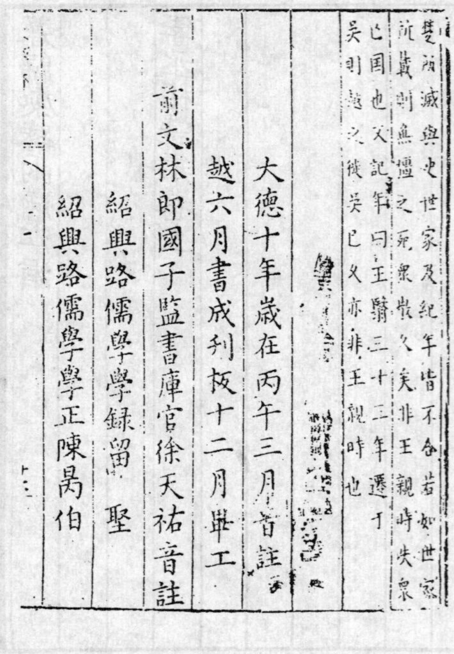

大德十年歲在丙午三月𠀤音註

越六月書成刊板十二月畢工

前文林郎國子監書庫官徐天祐音註

紹興路儒學學録留堅

紹興路儒學學正陳昺伯

紹興路儒學大德十年刻《吳越春秋》

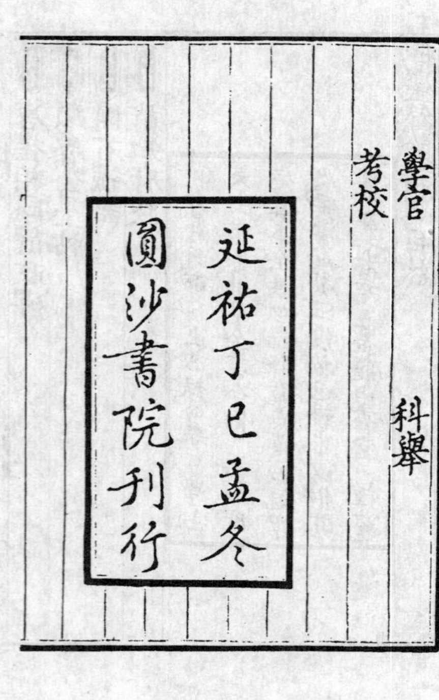

圓沙書院延祐四年刻《新箋決科古今源流至論》一

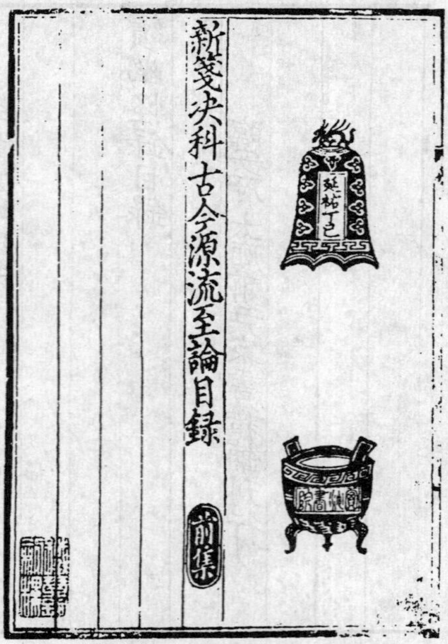

新箋決科古今源流至論目録

延祐丁巳

圓沙書院

前集

圓沙書院延祐四年刻《新箋決科古今源流至論》二

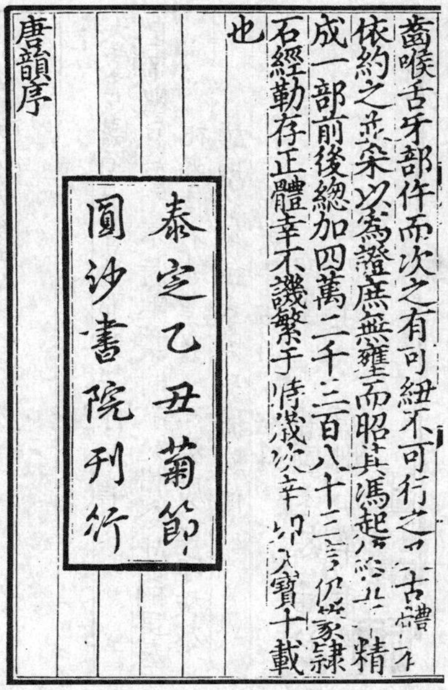

齒喉舌牙部件而次之有可紐不可行之及古體有
依約之並采以爲證庶無壅而昭其憑起終五年精
成一部前後總加四萬二千三百八十三言仍篆隸
石經勒存正體幸不譏繁于時歲次辛卯天寶十載
也
唐韻序
泰定乙丑菊節
圓沙書院刊行

圓沙書院泰定二年刻《廣韻》

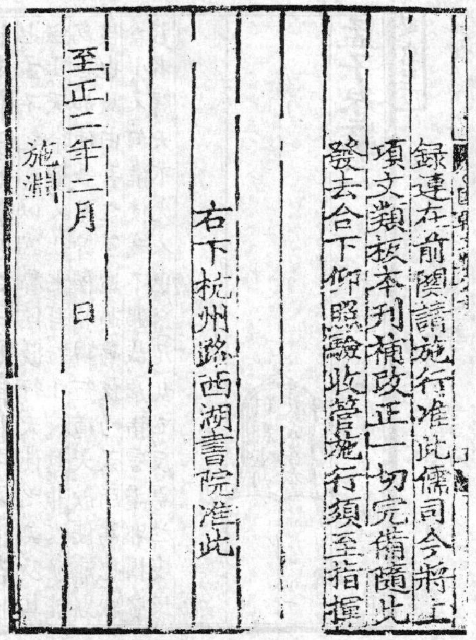

錄連在前，閒請施行，准此。儒司今將上
項文類板本刊補改正一切完備，隨此
發去，合下仰照驗收管施行。須至指揮。
右下杭州路西湖書院准此
至正二年二月　日
施淵

杭州西湖書院至正二年刻《國朝文類》

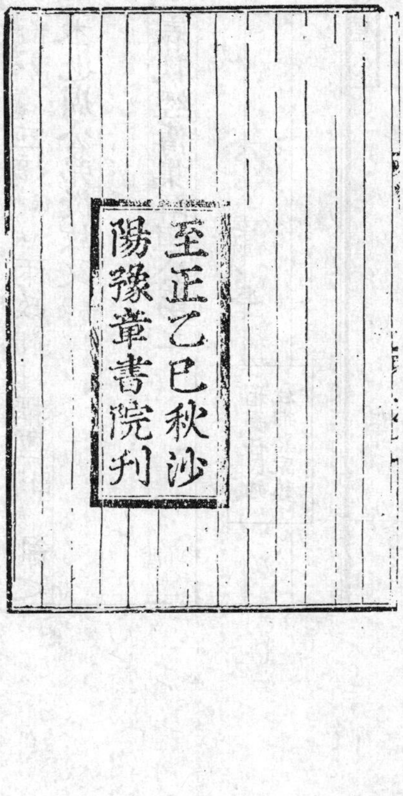

至正乙巳秋沙
陽豫章書院刊

沙陽豫章書院至正二十五年刻《豫章羅先生文集》

又聞君子之遠其子也。邦君之妻，君稱之曰
夫人，夫人自稱曰小童，邦人稱之曰君夫人，
稱諸異邦曰寡小君，異邦人稱之亦曰君夫
人。孔曰：小君，君夫人之稱。對異邦謙，故曰寡小君。當此之時，諸侯嫡妾不正，稱號不審，
故孔子正言其禮也。○遠，于萬反
盱郡重刊
廖氏善本
論語卷第八
季氏

盱郡無年號刻《論語》

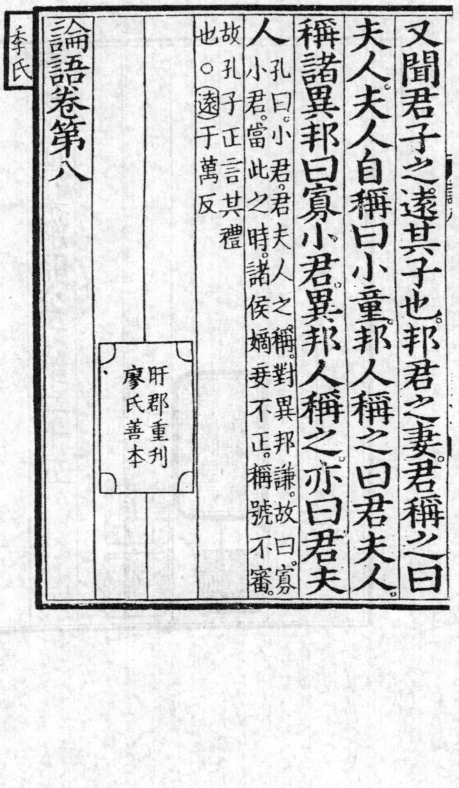

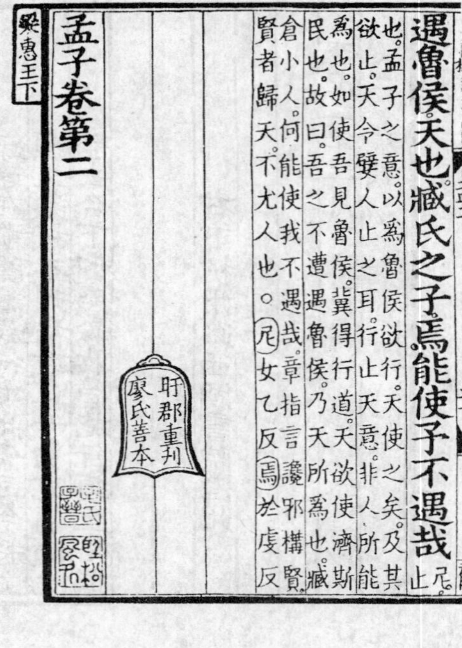
遇魯侯天也臧氏之子焉能使予不遇哉尼止。也。孟子之意以爲魯侯欲行天使之矣及其欲止天令嬖人止之耳行止天意非人所能爲也如使吾見魯侯冀得行道天欲使濟斯民也故曰吾之不遭遇魯侯乃天所爲也臧倉小人何能使我不遇哉章指言讒邪構賢賢者歸天不尤人也。尼女乙反 焉於虔反

孟子卷第二

梁惠王下

盱郡重刊廖氏善本

盱郡無年號刻《孟子》

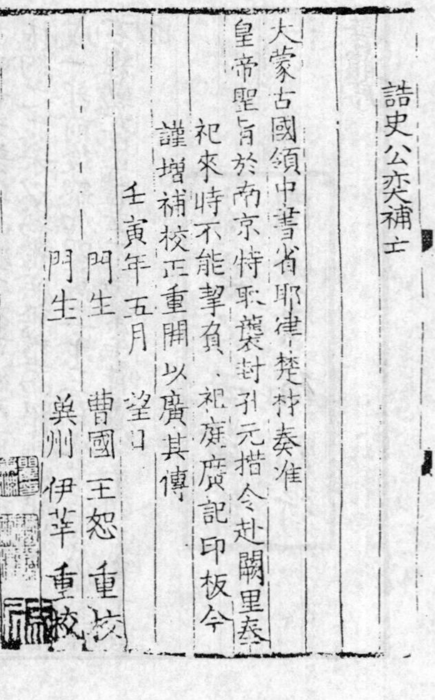
誥史公奕補亡

大蒙古國領中書省耶律楚材奏准

皇帝聖旨於南京特取襲封孔元措令赴闕里奉

祀來時不能挈負祀庭廣記印板今

謹增補校正重開以廣其傳

壬寅年五月　望日

門生　曹國王恕　重校

門生　巽州伊苹　重校

孔元措蒙古壬寅刻《孔氏祖庭廣記》

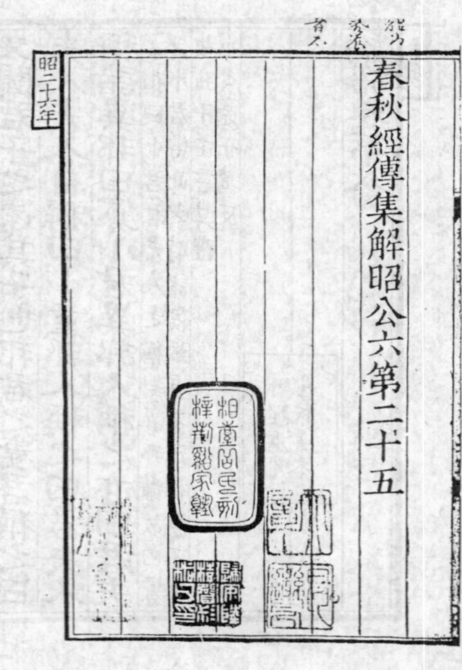
春秋經傳集解昭公六第二十五

相臺岳氏刻梓荊谿家塾

昭二十六年

岳浚荊谿家塾元初刻《春秋經傳集解》一

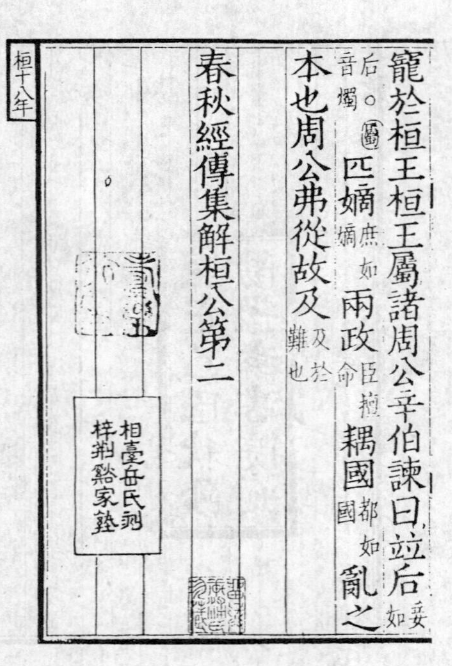
寵於桓王桓王屬諸周公辛伯諫曰竝后如妾后。匹嫡庶如嫡兩政臣擅命耦國都如國亂之本也周公弗從故及難及於也

春秋經傳集解桓公第二

相臺岳氏刻梓荊谿家塾

桓十八年

岳浚荊谿家塾元初刻《春秋經傳集解》二

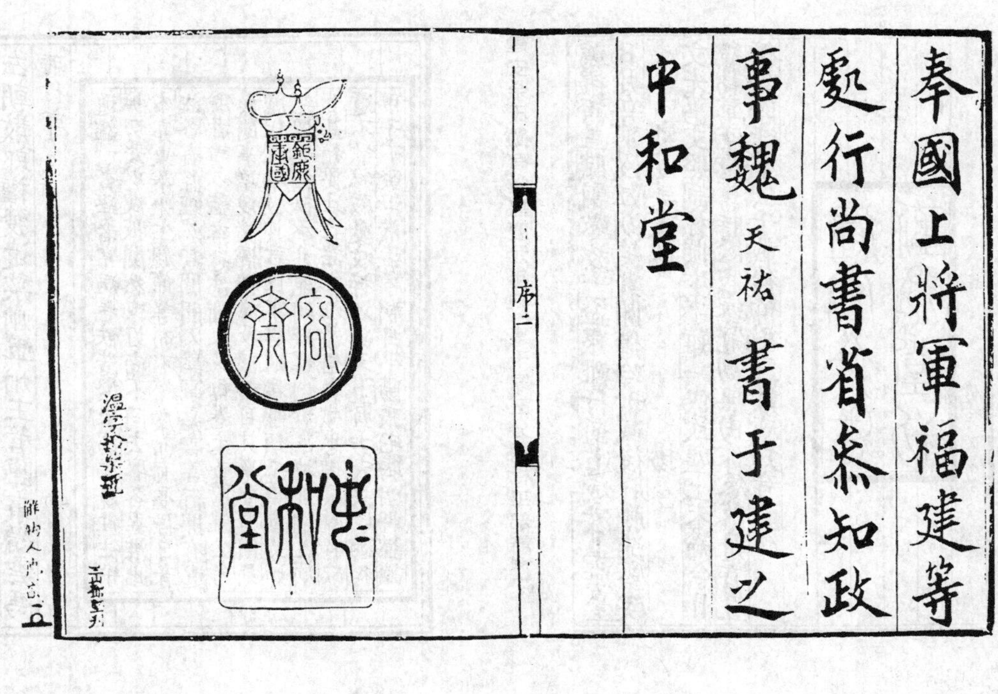

奉國上將軍福建等
處行尚書省叅知政
事魏天祐書于建之
中和堂

魏天佑中和堂至元二十六年至至元二十八年刻《資治通鑑》

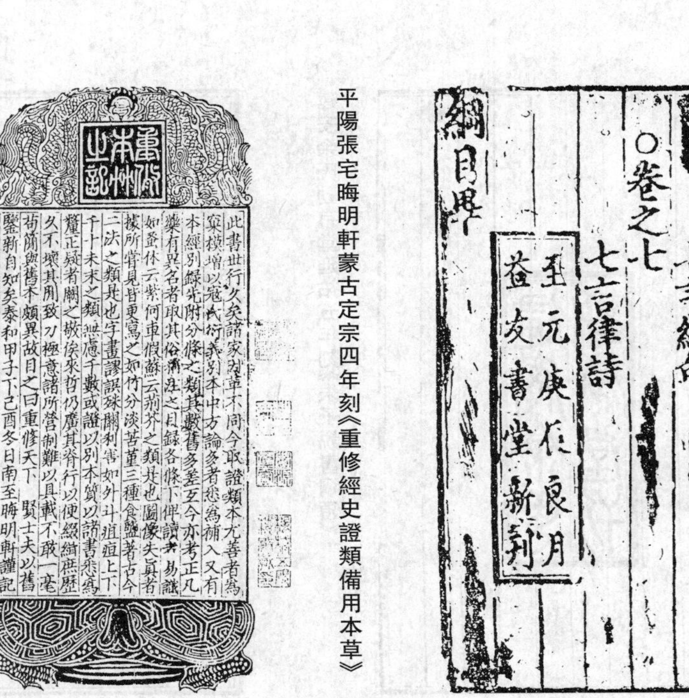

重修本草之記

此書世行久矣諸家因革不同今取證類本尤善者爲
窠模增以寇氏衍義別本中方論多者悉爲補入又有
本經別録先附分條之類其數舊多差互今亦考正凡
藥有異名者取其俗稱注之目録各條下俾讀者易識
如蚤休云紫河車假蘇云荊芥之類是也圖像失眞者
據所嘗見皆更寫之如竹分淡苦堇三種食鹽著古今
二法之類是也字畫謬誤殊關利害如升斗疽疸上下
千十未末之類無慮千數或證以別本質以諸書悉爲
釐正疑者闕之敬俟來哲仍廣其脊行以便緝綴庶歷
久不壞其用致力極意諸所營制難以具載不敢一毫
苟簡與舊本頗異故目之曰重修天下　賢士夫以舊
鑒新自知矣泰和甲子下己酉冬日南至晦明軒謹記

七言古體
○卷之六　七言絶句
○卷之七　七言律詩
至元庚辰良月
益友書堂新刊
綱目畢

孫存吾益友書堂惠宗至元六年刻《范德機詩集》

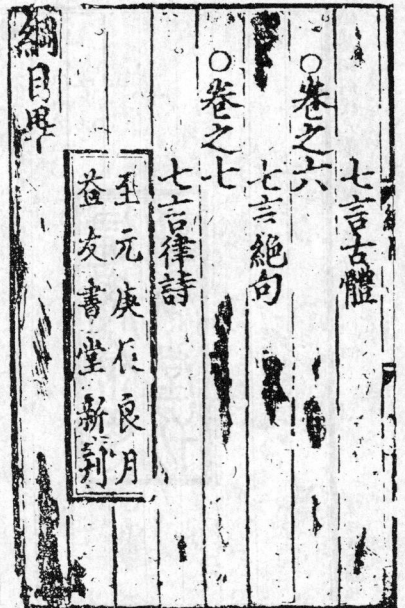

平陽張宅晦明軒蒙古定宗四年刻《重修經史證類備用本草》

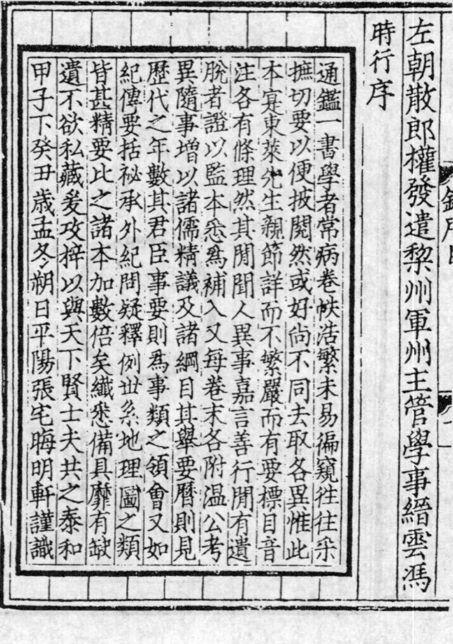
左朝散郎權發遣黎州軍州主管學事縉雲馮
時行序
通鑑一書學者常病卷帙浩繁未易徧窺往往采摭切要以便披閲然或好尚不同去取各異惟此本寔東萊先生親節詳而不繁嚴而有要標目音注各有條理然其間間人異事嘉言善行閒有遺脱者謹以監本悉爲補入又每卷末各附温公考異隨事增以諸儒精議及諸綱目其舉要曆則見歷代之年數其君臣事要則爲事類之領會又如紀傳要括祕承外紀問疑釋例世系地理圖之類皆其精要比之諸本加數倍矣纖悉備具靡有缺遺不欲私藏爰攻梓以與天下賢士夫共之泰和甲子下癸丑歲孟冬朔日平陽張宅晦明軒謹識

平陽張宅晦明軒蒙古憲宗三至五年刻《增節標目音註精義資治通鑑》

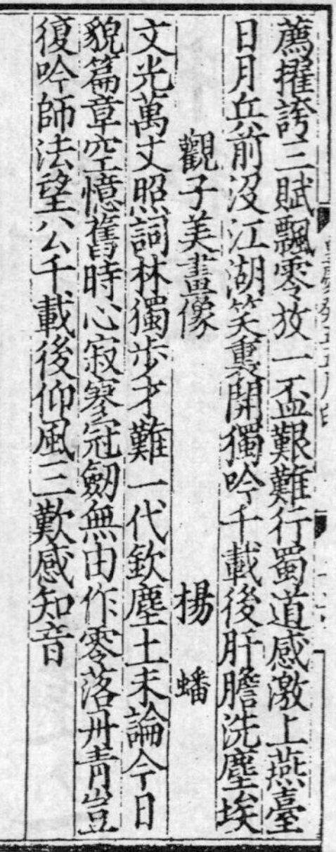
薦擢誇三賦飄零放一盃艱難行蜀道感激上燕臺日月兵前沒江湖笑裏開獨吟千載後肝膽洗塵埃
觀子美畫像　揚蟠
文光萬丈照詞林獨步才難一代欽塵土未論今日貌篇章空憶舊時心寂寥冠劒無由作零落丹青豈復吟師法望公千載後仰風三歎感知音

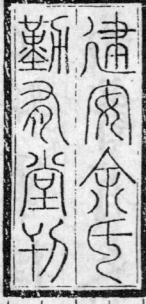

建安余氏勤有堂皇慶元年刻《集千家註分類杜工部詩》一

集千家註杜工部詩門類
歌
行

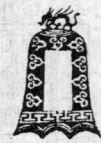

建安余氏勤有堂皇慶元年刻《集千家註分類杜工部詩》

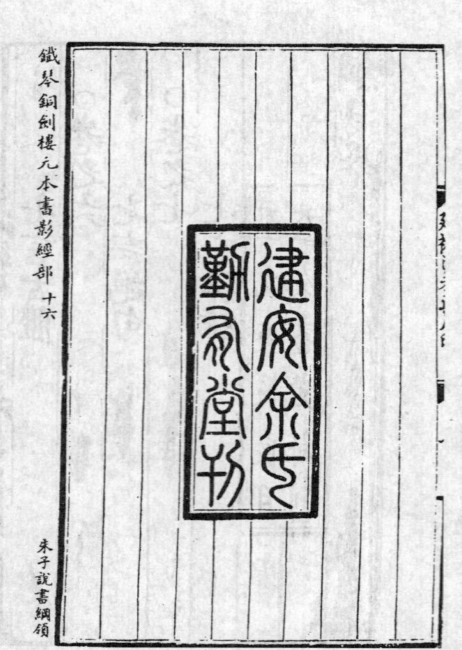
鐵琴銅劍樓元本書影經部　十六
朱子説書綱領

建安余氏勤有堂延祐五年刻《朱子説書綱領》

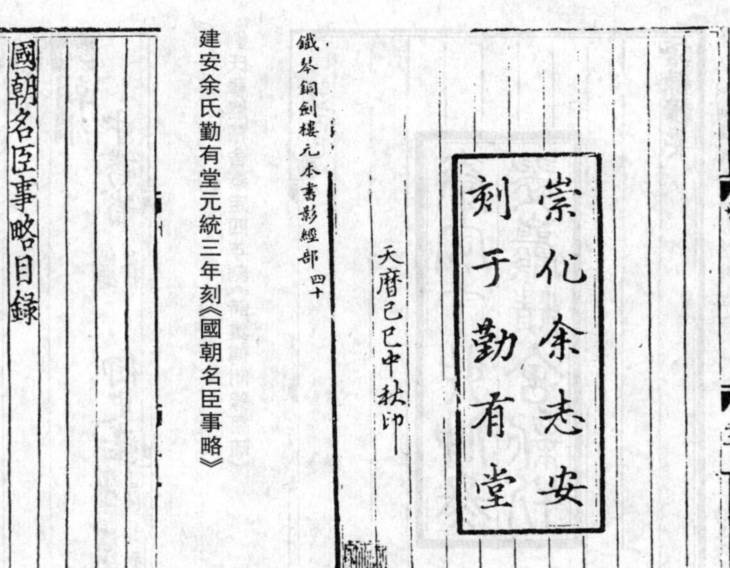

崇化余志安刻于勤有堂

天曆己巳中秋印

鐵琴銅劍樓元本書影經部 四十

建安余氏勤有堂天曆二年刻《四書通》

國朝名臣事略目録

元統乙亥余志安刊于勤有書堂

建安余氏勤有堂元統三年刻《國朝名臣事略》

七八里故名古聲城凡十二門上東門鹿門樓門萊門石門子駒門餘失不詳

崤

正義云在弘農澠池今河南路陝州澠池縣也

至正乙酉歲四月

余氏勤有堂印行

書蔡氏傳旁通卷之六下

建安余氏勤有堂至正五年刻《書蔡氏傳旁通》

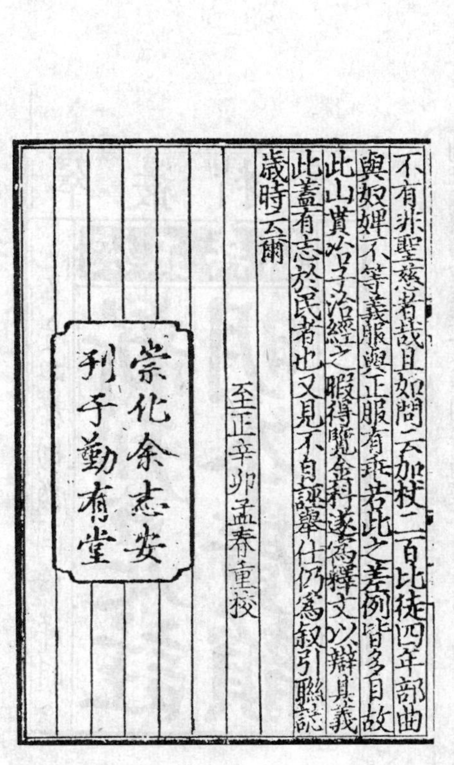

不有非聖慈者哉且如問云加杖二百比徒四年部曲與奴婢不等義服與正服有乖若此之差例皆多目故此山貫冶子治經之暇得覽金科遂爲釋文以辯其義此蓋有志於民者也又見不自謬舉仕仍爲叙引聯誌歲時云爾

至正辛卯孟春重校

崇化余志安刊于勤有堂

建安余氏勤有堂至正十一年刻《故唐律疏議》

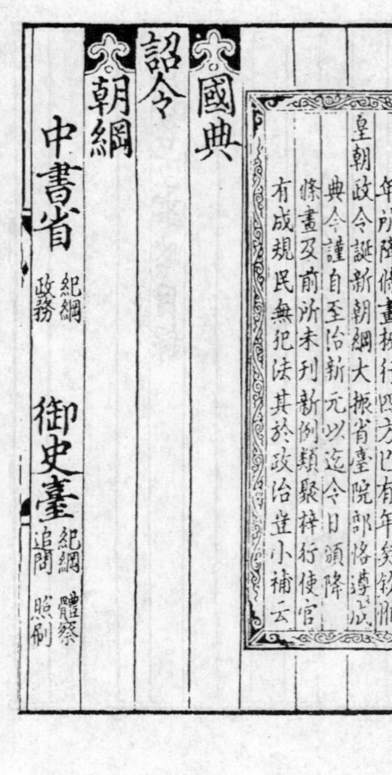

大元聖政典章新集至治條例綱目

國典

詔令

朝綱

中書省　紀綱　政務

御史臺　紀綱　體察　追問　照刷

大元聖政典章自中統建元至延祐四年所降條畫板行四方已有年矣欽惟皇朝政令誕新朝綱大振省臺院部恪遵成典今謹自至治新元以迄今日頒降條畫及前所未刊新例類聚梓行使官有成規民無犯法其於政治豈小補云

無名書坊至治二年刻《大元聖政典章新集至治條例》

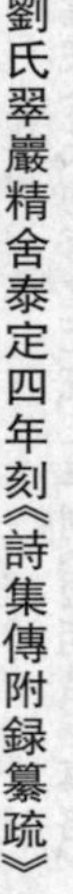

語録輯要

益而已側

泰定丁卯仲冬翠巖精舍新刊

鐵琴銅劍樓元本書影經部　二十一

詩集傳附録纂疏

劉氏翠巖精舍泰定四年刻《詩集傳附録纂疏》

翠巖精舍

校正無誤

新刊足註明本廣韻

五音四聲切韻圖譜詳明

至正丙申仲夏綉梓印行

劉氏翠巖精舍至正十六年刻《廣韵》一

唐韻序

優而尸之劣而副之其有或假不失元本以四聲尋繹冀覽者去疑宿滯者豁如也又紐其脣齒喉舌牙部仵而次之有可紐不可行之及古體有依約之並采以爲證庶無壅而昭其憑起終五年精成一部前後總加四萬二千三百八十三言仍篆隸石經勒存正體幸不譏繁于時歲次辛卯天寶十載也

至正丙申孟夏翠巖精舍新刊

劉氏翠巖精舍至正十六年刻《廣韵》二

劉氏翠巖精舍無年號刻《漁隱叢話》一

劉氏翠巖精舍無年號刻《漁隱叢話》二

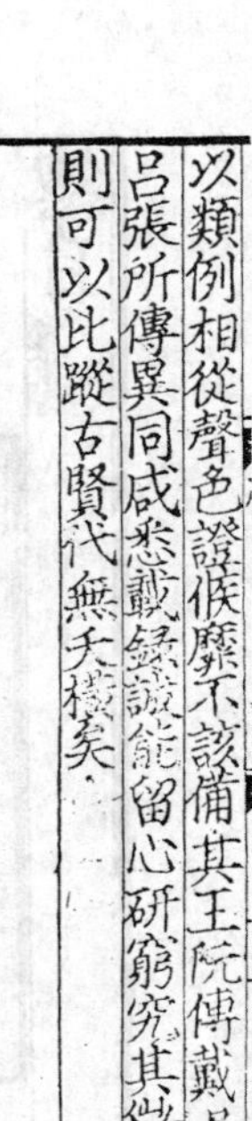
以類例相從聲色證候靡不該備其王阮傅戴吳葛
呂張所傳異同咸悉載錄誠能留心研窮究其微賾
則可以此蹤古賢代無夭横矣

天地以生物為心初古之聖賢著書立論教人
以寶而濟人之生也得其書而自秘者豈天地
聖賢之心乎夫治病莫重於明脈脈之法無出於
王氏脈經經之為精密本堂所藏不敢自秘先以
針灸資生經梓行矣今復刻脈經與衆共之庶
以傳當世濟人之道且無負古人著書之意云
旹天曆庚午仲夏建安葉日增誌于廣勤書堂

葉氏廣勤堂天曆三年刻《新刊王氏脈經》

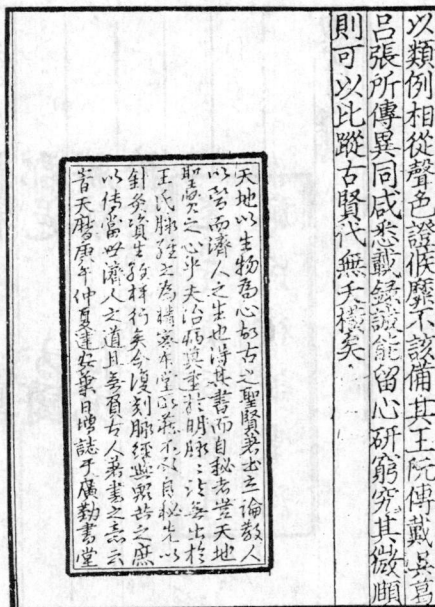

葉氏廣勤堂至正二十二年刻《集千家註分類杜工部詩》一

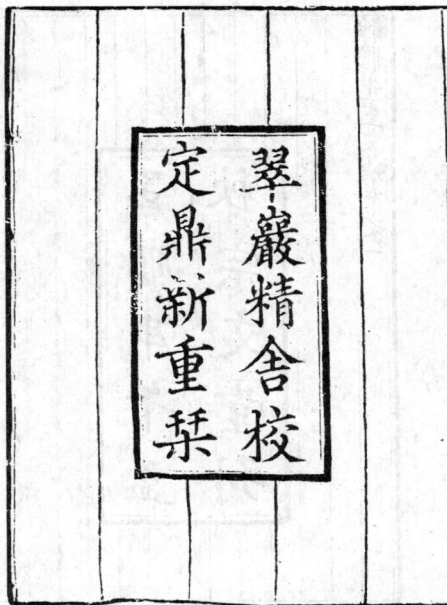

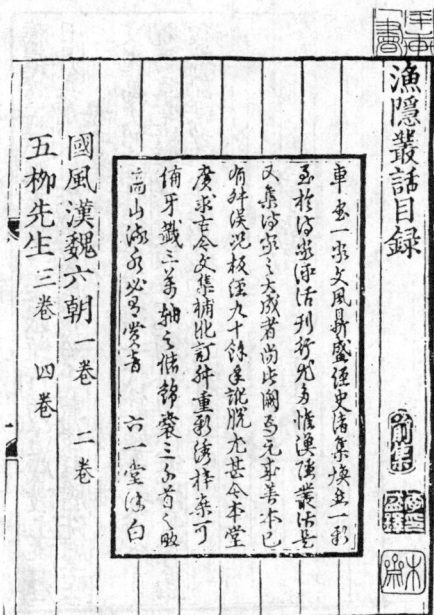

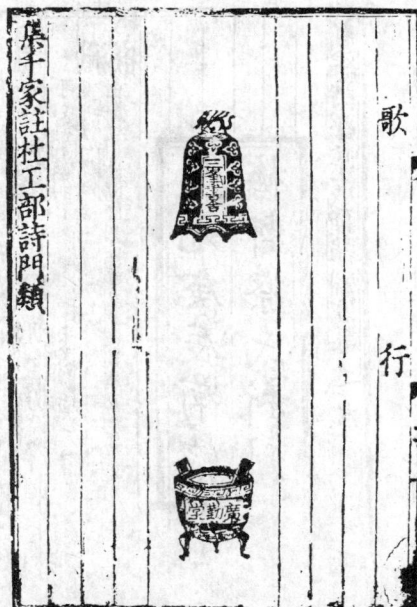

葉氏廣勤堂至正二十二年刻《集千家註分類杜工部詩》二

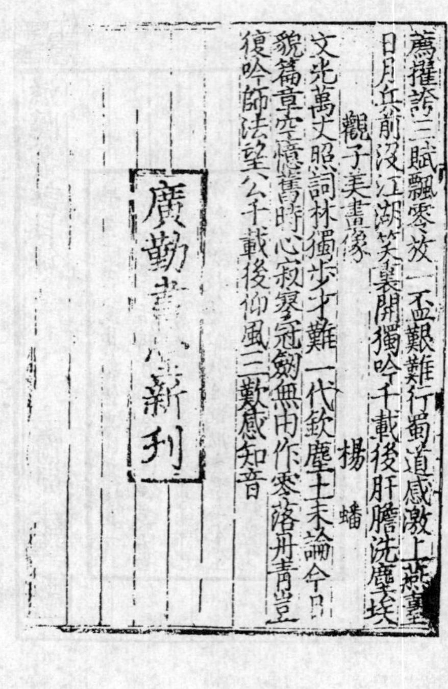

爲擢詩三賦飄零放一盃艱難行蜀道感激上燕臺
日月兵前沒江湖笑裏開獨吟千載後肝膽洗塵埃
觀子美畫像　揚蟠
文光萬丈照詞林獨步才難一代欽塵土未論今日
貌篇章空憶舊時心寂寥冠劒無由作零落丹青豈
復吟師法望公千載後仰風三歎感知音

廣勤書堂新刊

鄭天澤宗文堂至順元年刻《靜修先生文集》

詩臺距翟居兩數十里

至順庚午孟秋
宗文堂刊

靜修先生文集卷之一

梅軒蔡氏至元六年刻《新編詩學集成押韻淵海》

至元庚辰菊節
梅軒蔡氏新刊

新編詩學集成押韻淵海卷之二十

鄭氏積誠堂至元六年刻《纂圖增新群書類要事林廣記》

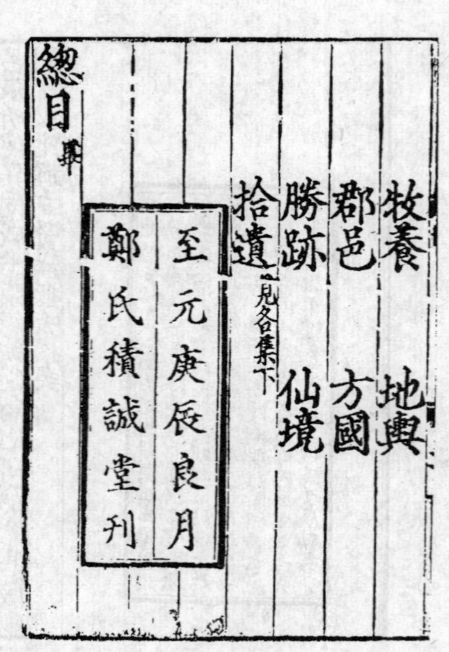

總目

牧養　地輿
郡邑　方國
勝跡　仙境
拾遺見各集下

至元庚辰良月
鄭氏積誠堂刊

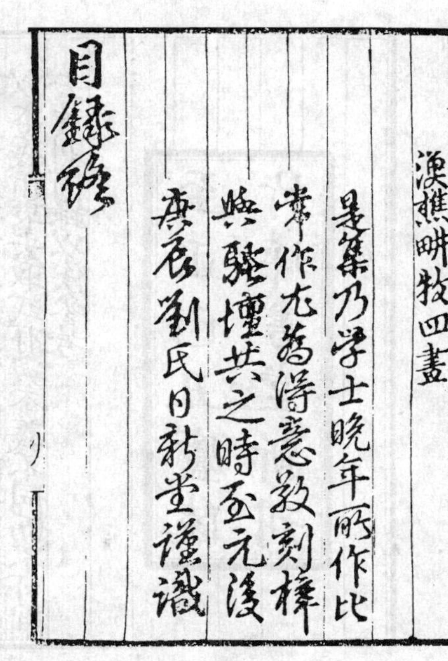
漢樵畊牧四畫
是集乃學士晚年所作比
嘗作尤爲得意敎刻梓
與騷壇共之時至元後
庚辰劉氏日新堂謹識
目録

劉氏日新堂至元六年刻《伯生詩續編》

鐵琴銅劍樓元本書影子部 三十
至正丙戌
日新堂梓

劉氏日新堂至正六年刻《漢唐事箋對策機要》

至正元年辛巳
日新書堂刊行

日新堂至正元年刻《朱子成書》

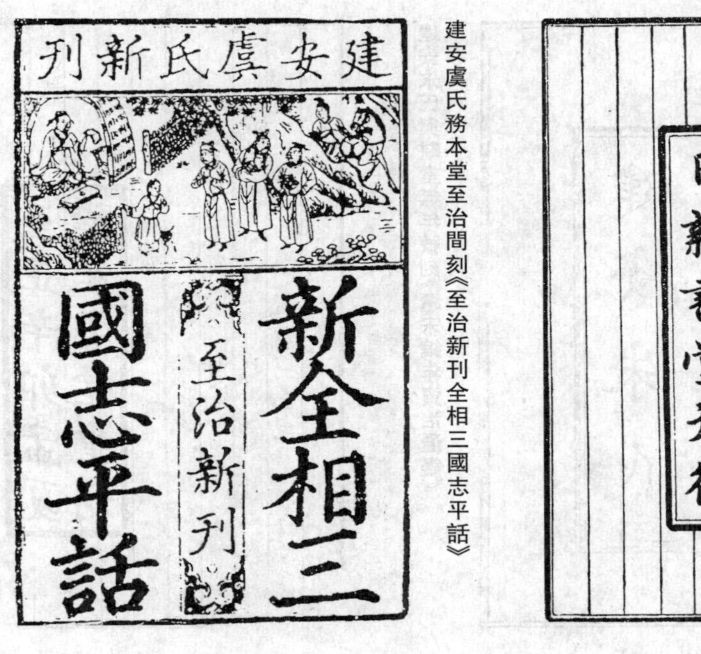
建安虞氏新刊
新全相三
國志平話
至治新刊

建安虞氏務本堂至治間刻《至治新刊全相三國志平話》

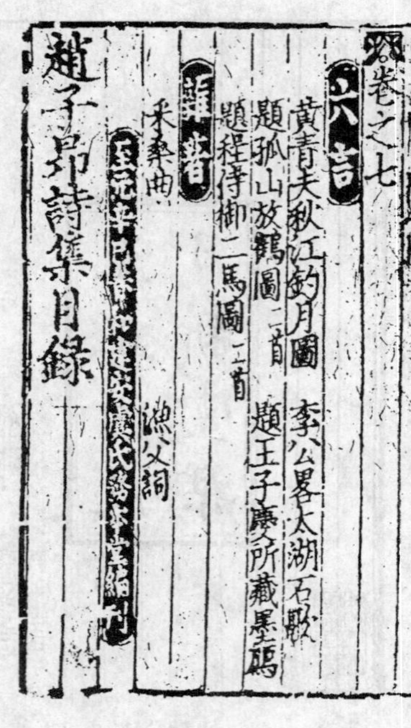

卷之七
六言
題孤山放鶴圖二首
題王子慶所藏墨鴈
題程侍御二馬圖二首
雜著
采桑曲
漁父詞
趙子昂詩集目錄

建安虞氏務本堂至正元年刻《趙子昂詩集》

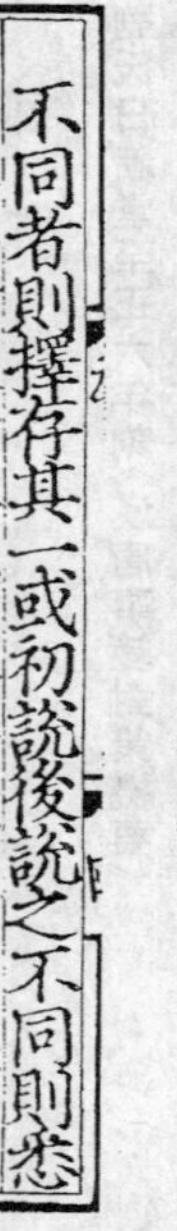

廬陵竹坪書堂至正九年刻《周易程朱傳義》

不同者則擇存其一或初說後說之不同則悉以本義折衷去取或有與本義不同而不可刪去者則備錄以俟參考

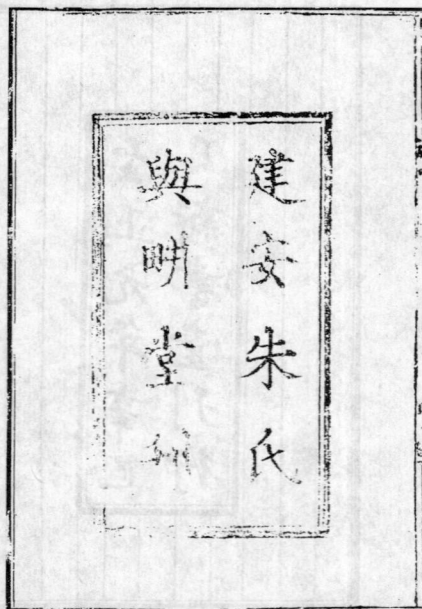

至正己丑廬陵竹坪書堂新刊

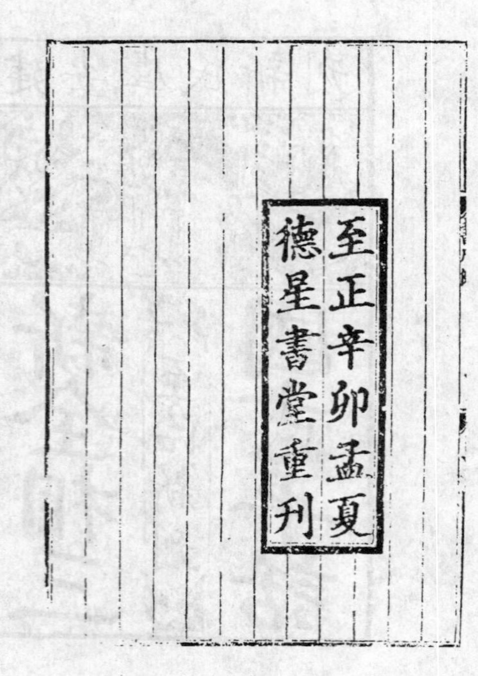

德星書堂至正十一年刻《重刊明本書集傳附音釋》

建安朱氏
與畊堂

建安朱氏與畊堂無年號刻《續宋編年資治通鑑》

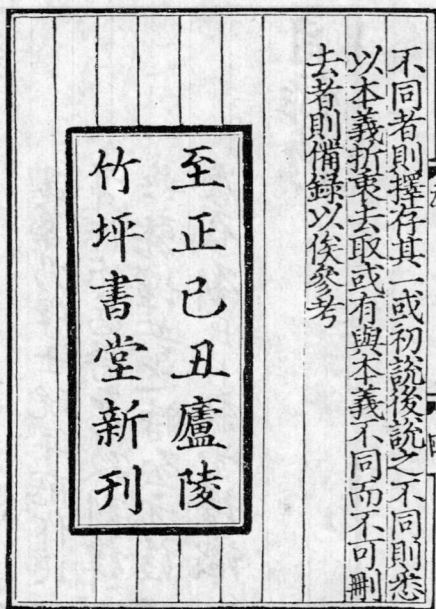

陳氏餘慶堂無年號刻《續宋中興編年資治通鑑》

卷之十五

寧宗

嘉定元年 嘉定二年 嘉定三年

嘉定四年 嘉定五年 嘉定六年

嘉定七年 嘉定八年 嘉定九年

嘉定十年 嘉定十一年 嘉定十二年

嘉定十三年 嘉定十四年 嘉定十五年

嘉定十六年 嘉定十七年

陳氏餘慶堂刊

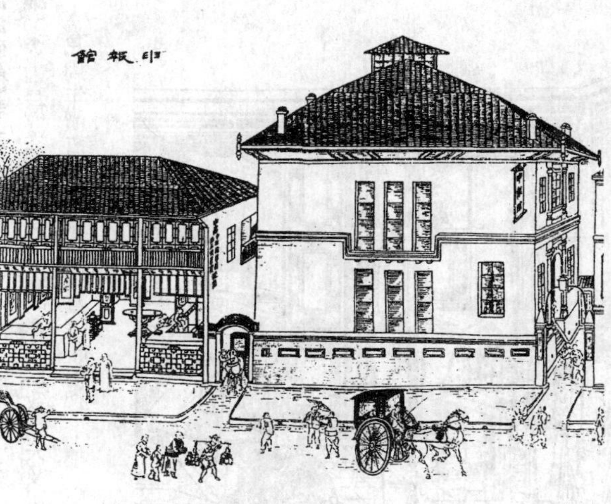

葛元煦《滬游雜記》卷一　申報館

《申報》，美查洋行所售也，館主爲西人美查，秉筆則中華文士。始于壬申三月，除禮拜按日出報，每紙十文。京報新聞及各種告白一一備載，各省碼頭風行甚廣。先有字林洋行之《上海新報》，繼有粤人之《匯報》、《彙報》、《益報》等館，皆早閉歇。

葛元煦《滬游雜記》卷一　萬國公報

《萬國公報》出林華書院，摘録京報及各國近事，逢禮拜六出書一卷。本名《中西新報》，周年五十本，售洋一元。

葛元煦《滬游雜記》卷一　格致匯編

《格致匯編》秉筆者爲英國傅蘭雅。編内詳論格致功夫及置造機器諸法，繪圖集解。月出一卷，周年價值半元，在格致書院印售。

葛元煦《滬游雜記》卷一　新報館

上海近添新報館，在法租界之寧興街。于丙子十月初八日起售，報章程一如申報，惟間以英國文字一二段，少有區别。

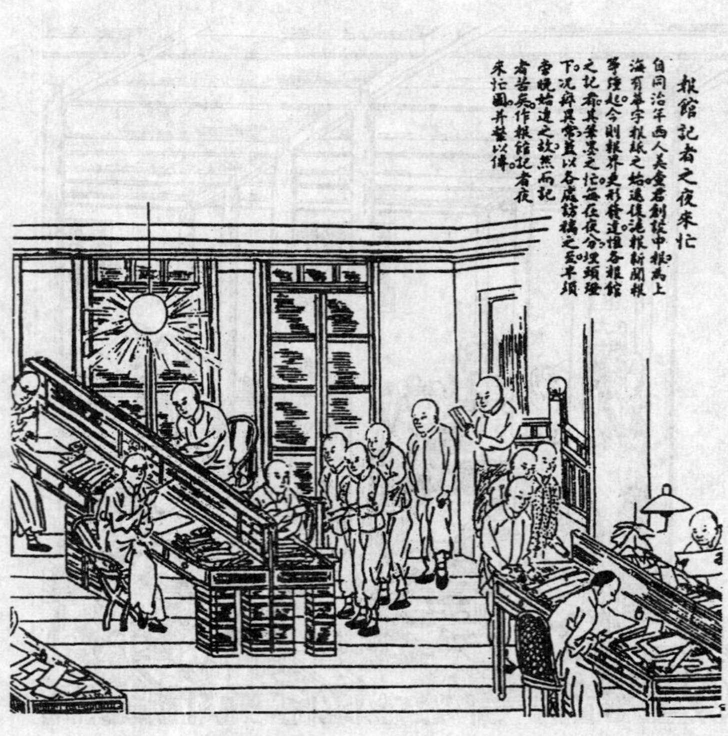

葛元煦《滬游雜記》卷三 機器印書局

鉛字排成奪化工，聚珍活板得毋同。文章有用原無幾，省却災梨易奏功。

吴友如《春江勝景圖》卷上《點石齋》 古時經文皆勒石，孟蜀始以木板易；兹乃翻新更出奇，又從石上創新格：不用切磋與琢磨，不用雕鏤與刻畫，赤文青簡頃刻成，神工鬼斧泯無蹟。機軋軋，石鄰鄰，搜羅簡策付貞珉。點石成金何足算，將以嘉惠百千萬億之後人。

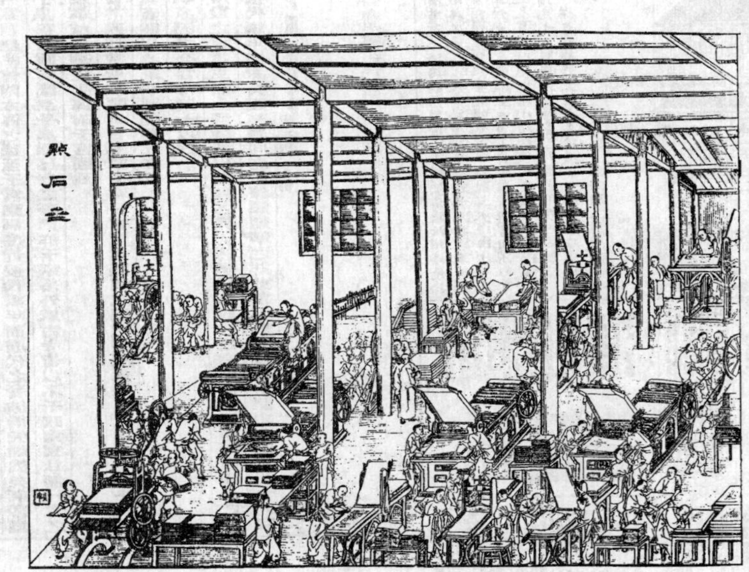

吴友如《春江勝景圖》卷下《申報館》

文人但知古，通人也知今。一事不知儒者恥，會須一一羅胸襟。心胸上下五千年，筆墨縱橫九萬里。見聞歷歷備於此，讀之可驚復可喜。費去十文買一紙，博古通今從此始。

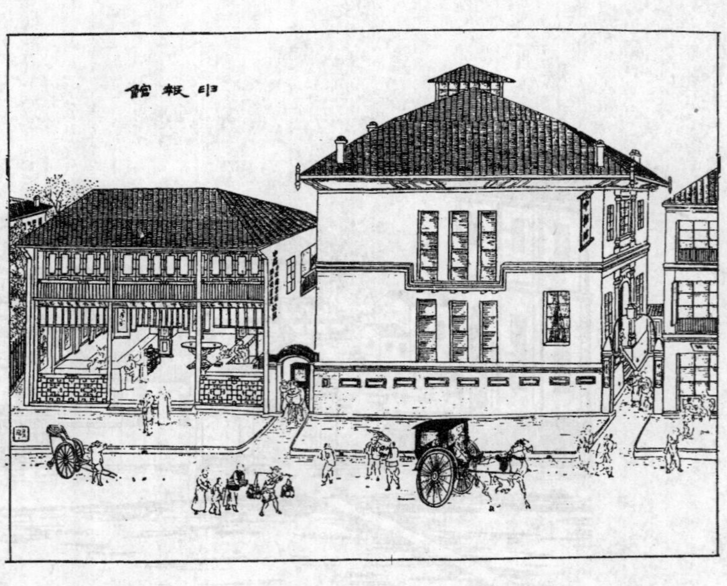

一八八四年圖書集成局創製的三號扁體鉛字形體舉例

見于後則正始之大事著矣三代以下之君亦多嘉謨善政可傳而本紀不載其分見于列傳者人多略之今皆按代詳列一事可稱皆入于君德部至一二大綱如敬天勤民用人聽言尤致治之本皆遍採不遺至于詞藻翰墨或事足紀者亦詳于御製宸翰兩部

一宮闈典毋儀陰教儷體宸極內治之本也史書本傳或有未詳今按諸臣列傳及稗官所記但有嘉言懿軌皆附本傳之後至于宮闈制度皆按代編年而歷代之奢儉得失瞭然矣東宮皇子皇孫皆附宮闈皇子皇孫已封之事則詳于宗藩外戚宦寺皆以不干政為宜且無一定之職掌故仍諸史列傳附于宮闈焉

一官常典官常所以昭示百家故備考一官歷代異同之制次列歷代名臣之傳自周以降名稱繁紊難以悉舉明制獨為近古故

國朝多因之今官常典一以我

朝所設之官為主而上溯秦漢以來官名異而職掌同者則合之官名同而職掌異者則分之皆按代編年而詳其因革異同之制保厲職掌之詳此前人所未及也至諸史列傳有終于此官

古今圖書集成　凡例　五

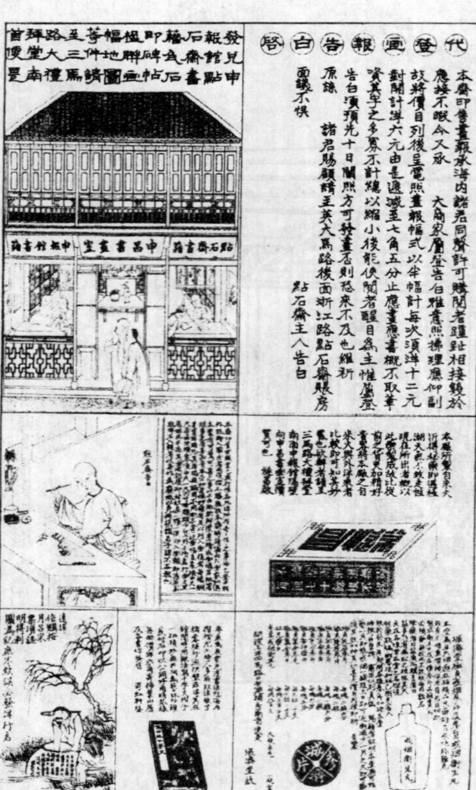

《點石齋畫報》第六號

官府印刷部

綜述

《舊五代史》卷四三《唐書·明宗紀》（長興三年二月）辛未，中書奏：「請依石經文字刻《九經》印板。」從之。案《五代會要》：長興三年二月，中書門下奏：「請依石經文字刻《九經》印板，敕令國子監集博士儒徒，將西京石經本，各以所業本經，廣爲抄寫，仔細看讀，然後僱召能雕字匠人，各部隨帙刻印板，廣頒天下。如諸色人要寫經書，並請依所印刻本，不得更使雜本交錯。」蓋刻板之流行，實始於此。

《愛日齋叢鈔》云：《通鑑》載：「後唐長興三年二月辛未，初令國子監校定《九經》，雕印賣之。」又曰：「自唐末以來，所在學校廢絶，蜀毋昭裔出私財百萬營學館，且請板刻《九經》，蜀主從之。由是蜀中文學復盛。」又曰：「唐明宗之世，宰相馮道、李愚請令判國子監田敏校定《九經》，刻板印賣，從之。後周廣順三年六月丁巳，板成，獻之。由是雖亂世，《九經》傳布甚廣。」王仲言《揮麈録》云：「毋昭裔貧賤時，嘗借《文選》于交遊間，其人有難色，發憤，異日若貴，當板以鏤之遺學者。後仕王蜀爲宰相，遂踐其言，刊之。印行書籍，創見于此。事載陶岳《五代史補》。後唐平蜀，明宗命太學博士李鍔書《五經》，仿其製作，刊板于國子監，爲監中刻書之始。《猗覺寮雜記》云：「雕印文字，唐以前無之，唐末，益州始有墨板，後唐方鏤《九經》，悉收人間所有經史，以鏤板爲正。」見《兩朝國史》。此則印書已始自唐末矣。案《柳氏家訓序》：「中和三年癸卯夏，鑾輿在蜀之三年也，余爲中書舍人，旬休，閲書于重城之東南，其書多陰陽雜記、占夢相宅、九宮五緯之流。又有字書小學，率雕板印紙浸染，不可盡曉。」葉氏《燕語》正以此證刻書不始于馮道，而沈存中又謂板印書籍，唐人尚未盛行，自馮瀛王始印《五經》，自後典籍皆爲板本。大概唐末漸有印書，特未盛行，後人遂以爲始于蜀也。當五季亂離之際，經籍方有託而流布于四方，天之不絶斯文，信矣。（《舊五代史考異》）

王欽若《册府元龜》卷六〇八《學校部·刊校》　馬縞爲太子賓客。長興三年四月，勅：近以遍注石經，雕刻印板，委國學每經差專知業博士儒徒五六人勘讀并注，今更於朝官内別差五人充詳勘官：太子賓客馬縞、太常丞陳觀、祠部員外郎兼太常博士段顒、太常博士路航、屯田員外郎田敏等。朕以正經事大，不同諸書，雖以委國學差官勘注，蓋緣文字極多，尚恐偶有差誤。馬縞已下皆是碩儒，各專經業，更令詳勘，貴必精研。兼宜委國子監於諸色選人中，召能書人謹楷寫出，旋付匠人雕刻，每五百紙與減一選，所減等第優與選轉官資。時宰相馮道以諸經舛謬，與同列李愚委學官等取西京鄭覃所刊石經，雕爲印板，流佈天下，後進賴之。漢隱帝乾祐元年四月，國子監上言：在監雕印板九經内，只《周禮》、《儀禮》、《公羊》、《穀梁》四經未有印板，今欲集學官校勘四經文字，雕造印板。從之。

周田敏爲尚書左丞兼判國子監事，廣順三年六月，敏獻印板書《五經》文字、《五經》字樣各二部一百三十策。奏曰：臣等自長興三年校勘雕印《九經》書籍，經注繁多，年代殊藐，傳寫紕繆，漸失根源。臣守官膠庠，職司校定，旁求援據，上備雕鐫，幸遇聖明，克終盛事，播文德於有截，傳世教以無窮。謹具陳進。先是，後唐宰相馮道、李愚重經學，因言漢時崇儒，有三字石經，唐朝亦於國學刊刻。今朝廷日不暇給，無能別有刊立。嘗見吴蜀之人鬻印板文字，色類絶多，終不及經典。如經典校定，雕摹流行，深益於文教矣。乃奏聞。勅下儒官田敏等考校經注。敏於經注長於《詩》傳，孜孜刊正，援引證據，聯爲篇卷，先經奏定而後雕刻。乃分政事堂厨錢及諸司公用錢，又納及第舉人禮錢以給工人。

尹拙爲國子監祭酒，顯德二年二月，中書奏拙狀稱：准敕校勘《經典釋文》三十卷，雕造印板。伏以陸氏釋文唐初撰集，綿歷歲月，傳寫失真，非多聞博識之人，通幽洞微之士，重其商確，必致乖訛。況今朝廷富有鴻碩，如兵部尚書張昭、太常卿田敏，皆文儒之領袖也。或家藏萬卷，或手校六經，實後學之宗師，爲當今之雄尚。伏乞察以事繼垂教，情非屬私，特賜敷歇，俾同讎校。勅曰：經典之來，訓釋爲重，須資鴻博，共正疑訛，庶使文字精研，免至傳習眩惑。其《經典釋文》已經本監官員校勘外，宜差兵部尚書張昭、太常卿田敏詳校。

顯德三年十二月，詔委中書門下於朝官内選差三十人，據見在書籍，各求真本校勘，刊正謬誤。仍於逐卷後署校勘官姓名，宜令官司逐月具功課，申報中書門下。

程俱《麟臺故事》卷二《校讎》　淳化五年七月，詔選官分校《史記》、前後《漢書》，虞部員外郎崇文院檢討兼祕閣校理杜鎬、屯田員外郎祕閣校理舒雅、都官員外郎祕閣校理吴淑、膳部郎中直祕閣潘慎修校《史記》，度支郎中直祕閣朱昂再校；又命太常博士直昭文館陳充、國子博士史館檢討阮思道、著作佐郎直昭文館尹少連、著作佐郎直史館趙況、著作佐郎直集賢院趙安仁、將作監丞直史館孫何校前後《漢書》。既畢，遣内侍裴愈賫本就杭州鏤版。

咸平三年十月，詔選官校勘《三國志》、《晉書》、《唐書》，以光禄少卿直祕閣黃夷簡、太僕少卿直祕閣錢惟演、都官郎中直史館劉蒙叟、駕部員外郎崇文院檢討直祕閣杜鎬、太常丞直集賢院宋皋、著作佐郎祕閣校理戚綸校《三國志》，又命鎬，綸與虞部員外郎史館檢討董元亨、祕書丞直史館劉鍇詳校。兵部員外郎直昭文館許衮、刑部員外郎直昭文館陳衮校《晉書》，黃夷簡續預焉，而鎬、綸、鍇詳校如初。金部郎中直昭文館安德裕、屯田郎中直昭文館句中正、主客員外郎直集賢院范貽永、殿中丞直史館王希逸洎董元亨、劉鍇同校勘《唐書》，宮苑使劉承珪領其事，内侍劉崇超同之。五年，校畢，送國子監鏤版，校勘官賜銀帛有差，鍇特賜緋魚袋。四年九月，翰林侍讀學士國子祭酒邢昺、直祕閣杜鎬、祕閣校理舒雅、直集賢院李維、諸王府侍講孫奭、殿中丞李慕清、大理寺丞王焕、劉士玄、國子監直講崔偓佺表上重校定《周禮》、《儀禮》、《公羊》、《穀梁傳》、《孝經》、《論語》、《爾雅》七經疏義，凡一百六十五卷，模印頒行。賜宴於國子監。昺加中散大夫，鎬等竝遷秩。至景德二年九月，又命侍讀學士邢昺兩制詳定《尚書》、《論語》、《孝經》、《爾雅》錯誤文字，以杜鎬、孫奭被詔詳校疏其謬誤故也。

咸平中，真宗謂宰相曰：「太宗崇尚文史，而三史版本如聞當時校勘官未能精詳，尚有謬誤，當再加刊正。」乃命太常丞直史館陳堯佐、著作郎直史館周起、光禄寺丞直集賢院孫僅、丁遜覆校《史記》。尋而堯佐出知壽州，起任三司判官，又以著作佐郎直集賢院任隨領其事。景德元年正月校畢，任隨等上覆校《史記》并刊誤文字五卷，詔賜帛有差。又命駕部員外郎直祕閣刁衎、右司諫直史館晁迥與丁遜覆校前後《漢書》版本。迥知制誥，又以祕書丞直史館陳彭年同其事。至二年七月，衎等上言：「《漢書》歷代名賢競爲注釋，是非互出，得失相叅，至有章句不同，名氏交錯，苟無依據，皆屬闕疑。其餘則博訪羣書，掄觀諸本，儻非明白，安敢措辭。雖謝該通，粗無臆説，凡修改三百四十九，簽正三千餘字，録爲六卷以進。」賜衎等器幣有差。

景德元年三月丁酉，光禄少卿直祕閣黄夷簡等上校勘新寫御書凡二萬四千一百六十二卷，賜緡帛有差，校勘官前大名府館陶縣尉劉筠等六人並授大理評事、祕閣校理。

大中祥符元年六月，崇文院檢討杜鎬等校定《南華真經》，摹刻版本畢，賜輔臣人各一本。五年四月，崇文院上新印列子《沖虛至德真經》，詔賜親王輔臣人各一本。景德中，朝謁諸陵，路經列子觀，詔加「至德」之號，又命官校正其書。至是，刊版成，賜校勘官金帛有差。二年二月，諸王府侍講兼國子監直講孫奭言：「《莊子》注本前後甚多，唯郭象所注特會莊生之旨，請依《道德經》例，差館閣衆官校定，與陸德明所撰《莊子釋文》三卷雕印。」詔奭與龍圖閣待制杜鎬等同校定以聞。已而言者以爲國學版本《爾雅釋文》頗多舛誤，又命鎬、奭同詳定之。至大中祥符四年，又命李宗諤、楊億、陳彭年等讎校《莊子序》，模印而行之。蓋先是崇文院校《莊子》本，以其序非郭象之文去之。至是，上謂其文理可尚，故有是命。

四年八月，選三館祕閣直官校理校勘《文苑英華》、李善《文選》，摹印頒行。

天聖三年六月，詔館閣校勘官太常少卿直昭文館陳從易、降直史館太常博士集賢校理聶冠卿、光禄寺丞集賢校理李昭遘竝罷職，坐校勘太清樓書舛互故也。

【略】

景祐元年九月，詔翰林學士張觀等刊定《前漢書》、《孟子》，下國子監頒行。議者以爲前代經史皆以紙素傳寫，雖有舛誤，然尚可叅讎。至五代，官始用墨版摹印《六經》，誠欲一其文字，使學者不惑。至太宗朝，又摹印司馬遷、班固、范曄諸史，與六經皆傳，於是世之寫本不用。然墨版訛駮，初不是正，而後學者更無他本可以刊驗。會祕書丞余靖建言，《前漢書》官本差舛，請行刊正。因詔靖及王洙盡取祕閣古本，對校踰年，乃上《漢書刊誤》三十卷。至是，改舊摹版以從新校。然猶有未盡者，而司馬遷、范曄史尤多脱略，惜其後不復有古本可正其舛謬者云。明年，以校勘《史記》、《漢書》官祕書丞余靖爲集賢校理，大理評事國子監直講王洙爲史館檢討，賜詳定官翰林學士張觀、知制誥李淑、宋郊器幣有差。

邵博《邵氏聞見後録》卷五 唐以前文字未刻印，多是寫本。齊衡陽王鈞手自細書《五經》，置巾箱中。巾箱《五經》自此始。後唐明宗長興三年，宰相馮道、李愚，請令判國子監田敏校正《九經》，刻板印賣，朝廷從之。雖極亂之世，而經籍之傳甚廣。予曾大父遺書，皆長興年刻本，委於兵火之餘，僅存《儀禮》一部。

洪邁《容齋續筆》卷一四《周蜀九經》 唐貞觀中，魏徵、虞世南、顏師古繼爲祕書監，請募天下書，選五品以上子孫工書者爲書手繕寫。予家有舊監本《周禮》，其末云：大周廣順三年癸丑五月，雕造《九經》書畢，前鄉貢三禮郭嵠書。列宰相李穀、范質，判監田敏等銜于後。《經典釋文》末云：顯德六年己未三月，太廟室長朱延熙書，宰相范質、王溥如前，而田敏以工部尚書爲詳勘官。此書字畫端嚴有楷法，更無舛誤。《舊五代史》：漢隱帝時，國子監奏《周禮》、《儀禮》、《公羊》、《穀梁》四經未有印板，欲集學官考校雕造，從之。正尚武之時，而能如是，蓋至此年而成也。成都石本諸經，《毛詩》、《儀禮》、《禮記》皆祕書省祕書郎張紹文書。《周禮》者，祕書省校書郎孫朋古書。《周易》者，國子博士孫逢吉書。《尚書》者，校書郎周德政書。《爾雅》者，簡州平泉令張德昭書。題云廣政十四年，蓋孟昶時所鐫，其字體亦皆精謹。兩者並用士人筆札，猶有貞觀遺風，故不庸俗，可以傳遠。唯《三傳》至皇祐元年方畢工，殊不逮前。紹興中，分命兩淮、江東轉運司刻三史板，其兩《漢書》內，凡欽宗諱，並小書四字，曰「淵聖御名」，或徑易爲「威」字，而它廟諱皆只缺畫，愚而自用，爲可笑也。蜀《三傳》後，列知益州、樞密直學士、右諫議大夫田況銜，大書爲三行，而轉運使、直史館曹穎叔，提點刑獄、屯田員外郎孫長卿，各細字一行，又差低於況。今雖執政作牧，監司亦與之雁行也。

陸游《渭南文集》卷二六《跋歷代陵名》 近世士大夫所至，喜刻書版，而略不校讎，錯本書散滿天下，更誤學者，不如不刻之愈也，可以一歎。淳熙乙未立冬可齋書。

李心傳《建炎以來朝野雜記》甲集卷四《監本書籍》 監本書籍者，紹興末年所刊也。國家艱難以來，固未暇及。九年九月，張彦實待制爲尚書郎，始請下諸道州學，取舊監本書籍，鏤板頒行。從之。然所取諸書多殘缺，故胄監刊《六經》無《禮記》，正史無《漢》、《唐》。二十一年五月，輔臣復以爲言，上謂秦益公曰：「監中其它闕書，亦令次第鏤板，雖重有所費，蓋不惜也。」繇是經籍復全。先是，王瞻叔爲學官，嘗請摹印諸經義疏及《經典釋文》，許郡縣以贍學或係省錢各市一本，置之於學。上許之。今士大夫仕於朝者，率費紙墨錢千餘緡，而得書於監云。

周弘祖《古今書刻》上編 內府

皇明祖訓　孝慈録　稽古定制　御製文集
爲善陰隲　寶訓　孝順事實　禮儀定式
大誥三篇　洪武禮制　大誥武臣　大明一統志
洪武正韵　諸司職掌　歷代臣鑑　洪武聖政記
洪武儀式　大明律　大明令　官制
軍政條例　大明日曆　永樂大典　憲綱
教民文榜　資世通典　勸善書　女訓
內訓　明倫大典　大明會典　五倫書
恩記含春堂詩　聖學心法　敬一箴　五箴註
欽明大獄録　大明集禮　興都大志　五經大全
四書大全　朱子綱目　宋元綱目　昭鑑
海篇直音　續資治通鑑　養生類纂　詩韵釋義
君鑑　神課金口訣　名臣奏議　文獻通考
歐蘇文集　五經集註　四書集註　大學衍義
歷代通鑑纂要　步天高　天文祥異賦　道藏經
佛藏經　貞觀政要　廣韵　玉篇
李詩　杜詩　直説通略　爾雅
埤雅　釋文三註　五經白文　素問
事文類聚　經史海篇　通書　難經
居家必用　周易占法　許氏説文　唐詩鼓吹
唐詩三體　飲膳正要　對類

禮部

大狩龍飛集　大禮集義　歷科會試録　歷朝登科録
素問鈔

兵部

大閲録隆慶二年刊　九邊圖説隆慶三年刊
九邊圖　歷科武舉録

工部

御製詩

都察院

史記　文選　潛夫論　杜詩集註
詩林廣記　千家註蘇詩　盛世新聲　太古遺音
唐音　臞仙神奇秘譜　玉機微義　詩對押韵
武經直解　孝經註疏　適情録　算法大全
琴韵啓蒙　三國志演義　水滸傳　千金寶要
太平樂府　悟真篇　玉音海篇　七政曆
毓慶勳懿集　雍熙樂府　爛柯經　萬化玄機
披圖測海　中原音韵　參同契　王氏藏集

杜研岡集

國子監

臨川文集　淮海集　東萊集　樊川集
四書　書傳　周易　四書集義
論語白文　孟子節文　周易音訓　通鑑正誤
喪禮　古史　西林詩集　韻略
青雲賦　務本書　楚詞　外篇衍義
忠經　幼小方　珍珠囊　唐詩
詩對押韵　玉浮圖　字苑撮要　本草方
朱子語略　孟四元賦　小學　脚氣治方
國子監志　山海經　官箴　四書抄釋
儀禮圖解　詩韵圖譜　四時候氣圖　大都志
世史正綱

欽天監

天文刻

太醫院

銅人針灸圖　大明律直引　醫林集要

隆福寺

詞林摘艷　五音海篇集韵

南京國子監

孝經集解　孝經明解　孝經註疏　玄宗孝經
魯齋孝經　范氏孝經　大學疏義　大學明解
大學叢説　大學白文　魯齋大學　中庸白文
中庸叢説　論語白文　論語註疏　論語旁通
論語考證　孟子白文　孟子節文　文公四書
小學註疏　小學訓疏　周易註疏　周易本説
周易本義　周易音訓　復齋易説　尚書釋文
尚書註疏　尚書表註　尚書會選　周易程傳
周易啓蒙　詩傳註疏　詩經集傳　春秋辨疑
春秋綱領　春秋公羊傳　穀梁傳　春秋諸國統紀
春秋本義　春秋正文　左氏註疏　春秋或問
左氏集解　息齋春秋　儀禮經傳　儀禮註疏
儀禮　禮書　樂書　周禮句解
周禮集説　書經補遺
小學白文

以上經書

顔子　曾子　列子　老子
孫子　武經七書　太玄經　温公太玄註
太玄索隱　楊子法言　文中子註　説苑
太極圖説　周子書　朱子三書　諸儒鳴道
朱子大全　程氏遺書　朱子語略　近思録

以上子書

史記　前漢書　後漢書　兩漢會要
兩漢詔令　蜀本末　諸葛武侯傳　三國志
晉書　南史　宋書　南齊書
梁書　陳書　北史　魏書
北齊書　周書　隋書　唐書
貞觀政要　五代史　南唐書　吴越春秋
子由古史　吕氏春秋　資治通鑑　通鑑綱目
通鑑音釋　通鑑問疑　通鑑紀事本末　通鑑外紀
通鑑釋文　宋史　通鑑前編　元史
遼史　金史　宋遼金統論　通鑑考異
史略　讀史管見　歷代帝王統論　百將傳
將鑑論斷　諸史會編　宋名臣奏議　通志略

以上史書

雅頌正書　詩譜　詩序註　陳先生詩集
檜庭詩稿天台丁復撰　選詩演義　樂府詩集
六朝樂府　文則　文法　文選
歐文　晦菴文集　文章正宗　續文章正宗
宋文鑑　國朝文類　朱子行狀　淮陽獻武王詩

會稽三賦　逃虛子集　南唐蒲先生叢稿　鳴秋後集
文章辯體　皇明文衡　曾文質公集　白沙詩集
唐音　古今會編　羅圭峯文集　甘泉文集
元文類　懷麓堂稿　戴石屏詩集　陽明文録
古廉詩集　圭峯續集

以上詩文集

玉海　文獻通考　天文志　大事記通釋
博古圖　爾雅　爾雅註疏　五禮新儀
禮編　文公家禮　家禮儀節　鄉飲酒禮圖
祭禮從宜　了齋年譜　河防通議　金陀粹編
釋文三註　新序　玄教　壽親養老書
金陀續編　困學記聞　讀書叢説　東萊讀書記
讀書法言　讀書工程　禮部韻　玉篇
廣韵　韵府羣玉　書學正韵　真西山讀書記
毛晃韵　存古正學　廟堂忠告　牧民忠告
風憲忠告　憲臺記　南臺備記　國語
諭俗編　斷獄律文　唐刑統　刑統賦
夢葉録　洗冤録　厚德志　許氏説文
白虎通　論衡　營造法式　算法
農桑衣食　農桑撮要　栽桑圖　篆書禮
六書統　洪武正韵　六書正訛　百忍箴
東萊法源　黄氏日抄　草木子　杜氏通典
西漢詔令　皇明政要　脉訣刊誤　草韵
平宋志　昭潭志　金陵舊志　金陵新志圖
集慶志　象臺志　容州志　龍川鄉飲志
柳州志　賓陽志　蒼梧志　景定建康志
建武志　長安志　斟鄩志　瑞陽志
桂林志　臨川志　玉融志　救荒活民書
風俗通　古文苑　大觀本草

以上雜書

大明令　大明律　大誥三篇　存心録
永鑑録　孝慈録　勸善書　洪武禮制
大明官制　五倫書　資世通訓　古今列女傳
水馬驛程

以上本朝書

四箴字體　千文　虞世南百家姓　鮮于真草千文
趙孟頫千文　九成宫帖　率更千文　小字帖
草韵

以上法帖

南京提學察院

通鑑纂要

北直隸

順天府

史鉞　東草亭詩　寰宇通志　金臺八景詩
大寶箴帖　稽古定制　觀梅數　南園燕集詩

保定府

府志　祁州志　安州志　杜律五言白文
困學記聞　師律提綱　金匱鈎玄　劉静修文集
武經註解　雄地乘　家塾事親　十三家兵法
丹溪鈎玄

真定府

九邊圖　痘疹方　埤雅　雅音會編
譚子化書　直古文集　風紀集覽　劉静修文集
漢紀　性理三解　陽王大傳記

永平府

府志　古文精選　啓蒙對偶

河間府

河間志　任丘志　飲膳正要　宋濳溪文集
通鑑分類　忠節録　董子文集　慎言集訓
表則

大名府

府志 經驗方 山海經 遵道録
國語 此事難知 格致餘論 何子十二論
元城語録 家規輯要 長垣縣志 王太傅詩選
褚氏遺書 古篆體 正蒙會稿 楊誠齋易傳
文公字刻 經驗藥方

廣平府

府志 大學明解 事業紀原 錢氏小兒方
選詩 杜詩類選 聲律發蒙 衛生保鑑
家禮四要 射禮節儀 詳刑要覽 保生育嬰録
古直文集

順德府

府志 薛文清集 康齋集

南直隸

應天府

句容志 茅山志 草韵 文選六臣註
左傳註解 禮記纂言 南畿通志 宋名臣言行録
近思録

蘇州府

史記 文選 唐文粹 三禮
六子 韓文 柳文 王荊公文集
楚辭 水經 國語 戰國策
舊唐書 藝文類聚 空同文集 何仲默文集
陽明文集 孟有涯集 蔡林屋集 舊四十家小説
王履吉集 白孔六帖 六家唐詩 四十家唐詩
唐詩正聲 左傳 三蘇文粹 十二家唐詩
大戴禮 韓詩外集 虞初志 左粹類選
百川學海 花間集 皇甫湜集 王文恪文集
五經旁註 直音 賈誼新書 吳鮑菴文集
世説新語 吳越春秋 秦漢文 張篠菴文集

博雅 覆瓿集 周禮 徐迪功文集
傳響集 二陸集 申鑒 樊川文集
近思録 讀書録 禮記 吳郡志
通鑑續編 通鑑總類 小學 姑蘇志
伊洛淵源 輿地圖 四書集註 吕氏鄉約
六經圖 心政經 周易尚占 周易奥文
棠陰比事 原音 通書 刑統賦
周易集説 羣書鈎玄 作邑事箴 六書正訛
説文字源 禮制榜册 二范集 四書講義
四書解説 文章辨體 通鑑前編 道園學古録
舉要新書 大字四書 百首唐詩 吳草廬文粹
劉向説苑 東里詩集 參同契 蚓竅集
鳳山八詠毛維瞻，蘇轍等詠 丁鶴年集元末西域人，寓武昌
晦菴文抄 晦菴詩抄 梟藻集 范文正公文集
怡菴文集 崇明志 金堂集 范忠宣文集
詳刑要覽 小學集解 永嘉集 湖海奇異集
存誠齋稿 憲綱 五經 高太史全集
通書圖 天文圖 地理圖 青城先生集
祭器圖 春秋權輿 意林 三先生詩集
詩律鈎玄 蒙菴詩 忠經 性理羣書補註
中庸輯略 和靖語録 缶鳴集 韋蘇州詩
格古要論 逃虛子集 學古詩 學鳴集
衛生寶鑑 脾胃論 三體唐詩長門承天寺
珍珠囊 內外傷辨 格致論 東垣試效書
新效方 水東日記 韻學集成 太玄經
活民書 論衡 孔叢子 兩廣平蠻録
長洲縣志 直道編 梓吳 皮日休文藪
譚纂 列女傳 正學階梯 李空同詩集
吳越春秋 吳中記聞 文公家禮 當代名臣録
本草南宋時刻 姑蘇雜詠 春秋纂例 萬首唐人絶句

震澤長語　李太白詩　欣賞編　新四十家小説
杜詩　説林　陳后岡集　七十二子粹言
申心里　黄省要家　兩漢記　八十家唐詩
袁永之集　孫可之文集　唐太宗帝範
高楊張徐詩集

松江府

松江志　雲間志　雲間續志　人物志
浯溪集　詩義集説　鐵仙詩　顧禄詩
圖繪寶鑑　書史會典　鐵崖詩集　八十家唐詩
小學　家語　楚辭　太玄經
輟耕録　古今會編　周禮　駱賓王集
夢餘集　草堂詩餘　唐雅　玉臺新詠
古今説海

常州府

初學記　合璧事類　羣書總類　錦繡萬花谷
儀禮經傳　事類賦　百川學海　一統賦
鹽鐵論　杜詩集註　古文苑　顏魯公文集
龜巢集　辨惑編　思賢集　白氏長慶集
元豐類稿　讀杜愚得　杜律虞註　救荒活民補遺
鼓吹續編　王孟端詩　辨惑續編　錢氏三華集
倪雲林集　袖珍方　周將軍傳　王氏天遊集
錫山志　九峯樵唱　琬琰録　皇明名臣録
錫山遺響　論範　周禮註疏　王文肅公文集
名賢確論　四書集註　中論　容春堂文集
六朝詩集　浙江通志　李杜白文　太平廣記
毗陵志

鎮江府

管子　韻會舉要　金山志　甘露寺題詠
吕氏遺書　東萊古易　丁卯集　京口三山志
關中奏議　戒菴文集　郊亭偶見

徽州府

天原發微　瀛奎律髓　家禮會編　文公年譜
漢文選　小學解集　晦菴語録　新安文獻志
胡傳　左傳　傷寒書　羅鶚洲小稿
篁墩文集　篁墩文粹　春秋屬詞　文公感興詩
朱子語録　春秋集解　楚辭　玄玄棋經集
李詩白文　杜詩白文　草堂詩餘　批點史記漢書
山海經　明目方　四書集註　文心雕龍
獅山文集　皇明文衡　人相全編

池州府

東岡文集　九華山志　崔氏洹詞

寧國府

府志　宛林詩集　大觀本草　山居四要
玩齋集　韓文　柳文　六書本義
韻補　禮記纂要　論範　謝宣城集
鶴林玉露　寧國縣志

太平府

風俗志　晦菴文抄　晦菴詩抄　陶學士文集
白虎通　近思録　顏氏家訓

淮安府

淮安府志　經濟文衡　小學白文　經學隊仗
松江文集　定本策　農桑撮要　王氏脈經
武經　教民榜文　理學類編元張九韶著，臨江人
鹽政志　禮儀定式　玉壺冰　楊鐵崖文集
東坡律詩　世説新話　讀書録　江西奏議唐漁石著
曆府通書　恤刑疏草　大明令　淮郡文獻志
爲政準則　漕河志

揚州府

廣文選　御製文集　二業合一訓王陽明、湛甘泉著
五經白文　大明官制　鹽鐵論　周子全書演

雍語甘泉著　皇明政要　素問　遵道録　滁州
易大象説　家禮節要　詩翼　蔣南冷詩集　滁陽會景編
劉向説苑　張子抄釋　東廓文集　泰定養生論　徐州
六經正誤　胡子語要　鮑明遠集　四書古本　嚴滄浪詩話　杜律虞註　吕梁洪志
省心詮要　本草集要　春秋左傳　文公訓蒙絶句　和州
洗寃集録　小學韻語　上蔡語録　晞髪集　州志　香泉志
甘泉全集　陽明文録　原病式　象山語録　浙江
慈湖語略　大誥三編　維揚鄉飲　潛溪文集　布政司　説文　救荒活民補遺
詩法　觀風遺音　甘泉文録　張文潛文集　東漢文鑑　西漢文鑑
百戰奇法　詩準　松月軒集　詩話　諸司職掌　儀禮經傳　律吕元聲　近思録
薛子粹言　周禮大全　格物通　本草權度　按察司
羲獻釋文　古小學　學庸訓測　白沙詩粹　疑獄集　官箴集要　大明律　竹枝詞
鐵崖文集　難經　白沙子　褚氏遺書　程史　唐鑑
古今真寶　二程抄釋　新序　古史通志略　杭州府
維揚志　周易訓測　太玄經　伊洛淵源録　大唐六典　四書集註　武林遺事　禮經會元
草堂詩餘　農桑撮要　楊子折衷　意林　原病式　周禮　始豐集　千家全集唐詩
谷音　脈訣　藝林　二禮經傳測　元詩體要　韻海　唐詩類編　宋學士文粹
廬州府　算法大全　詠物新題　雪溪漁唱　萬竹山房集帖
春秋列傳　五蟲集　荒政集　表則　龍門子　羣珠摘粹　養生雜纂　劉伯温文集
廬揚志　居竹軒集　小學句讀　左傳拔尤　程氏遺書　伊洛淵源　四書白文　温公我箴集
周易旁註　潛溪文集　崇古文訣　皇極經世全書　精忠録　林和靖詩　近思録　太白山人詩
包公奏議　禮記集説　論範無爲州　蓋齋醫要　西湖遊覽
鳳陽府　嘉興府
中都志　淮南子　薛西原集　老子解　陸宣公集　三元參贊　韻補　劉靜脩文集
約言　家塾事親　文心雕龍　韓詩外傳　汲冢周書　詠史詩
安慶府　舒菴集　勤有詩集　王秋澗文集金王惲著
青陽文集　漢魏詩　安慶志　家禮會通　大戴禮　柳文　近代名臣言行録
廣德州　愧郯録　古文集　意林　越絶書桐鄉
啓蒙故事　桐汭志　諸司職掌　竹枝詞　陸賈新語　禮經會元
交泰録　明良集　湖州府

皇明詩選　吳興志　楚辭　趙松雪文集

寧波府

漢雋　標題四書　柳莊類編　明王學類編

海涵萬象　周易本義　韓文正宗　袁學士舊羣志

鳳池吟稿　竹外吟稿　柳莊詩　揚文懿公文集

府志　符臺外集　黄先生批點四書

童學書程　古今識鑒　清容居士文集寧波袁桷著

碧川文粹　奉化志　黄氏日抄慈溪黄震著

堇山文集　均齋文集　四明文獻志

紹興府

唐詩選　復古編　謝密菴文集上虞謝肅著

選詩補註　密菴詩集　會稽三賦　梅譜

通神論　符臺外集　啓蒙　楊鐵崖文集

詩學大成　六子白文　六書本義　尹和静文集

台州府

臨海志　龍川文集　戴石屏詩　觀樂生詩集

李桃溪文集宋李繫著　遜志齋文集　赤城論諫録

金華府

宋潛谿集　宋學士文粹　續文粹　義門王先生集

續研幾圖　旌義編　麟谿集　胡仲子文集

清溪集　和陶集　夢山稿　蘇平仲文集

鄭氏家規　魯齋文集　黄晉卿集　吳淵穎文集

唐漁石集　金華文統　黄文獻公集　王文獻公集

王文忠公集　九靈先生集　藥房居士集

衢州府

杜律虞註　論學繩尺　趙清獻公集　吳文正公集

嚴州府

觀光集　宋文鑑　選南鑑　淳安金石藥方

西陽雜俎　釣臺集　求政録　東萊博義

温州府

四書管見　四書集義　管窺外編　梅谿先生集

省愆集

處州府

翊運録　覆瓿集　覆子拾遺　蘇平仲文集

犂眉公集　寫情集　春秋明經　葉水心文集

盤谷唱和　無隱集　自怡集　易齋稿

劉府稿　郁離子集　耕雲集　誠意伯文集

埤雅　丹溪心法　梅溪集

江西

布政司

軍政條例　古文苑　皇明詩選　大明律

朱子語録　韓文　柳文　蘇文忠公全集

禮記正蒙　文式　問刑條例　小兒袖珍方

周易本義　明目方　滕王閣集　古賦辨體

釋名　大誥三編　大誥武臣　考古圖

史鈔

按察司

桂洲奏議　方山四書　陶集　忠烈編

憲綱　兩漢書疏　讀書分程　律條疏議

綱目　稽古定制　經籍攷　司馬温公集

江西通志　徐迪功集　漢隸分韵　品士録

南昌府

徐蘇傳　文章全集　古廉詩集　胡祭酒文集

古文關鍵　寰宇通志　皇明詩選　胡祭酒續文集

遼海集　山谷刀筆　山谷文集　包孝肅奏議

救急方　古賦辨體　慈湖遺書　説文解字補義

讀書記　交泰録　大儒奏議　徐幹中論

大學衍義　文選精義　羣忠録

弋陽王府

唐詩正聲　史略　史斷　大明中興頌

采芝吟 頤菴文集 頤菴文選 胡斗南文集
乾坤生意 洞天清録 文譜 龍虎經
詩譜 詩法 臞仙文譜 臞仙詩譜
毛詩 春秋 通鑑博論 禮制集要
異域志 太和正韵 保命集 十神書
懶仙詩評 江西詩法 瓊林雅韵 增奇集
琴阮啓蒙 原始秘書 太古遺音 神奇秘譜
浩歌 北斗課 靈棋經 梅花百詠
救命索 棋經 懽聲 老更狂
天運紹統 肘後神樞 肘後神經 璇璣迴文詩
冲溪子獨步大羅天 運化玄機 活人心法
壽域神方 神隱 文章歐冶 大雅詩韵
詩人玉屑 李白詩 唐詩 文章筌蹄
劉向新序

饒州府

寓菴集 近光集 浯溪集 劉彦昺文集
兩漢文鑑 異端辨正 餘干縣志

淮府

文苑類選 赤壁賦

廣信府

文章軌範 葬書 策學輯略 先賢事實録
疊山文集 詩學權輿 太玄經 三子口義
方言 軍政條例 針灸方 詩韵捷徑
廣信志

吉安府

府志 鄒東廓集 詩選補註 彭文思公集
文髓 文山文集 四書集釋 劉靜脩文集
泊菴集 歐文全集 歐詩全集 蘇文忠公集
東里文集 解學士集 運甓漫録 濟美集
唐詩類編 胡延平詩 表忠集 眉菴集

鶴鳴集 西澗集 雙崖集 胡文穆公集
石溪集 谿園集 素菴集 詩學梯航
東墅集 二妙集 慣窮集 東里詩集
抑菴集王直著 海東文集 困學記 曾學士集
劉職方文集劉子高著 芳洲老人集陳循著
尚寶文集 洗寃録 山海經 羅一峯集
槎谷文集 羅念菴集 廣輿圖羅念菴著
王陽明年譜鄒東廓著石刻

建昌府

府志 養生雜纂 鳴盛詩 圭峯文集羅玘著
錦繡策 褒忠録 聽鶴軒詩 西疇常言宋何坦著
三禮考註 保生要録 南豐文集 椒丘文集何喬新著
盱江文集 宋名臣録 救急易方 春秋胡傳
麻姑詩 孝行詩 遺愛集 一峯集

益府

重編廣韵

撫州府

府志 吴文正公文集 吴康齋文集 古崖先生集
歐文忠公文集 醫經小學 道園文集 象山文集
王荆公文集 東鄉縣志 彭惠安公文集

袁州府

府志 詩經集註 易經集註 十八方加減
圭齋文集 釋奠譜 孫真人方 唐詩絶句註解
熊士選集 問刑條例 虚舟詩集 滄海遺珠集
武經七書 穆天子傳 海叟集 阮嗣宗集

臨江府

府志 金川玉屑 周易參考 詩經演義
春秋考異 周禮句解 宋史略 元史略
論林 蒐古論 類訓 草堂詩餘
理學類編 羣書備數 梁氏策要 山陰詩集

石門集　五經白文　列女傳　傅與礪詩法
隋書　蘇文　十九史　傅與礪詩集
小學　忠經　禮部韵　傅與礪文集
氏族大全　事林廣記　三體唐詩　金文靖公集
古文　尺牘法言校文餘力　劉静脩文集
書言故事　丹溪纂要　西門文集　中村别業詩

贛州府

虔臺志　書經集註　四書集註　高太史文集
唐詩品彙　古賦辨體　埤雅　王狀元詩集
小學集註　考古圖　胡傳　王陽明武藝圖
隨身備用　袖珍方　白氏諷諫　崔清獻公全録
洪武正韵　武經七書

瑞州府

府志　唐詩鼓吹　許氏説文　北溪字義
文章字義　書經會通　春秋集　參同契補註
周易折衷　天下正音　唐書　家人衍義
禮記博文　農桑撮要　隨身備用　文章正宗
家禮儀節　大明律　理刑正要　春秋綱領

九江府

府志　石鍾山志　天池寺集　浯溪集

南康府

白鹿洞志　陶詩　四書集註　禮記集説
易經本義　遵道録　春秋繁露　二業合一訓

南安府

府志　張東海字帖　廣文選　劉元城鐵漢樓記

福建

布政司

大明會典　大明律　理數日抄　聖學格物通
醫林集要　醫方選要　韓柳文　自警編
金匱要略　東海文集　教家要略　國初事蹟

感應編　玉壺冰　櫻寧方　筮吉肘後經
問刑條例　荔枝考

按察司

五經集註　四書集註　晦菴文集　薛文清公全集
梓溪全集　家教節儀　贈言録　胡端敏公奏議
洗寃録　麻衣相訣

五經書院

通志略　杜氏通典　東西漢書　十三經註疏
皇明進士登科考

鹽運司

丹溪醫案　地理管見　陸宣公奏議

福州府

文苑英華　文編　玉髓真經　大學衍義補
五代史　班馬異同　管子　傷寒論
韓非子　小學大全　小學白文　古音傳
一統志略　鄭詩　鄭文　古樂府

福州府學

唐書　晉書　史記題評　大明一統志
八閩通誌　近思録　百將傳并武經七書
讀書記　學政集　傳習録　羅一峯文集
宋史新編　衛生易簡方

興化府

莆陽文獻志　類博稿

漳州府

府志　陳布衣遺稿　劉愛禮文集　白虎通
風俗通　陳北溪字義

泉州府

府志　法帖釋文　五經白文　周禮
歐陽詹集

延平府

玉機微義　豫章文集　延平答問　大明令

建寧府

四書集註　五經集註　武經總要　朱文公年譜
唐文粹　杜工部詩　顔氏家訓　朱文公登科録
建寧府志　詩法源流　古樂府　建寧人物傳
道南源委録　黄學士文集　劉屏山文集　王氏存笥稿
歐陽南野文集

書坊

四書白文　四書集註　四書傍註　四書大全
四書纂疏　四書通考　四書通證　四書音考
四書句解　四書輯釋　四書發明　魯齋四書
滄洲四書
以上四書類
周易註疏　周易本義　周易大全　周易句解
周易會通　易學啓蒙　董楷附録　張子清附録
程傳　毛詩註疏　詩經集註　詩經大全
毛詩句解　詩傳通集　嚴氏詩輯　尚書註疏
尚書纂疏　書經集註　書經大全　尚書句解
陳櫟書傳　董鼎傳　左傳註疏　公羊註疏
穀梁註疏　春秋大全　春秋左傳　春秋胡傳
春秋會通　春秋四傳　春秋纂疏　春秋逢闕
春秋圖象　春秋辯記　春秋金鎖匙　王霸世疏
禮記註疏　禮記集註　禮記大全　禮記句解
儀禮註疏　儀禮句解　儀禮圖　周禮註疏
周禮句解　孝經　孝經註疏　孝經直解
孝經纂疏　孝經刊誤　魯齋孝經　論語註疏
孟子註疏　爾雅註疏　爾雅　五經通典
九經直書　十一經問對
以上五經類
洪武正韻　大明律　大明令　問刑條例
大明會典　諸司職掌　皇明正要　大明一統志
大明官制　五倫書　禮儀定式　内訓
勸善書
以上制書類
性理大全　性理粹言　朱子語録　朱子大全集
家語　近思録　大學衍義　大學衍義補
小學集成　小學集解　家禮　家禮儀節
伊洛淵源
以上理學類
史記　少微通鑑　資治通鑑　綱目
前編綱目　綱目發明　綱目書法　十七史詳節
十九史略　三國志　貞觀政要　范祖禹唐鑑
宋南渡史　南唐書　小學史斷　宋金遼三史
北史内訓　吴越春秋　元史節要　十七史纂
宋元長編　南史　北史　宣和遺事
史略釋文　古今補斷　史綱一覽　讀書要訣
游文小史　史學綱領　聖政記　皇明經濟録
國朝言行録　理學名臣言行録　孤樹哀談
以上史書類
文獻通考　山堂考索　事文類聚　藝文類聚
集事淵海　翰墨大全　韻府羣玉　百家類纂
百川學海　初學記　考古遺編　考古羣玉
埤雅　事林廣記　文林廣記　萬寶事山
搜神記　中和集　養餘録　神農家教
列女傳　楚愚類書　便民圖纂　金璧大全
農桑撮要　姓源珠璣　姓氏大全　玉機微義
黄氏日抄　田家曆　六書正譌　異物彙苑
儀註　論學繩尺　初學繩尺　十大家談論
海篇直音　玉篇　廣韻　山海經
明世學山　三賢正宗　天下至略　居家必用

雷公炮製　書言故事　日記故事　大明一統賦
三餘別業　獻廷策表　便明寶鑑　啓劄青錢
簡牘大全　歐蘇手柬　益府對類　詩對押韵
對類大全　劉向新序　九邊圖論　陸宣公奏議
東萊博義　九章算法　四書人物考
以上雜書類
讀律瑣言　讀律管見　律例附解　律例疏議
詳刑要覽　洗冤録　無冤録　刑統賦
出巡録
以上刑名類
綱目兵法　武經直解　戰國策　黄石公素書
百將傳　武經七書　孫武子兵法　孫武子本義
以上兵戎類
漢文鑑　唐文鑑　唐文粹　宋文鑑
元文類　楚辭　文章正宗　續文章正宗
文章軌範　三蘇文集　三蘇文粹　刀筆文集
皇明文衡　皇明文選　皇明文範　國朝文類
朱文公詩　陽明文集　空同文集　駱賓王文集
荆川文集　宗子相集　吾學編　中原音韵
臺閣人文　詩學大成　瀛奎律髓　杜律虞註
杜律趙註　韓柳文集　李白全集　疊山文集
荆公文集　淮海文集　象山文集　歐陽文集
梅溪文集　止齋文集　東萊文集　宋濂文集
虚齋文集　甘泉文集　楓山文集　少湖文集
穀原文集　白沙文集　白沙詩教　吕太史文集
陶淵明詩　黄山谷詩　何仲默集　詩人玉屑
詩韵釋義　唐詩鼓吹　三體唐詩　方山詩説
草堂詩餘　寇準詩　陳摶詩　潛菴詩
以上詩文類
黄帝素問　難經　大觀本草　銅人針灸
東垣十書　脈訣　丹溪纂要　丹溪心法附餘
醫學正傳　明醫雜著　醫林集要　仁齋直指
肘後經　傷寒論　活人指掌　傷寒指掌圖
痘疹方　傷寒十書　奇效良方　活幼口議
全幼心鑑　濟陰寶鑑　活人心統　千金方
諸證辨疑　婦人良方　醫經大指　小兒方
袖珍方　藥性賦　救急易方　針灸四書
醫林正宗　外科心法　青囊雜纂　潔古老方
徐氏針灸　醫方捷徑　乾坤生意　加減十三方
此事難知　卜筮元龜　通真子補註脈訣　天玄賦
千里馬　海底眼　望斗經　靈棋經
火珠林　折字林　雙林影　星學大成
百中經　子平淵海　臺司妙纂　五星指南
耶律經　磨箭賦　應天歌　消息賦
碧玉經　七政曆　星學源流　範圍數
前定數　梅花數　人相編　麻衣相
五行相　三世相　皇堂塋編　通書大全
地理摘奇　陰陽捷徑　地理真機　地理集説
地理大全　地理四書　天機會元　千金風水
十代風水　金精鰲極　玉髓真經　脩真十書
參同契　悟真篇　金丹真解　六祖壇經
傳燈録　玄玄棋經　爛柯經　魯班經
王函經　牛經　馬經
以上醫卜、星相、堪輿、玄修等類
邵武府
四書白文　丹溪心法附餘　宗子相文集　李文忠公文集
李忠定奏議
汀州府
詩法源流　滄浪吟卷　明醫雜著　文山同年録
道南録　丹鉛總録楊慎著，出上杭縣

福寧州
玉機微義　石堂文集
湖廣
布政司
湖廣通志　齊民要術　本草纂要　傷寒全書
地理書　宋論　輿地圖
按察司
五經集註　四書集註　六子白文　太白山人詩
呂氏春秋　爾雅　選詩　杜詩
國語　二張詩　高蘇門集　太古遺音
皇明進士登科考　文端集　文集公集　大明律例
皇輿考
武昌府
杜詩范註　左傳嘉魚　詩餘圖譜　慎言集録興國
楚府
博物志　獨斷　新序　説苑
三體唐詩　古文關鍵　古文訓學大略　丁鶴年詩
舒菴集　清江先生文集崇德貝瓊著　小字帖
四書集註
漢陽府
魯齋文集　愚莊集　詠物新題　夏文忠公集
事物紀原　雪航膚見　倣顰集　讀書備忘元劉肅著
四書管見
黄州府
書經旁註　四書管窺　王夢澤集黄岡王廷陳著
傳習録蘄州
德安府
府志　初唐詩　王彭衙詩　隨州志
山陵賦　應山縣志
岳州府

岳州圖經志　岳陽古今詩集
承天府
詩品　中鑒　慎言録　沔陽志俱沔陽州
象山文集荆門州
襄陽府
襄陽志　周禮考註　光化縣志　衛生易簡方
永州府
府志
衡州府
衡州府志　家禮集説　活幼新書　原德録
珍珠囊
寶慶府
神異賦　解學士文集
長沙府
府志　岳麓書院圖志　文選雙字類要　廬溪文集
岳麓書院記宋張栻作
吉府
四書集註
荆州府
府志　後山詩集
遼府
東垣十書　養生雜纂　湘獻遺翰　羣書要方
邇言　小學史斷　通略直説　敍古千文帖
簡生遺集　養生日覽　選詩
常德府
府志　論孟古義
郴州
餘冬序録
河南
布政司

河南通志　大明律　菊莊詩集　遺山文集
痘疹方　唐詩品彙　戰國策　唐音
崆峒文集　事類賦　丹溪纂要　周北山詩集
于肅愍集　從古正文　文選增定　錦繡萬花谷
袖珍方　容齋隨筆　民生利用　傷寒指掌圖
金丹正理大全
按察司
源流至論　小學　諸司職掌
汝寧府
何氏集　信陽志　大復遺稿　孟有涯全集
學約古文　戴氏集俱出信陽州　孝慈録
農桑撮要　保生餘録　元遺山詩　楊文忠公集
衛輝府
交泰録
汝府
秦漢文
懷慶府
魯齋全集　文章軌範
彰德府
讀書管見　古文類選　絶句博選　圭塘小藁
文苑春秋　人物志
趙府
杜詩選註　左傳　六子
河南府
河南志　劉須溪批點杜詩　壽親養老書
擊壤集　二程全書　杜律虞註　蘇文忠表啓
唐詩鼓吹　伽藍記　淮南子
山東
布政司
東遊記　醫方集成　行軍須知　金文靖集金幼孜著

讀書日程　三事忠告　歸田稿　黄忠宣公詩集
問水集　唐音　王氏農書　許先生文集
黄帝素問　太玄經　邊華泉集　小學集説
家塾事親　淮海集　春秋集義　孝慈録
按察司
證類本草　一統賦　條例便覽　張養浩文集
石翁稿　讀書録
濟南府
韓詩外傳
德府
舜泉歌　雲莊樂府　儒門事親　張文忠家訓
小學　張文忠詩集
東昌府
五經白文　焦氏易林　杜氏圖註
兗州府
闕里志　孔孟通紀　陋巷志俱出曲阜　殷石川文集
魯府
羣書鈎玄　薩天錫詩　西遊記　蓬萊圖
登州府
海道經　西遊記
青州府
西漢文鑑　四書白文　五經白文
遼東
遼東志　遼城吟稿　百戰奇書
山西
布政司
劉向説苑　山西通志　五倫詩　河汾諸老詩
文選　唐文粹　宋文鑑　小兒痘疹方
史記　李白詩　周禮集説　初學記
李空同集　嘉祐集　戰國策　杜詩註解

董賈文集　元文類　唐詩紀事　續文章正宗
太平經國書
按察司
文章正宗　行軍須知　邊華泉詩集
太原府
馬石田文集　莊定山文集
平陽府
中説考蒲州　絳帖　釋名俱絳州　論略解州
讀書録　讀書續録　洪武正韻　御史箴
薛文清文集
潞安府
陳後村文集
大同府
古今真寶
代府
養蒙大訓　保幼大全
河東運司
司馬温公文集　博古圖
陝西
布政司
陝西通志　丹溪心法　鍼灸詳説　傷寒撮要
家禮集説　濟陽丹方　金丹直指　全唐詩話
玉機微義　醫經小學　養老新書　活人心統
史記　石刻九經　荀悦漢紀　長安志
王渼陂集　雍大紀　國語　何仲默集
馬政志　小學集解　董賈文集　張太微詩集
策學集要　阮嗣宗詩　齊民要術　康旻齋詩集
漢本紀　墅談　碧山樂府　許西涯樂府
遊春記　雍録　馬西園文集
西安府

洪武禮制　千金寶要　策學提綱　西安地理圖
唐音　小學集解　三輔黃圖　井天論草
正蒙會稿　史學指南俱咸陽　文章軌範朝邑
對類大全　五色線俱同州　丘隅集喬世寧著　五經白文俱耀州
四書集註三原　啓劄青錢邠州　論範涇陽　孝經直解
孝經刊誤　詩人玉屑俱乾州
秦府
吟韻解註
鳳翔府
四書白文　諸司職掌　盛唐詩集　軍政條例
漢中府
杜律　出行寶鑑　詔誥表章機要
救急易方　碎金集　家禮儀節　吕涇野詩集
古文集　鎖地鈐　問刑條例　鄒東廓文集
慎言集録
平涼府
釋文三註　休菴集　崔豹古今註
韓府
聖賢圖
臨洮府
策學集成　賓退録　翼城志
慶陽府
梁氏策要　東萊博義　金璧故事　四書經疑問對
寧夏
寧夏志
慶府
文章類選　飲膳正要　增廣唐詩　養生雜纂
陶淵明集　毛晃韻　參同契　悟真篇
麗景園記　文苑英華　唐詩鼓吹　唐詩古今註
詩林廣記

鞏昌府
小學白文　白虎通　風俗通　太平金鑑策
事物紀原　酉陽雜俎　本草集要　唐詩絶句
延安府
三體唐詩　千文法帖　陸宣公奏議
四川
布政司
寰宇通志　居家必用　丹溪心法　草堂遊詠詩
杜詩集註　千金寶要　五經　四書
大學衍義　象緯撮要　史通　東萊讀書記
玉壺冰
按察司
潛溪文集　詩林類選　聯錦詩集
成都府
策學集略　靈棋經　文類
蜀府
五經纂言　五經改機　劉向説苑　古文關鍵
五經傳註　五經句解　新序　金丹正理大全
禮記纂言　史略　忠經　錦繡萬花谷
貞觀政要　直説通略　小學史斷　詹孟舉千文帖
仕學軌範　先賢器重　方氏女教　曹大家女教
五經白文　通鑑綱目　左傳　鄭氏女孝經
玉機微義　脩真十書　自警編　壽親養老新書
順慶府
鶴山文集
保寧府
丹溪纂要
重慶府
性理文錦　策學集略　書院解説　本草
攝生要義　劉須溪批點杜詩

敘州府
選詩外編　疑辨録　憲綱　大誥
府志　小四書　救荒活民書
嘉定府
岑參詩集　漢雋
瀘州
詩韻會釋
眉州
三蘇文集
邛州
金丹正理大全
雅州
李杜千家詩
廣東
布政司
唐詩　東里文集　東里詩集　白虎通
周禮句解　大學衍義　類編故事　東坡文集
東坡詩　嶺南珠玉　唐書　穀梁傳
公羊傳　左傳　大戴記　宋史
二程全書
按察司
五先生詩集　傷寒瑣言
廣州府
府志　丹崖集　陳剛中詩　白沙全集 新會縣
國語　杜氏通典　五經　六子書
本草　程子語録　白沙詩教　泉翁集
南雄府
張曲江文集
廉州府
安南圖　欽州志

惠州府
惠大記　東坡寓惠録
肇慶府
律詩類編
雷州府
府志
潮州府
府志　學史　祥刑要覽　草木子
薛胡粹言　禮義會編　鄉禮書
韶州府
明良集　武溪集
瓊州府
瓊臺吟藁　丘文莊集　大學衍義補
廣西
布政司
皇明理學名臣録　皇明名臣録
按察司
問刑條例　崇古文訣　武學經傳
桂林府
府志　曹鄴傳
南寧府
府志　傳習録
雲南
布政司
古文會選　古文類選　滇南志　續文章正宗
元史續編　武七書　通鑑類要　石鼓文音訓
全幼心鑑　羣方續抄　家語　乾坤生意
經義模範　祥刑要覽　通鑑總類　陶詩
丹鉛餘録　賈誼新書　皇明詩抄　尚書句解
風雅逸編　保生餘録　御製文集　亢倉子
小四書
按察司
五言律祖　墨池瑣録　水經碑目　古樂府
乾坤生意　雲南通志
雲南府
賈誼新書　文章正宗　學約古文　孔子家語
五言律祖
臨安府
禮記集註　交趾圖　歷代甲子圖　天文地理圖
大理府
小學句讀　皇明詩抄
貴州
布政司
諸夷圖　大誥三編　律解附例　曆代甲子圖
詠史詩　本草　强恕齋詩抄
思南府
府志

于慎行《穀山筆麈》卷七《典籍》　後唐長興三年初，命國子監校定《九經》，雕板印賣，至後周廣順乃成。而蜀人毋昭裔亦請刻印《九經》。故雖在亂世而《九經》傳佈甚廣。及後周，和凝始爲文章，有集百餘卷，嘗自鏤板以行於世。雕印書籍，始見於此。不知隋、唐以來，雕板之法已有行之者否？

沈德符《萬曆野獲編》卷二五《著述·國學刻書》　南北兩雍所貯書籍，俱漫漶不完。近年北監奏請重刊二十一史，陸續竣事，進呈御覽，可謂盛舉矣。而校對鹵莽，訛錯轉多，至如遼、金諸史，俱有缺文，動至數葉。俱仍其脱簡接刻，文理多不相續，即云災木可也。甲午春，南祭酒陸可教有刻書一疏，謂文皇帝所修《永樂大典》，人間未見，宜分頒巡方御史各任一種，校刊彙成，分貯兩雍，以成一代盛事。上即允行，至今未聞頒發也。按此書至二萬餘卷，即大内止寫本一部，至世宗重録，以備不虞，亦至穆宗朝始告竣，效勞諸臣俱敘功優陞。若付梨棗，更豈易言。近日楊修齡鶴巡鹽兩浙，欲刻《太平御覽》，予極贊成之，以仁、錢兩令君大譁而止，况《大典》又數十倍《御覽》乎？

劉若愚《酌中志》卷一八《内板經書紀略》 凡司禮監經廠庫内所藏祖宗累朝傳遺秘書典籍，皆提督總其事，而掌司、監工分其細也。自神廟静攝年久，講幄塵封，右文不終，官如傳舍，遂多被匠夫厨役偷出貨賣。柘黄之帙，公然羅列于市肆中，而有寶圖書，再無人敢詰其來自何處者。或占空地爲圃，以致板無曬處，濕損模糊，甚或劈毁以禦寒，去字以改作。即庫中見貯之書，屋漏浥損，鼠嚙蟲巢，有蛀如玲瓏板者，有塵霉如泥片者，放失虧缺，且甚一日。若以萬曆初年較，蓋已什減六七矣。既無多學博洽之官綜核齊理，又無簿籍數目可考以憑銷算。蓋内官發迹，本不由此，而貧富升沉，又全不關乎貪廉勤惰。是以居官經營者，多長于避事，而鮮諳大體，故無怪乎泥沙視之也。然既屬内廷庫藏，在外之儒臣又不敢越俎條陳，曾不思難得易失者，世惟書籍爲最甚也。昔周武滅商，《洪範》訪自箕子；晉韓起聘魯，見《易象》、《春秋》，曰：「周禮盡在魯矣。」今將有用圖書，盡擲無用之地，豈我祖宗求遺書于天下，垂典則于萬世之至意乎？想在天之靈，不知如何其惘然，如何其太息也！今上天縱英明，右文圖治，倘一旦清問祖宗歷來所存書籍幾何，或聖駕親臨庫際一覽視之，亦聖道幸也。惜哉！當局者未肯思及此耳。祖宗設内書堂，原欲于此陶鑄真才，冀得實用。按《古文真寶》、《古文精粹》二書皆出于老學究所選。累臣欲求大方於《明白上水頭古文選》爲入門，再將《宏肆上水頭古文選》爲極則。起自《檀弓》、《左》、《國》、《史》、《漢》、諸子共什七八，唐、宋什二三爲一種。再將洪武以來程墨垂世之稿，亦選出一半爲入門，一半爲極則，亦爲一種。四者同成二帙，以範後之内臣，奏知聖主，發司禮監刊行，用示永久，不知上天肯假之歲月，令其遂志否也。皇城中内相學問，讀《四書》、《書經》、《詩經》，看《性理》、《通鑑節要》、《千家詩》、《唐賢三體詩》，習書柬活套，習作對聯，再加以《古文真寶》、《古文精粹》，盡之矣。十分聰明有志者，看《大學衍義》、《貞觀政要》、《聖學心法》、《綱目》，盡之矣。《説苑》、《新序》亦間及之。《五經大全》、《文獻通考》涉獵者亦寡也。此皆内府有板之書也。先年有讀《等韵》、《海篇》部頭，以便檢查難字。凡有不知典故難字，必自己搜查，不憚疲苦。其後，多鹵莽粗浮、懶于講究，蓋緣心氣驕滿，勉强拱高，而無虚己受善之風也。《三國志通俗演義》、《韵府群玉》皆樂看愛買者也。至于《周禮》、《左傳》、《國語》、《國策》、《史》、《漢》，一則内府無板，一則繩于陋習，概不好焉。除古本、抄本、雜書不能開遍外，按現今有板者，譜列于後，即内府之經書則例也。

《五倫書》六十二本，一千七百一葉。《詩傳大全》十二本，九百九葉。《書經大全》十本，七百六十三葉。《周易大全》十二本，一千一百十八葉。《春秋大全》十八本，一千四百五十九葉。《禮記大全》十八本，一千二百九十九葉。《易傳》六本，五百八十二葉。《書傳》六本，五百八十三葉。《詩傳》六本，六百三十五葉。《春秋傳》四本，一千零六十一葉。《禮記》八本，一千六十一葉。《四書大全》二十本，一千五百八十九葉。《四書集注》十本，八百二十葉。《性理大全》三十本，二千一百六十九葉。《資治通鑑綱目》四十本，四千一百葉。《續資治通鑑綱目》十四本，一千一百二十二葉。《少微通鑑節要》廿本，四千四百廿八葉。《通鑑節要續編》二十本，一千六百八十三葉。《晏宏通鑑綱目》三十本，四千二十葉。《文獻通考》一百本，一萬八百三十六葉。《歷代名臣奏議》百五十本，九千七百二十葉。《歷代通鑑纂要》六十本，三千六百三十葉。《大明會典》一百四十本，六千五百九十葉。《事文類聚》一百三十本，八千三百六十葉。《大明一統志》四十本，三千一百五十葉。《明倫大典》廿四本，七百廿葉。《大明集禮》三十六本，一千四百七十二葉。《大學衍義》二十本，一千三百八十二葉。《大學衍義補》四十本，三千六百葉。《對類》十二本，八百七十三葉。《諸司職掌》三本，四百二十八葉。《大明官制》二本，三百七十葉。《御制大誥》四本，二百五十三葉。《大明律》二本，一百七葉。《洪武正韵》五本，五百葉。《韵府群玉》十本，一千四十葉。《御制文集》八本，七百十三葉。《經史海篇直音》五本，五百十二葉。《廣韵》二本，二百五十五葉。《玉篇》二本，三百十五葉。《御制詩集》二本，八十四葉。《經書音釋》二本，一百七葉。《詩韵釋義》二本，一百五十八葉。《四書白文》六本，三百十二葉。《詩學大成》十四本，一千葉。《爾雅埤雅》四本，三百九十七葉。《許氏説文》八本，六百五十葉。《吕真人文集》二本，二百四十葉。《孔子家語》三本，一百四十四葉。《通書大全》八本，九百九十葉。《列女傳》三本，一百三十五葉。《神課金口訣》二本，二百四十葉。《仁孝皇后勸善書》十本，八百七十六葉。《臞山肘後神樞》二本，一百七十八葉。《選擇曆書》二本，二百五十六葉。《雍熙樂府》二十本，一千七百九十三葉。《三國志通俗演義》廿四本，一千一百五十葉。《歷代臣鑒》十本，五百六十葉。《貞觀政要》八本，三百七十葉。《居家必用》十本，八百八十葉。《聖學心法》四本，三百十五葉。《釋文三注》《千字文》，七十一葉。《胡曾詩》，九十九葉。《蒙求》，一百四十四葉。《飲膳正要》三本，七百七十五葉。《唐賢三體詩》二本，一百七十二葉。《古文精粹》二本，二百五十六葉。《李白詩》四本，三百六葉。《選詩補注》三本，三百十三葉。《唐詩鼓吹》五本，二百六十六葉。《高皇后傳》一本，四十七葉。《女訓》一本，四十九葉。《内訓》一本，五十葉。《尚書》、《孝經》、《大學》、《中庸》五本，三百三十六葉。《周易占法》二本，二百四十葉。《草堂詩餘》二本，一百九十葉。《恩紀含春堂詩》二本，一百十五葉。《擊壤集》四本，三百五十葉。《勸忍百箴》四本，三百葉。《古文真寶》四本，三百九十一葉。《醫要集覽》六本，二百八十葉。《草韵辨體》六本，二百七十葉。《增定華夷譯語》十一本，一千七百八葉。《評史心見》六本，三百五十葉。《通鑑博論》三本，二百九十葉。《重刻証類本草》十本，一千三百四十五葉。《養生類纂》五本，一百九十七葉。《釋氏源流應化事迹》四本，四百四十葉。《皇明祖訓》一本，五十葉。《洪武禮制》一本，八十二葉。《稽古定制》一本，八十二葉。《鄭氏女孝經》一本，四十二葉。《祖訓條章》一本，十二葉。《曹大家女訓》一本，十六葉。《女誡直解》一本，四十八葉。劉向《説苑》五本，三百二十五葉。《皇明典禮》一本，九十五葉。《内則詩》一本，六十二葉。《内令》一本，十二葉。《昭鑒録》一本，一百五十二葉。《御制洪範篇序》一本，三十六葉。《勤政要典》一本，七十三葉。《外戚事鑒》一本，六十八葉。《山居四要》一本，八十三葉。《慈聖皇太后女鑒》一本，六十九葉。《女訓内訓》同前。《臞仙肘後經》一本，一百十二葉。《玉匣記》一本，八十二葉。《省躬録》一本，七十二葉。《祥异賦》一本，四十九葉。《步天歌》一本，八葉。《傳心妙訣》一本，四十五葉。《詳明算法》一本，一百十葉。《草字碎金》一本，九十二葉。《真字碎金》一本，九十二葉。《千家姓》一本，五十九葉。《孝順事實》一本，二百九十二葉。《爲善陰騭》一本，三百七十二葉。《小學書解》一本，一百六葉。《忠經》一本，四十二葉。《孝經大義》一本，四十二葉。《歷代紀年》一本，三十六葉。《四時歌曲》一本，十二葉。《隨機應化録》一本，六十葉。《高皇帝道德經注解》一本，六十九葉。《達達字孝經》一本，四十二葉。《醫按書》一本，三十二葉。《蒙求白文》一本，十九葉。《山歌》一本，四葉。《華夷譯語》一本，八十八葉。《古字便覽》一本，五十二葉。《八行遺事集》一本，二十八葉。《警世篇》一本，三十一葉。《忠經直解》一本，十六葉。《太上感應篇》一本，九十二葉。《憲綱》一本，五十葉。《百家姓》一本，十葉。《大學》一本，三十六葉。《千字文》一本，十七葉。《孝經》一本，十六葉。《中庸》一本，五十六葉。《千家詩》一本，四十四葉。《四書雜字》一本，十二葉。《七言雜字》一本，十三葉。《三字經》一本，二十六葉。《啓蒙集》一本，四十葉。《啓蒙書法》即《永字八法》一本，二十一葉。《草訣百韵》一本，十四葉。《草訣百韵歌》三本，四十葉。《八行圖書》一本，四十葉。《孝經直解》一本，三十六葉。《解夢書大全》二本，七十葉。《四書直解》二十五本，一千零四十二葉。《書經商解》十三本，八百二十葉。《通鑑直解》二十五本，一千四十二葉。《帝鑒圖説》六本，三百五十六葉。劉向《新序》三本，一百四十二葉。《洪武正韵玉鍵》二本，一百三十葉。

佛經一藏，計六百七十八函，十八萬八十二葉。共用白連四紙四萬五千一十三張，藍絹二百五十三匹七尺四寸，黄絹廿六匹二丈四尺一寸，已上每匹長三丈二尺，黄毛邊紙五百七十張，藍毛邊紙四千九百十二張，黄連四紙三百四十七張，白户油紙一萬八千九十五張，黑墨二百八十六斤八兩，白麵一千二百二十五斤，白礬四十五斤。

道經一藏，計五百十二函，十二萬二千五百八十九葉。共用白連四紙三萬八百九十七張，黄連四紙一百七十六張，藍毛邊紙三千十八張，黄毛邊紙五百二張，藍絹一百八十二匹一丈八尺六寸，黄絹二十四匹一丈六尺，白户油紙八千三百七張，黑墨一百六十斤八兩，白麵七百五十斤，明礬二十五斤。

番經一藏，計一百四十七函，十五萬七十四葉。共用腰子白鹿紙一萬三千六百四十張。

大五大部經：《華嚴經》八十二本。《大涅槃經》四十一本。《報恩經》七本。《金光明經》十本。《心地觀經》八本。

小五大部經：《法華經》七本。《楞嚴經》十本。《佛母大孔雀經》三本。《地藏經》三本。《梁皇懺》十本。

又五般經：《圓覺經》二本。《彌陀經》一本。《諸品經咒》。《金剛經注解》一本，一百四十七葉。《華嚴小鈔》一百十七本。《諸真寶懺》十二本。《小道經》一本。

累臣若愚曾聞成祖敕儒臣纂修《永樂大典》一部，系湖廣王洪等編緝，時號召四方文墨之士，累十餘年而就。計二萬二千八百七十卷，一萬一千九十五本。因卷帙浩繁，未遑刻板。其寫册原本，至孝廟弘治朝以《大典》金匱秘方外人所未見者，乃親灑宸翰，識以御寶，賜太醫院使臣王、聖濟殿内臣寵，蓋欲推之以福海内也。閣臣王文恪鏊恭撰頌以揄揚盛美。相傳至嘉靖年間，于文樓安置。偶遭回禄之變，世廟亟命挪救，幸未至焚。遂敕閣臣徐文貞階，復令儒臣照式摹抄一部。當時供謄寫官生一百八名，每人日抄三葉。自嘉靖四十一年起，至隆慶元年始克告成，凡二萬二千九百餘卷。及萬曆年間兩宫三殿復遭回禄，不知此二部今又見貯藏于何處也。又累臣曾見《車駕幸第録》所載，正德十五年閏八月内，武廟南征回，如鎮江，幸大學士楊一清第，曾進抄本《册府元龜》一部，共一千卷，計二百零二本。累臣曾向韓提督世禄言及，幸有一部，然舛錯頗多，至不能句，似非楊宅所獻之書。李永貞遂雇人借抄一部，仍將原本交還。而抄本一部，聞丁卯冬丁紹呂已獻于王體乾，爲自己呈身之贄矣！可嘆也。至崇禎己卯夏，體乾没産，又不知落何人手也。又江陵張文忠公在閣時，曾具書與張中翰後湖曰：「先年張文簡公曾得内閣所藏《册府元龜》一部。其後文簡公卒于京邸，其僕即將此書于部前貨賣，令先翁識其爲閣本也，贖而藏之于家。嘗語區區曰：『吾欲將此書仍送歸内閣，以完先代之寶，何如？』僕時起賀曰：『幸甚！此義舉也。』無何而令先翁亦逝，竟勿克踐其言。今憶此書必無恙也，僕欲倍價奉贖，仍歸閣中，以卒令先翁之志，惟執事其幸許之。夫此一書也，文簡得之，令先翁贖之，至僕而還之，三更張氏，皆楚人也。將以媲于古之左史倚相能讀墳典丘索，不亦美乎？」云云。然詳味江陵此舉，則必實踐其言者，但未知後湖果曾割付此書否，又不知今尚存内閣否也。承平日久，處處光景與先年不同，則此書之存與不存，與《永樂大典》之存貯何庫，又有誰敢饒舌問及也哉！嗟嗟，難言矣！

孫承澤《春明夢餘録》卷一二《文淵閣》 文淵閣係中秘藏書之所。明初伐燕，詔大將軍收秘書監圖書、典籍、太常法服、祭器、儀衛，及天文、儀象、地里、户口、版籍。既定燕，詔求遺書散民間者。永樂辛丑，命修撰陳循將南内文淵閣書各取一部至京，計取書一百櫃，載以十艘；又遣官四出購買。故閣中所積書計二萬餘部，近百萬卷，刻本十三，抄本十七，蓄積之富，前古所未有也。嘉靖中，閣災，書移通集庫及皇史宬。

洪容齋云：梁元帝在江陵蓄古今圖書十四萬卷，將亡之夕，盡焚之。隋嘉則殿有書三十七萬卷，唐平王世充，得其舊書於東都，浮舟泝河，盡覆於砥柱。貞觀、開元，募借繕寫，兩都各聚書四部，禄山之亂，尺簡不存。代宗、文宗時，復行搜采，分藏於十二庫，黄巢之亂，存者蓋尠。昭宗又於諸道采訪，及徙雒陽，蕩然無遺。宣和殿、太清樓、龍圖閣所儲，靖康蕩析之餘，盡歸於燕。觀此，則知燕之書蓋合宋、金、元三朝所蓄，而爲一代之書，計數百萬卷，縹緗之侈，造物所忌也。

《周禮》：太史掌建邦之六典，又有外史掌四方之志、三皇五帝之書。漢氏圖籍所在，有石渠、石室，延閣、廣内，貯之於外府；又有御史居殿中，掌蘭臺秘書，及麒麟、天禄二閣，藏之於内禁。後漢圖書在東觀。桓帝延熹二年，始置秘書監一人，掌典圖書，考合同異。唐制秘書省掌經籍圖書之事，秘書郎掌四部圖籍，校書郎掌較讐典籍，刊正文章。宋有秘書監，掌古今經籍、圖書、國史、實録、天文、曆數之事，官有少監、監丞，屬有著作郎、秘書郎、校書、正字，各以其職隸於長、貳。明初設秘書監，秩正六品，先除監丞一員，直長二員，使掌秘書，後改典籍。及文淵閣中書移之他所，而典籍乃爲内閣辦事官，失立官之意矣。弘治五年，閣學士邱濬請於文淵閣近地别建重樓，不用木植，但用磚石，將累朝實録、御製玉牒及干係國家大事文書，盛以銅櫃，庋於樓之上層；如詔、册、制、誥，行禮、儀注，前朝遺文、舊事，與凡内府衙門所藏文書，可備異日纂修全史之用者，盛以鐵櫃，庋之下層。每歲曝書，先期奏請，委翰林院堂上官一員曬晾，事畢封識。内外衙門因事欲有稽考者，必須請旨，不許擅開。旨允行。正德間，閣學士楊廷和請令中書胡熙、典籍劉偉，與主事李繼先查校書籍，由是盜出甚多。永樂初，問文淵閣書皆備否。解縉對：經史粗備，惟子集尚缺。上曰：士人起家，皆欲積書，况朝廷可闕乎。遂召禮書鄭錫，令擇通知典籍者四出購求。且曰：書籍不可較價值，惟其所欲與之。又曰：置書不難，須常覽有益。

洪武二年八月，詔儒臣修纂禮書。其書以吉、凶、軍、賓、嘉、冠服、車輅、儀仗、鹵簿、字學、樂爲綱。所該之目，吉禮十四：曰祀天，曰祭地，曰宗廟，曰社稷，曰朝日，曰夕月，曰先農，曰太歲、風、雲、雷、雨師，曰嶽鎮、海瀆、天下山川、城隍，曰旗纛，曰馬祖，先牧馬社馬步，曰祭厲，曰祀典神祇，曰三皇孔子。嘉禮五：曰朝會，曰册拜，曰冠禮，曰婚禮，曰鄉飲酒。賓禮二：曰朝貢，曰遣使。軍禮三：曰親征，曰遣將，曰大射。凶禮二：曰吊賻，曰喪儀。又冠服、車輅、儀仗、鹵簿、字學各一。樂三：曰鍾律，曰雅樂，曰俗樂。凡陞降儀節制度名數纖悉備具，通五十卷，賜名《大明集禮》。

洪武二十六年，上以諸司職有崇卑，政有大小，無方册著成法，恐後之涖官者罔知職任政事施設之詳，命吏部同翰林官倣六典之制，自府部以下諸司，凡其設官分職之類，彙編爲書，名曰《諸司職掌》。行之。

洪武二十八年，脩《寰宇通志》。其書方隅之目有八，東距遼東都司，又自遼東東北至三萬衛，西極四川松潘衛，又西南距雲南金齒，南距廣東崖州，又東南至福建漳州府，北暨北平大寧衛，又西北至陝西、甘肅。爲驛九百四十。浙江、福建、江西、廣東之道各一，河南、陝西、山東、山西、北平、湖廣、廣西、雲南之道各二，四川之道三，爲驛七百六十六。凡天下道里，縱一萬九百里，横一萬一千七百五十里，四夷之驛不與焉。

永樂中，命解縉纂集類書，爲文獻大成。嫌其未備，乃命姚廣孝重修。正總裁三人，副總裁二十五人，纂修三百四十七人，催纂五人，編寫三百三十二人，看詳五十七人，謄寫一千三百八十一人，續送教授十人，辦事官吏二十人，凡二千一百八十人。永樂五年十一月告成，凡二萬二千二百一十一卷，裝成一千九十五本，各以韻爲類，賜名《永樂大典》，貯文淵閣，副本貯皇史宬。

永樂中，命儒臣集宋儒五經四書傳註纂修之，其諸儒論説，於傳註互發，足其所未備者，分註其下；不合者不取。《周官》、《儀禮》不課士置科，不列。書成，賜名《四書五經大全書》。諸儒語録足羽翼聖經者，彙爲一編，賜名《性理大全書》。

成化十年，命編纂《宋元綱目》。以閣臣彭時等爲總裁官，以宮坊、翰林劉珝、邱濬、程敏政、劉健、楊守陳、尹直、彭華、謝一夔等爲纂修官，分八館，未五年而書成。

弘治五年，命内閣諸臣倣唐、宋《會要》及元人《經世大典》、《大元通例》編成一書，賜名《大明會典》。其書以諸司職掌爲綱，以度數、名物、儀文、等級爲目，附以歷年事例，使官各領其屬，而事皆歸於職，用備一代定制，以便稽考。嘉靖二十八年修之，萬曆十五年再修之，一代之大經大法備焉。其餘諸書不具載。

陸文裕深曰：宋太宗平列國，所得裸將之士最多，無地以處之，於是設六館，修三大部書，命宋白等總之。三大部者，《册府元龜》、《太平御覽》、《文苑英華》也。御覽外又修《廣記》五百卷，永樂靖難後修《永樂大典》亦此意。余按宋太宗詔諸儒編集故事一千卷，曰《太平總類》；文章一千卷，曰《文苑英華》；小説五百卷，曰《太平廣記》；醫方一千卷，曰《神藥普救》，總賜名曰《太平御覽》。若《册府元龜》一千卷，乃真宗編集也。文裕所考，或未確乎。至靖難之舉，不平之氣遍於海宇，文皇借文墨以銷壘塊，此實係當日本意也。

附記内府刊刻書目

《五倫書》，十二本，一千七百一葉。《周易大全》，十二本，一千一百十八葉。《書傳大全》，十本，七百六十三葉。《詩傳大全》，十二本，九百七葉。《春秋大全》，十八本，一千四百五十九葉。《禮記大全》，十八本，一千二百五十九葉。《書傳》，六本，五百八十三葉。《易傳》，六本，五百八十二葉。《詩傳》，六本，三百三十五葉。《春秋》，四本，四百四十葉。《禮記》，八本，一千六十一葉。《四書大全》，二十本，一千五百九十九葉。《四書集註》，十八本，八百二十葉。《性理大全》，三十本，二千二百六十九葉。《資治通鑑綱目》，四十本，四千一百葉。《續資治通鑑綱目》，十四本，一千一百二十二葉。《少微通鑑節要》，二十本，一千四百三十八葉。《資治通鑑節要續編》，二十本，一千六百八十三葉。晏宏《資治通鑑綱目》，三十本，四千二十葉。《文獻通考》，一百本，一萬八百三十六葉。《歷代名臣奏議》，一百五十本，九千七百二十葉。《歷代通鑑纂要》，六十本，三千七百三十二葉。《大明會典》，一百四十本，六千五百九十葉。《事文類聚》，一百三十本，八千三百六十葉。《大明一統志》，四十本，三千一百五十葉。《明倫大典》，二十四本，七百二十葉。《大明集禮》，三十六本，二千四百七十六葉。《大學衍義補》，四十本，三千六百葉。《對類》，十二本，八百七十三葉。《諸司職掌》，三本，四百二十八葉。《大明官制》，二本，三百十葉。《大明律》，二本，二百七葉。《御製大誥》，四本，二百五十三葉。《御製文集》，八本，七百十三葉。《御製詩集》，二本，八十四葉。《洪武正韻》，五本，五百葉。《經史海篇直音》，五本，五百十二葉。《韻府羣玉》，十本，一千四十葉。《玉篇》，二本，三百十五葉。《廣韻》，二本，二百五十五葉。《詩韻釋義》，二本，一百五十八葉。《經書音釋》，二本，一百七葉。《詩學大成》，十四本，一千葉。《四書白文》，六本，三百十二葉。許氏《説文》，八本，六百五十葉。《爾雅埤雅》，四本，三百九十七葉。《孔子家語》，三本，一百四十四葉。《吕真人文集》，二本，二百四十葉。《列女傳》，三本，一百二十五葉。《通書大全》，八本，九百九十葉。《大明仁孝皇后勸善書》，十本，八百七十六葉。《神課金口訣》，二本，二百四十葉。《選擇曆書》，二本，二百五十六葉。《臞仙肘後神樞》，二本，一百七十八葉。《三國志通俗演義》，二十四本，二千一百五十葉。《雍熙樂府》，二十本，一千七百五十三葉。《貞觀政要》，六本，三百七十葉。《歷代臣鑑》，十本，五百六十葉。《聖學心法》，四本，三百十五葉。《居家必用》，十本，八百八十葉。《飲膳正要》，三本，一百七十五葉。《釋文三註》《千字文》，一本，七十一葉；《蒙求》，一本，一百四十五葉；《胡曾詩》，一本，九十九葉。《唐賢三體詩》，二本，一百七十二葉。《古文精粹》，二本，二百五十六葉。《李白詩》，四本，三百六葉。《高皇后傳》，一本，四十七葉。《女訓》，一本，四十葉。《内訓》，一本，五十葉。以上三種，共一帙，曰《傳訓》，同函。《尚書》、《孝經》、《大學》、《中庸》，五本，三百三十六葉。《選詩補註》，三本，三百十二葉。《唐詩鼓吹》，五本，二百六十六葉。《周易占法》，二本，二百四十葉。《草堂詩餘》，二本，二百九十葉。《獻皇帝恩紀含春堂詩餘》，二本，二百四十葉。《小四書》，三本，二百四十葉。《明心寶鑑》，二本，一百十五葉。《擊壤集》，四本，三百五十葉。《勸忍百箴》，四本，三百葉。《古文真寶》，四本，三百九十一葉。《醫要集》，六本，二百八十葉。《草韻辨體》，六本，二百七十葉。《增定華夷譯語》，十一本，一千七百八葉。《評史心見》，六本，三百五十葉。《通鑑博論》，三本，二百九十葉。《證類本草》，十本，一千三百四十五葉。《皇明祖訓》，一本，五十葉。《祖訓條章》，一本，十二葉。《皇明典禮》，一本，九十五葉。《洪武禮制》，一本，八十二葉。《御製洪範篇序》，一本，三十葉。《稽古定制》，一本，十九葉。《慈聖宣文皇太后女鑒》，一本，六十九葉。《鄭氏女孝經》，一本，四十二葉。又《女訓》、《内訓》，同前。曹大家《女誡》，一本，十六葉。《内則詩》，一本，六十二葉。《内令》，一本，十二葉。《昭鑒録》，一本，五十二葉。《勤政要典》，一本，七十三葉。《外戚事鑒》，一本，六十八葉。《山居四要》，一本，八十三葉。《省躬録》，一本，七十二葉。《祥異賦》，一本，四十九葉。《步天歌》，一本，八葉。《傳心妙訣》，一本，四十五葉。《詳明算法》，一本，一百十葉。《草字碎金》，一本，九十二葉。《真字碎金》，一本，九十二葉。《千家姓》，一本，五十九葉。《孝順事實》，一本，二百九十二葉。《爲善陰隲》，一本，二百七十二葉。《小學書解》，一本，一百六葉。《忠經》，一本，四十二葉。《孝經大義》，一本，四十三葉。《歷代紀年》，一本，三十六葉。《四時歌曲》，一本，十一葉。《隨機應化録》，一本，六十葉。《高皇帝道德經解》，一本，六十九葉。《達違字孝經》，一本，四十二葉。《醫按經》，一本，三十二葉。《蒙求白文》，一本，二十九葉。《山歌》，一本，四葉。《華夷譯語》，一本，八十八葉。《古字便覽》，一本，五十二葉。《八行遺事集》，一本，二十八葉。《警世編》，一本，三十葉。《忠經直解》，一本，十六葉。《太上感應靈篇》，一本，九十二葉。《憲綱》，一本，五十葉。《百家姓》，一本，十葉。《千字文》，一本，十七葉。《孝經》，一本，十六葉。《大學》，一本，三十六葉。《中庸》，一本，五十六葉。《千家詩》，一本，四十四葉。《神童詩》，一本，十二葉。《四書雜字》，一本，十二葉。《七言雜字》，一本，十三葉。《三字經》，一本，二十六葉。《啓蒙集》，一本，四十葉。《啓蒙書法》，即《永字八法》，一本，二十一葉。《草訣百韻》，一本，十四葉。《草訣百韻歌》，三本，四十葉。《八行圖説》，一本，四十一葉。《孝經直解》，一本，三十三葉。《周公解夢書大全》，二本，七十葉。《四書直解》，二十六本，一千八百四十葉。《書經直解》，十三本，八百二十葉。《通鑑直解》，二十五本，一千四百二葉。《帝鑑圖説》，六本，三百五十六葉。《洪武正韻玉鍵》，二本，一百三十葉。其餘釋、道書，不載。

焦袁熹《此木軒雜著》卷六《書籍》

《班史》言孝宣之世，技巧工匠器械，自元成間鮮能及之，亦足以知吏稱其職，民安其業也。蓋先王之世納賈以知好惡，觀政治者，宜亦有取于是乎！自康熙三四十年以來，民間服食器用不尚豐侈，或日就敝惡，下至送鬼楮幣之屬，亦復狹劣，大減于前，以從撙節之教，惟獨書籍刻鏤精善，遠軼前代。使夫吟誦之徒，不覺歡悦，耽味無斁，摛華發藻，爲國之光，向非聖上崇隆斯文，以焕乎之章，鼓舞振作一世之人心，何以致然哉！其他或詘于物力，或生于巧變者，其事瑣屑，詎足爲盛治之累也。

錢大昕《十駕齋養新録》卷六《嘉祐校七史》《長編》：嘉祐六年八月庚申，詔三館秘閣校宋、齊、梁、陳、後魏、後周、北齊七史，書有不完者訪求之。今世所傳皆出于嘉祐校刊之本。《魏書》每卷末間有史臣校訂語，它史無之，蓋後來失去。

錢大昕《十駕齋養新録》卷六《監本二十一史》《日知録》：嘉靖初，南京國子監祭酒張邦奇等請校刻史書。《南雍志》：嘉靖七年，錦衣衛閒住千户沈麟奏準校勘史書。禮部議以祭酒張邦奇、司業江汝璧博學有文，才猷亦裕，行文使逐一校對修補，以備傳佈。欲差官購索民間古本，部議恐滋煩擾，上命將監中十七史舊板考對修補，仍取廣東《宋史》板付監，《遼》《金》二史無板者購求善本翻刻。十一年七月成，祭酒林文俊等表進。至萬曆中，北監又刻《十三經》、《二十一史》，其板視南稍工。然校勘不精，訛舛彌甚，且有不知而妄改者。

北監本《十三經注疏》創始于萬曆十四年，至廿一年畢工。《廿一史》則開雕于萬曆廿四年，至卅四年竣事，板式與《十三經》同。

錢大昕《十駕齋養新録》卷一一《平水》《金史·地理志》：「平陽府平陽縣有平水。」金時有毛麾者，平陽人，自號平水老人。見趙與時《賓退録》。金、元之世，平陽立經籍所，一時書坊印板，咸集于此。今世所傳《政和證類本草》，即平陽張存惠所刊也。

錢大昕《十駕齋養新餘録》卷下《南監板經史》　《南雍志》云：《金陵新志》所載集慶路儒學史書梓數，正與今同。則本監所藏諸梓，多自舊國子學而來也明矣。自後四方多以書板送入。洪武、永樂時，兩經欽依修補，然板既叢亂，每爲刷印匠竊去，刻它書以取利，故旋補旋亡。成化初，祭酒王偊會計諸書亡數，已逾二萬篇。時巡視京畿、南京、河南道御史上海董綸，乃以贓犯贖金送充修補之費，《文獻通考》補完者幾二千葉焉。宏治初，始作庫樓貯之。嘉靖七年，錦衣衛閒住千户沈麟奏准校勘史書，禮部議以祭酒張邦奇、司業江汝璧博學有文，才猷亦裕，行文使逐一考對修補，以備傳佈。其廣東布政司原刻《宋史》，差人取付該監，一體校補。《遼》、《金》二史原無板者，購求善本翻刻，以成全史。於是邦奇等奏稱《史記》、《前》、《後漢書》殘缺糢糊，原板脆薄，剜補隨即脱落，莫若重刊。又于吴下購得《遼》、《金》二史，亦行刊刻。已而邦奇、汝璧陞遷去任，祭酒林文俊、司業張星繼之，乃克進呈。

《宋史》四百九十一卷，成化中，巡撫兩廣都御史朱英刻于廣州。

錢大昕《十駕齋養新餘録》卷下《南雍經史板》　《南雍志》：《周易注疏》一十三卷、《尚書注疏》二十卷、《毛詩注疏》二十卷、《春秋正義》三十六卷、《公羊疏》三十卷、《穀梁疏》十二卷、《儀禮注疏》五十卷。舊板壞失，止殘板五面。新刻《儀禮注疏》十七卷、《孝經注疏》一卷、《論語注疏》十五卷，皆殘闕。《爾雅注疏》十卷，則見《子類》。《周禮》、《禮記》、《孟子注疏》，南監初未有板也。《志》又云：《十三經注疏》刻于閩者，獨缺《儀禮》，以楊復《圖説》補之。嘉靖五年，巡撫都御史陳鳳梧刻于山東，以板送監，是南監《儀禮注疏》雖刻于嘉靖初，乃在張邦奇之前，邦奇等所刊補者唯二十一史耳。

嘉靖七年所刻唯《史記》、《兩漢書》、《遼》、《金》二史五部。其後續刻于萬曆二十四年者，則有《史記》、《梁書》、《五代史》，祭酒余有丁、司業周子義所校也。

趙慎畛《榆巢雜識》上卷《元書院版書》　元書院版書尚佳，蓋猶宋老師悉心校讎者。

趙慎畛《榆巢雜識》上卷《明監版書》　《王守溪集》中有言：「今《十三經注疏》祇得汀洲版，若此版亡，宇宙間便無此書矣。」明末乃得汲古閣明監版，乃司禮監也，最惡劣。今大字本《文獻通考》亦監版書也。

姚元之《竹葉亭雜記》卷四　太學石經凡一百九十碑，爲江南拙老人蔣衡書，乾隆五十七年始勒石。先是五十六年，高廟欲勒石經於太學，初命彭文勤公元瑞司校讐，金司空簡司工。五十九年高廟啓蹕，幸避暑山莊，文勤不隨扈，命每晨攜筆硯至乾清宫偏校内府所弆宋刻各本，金司空備食。文勤因得觀人間罕見之本，考其同異，著爲一書，名曰《乾隆御定石經考文提要》。凡蔣書不合於古者，俱改正之。碑成，文勤面奏云：「石經將垂訓萬世，只臣與金簡二人列後銜，臣以末學，金又高麗人，恐不足取信。」因加派和相國珅、王文端杰爲總裁，董文恭誥、劉文清墉及金司空、彭文勤爲副，金司空士松、沈司農初、阮制軍元、瑚太宰圖禮、那太宰彦成隨同校勘，獨文勤得邀宫銜，並命仿《五經文字》、《九經字樣》例，每經勒《考文提要》於後。和相國嫉焉，大毁《提要》不善，併言非天子不考文，議文勤重罪。高廟諭云：「彭元瑞本以《乾隆御定石經》加其上，何得目爲私書？」和計不行，乃令人作《考文提要舉正》，分訓詁、偏旁、諧聲三門，以爲己作也以進。又訾《提要》多不合坊本，不便士子，請飭禁銷燬，併命彭某不得私藏。高廟嘆曰：「留爲後人聚訟之端，亦無不可。」其事乃寢。和乃密令人將碑字從古者一夜盡挖改之，而文勤之《考文提要》亦不果刊。嘉慶八年，文勤奏請詳加察覈，仁宗命董文恭、紀文達、朱文正、戴文端、那冢宰查對，但將碑字之草率漏畫畧加修補而已。阮制軍之撫浙江也，始以《考文提要》屬門下士許進士紹京刊刻焉。《提要》之作，薈萃宋本之善者。嘉慶二年，乾清宫燬於火，宋本俱燼，今乃藉是書以存其大概，豈非深幸耶。碑無故被一夜之災，抑又何也？蔣衡，江蘇金壇恩貢生，乾隆五年以手書《十三經》進，賜國子監學正。衡爲人作書，每自稱曰「江南寫十三經拙老人蔣衡」，後更名振生。

丁申《武林藏書録》卷上《南宋諸刻》　天水建都以來，杭州文事日盛，太學既刻經史諸書，以廣流傳，而外之公府私家，亦有足紀者。謹按《天禄琳琅》：《羣經音辨》爲臨安府學所刊，有臨安府學教授等銜名。《漢官儀》爲臨安府所刊，末有紹興九年三月臨安府雕印字。又《田裕齋書目》：陶叔獻《西漢文類》末有紹興十年四月臨安府雕印一行。姚鉉《唐文粹》後有「臨安府今重行開雕唐文粹乙部，計貳拾册，已委官校正訖。紹興九年正月日」一條，下列校刊銜名十一行。又《絳雲樓書目》：周守忠《姬侍類偶》，嘉定十三年臨安行在諸軍糧料院幹辦鄭域所刻。餘若《夢粱録》載，杭城市肆淳祐年有名相傳者，太廟前尹家文字鋪所刻《北户録》見於《天禄琳琅》，彩畫《三輔黄圖》見於周密《雲烟過眼録》，《續幽怪録》見於黄丕烈《士禮居藏書記》。又有張官人諸史子文籍鋪。又《天禄琳琅》載《容齋三筆》後記：臨安府鞔鼓橋南河西岸陳氏書籍印。考《杭州府志》，輓鼓橋屬仁和縣境，今橋名尚沿其舊，與洪福橋、馬家橋相次，在杭州府城内西北隅。當時書肆陳氏多有著名，思在大街，起在睦親坊，皆非輓鼓橋之書鋪也。《士禮居藏書記》又載：寒山拾得詩後有一條，「杭州錢塘門内車橋南大街郭宅書鋪印行」。至《田裕齋書目》所載之《漢紀》三十卷，爲紹興間錢塘刻本，則不可考其爲何處矣。

丁申《武林藏書録》卷上《杭州官刻書》 周宏祖輯《古今書刻》内載，浙江布政司所刻，有《東漢文鑑》、《西漢文鑑》、《説文》、《救荒活民補遺》、《諸司職掌》、《儀禮經傳》、《律吕元聲》、《近思録》、《七修類稿》、《籌海圖編》、《大明律》、《證類本草》、《國朝憲章》、《食物本草》、《經驗良方》、《醫方選要》、《史纂》，凡十七種。按察司所刻，有《疑獄集》、《官箴集要》、《大明律》、《竹枝詞》、《桯史》、《唐鑑》、《資治通鑑》、《條例備考》、《六書正譌》、《羲之十七帖》、《肘後經》，凡十一種。杭州府所刻，有《大唐六典》、《四書集註》、《武林遺事》、《禮經會元》、《原病式》、《周禮》、《始豐稿》、《千家全注唐詩》、《元詩體要》、《韵海》、《唐詩類編》、《宋學士文粹》、《算方大全》、《咏物新題》、《雪溪漁唱》、《萬竹山房集帖》、《龍門子》、《羣珠摘粹》、《養生雜帖》、《劉伯温文集》、《程氏遺書》、《伊洛淵源》、《四書白文》、《温公我箴集》、《精忠録》、《林和靖集》、《近思録》、《太白山人詩》、《蓋齋醫要》、《西湖游覽志》，凡三十種。今則棗梨久蠹，緗縹罕存，搜訪卅年，遺槧僅遇，殊增思古之感。

丁申《武林藏書録》卷上《杭州諸公署鏤版》 陳善《萬曆杭府志》載諸公署鏤版凡五處：巡撫都察院所刊者爲《皇明經濟録》四十一卷，《籌海圖編》十三卷，《督撫奏議》六卷，《續督撫奏議》六卷，俱總督都御史胡宗憲編；《諸史將略》十六卷，知府毛綱、錢塘教諭黄議編；《大學衍義補纂要》六卷，《餘慶録》一卷，俱巡撫都御史徐栻編；《礦防考》、《海防考》、《水兵律令》、《陸兵律令》、《水兵操法》、《陸兵操法》各一卷，俱巡撫都御史谷中虚撰。布政司所刊者，爲《禮經會元》四卷，《史纂左編》一百四十卷，《國朝憲章録》四十二卷，《憲章類編》四十二卷，《皇明詔令》二十一卷，《大明律例》七卷，《問刑條例》六卷，《軍政事例》六卷，《軍政條例》四卷，《賦役成規》一卷，《均平録》一卷，《廣輿圖》一卷，《浙江通志七十二卷，《横渠易説》二卷，《儀禮經傳》二十三卷，《續儀禮經傳》三十六卷，《律吕元聲考注》二卷，《證類本草》三十卷，《食物本草醫方選要》十二卷，《經驗良方》十一卷，《本草醫旨脈訣》一卷，《衛生易簡方》四卷，《太上感應篇》一卷，《文章軌範》十卷，《陶靖節集》十卷，《皇明詩鈔》二卷，《古樂府》十卷。按察司所刊者，爲《鄉校禮輯》一卷，《資治通鑑》三百二十四卷，《文章正宗》三十卷，《條例備考》二十四卷，《大唐六典》三十卷，《疑獄集》十卷，《軍政條例摘鈔》十卷，《官箴集》二卷，《王恭毅公駮稿》二卷，《越絶書》十五卷，《六書正譌》六卷，《韓氏醫通》一卷，《臞仙肘後經》二卷，《歐陽文集》四卷，《岳武穆集》十卷，《釣臺集》十卷。兩浙運司所刊者，爲《兩浙鹺志》若干卷，巡按御史唐臣撰；《兩浙鹽法條例》五十卷，《欽依鹽法要覽》、《要覽續編》共十四卷，《行鹽事宜》六卷，《招商事宜》一卷，《場所公費事宜》一卷，《金陀粹編》二十卷，《續編》二十四卷，《四書集註》十九卷，《大明律例》七卷。杭州府所刊者，爲《守令懿範》四卷，《洗寃録》一卷，《日本考略》一卷，《陸王二先生要語》二卷，《百忍箴》四卷，《靈棋經》一卷，《杭州府志》六十三卷，《西湖遊覽志》二十四卷，《志餘》二十六卷，《武林舊事》十卷，《杭州府水利圖説》一卷，《于忠肅公奏議》十卷。亦足見當時地方大吏留意典籍，與今日異也。

丁申《武林藏書録》卷上《杭州府學官書》 杭學爲浙藩之冠，人文之美甲他郡。入是學者，讀有用之書，儲有用之才，文章華國，固有以也。本朝順治五年，巡臺諸司各捐金修葺。十五年，李公率泰等增修，秦公世禎重興禮樂，規模始備。學有尊經閣，本南宋稽古閣遺址，舊藏書籍，歲久散佚。秦公世禎更命張公安茂纂輯《禮樂全書》，增購書籍，備多士弦誦。康熙四十五年頒《御製古文淵鑑》、《資治通鑑》等書。五十二年《御纂朱子全書》成，五十四年《御纂周易折中》成，皆頒發各直省學宫，以廣誦習。雍正元年頒《欽定孝經衍義》一書。三年議准將《聖諭廣訓》、《御製朋黨論》頒發各省學政刊刻刷印，齎送各學。乾隆九年奏准《御纂性理精義》、《書詩春秋三經傳説彙纂》諸書雖經頒發，然士子衆多，不足以資鈔誦，令各省督撫藩司多行刷印，每學每種給發二部，以備士子鈔誦。其《御纂三禮》告成後，再行頒給。又議准《三通》諸書，令各督撫酌量置辦。乾隆元年議准，《律書淵源》應頒發直省所屬各學。又議准，各督撫於省會書院，並有尊經閣之府州縣學，應將十三經、二十四史諸書購買頒發，交與各該學教官接管。二年奏准《日講四書解義》，每省各頒一部。十五年議准，《御纂三禮》甫經告成，奉旨頒發各省。二十九年奉上諭，頒《周易述義》、《詩義折中》、《春秋直解》於學宫。三十年頒發《御製詩初集二集》、《御製文初集》，恭藏學中。二百年來，士子涵濡教澤，樂育漸摩，宜乎文教日新，聖功益懋也。

丁申《武林藏書録》卷上《浙江采集遺書》 乾隆三十八年閏三月初七日奉

諭，江浙人文淵藪，其流傳較別省更多，果能切實搜尋，自無不漸臻美備。聞東南從前藏書最富之家，如昆山徐氏之傳是樓，常熟錢氏之述古堂，嘉興項氏之天籟閣，朱氏之曝書亭，杭州趙氏之小山堂，寧波范氏之天一閣，皆其著名者，餘亦指不勝屈。並有原藏書目，至今尚爲人傳録者，即其子孫不能保守而輾轉流播，仍爲他姓所有，第須尋原究委，自不致湮没人間，縱或散落他方，爲之隨處蹤求，亦不難于薈萃。又聞蘇州有一種賈客，惟事收賣舊書，如山塘開鋪之金姓者，乃專門世業，於古書存佚原委，頗能諳悉。又湖州向多賈客書船，平時在各處州縣兑賣書籍，與藏書家往來最熟，其於某處舊有某書，曾購某本，問之無不深知。如能向此等人善爲諮詢，詳加物色，因而四處借鈔，仍將原書迅速發還，諒無不踴躍從事。至書中即有忌諱字面，並無妨礙。現降諭旨甚明，即使將來進到時，其中或有妄誕字句，不應留以貽惑後學者，亦不過將書燬棄，轉諭其家，不必收存，與藏書之人，並無干涉，必不肯因此加罪。至督撫等經手彙送，更無關礙，又何所用其疑畏乎。三十九年，浙江巡撫三寶序云，疊奉明詔，開誠布公，悉蠲禁忌，大哉王言，如日中天，萬物咸覩。浙人士亦遂踴躍奮興，競出所藏以獻，其最者如鮑士恭、范懋柱、汪啓淑及吴玉墀、孫仰曾、汪汝瑮等，各獻書五六七百種至二百種以上，其餘各郡邑掇拾呈繳，收自故家，購於書肆，無稍滋累。於是舊本四出，駢集麇至，臣董率諸局員，矢勤矢慎，整理篇帙，檢別重複及冗瑣無當者，以次敘目入告。統計前後自壬辰冬迄甲午夏，凡奏書十二次，爲種四千五百二十三，爲卷五萬六千九百五十五，不分卷者二千九十二册，可謂盛矣。嘉善縣學訓導姚江黄璋識云，浙中疊奉恩綸，諄切開諭，藏書家捆載麇至，移局太平坊，列屋兼輛，充牣其中，每奏一次，少百餘種，多或數百至千餘種不等，同事四五人，分手趕辦，每書開敘姓氏爵里，節略必查檢他書，而其時又迫於期限，凒凒連日夕不輟，頭目爲暈。自壬辰冬至乙未夏作十四次奏進，每次皆然。癸巳秋，璋與同事朱君休度、張君羲年商榷，謂吾輩此番之事，等於煙雲過眼，盍稍述其梗概，付之剞劂氏，以爲浙中掌故乎。爰取前所奏底稿，重加類次，分爲自甲至癸十集，其十次以下則分爲閏集，襄其事者陶君廷珍、唐君虞、朱君文藻也。總目甲集爲易類、書類、詩類，乙集爲周禮類、儀禮類、禮記類、通禮類、春秋類，丙集爲論語類附逸語、孝經類、孟子類、四書類、羣經類、樂類、爾雅類、小學類、六書類，丁集爲通史類、編年類、別史類、霸史類、雜史類、掌故類一總類、掌故類二職官、掌故類三食貨、掌故類四儀制、掌故類五兵刑、掌故類六河渠、掌故類七水利、掌故類八營造，戊集爲傳記類一總類、傳記類二以時代爲次、傳記類三以地爲次、地理類一通志、地理類二各直省、地理類三山川名勝古跡、地理類四異域、史鈔類、史學類、譜系類，已集爲儒家類、雜家類、説家類一總類，庚集爲説家類二文格詩話，説家類三金石書畫、説家類四小説、藝玩類、類事類、叢書類、天文術算類、五行類、兵家類、農家類、醫家類、釋家類、道家類，辛集爲總集類一以時代爲次、總集類二以地爲次、楚辭類、別集類一唐，壬集爲別集類二宋、別集類三宋、別集類四金元，癸集上爲別集類五明、別集類六明，癸集下爲別集類七明、別集類八國朝。閏集編次照前例，不列細目。按汪啓淑《水曹清暇録》，乾隆三十七年開四庫館徵訪天下遺書，武英殿移取九百種，在京各官進呈九百八十三種，直隸總督進呈二百三十八種，奉天府尹進呈三種，兩江總督進呈一千三百六十五種，安徽巡撫進呈五百二十三種，江蘇巡撫進呈一千七百二十六種，浙江巡撫進呈四千五百八十八種，福建巡撫進呈二百五種，江西巡撫進呈八百五十九種，河南巡撫進呈一百十三種，山東巡撫進呈三百七十二種，山西巡撫進呈八十八種，湖南巡撫進呈四十六種，陝西巡撫進呈一百五種，湖北巡撫進呈八十四種，廣東巡撫進呈十二種，雲南巡撫進呈四種，兩淮鹽院進呈一千五百七十五種，共采訪得書一萬三千七百八十一種。《永樂大典》重纂修得三百二十一種，總不若浙江進呈總數之多云。蔣恭煦有浙江采集遺書總目詩云：「丹詔徵文下彩鸞，收藏浙水例原寬。圖書自拜天家賜，十卷猶留甲午刊。」

丁申《武林藏書録》卷上《重刊聚珍版諸書》 乾隆甲午五月，詔儒臣彙集《永樂大典》内散見之書，重輯成編，及世所罕覯祕籍，以活字版印行，賜名「聚珍版」書。每種冠以御題五言詩十韵，前繫小序。越三載，丁酉九月，頒發其書於東南五省，敕所在鋟勒通行，用廣流布。一時承命開雕者，江南凡八種，江西凡五十四種，福建凡一百二十三種，浙江凡三十九種，卷帙多寡不一，以福建爲最富，以浙江爲最精。浙江舊多藏書家，拜《圖書集成》、《佩文韵府》之賜者六人，沐浴教澤，踴躍咸奮，爰仿内府袖珍版式，取便篋衍，重刊成書。閩浙總督鍾音、浙江巡撫王亶望、學政彭元瑞、布政司孫含中、按察司國棟、督糧道陸允鎮、鹽驛道噶爾弼善恭紀於後，督刊者杭州知府邵齊然，校字者錢塘教諭韓義、淳安教諭厲繩、泰順教諭姚廷璣、試用訓導孫麗春，承刊者大理寺寺丞銜汪汝瑮、鹽運司運同銜孫仰曾、國子監生鮑士恭、錢塘學廩膳生員汪庚。書凡二十函，一百二十四册，謹遵殿本元定價值，共計紋銀十二兩五錢八釐五毫九絲二忽。省城振綺堂汪氏、壽松堂孫氏、大知堂汪氏、知不足齋鮑氏，公印通行，皆進書之家而承刊者。世又稱三單本，迄今百餘年，全帙亦罕覯矣。

葉德輝《書林清話》卷三《宋司庫州軍郡府縣書院刻書》 宋時官刻書有國子監本，歷朝刻經、史、子部見於諸家書目者，不可悉舉。而醫書尤其所重，如王叔和《脈經》、《千金翼方》、《金匱要略方》、《補註本草》、《圖經本草》五書，於紹聖元年牒准奉聖旨開雕，於三年刻成，當時所謂小字本，今傳者有《脈經》一種，見《阮外集》。紹興年間重刊，仍發各州郡學售賣。既見其刻書之慎重，又可知監款之充盈。天水右文，固超逸元、明兩代矣。此外有：

崇文院本。咸平三年刻《吴志》三十卷，見《黄記》、《陸志》。天聖二年刻《隋書》八十五卷，見《陸志》。天聖中刻《齊民要術》十卷，見《楊志》。存殘本三卷。天聖七年准敕雕造孫奭等《律》文十二卷、《音義》一卷，見《阮外集》、《瞿目》。影鈔宋本。寶元二年刻賈昌朝《羣經音辨》七卷，見《彭跋》。

祕書監本。元豐七年趙彦若校刻張邱建《算經》三卷，唐王孝通《緝古算經》一卷，見《四庫書目提要》。

德壽殿本。刻劉球《隸韵》十卷，見《阮外集》。云：「第十卷末行有御前應奉沈亨刊七字。董其昌定爲德壽殿本，似未真確。」德輝按：董説是也，沈亨當是御前供奉刻字匠人。

左廊司局本。淳熙三年刻《春秋經傳集解》三十卷，見《天禄琳琅後編》三、陳鱣《簡莊隨筆》。後刻印記云：「淳熙三年四月十七日，左廊司局内曹掌典秦玉禎等奏聞：《壁經》、《春秋》、《左傳》、《國語》、《史記》等書，多爲蠹魚傷牘，不敢備進上覽。奉敕用棗木椒紙各造十部，四年九月進覽。監造臣曹棟校梓，司局臣郭慶驗牘。」

兩浙東路茶鹽司本。熙寧二年刻《外臺祕要方》四十卷，見《黄書録》、《陸志》、《陸跋》。紹興三年刻《資治通鑑》二百九十四卷，見《瞿目》、《丁志》。刻揚雄《太玄經》十卷，見《四庫書目提要》。紹興丙辰六年。刻《事類賦》三十卷，見《楊譜》。無年號刻《唐書》二百卷，見《黄書録》、《瞿目》。宋刻殘本。

兩浙西路茶鹽司本。紹興辛未二十一年。刻《臨川王先生文集》一百卷，見《瞿目》、宋刻本。《丁志》。元刊本。

兩浙東路安撫使本。乾道戊子四年。洪适刻《元氏長慶集》六十卷，見《陸志》、《丁志》。明仿宋本。

浙東庾司本。無年號刻桑世昌《蘭亭考》十二卷，見《瞿目》。影鈔宋本。

浙右漕司本。劉敏士刻劉牧《易數鈎隱圖》三卷，附《遺論九事》一卷，見《四庫書目提要》。

浙西提刑司本。淳熙己亥六年。刻《作邑自箴》十卷，見《瞿目》、《繆續記》。影鈔宋本，云：卷末有「淳熙己亥中元浙西提刑司刊」一行。

福建轉運司本。紹興十七年刻《太平聖惠方》一百卷，見《丁志》。依宋刻鈔本，云：太平興國三年，内出親驗名方千餘首，更詔醫局各上家傳方書，命王懷隱等校勘編類，淳化三年書成。紹興中刻本，末載：「福建路轉運司命將國子監《太平聖惠方》一部，一百卷，二十六册，計三千五百三十九版，對證内有用藥分兩及脱漏差誤共壹萬餘字，各已修改開版，並無譌舛。於本司公使庫印本。紹興十七年四月日。」次列校刊各官名。

漳州轉運使本。淳熙乙巳十二年。刻大字本《三國志》，見豐道生《真賞齋賦》。未詳卷數。

建安漕司本。紹興癸酉二十三年。黄訥刻其父伯思《東觀餘論》不分卷，每葉二十行，每行二十字。見傅沅叔增湘藏書。嘉定庚午三年。刻黄伯思《東觀餘論》二卷，見《孫記》。明項篤壽萬卷堂仿宋刻本，云後有「建安漕司刻梓」六字。開慶改元湯漢刻《西山先生真文忠公讀書記》甲集三十七卷、乙集十六卷、丁集八卷，見《陸志》。

福建漕司本。無年號吴堅刻《胡子知言》一卷、《後録》一卷，見《天禄琳琅六》。元翻宋本。《張子語録》三卷、《後録》三卷、《龜山先生語録》四卷、《後録》二卷，見《瞿目》。云卷末有「後學天台吴堅刊於福建漕治」二行。

淮南東路轉運司本。淳祐庚戌十年。刻徐積《節孝先生文集》三十卷，見《天禄琳琅後編》六。前有王夬亨序，結銜稱「淮南東路提點刑獄公事兼淮南東路轉運判官」。

湖北茶鹽司本，亦稱湖北庾司本。慶元二年修、淳熙二年補刻紹熙茶鹽提舉司本《漢書》一百二十卷，見《錢日記》、《陸志》、《陸跋》。

荆湖北路安撫使本。紹興十八年刻《建康實録》二十卷，見《張志》、《楊録》、《陸志》、《丁志》。明影宋本。

廣西漕司本。紹聖三年刻王叔和《脈經》十卷，見《楊志》。

江東倉臺本。淳熙庚子七年。刻洪适《隸續》二卷，見《四庫書目提要》。云乾道戊子，始刻十卷於越。淳熙丁酉，范成大又爲刻四卷於蜀。其後二年己亥，德清李彦穎又爲增刻五卷於越。其明年庚子，尤袤又爲刻二卷于江東倉臺。輦其版歸之越，前後合爲二十一卷。

江西計臺本。淳熙八年錢佃刻《荀子》楊倞注二十卷，見《黄書録》。

江西漕臺本。淳熙九年尤袤刻荀悦《申鑒》一卷，見《陸志》。明翻宋本。邱宗卿刻《呂氏家塾讀詩記》三十二卷，見《天禄琳琅後編》二、《瞿目》。

淮南漕廨本。嘉定乙亥八年。王大昌刻錢文子《補漢兵志》一卷，見鮑廷博知不足齋重刻本。

廣東漕司本。寶慶乙酉元年。刻《新刊校定集注杜詩》三十六卷。見《天禄琳琅》三、《黄賦注》、《黄書録》、《瞿目》。云即陳氏《書録》所謂福清曾噩刻板五羊漕司、載爲善本者也，每卷末有寶慶乙酉廣東漕司鋟梓及校勘各官銜名。

江東漕院本。紹定辛卯四年。趙善湘刻衛湜《禮記集説》一百六十卷，見《毛目》、影鈔宋本。《四庫書目提要》、《丁志》。影宋鈔本。

江西提刑司本。嘉定壬申五年。刻洪邁《容齋隨筆》十六卷，《續筆》十六卷，《三筆》十六卷，《四筆》十六卷，《五筆》十卷，見《陸志》。明會通館活字本。以(上)〔下〕各本，皆可稱爲：

公使庫本。元符改元，蘇州公使庫刻朱長文《吴郡圖經續記》三卷，見《黄書録》。云紹興四年孫佑補葺。宣和四年吉州公使庫刻《歐陽文忠六一居士集》五十卷，又《續刻》五十卷，見《天禄琳琅》三。紹興十九年明州公庫刻《騎省徐公集》三十卷，見《張志》、《陸志》。校宋鈔本。紹興戊寅二十八年。沅州公使庫刻孔平仲《續世説》十二卷，見《阮外集》。淳熙三年舒州公使庫刻曾穜《大易粹言》十二卷，見《四庫書目提要》、《天禄琳琅後編》二。淳熙四年撫州公使庫刻《禮記》鄭注二十卷，見《楊録》；嘉慶丙寅張敦仁翻刻。附《釋文》四卷，見《瞿目》、《顧集》。淳熙六年春陵郡庫刻《河南程氏文集》十卷，見《陵志》。明刊本。淳熙七年台州公庫刻《顔氏家訓》七卷，見《錢日記》、《黄書録》。廉臺田家刻本。淳熙八年台州公使庫刻《荀子》二十卷，見《森志》。光緒乙酉，黎庶昌《古逸叢書》翻刻。淳熙九年信州公使庫刻李復《潏水集》十六卷，見《丁志》。舊鈔本。淳熙十年泉州公使印書局刻《司馬太師温國文正公傳家集》八十卷，見《瞿目》、《黄記》。淳熙十四年鄂州公使庫刻《花間集》十卷，見《楊録》。已翻刻。凡此皆支領庫錢所刻也。各州軍郡府縣亦然。故有：

州軍學本。天聖七年江陰軍學刻《國語》韋昭注二十一卷，宋庠《國語音》三卷，見《陸志》、《陸跋》。嘉慶五年，黄丕烈士禮居已仿刻，但未刻《音》。紹興十年宣州軍州學刻梅聖俞《宛陵集》六十卷，見《陸志》。明翻宋本。紹興十七年黄州州學刻王禹稱《小畜集》三十卷，見《陸志》。明影宋本。又婺州州學教授沈棐校刻蘇洵《嘉祐集》十六卷，見《四庫書目提要》、《瞿目》、《楊録》、《陸跋》。校宋鈔本。紹興二十一年惠州軍州學刻《眉山唐先生文集》三十卷，見《陸志》。舊鈔本。紹興壬申二十二年。撫州州學刻謝邁《竹友集》十卷，見《四庫書目提要》。云州守趙士鵬勒其書於學宮。紹興二十七年南劍州州學刻孫甫《唐史論斷》三卷，見《四庫書目提要》、《天禄琳琅後編》八。又廬州州學刻《孝肅包公奏議集》十卷，見《張志》、明刊本。《瞿目》。明崇藩刻本。乾道初元建昌軍學刻黄裳《演山集》六十卷，見《四庫書目提要》、云裳之季子玠裒輯，建昌軍教授廖挺校訂刻。《陸志》。影宋鈔本。乾道二年揚州州學教授湯修年刻沈括《夢溪筆談》二十六卷，見《陸志》。乾道四年興化軍學教授蔣邕校刻《蔡忠惠集》三十六卷，見《四庫書目提要》。乾道七年衢州軍州學刻王溥《五代會要》三十卷，見《陸志》。影宋鈔本。邵武軍學刻廖剛《高峯集》十二卷，見《陸志》。舊鈔本。淳熙二年撫州軍學刻《謝幼槃集》十卷，見《陸志》。舊鈔本。淳熙三年泉州軍州學刻沈與求《沈忠敏公龜溪集》十二卷，見《陸志》。明刊本。淳熙辛丑八年。泉州軍州學刻程大昌《演繁露》六卷，見《天禄琳琅》二。又潭州州學刻賈誼《新書》十卷，見《陸志》。明翻宋本。淳熙乙巳十二年。至丁未十四年。全州軍州學刻《集韵》十卷，見《森志》、《楊志》。淳熙丙午十三年。嚴州州學刻《唐柳先生集》四十五卷，《外集》一卷，《附録》一卷，嘉定改元重刻。見《森志》。又象州軍州學刻慕容彦逢《摛文堂集》十五卷，見《陸志》。傳鈔閣本。紹熙壬子三年。高郵軍學刻秦觀《淮海集》四十九卷，見《天禄琳琅後編》七。慶元庚申六年。建昌軍學南豐縣主簿林宇沖刻《樂書》二百卷，見《森志》。嘉定改元台州州學刻林師蒧《天台前集》三卷，嘉定十六年刻林民表《别編》一卷，《拾遺》一卷。淳祐戊申刻《續集》二卷，庚戌刻《補遺》一卷，合前三卷。又《拾遺》一卷，《别編》一卷。見《陸志》。嘉定壬申五年。沈圻刻《范忠宣集》二十卷，見《陸志》、《陸續跋》。嘉定丙子九年。興國軍學刻《春秋經傳集解》三十卷，附陸德明《音義》五卷，聞人模《經傳識異》三卷，見《天禄琳琅》一、《楊志》、《楊譜》。嘉定甲申十七年。武岡軍軍學刻《温國文正司馬公文集》八十卷，見《黄記》。紹定癸巳六年。臨江軍學刻《朱文公校正昌黎先生集》四十卷，《外集》十卷，《遺文》一卷，見《天禄琳琅後編》六。端平元年臨江軍學刻張洽《春秋集注》十一卷，見《天禄琳琅後編》三。淳祐三年袁州軍學刻程公説《春秋分紀》九十卷，附《例要》，其弟公許刻。見《陸志》。舊鈔本。開慶元年福州州學刻《西山真文忠讀書記》甲集三十六卷，乙集下二十卷，丁集八卷，見《四庫書目提要》、《陸跋》。云板心有「延祐五年補刊」六字，及刊工名。德輝按：見前建安漕司本下，據《陸志》載入，與此實同一刻本。景定甲子五年。淮安州學刻徐積《節孝先生集》三十卷，見《四庫書目提要》、《陸志》。明刊本。咸淳辛未七年。邵武軍學補修，乾道七年刻廖剛《高峯集》十二卷，見《陸志》。舊鈔本。無年號衢州州學刻《三國志》六十五卷，見《陸志》。贛州州學張之綱刻《文選》六十卷，見《天禄琳琅》十、又《後編》七、《瞿目》、《朱目》、《丁志》、明嘉靖己酉袁褧嘉趣堂仿宋刻本。《陸志》。宋本。袁州軍學萍鄉主簿主管學事江泰刻小字本《漢書》一百二十卷，見《森志》。

郡齋本。嘉祐四年姑蘇郡齋王琪刻《杜工部集》二十卷，附《補遺》，見《陸志》。毛鈔影宋本。宣和五年春陵郡齋刻《寇萊公詩集》三卷，見《陸志》。隆興元年重刻，鮑渌飲校本。紹興元年會稽郡齋刻鮑彪《戰國策》十卷，見《天禄琳琅》二。紹興四年高郵郡齋刻孫覺《春秋經解》十五卷，慶元改元，張顔補刻，周麟之跋。嘉定丙子補刻，楊時序。見《陸跋》。鈔本。臨川郡齋詹大和刻王安石《臨川集》一百卷，見《四庫書目提要》。紹興二十八年宣州郡齋樓炤刻《謝宣城集》五卷，嘉定十三年洪伋重刻。見《天禄琳琅》三。紹興三十一年贛郡齋刻陳襄《古靈先生集》二十五卷，《年譜》一卷，《附録》一卷，見《瞿目》、《陸志》。隆興二年盱江郡齋刻鄭俠《西塘集》二十卷，見《陸跋》。明刻十卷本。乾道丙戌二年。泉南郡齋刻《宋孔傳六帖》二十卷，見《天禄琳琅後編》五。吴郡齋刻吕本中《東萊先生詩集》二十卷，見《丁志》。舊鈔本。乾道三年澂江郡齋刻《宣和奉使高麗圖經》四十卷，見《丁志》。舊鈔本。灊山郡齋刻《增廣注釋音辨唐柳先生集》四十三卷，《别集》二卷，《外集》二卷，《附録》一卷，見《天禄琳琅》六、《陸志》。鄱陽郡齋刻《范文正公集》二十卷，《别集》四卷，《尺牘》二卷，見《陸志》。九江郡齋刻鄭俠《西塘集》二十卷，見《陸志》。明刻本。乾道庚寅六年。刻《集驗方》五卷，見《瞿目》、宋刊本。《陸志》。影宋鈔本。婺州郡齋李衡自刻《周易義海撮要》十二卷，見《四庫書目提要》。乾道辛卯七年。姑熟郡齋刻《傷寒要旨》一卷，《藥方》一卷，見《黄賦注》、《黄書録》。乾道壬辰八年。姑熟郡齋刻楊侃《兩漢博聞》十二卷，見《瞿目》、舊鈔本。《丁志》、明翻宋本。《楊録》。淳熙乙未二年。建安郡齋韓元吉刻《大戴禮記》十三卷，見《天禄琳琅後編》二、《丁志》。元翻宋本。淳熙丙申三年。張杅守桐川，用蜀小字本《史記》改中字本，重雕於廣德郡齋；越二年，趙山甫蒞郡，取褚少孫所續别爲一帙；至辛丑，八年。澄江耿秉始次其卷第，合而印之，見《陸志》、《陸跋》、《楊録》。括蒼郡齋刻劉安世《元城先生盡言集》十三卷，見《張志》、《陸志》。均明刊本。淳熙六年吴興郡齋刻《魏鄭公諫録》五卷，見《瞿目》。舊鈔本。筠陽郡齋蘇詡刻蘇轍《欒城集》八十四卷，見《天禄琳琅》三。開禧三年丁卯蘇森重刻本。淳熙八年池陽郡齋尤袤刻《文選》李善注六十卷，《考異》一卷，見《陸志》、《志》止《考異》一種，尤跋并及全書。《瞿目》。宋刊殘本二十九卷，《考異》一卷。《文選雙字》三卷，《昭明太子集》五卷，見《天禄琳琅後編》六、宋刊本。《陸志》、明仿宋本。《丁志》。寫本。淳熙甲辰十一年。南康郡齋朱端章自刻《衛生家寶産科備要》八卷，見《錢日記》、《黄記》、《黄賦注》、《黄書録》、《瞿目》、均宋刊本。《陸志》。影宋鈔本。紹熙改元襄陽郡齋吴琚刻《襄陽耆舊集》一卷，見《張志》、《陸志》。明五雲溪活字本。紹熙辛亥二年。會稽郡齋刻鮑彪《戰國策校注》十卷，見《瞿目》。云卷末有紹興辛亥括蒼王信刻板跋。德輝按：紹興辛亥爲元年，據彪《自序》，書成於紹興十七年，安有書未成而有刻板之理，則「紹興」明爲「紹熙」之誤。紹熙壬子三年。邵陽郡齋胡澄刻賀鑄《慶湖遺老詩集》九卷，《拾遺》一卷，《補遺》一卷，見《張志》。舊鈔本。南康郡齋曾集刻《陶淵明集》一卷，無四八目。見《瞿目》。紹熙四禩高郵郡齋刻龍學孫公《春秋經解》十五卷，見《陸志》。舊鈔本，有嘉定丙子郡守汪綱跋。慶元乙卯元年。邵陽郡齋黄沃刻其父公度《知稼翁集》十二卷，見《陸志》、《繆續記》。影宋鈔本。慶元丙辰沔陽郡齋刻王璆《續添是齋百一選方》二十卷，見《陸志》。日本仿宋刊本。慶元三年臨汀郡齋刻陳襄《使遼語録》一卷，見《陸志》。明鈔本，後有襄孫曄跋云：附先正文哲公家集二十五卷後。慶元己未五年。全州郡齋陳虔英刻吴仁傑《兩漢刊誤補遺》十卷，見《四庫書目提要》。慶元六年四明郡齋刻陳舜俞《都官集》十四卷，見《陸志》。傳鈔閣本。潯陽郡齋刻《方言》十三卷，見《陸續志》。影宋鈔本。懷安郡齋刻《唐詩紀事》八十一卷，見《天禄琳琅》九。嘉泰辛酉元年。筠陽郡齋刻米芾《寶晉山林集拾遺》八卷，《詩》四卷，《寶章待訪録》一卷，《書史》一卷，《畫史》一卷，《硯史》一卷。見《楊録》、宋刊本。《丁志》、《陸志》。影宋鈔本。嘉泰甲子四年。新安郡齋沈有開刻吕祖謙《皇朝文鑑》一百五十卷，見《張志》、舊鈔本。《瞿目》、《陸志》、《陸續跋》。宋刊本。開禧乙丑元年。南劍郡齋葉筠刻《石林春秋傳》二十卷，見《浙録》。開禧丙寅二年。天台郡齋葉箋刻《石林奏議》十五卷，見《黄賦注》、《黄書録》。云未有跋云：叔祖左丞，蚤以文學被遇三朝，爰自禁塗，寖登二府，此奏議之所獻納論思也。又云：頗多惣集不載，往往□見者，爲之興歎。因鋟木天台郡□以廣其傳。末題「開禧丙寅六月既望，姪孫朝奉大夫改差權知台州軍州兼管內勸農事借紫箋謹書」。又新安郡齋趙彦衛自刻《雲麓漫鈔》十五卷，見《陸志》。影宋鈔本。嘉定戊辰元年。永嘉郡齋施栻刻陳傅良《止齋集》五十二卷，見《陸志》、《丁志》。均明翻宋本。嘉定庚午三年。高郵郡齋汪綱刻陳旉《農書》三卷，秦觀《蠶書》一卷，見《天禄琳琅》二。嘉定辛未四年。宜春郡齋刻《唐摭言》十五卷，見《丁志》。舊鈔本。□□郡齋刻林鉞《漢雋》十卷，見《瞿目》。嘉定壬申五年。永嘉郡齋刻陳傅良《止齋集》四十卷，見《張志》、《陸志》、《丁志》。明正德改元刻本。鄱陽郡齋重修、乾道丁亥三年。刻《范文正公集》二十卷，《别集》四卷，《尺牘》二卷，見《陸志》。是年並刻《范忠宣公集》，《丁志》有殘宋刻本五卷。嘉定癸酉六年。泉州郡齋刻《梁溪先生集》一百八十卷，《附録》六卷，見《陸志》。鈔本。舒州郡齋張嗣古修補淳熙三年舒州公使庫曾穜《大易粹言》十卷，見《四庫書目提要》。□貢郡齋刻朱子《楚辭集注》八卷，《辨證》二卷，見《瞿目》。嘉定甲戌七年。真州郡齋刻陳旉《農書》三卷，秦觀《蠶書》一卷，見《陸志》。鈔本。嘉定十一年衡陽郡齋刻胡致堂《讀史管見》三十卷，見《瞿目》、《陸跋》。嘉定庚辰十三年。春陵郡齋刻張浚《紫巖易傳》十卷，見《陸志》。舊鈔本。嘉定癸未十六年。新安郡齋刻葉適《習學記言》五十卷，見《張續志》。鄱陽郡齋、會稽郡齋合刻洪邁《唐人萬首絶句》一百一卷，見《天禄琳琅後編》七。嘉定甲申十七年。新安郡齋汪綱刻《吴越春秋》十卷，見《張志》。影宋鈔本。刻《越絶書》十五卷，見《張志》、《瞿目》、《陸志》、《陸續跋》。明翻宋本。寶慶丙戌二年。建安郡齋葉呰刻曾慥《類説》六十卷，見《張志》、《陸志》。明鈔本。寶慶丁亥三年。南劍州郡齋刻《朱文公校昌黎先生文集》四十卷，《外集》十卷，《集傳》一卷，《遺文》一卷，見《陸志》。宋麻沙坊刻本。紹定元年台州郡齋陸遹刻其父游《老學庵筆記》十卷，見《丁志》。明刊本。嚴州郡齋刻潘閬《逍遥詞》一卷，見《陸志》。舊鈔本。紹定己丑二年。婺州郡齋刻吕本中《童蒙訓》三卷，見《瞿目》。末有墨圖記云：紹定己丑，郡守眉山李臯，得此本於詳刑使者東萊吕公祖烈，因鋟木於玉山堂，以惠後學。端平初元新安郡齋重修、嘉定壬午十五年。補修、嘉泰甲子沈有開刻《皇朝文鑑》一百五十卷，見《陸志》、《陸續跋》。九江郡齋趙善璙自刻《自警編》不分卷，見《天禄琳琅後編》五、《陸志》、《陸集》。淳祐三年宜春郡齋即袁州軍學本，已見前。程公許刻其兄公説《春秋分紀》九十卷，見《四庫書目提要》、《天禄琳琅》一。淳祐九年衢州郡齋游鈞刻晁公武《郡齋讀書志》二十卷，見《丁志》。述古堂鈔本。又莆田郡齋刻劉克莊《後村居士集》五十卷，見《陸志》。淳祐壬子十二年。當塗郡齋馬光祖刻《四書章句集注》二十六卷，見《瞿目》。寶祐元年盧陵郡齋刻楊仲良《皇朝通鑑紀事本末》一百五十卷，見《阮外集》、《丁志》。鈔本。寶祐丙辰四年。臨川郡齋刻謝采伯《密齋筆記》五卷，《續》一卷，見《張志》、鈔本。《陸志》。傳鈔閣本。寶祐五年嚴陵郡齋刻袁樞《通鑑紀事本末》四十二卷，見《瞿目》。云：淳熙小字本，編二百九十卷，此大字本，乃汴梁趙與𥲅重併卷第。咸淳己巳五年。崇陽郡齋刻張詠《乖崖先生文集》十二卷，見《黄賦注》、《黄書録》。咸淳庚午六年。盱江郡齋黎靖德刻《朱子語類》一百四十卷，見《天禄琳琅後編》五、《陸志》。無年號桐川郡齋曾槃自刻《絳帖釋文》二卷，見《瞿目》。

郡庠本。紹興初元泉南郡庠韓仲通刻《孔氏六帖》三十卷，見《天禄琳琅後編》五。紹興戊午八年。吴興郡庠刻《新唐書糾繆》二十卷，見《天禄琳琅》二。紹興庚辰三十年。宜春郡庠刻唐盧肇《文標集》三卷，見《陸志》。舊鈔本。乾道改元永州郡庠葉程刻唐柳宗元《柳州集》三十卷，《外集》一卷，見光緒五年李濱刻《外集跋》。乾道二年揚州郡庠刻沈括《夢溪筆談》二十六卷，見《陸續跋》。亦見前州軍學本。乾道三年臨汀郡庠刻晁説之《嵩山文集》二十卷，見《陸志》、《丁志》。舊鈔本。福唐郡庠刻《漢書》一百二十卷，見《丁志》。乾道四年温陵郡庠刻蔡襄《忠惠集》三十六卷，見《楊録》。亦見前州軍學本。臨汀郡庠刻《錢唐韋先生集》十八卷，見《張志》、鈔本。《瞿目》、《陸志》、《陸集》、明刊本。《丁志》。舊鈔本。乾道己丑五年。臨汝郡庠刻徐積《節孝語録》一卷，見《陸志》。明翻宋本。乾道癸巳九年。高郵郡庠刻秦觀《淮海集》四十九卷，見《天禄琳琅後編》七。淳熙三年蘄春郡庠刻王蘋《著作王先生集》八卷，見《陸志》。淳熙壬寅九年。泉州郡庠刻《潛虚》一卷，見《天禄琳琅後編》十。元翻宋本。嘉泰改元東寧郡庠刻龔頤正《芥隱筆記》一卷，見《陸志》。明仿宋本。紹定戊子元年。桐江郡庠刻《老學庵筆記》十卷，見《瞿目》。咸淳癸酉九年。衢州郡庠趙淇刻《四書朱子集注》二十六卷，見《天禄琳琅》一。無年號贛州郡庠陸壑刻其五世祖佃《埤雅》二十卷，見《丁志》。明刊本。

郡府學本。紹興九年臨安府學刻賈昌朝《羣經音辨》七卷，見《天禄琳琅後編》三、《彭跋》、《陸志》、《陸續跋》。乾道六年平江府學刻《韋蘇州集》十卷，見《天禄琳琅後編》六。淳熙乙未二年。嚴州府學刻袁樞《通鑑紀事本末》二百九十卷，見《瞿目》、宋刻本。《陸志》、《陸續跋》。淳熙丙辰三年。安陸郡學刻鄭獬《鄖溪集》二十八卷，見《瞿目》。鈔本。紹熙二年池州郡學張釜刻其祖綱《華陽集》四十卷，見《張志》。慶元五年池陽郡學刻胡銓《忠簡先生文選》九卷，見《張志》。精鈔本。端平元年泉州府學刻真德秀《心經》一卷，見《四庫書目提要》。咸淳乙丑元年。鎮江府學教授李士忱刻《説苑》二十卷，見《黄記》、《瞿目》。寶祐四年刻

《建康實録》二十卷，見《陸志》。影宋鈔本。

縣齋本。紹熙甲寅五年。當塗縣齋刻周渭《彈冠必用集》一卷，見《瞿目》。云影宋鈔本，卷末有「紹熙甲寅當塗縣令沈邠刊於正己堂」一行。嘉定乙亥八年。六峯縣齋劉昌詩自刻《蘆浦筆記》十卷，見《張志》。舊鈔本。嘉定辛巳十四年。高安縣齋刻范祖禹《帝學》八卷，見《天禄琳琅後編》五。端平改元大庾縣齋趙時棣刻真德秀《政經》一卷，見《陸志》、《陸跋》。淳祐壬子十二年。建陽縣齋刻《晦庵先生朱文公易説》二十三卷，見《瞿目》。咸淳丁卯三年。湘陰縣齋向文龍刻朱子《楚辭集注》八卷，應有《辨證》二卷，《後語》六卷，此殘本不全。見《天禄琳琅》三。咸淳己巳五年。崇陽縣齋伊賡刻《乖崖先生文集》十二卷，《附録》一卷，見《楊録》。德輝按，此《黄書録》所載之崇陽郡齋本，此云「縣齋」誤。

縣學本。紹興十二年汀州寧化縣學刻《羣經音辨》七卷，見《天禄琳琅後編》三、《彭跋》、《陸續跋》。淳熙元年黄巖縣學刻張九成《横浦心傳録》三卷，《横浦日新》一卷，見《陸志》。明刊本。淳熙癸卯十年。象山縣學刻林鉞《漢雋》十卷，見《天禄琳琅後編》四。慶元六年華亭縣學刻晉二俊《陸士衡集》十卷、《陸士龍集》十卷，見《陸志》、《陸跋》、《丁志》。明正德刊本。淳祐辛亥十一年。崑山縣學刻《玉峯志》三卷、《續》一卷，見《繆記》。寶祐五年永福縣學刻徐自明《宋宰輔編年録》二十卷，見《張志》、《陸志》，明刊本。《丁志》。鈔本。

學宫本。淳熙四年泉州學宫彭椿年刻程大昌《禹貢山川地理圖》二卷，見《丁志》。鈔本。嘉定庚午三年。溧陽學宫刻陸游《渭南文集》五十卷，見《黄賦注》、《黄書録》，宋刊本。《丁志》。明活字本。紹定戊子元年。桐江學宫刻《開元天寶遺事》二卷，見《黄記》、《陸志》。舊鈔本。端平乙未八年。富川學宫刻朱鑑《詩傳遺説》六卷，見《四庫書目提要》。淳祐甲辰四年。衢州學宫刻楊伯岩《六帖補》二十卷，見《瞿目》。影宋鈔本。

頖宫本。淳熙六年湖州頖宫刻蔡節《論語集説》十卷，見《天禄琳琅》四。影宋鈔本。淳熙庚子七年。舒州頖宫刻蔡邕《獨斷》二卷，見《瞿目》，明翻宋本。《陸志》。宋刊本。咸淳丙寅二年。鄞縣頖宫刻《朱子讀書法》四卷，見《陸志》。

學舍本。嘉定壬申五年。吴郡學舍刻吕祖謙《大事記》十二卷、《通釋》三卷、《解題》十二卷，見《四庫書目提要》、《陸志》。其餘有：

大醫局本。嘉定丙午按：嘉定無丙午，三年爲庚午，九年爲丙子，十五年爲壬午。刻《小兒衛生總微論方》二十卷，見《丁志》。明刊本。

書院本。紹定庚寅三年。婺州麗澤書院重刻司馬光《切韵指掌圖》二卷，見《陸志》。影宋鈔本。無年號刻吕祖謙《新唐書略》三十五卷，見《范目》。紹定四年象山書院刻袁燮《絜齋家塾書鈔》十二卷，見《四庫書目提要》。淳祐丙午六年。泳澤書院刻大字本朱子《四書集注》十九卷，見《浙録》、《陳跋》。淳祐戊申八年。龍溪書院刻陳淳《北溪集》五十卷、《外集》一卷，見《四庫書目提要》、《浙録》、宋刊本。《瞿目》。舊鈔本。寶祐五年竹溪書院刻方岳《秋崖先生小藁》八十三卷，見《丁志》。明鈔本。景定甲子五年。環溪書院刻《仁齋直指方論》二十六卷、《小兒方論》五卷、《傷寒類書活人總括》七卷、《醫學真經》一卷，見《森志補遺》。咸淳元年建寧府建安書院刻《晦菴先生朱文公文集》一百卷、《續集》十卷、《别集》十一卷，見《陸志》。無年號鷺洲書院刻《漢書》一百二十卷，見《莫録》。云與蔡琪所刻《後漢書》行格相同，但鷺州在吉安府城，宋淳祐間始建書院。蔡琪建寧人，《莫録》疑爲一時人，殊誤。不知兩本同爲重雕北宋景祐八行本，故行格亦正相同也。

祠堂本。嘉定八年金華吕氏祠堂刻吕本中《童蒙訓》二卷，見《天禄琳琅》七。明翻宋本。據原序云：金華太守邱長儒刻置祠堂。嘉定辛巳十四年。嚴陵趙氏祠堂刻趙彦肅《復齋易説》六卷，見《天禄琳琅》四。影宋鈔本云：嚴陵守許興裔刻置祠堂。至今槧本流傳，歷爲收藏家寶貴，不知當日官師提倡之力，固如此之盛也。

江寧府本。嘉祐三年開造《建康實録》二十卷，至四年五月畢工。見《陸志》、《莫録》。影宋鈔本。

葉德輝《書林清話》卷三《宋州府縣刻書》 宋刻有僅以某州某府稱者，曰：

杭州本。嘉祐五年中書省奉旨下杭州鏤《新唐書》二百五十卷，見《陸跋》。元祐元年杭州路奉旨刻《資治通鑑》二百九十四卷，見《瞿目》。紹興己未九年。刻《文粹》一百卷，見《黄書録》，宋刊本。《瞿目》、《丁志》。元翻宋本。

明州本。紹興十九年刻徐鉉《騎省集》三十卷，見《陸集》。宋本跋。廿八年刻《文選》六十卷，見《彭跋》。無年號刻《九經排字直音前集》一卷、《後集》一卷，見《陸集》。元翻宋本。

温陵州本。淳熙壬寅九年。刻胡致堂《讀史管見》八十卷，見《丁志》、《陸跋》。云：據胡大正序，淳熙以前無刊本，至大正官温陵，始刊於州治之中和堂。

吉州本。嘉定二年刻《張先生校正楊寶學易傳》二十卷，見《瞿目》。云：題廬陵楊萬里廷秀撰，門人張敬之顯父校正。蓋最初之本，每半葉十行，行大字廿一，小字廿六。

紹興府本。紹興九年刻《毛詩正義》四十卷,見《繆續記》。云:此單疏本,前列校勘各官名外,有「紹興九年九月十五日紹興府雕造」字一行。嘉泰元年刻施宿《會稽志》二十卷,見《陸志》。明正德刊本。

臨安府本。紹興九年刻《羣經音辨》七卷,見《天禄琳琅後編》三。刻《漢官儀》三卷,見《天禄琳琅後編》五、云:末有紹興九年三月臨安府雕印字。《阮外集》。刻《文粹》一百卷,見《黄賦注》、《黄書録》、宋本,云:末有栞刻地名年月官銜云:「臨安府今重行開雕《唐文粹》壹部,計二十策。已委官校正訖,紹興九年正月□日,右文林郎臨安府觀察推官林蒉。」此其一也,下尚有多人。《丁志》。元刊本。十年刻《西漢文類》五卷,見《瞿目》、云:卷後有「紹興十年四月日臨安府雕印」一行。《張志》。

平江府本。紹興十五年刻李誡《營造法式》三十四卷,見《張志》、《陸志》、《陸跋》、《丁志》。影宋鈔本。

嚴州本。淳熙丙申三年。刻袁樞《通鑑紀事本末》四十二卷,見《四庫書目提要》。德輝按:小字本二百九十卷,此據寶祐重刻大字本卷數。

餘姚縣本。紹興二年印造《資治通鑑》二百九十四卷,見《孫記》。

鹽官縣本。無年號刻《通典》二百卷,見《瞿目》。云:北宋刻本,鹽官屬兩浙路臨安府。

眉山本。紹興十四年刻《宋書》一百卷,《魏書》一百十四卷,《梁書》五十六卷,《南齊書》五十九卷,《北齊書》五十卷,《周書》五十卷,《陳書》三十六卷,見《陸續跋》,云:每葉十八行,每行十七字,板心有字數、刻工姓名。自元至明,板存南監,遞有修補。按:此七史,世謂之「眉山七史」,蓋北宋時蜀刻也。《邵注四庫簡明目》。云九行邋遢本。大抵出於江浙者爲多,蓋亦當時官刻也。

葉德輝《書林清話》卷四《元監署各路儒學書院醫院刻書》

《元史·百官志》云:「至元二十四年,國子監置生員二百人。延祐二年,增置百人。興文署掌刊刻經史,皆屬集賢院。」又云:「至元二十七年立興文署,召工刻經史子板,以《資治通鑑》爲起端。」元《祕書監志》云:「至元十年,太保大司農奏,興文署雕印文書,屬祕書監。本署設官三員,令一員,丞三員,校理四員,楷書一員,掌紀一員,鐫字匠四十名,作頭一,匠户十九,印匠十六。」又:「至元十四年十二月,中書省奏,奉旨省併,衙名興文,併入翰林院。」故元時官刻首推:

國子監本。元祐三年刻小字本《傷寒論》十卷,見《楊志》。次則:

興文署本。至元二十七年刻《資治通鑑》二百九十四卷,見《瞿目》、《陸跋》、《莫録》。刻胡三省《通鑑釋文辨誤》十三卷,見《陸跋》。又次則:

各路儒學本。至元己卯十六年,當宋帝昺祥興二年。中興路儒學刻沈棐《春秋比事》二十卷,見《陸續志》、《陸續跋》。影元刊本。至元壬辰二十九年。贛州路儒學刻張栻《南軒易説》三卷,見《四庫書目提要》。云曹溶傳寫本。大德乙巳九年。太平路儒學刻《漢書》百二十卷,見《天禄琳琅》五、《張志》、《瞿目》。寧國路儒學刻《後漢書》一百二十卷,見《張志》、《瞿目》、《陸志》、《丁志》、《楊録》。瑞州路儒學刻《隋書》八十五卷,見《瞿目》、《丁志》、《陸志》、《陸跋》。云:板心有路學(瑞州儒學)、浮學(浮梁縣學)、堯學(堯,饒省文,饒州學)、番泮(番,鄱省文,鄱陽學)、餘干(餘干學)、樂平(樂平州學)、平州(即樂平)、忠定(趙汝愚書院)、錦江(書院)、長薌(書院)、初庵(書院)等字。當時各路刊書,牒書院之有餘貲者與其役。建康路儒學刻《新唐書》二百二十五卷,見《丁志》。大德丙午十年。池州路儒學刻《三國志》六十五卷,見《張志》、《莫目》、《丁志》。紹興路儒學刻《越絶書》十五卷,《吴越春秋》十卷,見《四庫書目提要》。紹興路儒學刻徐天祜《吴越春秋音注》十卷,見《陸志》、《陸跋》。信州路儒學刻《北史》一百卷,見《錢日記》、《瞿目》、《丁志》、《繆記》、《陸志》、《陸跋》。板心有信州路儒學刊、信州象山刊、象山書院刊、道一書院刊、稼軒書院刊、藍山書院刊、玉山縣學刊、弋陽縣學刊、貴溪縣學刊、上饒學刊等字。《南史》八十卷,見《丁志》、《陸跋》。大德丁未十一年。無錫儒學刻《風俗通義》十卷,《附録》一卷,見《四庫書目提要》。至大辛亥四年。嘉興路儒學刻《陸宣公集》二十二卷,見《陸志》。皇慶二年武昌路儒學刻王申子《大易緝説》十卷,見《四庫書目提要》。延祐甲寅元年。臨江路儒學刻張洽《春秋集傳》二十二卷,見《天禄琳琅後編》三、元板類。《張志》、鈔本。《陸志》、《陸續跋》。影元刊本。至治壬戌二年。嘉興路儒學刻《王秋澗先生全集》一百卷,見《張志》、舊鈔本。《陸志》、《陸續跋》。明翻宋本。泰定初元龍興路儒學刻《唐律疏議》三十卷,見《楊志》。云重刻。雍正乙卯勵廷儀仿元刻本。泰定乙丑二年。慶元路儒學刻《困學紀聞》二十卷,見《天禄琳琅》六、《孫記》、《張志》、《瞿目》、《陸志》、《陸續跋》。南京路轉運使刻《貞觀政要》十卷,見《楊志》。寧國路儒學刻洪适《隸釋》二十七卷,《隸續》七卷,見《四庫書目提要》、《瞿目》。舊鈔本。泰定四年龍興路儒學刻《脈經》十卷,見《楊志》。景鈔元刊本。至順四年即元統元年。集慶路儒學刻王構《修詞鑑衡》二卷,見《陸志》。至元改元漳州路儒學刻陳淳《北溪先生大全文集》五十卷,見《瞿目》、《陸志》。後至元三年婺州路儒學刻金履祥《論孟集注考證》十卷,見《陸志》。舊鈔本。至元四年嘉興路儒學刻元沙克什《河防通議》二卷，見《瞿目》。鈔本。至元五年揚州路儒學刻《馬石田文集》十五卷，見《張志》、《瞿目》。元刊本。《丁志》。小山堂鈔本。至元己卯五年。中興路儒學刻宋沈文伯《春秋比事》二十卷，見《陸續志》。後至元庚辰六年。慶元路儒學刻《玉海》二百卷，附《詞學指南》四卷，見《孫記》、《瞿目》、《莫録》、《陸續跋》。至正三年杭州路儒學奉旨刻《遼史》一百六十卷，見《丁志》；《金史》一百三十五卷，見《瞿目》。集慶路儒學刻奉元路學古書院山長張鉉《金陵新志》十九卷，見《孫記》、《張志》、《朱志》、《瞿目》、《陸志》、《丁目》。饒州路儒學刻《金石例》十卷，見《陸志》。至正五年撫州路儒學刻《道園類稿》五十卷，見《張志》。至正丙戌六年。嘉興路儒學刻《吕氏春秋》二十六卷，見《孫記》、《吴記》、《瞿目》、《陸志》。杭州路儒學刻《宋史》四百九十六卷，見《陸志》。江北淮東道本路儒學刻蕭𣂏《勤齋集》八卷，見《丁志》、《陸志》。至正丁亥七年。福州路儒學刻《禮書》一百五十卷，見《陸志》。至正八年江浙省本路儒學刻宋褧《燕石集》十五卷，見《張志》、《陸志》。影元刊本。至正九年嘉興路儒學刻劉因《静修先生文集》三十卷，見《張志》、《陸志》。明弘治刊本。至正十年集慶路儒學刻丁復《檜亭集》九卷，見《陸志》；《樂書》二百卷，見《楊録》。至正甲午十四年。嘉興路儒學刻《大戴禮記》十三卷，見《丁志》。至正乙巳二十五年。平江路儒學即藍山書院刻本。刻吴師道校正《鮑彪注國策》十卷，見《天禄琳琅後編》九、《森志》、《丁志》、《陸志》、《陸跋》。至正二十五年江浙儒學刻宋葉時《禮經會元》四卷，見《陸志》。無元號甲申臨川路刻張鉉《金陵新志》十五卷，見《孫記》、《陸志》。無元號丁未刻《通典》二百卷，見《陸志》、《陸跋》。即臨汝書院本。亦稱：

郡學本。大德乙巳九年。無錫郡學刻《白虎通德論》十卷，《風俗通義》十卷，見《瞿目》。延祐庚申七年。婺郡學刻戴侗《六書故》三十三卷。至正四年嘉興郡學刻宋林至《易裨傳》二卷，見《瞿目》。舊鈔本。

郡庠本。至治二禩福州路三山郡庠刻《通志》二百卷，見《天禄琳琅》五、《吴記》、《孫記補遺》、《瞿目》、《丁志》、《陸續跋》。至正壬寅二十二年。吴郡庠刻宋沈樞《通鑑總類》二十卷，見《瞿目》、《陸志》、《楊録》。無年號吉水郡庠刻劉岳申《申齋劉先生文集》十五卷，見《張志》。鈔本。

府學本。無年號贛州路府學刻《南軒易説》三卷，見《浙録》。

儒司本。至大戊申元年。刻《唐詩鼓吹》十卷，見《丁志》。又有：

書院本。前至元癸未二十年。廬陵興賢書院刻王若虛《滹南遺老集》四十五卷，見《張志》。文瀾閣傳鈔本。大德己亥三年。廣信書院刻《稼軒長短句》十二卷，見《楊録》。大德壬寅六年。宗文書院刻《經史證類大觀本草》三十一卷，《目録》一卷，見《四庫書目提要》、《錢日記》、《孫記續編》、《森志補遺》、《丁志》、《陸志》。無年號刻《本草衍義》二十卷，見《陸志》。刻《五代史記》七十五卷，見《張志》、《瞿目》、《朱目》。大德丁未十一年。梅溪書院刻《校正千金翼方》三十卷，《目録》一卷，見《森志》、《楊譜》、《繆續記》。日本仿刻宋本。龍集乙卯當爲延祐二年。圓沙書院刻《大廣益會玉篇》三十卷，見《楊録》。延祐丁巳四年。刻《新箋決科古今源流至論前集》十卷，《後集》十卷，《續集》十卷，《别集》十卷，見《瞿目》、《繆記》。刻林駉《皇鑑箋要》六十卷，見《朱目》。延祐庚申七年。刻《山堂考索前集》六十六卷，《後集》六十五卷，《續集》五十六卷，《别集》二十五卷，見《瞿目》、《朱目》、《陸志》、《陸續跋》。泰定甲子元年。梅溪書院刻馬括《類編標注文公先生經濟文衡前集》二十五卷，《後集》二十五卷，《續集》二十二卷，見《天禄琳琅》六。西湖書院刻馬端臨《文獻通考》三百四十八卷，見《瞿目》。又蒼巖書院刻《標題句解孔子家語》三卷，見《森志》。泰定乙丑二年。圓沙書院刻《廣韵》五卷，見《森志》、《楊譜》；刻《記纂淵海》一百九十五卷，見《浙録》。泰定丙寅三年。廬陵武溪書院重刻宋淳祐丙午六年。《新編古今事文類聚前集》六十卷，《後集》五十卷，《續集》二十八卷，《别集》三十二卷，《新集》三十六卷，《外集》十五卷，《遺集》十五卷，見《孫記》、《丁志》、《陸志》、《繆記》。泰定丁卯四年。梅溪書院刻陳櫟《書集傳纂疏》六卷，見《張志》、《森志》、《陸志》、《陸續跋》。至順四年癸酉，是年改元元統元年。龜山書院刻李心傳《道命録》十卷，見《天禄琳琅》六。元統甲戌二年。梅溪書院刻《韵府羣玉》二十卷，見□□。後至元丁丑三年。梅溪書院刻《皇元風雅》三十卷，見《瞿目》。至元又五年西湖書院重刻馬端臨《文獻通考》三百四十八卷，見《陸志》、《陸續跋》，云至元初余謙刊。《瞿目》。云初刻於泰定元年，實板西湖書院，後有缺失。至正五年，江浙儒學提舉余謙訪得原稿於其子志仁，重爲訂正補刊，印行於世。按：此本實後至元五年所刊，非至正五年也，瞿目有誤。至正壬午二年。刻《國朝文類》七十卷，《目録》三卷，見《瞿目》、《朱目》、《陸志》、《丁志》、《楊録》。重修至元四年刊本。至正己丑九年。建寧建安書院刻趙居信《蜀漢本末》三卷，見《瞿目》。至正庚子二十年。屏山書院刻陳傅良《止齋先生文集》五十二卷，見《瞿目》；刻《方是閑居士小稿》二卷，見《丁志》、《陸志》。影元鈔本。至正癸卯二十三年。西湖書院刻岳珂《金陀粹編》二十八卷，《續編》三十卷，見《吴記》、《張志》、《瞿目》、按：

本書朱元佑序云，書院即岳氏故第。《陸志》。至正乙巳二十五年。沙陽豫章書院刻《豫章羅先生文集》十七卷，見《瞿目》、《丁志》。至正丙午二十六年。南山書院刻《廣韻》五卷，見《森志》、《陸續跋》、《楊譜》。無元號丁未歲撫州路臨汝書院刻唐杜佑《通典》二百卷，見《陸跋》。按：元有兩丁未：一大德丁未；一至正丁未，元亡。此當是大德丁未也。無年號茶陵桂山書院刻《孔叢子》七卷，見《天禄琳琅後編》十。梅隱書院刻《書集傳》六卷，見《楊譜》。序後有「梅隱書院鼎新綉梓」木牌記。雪窗書院刻《爾雅郭注》三卷，見《張志》、《朱目》。又有：

太醫院本。大德四年刻《聖濟總録》二百卷，《目録》一卷，見《森志補遺》。

官醫提舉本。至元五年江西官醫提舉司刻《世醫得效方》二十卷，見《四庫書目提要》。大德丙午十年。湖廣官醫提舉刻《風科集驗名方》二十八卷，見《陸續志》、《森志》。至元五年建寧路官醫提領刻《世醫得效方》二十卷，《目録》一卷，見《瞿目》、《森志》。明翻宋本。此元官刻書大槩也。有名爲書院而實則私刻者：

方回虚谷書院。大德己亥三年。刻《筠溪牧潛集》七類，不分卷，見《陸續跋》。

茶陵東山陳仁子古迂書院。大德己亥三年。刻《增補文選六臣注》六十卷，見《丁志》。明翻元本。大德乙巳九年。刻宋沈括《夢溪筆談》二十六卷，見《丁志》。無年號刻《文選補遺》四十卷，見《天禄琳琅》十。云目録後有「茶陵東山書院刊行」木記。

詹氏建陽書院。大德中刻《古今源流至論前集》十卷、《後集》十卷、《續集》十卷，《别集》十卷，見《浙録》。

潘屏山圭山書院。至正戊子八年。刻《集千家注分類杜工部集》二十五卷，見《森志》、《陸續跋》。云亦題積慶堂。

平江路天心橋南劉氏梅谿書院。無年號刻《鄭所南先生文集》十六篇一卷，《清雋集》一卷，《百二十圖詩》一卷，《錦殘餘笑》一卷，見臨桂況周頤蕙風簃藏書。傳鈔本。

鄭玉師山書院。無年號自刻《春秋經傳闕疑》四十五卷，見《瞿目》。此皆私宅坊估之堂名牌記而託於書院之名，以元時講學之風大昌，各路各學官私書院林立，故習俗移人，争相模仿。觀其刻本流傳，固可分别得其主名矣。

葉德輝《書林清話》卷五《明時諸藩府刻書之盛》 明時官刻書，推南北京監本爲最盛。南監多存宋監、元路學舊板，其無正德以後修補者，品不亞於宋、元。觀《南雍經籍志》所載四部板片，真三朝文獻之所繫矣。北監多據南監本重刻，《十三經》、《二十一史》之外，罕見他書。據其時周弘祖《古今書刻》所録北國子監書僅四十一種，而經史並不著録，《書刻》漏略歟？抑弘祖時板已散逸歟？弘祖書世鮮傳本，吾已影寫重刻。其臚舉内府部院及直省司府州學所刻書，乃知當時刻書成爲一種例事。如北京都察院刻《三國志演義》、《水滸傳奇》及《萬化玄機》、《悟真篇》之類。又如《太古遺音》，則寧藩所著曲套；《神奇祕譜》，則寧藩所著棋經。堂堂風憲有司，而刻書如此之輕誕，是無怪《五經》、《四書》、《性理大全》等書乃爲司禮監專其事矣。司禮監所刻書見於《經廠書目》。世所傳經廠大字本《五經》、《四書》，頗爲藏書家所詆斥，非盡謂其校勘不精也。夫以一代文教之事，以奄人主之，明政不綱，即此可見。惟諸藩時有佳刻，以其時被賜之書，多有宋元善本，可以繙雕，藩邸王孫又頗好學故也。今就所存之書録之。如蜀府：洪武甲戌二十七年。刻《自警編》九卷，見《丁志》。刻劉向《説苑》二十卷，見《陸跋》。楚府刻《説苑》下，並刻《新序》十卷，載《古今書刻》。成化己亥十五年。刻《静修先生文集》三十卷，見《丁志》。弘治刊本。嘉靖乙未十四年。刻《史通》二十卷，見《繆續記》。即陸深刻本，云爲蜀藩刻。萬曆丁丑五年。刻《重修政和經史證類備用本草》三十卷，見《天禄琳琅》九。

寧藩：明初刻《病機氣宜保命集》三卷，見《瞿目》。正統間刻《重編白玉蟾文集》六卷，《續集》二卷，見《阮外集》。云南極遐齡老人臞仙重編。臞仙乃明太祖第十六子寧獻王朱權之號。

代府：天順間刻《譚子化書》六卷，見《瞿目》。

崇府：成化丙申十二年。刻《貞觀政要》十卷，見《丁志》。嘉靖癸卯二十二年。刻《孝肅包公奏議集》十卷，見《瞿目》。

肅府：成化己亥十五年。刻劉因《静修先生集》三十卷，見《陸志》。明弘治重刻本。德輝按：此與蜀府刻本年月同，疑《陸志》誤。

唐府：成化丁未二十三年。刻元張伯顔本《文選》六十卷，見《瞿目》、云有弘治元年唐世子跋。《陸續跋》、《繆續記》。

吉府：正德乙亥十年。刻賈誼《新書》十卷，見《張志》、《瞿目》、《陸志》。云即正德九年陸氏刻本，板歸吉府。刻正統本《四書》二十六卷，見《丁志》。萬曆丁酉二十五年。刻《楚辭集注》八卷、《辨證》二卷、《後語》六卷，見《繆記》。萬曆缺年月。

刻老子《道德經》二卷，關尹子《文始真經》九篇。一卷，亢倉子《洞靈真經》九篇。一卷，文子《通玄真經》十二篇。一卷，《尸子》二篇。一卷，《子華子》二卷，《鬻子》十四篇。一卷，《墨子》十四篇。一卷，《公孫龍子》六篇。一卷，《鬼谷子》十三篇。一卷，列子《冲虛真經》二卷，莊子《南華經》二卷，《荀子》三卷，《揚子》十三篇。一卷，《文中子》十篇。一卷，《抱朴子》二卷，《劉子》五十五篇。一卷，黃石公《素書》六篇。一卷，《玄真子》三篇。一卷，《天隱子》八篇。一卷，《無能子》三十四篇。一卷。見《袁簿》。

晉府寶賢堂，亦稱志道堂，亦稱虛益堂，又稱養德書院。嘉靖乙酉四年。重刻元張伯顏本《文選注》六十卷，見《繆續記》。嘉靖丙戌五年。刻《宋文鑑》一百五十卷，見《天禄琳琅後編》二十、《孫記》、《錢日記》、《丁志》、《陸志》、《莫録》。嘉靖己丑八年。刻《唐文粹》一百卷，見《天禄琳琅後編》十九。嘉靖甲午十三年。刻安國桂坡館《初學記》三十卷，見《楊志》、《丁志》。嘉靖丁酉十六年。刻《元文類》七十卷，見《丁志》、《繆記》。德輝按：吾藏晉藩所刻書皆全，實非善本。

益府：嘉靖壬寅二十一年。刻張九韶《理學類編》八卷。萬曆初元刻《大廣益會玉篇》三十卷，見《丁志》。崇禎庚辰十三年。刻宋陳敬《香譜》四卷。據元至治壬戌刻本重雕。《茶譜》十二卷，内分二十一種：唐陸羽《茶經》上中下三卷，全卷之一二三。唐張又新《煎茶水記》一卷，全卷之四。宋蔡襄《茶録》一卷，全卷之五。宋朱子安《東溪試茶録》一卷，全卷之六。吴文錫《茶略》一卷，内有孫大綬《茶賦》上下卷，全卷之七。末有「咸淳己巳五月夏至後五日審安老人書」一行，當是據宋本重刻。明屠本畯《茗笈》上下篇一卷，全卷之八。《香水清供録》一卷，全卷之九。曹士謨《茶事拾遺》一卷，全卷之十。《續集古今茶譜》五種，内宋黃儒《品茶要録》一卷，宋熊蕃《宣和北苑貢茶録》一卷，宋趙汝礪《北苑别録》一卷，宋沈括《本朝茶録》一卷，彰郡程百二《品茶要録補》一卷；全卷之十一。《續集古今茶譜》六種，内明許次紓《茶疏》一卷，明陸樹聲《茶寮記》七類一卷，明田崇衡《煑泉小品》一卷，明馮可賓《岕茶牋》一卷，明屠隆《茶牋》一卷，黃龍德《茶説》一卷，全卷之十二。見何厚甫培元《經眼書目》。

秦府：嘉靖甲午十三年。刻黃善夫本《史記》一百三十卷，見《錢稿書跋》、《繆記》。嘉靖庚戌二十九年。刻《天原發微》五卷，見《陸志》、《丁志》。嘉靖丁巳三十六年。刻蔡沈《至書》一卷，見《張志》、《陸志》。隆慶六年刻《千金寶要》六卷，見《孫記》。

周藩：洪武庚午二十三年。刻《新刊袖珍方大全》四卷，見《丁志》。弘治翻本。嘉靖丁酉十六年。刻宋董嗣杲《西湖百咏》一卷，見《陸志》。鈔本。

徽藩崇德書院：嘉靖乙未十四年。刻會通館本《錦繡萬花谷前集》四十卷，《後集》四十卷，《續集》四十卷，見《繆續記》。無年號刻《素書》一卷，《鬻子》一卷，《公孫龍子》一卷，《亢倉子》一卷，《元真子》一卷，《天隱子》一卷，《無能子》一卷，見《陸志》。

瀋藩：嘉靖丙午二十五年。刻宋張景《醫説》十卷，見《森志》、《丁志》。嘉靖辛酉四十年。刻《焦氏易林》二卷，見《丁志》。云：前有瀋藩西屏道人書於敕賜勉學書院之修業堂翻刊序，卷後有淳祐辛丑直齋題識。

伊府：嘉靖戊申二十七年。刻《四書朱注》二十六卷，見《丁志》。

魯府敏學書院，亦稱承訓書院。嘉靖甲辰二十三年。刻《誠齋易傳》二十卷，見《繆記》。云題敏學書院刊。嘉靖乙丑四十四年。刻《抱朴子内篇》二十卷，《外篇》五十卷，見《黃記》、《陸志》，舊鈔本。《丁志》。

趙府居敬堂，亦稱味經堂。嘉靖柔兆執徐丙辰三十五年。刻朱子《資治通鑑綱目》五十九卷，見《袁簿》。云板心有「趙府居敬堂」五字。無年號刻嚴粲《詩緝》三十六卷，劉三吾《書傳會選》六卷，見《天禄琳琅後編》十二、《丁志》。刻晁迥《法藏碎金録》十卷，見《瞿目》、《丁志》。刻《補注釋文黃帝内經素問》十二卷，《遺篇》一卷，《靈樞經》十二卷，板心有「趙府居敬堂」五字。刻明崔銑《洹詞》十二卷，板心有「趙府味經堂」五字。見《丁志》。刻《脈經》十卷。吾有藏本。板心有「趙府居敬堂」五字。

楚府：無年號刻劉向《説苑》二十卷，見《陸跋》。並刻《新序》十卷，載《古今書刻》。

遼國寶訓堂：無年號刻《昭明太子文集》五卷，見《孫記》、《繆記》。云首行云「大明遼國寶訓堂重梓」。

德藩最樂軒：無年號刻《漢書》一百卷，見《莫目》。余有藏本。小題在上，大題在下。板心上方有「德藩最樂軒」五字，下有刻工姓名。每葉二十行，行二十一字。白文無注。

潞藩：崇禎丙子九年。刻《述古書法纂》十卷，見《丁志》。

大抵諸藩優游文史，黼黻太平。修學好古，則河間比肩；巾箱寫經，則衡陽接席。又不獨鄭藩世子載堉之通音律，西亭王孫睦㮮之富藏書，爲足增光于玉牒也已。

葉德輝《書林清話》卷九《内府刊欽定諸書》 足本禮親王《嘯亭雜録續録》，

載有本朝欽定各書一則，謹録於右云：「列聖萬幾之暇，乙覽經史，爰命儒臣，選擇簡編，親爲裁定，頒行儒宫，以爲士子仿模規範，實爲萬世之巨觀也。今臚列其目於右：經部：《易經通注》四卷。德輝謹按，《四庫總目》九卷云：順治十三年大學士傅以漸、左庶子曹本榮奉敕撰。《日講易經解義》十八卷。謹按，《四庫》同，云：康熙二十二年聖祖仁皇帝御定。《御纂周易折中》二十二卷。謹按，《四庫》同，云：康熙五十四年聖祖仁皇帝御纂，詔大學士李光地編。《御纂周易述義》十卷。謹按，《四庫》同，云：乾隆二十年奉敕撰。《日講書經解義》十三卷，謹按，《四庫》同，云：康熙十九年聖祖仁皇帝御定，大學士庫勒納等奉詔編。《欽定書經傳説彙纂》二十四卷。謹按，《四庫》同，云：康熙末聖祖仁皇帝敕撰，雍正八年告成，世宗憲皇帝御製序文刊行。《欽定詩經傳説彙纂》二十卷。謹按，四庫有序二卷，云：康熙末聖祖仁皇帝御定，刻成於雍正五年，世宗憲皇帝製序頒行。《御纂詩義折中》二十卷。謹案，《四庫》同，云：乾隆二十年皇上御纂。《欽定周官義疏》四十八卷。謹按，《四庫》同，云：乾隆十三年御定。《欽定儀禮義疏》四十八卷。謹按，《四庫》同，云：乾隆十三年御定。《欽定禮記義疏》八十二卷。《日講禮記解義》二十卷。謹按，《四庫》六十四卷，云：爲聖祖仁皇帝經筵所講，皆經御定而未及編次成帙。皇上御極之初，乃命取繙書房舊稿校刊頒行。《日講春秋講義》六十四卷。謹按，《四庫》同，云：是書爲聖祖仁皇帝經筵舊稿，世宗憲皇帝復加考論，乃編次成帙。《欽定春秋傳説彙纂》三十八卷。謹按，《四庫》同，云：康熙三十八年奉敕撰。《御纂春秋直解》十六卷。謹按，《四庫》十五卷，云：乾隆二十三年奉敕撰。《御注孝經》一卷。謹按，《四庫》同，云：順治十三年世祖章皇帝御撰。《御纂孝經集注》一卷。謹按，《四庫》同，云：雍正五年世宗憲皇帝御定。《日講四書解義》二十六卷。謹按，《四庫》同，云：康熙十六年聖祖仁皇帝御定。《御纂律吕正義》五卷。謹按，《四庫》同，云：康熙五十二年聖祖仁皇帝御定。《御纂律吕正義後編》一百二十卷。謹按，《四庫》同，云：乾隆十一年奉敕撰。《御定康熙字典》四十二卷。謹按，《四庫》同，云：康熙五十五年聖祖仁皇帝御定。《欽定西域同文志》二十四卷。謹按，《四庫》同，云：乾隆二十八年奉敕撰。《御定音韻闡微》十八卷。謹按，《四庫》同，云：康熙五十四年奉敕撰，雍正四年告成，世宗憲皇帝御製序文刊刻頒行。《欽定同文韵統》六卷。謹按，《四庫》同，云：乾隆十五年奉敕撰。《欽定叶韵彙輯》五十八卷。謹按，《四庫》同，云：乾隆十五年奉敕撰。《欽定音韵述微》一百六卷。謹按，《四庫》三十卷，云：乾隆三十八年奉敕撰。史部：《欽定明史》三百六十卷。謹按，《四庫》三百三十六卷，云：大學士張廷玉奉敕撰，乾隆四年書成。《御批通鑑輯覽》一百二十卷。謹按，四庫一百十六卷，附《明唐桂二王本末》三卷，云：乾隆三十二年奉敕撰。《御定通鑑綱目三編》四十卷。謹按，《四庫》同，云：乾隆四十年奉敕撰。《開國方略》三十二卷。謹按，《四庫》同，云：乾隆三十八年奉敕撰。《御定三逆方略》。謹按，《四庫》六十卷，云康熙二十一年大學士勒德洪等奉敕撰。《親征平定朔漠方略》四十八卷。謹按，《四庫》同，云：康熙四十七年大學士温達等撰進。《平定金川方略》三十二卷。謹按，《四庫》同，云：乾隆十三年大學士來保等恭撰。《平定準噶爾方略前編》五十四卷，《正編》八十五卷，《續編》三十三卷。謹按，《四庫》同，云：乾隆三十七年大學士傅恒等恭撰。《平定兩金川方略》一百五十二卷。謹按，《四庫》同，云：乾隆四十六年大學士阿桂等恭撰。《臨清紀略》十六卷。謹按，《四庫》同，云：乾隆四十二年奉敕撰。《蘭州紀略》。謹按，《四庫》二十卷，云：乾隆四十六年奉敕撰。《石峯堡紀略》。謹按，《四庫》二十卷，云：乾隆四十九年奉敕撰。《臺灣紀略》。謹按，《四庫》七十卷，云：乾隆五十三年奉敕撰。《平定廓爾喀紀略》。《平苗紀略》。《平定三省教匪紀略》。《辛酉工賑紀略》。《太祖高皇帝聖訓四卷》。謹按，《四庫》同，云：康熙二十五年聖祖仁皇帝恭編，乾隆四年我皇上敬製序文，宣付剞劂。《太宗文皇帝聖訓》六卷。謹按，《四庫》同，云：順治末，世祖章皇帝編次未竟，康熙二十六年聖祖仁皇帝續成，乾隆四年皇上御製序文刊布。《世祖章皇帝聖訓》六卷。謹按，《四庫》同，云：康熙二十六年聖祖仁皇帝恭編，乾隆四年皇上御製序文刊布。《聖祖仁皇帝聖訓》六十卷。謹按，《四庫》同，云：雍正九年世宗憲皇帝恭編，乾隆六年皇上御製序文刊布。《世宗憲皇帝聖訓》三十六卷。謹按，《四庫》同，云：乾隆五年皇上恭編，御製序文刊布。《高宗純皇帝聖訓》三百卷。《上諭内閣》一百五十九卷。謹按，《四庫》同，云：雍正七年世宗憲皇帝命和碩莊親王允禄繕録刊布，以雍正九年告成。皇上即祚，復命和碩和親王弘晝編次，雍正八年至十三年上諭校正續刻，補爲全書，以乾隆六年告成。《硃批諭旨》三百六十卷。謹按，《四庫》同，云：雍正十年奉敕撰，乾隆三年告成。《欽定明臣奏議》二十卷。謹按，《四庫》同，云：乾隆四十六年奉敕編。《欽定宗室王公功績表傳》十二卷。謹按，《四庫》同，云：乾隆四十六年奉敕撰。《欽定蒙古回部王公表傳》六十卷。謹按，《四庫》祇《蒙古王公功績表傳》十二卷，云：乾隆四十四年奉敕撰。《欽定八旗滿洲氏族通譜》八十卷。謹按，《四庫》同，云：乾隆九年奉敕撰。《欽定勝朝殉節諸臣録》十二卷。謹按，《四庫》同，云：乾隆四十一年奉敕撰。《御定月令輯要》二十四卷。謹按，《四庫》有《圖説》一卷，云：康熙五十四年聖祖仁皇帝御定。《大清一統志》五百卷。謹按，《四庫》同，云：乾隆二十九年奉敕撰。《欽定熱河志》八十卷。謹按，《四庫》同，云：乾隆四十六年奉敕撰。《欽定日下舊聞考》一百三十卷。謹按,《四庫》一百二十卷,云:乾隆三十九年奉敕撰。《欽定滿洲源流考》二十卷。謹按,《四庫》同,云:乾隆四十三年奉敕撰。《欽定皇輿西域圖志》五十二卷。謹按,《四庫》同,云:乾隆二十一年奉敕撰,乾隆二十七年創成初稿,嗣以版章日闢,規制益詳,復增定爲今本。《皇清職貢圖》九卷。謹按,《四庫》同,云:乾隆十六年奉敕撰。《欽定盛京通志》一百卷。謹按,《四庫》一百二十卷,云:乾隆四十四年奉敕撰。《詞林典故》八卷。謹按,《四庫》同,云:乾隆九年命掌院學士鄂爾泰、張廷玉等纂輯是書,乾隆十二年告成,御纂序文刊行。《續詞林典故》□卷。謹按,嘉慶十年敕撰《皇朝詞林典故》六十四卷,蓋即此書,不名續也。《欽定歷代職官表》□□卷。謹按,《四庫》六十三卷,云:乾隆四十五年奉敕撰。《欽定大清會典》一百卷。謹按,《四庫》同,云:乾隆二十九年奉敕撰。《新定大清會典》□□卷。謹按,此當是嘉慶戊寅新修之本,止八十卷。《大清會典則例》一百八十卷。謹按,《四庫》同,云:乾隆二十九年奉敕撰。《新定大清會典則例》一百八十卷。《欽定續文獻通考》二百五十二卷。謹按,《四庫》同,云:乾隆十二年奉敕撰。《欽定皇朝文獻通考》二百六十二卷。謹按,《四庫》二百六十六卷,云:乾隆十二年奉敕撰。《欽定續通志》一百四十四卷。《欽定皇朝通志》一百卷。謹按,《四庫》二百卷,云:乾隆三十二年奉敕撰。《欽定皇朝通典二百卷》。謹按,《四庫》一百卷,云:乾隆三十二年奉敕撰。《幸魯盛典》四十卷。謹按,《四庫》同,云:康熙二十七年,衍聖公孔毓圻等撰進。《萬壽聖典》一百二十卷。謹按,《四庫》同,云:康熙五十二年,聖祖仁皇帝六旬萬壽,內直諸臣所纂録也。《欽定大清通禮》四十卷。謹按,《四庫》五十卷,云:乾隆元年奉敕撰,越二十一年告成。《南巡盛典》一百二十卷。謹按,《四庫》同,云:乾隆三十五年,大學士管兩江總督高晉等恭撰進。《皇朝禮器圖式》二十八卷。謹按,《四庫》同,云:乾隆二十四年奉敕撰,乾隆三十一年又命廷臣重加校補,勒爲此編。《國朝宮史》三十六卷。謹按,《四庫》同,云:乾隆七年奉敕撰,乾隆二十四年復命增修,越兩載而告成。《續國朝宮史》□□卷。《欽定滿洲祭神祭天典禮》六卷。謹按,《四庫》同,云:乾隆十二年奉敕撰。《八旗通志初集》二百五十卷。謹按,《四庫》同,云:雍正五年世宗憲皇帝敕撰,乾隆四年告成,御製序文頒行。《八旗通志二集》□□□卷。謹按,浙江《文瀾閣書目》載此書三百四十二卷,卷首十二卷,目録二卷。集中檔案至乾隆六十年止,稱高宗爲皇上。蓋嘉慶初元敕修,進御於太上皇者。《大清律例》四十七卷。謹按,《四庫》同,云:乾隆五年奉敕撰,御製序文頒行。《欽定天禄琳琅》十卷。謹按,《四庫》同,云:乾隆四十年奉敕撰。《御製評鑑闡要》二十卷。謹按,《四庫》十二卷,云:乾隆三十六年,大學士劉統勳等編次恭進。子部:《御撰資政要覽》三卷、《後序》一卷。謹按,《四庫》同,云:順治十二年世祖章皇帝御撰。《聖諭廣訓》一卷。謹按,《四庫》同,云:聖諭十六條,聖祖仁皇帝所頒;廣訓一萬餘言,世宗憲皇帝推繹。《庭訓格言》一卷。謹按,《四庫》同,云:雍正八年,世宗憲皇帝追述聖祖仁皇帝天語,親録成編。《御製人臣儆心録》一卷。謹按,《四庫》入史部,云順治十二年世祖章皇帝御撰。《御製日知薈要》一卷。謹按,《四庫》四卷,云:乾隆元年皇上御製。《御定孝經衍義》一百卷。謹按,《四庫》同,云:是書爲順治十三年奉敕所修,至康熙二十一年告成,聖祖仁皇帝親爲鑒定,製序頒行。《御定内則衍義》十六卷。謹按,《四庫》同,云:順治十三年世祖章皇帝御定。《御纂性理精義》十二卷。謹按,《四庫》同,云:康熙五十六年聖祖仁皇帝御定。《御纂朱子全書》六十六卷。謹按,《四庫》同,云:康熙五十二年聖祖仁皇帝御定。《御定執法成憲》八卷。謹按,《四庫》同,云:雍正六年世宗憲皇帝敕撰,雍正十三年書成奏進,乾隆三年御製序文頒行。《欽定授時通考》七十八卷。謹按,《四庫》同,云:乾隆二年奉敕撰,乾隆七年進呈欽定,御製序文頒行。《欽定醫宗金鑑》九十卷。謹按,《四庫》同,云:乾隆十四年奉敕撰。《御定曆象考成》四十二卷。謹按,《四庫》同,云:康熙五十二年聖祖仁皇帝御定。《御定曆象考成後編十卷》。謹按,《四庫》同,云:乾隆二年奉敕撰。《御定儀象考成》三十二卷。謹按,《四庫》同,云:乾隆九年奉敕撰,乾隆十七年告成,御製序文頒行。《御定數理精蘊》五十三卷。謹按,《四庫》同,云:康熙五十二年聖祖仁皇帝御定。《御定星歷攷原》六卷。謹按,《四庫》同,云:康熙五十二年聖祖仁皇帝御定,詔大學士李光地等重爲考定,以成是編。《欽定協紀辨方書》三十六卷。謹按,《四庫》同,云:乾隆四年奉敕撰,越三年告成,進呈欽定。《欽定佩文齋書畫譜》一百卷。謹按,《四庫》同,云:康熙四十七年聖祖仁皇帝御定。《祕殿珠林》二十四卷。謹按,《四庫》同,云:乾隆九年奉敕撰。《石渠寶笈》四十四卷。謹按,《四庫》同,云:乾隆十九年奉敕撰。《續石渠寶笈》□□卷。謹按,沈初《西清筆記》云:《珠林》、《寶笈》二書,乾隆辛亥續編。但未載卷數。《錢録》十六卷。謹按,《四庫》同,云:乾隆十五年奉敕撰。《欽定西清古鑑》四十卷。謹按,《四庫》同,云:乾隆十四年奉敕撰。《欽定西清硯譜》二十四卷。謹按,《四庫》二十五卷,云:乾隆四十三年奉敕撰。《御定古今圖書集成》五千二百卷。謹按,此書《四庫》未著録,據阮元編《天一閣書目》云:乾隆三十九年,御賜《古今圖書集成》一萬卷,聖祖仁皇帝御撰。雍正四年,世宗憲皇帝御製序,略言:皇考命儒臣廣羅羣籍,分門別類,統爲一書。經歷歲時,久而未就。特命尚書蔣廷錫等重加編校,凡釐定三千餘卷,增刪數十萬言,圖繪精審,攷定詳悉。列爲六編,析爲三十二典,其部六千餘,其卷一萬云。蓋是書經兩朝始成。余見原書,板本闊大,圖繪極工。光緒初元上海書坊有石印、鉛字排印兩種。末年，慈聖取原書付上海石印三百部，時以頒賜内直諸臣。《欽定淵鑑類函》四百五十卷。謹按，《四庫》同，云：康熙四十九年聖祖仁皇帝御定。《御定駢字類編》二百四十卷。謹按，《四庫》同，云：康熙五十八年，聖祖仁皇帝敕撰，雍正四年告成，世宗憲皇帝製序頒行。《御定分類字錦》六十四卷。謹按，《四庫》同，云：康熙六十一年，聖祖仁皇帝御定。《御定子史精華》一百六十卷。謹按，《四庫》同，云：康熙末聖祖仁皇帝敕修，雍正五年世宗憲皇帝御定頒行。《御定佩文韵府》四百四十二卷。謹按，《四庫》四百四十四卷，康熙五十年聖祖仁皇帝御定。《御定韵府拾遺》一百十二卷。謹按，《四庫》同，云：康熙五十五年聖祖仁皇帝御定。《御注道德經》二卷。謹按，《四庫》同，云：順治十三年世祖章皇帝御撰。集部：《聖祖仁皇帝初集》四十卷、《二集》五十卷、《三集》五十卷、《四集》三十六卷。謹按，《四庫》同，云：自康熙二十二年癸亥以前爲初集，三十六年丁丑以前爲二集，五十年辛卯以前爲三集。至五十一年壬辰以後六十一年壬寅以前，世宗憲皇帝命和碩莊親王允禄編爲四集。通一百七十六卷，合爲一編。《世宗憲皇帝文集》三十卷。謹按，《四庫》同，云：凡文二十卷，詩十卷。文分十三體。詩則前七卷曰《雍邸集》，皆康熙壬寅以前作；後三卷曰《四宜堂集》，則御極以後作也。《高宗純皇帝樂善堂全集》三十卷，《御製文初集》三十卷、《二集》四十卷、《餘集》二卷，《御製詩初集》四十四卷、《二集》九十四卷、《三集》一百卷、《四集》一百二十卷、《五集》一百四十卷、《餘集》□卷。謹按，《四庫》《御製樂善堂文集》定本三十卷，乾隆二十三年協辦大學士户部尚書蔣溥等奉敕重編。《御製文初集》三十卷、《二集》四十四卷，《御製詩初集》四十八卷、《二集》一百卷、《三集》一百十二卷、《四集》一百十二卷。今上皇帝《味餘書室集》□□卷，《御製文初集》□□卷，《御製詩初集》□□卷、《二集》□□卷。《御定全唐文》一千卷。謹按，嘉慶十九年，文華殿大學士董誥奉敕編輯。《御選古文淵鑑》六十四卷。謹按，《四庫》同，云：康熙二十四年聖祖仁皇帝御選，内閣學士徐乾學等奉敕編注。《御定賦彙》一百四十卷，《外集》□□卷，《補遺》二十二卷。謹按，《四庫》一百四十卷、《外集》二十卷、《逸句》二卷、《補遺》二十二卷，云：康熙四十五年聖祖仁皇帝御定。《御定全唐詩》九百卷。謹按，《四庫》同，云：康熙四十二年聖祖仁皇帝御定。《御定佩文齋詠物詩選》四百八十二卷。謹按，《四庫》四百八十六卷，云：康熙四十五年聖祖仁皇帝御定。《御定歷代題畫詩類》一百二十卷。謹按，《四庫》同，康熙四十六年聖祖仁皇帝御定。《御選四朝詩》二百九十二卷。謹按，《四庫》三百一十二卷，宋七十八卷，金二十五卷，元八十一卷，明一百二十八卷。云：康熙四十八年聖祖仁皇帝御定，右庶子張豫章等奉敕編次。《御定全金詩》七十四卷。謹按，《四庫》同，云：康熙五十年聖祖仁皇帝御定。《御選唐詩》三十二卷。謹按，《四庫》有《附録》三卷，云：康熙五十二年聖祖仁皇帝御定。《御選唐宋文醇》五十卷。謹按，《四庫》五十八卷，云：乾隆三年御定。《御選唐宋詩醇》四十七卷。謹按，《四庫》同，云：乾隆十五年御定。《皇清文穎》一百二十四卷。謹按，《四庫》同，云：康熙中，聖祖仁皇帝詔大學士陳廷敬編録未竟，世宗憲皇帝復詔續輯，亦未即蔵功。我皇上申命廷臣乃斷自乾隆甲子以前排纂成帙。《續皇清文穎》□□卷。《欽定四書文》四十一卷。謹按，《四庫》同，云：乾隆元年内閣學士方苞奉敕編。《御定歷代詩餘》一百二十卷。謹按，《四庫》同，云：康熙四十六年聖祖仁皇帝御定，命侍讀學士沈辰垣等蒐羅舊集，定著斯編。《御定詞譜》四十卷。謹按，《四庫》同，云：康熙五十四年聖祖仁皇帝御定。《御定曲譜》十四卷。謹按，《四庫》同，云：康熙五十四年奉敕撰。

謹按以上所列，至嘉慶止，然嘉慶一朝亦未盡載，蓋著者爲當時人，未斷代也。顧如乾隆五十三年，《欽定詩經樂譜全書》三十卷，《樂律正俗》一卷；乾隆二十年，《欽定繙譯五經》五十八卷，《四書》二十九卷；乾隆三十六年，《欽定增訂清文鑑》三十二卷，《補編》四卷，《總綱》八卷，《補總綱》二卷；乾隆四十四年，《欽定滿洲蒙古漢字三合切音清文鑑》三十三卷；乾隆四十六年，《欽定遼金元三史國語解》四十六卷；康熙五十一年，《欽定歷代紀事年表》一百卷；乾隆四十二年，《欽定蒙古源流》八卷；雍正九年，《上諭八旗》十三卷，《上諭旗務議覆》十二卷，《諭行旗務奏議》十三卷；乾隆四十七年，《欽定河源紀略》三十六卷；乾隆十九年，《欽定盤山志》二十一卷；乾隆三十二年，《欽定續通典》一百四十四卷；乾隆五十四年，《欽定八旬萬壽盛典》一百二十卷；乾隆四年，《欽定康濟録》六卷；乾隆四十三年，《欽定國子監志》六十二卷；乾隆四十一年，《欽定武英殿聚珍板程式》一卷；乾隆三十四年，《欽定校正淳化閣帖釋文》十卷；康熙四十六年，《御批通鑑綱目》五十九卷，《通鑑綱目前編》十八卷，《外紀》一卷，《舉要》三卷，《通鑑綱目續編》二十七卷；乾隆四十八年，《欽定古今儲貳金鑑》六卷；乾隆十四年，《御覽經史講義》三十一卷；康熙四十七年，《欽定廣羣芳譜》一百卷；乾隆四十七年，《欽定補繪離騷全圖》二卷；康熙六十一年，《御定千叟宴詩》四卷；乾隆五十五年，《欽定千叟宴詩》三十六卷，均《四庫》著録之書，不知何以未得悉舉。又如順治《御撰勸善要言》一卷；謹按，原書清文未繙譯，光緒十七年加譯，頒浙江官書局刊行。康熙二十年，《欽定選擇曆書》十卷；一名《萬年曆書》。

康熙五十年，《御製避暑山莊圖詠》二卷；雍正十一年，《御製大義覺迷録》四卷；乾隆《御製擬白居易樂府》四卷；嘉慶□□年，《欽定天禄琳琅書目後編》二十卷；嘉慶元年，《欽定千叟宴詩》三十四卷。謹按，此爲乾隆八旬有五萬壽慶典事，在《四庫全書》告成之後，其書題乾隆六十一年。蓋大内稱嘉慶元、二、三年爲六十一、二、三年也。或在《四庫》修書以前，或在《四庫》成書之後，雖總目未載，在嘉慶時傳本必多。至《欽定四庫全書總目提要》二百卷，《欽定四庫全書簡明目録》二十卷，以習聞習見之巨册，而紀載缺如，甚矣藏書與讀書之難也。

紀事

《宋會要輯稿·道釋》二之五～六《傳法院》 傳法院，舊曰譯經院。太祖乾德三年十二月，滄州僧道圓詣西域還，表獻貝葉梵經四十二夾。【略】太宗太平興國三年三月，開寶寺僧繼從等自西天迴，獻所得梵夾經等，詔賜繼從等紫衣。自是每獻者多詔賜方袍焉。五年，北天竺迦濕彌羅國僧天息災、烏填國僧施護至京，詔賜紫衣，又令天息災等與法天閲舊獻梵夾。太宗崇尚釋教，又以梵僧曉二方言，遂有意於翻譯焉。是年，詔中使鄭守約就太平興國寺大殿西度地作譯經院，中設譯經堂，其東序爲潤文堂，西序爲正義堂。譯經僧以次分設堂室。至七年六月院成，召天息災等三人入院，賜天息災號明教大師，法天號傳教大師，施護號傳教大師，令以所賚梵本各譯一經上進。詔梵學僧法進、常謹、清沼等筆受綴文，又命光禄卿楊悦、兵部員外郎張洎潤色，殿直劉素爲都監。悦等言：「天息災等所述自古譯經儀式，將欲翻經，於本院建立道場。施護請於東堂面西粉布聖壇，壇開四門，梵僧四各主其一，持秘密呪七晝夜。又設木壇作聖賢位，布聖賢字輪，目曰大法曼拏，衆迎請聖賢閼伽沐浴，香花燈塗，菓實飲食，二時供養，禮拜旋繞，請祈民祐，以殄魔障。僧羅曰二時虔禱，譯(曰)〔日〕第一譯主當面正坐，前梵學。其左第二證梵義梵僧，與譯主評量梵義。第三證梵文梵僧，聽譯主高讀梵本，以驗差誤。其右第四梵學僧，觀(焚)〔梵〕夾，當聽譯主宣讚讀書，爲隸字。第五梵學僧筆受。第六梵學僧删綴成(人)〔文〕。第七證義僧參詳向義。第八字梵學僧刊定字。第九潤文官，於僧衆南別設位，參詳潤色。譯僧每日沐浴，嚴潔三衣，坐具威儀整肅。凡入法筵，依位而坐，不得紊亂。翻譯應須受用，悉從官給。譯之日，別設齋席。譯文有與御名廟諱同者，前代不避，於禮未允，若變文避諱，慮妨經義，今欲依國學九經書御名迴避，諱但闕點畫。」詔御名不避，餘悉從之。七月十二日，天息災上新譯《聖佛母經》，法天上《吉祥持世經》，施護上《如來莊嚴經》，各一卷。詔左街選京城儀學僧百人詳定。左右街僧録神曜與諸義學僧以爲譯場久廢，傳演至難，迭興諍難。天息災等即持梵本先翻義，以華(華)文證之，衆僧乃服。詔入藏，刻板流行。十四日，帝臨幸，召譯僧坐，慰諭，給卧具、幕、繒綵、什器等物，悉度其院童行十人爲僧，增修佛殿經藏。自是盡取禁中所藏梵夾，令天息災等視藏録所未載者翻譯之。十二月，詔選梵學沙門一人爲筆受，義學沙門十人爲證義，又賜《大藏經》以備撰閲。自是每歲再三獻新經，後每誕聖節、五月一日即獻經，皆召坐，賜緡帛，以其經付藏。八年十月，天息災等言：「臣竊以教法未流，歷朝翻譯，宣傳佛語，並在梵僧，而方域遐阻，或梵僧不至，則譯場廢絶。望令兩街選童子五十人，令習梵字學。」從之。命高品王文壽集京城童行五百人，選得惟净等十人引見便坐，詔送院受學。惟净者，吴王李煜(第)〔弟〕從鑑之子，性頴悟，口授梵章，即曉其義，徧識西域字，歲餘，度爲僧，手爲梵經以獻。自後依法賢授學，爲梵學筆受，賜紫衣，號光梵大師。大中祥符後，令同譯經，爲試光禄卿。是年，詔改譯經院爲傳法院，又置印經院。雍熙元年九月，詔自今新譯經論，並刊板摹印，以廣流布。

李燾《續資治通鑑長編》卷一八九仁宗嘉祐四年二月 置館閣編定書籍官，以祕閣校理蔡抗、陳襄、集賢校理蘇頌、館閣校勘陳繹，分昭文、史館、集賢院、祕閣書而編定之。抗，挺兄；頌，紳子；繹，開封人也。初，右正言、祕閣校理吴及言：「祖宗更五代之弊，設文館以待四方之士，而卿相率由此進，故號令風采，不減漢、唐。近年用内臣監館閣書庫，借出書籍，亡失已多。又簡編脱略，書吏補寫不精，非國家崇尚儒學之意。請選館職三兩人，分館閣人吏編寫書籍。其私借出與借之者，並以法坐之。仍請求訪所遺之書。」乃命抗等仍不兼他局，二年一代，別用黄紙印寫正本，以防蠹敗。

陳騤《南宋館閣録》卷二《省舍》 次三間爲印板書庫。内設緑厨七，藏諸州印板書。【略】

次二間爲楷書案，又北二間爲印書作。《太平廣記》、《樂府》版共五千片，新刻《館閣録》版一百五十四片，《中興書目》版一千五百八十片藏焉。

楊瑀《山居新語》卷二 藝文監，階正三品，置太監兼檢校書籍事二員，少監同檢校書籍事二員，監丞參檢校書籍事二員，或有兼經筵官者，典簿一員，照磨一員，令史四名，典吏二名，專掌書籍；鑒書博士司，階正五品，置博士兼經筵參贊官二員，書吏一名，專一鑒辨書畫；授經郎，階正七品，置授經郎兼經筵譯文官二員，專一訓教怯薛官、大臣子孫；藝林庫，階從六品，置提點一員，大使一員，副使一員，司吏二名，庫子一名，專一收貯書籍；廣成局，階從七品，置大使一員，副使一員，直長二員，司吏二名，專一印書籍。已上書籍，乃《皇朝祖宗聖訓》及番譯《御史箴》、《大元通制》等書。

王士點《秘書監志》卷七《司天監》 雕字匠花名計四十名：作頭一名，匠三十九名。印匠一十六名。至元十三年十二月，中書省奏：「奉聖旨，省併衛門，内興文署併入翰林院，王待制兼管有。印造每年曆日事務撥附秘書監親管。」王待制牒保都作頭董濟於本監依舊勾當，祗受吏部劄請俸，依上勾當。」

至元十年十一月初七日，太保大司農奏過事内一件：「興文署掌雕印文書，交屬秘書監呵，怎生？」奉聖旨：「那般者。欽此。」

《宋史》卷一六四《職官四・太史局》 印曆所，掌雕印曆書。

《宋史》卷一六五《職官志五・國子監・書庫官》 淳化五年，判國子監李志言：「國子監舊有印書錢物所，名爲近俗，乞改爲國子監書庫官。」始置書庫監官，以京朝官充。掌印經史羣書，以備朝廷宣索賜予之用，及出鬻而收其直以上於官。元豐三年省。中興後，併國子監入禮部。

《宋史》卷一六五《職官志五・太府寺》 元祐初，以倉部郎官印發文鈔，三年，復歸本寺。【略】市易下界，掌飛錢給券，以通邊糴。【略】交引庫，掌給印出納交引錢鈔之事。【略】建炎詔罷太府寺，以其所掌職務撥隸金部。紹興元年，復以章億守太府寺丞，措置印給花鹽鈔引，續添置丞二員。

《金史》卷五六《百官志》 印造鈔引庫大安二年兼抄紙坊。

使，從八品。副，正九品。判，正九品。掌監視印造勘覆諸路交鈔、鹽引，兼提控抄造鈔引紙。承安四年，罷四小庫，併罷庫判四員。至寧元年設二員。貞祐二年作從九品。

抄紙坊大安二年以印造鈔引庫兼。貞祐二年復置，仍設小都監二員。

使，從八品。貞祐二年同隨朝。

副使，正九品。

判，從九品。

交鈔庫物料場至寧元年置。

場官，舊正八品，後作正九品。掌收支交鈔物料。

隨處交鈔庫抄紙坊

使，從八品。貞祐二年，設於上京、西京、北京、東平、大名、益都、咸平、真定、河間、平陽、太原、京兆、平涼、廣寧等府，瑞、蔚、平、清、通、順、蘇等州，貞祐三年罷之。

《元史》卷二《太宗紀》 （八年）夏六月，復括中州户口，得續户一百一十餘萬。耶律楚材請立編修所於燕京，經籍所於平陽，編集經史，召儒士梁陟充長官，以王萬慶、趙著副之。

《元史》卷一六《世祖紀十三》 （至元二十七年春正月）復立興文署，掌經籍板及江南學田錢穀。

《元史》卷八五《百官志一》 諸路寶鈔（都）提舉司，達魯花赤一員，正四品；都提舉一員，正四品；副達魯花赤一員，正五品；提舉一員，正五品；同提舉二員，從五品；副提舉二員，從六品；知事一員，從八品；照磨一員，從九品。國初，户部兼領交鈔公事。世祖至元，始設交鈔提舉司，秩正五品。二十四年，改諸路寶鈔都提舉司，陞正四品，增副達魯花赤、提控案牘各一員。其後定置已上官員，提控案牘又增一員。設司吏十二人，蒙古必闍赤一人，回回令史一人，奏差七人。

寶鈔總庫，達魯花赤一員，從五品；大使一員，從五品；副使三員，正七品。世祖至元二十五年，改元寶庫爲寶鈔（總）庫，秩正六品。二十六年，陞從五品，增大使、副使，設司庫。其後遂定置已上官員。司吏七人，譯史一人，司庫五十人。

印造寶鈔庫，達魯花赤一員，正七品；大使二員，從七品；副使二員，正八品。中統四年始置，秩從八品。至元二十四年，陞從七品，增達魯花赤一人。其後遂定置已上官員。

燒鈔東西二庫，達魯花赤一員，正八品；大使一員，從八品；副使一員，從九品。至元元年，始置昏鈔庫，用正九品印，置監燒昏鈔官。二十四年，分立燒鈔東西二庫，秩從八品，各置達魯花赤、大使、副使等員。【略】

印造鹽茶等引局，大使一員，副使一員。至元二十四年置。掌印造腹裏、行省鹽、茶、礬、鐵等引。仍置攢典、庫子各一人。

《元史》卷八八《百官志四》 藝文監，秩從三品。天曆二年置。專以國語敷譯儒書，及儒書之合校讎者俾兼治之。太監檢校書籍事二員，從三品；少監同檢校書籍(事)二員，從四品；監丞參檢校書籍事二員，從五品；典簿一員，照磨一員，令史四人，譯史一人，怯里馬赤一人，奏差二人，典吏三人。【略】

廣成局，秩七品。掌傳刻經籍，及印造之事。天曆二年始置。大使一員，從七品；副使一員，正八品；直長二人，正九品；司吏二人。

林時對《荷牐叢談》卷一　又經廠掌司四員，在經廠居住，管一應經書印板及印成書籍、佛藏、道藏。

吴振棫《養吉齋叢録》卷二《武英殿刊書》　康熙間，特開書局于武英殿，實爲詞臣纂輯之地。乾隆以後，書館盛開，武英殿專司刊校，未嘗廢置。刊行經、史、子、集，謂之殿板。向以親、郡王一人領殿事，而設總裁、提調、總纂、纂修、協修等官，其下則爲校録之士、收掌之員，若剞劂、裝釘，工匠尤夥。道光二十年後，以經費支絀，刊書甚少，僅存其名而已。

陳其元《庸閑齋筆記》卷三《左爵相創設書局》　今各直省多設書局矣，而事則肇于左爵相，局則肇於甯波。爵相創軍府于嚴州，嚴當兵燹之後，田疇荒蕪，草木暢茂，遺民無所得食。爵帥於賑濟之外，發銀萬兩購買茶筍，俾百姓得采擷于深山窮谷以爲資。茶筍製成，札發甯波變價，往返二次，歸正款外，得羨金數千兩。爵相以亂後書籍板片多無存者，飭以此羨餘刊刻四書五經。嗣杭城收復，復於省中設局辦理，即以甯波之工匠從事焉。蘇州、金陵、江西、湖北相繼而起，經史賴以不墜，皆爵相之首創也。

杜文瀾《憩園詞話》卷五　江蘇書局倡自粤東丁雨生中丞，初刻《資治通鑑》，以鄱陽胡果泉中丞影宋本翻雕。戊辰春余權藩篆時僅刻末卷數十板，恐非數年不能蔵事。適聞貴州莫子偲徵君友芝言，聞胡氏原板尚存，其後嗣欲出售。余正煩局中提調劉泖生太守至江西購紙，因屬親往訪之，時任鄱陽爲皖北陳遂生大令，皖營舊交，致函託爲介紹，果以千數百金購全板歸，所缺六十餘頁正局中已刻者，中丞以爲巧遇。惟時應敏齋廉訪在蘇松太道任，購得畢氏《續通鑑》原板，捐入書局，中丞又令接刻陳氏《明紀》，與前二書體例相同，遂成全璧。余又購東洋白綿紙，精印數十部，同人爭寶藏之。

丁申《武林藏書録》卷上《浙江書局》　《成化志》，設局於接待寺，《萬曆志》，設局於褒忠祠。李敏達於南關榷署修《西湖志》。乾隆間，就崇文書院四賢祠恭纂《南巡盛典》，更在太平坊設局，采訪遺書，以進四庫館。阮文達集高才生於詁經精舍，編《經籍纂詁》、《輶軒詩録》諸書。自來集事，莫不有局，如百工之居肆也。杭州庚辛劫後，經籍蕩然。同治六年，撫浙使者馬端敏公加意文學，聘薛慰農觀察時雨，孫琴西太僕衣言，首刊經史，兼及子集，奏開書局於篁庵，並處校士於聽園，派提調以監之，選士子有文行者總而校之，集剞劂氏百十人以寫刊之，議有章程十二條。自丁卯開局，至光緒乙酉凡二十年，先後刊刻二百餘種。甲部則《御纂七經》、《詩義折中》、《四書集註》、《五經》、《尚書考異》、《四書約旨》、《論語後案》。乙部則新舊《唐書》、《宋史》、《九通》、《御批通鑑輯覽》、《續資治通鑑長編》、《金陀粹編》、《理學宗傳》、《胡端敏奏議》、《兩浙金石志》、《西湖志》、《平浙紀略》。丙部則《二十二子》、《玉海》、《武經》、《大學衍義》。丁部則《唐宋文粹》、《古文淵鑑》、《蘇詩編註集成》、《王文成公集》、《輶軒録》、《沈氏三先生集》。皆覓善本精校重刻，墨模綫訂，流傳海内，後之藏書者，珍逾宋元而上矣。

蔣啓勛修、汪士鐸纂《(光緒)續纂江甯府志》卷六《實政》　書局。同治三年四月，總督曾文正公與公弟今山西巡撫威毅伯刊《王船山遺書》，立局安慶。江甯收復，移局東下，初設於鐵作坊，後移江甯府學之飛霞閣，延請紳士一人督理局事，提調道府一人佐之。竝延四方績學之士，分任校勘，稽工匠之勤惰，遴良者授以事。書成，平其值售之。【略】

聚珍書局，同治六年立。總督李公鴻章用砌字本排印硃批諭旨，以道員一人掌之。光緒五年裁撤。【略】

勸學官書局，同治十年七月立。江南鹽巡道孫公衣言以江甯士子寒畯者多，難於得書，請於總督曾文正公，取江甯、江蘇、浙江、湖北四書局新刊經籍，每部四分藏於惜陰書院。凡本籍士子得詣書院借讀，事領於官，而簿鑰出納則紳士掌之。【略】

兩江采訪忠義局，咸豐十一年，總督曾文正公駐軍祁門，即軍中立局，以紳士掌之，甄録三省死事之人，彙案上制府，分別奏請旌卹。同治元年移局安慶，三年移局江甯，十一年總督何公璟刊刻《兩江忠義録》。

張燾《津門雜記》卷中《官書局》　總理海防支應總局奉爵閣督憲劄飭籌備成本，購運南省官書來直，原價發售，以惠士林。現擇問津書院設局發賣，已將各省官書局書籍，一律運齊安放，並於局内懸掛總書目、售書章程，又留存刊就總書目一本，所有價值照南省十足制錢，劃一不二。定於二月初九日開售，士子欲買購，到本局查閲書目，照章付錢取書無悮。其各府州縣尚未由地方官運書發賣者，各士子亦可轉託親友赴津照買。光緒八年二月告示。

《格致彙編》光緒六年五月卷傅蘭雅《江南製造總局繙譯西書事略》　江南製造局内設繙譯館，業十餘年，遠近諸君幾若共聞；然其中本末裨益，尚有未詳知者，屢承顧問；且常有西人書緘頻寄，訊此館之源流，問譯書之理法，究察所用各物之名，訪求所譯西書之目。然一人事繁，難盡酬應，故將譯書大略，撰成西書一册。所有各事，共分要件四章，而局中書名，依類附入，並録以撰書人名，譯書人名，筆述人名，刊書年歲，及每書本數，每書價錢。另有局外所譯之書，亦登其目録，以便西人有所檢閲，不必另向他處搜求。因自備資斧，印成此書，分送於西國朋友並樂傳格致西人。然書爲西文，華友不便披覽；若僅裨益西人而不公諸華友，殊屬憾事。故不憚勞悴，燈下譯成，附於彙編，供諸同好。余居華夏已二十年，心所悦者，惟冀中國能廣興格致至中西一轍耳。故平生專習此業而不他及，閲此篇者，幸勿視爲河漢也可。

光緒六年端陽月，傅蘭雅敍。

第一章　論源流

溯江南製造總局設館繙譯西書之事，起於西曆一千八百六十七年冬。成此一舉，藉無錫徐、華二君之力爲多；蓋當時二君在局内爲幫辦之員，志尚博通，欲明西學。故欲知此舉起緣，可陳述二君顛末。

無錫爲江蘇常州府之一縣也，南濱太湖，城池雄壯。所有人民，大都巧於工藝，且認真作事，志在必成，又有往來日本國者。而士人多以爲詩書經史幾若難果其腹，必將究察物理，推考格致，始覺愜心；如是者凡數人，而徐、華二君好之尤甚。

此數人者，每相往來，屢次會集，所察得格致新事新理，共相傾談，有不明者彼此印證。凡明時天主教師所著天文、算學諸書及中國已有同類之書，無不推詳討論。後二君遊覽上海，至墨海書館見合信氏在一千八百五十五年所著《博物新編》一書，甚爲欣羡，有愜襟懷。蓋利瑪竇諸人著格致書後，越有二百餘年，此時内泰西格致大興，新理迭出，而中國尚未之知也。故一獲此書，猶之忽過二百年而與此新理相覿面，遂在家中自製格致器以試其書中理法，且能觸類引伸旁通；其所未見者，一有所得即筆之於書，將所記者彼此參觀，有不明者互相答問。而徐君手下所存記録器具等尤多，是故徐君名譽，邦家有光。西諺云：「曠漠淵源特出，周遭百草滋榮」，其徐君之謂歟！惜乎當時髮賊作亂，侵據無錫而得其城，民人逃避山中，多經艱苦；惟徐君以已知格致有益之法，能減其苦，且可輔助他人。

同治元年三月時，有諭旨下，命兩江總督稽察兩省才能之士，能曉製造與格致之事者，舉爲國用。故曾文正公選舉八人，奏明皇朝。此八人中有徐、華二君在焉。二君之名，久聞中外，總督遂召至安慶府，令考究泰西製造與格致所有益國之事。

當時髮賊已據南京，而四周之地，兵荒頻有，故考究西學，甚覺不便。惟華君集聚中國當時格致諸書，欲再翻刻，則在南京書局刊成數種，即利瑪竇與偉烈亞力所譯《幾何原本》及偉烈亞力之《代微積》，並艾約瑟之《重學》，後另刊他書數種。惟此時總督派徐君之事與此不同，乃令刱造輪船，以試實效。遂依《博物新編》中略圖，製成小樣，因甚得法，則預備造一大者，所用之器料，即取諸本國。嘗在安慶時見過一小輪船，心中已得梗概，即自繪圖而興工；雖無西人輔理，此事甚難，而徐君父子樂爲不倦，總督亦常慰藉之。至船成時，以西法量之，爲二十五噸之船，於一千八百六十五年初行大江中，七時内可逆水行二百五十五里，及回而順水，不過四時已到。曾侯爺甚喜此船，因錫名「黄鵠」，後在大江中屢次來往。華人之能自造輪船者，可推徐君爲首焉。

徐君父子已有此能，則於製造與格致之學，可謂精明而無出其右者矣。然其心猶未足，以爲見聞尚淺，故屢至上海搜求西國新理新法。時當李壬叔與偉烈亞力及韋廉臣在墨海書館譯談天與植物等書，故常與李君並各西士相談；又遇艾約瑟、慕維廉、楊格非諸西士，亦略能增廣新理於心。

以後徐君決意久居上海，以便與西士考證西學，故請曾文正公派於江南新設製造局内，略於一千八百六十七年到局。旋請局中馮、沈二總辦設一便考西學之法，至能中西藝術共相頡頏；因想一法，將西國要書譯出，不獨自增識見，並可刊印播傳，以便國人盡知。又寄信至英國購《泰西大類編書》，便於繙譯者；又想書成後可在各省設院講習，使人明此各書，必於國家大有裨益。

總辦聞此説善之，乃請總督允其小試。又在上海聘請能譯書之西士，則遇在字林行作《上海新報》者傅蘭雅，因請之購西書數部，即與徐仲虎首譯《運規約指》一書；又請偉烈亞力與徐雪村譯《汽機發軔》一書；又請瑪高温與華若汀譯《金石識別》一書。此三書爲在上海租界西人宅内所譯者，然甚覺不便，莫若在局中譯之。又因局與租界相離頗遠，則西人不便每日往復，故請傅蘭雅在局内所設之繙譯館專辦譯書之事，即於一千八百六十八年六月中開館。所有初譯之書，均呈總督賞鑒，甚爲許可，即出示多添譯書西人，故又請金楷理專辦譯書。

後上海城中廣方言館移至局內，則又請林樂知每半日教習，半日譯書。金楷理譯書數年，則辭職而爲駐上海兵備道通事，仍兼辦繙譯。時有華士舒鳳，已在美國多年肄業，考取醫學，回至上海，因請之譯醫學諸書，蓋在美國時已精練此藝，故譯此書甚宜也。

譯書華士，屢有更换，迄今略有五人，與西人繙譯，或將譯者討論潤色，以備刊板。惟徐雪村一人，自開館以來，尚未辭職，今雖年高，然考究格致之心，未嘗少減。再有華士趙静涵，原通曉中國方書，因欲探索西醫與格致，即改故業而來譯書，開館後三年即進館，至今所譯成之醫學格致等書不少。又有華士蔡寵九通知時事，鄭熙臺明曉洋務，俱勝繙譯之任。另有數君，譯書之時暫久不定，或因嫌譯書爲終於一事者，或因升官而辭職者。但此常换人之事，自必有礙於譯書。蓋常有要書譯至中途，而他人不便續譯；或譯成之原稿，則去者委人收存，至屢去屢委，則稿多散失。所有前譯書而爲官者，有駐德國星使李丹崖，並前爲山東製造局總辦王筱雲，又在倫敦爲供事者黄玉屏，另有嚴子猷等諸君，今俱當要職，亦前在館譯書者。此數君前在館時，每日與西人譯書講論，故俱曉西學。可見此譯書外另有大益於國，因譯書而爲官者皆通曉西事，能知中西交涉所有益國之處。

繙譯華士之外，有賈君步緯，在館數年，與譯書事相連屬，其源流與徐、華二君相同。幼時嗜好算學，原在上海城内以生理爲業，常日夜思維天文、算學等事，能自推日月虧蝕。又著諸曜通書刊售，名曰《便用通書》，人多喜用之，以其所推確鑿，且備載詳細；又著有《萬年書》並《量法代算》等出售。總辦馮公知其才，延至館内，近來每年作航海通書，以上海經度爲主；又作《算學表》等書，因其精於此藝，故宜於此事；餘復校刊《算法統宗》、《九數外録》、《勾股六術》等算學十書，供人學習。

又有中國著名算學家李壬叔暫時在館譯書，後至北京同文館爲算學總教習。李君係浙江海寧人，幼有算學才能，於一千八百四十五年初印其新著算學；一日，到上海墨海書館禮拜堂，將其書予麥先生展閲，問泰西有此學否，其時有住於墨海書館之西士偉烈亞力見之甚悦，因請之譯西國深奥算學並天文等書。又與艾約瑟譯重學，與韋廉臣譯植物學，以至格致等學無不通曉。又與偉烈亞力譯奈端數理數十頁，後在繙譯館内與傅蘭雅譯成第一卷。此書雖爲西國甚深算學，而李君亦無不洞明，且甚心悦，又常稱讚奈端之才。此書外另設西國最深算題，請教李君，亦無不冰解。想中國有李君之才者極稀；或有能略與頡頏者，必中西廣行交涉後，則似李君者庶乎其有。或云「蕉山人顧尚之，與李君不分高下」，但未知然否。

局內刊板印書之處，原爲小屋；然刊書一事漸大，故其屋亦增廣。內有三十餘人，或刊板，或刷印，或裝訂，而一人董理，又一人董理售書之事，另有三四人抄寫各書。

局内書館所存西字格致書有數百部，約爲中國所有西字格致書最多之處。近來西國所出新格致書，擬再續購存儲。

在館西人俱有保舉國家欽賜頭銜：而傅蘭雅得三品，金楷理得四品，林樂知得五品。

中國大憲已數次出諭，令特譯緊要之書，如李中堂數次諭特譯某書等。又有各憲深悦此館譯書之事，如丁雨生中丞閲局時，云此譯書爲局内所作各要事之一，又曾襲侯來局數日，云由設館以來甚欣悦此功，因以扇親楷一詩贈傅蘭雅，爲奬譽譯書之意。

第二章　論譯書之法

西人嘗云：「中國語言文字最難爲西人所通，即通之亦難將西書之精奥譯至中國。蓋中國文字最古最生而最硬，若以之譯泰西格致與製造等事，幾成笑談。然中國自古以來，最講求教門與國政，若譯泰西教門與泰西國政，則不甚難。況近來西國所有格致，門類甚多，名目尤繁；而中國並無其學與其名，焉能譯妥，誠屬不能越之難也。」等語。然推論此説，實有不然。蓋明時利瑪竇諸人及今各譯書之人，並未遇有甚大之難以致中止。譯西書第一要事爲名目，若所用名目必爲華字典内之字義，不可另有解釋，則譯書事永不能成。然中國語言文字與他國略同，俱爲隨時逐漸生新，非一旦而忽然俱有。故前時能生新者，則後日亦可生新者，以致無窮。近來中西交涉事年多一年，則新名目亦必每年增廣。如中國聖諱每行禁用，則能定寫以何法，代以何字。而全境内每年所改所添之字，則難爲國家定奪。如貿易或交涉事内有新意新物，必設華字新名，始能明顯。然所設新名，間有文雅者，間有粗拙者，如前西人與華人所定各名，常有蠢而不能久行者。蓋各國所設名目，若甚不當，自不久必更以當者，而中國亦然。如西國久用之名，後知不合，則更新者，雖多有不便，亦不得已也。二三百年前，英國多藉希臘與羅馬等國文字以作格致與製造内之新名，後則漸除不用，或換以更妥者，而中國亦難免此舉。凡自他國藉用之名，則不能一時定準，必歷年用之始能妥協。

然而西人在華初譯格致各書時，若留意於名目，互相同意，則用者初時能穩妥，後亦不必大更改。如譯化學書，應使初學此書之華人與未見此書之西人，閲之同明其名義。凡初次用新名處，則註釋之，後不必再釋。若不從頭觀看而隨意展閲，則自難明，與西人以此法看化學書同理。然竟有華友及西人，曾將局内所譯之書於半中披覽，遇新名處則不識，問諸師友亦莫之知，因曰「此書無用」，或云「所譯不清，孰能明之」，又曰「若是繙譯西書，實爲枉費工力而已」，殊不知所不明者爲己之粗心耳！

此館譯書之先，中西諸士皆知名目爲難，欲設法以定之。議多時後，則略定要事有三：

（一）華文已有之名　設擬一名目爲華文已有者，而字典内無處可察，則有二法：一、可察中國已有之格致或工藝等書，並前在中國之天主教師及近來耶穌教師諸人所著格致、工藝等書。二、可訪問中國客商或製造或工藝等應知此名目等人。

（二）設立新名　若華文果無此名，必須另設新者，則有三法：一、以平常字外加偏旁而爲新名，仍讀其本音，如鎂、鉮、碲、矽等；或以字典内不常用之字釋以新義而爲新名，如鉑、鉀、鈷、鋅等是也。二、用數字解釋其物，即以此解釋爲新名，而字數以少爲妙，如養氣、輕氣、火輪船、風雨表等是也。三、用華字寫其西名，以官音爲主，而西字各音亦代以常用相同之華字，凡前譯書人已用慣者則襲之，華人可一見而知爲西名；所已設之新名，不過暫爲試用，若後能察得中國已有古名，或見所設者不妥，則可更易。

（三）作中西名目字彙　凡譯書時所設新名，無論爲事物人地等名，皆宜隨時録於華英小簿，後刊書時可附書末，以便閲者核察西書或問諸西人。而各書内所有之名，宜彙成總書，製成大部，則以後譯書者有所核察，可免混名之弊。

以上三法，在譯書事内惜未全用，故各人所譯西書常有混名之弊，將來甚難更正。若繙譯時配準各名，則費功小而獲益大，惟望此館内譯書之中西人以此義爲要務。用相同之名，則所譯之書，益尤大焉。

譯書混名之事，不獨此館爲然，即各教師所譯西書亦嘗有之。如合信氏《博物新編》之名目不甚差忒，而譯書者可仍其舊；因不但其名妥洽，且其書已通行中國，夫人而知。然譯書西士，以爲定名幾若爲彼一人所主，而前人所定者皆置於不論。故有以《博物新編》内之淡氣當爲輕氣之用，若華人閲此二人著作，則淡氣、輕氣之義幾難分辨矣。察各門教師稱造化萬物之主，有曰天主者，有曰上帝者，有曰真神者，此爲傳教第一要名，尚未能同心合意，通用一名，而彼輕氣、淡氣相混者亦不爲奇焉。然若能彼此同心以定格致名目，則有大益。凡前人已用者，若無不合，則可仍之，猶之西格致家，凡察得新動、植等物而命以名，則各國格致家亦仍其名而無想更改者。有云：「北京有數教師共擬成華字一副，以譯西國人地各名。」但其所設者用以譯新名則可，若不仍前人所用者，亦不能有甚大益。

以上所言，爲譯書用名之事。至於所譯各書若何分類，若何選擇，試略言之。初譯書時，本欲作大類編書，而英國所已有者雖印八次，然内有數卷太略，且近古所有新理新法多未列入，故必察更大更新者始可繙譯。後經中國大憲諭下，欲館内特譯緊用之書，故作類編之意漸廢，而所譯者多零件新書，不以西國門類分列。平常選書法，爲西人與華士擇其合已所緊用者，不論其書與他書配否，故有數書如植物學、動物學、名人傳等尚未譯出。另有他書雖不甚關格致，然於水陸兵勇武備等事有關，故較他書先爲講求。

已譯成之書大半深奥，能通曉之者少，而不明之者多。故數年前設有《格致彙編》，將格致要端以簡法譯成，凡初學者可藉爲階進；然此彙編非局中所刊，而費用爲輯者自備也。又有格致啓蒙書數種，爲林樂知所譯，亦有益於初學。近來設有益智書會，欲刊之書，尤合於初學之用。此會爲一千八百七十七年耶穌教大公會所設者，亦請傅蘭雅、林樂知爲幫辦董事。此會之書成後，大能輔助局中所譯者；且其定所刊書之板與局中同式，此法甚善。

至於館内譯書之法，必將所欲譯者，西人先熟覽胸中而書理已明，則與華士同譯，乃以西書之義，逐句讀成華語，華士以筆述之；若有難言處，則與華士斟酌何法可明；若華士有不明處，則講明之。譯後，華士將初稿改正潤色，令合於中國文法。有數要書，臨刊時華士與西人核對；而平常書多不必對，皆賴華士改正。因華士詳慎郢斵，其訛則少，而文法甚精。既脱稿，則付梓刻板。中國刻板法，將書以宋字寫於薄紙，反糊於木板，則用刀剞劂。書中所有圖畫，則有畫工摹成，同糊板上鐫之。至於偉烈亞力所譯《談天》書内之圖，則爲英國以鋼板所印者；而地圖與海道各圖，乃局内所刻陰文銅板所印者。

近來上海多用鉛字活板，印中國書籍甚便。局内亦有一副鉛字並印書架等。然所譯格致書，仍用古制而刊木板，以手工刷印。此法爲歐洲初有印書法之先多年而中國已用者，較鉛字活板更省更便。其板各頁等大，略寬八寸，長十二寸，厚半寸，每板兩面刻字，每面當西書兩面之用，可見一書全板佔地無幾。即有云：「刻一木板，較排活板所費有限，且木板已成，則每次刷印，隨意多寡，即祇印一部亦可。」此法之便可知矣。若照西法以活板印書，則一次必多印之，始可拆板，設所印者年深變舊，或文字錯訛，則成廢紙而歸無用。惟中國法則不然，不須鉅資多印存儲；若板有錯字，亦易更改；而西法已印成書，則無法能更改也。有云：「最能印書者，一日可印五千頁，不用印架，不需機器，俱以手工手器印之，而工價亦廉，每四工約得洋一圓。」印書之紙爲上等連史紙，另一種次者爲賽連紙，較連史紙價扣八折。書用白絲線裝訂，較平常書籍格外精緻，甚合於學士文人之用。

第三章　論譯書之益

西人多以爲華文不能顯明泰西近來之格致，非用西文，則甚難傳至中國；此等人看局內譯書之事，不過枉費工力而已。有人以爲西學雖可勉强譯以華文，然不久英語必爲萬國公言，可以不必譯書。間有人云：「迨西曆一千九百年時，英語必爲萬國公言。」此等人看譯書之事，僅可予中國數年之益，不久則改以英文，何必設此一舉。其殆亦不知譯書之益耳！

間有欲作善事之西人或會，因心中有此意見，則以爲欲俾華人得益，必先教以西文，如中國皇家每年費帑送生徒至歐羅巴與北美利加等處學習西學。殊不知中國欲通曉西文，雖暫時有理，而所得之益不能甚大。蓋送生徒出洋之意，原以爲回國時必將所得者傳教華人。但見出洋各人，所得才能甚大，幾同於西人，至回國時，則不想傳授同邦，惟以所學者爲資本，賴以致富。此舉平常回國者之意見。然有數人於回國後，則盡心力欲引本國人全得其藝，以致西學廣行於中國也；惟如此者惜未多有。

藉令回國生徒能熱心傳授華人，亦難比譯書更有益於華人。蓋已在西國學多年者，其西學愈深，則華文必愈疎；即全得西學而爲西國已取中者，然欲教華人，必仍用華語，所用之書亦須華文。否則必令中國全棄經史而盡通西語，豈易事哉！况中國書文流傳自古，數千年來未有或者，不特國人視之甚重，即國家亦賴以治國焉。有自主之大國，棄其書文而盡用他邦語言文字者耶？若中國爲他邦所屬，或能勉强行以西文；惟此事乃斷不能有者，故不必慮及焉。

從以上之説，可見中國多年舊習，必賴譯書等法始漸生新。今在十八省中所有新法新事已見流通，且顯沛然莫禦之勢。要之，西國所有益中國之學，中國必欲得之，蓋華人已有飲泉思渴之心焉。

此繙譯館已設數年，所有費用皆資國帑，可見此舉必有益於中國者也。中國雖已有書文最多，視爲珍重；而雖待來辦公事與傳教之西人若何，然明知學術一道，不在一國一邦，故雖視西人爲夷狄之邦，亦樂學其有益於中國之事；惟必依本國之法以學，否則棄而不取。如與西國和約，許西人傳教，似爲不得已之事；然考究西學，毫無牽强，皆爲請教西人者也。凡見西國有益學術，則不惜工費而譯成書，以便傳通全國。可見中國不獨甘心願學，且肯出資。求得交涉事内，此爲勝舉，泰西無人不宜稱頌者也。

局内譯書之事，雖經十有餘年，亦僅爲開創之初；所已成者可爲後世基趾，而畫棟雕梁必興於其上，故宜歷年續作，而與中國同時盛興。察所銷售書籍已數萬餘，可見中國皆好此書。蓋華人凡不珍重、不喜歡之物，未嘗有費財購取者也。而此各書，爲西人多年察考，始經著成，若在中國無甚裨益，則爲奇事。華人得此各書，則格致之學不減泰西，而考察之苦已無煩備嘗矣。

局内已刊之書，有數種在北京同文館用之，在耶穌教中大書館内亦有用之者。如《三角數理》一書，在登州狄先生書館用以教課。今狄先生回國，而惠先生代理，亦爲西國著名算家，其寄函云：「本年有一半生徒學貴館所譯《三角數理》，余看此書甚善，有數字刊訛，余已更正；想此書除在書館教課，則難識此訛，余見此訛字少者則甚稱奇。蓋將深算書譯出，而華人能洞識者，甚爲難事也。」等語。惜乎所有教門中學館，能與狄先生處用局中之書者甚少焉。

數年前，南京有美國魏丁先生，多購局内書籍，專售於好算學家。説者云：「南京有大憲設館教算學等事，學者不少，故有多人購買局中算書。」而館爲國家所設。惟望此館至今猶存。

局内有數書館已設多年，教習造船或造船汽機或兵戎等法，惟不用局中所刊之書。蓋教習者不通華文，必以西文教授，雖生徒初時難諳西文，久習亦易。若乍想局内書館不用其書，似爲奇異，足顯所譯之書無用。然此亦有故焉，因他西人不審此意，見生徒讀西文已得法，雖通曉頗難，而教習者總能因此而得大功焉。

局内之書，爲官紳文士購存者多，又上海、厦門、烟台之公書院中亦各購存。

如上海公書院，在格致書院內有華君若汀居院教習，凡來咨諏者，則爲之講釋；而華君在局內時，與西人譯書有十餘種，故在院內甚能講明格致。夫格致書院本爲英領事起手勸各埠西人捐設者，迄今書院大興，皆賴徐君雪村之力辦成。惟望不久院內有生徒肄業，能用局中之書，則不勝忻然矣。夫徐、華二君，一生用力，不獨欲益智於己，並欲公好於人，故在院內若能多得學者讀所譯之格致書，用所備之格致器，將見中國人文蔚起，才智迭興，四海之內，孰不景頌二君之盛德也哉！

此局以外，另有西人譯格致書數種，亦爲善事。如設繙譯館後，則有丁韙良在北京著《格物入門》《萬國公法》諸書，與其同事者，亦著格致書與公法書數種，皆爲華人所悦服者，亦大有益於國。其書文雅清順，故官紳學士皆欲先睹。惟惜同文館多年所譯之書，尚未見其細目，故不能詳述。外有西教師譯格致書不少，約五六人，將來必爲華人推崇，仰爲師表也。

今中國於和約各大國內均有星使，又在英國倫敦與俄克斯弗得、法國巴黎、美國哈法得等大書院內亦有教習華文者，可見西人學華文，年重一年，恐不數年後，不獨在華有譯書西人，即在西國亦可多有其人也。夫中國地廣人稠，則格致等書，以此法搜求，可與土地同廣而與人民並稠者已。

近來所設益智書會，其意與局中略同，今欲共著書四十餘種，大半爲合於教門中書館之用，亦合於初習格致者所用。

惟今設此譯書之事，其益不能全顯，將來後學必得大益。蓋中西久無交涉，所有西學不能一旦全收，將必年代迭更，盛行格致，則國中之寶藏與格致之儲才，始能焕然全顯。考中國古今來之人性，與格致不侔；若欲通變全國人性，其事甚難。如近來考取人才，乃以經史詞章爲要，而格致等學置若罔聞，若今西人能詳慎譯書而傳格致於中國，亦必能親覩華人得其大益。雖不敢期中國專以西學考取人才，然猶願親覩場中起首考取格致等學，吾其拭目望之矣。

西人常居局內，專理譯書，故人遠處，無暇往來；而且水土爲災，不勝異鄉之感，終朝一事，難禁悶懣之懷。然而多年敏慎，風雨無虚者何也？蓋以爲吾人於此分所當耳。況上帝之意，必以此法裨益中國，安可任意因循，違乎天耶！是故朝斯夕斯，忍耐自甘，所以順天心耳。

第四章　論譯書各數目與目録

此繙譯館起於西曆一千八百六十八年，而初印之書爲一千八百七十一年始成者，有《運規約指》與《開煤要法》二書。由此至今，連譯不息。今將其要分成三類，臚陳於後：

第一類爲已刊成或出售之書名，與撰書人名，及中西譯書人名，並刊書成歲與每書本數，及每書價錢。由此類中，可見已刊成書有九十八種，共計二百三十五本；每本頁數爲六十頁至一百頁不定。每書一頁，與英國平常一頁文義略同；惟譯時或有鬆緊，故此數僅爲大略而已。

於去年西六月終，計算所已銷售之書有三萬一千一百十一部，共計八萬三千四百五十四本。又已刻成地圖與海道圖共二十七張；海道圖大半爲英國者，譯出後俱在局中鐫銅板印之，已銷售者共四千七百七十四張。

閲以上所售之書，其數雖多，然中國人數尤多，若以書數與人數相較，奚啻天壤。惟中國郵遞之法，尚無定章，而國家尚未安設信局，又未佈置鐵路，則遠處不便購買。且未出示聲明，又未分傳寄售，則内地無由聞知，故所售之書尚爲甚少。若有以上各法，則銷售者必多數十倍也。

以上售出各數，尚未計及新聞紙與《近事彙編》等隨時所印之書。此二種書，每若干時則印三百至五百本，分呈於上海及各省官員。

第二類爲已譯成而未刊之書，共有四十五種，約共成一百二十四本；內有將待刊者，亦有僅爲初稿者。

第三類爲未譯全之書，共十三種；內略有三十四本已譯成。

以上三類，可依各門之學而列一表如下：

各門等書	已刊成者	尚未刊者	未譯全者	已譯出者
算學測量等書	二十二部（計五十二本）	二部（計八本）	三部	計五本
汽機等書	七部（計十七本）	三部（計六本）	一部	計二本
化學等書	五部（計十九本）	一部（計一本）	一部	計四本
地理等書	八部（計十二本）		二部	計九本
地學等書	五部（計二十本）			
天文行船等書	九部（計二十七本）	三部（計四本）		
博物學等書	六部（計十四本）	四部（計五本）	一部	計一本
醫學等書	二部（計八本）	一部（計六本）	二部	計十本
工藝等書	十三部（計十五本）	九部（計二十六本）		

水陸兵法等書　十五部（計四十一本）　九部（計二十六本）　二部　計二本

年代表新聞紙等書　六部（計十本）　一部（計一本）

造船等書　三部（計十三本）　一部　計一本

國史等書　五部（計十八本）

交涉公法等書　二部（計二十六本）

零件等書　二部（計二本）

總共：已刊成者九十八部，計三百三十五本；尚未刊者四十五部，計一百四十二本；未譯全者十三部，計已譯出三十四本。

局中書目外，另有目録二章，兹並録入：一爲益智書會擬將譯而刊之書共四十二種；一爲寓華諸西人所自譯各書，今已刊行問世者也。

以上所述，爲十二年在局内譯書事之大略，乃自撰成西書一册，並非華官派作。蓋屢有西人視中國考究西學甚爲要事，故頻問訊顛末。又有西士欲自譯書，因未深悉局内已成諸書，恐有重複。是故撰成此册，以便諸士有所核察，别無他意。

張之洞《張之洞全集》卷二三《開設書局刊佈經籍折光緒十三年十月二十五日》

竊惟經學昌明，至我朝爲極盛，道光年間前督臣阮元校刊《皇清經解》一千四百餘卷，藏板學海堂，既已表彰先正，亦以鼓舞來學，于是海内通經致用之士接踵奮興，迨今六十餘年，通人著述，日出不窮，或有稾草遺編，家藏槧本，當時未見，近始流傳，亟應續輯刊行，以昭聖代文治之盛。況學海堂爲當日創刊經解之所，是粤省尤當力任此舉，勉紹前規。臣等海邦承乏，深惟治源亟宜殫敬教勸學之方，以收經正民興之效。此外史部、子部、集部諸書，可以考鑒古今，裨益經濟，維持人心風俗者，一并搜羅刊播。上年既經臣之洞捐貲設局舉辦，然必須籌有常款，擇有定地，方能經久。現經臣等公同籌度，即將省城内舊機器局量加修葺，以爲書局，名曰「廣雅書局」。臣之洞捐銀一萬兩，臣大澂捐銀三千兩，順德縣青雲文社捐銀一萬兩，仁錫堂西商捐銀一萬兩，省城惠濟倉紳士捐銀五千兩，潮州府朱丙壽捐銀五千兩，共銀四萬三千兩，發商生息，每年得息銀二千三百六十五兩，又誠信堂、敬忠堂商人每年捐銀五千兩，共七千三百六十五兩，以充書局常年經費。計款項尚不甚充，如以後别有籌捐之款，再當湊撥應用，視經費之赢絀爲刊書之多寡。檄飭兩廣鹽運司綜理局事，博訪文學之士，詳審校勘，將來各書刊成，當隨時刷印咨送國子監，以備在監肄業者考覽之助。

張之洞《張之洞全集》卷一二一《札北善後局籌發〈時務報〉價附單光緒二十二年七月二十五日》　爲札飭事。照得新報一項，有裨時政，有裨學術，爲留心經世者，必不可少之編。百餘年來，泰西各國推廣不遺餘力，如英之《泰晤士報》、法之《勒當報》、德之《科隆尼司報》，其尤著者也，每日所出各數十萬張。其他各地有各地之報，各業有各業之報，各學有各學之報。英國報館，幾二千所，可謂盛矣。二十年來，中國亦漸通行，但其始皆出自洋商牟利，故于事之是非虚實，不免失真，且所録多齊語郢説，無關宏遠，宜爲士大夫所不屑道。比來内外臣工，頗有奏請設立報館者。本月准總理衙門咨行議准刑部侍郎李條陳折内，亦有選譯西報一條，奉旨允准，可見報館有益大局，實非淺鮮。查上海新設《時務報》館，每一旬出報一本。本部堂披閱之下，具見該報識見正大，議論切要，足以增廣見聞，激發志氣，凡所采録，皆係有關宏綱，無取瑣聞。所采外洋各報，皆係就本文譯出，不比坊間各報訛傳臆造，且係中國紳宦主持，不假外人，實爲中國創始第一種有益之報。湖北地據上游，交涉日繁，他日又爲築造鐵路所自始，凡在官員士庶，于時務一門，固不乏留心探討之人，第恐聞見稍隘，欲擴未由，則《時務報》裨益實多。現已飭知《時務報》館，所有湖北全省文武大小各衙門文職至各州縣各學止、武職至實缺都司止，每衙門俱行按期寄送一本，各局各書院各學堂分别多寡分送，共計二百八十八分，每分每月三本，每分每年報價照該報館章程，先期兑付之價計銀元四元，總計每年報價一千一百五十二元。本年以半年計算，應付銀元五百七十六元。自應即日付給，飭令速寄。以後按年于正月初豫付，統由善後局在於閑款項下匯總支發，即交漢口電報局轉寄上海該報館查收，取具收據存查，無庸向各衙門及各局書院、學堂收取報費，以期簡速。應自該報館開館第一次所出之報第一册起，概行印送足數。至如何寄送報本，由該報館自行設法，毋庸官爲經理。合行札飭，札到該局，即便遵照辦理具報。毋違。

計開：

督　院　一本　撫　院　一本

湖北學院　一本　荆州將軍　一本

左、右翼都統　各一本　湖北提督　一本

鄖陽鎮　一本

宜昌鎮、漢陽鎮、北藩司、北臬司、糧道

鹽道、漢黄德道、荆宜施道、安襄鄖荆道　以上衙門各一本

十府一直隸州　共十一本　十九同知通判　共十九本

六十八州縣　共六十八本　府州縣學　共七十九本

五　協　五本　七參將　七本

十七遊擊　十七本　十一都司　十一本

善後局、牙釐局、銀元局、鐵政局、槍炮局、織布局、紡紗局、繅絲局、蠶桑局、保甲局、發審局、漢口緝捕局　以上十二局，各局一本。

兩湖書院　二十四齋，每齋一本，共二十四本。

經心書院　內課四十名，每十名一本，共四本。

江漢書院　二本　勺庭書院　二本

晴川書院　一本　高觀書院　一本

張之洞《張之洞全集》卷一三九《札北藩司等開辦〈農務報〉光緒二十五年十月初一日》　爲札飭事。照得湖北遵旨設立農務局，派延華洋各教習，招集學生，講求種植畜牧之法，凡五穀果實、茶務林木、棉花蠶桑、牛羊鷄豚，皆統于農務之內，誠以農務爲養民之本，衣食之源，亟宜首先考求，以立富國富民之基。惟講明農學，必先開辦農報，方足以開通見聞，廣爲勸導，是農報又爲農務之根，應即在農務局內，設立湖北《農學報》。查浙江附貢生羅振玉，究心農學，辦事實心，已飭酌擬體例，呈候核定舉辦。惟所譯東西洋各國之書，須與上海農會所譯者，不蹈重復。至湖北全省農務，應由藩司通飭各廳、州、縣，將該處種植畜牧，所宜何物，出産衰旺，價值高下，銷路通塞，有何培養獎勸之法，以及一切凡有關於農務情形，務須按月詳細禀報農務局，以便采登入報。其報即自本年十月起，據該貢生核計，譯印及一切雜費，每月約須五百五十金，應飭牙釐局于米穀釐金項下，以銀合錢，先付經費三個月，撥交農務局轉發，以資開辦。合行札飭，札到該司，即便遵照，通飭各屬遵照辦理，勿稍違延。

馬建忠《適可齋記言》卷四《擬設繙譯書院議》　竊謂今日之中國，其見欺於外人也甚矣。道光季年以來，彼與我所立約款税則，則以向欺東方諸國者轉而欺我。於是其公使傲昵於京師以陵我政府，其領事强桀於口岸以抵我官長，其大小商賈盤踞於租界以剥我工商，其諸色教士散佈於腹地以惑我子民。夫彼之所以悍然不顧，敢於爲此者，欺我不知其情僞，不知其虛實也。然而其情僞虛實，非不予我以可知也；外洋各國，其政令之張弛，國勢之强弱，民情之順逆，與其上下一心相維相繫，有以成風俗而禦外侮者，率皆以本國語言文字，不憚繁瑣而筆之於書，彼國人人得而知之，並無一毫隱匿於其間。中國士大夫，其泥古守舊者無論已；而一二在位有志之士，又苦於語言不達，文字不通，不能遍覽其書，遂不能遍知其風尚，欲其不受欺也得乎！雖然，前車之覆，後車之鑒也。然則欲使吾士大夫之在位者，盡知其情實，盡通其壅蔽，因而參觀互證，盡得其剛柔操縱之所以然，則譯書一事，非當今之急務與！語云「知己知彼，百戰百勝」，戰勝於疆埸則然，戰勝於廟堂亦何獨不然！泰西各國，自有明通市以來，其教士已將中國之經傳綱鑑，譯以辣丁、法、英文字。康熙間於巴黎斯設一漢文書館，近則各國都會，不惜重貲，皆設有漢文館，有能將漢文古今書籍，下至稗官小説，譯成其本國語言者，則厚廩之。其使臣至中國，署中者以重金另聘漢文教習，學習漢文，不盡通其底藴不止。各國之求知漢文也如此，而於譯事一事，其重且久也又如此。近今上海製造局、福州船政局與京師譯署，雖設有同文書館，羅致學生，以讀諸國語言文字。第始事之意，止求通好，不專譯書，即有譯成數種，或僅爲一事一藝之用，未有將其政令治教之本原條貫，譯爲成書，使人人得以觀其會通者。其律例公法之類，間有擇譯，或文辭艱澀，於原書之面目，盡失本來；或挂一漏萬，割裂複重，未足資爲考訂之助。夫譯之爲事難矣，譯之將奈何？其平日冥心鈎考，必先將所譯者與所以譯者兩國之文字，深嗜篤好，字櫛句比，以考彼此文字孳生之源，同異之故，所有相當之實義，委曲推究，務審其音聲之高下，析其字句之繁簡，盡其文體之變態，及其義理精深奥折之所由然。夫如是，則一書到手，經營反覆，確知其意旨之所在，而又摹寫其神情，仿佛其語氣，然後心悟神解，振筆而書，譯成之文，適如其所譯而止，而曾無毫髮出入於其間，夫而後能使閲者所得之益，與觀原文無異，是則爲善譯也已。今之譯者，大抵於外國之語言，或稍涉其藩籬，而其文字之微辭奥旨，與夫各國之所謂古文詞者，率茫然而未識其名稱；或僅通外國文字語言，而漢文則麤陋鄙俚，未窺門徑；使之從事譯書，閲者展卷未終，觸人欲嘔。又或轉請西人之稍通華語者爲之口述，而旁聽者乃爲仿佛摹寫其詞中所欲達之意，其未能達者，則又參以己意而武斷其間。蓋通洋文者不達漢文，通漢文者又不達洋文，亦何怪夫所譯之書皆駁雜迂訛，爲天下識者所鄙夷而訕笑也。夫中國於應譯之書既未全譯，所譯一二類又皆駁雜迂訛，而欲求一精通洋語洋文兼善華文而造其堂奥，足當譯書之任者，横覽中西，同心蓋寡。則譯書之不容少緩，而譯書之才之不得不及時造就也，不待言矣。余生也晚，外患方興，内訌洊至，東南淪陷，考試無由，於漢文之外，乃肆意於辣丁文字，上及希臘，並英、法語言。蓋辣丁乃歐洲語言文字之祖，不知辣丁文字，猶漢文之昧於小學，而字未能盡通；故英、法通儒，日課辣丁古文詞，轉譯爲本國之文者此也。少長，又復旁涉萬國史事、輿圖、政教、曆算、度數，與夫水、光、聲、電以及昆蟲、草木、金石之學，如是者五六年，進讀彼所謂性理、格致之書，又一二年，而後於彼國一切書籍，庶幾貫穿融派，怡然理順，涣然冰釋，遂與漢文無異。前者郭侍郎出使，隨往英、法，暇時因舉曩所習者，在法國考院與考其文字、格致兩科，而幸獲焉；又進與考律師之選，政治之選，出使之選，亦皆獲焉。曾擬將諸國政教之源流，律例之同異，以及教養之道，制用之經，貨財斂散之故，譯爲一書，而爲事拘牽，志未得遂。近復爲世詬忌，擯斥家居，幸有暇日得以重理舊業。今也倭氛不静而外禦無策，蓋無人不追悔於海禁初開之後，士大夫中能有一二人深知外洋之情實，而早爲之變計者，當不至有今日也。余也蒿目時艱，竊謂中國急宜創設繙譯書院，爰不惜筆墨，既縷陳譯書之難易得失於右，復將書院條目與書院課程臚陳於左；倘士大夫有世志道者，見而心許，采擇而行之，則中國幸甚。

一、繙譯書院之設，專以造就人才爲主。諸生之入院者，擬選分兩班，一選已曉英文或法文，年近二十而姿質在中人以上者十餘名入院，校其所造英、法文之淺深，酌量補讀，而日譯新事數篇以爲工課。加讀漢文，如唐、宋諸家之文，而上及周、秦、漢諸子。日課論説，務求其辭之達而理之舉。如是者一年，即可從事繙譯，而行文可免壅滯艱澁之弊。

一、選長於漢文，年近二十而天姿絶人者亦十餘名，每日限時課讀英、法文字，上及辣丁、希臘語言。果能工課不輟，用志不紛，而又得循循善誘者爲之指示，不過二年，洋文即可通曉，然後肆力於繙譯，收效必速。蓋先通漢文，後讀洋文，事半功倍，爲其文理無間中外，所異者事物之稱名耳。

一、擬請一兼通漢文、洋文之人爲書院監理，並充洋文教習。凡諸生應讀洋文書籍與每日譯書課程，皆其派定，應譯之書，亦其擇選。而考校諸生之勤惰進退，及學有成效與否，胥責成焉。

一、擬請長於古文詞者四五人，專爲潤色已譯之書；並充漢文教習，改削論説。暇時商定所譯名目，必取雅馴，不戾於今而有徵於古者，一一編録，即可爲同文字典底本。又擬雇用書手五六名，以備抄録。

一、院中有執事者，必須常川住院，諸生則旬日休沐一次，准假歲無過一月。歲終，諸生勤惰由監理稟館，批飭榜示。

一、應譯之事，擬分三類：其一爲各國之時政；外洋諸國内治之政，如上下議院之立言，各國交涉之件，如各國外部往來信札、新議條款、信使公會之議，其原文皆有專館，此須隨到隨譯，按旬印報，書院初設即應舉辦者也。其二爲居官者考訂之書；如行政、治軍、生財、交鄰諸大端所必需者也。爲書甚繁，今姑舉其尤當譯者數種：如羅瑪律要爲諸國定律之祖，諸國律例異同，諸國商律考異，民主與君主經國之經，山林漁澤之政，郵電鐵軌之政，公法例案，備載一切交涉事件原委，條約集成，自古迄今宇下各國凡有條約無不具載，其爲卷甚富，譯成約可三四百卷。東方領事便覽，生財經權之學，國債消長，銀行體用，方輿集成，凡五洲險要，皆有詳圖，爲圖三千餘幅，乃輿圖中最爲詳備之書。羅瑪總王《貴撒爾行軍日記》，法王那波倫第一《行軍日記》，此兩王者，西人稱爲古今絶無僅有之將材，所載攻守之法，至爲詳備。他書應譯者不可勝記，而諸書類皆英、法文字，擇其善者譯之。開院後一年，其已通洋文諸生，即可將前書分課繙譯。二年後，新讀洋文諸生，亦可助譯，則出書自易。其三爲外洋學館應讀之書，應次第譯成，於彼國之事方有根柢。如萬國史乘，歷代興廢政教相涉之源，又算法、幾何、八線、重學、熱、光、聲、電，與夫飛、潛、動、植、金、石之學，性理、格致之書，皆擇其尤要而可資討論者，列爲逐日課程。一二年後，即派諸生更譯，附旬報印送，以資觀覽焉。

一、書院中擬設書樓，除初設時已購中外書籍外，新出者應隨時添購。其書籍必派人專司，日時啓閉，每月按簿查點。其初應購之書，值約數千，每歲添費數百金，可以補其未備。

一、一二年後，擬於院内自備活字版一副，雇刻工之精於刻圖者數名。其初譯件不多，可倩書坊代印。

一、書院房屋，總宜寬敞整潔。其居地宜附近通商口岸，取其傳遞便捷，消息靈通；而外洋各報紙，公司船隨到隨送，即可分譯，不致稽留。

一、書院費用，皆有定額。擬派一支應者專司出入，按月呈報。至書院内各項額外開支，皆宜預籌經費，按年撥給，以爲書院立不拔之基焉。

孫家鼐《官書局開設緣由》 學會、報館，在西國已成習俗，在中國則爲創見；是以開辦之始，動遭疑阻。去年京師設立强學會於城南之孫公園，爲諸京官講求時務之地，已而改爲强學書局，業已購置書器，開刷報章，旋於十二月間由御史楊崇伊奏請封禁；已而言官多有上疏争之者，而御史胡孚宸一疏，尤爲婉轉闓切，奉旨交譯署議奏，旋復奏請逕由官辦理。正月十七日奉上諭：「總理衙門奏新設官書局請派大臣管理一摺，着孫家鼐管理，欽此。」此蓋我皇上至聖至明，洞知時務一道非講習則不明，非羣聚以講習則不能得其要領。茲將都城傳抄總署覆奏一通照録於後，俾有志時事者得所觀覽焉：

光緒二十一年十二月二十二日，准軍機處鈔交御史胡孚宸奏「書局有益人才，請飭籌議以裨時局」一摺，軍機大臣面奉諭旨：「着總理各國事務衙門議奏，欽此。」欽遵，到臣衙門。查原奏内稱：京師近日設有强學書局，經御史楊崇伊奏請封禁，在朝廷預防流弊，立意至爲深遠。惟局中所儲藏講習者，首在列聖聖訓及各種政書，兼售同文館、上海製造局所刻西學諸書，繪印輿圖，置備儀器，意在流通祕要圖書，考驗格致精藴，所需費用，皆係捐資集股，絶無迫索情事；所刻章程，尚無疵謬。此次封禁，不過防其流弊，並非禁其向學。倘能廣選賢才，觀摩取善，此日多一讀書之士，即他日多一報國之人，收效似非淺鮮。請旨飭下總署及禮部各衙門悉心籌議；官立書局選刻中西各種圖籍，任人縱觀，隨時購買，並將總署所購洋報選譯印行以擴聞見，或在海軍舊署開辦。經理既善，流弊自除，庶於國家作育人才挽回時局之本心不相刺謬，等因。臣等維國勢之强弱，視乎人才；人才之盛衰，繫乎學校。古者家塾、黨庠、州序、國學，自諸侯以達王畿，莫不建學；大而德行道藝，細而名物象數，綜貫靡遺，是以人才日盛。近世學者往往避實鶩虛，舍難就易，視西人一技之長，一能之擅，或斥爲異學，或詫爲新奇。不知西人之學，無不以算學爲櫽括，西算之三角，與中算之勾股，理無異同。《周髀經》曰「圜出於方」，又曰「方數爲典，以方出圜」，言圜之不可御而馭之以方，西人三角八綫之法實基於此。餘若天學、化學、氣學、光學、電學、重學、礦學、兵學、法學、聲學、醫學、文字製造等學，皆見中國載籍，試取《管》、《墨》、《關》、《列》、《淮南》諸書以類求之，根原具在。可知西學者中國固有之學，西人踵而行之，所謂禮失而求諸野耳。泰西教育人才之道，計有三事：曰學校，曰新聞報館，曰書籍館。英、法、德、俄各國學校之盛，或二三萬所，或六七萬所，生徒率皆二三十萬人；美國學校多至十七萬餘所，生徒幾及千萬人，學校費用自三四千萬至八千餘萬不等，率由國家及生徒各出其半；各國富强之基實本於是。是庶政由人才而理，人才由學術而成，固有明效大驗。該御史請將强學書局改爲官辦，自係爲講求實學培養人才起見，臣等公同商酌，擬援照八旗官學之例，建立官書局，欽派大臣一二員管理，聘訂通曉中西學問之洋人爲教習，常川住局，專司選譯書籍、各國新報及指授各種西學，並酌派司事譯官收掌書籍，印售各國新報，統由管理大臣總其成，司事專司稽察。所需經費，由總理衙門於出使經費項下每月提撥銀一千兩，以備購置圖籍、儀器、各國新聞紙及教習、司事、繙譯薪水等用，核實散放，年終由臣衙門奏銷，毋庸招股集貲。設不敷用，再由臣衙門設法籌措。如有慕義之士，願捐鉅款，或捐書籍，准由司事呈明管理大臣酌定核收。至建設學舍地方，或假官房，或租民宅，取足教習各官起居之地，兼爲士大夫入觀群書之所，因地制宜，妥籌布置。該御史所請就海軍舊署開辦之處，應毋庸議。如蒙俞允，再由管理大臣詳定章程，定期開設。再該書局現既奏明擇地另設，其强學書局原屋，應行文該地面官，飭令屋主領回，以清界限。

孫家鼐《官書局奏開辦章程》　光緒二十二年正月二十一日奉上諭：「總理各國事務衙門奏新設官書局請派大員管理一摺，着派孫家鼐管理，欽此。」臣奉諭旨，朝夕籌思，且與原辦書局諸臣悉心酌度，謹擬開辦章程分條臚列，恭呈御覽：

一、藏書籍。擬設藏書院，尊藏列朝聖訓、欽定諸書及各衙門現行則例，各省通志、河漕鹽釐各項政書，並請准其咨取儲存庋列。其古今經史子集有關政學術業者，一切購置院中，用備留心時事講求學問者入院借觀，恢廣學識。

一、刊書籍。擬設刊書處譯刻各國書籍，舉凡律例、公法、商務、農務、製造、測算之學，及武備、工程諸書，凡有益於國計民生與交涉事件者，皆譯成中國文字，廣爲流佈。

一、備儀器。擬設遊藝院，廣購化學、電學、光學諸新機，礦質、地質、動物、植物各異産，分別部居，逐門陳列，俾學者心摹手試，考驗研求，了然於目，曉然於心。將來如製造船隻、槍砲等事，可以别材質之良窳，物價之低昂，用法之利鈍，不致受人蒙蔽。

一、廣教肄。擬設學堂一所，延精通中外文理者一人爲教員。凡京官年力富强者，子弟之姿性聰穎安詳端正者，如願學語言文字及製造諸法，聽其酌出學資，入館肄習。

一、籌經費。總理衙門原奏，每月撥銀一千兩。查月中用款，以延教習、繙書籍爲大宗，此外譯報及書手、匠役人等工價、伙食，費亦不貲，每月千兩，只供各項之用，至於購買圖籍儀器等款，尚無所出。原辦零星招股，過於冗碎，自應遵照原奏，概行停止；其慕義樂輸捐助鉅款者，善堂書院有例可循，亦應查照原奏酌核收納。現在事屬刱行，需款數難預定，惟有就現有經費次第興辦，總以撙節爲充拓之基，切戒濫費，以收實濟。

一、分職掌。上年部院諸臣開設書局，倉猝舉辦，草定規模，議事尚未畫一。今擬將局諸物各分職掌，庶心志專一，可期日起有功。所有在局辦事諸臣職名，另單開呈御覽。

一、刊印信。擬刻一木質關防，文曰「管理官書局大臣之關防」，凡向總理衙門領取經費及有行文事件，即以此爲憑信。

以上七條，如蒙俞允，臣即敬謹遵行，即從本日開辦。臣竊惟同治初年，總理衙門請設立同文館，講求泰西諸國文字，令翰詹部院各官一體入館習練。維時議論紛紜，人情疑阻，風氣未開，事因中止。後雖經總理衙門設法招徠，入館生徒略有成就，而讀書明理之人從事其中者絶少，遂致中外間隔，彼己不知，倉猝應機，動多舛誤。近者倭人搆釁，創鉅痛深。一二文人學士，默參消息，審知富强之端，基乎學問，講肄所積，爰出人才，砥礪奮興，消除畛域，期以洞中外之情形，保國家於久大，此與同治初年設立同文館之意實相表裏，誠轉移風氣一大樞紐也。臣開辦初章，事歸簡要，未盡事務，漸圖擴充。其藏書、刊書、遊藝、學堂諸所，有稽查諸員考其課業，綜理諸員總其綱維，各期敬業樂羣，尊賢尚齒，善資羣議，術集衆長，庶幾成材者擴會通過半之思，志學者得師友觀摩之益。至局中用款，惟延請繙譯，鈔寫書籍，典收文簿，登記帳目，及工匠製造之人，發給薪水，此外興辦局務，翰詹科道部院諸臣，皆出於誠懇之心，忠勤之念，但期創開風氣，增廣見聞，爲異日報効國家之用，臣亦鑒其初心，一概不請奬敘，不支薪資。至印送各路電報，只選擇有用者照原文鈔録，不加議論。凡有關涉時政，臧否人物者，概不登載，以符總理衙門原奏。

朱壽朋《東華續録(光緒朝)》卷一三四光緒二十二年五月

李端棻奏：「臣聞國於天地，必有與立言，人材之多寡，繫國勢之强弱也。去歲軍事既定，皇上順窮變通久之義，將新庶政以圖自强，恐辦理無人，百廢莫舉，特降明詔，求通達中外能周時用之士，所在咸令表薦，以備擢用。綸綍一下，海内想望，以爲豪傑雲集，富强立致。然數月以來，應者寥寥；即有一二，或僅束身自好之輩，罕有濟難瑰瑋之才，於側席盛懷，未能盡副。夫以中國民衆數萬萬，其爲士者十數萬，而人才乏絶至于如是，非天之不生才也，教之之道未盡也。夫二十年來，都中設同文館，各省立實學館、廣方言館、水師武備學堂、自强學堂，皆合中外學術相與講習，所在而有。而臣顧謂教之之道未盡，何也？諸館皆徒習西語西文，而于治國之道，富强之原，一切要書，多未肄及，其未盡一也。格致製造諸學，非終身執業，聚衆講求，不能致精；今除湖北學堂外，其餘諸館，學業不分齋院，生徒不重專門，其未盡二也。諸學或非試驗測繪不能精，或非遊歷察勘不能確；今之諸館，未備圖器，未遣遊歷，則日求之于故紙堆中，終成空談，無自致用，其未盡三也。利禄之路，不出斯途，俊慧子弟，率從事帖括以取富貴，及既得科第，遂與學絶，終爲棄材；今諸館所教，率自成童以下，苟逾弱冠，即已通籍；雖或向學，欲從末由，其未盡四也。巨廈非一木所能支，横流非獨柱所能砥，天下之大，事變之亟，必求多士，始濟艱難；今十八行省祇有數館，每館生徒祇有數十，士之欲學者，或以地僻而不能達，或以額外而不能容，即使在館學徒一人有一人之用，尚于治天下之才萬不足一，況于功課不精，成就無幾，其未盡五也。此諸館所以設立二十餘年，而國家不一收奇才異能之用者，惟此之故。曰：然則巖穴之間，好學之士，豈無能自績學以待驅策者？曰：格致、製造、農、商、兵、礦諸學，非若考據詞章帖括之可以閉户獺祭而得也。書必待繙譯而後得讀，一人之學，能繙羣籍乎？業必待測驗而後致精，一人之力，能購羣器乎？學必待遊歷而後徵實，一人之身，能履羣地乎？此所以雖有一二倜儻有志之士，或學焉而不能成，或成矣而不能大也。乃者欽奉明詔，設官書局于都畿，領以大臣以重其事。伏讀之下，仰見聖神措慮，洞見本原。臣于局中一切章程雖未具悉，然知必有良法美意以宣達聖意闡揚風化者，他日奇才異能由斯而出，不可勝數也。惟育才之法匪限于一途，作人之風當偏于率土。臣請推廣此意，自京師以及各省府州縣皆設學堂，府州縣學，選民間俊秀子弟年十二至二十者入學，其諸生以上欲學者聽之。學中課程，誦《四書》、《通鑑》、《小學》等書，而輔之以各國語言文字，及算學、天文、地理之粗淺者，萬國古史近事之簡明者，格致理之平易者，以三年爲期。省學選諸生年二十五以下者入學，其舉人以上欲學者聽之。學中課程，誦經史子及國朝掌故諸書，而輔之以天文、輿地、算學、格致、製造、農、商、兵、礦、時事、交涉等學，以三年爲期。京師大學，選舉貢監年三十以下者入學，其京官願學者聽之。學中課程，一如省學，惟益加專精，各執一門，不選其業，以三年爲期。其省學大學所課，門目繁多，可仿宋胡瑗經義治事之例，分齋講習，等其榮途，一歸科第；予以出身，一如常官。如此，則人争濯磨，士知嚮往，風氣自開，技能自成，才不可勝用矣。或疑似此興作，所費必多，今國家正值患貧，何處籌此巨款？臣查各省及府州縣率有書院，歲調生徒入院肄業，聘師講授，意美法良；惟奉行既久，積習日深，多課帖括，難育異才。今可令每省每縣各改其一院，增廣功課，變通章程，以爲學堂。書院舊有公款，其有不足，始撥官款補之。因舊增廣，則事順而易行；就近分籌，則需少而易集。惟京師爲首善之區，不宜因陋就簡，示天下以樸，似當酌動帑藏以崇禮制。每歲得十餘萬，規模已可大成，中國之大，豈以此十餘萬爲貧富哉。或又疑所立學堂既多，所需教習亦衆，竊恐乏人堪任此職。臣以爲事屬創始，學者當起于淺近，教者亦無取精深。今宜令中外大吏各舉才任教習之士，悉惟名聞，或就地聘延，或考試選補，海内之人，必有可以充其任者。學堂既立，遠之得三代庠序之意，近之采西人廠院之長，興賢教能之道，思過半矣。然課其記誦而不廓其見聞，非所以造異才也；就學者有日進之功，其不能就學者無講習之助，非所以廣風氣也。今推而廣之，厥有與學校之益相須而成者蓋數端焉：一曰設藏書樓。好學之士，半屬寒畯，購書既苦無力，借書又難其人，坐此固陋寡聞無所成就者不知凡幾。高宗純皇帝知其然也，特於江南設文宗、文匯、文瀾三閣，備庋祕籍，恣人借觀。嘉慶間大學士阮元推廣此意，在焦山、靈隱起立書藏，津逮後學。自此以往，江浙文風，甲于天下，作人之盛，成效可睹也。泰西諸國，頗得此道，都會之地皆有藏書，其尤富者至千萬卷，許人入觀，成學之衆，亦由於此。今請依乾隆故事，更加增廣，自京師及十八行省省會，咸設大書樓，調殿板及各官書局所刻書籍，暨同文館、製造局所譯西書，按部分送各省以實之。其或有切用之書，爲民間刻本，官局所無者，開列清單，訪查價值，徐行購補。其西學書陸續譯出者，譯局隨時咨送，妥定章程，許人入樓看讀，由地方公擇好學解事之人經理其事。如此，則向之無書可讀者，皆得以自勉於學，無爲棄才矣。古今中外有用之書，官書局有刻本者，居十之七八。每局酌提部數，分送各省，其費至省，其事至順，一奉明詔，事即立辦。而餉遺學者，增益人才，其益蓋非淺鮮也。二曰創儀器院。格致實學，咸藉試驗。無視遠之鏡，不足言天學；無測繪之儀，不足言地學；不多見礦質，不足言礦學；不習覩汽機，不足言工程之學；其餘諸學，率皆類是。然此等新器，所費不貲；家即素封，亦難備購。學何從進，業焉能成。今請於所立諸學堂咸別設一院，購藏儀器，令諸學徒皆就試習，則實事求是，自易專精。各器擇要而購，每省撥萬金以上，已可粗備，此後陸續添置，漸成大觀，則其費尚易措籌，而學徒所成，視昔日紙上空談相去遠矣。三曰開譯書局。兵法曰：『知己知彼，百戰百勝。』今與西人交涉而不能盡知其情僞，此見弱之道也。欲求知彼，首在譯書。近年以來，製造局、同文館等處，譯出刻成已百餘種，可謂知所務也。然所譯之書，詳於術藝而略於政事，於彼中治國之本末，時局之變遷，言之未盡。至於學校、農政、商務、鐵路、郵政諸事，今日所亟宜講求者，一切章程條理，彼國咸有專書，詳哉言之，今此等書悉無譯本。又泰西格致新學，製造新法，月異歲殊，後來居上，今所已譯出者率十年以前之書，且數亦甚少，未能盡其所長。今請於京師設大譯書館，廣集西書之言政治者，論時局者，言學校、農、商、工礦者，及新法新學近年所增者，分類譯出，不厭詳博，隨時刻布，廉值發售，則可以增益見聞開廣才智矣。四曰廣立報館。知今而不知古則爲俗士，知古而不知今則爲腐儒。欲博古者莫若讀書，欲通今者莫若閱報，二者相須而成，缺一不可。泰西每國報館，多至數百所，每館每日出報，多至數萬張。凡時局、政要、商務、兵機，新藝奇技，五洲所有事故，靡所不言。閱報之人，上自君后，下自婦孺，皆足不出户，而於天下事瞭然也。故在上者能措辦庶務而無壅蔽，在下者能通達政體以待上之用，富强之原，厥由於是。今中國邸鈔之外，其報館僅有上海、漢口、廣州、香港十餘所，主筆之人不學無術，所言率皆淺陋，不足省覽。總署海關近譯西報，然所譯甚少，又未經印行，外間末由得見。今請於京師及各省會，並通商口岸、繁盛鎮埠，咸立大報館，擇購西報之尤善者分而譯之；譯成，除恭繕進呈御覽並咨送京外大小衙門外，即廣印廉售，布之海内。其各省政俗土宜，亦由各館派人查驗，隨時報聞，則識時之俊日多，幹國之才日出矣。五曰選派遊歷也。學徒既受學數年，考試及格者，當選高才以充遊歷。遊歷之道有二：一遊歷各國，肄業於彼之學校，縱覽乎彼之工廠，精益求精以期大成。一遊歷各省，察驗礦質，鉤核商務，測繪輿地，查閲物宜，皆限以年期，厚給薪俸，隨時著書，歸呈有司，察其切實有用者，爲之刊佈，優加獎勵。其遊惰而無狀者，官則立予降黜，士則奪其出身。數年之後，則輶軒絶域之士，斐然成章，郡國利病之書，備哉燦爛矣。或疑近年兩次所派遊歷學生，未收大效。不知前者所派遊歷，乃職官而非學童；在中國既未經講求，至外洋亦未嘗受學，故事涉空衍，寡有所成。其所派學生又血氣未定，讀中國書太少，遽遊歷絶域，易染洋風，雖薄有技能，亦不適于用。今若由學堂選充，兩弊俱免，其所成就，必非前此之所能例也。夫既有官書局、大學堂以爲之經，復有此五者以爲之緯，則中人以下，皆可自勵於學，而奇才異能之士，其所成就益遠且大。十年以後，賢俊盈廷，不可勝用矣。以修内政，何政不舉；以雪舊耻，何耻不除。上以恢列聖之遠猷，下以懾强鄰之狡啓，道未有急於是者。若仰蒙采擇，乞飭下中外大臣妥議章程，遵旨施行。」

王韜《瀛壖雜志》卷三 廣方言館向設於舊學宫之西偏，樓閣房廊制極宏敞。馮景亭中允擬定章程十二則，合凡肄業文童以年十四歲以下，資禀穎悟根器端靜者充選，定額四十名，延西士之學問充裕者爲之教習，而教以西國之文字語言，兼課以算學，以西人制器尚象之法皆從此出。三閲月一行考覈，拔其優者充博士弟子員，或在通商衙門司理繙譯，承辦洋務，即可由此遴選。果其才能出衆，則督撫登諸薦牘，調京察驗，授以官職。同治己巳，應敏齋方伯於南門外製造局大拓地基，自西南迤邐至東北，以建書院，門外植竹萬竿，緑陰夾道，入則重樓傑閣，丹檻迴環。庚午春間，廣方言館移附於此，其後爲繙譯館，人各一室，日事撰述。旁爲刻書處，乃剞劂者所居。口譯之西士，則有傅蘭雅、林樂知、金楷理諸人，筆受者則爲徐雪村、華若汀諸人，自象緯、輿圖、格致、器藝、兵法、醫術罔不搜羅畢備，誠爲集西學之大觀。其已鋟木者約二十餘種，發藴探微，將來盡長技而操勝券者，當以此爲嚆矢。

《廣方言館全案》馮焌光、鄭藻如《再擬開辦學館事宜章程十六條》 一、刊書板以省傳抄。歷代文體，工于文者，皆能摹仿，至製作之文，如《禹貢》、《王制》、《考工記》諸篇，文義簡古，雖代有文人，不聞擬作。逮今日翻譯西書，而文體爲一變，明代徐文定譯泰西諸書，能以説代圖，詳核有法，爲翻譯鼻祖。梅氏文鼎著《曆算全書》能暢厥旨，亦宗此意。夫以西書而譯用華文，意曲而語澀，輾轉遞變，往往語既明而意轉晦，非精深其理，了然胸中，未易達之筆下。又篇中圖説，對觀甲乙丙丁，讀者五色迷離，眩于心目，苟非當時親承傳述，他人無從訂正。即親手構撰，而閲時既久，屢經删改，尚恐真意漸失，心手不能相謀。倘一誤于傳抄，再誤于校對，其書已詰屈而不可讀，費此心思才力，而任其湮没無傳，良可惜也。明末刻有《新法算書》一百卷，乾隆間采入《四庫》，而外間所見，散失已多，迄無全本。近年兵燹之後，書籍蕩泯，天學初函，世亦稀覯。夫以刊印之書，歷久而尚虞遺失，况以傳抄之本，可冀垂之久遠乎！兹擬將已譯各書，仍交原手，趕緊訂正，樣本寫就，經他人對讀校字，仍令原手細勘數過，及今鋟板印行，庶可爲經久之計，且免逐本抄胥校對工夫，其省費奚啻倍蓰。至亂後書籍散失，書板更盪然無存，歷代算書，似宜隨時購存，查明舊板已毁者，俟稍有餘力，擇其善本，酌量翻刻，或用活字板擺印。

光緒二十三年二月十一日《時務報》第二十册《官書局議覆開辦京師大學堂摺》 奏爲遵籌京師建立學堂大概情形，懇恩撥款開辦，恭摺覆陳，仰祈聖鑒事。本年七月十三日，准總理各國事務衙門咨開，議覆刑部左侍郎李端棻奏請推廣學校以勵人才摺内京師建立大學堂一節，係爲擴充官書局起見，請飭下管理書局大臣，察度情形，妥籌辦理等因。奉旨：依議，欽此。欽遵咨行到局。臣查本年正月，總署原奏請立官書局，本有建設學舍之説。臣奉命管理書局，所奏開辦章程，亦擬設立學堂，延請教習。是學堂一議，本總署原奏所已言，亦即官書局分内應辦之事。刻開辦書局，時近半年，各處咨取書籍，譯印報章，草創規模，粗有眉目。惟苦於經費不足，祗能畧添儀器，訂購鉛機，蒐求有用之圖書，采摭各邦之郵電，俾都人士耳目見聞，稍加開拓而已。若云作育人才，儲異日國家之大用，則非添籌經費，分科立學不爲功。

《奏定學堂章程·學務綱要》 一、采用各學堂講義及私家所纂教科書 官編教科書未經出版以前，各省中小學堂亟需應用，應准各學堂各科學教員按照教授詳細節目，自編講義。每一學級終，即將所編講義匯訂成册，由各省咨送學務大臣審定，擇其宗旨純正，説理明顯，繁簡合法，善於措詞，合於講授之用者，即准作爲暫時通行之本。其私家編纂學堂課本，呈由學務大臣鑒定，確合教科程度者，學堂暫時亦可采用，准著書人自行刊印售賣，予以版權。

一、選外國教科書實無流弊者暫應急用 各種科學書，中國尚無自纂之本。間有中國舊籍可資取用者，亦有外國人所編，華人所譯，頗合中國教法者。但此類之書無幾，目前不得不借用外國成書以資講習。現訂各學堂教科門目，其中有暫用外國科學書者，或名目間有難解，則酌爲改易，仍注明本書名於下，俾便於依類采購。俟將來各科學書中國均自編有定本，撰有定名，再行更正。至現所選録之外國各種科學書，及華人所譯科學書，均由各教員臨時斟酌采用。其與中國不相宜之字句則節去之，務期講習毫無流弊，仍擬另撰科學門目釋義，用資考察。

上海小書賈所譯東文各書，并不注明著者譯者姓名，多有摘取原書一段與一己私意相合者譯出流佈，并不顧本書宗旨，閲書務宜慎擇博考，免爲所誤。又有京城刊印華人張某所編《皇朝掌故》一書，其于近年時政亦不深知原委，往往訛傳臆造，謬誤甚多，學堂亦不宜讀。

《政藝叢書·政書通輯》卷七盛宣懷《奏請設立譯書院片》 再時事方殷，需才至亟。學堂造士，由童幼之年層累而進，拔茅連茹，勢當期以十年。欲速副朝廷側席之求，必先取資於成名之人，盛才之彦，臣是以有達成館之議也。顧非能讀西國之籍，不能周知西國之爲，而西國語言文字殊非一蹴可幾；壯歲以往，始行學習，豈特不易精嫻，實亦大費歲月。日本維新之後，以繙譯西書爲汲汲，今其國人於泰西各種學問皆貫串有得，頗得力於譯出和文之書。中國三十年來，如京都同文館、上海製造局等處，所譯西書不過千百中之十一，大抵算化工藝諸學居多，而政治之書最少；且西學以新理新法爲貴，舊時譯述半爲陳編，將使成名成才者皆究極知新之學，不數年而大收其用，非如日本之汲汲於譯書，其道無由矣。現就南洋公學内設立譯書院一所，廣購日本及西國新出之書，延訂東西博通之士，擇要繙譯，令師範院諸生之學識優長者筆述之。他日中上兩院雋才，亦可日分晷刻輪遞，有可以當學堂繙譯之課，獲益尤多。譯成之書，次第付刻；倘出書日多，即送蘇、浙各局分任刊印，以廣流傳。所需譯書院經費，即在公學捐款内通融撥用，並歸總理公學之員一手經理，以專責成。

《天津大公報》光緒二十九年四月十二日　（天津官報局）局示照登。顔韵伯觀察整頓官報局示諭，前已登録三道，兹復抄得昨日嚴罰工匠示諭，照録于左：爲剴切告誡事。照得本局工匠各有專司，不相干涉。庸劣貽誤者，自不得不嚴加懲罰，以儆疲玩；而勤慎趨公者，亦自必優予奬勞，以昭激勸。本總辦賞罰一秉大公，無非爲整飭局章，慎重公事起見。此次裝訂工頭，潦草謬誤，屢誡不悛，實屬有意違抗。本應嚴辦示衆，嗣以各員司一再吁懇，始免枷責。所有裝訂工匠，着罰扣裝報工資兩期；毛鳳閣職司收發，漫不稽察，疏忽之咎，亦屬難辭，着罰扣薪工一月，以示薄懲而觀後效。惟是賞罰之柄，本總辦自有權衡，此次各該工匠擅離工所，聚衆環求，殊爲冒昧，此風斷不可長，且難保無調撥指使情弊。姑念初次，免予嚴究，嗣後應賞應罰，均應静候判斷，不得約同妄瀆，自干咎戾。特此嚴切曉諭，務各凛遵毋違。特示！

朱壽朋《東華續録（光緒朝）》卷二〇五光緒三十三年三月　考察政治館奏：「光緒三十二年十月三十日御史趙炳麟奏設印刷官報局一片，奉旨考察政治館知道。欽此。查該御史奏稱：朝廷立法行政，公諸國人，擬請參用東西各國官報體例，設立官報，以仰副七月十三日懿旨，使紳民明悉國政，爲預備立憲之意等語。竊維預備立憲之基礎，必先造成國民之資格；欲造國民之資格，必自國民皆能明悉國政始。東西各國開化較遲，而進化獨速，其憲法成立，乃至上下一體，氣脈相通，莫不藉官報以爲行政之機關，是以風動令行，纖悉畢達。或謂英國民人政治知識最富，故其憲法程度最高，蓋收效於官報者非淺顯也。中國風氣甫開，國民教育尚未普及，朝章國典，罕有講求；向行邸報，大抵例摺居多；而私家報紙又往往摭拾無當，傳聞失實，甚或放言高論，熒惑是非。欲開民智而正民心，自非辦理官報不可。前政務處曾經奏明彙取中外文牘，編纂政要一書，祇因各處鈔送寥寥，未能編輯。今學部、農工商部暨南北洋、山東、陝西等處，已有官報刊行，惟僅限於一部一省之事，亟應兼綜條貫，彙集通國政治事宜，由館派員專辦一報，以歸納衆流，啓發羣治。即如該御史所奏，凡一切立法行政之上諭及内外臣工摺件電奏並咨牘章程等類，除軍機、外交祕密不宣外，所有軍機處發鈔暨各衙門隨時咨送事件，依類分門，悉心選録，取東西各官報敏速精確之意，先辦日報一種；一俟鈔送日多，流行寖廣，再行查照前次奏案，擇其尤要，編輯月報，一體印行，以期周備。通國官民，從此傳觀研究，俾皆曉然於政令條教之本，無不與民休慼相關，自然智慮開通，共識負擔國家之義，忠愛激發，咸有服從法律之心，非特憲法日以修明，而鞏固邦基，要不外此。」得旨：「如所議行。」

朱壽朋《東華續録（光緒朝）》卷二一六光緒三十四年五月　聯豫奏：「藏中錮蔽日久，欲開民智，非識漢文讀漢書不可；因此去年設立漢文傳習所，後又添設印書局一區，由印度購到鉛製藏文字母及印刷機器全份，擇就民房安置，派滿漢番員會同經理。現在恭譯《聖諭廣訓》一書，擬先廣爲分佈，然後再擇有關實學實業之書，陸續譯印，即不識漢字者亦可就譯本購閲，漸推漸廣，是亦移風易俗之一助。」

陳洙《江南製造局譯書提要叙》　滬製造局附設之翻譯書館，自同治以來，積四十載，成書蓋富。曩歲，館中撰譯書提要，以無錫孫君景康、金匱張君慰、丹徒劉君寶珍、江甯陳君炳華，分任纂輯，稿本悉具，而體例不能無殊。張君、劉君之稿約得十之七，孫君、陳君約得十之三。今年夏，總辦局事合肥張弢樓先生，倩新陽趙君詒琛，以書稿屬之洙，俾竣厥事，辭不獲已，爰就譯述之暇，取四君初稿，排編删潤，訛者訂之，脱者補之，算學、礦學、醫學諸類書，補正較繁。既終卷，以付手民，且印且校，凡五月而工畢。書目之有提要，濫觴於宋陳直齋、晁公武，乾隆間紀、陸二公纂輯官書，始有提要之名。海通以來，譯著日盛，《東西學書録》及《新學書目提要》等書，仍舊例以賅新籍，亦能不悖先民矩範。兹編一以館譯爲限，體例與諸家雖微不同，而津逮後學之意則一。今夫廣大之山基於卷石，不測之淵起於勺水，館譯新籍，自今以往，將由千萬册以至於無窮；若茲編者，蓋猶嵩岱之先有卷石，江海之先有勺水也。洙學識荒陋，從四君之後，手訂成書，不能使無毫髮遺憾，以副弢樓先生之囑，冀趙君及海内宏達，匡其不逮而是正之。濡筆書緣起冠之卷首，蓋不能無汗顔也。宣統己酉十一月，江浦陳洙珠泉氏序於滬北寓廬之寶蓮華館。

歐陽修《歐陽修全集·奏議集》卷一三《論雕印文字劄子至和二年》 臣伏見朝廷累有指揮，禁止雕印文字，非不嚴切。而近日雕板尤多，蓋爲不曾條約書鋪販賣之人。臣竊見京城近有雕印文集二十卷，名爲宋文者，多是當今論議時政之言。其首篇是富弼往年讓官表，其間陳北虜事宜甚多，詳其語言，不可流布。而雕印之人不知事體，竊恐流布漸廣，傳入虜中，大於朝廷不便。及更有其餘文字，非後學所須，或不足爲人師法者，並在編集，有誤學徒。臣今欲乞明降指揮，下開封府，訪求板本焚燬及止絶書鋪，今後如有不經官司詳定，妄行雕印文集，並不得貨賣。許書鋪及諸色人陳告，支與賞錢貳伯真文，以犯事人家財充。其雕板及貨賣之人，並行嚴斷，所貴可以止絶者。今取進止。

李燾《續資治通鑑長編》卷一〇五仁宗天聖五年二月 乙亥，詔民間摹印文字，並上有司，候委官看詳，方定鏤板。初，上封者言契丹通和，河北緣邊榷場商人往來，多以本朝臣僚文集傳鬻境外，其間載朝廷得失，或經制邊事，深爲未便。故禁止之。

李燾《續資治通鑑長編》卷四四五哲宗元祐五年七月戊子 禮部言：「凡議時政得失、邊事軍機文字，不得寫録傳佈；本朝《會要》、《國史》、《實録》，不得雕印。違者徒二年，許人告，賞錢一百貫。内《國史》、《實録》仍不得傳寫，即其他書籍欲雕印者，納所屬申轉運使、開封府，牒國子監選官詳定，有益於學者方許鏤板。候印訖，以所印書一本，具詳定官姓名，申送祕書省。如詳定不當，取勘施行。諸戲褻之文，不得雕印，違者杖一百。凡不當雕印者，委州縣、監司、國子監覺察。」從之。以翰林學士蘇轍言，奉使北界，見本朝民間印行文字多已流傳在彼，請立法故也。

李心傳《建炎以來朝野雜記》甲集卷六《嘉泰禁私史》 頃秦丞相既主和議，始有私史之禁，時李莊簡光嘗以此重得罪。秦相死，遂弛語言律。近歲私史益多，郡國皆鋟本，人競傳之。嘉泰二年春，言者因奏禁私史，且請取李文簡《續通鑑長編》、王季平《東都事略》、熊子復《九朝通略》、李丙《丁未録》及諸家傳等書下史官考訂，或有裨於公議，乞即存留，不許刊行，其餘悉皆禁絶，違者坐之。二月甲午。文簡所著《長編》，凡九百餘卷，孝宗甚重之。季平、子復皆嘗上其書，除職遷官，仍付史館。丙以父任，監行在都鹽倉，乾道八年夏，上其所編《丁未録》二百卷，自治平四年至靖康元年，詔特改京官，六月戊戌。付國史院。然紀載無法，學者弗稱焉。其秋，商人載十六車私書，持子復《中興小曆》及《通略》等書欲渡淮，盱眙軍以聞，遂命諸道帥、憲司察郡邑書坊所鬻書，凡事干國體者，悉令毁棄。七月戊申。《中興小曆》者，自建炎初元至紹興之季年，雖已成書，未嘗進御，然其書多避就，未爲精博，非《長編》之比也。

《宋會要輯稿·職官》二八之一《國子監》 （至道）三年十二月，詔國子監經書外州不得私造印板。

《宋會要輯稿·刑法》二之一六 （天聖）五年二月二日，中書門下言，北戎和好已來，歲遣人使不絶，及雄州（摧）〔榷〕場商旅往來，因茲將帶皇朝臣僚著譔文集印本，傳佈往彼，其中多有論説朝廷防遏邊鄙機宜事件，深不便穩。詔今後如合有雕印文集，仰於逐處授納附遞聞奏，候差官看詳，别無妨礙，許令開板，方得雕印。如敢違犯，必行朝典，仍候斷遣訖，收索印板，隨處當官毁棄。

《宋會要輯稿·刑法》二之二一 （景祐二年十月）二十一日，臣僚上言，駙馬都尉柴宗慶印行《登庸集》中，詞語僭越，乞毁印板，免致流傳。詔付兩制看詳聞奏。翰林學士承旨章得象等看詳：《登庸集》詞語體制不合規宜，不應摹板傳佈。詔宗慶悉收衆本，不得流傳。

《宋會要輯稿·刑法》二之二四 康定元年五月二日詔：「訪聞在京無圖之輩及書肆之家，多將諸色人所進邊機文字鏤板鬻賣，流佈於外。委開封府密切根捉，許人陳告，勘鞫聞奏。」

《宋會要輯稿·刑法》二之二六 慶曆二年正月二十八日，杭州言，知仁和縣太子中舍翟昭應將《刑統律疏》正本改爲《金科正義》，鏤板印賣。詔轉運司鞫罪，毁其板。

《宋會要輯稿·刑法》二之三四 （熙寧二年）閏十一月二十五日，監察御史裏行張戩言，竊聞近日有姦妄小人，肆毁時政，摇動衆情，傳惑天下。至有矯撰勑文，印賣都市。乞下開封府嚴行根捉，造意雕賣之人行遣。從之。

《宋會要輯稿・刑法》二之四七《禁約》（大觀二年）三月十三日詔：訪聞虜中多收蓄本朝見行印賣文集書册之類，其間不無夾帶論議邊防、兵機、夷狄之事，深屬未便。其雕印書鋪，昨降指揮，令所屬看驗無違礙，然後印行。可檢舉行下，仍修立不經看驗校定文書擅行印賣告捕條禁頒降，其沿邊州軍仍嚴行禁止。應販賣、藏匿、出界者，並依銅錢法出界罪賞施行。

《宋會要輯稿・刑法》二之四八《禁約》（大觀二年）七月二十五日，新差權發遣提舉淮南西路學事蘇棫劄子：「諸子百家之學，非無所長，但以不純先王之道，故禁止之。今之學者程文，短晷之下，未容無忤。而鬻書之人，急於錐刀之利，高立標目，鏤板誇新，傳之四方。往往晚進小生，以爲時之所尚，争售編誦，以備文場剽竊之用，不復深究義理之歸，忌本尚華，去道逾遠。欲乞今後一取聖裁，儻有可傳爲學者式，願降旨付國子監并諸路學事司鏤板頒行，餘悉斷絶禁棄，不得擅自賣買收藏。」從之。

《宋會要輯稿・刑法》二之六〇《禁約》（政和三年）八月十五日，臣僚言，《軍馬敕》：諸教《象法》謄録，傳播者杖一百。訪聞比年以來，市民將《教法》并《象法》公然鏤板印賣，伏望下開封府禁止。詔印板並令禁毁。仍令刑部立法申樞密院。

《宋會要輯稿・刑法》二之六二《禁約》（政和四年六月）二十七日，開封府奏：太學生張伯奮狀奏：乞立法禁止《太平純正典麗集》，其間甚有詐僞，可速行禁止，仍追取印板繳納。詔已賣在諸處者，許限一月繳納，所在官司繳申尚書省。如違，杖一百，賞錢五十貫，許人告。

《宋會要輯稿・刑法》二之八六《禁約》（宣和四年十二月）十二日，權知密州趙子畫奏：「竊聞神宗皇帝正史多取故相王安石《日録》以爲根柢，而又其中兵謀，政術往往具存，然則其書固亦應密。近者賣書籍人乃有《舒王日録》出賣。臣愚竊以爲非便，願賜禁止，無使國之機事傳播閭閻，或流入四夷，於體實大。」從之。仍令開封府及諸路州軍毁板禁止。如違，許諸色人告，賞錢一百貫。

《宋會要輯稿・刑法》二之八八《禁約》（宣和五年）七月十三日，中書省言，勘會福建等路近印造蘇軾、司馬光文集等。詔今後舉人傳習元祐學術以違制論，印造及出賣者與同罪，著爲令。見印賣文集，在京令開封府，四川路、福建路令諸州軍毁板。

《宋會要輯稿・刑法》二之一二一《禁約》（淳熙）九年三月二十一日，詔諸路轉運司行下所部州軍，將見賣舉人時務策并印板日下拘收焚燬。令禮部檢坐見行條法，申嚴禁約，延致違戾。以給事中施師點言文字過界，法禁甚嚴，人爲利回，多所抵冒。竊見書坊所印時文，如詩、賦、經義、論，因題而作，不及外事。至於策試，莫非時務，而臨軒親試，又皆深自貶損，以求直言，所宜禁止印賣。故有是命。

《宋會要輯稿・刑法》二之一二九《禁約》（慶元）四年二月五日，國子監言：「福建麻沙書坊見刊雕太學總新文體，内丁巳太學春季私試都魁郭明卿《問定國是》、《問京西屯田》、《問聖孝風化》，本監尋將案藉拖照得郭明卿去年春季策試即不曾中選，亦不曾有前項問目。及將程文披閲，多是撰造恠辟虚浮之語，又妄作祭酒以下批鑿，似主張僞學，欺惑天下，深爲不便。乞行下福建運司，追取印版，發赴國子監交納。及已印未賣，並當官焚之。仍將雕行印賣人送獄根勘，因依供申，取旨施行。」從之。【略】(三月)二十一日，臣僚言：「乞將建寧府及諸州應有書肆去處，輒將曲學小儒撰到時文改换名色，真僞相雜，不經國子監看詳及破碎編類，有誤傳習者，並日下毁板，仍具數申尚書省并禮部。其已印未賣者，悉不得私買。如有違犯，科罪惟均。」從之。

《宋會要輯稿・刑法》二之一三二《禁約》（嘉泰）二年二月二十八日，新差權知隨州趙彦衛言：「恭惟國家祖功宗德，超冠百王；真賢實能，遠踰前代。史館成書，有《三朝國史》、《兩朝國史》、《五朝國史》，莫不命大臣以總提，選鴻儒以撰輯，秘諸金匱，傳寫有禁。近來忽見有本朝《通鑑長編》、《東都事略》、《九朝通略》、《丁未録》與夫語録、家傳，品目類多，鏤板盛行於世。其間蓋有不曾徹聖聽者，學者亦信之，然初未嘗經有司之訂正。乞盡行取索私史，下之史館，公共考核，或有裨於公議，即乞存留，仍不許刊行。自餘悉皆盡絶。如有違戾，重寘典憲。」從之。

《宋會要輯稿・刑法》二之一三二《禁約》（嘉泰二年）七月九日，詔：「令諸路帥、憲司行下逐州軍，應有書坊去處，將事干國體及邊機軍政利害文籍，各州委官看詳。如委是不許私下雕印，有違見行條法指揮，並仰拘收繳申國子監，所有板本日下並行毁劈，不得稍有隱漏及憑籍騷擾。仍仰江邊州軍常切措置關防，或因事發露，即將興販經由地分乃印造州軍不覺察官吏根究，重作施行。委自帥、憲司嚴立賞牓，許人告捉，月具有無違戾聞奏。」以盱眙軍獲到戴十六等，輒將本朝事實等文字欲行過界故也。

《宋會要輯稿・刑法》二之一三八《禁約》（嘉定六年）十月二十八日，臣僚言：「國朝令甲，雕印言時政、邊機文書者皆有罪。近日書肆有《北征讜議》、《治安藥石》等書，乃龔日章、華岳投進書劄，所言間涉邊機，乃筆之書，鋟之木，鬻之市，泄之外夷，事若甚微，所關甚大。乞行下禁止，取私雕龔日章、華岳文字盡行毁板。其有已印賣者，責書坊日下繳納，當官毁壞。」從之。

《宋會要輯稿・刑法》二之一四八《禁約》（紹興）四年二月二十三日，詔：「今後諸路有頒降詔令，並仰監司關報州縣，真書文字，鏤板印給于民間。仍約束巡尉不得以修葺粉壁爲名，差人下鄉騷擾。」

《宋會要輯稿・刑法》二之一五一《禁約》（紹興）十五年七月二日，兩浙東路安撫司幹辦公事司馬伋言：「建州近日刊行《司馬温公記聞》，其間頗關前朝政事。竊緣曾祖光平日論著即無上件文字，妄借名字，售其私說。」詔委建州守臣將不合開板文字並行毁棄。十五年十二月十七日，太學正孫仲鼇言：「諸州民間書坊收拾詭僻之辭，託名前輩，輒自刊行，雖屢降指揮禁遏，尚猶未革。欲申嚴條制，自今民間書坊刊行文藉，先經所屬看詳，又委教官討論，擇其可者許之鏤板。」從之。

《宋大詔令集》卷一九一《誡約屬辭浮艷令欲雕印文集轉運使選文士看詳詔大中祥符二年正月庚午**》**　國家道蒞天下，化成域中。敦百行于人倫，闡六經于教本，冀斯文之復古，期末俗之還淳。而近代已來，屬辭之弊，侈靡滋甚，浮艷相高，忘祖述之大猷，競雕刻之小技。爰從物議，俾正源流。咨爾服儒之文，示乃爲學之道。夫博聞强識，豈可讀非聖之書；修辭立誠，安得乖作者之制？必思教化爲主，典訓是師，無尚空言，當遵體要。仍聞別集衆製，鏤板已多，儻許攻乎異端，則亦誤于後學。式資誨誘，宜有甄明。今後屬文之士，有辭涉浮華，玷于名教者，必加朝典，庶復素風。其古今文集可以垂範，欲雕印者，委本路轉運使選部内文士看詳，可者即印本以聞。

《宋史全文》卷二二上《宋高宗》　先是，右正言王珉言：「程瑀昨在閑廢，輒取先聖之書，肆爲臆説，洪興祖則爲文以冠其首，魏安行則鏤板以廣其傳，朋比之惡，蓋極于此。望將見今鏤板速行毁棄，重賜施行。」

《宋史》卷三五《孝宗紀》（淳熙七年五月）己卯，申飭書坊擅刻書籍之禁。

《通制條格》卷二〇《賞令・私曆》　至元十七年六月，太史院欽奉聖旨：「印造《授時曆》，頒行天下。敢有私造者，以違制論。告捕者，賞銀一伯兩。如無本院曆日印信，便同私曆。」欽此。

《元史》卷一〇五《刑法志》　諸僞造寶鈔，首謀起意，并雕板、抄紙、收買顔料、書填字號、窩藏印造，但同情者皆處死，仍没其家産。

劉惟謙《大明律》卷二四《詐僞・僞造寶鈔》　凡僞造寶鈔，不分首從，及窩主若知情行使者，皆斬，財産並入官。告捕者，官給賞銀二百五十兩，仍給犯人財産。里長知而不首者，杖一百；不知者，不坐。其巡捕、守把官軍，知情故縱者，與同罪。若搜獲僞鈔，隱匿入己，不解官者，杖一百，流三千里。失於巡捕，及透漏者，杖八十，仍依强盗責限跟捕。若將寶鈔挑剜、補輳、描改，以真作僞者，杖一百，流三千里。爲從及知情行使者，杖一百，徒三年。其同情僞造人，有能悔過，捕獲同伴首告者，與免本罪，亦依常人一體給賞。

俞汝楫《禮部志稿》卷七一《科試備考・試約・重選舉五事》　五、近時時文流布四方書肆，商人藉此以賈利，士子假此以僥倖。宜加痛革，凡場屋文字句語雷同，即係盗竊，不許謄録。其書坊刊刻一應時文，悉時燒燬，不得鬻販。各處提學，尤當禁革。如或私藏，誦習不悛者，即行黜退。疏入，下所司知之。

俞汝楫《禮部志稿》卷九四《盛典備考・興學・振俗學》　弘治十二年，吏科給事中許天錫言：「今年闕里孔廟灾，遠近聞之，罔不驚懼。邇者福建建陽縣書坊被火，古今書板蕩爲灰燼。先儒嘗謂：建陽乃朱文公之闕里，今一歲之中，闕里既灾，建陽又火，上天示戒，必於道所從出，與文所萃聚之地，何哉？臣嘗考之，成周宣榭火，《春秋》書之，説者曰：『榭者所以藏樂器也。天戒若曰不能行正令，何以禮樂爲？言禮樂不行，故天火其藏，以示戒也。』今書坊之火，得無近于此耶。自頃師儒失職，正教不修，上之所尚者浮華靡艷之體，下之所習者枝葉蕪蔓之詞。俗士陋儒，妄相裒集，巧立名目，殆其百家。梓者以易售而圖利，讀者覬僥倖而決科。由是廢精思實體之功，罷師友討論之會，損德蕩心，蠹文害道，一旦科甲致身，科禄入手，只謂終身温飽，便是平借事功，安望其身體躬行，以濟世澤民哉！伏望明詔有司，大爲釐正。將應習之書，或昔有而今無者，檢自中秘所載，與經生學士所共習者，通前存編，删定部秘，頒下布政司，給與刊行。仍敕乞所司推翰林院或文臣中素有學識官員，令其往彼提調考較，務底成功，然後傳布四方，永爲定式。其餘晚宋文字，及《京華日鈔》，論範論草，策略策海，文衡文隨，主意講章之類，凡得於煨燼之餘，悉皆斷絶根本，不許似前混雜刊行。仍令兩京國子監及天下提學等官，修明學政，嚴督生徒，務遵聖代之教條，痛革俗儒之陋習。遇有前項不正書板，悉用燒除。如有久具文書，坐以違制之罪。尤願陛下日召儒臣，講求致灾之故。凡敬天體道之要，更化善治之術，斷而行之，以回天心，以迓休命。」禮部覆奏，謂：「建陽書板中間，固有蕩無留遺者，亦容或有全存半存者，請令巡按提學等官，逐一查勘，如《京華日鈔》等書板已經燒燬者，不許書坊再行翻刊。先將經傳子史等書，及聖朝頒降制書，一一對正，全存者照舊印行；及無存者，用舊翻刻，務令文學真正，毋承訛習舛，以誤來學。」從之。

俞汝楫《禮部志稿》卷九四《盛典備考・正學・詆訾程朱》 嘉靖元年十月，內禮部題該禮科給事中章僑奏，爲崇正學以圖治理事。內稱三代以下，論學正莫如朱熹。近世以來，有等倡爲異學之徒，大率取陸九淵之簡便，憚朱熹爲支離。甚者以朱熹爲好名，文章爲腐爛等因。又該監察御史梁世驃奏稱，自古道學之傳，至宋儒朱熹可謂大明矣。近年以來，以陸九淵爲尊德性，以朱熹爲支離，槩多可醜，俱乞行提學痛革等因。本部議得，二臣之言，深切時弊，有補風教。合候命下，通行各處巡按御史及兩京提學、御史，各行提學官，并司府州縣刊榜，曉諭一應僧儒人等，務崇正學，刮去浮靡，以趨篤實。毋惑怙異之説，毋習簡便之私，毋作矯僞之行，毋尚艱險之文。但有詆訾先儒，厭棄經史，拂古聖之遺規，求真知於一蹴，著書立論與程朱相背戾者，即是心術不正。官府察知，亟爲禁治，主司較閱，慎勿收録等因題。奉聖旨：你每都説的是。祖宗朝表彰五經，頒降敕諭，正欲崇正學，廸正道，端士習，育真才，以成正大光明之業。百餘年間，人材渾厚，文體純雅。近年以來，士習多有詭異，文辭務爲艱險，不無有傷治化。你部裏便通行各該巡按、提學官出榜曉諭，嚴加禁約。教人取士，一遵程朱之言。但有叛道不經之書，不許私自刻板，互相傳習，致悞初學。其餘俱依擬行。欽此。

《明世宗實録》卷一六嘉靖元年七月 己酉，詔兩京國子監及各省提學官修補殘缺經史，禁書坊妄肆改竄。

《明世宗實録》卷一三七嘉靖十一年四月 丙申，湖廣荆州府知府孫存上所集刊《大明律讀法》，書首大書律文，次特書御製諸書于律有所發明者，次附書欽定條例，次分註細書諸家註解與正德新例法司見行事件。書進，上以《大明律》乃聖祖欽定，孫存等乃敢擅自增釋，輒行刊刻，以紊成典，詔下都察院參看。乃逮存及同知李章、通判吳望、推官朱鼐等下巡按御史問，書板毀之。

《宮中硃批奏摺・湖廣總督三寶奏請嚴刊刻書籍之禁摺乾隆四十三年三月二十五日》 湖廣總督臣三寶謹奏，爲請嚴刊刻妄作書籍之禁，以杜邪説而崇文教事。

竊照稗官野史，記載每多失實，雖正史出而羣言皆息，然流傳於世，迂拘無識之輩，轉欲引爲考據。至詩文之作，原係吟詠性情，揚扢風雅之事，自應以清真雅正爲宗。乃固陋之子，妄冀沽名，澆薄之徒，狂肆非刺，混以鄙俚不堪之辭，付諸梨棗。此有關於世道人心者，良非細故。臣伏思名山之業，原本道籍之腴，發爲心聲。我皇上文教誕敷海内，操觚之士咸思著書立説，以鳴盛化，但其間粗鄙無識、謬思著述之輩，亦復不少。近年來如江蘇省之蔡顯，江西省之王錫侯，則更罔識尊親大義，肆其狂誕，在悖逆之人，神人共憤，終不能倖逃天殛。

第此等違礙之書，鐫刻流播，事後查銷，究恐難盡。臣愚以爲懲創於事後，不若查辦於事先。請嗣後直省士子，除家絃户誦之經書及試藝程文聽其刊刻刷印外，其學問淵深之士，如有記載及自著藝文等書，有欲付梓者，先録正、副二本，送本籍教官轉呈學臣核定。其書果無紕繆，有裨世學者，將正、副本俱鈐印發回本學，副本存案，正本給發著述之人，遵照刊行。倘不呈官核定，私行刊刻者，即無違礙字句，亦令地方官嚴行禁燬，如有誕妄不經之辭，即從重究治。并令地方官出示曉諭刻字工匠，凡遇刊刻書籍，必須查明該書上有鈐蓋學臣印信者，始准刊刻。庶邪説誣民之徒知所斂戢，於民道人心不無裨益。

臣言是否可采，伏乞皇上睿鑒，訓示施行。謹奏。

硃批：另有旨諭。

三泰《大清律例》卷二三《刑律・造妖書妖言》 一、凡坊肆市賣一應淫詞小説，在内交與八旗都統、都察院、順天府，在外交督撫等，轉行所屬官弁嚴禁，務搜板書，盡行銷燬。有仍行造作刻印者，係官革職，軍民杖一百流三千里；市賣者杖一百，徒三年；買看者杖一百。該管官弁不行查出者，交與該部，按次數分別議處。仍不准藉端出首訛詐。

允祹《欽定大清會典則例》卷一五〇《都察院六》 （康熙）三十年覆準：凡有造紙牌、骰子者，該司坊官嚴禁。京城見有之紙牌、骰子，限一月内銷燬。

姚雨薌《大清律例會通新纂》卷一六《收藏禁書》 凡坊肆小説，淫詞，《水滸傳》，俱嚴查禁絶，板書一併銷燬。如有造作刻印者，該管官不行查出，每次罰俸六個月。任其收存租賃明知故縱者，降二級調用。官員自行造作刻印者，革職;買看者,罰俸一年。

俞正燮《癸巳存稿》卷九《演義小説》 順治七年正月,頒行《清字三國演義》,此如明時文淵閣書有《黄氏女書》也。《黄氏女書》爲念佛,《三國演義》爲關聖,一時人心所向,不以書之真僞論。其小説之禁,順治九年題准:「瑣語淫詞,通行嚴禁。」康熙四十八年六月議准:「淫詞小説及各種秘藥,地方官嚴禁。」五十三年四月九卿議定:「坊肆小説淫詞,嚴查禁絶,板與書盡銷燬,違者治罪,印者流,賣者徒。」乾隆元年覆准:「淫詞穢説,叠架盈箱,列肆租賃,限文到三日銷燬。官故縱者,照禁止邪教不能察緝例,降二級調用。」嘉慶七年,禁坊肆不經小説,此後不准再行編造。十五年六月,御史伯依保奏禁《燈草和尚》、《如意君傳》、《濃情快史》、《株林野史》、《肉蒲團等》。諭旨:「不得令吏胥等藉端坊市紛紛搜查,致有滋擾。」十八年十月,又禁止淫詞小説。

俞正燮《癸巳存稿》卷一四《科場書》 今人謂科場書爲兔園册,非也。《舊五代史·馮道傳》云:「道謂任贊曰:『兔園册皆名儒所集,道能諷之。今士子止看《文場秀句》,便爲舉業。』」兔園册者,唐貞觀時,虞世南爲蔣王撰集,其人不事科場。《文場秀句》,王啓所集,懷挾本也。《唐書·藝文志》「總集類」有《文場秀句》一卷。類書有韋稔《應用類對》十卷、高測《韵對》十卷,而不載兔園册,蓋鄙其通俗。然其風不始於唐,《後漢書·蔡邕傳》「封事七事」五云:「諸生連偶俗語,有類俳優,或竊程文,虚冒名氏。」《唐書·選舉志》云:「帖經孤章絶言,舉人驅懸孤絶,索幽隱,爲詩賦誦習之,不過十數篇,難者悉詳矣。」是漢時有《連偶捷録》,唐則《孤絶詩賦》與《文場秀句》,進士明經,分有其書。宋時,又有别本。《愧郯録》云:「政和四年六月十九日,黄潛善奏:比年以來,求舉者於時文中采摭陳言,區别事類,編次成集,便於剽竊,謂之《決科機要》,詔立賞錢百貫告捉,乃拘板毁棄。」元王惲《玉堂嘉話》引辛殿撰小傳云:「既歸宋,非科舉莫進,公笑曰:『此何有?消青銅三百,易一部時文,足矣!』既擢第,孝宗曰:『是以三百青蚨博吾爵者。』才其爲。」是科場書謂之時文。何薳《春渚紀聞》云:「李偕赴試,夢陳元仲手執一黄背書,若書肆所市時文者,顧視不輟,略不與客言。」其時人士揣摩如此。予又於舊攤買得《決科古今源流至論别集》二册,計十卷,宋黄履翁所集者,又在《決科機要》之後。《明史·陳幼學傳》云:「稍遷刑部主事。時嘉興人袁黄妄批削《四書》、《書經集注》,名曰《删正》,刊行。幼學駁正其書,抗疏論列。」按此風甚熾,乾隆二十九年,部議坊間删本《禮記》出示銷燬。五十四年,禁小本經書。五十七年、五十八年,禁删節經書。嘉慶二十年三月,禁坊刻《四書典制類聯》及《四書人物類典串珠》等書。道光十一年十月,禁書肆小本,嚴究板片銷燬。十四年七月,提督衙門獲《文海題備》等小本四千八百五十本,交刑部。

丁日昌《撫吴公牘》卷之一《札飭禁燬淫詞小説》 爲通飭一體查禁事。照得蘇省設立書局,刊刻牧令等書,並請旨飭下各直省嚴禁淫詞小説,以戢人心而維風化一摺。經本部院於同治七年二月二十一日恭摺奏明行知在案。查淫詞小説,向干例禁,乃近來書賈射利,往往鏤板流傳,揚波扇燄,《水滸》、《西廂》等書,幾於家置一編,人懷一篋。原其著造之始,大率少年浮薄,以綺膩爲風流,鄉曲武豪,藉放縱爲任俠。而愚民尠識,遂以犯上作亂之事,視爲尋常。地方官漠不經心,以致盜案奸情紛歧疊出。殊不知忠孝廉節之事,千百人教之而未見爲功,奸盜詐僞之書,一二人導之而立萌其禍。風俗與人心相爲表裏,近來兵戈浩劫,未嘗非此等踰閑蕩檢之説默釀其殃,若不嚴行禁燬,流毒伊於胡底。本部院前在藩司任内,曾通飭所屬宣講《聖諭廣訓》,並頒發小學各書,飭令認真勸解,俾城鄉士民得以目染耳濡,納身軌物。惟是尊崇正學,尤須力黜邪言,合亟將應禁書目黏單札飭,札到該司即於現在書局,附設銷燬淫詞小説局,畧籌經費,俾可永遠經理。并嚴飭所屬明定限期,諭令各書鋪將已刷陳本及未印板片,一律赴局呈繳,由局彙齊,分别給價,即由該局親督銷燬。仍嚴禁書差毋得向各書肆藉端滋擾。此係爲風俗人心起見,切勿視爲迂闊之言。本部院將以辦理此事之認真與否,辨守令之優絀焉。除俟恭奉上諭再行欽遵咨行外,文到仍將遵辦緣由及示稿先行稟送察核毋違。特札。

李銘皖修、馮桂芬纂《(光緒)蘇州府志》卷三《風俗·附録湯文正公撫吴告諭》 爲政莫先於正人心,正人心莫先於正學術。朝廷崇儒重道,文治脩明,表章經術,罷黜邪説,斯道如日中天。獨江蘇坊賈惟知射利,專結一種無品無學希圖苟得之徒,編纂小説傳奇,宣淫誨詐,備極穢褻,污人耳目。繡像鏤板,極巧窮工。遊佚無行與年少志趣未定之人,血氣淫蕩,淫邪之念日生,奸僞之習滋甚,風俗淩替,莫能救正,深可痛恨,合行嚴禁。仰書坊人等知悉,除《十三經》、《二十一史》及《性理》《通鑑綱目》等書外,如宋元明以來大儒註解經學之書及理學經濟文集語録未經刊板或板籍燬失者,照依原式另行翻刻,不得聽信狂妄後生,輕易增删,致失古人著述意旨。今當脩明正學之時,此等書出,遠近購之者衆,其行廣而且久，爾等計利亦當出此。若曰古書深奥，難以通俗，或請老成醇謹之士，選取古今忠孝廉節敦仁尚讓實事，善惡感應凛凛可畏者，編爲醒世訓俗之書，既可化導愚蒙，亦足檢點身心，在所不禁。若仍前編刻淫詞小説戲曲，壞亂人心，傷敗風俗者，許人據實出首，將書板立行焚燬，其編次者、刊刻者、發賣者一併重責，枷號通衢。仍追原工價，勒限另刻古書一部，完日發落。

《大清印刷物專律》第一章　大綱

一、京師特設一印刷總局，隸商部、巡警部、學部。所有關涉一切印刷及新聞記載，均須在本局註册。

二、本律通行各直省。其餘各項領土，即仰各地方該管官酌量辦理。

第二章　印刷人等

一、凡未經註册之印刷人，不論承印何種文書圖畫，均以犯法論。凡違犯本條者，所科罰鍰，不得過銀一百五十元，監禁期不得過五個月，或罰鍰監禁兩科之。

二、凡以印刷或發賣各種印刷物件爲業之人，依本律即須就所在營業地方巡警衙門，呈請註册。其呈請註册之呈，須備兩份，并各詳細敍明實在，及具呈人之姓名籍貫住址，又有股份可以分利人之姓名籍貫住址。

三、各該巡警衙門收到此種呈請註册之呈文紙後，即行查明呈内所敍情形，及各種列名人之行狀，及所擔負之責任。如該巡警衙門以爲適當，既并同原呈一份報於京師印刷註册總局，并各以申報之日爲該件註册之日。凡呈請印刷註册事，爲各該巡警衙門所批斥不准者，無論如何情由，各該巡警衙門必須將所以不准註册之情由，詳報京師印刷註册總局。凡各該巡警衙門申報呈請註册事於京師印刷註册總局時，即將准註册與不准註册之情由，明白牌示具呈人知之。

四、具呈人如以巡警衙門批斥不准之情由爲不適當，可於牌示後十二個月以内，逕上京師印刷註册總局遞稟上控；或親身投遞，或請代表人投遞，或由郵政局投遞。

五、呈請註册時，須隨呈帶繳註册費銀十元。該費無論准否，即以五元充巡警衙門辦理一切註册之公費，其餘五元由巡警衙門隨同申報於京師印刷註册總局。凡因巡警衙門批斥不准註册事，而向京師印刷註册總局遞稟上控註册事件者，無費。凡當繳之費，即依本律所載之數繳之；律外并不征收絲毫浮費。

六、凡印刷人不論印刷何種物件，務須於所印刷物體上明白印明印刷人姓名，及印刷所所在。凡違犯本條者，所科罰鍰不得過銀一百元，監禁不得過三個月，或罰鍰監禁兩科之。

七、凡印刷人須將所印刷之物件，不論文書記載圖畫等，均須詳細紀册，以備巡警衙門或未設巡警之地方官或委員隨時檢查。凡違犯本條者，所科罰鍰不得過一百元，監禁期不得過三個月，或罰鍰監禁兩科之。如該衙門官員臨時檢查此等紀册時，如以所載不甚明白，則按本條所科之罰鍰監禁或罰鍰監禁兩科之法減一半科之。

八、凡發販或分送不論何種印刷物件，如該物件并未印明印刷人之姓名及印刷所所在者，即以犯法論。凡違犯本條者，即依本律本章第六條之罰鍰，或監禁，或罰鍰監禁兩科之法科之。并將所有無印刷人姓名及印刷所所在之各該印刷物件充公或銷燬，亦不問該印刷物件之可否印刷。

九、凡印刷人印刷各種印刷物件，即按件備兩份呈送印刷所所在之巡警衙門，該巡警衙門即以一份存巡警衙門，一份申送京師印刷註册總局。凡違犯本條者，所科罰鍰不得過銀五十元，監禁期不得過一個月，或罰鍰監禁兩科之。

十、凡違犯以上所載各條至第二次，即依以上所載各科條加倍科之。自此即依上文所載各科條，按所犯次數，遞加所科倍數，甚或加至四倍以外。

第三章　記載物件等

一、所謂記載物件者，或定期出版，或不定期出版，即新聞叢録等，依本律名目，謂之記載物件。

二、凡印刷或發賣或販賣或分送各種記載物件，而該記載物件并未遵照本律所條向京師印刷註册總局註册者，即以犯法論。凡違犯本條者，即依本律第二章第二條科之。

三、凡欲以記載物件出版發行者，可向出版發行所在之巡警衙門呈請註册，其呈請註册之呈預備兩份，并各詳細敍明記載物件之名稱，或定期出版，或不定期出版，出版發行人之姓名籍貫及住址，出版發行所所在，有股可分分利人之姓名籍貫及住址，及各種經理人之姓名住址。

四、各該巡警衙門收到此種呈請註册呈之後，即查明呈内所敍情形，各種列名人之行狀，及所擔負之責任。如該巡警衙門以爲適當，即并同原呈一份申報於京師印刷註册總局，并以申報總局之日爲該件註册之日。凡此種呈請註册事件，爲巡警衙門所批斥不准者，各該巡警衙門仍當依本律第二章第三條辦理。凡各該巡警衙門申報此種呈請註册事件於京師印刷註册總局時，即將准註册與不准註册之情由，明白牌示具呈人知之。

五、與本律第二章第四條同。

六、凡記載物件之註册費，與本律第二章第五條所載之印刷人等註册費一律。

七、經理記載物件出版之人，須將所出版發行之記載物件，每件備兩份，呈送於發行所在之巡警衙門，并同時由郵局稟呈一份於京師印刷註册總局。凡違犯本條者，即援照本律第二章第九條科之。

第四章　毁　謗

一、凡印刷物件上關係毁謗者，即照下開各條辦理。

二、所謂毁謗者有三：（甲）普通毁謗；（乙）訕謗；（丙）誣詐。

三、普通毁謗者，是一種謗個人的表揭，或書寫，或版印，或另用其他各法，令人閲而憎其人，惡其人，甚或其人因此而失官爵，失專業，或失其他各種生業。

四、訕謗者，是一種惑世誣民的表揭，令人閲之有怨恨或侮慢，或加暴行於皇帝皇族或政府，或煽動愚民違背典章國制，甚或以非法强詞，又或使人人有自危自亂之心，甚或使人彼此相仇，不安生業。

五、誣詐者，是一種陷人的口語，或已出版，或藉出版相恫嚇，或挾以爲可以不出版向人要求財物等是也。

六、左開諸色人等，均於毁謗中有關法案者：（甲）作毁謗之人；（乙）印刷毁謗之人；（丙）謗件出版所之主人；（丁）謗件出版所之經理人；（戊）謗件之發賣人、販賣人或分送人。但本條所列之三種人，均須知情者。

七、關於普通謗者，可以民法、刑法處分之。

八、凡依民事訴訟被謗情形，該訴人不必證明因謗而受損害，但須證明是謗非謗，俾承審官可依是非輕重決案，或判予被謗人若干償金。

九、凡依民事訴訟被謗，而案經決定者，可以原案另依刑事訴訟，而業經決定者，不得再以原案依民事訴訟訴之。

十、無論以民法或刑法控訴普通謗於問案衙門，可准被控訴者將被控訴之情形證明實在以爲非謗。無論事涉官事，事涉私事，要之所陳之詞，須静候問官以爲適當與否，事關公益及應刊佈與否。

十一、依刑事訴訟控告被普通謗，而被告證明所控事件，並非有意挾嫌，甚或以原告并未因此損害爲詞，則問官可以被告所答之詞爲直。然此等案情，如依民事訴訟法，則被告所對之詞，問官不得遽以爲直；惟可因此等實在情形而減輕原告所要求之償金。

十二、凡以刑事訴訟控告普通謗訕，如控告之人係職官，且照定例，控告人有權可以審判此等案件者；又控告人之官階較崇於問官，且有權可以命令之者，均須稟請本管之督撫辦理。要而言之，控告人不得爲問官，亦不得依官而向屬官控告，如欲控告，必須向官階較崇一級之官控告。即上控事件，亦依此類推。倘有官員擅違此制，被告可向京師印刷註册總局申訴。該總局即當據請商部會奏朝廷，察酌辦理。

十三、遇有訕謗情形，不論軍民人等，均應盡國民義務，將訕謗情形向最近之地方官報告，或報告於本轄官長。無論何種訕謗，如報告於地方官長，各該官長即可權衡其事，將一干人逮捕，并將所有各該訕謗物件查封；一面即將辦理情形申報於本省督撫。各該督撫，接到此等申報後，即行按照情形，查明實在；如果以爲適當，即派幹事員開堂，將一干人提訊。

十四、凡訕謗事件審實懲辦後，即將所有訕謗物件，按所犯輕重，或充公，或銷燬，或發還，由問官臨時定奪。

十五、凡記載物件，如審實有訕謗情形，除按上文所載各條辦理外，所有印刷人、資本人，或經理人等，即不得再以印刷及記載物件等爲業。

十六、凡犯訕謗事件審實後，即依本律辦理，并不依他人所犯論罪。

十七、凡違犯上文所解説各條而審實者，依左開科判：

甲、凡科普通謗案，罰鍰不得過銀一千元，監禁不得過二年，或罰鍰監禁兩科之。

乙、凡科訕謗案，罰鍰不得過五千元，監禁期不得過十年，或罰鍰監禁兩科之。

十八、凡再犯案件，即以初犯所科加倍科之。

十九、凡各種記載物件之經理印刷人，如曾經審實犯有訕謗案一次，普通謗案二次，或合夥誣詐案者，則各該人等所營業之記載物件，大清郵政可不爲郵遞，或另由定案地方之督撫審酌辦理。凡記載物件之經理人、資本人、印刷人等，凡隸我法權而犯訕謗者，則獲著作人或分送人審訊訊辦後，大清郵政局將此等記載物件不爲郵遞。

第五章 教唆

凡他人之著作，或出版印刷，或録入記載物件内，因而公佈於世，致釀成非法之事者，不論所釀成之事爲犯公法爲犯私法，各該著作人俱依臨犯不在場之從犯論。如此等著作尚未釀成犯法之事，即將著作人依所犯未遂之從犯論。

第六章 時限

一、凡一切文書圖畫，或係書寫，或係印刷，或用漢文，或用其他各文字，而發行或銷售於皇朝一統版圖者，在律即有治理之權。

二、本律奏奉硃批後，由京師印刷註册總局頒行，滿六個月之後，即切實施行。

葉德輝《書林清話》卷一〇《宋元祐禁蘇黄集板》 元祐黨禁，蘇、黄詩文翰墨不准刊板流傳，亦二公文厄之極矣。然其時有酷好二公詩文而無所畏者。楊萬里序劉才卲《檆溪居士集》云：「在仁宗時，則有若六一先生主斯文之夏盟；在神宗時，則有若東坡先生傳六一之大宗；在哲宗時，則有若山谷先生續國風雅頌之絶絃。中更孽小，崇姦絀正，目爲僻學，禁而錮之。惟我廬陵，有盧溪之王，檆溪之劉，自作金城，以郛此道。自王公游太學，劉公繼至，獨犯大禁，挾六一、坡、谷之書以入盧溪。」楊萬里序又稱：「是時書肆畏罪，坡、谷二書皆燬其板，獨一貴戚家刻印印焉。率黄金斤易坡文十，蓋其禁愈急，其文愈貴也。檆溪諱才卲，字美中；盧溪諱庭珪，字民瞻，皆擢進士第。」然尤奇者，宋太學生丁時起《泣血録》載：金人入汴，據青城，索監書藏經，如《資治通鑑》、《蘇黄文集》之屬，皆指名取索。當時朝廷行下諸路，盡毁坡、谷著作。奸黨傅會，至欲焚《資治通鑑》。賴有神宗御製序文，乃不敢毁，而敵國之敬重固如此。吾謂二公信有獨嗜。而歐陽、蘇、黄之詩文，至今如日月江河，萬古不廢，豈非山川靈秀之氣，固結不散，有以使之然與。

《舊五代史》卷七九《晉書·高祖紀》 （天福五年六月）癸亥，道士崇真大師張薦明賜號通玄先生。是時帝好《道德經》，嘗召薦明講説其義，帝悦，故有是命。尋令薦明以《道》、《德》二經雕上印板，命學士和凝别撰新序，冠于卷首，俾頒行天下。

王溥《五代會要》卷八《經籍》 後唐長興三年二月，中書門下奏：「請依石經文字刻《九經》印板。」敕：「令國子監集博士儒徒，將西京石經本，各以所業本經句度抄寫注出，子細看讀，然後顧召能雕字匠人，各部隨帙刻印板，廣頒天下。如諸色人要寫經書，並須依所印敕本，不得更使雜本交錯。」其年四月敕：「差太子賓客馬縞、太常丞陳觀、太常博士段顒、路航、尚書屯田員外郎田敏充詳勘官，兼委國子監於諸色選人中，召能書人端楷寫出，旋付匠人雕刻，每日五紙，與減一選。如無選可減，等第據與改轉官資。」

漢乾祐元年閏五月，國子監奏：「見在雕印板《九經》，内有《周禮》、《儀禮》、《公羊》、《穀梁》四經未有印本，今欲集學官校勘四經文字鏤板。」從之。

周廣順三年六月，尚書左丞兼判國子監事田敏進印板《九經》書，《五經文字》、《九經字樣》各二部，一百三十册。

顯德二年二月，中書門下奏：「國子監祭酒尹拙狀稱：准敕校勘《經典釋文》三十卷，雕造印板，欲請兵部尚書張昭、太常卿田敏同校勘。」敕：「其《經典釋文》已經本監官員校勘外，宜差張昭、田敏詳校。」

田錫《咸平集》卷二七《謝賜九經書狀》 右，臣當州爲無經書，乞自辦紙就國子監印取《九經》歸州。今月若干日，伏奉敕牒，蒙恩却給還紙，特宣賜《九經》書并《釋文》者。伏以聖人之道，著在典墳；英主之恩，頒于郡縣。是使桐廬陋壤，化爲禮義之鄉；釣瀨遺民，永習《詩》《書》之訓。伏念臣忝分憂寄，權守詔條。文翁勸學之風，慚無祖述；宣父化民之道，敢怠師資。是以輒貢封章，乞印經籍。上干旒冕，方憂典憲之誅；俯降絲綸，特允芻蕘之請。賜書湖外，文明益播于頌聲；函丈席間，問學驟新于王澤。佇俟緘之緗帙，置彼頖宫。鄉校請觀，咸遂專經之志；郡人傳寫，免勞閲市之勤。仰荷殊恩，永爲盛事。

王欽若《册府元龜》卷五〇《帝王部·崇儒術》 （長興）三年二月，中書奏請依石經文字刻九經印板。敕旨：教導之本，經籍爲宗，兵革已來，庠序多廢，縱能傳授，罕克精研。繇是家亥有差，魯魚爲弊，苟一言致誤，則大義全乖，儻不討詳，漸當紕繆。宜令國學集博士儒徒，將西京石經本各以所業本經句度抄寫注出，子細勘讀，然後召僱能雕字匠人，各隨部帙刻印板，廣頒天下。如諸色人要寫經書，並須依所印勑本，不得更使雜本交錯，所貴經書廣布，儒教大行。

王欽若《册府元龜》卷三三五《宰輔部·竊位自全不稱竊位》 李愚，明宗時爲中書侍郎同平章事。長興季年，王政多僻，權要之臣，避禍不暇，邦之存亡，無敢言之。愚性剛介，往往形言，然人無唱和者。但舉六典之舊事，書之粉墻，補六經之闕文，刻其印板。其經緯大畧，曾無所施。

王欽若《册府元龜》卷六〇八《學校部·讐嫉》 周樊倫爲國子司業。太祖廣順末，尚書左丞田敏判國子監，獻印板九經書流行。而儒官素多是非，倫乃掇拾舛誤，訟於執政。又言敏擅用賣書錢千萬，請下吏訊詰。樞密使王峻素聞敏大儒，佐佑之，密訊其事，搆致無狀。然其書至今是非未息。

王隨《傳燈玉英集》卷一五《乞下印經院摹印頒行傳燈玉英集劄子》 臣先進呈《傳燈玉英集》一十五卷，計五册，蒙聖恩降敕，編入藏録，欲望聖慈下印經院開板模印頒行。所貴真乘要法廣布于綿區，善化妙緣永資于慶祚。取進止。

〔貼黄〕奉御寶批：依奏。所有合行事件，本院遂具狀奏聞。准中書劄子，奉聖旨并依奏，于景祐三年三月二十三日了畢進呈，奉聖旨摹印流行。

余靖《余襄公奏議》卷上《上校正後漢書奏》 國子監所印兩《漢書》，文字舛譌，恐誤後學。臣謹參括衆本，旁據他書，列而辯之，望行刊正。詔送翰林學士張觀等詳定聞奏，又命國子監直講王洙與靖偕赴崇文院讎對。謹按後漢明帝詔班固、陳宗、尹敏、孟冀作《世祖本紀》及建武時功臣列傳。後有劉珍、李充雜作建武以後至永初間紀、傳，又命伏無忌、黄景作《諸王王子恩澤侯表》并《單于》、《西羌》、《地理志》。又邊韶、崔寔、朱穆、曹壽作皇后、外戚傳，百官表及順帝功臣傳，成一百一十四篇，號曰《漢記》。熹平中，馬日磾、蔡邕、楊彪、盧植續爲《東觀漢記》。吴武陵太守謝承作《漢書》一百三十卷。晉散騎常侍薛瑩作《後漢記》一百卷。泰始中，秘書監司馬彪始取衆説，首光武，至孝獻，作《後漢書》。散騎常侍華嶠删定《東觀記》爲《後漢書》九十七篇。祠部郎中謝沈作《後漢書》一百二十二卷。秘書監袁崧作一百卷。至宋，豐城太守范曄益集諸家，作十紀、十志、八十列傳，凡百篇。十志未成，曄被誅，至梁世有剡令劉昭者補成之。唐章懷太子賢，招集當時學者右庶子張太安、洗馬劉訥言、洛州司户參軍革希玄、學士許叔牙、成玄一、史藏諸、周寶寧等同註范曄《後漢書》，儀鳳初上之，詔付秘書省，傳之至今。靖、洙悉取館閣諸本參校，二年九月校畢，凡增五百一十二字，損一百四十三字，改正四百一十一字。

司馬光《司馬光奏議》卷一《乞印行荀子揚子法言狀與館閣諸君同上》 臣等伏以戰國以降，百家蠭午，先王之道，荒塞不通。獨荀卿、揚雄排攘衆流，張大正術，使後世學者坦知去從。國家博采藝文，扶翼聖化，至於《莊》、《列》異端，醫方細伎，皆命摹刻，以廣其傳。顧兹二書，猶有所闕。雖民間頗畜私本，文字譌誤，讀不可通，誠恐賢達之言，寖成廢缺。今欲乞降敕下崇文院，將《荀子》、《揚子·法言》本精加考校訖，雕板送國子監，依諸書例印賣。臣等愚憒，不達大體，不勝區區，冒陳所見。

沈括《夢溪筆談》卷二一《異事》 三司使宅，本印經院。熙寧中，更造三司宅，自薛師政經始。

王闢之《澠水燕談録》卷七《書畫》 皇祐中，仁宗命待詔高克明輩畫三朝聖迹一百事，人物纔寸餘，宫殿、山川、車駕、儀衛咸具。詔學士李淑等譔次序贊，爲十卷，曰《三朝訓鑑圖》，鏤板印貽大臣宗室。

蘇軾《東坡全集》卷五六《乞賜州學書板狀》 元祐四年八月某日，龍圖閣學士朝奉郎知杭州蘇軾狀奏：右臣伏見本州學見管生員二百餘人，及入學參假之流日益不已，蓋見朝廷尊用儒術，更定貢舉條法，漸復祖宗之舊，人人慕義，學者日衆。若學糧不繼，使至者無歸，稍稍引去，甚非朝廷樂育之意。前知州熊本曾奏乞用廢罷市易務書板賜與州學，印賃收錢，以助學糧。或乞賣與州學，限十年還錢。今蒙都省指揮只限五年，見今轉運司差官重行估價，約計一千四百六貫九百八十三文。若依限送納，即州學歲納二百八十一貫三百九十七文，五年之間深爲不易。學者日夕闕食，而望利於五年之後，何補於事，而朝廷歲得二百八十一貫三百九十七文，如江海之中增損涓滴，了無所覺，徒使一方士民以謂朝廷既已捐利與民，廢罷市易所放欠負動以萬計，農商小民銜荷聖澤，莫知紀極，而獨於此飢寒儒素之士惜毫末之費，猶欲於此追收市易之息，流傳四方，爲損不小。此乃有司出納之吝，非朝廷寬大之政也。臣以侍從，備位守臣，懷有所見，不敢不盡。伏望聖慈特出宸斷，盡以市易書板賜與州學，更不估價收錢。所貴稍服士心，以全國體。謹録奏聞，伏候勅旨。

〔貼黄〕臣勘會市易務元造書板用錢一千九百五十一貫四百六十九文，自今日以前所收净利已計一千八百八十九貫九百五十七文。今若賜與州學，除已收净利外，只是實破官本六十一貫五百一十二文。伏乞詳酌施行。

陳師道《後山談叢》卷二 澄心堂，南唐列祖節度金陵之燕居也，世以爲元宗書殿，誤矣。趙内翰彦若家有《澄心堂書目》，才二千餘卷，有「建業文房之印」，後有主者，皆牙校也。

邵博《邵氏聞見後録》卷二〇 東坡倅錢塘日，《答劉道原書》云：「道原要刻印七史固善，方新學經解紛然，日夜摹刻不暇，何力及此。近見京師經義題

『國異政，家殊俗』，國何以言異？家何以言殊？又有『其善喪厥善』，其厥不同何也？又説《易・觀卦》本是老鸛，《詩・大小雅》本是老鴉，似此類甚衆，大可痛駭。」時熙寧初，王氏之學，務爲穿穴至此。

江少虞《宋朝事實類苑》卷三一《詞翰書籍十一》 景祐初元，詔羣儒即書府盡啓先帝所藏校定條目，翰林學士王堯臣、史館檢討王洙、館閣校勘歐陽脩等，咸被其選。詩論譔次，其僞濫者删去之，遺缺者補緝之。摘其復複，刊其訛舛，集其書之總數，凡三萬六百六十九卷。以類分門爲目，成六十七卷。初，書府之制，廢于五代。太平興國之初，始建崇文院，合聚昭文、史館、集賢之書。又起祕閣，則貯禁中之籍。逮兹著録，故賜名曰：「崇文總目。」《崇文總目》係以三館祕閣書籍併合著録。京師藏書之家，惟故相王溥爲多，官嘗借本傳寫。丁謂家書亦多，收入祕府。三館祕閣所藏之書，皆分經史子集四類，昭文館三萬八千二百九十一卷，史館四萬一千五百五十三千餘字，録爲六卷以進，賜刁衎器幣等有差。然今所行者，止是淳化中所校，後雖覆校，既已刻版，刊改殊少。

江少虞《宋朝事實類苑》卷三一《詞翰書籍十二》 淳化五年七月，詔選官分校《史記》、《前漢》、《後漢書》，既畢，遣内侍齎本就杭州鏤板。咸平中，真宗謂宰相曰：「太宗崇尚文史，而三史版本如聞當時校勘官未能精詳，尚有謬誤，當再加刊正。」乃命直使館陳堯佐等覆校《史記》，景德元年正月校畢，並録差誤文字五卷同進。詔賜帛有差。又命直祕閣刁衎等覆校前後《漢書》，凡修改三百四十九簽。正卷集賢院四萬二千五百五十四卷，其間雜僞國及籍没之書卷袟不等，仍多複本，歲久多蠹。祕閣一萬五千七百八十五卷，皆黄本書，編袟嚴整，以備進御。

江少虞《宋朝事實類苑》卷三一《詞翰書籍十八》 嘉祐四年，仁宗謂輔臣曰：「宋、齊、梁、陳、後魏、後周、北齊書，世罕有善本，未行之學官，可委編校官精加校勘。」八月，命編校書籍孟恂、丁寶臣、鄭穆、趙彦若、錢藻、孫覺、曾鞏校宋、齊、梁、陳、後魏、北齊、後周七史。恂等言：「梁、陳等書缺，獨館閣所藏，恐不足以定著，願詔京師及州縣藏書之家，使悉上之。」仁宗皇帝爲下其事，至七年冬，稍稍始集，然後校正訛謬，遂爲完書，模本行之。

江少虞《宋朝事實類苑》卷三一《詞翰書籍二十》 哲宗時，臣寮言：「竊見高麗獻到書，内有《黄帝鍼經》九卷。據《素問》序稱，《漢書・藝文志》《黄帝内經》十八篇，《素問》與此書各九卷，乃合本數。此書久經兵火，亡失幾盡，偶存於東夷。今此來獻，篇袟具存，不可不宣佈海内，使學者誦習。伏望朝廷詳酌，下尚書工部，雕刻印板，送國子監依例摹印施行。所貴濟衆之功，溥及天下。」有旨，令祕書省選奏通曉醫書官三兩員校對，及令本省詳定訖，依所申施行。

朱彧《萍洲可談》卷一 姚祐元符初爲杭州學教授，堂試諸生，《易》題出「乾爲金坤亦爲金何也」。先是，福建書籍，刊板舛錯，刊爲「釜」遺二點，故姚誤讀作金。諸生疑之，因上請，姚復爲臆説，而諸生或以誠告，姚取官本視之，果「釜」也，大慚，曰：「祐買著福建本！」升堂自罰一直，其不護短如此。

確庵耐庵《靖康稗史》之二《甕中人語》 （靖康二年二月）初二日，虜索天臺渾儀、三館太清樓文籍圖書、國子書板，又絲綿數萬斤出城。【略】初四日，虜索藏經、道經書板出城。

李燾《續資治通鑑長編》卷四太祖乾德元年秋七月 己卯，判大理寺事竇儀等上《重定刑統》三十卷，《編敕》四卷，詔刊板模印頒天下。

李燾《續資治通鑑長編》卷一四太祖開寶六年四月 知制誥王祐等上《重定神農本草》二十卷。上制序，摹印以頒天下。

李燾《續資治通鑑長編》卷三三太宗淳化三年三月 上謂宰相曰：「天下至廣，藉羣材共治之。今歲登第者，又千餘人，皆朕所選擇。此等但能自檢清美，得替而歸，則馴致亨衢，未易測也。」時詔刻《禮記・儒行篇》，賜近臣及京官受任於外者，并以賜何等，令爲座右之戒。初，内殿策士，例賜御詩以寵之，至陳堯叟始易以箴，用敦勉勵。暨孫何，則詩、箴並賜，時論榮之。

李燾《續資治通鑑長編》卷六〇真宗景德二年 五月戊辰朔，幸國子監閲書庫，問祭酒刑昺書板幾何，昺曰：「國初不及四千，今十餘萬，經史正義皆具。臣少時業儒，觀學徒能具經疏者百無一二，蓋傳寫不給。今板本大備，士庶家皆有之，斯乃儒者逢時之幸也。」上喜曰：「國家雖尚儒術，然非四方無事，何以及此。」先是，館閣博聚羣書，精加讐校，經史未有印板者，悉令刊刻。或言《三國志》乃姦雄角立之事，不當傳佈。上曰：「君臣善惡，足爲鑒戒，仲尼《春秋》豈非列國争鬬之書乎？」先是，印書裁截餘紙，皆鬻之以供監之雜用，昺請歸此錢於三司，裨國計。自是學者公費不給，講官益厭其寥落云。

李燾《續資治通鑑長編》卷九二真宗天禧二年十一月 辛巳，迎道、釋經赴三宮觀及都城寺院。先是，上令選藏教中精妙者凡五十八卷，讐校摹印，至是而畢。

李燾《續資治通鑑長編》卷一〇二仁宗天聖二年十月　辛巳，詔自今赦書，令刑部摹印頒行。時判部燕肅言，舊制，集書吏分録，字多舛誤，四方覆奏，或致稽違，因請鏤版宣佈。或曰：「版本一誤，則誤益甚矣。」王曾曰：「勿使一字有誤可也。」遂著于法。王子融云：寇萊公嘗議模印赦書以頒四方，衆不可而止。其後四方覆奏赦書字誤，王沂公始用寇議，令刑部鎖宿雕字人模印宣布，因之日官亦乞模印曆日。舊制，歲募書寫費三百千，今模印，止三十千。或曰：「一本誤則千百本誤矣。」沂公曰：「不令一字有誤可也。」自爾遂著於令。子融稱議初出於萊公，不知何據，今但取正史、《實録》稍增益之。

李燾《續資治通鑑長編》卷一〇五仁宗天聖五年四月　先是，上謂輔臣曰：「世無良醫，故天横者衆，甚可悼也。」張知白對曰：「古方書雖存，率多舛繆，又天下學醫者不得盡見。」上乃命醫官院校定《黄帝内經素問》及《難經》、《病源》等，下館閣官看詳。乙未，詔國子監摹印頒行。

李燾《續資治通鑑長編》卷二二三神宗熙寧四年五月　壬寅，詔自今朝省及都水監、司農寺等處，凡下條貫，並令進奏院摹印，頒降諸路，歲給錢千緡爲鏤板紙墨之費。

李燾《續資治通鑑長編》卷二六六神宗熙寧八年七月　詔以新修《經義》付杭州、成都府路轉運司鏤板，所入錢封椿庫半年一上中書。禁私印及鬻之者，杖一百，許人告，賞錢二百千。從中書禮房請也。初，進呈條貫，監司失覺察私印及鬻之者，當行朝典。上嫌其太重，命王安石改之，安石謝：「誠如聖旨，乃臣鹵莽，不細看所奏之罪也。」《呂陶記聞》云：嘉祐、治平間，鬻書者爲監本字大難售，巾箱又字小，有不便，遂别刻一本，不大不小，謂之《中書五經》，讀者競買。其後王刑公用事，《新義》盛行，蓋《中書五經》讖于先也。

李燾《續資治通鑑長編》卷二七九熙寧九年十二月甲辰　詔自今頒降條貫，並付刑部雕印天下。

周煇《清波雜志》卷八《芝山詩》　劉季孫初以左班殿直監饒州酒，題小詩於治所壁間：「呢喃燕子語梁間，底事驚迴夢裏閑？說與旁人應不解，杖藜攜酒看芝山。」時王荆公任本路憲，按行見之，大加稱賞，遂檄權本州教授。後葉石林特著於詩話中。芝山乃饒州近城僧寺，後池陽刻本乃改「芝山」爲「前山」，一字不審，乃失全篇之意。抑見自昔右列，亦可承師儒之乏。

周煇《清波雜志》卷九《毁通鑑》　了齋陳瑩中爲太學博士，薛昂、林自之徒爲正、録，皆蔡卞之黨也，競尊王荆公而擠排元祐，禁戒士人不得習元祐學術。於是林自卞方議毁《資治通鑑》板，陳聞之，因策士題特引序文，以明神宗有訓。於是林自駭異，而謂陳曰：「此豈神宗親製耶？」陳曰：「誰言其非也？」自又曰：「亦神宗少年之文耳。」陳曰：「聖人之學，得於天性，有始有卒，豈有少長之異乎？」自辭屈愧嘆，遽以告卞。卞乃密令學中敞高閣，不復敢議毁矣。毁《通鑑》非細事也，諸公未有紀之者，止著於《了齋遺事》中。國子監舊有安定胡翼之祠，紹聖初自爲博士，聞于朝，徹去。

朱熹《晦庵先生朱文公文集》卷一八《按唐仲友第三狀》　一、仲友自到任以來，關集刊字工匠在小廳側雕小字賦集，每集二千道。刊板既成，般運歸本家書坊貨賣。其第一次所刊賦板印賣將漫，今又關集工匠又刊一番。凡材料、口食、紙墨之類，並是支破官錢。又乘勢雕造花板，印染斑襭之屬凡數十片，發歸本家綵帛鋪，充染帛用。

朱熹《晦庵先生朱文公文集》卷一九《按唐仲友第四狀》　貼黄奏爲續根究知台州唐仲友不法事件，及藏匿僞造官會人蔣輝實迹，乞付外照勘，伏候聖旨。

仲友所印《四子》，曾送一本與臣，臣不合收受，已行估計價直，還納本州軍資庫訖。但其所印，幾是一千來本，不知將作何用，伏乞聖察。

奏狀内第十四項，係藏匿僞作官會人蔣輝詐妄行移首尾情節，伏乞聖慈，詳賜省覽。

此項係仲友舍匿死罪亡命姦人蔣輝詐妄行移首尾情節，乞賜詳覽，即知仲友所犯，非獨贓私小過而已。伏乞聖照。

臣竊見仲友本貫婺州，近爲侍御史論薦，又其交黨有是近臣親屬者，致臣三奏，跨涉兩旬，未奉進止。深慮本人狡猾，别有計會，兼恐所司觀望，或致滅裂，切乞聖明照察，嚴賜戒敕施行。

具位臣朱熹。

臣因巡歷至台州，見唐仲友委有不公不法事件，已於前月二十七日具録奏聞，仍將一行干連人送紹興府根勘。乞詔有司毋得觀望，嚴賜根究，依法施行，以爲郡守貪殘之戒。【略】臣前所奏雖已略陳其大端，今既得其實狀，請摭其一二，冒死奏聞，以質前言之非妄。欲望聖慈，略賜省覽，降付所委推勘官司照應，催促疾速勘結，毋得少有觀望，庶幾可以少攄千里神人鬱積之憤。惟是言語媟瀆，非所宜道於君父之前，臣不勝大懼，伏惟陛下哀憐裁赦。須至奏聞者。【略】

一、據葉志等供，草簿內，仲友以官錢開《荀》、《楊》、《文中子》、《韓文》四書，即不見得盡饋送是何官員。

朱熹《晦庵先生朱文公文集》卷一九《按唐仲友第六狀》 一、據台州書表司楊楠供，去年三月內，唐仲友叫楠指揮：「我到任，鄉里官員相知並無送惠。」口點官員、士人六七員姓位，令具單狀，公庫支送折酒錢。數內一員一十五貫，或一十貫，或五貫，湊及五十貫，具單判送本庫關取會子，封角同書，就書院供納。自後或二日一次，或三日一次，或五日一次，類及五十千，取呈批判，就庫關取會子，封角并書，係楠齎入書院交納。今將付書簿逐一拖具，除實送外，內唐仲友虛作送與官員邵朝議等，納入書院共九十項，計官會四千六百四十五貫。所有馬澄具出帳內其餘項目，及恐有漏落名件，供具未盡。及唐仲友更有令客將夏公明、陳庚、林實、周式、張惠及本司李瑀各別有承受指揮，寫單支送官員，楠不知名件。并唐仲友開雕荀、楊、韓、王四子印板，共印見成裝了六百六部，節次徑納書院，每部一十五册，除數內二百五部自今年二月以後節次送與見任寄居官員，及七部見在書院，三部安頓書表司房，并一十三部係本州史教授、范知録、石司户、朱司法經州納紙兑換去外，其餘三百七十五部，內三十部係□表印，及三百四十五部係黄壇紙印到，唐仲友逐旋盡行發歸婺州住宅。內一百部於二月十三日令學院子董顯等與印匠陳先等打角，用箬籠作七擔盛貯，差軍員任俊等管押歸宅。及於六月初九日，令表背匠余綬打角一百部，亦作七擔，用箬籠盛貯，差承局阮崇押歸本宅。及一百七十五部，於七月十四日又令印匠陳先等打角，同別項書籍亦用箬籠盛貯，共作二十檐擔夯，係差兵級余彦等管押歸宅分明。【略】

一、據蔣輝供，元是明州百姓，淳熙四年六月內，因同已斷配人方百二等僞造官會，事發，蒙臨安府府院將輝斷配台州牢城，差在都酒務着役月糧，雇本州住人周立代役，每日開書籍供養。去年三月內，唐仲友叫上輝，就公使庫開雕《楊子》、《荀子》等印板，輝共王定等一十八人在局雕開。至八月十三日，忽據婺州義烏縣弓手到來台州，將輝捉下，稱被僞造會人黄念五等通取。輝被捉，欲隨前去證對公事，仲友便使承局、學院子董顯等三人捉回。仲友台旨：「你是弓手，捉我處兵士，你不來下牒捉人。」當時弓手押回，奪輝在局生活。至十月內，再蒙提刑司有文字來追捉輝，仲友使三六宣教令輝收拾作具入宅，至後堂名清屬堂安歇宿食，是金婆婆供送飯食。得三日，仲友入來，説與輝，稱：「我救得你在此，我有些事問你，肯依我不？」輝當時取覆仲友，不知甚事。言了，是仲友稱説：「我要做些會子。」輝便言，恐向後敗獲不好看。仲友言：「你莫管我，你若不依我説，便送你入獄囚殺，你是配軍不妨。」輝懼怕台嚴，依從。次日，見金婆婆送飯入來，輝便問金婆婆：「如何得紙來？」本人言：「你莫管，仲友自交我兒金大去婺州鄉下撩使篭頭封來。」次日，金婆婆將描模一貫文省會子樣入來，人物是接履先生模樣。輝便問金婆婆，言是大營前住人賀選在裏書院描模。其賀選能傳神寫字，是仲友、宣教耳目。當時將梨木板一片與輝，十日雕造了，金婆婆用藤箱子乘貯，入宅收藏。又至兩日，見金婆婆同三六宣教入來，將梨木板一十片，雙面，并後《典麗賦》樣第一卷二十紙。其三六宣教稱：「恐你閑了手，且雕賦板，俟造紙來。」其時三六宣教言説：「你若與仲友做造會子留心，仲友任滿，帶你歸婺州，照顧你不難。」輝開賦板至一月，至十二月中旬，金婆婆將藤箱貯出會子紙二百道，并雕下會子板及土朱、靛青、樓墨等物付與輝，印下會子二百道了，未使朱印，再乘在箱子內，付金婆婆將入宅中。至次日，金婆婆將出篆寫「一貫文省」并專典官押三字，又青花上寫「字號」二字，輝是實，方使朱印三顆。輝便問金婆婆，三六宣教此「一貫文」篆文并官押是誰寫，金婆婆稱是賀選寫。至十二月末旬，又印一百五十道。今年正月內至六月末間，約二十次，共印二千六百餘道，每次或印一百道，及一百五十道，并二百道。直至七月內，不曾印造。至七月二十六日，見金婆婆急來報説：「你且急出去，提舉封了諸庫，恐搜見你。」輝連忙用梯子布上後牆，走至宅後亭子上，被趙監押兵士捉住，押赴紹興府禁勘。

朱熹《晦庵先生朱文公文集》卷二〇《乞頒降禮書狀》 照會《政和五禮新儀》州郡元有給降印本，兵火以來，往往散矣。目今州縣春秋釋奠、祈報社稷及祀風雨雷師，壇壝器服之度、升降跪起之節，無所據依，循習苟簡，而臣民之家冠婚喪祭，亦無頒降禮文可以遵守，無以仰稱國家欽崇祀典、防範民彝之意。須至申聞者。

右謹具申行在尚書禮部，欲乞特賜申明，檢會《政和五禮新儀》內州縣臣民合行禮制，鏤板行下諸路州軍。其壇壝器服制度，亦乞彩畫圖本，詳著大小高低、廣狹淺深尺寸行下，以憑遵守。

小貼子：契勘王公以下冠昏喪祭之禮，鄂州見有印本，但恐其間或有謬誤。只乞行下取索，精加校勘，印造給降，不須別行鏤版。其州縣祭禮及壇壝器服制度，即乞檢會，抄寫圖畫，別爲一本，鏤版行下。

朱熹《晦庵先生朱文公文集》卷二七《答詹帥書》 熹向蒙下喻欲見諸經鄙説，初意淺陋，不足薦聞。但謂庶幾因此可以求教，故即寫呈，不敢自匿。然亦自知其間必有乖繆以失聖賢本指，誤學者眼目處，故嘗布懇，乞勿示人。區區此意，非但爲一時謙遜之美而已也。不謂誠意不積，不能動人，今辱垂喻，乃聞已遂刊刻。聞之惘然，繼以驚懼。向若預知遣人抄録之意已出於此，則其不敢承命固已久矣。見事之晚，雖悔莫追。竊惟此事利害，如前所陳，所繫已不細矣。又況賤迹方以虛聲横遭口語，玷黜之禍，上及前賢，爲熹之計，政使深自晦匿，尚恐未能免禍。今侍郎丈乃以見愛之深、衛道之切，不暇以消息盈虚之理推之，至爲刻畫其書，流佈遠近，若將以是與之較彊弱、争勝負者，熹恐其未能有補於世教，而適以重不敏之罪，且於門下亦或未免分朋樹黨之譏。蓋未論東京禁錮、白馬清流之禍，而近世程伯禹、洪慶善之事亦可鑒矣，豈可遽謂今之君子不能爲前日之一德大臣耶？況所説經固有嫌於時事而不能避忌者，如《中庸》九經之類。指爲訕上而加以刑誅，亦何不可乎？去歲建昌學官偶爲刻舊作《感興》詩，遂爲諸生注釋，以爲謗讟而納之臺諫，此教官者，幾與林子方俱被論列，此尤近事之明鏡。雖若無足畏避，然亦何苦而直觸此奸慝之鋒耶？欲布愚懇，便乞寢罷其事，又恐已興工役，用過官錢，不可自已。熹今有公狀申使府，欲望書押入案，收索焚燬。其已用過工費，仍乞示下實數，熹雖貧，破産還納，所不辭也。如其不然，此輩決不但已。一身目前利害初不足道，正恐以是反爲此道無窮之害耳。切乞更入思慮，不憚速改，千萬幸甚！

德慶刊本重蒙序引之賜，尤以悚仄。此書比今本所争不多，但緊切處多不滿人意耳。序中所用善學聖賢之語極有意味，但今日紛紛，本非爲程氏發，但承望風旨，視其人之所在而攻之耳。若此人尚談清虚，則并攻老子；幸修齋戒，則兼詆釋迦；曾讀《三經》、《字説》，則攻王氏；曾讀《權書》、《衡論》，則斥三蘇。怒室色市，彼亦何嘗有定論而可與之較是非曲直哉？但不察此而欲力與之争，則必反以激成其勢而益堅其説，或遂直爲道學之害，亦不爲難，此尤不可不慮耳。當時與王信伯辨者，恐亦尚是近道理人，故得以此言屈之。若在今日，彼豈有憚於此耶？

朱熹《晦庵先生朱文公文集》卷二七《答詹帥書》 伏蒙開喻印書利病，敬悉雅意。然愚意本爲所著未成次第，每經翻閲，必有脩改，是於中心實未有自得處，不可流傳以誤後學。加以此道年來方爲群小仄目，竊味聖賢垂戒，欲知進退存亡而不失其正之指，只合杜門却掃，陰與同志深究力行，以俟道之將行，不當如此用官錢刻私書，故觸其所不欲聞者，使其有所指以爲病，而其禍且上流於此學，使天下鉗口結舌，莫敢信鄉。是則欲道之行而反以柅之，此稷下、甘陵所以基坑焚黨錮之禍也。然今竊味台誨，必以利害休慼置之度外爲説，則亦無可言者。但兩年以來，節次改定又已不少，其間極有大義所繫、不可不改者，亦有一兩文字，若無利害，而不改終覺有病者。今不免就所示印本改定納呈，欲乞暇日一賜省覽，即見前日之繆，本非可傳之書，削而焚之，上也；鐫而藏之，次也；必不得已，則改而正之，其字多於舊處，分作兩行注字亦可，此則最爲下策。雖未必便能不誤學者，亦且粗滿區區今日之心，然後患之來可以立竢。熹非自愛而憂之，實懼其不知妄作，未能有補於斯道斯民，而反爲之禍也。伏惟執事試深思之，若能斷然用熹所陳之上策，即案前此兩次公狀舉而焚之，如反手耳。或恐前狀未蒙書判付曹，今再納一本，切望深察也。

欽夫文集久刻未成，欲人嗜利，難與語，然亦一面督之，得即納去。次《孟子説》，渠已不幸，無復增脩，刻亦無害，恐未能使其無遺憾於九原耳。伯恭《大事記》甚精密，古今蓋未有此書，若能續而成之，豈非美事？但讀書本自不多，加以衰老昏憊，豈復能辨此事？世間英俊如林，要必有能爲之者。但恐其所謂經世之意者未離乎功利術數之間，則非筆削之本意耳。浙中近年怪論百出，駭人聞聽，壞人心術，彊者唱，弱者和，淫衍四出，而頗亦自附於伯恭。侍郎丈在遠，未必聞之。他日還朝，當爲深歎息也。【略】

《中庸》、《大學》書本已領，二書所改尤多，幸於未刻，不敢復以新本拜呈。幸且罷議，他日却附去請教也。《中庸》序中推本堯、舜傳授來歷，添入一段甚詳。《大學》格物章中，改定用功程度甚明，删去辨論冗説極多。舊本真是見得未真。若《論語》、《孟子》二書，皆蒙明眼似此看

朱熹《晦庵先生朱文公文集》卷二七《與詹帥書》 熹前日拜書，并已校過文字。臨欲發遣，而略加點檢，則諸生分校互有疏密，不免親爲看過。其間又有合脩改處甚多，不免再留來使，助其口食，令更俟三五日。昨日始得了畢，但《論語》所改已多，不知尚堪脩否？恐不免重刊，即不若依舊本作夾注，於體尤宜。

向見子直道晁景迂之説云，先儒解經只作此體，是亦尊經之意。若不再刊，不必議也。若但脩改，亦乞專委通曉詳細之人親自監臨，儹那字數，減處空闕不妨，多處不免分作兩行，如夾注狀，不可便以此本直付匠者，恐其憚於工力，揭去紙帖，致有合改處不曾改得，久遠爲害也。然又細思，此亦且是今日所見以爲粗免疏脱，更過數日再看，決須更有改易。若隨時修版，印版有不勝修者，且亦無時而已，將來又豈復常有留意於此者？則是此書之行，爲學者之利殊少而爲害多，使熹介然常有不滿之意，其害又不止於論列行遣而已也。懷不能已，再此具禀，狀乞台照。

朱熹《晦庵先生朱文公文集》卷三四《答吕伯恭》　久不聞動静，不勝懸仰，比日秋涼，竊計尊候益輕健矣。熹昨懇求盛文，以記五賢祠事，想已蒙念。得早示及爲幸，恐熹去不及刻矣。又嘗附隆興書，浼子約借《精義》，補足横渠説定本，欲與隆興刻板，亦乞爲子約言，早付其人，或徑封與彼中黄教授可也。千萬留念，至懇至懇。今日釋奠處，見楊教授説有便，亟作此，不暇他及，亦不暇作叔度昆仲書，幸爲致意。塾亦不及書，只乞唤來以此示之。餘惟爲道自重爲禱。

朱熹《晦庵先生朱文公文集》卷九七《承議郎主管台州崇道觀賜緋魚袋羅公行狀》　嘗銜命漢中，勞撫將士，宣撫使以禮致遺，爲錢三百萬。公不欲受，而難於辭卻。還次漢州，州方治貢院不能就，以五十萬予之，餘悉輸成都公帑，取河南程夫子之遺文與他名臣論奏纂述之可以垂世者，募工鋟板，用之略盡。

朱熹《晦庵先生朱文公别集》卷五《□學古》　聞郡中此來紛紜殊甚，繆政致此，夫復何言？但累及諸賢，例爲羣小所辱，令人不平耳。新史君到，事當自定，但不知龍溪事竟如何耳。少懇，有紙萬張，欲印經子及《近思》、《小學》、《二儀》。然比板樣，爲經子則不足，爲《四書》則有餘。意欲先取印經子分數，以其幅之太半印之，而以其餘少半者印它書，似亦差便。但紙尚有四千未到，今先發六千幅，便煩一面印造，仍點對，勿令脱版乃佳，餘者亦不過三五日可遣也。工墨之費，有諸卒借請，已懇高丈送左右，可就支給，仍别借兩人送至此爲幸。借請餘錢却還，盡數爲買吉貝，并附來。然須得一的當人乃佳，不然又作周昇矣。昨亦已懇高丈爲根究此人，不知如何？庫中墨刻亦各煩支錢買紙，打十數本。内《獻壽儀》及《永城學記》多得數本不妨，《獻壽儀》要者更多也。恐印不辦，即續發來不妨，但吉貝早得禦冬爲幸耳。

所印書但以萬幅之太半印經子，其餘分印諸書，平分看得幾本。此無版數，見不得多少也。臨行時令庫中刻一書目，如已了，幸寄來也。

彭龜年《止堂集》卷一《乞寢罷版行時文疏》　右，臣待罪太學博士，昨准國子監關備准尚書省劄子，臣寮上言：「士子不閲經史子集之文，而專意於時文；不閲舊來典實之文，而專意近日虚浮之文。朝廷方以程試取士，欲其不習時文固不可，得如舊來之典實足矣。今欲一洗其敝，當自成均始。乞令監學官公共精擇舊來時文謹嚴而有法度、精粹而有實學者，經義、詞賦、論策各若干篇，許之版行，以爲程式。」奉聖旨依，劄付本監。本監關臣及監學官詳臣寮劄子内事理，將新舊時文分官精擇去訖。臣竊詳臣寮申請，乃是父兄教子弟之法，而非太學教天下士之法，雖曰救文之敝，而臣恐滋文之敝實自此始，不可不慮也，請爲陛下畫一陳之。【略】如臣言可采，將近日精擇時文指揮特賜寢罷，止令學官於公私試文字精加攷校，以義理明正者爲上，學問淹博者次之，文采華贍者爲下，苟不入格，雖是中選，不許刊行。去取既明，趣向自正，舉子之文將不求典實而自典實矣。干冒宸嚴，臣下情無任俯伏俟命之至。謹録奏聞，伏候敕旨。

李心傳《建炎以來朝野雜記》乙集卷五《文鑑》　《文鑑》者，吕伯恭被旨所編也。先是，臨安書坊有所謂《聖宋文海》者，近歲江鈿所編，孝宗得之，命本府校正刻板，時淳熙四年十一月也。其七日壬寅，周益公以學士輪當内直，召對清華閣，因奏：「陛下命臨安府開雕《文海》，有諸？」上曰：「然。」益公曰：「此編去取差謬，殊無倫理，今降旨刊刻，事體則重，恐難傳後。莫若委館閣官銓擇本朝文章，成一代之書。」上大以爲然，曰：「卿可理會。」益公奏乞委館職。上曰：「特差一兩員。」後二日，伯恭以祕書郎轉對，上遂令伯恭校正，本府開雕，其日甲辰也。始趙丞相以西府奏事，上問伯恭文采及爲人何如？趙公力薦之，故有是命。伯恭言：「《文海》元係書坊一時刻行，名賢高文大册，尚多遺落，乞一就增損，仍斷自中興以前銓次，庶幾可以行遠。」十五日庚戌，許之。後數日，又命知臨安府趙磻老并本府教官二員，同伯恭校正。二十日乙卯，磻老言：「臣府事繁委，若往來祕書同共校正，慮有妨礙本職，兼策府書籍亦難令教官擕出，乞專令祖謙校正。」從之。於是伯恭盡取祕府及士大夫所藏本朝諸家文集，旁求傳記他書，悉行編類，凡六十一門，爲百五十卷。

周密《齊東野語》卷一〇《混成集》　《混成集》，修内司所刊本，巨帙百餘，古今歌詞之譜，靡不備具。只大曲一類凡數百解，他可知矣，然有譜無詞者居半。

周密《癸辛雜識》後集《賈廖刊書》賈師憲常刻《奇奇集》，萃古人用兵以寡勝衆如赤壁、淝水之類，蓋自詫其援鄂之功也。又《全唐詩話》乃節唐《本事詩》中事耳。又自選《十三朝國史會要》。諸雜説之會者，如曾慥《類説》例，爲百卷，名《悦生堂隨抄》，板成未及印，其書遂不傳。其所援引，多奇書。廖群玉諸書，則始《開景福華編》，備載江上之功，事雖誇而文可采。江子遠、李祥父諸公皆有跋。《九經》本最佳，凡以數十種比校，百餘人校正而後成，以撫州萆抄紙、油烟墨印造，其裝褫至以泥金爲籤，然或者惜其删落諸經注爲可惜耳，反不若韓、柳文爲精妙。又有《三禮節》、《左傳節》、《諸史要略》及建寧所開《文選》諸書，其後又欲開手節《十三經注疏》、姚氏注《戰國策》、注《坡》詩，皆未及入梓，而國事異矣。

周密《癸辛雜識》後集《賈廖碑帖》　賈師憲以所藏定武五字不損肥本褉帖，命婺州王用和翻開，凡三歲而後成，絲髮無遺，以北紙古墨摹榻，與世之定武本相亂。賈大喜，賞用和以勇爵，金帛稱是。又縮爲小字，刻之靈璧石，號「玉板蘭亭」，其後傳刻者至十餘，然皆不逮此也。於是其客廖群玉以《淳化閣帖》、《絳州潘氏帖》二十卷，並以真本書丹入石，皆逼真。又刻《小字帖》十卷，則皆近世如盧方春所作《秋壑記》、王茂悦所作《家廟記》、《九歌》之類。又以所藏陳簡齋、姜白石、任斯庵、盧柳南四家書爲小帖，所謂《世綵堂小帖》者。世綵，廖氏堂名也。其石今不知存亡矣。

文天祥《文山集》卷一五《答歐陽秘書承心制説》　《龍溪友議》好事者爲之，不知其誰何也？巽齋歐陽先生爲之辯，以書來曰：「君所處，變之又變，而或者於無過中求有過。援經引古皆不類，而又錄木摹紙，流傳四方，莫曉用意所在。」

《宋會要輯稿·禮》四之一五　祈雨雪法，具載皇祐二年六月中書門下牒，先朝曾降祈雨法下諸處，慮年深損墜，令再將舊敕雕板模印成册，係崇文院送都進奏院，頒下諸路州軍監縣等。至今委是年深，均慮損墜不存，今欲依兩浙西路安撫司申，將江陰軍繳到皇祐二年祭龍祈雨雪内添入繪畫龍等樣制，從禮部行下臨安府鏤板，用黄紙印造成册，發納禮部。禮部行下都進奏院，頒降諸州府軍監縣等，如法收掌。過愆雨雪，嚴潔依法祈求。

《宋會要輯稿·禮》一八之二一（隆興四年）八月六日，禮部言：「兩浙安撫司以祭龍求雨法來上，乞布之天下。按：皇祐頒降祈雨雪法册無繪畫龍等，惟廣德軍元解發印造到内有繪畫樣制，至今年深，慮致損墜。乞於昨來祭龍祈雨雪内添入繪畫龍等樣制，從本部下臨安府鏤板，以黄紙如法印造成册納部。本部下都進奏院，頒降諸路州府軍監縣等，嚴加收掌，遇愆雨雪，精潔祈求。」從之。

《宋會要輯稿·崇儒》四之一《勘書》　太宗淳化五年七月，詔選官分校《史記》、前後《漢書》。崇文院檢討兼祕閣校理杜鎬、祕閣校理舒雅、吴淑，直祕閣潘慎修校《史記》，朱昂再校；直昭文館陳充、史館檢討(院)〔阮〕思道，直昭文館尹少連，直史館趙況，直集賢院趙安仁，直史館孫〔何〕校前後《漢書》。既畢，遣内侍裴愈齎本就杭州鏤板。

《宋會要輯稿·崇儒》四之二《勘書》（咸平）三年十月，詔選官校勘《三國志》、《晉書》、《唐書》。以直秘閣黄夷簡、錢惟演，直史館劉蒙叟，崇文院檢討直秘閣杜鎬，直集賢院宋皋，祕閣校理戚綸校《三國志》。又命鎬、綸與史館檢討董元亨，直史館劉鍇詳校。直昭文館許袞、陳充校《晉書》，黄夷簡續預焉，而鎬、綸、鍇詳校如前。直昭文館安德裕、勾中正，直集賢院范貽孫，直史館(而)〔王〕希逸〔校《唐書》〕。五年校畢，送國子監鏤板，校勘官賜銀帛有差，鍇時賜緋魚。初，詔校《晉書》，或謂兩晉事多鄙惡，不可流行者。帝以語宰臣，畢士安對曰：「惡以戒世，善以勸後，善惡之事，《春秋》備載。」帝然之，故命刊刻。惟《唐書》以淺謬疏畧，且將命官别修，故不令刊板。

六年四月，詔選官校勘《道德經》。命崇文院檢討直祕閣杜鎬、祕閣校理戚綸、直史館劉鍇同校勘。其年六月畢，并《釋文》一卷，送國子監刊板。

《宋會要輯稿·崇儒》四之三《勘書》（景德）二年二月，國子監直講孫奭言：「諸子之書，《老》、《莊》稱首。其道清虚以自守，卑弱以自持，逍遥無爲，養生濟物，皆聖人南面之術也。故先儒論撰，以次諸經。唐陸德明撰《經典釋文》三十卷，内《老子釋文》一卷，《莊子釋文》三卷。今諸經及《老子釋文》共二十七卷，並已雕(即)〔印〕頒行，唯闕《莊子釋文》三卷。欲望雕印，冀備一家之學。又《莊子》注本，前後甚多，率皆一曲之才，妄竄奇説。唯郭象所注，特會莊生之旨，亦請依《道德經》例，差官校定雕印。」詔可。仍命奭與龍圖閣待制杜鎬等同校定刻板。

《宋會要輯稿·崇儒》四之三～四《勘書》（景德）四年八月，詔三館、秘閣、直館校理分校《文苑英華》、李善《文選》，摹印頒行。《文苑英華》以前所編次未精，遂令文臣擇古賢文章重加編録，芟繁補闕換易之，卷數如舊。又令工部侍郎張秉，給事中薛映，龍圖閣待制戚綸、陳彭年校之。李善《文選》校勘畢，先令刻板，又命官覆勘。未幾，宮城火，二書皆燼。至天聖中，監三館書籍劉崇超上言：「李善《文選》援引該贍，典故分明，欲集國子監官校定浄本，送三館雕印。」從之。天聖七年十一月板成，又命直講黄鑑、公孫覺校對焉。

十一月，詔以新定《韵畧》送國子監，鏤板頒行。先以舉人所用(印)〔韵〕多有舛異，乃詔殿中丞丘雍重定《切韵》。時龍圖閣待制陳彭年上言：「南省考試舉人，未有定格。」又命翰林學士晁迥，龍圖待制戚綸，直史館崔遵度、姜嶼與彭年同詳定條格，刻於《韵畧》之末。大中祥符四年六月，又令詳定諸州發解條例附之。

大中祥符四年三月，詔崇文院校勘到列子《沖虚真經》仍(如)〔加〕「至德」之號。時真宗祀汾陰朝陵，回至中牟縣，幸列子(勸)〔觀〕，因訪所著書，命直史館路振、崔遵度，直集賢院石中立校勘。至五年校畢，鏤板頒行。

《宋會要輯稿・崇儒》四之四《勘書》 (大中祥符)五年十月，詔國子監校勘《孟子》，直講馬龜符、馮元，説〔書〕吳易直同校勘，判國子監龍圖閣待制吳奭、都虞員外郎王勉覆校，内侍劉崇超領其事。奭等言：「《孟子》舊有張(鑑)〔鎰〕、丁公著二家撰録，文理舛互。今采衆家之善，削去異端，仍依《經典釋文》，刊《音義》二卷。」是年四月以進。詔兩制與丁謂看詳，乞送本監鏤板。六年九月，翰林學士陳彭年、集賢校理吳鋭、直集賢院丘雍上《準詔新校定玉篇》三十卷，請雕印頒行。詔令兩制官詳定改更之事。至天禧四年七月，刻板成，賜雍金紫。

《宋會要輯稿・崇儒》四之五《勘書》 天禧四年四月，利州轉運使李昉請雕印《四時纂要》及《齊民要術》，付諸道勸農司提舉勸課。詔令館閣校勘，鏤板頒行。

《宋會要輯稿・崇儒》四之五～六《勘書》 乾興元年十一月，仁宗即位未改元。判國子監孫奭言：「劉昭注《補後漢志》三十卷，蓋范曅作之於前，劉昭述之於後，始因亡逸，終遂補全。其於輿服、職官，足以備前史之闕。乞令校勘，雕印頒行。」從之。命本監直講馬龜符、王式、賈昌朝、黄鑑、張維翰、公孫覺，崇文院檢討王宗道爲校勘，奭泊龍圖閣直學士馮元詳校。天聖二年，送本監鏤板。

仁宗天聖二年六月，詔直史館張觀，集賢校理王質、晁宗慤、李淑，祕閣校理陳詁，館閣校勘彭乘，國子監直講公孫覺校勘《南北史》、《隋書》，及令知制誥宋綬，龍圖閣待制劉燁提舉之。綬等請就崇文内院校勘，成，復徙外館。又奏國子監直講黄鑑預其事。《隋書》有詔刻板，内出板樣示之。三年十月版成。四年十二月，《南北史》校畢以獻，各賜器幣有差。《南北史》，大中祥符中祕閣校理劉筠常請刻板未成。又有《天和殿御覽》四十卷，乾興初令侍讀學士李維、晏殊取《册府元龜》，撮善美之事爲之。至是成，亦令刻板，命祕閣校理陳詁校勘。

《宋會要輯稿・崇儒》四之六～七《勘書》 (天聖四年)十一月，翰林侍讀學士判國子監孫奭言：「諸科舉人，惟明法一科律文及疏未有印本，是致舉人難得真本習讀。乞令校定，鏤板頒行。」從之。命本監直講楊安國、趙希言、王圭、公孫覺、宋祁、楊中和校勘，判監孫奭、馮元詳校。至七年十二月畢。

《宋會要輯稿・崇儒》四之七《勘書》 (天聖)七年四月，孫奭言：「准詔校定律文及疏，緣律、疏與《刑統》不同，蓋本疏依律生文，《刑統》參用後敕，雖盡引疏義，頗有增損。今既校爲定本，須依元疏爲正。其《刑統》内衍文者減省，闕文者添益，要以遵用舊書，與《刑統》兼行。又舊本多用俗字，寖爲訛謬，亦已詳改。至於前代國諱，並復舊字。聖朝廟諱，則空缺如式。又慮字從正體，讀者未詳，乃作《律文音義》一卷，其文義不同，即加訓解。乞下崇文院雕印，與律文並行之。」

《宋會要輯稿・崇儒》四之一〇《乾道會要》 神宗熙寧二年八月六日，參知政事趙抃進新校《漢書》印本五十册，及陳繹所著是正文字七卷，賜繹銀絹有差。元豐三年四月一日，詔校定《孫子》、《吳子》、《六韜》、《司馬法》、《三畧》、《尉繚子》、《李靖問對》等書，鏤板行之。

《宋會要輯稿・崇儒》四之一四《乾道會要》 (紹興)二十七年八月十五日，昭慶軍永宣致仕王繼先上《重加校定大觀證類本草》書，詔令祕書省官修潤訖，付國子監刊行。初，以《本草》之書經注異同，治説訛舛，令繼先辟御醫張考直、柴源、高紹功檢閲校勘。繼先言，今之爲書，自嘉祐補注一千八十二種，唐慎微續添八種，唐本餘七種，食療餘八種，海藥餘(十一)〔一十〕六種，新分條三十五種，陳藏器四百八十八種，本經外草本類九十八種，紹興新添六種，通前合一千七百四十八種，以爲定數。

《宋會要輯稿・崇儒》四之一八《求書藏書》 (天禧)五年六月，景德寺僧溥清獻其祖庫部員外郎陳鄂所撰《四庫韵對》九十八卷印板，詔賜錢十萬，度行者一人。

《宋會要輯稿・崇儒》四之三〇～三一《求書藏書》 (淳熙三年)十一月二

十四日，參知政事龔茂良言：「嚴州近刊《資治通鑑紀事》一書，乃袁樞所編。其書有補治道。或取以賜東宮，增益見聞。」詔本州印十部，仍以(卿)〔印〕本先次來上。

《宋會要輯稿・崇儒》五之一八《校勘經籍》　淳熙四年十月五日，詔臨安府校正開雕《聖宋文海》，專委祕書郎呂祖(謁)〔謙〕。既而祖謙言：「《文海》元是書坊一時刊行，去取未精，名賢高文大册，尚多遺落。今乞一就增損，仍斷自中興以前銓次，庶幾可以行遠。」從之。六年二月八日，詔：「祕書郎呂祖謙編次《文海》，采取精詳，觀其用意，有益治道。可除直祕閣，添差浙東安撫司參議官。」祖謙以病丐祠，故寵之。

《宋會要輯稿・崇儒》五之二七～二八《續會要》　紹聖二年正月十七日，國子司業龔原等言：「故相王安石在先朝嘗進《尚書洪範傳》，解釋九疇之義，本末詳備。乞雕印頒行，以便學者。」從之。三月九日，龔原言：「贈太傅王安石在先朝嘗進其子雱所撰《論語》、《孟子義》，取所進本雕印頒行。」詔令國子監録本進納。五月二十八日，國子監看詳，尚書左僕射章惇奏興化軍處士張弼所著《易義》，可備采録。詔張弼與葆光處士，其《易義》送祕書省。十一月八日，龔原請下王安石家取所進《字説》雕印，以便學者傳習。從之。

《宋會要輯稿・崇儒》六之一《御製》　天禧四年十一月壬戌，詔從丁謂等請，作天章閣，奉安御集。十一月，中書言：「聖製已約分部帙，望命内臣規度禁中嚴净之所，別創殿閣緘藏。」從之。又出御製七百二十二卷，付之宰相。十二月，輔臣以御書、御製共二卷進呈，皆帝親筆及親作草本。詔藏御集閣，以天章爲名。十二月己巳興工，五年三月戊戌閣成。五年二月，修天章閣功畢。庚子，有司具兩街僧道威儀，教坊作樂，奉御書自玉清昭應宫安于天章閣。四月，召近臣、館閣、三司、京府官觀御書、御集于閣下，遂宴于羣玉殿。時輔臣集御製三百卷，又取至道元年四月訖大中祥符歲中書、樞密院時(正)〔政〕記、史館日曆、起居注善美之事，録爲《聖政紀》，凡百五十卷，並命工鏤板。又以御書石本爲九十編，命中使岑守素等主其事。至是畢功焉。

《宋會要輯稿・職官》二之四八　(紹興)三年正月二十八日，刑部、大理寺言：「臣僚章疏議論邊計及事理要害，不許謄報，合釐爲在京法應賞功罰罪，每月下六曹取索，擇其可以懲勸事，上省進奏院承受鏤板，頒降諸路州軍監司及在京官司。」從之。以臣僚劄子乞下祖宗法應賞功罰罪事可爲勸懲者，令左右司下六曹取索，鏤板頒降，有旨送刑部看詳，故有是命。四月四日，左右司言：「進奏官頒降賞功罰罪，乞量行支鏤板工墨錢。本司約度，欲每季支錢一百貫五，抄紙五千張，臨時以字數多寡置曆支使。如不足，即貼之。仍限次季申比部駈磨。」從之。

《宋會要輯稿・職官》七之一四　(景德)二年四月，御製《龍圖閣贊》賜近臣。帝曰：「龍圖閣書屢經讐校，最爲精詳，已復傳寫一本置後苑太清樓。朕自居藩邸以至臨御，凡亡缺之書，購求備至，每於藏書之家借本，必令置籍出納，傳寫既畢，隨便給還，靡有損失，故奇書祕籍悉無隱焉。國學館閣經史未有印板者，悉令刊刻。或言《三國志》乃姦雄角立之事，不當摹印。朕以爲君臣善惡足爲鑒戒，至於仲尼《春秋》亦列國之事也。」

《宋會要輯稿・職官》一五之四二《法官》　(熙寧)三年三月二十五日，詔詔用法官條貫。候法官皆是新法試到人，即依此施行。立定試官案鋪刑名及考試等第式樣一卷，頒付刑寺及開封府諸州，仍許私印出賣。

《宋會要輯稿・職官》一八之二七《秘書省》　(紹興)十四年三月二十九日，詔諸州軍應有開板書籍，並用黄紙印造一部，發赴祕書省。

《宋會要輯稿・職官》一八之四二《秘書省》　(淳熙五年九月)十四日，詔祕書省以所印《中興館閣書目》二十部進入，餘給赴坐官各一部。

《宋會要輯稿・職官》一八之五二《崇文院》　(大中祥符)八年五月，翰林學士陳彭年言：「唐制中書、門下兩省宫城之内有内省，宫城之外有外省。今請據祕閣舊定屋數，重脩奉安太宗聖容、御書、供御書籍、天文圖畫，四廊並充書庫，及史館、日曆庫，直館校理宿直校勘，抄書籍，雕造印板，並就外院。其外院於左右掖門外，就近脩蓋，別置三館書庫，其三館書籍名目，候將來分擘正副本取便安置。」從之。

《宋會要輯稿・職官》一八之五四《國史院》　(紹興二十八年)九月十三日，詔國史院取會省曹寺監等處，並依紹興元年四月九日史館指揮。同日，詔國子監并諸路轉運司所管州縣，應有印板書籍去處，各印造一部送國史院。

《宋會要輯稿・職官》二八之一《國子監》　(雍熙)四年十月，詔國子監應賣書價錢依舊置帳，本監支用，三司不得管係。

《宋會要輯稿・職官》二八之一《國子監》　真宗景德二年五月，真宗幸國子監，召從臣學官賜座，歷覽書庫，觀群書漆板及匠者模刻，問祭酒刑昺。曰：「國初印板止及四千，今僅至十萬，經史義疏悉備。曩時儒生中能具書疏者百無一二，縱得本而力不能繕寫。今士庶家藏典籍者多矣，乃儒者逢時之幸也。」真宗曰：「雖國家崇尚儒術，然非四方無事，亦何以臻此。」

《宋會要輯稿・職官》二八之二《國子監》（大中祥符）五年九月十五日，詔國學見印經書，降付諸路出賣，計綱讀領，所有價錢於軍資庫送納。

《宋會要輯稿・職官》二八之二《國子監》（天禧五年）七月，內殿承制兼管勾國子監劉崇超言，本監管經書六十六件印板，內《孝經》、《論語》、《爾雅》、《禮記》、《春秋》、《文選》、《初學記》、《六帖》、《韵對》、《爾雅釋文》等十件，年深訛闕，字體不全，有妨印造。昨禮部貢院取到《孝經》、《論語》、《爾雅》、《禮記》、《春秋》，皆李鶚所書舊本，乞差直講官重看榻本雕造。內《文選》只是五臣注本，切見李善所注該博，乞令直講官校本別雕李善注本。其《初學記》、《六帖》、《韵對》、《爾雅釋文》等四件，須重寫雕印。並從之。

《宋會要輯稿・職官》二八之三《國子監》（天聖）三年二月，國子監言，準中書劄子，《文選》、《六帖》、《初學記》、《韵對》、《四時纂要》、《齊民要術》等印板，令本監出賣。今詳上件《文選》、《初學記》、《六帖》、《韵對》，並抄集小說，本監不合印賣。今舊板訛闕，欲更不雕造。從之。

《宋會要輯稿・職官》二八之五《國子監》（治平三年）六月，國子監言，本監每月支舊書庫賣書錢充衆官食錢、庫子糧課、剩員醬菜錢，并編修院、醫書所、諫院雕造《前漢》所等錢共一百四十二貫七百五十文省。乞將本監官食錢、庫子糧課、剩員醬菜錢并印書匠工錢，係本監事，即於賣書錢內支，其餘公用錢並乞於左藏庫支撥。所有書庫支遺餘錢即依條每半年納左藏庫。詔今後將本監賣書錢盡納左藏庫，所合支用錢並令三司勘會，出給曆子下左藏庫支。

《宋會要輯稿・職官》二八之一八《國子監》（大觀二年）八月二十七日，上批：國子監印造監本書籍，差舛頗多，兼版缺之處，筆吏書填，不成文理，頒行州縣，錫賜外夷，訛謬何以垂示。仰大司成專一管勾，分委國子監、太學、辟廱官屬正、録、博士、書庫官，分定工程，責以歲月，删改校正，疾速刓補。內大段損缺者，重別雕造，仍於每集版末注入今來校勘官職位姓名，候一切了畢，印造一監，令尚書禮部覆行抽摘點檢，具有無差舛，保明聞奏。今後新行書籍，仰强淵明不得奏乞差官置局。今貼改《毛詩》一冊降出。

《宋會要輯稿・選舉》三之一八～一九《科舉條制》（景祐）五年正月八日，知制誥李淑言：「切見近日發解進士，多取別書小說、古人文集，或移合經注以爲題目，競務新奧。臣以爲朝廷崇學取士，本欲興崇風教，反使後進習尚異端，非所謂化成之義也。況考校進士，但觀詞藝優劣，不必嫌避正書。至如近日學者編經史文句，別爲解題，民間雕印多已行用，考試之時不須一一廻避。其經典子書之內，有《國語》、《荀子》、《文仲子》，儒學所宗，六典通貫，先朝以來嘗于此出題。只是國庠未有印本，欲望取上件三書，差官校勘刻板，撰定音義，付國子監施行。自今應考試進士，須只於國子監有印本書內出題。所貴取士得體，習業有方，稍益時風，不失淳正。如允所請，兼乞編入貢舉條貫施行。」詔可。

《宋會要輯稿・食貨》三五之一《鈔旁印帖》徽宗崇寧二年六月十日，敕諸縣典賣牛畜契書并税租鈔旁等印賣田宅契書，並從官司印賣，除紙、筆、墨工費用外，量收息錢，助(瞻)[贍]學用，其收息不得過一倍。十一月十二日，尚書省奏白劄子：「考城縣典賣牛畜契，每一道令賣五錢省，比舊減下八錢省；税租等鈔旁，每一十旁令賣五十七錢省，比舊減下二十二錢省。檢會今年六月十日度支、戶、金部看詳前項鈔旁，並從官司印賣，除紙、墨工費用外，量收息錢，不得過一倍。切緣府界諸縣有未承六月十日朝旨，已得前舊賣錢數稍多，已成定例，與今來逐部看詳所收息錢比之，逐縣舊賣錢數除本價外，各有減落數目。且以考城一縣計之，比舊減下錢數太多，虧損學費。詔府界諸路官賣鈔旁契書等，收息[不]得過四倍，隨土俗增損施行。如舊賣錢數多者，聽從多，仍先次施行。」

《宋會要輯稿・食貨》三五之二～三《鈔旁印帖》（宣和）三年四月四日，通判邠州張益謙奏：「本州已依條委司録，監轄印造鈔旁，分下諸縣遵依出賣。據諸縣約度，每年納用鈔旁一百萬副，每副四紙，價錢四文足。今體訪得本州上、中等税並支移往沿邊，有至十程者，人戶赴官買紙，齎執前去指定處送納。受納官司或令退換，或行毁棄，艱阻沮抑，其弊百端。所買鈔旁既經書填，却被棄換，若只就近買鈔送納，即本縣照證不肯銷鑿，人戶須再來買鈔。又下等税賦、坊場、房廊諸般課利用鈔尤多，自一丈一升，亦須買鈔四紙，縣道事叢，令佐未必能即時給賣。其久來鬻書之人冒利犯法，攬買增價，稍失覺察，縻費愈廣，輸(約)[納]愈遲，退換科較，人戶受弊。況當陛下節用裕民，深戒誅求，臣采諸輿議，衆爲未便。」詔申明行下，諸路依此。

《宋會要輯稿・食貨》三五之三《鈔旁印帖》（宣和）六年三月二十二日，發運司奏：「奉詔興復轉般拘收諸色錢本，收糴斛斗數。內官賣鈔旁，諸處關報，所收錢數不多，蓋(遠)〔緣〕姦弊未能杜絶，暗虧官錢，深爲未便。臣今措置條具下項：一、鈔旁係司録廳印造，給付屬縣等處(處一作官)出賣。今欲乞諸州鈔旁帖除依舊令司録監轄印造外，並用通判勾印訖，給付屬縣置歷出賣。諸州止於千文字號上添甲子字號，每一字號印造一千副爲額。仍(以)〔於〕每字號下排定第一、第二紙以至一千紙字，所貴有以關防。諸縣專委縣丞管勾，置賣鈔局出賣，即不得輒拘早晚時限。仍於鈔旁上印定所賣錢數。」從之。

《宋會要輯稿・食貨》三五之七《鈔旁印帖》（紹興十年）十二月六日，臣寮言：「賦稅之輸，止憑鈔旁爲信，穀以升，帛以尺，錢自一文以往，必具四鈔。受納官親用圍(圍一作團)印，曰户鈔，則付人户收執；曰縣鈔，則關縣司銷籍；曰監鈔，則納監官掌之；曰住鈔，則倉庫藏之。所以防僞冒、備去失而互相照，此良法也。今所在監、住二鈔不復用印，廢爲故紙，而縣司亦不即據鈔銷簿，方且藏匿，以要貨賂。望申嚴法令，戒監司郡守檢察受納官司，凡户、縣、監、住四鈔皆須用印存留，以備照用，而縣委縣丞簿專一對鈔銷籍，無得輒追人户，故爲騷擾。」從之。

《宋會要輯稿・食貨》三五之八《鈔旁印帖》（紹興五年三月）二十日，兩浙轉運副使吴革言：「在法，田宅契書，縣以厚紙印造，遇人户有典賣，納紙、墨本錢買契書填。緣印板係是縣典自掌，往往多數空印，私自出賣，將納到税錢上下通同盜用，是致每有論訴。今相度：欲委逐州通判用厚紙立千字文爲號印造，約度縣分大小，用錢多寡，每月給付諸縣置櫃封記，遇人户赴縣買契，當官給付。仍每季驅磨賣過契白收到錢數内紙墨本錢專一發赴通判廳置曆拘轄，循環作本，既免走失官錢，亦可杜絶情弊。仍乞餘路依此施行。」從之。

《宋會要輯稿・食貨》三五之一二《鈔旁印帖》（乾道）四年十二月二十五日，臣僚言：「人户輸納租賦，非買官印紙，則州縣不肯給鈔。每紙一張，或六七十文，或三二十文，而其重者有至一二百文，在處有之，而江西諸色尤甚。貧民下户日削月朘，益見困弊而不聊生矣。縣道習以成風，多以辨月樁爲名，公然印售，恬不爲怪。欲望戒敕州縣官吏禁絶此弊，以除民害。」從之。

《宋會要輯稿・食貨》三五之一三《鈔旁印帖》（乾道七年二月一日）訪聞諸路州軍往往並不曾投納契税，所有人户典賣田宅、船、馬、驢、騾，合納牙契税錢，昨降指揮，專委諸路通判印造契紙，以千字文號置簿，送諸縣出賣。可令各路提舉司立料例，以千字文號印造契紙，分下屬部郡，令民間請買。將收到錢專委通判拘收，並充上供起發。

《宋會要輯稿・刑法》一之一《格令》 太祖建隆四年二月五日，工部尚書判大理寺竇儀言，周《刑統》科條繁浩，或有未明，請別加詳定。乃命儀與權大理少卿蘇曉、正奚嶼、(承)〔丞〕張希讓及刑部大理寺法直官陳光乂、馮叔向等同撰集。凡削出令或宣勅一百九條，增入制十五條，又録律内餘條準此者凡四十四條，附於名例之次，并目録成三十卷。別取舊削出格令、宣勅及後來續降要用者，凡一百六條，爲編勅四卷。其釐革一司一務一州一縣之類不在焉。至八月二日上之。詔並模印頒行。

《宋史全文》卷二一上《宋高宗》（紹興二十一年）五月乙丑，秦檜奏欲令國子監復刻五經、三史。上曰：「其他闕書，亦令次第雕板。雖重有所費，亦不惜也。」【略】

（紹興二十一年十二月）癸未，户部員外郎李濤面對，論：「近置諸州惠民局，慮四方藥方差誤，望以監本方書印給。」從之。【略】

（紹興二十三年）秋七月辛卯，諸王宫大小學教授王綸面對，乞委有司將先聖從祀之士詳加搜括，自國子監爲始，重行彩繪，以其式鏤板，遍下諸郡縣。詔送禮部。

程鉅夫《雪樓集》卷一八《大慶壽寺大藏經碑》 聖人之書，皆不得已而有言者也。西方之聖人，虚空爲本，寂滅爲宗，而積其書至五千四十八卷，其得已哉。蓋迷待法而悟，故不可以無法；法待言而立，故不可以無言。書者言之寄也。於是後世尊其書，建大寶藏而藏之，名曰《大藏經》，俾學之者沿經以求法，悟法以成佛。然則由言語文字以至虚空寂滅，經之功不既大矣乎？國家崇信佛法，建大佛寺，必置經藏。叢天下之工書者，泥黄金繕寫以示其嚴；選天下之善鏤者，材美木傳刻以致其廣。京師諸寺日飯僧，端坐羣誦，撞鐘吹螺，晝夜不絶，歲又一再遣使乘驛奉香幣，徧天下亦如之。斯盡恒河沙界，並受其福，於虖至矣！東南海濱之國高句麗，古稱詩書禮義之邦，奉佛尤謹。皇元之有天下，聞風來附，世祖皇帝結之恩，待之禮，亦最優異。父子繼王，並列貳館，今王又以聰明忠孝爲皇帝皇太后所親幸。大德乙巳乃施經一藏入大慶壽寺，歸美以報於上。寺爲裕皇祝釐之所，於京城諸刹爲最古。皇慶元年夏六月，謂某爲文以勒於石。

袁桷《清容居士集》卷二二《袁氏舊書目序》《袁氏舊書目》者，目袁氏舊書之存于今者也。始，曾大父越公舉進士時，貧不能得書，書多手抄强記，至用□高祖妣齊國夫人魚鮀冠學書，後官中都，凡二十有五年，乃務置書，以償宿昔所志。其世所未有，則從中祕書及故家傳録以歸，於是書始備矣。于時，國家承平，四方無兵革之虞，多用文儒爲牧守，公私閒暇，擊鮮享醴，會寮屬，以校讎刻書爲美績。至於細民，亦皆轉相模鋟，以取衣食。而閩之建、蜀之益，其最著者也。紹定辛卯，公自宥府歸里，遂累土爲堂，貯所得書於東西榮。公日處其中，客至，不復道世事。顧嗜陳、黄詩，擇其適意者，手書爲編。寓物詠歌，與道游遨，休休焉不知其年之將耄。如是者七年而薨。舊書之傳，距于今四世矣。

劉岳申《申齋集》卷二《與范德機書》 居常竊謂湜溪先生，其學問在江東西未見有可隨行者。此老固不求知，而亦誰知之，誰爲言之。今之都大名登膴仕者，何必嘗窺其藩哉，而廬陵遂爲無人矣。此不足恨，所可深恨者，其平生著述，身後流落，門生兒子，無一人以爲念。大率貨賕斯文，而不復斯文賕之，間有意者，又皆欲竊取以爲干禄要譽之資。於是有郭象《莊子》之心，無侯芭《太玄》之意。甚矣，人心士習之壞也。其始由此老未嘗以所著出示人，尤少與四方學者談。其心本出於不肯自炫與不敢自是，而於次第未近者，不得陵躐及之。學者不悟，遂以爲論文及道當如是秘密。以此求此老，則并與其心事失之矣，又何以論其學問哉。足下及今多方求索而表章之，猶可收拾散亡，久則遂不復可得矣。近年學校多爲達官摹刻文字，使吾鄉有此老著書一二，豈爲四方學者稍具心目。太史公有言：「巖穴之士，趍舍有時若此，類名湮没而不稱，悲夫。閭巷之士，欲砥行立名者，非附青雲之士，惡能施於後世哉。」此語可痛。湜溪高弟中，惟足下敬與可與語此。足下官江西，又要路，然且不及爲此一事，他無責爾。臨楮悚然，不宣。

《元史》卷一二《世祖紀九》 （至元十九年四月）己酉，刊行蒙古畏吾兒字所書《通鑑》。

《元史》卷二二《武宗紀》 （大德十一年八月）辛亥，中書（右）〔左〕丞孛羅鐵木兒以國字譯《孝經》進，詔曰：「此乃孔子之微言，自王公達於庶民，皆當由是而行。」其命中書省刻版模印，諸王而下皆賜之。

《元史》卷一六四《王恂傳》 裕宗問以心之所守，恂曰：「許衡嘗言：人心如印板，惟板本不差，則雖摹千萬紙皆不差；本既差，則摹之於紙，無不差者。」裕宗深然之。

丘濬《重編瓊臺藁》卷七《論釐革時政奏弘治壬子四月十日上》 有言印造經懺以求利益者。請論之曰：本朝於佛道二教各有藏經，佛藏十二部五千四十八卷，道藏七部四千四百三十一卷，皆有板本印行。外此又有經廠所刻，書肆所售之本，所以奉二氏之言，無以加矣，又何用别刻新本爲哉！刊一部梵夾之板，費中人十家之産，工匠之役，楮墨之用，不免勞人耗財，致其嗟怨。使彼所謂佛、天尊有靈，聞人印造其書，如此勞費，其心亦必不樂也。若彼徒欲人崇奉其言，人雖貧苦不恤也，又何用崇奉之哉！

林文俊《方齋存稿》卷二《進二十史疏》 南京國子監祭酒臣林文俊謹奏：爲校刻史書事，先該禮部具題前事，奉聖旨：「這翻刻書籍，雖係右文之事，但差官購索民間古板，未免騷擾，反滋奸弊。爾部裏既説成功無期，工費亦大，且罷。只行南京禮工二部會議，將南京國子監見在舊板用心翻驗，有脱落模糊的逐一考對脩補，以備傳布。欽此。」續該禮部題奉欽依准於順天府收貯變賣庵寺銀兩內查取七百兩，解赴該監，行委祭酒臣張邦奇、司業臣江汝璧督率屬官監生，將十七史用心校對，就將原板刊補。仍取廣東《宋史》板付監，一體校補。遼、金二史原無板者，購求善本翻刻，以成全史。備劄到監。隨該臣邦奇等具奏：《史記》、《前》、《後漢書》殘缺模糊特甚，莫若與遼、金二史一體重新翻刊，並各史應合脩補者，費銀尚多，請再於南京吏部支取本監折乾魚銀一千八百兩應用。禮部覆題，奉聖旨：是。欽此。續該南京工部遵照先奉欽依會議事理，發銀五百兩送監接濟，通前共銀三千兩，本監收貯支用。自嘉靖八年四月十二日開局，分委博士臣程煌、學正臣黄良弼校刊《元史》，助教臣劉世龍校刊《史記》、《前漢書》、《遼史》、《金史》，臣聶曼校刊《五代史》、《陳書》、《南齊書》，臣王崑校刊《三國志》，臣許堯校刊《後漢書》、《晉書》、《宋書》，學正臣鄒魯校刊《隋書》、《唐書》、《魏書》，學録臣張傑校刊《北齊書》、《梁書》、《周書》、《南史》、《北史》，臣邦奇、臣汝璧實總其事，督率諸臣晝夜讎校。功未及成，而二臣以陞遷、丁憂相繼去任。臣文俊與丁憂司業臣張星接管以來，照舊校理，嚴督匠作用心刊刻，期在速成以仰副德意。但卷帙浩繁，工程重大，且各處起取人匠，原不屬本監管轄，移文行提，動經旬時，纔得解到。時臣邦奇等見得板刻模糊尤甚，必若大加脩補，比之重刊，所省亦不甚多，而所補書往往不得精緻，且恐隨補隨脱，不足以垂久遠。議於各史脩完之日，另行奏請，發銀重刊。一面督令屬官監生用心校對。今已校畢，而各史脩完，支剩銀只有四十兩六錢六釐五毫見在，即使脩補，亦必不敷工費。近奉欽依，著臣等上緊催促，完備進呈。臣仰奉嚴旨，蹴踖弗寧，恐再遲延，獲戾愈重。謹將脩完二十史共四百八十本，先摹印裝潢，進呈御覽。其《宋史》乞敕禮部議處，再發銀兩，或於南京户部再將本監折乾魚銀動支，與今支剩脩史銀相幇支用，庶可興工重刊。臣不敢擅擬，伏望聖明裁處。另行，臣看得二十史今雖脩完，然簡編浩穰，字數繁多，校刊雖勤，而魯魚亥豕恐猶不免，其所脩補諸史又多是百餘年舊板，蠹爛之餘，匠人委難下手。或剜動一字，牽連數十字，應手崩裂，以故板刻未甚模糊，文字尚可句讀者，只得姑仍其舊，不敢輕動。而各史脩補往往不得精緻者，蓋勢固然，非敢惜費沿陋也。如其板已全壞，不堪脩補並脱落者，則考南京禮部所藏古本及别購善本，旋刊補入。若校本亦皆脱落，無從考據者，則仍闕之，亦史闕文之義也。初臣邦奇具奏新刊《史記》、《兩漢書》、《遼史》、《金史》五部，共該用銀一千一百七十五兩四錢，彼時定價每書二葉該梨木板一塊，價銀二分二釐，謄寫工食銀一分四釐，刊字工食銀二錢八釐。後各役因見工食算計太輕，不肯就工，臣邦奇等又行體訪各處刊書事例，從宜酌處，議得《史記》、《兩漢書》各有小註釋文，艱於寫刻，以此每一葉量加謄寫銀三釐，刊字銀一分六釐。其《遼》、《金》二史，原無註者，照依原定工價，彼此通融，始克就緒。又原奏五部書共九千六百三十五葉，今實刊過一萬八百四十一葉，並前項共該加銀二百八十七兩六錢二分三釐。計新刊書五部，共用過銀一千四百六十三兩二分三釐。其脩補書十五部，並紙劄印刷工食等項，又用過銀一千四百九十六兩三錢七分五毫。通共用銀二千九百五十九兩三錢九分三釐五毫，俱備細造册，隨書奏報外，臣竊思之，此二十史者，宇宙中千數百年之事具載於此，而歲久板壞，有志之士以弗獲見全史爲恨，蓋非一日。幸遇皇上聖神天縱，稽古右文，特命校刊，以傳佈天下。使數百年殘篇斷簡，一旦復完，得以家藏而人誦之。士生於休明之時，聖天子嚮用儒學之日，何其幸哉。但此書所載君臣賢否、政治得失、制度沿革、世代興亡治亂之迹，雖學者所當究知，而於人主尤切。伏望皇上萬幾之暇時覽觀焉，不惟可以考知故實，亦足爲今日勸戒之助，禮文損益之資，誠不爲無補也。爲此具本，並撰進呈表一通，專差助教臣林鳳鳴賫捧，謹具奏聞，伏候敕旨。

陸容《菽園雜記》卷一二 吏部尚書王公恕，在南京參贊機務時，與王公與友善，作《大司馬三原王公傳》，刻板印行。太醫院判劉文泰與公有怨，上書訟其變亂選法數事，且言其作傳刻板，皆諷人爲之，彰一己之善，顯先帝之過。以印本封進，上不罪公，令燒燬板籍而已。公遂乞致仕去。予謂板刻之舉，或出於門生故吏，而公以老成位冢宰，初無禁止之言，坐致奏訐以罷，不亦深可惜哉！

陸容《菽園雜記》卷一四 近時邱祭酒先生濬進所著《大學衍義補》若干卷，朝廷命刻板印行。

黄佐《南廱志》卷二《事紀二》 （宣德六年夏四月）己巳，衍聖公遣司樂韓昱等來刷印書籍，令典籍賓質如其數歸之。

黄佐《南廱志》卷三《事紀三》 （正統六年）夏四月壬辰，祭酒陳敬宗言于朝曰：「釋菜所以展敬也，而有司牲醴不加意；廟學所以隆師也，而工部營繕不時修；書籍所以載道也，而刻梓敝闕，莫能完補。臣奉職無狀，竊思欲行令禮部、太常，每遇釋菜，前期祭品豫送至監，無待移文查催。廟學房屋修理，工銀不及一百兩者，工部以時補葺，無待奏聞。《文獻通考》等書，乃朝廷備用書籍，今既損闕，宜令禮部委官盤點見數，轉行工部，委官帶匠計料修補。」上皆從之。

何良俊《四友齋叢説》卷三《經三》 南京道中，每年有印差道長五人，例有贓罰銀數千。丁巳年，屠石屋、葉淮源管印差，要將贓罰銀送國子監刻書，因見訪及。爾時朱文石爲國子司業，余與趙大周先生極力慫恿，勸其刻《十三經註疏》。此書監中雖有舊刻，然殘闕已多，其存者亦皆模糊不可讀，福州新刻本復多訛舛。失今不刻，恐後遂至漫滅，所關亦不爲小。諸公皆以爲是。大周托余校勘，余先將《周易》校畢，方校《詩》、《書》二經，適文石解官去，祭酒意見不同，將此項銀作修二十一史板費去，其事遂寢。

余以爲《十三經註疏》板頭既多，一時工力恐難猝辦，但得將古註十三經刻行一部，則大有功於聖學，而於聖朝政治不爲無補，且亦可以嘉惠後學。其費不上一二百金，但得一有意太守，便可了此。惜無可與謀者。

朝廷於有關經術之書，當遍加訪求。士大夫一遇此類，亦須極力購之，若有力便當刻行。蓋去聖日遠，則經教日湮，而後之談經者將日下一日矣。縱有小疵，亦當過而存之，使後世學士猶可取以折衷。今小説雜家，無處不刻。何獨於經傳而靳惜小費哉。

宋人説經，始於劉原甫。劉有《七經小傳》，言簡理暢，尚不失漢儒之意。余始得抄本，甚珍重之，後以與朱文石司成，已刻板於南太學。

沈榜《宛署雜記》卷一八《恩澤・藏典》 大隆善寺賜經一藏。正統十年二月十五日頒。皇帝聖旨：朕天地保民之心，恭成皇曾祖考之志，刊印大藏經典，頒賜天下，用廣流傳。茲以一藏安置崇國寺，永充供養，聽所在僧官、僧徒看誦、讚揚，上爲國家祝釐，下爲生民祈福，務須敬奉守護，不許縱容閑雜之人，私借觀玩，輕慢褻瀆，致有損壞遺失。敢有違者，必究治之。故諭。

沈榜《宛署雜記》卷一八《恩澤・藏典》　萬佛寺賜經一藏。萬曆十八年八月，皇帝勅諭萬佛住持及僧衆人等：朕惟佛氏之教，具在經典，用以化導善類，覺悟羣迷，于護國佑民，不爲無助。茲者聖母慈聖宣文明肅皇太后命工刊印續入藏經四十一函，並舊刊藏經六百三十七函，通行頒布。今以一藏安置本寺，爾寺務須莊嚴持誦，遵奉珍藏，不許諸色人等故行褻玩，致有遺失損壞，特賜護持，以垂永久。欽哉。故諭。

沈榜《宛署雜記》卷二〇《志遺五》　藩王之國。萬曆拾陸年，潞王之國。【略】部府填墊，自清河起至廻龍觀止，約拾伍里，起民夫平墊，不動錢糧。刊之國供應事宜書册伍百本，梨板、刊字匠工食、江連紙、藍紙、裝釘麪糊、烟墨、水膠、刷印匠工食共銀肆兩貳錢叁厘壹毫，除大興外，本縣該銀貳兩壹錢壹厘伍毫伍絲。又本府並潞府長史司取供應書册，本縣分該壹百本，銀貳兩陸錢柒分陸厘伍絲。以上俱存留銀支。長史司行本縣刊刻信牌、信票、火票，梨板、刊字匠工食共銀貳錢壹分，兩縣行銀支。奏繳之國用過錢糧，合用黄綾肆尺、絨繩肆條、大夾板貳副、大呈文紙壹百張、工食等共銀玖錢伍分，兩縣舖行銀支。轎乘女轎夫等照常行。

焦竑《玉堂叢語》卷四《纂修》　吴元年，初置翰林院，首召陶安爲學士，時方召四方宿儒集闕下議禮，命安總之，詔修律令，安爲議律官。十二月甲辰，律令成，命刊佈中外。洪武元年正月，《大明令》刊修，分吏、户、禮、兵、刑、工，《大明律》亦如之。儒臣奉二書以進，上曰：「律令者，治天下之法也，令以教之於先，律以齊之於後。今所定律令，芟繁就簡，使之歸一，直言其事，庶幾人人易知而難犯。」八月己卯，上念律令尚有輕重失宜，有乖大典，命儒臣四人同刑部官講《唐律》，日寫二十條取進，上擇其可者從之。其或輕重失宜，則親爲損益，務求至當。六年十月，復命刑部與本院審定《大明律》。七年二月律成，學士宋濂撰表以進。二十二年八月，更定《大明律》，初命本院同刑部官將比年律條參考折衷，以類編附，曰名例律，附於斷獄下。至是特載諸篇首，頒行之。

沈德符《萬曆野獲編》卷二五《著述・重修會典》　《會典》一書，蓋昉《唐六典》而加詳焉。太祖初著《諸司職掌》，至英宗復辟，復命詞臣纂修條格，以續職掌之後。蓋會典已權輿于此，但未及成帙耳，至弘治十年丁巳始創立。此書成於弘治十五年，賜名《大明會典》。進呈之日，上御奉天殿受之，宴總裁劉健等於禮部，命英國公張輔侍宴，典極隆重。即日孝宗御製序序之，但未及刊行。至正德四年，删潤而登之板。又至嘉靖八年，世宗再命諸詞臣重修之，已有緒矣。二十四年春，閣臣嚴嵩等又請續添新例，以成全書，上允之，至嘉靖二十八年而始成。初則張永嘉、桂安仁、夏貴谿等爲政，以故如宗獻王，如分郊，如四禘，如改製冠服，俱詳載新製，而舊儀反略焉。又禮部儀司所列大行皇太后喪禮一款，則興獻王之章聖蔣后反居太祖孝慈馬后之前。至其後又皆嚴分宜總裁，徒知取媚主上，而紊禮踰法則極矣。進呈御覽之後，世宗留之禁中，不製序，不發刊，聖意深矣。至今上四年，又命輔臣張江陵等偕史臣重修，至十五年始竣事，今刊行者是也。蓋此書雖四修，而人間傳行板本，止正德與萬曆兩部而已。

沈德符《萬曆野獲編》卷二五《著述・大學衍義》　真西山《大學衍義》，其講修齊甚備，而治平則略之。然雜引前代宦官舊事，分爲二款，其忠謹受福僅八條，而預政蒙禍者四十餘條，故中官輩極憎之，不得時呈乙覽。【略】至邱文莊作《衍義補》，進孝宗御覽，遂大荷眷賞，且奉旨發刊。【略】今上癸卯冬，妖書起，上盛怒難解。東廠内臣陳矩慮有株連，以《大學衍義補》内慎刑憲一項數卷進呈乙覽，上意稍解。既而僅置皦生光極典，他無濫及，人皆歸功於陳璫。陳益大喜，遂於乙巳年奏進《衍義補》二部，請發重刊。時陳以掌印帶廠，上即命司禮監翻刻頒行，至上親灑宸翰弁其首。蓋邱文莊著此書，始終爲宦寺所推服，歿已百餘年，猶受至尊知遇如此。

沈德符《萬曆野獲編》卷二五《著述・吕焦二書》　乙未丙申間，焦弱侯竑爲皇長子講官，撰《養正圖説》進之東朝，而同事者不及聞。時郭明龍爲講員之首，已不悦之極。既而徽州人所刻，梨棗既精工，其畫像又出新安名士丁南羽之手，更飛動如生，京師珍爲奇貨，大璫陳矩購得數部以呈上覽，於是物議閧然。而張新建相公與郭江夏尤怒甚，謂焦且將由他途大用。丁酉，焦又不幸承乏典試，遂借闈事摭拾之，調外去。己亥，復中之大計浮躁降調。後雖屢登薦章，再膺啓事，而議者終求多，至今未起也。同時則吕新吾坤初撫山西，著《閨範》一書，尋入爲協院副憲。其書偶爲戚畹鄭國泰所睹，進之翊坤宫，皇貴妃極喜其議論，因爲作序，刻之京師。尋兩黨搆争，言官遂指吕懷二心，别有推戴，吕時已徙少司寇，亦因此乞身歸。

沈德符《萬曆野獲編》卷二五《著述・類雋類函》　吴郡鄭山人虚舟名若庸，有雋才，少粗俠，多作犯科事，因斥士籍，避仇中州。趙康王禮之，令彙萃諸書，各分事類，事稍祕者録之。凡二十年而成，名曰《類雋》，王弇州爲之序。又二十餘年，吴中俞山人羨長名安期者，復集唐人類書刻之，名《類函》，李雲杜爲之序。鄭書稍及唐以後，俞書則止於隋末。鄭惟綴本事，而俞則旁收詩文。二書俱有功藝苑，亦布衣之豪也。《類雋》全資朱邸，以故易成。《類函》則遍干朋友，以及妓女、方外，靡不損貲助之，大爲時流所厭。若俞雅慕鄭書，每謂予以未及見爲恨。予時購得，則《類函》已大行矣。鄭工填詞，所著《綉襦》、《玉玦》諸記，及小令大套，俱行於世。俞詩自雄渾，近日詞人以幽秀勝之，遂稍稍見詘，名譽以之頓減。

沈德符《萬曆野獲編》卷二五《著述·焚通紀》 《皇明資治通紀》，嘉靖間廣東東莞縣人陳建所纂，載國初以至正德事跡，皆采掇野史及四方傳聞，往往失實。至隆慶間給事中李貴和上言：我朝列聖實録，皆經儒臣纂修，藏在祕府。建以草莽僭擬，已犯自用自專之罪，况時更二百年，地隔萬餘里，乃以一人聞見，熒惑衆聽，臧否時賢，若不禁絶，爲國是害非淺。乞下禮部追焚原板，仍諭史館勿得采用。上從之。按此書俚淺舛訛，不一而足，但板行已久，向來俗儒淺學，多剽其略，以誇博洽。至是始命焚燬，而海内之傳誦如故也。近日復有重刻行世者，其精工數倍於前，乃知蕪陋之談，易入人如此。邇年吾鄉又有永、昭二陵信史者，其書以嘉靖初元爲始，似續陳建所著。然專藉以報夙仇，且屢改易以行壟斷，抑《通紀》之不若矣。宜亟付秦焰，免致詿惑後學可也。

沈德符《萬曆野獲編補遺》卷三《刑部·戊戌謗書》 吕新吾司寇，初刻《閨範》一書，行京師未久，而皇貴妃重刻之，且爲之序。光豔照一時，朝士争購置案頭，亦漸有滃訛，而無敢昌言者。吏科給事中戴士衡首發大難，參吕包藏禍心，有敬宗、林甫之謀。而前任御史今全椒知縣樊玉衡者繼之，舉朝駭愕。蓋以首篇明德馬后進封一事，不免稍礙眼耳。

劉若愚《酌中志》卷一六 蘇杭織造太監一員，亦有敕諭關防，秩視秉筆，而安逸尊富過之。萬曆年間，惟孫太監隆，先監之同年也，多學善書，曾刻《通鑒總類》、《中鑒録》等書。所造清謹堂墨，款制精巧，猶方於魯、程君房，而劑料精細，爲殊勝焉。神廟最重之，今不易得也。

俞汝楫《禮部志稿》卷二三《儀制司職掌·會試·凡科場應用物件》 嘉靖十七年，題準試院應用物件并板木紙劄及《登科録》紙劄等項，銀一千九百五十兩，供給銀五百兩，筵宴銀三百兩，俱各省科舉用剩銀解。内用浙江、江西、湖廣、福建、四川，各二百七十兩；河南、山東、山西、陝西、廣東、應天府，各二百兩；雲南、廣西，各一百兩。其刊字刷印等匠工食，俱北直隸各府解用。内真定府二十八兩，保定府二十五兩二錢，大名、永平二府各二十二兩四錢，順德、廣平二府各一十九兩六錢，河間府一十四兩。

俞汝楫《禮部志稿》卷九四《盛典備考·興學·遣官較勘書坊經籍》 嘉靖五年，時福建建陽縣書坊刊刻寖盛，字多訛謬，爲學者病。于是，巡按御史楊瑞、提調學校副使邵鋭，疏請專設官第於翰林院春坊中，遣一人往。尋遣侍讀汪佃行。詔校畢還京，勿復差官更代。

俞汝楫《禮部志稿》卷九四《盛典備考·頒書·刊布書籍》 嘉靖七年十一月，錦衣衛千户沈麟奏請，命官較勘歷代史書，刊佈天下。禮部議，尚書方獻夫等言，史書多殘缺，若五代以上諸史，惟宋板爲工，多蓄於江南富民之家，宜命官購索付梓。上曰：「翻刻書籍，雖係右文之事，但差官購索民間古板，未免騷擾，反滋奸弊，姑已之。」

俞汝楫《禮部志稿》卷九四《盛典備考·頒書·頒行孝慈録》 正統五年六月，河南固始縣學訓導舉人黄俊言，太祖高皇帝御製《孝慈録》嘗頒布天下，今四方學中鮮存者，乞仍鋟印頒布，令士民講誦，以隆孝道。上曰：「朕觀《孝慈録》所論，仰太祖聖見，卓冠百王，實萬代不刊之盛典，宜家傳而人誦者。禮部亟印頒之。」

談遷《棗林雜俎》義集《藏經》 國初重刻《大藏經》，板留大報恩寺，四方僧衆咸許摹傳。見永樂十六年義烏王稌《華陽教寺閣記》。今南京刊板藏禮部，僧衆非厚費三四百金不能得，北京刊板在内府，非特賜則奏請，餘不能得。

藏經舊刻六百三十七函，梓於永樂庚子，正統庚申成。萬曆初，慈聖皇太后續刻四十一函，起《華嚴玄談會玄記》，至《第一希有大功德聖記普陀山志》。

談遷《棗林雜俎》聖集《北雍刊史》 新建張洪陽位司業，刊二十一史，糜工部六萬金有奇。《李湘州集》。

《明宣宗實録》卷五〇宣德四年春正月 襲封衍聖公孔彦縉欲遣人往福建市書，慮遠行，不敢擅，咨於尚書胡濙，濙以聞。上曰：「福建鬻書籍無禁。先聖子孫欲廣購亦何必言。審度而後行，亦見其能慎。其令有司依時直爲買紙，摹印工力亦官給之。」

《明英宗實録》卷一五〇正統十二年二月戊申 工部右侍郎王佑言：「刊造《大藏經佛》頒賜天下寺院。臣原籍山陰縣，柯橋禪寺乃臣家供奉香火者，伏乞賜《經》，俾寺僧朝夕奉誦，以祝聖壽。」從之。

《明孝宗實録》卷一五七弘治十二年十二月乙巳　吏科給事中許天錫言：【略】邇者，福建建陽縣書坊被火，古今書板蕩爲灰燼。

《明孝宗實録》卷一六九弘治十三年十二月戊申　兵科給事中戴銑奏：「永樂間，太宗文皇帝嘗命翰林儒官黄淮、楊士奇等采古名臣直言，如張良對漢高、鄧禹對光武、諸葛亮對昭烈，及賈、董、劉向、陸贄等奏疏，各類次以便觀覽。書成，賜名《歷代名臣奏議》。聖諭且曰：觀是書，足以見當時人君之量，人臣之直。爲君者，以前賢所言便作今日耳聞；爲臣者，以前賢事君之心爲心，天下國家之福也。遂命刊印以賜皇太子、皇太孫及大臣。顧其書在當時未大頒行，宜表而出之，使與諸制書并行。萬幾之暇，宜進此書經筵以之進講，留神聽覽，即如親見古人與之議論，集彼所長，應今之變，所益必多。仍敕刷印，分賜貴近及臺部大臣及臣等科道衙門，俾得觀覽。并行福建布政司給帑翻刻，以廣其傳。」既禮部覆奏，上命賜五府六部、都察院、通政司、大理寺、詹事府、國子監、翰林院、左右春坊、司經局并六科十三道各一部，翻刻罷。

《明孝宗實録》卷一七三弘治十四年四月戊寅　文升請刊印《武經總要》一書，頒賜在京武職大臣、各邊將領，俾資其智識。命各給《武經七書》一部，令其讀習，《總要》已之。

《明武宗實録》卷二八正德二年秋七月　癸卯，《通鑒纂要》進呈後，司禮監官即至内閣傳示聖意，令刊刻板本中官督刊刻者，檢其中有一二紙裝潢顛倒，復持至内閣見示，欲更定其序耳。是日，值大學士李東陽家居，惟同官焦芳、王鏊在閣，芳以爲編纂總於東陽非己責也，慢其人，不加禮遇。其人怒，遂以白於瑾，瑾方欲以事裁抑儒臣，初一日早朝畢，集府部大臣、科道等官於左順門，以進呈本出示，遍摘其中字畫之濃淡不均及微有差訛者百餘處以爲罪，給事中潘鐸、御史楊武等遂劾禮部左侍郎兼翰林院學士劉璣等，受命編纂光禄寺卿周文通等職專謄寫，不能研精，其事俱宜究治。東陽等失於檢點，責亦難辭。瑾矯詔是其言，令所司詳覈書内差訛及謄寫官姓名以聞。於是，東陽等奏，謂其書卷籍浩穰，事務繁冗，日期已定，校閲不周，倉卒之間，致有差錯，臣等不能無罪。有旨：「卿等政務繁冗，其勿問。」既而，纂修、謄寫等官各具疏自劾，乃奪璣及學士劉春、太常少卿兼翰林院侍讀費宏、侍讀徐穆、編修王瓚俸兩月，文通及吏部稽勛司郎中沈冬魁、大理寺左寺正趙式、中書舍人喬宗、方英、李淇、徐富、鴻臚寺序班汪麟等俸三月，太僕寺少卿季通、禮部祠祭司郎中胡清、大理寺左寺副何澤、右寺副劉學、右評事李珵、中書舍人王珙、劉訊、鴻臚寺序班周令、林應禧、錢禄、張天保等俱令致仕，中書舍人沈世隆、吴瑶、鴻臚寺主簿董漢、序班郭晟、沈秀【略】等俱爲民。時東陽等詳覈謄寫差訛者，惟沈世隆、吴瑶、張桓、華淳、邵文恩五人，而瑾并黜二十餘人，其專恣如此。

《明世宗實録》卷九六嘉靖七年十二月　壬申，詔以《明倫大典》賜建議諸臣及發明典禮者。仍發福建書坊刊行。

《明世宗實録》卷一〇六嘉靖八年十月庚寅　故祭酒蔡清子推官蔡存遠表清所著《易經蒙引》，詔發建寧書坊刊行。

《明世宗實録》卷一七四嘉靖十四年四月丙申　禮部因請以聖諭恭列《登科録》篇首，其十二人策對俱以次刊刻。從之。

《明世宗實録》卷二六一嘉靖二十一年五月己酉　上親檢方書，制爲《濟疫小飲子方》，頒下所司遵用濟民，仍用禮部刊行。

《明世宗實録》卷二九一嘉靖二十三年十月　壬午，上諭禮部曰：「皇考躬集《醫方選要》一書，實仰體天地生德、壽衆至仁之心，歲久傳佈未廣，即重録梓行兩京各省，以宣濟民之化。」復以獻皇帝御制《外科經驗方》一并重録刊書。

《明神宗實録》卷一八五萬曆十五年四月丁丑　國子監祭酒李長春等奏：《易經注疏》刊畢進呈。上命留覽。

《明神宗實録》卷一八七萬曆十五年六月己卯　命禮部即刻《大明會典》頒行天下。

《明神宗實録》卷二〇一萬曆十六年七月　丙戌，禮部題：「重刻《大明會典》成，進呈頒佈。」如奏。

《明神宗實録》卷二一八萬曆十七年十二月　甲午，大學士申時行等將接年所撰《孟子講章》四本類寫裝潢進呈，請加觀覽，併發司禮監續刊。

《明神宗實録》卷二三〇萬曆十八年十二月　己卯，國子監較刻《詩經註疏》成，祭酒劉元震進呈。因上言：「臣觀《詩》三百篇中有大本三焉：讀《關雎》、《麟趾》篇即知修身正家、鍾賢裕後爲安定邦國之本；讀《鴻雁》、《庭燎》篇即知惠下安民、勵精圖治爲繫屬人心之本；讀《昊天有成命》及《敬之》篇即知不敢康寧、夙夜宥密，日就月將，學有緝熙爲格天凝命、長治久安之本。」

辛卯，申時行等進自萬曆十七年所撰講章《孟子·離婁章句》上下共二本，《禮記·曲禮》上下共三本，以備省覽，仍乞發司禮監接續刊行。

《明神宗實録》卷二四一萬曆十九年十月壬子 先是上命國子監較刻《十三經註疏》，司業蕭良有率屬分校《孟子註疏》，至是裝成，因舉篇中要旨上陳。

《明神宗實録》卷二七九萬曆二十二年十一月 甲午，國子監刊完《十三經註疏》，裝繕成帙進呈留覽。

《明神宗實録》卷二八〇萬曆二十二年十二月 丙寅，大學士趙志皋進萬曆二十一年起所撰講章《易經》、《禮經》、《通鑒纂要》以備温習，仍另書發司禮監刊板。

《明神宗實録》卷三二〇萬曆二十六年三月 丁酉，原任刑部右侍郎今養病吕坤奏辯科臣戴士衡論坤假托《閨範圖説》包藏禍心事。大略謂：「臣于萬曆十八年爲按察使時刻《閨範》四册，後來翻刻漸多，流布漸廣。不意戚里鄭承恩復刻《閨範圖説》一部。戴士衡謂承恩之刻《閨範》也，繇臣以進，意在逢迎，疑臣亦太深矣。昔漢劉向作《列女傳》以獻，成帝嘆賞。臣之《閨範》前述經傳，後列貞淑，體依劉向，意本《關雎》。臣若有所希冀，自可明白進呈，何所回護而犯此危險之迹乎？」

《明神宗實録》卷三五四萬曆二十八年十二月 壬辰，大學士趙志皋、沈一貫進自萬曆二十七年起撰講章《大學衍義》四本、《通鑒纂要》四本以備省覽，仍乞發司禮監接續刊行。

《明神宗實録》卷四三六萬曆三十五年七月 壬午，國子監校刻歷代史書成，恭進。上命留覽。

《明神宗實録》卷四八五萬曆三十九年七月乙卯 户部署部事左侍郎李汝華題：「萬曆四十年又該天下大造黄册之期，將浙江等右布政，左右參政、參議，内擇其年資尚淺，才望夙著者，每省一員，并南北直隸巡撫、都御史疏名上請，咨移文翰林院撰給敕命，督理册務，咨部察院轉行各巡按御史，會同兩直隸巡撫，選委各府州廉能官員督造，仍將職名開報吏部并本部及後湖管册科道知會，通候事完方准遷轉。原定册式歷年或行事，宜照例刊刻榜文，通行各省直翻刊給散，所屬府州縣正官督同原委原役依題准事例，將户口田糧等項逐都逐里清查，明確具呈撫按。務要堅白紙張，如式攢造完備，依限解南京户部水庫廳後湖管册官磨對稽核。如違限太久，款數舛錯者，該科道查參究治，仍照節年諸條款，本部題准事例，嚴禁里書人等飛詭漏没及科歛誆詐等弊。有司果能痛釐弊竇，依限解征，聽撫按具奏奬擢；如貪懦無爲，通同吏書蠹國害民者重治。上次册不合式，如復蹈前轍，該科册道隨參嚴究經承員役，以爲怠事者之戒。」允行。

王士禛《漁洋説部精華》卷一一《出俸刊書》 明時，翰林官初上或奉使回，例以書籍送署中書庫，後無復此制矣。又如御史、巡鹽茶、學政、部郎榷關等差，率出俸錢刊書，今亦罕見。宋王琪守蘇州，假庫錢數千緡，大修設廳，既成，漕司不肯破除，琪家有《杜集》善本，即俾公使庫鏤版印萬本，每部直千錢，士人争買之，既償省庫，羡餘以給公厨，此大裨祭費，不但文雅也。

金埴《不下帶編》卷一 江寧織造曹公子清有句云：「賺得紅蕤剛半熟，不知殘夢在揚州。」自謂平生稱意之句。是歲兼巡淮鹾，遂逝于淮南使去院，則詩識也。公素耽吟，擅才藝，内廷御籍多命其董督，雕鏤之精，勝于宋版。今海内稱「康版書」者，自曹始也。

方苞《方望溪全集·集外文》卷二《奏重刻十三經廿一史事宜劄子》 乾隆三年十二月十五日，大學士兼管翰林院事張廷玉、福敏奏稱：重刊經史，必須參稽善本，博考羣書，庶免舛譌。武英殿爲内府藏書之所，就近校閲實爲便易。今擬於編檢内選派六員，咨送到殿，俾校勘刊刻。會於一處則錯誤可免而書易成。奉旨：依議。編檢六員恐不敷用，着添派庶吉士六員。欽此。臣等即通知莊親王，令武英殿監造等查庫内存貯書籍，並無監板《十三經》、《廿一史》。竊思經史惟宋板字鮮遺譌，目今不惟宋板難得，即明初刻本亦少，臣生平所見，惟嘉靖以後之板，已屢經改補，無三、五頁無遺譌者。而現今監板，更剥蝕無一完善，可憑以校對。伏祈皇上飭内府并内閣藏書處，徧查舊板經史，兼諭在京諸王大臣，及有列於朝者，如有家藏舊本，即速進呈，以便頒發校勘。并飭江南、浙江、江西、湖廣、福建五省督撫，購求明初及泰昌以前監板經史，各送一、二部到館，彼此互證，庶幾可補其缺遺，正其錯誤。更有請者：自唐初孔穎達、賈公彦等所引十三經及傳註，並周、秦間諸子，已多譌誤；宋明刊刻，未經訂正。我皇上博極羣書，倡明經學。臣等當詳悉校勘，一一開列，進呈御覽，酌定改正，昭示來兹，庶幾此書刊布，度越宋明，以副我皇上嘉惠後學至意。又前翰林院侍讀學士何焯，曾博訪宋板，校正《前漢書》、《後漢書》、《三國志》遺譌。臣曾見其書，並求下江蘇巡撫，向其家索取原書，照式改注，别本送館，原本仍還其家，毋得損壞。其餘校勘事宜，具列於後，伏候聖裁。

一、校勘經史，與見修之書不同。見修之書，即有遺落，可增删上下文以就合之。經史行世，已千數百年，遺落一句數字，即需重刻數十板，勞費甚大。必更番校對，一字無譌，始可寫樣。必樣本對清，始可登板。若限期催促，一部未成，又發一部，必多錯誤。

一、翰林院送到編檢六人，奉旨添派庶吉士六人。臣等擬擇原在殿編校翰林十二人，合同分派。先對《十三經》，互稽經傳，以考舛誤。限八月內，將底本對完，臣等細加斟酌，繕摺進呈。然後次及《史記》、《前漢書》、《後漢書》、《三國志》四史皆有注解，亦宜詳勘。以下諸史，則參伍舊本，增改落字錯字，加功較易矣。

一、舊刻經史，俱無句讀，蓋以諸經注疏及《史記》、前後《漢書》，辭義古奥，疑似難定故也，因此纂輯引用者多有破句。臣等伏念，必孰思詳考，務期句讀分明，使學者開卷了然，乃有裨益。

一、前明所刊經史，每卷之首，止列校刊職官姓名，而漢、唐先儒，轉附第一行每卷之下，且或止稱某氏，或具姓名鄉里，或并詳官階封邑，諸經諸史，款式各殊。聞彼時書出，即衆議嘩然。其後馮夢禎爲國子監祭酒，重刻《史記》，始變其例，衆以爲是。今擬倣其例，王大臣監修校勘，列於目録之前，漢、唐先儒，列於每卷之前，分校諸臣，列於每卷之末。卷内若有遺譌，則分任其責者，無可推諉，庶幾各竭心力。又在殿翰林内有詹事府正詹事陳浩、左庶子周學健、翰林院侍讀學士吕熾、編修朱良裘，行走年久，向來一切編校之事，承辦居多。今擬將諸翰林所對經史，仍派令此四人分領，以專其責。合併聲明。

一、刻字之板，材有老穉，乾久之後，邊匡長短，不能畫一。故自來書籍，止齊下線。惟殿中進呈之書，並齊上線。臨時或烘板使短，或煮板使長，終有參差，仍用描界取齊。數烘數煮，板易朽裂。凡字經刓補，木皆突出散落，再加修補，則自畫大小粗細不一，而舛誤彌多。經史之刊，以垂久遠，若致剥落，則虚糜國帑。伏乞特降諭旨，即進呈之本，亦止齊下線，不用烘煮，庶可久而不敝。爲此請旨欽定程式，以便遵行。謹奏。

阮葵生《茶餘客話》卷一六《議刊永樂大典未成》 明萬曆甲午，南祭酒陸可教請刻書，謂《永樂大典》人間未見，宜分頒巡方御史，各任一種校刊匯存，分貯兩雍，以成一代盛事。當時議允而終未頒行。竊謂文皇與穆宗兩番抄録，已費不貲，鏤板通行，談何易耶。

沈初《西清筆記》卷一 上於乾清宫東昭仁殿藏宋金元板書，明板之佳者亦列焉。御筆題曰「天禄琳琅」。甲午歲，命重輯《天禄琳琅書目》，略仿《郡齋讀書志》而詳記收藏家姓名圖識於上。宋金板用錦函，元板青絹函，明板褐色絹函。宋板書佳者甚多，金板惟《貞觀政要》一書紙墨工好，視宋板之佳者。

趙慎畛《榆巢雜識》上卷《刊刻經史》 乾隆三年九月，國子監奏：太學所貯《十三經注疏》、《廿一史》板片模糊，難以修補，請重加校刊。又有寫本《舊唐書》一部，亦請刊刻。奉旨：交武英殿御書處查辦。

趙慎畛《榆巢雜識》上卷《救饑譜》 仁和監生陸曾禹纂《救饑譜》三卷，乾隆四年經給事中倪國璉奏進。上嘉其有鄭俠繪國入告之意，賜名《康濟録》，剞劂頒布焉。

趙慎畛《榆巢雜識》上卷《蔣衡寫經》 金壇貢生蔣衡，字湘帆，後改名振生，以書法名一時。嘗依石經式手寫十三經正文，計三百册，共五十函，乾隆四年八月經總河高斌呈進。上以振生年近七旬，志在遵經，賜國子監學正銜。其手書十三經盡用木板刻印，以備頒發。

趙慎畛《榆巢雜識》下卷《編纂〈四庫全書〉》 御花園摛藻堂中，本就大内所有書籍分貯四庫。乾隆辛卯、壬辰，屢詔訪集天下遺書，於是各省大吏蒐集所屬呈出者，彙送京師，都下藏書之家及四方仕宦于朝者，咸以書獻，人思甄録爲幸。復允館臣請，編校翰林署所貯之《永樂大典》，特命内廷大學士等爲總裁，掄選翰林，分司校擇。輯書之始，請錫嘉名，命以「四庫全書」，就翰林院署設局編纂。其校勘《永樂大典》者，於原心亭列席；校勘遺書者，於寶善亭列席。部曹及子官屬，亦有選預纂修者，在籍進士、舉人徵預分校者五人。特諭内府司官辦給飲膳，盛夏、隆冬，頒冰給炭。凡書佳者，悉繕録彙列四庫。次則標存名目，附列書末。其不經及僞託者，概從擯斥。書篇仿《永樂大典》式，印界朱闌。選舉、貢、監生字畫端楷者，就武英殿書局分領繕寫。於全書内擇其精醇，先爲《薈要》，繕貯摛藻堂，即以武英殿纂修翰林分校《薈要》，選派中書、助教等官，司全書覆校、分校事。每分校二員，設覆校一員，重加磨勘。書内有關學術經濟者，咸付刊印，用廣流傳。仿宋人活版字法，刊成單字排印。書函每以漿氣致蠹，易以木匣。經、史、子、集，以青、赤、白、黑四色分別裝潢。通計每分三萬六千册。凡内外獻到之書，皆鈐以翰林院印，事竣仍給還其家，並蒙宸翰弁題簡端，俾世守珍弄，益增藝林佳話。其時司總纂者，紀編修昀蒙恩即升侍讀，陸郎中錫熊改擢侍讀，尤爲異數。

張鑒《雷塘盦主弟子記》卷五　（道光九年己丑）十二月，粵東將刻成《皇清經解》寄到滇南。福案：是書大人於道光五年在粵編輯開雕。六年夏移節來滇，乃囑糧道夏觀察修恕接理其事，嚴厚民先生杰總司編集。凡書之應刻與否，大半皆是郵筒商酌所定。今越五年，書成，計卷一千四百，自顧氏炎武以下，計書一百八十餘種，共分三十函，板藏於粵東省城學海堂中，刷印通行。夏觀察序云：《皇清經解》之刻，乃聚本朝經解之書，以繼《十三經注疏》之迹也。自《十三經注疏》成，而唐宋解經諸家大義多括於其中。此後李鼎祚書宋元以來經解，則有康熙時通志堂之刻。我大清開國以來，御纂諸經爲之啓發，由此經學昌明，軼於前代，有證注疏之疏失者，有發注疏所未發者，亦有與古今人各執一説以待後人折衷者。國初如顧亭林、閻百詩、毛西河諸家之書，已收入《四庫全書》，乾隆以來，惠定宇、戴東原等書亦已久行宇内，惟未能如通志堂總匯成書，久之恐有散佚。道光初，宫保總督阮公立學海堂於嶺南以課士，士之願學者苦不能備觀各書，於是宫保盡出所藏，選其應刻者，付之梓人，以惠士林，委修恕總司其事。修恕爲屬官，且淑於公門生門下，遂勉致力。宫保以六年夏移節滇黔，修恕校勘剞劂，四載始竣，計書一百八十餘種，庋板於學海堂側之文瀾閣，以廣印行，不但嶺南以此爲《注疏》後之大觀，實事求是，即各省儒林亦同此披覽，益見平實精詳矣。福案：本朝學問皆實事求是，平實精詳，異乎空言高論不求甚解者。此序末數言，乃大人所改。

姚元之《竹葉亭雜記》卷四　《駢字類編》書板久不存，人家有藏者，亦據爲奇貨。嘉慶甲戌夏，武英殿奏請清查板片書籍，時同年謝峻生編修爲提調官。查至南薰殿，見爐坑内燒火炕出灰之坑，都中名曰爐坑。有物貯焉，命啓之，板片堆積，審之則《駢字類編》板也。核校短二千頁，因奏請刻板千補之。板兩面刻字，故只用千板。今此書發賣，士子俱得見之矣。

吴振棫《養吉齋叢録》卷之六　舊時，刑部吏承辦刊印秋審册，有每年賠累五千金之言，且板在民間，事易洩漏。雍正十三年，始奏設總辦秋審處於大庫西，建屋四十八間，以居匠役，廳事五間，爲治事所，以滿、漢司員二人領之。而覈定緩、實，仍歸本司。迨堂議既定，發秋審處繕清付梓而已。乾隆七年，始令秋審處覈定各司所議情實各案，其後則無論應緩、應實，皆由秋審處覈定矣。

吴振棫《養吉齋叢録》卷之九　刊刻鄉、會試試録，殿試登科録，國初沿明制。康熙乙未科，不刊鄉、會試録，改爲紅本進呈。雍正癸卯，仍令刊刻。主司作前後序，内載考官及執事官職，舉子姓名、鄉貫，三場題目，士子所作諸藝各一。

錢泰吉《曝書雜記》卷一　《玉海》余所藏者爲嘉慶丙寅江寧藩庫刻本。先是，上元學宫明初刻板，至國朝屢修者燬於火。合河康公基田官江寧布政使，張公敦仁守江寧，得浙東至元初刻本，乃屬副貢陳勉甫、上舍胡聖畿參攷校讎。《序》稱補填缺誤二萬餘字，五閲月而刻成，附刻十三種亦完備。道光乙酉，曾假當湖吴氏慎餘堂所藏元刻校對十餘卷，知此刻勝於修板多矣。惜金陵刻工爲下，附刻書益草草，不若張太守重刻撫州本《禮記》影宋校勘精良也。

郭嵩燾《郭嵩燾日記》第二卷　（同治十二年十二月）初八日。雨。上林寺僧西枝以佛殿落成，爲臘八會，約同裴樾岑、朱宇恬、張力臣參佛，便食臘八（燭）〔粥〕。金陵、杭州、揚州、如皋分開四局刻藏經。西枝出金陵所刻《楞嚴經》見示。佛法流傳東土，惟江浙兩省能稍究其精微。藏經之刻，亦可謂盛舉矣。

郭嵩燾《郭嵩燾日記》第三卷　（光緒二年二月）初四日。復陳渭濱軍門，李玉階、劉景韓兩觀察，陳鶴雲太守共四信。又復龍皞臣一信。皞臣方刻鄒叔績遺書，兼一問之，能及未出洋見此書之成爲快幸。胡月樵寄到彙刻子書，并云另有經部五十餘種，煌煌大觀。月樵在鄂局嘉惠後學，功亦偉矣。書由韓弼笙大令帶京，以恐入城盤查，寄存長興店，至是始遣足運回，書箱破爛，書本損壞多矣。

俞樾《春在堂隨筆》三　同治己巳，江寧、蘇州、杭州、武昌四書局有會刻二十四史之舉，余與聞其事，在詁經精舍曾以會刻全史章程命題，肄業生潘鴻字儀父擬章程八條以進，今録其四條。一曰：二十四史總計二千二百九十四卷，四局分刻，當各得八百二十餘卷。今擬以《史記》、《漢書》、《後漢書》、《三國志》、《晉書》、《宋書》、《南齊書》、《梁書》、《北齊書》爲一分，共八百三十卷；《陳書》、《魏書》、《周書》、《南史》、《北史》、《舊唐書》、《新唐書》爲一分，共八百三十五卷；《隋書》、《舊五代史》、《新五代史》、《宋史》爲一分，共八百八卷；《遼史》、《金史》、《元史》、《明史》爲一分，共八百二十一卷。二曰：二十四史，除殿版外，有汲古閣十七史本，明南北監版二十一史本，其單行本之佳者，《史記》、兩《漢書》、《新五代史》有明汪氏本，《史記》、《漢書》有凌氏評林本，《後漢書》有元刻本，《南北史》、新舊《唐書》各有合鈔本，《舊唐書》有明聞人詮本，其間异同不一，應作校勘記附末。三曰：備校各書，如吴仁杰《兩漢刊誤補遺》、潘眉《三國志考證》、梁玉繩《史記質疑》、王念孫《讀書雜志》、錢大昕《廿二史考异》、《三史拾遺》、《諸史拾遺》、王鳴盛《十七史商榷》，皆足考訂异同，其他如《通典》、《通考》、《通鑒》、《續通鑒》、《弘簡録》、《宋史新編》、《東都事略》、李燾《長編》、《歷代名臣奏議》、《宋元學案》、王鴻緒《明史稿》、吴任臣《十國春秋》、厲鶚《遼史拾遺》之類，凡足資考訂者，皆宜購備。四曰：天文、律曆等志，非平時所專習者，不能訂其訛奪，每局應延請精於曆算星學者一二人，專校天文各志。

俞樾《春在堂隨筆》三　江蘇元和陳兒亭吏部鶴著《明紀》一書，體裁明密，决擇謹嚴，頗具史才，五十三卷，後其孫内閣中書克家續成之。中書佐張忠武戎幕，死庚申之難，孤維驥抱遺書奉其母走海上，流離轉徙，幸獲保全。中書故人吴平齋觀察取其書擬刻之，未果也。已而江浙間有會刻全史之議。初同治八年春，余在蘇寓，得浙撫李筱荃中丞書，謀合江寧、蘇州、杭州三書局合刻二十四史，屬余謀之江南諸當事。余因移書問兩江制府馬端敏，端敏復書，許刻至《隋書》而止，則寧局所刻凡十五種矣。又以告蘇撫丁雨生中丞，中丞稍難之曰：「蘇局已刻《資治通鑒》，應敏齋廉訪又購得畢氏《續通鑒》版歸局中，則自明以前事迹具矣。吾再刻一《明史》，而三千年往事燦然在目，何事二十四史爲？」余曰：「固也。然公并《明史》不刻，則已耳，既刻《明史》，則一大部也，何不更刻一二種以成此美舉乎？」中丞首肯，乃以刻遼、金、明三史自任。此外惟新舊兩《唐書》，薛、歐兩《五代史》，宋、元兩史耳。遂以告筱荃中丞，大喜，即定議，吾浙刻兩《唐書》及《宋史》，而以兩《五代》及《元史》請李少荃伯相刻之於湖北。伯相不願刻《元史》，復移書丁中丞，請以《元史》歸蘇局，而刻《明史》，其意謂元、明一也，可以交易，而不知適與丁中丞初意相左矣。於是平齋觀察乃出《明紀》示余，曰：「子盍與中丞言之，與其兩局争刻一《明史》，何如刻此書哉？」余因與丁中丞書曰：「公欲刻《明史》以補畢氏《通鑒》所未及，使學者不必讀二十四史，而數千年事犁然大備，此意甚盛。但《明史》與《通鑒》體非一律，若刻陳氏此書，則與《通鑒》體例相同，合成全璧，洵可於二十四史外别張一幟矣。」中丞然之，遂以書付蘇局開雕。書成，而中丞已奉諱去，繼之者爲張子青中丞，因其書無序，請馮景庭中允爲之序。中允爲述刻書緣起，而未盡其事曲折，蓋此事惟余知之詳也，故紀之於此，以告海内讀《明紀》者。

俞樾《春在堂隨筆》三　江浙之開書局也，余曾有續刻《皇清經解》之議，因博訪通人，搜羅衆籍。戴子高望以書目一紙見示，采擷略備，乃當事諸君子莫有從余議者。余窮老且病，此志終不果矣，而子高所詒書目猶在篋中，因録於此，俟後之君子。《周易》則有若莊氏存與之《彖傳論》、《象傳論》、《繫辭傳論》、《説卦傳論》、《卦氣解》、《八卦觀象解》，張氏惠言之《虞氏易言》、《虞氏易事》，劉氏申受之《虞氏易言補》、《易虞氏五述》，李氏鋭之《周易虞氏略例》，胡氏祥麐之《虞氏易消易圖説》，姚氏配中之《周易姚氏學》；《尚書》則有若莊氏存與之《尚書既見》、《書説》，莊氏述祖之《尚書考證》、《尚書記》，劉氏申受之《書序述聞》，宋氏于廷之《書譜》，龔氏自珍之《尚書序大義》、《尚書馬氏家法大誓答問》，魏氏源之《書古微》，周氏用錫之《尚書証義》，焦氏循之《禹貢鄭註釋》，朱氏右曾之《逸周書補註》；《詩》則有若莊氏存與之《毛詩説》，莊氏述祖之《毛詩考證》、《周頌口義》，汪氏龍之《毛詩異義》，陳氏奂之《詩毛氏傳疏》、《毛詩説音義類》，胡氏承珙之《毛詩後箋》，馬氏瑞辰之《毛詩傳箋通釋》，朱氏右曾之《詩地理考實》，魏氏源之《詩古微》；《儀禮》則有若褚氏寅亮之《儀禮管見》，張氏惠言之《儀禮圖》，胡氏承珙之《儀禮古今文疏義》，胡氏培翬之《儀禮正義》、《儀禮宫室定制考》，吴氏卓信之《喪禮經傳約》，吴氏嘉賓之《喪服會通》，董氏蠡舟之《釋祀》，徐氏養原之《儀禮古今文疏證》、《飲食考》，鄭氏珍之《禮經小記》；《周官》則有若莊氏存與之《周官記》、《周官説》，莊氏綬申之《周官禮鄭氏註箋》，莊氏有可之《周官指掌》，沈氏夢蘭之《周官學溝洫圖説》，徐氏養原之《周禮故書考》，鄭氏珍之《輪輿私箋》，錢氏坫之《車制考》；《禮記》則有若王氏聘珍之《大戴禮記解詁》，莊氏述祖之《夏時説義》、《夏時等例》、《夏小正文句音釋》，劉氏申受之《夏時經傳箋》，黄氏模之《夏小正分箋》、《夏小正異義》，魏氏源之《曾子章句》、《子思子章句》，金氏鶚之《禮説》；《春秋》則有若龔氏自珍之《春秋決事比》，魏氏源之《春秋公羊古微》，柳氏興宗之《穀梁大義述》，洪氏亮吉之《春秋左傳詁》，梁氏處素之《左通補釋》，臧氏壽恭之《春秋左氏古義》，朱氏右曾之《春秋左氏傳疏》，董氏斯垣之《國語正義》，黄氏模之《國語補韋》，汪氏遠孫之《國語古註輯存》、《國語韋註補正》、《國語明道本考異》；《論語》則有若江氏聲之《論語俟質》，程氏廷祚之《論語説》，錢氏坫之《論語後録》，宋氏于廷之《論語發微》，徐氏養原之《論語魯讀考》，包氏慎言之《論語温故録》；《孟子》則有若宋氏于廷之《孟子趙註補正》；《孝經》則有若周氏仲孚之《孝經集解》；《爾雅》則有若戴氏鎣之《爾雅郭註補正》，丁氏傳之《爾雅叙篇》，錢氏坫之《樂雅釋地以下四篇註》；小學則有若鈕氏樹玉之《説文段氏註訂》，桂氏馥之《説文義証》，王氏筠之《説文解字句讀》，嚴氏可均之《説文翼》。以上共九十四種，此外若毛氏奇齡之《尚書廣聽録》、《舜典補亡》、《孝經問》、《四書改錯》、《聖門釋非録》，阮氏學海堂本未刻，宜補刻。劉氏逢禄之《公羊何氏釋例》、《公羊何氏解詁箋》，學海堂本多脱誤，宜重刻。又阮刻體例未免雜亂，續刻者宜以經歸經，而别爲經義文鈔一書附後，以采輯諸家文集及説部書中之有涉經義者。均子高説。

俞樾《春在堂隨筆》六 甲戌秋，浙江書局謀刻諸子，購得《十子全書》一部。時余在吴下，從坊間假此書觀之，乃嘉慶甲子重鐫本也。十子者，老、莊、荀、列、管、韓、淮南、楊子、文中、鶡冠也。首刻康熙六十年張芳序，則爲《莊子》而作，不知何以取冠全書。又刻嘉慶丁卯黄丕烈序，則爲王子興刻九子而作，九子者，荀、楊、文中、老、列、莊、鶡冠、管子、淮南也，視十子少韓非子，不知何以并爲一談也。《十子全書》本非佳刻，而此重鐫本又坊間逐利雜湊而成，體例不一，未可據依。因詒楊石泉中丞書，力言之，然恐善本難得，姑就此本中斟酌取裁，使之稍異俗本。蓋其中如《荀子》用嘉善謝氏本，《淮南子》用武進莊氏本，尚不乖大雅，較其他之用明人圈點評本者，尚可節取也。

徐康《前塵夢影録》卷下 《熙朝雅頌集》四十本，自國初至乾嘉時，彙選宗潢及滿洲蒙古奉天諸詩家，搜羅殆盡。兩江督臣鐵保刻成進呈。

《貞蕤詩鈔》，日本使臣朴齊家著。吴山長省蘭主講紫陽書院時校刻，彙入《藝海珠塵》。【略】

《雲栖法彙》三十三册，原板已失。近許中丞乃釗、吴方伯煦，在籍與糧道如公山三人，發願以原書翻刻，奈梨板不易購，及至書成刷印，許、吴二公先後均歸道山，如公亦升長蘆都轉。三人皆未及目賞，佛家以緣字補儒家六經之缺，觀於此書益信。【略】

孫淵如《平津館叢書》及《岱南閣叢書》，皆刻於罷官之後。惟袖珍小叢書十餘册，刻於山東署。【略】

明汪文盛等復刊兩《漢書》，祖本爲湖廣鹺務官校刻。予於劫後游虞山，見於楊濠叟案頭，卷首有元人字及葉石林墨迹。紙薄而韌，極可愛玩。聞之老輩云，汪文盛尚有《史記》及《三國志》，惜罕見矣。【略】

桂未谷曾爲杏壇埽壇夫籍，拔萃後，衍聖公以執照還之，蠲去斯役，故有「浄門復民」、「濆井復民」二印。著作甚富，均由友人付梓。如《晚學齋詩文》集爲曲阜令王大槐刻。《札樸》八卷，爲李柯溪大令刻。《繆篆》分均、正、續三册，爲同人釀金刻板，向藏王葑汀太僕家。續三十五舉、再續、三續，皆蘇齋手書，刻於山左試院。《説文義證》五十卷，初爲河督楊以增刻，罷官後，以書板攜歸，今所見者，湖北書局復刻本。

張之洞《張之洞全集》卷四四《繪刻〈承華事略補圖〉告成恭進摺光緒二十二年七月初三日》 竊臣於光緒二十一年十月二十六日在署兩江總督任内接准南書房公函：欽奉發下御筆題籤内府鈔本《承華事略》一本，又南書房奏蒙欽定提要一篇、凡例一篇、圖説一分、原進表一道，并傳面奉諭旨：「著即由南書房詳具公函，發交兩江總督張之洞付蘇州書局照説畫刻并提要刻入，俟刻成時，仍解交南書房。欽此。」臣謹案：元王惲《承華事略》凡二十篇三十九圖，始於《廣孝》，終於《審官》。其著書緣起，雖爲豫教而設，然所舉諸大端，胥關至德要道，千古帝王治平之要，實不外乎此。其標目較焦竑《養正圖解》爲典要，其立説視張居正《帝鑒圖説》爲雅馴，特是寫本雖存，原圖久佚，今蒙飭發補圖刊印，釐爲六卷，以還舊觀，增入一圖，以協成數，仰見我皇上禀承懿訓，尊養承歡，以孝治爲本原，以典學爲急務，於稽古右文之盛舉，見問安視膳之肫誠。至其餘十九篇，備陳主德治道之要，無一不仰契宸衷，故但求其迹，則類乎《保傅》之篇，而善取其義，則無異《帝範》之作。昔唐太宗謂「考古事之得失，如以銅而爲鑒」，宋蘇軾謂「覽前賢之奏議，如和藥以成方」，即兹法戒之昭垂，仰見緝熙之日懋，祇承之下，欽頌莫名。臣當即欽遵發下式樣次序，派委湖北試用知縣竇豐恭領原書，就近在江寧書局敬謹督工繪刊，以便臣隨時督察審定；一面選定蘇州、上海等處善畫之士，照説繪圖，每一圖爲之疏解大意，考究歷代衣冠、器物、制度，審度事情，配合景物，酌定章法。惟圖式皆甚古雅精細，時工殊難措手，必須十餘日方能成一圖，每定一圖，又必須數易其稿，詳慎將事，不敢稍涉疏率。臣本年春初奉旨回湖廣本任，各畫士皆蘇、滬之人，不願赴鄂，而繪刻諸事，又需人照料，因查在籍翰林院編修費念慈學問淹雅，考古功深，并能精通畫理。該編修現居蘇州，當令委員帶同畫士赴蘇州書局接續辦理，函托費念慈就近督催考訂，所有圖樣隨時函商酌定，期於盡善。至刻圖之工，較刻字爲難，疊在廣東、蘇州、揚州、上海、湖北選募數十人，擇其目力、手法尤佳者，僅得數人，一人之工須二十餘日方能刻成一圖，經費念慈悉心校勘，隨時指授訂正，稍有出入即令改畫改刊，種種周折，以致多需時日，未能迅速蕆事，惶悚實深。兹幸各工一律告竣，恭校刷印，裝訂成册，計木刻二百部，又以石印精細另印二百部，以備一格，合共四百部，并内府鈔本原書，一并恭繳。其南書房發出提要、凡例、圖説、進表原件，暨此次刊刻版片，亦即隨同繳還備查。飭委原派督工委員湖北試用知縣寶豐賫送南書房，恭呈御覽。在王惲原書，以叢殘遺帙得蒙聖上表章，補繪刊佈昭垂，實爲榮幸。而此編常供乙覽，其古雅莊嚴，有裨治道，較之禮壂武梁之畫象，《豳風》、《無逸》之成圖，洵足媲美於千古矣。

張之洞《張之洞全集》卷五二《進呈一統志并天文輿地各球圖摺光緒二十七年五月十九日》 竊惟《周禮》開卷大義曰：「辨方正位，體國經野。」是知古聖人經世大端，必自觀天文察地理始。臣前於光緒二十七年二月十三日准前護陝西撫臣端方來電，以內廷需用《大清一統志》，秦垣遍覓不得，屬臣訪購呈進等因，仰見我皇上眷懷寰宇，孜孜求治之至意。臣謹考是書，於乾隆八年輯成者計三百五十六卷，乾隆二十九年以後續行編輯者增爲五百卷。本擬訪求殿本原書，因鄂省遍訪未得，并向蘇、杭、湖南等省於書肆及藏書家廣爲搜求，均無其書，僅在揚州購到排印大字本三百五十六卷者二部，紙版尚屬完整，其五百卷者，各處藏書家無論殿本、重刻本皆無其書，只有上海石印縮本，字迹較小，檢閱頗費目力，未敢率行進呈。茲特將三百五十六卷之大字本一部，裝璜成帙，上呈御覽。竊思有書不可無圖，而輿圖以後出者爲勝。近年廣東鄒伯奇所刊《皇朝輿地全圖》，係按照西法測准經緯度，以弧綫分度其地面所當天度之部位，較爲密合。當飭鄂省兩湖書院各學生敬謹摹繪兩分，一成直幅入幀，以便懸挂，一裝册葉三本，以便披尋。因天文度數與地球內外上下正相印合，於考覽地圖甚有關涉，并飭兩湖書院學生另繪《赤道南北恒星圖》直幅兩幀，横幅一幀，藉可考見南北兩極、赤黄兩道及躔次之所在。又附進上海製造局所刊《地球全圖》兩幅，足以覘環球之疆域。上海銅版刊印之《亞西亞東部輿地圖》一幅，足以驗近州之形勢。又因圖係半面，欲測天地全形，尚費體會推求，因并附進制成天球、地球各一具，俾大圜運轉，五州列國，可以一覽而知。謹一并裝璜派委員弁賫赴行在，敬謹呈進。儻蒙萬幾之餘，時加垂覽，則環球大勢、中華全局，均可歷歷在目。以之上佐綏安撫馭之方略，或亦可稍有裨益。

張之洞《張之洞全集》卷一〇八《札北善後局將已刻各書板價工資銀兩如數籌撥光緒十七年十月十五日》 爲札飭事。照得表章文獻，治化攸關，湖北歷代名賢通儒，著述不少。現經提督學院趙搜羅校刊，已經刊成者三十一種，其餘應刻者尚多。經本部堂商明，即將已刊各書板片并采獲未刊各書元本，均存留湖北書局，俟陸續彙刻完備，即名曰《江漢叢書》，以廣流佈而裨士林。所有此項刻書板價工資，現經核計，共銀四千餘兩，自應由善後局籌發。除咨行外，合亟札飭，爲此札，仰該局即便遵照，在於外籌閑款內，如數籌撥銀四千兩，解還學院衙門查收，以清款目。以後應行續刊各種及校刊章程，隨時聽候本部堂選定發刊，妥爲辦理。勿違。

張之洞《張之洞全集》卷一一九《札善後局迅撥銀兩作繪刻〈承華事略〉補圖用款光緒二十二年五月二十二日》 爲札飭事。照得本部堂上年在署兩江總督任內，准南書房函開「敬將承旨發交兩江繪刻欽定《承華事略》補圖原書提要、凡例、圖說、進表一分。又南書房公函一封，點交來員知縣寶豐領訖，所有一切刊刻事宜，公函詳盡」等因，到本部堂。准此，當將發交原書祗領，隨委寶令豐在金陵，續移蘇州敬謹繪刻在案。茲據寶令稟稱「奉委經管繪刻《承華事略》，於去年十二月及本年正月兩次在金陵支應局所領銀兩綜計選訂畫士、招募刻工各費以及購置書籍器具板片、薪水火食、電報一切用款，實屬不貲，現在領款已經用竣，石印書成，價值即須付清。刻又趕催刻手加給辛工，需用尤爲浩繁，應請再行發給銀三千兩，以濟要工，特專丁賫呈領字一紙，伏乞批發祗領」各等情，到本部堂。查欽定《承華事略》補圖係奉旨發交本部堂欽承繪刻之件，叠准南書房來電奉旨屢催，刻難延緩，即據寶令稟稱用款不敷，請再行發給等情前來。合行札飭，札到該局，即便查照發給銀三千兩，交寶令來丁祗領具報。工竣後，飭由寶令核實報銷。勿違。

張之洞《張之洞全集》卷一二〇《咨南書房委員賫解刊刻〈承華事略〉補圖等書赴京投收光緒二十二年七月初三日》 爲咨送事。竊照本部堂於光緒二十一年十月二十六日在署兩江總督任內，接准南書房公函，欽奉發下御筆題籤內府抄本《承華事略》一本，又奏蒙欽定提要一篇、凡例一篇、圖說一分、原進表一道，并傳面奉諭旨：「著即由南書房詳具公函，發交兩江總督張之洞付蘇州書局，照說畫刻并提要刻入，俟刻成時，仍解交南書房。欽此。」當即欽遵發下式樣次序，派委湖北試用知縣寶豐恭領原書，就近發交江寧書局，敬謹督工繪刊，以便本部堂隨時督察審定。因係特旨飭辦之件，詳慎將事，不敢稍從草率。本部堂旋於本年春初奉旨回湖廣本任，各畫士皆蘇、滬之人，不願赴鄂，當令委員帶同畫士赴蘇州書局，接續辦理，晝夜督催趕辦。茲各工一律告竣，恭校刷印裝訂成册，計木刻二百部，又以石印精細另印二百部，以備一格，合共四百部。并御筆題籤、内府抄本原書，一并恭繳，其南書房發出提要、凡例、圖說、進表原件，暨此次刊刻版片，亦即隨同繳還備查。飭委原派督工委員湖北試用知縣寶豐，賫送南書房，恭呈御覽。除恭折具奏外，所有奏稿相應一并咨送，爲此合咨南書房大人，請煩查照施行。

張之洞《張之洞全集》卷一二〇《札委寶豐賫解刊刻〈承華事略〉補圖等書赴京投收光緒二十二年七月初四日》 爲札委事。照得本部堂前在署兩江總督任內，接准南書房公函，欽奉諭旨，畫刻欽定《承華事略》補圖一書，當即欽遵發下式樣、次序，派委湖北試用知縣寶豐在蘇州督工繪刊，并因前在江南所發經費不敷，復飭善後局撥發畫刻工費在案。現在書已告成，應即飭委該員賫送南書房，恭呈御覽。合行札委，爲此札仰該員，即便遵照，迅將奉發原書各件，并前書木刻二百部，石印二百部，及木刻版片，連同發交咨文一角，小心賫送至京，前赴南書房呈投，毋稍疏虞。所有該員應支川資銀兩，迅赴北善後局具領，仍將起程日期禀報查核。

張之洞《張之洞全集》卷二一〇《電牘四十一・致蘇州吴清卿中丞光緒二十二年正月初九日卯刻發》 奉敕繪圖刊書事，遵命即請公代爲經理，感極。當令畫士數人及委員寶令豐即日赴蘇聽候指揮。原發圖書各件一并呈交并帶備用之款前往。本擬石印較精而速，商之南齋，復電言原奉旨係刻板，仍應刻板。已向粤覓極精刻工三人，到日當并令赴蘇。竊擬畫成，寫成時，板刻一分，又石印一分一并進呈，必是石印者蒙宸賞耳。請先爲諸畫士覓一寬綽住處，至畫稿如何選擇，改正，畫士應留何人去何人，好書手應請幾人，何處該求，一切辦法統聽尊裁酌辦，將來此書應敝處進呈，不交後任。并聞。費神。叩謝。賀春喜。庚。

陳康祺《郎潛紀聞初筆》卷九《阮刻十三經校勘記》 江西南昌學所刻《十三經注疏》，四百十六卷，卷末各附校勘記，阮文達公巡撫時捐貲校刻者也。校勘記雖勘於江右，實成於吾浙，蓋公撫浙時，出舊藏宋版十行本十一經，及《儀禮》、《爾雅》單疏本爲主，更羅致他善本，屬詁經精舍高才生分撰成書。《易》、《穀梁》、《孟子》屬元和李鋭，《書》、《儀禮》屬德清徐養原，《詩》屬元和顧廣圻，《周禮》、《公羊》、《爾雅》屬武進臧庸，《禮記》屬臨海洪震煊，《春秋左傳》、《孝經》屬錢唐嚴杰，《論語》屬仁和孫同元。惜南昌刊版時，原校諸君大半星散，公亦移節河南，刊者意在速成，遂不免小有舛誤云。

文廷式《南軺日記》光緒十九年八月初八日 陰雨，午間止。刊刷題紙，一萬九千餘紙。晚見監臨，知應試者實到一萬七千九百餘人，以恩科人數較少，南數省例然。

文廷式《南軺日記》光緒十九年八月十一日 晴。卯刻發五經題，仍得房官寫十份，刻板刷二萬張許。

《聖祖仁皇帝聖訓》卷四六康熙五十年辛卯三月辛卯 上諭大學士等曰：治天下督撫大吏辦事，當於大者體察，不可刻意苛求，寬則得衆，信則民任焉。治天下之道，以寬爲本，趙申喬任浙江巡撫時，民多怨之，後任湖南巡撫，大小官員無不被叅，豈一省之内無一好官耶？總之，爲大臣者不可輕率叅人。明時臣工不能秉公，顛倒是非，挾讎彈劾，此風不可不戒。夫官之清廉，只可論其大者。今張鵬翮居官甚清，在山東兖州爲官時，亦曾受人規例。張伯行居官亦清，但其刻書甚多，刻一部書非千金不得，此皆從何處來者？此等處亦不必究。

《軍機處録副奏摺・履郡王永珹等奏酌擬存留武英殿修書處庫貯各種書籍摺乾隆三十九年五月十一日》 臣永珹、臣王際華、英廉、金簡、和爾經額、嵩貴謹奏，爲請旨事。

伏查武英殿修書處刊印各種書籍，向例預備多部，以供内廷傳用陳設，其餘頒賞之外，有蒙聖恩准令通行者，俾願讀中秘之人，交納紙張工價請領，歷久遵行在案。

查通行書籍，隨印隨發，存下者甚少。惟預備傳用陳設之書，緣初告成時，各宫殿應行陳設之處，俱經陳設，嗣後即有傳用，爲數無幾，現在存積甚多。又有自康熙年來臣工陸續奏進之書，向例不在通行之列。如《佩文韵府》現存一千九十餘部，此即外進之一種。其他《性理精義》、《御選唐詩》、《朱子全書》等類，現存六、七百部至一、二百部不等。充溢庫内，不特書籍繁多，日久存貯爲難，且安放多年，將來保無霉蠹？臣等公同商酌，請將前項書籍，無分外進内刊，凡數至一千部以上者，擬留二百部；一百五十部以上至六七百部者，擬留一百部；其一百五十部以下者，擬留五十部。此各種書籍，俱係原板初印，紙墨較通行者尤善。臣等仰體我皇上嘉惠士林有加無已之至意，合無請照通行書籍之例，槩予通行，俾海内有志購書之人，咸得善本，必皆踴躍鼓舞，益感我皇上右文惠士之恩於無既矣。

再，查此外尚有積年由各處交到雜項書籍一千四百餘種，其中純疵不一，堆貯庫内，亦應及時清釐。前經四庫全書處查取九百餘種，現存五百八十餘種，俱係尋常之書，應統俟四庫全書處將查取各書交回之日，另行籌酌辦理，再行奏明請旨。合併聲明。

謹將現在查明酌擬存留各種書籍，另繕清單，一併恭呈御覽，伏候訓示遵行。謹奏。

奉旨：好。照此辦理。欽此。

《軍機處録副奏摺・浙江巡撫王亶望奏孫仰曾等人請翻刻聚珍版書籍摺乾隆四十三年正月初九日》 浙江巡撫臣王亶望跪奏，爲恭刊聚珍版書籍事。

竊臣接准武英殿修書處咨文内開：本處總裁臣董誥奏請將聚珍版排印各書發給江南等五省翻刊通行一摺。奉旨：好。知道了。欽此。欽遵抄録原奏並排印得《直齋書録解題》等書三十九種，頒發到臣。

欽惟我皇上聖德日新，文思光被。九天詔下，縹緗遍采夫遺編；四庫書成，圖史匯呈其秘笈。擇其善本，印以聚珍。讀人間未見之書，慰多士近光之願。第高文典册，固已雲爛星華；而僻壤遐方，未必家傳户習。復允儒臣之請，准行翻刻之條，洵藝苑之大觀，亦儒林之盛事。茲據捐職鹽運使運同孫仰曾、捐職大理寺寺丞汪汝瑮、生員汪庚、監生鮑士恭等呈稱：仰曾等識昧一丁，學慚二酉。或陳編經進，邀賞賚之駢蕃；或故紙鑽研，愧見聞之孤陋。恭遇右文之世，彌深汲古之心。情願分任釀貲，鳩工壽梓。俾山陬海澨，羣欽天府之儲；蔀屋茅簷，共仰石渠之秘。等情前來。臣查孫仰曾等從前恭進遺書，曾蒙恩賜，今復請刊翻版，用廣流傳，實出衡茅嚮日之微忱，益昭聖世崇文之曠典。

除刊成書次第裝潢成帙，恭呈御覽外，理合恭摺奏聞，仰祈皇上睿鑒。謹奏。

乾隆四十三年正月二十七日奉硃批：知道了。欽此。

《軍機處上諭檔・軍機大臣和珅等爲奉旨排印〈四庫全書考證〉事致四庫館總裁函乾隆五十一年七月二十日》 啓者：

昨接手函，示商《四庫全書考證》應否仍照舊數刷印，具見尊裁詳審。今早召見時，業遵來示奏請。面奉諭旨：此書除排印陳設二十二部外，著照例排印通行書三百部，不必格外加增。欽此。特此奉聞，祈即遵照辦理。

順候近祺不一。 和珅等同具

翁連溪《清内府刻書檔案史料彙編・乾隆四十四年十二月初一日》 福建巡撫臣富綱跪奏，爲初發聚珍板各書翻刻完竣恭摺奏聞事。

案照前准武英殿修書處奏准，將聚珍板排印各書給發江南等五省翻板通行，並聲明嗣後於每次進呈後陸續頒發等因。隨奉分發《直齋書録詳解》等書三十九種到閩，當經前撫臣飭司議定章程，委員設局，如式刊刻，並經督臣三寶於署撫任内隨時督催。茲據委員刊刻完竣，並按大中小州縣，分別頒發，核計應需一千四百餘部，均已刷印齊全，由司具詳送驗前來。臣查聚珍板各書，邊方士子罕得寓目，茲蒙皇上嘉惠士林，俯准翻刻，俾海澨山陬，皆得遂其快睹之願，此誠曠古稀逢之盛事。【略】至續奉發到《蒙齋集》等書十五種，臣現飭上緊刊刻，務期程功迅速，多多刷印，使秘笈遍傳於閩嶠，不啻家有賜書，以仰副聖上稽左右文之至意。所有翻刻初發聚珍板各書完竣緣由，理應繕摺恭奏，伏祈皇上睿鑒。謹奏。

硃批：覽。

翁連溪《清内府刻書檔案史料彙編・同治十年十二月十七日》 再，江寧、蘇州、浙江、湖北四省書局公議合刻《二十四史》，同治八年五月間經臣于湖廣總督任内會商各省定議專摺奏明在案。查《二十四史》之刻，以武英殿所藏乾隆四年校刊之本爲最精。前年回禄之餘，書板殘缺，刷印綦難。竊思法戒莫備於史書，圖籍宜歸於内府。《二十四史》卷帙繁重，茲各省局分任校刊，聚之則可稱善本，散之則難得整齊，似不若令于成書後彙萃進呈。可否請飭下各該省督撫，督令書局將所刊各史照議定式樣，趕緊刊刻完竣，校對無訛，除由各該省印行外，所有板片俱行解京，由翰林院請旨交於何處收藏，以重典籍。

李攸《宋朝事實》卷一五《財用》 始，益州豪民十餘萬户連保作交子，每年與官中出夏秋倉盤量人夫及出修糜棗堰、丁夫物料，諸豪以時聚首，同用一色紙印造。印文用屋木人物，鋪户押字，各自隱密題號，朱墨間錯，以爲私記。書填貫，不限多少。收入人户見錢，便給交子，無遠近行用，動及萬百貫。街市交易，如將交子要取見錢，每貫割落三十文爲利。每歲絲蠶米麥將熟，又印交子一兩番，捷如鑄錢。收買蓄積，廣置邸店、屋宇、園田、寶貨；亦有詐僞者，興行詞訟不少。或人户衆來要錢，聚頭取索印，關閉門户不出，以至聚衆争鬧，官爲差官攔約，每一貫多只得七八百，侵欺貧民。知府事諫議大夫寇瑊奏：「臣到任，誘勸交子户王昌懿等，令收閉交子鋪，封印卓，更不書放。直至今年春，方始支還人上錢了當。其餘外縣有交子户，竝皆訴納，將印卓毀棄訖。乞下益州，今後民間更不得似日前置交子鋪。」奉聖旨，令轉運司張若谷、知益州薛田同共定奪，奏稱「川界用鐵錢，小錢每十貫，重六十五斤，折大錢一貫，重十二斤。街市買賣至三五貫文，即難以攜持。自來交子之法久爲民便，今街市並無交子行用，合是交子之法歸於官中。臣等相度欲於益州就係官廨宇，保差京朝官別置一務，選差專副曹司揀掐子，逐日侵早入務，委本州同判專一提轄。其交子一依自來百姓出給者闊狹大小，仍使本州銅印印記。若民間僞造，許人陳告，支小錢五百貫，犯人決訖，配銅錢界」。奉敕令梓路提刑王繼明與薛田、張若谷同定奪聞奏，稱：「自住交子後，來市肆經營買賣寥索。今若廢私交子，官中置造，甚爲穩便。仍乞鑄益州交子務銅印一面，降下益州，付本務行使，仍使益州觀察使印記，仍起置簿歷。逐道交子，上書出錢數，自一貫至十貫文，合用印過上簿，封押，逐旋納監官處收掌。候有人户將到見錢，不拘大小鐵錢，依例準折交納，置庫收鎖，據合同字號給付人户，取便行使。每小鐵錢一貫文，依例剋下三十文入官。其回納交子，逐旋毁抹合同簿歷。天聖元年十一月二十八日到本府，至二年二月二十日起首書旋，一週年共書放第一界三百八十八萬四千六百貫。」景祐三年，置監官二員輪宿。皇祐三年二月三日，三司使田況奏：「自天聖元年薛田擘劃，興置益州交子，至今累有臣僚講求利害，乞行廢罷。然以行用既久，卒難改更。兼自秦州兩次借卻交子六十萬貫，並無見錢樁管，只是虛行刷印，發往秦州入中糧草。今來散在民間，轉用艱阻，已是壞卻元法，爲弊至深。轉運司雖收積餘錢撥還，更五七年未得了當，卻勒第十三界書造交子兑換行用，憑虛無信，一至於此。乞今後更不許秦州借支。」奉聖旨依奏。熙寧元年，轉運司奏逐界交子十分內，紐定六分書造一貫文，四分書造五百文，重輕相權，易爲流轉。奉聖旨依行。

王楙《燕翼詒謀録》卷五　僧道度牒，每歲試補刊印板，用紙摹印。新法既行，獻議者立價出賣，每牒一紙，爲價百三十千，然猶歲立爲定額，不得過數。熙寧元年七月，始出賣於民間，初歲不過三四千人，至元豐六年，限以萬數。而夔州轉運司增價至三百千，以次減爲百九十千。建中靖國元年，增至二百二十千。大觀四年，歲賣三萬餘紙，新舊積壓，民間折價至九十千。朝廷病其濫，住賣三年，仍追在京民間者毁抹，諸路民間聞之，一時爭折價急售，至二十千一紙，而富家停榻，漸增至百餘貫。有司以聞，遂詔已降度牒，量增價直，別給公據，以俟書填。六年，又詔改用綾紙，依將仕郎、校尉例。宣和七年，以天下僧道踰百萬數，遂詔住給五年。繼更兵火，廢格不行。南渡以後，再立新法，度牒自六十千增至百千。淳熙初，增至三百千，又增爲五百千，又增爲七百千。然朝廷謹重愛惜，不輕出賣，往往持錢入行都，多方經營而後得之。後又著爲停榻之令，許客人增百千興販，又增作八百千。近歲給降轉多，州郡至減價以求售矣。

洪邁《容齋三筆》卷一四《官會折閱》　官會子之作，始於紹興三十年，錢端禮爲户部侍郎，委徽州創樣撩造紙五十萬，邊幅皆不翦裁。初以分數給朝士俸，而於市肆要鬧處置五場，輦見錢收換，每一千別輸錢十以爲吏卒用。商賈入納，外郡綱運，悉同見錢，無欠數陪償及脚乘之費，公私便之。既而印造益多，而實錢浸少，至於十而損一，未及十年，不勝其弊。壽皇念其弗便，出內庫銀二百萬兩售於市，以錢易楮，焚棄之，僅解一時之急，時乾道三年也。淳熙十二年，邁自婺召還，見臨安人揭小帖，以七百五十錢兑一楮，因入對言之，喜其復行。天語云：「此事惟卿知之，朕以會子之故，幾乎十年睡不著。」然是後曩弊又生，且僞造者所在有之，及其敗獲，又未嘗正治其誅，故行用愈輕。迨慶元乙卯，多換六百二十，朝廷以爲憂，詔江、浙諸道必以七百七十錢買楮幣一道。此意固善，而不深思，用錢易紙，非有微利，誰肯爲之！因記崇寧四年有旨，在京市户市商人交子，凡一千許損至九百五十，外路九百七十，得貿鬻如法，毋得輒損，願增價者聽。蓋有所贏縮，則可通行，此理固易曉也。

周必大《廬陵周益國文忠公集・奉詔録》卷七《增印會子內批回奏》（淳熙十六年正月）臣恭準聖諭，增印會子三十萬道。若只如此數，未至過多，但近者支過鎮江樁管五六十萬修楚州城，初議以度牒、會子兩色補填，今莫若且印充慈福宮支用，將來徐以度牒補還鎮江樁管。伏乞睿照。

周必大《廬陵周益國文忠公集・奉詔録》卷七《催印會子回奏》（淳熙十六年正月十四日）臣恭承聖問印造會子三十萬貫事，適契勘得二十四日方一切圓備，進入內庫。若欲速用，即來日亦可於西上庫那兑，更俟來早面奏。伏乞睿照。

周必大《廬陵周益國文忠公集・奉詔録》卷七《印造會子付內藏庫回奏》（淳熙十六年正月二十六日）臣伏準聖旨，令將印造新會子三十萬道付內藏庫，緣二十四日晚方辦，二十五日赴封樁庫點檢。今已依稟聖訓訖，伏乞睿照。

樓鑰《攻媿集》卷八五《先兄嚴州行狀》　先兄諱錫，字予善，一字申伯。世家明之奉化，今居于鄞。【略】任滿，主管都茶場會子庫，關陞右從政郎。上方留意楮幣，兄服勤其中，纖悉明備。凡事皆立成規，吏不得摇手。日造萬紙，無不精好。一日，謁丞相曾公，有同僚力言省罷之便。兄立其後，具聞之。僚顧見兄，踧踖而退，兄亦不之辯。果罷已，又進謁，白相君曰：「國家賴楮幣以資用度，今罷已，何敢復言？然度必復于後，吏曹失業，散之四方，他日恐難遽集。況作僞者他皆可爲，惟貫百例不能亂真，故多敗。此曹無聊，若冒爲之，智者不察也。願擇可用者，分隸官司，使得以自活。」丞相曰：「子不謀身，而遠慮及此。」即白于上，如兄言。

李心傳《建炎以來繫年要録》卷一〇一　紹興六年五月乙酉　詔：糴本交子並依逐年所降闗子已得指揮，其官吏並罷。初，用張澄議，置交子務於行在，今年二月甲辰。而未有所樁見錢。於是言者極論其害，以爲四川交子行之幾二百年，公私兩利，不聞有異議者，豈非官有樁垛之錢，執交子而來者欲錢得錢，無可疑者歟。今行在建務之初，印造三十萬，令榷貨務樁發見錢矣。續降指揮印造和糴本錢交子兩浙江、東西一百五十萬，而未聞樁撥此錢，何以示信於人乎？竊見前年和糴用見錢闗子，已而赴榷貨務請錢者以分數支，民間行使亦以分數論。去年和糴闗子一百二十萬，先令榷貨務樁足見緡，日具數申省部。民間行使亦依見緡用，然則可信者固在此不在彼也。欲乞應印造交子，先令庫務樁垛見錢，行使之日齎至，請錢者不以多少，即時給付，則民無疑心而行之可久矣。其或樁錢而不足，已樁而別用，或行於民間而不許之納官庫，或行於諸路而不許之充上供，或官司出納並令行使，至於月給官兵將以百十一二用，有不便焉。是爲一節有礙，則商旅貿遷井邑交易之際必有不行者矣。重立法禁，恐不能勝，闌增物價，其弊不一。有如官告度牒，且猶有僞，數寸之紙，其無姦僞乎？貨財不通，獄訟繁興，當自茲始矣。立法䂓制，貴於謀始，伏望詳酌利害，更詔大臣熟議之。詔户部勘當。三月癸巳。又言：昨見朝廷令榷貨務樁見錢二十萬貫，措置見錢闗子許淮南江東路行使。其後有司措置寖失本意，因改爲交子，欲廣行用。除初造見錢闗子一十五萬貫已係都督行府借撥户帖錢樁充本錢外，後來所造廣南，福建等六路交子三十萬，兩浙路交子一十萬，臨安府界小交子一十萬，并見造江南、兩浙預充糴本交子一百五十萬，其合用錢本並未見樁管。由是遠近士民議論紛然，皆以爲不便。臣聞天下事有利必有害，苟所利者大，則雖有小害在所不恤也。若祇利害相半，而事或出於不得已，則亦不暇恤也。至於所害者大而所利者小，則其事有不得不恤者。今之論交子者其利有二，其害有四。一則饋糧實邊，減般輦之費；二則循環出入，錢少而用多。此交子之利也。一則市有二價，百物增貴；二則詐僞多有，獄訟益繁；三則人得交子不可零細，而用或變轉，則又慮無人爲售；四則錢與物漸重，民間必多收藏，交子盡歸官中，則又慮難於支遣。此交子之害也。所謂害者固已在於目前，而所謂循環之利者亦恐未可必得。何以知之？交子出數既多，則人必知官中之無本，商賈縱或收買，豈肯停留私家，必須即時請換見錢，雖有樁垛數目，必不能給，既不能給，則交子之法大壞。今有司措置皆用四川法，臣亦嘗詢究四川始末。頃因陝西借爲糴本，或官不收引，其法幾至大壞，後雖朝廷遣官措置，猶用新引一道收換民間舊引四道，自是之後，不出泛料幾三十年，而錢引之法乃始復行。比年以來，又緣應副軍須，出數復多。目下雖粗通行，而議者亦頗憂其法壞也。況今東南利害與四川全異，欲不樁本錢而多出交子，則其不可行也必矣。自古軍興之際，未有不以財用之絀爲患者，苟出數寸之紙，可足一時之用，則古之人亦何惜不特出數百萬以濟其闕，而乃區區講求理財之術也。今若行交子而使百物倍貴，萬一如軍兵所請，或言養贍不足，則又將何以給之。欲望聖慈博采衆言，付大臣熟議。或以其置造已成，必欲行之，即乞止用數十萬道，聽客人於沿邊入中斛斗，或納錢兑便令持闗子赴行在請换見錢或茶鹽引及香藥雜物之類。庶幾便商賈，省漕運，不失朝廷置闗子之本意。又言：錢引之法若必行之，兩浙等路有不便者五：今錢引之出於行商尚可，而無益於軍民；之用於道路之齎尚可，而無資於旦暮之需。今行商與軍民孰多？朝夕之需與道路之齎孰急？此不便一也。雖曰交子與錢並用，今一交子不過千錢，軍民之須，日用飯食持一交子以適市，止有數百之用，用之不盡，將棄之乎？將爲數百之用乎？此不便二也。物重財輕，其日久矣。今又益之以此，乘時射利者必高其物價。此不便三也。富室豐家典賣之際，故輕其引，必欲見緡，既得見緡，深藏不出，交子空行於市井而物不得售。此不便四也。異時盜鑄銷鎔，皆出東南之民，今數寸之紙能保其姦詐不爲乎？此不便五也。四月辛丑降出。工部侍郎趙霈時爲諫官，亦言其弊有五：法行之初，人必疑慮，蓋不行使則起争端，若有減落則違法禁，舖户緣此必致停閉。一也。市井交易，必立私約，用見錢則價直必平，用交子則價直必倍。二也。今以片紙用爲千錢，細民得之反以爲累，片紙不可以分裂，千錢不可以散用。三也。積日累月，物重財輕，緡錢藏於私家，官庫愈見匱乏。四也。官私既許通行，民間豈無詐僞，雖嚴爲僞造之禁，孰能懲冒法之人。五也。四月丙午。刑部尚書胡交修時爲翰林學士，亦上疏力陳其害，以爲崇寧大錢覆轍可鑒。方大臣建議，舉朝無敢非者。法行未幾，錢分兩等，市有二價，姦民盜鑄，死徒相屬，終莫能勝。今之交子，較之大錢無銅炭之費，無鼓鑄之勞，一夫日造數十百紙，鬼神莫能窺焉。真僞莫辨，轉手相付，旋以僞券抵罪，禍及無辜。久之見錢盡歸藏鏹之家，商賈不行，細民艱食，必無束手待盡之理。比及悔悟，恐無及矣。江西制置大使李綱亦遺執政書，言其不可行。繇是遂復爲關子焉。六月乙卯再降旨。

李心傳《建炎以來朝野雜記》甲集卷一六《東南會子見錢關子》 東南舊無會子，大觀中，蔡京當國，嘗倣川交子法爲錢引行之，然所出猥多，又官司不以出納，故旋即廢。紹興元年冬，高宗在越，張忠烈俊以神武右軍分屯婺州，朝廷以水道不通，始置見錢關子，召商人入中。其法：入見錢於婺州，執關子赴杭、越榷貨務請錢，每千搭十錢爲優潤。十月壬午。六年春，張忠獻爲都督，張如瑩澄主管行府財用，請依四川法，造交子，與見緡並行。先造二十萬緡，行於江、淮，既又造二十萬緡爲糴本，遂置行在交子務。二月甲辰。將悉行之東南。趙公時霈爲諫官，爲上言：「官無本錢，懼民不信，其不便者五。」胡内翰交修亦言：「姦民僞造，抵罪必多。」朝廷遂改爲關子，自十千至百千，凡五等，紹興末頗舉行焉。當時臨安之民，復私置便錢會子，豪右主之。錢處和爲臨安守，始奪其利以歸於官。既而處和遷户部侍郎，乃於户部爲之。三十一年春，遂置行在會子務，二月丙辰。後隸都茶場，悉視川錢引法，行之東南諸路，凡上供、軍需，並同見錢，仍賜左帑錢十萬緡爲本。乾道初，户部以財匱，增印會子二百萬緡。李侍郎若川因請官兵廩給減支見錢，歲中可省緡錢二百四十萬。上以其動衆，難之。二年二月辛未。時會子初行，軍中多以爲不便，鎮江都統制郭振與總領趙公稱有隙，奏乞公稱易見緡付本軍。上以諭輔臣，洪丞相曰：「楮幣在處可行，但須得本錢稱提乃可。」遂命行之淮東。三月辛亥。然楮券所出既多，而有司出納皆用見錢，民不以爲便。陳天與良祐在諫院，爲上言之。先是，已增榷貨務入繪會子二分，上諭輔臣，不可失信於民。二年二月癸卯。三年，遂出南庫錢二百萬緡，收回所增會子，而命三衙全支銀錢。時會子已造者二千八百餘萬，已用者一千五六十餘萬，而在民間者九百八十萬緡。始議盡收之，已降内藏、南庫銀各百萬兩矣。曾欽道爲户部侍郎，乞存民間見在者五百十九萬。上從之。然銀直既低，軍士患其折閲，殿帥王琪因爲執政言之。欽道復請以分數支會子，上不欲。魏丞相曰：「今會子已非前日比。」上乃許之。七月己亥。先是，諫官陳天與嘗言不可失信於民，乞復置會子務。三月癸亥。蔣參政行丞相事，力主之。其冬，復印新會子五百萬。十一月己酉。四年春，詔諸軍、諸司皆分數支會子，德壽宮依舊支見錢，禁中亦分數支會子。三月甲申。其秋，曾欽道奏僞造會子人，籍其貲充賞；再犯，依川錢引法。從之。八月癸卯。五年春，詔以一千萬緡爲一界，時欽道已遷版書，而陳季若以兵部侍郎提領，共奏：乞如川錢引例，兩界相沓行使。許之。正月辛酉。六年春，言者謂「楮幣可行於無事之時，不可行於有事之際。今銀直低平，宜廣收買，或以度牒折納，非泛交用，悉以楮幣。」乃令諸道監司別庫積銀，以備緩急。奏雖下，後不克行。二月丙戌。七年春，詔州郡上供，許用七分會子，三分見錢。正月。然有司取於民，悉以見鏹，上命約束之。六月辛酉。淳熙十三年秋，詔今後再犯僞造會子，雖印文不全成，但已經行用，論如律。九月乙巳。今江、浙會子一千，率得銅錢七百五十；湖北會子一千，率得錢五六百。其法：自一貫、五百、三百至二百，凡四等，民甚便之。自會子創造至今四十年，遂與見緡並行，不可復廢矣。凡會子亦兩界並行，總三千六百萬。第七界又增印五百二十三萬八千八百有奇，實爲四千一百二十餘萬。

李心傳《建炎以來朝野雜記》甲集卷一六《湖北會子》 湖北會子者，隆興元年秋，總領王珏始創造，謂之直便會子，凡七百萬緡。乾道元年春，楊倓帥荆南，以爲不可通行於諸路，乞令户部以五十萬緡兑换。其後遂收三百萬緡，止餘四百萬。淳熙五年冬，又令户部印給三百萬緡，而總領周嗣武言：「自來鹽商無回貨，率以會子市茶引而東。今會子通行，則茶引不售，軍食必闕。」遂寢之。十一年，始通行於京西路。紹熙初，梁總爲京湖總領，會其已出應换之數，得五百六十二萬緡，遂亦造兩界焉。每界二百七十萬緡，總爲五百四十萬。

李心傳《建炎以來朝野雜記》甲集卷一六《兩淮會子》 兩淮會子者，乾道二年夏，初令户部印給二百萬緡，謂之交子，不得過江。八年秋，以交子易壞，始出行在會子收兑。紹熙三年夏，議者以淮上鐵錢多，欲革其弊。會趙子直爲吏部尚書，與從官陳進叔、羅春伯、謝子肅等合奏，乞印造兩淮會子三百萬貫，付於兩路，每貫準鐵錢七百七十，淮東二分，淮西一分，依湖北例，三年一兑，更不申展。事下兩省、臺諫議，而尤延之等議以爲可，遂施行之。其會子仍分一貫、五百、二百者，凡三等，許流轉至江、池、太平、常州、建康、鎮江府、興國、江陰軍界内行應用，兩淮上供及户部錢物並權發見錢三年，令淮南漕司樁管，而沿江八州軍合發上供，一半會子，則許用交子通融，起發於江、淮東西總領所樁管焉。蓋自紹興辛巳二月以後至紹興壬子八月以前，行在、湖北、兩淮創行交、會，總爲四千九百六十餘萬緡，已敵蜀中之數矣。

李心傳《建炎以來朝野雜記》甲集卷一六《四川錢引》 四川錢引，舊成都豪民十六户主之。天聖元年冬，始置官交子務，十一月戊午。每四年兩界，印給一百二十五萬緡。崇、觀間，陝西用兵，增印至二千四百三十萬緡。崇寧元年增二百萬，二年又增一千一百四十三萬，四年又增五百七十萬，大觀元年又增五百五十四萬。由是引法大壞，每兑界，以四引而易其一，蔡京患之。大觀元年夏，改交子爲錢引，四月甲子。舊交子皆毋得兑。三年秋，詔復以天聖年額爲準。七月。建炎初，靳博文爲益漕，以軍食不繼，始以便宜增印錢引六十二萬緡。二年六月。其後張忠獻、盧立之、席大光相繼爲帥，率增印矣。紹興七年夏，詔四川不得泛印錢引。五月庚寅。然邊備空虛，泛印卒如故。十年春，用樓仲輝議，詔印錢引者徒二年，不以赦免。正月戊子。未數月，以贍軍錢闕，又命印五百萬緡。三月戊子。十三年，鄭亨仲復奏增四百萬緡。三月辛卯。三十年，軍事將起，王瞻叔增印一百七十萬緡。三月。又明年，虞并甫宣諭川、陝，亦增印一百萬緡。三十二年閏二月乙未。紹熙二年以展年兑界，增還計所一百七十萬緡。慶元三年，三路旱，復減放，又增一百萬緡。今前後兩界，共盡收錢引四千九百萬緡有奇。其法：自一千至五百，凡二等，每錢引一千，民間直鐵錢七百已上，而輸官則一千二百八十云。

李心傳《建炎以來朝野雜記》甲集卷一六《錢引兑監界》 自天聖立川交子法，每再歲一易，人户輸紙墨費三十錢。紹興十一年秋，詔增爲六十四，七月壬寅。每界無慮一百七十萬緡，與更易不盡者，號水火不到錢，亦二十餘萬緡，悉令計司收之，以備邊用。然錢引屬總領，而鈔紙場、錢引務隸成都漕司，故更易不盡者，總、漕屢争之。二十八年夏，孫太沖奏以爲稱提本錢，詔茶馬司檢察。五月癸亥。其後，卒歸計司焉。紹熙二年，上念蜀民之勞，詔權展一界乃易。慶元四年冬，丁端叔自四川茶馬代還，入見，言川交子二年一兑，每引納貫頭錢八十文足，民甚苦之。今計所多羡財，每界請展一年，永爲定制。章下制置司。十一月。時袁起巖爲帥，上言：「今民間每兑錢引一千，貼納錢引六十四文足，每界總領所收貼頭錢凡百八十萬緡，今欲展年，當求對補之策。其一，紹熙初增印百七十萬緡，今凡八年，則兑界兩、三次間，暗增貼頭錢已三四十萬。其一，去歲增印錢引百萬緡，異時每界增貼頭錢亦僅七萬。此二者略可相當，兼總領所每界撥還漕司工墨錢十九萬緡，今既展年，不復對撥，而又每界水火不到之緡幾十萬，皆總所得之，若展一年，所不到者又倍，凡此皆可以對補展年所虧之數。」明年春，有旨許之。三月戊申。六年冬兑界，水火不到錢才七萬五千四百四十八緡。嘉泰二年，陳日華曄總領，謝用光爲帥，請之朝，復以二年一兑。蓋軍餉所仰，不可復展矣。

李心傳《建炎以來朝野雜記》甲集卷一六《關外銀會子》 關外銀會子者，紹興七年，吴涪王爲宣撫副使，始置於河池。二月丙午。其法：一錢或半錢，凡一錢銀會子十四萬紙，四紙折錢引一貫。半錢銀會子十萬紙，每八紙折錢亦如之。初但行於魚關及階、成、岷、鳳、興、文六州，歲一易，其錢隸軍中，武安薨，遂屬計所。十七年七月，復造於大安軍，再歲一易。乾道四年四月，始增一錢銀三萬紙。九月，行於文州，其後稍益增，迄今每二年印給六十一萬餘紙，共折川錢引十五萬緡。

李心傳《建炎以來朝野雜記》甲集卷一六《鐵錢會子》 鐵錢會子者，興元府、金、洋州用之，創自隆興元年。其法：自三百、二百至一百，凡三等，迄今每二年印給二百四萬緡，共折川錢引四十萬緡。始是，總領趙郎中沂奏獲其年十月四日癸巳指揮，造六十萬緡，折錢引十萬貫，行於金州，至隆興二年六月、乾道四年正月，累增乃及此數也。

許應龍《東澗集》卷六《李劉昨任成都運判日起發會紙及五綱轉一官制》 矧爾曩任計臺，造券以佐用度，必資蜀楮；設官以司其局，凡宣勞者悉該賞典。實董其事，既及五綱之數，盍陞一秩之榮。雖率舊章，式昭新渥。

許應龍《東澗集》卷六《厲模昨任成都運判起發會紙及五綱轉一官制》 鈔楮造券，以佐國用，司其局者，苟振厥職，悉加恩渥。矧爾持節計臺，實總其事，綱發應格，允謂究心。進秩一階，庸示信賞。

唐士耻《靈巖集》卷四《益州交子務記》 有宋君臨萬宇，天地其量，不作不創，因民所欲，左翊右贊，使訖平允，以無困躓。益州之壤，鎮撫全蜀，直國坤維，雖車書混一初無彼此之間，然去都國幾萬里，了不與中原謀。壤地西接蠻戎，慮其溢洩，賦幣以鐵，人疾懋遷，而質劑興焉。主以十六户，時改事變，貧富不齊，有券莫償之患起矣。訟牒紛紜，官疲決責，或者厭之，將一棄不顧，然而遲重難遷之患，民又病之。議論複繹，事愈明白，官建專務，以主其事。一時因隨創建，豈無善意維持可傳於後者？輒補其闕而爲之記曰：民生林林，不能自養，饑求之食，寒須之衣，而農出焉。神農建耕織之教，少昊立九扈之官焉。聖神者亦豈能坐視其自成哉！則必立之官師，著之訓飭，以佐其所不逮，而使之至於遂事而後已。然比之飲血衣皮之時，固已若多事，聖人不敢憚也。耕桑衣食之餘，日用萬貨，非一方可具，理須服賈而商出焉。稷佐懋遷之道，周建九府之法，亦無非左右齊民，爲之表則，使無後患，然比之蠶桑稼穡之務亦稍末矣，聖人不敢厭也。凡其由農而有商，自醇而趨便，從質以歸文，皆其勢之必然，理之必至，繼此且有變焉，聖人烏所避哉。我朝家法，不自神聖，凡百制度，多因前代，非喜因循，樂苟簡，慮其强民而弗從者。藝祖肇造，太宗統一，真宗守成，如出一轍，官師取其實掌，不顧名號，財用謹仍舊貫，何必改作。罔求富强，弗務鼎新，一以便吾民而已。至於民有所欲，起而應之，曾不旋踵，用能宏覆六幕，仁熙義恬。鐵錢重而券作，主户貧而券病。薛田握六條之節，極再三之思，以爲吾將禁之不爲，則重者不能使之輕，豈公朝愛民之仁。吾將任之自爲，則貧者不能使之富，又豈公朝理財之義？折以大中，則不若官爲設職，制其盈虛，有錢斯付之券，有券必予之錢，出入無毫髮之私，授受無斯須之間，母子之相權，名實之相召，經緯之相濟，力役省而紛争息矣。田請之而田去，寇瑊繼之而瑊又去。天開際幸，田代瑊後復起前議，清朝俞音，再畀外臺，漕臣張若谷既是之於其先，東川憲臣又稱之於其後。天聖元年十一月戊午，詔音俞焉。通貨泉之窮，極商賈之變，施之全蜀，至於今賴之。想其負販之夫，射利之輩，婦清之丹，卓鄭所治，重錦橦布，異物崛詭，四溢外區。邛杖傳節於大夏，蒟醬流味於番禺，捆載以往，垂橐而歸，執券取償，如探諸懷。揆厥攸元，薛田之力居多。天聖、明道之間，蓋章獻明肅皇后實司聽斷，其能决然用薛田之議，亦仁也夫？亦智也夫？託六尺之孤而不負章聖皇帝者，豈偶然哉！或曰鐵錢行於邊，西北蓋同矣，俱患其重矣，則交子殆亦可行也。今公朝獨行於全蜀，而他邊不與焉，何也？漢均輸亦良法也，亦便民也，然而君子患焉，以其意不善也。夫交子蜀民創之，蜀民行之，蜀民有病之，吾特爲之醇制而使之不躓焉，非敢創其端也，從民之欲也。今而復行於他邊，則是强民也，非以便民也，是以均輸之意而推之交子也，其可乎？是爲記。

張之翰《西巖集》卷一三《楮幣議》 天下之患，莫患于財用之不足；財用之患，莫患于楮幣之不實。夫楮幣裁方寸爲飛錢，敵百千之實利。制之以權，權非不重也；行之以法，法非不巧也。然未有久而不澀滯者，惟在救之何如爾。自中統至今二十餘年，中間姦臣柄國，惟聚斂貿易是務，其數十倍于初。楮日多而日賤，金帛珠玉等日少而日貴，蓋不知稱提有致也。問稱提有策乎？曰有。今南北混一，此楮必用，不過自上貴信之爾。如出金以兑換，使之通行，一策也。鑄錢以表裏，使之折當，二策也。造鈔以更新，使之收買，三策也。愚見若此，未審可否，惟詳擇焉。

吴澄《吴文正公集》卷四三《大元故御史中丞贈資善大夫上護軍彭城郡劉忠憲公行狀》 （至元）二十三年十二月，中書傳旨議更鈔鑄錢，公獻議曰：「原交鈔所起，漢周以來皆未嘗有。宋紹興初，軍餉不繼，造此以誘商旅，爲沿邊糴買之計，比銅錢易於齎擎，民甚便之。稍有滯礙，即用見錢，尚存古人子母相權之意。日增月益，其法浸弊。自一界、二界至十九界關子，計江左立國百五十年，是不及八年一更也。亡金行用會子，亦由此，數變名同，如小十貫、大十貫、通天寶會之類，隨行隨壞。大元初年，法度未一，諸路各行交銀，或同見鈔，或同絲絹。中統建元，王以道執政，盡罷諸路交鈔，印造中統元寶，以錢爲準，每鈔貳貫，倒白銀壹兩，十五貫倒赤金壹兩。稍有壅滯，出銀收鈔，恐民間疑惑，隨路椿積元本金銀，分文不動。當時支出無本，寶鈔未多，易爲權治。諸老講究扶持，日夜戰競，如捧破釜，惟恐失墜。行之十七八年，鈔法無少低昂。後阿合馬專政，不究公私利病、出納多寡，每一支貼至有十餘萬錠者。又將隨路平準庫金銀盡數起來大都，以要功能，是以大失民信，鈔法日虛。每歲支遣又踰向來民所行，皆無本之鈔，以至物價騰踴，奚止十倍！拯治之法不過住印貫鈔，只印小鈔，發去諸庫，倒換昏爛，以便民間瓜貼，驗元起鈔本金銀，發去以安民心，嚴禁權豪官吏冒名入庫倒買。國用當度其所入，量其所出。如周歲差税課程可得一百萬錠，其歲支只可五、七十萬，多餘舊鈔立便燒燬。如此行之，不出十年，縱不復舊，物價可減今日之半。欲求目前速效，未見良策。新鈔必欲創造，用權舊鈔，只是改換名同，無金銀作本稱提，軍國支用不復抑損，三數年後，亦如元寶矣。宋金之弊，足爲殷鑒。鑄造銅錢，又當詳究秦、漢、隋、唐、金、宋歷代利病，在諸史通典，不待縷陳。國朝廢鈔已久，一旦行之，功豈若爲遠計，利民權物，其要自不妄用始。若欲濟溪壑之用，非惟鑄造不敷，抑亦不久自弊。」屬姦邪謀奪中書之務，立尚書省，以專國柄，錢議雖罷，二十四年，遂行至元新鈔。未及期年，已覺滯澀。

葉子奇《草木子》卷之三下《雜制篇》 元朝至元寶鈔凡十等：一十文爲半錢，二十文爲一錢，三十文爲一錢半，五十文爲二錢半，一百文爲五錢。二百文爲一貫，三百文爲一貫五錢，五百文爲二貫五錢。一貫爲五兩，二貫爲十兩，五個一貫爲半錠，五個二貫爲一錠。

葉子奇《草木子》卷之三下《雜制篇》 元世祖中統至元間立鈔法，以至元寶爲母，中統交爲子，子母相推而行。中統二貫準至元二百文，一貫準至元一百文，行之四五十年，中統以費工本多，尋不印行。獨至元鈔法通行，用以權百貨輕重，民甚便之。至正間，丞相脱脱當承平無事，入邪臣賈魯之説，欲有所建立，以求名於後世，別立至正交鈔。料既窳惡易敗，難以倒換，遂澁滯不行。及兵亂，國用不足，多印鈔以買兵，鈔賤物貴，無所於授，其法遂廢。嗚呼。蓋嘗考之，非其法之不善也，由後世變通不得其術也。元之鈔法，即周漢之質劑，唐之錢引，宋之交會，金之交鈔。當其盛時，皆用鈔以權錢，及當衰叔，財貨不足，止廣造楮幣以爲費，楮幣不足以權變，百貨遂澁而不行，職此之由也。必也欲立鈔法，須使錢貨爲之本，如鹽之有引，茶之有引，引至則茶鹽立得。使鈔法如此，烏有不行之患哉。當今變法，宜於府縣各立錢庫，貯錢若干，置鈔準錢引之制，如張詠四川行交子之比，使富室主之，引至錢出，引出錢入，以錢爲母，以引爲子，子母相權，以制天下百貨。出之於貨輕之時，收之於貨重之日，權衡輕重，與時宜之，未有不可行之理也。譬之池水所入之溝，與所出之溝相等，則一池之水，動蕩流通，而血脈常活也。借使所入之溝雖通，所出之溝既塞，則水死而不動，惟有漲滿浸淫，而有濫觴之患矣。此其理也，當時不知，徒知嚴刑驅窮民以必行，所以刑愈嚴而鈔愈不行，此元之所以卒於無術而亡也。

葉子奇《草木子》卷之三下《雜制篇》 元海運自朱清、張瑄始，歲運江淮米三百餘萬石，以給元京。四五月南風至起運，得便風十數日即抵直沽交卸。朝廷以二人之功，立海運萬户府以官之。賜鈔印，聽其自印。鈔色比官造加黑，印硃加紅。富既埒國，慮其爲變，以法誅之。

陶宗儀《南村輟耕録》卷一九《至元鈔樣》 中書左丞葉公亦愚李，錢唐人，宋太學生，上書詆賈似道公田、關子不便，專權誤國。【略】歸附後，入京上書言時相，併獻至元鈔樣。此樣在宋時固嘗進呈，請以代關子，朝廷不能用，故今別改年號復獻之。世皇嘉納，便用鑄板，以功累官至今任而終。

陶宗儀《南村輟耕録》卷二六《至元鈔料》 至元印造通行寶鈔，分一十一料：貳貫、壹貫、伍伯文、叁伯文、貳伯文、壹伯文、伍拾文、叁拾文、貳拾文、壹拾文、伍文。

周復俊《全蜀藝文志》卷五七費著《楮幣譜》 蜀民以錢重難於轉輸，始製楮爲券，表裏印記隱密，題號朱墨間錯，私自參驗，書緡錢之數，以便貿易，謂之「交子」。凡遇出納，一貫取三十錢爲息。其後富民十六户主之，尋亦貲衰，不能相償，争訟數起。大中祥符末，薛公田爲轉運使，請官置交子務，以權其出入。下報寇公瑊守蜀，乞廢交子不用。會瑊去而田代之，詔田與轉運使張若谷度其利害。田、若谷議以廢交子爲非便，請爲置務，禁民私造，條奏甚悉。又詔梓州路提刑王繼明與田若谷共議，田等議如初。詔從之。始置益州交子務，時天聖元年十一月也。自二年二月爲始，至三年二月終，凡爲交子一百二十五萬六千三百四十貫。其後每界視此數爲準。交子舊以二月二十日起界，清獻公爲記時以遷至七月也。熙寧五年續添造一界，其數如前，作兩行使，從監官戴蒙之請也。每道初爲錢一貫至十貫。寶元二年，以十分爲率：其八分每道爲錢十貫；其二分每道五貫。若一貫至四貫、六貫至九貫，更不書放。熙寧元年，始以六分書造一貫，四分書造五百，重輕相權，易於流轉。於是蒙又請置抄紙院，以革僞造之弊。引有兩界與官自抄紙，皆自蒙始。大觀元年五月，改交子務爲錢引務，爲鑄印凡六：曰「勑字」，曰「大科例」，曰「年限」，曰「背印」，皆以墨；曰「青面」，以藍；曰「紅團」，以朱。六印皆飭以花紋紅團，背印則以故事。監官一員，元豐元年增一員，掌典十人，貼書六十九人，印匠八十一人，雕匠六人，鑄匠二人，雜役一十二人，廪給各有差。所用之紙，初自置場，以交子務官兼領。後慮其有弊，以他官董其事。隆興元年，始特置官一員莅之，移寓城西浄衆寺。紹熙五年，始創抄紙場於寺之旁，迄官治其中。抄匠六十一人，雜役三十人。凡引一界滿，納舊易新，率千人取錢六十四，曰「貫頭錢」。天聖初止三十，建炎初增八，紹興十一年乃增今數。其納換不盡者，曰「水火不到錢」。今一界所收併「貫頭錢」凡一百九十萬道，總領所推取以供軍儲。所印之數自元豐元年兼放兩界之後，紹聖元年增一十五萬，元符元年增四十八萬道。祖額每界以一百八十八萬六千三百四十爲額，以交子入陝西轉用故也。崇寧間用兵陝西，開拓境土，通行引法，以助兵費。元年增二百萬，二年增一千二百四十三萬五千，四年增五百七萬五千，大觀元年增五百五十四萬五千六百六十六。比至換界，以新引一當舊引四，引法大壞。尋有詔：自四十二界至四十三界更不許換，四十四界止依天聖舊額，仍不得越銅錢界。建炎二年，罷鑄錢，復用元符所增之額。三年增一百萬，紹興元年增六十萬，二年增一百四十萬，三年增五百萬，四年增五百七十萬，五年增二百萬，六年增六百萬，皆以給利、夔兩路軍費。七年，有旨不許泛印。八年，以

貼勑青紅年一五書放額數
界年頭字面圍限貫百
五花花故花故故

行紋紋事紋事事
分號科印印印印背背
例印印
第辛巳至金合龍三吳王隱祥書放錢引二千
七紹興富鷄歡龜耳之孝酌感三百七十三萬
十十一國捧萬負卣飲躍貪鯉六千二百四十
界年財勑國圖龍泉飛賦雀貫文
井藤書文詩
第癸未利慶攀寶上天皮書放錢引二千
七隆足雲枝咼死馬幣二百七十二萬
十興以捧百圖太來薦六千三百四十
一元生日男物平西珪貫文
界年民花極壁
第乙强金脣漢卜書放錢引一千
七酉本花樓朽堯循式吏上二百七十二萬
十乾而捧去粟堦增書六千三百四十

二道節滄紅萁秩獻貫文
界元用海腐莢賜家
年金財
第丁亥舊雙方孟六子青書放錢引二千
七乾法龍圓畓八罕錢二百七十二萬
十道行捧錦還毬辭學六千三百四十
三三為勑地珠路寶士貫文
界年便
第己丑事圖王諸鳳逸葛千周兩書放錢引二千
七乾序捧超几明葉宣王堦三百七十三萬
十道貸勑衆羽扇石修車舞六千四十貫文
四五之左皂果指揮榴馬備干
界年源右荔三薆枝軍器械羽
第辛善川孟書唐太
七卯治九心龜子壘水宗火時書放錢引一千
十乾立重紋見壘金外木戶二百七十三萬

五道經捧玉梁如土不轂閉六千三百四十
界七常勑連惠意惟米斗貫文
年環王修三錢
第癸巳化雙龍祖逖百舜伯作夷書放錢引二千
七乾國龍牙中流合五太結公三百七十三萬
十道日捧黄擊楫太之二琴老六千三百四十
六九舒勑草誓清平歌歸大貫文
界年長花中原花南王風
第乙未維盤魚同連武傅書放錢引二千
七淳幣龍跳律環侯説二百九十三萬
十熙通捧龍度萬木牛版六千三百四十
七二農勑門量嵗流馬築貫文
界年商衡藤運
第丁道纏漢勝文百
七酉御龍枝高帝金王姓書放錢引一千
十淳之鳳太捧玉鑠鳴遞至道三百七十三萬
八熙而捧平卮為甲寂顧門借六千三百四十
界四王勑花太上紋問安冠貫文
年皇壽否恂

第己亥國金金尭纒周李書放錢引二千
七淳以吾枝舜枝宣德王裕二百七十三萬
十熙義捧玉垂衣金修車建六千三百四十
九六為勑葉治天蓮馬籌備邊貫文
界年利花下子器械樓

邊報急闕，增三百萬充糴買。九年，以移屯陝西合給糴本，及陝西六路新復州軍衣賜，增二百萬。增數既多，僉書樞密院事樓照奉使陝西，奏禁泛科，始定著刑章。十年，以贍軍急闕，增五百萬。十三年，以都運司之請，增四百萬。二十九年，以增招軍兵椿辦犒賞，總領所請增一百七十萬。詔從之。自後累增五百餘萬，凡兩界共爲錢引四千六百四十七萬二千六百八十。紹興二年，有旨將八十三界錢引展一界行使，增印一百九十萬，以償總領所兑引「貫頭」、「水火不到錢」之數。慶元三年，總領所奏以成都、潼川、利州三路旱傷，制置司減免民間租賦，乞增印錢引以備對補，有餘以充賑濟。詔增一百萬。逮今合四千九百三十七萬一千六百八十道矣。而又僞造竊行，足以亂真。引日益增，錢日益銷，子母不能相權。然有稱提之法：以錢稱提者，引價低則官出藏鏹增價與民市引是也；以法稱提者，凡民以錢輸官當折引則以一貫二百八十爲限是也。蓋有錢則有引。天聖所印之數，視錢以爲準者也。自軍興增科，鑿空爲錢，天下大計仰給於紙，猶幸守和議，引之出納有常，半藏諸司之庫，半流轉於民，維持不壞，識者有憂，其在軍旅之際乎。

《宋史》卷四二《理宗紀二》 （嘉熙二年三月）戊辰，發行都會子二百萬、并湖廣九百萬。

《宋史》卷四二《理宗紀二》 （嘉熙二年十二月）己巳，出祠牒、會子共七百萬紙，給四川制司爲三年生券。

《宋史》卷一八一《食貨下三·會子》 會子、交子之法，蓋有取於唐之飛錢。真宗時，張詠鎮蜀，患蜀人鐵錢重，不便貿易，設質劑之法，一交一緡，以三年爲一界而换之。六十五年爲二十二界，謂之交子，富民十六户主之。後富民貲稍衰，不能償所負，争訟不息。轉運使薛田、張若谷請置益州交子務，以榷其出入，私造者禁之。仁宗從其議，界以百二十五萬六千三百四十緡爲額。

神宗熙寧初，立僞造罪賞如官印文書法。河東運鐵錢勞費，公私苦之。二年，乃詔置交子務於潞州。轉運司以其法行則鹽、礬不售，有害入中糧草，遂奏罷之。四年，復行於陝西，而罷永興軍鹽鈔場，文彦博言其不便；會張景憲出使延州還，亦謂可行於蜀不可行於陝西，未幾竟罷。五年，交子二十二界將易，而後界給用已多，詔更造二十五界者百二十五萬，以償二十三界之數，交子有兩界自此始。時交子給多而錢不足，致價太賤，既而竟無實錢，法不可行。而措置熙河財利孫迥言：「商人買販，牟利於官，且損鈔價。」於是罷陝西交子法。

紹聖以後，界率增造，以給陝西沿邊糴買及募兵之用，少者數十萬緡，多者或至數百萬緡；而成都乏用，又請印造，故每歲書放亦無定數。

崇寧三年，置京西北路專切管幹通行交子所，倣川峡路立僞造法。通情轉用并鄰人不告者，皆罪之；私造交子紙者，罪以徒配。四年，令諸路更用錢引，準新樣印製，四川如舊法。罷在京并永興軍交子務，在京官吏，併歸買鈔所。時錢引通行諸路，惟閩、浙、湖、廣不行，趙挺之以爲閩乃蔡京鄉里，故得免焉。明年，尚書省言：「錢引本以代鹽鈔，而諸路行之不通，欲權罷印製。在官者，如舊法更印解鹽鈔；民間者，許貿易，漸赴買鈔所如鈔法分數計給。」從之。

大觀元年，詔改四川交子務爲錢引務。自用兵取湟、廓、西寧，藉其法以助邊費，較天聖一界逾二十倍，而價愈損。及更界年，新交子一當舊者四，故更張之。以四十三界引準書放數，仍用舊印行之，使人不疑擾，自後並更爲錢引。二年，而陝西、河東皆以舊錢引入成都换易，故四川有壅遏之弊，河、陝有道途之艱，豪家因得以損直斂取。乃詔永興軍更置務納换陝西、河東引，仍遣文臣二人監之。八月，知威州張持奏：「本路引一千者今僅直十之一，若出入無弊，可直八百，流通用之，官吏奉舊並用引，請稍給錢便用。」擢持爲成都路轉運判官，提舉川引。後引價益賤，不可用，持復别用印押以給官吏，他無印押者皆棄無用。言者論其非法，持坐遠謫。三年，詔錢引四十一界至四十三界毋收易，自後止如天聖額書放，銅錢地内勿用。四年，假四川提舉諸司封樁錢五十萬緡爲成都務本，侵移者準常平法。

政和元年，户部言成都漕司奏：「昨令輸官之引，以十分爲率，三分用民户所有，而七分赴官場買納，由是人以七分爲疑。請自今無計以三七分之數，並許通用，願買納者聽。民間舊以本錢未至，引價大損，故州官官錢亦減數收市；今本錢已足，請勿減數以祛民惑。又請四十三界引俟界滿勿换給，自四十四界爲改法之首。」而户部詳度欲止行四十四界，其四十五界勿印。若通行及乏用，聽於界内續增其新引給换之，餘如舊鬻之，或於給錢之所易錢儲以爲本，移用者如擅支封樁錢法。詔可。靖康元年，令川引並如舊即成都府務納换。以置務成都，便利歲久，至諸州則有料次交雜之弊，故有是詔。

大凡舊歲造一界，備本錢三十六萬緡，新舊相因。大觀中，不蓄本錢而增造無藝，至引一緡當錢十數。及張商英秉政，奉詔復循舊法。宣和中，商英録奏當時所行，以爲自舊法之用，至今引價復平。

高宗紹興元年，有司因婺州屯兵，請樁辦合用錢，而路不通舟，錢重難致。乃造關子付婺州，召商人入中，執關於榷貨務請錢，願得茶、鹽、香貨鈔引者聽。於是州縣以關子充糴本，未免抑配，而榷貨務又止以日輸三分之一償之，人皆嗟怨。六年，詔置行在交子務。臣僚言：「朝廷措置見錢關子，有司寖失本意，改爲交子，官無本錢，民何以信？」於是罷交子務，令榷貨務儲見錢印造關子。二十九年，印公據、關子，付三路總領所：淮西、湖廣關子各八十萬緡，淮東公據四十萬緡，皆自十千至百千，凡五等。内關子作三年行使，公據二年，許錢銀中半入納。

三十年，户部侍郎錢端禮被旨造會子，儲見錢，於城内外流轉，其合發官錢，並許兑會子輸左藏庫。明年，詔會子務隸都茶場。三十二年，定僞造會子法。犯人處斬，賞錢千貫，不願受者補進義校尉。若徒中及庇匿者能告首，免罪受賞，願補官者聽。當時會紙取於徽、池，續造於成都，又造於臨安。會子初行，止於兩浙，後通行於淮、浙、湖北、京西。除亭户鹽本用錢，其路不通舟處上供等錢，許盡輸會子；其沿流州軍，錢、會中半；民間典賣田宅、馬牛、舟車等如之，全用會子者聽。

孝宗隆興元年，詔會子以「隆興尚書户部官印會子之印」爲文，更造五百文會，又造二百、三百文會。置江州會子務。乾道二年，以會子之弊，出内庫及南庫銀一百萬收之。三年，以民間會子破損，别造五百萬换給。又詔損會貫百錢數可驗者，並作上供錢入輸，巨室以低價收者坐之。四年，以取到舊會毁抹付會子局重造；三年立爲一界，界以一千萬貫爲額，隨界造新换舊。以户部尚書曾懷同共措置，鑄「提領措置會子庫」印。每道收靡費錢二十足，零百半之，凡舊會破損，貫百字存、印文可驗者，即與兑换。五年，令行在榷貨務、都茶場將請算茶、鹽、香、礬鈔引，權許收換第一界，自後每界收換如之。其州縣諸色綱錢，以七分收錢，三分收會。九年，定捕造僞會之賞。

淳熙元年，詔左藏南上庫給會子二十五萬，收買臨安、平江、紹興、明、秀州額外浮鹽，其齎到鈔錢，令榷貨務月終輸封樁庫，以備循環換易會子。三年，詔第三界、四界各展限三年，令都茶場會子庫以第四界續印會子二百萬貯南庫。當時戶部歲入一千二百萬，其半爲會子，而南庫以金銀換收者四百萬，流行於外者纔二百萬耳。光宗紹熙元年，詔第七、第八界會子各展三年。臣僚言：「會子界以三年爲限，今展至再，則爲九年，何以示信？」於是詔造第十界立定年限。

慶元元年，詔會子界以三千萬爲額。嘉定二年，以三界會子數多，稱提無策，會十一界除已收換，尚有一千三百六十萬餘貫，十二界、十三界除燒燬尚有一萬二百餘萬貫。十二界四千七百萬餘貫，十三界五千五百萬餘貫。詔封樁庫撥金一十五萬兩，兩爲錢四十貫。度牒七千道，每道爲錢一千貫。官告綾紙、乳香，乳香每套一貫六百文。湊成二千餘，添貼臨安府官局，收易舊會，品搭入輸。十一界會子二分，十二、十三界會子各四分。以舊會之二，易新會之一。泉州守臣宋均、南劍州守臣趙崇亢、陳宓，皆以稱提失職，責降有差。

紹定五年，兩界會子已及二億二千九百餘萬。端平二年，臣僚言：「兩界會子，遠者曾未數載，近者甫及朞年，非有破壞塗汙之弊，今當以所收之會付封樁庫貯之，脫有緩急，或可濟事。」有旨從之。淳祐二年，宗正丞韓祥奏：「壞楮幣者只緣變更，救楮幣者無如收減。自去年至今，楮價粗定，不至折閱者，不變更之力也。今已罷諸造紙局及諸州科買楮皮，更多方收減，則楮價有可增之理。」上曰：「善。」三年，臣僚言：「今官印之數雖損，而僞造之券愈增；且以十五、十六界會子言之，其所入之數，宜減於所出之數。今收換之際，元額既溢，來者未已，若非僞造，其何能致多如是？大抵前之二界，盡用川紙，物料既精，工製不苟，民欲爲僞，尚或難之。迨十七界之更印，已雜用川、杜之紙，至十八界則全用杜紙矣。紙既可以自造，價且五倍於前，故昔之爲僞者難，今之爲僞者易。人心循利，甚於畏法，況利可立致，而刑未即加者乎？臣愚以爲抄撩之際，增添紙料，寬假工程，務極精緻，使人不能爲僞者，上也；禁捕之法，厚爲之勸，厲爲之防，使人不敢爲僞者，次也。」七年，以十八界與十七界會子更不立限，永遠行使。十一年，以會價增減課其官吏。景定四年，以收買逾限之田，復日增印會子一十五萬貫。

咸淳四年，以近頒見錢關子，貫作七百七十文足，十八界每道作二百五十七文足，三道準關子一貫，同見錢轉使，公私擅減者，官以贓論，吏則配籍。五年，復申嚴關子減落之禁。七年，以行在紙局所造關子紙不精，命四川制司抄造輸送，每歲以二千萬作四綱。

川引自張浚開宣府，趙開爲總餉，以供糴本，以給軍需，增印日多，莫能禁止。七年，川、陝副帥吳玠請置銀會於河池，不許。蓋前宋時，蜀交出放兩界，每界一百二十餘萬。今三界通行，爲三千七百八十餘萬，至紹興末，積至四千一百四十七萬餘貫；所貯鐵錢，僅及七十萬貫，以鹽酒等陰爲稱提。是以餉臣王之望亦謂添印錢引以救目前，不得不爲朝廷遠慮。詔添印三百萬，之望止添印一百萬。孝宗隆興二年，餉臣趙沂添印二百萬。淳熙五年，以蜀引增至四千五百餘萬，立額不令再增。光宗紹熙二年，詔川引展界行使。寧宗嘉泰末，兩界出放凡五千三百餘萬緡，通三界出放益多矣。

開禧末，餉臣陳咸以歲用不足，嘗爲小會，卒不能行。嘉定初，每緡止直鐵錢四百以下，咸乃出金銀、度牒一千三百萬，收回半界，期以歲終不用。然四川諸州，去總所遠者千數百里，期限已逼，受給之際，吏復爲姦。於是商賈不行，民皆嗟怨，一引之直，僅售百錢。制司乃諭人除易一千三百萬引，三界依舊通行，又檄總所取金銀就成都置場收兑，民心稍定。自後引直鐵錢五百有奇，若關外用銅錢，引直百七十錢而已。

嘉定三年春，制、總司收換九十一界二千九百餘萬緡，其千二百萬緡，以茶馬司羨餘錢及制司空名官告，總所樁金銀、度牒對鑿，餘以九十三界錢引收兑；又造九十四界錢引五百萬緡，以收前宣撫程松所增之數；凡民間輸者，每引百貼八千。其金銀品搭，率用新引七分，金銀三分，其金銀品色官稱，不無少虧，每舊引百，貼納二十引。蓋自元年、三年兩收書引，而引直遂復如故。昔高宗因論四川交子，最善沈該稱提之說，謂官中常有錢百萬緡，如交子價減，官用錢買之，方得無弊。

九年，四川安撫制置大使司言：「川引每界舊例三年一易。自開禧軍興以後，用度不給，展年收兑，遂至兩界、三界通使；然率以三年界滿，方出令展界，以致民聽惶惑。今欲以十年爲一界，著爲定令，則民旅不復懷疑。」從之。

寶祐四年臺臣奏：「川引、銀會之弊，皆因自印自用，有出無收。今當拘其印造之權，歸之朝廷，倣十八界會子造四川會子，視淳祐之令，作七百七十陌，於四川州縣公私行使。兩料川引並毀，見在銀會姑存。舊引既清，新會有限，則楮價不損，物價自平，公私俱便矣。」有旨從之。咸淳五年，復以會板發下成都運司掌之，從制司抄紙發往運司印造畢功，發回制司，用總所印行使，歲以五百萬爲額。

紹興末，會子未有兩淮、湖廣之分，其後會子太多而本錢不足，遂致有弊。乾道二年，詔別印二百、三百、五百、一貫交子三百萬，止行用於兩淮，其舊會聽對易。凡入輸買賣，並以交子及錢中半。如往來不便，詔給交子、會子各二十萬，付鎮江、建康府榷貨務，使淮人之過江、江南人之渡淮者，皆得對易循環以用。然自紹興末年，銅錢禁用於淮而易以鐵錢，會子既用於淮而易以交子，於是商賈不行，淮民以困。右司諫陳良祐言交子不便，詔兩淮郡守、漕臣條其利害，皆謂所降交子數多，而銅錢并會子不過江，是致民旅未便。於是詔銅錢并會子依舊過江行用，民間交子許作見錢輸官，凡官交，盡數輸行在左藏庫。

三年，詔造新交子一百三十萬，付淮南漕司分給州軍對換行使，不限以年；其運司見儲交子，先付南庫交收。紹熙三年，詔新造交子三百萬貫，以二百萬付淮東，一百萬付淮西，每貫準鐵錢七百七十文足，以三年爲界。慶元四年，詔兩淮第二界會子限滿，明年六月，更展一界。嘉定十一年，造兩淮交子二百萬，增印三百萬。十三年，印二百萬，增印一百五十萬。十四年、十五年，皆及三百萬。自是其數日增，價亦日損，稱提無術，但屢與展界而已。

初，襄、郢等處大軍支請，以錢銀品搭。孝宗隆興元年，始措置於大軍庫儲見錢，印造五百并一貫直便會子，發赴軍前，並當見錢流轉。印造之權既專，印造之數日益；且總所所給止行於本路，而荆南水陸要衝，商賈必由之地，流通不便。乾道三年，收其會子印板。四年，以淮西總所關子二十萬，都茶場鈔引八十萬，付湖北漕司收換，輸左藏庫，又命降銀錢收之。五年，詔户部給行在會子五十萬，付荆南府兑換。淳熙七年，詔會子庫先造會子一百萬，降付湖廣總所收換破會。十一年，臣僚言：「湖北會子創於隆興初，迄今二十二年，不曾兑易，稱提不行。」詔湖廣總領同帥、漕議經久利便。帥、漕、總領言：「乞印給一貫、五百例湖北會子二百萬貫，收換舊會，庶幾流轉通快，經久可行。」從之。

十三年，詔湖廣會子仍以三年爲界。紹熙元年，詔湖廣總所將見行及樁貯新舊會取數，倣行在例立界收換。餉臣梁總奏：「自來不曾立界，但破損者即行換易，除累易外，尚有五百四十餘萬，見在民間行用。乞別樣制作兩界，印造收換。」從之。

嘉定五年，湖廣餉臣王釜，請以度牒、茶引兑第五界舊會，每度牒一道，價千五百緡，又貼搭茶引一千五百緡，方許收買，期以一月。然京湖二十一州止置三場，不便。制臣劉光祖乃會總所以第六界新會五萬緡，令軍民以舊楮二而易其一；繼又令軍民以一楮半而易其一；又請於朝添給新楮十萬，軍民賴之。十四年，造湖廣會子三十萬易破會。十七年，造湖廣第六界會子二百萬。嘉熙二年，撥第七界湖會九百萬付督視參政行府。寶祐二年，撥第八界湖會三百萬貫付湖廣總所，易兩界破會，自後因仍行之。

《金史》卷四八《食貨志三・錢幣》 初，貞元間既行鈔引法，遂設印造鈔引庫及交鈔庫，皆設使、副、判各一員，都監二員，而交鈔庫副則專主書押、搭印合同之事。印一貫、二貫、三貫、五貫、十貫五等謂之大鈔，一百、二百、三百、五百、七百五等謂之小鈔，與錢並行，以七年爲限，納舊易新，猶循宋張詠四川交子之法而紓其期爾，蓋亦以銅少，權制之法也。時有欲罷之者，至是二監既罷，有司言：「交鈔舊同見錢，商旅利於致遠，往往以錢買鈔，蓋公私俱便之事，豈可罷去。止因有釐革年限，不能無疑，乞削七年釐革之法，令民得常用。若歲久字文磨滅，許於所在官庫納舊換新，或聽便支錢。」遂罷七年釐革之限，交鈔字昏方換，法自此始，而收斂無術，出多入少，民寖輕之。厥後其法屢更，而不能革，弊亦始於此焉。

交鈔之制，外爲闌，作花紋，其上衡書貫例，左曰「某字料」，右曰「某字號」。料號外，篆書曰「僞造交鈔者斬，告捕者賞錢三百貫」。料號衡闌下曰「中都交鈔庫，准尚書户部符，承都堂劄付，户部覆點勘，令史姓名押字」。又曰：「聖旨印造逐路交鈔，於某處庫納錢換鈔，更許於某處庫納鈔換錢，官私同見錢流轉。」其鈔不限年月行用，如字文故暗，鈔紙擦磨，許於所屬庫司納舊換新。若到庫支錢，或倒換新鈔，每貫剋工墨錢若干文。庫掐、攢司、庫副、副使、使各押字，年月日。印造鈔引庫庫子、庫司、副使各押字，上至尚書户部官亦押字。其搭印支錢處合同，餘用印依常例。【略】

五月，勑尚書省曰：「民間流轉交鈔，當限其數，毋令多於見錢也。」【略】

八月，提刑司言：「所降陝西交鈔多於見錢，使民艱於流轉。」宰臣以聞，遂令本路榷稅及諸名色錢，折交鈔。官兵俸，許錢絹銀鈔各半之，若錢銀數少，即全給交鈔。【略】

承安二年十月，宰臣奏：「舊立交鈔法，凡以舊易新者，每貫取工墨錢十五文。至大定二十三年，不拘貫例，每張收八文，既無益於官，亦妨鈔法，宜從舊制便。若以鈔買鹽引，每貫權作一貫五十文，庶得多售。」上曰：「工墨錢，貫可令收十二文。買鹽引者，每貫可權作一貫一百文。」時交鈔所出數多，民間成貫例者艱於流轉，詔以西北二京、遼東路從宜給小鈔，且許於官庫換錢，與它路通行。十二月，尚書省議，謂時所給官兵俸及邊戍軍須，皆以銀鈔相兼，舊例銀每鋌五十兩，其直百貫，民間或有截鑿之者，其價亦隨低昂，遂改鑄銀名「承安寶貨」，一兩至十兩分五等，每兩折錢二貫，公私同見錢用，仍定銷鑄及接受稽留罪賞格。

承安三年正月，省奏：「隨處榷場若許見錢越境，雖非銷毀，即與銷毀無異」。遂立制，以錢與外方人使及與交易者，徒五年，三斤以上死，驅偷同罪。捕告人之賞，官先爲代給錢五百貫。其逮及與接引、館伴、先排、通引、書表等以次坐罪，仍令均償。

時交鈔稍滯，命西京、北京、臨潢、遼東等路一貫以上俱用銀鈔、寶貨，不許用錢，一貫以下聽民便。時既行限錢法，人多不遵，上曰：「已定條約，不爲不重，其令御史臺及提刑司察之。」九月，以民間鈔滯，盡以一貫以下交鈔易錢用之，遂復減元限之數，更定官民存留錢法，三分爲率，親王、公主、品官許留一分，餘皆半之，其贏餘之數期五十日內盡易諸物，違者以違制論，以錢賞告者。於兩行部各置迴易務，以綿絹物段易銀鈔，亦許本務納銀鈔。赴榷貨出鹽引，納鈔於山東、河北、河東等路，從便易錢。各降補官及德號空勑三百、度牒一千，從兩行部指定處，限四月進納補換。又更造一百例小鈔，並許官庫易錢。一貫、二貫例並支小鈔，三貫例則支銀一兩、小鈔一貫，若五貫、十貫例則四分支小鈔、六分支銀，欲得寶貨者聽，有阻滯及輒減價者罪之。

四年三月，又以銀鈔阻滯，乃權止山東諸路以銀鈔與綿絹鹽引從便易錢之制。令院務諸科名錢，除京師、河南、陝西銀鈔從便，餘路並許收銀鈔各半，仍於鈔四分之一許納其本路。隨路所收交鈔，除本路者不復支發，餘通行者並循環用之。榷貨所鬻鹽引，收納寶貨與鈔相半，銀每兩止折鈔兩貫。省許人依舊詣庫納鈔，隨路漕司所收，除額外羨餘者，亦如之。所支官錢，亦以銀鈔相兼，銀已零截者令交鈔庫不復支，若寶貨數少，可浸增鑄。銀鈔既通則物價自平，雖有禁法亦安所施，遂除阻滯銀鈔罪制。

四年，以戶部言，命在都官錢、榷貨務鹽引，並聽收寶貨，附近鹽司貼錢數亦許帶納。民間寶貨有所歸，自然通行，不至銷毀。先是，設四庫印小鈔以代鈔本，令人便齎小鈔赴庫換錢，即與支見錢無異。今更不須印造，俟其換盡，可罷四庫，但以大鈔驗錢數支易見錢。

時私鑄「承安寶貨」者多雜以銅錫，寖不能行，京師閉肆。五年十二月，宰臣奏：「比以軍儲調發，支出交鈔數多，遂鑄寶貨，與錢兼用，以代鈔本，蓋權時之制，非經久之法。」遂罷「承安寶貨」。

泰和元年六月，通州刺史盧構言：「民間鈔固已流行，獨銀價未平，官之所定每鋌以十萬爲準，而市肆纔直八萬，蓋出多入少故也。若令諸稅以錢銀鈔三分均納，庶革其弊。」下省議，宰臣謂「軍興以來，全賴交鈔佐用，以出多遂滯，頃令院務收鈔七分，亦漸流通。若與銀均納，則彼增此減，理必偏勝，至礙鈔法。必欲銀價之平，宜令諸名若『鋪馬』、『軍須』等錢，許納銀半，無者聽便」。

先是，嘗行三合同交鈔，至泰和二年，止行於民間，而官不收斂，朝廷慮其病民，遂令諸稅各帶納一分，雖止係本路者，亦許不限路分通納。戶部見徵累年鋪馬錢，亦聽收其半。閏十二月，上以交鈔事，召戶部尚書孫鐸、侍郎張復亨，議於內殿。復亨以三合同鈔可行，鐸請廢不用，既而復亨言竟詘。自是而後，國虛民貧，經用不足，專以交鈔愚百姓，而法又不常，世宗之業衰焉。以至泰和三年，其弊彌甚，乃謂宰臣曰：「大定間，錢至足，今民間錢少，而又不在官，何耶？其集問百官，必有能知之者。」四年七月，罷限錢法，從戶部尚書上官瑜所請也。

四年，欲增鑄錢，命百官議所以足銅之術。中丞孟鑄謂：「銷錢作銅，及盜用出境者不止，宜罪其官及隣。」太府監梁瑄等言：「鑄錢甚費，率費十錢可得一錢。識者謂費雖多猶增一錢也，乞采銅，拘器以鑄。」宰臣謂：「鼓鑄未可速行，其銅冶聽民煎煉，官爲買之。凡寺觀不及十人，不許畜法器。民間鍮銅器期以兩月送官給價，匿者以私法坐，限外人告者，以知而不糾坐其官。寺觀許童行告者賞。俟銅多，別具以聞。」八月，定從便易錢法，聽人輸納於京師，而於山東、河北、大名、河東等路依數支取。後鑄大錢一直十，篆文曰「泰和重寶」，與鈔參行。

五年，上欲罷交鈔工墨錢，復以印時常費遂命貫止收六文。

六年四月，陝西交鈔不行，以見錢十萬貫爲鈔本，與鈔相易，復以小鈔十萬貫相參用之。六年十一月，復許諸路各行小鈔。中都路則於中都及保州，南京路則於南京、歸德、河南府，山東東路則於益都、濟南府，山東西路則於東平、大名府，河北東路則於河間府、冀州，河北西路則於真定、彰德府，河東南路則於平陽，河東北路則於太原、汾州，遼東則於上京、咸平，西京則於西京、撫州，北京則於臨潢府官庫易錢。令户部印小鈔五等，附各路同見錢用。

七年正月，勅在官毋得支出大鈔，在民者令赴庫，以多寡制數易小鈔及見錢。院務商税及諸名錢，三分須納大鈔一分，惟遼東從便。

時民以貨幣屢變，往往怨嗟，聚語於市。上知之，諭旨於御史臺曰：「自今都市敢有相聚論鈔法難行者，許人捕告，賞錢三百貫。」

五月，以户部尚書高汝礪議，立「鈔法條約」，添印大小鈔，以鈔庫至急切，增副使一員。汝礪又與中都路轉運使孫鐸言錢幣，上命中丞孟鑄、禮部侍郎喬宇、國子司業劉昂等十人議，月餘不決。七月，上召議于泰和殿，且諭汝礪曰：「今後毋謂鈔多，不加重而輒易之。重之加於錢，可也。」明日，勅「民間之交易、典質，一貫以上並用交鈔，毋得用錢。須立契者，三分之一用諸物。六盤山西、遼河東以五分之一用鈔，東鄙屯田户以六分之一用鈔。不須立契者，惟遼東錢鈔從便。犯者徒二年，告者賞有差，監臨犯者杖且解職，縣官能奉行流通者升除，否者降罰，集衆沮法者以違制論。工墨錢每張止收二錢。商旅賫見錢不得過十貫。所司籍辨鈔人以防僞冒。品官及民家存留見錢，比舊減其數，若舊有見錢多者，許送官易鈔，十貫以上不得出京。」

又定制，按察司以鈔法流通爲稱職，而河北按察使斜不出巡按所給券應得鈔一貫，以難支用，命取見錢，御史以沮壞鈔法劾之，上曰：「糾察之官乃先壞法，情不可恕。」杖之七十，削官一階解職。

户部尚書高汝礪言：「鈔法務在必行，府州縣鎮宜各籍辨鈔人，給以條印，聽與人辨驗，隨貫量給二錢，貫例雖多，六錢即止。每朝官出使，則令體究通滯以聞。民間舊有宋會子，亦令同見錢用，十貫以上不許持行。榷鹽許用銀絹，餘市易及俸，並用交鈔，其奇數以小鈔足之，應支銀絹而不足者亦以鈔給之。」

上遣近侍諭旨尚書省：「今既以按察司鈔法通快爲稱職，否則爲不稱職，仍於州府司縣官給由内，明書所犯之數，但犯鈔法者雖監察御史舉其能幹，亦不准用。」

十月，楊序言：「交鈔料號不明，年月故暗，雖令赴庫易新，然外路無設定庫司，欲易無所，遠者直須赴都。」上以問汝礪，對曰：「隨處州府庫内，各有辨鈔庫子，鈔雖弊不僞，亦可收納。去都遠之城邑，既有設置合同换錢，客旅經之皆可相易。更慮無合同之地，難以易者，令官庫凡納昏鈔者受而不支，於鈔背印記官吏姓名，積半歲赴都易新鈔。如此，則昏鈔有所歸而無滯矣。」

十一月，上諭户部官曰：「今鈔法雖行，卿等亦宜審察，少有壅滯，即當以聞，勿謂已行而憚改。」汝礪對曰：「今諸處置庫多在公廨内，小民出入頗難，雖有商賈易之，然患鈔本不豐。比者河北西路轉運司言，一富民首其當存留錢外，見錢十四萬貫。它路臆或有如此者，臣等謂宜令州縣委官及庫典，於市肆要處置庫支换。以出首之錢爲鈔本，十萬户以上州府，給三萬貫，以次爲差，易鈔者人不得過二貫。以所得工墨錢充庫典食直，仍令州府佐貳及轉運司官一員提控。」上是之，遂命移庫於市肆之會，令民以鈔易錢。

是月，勅捕獲僞造交鈔者，皆以交鈔爲賞。

時復議更鈔法，上從高汝礪言，命在官大鈔更不許出，聽民以五貫十貫例者赴庫易小鈔，欲得錢者五貫内與一緡，十貫内與兩緡，惟遼東從便。河南、陝西、山東及它行鈔諸路，院務諸税及諸科名錢，並以三分爲率，一分納十貫例者，二分五貫例者，餘並收見錢。

八年正月，以京師鈔滯，定所司賞罰格。時新制，按察司及州縣官，例以鈔通滯爲陞降。遂命監察御史賞罰同外道按察司，大興府警巡院官同外路州縣官。

是月，收毁大鈔，行小鈔。

八月，從遼東按察司楊雲翼言，以咸平、東京兩路商旅所集，遂從都南例，一貫以上皆用交鈔，不得用錢。十月，孫鐸又言：「民間鈔多，正宜收斂，院務税諸名錢，可盡收鈔，秋夏税納本色外，亦令收鈔，不拘貫例。農民知之則漸重鈔，可以流通。比來州縣抑配市肆買鈔，徒增騷擾，可罷諸處創設鈔局，止令赴省庫换易。今小鈔各限路分，亦甚未便，可令通用。」上命亟行之。

十二月，宰臣奏：「舊制，内外官兵俸皆給鈔，其必用錢以足數者，可以十分爲率，軍兵給三分，官員承應人給二分，多不過十貫。凡前所收大鈔，俟至通行當復計造，其終須當精緻以圖經久。民間舊鈔故暗者，乞許於所在庫易新。若官吏勢要之家有賤買交鈔，而於院務换錢興販者，以違制論。復遣官分路巡察，其限錢過數雖許奴婢以告，乃有所屬默令其主藏匿不以實首者，可令按察司察之。若舊限已滿，當更展五十日，許再令變易鈔引諸物。」

是制既行之後，章宗尋崩，衛紹王繼立，大安三年會河之役，至以八十四車爲軍賞，兵衄國殘，不遑救弊，交鈔之輕幾於不能市易矣。至宣宗貞祐二年二月，思有以重之，乃更作二十貫至百貫例交鈔，又造二百貫至千貫例者。然自泰和以來，凡更交鈔，初雖重，不數年則輕而不行，至是則愈更而愈滯矣。南遷之後，國蹙民困，軍旅不息，供億無度，輕又甚焉。

三年四月，河東宣撫使胥鼎上言曰：「今之物重，其弊在於鈔窒，有出而無入也。雖院務税增收數倍，而所納皆十貫例大鈔，此何益哉。今十貫例者民間甚多，以無所歸，故市易多用見錢，而鈔每貫僅直一錢，曾不及工墨之費。臣愚謂，宜權禁見錢，且令計司以軍須爲名，量民力徵斂，則泉貨流通，而物價平矣。」自是，錢貨不用，富家內困藏鏹之限，外弊交鈔屢變，皆至窘敗，謂之「坐化」。商人往往舟運貿易于江淮，錢多入于宋矣。宋人以爲喜，而金人不禁也。識者惜其既不能重無用之楮，而又棄自古流行之寶焉。

五月，權西安軍節度使烏林達與言：「關陝軍多，供億不足，所仰交鈔則取於京師，徒成煩費。乞降板就造便。」又言：「懷州舊鐵錢鉅萬，今既無用，願貫爲甲，以給戰士。」時有司輕罪議罰，率以鐵贖，而當罪不平，遂命贖銅計贓皆以銀價爲準。

六月，勑議交鈔利便。七月，改交鈔名爲「貞祐寶券」，仍立沮阻罪。九月，御史臺言：「自多故以來，全藉交鈔以助軍需，然所入不及所出，則其價浸減，卒無法以禁，此必然之理也。近用『貞祐寶券』以革其弊，又慮既多而民輕，與舊鈔無異也，乃令民間市易悉從時估，嚴立罪賞，期於必行，遂使商旅不行，四方之物不敢入。夫京師百萬之衆，日費不貲，物價寧不日貴耶。且時估月再定之，而民間價旦暮不一，今有司强之，而市肆盡閉。復議搜括隱匿，必令如估鬻之，則京師之物指日盡，而百姓重困矣。臣等謂，惟官和買計贓之類可用時估，餘宜從便。」制可。

十二月，上聞近京郡縣多糴於京師，穀價翔踴，令尚書省集户部、講議所、開封府、轉運司，議所以制之者。户部及講議所言，以五斗出城者可闌糴其半，轉運司謂宜悉禁其出，上從開封府議，謂「寶券初行時，民甚重之。但以河北、陝西諸路所支既多，人遂輕之。商賈争收入京，以市金銀，銀價昂，穀亦隨之。若令寶券路各殊制，則不可復入河南，則河南金銀賤而穀自輕。若直閉京城粟不出，則外亦自守，不復入京，穀當益貴。宜諭郡縣小民，毋妄增價，官爲定制，務從其便。」

四年正月，監察御史田迥秀言：「國家調度皆資寶券，行才數月，又復壅滯，非約束不嚴，奉行不謹也。夫錢幣欲流通，必輕重相權、散斂有術而後可。今之患在出太多、入太少爾。若隨時裁損所支，而增其所收，庶乎或可也。」因條五事，一曰省冗官吏，二曰損酒使司，三曰節兵俸，四曰罷寄治官，五曰酒税及納粟補官皆當用寶券。詔酒税從大定之舊，餘皆不從。尋又更定捕獲僞造寶券官賞。

三月，翰林侍講學士趙秉文言：「比者寶券滯塞，蓋朝廷將議更張，已而妄傳不用，因之抑遏，漸至廢絶，此乃權歸小民也。自遷汴以來，廢迴易務，臣愚謂當復置，令職官通市道者掌之，給銀鈔粟麥縑帛之類，權其低昂而出納之。仍自選良監當官營爲之，若半年無過，乃券法通流，則聽所指任便差遣。」詔議行之。

四月，河東行省胥鼎言：「交鈔貴乎流通，今諸路所造不充所出，不以術收之，不無缺誤。宜量民力徵斂，以裨軍用。」河中宣撫司亦以寶券多出，民不之貴，乞驗民貧富徵之。雖爲陝西，若一體徵收，則彼中所有日湊于河東，與不斂何異。又河北寶券以不許行于河南，由是愈滯。宰臣謂：「昨以河北寶券，商旅賫販繼踵南渡，遂致物價翔踴，乃權宜限以路分。今鼎既以本路用度繁殷，欲徵軍須錢，宜從所請。若陝西可徵與否，詔令行省議定而後行。」

五月，上以河北州府官錢散失，多在民間，命尚書省經畫之。

八月，平章高琪奏：「軍興以來，用度不貲，惟賴寶券，然所入不敷所出，是以浸輕，今千錢之券僅直數錢，隨造隨盡，工物日增，不有以救之，弊將滋甚。宜更造新券，與舊券權爲子母而兼行之，庶工物俱省，而用不乏。」濮王守純以下皆憚改，奏曰：「自古軍旅之費皆取於民，向朝廷以小鈔殊輕，權更寶券，而復禁用錢。小民淺慮，謂楮幣易壞，不若錢可久，於是得錢則珍藏，而券則亟用之，惟恐破裂而至於廢也。今朝廷知支而不知收，所以錢日貴而券日輕。然則券之輕非民輕之，國家致之然也。不若量其所支復斂于民，出入循環，則彼知爲必用之物，而知愛重矣。今徒患輕而即欲更造，不惟信令不行，且恐新券之輕復同舊券也。」既而，隴州防禦使完顏寓及陝西行省令史惠吉繼言券法之弊。寓請姑罷印造，以見在者流通之，若滯塞則驗丁口之多寡、物力之高下而徵之。吉言：「券者所以救弊一時，非可通流與見錢比，必欲通之，不過多斂少支爾。然斂多則傷民，支少則用不足，二者皆不可。爲今日計，莫若更造，以『貞祐通寶』爲名，自百至三千等之爲十，聽各路轉運司印造，仍不得過五千貫，與舊券參用，庶乎可也。」詔集百官議。户部侍郎奥屯阿虎、禮部侍郎楊雲翼、郎中蘭芝、刑部侍郎馮鶚皆主更造，户部侍郎高夔、員外郎張師魯、兵部侍郎徒單歐里白皆請徵斂，惟户部尚書蕭貢謂止當如舊，而工部尚書李元輔謂二者可並行。太子少保張行信亦言不宜更造，但嚴立不行之罪，足矣。侍御史趙伯成曰：「更造之法，陰奪民利，其弊甚於徵。徵之爲法，特徵於農民則不可，若徵於市肆商賈之家，是亦敦本抑末之一端。」刑部主事王壽寧曰：「不然，今之重錢輕券者皆農爾，其斂必先於民而後可。」轉運使王擴曰：「凡論事當究其本，今歲支軍士家口糧四萬餘石，如使斯人地着，少寬民力，然後徵之，則行之不難。」権貨司楊貞亦欲節無名之費，罷閑冗之官。或有請鑄大錢以當百，别造小鈔以省費。或謂縣官當擇人者。獨吏部尚書温迪罕思敬上書言：「國家立法，莫不備具，但有司不克奉之而已。誠使臣得便宜從事，凡外路四品以下官皆許杖決，三品以上奏聞，仍付監察二人馳驛往來，法不必變，民不必徵，一號令之可使上下無不奉法。如其不然，請就重刑。」上以示宰臣曰：「彼自許如此，試委之可乎？」宰臣未有以處，而監察御史陳規、完顏素蘭交諍，以爲「事有難行，聖哲猶病之，思敬何爲者，徒害人爾」。上以衆議紛紛，月餘不決，厭之，乃詔如舊，紓其徵斂之期焉。未幾，竟用惠吉言，造「貞祐通寶」，興定元年二月，始詔行之，凡一貫當千貫，增重僞造沮阻罪及捕獲之賞。

五月，以鈔法屢變，隨出而隨壞，製紙之桑皮故紙皆取于民，至是又甚艱得，遂令計價，但徵寶券、通寶，名曰「桑皮故紙錢」，謂可以免民輸輓之勞，而省工物之費也。高汝礪言：「河南調發繁重，所徵租税三倍於舊，僅可供億，如此其重也。而今年五月省部以歲收通寶不充所用，乃於民間斂桑皮故紙鈔七千萬貫以補之，又太甚矣。而近又以通寶稍滯，又增兩倍。河南人户農居三之二，今年租税徵尚未足，而復令出此，民若不糴當納之租，則賣所食之粟，舍此將何得焉。今所急而難得者芻糧也，出於民而有限。可緩而易爲者交鈔也，出於國而可變。以國家之所自行者而强求之民，將若之何。向者大鈔滯則更爲小鈔，小鈔弊則改爲寶券，寶券不行則易爲通寶，變制在我，尚何煩民哉。民既悉力以奉軍而不足，又計口、計税、計物、計生殖之業而加徵，若是其剥，彼不能給，則有亡而已矣。民逃田穢，兵食不給，是軍儲鈔法兩廢矣。臣非於鈔法不加意，非故與省部相違也，但以鈔滯物貴之害輕，民去軍飢之害重爾。」時不能用。

三年十月，省臣奏：「向以物重錢輕，犯贓者計錢論罪則太重，於是以銀爲則，每兩爲錢二貫。有犯通寶之贓者直以通寶論，如因軍興調發，受通寶及三十貫者，已得死刑，準以金銀價，纔爲錢四百有奇，則當杖。輕重之間懸絶如此。」遂命准犯時銀價論罪。四年三月，參知政事李復亨言：「近制，犯通寶之贓者並以物價折銀定罪，每兩爲錢二貫，而法當贖銅者，止納通寶見錢，亦乞令依上輸銀，既足以懲惡，又有補於官。」詔省臣議，遂命犯公錯過悮者止徵通寶見錢，贓污故犯者輸銀。

十二月，鎮南軍節度使温迪罕思敬上書言：「錢之爲泉也，貴流通而不可塞，積於官而不散則病民，散於民而不斂則闕用，必多寡輕重與物相權而後可。大定之世，民間錢多而鈔少，故貴而易行。軍興以來，在官殊少，民亦無幾，軍旅調度悉仰于鈔，日之所出動以萬計，至于填委市肆，能無輕乎。不若弛限錢之禁，許民自采銅鑄錢，而官製模範，薄惡不如法者令民不得用，則錢必日多，鈔可少出，少出則貴而易行矣。今日出益衆，民日益輕，有司欲重之而不得其法，至乃計官吏之俸、驗百姓之物力以斂之，而卒不能增重，曾不知錢少之弊也。臣謂宜令民鑄錢，而當斂鈔者亦聽輸銀，民因以銀鑄錢爲數等，文曰『興定元寶』，定直以備軍賞，亦救弊之一法也。」朝廷不從。

五年閏十二月，宰臣奏：「向者寶券既弊，乃造『貞祐通寶』以救之，迄今五年，其弊又復如寶券之末。初，通寶四貫爲銀一兩，今八百餘貫矣。宜復更造『興定寶泉』，子母相權，與通寶兼行，每貫當通寶四百貫，以二貫爲銀一兩，隨處置庫，許人以通寶易之。縣官能使民流通者，進官一階、陞職一等，其或姑息以致壅滯，則亦追降的決爲差。州府官以所屬司縣定罪賞，命監察御史及諸路行部官察之，定撓法失糾舉法，失舉則御史降決，行部官降罰，集衆妄議難行者徒二年，告捕者賞錢三百貫。」元光元年二月，始詔行之。

二年五月，更造每貫當通寶五十，又以綾印製「元光珍貨」，同銀鈔及餘鈔行之。行之未久，銀價日貴，寶泉日賤，民但以銀論價。至元光二年，寶泉幾於不用，乃定法，銀一兩不得過寶泉三百貫，凡物可直銀三兩以下者不許用銀，以上者三分爲率，一分用銀，二分用寶泉及珍貨、重寶。京師及州郡置平準務，以寶泉銀相易，其私易及違法而能告者罪賞有差。是令既下，市肆晝閉，商旅不行，朝廷患之，乃除市易用銀及銀寶泉私相易之法。然上有限用之名，而下無從令之實，有司雖知，莫能制矣。義宗正大間，民間但以銀市易。

天興二年十月印「天興寶會」于蔡州，自一錢至四錢四等，同見銀流轉，不數月國亡。

《元史》卷二《太宗紀》（八年春正月）詔印造交鈔行之。

《元史》卷九七《食貨志五・鈔法》　至正十年，右丞相脱脱欲更鈔法，乃會中書省、樞密院、御史臺及集賢、翰林兩院官共議之。先是，左司都事武祺嘗建言云：「鈔法自世祖時已行之，後除撥支料本、倒易昏鈔以布天下外，有合支名目，於寶鈔總庫料鈔轉撥，所以鈔法疏通，民受其利。比年以來，失祖宗元行鈔法本意，不與轉撥，故民間流轉者少，致僞鈔滋多。」遂准其所言，凡合支名目，已於總庫轉支，至是，吏部尚書偰哲篤及武祺，俱欲迎合丞相之意。偰哲篤言更鈔法，以楮幣一貫文省權銅錢一千文爲母，而錢爲子。衆人皆唯唯，不敢出一語，惟集賢大學士兼國子祭酒吕思誠獨奮然曰：「中統、至元自有母子，上料爲母，下料爲子。比之達達人乞養漢人爲子，是終爲漢人之子而已，豈有故紙爲父，而以銅爲過房兒子者乎！」一坐皆笑。思誠又曰：「錢鈔用法，以虚換實，其致一也。今歷代錢及至正錢，中統鈔及至元鈔、交鈔，分爲五項，若下民知之，藏其實而棄其虚，恐非國之利也。」偰哲篤、武祺又曰：「至元鈔多僞，故更之爾。」思誠曰：「至元鈔非僞，人爲僞爾，交鈔若出，亦有僞者矣。且至元鈔猶故戚也，家之童稚皆識之矣。交鈔猶新戚也，雖不敢不親，人未識也，其僞反滋多爾。況祖宗成憲，豈可輕改。」偰哲篤曰：「祖宗法弊，亦可改矣。」思誠曰：「汝輩更法，又欲上誣世皇，是汝又欲與世皇争高下也。且自世皇以來，諸帝皆謚曰孝，改其成憲，可謂孝乎！」武祺又欲錢鈔兼行，思誠曰：「錢鈔兼行，輕重不倫，何者爲母，何者爲子？汝不通古今，道聽塗説，何足以行，徒以口舌取媚大臣，可乎？」偰哲篤曰：「我等策既不可行，公有何策？」思誠曰：「我有三字策，曰行不得，行不得。」又曰：「丞相勿聽此言。如嚮日開金口河，成則歸功汝等，不成則歸罪丞相矣。」脱脱見其言直，猶豫未決。御史大夫也先帖木兒言曰：「吕祭酒言有是者，有非者，但不當坐廟堂高聲厲色。若從其言，此事終不行耶！」明日，諷御史劾之，思誠歸臥不出，遂定更鈔之議而奏之。下詔云：「朕聞帝王之治，因時制宜，損益之方，在乎通變。惟我世祖皇帝，建元之初，頒行中統交鈔，以錢爲文，雖鼓鑄之規未遑，而錢幣兼行之意已具。厥後印造至元寶鈔，以一當五，名曰子母相權，而錢實未用。歷歲滋久，鈔法偏虚，物價騰踴，姦僞日萌，民用匱乏。爰詢廷臣，博采輿論，僉謂拯弊必合更張。其以中統交鈔壹貫文省權銅錢一千文，准至元寶鈔二貫，仍鑄至正通寶錢與歷代銅錢並用，以實鈔法。至元寶鈔，通行如故。子母相權，新舊相濟，上副世祖立法之初意。」

十一年，置寶泉提舉司，掌鼓鑄至正通寶錢、印造交鈔，令民間通用。行之未久，物價騰踴，價逾十倍。又值海内大亂，軍儲供給，賞賜犒勞，每日印造，不可數計。舟車裝運，軸轤相接，交料之散滿人間者，無處無之。昏軟者不復行用。京師料鈔十錠，易斗粟不可得。既而所在郡縣，皆以物貨相貿易，公私所積之鈔，遂俱不行，人視之若弊楮，而國用由是遂乏矣。

丘濬《大學衍義補》卷二七　臣按：楮幣在唐謂之券，在宋謂之交、會，而鈔之名則始於此。今世鈔式蓋權輿於兹云。考宋之交、會，南渡後取紙於徽、池，猶是别用紙爲之，而印文書字於其上。金元之鈔則是以桑皮就造爲鈔，而印以字紋也。

陸容《菽園雜記》卷八　鈔字，韵書平去二聲，皆爲略取寫録之義，無以爲楮幣之名者。今之鈔，即古之布。《詩》云「抱布貿絲」，《周禮》「宅不毛者，有里布」是也。但古以皮，故曰皮幣，今以楮，故曰楮幣耳。宋有交子、會子、關子、錢引、度牒、公據等名，皆所以權變錢貨，以趨省便。然皆不言其制，惟入中鹽糧有鹽鈔，鈔之名始見《宋史》，蓋即今鹽引也。今文移中有關子，僧道簪剃有度牒，鄉試舉人投禮部有公據，茶鹽等貨俱有引，皆公文耳。《金史》記交鈔之制，外爲闌，作花紋，其衡書貫例外書禁條，闌下備書經由行换之法。及其印章花押，一貫至五十貫，名大鈔。一百文至七百文，名小鈔。以七年爲限，納舊易新。《元史》記鈔之文云：以十計者四，曰一十文、二十文、三十文、五十文。以百計者三，曰一百文、二百文、五百文。以貫計者二，曰一貫文、二貫文。然皆不詳其尺寸之制。今之鈔，蓋始於金，而元承其制，本朝沿襲之歟！聞洪熙、宣德間，猶有百文鈔。今但有一貫文者，每貫直銀三釐，錢二文，非復國初之直矣。其制，以桑楮皮爲之，豎長一官尺，横八寸，額上横作楷書，云「大明通行寶鈔」，中作楷書「一貫」二字，字下圖一貫錢形，左右作疊篆各四字，云「大明寶鈔，天下通行」，其下楷書鈔法禁例，上下鈐户部印，四圍花紋闌。

孫承澤《春明夢餘録》卷三八《寶鈔局》　寶鈔局，始於洪武八年，永樂仍建局於北京，後廢。造鈔之法，用桑穰爲料。其制：方高一尺，闊六寸許，以青色爲質，外爲龍紋花欄，横題其額，曰：大明通行寶鈔。内上兩傍復爲篆文八字，曰：大明寶鈔，天下通行。中圖鈔貫狀，十串則爲一貫。其下曰：户部奏准印造大明寶鈔，與銅錢通行使用，僞造者斬；告捕者，賞銀二百五十兩，仍給犯人財産。若五百文則畫鈔文爲五串。餘如其制，而遞減之。每鈔一貫，折銅錢一千文，銀一兩。其餘以是爲差。其等凡六：曰一貫，五百文，四百文，三百文，二百文，一百文。每鈔四貫，易金一兩。禁民間不得以金銀物貨交易，違者治罪，告發就以其物給賞。若有以金銀易鈔者聽。凡商税課，錢鈔兼收，錢十之三，鈔十之七，一百文以下則止用銅錢。按明初有銀禁，恐其或閡錢鈔也。而錢之用，不出於閩、廣。宣德、正統以後，錢始用於西北。自天順、成化以來，鈔之用益微。

漢武帝制皮幣。唐憲宗時，令商賈委錢諸路進奉院，以輕裝趨四方，合券乃取之，號飛錢，然猶錢與券爲二也。張詠鎮蜀，以鐵錢重，不便貿易，設質劑之法，一交一緡，以三年爲一界而换之，謂之交子。後官爲置造，謂之交子務。後用交子、會子，會價愈低。賈似道改名關子，而益不可行。金人循交子法，置交鈔，自一貫至十貫五等，謂之大錢；自一百至七百五等，謂之小錢。以七年爲限，納舊易新。元世祖造中統交鈔，以銀爲率，名曰銀鈔。一貫文省准錢一千文，值銀一兩。故五十貫爲一錠，蓋是銀五十兩也。後造至元鈔大行，以一當五，名曰金鈔子。至至正中，中統以廢，改造至正，印造中統交鈔，名曰新鈔，二貫准舊鈔十貫，以至料鈔十錠，易斗粟不得。洪武循元制，寶鈔立法甚嚴，令官民通用，欲其流行，甚於刀泉。後竟壅格不行，但以供頒賜，虚名耳，不但不可易斗粟也。

元主忽必烈以錢與鈔問劉秉忠。秉忠曰：楮用於陰，錢用於陽。沙漠爲陰，華夏爲陽。國家起沙漠，而臨中夏，宜用楮幣。不然，四海不靖。是以終元之世，止行鈔法，而不鑄錢。及至正間，脱脱爲相，立寶泉提舉司，鑄至正錢，而天下遂亂。即今民間古錢，並無勝國年號，目可見矣。明太祖雖嘗以科場落卷打造寶鈔，然二百年來惟錢行，而鈔不甚行。秉忠之言益驗矣。

明之貧，貧於鈔不行而折價。蓋鈔所值，已天淵矣。如洪武二十四年令揚州府泰州竈户照台、温、處三府例支食，官鹽折納鈔貫，每引二百斤，米四石，每一石折鈔二貫五百文，此與原頒令每鈔一貫值銀一兩已不同矣。至嘉靖六年，詔各處赴運京庫户口鹽鈔，今後每鈔一貫，折銀一釐一毫四絲三忽。如此，則每米一石者，止值銀二釐七毫矣，國課焉得不大損耶？

崇禎十六年行鈔法紀：桐城生員蔣臣言鈔法可行。且云：歲造三千萬貫，一貫直一金，歲可得金三千萬兩。而户部侍郎王鰲永專管錢鈔，亦以鈔爲必可行。且言：初年造三千萬貫，可代加派二千餘萬，以蠲窮民；此後歲造五千萬貫，可得五千萬金。所入既多，將金與土同價，除免加派外，每省值發百萬貫，分給地方各官，以佐養廉之需。其言甚美，然實不可行也。上特設内寶鈔局，晝夜督造，募商發賣，而一貫擬鬻一金，無肯應者。鰲永請每貫蠲三分，止鬻九錢七分。京商騷然，紬緞各舖皆卷篋而去。内閣言：民雖愚，誰肯以一金買一張紙。上曰：高皇帝時如何偏行得？内閣對：高皇帝似亦以神道設教，當時只賞賜及折俸用鈔，其餘兵餉，亦不曾用也。上曰：只要法嚴。閣臣對：徒法亦難行。因言民窮困已極，且宜安静。其語頗多，然上已決意行之。及内寶鈔局言：造鈔宜用桑穰二百萬斤。舊例采取北直、山東、河南、浙江諸處，分遣各璫催督。内浙江杭、嘉、湖三府桑穰價銀，户部請以北新關税銀二萬抵之。閣臣擬旨：采取擾累，且關税例當解京，不准留。又五城御史言：鈔匠除現在五百人外，尚欠二千五百人。各城勾攝，多未學習。議於畿内八府州縣多方勾解。閣臣亦擬不許。上不懌，俱發改票。

崇禎十六年九月十五日，閣臣議鈔揭帖：竊惟古者以錢代金，宋末以鈔代錢。鈔法誠行，爲利甚大。而鈔虚錢實，頗有不同，蔣臣以宋之交子、會子謂之錢引，即今民間會票是也。然宋時自一貫至十貫凡五等，曰大鈔；一百至七百凡五等，曰小鈔。元時以十計者四等，以百計者三等，以貫計者二等，非不多方廣布，而亦不能久。惟聖祖製法甚精，立法甚嚴，當時軍國賞賜諸費皆取給焉，而後始漸輕也。伏讀御批：務要有益軍國，可行可久。又於部議，推行一欵，宜加嚴明。臣等竊見《會典》及《例律》所載鈔法，似已詳盡，總以嚴僞造，禁阻壞，立界法，信倒换爲主。至有司之貪羡抑勒，撫按三尺自在耳。惟今當久廢之後，驟欲督之行使，恐愚民不可慮始，徒法亦難自行。聖諭所謂如何通行，如何更换，業已洞悉其端委矣。蔣臣持論雖堅，臣等實未見其必然之效。倘萬不得已，或且試之京師。於凡百官俸廩，軍匠月糧，以鈔兼行，俾民間有鈔可用；而一切賦税、課程、贓罰，納鈔悉與收受，俾知有用鈔之利。俟上下通行，耳目相習，而後推之天下，或亦變通宜民之一道乎？容臣等約計臣并蔣臣到閣詳細商確，聽其自行回奏外，謹先擬票呈進，未知當否？伏候聖裁。

崇禎十七年正月二十七日，閣臣蔣德璟回奏：行鈔揭適蒙發下二本改票。一爲户部坐會關税事，内言浙江解造鈔桑穰夾紙，動支關税二萬金。一爲各城御史鈔匠城役無多事，内言五城解到鈔匠，並未學習，及人數不足，議於在外州縣多方勾解二千五百人各事情。臣敢不祇遵另擬。惟是造鈔一事，原係祖制。當此三空四盡之時，而能化紙穰爲金錢，且歲得數千萬之入，其利甚大。果如所言，即一時勞費亦不足惜。而近來中外攢眉，動稱窒礙，細酌情勢，頗費經營。如造鈔必須工匠，而匠則多未學習。計正匠一千名，每月米一石，銀三兩；僱工一千五百名，每名月銀三兩三錢。計每月費米千石，銀七千九百五十兩，措處甚難。又五城人數既少，若於在外地方廣購，一番勾攝，擾累必多。聞内寶鈔司原有鈔匠五百，似宜照舊造使，俟推行有緒，以漸議之。至桑穰一事，則猶有可商者。國初，令：農家凡有田五畝，栽桑、麻各半畝。又令：鳳、滁等處每户種桑二百株。又令：天下多栽桑、棗，每里初年二百株，三年六百株，違者罰有差。故其時桑多而穰亦多。今自賊寇殘破之後，畿内及山東、河南幾無桑矣；杭、嘉、湖三府雖宜桑地，而水旱時告，賦歛繁興，農桑之家，愁苦尤甚，驟責以桑穰四十萬斤，恐盡括之亦不能彀，而其害將有不勝言者。至於作房工料之費及民情惶惑之狀，臣尚未敢盡陳。誠恐害多利少，異日得不償失，以爲宵旰憂，則臣之罪更大矣。臣初疑其難行，亦未詳計至此。或俟安民靖亂之後，人心大定，漸次講求，庶有濟乎？臣聞見既真，不敢隱飾不言。謹因發下改票，昧死附致芻蕘，原票未敢擅改，伏乞聖慈裁鑒施行。

李清《三垣筆記》附識中《崇禎》　蔣民曹臣以桐城一青衿言生財，得授是官，首言鈔法可行，且言：「歲造三千萬貫，一貫值一金，歲可得金三千萬兩。」王少司農鰲永天啓乙丑，德州人。亦以爲必可行，且言：「初年造三千萬貫，可代加派二千餘萬，此後歲造五千萬貫，可得五千萬金。所入既多，將金與土同價。」其言甚美，然實不可行。上特設内寶鈔局晝夜造，募商發賣，而一貫擬鬻一金，無一人應者。鰲永請每貫鬻三分，止鬻九錢七分，京商騷然欲去。蔣輔德璟言：「民誰肯以一金買一張紙？」上曰：「洪武時如何行得？」德璟曰：「高皇帝似亦以神道設教，當時只賞賜及折俸月鈔，其餘兵餉亦未用也。」且言：「民窮已極，宜安静以悦之。」上不聽。及内寶鈔局言造鈔宜用桑穰二百萬斤，舊例采取北直、山東、河南、浙江諸處，分遣各璫催督。又五城御史言：「鈔匠除現在五百人外，尚欠二千五百人，議於畿内八府州縣多方勾解。」德璟皆擬旨不允，上命改票，賴德璟極言其弊，謂：「所募二千五百名，月加費米千石，銀九千九百五十兩，得不償失。且北直、山東、河南新經變亂，無桑安有穰？至浙江杭、嘉、湖三府，雖宜桑，若責以二百萬斤，即盡括亦不足。」揭入留中，後竟得免。

張爾岐《蒿庵閒話》卷一　明朝寶鈔之制，用綿紙，厚如錢，色青黎，外用墨欄週界，界内上端横書「大明通行寶鈔」六字，其下復爲龍文，欄界寬寸許，中一横墨線，界爲兩方，上方横書「壹貫」二大字，字下畫錢索之形，兩旁篆書「大明寶鈔天下通行」八字，下方細書七行，書云「户部奏准印造大明寶鈔，與銅錢通行使用，僞造者斬，告捕者賞銀貳百伍拾兩，仍給犯人財産。洪武年月日識。」以兩朱印，印文不可辨，背面下截爲花文，欄界内横書「壹貫」兩大字，字下亦爲錢索形。上截空處，亦識以一朱印。一貫、五百文、四百文、三百文、二百文、一百文，凡六等，制並同。惟横書字、錢索形，各如其數。嘗聞之一木工云：鈔正面墨欄之長，即鈔尺也，墨欄之一長一横，即民間市尺也。語似有本。

趙慎畛《榆巢雜識》下卷《大明寶鈔》　郝徠峯藏前明五千貫鈔紙一張，較倭紙尤厚，言從鐵山寺佛藏中取出。其色灰黑，面兩印，背一印，硃色紅，篆文模糊不辨。上題「大明通行寶鈔五千貫」，下載「户部奏准印造寶鈔，與銅錢通行，僞使者斬，告捕者賞銀二百五十兩，並給犯人家産。洪武年月日。」

福格《聽雨叢談》卷七《鈔票》　咸豐年軍餉浩繁，言官請用鈔票，部議允之，行未數年，停止弗用。其鈔以高麗紙爲之，寬四寸，長七寸，印造雙龍邊，極爲精緻。銀鈔至少者一兩，錢鈔至少者制錢五百文。即京錢一千文。按元季通用寶鈔，分十一科：二貫、一貫、伍百文、三百文、二百文、一百文、五十文、三十文、二十文、一十文、五文。似覺零星瑣碎，不如今制矣。道光二十八年，在京中敉遠林宗室功家，見所藏明洪武時一千文錢鈔一張，兩面皆有圓印，模糊草率，不似今鈔之工。

按鈔法始於趙宋，名曰「交子」，設交子務官，專司其事。元明皆紹宋制也。

傅以禮《華延年室題跋》卷中《金貞祐寶券附釋文》　右金「貞祐寶券」銅版，

僞造者斬賞　奏准印造，諸路通行，寶券並同，見錢行用，不限年月，許於京兆平凉府官庫倒换錢券。

字料　寶母　庫推押　專副　攢司押

貞祐寶券

伍貫

伍貫八十足陌僞造者斬賞寶券叁伯貫　仍給犯人家産

字號　貞祐　年　月　日　造庫庫子押攢司押

寶券貳伯貫　寶券庫使押　副　判　官　印造庫使押　副押　判　官　尚書户部句當官　押

京兆府合同　平凉府合同

四圍作海馬波濤紋，陽文大小共一百廿五，押字八。惟第二層「僞造者斬，賞寶券叁百貫」十字篆書，餘並正書。《金宣宗本紀》，貞祐三年七月，改交鈔名「貞祐寶券」，即此版也。錢氏《金石文跋》、王氏《萃編》皆載之，而詮釋未全。惟烏程張鑑審定精確，證引博贍，見《蓮漪文鈔》。是拓字多漫漶，藉張氏所釋，得以考見全文，今依券式，具録於右。

《申報》光緒丙子二月念七日《論造用寶鈔》 中國寶鈔之制，歷朝有之，然皆由于國用不足而後制鈔，以濟其用也。惟元明則不然。元初，世祖之時業已用鈔，歷八十餘年皆用之，其中之僞造者亦不少。明初太祖之時，仍欲造鈔。相傳屢制鈔紙不能如式，太祖憂之，夜夢神告之曰：若欲造鈔紙，必須用文人心血。醒則不明其故，乃以夢告馬后。后曰：此實易事。鄉會兩試之卷，皆文人心血所聚。今試將禮部所存各卷改造鈔紙，或能成就，亦未可知。命試之，其紙竟成。果實有其事耶？抑齊東野語耶？明鈔無存，亦不可考矣。

李上交《近事會元》卷五《曆日板》 唐文宗太和九年十二月，敕諸道州府不得私置曆日板。

勾延慶《錦里耆舊傳》卷二 咸康元年夏六月，續添閏十二月曆日一紙，印造施行。春初頒曆，只以十二月，暨夏，方知唐朝曆日閏添之也。

李燾《續資治通鑑長編》卷二二〇神宗熙寧四年二月 詔司天監印賣曆日，民間毋得私印，以息均給本監官屬。後自判監已下凡六十八員皆增食錢，判監月七千五，官正三千，見賣曆日官增食錢外，更支茶湯錢三千。時，初罷司天監官監在京庫務及倉草場門，而中書議增其俸，故有是詔。《司馬光日記》云：王安石爲政，欲理財富國，人言財利者輒賞之。舊制，太府寺造斗升，用火印，頒於天下諸州賣之。禁民私造升斗，其法甚嚴。熙寧四年詔：自今官司止賣印板，令民自造升斗以省釘鍱之費，於是量法壞矣。又民侯氏世於司天監請曆本印賣，民間或更印小曆，每本直一二錢，至是盡禁小曆，官自印賣大曆，每本直錢數百，以收其利。

陳耆卿《嘉定赤城志》卷一六《財賦門》 曆日錢五十貫交。每年承轉運司降下一千五百册，每册拘錢七十文，計一百五貫。按例分下諸縣及院觀，每以四散，艱於拘督。嘉定十五年，本州那發上件。

《宋會要輯稿·職官》一八之三二《秘書省》 （乾道元年）八月五日，祕書少監陳巖肖等言，祕書省轄下太史局，每歲箋注到大小曆日小本，依年例令榷貨務雕印出賣。大本止是印造頒賜畢，發送太史收管，便爲無用之物。其漕司雕造上件印板，費用不貲。又緣印匠遞年循習，衷私印造出外，侵奪官課。乞自今後大本曆日頒賜數足，將上件曆板下太史局，候曆日進呈畢，牒送榷貨務，措置定價出賣施行。從之。

《宋會要輯稿·職官》一八之八四《太史局》 （熙寧）四年二月二十三日，詔民間毋得私印造曆日。令司天監選官，官自印賣，其所得之息，均給在監官屬。以近罷差本監官在京庫務及倉場監門也。【略】

（元豐）三年三月十一日，詔自今歲降大小曆本，付川、廣、福建、江浙、荆湖路轉運司印賣，不得抑配。其前歲終市輕齎物付綱送曆日所。餘路聽商人指定路分賣。

《宋會要輯稿·職官》一八之九二《太史局》 乾道四年五月十三日，禮部言，太史局每歲箋注到曆日，承指揮下兩浙轉運司雕造訖，將板送祕書省印造，頒賜交趾國及内外臣僚外，板即無用。昨祕書省申請到將運司版送榷貨務印造，乞除去臣字，每本立價三百文出賣，專委提轄檢察，不得盗印。從之。

《宋會要輯稿·職官》三一之五《司天監》 （宣和）四年五月二十七日，判太史局周彤奏，乞今後應諸路轉運司每年收到曆日浄利錢，並限次年四月一日已前，依條起發上京送納盡絶。如違令，本路轉運司取索，點檢究治施行。詔違限如上供法。

王元恭《至正四明續志》卷六《賦役志·曆日錢》 總計肆萬壹阡伍伯壹拾叁本，計鈔陸伯叁拾玖錠叁拾壹兩壹錢。

大曆叁萬玖伯貳拾貳本，每本價鈔壹兩，計鈔陸伯壹拾捌錠貳拾貳兩。

小曆壹萬伍伯玖拾壹本，每本價鈔壹錢，計鈔貳拾壹錠玖兩壹錢。

録事司捌拾錠貳拾貳兩柒錢。

鄞縣壹伯柒拾肆錠叁錢。

奉化州壹伯陸拾玖錠壹拾玖兩陸錢。

昌國州貳拾壹錠貳拾陸兩柒錢。

慈溪縣壹伯錠肆拾伍兩壹錢。

定海縣陸拾壹錠壹拾玖兩壹錢。

象山縣叁拾壹錠肆柒兩陸錢。

《明太祖實録》卷八五洪武六年九月壬戌　命禮部自今頒曆惟直隸府州及北平、陝西二行省則欽天監印造頒給之，其餘皆令依式印造，給與所屬。每歲仍以九月朔日進曆，朕於奉天殿受之，頒布百官。

《明太祖實録》卷一三〇洪武十三年二月辛卯　詔預刊明年大統曆，仍以十月朔進。其諸王及在京文武百官，直隸府、州，俱於欽天監印造頒給；十二布政使司，則欽天監預以曆本及印分授之，使刊印以授郡縣，頒之民間。自是，歲以爲常。

《永樂大典》卷二二七七《吴興續志・田賦・湖州府》　曆日，《授時曆》大小四萬六千二本，設工本中統鈔七百九定四錢。回回曆本二十五本，每本一兩，該鈔二十五兩。

《永樂大典》卷二二七七《吴興續志・田賦・湖州府在城税課司》　曆日，歲辦七萬本，共錢二百八十萬文。

《永樂大典》卷二二七七《吴興續志・田賦・烏程縣》　曆日，《授時曆》大小八千八百七十二本，該鈔一百三十九定三十二兩。回回曆四本，該鈔四兩。

曆日，每歲一萬六千八百本，每錢六十文。洪武十年，減作四十文，計錢六十七萬二千文。

《永樂大典》卷二二七七《吴興續志・田賦・歸安縣》　曆日，《授時曆》大小八千七百九十四本，該鈔一百三十三定三十四兩四錢。回回曆日四本，該鈔四兩。

曆日，歲降一萬八千五百本，每本四十文，該鈔七十四萬文。

《永樂大典》卷二二七七《吴興續志・田賦・長興縣》　曆日，歲降《授時曆》大小九千六百本，該鈔一百四十六定五兩。回回曆五本，計鈔五兩。

《永樂大典》卷二二七七《吴興續志・田賦・武康縣》　曆日，《授時曆》大小四千六百本，該鈔七十定二十兩。回回曆三本，該鈔三兩。

曆日，五千本，工本錢二十萬文。

《永樂大典》卷二二七七《吴興續志・田賦・德清縣》　《授時曆》大小五千五百九十本，該鈔八十五錠一十七兩。回回曆(三)本，該鈔三兩。

曆日，一萬二千五百本，該錢五十萬文。

《永樂大典》卷二二七七《吴興續志・田賦・安吉縣》　《授時曆》，大小五千一百八十本，鈔八十二定一十八兩。

曆日，六千七百本，收錢二十六萬八千文。

陸容《菽園雜記》卷四　朝廷禮制，頒曆其一也。頒者，自上布下之謂。欽天監所進者，既頒於内廷，則京尹及直隸各府領於司曆者，當各頒於所部之民。各布政司所自印者，亦當如是。今每歲頒曆後，各布政司送曆於内閣若諸司大臣者，旁午於道，每一百本爲一塊。有一家送五塊者、十塊者、廿塊者，各視其官之崇卑，地之散要，以爲多寡。諸司大臣，又各以其所得餽送内官之在要津者。

曾才漢修、葉良佩纂《(嘉靖)太平縣志》卷三《食貨志・貢賦・元》　曆日錢。元歲降《授時曆》大小七千六百八十三本，解定價中統鈔一百三十七錠二十三兩。

袁應祺修、牟汝忠纂《(萬曆)黄巖縣志》卷三《食貨志・貢賦》　曆日錢。元歲降《授時曆》大小七千六百八十三本，定價中統鈔一百三十七錠二十三兩。

申時行《明會典》卷一七六《欽天監》　凡歲造大統曆，先期二月初一日進呈來歲曆樣，然後刊造一十五本送禮部，差人賚至南京并各布政司照樣刊印。

申時行《明會典》卷一七六《南京欽天監》　凡本監造曆，每年六月内從禮部發到曆樣，印完，給散南京各衙門并直隸各府州縣。

俞汝楫《禮部志稿》卷三四《祠祭司職掌・曆日・凡頒行曆日》　洪武十三年，令諸王及在京文武百官，直隸府、州，俱欽天監印造頒給。十三布政司，則欽天監預以曆日及印分授之，使刊印以授府縣，頒之民間。嘉靖七年，令各布政司查照遞年解京曆數量，將四分之二解赴禮部，内將一分送各衙門分散官吏，一分發順天府散各衛，分散軍民。其所減二分，盡發各府州縣，頒給小民。

俞汝楫《禮部志稿》卷八八《歷日備考・頒曆・免曆日工本錢》　洪武十五年，詔免曆日工本錢。初，頒曆民間，有司例徵工本錢。至是，上聞之，諭禮部臣曰：「頒曆授時，君職也。而又徵斂民財，豈爲上之道哉！亟罷勿徵。」

孫承澤《春明夢餘録》卷四〇《禮部二》　天順時，禮部尚書胡濙省冗費議：欽天監曆日五十萬九千七百餘本，省爲十一萬九千五百餘本；【略】上允之。風俗儉樸，必自朝廷始，此端本之道也。

允祹《欽定大清會典則例》卷六二《禮部》　（雍正）七年，議準定例，欽天監每年給發各衙門時憲書外，聽匠役備紙刷印售賣，以便民用。今各省布政使司亦應照例。請自八年爲始，每歲四月由欽天監頒發考定時憲書式，令各布政使司敬謹刊刷，鈐蓋庫貯欽天監時憲書印信，凡見任文武大小官及在籍有職官舉人貢生等各給一本，以彰敬授人時之意。其刊刻紙墨工價，各動用正項錢糧。至於各省民户繁多，勢難遍給，應將所刻書版發貯公所，聽匠役或書坊備紙刷印，赴布政使司鈐蓋欽天監時憲書印發賣，每本定價一分二釐，俾深山僻壤咸知時序月令。仍飭該地方官嚴禁僞造，務使官書廣布，以便民用。如有僞刻私書及捏稱繳官，於定價外需索等弊，將該有司從重治罪。督撫如不察究，并嚴加議處。

嵇璜《皇朝通典》卷五五《禮》　雍正三年，定頒給青海扎薩克王、台吉等時憲書，於每年頒俸祭時一同給發。七年，定每歲四月由欽天監頒發考定時憲書式，令各布政使司敬謹刊刷，鈐蓋庫貯欽天監時憲書印信，凡現任文武大小官及在籍有職官舉人貢生等各給一本。並將所刻書版發貯公所，聽匠役或書坊備紙刷印，赴布政使司鈐蓋欽天監時憲書印發賣，以便民用。仍飭地方官嚴禁僞造。

趙慎畛《榆巢雜識》下卷《頒曆》　國制：欽天監於每年二月初一日進呈來歲曆，四月頒於各省刊刻，十月朔頒布民間。各藩司掌欽天監曆日印一顆。

吴振棫《養吉齋叢録》卷之六　欽天監推算時憲書既成，二月朔進呈，迺鐫於板。孟夏驛送直省各布政司，依式刊刻，於十月朔日頒行。進御有繕録清、漢字者各一本，刷印清、漢、蒙古字者各一本，清、漢字七政時憲書各一本。

按：乾隆元年，避御名，改時憲曆爲時憲書。又六部、寺、監文書皆咨督、撫轉行，惟時憲書及日月食皆逕行布政司。又各省藩庫存舊頒時憲書之印一，頒朔，以此印鈐書上，防私造也。

《福建省例·雜例·閩省時憲書刊頒章程》　嘉慶二年十二月二十二日，奉福建布政使司李憲札，内開：札本轅經歷官知悉：案查時憲書奉憲飭令體照浙省添刷紅字星宿、立定章程等因，業經前司詳明，將綾、棉二項書本，添刷紅字在案。兹届刊刷之期，合行札飭。札到該經歷，即便遵照，將前司先後詳案刊入省例，呈送通頒。仍查明歷届頒送綾、棉二項憲書本數，附入例末，毋違。此札。

計粘抄先後司詳一紙。

一件爲詳請憲示事。嘉慶元年八月三十日，奉總督部堂魁批由陞司詳：嘉慶元年七月二十日，奉總督部堂魁憲札：照得各省時憲書，向來俱有刷印吉凶星宿紅字，最便查閲。惟閩省從無紅字套板，上年曾經本部堂諭令查照浙省書式，一體添刷辦理。兹本年分仍須照辦通頒，第未經詳定章程，仍不能垂諸久遠，合行札飭。札到該司，即便遵照將閩省時憲書，亦照浙省一律添刷套板紅字，立定章程，通詳飭知立案。仍將本年應行添刷式樣，即行遵辦，毋違等因。奉此，遵即轉飭照磨官遵照去後。兹據該照磨喬煌稟稱：遵查時憲書内添注吉凶紅字星宿套板，閩省向未刷辦。上年經歷黄纘蒙督憲面諭，查照浙省書式添刷辦理，經福州府袁秉直、本轅經歷黄纘會同遵照酌增綾書一項，共辦一千三百餘本在案。兹奉憲札，將閩省時憲書概照浙省一律添注吉凶星宿紅字套板頒送。伏查頒送各衙門時憲書本數，通盤核計，約需一萬四千八百餘本。此内而有綾、棉、竹、散四項書本名目，分别頒發。今奉憲札，一律添注，是否四項書本之中，或于何項書本添注紅字，抑或四項書本一律添注紅字之處，工費頗繁，有需時日，自應先請憲示，以便遵照籌議，妥協造具估册詳覆。至浙省紅字樣本，尚未奉文頒發，無從查照。除將呈過墨文樣本，集匠先行趕刷外，合就備文，請乞察奪示遵等由到司。

據此，本司查閩省憲書，上年遵奉憲諭，查照浙省書式添刷紅字星宿，先後共增刷綾書一項，計一千三百餘本，呈繳頒送在案。兹奉憲台札行，將閩省時憲書並照浙省一律添刷套板紅字，立定章程通詳立案等因。伏查閩省頒送各衙門時憲書，通計約需一萬四千八百餘本，向有綾、棉、竹、散四項書本名目，分别頒發。兹若一律添刷紅字星宿，未免工費繁重，且恐有需時日。今擬將綾、棉二項憲書，查照浙省添刷辦理。所有竹、散二項書本，毋庸一律添刷紅字，以節工費。是否允協，理合具文詳請，伏候憲台察核批示，以便飭行妥議，另造估册，詳定章程辦理等由。奉批：如詳分别添刷。仍即妥議造册，議定章程，通詳立案。仍候撫部院批示。繳。又奉前巡撫部院姚批：據詳已悉。仍候督部堂批示。繳。

奉此，又爲前事，嘉慶元年九月十九日，奉總督部堂魁批由陞司詳：本年八月二十五日，奉總督部堂魁憲札：照得各省時憲書，向來俱有刷印吉凶星宿紅字，最便查閲而壯觀瞻。今閩省從無紅字套板，上年曾經本部堂諭令查照浙省書式，一體添刷辦理。兹本年分仍須照辦通頒，第未經詳定章程，仍不能垂諸久遠。隨經札飭該司遵辦，通詳立案去後。迄今未據詳覆，合行札催。札到該司，即便遵照前札，迅將閩省時憲書，亦照浙省一律添刷套板紅字，立定章程，通詳飭知立案。仍將本年應行添刷式樣，即行遵辦，毋再遲延，速速等因。

奉此，遵查先于本年七月二十日，奉憲台札行前因，經本司查上年遵奉憲諭飭照浙省書式添刷紅字星宿綾書一項，計一千三百餘本，呈繳頒送在案。茲奉憲行將閩省時憲書並照浙省一律添刷套板紅字，立定章程，通詳立案等因。伏查閩省頒送各衙門時憲書，通計約需一萬四千八百餘本，向有綾、棉、竹、散四項書本名目，分別頒發。如若一律添刷紅字星宿，未免工費繁重，且恐有需時日，擬將綾、棉二項憲書，查照浙省添刷辦理，所有竹、散二項書本，毋庸一律添刷紅字，以節工價各緣由，業於八月初八日具文詳請憲台察核示遵在案。茲奉前因，令就具文詳覆憲鑒，俯賜察照前詳，批示祇遵。再浙省紅字樣本，伏乞即賜頒發，以便飭遵趕緊照辦，合併聲明等由。

奉批：此案前據該司詳覆，業經如詳批發在案。至紅字樣本，即由該司移取。嗣後定爲章程，仰即飛速備移浙藩司，一俟取到，即行照刊印送，以憑分頒，毋遲。繳。奉此等因，除飭遵照，刊入省例通頒在案。

計開：

嘉慶元年奉刊刷丁巳年紅字綾面憲書五百本，紙面憲書五百本。

嘉慶二年奉刊刷戊午年紅字綾面憲書六百本，紙面憲書六百本。

《欽定户部則例》卷九一《雜支一·户部支款》 盛京等處每年發給參票貳千伍百張，回山照票貳千伍百張，護牌肆張。吉林等處每年發給參票壹千張，回山照票壹千張，護牌捌張。參票每張用山西大毛頭紙壹張，照票每張用山西大毛頭紙半張，護票每張用三號高麗紙壹張。共用靛青柒觔，水膠柒觔。又參票需用木版陸塊，護票需用木版肆塊，每塊給刊刻工價銀壹兩伍錢。照票需用木版陸塊，每塊給工價銀壹兩，共給刷票工價銀貳拾肆兩伍錢。

一、刷給内務府打捕狐皮票貳百陸拾捌張，盛京内務府采捕蜂蜜木賊柳蒿菜票叁百肆拾肆張，打捕水獺票壹拾捌張，打牲甲丁票叁拾張，砍伐槽盆箭桿等項票捌拾肆張。

盛京禮部采捕蜂蜜票壹百陸張，打松子票捌拾張，共用大白棉榜紙肆百張，銀硃肆兩，藍靛壹觔。刷票工銀肆錢伍分。

一、刷給八旗古北喜峯口外種地信票及張家獨石口外糧草單，共用榜紙壹千貳百張，銀硃貳觔，刷票工銀肆兩。

一、刷給各省鹽引鹽票每張用銀硃壹釐玖毫肆絲叁微捌纖柒沙，皮膠壹釐肆絲伍微，毛頭紙半張，匠役工食銀玖毫伍絲。匠役工食按壹成節省。

一、刷給各省茶引每張用紙硃工價銀壹釐陸毫。

富察敦崇《燕京歲時記·賣憲書》 十月頒曆以後，大小書肆出售憲書，衢巷之間亦有負箱唱賣者。

著録

《全唐文》卷八六五伊拙《請令張昭田敏等校勘經典釋文狀》 準敕校勘《經典釋文》三十卷，雕造印板。伏以陸氏《釋文》，唐初撰集，綿歷歲月，傳寫失真，非多聞博識之人，通幽洞微之士，重其商榷，必至乖訛。況今朝廷，富有鴻碩，如兵部尚書張昭、太常卿田敏，皆文儒之領袖也。或家藏萬卷，或手校六經，實後學之宗師，爲當今之雄尚。伏乞察以事繼垂教，情非屬私，特賜敷揚，俾同讎校。

《説文解字》卷末辛仲甫《委徐鉉等雕造説文牒》 牒，奉敕：許慎《説文》，起于東漢，歷代傳寫，訛謬實多，六書之蹤，無所取法。若不重加刊正，漸恐失其原流。爰命儒學之臣，共詳篆籀之跡。右散騎常侍徐鉉等，深明舊史，多識前音，果能商榷是非，補正闕漏，書成上奏，克副朕心。宜遣雕鎸，用廣流佈。自我朝之垂範，俾永世以作程。其書宜付史館，仍令國子監雕爲印版，依九經書例，許人納紙墨價錢收贖。兼委徐鉉等點檢書寫雕造，無令差錯，致誤後人。牒至準敕，故牒。雍熙三年十一月日牒。給事中、參知政事辛仲甫，給事中、參知政事吕蒙正，中書侍郎兼工部尚書、平章事李昉。

徐鉉《徐公文集》卷二三《韵譜後序》 初，《韵譜》既成，廣求餘本，孜孜讎校，頗有刊正。今復承詔，校定《説文》，更與諸儒，精加研核，又得李舟所著《切韵》，殊有補益。其間有《説文》不載，而見于序例、注義者，知必脱漏，並從編録；疑者，則以李氏《切韵》爲正，殆無遺矣。前序猶謂學者殊寡，而今之學者益多，家蓄數本，不足以供其求借。潁川陳君文顥，任當守土，寵列侍祠，習武好文，憐才樂善，見人爲學，如己之誨子弟焉。因取此書，刊于尺牘，使摸印流行，比之繕寫，省功百倍矣。噫！仁人之用心也。因躬自篆籀，庶祇來命，序之于後，以記其由。雍熙四年正月序。

《皕宋樓藏書志》卷四孔維《校勘五經正義請雕版表》 臣維等言：臣等先奉敕校勘《五經正義》，今已見有成，堪雕版行用者。伏以三才分而書契肇啓，六籍著而學校斯興。由是體國辨方，必宗乎典禮；修文立教，實本于膠庠。則鬱鬱乎文，于周爲甚矣。後暨法值挾書，復時經戰國，或年祀遠而篇簡爛脱，或師徒衆而傳授差訛。存歷朝錯綜之文，雖具陳解説；在群儒講論之旨，亦互有異同。唐貞觀中，國子祭酒孔穎達考前代之文，采衆家之善，隨經析理，去短從長，用功二十四五年，撰成一百八十卷。自是至此，三百餘年，講經者止務銷文，應舉者唯編節義，苟期合格，志望策名。出身者急在干榮，食禄者多忘本業，一登科級，便罷披尋。因循而舛謬漸滋，節略而宗源莫究。伏惟應運統天睿文英武大聖至明廣孝皇帝陛下道高貫月，德邁重瞳，武暢遐陬，文加異俗。舉前朝之墜典，正歷代之舊章。崇儒雅之風，三王却軫；闡《詩》《書》之教，兩漢厚顔。臣等謬以寡聞，幸塵華貫，猥奉窮經之寄，曾無博古之能，空極覃精，寧周奥義！今則逐部各詳于訓解，寫本皆正于字書。非遇昌期，難興大教。既釋不刊之典，原垂永代之規。儻今雕印以頒行，乞降絲綸之明命。干犯旒冕，臣等無任戰汗兢惶激切屏營之至，謹奉表陳請以聞。臣維等誠惶誠恐，頓首頓首，謹言。端拱元年三月日。勘官承奉郎、守大理評事臣秦奭等上表。勘官徵事郎、守大理寺丞、柱國臣軒轅節，勘官徵事郎、守太子右贊善大夫臣胡令問，勘官承奉郎、守太子右贊善大夫、柱國臣解貞吉，勘官承奉郎、守殿中丞、柱國臣胡迪，勘官朝奉郎、守國子《毛詩》博士、柱國、賜緋魚袋臣解損，勘官承奉郎、守國子《禮記》博士、賜緋魚袋臣李覺，勘官承奉郎、守國子《禮記》博士、賜緋魚袋臣袁逢吉，都勘官朝請大夫、守國子司業、賜紫金魚袋臣孔維。

《太平聖惠方》卷首宋太宗序　朕尊居億兆之上，常以百姓爲心，念五氣之或乖，恐一物之失所，不盡生理，朕甚憫焉！所以親閲方書，俾令撰集，冀溥天之下，各保遐年，同我生民，躋于壽域。今編勒成一百卷，命曰《太平聖惠方》，仍令雕刻印版，遍施華夷。凡爾生靈，宜知朕意。

《永樂大典》卷二二五三六許光凝《華陽集序》　大觀二年正月甲寅，有詔故相岐國王公之家，以《文集》來上。【略】公薨垂三十年，後進之士聞公名，想見其風采，思欲誦其遺文而不可得。今家集既奏御，且鏤板以傳世，將使天下來世知公之受眷累朝，爲時宗工，與古之作者並駕而齊驅。若乃忠精結于上心，謀謨著於廊廟，載在信史，播在公議，此不復書。謹序。

《太上助國救民總真秘要》卷首元妙宗序　臣竊聞太上開化，運真氣以育群生；正一傳宗，闡明威而顯幽隸。然則神章妙典，雖遇時而當出；玄科真律，實戒之於妄傳。恭承仁聖在上，受天寶命，闡揚至道，可謂至矣。近又建寶籙之宫於都城，設傳度之壇於禁近，拯濟符藥，保安黎元。受厚惠者日有千人，向真風者十踰八九。裒訪仙經，補完遺闕，周於海宇，無不畢集。繼用校讎秘藏，將以刊鏤，傳諸無窮，俾天下洽於淳古，人民敦於性命。可謂道炁純全之運，太平萬世之時也。臣夙遭幸會，叨居羽屬，遊歷四方名山靈嶽，尋訪師法三十餘年，粗得衆要，備其施用，敢不激勵于其時者哉！臣曩寓南陽，遂嘗以符水拯其疾苦，僅及數年，仕民獲效者不可勝數。一旦叨承詔旨，遣赴闕門，繼蒙命號誥錫之寵。自揣何功，上報天澤？臣於前歲七月被旨差入經局，詳定訪遺及瓊文藏經，開板符篆。因得竊覽經籙，殆至周遍，神章寶篆，靡所不有。獨於救世治療符法，適時可施之術，殊爲隱闕，未有完顯備用之文。臣不敢惜其所聞，忘其淺陋，輒以所授符法、秘用口訣，分爲十卷，名曰《太上助國救民總真秘要》，繕寫成編，冒昧上進，庶以少裨聖志搜揚道法萬分之一，且獲資於後學，少益見聞，亦愚臣在道之至願也。政和六年閏正月十五日，臣妙宗謹序。

《宛陵集·拾遺》汪伯彦《宛陵集後序紹興十年正月》　余被命來守宛陵，視事之翌日，有客謂余曰：「郡學請鏤版印書，公留意否乎？」乃問其目，曰：「梅聖俞詩，自遭兵火，殘編斷簡，靡有全者，幸郡教官有善本。」余樂聞而應之，曰：「昔龐參爲漢陽太守，郡人任棠有奇節，參到先候之。棠不與言，但以薤一本、水一盂置户屏前，抱兒伏於户下。參思其微旨，曰水欲吾清，拔薤欲吾擊强宗，抱兒當户欲吾開門恤孤。率而行之，漢陽大治。余殿此邦之初，學官諸生以學校爲言，今客又以聖俞梅公詩集爲言，客其吾之任棠也與！聖俞公以詩聞於當世，實此邦之前哲，客其欲余先庠序之教，而借梅文以爲諭。余固淺陋，雖不足以發揚幽光，敢不率行，或庶幾乎如漢陽之治也。」乃命學官董其事。鏤版既成，請序於余，余豈敢辭？聖俞公之詩簡古純粹，華而不綺，清而不癯，涵泳於仁義之流，出入於詩書之府。而其工，歐陽文忠公已序於集首，此不複道，姑叙鏤版之由云爾。紹興十年上元日，檢校少傅、保信軍節度使、知宣州軍州事、兼管内勸農營田使、新安郡開國公、食邑五千二百户、食實封二千一百户汪伯彦後序。

《小畜集》卷首沈揆序　内翰王公以文章道義被遇太宗皇帝，視草北門，代言西掖，眷接優隆，聲望最重，咸謂咫尺黄閣矣。偶坐事左遷，咸平初來於齊安，在郡政化孚洽，容與暇景，作竹樓、無愠齋、睡足軒以玩意。邦人沐浴恩惠，爲繪像立祠，東坡居士嘗親拜其下。歷歲滋久，經涉兵盜，無一存者。風範歇絶，音徽眇然，良可太息。平生撰著極富，有手編文集三十卷，名曰《小畜集》。其文簡易醇質，得古作者之體。往往好事得之者珍秘不傳，以故人多未見。虞卿假守於此，追訪舊址，躊躕指慨，想見其人。思欲以次興葺，而鈍拙無能，數過不瞻，輒且先其大者。因以家笥所藏《小畜集》八本更加點勘，鳩工鏤板，以廣其傳，庶與四方學者共之。紹興丁卯皇上祀紫壇之明年六月庚申，歷陽沈虞卿書。

《柳宗元集》附録葉桯《重刊柳文後敘》 按子厚《年譜》永貞初自尚書禮部郎出爲邵州刺史，道貶永州司馬，元和中始召至京師，凡居永者十年。今考本集所載，見於遊觀紀詠，在永爲多。蒐訪遺蹟，僅獲一二，他皆不可考。郡庠舊有《文集》，歲久頗剥落，因裒集善本，會同僚參校，凡編次之殽亂，字畫之譌誤，悉釐正之。獨詞旨有互見旁出者，兩存之，以竢覽者去取。命工鋟木，歲餘，其書始就。噫！零陵號湖、湘佳郡，且多秀民，文物之盛，甲於他州，豈子厚之殘膏賸馥霑丐迨今而然耶？然則新是書以流佈，豈特補是邦之闕遺而已，學者幸察其區區焉。乾道改元季冬丙子，吴興葉桯書。

《周易集解》附鮮于侃《李氏易傳跋》 李鼎祚以《易》學顯名于唐，方其進《平胡論》，預察胡人叛亡日時，無毫釐差，象數精深蓋如此。而所注《周易》全經，世罕傳焉。鼎祚，資人也。爲其州，因斥學糧之餘，鏤板藏之學官，俾後之士因以知前賢通經學古，其用力蓋非苟而已。學録鄉貢進士謝誨、學正新鄞縣尉侯天麟校讎，教授眉山史似董其事。乾道二年四月甲午，郡守唐安鮮于侃書。

《范文正公别集》卷末附俞翊《鄱陽顔范二公序》 鄱陽在江左，號古郡。昔之爲守者固多，以賢稱者僅九人，而傑出於九賢之中，又止唐之顔魯公，本朝之范文正公，可謂難得也已。二公名氏在史官，大節在天下，至於文章散落人間，雖筆端遊戲之餘，而典雅純實，可以經世而出治，垂久而行遠，蓋其所養得天地之正氣，故文亦如之。然是邦實二公舊治，獨無墨本而間見於他處，誠闕典也。翊攝乏來此，首訪而得之，鳩工鏤板，以傳不朽。斯人之眷眷二公，雖不係於文集之有無，然使學士大夫家有其書，如潮人之於退之，柳人之於子厚，因書以致其師仰敬慕之意，不猶愈於甘棠之思乎？乾道丁亥五月既望，邵武俞翊謹識。

張栻《南軒集》卷三三《跋中庸集解》 右石𡼖子重所編《集解》兩卷，某刻於桂林郡學宮。子重之編此書，嘗從吾友朱熹元晦講訂，分章去取，皆有條次，元晦且嘗爲之序矣。桂林學官舊亦刻《中庸解》，而其間雜亂以他，懼其反誤學者，於是漫去舊版，而更刻此書。

張栻《南軒集》卷三三《通書後跋乾道六年閏五月》 濂溪周先生《通書》，友人朱熹元晦以《太極圖》列於篇首，而題之曰《太極通書》，某刻於嚴陵學宮，以示多士。

《周易啓蒙翼傳》中篇周汝能《周易義海撮要識後》 乾道間江都李公衡屬意於《易》，得蜀房生《義海》，删之以爲《撮要》。經、繫辭、説、序、雜集解凡五，始以家名者百，公略其半，以卷計亦百。今十有一，第十二卷雜論一，是又創於公手，以補房生之闕者。公自御史來守婺，鋟諸版。教授周汝能、樓鍔識之。乾道六年十一月望日也。

《毛詩指説》卷末附熊克《毛詩指説跋》 唐成伯璵有《毛詩指説》一卷，《斷章》二卷，載於本志。《崇文總目》謂《指説》略叙作詩大旨及師承次第，《斷章》大抵取《春秋》賦詩斷章之義，擷《詩》語彙而出之。克先世藏書，偶存《指説》，會分教京口，一日同官毘陵沈必豫子順見之，欲更訪《斷章》，合爲一帙。蓋久而未獲，乃先刊《指説》於泮林，庶與四方好古之士共焉。乾道壬辰三月十九日，建安熊克記。

《劉賓客嘉話録》卷末卞圜跋 右韋絢所録《劉賓客嘉話》，《新唐書》采用多矣，而人罕見全録。圜家有先人手校舊本，因鋟板于昌化縣學，以補博洽君子之萬一云。乾道癸巳十一月旦，海陵卞圜謹書。

《世説新語》卷末附陸游《跋世説新語》 郡中舊有《南史》、《劉賓客集》，版皆廢于火，《世説》亦不復在。游到官始重刻之，以存故事。《世説》最後成，因并識于卷末。淳熙戊申重五日新定郡守笠澤陸游書。

《皕宋樓藏書志》卷一八張杅《淳熙刊本史記序淳熙三年七月》 右太史公《史記》，采録先秦古書及秦漢間事。其文雅奥簡古，至有難句者，讀之當紬繹再四，玩味深思，方見其義趣。不然，則直以爲淡薄無味，如魏文侯之聽古樂，意欲坐睡耳，是以讀之者殊鮮。解詁、訓釋，世有其人，第皆疏略，未能詳盡。惟唐小司馬氏用新意撰《索隱》，所得爲多。至有不可解者，引援開釋明白。每恨其書單□於披閲殊未便。比得蜀本，併與其本書集而刊之，良愜意。意欲重模，與南方學者共，未暇也。竭來桐川踰年，郡事頗暇，一日與友人沈伯永語及前代史，則以爲先秦古書以來，未有若太史公之奇傑，班孟堅已不逮，而況其餘乎。因搜笥中書，蜀所刊小字者偶隨來，遂命中字書刊之。用工凡七十輩，越肇始四月望，迄六月終告成。

朱熹《晦庵先生朱文公文集》卷八一《書徽州婺源縣周子通書板本後》 熹舊記先生行實，采用黄太史詩序中語，若以「濂」之爲字，爲出於先生所自製，以名廬阜之溪者。其後累年，乃得何君所記，然後知濂溪云者，實先生故里之本號，而非一時媲合之强名也。欲加是正，則其傳已久，懼反以異詞致惑，故特附何君語於遺事中，以著其實。後又得張敬夫所刻先生墨帖，後記先生家譜載濂溪隱居在營道縣榮樂鄉石塘橋西，而舂陵胡良輔爲敬夫言，「濂」實溪之舊名，父老相傳，先生晚居廬阜，因名其溪，以示不忘其本之意。近邵武鄒旉官舂陵歸，爲熹言嘗親訪先生之舊廬，所見聞與何、張之記皆合，但云其地在州西南十五里許，蓋溪之源委自爲上下保，而先生居下保，其地又别自號爲樓田。至字之爲「濂」，則疑其出於唐刺史元結七泉之遺俗也。旉嘗有文，辨説甚詳，其論制字之所從，則熹蓋嘗爲九江林使君黄中言之，與旉説合。方將并附其説於書後，以證黄序之失，而婺源宰三山張侯適將鋟板焉，因書以遺之，庶幾有補於諸本之闕。若此書所以發明聖學之傳，而學者不可以不讀之意，則熹前論之已詳矣，因不復重出云。淳熙己亥正月朔旦縣人朱熹謹書。

朱熹《晦庵先生朱文公文集》卷八一《書語孟要義序後》 熹頃年編次此書，鋟版建陽，學者傳之久矣，後細考之，程、張諸先生説尚或時有所遺脱。既加補塞，又得毗陵周氏説四篇有半於建陽陳焞明仲，復以附于本章。豫章郡文學南康黄某商伯見而悦之，既以刻于其學，又慮夫讀者疑於詳略之不同也，屬熹書于前序之左，且更定其故號「精義」者曰「要義」云。淳熙庚子冬十有一月己丑朔旦，江東道院拙齋記。

朱熹《晦庵先生朱文公文集》卷八一《書徽州婺源縣〈中庸集解〉板本後》 此書始刻於南劍之尤溪，熹實爲之序其篇目。今建陽、長沙、廣東西皆有刻本，而婺源宰三山張侯又將刻之縣學，以惠學者。熹故縣人，嘗病鄉里晚學見聞單淺，不過溺心於科舉程試之習，其秀異者，又頗馳騖乎文字纂組之工，而不克專其業於聖門也。是以儒風雖盛，而美俗未純，父子兄弟之間，其不能無愧於古者多矣。今得賢大夫流傳此書，以幸教之，固熹之所欲聞，而樂贊其成者也。是書所記，雖本於天道性命之微，而其實不外乎達道達德之粲然者。學者誠能相與深究而力行之，則先聖之所以傳，與今侯之所以教者，且將有以自得之，而舊俗之未純者，亦可以一變而至道矣。

朱熹《晦庵先生朱文公文集》卷八六《刊四經成告先聖文》 敢昭告于先聖至聖文宣王、先師兗國公、先師鄒國公：熹恭惟六經大訓，炳若日星，垂世作程，靡有終極。不幸前遭秦火煨燼之厄，後罹漢儒穿鑿之繆，不惟微詞奥旨莫得其傳，至於篇帙之次，亦復殽亂。遥遥千載，莫覺莫悟。惟《易》一經，或嘗正定。而熹不敏，又嘗考之《書》、《詩》，而得其小序之失。參稽本末，皆有明驗。私竊以爲不當引之以冠本經聖言之上，是以不量鄙淺，輒加緒正，刊刻布流，以曉當世。工以具告，熹適病卧，不能拜起，謹遣從事敬奉其書，以告于先聖先師之廷。神靈如在，尚鑒此心。式相其行，萬世幸甚！謹告。

《新脩科分六學僧傳》卷首趙愷《景德傳燈録跋》 本朝吴僧道原懼佛教之弗傳，分祖立宗，次叙其説，將以破學者之昏暗，猶燈之相續而明之，不可掩也。噫嘻，道原之作，有得於吾子思、揚雄之意歟！二子語道之傳，則曰自堯、舜至於孔子、子思、孟軻氏；言道之用，則曰君子道闇然而日章。又曰：聖人之道猶日中。二者之言，其道原所謂之燈説乎！余於外典雖未深了，公餘稍休，未嘗不以圓覺爲應世法門。比因取此集閲之，其叙述入道之由，標指契理之妙，敷倡宗旨，誘掖後學，所以異於吾儒之教者幾希。惜非善本，訛舛既多，磨滅滋甚，遂載加讎教，命工鏤版，用廣其傳，庶有補於將來云。淳熙六年四月二十二日，皇子魏王跋。

《禹貢山川地理圖》卷下陳應行《禹貢山川地理圖跋》 閣學尚書程公曩在經筵，進黑水之説，上動天聽。因以《禹貢》爲論爲圖，啓活帝心，且以東漸西被、教暨朔南爲惓惓之忠盡在於此。嗚呼，大哉言乎！其本藏之祕館，天下學者欲見而不可得。歲在庚子，公以法從出守温陵，而編修彭公提舶於此，與公有同舍之舊，得其副本。應行一日摳衣彭公之門，質疑之餘，出示書一編，曰：「此程公所進《禹貢論圖》也，子見之乎？」因再拜以請，而三復其説。見其議論宏博，引證詳明，皆先儒之所未及，乃請於公，願刊之郡庠，以與學者共之。公曰：「是吾志也。」乃出公帑十五餘萬以佐其費，復請公序以冠其首。凡所畫之圖，以青爲水者今以黑色與水波别之，以黄爲河者今以雙黑線别之。古今州道郡縣疆界皆畫以紅者，今以單黑線别之。舊説未安，今皆識之，以雌黄斷線别之。其文一傳，使學者觀帝王之疆理，見宇宙之寥廓，感慨今昔，皆有勒功燕然之心，則閲此書者，豈小補哉。淳熙辛丑上元後五日，迪功郎、充泉州州學教授陳應行謹跋。

尤袤《梁谿遺稿》文鈔補編《昭明文選跋》 貴池在蕭梁時實爲昭明太子封邑，血食千載，威靈赫然，水旱疾疫，無禱不應。廟有文選閣，宏麗壯偉，而獨無是書之板，蓋缺典也。往歲邦人嘗欲募衆力爲之，不成。今是書流傳於世，皆是五臣注本。五臣特訓釋旨意，多不原用事所出，獨李善淹貫該洽，號爲精詳，雖四明、贛上各嘗刊勒，往往裁節語句，可恨。袤因以俸餘鋟木，會池陽袁使君助其費，君文學周之綱督其役，踰年乃克成。既摹本藏之閣上，以其板置之學宮，以慰邦人所以尊事昭明之意云。淳熙辛丑上巳日，晉陵尤袤題。

袁說友《東塘集》卷一九《題梁昭明太子文選》 某到郡之初，倉使尤公方議鋟《文選》板以實故事，念費差廣而力未給。某言曰：「是固此邦闕文也，顧略他費以佐其用，可乎？」乃相與規度費出，閱一歲有半而後成，則所以敬事於神者厚矣。江東歲比旱，某日與池人禱之神焉，蓋有禱輒應。歲既弗登，獨池之歉猶什四也。顧神貺昭答如此，亦有以哉。《文選》以李善本爲勝，尤公博極群書，今親爲讎校，有補學者，是所謂成民而致力於神者歟？淳熙辛丑三月望日，建袁說友題。

袁說友《東塘集》卷一九《題文選雙字》 此係本朝蘇公易簡所編也。池陽既鋟《文選》板矣，而《雙字》者又《文選》之英華，與法當併刊，同置郡學。昔韓退之謂「大翫於詞而與世采掇」，吾於是書見之。學者乘流涉源，溉根食實，則思過半矣。

《新書》附録胡价《長沙刻本新書後序》 長沙故楚地，前代人物不乏有，而顯然各載史氏者，獨屈原以忠憤，賈誼以遷徙見之文詞，磊落相望。今《離騷》經潭已板行，而誼書獨無傳焉，誠墜典也。提學漕使給事程公先生暫攝潭事，乃取櫝中所藏誼《新書》十篇，俾刻之學宮。价既承命，竊考誼所著《過秦論》，所陳《治安策》，雖繁簡與是書不同，要皆椎輪於斯也。蓋誼自長沙召對宣室，文帝嘉之，已乃數上書奏論政事，危言讜議，卓詭切至。若衆建諸侯，益廣梁地，養大臣有節，崇廉耻之風，後皆遵之有效，一一如誼所言，則誼之謀謨論建，誠有大過人者。劉向謂爲通達國體，伊、管未能過，其亦美矣。然討其源流，率多《新書》所草定。是《新書》之作，乃傅長沙時所爲也。然則長沙以是書行，其不宜乎？蓋非特足以修墜典之闕，抑亦有補于世，可見先生之用意云。顧遐方無他善本可參校，字多訛舛，姑存之，以俟是正。淳熙辛丑日南至，門生從事郎、充潭州州學教授南昌胡价謹題。

《新刊校訂集注杜詩》卷首郭知達《九家集註杜詩序》 杜少陵詩世號詩史，自箋注雜出，是非異同，多所抵牾。至有好事者掇其章句，穿鑿附會，設爲事實，託名東坡，刊鏤以行，欺世售僞，有識之士所爲深歎。因輯善本，得王文公、宋景文公、豫章先生、王源叔、薛夢符、杜時可、鮑文虎、師民瞻、趙彦材凡九家，屬二三士友各隨是非而去取之。如假託名世，撰造事實，皆删削不載。精其讎校，正其訛舛，大書鋟板，置之郡齋，以公其傳，庶幾便于觀覽，絶去疑誤。若少陵出處大節，史有本傳，及互見諸家之叙，兹不復云。淳熙八年八月，成都郭知達謹序。

尤袤《梁谿遺稿》文鈔補編《申鑒題辭》 荀悦書五卷，觀其言，蓋有志於經世者。其自著《漢紀》嘗載其略。而范曄《東漢書》亦摘其篇首數百言，見之悦傳。今《漢紀》會稽郡已版行，而此書則世罕見全本。余家有之，因刻置江西漕臺。但簡編脱繆，字畫差舛者不一，不敢以意增損，疑則闕之，以俟知者。淳熙九年冬十月己亥，錫山尤袤。

《潛虚》卷末陳應行《潛虚跋》 右司馬文正公《潛虚》。應行嘗恨建陽書肆所刊脱略至多，幾不可讀，及得邵武本，雖校正無差，而繇辭多闕。淳熙九載，文正公曾孫待制侍郎出守温陵，應行備數芹頖，獲忝門下士之列，親得公家傳善本，繇辭悉備，復以張氏《發微論》附之。應行再拜以請曰：「願廣其傳，以惠學者。」公曰：「是吾志也。」遂以邵武舊本參稽互考，刻之郡庠，使人人得見全書，抑何幸耶！淳熙壬寅孟冬朔日，迪功郎、充泉州州學教授陳應行謹跋。

唐仲友《悦齋文鈔補・唐楊倞注荀子後序》淳熙八年十一月 《荀子》二十卷三十二篇，唐楊倞注。初，漢劉向校讎中孫卿書凡三百二十一篇，除複重，定著三十二篇，爲《孫卿新書》十二卷。至倞，分易卷第，更名《荀子》。皇朝熙寧初，儒官校上，詔國子監刊印頒行之。中興，蒐補遺逸，監書寖具，獨《荀子》猶闕。學者不見舊書，傳習閩本，文字舛異。仲友於三館睹舊文，大懼湮没，訪得善本，假守餘隙，迺以公帑鋟木，悉視熙寧之故。

《宣和北苑貢茶録》卷末附熊克《刊北苑貢茶録題記》 北苑貢茶最盛，然前輩所録止於慶曆以上。自元豐之密雲龍、紹聖之瑞雲龍相繼挺出，制精於舊，而未有好事者記焉，但見於詩人句中。及大觀以來，增創新銙，亦猶用揀芽。蓋水芽至宣和始有，故龍團、勝雪與白茶角立，歲充首貢。復自御苑玉芽以下，厥名實繁。先子親見時事，悉能記之，成編具存。今閩中漕臺新刊茶録未備，此書庶幾補其缺云。淳熙九年冬十二月四日，朝散郎、行秘書郎、兼國史編脩官、學士院權直熊克謹記。

《潙水集》卷首錢象祖《書潙水集後》 象祖嘗讀樂静先生詩，云：「結交賴有紫髯翁，鶴骨巉巉爛修目。五言長城屹千丈，萬卷書樓聊一讀。」蓋言潙水先生也。曩先祖觀文見先生之集，嘗摭其大槩而志之，又爲之説曰：予讀歐陽文忠公《集古録》，見由漢唐以來，士之有德行、文章、功名、事業，載於金石，不見於傳記，不可勝言。後世泯絶無聞者多矣，豈真無聞耶？蓋繫乎幸不幸也。如潙水先生，其學術淵源，其文章爾雅，其議論醇正，烏可以不傳於世？昔揚子雲作《太玄》，嚴尤謂桓譚曰：「子嘗稱揚雄書，豈能傳於後世乎？」譚曰：「必傳，顧君與譚不及見也。」後四十餘年，《法言》大行，則信知天下自有公論，傳不傳，時有隱顯爾。先祖帥會稽時，欲刊先生之集，期以行遠，未幾奉祠歸，不克就。象祖今於上饒郡齋刊之，從先志也。淳熙癸卯十月既望，郡守錢象祖書。

楊萬里《誠齋集》卷七九《江西宗派詩序》 江西宗派詩者，詩江西也，人非皆江西也。人非皆江西而詩曰江西者何？繫之也。繫之者何？以味不以形也。【略】嘗試登滕王閣，望西山，俯章江，問雙井今無恙乎。因喟曰：「《江西宗派圖》，吕居仁所譜，而豫章自出也。而是派之鼻祖雲仍，其詩往往放逸，非闕歟？」於是以謝幼槃之孫源所刻石本，自山谷外凡二十有五家，彙而刻之於學宫，將以興發西山章江之秀，激揚江西人物之美，鼓動騷人國風之盛。移書諗予曰：「子江西人也非乎？序斯文者不在子，其將焉在？」予三辭不獲，則以所聞書之篇首云。淳熙甲辰十月三日，廬陵楊萬里序。

《趙氏易説》卷首秦熺《易説序》 去歲假守安陸，而武陵故人畢希簡叔文寄示恕齋《易説》一編，伏而讀之，犂然會心，簡而備，婉而通，深而不晦，奇而不鑿，渾渾乎其純也，原原乎其正也，是誠可與同志共之者。獨患板大，非書生巾衍所宜，欲易爲小本久矣。適方開《鄖溪集》，未暇及兹。畢工則有餘板，乃俾鋟之，庶以廣傳。非特真學《易》者得爲指南，雖從事科舉，而用是馳騁，敷揚于場屋，間亦足以策勳矣。時恕齋既繇本路倉使改持東蜀祥刑之節，嗟乎，推是道也，亦安往而不爲民福哉？淳熙丙午秋九月辛亥，建康秦熺書。

周必大《廬陵周益國文忠公集·省齋文稿》卷二〇《蘇魏公文集後序》 至和、嘉祐中，文章爾雅，議論正平，本朝極盛時也。一變而至熙寧、元豐，以經術相高，以才能相尚，回視前日，不無醇疵之辨焉。再變而至元祐，雖闢專門之學，開衆正之路，然議論不齊，由兹而起。又一變爲紹聖、元符，則勢有所激矣。蓋五六十年間，士風學術無慮四變。得于此必失于彼，用于前必黜于後，一時豪傑之士有不能免，况餘人乎？若乃上爲人主所信，中不爲用事者所疑，下常見重於正論，惟丞相蘇公爲然。方仁宗右文，公在館閣者九年。英宗責實，公首預監司省府之選。神宗勵精，公則掌制尹京，出藩入從，眷獎尤渥。厥後大用於宣仁垂簾之際，榮歸於泰陵親政之日。歷事四朝，始終全德，獨爲儒學之宗，嗚呼，盛哉！平生著述凡若干卷，翰林汪公彦章爲之序。某嘗得善本於丞相曾孫玭，適顯謨閣直學士張侯幾仲出守當塗，欣慕前哲，欲刻之學宫，布之四方，使來者有所矜式，其用心可謂廣矣，故以遺之而紀於後。淳熙十三年十月一日。

《集韵》卷末田世卿《集韵跋》 世卿舊聞《集韵》收字最爲該博，搜訪積年，竟未能得，皆云此版久已磨滅，不復有也。世卿前年蒙恩將屯安康，偶得蜀本，字多舛誤，間亦脱漏，嘗從暇日委官校正，凡點畫錯謬者五百三十一字，其間湮晦漫不可省者二百一十五字，正文注解脱漏者三十三字。繼得中原平時舊本重校，修改者一百五十五字。舊本雖善，而書字點畫亦有謬誤，復以《説文》、《爾雅》等書是正，改定凡五百一十五字，因令鋟版以廣其傳。自淳熙乙巳九月至丁未五月，僅能畢工，亦庶幾不作無益害有益之義也。武功大夫、高州刺史、充金州駐劄御前諸軍都統制田世卿謹跋。

《蘭亭續考》卷一王明清《題楊槃齋所藏蘭亭帖》 《蘭亭》皆以定武爲貴，其實有三，各不同。始，慶曆中宋景文爲帥，得唐石本，匣藏軍中。至元豐中，薛居正爲帥，惡摹打聲，乃刻别本置譙樓。未幾，其子紹彭又别刻，易元石歸長安。蓋道祖嗜古工書，臨摹盡善，三本皆出定武，而宋之所得者當謂之唐石本，薛氏父子所刊者則謂之定武本可也。大觀既詔取元易石本，龕置宣和殿。靖康時，岐陽石鼓共載以北。南渡以來，舊物多不存，後人所在摹刻，不知幾本。觀之者有肥瘦剜損取况之説，紛紛不一，皆未足爲證，多取他本較出，自然萬萬不侔。余亦嘗以後凡所見參攷，兼見楊槃齋所藏薛道祖籤題本，與此無纖毫異，故知此本爲定武者無疑。淳熙丁未仲冬後一日，山陰王明清題。

《范文正公别集》卷四綦煥《鄱陽刊文正公集引》 鄱陽郡齋州學有《文正范公集》、《奏議》，歲久，板多漫滅，殆不可讀。判府太中先生嘗謂此郡太守名德如日月之照，終古不泯者，在唐則顔魯公，本朝則范文正公。文正之集，士大夫過郡者莫不欲見，其可不整治乎！於是委屬僚以舊京本《丹陽集》參校，且捐公帑刊補之，又得詩文三十七篇爲《遺集》附於後。其間尚有舛誤，更俟後之君子訪善本訂正焉。淳熙丙午十二月日，郡從事北海綦焕謹識。

《孔叢子》卷末王藺《孔叢子跋》　《孔叢子》記先聖之遺訓，與《世家》有足稽者。近世鮮所流傳，今夏官貳卿林公填江右時取其書刊之，以惠學者。既而召去，余適繼至，得書，以此爲託，且曰校讎之未精也。因取而閲之，譌□至多，遂訪得蜀書，意其據而脱繆乃滋甚，幸有可以互見者。又旁證遠取，凡刊誤幾六百字，今可讀矣。然前輩謂校書如几塵，隨去隨有，故歐陽公讀韓久，得石刻，益知讎正之難。因書其末，以諗後之君子。淳熙戊申七月，濡須王藺書。

《周濂溪集》卷九附葉重開《濂溪集序》　濂溪先生《通書》，傳之者日衆，舂陵本最先出，版浸漫滅。重開既白諸君侯，參以善本，補正訛闕，併以南軒、晦庵二先生《太極圖説》復鋟本郡齋矣，今序次此編，名之曰《濂溪集》。其間諸本所不登載，四方士友或未盡見，采諸集録，訪諸遠近得之，以類相從，分爲七卷。或謂晦庵更定周子之書至於再三，極其精審，凡銘碣詩文附見諸舊袟者悉從删去，疑此集之雜，將無補於求道。重開應之曰：「晦庵發明正道之傳，示學者以純一之旨，擇之不容不精。是書集於先生之鄉，凡片言隻字知所尊信者，猶恐或失之，取之不得不廣。又況先生之道，愈講愈明，學者仁智之見，雖有淺深，然自遠而及近，由粗以至精，月異而歲不同，今而畢録於此，觀之者宜知所適從」云云。淳熙己酉十一月庚申，括蒼葉重開謹書於希賢閣。

《河南集》附録尤袤《河南集跋》　師魯集二十卷，承旨姚公手録本。予往刻師魯文百篇於會稽行臺，今迺得閲其全集，甚慰，因復梓行之。我朝古文之盛，倡自師魯，一再傳而後有歐陽氏、王氏、曾氏，然則師魯其師資云。紹熙庚戌，錫山尤袤延之跋。

《禮記正義》卷末黄唐《刻禮記正義後記》　六經疏義自京監蜀文皆省正文及注，又篇章散亂，覽者病焉。本司舊刊《易》、《書》、《周禮》，正經注疏萃見一書，便於披繹，它經獨闕。紹熙辛亥仲冬，唐備員司庾，遂取《毛詩》、《禮記疏義》如前三經編彙，精加讎正，用鋟諸木，庶廣前人之所未備。乃若《春秋》一經，顧力未暇，姑以貽同志云。壬子秋八月三山黄唐謹識。

周必大《廬陵周益國文忠公集·平園續稿》卷一二《歐陽文忠公集後序》　《歐陽文忠公集》自汴京、江、浙、閩、蜀皆有之。前輩嘗言公作文揭之壁間，朝夕改定。今觀手寫《秋聲賦》凡數本，劉原父手帖亦至再三，而用字往往不同，故別本尤多。後世傳録既廣，又或以意輕改，殆至訛謬不可讀。廬陵所刊抑又甚焉，卷帙叢脞，略無統紀，私竊病之，久欲訂正，而患寡陋未能也。會郡人孫謙益老於儒學，刻意斯文，承直郎丁朝佐博覽群書，尤長考證，於是徧搜舊本，旁采先賢文集，與鄉貢進士曾三異等互加編校。起紹熙辛亥春，迄慶元丙辰夏，成一百五十三卷，別爲附録五卷，可繕寫模印。惟《居士集》經公決擇，篇目素定，而參校衆本，有增損其辭至百字者，有移易後章爲前章者，皆已附注其下。如《正統論》、《吉州學記》、《瀧岡阡表》，又迥然不同，則收寘《外集》。自餘去取因革，粗有據依，或不必存而存之，各爲之説列於卷末，以釋後人之惑。第首尾浩博，隨得隨刻，歲月差互，標注牴牾，所不能免，其視舊本則有間矣。既已補鄉邦之闕，亦使學者據舊鑑新，思公所以增損移易，則雖與公生不同時，殆將如升堂避席，親承指授，或因是稍悟爲文之法，此區區本意也。六月己巳，前進士周某謹書。

周必大《廬陵周益國文忠公集·平園續稿》卷一二《元豐懷遇集後序》　吏部尚書贈少師王公子發序其西掖制草，謂自高祖晉公，曾叔祖魏國文正公以及其身，世掌絲綸，名集曰《懷遇》而不曰「榮遇」者，謙也。恭惟太祖、太宗削平僭亂，勃興文治，士生斯時，以登畿爲榮，而晉公知制誥在乾德之三年，至太平興國八年真拜舍人，雍熙末出院，纔四歲而文正已踐父官，蓋淳化二年也。至道三年，章聖即位，乃還內相。父子繼遇明主，出雷風之令，鼓舞多士，搢紳榮之。後八十餘歲，當元豐六年十月，公復紹高、曾之業，越二年進給事中。是時裕陵董正治官，文章焕焉可述；宣仁、哲廟大收人才，協成初政，潤色之功尤多。蓋三世代言，俱接武於兩朝，可謂榮也已矣。慶元丙辰，公曾孫淹爲廬陵郡丞，太守楊侯方得是集而悦之，將刻板布之四方，謂某紹興、乾道間嘗典斯事，俾作後序，記其本末。

周必大《廬陵周益國文忠公集·平園續稿》卷一五《龍雲先生文集序》　廬陵郡自歐陽文忠公以文章續韓文公正傳，遂爲本朝儒宗，繼之者龍雲劉公也。公諱弇，字偉明，居安福縣之龍雲鄉。文忠薨於潁，公方冠，不及從之游。然斯文未喪，何害爲韓門籍、湜也。先是汴京及麻沙刻公集二十五卷，紹興初，予故人會昌尉羅良弼徧求別本，手自編纂，增至三十二卷，凡六百三十餘篇。惟公昔既不壽，今復無嗣，其姪孫上高尉希高抱遺編而永歎。嘉泰三年，賢守豫章胡元衡平一表鄭公之鄉里，訪襄陽之耆舊，欲廣其書，激勵後學。予亟屬羅尉之子泌繕寫定本，授侯刻之。頃嘗與鄉人論公之文，如《南郊賦》氣格近先漢，已爲泰陵簡擢；詩、書、序、記往往祖述韓、柳，間或似之；銘、誌豐腴，規摹文忠，讀者可以自得。至於才學出處，具載李彦弼誌銘、羅氏跋語，皆月旦評之不可易者也。嘉泰四年五月日。

周必大《廬陵周益國文忠公集·平園續稿》卷一五《文苑英華序》 臣伏睹太宗皇帝丁時太平，以文明化成天下。既得諸國圖籍，聚名士於朝，詔修三大書：曰《太平御覽》，曰《册府元龜》，曰《文苑英華》，各一千卷。今二書閩、蜀已刻，惟《文苑英華》士大夫家絶無而僅有，蓋所集止唐文章，如南北朝間存一二。是時印本絶少，雖韓、柳、元、白之文尚未甚傳，其他如陳子昂、張説、九齡、李翺等諸名士文集世尤罕見，故修書官於宗元、居易、權德輿、李商隱、顧雲、羅隱輩或全卷取入。當真宗朝，姚鉉銓擇十一，號《唐文粹》，由簡故精，所以盛行。近歲唐文摹印浸多，不假《英華》而傳，况卷帙浩繁，人力難及，其不行於世則宜。臣事孝宗皇帝，間聞聖諭欲刻江鈿《文海》。臣奏其去取差謬不足觀，帝乃詔館職裒集《皇朝文鑑》。臣因及《英華》雖秘閣有本，然舛誤不可讀。俄聞傳旨取入，遂經乙覽。時御前置校正書籍一二十員，皆書生稍習文墨者，月給餐錢，滿數歲補進武校尉。既得此爲課程，往往妄加塗注，繕寫裝飾，付之秘閣，後世將遂爲定本。臣過計有三不可：國初文集雖寫本，然讎校頗精，後來淺學改易，浸失本旨，今乃盡以印本易舊書，是非相亂，一也。凡廟諱未祧之前當闕筆，而校正者於賦中以商易殷，以洪易弘，或值押韻，全韻隨之，至於唐諱及本朝諱存改不定，二也。原缺一句或數句，或頗用古語，乃以不知爲知，擅自增損，使前代遺文幸存者轉增疵纇，三也。頃嘗屬荆帥范仲藝、均倅丁介稍加校正；晚幸退休，偏求别本，與士友詳議，疑則闕之。凡經、史、子、集、傳注、《通典》、《通鑑》，及《藝文類聚》、《初學記》，下至樂府、釋老、小説之類，無不參用。惟是原修書時歷年頗多，非出一手，叢脞重複，首尾衡決，一詩或析爲二，二詩或合爲一，姓氏差誤，先後顛倒，不可勝計。其間賦多用「員來」，非讀《秦誓》正義，安知今之云字乃員之省文？以堯非對舜英，非《本草注》，安知其爲莒蒲？又如切磋之磋，驅馳之驅，掛帆之帆，仙裝之裝，《廣韻》各有側聲，而流俗改切磋爲效課，以駐易驅，以席易帆，以仗易裝，今皆正之，詳注逐篇之下，不復偏舉。始雕於嘉泰改元春，至四年秋訖工，蓋欲流傳斯世，廣熙陵右文之盛，彰阜陵好善之優，成老臣發端之志。深懼來者莫知其由，故列興國至雍熙成書歲月，而述證誤本末如此。闕疑尚多，謹俟來哲。七月七日，具位臣周某謹記。

《蘭亭續考》卷一沈揆《題定武舊本蘭亭帖》 右《蘭亭修禊叙》，劉餗《嘉話》云：「《蘭亭叙》，梁亂出在外。陳天嘉中僧智永得之。隋平陳，或以獻晉王，即煬帝也。僧智果借搨不還。後果死，歸弟子辨才。唐太宗爲秦王時，見模本喜甚，使歐陽詢求之，以武德二年入秦王府。貞觀中，搨十本賜近臣，世言遺蕭翼詭計取之者妄也。後遂入昭陵。温韜發唐諸陵，《蘭亭》復出人間。世所傳橅刻本極多，而獨貴定武本者，自山谷始，所謂彷彿存古人筆意者是已。此刻是定武舊本。慶曆中韓魏公守定武，有李學究者得此刻，魏公力求之，廼埋石土中，刻别本以獻。李死，其子稍稍摹以售人。宋景文爲帥，伶人孟水清得之以獻子京。子京愛而不敢有，留於公帑。元豐中，薛師正樞密爲帥，携石去，其子紹彭道祖刻别本在郡。大觀中，次子嗣昌始納之御府，龕於宣和殿。後與岐陽石鼓俱載以北。或云道祖於定武舊本鑱去「湍流帶右天」五字以惑人，或云道祖别刻本鑱去此五字，未知孰是。尤延之云：「此舊本蓋道祖未鑱去之前摹拓者，尤可愛重也。」延之平生所見禊帖不一，其言當可信。檇李沈揆題。

《蘭亭考》卷六沈揆《書蘭亭考見聞》 舊見里中人藏此本，卷末有何子楚跋語云：「石晉之亂，契丹自中原輦國貨圖書至真定。德光死，漢祖起太原，遂棄此石於中山。慶曆中，其石歸李學究。李死，其子始摹以售人，後負官緡，宋景文爲帥，出公帑代輸，取石匣藏庫中，非交舊莫得見。熙寧中薛師正爲守，其子紹彭别刻本易歸長安。大觀閒，詔取石龕置宣和殿。丙午，與岐陽石鼓俱載以北。」子楚，余不熟其爲人，而其説之詳如此，恐或有所傳承也。晚又得姚合升跋范元卿郎中本云：「慶曆中，宋景文爲定帥。有遊子携此石走四方，最後死營妓家。伶人孟水清取以獻，子京愛而不受，留之公帑。元豐中，薛師正爲帥，始携石去。其長子留贗本於郡，鑱去『湍流帶右天』五字以爲驗。」令升之説如此，顧與何君山不合，未知孰是。順伯出此本，欲余著語。余曰：「右軍落筆時真有神助，醒後更寫數十本，皆不及。想其妙處，雖右軍自不能形容，余尚何言？」輒書所聞二説於後，期與博聞君子共考訂之。沈揆。

《莆陽知稼翁文集》附録黄沃《知稼翁集跋一　慶元二年十二月》 先君在時號知稼翁，文成輒爲人取去，故笥所存，塗乙之餘，纔十一卷。沃於暇日，泣而次之，名之曰《知稼翁集》，已刊于家塾。今復刊于邵陽郡齋，而求序於年家父執者，成先志也。

《蘭亭考》卷七王厚之《定武蘭亭帖跋》 《修禊序》，唐人所摹，最有典型者。李學究得此石，攜以遊四方，而終於定武。宋景文爲帥，取而龕之郡齋，遂以定武本著名於世。熙寧中，薛師正之子道祖摹刻僞本，易取歸洛陽，掩其跡，而於攜去之石，鑱損「湍」「流」「帶」「右」「天」數字以爲異，其跡終不可掩。宣和間竟歸天上。其始末大略如此。其獨冠於他本者，山谷所謂「肥不剩肉，瘦不露骨」，蓋其彷彿矣。此紙乃未歸薛氏時所摹，尤爲可貴。王厚之書。慶元丁巳下元日。

《太平御覽》卷首蒲叔獻《蜀刻太平御覽序》 祖宗聖學其書之大者有二：曰《太平御覽》，曰《資治通鑑》。《通鑑》載君臣治道之安危，明天人庶證之休咎，威福盛衰之本，規模利害之端，無一不備，而其書公傳於天下久矣。《太平御覽》備天地萬物之理，政教法度之原，理亂廢興之由，道德性命之奥。而獨以載籍繁夥，無復善本。惟建寧所刊多磨滅舛誤，漫不可考，叔獻每爲三嘆焉。洪惟太宗皇帝爲百聖立絶學，爲萬世開太平，爲古今集斯文之大成，爲天下括事理之至要，四方既平，修文止戈，收天下圖書典籍，聚之昭文、集賢等四庫。太平興國二年三月戊寅，詔李昉、扈蒙等十有四人編集是書，以便乙夜之覽。越八年十有二月庚辰，書成，分爲千卷，以《太平御覽》目之，所以昭我皇度光闡大猷者也。聖學宏博，皆萃此書，宜廣其傳，以幸惠天下。况吾蜀文籍，巨細畢備，而獨闕此書。叔獻叨遇聖恩，將漕西蜀，因重加校正，勒工鏤板，以與斯世君子共之，以推見太宗聖學之所從，明我宋歷聖相承之家法，補吾蜀文籍之闕，而公萬世之傳云。慶元五年七月日，朝請大夫、成都府路轉運判官兼提舉學事蒲叔獻謹書。

《春秋傳》卷三〇末黄汝嘉《胡安國春秋傳跋》 右文定胡公《春秋傳》三十卷，發明經時，當與三家並行。乾道四年忠肅劉公出鎮豫章，鋟木郡齋，以惠後學，歲久磨滅，讀者病之。汝嘉備員分教，輒請歸於學官，命工刊修。會公之曾孫絳庀職民曹，因以家傳舊稿重加是正，始爲善本。迄告成，姑識歲月於卷末。慶元己未中夏既望，莆田黄汝嘉謹書。

《松坡詞》卷末黄汝嘉《松坡居士樂府跋》 右《松坡居士樂府》一卷，大丞相祁國京公帥蜀時所賦也。公以鎮撫之暇，酬唱盈編，抑揚頓挫，吻合音律，岷峨草木，有榮耀焉。汝嘉輒再鋟木豫章學宫，附於詩集之後。惟公之詞翰春容，隨所寓而有，尚須徧加裒沓，時續刊之。慶元己未八月初吉，門下士莆田黄汝嘉謹識。

楊萬里《誠齋集》卷八二《澹菴先生文集序》 故澹菴先生資政殿學士忠簡胡公，中興人物未能或之雙也。【略】先生既没，後二十年，其子澥與其族子澳、族孫柲裒輯先生之詩文七十卷，目曰《澹菴文集》，欲刻板以傳，貧未能也。之官中都，舟過池陽，太守蔡侯必勝相見，因問家集，慨然請其書刻之，命郡文學周南董振之，學録何巨源校讎之。未就而蔡侯移守山陽，雷侯孝友、顔侯棫踵成之。嗟乎！先生功被于中國，名震于夷狄，文範于學者，學者得其片言半簡，猶寶之師之，求見其書之全，何可得也？今三侯獨能刻而傳之，以幸學者。夫先生此集爲之百年而始成，使學者得之，今乃一日而盡見，三侯之用心可不謂賢矣哉！而蔡侯首發其端，可不謂又賢矣哉！

《鴻慶居士集》卷末附孫介宗《鴻慶居士集後序》 先君以明經擢儒科，繼舉宏詞，爲第一。遭時遇主，超越常調，經歷清華。當宣、政間，國家無事，錢穀甲兵之間，不至廟堂朝廷之上，朝夕所修明者，皆禮樂文章，潤色太平之具，一時詞臣居視草代言之職者，不輕其選。先君自學省，由中秘兩登西掖，再直北門，皆以文字言語爲官，常一言之出，學士大夫爭相傳誦。至於遊戲翰墨，作爲詩章，形諸簡牘，與夫其他雜製，雖片言隻字，必求精當，故得之者併與書畫愛之而鐫諸石。當是時，家藏之稾，充滿篋笥。遭值建炎胡虜之亂，六飛南渡，散失於兵火流離中，十無一二存焉。先是，靖康間，力論蔡京誤國，其後京黨切齒，横被誣衊，萬里南遷。居無何，蒙恩北歸，而故相復用，權震中外，斥不附己者，往往以文墨掇禍爲多。先君愈加畏避，築室三家之市，影響昧昧，唯恐聞於人，故文詞簡翰，多不敢與世接。享年八十有九，而投閒者積三十年。家居少事，習氣不除，雖未嘗須臾去筆硯，亦不過登高望遠，援筆賦詩，寄清賞於一觴一詠之間耳。由是裒集成編，僅得四十二卷，先君自號曰《鴻慶居士集》。今閩中有鏤版者，多訛舛。介宗不肖之孤，假守富川，吏退之餘，復加訂正，刊於郡齋，敬當百拜乞叙於一代鴻儒，爲不朽之傳云。慶元己未季秋上澣，男朝請郎、權發遣興國軍事介宗謹書。

《太平御覽》卷首李廷允《刻太平御覽跋》慶元六年 古書逸者多矣，遲任之言，南陔之義，已弗睹其全，託《詩》《書》以傳者止此耳，非幸歟！《太平御覽》一書，皆纂輯百氏要言，凡可帙名者一千六百有九十，而一篇一章，間見特出者弗與，皆承平縑素之盛，多人間未見之書。盼自寶儲，出繇中秘，書成，始得流布世間。爰自南渡而來，延閣竹帛，已費網羅蒐采矣。是故君子以爲捨是書則承平之大典，百氏之古書亦無以窺梗概而識彷彿。部使者錦屏蒲公被命將輸，兼提蜀學，簡册之外，澹無他營，凡臺中尋常之餽，弗可卻者，姑外積焉。一日，大斥之，募工鍥木，以廣斯文之傳，廷允獲與校讎，凡金根亥豕，皆釐正之，字三萬八千有奇，其義有弗可猝通而無所援據以爲質者，則亦傳疑，弗敢臆也。書一千卷，蓋月瑄六易而竣事。蜀大夫士詫曰蓄眼未有，猗歟盛哉！迪功郎、前閬州閬中縣尉雙流李廷允謹跋。

《方言》卷末李孟傳《刻方言後序》 西漢氏古書之全者，如《鹽鐵論》、揚子雲《方言》，其存蓋無幾。《鹽鐵論》前輩每恨其文章不稱漢氏，唯《方言》之書最奇古。【略】今《方言》自閩本外不多見，每惜其未廣。予來官尋陽，有以大字本見示者，因刊置郡齋而附以所聞一二，蓋惜前輩之言久或不傳也。慶元庚申仲春甲子，會稽李孟傳書。

楊萬里《誠齋集》卷八四《北牕集序》 北牕先生鄒公和仲紹興丙子爲章貢觀察推官，予時爲户曹掾，以鄉鄰故，相得驩甚，每見必論詩，未嘗不移日也。公之詩祖山谷，記其誦所作，如《久霖》云「勸雷且卧鼓」，如《讀人詩卷》云「聲名藹作紫蘭馥，詩句清於黄菊秋」，若置之江西社，不知温似越石乎，越石似温乎？今其外孫曾叔遇盡得公之詩文若干卷，將刻板以傳於學者，豈惟學者之幸，抑亦予之幸。慶元庚申六月二十七日，誠齋野客楊萬里書。

《寶晉山林集拾遺》卷首米憲序 先祖南宫以文章翰墨雄視一代，當崇寧間，名動天子，擢從外郡，對便殿，進奉常博士，踐南宫舍人，駸駸清望矣。而百未施一，天不假齡，悲夫！此所以重識者超群邁往絶俗之歎歟？然字畫之傳，内而秘府，外而巨室，遠而遐方異裔，幽而山區海聚，人皆秘玩，一紙殆踰千金，其視朵雲之翰、籠鵝之墨，高麗之募金，老人之求判，殆越宇宙而同時。至於大章短篇，閎深雄麗，敻絶一時，故先祖雖未顯而文價已喧。如《寶月觀賦》一出，巨儒若東坡，最擊節賞音，他可知矣。先祖遺文，按待制蔡公天啓誌墓文有《山林集》百卷，若《宣已子》、《聖度録》等，又數十卷。適靖康變故，先君閣學僑寓溧陽，僅脱身於崎嶇兵火之中，異時寶晉所藏，皆希代所見，靡有孑遺，故先集亦不復存在，以故尚未顯行於世。憲不肖之孫，緬想祖烈，重以先君閣學治命，每歎遺稿未克廣傳，爲没齒深恨。憲欽承先訓，剿心瘵形，遠求博訪，裒聚縷積，迨今五十年矣，而六丁勅將，毫芒僅存，故梵皮雜置，青氈並藏，自《書史》、《畫史》、《硯史》外，其他詩文纔百餘篇，懼遺編之墮地，致潛德之晦蝕，乃即筠陽郡齋命工鋟板，以遺世之欲見是書者，庶可無愧於彦芳之藏筆，魏謩之寶笏。如其發揮幽光，垂示將來，則有俟於大手筆序而冠諸篇首云。嘉泰改元初祀，歲次辛酉，月紀太蔟，日御乙亥，嗣孫米憲拜手謹識。

《梁谿漫志》卷末施濟《梁谿漫志跋》 右費君補之所著《梁谿漫志》十卷。予頃在戊申之歲，見其副於都城，則知愛慕之。今年春，補之以書來曰：「吾成此書，勤亦至矣，欲廣其傳而力不逮。子爲邑之暇，盍爲我圖之？」予曰：「是吾心也。」乃命工刻之縣齋，而誌其後曰：「夫鳳凰芝草，賢愚皆知其美瑞，補之之書不待予贊而傳也。若自時厥後，近自京邑，遠及遐徼，家藏此書，人挾此策，則當自丹楊始。」嘉泰改元中秋，晉陵施濟書。

《愛日精廬藏書志》卷三五張時舉《刊印文苑英華聲説》 吉州致政周少傅府，昨于嘉泰元年春，選委成忠郎、新差充筠州臨江軍巡轄馬遞鋪、權本府使臣王思恭專一手抄《文苑英華》并校正重複，提督雕匠，今已成書，計一千卷。其紙札工墨等費，並係本州印匠承攬，本府並無干預，今聲説照會。四年八月一日，權幹辦府張時舉具。

《嘉泰普燈録・目録》卷上釋正受《進聖宋嘉泰普燈録上皇帝書》 臣伏睹景德之初，宣慈禪師道原所進《傳燈録》，真宗皇帝有旨，命翰林楊億撰序以賜。天聖之初，駙馬都尉李遵勉所進《廣燈録》，仁宗皇帝親製序以賜。建中靖國之初，佛國禪師惟白所進《續燈録》，徽宗皇帝亦親製序以賜。爲其道可以參贊化育，啓迪生民，故得膺上聖之發揮，爲有國之靈鎮。臣顧惟何幸，而是書復得際遇于陛下，成第四燈。夫以《傳燈》二十年之後而有《廣燈》，《廣燈》七十九年之後而有《續燈》，《續燈》百有一年之後而有《普燈》，非天所相，曷其使然？恭惟皇帝陛下法天剛健，履道希夷，不承無疆之休，增錫有永之祚，會三教同歸于至治，建皇極益宣于重光，典御萬方，宏濟群品，自然玉燭調，金輪統，車書同，民物阜。佛法于今，正賴陛下舉而振之，譬如大功德天，清淨摩尼寶珠雨，于陛下之手，罔不稱慶，《普燈》之行，兹維其時。臣謹繕寫，嚴爲函封，躬詣登聞檢院投進。伏望陛下尚憶靈山付囑之切，仰稽列聖外護之隆，有彰千載之逢，略賜乙夜之覽，乞詔景德、天聖、建中靖國故事，特攄睿斷，錫以序文，冠以卷首，俾祖門微旨增重于將來，流芳于不朽。仍乞降付福州東禪寺，與《大藏》一就刊行。庶幾佛法帝道，萬世同昌，顧不盛歟？臣安敢不揆狂僭，妄擬前修，仰希御製，以干鈇鉞之誅！誠以生逢昌運，蒙被至化，念佛祖之傳授，慮載迷之闕遺，機動籟鳴，不能自已，趑趄退縮，至于再三。是以藉藁山樊，冒昧塵獻，尚冀頒行，式裨宗教，實爲法門莫大之幸。儻臣秘之行篋，不過一私書耳，此燈何自而普哉！持此一毫善力，恭祝兩宫聖壽無疆，國祚延鴻，天眷綿衍，實臣之至禱至願，忤犯宸嚴，罪在不赦，臣下情無任激切屏營之至。

《九家集注杜詩》附曾噩序　「讀書破萬卷，下筆如有神」，此杜少陵作詩之根柢也。觀杜詩者，誠不可無注。然注杜詩者數十家，乃有牽合附會，頗失詩意，甚至竊借東坡名字以行，勇於欺誕，誇博求異，挾僞亂真，此杜詩之罪人也。惟蜀士趙次公爲少陵忠臣。今蜀本引趙注最詳，好事者願得之，亦未易致。既得之，所恨紙惡字缺，臨卷太息，不滿人意。兹摹蜀本，刊於南海漕臺，會士友以正其脱誤，見者必當刮目增明矣。

《金石録校證》卷末趙不譾《金石録後記》　趙德父所著《金石録》，鋟板於龍舒郡齋久矣，尚多脱誤。兹幸假守，獲睹其所親鈔於邦人張懷祖知縣。既得郡文學山陰王君玉是正，且惜夫易安之《跋》不附焉，因刻以殿之，用慰德父之望，亦以遂易安之志云。開禧改元上巳日，浚儀趙不譾師厚父。

《欒城集》附録蘇森《欒城集跋》　先文定公《欒城集》，先君吏部淳熙己亥守筠陽日，以遺藁校定，命工刊之。未幾被召到闕，除郎。因對，孝宗皇帝玉音問曰：「子由之文平淡而深造於理。《欒城集》天下無善本，朕欲刊之。」先君奏曰：「臣假守筠陽日，以家藏及閩、蜀本三考是正，鏤板公帑，字畫差太粗，亦可觀，容臣進呈。」對畢得旨：「速進來。」翌朝，上詣德壽宫，起居升輦之際，宣諭左右催進。後聞丞相魯國王公、丞相鄭國梁公云：「上置諸御案上，日閲五板。」森無所肖似，濫承人乏，到官之初，重念先君所刊家集遺際乙夜之觀，實爲榮遇。其板以歲久，字畫悉皆漫滅，殆不可讀，今撙節浮費，迺一新之。昔文忠、文定二祖，筠實舊游之地，邦人建祠祝之。又況先君嘗守是邦，遺愛在人，此集之再刊，亦從邦人之請也。開禧丁卯上元日，四世孫朝奉郎、權知筠州軍州事蘇森謹書。

《中國醫籍考》卷七〇鄒應龍《外科新書序》　大抵癰疽發于背者，至危殆之疾也。多至不救者，夫豈皆命也哉？然有法可活，非膏塗末傳之能愈。初覺便從頭上作艾炷，宜泄蘊毒，使毒氣亟奪，而無内蝕之患，惟頭及頸則否，此更生法也。灼艾之外，則又有奇方存。起予平昔屢用屢效，實不敢私，以廣其傳。開禧丁卯十月旦日，江南西路提刑鄒應龍爲之序跋，刊于章首。

《天臺集》卷首李兼《天台集序》　州爲一集，在昔有之。近歲東南郡皆有集，凡域内文什彙次悉備，非特夸好事資博聞也，於其山川土宇、民風士習，互可考見，然則州集其地志之遺乎！天台以山名州，自孫興公賦行江左，迨今千禩，大篇春容，短章寂寥，未聞省録之者。予來經年，思會粹爲一編書，顧無其暇。方延諸儒議修圖諜，謂兹尤所先急。一日，州士李棨昆仲出其先公御史所裒文集四帙以爲貺，已而州學諭林師蔵又示唐宋詩三百餘篇。於是摭取前代之作，刪重補佚，而增其未備，爲賦三、詩歌行合二百，梓而刻之，自餘續集傳焉。嗚呼！亦可以爲當矣。不出户庭而盡睹海山之勝，不費探討而坐獲巾笥之藏，天下之事成於有志，其理固然，未有若是之捷且速也。圖諜雖未亟就，觀此集斯過半矣。嘉定改元重五後一日，宣城李兼序。

《中國醫籍考》卷一七陳孔碩《重刻脉經序》　予少時，母多疾，課醫率不效，因自誓學爲方，求古今醫書，而窮其原。得所謂王叔和《脉訣》者，怪其詞俚而指淺。更訪老醫，得《脉經》十卷，蓋祖黄帝岐伯扁鵲經，以及於張氏《傷寒論》，條貫甚明，真王氏書也。驗之乃建本。自是求之建陽書坊，絶無鬻者，板亦不存。嘉定己巳歲，京城疫，朝旨會孔碩董諸醫，治方藥，以拯民病。因從醫學求得《脉經》，復傳閣本校之，與予前後所見者同一建本也。乃知《脉訣》出而《脉經》隱，醫者不讀，鬻者不售，板遂亦不存。今之俗醫，問以王氏書，則皆誦《脉訣》以對。蜀人史堪以儒生名能醫，其所著方書，脾胃條引《脉訣》中語，而議之曰：「此叔和知之而未盡也。」予每嘆曰：「冤哉叔和，如史載之之工，尚引《訣》而罪《經》，餘又何怪焉。」因思今世俗醫，知有朱氏《傷寒百問》，而不知有《傷寒論》；俗儒知誦時文，而不知誦經史，其過一律也。因取所録建本《脉經》，略改誤文，寫以大字，刊之廣西漕司，庶幾學者知有本原云。然恨無他本可校，以俟後之仁者。長樂陳孔碩。

《永樂大典》卷二二五三七鄭元清《跋西塘集》　先大父隆興甲申守盱江，以行藏高大父教授朝奉《西塘》遺文，叙緝成編，蒙鄉樞大資黄公爲之序，遂刊寘公府，今四十七年矣。乾道丁亥，簡肅侍郎林公出鎮九江，就集中刪其代人作者，又録高大父之言行附于末，鋟板郡齋。淳熙改元，太師左丞相史公出帥鄉邦，復取斯集，親爲題跋而刊之。皆以大資黄公所爲序冠之篇首。嘉定庚午，元清備數金陵酒掾，因思盱江所刊之本，欲見之而未能致。一日，會同官府判鄭秘閣，忽謂於郡侯張寺簿有疇昔之好，特爲貽書及之。未幾，果得舊本。開卷敬誦，其他篇秩不紊顛末，但其序已不復存，得非歲久而遂亡之耶？元清敬取篋中所藏副本繕寫，命工鏤之，亟附便郵，還寘盱江書庫，以補集中之脱簡云。三月二十一日，元孫承議郎、充提領建康府户部贍軍酒庫所主管文字、賜緋魚袋元清拜手謹書。

《范忠宣集》卷末沈圻《范忠宣集跋》 忠宣范公，昭代之名臣耆德也。作爲文章，讀之使人起敬起慕，然每以未見其全爲恨。圻需次零陵，己巳仲冬入覲過都，得其玄姪孫侍講司諫家藏全帙，跪受以歸。辛未暮春到郡，靖惟零陵寔公舊寓之地，自元符迄今餘百年，邦人尚能言之，且堂而思，祠而祝。圻既得其文，不敢秘，因與同志精加訂正，命工鋟梓，以永其傳。嘉定壬申元正日，朝散大夫、權知永州軍州兼管内勸農營田事、借紫吴興沈圻書于思范堂。

《范忠宣集》卷末范之柔《范忠宣集跋》 先忠宣公國論彈事外，有《文集》二十卷，未曾版行。零陵實謫居之地，僅刊《言行録》。今使君沈公到闕奏事，因過訪語及，慨然欲得鋟木。尚友前賢，深所敬歎，即以家藏本屬之，仍附以《國史》本傳及李姑溪所述《行狀》，且識歲月於後云。嘉定辛未上巳日，玄侄孫朝散郎、左司諫兼侍讀范之柔謹書。

《重修證類本草》卷末劉甲《重刻證類本草跋》 五穀必可以療飢，藥石必可以伐病，此蘇長公語也。或者服餌之誤，反增其疾，豈藥之罪哉。柳子厚病痞且悸，市伏神餌之，病愈甚，瀲滓以觀，迺皆老芋。故藥品之多，時節州土，炮炙生熟，誠不可以不辨。《證類本草》一書，始於唐慎微所輯，最爲善本。予謂衛生之家，所不容闕，第歲月既久，字畫漫滅，寖至疑誤。因復鋟本，命僚屬重加參訂。如「麥」誤爲「來」、「槐」誤爲「魏」、「射干」爲「射十」、「驚癎」爲「馬癎」之類非一，點畫偏旁所誤雖微，而用藥之差遠甚，悉釐而正之，不可枚舉。是書初讎校於江西，再刊刻於南隆，今又點勘於東梓，可謂詳備。後之得此本者，其不爲庸醫所欺必矣。嘉定四年十月既望，寶謨閣直學士、太中大夫、知潼川軍府事、兼管内勸農使、須城縣開國子、食邑六百户、賜紫金魚袋劉甲跋。

《范忠宣集》卷末廖視《范忠宣集跋》 視竊以元祐丞相忠宣范公之文行於世，猶桑麻穀粟之於日用也，百有餘年猶未盡見。今中書舍人公以家藏集屬零陵守刊于郡齋，而大參樓公爲之序引，示學者以歸宿之地，鉅公之惠天下後世渥矣。士大夫於出處語嘿之際，苟不以忠宣公之心爲心，則其見是書也，烏得無愧？嘉定壬申六月既望，承議郎、權通判衡州軍州、兼管内勸農營田事、賜緋魚袋、權永州事廖視再拜敬書。

《省心雜言》卷末李耆岡《省心雜言跋》 先大父敷文平居自號省心，《雜言》一編，皆箴規訓戒之辭。耆岡兒童時尚及見其手藁，板行于蜀，名公鉅卿書其前後者非一。士大夫愛重之，以其本刊于池陽，于新安，皆以爲大父之文也。嘉定戊辰，耆岡調官都城，見書坊有刊小本鬻於市，以爲林和靖之作。按和靖處士隱于西湖，以詩名，坡、谷、淮海皆稱道之，設有此書，諸公樂善好賢，豈不揄揚而贊美之？而和靖略無一字自叙，一以爲品題者，不知妄人俗子何所據而云然，甚可怪也！耆岡通守邵陽，敬以舊本摹寫鋟木，以廣其傳，可以破流俗之惑，使來世《鶡冠》、《晏子春秋》之疑尚於是乎可攷。嘉定壬申仲秋，孫奉議郎、通判邵州軍州兼管内勸農營田事、賜緋魚袋、權州事耆岡拜手謹識。

《古文舊書考》卷二江公亮《春秋經傳集解跋》 臨川舊有版行五經，《三傳》比他郡者爲精好，歲久浸底磨滅，幾不可讀。公亮來守是邦，一見爲之慨然。雖承凋弊之餘，獨念聖經有此善本，豈可使之至是！故於倥偬不暇給之中，首治斯事，選庠序生員，重加校讐，撙節用度，銖積寸累，以供其費，蓋閲歲始辨。凡更新七百七十版，爲字三十八萬五千有奇，剔墁七百三十八版，爲字四萬五千有奇，總用錢百萬有奇。自是更永其傳，俾學者覽觀，無亥豕魯魚之謬，殆非小補。嘉定六祀閏月上澣，三衢江公亮謹記。

《大易粹言》卷末張嗣古《大易粹言跋》 右《大易粹言》，前太守曾君穜命郡博士方聞一所裒輯者也。雖七家之書，不無深淺異同之論，然考其師友淵源，則皆自伊洛中來。學者得此書而萃觀之，則淺深異同之際，乃吾所用力之地。苟能窮其所已言，以求乎至是之歸，體其所未言，以造乎自得之實，則知陰陽五行，升降上下無非天理流行之妙，而畫前之《易》，當在吾心，而不在書矣，豈徒以廣耳目聞見而已哉！歲久板漫滅不可讀，因念刊書之難，復爲之修改七百三十有六板，凡二十六萬一千五百九十有四字，以與學者共之，亦以無忘曾君之美意云。嘉定癸酉五月望，真寧張嗣古跋。

陳宓《復齋集》卷一〇《學問指南序》 朱先生集初出，學者以先覩爲快，而卷帙博鉅，未易家置而人誦。同志之士或犯不達，曰：「姑取其切於問學者凡若干篇，刻版郡庠，使欲見全書而不得可者，得此而讀之，庶知義理之本源，聖賢之途轍，有沿河至海之易，無臨淵羨魚之難，豈不韙與？」校官陳君森聞而喜曰：

「是吾志也。」屬郡人陳某書於卷甲。

陳宓《復齋集》卷一〇《跋安溪縣刊司馬温公書儀》　某嘗嘆此邑民俗不知習禮，冠昏喪祭漫無所據，不牽於淫巫，則溺於釋老，此無他，禮教不素明故也。朝廷禮典，非閭巷所得有，簡而易行，古而使今，唯司馬一書可施於用。一日，語主簿趙君時傳刻之學官，使家傳人習，其於國家化民成俗之意，亦一助云。

陳宓《復齋集》卷一〇《跋論語集義或問通釋》　勉齋黄先生榦作《論語通釋》一書，所以紬繹文公朱先生之意盡矣。某嘗版於延平郡庠，與學者共之。吾鄉士友欲觀是書，不可多得，往往轉借艱滯，莫愜見聞。郡文學温陵蘇君思恭，潛心理義，歲月深久，分教莆壘，專以是道誨人，學者確然知理義之可説。既有以興起其志矣，可無書以開導而啓發之乎？郡庠舊有《集注》，於是直取《集義》、《或問》、《通釋》，别爲一帙以足之，俾學者互觀參考，且可以家有其書，此蘇君汲汲誨人之意也，學者毋以易得而忽諸！

陳宓《復齋集》卷一〇《跋近思録》　陳君汲既刻文公朱先生諸書於莆陽學官矣，又謂《近思録》乃四先生名言要論，皆發六經所未明之旨，在學者尤不可緩。伊川先生嘗謂「聖賢作文，有如制器，一言不立，則一器有缺」，是書六百餘條，其殆類是。

陳宓《復齋集》卷一〇《跋稽古録》　右《稽古録》，文公朱先生刻於長沙，屢欲奏御，裨經筵講讀之缺，而卒不果。其語見於甲寅冬去國時遺鄭公一書，甚拳拳也，豈欲以温公所以事列聖者事先帝乎！有志莫遂，識者恨之。又嘗語學者讀經書後當繼以此，蓋謂帝王之德業，古今之治亂，咸載是録，簡而不遺，格言篤論，龜鑑萬世。郡博士蘇君思恭，從鄭公之子外府丞寅得潭本，并摹其書，鍥之學官，用廣其傳，庶幾他日必有以是書酬先賢之志者。

樓鑰《攻媿集》卷七一《跋華氏中藏經》　余少讀《華佗傳》，駭其醫之神奇，而惜其書之火于獄，使之尚存，若刳腹斷臂之妙，又非紙上語所能道也。古汴陸從老，近世之良醫也。嘗與之論脉，云無如華佗之論最切，曰「性急者脉亦急，性緩者脉亦緩。長人脉長，短人脉短」。究其説未暇也。一日，得閩中倉司所刊《中藏經》讀之，其説具在。蓋貳卿姜公説爲使者時所刊，凡三十餘年，而余始得之。序引之説頗涉神怪，難于盡信。然其論議卓然，精深高遠，視脉察色以决死生，雖不敢以爲真是元化之書，若行于世，使醫者得以習讀之，所濟多矣。惜乎差舛難據，遂携至姚江，以叩從老。從老笑曰：「此吾家所秘，不謂版行已久。」因出其書見假，取而校之，乃知閩中之本未善，至一版或改定數十百字，前有目録，後有後序，藥方增三之二。閩本亦間有佳處，可以證陸本之失。其不同而不可輕改者兩存焉，始得爲善本。老不能繕寫，俾從子溉手録之。蘄春王使君成甫聞之，欣然欲于治所大書鋟木，以惠後學，且以成余之志。因以溉所録面授而記其始末于左。藥方凡六十道，亦有今世所用者。其間難曉者有之，恐非凡識所及。佗傳稱處齊不過數種，又未知此爲是否。好事者能以閩本校之，始知此本之爲可傳也。

《剡録》卷首史安之《剡録序》　剡在漢爲縣，在唐爲嵊州，未幾復爲縣。本朝宣和間以剡爲兩火一刀，不利於邑，故更今名。邑舊有鄉四十，後分十有三，别爲新昌縣，今所存纔二十七鄉耳。夫州縣之名雖數變更，然山川之靈蓋自若也。使剡古而有志，則歷代因革廢興之典，百世可知也。余懼夫後之視今，亦猶今之視昔，故爲《剡録》十卷。録皆高氏所作，凡山川城池、版圖官治、人傑地靈、佛廬仙館，詩經畫史、草木禽魚，無所不載。度此板可支百年，後之人毋以印刓而輒廢斯書也。嘉定乙亥，縣令鄞人史安之。

《小兒衛生總微論方》卷首何大任序　余先君有《小兒衛生總微論方》二十卷，家藏甚久，今六十餘載矣，不知作者謂誰。博加搜訪，未嘗聞此書之流播也。自嬰孩初育以至成童，所謂保衛其生，總括精微，視古今方書極爲詳盡。仁哉，著書者之心也！宗族親舊間幼稚有疾，余每口傳指授，效如影響。又取其可以通用於大人者，增湯劑而用之，尤爲神異。豈此書不言之妙有待於余而發耶？烏可掩爲一家之寶而不與人共之。於是集二三同志，訂正其謄寫之舛，鋟於行在太醫局，以廣其傳。得此者敬而用之，當知余言不繆，或未免畫蛇添足之譏，不暇顧矣。吁！齊魯大臣史失其名，恨不得詳其人也。嘉定丙午立春日，和安大夫、特差判太醫局何大任序。

《中國醫籍考》卷一七何大任《王氏脉經後序》　醫之學以七經爲本，猶儒家之六藝也。然七經中，其論脉理精微，莫詳於王氏《脉經》。綱舉目分，言近旨遠，是以自西晉至於今日，與黄帝、盧、扁之書並傳，學者咸宗師之。南渡以來，此經罕得善本，凡所刊行類多訛舛，大任每切病之。有家藏紹聖小字監本，歷歲既深，陳故漫滅，字畫不能無謬。然昔賢參攷，必不失真。久欲校正傳之，未暇。兹再承乏醫學，偶一時教官，如毛君升、李君邦彦、王君邦佐、高君宗卿，皆洽聞者。知大任有志於斯，乃同博驗群書，孜孜凡累月，正其誤千有餘字，遂鳩工創刊于本局，與衆共之。其中舊有闕文，意涉疑似者，亦不敢妄加補注，尚賴後之賢者。嘉定丁丑仲夏望日濠梁何大任後序。

魏了翁《鶴山先生大全文集》卷五三《朱文公語類序》　開禧中，余始識輔漢卿于都城。漢卿從朱文公最久，盡得公平生語言文字。每過余，相與孰復誦味，輒移晷弗去。余既補外，漢卿悉舉以相畀。嘉定元年，余屆成都，度周卿請刻本以幸後學。余曰：「余非敢靳也，所爲弗敢傳者，恐以誤後學耳。」【略】周卿由是姑徐之，後數年，竟從余乞本刊諸青衣。彼不過余所藏十之二三耳，然余且謂周卿曰：「子其以此意著于篇端，俾學者毋襲是弊也。」其後李貫之刊于江東，則已十之六七，今史廉叔所得黄子洪類本，則公之説至是幾無復遺餘矣。廉叔將板行，以余有志於斯也，屬敘所以作。余爲言嘗所以告周卿者，廉叔曰：「然則已諸？」曰：已之無傷。雖然，安於小成，甘於自棄者，氣質之偏而無以矯之也，而秉彝好德之心誰獨無之？余前所憂，蓋爲世之専事乎耳目口筆，苟以譁衆取寵而無志乎遠且大者也。儻不忍自薄其身，則無寧身深體孰玩，以爲求端用力之標準者乎！今未可槩以是爲疑而閟其傳，盍遂以此冠篇而併刻之，將聽學者之自擇焉。子洪名士毅，姑蘇人，嘗類文公集百五十卷，今藏之策府，又類注《儀禮》，未成書云。

魏了翁《鶴山先生大全文集》卷五三《范正獻公文集序》　公之文集，玉山汪公應辰既嘗板行于某所矣，今公之諸孫子長守潼川，又以刻諸郡齋，而屬敘所以識諸篇端，儻庶幾世道之補云。

魏了翁《鶴山先生大全文集》卷五三《毛義甫居正六經正誤序》　自秦政滅學，經籍道熄；迨隸書之作，又舉先王文字而併棄之，承訛襲舛，愈傳愈失。蔡伯喈書石經，有意正救之，旋亦焚蕩。張序所見石經，又不知果爲蔡本否，其所引石經文多失字體。魏晉以來，則又厭朴拙，耆姿媚，隨意遷改，義訓混淆，漫不可考。重以避就名諱，如「操」之爲「掺」、「昭」之爲「佋」，此類不可勝舉。況唐人統承西魏，尤爲謬亂。陸德明、孔穎達同與登瀛之選，而《釋文》與《正義》自多背馳。至開元新書五經，則又以俗字易舊文，如以「頗」爲「陂」、以「平」爲「便」之類，又不可勝舉，而古書益邈。五季而後，鏤版繙印，經籍之傳雖廣，而點畫義訓謬誤自若。本朝胄監經史多仍周舊，今故家往往有之，而與俗本無大相遠。南渡草創，則僅取版籍於江南諸州，與京師承平監本大有徑庭，與潭、撫、閩、蜀諸本互爲異同，而監本之誤爲甚。柯山毛居正義甫以其先人嘗增註《禮部韻》，奏御於阜陵，遂又校讎增益，以申明於寧考更化之日，其於經傳亦既博覽精擇。嘉定十六年春，會朝廷命胄監刊正經籍，司成謂無以易義甫，馳書幣致之，盡取六經三傳諸本，參以子史字書，選粹文集，研究異同，凡字義音切，毫釐必校，儒官稱嘆，莫有異辭。旬歲間刊修者凡四經，乃猶以工人憚煩，詭竄墨本以紿有司，而版之誤字實未嘗改者什二三也。繼欲修《禮記》、《春秋》三傳，義甫以病目移告，其事中輟。或者謂縱令盡正其誤，而諸本不同，何所取證？豈若録其正誤之籍而刊傳之，俾後學得以參考。余觀其書，念今之有功于經者，豈無《經典釋文》、《六經文字》、《九經字様》之等？然此書後出，殆將過之，無不及者，其於後生晚學袪蔽寤疑爲益不淺，因縱臾其成而序識之。《書》曰「若升高必自下，若陟遐必自邇」，學者其毋忽於斯。

《梁溪先生文集》卷末姜注《梁溪先生文集跋》　注竊惟大丞相一代鴻儒，三朝元老，豐功偉烈，著在國史，炳若丹青，出處大致，名公鉅卿紀録尤備。邵武乃公之故鄉，郡齋已刊《奏議》，獨貽集尚缺，無以副邦人景行之思。注假守繡里，莅事之餘，屢加搜訪，了不可得。會丞相之孫制機與其族孫國録示以全帙，注盥手薰誦，至于再三。顧雖不肖，亦知興起。鳩工刻梓，屬泮師董其事，凡三月而後成。於以傳示將來，啓迪後學，注亦得以記名編末，與有榮耀。嘉定歲次庚辰冬十有二月，朝請大夫、權知邵武軍兼管内勸農事、賜緋魚袋姜注謹書。

《萬首唐人絶句》卷末汪綱《萬首唐人絶句跋》　《唐人絶句詩》凡一百一卷，半刻會稽，半刻鄱陽。嘉定癸未，新安汪綱守越，遂揭鄱陽本併刻之，使合而爲一。既畢工，姑識其末。是歲二月既望，書于鎮越堂。

《謝宣城集》卷首洪伋《再刻謝宣城集跋》　謝公詩名重天下，在宣城所賦爲多，故杜少陵以謝宣城稱之。在宣城宜有公之集矣，後公六百五十餘年，樞密樓公始克鋟之木。距今又六十四年，字畫漫毀，幾不可讀，是用再刻于郡齋，以永其傳。嘉定庚辰冬十二月望，鄱陽洪伋識。

《容齋五筆》卷末洪伋《容齋五筆跋》　叔祖文敏公居閒日久，著述爲多，《隨筆》五書凡七十四卷，考覈經史，捃摭典故，參訂品藻，精審該洽，學士大夫争欲傳襲。伋頃守章貢，後公四十年，以其書鋟於郡齋。揭來守建，又後公四十三年，於是復鋟此書于建。方欲彙公之文，刻寘祠下，適以移官未暇也，當嗣圖之，以成山莊先生之志云。嘉定十六年秋八月既望，姪孫朝議大夫、直華文閣、知建寧軍府事、新除直敷文閣、知隆興府、江西安撫伋謹識。

《越絶書》卷末汪綱《越絶書跋》　《越絶書》苦無善本。近得丁文伯蜀中所刊者見示，參考粗爲可讀。因刊置郡齋，以補越中之闕云。嘉定甲申八月旦日，新安汪綱書。

《吳越春秋》卷末汪綱《吳越春秋跋》　右《吳越春秋》十卷，後漢趙曄所著。予既刻《越絶書》，遂併刻之。蓋二書實相表裏，而曄又爲郡人，其書固宜廣。第訛舛特甚，惜無從可以是正云。嘉定甲申八月望日，新安汪綱書。

《鍼灸資生經》卷首徐正卿《鍼灸資生經序》　銅人明堂，黄帝、岐伯、鬼臾區留以活天下後世。自隔體透膚之妙無傳，乃謂是能絶筋脉，傷血肉，至望而畏之。有疾則歸心於庸醫，百藥之俱試，不知病在巔者，必灸風池風府，非桂枝輩所能攻。病在膂者，必灸刺魂門，雖枳實輩不能下。遂至於束手無策，豈不哀哉！近世朱肱、龐安常俱有鍼法，涂知可亦謂病當以刺愈。三衢鄒握虎以治法爲歌詩該括行，古聖賢活人之意，賴以復傳。今東嘉王叔權又取三百六十穴，背面巔末，行分類别，以穴對病，凡百氏之説切於理，及己之見得於心者，悉疏於下。鍼灸之書，至是始略備；古聖賢活人之意，至是始無遺憾。傳謂爲人子者，不可不學醫。予親年八十，精力强健，非賴此書耶！因俾醫衛世傑訂證，不傳見者十有八條，鋟木庾司，以補惠民之闕。時嘉定庚辰孟夏朔，承議郎、提舉淮南東路常平茶鹽公事徐正卿序。

《演繁露續集》卷六程覃《演繁露續集跋》　先父文簡公嘗著《演繁露》一書，泉南郡博士刊于泮宫，歲久字漫。覃侍伯仲氏家居，遂以所藏繕本刻於家塾。先父晚得閒寓里，復爲續編，近方鋟木。覃自惟材譾識陋，不能仰紹先世致知格物之學，手澤滿前，徒泚顙流涕耳。覃將指鑲師，敬携是板，留諸京口總所。嘉定庚辰十月既望，男覃敬書。

陳淳《北溪大全集》卷一四《代鄭寺丞跋家禮》　此書酌古通今，綱條節目甚簡易明白，最有關於風教之大，人人當服習，而家家當講行也。因刻之嚴陵郡庠，與邦人共之。凡我父兄子弟，其相與勉焉，以脱末俗之陋，而成此邦禮義之風，顧不偉歟！

陳淳《北溪大全集》卷一四《代跋小學》　此書最切於學者日用之實，在幼學之始，固所當從事，而其終之所以造道據德而成大學之功者，亦不越乎此，皆不可以一日而不講也。今刻之嚴陵郡庠，以示學徒，其毋以言近而忽諸。

陳淳《北溪大全集》卷一四《代跋大學》　此書乃羣經之綱領，而初學入德之門。晦庵先生解之，已明白親切詳盡矣。今是先生絶筆定本，因刻之嚴陵郡庠，以示學徒。其相與復之熟之，要使聖賢深長意味，源源出於中，而宏大器局，卓然呈露於前，然後知此書之爲真不我誣，而聖賢大業，其可進矣！嗚呼，其共勉之哉！

《類説》卷首葉時《重刊類説序》　前言往行，君子貴於多識；稗官小説，良史列之九流。曾公所編《類説》，蓋此意也。余舊藏麻沙書市紹興庚申年所刊本，字小而刻畫不精，且多舛誤，意必有續刊大字善本。分符此來，徧令搜訪，咸無焉，並板亦不存矣。因取所藏舊本，稍加是正，鋟板于郡齋，庶可壽此書。博士或有志於聖門「友多聞」之訓，當謂不爲無補。寶慶丙戌八月初吉，古杭葉時書於建中堂。

《論語意原》卷首鄭如岡序　《意原》之作，蓋將發明先聖之奥旨，而爲學問有成者之助也。先君留心於此，殆將終身。昔者嘗鋟於章貢、豫章，晚歲繇禁橐守池陽，取二本而較之，删潤殆居其半。踐履益至，議論益深，乃知學問固未始有止也。如岡來閩歲餘，思所以淑諸人，謹取池陽本鋟木，以廣其傳，且求印可於先覺君子，庶無負先君之素志。紹定壬辰夏五既望，男朝請大夫、福建路轉運判官如岡謹書。

《易翼傳》卷末鄭如岡《易翼傳後序》　河南先生序《易傳》曰：「予所傳者辭也，由辭以得意，則在乎人焉。」此《易翼傳》之所以作也。先君玩大《易》之理，誦《易傳》之辭，研精覃思，凡數十年而後就。如岡以廣其傳爲請，先君以爲程子續道統於千載之後，成書既久，莫得傳授，自謂精力未衰，尚冀少進。其後寢疾，始以授尹焞、張繹。先覺猶不敢自足，矧後學耶？歲在壬辰，如岡持節閩嶠，以藁本求是正於西山真公貳卿，且請叙於篇首。公雄文大册，焜耀斯世，不靳淵源之論，爲之發揮所得，不既多乎！已而謂如岡曰：「先君子没已久矣，精力已畢見於此書矣，詎可不使流布，以示學者？」如岡拜手而謝，曰：「謹受教。」是歲仲夏朔旦，男朝請大夫、福建路轉運判官如岡敬刻於漕司之澄清堂。

《詩傳遺説》卷首朱鑑《詩傳遺説序》　先文公《詩集傳》，豫章、長沙、后山皆有本，而后山本讎校爲最精。第初脱藁時，音訓間有未備，刻版已竟，不容增益。欲著補脱，終弗克就，未免仍用舊版，葺爲全書，補綴遺郍，久將漫漶。竭來富川，郡事餘暇，輒取家本親加是正，刻寘學宫，以傳永久。抑鑑昔在侍旁，每見學者相與講論是書，凡一字之疑，一義之隱，反覆問答，切磋研究，必令心通意解而後已。今《文集》書問《語録》所記載，無慮數十百條，彙次成編，題曰《遺説》。後之讀《詩》者能兼攷乎此而盡心焉，則無異於親承誨誘，可以得其意而無疑於其言矣。若《七月》、《斯干》二詩，書以遺丘子服者，尚可考見去取位寘小序之法，因附於後。端平乙未五月朔，孫承議郎、權知興國軍兼管内勸農營田事、節制屯戍軍馬鑑百拜敬識。

《朱子語類》卷首李性傳《饒州刊朱子語續録後序》 嘉定乙亥歲，仲兄文惠公持節江左，取所傳朱文公先生語録鋟木池陽，凡三十有三家，其書盛行。性傳被命造朝，益加搜訪，由丙戌至今，得四十有一家，率多初本，去其重複，正其訛舛，第其歲月，刻之番陽學宫。復考池録所餘，多可傳者，因取以附其末。合池録與今録，凡先生平生所與學者談經論事之語，十得其九。嗣有所得，尚續刊之。池録之行也，文肅黄公直卿既爲之序，其後書與伯兄乃殊不滿意，且謂不可以隨時應答之語易平生著述之書。性傳謂記者易差，自昔而然。《河南遺書》以李端伯《師説》爲首，蓋端伯所記，伊川先生嘗稱其最得明道先生之旨故也。至論浩氣一條，所存者幸亦一二焉。嘉熙戊戌月正元日，後學三嵎李性傳書。

《晦庵先生朱文公易説》卷首朱鑑《朱文公易説跋》 先文公於《易》有《啓蒙》，有《本義》，皆所以發明往聖前民用之意，而《遺説》之輯，蓋取諸門人記録問答之語，往往與《啓蒙》、《本義》交相發揮，則又鑑假守富川時所會粹者也。建陽趙令刊此編於縣齋，鑑嘗爲之序。今復以付之書市，使鋟梓以廣其傳，不復敢贅爲之説云。淳祐壬子王春正月朔，適孫朝請大夫、主管紹興府千秋鴻禧觀朱鑑謹識。

歐陽守道《巽齋文集》卷一二《四書集義序》 廬陵郡學後刊朱文公《中庸》、《大學》、《論語》、《孟子》、《章句》、《集註》、《或問》。淳祐十一年，通守古汴趙侯某、博士海陵蔡君某又以郡學與白鷺洲書院養士之餘力，刊《四書集義》者。太守於潛徐侯某先守安吉，與友人盧某之所集，蓋文公四書定本之外，凡平日交遊書問之所往還，門人請益之所聞，與凡片言隻字，不專爲《四書》發，而與《四書》旨意相流通，散見於文集、語録間者，悉會萃於此。初刊於安定書堂，暨摹本至廬陵，趙侯偕蔡君以爲請，遂命兩學之士復精校而刊焉，《四書》訓説於是大備。或曰：「文公先生之於《章句》、《集註》、《或問》也，更定數次而後決，然以詔後學，蓋沈潛研索，精約審訂，用意至密，而爲傳世計至遠也。學者學此足矣，而又待《集義》以求備乎？」某曰：不然。聖人之道，君子之學，自有端的會歸，惟見之之明，則雖千萬言而未嘗不一；如見之之疑，則雖一二言未嘗不枝。今先生之於《四書》也，其沈潛研索而言者如此，其從容酬應而言者亦如此；其精約審訂而言者如此，其敷暢宏肆而言者亦如此。不於其言於其行，則相去不知幾載，所告不知幾人，而無一不同，深造而自得之，居之安，資之深，取之左右逢其原，於此可想見也。《章句》、《集註》、《或問》之書固親定於先生之手，然先生一言一話，義理之歸於此者盡收拾而存之，則豈不足以益見先生之心，而爲後學更互發明之一助哉？始徐侯爲州，雅意於表章儒先，風厲士習之事，某間得侍見，侯必亹亹以講學爲言。《集義》摹本之至自安吉也，某最先得見，竊歎侯於方今吏事日不暇給之時，而所至輒留意此書如此，獨恨安吉相去之遠，欲亟與同志傳摹而未能也。侯莅事踰年，而州學得蔡君爲博士，已而鷺洲書院又得趙侯爲之提領，惓惓斯文之意如出一人，故是書得刊於此。既成，兩侯暨博士一辭命某爲之序。

《皇宋通鑑長編紀事本末》卷首歐陽守道序 《皇宋紀事本末》，寶祐元年直徽猷閣謝侯守廬陵，始以家藏本刊於郡齋。侯既去，予從郡學見之，借授貢士徐君琥傳録。徐以郡本不可復得，有意轉刊於家。或謂卷帙繁多，宜作節本，予亟止之曰：「史未易節也，前代史尚難之，況國朝！節史近於筆削，儻不知史法而容易措手，則去留失宜，首尾不備，使讀者憮然，此與漏段闕字何異！史館遴選尚不致苟，而私家新學，見史輒節，非予所敢知也。」徐君幸從予言而止。刊既就，以示予覆讀，則頗疑其間多所舛訛。蓋前此郡齋所刊，悤悤未及點對，而侯已去，殊爲可惜。近有得大字蜀本者，予復借與數友參較，乃知郡本固自多誤，蜀本誤亦不免，再質之於《續通鑑長編》，尋其本文初意，而後敢以爲安。所校正不翅千數百字，然亦惟有誤則據本正之，儻無可據，雖一字不敢輒增損也。工告畢，爲識其所自。五年歲在丁巳十月望，廬陵歐陽守道謹書。

《景定建康志》附周應合《景定修志本末》 開慶己未春三月，裕齋先生金華郡公以大制帥再尹留都，請於朝，以京湖舊幕客周應合充江東安撫使司幹辦公事，兼明道書院山長，編程子書畢。明年六月，命饟師於池陽。又明年二月，趣還建康。甲寅，應合至自池陽，拜公玉麟堂，公命之曰：「建康，大都會也，自慶元而後，圖志未續，實大闕典，而慶元以前之書，紀載甚略，不無舛訛。《圖志》三歲一上，法也，吾再至此，又及三年，將成此書而丐歸焉，屬筆於子，毋遜。」應合避席曰：「留都鉅典，當屬之大手筆，應合淺學謏聞，不足以辱隆委，敢頓首固辭。」公曰：「子嘗修《江陵志》矣，圖、辨、表、志，粲然有倫，輕車熟路，子何辭焉？禊節適逢甲子，宜以是日開書局於鍾山閣下，即葉石林紬書之舊所也。速爲之，及吾未去以前成書可也。」應合稟命而退。時有疾未愈，欲少俟調理，徐受條教，而劄命沓至矣。入局修纂，謹如甲子之期，則請於公曰：「舊《志》二百八十板，所記止於乾道；《續志》二百二十板，所記止於慶元。慶元至今所當續者六十餘年之事，不敢略，亦不敢廢前《志》也。」公曰：「乾道、慶元二《志》互有詳略，而《六朝事迹》、《建康實録》參之二《志》，又多不合，今當會而一之，前《志》之闕者補之，舛者正之，慶元以後未書者續之，方爲全書。況前《志》散漫而無統，無地圖以考疆域，無年表以考時世；古今人物不可泯者，行事之可爲勸戒者，詩文之可以發揚者，求之皆闕如也。子其用《江陵志》之凡例，彙而輯之，備前《志》之所未備，此吾所望也。」應合又請於公曰：「謹奉教矣，而未可以速成也。慶元《續志》之作，實因朱舜庸《金陵事類》之編。舜庸，郡人也，其編猶積二十稔而後成，況非郡人者乎！況欲合前後而修爲全書乎！願寬以歲月，廣招局官與郡之士友而共成之。」公不許。應合乃條上四事，【略】公皆從之。越一月，應合又請於公曰：「成書之期既不可緩，修書之事浩若望洋。應合自入局以來，主一無適，夜以繼日，疲精書傳，極力丹鉛。修書之藁未半，刻梓之匠已集；既同官之難屈，非隻手之可辦。有長子天驥，見爲淮西總所催運官，欲乞移文總所，給假數月，專在書局，爲檢閱校讐之助；有婿吴疇，見爲安豐六安縣主簿，亦留總幕，乞令往來爲助。」公從之。凡纂一事，必稟命於公；每成一藁，必取正於公。夜考古書，朝訂今事；右分編藁，左付刻梓。自禊節以來，周兩甲子而大略粗備。若《留都録》四卷、《地理圖》及《地名辨》一卷、《年表》十卷、《官守志》四卷、《儒學志》五卷、《文籍志》五卷、《武衛志》二卷、《田賦志》二卷、《古今人表》、《傳》三卷、《拾遺》一卷，此皆乾道、慶元兩《志》之所無而創爲之也。若《疆域志》三卷、《山川志》三卷、《城闕志》三卷、《祠祀志》三卷，因前《志》之所有者十之四，增其所無者十之六。合爲五十卷，凡一千六百餘版，印褾爲二十四册，外《目録》一册，上之閫府。其書版首尾九百九十四片，爲廚架五所，鑰而藏之紬書堂中，選書吏以掌其啓閉。每卷每類之末，各虛梓以俟續添，固未敢以爲成書也。嘗聞南軒先生因修郡志而示訓曰：「削去怪妄，訂正事實，崇厚風俗，表章人才。」是編也，於前之八字無能爲役，於後之八字或庶幾焉。雖然，金陵自有城邑以至於今，千七百年，王伯廢興之故，山川風景之殊，國都城市之變遷，田里民物之登耗，忠臣義士之遺烈，洪儒騷客之流風，衣冠禮樂之隆汙，典章文物之因革，所以興感慨而寓勸戒者，豈五十卷之圖書所能盡其紀載，而兩甲子之日力所能畢其編摩也哉！姑以奉公之命而不敢怠於其職耳。昔司馬文正公之修《治鑑》也，萃千三百六十二年之事，爲三百五十四卷之書，聚諸賢之助，閱十有九年而後成，猶曰「歲月迫趣，缺謬不能自保」。今之所修郡《志》耳，既無司馬公之學力，又無書局官之衆力，且未有十九年之日力，而欲記千七百年之成敗得失於五十卷書之間，其爲缺謬，何可勝言，刊而正之，姑有望於後之君子云。景定辛酉歲七月甲子，豫章周應合謹書。

《晦庵先生朱文公文集》別集卷首黄鏞《閩刊本文公別集序》 昔我文公會稡程氏門人所録之語以爲《遺書》，且謂其於二先生之語不能無所遺，復取諸家集録，參伍相除，得十有一篇，以爲《外書》，誠不忍儒先片言隻字湮没無傳，而天下之理有所欠闕也。文公先生之文，《正集》、《續集》，潛齋、實齋二公已鏤板書院，蓋家有而人誦之矣。建通守余君師魯好古博雅，一翁二季，自爲師友，搜訪先生遺文，又得十卷，以爲《別集》。其標目則一倣乎前，而每篇之下必書其所從得，且無《外書》不能審所自來之恨，真斯文之大幸也。鏞於君之長子謙一爲同舍郎，亦嘗預聞蒐輯之意。茲來冒居長席，而余君適將美解，始刊兩卷，餘以見囑。於是節縮浮費，以供茲役，蓋又二年而始克有成。後之學者，能於是書句字字深思而熟翫之，庶有以知其無非精義密理之所存，毋使摹刻既多，束書不觀，乃貽或者之誚云。咸淳元年六月朔迪功郎、建寧府建安書院山長黄鏞謹書。

祝洙《方輿勝覽跋》 先君子遊戲翰墨，編輯《方輿勝覽》，行于世者三十餘年，學士大夫家有其書，每恨板老而字漫爾。益部二星聚臨閩分，文昌實堂先生吴公漕兼府事，乃遣工新之，中書朔齋先生劉公府兼漕事又委官董之。厥書克成，兩先生賜也。惟重整凡例，拾遺則各附其州，新增則各從其類，合爲一袠，分爲七十卷。本朝名賢不敢書其諱，依《文選》例，謹以字書之。此皆先君子欲更定之遺意。洙又嘗記先君子易簀時語：「州郡風土，續抄小集，東南之景物略盡；中原吾能述之，圖經不足證也。」且朗吟陸放翁絶筆之詩曰：「王師北定中原日，家祭毋忘告迺翁。」堂堂忠憤之志，若合符節。厥今君王神武，江東將相又非久下人者，雪耻百王，除兇千古，洙泚筆以俟，大書特書不一書，鋪張金甌之全盛，于《勝覽》有光云。咸淳丁卯季春清明，孤從政郎新差監行在文思院洙謹跋。

《資治通鑑》卷首王磐《興文署新刊資治通鑑序》　前脩司馬文正公，遍閲歷代舊史，旁采諸家傳記，刪繁去冗，舉要提綱，纂成《資治通鑑》二百九十四卷，上起戰國，下終五季，一千三百六十二年之間，賢君、令主、忠臣、義士、志士、仁人，興邦之遠略，善俗之良規，匡君之格言，立朝之大節，叩函發帙，靡不具焉。其於前言往行，蓋兼畜而不遺矣；其於裁量庶事，蓋擬議而有準矣。士之生也，苟無意於斯世則已；如其抱負器業，未甘空老明時，將以奮發而有爲也，其於是書，可不熟讀而深考之乎！

朝廷憫庠序之荒蕪，歎人材之衰少，乃於京師剏立興文署，署置令、丞并校理四員，咸給禄廩，召集良工，剡刻諸經子史版本，頒布天下，以《資治通鑑》爲起端之首，可謂知時事之緩急而審適用之先務者矣。噫！遐鄉小邑，雖有長材秀民，嚮慕於學而無書可讀，憫默以空老者多矣。是書一出，其爲天下福澤利益，可勝道哉！昔圯上老人出袖中一書，而留侯爲萬乘師；穆伯長以《昌黎文集》鏤板，而天下文風遂變。今是書一布，不及十年，而國家人材之盛可拭目而觀之矣。翰林學士王磐序。

趙孟頫《松雪齋文集》卷一〇《閣帖跋》　宋興，太宗皇帝以文治，制詔有司，捐善賈購法書，聚之御府，甚者或賞以官。時五代喪亂之餘，視唐所藏，存者百一，古迹散落，帝甚憫焉。淳化中，詔翰林侍書王著以所購書，繇三代至唐，釐爲十卷，摹刻祕閣，題曰上石，其實木也。既成，賜宗室大臣人一本。自此，遇大臣進二府，輒墨本賜焉。後乃止不賜，故世尤貴之。黄太史曰：「禁中板刻古帖，皆用歙州貢墨墨本賜群臣，今都下用錢萬二千便可購得。元祐中，親賢宅借板墨百本，分遺宫僚。用潘谷墨，光輝有餘而不甚黟黑，又多墨横裂，文士大夫或不能盡別。」由此觀之，刻同而墨殊，亦有以也。甲申歲五月，余書鋪中得古帖三卷：第二、第五、第八。明年五月，又得七卷，多第八，缺第九。六月，以其多者加公權帖一卷，於錢唐康自修許易得第九卷，始爲全書。雖墨有燥濕輕重，造有工苦，皆爲淳化舊刻無疑，是可寶也。自太宗刻此帖，轉相傳刻，遂遍天下：有二王府帖、大觀太清樓帖、紹興監帖、淳熙脩內司帖、臨江戲魚堂帖、利州帖、黔江帖，卷帙悉同；又有慶曆長沙劉丞相私第帖、碑工帖，尚書郎潘師旦絳州帖、絳公庫帖，稍加損益，卷帙亦異。其他瑣瑣者又數十家，不可悉記。而長沙、絳州最知名，要皆本此帖。書法之不喪，此帖之澤也。予因記得帖之由，遂摭其本末著於篇。

趙孟頫《松雪齋文集》外集《御集百本經叙奉勑撰**》**　蓋聞滄海之大，一勺可以知其味；玄天之高，土圭可以測其景。所謂聞一而知十，執簡以御繁，殊途而同歸，分殊而理一者也。佛以一音演説妙法，其細無不入，大無不包，廣博淵深，莫知涯涘；圓融權實，未易概量。散于大藏之中，斂于無言之內。皆所以敷揚至理，究竟真空，括萬法而靡遺，歷曠劫而恒在，施群生之藥石，作彼岸之津梁。兼體用而并行，故列叙于三藏；憂性資之异等，故分別于三乘。非聖哲莫究其宗，非英才莫燭厥義。頓悟者以言語爲末，泥象者起文字之塵。徒使幽玄悉歸汗漫，况于愚昧，益墮渺茫。非資上聖之照臨，孰憫迷途而開導？弘通無礙，利益有情。皇上法天聰明，齊佛知見，爰以萬機之暇，深參內典之微，乃取諸經，共成百卷，釐爲十帙，歸于一乘。隱奥兼明，廣大悉備，繙閲者不難于寓目，誦讀者亦易于銘心，可謂設網而提綱，挈裘而知領。以因因而證果果，由本本以達原原，警人欲之横流，契佛心之正覺。所願在天列聖同證菩提，皇太后益增福壽，普及沙界，咸獲勝因。乃命臣僧明仁刊板流佈，仍俾微臣孟頫制序篇端。臣聞命震兢，深慚淺陋，莫盡標題之意，敢抒讚嘆之誠。謹梓《御集百本經總目》，列之卷首云。至大四年十月序。

元成宗刻行王禎《農書》詔書抄白　皇帝聖旨裏，江西等處儒學提舉司准本司副提舉祝將仕牒該：「嘗謂養生之本莫重於農桑，著書之傳必有益於教化。切見承事郎信州路永豐縣尹王禎，東魯名儒，年高學博，南北遊宦，涉歷有年。嘗著《農桑通訣》、《農器圖譜》及《穀譜》等書，考究精詳，訓釋明白，備古今聖經賢傳之所載，合南北地利人事之所宜，下可以爲田里之法程，上可以贊官府之勸課。雖坊肆所刊書有《齊民要術》、《務本輯要》等書，皆不若此書之集大成也。若不鋟梓流佈，恐失其傳。若將前項文書發下學院錢糧優羨去處，依例刊刻流佈，誠爲有益。牒請施行。」準此。議得前項農書委是該載詳備，考索的當，其於世道，良非小補。若於學院錢糧優羨去處刊刻流佈，相應申奉到江西湖東道肅政廉訪司書吏張齡承行旨揮該憲司看詳，提舉祝將仕所言誠爲農桑重事，於民有益，依準所據。合行下，仰照驗，就便施行，仍毋得冒濫違錯！奉此。今將農書三部隨此發去，合下仰照驗，爲喚匠依上刊刻完備，印刷樣本申司。仍將用過梨板、工食價鈔一就開申，毋得因而濫破違錯，須至旨揮！

右下龍興路儒學教授司準此。

大德八年九月　日

趙承禧《憲臺通紀・序》　至元二年四月十二日，阿魯怯薛第二日，延春閣後穿廊裏有時分，必闍赤沙加班等有來，本臺官帖木兒不花大夫、撒迪大夫、脱脱中丞、耿中丞、慕侍御、常治書、峻南經歷、尚都事、王都事、蒙古必闍赤甄囊加歹等奏：「欽惟世祖皇帝初立御史臺，委付大臣，選用好人，糾察百司，紀綱庶政，累朝遵依，着行到如今，於國便民，上下體統全備了的。若不紀録，後來無稽考有。臺裏舊有沿革，寫的不備的上頭，教參照從立臺至今文卷緣故，編類成書，印散呵，世祖皇帝初立御史臺的好意思都見也者。俺商量來，教耿中丞、慕侍御、峻南經歷、尚都事、王都事一同提調校勘定，於南臺官錢内應付開板紙劄工本，印造完備，俵散與内外臺察、廉訪司呵，怎生？」奏呵，奉聖旨：「那般者。」當月十三日，教火者當住太皇太后前啓呵，那般者麽道，傳懿旨來。欽此。

《天下同文集》卷八趙璧《大藏新增至元法寶記》　金人夢漢，象教以興，白馬來東，龍藏斯峙。若稽古伯益《山海》述天毒之國，偎人而愛人，郭璞謂即天竺浮圖也。偎愛，蓋大慈之義，是三五之世，其國已名，東方朔昆明之對，係其後矣。劉向傳列仙，叙七十四人在佛經，佛經之稱，昉見於此。至三國、六朝迄唐，而文字富。又自唐迄五季及宋，而議論長。惟我聖元，祖宗以仁立國，其道胥契。於是尊崇信慕，有隆於古，而西域異書種種而出。帝師、國師，譯新采舊，增廣其文，名以《至元法寶》，刻在京邑，流佈人間。江南去萬里而遥，傳持未遍。松江僧録管主八翻梓餘杭，凡諸路庋經而未有者，許自裝印藏教以完。會其部，得一千四百四十。總其卷，得五千五百八十有六。與高駢所記五千四十八卷云者，真若有羡。考之信史，梁武總集於華林□中，已及五千四百卷。《隋志》所載，則凡一千九百五十部，六千一百九十八卷，較今爲部，四僅及三，爲卷十不見一。厥後無漢壇之異，夫何爲數不逮於昔，遂言增廣於今耶？吾聞有大經卷，量等三千，大千世界，藏在一微塵中，而西土《華嚴》殆不止百千，偈頌倣是而推，又可部帙計哉！

沈天佑《夷堅志序》　《夷堅志》乃番陽洪公邁之所編也。公廣覽博聞，好奇尚異，遊宦四方，采摭衆事，集成此編。分甲、乙、丙、丁四志，每志有二十卷，每卷十一二事或十三四事，譬諸小道，亦有可觀。載考其序，乃知此志鏤板不一，有蜀本，有婺本，有閩本，而古杭亦有本，公隨所寓鋟梓。今蜀、浙之板不存，獨幸閩板猶存于建學。然點檢諸卷，遺缺甚多。本路張府判紹先提調學事，勉予訪尋舊本補之，奈閩板久缺，誠難再得其全。幸友人周宏翁，於文房□尚存此書，是乃洪公所刊于古杭之本也。然其本雖分甲乙至壬癸爲十志，似與今來閩本詳略不同，而所載之事，亦大同小異。愚因摭浙本之所有，以補閩本之所無。兹遇廉使相公陳先生居濟分司來此，益加勉勵，遂即命工鏤板，四十有三，始完其編，庶不失洪公編葺之初意。由是《夷堅志》之傳于天下後世，可爲全書矣。

此下原闕十五字。掾古杭一齋沈天佑序。

至正二年西湖書院本《國朝文類》卷首公文　皇帝聖旨裏，江浙等處儒學提舉司至元二年十二月初六日，承奉江浙等處行中書省掾史崔適承行劄付：准中書省咨：禮部呈：奉省判：翰林國史院呈：據待制謝端，脩撰王文燁，應奉黄清老，編脩吕思誠、王沂、楊俊民等呈：「竊惟一代之興，斯有一代之製作。然文字雖出於衆手，而纂述當備於一家。故秦漢魏晉之文，則有《文選》拔其萃；而李唐趙宋之作，則有《文粹》《文鑑》掇其英。矧在國朝，文章尤盛，宜有纂述，以傳於時。于以敷宣治政之宏休，輔翼史官之放失，其於典册不爲無補。伏覩奎章閣授經郎蘇天爵，自爲國子諸生，歷官翰林僚屬，前後蒐輯殆二十年，今已成書，爲七十卷。凡歌、詩、賦、頌、銘、贊、序、記、奏議、雜著、書説、議論、銘志、碑傳，其文各以類分，號曰《國朝文類》。雖文字固富於網羅，而去取多關於政治。若於江南學校錢糧内刊板印行，豈惟四方之士廣其見聞，實使一代之文焕然可述矣。具呈照詳。」得此。本院看詳：「授經郎蘇天爵所纂《文類》，去取精詳，有裨治道。如准所言，移咨江南行省，於贍學錢糧内鋟梓印行相應。具呈照詳。」奉此。本部議得：「翰林待制謝端等官建言一代之興，斯有一代之製作。參詳上項《國朝文類》七十卷，以一人之力，搜訪固甚久，而天下之廣，著述方無窮。雖非大成，可爲張本。若准所言，鋟梓刊行，以廣其傳，不唯黼黻太平，有裨於昭代；抑亦鉛槧相繼，可望於後人。如蒙准呈，宜從都省移咨江浙行省，於錢糧衆多學校内，委官提調，刊勒流布相應。具呈照詳。」得此。都省今將《文類》檢草，令收管賫咨，順帶前去，咨請依上施行。准此。省府今將上項《文類》，隨此發去。合下仰照驗，依准都省咨文内事理施行。奉此。及申奉江南浙西道肅政廉訪司書吏馮諒，承行旨揮看詳：上項《文類》，紀録著述，實關治體。既已委自西湖書院山長計料工物價錢，所需贍學錢，遵依省准明文，已行分派各處。除已移牒福建、江東兩道廉訪司催促疾早支撥起發外，其於刊雕謄寫之時，若有差訛，恐悞文獻之考。憲司合下仰照驗，委自本司副提舉陳登仕，不妨本職，校勘繕寫施行。奉此。又奉省府劄付：「仰委自本司副提舉陳登仕，不妨本職，校勘繕寫，監督刊雕，疾早印造完備，更爲催取各各工物價鈔，就便從實銷用，具實用過數目開申。」奉此。至元四年八月十八日，承奉江浙等處行中書省劄付：准中書省咨：「禮部及太常禮儀院書籍損缺，差太祝陳承事賫咨到來，於江南行省所轄學校書院有板籍去處，印造裝褙起解，以備檢尋，無復闕文之意。數内坐到《國朝文類》二部，仰依上施行。」奉此。照得西湖書院申：「交割到《國朝文類》書板，於本院安頓，點視得内有補嵌板面，慮恐日後板木乾燥脱落，卒難修理，有妨印造。況中間文字刊寫差訛，如蒙規劃刊修，可以傳久，不悞觀覽，申乞施行。」續奉省府劄付：「照勘到西湖書院典故書籍，數内《國朝文類》見行修補，擬合委令師儒之官，較勘明白，事爲便益。」奉此。除已委令本院山長方員，同儒士葉森，將刊寫差訛字樣比對較勘明白，修理完備，印造起解外，至正元年十一月二十二日，准本司提舉黄奉政關：「伏見今中書省蘇參議，昨任奎章閣授經郎，編集《國朝文類》一部，已蒙中書省移咨江浙等處行中書省劄付本司刊板印行。當職近在大都於蘇參議家獲覩元編集，檢草較正，得所刊板本，第四十一卷内缺少下半卷，計一十八板，九千三百九十餘字，不曾刊雕。又於目録及各卷内較正，得中間九十三板脱漏差誤，計一百三十餘字。蓋是當間較正之際，失於鹵莽，以致如此。宜從本司刊補改正，庶成完書。今將缺少板數漏誤字樣録連在前，關請施行。」准此。儒司今將上項《文類》板本刊補改正，一切完備，隨此發去。合下仰照驗，收管施行。須至指揮。

右下杭州路西湖書院，准此。

至正二年二月　日，施淵。

後至元五年刻《農桑輯要》卷首元中書省咨文　皇帝聖旨裏，江浙等處行中書省准中書省咨：禮部呈：奉判大司農司據承發架閣庫呈：「照得本庫收掌《農桑輯要》叁阡部，《栽桑圖》叁伯部，本庫收貯，節次蒙各處官員并各道廉訪司関支，將欲盡絶。若不具呈，預爲印造，誠恐闕悞支持，呈乞照詳。」得此。照得：「始自延祐元年奏奉聖旨：江浙行省開板印造《農桑輯要》，給散隨朝并各道廉訪司勸農正官。天曆二年，江浙行省又行印造到《農桑輯要》叁阡部，《栽桑圖》叁伯部，既是節次給散，將欲盡絶。具呈照詳。」得此。批：奉都堂鈞旨，送禮部照擬呈省，奉此施行。間又據大司農司經歷司呈：奉大司農司劄付：照得近據承發架閣庫呈：「本庫收掌《農桑輯要》，節次給散，將欲盡絶。已於至元五年正月二十二日具呈中書省照詳去訖。」爲此，大司議得：「《農桑輯要》，先於天曆二年差委本司管勾周元亨，前赴江浙省印造，到今一十餘年，節次給散，將欲盡絶。若不預爲印造，恐闕各官支付。除已選差到本司提控掾史周文郁前去江浙省監督印造外，大司合下仰照驗，就呈合干部分，照驗施行。承此，具呈照詳。」得此。行據左右部架閣庫呈：「依上於送架卷内檢尋到上項文卷一宗，隨呈前去，具呈照詳。」得此。照得承奉中書省判：送江浙行省咨准中書省禮部呈：大司農司經歷司呈：天曆二年二月十三日奏過事内一件：「在先欽奉普顔篤皇帝聖旨、英宗皇帝聖旨，教江浙省兩遍印了《農桑輯要》三千部、《栽桑圖》三百部有來。這幾年各道廉訪司家、有司家節續都散了，俺商量來，如今呈與省家文書依先例，交江浙省印造《農桑輯要》、《栽桑圖》呵，怎生？」奏呵。奉聖旨：「這文書是百姓有益的勾當，教省家印造了，將來各道廉訪司、有司闕了的《農桑輯要》，著交割。」麽道，聖旨了也。欽此。照得延祐三年八月二十八日奏過事内一件：「爲散與多人農書不敷的上頭，交江浙省印造，將來的大司農司奏了，與了俺文書裏照呵。從至元二十三年，逐旋印了八千五百部，給散了來。如今轃一萬册，交印造，與他每一千五百部，怎生？」奏呵。那般者麽道。聖旨了也。欽此。除欽遵外，今據見呈，本部議得：大司農司經歷司呈：「印造《農桑輯要》，即係奏奉聖旨事，理宜咨江浙行省，欽依印造施行，具呈照詳。」得此。咨請欽依施行。准此。照得先於延祐三年十月二十八日，准中書省咨該奏過事内一件：印造農書一千五百部，行據杭州路申印造裝褙打角完備，差宣使布伯管押赴中書省交割去訖。今准前因，本省劄付：杭州路欽依印造《農桑輯要》三千部、《栽桑圖》三百部，裝褙完備，起解外，咨請照驗。批：「奉都堂鈞旨，送禮部依例施行。」奉此。於至順三年三月二十一日，行下大司農司經歷司依例施行。今據見呈，本部議得：「大司農司呈元印《農桑輯要》即目銷用，將欲盡絶，誠恐缺悞支付，叅詳即係奏奉聖旨事，理宜從都省移咨江浙行省，欽依印造。據差去提控掾史周文郁合騎鋪馬劄付合干部分，依例應付相應。具呈照詳。」得此。除外，都省咨請依上施行。准此。

蘇天爵《國朝文類》卷三六蔡文淵《農桑輯要序》　農爲天下之大本，有國家者所當先務。蓋宗廟之粢盛，宣國之經用，生民之衣食，皆於是乎出。故古之王者，親耕籍田以爲農先，俾人知務本，盡力南畝，而基太平之治也。洪惟世祖皇帝，誕膺景命，惠養黎元，立大司農司，以修古九扈氏之政，迺詔參稽古今農書，芟其煩而撮其要，類萃成書，曰《農桑輯要》。若夫耕蠶之術，畜孳之方，天時地利之所宜，莫不畢具，用之則力省而功倍，刊行四方，灼有明效。逮我仁宗皇帝，充繩祖武，軫念民事，以舊板本弗稱，詔江浙省臣端楷大書，更鋟諸梓，仍印千五百帙，頒賜朝臣及諸牧守，令知稼穡之艱難，以勸諭民。聖天子嗣大曆服，祗遹先猷，特命中書左丞相臣拜住領大司農司事。越至治改元之明年，丞相暨大司農臣協謀奏旨，復印千五百帙，凡昔之未霑賜者，制悉與之，且敕翰林臣文淵序諸卷首。

虞集《道園類稿》卷三四《跋濟寧李璋所刻九經四書》　承直郎、松江府上海縣尹李君璋，以廣東元帥、宣慰王公都中書訪集於臨川山中，而相告曰：世家濟寧之鉅野，去夫子闕里二百里而近。先大父謙齋翁始就外傳時，出遊孔林而學焉。是時，干戈未寧，六經板本，中原絶少，學者皆自抄寫以成書。其後，朱子《論語》、《孟子集註》、《大學》、《中庸章句》傳至北方，學者傳授，板本至者尚寡，猶不能無事手録。及至元混一東南，書頗易致，而闕里無專本，欲刻梓焉。意將省筆札之勞，以富涵泳之日。未及如志，年九十五而卒。家君守永嘉之瑞安，蓋甚欲爲之而未克就。璋也從事江右憲幕，辟浙閫掾，得學製錦於海濱。秩滿，少間請於家君，願成大父之志，《易》、《詩》、《書》、《禮》先就。既以北還，而《春秋左氏傳》及朱子《四書》，重至江右而後克成。《四書》版加厚，字加大，命子某謹繕寫，不敢忽。猶慮北方風高，木善裂，取生漆，加布其四端，歸諸孔廟之下，俾久於模印而無壞，願書其事。諸經板凡若干，《四書》板凡若干。其大父諱從道，其父名某云。

唐惟明《憲臺通紀續集・序》　至正十二年正月二十九日，也可怯薛第三日，嘉禧殿裏有時分，速古兒赤哈麻、朵烈帖木兒，云都赤朵兒只、殿中燕赤不花等有來，衆臺官每商量了，朵兒只中丞、杜秉彝治書、馬馬碩理經歷、陳敬伯都事，蒙古必闍赤月魯帖木兒等奏：《憲臺通紀》一書，本爲臺察沿革而設，其初未甚詳備，至元後二年，臺臣乃始奏請編進成書。自至元五年立御史臺以來，凡建官定制，誥命訓飭，與夫品秩陞崇、衙門存革、官聯姓氏，莫不備載，粲然可觀。自時厥後十又五年，聖天子方隆治化，法度修明，紀綱振舉，視世皇初立臺察以來，事例繁簡，雖若不司，而其立經陳紀之文，推誠納諫之美，有光前烈。然而卷册浩繁，散無統紀，若不再加編集，無以垂示將來。乃命采緝成書，凡一十五卷，名曰《憲臺通紀續集》。俺商量來：臺官内教張璞中丞、杜秉彝治書、馬馬碩理經歷、莊文昭、陳敬伯都事一同提調校勘定，於南臺贓罰錢内應付工本紙劄，教浙西廉訪司開板印造完備，俵散與内外臺察、廉訪司呵，怎生？奏呵，那般者麽道，聖旨了也。欽此。

張鉉《至正金陵新志》卷首《修志文移》　集慶路總管府承奉江南諸道行御史臺劄付：據監察御史索奉直呈：「嘗謂陵谷之在霄壤，猶有變遷；州郡之閲古今，豈無因革？倘遺文之或泯，奚往跡之？能明切觀《景定建康志》者，地理有圖，人物有傳，溪山之勝靡不載，風土之宜罔或遺。可以知群賢出處之機，可以見六朝興亡之跡。爰稽故實，殊廣見聞。惜故板之不存，幸殘編之僅在。今不印證，久必陸沉。如蒙將見在全書責付集慶路，令儒學從新繡梓，以廣其傳，不特可備觀覽於邦人，亦足以垂監戒於天下。其於風化，不爲無補。呈乞照詳施行。」得此。施行間又據集慶路申：據儒學申，准本學周教授關：「嘗謂郡有志書，所以考古今之沿革；政具方榮，所以驗風俗之盛衰。此季札過魯得以考歷代之禮樂焉。喜夫子言夏殷之禮，亦以文獻不足爲恨。切見集慶一路，舊稱三吴都會，實爲名勝之邦。古今紀載山川景物英雄忠義之士不一而足，至於志書，歷宋景定年至馬裕齋，方行脩輯完備。惜其舊板已經燒毁不存，而日近郡士戚光妄更舊志，率意塗竄，遂使名跡埋没無聞，志士莫不惋惜。今次莫若因舊志之已成，增本朝之新創，重新繡梓印行，亦爲一代盛典，豈不韙與。然此未敢擅便。申乞照詳。」得此。申乞照驗施行。憲臺依准所言，合下仰照驗，委官提調，於本路儒學錢糧内支撥刊板。先具委定職名，依准申臺。奉此。又准本路判官周奉訓牒呈該：「准來牒備奉憲臺劄付，委自當職提調重刊建康志書等事，除依准外，切謂古者諸侯置史以紀國政，采詩以觀民風，此國有史記，詩有國風之所由也。後世州郡各爲志書，亦此之遺意。如欲述方册之舊聞，所合著朝廷之盛治。照得集慶爲江南要郡，自我朝混一，迨今六十八年，中間恩命之所加，風化之所被，臺察之設置，州郡之沿革，名宦之政績，人才之賢否，山川之變遷，風俗之移易，與夫忠臣孝子義夫節婦，俱有關於政教甚大，苟不廣其見聞，攷之事實，裒集成編，以續前志，歲月既久，漸致湮沉。如蒙以禮敦請名儒，赴學討論編輯，以成其書，庶見國家政化之隆，臺察紀綱之重。然此牒請施行。」准此。行據本路儒學申，准本學周教授、明道書院房山長關：「照得景定舊志已行刊雕在手，所有續纂新志非仗大手筆未易成就。近聞陝西儒官張用鼎名鉉，學問老成，詞章典雅，必得其人，事能就緒。然非致禮幣詣門敦請，豈肯俯臨脩纂。關請詳酌合用禮物以憑敦請施行。」准此。議備禮幣移委本路判官周奉訓、周教授、房山長等親詣寓所敦請，於至正三年五月初十日到局脩纂，十月望成書。計壹拾伍卷，重行點校繕寫，當年十二月十二日，本路帥府判劉知事、王教授同於本局關領呈臺。至正四年三月内，本路照得：「近奉憲臺劄付，爲刊脩郡志事，行下各州司縣儒學院務，會集耆舊儒職人等，講論搜集，申到置立衙門、經理田土各各事蹟，移委判官周垚親賫禮幣，禮請到奉元路學古書院山長張鉉纂成《金陵新志》壹拾伍卷，計壹拾叁冊，發下本路儒學校正去後，回據狀申，本學王教授與學正方自謙、訓導陳顯曾等校正相同，如將前項新志刊板，緣實在學糧銷用不敷，宜從總府從長規畫，分派刊造便益。申乞照詳。」得此。行下本路儒學與録判王淵重行計料板物工價。參詳張山長纂撰《金陵新志》壹拾叁冊，儒學會集儒職校正相同，誠爲有補於將來，擬合刊板印行，以廣其傳。分派溧陽州學刊雕五卷，溧水州學、明道書院各刊三卷，本路儒學刊造二卷及序文圖本，照依元料工物合用價錢，於各學院錢糧内除破。移委判官師珍、知事劉伯貞、司吏朱謙監督，併工刊雕。申覆憲臺照驗。當年五月内，承奉江南諸道行御史臺令史孔淮承行劄付該來申：「爲刊雕《金陵新志》板物價錢共中統鈔壹伯肆拾叁定貳拾玖兩捌錢玖分玖釐，送據照磨所呈照算相同，憲臺合下仰照驗依上施行。」承此。

嘉靖九年刻王禎《農書》卷首閻閎《新刻東魯王氏農書序》 巡撫山東右副都御史安州邵公得元王禎氏《農書》，顧右布政使長興顧公，謂玆實大關民事而政之首也，當轉寫善本，即布政使司刻之，以廣流佈，示吾民勤衣食之原，而期享樂利之休，盛心也。刻半，左布政使固始李公至，乃趣完刻。邵公以余在告或暇，印寄一部，謂宜校勘脱誤，庶以信傳。顧數十萬字，病又時作，不能卒辦，而繼使督取急，乃先爲言以著公意。【略】邵公名錫，李公名緋，顧公名應祥，皆以進士顯。余往給事中，邵公則都給事中云。嘉靖庚寅十一月丙午山東臨清閻閎力疾謹序

嘉靖九年刻王禎《農書》卷首山東布政使司刻書咨文 山東等處承宣布政使司爲遵明旨刻《農書》以勸勸課事。蒙欽差巡撫山東等處地方都察院右副都御史邵批：「據本司呈前事，准本司右布政使顧應祥咨：照得民之所賴以生者，衣與食也；衣食之所資以出者，耕與織也。故成周以農事興王業而享國最久，漢世以力田求士行而得人爲盛。方今聖明有見於此，故天語叮嚀，拳拳以農桑爲務。奈何山東地方，男惰於耕，女不知織。本職忝爲承宣之官，與有民事之責，愧無以仰答天休，敷宣德意。切見前元豐城縣尹王禎所著《農書》三部，曰《農桑通訣》、曰《農器圖譜》、曰《穀譜》等書，凡南北治農治蠶之法，纖悉具備；惜乎久無刻本，民鮮得觀。即今流傳鈔本見在，合無再加校正，命工翻刻，分發所屬府州縣掌印治農等官，俱要用心講求，著實勸課，庶於皇上敦本求治之心，國家化民成俗之意，未必無萬一之助矣。其合用梨木板并刊字匠、畫匠各工食等項銀兩，於本司庫貯泰山頂廟香錢内動支，雇募買辦應用。待刊刻完日，總具支使過銀錢數目開報。緣係動支官庫銀錢事，理合咨本司，煩爲轉呈，照詳施行。」准此，擬合呈請。爲此，今將前項緣由理合具呈，伏乞照詳施行。蒙批：「據呈，足見本官留心民事、崇重農桑至意。依擬動支官銀應用，仍行顧布政將所著《農書》再加用心校正，上緊督工翻刻，以裨聖明敦本求治、化民成俗之美，完日具數開報查考。此繳。」蒙此，案照前事已經呈請去後，今蒙前因，擬合通行。爲此，除行廣儲庫動支香錢銀應用外，合行移咨前去，煩照批呈内事，理將所著《農書》再行校正明白，以憑翻刻施行。

嘉靖玖年捌月

葉盛《水東日記》卷一四《二程遺書》 「二先生遺書，近歲既刊於建寧，又刊於曲江，於嚴陵，今又刊於長沙，長沙最後刊，故是編爲尤密。始先生緒言傳於世，學者每恨不克覩其備，私相轉寫，人自爲本，及是書之出，裒輯之精，亦庶幾盡矣，此誠學者之至幸。然而傳之之廣，得之之易，則又懼夫有玩習之患，或以備聞見，或以資談論，或以助文辭，或以立標榜，則亦反趨於薄矣，先生所以望於後之人之意爲逾甚也。學者得是書，要當以篤信爲本，謂聖賢之道繇是可以學而至，味而求之，存而體之，涵泳敦篤，斯須勿舍，以終其身而後已，是則先生所望於後之人之意也。敢敬書之，附於卷之末。乾道九年夏四月戊子廣漢張栻謹志。」

右《遺書》四册，平湖沈琮氏所藏，云購之金陵公主府中舊藏，張宣公跋尾，親筆入刻也。宋時所刻書，其匡廓中摺行上下不留黑牌，首則刻工私記本版字數，次書名，次卷第數目，其末則刻工姓名，予所見當時印本書如此，浦宗源郎中家有司馬公《傳家集》，往往皆然。又皆潔白厚紙所印，乃知古於書籍不惟雕鐫不苟，雖模印亦不苟也。

陸容《菽園雜記》卷一五　《中吳紀聞》六卷，每卷首題云：崑山龔明之。前有明之淳熙元年自序，後有至正二十五年吾崑盧公武記得書來歷，及校正增補大略。且云：「非區區留意郡志，此書將泯没而無聞矣。」弘治初，崑令楊子器翻刻印行。

陳繼儒《太平清話》卷二　元美公有宋刻《兩漢書》，皆大官板，長尺五許，後有趙文敏小像，蓋趙魏公物也。元美亦畫一小像在其後。趙文敏小像一軸，止半身，其面圓而俊偉，神觀焕爛，世祖所謂神仙中人也。公有七言律詩題其上，後有「男雍重裝」四字。友人劉無已家見之。

陳繼儒《太平清話》卷二　余藏宋紹興所刻書册《華嚴經》八十一卷，後又得《法華經》七卷，又得《楞嚴》十卷，《圓覺》二卷，皆宋板也。惜無宋刻《金剛》配之。後得俞仲蔚手寫《金剛》一卷，蠅頭細書而結法嚴密，真光明寶藏也。後當分鎮諸山。

萬曆二年刻王禎《農書》卷首傅希摯《重刊東魯王氏農書叙》　《農書》者，元東魯王禎氏著也，爲集三十有七，爲目二百有七十。嘉靖間，先巡撫山東安州邵公曾刻諸藩司，久而其板放逸。隆慶壬申，余謬承乏兹土，踰載，友人有以是書索者；因求之民間，得所藏舊本閱之，點畫湮污，字句訛舛不可讀，幾欲校之而未暇也。一日，濟南倅王子之綱以篆事謁余而之章丘，因屬之校。無何，倅復余曰：「兹集也，於民便，率争相録，奈何能爲應，盍鋟諸梓以傳？」余曰：「校，鄙意也，安望梓？即梓，宜取我贖金，慎勿費公帑。」倅然而梓之。梓成，來以叙請，謂欲托之遠也。

錢大昕《潛研堂文集》卷二七《跋群經音辨》　《群經音辨》七卷，宋賈文元公昌朝在經筵日所進，初刻于崇文院，南渡再刻于臨安府學，三刻于汀州寧化縣學。康熙中，吴門張士俊以汀本重刻，字畫端謹，可稱善本。宋初經生帖括，遵守漢、唐注疏，音義異同，必準諸陸氏《釋文》，無敢少有出入。熙寧以後，儒者競以己意説經，視注疏如土苴，而音之戾于古者多矣。此書之存，亦中流之一壺也。

錢大昕《潛研堂文集》卷二八《跋通鑑總類》　宋詹事沈樞，謚憲敏，撰《通鑑總類》二十卷，分二百七十一門，嘉定元年，樞之季子守潮陽，鋟版以行，樓攻媿爲序之。元末江浙行中書省左丞海陵蔣德明分省于吴，命郡庠重刻，且令都事錢逵求序于周伯琦，則至正二十三年秋事也。方是時，吴中丁兵燹之餘，日不暇給，而行省猶知崇尚古學，懼故書之失傳而表章之，亦可謂賢矣。樞字持要，安吉州人，其事迹不見于史。樓氏稱其敭歷中外，入從出藩，年登九秩，神明不衰。此書蓋其挂冠後所爲，故以「耄期稱道不倦」稱之。予所藏本，則明萬曆中蘇、杭等處提督織造、乾清宫近侍、司禮監管監事太監三河孫隆所刊，隆在朝嘗以是書進御神宗，欲鏤之尚方，不果；及出督織造，乃刊之吴中云。

錢大昕《潛研堂文集》卷二八《跋宰輔編年録》　《宰輔編年録》二十卷，起建隆庚申，訖嘉定乙亥，首尾晐備，永嘉徐自明所撰；寶祐丁巳，子居誼知永福縣，鐫板縣學。序之者，寶章閣學士陸德輿，龍圖閣學士、知西外宗正事趙□□，集英殿修撰陳昉，福建轉運判官章鑄，凡四人。予家所藏，則明萬曆戊午河南督學副使吕邦燿刊本也。

錢大昕《潛研堂文集》卷二九《跋元大一統志殘本》　戊子春，從南濠朱氏假《元大一統志》殘本，僅四百四十三翻，大字疏行，殊可愛。每册鈐以官印，驗其文，則處州路儒學教授官書也。元時幅員最廣，兹所存者，惟中書省之孟州，河南行省之鄭州，襄陽路均州、房州、南陽、嵩州、裕州，江陵路，陝州路，陝西行省之延安路洋州、金州、鄜州、葭州、成州、蘭州、會州、西和州，江浙行省之平江路，江西行省之瑞州路、撫州路，又皆散佚不完。以全書計之，特千百之什一爾。考元時《大一統志》凡有兩本：至元二十三年，集賢大學士、行秘書監事札馬剌丁言：「方今尺地一民盡入版籍，宜爲書以明一統。」世祖嘉納，即命札馬剌丁與秘書少監虞應龍等搜輯爲志。二十八年，書成，凡七百五十五卷，名《大一統志》。藏之秘府，此初修之本也。成宗大德初，復因集賢待制趙忭之請，作《大一統志》。《元史》載，大德七年三月戊申，卜蘭禧、岳鉉等岳鉉，字周臣，湯陰人，徙居燕。追封申國公，謚文懿。進《大一統志》，賜賚有差。此再修之本也。此本卷首題集賢大學士、資善大夫、同知宣徽院事孛蘭肸，昭文館大學士、中奉大夫、秘書監岳鉉等上進，正大德所修者。史以孛蘭肸爲卜蘭禧，譯音之轉也。又按至正六年，中書右丞相别兒怯不花等奏，《大一統志》于國用尤切，恐久湮失，請刻印以永于世。許有壬受詔製序，其文略不及大德重修事，似當時所刻者乃是至元本，非即此本。此本序文、目録皆闕佚，其刻印年月、卷帙次第無可考。傳聞康熙間，刑部尚書昆山徐公乾學奉敕修《大清一統志》，開局于吴之洞庭山，借内府書有《元大一統志》殘本二十餘册。徐公志稿今在史局，所借之書，度已歸中秘，而未聞有見之者。兹讀朱氏所藏，因鈔其副而書之後云。

錢大昕《潜研堂文集》卷二九《跋吴郡志》 范文穆公爲《吴郡志》，叙述訖于紹熙三年。公殁後，郡守具木欲刻矣，或譁言是書非石湖筆，遂弗刻而藏之學宫。紹定初，李壽朋守平江，從范氏求公遺書，得數種，而斯志與焉，以校學宫本，無少異，乃議刊行，并增入建置百萬倉、嘉定新縣、許浦水軍、顧逕移屯諸事，趙汝談爲之序。今世行本第十一卷《牧守》、《題名》增至淳祐七年，第二卷亦增入淳祐己酉一條，又非紹定元刻矣。

錢大昕《潜研堂文集》卷二九《跋至元嘉禾志》 《嘉禾志》修于前至元甲申，至戊子歲刊行。其時江南初入版圖，惟《沿昔》、《城社》、《户口》、《賦税》、《學校》、《廨舍》、《郵置》數門稍有增改，其餘大率沿宋《志》之舊文耳。

錢大昕《潜研堂文集》卷三〇《跋金佗粹編》 《鄂國金佗粹編》二十八卷，《續編》三十卷，皆岳忠武孫珂所編。《初編》之目五：曰《高宗宸翰》，曰《鄂王行實編年》，曰《家集》，曰《籲天辨誣》，曰《天定録》。《續編》之目四：曰《宸翰摭遺》，曰《絲綸傳信録》，曰《天定别録》，曰《百氏昭忠録》。《初編》刻于檇李，《續編》刻于南徐，端平甲午又合刻，藏于廟塾，皆有倦翁自序。元季重刻于杭州西湖書院，則有臨海陳基、會稽戴洙二序。明嘉靖壬寅，晉江洪富刊于兩浙運司。後十七年，莆田黄日敬復修補其漫漶者；然中多斷簡脱葉，惜無善本是正也。

錢大昕《潜研堂文集》卷三一《跋北山小集》 黄孝廉丕烈買得宋槧本《北山小集》四十卷，皆用故紙印刷，驗其紙背，則乾道六年官司簿帳也。其印記文可辨者，曰「湖州司理院新朱記」，曰「湖州户部贍軍酒庫記」，曰「湖州監在城酒務朱記」，曰「湖州司獄朱記」，曰「烏程縣印」，曰「歸安縣印」，曰「監湖州都商税務朱記」。意此集板刻于吴興官廨也。古人公移案牘所用紙皆精妙，仍可它用。蘇子美監進奏院，以鬻故紙公錢祀神得罪，可見宋世故紙未嘗輕棄。今官文書紙率軟薄不耐久，數年之後，黴爛蠹蝕，不復可用矣。北山詩文有風骨，在南宋可稱錚錚佼佼者。此本紙墨古雅，的是淳熙以前物，讀之不忍釋手。嘉慶丁巳冬日。

趙慎畛《榆巢雜識》上卷《郭知達集九家注杜詩》 宋《郭知達集九家注杜詩》，舊藏武英殿，僅爲庫貯陳編，無有知其爲宋槧者。後以校勘《四庫全書》，移所書籍，始蒙鑒賞，列入《天禄琳琅》上等。九家注，乃王文公、宋景文、豫章先生、王源叔、薛夢符、杜時可、鮑文虎、師民瞻、趙彦材，見於知達叙。其言王文公即王安石，宋景文即宋祁，王源叔名洙，薛夢符、鮑文虎即其名，豫章先生蓋黄庭堅也。版刻於廣東，詳見曾噩序。卷後署云：「寶慶乙酉，廣東漕司鑄板。」馬端臨《文獻通考》載此版亦爲善本。世以藏經紙之未作經册者，以其無摺痕也，爲卷筒紙，最爲難得。此書面頁用之。

蔣光煦《東湖叢記》卷一《雜考類・金史板刻説》 烏程施北研國祁熟精金元史事，所注《元遺山詩》及《金源劄記》皆已刊行，其《禮耕堂叢説》余所見者，僅三十七篇，未知是足本否。有《金史板刻説》云，元人徐一夔《始豐稾》載俞子中墓碣云，至正初四年甲申朝廷修三史，移文江浙行省繕寫鏤版，遣翰林應奉張翥視工，屬子中校正。子中名和，號紫芝，即書王蒙《芝蘭室圖記》并題《如此江山亭詩》卷首籀文者。《清河書畫舫》紫芝書白石《續書譜》，又少嘗作松雪僞書，幾于逼真，松雪遂留賞焉。晚年專臨晉帖，及見獻之十三行真跡，刻意模擬，遂名家。《續夷堅志》王起善跋云，至正戊子八年，武林始刊《金史》，始獲一覩。殆以《宋史》卷帙繁重，《遼》、《金史》政事僻陋，故止浙中一刻，無他本，行世遂少。《日知録》載嘉靖初國子監官張邦奇請刻廿一史，云十七史取舊板修補，《宋史》取廣東板，《遼》、《金史》求善本翻刻。蓋廣東版不刻《遼》、《金史》，而浙版已亡，止存印本，求善本者乃取初印耳。戊春在吴門，從友人借得浙刻元本，書凡廿册，每册卷首鈐「楊氏家藏書畫私印」八字篆文長印，或即明楊南峯奚囊手鏡物耶。與南本相校，其字形行格、每頁廿行，每行廿二字。低行、天會十五年。錯卷《哀紀》《刑志》等。皆同。惟《衛紀》大安三年。大元字提行，而《完顔合達傳》百十二卷後凡北兵字又皆不提行。是書不全，書賈取南本補入者。大抵取浙版印本翻作監版無疑，故其文字互譌不及二百字。

《景定建康志》附《重刻景定建康志序》 宋馬光祖以觀文相尹留都時請於朝，屬幕僚周應合撰《景定建康志》五十卷，續乾道、慶元二《志》，爲書一千七百二十八版，藏府學紬書堂中。至明嘉靖間，黄佐作《南廱志》，止存七百五十九版。國朝朱氏彝尊跋此書云：「訪之三十年，始從曹通政子清借録之。」故世間傳本絶少。迨開四庫館，而馬氏裕以家藏本獻，録入史部。余以嘉慶四年奉命節制兩江，暇日，檢署中藏書，有康熙間敕賜宋板《景定建康志》，紙墨精好，重加裝訂，常置案頭翻閲。適陽湖孫觀察星衍僑居金陵，謁余道故，授觀此本，觀察以爲宜廣流傳。乃集都人士之好古者，醵金校刊，余與幕中諸友，亦助貲以成其事。自辛酉春正迄夏五，書成，觀察乞叙於余。余惟自古建都之地，故實繁多，皆有名人撰述成志。其後或爲新志，竄亂删落，或佚其原本。今關中惟宋敏求

《長安志》及程大昌《雍録》僅存，中州有宋敏求《河南志》，竟不可得。吾浙《嘉泰會稽志》、《至元嘉禾志》雖存，亦無刊本。金陵爲吴、晉、宋、齊、梁、陳、南唐建都之地，賴有此志及《至正金陵新志》，以徵文獻。考宋時有《景定志》，乾道、慶元二志，各二百數十版，並存府學。《傳》曰：「舊章不可忘也。」又曰：「足，則吾能徵之矣。」夫山川、城闕、河渠、關隘、金石，名迹所存，逾古逾不可廢，必得博聞强識之士訂正之。若新志所增職官、科舉、財賦、額程之屬，胥史之有文者皆能爲之，且馬制帥官此邦時，具有政績，經世之學，時措之宜，皆見斯志。故於中江，載唐景福時作五堰，江流漸狹，至東垻成，而中江不復自陽羨入海，可證《禹貢》三江古説之不謬；於丹楊、絳巖兩湖，載唐已來斗門蓄洩之制，知湖隄築而上元、句容水利之可用；於破岡埭，載吴陳勳置十四埭通吴會船艦之制，知廢閘修而句容、雲陽水運之可通。其提領茶鹽，自載申請六事，則苛取牙儈之積弊皆可禁抑；其設平止、平糴諸倉，積穀至十五萬石，則以陳易新之利益甚大；其沿江置寨，募兵至三千三百人，則弭盗應變之有備無患。蓋馬制帥固政事才，其與周君著書考古，又其餘事。余莅兹三載，居心行政，日夜思所以不負國家委任者，視馬制帥誠有不逮。古人云「入國問俗」，又云「仕優則學」，余於此志，不禁流連隨會之感矣。今《江寧府志》爲康熙六年知府陳開虞撰，考證疏陋，删落唐宋碑碣尤多，似未見《建康志》而爲之者。此志刊行，他時續修府志，更有依據。元張鉉《至正金陵新志》十五卷，傳本亦少，復望好事者踵而刊之。此志宋本原闕諸圖，審由寫補，字句亦多譌舛，孫觀察又據别本是正補足之。觀察爲余守常郡時識拔士，好古贍學，與周應合媲美云。嘉慶六年太歲辛酉六月朔日，賜進士出身、太子少保、兵部尚書，兼都察院右都御史、總督江南江西等處地方軍務、兼理糧餉，操江、統轄南河事務錢唐費淳撰。

《景定建康志》附孫星衍《重刊景定建康志後序》　嘉慶三年，予僑居金陵，因求《景定建康志》，得見影宋鈔本於吴門黄孝廉丕烈，許及謁兩江督部費芸浦師，示以敕賜宋本《建康志》，前有明禮部官印，不知何時所進，紙版精緻。奉歸，謀之郡人之好事者，醵金刊之。費不足，又得諸當道助貲成事。凡用白金七百餘兩，閲半載竣工。《建康志》舊有宋史正志《乾道志》二百八十版，吴琚《慶元志》二百廿三版，元時已不存。景定中，馬光祖屬周應合撰成此志，增至一千六百餘版，其後亦毁於火。至元中，重刊於慶元路，即明所存南雍版本。今敕賜本，則宋本也。《建康志》體例最佳，各表紀年隸事，備一方掌故；山川古迹，加之考證，俱載出處。所列諸碑，或依石刻書寫，間有古字。馬光祖、周應合俱與權貴不合，氣節邁流俗者。其於地方諸大政，興利革弊，尤有深意存焉。其後有郡人咸光率意更改，使名迹無聞，當事病之，因延陝西儒官張鉉重纂《金陵志》，余所藏尚有元刻本，其版亦散佚矣。蒙謂一方修志，如有宋元舊本，自宜刊刻原書在前，依例增續，或辨證古人得失，别爲一卷。近時作志，動更舊例，删落古人碑版，引書出處，增以流俗傳聞、蕪穢詩什，甚焉不典。陳開《虞新志》，即所不免，賴有宋元志本，存此邦文獻耳。金陵自明太祖建都城，盡毁六朝碑碣，古物比他郡尤少。頻年搜訪，惟得古磚，有錢文爲「大泉五百」四字，知是吴後苑城磚。又見攝山千佛嶺龕中，有宋王雱、胡恢等題名，及昔在句容，所見吴衡陽太守《葛府君碑》、梁天監《井銘》，皆方志所缺載。吾友嚴文學觀嘗考金陵石刻，所得亦多古人未見者，他時當附入新志。此志成於宋景定二年辛酉歲，至嘉慶六年辛酉重刊行世，一書之成，有運數焉。督部師鎮江左之三年，政平年豐，百廢修舉，因議浚河設閘以通秦淮水利，而此志適刊成。余在浙之紹興，亦屬郡人重刊《嘉泰會稽志》，聞已成書。海内古書次第行世，有心者鉤稽舊章，足以助成善政，輒喜而記其梗概。助予校勘者，表弟張文學紹南也。《景定志·地里圖序》云「爲圖十有五」，而宋印本止存七圖，餘皆補畫，本黄氏影鈔本較多，共十九圖，今據補入。其圖或與目録參差不符，未知其審。又《城闕志》廿二卷，黄氏影鈔本多出「古南苑」諸條，凡三葉，亦據補入，疑宋版與元重刊版之異。時無别本可證，姑存疑云耳。賜進士及第、前分巡山東兖沂曹濟、黄河兵備道孫星衍撰。

《續資治通鑑長編》卷首譚鍾麟序　宋司馬温公欲作《資治通鑑》，先使劉攽等爲長編。其後李文簡爲《續長編》，實繼温公《通鑑》而作。曰《續長編》，不曰《續通鑑》，謙也。然文簡此書，上據國典，下采私記，參考異同，折衷一是，使北宋一代事實，粲然明備，實爲《通鑑》後不可不讀之書。後之讀史者，病《宋史》之蕪雜，憾《遼史》之疏漏，然則欲考北宋遺事，舍此書曷以哉！其書久無全本，乾隆間從《永樂大典》輯補之，成五百二十卷，《四庫》著録焉。然閣本既不易覯，世所傳者惟張氏愛日廬本。蓋即以閣本爲據，而用活字排印者。曩官京師時，曾一見之，魚魯之訛，觸處皆是，欲覓善本校讎，迄不可得。竊歎温公《通鑑》，自南宋已盛行，至今學者推爲史家絶作，言編年之史，必首舉此書。而李氏《續長編》則若存若亡，雖博雅之士，有不獲見者，何顯晦之懸殊若此！竊有志重刊此書，而力未逮也。及出守杭州，西湖文瀾閣所庋亦殘闕，至己卯歲，由陝西移撫浙中，乃從丁君松生假得愛日廬本，而以閣中殘本校之，付書局刊刻。妙選局中高才生，使預校讎之役，時則若楊編修文瑩、戴編修兆春、沈吉士善登、濮吉士子潼、潘中書鴻、嚴主事辰、姚主事烺、夏主事敦復、譚主事日襄、黄教諭以周、王訓導詒壽、陳訓導謨、徐訓導惟錕、周訓導善溥、馮舉人一梅、王拔貢崇鼎、張副貢大昌、倪廪生鍾祥，皆兩浙知名之士也，於此書孜孜討論，有一字之疑，必考之《宋史》，又參考於宋代紀載之書及諸家文集，以求其是，俞太史樾復綜核之。積一年之力，剞劂始成。李氏此書從此大顯於世，必與温公《通鑑》同爲史家所推重，而余數十年心願亦庶幾告慰矣。書成，因弁言於簡端，俾讀李氏書者知其緣起云。時光緒七年九月，兵部尚書升任陝甘總督、浙江巡撫譚鍾麟序。

光緒八年江西書局聚珍本《輶軒語》序　嘗聞劉彦和之言曰：「文以行立，行以文傳，四傳所先，符等相濟。」信乎承學之士，必先自治其根柢而後發爲文詞，乃可振拔于流俗，以成遠大之器。然或擿埴索途冥行而求進，終弗克幾于成。南皮張薌濤中丞，昔年視學蜀中，著有《輶軒語》一書，于行誼、文學縷析條分，示以准則，論其瑕疵，諄諄告戒，懇摯詳盡，洵導迷之寶筏，治病之良藥也。是書久已刊佈，學者奉爲圭臬，因思吾部西江人士向學良多，而鄉曲僻處未知學中門徑者，要亦匪鮮，乃取原本付諸書局，用聚珍版排印數千册，以廣其傳，庶幾士林可以家置一編，尋繹講求。吾願讀之者，涉其淺近，究其精深，則振拔于流俗，以成遠大之器，胥于是乎基之，多士其勉乎哉！西鄉李文敏。

光緒二十四年甘肅藩署重刊本《勸學篇》附陝甘總督札文　頭品頂戴、兵部尚書、陝甘總督部堂陶，爲札飭事。光緒二十四年七月十一日，承准軍機大臣奉旨頒到兩湖總督張《勸學篇》一書，前經發交該司照式刊刻。現在刊刻已竣，仰即刷訂成本，分發各處，文職自道、府、廳、州、縣，武職自提、鎮、副、參、游，每衙門各發二部；都司、守備、州同、州判、府經、縣丞、照磨、主簿、巡檢、典史各發一部；教官衙門及大小書院各發三部。方今匡濟需才，非通政體，無以挽時艱；非明學術，無以通政體。近日學術紛歧，莫衷一是。講新學者，詆舊學爲拘墟；守舊學者，斥新學爲害道。閱墻交訌而于古今中外盛衰得失、强弱之故，皆茫然莫得其指歸，所謂臧之挾策與穀之博塞，其爲亡羊，均也。朝廷力崇實學，咸與維新，博求通時達務之才，而又痛懲亂政離經之弊，故當今言學者，必以中國之聖經賢傳爲之本，而參之以五州政藝之要，以求其通，方足以正人心而維國是。惟中國之書，若經史子集、傳注箋疏之類，浩如烟海；而外國新譯之書又瑕瑜互見，學者苟不得其要領，則望洋生嘆，而審端致力，又易誤入歧途，所關于世道人心者實爲淺鮮。張督部此編規時勢，綜本末，凡中外之學無所不包，而撮其菁華，汰其糟粕，袪門户之見，嚴邪正之防，挈領提綱，簡而有要，初學者既有門之可入，而循途進步則明體達用，内聖外王之道胥具于是，允宜奉爲師範，家置一編。惟甘省地方遼闊，刊刻之書不能人人遍給。嘗考書之有刊板盛于宋代，漢唐以上皆系傳鈔，而碩學鴻儒反多于宋元以後。古人謂：鈔書一遍，勝于讀書百過。蓋一經手録，則心目交營，不同滑口讀過也。此書頒發之後，責成各屬教官，飭令該處士子傳鈔，并將篇内所列應讀之書，設法購求，輪流鈔寫，統限一年，將鈔書姓名申報本督部堂查考，以課士子之勤惰，即以爲教官之考成。今雖仍用八股、詩賦取士，而經世有用之學不可不竭力講求，以無負朝廷振興實學、陶育真才之至意。合行札飭。爲此札，仰該司即便分別咨移，轉飭所屬一體遵照。此札。

于敏中《天禄琳琅書目》卷一《宋版經部・監本纂圖春秋經傳集解四函，二十八册》　宋蘇軾《春秋列國圖》，經傳全録晉杜預集解，附唐陸德明《音義》，復加重言、重意，似句、互注諸例，共三十卷。前、後，預自序。是書與監本《纂圖重言重意互注點校毛詩》體例相同，字形槧式亦俱吻合。意唐宋人帖括之書，羣經皆備，合之《纂圖互注周禮》，知爲當時所並行。

于敏中《天禄琳琅書目》卷一《宋版經部・春秋左氏音義二函，八册》　唐陸德明著。五卷。後附宋聞人模《經傳識異》。按：此即德明《經典釋文》之一。《左氏釋文》，原六卷，今合卷五、六爲一。宋嘉定時興國學刊本。興國軍隸江南西路，亦江西諸郡書版也。卷末結銜五人，爲知軍、通判、教授、判官。又有教授聞人模跋，載本學補刊《春秋》，更新《五經》之由。蓋當時刻《春秋》而附以陸氏《音義》，今獨存《音義》耳。按：德明《釋文》本分《五經》、三傳，并及《孝經》、《論語》、《爾雅》、《老》、《莊》，各自成編，無嫌單行也。

于敏中《天禄琳琅書目》卷一《宋版經部・監本附音春秋公羊注疏二函，十六册》　漢何休解詁，唐徐彦疏，附唐陸德明音義，共二十八卷。休自序。宋景德二年六月，中書門下牒文「奉敕校讐，刊印頒行」，具載編首。牒後結銜：工部侍郎、參知政事馮，兵部侍郎、參知政事王，兵部侍郎、平章事寇，吏部侍郎、平章事畢。考《宋史・宰輔表》，景德元年八月，畢士安自吏部侍郎參知政事，加同中書門下平章事。寇準自兵部侍郎加同中書門下平章事。二年四月，馮拯自工部侍郎除參知政事。皆與牒合。而二年參知政事，有王欽若、王旦二人，《通鑑綱目》載欽若以四月罷，牒在六月，知非欽若也。

于敏中《天禄琳琅書目》卷一《宋版經部・春秋公羊經傳解詁二函，十冊》 漢何休學。十二卷。休自序。鐫刻年月不載，而字體甚古，於宋孝宗以上諱皆闕筆，知爲南渡後刊。書中每間數紙，輒有真書木印，曰「鄂州州學官書」，曰「鄂泮官書，帶去準盜」。考王應麟《玉海》，咸平四年六月，詔郡縣有學校聚徒講誦之所，賜九經書一部。大觀二年六月，州學藏書閣賜名「稽古」。則州郡諸學置官書，自宋初已行之。李心傳《朝野雜記》載王瞻叔爲學官，常請摹印諸經疏及《經典釋文》，許郡縣以贍學，或省係錢，各市一本，置之於學。是南渡後猶重此舉，且有準盜之條，官守爲綦嚴矣。

于敏中《天禄琳琅書目》卷一《宋版經部・監本附音春秋穀梁注疏二函，十冊》 晉范寧集解，唐楊士勛疏，附唐陸德明《音義》，共二十卷。士勛序：《朝野雜記》云：監本書籍，紹興末年所刊。是書於欽宗以上諱皆闕筆，而皇瑗「瑗」字乃孝宗諱，全書不闕，蓋紹興監本也。又云：胄監刊六經，無《禮記》。今猶存《毛詩》、《春秋左氏》、《公羊》、《穀梁傳》，而無《禮記》亦可證矣。

于敏中《天禄琳琅書目》卷一《宋版經部・監本附音春秋穀梁注疏二函，十二冊》 篇目同前。勘對此書，與前景德二年中書牒刻《公羊注疏》板框字體俱合，板心上注每紙大小字數，中標名「公疏」、「穀疏」，字亦從俗省筆，出於匠手，兩本正符。蓋景德原刻諸經，此其二也。

于敏中《天禄琳琅書目》卷一《宋版經部・春秋分記四函，四十冊》 宋程公説著。【略】宋淳祐三年，程公許守宜春，刻是書於郡齋。陳振孫《書録解題》盛稱之。此本卷中多有元時鈐用官印，且於首尾紙背用紅字條記，係大德十年江浙等處行中書省奉中書省取備國子監書籍令，儒學副提舉陳公舉校勘申解。考《元史》，世祖至元十二年，括江南諸郡書板。宜春隸江西，蓋至元詔取而大德始上。此即宋刊元印之本。

于敏中《天禄琳琅書目》卷一《宋版經部・六經圖一函，六冊》 宋楊甲撰，毛邦翰補。《大易象數鉤深圖》一冊、《尚書軌範撮要圖》一冊、《毛詩正變指南圖》一冊、《周禮文物大全圖》一冊、《禮記制度示掌圖》一冊、《春秋筆削發微圖》一冊，不分卷。苗昌言序。序載陳大夫爲撫之期年，取《六經圖》編類爲書，刊之於學，事在乾道元年。序後列銜：知撫州陳森，見《西江志・職官門》；次通判、學正各一人，學録二人，經諭六人，而邦翰爲州學教授，實補諸圖。此書宋本，在明時已爲艱致。新都吴氏曾購得，授梓，見顧起元序。今重刻本，或間有之。若此本之古香寶刻，誠希珍也。

于敏中《天禄琳琅書目》卷一《宋版經部・四書五函，二十七冊》 朱子章句集注。《大學》一卷，《中庸》一卷，《論語》十卷，《孟子》十四卷。朱子《序説》、《讀法》。咸淳癸酉，衢守長沙趙淇刊於郡庠，每版中有「衢州官書」四字。《中興館閣續録》：祕書郎莫叔光上言：「今承平滋久，四方之人益以典籍爲重。凡搢紳家世所藏善本，外之監司郡守搜訪得之，往往鋟版以爲官書。其所在，各自版行。」宋時郡守刻書，於此可證。此本，淇爲衢守所刻，時度宗九年。按虞集《道園學古録》：淇，乃趙葵次子。幼以郊恩補承奉郎，舉童子科。刻書後六年而入元，拜湖南道宣慰使。又趙希鵠《洞天清録》：鏤版之地有三：吴、越、閩。衢郡屬越，由來舊矣。

于敏中《天禄琳琅書目》卷一《宋版經部・大廣益會玉篇一函，六冊》 梁顧野王撰，唐孫强增。三十卷。前有大中祥符六年都大提舉《玉篇》所牒及字數，野王序、啓各一首。近吴江張士俊澤存堂重刊宋本《玉篇》，朱彝尊爲之序，謂顧氏《玉篇》，唐上元末孫强稍增多其字。至宋，陳彭年、吴鋭、邱雍輩又重修之。於是，廣益者衆，而《玉篇》又非顧氏之舊。孫氏《玉篇》去古未遠，猶愈於今之所行。大廣益本《玉篇》復上元本，而古之小學存焉矣。其書較是本獨無牒文。二十四卷後新加兩條在三十卷後，而闕十八卷後兩條，但多附《分毫字樣》及《神珙反紐圖》耳。彝尊咎彭年等之重修，而牒文内明稱彭年等校勘允當，其實所謂上元本即此大中祥符本也。以復孫氏之舊爲辭，故去其牒耳。且彝尊之意，以廣益爲非。今覈兩本，字數俱符，而澤存堂重刻本須部反多一「頿」字，又何説也？考《宋史・藝文志》，但有彭年《重修廣韵》而無《重修玉篇》。惟《文獻通考》載《重修玉篇》三卷，非此書。《書録解題》云：丁度等既修《集韵》，奏言添字既多，與野王《玉篇》不相參協，乞委修韵官别爲《類篇》，與《集韵》並行。則與《玉篇》不相蒙矣。是本款式皆宋槧，但分卷而不隔流水，又一例也。

于敏中《天禄琳琅書目》卷三《宋版集部・蘭亭考一函，四冊》 宋桑世昌輯，高似孫删定。十二卷，附《羣公帖跋》一卷。前宋高文虎並似孫序，後齊碩序。

陳振孫《書録解題》載《蘭亭博議》十五卷，淮海桑世昌澤卿撰。世昌居天台，放翁陸氏諸甥，博雅能詩。又載《蘭亭考》十二卷，云「即前書。浙東庾司所刻，視初本頗有删改。初十五篇，今存十三篇，去其《集字》、《附見》二篇。其書始成，本名《博議》，高内翰文虎炳如爲之序。及其刊也，其子似孫重爲删改，去此二篇固當，而其他務從省文，多失事實，或戾本意。其最甚者，序文本亦條達可觀，亦竄改無完篇，首末闕漏，文理斷續，於其父猶然，深可怪也」。考《宋史》，文虎，四明人。登高宗三十年庚辰進士第，聞見博洽，多識典故，歷官至文華閣學士、知建寧府。丐祠，提舉太平興國宫。其爲世昌作《蘭亭博議序》，正在其時。考《浙江通志》，載世昌，高郵人，號莫菴，有文集三十卷。此書乃浙東漕使齊碩屬似孫訂正之本。按《赤城志》：碩，青社人。宋寧宗嘉定十四年，以宣教郎知台州。似孫序作於嘉定十七年，則爲碩知台州時付梓，與振孫所云吻合。似孫，字續古，淳熙十一年登進士第，嘗著《經略》、《史略》、《子略》、《集略》、《緯略》諸書，其詩有《疏寮集》三卷。振孫稱其少有俊聲，不自愛重。爲館職，上韓侂胄生日詩九首，皆暗用「錫」字，爲清議所不齒。其讀書以隱僻爲博，作文以怪澀爲奇，就中詩猶可觀云云。然馬端臨《文獻通考・經籍考》中多引似孫子、史諸略之言，其博贍自可概見。碩刻是書，字法皆本歐體，鋟印兼出良工，蓋亦鄭重而爲之者。

于敏中《天禄琳琅書目》卷四《影宋鈔經部・三禮圖二函，八册》 宋聶崇義集注。二十卷。前宋竇儼序，後宋陳伯廣跋。【略】書後有永嘉陳伯廣跋，稱《三禮圖》，始熊君子復得蜀本，欲以刻於學，而予至，因屬予刻之。後題淳熙乙未閏月三日。乙未，爲宋孝宗淳熙二年。《浙江通志》載：伯廣，登紹興三十年庚辰進士，通判明州。其所稱熊子復，按《文獻通志》，熊克，字子復，建安人，官起居郎。以王丞相季海薦，驟用。王時在樞府，趙温叔當國，莫知其所從來，頗疑其由徑，沮之。上意向之，不能回也。此書圖書、人物、器具，用筆工細，乃精於繪事者所作，知影鈔時殊費經營矣。

于敏中《天禄琳琅書目》卷四《影宋鈔經部・復齋易説一函，二册》 宋趙彦肅撰。六卷。前載彦肅行實，後宋喻仲可、許興裔二跋。【略】書後彦肅門人喻仲可跋云：「公卒後二十有六年，郡太守許公取是書刊焉。」又許興裔跋云：「余假守嚴陵，屬喻君校勘，刊置公之祠堂，與志學者共之。」跋後紀年爲嘉定辛巳。按：辛巳，係宋寧宗嘉定十四年。仲可、興裔，俱無考。當時校刊既成，其版入祠堂中，或流傳不廣，世罕其書，幸有影鈔而善本亦可長存矣。

彭元瑞《天禄琳琅書目後編》卷一《宋版首部・御題班馬字類一函，五册》 宋婁機撰。機，字彦發，嘉興人。乾道初進士，官至參知政事。書三卷。取《史記》、《漢書》中字標注音義，以二百六韵分部，每部各有《補遺》，凡千二百三十九字，補注五百六十三。前有洪邁序、機自序二首。又景定甲子李曾伯序云：今從而廣之，名以《補遺》，附於韵後，併勒諸梓。然則《補遺》出於曾伯，并曾伯所刊也。末署「門生三山潘介校正」。曾伯，字長孺，覃懷人，後居嘉興，理宗朝知慶元府兼沿江制置使，有《可齋集》。

彭元瑞《天禄琳琅書目後編》卷二《宋版經部・周禮一函，六册》 鄭康成注。十二卷，後附陸德明《音義》一卷，岳珂所謂《音釋》自爲一書，真宋監本之舊也。

彭元瑞《天禄琳琅書目後編》卷二《宋版經部・東巖周禮訂義四函，三十二册》 宋王與之撰。與之，字次點，樂清人。官通判泗州。書八十卷。前有祕書省下温州牒，次温州繳書申，次知温州趙汝騰薦奏，次檢正都司看詳，次旨授賓州文學；又紹定五年真德秀序，《編類姓氏世次》、《編集條例》、《序周禮興廢》，後有嘉熙丁酉趙汝騰後序。據牒奏，乃淳祐二年六月宣取，十一月繳進，十二月本州奏薦，三年正月降付，四月降旨授官。其列銜則推官施洽，判官周夢發，添差通判趙與悳，通判趙賁夫，直焕章閣、知州趙汝騰也。申内印本二十册，在當時已鐫版矣。書中采諸舊説五十一家，杜子春、鄭興、鄭衆、鄭康成、崔靈恩、賈公彦六家外，餘皆宋人。其以序官散附諸職，與古本異。是書近《通志堂經解》有重刊本。

彭元瑞《天禄琳琅書目後編》卷二《宋版經部・大戴禮記一函，四册》 漢戴德撰，後周盧辯注。十三卷，八卷有注，五卷無注。篇後間注章數、字數。前有韓元吉序，蓋淳熙乙未刻於建安郡齋時作也。

彭元瑞《天禄琳琅書目後編》卷二《宋版經部・大易粹言一函，二十册》 宋曾穜撰。穜，字獻之，温陵人。仕履無考。書十二卷。【略】淳熙三年雕本，後牒二通：舒州公使庫雕造所，本所依奉台旨校正到《大易粹言》，雕造了畢，右具如前。淳熙三年正月日，池州青陽縣學諭李祐之，迪功郎、舒州懷寧縣尉許邦弼，迪功郎、新無爲軍無爲縣主簿方頤，迪功郎、舒州太湖縣主簿張桼，迪功郎、舒州望江縣主簿程九萬，從政郎、舒州録事參軍莫抃，儒林郎、安慶軍節度掌書記趙善登，從事郎、舒州州學教授方聞一，俱校勘。奉議郎、權通判舒州軍州兼管内勸農田事陸同，朝請大夫、知舒州軍州兼管内勸農營田屯田事曾穜。又牒：令具

《大易粹言》一部，計二十册，合用紙數、印造上墨錢。下項紙副耗共一千三百張，裝背饒青紙三十張，背青白紙三十張，後墨糊藥印背匠工食等錢，共一貫五百文足，賃板錢一貫二百文足。本庫印造，見成出賣，每部價錢八貫文足。右具如前。淳熙三年正月日，雕造所貼司胡至和具。杭州路儒學教授李清孫校勘無差。是此本即種知舒州時書成刊印，至嘉定癸酉，張嗣古以漫漶重修，則在後矣。每册前、後有蒙古篆文官印，册末紙背印記云「國子監崇文閣書籍，借讀者必須愛護，損壞闕污，典掌者不許收受」。

彭元瑞《天禄琳琅書目後編》卷二《宋版經部·呂氏家塾讀詩記二函，十六册》 宋呂祖謙撰。三十二卷。【略】前朱熹序，後尤袤跋。宋巾箱本。按陳振孫《書録解題》云「自《公劉》已後，編纂已備，條例未竟，學者惜之」。此本《公劉》首章下有識云：先兄己亥之秋復修是書，至此而終。自《公劉》之後章訖於終篇，則往歲所纂輯者，皆未及刊定，如小序之有所去取、諸家之未次先後，與今編條例多未合。今不敢復有所損益，姑從其舊，以補是書之闕云。按前序，云伯恭父之弟子約，以是書授其兄之友邱侯宗卿，而宗卿將爲版本以傳永久。後跋亦云，今東州士子家寶其書，而篇帙既多，傳寫易誤，建寧所刻，又益闕遺。其友邱侯宗卿惜其傳之未廣，始鋟木於江西漕臺。據此，則是書本有建寧坊本，邱宗卿乃爲重刻此帙也。

彭元瑞《天禄琳琅書目後編》卷三《宋版經部·春秋經傳集解四函，二十八册》 杜預集解。三十卷。前預自序，後預後序。每卷末載經若干字、注若干字，後序末載凡三十四萬五千八百四十四字。按：是本乃真宋監版，希世之珍。其證有四：不附入《音義》，一也。自序後連卷一，不另篇，二也。闕筆極謹嚴，如桓二年「珽」字諸書從未見避，三也。明傳刻監本誤字一一無訛，四也。得此真於讀書者有益，不特元明諸刻，即同時麻沙本度越遠矣。

彭元瑞《天禄琳琅書目後編》卷三《宋版經部·春秋經傳集解四函，三十册》 杜預集解。三十卷，附《音義》。前預自序。末卷載凡三十四萬五千八百四十四字，經十九萬八千八百八十二字，注十四萬六千九百六十二字。後預後序，又刻印記云：「淳熙三年四月十七日，左廊司局内曹掌典秦王禎等奏聞，壁經《春秋左傳》、《國語》、《史記》等書，多爲蠹魚傷牘，不敢備進上覽。奉敕用棗木椒紙各造十部，四年九月進覽。監造臣曹棟校梓，司局臣郭慶驗牘。」按：書中字句間有一二與傳刻監本同者，然大指尚不舛誤。據識，乃孝宗年所刻，以備宣索者。棗木刻世尚知用，若印以椒紙，後來無此精工也。

彭元瑞《天禄琳琅書目後編》卷三《宋版經部·春秋經傳二函，十六册》 二十卷。無注。宋諱俱闕筆，極謹嚴，蓋刻於光宗時。其宣祖不諱，則已祧矣。《左傳》監本訛舛甚多，幸宋刻之存於今者尚有數本，前人辨證亦多，尚可校正，不至如《儀禮》絶學，傳刻、辨證俱尠也。以諸宋本之同者校之監本之異者，長短立見。此本爽朗，工密，校之它本俱優。

彭元瑞《天禄琳琅書目後編》卷三《宋版經部·春秋繁露一函，六册》 漢董仲舒撰。十七卷。【略】後樓鑰嘉定三年跋、胡榘嘉定辛未跋。

按：樓郁，字子文，奉化人。慶曆中進士，官大理評事。鑰，其五世孫也。跋云：於里中得寫本四，又得京師印本，皆舛誤至多。後從胡榘得萍鄉羅氏蘭堂本三十七篇，最後從潘景憲得此本八十二篇，始與《崇文總目》及歐陽修所見篇卷悉合。以程大昌之淹博，跋祕書省之書，尚以諸書所引者不見，遂疑其書爲説家。則祕書尚非全本，益徵此本之足寶。鑰更校讎，付榘刻諸江右。榘，字仲方，銓之孫，寧宗朝工部尚書。跋中結銜「朝奉郎、宗正丞兼權右司郎官兼樞密院檢詳諸司文字」，其刻書時所居官也。

彭元瑞《天禄琳琅書目後編》卷三《宋版經部·羣經音辨一函，三册》 宋賈昌朝撰。昌朝，字子明，獲鹿人。仁宗朝同中書門下平章事，加左僕射，封魏國公，謚文元，《宋史》有傳。書七卷。卷一之五辨字同音異，卷六辨字音清濁，辨彼此異音、辨字音疑混，卷七辨字訓得失。前昌朝自序。書首刻寶元二年十一月牒，乃丁度修《集韵》時奏取是書，中書門下奉敕牒崇文院雕印，結銜「工部侍郎、參知政事李，右諫議大夫、參知政事王，尚書左丞、參知政事程，户部侍郎、平章事章，門下侍郎兼兵部尚書、平章事張」。末刻康定二年七月五日准中書劄子，奉聖旨管句雕造，賈昌朝銜見後。慶曆三年十月日雕造了畢進呈，結銜「朝散大夫、右諫議大夫、參知政事、輕車都尉、汝南郡開國侯、食邑一千八百户、食實封肆伯户、賜紫金魚袋范仲淹，朝散大夫、右諫議大夫、參知政事、輕車都尉、河内郡開國侯、食邑一千户、食實封貳伯户、賜紫金魚袋賈昌朝，推忠協謀佐理功臣、開府儀同三司、行刑部尚書、同中書門下平章事兼樞密使、集賢殿大學士、上柱國、臨淄郡開國公、食邑一千五百户、食實封叁阡壹伯户晏殊，推忠協謀同德守正佐理功臣、特進、行工部尚書、同中書門下平章事兼樞密使、昭文館大學士、監修國史、上柱國、京兆郡開國公、食邑七千五百户、食實封貳阡肆伯户章得象」。又刻「臨安府府學，今將國子監舊本重雕，逐一校正，即無舛誤。紹興九年五月日」，結銜「左從事郎、充臨安府府學教授陳之淵，左承事郎、添差臨安府府學教授周孚先，右奉議郎、權通判臨安軍府兼管內勸農事蔣延壽，右朝奉大夫、通判臨安軍府兼管內勸農事趙士礽，徽猷閣直學士、右朝議大夫、知臨安軍府事、充兩浙西路安撫使、馬步軍都總管張澄」。後刻紹興壬戌王觀國序，汀州寧化縣學鏤版，結銜「右迪功郎、汀州寧化縣東尉劉嘉猷，左迪功郎、汀州寧化縣主簿胡璉，承節郎、汀州清流寧化兩縣巡檢鄧助，忠翊郎、汀州巡捉私茶鹽劉執禮，成忠郎、監潭州南嶽廟趙子序，成忠郎、鹽潭州南嶽廟趙子坪，承事郎、添差監汀州寧化縣稅趙子立，敦武郎、監汀州寧化縣稅張球，武翼郎、汀州邵武軍都巡檢使林子童，左奉議郎、知汀州寧化縣丞陳汝楫，左丞務郎、知汀州寧化縣主管勸農公事兼兵馬監押王觀國」。蓋是書初刻於仁宗時，昌朝親與其事。南渡後再刻於臨安國學，時紹興九年己未。越三年，紹興十二年壬戌，汀州寧化縣鏤版，知縣事王觀國爲後序，蓋宋時第三刻也。

彭元瑞《天禄琳琅書目後編》卷三《宋版經部·大廣益會玉篇一函，六册》

同上，惟多大中祥符六年敕雕印頒行牒一道，并記梁大同九年三月二十八日，黄門侍郎兼太學博士顧野王撰本，唐上元元年甲戌歲四月十三日南國處士富春孫强增加字。三十卷，凡五百四十二部，舊一十五萬八千六百四十一言，新五萬一千一百二十九言，新舊總二十萬九千七百七十言。注四十萬七千五百有三十字。

孫星衍《平津館鑒藏記書籍》卷一《宋版·監本附音春秋公羊注疏二十八卷》 前何休序疏不在卷中。每卷某公俱與大題相連。每葉廿行，行十七字，小字行廿三字。亦有元明補刻葉。岳珂云：「舊新監本不附釋音。」此監本亦附音，當出於岳氏所見刊本之後。《天禄琳琅·宋本》，卷首有景德二年六月中書門下牒文，此本無之。

孫星衍《平津館鑒藏記書籍》卷一《宋版·監本附音春秋穀梁注疏二十卷》 題范寧集解，楊士勛疏。每卷某公亦與大題相連。前范寧序下題「國子四門助教楊士勛撰，國子博士兼太子中允贈齊州刺史吴縣開國男陸德明釋文」。序文標題「穀梁」下多一「傳」字。每葉廿行，行十七字，小字行廿三字。亦有元明補刻葉。

孫星衍《平津館鑒藏記書籍》卷一《宋版·孝經注疏九卷》 前有《孝經注疏序》，低二格，有《孝經講義小引》，次題「翰林侍講學士朝請大夫守國子祭酒上柱國賜紫金魚袋臣邢昺等奉勅校定」。注疏序文前題「成都府學主鄉貢傅注奉右撰」。每葉廿行，行十七字，小字行廿三字。此本亦南宋刊本，正德六年補刻，而殘缺過多。版心上不標年代者，僅數葉存矣。

顧廣圻《思適齋書跋》卷一《禮記二十卷宋刻本》 此撫州公使庫刻本《禮記》，是南宋淳熙四年官書，於今日爲最古矣。末有名銜一紙，裝匠誤分入釋文首，不知者輒認以爲舊監本，非也。嘉慶丙寅，顧廣圻題。

近張古漁太尊開工重雕行世，嘉惠學子，兼成先從兄收藏此書之志，良可感也。若古香馣馤，原本獨絶，我小讀書堆中其永永寶之哉。澗蘋并記。

顧廣圻《思適齋書跋》卷一《禮記釋文四卷宋刻本》 南宋槧本《禮記》鄭氏注六册，明嘉靖時上海顧從德汝修所藏，後百餘年，入崑山徐健菴司寇傳是樓。兩家皆有圖記。乾隆年間，余從兄抱沖收得之，其於宋屬何刻，未有明文也。有借校者臆斷爲毛誼父所謂舊監本，而同時相傳皆沿彼稱矣。抱沖續又收得單行釋文兩種，一《禮記》，一《左傳》，亦皆南宋槧本。《禮記釋文》即此也，與《禮記》板式、行字以至工匠記數罔不相同，而名銜年月在焉。余於是始定《禮記》之即淳熙四年撫州公使庫刻也。其《禮記》以嘉慶丙寅歲陽城張太守古餘先生見屬刊行，是時抱沖已没，遺孤尚幼，《釋文》一時檢之弗獲，聊用通志堂所翻單本附於後，使讀者足以悟其爲撫本而已。倏忽以來，又一星終，每念此既一刻，余實知之，獨未能合併而傳其真，豈非尚留遺憾乎？爰促姪望山尋出，及今病中自力細勘一過，是正翻本之誤不少，將一一改回，以復其舊。但太守久移江右，余復留滯鄉里，未審何日方了此願耳。元書裝四册，無前人圖記，不詳出自何家。由此而推，通志堂當别有一印本云。庚辰孟秋處暑後五日，元和顧廣圻千里甫記於楓江僦舍。

莫友芝《宋元舊本書經眼録》卷一《陳氏禮書一百五十卷宋本》 宋陳祥道撰。首載建中靖國元年正月，禮部差楷書畫工人鈔祥道《禮書》牒，並及陳暘《樂書》。次祥道《進書表》。序中參有《樂書序》一葉，無前半，蓋當時二書並刻也。肆中有《樂書》與此相似。半葉十三行，行二十一字。

莫友芝《宋元舊本書經眼録》卷一《集古文韵第三卷宋紹興本》 每葉十六行，行大字九，約可容小字十八。蓋夏英公《古文四聲韵》五卷之一。紹興乙丑年僧寶達刻于齊安，而開禧元年後印本。黄伯思《東觀餘論》云：「政和六年冬，以夏鄭公《集古韵》及宗室克繼所廣本二書參寫。並益以三代鐘鼎彝器款識，及周鼓、秦碑、古文、印章、碑首並諸字書，有合古者益之，以備遺忘」云云。是宋人古文篆韵有三，今唯英公集者有新安汪啓淑刊本，趙、黄二本則皆無傳。《宋史·經籍志》及《玉海》謂宗室趙善繼與于汴京石經之役者，嘗進《古文篆韵》一書。當與伯思所指克繼爲一人，或一字誤記也。知此本爲紹興刻、開禧印者。全祖望《古文韵題詞》謂曾借鈔天一閣夏英公《古篆韵》，據晉陵許端夫序，蓋紹興乙丑浮屠寶達重刻于齊安郡學，許爲郡守，因序之。寶達者，劉景文之孫，精于古文篆，親爲摹寫，其亦南嶽夢英一流矣。至北宋本當有前序，而今失之。按此本僅《上聲》一卷，其有許序及有前序否不可知。而紙背大半是開禧元年黄州諸官致黄州教授書狀。宋黄州猶稱齊安郡。此板在郡學，學官以書狀紙背印書，事理之常，故知爲紹興刻、開禧印也。紙背狀中首尾結銜，一曰「朝散郎權知黄州軍州事王可大」，一曰「秉義郎新添差黄州兵馬監押趙善覬」，一曰「訓武郎黄州兵馬都監兼在城巡檢徐靄」，一曰「迪功郎黄岡縣尉巡捉私茶鹽礬銅錢私鑄鐵錢兼催綱陸工程」，一曰「朝奉郎行户部員外郎吴獵」，一曰「武畧郎添差淮南西路將領張□」，一曰「學諭章準」，一曰「學生教諭李起北」，一曰「學生直學徐灝」，一曰「升大」，失其官及姓，凡十人。其本官結銜則云「從事郎黄州州學教授吕」。吾衍《學古編》云：「夏竦《古文四聲韵》五卷，前有序並全銜者好，别有僧翻本，不可用。」此書板多而好者，極不易得，所謂僧翻本蓋即此本。全氏謂其精于摹寫，而吾氏謂不可用。以今行汪刊本校之，小有損益異同。而夏氏所用二百十部《切韵》，其部次與唐顏氏《干禄字書》合者，乃移改同《廣韵》、《集韵》。則斥其不可用者，誠非苛論也。徒以宋刻宋印，且紙背諸狀，足見爾時交際儀式，故取備一種耳。是書紹興乙丑刊，開禧乙丑印。而余後十一乙丑，同治四年之夏，收諸上海市中，抑何巧合乃爾，物之顯晦，豈亦有數耶？古人文移案牘用紙皆精好，事後尚可他用。蘇子美監進奏院，以鬻故紙公錢祀神、宴客得罪，可見宋世故紙未嘗輕棄。今官文書紙率輕薄不耐久。

潘祖蔭《滂喜齋藏書記》卷一《宋刻司馬氏書儀十卷一函四册》 前有無名氏序，印曰「稚川世家」，則姓葛矣。序稱「淳熙中崇川范君先嘗鋟梓」，則其人在孝宗以後，南宋末刊本也。每半葉十一行，行大十九字，小二十四字。紙墨清朗，似未經觸手。舊爲成邸藏書。

于敏中《天禄琳琅書目》卷二《宋版史部·漢書五函，四十四册》 漢班固撰，唐顏師古注。帝紀十二卷，年表八卷，志十卷，列傳七十卷，共一百卷。宋景德二年七月中書門下牒文具載篇首，結銜爲畢士安、寇準、王旦、馮拯，與《監本附音春秋穀梁注疏》同。而彼爲景德二年六月，此爲七月，故牒文有「顧兹三史，繼彼六經」之語。書尾載淳化五年奉敕刊正，至道三年吕端等進書。後又有景祐元年余靖奉詔偕王洙赴崇文院讐對，嘉祐六年陳繹重校，歐陽修看詳雕印，熙寧二年書成，奏御各銜名。據此，則淳化、至道間校正之本，在宋太宗時業經雕印，真宗景德年又經重刻，仁宗景祐時復命余靖等校正，神宗嘉祐、熙寧間經歐陽修詳定刊成。是北宋時官刻《漢書》已非一本，而熙寧本爲最後。然詳閱此書，首葉牒文中「慎」字有缺筆，係避宋孝宗諱。又凡遇「完」字皆缺筆，係欽宗嫌名。則明爲南宋時重刻之書，非熙寧舊本。考朱彝尊《經義考》，載宋葉夢得語曰：「淳化中，以《史記》、《前》、《後漢書》付有司摹印，自是書籍刊鏤者益多。」又載宋李心傳語曰：「監本書籍者，紹興末年所刊也。國家艱難以來，固未暇及，九年九月，張彦實待制爲尚書郎，始請下諸道州學，取舊監本書籍鏤版頒行。從之。」然所取者多殘闕，故胄監刊六經無《禮經》，正史無《漢書》。二十一年五月，輔臣復以爲言，上謂秦益公曰：「監中其他闕書，亦令次第鏤版，雖重有所費，不惜也。」由是經籍復全云云。乃知宋代摹刻《漢書》始於淳化，而此則照熙寧本重付剞劂，想即心傳所稱紹興末年所刻之本，直至孝宗之時校讐完備，始得次第成書耳。當時詔勿惜費，鄭重其事，故書手刻工皆屬上選，摹印紙墨亦經加意，取材必求精善，宜官刻之書無出其右者矣。

御題：「內府藏舊刻書甚夥，而《前》、《後漢書》雕鎸紙墨並極精妙，實爲宋本之冠。覽前人跋語，知舊爲吴興趙孟頫家物，展轉流傳，一歸之王世貞，再歸之錢謙益。王、錢輩皆精於賞鑒而愛惜珍貴，至比之寶玉大弓，良非虚語。每一繙閱，楮墨猶香，古今至寶真有神物護持耶？乾隆甲子仲秋之月，御題。」【略】明王世貞跋：「余平生所購《周易》、《禮記》、《毛詩》、《左傳》、《史記》、《三國志》、《唐書》之類，過三千餘卷，皆宋本精絶。最後班、范二《漢書》，尤爲諸本之冠，桑皮紙，白潔如玉，四旁寬廣，字大者如錢，絶有歐柳筆法，細書絲髮膚緻，墨色精純，溪潘流瀋。蓋自真宗朝刻之祕閣，特賜兩府，而其人亦自寶惜，四百年而手若未觸者。前有趙吴興小像。當是吴興家入吾郡陸太宰，又轉入顧光禄失一莊而得之。噫！余老矣，即以身作蠹魚其間不惜，又恐兹書之飽我而損也。識其末以示後人。瑯琊王世貞元美甫重跋。」次葉繪像，旁有小楷書「王弇州先生像」六字，不知何人筆。考《明史》，陸太宰，名完，長洲人，正德間官吏部尚書。但跋所稱真宗朝刻之祕閣，係據書首牒文而言，未能審爲南宋刊本，且於書尾景祐以後重訂始末，皆未詳考也。

于敏中《天禄琳琅書目》卷二《宋版史部·後漢書五函，四十册》 帝、后紀十卷，列傳八十卷，宋范蔚宗撰；志三十卷，晉司馬彪撰，梁劉昭注補，共一百二十卷。首載乾興元年十一月中書門下牒文，文係孫奭奏請刊印《後漢書》並劉昭補《志》，奉敕令國子監依奏施行，後列銜名：右諫議大夫、參知政事魯，給事中、參知政事吕，中書侍郎兼禮部尚書、平章事王，守司徒兼侍中無姓。考《宋史》，乾興元年七月，以王曾爲中書侍郎、同中書門下平章事，吕夷簡、魯宗道參知政事，與牒尾三人列銜吻合。是年二月，丁謂爲司徒兼侍中，六月罷。按《宋史·職官志》，司徒爲宰相、親王加官而不常置，時丁謂適罷，故闕其人耳。此書於宋諱桓、構、慎，瑗諸字皆缺筆，字畫款式與《前漢書》相同，版心下方刻書人姓名如劉仲、王中、陳仲等亦與前書相合，蓋皆爲紹興末年校刊而孝宗時成書者。特以劉昭《補志》合刻始於乾興，故仍列舊牒於書首。

于敏中《天禄琳琅書目》卷二《宋版史部·隋書六函，六十册》 帝紀五卷，列傳五十卷，唐魏徵撰；志三十卷，唐長孫無忌撰，共八十五卷。是書未載刊刻年月，而於宋諱皆缺筆，其避「廓」字乃寧宗嫌名，係南宋嘉定間刊本。御題：「此書字蹟、紙質、墨瀋與趙吴興、董華亭題跋《文選》可稱聯璧。大内貯宋本書固多，視此並遜一籌矣。乾隆甲子九秋，御筆。」鈐寶二：曰「乾隆宸翰」，曰「攜筆流雲藻」。

于敏中《天禄琳琅書目》卷二《宋版史部·唐書十函，一百册》 本紀十卷，志五十卷，表十五卷，宋歐陽修撰；列傳一百五十卷，宋宋祁撰，共二百二十五卷。書首載曾公亮《進書表》。考《宋史》，仁宗嘉祐五年六月，歐陽修等上《新唐書》。是書之末，前載嘉祐五年六月二十四日進書銜名：提舉爲曾公亮，刊修爲歐陽修、宋祁，編修官爲范鎮、王疇、宋敏求、吕夏卿、劉羲叟，後載是月二十六日准中書劄子，奉旨下杭州鏤版頒行，富弼、韓琦、曾公亮董其事，校勘官爲裴煜、陳薦文，同校對官爲吴申、錢藻。按：宋葉夢得論天下印書，有「杭州爲上，蜀本次之，福建最下」之語。意當時《新唐書》成，朝廷重其事，故特下杭州鏤版。詳閱此本，行密字整，結構精嚴，且於仁宗以上諱及嫌名缺筆甚謹，不及英宗以下，其即爲嘉祐奉敕所刊之本無疑。印紙堅緻瑩潔，每葉有「武侯之裔」篆文紅印，在紙背者十之九，似是造紙家印記，其姓爲諸葛氏。考宣城諸葛筆最著，而《唐書》載宣城紙筆並入土貢，唐張彦遠《歷代名畫記》亦稱好事家宜置宣紙百幅，用法蠟之，以備摹寫，則宣城諸葛氏亦或精於造紙也。

于敏中《天禄琳琅書目》卷二《宋版史部·資治通鑑綱目六函，六十册》 宋朱子撰。五十九卷。前自序。宋陳振孫《書録解題》載朱子《綱目》，云：「刻於温陵，别其綱謂之《提要》，今版在監中。廬陵所刊，則綱、目並列，不復别也。」是書大書細注，字畫分明，即當時廬陵刊本。

御題：「涑水創爲開義例，紫陽述訂益精微。直傳一貫天人學，兼揭千秋興廢機。敬勝治兮怠勝亂，念兹是耳釋兹非。三編惟此遵綱紀，輯覽曾無越範圍。鋟出新安留面目，犇增天禄有光輝。外王内聖斯誠備，勿失服膺永敕幾。乾隆甲午仲秋月，御筆。」鈐寶二：曰「乾隆宸翰」，曰「幾暇臨池」。前繪御容，鈐「乾」、「隆」雙璽。

卷後間有印記，俱經割去，不知誰氏所藏。而補鈔之葉，紙潔字工，竟無異於刊本，則藏是書者必爲好古之士。書中雖有八册以别本補入，紙色印工稍遜，而亦皆取之舊刻，不相懸絶也。

于敏中《天禄琳琅書目》卷二《宋版史部·通鑑紀事本末十六函，八十四册》 宋袁樞編。四十二卷，有楊萬里序。《宋史》：袁樞，建之建安人。試禮部，詞賦第一。乾道七年，除太學録，求外補，出爲嚴州教授。嘗以司馬光《資治通鑑》浩博，乃區别其事而貫通之，號《通鑑紀事本末》。參知政事龔良茂得其書，奏上，孝宗讀而嘉歎，以賜東宫及分賜江上諸帥。《玉海》載，淳熙三年，詔取袁樞《資治通鑑》與陸贄《奏議》賜皇太子，熟讀以求治道，與《宋史》吻合。是書初刻於嚴陵，淳熙元年，楊萬里出守臨漳，過嚴陵，爲序行之。理宗寶祐時，宗室趙與篡以嚴陵版字小且訛，易爲大書，讎校重刊，有與篡自序，即此本，而缺其序。

御題：「涑水編年著通鑑，建安紀事别成書。興亡本末爲金鑑，條理因依若輔車。雖有增前斯數典，便稱續後此開初。淳熙紙墨香天禄，玩味孜孜日警予。乾隆乙未新春，御筆。」

于敏中《天禄琳琅書目》卷二《宋版史部·通鑑紀事本末十四函，八十四册》 篇目同前，楊萬里序，後有趙與篡序。按：此亦寶祐刊本，而刷印稍後。每卷首、末有「禮部官書」朱文長印。考《明史·藝文志》，永樂四年，命禮部尚書鄭賜訪購遺書。又朱彝尊《經義考》載明永樂間敕翰林院，凡南内所儲書各取一部。

於是修撰陳循督舟十艘，載書百櫝，送北京。又嘗命禮部尚書鄭賜擇知典籍者四出購求遺書，不特合宋、金、元之所遺而匯於一，且奉使者復命必納書於庫。縹緗之富，古未有也。鄭賜當時官禮部，董其事，或所采之書鈐以禮部官印，是書似亦曾爲所采也。

于敏中《天禄琳琅書目》卷二《宋版史部・通鑑紀事本末六函，四十二册》 篇目同前，趙、楊二序，前有元陳良弼序。是書亦寶祐舊版。據良弼序稱，版藏趙與弼家，束之高閣四十餘年。延祐六年，其孫趙明安售於良弼，置之嘉禾學宫，復爲之序。良弼，號公輔，宣城人。時爲嘉禾郡文學掾，出貲購版，以惠後學，蓋亦好古之士也。書中雖間有字畫漫漶及補葉處，然實爲宋槧，未可以元印而少之。

于敏中《天禄琳琅書目》卷二《宋版史部・資治通鑑考異一函，三册》 宋司馬光撰。三十卷。晁公武《郡齋讀書志》："光既成《通鑑》，又參考異同，俾歸一塗，别爲《考異》一編。"則《考異》本單行，胡三省後取以入注耳。考書成在元豐七年，《玉海》載元祐七年，詔諸路安撫鈐轄司並西京、南京各賜《通鑑》一部，是哲宗朝刻本已具。今校書内欽宗以下諱俱不闕，當是元祐槧也。

御題："是書字體渾穆，具顔、柳筆意，紙質薄如蟬翼而文理堅緻，爲宋代所製無疑。中間十二卷至第十八卷舊闕，不知誰氏補鈔，幾與雕本莫辨。皇媧煉石，竟成完璧，亦兹書之幸也。乾隆甲子秋八月，御識。"鈐寶三：曰"幾暇臨池"，曰"稽古右文之璽"，曰"含味經籍"。

《書史會要》：建炎間，劉睦人掌内翰文字及寫宸翰，高宗甚眷之，亦善書畫，上用"奉華堂"印記。又見陳善《杭州志》。此本南渡初已入鑒藏，更足徵爲北宋本。

于敏中《天禄琳琅書目》卷二《宋版子部・戰國策一函，八册》 宋鮑彪注。十卷。首宋王信序，次彪序，並載劉向、曾鞏上目録序二首。【略】王信序曰："鄉先生鮑公《戰國策注》，余得其本刊之會稽郡齋。"序爲紹興辛亥作。考《宋史》，王信，字誠之，處州麗水人。紹興進士，官至通議大夫。嘗以集賢殿修撰知紹興府。山陰境有猤猻湖，四環皆田，歲苦潦。信創啓斗門，築十一壩，化匯浸爲上腴，民繪像以祀，更其名曰"王公湖"。此書蓋即知紹興府時所刊也。

于敏中《天禄琳琅書目》卷二《宋版史部・諸史提要二函，十六册》 宋錢端禮撰。十五卷。前劉孝韙序。宋陳振孫《書録解題》載《諸史提要》十五卷，參政吴越錢端禮撰。考《宋史》，端禮，於紹興間通判明州，有聲，高宗材之。累遷至端明殿學士、簽書樞密院院事兼權參知政事。是書蓋其時所刊，故序中有參政錢公之語。

于敏中《天禄琳琅書目》卷二《宋版史部・新唐書糾謬一函，六册》 宋吴縝撰。二十卷。前自序，後載縝《進書表》、宋吴元美後序。宋晁公武《郡齋讀書志》曰："吴縝，字廷珍，成都人。仕至郡守。數《新書》初修之時，其失有八類，其舛誤二十門，凡四百餘事。"又宋王明清《揮麈後録》載，嘉祐中，詔宋景文、歐陽文忠諸公重修《唐書》，時有蜀人吴縝者，初登第，因范景仁而請於文忠，願預官屬之末。上書文忠，言甚懇切，文忠以其年少輕佻，拒之，縝鞅鞅而去。逮夫新書之成，乃從其間指摘瑕疵，爲《糾謬》一書。至元祐中，縝遊宦蹉跎，老爲郡守，與《五代史纂誤》俱刊行之。紹興中，福唐吴仲實元美爲湖州教授，復刻於郡庠，且作後序，以爲"鍼膏肓，起廢疾，杜預實爲《左史》之忠臣"，然不知縝著書之本意也。吴元美，《宋史》無傳。考明淩迪知《萬姓統譜》，載元美，福州人。紹興中，爲福建安撫司機宜。鄉人鄭瑋告其家，亭號"潛光"，有心於黨李；堂名"商隱"，無意於事秦。秦檜惡之，謫容州。是書元美作後序，時爲紹興戊午，乃宋高宗紹興八年。序稱直寶文閣宇文時中自蜀來守吴興，以郡庠有《新唐書》、《五代史》版本，而吴君此書不可不附見，遂令併刻之云云。此本密行小字，楮墨甚精，實宋刊本之佳者。宇文時中仕至中奉大夫、直祕閣，亦見迪知《萬姓統譜》。

于敏中《天禄琳琅書目》卷三《金版史部・貞觀政要一函，六册》 唐吴兢撰。十卷。前金唐公弼序，兢《上貞觀政要表》。晁公武《郡齋讀書志》曰："兢以唐之極治，貞觀爲最，故采時政之可備勸戒者，上之于朝。凡四十篇。"考《唐書》，兢，汴州浚儀人。少厲志貫知經史，當路薦其才堪論譔，詔直史館，修國史。此書當即其時所進。書前有大定己丑八月進士唐公弼序，稱：南京路都轉運使梁公出公府之貲，命工鏤板。按：大定，爲金世宗年號。己丑，爲世宗九年，在南宋爲孝宗乾道五年。公弼，無考。所稱梁公，未詳何人。考《金史》，梁肅，奉聖州人，天眷二年，擢進士第。大定初，爲中都轉運副使，繼除河北東路，遷中都都轉運使。是肅生平屢任是官，又適在大定之時，似即其人，但史未載其爲南京都轉運使，或肅曾歇歷，未久於任而史略之耳。此本字宗顔體，刻印精良，與宋版之佳者無異。藏書家知崇宋本，而金版多未之及，蓋緣流傳實尟，耳目罕經，似此吉光片羽，真爲希世之寶也。

錢大昕《十駕齋養新録》卷一三《史記宋元本》 予所見《史記》宋槧本，吴門顧抱沖所藏，澄江耿秉刊于廣德郡齋者，紙墨最精善，此淳熙辛丑官本也。黄蕘圃所藏三山蔡夢弼刊本亦在淳熙間。海寧吴槎客所藏元中統刊本，計其時在南宋之季。此三本皆有《索隱》而無《正義》。明嘉靖四年莆田柯維熊校本金臺汪諒刻，始合《索隱》、《正義》爲一書，前有費懋中序，稱陝西翻宋本無《正義》，江西白鹿本有《正義》，是柯本出于白鹿本矣。同時震澤王氏亦有翻宋本，大約與柯本不異，《史記》、《索隱》、《正義》皆各自爲書，不與本書比附。宋南渡後始有合《索隱》於《史記》者，創自蜀本。繼有桐川、三山兩本，皆在淳熙以前，其時《正義》猶單行也。白鹿本未審刻于何年，以意揆之，必在淳熙以後，蓋以《索隱》爲主，而《正義》輔之，凡《正義》之文與《索隱》同者悉從删汰，自是《正義》無單行本，而守節之元文不可考矣。

彭元瑞《天禄琳琅書目後編》卷四《宋版史部·史記六函，六十册》 漢司馬遷撰，宋裴駰集解，唐司馬貞索隱，並補張守節正義。書一百三十卷。前有駰、貞、守節序，目録，後印校對「宣德郎、祕書省正字張耒」八分書條記。按：《集解》、《索隱》、《正義》本各單行，至宋始合刻。據校書官乃張文潛，知爲元祐時槧。

彭元瑞《天禄琳琅書目後編》卷四《宋版史部·史記四函，二十四册》 同上，四序外有《正義論例》、《謚法解》。《集解序》後刻管工官王絅，梓匠張魯、何恩、章祥、張敖、馬龍、徐敖、陸仁、李渭、李安、陸鋆、陸司、莫徐、周永日、陸先、王良智。每卷末載《史記》若干字，注若干字。後有《索隱後序》，印記「紹興三年四月十二日，右修職郎、充提舉茶鹽司幹辦公事石公憲發刊，至四年十月二十日畢工」。

彭元瑞《天禄琳琅書目後編》卷四《宋版史部·資治通鑑十八函，一百十七册》 宋司馬光撰。書二百九十四卷，目録三十卷。前神宗御製序，附載「治平四年十月初開經筵，奉聖旨讀《資治通鑑》，其月九日臣光初進讀，面賜御製序，令候書成日寫入」。末元豐七年《進書表》，列光名，同修三人：劉攽、劉恕、范祖禹，檢閲文字一人：司馬康。又獎諭詔書。又元豐八年九月十七日准尚書省劄子，「奉聖旨重行校定」。元祐元年十月十四日，奉聖旨下杭州鏤版，列銜宰執三人：吕公著、李清臣、吕大防，校定六人：范祖禹、司馬康、劉安世、黄庭堅、孔武仲、張舜民，校對四人：盛次仲、宋匪躬、晁補之、張耒。按：是書自宋末胡三省作注，元初始成書，後刊版臨海，明初取入國學，今所傳者惟明陳仁錫重鎸本。若此未注初刻，足爲希珍矣。

彭元瑞《天禄琳琅書目後編》卷四《宋版史部·通鑑紀事本末六函，四十二册》 同上，篇目及楊萬里、趙與憙序俱同，多元延祐六年陳良弼序。序稱節齋刻版，後東之高閣者四十餘年，其孫明安過嘉禾學宫，出所藏書版見示。因白御史宋公一齋、僉憲鄧公善之，以中統鈔七十五定償之，寘之學宫，因書得版顛末於節齋序後。蓋良弼時爲郡文學掾，據序乃宋版元印也。

彭元瑞《天禄琳琅書目後編》卷四《宋版史部·通鑑紀事本末十六函，一百册》 宋袁樞撰。樞，字機仲，建安人。【略】按王應麟《玉海》載：淳熙三年十一月，參知政事龔茂良言樞所編《紀事》有益見聞，詔嚴州摹印十部，仍先以繕本上之。《宋史》樞本傳載，孝宗讀而嘉歎，以賜東宫及分賜江上諸帥。考與憙序，稱「嚴陵舊本，字小且訛，乃易爲大書，精加讎校，以私錢重刊之」。萬里序在樞分教嚴陵時，故嚴州有小字刻本。作序後二年，已被旨宣索。越八十四年，與憙居湖州，有此湖州大字刻本，蓋是書宋時已再刻矣。

彭元瑞《天禄琳琅書目後編》卷四《宋版史部·通鑑總類四函，四十册》 宋沈樞撰。樞，字持要，德清人。紹興間進士，官太子詹事、光禄卿。謚憲敏。書二十卷，凡二百七十一門，計三千一百七十一條。前有樓鑰嘉定元年序。按序稱公季子守潮陽，鋟版以廣其傳，此其初刻。洎元至正中，浙江行省重刊，周伯琦爲之序。至明嘉靖中，司禮太監孫榮又刊，申時行爲之序。今所行惟明刻，至正本已難得，矧此劂氏權輿者乎？

彭元瑞《天禄琳琅書目後編》卷四《宋版史部·吴越春秋一函，六册》 漢趙煜撰。煜，山陰人。見《後漢書·儒林傳》。書十卷。前有徐天祐序。祐，字受之，揭銜郡人，前進士。稱是書「越舊嘗梓，歲久不復存。汴梁劉侯來治越，輟義田羡財，重刻於學。屬以考訂，既刊正疑訛，復爲之音注。侯名克昌，世大其字」云。末記「紹興十年歲在丙午三月音注，越六月書成刊版，十二月畢工」。

按《四庫全書總目》云：序不著名姓，後題識云「前文林郎、國子監書庫官徐天祐音注」。又列紹興路儒學學録留堅、學正陳昺伯、教授梁相、正議大夫紹興路總管提調學校官劉克昌四人，不知序出誰手云云。按：其字受之，應是天祐，非天祐。序中明列銜名，後有鋟梓畢工年月，灼無疑義。蓋《總目》據元大德十年丙子重刊本，未窺中祕宋槧也。題識及後銜，此本已佚，更足資互證矣。

彭元瑞《天禄琳琅書目後編》卷四《宋版史部・漢雋一函，五册》 宋林鉞撰。鉞，字國鎮，括蒼人。又作《越書》十卷。分五十篇，每篇以篇首二字爲名。前紹興壬午鉞自序，後淳熙戊戌魏汝功序，又淳熙十年楊王休題，又記「象山縣學《漢雋》，每部二册，見賣錢六百文足。印造用紙一百六十幅，碧紙二幅，賃版錢一百文足，工墨裝背錢一百六十文足」。列銜「從事郎、知明州象山縣主管勸農公事兼主管王泉鹽場蔣鶚，迪功郎、明州象山縣主簿徐晟，鄉貢免解進士、縣學長章鎔校正，鄉貢進士門生樊三英校正」。考《四明志》，蔣鶚，淳熙九年任。

按：淳熙戊戌，乃五年，距鉞成書甫十七年，魏汝功守徐州，命工刊之。至十年癸卯，蔣鶚又刻置象山縣學。楊王休題云：善本鋟木，儲之縣庠。且藉工墨贏餘，爲養士之助，故書末詳臚工價。宋、元郡庠書院，多以刻書印鬻供膏火，不同坊賈居奇。此本乃象山刻，非滁州本也。其後，元延祐庚申袁桷重刻，有跋。至明淩迪知彙刊《文林綺繡》，取鉞此書，而自增范書雋語，易名《兩漢雋言》，非其舊也。

彭元瑞《天禄琳琅書目後編》卷四《宋版史部・稽古録一函，二册》 宋司馬光撰。書二十卷，第一卷至十五卷起伏羲氏訖周世宗，第十六卷爲《曆年圖序》，第十七卷至二十卷起宋太祖訖英宗爲《國朝百官公卿表》、《大事記》。前有光《進表》，敘次甚晰，附刻朱熹《與鄭知院》書，稱「在長沙時，曾爲刊刻。今越中刻本未竟，欲奏行取索投進」，是此書當時已再刻矣。又語録一則。按陳振孫《書録解題》，云越本聚諸論於一卷，潭本則分繫於各代之後。此刻次第同潭本，即所云長沙刻也。

彭元瑞《天禄琳琅書目後編》卷四《宋版史部・諸臣奏議六函，六十册》 宋趙汝愚撰。汝愚，字子直，乾道中進士。寧宗朝右丞相。追封福王，謚忠定。書一百五十卷，分十二門，一百一十四子目，始自建隆，迄於靖康。諸臣章奏劄子，每篇末附注其人所居之官、奏進之年月。前有淳熙十三年《乞進書劄子》、《進書序》二篇，淳祐庚戌史季温、趙希瀞二序。

按：汝愚《進書序》結銜「龍圖閣直學士、朝散大夫、成都潼川府夔州利州路安撫制置使兼知成都軍府事兼管内勸農使、充成都府路兵馬都鈐轄、祥符縣開國伯、食邑九佰户」。故史季温序云「開端於閩郡，奏書於錦城」。又云：蜀舊鋟木已燬，季温以臬事攝郡，「命郡文學朱君貔孫繼成之」。是此書蜀刻有兩本，此其再鋟也。

彭元瑞《天禄琳琅書目後編》卷五《宋版子部・漢官儀一函，一册》 不著撰人名氏。書三卷。上、中卷分條分官，下卷列例前有引云：始爲戲者，先置盆入金以象口錢，諸官職皆首冠以堂印及諸采。下卷有《亡是公》、《烏有先生》、《翰林主人列傳》三篇，蓋嬉戲之筆，非劉昭《後漢・百官志》所引之《漢官儀》也。末有書後一篇，稱吾幼年集西漢士大夫遷官故事爲博戲。仲原父爲之序。原父乃劉敞字，益非應劭之《漢官儀》、衛宏之《漢官舊儀》也。書末有「紹興九年三月臨安府雕印」字。其書乃進士采選之流，諸家書目不載。

汪璐《藏書題識》卷一《史部・獨斷二卷影宋抄本》 漢蔡邕撰。末有跋云：邕采古及漢興以來百度，類見此書，而傳本多誤。淳熙乙亥建人熊克刊于赤城書院。且聞嘉祐間有余擇中者，嘗爲考正，釋以己意，題曰《新定獨斷》，恨未之見也。七月十日記。

孫星衍《平津館鑒藏記書籍》卷一《宋版・通鑑紀事本末四十二卷目録一卷》 題「建安袁樞編」。前有淳熙元年楊萬里敘。此書宋有二刻本。一刻於嚴陵，即萬里敘本。一刻於寶祐，趙與簒以嚴陵版小易爲大字，此即大字本也。而缺與簒敘一篇。每葉廿二行，行十九字。

顧廣圻《思適齋書跋》卷二《漢書一百二十卷宋刻本》 顔注班書行世諸刻，大約源於南宋槧本。文句或用三劉、宋子京之説，或校刊者用意添改，往往致譌，而謄字尤多。此以後人文理讀前人書之病也。唯是刻乃景祐二年監本，獨存北宋時面目。惜補板及剜損處無從取正，然據是可以求其添改之蹟，誠今日希世寶笈也，後之讀者幸知而珍重之。嘉慶戊午用校時本一過於讀未見書齋，其所取正文多别記，兹不論。澗蘋顧廣圻。

顧廣圻《思適齋書跋》卷二《通鑑紀事本末四十二卷宋嚴州刻本》 建安袁樞《通鑑紀事本末》宋槧凡二，其一爲小字本，王伯厚《玉海》所言「淳熙三年詔嚴州摹印一部」者也；其二爲大字本，節齋趙與簒於寶祐丁巳重刻而序之者也。大字本之板，前明尚在南監，故外間印本不少。小字本則僅有宋印耳。此部爲崑山徐尚書所藏，卷端鈐其名號圖記，通帙精善，尤可寶貴矣。道光癸未陽月程稟初嫺孟出以見示，屬加審定，爰書是而貽之。顧千里記。

顧廣圻《思適齋書跋》卷二《輿地廣記殘本二十一卷宋刻本》 殘宋槧本歐陽忞《輿地廣記》起十八卷四葉，盡三十八卷五葉，大較存廿一卷。季滄葦藏，有圖記。先從兄抱沖收得。維時周漪塘家先有是書鈔本，脱略譌錯，殆不可讀，曾借去就所存者校正，深以爲精。於後外間復有從周借傳者，其題目此殘宋槧則曰重修本，蓋緣第十九卷尾云「嘉泰甲子郡守譙令憲重修，淳祐庚戌郡守朱申重修」，第十八、廿三、廿九、三十一、三十五卷尾皆云「淳祐庚戌郡守朱申重修」故也。夫譙令憲、朱申皆自稱郡守而不署何郡，然則果何郡耶？以余論之，二人皆廬陵郡守也。忞書之板何以在廬陵？以忞其郡人也。是書撰於北宋政和中，由嘉泰四年甲子上溯之，相距凡八十餘年，而開雕歲月未有明文也。下數淳祐十年庚戌，首尾四十七年耳。兩次重修，皆郡守主其事，故前後二人並列焉。補葉雖漸多，初板終未全泯，固可寶也。此外又有朱竹垞藏本，曾在浙人韓姓家，所闕卷葉互爲不同，而俱闕者則尚有之也。不寧惟是，以此本相決朱本，乃另一翻板。何以言之？細勘廿一卷内無一葉之同，即板心記數，工匠姓名，無不皆然，故曰另一板也。字形相近之譌，往往沿襲重修本而且加多焉，故曰翻也。翻者非他也，翻重修本而已矣。周漪塘鈔本正出於彼，其印本甚模糊，宜鈔本之脱落譌錯矣。今年病暑，餘暇借先從兄遺書來讀一過，知其原委，因即題於此首，庶將來有得見之者，據吾所言以覈其實焉。又竹垞藏本聞汪君閬源近已買得，擬他日借來再勘之。嘉慶庚辰六月望後一日，元和顧千里甫記於楓江僦舍。

莫友芝《宋元舊本書經眼録》卷一《漢書一百卷宋湖北提舉茶鹽司小字本》 半葉十四行，二十七字或二十六、二十八、二十九字不等。注行三十四字或三十三、三十五字不等。板高今七寸弱。其避諱至「慎」字止，蓋孝宗時刊。《遂初堂書目》有湖北本《前漢書》，當即此本。以校明汪文盛本，時有互勝互脱字，而足正汪誤者多。汪本自八《表》下每附劉氏説，而此本皆不附。同治己巳秋，吴門市出汪士鐘舊藏，又有「陳道復」印，則僞作也。

莫友芝《宋元舊本書經眼録》卷一《漢書宋鷺洲書院大字殘本》 半葉八行，行正文十六字，注文雙行，二十一字。每卷末皆記二行云：「右將監本、杭本、越本及三劉、宋祁諸本參校，其有同異，並附於古注之下。」又有正文若干字，注文若干字，一行或二行，在卷題後。始刊於南宋末，畢工於元至正間，其卷末記甲子可考。字較景祐本尤爽目。惜僅景十三王傳、司馬相如兩卷。鷺洲，乃吉安府城東贛江中長數里之白鷺洲。宋淳祐間，知吉州江萬里建書院其上，以教俊秀，歐陽守道爲之記。徐俯師川詩云「金陵與廬陵，俱有白鷺洲。相望萬里江，中同二水流」者是也。己巳七月七日，觀于沈均初樹鏞舍人案頭，雖殘帙亦可貴。

海寧吴兔牀騫有宋刊《漢書》殘本《列傳》十四卷，葉十六行，行十六字。

張金吾有宋嘉定刊《後漢書》，葉十六行，行十六字，注二十一字。《百宋一廛賦注》云：「嘉定戊辰，蔡琪純父所刊也。」

莫友芝《宋元舊本書經眼録》卷一《唐書宋嘉祐杭州本》 每葉二十行，行十九字。其末卷二十二葉，後八行總計云：「《唐書》凡二百二十六篇，總二百五十卷。二十一《帝紀》，一十篇，一十卷。十三《志》，五十篇，五十六卷。三《表》，十五篇，二十二卷。《列傳》一百五十篇，一百六十卷。嘉祐五年六月二十四日進呈。」二十三葉載銜名：「編修官劉羲叟、一行。呂夏卿、一行。宋敏求、二行。王疇、二行。范鎮。三行。刊修宋祁、三行。歐陽修。三行。提舉編修曾公亮。二行。嘉祐五年六月二十六日准中書劄子。奉一行。聖旨下杭州鏤版頒行。一行。校對無爲軍判官將仕郎試祕書省校書郎充國子監直講。一行。」其三十四葉缺校對銜名，未完。同治乙丑五月，嘉興馬氏持售于上海，僅尾三卷《逆臣傳》，以湊別一舊本。謂別本爲宋刻，此三卷爲元刻。以余審之，此三卷宋刻，其別本之全乃元、明間刻耳。別本板心校此高、廣各一指許。每葉二十行，行二十二字。每卷題名但云「歐陽修奉敕撰」、「宋祁奉敕撰」，而不具官銜，不書「臣」。此三卷則銜臣皆具，且字體方滿，精神故也。別本末附《釋音》二十五卷，今官本亦有之。

莫友芝《宋元舊本書經眼録》卷三《建康實録二十卷影宋鈔本》 每葉二十二行，行大字二十，小字三十三、三十四不等。二十卷尾附記云：「江寧府嘉祐三年十一月開造《建康實録》，並案《三國志》、東西《晉書》并《南北史》校勘，至嘉祐四年五月畢工。凡二十卷，總二十五萬七千五百七十七字，計一十策。」後葉前半列張庖氏、錢公瑾、曾伉、熊本、趙真卿五人校正銜名，及通判軍府彭仲荀、知軍府事梅摯銜名。後半又載紹興十八年十一月荆湖北路安撫使司重別雕印韓軫、高楫、王廓、張允之、万俟虛、趙遜、周方平、劉長、王瑋九人銜。此所據鈔者，紹興本也。鈔字尚不劣，蓋明末國初時物。僅卷首「郁泰峰己亥年所收書」一印。其鈔自何年、何人不可考矣。

潘祖蔭《滂喜齋藏書記》卷一《宋刻紀事本末四十二卷六函四十二册》 建安袁樞編。宋時有二刻，一爲小字本，淳熙乙未刻於嚴陵，楊萬里序；一爲大字本，寶祐五年趙與簒所刻，即此本也，前有與簒序。每半葉十一行，行十九字。板高尺餘，字大於錢，最便老眼。常熟瞿氏亦藏此刻，有延祐六年陳良弼序，謂節齋之孫明安置之嘉禾學宮。節齋即與簒字也。此板至明尚存，遞有修改。此本無良弼序，尚是延祐以前印本。唐子畏、葉文莊皆有藏印。

潘祖蔭《滂喜齋藏書記》卷一《宋刻國語補音三卷一函三册》　《國語》宋公序補音，明人刻本散見各條之下，非原書面目矣。此本三卷，尚是公序舊第。後有治平元年中書省劄一道，云：「《國語》并補音，共一十三册，國子監開板印造。」末有一行云：「右從政郎嚴州司理參軍薛鋭校勘。」遇宋諱玄、懸、殷、匡、恒、徵、敬、竟、樹、頊、桓、完皆缺筆。「頊」神宗名，「桓」欽宗名，皆在治平後，當是南宋時嚴州覆刻。「犬戎樹惇」，「惇」字犯孝宗諱，不缺，是孝宗以前本也。每半葉十行，行二十字。字畫方勁，與北宋槧無異。卷首面葉有「經部春秋類」五字，「春秋」二字朱文。又一葫蘆印，曰「適安」。又二方印，曰「相臺岳氏」、曰「經遠堂藏書印」，蓋岳倦翁舊藏也。

陸心源《儀顧堂題跋》卷二《宋耿秉槧本史記跋》　《史記》一百三十卷，宋槧本。每頁二十二行，行二十五字，版心有字數及刊工姓名。淳熙丙申，張杅介父守桐川，以蜀小字本《史記》改寫中字，刊于郡齋，而削褚少孫所補。趙山甫爲守，取褚少孫書別刊爲一帙。淳熙辛丑，耿秉爲郡，復以褚書依次第補刊之。《集解》之後繼以《索隱》，而無《正義》。校以王延喆、柯維熊、毛子晉及官刊本，頗有勝處。

陸心源《儀顧堂題跋》卷二《宋槧湖北庾司本漢書跋》　《漢書》一百二十卷。題曰正義大夫行秘書少監琅琊縣開國子顔師古注。首行篇名在上，大題在下，班固二字在中。前爲顔師古《漢書叙例》，後有張孝曾跋，沈綸言叙，梅世昌等校正銜名五行，梁季祕題。每頁二十八行，每行二十七字。小字雙行，每行三十五六字不等。版心有刻工姓名。紹興初刊于湖北鹽茶提舉司。淳熙二年，梅世昌爲提舉，版已漫漶，命三山黄杲升、宜興沈綸言重校刊二百二十七版。慶元二年，梁季祕爲守，又命郭洵直重刊一百七十版。此則慶元間初印本也。

陸心源《儀顧堂題跋》卷二《宋槧吴志跋》　《吴志》二十卷。題曰晉平陽侯相陳壽撰。前有咸平六年中書門下牒，宋元嘉六年裴松之上表，表後即接目録。目分上下兩帙，前十卷爲上帙，後十卷爲下帙。後有詳校官杜鎬等、校勘官錢惟演等銜名。卷二末有承直郎守辟雍正臣吴存校正一行。卷六、卷十四、卷十八末有從事郎試辟雍正臣趙霄校正一行。每卷首行題某某傳第幾，下吴書，又下國志幾。每頁二十八行，每行二十五字。匡、殷、玄、敬、貞、徵、桓、恒皆缺避。當爲咸平中國子監刊本而徽宗時修補者。

陸心源《儀顧堂題跋》卷二《元板北史跋》　《北史》一百卷。元大德間刊本。首行大題在下，尚存宋本舊式。版心有信州路儒學刊、信州象山刊、象山書院刊、道一書院刊、稼軒書院刊、藍山書院刊、玉山縣學刊、弋陽縣學刊、貴溪學刊、上饒學刊等字。每頁二十行，行二十二字。版心有字數及刊工名。間有嘉靖元年二修版。蓋版入南監以後所印也。較明北監本及汲古閣本頗有勝處。

陸心源《儀顧堂題跋》卷二《元板南史跋》　《南史》八十卷。每卷次行題曰李延壽，首行大名在下。每半頁十行，行廿二字。元大德刊本。版心間有字數及嘉靖十年修板。雖刊手不佳，較以汲古閣本乃知此本之善。

陸心源《儀顧堂題跋》卷二《元瑞州路隋書跋》　《隋書》八十五卷。湘文觀察所藏。末有天聖二年五月十一日上御藥供奉監元用奉傳聖旨云云五行。版心有路學、浮學、饒學、堯學、番泮、餘干、樂平、平州、初菴書院、忠定、錦江、長薌等字，蓋元翻宋本也。大德乙巳孔文聲跋太平路所刊《漢書》云，江東建康道廉訪使允太平路學之請，以十七史艱得善本，徧牒九路，令本路以《西漢書》率先云云。所謂九路者，建康道所屬寧國、徽州、瑞州、建康、池州、太平、信州、廣德、鉛山也。余所見者，太平路《漢書》每卷題曰太平路新刊《漢書》，寧國路刊《後漢書》每卷末有寧國教授題名，池州刊《三國志》有朱天錫跋，信州刊《北史》每頁版心有信州路學字，建康路刊《新唐書》前有大德丁未成明瑞序，序後有建康路監造各官題名。此本雖無序跋，以版心字推之，則瑞州路刊本也。其曰路學者，瑞州儒學也；浮學者，浮梁縣學也；饒學者，饒州學也，堯即饒之省文；番泮者，鄱陽學也；餘干者，餘干學也；樂平者，樂平州學也，故又曰平州。元初，饒州、樂平、浮梁、餘干皆爲州，仍隸瑞州路。至元十四年，饒州始升爲路。《隋書》刊于大德乙巳，故仍隸瑞州。忠定、錦江、長薌皆書院名。忠定書院在餘干縣琵琶洲，趙忠定與朱子講道之所。長薌書院在浮梁縣景德鎮，慶元二年李齊念建。錦江書院在安仁縣，宋倪玠講學之所。初菴書院在德興縣，元學士傅立號初菴，捐俸置田，奏設山長。當時雖牒各學刊刻，書院之有餘貲者亦預其役耳。各學之版，明初入南監，正德、嘉靖遞有修補，至嘉靖修補後，版心路學等字已十不存一矣。此本無一修版，版心之字一一明晰，其爲元版元印無疑也。

陸心源《儀顧堂題跋》卷二《宋嘉祐杭州刊本新唐書跋》　宋本《新唐書》，每葉二十八行，行二十五字。板心有刊匠姓名。紀、志、表、傳各分起訖。前有嘉祐五年六月曾公亮進書表，末題《唐書》凡二百二十六篇，總二百五十卷，二十一帝本紀一十篇一十卷，十三志五十篇五十六卷，三表十五篇二十二卷，列傳一百五十篇一百六十卷，録二卷六行。省行大題在下。仁宗以上諱匡、胤、炅、恒、禎，及嫌名。殷、敬、鏡、貞等字皆缺筆甚謹，不及英宗以下。蓋嘉祐進書時刊本也。全書皆經點抹，卷中多有會稽李安詩題語，自景定甲子迄咸涫丁卯點完。景定爲理宗年號，咸涫爲度宗年號，蓋宋季人也。有李安詩「伯之克齋藏書」朱文印，「梅谷藏書樹德堂子孫寶之」白文印及季滄葦、汪士鐘印。安詩仕履無攷，宋嘉定壬申刊本大事記末有免解進士充府學直學李安詩同校正銜名，查嘉定壬申距景定甲子五十二年，當即其人也。

陸心源《儀顧堂題跋》卷二《宋板歐公本末跋》　《歐公本末》四卷，宋吕祖謙編。每頁十八行，每行十八字。版心有字數及刊匠姓名，後有嘉定壬申嚴陵詹乂民刻版跋。宋諱嫌名桓、完、慎、敦、構皆缺，避項注神宗廟諱，當據藁本原文。《書録解題》、《文獻通考》皆著于録，明以後收藏家無箸録者。《四庫》未收，阮文達亦未進呈。其書取歐公箸述有關出處、行誼、朋友、親戚、學術、趣向者掇集成書，故曰本末。字兼歐、柳，紙墨精良。紙背乃延祐四年官册，蓋元初印本也。

陸心源《儀顧堂題跋》卷三《北宋蜀費氏進修堂大字本通鑑跋》　《資治通鑑》二百九十四卷。每頁二十二行，每行十九字，小字雙行。版心有字數及刊板銜名。宋諱朗、匡、胤、殷、貞、敬、曙、徵、恒、佶皆缺避，桓字不缺，蓋徽宗時刊本也。

陸心源《儀顧堂題跋》卷三《元版資治通鑑跋》　《資治通鑑》二百九十四卷。題曰朝散大夫、右諫議大夫、權御史中丞、充理檢使、上護軍、賜紫金魚袋臣司馬光奉敕編集，後學天台胡三省音註。前有興文署刊版，翰林學士王磐序，仁宗御製序，胡三省音註。序後有温公進書表，同修劉攽、劉恕、范祖禹，檢閲文字司馬康等銜名，及元豐七年獎諭詔書，元祐元年奉旨下杭州鏤板校定范祖禹等銜名，紹興二年兩浙東路提舉茶鹽司公使庫王然等紹興府餘姚縣刊板銜名，校勘監視張九成等銜名。元刊本。每頁二十行，行二十字，小字雙行。版心有刊工姓名及字數。案：元至元二十七年正月，立興文署，召集良工，刊刻諸經子史板本，以《通鑑》爲起端。爲胡梅磵注之祖本，亦元時官刊最善之本也。

陸心源《儀顧堂題跋》卷三《宋板通鑑長編撮要跋》　《續資治通鑑長編撮要》一百八卷。題曰左朝散郎、尚書禮部員外郎兼國史院編修臣李燾編。宋刊本。每頁二十六行，每行二十三字。版心有字數。前有乾道四年進書表，語涉宋帝皆空一格，每條另起，亦空一格。宋刊存卷三十至三十四，卷三十八之一至四十之一，卷五十七之二至七十五之二，卷七十九至八十八，卷九十一之二至一百卷一百一之二，卷一百五之二至一百六之二。餘影寫補全。

陸心源《儀顧堂題跋》卷三《宋槧通鑑考異跋》　《資治通鑑考異》三十卷。每卷題曰端明殿學士兼翰林侍讀學士、大中大夫、提舉西京嵩山崇福宫、上柱國、河内郡開國公、食邑二千六百户、食實封一千户臣司馬光奉勅編集。光字空一格，勑字空一格。每頁二十二行，每行大字十九，小字二十三。版心有字數及刻工姓名。

陸心源《儀顧堂題跋》卷三《元板通鑑釋文辨誤跋》　《通鑑釋文辨誤》十三卷。題曰天台胡三省身之。元興文署刊本。每頁二十行，行二十字，小字雙行。版心有字數及刊工姓名。後有三省自序。

陸心源《儀顧堂題跋》卷三《宋版宋朝編年綱目備要跋》　《皇朝編年綱目備要》，題曰壺山陳均編。宋紹定二年刊本。前有真西山德秀、鄭文定性之、林岊序及自序。每葉十六行，每行大字十六，雙行小字二十四。

陸心源《儀顧堂題跋》卷三《宋槧國語跋》　《國語》二十一卷。首行篇名在上，大題在下。題曰韋氏解。宋刊元修本。每頁二十行，每行二十字。版心有字數及刊工姓名。元修之頁版心國字作国，無字數，有監生某某銜名，匡、殷、貞、敬、恒、桓、構、慎皆缺避，當爲孝宗時所刻。考至元廿四年國子監置生員二百人，延祐二年增置百人，興文署掌刊刻經史，皆屬集賢院。見《元史·百官志》及《祕書志》。此必南宋監板，入元不全，修補印行，所以板心有監生銜名也。明宏治十五年，先如崑公官清豐令，得宋板于許讃，重爲付梓，行欵一仍宋刊舊式，惟無版心字數及刊工姓名耳。

陸心源《儀顧堂題跋》卷三《元槧戰國策校注跋》　《戰國策》十卷。題曰縉雲鮑彪校注，東陽吴師道重校。每頁二十二行，每行二十字，注雙行。至正平江路刊本。前有至正十五年牒文、劉向序、曾鞏序、鮑彪序、吴師道序、陳祖仁序。【略】第三四五卷末有至正乙巳前藍山書院山長劉鏞重校勘一行。第八九十卷末有平江路儒學正徐昭文校勘一行。元時已有重刊本，行欵不同。成化中有坊刊小字本。嘉靖中張一鯤與《國語》同刊，皆有譌舛。此則其祖本也。

陸心源《儀顧堂題跋》卷三《宋槧石林奏議跋》　《石林奏議》十五卷。題曰模編宋刊本。每頁二十行，行二十五字。後有姪孫箋跋，即《百宋一廛賦》中所謂「瓳石林之奏議，鬱剥落而生芒」者也。模者，石林第三子，見《宋史》本傳。

《建康總集》一百卷，宋時曾板行，是編爲《總集》所不載，慶元中，姪孫箋刊之台州郡齋。語詳箋跋其書。

陸心源《儀顧堂題跋》卷四《元板吴越春秋跋》　《吴越春秋》十卷。題曰後漢趙曄撰。前有徐天祐序。卷十末有大德十年歲在丙午三月音注，越六月，書成刊板，十二月畢工兩行。前文林郎國子監書庫官徐天祐音註一行。正議大夫紹興路總管提調學校官劉克昌及儒學梁相等銜名四行。每頁十八行，每行十八字，小字雙行，每行廿六七字不等。版心分上下兩卷。明覆本欵式及卷末題名同，惟每頁十六行，每行十七字，板心分十卷，異于元槧耳。是書有宋汪綱刊本，行數、字數與元刻同。

陸心源《儀顧堂題跋》卷四《影元抄孔氏祖庭廣記跋》　《孔氏祖庭廣記》十二卷。題曰資政大夫襲封衍聖公知集賢院兼太常丞五十一代孫元措謹續編。前有金正大四年丁亥元措自序，左丞張行信序，及宋元豐八年孔宗翰《家譜舊引》，宣和六年孔傳《祖庭廣記舊序》。每頁二十二行，每行二十字。金時鐫板于南京，此則從蒙古壬寅重雕本所録出也。

李希聖《雁影齋題跋》卷一《通鑑紀事本末宋版》　每半頁十一行，行十九字。卷首有「菉斐軒藏書記」、白文。「汲古閣」印、朱文。「毛氏珍藏」。白文。又爲王鴻緒、陳玉方、胡薊門所遞藏，卷首有其印記。又有「張之洞審定」、「無競居士」等印。此板明初尚存南雍，故印本流傳不少。此本紙墨確係元印，非明印也。此書在南宋時即有兩本，初刻於嚴陵。淳熙元年，楊萬里出守臨漳，過嚴陵，爲序行之。至寶祐時，宗室趙與𥲅以嚴陵版字小且訛，易爲大書重刊，讎校亦精，版藏與𥲅家。至元延祐六年，其孫趙明安售於宣城陳良弼。此本楊、趙二序之後，有良弼序，蓋宋版而元印者也。

李希聖《雁影齋題跋》卷二《宋諸臣奏議百五十卷宋本》　每半葉十一行，行二十三字。前有淳祐庚戌趙希瀞、史季温二序。此本乃忠定之孫必愿官閩時梓於學宫，季温之父史容字薌室。以忠定之客，嘗與編輯之役。故季温捐金助刻是書，而朱貔孫爲之監梓。忠定是書編輯於閩，而奏進於蜀，當時即已刊行。自淳熙至淳祐六十年間，蜀板已毁，此本乃閩中所刊。王漁洋《居易録》曾見温陵黄氏所藏宋刻本，當與此本同。

于敏中《天禄琳琅書目》卷二《宋版子部·纂圖互注荀子一函，八册》　周荀況撰，三十二篇；唐楊倞注，分二十卷。前載楊序，序後有《欹器》、《大路》、《龍旗九斿》三圖。宋陳振孫《書録解題》曰：《漢志》作「孫卿子」者，避宣帝諱也。至楊倞始復改爲「荀」，分二十卷而注釋之。淳熙中，錢佃耕道用元豐監本參校，刊之江西漕司，其同異著之篇末，凡二百二十六條，視他本最爲完善云云。據此，則宋時刊刻《荀子》已非一本。是書標爲纂圖互注，書中於倞注外又加重言、重意、互注諸例，與經部宋本《毛詩》、《周禮》、《春秋經傳集解》三書正同，圖樣、字體、版式，亦復相等，蓋當時帖括之書不獨有經也。

于敏中《天禄琳琅書目》卷二《宋版史部·帝學一函，四册》　宋范祖禹編。八卷。《宋史》：祖禹，字淳甫，神宗時進士甲科。從司馬光編修《資治通鑑》，書成，光薦爲祕書省正字。哲宗元祐初，擢右正言，尋改著作郎兼侍講。在講筵八年，蘇軾稱爲講官第一。嘗進《唐鑑》十二卷，深明唐三百年治亂，學者尊之，目爲唐鑑公。是書亦同時所進。書後有嘉定辛巳青社齊礪跋，載祖禹五世孫擇能宰高安，刊置縣齋。未幾散逸，户曹玉牒汝洋一日訪得原本，俾鋟木以永其傳云云。考《宋史·宗室世系表》，汝洋爲太宗長子漢王元佐八世孫。齊礪無考。按《赤城志》，有齊碩者，青社人，以宣教郎知台州。則礪當屬其雁行也。詳閲是書，楮墨精好，洵屬嘉定時所重刊者。

于敏中《天禄琳琅書目》卷二《宋版子部·農蠶書一函，一册》　宋陳旉《農書》三卷，秦觀《蠶書》一卷，附樓璹《耕織圖詩》。按《宋史·藝文志》，陳旉《農書》三卷。陳振孫《書録解題》云：「《農書》三卷，稱西山隱居全真子陳旉撰。未詳何人。其書曰《田》、曰《牛》、曰《蠶》。洪慶善爲之後序。」慶善，係洪興祖字。又云「秦少游《蠶書》，見少游《淮海集》第六卷」云云。此本二書合刻，係宋汪綱守高郵時所編，其跋《農書》，略云高沙素稱沃壤，每遇豐歲，則長淮所賴以儲蓄者糴於此以取足焉。余曩得《農書》一帙，凡耕桑種植之法，纖悉無遺。揭來守此，視事之初，急鋟諸木，以爲邦人勸。孫鏞《蠶書跋》云：「高沙之俗，耕而不蠶。郡太守汪公取秦淮海《蠶書》示余，曰：『子謂高沙不可以蠶，此書何爲而作乎？』乃命鋟木，與《農書》並傳焉。」二跋俱爲嘉定甲戌。按：甲戌，爲宋寧宗嘉定七年。後附樓璹《耕織圖詩》，並録璹孫洪鐫石題識，稱嘉定庚午。蓋汪綱刻書時見此石刻，遂併取之，以附於二書之末耳。

于敏中《天禄琳琅書目》卷二《宋版子部·程氏演繁露一函，一册》　宋程大昌撰。六卷。前自序，陳應行跋。【略】此書有泉州州學教授陳應行跋，稱淳熙庚子，分教温陵，始得其《禹貢圖論》，繼又得其《考古編》、《演繁露》二書，亟命繕寫鋟木以傳，於淳熙辛丑竣事。按辛丑，爲淳熙八年，合之《宋史》，大昌出知泉州當在其時。宋陳振孫《書録解題》載《演繁露》十四卷、《續》六卷，今書祇六卷，乃十四卷已佚，而此特其續者。應行，字季陵，建安人。《文獻通考》載其所撰之書，有《杜詩六帖》十八卷。

于敏中《天禄琳琅書目》卷二《宋版子部・太學新編排韵字類八函，六十四册》 宋李錫、虞韶撰。上平聲十五卷，下平聲二十三卷，上聲十五卷，去聲十五卷，入聲八卷，共七十六卷。是書卷首刊昭武李錫、建安虞韶編次。考之《宋史》列傳，二人俱不載；《藝文志》内，亦未列此書。然標題之上冠以「太學新編」，二人似曾肄業於太學者。按《經義考》云：「天下印書，福建本幾偏天下，錫、韶俱閩人，當是閩中刊行之書。且版高半尺，乃巾箱本，亦宋所盛行者。字朗紙堅，瑩然可寶。」

御題：「此宋太學本也。依韵分編，備聲律之用，與《選青賦箋》同屬閩中所刊。蹟其字古墨香，藏之祕府，足爲縹緗生色。乾隆甲子秋日，御識。」鈐寶二：曰「乾隆宸翰」，曰「幾暇臨池」。

錢大昕《十駕齋養新録》卷一四《郡齋讀書志》 晁公武《郡齋讀書志》，宋時有兩本。袁州本僅四卷，淳祐庚戌，番陽黎安朝知袁州刊之郡齋，又取趙希弁家藏書續之，謂之《附志》。衢州本二十卷，則晁之門人姚應績所編，淳祐己酉南充游鈞知衢州所刊。兩書卷數不同，所收書則衢本幾倍之。其後希弁得衢本，參校爲後志二卷，以補其闕。其與希弁同者，不復重列，蓋已非完書矣。馬氏《經籍考》所引晁説，皆據衢本不用袁本。當時兩本并行，而優劣自判。今世是通行本皆依袁本翻刻。予婿瞿生中溶購得鈔白衢本，惜無好事者刊行之。

錢大昕《十駕齋養新録》卷一四《證類本草》 此書有兩本。其一題云：《經史證類大觀本草》三十一卷，目録一卷。前有大觀二年十月朔，通仕郎行杭州仁和縣尉管句學事艾晟序。序後有一方記云「大德壬寅孟春宗文刊行」。後題「春穀王秋捐資，命男大猷、大成仝校録」。殆明人翻元刻也。其一題云：《經史證類政和本草》。前載政和六年，康州防禦使入内醫官曹孝忠序云：「蜀人唐慎微因《本草》舊經衍以《證類》。臣親奉玉音，謂此書實可垂濟，乃詔節使臣楊戩總工刊寫，又命臣校正而潤色之。謹奉明詔，删繁緝紊，務底厥理，凡六十餘言，請目以《政和新修經史證類備用本草》云。」是書初刊于杭州漕司。艾晟序謂慎微不知何許人，其云《大觀本草》者，因校刊之年題之也。其後曹孝忠被旨校刊，乃係以政和之名。若慎微著書，實在元祐之世，不特非政和，亦非大觀也。其書本名《經史證類備急本草》，大觀、政和皆後來所題。而政和之名出于朝旨，則當以政和爲正。然南宋人多稱《大觀本草》者，政和新修之本經汴京淪喪，不及流播東南。陳直齋所收，亦祇浙漕司本，故未暇訂正耳。今所傳政和本，乃元初平陽張存惠重刻，增入寇宗奭《本草衍義》，亦非孝忠之舊。《題記》云「泰和甲子下己酉冬」，實元定宗后稱制之年，距金亡已十有六載矣，而存惠猶以「泰和甲子下」統之，隱寓不忘故國之思。或以爲金泰和刻，則誤矣。

錢大昕《十駕齋養新録》卷一四《洗冤録》 《洗冤集録》五卷，朝散大夫、新除直秘閣、湖南提刑充大使行府參議官宋慈惠父編。前有淳祐丁未嘉平節前二日自序，蓋宋槧本。却有聖朝頒降新例數葉，列于首卷之前，皆至元、大德、延祐間文移，則元人增入也。慈不知何郡人，其書不載于《宋史・藝文志》，而至今官司檢驗，奉爲金科玉律。但屢經後人增改，失其本來面目，唯初刻爲可貴耳。《輟耕録》記勘釘事，以爲創聞，然此録已先有之矣。

錢大昕《十駕齋養新録》卷一四《顔氏家訓》 《顔氏家訓》七卷，前有序一篇，不題姓名，當是唐人手筆。後有淳熙七年二月沈揆跋。又有《考證》一卷，後列「朝奉郎權知台州軍州事沈揆、朝請郎通判軍州事管銑、承議郎添差通判軍州事樓鑰、迪功郎州學教授史昌祖同校」，又有「監刊」、「同校」諸人銜，皆以左爲上，蓋台州公庫本也。淳熙中，高宗尚在德壽宫，故卷中「構」字皆注「太上御名」而闕其文。前序後有墨長記云「廉臺田家印」。宋時未有廉訪司，元制乃有之；意者，元人取淳熙本印行，間有修改之葉，則於宋諱不避矣。

錢大昕《十駕齋養新録》卷一四《史繩祖學齋佔畢》 史繩祖《學齋佔畢》四卷，前有自序，題「淳祐庚戌吉月眉山史繩祖慶長書於梓潼極堂」。後有景定壬戌冬至鄱陽郭囦跋。繩祖之大父武陽府君字子堅，精於篆隸，嘗集《隸格》一册，以補洪景伯《漢隸》之缺。其書今不傳。所載石室壁間刻古聖賢、義夫節婦及車馬人物，即武梁祠石象也。頃錢唐黄小松郡丞於嘉祥縣之紫雲山搜得之。而繩祖謂此碑在資州宅博雅堂下，制梱又葦運寘之明新。二字疑有譌脱。是蜀中又有翻刻本，亦異聞也。

彭元瑞《天禄琳琅書目後編》卷一《宋版首部・御題算經一函，十册》 宋祕書省本。凡七種：一曰《周髀算經》，趙君卿注，甄鸞重述，唐朝議大夫、行太史令、上輕車都尉臣李淳風等奉敕注釋。前有趙君卿序，後題「祕書省《周髀算經》一部，上、下共二册，元豐七年九月日上進」，校定降授宣德郎、祕書省校書郎臣葉祖洽，校定承議郎、行祕書省校書郎臣王仲修，校定朝奉郎、行祕書省校書郎臣錢長卿，奉議郎、守祕書丞臣韓宗古，朝請郎、試祕書少監臣孫覺，降授朝散郎、試祕書監臣趙彦若。附《周髀算經音義》，假承務郎、祕書省鉤考算經文字臣李籍撰。末有嘉定癸酉鮑澣之後序。【略】

影宋鈔本，出常熟毛氏，描摹紙墨最爲精巧，書肆所豔稱毛鈔也。據《夏侯陽算經》後列銜，乃三省祕書監奉敕刊，《書録解題》所謂元豐監本即此。它六種雖脱此葉，而行款槧法同爲一書，毛氏據所得影鈔之。考《四庫全書》所録《張邱建緝古》二種，亦鈔本。其《九章》、《孫子》、《五曹》、《夏侯陽》四種，乃從《永樂大典》散篇編成。蓋中祕之書，人間未見矣。

毛扆總跋：按《唐書·選舉志》：制科之目，明算居一。其定制云：「凡算學，《孫子》、《五曹》共限一歲，《九章》、《海島》共三歲，《張邱建》、《夏侯陽》各一歲，《周髀》、《五經算》共一歲，《綴術》四歲，《緝古》三歲，《紀遺》、《三等數》皆兼習之。」竊惟數學爲六藝之一，唐以取士，共十經。《周髀》家塾曾刊行之，餘則世有不能舉其名者。扆半生求之，從太倉王氏得《孫子》、《五曹》、《張邱建》、《夏侯陽》四種，從章邱李氏得《周髀》、《緝古》二種，後從黄俞邰又得《九章》，皆元豐七年祕書省刊版，字畫端楷，雕鏤精工，真希世之寶也。每卷後有祕書省官銜姓名一幅，又一幅宰輔大臣，自司馬相公而下俱列名於後，用見當時鄭重若此。因求善書者刻畫影摹，不爽豪末，什襲而藏之。但焉得《海島》、《五經算》、《綴術》三種，竟成完璧？并得好書者刊刻流布，俾數學不絶於世，所深願也。康熙甲子仲秋，汲古後人毛扆謹識。鈐印二：「毛扆之印」、「斧季」。

彭元瑞《天禄琳琅書目後編》卷五《宋版子部·帝學一函，四册》 宋范祖禹撰。祖禹，字夢得，又字淳父，華陽人。舉進士甲科，官翰林學士。撰此書進哲宗，詳《宋史》本傳。八卷前有嘉定辛巳齊礪序，稱祖禹五世孫擇能宰高安，刊置縣齋。未幾散逸，户曹玉牒汝洋得元本鋟木，是再刻本也。汝洋，太宗八世孫，楚王元佐之後，見《宋史·宗室表》。又有謝克家建炎四年奏取書劄子。

彭元瑞《天禄琳琅書目後編》卷五《宋版子部·朱子語類八函，八十册》 宋黎靖德編。靖德，永嘉人。書百四十卷，二十六門。前有序，闕名；次諸本目；次嘉定乙亥黄幹《池州刊朱子語録後序》；次嘉熙戊戌李性傳《饒州刊朱子語續録後序》；次淳祐己酉蔡抗《饒州刊朱子語後録後序》；次咸淳元年吴堅《建安刊朱子語別録後序》二；次嘉定十三年魏了翁《眉州刊朱子語類後序》；次淳祐壬子蔡抗、王柲《徽州刊朱子語類後序》；次《姓氏》，注諸人某年所聞，各注某録。所謂池録、饒録、饒後録、蜀類、徽續類、建別録者，即靖德所輯諸本，故前皆列其序；次門目，乃黄士毅編，靖德因之；次卷目，綴以景定癸亥靖德纂書序，又一篇，咸淳庚午靖德行盱江郡事，刻之郡齋再序也；次考訂八條，乃刪增校改之例。宋人尊信朱子，單文隻語皆爲著録，至此書而集大全矣。

彭元瑞《天禄琳琅書目後編》卷五《宋版子部·西山先生真文忠公讀書記五函，三十六册》 宋真德秀撰。德秀，字希元，浦城人。慶元中進士，官參知政事。謚文忠，配享聖廟。書五十九卷，甲記三十七卷，前有《綱目綱領》，論天命之性至鬼神，標目百有二；乙記二十二卷，前有《綱領》，論虞夏大臣事業，至有唐輔臣事業，標目十。末刻銜「提督奉議郎、特添差福建安撫司參議官仍釐務涂演，提督奉議郎、通判福州軍州事兼西外宗正丞黄□孫，監雕迪功郎、福州福清縣縣學主學張值」。

陳振孫《書録解題》載《讀書記》，分甲、乙、丙、丁。今但有甲三十七卷、丁二卷，乙、丙未見。《文獻通考》亦祇載三十九卷。至乙記下二十二卷前有德秀門人湯漢序，稱甲、丁二記先刊行，乙記上即《大學衍義》，其下未及繕寫而德秀殁，從其子仁夫鈔得，釐爲二十二卷而刊之福州。此本甲、乙二記卷數相合，而校刻銜名皆福建職官，蓋即漢刊之福州者，特闕其序耳。又無丁記，然提督、監雕名列通部之末，似本無丁記，非脱佚也。見在盛行祠版，乃以丁記二卷羼入甲記，爲第三十三、三十四卷，又匀甲記爲三十八卷，以足四十之數，而乙記下不刊，顛倒遺漏，益知舊籍可珍。

彭元瑞《天禄琳琅書目後編》卷五《宋版子部·重廣補注黄帝内經素問一函，十册》 見前。每版心有「紹定重刊」四字。林億等於仁宗嘉祐中奉敕校正。據表云「每念旬歲」，是神宗時方告成鋟梓。此則南宋理宗時重雕，版式、字數、尺寸仍照原帙。

彭元瑞《天禄琳琅書目後編》卷五《宋版子部·黄帝内經四函，二十四册》 《素問》二十四卷，篇目同前。《靈樞》二十四卷，八十一篇。前有紹興乙亥史崧序，亦每卷附《音義》。《素問》之名，始見於後漢張機《傷寒論》、《靈樞》之名，

《漢》、《隋》、《唐志》皆不著録。王冰以《九靈經》更名《靈樞》，謂即皇甫謐所言《鍼經》，故後人或以爲冰所僞託也。至崧始云家藏舊本《靈樞》九卷，送祕書省國子監。是此書至南宋始出也。考《漢書・藝文志》載《黄帝内經》十八篇，晉皇甫謐《甲乙經序》稱《鍼經》九卷、《素問》九卷與《漢志》十八篇合，此兩書所由合刻也。

彭元瑞《天禄琳琅書目後編》卷五《宋版子部・新編證類圖注本草四函，二十四册》 書四十二卷。揭銜「通直郎、添差充收買藥材所辨驗藥材寇宗爽編撰，敕授太醫助教、差充行在和劑辨驗藥材官許洪校正」。前有《補注總序》、《本草圖經序》、《開寶重定序》、《唐本序》、《陶隱居序》，又序例《重廣補注神農本草並圖經序》、《雷公炮炙論序》，又序例上中下，又序例目録。其正文分部繪圖，詳注藥性，道地炮製方劑，引據雖極博而編纂無例，標注不明，蓋當時局醫所撰，未經祕省儒臣釐定也。《玉海》載紹興二十七年八月十五日王繼先進校定《大觀本草》，詔祕書省修潤付冑監鏤版，是南宋有官本。此本銜内有「行在」字樣，亦南渡後刻。

彭元瑞《天禄琳琅書目後編》卷五《宋版子部・夏侯陽算經一函，三册》 見前首部《算經》條下。宋祕書省槧本，後有銜名，見首部鈔本。太倉王氏、常熟錢氏、毛氏藏。

彭元瑞《天禄琳琅書目後編》卷五《宋版子部・太玄經一函，十册》 漢揚雄撰，晉范望解贊。書十卷。前有陸績《述玄》，又唐王涯《説玄》五篇，又《玄圖》一，又《釋文》一卷，説後刻「右迪功郎、充兩浙東路提舉茶鹽司幹辦公事張實校勘」，圖後刻「萬玉堂」字，未有跋云：「宋衷解詁，陸績釋文，共爲一注，范望折衷長短，或加新意就成此注，三家互有得失。」跋無名氏，未審輯者何人也。

彭元瑞《天禄琳琅書目後編》卷五《宋版子部・元包經傳一函，四册》 後周衛元嵩述，唐祕書少監武功蘇源明傳，唐國子監四門助教趙郡李江注并序。元嵩，見《北史・藝術傳》。書五卷。前有政和元年楊楫序。附《元包數總義》二卷，宋蜀人張行成述。序後有張洸跋云：「家藏此書，來宰臨邛，得同年張公文饒疏義，邑士韋漢卿校正，附《釋音》，因併鏤版，合爲一編。時紹興三十一年也。」此書今盛行毛晉汲古閣翻雕本。此其原本也，有印記。

彭元瑞《天禄琳琅書目後編》卷五《宋版子部・自警編二函，十四册》 宋趙善璙撰。善璙，字德純，太祖七世孫，家於南海，端平中嘗知江州，累官尚書郎。書不分卷。凡七類，曰學問，子目三；曰操修，子目十二；曰齊家，子目四；曰接物，子目七；曰出處，子目五；曰事君，子目十一；曰政事，子目十二，皆録靖康以前名賢事蹟，間采朱子之論，殿以拾遺，子目二，則取爲戒也。前有嘉定甲申善璙自序，後有善璙再序，時端平元年鋟木於九江郡齋。大字本，檇李項氏藏。

彭元瑞《天禄琳琅書目後編》卷五《宋版子部・孔氏六帖四函，二十册》 宋孔傳撰。傳，字世文，孔子四十七代孫，中丞道輔之孫。從孔端友南遷，居衢州。官朝散大夫、知撫州。書三十卷，凡一千三百七十一條。前有乾道丙戌韓仲通序，稱紹興之初書始成，余守泉南，集此邦儒士周芹、雍希稷、余宗黄氏、林仁壽相與校讎，刊於郡庠云。

彭元瑞《天禄琳琅書目後編》卷五《宋版子部・事類賦二函，十六册》 宋吴淑撰。淑，字正儀，丹陽人。官起居舍人、職方員外郎，見《宋史・文苑傳》。書三十卷，天部三卷，歲時部二卷，地部三卷，寶貨部二卷，樂部一卷，服用部三卷，什物部二卷，飲食部一卷，禽部二卷，獸部四卷，草木部二卷，果部二卷，鱗介部二卷，蟲部一卷，凡賦一百篇。淑爲徐鉉之婿，在南唐以文學知名。入宋後，與修《文苑英華》、《太平御覽》二書。此書淑爲博士時所進，初名《一字題詞百首》，二十卷。太宗命注釋再進，廣爲三十卷，目曰《事類賦》。前有紹興丙寅右迪功郎、差監潭州南嶽廟邊惇德序，稱滎陽鄭公將命東浙，以所藏《事類賦》善本俾鏤版云云。後有惇德校勘銜名，又列左儒林郎、紹興府觀察推官兼本司主管文字陳綬，左從政郎、充浙東提舉茶鹽司幹辦公事沈山右，從政郎、充浙東提舉茶鹽司幹辦公事季端民三人。

顧廣圻《思適齋書跋》卷三《荀子二十卷宋刻本》 藝芸書舍藏宋槧《荀子》二，北宋則吕夏卿監本，南宋則錢佃江西漕司本也。佃字耕道，陳直齋稱其本最爲完善，指同時建、浙、蜀諸本而言，若較監本互有短長，正以合之乃成兩美耳。近者王石渠先生《讀書雜志》内有《荀子》一種，屬訪此兩本，將采擇焉，當必各盡其所長矣。錢本合《孟》、《揚》、《文中》爲四書，刊於淳熙年。吕本耕道謂刊於元豐，《困學紀聞》謂今監本乃唐與政台州所刊熙寧舊本。案：熙寧、元豐相接，當無異本，而台州重刊則今未之見云。道光已丑孟陬月顧千里記。

吴壽暘《拜經樓藏書題跋記》卷四《説苑》 《説苑》二十卷，宋刻本。每葉十八行，行十八字。卷末題「咸淳乙丑九月鄉貢進士直學胡達之眎役，迪功郎改差充鎮江府府學教授徐沂、迪功郎特差充鎮江府府學教授李士龍命工」一條。

仁和孫頤谷侍御跋云：「海昌吴兔床先生以宋本《説苑》見示，乃咸淳乙丑所刻。予取以校叢書程氏榮刻本，其《立節篇》云：『比干殺身以成其忠，尾生殺身以成其信，伯夷、叔齊殺身以成其廉』，程本脱尾生句，則與下文舉忠、舉信、舉廉之語不應。又《復恩篇》蘧伯玉得罪於衛君一則，程本所無。此舊刻之可寶。然予尚有疑者，晁氏《郡齋讀書志》敘《説苑》篇目，避宋孝宗諱，易《敬慎》爲《法誡》，而此本不易。且李善《文選注》及《太平御覽》諸書所引《説苑》間出今二十五篇之外。王厚齋南宋人也，撰《困學紀聞》，引『晉靈公造九層臺，荀息上書求見』云云，此本亦無之。則是書之闕佚者多矣。校勘既竣，因還其書，而録所疑於後。甲辰二月，仁和孫志祖跋。」

吴門黄蕘圃主事跋云：「此咸淳乙丑九月重刊本《説苑》，拜經樓藏書也。余友海寧陳君仲魚知余新得宋刻廿二行廿字本，較諸本爲勝，因取是本相示。余校讀一過，與向所見顧抱沖本相同，而字之正誤，彼此互異。當是版有原與修之别，印有初與後之殊也。其妙處，卷四《立節篇》有『尾生殺身以成其信』一句，卷六《復恩篇》多木門子高一條，自明天順本以下皆無之，則信稱善本矣。惟是卷六陽貨得罪條，多『非桃李也』四字，余本爲然，與紹弓盧學士《羣書拾補》引《御覽》合，此猶失之。其他與余本異者亦復彼善於此，此真宋本之乙邪。內闕第十四卷，向未標出，惟抱沖本可補。抱沖本亦闕八至十三卷，此本可補。惜抱沖已作古人，拜經又居他邑，彼此鈔補爲難耳。丁卯小春望日讀畢，復翁黄丕烈。」

是本紙墨古雅，每卷末有「黄素亭藏書」圖記。第十四卷從别本鈔補。先君子書孫跋後云：「甲辰春，偕丁小疋學博過頤谷侍御齋，予以宋版《説苑》眎侍御，旋爲予作跋，屈指今十載矣。癸丑夏，展閲此書，并録其跋於卷後，因識。」又云：「此書爲吾鄉陳茂才以岡舊藏，予用善價購得，兒壽照甚愛之。丁未春計偕入都，攜之行篋，舟車往返，未嘗暫離。不意旋染目眚，廢書者四五年，展閲此書，慨焉寤歎。」

莫友芝《持静齋藏書記要》卷上《寶古堂重修考古圖十卷》 宋吕大臨撰。刊印極精善。中有文淵閣印，蓋明内府物也。定爲宋刊宋印。

潘祖蔭《滂喜齋藏書記》卷二《宋刻説苑二十卷 一函十册》 前有劉向進書序，序後接目録，目後曾鞏序。每卷題「鴻嘉四年三月己亥護左都水使者光禄大夫臣劉向上」，此即東澗翁所謂古人經進書式也。每半葉九行，行十八字。此書以北宋二十二行本爲最古，其次即此本也。十九卷後有題字云「歲壬申秋瑯山翁士白重修校正」。二十卷後有題字三行，斷爛重裝，脱去其半。以士禮跋證之，知咸淳乙丑九月鄉貢進士直學胡達之眎役，迪功郎改差充鎮江府學教授徐沂、迪功郎特差充鎮江府學教授李士忱命工重刊。卷四《立節篇》有『尾生殺身以成其信』一句，卷六《復恩篇》多『木門子高』一條，與蕘翁所述悉合。蕘翁所見咸淳刻有四本，一顧抱沖家殘本，一吴氏拜經樓本，一濂溪坊蔣氏本，一西白塔巷蔣氏本。此本舊爲大興朱竹君學士所藏，完好無闕。今二十二行本不可見，則咸淳本即宋本之甲矣，可不寶諸？

潘祖蔭《滂喜齋藏書記》卷二《宋刻自警編殘本》 宋趙善璙撰。端平元年刊於九江郡齋。此猶宋刻宋印，疏行大字，楮墨皆精。原書不分卷，明弘治、嘉靖覆刻，析爲九卷，即《四庫》著録本也。

陸心源《儀顧堂題跋》卷六《宋刊明補本賈子新書跋》 《賈子新書》十卷。明正德九年長沙守陸宗相補刊本。每頁十六行，行十一字。自序至跋凡二百七頁。前有黄寶序，後有淳熙辛丑胡价跋。案：是書北宋刊本無聞。淳熙辛丑程給事爲湖南漕使刊置潭州州學。據胡价跋，字句譌舛，以無他本可校，未能是正。正德中，陸宗相守長沙，得殘版數十片，因補刊成之。見黄寶序。是其中尚有宋淳熙殘版，特不多耳。正德十年，吉藩又據陸本重刊于江西。余官閩時，從楊雪滄中翰借校，與此本行欵悉同。其後何元朗、程榮、何鏜諸本皆從此出，惟所據之本摹印有先後，全缺有不同耳。宋本不可見，得此亦不失爲買王得羊矣。此本勝于吉藩本，吉藩本勝于程榮本，程榮本勝于何鏜本。明刻諸本以何元朗爲最劣耳。

陸心源《儀顧堂題跋》卷六《説苑跋》 劉向《説苑》二十卷。明楚府刊大字本。半頁十行，行十九字。是書有宋咸淳本，盧抱經以程榮本互校。【略】是書明凡五刻，有四川蜀府本，嘉靖何良俊本，程榮《漢魏叢書》本，何鏜《漢魏叢書》本，及此而五。何鏜本出于程榮，程榮本出于何良俊。此本字大悦目，與何良俊本互有得失。

陸心源《儀顧堂題跋》卷六《宋本真西山讀書記跋》 《西山真文忠公讀書記》甲集三十六卷，乙集下二十卷，丁集八卷。宋福州學刊本，半頁九行，行十六字，小字雙行，行二十四字。前有開慶元年湯漢序。丁集末有監雕福清縣學主張奎、通判福州黃巖孫、福建安撫使參議官涂等銜名。元修之頁版心有「延祐五年補刊」六字及刊工名。是書近有閩中祠堂刊本，脱落譌謬，幾不可讀。此乃南宋初刊祖本。字畫清朗，體兼顔、歐，尚存北宋官刊典型，非麻沙坊本所能及也。

陸心源《儀顧堂題跋》卷六《宋槧政經跋》 《真文忠公政經》一卷。宋真德秀撰。宋刊本。每葉二十行，每行十八字。版心有刊工姓名。前有淳祐二年王邁序。《宋史·藝文志》、《文獻通考》、《書録解題》皆無其書，明《文淵閣書目》始著于録。案：是書爲西山守泉州日所箸，門人趙時棣宗華爲大庾令，梓于縣齋。以文瀾閣傳抄本參校，大畧多同，惟缺王邁序耳。

陸心源《儀顧堂題跋》卷九《唐語林跋》 《唐語林》八卷。宋王讜撰。原本久佚，此則乾隆中館臣從《永樂大典》録出，以聚珍板印行者也。

李希聖《雁影齋題跋》卷一《新雕添注白氏事類出經六帖三十卷宋本》 卷首有准慶曆二年三月初一日轉運司牒：「准禮部貢院牒，准敕命指揮毀棄淫僞浮淺俚曲穢辭，並近年及第進士一時程式文字不可行者，除已追取印板，當官毀棄外，有小字《六帖》一部，可以印行。今於元印板後録畧看詳定條例，照會施行者。」詳定官登仕郎試祕書省校書郎守杭州司法參軍潘説，重詳定官宣德郎守祕書省著作佐郎監杭州裴卸，斛斗錢帛綱運兼粮料院權書記廳公事馬元康。」蓋南宋重繙慶曆本也。每版十二行，行二十一字。【略】考王深寧《玉海》，《白孔六帖》在宋末已合刊，分爲百卷。《天禄琳琅書目》有單本《孔帖》三十卷，已詫爲希世之珍。此係《白帖》單行本，尤爲難得。吳任臣《十國春秋·蜀毋昭裔傳》：「請後主鏤板印《九經》，又令門人句中正、孫逢吉書《文選》、《初學記》、《白氏六帖》刻板行之。」此本出於慶曆，慶曆本當出於五代，猶可考見蜀本面目。據《儀顧堂題跋》，陸存齋亦有此書。傅維鱗《明書書成於國初。康熙乙亥，其子燮訶刊本。·經籍志》「類書」内亦有《白氏六帖》，無卷數。傅志經籍皆明代藏書，非明人自著，最爲疎謬，然爲目録家必要之書。

李希聖《雁影齋題跋》卷二《記纂淵海二百卷》 考《四庫》著録此書僅一百卷，乃明萬曆己卯大名知府王嘉賓刊，並有删改，非潘氏原本也。焦弱侯《國史經籍志》及《内閣書目》卷數相同，葉氏《菉竹堂書目》葉氏原本，非伍氏所刻之僞本。不記卷數，陸氏十萬卷樓所藏，亦一百卷。惟高儒《百川書志》、黃氏《千頃堂書目》、范氏《天一閣書目》、《季滄葦書目》本皆一百九十五卷。《天一閣》係鈔本。陳徵芝《帶經堂書目》本一百九十五卷，從范氏本傳鈔。盧抱經《補宋史藝文志》亦作一百九十五卷，而云今本一百卷，則亦未見其書。此本爲卷二百，多於《四庫》所藏者一倍，較范氏鈔本亦多五卷，蓋非常之祕笈也。每版七行，雙行。行十三字。惟十三卷起至十五卷夾縫上下題：「弘治歲在昭陽大淵獻會通館活字銅板印。」二十八卷一頁、五頁，三十五卷二頁、六頁、七、八、十、十二頁，三十六卷第二頁、六頁、九、十二十三、四、五、八頁，三十七卷五頁，三十八卷一、三、四頁，四十卷一頁。蓋明時所補也。《竹汀日記鈔》有《容齋五筆》弘治八年錫山華燧序，板心有「會通館活字銅板印」八字，亦見《養新録》。余以方氏所藏百卷本對校之，百卷本第一卷爲混元部、五行部，此本則以論議部居首。知《四庫》本爲王嘉賓所移改删節，真所謂刊刻之功不贖其竄亂之罪者矣。考《浙江采進遺書總録》，范氏藏本，實經進呈，當時館臣倉猝成書，未及詳核，故著王刊本而遺此本。《遺書總録》謂天一閣本書尾有「泰定乙丑圓沙書院刊行」，而此本無之。核其紙墨，當是宋本，而會通館所補之版，殆即據泰定本也。惟《天一閣書目》載潘自牧嘉定己巳自序云：「凡爲部二十有二，爲門一千二百四十有六，合二百三十六卷，總八十萬言。」較此本又多三十六卷。此本無潘氏自序，又無目録，僅二十一部，蓋即潘氏原本。書賈嫌其不全，故並去之。然實爲海内孤本，未可以其不全而輕之也。

于敏中《天禄琳琅書目》卷三《宋版集部·楚辭一函，四册》 周屈平撰。附宋玉、景差、賈誼、莊忌、劉安擬騷諸篇，共八卷。宋朱子集注。目録後載朱子序，前有宋羅荷、向文龍二序，《汨羅山水圖》、屈平、朱子二像。【略】是書刻于咸淳丁卯，係宋度宗三年。所繪《汨羅山水圖》中有清烈公廟及墓，考《宋史》，祕書監何志同言，「諸州祠廟多有封爵未正之處，如屈原廟，在歸州者封清烈公，在潭州者封忠潔侯之類，宜加稽考，取一高爵爲定，悉改正之」云云。蓋宋祀典封爵，初封侯，再封公，當時既經改正，潭州之廟宜亦稱清烈公。又按：汨羅，在湘陰縣北，宋爲潭州所屬。施南向文龍序，稱學製湘陰，汨羅隸焉。欲索《楚辭集注》善本，與邑之賢士大夫共讀之則未之有，乃輟俸刻梓於縣齋。廬陵羅荷者，時爲文學掾，故亦爲序之。其刻是書，蓋欲求爲善本，宜其雕槧精良也。

于敏中《天禄琳琅書目》卷三《宋版集部·謝宣城詩集一函，二册》 齊謝朓著。五卷。宋樓炤序，序後有宋洪伋識。

《宋史》：樓炤，字仲暉，婺州永康人。登政和五年進士第。歷官至僉書樞密院事兼權參知政事。爲李文會、詹大方所劾，與祠。久之，除知宣州。此書序中稱，至郡視事之暇，鋟版傳之云云，蓋即知宣州時所定。考其年月，係宋高宗紹興二十八年。陳振孫《書録解題》云：「集本十卷，樓炤知宣州，止以上五卷賦與詩刊之，下五卷皆當時應用之文，衰世之事，可采者，已見本傳及《文選》。餘視詩劣焉，無傳可也。」所言皆本於炤序。序後有嘉定庚辰鄱陽洪伋識。庚辰，爲宋寧宗嘉定十三年，故伋稱「樞密樓公鋟本，距今六十四年，字畫漫毁，幾不可讀，用再刻於郡齋」。又考宋周必大《洪文惠公神道碑銘》，載适孫十人，伋奉議郎、荆湖南路提舉茶鹽司幹辦公事，未載其知宣州。蓋必大爲其祖适作碑銘時，尚在伋守郡前耳。

御題：「李杜稱詩久，樓洪鋟版行。芸香資望古，藻繢足怡情。詎祇摛辭麗，頗多契理精。欲嗤劉刺史，何據五言城。乾隆乙未春，御筆。」鈐「乾」、「隆」雙璽。

于敏中《天禄琳琅書目》卷三《宋版集部・九家集注杜詩四函，二十四册》 唐杜甫著，宋郭知達集九家注。三十六卷。前知達序、宋曾噩序。【略】其書刻於宋孝宗淳熙八年，至理宗寶慶元年，曾噩爲廣南東路轉運判官，重爲校刊，序稱「蜀士趙次公，爲少陵忠臣。蜀本引趙注最詳，所恨紙惡字缺，不滿人意。茲摹蜀本，刊於南海漕臺，會士友以正其脱誤」云云。書後有承議郎、通判韶州軍州事劉鎔，潮州州學賓辛安中，進士陳大信同校勘，銜名列於噩銜之右。考明淩迪知《萬姓統譜》載，噩，字噩甫，閩縣人。學問淹貫，文章簡古。慶元間，尉上高，有聲，後遷廣東漕使。鎔、安中、大信，俱無考。噩之刻是書也，集諸僚友，精其校讎，固非苟焉付剞劂者，故字畫端整，一秉唐人，而刻手印工皆爲上選。

御題：「平生結習最於詩，老杜真堪作我師。書出曾鋟寔郭集，本仍寶慶及淳熙。九家正注宜存耳，餘氏支辭概去之。適以遺編搜四庫，乃斯古刻見漕司。希珍際遇殊驚晚，尤物闇章固有時。重以琳琅續天禄，幾閒萬徧讀何辭。乾隆甲午仲夏月中澣，御筆。」鈐「乾」、「隆」雙璽。

于敏中《天禄琳琅書目》卷三《宋版集部・居士集八函，六十四册》 宋歐陽修著。九十九卷，後附祭修文及行狀、謚議、墓誌銘一卷，共一百卷。前宋祝庇民序。祝庇民，列銜爲迪功郎、士曹掾兼户曹及管左推勘公事。序後又列朝散大夫、知軍州兼管内勸農、借紫金魚袋方時可，朝請郎、通判軍州兼管内勸農事、賜緋魚袋周詵，從事郎、司儀曹事監方薦可諸銜名。卷五十後載「吉州公使庫開到《六一居士集》，計五十卷。宣和四年九月記」。又列迪功郎、司士曹事郭嗣明，迪功郎、司兵曹事監秦尹，迪功郎、刑曹掾監洪知柔諸銜名。庇民序稱「太守陳公，嘗以公帑之餘刻《居士集》五十卷，觀者猶恨未爲全。今太守方公惜之，俾嗣其事」云云。其書中所列之人，《宋史》俱無傳。考《吉安府志》，載宋徽宗宣和三年至五年知州事者爲陳城，六年繼其任者爲方時可，則序中所稱太守陳公，即爲陳城。序後所列銜名，蓋時可同官，卷五十後所列銜名，蓋城同官也。城與時可世系里居，志亦未載，而核其官，稽其時，寔兩相吻合，則是書之爲北宋刊本，信而有徵矣。

于敏中《天禄琳琅書目》卷三《宋版集部・欒城集三函，十六册》 宋蘇轍著。《前集》五十卷，《後集》二十四卷，《三集》十卷，共八十四卷。前載淳熙三年禮部定謚議，後有宋鄧光、轍曾孫詡、四世孫森三跋。轍曾孫詡跋云：「《欒城公集》刊行于時者，如建安本頗多缺謬，其在麻沙者尤甚，蜀本舛誤亦不免。今以家藏舊本並第三集，合爲八十四卷，皆曾祖自編類者，謹與同官及小兒輩校讎數過，鋟版於筠之公帑。」紀年爲淳熙己亥。按：己亥，爲宋孝宗淳熙六年。後列校勘官銜名爲：文林郎、筠州軍事判官倪思，從政郎、充筠州州學教授鄧光，奉議郎、知筠州高安縣事閭丘泳。光、泳，俱無考。《宋史》載：倪思，字正甫，湖州歸安人。孝宗乾道三年進士，中博學宏詞科，累官寶文閣學士。中間出知紹興府、太平州、泉州、建寧府、鎮江府、福州，而未及筠州軍事判官。以其時考之，當即是人，乃史傳中偶失載耳。轍四世孫森跋云：「先文定公《欒城集》，先君吏部淳熙己亥守筠陽日，以遺稾校定，命工刊之。森無所肖似，濫承人乏，到官之初，重念先人所刊家集，其版以歲久漫滅。今撙節浮費，乃一新之。」紀年爲開禧丁卯。按：丁卯，爲宋寧宗開禧三年，距詡鋟版之時，歷二十九載。父校于前，子新于後，宜其毫髮無遺，爲宋刊《欒城集》之冠。且祖孫五世，三治筠陽，俾版刻常新，此中亦有天幸。觀詡、森書跋之字，家法猶存，亦可稱象賢矣。

于敏中《天禄琳琅書目》卷三《宋版集部・六臣注文選六函，三十册》 篇目同前。此書亦前版而摹印在後，墨光少遜，書中有「寶慶寶應州」印及「官書不許借出」木記。按《文獻通考・輿地考》載，宋理宗寶慶間，以逆全之亂，降淮陰郡爲淮安軍，又以寶應縣爲寶應州。是寶應州之名，自理宗時始建，故官印於州名之上冠以紀年。此本係北宋時刻版，印於南宋，而稱爲「官書」，則知爲北宋官刻，宜其雕槧精良甲於他版也。

于敏中《天禄琳琅書目》卷三《宋版集部・續文章正宗二函，十八册》 真德秀撰。二十卷。前宋倪澄、鄭圭序。咸淳丙寅倪澄序云：西山文忠公晚歲所續。澄倚席括山，窮日夜力繙校，鄭君亦分其勞。凡三月而稾具，又四月而工畢，釐爲二十卷。僅有其目者，則虛寘於末。一代之文，燦然略備。又鄭圭序云：圭分校括山，偕聯事倪君，鋟諸梓以壽其傳。先生心周、程、張、朱之學，觀《正宗》筆削可以概見。惜未脱稾，天弗慭遺，大綱則備矣。按：丙寅，爲宋度宗咸淳二年。澄、圭二人，《宋史》俱無傳。考《浙江通志》，澄，金華人，宋理宗寶祐四年丙辰進士，知處州軍。圭，黄巖人，理宗景定三年壬戌進士。括山在處州，時二人同官，因有是刻。觀兩序所云，乃德秀未完之書，而澄與圭按前集四門之例，因其所録而分隸之，其有目無文者，則置於二十卷以存其闕。所録之文，自歐陽修以下，凡十四家。版之尺寸與前集同，而大字徑圍較小，注字筆畫稍肥，係仿前集而爲之，非合刻之本也。

錢大昕《十駕齋養新録》卷一四《臨川集》 陳少章書《臨川集》後云：《臨川集》一百卷，宋紹興中知撫州詹大和校刊，黄次山爲序。序言此集向流布閩、浙，詹子自言所校，悉仍其故，先後失次，訛舛尚多。

彭元瑞《天禄琳琅書目後編》卷六《宋版集部·梁昭明太子文集一函，二册》 梁蕭統撰。書五卷。賦二首，古樂府七首，詩十八首，讃一首，啓六首，錦帶書十二首，書五首，疏一首，議一首，序二首，解義二首。前有劉孝綽序，後有淳熙八年袁説友跋，稱池陽郡齋既刻《文選》與《雙字》二書，今又得《昭明文集》五卷而併刊焉。説友，字起巖，建安人。隆興元年進士，官至同知樞密院事，參知政事。其時方爲池郡刺史也。

按：《昭明集》，《梁書》本傳及隋、唐兩志並云二十卷，《宋史·藝文志》僅載五卷，《文獻通考》併不著録，是宋末已佚。此本五卷，乃淳熙八年池郡所刻，尚係南渡初傳本。至明葉紹泰所刊詩賦一卷、雜文五卷，又張溥所輯入《百三家集》中者，俱出明人攟摭，不若此本雖非原書，尚屬宋舊也。

彭元瑞《天禄琳琅書目後編》卷六《宋版集部·朱文公校昌黎先生集四函，三十二册》 見前。書四十卷，《外集》十卷，《遺文》一卷。首有李漢序。又朱文公校《昌黎集》，添入《考異》。《凡例》後，有朱文公編《昌黎先生傳》。凡新書本傳一，文録序一，《記舊本韓文後》一，《潮州韓文公廟碑》一。又汪季路書有白文「紹定癸巳臨江軍學刊本」字。大字本，宋槧最佳者。

彭元瑞《天禄琳琅書目後編》卷六《宋版集部·范文正公集二函，十册》 宋范仲淹撰。《正集》二十卷，《别集》四卷。前有元祐四年蘇軾序，後有乾道丁亥俞翊跋。跋稱：「鄱陽在江左，爲守者以賢稱九人，而傑出者唐之顔魯公、本朝之范文正公。二公文章散落人間，是邦獨無墨本。翊攝乏來此，首得之，鳩工鏤版，以致師仰景慕。」是當時顔、范二集並刊，今《顔集》無南宋本流傳矣。

彭元瑞《天禄琳琅書目後編》卷六《宋版集部·臨川先生文集二函，二十册》 宋王安石撰。書一百卷。前有紹興十年黄次山序，稱丞相之文流布閩、浙，今所校本仍閩、浙之故。蓋知州事桐廬詹太和甄老所讎校，標曰《紹興重刊臨川文集序》。今閩、浙兩本無傳，此其最古矣。

彭元瑞《天禄琳琅書目後編》卷六《宋版集部·節孝先生文集二函，十册》 宋徐積撰。積，字仲車，山陽人，官楚州教授，謚節孝，《宋史》有傳。書三十卷。前淳祐庚戌王夬亨序，結銜「淮南東路提點刑獄公事兼淮南東路轉運判官」，稱舊集版燬於兵，裒集全書，藏諸鄉校云云。後有《語録》一卷、《事實》一卷、《附載》一卷。

彭元瑞《天禄琳琅書目後編》卷七《宋版集部·花間集一函，二册》 五代趙崇祚撰。崇祚，字宏基，揭銜「銀青光禄大夫、行衛尉少卿」。孟蜀時臣，里貫無考。書十卷。集唐一代詞，凡作者十八人，詞三百九十四首。前有蜀廣政三年武德軍節度判官歐陽炯序，後有紹興十八年晁謙之跋，稱建康舊有本，比得往年例卷，猶載郡將監司僚幕之行，有六朝《實録》與《花間集》之贐。又他處本皆訛舛，洒是正而復刊，聊以存舊事云。蓋南宋重雕本。

彭元瑞《天禄琳琅書目後編》卷七《宋版集部·豫章先生遺文二函，十二册》 宋黄庭堅撰。庭堅，字魯直，號山谷老人，分寧人。舉進士，官祕書丞、集賢校理，同修國史，《宋史》有傳。書十二卷。得詩七十二首，銘十八首，贊十八首，頌二十四首，序二十二首，記六首，上書三首，策問三首，表六首，奏狀六首，啓九首，婚書五首，雜著十七首，疏祝文青詞十六首，祭文十五首，墓銘十首，墓表十一首，行狀一首，題跋百三十七首，行記六首，家乘一首。後有嘉定戊辰其孫銖跋，揭銜「通直郎、知信州貴溪縣」，略云先祖訓以《豫章文集》尚多遺闕，銖持節東蜀，訪諸耆耋，得之黔僰間，凡若干紙，别而爲二，遂刊於梓，詩曰《遺文》，簡曰《刀筆》。銖來宰三山，修剔舊版，特以先訓著編末云。

彭元瑞《天禄琳琅書目後編》卷七《宋版集部·淮海集二函，十册》 宋秦觀撰。觀，字少游，高郵人。以薦授太學博士，遷國史院編修官，見《宋史·文苑傳》。書凡《正集》四十卷，《後集》六卷，《長短句》三卷。末有乾道癸巳林機跋，略云：里人王公之牧是邦，搜訪遺逸，校集成編，總七百二十篇，釐爲四十九卷，版置郡庠。後記《淮海集》版數、紙數、貫陌，列銜「右承事郎、權發遣高郵軍主管學事兼管内勸農營田屯田事王定國，左修職郎、高郵軍録事參軍兼推官兼教授趙伯膚，軍學諭韓濤、林涇楫校勘」。又紹熙壬子謝雲跋，稱以蜀本校，增字六十有五，去字二十有四，易誤字三百有奇。雲爲高郵軍學教授，所重校也。後大書「謝君以理學名家而留意字學，商榷此書，遂爲善本。尚恨其惜版，不悉改竄，然知書者亦可以類推。陽羡邵輯書於郡齋叢書堂」，乃吴寬印。後歸常熟毛氏。

彭元瑞《天禄琳琅書目後編》卷七《宋版集部・後村居士集四函，二十四册》 宋劉克莊撰。克莊，字潛夫，莆田人。以蔭入仕，至龍圖閣直學士。謚文定。書五十卷。前有淳祐九年林希逸序，乃其領郡時刊之郡齋者。

彭元瑞《天禄琳琅書目後編》卷七《宋版集部・文選六函，六十一册》 梁昭明太子撰。本三十卷，唐李善注，五臣吕延濟、劉良、張銑、吕向、李周翰再注，分六十卷。前有顯慶三年李善《進書表》，開元六年吕延祚《進書表》及《遺高力士口宣敕》，昭明原序。通部闕筆、嫌名半字，俱極清晰。每卷末列校對、校勘、覆勘銜名，或三人，或四人。其覆勘張之綱官贛州州學教授，李盛官贛州司户參軍，蕭倬官贛州石城縣尉，鄒敦禮官贛州觀察推官，皆一時章貢僚屬。是此本贛州郡齋開雕者，流傳頗少。

彭元瑞《天禄琳琅書目後編》卷七《宋版集部・六家文選六函，六十册》 篇目同前。李善《進表》後，有《國子監准敕》節文：《五臣注文選》，傳行已久。竊見李善《文選》援引該贍，典故分明，若許雕印，必大段流布。欲乞差國子監説書官員校定净本後鈔寫版本，更切對讀後上版，就三館雕造，候敕旨。奉敕宜依所奏施行。

彭元瑞《天禄琳琅書目後編》卷七《宋版集部・文選六函，六十册》 六家注，篇目同前。書末有識云：「右《文選》，版歲久漫滅殆甚。紹興二十八年冬十月，直閣趙公來鎮此邦，下車之初，以儒雅飾吏事。首加修正，字畫爲之一新，俾學者開卷免魯魚三豕之訛，且欲垂斯文於無窮云。右迪功郎、明州司法參軍兼監盧欽謹書。」據跋，乃四明刻書。首副葉「慈湖楊氏」印上墨書「石田耕叟」四字。目録中列《古文苑》中《文選》所未收之文。各卷中間有評語，皆爲一人手蹟，其人無可考，蓋慈谿楊簡後裔也。

彭元瑞《天禄琳琅書目後編》卷七《宋版集部・古文苑一函，八册》 篇目見前，宋章樵注，分爲二十卷。末一卷則以舊載文多殘缺，存俟博訪者。前有紹定壬辰樵自序，又淳熙六年韓元吉記。又嘉熙丁酉江師心序，稱章君倅毘陵日，欲繡諸梓，適拜司鼓之命，以稾屬之後政徐士龍，歲在丙申六月畢工，其子淳訂誤二百餘字。又淳祐丁未盛如杞序，如杞爲樵兄子之壻，爲之補校比書者也。

彭元瑞《天禄琳琅書目後編》卷七《宋版集部・萬首唐人絶句四函，二十四册》 宋洪邁撰。邁，字景盧，號容齋，鄱陽人。紹興十五年進士，官翰林學士。謚文敏。書一百一卷。凡七言七十五卷，五言二十五卷。前有紹熙元年邁自序及《重華宫投進劄子》，又《重華宫宣賜白劄子》，又《謝表》，又《別奏劄子》，又《奏耿枘不受書送劄子》，又《謝南内奏狀》，皆紹興四年奏。目録後有嘉定辛未吴格跋，稱公守會稽，刊之郡齋，後三十年已漫漶，命工修補。又嘉定癸未汪綱跋，稱是書半刻會稽半刻鄱陽，綱守越，遂摹鄱陽本併刻之。邁初刻七言二十六卷，五言二十卷，凡五千四百篇，餘俱奉祠歸後續編付刻，至綱始爲成書，但吴格跋署嘉定辛亥。按：嘉定起元年戊辰，迄十七甲申，中無辛亥，或校對之疏，以所云三十年計之，當是辛巳之訛耳。

孫星衍《平津館鑒藏記書籍》卷三《舊影寫本・王黄州小畜集卅卷》 前有紹興戊辰沈虞卿序，後有紹興十七年黄州刊書契勘銜名。洪頤煊曰：末記「印書紙并副板四百四十八張，表褙碧紙一十一紙，大紙八張，共錢二百六文足。賃板、椶墨錢五百文足。裝印工食錢四百三十文足。除印書紙外，共計錢一千一百三十六文足。見成出賣每部價五貫文」。可省宋時印書工價如此。晁氏《讀書志》、陳氏《書録解題》：《小畜集》卅卷，有王禹偁自序。《書録解題》本，又有《外集》廿卷。此本皆無之。此從南宋黄州刊本影寫。每葉十六行，行廿三字。

黄丕烈《百宋一廛書録・新刊校定集注杜詩》 九家注杜詩鋟板成都者未之見也。寶慶乙酉，曾噩子肅重摹栞於南海之漕臺，開板宏爽，刻鏤精工，余嘗見之小讀書堆，然亦不全。兹嘉定瞿木夫以一册見遺，卷耑有「楊氏家藏書畫」私印，標題下及板心俱割去「卷幾」字樣，不知其何卷矣。且抱沖已故，書籍封閉，不能假讀，余甚恨之。

黄丕烈《百宋一廛書録・北山小集》 此程俱致道所撰。《北山小集》四十卷，宋刻宋印，即其紙背之字，已可徵信。余嘗持示錢少詹辛楣先生，先生云：「古人公移案牘所用紙皆精好，事後尚可它用。蘇子美監進奏院，以鬻故紙公錢祀神、宴客得罪，可見宋世故紙，未嘗輕棄。此宋槧本《北山小集》四十卷，皆用故紙刷印，驗其紙背皆「乾道六年官司簿帳」，其印記文可辨者曰「湖州司理院新朱記」，曰「湖州户部贍軍酒庫記」，曰「湖州監在城酒務朱記」，曰「湖州司獄朱記」，曰「烏程縣印」，曰「歸安縣印」，曰「湖州都商税務朱記」，意此集板刻於吴興官廨也。紙墨古疋，洵是淳熙以前物，讀之殊不忍釋手云云。」余考《浙江采集遺書總録》，載有知不足齋藏影宋槧寫本。吴之振識云：「此册昔爲季滄葦侍御所贈，侍御從絳雲樓宋槧本影寫者。」是宋本係東澗舊藏，今本首册有健菴圖章，而無彭城印記，未必是絳雲燼餘矣。

顧廣圻《思適齋書跋》卷四《駱賓王文集十卷北宋刻本》 嘉慶丁卯景寫一部。後十年丙子，秦敦夫太史開雕於揚州文局，覆勘印行，爲記帙首。使閱此者，知其是祖本也。思適居士書。

陳氏《書録解題》言其卷首有魯國郗雲卿序，又言蜀本序文云「廣陵起義不捷而遁」，皆與此合。惟魯國下郗雲卿之名，毛鈔所據損失耳，然則爲蜀本駱集可知也。嘉慶丁卯九月廣圻審定並記。

莫友芝《宋元舊本書經眼録》卷一《山谷外集宋淳祐閩憲本》 史鄰室注《山谷外集》十七卷。宋淳祐閩憲刊本。半葉九行，行大小字均十九。烏程蔣氏瑞松堂所藏。同治丙寅秋，在滬假讀于海珊，遂留行篋中。戊辰暮春，來吴門書局，始取校嘉靖刊全集本，資是正不少。

潘祖蔭《滂喜齋藏書記》卷三《宋刻昌黎先生集四十卷外集十卷一函六册》 《百宋一廛賦注》云小字本《昌黎集》，每半葉十一行，行廿字，字畫方勁，而未有注，當是北宋槧。此本行款與蕘圃所言一一脗合，惟後有影寫紹興己未劉昉序一葉。序云：「潮州，公舊治。大觀初，先大夫嘗集京、浙、閩、蜀刊本及趙德舊本，參以石刻訂正之。郡以公廟香火錢刊行。中經兵火，遂無孑遺。今訪得舊本重刊。」序後又有木圖記云：「淳熙改元錦谿張監税宅善本。」以此證之，小字本一刊於大觀，再刊於紹興，三刊於淳熙。此刻精勁拔俗，疑爲大觀祖本，末後一葉從別本影鈔耳，不得執此以難蕘圃也。蕘圃所藏僅前十卷，此惟有五卷影寫，餘皆宋刻，可以傲士禮矣。舊爲朱笥河藏書。

潘祖蔭《滂喜齋藏書記》卷三《宋刻乖崖集十二卷附集一卷四册》 晁公武《讀書志》著録十卷。陳直齋曰：「近時郭森卿宰崇陽，刻此集，并《語録》爲十二卷。」此即森卿刻本。前有其序，後附項平叔《北峰亭記》，題嘉定三年九月，則嘉定以後刻也。黄蕘圃藏本「咸淳乙巳左緜伊賡刻」即出郭本，《百宋一廛賦》所謂「譣乖崖於崇陽」者也。其書僅有六卷，卷七至末皆賜書樓舊鈔。此本既爲祖本，且首尾完好，槧印精美，誠足駕士禮而上之。每半葉九行，行十八字。黄本每半葉十二行，行廿字，蓋覆刻時行款亦改易矣。畢秋帆、董蔗林兩尚書皆有藏印。

陸心源《儀顧堂題跋》卷一〇《宋刊晉二俊集跋》 《陸士衡集》十卷，《士龍集》十卷。宋華亭縣學刊本。每頁二十二行，行二十字。前有慶元庚申徐民瞻《晉二俊集》序，後有慶元六年縣學司計朱奎、直學孫垓、學長范公衮等題名。以明正德己卯陸元大刊本校之，譌字固多，妄增妄改處亦不少。

陸心源《儀顧堂題跋》卷一〇《宋本陳古靈集跋》 《古靈先生文集》二十五卷，附録一卷，哲宗皇帝即位《使遼語録》一卷。宋紹興刊本。前有李綱序，後有紹興三十年十月既望右朝請大夫、直秘閣、知贛州軍州、主管學事、兼管内勸農營田事、提舉南安軍大雄州兵甲司公事、江南西路兵馬鈐轄陳輝跋，紹興三十年十月朔六世姪孫將仕郎曄跋。是集爲古靈長嗣右中散大夫、提舉臨安府洞霄宫，賜紫金魚袋紹夫所編，同里徐世昌刊于家。歲久漫漶，紹興三十年，其四世姪孫輝知贛州，命僚士參校，及其子曄推次年譜，鋟木贛州。每半頁十行，每行二十字。

繆荃孫《藝風藏書記》卷六《詩文·范文正公集二十卷别集四卷言行拾遺一卷附年譜年譜補遺》 宋乾道中饒州路刊本，嘉定重修。前有蘇軾序，後有乾道丁亥俞翊跋，淳熙丙午綦焕跋。每半葉十二行，每行二十字。板心有字數及刻工姓名。

李希聖《雁影齋題跋》卷一《文選六十卷宋本》 每版九行，行十五字。字大如錢，筆畫圓勁，宋本中之精槧也。卷首有「宋本」二字隸書橢圓印。朱文。又有「番禺俞守義藏」印、朱文。「年年歲歲樓珍藏書」印、朱文。「會稽沈氏光烈字君度」印。白文。此書歷經趙承旨、文待詔鑒藏，故卷中有「趙氏子昂」印、朱文。「松雪齋藏書」印、朱文。「停雲生」印、白文。「翰林待詔」印。朱文。目録有「張之洞審定」「無競居士」等印，其餘諸印不盡記。書無刻梓年月。每卷後題校對人名，有：左從事郎贛州觀察推官、左從政郎贛州州學教授、州學學諭、齋長、齋諭、直學、司書、左迪功郎贛州司户參軍、左迪功郎贛州石城縣尉、左迪功郎新永州零陵縣主簿、左迪功郎新昭州平樂縣尉，皆宋官制也。推官、教授等，皆贛州官，是贛州刻本。其零陵主簿、平樂尉二人，蓋贛州人新授官者也。書中凡孝宗以上諱皆缺筆，光宗諱惇則不缺，是孝宗時所刻也。考尤延之淳熙辛丑刻本跋云：「贛上嘗刻李善注本，往往裁節語句，可恨。此本亦贛上所刻，並刻五臣注，而無删節，誠善本也。」嘉慶中胡果泉重刻尤氏本時，未見此本。

李希聖《雁影齋題跋》卷一《唐人萬首絶句宋本》 此紹熙刊本也。自四十五卷後皆闕。前有洪文敏原序一首，自「置諸復古殿」以下亦闕。書賈補綴增一「云時」二字，即接「紹熙元年」云云，而彌縫無迹，亦善於欺人矣。查《萬首絶句》在宋時即有三本，一本一百卷，一本一百一卷。一百卷者，爲文敏所自刊，半刻於會稽，半刻於鄱陽。一百一卷者，爲汪綱守越時刊，合鄱陽、會稽本而併刻之者也。原本五、六言共二十五卷，汪本則分出六言爲一卷，故多一卷。汪本明時有翻本，曾入天禄琳琅。又有吴格重修之本，則僅會稽初刻之一半。據文敏自題云：「越府所刻七言至二十六卷，五言至二十卷。」此本正四十六卷，則汪舍人修補越府所刻之一半印行之本也。曹氏《楝亭書目》有《萬首絶句》，下注四十卷，殆不全之本也。自嘉定辛亥至今幾千年，在洪、汪二本之間别爲一本，爲從來談版本者所未見。自明以來，洪氏全本已不可見。《四庫》著録本僅九十一卷，已佚其九卷矣。明翻宋本僅七十一卷，而訛謬百出。余將一卷首篇杜詩畧一讎校，「不知醉裏風吹盡」，「知」訛作「如」；《漫與九首》，「與」訛作「興」，而此本不誤，足見舊槧之可貴。卷首有「玉蘭堂印」朱文。每册皆有。「吴寬」印、朱文。「匏翁」印。白文。二印每册皆有。歷經長洲文氏及吴文定所鑒藏，雖不全之本，亦可寶也。書用綿紙，神采奕然，殆宋本之初印者。趙氏寒山堂刻本，改易原本分卷之舊，爲錢遵王所痛詆，則又明人之故技也。王漁洋《池北偶談》云：「韓致堯詩『白玉堂東遥見後，令人評泊畫楊妃』。李子田云：『評泊者，論貶人、是非人也。』今作評駁者，非。近諸本或作斗薄，或轉訛陸薄，殊無意義。《萬首絶句》本作評泊，當猶近古。」漁洋所據，蓋明翻汪本也。

于敏中《天禄琳琅書目》卷五《元版經部・春秋諸國統紀一函，六册》 元齊履謙撰。六卷。前元吴澄序、履謙自序，後齊思恭跋。【略】履謙此書成於延祐四年，乃復爲國子司業時所作。其書始魯終吴，合二十國，而附録諸小國、亡國於後。澄曾與履謙同官，深知其學，因爲之序。朱彝尊《經義考》載是書，有柳貫跋，此本無之；而有思恭跋，又《經義考》中所無。思恭，《元史》無傳。跋稱履謙曰「大兄司成君」，則知爲履謙之弟。書中有「禮部官書」朱文長印，與宋版《通鑑紀事本末》書中所鈐符合，似亦明永樂間所采之本也。

于敏中《天禄琳琅書目》卷五《元版經部・樂書六函，三十六册》 宋陳暘撰。二百卷。前宋楊萬里序，次暘《進表》並序，次趙挺之《請寫録樂書劄子》、准行詔旨、《樂書目録正誤》、樓鑰序、陳苪題辭，後陳岐、林子沖二跋。【略】樓鑰序云：「樂家之書，未有此比，而又苦其舛誤，無所考證。聞建昌陳史君刊此書，與《禮書》並傳，取而校正，復爲質之經傳，尚三數百條。會陳子苪爲南豐宰，因以寄之南豐，欲别刊此編，以補郡本之缺，求書其後云云。」其序作於嘉泰二年，所稱陳史君即作跋之陳岐，岐跋作於慶元己未。按：己未，爲宋寧宗慶元五年。至七年，改元嘉泰。是此書在徽宗時袛經寫録，逮岐始爲刻梓，而苪又别刊之，三年之中兩付剞劂矣。此本字多俗體，如「禮」作「禮」、「興」作「与」之類，雖係元翻宋刻，而筆畫清朗，紙墨俱佳，固元刊之傑出者也。

于敏中《天禄琳琅書目》卷五《元版經部・説文解字一函，六册》 漢許慎撰，宋徐鉉校定。三十卷。前標目一卷，第十五卷上載慎原序，次説文解字總部；十五卷下載許慎之子許沖《進表》，次徐鉉等《進校定説文表》，又《新修字義》，并鉉等《進校定説文解字表》、《敕校定説文解字牒文》。【略】書後《雍熙三年敕新校定説文解字牒文》稱「其書宜付史館，仍令國子監雕爲印版。依《九經》書例，許人納紙墨價錢收贖。兼委徐鉉等點檢書寫雕造，無令差錯，致誤後人」云云。按：宋時監本刻印尤精，此書雖仿其式，而版之長短無定，紙之質理亦粗，以牒所稱何如鄭重，不當有此，其爲元時翻刻無疑。

孫星衍《平津館鑒藏記書籍》卷一《元版・春秋啖趙二先生集傳纂例十卷》 題「陸淳纂」。前有慶曆戊子朱臨序，《春秋集傳辨疑》凡例。每葉廿行，行廿字。孫退谷墨蹟題識云：「延祐五年十一月，集賢學士曲出言：『唐陸淳所著《春秋纂例》、《辨疑》、《微旨》三書，有益後學，請令江西行省鋟梓以廣其傳。』從之。此當日鋟本，余求之十年，始見之」云云。其爲前輩珍重如此。

孫星衍《廉石居藏書記》内編《韓詩外傳十卷》 右《韓詩外傳》十卷，元板本。前有至正十五年錢惟善序，稱海岱劉侯貞來守嘉禾，因以其先君子節齋先生手鈔所藏諸書，悉刊置郡庠。後有吴郡沈辨之野竹齋校雕印。《明史》：「惟善，錢唐人。至正元年，以省試《羅刹江賦》得名。官副提舉。張士誠據吴，遂不仕。」蓋元末人。吾友趙司馬懷玉偕盧學士文弨校刊一本，依據書傳，頗多改正之處，附《補遺》五版於後，誠爲善本，因並存之。

顧廣圻《思適齋書跋》卷一《廣韻五卷元刻本》 今世之爲《廣韻》者凡三。一澤存堂詳本，一明内府略本，一局刻平上去詳而入略本，三者迥異，各有所祖。傳是樓所藏宋槧者，澤存堂刻之祖也。曹楝亭所藏宋槧第五卷配元槧者，局刻之祖也。此元槧者，明内府刻及家亭林重刻之祖也。局刻曾借得祖本校一過，知其多失真。澤存堂刻各書每每改竄，當更不免失真，惜未知祖本何在耳。明内府本得此相校，亦多失真，所謂開卷東字下舜七友東不嘗，即譌七友作之後者也。亭林重刻，自言悉依元本，不敢添改一字，而所譌皆與明内府板同，是其稱元本者，元來之本，而亭林仍未嘗見元槧也。至朱竹垞誤謂明之中涓刪注始成略本，不審何出，但非得見祖本早在元代，固未由定其不然矣。其或目此爲麻沙小字宋槧，則書估爲之，無足憑信也。又案：局刻所配入聲，與此亦迥異，疑宋代別有略本流傳如此，附書存之以俟考。

潘祖蔭《滂喜齋藏書記》卷一《元刻增修互注禮部韻略五卷一函六册》 宋衢州免解進士毛晃增注，男進士居正重增。前有晃進書表及序，皆怡府鈔補，甚精。其紙爲元時户口册，書即印於紙背，諦視之，皆湖州路某縣某人，云宋民户至元某年歸順，則湖州官庫本也。怡府藏書。

繆荃孫《藝風藏書記》卷一《經學·白虎通德論十卷》 元大德刊本。前有大德九年東平張楷、大德乙巳東平嚴度兩序。目録後有識語，爲無錫州守劉平父鋟梓，耆儒李顯翁晦所藏舊本。每半葉八行，每行十七字。收藏有「馬玉堂」白文「笏齋」朱文兩方印。

某氏手跋曰：「《白虎通德論》十卷，元大德刊本。天籟閣藏書，漢班固撰。前有大德九年東平張楷、大德乙巳東平嚴度兩序，并無名氏跋。」按：是書爲無錫州守劉公平父鋟梓，或即平父所識歟。目録後又有題辭云「敬以家藏監本刊行」，是則平父所識無疑。

于敏中《天禄琳琅書目》卷五《元版史部·漢書八函，八十册》 漢班固撰，唐顔師古注。帝紀十二卷，年表八卷，志十卷，列傳七十卷，共一百卷。前師古《敘例》、目録，後元孔文聲跋。孔文聲跋云：江東建康道肅政廉訪司以十七史書艱得善本，從太平路學官之請，徧牒九路，令本路以《西漢書》率先，俾諸路咸取而式之。置局于尊經閣，致工於武林。三復對讀者，耆儒姚和中輩十有五人；重校修補者，學正蔡泰亨。版用二千七百七十五面，工費具載學記，兹不重出。始大德乙巳仲夏六日，終是歲十有二月廿四日，太平路儒學教授曲阜孔文聲謹書。跋後列承務郎、太平路總管府判官劉遵督工，江東建康道肅政廉訪副使伯都提調。【略】其跋作於大德乙巳，係元成宗大德九年。考《成宗本紀》，大德九年五月，改各道肅政廉訪司爲祥刑觀察使。十月，仍復舊名。此書成於十二月，稱廉訪司，與本紀合。當時以百卷之書，仲夏開雕，逮臘月而即蕆事，計工不爲不速，獨惜其摹印草草，較宋刊則遠甚矣。

于敏中《天禄琳琅書目》卷五《元版史部·資治通鑑二十函，一百六十册》 篇目同前，有元王磐序。此書即前版，而字畫清朗，紙質亦較明浄，蓋摹印稍先也。書首多王磐一序。考《元史》，王磐，字文炳，廣平永年人。至大四年，擢經義進士第。累官翰林學士，遷太常少卿。以年老，屢乞骸骨，進資德大夫，致仕。年九十二，卒，贈端貞雅亮佐治功臣、太傅、開府儀同三司，追封洛國公，謚文忠。其序稱朝廷於京師創立興文署，署置令、丞并校理四員，厚給禄廩。召集良工，剡刻諸經、子、史版本，流布天下，以《資治通鑑》爲起端之首，可爲識時事之緩急而審適用之先務云云。按《元史》載，世祖至元二十七年正月，立興文署，掌經籍版。磐序所言，與史吻合，則知此書乃元時官刻本也。

于敏中《天禄琳琅書目》卷五《元版史部·通鑑總類四函，四十册》 宋沈樞撰。二十卷。前樓鑰序。【略】樓鑰序稱故詹事、光禄沈憲敏公取司馬公所著，各以事類編之，爲二百七十一門。首曰治世，曰知人，終曰辯士、曰烈婦。公之季子欲鋟版以廣其傳，俾鑰序之。鑰晚出，試郡永嘉，實守蕭規，以自免於戾。荷公忘年定交，又與公之子游，爲書卷首云云。按《宋史·樓鑰傳》：於孝宗淳熙間，出知温州。以樞起官時考之，正不相遠。其序作於寧宗嘉定元年，距官永嘉之日已二十餘載，是在樞既殁之後也。

明文徵明、文伯仁、王寵藏本，有「宋本」印，蓋因樓鑰序中有「公之季子守潮陽，欲鋟版以廣其傳」語。然書之字體結搆與宋槧本不同，且印工墨色亦欠精朗，其爲優絀，固不能自掩耳。餘印俱無考。

于敏中《天禄琳琅書目》卷五《元版史部·古史二函，十二册》 宋蘇轍撰。本紀七卷，世家十六卷，列傳三十七卷，共六十卷。前自序，後自志。【略】馬端臨《文獻通考》載是書，後有雁湖李氏跋。今此本無之，其非宋槧無疑。卷七後別行刊「左迪功郎、衢州司户參軍沈大廉同校勘」，卷十六後别行刊「右修職郎、衢州録事參軍蔡宙校勘兼監鏤版」。

于敏中《天禄琳琅書目》卷五《元版史部・通志二十函，二百册》 宋鄭樵撰。二百卷。前樵自序，元吴繹序並《進書疏》。馬端臨《文獻通考》云，按：此書刊本元無卷數，止是逐略分爲一二耳。《中興四朝藝文志》别史類載《通志》二百卷。其後叙述云：中興初，鄭樵采歷代史及他書，自三皇迄隋，爲書曰《通志》，倣遷、固爲紀傳，而改表爲譜、志爲略，則其爲書似是節鈔删正歷代之正史，如高峻之《小史》、蘇轍之《古史》，而非此《二十略》之書也。但《二十略序》文後言「於紀傳即其舊文從而損益，制誥書疏真之别録。《唐書》、《五代史》，本朝大臣所修，非微臣敢議，故紀傳及隋。若禮、樂、刑、政，務存因革，故引而至唐」云。則亦略言其作書之意。豈彼二百卷者自爲一書，亦名之曰《通志》，而於此序附言其意耶？或并《二十略》，共爲一書耶云云。今以歷代刊本《通志》考之，係併《二十略》爲一書，共成二百卷，並非别有所謂《通志》者。端臨所見刊本，蓋僅有《二十略》耳。是書吴繹序作於元英宗至治二年。繹，《元史》無傳，其結銜爲「福州路總管」。考《江西志》，吴繹，字思可，信都人。泰定間，曾守吉州。序稱是集梓於三山郡庠，北方學者猶未之見，迺募寮屬，捐己俸，摹印五十部，散之江北諸郡云云。疏後别行載「至治三年九月印造」，則知此本亦非吴繹所刊，當屬元初開雕於閩中者也。

彭元瑞《天禄琳琅書目後編》卷九《元版史部・金史六函，四十八册》 元托克托等撰。書百三十五卷。本紀十九，志三十九，表四，列傳七十三。前有至正五年江浙行中書省牒，次《進表》，次目録二卷，後有校勘臣彭衡、倪中、麥澂、岳信、楊鑄、牟思善、卜勝、李源、揭模、丁士恒十人列名。按牒略云：皇帝聖旨裏，江浙等處行中書省，至正五年六月二十六日准中書省咨，至正五年四月十三日篤憐帖木兒怯薛，第二日沙嶺納鉢斡脱裏有時分，阿魯禿右丞相等奏：去歲教纂修《遼》、《金》、《宋》三史書，即日《遼》、《金史》書纂修了有，如今將這部書令江浙、江西二省開版，就彼有的學校錢内就用，疾早教各印造一百部來呵，怎生，奏呵。奉聖旨那般者。欽此。准此，本省咨委參知政事秦、左右司都事徐槃欽依提調，及下江浙儒司委自提舉班惟志校正字畫，杭州路委文資正官首領官提調鋟梓印造裝褙。至正五年九月日。後列銜中書省左丞相平章政事、左丞參知政事、左右司郎中、員外郎、都事十四人銜名。《金史》自南北監版外，别無行本。此係初成時杭州所刊官本，真爲希覯，撮其大要識之。

彭元瑞《天禄琳琅書目後編》卷九《元版史部・通志二十函，百四十册》 宋鄭樵撰。樵，字漁仲，莆田人。【略】前有樵總序，又至治二年吴繹序，及《募印通志疏》，印造銜名七人，江浙等處行中書省所委官：將仕佐郎、太平路當塗縣主簿袁矩，承務郎、福建道宣慰使司都元帥府都事江正，承務郎、福建道宣慰使司都元帥府都事紀昱，福州路總管府提調官經歷侯維清，福州路總管府提調官知事楊也先，福州路總管府所委提調官、福州路儒學教授李長翁，福州路總管府所委提調官、福州路録事司判官蓋從杞。據序疏，元興時命勒是書於三山郡學，以獻於朝，繹爲福州守，乃募僚屬，摹褙五十部，散之江北諸郡，是當時官刻官印之書也。

孫星衍《平津館鑒藏記書籍》卷一《元版・戰國策十卷》 題「縉雲鮑彪校注，東陽吴師道重校」。前有《戰國策》劉向序、曾鞏序、紹興十七年鮑彪《國策校注序》、泰定二年吴師道序。至正十五年陳祖仁序稱：「浙西掾劉瑛廷修刻梓學宮。」末卷尾有「平江路儒學正徐昭文校勘」十一字。黑口版。每葉廿二行，行廿字。

孫星衍《平津館鑒藏記書籍》卷一《元版・吴越春秋十卷》 題「後漢趙曄撰」。前有徐天祐序，不題年月，稱：「曄書，越舊嘗鋟梓，歲久不復存。汴梁劉侯來治越，校蒐遺文，重刻於學。不鄙謏聞，屬以考訂。既刊正疑訛，復爲之音注，并考其與傳記同異者，附見於下而互存之。」末卷後有「大德十年歲在丙午三月音注，越六月書成刊版，十二月畢工」廿四字。每葉十八行，行十七字。《四庫全書》元大德十年刻本，序文不著名姓。卷末有徐天祐、留堅、陳旉伯、梁相、劉克昌五人銜名。此本尾張缺半葉，無從考證，未知别爲一本，抑即此本，殘缺互異，不能明也。

孫星衍《平津館鑒藏記書籍》卷一《元版・吴越春秋十卷》 題「後漢趙曄撰」。此即徐天祐音注之本。前無序文，後無刻書年月。其模印紙色是元時所刻。大字板。每葉十八行，行十八字。

孫星衍《廉石居藏書記》内編《唐律疏議三十卷》 右《唐律疏議》三十卷，唐長孫無忌等奉勑撰，元王元亮釋文。至正時崇化余志安刊本。前有泰定四年江西等處儒學提舉柳贇序，稱：江西廉訪使師公，因行省檢校官王君長卿家藏善本及《釋文纂例》，刊於龍興學宮。

孫星衍《平津館鑒藏記書籍補遺·元版·通志二百卷》 前有總目一卷，總序一篇，下題「右迪功郎鄭樵」。至治壬戌吳繹序，下有「繹」、「可堂吳氏」兩木方印。至治元年福州路總管可堂吳繹《通志疏》後有「至治二年九月印造，福州路總管府所委提調官福州路録事司判官蓋從杞」等七人銜名。據吳序云：「是集繡韵梓於三山郡庠，亦既獻之天府，藏之秘閣，北方學者猶未之見，乃募僚屬捐己俸，摹印五十部，散之江北諸郡」云云。據劉壎《隱居通議》云：「近大德歲間，東宫有令下福州刊《通志》，凡萬幾板。」然則此書是元初刻於閩中，繹摹印頒行，記歲月於後，非繹所刊也。大字本。每葉十八行，行廿一字。

孫星衍《平津館鑒藏記書籍》卷一《元版·金陵新志十五卷》 前有甲申四月江南諸道行御史臺都事索元岱序，鈔録修志文移，臺府提調官掾職名，修志本末。題「前奉元路學古書院山長張鉉輯」。末有督刊姓氏。此即元至正四年刊本也，内亦有明補刊葉。十八行，行十八字。

孫星衍《廉石居藏書記》内編《金陵新志十五卷》 右《金陵新志》十五卷，元張鉉撰。前有江南諸道行御史臺都事索元岱序。又有鈔録御史臺等處文移。知宋景定十志舊版已經燒燬，元時重刊。先有郡士戚光安更舊志，當時議，因舊志之已成，增本朝之新創，故其書皆用《建康志》准式。凡壹拾五卷，壹拾叁册。分派溧陽州學刊雕五卷，溧水州學、明道書院各三卷，本路儒學刊造二卷及序文圖本。照依元料工物，合用價錢，於各學院錢糧内除破，共中統鈔壹伯肆拾叁定貳拾玖兩捌錢玖分玖釐，俱見序例。據此，知明黄佐《南雍志》所載紬書堂中存有《建康志》板，又爲元時翻本。此志亦元刻，而板不存，可寶也。

顧廣圻《思適齋書跋》卷二《資治通鑑二百九十四卷元刻本》 《通鑑》：「晉咸寧五年，禹分九州，今之刺史幾向一倍。」注云：「時有司、豫、徐、兗、荆、揚、梁、益、寧、交、秦、雍、涼、冀、幽、并、青十八州刺史。」今案：景參既云十八州刺史，而上文則司一、豫二、徐三、兗四、荆五、揚六、梁七、益八、寧九、交十、秦十一、雍十二、涼十三、冀十四、幽十五、并十六、青十七而止，尚闕其一。余以《通典》、晉宋兩志、温公《考異》互考之，知本於「幽」下有「平」字，而以平爲十六，并爲十七，青爲十八，故云十八州刺史也。元板刊刻時遺落「平」字，失景參之舊耳。《通鑑》正文於上泰始十年閏月明書分幽州置平州，尤屬確證。但景參十八州刺史之説，卻有微誤，何則？《通鑑》正文於下太康元年十月始書「是歲以司隸所統郡置司州」，又《晉志》云「晉武帝太康元年，既平孫氏，省司隸置司州」，是咸寧時所統郡方屬司隸校尉，不得有司州刺史名目矣。所謂「今之刺史幾向一倍」者，正指刺史有十七，并司隸則十八而爲言。景參注欠分晰，便似咸寧五年之前，已立司州刺史，其爲微誤，不可不知也。讀全書者若於如脱「平」字之類，得元板之所譌，於咸寧無司州刺史之類，得胡注當辨正，而未經前人舉出者，條舉件係，各爲之考證。昔人有言，精索而粗用，深探而約見，爲後學垂益於無窮，其庶幾乎。嘉慶癸酉，書於江寧寓館，時方爲鄱陽中丞重開雕是書也。

吳壽暘《拜經樓藏書題跋記》卷二《史記》 《史記索隱》帝紀十二，年表十，書八，世家三十，列傳七十。每篇首題第幾，不稱卷。俱小名在上，大名在下。每葉二十八行，行二十五字。蒙古中統二年刊。錢辛楣宫詹《養新録》云：「予所見《史記》宋槧本，吳門顧抱沖所藏澄江耿秉刊於廣德郡齋者，紙墨最精善，此淳熙辛丑官本也。黄蕘圃所藏三山蔡夢弼刊本，亦在淳熙間。海寧吳槎客所藏元中統刊本，計其時在南宋之季。此三本皆有《索隱》而無《正義》。明嘉靖四年莆田柯維熊校本金臺汪諒刻。始合《索隱》、《正義》爲一書，前有費懋中序，稱陝西翻宋本無《正義》，江西白鹿本有《正義》，是柯本出于白鹿本矣。同時震澤王氏亦有翻宋本，大約與柯本不異。《史記》、《索隱》、《正義》皆各自爲書，不與本書比附。宋南渡後，始有合《索隱》於《史記》者，創自蜀本。繼有桐川、三山兩本，皆在淳熙以前，其時《正義》猶單行也。白鹿本未審刻於何年，以意揆之，必在淳熙以後。蓋以《索隱》爲主而《正義》輔之，凡《正義》之文與《索隱》同者，悉從刪汰。自是《正義》無單行本，而守節之元文不可考矣。」又《日記鈔》云：「海寧吳槎客以元中統二年刻《史記索隱》本見示，首有校理董浦序，云平陽道僉幕段君子成募工刊行者也。黄蕘圃有南宋蔡夢弼本，亦與中統本同，有《集解》、《索隱》而無《正義》。」又記蕘圃主事所藏《史記》南宋大字板不全本云：「『相如乃與馳歸成都，家居徒四壁立』，今本無『成都』二字。《子虚賦》『赤玉玫瑰』注『郭璞曰：赤玉，赤瑾也』，今本注無『赤玉』二字。」此本「馳歸成都」與大字板同，《賦》注無「赤玉」二字。按《始皇本紀》「金人十二，重各千石」，柯板取《正義》，不刻《索隱》。北監及馮本此段注在「置廷宫中」下。

先君子記云：「元中統刻《史記索隱》，有中統二年校理董浦序。按元世祖中統二年爲宋理宗景定二年辛酉，然則此書雖署元號年，其實宋刻也。汲古閣專刻《史記索隱》，世稱善本，餘刻皆芟節不全。此本校毛刻注尤備，卷首有『史類』、『正史』、『史記』三朱印，蓋山陰祁氏澹生堂藏書。」

吴壽暘《拜經樓藏書題跋記》卷二《通志》 《通志》二百卷，元刻本。每葉十八行，行二十一字。字大悦目。前有吴繹序云：「是集繡梓於三山郡庠，亦既獻之天府，藏之秘閣，然北方學者猶未之見。余叨守福唐，洪惟文軌會同，斯文豈宜專美一方。乃募僚屬，仍捐己俸，稟之省府，募褙五十部，散之江北諸郡。」至治二祀壬戌夏五郡守可堂吴繹書于三山郡齋。」又有至治元年五月福州路總管吴繹題疏，後刻「至治二年九月印造」，並列諸府路等銜名。紙墨精好。首頁有「談氏延恩樓收藏印」圖記。

吴壽暘《拜經樓藏書題跋記》卷二《金陀粹編》 《金陀粹編》二十八卷，舊刻本。按辛楣宫詹《潛研堂文集》跋云：「《初編》刻於檇李，《續編》刻於南徐，端平甲午又合刻藏於廟塾，皆有倦翁自序。元季重刻於杭州西湖書院，則有臨海陳基、會稽戴洙二序。明嘉靖壬寅，晉江洪富刊於兩浙運司。後十七年，莆田黄日敬復修補其漫漶者，然中多斷簡脱葉，惜無善本是正也。」

莫友芝《宋元舊本書經眼録》卷二《宋史元至正江浙行中書省官本》 每葉二十行，行二十字。其中縫一行，中截大書分卷云《宋史》目録幾、《宋史・本紀》幾、《志》幾、《列傳》幾。上截右旁書通卷云《宋史》幾，或幾十、幾百。左旁計一葉字數。下截卷、葉數之下右旁云某某寫，左旁云某某刊。《宋史》以至正五年十月表進，即于六年□月咨浙江等處行中書省，差史官翰林應奉張翥馳驛賫浄稿，前去選匠，依式鏤板，文載目前。是江浙一本爲最初之刻。同治乙丑夏，在上海見嘉興馬氏一本，惜其不完。

莫友芝《宋元舊本書經眼録》卷二《資治通鑑元興文署本》 元興文署刊本《資治通鑑胡注》二百九十四卷，裝九十六册，出于泰州某家。同治乙丑夏，余曾議購未就，越庚午秋購成矣。舍弟以其點抹乖剌促還之，尋爲江安傅麗生通守所收。是刻字體多波折，四邊線極粗。嘉慶間鄱陽仿刻，亦稱善本，而未能畢似也。明正、嘉以來是板歸南監，遞有修補。此本則元末板未漫漶時印，雖丹墨礙目，其質地實極精美。

莫友芝《持静齋藏書記要》卷上《金陀粹編二十八卷續編三十卷》 宋岳珂撰。珂以嘉定戊寅守嘉禾，刊《粹編》。紹定改元，又刊《續編》。元時，嘉禾板已無存。至正二十三年，吴門朱元祐重刊于西湖書院，即此本也。

潘祖蔭《滂喜齋藏書記》卷一《元刻文獻通考三百四十八卷十函六十册》 元西湖書院刻本。前有馬貴與自序，及延祐六年弘文輔道粹德真人王壽衍進書表。貴與此書網羅宏富，經國大業乃爲道流所進，亦可異也。舊刻於嘉定元年，後有闕失。至正五年，江浙儒學提舉余謙因其壻楊玄訪得原稿於其子志仁，命山長方員、儒士葉森訂正補刊。目録後有余謙跋。常熟瞿氏藏本有李謹思序，此刻脱之。然裒然鉅編，首尾完整，字大悦目，楮印精良，亦可與球鍠等重矣。

潘祖蔭《滂喜齋藏書記》卷一《元刻金陀粹編二十八卷續編三十卷四函十六册》 宋岳珂撰。珂自跋云：「前刻於檇李，續刻於南徐。紹定癸巳冬，珂上東淮歸，宗族鄉黨願考先烈及問排闥之始末，因命工剞梓爲副墨，藏於廟塾。」凡六百二十二板，字小於舊。」是珂及身已有三刻。此本元至正二十三年朱元祐刻於西湖書院，舊有陳基序，戴洙後序。今陳序佚。戴序云：「朱君佑之得其殘編斷簡，參互考訂，始克成書。復得續集五卷於平江，蓋江西本也。」所謂江西本者，又在倦翁三刻之外，不知何時刻也。朱元祐，吴門人，佑之其字。

陸心源《儀顧堂題跋》卷四《元槧通典跋》 《通典》二百卷。題曰京兆杜佑字君卿纂。前有李翰序，一百卷後有丁未歲杪李仁伯恕甫跋。丁未爲大德十一年，蓋元成宗時刊本也。卷十九至二十一、六十一至六十五，八十一至八十五抄補。是書北宋時有鹽官縣雕本，至元而版已亡，臨川路總管楊錦山乃命諸學刊成。見李仁甫跋。卷二十六至卷一百爲撫州臨汝書院所刊，每卷有撫州路臨汝書院新刊，湘中李仁甫校正兩行。一百七卷後有臨川學教諭晏仲容、直學連元壽照對訖兩行。一百卷後有直學吴用珍監刊一行。每葉二十八行，每行二十六字。版心有第幾册三字及刻工姓名。共分四十册。鹽官本每葉二十行，每行二十八字，當即此本所從出。

繆荃孫《藝風藏書記》卷四《史學・北史一百卷》 元大德信州路刊本。每半葉十行，每行二十二字。首行大題在下，板心有「信州路儒學刊」、「信州象山刊」、「象山書院刊」、「道一書院刊」、「稼軒書院刊」、「藍山書院刊」、「玉山縣學刊」、「弋陽縣學刊」、「貴溪學刊」、「上饒學刊」等字。徐元歎藏本。前有藍筆一行「崇禎己卯四月十四靛筆再勘，鈔補首二卷，及紅藍二筆勘過」，皆元歎先生手蹟。

徐氏手跋曰：「此書尚有南監本，係至正年信州路刊刻，糊突脱敗，幾不可讀。嘉靖元年增補十分之一，新陳錯雜，日就刓落。秀水馮夢禎爲祭酒，復用全刻，其功甚大。然與《廿一史》兼行，不能獨購。波家貧，難致全書。從坊間覓得此書，復闕《魏紀》之二，中有闕落亦不少。輒往親故家借來鈔録，劣得疏通。閲自天啓乙丑歲暮，卒業於丙寅四月初十日。奔走事故，廢學日多，動淹時序，有媿古人。徐波識。」

繆荃孫《藝風藏書記》卷四《史學・遼史一百六十卷》 元刊本。首卷有至正三年三月十四日、三月二十八日聖旨兩道，又脱脱等《進〈遼史〉表》，修史官員、都總裁、總裁官、纂修官、提調官及校勘諸銜名。每葉二十行，每行二十一字。板心列刊工姓名。

李希聖《雁影齋題跋》卷三《三國志六十五卷元本》 每半葉十行，行大字十九，小字二十、二十一字不等。卷首有梁山舟及蔣維基印，前有大德丙午桐鄉朱天錫跋云：「江左憲臺命諸路學校分派十七史鋟梓。池庠所刊者《三國志》。」又有「池之爲郡，士類率多貧窶，學計歲入寡贏，是舉幾至中輟。總管王亢宗、博士孔淳孫董提以底於成」云云。《魏志》十九、二十一、二十三、二十七、二十八、三十後，均有「右修職郎衢州録事參軍蔡宙校兼監鏤板，左迪功郎衢州州學教授陸俊民校正」兩行，則此本實從宋本繙出。紙墨尚精，而譌字不少，如首卷第十葉「紹使人説太祖，欲連和」，宋本「紹」作「給」，誤矣，此本不誤，間亦可資校正。其餘畧一對校，勝監本實多。《日知録》馮夢禎爲南祭酒，手校《三國志》，猶不免誤，終勝他本。方氏有顧千里校《三國志》，所據即南監本也。

李希聖《雁影齋題跋》卷三《宋史四百九十六卷元本》 每半葉十行，行二十字。前有阿魯圖等表，及修史提調官等銜名。後有至正六年中書省咨浙江等處行中書省文云：「精選高手人匠，依式鏤板，不致差訛。所用工物，本省貢士莊錢内應付。如果不敷，不以北監本作「拘」。是何錢内放支，年終照算。仍禁約合屬，毋得因而一概動擾違錯。工畢用上色高紙印造一百部，裝潢完備，差官赴都解納外，合行移咨，須至咨北監本誤「盗」。者。」此本每葉均有刊寫人姓名，而紙墨甚精，尚是當時官本。錢竹汀謂監本、汲古本《孝宗紀》缺一葉，此本獨完，其餘可以補正者尚多。

李希聖《雁影齋題跋》卷四《通志二百卷元本》 每半葉九行，行二十一字。前有至治二祀壬戌夏五吴繹序，及至治元年五月疏。是書先刻於三山郡庠，及吴繹守閩，乃捐俸摹禃五十部，傳之北方，乃至治二年九月印造者。附列江浙等處行中書省所委官：【略】七人銜名與《平津館鑒藏記》本同。

李希聖《雁影齋題跋》卷二《金陵新志十五卷元本》 書成於至大時，而刊於至正四年。前有索元岱序。據首卷文移，分派溧陽州學刊五卷，溧水州學、明道書院各刊三卷，本路儒學刊二卷，共用中統鈔壹百肆拾叁定貳拾玖兩捌錢玖分玖厘。陸文裕《金臺紀聞》曰：「元時州縣皆有學田，所入謂之學租，以供師生廩餼，餘則刻書。工大者合數處爲之，故讎校刻畫頗有精者。」此本則槧印俱劣，而圖尤甚，其板後歸南監，殆明印也。蓋是時元運已衰，江淮之間盗賊蜂起，故刊書事極草草。《養新録》、《平津館鑒藏》及《廉石居藏書》所記，與此本同。

于敏中《天禄琳琅書目》卷六《元版子部・河南程氏遺書一函，八册》 宋朱子輯。二十五卷，附録一卷，《外書》十三卷，後附《文集》十二卷。又元譚善心輯《遺文》一卷。目録後有善心識語并朱子《辯誤》，書末載宋趙師耕麻沙本後序，李襲之春陵本後序，又元鄒次陳、虞槃序二篇。譚善心，字元之，臨川人。《元史》無傳，其事蹟不可考。所作識語稱「《程子遺文遺事》一卷，善心始慮世傳胡氏本猶未盡善，而朱子改本惜不可見，貞白虞叔近示以所得吴内翰家藏別本，乃與臆見吻合，用鋟諸梓，以與學者共之。其朱子與劉共父、張南軒辯論所及者，悉附著於目録之下。且爲竊考《程氏世系譜》於十二卷之首」云云。《世系譜》，此本已闕。鄒次陳序稱「《遺書》、《外書》，俱出程門弟子手記，朱子家藏，世所刊本無不同者。獨二先生《文集》，出胡文定公家，頗有改削，朱子定其所當改者數紙，屢以書致劉、張二公，然承舛習訛，卒莫之從。譚元之因與蜀郡虞槃往復討論，以復乎朱子所改之舊焉」。今觀李襲之春陵本後序，祇言《遺書》、《外書》，而不及《文集》。其趙師耕麻沙本後序，則稱「《二程先生文集》，憲使楊公已鋟版三山學宫。《遺書》、《外書》，則庾司舊有之，後俱燬於乙未之火。師耕承乏來此，亟將故本易以大字，與《文集》爲一體，刻之後圃明教堂」云云。按陳振孫《書録解題》，載《河南程氏文集》十二卷，謂爲建寧所刻本，載在集部，不與《遺書》合録子部之中，是振孫所指建寧本似爲楊公所刊，而以一體合刻，則自師耕始也。考《浙江通志》，師耕，黄巖人。登宋寧宗嘉定七年進士第。其序猶自署「古汴」者，蓋不忘故土之意。李襲之，無考。《元史》：虞槃，字仲常，隆州仁壽人，集之弟。登延祐進士，授吉安永豐丞，後終嘉魚縣尹。《西江志》：鄒次陳，字周弼，一字悦道，宜黄人。中博學宏辭科。所著有《遺安集》十八卷，《史鈔》十卷。此書校正《文集》雖足訂別本之訛，然槧印草草，紙墨皆不求精，在元刻中又其次者。

于敏中《天禄琳琅書目》卷六《元版子部・道命録一函，一册》 宋李心傳輯，係作於元程榮秀釐正，分十卷。前心傳序、宋朱申序、榮秀序。【略】心傳自序，理宗嘉熙三年。朱申之序，乃淳祐十一年知江州時爲之刻梓而作，其書尚仍五卷之舊。榮秀序稱「《道命録》五卷，刻梓在江州，燬於兵。榮秀嘗得而讀之，疑爲初稿尚欲删定而未成者。齋居之暇，略加釐正，彙次爲十卷，重刻於龜山書院，而識其後」云云。書中第十卷末附宋理宗淳祐以後贈恤指揮二篇、制詞三篇，標爲「續增」。又元文宗天曆以後，請加封狀并部議二篇、贈恤制詞五篇，標爲「新增」，乃榮秀所補録者。當時刻手印工咸出上選，紙潔墨瑩，幾與宋槧無異，誠元刻之佳本也。榮秀序闕末數行，以明萬曆間丁元薦刊本校之。榮秀，姓程，新安人。序作於至順四年，結銜爲「奉直大夫、江浙等處儒學提舉」。惜《宋史》無榮秀傳，《新安志》亦未載其事蹟，不可考。序末數行，今依元薦本補録。

于敏中《天禄琳琅書目》卷六《元版子部・胡子知言一函，一册》 宋胡宏著。一卷，《後録》一卷。前宋張栻序。【略】此書兩卷，後别行，皆刻「後學天台吴堅刊於福建漕治」。考《宋史》，無堅傳。《浙江通志》載：堅，仙居人。登淳祐四年甲辰進士第，歷官至端明殿學士。此書係元時翻刻；雖不能精，而宋槧規矩猶存，尚屬元版之佳者。

于敏中《天禄琳琅書目》卷六《元版子部・困學紀聞一函，六册》 宋王應麟著。二十卷。前應麟自識，元牟應龍、袁桷序，後陸晉之序。【略】序中有「鳩工度費，給以學儲，本學官及岱山長共助以足其用」云云。按顧炎武《日知録》引陸深《金臺記聞》曰：「元時州縣皆有學田，所入謂之學租，以供師生廪餼；餘則刻書，工大者合數處爲之，故讐校刻畫頗有精者。」今證以晉之所言，適相吻合，第此書橅印不佳耳。

錢大昕《十駕齋養新録》卷一三《孔氏祖庭廣記》 《孔氏祖庭廣記》十二卷，先聖五十一代孫、襲封衍聖公元措夢得所編。前載元豐八年四十六代孫、朝議大夫知洪州軍州事宗翰《家譜》舊引，宣和六年四十七代孫、朝散大夫知邠州軍州事傳《祖庭雜記》舊序。《家譜》、《雜記》本各自爲書，元措始合爲一，復增益編次，冠以圖象，并載舊碑全文，因「祖庭」之名，而更稱「廣記」，蓋仙源之文獻，至是始備。書成于金正大四年，前尚書左丞致仕張行信爲之序。此本最後有五行云：「大蒙古國領中書省耶律楚材奏准皇帝聖旨，於南京特取襲封孔元措，令赴闕里奉祀。來時不能挈負《祖庭廣記》印板，今謹增補校正，重開以廣其傳。壬寅年五月望日。」壬寅者，元太宗六皇后稱制之年，距金亡已十年，蒙古未有年號，當宋淳祐二年也。金以開封府爲南京，元初尚沿其名，後乃改爲汴梁路。此書初刻於開封，再刻于曲阜。今何夢華所藏，紙墨古雅，的爲初印本。予嘗據漢、宋、元諸石刻，證聖妃當爲并官氏，今檢《東家雜記》及此書，并官氏屢見，無有作「亓」字者，乃知宋、元刻本之可寶。自明人刻《家語》，妄改爲「亓」，沿譌三百餘載，良可喟也！

彭元瑞《天禄琳琅書目後編》卷一〇《元版子部・孔叢子一函，六册》 宋宋咸注。書七卷。【略】前有咸序及嘉祐三年《進書表》、四年《謝賜金紫表》，後有後序，末墨記「茶陵桂山書院校正版行」。

彭元瑞《天禄琳琅書目後編》卷一〇《元版子部・經史證類大全本草四函，三十二册》 篇目見前金版子部。前多大觀二年艾晟序，又政和六年劄付寇宗奭，又嘉祐二年《補注本草奏敕》，三年《圖經本草奏敕》，其本書正同。序末刻「大德壬寅，宗文書院刊行」。卷二標題下刻「春穀玉秋捐貲，命男大獻、大成同校録」。

彭元瑞《天禄琳琅書目後編》卷一〇《元版子部・困學紀聞四函，十六册》 宋王應麟撰。【略】前有至治二年牟應龍序、泰定二年袁桷序，後有陸晉之跋。是時浙東肅政司副使馬剌忽、僉事孫楫檄刻是書，蓋桷所舉明，而晉之方爲慶元路教授也。末刻「慶元路儒學學正胡禾監刊」。

彭元瑞《天禄琳琅書目後編》卷一〇《元版子部・風俗通義一函，一册》 漢應劭撰。【略】後有嘉定十三年丁黼跋。黼，宋成都制置使。嘉熙三年，元兵自新弁趨成都，黼迎至石筍街，力戰死，見《宋史・忠義傳》。按黼跋，以徐淵子本、館中本、孔寺丞本互加參考，刻之夔州，足爲善本。此本宋諱不闕筆，蓋以宋本重雕者。

孫星衍《平津館鑒藏記書籍》卷一《元版・經史證類大觀本草三十一卷》 題「唐慎微纂」。前有大觀二年十月朔通仕郎、行杭州仁和縣尉、管句學事艾晟序，即陳氏《書録解題》所見本也。然惟序文、目録、卷一題作《經史證類大觀本草》，卷二以下「大觀」改「大全」。據艾序，又本名《經史證類備急本草》。艾序後本有「大德壬寅孟春宗文書院刊行」木印，爲書賈剜去，以充宋刻。又闕三十、三十一兩卷。黑口版。每葉廿四行，行廿字。

孫星衍《平津館鑒藏記書籍》卷一《元版・奇效良方六十五卷，卷二「方」下有「論」字》 題「奉政大夫、太醫院院使吴興方賢纂集，修職郎、太醫院御醫臨江楊文翰較正」。前後無序跋。《明史・藝文志》「方賢《奇效良方》六十九卷」。此本尚缺四卷。書中稱中書右丞相合剌合孫至元癸未季春一日奉勑治之。賢乃元人，書中詔、勑、上、命等字俱提行寫，當爲元時所刊。黑口版。每葉廿二行，行廿四字。

孫星衍《平津館鑒藏記書籍》卷一《元版・呂氏春秋二十六卷》 前有遂昌鄭元祐序，後有「嘉興路儒學教授陳華至正下有闕字。吳興謝盛之刊」一行，即所謂元嘉禾學宫本也。目録後有《鏡湖遺老記》，稱：「此本從太清樓本校定，故視他本爲善。」每葉廿行，行廿字。

孫星衍《平津館鑒藏記書籍》卷一《元版・困學紀聞二十卷》 題「浚儀王應麟伯厚」。卷二以下下有「甫」字。前有泰定二年門人袁桷敘，至治二年牟應龍序，後有「牟應龍印」、「牟伯成父」、「儒林世家」三木小方印。目録前有深寧叜識語，後有「伯厚甫」、「深寧居士」二木方印。黑口版。每葉廿行，行十八字。此書後有泰定二年十二月癸卯廣元路儒學教授吳郡陸晉之敘，今缺。

孫星衍《平津館鑒藏記書籍》卷一《元版・新編古今事文類聚前集六十卷後集五十卷續集二十八卷別集二十二卷》 題「建安祝穆和父編」。新集三十六卷外集十五卷，題「南江富大用時可編」。前有淳祐丙午祝穆序。每集前俱有目録。《外集》引元官制，書中稱爲「大元」，富大用本元人。《外集》目録後有「泰定丙寅廬陵武溪書院新刊」木長印。巾箱本。黑口版。每葉廿六行，行廿四字。

孫星衍《平津館鑒藏記書籍》卷一《元版・玉海二百四卷》 題「浚儀王應麟伯厚甫」。《玉海》本二百卷，末四卷爲《詞學指南》。前有至元四年戊寅東陽胡助序，後有「東陽胡助」、「古愚」兩木印。次至正十一年慶元路總管阿殷圖序、至正辛卯王介序，中山李桓序，後有「李桓」、「晉仲」兩木印。次至元三年十一月浙東道宣慰使司刊刻《玉海》指揮，後有也乞里不花等銜名。目録後有慶元路儒學刊造《玉海》書籍提調官銜名。其《詩考》、《地理考》、《漢藝文志考》、《通鑑地理通釋集解》、《踐阼篇補注》、《急就篇》、《王會篇》、《漢制考》、《小學紺珠》、《姓氏篇》、《六經天文編》、《康成易注》、《通鑑答問》十三種，據至元六年厚孫跋語，亦同時並刊，唯不在目録之中。每葉廿行，行廿字。《玉海》原板藏江寧府學，近年始燬於火。據乾隆五十六年補版印本，元板僅見一二。此本雖亦有正德二年、嘉靖庚戌至丁巳補葉，以視近世行本，真不啻天淵之隔矣。

孫星衍《廉石居藏書記》内編《新編古今事文類聚》 右《新編古今事文類聚》，前集六十卷，後集五十卷，續集二十八卷，別集二十二卷。宋祝穆編。新集三十六卷，外集十五卷，富大用編。前有祝穆序，爲淳祐丙午年作，爲宋理宗六年。外集目録後有木條，題「泰定丙寅廬陵武溪書院新刊」。按：泰定爲元泰定帝三年，蓋元刻本。

吳壽暘《拜經樓藏書題跋記》卷四《風俗通義》 《風俗通義》十卷，前有邵自序，元大德丁未大中大夫行都水監李果序，後有宋嘉定十三年東徐丁黼跋。卷首題「大德新校正風俗通義」。每葉二十行，行十六字。即抱經堂《羣書拾補》所稱大德本者是也。

莫友芝《宋元舊本書經眼録》卷二《玉海二百卷附刻諸種俱備。元至元刻本》 行款與今通行本同，特板心稍大，字體秀勁，近趙吳興。首有胡助、李桓、阿殷圖埜堂、王介四序，及至正三年慶元路刊行文牒及薛元德後序。又有伯厚之孫厚孫識語，在伯厚題跋後。謂其先祖自謂：「未脱稾難以示學者，故藏于家」云云。「浙東都事年公始建議板行。今元帥資德公既至，即命刊布。又刊《詩考》、《詩地理考》、《漢藝文志考》、《通鑑地理通釋集解》、《踐阼篇補注》、《急就篇》、《王會篇》、《漢制考》、《小學紺珠》、《姓氏篇》、《六經天文編》、《康成易注》、《通鑑答問》諸書。厚孫等承命校勘唯謹，而董役者弗爲修改，遺誤具在，觀者審焉。至元六年庚辰四月一日。」卷首有「張寬德宏之印」、「張任文芳之印」、「玉峯張氏世恩堂圖書」、「徐氏家藏」、「曾在汪閬源家」、「郁松年印」、「泰峯」七印。

潘祖蔭《滂喜齋藏書記》卷二《元大德重校聖濟總録殘本六卷一函八册》 宋政和中奉敕撰。原本二百卷，重刻於金大定，再刻於元大德，此即大德本也。日本活字本即從大德本出。前有大德四年焦養直序，謂江浙行省奉詔校刊。《四庫》著録乃程林《纂要》二十六卷，非全書也。此本僅存六卷。五十、五十二、五十三、一百三十一、一百九十一、一百九十四。每半葉八行，行十七字，疏行大字。怡府藏書。

繆荃孫《藝風藏書記》卷二《諸子・呂氏春秋二十六卷》 元刊本。高誘注。前有鄭元祐序，序後有「嘉興路儒學教授陳泰至正六年刊」一行。每半葉十行，每行二十字。元嘉興路總管劉貞刊。貞字庭幹，海岱人。以文儒起家，出爲嘉興路總管，擢授海道都漕運使。父克誠，字居敬，號節軒先生，累贈至禮部尚書，嗜校古書，庭幹所刻，皆節軒所校。今流傳尚有《大戴禮》、《逸周書》、《韓詩外傳》、陳騤《文則》等書，而孔㢲軒以爲劉貞庭，誤矣。

繆荃孫《藝風藏書記》卷二《諸子・困學紀聞二十卷》 元刊本。泰定二年弟子袁清容序，而刻於慶元路學，距先生没時三十年，爲是書初刻。有牟應龍前序，陸晉之後序。前有「伯厚父」、「深寧居士」墨圖記二方，卷末有「孫厚孫、寧孫校正、慶元路儒學學正胡禾監刊」二行。每半葉十行，每行十八字。黑口。

繆荃孫《藝風藏書記》卷五《類書·新編古今事文類聚前集六十卷後集五十卷續集二十八卷別集三十二卷新集三十二卷外集十五卷》 元泰定丙寅廬陵武溪書院新刊。每半葉十四行，每行二十六字。

繆荃孫《藝風藏書記》卷五《類書·新箋決科古今源流至論續集十卷》 元延祐丁巳孟冬圓沙書院刊本。每半葉十五行，行二十五字，小黑口。

于敏中《天禄琳琅書目》卷六《元版集部·文選六函，六十一册》 梁昭明太子蕭統撰，唐李善注。六十卷。前蕭統序，李善《上文選注表》，唐吕延祚《進五臣集注文選表》。書中每卷標題下，於李善注次行刊「奉政大夫、同知池州路總管府事張伯顏助率重刊」，張伯顏無考。其橆刻此書，頗得宋槧模範，第書中衹收李善一人之注，而又録吕延祚《進五臣注表》，未免自淆其例矣。

錢大昕《十駕齋養新録》卷一四《石田集》 《石田先生文集》十五卷，元槧本。凡詩、賦五卷，文十卷，俱完好。集中有《寄猺子山詩》，即《元史》之巙巙，本康里氏，子山其字也。巙與猱同乃高切，猱、猺音亦相似，譯語無定字耳。監本巙誤作巎，乃傳寫之訛，證以《石田集》，益信。

錢大昕《十駕齋養新録》卷一四《文選元槧本》 《文選》李善注元槧本，每卷首題「奉政大夫同知池州路總管府事張伯顏助率重刊」，有前海北海南道肅政廉訪使余璉序，稱伯顏字曰正卿，而未詳其籍貫。頃讀鄭元祐《僑吳集》，有平江路總管致仕張公壙志，蓋代其子都中作。文稱張氏長洲之相城人。公諱世昌，字正卿。以謹飭小心仕于朝，僕直殿廬，成宗賜名伯顏。由將作院判官，累任慶元路同知。延祐七年，陞奉政大夫池州路同知。泰定五年，改福寧州尹，後遷漳州路總管。告老，以平江路總管致仕。乃知伯顏爲吾吳人，宜其文雅好事，異於俗吏矣。

彭元瑞《天禄琳琅書目後編》卷一一《元版集部·李文公集一函，六册》 唐李翱撰。翱，字習之，隴西成紀人。貞元十四年進士，官山南東道節度使、檢校户部尚書，《唐書》有傳。書十八卷。元趙汸《東山存稿·書李文公集後》稱十有八卷，百四篇，與此本合，乃蘇天爵所藏。是本前有無名氏序，云邵武郡守西蜀馮君師虞命工梓傳云。百三篇者，筆誤也。是書明景泰年邢讓鈔本，近徐養元刻之，訛舛最甚。惟毛晉所刻十八卷，爲通行善本。此其原鋟也。

彭元瑞《天禄琳琅書目後編》卷一一《元版集部·歐陽文忠公集八函，六十四册》 宋歐陽修撰。書一百五十三卷。凡《居士集》五十卷，《外集》二十五卷，《易童子問》三卷，《外制集》三卷，《內制集》八卷，《表奏書啓四六集》七卷，《奏議集》十八卷，《雜著述》十九卷，《集古録跋尾》十卷，《書簡》十卷。每卷末附《考異》。前有慶元二年郡人登仕郎胡柯伯信所定《年譜》。後有《附録》五卷，周必大跋稱爲郡人孫謙益彦撝，承直郎、前桂陽軍學教授丁朝佐懷忠，郡人鄉貢進士曾三異無疑等所編校，俱列名於末。又有覆校，州縣學職事葛濰德源，王伯芻駒甫，朱岑山父，胡棲謙甫，郡人迪功郎、新臨江軍清江縣丞曾焕文卿，郡人鄉貢進士胡焕季亨，劉贇棠仲，郡人羅沁長源八人。陳振孫《書録解題》謂修集徧行海內，而無善本。此周必大父子校本，至精審。其槧法精朗，紙墨俱佳，元版中甲觀。

彭元瑞《天禄琳琅書目後編》卷一一《元版集部·元豐類藁二函，十二册》 宋曾鞏撰。書五十卷。與晁公武《郡齋讀書志》所載合。前有元豐八年王震序，後附録行狀、碑誌、哀挽一卷。大德甲辰丁思敬後序，有云假守是邦，獲拜祠墓，得文集善本，前邑令王斗齋繡梓，乃鳩工摹而新之。是本書法、槧手俱極古雅，麻紙、濃墨，摹印精工，爲元刻上乘。明成化時，南豐知縣楊參重雕，遠遜初刊矣。

彭元瑞《天禄琳琅書目後編》卷一一《元版集部·道園學古録四函，二十四册》 元虞集撰。【略】前有至正元年門人李本序，稱閩憲幹公徵先生文稿刻梓，本與先生幼子翁歸，及同門友編輯之。先生在朝文多不存，《歸田稿》亦散佚，今就所有録之。此其從孫堪所以有《道園遺稿》之輯也。

彭元瑞《天禄琳琅書目後編》卷一一《元版集部·文選六函，六十册》 篇目見前宋版集部。是書每卷首刻「奉政大夫、同知池州路總管府事張伯顏助率重刻」，書末刻「監造路吏劉晉英、郡人葉城」。版式與諸本不同。

孫星衍《平津館鑒藏記書籍補遺·元版·唐陸宣公集廿二卷目録一卷》 前有權德輿《翰苑集序》、《本朝名臣進奏議劄子》一篇，唐陸宣公像，至大辛亥厲一鶚序。目録後有題識，云：「至大辛亥秋教官厲心齋奏總管王公子中命重新繡梓，詳加校訂。任其責者，學正四明陳沆，學録毗陵蔣臈，孫路，掾廬陵易偉也。」又有監督直學二吏姓名。黑口版。板心題「苑十卷，奏十二卷」。每葉廿二行，行十九字。

孫星衍《平津館鑒藏記書籍》卷一《元版・文選六十卷》 題「梁昭明太子選，唐文林郎守太子右内率府録事參軍事崇賢館直學士臣李善注，上奉政大夫同知池州路總管府事張伯顔助率重刊」。前有唐李崇賢《上文選注表》，又載吕延祚《進五臣集注文選表》，開元六年口勅《梁昭明太子文選序》，廉訪使余璉序。據余序，此本爲元池州學所刊。黑口版。每葉廿行，行廿二字。

孫星衍《廉石居藏書記》内編《昭明文選李善注六十卷》 右《文選李善注》六十卷。元奉政大夫同知池州路總管府事張伯顔刊本。前有元大德時海北海南道肅政廉訪使余璉序，稱「梁昭明享池祀」。又云：「即池故處，吾歸老焉。同知府事張正卿來，俾邑學吴梓校補遺謬。遂命金五十以自率，羣屬靡不從化」云云。此書蓋刊於池州。元明當道到官後，每訪求邑之文獻古迹，興廢繼絶，多刊古書，存貯公府，想見古人聲名文物之盛。今無其比，并前人存板亦皆墜失不修，可慨也。

潘祖蔭《滂喜齋藏書記》卷三《元刻范文正公集二十卷别集四卷一函四册》 宋范仲淹撰，八世孫文英刻。前有蘇軾序。序後有墨圖記云：「天曆戊辰改元褒賢世家重刻於家塾歲寒堂。」按公集宋乾道丁亥鄱陽守俞翊刻於郡齋。淳熙丙午，郡從事北海綦焕補刊，此本即自鄱陽本出。後有俞、綦二跋。俞跋前有闕葉，僅存末二行，歲月、姓名猶可認也。綦跋之後，題字三行，云：「嘉定壬申仲夏重修。朝奉郎通判饒州軍州兼管内勸農營田事宋鈞、朝請大夫知饒州軍州兼管内勸農營田事趙□樾。」舊尚有文英跋，此脱之。每半葉十二行，行二十字。舊怡府藏書也。

潘祖蔭《滂喜齋藏書記》卷三《元刻殘本范文正公集十一卷别集一卷尺牘三卷政府奏議二卷十四册》 亦歲寒堂刻印本，差後文集，存卷一、卷四、卷五、卷九至十六，凡十一卷，别集存第四一卷。元時陸續附刊，尚有補編五卷及尺牘、奏議等十三種。此本補編闕，餘存奏議二卷，尺牘三卷，及言行拾遺、西夏堡寨、洛陽遺跡、白山遺跡、吴中遺跡、鄱陽遺跡、贊頌論、碑銘、褒賢、祠記凡十種，祠記祇第二一卷，亦不全矣。尺牘宋淳熙三年張栻刻於桂林郡齋，南軒及朱文公均有跋。元至元再元丁丑文英重刻。其跋云：「先公尺牘舊刊郡庠，今梓家塾。」所謂郡庠者，自是蘇州郡庠，是桂林一刻，吴中再刻，凡三刻矣。奏議刻於元統二年甲戌。據文英跋，則公奏議有二本，一十七卷，韓魏公序；一二卷，即此本也。又天曆三年八世孫國偶跋，謂有年譜，與文集、奏議並行。此本無年譜，蓋亦脱之。卷首有長洲顧仁效「水東館收藏圖籍」私印。

潘祖蔭《滂喜齋藏書記》卷三《元刻國朝文類七十卷四十六册》 蘇天爵編。此書元時有二本，一翠巖精舍刻，密行小字；一西湖書院刻，即此本也。每葉二十行，行十九字，惜缺四十三至四十五三卷。前有至正二年二月江浙儒學提舉移文，詳載刊書本末。其略謂至正二年，禮部咨中書省移咨江浙行省，委本司副提舉陳登仕校勘監雕。至元四年，西湖書院點視，内有補嵌，委本院山長方員、儒士葉森校修。至正元年十一月二十二日，本司提舉王奉政在大都蘇參議家獲見元編，校正所刊，第四十一卷内缺下半卷，又於目録及各卷内校正一百三十餘字。前有王理、陳旅兩序，後有太原王守誠跋。

繆荃孫《藝風藏書記》卷七《詩文・静修先生文集三十卷》 元至正癸未刊本。有江南浙西道肅政廉訪司下嘉興路總管府刊行牒文。凡《丁亥集》六卷，附《樵庵詞遺文》六卷，《遺詩》六卷，《拾遺》七卷。楊俊民哀録《續集》三卷，房山賈彝編《附録》二卷，皆薦牘、壙記、墓表。有明永樂間補葉。每半葉九行，每行二十字。黑口。有「汪印士鐘」白文、「閬源真賞」朱文兩方印。弘治本即從此翻出也。

李希聖《雁影齋題跋》卷二《韵府羣玉二十卷元本》 每半葉十行，前有滕賓序，字玉霄。《涵虚子論曲》謂「滕玉霄如碧漢閒雲」，即其人也。及至大庚戌臘月姚雲序。目録後有長方墨印「元統甲戌春梅溪書院刊」十字。元統爲順帝紀元之號，甲戌則元統二年也。《孫祠書目》嘉慶庚午刻本。《書目答問》以爲未刊，誤矣。有明十行本，不知即此本否。方氏又有明萬曆十年趙用賢本，明刻《迂評》本，日本弘化重刊顧澗賓所校宋乾道本。據萬曆時秣陵王孟起刻本，有沔陽陳文燭序，言舊梓本歲久板漶漫，蓋指此本也。陳序言：葉廷珪《海録》不傳，今其書固在，殊爲失考，附訂於此。此本於凡例後附該載事目，王刻本則改曰事類總目，且有所增益，如類目中散事、地理、人名、姓氏、草木、樂名皆注新增及附字，已非陰氏兄弟之舊，故陳刻自題曰「新增説文韵府羣玉」。書經明人重刻，無不爲之竄亂，然後知舊本之可貴也。是書本與《回溪史韵》並重，故明成祖纂《永樂大典》時，諭解縉等「朕嘗觀《韵府》、《回溪》二書」云云。朱竹垞盛推《史韵》，而趙子昂謂《韵府》勝於錢氏書，蓋非平情之論也。

李希聖《雁影齋題跋》卷三《文選六十卷元本》 每半葉十行，行二十二字。

前有昭明太子序，及李善《進文選表》，吕延祚《進五臣集註表》。每卷標題於李善註上，次行有「奉政大夫同知池州路總管府事張伯顔助率重刊」。皆與《天禄琳琅書目》所言脗合。【略】又考蔣生沐《東湖叢記》載陳仲魚《元本文選跋》云：「凡六十卷。目一卷，每葉二十行，行二十一字。每卷首題『奉政大夫同知池州路總管府事張伯顔助率重刊』，惟不列年月，然余定爲延祐本。錢遵王《讀書敏求記》云：『善註有張伯顔重刊元版，不及宋版遠甚。』以余所聞，中吴藏書家所有宋版，已多不全，似未若斯之完善。復借鈕君非石所藏元版校之，惟末卷後鈕本無『監造路吏劉晉英、郡人葉誠』十一字，此已剥蝕，其行款字畫纖毫畢合。或云明萬曆間金臺汪諒所刊，未必然也。」【略】據卷首余璉序「大德九祀越十有三載，再明年，又未幾」計之，當刻於英宗至治初。陳本行二十一字，故數《七發》所脱爲十九行，此本則十八行。陳本有卷末監造一行，即《天禄琳琅後目》所載之本，與此截然爲二。明弘治元年唐藩重繙此本，行款、字數纖悉皆同，但紙墨署新耳。《文選》自《書録解題》有六臣之本，而單行李註，世遂罕傳。近世所通行之本，惟汲古閣本耳。

李希聖《雁影齋題跋》卷四《元文類七十卷目録三卷元本》 每半葉十行，行十九字。前有元統二年四月戊午鄭王理及五月五日陳旅二序。觀其卷首文移，乃西湖書院刊本。又有中書省移咨一道云：「江浙等處行中書省劄付本司刊板印行。當職近在大都，於蘇參議家獲睹元編集，檢草較正，得所刊板本，第四十一卷内缺少下半卷，計一十八板，九千三百九十餘字，不曾刊雕。又於目録及各卷内較正，得中間九十三板脱漏、差誤，計一百三十餘字。蓋是當間較正之際，失於鹵莽，以致如此，宜從本司刊補改正，庶成完書。今將缺少板數，漏誤字樣，録連在前，關請施行。」准此，儒司今將上項《文類》板本刊補改正，一切完備，隨此發去。合下仰照驗收管施行，須至指揮。至正二年二月日施淵。」此本蓋當時印行之本，紙墨甚精。卷首有「張之洞審定」、「無競居士」等印。後有「元統三年三月三日太原王守誠題」，即葉盛《水東日記》所謂至正初元刻大字本也，《四庫》著録者乃從此本翻雕。

于敏中《天禄琳琅書目》卷七《明版經部·韓詩外傳一函，六册》 漢韓嬰著。十卷。前元錢惟善序。錢惟善序作於元順帝至正十五年，稱海岱劉侯貞來守嘉禾，聽政之暇，因以所藏諸書悉刊郡庠云云。是此書實爲元末刊本，然觀其紙質與明版諸書相同，當屬元刊而明印者。

于敏中《天禄琳琅書目》卷七《明版經部·詩緝一函，十册》 宋嚴粲著。三十六卷。前宋林希逸序、粲自序、袁甫手帖并《條例》、《清濁音圖》、《十五國風地理圖》。粲自序作於宋理宗淳祐八年，稱緝諸家説，句析其訓，章括其旨，使之瞭然易見，命鋟之木云云。是宋時此書業經刊行，而此本固非宋槧。按：《音圖》後别行有「趙府刊於居敬堂」七字。考《明史》，趙王祐棌子厚煜嗣封，事祖母楊妃，以孝聞，嘉靖七年，璽書褒予。厚煜性和厚，搆樓讀書，文藻贍麗。則所刊趙府或即厚煜所自記歟？

于敏中《天禄琳琅書目》卷七《明版經部·三禮考注二函，十册》 元吴澄撰。六十四卷。前明羅倫序、謝士元跋、夏時正《求校三禮考注書》、楊士奇跋，後時正跋。夏時正跋作於明憲宗成化九年正月，稱《三禮考注》，版刻無傳，成化庚寅間，時正以使命莅南昌按察司副使，夏君寅以録本相示，係得之翰林編修張君元禎。余因建昌守謝君士元以禮樂爲教，乃許以堂食之餘鍥梓，并命録，請狀元羅君倫訪善本正字訛闕，留謝守所，原本還之張君。去年冬，謝守書來，上鍥有日，喜無量也。用謹書其鍥梓始末云云。書前所載《求校三禮考注書》，即時正所致倫者，倫故爲之序。謝士元跋作於成化九年七月，蓋在刊刻成書之後矣。其載楊士奇跋，以士奇謂是書經元季兵亂，藏於吾邑康氏，後爲郡中晏璧所得，遂掩爲己作。書中所增義率多混淆，豈璧所爲云云。疑非確論。羅倫序中亦深辨之。

于敏中《天禄琳琅書目》卷七《明版經部·六經圖一函，六册》 宋楊甲撰。不分卷。前明顧起元序，次載《校刊姓氏》，宋苗昌言原序。顧起元序稱新都吴氏購得宋本，始授梓人，計部大夫汝南方公覽而善之，謀於同寮諸大夫，出帑羨，復刻而存於署云云。是此書之刻在吴氏刊《六經圖》甫成之後，其時《儀禮圖》尚未付諸剞劂，遂不獲摹入耳。應明時爲南京户部郎中，掌户部者係南京吏部尚書衛承芳兼攝其事，故首列之。其餘司曹同寮計三十四人，皆備載姓氏。起元曾官南京國子司業，故爲之序，其作序時則官右庶子也。

于敏中《天禄琳琅書目》卷七《明版經部·五經圖一函，二册》 明盧謙輯。不分卷。前明李維楨、章達二序。《經圖》目録後别行刊「章達、盧謙同輯」。今閲達序，稱盧公自永豐令歸，攜信州學《五經圖》石本以授余，且曰：「公幸劄俸鐫之。」余亟命工刊石，樹之學宫。又念石本摹榻之艱，更損爲卷帙，刻於金陵云云。是章達係校刊之人，而輯是圖者則盧謙也。

于敏中《天禄琳琅書目》卷七《明版經部・十三經注疏二十二函，一百二十册》 《周易》九卷，上下經魏王弼注，《繫辭》晉韓康伯注，唐孔穎達疏。前穎達序，後附唐陸德明《音義》、王弼《略例》。《尚書》二十卷，漢孔安國傳，唐孔穎達疏，陸德明音義。前穎達序，次安國序。《毛詩》二十卷，漢鄭康成箋，唐孔穎達疏，陸德明音義。前穎達序，次《詩譜序》。《春秋左傳》六十卷，晉杜預注，唐孔穎達疏，陸德明音義。前穎達序，次預序，後預後序。《春秋公羊傳》二十八卷，漢何休注，疏不著名，或云徐彦撰，陸德明音義。前載宋景德二年校刊牒文，次休序。《春秋穀梁傳》二十卷，晉范寧集解，唐楊士勛疏，陸德明音義。前寧序。《周禮》四十二卷，漢鄭康成注，唐賈公彦疏。前公彦序，次序《周禮廢興》。《儀禮》十七卷，漢鄭康成注，唐賈公彦疏。前公彦序。《禮記》六十三卷，漢鄭康成注，唐孔穎達疏。前穎達序。《孝經》九卷，唐玄宗注，宋邢昺校。前昺序，次宋傳注序、唐玄宗御製序。《論語》二十卷，魏何晏集解，宋邢昺疏，唐陸德明音義。前晏《上集解序》。《孟子》十四卷，漢趙岐注，宋孫奭疏。前奭序，次奭題辭解。《爾雅》十一卷，晉郭璞注，宋邢昺疏，唐陸德明音義。前昺序。

此明北監本也。其版心皆記刊刻之年，係創始於萬曆十四年，逮二十一年而工畢，計閲八年之久。每卷標題次行分别校刊及重修者，各列其祭酒、司業銜名，其校刊之祭酒經八人，司業經七人，而重修之祭酒、司業則祇二人始終其事。蓋校刊者，係合記八載中歷任是官之人，故其數多，而所謂重修者，不過於書成之後讐勘一通，其功易竣，其日無多也。第是當時奉敕刊行，宜加鄭重，乃所載陸德明《音義》於《周易》則别爲一卷附於書後，其《尚書》、《毛詩》、《三傳》以及《論語》、《爾雅》忽散列於書中，而《三禮》之《音義》又不采録，去取混淆，漫無體例，抑獨何耶？

于敏中《天禄琳琅書目》卷七《明版經部・五經四書十函，五十六册》 明正統間奉敕刊。首載英宗諭旨。【略】英宗諭旨：以《五經四書》經注，書坊刊本訛誤者多，命司禮監謄寫重刊，以取便於觀覽。其版寬行大字，橅印頗精，嘉惠藝林，亦盛典也。

于敏中《天禄琳琅書目》卷七《明版經部・大學衍義二函，二十册》 宋真德秀撰。四十三卷。前明世宗序，後楊一清序。此世宗特命司禮監重刊之本也，寬行大書，筆法在顔、柳之間，不減宋槧。楊一清實董其事，故作後序。

于敏中《天禄琳琅書目》卷七《明版經部・大學衍義四函，二十册》 篇目同前，前録真德秀原序並《進奏申狀尚書省劄子》。此書即前版，而闕明世宗及楊一清兩序。每卷首葉皆鈐「廣運之寶」，亦是當時内府所藏，後流傳於外，失去序文。得是書者，不知爲嘉靖時所刊，遂依宋本鈔録原序、《進表》等篇，以爲補原書之闕，而原書所闕則固不在此也。

于敏中《天禄琳琅書目》卷七《明版經部・樂律全書六函，三十六册》 明朱載堉著。《律吕精義内篇》十卷、《外篇》十卷，《律學新説》四卷，《學樂新説》一卷，《算學新説》一卷，《聖壽萬年曆》二卷，《萬年曆備考》三卷，《律曆融通》四卷，《附録》一卷，《操縵古樂譜》一卷，《旋宫合樂譜》一卷，《鄉飲詩樂譜》六卷，《六代小舞譜》一卷，《小舞鄉樂譜》并《二佾綴兆圖》一卷，《靈星小舞譜》一卷，共四十七卷。首載堉書成進表，其餘各書進表、序文并敕諭、題跋俱散見各卷。萬曆三十四年載堉《進書表》稱：臣檢閲書笥，除曆書已進外，其律書内有數目字樣及樂舞圖，恐謄寫舛誤，就令圖畫刊板，是以延遲十年，今始成書。爲此具本，謹以所撰《律吕精義》一部計六册，《律學新説》一部計六册，《樂舞全譜》一部計八册，裝潢成帙，專差右長史李德齋奉進獻云云。是載堉此書非由一時進御，故各自爲卷，可分可合也。

于敏中《天禄琳琅書目》卷七《明版經部・改併五音類聚四聲篇二函，十册》 金韓道昭著。十五卷。前明憲宗序，次昭兄道昇序，并《重編雜部》一篇、《五音改併增添明頭號樣》一篇，目録後附《重編併部依三十六母再顯之圖》，書後附金寶慶《補背篇列部之字》一篇。道昭，字伯暉，松水人。其書成於金章宗泰和八年，係取《玉篇》、《類篇》等書之字，改併部次，别以五音，係以三十六字母，蓋宗婆羅聲音之學者。此本爲明成化十年所刊，憲宗序稱其上下横縱，律度精密，有益學者，特命工繡梓以廣其傳，故橅印精良，迥殊坊本。

于敏中《天禄琳琅書目》卷七《明版經部・詩韻釋要一函，六册》 明潘雲杰著。五卷，附《古韻釋要》一卷，并《切韻要法》。前明王穉登序。潘雲杰，雲間人，其始末不可考。按《松江志》，有潘雲會者，爲刑部尚書潘恩之子，登萬曆四十七年進士第。雲杰，或其雁行。此書注釋音韻，參訂頗詳，王穉登序極稱之。印橅精善，似非坊本所能爲者。

彭元瑞《天禄琳琅書目後編》卷一二《明版經部・詩緝四函，二十册》 宋嚴粲撰。粲，字坦叔，號華谷，邵武人。官清湘令。書三十六卷。前有淳祐甲辰林希逸序，次戊申粲自序，次袁甫手帖，次《條例》，次《清濁音圖》，次《十五國風地理圖》，次《毛詩綱目》。其書以吕祖謙《讀詩記》爲主，而雜采諸説，以發明之。舊説未安，則斷以己意，而於音訓疑似、名物異同最爲精覈。《音圖》後刻「趙府刊於居敬堂」，有「趙府居敬堂」章。考《明史·諸王傳》，趙府六世襄，厚煜以孝聞，嘉靖七年，璽書褒予。性和厚，搆樓讀書，文藻贍麗。蓋其所刻也。粲自序，有「命鋟之木」之語，是當時已有鐫本。此從宋版重刻。

彭元瑞《天禄琳琅書目後編》卷一二《明版經部·春秋集傳大全二函，十八册》 明胡廣等奉敕撰。《五經四書大全》之四，書七十卷。【略】明官刊頒行本。

彭元瑞《天禄琳琅書目後編》卷一二《明版經部·春秋胡傳二函，十六册》 篇目見前元版經部。版式與正統十二年刻《禮記集説》同，蓋司禮監刻《五經四書》之一也。

彭元瑞《天禄琳琅書目後編》卷一二《明版經部·儀禮注疏四函，三十二册》 篇目同前宋版經部。每卷首標「提督直隸學政、監察御史餘姚聞人詮校正，直隸常州府知府遂昌應檟刊行」。

彭元瑞《天禄琳琅書目後編》卷一二《明版經部·禮記集説二函，十六册》 元陳澔撰。澔，字可大，號雲莊，都昌人。其父大猷，師饒魯，魯師朱熹之婿黄幹，故明初以澔此書列於學官。書十六卷。前有澔《序例》。書首刻司禮監欽奉聖旨：「《五經四書》經注，坊刊本字有差訛，恁司禮監將《易》程朱傳義、《書》蔡沈集傳、《詩》朱熹集傳、《春秋》胡安國傳、《禮記》陳澔集説、《四書》朱熹集注，都謄寫的本，重新刊印，便於觀覽。欽此。正統十二年五月初二日。」每册鈐以「表章經史之寶」，乃明官刊祕籍。然以刊印經書之事，付之閹宦，而正統年乃王振擅權之時，相傳振以學官净身，故所爲若此，真堪姍笑矣。

彭元瑞《天禄琳琅書目後編》卷一二《明版經部·禮記集説大全二函，十八册》 明胡廣等奉敕撰。《五經四書大全》之五，書三十卷。前有《凡例》、《總論》，陳澔序，修書官與《周易傳義大全》同。明官刊頒行本。

彭元瑞《天禄琳琅書目後編》卷一三《明版經部·五經四書大全十函，一百册》 明胡廣等奉敕撰。【略】明官刊頒行本。

彭元瑞《天禄琳琅書目後編》卷一三《明版經部·埤雅一函，二册》 宋陸佃撰。【略】前有宣和七年其子宰序。又張存序，稱僉事林瑜、太守陳大本鳩工刻之。末刻「後學顧棫枝本」，有「虞山如月樓刊」、「顧氏校本」二墨印。按《江西通志》，林瑜，字子潤，龍巖人。永樂中任按察司僉事。陳大本，無爲州人。洪武年任贛州同知，尋升本府知府。二人皆入江西名宦，則是書乃明初刻也。

彭元瑞《天禄琳琅書目後編》卷一三《明版經部·説文字原　六書正訛一函，三册》 元周伯琦撰。【略】二書前皆有伯琦自序，《字原》作於至正己丑，《正訛》作於辛卯。二書合刻於至正乙未，有宇文公諒序，稱都水庸田使康里公溥修，屬平江監郡六十公子約、郡守高公德基梓於校官。重刻於正德年于器之，有嘉靖元年黄芳序。是本再刻於崇禎四年，總督東廠司禮監太監宋晉，亦有序，墨印二：曰「癸未選士」，曰「司禮視篆」，則是以士人净身，亦足見明綱之弛矣。

彭元瑞《天禄琳琅書目後編》卷一三《明版經部·隸釋一函，四册》 宋洪适撰。【略】書末刻「萬曆戊子，余爲廣陵守，偶得《隸釋》一集於真州僧舍，乃寫册也。或曰此元人手鈔，亡其姓氏。余素未識此集，詢之博雅者，皆云坊肆間並未刊布。余因命工依宋版字梓之，以與好古者共覽焉。」雲鷺，夏邑人，嘉靖辛未進士。

孫星衍《平津館鑒藏記書籍》卷二《明版·吕氏家塾讀詩記三十二卷》 前有嘉靖辛卯陸釴序，稱：「近得宋本，柱史應臺傅公刻于南昌郡。」又有淳熙壬寅朱子敘。盧氏《羣書拾補》所據以補萬曆癸丑南都刻本缺葉者，即此本也。每葉廿八行，行廿九字。

孫星衍《平津館鑒藏記書籍》卷二《明版·春秋公羊注疏廿八卷》 題「漢何休學」。撰疏人姓名，留黑蓋一行，未刻。何休序疏不刻入卷中，亦題漢何休學。次行題「明御史李元陽、提學僉事江以達校刊」。前有景德二年中書門下牒。徐彦《公羊疏》，《唐志》不著録。宋《崇文總目》始稱「或云徐彦」，明監本因之。此本不著姓名，頗勝於俗本。每葉十八行，行廿一字。

孫星衍《廉石居藏書記》内編《六經圖六册》 右《六經圖》六册。一《周易》，二《尚書》，三《詩》，四《周禮》，五《禮記》，六《春秋》。前有序，題彭城癀聰氏識，不著名。而序中有「國家頒《五經大全》學宮」語，殆明時人。又云：「余忝訓廬江，堂列石碑十二，上載是圖，得之江右信州。在前兼有木刻，燬於兵火。余乃索其遺帙，仍舊梓成。但板宏曠未裁，非案頭可置物，是以易之兹刻，庶便於摺頁。」是作序人縮舊本爲小版也。後有梁承祖跋。考《六經圖》倣於宋楊甲，以紹興中刻石昌州郡學。陳振孫引《館閣書目》，六卷，載在《書録解題》七卷，葉仲堪重編，毛邦翰增補之，不可得見。此本有《太玄》、《皇極》、《潛虛》等圖，疑即明御史光州胡賓刊本也。予所藏又有近世鄭之僑刊本，盡改宋人體例，尤不足觀。

莫友芝《宋元舊本書經眼録》卷二《周易集解明嘉靖本》 明宗室朱睦㮮灌父所刻。有嘉靖丁巳冬刻書序，及上海潘恩序。半葉八行，行十八字。注皆低一格大書，甚醒目。朱序謂：「刻自宋季，希有存者，予得之李中麓，復用校梓以傳。鼎祚，資州人。仕唐爲祕閣學士，以經學稱於時，嘗進《平胡論》預察胡人叛亡日時，無毫髮爽，象數精深蓋如此。及閲《唐》列傳與《蜀志》，俱不見其人，豈遺之耶？抑別有所載耶？」

莫友芝《宋元舊本書經眼録》卷二《埤雅二十卷明重刻宋本》 宋陸佃撰。結銜云「中大夫、守尚書左丞、上柱國、吳郡開國公、賜紫金魚袋」。其子宰宣和七年序，結銜云「男朝請郎、直祕閣、權發遣淮南路計度轉運副使公事、借紫金魚袋」。半葉十二行，行二十三字。天運庚□八月，京□張存性中序重刻緣起云：「《埤雅》書成，授其子宰，始序以傳之，時宣和七年矣。其後五世孫壑由祕閣修撰來知贛州，再用刻于郡庠。歷世既久，悉燬于兵燹，人罕得聞。會奉議大夫江西按察司僉事古閩林公瑜，字子潤，巡按贛上，訪于耆民黄維，得是書，欲與四方學者共。太守陳大本克承公意，乃命鳩工刻之。其中缺簡甚多，顧求別本無得者，復有待于後之博雅君子，不敢以私智補之。」

莫友芝《宋元舊本書經眼録》附録卷第一《書衣筆識·春秋公羊傳註疏》 此大理太和李中谿先生按閩時所刻《十三經》之本。每卷首葉第三行並署云「明御史李元陽、提學僉事江以達校刊」。世謂之閩本。明南北監、汲古閣所刊皆從此出。其初印本皆有刊校一行，此本唯序首猶存，每卷則已削去或補一木條，欲刻疏人而未刻，乃修板者爲之。其板即中谿刊，非別翻也。中谿本《公羊》第二行漢何某學，亦有木條未刻，乃待刻疏人，此乃削去。

莫友芝《持静齋藏書記要》卷上《詩集傳八卷》 宋朱子撰。明司禮監官刊附《音釋》本。字大谿目。

莫友芝《持静齋藏書記要》卷上《四書集註二十六卷附大學中庸或問二卷》 宋朱子撰。明司禮監刊本。

傅以禮《華延年室題跋》卷上《明刻本埤雅》 《欽定天禄琳琅後編》所收明槧本與此悉同，惟末卷多「虞山如月樓刊」、「顧氏校本」二墨印。卷首張存序中缺九字，當是刊成後所刓。觀所署年月，「庚」下闕文乃「辰」字，建文二年也。此必革除後有所嫌諱而削之歟？序稱僉事林瑜，太守陳大本鳩工刻之。

繆荃孫《藝風藏書記》卷一《經學·誠齋易傳二十卷》 明敏學書院刊本，嘉靖甲辰魯國望洋子當泂序。蓋明宗室也。

繆荃孫《藝風藏書記》卷一《經學·儀禮注疏十七卷》 明刊本。銜名二行：「提督直隸學政監察御史餘姚聞人詮校正，直隸常州府知府遂昌應檟刊行。」

于敏中《天禄琳琅書目》卷七《明版經部·國語二函，十二册》 吳韋昭解，宋宋庠補音，明張一鯤輯。二十一卷，前一鯤序，昭、庠二序。書首標題次行刊「明侍御史蜀張一鯤、楚李時成閲，虞部郎豫章郭子章、選部郎東粤周光鎬校」。一鯤序稱：先是同年李惟中刻《内傳》於督學署中，不佞與郭相奎取《外傳》各分四國訂之，注仍韋氏，益以宋氏補音，條注其下。字畫剞劂，一放《内傳》，庶幾稱左氏完書云云。一鯤等四人，《明史》俱無傳。朱彝尊《明詩綜》載郭子章，字相奎，泰和人。隆慶辛未進士，曆官都御史，巡撫貴州，進兵部尚書。周光鎬，字國雍，潮陽人。隆慶辛未進士，除寧波推官，陞南京户部主事，改吏部，歷郎中，出知順慶府。屢遷至僉都御史，撫寧夏，入爲大理寺卿。一鯤、時成二人，亦未載。考《明太學進士題名碑》，此四人者皆登隆慶辛未進士。序所稱李惟中者，即時成之字，其刊刻是書蓋合四同年而互相讐校者也。

于敏中《天禄琳琅書目》卷七《明版經部·國語一函，八册》 吳韋昭解。二十一卷。前昭序。此書專載韋注，槧刻精良，其版在一鯤所刊上。

于敏中《天禄琳琅書目》卷八《明版史部·廿一史八十函，五百五十册》 明萬曆間奉敕刊。【略】明萬曆二十一年刻十三經既成，隨於二十四年開雕此書，閲十有一載，至三十四年竣事。版式與十三經同，所列校刊重修之祭酒、司業銜名亦仿前式。

于敏中《天禄琳琅書目》卷八《明版史部·梁書一函，十册》 唐姚思廉撰。五十六卷。此明南監本。版心中有稱嘉靖八年補刊者，亦有稱九年以及十年者，亦有不記刊刻之年者，是其中本有舊板，不盡爲南監所梓行者矣。

于敏中《天禄琳琅書目》卷八《明版史部·舊唐書五函，三十册》 石晉劉昫撰。二百卷。前明聞人銓、文徵明、楊循吉三序。聞人詮序稱劉氏《唐書》鬱絶不傳，酷志刊復，苦無善本。逮弭節姑蘇，窮搜力索，吳令朱子得列傳於光禄張氏，長洲賀子得紀、志於守溪公遺籍，俱出宋時槧版。旬月之間，二美璧合，乃督同蘇庠嚴爲較刊，司訓沈子獨肩斯任，效勤四載，書幸成編。匱直千金，刻未竟業，石江歐陽公聞而助以厚鎰，午山馮子、西郭陳子以迨郡邑諸長貳，咸力輔以終事。肇工於嘉靖乙未，卒刻於嘉靖戊戌云云。

于敏中《天禄琳琅書目》卷八《明版史部·資治通鑑綱目八函，五十六册》 宋朱子編。五十九卷。前明憲宗序，次《綱目凡例目録》，次《綱目凡例》，後附宋王幼學《集覽》五十九卷并序，尹起莘《發明》五十九卷并序，《續綱目》二十七卷并憲宗序，《續綱目凡例》，商輅、萬安等《進書表》。

憲宗《綱目序》稱：傳刻既久，間有缺訛，甚至書法與所著《凡例》、《提要》或有不同，是以後人疑焉，有《考異》、《考證》之作。嘗求其故，蓋《凡例》、《提要》乃朱子親筆，以授門人，使據之以成書。及書既成，再加筆削，隨事立文，時有小異，而大體終不出乎勸懲之外。所有書法，與《凡例》小異無大關涉者，悉仍其舊。盡去《考異》、《考證》，不使並傳，此重刊《綱目》之意也。《續綱目序》稱：宋、元二代之史，迄無定本，雖有《長編》、《續編》之作，然概以朱子書法未能盡合，乃申敕儒臣遵朱子成例編纂二史，上接《綱目》，共爲一書。此重編《續綱目》之意也。其書刻印精良，紙潔墨潤，洵推明刻善本。當時董其事者，爲商輅、萬安。

于敏中《天禄琳琅書目》卷八《明版史部·歷代通鑑纂要四函，四十册》 明弘治間奉敕輯。九十二卷。前明武宗序，次李東陽等《進書表》及編纂儒臣銜名，次《凡例》，次《引用書目》，次《先儒姓氏》。

武宗序作於正德二年，稱孝宗好觀《通鑑綱目》，苦其繁多，特敕儒臣撮其要略，賜名「纂要」。昔在東宫，預聞是舉，乃弘治乙丑冬，翰林以首帙備講讀書。明年丁卯夏，始克成編云云。考《明史》，武宗即位於弘治十八年五月，明年丙寅改元正德，又明年丁卯即正德二年。所云弘治乙丑，乃弘治十八年也。是書之作，蓋創始於弘治之末，而蕆事於正德二年者。觀其紙墨精良，當是槧印最初之本。

于敏中《天禄琳琅書目》卷八《明版史部·少微通鑑節要六函，三十册》 宋江贄撰。《外紀節要》四卷，《通鑑節要》五十卷。前明武宗序，次《歷代帝王傳授總圖》，後附《資治通鑑節要續編》三十卷。【略】武宗序稱：偶檢《少微通鑑》，悦之，詳不至泛，略不至疏，一開卷間，首尾具見。前日《纂要》之修，亦備采擇。第歲久字畫模胡，因命司禮監重刻之，又附《宋元節要續編》於其後云云。

于敏中《天禄琳琅書目》卷八《明版史部·貞觀政要一函，五册》 唐吴兢撰，元戈直集論。十卷。前明憲宗序，次元吴澄序，次郭思貞、戈直二序，次吴兢原序，次《集論諸儒姓氏》。憲宗序稱《貞觀政要》，有元儒士臨川戈直復加考訂注釋，附載諸儒論説，以暢其義。顧傳刻歲久，字多訛謬，因命儒臣重訂刻梓云云。是此書之凡有集論者，皆爲元後所刊。此本係奉敕重梓，紙墨亦精，然較前金版之書則遠遜其古香古色矣。

于敏中《天禄琳琅書目》卷八《明版史部·文獻通考二十函，一百册》 宋馬端臨撰。三百四十八卷。前明世宗序，次《元至治二年訪文獻通考文移》，次元王壽延《進書表》，次端臨自序。明世宗序作於嘉靖三年，以是書爲有益於世，特命司禮監重刻。此本槧印極精，所載王壽延《進書表》題「延祐六年」，自稱「弘文輔道粹德真人」。

于敏中《天禄琳琅書目》卷八《明版史部·大明會典二十函，七十四册》 明萬曆間重修。二百二十八卷。前孝宗弘治十五年御製序，次武宗正德四年御製序，次神宗萬曆十五年御製序，次弘治、正德、嘉靖、萬曆四朝敕諭，次纂輯諸書，次開報文册衙門，次弘治間《凡例》，次嘉靖間《續纂凡例》，次萬曆四年張居正、吕調陽、張四維等《請敕禮部編輯事例送館劄子》，次萬曆間《重修凡例》，次萬曆十五年申時行、許國、王錫爵等《進書表》，次重修諸臣銜名。

考《大明會典》一書，始修於弘治，重訂於正德，嘉靖時復加參補，增入弘治十六年以後事例，至萬曆間又增入嘉靖二十八年以後條例，校刊成書，故《明史·藝文志》稱爲萬曆中《重修大明會典》。第此書自孝宗迄神宗，四朝俱經纂輯，而世宗獨無御製序文。按：書中所刊萬曆四年諭旨，謂世宗申命儒臣重加校輯，比及進覽，訖未頒行，似於聖心猶有未當。據此，則世宗時僅以稾本進覽，並未刊行，故不爲製序，非有闕佚也。

于敏中《天禄琳琅書目》卷八《明版史部·大明集禮三函，三十册》 明太祖御撰。五十三卷。前明世宗序。考《明史·藝文志》，載《大明集禮》一書，稱洪武中梁寅等纂修。初係寫本，嘉靖中詔禮部校刊。今觀世宗御製序，亦稱禮部請刻布中外，俾人有所知見，乃命内閣發祕藏，令其刊布。兹以訖工，遂使廣行宣傳云云。與史所言吻合。是本版非初印，紙亦不精，蓋爲書肆通行之本。

彭元瑞《天禄琳琅書目後編》卷一四《明版史部·三國志五函，二十册》 晉陳壽撰，宋裴松之注。壽，字承祚，安漢人。舉孝廉，官至太子中庶子，《晉書》有傳。松之，字世期，聞喜人。官中書侍郎，司冀二州大中正，《宋書》有傳。書六十五卷。凡《魏志》三十、《蜀志》十五、《吴志》二十。前有松之《上書表》，萬曆丙申祭酒馮夢楨、司業黄汝良二序，目録後列二人校正銜名，並監丞、學正、學録、典簿、典籍十五人。蓋南京國子監舊有《二十一史》版，《國志》漫漶，故重刻之。此其初印本。

彭元瑞《天禄琳琅書目後編》卷一四《明版史部・舊唐書六函，四十册》 晉劉昫撰。【略】明南北雍刻《二十一史》，是書雖不在列，而刊寫流傳，自宋以來不絶。此本乃明提督南畿學政、御史聞人詮校刊，蘇州府學訓導沈桐同校，版式精雅。聞人詮，見前《儀禮注疏》條下。《静志居詩話》載其津津好古，曾雕劉昫《舊唐書》行世。

彭元瑞《天禄琳琅書目後編》卷一四《明版史部・資治通鑑綱目十二函，八十四册》 《資治通鑑綱目》篇目見前元版史部。明成化九年奉敕重刊，前有憲宗御製序。《續資治通鑑綱目》二十七卷，前亦有憲宗御製序。乃因重録本目，而宋、元二代無定本，雖有《長編》、《續編》，而采擇不精，書法未能盡合，敕儒臣編纂，共爲一書。成化十二年書成，前列纂修商輅等十五人，兩序俱前鈐「廣運之寶」，後鈐「表章經史之寶」。明官刻頒行本。

彭元瑞《天禄琳琅書目後編》卷一四《明版史部・貞觀政要一函，十册》 篇目見前宋版史部。明成化元年奉敕重刊，有憲宗御製序。

彭元瑞《天禄琳琅書目後編》卷一四《明版史部・貞觀政要二函，十册》 同上，明成化元年官刊本。坊賈剷補序後年月，以贋宋本。

彭元瑞《天禄琳琅書目後編》卷一四《明版史部・唐六典二函，十四册》 唐玄宗御撰，李林甫奉敕注。書三十卷。【略】是本前有正德乙亥王鏊序，略云世無刻本，間於中祕鈔録以歸，浙江按察使潼川席君文同刻之蘇郡，未竟，繼任嘉魚李君立卿實成之。

彭元瑞《天禄琳琅書目後編》卷一五《明版史部・歷代名臣奏議十六函，一百六十册》 明黄淮、楊士奇等奉敕撰。《明史・藝文志》載事在永樂十四年。書三百五十卷。【略】書成，刊印僅數百本，頒諸學宫，藏版禁中。至崇禎間，張溥始刊節本，雖仍舊卷，而删削太甚，至一條僅數十字。溥自序，謂世無其版，生長三十年未嘗一見。則此本在明時已稀有，今惟行張溥節本，似此官刊頒布之書，實爲珍祕矣。

彭元瑞《天禄琳琅書目後編》卷一五《明版史部・宋名臣言行録二函，十三册》 明張采彙刻。《前集》十卷，朱熹撰，自趙普至蘇洵五十五人，有熹自序、《采讀前集》一篇。《後集》十四卷，亦朱熹撰，自韓琦至陳師道四十一人，有寶祐戊午李居安序、《采讀後集》一篇。《續集》八卷，李幼武撰，自黄庭堅至吕祉二十九人，有景定辛酉趙崇硂序、《采讀續集》一篇。《别集》十三卷，亦李幼武撰，自李邴至胡銓六十五人，有《采讀别集》一篇。《外集》十七卷，亦李幼武撰，自周敦頤至蔡沈四十四人，前有《采讀外集》一篇。《道統傳授圖説》：幼武，字士英，號朋溪，廬陵人。據趙序，《前》、《後集》謂之《八朝名臣》，《續》、《别集》謂之《中興四朝名臣》，其《外集》則道學諸人也，幼武纂成授梓。至明萬曆丁未，揚州有重刻本，焦竑序之。崇禎癸酉，應天府學有小字本，楊以任序之。此本乃崇禎戊寅張采重刻，有序並《紀事》，又録焦、楊兩序。

彭元瑞《天禄琳琅書目後編》卷一五《明版史部・杜氏通典二十函，一百册》 唐杜佑撰。佑，字君卿，京兆萬年人。官檢校司徒，同中書門下平章事，守太保，謚安簡，《唐書》有傳。書二百卷。分八門，曰食貨，曰選舉，曰職官，曰禮，曰樂，曰兵刑，曰州郡，曰邊防。每門各分子目，冠以總論。前有佑自序、李翰序。至明代，僅有鈔本流傳。嘉靖戊戌，巡按廣東御史王德溢、提學僉事吴鵬刊行，方獻夫爲之序。

彭元瑞《天禄琳琅書目後編》卷一五《明版史部・文獻通考二十函，一百册》 篇目見前元版史部。前有至治年江浙行中書省下樂平州劄付、王壽衍《進書表》。明司禮監奉敕刊，有嘉靖三年世宗御製序。

彭元瑞《天禄琳琅書目後編》卷一五《明版史部・金陀編二函，十二册》 宋岳珂撰。書五十八卷。【略】元至正二十三年刻於西湖書院，有陳基序。是本巡按浙江御史唐一鵬重刻，有嘉靖壬寅張鏊序，後有兩浙鹽運使晉江洪富後序。

彭元瑞《天禄琳琅書目後編》卷一五《明版史部・楚故略一函，四册》 明陳士元撰。書二十卷。湖廣地志也，分二門，曰稽建，以府州分子目，詳其沿革；曰辨方，分子目七，爲遺蹟、書院、樓閣、形勝、故國、故宅、故墓，詳其事實。不列職官、人物、藝文等門，在地志中猶爲近古。前有萬曆十二年士元自序。湖廣布政司右參議武尚耕爲刻之，亦有序。後有德安府推官錢士冠跋。

汪璐《藏書題識》卷一《史部・三國志六十五卷》 晉陳壽撰，宋裴松之集注。朱文藻曰：此南監板。卷中有墨筆注語，乃丁亥年有書賈持馮夢禎所刻

《三國志》求售，中有此注，因合數手，竟日夜録之。

孫星衍《平津館鑒藏記書籍》卷二《明版·後漢書百三十卷》 題「南宋范曄撰，唐太子賢注，明福建按察司按察使周采、提學副使周玹、巡海副使柯喬校刊」。小題在上，大題在下。前有目録一卷。梁劉昭《注補續漢書八志序》，各本俱失刊，此本有之。【略】每葉廿四行，行廿二字。

孫星衍《平津館鑒藏記書籍》卷二《明版·舊唐書二百卷》 題「監修國史、推誠守節保運功臣、特進、守司空兼門下侍郎、同中書門下平章事、上柱國、譙國公、食邑五千户、食實封四百户臣劉昫等奉勅修，皇明奉勅提督南畿學政山西道監察御史餘姚聞人詮校刻，蘇州府儒學訓導門人嘉興沈桐同校」。前有聞人詮序，稱：「弭節姑蘇，得《列傳》於光禄張氏、長洲賀子得《紀》、《志》於守溪公、遺籍，俱出宋時模板。乃督同蘇庠，嚴爲校刻。肇工於嘉靖乙未，卒刻於嘉靖戊戌。」又有嘉靖十七年楊循吉序，文徵明序，并惠借藏書、捐俸助膳、分番校對、出貲經費姓氏。每葉廿八行，行廿六字。吴門黄蕘圃孝廉所藏有不全宋本，每葉廿八行，與此本同。

孫星衍《平津館鑒藏記書籍》卷二《明版·漢紀三十卷》 題「荀悦著，吕柟校正」。目録後有悦序。前有何大復序，稱：「是書余得之侍讀徐子容氏，世無刻本。余至關中，涇野子吕仲木氏移書求之，乃遂請吕子校正，而付高陵令翟清氏刊布焉。」序末年月姓名，已爲書賈剜去。此書近世有蔣氏刻本。《高帝紀》「蕭何無有汗馬之勞，徒持文墨論議而已」，《史記》、《漢書》皆作「文墨」，蔣本改作「文物」。《宣帝紀》「昔周公躬吐握之勞，故有周室之隆」，蔣本反據俗本《漢書》改「周室」作「圉空」，皆不及此本。每葉廿行，行廿四字。

孫星衍《平津館鑒藏記書籍》卷二《明版·大唐六典三十卷》 首行題「御撰」，次行題「集賢院學士、兵部尚書兼中書令、修國史、上柱國、開國公臣李林甫等奉敕注」。上小題俱與大題相連。前有正德乙亥王鏊《重刊六典序》，末有紹興四年温州州學教授張希亮校正，永嘉縣主簿詹棫題誌。每葉廿四行，行廿字。

孫星衍《平津館鑒藏記書籍》卷二《明版·杜氏通典二百卷》 題「唐杜佑君卿纂，明御史後學李元陽仁甫校刊」。大題下有「增入宋儒議論」六小字。前有唐李翰《杜氏通典序》，目録一卷，天文、地理、歷代傳繼世次、紀年等十八圖，杜佑《唐書》本傳。增入宋儒議論姓氏，自歐陽修至葉適，共廿一家。增入者即前元刻詳節本。又有福州校刻官生姓氏。此本字畫清晰，較勝俗刻。卷一百後有大德丁未李仁伯跋，稱：「錦山楊公牧臨川，乃命諸學院協力刊成。自廿六至百，共七十五卷，區區點勘再四，凡正一千七百六十八字，删三百廿二字，增三百八十八字。」唯增入宋儒議論，致失本書面目，良可惋惜。每葉廿行，行十八字。

孫星衍《平津館鑒藏記書籍》卷二《明版·律條疏議三十卷》 前有序文，稱：「四明張公式之，因歷官憲府，考訂始末，述沿革之由，著律文之義。設問答以辨其疑，爲總説以詳其意。編次成書，名曰《疏議》。」又稱：「西江僉憲宗魯宋君，募其寫本，繕録鋟梓。」序文末葉已缺，不知何人所作。據《明史》，洪武初命儒臣詳定明律，其篇目一準於唐。至洪武廿二年，始分吏、户、禮、兵、刑、工六律，而以名例冠於篇首。此本名例在前，當作於改編之後。黑口版。每葉廿二行，行廿四字。

孫星衍《平津館鑒藏記書籍》卷二《明版·大明一統志九十卷》 前有天順五年御製序文，勅修官銜名，李賢、彭時、吕原《進大明一統志表》，《大明一統志圖敘》。大字，黑口版。每葉廿行，行廿二字。

孫星衍《廉石居藏書記》内編《通鑑節要四十册》 右《通鑑節要》四十册，題「少微先生纂述，王逢釋義，劉剡增校，木石山人補注」。木石山人即劉弘毅。前有正德時劉吉序，云：「宋司馬公修《鑑》，少微江贄删繁撮要，名之曰《通鑑節要》。其裔孫淵附益之，增以表志序贊，參以論斷音釋」云云。五卷節劉恕《外紀》，二十卷節司馬光《資治通鑑》，三十卷節陳桱《宋元通鑑》，則自陳桱書已下，爲淵所輯。明正德己巳歲慎獨齋所刊。有後跋，稱：「元自世祖平宋之後，一遵臨江張公美和、梁公孟敬二先生《節要》、《事略》而成。」缺後半葉，俟再考。《天禄琳琅書目》有武宗序，稱：「偶檢《少微通鑑》，悦之。詳不至泛，略不至疏。一開卷間，首尾具見。前日纂修之要，亦備采擇。弟年久，字畫模糊，因命司禮監重刊之，又附《宋元節要續編》於其後。」此本無此敘。

孫星衍《廉石居藏書記》内編《稽古録二十卷》 右《稽古録》二十卷，明弘治時山西巡按楊璋刊本。前有國子司業餘姚黄珣序。

孫星衍《廉石居藏書記》内編《十七史詳節四十册》 右《十七史詳節》四十册，宋吕祖謙撰，明劉弘毅校正。前有正德時李堅敘，稱「巡按程公時言，屬郡守張侯公瑞請堅校訂以行，刊於正德丙子」。弘毅自稱木石山人，江贄《通鑑節要》亦其增注。後有弘毅跋，稱「吕成公《十七史詳節》至永樂間，其版庋於回禄。正德七載，侍御李公如圭巡按至建陽，謀之縣尹戚君雄，屬弘毅捐貲刊梓。肇於本年癸酉，竣於今年丙子」云云。

孫星衍《廉石居藏書記》内編《通鑑總類二十卷》 右《通鑑總類》廿卷，宋沈樞撰。前有嘉定中樓鑰序，及元至元中周伯琦序。宋時刊於潮陽，元刊於吴郡庠，明萬曆時重刊。有申時行序，稱「司禮三河孫公所校付剞劂者，檢閲史事誠便，然有重複之文，未爲精製」。

孫星衍《廉石居藏書記》内編《明律條疏議三十卷》 右《明律條疏議》三十卷。撫印甚精，黑口版。十一行，每行二十五字。標題大字，前有序，稱「四明張公式之，因歷官憲府，考訂始末。述沿革之由，著律文之義。設問答以辨其疑，爲總説以詳其意。編次成書，名《疏議》」。又稱「江西僉憲宗魯宋君募其寫本，繕録鋟梓」。惜敍文末葉已失，不知何人所作。然知此書爲張式之私定，每篇考訂歷代創改律條原流甚悉，中多引《唐律疏議》。

顧廣圻《思適齋書跋》卷二《前漢紀三十卷後漢紀三十卷明刻本》 此明行人司書，每册皆有圖記，惟首册爲不知何人撕去一葉，故獨無之。殘紙尚存釘縫中，可驗也。《東澗書目》中載有《行人司書目》，其所儲當夥，今僅見此爾，是有足賞玩者。

吴壽暘《拜經樓藏書題跋記》卷三《海寧縣志》 《縣志》九卷，明嘉靖間知海寧縣事古亭蔡完所修。首有自序，後有海寧學諭東吴張志跋。此册爲苕上書林家良輔翁所贈，先君題云：「蔡古亭明府《海寧縣志》，在談孺木先生輯《海昌外志》時云其板尚藏庫中，迄今百數十年，即印本且不多見。予訪購有年，昨歲聞梅里李氏有是書，屬苕上吴良輔物色之，今夏始得，卷帙完整，洵足珍也。方良輔之得也，中途有人欲邀之，良甫曰『息壤在彼』，卒以遺予，竟不持一錢而去，是亦估而有士行者歟！乾隆四十七年立秋前三日，槎客吴某誌。」

莫友芝《持静齋藏書記要》卷上《史記三家注本一百三十卷》 唐張守節正義，合集解、索隱編之。明嘉靖四年王延喆覆刊宋本。初印，以黄柏染緜紙。凡序目尾或卷尾有「王氏校刊」木記處悉裁去，以冒宋本。其《周本紀》第廿七頁，王氏所據宋本失之，以意補綴。失載正義、索隱數條，此正相合。然宋本不可得，得王本如此者，亦宋之次矣。又一部，緜紙完善，印亦中上。又萬曆二年余有丁校刊南監本。又萬曆二十四年馮夢禎校刊南監本。

莫友芝《持静齋藏書記要》卷上《資治通鑑綱目五十九卷》 宋朱子撰。附商輅撰《續編》二十七卷。明成化官刊大字本。

莫友芝《持静齋藏書記要》卷上《古史六十卷》 宋蘇轍撰。明萬曆辛亥南監刊本。

莫友芝《持静齋藏書記要》卷上《通志二百卷》 宋鄭樵撰。明官刊大字本。

莫友芝《持静齋藏書記要》卷上《唐六典三十卷》 唐玄宗御撰，李林甫等奉敕注。明嘉靖甲辰浙江按察司刊。

莫友芝《持静齋藏書記要》卷上《泰律篇十二卷》 明太僕寺卿河西葛中選見堯撰。論字母音呼之學。《四庫》未收。嘉慶庚午汪潤之督學雲南，始與楊一清《關中奏議》、《石淙集》合刊以行。

莫友芝《持静齋藏書記要》卷上《史通二十卷》 唐劉知幾撰。明嘉靖乙未陸深刊于蜀中本。顧廣圻藏。初印精善。

莫友芝《宋元舊本書經眼録》附録卷第一《書衣筆識・史記題評》 《史記評》一百三十卷。嘉靖十六年丁酉，太和李元陽中谿按閩所刊。亦具三家注，惟《索隱述贊》不録。而集諸家評語于書眉。其不繫名氏者，則中谿説也。其每卷題「明李元陽輯訂、高世魁校正」，亦有不題者。亦有數卷「李元陽」上增題「楊慎」名者。升菴謫戍太和，惟中谿爲至交，此本蓋即升菴輯本，因增益以付雕，故題云爾。明人好尚評論，是書刻有評者，蓋昉于此。後凌稚隆爲《評林》，則又因此增益。同治庚午暮春，鄂肆收此，以見一代風尚之由。郘亭長記。

莫友芝《宋元舊本書經眼録》附録卷第一《書衣筆識・通典》 此明李仁甫巡按福建時刻本。仁甫名元陽，雲南太和人。滇之淹通所首推者，學者稱中谿先生，著述最富，升菴戍滇之畏友也。在閩所刻尚有《十三經注疏》，在明南、北監本之先，今稱閩本，校監本尤可貴，不僅杜氏書也。

繆荃孫《藝風藏書記》卷三《地理・大明清類天文分野之書二十四卷》 明刊本。是書明洪武十七年官修，繫府州縣於星分野，名爲天文，實則地志。於元明間分并割隸最爲詳備。官板，大字，每半葉八行，每行二十字。

繆荃孫《藝風藏書記》卷三《地理・雍録十卷》 明嘉靖壬辰知西安府事汝南李經刊本。蓋與宋敏求《長安志》、李好文《長安志圖》同刻於關中者。每半葉十行，每行二十一字。

繆荃孫《藝風藏書記》卷三《地理・嘉定赤城志四十卷》 明台州守謝鐸重刊宋嘉定本，時在弘治丁巳。每半葉十行，每行二十字。

繆荃孫《藝風藏書記》卷三《地理・齊乘六卷》 明嘉靖甲子青州守杜思重

刊元本。有思自序、蘇天爵序、男潛跋。每半葉八行，每行十五字。

繆荃孫《藝風藏書記》卷三《地理・順天府志六卷》　明刊本。謝杰、沈應文前後任順天府尹，以成是書。府丞譚希思、縣丞張元芳同編次。六綱，三十七目。

繆荃孫《藝風藏書記》卷四《史學・三國志六十五卷》　明萬曆丙申祭酒馮夢禎、司業黃汝良刊。每半葉十二行，行二十三字。與單行宋本《吴志》行款一律，其所自出歟？

繆荃孫《藝風藏書記》卷三《地理・江陰縣志十五卷》　明刊本。知縣趙錦、邑人張衮撰，唐順之序。分建置、提封、風俗、食貨、學校、秩祀、河防、兵衛、禄秩、官師、選舉、列傳、外記、外傳、遺文十五門。

繆荃孫《藝風藏書記》卷四《史學・史記一百三十卷》　明翻宋本。宋裴駰《集解》、唐司馬貞《索隱》合刻。首《索隱》二序，次《集解》序并注，次唐張守節《正義》序，次《正義・論例》、《謚法解》，次目録，次《補史記序》，次《補史記》。書前有三家序，而中只《集解》、《索隱》兩家。字畫古雅。每半葉十四行，每行二十五字。有「豐城游明大昇校正」一行。游明，正統九年舉人，景泰二年進士，官福建提學僉事。《讀書雜志》曾引之收藏。有「王印履吉」朱文方印。

繆荃孫《藝風藏書記》卷四《史學・史記一百三十卷》　明秦藩刊本。宋裴駰《集解》、唐司馬貞《索隱》、張守節《正義》合刻。有嘉靖十三年秦藩鑒抑道人序。以《明史・諸王表》考之，乃定王惟焯也。又有嘉靖庚戌秦藩允中道人序，乃宣王懷埢也。以千文爲次，自「天」至「往」，凡二十册，每卷有「史若干字，注若干字」兩行。《甘泉鄉人稿》云板式與震澤王氏同，而秦藩爲勝。後濟南黄臣跋，此本脱。

繆荃孫《藝風藏書記》卷四《史學・漢書一百二十卷》　明嘉靖丁酉廣東崇正書院刊本。首行「高帝紀第一上」，雙行注「師古曰」云云。空四格題「漢書一」。次行低三格題「正議大夫行秘書少監琅邪縣開國子顔師古注」。每半葉十行，每行二十二字。

繆荃孫《藝風藏書記》卷四《史學・後漢書一百二十卷》　明崇正書院刊本。題字印章與《漢書》同。

繆荃孫《藝風藏書記》卷四《史學・舊唐書二百卷》　明刊本。首行題「監修國史、推誠守節保運功臣、特進、守司空兼門下侍郎、同中書門下平章事、上柱國、譙國公、食邑五千户，食實封四百户臣劉昫等奉敕修」。次行「皇明奉敕提督南畿學政山西道監察御史餘姚聞人詮校刻」。三行「蘇州學儒學訓導門人嘉興沈桐同校」。有文徵明、楊循吉序，及詮自序。

繆荃孫《藝風藏書記》卷四《史學・宋史四百九十六卷》　明成化庚子翻刻元本。前有至正五年中書右丞相阿魯圖、左丞相别兒怯不花、前右丞相脱脱等《進〈宋史〉表》。目録後有校勘臣彭衡暨丁士恒十人姓名。黑口，補板白口。有年號。前有明成化十六年總督兩廣軍務兼理巡撫御史桂陽朱英序，後有跋，闕末葉，不知何人。然瞿陸《書目》均收此書，不言後跋，想均失去。

繆荃孫《藝風藏書記》卷四《史學・元史二百十卷》　明洪武刊本。首有洪武二年八月十一日李善長《進〈元史〉表》、《凡例》、《目録》，次宋濂《記》。黑口。徐星伯先生藏書，朱筆通體點過。

繆荃孫《藝風藏書記》卷四《史學・歷代名臣奏議三百五十卷》　明經廠刻本。

繆荃孫《藝風藏書記》卷四《史學・明會典二百二十八卷》　明萬曆官刊本。首弘治十五年御製序，次正德四年御製序，次萬曆十五年御製序，次弘治、正德、嘉靖、萬曆四朝詔諭，又纂輯諸書，又開報文册衙門，又弘治間凡例，又嘉靖間續纂凡例，又萬曆四年張居正等請敕禮部編輯事例送館劄子，又萬曆年間重修凡例，又萬曆十五年申時行、許國、王錫爵等進書表文，又重修諸臣銜名。按《四庫》著録爲弘治本。《提要》云：「萬曆本世不甚傳。」而《天禄琳琅》所收，即此本是。搜羅未到，遽詆爲世不甚傳也。

繆荃孫《藝風藏書記》卷四《史學・陸宣公奏議二十二卷》　明萬曆九年知廬州府事葉逢春刻本。

李希聖《雁影齋題跋》卷一《歷代名臣奏議三百五十卷明永樂本》　書成於永樂丙申十二月，刷印僅數百本，頒諸學宮，而藏版禁中，故傳本極少。以張天如之博覽，自言生長三十年未嘗一見，最後乃得太原藏本。是此書在明末已稀如星鳳，况今日乎？今通行本即張天如删節重刊之本也。此係足本，惟當時乃奉敕編撰之書，故古今奏議幾於搜采無遺，何以卷首無序，亦無監纂、編纂官職名，殊不可解。

于敏中《天禄琳琅書目》卷九《明版子部・五倫書四函，三十二册》　明宣宗御撰。六十二卷。前英宗序。考《明史·藝文志》載《五倫志》六十二卷，宣宗采經傳子史嘉言善行有關於五倫之道者，編輯成帙。正統中，英宗製序刊行。此書槧刻極精，並是當時初印之本。明内府藏本，有「廣運之寶」。

于敏中《天禄琳琅書目》卷九《明版子部·農書一函，五册》 元王禎著。《農桑通訣》五卷，《農桑圖譜》二十卷，《穀譜》十卷，共三十五卷。前禎自序，後山東巡撫淮刊文移。此書卷末有「大明萬曆二載甲戌，濟南府章丘縣刊行」木記。而卷首則載嘉靖九年山東巡撫邵准布政司顧應祥申請文移一通，内稱元豐城縣尹王禎所著《農書》三部，久無刻本，應再加校正，命工翻刻，分發所屬附州縣掌印治農等官云云。是此書初刻於嘉靖九年，而章邱縣署又翻刻於萬曆二年，故槧印字畫俱不能工整，然寔爲重農務本之書，固自可寶。考《泰安府志》，稱王禎，字伯善，東平人。官旌德令，再調永豐，不言其爲豐城尹。按：永豐、豐城二邑，皆隸江西，名復相近，其中所載或各有謬誤也。禎爲山左人，其書自盛傳於故土，官山左者因爲刻梓以表章之，第惜木記中未載章邱縣尹之名，遂不可考，其人固勤於民事者矣。

于敏中《天禄琳琅書目》卷九《明版子部·重修政和經史證類備用本草二函，二十四册》 宋唐慎微編輯。三十卷。後宋嘉祐間掌禹錫等《補注本草》奏敕并《圖經本草》奏敕，次政和間校刊《證類本草》各官銜名，次宋宇文虚中、元劉祁書後二篇。此書卷首有「金泰和甲子刊書」木記，别無序文。其自嘉祐以前所有本草諸序，皆載於卷一中，名爲《序例》。而嘉祐間禹錫等進書奏敕，又列於書末，不入卷中。其體例殊不畫一，蓋因宋、金、元、明展轉重刊，互有改易故也。按馬端臨《文獻通考》，載《證類本草》三十二卷，述晁公武《讀書志》云「慎微合兩《本草》爲一書，且集書傳所記單方附之於本條之下」。所謂兩《本草》者，一名《補注神農本草》，一名《圖經本草》，皆掌禹錫等先後奉敕所編，《補注》進於嘉祐之初，《圖經》進於嘉祐之末。此書猶載兩次奏敕於後，則慎微藍本於此可見。第考慎微此書前後稱名亦復不一，陳氏《書録解題》載《大觀本草》三十一卷，稱爲唐慎微撰，又稱仁和縣尉艾晟作序，名曰《經史證類本草》，是合《大觀本草》與《證類本草》爲一也。馬端臨《文獻通考》則載《大觀本草》三十一卷於前，又載《證類本草》三十二卷於後，而於大觀本下即引陳振孫所稱「艾晟作序，名曰證類」之言，則名雖分列而實復混同。惟《宋史·藝文志》直載《大觀經史證類備急本草》三十二卷，兩名始併爲一名矣。然諸書但及「大觀」之名而總無「政和」之號，且皆稱三十二卷，或稱三十一卷，而此本獨三十卷，并以「重修政和」標題。又「備用」之稱與《宋史》「備急」之名互異。以卷首「金泰和甲子刊書」木記證之，是明時别據泰和刊本重刻行世，不以宋槧爲準，故卷數標題各有盈縮異同也。況宇文虚中所作書後明言：慎微，字審元，成都華陽人。治病百不失一，不取一錢，但以名方祕録爲請。以此士人喜之，得一藥名一方論，必録以告云云。而《文獻通考》所引《書録解題》乃云：「慎微，不知何人。」考《宋史》，虚中，字叔通，成都華陽人。大觀三年進士。建炎二年應詔爲祈請使，使金不歸，受官至翰林學士、知制誥兼太常卿，封河内郡開國公，金人號爲國師。據此，則虚中本與慎微同鄉，故能詳其始末，又知其書復經政和間奉敕校刊。在大觀時者，尚非定本，故又題爲「政和」，而分卷則三十耳。虚中使金，與宋隔絶，所作書後，金人刻之，而宋人初未之見，故謂慎微不知何人也。此書與後一部篇目雖同，而版刻較工者，按：後一部爲明萬曆間蜀府承奉正陳瑛刊本，其所載序文有成化間山東巡撫原傑刊本序，又有嘉靖間山東臬使周琉刊本序，則是書在明時固有三刻，此或爲成化、嘉靖間所刊而闕其序文也。

于敏中《天禄琳琅書目》卷九《明版子部·重修政和經史證類備用本草二函，十二册》 篇目同前，前有明周俶、王積、項廷吉、馬三才、商輅序五篇。按：商輅序，爲原傑刊本作；王積、項廷吉、馬三才三序，爲周琉刊本作；周俶序，則萬曆五年爲蜀府承奉正陳瑛校梓此書而作也。慎微本蜀人，蜀府爲刻其書，足稱盛事。獨惜槧印不精，較之前部相去不啻倍蓰矣。

于敏中《天禄琳琅書目》卷九《明版子部·梁谿漫志一函，五册》 宋費衮著。十卷。前衮自序，次國史院鈔録《梁谿漫志》牒文，次宋樓鑰序、施濟跋語。考《宋史·藝文志》，載是書入小説家，止稱一卷。以此本證之，則史臣之誤也。費衮始末，無考。按《常州志》：梁谿，源出惠山，南流入太湖。古溪狹小，梁大同中重浚，故名梁谿。則衮爲常州人可知矣。其自序作於紹興三年。施濟識語作於嘉泰元年，稱衮以書屬濟，濟於爲邑之暇命工刻梓云云。是此書初刻係出施濟之手。然書前所載樓鑰序文，乃作於嘉定元年，則距施濟刻梓之時已逾七載，施之刊本不應有之。或鑰所作序者，又别爲一本。此則明代所刻，因合前人所有序與識語而并載之耳。

于敏中《天禄琳琅書目》卷九《明版子部·事類賦二函，十六册》 宋吴淑著。三十卷。前宋邊惇德序，次淑《進注事類賦狀》。【略】此書卷三十後刊「宋紹興丙寅，右迪功郎、特差監潭州南嶽廟邊惇德，左儒林郎、紹興府觀察推官主管文字陳綬，右從政郎、充浙東提舉茶鹽司幹辦公事李端民校梓」。觀此，則淑書成於咸平以前，上於太宗之朝，初無刊本，直至紹興末年，浙東官屬方爲付梓。而書中於每卷標題之下，吴淑銜名之次，標「都事錫山華麟祥校刊」。麟祥，雖未詳其人，而版心上方刊「崇正書院」四字。考《常州府志》，宋寶祐中，無錫令袁從爲祠以祀楊時、陸九淵、張栻、楊簡、袁燮、袁甫、喻樗、尤袤、蔣重珍，曰九先生祠。元教授虞荐廢去陸九淵、張栻、楊簡、袁燮、袁甫，益以李祥，名五先生祠。嘉靖八年，邑人華雲益以李綱、邵寶，爲七賢祠，而榜曰「崇正書院」。夫崇正之名，始於嘉靖八年，則此書版行蓋出於嘉靖以後也。

于敏中《天禄琳琅書目》卷九《明版子部・紀纂淵海四函，三十二册》 宋潘自牧著。一百卷。前明陳文燧、胡維新二序，次《編校姓氏》。

考《金華府志》，自牧，金華人，官福州教授。其書不載於《宋史》及《文獻通考》諸書。今觀陳文燧序，稱予先世求之閩、蜀，得其《前編》，周流吴、越，復購《後編》，寶玩蓋幾百年矣云云。是自牧此書，其初原有前、後兩編，亦無刊行定本，故文燧既云求得，又云復購也。文燧序又稱，余戊寅冬承乏畿南，公暇謬爲補注剥落太甚者，屬别駕蔡公、司理顧公、學博吴公采輯諸書，補缺序次，示諸太守越峰王公、邑令吴君，皆願捐俸梓之。梓成分爲門若干、條若干、卷若干云云。據此，則是書不但爲文燧所刊，其卷目門類亦更定於文燧之手。書中所分一百卷，并分爲五十八部者，未必與自牧原書一一符合也。

于敏中《天禄琳琅書目》卷九《明版子部・羣書集事淵海六函，三十二册》 不著撰人姓氏。四十七卷。前明劉健序，後明李東陽、謝遷二序。

按：明高儒《百川書志》以此書爲弘治間人所撰。今考李東陽序，則稱國初人輯，不著姓氏。謝遷序則稱，此書所采，自春秋、戰國，迄於前元，而不著名氏，豈元末之際窮居避世而託志於文字以終其身者，如虞卿之徒歟？一稱國初，一稱元末，俱不屬之弘治，則是《百川書志》所載祇以東陽與遷、健三序皆作於弘治乙丑，遂誤以刻書之日爲撰書之年耳。健序稱，内官監左少監賈公性近於貨書家得書四十七卷，若《類聚》、《合璧》之比，題曰《羣書集事淵海》，甚便觀覽。公愛而重之，因校正舛訛，重新諸梓云云。則此書刻自明季中官，資饒而工審，宜其槧印獨精矣。

彭元瑞《天禄琳琅書目後編》卷一六《明版子部・大學衍義二函，二十册》 宋真德秀撰。書四十三卷。【略】明官刻本。考嘉靖六年五月諭：大學士等以經筵盛暑輟講，宜命講官以《大學衍義》進講。自是月十三日始，五日一輪，二人講書。又以是書版在内局，寫刻未精，乃定新式，命司禮監重刻以傳。明世宗御製序冠首，大學士楊一清作後序。

彭元瑞《天禄琳琅書目後編》卷一六《明版子部・五倫書二函，二十册》 明宣宗御撰。書六十二卷。【略】正統十二年刊，有英宗御製序。明官刊頒行本，序、目録、每卷首俱有「廣運之寶」。

彭元瑞《天禄琳琅書目後編》卷一六《明版子部・王氏農書一函，六册》 元王禎撰。禎，字伯善，東平人。官豐城縣尹。書三十六卷。【略】嘉靖庚寅，巡撫山東、右副都御史安州邵錫與右布政使長興顧應祥、左布政使固始李綈重刻，發所屬府州縣掌印、治農等官。前有閻閎序，後有布政司刻書咨文，書側長墨印「廣仁義學藏書」。

彭元瑞《天禄琳琅書目後編》卷一六《明版子部・歷代臣鑑一函，十册》 明宣宗御撰。書三十七卷。【略】明官刊頒行本。

彭元瑞《天禄琳琅書目後編》卷一七《明版子部・袖珍方大全二函，八册》 不著撰人名氏。惟序稱周王纂輯，命序梗概，作序者自署名佑，而無姓。考明周定王橚，有《普濟方》四百二十八卷，或其所删節别行者。書四卷。薈萃古方，分證類載，極爲精密。序後有識，盛稱是書之善，而遠方難覯，里人劉文英於京師求得之，宗立校讐付梓云云。熊宗立，字游軒，建陽人。此本爲建陽麻沙版式，而宗立有《素問運氣圖括定局立成》，是其人素講醫術，且永樂末人，與周王橚同時。或即宗立以《普濟方》摘爲是書也。

彭元瑞《天禄琳琅書目後編》卷一七《明版子部・記纂淵海五函，四十册》 宋潘自牧撰。自牧，金華人。慶元元年進士，官龍游令。書一百卷。分五十八部。【略】是書刻於萬曆己卯，有陳文燧、胡維新二序。文燧序稱其先求之閩、蜀，得此書。戊寅冬，承乏畿南，暇爲補注，太守越峰王公集梓。其列名諸人，則皆大名僚屬也。

彭元瑞《天禄琳琅書目後編》卷一七《明版子部・羣書考索三函，三十二册》 宋章如愚撰。如愚，字俊卿，金華人。慶元中進士，官知貴州，入《宋史・儒林傳》。書凡四集。【略】是書或署「建陽知縣區玉刊行」，或署「水石山人劉宏毅刊」。别本有正德戊辰莆田守鄭京序，稱僉憲阮賓出是書示區玉，玉以義士劉洪校讐督工，復劉徭役一年，以償其勞。書末刻記「正德十六年十一月，書户劉洪改刊」。洪，即宏穀官名也，此本佚。

彭元瑞《天禄琳琅書目後編》卷一七《明版子部・羣書集事淵海四函，三十二册》 明初時人編，不著姓氏。書四十七卷。【略】是書弘治乙丑司禮監左少監賈玉購得舊本，嫌其字小，拓刊大字本。前有劉健序，後有李東陽、謝遷二後序，皆云國初人編。《明史・藝文志》注弘治時人編，蓋因高儒《百川書志》而誤。

彭元瑞《天禄琳琅書目後編》卷一七《明版子部・文林綺繡四函，二十册》 明淩迪知彙刻。【略】每種前有迪知序。《文選錦字》目録後刻「萬曆丁丑春仲，吴興淩氏桂芝館梓行」。

彭元瑞《天禄琳琅書目後編》卷一七《明版子部・雲仙雜記一函，三册》 唐馮贄撰。【略】末刻「玉峰葉氏菉竹堂中繡梓印行」，乃崑山葉盛家所刊。

孫星衍《平津館鑒藏記書籍》卷二《明版・千金寶要六卷》 前有隆慶六年秦王守中序，云：「《千金寶要》者，宋徽猷閣直學士郭思按唐孫真人先生所集《千金方》中纂要者也。」自《婦人》至《痔》凡十七篇。第六卷《千金論》、《千金須知》，題「小有居士河陽郭思纂」。此書宋宣和六年刻石於華州，明景泰六年復易刊木板。秦王既刻諸梓，復刊石於耀州真人洞。此即耀州石刻本。末有跋，後題「委官李海立、生員謝沾書，役𥛚鄒鳳皐刻」。

孫星衍《平津館鑒藏記書籍》卷二《明版・至大重修宣和博古圖録三十卷》 前有序云：「爰屬掌鹽司者黄君景星，再博佳木而翻刊之。」末行已爲書賈所剜。據《天禄琳琅》，是嘉靖七年蔣暘撰。内府所收萬曆卅一年吴公宏本，已稱流傳稀少。吴本即從蔣本翻雕，則此本尤可寶重。大字本。每器俱注「元様製」、「減小樣製」。别本縮爲小字，故悉删之。序跋每葉十六行，行十七字。

孫星衍《平津館鑒藏記書籍》卷二《明版・泊如齋重修宣和博古圖録卅卷》 前有萬曆戊子程士莊序。《天禄琳琅》有《泊如齋重修考古圖》，稱其「刊刻極精」。此書疑其同時並刻之本。面葉題「丁南羽、吴左千繪圖，劉季然書録」。南羽，丁雲鵬字也。敘説每葉十六行，行十七字。

孫星衍《平津館鑒藏記書籍》卷二《明版・歷代鐘鼎彝器款識法帖廿卷》 目録前有崇禎癸酉朱謀垔序，稱：「得山陰錢德平所藏尚功手書本授梓。」後有靈武幹王倫、徒克莊王行、趙孟頫、楊伯嵒、周密、柯九思、張天雨、周伯温、豐坊各親款題識，摹刻精工。阮雲臺中丞重刊是書，僅得影寫本，則此本彌可珍貴矣。

孫星衍《平津館鑒藏記書籍補遺・明版・北溪字義二卷》 附録《嚴陵廣義》四篇，目録前題「門人清源王雋編，後學四明豐慶重刊」。前有莆田陳宓序。此書宋時刊本有三：一永嘉本，一清漳本，一四明本，故所載詳略往往互異。豐慶，明正統己未進士，官河南右布政。黑口版。每葉廿行，行廿字。

潘祖蔭《滂喜齋藏書記》卷二《明刻賈誼新書十卷一册四函》 淳熙辛丑胡价跋云「提學漕司給事程公暫攝潭事，刻之學宫」。跋後又有題記云「淳祐八年十月知院大使陳公刊脩」。按常熟瞿氏、歸安陸氏皆有明正德本。瞿氏《志》云，潭板明時殘闕，弘治間陸桐爲長沙守，修補印行。陸氏《志》云，陸本後歸吉府。據此則宋時刊板歷明尚存，但遞有增修耳。陸《志》又云，吉府本册首蓋「吉府圖書」朱文方印。陸本卷六第三葉十一、十二、十三行空白，此本册首無吉府印，而卷六亦無空行，則在二本前明甚。其元末明初之際乎？同治辛未，戴子高校過，卷末有其題字。

繆荃孫《藝風藏書記》卷二《諸子・揚子十卷》 無注，明刊本，板心有「芸窗書院刊」五字。又有《文中子》十卷，與此同。疑所刻尚不止二種。

繆荃孫《藝風藏書記》卷二《諸子・賈誼新書十卷》 明刊本。此書宋程漕使梓於潭州，淳熙辛丑潭州州學教授胡价跋。正德乙亥吉府重刊，有右長史楊節跋。每半葉八行，每行十八字，黑口。

繆荃孫《藝風藏書記》卷二《諸子・武經總要前集二十一卷後集二十一卷》 明弘治甲子西安守馬思進刊本。前集「制度」十六卷，「邊防」五卷。後集「□□」十五卷，「占候」六卷。有仁宗御製序。後附《行軍須知》二卷，《百戰奇法》二卷。有陝西布政使李贇序。

繆荃孫《藝風藏書記》卷二《諸子・重廣補注黄帝内經素問二十四卷》 明翻宋本。題啓玄子次注，林億、孫奇、高保衡等奉敕校正，孫兆重改誤。字畫極精。每半葉十行，每行大字二十，小字三十。

繆荃孫《藝風藏書記》卷二《諸子・攝生衆妙方十一卷》 明隆慶三年衡府刊本。首有衡王序，後有馬崇儒跋。

繆荃孫《藝風藏書記》卷二《諸子・石林燕語十卷》 明正德元年監察御史楊武刊於大梁。後有跋，提行空格，皆依舊式，蓋源出自宋本。每半葉八行，行十六字。黑口。

繆荃孫《藝風藏書記》卷二《諸子・鶴林玉露十六卷》 明南臺舊刻本。萬曆七年，莆田林大黼補二十餘板。至三十七年，餘姚孫鑛屬趙元茂、趙如白逐字刊正。又得宋活字六卷本，摭二十條爲補遺，鑛自爲之跋。

繆荃孫《藝風藏書記》卷八《藝術・圖繪寶鑑五卷續一卷》 明正德己卯錦衣衛指揮苗增刻本。黑口。前有夏文彦自序，楊維禎序。續編滕霄序。亦靈石楊氏藏書。

繆荃孫《藝風藏書記》卷八《藝術・法帖釋文考異十卷》 明刊本。顧從義編并自書，字大説目，繕刻尤爲工雅。前有王穉登序，新都王常書。

于敏中《天禄琳琅書目》卷九《明版子部・唐詩紀事六函，四十八册》 宋計有功著。八十一卷。前有功自序、宋王禧序，目録後載明張子立識語。【略】王禧序作於嘉定甲申歲，稱慶元辛酉始得是書，立命數十吏傳録。翻閲累年，手自讐校，十是正其七八，乃録之於懷安郡齋。是此書初刻，係出於王禧之手，而張子立又爲重校覆刊，因作識語於其後也。

于敏中《天禄琳琅書目》卷一〇《明版集部・伊川擊壤集一函，四册》 宋邵雍著。二十卷。前明人希古序，次雍自序，後附集外詩十三章并宋邢恕、明畢亨二序。希古，不載姓氏。其序作於成化乙未，稱披閲《擊壤集》，愛其體物切實，立意高古，乃重鋟梓云云。夫曰重梓，則先有刻本，據而重梓焉耳。畢亨序祇標庚子歲作，不題年號，以序中之言考證諸書，則爲成化庚子，後於乙未希古之序又五年矣。按：明時有兩畢亨，皆成進士，歷顯官，一字嘉會，山東新城人，成化乙未進士，歷官順天府丞，終南京工部尚書，見淩迪知《萬姓統譜》。一爲山東單縣人，河南衛軍籍，景泰甲戌登進士第，累官應天府尹，進副都御史，見《江寧府志》。今亨序後結銜爲副都御史，序中又有尹應天及回洛之語，則是籍隸河南之畢亨無疑矣。序稱於監察御史晉陽王濬家得《擊壤集》，「每欲壽梓而未暇及。後尹應天，始克刊行，及今致政，特取此版回洛。適郡守桂林劉公尚文建先生安樂窩書院，復訪先生集而梓行之，遂以此版授焉」云云。其言復訪梓行者，非即希古序中重鋟之謂乎？

于敏中《天禄琳琅書目》卷一〇《明版集部・臨川先生文集二函，十册》 宋王安石著。一百卷。前宋黄次山序。【略】黄次山，爵里未詳，惟自署爲豫章人。而序中稱是書爲「知州事詹大和甄老所校刊」，則知次山與安石爲同郡，而與大和則同時也。按《西江志》，稱詹大和於乾道間，以直顯謨閣學士出知撫州，則此書原刻於南渡孝宗之世，而明時又復經翻刻者，已非復大和剞劂之舊矣。

于敏中《天禄琳琅書目》卷一〇《明版集部・東坡全集四函，二十六册》 宋蘇軾著。《東坡集》四十卷，《奏議》十五卷，《應詔集》十卷，《内制集》十卷，附《樂語》一卷，《外制集》三卷，《後集》二十卷，《續集》十二卷，共一百十卷。前有序闕名，次宋贈蘇軾太師敕，次《宋史》本傳，次《年譜》，次蘇轍撰墓誌銘。

按：序稱海虞程侯，自刑部郎來守吉州，得宋時曹訓所刻舊本，及仁廟所刻未完新本，重加校閲，仍依舊本卷帙，舊本無而新本有者，則爲《續集》，并刻之。蓋公文全集，初有杭、蜀、吉本及建安麻沙諸本，以歲既久，木朽紙弊，已不復全。幸程侯傳刻於世，使吾郡九邑之士得而觀之云云。蓋以重刻者爲明人，故稱曹訓爲宋時，作序者爲吉人，故稱吉州爲吾郡也。乃序後原署姓名爲書賈割去，補刊一行則云「乾道九年閏正月望，選德殿書賜蘇嶠」。夫賜書，但賜其書耳，即以年月姓名標識卷中，宜出手書，不應刊印。况曹訓之名，見於《西江志》之名宦，秩官二門，謂訓字子序，自章貢移知袁州。雖所敘爵系不甚詳晰，而其名俱列於紹熙各守之後，蓋後於乾道九年又十餘載。序中明言據訓舊本重刊，此書乃謂乾道時降賜，刊在後而賜在先，不亦舛謬之甚乎！訓仕江右，曾刻此書，明之守吉者即於其地訪其舊本，重爲校梓，亦事理之顯然者。書賈無知妄作，真不直一噱矣。

于敏中《天禄琳琅書目》卷一〇《明版集部・象山先生全集一函，十册》 宋陸九淵著。三十六卷。前有序闕名，次宋袁燮、楊簡二序。書中所載袁燮、楊簡二序，係沿宋本之舊。其第一序署名處，已爲書賈割去，補以别紙，遂闕其名，然爲明人所刊，即此可見。序中稱撫守李茂元，將重刻《象山文集》，而請予一言爲序云云。謂之重刻，則非宋槧又顯然矣。

于敏中《天禄琳琅書目》卷一〇《明版集部・六家文選六函，六十一册》 篇目同前，闕袁褧識語。此書亦存《揮塵録》一條，而六十卷之末僞刊「奉議郎、充提舉茶鹽司幹辦公事臣朱奎奉聖旨廣都縣鏤版，起工於嘉定二年歲次己巳，畢工於九年壬子臘月」，并標「督工把總惠清」，亦係割去原紙，别刊半葉黏接於後。且嘉定九年係丙子，而非壬子，則其作僞益顯然矣。

于敏中《天禄琳琅書目》卷一〇《明版集部・六家文選六函，六十一册》 篇目同前，闕袁褧識語。此書於蕭統序後標「紹聖三年丙子歲臘月十六日，祕閣發刊」，又於吕延祚表後列曾布、蔡卞等校正銜名，卷六十後復標「紹聖四年十月十五日，太學博士主管文字陳瓘督鐫匠孫和二等工完」，皆係别刊半幅黏接。而袁氏識語、木記，盡爲割補，紙質印工并出前後諸部之下。

于敏中《天禄琳琅書目》卷一〇《明版集部・詩學大成二函，十册**》**元林楨著。三十卷。前有元毛直方序。【略】其書本爲世俗餖飣之學，取便應酬，而槧刻大方，殊非草草，觀其版式，當即明時司禮監督刊之本。

于敏中《天禄琳琅書目》卷一〇《明版集部・諸儒箋解古文真寶一函，四册**》**黄堅輯。五卷。前明神宗序，後明孝宗跋，又一跋不著姓氏。黄堅，不知爲何時人。觀孝宗跋語，已有「命工梓之」之文。神宗作序，又稱「舊本凡三百十有二篇，今益三十五篇。刻久漫漶，因重授梓」云云。是明時内府此書固有二版矣。其不著姓氏之跋，則稱永陽黄堅氏所集《古文真寶》二十卷，梓行已久，率多湮蝕，偶得善本，命工重刊云云。跋後題爲「弘治十五年，青藜齋寓雲中有斐堂書」。觀此，則内版之外，復有二刻，其刻於雲中者，與孝宗朝内版同出一時，皆爲重梓。而神宗所刊最居其後，係合孝宗、雲中兩刻而併校之，故皆載其跋也。至雲中之跋稱二十卷，與此五卷之數不符，蓋由重刊時省併之故。第書中注釋詞意淺陋，似非名人所作。

彭元瑞《天禄琳琅書目後編》卷一八《明版集部・董仲舒集一函，一册**》**不著刻者名氏。【略】前有集敘、目録，後刻「正德庚午桂連西齋印行」。今行世二本，一《董子文集》，乃正德乙亥巡按御史盧雍所輯，一張溥所裒《百三家集》之一，雖采録較多，俱不及此，爲舊本。

彭元瑞《天禄琳琅書目後編》卷一八《明版集部・唐王右丞集二函，十册**》**明顧起經編。起經，字元緯，無錫人，官廣東鹽課提舉。【略】冠起經自序，序後刻「嘉靖二十四年涂月白分，錫山武陵家塾刻」。《年譜》後刻「丙辰孟陬月得辛日，錫山武陵顧伯子圖籍，之宇刻」。《贈題集》後刻「丙辰年初月人日付梓」。《同詠》後刻「丙辰上元雕版」。

彭元瑞《天禄琳琅書目後編》卷一八《明版集部・河東先生集四函，三十二册**》**唐柳宗元撰。書四十五卷。凡詩文四十三卷，《非國語》二卷，又《外集》二卷，《龍城録》二卷，《附録》二卷，《集傳》二卷，後序一卷。每葉版心刻「濟美堂」，與《增廣注釋音辯唐柳先生集》另本。

彭元瑞《天禄琳琅書目後編》卷一八《明版集部・元白長慶集六函，五十六册**》**唐元微之、白居易撰。《元氏長慶集》六十卷，前有宣和甲辰劉麟序，後有乾道甲子洪适跋。《白氏長慶集》七十一卷，前有長慶四年元微之序，後有會昌五年居易自序。末刻「封奉政大夫、吏部考功郎中姑蘇錢應龍鋟梓」。

彭元瑞《天禄琳琅書目後編》卷一八《明版集部・宋林和靖先生詩集一函，二册**》**宋林逋撰。【略】明萬曆四十一年錢塘何養純刻，有喬時敏、張蔚然二序。今行世乃近人吴調元所刻，此猶舊本。

彭元瑞《天禄琳琅書目後編》卷一八《明版集部・文潞公文集二函，十八册**》**宋文彦博撰。【略】跋稱沁水李司徒叔淵家有鈔本，巡按山西初公命柟校正十之七八，平陽守王子濟刊木以行。

彭元瑞《天禄琳琅書目後編》卷一八《明版集部・濟北晁先生雞肋集二函，十二册**》**篇目同上，另版，末刻「明吴郡顧氏於崇禎乙亥春照宋刻壽梓，至中秋工始竣」。鈐印三，曰「凝遠」、「青霞子家藏記」，當即其名也。

彭元瑞《天禄琳琅書目後編》卷一八《明版集部・知稼翁集一函，二册**》**宋黄公度撰。公度，字師憲，莆田人。紹興八年進士第一，官考功員外郎。書二卷。【略】此本乃天啓乙丑裔孫崇翰所刻，稱家集久無存，此集得之陝中選人，上有御印，乃祕府之本，初刻於衡州。此其再刻云。前有洪邁、陳俊卿二舊序。

彭元瑞《天禄琳琅書目後編》卷一九《明版集部・象山先生全集一函，八册**》**宋陸九淵撰。【略】原有袁燮、楊簡二序，逮明正德辛巳，撫州知府李茂元重刻，王守仁序之。此本嘉靖辛酉再刻。王宗沐序稱德安吉陽何先生撫江西之明年，丕闡理學，乃改刻焉，附録徐階《學則辨》。蓋是時階方以講學執政，故引以爲重也。

彭元瑞《天禄琳琅書目後編》卷一九《明版集部・秋崖小稿二函，十册**》**宋方岳撰。岳，字巨山，號秋崖，歙縣人。紹定五年進士，官知袁州。書八十三卷。分二集，《詩集》三十八卷，《文集》四十五卷。其集在宋時一刻於開化，再刻於建陽，三刻於竹溪書院。至明初而泯。弘治中程敏政從中祕録出十二卷，授其九世孫國子博士舜舉。嗣是因之知蘄州，得五卷；舜明訓導江右，得十卷；舜中教授江浙，得十卷；舜玉客吴，得十五卷；合之家藏三十一卷。嘉靖乙酉，十世孫廷孚等互訂成書付刻。前有李汛序、族裔孫方謙序，後有吴焕跋。

彭元瑞《天禄琳琅書目後編》卷一九《明版集部・叠山謝先生文集一函，二册**》**宋謝枋得撰。【略】是本乃嘉靖中揭陽林光祖知廣信府以黄溥所校刊行，書首餘姚王守文一序，與集不相應，蓋其意欲刻叠山批點諸書而不果行耳。

彭元瑞《天禄琳琅書目後編》卷一九《明版集部・静修先生文集一函，四册》 元劉因撰。【略】前有至正九年江南浙西道肅政廉訪使牒，稱詩文附録共三十卷，於各路儒學錢糧多處刊行。是本乃萬曆戊子郡守李某校刊，方義壯爲序。蓋因所自訂惟《丁亥集》五卷，後門人哀其軼稾，得《樵庵詞集》一卷、《遺文》六卷、《拾遺》七卷，最後楊俊民又得《續集》二卷，房山賈彝復增《附録》二卷，合三十卷。據方序，此所刊《丁亥集》五卷、《遺文》數卷而已。

彭元瑞《天禄琳琅書目後編》卷一九《明版集部・臨川吴文正公集二函，二十四册》 元吴澄撰。【略】後有至正戊子野里瞻跋，稱憲使劉公伯温督儒司移文鐫刻文集。野里瞻，澄之門人也。末《道學基統》一卷，《私誄》四卷，門人解觀所編，名曰《外集》。是本宣德乙卯其五世孫炬所刻，有識，附宣德十年《褒崇從祀事由》。

彭元瑞《天禄琳琅書目後編》卷一九《明版集部・道園學古録二函，十二册》 篇目見前元版集部。前有景泰丙子崑山知縣鄭達序，云從太倉興福寺九衮僧暕公得建本刻之，并歐陽玄舊序及《致劉基書》。附識略云，《道園集》，劉伯温所刻大字本有圭齋此序，已亡。近崑山新刻斡克莊建本，遂於先生四世從孫湜家模得此序并書一通，冠諸首，葉盛試摹歐陽玄手書上版。

彭元瑞《天禄琳琅書目後編》卷一九《明版集部・六家文選六函，二十册》 篇目見前宋版集部。廣都裴宅本，明吴郡袁褧重雕。目録後有識，略云「匡」、「郭」字體未少改易，刻始於嘉靖甲午，成於己酉，計十六載而成其工，可謂勤矣。

彭元瑞《天禄琳琅書目後編》卷一九《明版集部・六臣注文選四函，三十册》 篇目見前宋版集部。明萬曆甲戌崔孔昕、党馨、朱守行、郭宗磐刊本，汪道昆序。越五年戊寅，徐成位重校，并刊《昭明太子小傳》及田汝成《重刻文選序》。成位有識，凡正一萬五千餘字云。卷末或題「冰玉堂重校」，或題「見龍精舍重校」。

彭元瑞《天禄琳琅書目後編》卷一九《明版集部・文苑英華十函，一百册》 宋宋白等奉敕撰。【略】考宋纂三大書，《太平御覽》、《册府元龜》、《文苑英華》。二書閩、蜀有刻，惟《英華》不行於世，孝宗朝周必大建議祕閣本御前校正，遂爲定本，有《纂修文苑英華事始》，必大所編并識。至明隆慶元年，巡按福建御史胡維新檄福州知府胡帛、泉州知府萬慶校梓，維新自序，又涂澤民序。

彭元瑞《天禄琳琅書目後編》卷一九《明版集部・唐文粹四函，四十册》 篇目見前宋版集部。明晉藩刻本。前有嘉靖八年璽書，蓋晉王知烊刻《文選》、《文粹》、《文鑑》、《文類》、《文衡》諸書上進，賜此褒美，因刻冠書首，并跋。又序著晉藩志道堂書於敕賜書院。末有後序。

彭元瑞《天禄琳琅書目後編》卷二〇《明版集部・宋文鑑六函，五十册》 宋吕祖謙奉敕撰。書百五十卷。【略】先是，臨安書肆有江鈿所編《聖宋文海》，孝宗得之，命校正刊版。周必大言其去取差謬，遂命祖謙別輯此書，成，賜名《文鑑》，敕必大爲序。版式與《唐文粹》同，亦明晉藩刻本。

彭元瑞《天禄琳琅書目後編》卷二〇《明版集部・元文類二函，十二册》 元蘇天爵撰。天爵，字伯修，真定人。官江淮行省參政，《元史》有傳。書七十卷。【略】前有元統二年王理、陳旅二序，後有王守誠跋。明晉端王知烊，有《昭明文選》、《唐文粹》、《宋文鑑》、《元文類》、《明文衡》五種刻本。嘉靖十二年，知烊薨，惟《元文類》未成，再從子簡王新㙉襲，乃繼成之。有嘉靖丁酉序，所稱虚益堂賢王也。

彭元瑞《天禄琳琅書目後編》卷二〇《明版集部・增廣類聯詩學大全二函，十二册》 宋林楨撰。楨，閩人。書三十卷。【略】書末刻「正德丙子仲春吉旦，西園堂刊」，丙子，乃明正德十一年，坊賈剔去「正」字以贋元版。然元大德起丁酉迄丁未，無丙子也。

孫星衍《平津館鑒藏記書籍》卷二《明版・孟東野詩集十卷》 題「唐山南西道節度參謀試大理評事武康孟郊著，明進士文林郎知武康縣事無錫秦禾重刻，曾孫秦伯欽鎡藏板」。目録前有常山宋敏求序，不題年月。景定壬戌天台國材序，景定壬戌舒岳祥贈詩一首，嘉靖丙辰秦禾《刻孟東野詩集序》。此本國氏得宋敏求定本鋟梓，秦氏又從國本翻刊，卷帙、行款尚是宋本之舊。末附《與韓退之聯句》十首，不在目録中者，亦宋敏求原編所有。每葉十八行，行十八字。收藏有「愛日堂藏書」朱文方印。

莫友芝《持静齋藏書記要》卷上《東坡集四十卷》 宋蘇軾撰。明嘉靖十三年江西布政司刊七集之一。

陸心源《儀顧堂題跋》卷一一《正統本元豐類稾跋》 《元豐類稾》五十卷。明正統刊本。每葉二十二行，行二十二字。前有元豐八年王震序，後有大德丁思敬跋，聶大年詩，正統鄒旦跋，姜洪序。《類稾》始刻于元豐中，再刻于開禧之趙汝礪，三刻于大德丁思敬。正統中毘陵趙琬得抄本，授宜興令鄒旦，旦復從侍郎周忱得官本，參校付梓。所謂官本者，當即元刊耳。元刊之後，以此本爲最古。書賈往往剗去鄒、姜兩跋，以充元刊。

陸心源《儀顧堂題跋》卷一一《宏治本東坡七集跋》 《東坡集》四十卷，《後集》二十卷，《奏議》十五卷，《内制》十卷，《外制》十卷，《應詔集》十卷，《續集》十二卷，《年譜》一卷。明黑口本。前有贈太師詔，孝宗贊，《宋史》本傳，成化四年李紹序。每葉二十行，行二十字。《奏議》每卷有目，連屬篇目，尚存宋本舊式。書賈往往拆去李序，以充元刊，此則猶完本也。東坡箸述生前已版行，崇寧初奉詔毁版。南宋則有杭本、蜀本、吉州本、建安麻沙本。明仁宗時，嘗以内閣所藏宋本命工翻刻，工未畢而升遐。成化中，海虞程某爲吉州守，求得宋曹訓刊本，與仁宗所刊未完新本重校付梓。

繆荃孫《藝風藏書記》卷六《詩文・蔡中郎文集十卷外傳一卷》 明萬曆陳留令徐子器刻本。題「漢左中郎將蔡邕伯喈傳」，有歐静序，又有萬曆元年東陽王乾章序。徐子器，陳留令，此集即刻於陳留。《四庫》所收雍正中陳留刊本并爲六卷，想此刻久不存矣。

繆荃孫《藝風藏書記》卷六《詩文・陶靖節集十卷》 明嘉靖戊申大中丞傳印臺刻於九江郡齋本。晉陵華雲序，九江府知府王廷幹跋。有梁昭明太子《序》、《總論》九葉，詩四卷，文四卷，《羣輔》兩卷，附《靖節徵士誄》序，録集私記，集後書詩文，句下略有箋釋。間采東坡、山谷、趙泉山、韓子蒼、湯東澗、張縯、胡仔諸人之論，附於詩文後。行款與元刊李公焕集録本同。序言取宋蔣氏本翻雕，「殷」、「敬」、「徵」、「真」、「竟」皆缺筆，則出於宋本無疑。每半葉九行，每行十八字。

繆荃孫《藝風藏書記》卷六《詩文・梁昭明太子文集五卷》 首行「大明遼國寶訓堂重梓」，後有跋云「池陽郡齋既刻《文選》與《雙字》二書，於以示敬事昭明之意。今又得《昭明文集》五卷，而併刊焉。嗚呼！所以事於神者至矣。夫神與人相依而行也。吏既惟神之恭，神必惟吏之相，則神廟食吏禄食斯兩無媿。淳熙八年，歲在辛丑八月望日，郡刺史建安袁説友書」八行，是遼府重刻宋池陽本。每半葉八行，每行十六字。集五卷，與《梁書》本傳云集二十卷者不合。所采不出《梁書》、《文苑英華》、《類聚》、《廣弘明集》等書，亦出後人掇拾，非本書矣。惟源出於宋，究勝於明葉紹泰編輯六卷本。

繆荃孫《藝風藏書記》卷六《詩文・李長吉歌詩四卷》 明廣平裕參王家瑞凝貞刻本。後有弘治壬戌汝寧劉淮序。收藏有「雲山不凝樓藏書」朱文方印。

按：王家瑞，萬曆戊戌進士。此本當刻萬曆間，蓋覆刻弘治本。

附「製書雅意」四則：

一紙用清水京文古干，或太史連方稱。

一印用方氏徽墨、孫氏京墨，凡墨弗用。

一殼用月白雲綾，純厚青絹椒表，陰乾。

一裁用利刀，光用細石，俱付良工。

繆荃孫《藝風藏書記》卷六《詩文・南豐先生元豐類稿五十卷附一卷》 明巡按直隸御史黄希憲重刊本。嘉靖□□陳克昌重修。

繆荃孫《藝風藏書記》卷六《詩文・南豐先生元豐類稿五十卷附一卷》 明巡按湖廣御史王忬重刊本。

繆荃孫《藝風藏書記》卷六《詩文・宛陵先生集六十卷拾遺一卷》 明萬曆丙子宣城令姜子奇刊本。

繆荃孫《藝風藏書記》卷六《詩文・豫章黄先生文集九十七卷》 明嘉靖丁亥分寧周季鳳鈔自内閣，巡按江西蜀岱，屬知州喬遷刻之，猶不失宋本之遺。

繆荃孫《藝風藏書記》卷六《詩文・淮海集四十卷後集六卷詞三卷》 明嘉靖己亥南湖張綖倅鄂州所刻本。卷第與宋本同。

繆荃孫《藝風藏書記》卷六《詩文・石堂先生遺集二十卷》 宋寧德陳普尚德撰。《四庫》未著録。此影寫明嘉靖本，目後有「寧德縣知縣揭陽陳世鵬、奉欽差整飭兵備分巡建寧道福建按察司僉事王批發校刊，儒學訓導新城潘鶉同校，嘉靖丙申刊」。前有沈伯咸序，後有蔣濂、陳世鵬兩跋。

雜録

《宋會要輯稿・崇儒》四之八《勘書》 （嘉祐六年）十二月，三館、秘閣上寫黄本書六千四百九十六卷，補白本書一千九百五十四卷。二十二日，遣中使詔中書樞（秘）［密］院合三館、祕閣官屬四十一人，賜晏，以嘉其勤。先是，白本書歲久多蠹，又多散失，既置官校正補寫，易以黄紙，以絶蠧敗，至是上之。

《宋會要輯稿・崇儒》四之九《勘書》（嘉祐七年）十二月，詔以所寫黃本書一萬六百五十九卷，黃本印書四千七百三十四卷，悉送昭文館。七史板本四百六十四卷，送國子監。以校勘功畢，明年遂罷局。

《宋會要輯稿・崇儒》四之一九《求書藏書》徽宗崇寧二年五月四日，詔兩浙、成都府路有民間鏤板奇書，令漕司取索，送祕書省。

《宋會要輯稿・崇儒》四之二一《求書藏書》（淳熙）十三年九月二十五日，祕書郎莫叔光言：「國家崇建館閣，文治最盛。太上皇帝再造區夏，紹興之初，已下借書分校之令。至十三年，詔求遺書。十六年，又定獻書推賞之格。圖籍於是備矣。然至今又四十年，承平滋久，四方之人，益以典籍爲重。凡搢紳家世所藏善本，監司、郡守搜訪得之，往往鋟板，以爲官書。乞詔諸路監司守臣，各以本路、本郡書目解發至祕書省，聽本省以《中興館閣書目》點對。如有未收之書，即移文本處取索，庶廣祕府之儲。」詔祕書省將未發書籍徑自關取。

《宋會要輯稿・職官》七之三　哲宗元祐四年十一月十三日，翰林學士知制誥蘇轍奏：「神宗皇帝《御製集》凡著録九百三十五篇，爲九十卷，目録五卷。內四十卷皆賜中書、密院及邊臣手札，言攻守祕計，先被旨録爲別集，不許頒行，仍製集《序》一篇以紀盛德，發明大訓。臣竊見祖宗御書皆於西清建重屋，號『龍圖』、『天章』、『寶文閣』，以藏其書，爲不朽計。又刻板模印，遍賜貴近。欲乞降付三省，以故事施行。」詔御集於寶文閣收藏。

《宋會要輯稿・職官》一八之六《祕書省》（哲宗元祐元年）四月二日，祕書省言：「三館、祕閣內有係國子監印本書籍，乞今後有闕卷壞者，並令補印。及有新印書籍，亦牒本送逐館收藏。」從之。

《宋會要輯稿・職官》一八之七、八《祕書省》（元祐）二年六月八日，祕書省言：昭文館黃本書籍已編寫了當，撥與祕閣收藏。其史館、集賢院未有上件書籍，祕閣定本內名件及卷秩多闕，見今祕閣黃本亦多有闕，有旨令先將定本補足闕少名件，校對無差，即先補寫祕閣黃本。內有印本者，印補充。【略】合要印本書，下國子監用黃紙印造。元係諸州軍印本，許從本省牒戶部下本處印造。

《宋會要輯稿・職官》一八之一四《祕書省》大觀三年正月二十八日，翰林學士強淵明奏册府聚古今圖書，九流百家莫不咸在，而本朝正史獨闕，實録則又止于太祖、太宗、真宗三朝，而仁宗、英宗、神宗、哲宗四朝實録不預焉。乞賜詔旨繕寫，降付具列於圖書之首。詔以仁宗、英宗實録藏於祕閣輒傳録者，依實録院法。四年五月七日，祕書監何志同奏：《漢書》、《七畧》凡爲書三萬三千九十卷，隋所藏至三十七萬卷，唐開元間亦不下八萬九千六百卷。慶曆間嘗命儒臣集四庫爲籍，名之曰《崇文總目》，凡三萬六百六十九卷。慶曆距今未遠也，試按籍而求之，十纔六七，號爲全備者不過二萬餘卷，而脱簡斷編、亡散闕逸之數寖多。謂宜及今有所搜采，視慶曆舊録有未備者，頒其名數於天下，委逐路漕臣選文學博雅之士加意求訪。《總目》之外別有異書，並許借傳，或官給筆札，即其家傳之，就加校定，上之策府。此外更有諸處印本及學者自著之書、臣僚私家文集，願得藏之祕府者，皆許本省移文所屬印造取索。從之。

《宋會要輯稿・職官》一八之四三《祕書省》（淳熙）十三年二月八日，令祕閣繕寫《洪範政鑒》一本進納。九月二十七日，祕書郎莫叔光言，乞詔諸路監司、諸郡守臣各以本路本郡書目解發至祕書省，聽本省以《中興書目》點對，如有未收之書，即下本處取索印本，廣祕府之儲。詔令祕書省將未收書籍徑自關取。

王士點《祕書監志》卷五《祕書庫》至元十二年九月二十九日，皇城暖殿裏，右侍奉御忽都于思做怯里馬赤、秘書監焦秘監、趙侍郎一同奏：「臨安秘書監內有乾坤實典并陰陽一切禁書及本監應收經籍圖書書畫等物，不教失落見數呵，怎生？」奉聖旨：「伯顏行道將去者。」又奏：「江南諸郡多有經史書籍文板，都教收拾見數，不教失散呵，怎生？」奉聖旨：「您問了歸附官員呵，伯顏行道將去者。」欽此。

至元十三年十二月，今有樞密副使兼知秘書監事說道：今年六月九日內裏主廊裏有時分奏：「咱使的焦尚書江南收拾秘書省文字去來，聽得收拾聚也，教盡數起將來呵，怎生？」奉聖旨：「教將來者。欽此。」樞密院移咨南省，取去來。見今焦尚書收拾到經籍書畫等物，解發南省，已運到中書省也。所據前項焦尚書收拾到一切經史子集、禁書典故文字及書畫、紙筆、墨硯等物，俱是秘書監合行收掌。當月初十日，樞密副使兼知秘書監事說道：近奉都堂鈞旨，該欽奉聖旨，教於大都萬億庫內分揀到秘書監合收經籍圖書等物，可用站車一十輛般運，赴監收貯。

王士點《祕書監志》卷六《祕書庫》至元二十一年二月二十九日，照得至元十四年正月二十二日內裏斡魯朵裏有時分，孛羅官人、張左丞、趙侍郎欽奉聖旨：「秘書監裏有損壞了底書畫，都擗掠的好者。欽此。」具呈照詳去後，准中書工部關，就令大都路差裱褙匠焦慶安前來本監，將所有書籍圖畫，各各損壞大小不等，相滚計料，合用物料開坐狀呈。

大德四年十月三十日，准中書工部關，奉中書省判送，大德四年九月二十四日，速古兒赤衆家奴、哈剌撒哈都欽奉聖旨：「秘書監裏有底書畫，揀好底衆家奴，哈剌撒哈都您兩個管著者。省官人每根底與文書，依着張參政説底，杭州鋪馬裏取好匠人，都裱褙得完備者。合用底紙綾子教將作院官人每根底應付上用綾者。搠掠底完備時，教留守司官人每上等不油底江南好木頭做匣子者，別個底做漆匣子收拾者。用著底玉圖書教咱每年號依着在前樣中，教馬家奴酌中底玉磨與者。太府監裏有底玉軸頭，少底添與者。教張參政提調者。麼道聖旨了也。欽此。」至大德六年六月裱褙畢工，(部)〔書〕畫手卷六百四十六軸。本監照得，欽奉聖旨，裱褙秘府書畫，今已完備。所有簽貼，合委請字畫精妙之人題寫。

《元史》卷一〇《世祖紀七》（至元十五年夏四月）庚辰，以許衡言，遣使至杭州等處取在官書籍版刻至京師。

《明孝宗實録》卷六三弘治五年五月辛巳 内閣大學士丘濬言：「臣前此上疏，欲將臣所進《大學衍義補》書中所載切要之務陸續陳獻，奉旨『卿欲有言，具奏來看。』臣見本書内備規制下圖籍之儲有云：人君爲治之道，非止一端，然皆一世一時之事，惟所謂經籍圖書者，乃萬年百世之事。是皆自古聖帝明王、賢人君子精神心術之徵，道德文章之懿，行義事功之大，建置議論之詳，今世賴之以知古，後世賴之以知今者也。凡歷幾千百年而後至於我今日，而我今日不有以修輯整比之，使其至今日而廢墜放失焉，後之人推厥所由，豈不歸其咎於我哉？是以自古帝王任萬世世道之責者，莫不以是爲先務。我太祖高皇帝肇造之初，庶務草創，日不暇給，首求遺書於至正丙午之秋，是時猶未登寶位也。既平元都，得其館閣秘藏，而又廣購於民間，没入於罪籍，一時儲積不減前代。然藏書數多，不無亂雜，積歷年久，不無鼠蠹，經該人衆，不無失散。今内閣儲書有匱，書目有簿，皆可查考。乞敕内閣大學士等計議，量委學士並講讀以下官數員，督同典籍等官，撥與典吏、班匠、人役等，逐廚開盤，將書目一一比較，或有或無，或全或欠，或多或少，分爲經、史、子、集四類及雜書、類書二類，每類若干部，部若干卷，各類總數共若干，要見實在的數，明白開具奏報。又以木刻考校年月、委官名銜，爲記識於每卷之末，立爲案卷，永遠存照。臣竊惟天下之物，雖奇珍異寶，既失之皆可復得，惟經籍在天地間爲生人之元氣，紀往古而示來今，不可一日無者，無之則生人貿貿然如在冥塗中行矣，其所關係豈小小哉？民庶之家，遷徙不常，好尚不一，既不能有所廣儲，雖儲之亦不能久，所賴石渠延閣之中積聚之多，收藏之密，扃鑰之固。類聚者有掌故之官，闕略者有繕寫之吏，損壞者有修補之工，散失者有購訪之令，然後不至於浥爛散失爾。前代藏書之多，有至三十七萬卷者，今内閣所藏不能什一。數十年來，在内者未聞有所考校，在外者未聞有所購求，臣恐數十年之後，日漸損耗，失今不爲整治，將有後時無及之悔，伏望體聖祖詔求遺書之心，任萬世斯文在兹之責，毋使後世志藝文者以書籍散失之咎歸焉，不勝千萬世儒道之幸。臣所進《大學衍義補》一書，其間條目雖多，然皆一代一時之事，惟此則萬世之事，故首以此上請，而條列合行事宜于後。

一，自古藏書之所非止一處，漢有東觀、蘭臺、鴻都等處，唐有秘書監、集賢書院等處，宋有崇文館、秘書省等處。我朝稽古定制，罷前代省、監、館、閣掌書之官，併其任於翰林院，設典籍二員，掌凡國家所有古今經籍圖書之在文淵閣者。永樂中遣翰林院修撰陳循往南京起取本閣所貯古今一切書籍，自一部至有百部以上，各取一部北上，餘悉收貯封識如故，則是兩京皆有儲書也。今天下書籍盡歸内府，兩京國子監雖設典籍之官，然所收掌止是累朝頒降之書及原貯書板，別無其他書籍，其官幾於虚設，請於内閣見存書籍内查有副餘之本，各分一本，送兩京國子監典籍廳收掌。仍勅南京内外守備大臣會同南京司禮監、禮部、翰林院官查盤永樂中原留南京内府書籍，有無多寡全欠，具疏奏知，量爲起取存留，分派輳補。其止一本無副餘者，將本書發下國子監，勅祭酒、司業行取監生鈔録，字不必工，惟取端楷。録畢散堂，各教官校對，不許差錯，每卷末識以謄寫監生、校對官銜名，其師生只照常例俸廩，別無支給，挨次差撥如常。合用刊字、褶背、刷印、匠作及紙筆之費，行各該衙門量爲撥辦，不限年月。書成裝釘，陸續送兩監典籍掌管。如此，則一書而有數本，藏貯而有異所，永無疏失之虞矣。

一，我太祖高皇帝聖德神功，超出萬古帝王之上，御極三十年，多有制作，皆出自宸衷御札，非若前代帝王假手詞臣之比也。今頒行天下者，惟《皇明祖訓》、《大誥三編》、《大誥武臣》、《資世通訓》、《御制詩文》，雖已編輯刻板藏于内府，天下臣民得見者尚罕。今編類在内閣書目者，有《御註洪範》、《御註尚書》、《御註道德經》、《文華寶鑑》、《昭鑑録》、《外戚事鑑》、《存心録》、《精誠録》、《省躬録》、《志戒録》、《永鑑録》、《忠義録》、《爲政要録》、《彰善癉惡録》、《武臣鑑戒》、《醒貪簡要録》、《務農技藝簡要録》、《女戒務本之訓》等書，是皆我聖祖精神之所運，心畫之所形，手澤之所沾溉者也。存之足以範百王，垂之足以鑑萬代。其間雖或有成於衆手，何者不本於聖心？若夫所謂《大明帝紀》、《皇明寶訓》、《大明寶訓》、《洪武聖政記》、《大明日曆》等書，則又當時儒臣纂成卷帙者也，今皆藏在内閣，天下臣民無由得見。臣竊惟前代帝王有我聖祖制作之一二，爲其子孫者，莫不寫之琬琰，頒布天下，傳之將來，以爲其父祖揚名。而我聖祖之功之德，萬世如見，固不假乎言語文字以傳，然聖子聖孫繼述之孝、顯揚之心，則有不容已者。臣請勑内閣大臣，督領翰林院官屬，將秘閣所藏已成編卷者，逐一校對無差，雕印頒行。若其辭語近質不可行遠，卷帙浩繁難以盡布，請如洪武六年翰林學士詹同、宋濂等纂集《日曆》以爲《寶訓》事例，仿唐人《貞觀政要》體製，將前項書籍撮其旨要，舉其宏綱，分門别類，以成一書，命工刻梓，頒布天下，垂憲後世。俾學校用以教人，科舉用以取士，朝廷用以資治，則聖祖之聖德神功與六經而並行，同天地而長久矣。

一，漢、唐、宋創業之君承亂離之後，莫不先收圖籍。中世以後，稍有散亡遺闕，輒遣使分行天下括訪，懸賞以購之，授官以酎之，雖以五代亂離之世尚且不廢，況今百年承平，内外無事，國家猶有餘力采輯佛道之書以爲藏經，雕以良梓，飾以文綾，徧賜天下寺觀，儲以髹紅函匱，載以金碧輪藏。況此儒家經訓書籍乃自古帝王傳心之要道，經世之大典，天地、山川、人物、風俗之所存，禮樂、刑政、制度久爲之所具，烏可吝纖微之費而不爲經久之計以貽千古之永嘆哉？臣請勑内閣，將考校見有書籍，備細開具目録，付禮部抄謄，分送兩直隷十三布政司提督學校憲臣，榜示該管地方官吏、軍民之家，與凡官府學校、寺觀並書坊、書鋪收藏古今經、史、子、集，下至陰陽、藝術、稗官、小説等項文書，不分舊板新刊及鈔本未刻者，系内閣開去目録無有者，及雖有而不全者，許一月以裏送官。其有王府處啓知借録，多方差人詢訪，設法蒐采，期于盡獲無遺。行仰所在有司將各處贜罰紙劄并給官錢，措辦筆墨之費，分散各處儒學生員謄寫，惟取成字，不拘工拙，但不許潦草失真，就令各學教官校對。既畢，以原本歸主，不許損壞不還。其所得書目先行開具，陸續進呈，通行各處互相質對，中間有重復者，止令一處抄録。録畢，裝成卷帙，具本差人類解赴京。

一，自古帝王藏國史於金匱石室之中，蓋以金石之爲物堅固耐久，非土木比，又能扞格水火，使不爲患。有天下者，斵石以爲室，錮金以爲匱，凡國家有秘密之記，精微之言，與凡典章事跡可以貽謀傳遠者，莫不收貯其中，以防意外之虞，其處心積慮可謂深且遠矣。後世徒有金匱、石室之名而無其實，典守雖設官，藏貯雖有所，然無禦災備急之具，不幸一旦有不測之事，出於常慮之外，遂使一代治體之功、人文國典因而失散。後之秉史筆者無所憑據，往往求之於草澤，訪之於傳聞，簡牘無存，真贋莫辨，非但大功異政不得記載，而明君良臣爲人所誣捏者亦多有矣。是以古之君子憂深思遠者，恒於無事之時爲先事之慮，當平寧時無故而爲急切之語，固若不識忌諱者，然原其心則不失爲忠愛之深。仰惟我朝得國之政，三代以來所未有也。列聖相承，承平百餘年，聖德神功如天地日月巍乎焕然，所以傳之天下後世者，惟賴乎實録之書。今内閣所藏者：《太祖高皇帝實録》一部二百五册，《寶訓》十五册；《太宗文皇帝實録》一部一百三十四册，《寶訓》十五册；《仁宗昭皇帝實録》一部二十一册，《寶訓》六册；《宣宗章皇帝實録》一部一百十六册，《寶訓》十册；《英宗睿皇帝實録》一部三百六十一册，《寶訓》十二册；《憲宗純皇帝實録》一部二百九十三册，《寶訓》十册。與夫藏在内府每朝又各一部，此外别無他本。夫既無金石藏書之具，又無名山藏副之制，臣愚過慮，欲乞朝廷於文淵閣近便去處，别建重樓一所，不用木植，專用甎石纍砌爲之，如民間所謂土庫者，收貯緊要文書，以防意外之虞。乞勑内閣儒臣計議，督令内閣書辦、中書舍人等官，遇其理辦本等文書稍有暇隙，不妨本職，分寫累朝實録各一部，不限年月，書成盛以銅匱，庋於樓之上層。凡内府衙門收藏一應干係國家大事文書，如《玉牒》之類皆附焉。其制勑房一應文書如詔册、制誥、勑書等項，草檢，行禮儀注、應制詩文等項底本，前朝遺文舊事等項雜録，亦令書辦官員遇暇陸續抄録，不限年月，書成盛以鐵匱，貯於樓之下層。凡内府衙門所藏文書可備異日纂修一代全史之用者，如永樂以前文武官貼黄之類皆附焉。如此，則祖宗之功德在萬世永傳信而無疑，國家之典章垂百王遞沿襲而有本矣。議者謂文書浩大，書辦人員數少，歲月易邁，何時訖功？臣請樓成之後，先將各貯文書之見有者權寘其中，待後陸續寫完新本，易出舊本，仍貯故處，以備考用。太宗皇帝當多事時，猶聚衆千百纂集《永樂大典》，以備學者考究，以此方彼，孰重孰輕，伏乞睿照。

一，藏書之所分爲三處，一在京師，一在南京，則是一書而有三本，不幸一處有失，尚賴有二處之存。其在國子監者，如内閣例，盛以廚匱，寘於典簿廳載道所中，責付典簿掌管，祭酒、監丞等官時常提調監護，然惟掌其外門之鑰，及爲水火、盜賊之備而已。若夫廚匱鎖鑰則收在内閣，每歲三伏日如宋朝曝書給酒食之例，先期奏請翰林院，量委堂上官一二員，偕僚屬赴國學曬晾書籍，因而查算。

事畢，封識扃鑰，歲以爲常。南監鑰則付南京翰林院掌印官收掌，其曝書給酒食亦如北監之例，皆不許監官擅自開匱取書觀閱，並轉借與人。内外大小衙門因事欲有稽考者，必須請旨，違者治以違制之罪。」

疏入，上納之。

黃佐《南廱志》卷一七《經籍考上·官書本末》 《金陵新志》所載集慶路儒學官書，有宋御書石經本，且多諸家奇書，卷帙以數千計。經兵火後，元人收購，亦略全備，及改爲國子學，而元書皆不存。今本監所藏，乃我累朝所頒及遞年所積之書也。正統末祭酒陳敬宗、嘉靖中祭酒費寀所奏請賜者，皆在焉。獨《大明集禮》近所頒者，與舊十九史多失於祭酒陳寰時。惟沈約《宋書》巋然獨存，是不可以不紀也。舊志有總目，有給六堂數目，皆重復。書之歲久逸者過半，或名存而實亡，今獨貯於彝倫堂之東西及東堂東廂者，即舊總目之遺也。六堂所貯，則近年請於工部新印二十一史而已。今考其顛末，著其存亡於下，以備觀者得有所考焉。其分給六堂數目者，既貯於彝倫堂，今不復重書云。嘗見天順年間，官書往往筆其後曰「某堂失亡某書，令抄寫陪補若干篇」。嗚呼，此亦衛書之鈇鉞也，後之人可不懼哉，可不謹哉。

天順年間官書：

《大誥》十二本。完。每本十葉，凡十條。○《大誥續編》十一本。完。每本七十八葉，凡八十七條。○《大誥三編》十二本。每本八十四葉，凡四十三條。後序脱簡，存者止一葉。以上三書，舊志不載，蓋近年所貯。○《大明律》四部四本。太祖高皇帝屢詔大臣更定新律，後洪武六年十一月，勑刑部尚書劉惟謙重會衆律以協厥中，而近代比例之繁，奸吏可資爲出入者咸痛□之。每一篇成，輒繕書上。明年二月，書成，奏揭於西廡之壁，上親御翰墨，爲之裁定，凡六百有六條，分三十卷云。○《大明清類天文分野書》二十四卷共八本。洪武十七年閏十月二十七日進，舊志不載。○《爲善陰隲》一百八十本。永樂十七年三月十五日序，采輯傳記陰隲報應，得百六十五人。今存者一百五十六本，其間破壞殼面者一十五本。【略】○《孝順事實》一百五十本。永樂十八年五月十一日序：歷求史傳孝行可述者得二百七人。今存者一百三十四本，内損壞殼面者一十六本。○《仁孝皇后勸善書》五十八套，六百一十本。今存者六十一部，每部十本，共計六百一十本。舊志云五十八套，蓋誤。○《仁孝皇后内訓》七十八本。永樂三年正月望日序云：【略】今存者大字内訓三十本外，又一本不完。小字内訓十九本，共四十本，其三十八本亡。○《五倫書》九部，每部六套，六十二本。正統十二年五月十二日序：祭酒陳敬宗奏准頒降。今存者九部，七部貯彝倫堂，二部貯東堂，俱藍綾殼藍絹套。外八十二本查多重卷，又脱首序，有抄補一套，計十册。天順中，祭酒吴節所藏。其上書云「發崇志堂本班收」，又抄補十册，書云「發廣業堂本班收」，内一部，嘉靖中新頒。○《歷代君鑑書》六部。今亡。○《仁孝皇后夢感佛説第一希有大功德經》八十七卷。今存者五十四本，在東廂。○《諸佛世尊如來菩薩尊者名稱歌曲》十一本。見存東廂。○《佛説五十三佛大因緣經》三卷。○《靈寶天尊説洪恩靈濟真君妙經》八卷。○《普法界之曲》四卷。以上三部皆亡。○《諸佛世尊如來菩薩尊者神僧名經》四卷。一本在彝倫堂，三本在東廂。舊志總目不載，惟各堂有之。今獨此四本見存。○《長史黄章等薄福不臣榜文》一十二本。章，福建人，洪武三十年爲文華殿直府長史，教韓王等。初，王與侍讀張信、侍講戴彝、贊善王俊華、司憲修撰陳郯、編修尹昌隆、劉諤等十餘人，翻閲學士劉三吾主考會試落卷，以不用心批點，且所進卷有「一氣交而萬物成」及「至尊者君，至卑者臣」等語，坐罪寘于法。獨彝與昌隆不誅，榜其事以示戒。今俱亡逸。惟都察院榜版尚存。○《招撫逃民榜文》一十二本。今亡。○《四書大全》原六部，每部二套，共一十二套。舊志，見在四部零一套。今官本《論語大全》一部，止七本，缺一本，又皆蟲損。《中庸大全章句或問》二部，俱無皮殼，又爲蟲蝕。《孟子大全》二部，一部八本十四卷，完；一部止六本，缺二本，又首本缺序五葉。福建板《孟子大全》一部四本，第三本欠首葉。○《周易傳義大全》，原六部，每部一套，共六套。今皆亡逸。○《書傳大全》原六部，每部一套，共六套。舊志，見在四部。今存者二部，每部十本，俱有損壞。○《詩傳大全》原六部，每部一套，共六套。舊志言逸。今完者二部，每部十一本，頗爲蟲損。不完者二部，一部九本，缺二本，又第三本首尾殘缺；一部五本，缺六本，蟲爛不可脩補。○《春秋大全》原六部，每部二套，共一十二套。舊志，見在五部零一套。今存者一部十八本，三十卷，頗有蟲損。一部止十六本，欠二本，且蟲損缺殘。又一部，僅三本，缺爛不完。○《禮記大全》原六部，每部二套，共一十二套。舊志不言逸。今存二部，每部十八本，内第十本、第十一本、第十八本俱爲蟲損殘缺。又一部九本，缺九本。又福建板二部，每部八本，一部首本面欠十三板，一部第二本内欠三板，末本内欠十一葉。○《性理大全》原六部，每部三套，共一十八套。舊志不言逸。今存者一部七十卷三十本，皆綾殼綾套。每十本一套，共三套。又一部，僅十八本，欠十二本。又一部，僅十二本，欠十八本，紙殼無套，又爲蟲蝕缺爛。又破爛者五十七册，不成完書。○以上四書五經及《性理大全》，皆我成祖命學士胡廣、楊榮、金幼孜等編輯進呈。永樂十三年十月初一日序曰：「乃者命儒臣編修五經四書諸家傳註而爲《大全》，凡有發明經旨者取之，悖於經旨者去之。又集先儒成書及其論議格言，輔翼五經四書有裨於斯道者，類編爲帙，名曰《性理大全》，編成來進，總二百二十九卷。朕間閲之，廣大悉備，如江河之有原委，山川之有條理。於是聖賢之道，燦然而復明。猗歟盛哉！」成祖之興起斯文，刊布天下，嘉惠無窮，有功聖門大矣。今天下家傳而人誦之，後世雖有作者，弗可及也已。○《四書》九部，每部三套，共一十册。今《朱子集註》存者一套十本，綾殼套。又《大學中庸集註》一套二本，《論語集註》共十一本，俱爲蟲爛不完。《孟子集註》四部，每部四本，皆紙殼。○《易傳》九部，每部一套，六册。皆刻程子傳、朱子《本義》。今完者二部，每部一套，每套六本，俱綾殼綾套。損者五部，每部六本，俱紙殼紙套。○《書傳》九套，每部一套，六册。蔡沈《書傳》。四部，每部六本一套，皆紙殼。○《詩傳》九部，每部一套，六册。朱子《詩集傳》。一部，六本一套，綾殼綾套。又二部，每部一套，六本，俱紙殼。○《春秋傳》九部，每部一套，四册。胡安國傳。今存者一部四本，綾套。外六部，每部四本，紙套。○《禮記集説》九部，每部二套，八册。陳皓集説。今存者一部八本，二套。每套四本，皆綾殼綾套。一部八本。又一部四本，缺四本，皆紙殼。○謹按：我英宗睿皇帝以五經四書經註，書坊刊本，字有差譌，命司禮監將《易》程朱傳義，《書》蔡沈集傳，《詩》朱熹集傳，《春秋》胡安國傳，《禮記》陳皓集説，《四書》朱熹集註，謄寫重刊印，便於觀覽。司禮監欽此，刊布天下。其所以嘉惠無窮，有功聖門者，真有以緝熙成祖之德業，而殫厥心者矣。右書嘉靖中奏准頒降者，皆在其中。○《春秋左傳註疏》十六本六十卷。脱二百六十四葉，脱簡處皆以白紙釘入。○《西漢會要》七本七十卷。首本鼠壞三葉，目録缺二本，卷内又欠三十二葉。○《東漢會要》五本共四十卷。卷内共缺四十六葉。○《宋名臣奏議》三十本，共一百五十卷。○《文選》六十卷，三十本。今缺第十一本十九至二十兩卷。天順中，校正抄補，凡字之昬者，皆書之，特爲詳善。其間有淆簡在他卷，而抄補者則云「不必刊抄，簡猶存，但裝入耳」。○《論衡》三十卷，共五本。共脱三十一板。至元六年重抄於白雲方丈。蓋元時已新之，至我朝蓋屢新之矣。○《文獻通考》六十本，三百四十八卷。○《禮記纂言》八本，三十六卷。臨川吴澄撰。標表註釋，特爲詳盡。《月令》《檀弓》，自謂愜意。但諸家註有相駁者，兼收之，而繕寫者亦有差訛。正德庚辰年，寧國府刊後送板應天府。○《前漢書》二十六本，二套。洪武十七年甲子閏二月二十七日進。○《後漢書》二十四本，二套。○《三國志》十五本，一套。○《晉書》三十本，三套。○《前宋書》三十本，三套。○《南齊書》十二本，一套。○《梁書》十本，一套。○《陳書》六本，一套。○《魏書》三十本，三套。○《北齊書》八本，一套。○《後周書》十本，一套。○《南史》二十本，二套。○《北史》三十本，三套。○《隋書》二十本，二套。○《唐書》五十本，五套。○《五代史》十本，一套。○《宋史》一百本，十套。○《遼史》十二本，一套。○《金史》二十四本，二套。○《元史》五十本，五套。以上二十一史，皆藍綾殼藍綾套，牙籤錦帶，共計五百四十本，凡五十二套，貯在彝倫堂大櫃内。○率性堂二十一史。○修道堂二十一史。○誠心堂二十一史。○正義堂二十一史。○崇志堂二十一史。○廣業堂二十一史。○以上六堂，各有大櫃貯之，其裝釘册數俱同。七處總計一百四十七部，三千七百八十本。○按宋景祐元年九月，秘書監丞余靖上言，國子監所印兩《漢書》，文字舛譌，恐誤後學，特請刊過。其後，元江東建康道肅政廉訪使，以十七史艱得善本，從太平路學官之請，偏牒九路，令本路以兩《漢書》率先，諸路咸取而式之。正德十年，雖經刊補，然未完也。及嘉靖七年，奉勅校正補刊，至十年乃完。奏請令工部刷印，分貯彝倫堂與六堂，以便師生觀覽。○《千字文帖》，原六部，每部五本，共三十本。舊志，見在二十九本，今存者四部，一部以魚墨紙書，以禮樂射御書數爲號，凡六本，二百五十二葉，書字本。是書上皆有臨過墨迹。又一部散缺四十一葉，今釘作四册。又一部散紙多，僅六十葉。又有抄寫本，僅三十葉。○《洪武正韵》五本。全。以下官書，俱在東廂。○《大明會典》十套一百本。内府大字板。全。○《會典》三十本。闆板，全。○《大明一統志》四十本。闆板，全。○《周易傳義大全》十二本。○《復齋易説》一册。○《易經註疏》一本。○《程子易傳》二本，又六本。○《朱子本義》三本。○《尚書疏》一本。○又《尚書正義》一本。○《書傳大全》十本，《書傳》六本。○《尚書釋文》三葉。○《詩傳大全》十二本。○《詩傳》六本。○《毛詩註疏》七葉。○《春秋經傳集解》六本。○《春秋正義》六本。○《春秋左傳正疏》七本。○《春秋公羊傳疏》一本，《穀梁傳疏》一本。○《春秋集傳大全》十八本，《春秋傳》四本。○《三傳辯疑》八本。○《儀禮經傳通解》三十五本。○《儀禮集説》七本。有缺。○《禮記大全》十八本。○《禮記集説》八本。○《論語集註》四本，《大全》八本，《註疏》一本。○《大學中庸集註》二本，《或問》二本，《大全》二本。○《孟子集註》四本，《大全》八本。○《孝經正義》一本。○《論語旁通》一本。○《爾雅註疏》一本。○《小學白文》一本。○《性理大全》三十本。○《荀子》二本。○《太玄集註》二本。○劉向《説苑》二本。○《白虎通》一本，《風俗通》一本。○《許氏説文》一本。○《周子太極圖説》一本。○《周子》一本。○《朱子三書》一本。○《史記》十八本。○《資治通鑑》胡三省註八十本。○《西漢會要》三本。○《東漢會要》二本。○《大事記通釋》一本。○《南史》二十五本，《北史》二十五本。○《晉書》三十本。内缺《志》二本，闆板。○《宋書》五十本。宋板，完好，獨缺一葉。○《魏書》三十本，三套。○杜佑《通典》三十本。○《五代史》十六本。外重出二本。○《讀史管見》九本，又《舊讀史管見》四本。○《諸葛武侯傳》一本。今存者六葉。○《景定建康志》二十六本。弘治年間録補，尚有缺篇。○《漕河通志》五本。○《臨川志》五本。○《十八史畧》四本。

○《瑞陽志》一本。○《武林舊事》二本。○《文選》三十本，又十四本。○《朱子大全集》四十本。閩板，竹紙。○《文章正宗》十本，《續文章正宗》六本。○《宋名臣奏議》三十本。○《朱子讀書法》一本。○《廣韻》一本。○《玉篇》一本。○《武經七書》一本。○《將鑑論斷》一本。○《脩辭鑑衡》一本。○《養老新書》一本。○《檜亭藁》一本。○《三事忠告》一本。○《淮陽獻武王詩集》一本。○《救荒活民要類》一本。○《策準》二本。○《文髓》一本。○《南臺備記》二本。○《名賢確論》十本。○《金陀粹編》五本，《續編》五本。○《頤齋蒲先生文集》三本。○《曹文貞公詩集》二卷。○《歐陽居士文集》五本。○《通鑑綱目》十四本。○《南京國子監條例》六本，《續條例》二十六本。成化十五年祭酒王文肅公僎所編，以吏户禮兵刑工分類，獨禮類爲多。自洪武十五年至成化十五年，凡六本。自成化十六年至嘉靖二十二年，爲《續條例》二十六本，皆未及分類。今《南廱志》賴此書之存，編作《事紀》。○《南京國子監條例類編》六本，草稿二十二本。嘉靖二年祭酒崔文敏公銑所編。

【略】其草稿二十二本，皆録案卷全文，手自塗改，删録以成編者不過四之一耳。然節畧或有遺焉，蓋務在從簡故也。○《儀禮經傳通解》三十五本。多缺篇。○《玉海》八十本。右俱東廂櫃中，頗完好可觀。

黃佐《南廱志》卷一八《經籍考下·梓刻本末》 《金陵新志》所載集慶路儒學史書，梓數正與今同，則本監所藏諸梓，多自舊國子學而來也明矣。自後四方多以書板送入。洪武、永樂時，兩經欽依修補，然板既叢亂，每爲刷印匠竊去刻他書以取利，故旋補旋亡。至成化初，祭酒王僎會計諸書亡數已逾二萬篇，時巡視京畿南京河南道御史上海董綸，乃以贓犯贖金，送充修補之費，《文獻通考》補完者幾二千葉焉。弘治初，始作庫樓貯之。嘉靖七年，錦衣衛閒住千户沈麟奏准校勘史書，禮部議以祭酒張邦奇、司業江汝璧，博學有聞，才猷亦裕，行文使逐一玫對修補，以備傳布。於順天府收貯變賣菴寺銀取七百兩，發本監將原板刊補。其廣東布政司原刻《宋史》差人取付該監，一體校補。《遼》《金》二史，原無板者，購求善本翻刻，以成全史。完日通印進呈，以驗勞績。制曰「可」。於是邦奇等奏稱《史記》、前後《漢書》殘缺模糊，原板脆薄，剜補隨即脱落，莫若重刊。又於吴下購得《遼》《金》二史，亦行刊刻。共該用工價銀一千一百七十五兩四錢七分，刷印等費不在數内。其餘十五史費用尚多，合於本監師生折乾魚銀寄貯南京户部羡餘銀内動支一千八百兩以給費用。已而，邦奇、汝璧陞遷去任，祭酒林文俊、司業張星繼之，乃克進呈，然多有遺脱，不如新刻之精緻也。今委助教梅鷟盤校，分有九類，鷟以己見附焉：一曰制書類，二曰經類，三曰子類，四曰史類，五曰文集類，六曰類書類，七曰韵書類，八曰雜書類，九曰石刻類。亡缺者視成化初又過半矣，將來何以處之？意欲奏聞盡籍留都刻印工匠於本監而日補之，或庶乎可完也。

制書類：

《監規》一卷。全。洪武以來，列聖玉音具在。監生所背誦者，典籍掌之，非背訖《監規》，不得支饌，故首載焉。○《大誥》一卷。板全。洪武十八年十月頒行，翰林院學士劉三吾序其後。○《大誥續編》一卷。板全，仍尾未終。○《大誥三編》一卷。脱者第七十六一面。以上三書，存者共二百又八面。○《大誥武臣》一卷。共四十面，内缺一面，洪武二十年十二月頒行，凡二十有二條。○《大明令》一卷。共六十一面，脱第十六一面。洪武元年正月十八日頒行，分爲六類。○《洪武禮制》一卷。存者八十三面，脱第五一面。○《大明律》三十卷。存者二面，餘皆缺。○《教民榜》一卷。二十四面，全。○洪武三十一年三月十九日，户部尚書郁新等同文武百官於奉天門早朝，欽奉聖旨頒行。○《資世通訓》一卷。存者八面，欠者六面。○洪武中頒，有御製序。○《存心録》十卷。存者四百五十八面，欠者三面。○洪武中聖祖命儒臣編次本朝祭祀壇位禮儀爲圖，詳具于前，又以歷代群書災祥可驗者條列于後。○《洪武正韵》十六卷。存者四百十八面，破者十五面，脱者四十一面。聖祖諭詞臣曰：「韵學起於江左，殊失正音。如東冬清青之類，此獨用當併爲通用者；虞模麻遮之屬，此一韵當析爲二韵者。如斯之類，不可枚舉，當重刊定之。」於是翰林學士樂韶鳳、宋濂遵詔，以中原雅音爲主，凡六謄槀始克成編。音諧韵協者併之，否則析之，義同字同而兩見者合之，舊避宋諱不收者補之，註釋則一依毛晃父子之舊。計七十六韵。○《洪武正韵》小字十六卷。存者一百四十一面，破板十塊。此書舊志失載，欠八十面，未終。○《孝慈録》一卷。存者三十八面，缺者一面。○洪武七年冬十一月，孫貴妃薨，詔廷臣議禮。太祖以父服三年，父在爲母則期年，低昂太甚。於是立爲定制：子爲父母，庶子爲其母，皆斬衰三年；嫡子、衆子爲庶母，皆齊衰杖期，使内外有所遵守。○《稽古定制》一卷。板十五面，全。○洪武二十九年十一月，我太祖以大臣多不遵定制，特命翰林斟酌唐宋制度，定到墳塋碑碣丈尺，房屋間架，及食禄之家興販禁例，編類成書。○《禮儀定式》一卷。序六面。板共二十六面，全。○洪武二十年冬十月，太祖高皇帝召諭羣臣曰：「近者臣僚尊卑體統多未得宜，汝等宜著禮儀以爲定式。」於是禮部尚書李原名等，取舊增損條列，爲欵一十有四，分條三十有七，頒行天下，學士劉三吾、董倫皆有序。○《御製帝訓》一卷。板全。○宣德三年二月，宣宗章皇帝御製。自《君德》篇至於《藥餌》篇凡二十五類。○《御製官箴》一卷。板全。〇宣德七年六月，宣宗章皇帝御製。自都督府至於儒學箴，凡三十五篇。以上二書，嘉靖十七年，祭酒倫以訓刊，得之諭德江汝璧云。〇《古今列女傳》三卷。存者一百零四面，失者七面。孝慈高皇后每聽女史讀書，至《列女傳》，謂「宜加討論，删定爲書」，請於皇祖，命儒臣攷正有緒，未就。永樂元年，乃命儒臣編次古今后妃諸侯大夫士庶人妻之事，分爲三卷，頒之六宮，行之天下。是年九月序。

經類：

《周易註疏》一十三卷。好板一百四十二面，壞者十九面，遺失二百二十四面有餘。〇魏郎中王弼輔嗣註上下經，而上彖下彖、上象下象、乾坤二卦、文言，附於各卦辭爻辭之下，其門人韓康伯註《繫辭》、《説卦》、《序卦》、《雜卦》。弼又作《略例》。唐孔穎達等爲之疏，序稱十有四卷。宋《秘閣書目》亦云：今本止十三卷。【略】〇《周易大字註疏》六卷。板亡。〇《周易小字註疏》九卷。存者三十八面，餘皆缺。〇《周易程氏傳》五卷。存好板二十面，壞者八十二面。〇伊川程頤撰。脱者若干板。此書止釋六十四卦，而以《序卦》分置六十四卦之首，《繫辭》、《説卦》、《雜卦》皆未釋。〇《周易本義》九卷。《發例》缺，圖缺。《啓蒙》上存者十八面，《啓蒙》下存者六面。《上經》存者十一面，《下經》存者二十面。《彖》上下傳缺，《象》上傳存二面，《象》下傳存二面。《繫辭》上傳存者十面，《繫辭》下傳缺。《文言》傳缺，《説卦》存二面，《序卦》傳存者二面，《雜卦》傳缺，筮儀缺。〇晦庵朱熹撰。【略】〇《周易大字本義》九卷。《發例》十板，完三四，半損。圖存者十三面，餘缺。《啓蒙》上下存者二十四面，上下經存者四十四面，《彖》上下傳存者十面，《象》上下傳止存八面，《繫辭》上下傳存者十七面，《文言》傳存者六面，《説卦》存二面，上下《序卦》存二面，《雜卦》傳俱缺。《筮儀》四板完，一二損壞。〇《復齋易説》六卷。存者三十九面，缺板者多，未詳復齋姓名。〇《周易本説》六卷。序欠一葉，存者九十一面，共脱十四面。〇沙鹿齊履謙撰。初補註《繫辭旨略》二卷，以敷暢本義之旨，後更爲説四卷，專釋卦爻之旨。至於彖象諸傳，夫子所以贊翼卦爻，一二疑滯已具説下，其餘則不全釋。〇《周易音訓》一卷。存者八面，餘缺。〇《尚書註疏》二十卷。存好板一百一十一面，壞板四十五面，餘缺。【略】〇《書傳會選》六卷。存者二百七十一面，壞板一十八面，缺一百二十七面。〇洪武中，翰林學士劉三吾等所選，以蔡沈《集傳》在前，而諸儒之説附於後。見《事紀》及錢宰傳。〇《尚書釋文》一卷。今亡。〇《尚書表註》二卷。上下二卷，存者四十二面，缺者二十九面，内斷板二塊。〇仁山金履祥註，以其書於上下兩旁，故名之曰表註。又依註疏，冠百篇之序於各篇之首，而用朱子《孝經刊誤》之法圈之，亦疏其失於表。其書多有裨於蔡傳者。〇《書經補遺》五卷。今亡。〇《書經小字註疏》二十卷。存好板九十九面，遺失九十五面。〇《讀書叢説》六卷。存者一百零五面，缺者三十一面。〇東陽許謙撰。舊志誤落其「説」字，而附於雜書，今改正之。【略】〇《毛詩註疏》二十卷。脱者七十六面，止存殘板十面。【略】〇《毛詩正義》一卷。今亡。〇《毛詩音義》二卷。今亡。〇《毛詩集傳》二十卷。存者五百一十六面，序脱一面，辯説脱三面，綱領脱十四面，後註内脱五十有餘。〇晦庵朱熹撰。【略】〇《春秋正義》三十六卷。好板二百一十四面，失四百二十七面，壞板五百四十一面。【略】〇《春秋左傳集解》三十卷。好板四百四十面，壞板三十六面，失四百六十七面有餘。〇晉杜預元凱撰。〇《春秋經傳集解》二十四卷。存者四十三面，缺三百四十一面，舊板大字。〇《春秋左傳附釋音》二十六卷。存好板二百二十面，壞板三百八十八面。〇《春秋公羊疏》三十卷。舊志作二十九卷者非。存者一百九十七面，餘缺。〇何休註，孔穎達等疏。【略】〇《春秋穀梁疏》十二卷。好板一百一十四面，失八十七面。〇范甯註，楊士勛等疏。【略】〇《春秋諸國統紀》六卷。存者板一百一十六，而失者十四面。〇魏郡齊履謙撰。【略】〇《春秋綱領》一卷。今存者四十三面，脱者十四面。〇四明程端學撰。【略】〇《春秋本義三十卷》。舊志作二十卷，非。今存者三百四十面，餘缺。〇程端學撰。〇《三傳辯疑》二十卷。存者一百三十九面半，損二面，失者三百三十九面。〇程端學撰。〇《春秋或問》十卷。存者七十三面，失者一百八十五面有餘。〇端學既作《本義》，以發聖人之經旨，復作《辯疑》以訂三傳之疑似，作《或問》以校諸儒之異同。二十年始就，在元泰定時。〇《春秋集註》十二卷。今亡。〇《國語》二十一卷，《補音》三卷。存者三百八十面，破者六面。〇【略】鄭衆、賈逵、王肅、虞翻、唐固治其章句，皆有註釋，爲六經流亞，非復諸子之倫。然世遠亡逸，今惟韋昭所解傳於世。刻自元大德間，歲久缺損。弘治十七年七月，祭酒章懋、司業羅欽順，命監丞戴鏞召匠重刻七十五板，修刻六十八板，遂成全書。〇《儀禮註疏》五十卷。舊板壞失，止殘板五面。〇《儀禮》十七篇，漢高堂生所傳，以授瑕丘蕭奮，授東海孟卿，卿授后蒼，蒼授戴德、戴聖。二戴及劉向《別録》所傳各次第不同，尊卑吉凶先後倫序，惟《別録》爲優。故鄭氏用之，賈公彦等爲之疏，今行於世。【略】〇《新刊儀禮註疏》十七卷。共計八百六十面，完。〇十三經註疏刻於閩者，獨缺《儀禮》，以楊復圖説補之。嘉靖五年，巡撫都御史陳鳳梧刻於山東，以板送監。〇《儀禮經傳通解》二十三卷。好板三百二十面，壞板四百六十面。〇《儀禮經傳通解》爲朱熹所編，以《儀禮》十七篇爲主，而取記傳凡繫於禮者附入之，爲《傳家禮》三卷，《鄉禮》二卷，《學禮》十一卷，《邦國禮》四卷，《王朝禮》十四卷，名曰《儀禮經傳通解》。内缺書數篇，及卜筮篇失，今欲以《周禮・大宗伯》所載爲總綱，而凡經傳所有去其泛文類爲逸經，如吴澄所取《公符》等篇補之，庶不混雜。〇《儀禮經傳續通解》二十九卷。朱熹以喪祭二禮未及論次，屬門人黄幹編之。幹嘗謂其門人楊復曰：「始余創二禮粗就，奉而質之先師。先師喜曰：『君所立喪祭禮，規模甚善。它日取吾所編家鄉邦國王朝禮，其悉用此規模更定之。」勉齋因取向求喪禮藁本，精加修改。書成，凡十五卷。又欲撰《喪服圖式》一卷，以提其要，而附古今沿革於其後，草具甫就而没矣。所修祭禮綱目，尤爲詳備。復遂據藁本，參以所聞，稍加更定，凡十四卷云。〇《儀禮集説》十七卷。存者七百八十一面，欠者五十九面。〇元大德間，長樂敖繼公撰。繼公以鄭康成舊註疵多而醇少，輒加删定，意義有未足，則取疏記，或先儒之説以補之；又未足，則附之以己見焉。視諸家最善。〇《大戴禮記》十三卷。存者八十八面，壞板四十三面。〇漢信都王太傅戴德所纂。【略】〇《六經正誤》六卷。存者一百五十八面外，濫重板二十一塊。〇柯山毛居正所修，臨卭魏了翁序。嘉定十六年春，命胄監刊正經籍，馳書幣致居正，至盡取六經三傳諸本，參以子史字書選粹文集，研究異同，凡字義音切，毫釐必校。刊修者凡四經，猶以工人詭紿，仍誤未改者什二三，繼欲修《禮記》、《春秋》三傳，以病目移告，其事中輟。大德三年刊補。〇《孝經註疏》一卷。存者二十四面。【略】〇《孝經魯齋直解》一卷。存者一百四十面，脱六十餘面。〇魯齋許衡撰。〇《孝經明解》一卷。今亡。〇《孝經集説》一卷。存者二十九面，欠十八面，〇行中書右丞朱公以古文、今文及朱子刊誤三書，學者習而不察，乃與儒者議，彙次其先後，且删漢唐宋諸家訓註，附于古文之下，刻本以行。金華王禕爲之序。朱公不知何名。〇《論語註疏》十五卷。止存殘板九面。〇晉何晏與孫邕、鄭沖、曹羲、荀凱集諸家訓解爲書之注，宋邢昺等采諸儒之説刊定而爲之疏。又按唐《藝文志》有賈公彦疏十五卷，若誠有之，其書必善。觀於《周禮》可見。〇《論語集註攷證》二十卷。好板九十三面，壞板十八面，缺者三十二面。〇仁山金履祥撰，文學掾中山李桓序。〇《論語旁通》二卷。序脱二葉。好板四十二面，舊云壞板三塊，餘缺。〇緱山杜氏撰，中山李桓序。〇《論語旁解》二卷。語上存者八面，語下存者十六面，餘皆缺。又序有二面。〇首載何晏等序，後於本文之旁註細字以解之，故曰旁解。〇《論語明本大字》二卷。今亡。〇《大學疏義》一卷。好板三十六面，壞板六面，缺者四十一面。〇仁山金履祥撰。【略】〇《大學魯齋詩解》一卷。存者八面，逸者十一面。本集慶路儒學梓，見《金陵新志》。〇魯齋許衡撰，擬《養蒙大訓》而作。每《大學》一義，輒以七言絶句解之。〇《大學叢説》一卷。好板二十六面，壞板二塊，餘皆缺。〇白雲許謙撰。國初，謙孫存仁爲祭酒，凡金、王、何、許之書，皆其所傳。〇《大學明解》一卷。好板六十四面。高郵月湖李氏撰。仕通州教授，不知何名。〇《中庸叢説》一卷。好板六十四面，失十八面。許謙撰。謙言《四書叢説》二十卷，今《語》《孟》不存。〇《孟子簡明大字》一卷。存者八十五面，失者八十六面。〇《孟子節文》二卷。好板四十四面，破板三塊，缺三十六面。國初，翰林學士劉三吾等奉旨徵天下耆儒同校蔡氏書傳，賜名曰《書傳會選》。又按《孟子》一書，中間辭氣之間，抑揚太過者八十五條，其餘一百七十餘條，悉頒之中外校官，俾讀是書者，知所本旨。自今八十五條之内，課試不以命題，科舉不以取士。〇《孟子旁解》七卷。存者七十五面，缺者八十餘面。首載趙岐題辭。於書本文之旁，細書以釋之，故曰旁解。此與《論語旁解》，皆未詳撰人姓名。〇《四書集編》十卷。《大學》存者三十七面，《孟子》存者八十七面，《中庸》存者三十五面。〇西山真德秀所輯。先書朱子《集註》於前，而後纂集《或問》、《輯略》、《朱子語録》與先儒之説於後。〇《文公家禮》四卷。存者一百零六面，外模糊八面，失者三十四面有餘。〇朱子居母祝令人之喪，因讀喪葬祭禮，遂成書。又推之於冠昏，共成一編。【略】〇《大學衍義》四十三卷。脱者止二面，存者八百九十三面。〇真德秀用《大學》之條目，附之以經史纂集爲書，名之曰《大學衍義》。【略】

《史類》：

《資治通鑑》二百九十四卷。好板一千二百四十五塊，壞二千九百二十一塊。〇《資治通鑑考異》三十卷。存者四十二面。〇宋司馬光奉詔編集。上起戰國，下經五代，凡一千三百六十二年。又略舉事目，年經國緯，以備檢閲，别爲《目録》，又别爲《考異》，各一編。自謂平生精力盡于此書。神宗以爲賢於荀悦，爲製序以冠其首。〇《資治通鑑三省編》二百九十四卷，《釋文辯誤》十二卷。見印。〇天台胡三省註。【略】〇《資治通鑑外紀》十六卷。脱者八十餘面，存者二百四十六面，半損十七面。〇宋劉恕道原撰，司馬光序。恕以《史記》始黄帝，而庖羲、神農缺漏不録，《資治通鑑》爲歷代書而不及周威烈王之前，因取諸書編爲外紀。〇《資治通鑑問疑》一卷。存者十面。〇劉羲仲纂集其父秘書丞恕與司馬公往復相難者爲此書。〇《資治通鑑綱目》五十九卷。好板一千零三十七塊，壞五十六塊，半破五十二塊。〇《通鑑綱目凡例》一卷。俱朱子撰。〇《通鑑紀事本末》四十二卷。板完計四千四百面。〇建安袁樞撰。〇《通鑑前編》十八卷，《舉要》二卷。存者九百八十一面，失者七面。〇仁山金履祥撰。【略】〇《大事記通釋》三卷。存者十八面，壞者四面。〇著作郎東萊吕祖謙撰。【略】〇《子由古史》五十卷。脱者四十七面，存者五百六十五面。〇宋蘇轍撰。【略】〇《戰國策》十卷。脱者十六面，存者五百三十八面。〇劉向校定三十三篇，漢高誘註，宋鮑彪校註，元吴師道正誤補註。〇《吴越春秋》十卷。今亡。〇《史記大字》一百三十卷。完。計二千二百三十五面。〇司馬遷撰。【略】嘉靖七年刊。〇《史記中字》七十卷。存者一千六百面，缺者二百一十九面。本集慶路儒學梓，見《金陵新志》。〇《史記小字》七十卷。存者一千一百六十面。〇《前漢書》一百卷。完。〇後漢班固撰。十二帝紀，八年表，十志，七十列傳。起高祖，終王莽，二百三十九年，凡八十餘萬字。八表并《天文志》未竟，而痍死。和帝令其妹曹世叔妻昭，就東觀藏書補就之。【略】按，集慶路儒學梓，計二千七百七十五面，見《金陵新志》。嘉靖七年重刊。〇《後漢書》一百二十卷。完。并前漢共計五千二百五十二面。〇宋范曄撰，梁劉昭補。【略】集慶路儒學梓，二千三百六十六面，見《金陵新志》。嘉靖七年重刊。〇《三國志》六十五卷。存者一千三百九十二面，缺者六面。〇晉陳壽撰。魏四紀二十六列傳，蜀十五列傳，吴二十列傳。宋文帝命裴松之補註，博采群説，分入書中，以補其略。【略】集慶路儒學梓，計一千二百九十六面，見《金陵新志》。與今不同。〇《晉書》一百三十卷。集慶路儒學梓，見《金陵新志》。今存者三千一百五十二面，失者十三面。〇唐貞觀中，房玄齡等奉詔撰。【略】〇《宋書》一百卷。存者二千七百二十四面，缺二面。〇梁沈約撰。【略】〇《梁書》五十六卷。存者九百六十七面，缺三面。〇唐姚思廉撰。【略】〇《南齊書》五十九卷。存者一千零五十八面，缺三面。〇梁蕭子顯撰。【略】〇《陳書》三十六卷。存者五百四十八面，缺八面。〇唐姚思廉撰。【略】〇《魏書》一百二十四卷。存者三千三百八十二面，失者三面。〇齊天保中，始詔魏收撰次。【略】〇《北齊書》五十卷。存者七百零十四面，缺二面。〇唐李百藥撰。【略】〇《後周書》五十卷。存者八百七十二面，缺者五面。〇唐令狐德棻等撰。【略】〇《隋書》八十五卷。存者一千六百九十四面，缺三十七面。本集慶路儒學梓，見《金陵新志》。〇唐魏徵等撰五紀、五十五列傳，長孫無忌等撰志三十，以其兼志五代，亦號五代史志。【略】〇《南史》八十卷。存者一千六百四十三面，缺一百三十面。本集慶路儒學梓。〇《北史》一百卷。存者二千六百七十六面，缺四十五面。本集慶路儒學梓，見《金陵新志》。李延壽撰。【略】〇《唐書》二百十五卷，《釋音》二十五卷。存者四千七百九十六面，失八十五面。本集慶路儒學梓，見《金陵新志》。〇宋嘉祐中，曾公亮等被詔删定。歐陽修撰本記十卷、志五十卷，宋祁撰列傳一百五十卷，凡二百二十五卷。又《釋音》二十五卷，范鎮、王疇、宋敏求、吕夏卿、劉義叟同編修。【略】〇《五代史》七十五卷。完。計七百六十三面。本集慶路儒學梓，見《金陵新志》。〇宋歐陽脩撰。【略】〇《宋史》四百九十一卷。好板七千七百零四面，裂破模糊板二千零四十三面，失者一百二十七面。〇本紀四十七卷，志一百六十二卷，表三十二卷，列傳二百五十五卷。元丞相脱脱等撰。【略】成化中，巡撫兩廣都御史朱英刻于廣州，嘉靖八年以板送監。〇《遼史》一百一十五卷。完。計一千零三十五面，失者三面。〇本紀三十卷，志三十一卷，表八卷，列傳四十六卷。元丞相脱脱等撰。首有脱脱進史表。嘉靖七年刊。〇《金史》一百三十五卷。完。計二千三百九十八面。〇本紀十九卷，志三十九卷，表四卷，列傳七十三卷。元丞相脱脱等脩。首有元丞相阿魯圖表。嘉靖七年刊。〇《元史》二百二卷。完。計四千四百七十五面。〇本紀四十七卷，志五十三卷，表六卷，列傳九十六卷，翰林學士宋濂、王禕奉敕修。洪武二年八月十一日太子少師宣國公李善長表上。〇《歷代十八史略》十卷。存者四百四十六面，壞四十一面，欠六十一面，尾未終。〇廬陵前進士曾先之編。至正間，浙東憲使范陽張士和重加校刊。〇《貞觀政要》十卷。存者七十八面，缺一百二十二面。〇唐史臣吴兢輯，合四十篇，臨川戈直嘗集諸家而校正之，刻于集慶路儒學。歲久模糊，學士宋濂遂假中秘本重校，序於首簡，洪武初重刊。〇《讀史管見》三十卷。脱者一百餘面，存者九百零九面。〇宋致堂胡寅撰。【略】〇《西漢會要》七十卷。存者三百四十一面。〇撫州教授徐天麟撰。【略】〇《東漢會要》四十卷。好板二百三十二面。〇撫州教授徐天麟撰。〇《兩漢詔令》十二卷。存者一百七十五卷，失八面，二卷失。〇西漢十二卷，吴郡林虙德祖録，東漢十一卷，四明樓昉録。至正己丑五月，趙郡蘇天爵官浙省刊行。聞於潛洪咨夔纂《兩漢詔令》不傳，得其總論，刻置卷首，命進士高明輯目，文學掾許益正訛。〇《蜀漢本末》三卷。脱者十七面，存者一百五十六面。〇信都趙居信撰。居信著於至元間，中間失亡，至延祐間，復得元藁，再叙編摩之意，合而成之。中山靖王勝之子貞，坐酎金失侯，因家涿郡，及其立國漢中，賢主良相，忠臣孝子，備書于册，真可以白綱目之意於百世之下。洪武時，蜀王覽而悦之，命工重刻。教授方希直序。〇《南唐書》十卷。本紀三卷，列傳十五卷，内八卷全，缺《釋音》。存者九十二面，脱者八十八面。〇宋陸游撰。本集慶路儒學梓，見《金陵新志》。〇《歷代帝王統論》一卷。存者四面，餘缺。〇首言五帝以前薦紳先生難言之，而起自堯舜。其寂寥簡質，未詳撰人姓名。〇《宋遼金正統辯》一卷。存者四面，脱者五面。〇元江西等處儒學提舉會稽揚維禎撰。【略】〇《諸史會編》一百十二卷。完。計六千面。〇嘉定金廉撰。嘉靖五年巡撫都御史陳鳳梧以板送監。〇《諸葛武侯傳》一卷。存者三面。〇宋侍講張栻撰。【略】〇《朱子行狀》二卷。脱壞者各十二面，存者四十三面。〇朱子門人黄幹撰。元至正間，江浙行省參知政事趙郡蘇伯修刊行。題其首言幹定爲草藁，以諗同志，反覆詰難，一言之善亦必從，一義未妥亦不苟從。明白而不晦昧，平正而不艱澁。其於著世變，明世教，事君之大義，言論之梗槩，靡不備書而詳記之，可謂纖悉備具矣。〇《將鑑論斷》三卷。存者三十四面，失者十面。〇宋戴少望紹興間取春秋訖于五代諸將行事而折衷之，凡一百篇。〇《百將傳》十卷。止存壞板一百餘面。

《子類》：

《老子》一卷。存者三十九面，缺者五面。〇老聃所撰。以周平王四十二年授關尹喜，凡五千七百四十有八言，分爲八十一章，言道德之旨。道家所宗。〇《顔子》一卷。脱者十二面，存四十三面。〇高安李純仁所著。凡十篇，附以《學顔》，釐爲五卷，而後以子史所載，附於各篇之後。〇《曾子》二卷。存殘板四面，餘皆缺。〇不知纂者姓名，大槩雜取《家語》、大小《戴記》，及《荀子》諸書而爲之者也。然董子策中引曾子曰「尊所聞則高明矣，行所知則光大矣」，則漢初已有此書，非後人所作也。〇《列子》八卷。存者殘板八面，餘皆缺。〇晉張湛處度註。【略】〇《荀子》十六卷。存者三百五十五面，缺者六十四面有餘。【略】〇《吕氏春秋》二十六卷。存者三百六十三面，半損十六面，失五面。〇高誘註。【略】〇劉向《新序》十卷。今亡。○劉向《説苑》二十卷。今亡。共計存者三百零六面，缺四十三面有餘。○揚子《法言》五卷。今亡。○《太玄索隱》四卷。存者四十一面。不知著者姓名。○《集註太玄經》十二卷。存者二百一十面。○江原胡次和編。○周子《太極圖説》一卷。存者十一面，缺者十面，尾未終。○《周子書》四卷。好板三十一面，缺九面，其一卷全缺。○元張淮遠編。○《程氏遺書》并《外書》四十卷。禮部尚書豐城楊廉刻，送監。完。計五百八十九面。○朱夫子集録程明道伊川之語也。二程門人李端伯而下，諸家所聞見問答，本有語録，又附録行狀、哀辭、祭文，朱子又作年譜焉。外書，又遺書之所遺者也。○《朱子語略》十卷。脱者十三面，存者三百五十二面。○朱子門人建安楊與立編。○《朱子三書》三卷。好板一百三十四面，缺板十面有餘。○朱子所註《太極》、《通書》、《西銘》也。【略】○《爾雅註疏》十卷。存者二十九面。○郭璞註，邢昺疏。○《爾雅》三卷。存者二十餘面，餘缺。○《近思録》十四卷。完。計板一百八十一面。○祭酒汪偉、司業景暘校，正德十四年刊。○《武經七書》七卷。存者一百一十七面，壞者十五面，欠者三十九面有餘。七書者，《孫子》、《吴子》、《司馬法》、《李衛公問答》、《尉繚子》、《黄石公書》、《六韜》也。洪武三十年，兵部奉旨刻完《武經七書》送監，各印一本，以給公、侯、駙馬、伯、都督以下武職子孫附監讀書者。景泰二年，因國子監司業趙琬言内外諸學生徒，合令兼習兵書。劄至南監，搜求舊板，已失其半。本監祭酒吴節因與應天府尹馬諒、府丞陳宜謀撙俸資，命工重刊。○《論衡》三十卷。脱者十二面，存者五百六十面。○後漢王充撰。書八十五篇，二十餘萬言。【略】○《白虎通》十卷。存者六十三面，失八十七面，尾未終。破損二面。○後漢《章帝紀》曰：「建初四年十一月壬戌，詔諸儒會白虎觀，講議五經同異，使五官中郎將魏應承制問，侍中淳于恭奏，帝親稱制臨決，如孝宣甘露石渠故事，作《白虎奏議》。」注云今《白虎通》。又按：《班固傳》曰：天子會諸儒講論五經，作《白虎通德論》，令固撰集其事。跋云：以家藏監本刊行，與衆共之。歲月姓名未詳。○《風俗通》十卷。存者四十九面，爛失六十六面有餘。○漢應邵撰。唐志二十卷，宋存十卷。嘉定十三年，東徐王黼借本於會稽陳正卿，正卿蓋得於中書徐淵子，舛訛已甚，後得中都館中本，又得孔復君寺丞本，互加參攷，刊行。○《小學白文》四卷。存者五十八面，脱者三十二面。○朱子所撰。内篇四，外篇二。○《女教》四卷。脱者七面，存者九十二面。○相臺許熙載著。蒐獵經史傳記，摭其嘉言善行，凡六篇，内訓、昏禮、婦道、母儀、孝行、貞節靡不畢，具刊於皇慶間。

《文集類》：

《楚詞》十七卷。存者二百十面，失者止二面。○王逸註。○《樂府詩集》一百卷。脱者二十四面，存者一千三百一十六面。○太原郭茂倩編。【略】○《文選》六十卷。計好板六百四十八面外，模糊難認字號壞板一千餘面。○梁昭明太子蕭統撰。所録皆前人之文，以何遜在當時不録其文。唐李善集註，子邕更加以義釋解，精於五臣。○《歐陽居士文集》五十卷。存者四百四十七面，今補八十六面，乃完。○宋歐陽修撰。以五行統之，各十卷。金卷前序目録，存者九十九葉，木八十七葉，水九十七葉，火八十九葉，土八十三葉。此集修所親定，故諸本相同，訛闕亦少。其子棐手寫成部，門人蘇軾序之。歲久遺脱者多。洪武辛亥，永豐尹蔡玘參互考訂，重鋟梓以廣其傳。至洪武六年癸丑乃成，番陽李均度、臨川危素皆序之。○《晦庵文集》九十九卷。存好板四千二百二十八面，失四百九十八面。○朱子撰。【略】○《文鑑》一百五十卷。大字板缺者半，字亦模糊，難以校次。○《文鑑》一百五十卷。小字好板二千二百面，完。○宋著作郎東萊吕祖謙奉旨裒輯。建隆以後、建炎以前諸賢文集，取其辭理之醇有補治道者，以類編次。周必大爲序。當時臨安府及書坊皆有刻板，歲久散佚。成化中，浙江副使張和命嚴郡太守邵齡刻之。【略】○《文章正宗》二十四卷。存者一千一百二十八面，壞者六十五面。○宋參知政事西山真德秀編纂。分爲四類，曰詞命、曰議論、曰叙事、曰詩歌，自序曰正宗。○《續文章正宗》二十卷。存者五百二十三面，壞者四十六面。○宋參知政事西山真德秀輯本朝諸儒述作以續《文章正宗》也。咸淳丙寅，金華倪澄刊。○《國朝文類》七十卷。存者一千六百面，略模糊。○此乃元人文也。元翰林待制趙郡蘇天爵謂秦漢魏晉之文，則收於《文粹》，唐宋之文則載於《文粹》、《文鑑》，國朝文章之盛，不采而彙之，將遂散軼沉泯，赫然休光，弗耀於將來，非當務之大缺者歟。乃蒐摭國初至今名人所作，若歌詩、賦頌、銘贊、序記、奏議、雜記、書説、議論、銘誌、碑傳，積二十年，爲七十卷。當時評其去取精詳，有裨治道。至元二年十二月刊行。○《順齋蒲先生集》二十六卷。存者四百三十一面，欠者一百四十一面，猶未終。○蒲道源撰。金華黄溍序。○《陳子廉詩集》一卷。三面，今亡。○《羅圭峯文集》二十卷。完。計五百八十面。○《圭峯續集》五卷。完。計一百五十三面，略模糊。○《懷麓堂藁》一百二十卷。板完，計二千一百零五面，有模糊。○少師兼華蓋殿大學士李東陽撰。徽州張昕所刻，正德十年以板送監。○《陽明文録》八卷。完。計二百一面。○《雅頌正音》五卷。共存四十三面，欠者三十二面。○鄱陽劉仔肩編。洪武三年十二月十五日，國子司業金華宋濂爲之序。删後無詩，而以雅頌名，又以正音綴，蓋雅頌雖不同，而賦比興則同。○《曹文貞公集》十卷，《續集》三卷。本集慶路儒〔學〕梓。《金陵新志》云二百八十五面，存者九十一面，壞者一百二十八面。○元中丞曹伯啓撰。自題其集曰「漢泉漫藁」，既没，其子南臺管勾復亨刊。○《淮陽獻武王詩》一卷。存者僅十五面。○元張弘範撰。○《檜亭詩藁》八卷。存者五十四面，失者四十三面。○天台丁復撰。有前集，有續集。前卷其壻饒介刊。○《古廉詩集》六卷。存者一百六十二面，失十七面。○國子祭酒李時勉所著。景泰冬，其門生國子祭酒吴節刊。○《戴石屏先生詩集》十卷。共板三百五十三面，完。○宋戴復古撰。紹定間已板行，歲久湮滅。其後裔監丞鏞弘治間重刊。○《白沙詩教》完。計一百八十面。○祭酒湛若水輯解。

《類書類》：

杜氏《通典》二十卷。完。計三千四百面。○唐宰相杜佑編。【略】嘉靖十七年，南京禮部尚書霍韜以發賣庵寺倡尼銀四百九十八兩有奇，托祭酒倫以訓任其事，承行者儀制郎中吴悝，主事閔旦。校正者博士張世宜、王製、唐臣，助教李山、諸傑、劉應春、孫良輔、方宗重、胡恪，學正辛紹佐、湯訓、蔣廷璧、趙士讓、喬嵩，學録馬寅、王蘭。益以監銀七十三兩有奇，監生卞棨助銀百兩，而董匠事司出納者，製及典簿楊依江也。○《通志略》二百卷。計板一萬三千七百二十四面。○宋鄭樵撰。【略】元時所刻，字獨大，而板亦完。○《文獻通考》三百四十八卷。舊板多損壞模糊，共雙面板七百四十一塊。○宋馬端臨撰。【略】元至治二年刊行。○《禮書》一百五十卷。好板一百四十八面。○宋太常博士陳祥道用撰。解禮之名物，且間爲圖，頗詳博。其於歷代諸儒之論，近世聶崇義之圖，或正其所失，或補其所闕。○《樂書》二百卷。好板一千八十面。○陳祥道弟暘所撰。【略】○《玉海》二百四卷。脱者四十五面，存者九千五百九十六面。○浚儀王應麟撰。【略】○《宋名臣奏議》一百五十卷。○宋丞相趙汝愚編。【略】○《東萊先生讀書記》四卷。存者五十六面，破者二塊，缺者四十九面。○吕祖謙撰。【略】○《真西山讀書記》六十卷。存者二千八百面。○真德秀景元撰。大抵本經子格言而述以己意。其書分甲乙丙丁，今但有甲三十七卷，丁二卷，乙上《大學衍義》四十三卷，下《讀書記》二十二卷，丙缺。

《韻書類》：

《説文解字》十五卷。脱者五十五面，存者二百十四面，内半模糊。○漢太尉祭酒許慎所纂。凡十四篇，并序目一篇，各分上下卷，凡五百四十部，九千三百五十三文，重一千三百六十三。【略】○《韻府群玉》十八卷。完。計一千零五十面。○元延祐間，陰時夫及弟中夫撰。是書一遵聖祖命編《洪武正韻》次序，而字下所繫諸事，則仍陰氏兄弟之舊。洪武八年重刻。有宋濂記。正德丁卯重加修補繕刻，有祭酒濟南王敕識。○《禮部韻》十卷。存者一百零八面，壞者二十四面，欠者五十四面有餘。○雍熙丘雍、景德戚綸所定。景祐丁度重修，元祐孫諤、蘇軾載加詳定。○《廣韻》五卷。好板一百三十九面，壞板三十三面。○隋仁壽初，陸法言等撰，長孫訥爲之箋註。至唐開元中，陳州司法孫愐加字四萬二千三百八十三，更名《唐韻》。宋陳彭年等重修，復易名曰《廣韻》。至宋祁《集韻》之出，復加二萬七千三百三十一字。近代厭其繁，故《集韻》微而《廣韻》復盛行。洪武九年，翰林學士宋濂奉敕校定，一遵《洪武正韻》分合之例，註則竝仍其舊。舊韻二百又六，則省爲七十六。刻完模印而爲之記。○《玉篇》三十卷。存者一百一十七面，壞一面，缺者一百五十六面，尾未見終。

本集慶路儒學梓，見《金陵新志》。○梁顧野王撰。《説文》篆字，去頡籀近，故其義訓猶得見古人六書精微之意。此書雖原流《説文》，而字數增多，然俗字居半。○《增韻》一卷。存者二面，不知撰者姓名。○《草韻》五卷。存者一百八十面，破者二十面，目録七面。○首載歷代草書人姓名，自漢章帝起，至於元鮮于樞止，凡二百五十有九人于首，當是元末人所書也。○《書學正韻》二十卷。脱者四十五面有餘，存者一千五百十四面。○元辛泉楊桓撰。○《六書統》二十卷。脱者三十六面，存者七百六十七面。○元辛泉楊桓撰。【略】其子守義聞於朝，奉檄往江浙刊行。

《雜書類》：

《大觀本草》三十二卷。板模糊。○《神農舊經》止於三卷，藥數百種而已。梁陶弘景因而倍之，唐蘇恭、李勣之徒，又從而廣焉。宋開寶、嘉祐之間，詔儒臣論撰收摭，凡未載者悉取而著於篇。藥之增至千餘種，而世之醫師方家，下至田父里嫗，猶時有以器方異品效見奇捷，而世所未知者，類蓋非一，唐謹微因其見聞之所迨，博采而備載於《本草圖經》之外，又得藥數百種，益以諸家方書，與夫經子傳記佛書道藏，凡該明乎物品功用者，各附于本藥之左，凡六十餘萬言。謹微不知何許人，大觀二年，集賢學士孫覿得善本，刊之。大德壬寅，宗文書院重刊。○《唐刑統》三十卷。存者八十六面。○《刑統賦》二卷。六十三板，有者四面。宋傅霖撰。本集慶路儒學梓，見《金陵新志》。○《博古圖》三十卷。存者一千一百七十面，脱者十四面。【略】○《了齋先生年譜》四卷。存者十二面，失者六面。○陳了翁之孫宣子令其姪綸編。了齋生于嘉祐丁酉之四月，其孫生于嘉熙丁酉四月，是編作於大德元年丁酉之四月，同郡樊世書其後。○《困學記聞》二十卷。存者三百三十三面，破者四十四面，脱者七十三面有餘。○浚儀王應麟撰。【略】○《策準》三卷。存者二百零三面，脱者二十面。○孫可淵所纂。首賈山《至言》，終宋陳師道策。延祐元年，青山趙文儀可序。成化十五年，南京國子監重刊。○《晦庵讀書法》四卷。存者四十三面，失者六塊，欠者十二面。○朱子門人輔廣所述，程端禮校正。前集七卷，後集四卷，教人之法，次第工程備矣。○《讀書工程》三卷。脱者二十三面，存者一百二十二面。○程端禮述。慨世之教子弟者無一定可久之見，爲師者不免阿意曲徇，失序無本，欲速不達，輯爲讀書分年月程，以救斯弊。一本輔漢卿所稡朱子讀書法，先儒之論，有裨於此者，亦間取一二。其書成，刻於宋延祐間池州建德學。○《文則》一卷。存者二十五面，欠者二十八面，破板一面。○陳騤撰。【略】○《文法》二卷。共板六十四面，好板四十三面，欠八面，壞五面。○采集諸書凡涉於論文者，皆取之。首詩賦等及作史，罔不備述，但缺板多，不可詳校。○《文髓》五卷。存者一百一十六面，欠者二十一面，未終。○宋進士周應龍標註。澤之六世孫岐鳳爲國子博士，嘗以其祖讀書處，請記於司業吴溥爲記。時永樂壬寅夏五月，則是板當刻於是時。○《金陀粹編》十卷。存者三百零三面，失一百五十二面。○岳珂守檇李之明年，始刻家世《籲天》之書于郡塾，即漢制佩章之義，稡五編爲一，名之曰「金陀」。嘉定著雍攝提格歲橘余初吉，珂序。○《金陀續編》十卷。存者三百四十七面，失者一百五十八面。○家故有《金陀編》，因先爵以叙遺烈。嘉定戊寅刻之檇李矣，而絲綸之褒忠，乙酉之錫謚，異渥殊榮，焜耀狎至，則未之續也，故又作《續編》。○《平宋録》二卷。存者五十七面，欠者九面，尾未見終。○元翰林學士劉敏中撰。○《修辭鑑衡》一卷。五十六面。本集慶路儒學梓，見《金陵新志》，余亡。○《憲臺通紀》二十三卷。存者二百八十五面，失二百五十八面有餘。○元監察御史潘迪編。乃集慶路儒學梓，見《金陵新志》。○《南臺備記》二十二卷。有者三百六十四面，失者二百五十八面。○元至正三年臺官纂。○《牧民忠告》一卷。存者二十面，餘失。○元御史中丞張養浩著。自《拜命》至《居閑》，凡十篇。○《風憲忠告》一卷。存者七面，餘缺。○元御史中丞張養浩著。起《自律》至《全節》，凡十篇，至正元年十一月刊。○《廟堂忠告》一卷。前後皆缺，獨《任怨》六面存。○元張養浩撰。自《脩身》至《退休》凡十篇。○《千家姓》一卷。板五十五面，完。○洪武十四年五月，翰林編修吴沉等進。以姓氏類爲韵語。我朝輿地之廣，人民之衆，此可見矣。○《千字文字帖》一卷。存者一十三面，完。○《九成宫》一卷。完。計二十二面。○唐歐陽詢書。○《夢華録》十卷。存者四十九面，半損四面。○宋孟元老撰。少從其先人宦游，居於京師。靖康丁未，避地江左，因憶當年節物風流，人情和美，編次成集。取古人夢游華胥之國，故名。○《南廱條約》一卷。八面，完。○祭酒黄佐頒行。○《南廱舊志》十八卷。景泰七年刊。○祭酒吴節編，内缺二面。○《南廱志》二十四卷。嘉靖二十三年刊。○《傳習録》二卷。完。計一百七十一面。○尚書王守仁著，門人徐愛序，司業歐陽德刻。○《二業合一訓》二卷。完。計四十九面。○舉人黄綸編祭酒湛若水所論。○《聖謨衍》一卷。完。計三十五面。○祭酒湛若水撰。○《明論》《新論》各一卷。完。計九十四面。○進士余胤緒刻祭酒湛若水所論。○《古文小學》九卷。存者一百八面。○祭酒湛若水編。○《太學燕會詩》一卷。存四面。○成化乙未冬十二月二十四日，祭門竈諸神以報其功禮也。事訖，祭酒王俱慨然命典簿丁誠，掌饌徐偕諸執事者，點檢神胙，復自出家饟，設宴於彝倫東堂列坐，衣冠畢集，獻酬交錯，式禮莫愆。酒半曰：「百日之蜡，一日之澤，不可孤也。」因舉《既醉詩》之首章十六字，分書之，盛以一器，人探一字，各賦古體一章，以歌詠太平盛事。詩成，爲序其首，諸君各録一本以藏諸家。而又與鋟梓以傳。【略】○《壽俊會詩》一卷。止存一面。○南京參贊兵部尚書王恕集同輩十有六人作壽俊會，以擬洛陽文潞公耆英會，致仕南京吏部尚書華亭錢溥預焉。○《臨川志》三十五卷。共板八百六十六面，首尾無存。以後志書。○宋景定癸亥刊。○《天文志》二十四卷。存板七百七十四面。○《景定建康志》五十卷。存者七百五十九面。○宋承直郎安撫使周應合編。凡十類，疆域、山川、城闕、官守、儒學、文籍、武衛、田賦、風土、祠祀。○《金陵新志》十五卷。存者一千二百六十四面，壞板九十二面。○元奉元路學古書院山長張鉉輯。首地理圖，次金陵通紀，次金陵世年表，次疆域志，次山川志，次官守志，次田賦志，次民俗志，次學校志，次兵防志，次祠祀志，次古蹟志，次人物、世譜、列傳，次摭遺，次説辯終焉。○《桂林志》二十七卷。存者一百五十八面，失者二百三十九面。○宋静江教授江文叔編。乾道五年刊。○《漕河通志》十四卷。存者四百九十六面，欠者十八面，未見卷尾終數。○成化七年冬十月，朝廷以漕河舊規廢弛，輸運愆期，命官分治其事。命尚書三原王恕總理之，以責其成。凡河洪、閘壩、湖泊、泉源、鋪夫、樹井，及一切河道事宜，根究本末，暇則稽諸典籍，分牘圖志碑刻，復詢于識者，若漕渠漕數之類，有所聞則録之，彙集成書。○《河防通議》一卷。存者二十面。○河議、制度、料例、功輸、運筭法等，每篇又列細條。○《壽親養老新書》四卷。存者二百一十一面，壞者六面，欠者五十六面。○元承奉郎泰州興化令陳直撰。首載古今嘉言善行七十二事，後爲藥方。○《救荒活民書》八卷。存者八十六面，脱者四十六面。○元桂陽路教授張光大編。本集慶路儒學梓，見《金陵新志》。○《農桑撮要》六卷。五十八面，存者三十面。本集慶路儒學梓，見《金陵新志》。○元延祐三年刊。○《營造法式》三十卷。存殘板六十面。○宋李誡撰。○《永樂二年登科録》一卷。存者六十一面，前後皆缺。○《會稽三賦》一卷。存者二面。○宋王十朋撰。○《五禮新義撮要》一卷。存者一面。○《長安志》二十卷。存者二面，多混入《桂林志》。○《瑞陽志》二十一卷。存者八十八面。○《厚德録》四卷。六十面，存者二面。本集慶路儒學梓，見《金陵新志》。○《留都録》五卷。存者四面。○《群書音辯》七卷。○《諭俗編》二卷。○《經渠圖説》二卷。○《祭禮從宜》四卷。○《禮篇》二卷。○《釋文三註》十卷。○《鄉飲酒禮》一卷。○《筭法》二卷。○《洗冤録》五卷。○《遵道録》二卷。湛若水撰。○《杜環千字文》一卷。○《虞世南千字文》一卷。○《虞世南百家姓》一卷。○《水馬驛程》一卷。○《存古正字》一卷。○《趙子昂千字文》一卷。○《鮮于真草千字文》一卷。已上俱亡。○《心統圖義》二卷。七十六面，完。○《律呂古義》二卷。一百三十面，完。○已上俱呂懷撰。○《南雍申教録》十五卷。二百九十四面，完。○《太學儀節》二卷。六十二面，完。○已上俱王材著。○《史記》。萬曆二年刊。計一千九百九十面。○祭酒余有丁、司業周子義重校註，侍御劉唯刻。○《五代史》。計七百九十三面。○祭酒余有丁、司業周子義重校刻。○《梁書》。計七百五十八面。○祭酒余有丁、司業周子義重校刻。○《周禮全經》。計九百三十六面。○閩人柯尚遷註，侍御傅寵刻。○《曲禮全經》。完。計五百七十四面。○閩人柯尚遷註，侍御林應訓刻。○《子彙》。《鬻子》、《晏子》、《孔叢子》、《賈子》、《陸子》、《小荀子》、《鹿門子》、《文子》、《關尹子》、《亢倉子》、《鶡冠子》、《黄石子》、《天隱子》、《玄真子》、《無能子》、《齊丘子》、《鄧析子》、《尹文子》、《孫子》、《慎子》、《鬼谷子》、《墨子》、《子華子》、《劉子》，凡二十四子。○司業周子義校刻。九百四十三面。○《何大復文集》。計六百三十面。○仲點註，司業周子義校刻。○《剡源文集》。元人戴表〔元〕集。計四百九十八面。○祭酒戴洵刻。○《大字千字文》。詹夢舉書，計二百五十一面。○祭酒許國刻。○《四書集註》。計四百五十一面。○《詩經集註》。計三百四十二面。○《書經集註》。計三百二面。○《易經傳教》。計五百十三面。○《春秋四傳》。計八百九十三面。○《禮記集説》。計七百十八面。○以上六經，係池州板。侍御鮑希顔贖金買取送庫。○《爲善陰隲》。計一百二面。○侍御李之禎刻。○《孝順事實》。計二百一面。○侍御姚光泮刻。○《御制大誥》。計四十七面。○司業周子義刻。○《老子彙詮》。計六十二面。○邵弁□□□□刻。○《文字談苑》。計六十五面。○祭酒王弘誨校刻。○《甘泉文集》。計一千二百六十五面。○《問辨録》。計二百二十八面。○《曲江文集》。計二百七十六面。○《新泉志》。計二百四十九面。○《參贊行事》。計一百五十面。○《大學古本》。計四十五面。○《中庸古本》。計五十四面。○《揚子折衷》。計一百二十六面。○《守潼宣訓》。計一百八面。○《大科訓規》。計四十二面。○《心統圖説》。計十八面。○以上俱湛若水刻于新泉書院。萬曆十一年，書院廢，祭酒王弘誨移文取送監。

王肯堂《鬱岡齋筆麈》卷二 文淵閣藏書皆宋元祕閣所遺，雖不甚精，然無不宋板者。因典籍多貲生，既不知愛重，閣老亦漫不檢省，往往爲人取去。余嘗於溧陽馬氏樓中見種類甚多，每册皆有文淵閣印。己丑，既入館閣，師王荆石先生謂余與焦弱侯曰：「君等名爲讀中祕書，而不讀中祕書何爲？吾命典籍以書目來，有欲觀者可列其目以請。」少頃，典籍果以書目來，僅四册，凡余所見馬氏書已去其籍矣。及按目而索，則又十無一二存者，又多殘缺。訊之，則曰丙戌館中諸公領出未還故也。時館長彭肯亭烊已予告歸，無從覈問，試以訊院吏，院吏曰：「今在庫中。」余大喜，亟命出諸庫，視之，則皆易以時刻人事書，非復祕閣之舊矣。余亟令交還典籍，典籍亦竟朦朧收入。今所存僅千萬之一，然猶日銷月耗，無一留心保護者。不過十年，必至於無片紙隻字乃已。甚可歎也！

朱國禎《湧幢小品》卷二《秘書》 中秘書在文淵之署，約二萬餘部，近百萬卷，刻本十三，抄本十七。入直者，辰入未出。凡五楹，中一楹當棵拱間豎一金龍柱，宣廟嘗幸其地，與閣臣翻咨詢問，故置示史臣不得中立設座云。然臨幸益稀，至今絶響。其書乃秦漢至寶，屢購所積，不得移出。今不知何如，聞往往有私竊而出者。此係神廟初年沈晴峰太史所記。乃弘治五年大學士丘濬上言：「我太祖高皇帝肇造之初，庶務草創，日不暇給，首求遺書於至正丙午之秋。【略】伏望體聖詔求遺書之心，任萬世斯文在兹之責，毋使後世志藝文者，以書籍散失之咎歸焉。不勝千萬世儒道之幸。」

合二説觀之，是何前之少而後之多，多且過三十倍，豈累朝購求所積，抑每部添副幾部，與一切類書、文集俱收入充數而然耶？是惟閣大臣能考之。

自古藏書之所，非止一處。漢有東觀、蘭臺、鴻都等處，唐有秘書監、集賢書院等處，宋有崇文館、秘書省等處。我朝稽古定制，罷前代省、監、館、閣掌書之官，並其任於翰林院，設典籍二員。凡國家所有古今經籍圖書之在文淵閣者，永樂中，遣翰林院修撰陳循往南京起取本閣所貯古今一切書籍，自一部至有百部以上，各取一部北上，余悉封識收貯如故。

顧起元《客座贅語》卷六《南内藏書》 前代藏書之富，無逾本朝。永樂辛丑，北京大内新成，勑翰林院，凡南内文淵閣所貯古今一切書籍，自一部至有百部，各取一部送至北京，餘悉封識收貯如故。時修撰陳循如數取進，得一百櫃，督舟一艘，載以入京。至正統己巳，南内大災，文淵閣所藏之書，悉爲灰燼矣。

謝肇淛《五雜組》卷之一三《事部一》 余嘗獲觀中秘之藏，其不及外人藏書家遠甚，但有宋集五十餘種，皆宋刻本，精工完美，而日月不及，日就浥腐，恐百年之外盡成烏有矣。胡元瑞謂欲以三年之力盡括四海之藏，而後大出秘書，分命儒臣，編摩論次。噫！談何容易。不惟右文之主不可得，即知重文史者，在朝之臣能有幾人，而欲成萬世不刊之典乎？《内閣書目》門類次第僅付之一二省郎之手，其泯淆魚豕，不下矇瞽而不問也，何望其他哉！【略】

内府秘閣所藏書甚寥寥，然宋人諸集，十九皆宋板也。書皆倒摺，四周外向，故雖遭蟲鼠嚙而中未損。但文淵閣制既庳狹而牖復暗黑，抽閲者必秉炬以登，内閣老臣無暇留心及此，徒付筦鑰於中翰涓人之手，漸以汨没，良可嘆也。吾鄉葉進卿先生當國時，余爲曹郎，獲借鈔得一二種，但苦無傭書之資，又在長安之日淺，不能盡窺東觀之藏，殊爲恨恨耳。

孫承澤《春明夢餘録》卷三二《焦太史竑修史四事》 一、書籍之當議。古之良史，多資故典，薈萃成書，未有無因而作者。即今金匱石室之中，當備有載籍，以稱昭代右文之治。臣向從多士之後，讀中秘之書，見散佚甚多，存者無幾，即合班、馬名流，何以藉手。考之前漢，郡國計書先上太史，副上丞相。後漢公卿所撰，初集公府，亦上蘭臺。史官所修，於是爲備。國初聖祖伐燕，屬大將軍收秘書監圖書、典籍、太常法服、祭器、儀衛，及天文儀象、地理户口版籍。既定燕，詔求遺書散民間者。永樂初，從解縉之請，令禮部擇通知典籍者四出購求遺書。合無倣其遺意，責成省直提學官加意尋訪。見今板行者，各印送二部。但有藏書故家願以古書獻者，官給以直；不願者，亦鈔寫二部，一貯翰林院，一貯國子監，以待纂修誦讀之用。即以所得多寡，爲提學官之殿最。書至，置立簿籍，不時稽查，放失如前者，罪之不貸。此不但史學有資，而於聖世文明之化，未必無補。

阮葵生《茶餘客話》卷一六《秘閣藏書》 陸文裕曰：我朝秘閣多宋、元之舊，間有手抄。予初入館時，見所蓄甚富，若《文苑英華》大書尚有數部。正德間，梁厚齋在内閣，援用監生入官，始以校正爲名，而官書乃大散逸於外。劉若愚曰：内府有板之書藏於内庫，板藏於經廠，司禮監提督掌之。萬曆中，多爲匠夫厨役盜出貨賣，柘黄之帙公然羅列於市肆中矣。

阮葵生《茶餘客話》卷一六《内府藏宋板被盜》 沈景倩謂祖宗以來，藏書在文淵閣，宋板居大半。其地居邃密，又制度卑隘，窗牖昏暗，白晝亦須列炬，故抽閲甚難。掌管俱屬之典籍，盜取市利，實繁有徒，歷朝所失已强半。正德十年乙亥，命中書胡熙、典籍劉偉、原管主事李繼先查對，繼先又竊取其精者。向來傳聞楊升庵因父在閣，潛入攘取。後嗣皇即位，言及閣書云：「記得俱爲四川姓楊的官兒取去。」二説雖未知孰是，而風影究有自也。至神宗以後，十亡其八矣。

梁紹壬《兩般秋雨盦隨筆》卷七《偷書官兒》 明司禮監大藏經廠，貯列朝書籍甚富。楊新都秉鈞，升庵太史挾父勢，屢至閣繙書，多所攘取。其後主事李繼先奉命查對，又復盜易，宋刻精本至熹廟時已寥寥矣。嘗於六月六日，奏請曬晾，玉音卒問曰：「嘉靖間偷書的楊姓官何處人兒？」左右莫能對。蓋上在青宫時，與聞於光廟也。

丁申《武林藏書録》卷上《祕書省》 《朝野雜記》、《中興館閣書目》者，孝宗淳熙中所修也。高宗始渡江，書籍散佚。紹興初，有言賀方回子孫鬻其故書於道者，上命有司悉市之。時蕪湖縣僧有蔡京所寄書籍，因取之以實三館。劉季高爲宰相掾，又請以重賞訪求之。五年二月，尚書兵部侍郎王居正言：「四庫書籍多闕，乞下諸州縣，將已刊到書版，不論經史子集小説異書，各印三帙赴本省。係民間者，官給紙墨工賃之直。」從之。九月，大理評事諸葛行仁獻書萬卷於朝，詔官一子。十三年初，建祕閣，又命紹興府借陸賓家書繕藏之。十五年，遂以秦熺提舉祕書省，掌求遺書，至是數十年，所藏益充牣，及命館職爲書目，其綱例皆倣《崇文總目》，凡七十卷，陳騤領其事。淳熙十三年九月，祕書郎莫叔光上言：「今承平滋久，四方之人，益以典籍爲重，凡搢紳家世所藏善本，外之監司郡守搜訪得之，往往鋟版以爲官書。然所在各自版行，與祕府初不相關，則未必其書非祕府之所遺者也。乞詔諸路監司郡守各以本路本郡書目解發至祕書省，聽本省以《中興館閣書目》點對，如見得有未收之書，即移文本處取索印本。庶廣祕府之儲，以增文治之盛。」有旨令祕書省將未收書籍，徑自關取。今《中興館閣書目》十卷，乃淳熙四年陳騤撰，李燾序。續録十卷，嘉定三年館閣重編。其後次第補録，迄於咸淳。然今所傳者，非完書也。按《直齋書録解題》有《祕書省闕書目》二卷，亦紹興改定，其闕者注闕字於逐書之下，今所傳鈔者，凡二卷，計書三千八百餘種。道光壬辰，大興徐松從《永樂大典》録出，編爲一目，爲傳鈔本，大略相同。蔣光煦題《四庫闕書目》云：「闕編改定紹興初，祕省香芸飽蠹魚。不是紀聞留《玉海》，定知七卷記求書。」《玉海》：《四庫求書闕記》凡七卷。考《館閣録》祕書省石渠在祕閣後道山堂前，東廊圖書庫祕閣書庫經庫，西廊祕閣書庫印版書庫編修會要所，北爲印書作，祕閣書庫儲藏諸州印版書六千九十八卷一千七百二十一册。又《咸淳臨安志》：祕書省書庫，日曆、會要庫各一，經史子集書籍庫六，分列於右文殿外東西兩廡。又有書版庫在著廷之右。據此可見南宋百五十年典籍之大略矣。

丁申《武林藏書録》卷上《太學書版庫》 宋太學在前洋街，按《咸淳臨安志》，紹興十三年，臨安守臣王晙請即錢塘縣西岳飛宅造國子監，從之。監繪魯國圖，東西爲丞簿位，後爲書庫官位，中爲堂，書版庫在中門之内。紹興九年，臣僚請下諸道郡學取舊監本書籍鏤版頒行，從之。然所取多殘闕。二十一年旨諭輔臣曰：監中闕書，令次第鏤版，雖重有所費，不惜也。繇是經籍復全。按《朝野雜記》，紹興初，張彦實請刊監本，王瞻叔請摹印經書置學。宋時刻本以杭州爲上，蜀本次之，福建爲下，而杭州所刻尤以監本爲勝，如《十三經注疏》、《史記》、《漢書》等，皆標題監本以別之。元大德中，九路刊十七史，太平路以《西漢書》率先，俾諸路取式，致工於武林。明南監取各路經史舊版重加修整。逮萬曆間，二監重刊經史，皆有以導之先聲者也。

丁申《武林藏書録》卷上《北宋杭州學書版》 《乾道臨安志》：府學舊在府治之南，子城通越門外。元祐間，知杭州熊本、蘇軾乞賜書版。按文忠公奏狀云：伏見本州州學，見管生員二百餘人，及入學參假之流，日益不已。蓋見朝廷尊用儒術，更定貢舉條法，漸復祖宗之舊，人人慕義，學者日衆。若學糧不繼，使至者無歸，稍稍引去，甚非朝廷樂育之意。前知州熊本曾奏，乞用廢罷市易務書版賜與州學，印賃收錢，以助學糧。或乞賣與州學，限十年還錢。今蒙指揮只限五年，見今轉運司差官重行估價，約一千三百餘貫，若依限送納，即州學歲納二百六十貫，五年之間深爲不易。學者旦夕闕食，而望利於五年之後，何補於事。而朝廷歲得二百六十貫，如江海之中增損涓滴，了無所覺，徒使一方士民，以爲朝廷既已捐利與民，廢罷市易務所放欠負，動以百萬計，農商小民尚蒙聖澤，莫知紀極，而獨於此飢寒儒素之士，惜毫末之費。猶欲以此追收市易之意，流傳四方，爲損不少。此乃有司出納之吝，而非朝廷寬大之政也。臣以侍從，備位守臣，懷有所見，不敢不盡。伏望聖慈，特出宸斷，盡以市易書版賜與州學，更不估價收錢，所貴稍服士心，以全國體。謹録奏聞，伏候敕旨。貼黄：臣勘會市易務元造書版用錢一千九百五十一貫四百六十九文，自今日已前所收净利，已計一千八百九十九貫九百五十七文，今若賜與州學，除已收净利外，只是實破官本六十一貫五百一十二文。伏望詳酌施行。今惟《新唐書》尚有傳本，餘則著録家罕有言及者，究不知當日刻書，有若干種也。

《國朝二百家名賢文粹》卷一三〇孫堪《孫氏書樓記》 弟闢既建爲重樓，連甍堂于户之隅，以聚古書，以來學徒，功立事就，乃走僕奉書于漢陽，告乞記于其兄某，且曰：「闢嘗欲積書勸學，每患墳集之多闕、文字之多謬也。去歲中遂離蜀川，抵京輦，納槖金于國庠，據書府都市所有之書，盡請之以歸。自六藝之典，諸子之篇，史臣記録之策，儒生解詁之説，至於或纂舊聞殊號，或集小説名家，文士之述作，才人之章句，今皆波分雲屯，溢于私室。且念素編露積多腐蠹之虞，巾箱所設乃蕞陋之事，故敞斯樓，庶寶斯書。樓凡數室，室凡數櫝，櫝之所列，各以類分。其興造之工除鏤臒，敦簡朴也；材黜瘣痺，期久固也。加以新其幟帙，嚴其扃鐍，風雨弗能侵，埃壒弗能及。登樓而素風泠然，開櫝而簡編爛然。尚何必訪蔡邕之碑始定漆書，登孔子之堂乃聞金石？於是閤門韓侯永錫既篆其榜，均翰錢公易首詩其事。惟碑石久磨，而其記尚闕，兄素古文名于兩蜀間，宜爲闢一紀其跡，庶垂於不朽，可乎？」某因念，世有好事者建園池亭館以備嬉游，景色物態稍奇耳目，屬辭之士尚詠歌贊述之不暇。且人齎金錢詣京邑者，非廣貿奇貨，以希厚利，則必多易珠翠，以贍私欲；而闢乃能萬里市義，千金奉儒。況乎劍棧鏁雲，峰劍倚壁，其索之也不辭道塗之險，其蓄之也不吝土木之費。跡其用心，則其出於人也亦遠矣。夫如是，則秉筆者豈有可於彼而不可於此乎？遂諾其請，而爲其記曰：教學之道，與時盈虛。大道之方行也，則家有塾而黨有庠，術有序而國有學。大教之或斁也，則人祠伯陽以徼福，户塑浮屠以禱罪。非夫世累儒素、克昌紹緒者，諒不能端勁草於薄俗；非夫運丁神聖、丕變囂漓者，諒不能復淳源於古始。某之七世朴始以李唐之世涖官西蜀，旋屬諸侯阻兵，歸朝弗果，遂卜其辟地保族之所，得眉陽而家焉。六世祖長孺愍世塗之圮閉，懼素業之不續，乃萃九流之典，築爲層樓以保藏之，且曰：「鳩書于小邦，俗必謫吾之不知時也，吾要將以存吾家世冑之訓焉。聳樓于陋户，俗必罪吾之不量力也，吾要將以示後裔基構之旨焉。惟爾子孫，勉蹈吾心而已矣。」故自五世而下，以迄于某，其間雖隱晦未耀，至於瓜瓞先業，箕裘祖訓，歷百祀而一志焉。故迨今眉陽之人咸目吾家爲書樓族，且以樓之名名其里巷焉。眉陽城中今有書樓巷，乃因吾祖所建之跡而立名也，其樓具存。復值皇宋受命，四聖繼明，聲教文物，滌濡九域。闢於是時果能奮拔傑立，成是能事，則是役也，所以見吾祖之慶延，而吾君之化被也，亦所以見闢之爲人真能好古懋而克隆負荷者也。某既樂道好善，且將寓辭以辨其學焉。夫群書駢羅，衆説互興，雖以致博物之益，亦所以成異端之害。而今而後，有登是樓、閲是書者，又宜以某之言籲而戒之，曰：四部之書，蓋以類分，非謂皆可等肩而齊列也。故其間覆載天地、照臨日月者，止聖人之經爾。聖人之經，其名雖六，其道無二也。天下之事業，莫不成於敦本，而害於逐末。故善爲學者，博之以六藝之文，約之以一貫之道，體要於仁義之統，賾象於教化之域，然後泝洄於衆流，礲錯於百家。故以經觀子，而醇駁無所隱其奧；以經觀史，而失得無所竄其質。群言紛綸，則斷之以六經之言；衆事傾奪，則折之以六經之事，至多而不能惑。君子所以樹大功、振大名，出入而無窮，弛張而不闋者無他，用是道而已矣。如曰，吾之於書，剽章句以資文彩也，經於何有焉？吾之於學，勤聲悦以備藝也，道於何有焉？則主是樓者謝而遣之，庶無累於名教可也。時天聖四年丙寅歲七月十七日，漢陽公署爲記。

朱熹《晦庵先生朱文公别集》卷六《黄商伯》 白鹿洞成，未有藏書。欲干兩漕，求江西諸郡文字，已有劄子懇之，及前此亦嘗求之陸倉矣。度諸公必見許，然見已有數册，恐致重復。若以呈二丈，托并報陸倉，三司合力爲之，已有者不别致，則亦易爲力也。書辦，乞以公牒發來，當與收附，或刻之金石，以示久遠，計二公必樂爲之也。旦夕遣人至金陵，亦當偏干本路諸使者也。

某請祠不得，比復狂妄，輒有所陳。計程三五日間，當以罪去，已盡遣書册冗長還家。此數日來，翹足俟命，但未知何所向耳。此間諸縣狼狽，税務絶無，南來舟楫，勢亦不可復爲矣。比復苦旱，近始得雨，然亦未能沾足也。日間雖無事，然意思不佳，絶不得近書册，懶困即思睡耳。《白鹿洞記》納去二本，又一本寄梁文叔，煩遣致之，不及作書也。《五賢祠記》楊廣文自納去矣。

此邦圖經不齊整，而都昌爲甚。數日來，欲略爲條整而不得功夫，又無人能爲物色圖畫，諸邑供來皆不可曉，甚覺費力也。楊僉之去甚失助，新來兩掾，似亦可使也。少逸：西山有徐騎省篆書「游帷觀」大字，及許真人井銘，煩爲致一二本，便中示及。《五賢祠記》納去一本，更有一兩刻續致也。都昌恐有合入圖經事，望垂諭，它委勿外。某鄉辱誨諭，奉報疏率。既而思之，殆無以答愛我之屋，深以愧仄。自此有聞，不以虚實，尚望不替前日之念，乃幸之甚。

張帥寄《鹽鐵論》來，末卷前少却一板，告爲印寄。更煩於《太宗實録》中檢白鹿洞一事，在太平興國五年（《會要》作六年，更詳之。）六月，以洞主明起爲褒信主簿，其下有少本末，並告録示。（此已有之，但不知是《實録》語否耳。）恐此人等候回文，告只付前日送崔子虚人回尤便，千萬千萬！更問看何人來速，即付之也。

向見楊伯起有《切韵》書，只三四十板而聲形略備，亦嘗傳得，而爲人借失之。今欲得一本，敢煩爲借抄録一本，校令審諦，便中見寄，幸甚。或語趙守刻得一板流行亦佳。此非僞學，想亦不至生事也。五老新瀑曾往觀否？夢寐不忘也。

《洪韵》當已抄畢，幸早示及。此間付之書坊鏤板，甚不費力。况非僞學，亦無嫌也。新泉圖子和成既爲定稿，必已能盡寫其佳處。只就覓此草本，不必重摹，俗工或能反敗人意也。自聞此泉新出，恨未能一遊其下，以快心目。溅雷噴雪，發夢寐也。《瀑圖》、《韵譜》近方得之。圖張屋壁，坐起對之，恨不身到其下也。

朱熹《晦庵先生朱文公文集》卷七八《建寧府建陽縣學藏書記》 古之聖人作爲《六經》，以教後世。《易》以通幽明之故，《書》以紀政事之實，《詩》以導情性之正，《春秋》以示法戒之嚴，《禮》以正行，《樂》以和心。其於義理之精微，古今之得失，所以該貫發揮，究竟窮極，可謂盛矣。而總其書，不過數十卷，蓋其簡易精約又如此。自漢以來，儒者相與尊守而誦習之，傳相受授，各有家法，然後訓傳之書始出。至於有國家者，歷年行事之迹，又皆各有史官之記，於是文字之傳益廣。若乃世之賢人君子，學經以探聖人之心，考史以驗時事之變，以至見聞感觸，有接於外而動乎中，則又或頗論著其説，以成一家之言。而簡册所載，篋櫝所藏，始不勝其多矣。然學者不欲求道則已，誠欲求之，是豈可以舍此而不觀也哉！而近世以來，乃有所謂科舉之業者以奪其志，士子相從於學校庠塾之間，無一日不讀書，然問其所讀，則舉非向之所謂者。嗚呼！讀聖賢之言而不通於心，不有於身，猶不免爲書肆，况其所讀，又非聖賢之書哉！以此道人，乃欲望其教化行而風俗美，其亦難矣。

建陽版本書籍行四方者，無遠不至，而學於縣之學者，乃以無書可讀爲恨。今知縣事會稽姚侯耆寅始斥掌事者之餘金鬻書於市，上自《六經》，下及訓傳、史記、子集，凡若干卷，以充入之，而世儒所誦科舉之業者，一無得與於其間。諸生既得聖賢之書而讀之，又相與講於侯之意而知所興起也，來謁予文以記之。予惟姚侯之所以教其人固可書矣，而諸生之所以承侯之意者，亦當得書也。抑予猶願有告焉。諸君讀侯之書，其必有以通諸心、有諸身，而無徒爲是書肆者，則庶幾無負於侯之教，而是邦風俗之美，亦將有以異於往時矣。於是敬書其説，使刻石而立諸其廡以俟。淳熙己亥二月己酉新安朱熹記。

朱熹《晦庵先生朱文公文集》卷七九《衡州石鼓書院記》 衡州石鼓山據烝湘之會，江流環帶，最爲一郡佳處。故有書院，起唐元和間，州人李寛之所爲。至國初時，嘗賜敕額。其後乃復稍徙而東，以爲州學，則書院之迹於此遂廢而不復修矣。淳熙十二年，部使者東陽潘侯時德鄜始因舊址列屋數間，牓以故額，將以俟四方之士有志於學而不屑於課試之業者居之，未竟而去。今使者成都宋侯若水子淵又因其故而益廣之，别建重屋以奉先聖先師之像，且摹國子監及本道諸州印書若干種，若干卷，而俾郡縣擇遣修士以充入之。蓋連帥林侯栗、諸使者蘇侯詡、管侯鑑、衡守薛侯伯宣，皆奉金齋割公田以佐其役，踰年而後落其成焉。

熊禾《熊勿軒先生文集》卷四《建陽書坊同文書院》 鄒孟氏去孔聖之世未久，已聞「無有乎爾」之言；韓宣子見魯國之書獨存，遂有「盡在是矣」之歎。蓋文獻所關最大，在古今其揆則同。睠兹東陽，視昔闕里。四方文籍之所自出，萬世道義之所必宗。文公之文，如日麗天；書坊之書，猶水行地。自後世師異道、人異指，不得其傳；而天下書同文、行同倫，必自兹始。方今四海一統，六合同風。家有其書，人尊其道。豈有淵源百年之地，獨無庠序一畝之宫。爰始爰謀，以教以養。于以尊崇往聖之道統，于以培植昌運之人才。接前修之典刑，新後進之聞見。謂圖書會府，肯但同石渠、天禄之校讎；謂禮義大邦，當不止洛下、河陽之講論。苟於此質無疑而考不謬，則端可施罔極而傳無窮。志雖惟勤，力則未逮。吾聞竇燕山宏開義塾，咸睢陽廣致名儒。才俊固自此以奮興，子孫亦因之而著顯。况此地規模，難同他學；而吾道福澤，不比異端。到手必爲，天心毋二。此皆已分内事也，願與天下共爲之。小學成始，大學成終，便是人文之一會；千載在前，萬載在後，定知世道之大同。斯文其興，先聖如在。

袁桷《清容居士集》卷二二《袁氏舊書目序》 《袁氏舊書目》者，目袁氏舊書之存于今者也。始，曾大父越公舉進士時，貧不能得書，書多乎抄，强記至用。□高祖妣齊國夫人魚魫冠學書，後官中都，凡二十有五年，乃務置書，以償宿昔所志。其世所未有，則從中祕書及故家傳録以歸，於是書始備矣。于時，國家承平，四方無兵革之虞，多用文儒爲牧守，公私閒暇，擊鮮享醴，會寮屬，以校讎刻書爲美績。至於細民，亦皆轉相模鋟，以取衣食。而閩之建、蜀之益，其最著者也。紹定辛卯，公自宥府歸里。遂累土爲堂，貯所得書於東西榮。公日處其中，客至，不復道世事。顧嗜陳、黄詩，擇其適意者，手書爲編。寓物詠歌，與道游遨，休休焉不知其年之將耄。如是者七年而薨。舊書之傳，距于今，四世矣。桷幼聞，公從學正獻公時，有手校九經，旁説疑義，皆附書左右，最爲精善，欲從諸父一觀而未得。又欲合諸父之藏，分第爲目録，亦不果。竊嘗謂：天下之物，聚多者終必散。或者早計於未散，則庶幾幸有一存之理。遂悉藏於山中。己丑之灾，偕家人渡江以逃，袁氏之書，一夕而盡，昔之預計者，乃幸而獲全。嗚呼！此公之靈有以啓其衷也。惟公以勤勞起家，其書之傳，不幸而不存，固當歸之於數。其幸而獲存者，敢不襲藏，心思而躬踐之，以求無忘前人之意。謹次其本始，書以爲《舊書目序》。

鄭元祐《僑吴集》卷九《潁昌書院記》 國家右文崇儒，路、府、州、縣莫不有學，猶以爲未也，故所在有書院，即其地之賢者而祀之。【略】許昌馮君夢周所以建書院於潁昌，有不暇顧夫或者之議也。以爲潁昌秦漢以來以武以文，以功以德，知名海内，布在方册者概以多矣，然皆莫若蘇右丞萬里出蜀，用其所學以相其君，及其老也，歸休乎潁上，自號曰潁濱老人。於是夢周請於其長兄尚書公及許下鄉曲之老，咸以爲宜，乃捐衣布之贏，卜地於許下之某鄉某原，營搆結築，爲屋若干楹，中嚴寢以安燕居之聖師，後翼祠以安蘇公像，門廡齋廬，庫庾庖湢，凡書院所宜有者無不備。官設山長固不問，若訓導之師則慎嚴其選，必經明行修可以成就人才者。歲以地三頃之入給之，弟子不踰廿員，多則耗其師之力。旬、月、季嚴課試法，必第其高下，激賞以示勸懲。事已畢具，夢周言之官，官言之憲省，憲省言之中書，中書、禮部皆允其所請，由是潁昌書院遂表著於北方。夢周昔爲温州路經歷，嘗梓鋟六經圖諸書。及爲平江路推官，得《庸》、《學》、《語》、《孟》善本并小學書，夢周更爲高經下註。其爲書版凡若干卷，悉以歸之書院，而不以私於其家。其平日捐金以購買之書籍，自六經傳註，子史别集以至稗官雜説，其爲書凡若干萬卷，亦悉歸之書院。師生有欲借之者，則具姓名，列書目，而以時謹其出納。且慮書版所在民間得印者什無二三，强有力脅之使印者什則六七，是書板爲學校累，又買某鄉桑棗地若干畝，計一歲之所入，畢一歲紙墨、裝褙工食之費則止矣。其規制若是，不惟勤之石，又且聞之官，其間防閑之纖悉，意度之委曲，記有所不能竟者皆鐫之碑陰。

陳基《夷白齋稿》卷二一《西湖書院書目序》 杭西湖書院，宋季太學故阯也。宋渡江時，典章文物悉襲汴京之舊，既已裒集經史百氏爲庫聚之于學，又設官掌之，今書庫板帙是也。德祐内附，學廢，今爲肅政廉訪司治所。至元二十八年，故翰林學士承旨東平徐公持浙西行部使者節，即治所西偏爲書院，祀先聖先師及唐白居易，宋蘇軾、林逋爲三賢。後爲講堂，旁設東西序，爲齋以處師弟子員。又後爲尊經閣，閣之北爲書庫，實始收拾宋學舊板，設司書掌之，宋御書石經，孔門七十二子畫像石刻咸在焉。書院有田，歲收其入以供二丁廪膳及書庫之用。事達中書，畀以今額，且署山長、司存，與他學官埒。於是西湖之有書院，書院之有書庫，實昉自徐公，此其大較也。由至元迄今，嗣持部使者節於此者，春秋朔望述徐公故事，未之或改也。獨書庫歲久，屋弊板闕，或有所未暇。杭民好事者間以私力補治之，而事尋中止。至正十七年九月，尊經閣壞，書庫亦傾圮。今江浙行中書平章政事兼同知行樞密院事吳陵張公嘗力而新之，顧書板散失埋没，所得瓦礫中者，往往刓毀蠹剥，至正二十一年，公命鳌補之，俾左右司員外郎陳基、錢用壬率其事。庀工於是年十月一日。所重刊經史子集欠闕，以板計者七千八百九十有三，以字計者三百四十三萬六千三百五十有二。所繕補各書損裂漫滅，以板計者一千六百七十有一，以字計者二十萬一千一百六十有二。用粟以石計者一千三百有奇，木以株計者九百三十，書手刊工以人計者九十有二。對讀校正，則餘姚州判官宇文桂，山長沈裕，廣德路學正馬盛，紹興路蘭亭書院山長凌雲翰，布衣張庸，齋長宋良、陳景賢也。明年七月二十三日訖工。飭司書秋德桂、杭府史周羽以次編類，庋之經閣、書庫，秩如也。先是，庫屋泊書架皆朽敗，至有取而爲薪者，今悉告完。既竣事，公俾爲《書目》，且序其首，并刻之庫中。夫經史所載，皆歷古聖賢建中立極、脩己治人之迹，後之爲天下國家者，必於是乎取法焉。傳曰：「文武之道，布在方册。」不可誣也。下至百氏所述，必有裨世教，然後與聖經賢傳並存不朽。秦、漢而降，迄唐至于五季，上下千數百年，治道有得失，享國有短長，君子皆以爲繫乎書籍之存亡，豈欺也哉？宋三百年，大儒彬彬輩出，務因先王之跡推而明之，其道大著。中更靖康之變，凡《詩》《書》《禮》《樂》百王相沿以爲軌範者，隨宋播越，留落東南。國初，收拾散亡，僅存十一於千百，斯文之緒，不絶如綫。西湖書院板庫，其一也。承平以來，士大夫家誦而人習之，非一朝夕矣。海内兵興，四方騷動，天下簡册所在，或存或亡，蓋未可知也。杭以崎嶇百戰之餘，而宋學舊板卒賴公不亡，基等不佞，亦辱與執事者手訂而目讐之惟謹，可謂幸矣。嗟乎！徐公收拾於北南寧一之時，今公繕完於兵革搶攘之際，天之未喪斯文也，或尚在茲乎？序而傳之，以告來者，不敢讓也。至正二十二年八月丙子序。

羅濬《寶慶四明志》卷二《叙郡中・學校》 賜書：

經一百一十五部計五百八十一册傳解釋文等在内。

史七十九部計一千三百四十三册説史者在内。

子一十五部計四十五册

文集一百七十一部計一千二百五十册

雜書九十五部計七百二十八册

御書臨帖五册已入御書類。

宸翰詔書一軸已入御書類。

右皇子魏王判州，藏書四千九十二册、一十五軸。淳熙七年有旨，就賜明州。于是守臣范成大奉藏于九經堂之西偏，繼又恐典司弗虔，乃奉藏于御書閣，列爲十廚。嘉定十七年，校官臣徐介點檢，畧有散失，其所存者如此。

官書：

經四十二部計一百六十七册

史四十部計五百七十九册

子一十四部計二十册

文集三十七部計一百五十九册

雜書一十一部計一百一十九册

右元管舊散。

川本石經書籍一十四部計一百一册

右嘉定六年攝守程覃置。

《六經正義》、《正本通鑑》、《史記》、《兩漢》、《唐書》、《諸史提要》、《八朝言行録》、《大事記》各七部

右嘉定六年攝守程覃置分七齋各一部。

書板按曰：所開書板，皆後守續增。

《四明尊堯集》一百板

《了齋先生親筆》二十板紹定四年，教授陳松龍置。

《通鑑要覽》五百五十板

《洪範講義》四十五板

《崔宫教文集》四百三十八板

《分毫韵畧》二百四十板紹定五年，制帥尚書鄭損置。

文公《大學章句》一十八板紹定五年，教授陳松龍置。

文公《中庸章句》一十六板

《太極圖解》一十七板

《西銘解》一十一板

《近思録》一百八十板

《續近思録》一百五十板

《己丑廷對》二十板

《傳習録》一百六十五板

《明學編類文公釋奠禮》三十三板以上八種，陳松龍置。

文公《小學書》二百板

《陳忠肅公言行録》三十板

《北溪先生字義》一百十五板

《禮詩》二十八板

《諭俗編》五十二板以上五種，淳祐六年制帥集撰，龍溪顏公頤仲置。

《四明續志》三百三十板大使吴丞相置。

《班馬字類》二百五十板制使李相公置。

《讀書法》二百三十板

《性理字訓》三十板

《濂洛論語》六十八板

《問梅小藁》八十板

《四明續志》四十五板

《濟民莊始末》四十五板以上四種，制帥集撰，劉公黻置。

周應合《景定建康志》卷三三《文籍志・書籍》　皇朝開寶八年，平江南，命太子洗馬吕龜祥就金陵籍其圖書，得六萬餘卷，分送三館及學士院。其書讎校精審，編秩全具，與諸國書不類。雍熙中，太宗皇帝以板本九經尚多訛謬，重加刊校。史館先有宋臧榮緒、梁岑敬之所校《左傳》，諸儒引以爲證。祭酒孔維上言：「其書來自南朝，不可按據。」章下有司檢討。杜鎬引貞觀四年敕，以經籍訛舛，蓋由五胡之亂，天下學士率多南遷，中國經術寖微之致也。今後並以六朝舊本爲正。持以詰維，維不能對。天聖七年，丞相張士遜出守江寧，建府學，奏請於朝，全賜國子監書。紹興初，葉夢得爲守，嘗求《周易》無從得。蓋當大兵之後，舊書無復存者。夢得乃捐軍賦餘緡六百萬以授學官，使刊六經。後七年，夢得復至，詢漢唐史，尚未有，又捐公厨羡錢二百萬，偏售經史諸書，爲重屋以藏，名之曰紬書閣，而著其籍於有司。後閣燬於火，籍與書皆不可見。至紹興十六年，高宗皇帝親書九經及先聖《文宣王贊》，刻石於國子監，首以石本賜建康，今藏於府學之御書閣，而經、子、史、集之僅存者皆附焉。景定二年，留守馬光祖念文籍之闕，復求國子監書之全，以惠多士。

御書石經之目

《周易》三卷　《尚書》三卷　《毛詩》四卷

《周官》一卷　《禮記》一册　《春秋經傳》十五卷

《孝經》一卷　《論語》二卷　《孟子》五卷

《文宣王贊》一卷　《樂毅傳》一卷　《羊祜傳》一卷

經書之目以下兩學見管。

《周易》二十六本：監本正文。○建本正文。○監本《注》。○監本《注疏》。○建本《注疏》。○《正義》。○《大傳》。○《繫義》。○《約説》。○《易索》。○《或問》。○《太玄集注》。○監本程氏《傳》。○婺本程氏《傳》。○伊川《繫辭》。○横渠《解》。○朱氏《解》。○《麻衣解》。○《十先生解》。○胡先生《解》。○沈丞相子《傳》。○監本《義海》。婺本《義海》。○龔氏《解》。○了齋《解》。○劉教授《解》。

《尚書》二十四本：監本正文。建本正文。○婺本正文。○監本《正義》。建本《正義》。○建本《注疏》。○監本《注》。○胡安定《解》。○東坡《解》。○荆公《解》。○張博士《解》。○史教授《斷》。○羅氏《解》。○陳氏《解》。○吕伯修《解》。○孫曾《解》。○劉博士《解》。○蕭先生《解》。○《疑難集解》。○羣儒《解》。○石林《解》。○吴才老《解》。○《新注》。○《治要》。

《毛詩》十三本：監本正文。○建本正文。○監本《正義》。○建本《正義》。○監本《注》。○建本《注疏》。○婺本《注》。○《吕氏讀詩記》。○歐陽《義》。○潁濱《解》。○《總義》。○《意義》。○《新經》。

《周禮》七本：監本正文。○建本正文。○婺本正文。○監本《注》。○建本《注》。○婺本《注》。○監本《正義》。

《禮記》二十二本：監本正文。建本正文。婺本正文。監本《注》。監本《正義》《音義》。監本《儀禮》。○建本《儀禮》。○《儀禮》正義。○《儀禮》疏。○《中庸》、《大學》、《中庸》、《大學》解。○《中庸約説》。○《中庸大學廣義》。○無垢先生《中庸大學説》。○《大學衍義》。○《中庸講義》。○《禮象》。○《三禮圖》。○《中庸》、《大學集義》。○《集略》。○《少儀外傳》。

《春秋》二十七本：監本正經。○監本《注》。○上下經。○《春秋正義》。○監本《左傳》。○建本《左傳》。○《左傳正義》。○《注疏》。○監本《公羊》正文。○監本《穀梁》正文。○監本公、穀二《傳》。○《公羊正義》。○《穀梁正義》。○《春秋釋文》。○伊川《傳》。○胡氏《傳》。○《春秋辨疑》。○《左傳法語》。○《春秋釋例》。○《春秋纂例》。○《經典釋文》。○《左傳事類》。○《名臣傳》。○《左氏摘奇》。○西疇《解》。○師先生《解》。○監本《國語》。

《孝經》十二本：監本正文。○古文。○監本《正義》。○鄭康成《注》。○唐明皇《解》。○《古文指解》。○二程《師説》。○范侍講《解》。○二老《指解》。○《釋文》。○《刊誤》。○《法語》。

《論語》三十一本：監本正文。○川本正文。○監本《注》。○監本《正義》。○建本《疏》。○程子《解》。○伊川《説》。○龜山《解》。○朱子《集注》。○朱子《詳説》。○《朱子語類》。○東坡《解》。○潁濱《拾遺》。○謝上蔡《解》。○張無垢《鄉黨説》。○游氏《解》。○范學士《解》。○南軒《説》。○葵軒《解》。○汪省元《直解》。○施景明《解》。○洪氏《解》。○曾文清《義》。○文瑩《解》。○《釋言》。○《義原》。○《集義》。○《十説》。○《大意》。○諸儒《集義》。○《集略》。

《孟子》十四本：監本《注》。○建本《注》。○川本《注》。○朱子《集注》。○朱子《要略》。○張無垢《拾遺》。○三山《解》。○文瑩《解》。○王博士《解》。○五臣《注》。○《直講》。○晉之《解》。○《諸儒集義》。○《集略》。

史書之目

《史記》《古史》《國語》《戰國策》

《前漢書》八本：《紀》、《志》、《表》、《傳》。○《法語》。○《字類》。○《博聞》。○《發揮》。○《史評》。○荀悦《漢紀》。○《史編》。

《後漢書》六本：《紀》、《志》、《表》、《傳》。○《法語》。○《精語》。○《博聞》。○袁宏《漢紀》。○《白虎通》。

《三國志》《晉書》《宋書》《南齊書》《梁書》《陳書》《隋書》《魏書》《北齊書》《周書》

《唐書》十三本：《舊唐書》。○《新唐書》。○《六典》。○《會要》。○《發揮》。○《糾謬》。○《摘實》。○《論斷》。○《唐鑑》。○《音訓》。○《鄭節》。○《吕節》。○《政要》。

《五代史》《歷代制度》《編年通載》《七制三宗》《史傳論》《十七史贊》《十七史蒙求》《通典》

《資治通鑑》監本。蜀本。建本。《外紀舉要》。《朱子綱目》。《綱目發明》。《釋文》。《通曆》。《撮要》。《袁氏本末》。

《皇朝聖政》《三朝寶訓》《垂拱龜鑑》《續資治通鑑長編》全本。節本。

《稽古編年》《隆平集》

子書之目

《孔子家語》監本。建本。《曾子》《周子》《通書》。《太極圖解》。《程子》

《老子》《莊子》《荀子》《揚子》《文中子》《列子》《抱朴子》《孔叢子》《管子》《鶡冠子》《淮南子》《劉子》《尹文子》《商子》《公孫龍子》《韓子》《鄧析子》《杜牧之注孫子》《揚子法言》《道德經注》王弼。司馬公。《十一家注孫子》《太玄經》《施子美七書解》

《墨子》

《南華經釋文》

理學書之目

《濂溪集》《程氏遺書》《伊川集》《横渠集》《正蒙書》《司馬温公家範》《温公居家雜儀》《温公書儀》《武夷先生集》《胡子知言》《晦庵大全集》《朱文公語類》《朱文公語録》《朱文公感興詩》朱文公小學之書《朱文公年譜》《晦庵東萊學規》《南軒先生集》《張宣公語類》《東萊集》《吕氏鄉儀》《諸儒鳴道集》《十三朝言行録》《近思録》《修學門庭》《書堂講義》

文集之目

先秦五書《楚辭集注》《文苑英華》《揚子雲二十四箴》《淵明集》《梁昭明集》《文選》《唐文粹》《張曲江文》《韓昌黎文》《柳柳州文》《陸宣公集》《陸宣公奏議》《顔魯公集》《李衛公集》《李太白集》《杜工部集》《樊川集》《獨孤集》《李翱文》蔡邕《獨斷》《夷白堂集》《長慶集》《李文公集》《皇朝文鑑》《富鄭公奏議》《乖崖文》《六一公文》《秦少游文》《陳了翁文》《范太師文》《胡澹庵集》《范文正公集》《臨川文集》《南豐集》《陳無己集》《范蜀公集》《范蜀公奏議》《嘉祐集》《徂徠集》《宛陵集》老蘇文《三蘇文》《東坡大全集》《曲阜文》《華陽文》《蘇魏公文》《李泰伯文》《忠惠集》《節孝先生文》《龍溪文》《巖谷文》《馬子才文》《玉溪集》《豫章集》《欒城集》《胡文恭集》《骨鯁集》《戛玉集》《唐先生集》《大名集》《金氏文集》《吴使君集》《南陽集》《鄱陽集》《斜川集》《好還集》《歐陽四六集》《潏水集》《徐公集》《青山集》《潛山集》《横塘集》《毛澤民集》《毗陵公集》《强祠部集》《道院集》《巴東集》《廣陵集》《忠定公集》《番江集》《楊誠齋集》《鶴山集》《京口集》《南州集》《廬山前張集》《張文昌集》《見一堂集》《東湖居士集》《東牟集》《東窗集》《盤洲集》《慶曆集》《陳止齋集》

《文海》《姑溪居士集》《青山集》《陳侍郎奏議》《鄒忠公奏議》《范忠宣公彈事》《諫垣集》《經緯集》《韓魏公諫稿》《范忠宣公國論》《張公奏議》《定庵類稿》《竹軒雜著》《范蜀公正書》《諭俗編》《百家詩》《東坡詩》《李嘉祐詩》《李商隱詩》《喜雪詩》《曾史君詩》《神秀樓詩》《瑞麥詩》《梅山詩》《極目亭詩詞》《集韵》《杜詩押韵》《張孟押韵》《救荒活民書》《璜宫雜著》

圖志之目

《三禮圖》《釋奠圖》《指掌圖》《九域志》《江行圖》《水經》《麟鳳圖》《元和郡縣圖》《建康實録》《乾道建康志》《慶元建康志》《景定建康志》諸郡志《鎮江》《姑孰》《四明》《嘉禾》《東陽》《廬山拾遺》《四明鄉飲圖》

類書之目

《藝文類聚》《白氏六帖》《皇朝類苑》《翰苑羣書》《記室新書》《四時纂要》《事物紀元》《世説新語》《世説叙録》《太平廣記》《初學記》《職林》《説苑》《職官分紀》《四庫闕書》《書林》《千姓編》《文章緣起》《紺珠集》

字書之目

《禮部韵略》監本。建本。《廣韵》《玉篇》《經典法帖》《文公法帖》《九經字様》《班馬字類》《許氏説文》《説文解纂類語》《字寶》《韵譜《埤雅》《佩觿集》

法書之目

《刑統》《三省總括》《紹興令》《紹興敕令格》《紹興敕令》貢舉。《御試省試敕令》《紹興刑統》《太學敕令》

醫書之目

《神農本草》《黄帝素問》《大觀本草》《圖經本草》《本草單方》《太平聖惠方》《膏肓灸經》《銅人灸經》《衛生方》《治風藥方》《備急藥方》《養老奉親書》《小兒藥方》

周應合《景定建康志》卷三三《文籍志一・書版》 《横渠易説》一百六十八版《易象圖説》八十五版《易索》一百四十五版《周易終説》一百二十版《李公易解》二百八十版《學易蹊徑》一千五百版《禮記集説》四千六百版《春秋講義》三百二十版《春秋紀詠》四百九十三版《語孟拾遺》一十九版《東坡論語》一百二十版《論語約説》三百二十版《孝經集遺》一十九版《程子》一百七十九版《近思録》二百六十版 小學之書二百一十版《朱文公年譜》一百二十版《師説》一百五十四版《四家禮範》一百五十版《釋奠通祀圖》三十五版《諸史精語》七百二十版《通鑑筆義》一百五十五版《建康實録》七百四十版《六朝事跡》二百三十版《乾道建康志》二百八十版《慶元建康志》二百二十版《景定建康志》一千七百二十八版《皇朝特命録》四十五版《翰苑羣書》二百五版《集賢注記》六十一版《文昌雜録》九十六版《東觀餘論》二百一十版《富文公賑濟録》六十二版《救荒録》一百八十六版《活民書》一百七十六版《唐花間集》一百七十七版《重編楚辭》五百七十版《杜工部詩》五百二十版《少陵先生年譜》六十八版《金陵覽古詩》三十五版《金陵懷古詩》八十五版《莊敏遺事》三十二版《棠陰比事》五十六版《松漠記聞》四十五版《江行圖録》六十五版《張公奏議》二百六十版《李公家傳》一百四十五版《保慶集》一十九版《清暉閣詩》四十六版《輶軒唱和》三十一版《和晏叔原小山樂府》二百四十六版《寒子山詩》六十八版《蘇氏道德經》八十八版《太一醮式》三十二版《産寶類要》一百七十五版《小兒保生方》五十一版《錢氏小兒方》一百四十五版《張氏小兒方》二百一十版《海上名方》六十五版《余山南昇杲》二十二版《西山先生心政經》九十六版《半山老人絶句》三十八版《西山先生文章正宗》一千九百九十六版《選詩演義》七十三版《余山南南軒講義》三十五版《余山南讀易記》六十五版《傷寒須知》二十六版《小兒瘡疹論方》二百二十版

袁桷《延祐四明志》卷一三《學校考上・本路儒學》 書板：

《九經》書板一千一百六十片不全

書籍：

經

注疏《九經》五十七册　互注《九經》一十六册

大字《四書》一十一册不全　《四書集成》二十九册不全

《四書纂疏》二十一册　《春秋左傳》一十六册

《商軒語孟説》三册不全　《東萊尚書解》四册不全

《詩緝》一十册　《公羊穀梁傳》七册

《論語集註》九册　《周易本傳》三册
《晦菴語孟》八册　《大學纂疏》一册

史

《通鑑綱目》二十三册不全　《通鑑目録》一十三册
《通鑑精義》二十一册不全　《九朝通鑑》二十五册
《紀事本末》四十二册　《編年》二十四册
《通鑑》一百三十册　《續通鑑》五十册
《北齊書》一十五册　《南齊書》二十册
《南唐書》五册　《宋書》六十册
《梁書》二十册　《陳書》一十册
《周書》一十五册　《魏書》六十册
《唐書》六十册　《晉書》五十册
《南史》四十一册　《北史》五十一册
《五代史》二十五册　《讀史管見》一十册

諸子文集

張子《西銘》一册　老子《道德經》二册
周子《通書》二册　莊子《南華經》五册
《韓文集》一十九册　周子《太極圖》二册
《元次山集》二册　《濂溪大全集》五册
《山谷集》四十册　東坡《應詔集》二册
二蘇《應詔集》四册　《王文公集》一十三册
《蒙齋文集》九册不全　《柳文集》二部共三十五册
《范文正公集》六册不全　《白氏長慶集》三十四册
《劒南續藁》一十九册　《渭南文集》一十一册
《紫陽文集》六十册　《東坡大全集》二十七册

詩集

《杜詩》一十二册　《麗澤詩集》六册
《山谷詩註》五册　《東坡詩註》一十二册
《后山詩註》三册

類書

《大學衍義》六册　《職官分紀》十二册
《論衡》七册　《三朝言行録》五册
《朱子語略》五册　《四朝言行録》四册
《萬花谷》二十册　《五朝言行録》三册
《續四朝言行録》四册　《姓氏辨證》一十三册
《讀書記》一十五册不全　《西山讀書記》二部共四十四册
《經濟奏議》三十二册　《藝文類聚》二十册
《宋朝文鑑》三十七册　《白孔六帖》十七册
《續文章正宗》八册　《事類合璧》一十册不全
《高學士祠堂記》一軸　《舊四明志書》一十二册
《續四明志書》六册

俞希魯《至順鎮江志》卷一一《學校·儒學·書籍》　書板舊刊甚富，閉置暗室，歲久朽蠹，無復修補。今所存止二十八種，五千四百四十七板，惟《棠陰比事》，則教授朱天珍之所增也。《易源》二百十九板、《毛詩旨説》十八板、《三禮圖》百三十七板、《論語士説》十九板、《四注孝經》八十四板、《孔子家語》二百二十五板、《二注老子》五十九板、《文中子》百三十七板、《新序》百五十九板、《古經注》三十板、《范蜀公正書》二十五板、《少儀外傳》九十四板、《侯國通祀》六十一板、《温公官學制》二十四板、《審是集》四十五板、《陳秘撰奏議》六十六板、《鹽石新論》三十板、《迂齋古文》五百九十七板、《刻漏圖》三十六板、《京口耆舊傳》百六十二板、《京口詩集》百三十九板、《潤州類集》百六十三板、《鎮江志》八百九十板、《荒政編》十九板、《樂善録》百八十板、《備急方》三十七板、《萬花谷》千八百四板、《棠陰比事》八十板、《重修鎮江志》一千一百一十七板。

張鉉《至正金陵新志》卷九《學校志·路學》　書籍則《景定志》所云賜書板刻買置者，兵火散失殆盡。歸附後，於諸路裒集及捐學計續刊，設職收掌，所買經史子集圖志諸書視他郡亦略全備。十七史書板計紙二萬三千張：《史記》一千八百一十九，《前漢》二千七百七十五，《後漢》二千二百六十六，《三國志》一千二百九十六，《晉書》二千九百六十五，《南史》一千七百七十三，《北史》二千七百二十一，《隋書》一千七百三十二，《唐書》四千九百八十一，《五代史》七百七十三。雜書板：《金陵志》四百八十，《貞觀政要書》二百，《朱子讀書法》一百七十，《南唐書》一百八十，《禮部玉篇》二百七十，《集慶志》一百三十五，《脩辭衡鑑》五十六，《農桑撮要》五十八，《救荒活民書》一百五十，《曹文貞公詩集》二百八十五，《憲臺通紀》五百一十五，《陳子廉先生詩》二十，《魯齊先生詩解大學》一十九，《樂府詩集》一千三百八十，《厚德録》六十，《刑統賦》六十有三。

王元恭《至正四明續志》卷七《學校志・本路儒學》 書板：

《困學紀聞》二十卷計板二百三十一片

《玉海》二百四卷計板四千七百七十四片

《詩攷》四卷計板三十一片

《詩地理攷》六卷計板七十六片

《集解踐祚篇》計板七片

《補註周書王會》計板二十三片

《通鑑地理通釋》十四卷計板一百九十六片

《補註急就篇》四卷計板八十九片

《漢藝文志攷證》十卷計板一百一片

《六經天文編》二卷計板七十二片

《小學紺珠》十卷計板二百二十片

《漢制攷》四卷計板五十四片

《姓氏急就篇》二卷計板五十四片

《通鑑答問》五卷計板九十一片

右十四種，深寧先生尚書王公應麟所著。《困學紀聞》係泰定二年廉訪僉事孫楫命刊。《玉海》等書先是浙東都事牟應復建議板行，至元五年宣慰使都元帥也乞里不花資德命刊。

《月令解》十二卷計板九十片

右侍郎張虙著，至元六年刊。

《四明郡志》二十卷計板

右翰林侍講袁桷修，至治元年刊。

《四明郡志》二十一卷計板

右宋寶慶間郡守胡榘修，今重刊。

《讀書分年日程》計板九十片

右程端禮用朱文公讀書法爲之，板留程氏書塾。

書籍：

見在

經

《四書集成》二十五册　《春秋左傳》一十四册

《詩緝》一十册　《公羊穀梁傳》七册

《大學纂疏》一册　《四書精要》一十四册

《論語集註》九册　《東萊讀書記》三册

史

《通鑑綱目》二十三册　《通鑑目録》一十三册

《通鑑精義》二十一册　《九朝通鑑》二十一册

《紀事本末》四十二册　《編年》一十六册

《通鑑》一百三十册　《續通鑑》五十册

《北齊書》一十五册　《南齊書》二十册

《南唐書》五册　《宋書》六十册

《梁書》二十册　《陳書》一十册

《周書》一十五册　《魏書》五十六册

《舊唐書》六十册　《晉書》五十册

《南史》四十册　《北史》四十册

《五代史》二十五册　《讀史管見》一十册

《通鑑編年》二十册　《細字通鑑》三十八册

諸子

張子《西銘》一册　老子《道德經》二册

周子《通書》二册　莊子《南華經》二册

周子《太極圖》一册　《大學衍義》六册

《朱子語略》五册　《西山讀書記》二十二册

文集

《元次山集》二册　《濂溪大全集》五册

《山谷集》二十五册　二蘇《應詔集》二册

《王文公集》十三册　《劍南續藁》一十九册

《白氏長慶集》十四册　《渭南文集》一十一册

《紫陽文集》六十册蛀損　《東坡大全集》二十七册

《杜詩》七册　《麗澤詩集》六册

《東坡詩註》十二册　《后山詩註》四册

類書

《職官分紀》十二册　《三朝言行録》五册
《四朝言行録》四册　《錦繡萬花谷》二十册
《五朝言行録》三册　《續四朝言行録》四册
《姓氏辨證》十二册　《經濟奏議》三十册
《藝文類聚》十八册　《白孔六帖》一十七册
《事類合璧》一十册不全　《續四明志書》一册
《漢文忠經》一册　《古文孝經》一册
《忠烈事實》一册　《孝義事實》一册

以上四項係本路照磨吳子煇父□□□□家塾書。

王元恭《至正四明續志》卷七《學校志·奉化州儒學》　書板：知州馬稱德任内置到活板□萬字。

書籍：知州宋節任内置到：《周易》、《毛詩》、《尚書》、《周禮》、《春秋》、《四書》、《韓柳文》、《通鑑》、《集韵》，通計壹伯伍拾叁册。活字板印到《大學衍義》一部，計二十册。

王元恭《至正四明續志》卷七《學校志·昌國州儒學》　書籍：同知干文傳任内置到：

《周易註》三册，《尚書註》三册，《毛詩註》七册，《周禮》七册，《禮記》一十一册，《春秋》一十八册，《蔡氏書傳》三册，《朱子詩傳》八册，《胡氏春秋》五册，《嚴氏詩緝》九册，《大學集成》三册，《論語集成》一十二册，《孟子集成》十二册，《中庸集成》五册，《皇極經世書》二册，《漢書》五册，《晉書》二册，《南北史》七册，《隋書》三册，《唐書》三册，《通鑑綱目》十九册，《荀子》、《老子》、《文中子》三册，《莊子》三册，《貞觀政要》二册，《杜工部詩》一十册，《太白詩注》八册，《陸宣公文集》六册，《韓柳文》一十三册，《晦庵文集》五十七册。

王元恭《至正四明續志》卷七《學校志·定海縣儒學》　書籍：《周易古注疏》八册，《尚書古注疏》一十三册，《毛詩古注疏》二十六册，《周禮古注疏》二十一册，《儀禮》一十册，《禮記古注疏》三十册，《春秋左氏傳古注疏》三十册，《孝經古注疏》二册，《論語古注疏》一十册，《孟子古注疏》九册，《爾雅注疏》三册，《公羊傳注疏》十一册，《穀梁傳注疏》七册，《史記》三十册，《西漢書》五十册，《東漢書》五十册，《三國志》二十册，《晉書》五十册，《宋書》一册，《齊書》一册，《梁書》二册，《陳書》一册，《南史》二十五册，《後魏書》一十五册，《北齊書》二册，《後周書》二册，《北史》四十三册，《隋書》三十册，《唐書》八十五册，《五代史》一十五册。

新置係各官儒職助到：《周易程朱傳》四册，《蔡氏書傳》三册，《朱氏詩傳》四册，《春秋胡氏傳》四册，大字《四書》一十册，《四書紀聞》四册，《性理四書》二册，《四書集成》二十四册，《玉篇廣韵》五册，《五子》二十八册，《通鑑綱目》二十八册，《宋鑑》八册，《山堂考索》三十六册，《黄氏日抄》五十册，《三場足用》十三册，《迂齋古文》六册，《杜詩註》一十册。

王元恭《至正四明續志》卷八《學校志·杜洲書院》　書板：袁氏《蒙齋孝經》計板一十片，《耕織圖》計板二十三片。

書籍：《四書》二十册，《六經》三十册，《通鑑》二十册，《史記》三十册，《韓文》一十册，《柳文》一十册，《黄氏日抄》五十册，《慈湖文集》一十册。

《永樂大典》卷五三四三《三陽志·學校》　書籍：郡書舊數十種，歲久漫滅，多不復存。今以見管及新刊者列之于左：

大字《韓文公集》並《考異》一千二百板。
中字《韓文公集》九百二十五板。
《通鑑總類》一千五百板。
《漢雋》二百九十板。
《蔡端明集》六百五十板。
《趙忠簡集》四百三十五板。
陳内翰宗召、徐學士鳳《北門集》三百二十板。
《三山王訥齋集》一百二十板。
許東澗《應龍集》二百二十板。
《續談助》二百七十板。
《諭俗續編》四十板。
林賢良《草範》五十板。
新修《潮陽圖經古瀛乙丙集》三百二十五板。
大字《韵略》一百板。
藥方五種：《瘴論》三十板。《備急方》三十板。《易簡方》九十板。《治未病方》九十板。《癰疽秘方》四十板。以上書板並留郡。
《濂溪大成集》四百板。

吕氏大圭《孟子説》三百二十板。

吕氏大圭《春秋集傳或問》六百板。以上板留濂溪書院。

朱文公《論孟或問》六百板。

朱文公《中庸輯略》一百八十板。

朱文公《家禮》一百七十板。

《北溪字義》一百三十板。

《吕氏易集解》三百二十板。

《孝經本旨》九十板。

《三陽講義》一百板。

陳平湖《膠髓集》一百板。

陳平湖《中庸大學太極通書説》共七百五十板。以上板留郡學。

新刊《元城劉忠定公集》一百八十板。

《春秋辨傳》二百五十板。

《牟心齋讀史詩古瀛丁集》五十板。

夏良勝《（正德）建昌府志》卷八《典籍》　板刻書一十五：《春秋胡傳》、《錦繡策》、《三禮考註》【略】《養生雜纂》周守忠編、《保生要録》、《急救易方》、《韓蘇二妙》、《聽鶴軒詩》、《褒忠録》、《鳴盛詩》、《麻姑詩》、《孝行詩》，已上俱存本府。《南豐文集》，存南豐縣。《遺愛録》，存新城縣。《一峯集》。存廣昌縣。

朱懷幹修、盛儀纂《嘉靖惟揚志》卷一二《經籍志·版刻》　《高皇帝御製文集》，御史徐九皋刻。《鮑明遠詩集》、《楊鐵崖集》、《晞髮集》，並御史馮允中刻。《五經白文》、《家禮節要》、《本草集要》，並御史朱廷立刻。《原病式》，御史李佶刻并序。《素問》，御史吴悌刻。《洗冤集録》，御史劉隅刻。《大明官制》，御史焦璉刻。《皇明政要》，御史戴金刻。《廣文選集》，御史陳蕙刻。《維揚鄉約》，御史洪垣刻。《薛子粹言》，御史胡植刻。《大誥三編詩話》，知府揚成刻。《百戰奇法》，指揮李淮刻。《古小學》、《甘泉文録》、《格物通》，尚書湛若水撰，江都葛澗校刊。《褚氏遺書》，齊褚澄撰。《周禮全書》，葛欽刻。《白沙詩粹》，陳獻章撰。《周易訓測》、《學庸訓測》、《雍語》、《二業合一訓》，並湛若水撰，葛澗刻。《周子全書演》、《張子抄釋》，並侍郎吕柟撰，葛澗刊。《遵道録》，湛若水撰，江都知縣王惟賢刊。《四書古本》，袁賢刻。《二禮經傳測》、《春秋正傳》，並湛若水撰，卞萊刻。《白沙子》，陳獻章撰，高簡序。《小學韵語》，卞萊刻。《甘泉全集》，湛若水撰，監生火增刻。《象山語畧》二卷、《慈湖語畧》二卷，教授高簡編，知縣王惟賢刻。《六經正誤》、《詩準》、《詩翼》、《太玄經》、《張文潛集》，《風雅遺音》，並江都監生郝梁刻。《前溪文集》，火鈞刻。《農桑撮要》，儀真知縣李文瀚刻。《陽明文録》，儀真知縣王暐刻。《意林》，儀真縣刻。《谷音》，黄瓚跋。《上蔡語録》、《文公訓蒙絶句》，儀真工部分司刊。《蔣南泠詩集》十四卷，儀真蔣山卿撰刊。《省心詮要》，監生張桀刻。《易大象説》二卷，侍郎崔銑撰，徐行刻。《二程抄釋》，高郵州刻。《伊洛淵源録》、《續録》、《揚子折衷》、《胡子要語》，並知州黎堯勳刻。《泰定養生主論》，如皋冒鸞刻。劉向《説苑》、《本草權度》，並通州同知舒纓刻。《東廓文集》，祭酒鄒守益撰，泰州刻。《唐太宗集》，寶應朱氏刻。《脉訣》、《難經》、《古文真寶》、《鹽鐵論》。並運司刻。

林伯桐、陳澧《學海堂志·經板》　自剞劂肇啓，載籍方滋，其間切要者亦可指數。毋昭裔少時，欲借文選竟不可得，及後貴顯，梓以流傳，至今稱美。至於經訓菑畬，不特浩如烟海；而搜羅甄録，非有精深卓絶之識，博厚悠久之志，亦未必克底於成也。我朝經學極盛，一家之書，輒軼前載，聞聲相思，欲購無所；而前代空談流弊，士或溺於所聞，冥行踟躕，去道逾遠。儀征公審定師承，啓發鴻賓，爰刊《皇清經解》一千四百卷，存板於堂，將使山陬海澨皆得聞海内大師之緒言，而寒畯有志無難快睹。其闡揚古訓，是爲山淵，衣被士林，豈徒廣厦乎哉？志經板。

儀征公初發章程，有云：「將來於堂側添建小閣，庋藏書板。」迨《經解》將次刊竣，堂中召工估計，以書板既多且重，閣内必須寬展，木料必須長大，而堂側地面亦須培高，乃便於因勢加築，工費浩繁。公議：附近有文瀾閣，係本處紳士奉公命特建，以奉文昌祀事者，閣下三楹，地方乾潔，暫於兩旁設架藏板，亦不偪仄，遂詳議章程，庋藏於此，俟經費漸有餘裕，再議請領在堂側築閣也。

藏板章程

一、《經解》板共一百零九架，每架編列字號，標明板片若干。

一、兩架叠陳（兩叠互倚），使房中仍有餘地，以便通行，隨時查覈。

一、每架脚俱用厚瓷碗盛之，碗中貯石灰以防蟻蛀，碗下用厚紅磚墊之，以避潮氣。

一、藏板房門鎖鑰，由值課學長收管，按季流交。

一、書坊有願刷印者，先具領，到堂交納板租，然後定期開工。其板片甚多，不能搬遠，該匠人等每早到文瀾閣下刷印，薄暮散歸，不作夜工，以昭慎重。

一、每次刷印《經解》多則一綱，六十部。少亦半綱。三十部。每刷一部，納板租銀壹兩，以備每次修補板片及小修藏書房舍，隨時整理書架各雜費。另自交守閣守堂茶資每一部貳錢肆分。每次發板收板及每日工匠往來，俱要守閣等照料一切也。

一、每逢刷印，守閣等到學長處領出鑰匙。每發板片不過十架，收回舊板再發新板，每次照字號點明板數，不得有誤。

一、印書之時，學長中偶欲印一部者，亦照納板租，照給茶資，以歸畫一。即雇該書坊匠人刷印。至堂中並無刷印《經解》發出外者，其守閣守堂等既得書坊茶資，不許私雇匠人，與書坊並刷。

一、所收板租，設立總簿，註明某年月日某書坊刷印《經解》若干部，納板租若干，某學長收入存貯。每次印書畢，即要雇匠將各書板逐片洗刷晾乾，然後收藏。每次俱有應修補之板片，即時修補；或房門窗板竹簾及各書架有當修理者，隨時雇人修理。如有工費稍大不能即辦者，必須存記，俟冬月公集商辦。凡有關經版之費用，及一切無著之款，俱於板租內支出，至年底通計。支銷之外，或偶有所存，亦要酌定買有用之書，藏於山堂。其經手收支者，自列清款目，俾得周知可也。

續：

咸豐七年，夷寇據粵秀山。學長等以山堂多藏書板，募有能取出者厚賞之；有通事某甲取出，然缺失者大半矣。乃以舟載至城西之泌沖，庋於鄒氏祠堂。勞制府聞之，捐銀七百兩補刻《皇清經解》，諸官紳亦捐資助成之，共銀七千兩。未及兩年而工畢。時文瀾閣已圮，庋板於惠濟倉。先是山堂外門之内有藏書之屋，夷寇毀其書，屋亦摧壞；乃即其址拓而大之，增築山坡與舊址平，高其外垣，爲室三間，以藏《經解》板。《揅經室集》、《學海堂初集》、《二集》板亦有缺，皆補完之。《三集》選定未刻，其稿在督署内，亂後有得之者，以歸於山堂，遂並刻而藏之。

劉光蕡《味經書院志·刊書第六》 光緒十七年歲在辛卯秋八月，陝西提督學政武昌柯劭立刊書處於味經書院之東。以院長總其事，以監院爲局董事，司財用出入，及一切刊刷之事，以肄業生任校讐。其刊書以《十三經》、《廿四史》爲主，旁及《通鑑》、《通典》、《通志》、《通考》，一切子集、掌故，有用之書。其貲則公出千金以倡之，得自涇陽者五千金，得自三原者一千金，得自各縣者若干金。柯公又捐廉千以益之，臨潼同知銜傅萬積承父志刻十一經讀本，咸寧孀婦趙劉氏承夫志，欲刊書籍，咸輸資附之。其財用出入則主之紳士，歲用其子，留其母，不足則各院司又歲撥五百金以助之。其會計則歲終上於學院，他衙門不與聞。其日行事，學院亦不與聞也。其司事之人，則公舉三十人，上其名於學院，歲更一人，三十年則遍，有缺則舉之，此書局之規制也。始柏先生主講味經，知士之多病空疏也，立求友齋課以振發之，士知嚮學矣，而苦無書，則集貲以刻之。移主關中，則舉所藏版刻印行之。又商於上憲，轉運他省書籍以實之。然無源之水，易竭其流；有限之薪，莫增其燄。於是求友齋僅刻《詩義折中》、《春秋大事表》、《易經讀本》、《詩經讀本》、《梅氏籌算》、《平三角舉要》、《養正遺規》、《教女遺規》、《訓俗遺規》、《豳風廣義》，糜金錢不及兩千。《書經讀本》、《九章翼工》猶未竣，而貲不繼矣。是時，武昌柯公蒞關中，其造士也，合漢宋而一之，朱子小學，必兼訓詁；心性之説，必實之以經史。尤加意於書院，擇陝西英俊者數十人養之，月有課，日有記，公親評閱。覺陝士非使之沈潛於經史之中不能救其弊，而刊書之意決矣。往復商酌於省中院司，殷勤條告於各屬州縣，經營二年有餘，始克有成。公乃議之曰：「刊書爲陝省千百年未有之舉，千百士取益之資，所關甚鉅，故首擇人。得人而理，各任其勤，故專責成次之。校讐之善，爲有益於古書；校讐之精，實足覘士所學，故嚴校讐次之。鐫刻之初，經史爲急；鐫刻之勢，積漸始成，故限鐫刻次之。鳩工居肆，良莠不齊，漫無紀綱，弊生内潰，故立條規次之。雕成善本，藏宜名山；日積月增，閣架林簇，故建房屋次之。嘉惠士林，勢成紙貴，楬而書價無致居奇，故便售賣次之。一切事務，不鈐束以官法，則勢渙而不聚，盡用官法，又恐分隔而弊生，故慎報銷次之。用人不可不養，故議薪水次之。仗義輸貲，名不可没，籌之維艱，守之不敢或易也，故以籌經費終焉。」規模粗定，而公亦將報政入都矣。版印書籍，盛行於宋，其事多領於書院，所謂院本也。中興以來，各直省多設書局，然領於官吏，不領於師儒，則存書籍之意多，而教士子之意少。陝獨後起，制乃合於古，則獨後者安知不獨久也。昔阮文達設詁經精舍於浙，浙之古學大興。他日陝士輩出，此舉殆爲之兆矣。

《申報》同治癸酉九月廿九日《論建立書樓事》 前閱魏塘儻齋老人上兩江制府條陳「兩江應辦有利無弊事宜」八條，內列二條，有云：「一、復建書樓以勵實學也，廣講舍以勵人才也。夫書樓之建，始於乾隆朝時，因頒發《四庫全書》於江浙、江寧、蘇州、杭州，遂各建書閣以謹藏之，令士子之欲讀各書者，皆得進閣以觀覽焉。【略】現雖各省開設書局，刊刻諸書，而價值少昂，貧士力難購閱。當道諸公若能於各省書院另建一樓，將各省所刊諸書互相交易，彼此移得之書藏於樓內，飭令監院管理，准好學之士取閱。定立條規，按日更換，隨時稽查，則多士得稽古之資，監院無失書之累矣。若民間所無之書，再能於《四庫全書》之內，抄録畀樓，則更善矣。否則富貴之家，仿照西法以建書樓，未始非造就人才栽培實學之一助也。儻齋老人亦可謂有心世道，成全後學者矣。吁！不知能否使我身躬親其盛也，是又安能不論。

葉德輝《書林清話》卷六《宋監重刻醫書》 宋國子監鏤刻經史外，最重醫書，且聽人購買。吾所藏明仿宋本王叔和《脈經》十卷，前有公牒，略云：「國子監准監關准尚書禮部符，准紹聖元年六月二十五日敕，中書省尚書省送到禮部狀，據國子監狀，據翰林醫學本監三學看治任仲言狀。伏覩本監先准朝旨，開雕小字《聖惠方》等共五部出賣，并每節鎮各十部，餘州各五部，本處出賣。今有《千金翼方》、《金匱要略方》、《王氏脈經》、《補註本草》、《圖經本草》等五件醫書，日月而不可缺。本監雖見出賣，皆是大字，醫人往往無錢請買，兼外州軍尤不可得。欲乞開作小字，重行校對出賣，及降外州軍施行。本部看詳，欲依國子監申請事理施行，伏候指揮。六月二十六日奉聖旨，依。鈔如右，牒刊奉行」云云。蓋當時朝廷本重醫學，故請乞必得依行。惜原刊五書，所謂大字本、小字本者，明人未得遍繙，僅存此《脈經》，略見其梗概而已。

葉德輝《書林清話》卷六《南宋補修監本書》 朱少保公云：「淳化中，以《史記》、《前後漢》付有司摹印，自是書籍刊鏤者益多。」李心傳《建炎以來朝野雜記》云：「監本書籍，紹興末年所刊。國家艱難以來，固未暇及。九年九月，張彦實待制爲尚書郎，始請下諸道州學取舊監本書籍鏤板頒行。從之。然所取者多有殘缺，故胄監刊六經無《禮記》，正史無《漢書》。二十一年五月，輔臣復以爲言。上謂秦益公曰：『監中其他闕書，亦令次第鏤板，雖重有費不惜也。』由是經籍復全。」蓋宋自淳化以後，歷朝皆刻書，版存國子監。紹興南渡，軍事倥傯，而高宗乃殷殷垂意於此，宜乎南宋文學之盛，不減於元祐也。

葉德輝《書林清話》卷七《元時官刻書由下陳請》 元時官刻之書，多由中書省行江浙等路有錢糧學校贍學田款内開支，有徑由各省守鎮分司呈請本道肅政廉訪使行文本路總管府事下儒學者，有由中書省所屬呈請奉准施行，展轉經翰林國史院、禮部詳議照准行文各路者，事不一例，然多在江浙間。今據各書存於今者考之，其由國子監呈本監牒呈中書省行浙東道宣慰使司都元帥府分派本路儒學召工開雕者，如至元三年慶元路之刻《玉海》二百卷是也。其由翰林國史院待制、應奉、編修各官呈本院詳准呈中書省劄付禮部議准，仍由中書省行江浙等處行中書省下杭州路西湖書院開雕者，如至正二年杭州路之刻蘇天爵《國朝文類》七十卷是也。其由各路守鎮分司司官議牒呈由本道肅政廉訪使司照准，委本路儒學教授校勘者，如至正二十五年江南浙西道肅政廉訪使司據平江路守鎮分司官僉事伯顔帖木兒嘉議牒之刻吴師道重校鮑彪注《戰國策》十卷是也。其由各道廉使議牒呈由本肅政廉訪使司移文本路儒學開雕者，如至正五年江西湖東道肅政廉訪使司准本道廉使太中議牒，移文撫州路總管府行本路儒學刊行虞集《道園類稿》五十卷；至正丙戌江北淮東道肅政廉訪使准本道廉使王正議牒，行本路儒學刊板蕭𣂏《勤齋集》八卷；至元二年婺州路總管府經歷司鈔録到浙東海右道肅政廉訪司經歷司准經歷張登仕牒請，移文本路儒學刻金履祥《論語集注考證》十卷；又至元五年江北淮東道肅政廉訪司准本道廉使蘇嘉議牒，移文揚州路總管府照行江淮儒學刻馬祖常《石田文集》十五卷；至正九年江南浙西道肅政廉訪使司准本道僉事哈剌那海議牒，移文嘉興路總管府照驗行各路儒學刻劉因《静修先生集》三十卷是也。其由御史臺據監察御史呈中書省送禮部議准，仍由中書省行各道發本路儒學刊行者，如至正八年御史臺呈中書省，據監察御史段弼、楊惠、王思順、蘇甯等呈行禮部議准行江浙各路刊行宋褧《燕石集》十五卷；至治辛酉、壬戌御史臺呈中書省，據監察御史呈行禮部議准行江浙或江西行省刊行王惲《秋澗先生大全文集》五十卷是也。其由集賢院呈中書省，劄付禮部議准咨各處行中書省本路刊行者，如延祐五年江西等處行中書省發下所轄各路儒學梓行郝文忠《陵川集》三十九卷是也。然亦有由中書省奉聖旨徑下江浙、江西發刊者，如至正五年刻遼、金二史，其前有牒江浙行中書省文云：「准中書省咨右丞相奏，去歲教纂修遼、金、宋三史，令浙江、江西二省開板，就彼有的學校錢内就用，疾早教各印造一百部，欽此。」見《孫記》、《錢記》。六年刻《宋史》，前亦有此公牒云：「精選高手人匠就用，賫去浄稾，依式鏤板，不致差訛。所用工物，本省貢士莊錢内應付。如果不敷，不拘是何錢内放支，年終照算。仍禁約合屬，毋得因而一概動擾違錯。工畢，用上色高紙印造一百部，裝潢完備，差官赴都解納。」見《陸志》。蓋此乃奉旨特修之書，故非由屬下議刻之件所得比例。然吾因此見元時江南學田之贍足，而諸人呈請發刻，亦未免各有私。觀其呈刻別集如此之多，是亦近於濫費也已。

葉德輝《書林清話》卷七《明時官刻書只准翻刻不准另刻》 明時官刻書，只准翻刻，不准另刻。世傳閩中刻《五經四書》，首有提刑按察司牒建寧府云：「福建等處提刑按察司爲書籍事，照得《五經四書》，士子第一切要之書，舊刻頗稱善本。近時書坊射利，改刻袖珍等版，款制褊狹，字多差訛，如『巽與』訛作『巽語』，『由古』訛作『猶古』之類。豈但有誤初學，雖士子在場屋，亦訛寫被黜，其爲誤亦已甚矣。該本司看得書傳海內，板在閩中。若不精校另刊，以正書坊之謬，恐致益誤後學。議呈巡按察院詳允會督學道選委明經師生，將各書一遵欽頒官本，重複校讎。字畫句讀音釋，俱頗明的。《書》、《詩》、《禮記》、《四書傳説》款識如舊，《易經》加刻《程傳》，恐只窮本義，涉偏廢也。《春秋》以《胡傳》爲主，而《左》、《公》、《穀》三傳附焉，資參考也。刻成合發刊布，爲此牒仰本府著落當該官吏，即將發出各書，轉發建陽縣。拘各刻書匠户到官，每給一部，嚴督務要照式翻刊。縣仍選委師生對同，方許刷賣。書尾就刻匠户姓名查考，再不許故違官式，另自改刊。如有違謬，拿問重罪，追版劃毁，決不輕貸。仍取匠户不致違謬結狀同依准繳來。嘉靖拾壹年拾貳月□□日，故牒建寧府。」按：此牒載所刻《春秋》四傳，又載《禮記集説》，見《丁志》，足見明時法制之嚴，刻書之慎。而建寧匠人之盛，自宋以來至明五六百年，流風不墜，觀於此牒，亦可想其專精雕鏤矣。

葉德輝《書林清話》卷七《明時書帕本之謬》 明時官吏奉使出差，回京必刻一書，以一書一帕相餽贈，世即謂之書帕本。語詳顧炎武《日知録》。王士禎《居易録》云：「明時翰林官初上或奉使回，例以書籍送署中書庫，後無復此制矣。又如御史、巡鹽茶、學政、部郎、榷關等差，率出俸錢刊書，今亦罕見。宋王琪守蘇州，假庫錢數千緡，大修設廳。既成，漕司不肯破除。琪家有杜集善本，即俾公使庫鏤板印萬本。每部值千錢，士人爭買之。既償省庫，羡餘以給公廚。此又大裨帑費，不但文雅也。」按：明時官出俸錢刻書，本緣宋漕司郡齋好事之習。然校勘不善，訛謬滋多，至今藏書家均視當時書帕本比之經廠坊肆，名低價賤，殆有過之。然則昔人所謂刻一書而書亡者，明人固不得辭其咎矣。

葉德輝《書林清話》卷七《明南監罰款修板之謬》 明兩監書板，尤有不可爲訓者。如南監諸史，本合宋監及元各路儒學板湊合而成，年久漫漶，則罰諸生補修，以至草率不堪，並脱葉相連亦不知其誤。北監即據南本重刊，繆種流傳，深可怪歎。吾不知當時祭酒、司業諸人，亦何尸位素餐至於此也。或謂當時監款支絀，不得不借此項收入，略事補苴，且於節用之中而見課士之嚴肅，其立法未爲不善。雖然，南監板片，皆有舊本可仿，使其如式影寫，雖補板亦自可貴。乃一任其板式淩雜，字體時方時圓，兼之刻成不復細勘，致令訛謬百出。然則監本即不燬於江寧藩庫之火，其書雖至今流傳，亦等於書帕坊行，不足貴重矣。

葉德輝《書林清話》卷八《宋元明官書許士子借讀》 刻書以便士人之購求，藏書以便學徒之借讀，二者固交相爲用。宋、明國子監及各州軍、郡學，皆有官書以供衆讀。今其事略可考見者，《天禄琳琅》一宋版《春秋公羊經傳解詁》十二卷，書中每間數紙，輒有真書木印，曰「鄂州州學官書」，曰「鄂泮官書帶去准盗」。考王應麟《玉海》：「咸平四年六月，詔郡縣有學校聚徒講誦之所，賜《九經》書一部。大觀二年六月，州學藏書閣賜名稽古」。則州郡學置官書，自宋初已然。李心傳《朝野雜記》載：「王瞻叔爲學官，嘗請摹印諸經疏及《經典釋文》，貯郡縣以贍學。或省係錢各市一本，置之於學。」是南渡後猶重其事，且有准盗之條，官守爲綦嚴矣。《天禄琳琅》三宋版《六臣注文選》中，有宋寶慶寶應州印及官書不許借出木記。按《文獻通考·輿地考》載宋理宗寶慶間，以逆全之亂，降淮陰郡爲淮安軍，又以寶應縣爲寶應州。是寶應州之名自理宗時始建，故官印於州名之上冠以紀年。自後，元明以來，其制未改。《陸志》、《陸跋》北宋刻大字本《資治通鑑》卷中有「静江路學係籍官書」朱文長印，第六卷前有朱文木記曰：「關借官書，常加愛護，亦士大夫百行之一也。仍令司書明白登簿，一月一點，毋致久假或損壞去失，依理追償。收匿者聞公議罰。」《天禄琳琅後編》二宋版《大易粹言》册末，紙背印記云：「國子監崇文閣官書，借讀者必須愛護。損壞闕污，典掌者不許收受。」《天禄琳琅後編》三宋版陸德明《經典釋文》三十卷，云：「每册有蒙古篆官印及紙背國子監崇文閣印記，與《大易粹言》同。」考皇慶二年六月建崇文閣於國子監，見《元史·仁宗本紀》。此蓋當時舊藏，亦即《天禄琳琅後編》所著録之物也。所載印文，「官書」誤作「書籍」。《張志》宋刻《經典釋文》殘本，《黄賦注》淳熙台州公使庫本《顔氏家訓》，《錢記》宋版《黄氏補千家注紀年杜工部詩史》，均有此印記。但以「闕污」爲「闕失」，此因印文篆字不明晰之故。然《顔氏家訓》今見《繆續記》，正作「闕失」，則《天禄琳琅》誤矣。《陸集》宋本《王狀元集諸家注分類東坡先生詩集》二十五卷、《紀年録》一卷，卷中有「慶元路提學副使邵曬理書籍關防」。據王圻《續文獻通考》，提學副使有收掌書籍之責，可見元時護惜官書之具於功令也。《黄書録》宋本《孟浩然集》，卷中有「翰林國史院官書」楷書朱記一。瞿木夫云此是元時印，余所見宋刻唐人文集多有此印。明時官書見於諸家記載者,《錢日記》云:「黄蕘圃齋中見宋刻《舊唐書》不全本,卷首朱印『紹興府鎮越堂官書』八字。」《黄書録》、《瞿目》載亦同。宋陳亮編《歐陽先生文粹》五卷,卷中多正書木印云:「安撫提刑汪郎中置到紹興府學官書,許生員關看,不許帶出學門。」顧自宋元明累朝嘉惠士林,而制度未爲完備。我朝乾隆時,《四庫》書成,於江浙間建文瀾、文匯、文宗三閣,諭令士子願讀中祕書者,就閣中傳鈔。夐乎千載一時,爲漢唐所未有,何論宋元以下也。

民間印刷部

綜述

祝穆《方輿勝覽》卷一一《福建路建寧府·土產》 書籍行四方。麻沙、崇化兩坊產書，號爲圖書之府。○朱元晦《嘉禾縣學藏書記》云：「建陽版本書籍行四方者，無遠不至。而學於縣之學者，乃以無書可讀爲恨。今知縣事姚某始鬻書于市，上自六經，下及訓、傳、史記、子、集，凡若干卷以充入之。」又云：「嗚呼！讀聖賢之方，而不通於心，不有於身，猶不免爲書肆，況其所讀又非聖賢之書哉！以此道人乃欲望其教化行而習俗美，豈不難哉？」

馮繼科《〔嘉靖〕建陽縣志》卷四《户賦志·貨產》 書籍。出麻沙、崇化兩坊，昔號「圖書之府」。麻沙書坊燬于元季，惟崇化存焉。今麻沙鄉進士張璿偕劉、蔡二氏新刻書板寖盛，與崇化並傳于世，均足以嘉惠四方云。

黄仲昭《八閩通志》卷二五《食貨志·土產·建寧府》 書籍。建陽縣麻沙、崇化二坊，舊俱產書，號爲「圖書之府」。麻沙書坊元季燬，今書籍之行四方者，皆崇化書坊所刻者也。

劉國光《〔光緒〕長汀縣志》卷三一《物產·貨屬》 書。自古書多口授，無鬻於市。至漢紙筆始造，雕刻旋興，設坊開鐫，版用棗梨。故勸學可以通商，刊書亦列貨殖。長邑四保鄉以書版爲產業，刷就發販，幾半天下，而關征從不及之，其獲利亦不小矣。

葉德輝《書林清話》卷三《宋私宅家塾刻書》 宋時家塾刻本，其名姓亦甚繁多，今所最著如岳珂之相臺家塾刻《九經》、《三傳》，廖瑩中之世綵堂刻《五經》、《韓、柳集》，皆至今爲人傳誦。岳刻存於今者，《五經》有武英殿翻雕本，及各直省書局私宅重翻殿本。又有《論語》何晏集解附《音義》十卷，見《天禄琳琅後編》三。《孟子》趙岐注附《音義》十卷，見孔繼涵微波榭刻本跋。廖刻存於今者，有《春秋經傳集解》三十卷，見《天禄琳琅》一。卷末有木記曰：「世綵廖氏刻梓家塾。」《論語》二十卷，《孟子》十四卷。卷末有「盱郡廖氏重刻善本」八字方形印，或亞字印，中有「廖氏」二字記。見《後編》八。又有《韓昌黎集》四十卷、《外集》十卷，見《莫録》、《丁目》。明徐氏東雅堂刻本，即翻此本。《柳河東集》四十四卷、《外集》二卷，《龍城録》二卷、《附録》二卷，有明郭雲鵬濟美堂翻雕本。此本行字板式與徐氏東雅堂刻《韓集》同，據元周密《志雅堂雜鈔》有韓柳並刻之語，知亦出廖刻。其他則有：

蜀廣都費氏進修堂。刻大字本《資治通鑑》二百九十四卷，即世稱爲龍爪本者。見《瞿目》、《陸跋》。

臨安進士孟琪。寶元二年刻姚鉉《文粹》一百卷，見《黄書録》、紹興九年重刻本。《丁志》。元刻本。云：每葉三十行，每行二十五字。

京臺岳氏。慶曆六年新雕《詩品》三卷，見《瞿目》。影宋鈔本。

建邑王氏世翰堂。嘉祐二年刻《史記索隱》三十卷，即中統二年平陽道參幕段君子成刻《史記集解》附《索隱》一百三十卷之祖本也。見《天禄琳琅後編》四。

建安蔡子文東塾之敬室。治平丙午三年。刻邵子《擊壤集》十五卷，見《楊録》。

寇宅。宣和元年寇約刻其叔宗奭《本草衍義》二十卷，見《孫記》、《吴記》、《陸續跋》、《楊譜》。

瞿源蔡道潛宅墨寶堂。紹興壬申二十二年。刻《管子》二十四卷，見《黄記》、此本今有仿刻本，並刻黄丕烈跋。《瞿目》。

清渭何通直宅萬卷堂。紹興乙亥二十五年。刻《漢雋》七册，見《天禄琳琅後編》十五。明仿宋本。

麻沙鎮水南劉仲吉宅。紹興庚辰三十年。刻《新唐書》二百二十五卷，見《錢日記》。乾道端午刻《增廣黄先生大全文集》五十卷，見《黄記》、《張續志》、《楊録》。按此無年月，乾道歲名不值午，則端午亦不誤，宋刻草率可笑。

麻沙鎮南齋虞千里。乾道己丑五年。刻王先生《十七史蒙求》十六卷，見康熙庚寅程宗璜仿刻本。卷中有木印記「麻沙鎮南齋虞公千里先生校正，的無差誤，乾道己丑刊行」等字。

建溪三峯蔡夢弼傅卿家塾。乾道七年刻《史記》一百三十卷，見《張志》、《錢日記》。云目録後有一行云：「三峯樵隱蔡夢弼傅卿校正」。《三皇本紀》後有二行云：「建溪蔡夢弼傅卿親校，刻於東塾，時乾道七月春王正上日書」。又《五帝本紀》有墨長印二行云：「建溪三峯蔡夢弼傅卿親校，謹梓於望道亭」。德輝按：此家塾刻書之矜慎者，然誤七年爲七月，則亦失檢之甚矣。

吴興施元之三衢坐嘯齋。乾道壬辰八年。刻蘇頌《新儀象法要》三卷，見《四庫書目提要》、《張志》、《瞿目》。影寫宋刊本。

王撫幹宅。乾道壬辰八年。刻王灼《頤堂先生文集》五卷，見《丁志》、《繆續記》。影宋鈔本。

錦谿張監税宅。淳熙改元刻桓寬《鹽鐵論》十卷，見《丁目》、《莫録》。德輝按：明涂禎刻本即從此本出。今顧千里廣圻爲張敦仁校刻，乃明人重刻十行本，非涂刻原本。

武谿游孝恭德棻登俊齋。淳熙丙申三年。刻蜀本《三蘇文粹》六十二卷，見《天禄琳琅後編》六。云卷末有木條記一行云：「淳熙丙申冬至日刊於登俊齋」。

廉臺田家。淳熙七年刻台州公使庫本《顔氏家訓》七卷，見《黄賦注》、《黄書録》、《錢記》。云：序後有長木記云「廉臺田家印」，宋諱間不缺筆。德輝按：既是公使庫刻，則不應題田家私記，此蓋田家翻公使庫本，故宋諱缺筆不備。或係南宋末年刻本，若公使庫本，則避諱謹嚴矣。

吉州東岡劉宅梅溪書院。淳熙丁未十四年。刻王庭珪《盧溪先生集》五十卷，見《丁志》。鈔本。

建安陳彦甫家塾。慶元丙辰二年。刻葉蕡《聖宋名賢四六叢珠》一百卷，見《陸志》。舊鈔本。

梅山蔡建侯行父家塾。慶元三禩刻《陸狀元集百家注資治通鑑詳節》一百二十卷，見《黄賦注》、《張志》、《陸續志》、《陸續跋》。刻《李學士新注孫尚書尺牘》十六卷，見《黄記再續》、《黄書録》。云：目録後有「蔡氏家塾校正」隸書木記。序文云：「慶元三禩閏餘之月，梅山蔡建侯行甫謹序」。蓋與《通鑑詳節》同時所刻。《瞿目》。

建安黄善夫宗仁家塾之敬室。刻《史記正義》一百三十卷。慶元嗣元刻《前漢書》一百二十卷，見《森志》。云：引用書目後有「慶元嗣歲端陽建安劉之問謹識」記，《列傳》第一卷末，有「建安黄善夫刊於家塾之敬室」。

建安劉元起家塾之敬室。刻《後漢書》一百二十卷，見《黄記》、《黄賦注》、《黄書録》、《錢日記》。云：目録後題「建安劉元起刊於家塾之敬室」。德輝按：此《兩漢書》爲劉元起、黄善夫二人合貲所刊，諸家題跋往往不能分辨。

建安魏仲舉家塾。慶元六禩刻《新刊五百家註音辨昌黎先生文集》四十卷、《外集》十卷、《別集》一卷、《論語筆解》十卷；卷首《昌黎先生序傳碑記》一卷、《看韓文綱目》一卷、《引用書目》一卷、《評論詁訓音釋諸儒名氏》一卷、《韓文類譜》七卷；德輝按：即年譜。雍正己酉祁門馬曰璐得殘本宋刻《韓柳二先生集》，即魏仲舉本，並柳集中宋文安禮《柳先生年譜》一卷合刻，題曰《韓柳年譜》。《四庫史部・傳記類》存目。後附《許渤序》、《昌黎文集後序》五篇，見《天禄琳琅》三、按：《天禄琳琅》載二部。其前一部前缺《昌黎先生序傳碑記》一卷、《看韓文綱目》一卷；中缺《別集》一卷、《論語筆解》十卷；後缺許渤等《序》五篇；目録後有木記曰：「慶元六禩孟春，建安魏仲舉刻梓於家塾」。其後一部，前缺《韓文類譜》七卷。茲參合二部詳箸之。《四庫書目提要》、云：《五百家註音辨昌黎先生文集》四十卷，內府藏本。宋魏仲舉編。仲舉建安人，書前題「慶元六年刻於家塾」，實當時坊本也。首列《評論詁訓音釋諸儒名氏》一篇，自唐燕山劉氏迄潁人王氏共一百四十八家。又附以新添集註五十家，補註五十家，廣註五十家，釋事二十家，補音二十家，協音十家，正誤二十家，考異十家，統計祇三百六十八家，不足五百之數。而所云新添諸家，皆不著名氏，大抵虛構其目，務以炫博，非實有其書。即所列一百四十八家，如皇甫湜、孟郊、張籍等，皆同時唱和之人，劉昫、宋祁、范祖禹亦僅撰述唐史，均未嘗詮釋文集，乃引其片語，即列爲一家，亦殊牽合。蓋與所刊五百家註《柳集》，均一書肆之習氣。又云：朱彝尊稱此書尚有宋槧本，在長洲文氏，後歸李日華家。《正集》之外，尚有《外集》十卷、《別集》一卷、《論語筆解》十卷。此本止四十卷，而《外集》、《別集》不與焉。蓋流傳既久，又有所闕佚矣。德輝按：四庫著録五百家音註韓、柳二集，皆註內府藏本。據《柳集》提要稱柳爲宋版，與《昌黎集註》先後同歸祕府，則此韓集亦爲宋版無疑，乃卷帙不參考《天禄琳琅》二部，詳載其全，是則編撰諸臣之疏漏矣。《丁志》。缺《別集》一卷、《論語筆解》十卷。又刻《新刊五百家註音辨唐柳先生文集》二十一卷、《附録》二卷、《外集》二卷、《新編外集》一卷、《龍城録》二卷；前載《看柳文綱目》一卷、宋文安禮《柳先生年譜》一卷、《評論詁訓諸儒名氏》一卷；後附《柳先生序傳碑記紀》一卷、《文集後序》五篇，亦見《天禄琳琅》三、《四庫書目提要》。云：《五百家註音辨柳先生文集》二十一卷、《外集》二卷、《新編外集》一卷、《龍城録》二卷、《附録》二卷，內府藏本。宋魏仲舉編，其版式廣狹，字畫肥瘠，與所刻《五百家註昌黎集》纖毫不爽，蓋二集一時並出也。前有《評論訓詁諸儒姓氏》，檢核亦不足五百家。又云：書中所引又不及《韓集》之博，蓋論韓者多，論柳者較少，故所取不過如此，特姑以五百家之名與韓集相配云爾。又云：其本槧鍥精工，在宋版中亦稱善本。今流傳五六百年，而紙墨如新，神明煥發，復得與《昌黎集註》先後同歸祕府，有類乎珠還合浦，劍會延津，尤可爲寶貴矣。

建安魏仲立宅。刻《新唐書》二百二十五卷，見《繆記》。云：目後有牌記云：「建安魏仲立宅刊行，士大夫幸詳察之」。德輝按：此與魏仲舉或兄弟也。

建安劉日新宅。開禧更元刻王宗傳《童溪易傳》三十卷，見《天禄琳琅後編》二。云自序後有墨印三：一曰「大易發明」，一曰「建安劉日新宅鋟梓於三桂堂」，一曰「經學之寶」。

吉州周少傳府。嘉泰元年刻《文苑英華》一千卷，見《張志》、《陸志》。舊鈔本，後有刻書具文云：「吉州致政周少傳府，昨於嘉泰元年春，選委成忠郎新差充筠州臨江軍巡轄馬遞鋪權本府使臣王思恭，專一手鈔《文苑英華》，并校正重複，提督雕匠。今已成書，計一千卷，其紙札工墨等費並係本州印匠承攬，本府並無干預，今聲説照會。四年八月一日權幹辦府張時舉具」。

祝太傅宅。嘉熙己亥三年。刻祝穆《方輿勝覽前集》四十三卷、《後集》七卷、《續集》二十卷、《拾遺》一卷，見《孫記》、《丁志》、宋刊本，七十卷。《楊志》。前録有祝太傅宅幹人吴吉《申兩浙轉運司禁書肆翻板約牒文》。

建寧府麻沙鎮虞叔異宅。刻《括異志》十卷，見《瞿目》。舊鈔本，云：目録後有「建寧府麻沙鎮虞叔異宅刊行」一行。

秀巖山堂。太歲丙辰仲夏刻《增修互註禮部韵略》五卷，見《四庫書目提要》。云：理宗寶祐四年蜀中所刻。

建安劉叔剛宅。刻《附釋音禮記注疏》六十三卷，見《孫記》。云：和珅翻刻。德輝按：宋刻本七十卷，和珅本與惠棟校宋本同，恐非宋刻原本。吾有此本，字畫流動，非宋體也。刻《附釋音毛詩注疏》二十卷，見《森志》。云：序後有木印記云：「劉氏文府叔剛桂軒一經堂」。

建安王懋甫桂堂。刻宋人《選青賦箋》十卷，見《天禄琳琅》三。云目録後有「建安王懋甫刻梓於桂堂」木記。

建安曾氏家塾。刻《文場資用分門近思録》二十卷、《後録》十四卷，見《莫録》。

建安虞氏家塾。刻《老子道德經》四卷，見《黄書録》、《瞿目》。云：目録後有「建安虞氏刊於家塾」一條。

眉山文中。刻《淮海先生文集》二十六卷，見《瞿目》。云板心有「眉山文中刊」五字。

眉山程舍人宅。刻《東都事略》一百三十卷，見《森志》、《陸志》、《陸續跋》。

姑蘇鄭定。刻《重校添注柳文》四十五卷、《外集》二卷，見《瞿目》、《黄記》。殘宋本「五百家音辨唐柳先生文集」下云：「姑蘇鄭定刊於嘉興」。

錢唐王叔邊家。刻《前漢書》一百二十卷、《後漢書》一百二十卷，見《楊録》。云目録後有叔邊咨云「本家今將前後漢鋟板」云云。

婺州市門巷唐宅。刻《周禮鄭注》十二卷，見《楊志》、《楊譜》。

婺州義烏酥溪蔣宅崇知齋。刻巾箱本《禮記》五卷，見《瞿目》、《張志》。存《月令》一卷。

婺州東陽胡倉王宅桂堂。刻《三蘇文粹》七十卷，見《瞿目》。云目録後有真書圖記云：「婺州東陽胡倉王宅桂堂刊行」。

劉氏學禮堂。癸未刻《履齋示兒編》二十三卷，見《楊録》。云：癸未爲嘉定十六年。

隱士王氏取瑟堂。刻《中説》十卷，見《瞿目》。云：目録後有「隱士王氏取瑟堂刊」一行，朗、恒、徵、慎減筆，南宋初刻本也。

畢萬裔宅富學堂。刻李燾《經進六朝通鑑博議》十卷，見《瞿目》、云：劄子後有正書圖記云「畢萬裔宅刻梓於富學堂」。《丁志》。舊鈔本。

胡元質當涂道院。乾道癸巳九年。自刻《左氏摘奇》十二卷，見《阮外集》。云：後有元質自記一條云：「《左氏摘奇》皆手所約，鋟木於當涂道院，與同志者共之。乾道癸巳元日書」。

杭州浄戒院。刻唐趙蕤《長短經》十卷，見《四庫書目提要》。云：十卷，僅存九卷。每卷末皆題「杭州浄戒院新印」七字。

嚴陵詹義民。嘉定壬申五年。刻《歐公本末》四卷，見《陸跋》。

茶陵譚叔端。刻《新刊淮南鴻烈解》二十一卷，見繆《續記》。云：每卷後有「茶陵譚叔端纂校」一行。目録後有三墨印：一小方印，兩字不可識；一大方印，「耘香譚氏」朱文；一香罏形，「書鄉」二字。又刻《新刊精選諸儒奥論策學統宗前編》五卷，見《阮外集》；云：標題下列名「心易譚巽中叔剛校正，存理譚金孫叔金選次，桂山譚正叔孫端訂定」。三譚皆冠以「古雲後學」，三人姓名既不經見，「古雲」亦不知其何地。德輝按：「古雲」爲茶陵之别名，見《茶陵州志》。《後集》八卷、《續集》七卷、《别集》五卷，見《四庫存目》。云：元譚金孫編，金孫字叔金，號存理，自稱古雲人，不知古雲爲何地也。文理冗贅，殆麻沙庸陋書賈所爲。大抵槧刻風行，精雕細校，於官刻本外儼若附庸之國矣。

葉德輝《書林清話》卷三《宋坊刻書之盛》 宋時坊刻，前有建安余氏，後有臨安陳氏，余已别爲之考矣。顧其他散見諸藏書家志、目、題記，不可不稾而録之，以存天水一朝之文獻。

如閩中則有：

建寧府黄三八郎書鋪。乾道改元刻《韓非子》二十卷，見《顧集》。吴鼒仿宋刻本跋。乾道己丑刻《鉅宋重修廣韵》五卷，見《森志》、《楊志》、《楊譜》。

建陽麻沙書坊。紹興庚申十年。刻曾慥《類説》五十卷，見《陸續跋》。紹興癸酉二十三年。刻《新雕皇宋事實類苑》七十八卷，見《丁志》、《繆記》。日本活字印本。無年號刻魏天應《論學繩尺》十卷，見《四庫書目提要》。云：建陽書肆所刊。無年號刻《十先生奥論》四十卷，見《四庫書目提要》。云：不著編輯者名氏，亦無刊書年月。驗其版式，乃南宋建陽麻沙坊本也。

建寧書鋪蔡琪純父一經堂。嘉定戊辰元年。刻《漢書》一百二十卷，見《楊録》、《丁志》。刻《後漢書》一百二十卷，見《張志》、《黄賦注》、《黄書録》、《陸續志》、《陸跋》。

武夷詹光祖月厓書堂。淳祐中刻《資治通鑑綱目》五十九卷，見《張續志》、《瞿目》。

崇川余氏。刻《新纂門目五臣音注揚子法言》十卷，見《天禄琳琅後編》五。序後刻記云：「謹將監本寫作大字刊行，校證無誤，專用上等好紙印造，與他本不同，收書賢士幸詳鑒焉。崇川余氏家藏。」

建寧府陳八郎書鋪。刻賈誼《新書》十卷，見《丁志》、《陸志》、《陸跋》。吴元恭校宋本。

建安江仲達羣玉堂。刻宋麻沙坊本《二十先生回瀾文鑑》十五卷、《後集》八卷，見《丁志》。日本重刻本。

浙中則有：

杭州大隱坊。政和八年刻重校正朱肱《南陽活人書》十八卷，見《張志》、《瞿目》、影宋刻本。《陸志》。宋刻本。

臨安府太廟前尹家書籍鋪。刻《釣磯立談》一卷，見《四庫書目提要》。《史部・載記》云：「葉林宗從錢曾家宋刻鈔出，後題臨安府太廟前尹家書籍鋪刊行。」刻《澠水燕談録》十卷，見《丁志》。校宋鈔本。《北户録》三卷，見《天禄琳琅》六、《張志》、《瞿目》、《丁志》。明刻，黄丕烈校宋本。《茅亭客話》十卷，見《黄記》、《朱目》。《卻掃編》三卷，見《朱目》、《丁志》、影宋本。《繆續記》。影宋鈔本。《續幽怪録》四卷，見《黄記》、《瞿目》。《篋中集》一卷，見《丁志》。影鈔宋本。《曲洧舊聞》十卷，見《四庫書目提要》、《繆續記》。影宋刻本。《述異記》二卷，見《繆續記》、影宋刻本，云序後有「臨安府太廟前經籍鋪尹家刊行」一行。《丁志》。依宋鈔本。

杭州錢唐門裏車橋南大街郭宅□鋪。刻《寒山拾得詩》一卷，見《黄記》。云寒山詩後有一條云云。德輝按：《瞿目》有明刻本，「宅」下是「紙」字，蓋即翻此刻也。

臨安府金氏。刻《甲乙集》十卷，見《瞿目》。云：後記刊板處已漫漶，僅存「臨安府」三字，末「金氏」二字，餘不可辨。又云：每卷題名一行，下有「詩」字一行低二格，詩題低三格，每半葉十行，行十八字。德輝按：此即南宋書棚本，末一行爲「臨安府棚北大街睦親坊南陳宅書籍鋪印行」十七字，此存「鋪」之半爲「金」，「印」之半似「氏」耳。

金華雙桂堂。景定辛酉二年。刻宋伯仁《梅花喜神譜》二卷，見《錢日記》、《黄賦注》，云：此書亦載足本《敏求記》，其初刻在嘉熙戊戌。德輝按：今有嘉慶□□松江沈綺雲仿刻本，嘉慶庚午鮑廷博《知不足齋叢書》本，咸豐乙卯漢陽葉志詵仿宋刻本。《阮外集》。

江西則有：

臨江府新喻吾氏。無元號丁未刻《增廣太平惠民和劑局方》十卷，見《森志補遺》。

蜀中則有：

西蜀崔氏書肆。刻王雱《南華真經注》二十卷，附《拾遺》一卷，見《瞿目》。舊鈔本，云：無名序謂得完本於西蜀陳襄之家，以授崔氏書肆命工刊行。

南劍州雕匠葉昌。紹興三十一年刻程俱《班左誨蒙》三卷，見《張志》。

秦中則有：

咸陽書隱齋。慶元丁巳三年。《新刊國朝二百家名賢文粹》一百九十七卷，見《楊録》。

晉中則有：

汾陽博濟堂。慶元乙卯元年。刻《十便良方》四十卷，見《黄賦注》、《黄書録》、《瞿目》。

又有不詳其地者，爲：

菉斐軒。刻《新增詞林要韻》一卷，見《阮外集》。云：書中標題則曰《詞林韻釋》，分十九部，而以上去二部依部列於平聲之後，而入聲不獨爲部。凡入聲之作平聲、作上聲、作去聲者，文各依類分隸於平上去之後。要皆統於平聲十九部之内。其書出於南宋無疑。

黄氏傳梫書堂。紹興三年壬子。刻《温公書儀》十卷，序後有木記二：曰「傳梫書堂」；曰「稚川世家」。見《天禄琳琅後編》二。雍正三年汪亮采有翻宋刻，日本又翻汪本。

又有宋時書坊至元時猶存者，爲：

閩山阮仲猷種德堂。淳熙柔兆涒灘三年丙申。刻《春秋經傳集解》三十卷，見《天禄琳琅後編》三、《錢日記》、《陳隨筆》、《瞿目》、《莫録》、《森志》、《繆續記》、《楊譜》。無年號刻《楊氏家傳方》二十卷，見《森志》。丙辰三年。刻《説文解字韻譜》五卷，見《天禄琳琅後編》三、《瞿目》。云卷一後有墨圖記二行云「丙辰菖節種德堂刊」，蓋延祐三年槧本。其刻本之流傳至今，雖爲人鑒賞，然雕鏤不如官刻之精，校勘不如家塾之審，收藏家若概以甲本推之，抑亦未免愛無差等矣。

葉德輝《書林清話》卷二《宋建安余氏刻書》　閩中造紙印書，宋時極盛。岳珂《九經三傳沿革例》，即有建本之名。乾隆四十年正月丙寅，諭軍機大臣等：「近日閲米芾墨蹟，其紙幅有勤有二字印記，未能悉其來歷。及閲内府所藏舊版《千家注杜詩》，向稱爲宋槧者，卷後有皇慶壬子余氏刊於勤有堂數字。皇慶爲元仁宗年號，則其版是元非宋；繼閲宋版《古列女傳》，書末亦有建安余氏靖安刊於勤有堂字樣，則宋時已有此堂。因考之宋岳珂相臺家塾論書板之精者，稱建安余仁仲，雖未刊有堂名，可見閩中余板，在南宋久已著名，但未知北宋時即行勤有堂名否？又他書所載，明季余氏建版猶盛行，是其世業流傳甚久。近日是否相沿，並其家刊書始自何年，及勤有堂名所自，詢之閩人之官於朝者，罕知其詳。若在本處查考，尚非難事。著傳諭鍾音，於建寧府所屬訪查余氏子孫，見在是否尚習刊書之業，並建安余氏自宋以來刊印書板源流，及勤有堂昉於何代何年，今尚存否。或遺蹟已無可考，僅存其名，並其家在宋曾否造紙，有無印記之處，或考之志乘，或徵之傳聞，逐一查明，遇便覆奏。此係考訂文墨舊聞，無關政治。鍾音宜選派誠妥之員，善爲詢訪，不得稍涉張皇，尤不得令胥役等借端滋擾，將此隨該督奏摺之便，諭令知之。」尋據覆奏：「余氏後人余廷勷等呈出族譜，載其先世自北宋建陽縣之書林，即以刊書爲業。彼時外省板少，余氏獨於他處購選紙料，印記勤有二字，紙板俱佳，是以建安書籍盛行。至勤有堂名，相沿已久。宋理宗時，有余文興，號勤有居士，亦係襲舊有堂名爲號。今余姓見行紹慶堂書集，據稱即勤有堂故址，其年已不可考」云云。此當時鍾音覆奏大略也。按宋板《列女傳》載建安余氏靖安刊於勤有堂，乃南北朝余祖煥，始居閩中，十四世徙建安書林，習其業。二十五世余文興，以舊有勤有堂之名，號勤有居士。蓋建安自唐爲書肆所萃，余氏世業之，仁仲最著，岳珂所稱建余氏本也。」吾按余氏所刻之書，今有翻板可考者：一、孫星衍仿刻《唐律疏議》前釋文序後有「至正辛卯十一年重校」一行，又有長方木印記云「崇化余志安刊於勤有堂」，《疏議序》後有草書「至順壬申五月印」一行，卷終有「考亭書院學生余資編校」一行。一、阮文達元仿刻《繪圖古列女傳》，目録後有外方内圓木印記，中刻草書「建安余氏」四字，卷二、卷三後有「静庵余氏模刻」一行，卷五後有「余氏勤有堂刊」一行，卷八後有墨地白文木記「建安余氏模刻」一行。一、汪中仿刻《春秋公羊經傳解詁》，卷首何休序後有合刻公穀二傳緣起六行，末題云「紹熙辛亥二年孟冬朔日建安余仁仲敬書」；卷一後有經若干字、注若干字、音義若干字三行，又「余氏刊於萬卷堂」一行；卷二有「余仁仲刊於家塾」一行，字數如前；卷三至末無餘地，字數刻匡邊外，無校刊一行；卷四有「仁仲比校訖」一行，字數如前；卷五至末無餘地，字數作兩行擠刻本行下，無校刊一行；卷六有「余仁仲刊於家塾」一行，字數如前；卷七有「仁仲比校訖」一行，字數如前；卷八至末餘二行，字數兩行擠小刻一行，「仁仲比校訖」一行；卷九有「余仁仲刊於家塾」一行，字數如前；卷十至末餘二行，字數擠小作兩行刻本行下，無校刊一行；卷十一、卷十二有「仁仲比校訖」一行，字數如前。一、黎庶昌仿刻《春秋穀梁經傳》范寧集解序後有隸書小木印記曰「余氏萬卷堂藏書記」；卷一字數三行，又「仁仲比校訖」一行；卷二有「余仁仲刊於家塾」一行，字數如前；卷三有「仁仲比校訖」一行，字數如前；卷四有「余仁仲刊於家塾」一行，字數如前；卷五、卷六均如前；卷七、卷八有「仁仲比校訖」一行，字數如前；卷九至末餘二行，字數及「余仁仲刊於家塾」二行；卷十有「仁仲比校訖」一行，字數如前；卷十一至末餘二行，字數及「余仁仲比校訖」刻二行；卷十二字數三行，後有「國學進士余仁仲校正，國學進士劉子庚同校，國學進士陳幾同校，國學進士張甫同校」四行，又頂格刻「奉議郎簽書武安軍節度判官廳公事陳應行參校」一行，餘地有隸書小木印記曰：「余氏萬卷堂藏書記」，下又有「癸丑按癸丑爲紹熙四年。仲秋重校訖」一行。又有他書可證者：一、宋板《周禮鄭注陸音義》十二卷，每卷後或載「余仁仲比校」，或「余氏刊於萬卷堂」，或「余仁仲刊於家塾」，卷末記經、注、音義字數，見《天禄琳琅》一。一、宋板《禮記》，每卷有「余氏刊於萬卷堂」，或「余仁仲刊於家塾」，或「仁仲比校訖」，見《天禄琳琅後編》二。此雖未載刊刻年月，蓋必與公穀同時，所謂余氏《九經》本也。一、宋黄倫《尚書精義》五十卷，前有「建安余氏萬卷堂刊行」小序，又有「淳熙庚子七年。臘月朔旦建安余氏萬卷堂謹書」，見《張志》、《瞿目》、《陸志》、《陸跋》。文淵閣傳鈔本。一、宋高承《重修事物紀原》二十六卷目録二卷，末云：「慶元丁巳之歲建安余氏刊」，見《陸志》，此南宋時刻也。一、《增注太平惠民和劑局方》三十卷，末有「大德甲辰八年。余志安刊於勤有書堂」一行，見《楊譜》。一、元板《分類補注李太白詩集》二十五卷，目録後有「建安余志安刊」篆書木記，板心有「至大辛亥四年。三月刊」字。見陳編《廉石居記》、《張續志》、《瞿目》、《丁志》、《森志》。《志》辛亥作庚戌。一、《集千家注分類杜工部詩》二十五卷，門類目録後有「皇慶壬子」元年。鐘式木記、勤有堂鑪式木記，傳序碑銘後有「建安余氏勤有堂刊」篆記，詩題目録、卷二十五後，皆别行刊「皇慶壬子余志安刊於勤有堂」。見《天禄琳琅》六、《孫記》、《瞿目》。一、《書蔡氏傳輯録纂注》六卷，引用諸家姓氏後有鐘形圖記曰「延祐戊午」、五年。鼎形圖記曰「勤有堂」，皆篆書；《綱領》末葉板心有「延祐己未正月印」七字行書，後半葉有「建安余氏勤有堂刊」八字篆書墨圖記；卷末有「男真卿編校，姪濟卿、登卿同校，建安余志安刊行」三行，見《瞿目》、《莫録》、《陸志》。云：按元翠巖精舍刊本，引用諸書後有「建安後學余安定編校」一行。《儀顧堂續跋》云：「鼎書成於至大戊申，至延祐戊申而余仁仲刊於勤有堂。至正甲午（十四年），劉廷佐刊於翠巖精舍，皆建寧府麻沙坊本也」。按延祐有戊午無戊申，陸蓋誤記。且刻書者爲余志安，非余仁仲也。一、《國朝名臣事略》十五卷，目録後有「元統乙亥余志安刊於勤有書堂」，見《張志》、《瞿目》、《陸志》、《陸集》。按：元統止癸酉、甲戌二年，乙亥乃至元元年，此誤。一、《輔廣詩童子問》十卷，末有「至正甲申四年。上元」印記，又有「崇化余志安刻於勤有堂」印記，見《森志》。一、《書蔡氏傳旁通》六卷，卷目後有墨記云「崇化余志安刻於勤有堂」，末又有「至正乙酉五年。歲四月余氏勤有堂印行」墨記，見《張志》、《瞿目》、《陸跋》。一、《漢書考正》、《後漢書考正》六册，卷末有「至正三年勤有堂刊」木記，見《丁志》。影元本。此元時刻也。一、《儀禮圖》十七卷、《儀禮旁通圖》一卷，自序後有「崇化余志安刊於勤有堂」。見《張志》。一、宋葛長庚《瓊琯白玉蟾》集八卷，前題「建安余氏刊於静庵」，静庵與靖庵疑即一人。見《瞿目》、《丁志》，此亦元刻無年月者也。吾因悟余氏刻書堂名，各有分别，如萬卷堂則爲余仁仲刊書之記，勤有堂則爲余志安刊書之記。其刻《列女傳》之靖庵亦題勤有堂，則或爲志安别號也。宋時又有建安余恭禮宅，於嘉定丙子九年。刻《活人事證方》二十卷；建安余唐卿宅，於寶祐癸丑元年。刻《許學士類證普濟本事方》十卷，又《後集》十卷，則稱夏淵余氏明經堂，均見《森志》、《楊志》。元時有建安余氏勤德堂，於至正甲申四年。仲夏刊《增修互註禮部韻略》五卷，亦稱余氏勤德書堂，刻《廣韵》五卷，無元號刊刻年月，均見《森志》、《楊譜》。又有建安余氏雙桂書堂，刻《廣韵》五卷，見《陸續跋》、《楊譜》。疑皆子孫分肆，世業有名者也。夫宋刻書之盛，首推閩中。而閩中尤以建安爲最，建安尤以余氏爲最。且當時官刻書亦多由其刊印。觀《瞿目》載胡炳文《朱子四書通》二十六卷，後有張存中跋，稱「泰定三年，存中奉浙江儒學提舉志行楊先生命，以胡先生《四書通》大有功於朱子，委令賫付建寧路建陽縣書坊刊印，志安余君命工繡梓，度越三稔始克就」云云。可證余氏刻書爲當時推重，宜其流傳之書，爲收藏家所寶貴矣。

葉德輝《書林清話》卷二《南宋臨安陳氏刻書之一》　南宋臨安業書者，以陳姓爲最著。諸家藏書志、目、記、跋，載睦親坊棚北大街陳解元，或陳道人，或陳宅書籍鋪刊行印行者，以唐宋人詩文小集爲最多。元方回《瀛奎律髓》四十二寄贈類劉克莊《贈陳起》云：「陳侯生長繁華地，卻似芸居自沐薰。鍊句豈非林處士，鬻書莫是穆參軍。雨簷兀坐忘春去，雪屋清談至夜分。何日我閒君閉肆，扁舟同泛北山雲。」注：「此所謂賣書陳彦才，亦曰陳道人。寶慶初，以『秋雨梧桐皇子府，春風楊柳相公橋』詩，爲史彌遠所黥。詩禍之興，捕敖器之、劉潛夫等下大理獄。時鄭清之在瑣闥，止之。予及識此老，屢造其肆。别有小陳道人，亦爲賈似道編管。」宋周密《齊東野語》：寶慶間，李知孝爲言官，與曾極景建有隙，每欲尋釁以扳之。適極有《春詩》云：「九十日春晴日少，一千年事亂時多。」刊之《江湖集》中，因復改劉子翬《汴京紀事》一聯云：「秋雨梧桐皇子宅，春風楊柳相公橋」，以爲指巴陵及史丞相。及劉潛夫《黄巢戰場》詩曰：「未必朱三能跋扈，只緣鄭五欠經綸」。遂皆指爲謗訕，同時被累者，如敖陶孫、周之璞、趙師秀及刊詩陳起，皆不免焉。又趙師秀《贈賣書陳秀才》云：「四圍皆古今，永日坐中心。門對官河水，簷依柳樹陰。每留名士飲，屢索老夫吟。最感春燒盡，時容借檢尋。」注：「陳起，字宗之。睦親坊賣書開肆，予丁未至行在所，至辛亥凡五年，猶識其人，且識其子。今近四十年，肆燬人亡，不可見矣。」方回以睦親坊陳道人爲陳宗之起，乃親識其人，確有可據。影宋本周弼《汶陽端平詩雋》四卷，爲菏澤李龏和父選，前有李序云：「伯弼十七八時，即博聞强記，侍乃翁晉仙，已好吟。洎長，而四十年間宦游吴楚江漢，足迹所到，聲騰名振。但卷帙稍多，因摘其坦然者兼集外所得者近二百首，目爲《端平詩雋》，續芸陳君書塾入梓，同好者便於看誦」云云。序後有「臨安府棚北大街陳解元書籍鋪印行」一條。顧修《南宋羣賢小集》二十一册。《丁志》並同。據此，則陳解元號續芸，與陳彦才起别爲一人，不待辨矣。考起所開書肆，名芸居樓。吴文英《夢窗丙稿·丹鳳吟賦贈陳宗之芸居樓》云：「麗錦長安人海，避影繁華，結廬深寂。燈窗雪户，光映夜寒東壁。心雕鬢改，鏤冰刻水，縹簡離離，風籤索索。怕遺花蟲蠹粉，自采香芸薰架，香泛纖碧。更上新梯，窈窕暮山，淡著城外色。舊雨江湖遠，問桐陰門巷，燕曾相識。吟壺天小，不覺翠蓬雲隔。桂斧月宫三萬手，計元和通籍。輭紅滿路，誰聘幽索客。」則「續芸」爲「續芸居」而名，即此可證，且可斷定即芸居之子。何也？宋危稹《巽齋小集》顧刻小集第一册。有《贈書肆陳解元》云：「巽齋幸自少人知，飯飽官閒睡轉宜。剛被傍人去饒舌，刺桐花下客求詩。」「兀坐書林自切磋，閱人應似閱書多。未知買得君書去，不負君書人幾何？」又朱繼芳《静佳乙稿》顧刻《小集》十二册。《贈續芸》云：「誰謂芸居死，餘香解返魂。六丁將不去，孤子續猶存。科斗三生債，蟫魚再世冤。向來詩作祟，揮淚對人言。」是續芸爲芸居子，朱詩已明言之。但有謂即陳思者，顧修刻《南宋羣賢小集》，題宋陳起編，前有王昶序云：「起父子又撰《寶刻叢編》、《寶刻彙編》二書，皆能收采古今碑版，頗爲淵博。」按，王昶云「起父子」，不知何所指名，亦不知何所依據。今世行《寶刻彙編》不題撰人，而《寶刻叢編》則題宋陳思撰。王殆以起、思爲父子耳。姚覲元刻宋岳珂《棠湖詩稿》附錢儀吉《跋》云：「卷末稱臨安府棚北大街陳氏印行者，即書坊陳起解元也。曹斯棟《稗販》，以《南宋名賢遺集》刊於臨安棚北大街者爲陳思，而謂陳起自居睦親坊。然余所見名賢諸集，亦有稱『棚北大街睦親坊陳解元書籍鋪印行』者，是不爲二地，且起之字芸居，思之字續芸，又疑思爲起之後人也。」按續芸爲陳起之子，證以朱繼芳詩，固無可疑，但是否即思，則無塙證。且以南宋諸人贈起詩，及思所著書諸名人序首考之，皆無所推鞫。許棐《梅屋藁》顧刻《小集》第四册。《贈陳宗之》云：「六月長安熱似焚，鄽中清趣總輸君。買書人散桐陰晚，卧看風行水上文。」又《梅屋四稿》顧刻《小集》第四册。有《陳宗之疊寄書籍小詩爲謝》云：「江海歸來二十春，閉門爲學轉辛勤。自憐兩鬢空成白，猶喜雙眸未肯昏。君有新刊須寄我，我逢佳處必思君。城南昨夜聞秋雨，又拜新涼到骨恩。」簡齋詩，一涼恩到骨。又《融居小綴》顧刻《小集》第四册。有《宗之惠梅窠冰玉牋》云：「百幅吴冰千蘂雪，對吟終日不成詩。憶君同在孤山下，商略春風弄筆時。」葉紹翁《靖逸小集》顧刻《小集》第七册。《贈陳宗之》云：「官河深水緑悠悠，門外梧桐數葉秋。中有武林陳學士，吟詩消遣一生愁。」「十載京塵染布衣，西湖烟雨與心違。隨車尚有書千卷，擬向君家賣卻歸。」又《夏日從陳宗之借書偶成》五律一首云：「自從春去後，少省出柴扉。樹暗鴉巢隱，簷空燕迹稀。憶山憐有夢，當暑詠無衣。案上書堆滿，多應借得歸。」《前賢小集拾遺》顧刻本大題下云「錢唐陳起宗之編」。鄭立之斯立《贈陳宗之》云：「昔人耽隱約，居酤身亦安。矧伊叢古書，枕藉於其間。讀書博詩趣，鬻書奉親歡。君能有此樂，冷淡世所難。我本抱孤尚，爲貧賦彈冠。欲和南薰琴，秋風欻戒寒。恬無分外想，賸有日暑閒。閱書於市廛，得君羈思寬。誦其所爲詩，刻苦雕肺肝。陶章淡不俗，郊島深以艱。君勇欲兼之，日夜吟辛酸。京華聲利窟，車馬如浪翻。淡妝誰爲容，古曲誰爲彈？桐陰覆月色，靜夜獨往還。人皆掉臂過，我自刮眼看。百年適志耳，豈必身是官。不見林和靖，清名載孤山。」又黄佑甫順之《贈陳宗之》云：「羡君家闕下，不踏九衢塵。萬卷書中坐，一生閒裏身。貪詩疑有債，閱世欲無人。昨日相思處，桐花爛漫春。」又杜子野耒《贈陳宗之》云：「往年曾見趙天樂，數説君家書滿床。成卷好詩人借看，盈壺名酒母先嘗。對門欲見桐陰合，隔壁應聞芸葉香。老不愛文空手出，從今煩爲蓄仙方。」又周晉仙文璞《贈陳宗之》云：「伊吾聲裏過年年，收拾旁行亦可憐。頻嗅芸香心欲醉，爲尋脈望眼應穿。哦詩苦似悲秋客，收價清於賣卜錢。吴下異書渾未就，每逢佳處輒流連。」又黄元易簡《秋懷寄陳宗之》云：「秋聲四壁動，寒事日駸駸。紅剥林間子，青除架底陰。積閒殊有味，安拙本無心。獨愧陳徵士，賒書不問金。」又起編《江湖後集》二十二俞桂《謝芸居惠歙石廣香》云：「家無長物衹書卷，又無良田惟破硯。寥寥此道人共嗤，君獨相憐復相善。鄴侯架上三萬籤，半是平生未曾見。一癡容借印疑似，留客談玄坐忘倦。探懷忽出片石方，雙池絲刷□□□。□□溪深古坑遠，論新品舊殊未遑。慷慨珍□意何永，更配番禺心字餅。歸來喜歡舉廢典，春雨書樓閟深靜。手鈔羲經誤未刊，塵清商鬲灰久寒。使燒團煤炙雲母，旋滴清泉凝露溥。點朱塗黄細商榷，時有烟絲裊風幕。心融終日游聖涯，恍若置身天禄閣。」又十五徐從善《呈芸居》云：「生來稽古心，文士獨知音。世事隨年懶，詩愁入鬢深。夢抛三尺組，書敵幾籯金。何以謀清隱，湖山風月林。」又三周端臣《奉謝芸居清供之招》云：「生平媿彼蒼，得飽非耘種。自揆蔑寸長，居然叨薄俸。竭來桂玉地，幸了藜藿奉。日昨訪芸居，見我如伯仲。劇談闢幽荒，妙論洗沈痛。呼僮張樽罍，芳醪啓春甕。乃約屏羶葷，初筵俱清供。珠櫻映翠莢，光色交浮動。佳境喜漸入，愷之未癡惷。屬厭薦春萌，雋永咀秋葑。黄獨復登俎，味借蜂蜜重。翻憐少陵翁，山雪入吟諷。早韭晚菘輩，吾家所售用。列品不自珍，而與友朋共。雕盤放手空，適口頗恣縱。日暮雨催返，虚窗結清夢。寄語五侯鯖，從兹勿勞送。」宗之雖一書估，而聲氣廣通，故詩獄賴鄭丞相之力，僅坐流罪，流後不久即蒙赦還。據朱繼芳《挽芸居》云：「不得來書久，那知是古人。近吟丞相喜，往事諫官嗔。身死留名在，堂空著影新。平生聞笛感，爲此一沾巾。」丞相當謂清之，諫官當謂李知孝興詩獄事。又《江湖後集》三周端臣《挽芸居》二首云：「天地英靈在，江湖名姓香。良田書滿屋，樂事酒盈觴。字畫堪追晉，詩刊欲遍唐。音容今已矣，老我倍淒涼。」「詩思間逾健，儀容老更清。遽聞身染患，不見子成名。易簀終昏娶，求棺達死生。典型無復覩，空有淚如傾。」又黃文雷《挽芸居》云：「海内交遊三十年，臨分我到卧床前。西湖一葉驚先落，淚盡秋風松下阡。」「長安道上細哦詩，如此相思更有誰。芸葉一窗千古在，好將事業付佳兒。」又釋芳庭《芸居秘校》五律云：「世上名猶在，閒情豈足悲。自憐吟日少，誰恨識君遲。蘭閣人亡後，寒林月上時。十年青史夢，唯有老天知。」合此數詩考之，陳起一生行實，可得其大概。其云「詩刊欲遍唐」者，今世所存書棚本《唐人詩集》，後題「臨安府棚北大街睦親坊陳道人書籍鋪」，亦云「陳宅書籍鋪」印行刊行者，多爲起所刊也。其云「不見子成名」，是稱陳解元之續芸，起死時尚未領解。其云「好將事業付佳兒」，是續芸已可繼其業矣。而獨不能定其爲陳思者，按思所著《寶刻叢編》，前有紹定二年鶴山翁、紹定辛卯四年。陳伯玉二序。鶴山稱爲鬻書人陳思，陳伯玉則云都人陳思賣書於都市。又有殘缺無撰人序，中存文數行，稱思曰陳道人思。又著《書苑菁華》二十卷，亦鶴山翁序，仍稱鬻書人陳思。思又著《書小史》十卷，前有謝愈修序，稱爲中都陳道人思。又著《海棠譜》三卷，百川學海本。題錢唐陳思。又著《小字録》一卷，明萬曆己未沈弘正刻本。題銜云「成忠郎緝熙殿國史實録院秘書搜訪」。則思曾爲殿院采書人，所著《寶刻叢編》前鶴山序在紹定二年，《海棠譜》自序在開慶改元。鶴山翁即魏了翁。《四庫全書提要》載《兩宋名賢小集》爲陳思編者，前有魏了翁叙。此叙即以《書苑菁華》之鶴山翁僞改，知鶴山翁即了翁。據《瀛奎律髓》載趙師秀贈起詩方回附注云：「予丁未至行在所，至辛亥凡五年，猶識其人，且識其子。今近四十年，肆燬人亡，不可見矣。」以回語推之，丁未爲宋理宗淳祐七年，遞下四十年，則在元世祖至元二十四年丁亥。回著《虚谷集》中有《丙申正旦壽牟獻之》詩，云與獻之同庚，回蓋生於理宗寶慶三年丁亥。丁未在行在識起時，方二十一歲。至元世祖至元丁亥，年六十一歲，是時宋亡已八年。《書苑菁華》鶴山序雖不題年月，以《鶴山文集》中《書鶴山書院始末》考之，書院建於寧宗開禧二年，丁本生父憂之時，自後遂稱鶴山，則此序作於臨安，應在理宗寶慶初年還朝後。《寶刻叢編》陳伯玉序題紹定辛卯，四年。《書小史》謝愈修題咸淳丁卯，《海棠譜》自序題開慶改元，皆在理宗前後三十七年之間。是時思既官成忠郎，又與名賢往來，何以周端臣詩有「不見子成名」之語？如此則思非起子，不待辨而明矣。《天禄琳琅書目後編》五宋板類《書苑菁華》下云：「陳思，臨安人。其子起，刊《江湖集》。」顛倒前後，是又謬誤之尤。顧起、思同爲一時人，不獨起刻唐詩，思自著各書可以引據。如今世行顧刻《南宋羣賢小集》稱陳起編，附刻《江湖後集》亦陳起編。而《四庫全書》著録《江湖小集》九十五卷云舊本題宋陳起編；《江湖後集》二十四卷云「宋陳起編，原本久佚，從《永樂大典》録出」；又《兩宋名賢小集》三百八十卷云「舊題宋陳思編，元陳世隆補，凡一百五十七家」。與顧云陳起編者不合，且《顧刻小集》中有《端平詩雋》，則其子續芸編刻。朱繼芳《静佳乙稿》中即有《挽芸居》詩，《江湖後集》有周端臣、黃文雷《挽芸居》詩，則非起編原本，自不待言。起自著《芸居乙稿》一卷，亦在其内。既有《乙稿》，宜有《甲稿》在前，何以附刻已書不完不備？可見世行《羣賢》、《江湖》諸集，屢經傳録，殘缺不全。《四庫全書》於《乙稿》外，搜采《永樂大典》，得詩五十餘首入補遺，或即《甲稿》之佚，未可知也。大抵臨安府棚北大街睦親坊陳宅書籍鋪，爲陳起父子所開。其云陳道人者，當屬之芸居。其云陳解元者，當屬之續芸。至於陳思，但賣書開肆及自刻所著書，世行宋書棚本各書，於思無與也。睦親坊在御街西首。宋周淙《乾道臨安志》二坊市：「左二廂：睦親坊、官巷。」又云「樂衆坊、南棚巷、定民坊、中棚巷。」又施諤《淳祐臨安志》七坊巷：「城内左二廂，定民坊、中棚巷、睦親坊、宗學巷。」又潛説友《咸淳臨安志》十九府城：「左二廂，睦親坊、定民坊相對，俗呼宗學巷；定民坊、戒民坊相對，俗呼中棚巷。并在御街西首一帶。」吴自牧《夢粱録》七禁城九廂坊巷條：「左二廂所管坊巷，定民坊即中棚巷，睦親坊俗呼宗學巷。以上在御街西首一帶。」據此，知陳宅書鋪在御街西北，故其刻書印記稱睦親坊南。趙師秀贈詩云「門對官河水」，葉紹翁贈詩云「官河深水緑悠悠」，蓋即《施志》之所謂西河，南至旱河頭直北至衆安橋止者也。《潛志·京城圖》睦親坊與近民坊平列，中隔御街。御街之對面即戒民坊一帶，戒民坊一帶之後即御河。河有棚橋，故此一帶街巷皆以棚名。其街甚長，故分南棚、中棚兩巷，尾至棚北大街。施、周兩志屬錢唐縣界小河。棚橋睦親坊明時猶存，屬仁和縣。明嘉靖己酉沈朝宣《仁和縣志》一街巷，東自義和坊，西自壽安坊，自南至北，中間一直大道，乃宋時御街。其街東自南至北轉西抵中正橋，其街西自南至北轉西抵中正橋。而戒民坊、睦親坊名隸屬於下。睦親坊下注：今立弼教坊，宋時有宗學。其時宗學多立於此。故近處多書坊，而陳姓尤盛。同時有臨安府鞔鼓橋南河西岸陳宅書籍鋪，刻《容齋三筆》十六卷，見《天禄琳琅》二。《五筆》當刻全，此僅存三筆耳。又有臨安府洪橋子南河西岸陳宅書籍鋪者，刻唐《李建勳丞相集》二卷，見《瞿目》。《周志·橋梁類》有洪橋、鞔鼓橋。《施志》城内西河有鞔鼓橋，無洪橋。《潛志》二京城圖亦止有鞔鼓橋，無洪橋。《周志》列洪橋於都亭驛橋、州橋二橋之後，阜民橋、過軍橋、通江橋諸橋之前。《施志》城内大河六部橋，注云「舊稱都亭驛橋」；過軍橋，注云「小堰門裏州橋」。州橋後有安永橋，注云「執政府前」。安永橋後有國清橋，國清橋後有通江橋。《潛志圖》六部橋後爲州橋，爲通江橋。疑安永橋即洪橋易名，國清橋即阜民橋易名。至潛修志時，二橋久廢，故不列於圖也。二陳疑起、思一家，惜不知其名字。他日儻於宋人詩文集説部遇之，當爲陳氏作世譜。如余氏勤有堂、萬卷堂之外，有勤德堂、雙桂書堂、余唐卿宅之類，豈非南宋閩、越書林兩大世家也耶。

葉德輝《書林清話》卷二《南宋臨安陳氏刻書之二》　陳思有從孫名世隆，字彦高者，著有《宋詩拾遺》二十三卷，《陸志》、《丁志》均有舊鈔本。陸云：「世隆，字彦高，錢唐人。宋末書估陳思之從孫。順帝至正中，館嘉興陶氏。没於兵。所著詩文皆不傳，惟《宋詩補遺》八卷與《北軒筆記》一卷僅存。見《北軒筆記》所附小傳。今此本二十三卷完善無缺，尚是明人鈔本，則小傳所云八卷，尚未見全書也。伏讀《四庫提要》云今《宋詩補遺》亦無傳本，則是書之罕見可知。」《丁志》又有舊鈔本《聖宋高僧詩選》三卷、《後集》三卷、《續集》一卷，錢唐陳起宗之編，末《宋僧詩補》三卷，乃宗之之孫彦高所輯。又精鈔本《增廣聖宋高僧詩選》五卷，錢唐陳起編。按今顧刻止有起所編《增廣聖宋高僧詩選》前集一卷，板心題「僧甲」二字；《增廣聖宋高僧詩選後集》三卷，板心有「僧后上」、「僧后中」、「僧后下」字；《增廣聖宋高僧詩選續集》一卷，板心題「僧續」二字，核與《丁志》所載不同。而丁有《宋僧詩補》三卷，謂彦高爲起孫，亦屬誤記。丁於《宋詩拾遺》二十三卷云「世隆爲睦親坊書估陳氏之從孫行」，不名起，亦不名思，但混稱之曰陳氏。可知《丁志》不如《陸志》引據之有根，顧刻又不如舊鈔之完備。聞《四庫全書》奉天行宫、浙江文瀾閣均有其全，惜不得好事者一鈔出之，重刻行世也。

葉德輝《書林清話》卷二《宋陳起父子刻書之不同》　臨安書棚陳氏所刻書，每卷後均刻字一行，其文亦詳略不一。吾據宋李龏選周弼《汶陽詩雋》序，以稱陳解元書籍鋪經籍鋪者，屬之起之子續芸。因推知單稱陳道人、陳宅書籍鋪、經籍鋪者屬之起。以宋人書證宋時事，似乎不謬。姑就今所傳本見於藏書家志、記、目録、題跋者考之，有云「臨安府棚北睦親坊陳解元書籍鋪刊行」者：宋鄭清之《安晚堂集》七卷，見《浙録》、《丁志》；影宋本原十二卷，缺前五卷。《四庫》同。宋《林同孝詩》一卷，見顧刻《小集》、《吴跋》、《丁志》；影宋鈔本。宋林希逸《竹溪十一稾詩選》一卷、陳必復《山居存稿》一卷、劉翼《心游摘稾》一卷、李龏《梅花衲》一卷，見顧刻《小集》。有云「臨安府棚北大街睦親坊南陳解元書籍鋪刊印」者：宋張至龍《雪林删餘》一卷，見顧刻《小集》。有云「臨安府棚北大街陳解元書籍鋪印行」者：宋周弼《汶陽端平時雋》四卷，見顧刻《小集》、《丁志》；舊影宋本。李龏《翦綃集》一卷，見顧刻《小集》。有云「臨安府棚北睦親坊巷口陳解元宅刊行」者：唐《王建集》十卷，見《繆續記》。宋刻本。有云「臨安府陳道人書籍鋪刊行」者：漢劉熙《釋名》八卷，見《張志》、宋刻本。《孫記》、《陸志》；明仿宋刻本。唐康駢《劇談録》二卷，見《四庫書目提要》；子部小説，影宋鈔本。宋釋文瑩《湘山野録》三卷、《續》一卷，見《黄賦注》；元鈔補宋刻本。宋鄧椿《畫繼》五卷，見《天禄琳琅後編》五；宋板類。宋郭若虚《圖畫見聞志》六卷，見《瞿目》、《黄書録》。宋刻本。有云「臨安府陳道人書鋪刊行」者：宋孔平仲《續世説》十二卷，見張元濟藏書。影宋鈔本，「臨安府陳道人書鋪刊行」十字爲隸書木牌記。有云「陳道人書籍鋪刊行」者：宋無撰人《燈下閒談》二卷，見《瞿目》、《學部館目》。傳寫宋本。以上確爲續芸所刻。有云「臨安府棚北大街睦親坊南陳宅書籍鋪刊行」者：唐《韋蘇州集》十卷；《唐求詩》一卷，見《楊録》、宋刻本。《丁志》；明仿宋刻本。宋李龏《梅花衲》一卷，見瞿目；此别一本，與顧刻不同。劉過《龍洲集》一卷，見顧刻《小集》。有云「臨安府棚前睦親坊南陳宅書籍鋪刊行」者：唐《李羣玉詩集》三卷、《後集》五卷，見《張志》、《瞿目》。影宋鈔本。有云「臨安府棚北大街陳宅書籍鋪刊行」者：宋姜夔《白石道人詩集》一卷，見《孫記補遺》；影宋鈔本。宋王琮《雅林小稾》一卷，戴復古《石屏詩續集》四卷，見《丁志》。均影宋鈔本。有云「臨安府陳氏書籍鋪刊行」者：宋俞桂《漁溪詩稿》二卷，見《丁志》。影宋鈔本。有云「臨安府棚北大街睦親坊南陳宅書籍鋪印」者：唐《張蠙詩集》一卷，見《瞿目》、舊鈔本。《黄賦注》。宋刻本。有云「臨安府棚北睦親坊南陳宅書籍鋪印」者：唐《周賀詩集》一卷，見《瞿目》、宋刻本。《陸志》、《丁志》；均影宋鈔本。李中《碧雲集》三卷，見《張志》、《陸志》；宋刻本。《唐女郎魚玄機詩》一卷，見《黄賦注》、宋刻本。《丁志》。影宋鈔本。按是書嘉慶庚午雲間沈氏有仿刻本，光緒甲午元和江氏亦仿刻，己亥德輝又據宋本影刻。有云「臨安府睦親坊南棚前北陳宅書籍鋪印」者：宋陳允平《西麓詩稾》一卷，見顧刻《小集》。有云「臨安府棚前北睦親坊南陳宅經籍鋪印」者：梁《江文通集》十卷，見《陸續跋》；宋本。唐《李賀歌詩編》四卷、《集外詩》一卷，見《瞿目》；影宋鈔本。《孟東野詩集》十卷，見《黄記》、校宋舊鈔本。《丁志》、明弘治翻宋刻本。《黄續記》、明初墨格綿紙鈔本。《陸續跋》、《陸志》；毛氏影宋鈔本，每葉二十行，行十八字。韋莊《浣花集》十卷，見《陸續跋》。宋刻本。有云「臨安府棚北大街睦親坊南陳宅書籍鋪印行」者：唐《羅昭諫甲乙集》十卷，見《楊録》。有云「臨安府睦親坊陳宅經籍鋪印」者：唐《朱慶餘詩集》一卷，見《黄賦注》、《黄書録》、《瞿目》；宋刻本。宋趙與旹《賓退録》十卷，見劉喜海評本錢大昕《竹汀日記》、《陸志》、《丁志》、影鈔宋本。《繆記》。近已仿刻入《對雨樓叢書》中。有云「臨安府棚北大街陳宅書籍鋪印行」者：唐李咸用《李推官披沙集》六卷，見《楊志》、《楊譜》；宋刻本。宋岳珂《棠湖詩稿》一卷，見《瞿目》、影宋鈔本。《丁志》；宋刻本。宋高九萬《菊磵小集》一卷，戴復古《石屏詩續集》四卷，見顧刻《小集》。戴集，前《丁志》作「刊行」，恐係影鈔之誤。有云「臨安府棚北大街睦親坊南陳宅刊印」者：唐《常建詩集》二卷，見《天禄琳琅後編》六。宋刻本。以上確爲起所刻。蓋續芸所刻多説部、宋人集；起所刻多唐人集，以周端臣挽起詩「詩刊欲遍唐」之句可取證也。至道人雖起、思二人之通稱，然二人刻書大有分别，且道人爲鬻書者之通稱，不必專爲思，亦不必專爲起。《瀛奎律髓》方回注，當時爲賈似道編管者，又一小陳道人。然則陳宅之起，不能混解元之續芸，亦顯然矣。《天禄琳琅》二於《容齋隨筆》下云：「陳思在大街，陳起在睦親坊，即今弼教坊。」此由未得盡見起父子所刻諸書，故爲此意度之詞耳。

葉德輝《書林清話》卷四《金時平水刻書之盛》

金源分割中原不久，乘以干戈，惟平水不當要衝，故書坊時萃於此。而他處私宅刊本，亦間有之。今可考者，如：

書軒陳氏。大定丙午二十六年，當宋淳熙十三年。刻《銅人腧穴針灸圖經》五卷，序云：旹大定丙午歲，平水閑邪瞶叟述。有「書軒陳氏印行」六字。見《森志》。貴池劉世珩已影刊。

李子文。大定己酉二十九年，當宋淳熙十六年。刻《重刊增廣分門類林雜説》十五卷，見《瞿目》。鈔本，目未詳，吾見原書。

張謙。明昌壬子三年，當宋紹興三年。刻《新刊圖解校正地理新書》十五卷。見《楊録》、影金鈔本。《丁目》。金刊本，日本島田翰《皕宋樓藏書源流考》云：所謂金刊，實元刻。

平水中和軒王宅。正大戊子五年，當宋紹定元年。刻《道德寶章》一卷，見《楊録》。大德丙午十年。刻《新刊韻略》五卷，見《張志》、《瞿目》、《莫録》、《陸續跋》、《繆記》。元統甲戌二年。刻《滏水文集》二十卷，見《楊續録》。云：其源亦出金晦明軒本。德輝按：是時金已爲元所滅，中和軒猶存。

晦明軒張宅。泰和甲子四年，當宋嘉泰四年。刻《經史證類大觀本草》三十卷，見《四庫書目提要》、《彭跋》、《陸續跋》。泰和丙寅六年，當宋開禧二年。刻《丹淵集》四十卷、《拾遺》二卷、《附録》一卷，見楊録。外此則：

嵩州福昌孫夏氏書籍鋪。貞祐甲戌二年，當宋嘉定七年。刻《經史證類大全本草》三十一卷、《本草衍義》二十卷，見《瞿目》。

碣石趙衍。無元號丙辰刻《李賀歌詩編》四卷，見《黄記》、《瞿目》。云序末題「丙辰秋日碣石趙衍刊」。按：金有兩丙辰：一天會十四年，當宋紹興六年；一明昌六年，當宋慶元二年。則又平水以外之書坊，存其名，亦足爲考古之談助也。

葉德輝《書林清話》卷四《元私宅家塾刻書》

元時私宅刻書之風，亦不讓於天水，如：

平陽府梁宅。元貞丙申二年。刻《論語注疏》二十卷，見《楊譜》。云每卷有「平陽府梁宅刊」、「堯都梁宅刊」、「大元元貞丙申刊」木牌記。德輝按：此書光緒丁未劉世珩翻刻。

平水許宅。大德丙午十年。刻《重修政和經史類證備用本章》三十卷，《目録》一卷，見《森志補遺》、《陸志》。明仿元本。德輝按：此據元重刻金泰和本再翻。

建安鄭明德宅。天曆戊辰元年。刻陳澔《禮記集説》十六卷，見《陳跋》、《森志》、《丁志》。明正統經廠本。

陳忠甫宅。天曆庚午三年。刻《楚辭朱子集注》八卷，《辨證》二卷，《後語》六卷，見況周頤蕙風簃藏書。半葉十一行，行二十字，小注雙行，行二十四字。

花谿沈氏家塾。後至元己卯五年。刻趙孟頫《松雪齋集》十卷，《外集》一卷，《附録》一卷，見《天禄琳琅後編》十一、《陸志》、《丁志》、《繆記》。云目録有「至元後己卯，花谿沈氏伯玉刻於家塾」等字。

古迂陳氏家塾。刻《尹文子》二卷，見《張志》。云宋刊本。按：此疑刻《六臣注文選》之陳氏古迂書院，《張志》列入宋本誤。

雲坡家塾。無年號刻《類編層瀾文選前集》十卷、《後集》十卷、《續集》十卷、《别集》十卷，見《天禄琳琅》六。

安成郡彭寅翁崇道精舍。無年號刻《史記集解索隱正義》一百三十卷，見《張志》、《瞿目》、《森志》、《楊譜》。年表後有墨圖記云「安成郡彭寅翁鼎新刊行」。

虞氏南谿精舍明復齋。至正乙酉五年。刻《書集傳鄒季友音釋》六卷，序末有「南谿精舍」及「至正乙酉」鐘式、「明復齋」鼎式墨印，末刻「至正乙酉菊節，虞氏明復齋刊」一行。至正辛卯十一年。刻《春秋諸傳會通》二十四卷，後有「至正辛卯仲冬虞氏明復齋刊」及「南谿精舍」兩墨記。見《天禄琳琅後編》八、《吴記》。無年號刻《新刊惠民御院藥方》二十卷，見《陸續跋》。云：末有「南溪精舍鼎新綉梓」八字，目録後有「南溪書院」香罏式及鐘形印。德輝按：此與虞氏南谿精舍之谿字各不同，未知是一是二，姑屬於此。

平水曹氏進德齋。大德己亥三年。刻巾箱本《爾雅郭注》三卷，見《錢日記》、《瞿目》、《朱志》。至大庚戌三年。刻《翰苑英華中州集》十卷，《中州樂府》一卷，見《張志》、《瞿目》、影元鈔本。《陸志》、《陸續跋》。元刻本。

存存齋。至正戊子八年。俞琰自刻《周易集説》十卷，見《陸續跋》。云板心有「存存齋刊」四字。

孫存吾如山家塾益友書堂。至元庚辰六年。刻《范德機詩集》七卷，見《瞿目》、《丁志》、《陸志》。云目録後有「至元庚辰良月益友書堂新刊」木記，又有「儒學學正孫存吾如山校刊」墨圖記。刻虞集《新編翰林珠玉》六卷，見《瞿目》、《陸志》、《陸續跋》。刻《皇元風雅前集》六卷、《後集》六卷，見《森志》、《莫録》、《丁志》。影元鈔本。

孝永堂。大德甲辰八年。刻《傷寒論注解》十卷，見《孫記補遺》。

平水高昂霄尊賢堂。皇慶癸丑二年。刻《河汾諸老詩集》八卷，見《繆續記》。云後有皇慶癸丑六月吉日，尊賢堂高昂霄告白一行。

范氏歲寒堂。天曆戊辰元年。刻《范文正集》二十卷、《別集》四卷，見《瞿目》、《楊録》。元統甲戌二年。刻《政府奏議》二卷，見《張志》、《丁志》、《陸續跋》。云目録後有篆書圖記云：「天曆戊辰改元，褒賢世家重刻於家塾歲寒堂」。

復古堂。後至元丁丑三年。二月朔日刻《李長吉歌詩》四卷，《外集》一卷，見《張續志》。影元鈔本。

叢桂堂。至正壬寅二十二年。刻陳桱《通鑑續編》二十四卷，見《圖書館書目》。

嚴氏存耕堂。無元號壬午仲春刻《和濟局方圖注本草藥性歌括總論》四卷，見《森志補遺》。

平陽司家頤真堂。無元號癸巳新刊《御藥院方》十一卷，見《森志補遺》、《楊志》。朝鮮重刻本。

唐氏齊芳堂。無年號刻金履祥《尚書表注》二卷，見《張志》。云板心有「齊芳堂」、「存耕堂」、「意林書院」、「訥齋」等字。德輝按：《金仁山集》附録云晚年館唐氏之齊芳書院，成《通鑑前編》、《濂洛風雅》等書。齊芳堂當即唐氏齊芳書院。

汪氏誠意齋集書堂。無年號刻《增刊校正王狀元集注分類東坡先生詩集》三十二卷，《紀年録》一卷，見《天禄琳琅》六。

余彦國勵賢堂。無年號刻《新編類要圖注本草》四十二卷，《序例》五卷，《目録》一卷，見《森志補遺》。

麻沙劉通判宅仰高堂。無年號刻《纂圖分門類題註荀子》二十卷，見《天禄琳琅》六。云卷後木記有「關中劉日校正」一行。

精一書舍。延祐丁巳四年。陳實夫刻《孔子家語》三卷，見《森志》。

熊禾武夷書堂。至元己丑二十六年。刻胡方平《易學啓蒙通釋》二卷，見《四庫書目提要》。

崇川書府。至正辛卯十一年。刻李廉《春秋諸傳會通》二十四卷，見《張志》、《瞿目》、《陸志》、《陸續跋》。云序後有「至正辛卯臘月崇川書府重刊」木記。

商山書塾。至正甲辰二十四年。刻趙汸《春秋屬辭》十八卷，《春秋左傳補注》十卷，《春秋師説》三卷，見《瞿目》、《陸續跋》、《丁志》。《春秋屬辭》十五卷，見《丁志》。

溪山道人田紫芝英淑。至元癸巳卅年。刻《山海經》十卷，見《楊録》。至治改元刻《四書疑節》十二卷，見《浙録》。云卷中有「至治改元溪山家塾」字。

平陽道參幕段君子成。中統二年刻《史記集解附索隱》一百三十一卷，見《天禄琳琅後編》四、《錢日記》、《吴記》、《莫録》。云：董浦序云平陽道參幕段君子成求到《索隱》善本，募工刊行。

雲衢張氏。至治癸亥三年。刻《宋季三朝政要》六卷，見《森志》。刻劉時舉《續宋中興編年資治通鑑》十五卷，見《陸跋》。刻李燾《續宋編年資治通鑑》十八卷，見《莫録》、元本。《繆記》。影元本。

盱南孫氏。無元號丁未刻《詳音句讀明本大字毛詩》四卷，見《瞿目》。云卷末有「盱南孫氏丁未孟夏刊行」一條。丁未非大德十一年，即至正二十七年。

建安蔡氏。無年號刻《玉篇》三十卷，見《森志》、《楊譜》。云總目末有「梅坡」鼎式印，「建安蔡氏鼎新綉梓」木記。

建安劉承父。無元號癸未按：至元二十年、至正三年，皆癸未歲。《新刊續添是齋百一選方》二十卷，見《森志》、《楊志》、《陸志》、《陸跋》。

建安詹璟。至正己丑九年。刻趙居信《蜀漢本末》三卷，見《瞿目》。云卷末有「建安詹璟刊」一行。

劉震卿。大德丙午十年。刻《漢書》一百二十卷，見《森志》。

龍山趙氏國寶。至大庚戌三年。刻《翰苑英華中州集》十卷，見《繆續記》。

德輝按：是年平水曹氏進德齋亦刻是書，附《中州樂府》一卷。不知一時兩刻，抑以刻板轉售，亦或同時翻刻，疑莫能明也。

以上各家多者刻數種，少者或一二種，皆極鏤板之工，亞於宋槧一等。有閱兩朝而猶存者，其一：

劉君佐翠巖精舍。始元延祐至明成化。延祐甲寅元年。刻《周易傳義》十卷，見《森志》。泰定丁卯四年。刻胡一桂《朱子詩集傳附録纂疏》二十卷，見《錢日記》、《張志》、《瞿目》、《陳目》、《莫録》、《陸志》、《陸集》。前序末稱「盱江揭祐民從年父書於建東陽翠巖劉氏家塾」。刻王應麟《三家詩考》六卷，見《楊録》。天曆己巳二年。刻《新編古賦解題前集》十卷、《後集》八卷，見《天禄琳琅》六。至正甲午十四年。刻董鼎《尚書輯録纂注》六卷，見《陸志》、《陸續跋》。刻宋郎曄《注陸宣公奏議》十五卷，見《張志》、《阮外集》、《朱目》、《朱志》、《瞿目》、《丁志》、《陸志》。至正丙申十六年。刻《大廣益會玉篇》三十卷，見《森志》。永樂戊戌十六年。刻宋陳元靚《纂圖新增羣書類要事林廣記前集》二卷、《後集》二卷、《續集》二卷、《別集》二卷、《新集》二卷、《外集》二卷，見《陸志》、《陸續跋》。成化己丑五年。刻《通真子補注王叔和脈訣》三卷、《脈要祕括》二卷，見《森志》。

其一：

西園精舍。始元至正迄明永樂。至正甲辰二十四年。刻元仇舜臣《詩苑珠叢》三十卷，見《天禄琳琅》六。永樂丙申十四年。刻劉向《説苑》二十卷，見《森志》。

其一：

梅軒蔡氏。始元至元迄明弘治。至元戊寅前至元戊寅爲十五年，當宋帝昺祥興元年；後至元戊寅則順帝四年。未知是前是後。刻《羣書通要》七十三卷，見《阮外集》。云不著撰人姓氏，有「至元戊寅菖節梅軒蔡氏刊行」圖記。至元庚辰六年。刻元嚴毅《增修詩學集成押韻淵海》二十卷，見《天禄琳琅後編》十、《丁志》。弘治甲寅七年。刻《精選東萊先生左氏傳博議句解》十六卷，見《丁志》。云後有「弘治甲寅孟秋梅軒蔡氏新刊」十二字。此其世業近者百年，久者百五六十年，子孫繼守書香。比於宋之余氏勤有、元之葉氏廣勤，見下一則。抑亦書林之耆獻歟。

葉德輝《書林清話》卷四《元時書坊刻書之盛》 元時書坊所刻之書，較之宋刻尤夥。蓋世愈近則傳本多，利愈厚而業者衆，理固然也。今舉其見有傳本者列之，如：

劉錦文日新堂。後至元戊寅四年。刻俞皐《春秋集傳釋義大成》十二卷，見《森志》、《楊譜》。後至元庚辰六年。刻《揭曼碩詩》三卷，見《張志》。刻《伯生詩續編》三卷，見《莫録》。至正丙戌六年。刻《漢唐事箋對策機要前集》十二卷、《後集》八卷，見《張志》、《瞿目》。云目録後有正書墨圖記云「至正丙戌日新堂刊」。至正丁亥七年。刻朱倬《詩經疑問》七卷、《附録》一卷，見《瞿目》、云目録後有墨記云「至正丁亥菖節刻」。《莫録》。云建安書林劉錦文叔簡刻。至正戊子八年。刻汪克寬《春秋胡氏傳纂疏》三十卷，見《陸續志》、《瞿目》、《莫録》。云凡例後有墨圖記云「建安劉叔簡刊於日新堂」。至正己丑九年。刻元趙麟《太平金鏡策》八卷，見《浙録》。云有劉錦文跋，署「至正己丑建安日新堂誌」。至正壬辰十二年。刻劉瑾《詩傳通釋》二十卷，見《天禄琳琅》五、云書中詩傳綱領葉於劉瑾署名次行，有「建安劉氏日新堂校刊」九字，卷一末又有「至正壬辰仲春日新堂刻梓」木記。《張志》、《瞿目》、《丁志》、日本翻刻。《森志》、《陸志》、《陸續跋》、《繆續記》。至正丙申十六年。刻《新增説文韵府羣玉》二十卷，見《天禄琳琅後編》十、《楊譜》。至正癸丑已入明洪武六年，蓋猶奉元正朔。刻《春秋金鑰匙》一卷，見《丁志》。影元刊本，卷末有「至正癸丑日新堂刊」八字。無年號刻宋王宗傳《童溪先生易傳》三十卷，見《天禄琳琅後編》二。云自序後有墨印記曰「建安劉日新宅梓於三桂堂」。無年號刻《新編方輿勝覽》七十卷，見《楊譜》。

高氏日新堂。無元號丙午刻《增廣太平惠民和劑局方》十卷，見《森志補遺》、《陸志》。云目後有「建安丙午年高氏日新堂刊行」一行。

平陽張存惠堂。至元初元刻《經史證類大觀本草》三十卷，見《楊志》。

燕山竇氏活濟堂。至大辛亥四年。《新刊黃帝明堂鍼灸經》一卷、《傷寒百證經絡圖》九卷，見《森志補遺》。《鍼灸四書》八卷：一南唐何若愚《流注指微鍼賦》金閻明廣注，合閻撰《子午流注鍼經》三卷；一宋竇傑《鍼經指南》一卷；一《黃帝明堂灸經》三卷；一宋莊綽《灸膏肓腧穴法》一卷，見《張志》、《瞿目》。云元竇桂芳編，序目後有墨圖記二行曰：「至大辛亥春月燕山活濟堂刊」。活濟，竇氏藥室名，遊達齋親書以贈，見桂芳《自序》。

建安陳氏餘慶堂。皇慶壬子元年。刻《宋季三朝政要》五卷、《附録》一卷，見《森志》、《丁志》、《陸續跋》。無年號刻劉時舉《續宋中興編年資治通鑑后集》十五卷，見《張志》、《瞿目》、《陸志》、《陸跋》、《陸續跋》、《丁志》、《學部館目》。云目録後有木記云「陳氏餘慶堂刊」一行。刻李燾《續宋編年資治通鑑》十八卷，見《陸志》、《陸續跋》，云《世系圖表》後有木記云「建安陳氏餘慶堂刊」。《森志》。陳氏誤作劉氏。

建安朱氏與耕堂。無年號刻《大廣益會玉篇》三十卷，見《吴記》、《陸志》。云永樂初刻本，相傳以爲元刊者誤。德輝按：此實元末刻本，非明永樂刻也。刻李燾《續宋編年資治通鑑》十八卷，見《瞿目》、《丁志》、《陸續跋》。

建安同文堂。至正辛卯十一年。刻《四書經疑問對》八卷，見《吴記》。

建安萬卷堂。無年號刻《王狀元集百家注分類東坡先生詩》二十五卷，附《東坡紀年録》一卷，見《吴記》、《森志》。

麻沙萬卷堂。延祐甲寅元年。刻《孟子集注》十四卷，見《森志》。

董氏萬卷堂。無年號刻《唐國史補》三卷，見《天禄琳琅》五。云目録後有「董氏萬卷堂本」篆書木記。刻《隆平集》二十卷，見《天禄琳琅後編》四、誤作宋本。《瞿目》、《陸志》。

雲衢會文堂。無元號戊申孟冬按戊申當是至大元年。刻《集千家注批點杜工部詩集》二十卷、《文集》二卷、《附録》一卷，見《森志》。

積慶堂。至正戊子八年。刻《集千家注分類杜工部詩集》二十五卷，見《張續志》、《陸志》。德輝按：此即潘屏山圭山書院本。

德星堂。至正辛卯十一年。刻《重刊明本書集傳附音釋》六卷，見《張志》、《瞿目》。云明本，即宋之明州本，凡例後有墨圖記曰「至正辛卯孟夏德星堂重刊」。

萬玉堂。至元五年刻《分類補注李太白詩》廿五卷，見《天禄琳琅後編》十一。無年號刻《太玄經》十卷，見《繆續記》。明翻宋本。

胡氏古林書堂。至元己卯十六年。刻《新刊補注釋文黄帝内經素問》十二卷，見《孫記》、《張志》、《瞿目》、《森志》。刻《新刊黄帝靈樞經》十二卷，見《張志》、《瞿目》、《森志》。刻《增廣太平惠民和劑局方》十卷、《指南總論》三卷、《圖經本草》一卷，見《森志》。云首葉木格内題「廬陵古林書堂」六字。

日新書堂。至元辛巳十八年。刻《五百家注音辨昌黎先生文集》四十卷，見《森志》。至正元年辛巳刻《朱子成書》十卷，見《瞿目》、《學部館目》。云有木牌子云「至正元年辛巳日新書堂刊行」。至正乙未十五年。刻《增修互注禮部韻略》五卷，見《森志》、《楊志》。至正丁酉十七年。刻《明州本排字九經直音》二卷，見《森志》。

梅隱書堂。至元丁亥二十四年。刻《明州本排字九經直音》二卷，見《四庫書目提要》、《莫録》。孫奕《九經直音》十五卷下，誤以梅隱書堂爲書隱堂。

妃僊陳氏書堂。無元號歲次癸丑刻劉河間《傷寒直格》三卷、《後集》一卷、《續集》一卷、《别集》一卷，見《瞿目》。云癸丑，乃仁宗皇慶二年。

葉曾南阜書堂。延祐庚申七年。刻《東坡樂府》二卷，見《黄記》、《楊録》。按：此本光緒戊子桂林王鵬運四印齋已重刻，前有括蒼葉曾序，云「識于南阜書堂」。

敏德書堂。泰定丙寅三年。刻元朱祖義《直音傍訓周易句解》十卷，見《森志》。至順庚午元年。刻《廣韵》五卷，見《森志》、《楊志》、□□、《陸續跋》。無年號刻《直音傍訓尚書句解》□卷，見《楊譜》。

李氏建安書堂。後至元丙子二年。刻《皇元風雅前集》六卷、《後集》六卷，《前集》傅習撰，《後集》儒學學正孫存吾如山類編、奎章學士虞集校選，見《陸志》。按此重刻益友書堂本。

富沙碧灣吴氏德新書堂。後至元丁丑三年。刻《四書章圖纂釋》二十卷，見《森志》。云亦稱德新堂。

桃谿居敬書堂。至正壬午二年。刻董楷《周易程朱先生傳義附録》十七卷，見《吴記》、《張續志》、《陳目》。作十四卷。

廬陵泰宇書堂。至正癸未三年。刻《增修妙選羣英草堂詩餘前集》卷上、《後集》卷下。見仁和吴印臣鈐轄昌綬藏書。後有墨圖記云「至正癸未新刊廬陵泰宇書堂」十二字。德輝按：即洪武遵正書堂本之祖。

積德書堂。至正九年刻《伊川易解》六卷、《繫辭精義》二卷，見《楊志》。德輝按：光緒乙酉黎庶昌刻《古逸叢書》本即翻此本。

雙桂書堂。至正辛卯十一年。刻《詩集傳音釋》二十卷，見《張志》、《瞿目》。德輝按：建安余氏雙桂書堂刻有《廣韵》五卷，見《陸續跋》、《楊譜》，已載前閩中余氏條。兹以不稱余氏，故分别列此。

一山書堂。至正壬辰十二年。刻《文場備用排字禮部韵注》五卷，見《錢日記》。

妃僊興慶書堂。至正辛丑二十一年。刻毛晃《增修互註禮部韵略》五卷，見《張志》、《瞿目》。德輝藏本末有「至正辛丑妃僊興慶書堂新刊」墨圖記。

秀岩書堂。無元號太歲丙午按：有兩丙午，前丙午爲大德十年，後丙午爲至正二十六年。刻《增修互註禮部韻略》五卷，見□□、《楊譜》。戊申刻《韻府羣玉》二十篇，見《楊志》。

雲莊書堂。無年號刻《古今事文類聚前集》六十卷、《後集》五十卷、《續集》二十八卷、《別集》三十二卷、《新集》三十六卷、《外集》十五卷，見《森志》。

麻沙劉氏南澗書堂。無年號刻《書集傳》六卷，見《森志》、《楊譜》。序後有木記云「麻沙劉氏南澗書堂新刊」，亦稱「建安劉氏南澗書堂」云。刻《論語集注》十卷，見《森志》。

三衢石林葉敦。至正癸未三年。刻《新刊冷齋夜話》十卷，見《天禄琳琅後編》十、《陸志》、《陸續跋》。云後有「三衢石林葉敦印」一行。

書市劉衡甫。至正己丑九年。刻劉楨《聯新事備詩學大成》三十卷，見《丁志》。

聞德坊周家書肆。元初刻李心傳《丙子學易編》一卷，見《四庫書目提要》。云元初俞琰所鈔。

建陽劉氏書肆。至正癸卯二十三年。刻《楚國文憲公雪樓程先生文集》三十卷，《附録》一卷，見《丁志》、《陸續跋》。

建陽書林劉克常。無元號疆圉協洽丁未。刻《新箋決科古今源流至論前集》十卷、《後集》十卷、《續集》十卷、《別集》十卷，見《楊録》，云目録後碑牌題「疆圉協洽之歲」，年號二字爲書估挖去。予舊藏至正甲午建陽翠巖精舍所刊《陸宣公奏議》卷一末碑牌中，有「近因回禄之變重新繡梓」云云，與此本所稱「先因回禄」一語正脗合，由是推之，當是至正之丁未也。《丁志》。云目録後有「大德丁未建陽書林劉克常識」。與《楊録》碑牌異，未可據。

以上刻本傳世，足供十駕之求，其間歷元明兩朝而世其業者，莫如：

建安虞氏務本書堂。至元辛巳十八年。刻《趙子昂詩集》七卷，見《陸志》、《陸續跋》。泰定丁卯四年。刻元蕭鎰《新編四書待問》二十二卷，見《陸志》。云目録後有「泰定丁卯仲春虞氏務本堂」一行。至正丙戌六年。刻《周易程朱傳義》十四卷，附呂祖謙《音訓》，《毛詩朱氏集傳》八卷，見北京廠肆韓氏翰文齋書肆。序後有墨印記云「至正丙戌良月虞氏務本堂刊」。序十行，行二十一字；經文十二行，行二十一字；小字雙行，行二十五字。無年號刻河間劉守貞《傷寒直格方》三卷、《後集》一卷、《續集》一卷，張子和《心鏡》一卷，見《瞿目》、《陸志》、《陸續跋》。云後有墨圖記云「臨川葛雍校正建安虞氏刊行」。又刻《增刊校正王狀元集註分類東坡先生詩》二十五卷，見《天禄琳琅後編》六，誤入宋版，云後有篆書條記「建安虞平齋務本書坊刊」（案坊爲堂之誤）。《楊録》。刻《道德經河上公章句》四卷，見《瞿目》。目録後有「建安虞氏刊於家塾」一行。洪武二十一年刻元董真卿《易傳會通》十四卷，見朱目。云建安務本堂刊。此由元至元辛巳下至明洪武二十一年戊辰，凡百有餘年矣。

又有：

建安鄭天澤宗文書堂。至順庚午元年。刻元劉因《静修集》二十二卷、《補遺》二卷，見《張志》、《瞿目》、《陸志》。宋賓王鈔本。刻《增廣太平惠民和劑局方》十卷、《指南總論》三卷，見《瞿目》、《森志》、《繆續記》。云目録後有「建安宗文書堂鄭天澤新刊」一行。丙戌六年。刻《春秋經傳集解》三十卷，見《森志》。云末有識云「□□丙戌孟冬之吉書林宗文堂樂齋鄭希善刊」。□□當是至正元號。無年號刻《大廣益會玉篇》三十卷，見《楊志》、《楊譜》。云目録後有鼎形木記篆書「宗文」二字，下有「建安鄭氏鼎新綉梓」方木記。刻《鼎雕銅人腧穴鍼灸圖經》三卷，見《孫記》。云題「書林宗文堂綉梓」。正德丙寅元年。刻明宣宗《五倫書》六十二卷，見《天禄琳琅後編》十六。云「正德元年丙寅孟冬宗文書堂新刊」。嘉靖甲申三年。刻《蔡中郎伯喈文集》十卷、《外集》一卷、《詩集》二卷、《獨斷》二卷，見《繆記》。云後有木牌記云「嘉靖甲申孟冬月宗文堂鄭氏新刻」。嘉靖丁酉十六年。刻《初學記》三十卷，見《森志》。云後有木印記題「書林宗文堂刊行」，跋有書林鄭逸叟姓名。無年號刻《藝文類聚》一百卷，見《陸志》、《陸續跋》。云後有無名氏跋，云：「今書坊宗文堂購得是書，即便命工栞行，溥傳海宇，售播四方賢哲士夫，以廣斯文，幸鑒」。德輝按：此必刻《初學記》同時所刻。明嘉靖七年有陸采刻本，行款字數與此同，每葉二十八行，每行二十八字，蓋同出元刻本。宗文書堂雖爲元時書林，而此書之刻，則後於陸采本。《陸續跋》以爲元槧，非也。此由元至順庚午下至明嘉靖丁酉，凡二百餘年，視虞氏世業倍之，亦書林所僅見者也。

又有：

楊氏清江書堂。刻書雖少，亦始元末迄明初，所刻《通鑑綱目大全》五十卷，合尹起莘《發明》、劉友益《書法》、王幼學《集覽》、汪克寬《考異》、徐昭文《考證》五書刻之。徐昭文《考證自序》題至正己亥，十九年。則在元末矣。序文後有小榜，云「楊氏清江書堂新刊」。見《錢日記》。宣德辛亥六年。刻《大廣益會玉篇》三十卷，見《楊譜》。云後有木牌記，云「宣德辛亥孟冬清江書堂新刊」。此由元至正己亥至明宣德辛亥，雖僅七十餘年，然時經鼎革，屹然與虞、鄭二氏鼎足而存，固亦書林碩果矣。

大抵有元一代，坊行所刻，無經史大部及諸子善本，惟醫書及帖括經義淺陋之書傳刻最多。由其時朝廷以道學籠絡南人，士子進身儒學與雜流並進。百年國祚，簡陋成風，觀於所刻之書，可以覘一代之治忽矣。

葉德輝《書林清話》卷四《元建安葉氏刻書》　建安余氏書業，衰於元末明初。繼之者有葉日增廣勤堂，自元至明，刻書最夥。亦有得余板而改易其姓名堂記者，如元天曆庚午是年改元至順。仲夏刻《新刊王叔和脈經》十卷，見《張志》、《森志補遺》、《鍼灸資生經下》，元刊本。《瞿目》。舊鈔本。明正統甲子九年。良月吉日三峯葉氏廣勤堂刻《增廣太平惠民和劑局方》十卷，《指南總論》三卷，《圖經本草》一卷，見《森志補遺》。正統十二年孟夏三峯葉景逵刻《鍼灸資生經》七卷，有墨圖記，云「廣勤書堂新刊」，見《瞿目》、《陸續志》、《丁志》。誤作元刻。又有「三峯葉景逵謹咨」牌記，見《森志》、《陸志》、《陸續跋》。成化九年歲次癸巳刻《埤雅》二十卷，云「葉氏廣勤書堂新刊」，見《森志》。元版《唐詩始音輯注》一卷，《正音輯注》六卷，《遺響輯注》七卷，目録後有廣勤堂鼎式木印，「建安葉氏鼎新繡梓」木長印，見《孫記》。按此明時所刻。此其自刻板也，日增、景逵當是父子相繼。《天禄琳琅》六元板集部《千家注分類杜工部詩集》，中有一部云將皇慶壬子余氏木記劖去，別刊廣勤堂新刊木記，其鐘式、鑪式二木記尚存，而以「皇慶壬子」易刻「三峯書舍」；「勤有堂」易刻「廣勤堂」。目録後「皇慶壬子余志安刊於勤有堂」十二字雖已劖去，而卷二十五後猶未劖補。《後編》一部，誤入宋版。《瞿目》，元刊本《集千家注分類杜工部詩》二十五卷，附《文集》二卷，云此即皇慶元年余氏勤有堂刊本。後廣勤書堂得其板，附以文集二卷，故所刊字蹟迥異；而目録後及卷二十五末葉原有「皇慶壬子余志安刊於勤有堂」一條，亦已鏟去不存。《楊録》，元本《集千家注分類杜工部詩》二十五卷，《文集》二卷，云楊蟠《觀子美畫像》詩後，有「廣勤書堂新刊」木記；卷二十五後，有「壬寅年孟春廣勤堂新刊」一行，此壬寅當在至正二十二年，已在元末。《丁志》有一部，云後有「廣勤書堂新刊」六字木記，門類後有「三峯書舍」四字鐘式木印，「廣勤堂」三字鼎式木印。蓋是時余板《杜詩》久歸廣勤堂，後又轉售金臺汪諒。《天禄琳琅》六，另一部云：削去廣勤堂木記，惟以「三峯書舍」四字易刊「汪諒重刊」四字。《丁志》二本皆有之，其一誤爲汪諒翻刻，丁云「行款字數與元刊無異，惟筆畫稍肥」。不知筆畫肥由於久印低損，非出翻刻。汪諒，金臺書估，嘉靖四年爲柯維熊刻《史記》者。殆由葉而得其板，削去舊名，換以己名。《天禄琳琅》十明板《分類補注李太白詩集》二十五卷，云：「前元版中有是書，目録末葉板心標『至大辛亥三月刊』，此本板式似之，而目録末葉板心則稱『正統己巳二月印』，當即由前板翻出者。」其所載建安余氏勤有堂刊木記，係仍元刻之舊，此余板《李杜集》元明間售歸廣勤堂之確證。其後屢經轉鬻，但改印記牌名。如前《天禄琳琅》六所載之一部，將廣勤堂削去，易「三峯書舍」印記爲「汪諒重刊」印記之例。蓋同一刻板而數易主名，否則豈有翻板時祇改元號年月不改堂名之理，是亦顯而易見者也。

葉德輝《書林清話》卷四《廣勤堂刻萬寶詩山》　世傳錢謙益絳雲樓所稱宋板《萬寶詩山》，後歸湖州陸心源皕宋樓。前有□□□□□此缺五字。雍作噩重九日蒲陽余性初序云：「書林三峯葉景逵氏，掇拾類聚，繡梓以傳於世，目之曰《萬寶詩山》。」《陸續跋》以爲宋麻沙本，謂序「著雍」在戊，「作噩」在酉，戊酉不相值，非戊戌即己酉之訛，蓋理宗淳祐末年刊本。是書亦載《莫録》，云宋巾箱本。又載王聞遠《孝慈堂書目》，云宋袖珍本。日本島田翰作《皕宋樓藏書源流考》駁之，謂序所缺爲「宣德四年」四字，「著雍作噩」當是「屠維作噩」之偶然筆誤，不免爲書估所愚。島田駁之誠是。不知「著雍屠維」四字，形近易誤，當刻書檢查時粗略致誤，非筆誤也。至所缺年號，即售於錢謙益時估人之所爲，非陸始受其愚。使錢當日得見正統三年景逵所刻各書，則無此誤謬矣。至《孫記》所載元本《唐詩始音輯注》等，目後有「廣勤堂」鼎式印，「建安葉氏鼎新繡梓」長木印，此似在《萬寶詩山》之前，然亦不出明代。何也？如《始音》、《正音》、《遺響》等類，與分初、盛、中、晚唐詩者知解相同。初、盛、中、晚之别，始於明高棅編《唐詩品彙》、《拾遺》。據其序，書成於洪武甲子十七年，而《拾遺》則補於癸酉。其書子目有大家、名家、羽翼、餘響諸類，區畫唐詩門户，風氣開自明初，元人無此例也。然則《詩山》及《始音》等集精刻本，埒於宋、元，故自來收藏家，不誤以爲宋，即誤以爲元，亦其魚目可以混珠故也。《萬寶詩山》亦載胡爾滎《破鐵網》，云：「宋板《監省選編萬寶詩山》三十八卷，季滄葦藏書。袖珍本，板心長約四寸，闊前後約六寸。首行大字所題即寫此名目，次行即云『書林葉氏廣勤堂新栞』，有目無序。每葉共三十行，行十五字。詩俱分類，自『太極』至『蟲魚』類止，似今帖括之詩。每詩一首，連題三行，不著編次人姓名，并不詳作詩者爲誰氏。系吴門五柳居陶氏所藏，聞已歸維揚鮑氏。」按此即絳雲樓故物，展轉歸于日本岩崎氏，島田翰所見即此。吾曾見景寫本，誠如胡氏所云，蓋當時坊估射利之所爲，不足與于大雅之列。自來收藏家不知鑒别，以爲真宋槧奇書，亦由其校刻甚精，可以碱砆亂玉也。吾藏有廣勤堂刻李燾《通鑑宋元續編》殘卷，不知卷數多少。字體圓活，有南宋刻本遺風。首叙，大題云「通鑑宋元續編」，叙云：「宋元一書迺李氏燾之所編也。其間治亂興亡之道，靡不備録，誠萬世史學之要法也。惜此書刊刻既多，差訛亦甚，爰取古本謄作大字，梓行于世。俾後之讀史者，不惟無扞格之患，亦且無魯魚亥豕之疑矣，夫豈曰小補之哉。」末題「嘉靖丙午歲季夏月祥旦葉氏廣勤堂謹識」，又末一行云「宋元叙畢」。此書宋以來官私志目均不著録。李燾，宋人，著有《續資治通鑑長編》，固與此書無涉，且宋人安得編至元時。坊估無學，實形鄙陋，惟其板刻精美，爲坊肆當行。故雖牧翁、滄葦諸人，在二百年前已不能分其真贋，又無論胡、陸兩家之晚出矣。

葉德輝《書林清話》卷五《明人私刻坊刻書》 明刻精本，已具於前。其他私刻坊刻之書，以年代相近，存於今者視宋、元刻本爲多。今以書院、精舍、書堂等類，分别記之。一曰書院。則有：

紫陽書院。成化三年刻《瀛奎律髓》四十九卷，見《楊志》。

義陽書院。嘉靖辛卯十年。刻何景明《大復集》二十六卷，見《莫目》。

無錫崇正書院。嘉靖壬辰十一年。華麟祥刻《事類賦》三十卷，見《天禄琳琅》九、《丁志》。

廣東崇正書院。嘉靖丙申十五年。刻《四書集注》十四卷，見《范目》。《范目》誤丙申爲丙辰，又誤書院爲書堂。嘉靖丁酉十六年。刻《漢書》一百二十卷，見《朱目》、《繆記》。刻《後漢書》一百二十卷，見《范目》、《陸志》、《朱目》、《繆記》、《森志》。

九峯書院。嘉靖丙申十五年。刻元好問《中州集》十卷、《中州樂府》一卷，見《黄記》，金本。《丁志》。舊鈔本。

芸窗書院。嘉靖甲辰二十二年。刻《侯鯖録》八卷，見《繆續記》、《丁志》。作芸川書院。無年號刻《荀子》二十卷，見《天禄琳琅後編》十六。刻《揚子》十卷，《文中子》十卷，見《繆記》。云板心有「云窗書院刊」五字。

鰲峯書院。無年號刻《侯鯖録》八卷，見傅沅叔增湘藏書。云小字本，十一行，行二十一字，有「鰲峯書院之記」六字木記。

籍山書院。萬曆庚子十九年。重刊《經史證類大全本草》三十一卷，見《丁志》。云大觀二年艾晟序，後有「大德壬寅孟春宗文書院刊行」木記，蓋知南陵縣事楚武昌朱朝望據元本重梓者也。

正學書院。刻《國語補音》三卷，見《楊志》。

東林書院。刻《龜山楊文靖集》三十五卷，見《瞿目》。

龍川書院。刻《陳龍川先生集》三十卷，見《丁志》。

一曰精舍。則有：

建溪精舍。洪武壬戌十五年。刻《傅汝礪詩集》八卷，見《瞿目》、《陸志》。云後有「洪武壬戌渝川百丈山前建溪精舍新栞」一行。

詹氏進德精舍。弘治壬子五年。翻刻南山書院本《廣韻》五卷。見《森志》、《陸續跋》。

余有堂鳳山精舍。正德丁卯二年。刻《論語集注》十卷，見《森志》。

南星精舍。嘉靖乙酉四年。刻《嵇中散集》十卷，見《孫記》、《陸志》。《志》作南星書屋。

崦西精舍。刻《宋之問集》二卷，見《瞿目》。云板心有「崦西精舍」字。

一曰書堂。則有：

古杭勤德書堂。洪武戊午十一年。刻《皇元風雅前集》六卷、《後集》六卷，見《楊譜》、《繆續記》。誤作元刻。刻楊輝祖《算書五種》七卷，見楊志。

遵正書堂。洪武壬申二十五年。刻《增修箋注妙選羣英草堂詩餘前集》二卷、《後集》二卷，見《繆續記》。記載書中印記云：「洪武壬申孟夏遵正書堂新刊」兩行十二字。德輝按：此本從元泰宇書堂本翻刻。

廣成書堂。永樂甲辰二十三年。翻刻元南山書院本《廣韻》五卷。見《森志》、《陸續跋》、《楊志》、《楊譜》。

書林魏氏仁實書堂。景泰六年刻《性理大全》七十卷，刻王幼學《朱子資治通鑑綱目集覽》五十九卷，見《孫記》，云序例後有「歲在上章敦牂孟夏書林魏氏仁實書堂新刊」分書木記。上章敦牂爲景泰六年庚午也。《天禄琳琅》五、瞿目。均誤作元版。弘治甲子十七年。刻《楚辭集注》八卷、《後語》六卷、《辨證》二卷，見《繆續記》。云後有「書林魏氏仁實堂重刊」一行。弘治乙丑十八年。刻《道德經》二卷，列子《沖虛至德真經》八卷，見《森志》。每半版十二行，行二十六字，注雙行。

歙西鮑氏耕讀書堂。天順辛巳五年。刻宋鮑雲《天原發微》五卷，見瞿目。

玉峯書堂。成化四年刻明寇平《全幼心鑑》八卷，見《繆記》。云一小兒捧一牌，曰「玉峯書堂」四字。

部陽書堂。成化四年刻《長安志》二十卷，《長安志圖》三卷，見《黄記》、《楊録》。

羅氏竹坪書堂。成化癸巳九年。刻《子午流注經》三卷，見《森志》。

崇仁書堂。成化甲午十年。刻《春秋胡傳》三十卷，見《范目》。

劉氏明德書堂。弘治七年刻《衛生寶鑑》二十四卷、《補遺》一卷，見《森志》。無年號刻《大廣益會玉篇》三十卷，見《楊譜》、《楊志》。大題下跨行木記云「劉氏明德堂京本校正」，卷末木記云「劉氏明德書堂新刊」。

劉氏文明書堂。弘治辛酉十四年。刻《廣韵》五卷，見《楊志》。

集賢書堂。弘治乙丑十八年。刻周藩《袖珍方大全》四卷，見《丁志》。云末有正統十年熊宗立識語。又有「弘治乙丑仲春吉旦集賢書堂新刊」木記。

陳氏存德書堂。正德戊辰三年。刻《類證注釋錢氏小兒方訣》十卷，《陳氏小兒病原方論》四卷，見《森志》、《繆續記》。

錫山秦氏繡石書堂。嘉靖丙申十五年。刻《錦繡萬花谷前集》四十卷、《後集》四十卷、《續集》四十卷、《別集》三十卷，見《陸志》、《丁志》、《森志》、《繆記》。無年號刻《漢武故事》二卷，見《錢記》。

崇文書堂。嘉靖戊申二十七年。刻宋陳應行編《吟窗雜録》五十卷，見《繆續記》。云序末有「嘉靖戊申孟夏崇文書堂家藏宋本刊行」字。

新賢書堂。嘉靖壬戌四十一年。《新刊四明先生高明大字續資治通鑑》二十卷，見《孫記》。

吴氏玉融書堂。刻《事林廣記外集》二卷，見《陸續跋》。

一曰書屋。則有：

南星書屋。嘉靖乙酉四年。刻《嵇中散集》十卷，見《陸志》、《孫記》。孫作「南星精舍」。

許宗魯宜静書室。嘉靖戊子七年。刻《吕氏春秋》十六卷，見《森志》。無年號刻《爾雅注》三卷，見《范目》、《丁志》。刻《國語》二十一卷，見《繆記》、《丁志》。誤作宜静書堂刊本。刻吴棫《韵補》五卷，見《瞿目》。鈔本。

前山書屋。嘉靖甲午十三年。黄省曾刻《水經》四十卷，《山海經》十八卷，見《天禄琳琅》八。云惟《山海經》板心上方有「前山書屋」四字，而《水經》無之。

義興沈氏楚山書屋。嘉靖中刻宋朱弁《曲洧舊聞》十卷，見《瞿目》。云板心有「楚山書屋」四字。

九洲書屋。無年號刻《初學記》三十卷，見《天禄琳琅》九，又《後編》十七、《繆記》。

一曰堂。則有：

梁氏安定堂。正統丁巳二年。刻《韵府羣玉》二十卷，見《森志》。

善敬堂。正統戊辰十三年。刻《增廣注釋音辨唐柳先生集》四十二卷、《別集》二卷、《外集》二卷、《附録》一卷，見《森志》。

鰲峯熊宗立種德堂。正統五年刻《類證注釋小兒方訣》十卷，天順甲申八年。刻《外科備要》三卷，末題種德堂，未著姓名。刻《新編婦人良方補遺大全》二十四卷，成化二年刻《增廣太平惠民和劑局方》十卷，己丑當是成化四年。刻《增證陳氏小兒痘疹方論》二卷，見《森志》。刻《新刊補注釋文黄帝内經素問》十二卷，後有木記云「鰲峯熊氏種德堂識」八字。刻《素問入式運氣論奥》三卷，《素問内經遺編》一卷，見《丁志》。

葉氏南山堂。天順壬午六年。刻《新增説文韵府羣玉》二十卷，見丁志。

書林劉宗器安正堂。弘治甲子十七年。刻《鍼灸資生經》七卷，見《森志補遺》。正德六年刻《新刊京本詳增補注東萊先生左氏博議》二十五卷，見《張續志》。無元號年月。吾藏本前有木牌記，末題正德六年。正德丁丑十二年。刻《類聚古今韵府羣玉續編》四十卷，見《孫記補遺》。云序後有「正德丁丑書林安正堂劉宗器」題識，末卷後有「正德丁丑仲秋京兆劉氏安正書堂新增刊行」木長印。正德己卯十四年。刻《集千家注批點杜工部詩集》二十卷，見《蕙風簃藏書》。卷後有木牌記云「正德己卯仲夏月劉氏安正堂」刊。辛巳當是正德十六年。刻《象山先生集》二十八卷、《外集》五卷，見《天禄琳琅》六。誤入元版。云後有「辛巳歲孟冬月安正書堂重刊」木記。嘉靖二年刻朱公遷《詩經疏義》二十卷，見《吴記》、《瞿目》。云前題「書林劉氏安正堂重刊」，後有「癸未年仲夏安正堂刊」墨記。《丁志》。嘉靖三年重刊《宋濂學士文集》二十六卷、《附録》一卷，見《丁志》。云序後有「嘉靖三年春月安正堂新刊行」一條。丙戌當是嘉靖五年。刻《增刊校正王狀元集諸家注分類東坡先生詩》三十卷，見《陸志》。誤作元刻。云目後有「龍集丙戌秋月劉安正堂刊木」一行，卷末有「丙戌歲孟冬月安正堂新刊」一行。庚寅當是嘉靖九年。刻《韓文正宗》二卷，見《瞿目》。云卷末有墨圖記，云「庚寅年季夏月安正堂新刊行」。刻陳傅良《止齋集》二十六卷、《附録》一卷、《遺文》一卷，見《丁志》。嘉靖九年刻明陳喆《春秋胡傳集解》三十卷，嘉靖壬辰十一年。刻宋劉達可編《璧水羣英待問會元選要》八十二卷，見《范目》。萬曆壬辰二十年。刻宋秦觀《淮海集》四十卷、《後集》六卷，見《袁簿》。萬曆辛亥三十九年。刻《新編事文類聚翰墨大全》一百二十五卷，見《繆續記》。云書前牌子末云「萬曆辛亥歲孟夏月重新整補好紙版，每部價銀壹兩整，安正堂梓。」

皇甫氏世業堂。正統庚辰十五年。刻《博雅》十卷，見《天祿琳琅後編》十二。

贛州府清獻堂。嘉靖元年刻《埤雅》二十卷，見《范目》。嘉靖癸未二年。刻巾箱本《書經集注》十卷、《序》一卷，見《丁志》。云後有木楷書記二行，曰「嘉靖癸未季春月刊行於贛州府清獻堂」。

南康府六老堂。嘉靖丁亥六年。刻陳灝《禮記集說》三十卷，見《范目》、《瞿目》、《丁志》。不悉刊刻年月。《四書集注》二十六卷，見《范目》。

書林葉一蘭作德堂。嘉靖乙巳二十四年。《新刊演山省翁活幼口議》二十卷，見《森志補遺》。

雷氏文會堂。嘉靖乙□□□夏吉旦新刊《濟世產寶論方》二卷，見《森志》。鈔本。德輝按：此書前有嘉靖己未王子沖序，則「乙」下缺字當是「卯」字，在作序前四年。

浙江葉寶山堂。嘉靖癸丑三十二年。刻《重訂校正唐荊川先生文集》十二卷，見《繆記》。云後有牌記兩行，云「嘉靖癸丑仲冬浙江葉寶山堂」。

張之象猗蘭堂。嘉靖甲寅三十三年。刻自注《鹽鐵論》十二卷，見《森志》。

寶雲堂。嘉靖十一年趙繼宗刻宋趙偕《寶峯先生文集》二卷，見《丁志》。云版心上刊有「寶雲堂文藝」五字。

陳奇泉積善堂。隆慶辛未五年。刻《纂圖互注老莊列三子》二十卷，見《森志》。萬曆己酉三十七年。刻《京本排韻增廣事類氏族大全》二十八卷，見《丁志》。

徐守銘寧壽堂。萬曆丁亥十五年。刻《初學記》三十卷，見《孫記》、《森志》。刻吳淑《事類賦》三十卷，見《天祿琳琅》九、《學部圖書館目》。云項氏刻本，板心有「寧壽堂」三字。德輝按：此當是誤徐爲項，否則徐板項得之印行也。

吳公宏寶古堂。萬曆癸卯三十一年。刻《博古圖》三十卷，見《天祿琳琅》八。

新都吳氏樹滋堂。萬曆丙午三十四年。刻《秦漢印統》八卷，見《天祿琳琅》八、《孫記》。

周氏博古堂。萬曆己酉三十七年。刻《世說新語》三卷，見《孫記》、《繆記》。

董氏萬卷堂。刻《隆平集》二十卷，見《瞿目》。云序後有墨圖記，云「董氏萬卷堂本」。

書林龍田劉氏喬山堂。萬曆辛亥三十九年。刻《注解傷寒百證歌發微論》四卷，萬曆壬子四十年。刻《類證增注傷寒百問歌》四卷，見《森志補遺》。

海虞三槐堂。天啓間刻《侯鯖録》八卷，見《丁志》。引鮑以文跋。

葉益蓀春書堂。崇禎庚辰十三年。刻《陶靖節集》六卷，見《繆續記》。云板心有「春書堂」三字，葉益蓀刻，林有跋，異卿手書上板。後有「崇禎庚辰中秋既望閩中林寵異卿書於金陵清涼寺」兩行。

新都吳繼仕熙春堂。無年號刻《六經圖》六卷，見《天祿琳琅後編》十三。云卷後識云「圖象俱精，字紙兼美，一照宋本校刻無訛」。

熊氏衛生堂。無年號刻《新刊銅人針灸經》七卷，見《森志》。

明德堂。無年號刻《衛生寶鑑》二十四卷、《補遺》一卷，見《森志》。云係萬曆間刊本，末有「皇明歲次乙未明德堂刊」記。德輝按：若萬曆刻本，乙未當在二十三年。

雙柏堂。無年號仿宋刻丁黼本《越絶書》十五卷，見《陸志》、《陸續跋》。

如隱堂。無年號刻《洛陽伽藍記》五卷，見《張續志》、《瞿目》、《繆續記》。

一曰館。則有：

豫章王氏夫容館。隆慶辛未五年。刻《楚辭章句》十七卷，見《朱目》、《森志》、《楊志》、《繆續記》。

翠岩館。萬曆戊子十六年。刻《素書》一卷，見《陸志》。

潘元度玉峯青霞館。重刻《大唐新語》十卷，改題《唐世說新語》，見《楊志》。

辨疑館。刻《易林》四卷，見《陸志》。吾藏此本，不佳。明刻此書無善本。

清真館。刻《雲笈七籤》一百二十二卷，見《瞿目》、《陸志》、《丁志》。

一曰齋。則有：

書户劉洪慎獨齋。弘治戊午十一年。刻《資治通鑑綱目》五十九卷，見《范目》。正德戊辰三年。刻《山堂羣書考索前集》六十六卷、《後集》六十五卷、《續集》五十六卷、《別集》二十五卷，見《天祿琳琅後編》十七、《丁志》、《陸志》、《繆記》。是書前有正德戊辰莆田守鄭京序，稱「僉憲院賓出是書示區玉，玉以義士劉洪校讎督工，復劉徭役一年以償其勞」。每卷有「建陽知縣區玉刊行，木石山人劉宏毅刊，正德十六年十一月書户劉洪改刊」等字。十六年爲辛巳，蓋閱十年而始刊成。正德戊寅十三年。刻《十七史詳節》二百七十三卷，見《范目》、《天祿琳琅後編》十五、《廉石居記》、《陸志》、又《天祿琳琅後編》四。誤作宋版。是書前序後有墨圖記三，曰「慎獨齋」，曰「五忠後裔」，曰「精力史學」。每卷首或刻「建陽慎獨齋」，或刻「建陽木石山人劉宏毅」，各卷不同。

刻《文獻通攷》三百四十八卷，見《丁志》、《繆記》。正德己巳四年。刻《資治通鑑節要》二十卷，見《孫記續編》。正德辛巳十六年。重刻《孫真人備急千金要方》三十卷、《目録》一卷，見《森志》。嘉靖癸未二年。刻巾箱本《西漢文鑑》二十一卷，《東漢文鑑》九十卷，見《繆記》。云後有牌子，云「龍飛嘉靖癸未京兆慎獨齋刊」。嘉靖己丑八年。刻《資治通鑑綱目》五十九卷，見《森志》。德輝按：是書據《范目》有弘治戊午刻本，此又複見，或前後重刻，或前板後修，皆未可知。惟吾在廠肆曾見弘治本，絶似元槧，惜未見嘉靖本也。嘉靖壬辰十一年。刻宋劉達可《璧水羣英待問會元》八十二卷，見《丁志》。宋本注。嘉靖甲午十三年。刻明邵寶《容春堂集》六十六卷，見《丁志》。無年號刻胡寅《讀史管見》八十卷，見《陸志》。宋刊本跋。刻《明一統志》九十卷，見《繆記》。

桂連西齋。正德庚午五年。刻漢《董仲舒集》一卷，見《天禄琳琅後編》十八。云有「正德庚午桂連西齋印行」木記。

顧起經奇字齋。嘉靖乙卯刻《類箋王右丞詩集》十卷、《文集》四卷，見《范目》詩集類，又見《繆續記》。云後有「嘉靖三十四年涂月白分錫武陵家塾刻」一行。萬曆元年刻《標題補注蒙求》三卷，見《丁志》。云板心刊「奇字齋」三字。

楊氏歸仁齋，亦稱清白堂。嘉靖丁巳三十六年。刻《事文類聚》一百十七卷，見《楊志》、《丁志》。按《四庫》著録元麻沙本，前集六十卷、後集五十卷、續集二十八卷、别集三十二卷、新集三十六卷、外集十五卷、遺集十五卷。（余藏萬曆丁未鄒可章重刻此本。）刻陳子桱《資治通鑑綱目外紀》一卷，金履祥《通鑑前編》十八卷，朱子《通鑑綱目》五十九卷，商輅《通鑑續編》二十七卷，見《丁志》。明歸仁齋書林刻本。

純白齋。萬曆元年重刻《荆川先生文集》十七卷、《外集》三卷、《附録》一卷，見《丁志》。

武林馮紹祖繩武觀妙齋。萬曆丙戌十四年。刻《楚辭章句》十七卷，見《丁志》。

泊如齋。萬曆戊子十六年。刻《宣和博古圖》三十卷，見《孫記》、《繆續記》。刻《考古圖》十卷，見《天禄琳琅》八、《陸續跋》。

豫章璩之璞燕石齋。萬曆乙未二十三年。刻王世貞《蘇長公外紀》十卷。見《繆記》。

真如齋。萬曆庚戌三十八年。刻劉嵩《槎翁詩》八卷，見《丁志》。云目録後有「萬曆庚戌王正吉山陰王應遴董父監梓於真如齋中」木記。

喬可傳寄寄齋。萬曆辛亥三十九年。刻《路史前紀》九卷、《後紀》十三卷、《國名紀》九卷、《發揮》五卷、《餘論》十卷，見《繆記》。

雙甕齋。萬曆丙辰四十四年。蔡達甫刻《蔡忠惠集》三十六卷，徐𤊹輯《外紀》十卷，見《丁志》。云板心有「雙甕齋」三字。

金陵奎壁齋。崇禎六年彙刻《忠經·孝經·小學》十卷，見《繆續記》。云前有崇禎六年諭旨，又有牌子，云「莆陽鄭氏再訂，金陵奎壁齋梓」十二字。

單恂净名齋。崇禎戊寅十一年。刻宋岳少保《忠武王集》一卷，見《丁志》。云華亭陳繼儒輯，門人單恂訂本，板心梓「净名齋」三字。

歙巖鎮汪濟川主一齋。無年號刻《巢氏諸病源候總論》五十卷，見《孫記》、《瞿目》、誤作王氏。《楊志》、《丁志》。

霏玉齋。無年號刻《重刊分類補注李詩全集》二十五卷、《文集》五卷，見《繆記》。

一曰山房。則有：

徐焴萬竹山房。嘉靖甲申三年。刻《重校正唐文粹》一百卷，見《繆記》。云胡序板心有「萬竹山房」四字，目録後有「姑蘇後學尤桂、朱整同校正」字。

喬世寧小丘山房。嘉靖甲辰二十三年。刻《孫真人備急千金要方》九十三卷、《目録》一卷，見《森志》、云板心有「喬氏世寧小丘山房刻行」等字。《丁志》。

武林馮念祖卧龍山房。萬曆丙戌十四年。刻元徐天祐《吴越春秋音注》十卷，見《天禄琳琅》八。德輝按：目後有木牌記，云「萬曆丙戌之秋武林馮念祖重梓於卧龍山房」。後板歸楊爾曾，丙戌改戊戌，馮名改楊名，二本吾皆有之。

一曰草堂。則有：

椒郡伍氏龍池草堂。嘉靖丁酉二十五年。刻《張説之文集》二十五卷，見《孫記》、《瞿目》。云明初椒郡伍德手録本，作記屬子孫付刻。至嘉靖間，其後裔刻之。序後有「嘉靖丁酉冬十月朔旦椒郡伍氏龍池草堂家藏本校刊」一行。

玉蘭草堂。無年號刻陶九成《南村輟耕録》三十卷，見《繆記》。云邊闌下每葉有「玉蘭草堂」四字，再下則載匠人姓名。

一曰書林。則有：

書林劉寬。宣德乙卯十年。刻朱子《資治通鑑綱目》五十九卷，見《天禄琳琅後編》十四。

書林余氏。正統辛酉六年。刻《十八史略》二卷，見《森志》。

書林龔氏。正德己卯十四年。刻黄震《黄氏日鈔》九十七卷，見《浙録》、《楊志》。

書林童文舉。萬曆三年重刻袁表校刻《脈經》十卷，見《森志補遺》。

書林董思泉。萬曆辛巳九年。刻《墨子》六卷，見《楊志》。云「首籤題『鹿門校刻墨子全編』，上層有書林董思泉識語，稱得宋本請茅鹿門讎校。首有萬曆辛巳茅坤序，稱別駕唐公得《墨子》原本，將歸而梓之云云。然則鹿門第爲唐公作序，並未與讎校之役。其中古字古言，多爲書估所改。如『亓』本古『其』字，皆改爲『亦』字，可笑之甚，鹿門雖陋，恐不至此。」又云：「日本寶曆七年源儀重刻此本，以諸本之異同者校勘於書眉。不惟勝此本，且勝畢氏所據之道藏本。惜乎源氏無卓識，不刻其所引之一本，令人歎息也。」德輝按：吾有源刻本，又有嘉靖癸丑陸穩序唐堯臣刻本，乃知茅序即用陸序原文，改題茅坤姓名。書估作爲欺人，楊氏誤信之，殊可笑也。

書林詹氏。無年號刻《京本校正注釋音文黄帝内經素問靈樞集注》十五卷，見《丁志》。

一曰鋪。則有：

國子監前趙鋪。弘治丁巳十年。刻《澗谷精選陸放翁詩集前集》十卷、《須溪精選后集》八卷、《別集》一卷，見《丁志》。

正陽門内巡警鋪對門金臺書鋪。嘉靖元年翻刻元張伯顔《文選》六十卷，見《范目》、《丁志》。德輝按：此即嘉靖四年同柯維熊刻《史記》之汪諒。

杭州錢塘門裏車橋南大街郭宅紙鋪。無年號刻《寒山詩》一卷，《豐干拾得詩》一卷，附慈受《擬寒山詩》一卷，見《瞿目》。云明刻本。德輝按：《黄記》有宋本與此同，惟「紙」字空白。此必翻本，以街名牌記皆似宋式也。

其他牌記尚有：

藍山書舍。洪武庚辰即建文二年。刻《武夷藍山先生詩集》八卷，見《丁志》。云序後刻有「洪武庚辰秋藍山書舍刊」長方木記。德輝按：成祖篡統，革除建文元號，此豈追改耶。

劉氏博濟藥室。宣德癸丑八年。刻《類證活人書括》四卷，見《森志補遺》。

維楊資政左室。萬曆己卯七年。刻《呂氏春秋》二十六卷，見《楊譜》。

蔣德盛武林書室。萬曆庚子二十八年。刻《敬齋古今黈》十二卷，見《陸志》、《繆記》、舊鈔本。《丁志》。書室誤云書屋。

太元書室。刻桓寬《鹽鐵論》十卷。見《黄記》。校明鈔本。

尹耕療鶴亭。嘉靖壬寅二十一年。重刻《誠齋先生易傳》二十卷，見《丁志》、《繆記》。

顧汝達萬玉樓。嘉靖庚戌二十九年。刻宋本《南唐書》三十卷，見《繆記》。

贛郡蕭氏古翰樓。嘉靖間刻《妙絶古今》四卷，見《繆續記》。云板心有「蕭氏古翰樓」五字。

芙蓉泉屋。嘉靖十八年刻《韓詩外傳》十卷。見《陸志》。

東里董氏茭門別墅。嘉靖壬子三十一年。翻刻宋紹興府洪适本《元氏長慶集》六十卷，見《丁志》。

龍邱桐源舒伯仁梁溪寓舍。萬曆二年刻《中興以來絶妙好詞》十卷，見《范目》、《瞿目》、《丁志》。云末有墨圖記，云「萬曆二年七月既望龍邱桐源舒氏伯明新雕梁溪寓舍印行」。

吴興花林東海居士茅一相文霞閣。萬曆庚辰八年。刻《蔡中郎集》十一卷，見《丁志》。

吴郡顧凝遠詩瘦閣。崇禎乙亥八年。仿宋刻《濟北晁先生雞肋集》七十卷，見《四庫書目提要》、《丁志》。云板心有「詩瘦閣」三字，卷後有「明吴郡顧氏於崇禎乙亥春照宋刻壽梓至中秋工始竣」二行。

清平山堂。無年號刻葉祖榮《類編分類夷堅志》十一卷，見《繆續記》。云當是南宋建陽書肆類集刊本，明人重刻之，板心有「清平山堂」四字。

衆芳書齋。隆慶元年刻《繪圖增編會真記》四卷，見《繆續記》。

清夢軒。無年號刻蘇轍《欒城集》五十卷、《後集》二十四卷、《三集》十卷、《應詔集》十二卷，見《瞿目》、《丁志》。云目録後有「清夢軒藏板」五字。

三衢近峯夏相。嘉靖壬子三十一年。仿宋刻《古今合璧事類備要前集》六十九卷、《後集》八十一卷、《續集》五十六卷、《別集》九十四卷、《外集》六十六卷，見《陸志》、《丁志》、《繆記》。

揚州陳大科。萬曆丁酉二十五年。刻《初學記》三十卷，見《邵注四庫目》。德輝按：吾藏此本，雕印甚精。

金陵王舉直。刻《雅頌正音》五卷，見《黄記》、云明初刻本。《陸志》。

金陵周對峯。萬曆辛卯十九年。刻《新刊簪纓必用翰苑新書前集》十二卷、《後集》七卷、《別集》二卷、《續集》八卷，見《丁志》。

姑蘇葉氏戊廿。無年號刻《王狀元荆釵記》全卷，見《黄記再續》。云卷末有「姑蘇葉氏戊廿梓行」八字。德輝按：此書似是元末槧本，以葉氏名戊廿證之，亦元時人名俗尚。

沈啓南。無年號刻《晏子春秋》八卷，見《楊譜》。按孫星衍爲畢沅校刻此書，及自刻《岱南閣叢書》，均據此本。據云萬曆乙酉年刻。

以上或刻一種，或刻二三種。其中刻書獨多，爲劉洪慎獨齋、劉宗器安正堂，而皆建陽産。自宋至明六百年間，建陽書林擅天下之富，使有史家好事，當援貨殖傳之例增書林傳矣。

葉德輝《書林清話》卷七《明毛晉汲古閣刻書之一》 明季藏書家，以常熟之毛晉汲古閣爲最著。當時遍刻《十三經》、《十七史》、《津逮秘書》，唐宋元人別集，以至道藏、詞曲，無不搜刻傳之。觀顧湘《汲古閣板本攷》，祕笈琳琅，誠前代所未有矣。即其刻《説文解字》一書，使元明兩朝未刻之本，一旦再出人間，其爲功於小學，尤非淺鮮。然其刻書不據所藏宋元舊本，校勘亦不甚精，數百年來，傳本雖多，不免貽佞宋者之口實。孫從添《藏書紀要》云：「毛氏汲古閣《十三經》、《十七史》，校對草率，錯誤甚多。」又云：「毛氏所刻甚繁，好者僅數種。」《黄記》二。元大德本《後漢書》載陳鱣跋云：「蕘圃嘗曰，汲古閣刻書富矣，每見所藏底本極精，曾不一校，反多肊改，殊爲恨事。」又校本陸游《南唐書》載顧澗蘋臨陸敕先校錢罄室本云：「汲古閣初刻《南唐書》，舛誤特甚，此再刻者，已多所改正。然如《讀書敏求記》所云『卷例俱遵《史》《漢》體，首行書某紀某傳卷弟幾，而注《南唐書》於下，今流俗本竟稱《南唐書》本紀卷弟一卷二卷三，列傳亦如之，開卷便見其謬』者，尚未改去。其他沿襲舊訛，可知其不少矣。」又四，宋刻本《湘山野録》云：「《湘山野録》曾刻入毛氏《津逮祕書》中。此宋刻元人補鈔本，略取《津逮》本相校，知毛刻尚多訛脱，想當日付梓未及見此耳。繼於顧五癡家見有毛斧季手校本，即在《津逮》本上，實見過此本。取對至卷中『時〇晏元獻爲翰林學士』一行前，竟脱落『備者惟陳康肅公堯咨可焉陳方以詞職進用』十八字。初亦不解其故，反覆展玩，乃知此十八字，鈔時脱落，後復添寫於旁，斧季校時，猶及見此，而後來裝潢穿線過進，遂滅此一行。向非别見校本，何從指其脱落耶。爰重裝之，使倒折向内，覽之益爲醒目云。」又五，宋刻《李羣玉集》三卷、《後集》五卷云：「毛刻《李文山集》，迥然不同。曾取宋刻校毛刻，其異不可勝記，且其謬不可勝言，信知宋刻之佳矣。毛刻非出宋本，故以體分統前後集併爲三卷，或以意改之。」段玉裁《汲古閣説文訂》自序，略云：「毛晉及其子扆，得宋小字本，以大字開雕。周錫瓚出初印本，有扆親署云順治癸巳汲古閣校改弟五次本。卷中旁書朱字，復以藍筆圈之。凡其所圈，一一剜改。考毛氏所得小字本，四次以前微有校改。至五次則校改特多，往往取諸小徐《繫傳》，亦間用他書。今世所存小徐本，乃宋張次立所更定，而非小徐真面目。而據次立剜改，又識見駑下，凡小徐佳處，少所采掇，而不必從者，乃多從之。學者得之，以爲拱璧，豈知其繆戾多端哉。」略舉黄、顧、陳、段諸家所糾，則其刻書之功，非獨不能掩過，而且流傳繆種，貽誤後人。今所刻《十三經》、《十七史》、《説文解字》傳本尤多，淺學者不知，或據其本以重雕，或奉其書爲祕笈。昔人謂明人刻書而書亡，吾於毛氏不能不爲賢者之責備矣。吾按：毛扆《汲古閣珍藏宋元祕本書目》北宋本《孔子家語》下云：「南宋本作『良藥苦口利於病』，此本作『藥酒苦口利於病』，及讀《鹽鐵論》，亦作『藥酒苦口利於病』，方知北宋本之善。」今汲古閣本仍作「良藥苦口利於病」，是毛氏於家藏宋本全不依據，自道之而自蹈之矣。

葉德輝《書林清話》卷七《明毛晉汲古閣刻書之二》 毛氏刻書，至今尚遍天下，亦可見當時刊布之多，印行之廣矣。然其生平事實，人多有不知者。余按陳瑚《爲毛潛在隱居乞言小傳》，略云：「江南藏書之富，自玉峯菉竹堂、婁東萬卷樓後，近屈指海虞。然庚寅十月，絳雲不戒於火，而巋然獨存者，惟毛氏汲古閣。登其閣者，如入龍宫鮫肆，既怖急，又踴躍焉。其制，上下三楹，始子訖亥，分十二架。中藏四庫書及釋道兩藏，皆南北宋内府所遺，紙理縝滑，墨光騰剡。又有金元人本，多好事家所未有。子晉日坐閣下，手繙諸部，讎其譌謬，次第行世。至滇南官長萬里遺幣以購毛氏書，一時載籍之盛，近古未有也。其所録諸書，一據宋本。或戲謂子晉曰：『人但多讀書耳，何必宋本爲。』子晉輒舉唐詩『種松皆老作龍鱗』爲證曰：『讀宋本然後知今本老龍鱗之爲誤也。』子晉固有鉅才，家蓄奴婢二千指，同釜而炊，均平如一。躬耕宅旁田二頃有奇，區别樹藝，農師以爲不逮。竹頭木屑，規畫處置，自具分寸。即米鹽瑣碎，時或有貽一詩投一剳者，輒舉筆屬和，裁答如流。其治家也有法，旦望率諸子拜家廟，以次謁見師長，月以爲常。以故一家之中，能文章，嫻禮義，彬彬如也。崇禎壬午、癸未間，徧搜宋《遺民》、《忠義》二録、《西臺慟哭記》，與《月泉吟社》、《河汾》、《谷音》諸詩，刻而廣之。未幾，遂有甲申、乙酉南北之事。每自歎人之精神意思所在，便有鬼物憑依其間，即余亦不知其何謂也。變革以後，杜門卻埽，著書自娱。歲大饑，則賑穀代粥，周鄰里之不火者。司李雷雨津贈之詩曰：『行野樵漁皆拜賜，入門僮僕盡鈔書。』人謂之實録云。」錢謙益《隱湖毛君墓誌銘》云：「子晉初名鳳苞，晚更名晉，世居虞山東湖。父清，孝弟力田，爲鄉三老。而子晉奮起爲儒，通明好古，强記博覽，不屑儷華鬭葉，争妍削間。壯從余游，益深知學問之指意。謂經術之學，原本漢唐，儒者遠祖新安，近攷餘姚，不復知古人先河後海之義。代各有史，史各有事有文。雖東萊、武進以鉅儒事鉤纂，要以歧枝割剥，使人不得見宇宙之大全。故於經史全書，勘讎流布，務使學者窮其源流，審其津涉。其他訪佚典，搜祕文，皆用以裨輔其正學。於是縹囊緗帙，毛氏之書走天下，而知其標準者或鮮矣。經史既竣，則有事於佛藏，軍持在户，貝多濫几，捐衣削食，終其身芒芒如也。蓋世之好學者有矣，其於内外二典世出世間之法，兼營并力，如飢渴之求飲食，殆未有如子晉者也。子晉爲人，孝友恭謹，遲重不洩，交知滿天下。與人交不翕翕熱，撫王德操之孤，卹吴去塵、沈璧甫之亡，皆有終始。娶范氏、康氏。繼嚴氏，生五子，襄、褎、衮、表、扆，襄、衮皆先卒。女四人，孫男女十一人。生於己亥歲之正月五日，卒於己亥歲之七月二十七日，卒年六十有一。」誌銘不全録，節其要者。又顧湘小石山房刻《汲古閣校刻書目》前，附有滎陽悔道人撰《汲古閣主人小傳》云：「毛晉，原名鳳苞，字子晉，常熟縣人，世居迎春門外之七星橋。父清，以孝弟力田起家。當楊忠愍公漣爲常熟令時，察知邑中有幹識者十人，遇有災荒工務，倚以集事，清其首也。晉少爲諸生，蕭太常伯玉特賞之，晚乃謝去。以字行，性嗜卷軸。榜於門曰：『有以宋槧本至者，門内主人計葉酬錢，每葉出二佰；有以舊鈔本至者，每葉出四十；有以時下善本至者，别家出一千，主人出一千二百。』於是湖州書舶雲集於七星橋毛氏之門矣。邑中爲之諺曰：『三百六十行生意，不如鬻書於毛氏。』前後積至八萬四千册，構汲古閣、目耕樓以庋之。子晉患經史子集率漫漶無善本，乃刻《十三經》、《十七史》、古今百家及二氏書，至今學者寶之。方汲古閣之炳峙於七星橋也，南去十里爲唐市，楊彝鳳基樓在焉。東去二十里爲白茆市，某公紅豆莊在焉。是時海内勝流至常熟者，無不以三處爲歸。江干車馬，時時不絶。而應接賓客如恐不及，汲古主人爲最。尤好行善，水道橋梁，多獨力成之。歲饑，則連舟載米，分給附近貧家。雷司理贈詩云：『行野田夫皆謝賑，入門僮僕盡鈔書。』蓋紀實也。子晉生於前明萬曆二十七年己亥歲之正月五日，至國朝順治十六年己亥歲七月二十七日卒，享年六十有一，葬於戈莊之祖塋。子五，襄、褎、衮、表、扆。扆字斧季，精於小學，最知名。」按：此傳本康熙《蘇州府志》而加詳。近人龐鴻文撰《常昭合志稿・毛鳳苞傳》云：「藏書數萬卷，延名士校勘，開雕《十三經》、《十七史》、古今百家及從未梓之書。所用紙歲從江西特造之，厚者曰毛邊，薄者曰毛太，至今猶沿其名不絶。所著書有《和古今人詩》、《野外詩》、《題跋》、《虞鄉雜記》、《隱湖小志》、《海虞古今文苑》、《毛詩名物考》、《宋詞選》、《明詩紀事》、《詞苑英華》、《僧宏秀集》、《隱秀集》共數百卷。子五：褎，字伯華，號質庵；表，字奏叔，號正庵；扆，字斧季，陸貽典壻也，最知名，尤耽校讎，何義門輩皆推重之。」餘同《錢志》、《鄭傳》，不全録。蔣光煦《東湖叢記》：「毛氏於宋元刊本之精者，以『宋本』、『元本』橢圓式印别之，又以『甲』字印鈐於首。其餘藏印，曰『毛晉祕篋審定真蹟』，曰『毛氏藏書』，曰『東吴毛氏圖書』，曰『汲古閣世寶』，曰『子孫永寶』，曰『子孫世昌』，曰『在在處處有神物護持』，曰『開卷一樂』，曰『筆硯精良人生一樂』，曰『菰溪』，曰『弦歌草堂』，曰『仲雍故國人家』，曰『汲古主人』，曰『汲古得修綆』。子五：褎，字伯華，號質庵；表，字奏叔，號正庵。季子扆，字斧季，陸貽典壻也，最知名，尤耽校讎，有『海虞毛扆手校』及『西河汲古後人』、『叔鄭後裔』朱記者，皆是也。兼精小學，何義門輩皆推重之。」餘同《陳傳》、《錢誌》、《顧傳》者，不録。楊紹和《楹書隅録》影宋精鈔本《五經文字》三卷，有毛扆跋云：「吾家當日有印書作，聚印匠二十人，刷印經籍。扆一日往觀之，先君適至，呼扆曰：『吾縮衣節食，遑遑然以刊書爲急務。今板逾十萬，亦云多矣，竊恐祕册之流傳尚十不及一也。汝曹習而不察，亦知印板始於何時乎？蓋權輿於李唐而盛於五代也。』後夏日納涼，請問其詳。先君曰：『古人讀書，盡屬手鈔。至唐末，益州始有墨板，皆術數字學小書，而不及經傳。經傳之刻，在於後唐。』自後考之，後唐長興三年，詔用西京石經本，雇匠雕印，廣頒天下。見《五代會要》第八卷。宰臣馮道等奏曰：請依石經文字刻《九經》印板。又按《國史志》，長興三年，詔儒臣田敏校《九經》，鏤本於國子監。扆購得《五經文字》一部，係從宋板影寫者，比大曆石本注益詳備，前有開運丙午九月十一日田敏序。按丙午，開運三年也。則田敏之奉詔在後唐長興三年，越十六年至石敬瑭之世而雕成印本。由此觀之，蓋祖五代本矣。石刻舉世有之，但剥蝕處杜撰增補，殊不足據，要必以此本爲正也。虞山毛扆識。」觀此，則扆之耽於小學，可以概知。而其父子殷殷刻書之心，信有至樂，宜今日爲藝林佳話也。子晉孫綏萬，亦有名，最工詩。王應奎《海虞詩苑》云：「綏萬，字嘉年，號破崖，汲古主人之孫也。生有異徵，前身爲吴閶白椎菴文照禪師，事見薛孝穆《重復庵記》。性耽吟咏，又好遊覽。所至登臨弔古，動成卷帙。著有《破崖居士詩稿》數卷。汲古孫行最盛，惟君知名於時。」按晉有孫二十人，曾孫二十三人，見朱彝尊《曝書亭集》毛晉繼室《嚴孺人墓誌銘》。晉子五，孺人出者四，曰褎、曰衮、曰表，存者扆也，並載墓誌。晉又一孫，未知何名，性嗜茗。鄭德懋《汲古閣刻板存亡考・四唐人集》下云：「相傳毛子晉有一孫，性嗜茗飲。購得洞庭山碧羅春茶，虞山玉蟹泉水，獨患無美薪。因顧《四唐人集》板而歎曰：『以此作薪煮茶，其味當倍佳也。』遂按日劈燒之。《四唐人集》內，惟《唐英歌詩》一種，最爲善本。即如席氏《百家唐詩》內亦刻，而空白多至二三百字，令人不可讀。然則汲古此本，真祕寶也。」嗟乎！晉孫有經萬，又有此孫，豈非大異事哉！

葉德輝《書林清話》卷七《明毛晉汲古閣刻書之三》 風氣二三十年而一變，古書亦二三十年而漸稀。曩余不喜毛氏汲古閣所刻書，光緒初元，京師湖南舊書攤頭插架皆是。余所收得《十三經》，一爲白紙初印，一爲毛泰紙印，全部爲乾嘉間歙縣鄭文炤、鄭德仁父子以各家所據宋元善本通校。《十七史》亦毛泰紙初印者。餘若《津逮祕書》、《漢魏百三家》、郭茂倩《樂府詩集》、《陸放翁全集》、《唐人選唐詩八種》、《唐詩紀事》、《六十家詞》、《詞苑英華》、《詩詞雜俎》、《六十種曲》，均陸續得之，皆以爲尋常之本。惟《三唐人集》、《四唐人集》、《五唐人集》、《六唐人集》、《蘇門六君子集》、《元十家集》、《元四家詩集》之類，向本稀見，余以有各家專集，未暇搜全。至錢謙益《列朝詩集》，以乾隆修《四庫全書》，凡錢氏所著及有序書，皆在禁燬之列，故其書流傳不多，而余亦收得兩部。《八唐人集》，據鄭德懋、顧湘《汲古閣刻板存亡攷》，爲山東趙秋谷先生按名執信。以白金二百易去。又引常州臧在東曰：「余在山東畢中丞節署中，偶游濟南書肆，見新印《八唐人集》，字迹完好，與初印相去不遠。」是其板乾嘉時猶在山東，而傳本絕少，殆趙氏得板後無力印行也。又明王象晉之《羣芳譜》，在王士禎《漁洋全集》三十六種中。今王書全者，京師廠肆插架尚多，其板何時歸王，則鄭、顧考所未及。毛刻書余幸當年隨意獲之，又悔當年等夷視之，今雖備數而未得選購初印之本，是亦失之眉睫之事也矣。

葉德輝《書林清話》卷七《明毛晉汲古閣刻書之四》 毛氏汲古閣藏書，當時欲售之潘稼堂太史未，以議價不果，後遂歸季滄葦御史振宜。黃丕烈《士禮居叢書》中所刻毛扆《汲古閣珍藏祕本書目》，所載價目，即其出售時所録也。至所刻《十三經注疏》板歸常熟小東門外東倉街席氏，《十七史》板歸蘇州掃葉山房，《三唐人文集》、《六十家詞》板歸常熟小東門興賢橋邵氏，《八唐人詩》板歸山東趙秋谷執信，《陸放翁全集》板歸常熟張氏，《十元人集》板歸無錫華氏，《詩詞雜俎》、《詞苑英華》板歸揚州商家，《説文解字》乾隆時板在蘇州錢景開萃古齋書肆。此鄭德懋《汲古閣書板存亡攷》所載語可徵也。阮葵生《茶餘客話》六云：「子晉家藏舊本亦夥。或云：王駙馬以金錢輦之去，其板多在昆明。駙馬者，吴三桂壻也。」阮以蘇人言蘇事，而考之不真如此，遑論其他。雖然，毛氏刻書爲江南一代文獻所繫，是則考古之士所當詳知者矣。

葉德輝《書林清話》卷七《明毛晉汲古閣刻書之五》 余藏初印本汲古閣《十七史》，前有毛晉自叙《重鐫〈十三經〉〈十七史〉緣起》云：「毛晉草莽之臣，檮昧之質，何敢從事於經史二大部？今斯剞劂告成，或有奬我爲功臣者，或有罪我爲僭分者，因自述重鐫始末，藏之家塾，示我子孫之能讀我書者。天啓丁卯，初入南闈，設妄想祈一夢。少選，夢登明遠樓，中蟠一龍，口吐雙珠，各隱隱籀文，唯頂光中一山字皎皎露出。仰見兩楹，分懸紅牌，金書《十三經》、《十七史》六字。遂寤，三場復夢，夢無異，竊心異之。鎩羽之後，此夢時時往來胸中。是年余居城南市，除夕，夢歸湖南載德堂。柱頭亦懸《十三經》、《十七史》二牌，煥然一新，紅光出户。元旦拜母，備告三夢如一之奇，母忻然曰：『夢神不過教子讀盡經史耳。須亟還湖南舊廬，掩關謝客。雖窮通有命，庶不失爲醇儒。』遂舉曆選吉，忽憬然大悟曰：太歲戊辰，崇禎改元，龍即辰也；珠頂露山，即崇字也。奇驗至此，遂誓願自今伊始，每歲訂正經史各一部，壽之梨棗。及築笥方興，同人聞風而起。議連天下文社，列十三人任經部，十七人任史部。更有欲益四人，并合二十一部者。築舍紛紛，卒無定局，余唯閉户自課已耳。且幸天假奇緣，身無疾病，家無外侮。密邇自娱，十三年如一日。迨至庚辰除夕，十三部板斬新插架。賴鉅公淵匠，不惜玄晏，流布寰宇。不意辛巳、壬午兩歲災祲，資斧告竭，亟棄負郭田三百畝以充之。甲申春仲，史亦裒然成帙矣。豈料兵興寇發，危如累卵。分貯板籍於湖邊岩畔茆菴艸舍中，水火魚鼠，十傷二三。呼天號地，莫可誰何。猶幸數年以迄，邨居稍寗。扶病引雛，收其放失，補其遺亡，一十七部連床架屋，仍復舊觀。然較之全經，其費倍蓰，奚止十年之田而不償也。回首丁卯至今三十年，卷帙從衡，丹黄紛雜，夏不知暑，冬不知寒，晝不知出户，夜不知掩扉。迄今頭顱如雪，目睛如霧，尚矻矻不休者，惟懼負吾母讀盡之一言也。而今而後，可無憾矣。竊笑棘闈假寐，猶夫牧人一夢耳。何崇禎之改元，十三年之安堵，十七年之改步，如鏡鏡相照，不爽秋毫耶。至如奬我罪我，不過夢中説夢，余又豈願人人與我同夢耶？順治丙申年丙申月丙申日丙申時題於七星橋西之汲古閣中。」按此刻書緣起，他處未載。觀當時集事之爲難，知亂世藏山之不易。黍油麥秀，感慨繫之，蓋距明亡已十有三年矣。

葉德輝《書林清話》卷七《明毛晉汲古閣刻書之六》 毛氏刻書，板心題「汲古閣」三字，人人知之矣。然間有稱「緑君亭」者，吾所藏《二家宫詞》、《三家宫詞》、《浣花集》三種皆如此。尚有《洛陽伽藍記》，載莫友芝《知見傳本書目》。是否爲毛氏書堂，抑受板於他氏，此亦考毛氏掌故所當知者矣。

葉德輝《書林清話》卷七《明毛晉汲古閣刻書之七》 《四庫全書總目》子部雜家類雜編之屬存目，《津逮祕書》提要云：「此爲毛晉所纂叢書，分十五集，凡一百三十九種。中《金石録》、《墨池編》，有録無書，實一百三十七種。卷首有胡震亨序，震亨初刻所藏古笈爲《祕册彙函》，未成而燬於火，因以殘版歸晉，晉增爲此編。凡版心書名在魚尾下用宋版舊式者，皆震亨之舊。書名在魚尾上而下刻『汲古閣』字者，皆晉所增也。晉家富藏書，又所與遊者多博雅之士，故較他家叢書，去取頗有條理。而所收近時僞本，如《詩傳》、《詩説》、《歲華紀麗》、《瑯環記》、《雜事祕辛》之類，尚有數種。又《經典釋文》割裂《周易》一卷，尤不可解。其《題跋》二十家，皆鈔撮於全集之中，亦屬無謂。今仍分著於録，而存其總名於此，以不没其蒐輯刊刻之功焉。」按《祕册彙函》，其未經歸并《津逮祕書》以前，印本傳布頗稀。吾曾藏有多種，《歲華紀麗》、《瑯環記》實在其内，則其所收蕪雜，咎不屬子晉一人。且有高似孫《緯略》一種，爲《津逮》所未收，而《唐音統籤》，板式亦復相合，是否爲《祕册》舊有，事無可考，今則收藏家惟知有《津逮祕書》矣。

葉德輝《書林清話》卷七《明毛晉刻六十家詞以後繼刻者》 彙刻詞集自毛晉汲古閣刻《六十家詞》始，當時擬刻百家，後四十家未刻者，其鈔本流傳，載彭元瑞《讀書跋》。光緒間桂林王鵬運四印齋補刻未全，長沙張祖同續刻，板存思賢書局。然皆後人增損，非毛鈔四十家之舊也。國初無錫侯氏新刊十家樂府：南唐二主，中主四首，後主三十三首。馮延巳《陽春集》，宋嘉祐陳世修序，序謂「二馮遠圖長策不矜不伐」云云。子野，張先。東湖，賀鑄。信齋，葛郯。竹洲，吴儆。虚齋，趙以夫，有淳祐己酉芝山老人自序。松雪，趙孟頫。天錫，薩都剌。古山，張埜，邯鄲人，有至治初元臨川李長翁序。皆在毛氏宋詞六十家之外，載王士禎《居易録》十三。此刻世不多見，《彙刻書目》既未臚載，《邵注四庫簡明目》亦未及見。然其詞今皆爲王張二刻所有，亦足爲止渴之梅矣。

葉德輝《書林清話》卷九《乾嘉人刻叢書之優劣》 洪氏所遺，既已詳舉。而其他成書在後者，當時則有阮文達元《文選樓叢書》，則兼收藏、考訂、校讎之長者也。顧修《讀畫齋》、李錫齡《惜陰軒》、張海鵬《學津討源》、《借月山房》、《澤古叢鈔》、《墨海金壺》，錢熙祚《守山閣》、《珠叢别録》、《指海》，楊墨林《連筠簃》，郁松年《宜稼堂》，伍崇曜《粤雅堂》，潘仕誠《海山仙館》，蔣光煦《别下齋》、《涉聞梓舊》，錢培名《小萬卷樓》，多者數百種，少者數十種，皆校勘家也。同光以來，則有吴縣潘文勤祖蔭滂喜齋、功順堂，歸安姚觀察覲元咫進齋，陸運使心源十萬卷樓，錢唐丁孝廉丙嘉惠堂，章太令壽康式訓堂，收藏而兼校勘者也。至黎星使庶昌《古佚叢書》，專橅宋元舊槧，海外卷抄，刻印俱精。惜假手楊校官守敬，不免師心自用，英雄欺人之病。惟江陰繆氏《雲自在龕叢書》，多補刻故書闕文，亦單刻宋元舊本，雖平津館、士禮居不能過之，孫、黄復生，當把臂入林矣。近年貴池劉世珩聚學軒刻叢書及仿宋本書，南陵徐乃昌刻《積學齋叢書》及《隨庵叢編》仿宋元本書，南潯劉氏嘉業堂、張氏適園刻叢書，均繆氏主持，勝於楊氏所刊遠矣。

葉德輝《書林清話》卷九《刻鄉先哲之書》 會萃鄉邦郡邑之書，都爲叢刻，自明人《梓吴》一書始，樊維城《鹽邑志林》繼之。國朝嘉慶間，有趙紹祖刻《涇川叢書》，宋世犖刻《台州叢書》，祝昌泰刻《浦城遺書》，邵廷烈刻《婁東雜箸》。道光朝有伍元薇刻《嶺南遺書》。同治朝有胡鳳丹刻《金華叢書》，孫衣言刻《永嘉叢書》。光緒朝此風尤盛，如孫福清刻《檇李遺書》，丁丙刻《武林掌故叢編》，又刻《武林先哲遺書》，陸心源刻《湖州先哲遺書》，趙尚輔刻《湖北叢書》，王文灝刻《畿輔叢書》，盛宣懷刻《常州先哲遺書》。力大者舉一省，力小者舉一郡一邑，然必其鄉先輩富於著述，而後可增文獻之光。如《梓吴》、《鹽邑志林》，雖有開必先，而卷帙零奇，殊嫌瑣細。《涇川》亦多無用之書，不必爲世傳誦。惟《台州》漸有巨册，《浦城》采集益宏。《婁東》全屬小書，乃以八音分集。《金華》頗多專集，校刻又嫌不精。《武林》卷帙浩繁，濫收山水寺觀志書，未免不知鑒别。惟《常州》出自繆藝風老人手定，抉擇嚴謹，刻手亦工。後有作者，當取以爲師資矣。

葉德輝《書林清話》卷九《吴門書坊之盛衰》 國朝藏書尚宋元板之風，始於虞山錢謙益絳雲樓、毛晉汲古閣。吾家二十五世從祖石君公樹廉樸學齋、林宗公奕寳稼軒，不幸無書目存留。然於錢曾《讀書敏求記》求之，知當日二公好書，其收藏固甚富也。絳雲火後，其書多歸從子曾。述古堂、也是園兩目具存，可以知其淵源授受。凡有載於《敏求記》者，皆其平日一再校讀者也。毛氏式微，其書售之潘稼堂不成，而售之泰興季滄葦振宜。述古堂、也是園之藏本，亦多併之。蓋至是而有明以來藏書家之宋元名抄，於是始一結束。物聚必散，久散復聚。其後季氏之藏，半由徐乾學傳是樓轉入天府。乾嘉時，則有張金吾《愛日精廬》、黄丕烈《士禮居》，專收毛、錢二家之零餘。張氏書目，偶記印章，不盡知其來歷。黄氏時收時賣，見於《士禮居藏書題跋記》者，必一一註明其源流。當時久居蘇城，又值承平無事，書肆之盛，比於京師。今於《記》中考之，有胥門經義齋胡立羣、校本《春秋繁露》十七卷，校本《蔡中郎集》十卷。《續記》舊抄本《玄珠密語》下云：「經義齋主人胡姓，鶴名，立羣其字也。在書估中爲能識古書之一人。」廟前按城隍廟也。五柳居陶廷學子蘊輝、宋刻本《鉅鹿東觀集》十卷，宋刻本《三謝詩》一卷。《續記》明刻毛校《王建詩集》八卷。山塘萃古齋錢景凱、宋咸平刊本《吴志》三十卷，元刊本《陳衆仲文集》十卷，校舊抄本《寶晉英光集》十卷。郡城學餘堂書肆、宋刊本《温國文正司馬公文集》八十卷。玄妙觀前學山堂書坊、《年譜》：抄本《蘆浦筆記》一卷。府東敏求堂、校舊抄本《蘆浦筆記》、《楊公筆録》，不分卷。玄妙觀東閔師德堂、明刻本《戴石屏詩集》十卷。臯署前書坊玉照堂、元刊本《新刊河間劉守真傷寒直格》三卷、《後集》一卷、《續集》一卷。臯署前文瑞堂、金本《中州集》十卷。臯轅西中有堂書坊、明本《劉張子和《心鏡》一卷。醋坊橋崇善堂書肆、元刻《元統題名録》。不分卷。郡東王府基周姓墨古堂、北宋本《説苑》二十卷。閶門横街留畊堂、明刻本《衍極》五卷，校明抄本《録異記》八卷。閶門書業堂、宋刻本《聖宋文選》三十二卷。云：「以新刻《十三經》易之，時閶門書業堂新翻汲古閣《十三經》，每部需銀十四兩。」閶門文秀堂書坊、舊抄本《抱朴子内篇》二十卷、《外篇》五十卷。金閶門外桐涇橋頭書鋪芸芬堂、《續記》元抄本《書經補遺》一册。玄妙觀前墨林居、校舊抄本《蘆浦筆記》、《楊公筆録》，不分卷。紫陽閣朱秀成書坊、宋刻本《文苑英華纂要》七册。葑門大觀局、校抄本《紹興十八年同年小録》不分卷。云：「彭宋兩家所開，彭行三，號朗峯；宋亦行三，號曉巖。皆諸生。」遺經堂、校舊抄本《建炎時政記》三卷。西山堂、宋本《孟浩然詩集》三卷。本立堂書坊、舊抄本《古逸民先生集》一卷、《附録》一卷。王府基書攤高姓、宋本《新雕注解珞琭子三命消息賦》三卷，李燕《陰陽三命》二卷。胡葦洲書肆。明刻《山窗餘稿》一卷。又有書友吕邦惟、宋刻本《三謝詩》一卷，抄本《汪水雲詩》不分卷。郁某、校明抄本《吕衡州文集》五卷。鄭益偕、影宋本《李賀歌詩編》五卷。胡益謙、抄本《北山小集》四十卷。邵鍾麐、明刻校本《半軒集》十二卷，一作邵鍾琳；抄校本《吴都文粹》十卷。沈裴雲、校抄本《吴都文粹》十卷。吴東亭、校明抄本《靈臺秘苑》十五卷。吴立方、《續記》抄本《王子安集》二册。鄭雲枝、校宋本《禮記》二十卷。書船友曹錦榮、抄本《鐵崖賦稿》一卷。吴步雲、金本《中州集》十卷。鄭輔義、北宋本《新序》十卷。邵寶墉、殘宋本《普濟方》六卷。《續記》殘宋刻本《豫章黄先生外集》，云得諸書船友邵姓，當即一人。估人吴東白、宋本《陶靖節詩注》四卷。華陽橋顧聽玉、宋刻本《湘山野録》三卷。常熟蘇姓書估、宋刻本《聖宋文選》三十二卷。平湖估人王徵麟、抄本《知非堂稿》六卷。無錫浦姓書估、殘宋本《普濟方》六卷，云爲浦二田之後。湖人施錦章、宋本《新定續志》十卷。陶士秀、同上。賈骨董人沈鴻紹。校宋本《林和靖詩》四卷。其在外者，有玉峯考棚汗筠齋書籍鋪、《續記》舊抄本《江月松風集》十二卷。揚州藝古堂、舊抄本《鼓枻稿》一卷。武林吴山翫遇賞樓書肆、殘鈔《陽春白雪》十卷。會稽童寶音齋、抄本《汪水雲詩》，不分卷。琉璃廠文粹堂，《續記》宋本《梅花喜神譜》二卷。又有蕭山李柯溪去官業書僑寓吴中。《續記》鈔本《近事會元》五卷。其時書肆中人，無不以士禮居爲歸宿。晚年自開滂喜園書籍鋪於玄妙觀西，《年譜》。是年八月病卒，時道光五年乙酉，年六十三歲。《年譜》。卒後二十餘年，赭寇亂起，大江南北，遍地劫灰。吴中二三百年藏書之精華，掃地盡矣。幸有常熟瞿氏鐵琴銅劍樓保守其孑遺，聊城楊氏海源閣收拾餘燼。蘭陵孫祠書籍歸於吾縣袁氏卧雪廬，江浙間所有善本名抄，又陸續會於湖州陸氏皕宋樓、仁和丁氏善本書室。長篇短册，猶可旗鼓中原。今則袁氏所蓄，久飽蠹魚。袁書於光緒初元售之德化李盛鐸，戊子、己丑又散之京師，末年以殘册叢書及零星宋元抄本贈之縣人袁樹勛、衡州程和祥，託以求事。袁、程皆非知書者，書去而事不成。餘則付之市肆字簍，吾收得僅百分之一二耳。陸書售之日本，丁書售之江南圖書館。南北對峙，惟楊、瞿二家之藏。外此如天一閣、持静齋，子孫亦不能世守。二十年來，藍皮書出，佉盧横行。東鄰西鄰乘我之不虞，圖畫書籍古物，盡徙而入於海外人之手。上海飛鳧客，羣翔集於茶坊酒市之中。而吴門玄妙觀前，無一舊書攤，無一書船友。俯仰古今，不勝滄桑之感矣。

紀事

王闓之《澠水燕談録》卷二《名臣》 時蔡君謨爲《四賢一不肖詩》，布在都下，人争傳寫，鬻書者市之，頗獲厚利。虜使至，密市以還。

曾布《曾公遺録》卷九 再對，又論拯，上云：「拯自有文字乞出，見商量。」又云：「拯與鎧必逐。」又問何以處鎧，余云：「已議高陽帥，侯忠彦等供職，同進呈次。」簾中亦云：「拯遲不得。」余云不可遲故。上又云：「雕印文字果有之。」余云：「臣何敢欺誕。」先是，余陳云：「陛下昨除忠彥等八人，市人雕印出賣，謂之快活差除。以此觀人，則士論與人情可見矣。」

蘇軾《東坡全集》卷三六《李氏山房藏書記》 象犀珠玉怪珍之物，有悦於人之耳目而不適於用。金石草木絲麻五穀六材，有適於用而用之則弊，取之則竭。悦於人之耳目而適於用，用之而不弊，取之而不竭，賢不肖之所得，各因其才仁智之所見，各隨其分。才分不同而求無不獲者，惟書乎。【略】自秦漢以來，作者益衆，紙與字畫日趨於簡便，而書益多，世莫不有。然學者益以苟簡，何哉？余猶及見老儒先生自言其少時欲求《史記》、《漢書》而不可得，幸而得之，皆手自書，日夜誦讀，惟恐不及。近歲市人轉相摹刻，諸子百家之書，日傳萬紙。學者之於書多且易致，如此其文詞學術當倍蓰於昔人，而後生科舉之士皆束書不觀，遊談無根，此又何也？余友李公擇少時讀書於廬山五老峯下白石庵之僧舍，公擇既去，而山中之人思之，指其所居爲李氏山房，藏書凡九千餘卷。公擇既已涉其流，探其源，采剥其華實，而咀嚼其膏味以爲己有，發於文詞，見於行事，以聞名於當世矣。而書固自如也，未嘗少損，將以遺來者，供其無窮之求，而各足其才分之所當得。是以不藏於家，而藏於其所故居之僧舍，此仁者之心也。余既衰且病，無所用於世，惟得數年之間，盡讀其所未見之書，而廬山固所願遊而不得者。蓋將老焉，盡發公擇之藏，拾其餘棄以自補，庶有益乎。而公擇求余文以爲記，乃爲一言，使來者知昔之君子見書之難，而今之學者有書而不讀爲可惜也。

葉夢得《石林燕語》卷八 熙甯以前，以詩賦取士，學者無不先徧讀《五經》。余見前輩，雖無科名人，亦多能雜舉《五經》，蓋自幼學時習之爾，故終老不忘。自改經術，人之教子者，往往便以一經授之，他經縱讀，亦不能精。其教之者，亦未必能皆讀《五經》，故雖經書正文，亦率多遺誤。嘗有教官教官乃姚祐也。元符初，爲杭州教授。詳見《萍洲可談》一，又見《泊宅編》上。又見《老學菴筆記》七。出《易》題云：「乾爲金，坤亦爲金，何也？」舉子不能曉，不免上請。則是出題時偶檢福建本，坤爲金字，本謬，忘其上兩點也。又嘗有秋試，問「井卦何以無彖？」亦是福建本所遺。

姚寬《西溪叢語》卷下 葛蘩校蘇州《韋刺史集》十卷，今平江板本是也。刺史，洛陽人，姓韋氏，名應物。貞元中，以左司郎中，出爲蘇州刺史。書目、姓名，略見《唐書・藝文志》，其詳不載於正史，不可得而考也。

李燾《續資治通鑑長編》卷一四九仁宗慶曆四年五月 乙亥，衛尉寺丞邱濬降饒州軍事推官、監邵武軍酒稅。上封者言：「濬先作詩一百首，訕謗朝政，言詞鄙惡，兼以陰陽災變，皆非人臣所宜言者，傳布外夷非便。在杭州持服，每年赴闕，逐處稍不延接，便成嘲詠，州縣畏懼。又印書令州縣强賣，以圖厚利。去年朝廷以無名詩嚴敕禁捕，近又有賦詠傳寫。如濬使在京師，必須復妄謗好人。國家多事之時，亦宜使邪正區別，風俗純厚，無容小輩敢肆輕易。」故有是命。仍令福建路轉運提刑司，常切覺察，如有違越，並具以聞。

李燾《續資治通鑑長編》卷三八七哲宗元祐元年 九月丙辰朔，正議大夫、守尚書左僕射兼門下侍郎司馬光卒。【略】京師之民皆罷市往弔，畫其像，刻印鬻之，家置一本，飲食必祝焉。四方皆遣人求之京師，時畫工有致富者。及葬，四方來會者蓋數萬人，哭之如哭其私親。

周煇《清波雜志》卷八《板本訛舛》 印板文字，訛舛爲常。蓋校書如掃塵，旋掃旋生。葛常之侍郎著《韵語陽秋》，評詩一條云：「沈存中云：『退之《城南聯句》「竹影金鎖碎」者，日光也，恨句中無「日」字爾。』余謂不然。杜子美云：『老身倦馬河堤永，踏盡黄榆緑槐影。』亦何必用『日』字，作詩正要如此。」葛之説云爾。煇考此詩，乃東坡《召還至都門先寄子由》，首云：「老身倦馬河堤永，踏盡黄槐緑榆影。」終篇皆爲子由設，當是誤書「子瞻」爲「子美」耳。此猶可以意會，若麻沙本之差舛，誤後學多矣。

周煇《清波雜志》卷九《仲車雜著》 仲車《雜著》數十條，臨川、山陽板行。

費衮《梁谿漫志》卷一〇《王虚中》 王虚中名日休，龍舒人。早爲太學諸生，傳注經子數十萬言，然不利於場屋。晚以特奏名廷試，不用條對式，但如科舉答策，坐是竟不得官。獨好佛，著《浄土文》，直指西方浄土，慧辯了然，觀者起敬。或自力，或勸人哀金，走建安，刊《浄土文》板踰二十副，願力洪深。

岳珂《愧郯録》卷九《場屋編類之書》 自國家取士場屋，世以決科之學爲先，故凡編類條目、撮載綱要之書，稍可以便檢閲者，今充棟汗牛矣。建陽書肆方日輯月刊，時異而歲不同，以冀速售，而四方轉致傳習，率攜以入棘闈，務以眩有司，謂之懷挾，視爲故常。珂嘗攷承平時事，蓋已嘗有禁。政和四年六月十九日，權發遣提舉利州路學事黄潛善奏：「仰惟陛下推崇先志，凡非先聖賢之書，若元祐學術政事害於教者悉毋習，士宜彊學待問以承休德。而比年以來，於時文中采摭陳言，區別事類，編次成集，便於剽竊，謂之『決科機要』。婾惰之士，往往記誦以欺有司，讀之則似是，究之則不根於經術本源之學，爲害不細。臣愚欲望聖斷特行禁毁，庶使人知自勵，以實學待選。詔立賞錢壹百貫告捉，仍拘版毁棄，在京仰開封府限半月，州縣限一月。潛善素非公議所歸，其説徒徇時好，固不足道。特先朝盛時多士輻集，而此風已見於議者之口，馴至今日，固無怪也。今此等書徧天下，百倍經史，著録蓋有不勝，其禁且毁者要亦何能混才學之淺深，潛善之請隘矣。

《道家金石略》李志全《濟源十方龍祥萬壽宫記》 邇者東萊至道披雲真人，紹隆五祖之清規，恢擴七真之正法。屬道教重熙之運，值大朝開拓之辰。□□□□□□宫皇太子令旨奏過，合于諸路置局雕印《玄都寶藏》、《三洞四輔真經》，俱系歷代帝王安鎮國祚，保天長存者也。然□□楮幣共議就于濟源、河中、終南祖庭三處，制造上品精潔複紙，以供百藏經卷使□印，此鐵岸龍祥萬壽宫其一也。然是宫之創始經營也，有本郡修真道士董志立洎親弟志堅、法屬張志柔，并舜澤尹志明等，俱相視而笑，莫逆于心，近古方外之良友也。于甲午年春首，協力誅茅伐枏，疏其水竹河渠，遂建福田，開治頃畝，以爲養性棲真之所。草堂齋靖，數間而已，號清真庵。迨己亥年冬初，適遇東萊披雲真人行化到此方，頗留意卜築。志立等遂盟心同議，立奉施道庵文狀。真人嘉其至誠，即允許之，易名爲龍祥□多招集十方道衆住持。是後與供大藏經紙，抄造歷年。師以其結緣良厚，特出財力，修建琳宇，期於功德不朽，道源流長也。

《道家金石略》商挺《玄都至道崇文明化真人道行之碑》 先是，真人假寐之際，神空山中所見，頽垣廢址而已，既又覽之，則樓閣壯麗，非人間所有。甲午，歷太原之西山，偶抵一道宫，荒涼極目，乃向神游時所見。拂拭石刻，有宋仝二字。真人曰：「宿緣無可逃者。」留居之。曾不三年，輪奂一新，遂爲西州偉觀。是時風行汾晉，所至車馬填咽。□真人繹念長春之語，道緣其在此乎，慨然以興復藏室爲任。丞相胡公奉白金三十笏爲助。乃購求遺經，首於中陽晉絳置四局以事刊鏤。東宫合西觧奬其勤劬，令侍臣齊公賜真人以披雲之號。繼於秦中爲九局，太原七、潞澤二、懷洛五，總爲二十七局。局置通□之士，典其讎校，俾高弟秦志安總督之。役功者無慮三千人，衣糧日用，皆取給於真人之身，首尾凡六載乃畢。又釐爲六局，以爲印造之所。真人首制三十藏，藏之名山洞府。既而諸方附印者有百餘家。雖楮札自備，其工墨裝題，真人仍給之。於是三洞三十六部之玄文，四輔一十二義之奥典，浩浩乎與天地流通，日星并耀矣。儲宫闕端聞厥功告成，又加以玄都至道之稱。庚子，真人乃謁純陽祠於永樂，嘆其荒陋，謂道侣曰：「祖庭若此，吾輩之責也。且此地明陽交會之所，當有異人輩出。盍易祠爲宫，上光祖德，下啓後人。」咸稽首再拜，以主持爲請，真人允之。迄今回□邃殿，真人□張本焉。丁未，歸息於終南之重陽宫。知世緣將盡，十月十有一日，沐浴具衣冠，集道衆於待鶴亭，援筆賦詩云：「喝散迷雲，驅回宿霧，萬法無私，千峰獨步。明月清風快意哉，一聲長嘯還家去。」遂怡然而逝，春秋六十有四。權厝於宫之側，尋改葬於永樂純陽宫。會葬者萬餘人，真常大宗師命提點潘公司其事，仍以所鏤藏經板收之祠下。

《中國歷代石刻搨本彙編》第四八册孟攀鱗《十方重陽萬壽宫記》 公下車之始，立綱紀，設官府，寬恩以撫摩瘡痍，峻法以誅鋤□□。期年之間，方内稱理。獨以禪師未□，祖庭未完，日夜孜孜而爲念。迺慨然發憤罄家貲，以備奉葬之禮，以給營建之用。夫人楊氏妙真，以朝旨充監修之任。專令知觀張志正、高志空尅期以督工。甲午，無欲李公承清和尹宗師之委，以主觀事。乙未，清和自燕來秦，躬行祀禮，由是道衆日集于斯。丁酉，披雲宋公起局修經版，收遺補逸，經藏甫成。戊戌春，清和嗣教於真常李尊師，尊師以道爲己任，克自負荷，其於祖庭用力非一朝夕。

《道家金石略》唐方《聖旨焚毁諸路僞道藏經之碑》 至元二十一年三月日，詔遣資德大夫總制院使兼領都功德使司事相哥諭翰林院：戊午年僧道持論，及至元十八年十月二十日焚毁道藏僞經始末，可書其事于後。臣磐等謹按釋教總統合臺薩哩所録事迹：昔在憲宗皇帝朝，道家者流出一書曰《老君化胡成佛經》及《八十一化圖》，鏤板本傳四方。其言淺陋誕妄，意在輕蔑釋教而自重其教。罽賓大師、蘭麻總統、少林福裕以其事奏聞。時上居潛邸，憲宗有旨，令僧道二家詣上所辯析。二家自約，道勝則僧冠首而爲道，僧勝則道削髪而爲僧。僧問道曰：「汝書謂《化胡成佛經》，則佛是何義？」道對曰：「佛者覺也，覺天覺地，覺陰覺陽，覺仁覺義之謂也。」僧曰：「是殆不然，所謂覺者，自覺覺他，覺行圓滿，三覺圓明，故號佛陀。豈特覺天地、陰陽、仁義而已哉？」上謂侍臣曰：「吾亦心知仁義乃孔子之語，謂佛覺仁覺義，其説非也。」道者又持史記諸書以進，欲以多説僥幸取勝。帝師辯的達拔合思八曰：「此謂何書？」曰前代帝王之書。上曰：「今持論教法，何用攀援前代帝王？」帝師曰：「我天竺亦有史記，汝聞之乎？」對曰未也。帝師曰：「我爲汝説。天竺頻婆娑羅王贊佛功德有曰：天上天下無如佛，十方世界亦無比。世間所有我盡見，一切無有如佛者。當其説是語時，老子安在？」道不能對。帝師又問：「汝史記有化胡之説否？」曰無。「然則老子所傳何經？」曰《道德經》。「此外更有何經？」曰無。帝師曰：「《道德經》中有化胡事否？」曰無。帝師曰：「史記中既無，《道德經》中又不載，其爲僞妄明矣。」道者辭屈。尚書姚樞曰：「道者負矣！」上命如約行罰，遣使臣脱懽將者樊志應等十有七人，詣龍光寺削髮爲僧，焚僞經四十五部，天下佛寺爲道流所據者二百三十七區，至是悉命歸之。道教提點甘志泉所居吉祥院，其一也，據而不與。至元十七年夏四月，僧人復爲征理。長春道流謀害僧録廣淵，聚徒持挺，毆擊僧衆，自焚廩舍，誣廣淵遣僧人縱火，且聲言焚米三千九百餘石，他物稱是。事達中書省辯其誣，甘志泉、王志真款伏。詔遣樞密副使孛羅及諸大臣覆按無異辭，志泉、志真就誅，劓刖流竄者凡十人，仍征所聲言米物，如其數歸之僧衆。今有道家僞經尚存爲言者，聞諸皇太子。十八年九月，都功德司脱因小演赤奏言：「往年所焚道家僞經板本化圖，多隱匿未毁。其道藏諸書，類皆詆毁釋教，剽竊佛語，宜加甄別。」於是命樞密副使與前中書左丞文謙、秘書監友直、釋教總統合臺薩哩、太常卿忽都于思、中書省客省使都魯、在京僧録司教禪諸僧及臣等，詣長春宮無極殿階正一天師張宗演、全真掌教祁志誠、大道掌教李德和、杜福春暨諸道流，考證真僞。翻閲兼旬，雖卷帙數千，究其本末，惟道德二篇爲老子所著，余悉漢張道陵、後魏寇謙之、唐吴筠、杜光庭、宋王欽若輩撰造演説，鑿空架虚，罔有根據。詆毁釋教以妄自尊崇，復愛慕其言而竊爲己有。假陰陽術數以示其奥，哀諸子醫藥以誇其博，往往改易名號，傳注訛舛，失其本真。又所載符咒，妄謂佩之令人商賈倍利，子嗣蕃息，伉儷和如鴛鴦之有偶，將以媒淫辭而規財賄。至有教人非妄，佩符在臂，則男爲君相，女爲后妃，入水不溺，入火不焚，刀劍不能傷害之語。其僞妄駁雜如此。留之徒以誑惑愚俗，自《道德經》外，宜悉焚去。臣等同辭以聞。」上曰：「道家經文，傳訛踵謬，非一日矣。若遽焚之，其徒未必心服。彼言水火不能焚溺，可姑以是端試之。俟其不驗，焚之未晚也。」遂命樞密副使孛羅、守司徒和禮霍孫等諭張宗演、祁志誠、李德和、杜福春等，俾各推擇一人，佩符入火，自試其術。四人者奏言：此皆誕妄之説，臣等入火，必爲灰燼，實不敢試。但乞焚去道藏，庶幾澡雪臣等。上可其奏，遂詔諭天下，道家諸經，可留道德二篇，其餘文字及板本化圖，一切焚毁，隱匿者罪之。民間刊布諸子、醫藥等書，不在焚限。今後道家者流，其一遵老子之法。如嗜佛者，削髮爲僧。不願爲僧道者，聽其爲民。乃以十月壬子集百官于憫忠寺，盡焚道藏僞經雜書。遣使諸路，俾遵行之。

上海影宋版《磧砂藏》第五八六册遵字九《大藏聖教法寶標目》卷九末管主八願文 上師三寶加持之德，皇帝太子福蔭之恩，管主八累年發心，印施漢本、河西字《大藏經》八十餘藏，《華嚴》諸經懺、佛圖等西番字三十餘件經文外，近平江路磧砂延聖寺《大藏經》板未完，施中統鈔貳佰錠及募緣雕刊，未及一年已滿千有餘卷，再發心於大都弘法寺取《秘密經律論》數百餘卷，施財三佰錠，仍募緣於杭州路，刊雕完備。續天下藏經悉令圓滿，集於功德，回向西方導師阿彌陀佛、觀音、勢至、海衆菩薩；祝延皇帝萬歲，太子諸王福壽千春，佛日增輝，法輪常轉者。大德十年丙午臘八日，宣授松江府僧録廣福大師管主八謹題。

日本善福寺藏《磧砂藏》本《大宗地玄文本論》卷三末管主八願文 上師三寶佛法加持之德，皇帝太子諸王覆護之恩，管主八誓報四恩，流通正教，累年發心印施漢本《大藏經》五十餘藏，《四大部經》三十餘部，《華嚴大經》一千餘部，《經論律疏鈔》五百餘部，《華嚴道場懺儀》百餘部，《焰口施食儀軌》三千餘部，《梁皇寶懺》、《藏經目録》、諸雜經典不計其數。金銀字書寫《大華嚴》、《法華經》等共計百卷，裝嚴佛像金彩供儀，刊施佛像圖本，齋供十萬餘僧，開建傳法講席，逐日自誦《大華嚴經》一百部，心願未周，欽睹聖旨，於江南浙西道杭州路大萬壽寺雕刊河西字《大藏經》三千六百二十餘卷、《華嚴》諸經懺板，至大德六年完備。管主八欽此勝緣，印造三十餘藏及《大華嚴經》、《梁皇寶懺》、《華嚴道場懺儀》各百餘部，《焰口施食儀軌》千有餘部，施於寧夏、永昌等路寺院，永遠流通。裝印西番字乾陀般若白傘〔蓋〕三十餘件，經咒各十餘部，散施土番等處流通讀誦。今見平江路磧砂延聖寺大藏經板未完，遂於大德十年閏正月爲始，施財募緣，節續雕刊，已及一千餘卷。又見江南閩浙教藏經板，較直北教藏缺少《秘密經論律》數百卷，管主八發心，敬於大都弘法寺取到經本，就於杭州路立局，命工刊雕圓備，裝印補足。直北、腹裏、關西、四川大藏教典，悉令圓滿。集斯片善，廣大無爲，回向真如實際，裝嚴無上佛果菩提，西方教主無量壽佛、觀音菩薩、勢至菩薩、清淨海衆菩薩；祝延皇帝萬歲，聖后齊年，太子諸王福壽千春，帝師法王福基鞏固。時清道泰，三光明而品物亨；子孝臣忠，五穀熟而人民悦。上窮有頂，下及無邊，法界懷生齊成佛道者。大德十年丙午臘月成道日，宣授松江府僧録管主八謹願。

陶宗儀《南村輟耕録》卷二八《非程文》 各行省鄉試，則有人取發解進士姓名，一如《登科記》，鋟梓印行，以圖少利。至正四年甲申，江浙揭曉後，乃有四六長篇，題曰《非程文語》，與抄白省榜同時版行，不知何人所造，而路府州縣盛傳之。

葉盛《水東日記》卷一二《日記故事》 故事書，坊印本行世頗多，而善本甚鮮，惟建安虞韶《日記故事》以爲一主楊文公、朱晦庵先生之遺意。潁考叔輟羹遺母，不失純孝，未免昭君之過；鬻拳强諫以兵，可謂愛君，難逃陵上之非。王覽愛兄諫母，則陷於不慈；鄧攸存姪棄兒，則傷於少恩。凡矯枉害正之事，一切不取。又如楚王戊之醴酒忘設，邊孝先之晝眠見嘲，翟公之貴賤見交情，丁公之謁見受戮辱，事雖反正，亦足爲來者之戒，各存本類之後。近歲襄城李公重刊此書，又爲易生知爲幼悟，且標目却去對偶，一以年代爲先後，亦善矣。惜乎去取標目皆尚有未精純處，且不著事出某書某文。其間删削亦不一，如内助得賢稱伊川兄弟，而戒無謾語却又稱先公等類，可知也。大抵此書與沈易《五倫詩》同，雖較之他選，可謂彼善於此，而欲謂之當而備，則未也。

陸容《菽園雜記》卷一五 《遜志齋集》三十卷、《拾遺》十卷、《附録》一卷，台人黄郎中世顯、謝侍講鳴治所輯，今刻在寧海縣。其二十八卷内《勉學詩》二十四章，本蘇士陳謙子平所作，誤入方集耳。子平，元末人，張士誠兵至吴，有突入其室者，脅其兄訓使拜，不屈，刃其胷。子平以身翼蔽，并遇害。平生著述甚富，兵後散亡，獨所著《易解詁》二卷及古今詩數十篇傳于世。正統間，吾崑山所刻《養蒙大訓》收其詩，予幼嘗見之。京師士人徐本以道亦嘗刻其詩印行，後有國初韓奕公望跋語。韓、徐皆蘇人。【略】

古人詩集中有哀輓哭悼之作，大率施於交親之厚，或企慕之深，而其情不能已者，不待人之請也。今仕者有父母之喪，輒偏求輓詩爲册，士大夫亦勉强以副其意，舉世同然也。蓋卿大夫之喪，有當爲神道碑者，有當爲墓表者，如内閣大臣三人，一人請爲神道，一人請爲葬誌，餘一人恐其以爲遺己也，則以輓詩序爲請。皆有重幣入贄，且以爲後會張本。既有詩序，則不能無詩，於是而偏求詩章以成之。亦有仕未通顯，持此歸示其鄉人，以爲平昔見重於名人。而人之愛敬其親如此，以爲不如是，則於其親之喪有缺然矣。於是人人務爲此舉，而不知其非所當急。甚至江南銅臭之家，與朝紳素不相識，亦必夤緣所交，投贄求輓。受其贄者不問其人賢否，漫爾應之。銅臭者得此，不但哀册而已，或刻石墓亭，或刻板家塾。有利其贄而厭其求者，爲活套詩若干首以備應付，及其印行，[illegible]彼此一律，此其最可笑者也。

郎瑛《七修類稿》卷二四《辯證類・時文石刻圖書起》 成化以前世無刻本時文，吾杭通判沈澄刊《京華日抄》一册，甚獲重利，後閩[illegible]效之，漸至各省刊提學考卷也。圖書，古人皆以銅鑄，至元末會稽王冕以[illegible]乳石刻之，今天下盡崇處州燈明石，果温潤可愛也。

郎瑛《七修類稿》卷四五《事物類・書册》 印板，《筆談》以爲始於馮道奏鏤五經，柳玭《訓序》又云嘗在蜀時書肆中閲印板小學書，則印板非始於五代矣。意其唐時不過少有一二，至五代刻五經後始盛，宋則羣集皆有也。然板本最易得而藏多，但未免差訛，故宋時試策以爲井卦何以無彖，正爲閩本落刻，傳爲笑柄。我朝太平日久，舊書多出，此大幸也，亦惜爲福建書坊所壞。蓋閩專以貨利爲計，但遇各省所刻好書，聞價高即便翻刊，卷數、目録相同而於篇中多所減去，使人不知，故一部止貨半部價，人争購之。近如徽州刻《山海經》亦效閩之書坊，只爲省工本耳。嗚呼！秦火燔而六經不全，勢也，今爲利而使古書不全，爲斯文者寧不奏立一職以主其事，如上古之有學官，或當道於閩者深曉而懲之可也。

李詡《戒庵老人漫筆》卷八《時藝坊刻》 余少時學舉子業，並無刊本窗稿。有書賈在利考，朋友家往來，鈔得鐙窗下課數十篇，每篇謄寫二三十紙，到余家塾，揀其幾篇，每篇酬錢或二文或三文。憶荆川中會元，其稿亦是無錫門人蔡瀛與一姻家同刻。方山中會魁，其三試卷，余爲慫慂其常熟門人錢夢玉以東湖書院活字印行，未聞有坊間板。今滿目皆坊刻矣，亦世風華實之一驗也。

何良俊《四友齋叢説》卷三《經三》 余在南都時，嘗與趙方泉督學言，欲其分付上、江二縣，將書坊刻行時義盡數燒除。仍行文與福建巡按御史，將建寧書坊刻行時義亦盡數燒除。方泉雖以爲是，然竟不能行，徒付之空言而已。

項元汴《蕉窗九録・書録・刻地》 凡刻之地有三：吴也，越也，閩也。蜀本宋最稱善，近世甚希。燕、粤、秦、楚今皆有刻，類自可觀，而不若三方之盛。其精吴爲最，其多閩爲最，越皆次之。其直重吴爲最，其直輕閩爲最，越皆次之。

項元汴《蕉窗九録・書録・獻售》 越中刻本亦希，而其地適東南之會，文獻之中，三吴七閩典籍萃焉。諸賈多武林龍邱，巧於壟斷，每瞯故家有儲蓄，而子姓不才者，以術鉤致，或就其家獵取之。此蓋海内皆然。楚、蜀、交、廣，便道所攜，間得新異；關、洛、燕、秦，仕宦橐裝，所挾往往寄鬻市中，省試之歲甚可觀也。吴會、金陵擅名文獻，刻本至多，鉅秩類書，咸會萃焉。海内商賈所資，二方十七，閩中十三，燕、越弗與也。然自本方所梓外，他省至者絶寡，雖連楹麗棟，蒐其奇祕，百不一二，蓋書之所出而非所聚也。至荐紳博雅，勝士韵流，好古之稱籍籍海内，其藏蓄當甲諸方矣。凡燕中書肆多在大明門之右，及禮部門之外，及拱辰門之西。每會試舉子，則書肆列於場前，每花朝後三日，則移於燈市，每朔望并下澣五日則徙於城隍廟中。燈市極東，城隍廟極西，皆日中貿易所也。燈市歲三日，城隍廟月三日，至期百貨萃焉，書其一也。

朱國禎《湧幢小品》卷一八《書已先做》　俞羨長山人刻《類函》百卷，其書盛行。然世廟時原有此書，乃鄭虚舟山人奉趙康王命纂之，累年書成，而鄭卒於清源，其子獻之得厚賞，不知視今書何如？豈青出於藍而青於藍耶？俞，吴江人；鄭，太倉人。

謝肇淛《五雜組》卷之一三《事部一》　宋時刻本以杭州爲上，蜀本次之，福建最下。今杭刻不足稱矣，金陵、新安、吴興三地，剞劂之精者不下宋板，楚、蜀之刻皆尋常耳。閩建陽有書坊，出書最多，而板紙俱最濫惡，蓋徒爲射利計，非以傳世也。大凡書刻，急於射利者必不能精，蓋不能捐重價故耳。近來吴興、金陵，駸駸蹈此病矣。

近時書刻，如馮氏《詩紀》、焦氏《類林》，及新安所刻《莊》、《騷》等本，皆極精工，不下宋人，然亦多費校讎，故舛訛絶少。吴興淩氏諸刻，急於成書射利，又慳於倩人編摩，其間亥豕相望，何怪其然。至於《水滸》、《西廂》、《琵琶》及《墨譜》、《墨苑》等書，反覃精聚神，窮極要眇，以天巧人工，徒爲傳奇耳目之玩，亦可惜也。

近來閩中稍有學吴刻者，然止於吾郡而已。能書者不過三五人，能梓者亦不過十數人，而板苦薄脆，久而裂縮，字漸失真，此閩書受病之源也。

錢謙益《初學集》卷八六《金陵舊刻法寶三書》　金陵少宗伯殷秋崖先生，手訂《楞嚴解》十卷，采録《華嚴合論》爲《約語》四卷，又得《宗鏡會要》於長干精舍，鋟梓行世。又七十有餘年而滇南陶仲璞太守獲其版於公之諸孫，將募送嘉興經藏，以廣流通，而屬余書其事。當嘉靖中，士大夫之崇信佛乘者，公與故太宰陸莊簡公爲最。陸以弘護金湯爲能，而殷以精研性相爲要，皆法門龍象，自具金剛眼睛者。近世魔禪横行，聾參啞證，瞎棒胡喝，世尊四十九年所説，彼將束之高閣，屏爲故紙，而何有於此三書乎。宰官長者，影慕禪宗，互相唱歎，以爲甚難希有經所識，佛法將滅，魔子出家，師子身中蟲，還食師子肉，正爲此輩授記也。今者狂燄少息，病根未除，正須昌明宗教，以扶元之藥，治狂易之症。譬如奴□交訌，生民塗炭，必差擇兵將，儲偫糧食，然後可以爲撲滅之計。欲救魔禪，則此三書者，亦佛法之餽糧兵食也。佛言烏洛迦蛇最毒，嘗患毒熱，以身遶旃檀香樹，其毒旋息。魔禪如毒蛇，三書如旃檀香樹，流布津梁，此末法中第一義諦。世豈無如陸、殷兩公深心塵刹者乎。仲璞爲龍湖高足弟子，而時時抵齒於三峯禪，余嘗以躶國解衣諷之。今觀其沈酣於三書，汲汲然歡喜讚歎，知其眼光爍然，不爲波旬隻手所障也。喜而爲之證明如此。癸未正月聚沙居士書。

談遷《棗林雜俎》聖集《朱文公集》　蕙谿謝象三三賓於亂時購宋板朱子集，纔十金。亡何，又得宋板朱子集，文頗不同，多世所未見。包長明説。

金埴《不下帶編》卷四　今閩平版書本久絶矣，惟三地書行于世。然亦有優劣，吴門爲上，西泠次之，白門爲下。自康熙三、四十年間頒行御本諸書以來，海内好書有力之家，不惜雕費，競摹其本，謂之歐字。見刻宋字書，宋字相傳爲宋景文書本之字，在今日則棗本之劣者。置不掛眼。蓋今歐字之精，超軼前後，後世寶惜，必稱曰「康版」，更在宋版書之上矣。

金埴《不下帶編》卷四　周櫟園《書影》載羅氏《水滸傳》一百回，其原本各有妖異語引其首。嘉靖時郭武定重雕其書，削其致語，獨存本傳。金壇王氏《小品》中亦云：「此書每回各有楔子，今俱不傳。」予見閩平中建陽書坊所刻諸書，節縮紙版，求其易售，諸書多被刊落。此書亦建陽翻刻時删削者。六十年前白下、吴門、西泠三地之書尚未盛行，世所傳者，獨建陽本耳。其中訛錯甚多，不可不知。

王應奎《柳南續筆》卷二《時文選家》　本朝時文選家，惟天蓋樓本子風行海内，遠而且久。嘗以發賣坊間，其價一兑至四千兩，見《錢圓沙集》。可云不脛而走矣。然而浙中汲古之士如黄梨洲、范季野輩，頗薄其所爲，目爲「紙尾之學」云。

許旭《閩中紀略》　書板，建寧最多。然閩中巨室藏書不少，偶見蕭御史震家所藏書目幾及六七寸，内中多有未覩者，大抵閩中之書也。【略】

制府到任後，購閱各坊書目。適有《紀事本末》一部，計四十二本，紙白板新，按之爲宋末時物，索值四兩二錢，制府如價買進，命余評點。惜余歸促，留置幕中，定歸丙丁矣。

阮葵生《茶餘客話》卷一六《坊刻時文》　坊刻時文，興於隆、萬間，房書始於李衷一。《日知録》載弘治六年會試，同考官靳文僖批已有自板刻時文行，學者往往記誦，鮮以講究爲事之語，則明初已有刻文，但不多耳。楊子常曰：十八房之刻，自萬曆壬辰《鈎元録》始，旁有批點自王房仲《選程墨》始。厥後坊刻乃有四種：曰程墨，則三場主司及士子之文。曰房稿，十八房進士平日之作。曰行卷，舉人平日之作。曰社稿，諸生會課之作。亭林曰：八股盛而六經微，十八房興而廿一史廢。

阮葵生《茶餘客話》卷一六《時文名士學殖淺陋》 時文弊而坊刻愈濫，俗學錮而講章愈行，蔑古荒經，滔滔者不知所屆，是可爲流涕太息者也。昔楊升庵慨古學之廢，論舉業之弊，曰：士罕通經，徒事末節。五經子史，則割取碎語，抄節碎事，章句血脉，皆失其真。有以漢人爲唐人，唐事爲宋事者；有以一人析爲二人，二事合爲一事者。曾見考官程文，引制氏論樂，而以「制氏」爲「致仕」。又士子墨卷引《漢書·律歷志》「先其算命」作「先算其命」。書坊刻布，士子珍爲秘寶，轉相差訛，殆同無目人説詞。宋人自尊其宋，曰本朝家法與三代同，過前代者五事，今人亦云本朝家法與三代同。宋人云：漢有七制，唐有三宗，本朝有四聖。成化中，有殿試策襲用「本朝有四聖」字，稱前代爲本朝，前君爲四聖，與三家村中學生稱人父爲家父何異？有明薛方山誤以胡安定爲朱子門人，鍾伯敬以朱子與王無功相酬答，有明三百年中，時文名士學殖淺陋至是，此與近日磨勘被議諸生有稱唐之王阮亭、宋之白樂天者何異？考官爲國求賢，固如是乎？唐時有書生讀經甚熟，不知近代事，因談駱賓王，曰：「某見其孫李某。」竟謂駱賓是諸王封號，亦是類也。

阮葵生《茶餘客話》卷一六《選本》 艾東鄉痛天、崇間文風敗壞，高者陽奉孔、孟，陰歸佛、老，其淺陋者又目無一卷之書，放言高論，謬種流傳，於是尊程、朱，辟二氏，撰定待二書，專主宋儒之學。文之背謬者輒塗乙，不少假借。其用意亦良苦矣。張天如選五經文字，鄭崟陽選四十名家，韓烏程選《文在》、《文室》、《文閑》，顧九疇《文傳》，陳溧陽選《名家制義》，昔人多病其未醇，然皆能各立一宗旨。異吾法者，雖佳弗録，蓋選政之不可苟也如此。後來選手不求根柢，於書義未識畔岸，即時文源流派别，四百年來正變升降之故，毫末未究，而妄操月旦，黄口白腹，咸標參閲之名。標榜者妄希得名，招摇者因以爲利，數十年來，選政因之大壞。王墻東汝驤選《明文治》，風行一時，然已盡破前人之法矣。曩聞何義門選《行遠集》，其指歸悉本閻潛邱先生；安溪相國前後選諸集，皆徐壇長、何義門所手定者；方靈皐奉敕選《四書文》，其總評綫批，皆由兵曹郵寄周白民振采先生改定，然後出示同館；蔡芳三寅斗選三十名家，白民汰易其大半。後因付雕無資，復增易數人於其間，以助刊費，識者憾之。前輩於選事慎重如此。若俞西園百二十家，因文以存人，徐山琢《嶺雲編》，自刊其家藏世不常見同題之文，以多爲貴，《同風録》等皆墨牘，無關選法，又當别論也。王淵如選明文，頗别具手眼，但以己作列入，謬加讚嘆，以愚聾瞽，不可爲訓。

阮葵生《茶餘客話》卷一六《楚書》 麻城甘右泉，憾近來刊刻之繁，頗動祖龍之慕，作爲長歌，痛快絶倫，可爲救時良方，然亦有太過。滿子鶴鄰云：「經史昭垂，非惟不可焚，亦不能焚。惟古今文集酌存百之一，詩賦存千之一。凡經典、道籙、語録、詞典、時文，盡數付之一炬。至於小説淫詞，不足與於此數也。」

阮葵生《茶餘客話》卷一八《高俅》 羅貫忠《水滸傳》、《文淵書目》中有之，《也是園書目》亦與《三國演義》並列。其三十六人姓名，見龔聖予贊，蓋畫贊也。【略】鄒灝《道鄉集》有高俅轉官制，陳章侯畫三十六像付坊刻，一時推名筆。

阮葵生《茶餘客話》卷一八《水滸傳》 明山陰柳文曰：小説家《水滸傳》不著編者姓名，意必草澤之雄，失職憤事，包藏禍心，譸張爲幻，盛稱形勢，備陳機械，徒有以起不軌之萌芽，爲世大僇，放而絶之可也。《宋史》言淮南盜宋江，掠京東州郡，至海州，張叔夜敗之，江乃降。知亳州侯蒙上書請赦江，以討方腊自贖，不許。意當時已草薙禽獮矣，縱爲梟獍犯數路，何至披猖乃爾。嘗道經東平，士人指點梁山，區區一曲，本非險絶，蓋群盜暫集萑苻，旋即流突，傳中所言皆誕妄也。顧其詞簸弄軒輊，抑正予邪，一二三狡計，譬如林猱攫物，沙蜮射影，往往爲庸衆所述，流布浸廣，遂至家有其書。加以梨園扮演，附會妝點，鄉愚聞之，慕其英勇，與世道人心大有所害。御史胡定奏請毁板，並禁演劇，部議准行，而外間概不遵奉，雖公卿大臣家，案上翻閲，席前唱演如故也。諸城丘太常海石《過梁山泊》詩云：「施羅一傳堪千古，卓老標題更可悲。今日梁山但爾爾，天荒地老漸無奇。」評賞太過，詩復不佳。海石固齊人也。吴幼清云：大野既瀦，其澤俗稱爲梁山泊。梁山在壽張縣東南七十里，東平州西南五十里，東接汶上縣，金時黄河南徙，泊漸淤。《水滸傳》，或作羅貫中作，又云施耐庵作，妄言誨盜，其子孫三世喑啞。吴人金聖嘆横加評語，稱爲五才子，與《史記》、《莊子》並列，盛行海内。迨鼎革，聖嘆遭殊禍。著書毒天下者可不戒哉！

阮葵生《茶餘客話》卷一八《金瓶梅》 綉像《水滸傳》鏤版精緻，藏書家珍之，錢遵王列於書目，其像爲陳洪綬筆。袁中郎《觴政》以《金瓶梅》配《水滸傳》爲外典，版刻亦精。此書爲嘉靖中一大名士手筆，指斥時事，如蔡京父子指分宜，林靈素指陶仲文，朱勔指陸炳。又云，有《玉嬌李》一書，亦出此名士手，與前書各設報應，當即世所傳之《後金瓶梅》。前書原本少五十三回至五十七回，今所刊者，陋儒所補，膚淺，且多作吳語，後來惟《醒世姻緣傳》，仿佛得其筆意。然二書皆托名齊魯人，何耶？

阮葵生《茶餘客話》卷二一《音學五書》　顧亭林嘗言：「篤信好古，專精六書，吾不如張力臣。」又《音學五書》序云：「余纂輯此書三十餘年，五易稿而手書者三，已登版而刊改者猶至數四。又得張君弨爲之考《説文》，采《玉篇》，仿字樣，酌時宜，而手書之。二子葉增、葉箕，分書小字，鳩工淮上，不遠數千里累書往復，必歸於是。」又與潘次耕書曰：「著述之家，最不宜以未定之書傳之於人，即如近日力臣札來，《五書》改正又一二百處。」觀此則《音學五書》，力臣之功鉅矣。此板舊存淮上，更轉數姓，後李安溪以五百金購之，攜回閩中。力臣符山堂藏書考訂最精，版多善本，身後散佚，後多歸何屺瞻。

《清高宗實録》卷六九六乾隆二十八年冬十月　軍機大臣等議覆福建學政紀昀奏稱：坊本經書尚仍全刻廟諱御名本字。應仿唐石經、宋監本例，凡遇廟諱，俱刊去末一筆，並加有偏旁字者俱缺一筆。又武英殿官韵及各經書於御名本字尚系全刻，及加有偏旁字者，俱未缺筆，請將本字及加有偏旁字者並行缺筆，載入科場條例，如誤書者依不諳禁例處分。武英殿書板校正改刊，並行文各省一體遵奉，將坊刻各經籍改刊。從之。

《清高宗實録》卷九七二乾隆三十九年十二月丙戌　諭軍機大臣等，據高晉、裴宗錫奏，懷寧縣拏獲賣新聞之楊世榮、起獲字單刻板。内系僞造平定東省逆案上諭，及淮安被水情形一摺。所奏尚是，已於摺内批示。但閱該犯楊世榮供，因見江甯許姓刻字店内，有代王添順書坊刻板九塊，詢系平定東省逆匪之事。該犯亦思刊刻漁利，商同胡老八摘寫編造，刊刷賣錢等語。是此案發覺，雖在安徽之懷寧縣，而首先編造刊印，則始自江寧刻字店之許姓代王添順刻板九塊，致該犯楊世榮等踵思摘寫，刊刻賣錢。是江甯之許姓及王添順，實爲此案罪魁。著高晉即將刻字店之許姓及王添順並同編之胡老八拘拏到案，嚴訊起意編造付刻，始自何人，務得確實供據。先將許姓、王添順派委妥員，嚴行管押解京，交軍機大臣，會同刑部嚴審重究，毋致免脱。其供出編造之犯，並著緝獲録供，一併解京質訊。其江甯許姓店内原刻板九塊，所敘何語，亦不可不徹底根究。並著高晉即派誠幹大員前往該店，將板九塊立時起出，驗明封固，亦即解京備核。至此案楊世榮，系在安省就獲，而王添順令許姓書坊刊刻，則系江甯省城之事。高晉雖駐河工，董辦堵築諸務，省會重地，豈有不交在城司道等官及伊中軍、家人留心查察，何竟聽其售賣日久，毫無見聞，直至傳播安省，始經該處地方官盤獲。高晉所司何事，以久任封疆，不應疎略若此，甚屬非是。高晉著傳旨嚴行申飭，其所交查拏緊要各犯，務須上緊嚴拏，毋任漏網。如再不認真查辦，則其取罪尤重，必不能復爲曲貸也。將此傳諭高晉，並令裴宗錫知之。

《清高宗實録》卷一一〇二八乾隆四十六年夏四月　諭軍機大臣：據英廉奏，查辦尹嘉銓所著各書内，有《近聖編》四本。據尹嘉銓供，此書是在山東藩司任内纂的，有汶上彭知縣看見，帶到蘇州去刻等語。尹嘉銓所著各書，種種狂妄迂謬，不可枚舉，現交軍機大臣等重復校勘，加簽進呈。至其所著《近聖編》一書，現在伊家内搜查，並無此種書籍。業據尹嘉銓供出，此書系汶上縣彭知縣帶到蘇州刊刻，刷樣寄伊核對，則此書自然刷印流傳。著傳諭閔鶚元，即派員查明彭知縣家内並書坊刻字店，起出此書板片，並訊明該員家屬，有無刷印流傳之本，及坊間書賈刊刷印行之處。並著出示曉諭，一體查明繳銷，委員解京。

《軍機處録副奏摺・兩江總督高晉奏覓得徐乾學所刻經學各書開單呈覽摺乾隆三十八年六月二十八日》　臣高晉謹奏，爲購得經學各書，仰祈聖鑒事。

竊照采訪遺書，欽奉上諭，以崑山徐氏之傳是樓素有藏書，命臣實力購覓。當查該宦傳是樓雖於雍正十二年不戒于火，遺籍無存，然徐氏所藏，豈無流播人間書籍。復經諄飭各屬，廣爲搜羅去後。玆據上元縣知縣曾曰琇覓得已故尚書徐乾學所刻唐宋以來經學各書，共一百三十八種，計一千七百九十卷，呈送前來。臣查徐乾學昔年刊刻此書，原係采借秀水朱氏之曝書亭及常熟錢氏之述古堂，并各藏書家流傳秘本，薈萃成編，其爲傳是樓遺籍無疑。今欽奉特旨，纂輯《四庫全書》，以經學之書爲第一庫，則此書有裨經學，似亦足備采擇。理合開列清單，恭呈御覽，仰懇勅交總裁大臣核定飭取，即行解送。

臣謹會同江蘇撫臣薩載，繕摺具奏，伏乞皇上睿鑒。謹奏。

乾隆三十八年七月十二日奉硃批：知道了。欽此。

《軍機處録副奏摺・廣東巡撫李質穎奏查明廣東實無〈國朝詩別裁集〉板片印本摺乾隆四十二年十月二十二日》　廣東巡撫臣李質穎跪奏，爲查明具奏事。

案于乾隆四十二年正月二十一日准江蘇巡撫楊魁咨稱，欽奉上諭：【略】

臣伏查沈德潛所輯《國朝詩別裁》原本，乾隆二十五年書商周學先在粵翻刻板片，雖稱帶回江南刷賣，但既已刻成，豈有不就近先行刷印發賣之理，隨仍飭該委員等遍行搜查有無流傳前項翻本及另有版片，悉行繳出送銷去後。茲據廣東布政使姚成烈會同按察使陳用敷詳稱，據委員黄如楹等及南海、番禺二縣覆稱，在于城廂内外再行搜查，竝出示曉諭，遍加查訪，委無沈德潛所輯別裁詩集板片及刷印詩本。復傳喚書商李翼聖再加詰訊，據稱：當日周學先在廣翻刻別裁詩集，議明不准刷印，以防別人翻刻圖利，必須將白板帶回，竝無捏飾等語。竝據各府州轉據所屬各州縣申覆，遍查竝無沈德潛所輯別裁詩集及翻刻板片等情，各具印結到司，詳報到臣。

臣覆查無異，理合恭摺具奏，伏乞皇上睿鑒。謹奏。

乾隆四十二年十一月二十三日奉硃批：覽。欽此。

《軍機處録副奏摺·雲貴總督李侍堯奏遵旨查繳〈字貫〉一書情形摺乾隆四十二年十二月二十一日》 大學士仍管雲貴總督昭信伯臣李侍堯跪奏，爲遵奉諭旨，再行恭摺覆奏事。

竊臣於本年十一月廿九日接奉廷寄二道，令將江西逆犯王錫侯所造《字貫》一書嚴查解京銷燬，當即會同撫臣裴宗錫將現在查辦情形，恭摺奏聞在案。

茲臣於十二月十二日復接大學士公阿桂、大學士于敏中字寄，乾隆四十二年十一月十八日奉上諭：朕前此諭令各督撫查辦應行銷燬書籍，原因書内或有悖理狂誕者，不可存留於世，以除邪説而正人心云云。欽此。伏查逆犯所造《字貫》一書，既有初刻及續刻兩種，其刷印流播，斷不止現在繳呈之數部。誠如聖諭，外省查辦書籍，不過以空言塞責，竝不切實檢查，以致不法字跡得以滋蔓流傳，實堪痛恨。查黔、滇二省所行書籍，俱從楚南運至，而楚省與江西接壤，一切書籍俱盛行江西字板，是《字貫》一書或已潛行邊徼，亦未可定。現在飭令黔、滇各地方官，照臣前次所奏辦理情形嚴密訪查，無論《字貫》新舊二刻及此外有無悖逆等書，一經查出，概行解京銷燬。倘此次嚴飭之後，地方官仍敢視同故套，不肯實力查辦，竝收藏之家不行立即呈繳，則是伊等自取重戾，臣斷不敢稍存姑息，致干咎譴。

謹再會同撫臣裴宗錫合詞覆奏，伏乞聖上睿鑒。謹奏。

乾隆四十三年正月十九日奉硃批：覽。欽此。

《宫中硃批奏摺·江蘇巡撫楊魁奏遵旨查辦〈國朝詩別裁集〉原板情形摺乾隆四十一年十二月二十八日》 江蘇巡撫臣楊魁謹奏，爲欽奉上諭事。

乾隆四十一年十二月初十日，承准大學士舒赫德、于敏中字寄，十二月初一日奉上諭：前因沈德潛選輯《國朝詩別裁集》進呈求序，朕偶加披閲，集内將身事兩朝、有才無行之錢謙益居首，有乖千秋公論，而其中體制錯謬及世次前後倒置者，亦復不可枚舉。因於御製文内申明其義，竝命内廷翰林爲之精校去留，俾重鋟板，以行於世，其原板自應一併銷燬。但閲時既久，此板曾否銷燬，或彼時地方官視爲無關緊要，不行查燬，任聽存留，而沈德潛身故後，其門下士無識者流，又復潛行刷印，則大不可。著傳諭楊魁，即查明此板現存何處。如未經銷燬，即委員將板片解京，竝將未經删定之刷印原本，一并查明奏繳。欽此。

欽遵。

臣伏查沈德潛選輯《國朝詩別裁集》，初次鐫刻係乾隆二十四年完竣，計三十六卷。嗣因初刻纂校未精，又於乾隆二十五年復經增删鏤板，計三十二卷。是沈德潛原刊，板片共有二副。其初刻者，係門人蔣重光出資代刊；其重刻者，係沈德潛與其門人翁照、周準校鐫。臣隨委令蘇州府知府李封，帶同書局教官陸鴻繡，前往沈德潛及伊門人蔣重光之家，查詢兩次所刊原板曾否銷燬，竝現在存留何處，及沈德潛故後有無刷印，如板片現存，令各悉數呈繳去後。

茲據藩司增福暨蘇州府知府李封稟稱：前往查詢書板，據沈德潛之孫沈維燕及門人蔣重光之孫蔣元城等覆稱，是集於乾隆二十六年覆加校輯刻成，沈德潛裝潢進呈，仰蒙聖恩披覽，指示謬誤，命内廷精校重鋟。維時沈德潛於乾隆二十七年正月自京回籍，同其門人蔣重光各將在外原板鏟燬無存。竝據蔣重光之孫蔣元城呈出燬剩廢板四十餘塊，驗其兩面字跡，俱係鏟去屬實，比對原刷之書，尺寸相符。皆稱進呈御覽删定梓行後，竝未復行刷印。惟蔣重光始初刻成之時，所有刷印原本，曾發坊肆售賣，亦有分送親友之家，遺留在外未經收回者，約有數百部。又沈德潛重刻原本，分散未燬者，亦尚有之，懇請曉諭繳銷等情。

臣查《別裁集》初刻、重刻兩次書板，詢據沈德潛之孫沈維燕及其門人蔣重光之孫蔣元城皆稱板片已經銷燬，竝無存留，亦無删定後潛行刷印之事，惟起初刷印原本遺留在外，共有數百部之多，應即細查，悉數繳銷。隨據蘇城地方官查繳蔣重光初刻原本三十餘部，竝沈德潛重刻原本五部前來。臣查此書原本分散於外，閲時已久，現在藏貯之家未能盡知呈繳，現飭地方官及教職等曉諭士林書賈，凡有存留者，勒以限期，務令陸續繳官，不得存留。俟積有成數，臣即彙齊解京銷燬。

再，查沈德潛重刻自序内，載有「南粤、西江翻刻，比初次刻本錯字尤多」之語，則廣東、江西二省，另有翻刻板片可知。臣現在移咨，一體查繳銷燬。兼恐江蘇地方，亦於未經删定之先，另有翻刻之板，竝飭各屬細加蒐訪，以免留傳外，所有臣遵奉諭旨查辦緣由，謹恭摺覆奏，伏乞皇上睿鑒。謹奏。

硃批：知道了。

《宫中硃批奏摺・廣東巡撫李質穎奏遵旨查辦沈德潛〈國朝詩别裁集〉原板摺乾隆四十二年二月初三日》 廣東巡撫臣李質穎謹奏，爲奏明事。

本年正月二十一日准江蘇巡撫楊魁咨稱，欽奉上諭：前因沈德潛選輯《國朝詩别裁〔集〕》進呈求序，朕偶加披閲，集内將身事兩朝，有才無行之錢謙益居首，有乖千秋公論，而其中體制錯謬及世次前後倒置者，亦復不可枚舉。因於御製文内申明其義，並命内廷翰林爲之精校去留，俾重鋟板，以行於世，其原板自應一并銷燬。但閲時既久，此板曾否銷燬，〔或〕彼時地方官視爲無關緊要，不行查燬，任聽存留，而沈德潛身故後，其門下士無識者流，又復潛行刷印，則大不可。著傳諭楊魁，即查明此板現存何處。如未經銷燬，即委員將板片解京，並將未經删定之刷印原本，一并查明奏繳。欽此。欽遵。即行委員查明沈德潛在日囑令門人蔣重光鐫刻板片并自行續刻板片，俱已久經銷燬，惟查得初、續兩刻原本三十三部并不全三部。查續刻集内沈德潛自記云：此係增減第一次初番刻本，校對欠精，南粤、西江翻刻，比初刻本錯字尤多等語。其廣東翻刻板片現存何處，應即查起解京銷燬，并將刷印流傳舊本悉數查繳等因。准此，臣當即行司轉飭通省各府州縣遵照查辦，一面派員在於省城各書坊挨次清查去後。兹據委員等稟稱，遵赴城厢内外各書鋪細查，並無原刻别裁印本，亦無翻刻板片。詢據書鋪人等，僉稱江南客人來粤賣書者，均寄寓金陵會館，有無翻刻，問之江南客人或知根由。職等即往該會館查詢。據江南客人李翼聖回稱：並無收存初、續二刻舊本，亦無翻刻板片，惟乾隆二十五年曾有江寧懷德堂書客周學先來粤賣書，以粤省書板刻工較江南價廉，曾將《國朝詩别裁》初刻本翻刻板片，帶回江南刷賣，聞得於乾隆二十九年周姓已赴江寧縣衙門繳銷，現在委無板片等語，并據遞具甘結前來。

除即移咨兩江督臣高晉、江蘇撫臣楊魁將書客周學先在粤翻刻帶回之板片，果否於乾隆二十九年在江寧縣繳銷之處查明辦理外；臣伏查沈德潛所輯《國朝詩别裁》原本，乾隆二十五年書客周學先在粤翻刻板片，雖稱帶回江南刷賣，但既已刻成，豈有不就近先行刷印發賣之理？臣仍飭該委員等遍行搜查有無流傳前項翻本及另有翻刻之板，并示諭士子及藏書之家，所有前書原本并翻刻之本及另有板片，悉行繳出送銷。俟徹底查明另奏外，謹將現在查辦情形先行恭摺具奏，伏乞皇上睿鑒。謹奏。

硃批：覽。

昭槤《嘯亭雜録》卷八《石倉十二代詩選》 《四庫全書提要》云：《石倉十二代詩選》五百六卷，曹學佺著。學佺工詩，去取頗有别裁。其明詩分初集、次集、《千頃堂書目》尚有三集、四集、五集、六集，三百八十四卷，近佚云。今余家所藏則一千七百四十三卷，較《四庫》所收多至千餘卷矣。古逸詩十三卷，唐詩一百卷，拾遺十卷，宋詩一百七卷，元詩五十卷。明初集八十六卷，次集一百四十卷，三集一百卷，四集一百三十二卷，五集五十二卷，六集一百卷，七集一百卷，八集一百零一卷，九集十一册，十集四册，續集十册，再續集九册，三續集五册，三四續集、四五續集一册，五續集三册，五六續集一册，南直集八册，浙集八册，閩集八册，社集十册，楚集四册，川集一册，江西集一册，陝西集一册，河南集一册。九集後不分卷，以册代卷，其曰三四續、四五續，義例難通，而雕鐫完好，刷印清楚，自是閩中初搨精本，法時帆祭酒頗加賞鑒，以爲近世難覓之本。惟七集、八集中數卷爲王功偉明經攟去，以致遺佚不復得爲全豹，殊堪扼腕也。

昭槤《嘯亭雜録》卷一〇《書賈語》 自于、和當權後，朝士習爲奔競，棄置正道。黠者詬詈正人，以文己過，迂者株守考訂，訾議宋儒，遂將濂、洛、關、閩之書，束之高閣，無讀之者。余嘗購求薛文清《讀書記》及胡居仁《居業録》諸書於書坊中，賈者云：「近二十餘年，坊中久不貯此種書，恐其無人市易，徒傷貲本耳！」傷哉是言，主文衡者可不省歟？

梁章鉅《浪迹叢談》卷九《寶繪録》 前明崇禎間，有雲間張泰階者，集所選晉、唐以來僞畫二百件，刻爲《寶繪録》，凡二十卷，自六朝至元、明，無家不備。宋以前諸圖，皆雜綴趙松雪、俞紫芝、鄧善之、柯丹丘、黄大痴、吴仲圭、王叔明、袁海叟十數人題識，終以文衡山，而不雜他人，覽之足以發笑，豈先流布其書，後乃以僞畫出售，希得厚值耶？《四庫書提要》云：「《寶繪録》二十卷，上海張泰階撰。」

梁章鉅《歸田瑣記》卷六《楹聯剩話》 余撰《楹聯叢話》，初刻於桂林，一時頗爲紙貴。近聞粤西、湘南兩省皆有翻刻本，後至揚州，書坊亦欲謀翻刻，阮雲臺師爲慫恿余充成之，於是又有揚州翻刻本。既歸閩，僑居浦城，匯檢後得者，又編成六卷付梓，題曰《楹聯續話》，而乞者愈多矣。尚有同人續録見寄者，則細碎不能成編，而竟置之，又復可惜，因附入《歸田瑣記》之後，庶不負録寄者之盛心云爾。

吴振棫《養吉齋餘録》卷之七 毛西河先生所著書，已刻者凡經集五十一種二百三十六卷，文集六十六種二百五十七卷，共四百九十三卷。古稱集之多者自沈約後，稱唐之元、白，宋之歐、蘇。然休文集一百卷，元、白《長慶集》合一百八十五卷，歐集一百十四卷，東坡合《南征》、《南省》、《黄州》、《北歸》、《儋耳》諸集，亦僅一百七十五卷，未有若《西河合集》之多者。殁未百年，板歸坊賈，剥蝕散佚，歷久滋甚。乾隆間，同里陸君體元，聞風太息，因轉匄戚屬，不惜重貲買歸於家，修其殘缺，補其遺亡，並以印本分餉邑之鄉先生與官斯土者。今板尚存陸氏，完好無恙。

錢泰吉《曝書雜記》卷一 自康熙四十九年《御定淵鑒類函》頒行，而俞氏安期之《唐類函》皆束置矣。然《四庫提要》亦稱其取材不濫，於諸類書中爲近古。余初至海昌，有馬生者以是爲贄，欣然藏之。後讀吴兔床《桃溪客話》，述周芚兮大令語云，宜興故多盜，俞安期輯《唐類函》初成，嘗載百十部以出，中道被掠。安期乃更印數百部，以紅字目録印書側，鬻之。未幾，盜書亦出，以無紅字詰之，遂首伏。人多其智，好事者爭買紅字《唐類函》，因此乃大售。今世猶貴紅字《唐類函》，其實與黑字無異也。

錢泰吉《曝書雜記》卷一 書籍校勘固須精良，紙墨亦宜選料。鄱陽胡公克家所刊《資治通鑑》、《文選》，印於蘇州者極精，江西印者稍遜矣。近聞其家子弟分析書板，合印殊難。余從父撫江右時，摹印十餘部，余得藏焉。

《清宣宗實録》卷二六七道光十五年六月 又諭：前據樂善等奏，暎咭唎夷船闌入閩省外洋，當即驅逐，並將該夷人所遞夷書，咨送軍機處，當經呈覽。朕詳加披閲，其書首頁標明道光甲午年夏鐫字樣，何以今春即由該國傳至閩省。該國在廣東貿易來往，其書自係廣東内地代爲刊刻，業經諭盧坤等密速訪查矣。惟該夷人等鬼蜮情形，種種莫測，難保無閩省内地奸民互相勾引之事。該將軍等惟當嚴飭各地方官密速訪查，儻查明實係閩省鋪户所刊，即行嚴拏究辦，並訊明其書底本，係由内地何人交鋪代刊，逐一根究，務期水落石出。不得因該夷人等業經驅逐出境，將就了事，致有不實不盡。將此諭令知之。尋奏：閩省刻字，宋體居多，皆不似夷書工整。逐細確查，並無代刊夷書之人。

張德堅《賊情彙纂》卷九 賊中所刻僞天條書，共條禁十款。【略】逆黨結盟之始，不過鈔寫類則，逮勢日熾，則刊刻遍布。初猶每館一本，既則人各一本。

滌浮道人《金陵雜記》 賊在廣西兩湖擄得刻字匠，爲僞鐫刻，脅令統率雕刻僞印木戳僞書。至江境又擄得此項匠人甚多，然逃竄者亦不少。賊館在復成倉大街。

賊造僞書並首逆等僞示，間亦有印刷者，派令僞刷書衙賊將擄得刷書匠脅令刷印。館在文昌宫後檐。

郭嵩燾《郭嵩燾日記》第一卷 （咸豐六年三月）廿二日。早，錢秋峴來談。隨與楊凫門出湧金門，雇船至錢塘門外昭慶寺。度石橋而入，廟極宏巨，而頹廢多矣。廟内外市肆環列，多僧主之，所市大抵花、粉、梳、扇之屬，亦一奇也。廟外有製竹器者，頗適用。廟藏經板至多，寺僧刷以出售，然頗昂貴。

郭嵩燾《郭嵩燾日記》第二卷 （同治十年五月初七日）《甘珠爾經》、《丹珠爾經》卷帙甚富，刺麻寺均有刊本。

郭嵩燾《郭嵩燾日記》第三卷 （光緒五年九月）二十日。於桐軒饋菜，邀鄒子香、姚寶臣、閔養吾、盛展奇及笙陔叔、秉文早酌。鄒子香亦饋菜，則用以享大伯母。與笙陔叔商議刊刻志書。因令展奇、秉文詣彭述古堂：是否能承辦，應添募刻工幾人，須早自料檢，以憑開雕。爲敬修、炳生處置繳還本完屋事（此句疑有譌誤），並爲捧雲堂清檢帳項。大抵我一人自承其累，預爲墊付錢文，以使諸家同享其利，以各平其爭。諸家之知感與否，亦所不計也。

郭嵩燾《郭嵩燾日記》第四卷 （光緒六年十一月十二日）述古堂呈繳新刷志書十一部，以一部寄張力臣，屬其校正。【略】

（光緒八年六月初五日）莊翰堂晚過談。以文昌書局印刷書籍，經中丞札飭原約試辦一年，龐省三刻期收回書板，吴雲谷不一傳飭遵照，而責莊翰堂轉諭文昌書局置不理，龐省三因責其抗違，屬莊翰堂據實禀明，以憑轉禀分明。其實印刷書板由中丞札飭，正須中丞札收，諸公紛紛擾擾，皆於事理未能分曉。【略】

（光緒八年六月）初七日。莊翰堂、李鳳巢過談。意城、健甫隨至。鳳巢爲李次青從侄，主辦文昌書局，領官書板印刷，捐助公惠局用款，自裴樾岑，但少村、吴雲谷皆不謂然，莊翰堂亦未嘗不加推助，於是龐省三方伯力主收回書板，上言涂朗軒中丞，檄飭照辦。翰堂又於其中奔走周旋，慮院札下，次青引以爲怪也。吾謂天下萬變，皆私心爲之，書板去歲由李玉階中丞札發，此次亦必得中丞一札乃能收回，此一定之理。吴雲谷欲令先繳還，傳李鳳巢面諭之，亦必不能推阻。李鳳巢各書有未刷完，不能成部，請告緩數日，皆無不可通融者。而龐省三專講官話；李鳳巢恃劉祝庭之勢，據公惠局爲公款；吴雲谷又礙李次青情面，不一宣諭；莊翰堂以官書板爲公惠局壟斷，心懷不平，又懼李次青之譴怒。四人者，水火相交，以激成方伯之稟揭，皆此一念之私之歧出者也。【略】

（光緒九年四月初一日）錢裴臣由漢口招商局遞到陸存齋十萬卷書樓所刻叢書廿一種：一、蘭雪堂本《蔡中郎集》十卷；蘭雪堂，錫山華氏，明正德中刻。二、唐段公路《北户録》三卷，蓋記嶺南物産也；三、宋司馬光《切韵指掌圖》一卷；四、附邵光祖《檢〔圖〕例》；五、《許國公奏議》四卷，宋吴潛撰；六、王質《紹陶録》二卷；七、張栻《諸葛忠武侯傳》一卷；八、陳元靚《歲時廣記》四十二卷；九、董逌《廣川畫跋》六卷；十、鄭杓《衍極》五卷，蓋論開闢以來字法之變；十一、蘇易簡《文房四譜》五卷；十二、譚友聞《自號録》一卷；十三、上官融《友會談叢》三卷；十四、劉士瑄《詩苑衆芳》一卷；十五、《〔元本九經排字直音〕（明本排字九經直音）》二卷；十六、元吾邱衍《周秦刻石釋音》一卷；十七、徐勉〔之〕《保越録》一卷；十八、許叔微《注解傷寒發微論》；十九、《注解傷寒百症歌》五卷；廿、倪士毅《作義要訣》一卷；又廿一、宋劉攽《漢官儀》三卷，則戲局也，武昌書局亦曾刻之。【略】

（光緒九年七月）廿六日。接徐雨之、張叔和、鄭陶齋信，並寄示《古今圖書集成》、《殿本廿四史》書樣。以三百六十金頭等樣式定《圖書集成》一部。《殿本廿四史》以百元爲約。此同文書局章程，較之點石齋百五十金增加至一倍以上，板式相較，所争無幾，正恐同文書〔屋〕（局）未必能及西洋點石齋之信實也。【略】

（光緒九年八月）十五日。以子壽赴上海之便，順致徐雨之、張叔和、鄭陶齋、聶仲芳（旁註：此信未交帶）各信。隨接徐雨之、鄭陶齋信，似《圖書集成》已有定局，八月内即可開刻。所托之子壽者，正以點石齋與同文書局同時並舉，不能不相防礙，欲得一準信，乃敢匯寄書價也。

俞樾《春在堂隨筆》二　永懷堂《十三經注》，乃明崇禎間金千仞蟠、葛靖調鼒兩人彙刻，卷首或題明後學金蟠訂，或題明後學葛鼒訂，蓋刻書之資出其人耳。今其版在浙江書局，余取觀之，其繆誤甚多。尤可笑者，《孝經》題漢鄭氏注，而實則唐玄宗注也。其他從可知矣。前有翰林院編修崑山朱天麟序一篇，草草下筆，不一披覽，何歟？

俞樾《春在堂隨筆》一〇　宗子戴孫婿自常熟書來言一事，甚可笑。有徐木君者，江寧人，在常熟開錢店。常熟顧姓家藏有余所書楹帖一聯，徐木君因有喜慶事，借去懸之楹間。數月，始以歸還，則略霑水迹，紙色黯淡，墨迹剥落。顧姓者以爲必是私向上海石印局照印，致損其真蹟，怒而不受。時上海有售余楹聯者，徐木君以洋錢二枚買得一聯償之，顧以非原物，仍不受，且曰：「此聯吾展轉託人求得之，價值百金。爾舊欠吾洋錢三十，不但舊債抵銷，且需補足七十之數。不然者，行且興訟。」木君大窘，因素與宗氏往來，遂買紙介子戴請余補書之。余復子戴書曰：「爲地不過百里，爲時不越十年，而拙書已幾肇訟端。然則數百年後，不大可慮乎？」是亦足一大噱也。

丁申《武林藏書録》卷末《釋道經版》　杭州寺觀相望，田叔禾謂唐以前有三百六十寺。錢氏立國，宋室南渡，增至四百八十寺，道院祠廟，猶不與此數，可謂多矣。然釋有經典，道有符籙，版刻流傳，較儒學尤爲罕覯。如松江府青浦之珠街閣圓津禪院，王蘭亭侍郎所捨之《妙法蓮華經註》卷七末頁木記云：「本鋪今將古本《蓮經》一一點句，請名師校正重刊，選揀道地山場鈔造細白上等紙札，志誠印造。見住杭州大街棚前，南鈔庫相對，沈二郎經坊新雕印行。望四遠主顧尋認本鋪牌額請贖。謹白。」又，《皕宋樓藏書志》：《關尹子言外經旨》三卷，宋王夷受撰，元刊本。後有「至元癸巳重陽日平陽府洪洞縣萬安里龍祥萬壽宫住持提點保真文靖大師沖和子姬致柔於浙西道杭州路梅橋南玉屏福惠觀重新校正，命工印行」一條，合記二氏之遺經，亦不勝思古之感焉。

丁申《武林藏書録》卷末《靈隱經藏》　嘉慶戊辰已巳間，吴中石琢堂韞玉掌教紫陽書院，嘗偕寺僧若水、品蓮二上人編輯靈隱經藏，撰碑以紀其事云：【略】惟是舊藏經文，不戒於火，珠林祕笈，遽化秦灰，石室曇章無存，魯壁九譯莫詳，其文三寶，竟闕其一，將何以闡揚聖教，接引學人。余寄公樂土，訪道名山，適若水、品蓮兩禪師，先後主持方丈，每談斯事，輒爲太息。余因發願重加結集，時則有吴中會一師在嘉興楞嚴寺修治經版，遂與商榷，凡集大藏經論等一千六百五十五種，裝成一千四百三十八册，又附貯藏外論疏語録各書一百五十種，裝爲四百五十六册，綜爲二櫃，藏諸寺之蓮鐙閣上。伏願典守有司，紹隆無替。瑯函萬卷，常宣木鐸之音；寶歷千秋，永絶風輪之劫。爰撰斯記，以示後人。是役也，共用白金三百四十兩，此邦紳笏，贊我勝緣者，别勒芳名，同昭善果。惜乎劫遇庚辛，盡遭燹火，訪蓮鐙遺址，不禁感慨係之。

張之洞《張之洞全集》卷一〇八《札南臬司查禁刊刷〈鬼叫該死〉書、匿名揭帖等》光緒十七年十月十二日 爲札飭事。據英國駐漢嘉領事官照稱「現接長沙來信内稱：『近日湖南地方定將《鬼叫該死》一書，發店刊刷八十萬本。其定價每萬本需銅錢六萬個。此書以及匿名揭帖，均在長沙省城小西門内路邊井鄧懋華刻字店發售。再者，聞得此種壞書，長沙府命學内生員在各處戲臺宣講聖諭十六條，並講此書』等情。查此等污衊宣講，最爲緊要，勢不得不據實申陳國家大臣，深盼貴部堂速將所辦編造是書之湖南人、陝西候補道周漢，並長沙府暨刊刷發售之人，現在如何治罪，迅賜照覆，以便續報國家是荷。爲此照請查覈」等情，到本部堂。據此，查近來各省滋鬧教堂，上勞宸廑，曾於五月初七日明降諭旨「倘有匿名揭帖，造言惑衆，即行嚴密查拿，以重治罪」等因，當經恭録出示，曉諭欽遵在案。凡屬安分紳民，理宜共體時艱，恪遵聖訓，以維大局而息亂萌，豈容推波助瀾，挑釁生事！茲據照稱前情，合就札飭，札到該司，即便轉飭遵照，查明湖南長沙省城内鄧懋華刻字店，有無刊刷前項本書及匿名揭帖發售情事，迅即查訊明確，嚴禁拿辦，毋任妄爲，致釀事端。並即查明是否陝西候補道周漢所編，府學生員有無並講此書情事，據實稟明南撫部院，查覈辦理，毋違。

張之洞《張之洞全集》卷三二《查辦湖南刊布揭帖僞造公文一案摺》光緒十八年三月二十五日 竊臣等前經承準總理各國事務衙門咨開：「匿名揭帖，本干例禁，立法甚嚴。自髮逆掃平後，地方乂安，而散勇惰民，思欲藉端爲亂，輒假西人傳教爲言，刊爲書説，編作歌謡，繪爲圖畫，率皆鄙俚不經，不堪寓目，而愚民無識，往往爲所煽惑，甚或釀成巨案。叠準德國使臣屢次送到刊板、書籍、説詞、歌曲、畫圖種種，並有捏造總理衙門公文及督撫文函各件，居心甚爲詭誕。此等謡言，微特有礙邦交，即中國内治，亦宜嚴懲。咨行通飭各屬查禁，究查捏造之人，從重懲辦，以消隱患。」並叠次承準電開「長沙府有周漢開設寶善堂、鄧懋華書鋪刊刻詆毁洋教書籍，布散甚多。查各處教案之起，皆由造言生事者摇惑人心。各書皆由湖南而來，有三家書鋪，鄧懋華、曾鬱文、陳聚德皆代周漢刻書」各等因。均經通飭嚴禁，並行湖南臬司嚴切查究。本年二月，承準總理衙門電催辦理，當經臣之洞電請總理衙門代奏，派委湖北督糧道惲祖翼馳往湘省，會同湖南臬司確查稟覆，奏明懲辦，奉旨允準在案。茲據該道惲祖翼自湘回鄂，會同署湖南按察使吕世由稟稱：「查此案先經該臬司飭據長沙府知府趙環慶稟稱：『查得周漢，係寧鄉縣人，由軍功薦保道員，留陝西補用，向以寶善堂之名在湖南省城刊刻善書，踪迹無常，現在遠出未歸。鄧懋華、曾鬱文、陳聚德三人均以刻字爲業，曾鬱文已於上年身故。當訊據鄧懋華供，向在長沙省城小西門内路邊井獨自開店，刷賣帳簿，並未與周漢合伙刊刻書籍，惟與之熟識往來。上年周漢曾至店中寄居數日，隨即出省，有時言語荒誕，狀似瘋迷。其所輯各種善書，聞係陳聚德、曾鬱文代爲刊刻。據陳聚德供，開設刻字店多年，曾代周漢刊刻《得一録》、《官紳寶訓》、《育嬰良法》、《拯溺寶筏》、《格言聯璧》、《傳家寶訓》、《擴充惻隱》各神善書，所有板片，隨時取去自行刷印，夥店人數衆多，不諳文義，向來刻書，照字算錢，不問來歷，所有《辣手文章》等書並一切畫圖，是否間有店夥代刻，實在記憶不清。據曾鬱文店伙吴東海供，店主曾鬱文曾代周漢刊刻善書，已於上年身故。至於毁駡洋教書本曾否刊刻，實不知情，自奉將店門封閉，各夥俱已散去。各等供。』該道到湘，當即會同該司派委湖南候補通判蔣聯庚馳赴寧鄉，查傳周漢，解省訊究。旋據該員會同寧鄉縣知縣鄭之梁稟稱：『周漢自光緒十年由新疆請假回籍，隨即攜眷出外，至今並未復回原籍。』當將周漢胞侄周德之、周户族周昆玉、團總唐篠楠、鄰右黄樹秋一併傳解來省，經該府訊，據周德之供，周漢係其胞叔，自光緒十年回籍後即攜眷出外，隨意遨游，六七年來，並未回至寧鄉。近患痰疾，時發時愈，病劇時言語不清，有似癲狂。又羡慕神仙，自稱『鐵道人』，最信扶箕。平日雖不信洋教，並未編刊書歌圖畫，各處布散。或係不逞之徒，因伊叔周漢保至監司大員，托名刊刻，並捏造總署、湘撫公文及致鄂撫書信，希圖聳聽，亦未可知。質之户族周昆玉、團鄰黄樹秋、唐篠楠等，各供相同。惟所有書歌圖畫，究係何人秉筆，未能得其主名，自應先將板片搜獲，銷燬净盡，以副朝廷輯睦中外之至意。當經該府督同長沙、善化兩縣懸賞購覓，並恐民間心懷疑懼，知而不舉，特於賞格内聲明隨繳隨賞，並不追究來歷，復派差分路搜尋，始據長沙縣民萬富安等陸續繳到《鬼叫該死》、《辣手文章》、《擎天柱》、《滅鬼歌》、《稟天主邪教》並圖畫各種板片計三十一面共二十五塊，内多殘缺不全，自係畏罪毁棄。所有板片及人證供結，均由該府稟解該司道等親提覆訊，所供均與該府原訊相同。誠恐尚有不實不盡，究竟周漢是否在家避匿，並該書鋪等有無諱飾情事，復向周德之究詰，據供：伊叔周漢實係由新疆請假回籍，後携眷外出，行踪靡定，平日不喜洋教，僅止信口詆訾，委無刊刻書畫各處散布情事。且身係職官，斷不敢僞造公文。其致湖北巡撫信函，伊叔並未到鄂省，從不好與官場往來，顯係他人假托，總因伊叔是四品大員，平日好發議論，是以匪徒盜竊姓名，希圖易於煽惑。提訊户鄰周昆玉等，供詞俱同。覆訊據陳聚德供，曾經代周漢刻過善書數種，實未刻過毀教書畫。該鋪在省開設多年，代人刊刻善書，主顧甚多，向來照字算錢，書板隨刻隨取，其帳簿或僅記一姓，或僅記一堂名，或係輾轉交來，實不能概行登記姓名。且店夥甚多，來去無常，這《辣手文章》等書，其中是否有店夥刊刻者，委實無從查悉，如有代周漢刻過毀教諸書，亦只係工匠受雇，該鋪並不知情，盡可據實供明，何必代爲捏飾，自受拖累。又提鄧懋華再三質對，堅不承認代刻書畫，惟據供與周漢熟識，遇其肆口妄論之時，不免群相稱贊，事所時有。反覆研鞫，供仍如前，加以刑嚇，矢口不移。該司道等因案關重大，不厭精詳，復飭長、善兩縣確查，周漢實係早經外出，久未在省。又經派員明查暗訪，咸謂周漢患有心疾，語言怪誕，近來痰迷更甚，見人動輒謾駡。至刊刻毁教等書圖等事，並無聞見，異口同聲，供證既屬確鑿，應即據供擬結。查周漢遠出未歸，痰疾既劇，言語支離，即使傳唤到案，亦難訊取供詞，業已傳到該家屬及户族團鄰人等，嚴訊明確，僉供周漢並無刊播揭帖及捏造公文等件情事，衆供如一，稱係匪徒托名僞造，希圖煽惑，尚屬可信。即如致鄂撫信函一節，湖北撫署號房並未接收，此信其爲假托捏造，更屬無疑。惟周漢以在籍道員，專好扶箕，諂信鬼神，語言怪誕，跡類瘋狂，病發之時，乖謬尤甚，逢人輒駡。此等形狀，仕途罕見，自應稟請奏明，予以懲處，以儆謬妄而免生事。書賈鄧懋華，既知周漢形類瘋狂，性好生事，仍復與之往來，遇事稱贊，殊屬無知附和；陳聚德平日代人刊刻書籍，並不查詢來歷，又不看明書畫内文義有無流弊，任令店夥誤行刊刻，以致滋生事端，均有不合。鄧懋華、陳聚德均請照不應重律各擬杖八十、加枷號三個月，滿日折責發落；吴東海訊係曾鬱文幫夥，不知店務，應與病故之曾鬱文均無庸議。仍將各該鋪永行封閉，不準復開；無干人證，省釋免累。至匪徒竊名造言，刊播揭帖，希圖煽惑，已屬可惡，並膽敢僞造總署、督撫公文，四處傳播，尤爲大干法紀。除由司道飭湖南各屬一體訪查，務得主名，嚴拿究辦外，合將查起書圖各種板片匯同供招户族、團、鄰甘結並地方官印結呈繳，稟請會覈具奏」等情前來。臣等查，西人傳教，乃條約所准行，久已中外相安，民人入教與否，聽其自便，西人亦不强人必從。其教教堂如實有不近情理、不合條約之事，盡可稟官照會查辦，何得捏造不根之言，惑衆生事，況現值沿江各省嚴辦會匪之際，豈容推波助瀾，擾動大局。此案周漢雖查無刊播揭帖及僞造公文情事，惟該員以在籍四品職官，理應謹言慎行，矜式鄉里，乃平日專以扶箕爲事，惑於鬼神，言語荒誕，跡類瘋狂，近來痰迷更甚，見人動輒謾駡，以致匪徒假托其名，僞造公文，造言煽惑，自未便漫無懲戒，致令滋生事端，相應請旨，將在籍花翎、陝西補用道周漢暫行革職，查傳到籍，交地方官嚴加管束，不準潛至省城，妄爲生事，仍隨時查看，將來痰疾如能痊癒，果能謹飭改過，再行申請覈辦。儻瘋狂益甚，滋生事端，即據實稟請奏明嚴懲。其書賈曾鬱文業經身故，鄧懋華、陳聚德自應各予懲儆，應照該司道等所擬辦理。至竊名刊播揭帖、僞造公文信件之匪徒，臣等自當督飭該臬司嚴飭各屬實力查緝，務獲究辦，以儆效尤。其起到書圖各種板片，由臣之洞派委江漢關道孔慶輔眼同漢口領事銷燬。

陳康祺《郎潛紀聞二筆》卷八《莊廷鑨明史禍與戴名世南山集禍（二則）》

《鮚埼亭外集》記本朝江、浙兩大獄，一爲莊廷鑨史禍，一爲戴名世《南山集》之禍，談舊事者所當知也，録之。明相國烏程朱文恪公，嘗作《明史》，舉大經大法者筆之，已刊行於世，未刊者爲《列朝諸臣傳》。國變後，朱氏家中落，以稾本質千金於莊廷鑨。廷鑨家故富，因竄名己作刻之，補崇禎一朝事，中多指斥昭代語。歲癸卯，歸安知縣吴之榮罷官，謀以告訐爲功，藉此作起復地，白其事於將軍松魁，魁移巡撫朱昌祚，朱牒督學胡尚衡，廷鑨並納重賂以免，乃稍易指斥語重刊之。之榮計不行，特購得初刊本上之法司，事聞，遣刑部侍郎出讞獄。時廷鑨已死，戮其尸，誅其弟廷鉞。舊禮部侍郎李令皙曾作序，亦伏法，并及其四子。令皙幼子年十六，法司令其減供一歲，則得免死充軍。對曰：「予見父兄死，不忍獨生。」卒不易供而死。序中稱舊史朱氏者，指文恪也。之榮素怨南潯富人朱佑明，遂嫁禍，且指其姓名以證，并誅其五子。松魁及幕客程維藩，械赴京師。魁以八議僅削官，維藩戮於燕市。昌祚、尚衡賄讞獄者，委過於初申覆之學官，歸安、烏程兩學官並坐斬，而二人幸免。湖州太守譚希閔，涖官甫半月，事發，與推官李煥皆以隱匿罪至絞。滸墅關榷貨主事李尚白，聞閶門書坊有是書，遣役購之，適書賈他出，役坐其鄰一朱姓家少待，及書賈返，朱爲判其價。時主事已入京，以購逆書立斬，書賈及役斬於杭，鄰朱姓者因年踰七十免死，偕其妻發極邊。歸安茅元錫方爲朝邑令，與吳之鏞、之銘兄弟嘗預參校，悉被戮。時江楚諸名士列名書中者皆死，刻工及鬻書者同日刑，惟海寧查繼佐、仁和陸圻，當獄初起，先首告，謂廷鑨慕其名列之參校中，得脱罪。按：小説傳奇，成謂繼佐由吳六奇得脱；漁洋文集亦云然，非也。是獄也，死者七十餘人，婦女並給邊。蓋浙之大吏及讞獄之侍郎，鑒於松魁，且畏之榮復有言，雖有寃者，不敢奏雪也。之榮卒以此起用，并以所籍朱佑明之産給之，後仕至右僉都。

桐城方孝標，嘗以科第起官至學士，後以族人方猷丁酉主江南試，與之有私，並去官遣戍，遇赦歸，入滇受吳逆僞翰林承旨，吳逆敗，孝標先迎降，得免死，因著《鈍齋文集》、《滇黔紀聞》，極多悖逆語。戴名世見而喜之，所著《南山集》多采録孝標所紀事，尤雲鍔、方正玉爲之捐貲刊行。雲鍔、正玉及同官汪灝、朱書、劉巖、余生、王源皆有序，板則寄藏於方苞家。都諫趙申喬奏其事，九卿會鞫，戴名世大逆，法至寸磔，族皆棄市，未及冠笄者發邊；朱書、王源已故免議，尤雲鍔、方正玉、汪灝、劉巖、余生、方苞以謗論罪絞。

徐康《前塵夢影録》卷上 薛鐘鼎款識，本宋刻石本，余所見乃明人鈔本，及萬曆時宗室謀垔中尉從石本復刊。阮文達撫浙時，得舊鈔本，因令陳仲魚鱣、趙次閑之琛作篆，高爽泉塏書釋文，千種一律，同於鑿空，遠不及積古齋款識據拓本橅刻者。嗣爲粤督，始見朱刻本，大悔，奈幕中無何夢華、朱菽堂、張叔未諸君慫慂集事，文達意興亦衰。否則粤東西梨棗木甚賤，而刻工亦精，可爲而不爲，書之顯晦非有數耶。標見宋石殘拓本於吳憲齋中丞家，若以此摹刻，更勝朱本。朱本余亦有之，較阮刻稍勝耳。【略】

舊藏冬心翁著作最備，其自序一卷，用宋紙、方程古墨、輕煤研印，每半葉四行，行二十餘或十餘字，丁鈍丁手書精刻，古香古色，不下宋槧，雖在鐙下讀之，墨采亦奕奕動人。餘如三體詩、畫竹、畫梅、畫馬、自寫真畫佛，共題記五種，皆以宋紅筋羅文牋研印。詩集、續集、研銘用宣紙、古墨刷印，皆墨箋作護面、狹簽條。所未見者，自度曲一卷而已。標亦見冬心翁用宋紙印所著書，神似真宋，所差者墨色稍光亮耳。【略】

《周府袖珍方》，正統十年民臣熊宗立刊，黑口，每半頁十六行，行三十字，十二册。乾隆朝士人沿明季書帕習氣，往往重價購宋元板書，以充羔雁。而書估黠者，又劗去明之紀元，冒爲元刻。余見過兩部，皆劗去紀元，昨見一部，則首尾序文俱全。乾嘉時，黄蕘圃翁丕烈每於除夕，布列家藏宋本經史子集，以花果名酒酬之。翁自號佞宋主人，同時有顧千里廣圻與之同癖，爲撰百宋一廛賦，刻入《士禮居叢書》内。【略】

瞿木夫中溶，嘉定名士，錢竹汀宫詹女夫，官楚湘藩幕。其時適開湖南通志局，凡金石一門，皆木翁獨任排纂。工竣後，曾抽印百餘部攜歸，今所傳《湖南金石志》是也。

徐康《前塵夢影録》卷下 《金石存》爲山陽吳山夫搢著。體例謹嚴，祇收篆隸，向來只有鈔本。惟蜀中刻入《函海》内，是書爲李雨邨編纂，意在貪多，不刻足本，沿明末刻書者之弊，收藏家在所不取。嗣同邑李尚書宗昉兼大司成時，命學正許珊林槤校刊《金石存》，凡寫樣印訂，同乎宋元舊籍，蓋不惜重資，而所託得人也。書凡四册，字皆仿歐陽率更體。

任渭長原刻《劍俠傳》，板已失於刦中，原本三十三人，每人有贊，正面繪象，背葉刻贊。今市中所售刻本，皆展轉鉤摹，神氣全失矣。渭翁畫本最多，顧艮庵世丈藏有六大册，皆昔爲姚梅伯孝廉所繪者。題詞皆梅伯所著，驚心動魄，得未曾有。艮翁在寧紹觀察時，值梅伯久故，其家索價三百金出售，竟如數與之。余曾在怡園展閲二次，其奇絶處真不可思議，有觀止之歎。

盧熊《蘇州府志》四十巨册，狹行細字，黑口，明初刻本。余曾於獨學廬見之，其時石琢堂先生正脩府志，故插架有此。後於藝海樓又見一部，乃鈔本。

徐康《前塵夢影録》卷下 毘陵六逸中有《南田詩鈔》，康熙季年刻。後蔣生沐又於法書名畫碑帖中彙集《南田詩刻》、《甌香館集》，均刻入《别下齋叢書》。又取陸梅蘗鼎詩稿，顧醉經承文稿付刻，名《吴中兩布衣集》。宋桑世昌《蘭亭攷》、元俞壽翁《續攷》，皆已刻入鮑叢書。又《稧帖總聞》，乃汲古閣刻，流傳甚少，及蘇米齋《蘭亭攷》八卷出，直可壓倒一切。【略】

《大般若經》六百卷，向只有鈔本，數年前邗江高僧妙空，發願刻全藏，於揚州、泰州、江寧、江陰、常熟、杭州六處設局，所開經名頗多，即《大般若經》亦已刻過半矣。惜妙師怛化，聞其臨卒時，神明不亂，且言爲藏經未竣厥工，須再入娑婆世界。

宋板《翻繹名經義》十二册，板口與卷尾皆有助刊姓氏。乾嘉時刻《法苑珠林》，亦如其例。桐西主人以十二金得之，甚寶愛，惜焜於武穴差次。【略】

太倉家秋士有鏡癖，著《銅仙傳》兩卷。蔡鐵耕世丈雲有泉癖，著泉譜曰《癖談》，自三代至六朝爲止，上下衹兩卷。劉燕庭喜海著論泉絶句共二百首，注多於詩三數倍，刻鏤甚工，字仿宋槧，盛子履大士不及也。【略】

吳門陸氏住金大師場，藏有南宋本《文選》，子孫頗知收藏，秘不示人。嘉慶中年胡果泉方伯議刻《文選》，假別本開雕，校書者爲彭甘亭兆蓀、顧千里廣圻，影宋寫樣者爲許翰屏，極一時之選。即近時所謂胡刻《文選》也。陸氏藏本，後歸之虞山楊心如家，今尚無恙。○翰屏以書法擅名，當時刻書之家，均延其寫樣，如士禮居黄氏享帚樓、秦氏平津館、孫氏藝芸書舍、汪氏以及張古餘、吳山尊諸君所刻影宋本秘籍，皆爲翰屏手書，一技足以名世，洵然。

唐人詩文集最多，吳門繆氏僅刻《李太白集》一家。享帚樓續刻吕衡州、李翱等集，顧澗翁更覓得足本沈亞之等集七家，皆用昌皮紙，凂翰屏精寫，不加裝訂，但用夾板平鋪，以便付梓。余曾訪澗翁文孫河之孝廉，曾一見之。今河之久歿，所居亦遭劫，書樣無可訪問矣。

元刻之精者，不下宋本，曩在申江，見元《馬石田集》十二冊，其紙潔白如玉，而又堅韌，真宋紙元印。余爲作緣，歸之宜稼堂郁氏。【略】

先君秉鐸婁東，在道光初元，其時翠華軒陸氏收藏，未盡散失。陸香來茂才，以其曾祖時化家刻所見書畫録爲贄，此書嚴於鑒別，體例較《江邨消夏録》更精，香來染時證幾殆，得先君治之而痊，其尊人送扇面冊計四十葉，有唐、文、沈、仇、董五家山水及王孟津、張二水書，無不精妙。香來云：皆其先祖刻書以後所得，故未著録。【略】

宋板《魚元機集》，只二十餘葉，大字歐體，乃宋槧之最精者。黄蕘翁得之，裝潢爲胡蝶式。後爲一達官某所賞，倩許翰屏影橅上板，又託改七薌補繪元機小象於卷首，橅本鏤工不下原刻，時爲嘉慶中葉。惜其時衹印一次，流傳甚少，達官歸田後，板亦攜去。余僅收得一冊，聞壺園汪氏，亦購藏一本，此外不多見也。標按此書爲松江沈十峯慈古倪園所刻，余有印本二種，一初印一後印。初印本名《三婦人集》，乃同刻明本薛濤詩、宋鈔楊太后宫詞也。後印本又附《緑窗遺稿》兩種，皆沈氏刻。蕘圃所藏魚集曾屬改七薌、余秋室諸君繪《元機詩思圖》一冊一軸。余皆見之，冊藏黄氏後人，軸則爲同年李木齋盛鐸所得。據余所見知，與叟略異也。

松江沈綺堂所刻宋本《梅花喜神譜》，頗爲博雅君子所賞鑑。沈氏家本素封，有池亭園林之勝，改七薌嘗居停其處，譜中梅花皆其一手所臨。印本今尚有之，鮑渌飲刻《知不足齋叢書》，亦附刊焉。【略】

《金石存》，吳山夫搢著，山陽李尚書宗昉出資囑許珊翁董刻。字仿宋槧，紙用扇料，香墨精印，不可多覯。許自刻《笠澤叢書》，亦極佳。其他如《折獄龜鑑》、《疑獄集》，皆巾箱本，刻工亦精。【略】

元代不但士大夫競學趙書，如鮮于困學、康里子山，即方外如伯雨輩，亦刻意力追，且各存自己面目。其時如官本刻經史，私家刊詩文集，亦皆摹吳興體。至明初，吳中四傑高、楊、張、徐尚沿其法。即刊板所見，如《茅山志》、《周府袖珍方》，皆狹行細字，宛然元刻，字形仍作趙體。沿至《匏庵家藏集》、《東里文集》仍不失元人遺意。至正德時，慎獨齋本《文獻通攷》細字本遠勝元人舊刻，大字巨冊，僅壯觀耳。迨至萬曆季年，風行書帕禮書，不求足本，但取其名，如陳文莊、茅鹿門、鍾人傑輩，動用細評，句分字改，如評詩文。然刻書至此，全失古人真面。顧千里擬之同於秦火，未爲苛論也。

金武祥《粟香三筆》卷四　書板之多，以江西、廣東兩省爲最。江西刻工在金谿縣之許灣，廣東刻工在順德縣之馬岡，均以書版多者爲富。嫁女常以書版爲奩資，惟字每草率訛誤，以鋟版半用女工耳。

繆荃孫《續碑傳集》卷七三蔣彤《養一子述》　養一子李氏，諱兆洛，字申耆，晚號養一老人，門弟子羣稱養一子。【略】子蓋自罷官，來爲四方遊者六七年，節修脯所入，償鳳臺官項外，餘盡以刻書。在廣東則校刊《鳳氏經説》，則江陰德隆先生韶所著也；《虞氏易禮》、《周易》、《鄭荀義易義別録》、《虞氏易變動表》、《易圖條辨》諸書，則同縣張皋文先生惠言所著也；並臧在東《孔子年表》、《孟子年略》等數十卷。在揚州則校刊孟慈《三國職官表》、《列代史目表》、《申綬公羊釋例》，並手纂《駢體文鈔》、《皇朝文典》縷百卷。所至稽其山川、道理、土俗、利病、文章、典實，及一物一名之異者，亦不忽遺。一語之合，欣然有會，一技之能，稱許不置，未嘗以一長自顯，而當世英彦，見者皆敬而親之，終莫與有爭。當道鉅公，爭延致之以爲重，而子意既倦遊，自得江陰主講暨陽之聘，而子自是亦不出矣。【略】始得《欽定圖書集成》中輿地圖本，苦其不著天度，又府各一圖。繼得康熙《内府輿地圖》，大於《集成》所繪而有天度，亦分省，有外藩，即康熙五十年聖祖仁皇帝諭廷臣所謂《皇輿全覽圖》朕費三十餘年心力始得告成者也。又於廣東巡撫庫見乾隆間所賜各省督撫《内府輿圖》，東西爲橫幅長卷，而南北以次排之，欲臨其本而未成。晚得董方立所繪圖，方立固穎敏絶人，其爲是圖也，仿兩朝舊本，復博稽掌故，旁羅方志，自乾隆以來州縣之改更，水道之遷異，皆參校確實而著之。【略】又方立分爲四十一圖，小大瓜離，不便觀覽。乃總爲一圖，舒之爲屏幅，卷之爲册葉，凡鉤稽歷年而後成，以付刊焉。刊既成，用硃印數十部，墨注古地名其上。以上古禹貢三代、春秋、戰國爲經始，推及秦、漢、三國、六朝、唐、宋、五代、宋、遼、金、元，下迨於明，檢各史地志，以《皇輿表》及《一統志》覈其沿革，並得其實地而著之於圖，號曰《歷代輿地沿革圖》。其爲是圖也，别録各史地志，編以歸韵，既得其實地，乃會前代郡縣注之韵下，號曰《歷代地理韵編今釋》。爲其成之艱而散失易，用聚珍字集印數百部。【略】雅不喜宋刊，惟假以校讎，或録存其副，有求者則轉與之，叢書多至數百種，擇取其十之二三而已。惟諸子别集，若雜史義幽事晦世人罕知則亟收之。每得書必並本厚釘，細楷目録，夾以銀杏木板，束以青繩，嚴整明便，望而知爲輩學齋中物也。湖郡書賈歲必廔至，有不知者，則示以是書何用，刊行自何時、價何等，即奉爲典型。爲人高明博厚，而極精微，置物有常處，授人書帖，暗中探取不爽，不棄寸紙尺繩，隨宜取用。五入人座中，則几上經籍悉記，間有檢閲，則云某有某書，往往其人亦自忘之。得人書疏，雖疏賤小簡不毁棄，彌月輒經至老能背誦，與諸生講貫，不觀本文。盈束，終歲積聚，襄而懸諸屋梁如牛腰。江陰固僻邑，自子主講來，乃有數書肆，可得古籍，有紙肆，可得佳箋，賓朋或萬里而至，當代英喆刊其所著書以行世，必郵寄暨陽。

葉德輝《書林清話》卷九《無錫秦刻九經之精善》　王士禎《分甘餘話》云：「近無錫秦氏摹宋刻小本《九經》，剞劂最精，點畫不苟。聞其板已爲大力者負之而趨。余曾見宋刻於倪檢討雁園燦許，與秦刻方幅正同，然青出於藍而青於藍矣。」吾按：秦本亦有翻刻，其原刻不分卷，每葉四十行，行二十七字，上格標載音義。凡《易》二十一葉，《書》二十六葉，《詩》四十七葉，《左傳》一百九十八葉，《禮記》十三葉，《周禮》五十五葉，《孝經》三葉，《論語》十六葉，《孟子》三十四葉。見《天禄琳琅後編》宋版。《丁志》秦刻即據此本。别有重刻秦本，每半葉十四行，行二十八字。其書爲《周易》三卷，《詩經》四卷，《書經》四卷，《春秋》十七卷，《周禮》六卷，《禮記》六卷，《孝經》一卷，《論語》二卷，《孟子》七卷，合五十卷；附《大學中庸章句》一卷，《小學》二卷：或云所據别一南宋巾箱本。原刻字畫精細，幾可亂真，重刻則失之甚遠。此等書在當時爲坊刻，以備場屋童試温經之用者，故皆止有白文。《丁目》云：「密行小字《五經》，每半葉二十行，行二十七字。行密如檣，字纖如髮，蓋即秦刻祖本之不全者。」丁謂爲北宋刻，殊失鑒别。年來丁藏已散，此本不知歸於誰氏，爲之慨然！

葉德輝《書林清話》卷九《經解單行本之不易得》　藏書大非易事，往往有近時人所刻書，或僻在遠方，書坊無從購買；或其板爲子孫保守，罕見印行。吾嘗欲遍購前續兩《經解》中之單行書，遠如新安江永之經學各種，近如遵義鄭珍所著遺書，求之二十餘年，至今尚有缺者。鄭書板在貴州。光緒間一託同年友杜翹生太史本崇主考貴州之便，求之不得。後常熟龐劬庵中丞鴻書由湘移撫貴州，託其訪求，亦不可得。兩君儒雅好文，又深知吾有書癖者，而求之之難如此，然則藏書誠累心事矣。他人動侈言宋元刻本，吾不爲欺人之語也。可知藏書一道，縱財力雄富，非一驟可以成功。往者覓張惠言《儀禮圖》、王鳴盛《周禮田賦説》、金榜《禮箋》等書，久而始獲之，其難遇如此。每笑藏書家尊尚宋元，卑視明刻，殊不知百年以内之善本，亦寥落如景星。皕宋千元，斷非人人所敢居矣。

葉德輝《書林清話》卷九《納蘭成德刻通志堂經解之一》　國初人刻書，亦有高下。納蘭成德之《通志堂經解》表章宋元人遺書，其功誠不可没。然主裁者無卓識，而門户之見過深。凡諸家經解，非程朱一派，則削而不録。又其所刻本有宋元舊本可據，而全不取以校勘。觀何義門焯批閲《目録》注文，則當時之草草可知矣。若曹寅所刻《小學五種》、《楝亭十二種》，又爲内府刻《全唐詩》，則固勝於納蘭成德遠甚。然不如張士俊《澤存堂五種》，摹仿宋刻，極肖極精。自明至國朝，刻工如此之精研者，蓋亦尠矣。

葉德輝《書林清話》卷九《納蘭成德刻通志堂經解之二》　《通志堂經解》本爲徐乾學所刻。何焯所校《通志堂經解目録》屢稱東海，是當時並不屬之納蘭成德也。乾隆五十年二月二十九日奉上諭：「四庫全書館進呈補刊《通志堂經解》一書。朕閲成德所作序文係康熙十二年，計其時成德年方幼穉，何以即能淹通經術。向即聞徐乾學有代成德刻《通志經解》之事。兹令軍機大臣詳查成德出身本末，乃知成德於康熙十一年壬子科中式舉人，十二年癸丑科中式進士，年甫十六歲。徐乾學係壬子科順天鄉試副考官，成德由其取中。夫明珠在康熙年間柄用有年，勢燄薰灼，招致一時名流如徐乾學等互相交結，植黨營私。是以伊子成德年未弱冠，夤緣得取科名，自由關節。乃刻《通志堂經解》，以見其學問淵博。古稱皓首窮經，雖在通儒，非義理精熟畢生講貫者，尚不能覃心闡揚發明先儒之精藴。而成德以幼年薄植，即能廣搜博采，集經學之大成，有是理乎？更可證爲徐乾學所裒輯，令成德出名刊刻，俾藉此市名邀譽，爲逢迎權要之具耳。夫徐乾學、成德二人，品行本無足取，而是書薈萃諸家，典贍賅博，實足以表章六經。朕不以人廢言，故令館臣將版片之漫漶斷闕者補刊齊全，訂正譌謬，以臻完善，嘉惠儒林。但徐乾學之阿附權門，成德之濫竊文譽，則不可不抉其隱微，剖悉原委，俾定論昭然，以示天下後世。著將此旨録載書首。」蓋納蘭即明珠之子，當時徐乾學、高士奇與之結納，故徐爲作序，盛推其校刻之功。其言雖不免過於夸侈，然納蘭成德究爲貴介中有才德者。世傳所著《飲水詞》、《側帽詞》，饒有宋人風格。平生與無錫詞人顧梁汾貞觀交契。吴漢槎兆騫以科場案牽連，謫戍甯古塔。顧寄吴《金縷曲詞》，爲納蘭見之，讀之泣下，白於明珠，以展轉道地赦歸。其人其事，皆藝林美談。然則《通志堂經解》一書，或不必盡爲徐所代刻，百年公論，後世自有知者。今小説有《紅樓夢》一書，其中寶玉，或云即納蘭。是書爲曹寅之子雪芹孝廉作，曹亦内府旗人。以同時人紀同時事，殆非架空之作。今《通志堂全書》初印者，全部絶少。乾嘉間如孫星衍《孫祠書目》、倪模《江上雲林閣書目》所載，缺種極多。吾藏初印全本兩部，可以睥睨諸君矣。

葉德輝《書林清話》卷九《納蘭成德刻通志堂經解之三》 姚元之《竹葉亭雜記》云：「《通志堂經解》，納蘭成德容若校刊，實則崑山徐健庵家刻本也。高宗有『成德借名、徐乾學逢迎權貴』之旨。成德爲明珠之子，徐以其家所藏經解之書，薈而付梓，鐫成德名，攜板贈之，序中絶不一語及徐氏也。書中有宋孫莘老《春秋經解》十五卷，而目録中無之。山東朱鬳湖在武英殿提調時，得是本，以外間無此書，用活字板印之，蓋以通志堂未曾付刻也。其時校是本者，爲秦編修敦甫恩復。秦家有通志堂刻本，持以告朱。朱愕然，不知當日目中何以缺此也。秦云，據其所見，爲目中所無者，尚不止此。豈是書有續刻歟？」吾按：是書隨刻隨印，亦隨時排目，故其目録有多寡之不同。據《邵注四庫書目》，亦云林栗《周易經傳集解》三十六卷，當時已經刊成，因栗曾劾朱子，遂燬其板。然則目録與刻書之不合，信有之矣。

葉德輝《書林清話》卷一〇《朱竹垞刻書之逸聞》 《鷄窗叢話》云：「竹垞凡刻書，寫樣本親自校兩遍，刻後校三遍。其《明詩綜》刻於晚年，刻後自校兩遍，精神不貫，乃分於各家書房中，或師或弟子，能校出一譌字者送百錢，然終不免有譌字。《曝書亭集》中亦不免，且有俗體，可知校訂斷非易事也。」今按：竹垞刻書有爲他人校刻者，以張士俊澤存堂所刻《玉篇》、《廣韵》、《羣經音辨》、《佩觿》、《字鑑》五種爲最精。家刻書則以《曝書亭集》字體整秀疏朗爲悦目，訛字亦絶希。且刻未畢工而竹垞已没，全集爲其孫稻孫刊成，並非竹垞自校自刻，不知《叢話》何所指而云云。《明詩綜》今其板尚存，初印者傳世不多，以通行本校之，亦未必如《叢話》之説。豈蔡氏所見爲初印未校改誤字本耶？至《日下舊聞》爲其子昆田校勘，《經義攷》爲德州盧見曾、揚州馬曰璐先後合刻，已爲身後之事，更不必論其得失矣。

姚鼐《〔嘉慶〕江甯府志》卷之一一 雕印書板，海内資之。粗者多而精者亦不乏。

曾炳文《〔咸豐〕長汀縣志》卷之三一 長邑四堡鄉，以書版爲産業，刷就發販，幾半天下，而關征從不及之，其獲利亦不小矣。

馮奉初《〔咸豐〕順德縣志》卷三 今馬岡鏤刻書板，幾遍藝林，婦孺皆能爲之。男子但依墨跡刻畫界線，餘並女工，故值廉而行遠。近日蘇州書賈，往往攜書入粵，售於坊肆，得值則就馬岡刻所欲刻之板，刻成，未下墨刷印，即攜旋江南，以江紙印裝，分售海内，見者以爲蘇板矣。

楊瀾《臨汀彙考》卷四《物産考》 長汀四堡鄉，皆以書籍爲業，家有藏板，歲一刷印，販行遠近，雖未必及建安之盛行，而經生應用典籍，以及課藝應試之文，一一皆備。城市有店，鄉以肩擔，不但便於藝林，抑且家爲恒産，富埒多藏，食舊德服先疇，莫大乎是，勝牽車服賈多矣。【略】按宋時閩版推麻沙，四堡刻本，近始盛行，閲此，知汀版自宋已有。

史澄《〔光緒〕廣州府志》卷一六《輿地略·物産》 刻書。馬岡鄉鏤刻書板，幾遍藝林，婦女皆能爲之。男子但依墨蹟刻畫界線，餘皆女工，故價廉而行遠。馬岡一鄉，望衡對宇，恒業刻書而室家團敘，即寒妻弱女亦能削簡。秦地女子知兵，而馬岡兼嫻文事，雕梨鏤棗，煥煥成文。吾思爲柳子厚補著入《梓人傳》矣。

陳作霖《上元江甯鄉土合志》卷六 金陵，圖書之府也。明時有南監板，較北監爲精工。厥後豆巷即焦狀元巷焦殿撰家五車樓，馬路街黃檢討虞稷家千頃堂刊書，與毛氏汲古閣等，即近時金陵書局所刊之經史，亦在他省上。蓋陶吴鎮人善於剞劂也。故京師刻木之匠，江寧南鄉人居其大半。

江蘇省博物館《江蘇省明清以來碑刻資料選集》四一《崇德公所印書行規碑》 署理江南蘇州府吴縣正堂加十級紀録十次秋爲勒石示禁事。照得把持行市，本干例禁。蘇郡每以齊行把持，致起訟端，最爲惡習。茲據職員李炳初、趙萬青，監生林祁、吴逵、徐馨，生員陸焕斗、席元章，抱屬李升禀稱：職等書坊一業，貿易四方，蘇郡會集之所，是在憲境設立崇德公所。緣刷印書籍，向無行規，前有印手許懷順倡立行規，霸持各店，收徒添夥，勒加印價。經職員趙萬青等禀，蒙賀前縣吊燬行簿，許等自知理肘，挽人調處，具結銷案，給示禁約在案。近有朱良邦等仍敢復立行規，霸持各店收徒，勒增節禮，刷印草率，訛詐外來印手入行錢文。職等禀蒙差提，邀沐庭訊，當將朱良邦責儆遞籍，附和之朱德超、周基彩、韓寶林從寬，著具嗣後聽坊自雇，不敢霸阻切結。許懷順、焦茂春、李錦山倘再來蘇滋擾，禀候提訊遞籍。諭差補提名爲倡立義冢、寔則射利肥己之張益堂訊究遞籍。詎有朱良邦朋黨徐老三、汪箴簹、袁髻鬍、任桂等糾衆逼交，勒加印價。又經禀控，復蒙訊斷：雇工收徒，應聽各坊雇收，節禮錢文，悉照各店各規，除席元章一坊不加外，每節每人外給酒錢三十文。徐老三等出具不敢霸持收徒切結。各在案。但印書人衆，賢愚各别，抑恐日後再生别端，禀乞勒石永禁等情到縣。據此，除批示外，合行勒石示禁。爲此仰書坊鋪户及印手人等知悉：自示之後，印價仍照舊章，節禮錢文悉照各店各規。除席元章一坊不加外，每節每人外給酒錢三十文。添夥收徒，應聽書坊各店隨時雇收。毋許再行霸持勒增。如敢故違，許書坊各鋪指名禀縣，以憑究辦。地保徇隱，察出并處。各宜凛遵毋違。特示遵。

道光二十五年六月二十八日示。　發書坊勒石尚義橋

江蘇省博物館《江蘇省明清以來碑刻資料選集》四二《吴縣爲重建書業公所興工禁止地匪藉端阻撓碑》　奉憲示勒石

補用知府候補直隸州署江南蘇州府吴縣正堂加二級高爲給示禁約事。據布政司銜前甘肅鞏秦階道金國琛、青浦縣廩生席威、錢塘縣文童生吴壽朋、抱屬金升等禀稱：竊照蘇城書坊一業，向於康熙十年間曾建崇德書院，在治北利三圖汪家墳，供奉梓潼帝君，爲同業訂正書籍討論删原之所，并同業中異鄉司夥，如有在蘇病故，無力回鄉者，代爲埋葬獅山義冢等項事宜。歷年久遠，咸各遵守。兵燹後，公所被毁，故址荒蔓，難以修葺。今同業各願捐資，更卜新基，在於治下北利四圖石幢街内，重建崇德公所，擇吉興工，次第建造，一應章程，悉循舊規，皆出同業自願捐辦，毫無假公勒捐情事。興工在即，恐地匪藉端阻撓，有妨工作，粘呈碑示并抄章程，禀叩給示禁約等情到縣。據此，除批示外，合行給示禁約。爲此示仰該司事暨地方人等知悉：現據金紳等在石幢街内重建書業公所，如有地匪藉端阻撓，有妨工作者，許即指名禀縣，以憑提究。該地保徇隱，察出并處。各宜凛遵毋違。特示遵。

同治十三年三月十四日示。

光緒二十四年《重建文昌祠記》原碑在前門外皈子廟街十五號　今天下自國都至於郡縣，得通祀者，惟社稷之神，與學之先聖先師，而文昌帝君居其一焉。凡以尊崇正學，維斯文之統，典至鉅也。京師刻字行，向分南北二派，春秋致祭，皆兢兢潔牲，量幣脩祀，事於帝君，若以不得與祭爲憾。嘗竊疑之。粤自鴻荒初辟，載籍無征，飛龍造書，莫可殫記，其稍足據者，惟黄帝史倉頡最著。迹其仰觀俯察，通於神明，依類象形謂之文，形聲相益謂之字，著於竹帛謂之書。以字學源流論，倉聖，鼻祖也。《周官》備載六書，《爾雅》作於中古，元聖二祧列也。下逮李斯、程邈、蔡邕、蕭子雲之流，領異標新，各極撰述。而許慎《説文》，尤有裨經學，功不在禹下。又嘗考《宣和書譜》云：羲、獻以字畫之妙出東晉，曠然爲千古翰墨之祖。據此則俎豆馨香，均於義近。抑知作者謂聖，述者謂明，而毓秀鍾靈，實惟神是賴，人文主宰，即吾道干城。譬彼江河，滄海實其歸宿，何獨於神而疑之？至神迹原委，《成都志》、《蜀輶日記》所載，言人人殊，要以六匡麗曜，累代垂靈，天人合一，無愧聰明正直者近是。若夫道家者流，穿鑿傅會，蔓衍支離，竊所不取。今北直刻字行等，恐春秋祀典歷久而忘也，爰於光緒廿三年十一月四日，用金陸百兩，購得正陽門外櫻桃斜街皈子廟故址，共殿宇十三楹，稍加修葺，擇後殿設位祀焉，禮也。前殿舊祀七聖，今仍之。每歲十二人司事，行中輪值祀事，所資則有鄉會年之捐例在。先是同治七年閏四月二日，曾於廣安門外白石橋東路南，購置義園二十畝，備行中無力歸葬者權厝之所。蓋至是而恭桑敬梓之心，與報本返始之意，兩告無憾矣。惟冀神靈默佑，協聖世昌明之景運，重通儒文字之科名，則行中食德孔長，是所深幸也夫。

賜進士出身翰林院編修、會典館協修、加三級、紀録三次楊士驤薰沐敬撰。

賜進士出身翰林院編修、會典館協修、加三級、紀録三次馮恩昆薰沐敬書。

誥授奉政大夫、内閣中書、方略館校對、加三級、紀録三次崔師範薰沐篆額。

大清光緒二十四年太歲在戊戌孟冬之月吉日京都刻字行等敬立。

著録

《大方廣佛華嚴經合論》第一篇釋慧研《大方廣佛華嚴經合論序》 夫法界之真源也，濬十重之藏海，涌萬德之華王。體用齊彰，身剎互含于影像；果因相入，智悲交焕于靈真。原其無性妙光，若金波而粲影；幻生齊應，同衆水以分形。良由瞥循一照之精明，倏晦千光之圓鑑。返認創成于心體，雲點太清；依心發動于輪迴，波摇玉海。故我毗盧遮那如來，愍乎寢惑，布以身雲。于一切法而坐道場，于一切智而成正覺，説此《大方廣佛華嚴經》也。【略】玄宗開元中，太原有逸士李通玄者，間代浄名也，而神鑑物表，陶情釋氏，因閲《華嚴義疏》，嘆云：大教弘芳，多家繁制，勞文白首，豈暇進修？遂窮八十卷之真詮，總括四十軸之玄論。夜驅神筆，舒玉齒之祥光；日探幽玄，感天童之給饍。張皇教海，羅列義天。大中載，無諸有高僧志寧，緬思後進之披尋，難測法門之豐富，遂合經論，文旨相須。然其義類繁衍，未圓品藻。慧研因參雲水，叨覽指歸，敢揾牋毫，整斯漏略。列經論以標舉，彰教理而相收。義朗文清，不假猊臺而抱帙；神輝智發，何勞鷲嶺以尋師。總圓一部一百二十卷。粤有報恩光教道場正覺空慧禪師永安，傳心祖印，味道《華嚴》，仰聞王旨以傾金，開印傳通而廣益。慧研虔膺制命，俾序真文，輒述大綱，深慚麗則。所冀長光佛日，將兩曜以齊明；永贊金輪，等二儀而遠大。時龍集乾德，歲旅丁卯，蕤賓之月望日序。

《圓宗文類》卷二二蘇易簡《施華嚴經浄行品序》 法界無邊際，能周之者心識；衆生無窮已，能拔之者誓願。誓願不廣，不足攝衆生迷妄之性；衆生不度，不足契諸佛付囑之心。苟暫時思惟，一念迴向，則法界了然，無有障礙，諸佛繇是悉主讚歎，矧動行而不惰哉。辛卯歲，有滎陽鄭生自會稽至，以《方廣華嚴浄行品》一篇示予曰：「彼方沙門號省常，辯才達識之士也。素行燕坐，不捨功用，捍勞忍苦，思拯焚溺。居常發廣大之心，挺堅固之志，求與諸衆生鼓精進檝，登慈悲舟，張悟解帆，出生死海，不起本處而達彼岸。以爲瀝懇莫若刺血，傳信莫若篆版。乃印是經，凡一千卷，結八十僧社，散施念誦，期于無窮。俾未悟真諦者悉生歸依，已種善根者悉令增長，受佛禁戒，入佛智慧，作是果報，而無所作。」以予樂在名教，早勤熏修，求爲序引，以示來者。予聞是言，即攝衣稽顙而報之曰：「彼上人者果能立是見解，成是功德，予當布髮以承其足，剜身以請其法，猶無瞋恨，何况陋文淺學，而有吝惜哉！即時預千人之受持，同諸佛之讚歎。」遂以事迹，書于簡編。至若報君親之恩，化檀信之旨，則有常公發願之文在焉。淳化二祀季秋二十有四日序。

《注維摩經》卷一〇張齊賢《新彫維摩經後序》 壬午歲冬首，余自右補闕、直史館、江南轉運使詔還，聚族乘舟順流而下。時十月九日，泊于湖口之側。將夕，有一人年可五十許，衣服狀貌類于漁者，拜于岸次，自陳累世水居，南中有居牌筏舟船之上，號名水居。預知風水，袖中出水行圖子以獻，且言十四日當有大風事，備録異記。又數日，晝夢一人衣皂衣，水中出其半身，自稱江饒，要《維摩經》十卷，覺而異之。十四日，果于荻港之上遇大風暴起，船將覆没者數四，僅而獲全。即先言風水之日，夢中稱曰江饒，舉家脱魚腹之葬，不亦幸乎！届于京師，遍令求訪《維摩經》十卷者，咸曰無之。不數月，余于所親處覩一經函，發而視之，即《維摩經》一部十卷。懿夫金文玉偈之殊勝，海藏龍宫之守護，功德之力，其昭昭乎！其昭昭乎！愚冥之徒不能起信，深可悲矣。因擇工人，俾之彫刻，志願散施，貴廣傳布。用標靈異，直紀歲時。聖宋淳化四年八月十五日道德里序。

張詠《乖崖先生文集》卷八《許昌詩集序》 咸平癸卯年，余移自咸、鎬，再莅三川，歲稔民和，公中事簡，時會同列，引滿酬詩。因議近代作者，各出薛集，僅將十本。五言、七言，二韻至一百韻，凡得四百七十篇，爰命通理太常博士王好古、太子中允乞伏矩、節度推官韋宿從長參校，依舊本例編爲十卷，授鬻書者雕印行用。字未盡精，篇亦頗略，與夫世傳訛本，深有可觀。是年乙巳秋八月，樞密直學士、尚書刑部侍郎、知益州兼兵馬鈐轄張某序。

《夢林玄解》卷首孫奭《圓夢秘策叙》 丙子春二月，偶經蘭溪道上，遇一羽衣，負大篋，畫地爲肆，賣符拆字，大言曾受異傳，遂揖而進之，告之曰：「道士固多奇，亦解圓夢乎？果有術否乎？」羽衣愕應曰：「法廢久矣。老者胡爲獨詢及此，寧亦有心兹事也？請問何如？」愚會其意，乃要與歸舟，究問所以。羽衣具言：「某自弱冠棄家，雲水天下，垂二十年。獲遇一叟，蒼顔偉幹，僑居廬山石室中，修真辟穀。私竊怪之，遂進執弟子之禮，傾心折節者三載。叟忽謂某曰：『汝骨近凡，非我侣也。將去汝，惜汝勤事有日，無以爲贈。秘書三策，人間久缺，汝敬珍之，可以立名。毋妄洩發，授之匪人，徒被譴耳。』啓所示書，一策則以拆字占人休咎，一策則以書符療人疾苦，其一策是爲圓夢之訣。比某反覆求研，而未究厥旨。計夢境萬變，而推測奚窮，或有不合，何以擅名？用不敢以之行世。今老者獨訊及是，亮非無心茲事者。且得其人而傳之，藉以宣揚此道，庶不辜先師授某之意，他無所望也。」因出其書八卷，稽首授愚，辭舟而去。奭不能留，且驚且喜。良久，發而閲之數四，竟册，不禁拊掌大快，曰：「嗟乎！誠精是策！」而推準之，擬議之，其于凡夢之所形，何非赤嬰之夢啼夢笑，若而有所難求；其于凡占之所斷，何非父母之求喜求苦，若而有所不驗。真足闡先聖之既淹，補人間之久缺。數千百年，群生大夢，殆自此而得大覺也矣，豈如詭妄奇衷、惑世誣民之説之類哉！意者上天閔彼瞢瞢，藉手羽衣，轉付不慧，故洩此秘密藏，未可知也。因思人身之在胎孕，一混沌也；墮地以後生生死死，一夢覺也。曩者吞丸見兆，似吉而凶，斬膈呈幾，疑凶而吉，令蚤獲是書，引伸觸類，洞晰厥機，何至作死生喜怖。信知八卷，雖未必古先聖人之大全，亦大非俚陋膠刻之比，修真老叟夫有所受之矣，道士烏識其繇來哉，奭亦烏測其所以哉！用不敢私，鐫金刷楮，敬公四海，亦冀後之君子有心茲事者，因其書而詳會變通焉，其于長柳之作，周官之設，思過半矣。景祐三年四月上浣，休休老人孫奭叙于《圓夢秘策》之端。

釋智圓《閑居編》卷八《新印還源觀後序》　新印《還源觀》者，蓋信士某率財所置也。昔在有唐，杜順大師内證法界之理，外病衆生之迷，于是扶《華嚴》深旨而撰斯文，以爲後昆入道之行門焉。是故其辭簡而華，其義玄而顯。但多歷年所，頗有舛誤，世雖盛行，罔或條理。今所印者迺博求衆本，精詳得失，而播遷訛僞，開濟正真，亦已備矣。俾黑白之衆，無繕寫之勞，手披真文，心存至理，達依正不二，悟凡聖一如，無修而修，無證而證，諸佛境界，不遠而復。其流通之益也如此，與夫書山壁、説田里者相去何若！愚好聞善道，能無述哉？時大宋祥符三年二月十一日，錢唐釋智圓序。

釋智圓《閑居編》卷九《詳勘金剛般若經印板後序》　《金剛般若經》譯梵成華者衆矣，盛行乎中夏者唯後秦羅什所翻之本耳。但年祀寖遠，舛誤實多，好異之徒，不無添糅。或節爲章分，或間以頌文，或前陳啓請，或中加別譯，或增其字句。古今識者雖患煩辭，而莫肯芟夷，乃曰貴流俗之生善也。遂使淳正之法日就澆漓，失真道味，「生善」之説，其未至也。《涅槃》所謂加水之乳，可不是乎！吾嗟歎久之。會信士某將圖開勒，再拜稽首，欲吾詳定者至于再三。吾復思之，黜訛從正，去濫傳真，吾之職也，豈得辭其勞而固讓之耶？遂然其請。乃偏搜古本，及考論疏，紕謬者則正定之，妄加者則删削之。即啓請、頌文、章分、增句例也，其「慧命須菩提」一章，乃魏世菩提流支所譯之本則有之矣，後人横議，寫入秦經，世謂幽冥禪師所加六十二字者是也。既傳秦本，亦宜除削，此既正譯流行又久，故且存之，俾好真者知之而勿誦，多愛者讀之而順懷。經云「阿那含名爲不來而實無來」，準義合云「無不來」；又三數處唯言「發菩提」，準義合有「心」字。或古本闕文，或聖言互略，並依而傳寫，弗敢加之。其猶《春秋》「夏五」，杜、鄭、服虔皆云闕文，不加「月」字，吾竊韙之。或曰：經前啓請，俗云八神，有加護之功，何除削邪？答曰：佛以金剛之寶堅利，以喻般若體用也。此世人不曉真諦記中六色金剛之寶，輒加二種，便作神名；八金剛也。神名既誤，菩薩亦非，四菩薩也。風俗濫傳，何足言也？又此經所在，則爲有佛，豈假八神利益？請思法喻，自曉是非。以金剛之寶喻般若之法，非是執金剛神也。或者曰：啓請可削，其實然也，且頌文是古德所唱，分章亦疏義所存，存之生善，豈損大猷？答曰：若以古德所唱、疏義所存，則可添糅經文者，且釋經之要豈踰無著、天親二論耶，則亦可添糅經中矣。故知任意增加，雜乎佛語，無乃不可乎！咨爾有識，試爲思之。且偏誦諸段雜語，已廢讀半卷真文，何如捨雜誦真，使心無間斷，縱未能即言體道，且爲乘種亦已深矣。嗚呼，末世任情滋甚！夫雜金以鍮，豈益金之貴；加絲以麻，豈助絲之美乎？又自古書經，行以一十七字爲準，故古疏釋諸經，咸以行數爲計，以行約數亦可知。故皇朝策試之式，計其紙數，蓋以十七字爲行，二十五行爲紙也。近世變亂制度，或大書則行止三五，或小書則字至多。大書則曰便于耆年披讀，小書則曰利于遠行負荷。吁，可怪也！吾覩耆年者得小書家書，不倦委讀；遠行者負重大資貨，未聞告勞。忍于《般若》至言反生懈慢，變其法式，隨我凡情，我好大則大書，我好小則小寫，少能務本，多見隨流。如此通經，或當損法，事猶未正，于理如何？夫子有言：「中庸之德，民鮮久矣！」今所印本，循乎古制，以十七字爲行，庶使真法流通，永永作則，同見行，察我志乎！恐來者不知，故直書以見其意。時大宋天禧元年丁巳歲秋七月二十五日，于錢唐瑪瑙院講堂序。

《唐文粹》附施昌言《唐文粹後序》　故姚右史纂唐賢之文百卷，用意精博，世尤重之。然卷帙繁浩，人欲傳録，未易爲力。臨安進士孟琪，代襲儒素，家富文史，爰事摹印，以廣流布。觀其校之是，寫之工，鏤之善，勤亦至矣。噫！古之藏書者，必芟竹鏟木，殫絙竭毫，盛其蘊，宏其載，乃能有之。今是書也，積之不盈几，秘之不滿笥，無煩簡札而坐獲至寶，士君子有志于學，其將捨諸？若夫述作之旨，悉於前序，此不復云。寶元二年嘉平月，殿中侍御史吴興施昌言叙。

釋遵式《天竺别集》卷上《普賢觀經序》 序曰：兹經即《法華》醍醐之繼唱也。古者法王知幾而作，用無常道，時而後言，四十餘年，大車未脂，羊鹿殊軌。謂權不可終用，故受之以實。于是光飛他土，華紛上天，暢久默之懷，演一乘之道。以無量義爲前序，彰既離而必合；用今經爲總括，明妙契而須行。由是能仁善逝，指會實于鷲峰；次補當來，請入門于重閣。俾今之有大根性、樂思佛道者，不遠而復焉。信哉斯文，實《法華》三昧之正軌也！昔天台智者初受之于南嶽，行之于大蘇，勤之于道場，證之于方便。總持炳發，樂説泉涌。然後儀範帝庭，黼黻像運，統三利之業，終二嚴之備，實從是而立也。夫由道而至者，必踵于先達，雖千里始于投足，吾必知其至矣，且無惑焉。今東掖山本如法師，庶幾先覺，澡心三昧，顧寂滅之道，放聖賢而行。謹信存誠，九旬申盟。講《法華》妙典，修普賢妙懺。佩説行之戒，逃數寶之譏。仍刻板印是經一萬卷。有能終身日讀一卷者或多卷者，跪以施之。俾讀之然後知道，知道然後知行，知行然後知至，知至然後教人。自一人至千萬人，自千萬人形于無盡。矧今之首我萬計，其所轉教，又不知若干，永永之下，可得而思耶！大哉！讀持者是持佛身，是持佛眼，是持佛藏，操佛法印，印一切法，成大涅槃。是人具大沙門功德，是人應受一切人天供養，是爲法塔應遥向禮者也。時天聖二年龍集甲子春二月望日序。

釋遵式《天竺别集》卷上《南嶽禪師上觀後序》 噫，斯文也，歲月遼遠，因韜晦于海外。道將復行也，果咸平三祀，日本國圓通大師寂照錫背扶桑，杯汎諸夏，既登鄮嶺，解篋出卷，天竺沙門遵式首而得之。度支外郎朱公頔冠首序，出俸錢模板，廣而行之。大矣哉！斯法也，始自西傳，猶月之生，今復東返，猶日之升。素影圓暉，終環回于我土也。因序大略，以紀顯晦耳。

釋遵式《天竺别集》卷上《法華三昧儀勘定元本序》 聖教浸遠，文句舛錯，由傳者浮昧。若不校其同異，明示得失，日增月甚，遐喪真味。《法華三昧儀》者，天台大師瓦官親筆，蓋《止觀》第三《三昧所指别行》，即其文也。若夫啓迪後學，爲時所宗，破障壞魔，入佛境界，與夫文殊、普賢，並驅寶輅，游方至極者，實惟斯漸矣。患其稍易舊章，或亡精要。且十科行軌，理觀爲主，儻一以誤，九法徒施。【略】故今直勘元本，刻板印行，庶存先制。而今而後求三昧者，欲傳斯文，請固存此序，用以區别。

夏竦《文莊集》卷二二《重校妙法蓮華經序》 三世諸佛爲衆生出現，證無所證，得無所得者，一大士而已。妙萬化而無象，應羣有而難名，不著世間，猶如蓮華，故竺乾大士集靈鷲遺言，曰《薩達磨奔荼利迦》。魏梵僧支强梁接譯于交阯，初成六卷，翻薩達磨爲妙法，奔荼利迦爲蓮華，是名《法華三昧》。晉燉煌僧竺法護譯爲十卷，名《正法華》，分二十七品。後秦鳩摩羅什益《普門》一品，譯爲七卷，名《妙法蓮華》。隋崛那笈多益《藥草喻品》之半，以《提婆達多品》入《塔品》，名《添品法華》。唐道宣律師叙云：「三經文旨互陳，時所崇尚皆用秦本。自漢至唐六百餘祀，受持盛者無出此經。」五代以還，諸侯僭據，字音句讀，方言多誤。國家混一寰海，聖上尊用三教。余家世奉佛，乃取世傳諸本及化外舊經，釋文擿句，數自參較。又以悉曇梵夾，傍行右讀，中原傳譯，始創卷軸，討論重複，卷舒繁數。因觀近世圖籍，鏤刻摹印，綴黏成册，差便于古。由是命工倣則，肇制此經，庶幾學者易爲究覽。此經《序品》至《勸發》十餘萬言，貫穿諸宗，融通萬法。或伽陀孤起，或祇夜應頌。文有廣略，以接三根；機有深淺，以禱衆請。喪實際者爲之譬寶藏，執涅槃者爲之指髻珠，淪世苦者爲之諭污宅，樂小法者爲之演化城。闢甘露之門以來衆軌，均大雲之澤以偏羣生。大方無隅，則有地墨劫塵之談；至神無方，則有眉毫舌相之變。會權實之戲論，設頓漸之假名。使三獸渡河，並臻其量；五徭憑軾，各應其緣。諷誦可以殖福田，解説可以標慧炬。大慈方便，其在兹乎！至哉，清浄靈覺，廓大虚而含法界；光明寶藏，消幻想以契真如。境既對忘，心將安寄？見有迷悟，體無去來。妙本圓常，超然獨立。資始萬行，孰除其方？若乃以解脱爲蓋纏，以照覺爲封累，掩室摩竭，杜口毗耶，名言道斷，思惟路絶，則神而明之，在乎其人。然而能趣百善者信也，善度衆苦者解也。信解之初，必由緣感。皦月不能現空器，膏雨不能生槁木，後學菩薩幸精進而求諸。時皇祐三年夏四月乾元節日謹序。

《壇經校釋》附録郎簡《六祖壇經序》 按《唐書》曰，後魏之末，有僧號達磨者，本天竺國王之子，以護國出家，入南海，得禪宗妙法。自釋迦文佛相傳，有衣鉢爲記，以世相付受。達磨齎衣鉢，航海而來，至梁，詣武帝。帝問以有爲之事，達磨不説。乃之魏，隱于嵩山少林寺。以其法傳慧可，可傳僧璨，璨傳道信，信傳弘忍，忍傳惠能，而復出神秀。能于達磨，在中國爲六世，故天下謂之《六祖法寶記》，蓋六祖之所説其法也。其法乃生靈之大本。人焉，鬼神焉，萬物焉，遂與其清明廣大者，紛然而大異。六祖憫此，乃諭人，欲人自求之，即其心而返道也。

然天下之言性命者多矣，若其言之之至詳，理之之至當，推之之至悉，而釋氏得之矣。若其示之之至直，趨之之至徑，證之之至親，而六祖之于釋氏又其得之也。六祖于釋氏教，可謂要乎至哉。今天子開善閣記，謂以本性證乎了義者，未有捨六祖之道而有能至于此者也。是則六祖者，乃三界之慈父，諸佛之善嗣歟！偉乎，惟至聖而能知至道也。然六祖之説，余素敬之。患其爲俗所增損，而文字鄙俚繁雜，殆不可考。會沙門契嵩作《壇經贊》，因謂嵩師曰：「若能正之，吾爲出財模印以廣其傳。」更二載，嵩果得曹溪古本校之，勒成三卷，粲然皆六祖之言，不復謬妄。乃命工鏤板，以集其勝事。至和三年三月十九日序。

《樂善録》卷首何榮孫《樂善録序》 或問東平王蒼處家何等最樂，王曰：「爲善最樂。」大哉言乎！以吾樂善之誠推之一家，則一家之人皆樂善；推之一國，則一國之人皆樂善；推之天下，則天下之人皆樂善，豈獨處家而已哉。隴西李伯崇，迎曦先生之曾孫，天資樂善，得《南中勸戒録》，伏而讀之，深有契於其心，遂博覽載籍，旁搜異聞，凡有補於名教者，增而廣之，分爲十卷，名之曰《樂善録》，亟鏤板印行。使家家藏此書，以廣天下樂善之風，此伯崇胸懷本趣也。隆興甲申七夕日，蒙埜何榮孫序。

《首楞嚴經義海》卷首釋咸輝序 《首楞嚴經》，如來世尊最後垂範也。【略】總恭請姑蘇神照講師較證其文，照師著語發明處凡數段，謂「姑蘇曰」者是也。總三十萬言，分三十卷，手自書寫，入版流通，聊以弊文記其緣起云爾。時鉅宋乾道乙酉，福唐靈鳳蘭若稟釋迦遺教比丘咸輝謹序。

洪邁《夷堅乙志序》 《夷堅》初志成，士大夫或傳之，今鏤板于閩，于蜀，于婺，于臨安，蓋家有其書。人以予好奇尚異也，每得一説，或千里寄聲，於是五年間又得卷帙多寡與前編等，乃以乙志名之。凡甲、乙二書，合爲六百事，天下之怪怪奇奇盡萃於是矣。夫齊諧之志怪，莊周之談天，虚無幻茫，不可致詰。逮干寶之《搜神》，奇章公之《玄怪》，谷神子之《博異》，《河東》之記，《宣室》之志，《稽神》之録，皆不能無寓言於其間。若予是書，遠不過一甲子，耳目相接，皆表表有據依者。謂予不信，其往見烏有先生而問之。乾道二年十二月十八日，番陽洪邁景盧叙。

八年夏五月，以會稽本別刻于贛，去五事，易二事，其它亦頗有改定處。淳熙七年七月又刻于建安。

《蓮峰集》卷首省齋《蓮峰集序》 蜀士以文名者，皆獲傳於世，惟青衣史公堯弼唐英之文未傳。昔張丞相魏公一見公《洪範》等論，謂義理之學大類東坡，手其文示諸子姪曰：「讀是則知爲文之道。」而況今天下學士欲拜下風而不得，寧不矚目於斯文也哉？比因編次公平日所著文凡三十卷，刊出與衆共之，亦以備蜀士之闕文云。乾道丙戌八月既望，省齋書。

《栟櫚文集》附録張夔《栟櫚居士集跋》 栟櫚舊有集，散逸頗多。今宅相饒君好古，悉取家藏繕本鋟板遠傳，與學者共，其志尚尤足嘉者。難弟志中又素敦羽翼之愛，不鄙固陋，囑以題跋。夔也么麽晚進，曷足以盡先達之美？蓋嘗觀蘇東坡之序歐陽公文，有曰「論事似陸贄，詩賦似李白」。僕不佞，輒於先生亦云，必有能辨之者。重惟無似之迹，蓋自童蒙已知仰慕公之名節久矣，矧今得全書，欽誦以警所未聞，而孱瑣姓名乃忝附驥，以托不朽之傳，非爲幸之大耶？謹振襟再拜以書。乾道庚寅十月既望，鄉末左承議郎、新監行在左藏南庫、賜緋魚袋張夔謹題。

《中江縣志》卷一九施元之《書滄浪集後》 《蘇子美集》十五卷，歐陽文忠公爲之首序。子美在寶元、慶曆間有大名，其文章瓌奇豪邁，自成一家，不幸淪落早世，故生平所著止此，而近時亦少見之。元之因俾鏤版於三衢，又得尚書汪公聖錫所藏豫章先生詩爲子美作也，並附之左方。乾道辛卯六月己巳，吳興施某書。

《大慧普覺禪師語録》卷首釋德潛《刊大慧禪師語録題記》 福州東禪報恩光孝禪寺，本寺承知府安撫大觀文公文備準御批，降《大慧禪師語録》十册，令賓之名山大藏中，以永其傳。住持臣僧德潛謹刊爲經板，計三十卷，入于毘盧大藏，用廣流通。以此功德，恭爲今上皇帝祝延聖壽無疆，仰願皇圖鞏固，鳳歷長新，佛日增輝，法輪常轉。乾道八年正月日，住持臣僧德潛。

《普濟本事方》卷末張孝忠《普濟本事方跋》 右許知可《本事方》，並目録制度，共十二卷。是書一方一論，切病證，而用之蠲痾起死，有非常之功。如言氣厥不可作中風候，益腎用滋潤之藥，五蟲能殺人，及區別腸風、藏毒、蟲痔不同，皆所以破後人之疑誤。至於論説傷寒兩卷，尤發明仲景指意。善用之者，如以是論扣是鏁，一一契合，無毫釐差。山陽范應德先生，蓋知可高弟，深得其法。孝忠童稚，嘗從授書，是其切脈用藥，不與今醫者相似。家叔與之游，此方所從發也。後刊板武昌，苦無善本，以正訛謬。及歸老菉山，意頗闕然，因孝忠侍見，屢及之，欲更定而不可。歲且一紀，孝忠來宦夷陵，有蜀人劉奇者，老於醫，砭艾尤工，誦經絡如流水，遂相與許證甚悉。又從鄂渚劉君邦彦攷焉，問其所未知，釋其所可疑，於是爲備。制度炮炙，各疏其下，方證腧穴，有而未具者，附益之，凡六十有一。又校定字書，增者二百二十有四，減者六，乙者七，正其誤者三百三十有四。鋟木家塾，于以成叔父之志。夫許氏之本心，寃其親之隕於醫，發憤此書，濟世不求其報，用意到，故無一不可用者。後之人絡脈證候之不分，新陳寒涼之無別，精惣畢用，砲製非法，而於書有疑焉，是不可與言也。淳熙乙巳五月旦日，孝忠謹書。

周必大《廬陵周益國文忠公集・平園續稿》卷一二《朱新仲舍人文集序》

藝之至者不兩能，故唐之詩人或略於文，兼之者杜牧之乎！苦心爲詩，自其所長，至於議論切當世之務，制誥得王言之體，賦序碑記，未嘗苟作。予每讀其書而愛之，恨不與之同時。孰知後世揚子雲，乃在吾先友中。先友謂誰？敷文閣待制桐鄉朱公也。公世文儒，年二十二登政和進士第。是時人諱言詩，公獨沉涵六義，思繼作者。南渡以來，登館閣，掌書命，文章浸顯於朝。中忤時宰，謫居曲江十有四年，昌其詩，放厥詞，蓋斥久窮極，益自刻苦於山水間時也。迨北歸，則詩益老，文益奇，遂以名家。其子輗等類公遺稿凡四十有四卷，將刻而傳之，屬予爲序。

周必大《廬陵周益國文忠公集・平園續稿》卷四〇《題鄭亨老新刻楞伽經》

廬陵郡丞鄭亨老新刻《楞伽經》，謹書東坡蘇公爲樂全張公發揮之語附於後。又有蔣穎叔所記，大槩相類，故不重録。經止四卷，因智嚴注多，增爲七卷，詳見序中。昔張公年七十有九，以此授僕。僕年適與張公同，但不能幻滅都盡，惠光常圓，爲有愧耳。

楊萬里《誠齋集》卷七九《黄御史集序》 余在中都，於書館及士大夫家見唐人詩集，略及二百餘家，自謂不貧矣。逮歸耕南溪之上，永豐明府莆陽黄君沃又遺余以其祖御史公文集，其詩尤奇，蓋余在中都時所未見也。【略】余見士大夫子孫承家百年而不毁者或寡矣，永豐君能力求其祖之詩文於二百年之前，其可尚也夫。而永豐之士有曾時傑與其猶子晞説者得此書，又欣然刻印以供士君子之好古書者，其又可尚也夫！按《唐・藝文志》，御史諱滔，字文江，光啓中爲四門博士，其集舊曰《黄滔集》云。

楊萬里《誠齋集》卷八一《順寧文集序》 余紹興己卯之冬負丞永之零陵，則聞有大夫士爲永之決曹掾，以與太守争議獄而棄官去者，曰劉子駒，余固起敬，恨未識也。【略】子駒没後十有三年，余官于金陵，子駒之猶子無玷遺余書曰：「伯父有文二十卷，目曰《順寧集》。湘中學者欲屬士人劉光祖刻棗以傳矣，而未有題號其指義者。伯父之交游盡矣，惟君在耳，君其毋遜。」余得其文集且披且吟，則見其文之似其容，其味之似其言也。仲尼所謂「有德者必有言」，其子駒之謂乎？

楊萬里《誠齋集》卷九八《跋陳與權印五經善本》 以書刻印者未有不利焉者，有不利焉者惟異端之書爲然。刻異端之書者則然，所以刻者則不然。朝刻其書以貽諸人，夕計其福以貽諸身，烏在其不利焉者歟？南雄陳經於光堯朝以童子科免秋賦，詣太常，未得志於有司，退而歎曰：「有司之門則不可以逕而入也，聖人之門其不可以逕而入哉！」益讀古書以溉其心，以樹其躬，以暐其辭章，蓋退而後進者也。病夫書肆之刻五經者，字畫之不精，脱訛之不更，求善書者寫而刻之，使來者皆得以印印之。嗟乎！利之不蘄，福之不計，異端之不溺，士之若陳子者稀矣。五經之彰繫於刻不刻耶？不繫於刻不刻也。於斯三者，吾獨以嘉陳子。年月日，某謹書。

楊萬里《誠齋集》卷七二《興崇院經藏記》 安福縣南出爲十里者七地曰鄔村，有寺巋然者，興崇院也。作於治平丙午，至宣和甲辰而火，釋守通者再作之。至建炎庚戌又火，釋延贇與惠崇者又作之。殿堂有嚴，庖湢畢葺，至今其徒得以安安而居，繼繼而不絶者，二釋力也。釋海璿今居之。璿良於醫，得錢無所可用，獨用之於其師之教所宜爲者。宫廬之攲傾，佛像之漫漶，既葺既考，既祓既藻，則與其徒藴賢、藴淮計曰：「有寺百年而無經一卷，非不耒而農，不書而士乎？蔬其腹，衲其軀焉而已矣。吾徒藉弟令自窺自懵，靡覞靡忸，其若後之敏慧秀辯求心問性者何？」於是傾橐之贏，勸里之俠，得錢若干。藴賢乃杖竹屨草，風飪露寐，走二千里，至福唐，市經于開元寺以歸，爲卷者五千四十有八，爲匭者數十百。承以耦輪，幬以崇殿，金碧煒煒，丹漆可鑑，龍光神威，森然欲動，鼓舞甿庶，罔不尊禮，教所應有，彪列明備。璿因人士劉宗芝及吾外弟周世通來求予文，以紀其成。予曰：彼於其師之經所謂五千四十八卷者，匭之矣，能如士之於書皆誦之否？能誦之矣，抑能如士之於書皆通之否？世通曰：「釋之不如士，固也。抑不寧唯是，釋能以無經爲怍，固不如士之以書而入官，以官而捐書。釋能傾貲以市經，固不如士之以身而殉貨，以貨而殉色。釋能辛勤千里而求經，固不如士之重跰以附炎，奔命以死權。」予無以詰，因併書其語。蓋殿成於淳熙戊戌之冬，輪藏成於己亥之春。貲出於璿，力出於賢與淮云。是歲十月三日某記。

楊萬里《誠齋集》卷七五《廖氏龍潭書院記》 湖之南，大家鉅室富於貲者不少也，其所少者，富於書者歟。其不富者，非以其不嗜歟？於所少之中而僅有之者，其惟攸川廖仲高文伯兄弟歟。予聞其人嗜書如阮孚之於屐，如陸羽之於茶，如子猷之於竹，如淵明之於菊也。如枵斯饕，愈啖而愈不厭，如疢斯痼，愈療而愈不除也。東若閩浙，西若卭蜀，有善本，有精紙，有大字之書，必叩囊底、倒橐中、罄所有，走健步以致之。又聘良工，伐山木，作一書院以庋之，凡數萬卷不翅也。

楊萬里《誠齋集》卷八〇《盧溪先生文集序》 先生王氏，諱庭珪，字民瞻。登政和八年第，調茶陵丞，以上官不合，棄官去，隱居盧溪者五十年，自號盧溪真逸。少嘗見曹子方，得詩法，蓋其詩自少陵出，其文自昌黎出，大要主於雄剛渾大云。清江劉清之子澄評先生之文，謂盧陵自六一之後，惟先生可繼，聞者韙焉。先生之孫澹及曾孫徵及其門人劉江，詮次先生之詩文凡若干卷，將刻棗以傳，而太守朱公子淵復刻其詩於郡齋，澹屬某序之。某嘗侍先生之杖屨，聞先生之誨言者，欲辭，敢哉？淳熙戊申九月晦日，門人朝奉大夫、新知筠州軍州事楊萬里序。

陳亮《陳亮集》卷二三《春秋比事序》 客有遺余以《春秋總論》者，曰：「是習《春秋》者之祕書也。」余讀之，灑然有當於余心。雖其論未能一一中的，而即經類事以見其始末，使聖人之志可以捨傳而獨考，此其爲志亦大矣。惜其爲此書之勤，而卒不見其名也。或曰：「是沈文伯之所爲也。」文伯名棐，湖州人。嘗爲婺之校官，以文字稱，而不聞以經稱也。使其非文伯也，此書可不傳乎！使其果文伯也，人固不可以淺料也。因爲易其名曰《春秋比事》，鋟諸木，以與同志者共之。淳熙乙巳秋九月朔陳亮同父序。

《永樂大典》卷一九七四〇釋戒應《題國清百録》 吾祖智者大禪師，實靈山再來之人也。道傳三觀，悟自一心。恢張龍猛正宗，幽贊《法華》秘典。判釋以五時八教，歸趣以三觀十乘。縱辯宣揚，不立文字。章安結集，留逗後緣。其如解行證入之人，不知其幾千萬衆。諸部板刻，布在諸方。唯《國清百録》，昨因魔火燔毁，直至于今，彌歷年深，所未諧圓就。今令行者曇岑遍求道俗，不憚苦辛，誠心不虚，遂圓部帙。庶得以廣見聞，傳諸永遠。則可以知吾祖道大名重，皇臣化迹始終，宛如目擊。遂盡禮至恭，敬覽始末云爾。時聖宋淳熙十二年歲次乙巳結制日，白蓮住山戒應謹題。

王明清《揮麈録》卷四《揮麈録跋》 明清弱齡過庭，前言往行，探尋舊事，鼂夕剽聆，多歷年所。憂苦摧挫，萬事瓦解，不自意全，莫能髣髴，以續先志。乾道之初，竊叢祠之禄，偏奉山陰，親朋相過，抵掌劇談，偶及昔聞，間有可記，隨即考而筆之，曰《揮麈録》。故人程迥可久，知名士也，覽而大喜，手録而識于後，繇是流傳。又嘗取司馬文正公《百官公卿表》與夫陳龢叔及《紹興拜罷録》，參考弼臣進退次第年月，列爲四圖表，置之坐隅，以便觀覽，今鏤板于閩、蜀、江、浙矣。丁酉春，覓官行都，獲登太史李公仁甫之門，命與其子仲信遊。春容間偶出二編，公一見稱道再三，且以宣政名卿出處下詢。如黄寔，章子厚之甥，不麗其舅，而卒老于外；方軫，蔡元長之姻婭，引登言路，而首論其非，遂罹遠竄；潘兑，朱勔里人，不登其門而擯斥；李森爲中司，不肯觀望王黼，窮鄧之綱之獄而被逐；燕雲之役蓋成於王寀之枉，繇盛章父子欲害劉炳兄弟，世皆亡其事跡。明清不量其愚，爲冥搜倫類，凡二十餘條，摭據依本末告之。公益喜，大加敬歎，又云：「僕兼攝天官，睹銓榜有臨安龍山監税見次，君可俯就，但食其禄，而相與討論，徐請君于朝，以助我。」明清力辭以名迹不正，且非其人而歸。未幾公父子俱去國，明清餞别于秀州之杉青閘下舟中，相持悵然。後數年仲信没于蜀，公後雖復召領史局，而明清適官遠外，參辰一見，方欲造公，而公已下世。比焉試邑窮塞，公事無多，翻篋復見舊藁，愴念父祖以來平生用心，嗟夫！師友之淪没，言猶在耳，孰令聽之邪！投老殘年，感歎之餘，姑以胸中所存識左方。後之攬者亦將太息于斯作。淳熙乙巳中元日，朝請大夫、主管台州崇道觀汝陰王明清書。

《尚書詳解》卷首時瀾《尚書詳解序》 柯山夏先生僎少業是經，妙年擷其英以掇巍第，平居暇日，又研精覃思而爲之釋。今觀其議論淵源，辭氣超邁，唐虞三代之深意奥旨，皆有以發其機而啓其秘於千載之下。不謂先生居今之世，而言論風旨，靄乎唐虞三代之氣象也。嗚呼，《書》説之行於世，自二孔而下無慮數十家，而卓然顯著者不過河南程氏、眉山蘇氏與夫陳氏少南、林氏少穎、張氏子韶而已。程氏温而邃，蘇氏奇而當，陳氏簡而明，林氏博而贍，張氏該而華，皆近世學者之所酷嗜。今先生繼此而釋是書，觀其議論參於前則有光，而顧於後則絶配，夫豈苟作云乎哉？麻沙劉君智明得其善本，不欲秘爲己私，命工鋟木，以與學者共之。余既喜柯山之學有傳於世，而嘉劉氏之用心非私生町畦者之比也，求予爲序，故書以贈之。淳熙丙午七月日，覺齋時瀾序。

袁説友《東塘集》卷一九《題所刊金剛經後》 某竊惟諸佛菩薩以慈悲方便教，放大光明，破暗燭幽，除煩惱，故衆生有歸向心，得福多有。何況聞此經典，書寫受持，是爲第一最上之法。爲母親某氏目疾纏惱，歷歲甚多，乃至藥餌所不能及。惟念佛慈廣大，覺是衆生，永清根塵，消滌病惱。稽首《金剛般若波羅蜜經》，功德莊嚴，是名真法。肉眼、天眼、慧眼、法眼、佛眼，如是天眼於恒河中照清淨相。某同母親某氏發此信心，書寫刊誦無上甚深經典，特用布施。願佛以茲勝果起救拔衆生之念，於燃燈佛前發大慈心，爲母親某氏去暗釋翳，破除目瘴，悉得消滅。如醉得醒，如夢自覺，又如日月光明照見種種色，不驚不怖，還一切相，皆得成就無邊智慧功德云。

《獨醒雜志》附録曾三聘《獨醒雜志跋》 右《獨醒雜志》，先君記事之書也。先君隱居不仕，凡所見聞皆筆於册。既没世，諸孤不肖，懼弗克紹，因併追記平日燕談，編次爲十卷。誠齋先生見之，辱賜之序，仍刻版于家塾。淳熙丙午正月望，三聘謹書。

《東京夢華録》卷末趙師俠《東京夢華録跋》 祖宗仁厚之德，涵養生靈，幾二百年。至宣、政間，太平極矣，禮樂刑政，史册具在。不有傳記小説，則一時風俗之華，人物之盛，詎可得而傳焉！宋敏求《京城記》，載坊門公府、宫寺第宅爲甚詳，而不及巷陌店肆，節物時好。幽蘭居士記録舊所經歷爲《夢華録》，其間事關宫禁典禮，得之傳聞者，不無謬誤。若市井遊觀，歲時物貨，民風俗尚，則見聞習熟，皆得其真。余頃侍先大父與諸耆舊，親承謦欬，校之此録，多有合處。今甲子一周，故老淪没，舊聞日遠，後余生者，尤不得而知，則西北寓客絶談矣。因鋟木以廣之，使觀者追念故都之樂，當共起風景不殊之歎！淳熙丁未歲十月朔旦，浚儀趙師俠介之書于坦菴。

《摛文堂集》卷首慕容綸《摛文堂集序》 先大父少師文友公弱冠登元祐進士第，逮紹聖初，首中詞科之選，自會稽教官被召，際遇明主，徧歷臺省，進登八座。平居暇日，未嘗釋卷，有《文集》二十卷、《内制》十卷、《外制》二十卷、《講解》五卷、《奏議》五卷。因兵火盗賊之後，散失幾盡。綸近於親舊間搜訪所得尚及千篇，分爲三十卷，命工鏤板，目以《文友公摛文堂集》。時淳熙十四年歲次丁未下元日，第四孫朝奉郎、權知象州軍州兼管内勸農事借紫綸謹書。

《坡門酬唱集》卷首張叔椿《坡門酬唱集序紹熙元年五月》 詩人酬唱，盛於元祐間。自魯直、後山宗主二蘇，旁與秦少游、晁無咎、張文潛、李方叔馳騖相先後，萃一時名流，悉出蘇公門下。嘻，其盛歟！余少喜學詩，嘗泛觀衆作，因之泝流尋源，竊恨坡公詩有唱而無和，或和而不知其唱。每開卷雖凝思遐想，茫無依據。至蒐取他集，纔互見一二，復恨不獲睹其全也。將類聚俾成一家，輒局於官守，且未暇。歲在己酉，朅來豫章，機幕邵君叔義實隆興同升，出示巨編，目曰《坡門酬唱》，迺蘇文忠公與其弟黄門，偕魯直而下六君子者，迭爲往復，摠成六百六十篇。幸矣，余之嗜鄉偶與叔義同，而精敏不逮遠矣。夫以數十年玩味之餘，與欲爲而未即遂者，一旦欣快所遇，若可矜而振之也，烏知無復有同志者興不可得見之嘆？遂命工鋟木，以廣其傳。紹熙元年五月二十四日，永嘉張叔椿書於觀風堂。

《穀梁傳》末余仁仲《刻春秋公羊穀梁傳題識》 《公羊》、《穀梁》二書，書肆苦無善本，謹以家藏監本及江浙諸處官本參校，頗加釐正。惟是陸氏釋音字或與正文字不同。如此序「釀嘲」，陸氏「釀」作「讓」。隱元年「嫡子」作「適歸」，「含」作「唅」，「召公」作「邵」，桓四年「曰蒐」作「廋」。若此者衆，皆不敢以臆見更定，姑兩存之，以俟知者。紹熙辛亥孟冬朔日，建安余仁仲敬書。

《楞嚴經集注》卷首沈瀛《集注楞伽阿跋多羅寶經序》 我佛以一大事因緣出現於世，三百餘會説法度衆生，本無二致，以衆生性有上中下之别，故佛語有淺深之異。於諸經中如《楞嚴》、《圓覺》皆爲上根者説，故其語深遠，惟上根之人方可了解，而初機者未易究也。至若《楞伽》一經，以楞伽爲名，實相爲體。佛語心爲宗，目覺聖，智爲用，其語深遠，又在《楞嚴》、《圓覺》諸經之上。故目今所説上根之人無如内翰蘇公，尚曰《楞伽》義趣幽眇，文字簡古，讀者尚不能句，而況遺文以得義，忘義以了心？所以寂寥於世，幾廢而僅存，而況餘人乎？少傅白公樂天《與常禪師》詩，有「求師治此病，惟勸讀《楞伽》」。又曰：「人間此病治無藥，惟有《楞伽》四卷經。」荆國王公介甫亦曰：「《楞伽》我亦見髣髴。」是知此經惟上上根人所深好而研窮之，其它人莫識也。達磨謂二祖曰：「吾觀震旦所有經教，惟《楞伽》四卷可以印心。」祖祖相授，心爲心法，則知傳心之印無出此經，有自來矣。今世談禪者浩浩，而於此經謾不知有。非不知有，正以所見不高，不能深識義趣，故不敢啓口耳。蘇内翰又謂近世學者各宗其師，務從簡便，得一句一偈，自謂了證，至使婦人孺子抵掌嬉笑，爭談禪悦，高者爲名，下者爲利，而佛法微矣。乃謂此經句句皆理，字字皆法，如醫之有《難經》。今但俗醫師不由經論，直授方藥，以之療病，非不或中，至於遇病輒應，懸斷死生，則與知經學古者不可同日語。世人徒見其有一至之功，或捷於古人，因謂《難經》不學而可，豈不悮哉！此正謂今日設也。仰惟雷菴受公老師飽學飽參，既有實學，遂見實相，非今虚頭禪衲比也。人皆於此經讀尚不成句讀，師乃敢抗志而注釋之，非精勤力學不能到也。且其注釋又非今講人之比，字字訂前人之訛，句句説經意之盡，其文不晦僻，其義又坦明，使蘇内翰復生而見之，亦歡喜讃歎不盡，而况餘人乎？凡於此道得其趣者而觀之，當手之而不釋也。竹齋沈瀛既見是書，合掌頂禮，普勸四衆至心讀誦，詳其注義，使佛語涣然冰釋，於一句中頓明見地，即達磨付囑之意便在眼前，其一堆八擔葛藤便可束之高閣矣。昔太保樂全張公安道慶曆中嘗爲滁州，至一僧舍，偶見此經，入手恍然如獲舊物，開卷未終，夙障冰解，細視筆畫手迹，宛然悲喜太息，從是悟入，常以經首四偈發明心要。蘇内翰過南都，親見公説，且以錢三十萬託公印施於江淮間，而内翰親爲之書。此經印人心地，明驗如此。敬菴居士黄公師説，静照居士仲威之子，妙德居士節夫之姪孫，心心相傳，其於此經深解義趣，捐金鏤板，以廣流通，是亦樂全公之意也。若其注釋本末，則具見於雷菴閣筆記，此不重述。惟以世人所共知蘇内翰、張太保二事冠于篇首，以啓人之信心云。雷菴又有《普燈》三十卷及《楞嚴合論》，將繼此行于世。嗚呼盛哉！嗚呼盛哉！慶元二年重午日序。

《道門通教必用集》卷首吕元素《道門通教集序》 天師立教於西蜀，廣成終老於益州，故蜀之人奉道爲盛，而儀注亦甚詳。第所傳素無刊本，差誤實夥。頃觀中藏書既成，適左史簡池劉公、太常眉山朱公官中都，元素因宗丞二江李公有請得都下道經數百卷，皆吾蜀所缺者。其間科儀居多，乃令小師太古參較同異，考古辨今，始自童蒙，訖於行教，綴緝成集，以貽後人。會掌兩川黄籙，四方同人，莫不輻凑。用是俾鋟諸木，與衆共之。予嘗患不善斲者旁觀袖手，又從而指笑之，或則鉗口結舌，秘爲己私，終身不肯吐一辭，與吾徒是正。豈太上爲人，則愈有愈多之意。教門缺典不特此，識者尚同是念，以侈正一廣成之風，不亦宜乎。嘉泰改元辛酉季夏，江原樸庵道士吕元素書。

《龍舒增廣浄土文》卷一一聶允迪《龍舒浄土文跋》 居士平昔以浄土之説懇切勸人，嘗盤桓于鄉里。允迪于是時年方二十餘，適預計偕東上，且未知有佛法，弗獲識公。而迨犬馬之齒至三十，連罹災患，殊覺人生沉淪于煩惱大苦海中，渺無邊岸，遂一意祖襲居士之説，爲超脱計。如是者幾三數年，居士遂立化于廬陵郡，郡之人皆繪像以事之，蓋乾道癸巳之正月也。後五年丁酉歲，先兄知府兵部被檄較試廬陵，得所刻本以歸。允迪恐此一段奇事久之湮没，無以傳遠，遂刻諸石，寘城北報恩寺之阿彌殿。今此願施居士所著《浄土文》一萬帙，輒復以居士慈相及丞相周益公而下贊述附于卷首，皆襲廬陵刻本也。庶幾見者聞者增益信心，勉强精進，則西方浄土誠不難到。嘉泰癸亥，文林郎、新監湖廣總領所襄陽府户部大軍倉盱江聶允迪合十指爪稽首謹跋。

張栻《南軒集》卷三三《跋遺書》 二先生《遺書》，近歲既刊於建寧，又刊於曲江、於嚴陵，今又刊於長沙。長沙最後刊，故是正爲尤密。始先生緒言傳於世，學者每恨不克睹其備，私相傳寫，人自爲本。及是書之出，裒輯之精，亦庶幾盡矣，此誠學者之至幸。然而傳之之廣，得之之易，則又懼夫有玩習之患，或以備聞見，或以資談論，或以助文辭，或以立標榜，則亦反趨於薄，失先生所以望於後人之意爲逾甚矣。學者得是書，要當以篤信爲本，謂聖賢之道由是可以學而至，味而求之，存而體之，涵泳敦篤，斯須勿捨，以終其身而後已。是則先生所望於後人之意也，敢敬書之，附於卷之末。

陳造《江湖長翁集》卷三一《題長慶集》 樂天一代鉅儒，讀天下書無遺，而發諸其用，其道自事君行身，即功揚名有餘裕矣。會粹此書，淑諸人，法後世，偉哉，可師仰也！此本板在四明，予印得之，暇輒課數紙，振發舊聞之遺忘者，其益不貲。其間差誤，亦改定一二。紙緊好，壽百年未艾也，子孫其寶之。

陳造《江湖長翁集》卷三一《題家語》 孔氏家法，盡具《論語》矣。《家語》雖雜以漢儒傅會，悖理法者少，自孔氏，惡可闕。此蜀本，紙佳字大，蓋制置袁公所賜。去眼四十有八年，迺今得而有之。何念之深，類酆城之訪劍；不索則獲，幾象罔之得珠。書以志喜云爾。

陳造《江湖長翁集》卷三一《題大易粹言》 予學《易》，始得東坡《傳》，後有沈丞相《小傳》，幾足矣，今復得《粹言》，其間載諸公所得深者，參舉而互備。此板在舒州，已就漫漶，又遲之，將不可讀。予修之兩月餘，爲佳本。是三書日在案，樂則鼓吹，富則封君，又師其嚴且温也。其思嗣吾志哉！

陳造《江湖長翁集》卷三一《題衛生家寶方》 予幼多病，老且衰，偶未死，然亦以收方書，故延視息至今，諸子以是爲憂。故凡方書，聞見必求之，必得之乃已。《衛生》一書，尤爲該備精密，房之醫者李生有之，遂傳其本，一再用，良驗。其版乃南康軍何人家，或曰遺火灰已久矣，是寧可不傳？尤不可不寶藏也。

薛季宣《浪語集》卷三〇《漢書正異叙》 右，《漢書正異》，得之武進令姚寬，皆已繕寫可傳。【略】姚氏今越博通士也，家傳宋祁手校《漢史》，具有唐、南唐、吳越及神宋再世所刊書，間有徐鍇、余靖、陳繹、宋郊、司馬光、劉敞、劉攽是正處所。走喜于獲瑰寶，用集略爲二卷，得有先後，故傳居前。雖梁氏舊書不可得見，于顔氏本可以爲完矣，惜其不及范氏史也，當營求補之。兒曹以觀《漢書》，可不自有別諸！年月日叙。

薛季宣《浪語集》卷三〇《香奩集叙》 韓渥《香奩集》二卷，蜀本詩一百一篇；京師本賦二篇，詩一百七篇，曲詞二章；秘閣本同，亡詩十篇。三家篇什相糅莒，差次不倫，以讎比除複重，定著賦、詩、曲、詞一百十二，以朱墨辨，閣、京本皆已刊正可傳。

薛季宣《浪語集》卷三〇《李長吉詩集序》 右，《李長吉詩集》四卷，蜀本、會稽姚氏本皆二百十九篇，宣城本二百四十二篇。蜀本不知所從來，姚氏本出秘閣，宣城本出賀鑄方回家。凡集三家以讎比，正舛謁，概之杜牧之叙，宣城本多羨詩十九，蜀、姚氏本少亡詩四。今定詩從宣城本、從蜀，疏其異同于下，著姚氏本于上。大校宣城本不遠蜀，姚氏本最爲審訂，皆已刊正可傳。

薛季宣《浪語集》卷三〇《叙山海經》 古《山海經》劉歆所上書十三篇，内別五山，外紀八海。郭璞注集釐十八卷，其十卷《五山》經，八卷《海外二》、《海内》、《大荒》經也。《五山》、《海外》經端有條緒，《海内》、《大荒》經汗漫有不可通者。是書流傳既少，今獨《道藏》有之，又圖十卷，文多闕略，世有模板。張僧繇畫《山海經圖》，詳于《道藏》圖本，然《道藏》所畫不出十三篇中，模本畫圖，有經未嘗見者。按《五山》經山多亡軼，意僧繇畫時其文尚完，不然，後人傳託名之，不可知也。不敢按據模本，姑以《道藏》經、圖參校繕寫藏之。

《度人上品妙經注解》卷下薛季昭《刊虛玄篇跋》 予末學道淺，曾將《度人上品生神九章救苦妙經》妄意詳釋者，不過欲啓發初真入道之門耳。初未嘗萌一毫希覬想，自鋟梓印施之後，惴惴度日，每以妄爲强作獲譴於雷霆者爲慮。豈意天君恕其僭而矜容之，褒嘉獎勵，靡所不至。此《虛玄篇》迺天君贈予之章也，令予刊名印所解《度人經》前，以闡諸人。自得此篇，予早夜以思，兩難明處：若行刊印，似乎銜名，以起或者之議；若不刊印，似乎泯没，又違天君之命。予再三繹思，浮言之議尚可逃也，違天之命，則吾豈敢？予雖不獲已，以所贈之篇刊于卷末，然亦終匪予心之所樂，識者鑒之。九江冰湖埜人薛季昭書。

《皇朝文鑑》卷首沈有開《刊皇朝文鑑序》 《皇朝文鑑》一書，諸處未見有刊行善本，惟建寧書坊有之，而文字多脱誤，開卷不快人意。新安號出紙墨，乃無佳書，因爲參校訂正，鋟板于郡齋。嘉泰甲子重陽日，郡守梁谿沈有開。

《禪宗頌古聯珠集》卷首釋法應《禪宗頌古聯珠集序》 法應自昔南遊訪道，禪燕之暇，集諸頌古，咨參知識，隨所聞持同學討論，去取校定三十餘年，采摭機緣三百廿五則，頌二千一百首，宗師一百廿二人，編排成帙，命名《禪宗頌古聯珠集》，願與天下學般若菩薩共之。雖佛祖不傳之妙，不可得而名言，初無字書，安有密語，臨機直指，更不覆藏，徹見當人本來面目。故諸佛以一大事因緣出現於世，譬喻言詞，説法開示，欲令衆生悟佛知見，豈徒然哉！池陽信士哀金刻板，以廣見聞，爲大法光明之施。淳熙二年乙未臘八日，編次謹書。

《蠹齋先生鉛刀編》卷首解百禴《蠹齋先生鉛刀編跋淳熙六年九月》 百禴與蠹齋先生從游，辱知遇最深。男瑀受業於先生之門，積有歲時，盡得先生家藏詩文三十二卷。先生平日盡力於斯文，於詩尤刻意，舊句多所更定，與昔少異。不敢私藏于家，命工鏤板，以廣其傳。學古君子覽之，始知余拳拳之志焉。淳熙己亥重九日，鄜延解百禴伯時書。

樓鑰《攻媿集》卷五二《静退居士文集序》 歐陽文忠公爲本朝文章宗師，猶昌黎文公之在唐也，光燄萬丈，不容贊嘆。諸子叔弼兄弟咸得家傳，季默之子徽猷閣待制德孺則諸孫之益顯者也。嘗見中書舍人王公鉌銘公之墓云：「忠厚之質，孝友之性，皆禀于自然，不勞追琢。詩篇賦頌章奏碑志之文，古律雖殊，體製不一，各極其妙，而家法燦然。當時推能世其家者，惟公也。」嘗訪求遺文于館中，僅三十餘篇，每恨不得其全。公之孫伋守連州，以公家集二十卷鋟諸版，而來求序，始得而盡見之。

陸游《渭南文集》卷三〇《跋樊川集》 唐人詩文，近多刻本，亦多經校讎，惟牧之集誤繆特甚。予每欲求諸本訂正，而未暇也。書以示子遹，尚成吾意。開禧丙寅十一月二十七日，放翁書。

《黄山志定本》卷三黄之望《黄山圖經序嘉定元年》 余性嗜山水，經行勝處，往往心融意會，自得於中，有不可以語人者。表姪鄭震來自宛陵，出示中山焦君東之摹刻《黄山圖經》並前賢題詠，且云：黄帝與容成、浮丘鍊丹之地。是非未暇深究，每一披覽吟諷，頗契余性所嗜。

《集驗背疽方》卷首郭應祥序 始予奉親携幼，來官泉江，未入境，首問邑有良醫師乎？又問肆有佳藥肆乎？或對以醫固不乏人，而庸庸者實多；藥肆僅一二數，然稍貴細者則缺焉。予謂：「二者老幼所依以爲命也，今顧若此，其奈之何哉？」或曰：「邑有李嗣立廷評者，廣收方書，多蓄藥味，有問方者必告，有求藥者必與，了無吝色厭心。」予固私竊慶幸。時方至，旅見亦未暇詢及也。久之，嗣立來請問，與之款語，見其持心近厚，非愛人利物之言不談，叩以《難》、《素》、《脉訣》、《病源》等書，其應答如流。厥後家人子或有病，疏方惠藥，雖數數不憚煩。凡三年間，不醫之求，而唯嗣立之謁。一日，嗣立出示一編，曰：「此治背瘡方也。今人例以此爲惡疾，悉付之外科，而邈不加之意，不知治療之失宜，蓋未有能得全其生者。某於此究心有年，所治甚衆，君能捐二三萬錢刻板流布，不猶愈於刊他書乎？」予且圖之。會有黃冠師曰劉道淵者，主邑之太霄觀，忽得此疾。劉素號曉方脉，得嗣立之書而敬信之，凡服藥次第，悉按書以從事，不兩月遂獲安。予益信其書之有驗，乃爲之序其首。嗣立名迅，以儒傳家，父兄相繼收科，子弟亦登名賢書，鄉評翕然推重。予與其兄嗣宗嘗同校長沙試，契分爲不薄，又有鍼膏起廢之功，故樂爲之成其志云。郭應祥序。

程珌《洺水集》卷一二《張氏手試方序》 方書梓于世，鱗如也。然士大夫多得于傳聞，用者難之。古歙張興祖世醫也，其父、祖有職柳營，凡今所鏤之方，皆嘗效於病卒者，視傳聞相萬矣。興祖世其業，翹楚其徒，學既精，胸次復疏落，痛人疾不計利。凡醫靳其方，至鑿梁柱藏之，不示其家人。夫方出於醫家，則方固可信也；不私其利而欲人得之，其心抑可嘉也。予之居去張不數里，老稚小失天和，率倚於張，靡疾不平。然則其父祖所傳，益可證也，用者勿疑焉。

釋居簡《北磵集》卷五《重刻永明壽禪師物外集序》 能使所居山大於天下鼎望禪苑，永明與？達觀盧公之於雪竇也，空寂蘊奧，公尤爲先知，出人間世，爲龍象，任祖宗九鼎之寄宜矣。開禧初，余登會稽，探禹穴；陟華頂，度石橋，闞曇猷逸蹟；雁宕攬勝，訪客兒蠟屐揚颿處；回乳竇，觀千丈飛雪。住山石橋宣無言與余登中峰，公昔著書地。老頭陁出公肖象，碧眸廣顙，氣禀禀如生。屬宣整飭，書余贊其上曰：「客吟燈殘，猿啼月落。衲被蒙頭，千巖萬壑。起破凡夫爲等覺妙覺，齊大小乘於錢索井索。縱大辯於談笑，寄虛懷於冥漠。所謂百軸宗鏡之文，如太山之一毫芒。巍巍堂堂，煒煒煌煌。非心亦非佛，破鏡不重光。」茲又得此集，附益於毫芒。然則公非用力於騷雅者，亦不在多少間。獨喜某人講明舊話，重刻以壽古宿，爲書於僧統寧公序後。

劉宰《漫塘集》卷一九《本事方序》 醫生呂啓宗晚與余言曰：「啓宗晚學醫，於醫家書未多讀，獨求其論證明白，用藥精審，無如許知可學士《本事方》。許，儀真人。今是方之流行江淮浙間多真所刊本，火於兵，今不獲存。啓宗大懼此書之泯，無以惠方來，嘗試以語句曲施君某，施欣然欲鏤板以廣其傳，顧未得善本。公嘗官于真，盍從公求之？」余即授以真舊本，而復書曰：「施君刊是書可以濟人，愈於刊釋老經文萬萬也。」施以余言契於心，復介呂生求序。余謂許君知可少時坎壈，欲一第不可得，及其以是方濟人，即有藥市收功，陳、樓間阻，殿上呼盧，喝六得五之夢。未幾，果第六人及第，陞名第五，在陳、樓二人之間。蓋造物報應不爽如此。

《［康熙］黃山志》卷一三焦源《黃山圖經跋》 黃山乃黃帝與容成、浮丘鍊丹之地，得名久矣。其廣千里，其高千餘丈，其巖洞、溪源、峰巒具載《圖經》。以池陽九華言之，四分得其一；以巫峽十二峰參之，三分得其一。郡國所志，輿地所圖，自江之南，聳秀峻極，作一方之壯觀而接諸郡之境者，黃山也。下有湯泉，支分派别，愈人之疴，濟時之旱，其功利有不可言，實神僊之窟宅，人寰之福地洞天也。自唐刺史李敬方因白龍見，建立湯院；至南唐，易名靈泉。鉅宋龍興，奉符禮畢，錫今號爲祥符；至元豐甲子，七十餘年，始得主僧文太，寺宇爲之改觀。越十禩甲戌，又得雁蕩周君力與維持，攟摭勝概，遂成《圖經》，傳於後世。當知物各有時，而事各有所待也。惜乎元豐甲子至嘉泰末，凡兩甲子，以往古來今，《圖經》記載脱廢朽腐，泯滅實多，良可慨念。予於是搜采名賢題詠，圖摹舊迹，綴成一集，命工鏤板，以廣其傳，庶幾士君子講論談笑之餘，開卷覽之，亦足以舒情而爽思也。時嘉定改元戊辰歲。

《梁谿先生文集》卷末李大有《梁谿先生文集跋》 大有謹按：《先大父家傳》末云：「每有議奏，下筆數千言，俄頃而就。」蓋公平日以愛君憂國爲心，籌畫計策，胸次素定，故遇事成章如此之易也。晚年于《易》尤有所得，著《易傳》内篇十卷，外篇十二卷，其言微妙，頗取卦變互體爲説，動有所稽，異于今世君子之所辨繹。又著《論語詳説》十卷，所以發明聖賢之意甚厚而備。文章歌詩奏議百有餘篇。其在政府、帥府，紀一時之事則有《靖康傳信》、《奉迎》二録，《時政記》、《進退志》、《制誥表劄集》、《宣撫荆廣記》、《制置江右録》。嗚呼，亦富矣哉！此叔祖南昌通守所述也。今《易傳》、《論語説》卷帙仍舊，而文集合政路帥府所紀，爲篇百有七十，内以《傳信録》、《時政記》、《進退志》附益表劄奏議，凡八十卷，是爲今書，蓋其後諸人所離合譔次也，得之先子。大父生平有作，皆楷筆屬稿，書問亦然，則後人裒集當無遺逸。顧蕘謝距今七十載，獨子孫寶藏，外無傳者。它文或有可誘，此書則實與國史相表裏，其可不廣諸世以圖不朽哉！淳熙末年，先子嘗繕寫投進，併高宗爲大元帥時所賜大父手書墨本。孝宗嘉獎，亟命宣索宸翰真跡，既奏御，命有司定錫今謚。中間史院取索，亦嘗録上，然廣内所儲，不到人間也。先子方隱居，每恨無方板行大父遺文，而于此書尤切。大有欽承遺旨，□食痛心，充員舸艤，適帑藏空匱，兩膺使先後極盟，鳩工鋟木。太守今春官章公、尚書郎趙德甫皆助以費，而尚書章公又幸爲之跋，以垂信增重于天下。經營涉歲，工始告成，久閟而傳，非偶然也。嗚呼！宣、靖、炎、興間，中原變故，國步艱難極矣。一時謀議之臧否、處置之當否，敵騎之所以既却而復至，王室之所以再造而偏安，莫不係于君子小人之進退。世多措于成敗已然之見，鮮有知者，則是書之傳也，大有敢獨以爲私門存没之幸哉！若夫大父之精忠大節，宏模碩畫，則有正獻陳公、晦翁朱先生與今大宗伯章公之序跋在，不肖孫何敢稱述？如其他書未傳，大有不皇，尚庶幾異日卒成先志云。嘉定二年歲次乙未夏五月既望日，孫修職郎、差充福建路提舉市舶司幹辦公事大有謹書。

《天台九祖傳》卷末釋有朋《刊天台九祖傳題識》　上天竺門生惟椿裒率山中同學刊板，至顓齊沐敬書，以廣流通，共期佛慧。時皇宋嘉定辛未夏制六月旦日謹識。瑪瑙住山有朋。

《酉陽雜俎》附周登《酉陽雜俎後序》　右《酉陽雜俎》二十卷，唐段成式少卿所撰也。余舊不識此書，惟見諸家詩詞多引據其説。及假來此，以其書之所名者訪焉，則無有也。郡博士管君容成偶得之，以示余。其書類多仙佛詭怪，幽經秘録之所出，至於推析物理、器奇、藝絶、廣動植等篇，則有前哲之所未及知者。其載唐事，修史者或取之。按《唐史》，成式世居青徐，齊褒公志元四世孫，宰相文昌子也。文昌少客荆州，酉陽荆之屬，成式豈嘗寓遊于此耶？余聞《方輿記》云：昔秦人隱學於小酉山石穴中，有所藏書千卷。梁湘東王尤好聚書，故其賦曰：「訪酉陽之逸典。」或者成式以所著書有異乎世俗，故取諸逸典之義以名之也。然自唐以前，雜家小説，今既不得，而瑣碎之觀，未有近于此者，詎可棄之而不存乎！且其書以酉陽名，而客之過此者，未嘗不以是書爲問也，因刻之於此，以備客對。嘉定七祺甲戌十月既望，永康周登書。

《歷代名醫蒙求》卷首周守忠《歷代名醫蒙求跋》　愚偶詣醫生楊君之舍，話次出示所抄一書，曰《名醫大傳》，乃與《名醫録》殊别。因撰集《姬侍類偶》始絶筆，復欲倣是作，牽强即成數十句，又可屬對。竊觀前修所制《三洞群仙録》，紀述仙道之奇蹤；又有《釋氏蒙求》，具載高僧之異事。唯醫藥之流，未聞所編。繇是檢閲諸史雜説之書，掇其前二集所載闕遺，類韵參纘，僅二百句，共一百聯，計二百有二人，分爲卷之上下，名曰《歷代名醫蒙求》。見其間有技術尤精，藥方經驗，事實涉奥，議論甚宏者，良可健羨。自惟類聚歸一，成聯易覽，亦足以備遺忘，於是命工鋟木，與好事者共之。然上舍蘇君因見斯藁而作序揮翰，已非所堪，迨至印書將成，深愧示人，以召嗤鄙，謾疥紙于卷末云。是禩嘉定上章執徐且月上浣日，松菴周守忠謹書。

《是齋百一選方》卷首章楫《百一選方序》　方書傳於世衆矣，其斷斷能已疾者蓋寡。古人方書一藥對一病，非苟云爾也。後世醫家者流，不深明夫百藥和齊之所宜，猥曰醫特意耳，往往出己見嘗試爲之，以故用輒不效，甚者適以益其病而殺其軀者有之。無怪乎饋藥者以未達而不敢嘗，有病者以不治爲得中醫也。嗟乎，醫方所以除疾疢而保性命，其何至是？得匪其擇之不精、處之不審故歟。是齋王史君璆，博雅君子也，生長名家，蓄良方甚富，皆其耳目所聞見、已試而必驗者。每嘆人有可療之疾，藥不相值，卒於不可療，思濟斯人，詎忍秘而不示？屬守古沔，公餘裒集始就，迺鋟諸郡齋，目之《百一選方》，其精擇審處蓋如此，然則公之用心仁矣，是書之衍其傳也宜哉！慶元丙辰孟冬初吉，郡文學天台章楫序。

《寶刻叢編》卷首喬行簡《寶刻叢編序》　辛卯之秋，余篋中所藏書厄於鬱攸之焰，因求所闕於肆。有陳思道人者，數持書來售。一日，携一編遺余曰：「此思所自集前賢勘定碑志諸書之目也。雖其文不能盡載，姑記其篇目地里與夫作者之姓氏，好事者得而觀之，其文亦可因時而訪求。」余受而閲之，蓋昔之《寰宇訪碑録》之類，而名數加多，郡縣加詳，知其用心之良勤，因爲之改目。夫以它人之書刊而貨之，鬻書者之事也。今道人者乃能自裒一書，以爲好古博雅者之助，其亦異於人之鬻書者矣，故樂爲題其篇端。紹定五年六月改朔，孔山居士書。

陳宓《復齋集》卷一〇《跋東萊擇善》　東萊先生爲是書，叔人氣質，使中人以下皆可爲善，而無近名之迹，有益於後學弘矣。趙君彦寓丞泉之安溪，以是書圖而刻之，揭於座右，朝夕覽觀，可謂好學也已。

陳宓《復齋集》卷一〇《跋四子章句或問集注輯略》　朱文公平生精力，盡於四子《章句》、《或問》、《集注》、《輯略》，決擇是正，精確詳密，雖使孔孟復生，若合一契。蓋以《大學》爲學之始，《論》、《孟》次之，《中庸》爲學之終。使人自志學至成德，求之而不窮，自修身至平天下，用之而不盡，其有功於後世大矣。經生學士所宜家傳人誦，幼習壯行，然而多尚詞華，罕知講習，間有能讀者口耳之外，未必體之於心。教之不明，道之不行，此其由也。是書遐陬遠嶠，或廣其傳，肯陽學官顧未之有。三山陳君汲，篤信君子也，哀學餘廩，慨然鳩工鋟刻，以惠學者，俾知進學之門庭，造道之閫奥，可謂以文公之心爲心矣。書成，屬某識于卷末，用勉同志云。

陳宓《復齋集》卷一〇《跋李陽冰千文》 科斗書蒼頡作，即古文也。大篆，史籀作。小篆，李斯、胡毋敬作。隸書，程邈作。至漢師宜官魏梁鵠爲最，鵠弟子又易隸爲八分，鍾、胡二家俱傳之，而鍾氏少異。楷書則漢上谷王次仲所作也。草書則始於章帝時，齊相杜度所作，後有崔子玉、崔實益工，至張芝而絶倫矣。考其時，則草書未有楷書之前已有之。故今草書多篆隸體，而與楷遠。篆籀最爲近古，後千餘年未有名世者，至唐李陽冰盡得其法。【略】自獲此書，久欲摹刻，以壽斯脉，因循不勇，乃於中秋忽形夢寐，蓋時數當傳不能抑也。於是命精工爲之，無秋毫憾。

岳珂《相臺書塾刊正九經三傳沿革例》 世所傳九經，自監、蜀、京、杭而下，有建余氏、興國于氏二本，皆分句讀，稱爲善本。廖氏又以余氏不免誤舛，于氏未爲的當，合諸本參訂，爲最精。板行之初，天下寶之，流布未久，元板散落不復存。嘗博求諸藏書之家，凡聚數帙，僅成全書。懼其久而無傳也，爰倣成例，乃命良工刻梓家塾。如字畫，如注文，如音釋，如句讀，悉循其舊，且與明經老儒分卷校勘，而又證以許慎《説文》、毛晃《韵略》，非敢有所增損於前。偏旁必辨，圈點必校，不使有毫釐訛錯，視廖氏世綵堂本加詳焉。舊有總例，存以爲證。

書本：

九經本行於世多矣，率以見行監本爲宗，而不能無譌謬脱略之患。監中大小本凡三，歲久磨滅散落，未有能修補之者。蓋京師胄監，經史多仍五季之舊，今故家往往有之，實與俗本無大相遠。晁公武云：公武守三榮，嘗對國子監所模長興板本讀之，其差誤蓋多。昔議者謂太和石本授寫非真，時人弗之許，而以長興板本爲便。宋朝初，遂頒布天下，收向日民間寫本不用，然有訛舛，無由參校，判知其謬。獨以爲官既刊定，難於獨改。由是而觀，石經固脱錯，而監本亦難盡從。紹興初，僅取刻板於江南諸州，視京師承平監本，又相遠甚，與潭、撫、閩、蜀諸本互爲異同。柯山毛居正誼父以其父晃所增注《禮部韵》，乾淳間進之朝，後又校訂增益，申明於嘉定之初。其於經傳，亦既博攬精擇。辛巳春，朝廷命胄監刊正經籍，司成謂無以易。誼父遂取六經三傳諸本，參以子史、字書、選粹、文集，研究異同。凡字義音切，豪釐必校。儒官稱歎，莫有異詞。刊修僅及四經，猶以工人憚煩，詭竄墨本，以紿有司，而誤字實未嘗改者什二三。繼欲修《禮記》、《春秋》三傳，誼父以病目移告，事遂中輟。自時厥後，無復以爲意矣。余每惜之，誓欲修刊。有所未暇，且以世所傳本，互有得失，難於取正。前輩謂興國于氏本及建余氏本爲最善，逮詳考之，亦此善於彼爾。又于本音義，不列於本文下，率隔數葉，始一聚見，不便尋索。且經之與注，遺脱滋多。余本間不免誤舛，要皆不足以言善也。今以家塾所藏：○唐石刻本，○晉天福銅板本，○京師大字舊本，○紹興初監本，○監中見行本，○蜀大字舊本，○蜀學重刊大字本，○中字本，○又中字有句讀附音本，○潭州舊本，○撫州舊本，○建大字本，俗謂無此九經。○俞韶卿家本，○又中字凡四本，○婺州舊本，○併興國于氏，建余仁仲，凡二十本。○又以越中舊本注疏，○建本有音釋注疏，○蜀注疏，○合二十三本，專屬本經名士反覆參訂，始命良工入梓，固自信以爲盡善。正恐掃塵隨生，亦或有之。惟通經先達，不吝惠教。

字畫：

字學不講久矣，經文非古，訛以傳訛。魏晉以來，則又厭樸拙，嗜姿媚，隨意遷改，義訓混淆，漫不可考。重以避就名諱，如「操」之爲「摻」，「昭」之爲「佋」，此類不可勝舉。唐人統承西魏，尤爲謬亂。至開元所書五經，往往以俗字易舊文，如以「頗」爲「陂」，以「平」爲「便」之類更多。五季而後，鏤板傳印，經籍之傳雖廣，而點畫義訓，訛舛自若。今所校，本之以○許慎《説文》，○張參《五經文字》，○唐玄度《九經字様》，○顔魯公《干禄書》，○郭忠恕《佩觿集》，○吕忱《字林》，○秦昌朝《韵略分豪補注字譜》，○參以毛晃《增韵》，○及其子居正所著《六經正誤》，其有甚駭俗者，則通之以可識者。

《鄂國金陀續編》卷末岳珂《江西刻印鄂國金陀二編跋》 右《鄂國金陀》二編，前刻於檇李，續刊於南徐。紹定癸巳冬，珂上東淮餉印歸，宗族鄉黨既相與勞苦如平生，其間願考先烈，及問排閭之始末者，俱以二編爲請。顧珂橐中無儲本，遜謝唯答，幾不勝酬應。慨然作而曰：「此私門書也，豈可千里常致於二郡哉！」因命工剞梓爲副墨，藏于廟塾，以遺子孫，且應求者。凡六百二十二版，字差小於舊，而閑居無事，躬自校證，粗爲無舛。序仍用初刻，尚庶幾存始之意云。

端平元年涂月初吉，孫中大夫、通城縣開國伯、食邑七百户、賜紫金魚袋玨拜手敬跋。

《通鑑紀事本末》卷首趙與簒《通鑑紀事本末序》 《通鑑》一書於治道最切實，諸史之精華，百代之龜鏡，古未有也。神宗皇帝深所愛重，錫《資治》之嘉名，且命經筵進讀。歷朝寶之，永以爲訓。近世建安袁公復作《紀事本末》，區别條流，各從其類，豈求加於《通鑑》之外哉？蓋《通鑑》以編年爲宗，《本末》以比事爲體。編年則雖一事而歲月遼隔，比事則雖累載而脉絡貫聯。故讀《通鑑》者如登高山，泛巨海，未易遽覩其津涯；得《本末》而閱之，則根幹枝葉，繩繩相生，不待反覆它卷，而瞭然在目中矣。故《本末》者，《通鑑》之户牖也。袁公之爲是書，其殆司馬文正之疏附先後也歟！與簒淳祐壬子退而里居，四年之間，熟得繙閱，每見世道開泰，君明臣良，百度修舉，四裔賓服，使人忻悦愛慕。至若叔世末造，賢愚倒植，綱頽紐解，外阻内訌，使人感憤歎息。要其指歸，治未始不由於任君子，亂未始不由於親小人，安未始不由於固民心，危未始不由於困民力。忠實事上者未有不昌，姦諛欺君者未有不亡，公廉宏濟者奕世流芳，貪刻暴殄者子孫貽殃。天道人事，其應靡忒，參稽源委，可以昭勸戒於方來，是書之關於世教亦大矣。嚴陵舊本字小且訛，乃易爲大書，精加讎校，以私錢重刊之。非特便老眼，訓子弟，庶與四方朋友共之云。寶祐丁巳秋七月朔，古汴趙與簒謹書。

吴泳《鶴林集》卷三六《陳侍郎文集序》 今之爲文者，略無古人舒暇之態。一字之不工，一言之不文，則日煅月礪，不妍不止。非惟提數寸之管，數盈尺之紙，書其所爲文獻於王公大人，而名未成，蓋棺之事未定，往往編蒲鋟梓，已徧滿於書坊經肆矣。君子爲己之學果如是耶？

魏了翁《鶴山先生大全文集》卷五三《朱氏語孟集注序》 王師北伐之歲，余請郡以歸，輔漢卿廣以《語孟集注》爲贈，曰：「此先生晚年所授也。」余拜而受之，較以閩浙間書肆所刊，則十已易其二三，趙忠定公帥蜀日成都所刊，則十易六七矣。前輩講學功夫，皆於躬行日用間真實體驗，以自明厥德，非以資口筆也。故歷年久，閲天下之義理多，則知行互發，日造平實，語若近而指益遠。余讀之累歲，每讀輒異他日，故不敢秘其本，以均俶同志之士云。

魏了翁《鶴山先生大全文集》卷五五《論語通釋序》 勉齋黄直卿合朱文公三書爲《論語通釋》，吾友復齋陳師宓叙所以作，張敏則刻之潭之湘鄉之漣谿。予首從蕭定夫得善本以歸，里人趙心傳請刻諸梓以幸惠學士，而屬予申其義。嗚呼，是書之有傳，士得之以增益知慮而益邵所學，士之幸也；論説之益廣，士竊之以紿取利禄而罔聞于行，予之憂也。嗚呼，學者其亦知所擇哉！

《寶刻叢編》卷首魏了翁《寶刻叢編序》 余無他嗜，惟書癖殆不可醫。臨安鬻書人陳思多爲余收攬散逸，扣其書顛末，輒對如響。一日以其所粹《寶刻叢録》見寄，且求一言，蓋屢却而請不已。發而眎之，地世行年，炯然在目。嗚呼，賈人鬻書於肆，而善其事若此，可以爲士而不如乎！撫卷太息，書而歸之。紹定二元，鶴山翁。

徐明善《芳谷集》卷上《送董季真入建刊蔡氏書傳通釋序》 故鄉先生深山董公，壯老劬書，筆著甚夥，《孝經注》及《九峰蔡氏書傳通釋》，其尤盡心者。令子季真既走建陽，刊《孝經注》，小學快睹矣。他日，復欲往刊《書傳通釋》，過余徵言。當深山著《通釋》時，科舉未復，士壯者遷業，幼者束書嬉敖，深山獨兀兀風檐雪案邊，若無與於世者，詎意聖神首出，文運丕明，命習書者用《蔡傳》哉！昔蜀山人知明日客來消息，深山豈亦預知今日開文消息邪？余方倦筆墨，坐客亦謂季真：「得意再往，先民所慎。子跋涉數百里，徒手資諸人，事未可知。」季真色不怡。余曰：「盍筮之？」筮之，遇蠱䷑（巽下艮上）之艮䷸（巽下巽上）。「幹父之蠱，用譽」，幹而致譽，吉矣。蠱互兑、震，兑金卦，震木卦，金從木，鋟梓象也；巽互兑、離，兑講習，離文明，傳習像也。《巽》「九五」曰：「貞吉，悔亡，無不利。無初，有終。先庚三日，後庚三日，吉。」無初謂著書時，有終謂際今日。且後歲丁巳，又三歲庚申，又三歲癸亥，所謂先後庚者是三科，四方學者，吾邑友朋或季真，必有資《通釋》取高科者。蓋子之先君子究心此書，若先知之，今《易》又告矣。於是坐客相與臨策而歎，咸曰：「亟往勿疑。」余乃録其辭爲序。

陳櫟《陳定宇先生文集》卷二《送董季真入閩刊書序至治三年》 先知爲知，大公爲仁，何謂也？番陽深山董公，三十年前嘗宗蔡氏《書傳》，輯朱子《語録》增諸家注解，間以己見發明之。書成，藏于家，其嗣子季真謀刊以廣其傳。予二十年前亦嘗編《書解折衷》，宗朱、蔡，采諸家，附己見，大略相類，第不盡載《蔡傳》於前耳。星源雙湖胡公見予所編，季真聞之，轉索焉，將會于一。予以相去遠，相見難，未之發也。雙湖敦勉，自成《蔡傳録注》，至《商書》，而雙湖不禄，意遂怠。季真乃肯以其先君子全書賜教，予始竭精疲神，會合以成一書。季真不遠二百餘里來見，板行之謀甚堅，爲留旬有五日，臨行，索贈言。予謂深山成此書，若先知科目之興、表章風厲者，豈如竇公儼以奎聚預知文運哉？亦如荀卿所謂千載必返古之常，弟子勉學，天不忘以理知之耳。先知爲知，深山以之。私小其見者未必不幸，家有學鉢，祕之以謀進取，季真乃能上以成父志，廣以惠同志，孝子也，仁人也。史遷於談，班固於彪，不必遠引以擬之，近即蔡氏事，九峰成傳，久軒以行世焉，視之奚以異？大公爲仁，季真以之。如予者，於先知之知，既輸深山一籌，於大公之仁，何忍與季真二致？于其行，書以遺之。是書行，豈直爲深山賀與自賀，將與天下學者賀。

元好問《遺山先生文集》卷三五《威德院功德記》 并州，唐以來圖經所載佛塔、廟處，跡他郡爲尤多。宣政之季，廢於兵者凡十之七。曾不百年，瓦礫之場金碧相望，初若未嘗毁者。浮屠氏之力爲可見矣！威德院在晉陽白馬川之清寧社，治平二年賜名。國朝皇統初，里耆老殷元命梵嚴寺僧善信及其徒真果主之。寺之廢久矣，柱礎之外，無復餘物。真稍葺堂屋以居。大定中，真之徒明玘嗣院事，頗以寺基迫隘爲嫌。行視寺後平岨，其上可剗治，乃乞地於韓順家而得之。凡役工五千有奇。而寺加廣，實倡於韓厚，而僧因爲之勸也。玘初刻《華嚴經》本數年，迨是而成。因大作水陸，以新經千部施，且燒二指爲供。誠意堅苦，爲人感動。韓厚者與其屬更爲起東西堂，繪像備焉。寺外直汾流，爲木石橋以便往來，然後寺事成。

明宣德刻本《祠山事要指掌集》卷首梅應發《重刊祠山事要指掌集序》 祠山香火遍天下，神之博厚高明悠久，幾與天地參。上而國家，下而士庶，禱而應，古而孚，捷於影響，功在社稷，澤在生民，赫聲濯靈，蓋盪蕩乎無能名也。自西漢廟食桐川，迄今壹千伍百餘載，海内之祈嚮者無虚日。每春仲誕辰，辦香駿奔者肩摩踵接，不絶於道。雖遐陬僻壤，小夫賤隸，莫敢不來享來王。其宏休偉績，所當鋪張揚厲，垂無窮而昭罔極也。桐郡舊有《顯應集》及《世家編年》，皆幾載事實之書。嘉熙己亥，三山周君秉秀館于郡齋，因閲《顯應集》，謂其先後不倫，遺闕弗補，而《世家編年》纂次鹵莽，載事多乖，於是作正訛以辨其失。仍取神之世系、封爵、靈迹、祠宇而次類，緝於八卷，卷爲一門，彙分序列，莫不該括。觀者一閲，瞭然在目，允謂得鈎玄機要之法矣。已亥而後三四十年間，後來之事無有續之者，遂成斷簡。及乙亥兵火，三書板皆焚燬散佚，無有存者。廟中古碑，或斷或棄或徙去，完者無從考校，皆以封爵告詞刻板于廟，今皆朽腐，靡有孑遺。後人欲求訪事跡，其何所從質乎？余竊謂：《指掌集》，祠山信史之綱領，今苟無傳，何以詔後？則此集不可以不續。《顯應集》中所載累朝封爵、告勑，與凡記刻祝文之類，暨古今留題神宇、讃頌神功見於詩詠者，允不容遺。於是會粹舊編，續其斷簡，分爲八卷。而告詞記祝之文，續爲第九卷。留題讃頌之詩，續爲第十卷。今是三者，裒爲全帙。祠山之事迹可以言備矣。然裒集非難，板行爲難。父老欲隨力分板，板計字，字紐費。里人陳氏友諒、章氏邦寧裒集衆資，督工鋟梓，因攷嘉熙已亥周君改創是集之原，與夫今兹重刊是集之因，歷敍其詳以著之編端云。元貞改元，歲在乙未，三月初吉，前中奉大夫梅應發謹序。

謝應芳《龜巢藁》卷一三《募朋友置十七史疏》 農有菑畬可盡耕鋤之力，儒無簡册曷資講習之功。借于人或誚爲癡，閲于市自亦可笑。切見某人，螢窻苦學，陋巷甘貧。十七史歷代之書擬求善本，數千載古人之事又欲周知。區區未遂其心，咄咄不離于口。割鷺股奈何無肉，刮龜毛安得成氈。雖君子存固窮之心，在朋友有通財之義。多助寡助，大書特書。便令載米家之舡，管取插鄴侯之架。知之者、好之者、樂之者相與講明，歲之餘、日之餘、時之餘儘教披玩。其爲感佩，奚可弭忘。當時以中統鈔題助者，趙師呂、蕭昭卿、王伯祥、王子芳、王仲德各一百貫，葛用中、王君壽、道士鄧混然各五十貫，祁塵外、蕭子璋、金君玉各廿五貫，僧琇玉林廿貫。命甥女婿周明舉詣集慶路，干託士友陳雲心買紙，儒學内印置，共作四百六十册。所用裝潢作料工直等費計二百貫，澹泊齋藏貯諸史。時至元五年，歲在己卯，余在鳴鳳王氏家塾，是書至至正丙午春因避兵寄藏金壇縣尹琇峯家，其子吾婿也。

謝應芳《龜巢藁》卷一三《勸募刊思賢録疏代張希尹作》 某伏覩故宋道鄉先生鄒忠公，常郡名賢，程門傳道，其一言一行，皆可爲天下法。若龜山楊公、了齋陳公、南軒張公、晦庵朱文公、丞相李忠定公諸賢，咸有贊述。宋季及元，郡守教官暨諸名士嘗爲表著祠墓之作，散諸四方者不一。龜巢老人謝某裒輯成編，名《思賢録》。然非鋟梓以傳，則忠公與諸賢之文辭將遂湮没，寧不惜哉。某比以楮版百片助之，其鋟刻之資，尚有望于好事君子。書成之日，庋置學宫，庶得以貽永久也。洪武十一年八月中秋日江陰張端。

謝應芳《龜巢藁》卷一三《刊龜巢摘藁代王尚絅作》 嘗觀石鼓之書，閲二千餘年剥落未盡，學者猶可得而傳焉。近代版刻亦類此。今吴中宗禮黄氏，欲以龜巢謝先生之詩鏤版而傳之，適以事阻，因循十年。敢用告諸君子與巢翁相知，請爲協力，以玉其成。夫巢翁之詩，多以忠孝節義形于詠歌，苟得刻木以廣其傳，于世教豈小補哉。

聶先《續指月録·凡例二十則》 虞山瞿幻寄先生《指月録》一書，先是嚴天池先生水月齋初刻，爲禪林秘寶，海内盛行。板經數易，後如破山禪師，翻刻東塔禪堂；具德禪師，兩鐫天寧、靈隱。甚至斗大茅庵，亦皆供奉；腰包衲子，無不肩攜。儒者談禪之書，未有盛於此本者也。但前録自七佛起，至六祖以下，凡十六世而止。宋孝宗隆興年後，隆杲諸老以下無傳焉。兹刻以隆興二年爲始，自十七世續起，迄今康熙十八年，三十八世而止。上下五百年，續佛慧命，靡敢或遺。【略】嚴天池水月齋原刻瞿本，每葉用十一行二十一字，海内翻本無不宗之。惟揚之天寧、杭之靈隱二刻，俱有句讀小圈，讀之甚便。且每葉板心，注每師名號三小字，更便查閲，兹刻遵之。是録也，海内名公尊宿共加參訂。其三十四世以前，凡有未經箬庵費隱覺浪白岩遠門所曾輯録者，一字不敢纂入。其三十五世以下，因諸老未有成書，逐一商酌。凡有未經刊行《語録》、《傳記》、《塔銘》，無可憑據者，一字不敢纂入。足稱考核精詳，源流有自，誠禪林之拱璧，法門之至寶也。是録起於丁巳春王，成於戊午長夏。鳩工始於嘉興楞嚴寺之藏經坊，終於維揚建隆寺之印經寮，繕稿於張劍園居士之般若閣。聶先樂讀識。

錢大昕《潛研堂文集》卷二七《跋平水新刊韻略》 向讀崑山顧氏、秀水朱氏、蕭山毛氏、毗陵邵氏論韻，謂今韻之併，始于平水劉淵，其書名曰《壬子新刊禮部韻略》，訪求藏書家，邈不可得，未審劉淵爲何許人，平水何地。頃吴門黄蕘圃孝廉得《平水新刊韻略》，元槧本，予假讀之。前載正大六年己丑季夏中旬，河間許古道真序，其略云：「平水書籍王文郁携新韻見頤庵老人曰：『稔聞先《禮部韻略》，或譏其嚴且簡，今私韻歲久，又無善本，文郁累年留意，隨方見學士大夫，精加校讎，又少添注語，不遠數百里，敬求韻引。』」是此韻爲文郁所定也。卷末有墨圖記二行，其文云「大德丙午重刊新本，平水中和軒王宅印」，是此書初刻于金正大己丑，重刻于元大德丙午，其云「中和軒王宅」或即文郁之後耶？其前列《聖朝頒降貢舉程式》，則延祐設科以後，書坊逐漸添入。又《御名廟諱》一條，稱英宗爲今上皇帝，可驗此書爲至治間印本也。又附《壬子新增分毫點畫正誤字》三葉，《壬子新雕禮部分毫字樣》三葉。此壬子者，未知其爲淳祐之壬子歟，當元憲宗時未有年號。抑皇慶之壬子歟？考正大己丑在淳祐壬子前廿有四年，而其時已併上下平聲各爲十五，上聲廿九，去聲三十，入聲十七，則不得云併韻始于劉淵。豈淵竊見文郁書而翻刻之耶？又其時南北分裂，王與劉既非一姓，刊板又不同時，何以皆稱平水？論者又謂平水韻併四聲爲一百七韻，陰時夫併上聲《拯》韻入《迥》韻，據此本則《迥》與《拯》等之併，平水韻已然矣。劉書既不可得見，此書世亦鮮有著録者，姑議所疑，以諗後之言韻者。

許序稱「平水書籍王文郁」，初不能解，後讀《金史·地理志》，平陽府「有書籍」。其倚郭平陽有平水，是平水即平陽也。史言「有書籍」者，蓋置局設官于此。元太宗八年，用耶律楚材言，立經籍所平陽，當是因金之舊，然則「平水書籍」者，文郁之官稱耳。劉淵亦題平水，而黄公紹《韻會》凡例又稱爲「江北劉氏」，平陽與江北相距甚遠，何以有平水之稱？是又可疑也。

錢大昕《潛研堂文集》卷三〇《跋重修政和證類本草》 宋成都唐慎微審元集《證類本草》三十卷，政和中上諸朝。詔中使楊戩總工刊寫，又命醫學提舉、入内醫官曹孝忠等校正潤色之，名曰《政和新修經史證類備用本草》。元初，平陽張存惠魏卿因龐氏刊本重加考訂，以寇宗奭《衍義》附之，原本圖像失真者，據所見更寫焉，題爲《重修證類本草》。刊成之時，歲在己酉，距金亡已十有六年，而存惠自記稱泰和甲子下己酉冬，猶有不忘故國之思。序之者，麻革信之；跋其後者，劉祁京叔，皆金源遺老，然則存惠亦奇士而隱于醫者也。

于敏中《天禄琳琅書目》卷一《宋版經部·周易一函，五册》 上、下經六卷，魏王弼注；《繫辭》以下三卷，晉韓康伯注；《周易略例》一卷，王弼著，唐邢璹注，俱唐陸德明音義，共十卷。是書不載刊刻年月，而字法圓活，刻手精整，且於宋光宗以前諱皆缺筆。又每卷末，詳記經註音義字數。宋版多此式，其爲南宋刊本無疑。

于敏中《天禄琳琅書目》卷一《宋版經部·監本纂圖重言重意互注點校毛詩二函，十册》 首《毛詩圖譜》，正文全録《漢·毛萇傳》、鄭康成箋，附唐陸德明音義，復加重言、重意、互注三例，共二十卷。朱彝尊《經義考》載《纂圖互注毛詩》二十卷，引陸元輔語曰：「此書不知何人編輯。鋟刻甚精。首之以《毛詩舉要圖》二十五，次之以《毛詩》篇目。其卷一至終，則全録大小序、毛傳、鄭箋、陸氏釋文，而采《左傳》、《三禮》有及於《詩》者爲互注。又標詩句之同者爲重言，詩意之同者爲重意。蓋唐宋人帖括之書也。」此本證以所言，雖無圖目，而體例適符。惟書中於篇目相同者爲重篇，詩句相似者爲似句，乃元輔所未及。蓋因書名未經標出，遂不加詳考耳。至其字畫流美，紙墨亦佳，信爲鋟本之精者。

于敏中《天禄琳琅書目》卷一《宋版經部・東萊家塾讀詩記二函，十六册》 宋吕祖謙著。三十二卷。第一卷爲《綱領》，卷二以下釋大小傳、經文，博引諸家注成之。朱子序。巾箱本，不載鋟刻年月。案陳振孫《書録解題》云：「自《公劉》以後，編纂已備，條例未竟，學者惜之。」是本《公劉》首章下識云：「先兄修是書至此終。自《公劉》次章訖終篇，則往歲所纂輯，未及刊定。今不敢損益，姑從其舊。」則此書乃其弟所校刊也。

于敏中《天禄琳琅書目》卷一《宋版經部・周禮二函，十二册》 漢鄭康成注，唐陸德明音義。十二卷。宋岳珂相臺書塾《刊正九經三傳沿革例》云：「世傳九經，自建、蜀、京、杭而下，有建余氏本，分句讀，稱爲善本云云。」此書每卷後或載余仁仲比校，或余氏刊於萬卷堂，或余仁仲刊於家塾，所謂建余氏也。句讀處亦與所言相合。又卷末各詳記經注、音義字數。點畫完好，紙色極佳。

于敏中《天禄琳琅書目》卷一《宋版經部・春秋經傳集解四函，三十二册》 晋杜預集解。三十卷。前自序，末附五代馮繼先《春秋名號歸一圖》二卷，無名氏《春秋年表》。諸卷末有木記，曰「相臺岳氏刻梓家塾」，或曰「相臺岳氏刻梓荆谿家塾」。爲長方、橢圓、亞字諸式，具大小篆、隸文。蓋南宋岳珂乃飛孫，本相州湯陰人，故以相臺表望。南渡後，徙常州，今宜興有珂父霖墓，故家塾以荆谿名。珂校刊九經三傳，著《沿革例》，讎勘最爲精覈。其辨析此書之言曰：「《春秋名號歸一圖》二卷，馮繼先撰。刊本多訛錯，嘗合京、杭、建、蜀本參校，有氏名略同，實非一人而合爲一者，有名字若殊，本非二人而析爲二者，有自某國適他國而前後互見者，有稱某公與某年而經傳不合者。或以傳爲經，或以注爲傳，或偏旁疑似而有亥豕之差，或行數牽連而無甲乙之别，若此類非一。今皆訂之經傳，勘其訛謬，且爲分行以見别書。若雜出於經傳與注，而止稱經或傳、注；散見於前後數年間，而止稱某公某年，蓋據始見而書之。廖本無《年表》、《歸一圖》，今既刊《公》、《穀》，併補二書，以附經傳之後。」

于敏中《天禄琳琅書目》卷一《宋版經部・春秋經傳集解二函，十五册》 晋杜預集解。三十卷。自序。相臺書塾《刊正九經三傳沿革例》云：「世所傳九經，有建余氏、興國于氏，二本皆稱其善。而廖氏以余氏不免誤舛，于氏未爲的當，合諸本參訂，爲最精。版行之初，天下寶之。」又云：「廖本《春秋》無《年表》、《歸一圖》。」此書每卷末有木記，曰「世綵廖氏刻梓家塾」，爲長方、橢圓、亞字諸式，具篆文、八分，而不載《年表》、《歸一圖》。蓋岳珂所稱者，即爲此本。考《中興藝文志》，載《世綵堂集》三卷，稱政和中，廖剛曾祖母與祖母享年最高，皆及見五世孫，剛作堂名「世綵」以奉之，士大夫爲作詩。又趙均《石蹟記》：「廖瑩中刻《世綵草帖》。」瑩中，名玉，號羣玉，爲賈似道客。」周密《癸辛雜識》載《賈廖刊書》一條云：「廖羣玉諸書，九經本最佳，凡以數十種比校，百餘人校正而後成。以撫州萆鈔紙、油煙墨印造。其裝褫，至以泥金爲籤，則其貴重可知矣。」

于敏中《天禄琳琅書目》卷一《宋版經部・五經一函，六册》 《易》、《書》、《詩》、《禮記》經文，《春秋左氏經傳》，不分卷。巾箱本。行密字展，朗若列眉。中「構」字闕筆，「慎」字、「瑗」字不闕，乃高宗時刊。上方列字音。近錫山秦氏仿宋刻巾箱九經，亦同此例。

于敏中《天禄琳琅書目》卷一《宋版經部・南軒先生張侍講孟子詳説一函，六册》 宋張栻著。七卷。前《癸巳孟子説序》、《講義發題》一則。按《序》：栻爲是書，始自戊子，成於癸巳，故以癸巳名書。而《講義發題》下注「戊子」，紀年寓意，序所云蓋將繼此而有考於異日也。《宋史・藝文志》載栻《孟子詳説》十七卷、《癸巳孟子説》七卷。《文獻通考》止載《孟子説》十七卷。此本正《癸巳孟子説》，而刻者誤冠「詳説」之名耳。然其標題，自屬宋款，密行疏字，精槧也。

于敏中《天禄琳琅書目》卷四《影宋鈔經部・周易輯聞一函，六册》 宋趙汝楳撰。六卷。前汝楳自序。考鏤版書籍，始於周顯德間，或據柳玭之言，以爲唐已有之。而刊行大備，要自宋始。其時監中官刻與士大夫家塾付梓者，校讎鐫鏤，講究日精，宇内流傳，罔不珍祕。及時代既更，漸至散佚。明之琴川毛晉，藏書富有，所貯宋本最多。其有世所罕見而藏諸他氏不能購得書，則選善手以佳紙墨影鈔之，與刊本無異，名曰「影宋鈔」。於是一時好事家皆争仿效，以資鑒賞，而宋槧之無存者，賴以傳之不朽。

彭元瑞《天禄琳琅書目後編》卷一《宋版首部・御題三禮圖一函，四册》 宋聶崇義撰。崇義，洛陽人。書二十卷，揭銜「通議大夫、國子司業兼太常博士、柱國，賜紫金魚袋臣聶崇義集注」，前有序。【略】是書《通志堂經解》亦翻刻。此槧法紙墨俱古，乃原刊也。書末識云：「《三禮圖》，始熊君子復得蜀本，欲以刻於學而予至，因屬予刻之。予觀其圖，度未必盡如古昔，苟得而考之，不猶愈於求諸野乎？淳熙乙未閏三月三日，永嘉陳伯廣書。」

彭元瑞《天禄琳琅書目後編》卷二《宋版經部・童溪王先生易傳二函，十二册》 宋王宗傳撰。宗傳，字景孟，寧德人。淳熙八年進士。書三十卷。揭銜

「迪功郎、前韶州州學教授王宗傳景孟撰」。前二十六卷上、下二經，後四卷《繫辭》上下傳。前有宗傳自序。第二十七卷前又序云：歲在戊戌，著《易》，計三十卷。其於《繫辭》、《序卦》、《雜卦》未暇也。越三載辛丑，蒙恩賜第還鄉，作《續傳》。然《續傳》僅有《繫辭》上下傳而止，其書終未成也。自序後有墨印三：一曰「大易發明」，一曰「建安劉日新宅鋟梓於三桂堂」，一曰「經學之寶」。又有林焞炳叔序，自稱與童谿生同方學同學，同及辛丑第。開禧更元，劉君日新將以《童谿易傳》膏馥天下後世。是書纂於孝宗朝，刊於寧宗朝，此其付梓時所序也。焞，字炳叔，寧德人，淳熙辛丑特奏名，官開化令。

彭元瑞《天祿琳琅書目後編》卷二《宋版經部·儀禮圖二函，十四冊》 宋楊復撰。復，字茂才，號信齋，福州人。【略】是本序後刻「崇化余志安刊於勤有堂」。按：宋版《列女傳》載「建安余氏靖庵刻於勤有堂」，乃南北朝余祖煥始居閩中，十四世徙建安書林，習其業二十五世。余文興以舊有「勤有堂」之名，號勤有居士。蓋建安自唐爲書肆所萃，余氏世業之，仁仲最著，岳珂所稱建余氏本也。

彭元瑞《天祿琳琅書目後編》卷二《宋版經部·禮記二函，十六冊》 鄭康成注，附《音義》。書二十卷。每卷末刻經若干字、注若干字、《音義》若干字。按：每卷有「余氏刊于萬卷堂」，或「余仁仲刊于家塾」，或「仁仲比校訖」。《九經三傳沿革例》云：九經本，自監、蜀、京、杭而外，有建余氏本，分句讀，世稱善本。仁仲，即其人也。

彭元瑞《天祿琳琅書目後編》卷二《宋版經部·司馬氏書儀一函，一本》 宋司馬光撰。十卷。分七門，曰表奏，曰公文，曰私書，曰家書，曰冠儀，曰昏儀，曰喪儀。前有刻書序，無名氏。按：書中「敦」字闕筆，乃光宗以後刻，其曰「歲壬子」即光宗之紹熙三年也。又刻墨圖記曰「傳槵書堂」，曰「稚川世家」，其人或葛姓也。近有影宋刻本，甚工細。按：其闕空，即從此本影出。

彭元瑞《天祿琳琅書目後編》卷三《宋版經部·春秋經傳集解四函，三十一冊》 杜預集解，附《音義》。書三十卷。【略】宋麻沙本，末刻印記云「謹依監本寫作大字，附以《釋文》，三復校正刊行，如履通衢，了亡窒礙，誠可嘉矣。兼列圖表於卷首，迹夫唐虞三代之本末源流，雖千載之久，豁然如一日矣。其明經之指南歟！以是衍傳，願垂清鑑。淳熙柔兆涒灘中夏初吉，閩山阮仲猷種德堂刊」。據此，則岳珂謂監本《釋文》自爲一書益信。而明代傳刻附入《釋文》者，皆沿麻沙而非宋監本之舊，宜字句之多舛耳。

彭元瑞《天祿琳琅書目後編》卷三《宋版經部·孝經一函，一冊》 唐明皇御注，附《音義》。書一卷。亦岳珂荆溪家塾刻。按：書中字與監本不同者，「諫争」、監本作「諫諍」。「哀慼」監本作「哀戚」。二條。

彭元瑞《天祿琳琅書目後編》卷三《宋版經部·論語一函，二冊》 魏何晏集解，附《音義》。書十卷。前鄭沖等序。每卷末印記「相臺岳氏刻梓」、「荆溪家塾」，或亞字形，或條印。其字，或小篆，或八分。蓋岳珂所刻。珂所著《沿革例》乃爲刊正《九經》、《三傳》而作，其家梓不獨《五經》也。

彭元瑞《天祿琳琅書目後編》卷三《宋版經部·孟子一函，六冊》 漢趙岐注，附《音義》。書十四卷。前岐題辭，岳珂荆溪家塾所刻。

彭元瑞《天祿琳琅書目後編》卷三《宋版經部·説文解字韻譜一函，五冊》 南唐徐鍇撰。鍇，字楚金，廣陵人。舉進士，官集賢殿學士。書五卷，依韻分部。前其兄鉉序。按鉉《騎省集》，尚有此書後序，未載。末有墨印「丙辰菖節，種德堂刊」。

彭元瑞《天祿琳琅書目後編》卷三《宋版經部·重刊許氏説文五音韻譜二函，十二冊》 漢許慎撰，宋徐鉉校定，李燾改編。慎，字叔重，汝南人，官太尉、南閣祭酒。鉉，字鼎臣，鍇之兄，南唐吏部尚書，入宋爲太子率更令。燾，字仁甫，號巽巖，丹稜人，紹興八年進士，累官數文閣學士，贈太師、温國公，謚文簡。書十二卷。前慎序、鉉《進表》、雍熙三年中書門下牒。按《文獻通考》，載李巽巖《説文五音韻譜序》極詳，《説文》部次始一終亥，此本始東終甲。序云：不免移徙叔重部叙，其書要自別行，兩不傷也。又云：書既成，未敢出，兹來遂寧，遇虞仲房，未是正，遂重刊刻云。是書雖無燾序，其部分實爲燾書。又燾以淳熙朝知遂寧府，書中注孝宗御名，實成書時初刻也。

彭元瑞《天祿琳琅書目後編》卷八《影宋鈔諸部·論語一函，三冊》 何晏集解，同前。每卷末有「盱郡重刊廖氏善本」方印，或亞字形。廖氏，即廖瑩中，世所傳世綵堂，最爲佳刻也。

彭元瑞《天祿琳琅書目後編》卷八《遼版經部·龍龕手鑑一函，六冊》 遼僧行均集。行均，字廣濟。書四卷。卷一平聲，列金字第一至知字第九十七；卷二上聲，列手字第一至泉字第六十；卷三去聲，列見字第一至句字第二十六；卷四入聲，列木字第一至襆字第五十九，共二百四十一部。每部又分別四聲，計二萬六千四百三十餘字，注十六萬三千一百七十餘字。前有遼僧燕山憫忠寺沙門智光字法炬序。

是書雖不載刊刻年月，而僧智光序稱統和十五年丁酉七月癸亥，當即是時所刊本。刻手精整，紙墨古澤。統和，遼聖宗年號，其十五年，宋太宗之至道三年也。

孫星衍《平津館鑒藏記書籍》卷一《宋版·附釋音毛詩注疏二十卷》 每卷又分卷數，首行大題下俱有小黑蓋子。共七十卷。次行題「鄘柏舟詁訓傳第四」。凡標題俱據卷一。此本卷一、卷二俱補寫，故據卷三題款。第三行題「毛詩國風」，空二字，題「鄭氏箋」，空二字，題「孔穎達疏」。每篇前俱載《詩譜》、《詩序》。凡詩俱連《詩序》寫，不另提行。前有孔穎達《毛詩正義序》、《詩譜序》，係後人鈔補。據岳珂《九經沿革例》云：「唐石本、晉銅版本、舊新監本、蜀諸本與他善本，止刊古注。建本、蜀中本，則附音於注文之下。」此本附釋音，當出於南宋閩中所刻。每葉廿行，行十七字，小字行廿三字。有明正德補刻葉。

孫星衍《平津館鑒藏記書籍》卷一《宋版·附釋音禮記注疏六十三卷》 題「國子祭酒、上護軍、曲阜縣開國子臣孔穎達等撰，國子博士兼太子中允、贈齊州刺史、吳縣開國男臣陸德明釋文」。前有《禮記正義序》，不題姓名。孔穎達序係後人鈔補。黑口版。每葉廿行，行十七字，小字行廿三字。有明正德、嘉靖時暨不注年代補刻葉。此本與故相國和珅翻刻宋本行款相同，惟彼本孔穎達序後有「建安劉叔剛宅鋟梓」木長印。此本原序已缺，無從考證。

孫星衍《平津館鑒藏記書籍》卷一《宋版·釋名八卷》 題「劉熙字成國撰」。前有劉熙《釋名序》，後題云「右《釋名》八卷。《館閣書目》云：『漢徵士北海劉熙字成國撰。推揆事源釋號，致意精微。』《崇文總目》云：『熙即物名以釋義，凡廿七目。』臨安府陳道人書籍鋪刊行」六十字。每葉廿行，行廿字。

孫星衍《廉石居藏書記》内編《纂圖互注春秋經傳集解三十卷》 右宋版《纂圖互注春秋經傳集解》三十卷。前杜預序，署陸德明《音義》附。序後有「紹定庚寅垂裕堂刊」印記。

黄丕烈《百宋一廛書録·説文》 此宋刻小字本《説文解字》，相傳以爲麻沙刻者，即此也。宋刻自第一下起至第七下第十葉半止，皆白紙，而印較先者；又第十四上至第十五下止，皆黄紙，而印稍後者，俱刻本，餘俱鈔補。曾借香嚴書屋中藏本勘之，纖毫無異，可知所補亦影宋矣。然此本與他本互有不同，即如香嚴本自一篇下至七篇下，與此非一槧。故段若膺先生曾作《説文訂》一書，取證於香嚴本，併青浦王述庵少寇本，亦時有不同也。王本余曾見之，通體皆黄紙印本，較後已遭俗人描寫，未及與此刻對勘。而香嚴本自二篇下至七篇下已外，皆合。余本缺火部一葉、水部二葉，皆依香嚴本足之。惟最後一葉，有「于二月江浙儒學」云云七字，雖其文不全，各本皆無之，亦足以資考核矣。大抵此書刻於宋，而修於元，故印本非一。世以麻沙宋刻爲不足寶貴，然歷時既久，又無別行「始一終亥」之本，故此槧足珍焉。

莫友芝《宋元舊本書經眼録》卷一《儀禮鄭注十七卷宋淳熙本》 每葉十六行，行十七字。注雙行，行字同。板心上端右並有「淳熙四年刊」五篆字。每卷末悉分記經、注字數。一卷首、十七卷尾，並有「松雪齋」、「趙孟頫印」、「海上醉六經齋藏書之章」三印。首又有「竹泉珍祕圖籍」、「敦淳珍藏」、「顧氏」二印。末又有「梁氏家藏」一印。一卷末又有謏聞齋主人楷書木記，凡百有七字。同治甲子署蘇松太道丁禹生日昌獲之上海肆中。乙丑五月三日，客道署，借讀審定，爲實事求是齋經籍之冠。

莫友芝《宋元舊本書經眼録》卷一《春秋經傳集解三十卷宋淳熙小字本》 每半葉十行，行大十八字，小二十二字。板心高今營造尺五寸弱。第三十卷後有楷書八行木記云：「僅依監本寫作大字，附以釋文，三復校正刊行。如履通衢，了亡窒礙處，誠可嘉矣。兼列圖表于卷首，迹夫唐虞三代之本末源流，雖千歲之久，豁然如一日矣。其明經之指南歟！以是衍傳，願垂清鑒。淳熙柔兆涒灘中夏初吉，閩山阮仲猷種德堂刊。」蓋閩阮氏種德堂書肆所刊，較巾箱本縱横稍闊寸許。其謂依監本寫作大字，知臨安舊有巾箱監本，因而小拓之也。戊辰春杪，蘇肆持售。首有「瑞南」朱文印。

于敏中《天禄琳琅書目》卷二《宋版史部·新唐書糾謬一函，四册》 篇目同前，缺吳元美後序。是書密行小字，體式與前部同，而筆畫較肥，亦間有訛字，蓋宋代翻刻之本。後缺吳縝《進表》一葉及吳元美後序，係本書所有而後經散逸者。《表》末六行，墨筆補書，而中仍缺一百三十四字，註明缺文。補書者，不知誰氏。書中頗有校正訛字之處，亦留心考古之士，惟所見非全本耳。

于敏中《天禄琳琅書目》卷二《宋版史部·唐宋名賢歷代確論二函，二十册》 一百一卷。無撰人姓名。宋陳振孫《書録解題》云：「《歷代確論》一百一卷，不知何人集。自三皇五帝以及五代，凡有論述者，隨世次編次。」又《宋史·

藝文志》載，《名賢十七史確論》一百四卷，不知作者。卷帙雖少異，意即是此書。其標題「唐宋名賢」，疑爲後人所加。然《宋志》有詹玠《唐宋遺史》，又有無名氏《唐宋名賢詩話》，蓋當時習有此稱。按：書中事涉宋主，皆空格；於宋諱，均有缺筆。且字畫刊印俱極工妙，信宋刻佳本也。

于敏中《天禄琳琅書目》卷二《宋版史部・古列女傳二函，八册》 漢劉向編。八卷。每傳有圖，晉顧愷之畫。【略】目録後刊「建安余氏印書」，中或稱「静庵余氏模刻」，或稱「余氏勤有堂刊」，即岳珂《九經三傳沿革例》所稱建余氏也。

于敏中《天禄琳琅書目》卷二《宋版史部・方輿勝覽四函，三十二册》 宋祝穆編。七十卷。吕午序，祝穆自序，祝洙跋，卷首有引用文集目一卷。書首有咸淳二年六月福建轉運使司禁止麻沙書坊翻版榜文。祝穆跋爲咸淳丁卯季春。丁卯，係咸淳三年。是書當是咸淳二年開雕，成於三年，因洙重訂是書，故禁坊間翻刻舊版。洙稱：先君子《方輿勝覽》行於世者三十餘年，版老字漫，遺工新之。重整凡例，分爲七十卷。又云：「元本拾遺，各入本州之下，新增五百餘條並標出。」是此書不盡爲祝穆之舊矣。

彭元瑞《天禄琳琅書目後編》卷四《宋版史部・史記十二函，六十册》 同上，目録後刻「嘉定六年歲在癸酉季夏，萬卷樓刊」。

彭元瑞《天禄琳琅書目後編》卷四《宋版史部・史記索隱四函，四十册》 唐司馬貞注。書一百三十卷。裴駰《集解序》，貞《補史記序》、《索隱序》二，《正義論例》、《謚法解》，末卷載「嘉祐二年，建邑王氏世翰堂鏤版」。前有刻書序，不著名氏，云「平陽道參幕段君子成求到善本募工刊行」，蓋重刊者也。

彭元瑞《天禄琳琅書目後編》卷四《宋版史部・前後漢紀四函，二十册》 《前漢紀》，漢荀悦撰。悦，字仲豫，潁陰人，獻帝時官祕書監侍中。《後漢紀》，晉袁宏撰。宏，字彦伯，陽夏人，太元初官東陽太守。各有自序，書各三十卷。末有紹興十二年汝陰王銍後序，稱「二書祥符中刊版錢塘，版廢幾百年，今始合二書，用諸家傳本校刻」，兩書合刻，由此始也。悦書本名《漢紀》，因合刻故以「前」別之。

彭元瑞《天禄琳琅書目後編》卷四《宋版史部・鮑氏國策二函，八册》 見前。按：前書小字本，此改爲大字本。彪序、兩志及曾、劉二序俱同，但注例僅兩行，餘脱佚。書末多李文叔書後一首。又王覺題云：治平初，得錢塘顔氏印本，脱誤失真。丁未歲，在京師，借館閣諸公家藏數本參校，十正其六七，會有求予本以開版者，因以授之。是此書宋原有兩刻也。末有「吴郡杜詩梓字」。

彭元瑞《天禄琳琅書目後編》卷四《宋版史部・隆平集一函，十册》 宋曾鞏撰。書二十卷。述太祖至英宗五朝君臣事蹟，鞏爲左史日撰進之書也。【略】前有紹興十二年趙伯衛序，稱當時頒付史館，副存於家，曾大父淄王昔典宗正，曾授此書，不敢顯祕，乃刻書時序也。伯衛，太祖八世孫。其曾大父淄王名世雄，熙寧中曾請營都宅以處疏屬，立三舍以訓學者，詔置兩京敦宗院，六宫皆建學。徽宗即位，以世雄於太祖之宗最爲行尊，襲安定郡王，知大宗正事。後贈太尉，追封淄王，謚恭憲。序後有篆文「董氏萬卷堂本」條記。

彭元瑞《天禄琳琅書目後編》卷四《宋版史部・十七史詳節十二函，一百册》 宋吕祖謙撰。書二百七十三卷。【略】蓋讀史節鈔，便記之書，建陽書坊以袖珍本陸續刊行，故每編標名不畫一。

彭元瑞《天禄琳琅書目後編》卷四《宋版史部・東萊先生晉書詳節二册，十二册》 見前。按：此本與前十七史全本正同，但標題微異。尺寸較寬大，每行多二字，卷一有「建安慎獨齋刊」一行，乃建陽書坊以前本翻刻者。

彭元瑞《天禄琳琅書目後編》卷四《宋版史部・宣和奉使高麗圖經一函，三册》 宋徐兢撰。兢，字明叔，歷陽人，官刑部員外郎。書四十卷。前有兢《進書序》，後附録張孝伯撰兢《行狀》、其從子蒧乾道三年刻書跋。按：兢在當時以書畫擅名。宣和六年，高麗入貢，請願得能圖者至國中。繼遣給事中路允迪報聘，兢方監元豐庫，以爲國信所提轄人船禮物官。兢還，上《高麗圖經》，召對便殿，賜同進士出身，擢知大宗丞事兼掌書學。徐蒧跋云：世傳是書圖亡書存，姑刻是留澂江郡齋。蓋蒧當乾道時權發遣江陰軍主管學事，録留江陰者也。

莫友芝《持静齋藏書記要》卷上《東都事略一百三十卷》 宋王偁撰進。宋眉州刊本。半頁十二行，行二十四字。目録卷尾有楷書二行木記云：「眉山程舍人宅刊行，已申上司，不許覆板。」初印，極精好，薄綿紙，四端甚寬。此書康、雍間有覆本，亦可，對此便無足觀。有薛紹彭、劉涇二印。首有陳鱣録《讀書敏求記》及鱣圖像印。又經藏上海郁氏宜稼堂。偁，眉州人，故其鄉里首爲刊板。此本紙墨之善，與《綱目》巨編，皆海内所希見，史部之甲乙也。

傅以禮《華延年室題跋》卷上《石林奏議》 右《石林奏議》十五卷，宋葉夢得撰。夢得有《春秋傳》、《四庫全書》已著録。此書前有自序，末有跋尾，已殘闕，乃其子模所編録。開禧二年，從孫箋刻於台州。

陸心源《儀顧堂題跋》卷二《宋槧蔡琪一經堂本後漢書跋》 《後漢書》一百二十卷。帝紀存卷一下至卷十下，志存卷四至卷九、卷二十三至三十，列傳存一至四十八。皆題宋宣城太守范曄撰，唐章懷太子李賢注。小題在上，大題在下。每頁十六行，每行十六字。小字雙行，每行二十一字。闌外有篇名。宋諱有缺筆，有不缺筆，至甯宗諱止。蓋嘉定戊辰建甯書鋪蔡琪純父一經堂刊本。

繆荃孫《藝風藏書記》卷四《史學·新唐書二百二十五卷》 宋刊本。本紀表志題「翰林學士兼龍圖閣、朝散大夫、給事中、知制誥、充史館修撰、判秘閣臣歐陽修奉敕撰」，列傳題「端明殿學士兼翰林侍讀學士、龍圖閣學士、朝請大夫、守尚書吏部侍郎、充集賢殿修撰臣宋祁奉敕撰」。大題在下，每半葉十行，每行十九字。白口。目後有牌子，云「建安魏仲立宅刊行，士大夫幸詳察之」行書兩行，是南宋閩本。惟英宗以上諱闕維謹，英宗以下不避，從北宋本出也。

錢謙益《有學集》卷四六《抱朴子》 《抱朴子内篇》二十卷。宋紹興壬申歲刻，最爲精緻。其跋尾云：「舊日東京大相國寺東榮六郎家見寄居臨安府中瓦南街東開印輸經史書籍鋪，今將京師舊本《抱朴子内篇》校正刊行」。此二行五十字，是一部《東京夢華録》也。老人撫卷，爲之流涕。

于敏中《天禄琳琅書目》卷二《宋版子部·嘯堂集古録一函，二册》 宋王俅撰。分上下二卷。首宋李邴序，後宋曾機跋。【略】此書邴序稱，與俅父同鄉，又爲同年進士，則俅之家聲里閈約略可知。俅於邴爲後進，成書時當在南渡以後。書末有跋，其署名處闕去。考宋版翻刻本，乃淳熙丙申廬陵曾機所撰跋，中稱是書最爲後出，奇文名蹟，自商及秦，凡數百章，尤爲精夥，初不曉其前晦而今見。因得其録版，試摘所藏邵康節秦權篆銘較之，毫髮不舛，益信子弁哀類之不妄。敬書於後，且掇古人所爲觸物存誠之意以記之云云。丙申，爲宋孝宗淳熙三年，去紹興間未遠。曾機，無考，當亦好古博雅之士也。

于敏中《天禄琳琅書目》卷二《宋版子部·容齋三筆一函，四册》 宋洪邁著。十六卷。邁自序。【略】此《三筆》自序成於慶元二年，凡二百四十八則，目録後記「臨安府鞔鼓橋南河西岸陳宅書籍鋪印」。考《杭州府志》，鞔鼓橋，屬仁和縣境，今橋名尚沿其舊，與洪福橋、馬家橋相次，在杭州府城内西北隅。按魏了翁《鶴山集·書苑菁華序》云：臨安鬻書人陳思，集漢魏以來論書者爲一編，最爲該博。又《南宋六十家小集》，亦陳思彙編，書尾皆識「臨安府棚北大街陳氏書籍鋪刊行」。方回《瀛奎律髓》載：陳起，睦親坊開書肆，自稱陳道人。起，字宗之，能詩，凡江湖詩人皆與之善，嘗刊《江湖集》以售。時又有賣書者號「小陳道人」。據此，則當時臨安書肆陳氏多有著名，惟陳思在大街，陳起在睦親坊，即今弼教坊，皆非鞔鼓橋之書鋪也。

于敏中《天禄琳琅書目》卷二《宋版子部·南華真經二函，十册》 周莊周撰，晉郭象注，唐陸德明音義。十卷。宋晁公武《郡齋讀書志》曰：「按《漢書·志》，書本五十二篇，晉向秀、郭象各爲三十三篇：《内篇》七、《外篇》十五、《雜篇》十一。唐世號爲《南華真經》。」又宋戴埴曰：「今之刊印小册，謂巾箱本，起於南齊衡陽王鈞手寫《五經》，置巾箱中。賀玠曰：『家有墳素，何須蠅頭細書？』答曰：『檢閱既易，且手寫不忘。』諸王從而效之。古未有刊本，雖親王亦手自鈔録，今巾箱刊本，無所不備。」是宋時巾箱本盛行於世。此書版高不及半尺，較之經部中《五經》及《東萊家塾詩記》尺寸尤縮小，而字畫倍加纖朗，紙質墨光亦極瑩緻，乃巾箱本之最佳者。

彭元瑞《天禄琳琅書目後編》卷五《宋版子部·家語一函，五册》 魏王肅注。肅，字子雍，東海人。官中領軍、散騎常侍，謚景侯，《三國志》有傳。書十卷，四十四篇。前有肅序，末載「歲甲寅端陽望，吴時用書，黄周賢、金賢刻」。考《四庫全書總目》，有《二十六家唐詩》，款亦同，疑爲明書賈而别無實證。此書中「祺」字闕筆，避宋度宗嫌名，似咸淳年刻。然咸淳起乙丑盡甲戌，中無甲寅年。其槧法特精好，印記古澤，難斥爲近刻也。

彭元瑞《天禄琳琅書目後編》卷五《宋版子部·新纂門目五臣音注揚子法言一函，四册》 見前，李軌、柳宗元、宋咸、吴祕、司馬光，標「五臣」，用《文選》例也。前有光《注揚子序》。序後刻記「謹將監本寫作大字刊行，校證無誤，專用上等好紙印造，的與他本不同，收書賢士幸詳鑒焉。崇川余氏家藏」云云。蓋南宋坊本，而字畫槧法俱精工。

彭元瑞《天禄琳琅書目後編》卷五《宋版子部·論衡二函，二十册》 漢王充撰。充，字仲任，上虞人。《後漢書》有傳，仕履詳自記。書三十卷，八十五篇。前有慶曆五年楊文昌序，稱幼好是書，得俗本七，率止十七卷，其一程氏四齋貯彭乘校本，又得史館本二，各三十卷，乃季東前所校，爲校正塗注一萬一千二百五十九字。募工刊印，庶傳不泯。其校刊之功可謂勤矣。

彭元瑞《天禄琳琅書目後編》卷五《宋版子部·畫繼一函，二册》 宋鄧椿撰。

椿，字公壽，雙流人，洵武之孫。書五卷，分聖藝、侯王貴戚、軒冕才賢、巖穴上士、縉紳韋布、道人衲子、世冑婦女，宦者附。皆以人分，得二百十九人。又仙佛鬼神、人物傳寫、山水林石、花竹翎毛、畜獸蟲魚、屋木舟車、蔬果藥草、小景雜畫，皆以畫分。又銘心絶品、雜説論遠，雜説論近共二十門。前有乾道三年椿自序。附《五代名畫補遺》二卷，分人物、山水、走獸、花竹翎毛、屋木、塑作、彫木七門。前有嘉祐四年陳洵直序。據陳振孫《書録解題》，乃大梁劉道醇撰也。序後有「臨安府陳道人書籍鋪刊行」字。按方回《瀛奎律髓》注云：陳起，睦親坊開書肆，自稱陳道人。又云：陳起宗之，能詩，凡江湖詩人皆與之善，刊《江湖集》以售。宗之詩有云「秋雨梧桐皇子府，春風楊柳相公橋」，哀濟邸而誚彌遠也。或嫁其語於敖器之，言者論列，劈《江湖集》版，宗之坐流配。於是詔禁士大夫作詩。彌遠死，詩禁始解。事亦見周密《齊東野語》。

彭元瑞《天禄琳琅書目後編》卷五《宋版子部・書苑菁華》一函，六册 宋陳思撰。思，臨安人。著《小字録》。前自署「成忠郎、緝熙殿國史實録院祕書省蒐訪」，蓋坊肆書賈系銜散局者。其子起，刊《江湖集》，事見前書。二十卷，分書法、書勢、書狀、書體、書旨、書品、書評、書議、書估、書斷、書録、書譜、書名、書賦、書論、書記、書表、書啓、書牋、書判、書書、書序、書歌、書詩、書銘、書贊、書叙、書傳、書訣、書意、書志、雜著二十門。前有魏了翁序，稱爲臨安鬻書人陳思，故不署名，但稱鶴灘翁題也。

彭元瑞《天禄琳琅書目後編》卷五《宋版子部・纂圖互注六子全書》四函，二十四册 老子《道德經》四卷，漢河上公章句，注釋，前有葛玄序、《老氏聖紀圖説》、《混元三寶圖》、《初真内觀静定圖》、《金丹圖》。列子《沖虛至德真經》八卷，晉張湛注，唐殷敬順釋文，前有湛序，劉向校上奏。莊子《南華真經》十卷，晉郭象注，唐陸德明音義，前有象序、《莊子太極説》，附《周子太極圖》。《荀子》二十卷，唐楊倞注，前有倞序、《欹器圖》、《天子大路圖》。揚子《法言》十卷，晉李軌、唐柳宗元注，宋宋咸、吴祕、司馬光重添注，前有咸序及《進表》、光《注揚子序》、《渾儀圖》、《五聲十二律圖》。文中子《中説》十卷，宋阮逸注，前有逸序、《文中子纂事》，後有杜淹撰《文中子世家》，録唐太宗與房、魏論禮樂事，王福畤記《東皋子答陳尚書書》，録關子明事，王氏家書雜録。書首有景定元年龔士卨序。

建陽麻沙本《揚子》序後有印記，「本宅今將監本四子纂圖、互注附入重言、重意，精加校正，並無訛謬，謄作大字刊行，務令學者得以參考，互相發明，誠爲益之大也。建安空三字。謹咨」。蓋南宋坊刻《九經》皆有纂圖、互注本，此亦如之。其互注皆標白文，圖亦寥寥，至以《莊子》書有太極語，便以《周子太極圖》附之，更爲牽引。但諸書皆古注，闕筆極爲謹嚴，則固宋本之真確者。龔序但言五子，不及《文中》一字，則坊賈謬取以冠首也。

孫星衍《平津館鑒藏記書籍》卷一《宋版・纂圖互注揚子法言十卷》 題「晉李軌、唐柳宗元注」。次行題「聖宋宋咸、吴祕、司馬光重添注」。前有宋咸《重廣注揚子法言序》，景祐四年宋咸《進法言表》，司馬温公《注揚子序》、《渾儀圖》、《五聲十二律圖》。重意、重言，互注俱用黑蓋子别出。黑口版。每葉廿二行，行廿一字。宋咸序後有「本宅今將監本四子纂圖互注附入重言重意，精加校正，竝無訛謬，謄作大字刊行，務令學者得下損」木長印。

孫星衍《平津館鑒藏記書籍》卷一《宋版・本草衍義二十卷》 題通直郎添差充收買藥材所辨驗藥材寇宗奭編撰。前有政和六年十二月二十八日付寇宗奭劄，後題「宣和元年月本宅鏤板印造，姪宣教郎知解州解縣丞寇約校勘」。書本二十卷，目録作十七卷，未知其故。黑口版。每葉廿四行，行廿一字。

孫星衍《平津館鑒藏記書籍》卷一《宋版・疑龍經一卷》 題唐國師楊筠松撰。《疑龍》三篇，後附《疑龍十問》、《衛龍篇》、《變星篇》。又《補遺》下有長木印記云：「《龍經》一書，刊行久矣。今得贛本，於《疑龍》、《變星》之外，又有《斷制粹言》及《形穴》所屬星象，議論尤爲詳備，併刊於後」云云。黑口版。每葉廿八行，行廿五字。

黄丕烈《百宋一廛書録・荀子》 《讀書敏求記》所載《荀子》有二本，其一爲淳熙八年六月吴郡錢佃，得元豐國子監本，併二浙、西蜀諸本參校，刊於江西計臺本；其二爲吕夏卿重校本，從宋刻摹寫者。予嘗見香嚴書屋影宋鈔本，字大悦目，不殊遵王所言。後得此刻，即所謂吕夏卿重校本也。每葉十六行，行十六字，非特板刻之精，且裝潢絶妙。從汙壞破損之後，而精加補綴，幾不知其曾經遭劫者。是書出任蔣橋顧氏。相傳其家裝潢匠爲孫有年，每日工銀二星，或一日補一蛀痕，亦不加促迫，故能心細手和如是，此即孫某所爲也。

吴壽暘《拜經樓藏書題跋記》卷四《本草衍義》 《本草衍義》二十卷。每葉二十四行，行二十一字。首行題「本草衍義卷之一」，次題「通直郎添差充收買藥材所辨驗藥材寇宗奭編輯」。首張缺前半頁，後半頁第一行「聖旨寇宗奭特與轉壹官，依條施行，添差充收買藥材所辨驗藥材」，二行「右劄付寇宗奭」，三行「政和六年十二月二十八日」，五行「宣和元年月本宅鏤版印造」，六行「姪宣教郎知解州解縣丞寇約校勘」。紙墨古雅，有「汪文柏」、「柯庭」、「休寧汪季青家藏書籍」圖記。面頁題「摛藻堂藏」。

莫友芝《宋元舊本書經眼録》卷一《皇朝仕學規範四十卷宋淳熙三年本》　每葉二十四行，行二十五字。句讀有小圈，並圈發異讀字之四隅。其葉數通八卷爲一起，蓋是元分五册裝。紙墨精絜可愛。張功甫自序，刻此書在淳熙丙申四月，蓋即張氏自刻初印本也。

莫友芝《宋元舊本書經眼録》卷一《鹽鐵論十卷宋本》　漢桓寬撰。每半葉九行，行十八字。第十卷末葉有「淳熙改元錦谿張監税宅善本」二行楷書木記。紙墨亦精雅。卷首有馮武題識云：「先太史藏書萬卷，子孫不能讀，且不知愛惜，即宋元精板嘉書，盡化爲蝴蝶飛去，吾能無念乎？茲《鹽鐵論》十卷，相傳宋版末有『淳熙改元錦谿張監税宅善本』等字，余素愛寶之，不敢批點。又得副本，遂以此贈平原文虎道兄。因文虎文墨筆硯之好與吾同病，在環堵中，無異於別館也。時己巳年暮春，河漢馮武謹識。」乙丑春，上海市出，豐順丁禹生觀察所收。暇當取家藏明本一校。

莫友芝《宋元舊本書經眼録》卷一《文場資用分門近思録二十卷近思後録十四卷宋本》　海寧查氏藏本，蓋南宋末坊刊。朱子序後有「建安曾氏刊於家塾」二行木記。【略】唯其刊印精雅，即坊刻乃勝明。隆萬以還，江河日下，有即梓匠一端可以觀者。己巳二月識。

潘祖蔭《滂喜齋藏書記》卷二《宋刻殘本翻譯名義二卷四册》　題姑蘇景德寺普潤大師法雲編。僅存第一、第二兩卷。前有紹興丁丑一序，而脱去首葉。證以支那本，知爲周敦義序也。板心有開經人名字，皆斷爛，其可辨者有云「僧法願施印經本，錢開、葉慧承糺看心經，信人錢開、張浩答四恩三有」、卷一。「馬珪開報四恩」，卷二。僅三四葉耳。第一卷後題：「宋太尉宅施錢十四貫足助開此集，增添福慧，東掖白蓮教院住持與咸喜遇翻譯名義回施五貫，助集流通，開元寺都僧正普照大師智燈施錢開集二版，比丘净行□遂各開一版，并用莊嚴净土比丘祖輝等回施蓮華净社剩十七貫足助開此集，傳法寺比丘尼彦楷施五貫足，常熟縣明淨庵淨人蘇彦億募錢十二貫足，各隨施主，願心如意。」第二卷後題：「平江府寧國寺西面南居住弟子沈貴、□□□□梵懃各施錢五貫文足。」下佚。

潘祖蔭《滂喜齋藏書記》卷二《宋刻殘本妙湛和尚偈頌一卷二册》　題侍者擇朋顯潤録。中有與陳了翁詩，則南渡前僧也。板心有「頌五」二字，卷末有心空跋。全書當衹五卷，而此爲最後一卷也。心空跋云：「興化軍莆田縣信女方□氏，十八，捨財二百貫足，福州閩縣信士鄭琠與室郭氏錢二百貫。文同刊妙湛和尚語録□□□。餘資添助印施普願見聞，發明心地，同証菩提。紹興壬戌冬至日校對。比丘心空題。」「語録」下脱三字，當是記卷數，爲書估剜去，以掩殘缺之迹。每葉二十行，行十八字。舊藏雲間莫氏。卷尾題字云：「莫雲卿氏城南精舍藏書。」

李希聖《雁影齋題跋》卷一《太平惠民和劑方十卷宋本》　此本得自日本，故無收藏家印記，亦無刊刻年月。但題云「建安雙璧陳氏留耕書堂刊行」，蓋閩本也。余嘗謂醫書最宜校讎，一字之訛，關人性命。虞山張氏據元本刻入《學津討原》，渤海高氏刻入《續知不足齋叢書》。余以兩本對勘，異同甚多，惜無盧抱經、顧千里其人耳。此書在宋時風行天下，自朱丹溪《局方發揮》出，其傳遂微，然固與《聖濟總録》道光中揚州刻本及日本刻本，均二百卷。《四庫》所收，僅二十六卷。同爲方書之淵海，所宜家置一編者也。

于敏中《天禄琳琅書目》卷三《宋版集部・新刊詁訓唐昌黎先生文集六函，三十二册》　唐韓愈著，宋韓醇詁訓。《正集》四十卷，《外集》十卷，《遺文》一卷，共五十一卷。前載唐李漢序。是書惟卷一下標「臨邛韓醇」四字，前後俱無序跋。考之《宋史》，不載醇傳。按：宋刊《五百家詁訓昌黎文集》列諸儒名氏，載醇，字仲韶。又《詁訓柳宗元集》，亦出醇手。書後有醇記，作於宋孝宗淳熙丁酉，稱世所傳昌黎文公文，雖屢經名儒手，余昔校以家集，其舛誤尚多有之，用爲之詁訓云云。則醇爲愈之裔可知。其家在臨邛，當即爲蜀中所刊。宋葉夢得以蜀本在建本之上，觀此書字精紙潔，刻印俱佳，夢得所言，洵不誣也。

于敏中《天禄琳琅書目》卷三《宋版集部・新刊五百家注音辨昌黎先生文集四函，三十二册》　唐韓愈著，《正集》四十卷，《外集》十卷，宋魏仲舉集注。前載《引用書目》一卷，《評論詁訓音釋諸儒名氏》一卷，《韓文類譜》七卷。《宋史・藝文志》及宋馬端臨《文獻通考》皆不載是書，書中亦無纂集人名氏，惟《正集》目録後有木記曰「慶元六禩孟春，建安魏仲舉刻梓于家塾」，應即爲仲舉集注。當時係韓、柳並刊，《柳集・引用書目》中載仲舉，名懷忠。按：宋人刻梓家塾之書，多有款識，如宋版《春秋經傳集解》二部，一曰「相臺岳氏刻梓家塾」，一曰「世綵廖氏刻梓家塾」，皆有木記，亦此例也。韓、柳二集，其所引書係合爲一目，標曰《韓柳先生文集引用書目》，有後一部可證。此本挖去「韓柳」二字，改爲「昌黎」，乃書賈未得《柳集》，因而僞爲。

于敏中《天禄琳琅書目》卷三《宋版集部・新刊詁訓唐柳先生文集六函，六十六册》 唐柳宗元著，宋韓醇詁訓。《正集》四十五卷，《外集》上、下二卷，《新編外集》一卷，共四十八卷。前載唐劉禹錫序、宋王咨序，後醇自記併附録宋穆修後序。是書與前《韓愈文集》體例版式相同，後有醇記。王咨爲之序，稱本朝古文始自河南穆修伯長，寔宗韓、柳。韓之文定於諸鉅公之手，而《柳集》亦經伯長是正。胥山沈晦復相讎正，比伯長加詳，然其機杼源委，要未呈露。仲韶先注釋《韓集》，學者争傳其書，而斯文加密，非仲韶發之，孰窺其祕云云。是醇注愈集既就，已先版行，後又注宗元集付刊，悉仿愈集之式，以二書合而並傳，故宗元集後有記，而愈集後無記也。

于敏中《天禄琳琅書目》卷三《宋版集部・六家文選六函，六十一册》 篇目同前。此書與前四部别爲一版，亦未載刊刻年月，惟昭明序後有「此集精加校正，絶無舛誤，見在廣都縣北門裴宅印賣」木記。考《一統志・四川統部表》，載益州蜀郡，東晉分成都，置懷寧、始康二郡。又分廣都縣，置寧蜀郡。是廣都縣之稱，得名最古。宋時鏤版，蜀最稱善。此本字體結構精嚴，鐫刻工整，洵蜀刊之佳者。木記應是當時裴姓書肆所標，亦廖氏世綵堂之例也。

于敏中《天禄琳琅書目》卷三《宋版集部・玉臺新詠一函，二册》 陳徐陵撰。十卷。前陵序，後宋陳玉父序。永嘉陳玉父後序稱：《玉臺新詠集》十卷，幼時至外家李氏，於廢書中得之，舊京本也。版有刓者，欲求他本是正，多不獲。嘉定乙亥，始從人借得豫章刻本，纔五卷。又聞有石氏所藏録本，復求觀之，以補亡校脱，於是其書復全云云。考乙亥，爲宋寧宗嘉定八年。所云舊京本，當爲北宋時所遺，而此乃重刊于南宋者。陳玉父無考。按：宋永嘉陳埴、陳宜中諸人，或以道學稱，或以風節著，則知永嘉陳氏係宋望族。玉父之刻是書，讎校周詳，摹刻精好，亦可謂深於好古、不隕家聲者矣。

于敏中《天禄琳琅書目》卷三《宋版集部・唐文粹四函，四十册》 宋姚鉉撰。一百卷。後宋施昌言序。【略】此乃臨安孟琪所刊，爲《文粹》一書初刻本。宋仁宗寶元二年，吴興施昌言後序稱「卷帙浩繁，人欲傳録，未易爲力。臨安進士孟琪，代襲儒素，家富文史，爰事摹印，以廣流布。觀其校之精，寫之工，鏤之善，勤亦至矣。若夫述作之旨，悉於前序」云云。前序蓋鉉自述，今已闕，亦無目録。而相其紙墨，寔爲北宋初印。

于敏中《天禄琳琅書目》卷三《宋版集部・選青賦箋一函，四册》 十卷。無撰人姓氏。《宋史・藝文志》及《文獻通考・經籍考》皆不載是書。卷中所録，盡當時省試之作，目録後有「建安王懋甫刻梓於桂堂」木記，乃書賈所輯以版行者。如陳振孫《書録解題》謂《指南賦箋》五十五卷、《指南賦經》八卷，皆書坊編集，即係此類。小版細書，作巾箱本，其製甚精，亦宋時佳槧，足供祕玩者也。

彭元瑞《天禄琳琅書目後編》卷一《宋版首部・御題增廣注釋音辨唐柳先生集四函，三十二册》 唐柳宗元撰，宋童宗説注釋，張敦頤音辨，潘緯音義。【略】宋麻沙本。按：《柳集》在宋凡六刻，一穆修宋大字本爲最初，後多承用。一元符小字本。一曾丞相家本。一晏元獻家本。一四明新本，政和四年沈晦刻。一柳州舊本，紹興四年李褫刻。與此本而七。今通行乃明鐫，卷帙音注皆照此本，而舛誤特甚。此雖未知較北宋四刻及南渡後二刻爲何如，而精審足寶。

彭元瑞《天禄琳琅書目後編》卷六《宋版集部・集千家注分類杜工部詩四函，二十四册》 宋徐居仁編次，黄鶴補注。《詩集》二十五卷，末附《文集》二卷。【略】卷首有「廣勤書堂新刊」字，及墨印二：曰「三峰書舍」，鐘式；曰「廣勤堂」，鑪式。建陽書肆梓。

彭元瑞《天禄琳琅書目後編》卷六《宋版集部・常建詩集一函，一本》 唐常建撰。建，里貫無考。開元十五年進士，官盱眙尉，見陳振孫《書録解題》。書二卷。計詩五十七首。上卷末刻「臨安府棚北大街睦親坊南陳宅刊印」，即陳道人書坊也。《唐書・藝文志》載建集一卷，《書録解題》尚仍之。此本乃陳起宗之書肆所鐫，作二卷，蓋其所分。近毛晉汲古閣所刊乃三卷，其爲元明人所分，不可考矣。

彭元瑞《天禄琳琅書目後編》卷六《宋版集部・韋蘇州集一函，三册》 篇目同上，後有熙寧九年葛蘩後序，稱昌黎韓公知蘇州事，得晁文元家藏《韋氏全集》，俾僚屬賓佐參校而終於蘩，鏤版傳之。後列銜三人，長洲尉王昌彦、州學教授霍漢英，而蘩則知吴縣事也。又紹興昭陽作噩姚寬《書蘩校韋蘇州集後》一。又乾道辛卯平江府學教授胡觀國跋一，崔敦禮跋二，皆稱丞相觀文魏公守平江，鏤版以傳，署曰「重刊」。蓋即葛蘩所校本也。丞相魏公，乃魏杞。乾道六年，以參知政事、右僕射罷授觀文殿學士、知平江府。大字本。「建安楊氏」，明大學士楊榮家。後爲常熟毛氏、檇李項氏藏。

彭元瑞《天禄琳琅書目後編》卷六《宋版集部·孫可之文集一函，二册》　唐孫樵撰。樵，字可之，又字隱之，里貫無考。大中九年進士，廣明中授職方郎中。書十卷。得文三十五篇。目録後刻「大宋天聖元年戊辰，祕閣校理仲淹家塾」字。考宋仁宗天聖元年，歲在癸亥，戊辰乃六年也。其字畫濃重，與通部不同，蓋書賈增印作僞。然此書今所行毛晉汲古閣刻本跋云「王鏊從内閣鈔出」，則近代無刻本，信矣！

彭元瑞《天禄琳琅書目後編》卷六《宋版集部·寒山子詩集一函，一册》　唐釋寒山子撰。寒山子，天台廣興縣僧，居寒巖時，還往國清寺。書一卷。計詩三百十三首。前有閭邱允序，附豐干詩二首，拾得詩五十六首，皆國清寺僧，亦有閭邱允録宋時所稱《三隱集》也。是書明新安吴明春有刻本。是本宋諱闕筆，雕手古雅。汲古閣所藏。

彭元瑞《天禄琳琅書目後編》卷六《宋版集部·增刊校正王狀元集注分類東坡先生詩四函，二十四册》　同前，惟王、趙二序互易次第，《姓氏》後有篆書條記「建安虞平齋務本書坊刊」。版式尺寸相同，而另是一刻，故加「增刊校正」字樣。

彭元瑞《天禄琳琅書目後編》卷七《宋版集部·六家文選四函，三十二册》　篇目同前。昭明序後刻記「此集精加校正，絶無舛誤，見在廣都縣北門裴宅印賣」，書末刻記「河東裴氏考訂諸大家善本，命工鋟於宋開慶辛酉季夏，至咸淳甲戌仲春工畢。把總鐫手曹仁」。是書自王氏外，凡朱氏、潘氏、顧氏，皆雲間收藏家。

彭元瑞《天禄琳琅書目後編》卷七《宋版集部·真文忠公續文章正宗二函，十二册》　宋真德秀撰。書二十卷。分論理、叙事、論事三門，所録皆宋人歐陽修、王安石、曾鞏、蘇軾、曾肇、張耒、李覯、黄庭堅、晁補之、秦觀、張景、蘇轍、劉攽之文。其第二十卷有録無書。前有咸淳丙寅天台鄭圭、金華倪澄二序，稱本未脱藁，宏齋梁公得於先生家庭。二人繙校整比，取正梁公，凡三月而藁具鋟梓，又四月而畢工云。

彭元瑞《天禄琳琅書目後編》卷七《宋版集部·韵語陽秋一函，四册》　宋葛立方撰。立方，字常之，丹陽人。紹興八年進士，官至吏部侍郎。書二十卷。前有乾道元年徐林序，列銜「敷文閣直學士、左朝議大夫致仕」，於立方爲中表兄弟。後有隆興二年立方自題。又乾道二年沈洵後序，云公既殁，或請其書鏤版以行世。蓋隆興甲申立方書成而卒，次年林爲刊行之。

孫星衍《廉石居藏書記》内編《韓昌黎文集四十卷》　右《韓昌黎文集》四十卷，稱《朱文公校昌黎先生集》。題「晦菴先生考異，留畊王先生音釋」。前有王伯大序，蓋伯大寶慶三年刻於劍州。又有序不署名，云：「南安韓文，出莆田方氏，近世號爲佳本。予於此書，姑考諸本之異同而兼取之。」此蓋麻沙坊版，甚精致，不必以改朱晦菴考異舊例爲嫌也。

孫星衍《平津館鑒藏記書籍》卷一《宋版·朱文公校昌黎先生文集四十卷》　題「晦庵朱先生考異，留耕王先生音釋」。目録一卷，題「李漢編集」。前有朱文公《韓文考異序》闕末葉。寶慶三年王伯大序，闕首二葉。諸家姓氏，李漢序，汪季路書，朱文公校集凡例。末有題識云「右凡例十二條，乃南劍官本所載。按：朱文公校《昌黎集》，又著《考異》十卷，在正集之外自爲一書。留耕王先生倅南劍時，併將《考異》附於正集本文之下，以便觀覽。又集諸家之善，更定音釋，猶未附入正集，仍於逐卷之左，空其下方以待竄補。今本宅所刊，係將南劍州官本爲據，併音釋附正集焉，使觀者一目可盡」云云。此刻又當在寶慶後矣。末附《遺文》一卷，《集傳》一卷。黑口版。每葉廿六行，行廿三字。

黄丕烈《百宋一廛書録·乖崖先生文集》　《乖崖先生文集》，相傳宋代有二本，一本十卷，一本十二卷。十二卷之本，蓋郭森卿官崇陽刻者也。今所得，即郭本，而又爲後人重刻。前有「咸淳己巳中春朔，邑子朝散大夫、特差荆湖安撫大吏司、主管機宜文字、權澧州軍州事，賜緋龔夢龍序」。其云：「前令君天台郭公森卿，嘗栞寘郡齋，己未兵燬，遂爲煨燼。今令史左綿伊公賡，㠯儒術飾吏，復鋟梓以壽其傳。」是此本又爲宋刻之第三本矣。

莫友芝《持静齋藏書記要》卷上《世綵堂韓昌黎集注四十卷外集十卷遺文一卷附集傳一卷》　唐韓愈撰，宋廖瑩中輯注。刊板初印，紙墨精絶。項氏萬卷堂舊藏。又經藏汪士鐘、郁松年。每卷尾有「世綵堂廖氏刊梓家塾」篆書兩行木記。每頁心下端有「世綵堂」字。明萬曆中長洲徐時泰翻刻此書，悉以「東雅」易頁心「世綵」字，卷尾木記皆易之，世謂東雅堂本，舊印亦精工可觀，而以此本視之，直奄奄無生氣，尚未到唐臨晉帖也。海内集部佳本，斷當推此第一。

莫友芝《宋元舊本書經眼録》卷一《古靈先生文集二十五卷使遼語録一卷宋本。嘉興唐氏藏》　末有其孫輝跋云：「四世從祖密學公，平日所爲文章不知其幾，厥後裒掇爲卷者，僅二十有五，目曰《古靈先生文集》。以聖天子詔冠之，預有榮焉。里人大夫徐君世昌嘗摹刊于家，其間頗有舛譌。歷歲既久，且將漫漶。輝竊有意于校正，因仍未遑，每以爲恨。揭來章貢，屬數僚士參校亥豕，因命仲子暐推次年譜，併録之木，庶幾有以慰子孫瞻慕之心也。紹興三十一年十月既望，孫右朝請大夫、直祕閣、知贛州軍州、主管學事兼管内勸農營田事、提舉南安軍大雄州兵甲司公事、江南西路兵馬鈐轄輝謹題。」大字十行，行十八字。元印。

莫友芝《宋元舊本書經眼録》卷一《萬寶詩山三十八卷宋巾箱本》 每卷題首云：選編省監新奇《萬寶詩山》卷之幾。書林葉氏廣勤堂新刊。悉取宋代省監所試五言六韵詩，分類編録，如今坊間裒珍試律大觀之比。每卷約五十葉，葉三十行，行二十三字。三行一詩，約四百六七十首，合三十八卷，計之約詩萬六千餘首，宋人帖體亦收羅殆盡矣。其板廣五寸許，高三寸半。細行密字，寫刻亦精。惜不載作者姓名，遂無資于考核，徒成菟園册子而已。首唯有「田耕堂藏」一印，知藏書家所不尚。然《四庫》未著録，不能不以爲祕函也。

潘祖蔭《滂喜齋藏書記》卷三《影宋鈔棠湖宮詞不分卷一册》 汲古閣影宋鈔本，後有木圖記云「臨安府棚北大街陳宅書籍鋪印行」，所謂書棚本也。按蕘翁跋云：「何夢華示余毛氏宋本，板心第曰『棠湖一』、『棠湖二』，不標『宮詞』，疑宋刻全集中一種。」此板心添入「宮詞」字，非其舊矣。考倦翁《玉楮集》八卷，絳雲樓、述古堂皆著録。此本前有小序云：「比因棠湖綸釣之暇，成一百首，以示黍離宗周之未忘。」則「棠湖」二字專爲宮詞而設甚明，非全集之一也。《汲古祕本書目》有宋板岳倦翁《宮詞》，與《石屏詞》、許棐《梅屋詞》合爲一函，當即蕘翁所見本。

于敏中《天禄琳琅書目》卷五《元版經部·九經三函，十二册》 《周易》、《尚書》、《毛詩》、《春秋》、《禮記》、《孝經》、《論語》、《孟子》、《爾雅》、《小爾雅》，附《中庸》、《大學》。重出各經序文傳注，俱不載。此書專刻經文，無校刊人姓名，亦不載鏤版年月。《易經》後有識語云：茲刻《易》文諸卦，皆仿《乾》卦，或疑之曰：「分經分傳，以别篇卷；分經合傳，以便贊釋。此古文、今文各有所取，茲不然者，何也？」曰：「古文别而病其離，今文便而病其碎，此程、朱傳、義所以更張不一者也。茲使羲、文、周、孔之《易》别而不離，便而不碎，殆古人玩《易》之舊也。漢儒分經合傳，爻辭不可相屬，傳贊亂其成韵，矧象曰之綴疊僭妄不稽，尤不若古文之可安也。」曰：「漢儒之僭妄，何稽乎？」曰：「以《乾》卦也。」又《學》、《庸》後識語云：「《學》、《庸》，本二戴類編之，經二程揭出示要領也。今刻古文，一仍其舊，而二篇重出，便《四書》之尚也。至善堂記。」按：至善堂當是書賈坊名，其專刻經文，蓋取便於行篋所攜，亦仍宋槧巾箱《九經》之意。刊手印工，雖非草草，而欲如巾箱本之密行細字、倍見精瑩者，已出其下矣。

于敏中《天禄琳琅書目》卷五《元版經部·詩傳通釋一函，四册》 元劉瑾輯。二十卷。前載朱子《詩集傳序》、《詩序辨説》，又《詩傳綱領》並《外綱領》。【略】書中《詩傳綱領》首葉，於劉瑾署名次行有「建安劉氏日新堂校刊」九字。卷一末，又有「至正壬辰仲春日新堂刻梓」木記。考至正壬辰，爲元順帝十二年。劉氏，未詳其名，想亦當時書賈也。

彭元瑞《天禄琳琅書目後編》卷八《元版經部·周易經傳集程朱解附録纂注二函，十六册》 元董真卿撰。真卿，字季真，鄱陽人。書十四卷。【略】是書後定名《周易會通》，有天曆戊辰真卿自序，元統甲戌子僎刻於閩，有跋，見朱彝尊《經義考》。近《通志堂經解》内重刊之，前列圖、序外，尚有《凡例》、《程朱門人姓氏》、《引用羣賢姓氏》、《經傳歷代因革》、《程頤易傳序》、《易序上下篇義》、《朱熹古易後序》、《程朱説易綱領》，此本俱無，蓋初刻未備，或歲久闕佚。

彭元瑞《天禄琳琅書目後編》卷八《元版經部·學易記二函，十六册》 元李簡撰。簡，字士廉，盧陵人。書九卷。從王弼本，前有簡自序。【略】據自序，始功於壬寅，重定於己未，纂輯閲十八年。己未，爲元仁宗延祐七年，當即是時刊布者。

彭元瑞《天禄琳琅書目後編》卷八《元版經部·書集傳一函，六册》 宋蔡沈撰，鄒季友音釋。沈，字仲默，建陽人，朱氏弟子，屬以注《書》。季友，鄒近仁字，鄱陽人，楊簡弟子也。書六卷。前列《書經序》，後有《書序》。考沈子抗《進表》，尚有《朱熹問答》一卷，宋以來刊本俱不載。序末有「南谿精舍」及「至正乙酉」鐘式、「明復齋」鼎式墨印三。書末刻「至正乙酉菊節，虞氏明復齋刊」。

彭元瑞《天禄琳琅書目後編》卷八《元版經部·書傳輯録纂注二函，八册》 元董鼎撰。鼎，字季亨，鄱陽人，黄幹門人。書六卷。首列蔡《傳》，又取朱子之説爲輯録，諸家之説爲纂注，各以白文標之。前有蔡沈《集傳序》，又《朱子説書綱領》，又《書序綱領》，後有「建安余氏勤有堂刊」墨記。是書槧手精工，雖宋本亦稱佳者，以書中宋諱皆不闕筆，而勤有堂世守其業，至今不廢，故列之元版。

彭元瑞《天禄琳琅書目後編》卷八《元版經部·春秋諸傳會通二函，十六册》 元李廉撰。廉，字行簡，盧陵人。【略】此本序佚，録工古雅，元版最上乘。卷末有「至正辛卯仲冬虞氏明復齋刊」、「南谿精舍」兩墨記，與前蔡沈《書集傳》同出一家。

彭元瑞《天禄琳琅書目後編》卷八《元版經部・改併五音類聚四聲篇四函，十六册》 金韓孝彦撰，男道昭重編。書十五卷。前有泰和八年韓道昇序，即孝彦從子也。次總目，次《重編三十六母再顯圖》，次《補添背篇列部字》，總爲篇序第一；其第二至第十五排三十六母，以偏傍分部，以四聲取音。序後序真定府松水昌黎郡韓孝彦、次男韓道昭改併重編，兄道皓、弟道昉、男德恩、姪德惠、壻王德珪同詳校定，趙州荆璞同編，添補闕少字數，石志良、單州張用男介開版，寧昌李㬂書。又列校正門人四十五人，異姓而皆聯「道德文守敬慶」爲名。又門人洨州扶風郡竇慶進重校正，後附《新編篇韵貫珠集》八卷、《玉鑰匙門法》一卷，皆元僧真空撰，自署京師大慈仁寺沙門清泉真空，有歌括云「己酉年來創纂成」。己酉，元武宗至大二年也。又附《經史正音切韵指南》一卷，元劉鑑士明撰，有後至元二年雲谷熊澤民及鑑自序，自署關中，爵系無考。是書孝彦原本稱《改併五音篇》，其子道昭重訂爲《改併五音類聚四聲篇》，至元僧真空重刊時始附所撰二書及劉鑑《指南》於後，當由南北分疆，北方音韵之學多通婆羅門法，如《龍龕手鑑》等書，皆收梵音梵字，是書即多所援引，釋門遵用之，故真空爲之重刊耳。

吴壽暘《拜經樓藏書題跋記》卷一《周易傳義附録》 元刻本《周易傳義附録》十四卷，每葉二十四行，行二十二字。前列《圖説》、《綱領》，後附《五贊》、《筮儀》，卷末有「至正壬午桃溪居敬堂刊行」方印，蓋元刻之佳者。又一部紙墨更舊，後印爲書估截去。翁覃溪學士《通志堂經解目録》謂割裂《本義》以附程《傳》，自楷此書始。

吴壽暘《拜經樓藏書題跋記》卷一《春秋諸傳會通》 《諸傳會通》二十四卷，後有「至正辛卯仲冬虞氏明復齋刊」長墨印、「南谿精舍」小墨印。每葉二十四行，行二十二字。元刻之最精者。前有「何焯之印」、後有「叢書堂印」二圖記，蓋爲匏翁、義門二先生所藏弆者。書側題識精整，猶義門先生手筆。翁覃溪鴻臚《通志堂經解目録》云：「至正九年七月自序，所編諸傳，據《左》、《公》、《穀》及胡、陳、張，而以張氏爲主。然所引張洽即今所見張氏《集注》而非張氏之傳，則知張洽《集傳》其書之佚久矣。」

吴壽暘《拜經樓藏書題跋記》卷一《四書經疑問對》 元刻，八卷。每葉二十二行，行二十一字。後有建安同文堂刊書跋云：「右《四書疑》八卷，其中多所發明，相傳以爲進士董彝宗文所編。第恐石氏所録程子之説未免有殊，已專書達本人，冀有以補其未備，訂其訛舛，而求真是之歸。幸甚。至正辛卯仲夏建安同文堂謹咨。」

吴壽暘《拜經樓藏書題跋記》卷一《大廣益會玉篇》 右三十卷，元刻本。每葉二十四行，行二十一字。前有「朱氏與耕書堂」長墨印，又有「永樂丙申至嘉靖改元一百七年重裝」墨筆一條及錫山施金、貢先諸圖記。

莫友芝《宋元舊本書經眼録》卷二《詩集傳附録纂疏二十卷詩序辨説附録纂疏一卷元刊本》 新安胡一桂撰。此書《四庫全書》未著録。每葉二十二行，每行大字二十，小字雙行則二十四。前有泰定第四祺彊圉單閼歲長至穀旦乙丑，從事郎、邵武路總管府經歷致仕盱江揭祐民從年父序云：「書于建東陽翠巖劉氏家塾。」謂胡氏撰集大成，歿身乃已。後十餘年得劉氏君佐，乃朱子故友劉用之後人，不忍以用朱子之學者堙鬱不售，亟鋟諸梓。有《十五國都地理圖》一葉，附録《纂疏姓氏》二葉、《語録輯要》五葉。後有篆文爲二行木記云：「泰定丁卯仲冬，翠巖精舍新刊。」《詩傳綱領》七葉，篇目後有行書七行木記云：「文場取士，《詩》以朱子《集傳》爲主，明經也；新安胡氏編入《附録纂疏》羽翼朱《傳》也；增以浚儀王内翰《韓魯齋三家詩考》，求無遺也。今以《詩考》謹鋟諸梓，附于《集傳》之後，合而行之。學《詩》之士潛心披玩，蜚英聲于場屋間者，當自此得之。時泰定丁卯日長至，後學建安劉君佐謹識。」

莫友芝《宋元舊本書經眼録》卷二《書傳輯録纂疏六卷書序一卷元本》 元董鼎撰。至大戊申十二月自序。延祐戊午其子真卿于閩坊刊行。其《綱領》末後半葉有篆文二行木記云「建安余氏勤有堂刊」。每半葉十行，行大字二十，小二十四。字體、書式絶似十行本諸經疏。

莫友芝《宋元舊本書經眼録》卷二《春秋胡氏傳纂疏三十卷元本》 元汪克寬撰。每半葉十行，行二十一字。傳低一格。有至正戊寅汪澤民、至正辛巳虞集兩序。至正戊子刊于建安。跋云：「國英曩從環谷先生受讀《春秋》于郡齋。先生手編《胡氏傳纂疏》，雖壹以胡氏爲主，而凡《三傳》注疏之要語暨諸儒傳注之精義，悉附著之。且《胡傳》博極羣經子史，非博洽者不能知其援據之所自，與音讀之所當。先生詳究精考，一一附注。於是讀是經者，不惟足以知胡氏作傳之意，而且溯流尋源，亦可知聖人作經之大旨矣。書甫成編，國英宦遊四方，越十五年始覩同志鈔謄善本。而建安劉君叔簡將鋟諸梓以廣其傳，則不惟諸生獲《春秋》經學之階梯，而凡學者開卷之餘，不待旁通遠證，事義咸在。是則先生纂疏之述，有切於遺經，而有助於後學，豈曰小補之哉！至正八年歲在戊子正月人日，紫陽吳國英再拜書。」

莫友芝《宋元舊本書經眼録》卷二《元禮部韻畧五卷元本。豐順丁氏藏》 每葉二十六行。五卷末有「大德丙午重刊新本平水中和軒王宅印」二行木記。

莫友芝《持静齋藏書記要》卷上《尚書蔡氏傳輯録纂注六卷書序纂注一卷》 元董鼎撰。其子真卿以延祐戊午十月刊于閩坊。其卷首《綱領》末頁有「建安余氏勤有堂刊」篆文二行木記。全書皆朱筆句讀，注及輯纂並朱墨筆抹其綱要。

莫友芝《持静齋藏書記要》卷上《春秋胡氏傳纂疏三十卷》 元汪克寬撰。有至元戊寅汪澤民、至正辛巳虞集兩序。凡例後自記成書始末，爲至正六年丙戌。後有楷字二行木記云：「建安劉叔簡刊于日新堂。」吳國英跋云：「至正戊子正月鋟諸梓。」克寬至明猶存，與修《元史》。此著則先已刊行。半頁十行，行二十一字。傳亦大書，卑一格。

莫友芝《持静齋藏書記要》卷上《元新刊禮部韻略五卷首貢舉條式一卷》 金王文郁撰。併舊韻二百六部爲一百六部，即陰氏《羣玉》所本。而所併二韻之間必以魚尾隔之，使舊部分明可見，則勝于陰韻之叢脞。是書初刊于金正大己丑。此本五卷，末有「大德丙午重刊新本，平水中和軒王宅印」二行書木記，則元重刊本也。

繆荃孫《藝風藏書記》卷一《小學・新刻韻略五卷》 影鈔元本。此書不著撰人姓氏，簡首有許古道真序，作於正大六年，云：「平水書籍王文郁攜新韻見頤庵老人」云云。卷末有墨圖記二行云：「大德丙午重刻新本」、「平水中和軒王宅印」。是書王氏後人所刻，已非文郁之舊。卷首有貢舉三試程式及「章表回避」字樣，併及於皇慶三年、延祐元年云云，是又大德後補刊者。按《金史・地理志》：平陽府有書籍。其倚郭平陽縣有平水，是平水即平陽，史言有書籍，蓋置局設官於此。元太宗八年，用耶律楚材言，立經籍所於平陽，當是因金之舊耳。每半葉十六行，行二十字。

繆荃孫《藝風藏書記》卷一《小學・古今韻會舉要三十卷》 元刊本。前有壬辰劉辰翁《韻會序》、丁酉熊忠序，均行書；孛朮魯翀序，余謙題識，則正書也。有《凡例》一卷，題「昭武黃公紹直翁編輯，昭武熊忠子中舉要」，又有《禮部韻略七音三十六母通攷》一卷。熊序稱「同郡在軒先生黃公公紹作《古今韻會》，僕惜其編帙浩瀚，隱屏以來，因取《禮部韻略》，增以毛、劉二《韻》，及經傳當收未載之字，別爲《韻會舉要》一編」，是《舉要》爲熊氏所撰無疑。熊序後刻有陳宲告白云：「宲昨承先師架閣黃公在軒先生委刊《古今韻會舉要》，凡三十卷，古今字畫音義瞭然在目，誠千百年未睹之秘也。今繡諸梓，三復讎校，並無譌誤，願與天下士大夫共之。但是編係私著之文，與書鋪所刊見成文籍不同。竊恐嗜利之徒改換名目，節略翻刊，致誤學者，已經所屬陳告，乞行禁約外，收書君子伏幸藻鑑。後學陳宲謹白。」四方牌子，十行，行十三字。是宲以此書爲黃氏原書。孛朮魯翀序亦稱「文宗皇帝御奎章閣，得昭武黃氏《韻略舉要》寫本。至順二年春，敕應奉翰林文字余謙校正」。亦與宲同，皆不考之過。每半葉八行，小字雙行，行二十二字。黑口。《平津藏書記》以爲葉二十二行者，乃《通考》行數，非本書也。首葉有「千元十駕人家藏本」朱文長方印、「鍾印文烝」白文、「子勤」朱文兩小方印、「魏塘鍾氏文烝庚申以後所得書」朱文大方印。蓋本吳兔牀藏書，後歸鍾子勤者。又有「紫雪堂」朱文橢圓印、「金藏之印」白文、「愚三氏」朱文兩小方印。陳宲告白，杜人翻刻，乞官長禁約，已開近人風氣。

李希聖《雁影齋題跋》卷一《增修互注禮部韻畧五卷元本》 卷一末有「至正乙未仲夏新書堂重刊」。每半頁十一行。卷首有張孝達尚書題跋二行，及「張之洞審定」等印。此書《四庫》著録者係宋本，云「明代刊版，訛舛頗多。此本槧刻尚精，可資校正」。考愛日精廬所藏亦元至正辛丑興慶堂刊本，不知視此本何如。其書聞尚在湘潭袁氏，他日當得見之。

李希聖《雁影齋題跋》卷三《詩經疏義二十卷元本》 每半葉十二行，行十五六字不等。第一卷下題：「後學番陽朱公遷克升疏義，野谷門人王逢原夫輯録，松塢門人何英積中增釋，書林安正堂劉氏重刊。」元槧中之善本也。《四庫》本爲葉氏所刊，與此本異。

于敏中《天禄琳琅書目》卷五《元版史部・史記六函，十六册》 篇目同前，闕《索隱》，補《史記正義》三序。此書目録後有「大宋紹興五年，王氏梅溪精舍鋟刻」隸書木記，乃割取別本以黏接者，實與前三部同出一版。

于敏中《天禄琳琅書目》卷五《元版史部・史記六函，六十四册》 篇目同前，闕《集解序》。此書亦同前版，內有「安氏家藏」印。考《常州志》，安國，字民泰，無錫人。居積諸貨，人棄我取，贍宗黨，惠鄉里，乃至平海島，濬白茅河，皆有力焉。父喪，會葬者五千人。嘗以活字銅版印《吳中水利通志》。又目録後有「表章經史之寶」，乃爲木刻，係別紙所印，移黏於此。此出書賈作僞之手，不足登載。

于敏中《天禄琳琅書目》卷五《元版史部・資治通鑑綱目三函，十八册》 宋朱子撰。五十九卷。元王幼學撰《集覽》，前載朱子及幼學《序例》各一篇。朱子《資治通鑑綱目》，宋時廬陵刊本已載前矣。此爲幼學作《集覽》既成，刻梓以行於世者。《序例》後有「歲在上章敦牂孟夏，魏氏仁實書堂新刊」分書木記。魏仁實，應是當時書賈姓字。幼學序稱編始於大德己亥，迄於延祐戊午，積二十年，七易稿而編甫成。以其薈萃叢集，頗可省覽，因題之曰《通鑑綱目集覽》云云。是幼學之作是書，用心良苦。

于敏中《天祿琳琅書目》卷五《元版史部·唐國史補一函，一册》 唐李肇撰。分上、中、下三卷。前肇自序。【略】此本密行小字，製甚工整，雖墨光稍遜，而刊手印工咸出上選。目録後有「董氏萬卷堂本」篆書木記，較元槧他書木記獨精，此書賈中不苟於刻梓者。

孫星衍《平津館鑒藏記書籍》卷一《元版·故唐律疏議三十卷》 題「太尉楊州都督監修國史上柱國趙國公長孫無忌等撰」。前有目録一卷，進律表疏一卷，總目一葉，泰定四年柳贇序，泰定二年劉有慶序。《唐律釋文序》，不題撰人姓名。每卷後各附釋文併圖，俱題「奉訓大夫、江西等處行中書省檢校官王元亮重編」。末卷後有「考亭書院學生余資編校」十字。柳贇序後有「至順壬申五月印」七字。劉《唐律釋文序》後有「崇化余志安刊於勤有堂」木長印。黑口版。每葉廿四行，正文行廿一字，注行廿三字。嘉慶丁卯余重雕於吳門。

孫星衍《平津館鑒藏記書籍》卷一《元版·增入諸儒杜氏通典詳節四十二卷》 前有唐李翰序，《新纂圖譜》一卷，佑自序。題旨諸儒姓氏，自歐陽修至葉適，凡二十一人。綱目一卷，後有「至元丙戌重新繡梓」八字，不著撰人姓氏。今本《通典》兵、刑分爲二，此本兵附於刑之首，標題不別言兵。晁氏《讀書志》云：「《通典》以食貨、選舉、職官、禮、樂、刑法、州郡、邊防八門，分類敘載。」足證宋本皆如此也。黑口版。每葉廿八行，行廿三字。

孫星衍《平津館鑒藏記書籍》卷一《元版·蒼崖先生金石例十卷》 題「鄱陽楊本編輯校正」。目録前又題「廬陵王思明重校正」。前有至正五年楊本序，至正乙酉傅貴全序，至正五年湯植翁序，至正戊子王思明序。此書爲元潘昂霄所撰。蒼崖者，其號也。至正乙酉，楊本刊於饒州。戊子，王思明復梓之。此本即思明所刻。黑口版。每葉廿行，行廿二字。

吳壽暘《拜經樓藏書題跋記》卷二《通鑑紀事本末》 宋袁樞《通鑑紀事本末》四十二卷。每葉二十二行，行十九字。前有淳熙元年楊萬里、寶祐五年趙與悥、元延祐六年陳良弼三序。趙序嚴陵舊本字小且訛，乃易爲大書，精加讎校，以私錢重刊之云云。陳序謂節齋患嚴陵本字小且訛，於是精加讎校，易爲大字，刊版而家藏之，凡四千五百面，可謂天下之善本也。頃年士學陋，藝苑蕪，此版束之高閣者四十餘年。又懼其爲勢家所奪也，秘不示人。一日，節齋孫趙明安者過嘉禾，謁學宮，目擊余所爲若不懈者，乃歎曰：「吾有所託矣。」始出所藏書版示余。會御史宋公一齋、僉憲鄧公善之按臨是邦，乃出中統鈔七十五定償之，趙亦不計也。因書得版顛末於節齋敘次，後之官於學者，庶幾知所寶焉云云。蓋是書刻於宋寶祐中，印於元延祐間。此本爲明嘉靖間印行者，中有補刊缺葉，原本缺筆避諱之處悉仍其舊，未改宋刻面目，是可貴也。

吳燾暘《拜經樓藏書題跋記》卷二《宋史全文》 此書三十六卷，目録題「續資治通鑑長編」。前冠以乾道四年李燾《進書表》，每卷首則題「宋史全文續資治通鑑」，三十卷後每卷題「增入名儒講義續資治通鑑長編」，三十六卷末又編度宗、少帝事，稱「宋季朝事實」，不著撰人名氏，惟列「豐城游明大昇校正」一行，蓋薈萃諸家紀傳而成者。紙墨精好。每葉二十二行，行二十五字。前有長墨印云：「《宋史通鑑》一書，見刊行者節略太甚，讀者不無遺恨焉。本堂今得善本，乃名公所編者，前宋已盛行於世，今再繡諸梓，與天下士大夫共之。誠爲有用之書，回視它本，大有徑庭，具眼者必蒙賞音。幸鑑。」觀此印，可見元時坊刻之精審，惜缺二十、二十一兩卷。

莫友芝《宋元舊本書經眼録》卷二《史記集解附索隱一百三十一卷元中統本》 海寧查氏藏。半葉十四行，行二十五字。注雙行，字同。前有中統二年董浦序，謂平陽道參幕段君子成求到《索隱》善本，募工刊行。則刊者段氏也。是年當宋理宗景定二年，尚稱蒙古，未有元號。或覆刊，或易其行，皆遠不及。惜印遲不能完好耳。

莫友芝《宋元舊本書經眼録》附録卷一《書衣筆識·吳越春秋》 元徐天祐注本。大德三年十二月刊。其十卷末題銜云「前文林郎、國子監書庫官徐天祐音注」。考元《百官志》無國子監書庫之名。《萬姓統譜》稱「天祐登進士第」，「德祐二年以國監書庫召，不赴」云云。德祐爲宋瀛國公年號，知天祐本宋末人，入元不仕，刻《音注》時追題宋官，故云前。前者，謂前朝也。是書又有明萬曆丙戌武林馮念祖卧龍山房翻刻本，亦佳。此猶元刻，但非初印耳。

錢謙益《有學集》卷四六《本草》 金源氏以彝狄右文，隔絶江右，其遺書尤可貴重。平水所刻《本草》，題泰和甲子，下己酉歲。金章宗太和四年甲子，宋寧宗嘉泰四年也。至己酉歲，爲宋理宗淳祐九年，距甲子四十五年，金源之亡已十六年矣。猶書泰和甲子者，蒙古雖滅金，未立年號，又當女后攝政，國内大亂之時，而金人猶不忘故國，故以己酉繫太和甲子之下與。作後序渾源劉祁，字京叔，著《歸潛志》，事見《金史》及王秋澗《先塋碑》，亦金源之遺民也。

于敏中《天禄琳琅書目》卷六《元版子部・纂圖分門類題注荀子一函，十册》 周荀况撰，三十二篇；唐楊倞注，分二十卷。前載楊序並《新增麗澤編集荀子事實品題》一卷，不著纂人姓氏。又宋陳傅良輯《荀子門類題目》一卷。此當時帖括之書也，其《門類題目》一卷，於標題次行刊「永嘉先生陳傅良編」，所分門類始曰天地，終曰五常，共四十門」，末又附《拾遺》併《事要總類》二條，皆擇書中之可作題目者，分類摘句，以取便於觀覽。卷後別行刊「麻沙劉通判宅刻梓於仰高堂」十二字，卷一之後亦於別行刊「關中劉旦校正」，所謂劉通判者，當即是人。第書首標題爲《纂圖分門類題注荀子》，書前仍當有圖，蓋已失之矣。至所載《荀子事實品題》一卷，觀其識語，稱「舊本《荀揚圖説》不過具文，今得麗澤堂編次品題，凡卿、雲事實顛末歷歷可考」云云。則是荀、揚合刊之書，非此本中所應有，乃書賈割取《荀子事實》以冠於書首耳。且書中自卷九之卷十三及卷十五共六卷，標題只稱《荀子》；卷十六、卷二十兩卷，標題又稱《監本音注荀子》。書名既不畫一，板式亦復懸殊，係以三刻湊成一書。其標稱《荀子》者，槧印甚精，紙墨俱佳，實爲宋槧；餘則元時所刊，遠不相及。然宋本流傳者絶少，今尚存吉光片羽於元刻之中，雖出湊合，亦可寶也。

于敏中《天禄琳琅書目》卷六《元版子部・北户録一函，二册》 唐段公路纂，龜圖注。三卷。前唐陸希聲序。【略】書中目録後別行刊「臨安府太廟前尹家書籍鋪刊行」，則知是書先有宋槧，此本規仿爲之，意欲僞充宋刊，故猶存尹家之名耳。

于敏中《天禄琳琅書目》卷六《元版子部・類編標注文公先生經濟文衡一函，六册》 宋馬括輯。《前集》二十五卷，《後集》二十五卷，《續集》二十二卷，共七十二卷。前宋黄昇序、括自序。【略】馬括當時纂輯此書，似未刻梓。是本《前集》總目後有「時泰定甲子春，刊於梅溪書院」木記。按：泰定甲子，爲元泰定帝御極之元年。版式係仿宋巾箱本，而未能如宋槧之工也。

于敏中《天禄琳琅書目》卷六《元版子部・詩苑叢珠一函，三册》 元仇舜臣編，曹彦文增輯。三十卷。前曹輗序。輗序作於大德己亥。按：己亥，爲元成宗大德三年。序後有「至正甲辰菊節，西園精舍新刊」木記。按：至正甲辰，爲元順帝至正二十四年，距輗作序之時已逾六十六載。書分三十六門，皆采摘成語，取其一二三字，集成對偶，併附詩聯以備初學撏撦之用，係餖飣之書，故不顯於當世。歷年既久，書賈得之，始爲開雕，宜其刊印草草也。舜臣、彦文、輗，俱無考。

彭元瑞《天禄琳琅書目後編》卷八《金版子部・重修政和經史證類備用本草四函，三十二册》 宋唐慎微撰，寇宗奭衍義，金張存惠編。前有己酉麻革序，稱神農氏而下名《本草》者非一家，有所謂唐本、蜀本者。宋政和間，詮定諸家之説，爲之圖繪，行於中州者，有解人龐氏本，兵燹罕存。今平陽張存惠，字魏卿，因龐氏本附以寇氏《衍義》，比舊益備云。又政和六年曹孝忠序。又《重修本草之記》，略云：此書世行久矣。今取尤善本爲窠模，增以寇氏《衍義》，別本中方論多者悉爲補入。又《本經》、《別録》、先附、分條之類，舊多差互，今亦考正。凡藥異名，俗稱注各條下，字畫謬誤悉爲釐正，故目之曰「重修」云。泰和甲子下己酉冬日南至，晦明軒謹記。蓋存惠自記。金章宗泰和四年爲甲子，其下己酉則金亡已十五年矣。麻革序但書己酉，存惠記上溯泰和，蓋皆金源遺民所爲也。革，字信之，號貽溪，臨晉人。兵部侍郎秉彝孫。金末在太學有聲，與元好問、劉祁齊名，後隱居不仕，見《歸潛志》。書三十卷。卷一《嘉祐補注總敘》、蘇頌《本草圖經序》、《開寶重定序》、《方本孔志約序》、《梁隱居序例》、《林希重廣本草圖經序》、《雷公炮炙論序》；卷二寇宗奭《衍義・序例》；卷三至三十圖繪藥品，詳注藥性，道地砲製，方劑目録，末標《嘉祐補注本草》新增藥品一千一百十八種，《證類本草》新增藥品六百二十八種，總一千七百四十六種。趙與時《賓退録》稱唐慎微，蜀州晉原人，世爲醫，深於經方，嘗著《證類備急本草》三十二卷。考是書明成化間曾翻刻，書末有金皇統三年翰林學士宇文虛中跋，敘其出處及證驗甚詳，蓋此書軼之耳。

彭元瑞《天禄琳琅書目後編》卷一〇《元版子部・素問病機氣宜保命集一函，八册》 元劉完素撰。完素，字守真，號通元，河間人。章宗承安年，徵不起，賜號高尚先生，事具《金史・方技傳》。書三卷。凡三十二篇。前有大定丙午守真自序，其辛亥楊威序則鏤版時作。並《玉連環》一篇，因爲完素自序行止之作，故並揭之。辛亥，元憲宗元年也。

彭元瑞《天禄琳琅書目後編》卷一〇《元版子部・潛虚一函，一册》 宋司馬光撰。【略】後有淳熙壬寅陳應行跋，稱以邵武舊本參刻郡庠，是時應行爲泉州教授。

彭元瑞《天禄琳琅書目後編》卷一〇《元版子部・冷齋夜話一函，二册》 宋僧惠洪撰。惠洪，一名德洪，字覺範，筠州人。書十卷。凡百五十四條，紀所聞見，多論詩法。目録後有識，云：「舊本訛謬，以世本堂家藏善本訂證，繡諸梓。至正癸未春新刊，三衢石林葉敦印。」

彭元瑞《天禄琳琅書目後編》卷一〇《元版子部・事類賦一函，十二册》 篇目見前宋版子部。後無校勘銜名，每卷刻「三吴徐守銘警卿校梓，長洲杜大中子庸同校」，體式與宋版同，蓋出翻雕。

彭元瑞《天禄琳琅書目後編》卷一〇《元版子部・韻府羣玉四函，二十册》 元陰時夫撰，中夫注。二十卷。前有翰林滕玉霄序，次至大庚戌姚雲序，次趙孟頫題語，次陰竹野序，署「大德丁未春，前進士竹野倦翁八十四歲書於聚德樓」，次中夫序，署「延祐改元甲寅秋鄉試後五日，幼達書」，次時夫自識，署「時遇謹白」，次目録，次《事類總目》，次《凡例》。後有墨記，略云「瑞陽陰君所編《韻府羣玉》，以事繫韻，以韻摘事，乃韻書而兼類書。今將原本重加校正，每事音切下增許氏《説文》，事未備者補之，重刻梓行」云云。款「至正丙申暮春，劉氏日新堂謹白」。刊手精整，摹印勻净，當爲元版無疑。姚雲，字聖瑞，高安人。宋咸淳進士，入元官國子助教。【略】此至正中刊版，猶時夫原書。近坊間惟傳《韻玉》定本，乃河間知府徐可先之婦謝瑛所删，舊籍更稀見矣。

彭元瑞《天禄琳琅書目後編》卷一〇《元版子部・百川學海十函，六十四册》 宋左圭輯。彙刻羣書百種，分十集。【略】考叢書古無刻者，宋温陵曾慥始輯《類説》，自《穆天子傳》以下，共二百五十種，並録原文及撰人系歷，是爲叢書之祖。元陶宗儀刻《説郛》，薈萃幾千餘種，然原文俱經删節，閲者病之。是書纂止百種，不及陶書之富，而首尾完善，多古人序跋，較爲勝之。後明吴永《續百川學海》百二十種、馮可賓《廣百川學海》百三十種，皆從此濫觴也。

彭元瑞《天禄琳琅書目後編》卷一〇《元版子部・增修詩學集成押韻淵海二函，十册》 元嚴毅撰。毅，字子仁，建安人。仕履無考。書二十卷。依上下平韻，三江有録無書。首活套，次體字，次事類，次詩料，以爲初學押韻之用。前有後至元庚辰張復序，稱書肆舊刊廬陵胡氏、建安丁氏《詩學活套押韻大成》未善，故增修是書云。末刻「至元庚辰菊節，梅軒蔡氏新刊」。

孫星衍《廉石居藏書記》内編《素問入式運氣論奥三卷黄帝内經素問遺篇一卷》 右宋朝散郎太醫學司業劉温舒撰。前有温舒叙，作於元時己卯，三卷。《五運六氣諸圖附論》二卷：《刺法論》第七十二，《本病論篇》第七十三。温舒爲太醫學官，所得《内經》亡篇，亦非無本。此本序後有「古林書堂重刻」印，蓋與《内經》同時所刻。

孫星衍《廉石居藏書記》内編《重修政和經史證類備用本草三十卷》 右三十卷。明陳鳳梧所刊。前有明商輅序，及金麻革序。革稱：「平陽張君存惠，因龐氏本，仍附以寇氏《衍義》，比之舊本益備而加察焉。」又有泰和甲子木記，稱「今取《證類》本尤善者爲窠模，增以寇氏《衍義》。别本中方□多者，悉爲補入。又有本經别録先後附分條之類，其數舊多差互，今亦考正。凡藥有異名，取其俗稱注之目録各條下，如：蚤休云紫河車，假蘇云荆芥之類。圖象失眞者，據所嘗見，皆更寫之，如：竹分淡、苦、堇三種，食鹽著古今二法之類」云云。是金人刻大觀本，附以《衍義》，又加更改，非宋刻之舊矣。余所藏别有舊本，無寇氏《衍義》，又有寇氏《衍義》單行宋本，皆爲難得。考《宋・藝文志》，有唐慎微《大觀經史證類備急本草》三十二卷，又有党禹錫《嘉祐本草》二十卷。

孫星衍《廉石居藏書記》内編《補注釋文黄帝内經素問十二卷》 右元本《内經素問》十二卷。前有唐寶應元年王冰序，末題將仕郎守殿中丞孫兆重改誤。次爲總目，有木刻印記，稱：「本堂今求到元豐孫校正家藏善本，重加訂正，分爲十二卷，以便檢閲」云云。後又題「元本二十四卷，今併爲一十二卷刊行」。是坊本已改古時篇第。十三行，行廿三字。紙墨色甚舊。惜不及校，必有勝於今本者。卷末有木刻印記，題「至元己卯菖節古林書堂新刊」，蓋元時重刊本。

孫星衍《平津館鑒藏記書籍》卷一《元版・新刊補注釋文黄帝内經素問十二卷》 題「啓玄子次注，林億、孫奇、高保衡等奉敕校正，孫兆重改誤」。前有啓玄子王冰《黄帝内經素問序》，後題「將仕郎守殿中丞孫兆重改誤」。《明史・藝文志》「孫兆《素問注釋考誤》十二卷」，誤以孫兆爲明人。《總目》一卷，後題云：「元本廿四卷，今併爲一十二卷刊行。」《總目》前有「本堂今求到元豐孫校正家藏善本重加訂正分爲一十二卷」云云木長印。《總目》後亦有木長印，字已滅去。卷十二後有「至元己卯菖節古林書堂新刊」十二字木長印。洪頤煊曰：晁氏《讀書志》、陳氏《書録解題》此書廿四卷，《四庫全書》本亦廿四卷，皆與此本異。末附《素問入式運氣論奥》三卷，前有元符己卯朝散郎太醫學司業劉温舒序，《黄帝内經素問遺篇》一卷。黑口版。每葉廿三行,行廿三字。

孫星衍《平津館鑒藏記書籍》卷一《元版·類證增注傷寒百問歌四卷》 卷一爲《傷寒解惑論》,前有乾道癸巳湯尹才序,《解惑論》即尹才所撰。末有淳熙壬寅韓玉跋。卷二以下爲《傷寒百問》,題「建寧府通守錢聞禮撰」。前有至大己酉武夷詹清子子敬序。此書爲曹仲立取湯、錢兩書合刻,詹氏序而行之。黑口版。巾箱本。每葉廿二行,行廿一字。

孫星衍《平津館鑒藏記書籍》卷一《元版·新刊初學記三十卷》 題「光禄大夫,行右散騎常侍、集賢院學士,副知院事、東海郡開國公徐堅等奉敕撰」。前有紹興四年福唐劉本序,目録一卷。末卷後有題云:「《初學記》三十卷,宋後刻於麻沙。」下尚有字,書賈已剜去。據此,則此本爲元時所刻。黑口版。每葉廿行,行廿字。

孫星衍《平津館鑒藏記書籍補遺·元版·傷寒論注解十卷》 題「仲景述,王叔和撰次,成無已注解」。前有甲子洛陽嚴器之序,目録一卷,《圖解運氣圖説》一卷。後有「孝口」木方印、「東山」鼎式木印、「大德甲辰歲孝永堂重刊」木長印。每卷後俱有釋音。卷七、卷八本合爲一卷。錢少詹《日記鈔》所見毛氏影金刻鈔本,小字密行,前有皇統甲子洛陽嚴器之、大定壬辰黽池令魏公衡、武安王絳三人序,後有冥飛退翁王鼎序,又别是一本。黑口版。每葉廿四行,行廿四字。

陸心源《儀顧堂題跋》卷七《元槧風科集驗名方跋》 《新刊風科集驗名方》二十八卷。題曰北京大醫趙大中編修,覃懷儒醫趙子中傳習,大元國特賜皇極道院虚白處士趙素才卿補缺,元大德十年劉世榮刊于杭州。每半葉十行,每行二十一字。板心有字數及刊工姓名。

陸心源《儀顧堂題跋》卷八《元槧六經天文編跋》 《六經天文編》二卷。題曰浚儀王應麟伯厚甫。元刻元印本。每頁二十行,每行二十字。版心有字數及刻工姓名。

李希聖《雁影齋題跋》卷三《景德傳燈録三十卷元本》 每半葉十三行,行二十四五六字不等。每卷末有四方木印,署「延祐三年刻梓於湖州道場禪幽之菴」,或署「延祐丙辰重刊於湖州道場山」。其字或篆、或隸、或楷,亦前後不同。考宋龔明之《中吴紀聞》云:「永安禪院僧道元纘佛祖訖近世名儒禪語爲《傳燈録》三十卷以獻。祥符中,詔翰林學士楊億、知制誥李維、太常丞王曙刊定,刻板宣布。」則此書在北宋時即有官刻,不知海内藏書家尚有之否。

于敏中《天禄琳琅書目》卷六《元版集部·分類補注李太白詩集一函,五册》 唐李白著,元楊齊賢集注,蕭士贇補注。二十五卷。前載唐李陽冰、宋樂史、宋敏求、曾鞏、毛漸五序,劉全白《李君碣記》。【略】末又有元豐中毛漸題云「以宋公編類之勤,曾公考次之詳,而晏公又能鏤版以傳於世,乃知晏止刻於蘇州者。然則蜀本蓋傳蘇本,而蘇本今不復有」云云。今觀此本,首卷録賦八篇,餘二十四卷皆載歌詩,並無雜著,與振孫所見諸本不惟卷數參差,亦且所收反少。雖載陽冰諸人之序,而皆不仍其舊矣。書中有「建安余氏勤有堂刊」篆書木記,目録末葉板心記「至大辛亥三月刊」。按:辛亥,爲元武宗至大四年。其時,勤有堂之名尚存,蓋建安余氏子孫皆世守其業者也。楊齊賢,無考。蕭士贇,字粹可,寧都人。篤學工詩,與吴澄友善,所著有《冰崖集》,見《西江志》。

于敏中《天禄琳琅書目》卷六《元版集部·集千家注分類杜工部詩一函,十册》 唐杜甫著,宋徐居仁編次,黄鶴補注。二十五卷。前載「傳序碑銘」一卷,《注杜詩姓氏》一卷,《年譜》一卷。【略】書中《門類》目録後有「皇慶壬子」鐘式木記、「勤有堂」鑪式木記,《傳序碑銘》後有「建安余氏勤有堂刊」篆書木記,《詩題》目録及卷二十五後皆别行刊「皇慶壬子余志安刊於勤有堂」。按:皇慶壬子,爲元仁宗皇慶元年。前余氏所刊《李太白集》係至大辛亥,與此刻僅隔一年,蓋欲以李、杜詩集並行於時,故刻手印工亦復相等也。

于敏中《天禄琳琅書目》卷六《元版集部·集千家注分類杜工部詩二函,二十册》 篇目同前,後附《文集》二卷。此書即前版,惟將「傳序碑銘」後「建安余氏」篆書木記剜去,别刊「廣勤書堂新刊」木記。《門類》目録後鐘式、鑪式二木記尚存,而以「皇慶壬子」易刊「三峰書舍」,「勤有堂」易刊「廣勤堂」。其《詩題》目録後别行所刊之「皇慶壬子余志安刊於勤有堂」十二字,雖亦鏟去,而卷二十五後所刊者,當時竟未檢及,失於削補。所增附之《文集》二卷,橅印草草,較之前二十五卷亦不相類。此拙工所爲,雖欲作僞,亦安能自掩也耶?

于敏中《天禄琳琅書目》卷六《元版集部·集千家注分類杜工部詩二函,二十六册》 篇目同前。此書乃以前版重加翻刻,故將建安余氏前後所列之名盡爲削去,其「廣勤書堂新刊」木記亦復不存,惟以鐘式木記中「三峰書舍」四字易刊「汪諒重刊」,而鑪式木記中之「廣勤堂」則仍其舊。汪諒,無考。觀其去「廣勤書堂新刊」木記,則是堂亦非汪諒所有矣。書中注字本小,一經翻刻,筆畫未免較肥,然紙質印工實出前二部之上。

于敏中《天禄琳琅書目》卷六《元版集部・增刊校正王狀元集注分類東坡先生詩三函，三十册》 宋蘇軾著，王十朋集注，劉會孟批點。二十五卷。前十朋序、趙夔序，併《注詩姓氏》，傅藻撰《東坡紀年録》一卷。【略】《注詩姓氏》後有「汪氏誠意齋集書堂新刊」木記，假名妄作，必是此人。特以其書規仿宋槧，橅印清朗，尚屬元刻之善者，故存之。

于敏中《天禄琳琅書目》卷六《元版集部・象山先生集三函，十八册》 宋陸九淵著。《正集》二十八卷，《外集》五卷，共三十三卷。前宋楊簡、袁燮、吴杰三序。【略】燮序稱爲刊於倉司，而杰序則云「聞建安狀元陳公子孫喜與人同其善，敬送上件《文集》，請用刊行，仍以二賢《諡議》次於其後」云云。是端臨所見者，係袁燮刊行之本。此本爲陳氏所刊，《諡議》亦吴杰補録，非復袁本之舊矣。《外集》卷五後有「辛巳歲孟冬月安正書堂重刊」木記。按：嘉定十三年，歲在庚辰，則木記所紀辛巳當爲嘉定十四年。但此書墨闇紙黝，決非宋本，當屬元時翻刻之書。

于敏中《天禄琳琅書目》卷六《元版集部・類編層瀾文選一函，四册》 《前集》十卷，《後集》十卷，《續集》十卷，《別集》十卷，共四十卷。無編集姓氏。此書前後俱無序跋。《前集》目録前有木記識語，稱「將舊集所選古文，重加增録，分爲《前》、《後》、《續》、《別》四集。《前集》類編賦詩、雜語、雜著，以便初學者誦習。《後》、《續》、《別》三集，類編記傳等作，以便作文者披閲」云云。其書始自楚《騷》，終於北宋，每卷標題下別行刊「雲坡家塾鼎新刊行」，係當時帖括之書，書賈刻以謀利者，故仿宋巾箱本式，取易售耳。

于敏中《天禄琳琅書目》卷六《元版集部・新編古賦題二函，八册》 《前集》十卷，《後集》八卷，共十八卷。無編集人名姓氏。此與前部同類之書也。亦仿巾箱本式，標題下別行刊「翠巖劉氏家塾新編」。兩集目録後均有木記、識記，紀年爲天曆己巳、庚午，係元文宗初年刊行之本。其書於經、史、子、集中類纂賦題，各疏本末於下，蓋爲應試者揣摩之用，《前集》仍有未備，爰纂《後集》以補之。

彭元瑞《天禄琳琅書目後編》卷一一《元版集部・分類補注李太白詩一函，八册》 唐李白撰，宋楊齊賢集注，元蕭士贇删補。【略】前有至元辛卯士贇自序，稱八賦楊本無注，己所補。辛卯，爲元世祖至元二十八年也。目録後有空墨印一。按：下一部係「至元五年，萬玉堂刊」八字，蓋市賈故爲漏印，以贗宋本耳。

彭元瑞《天禄琳琅書目後編》卷一一《元版集部・王荆文公詩二函，二十册》 宋王安石撰，李壁注，劉辰翁批點。壁，字季章，號雁湖，登進士，累官禮部尚書、參知政事、同知樞密院事，諡文懿，事具《宋史》本傳。辰翁，已見。書五十卷。前有劉歸孫序，即辰翁之子也。又詹太和所著《王荆文公年譜》，目録後有墨記「僕頃門詩於須溪先生，及半山，則恨李注本極少。於是，先生出示善本，併得其評點。茲不敢私，命刻之梓，其與四方學者共之。門人王常謹題」。常，字士吉，安成人。蓋大德辛丑所刻而歸孫序之。太和，字甄老，桐廬人。

彭元瑞《天禄琳琅書目後編》卷一一《元版集部・松雪齋文集一函，八册》 元趙孟頫撰。孟頫，字子昂，湖州人。官翰林學士承旨，追封魏國公，諡文敏，事具《元史》本傳。書十卷。分賦、詩五卷，雜著、序、記、碑銘、制、贊、銘、題跋、樂府五卷。又《外集》一卷，凡詩一首、序四首、記四首、碑銘四首、題跋二首。前有大德戊戌戴表元序，至元後己卯何貞立序，目録後刻「至元後己卯，花谿沈氏伯玉刻於家塾」。第十卷後有跋云：「松雪翁詞翰妙天下，片言隻字人輒傳玩。公薨幾二十年矣，而平生所爲詩文猶未鏤版。今從公子仲穆求假全集，與友原誠鄭君再加校正，凡得賦五、古詩一百八十四、律詩一百五十、絶句一百四十、雜著五、序二十、記十二、碑誌廿六、制詔策題批答廿五、贊十、銘二、題跋五、樂府二十，總五百三十四。併公行狀、諡文一卷，目録一卷，合爲一十二卷。亟鋟諸梓，置之家塾，俾識者得共覯焉。至元後己卯良月十日，花谿沈璜伯玉書，四明阮子陽刊。」《外集》目録後刻「花谿沈氏伯玉刊於家塾」。後附楊載撰行狀，又刻「花谿沈璜伯玉校正刊」。書末有董其昌墨蹟跋，略云：見元刻《承旨集》於鄒平總憲張公所，與宋版無異。快讀一過，歸之，志予幸覯。所云鄒平總憲，乃張延登，萬曆壬辰進士，曾一爲司空，再爲總憲，見《明史・七卿年表》及王士禛《池北偶談》。又有宋筠墨蹟跋，略云《承旨集》數十年前惟見鈔寫流傳，欲覓元刻不可覯。此先少師官豫章時所得，爲濮陽李氏故物。集中鐫字圓健，亦宛然文敏手筆，尤屬可愛云云。

孫星衍《平津館鑒藏記書籍》卷一《元版・分類補注李太白詩十八卷》 題「舂陵楊齊賢子見集注，章貢蕭士贇粹可補注」。前有至元辛卯蕭士贇序，目録後有「建安余氏勤有堂刊」八字篆書長木印，又有李陽冰、樂史、宋敏求、曾鞏、毛漸五序，劉全白《李君碣記》，共爲一卷。黑口版。每葉廿四行，行廿字。天禄琳琅藏本，此書本廿五卷。此本缺十九以下七卷。目録作十八卷者，蓋書賈割齊以充完書，末葉版心猶有參差痕迹可辨。

孫星衍《平津館鑒藏記書籍》卷一《元版・集千家注分類杜工部詩廿五卷》 題「東萊徐居仁編次，臨川黄鶴補注」。前有杜工部傳、序、碑銘一卷，後有「廣勤書堂新刊」六字長木印。《杜工部詩年譜》一卷，題臨川黄鶴撰。目録一卷。集注姓氏、《詩門類》後有「三峯書舍」四字鐘式木印、「廣勤堂」三字鼎式木印。黑口版。每葉廿四行，行廿字。據集注姓氏，韓愈、元稹，題唐賢；王禹偁至謝枋得，題宋賢；劉會孟，題時賢；則元時刻本也。

孫星衍《平津館鑒藏記書籍》卷一《元版・集千家注分類杜工部詩廿五卷》 題次、目録、鐘鼎木印、行款，俱同前本。紙色模印，亦不相遠。唯杜工部傳、序、碑銘後無「廣勤書堂新刊」六字長木印，疑後人取別本補之。

孫星衍《平津館鑒藏記書籍》卷一《元版・增刊校正王狀元集注分類東坡先生詩廿五卷》 題「宋禮部尚書、端明殿學士兼侍讀學士、贈太師、謚文忠公蘇軾，廬陵須溪劉辰翁批點」。前有《東坡先生詩序》，王十朋一篇，趙公夔一篇。集注姓氏題「狀元王公十朋龜齡纂集」，後有「廬陵□□□□原刻羼去。書堂新刊」十字長木印。《東坡紀年録》題「僊溪傅藻編纂」。目録一卷。黑口版。每葉廿四行，行廿一字。旁有黑圈點，注中有增刊者，用黑蓋子別之，亦間載批語。邵長蘅作《王注正譌》，謂此書非十朋所作。《四庫全書》王氏注本三十二卷，分廿九類，此本分七十六類，與《天禄琳琅》本同。而内府本姓氏後長木印作「汪氏誠意齋集書堂新刊」十字，與此本又異。

孫星衍《平津館鑒藏記書籍》卷一《元版・唐詩始音輯注一卷正音輯注六卷遺響輯注七卷》 題「襄城楊士弘伯謙編次，新淦張震文亮輯注」。每集有目序、小序。前有唐音名氏，又有至正四年八月楊士弘序併凡例。序後有「楊氏伯謙」木方印、「鑑池春草」木方印、「尚白齋」木長印。《始音》目録後有「廣勤堂」鼎式木印、「建安葉氏鼎新繡梓」木長印。每集後有「鑑池春草」、「尚白齋」兩木印。黑口版。每葉廿行，行十八字。

孫星衍《平津館鑒藏記書籍補遺・元版・松雪齋文集十卷外集一卷行狀謚文一卷目録一卷》 前有大德戊戌戴表元序，後有「戴氏率初」木方印，末有至元後己卯何貞立後序，後有「長沙何貞立印」木長印。《正集》後有至元後己卯沈璜跋，稱：「松雪翁薨幾廿年，今從公子仲穆求假全集，與友原誠鄭君再加校正，總五百卌四，併公行狀、謚文一卷，目録一卷，合爲一十二卷，亟鋟諸梓。」《外集》一卷，則貞立所附刊也。每葉廿四行，行廿二字。

孫星衍《廉石居藏書記》内編《李太白詩十八卷》 右《李太白詩》十八卷，稱《分類補注李太白詩》。署「楊齊賢集注，蕭士贇補注」。前有元至元間士贇序，稱：「得巴陵李粹甫家藏左緜所刊楊齊賢子見注本，惜其博而不能約，因取其本類此者爲之節文，擇其善者存之。注所未盡者，以予所知附其後，混爲一注。全集有賦八篇，子見本無注，此則併注之」云云。是此本士贇增賦補注，紙版甚精致。《天禄琳琅》本，末葉板心記「至大辛亥三月刊」。書中有「建安余氏勤有堂刊」篆記，蓋元武宗至大四年本。

孫星衍《廉石居藏書記》内編《百家注東坡詩集二十五卷》 右《東坡詩注》二十五卷，題王狀元集注。元版本。前有王十朋及趙公夔叙。又載集注分類姓氏於前，凡九十六人，稱百家，舉全數也。又有《紀年録》，爲傅藻編纂，稱「因段仲謀、黄德粹二家之述，翦截浮詞，名之《紀年録》」云云。《東坡詩注》，此本最古，紙版亦精。後有「廬陵某書堂新刊」墨印，賈人剗去「某書堂」名，因將充宋刻耳。

潘祖蔭《滂喜齋藏書記》卷三《元刻麟溪集十二卷六册》 元浦江鄭氏九世同居，一時士大夫皆贈以詩文。至正中，其家長大和彙爲一編，共十二卷，曰《麟溪集》，其所居之地名曰麟溪也。王煒爲之序。明吴文定《送鄭世静還浦江》詩：「三百餘年孝義門，一朝握手見諸孫。君家自有《麟溪集》，底用臨歧索贈言。」文定在成化時，上距元末又百餘年，其世澤可謂長矣。元明之際，金華人士最盛，宋濂、王煒、黄溍、蘇伯衡皆其郡人，是以文章特美。《四庫》不著録，亦一奇書也。序後有木圖記曰：「崇化余志安刊於勤有堂。」汲古毛氏、愛日張氏、藝芸汪氏皆經收藏。

繆荃孫《藝風藏書記》卷七《詩文・松雪齋集十卷外集一卷》 元至元刊本。每葉二十四行，每行二十二字。大黑口。前有大德戊戌戴表元序，後有至元己卯何貞立跋。卷十後有跋云：「松雪翁詞翰妙天下，片言隻字，人輒傳玩。公薨幾二十年矣，而生平所爲詩文猶未鏤板。今從公子仲穆求假全集，與原誠鄭君再加校正，亟鋟諸梓，置之家塾，俾識者得共觀焉。至元後己卯良月十日花溪沈璜伯玉書。」是《松雪集》最初刻本，紙墨俱精。而序前半葉及外集目録均失去，疑售者因有先世藏印而去之耳。

李希聖《雁影齋題跋》卷三《黄四如集四卷元本》 每半葉十行，行二十字。前有元至治三年清明後一日，清源傅定保序。此本乃仲元之子子材刻於閩。定保與仲元爲宋咸淳辛未同榜進士，故子材屬爲之序。卷首有「繡谷薰習」、朱文。「蟬華」、朱文。「吴焯」白文。印，蓋繡谷亭舊藏也。書用緑色印行，於古今人名皆旁加匡廓，爲從來槧本中所僅見。此本僅四卷，與《提要》所言諸本皆不合，惟杭堇浦《道古堂集》所記與此本同。

于敏中《天禄琳琅書目》卷七《明版經部·七經圖一函，八册》《易》、《書》、《詩》、《周禮》、《禮記》、《春秋》六經圖，宋楊甲撰；《儀禮圖》，宋楊復撰，明吴繼仕編。不分卷。前明焦竑序、繼仕自序、《儀禮圖》前繼仕又序。前宋版經部中有《六經圖》，其《儀禮圖》則元版中有之，而橅印不及《六經圖》之善。此本爲繼仕合刊，一規宋槧，製極精良。焦竑序云：新安吴君見宋刻《六經圖》而奇之，手自摹畫考校，授之梓人，與好學者共焉。又念《儀禮》爲朱子所定，其徒楊復篇爲之圖，并加編纂，合爲《七經圖》以傳，學者得而讀之，可謂粲然明備，無復遺憾云云。今以此書觀之，竑之所許，良不誣也。繼仕始末，未詳。

于敏中《天禄琳琅書目》卷七《明版經部·童蒙訓一函，一册》宋吕本中著。上下二卷。前宋樓昉序。昉序作於宋寧宗嘉定八年，稱金華太守邱公長儒出錢五萬，鐫刻於吕氏祠堂。此本書末別行刊「紹定己丑，郡守眉山李埴得此本於詳刑使東萊吕公祖烈，因鋟木於玉山堂，以惠後學」。按：紹定己丑，爲理宗紹定二年，去嘉定八年已閲十有四載，則吕祖烈所藏，即邱長儒所刊以置吕氏祠堂者，李埴特取而翻刻其版耳。此本又從李版翻出，橅刻再三，故字畫不能圓勁，紙亦不佳，係坊間所印行者也。

于敏中《天禄琳琅書目》卷七《明版經部·養正圖解一函，四册》明焦竑撰。不分卷。前祝世禄序、竑自序。《明史·焦竑傳》稱皇長子出閣，竑爲講官，竭誠啓迪。嘗采古儲君事可爲法戒者，爲《養正圖説》，擬進之。同官郭正域輩惡其不相聞，目爲賈譽，竑遂止。是當時此書以猜阻未經進奉，故無官刻之本。此本祝世禄序稱繪圖爲丁雲鵬，書解爲吴繼序，捐貲鐫之爲吴懷讓。按：雲鵬、繼序，名重一時，書畫皆臻其妙。懷讓欲刻是書，先以作圖、書解屬斯二人，亦不苟於剞劂者矣。

于敏中《天禄琳琅書目》卷七《明版經部·重刊改併五音集韵二函，二十册》金韓道昭編。十五卷。前載金崇慶元年原序，次唐郭知元、孫愐《唐韵》舊序二篇，後附明沙門真空《貫珠集》八卷，劉序；又真空《直指玉鑰匙門法》一卷，夏元序。《五音集韵》目録前標題稱「至元庚寅重刊」，目録後標題又云「成化庚寅重刊」，而各卷首標目則又稱「正德乙亥」，亦有稱「正德丙子」者，其第十五卷之末行總標「正德乙亥春日重刊，至丙子孟秋完」，頗疑目録所記年月前後何以懸殊？且成化庚寅距正德乙亥，已閲四十六年之久，亦覺相去太遠。及觀書中版心下方往往記出貲刊書姓氏者，大半皆御馬監中之官員、太監。目録於各卷所載略同，則所標至元，或係沿元時刊本之舊。其標成化者，或係爾時集貲未足，僅刊目録而止，至正德間始獲成書。遂以舊存目録湊合，其仍爲一版可知。且姓氏上有稱信官者，其爲沙門集貲刊板又可知矣。劉聰作《貫珠集序》時，雖稱弘治戊午，而夏元之序作於正德癸酉，越二年即爲乙亥，則《貫珠集》之與《五音集韵》同刊，不更彰彰乎？

彭元瑞《天禄琳琅書目後編》卷一二《明版經部·潁濱先生詩集傳一函，六册》宋蘇轍撰。書十九卷。【略】明焦竑刻入《兩蘇經解》本。

彭元瑞《天禄琳琅書目後編》卷一二《明版經部·二賢言詩一函，二册》明李維楨以豐坊僞《子貢詩傳》與《子夏詩序》合刻。前有序，稱郭司馬相奎授梓，蜀中楨謹繕録版行，名曰《二賢言詩》。次兩序，其一略云，得黄文裕祕閣《子貢詩傳》石本，與成都守詹牧父分校，併小序刻之，而不著姓名。考郭子章，字相奎，泰和人，隆慶辛未進士，官至兵部尚書。詳其文意，即子章所作也。其一略云，歲己丑，謙幸以職事侍文憲郭公，出所藏祕閣《子貢詩傳》石本示謙，要與小序相發明，爰命工摹勒。而不著姓。考《通志》，成都知府有詹思謙，萬曆中任，即郭序所云詹牧父也。其標題，子章原刻曰《二賢詩傳》，維楨再刻改曰《二賢言詩》。《子貢詩傳》篆書首行云：「《詩傳》，孔氏傳，衛端木賜子貢述。」竟似近人撰刻，古無此體，豐坊作僞，前人辨之甚晰，而郭、詹取以合小序。至維楨序，明云豐人翁好作贋書，附以己意，稱傳之外國，衆疑弗信，而又作此，狡獪甚矣，好奇之過也。

彭元瑞《天禄琳琅書目後編》卷一二《明版經部·左氏春秋鐫一函，二册》明陸粲撰。粲，字子餘，長洲人。嘉靖丙戌進士，以工科給事中劾張璁、桂萼，謫都鎮驛驛丞，終永新知縣，《明史》有傳。書二卷。【略】按：跋略云，予以給事中謫都傳鎮丞，去京師萬里，挾《左氏傳》自隨，行且讀之。有所見，暮宿逆旅，書諸簡。既至，以傳亭之廢止於黎峩，稍次其説爲一編。二三子校刻之後，列平越衛學，門生六人校刻，時嘉靖庚寅也。粲以謫官遠方爲此書，跋中自比柳宗元謫永州作《非國語》，亦陰襲蘇軾海外諸黎故事。末刻「嘉靖戊申，吴郡盧氏重刻於少谷草堂」。刊印頗工雅。

彭元瑞《天禄琳琅書目後編》卷一三《明版經部·五經句訓二函，八册》 不著撰人姓氏。書十九卷。《易》三、《書》二、《詩》四、《春秋》四、《禮記》六。依經直解，旁注窄行。前有萬曆丙申陳大科序，揭銜「總督兩廣、兵部侍郎」，略云《五經旁訓》舊有刻者，會督學周君應治從山東來，以善本餉予，遂手校而重刻之云。是書坊間纂本，以便初學習誦者，今猶行張大受新刊。此本槧法、紙墨極工，非後來可及。

彭元瑞《天禄琳琅書目後編》卷一三《明版經部·六經圖一函，六册》 同上，惟《易圖》末刻「修吉堂改正共一百處」，《書圖》末刻「修吉堂考校共五百二十處」，《詩圖》末刻「修吉堂考校共三百九處」，《周禮圖》末刻「修吉堂考正八十處」，《禮記圖》無，《春秋圖》末刻「修吉堂考正九十一處」。蓋即吴氏熙春堂所摹宋版，後歸修吉堂，更加考正耳。

彭元瑞《天禄琳琅書目後編》卷一三《明版經部·六經圖一函，一册》 篇目同前宋版經部。每經目録下刻「明新都吴繼仕考校」，卷首刻「熙春堂藏版，摹刻宋版六經圖」，後云夙遘是書，如獲和璧，不忍私藏，今公海内。第圖象俱精，字紙兼美，一照宋版校刻無訛，視夫妄意增改者，奚啻懸殊？博雅君子當自鑒之云云。末注改正二百八十九處。繼仕，字公信，徽州人，所著有《音聲紀元》。是書摹刻之工，幾與宋槧莫辨，諸本多爲坊賈割補目下一行，以爲贋鼎。蓋因與宋本相近，易以售欺也。

彭元瑞《天禄琳琅書目後編》卷一三《明版經部·六經正誤一函，三册》 宋毛居正撰。書六卷。一《易》、二《書》、三《詩》、四《禮記》、五《周禮》、六《春秋三傳》。前有寶慶元年魏了翁序，略云南渡草創，取版籍於江南諸州，潭、撫、閩、蜀諸本至爲異同，而監本之誤爲甚。嘉定十六年朝廷命胄監刊正經籍，司成謂無以易誼父，馳書幣致之，盡取《六經》、《三傳》諸本，參以子史、字書、選粹、文集，研究異同，凡字義音切，毫釐必校。旬歲閲刊修者凡四，繼欲修《禮記》、《春秋三傳》，誼父以病目移告中輟，遂録其正誤之籍而刊傳之云。居正即增修《禮部韵略》毛晃之子，誼父其字也。書末有跋云：「歲己卯，南畿書肆獲宋刻本，遂刻而傳之。嘉靖癸未，江都郝梁志。」是書《通志堂經解》刻入。此猶明翻宋本。

彭元瑞《天禄琳琅書目後編》卷一三《明版經部·博雅一函，四册》 魏張揖撰。【略】後有揖上《廣雅表》。又正德庚辰都穆跋，稱皇甫世庸出守大郡，政暇手校是書，欲刻未果。近户部任君子實以監税留吴，爲之助刻，遂行於世。書中每卷刻「吴郡皇甫録校正」，末刻八分書「皇甫氏世業堂繡梓」。

彭元瑞《天禄琳琅書目後編》卷一三《明版經部·重刊改併五音集韵二函，十册》 即韓道昭《改併五音類聚四聲篇》，篇目見前。標題「至元庚寅重刊」，有無名氏序。第一卷後刻「浙江嘉興府崇德縣圓通庵沙門如彩重梓，如錦助刊」。考崇德，今石門縣，元爲州，明洪武二年改縣。當是明僧重刊元版。

孫星衍《平津館鑒藏記書籍》卷二《明版·大戴禮記十三卷》 題「漢九江太守戴德撰」。前有淳熙乙未韓元吉序。每葉廿行，行十八字。宋諱俱有缺筆。末卷後有「嘉靖癸巳吴郡袁氏嘉趣堂重雕」十三字。

孫星衍《平津館鑒藏記書籍》卷二《明版·大明正德乙亥重刊改併五音類聚四聲篇十五卷》 題「滹陽松水昌黎郡韓孝彦、次男韓道昭改併重編」。前有正德十五年建安滕霄序，後有衍法寺沙門覺恒等重刊題名，本讚嘉靖己未修補字板序説。次泰和八年姪男韓道昇序，後有五音改併增添明頭號樣、十黏號頌、檢篇入册頌，重編、同編、校正、重校正等題名。目録後有三十六母再顯之圖。新集背篇列部之字。據滕霄序，《篇海》、《集韵》故刊於成化之初，衍法寺覺恒重鋟諸梓，而真空實校正之，併以《貫珠集》諸門法及安西劉士明《切韵指南》一卷，正德乙亥告成。黑口大字版。每葉廿行，行大字十六字，小字卅二字。

孫星衍《平津館鑒藏記書籍》卷二《明版·新校經史海篇直音五篇》 不題撰人名氏。前有背篇列部之字。據韓道昭《四聲篇》，前有新集背篇列部之字，「外」字以上題云：「大金丙辰松水昌黎門人浚川竇慶進補添，大明辛卯五月端陽日刊完。」「乙」字以下題：「辛卯重編增改。」雜部末又題：「崇慶己丑所集雜部，至今成化辛卯删補重編。」此本部分俱依《篇海》，下及重編之字，當是明成化以後人所撰。黑口版。每葉廿二行，行大字約十八字。

孫星衍《平津館鑒藏記書籍補遺·明版·性理大全書七十卷》 前有永樂十三年《御製性理大全書序》，永樂十三年胡廣等進書表，引用先儒姓氏，纂修胡廣等銜名。此書永樂十三年本與《五經》、《四書》同修，故序、表俱稱二百廿九卷。後人重刊是書，仍取原序表冠之。御製序後，有「大明景泰乙亥仲冬書林魏氏仁實堂刊本」長印。黑口版。每葉廿二行，行廿二字。

孫星衍《平津館鑒藏記書籍續編·明版·隸續廿一卷》 末有乾道三年弟

邁序，淳熙六年喻良能跋。廿卷後有洪景伯自記。前有朱竹垞金風亭長題字，稱：「此當琴川毛氏舊鈔本。」今浙中樓松書屋刊本，即從此本翻雕。洪頤煊曰：據喻良能跋，此書止十九卷。然以家景伯《自記》考之，云《隸釋》有續，前後廿一卷。乾道戊子始刻十卷於越，淳熙丁酉姑蘇范至能增刻四卷於蜀，後二年雪山李秀叔又增五卷於越，明年錫山尤延之刻二卷於江東倉臺，而韓其版合之越。喻良能作跋，僅得秀叔增刊本，題「淳熙六年」，可證其時尚有二卷尤延之未刻。近人因喻跋卷數不合，因疑二卷是後人闌入，誤矣。字句無大異同。有朱筆校録諸家碑跋甚詳。

吳壽暘《拜經樓藏書題跋記》卷一《詩經疏義》 右凡二十卷，爲元番陽朱公遷所撰而門下士補訂者。卷首列「後學番陽朱公遷克升疏義，野谷門人王逢原夫輯録，松塢門人何英積中增釋」。有至正丁亥公遷自序，復有明正統甲子何英後序。前有「嘉靖二年孟夏月安正堂重刊」長印，後有「癸未年仲夏安正書堂刊」長方印，蓋初刻於正統間，重刻於嘉靖二年。【略】蓋是書雖刻於明之中葉，而猶爲元儒手筆，悉仍文公之舊，未經妄删者，洵可貴也。

莫友芝《宋元舊本書經眼録》卷二《書經纂言四卷明本》 元吳澄撰。明嘉靖己酉，顧應祥據正德辛巳本重刊於滇中。是曝書亭舊藏，通志堂即依此本付雕。

莫友芝《宋元舊本書經眼録》附録卷第一《書衣筆識・禮記釋文》 納蘭容若通志堂刊，有仿宋淳熙四年本《禮記釋文》，在《經解》之外。卷末亦具撫州公使庫新刊注《禮記》二十卷，併《釋文》四卷，附校正人軍州官等一紙，則必並刊經注，而板毀僅存者耳。嘉慶丙寅，陽城張氏省訓堂乃並仿刊以行，於是海内經生皆欲家置，紙貴一時。邵亭嘗收其初印本，以《釋文》校容若所刊，絶無同異。既而于吳門見管洵美《釋文》卷端所記撫本異文，則大勝兩本處不少，頗怪陽城何以漫不省改。適來邗上，收一再校修本，則洵美所記善處數十悉已補改，其未改若干處，則宋本誤字，或筆迹小異非兩字者。乃知陽城刊此時，其經注據顧氏宋本，其《釋文》則直以《通志》本覆雕。卷末並云：嘉慶丙寅某月。其初印者，中行計字數，悉同《通志》。下端葉數下則留木未刻，蓋誤改亦仍之。其校修者，則計字悉經補改，留木亦補刻匠者姓名。末葉增「嘉慶二十五年庚辰宋本《釋文》再校修訖印行」一行。又《考異》末條亦經改定，距刊成時十五年矣。故此書經注當以丙寅初印爲佳，其《釋文》則庚辰校修乃善也。同治庚午夏，邵亭眲叟于維揚書局識。

莫友芝《持静齋藏書記要》卷上《儀禮注疏十七卷》 漢鄭氏注，唐賈公彦疏。明廬陵陳鳳梧刊本。按：明至正德時，南監諸經疏板尚無《儀禮》，僅有宋楊復《儀禮圖》。嘉靖初，鳳梧在山東刊此十行本，乃移入焉。未幾，李元陽按閩，刊十三經，其《儀禮》即因此本。後北監、毛晉刊經疏，並依閩本。其經文脱逸數處與改賈氏舊疏五十卷爲十七，皆自鳳梧此刊始。惟板式、字畫皆可觀。

莫友芝《持静齋藏書記要》卷上《明刊本・春秋億六卷》 明徐學謨撰。徐氏刊《海隅集》本。

繆荃孫《藝風藏書記》卷一《小學・爾雅二卷》 明刻本。分《釋地》以上爲上卷，《釋丘》以下爲下卷，頗覺無理。郭序前多邢疏序，後有音釋。及佳處與前兩書同，板心有「宜静書屋」四字。

繆荃孫《藝風藏書記》卷一《小學・爾雅翼三十二卷》 明刊本。前有正德十四年都穆序，略云：「予家舊藏宋刻本，以歸李工部彦夫，而羅公十六世孫刻之。」是此書源出宋板。每卷後有音釋，板心上有字數，下有刻工名。後跋闕一葉。

于敏中《天禄琳琅書目》卷八《明版史部・晉書十二函，一百册》 篇目同前。此亦從宋版翻出，以刊行在先，槧印較爲清朗。其目録後仍存「淳熙丁未季春弘文館校刊」一行，蓋刻是書者竟欲作宋槧爲賈利之資耳。

于敏中《天禄琳琅書目》卷八《明版史部・晉書十二函，一百册》 篇目同前，前有明人序，序闕末葉，失其名；又太宗原序。明人序稱舊版存南國子學宫，久多脱誤。邑人周文學若年氏見宋祕閣本，欣然授之剞劂，未成而卒。丁進士孟嘉委産續成云云。今以版式字畫較之，與前第一部大略相似，可知是書之版，大半皆出翻刻，但惜此序闕去末葉，不知其名，而他本欲求此失名之序復不可得，總由書賈作僞割去者多也。

于敏中《天禄琳琅書目》卷八《明版史部・文公先生資治通鑑綱目六函，六十册》 宋朱子編。五十九卷。前《批抹綱目凡例》，次朱子《綱目凡例》，次朱子《序例》、王幼學《集覽序例》、尹起莘《發明序》，次朱子《與趙師淵論綱目書》，附宋王柏識語。此書仿宋槧式，不能精善。所采王幼學《集覽》、尹起莘《發明》、汪克寬《考異》，皆分標於《綱目》每條之下，其中亦間有載陳濟《正誤》者。數人之名，皆於每卷標題後按行分列。并稱「京兆劉寬裕刊行」，寬裕爲何如人，不可考。按：汪克寬、陳濟，皆明人。而書首所載《綱目凡例》，視各卷之版縮半寸餘，似是從他本割取補入。蓋《凡例》從宋王柏識語，有「鋟梓於涵古堂，與同志共之」之語，書賈得是書，不知克寬、濟爲明人，欲借柏識語以充宋刊耳。

于敏中《天禄琳琅書目》卷九《明版子部・戰國策一函，八册》　宋鮑彪注。十卷。前彪序，次載漢劉向、宋曾鞏上目録序二篇，卷十後有彪識語。前宋版《戰國策》有王信序，自記其梓刻之由，此本無之，惟卷末有「嘉定五年夏月世綵堂刊」木記，其左右邊闌墨綫，俱就版中分行綫痕湊成木記之式，其爲僞造固已顯然，况字畫亦遠不相及乎！

于敏中《天禄琳琅書目》卷八《明版史部・吴越春秋一函，四册》　漢趙曄著，元徐天祐音注。十卷。前天祐序。【略】天祐序稱是書越嘗鋟梓，歲久不存，汴梁劉侯治越，重刻於學。侯名世昌，世大其字云云。卷十後刊「大德十年丙午三月音注，越六月書成刻版，十二月畢工」。又刊「文林郎、國子監書庫官徐天祐音注」，并列紹興路學官及提調學校官銜名。考《宋史・職官志》，淳化後，改國子監印書錢物所爲國子監書庫官，而《元史・百官志》無國子書庫之名。又考《萬姓統譜》稱天祐登進士第，德祐二年，以文林郎、國庫書監召，不赴云云。按：德祐，爲宋瀛國公年號，則知天祐本宋末人，入元不仕，其結銜蓋於刻《音注》時追敘宋官耳。此本目録後有「萬曆丙戌之秋，武林馮念祖重梓於卧龍山房」木記。考卧龍，爲越郡山名，則又因元版而翻刻於越中者。其槧印極精，固翻版最佳之本也。

于敏中《天禄琳琅書目》卷八《明版史部・十六國春秋二函，十二册》　後魏崔鴻撰。一百卷。前明朱國祚序，并載北齊魏收撰崔鴻本傳。朱國祚序稱此書不傳已久，屠侍御之孫喬孫，與諸友校讐其闕，於是此書復完云云。目録後列喬孫及同校姓氏十人，末行稱「萬曆三十七年蘭暉堂鏤版」，是此書爲明代新刊，非仿舊翻刻之本，故字畫俱極清朗。

于敏中《天禄琳琅書目》卷八《明版史部・路史二函，十六册》　宋羅泌撰，泌子苹注。《前紀》九卷，《後紀》十三卷，《餘論》一卷，《國名記》六卷，《歸愚子大衍數》一卷，《國姓衍慶紀原》一卷，《國名紀信》一卷，《路史發揮》六卷，共三十八卷。前泌自序，《餘論》前有宋費煇序，《發揮》後有宋曾大鼎序。此書不載刊刻年月，惟首卷標題下有「錢塘洪楩校刊」。洪楩，未詳其人。而槧印頗佳，蓋亦深於嗜古者。按：乾隆元年，有泌裔孫玉藻重刊是書，書前載明金堡序文，稱吴子伯持，妙年好古，有《路史》之役，較訛訂誤，斯已精矣云云。考金堡，仁和人，登崇禎庚辰進士。玉藻刻是書，獨列其序者，似所刊即從吴本摹出，然版式字畫不及此本遠甚，則知洪本遠在吴本之前。

于敏中《天禄琳琅書目》卷八《明版史部・水經山海經三函，二十四册》　《水經》，漢桑欽撰，魏酈道元注，四十卷。《山海經》，晉郭璞撰，十八卷。《山海經》前載璞原序并劉歆目録序，《水經》前有明黄省曾總序。黄省曾序云：二經，一主敘山而水歸詳綴，一專紀水而山亦寓列。山者水之根柢也，水者山之委枝也云云。蓋言二經所以合刊之故也。省曾，字勉之，吴縣人。嘉靖辛卯舉人，嘗著《五岳山人集》，見朱彝尊《明詩綜》小傳。此序作於嘉靖甲午，即省曾發解後之三年。書賈以其規仿宋槧，因將嘉靖「靖」字剷去，填改「定」字於補紙之上，謬稱宋刻，此作僞之顯然易見者。二書版式字畫並同，惟《山海經》版心上方有「前山書屋」四字而《水經》無之，或《水經》刊梓在先，其時尚未有此書屋額名也。

于敏中《天禄琳琅書目》卷八《明版史部・讀史漫録一函，四册》　明于慎行撰。十四卷。前明葉向高題辭，謝肇淛、黄體仁二序，目録後有郭應寵識語二篇。按：郭應寵識語二篇，其一識於萬曆己酉，稱慎行爲師，又稱慎行子緯將圖剞劂，屬之釐次訂訛，彙爲十四卷。其一識於萬曆癸丑，則言是編業已梓於閩建書林，未經讐校，茲公子中翰君圖并《筆麈》鋟之，余深嘉其是舉，徧搜遺稾，復得讀史五十通補入，始爲完書云云。是此書係重刊之本，然槧刻不工，紙墨俱劣，又何説也？

彭元瑞《天禄琳琅書目後編》卷一四《明版史版・資治通鑑十四函，九十册》　明陳仁錫彙刻。凡目録三十卷，《資治通鑑》二百九十四卷，附元胡三省《釋文辨誤》十二卷，明薛應旂《甲子會紀》五卷，《宋元通鑑》一百五十七卷。前有崇禎己巳仁錫序。

彭元瑞《天禄琳琅書目後編》卷一四《明版史部・前後漢紀二函，十册》　篇目同前宋版史部。前有嘉靖戊申黄姬水序，略云何景明曾刻《前漢紀》，袁氏書尤希覯，得雲間朱氏宋本，輒復梓行云云。

彭元瑞《天禄琳琅書目後編》卷一四《明版史部・經濟類編十函，五十册》　明馮琦撰。書一百卷。【略】琦年四十六，書未卒業，其弟瑗刪類成之。其門人御史周家棟、仁和知縣吴光義校刻。前有馮夢禎序，吴光義序，瑗識語，載萬曆三十二年校刻於浙虎林郡南屏山。

彭元瑞《天禄琳琅書目後編》卷一五《明版史部・漢雋一函，七册》 篇目見前宋版史部。每卷標「宋括蒼郡林越國鎮輯」，卷一末刻「清渭何通直宅萬卷堂本，紹興乙亥刊」，乃明翻宋本也。

彭元瑞《天禄琳琅書目後編》卷一五《明版史部・十七史詳節三函，二十四册》 篇目同前宋版史部。前有無名氏序，墨印三：「慎獨齋」、「五忠後裔」、「精力史學」。每卷首或刻「建陽劉克莊梓」，或刻「建陽慎獨齋」，或刻「建陽木石山人劉宏毅」，其例不一。建陽自宋爲刻書之肆，劉氏慎獨齋世其業，而劉宏毅乃明時人，首標克莊，著其先世名人耳。

彭元瑞《天禄琳琅書目後編》卷一五《明版史部・歷代地理指掌圖一函，六册》 不著撰人名氏。書不分卷。自帝嚳九州至宋升置州郡，凡四十四圖，前有蘇軾序，後有總論。按費袞《梁谿漫志》云：今世所傳《地理指掌圖》，不知何人所作。其考究精詳，詮次有法，上下數千百年，一覽而盡，非博學洽聞者不能爲，自足以傳遠。然必託之東坡，其序亦云東坡所作，觀其文淺陋，乃舉子緝綴對策手段，東坡安有此語？最後有《本朝升改廢置州郡》一圖，乃有崇寧以後迄於建炎、紹興所廢置者，是豈出於東坡之手哉云云。其書藍本於《元豐九域志》，宋坊間所行，袞辨之詳矣。淳熙間趙亮夫刻於桐汭。此本中宋諱字尚有闕筆者，乃從宋本翻雕之證，而多《昊天成象圖》、《明一統圖》，各布政使司十四圖，足證爲明時重刻。末有「毘陵陳奎刻」五字。

孫星衍《平津館鑒藏記書籍補遺・明版・新刊四明先生高明大字續資治通鑑節要廿卷》 題「賜進士第潮陽蔡亨嘉校正」。次行有「新刊」二字而無銜名，蓋坊間所刻也。前後無序跋。此本因四明陳桱《通鑑續編》删節其要以别行，各家皆未著録。末卷後有「嘉靖壬戌季春新賢書堂新刊」木長印。每葉廿四行，行廿六字。

孫星衍《平津館鑒藏記書籍續編・明版・資治通鑑節要廿卷》 題「少微先生纂述，松鳴王逢釋義，仁齋劉剡增校，木石山人補注」。《續資治通鑑節要》卅卷，題「先儒陳桱纂述，中和處士釋義，木石山人校正」。《資治通鑑外紀節要》五卷，題「眉山史炤音釋，鄱陽王輯義，蕭山張維翰箋注，餘杭周禮校正」。前有《釋例》一卷，《通論》一卷，《讀法》一卷，《引用姓氏》一卷，《目録》一卷，正德四年劉吉序。末有「正德己巳歲京兆慎獨齋校正新刊」木長印。後跋一篇，年月姓名已佚。據劉序，此本是建陽劉弘毅所刊。巾箱本。每葉廿六行，行廿二字。上有音訓，旁有圈點。

莫友芝《持静齋藏書記要》卷上《明刊本・漢書一百二十卷》 漢班固撰，唐顏師古注。明嘉靖九年南監祭酒張邦奇等校刊本。縣紙初印，絶精。

莫友芝《持静齋藏書記要》卷上《明刊本・明一統志九十卷》 明李賢等奉敕撰。慎獨齋刊本。

繆荃孫《藝風藏書記》卷三《地理・大明一統志九十卷》 明慎獨齋小字本。是書義例一仍《元一統志》之舊，書名亦沿用之。官刊大字本外，刊本極多。此慎獨齋刻中板小字，字甚精緻。每半葉十行，每行二十二字，大小字同。

繆荃孫《藝風藏書記》卷三《地理・地圖綜要四册》 明天都吴學儼敬勝、海陽朱紹本支百同編輯，朗潤堂刊本。

繆荃孫《藝風藏書記》卷四《史學・路史前紀九卷後紀十三卷國名紀九卷發揮五卷餘論十卷》 明萬曆辛亥喬可傳寄寄齋刊本。前有朱之蕃序、可傳自序，後有李維楨序。

繆荃孫《藝風藏書記》卷四《史學・南唐書三十卷》 明嘉靖庚戌顧汝達萬玉樓翻宋本。東海晉明姚昭跋。提行避諱均從宋刻，字畫亦極秀雅。向見友人藏是書，詑爲宋板，果得高價售去。蓋賈人撤去姚跋，僞刻末葉。增入一牌子「寶慶丙戌王伯大刊」兩行，而首葉「萬玉樓」白文方印與此本同，終難掩作僞之迹也。

繆荃孫《藝風藏書記》卷四《史學・文獻通考三百四十八卷》 明慎獨齋刻本。目録後有牌子云「皇明正德戊寅慎獨精舍刊行」兩行。

于敏中《天禄琳琅書目》卷七《明版經部・大學衍義補四函，四十册》 明邱濬撰。一百六十一卷。前明神宗序、濬自序并《進書表》、周洪謨《進書表》。邱濬《進表》作於憲宗成化二十三年。考《明史・孝宗本紀》，以成化二十三年嗣位。其明年，爲弘治元年。周洪謨《進表》係是年作，稱邱濬所進《大學衍義補》原書副本已裝潢成册，中間字樣亦各校正無訛，合無順付公差人員齎去福建布政司，轉發建寧府著落書坊照樣謄寫，務要字畫端楷，就將原書比對校正停當，翻刻完日，仍將印過書籍並發去原本送部查考云云。是孝宗命所司刊行是書，鄭重周詳，已可概見。此本爲萬曆二十三年所刊，神宗復爲之序，亦極褒揚是書之善。乃刊印草草，不求精良，觀洪謨《進表》中有「謹撰表文一通」之句，其時竟將「謹撰」二字截斷，分爲兩篇，編校者俱未之見，抑何漫不經心耶？

于敏中《天禄琳琅書目》卷七《明版經部・歷代鐘鼎彝器款識法帖一函，二册》　明萬岳山人校刊。二十一卷。前山人自序。萬岳山人，不知何許人。序後有「宣公後裔」之印，則爲陸氏可知，惜未詳其名，始末無考。其序作於萬曆十六年，稱蘇人貨古物者有《博古圖録》，予厚價而得之，每自稱快。又數年，得《鐘鼎款識》一集，與《博古圖》相爲表裏。然有鈔本而無刻本，意欲梓焉，謀之數年，因艱於摹寫之手，遂不果。邇年偶得松石姜君，能兼諸家書，又工篆、隸，遂以是集付之，不半月而就，於是遂得而梓焉云云。是此書非山人所撰，而序中亦未及作者之名，考宋人諸書目，祇載《鐘鼎篆韵》七卷，亦無此書，蓋亦以未有刊本，罕傳於時也。書中篆法古雅，竟似從鐘鼎彝器中摹搨而出，其橅印以朱不以墨，亦別饒古色，明版之傑出者也。

于敏中《天禄琳琅書目》卷八《明版史部・秦漢印統二函，八册》　明羅王常編。吴元維、顧晉亨同刻。八卷。前明王穉登、黄姬水二序。按：王穉登序作於萬曆乙亥，黄姬水序作於隆慶辛未，穉登之序後於姬水，故所序始末轉從其略，但言顧、吴二君同撰斯編，嘉名「印統」。姬水序則稱東川御醫顧公博雅嗜古，厥嗣汝由光禄、汝修鴻臚、汝和廷評暨光禄仲子天錫太學，三世五君，極搜窮購，得古印章，俾登諸册，名曰「秦漢印統」，以貽好事云云。而羅王常之名，二序俱不及之。本書但刊鄣郡人，餘無可考。吴元維，亦未詳其人。考《松江志》，稱顧定芳，字世安，上海人。博綜典籍，尤深於醫。以夏文愍薦，授太醫院御醫，直至濟殿。今黄序稱御醫顧公，當即其人，晉亨，其別字也。《志》又稱顧從禮，字汝由，上海人。以夏文愍薦，修《承天府志》，特授翰林院典籍，累官光禄寺少卿。顧從義，字汝和，嘉靖二十八年以善書應御試第一，授中書舍人，加大理評事。顧九錫，字天賜，國子生，萬曆中，以薦授詹事府主簿。所言官爵世系，悉與黄序符合，但遺汝修鴻臚一人，以前宋版《漢書》中王世貞跋語并收藏印記證之，則汝修當名從德也。又考《六館日鈔》，言嘉靖三十八年丁士美榜進士題名碑，爲中書舍人顧從禮書，則汝由又歷官中書，而後爲光禄，且素工於書者。《松江志》又稱汝由楷書倡鍾尚書，行草宗右軍父子，徑尺大字仿顏平原云云。據此，則顧氏世工書學，故是書搜采宏富，摹刻獨臻妙品，羅氏所編特其藍本耳。其書並以朱印，古色瑩然，迥殊俗本。閲第一卷末行刊「萬曆丙午春王正月望日，新都吴氏樹滋堂繡梓」，距萬曆乙亥穉登作序之年又三十二載。所稱「樹滋堂」是否即吴元維所居，惜無可考。然此書告竣，實在天錫爲詹事主簿之後，歲久功深，概可見也。

于敏中《天禄琳琅書目》卷八《明版史部・寶古堂重修宣和博古圖三函，三十册》　宋徽宗御撰。三十卷。明吴公宏重刊，前明焦竑、洪世俊、蔣暘三序。按：蔣暘序作於嘉靖七年，言屬掌鹽司黄君景星翻刻。焦竑、洪世俊二序作於萬曆三十一年，俱言新安吴氏公宏重刻，則此書當是公宏所刊，緣其仿照蔣本，故載暘原序也。第宏序標題稱爲《考古博古二圖序》，且序中有「以《古玉圖》附焉」之語。今書則僅存《博古》，其《考古圖》、《古玉圖》二種蓋已佚矣。考《明史・藝文志》，惟載程士莊《博古圖録》三十卷，而蔣、吴二家所刊均不著録，則此書之流傳希少，概可知也。是本橅印極精，竑序作篆書係出歐陽序之手，用筆深有古致。

于敏中《天禄琳琅書目》卷八《明版史部・泊如齋重修考古圖一函，二册》　宋吕大臨輯。十卷，前大臨自序。此書刊刻極精，楷體仿二王書，篆法亦古，乃明版中傑出之本。第《考古圖》別本均有元大德二年茶陵陳才子、翼子兄弟二序，才子序且云「屬羅兄更翁臨本，刻以傳世」，是自元以後所刊者，方謂之重修。修書前應載其序，而此本無之，則書賈之所私汰也。

于敏中《天禄琳琅書目》卷九《明版子部・荀子一函，十册》　周荀況撰，唐楊倞注。二十卷。前倞序。是書版心上方標「世德堂刊」四字。按：世德堂原版係以《老子》、《莊子》、《列子》、《荀子》、《揚子》、《文中子》合刻行世者，而此本則其分部單行之本，版式印手俱工。

于敏中《天禄琳琅書目》卷九《明版子部・徐幹中論一函，二册》　漢徐幹著。上下二卷。前無名氏序，次宋曾鞏序，後宋石邦哲、元陸友識語二篇。考《中論》一書，陳振孫《書録解題》謂「《唐志》六卷，今本二十篇，有序而無名氏。蓋同時人所作」。晁氏《讀書志》、馬氏《通考》所載，俱稱二十篇，分上下二卷，與今本篇目無異。按石邦哲識語，稱紹興二十八年，假朱丞本校於博古堂。陸友識語稱邦哲，字照明，再世藏書，至治二年得之錢塘仇遠氏。是此書乃初校於宋，再刻於元，而今本則又爲明時翻刻者。版小而字畫精潔，不減宋梓。

于敏中《天禄琳琅書目》卷九《明版子部・古今法書苑三函，十八册》　明王世貞著。七十六卷。前世貞二序，次王乾昌序。乾昌序稱：公家藏有《古今法書苑》七十六卷，晚年欲刊行，未果。友人宋賓之氏得其副墨攟示，重與吾鄉勝流開士搜討是正，積有歲年云云。是世貞撰成此書，未經付梓，乾昌實始刻之。

于敏中《天禄琳琅書目》卷九《明版子部・圖繪寶鑑》一函，四册　元夏文彥著。五卷，《補遺》一卷。前元楊維楨序、文彥自序。考栗祁《湖州志》，云夏文彥，吳興人，後居雲間，精圖畫，著有《圖繪寶鑑》五卷行世。但稱五卷，不云其《補遺》一卷。今按：文彥自序，作於至正乙巳。自謂彙而成編，分爲五卷，其《補遺》後別行。又標「至正丙午新刊」，則《補遺》之作在文彥自序中且未之及，故栗祁作《志》亦從其略。不知乙巳、丙午僅越一年，自是一時並刊，非爲後出栗《志》之疏，固不足辨。又按：楊維楨序中稱「雲間義門夏氏士良」，又稱「士良名文彥」云云。栗《志》僅詳其名而不及其字，則其未經深考可知也。士良本，至明時版已漫漶。正德中，有錦衣衛都指揮苗增，字益之，取家藏本繕寫重刊。又彙次當代善畫者，續編爲六卷，刻於正德己卯，司經局洗馬滕霄爲序。是本仍止五卷及《補遺》，并無重刊序跋，係欲僞充原槧者。然選紙堅緻，古香黝然，亦佳本也。楊維楨，字廉夫，浙江會稽人，元泰定中進士。

于敏中《天禄琳琅書目》卷九《明版子部・東觀餘論》一函，二册　宋黄伯思著。二卷。前總目，後有伯思自序，後宋樓鑰序。此書在宋嘉定間，樓鑰刻之建安漕司。此是明項篤壽翻刻樓本，故存其序。總目及上下卷標題下，皆刊「篤壽」名，而「嘉禾項氏萬卷堂梓」方圖木記凡四見於書中。第以出自翻版，槧印不能工整。

于敏中《天禄琳琅書目》卷九《明版子部・論衡》二函，十二册　漢王充著。三十卷。後有宋楊文昌後序。文昌爵里無考。其序作於慶曆五年，稱先得俗本七，率二十七卷，其一程氏西齋所貯。又得史館本，各三十卷，於是互質疑謬，沿造本源，又爲改正塗注，凡一萬一千二百五十九字，募工刊印云云。今考晁公武、陳振孫、馬端臨諸家著録，卷目悉符，則文昌校刻之本爲可據矣。此本版心下方有「通津草堂」四字，紙質墨光係爲明製，蓋取文昌定本而重加校刻者。

于敏中《天禄琳琅書目》卷九《明版子部・初學記》五函，三十册　唐徐堅著。三十卷。前宋劉本序。劉本序作於紹興四年，不述刊刻始末。此本上方有「九洲書屋」四字，觀其版式字體，蓋出明人所刊，槧印頗爲清朗。

于敏中《天禄琳琅書目》卷九《明版子部・初學記》三函，三十一册　篇目同前。此書版心上方標「安桂坡館」，每卷標題之下又稱「錫山安國校刊」，安國，見前。其人所刊書籍甚夥，流傳亦廣，而善本則不多得。此書版式字體與前二部相同，蓋取九洲書屋之本而翻刻之者。

于敏中《天禄琳琅書目》卷九《明版子部・事類賦》二函，十六册　篇目同前。此書係從前版翻刻，其版心之「崇正書院」改刊「寧壽堂」，其吳淑、華麟祥標名處改刊「三吳徐守銘警卿校梓，長洲杜大中子庸同梓」，卷末亦鑱去邊惇德等銜名，蓋故爲變其面目，以圖鬻市之本。刻手拙劣，遠遜前部。所稱徐守銘、杜大中，未必非書賈借名也。

于敏中《天禄琳琅書目》卷九《明版子部・古今合璧事類備要》十二函，一百二十册　《前集》六十九卷，《後集》八十一卷，《續集》五十六卷，宋謝維新編；《別集》九十四卷，《外集》六十六卷，宋虞載編。《前集》首載維新自序、宋黄似道跋。此書每集卷首標題之下皆稱「三衢夏相重摹宋版校刊」，則知此書非宋槧矣。第宋時既經刊行，而《文獻通考》、《宋史・藝文志》均未著録，則此書在明以前流傳固少也。

于敏中《天禄琳琅書目》卷九《明版子部・古今合璧事類備要》八函，三十八册　篇目同前，闕黄似道跋。此書各集卷首皆割去「夏相校刻」一行，補以別紙。其清朗迥出前部之上。蓋同出一版，而選紙選墨，槧印獨工，書賈以其精好，遂思作僞耳。

于敏中《天禄琳琅書目》卷九《明版子部・老子道德經》一函，二册　周李耳撰。二卷。河上公章句。前三國葛元序。此亦從世德堂刊本中分出單行者，其槧印與前荀、揚諸子並出一時。

于敏中《天禄琳琅書目》卷九《明版子部・文中子》一函，四册　隋王通著，宋阮逸注。十卷。前逸序。是書亦世德堂刊本，槧印並工。

于敏中《天禄琳琅書目》卷九《明版子部・沖虚至德真經》一函，四册　周列禦寇著，晉張湛注，唐殷敬順釋文。八卷。前湛序，目録後載漢劉向原序。考馬端臨《文獻通考》，載張湛注《列子》八卷，又載《列子釋文》二卷，是知宋時傳本注與釋文分刻。此則合刊，亦世德堂梓行《六子》之一也。

于敏中《天禄琳琅書目》卷九《明版子部・沖虚至德真經》一函，六册　篇目同前。亦世德堂刊本，紙墨與前部同。

于敏中《天禄琳琅書目》卷九《明版子部・六子全書》二函，十四册　篇目同前，不載圖。此書版心上方俱標「世德堂刊」，乃爲六子合印全本也。版式刻工，遠勝前部，然書首仍載龔士卨序，則於序中之止言五子並未加考，且標爲《老子道德經序》，益見其疏略實甚矣。

于敏中《天禄琳琅書目》卷九《明版子部·六子全書二函，十四册》 篇目同前。此即世德堂刊本，而鑱去版心之字，惟於《老子》上卷第五葉標「桐陰書屋校」。蓋其本爲書賈所得，遂鑱去「世德堂」，僞充宋槧，又故作「校正」之名補刊上方，以掩人耳目也。

于敏中《天禄琳琅書目》卷九《明版子部·六子全書二函，十四册》 篇目同前。此亦鑱去「世德堂」後印本，然墨色精瑩，印工之良也。

于敏中《天禄琳琅書目》卷九《明版子部·六子全書八函，四十册》 篇目同前。此本亦標「桐陰書屋校」而摹印在前二部之後，紙墨俱遜。

于敏中《天禄琳琅書目》卷九《明版子部·何氏語林一函，六册》 明何良俊著。三十卷。是書刊刻精良，摹印清朗，爲明版最佳之本。前後不載序跋，惟第一卷後有「清森閣雕梓」木記。

彭元瑞《天禄琳琅書目後編》卷一六《明版子部·荀子一函，八册》 篇目見前宋版子部《纂圖互注六子全書》條下，每葉版心有「芸窗書院刻」五字。

彭元瑞《天禄琳琅書目後編》卷一六《明版子部·中説一函，四册》 篇目見前宋版子部《纂圖互注六子全書》條下，每葉版心刻「世德堂刊」四字，紙墨精工，乃初印本。

彭元瑞《天禄琳琅書目後編》卷一六《明版子部·童蒙訓一函，二册》 宋吕本中撰。本中，字居仁，公著曾孫。靖康中，官祠部員外郎。紹興中，權直學士院，稱東萊先生。謚文清。書三卷。上卷六十五條，中卷二十六條，下卷七十四條。前有嘉定乙亥樓昉序。按樓序，是書初刻於長沙郡，又刻於龍溪學，訛舛特甚。婺州守邱壽雋，字真長，宓之嫡子，重校刊之祠堂。書後刻「紹定己丑，郡守眉山李𡊨得此本於詳刑使者東萊吕公祖烈，因鋟木於玉山堂以惠後學」。是本即明人依宋翻雕，行款字畫一仍其舊，最爲善本。

彭元瑞《天禄琳琅書目後編》卷一六《明版子部·孔子集語一函，二册》 宋薛據撰。據，字林容，永嘉人，官至浙江常平提舉。書二卷。凡二十篇，各以篇首字爲目。【略】明鍾人傑刻本。

彭元瑞《天禄琳琅書目後編》卷一六《明版子部·性理大全二函，十二册》 明胡廣、楊榮、金幼孜等奉敕撰。原一百二十九卷。【略】永樂十三年書成，成祖御製序，刊頒天下。有《進書表》及先儒姓名、纂修銜名，後經南畿督學、御史楊宜取官頒善本校録重刊。此本乃萬曆丁酉吴勉學師古堂刻本，卷首有識，每卷末刻「新安吴勉學校」。

彭元瑞《天禄琳琅書目後編》卷一六《明版子部·五倫書四函，二十四册》 篇目同上。坊刻小字本，卷一末有「正德元年孟冬，宗文書堂新刊」字。

彭元瑞《天禄琳琅書目後編》卷一六《明版子部·管子二函，二十册》 篇目見上。唐司空房玄齡注，或云國子博士尹知章注，託名玄齡。前有楊忱序，張嵲《讀管子》，又《文評》十四條。書末刻「吴郡顧檈書、顧時中、章掖、顧植、劉廷惠、何承德、章扞、顧賢、何承業、吴丙初、顧文，邑人吕廉同刻」。是本爲萬曆戊午趙用賢校正，並《韓非子》合刻，極精審。别本有王世貞序，稱汝師合刻，此本佚。

彭元瑞《天禄琳琅書目後編》卷一六《明版子部·王氏農書一函，六册》 篇目同上，删《原始圖》五、田制門圖十四、蠶繅門圖六。萬曆四十五年，建武鄧渼再刊本。

彭元瑞《天禄琳琅書目後編》卷一六《明版子部·太玄經一函，二册》 篇目同前宋版子部。明郝梁刊，後有志云：「《太玄經》近世鮮有重刊者，予得宋善本於建業黄氏，即命工刻之。時嘉靖甲申也。」

彭元瑞《天禄琳琅書目後編》卷一六《明版子部·考古圖一函，四册》 篇目同上，明鄭樸校，楊明時刻。後有萬曆庚子吴廷後序，略稱遂州鄭公博學多識，以元本《考古圖》剥蝕刓缺，命楊不棄翻摹重梓云。不棄，明時字。廷，字明卿。皆徽州人，即刻《餘清齋法帖》者。

彭元瑞《天禄琳琅書目後編》卷一六《明版子部·丹鉛總録一函，十册》 明楊慎撰。【略】此其門人梁佐分類裒輯，名曰「總録」，刻於上杭，至今其書盛行。

彭元瑞《天禄琳琅書目後編》卷一六《明版子部·世説新語一函，六册》 宋劉義慶撰，梁劉孝標注，事俱具《南史》。書三卷。各分上下，凡三十六門。是書紹興八年董弅以家藏王原叔本，及後得晏元獻本是正刊之。淳熙戊申陸游重刻於新定，皆有識。末刻「嘉靖乙未歲，吴郡袁氏嘉趣堂重雕」，蓋從陸本翻刻者，猶屬完書，較之王世貞所刻删節注文者，此爲善本矣。前有袁褧自序。

彭元瑞《天禄琳琅書目後編》卷一六《明版子部·南華真經二函，十册》 篇目同上，每葉版心有「世德堂刊」四字，紙墨精工，與《中説》同。

彭元瑞《天禄琳琅書目後編》卷一六《明版子部·二十子全書三函，十八册》 明吴勉學彙刊。

彭元瑞《天禄琳琅書目後編》卷一七《明版子部・藝文類聚四函，三十二册》

篇目見前宋版子部。明王元貞重刻大字本，極精朗，湯聘尹序。元貞，字孟起，江寧人，自題後序。是書嘉靖丁亥吴郡陸子元始刻於蘇州，胡纘宗序之，至是甲子一周，而重刻告成。

彭元瑞《天禄琳琅書目後編》卷一七《明版子部・古今逸史五函，三十册》

明吴琯彙刻。凡書四十二種，分逸志、逸記二門。【略】前有《凡例》十二則。矯强傅會，以牽入《逸史》之名，僞至於《三墳》、《晉乘》、《楚檮杌》，近至於《真臘風土記》，纖至於《教坊記》。雖與《漢魏叢書》同時競勝，而稱名取類相去遠甚。特槧法最爲精工，琯自序名下鈐朱印，猶當時初印也。

彭元瑞《天禄琳琅書目後編》卷一七《明版子部・四十家雜説一函，六册》

不著彙刻姓氏。凡漢、唐、宋人説部四十種。【略】按顧元慶《幽閒鼓吹跋》中有云：「余家藏宋本，刻而傳之。」而各種末或標「埭川顧氏家塾」，或標「長洲顧氏」，或標「夷白齋」，或標「十友齋」，自屬元慶所輯。明人好刊叢書，此書多從宋本脱胎，間有舊人題識，足資考證，尚勝它剽割作僞者。

孫星衍《平津館鑒藏記書籍》卷二《明版・重刊巢氏諸病源候總論五十卷》 題「隋太醫博士巢元方撰」。前有翰林學士宋綬序。晁氏《讀書志》稱：「元方大業中被命與諸醫共論衆病所起之源。皇朝昭陵時，校本刻牘頒行，宋綬爲序。」目録後有「歙巖鎮汪氏主一齋校刊」木印。《四庫全書》所録爲明汪濟川、方鑛刊本。此本卷一巢元方銜名後當有汪、方二人名，已爲書賈剜去。每葉廿行，行十九字。

孫星衍《平津館鑒藏記書籍》卷二《明版・重修政和經史證類備用本草三十卷》 標題及每卷題下注字、所出經史方書目録，俱同前大字本。前有商輅序，稱：「《經史證類本草》，舊有龐氏得其善本。後平陽張存惠因龐氏本，附以宗奭《衍義》，爲之版行。今山東按察僉事茂君彪購求得之，副都御史原君傑命工重鋟諸梓。」末年月姓名，已爲書賈剜去。末卷後有「龍飛萬曆己卯春□□□新梓」木長印。每葉廿行，行廿一字。版心上有「大觀本草」四字。

孫星衍《平津館鑒藏記書籍》卷二《明版・東觀餘論二卷》 上卷題「《法帖刊誤》，左朝奉郎行秘書省秘書郎黄伯思撰」。大題下俱題「秀水項篤壽重校」。總目前有嘉定年樓鑰序，末有紹興丁卯黄訒跋。序與每卷後有「建安漕司刻梓」六字。又前有序，稱「川本去卅一篇」云云。後有跋，稱是書刊於庚午之秋。俱不題年月名氏。核以書中，皆建安本所有，此本又明項篤壽從建安本翻雕。序、跋、卷尾有「嘉禾項氏萬卷堂梓」三長方木印，一方木印，一圓木印，一長圓木印。字畫精工，流傳絶少，内府天禄琳琅亦珍藏之。每葉十八行，行約十七字。

孫星衍《平津館鑒藏記書籍》卷二《明版・世説新語上中下三卷》 每卷又分上下，題「宋臨川王義慶撰，梁劉孝標注」。前有嘉靖乙未袁褧序，稱：「余家藏宋本，是放翁校刊本。謝湖躬耕之暇，手披心寄，自謂可觀。爰付梓人，公之同好。」序後有「時萬曆己酉春周氏博古堂刊」十二字。此書世無完本。張懋辰刻，正文與注，俱多删落，唯此本特爲完善。每葉廿行，行廿字。

孫星衍《平津館鑒藏記書籍續編・明版・重修政和經史證類備用本草卅卷》 題「成都唐慎微續證類，中衛大夫、康州防禦使、句當龍德宫、總轄修建明堂所醫藥提舉、入内醫官編類聖濟經提舉、大醫學臣曹孝忠奉敕校勘」。每卷題下有「已酉新增衍義」六字。前有政和六年曹孝忠序，所出經史方書三葉，目録一卷。又有「金泰和甲子晦明軒刊書」碑式木記一葉。末有嘉祐間掌禹錫等《補注本草奏敕》并《圖經本草奏敕》，次政和間校刊《證類本草》各官銜名，宇文虚中、劉祁二跋。此本又從泰和本翻雕。《天禄琳琅》有此書，唯失曹孝忠序一篇。大版。每葉廿四行，行廿三字。

孫星衍《平津館鑒藏記書籍續編・明版・重刊經史證類大全本草卅一卷》 題「春穀王秋損貲命男大猷、大成同校録」。目録一卷，題「唐慎微纂」。前有大觀二年艾晟《經史證類大觀本草序》，下有「大德壬寅孟春宗文書院刊行」木印，又有政和六年寇宗奭劄付嘉祐間《補注本草奏敕》、《圖經本草奏敕》，末有王大猷《重刊本草後序》，年月銜名已佚。此本亦附寇宗奭《衍義》。每卷題下無「已酉新增衍義」六字。第卅一卷爲《本經外草類》，亦政和本所無。據《後序》，此在成化原傑刊本之後。大版。每葉廿四行，行廿三字。

孫星衍《平津館鑒藏記書籍補遺・明版・初學記三十卷》 題「唐集賢學士徐堅等撰」。目録一卷，題「唐光禄大夫、行右散騎常侍、集賢院學士、副知院事、東海郡開國公徐堅等奉敕撰」，分作兩行。明代《初學記》有桂坡館、九洲書屋、寧壽堂刊本，俱從一本翻雕，故行款、大小俱同。此本板心上方有黑板未刊，亦當有標題，此疑其未刊完初印本耳。或云晉藩所刊。雖與寧壽堂本同，而譌字較少。每葉十八行，行十八字。

孫星衍《平津館鑒藏記書籍補遺・明版・類聚古今韵府續編四十卷》 題

「後學青田包瑜編緝」。前有弘治十二年張時敘序，弘治十二年潘琴序，《韵府續編凡例》，正德癸酉《周禮》序，張時敘序，後有正德丁丑書林安正堂劉宗器題識。末卷後有「正德丁丑仲秋京兆劉氏安正書堂新增栞行」木長印。此本元陰氏《韵府羣玉》原編，明包氏改依《洪武正韵》，增添至四十卷，故稱《續編》。《佩文韵府》本此而增廣之。黑口版。每葉廿二行，行廿九字。收藏有「嘉興吴萬里氏印」朱文方印。

孫星衍《平津館鑒藏記書籍補遺·明版·高僧傳十四卷》 題「梁嘉祥沙門釋慧皎撰」。第二卷題「梁會稽嘉祥寺沙門慧皎撰」。在《釋藏》「輦」、「驅」二字號。書分十例：曰譯經、曰義解、曰神異、曰習禪、曰明律、曰遺身、曰誦經、曰興福、曰經師、曰唱導。每僧各爲之傳，始於漢明帝永平十年，終至梁天監十八年，凡四百五十三載，二百五十七人，又傍出附見者二百餘人。《三國志·吴書》：「孫皓以天紀四年三月降晉」，此書《康僧會傳》作「四月」。《通鑑》宋文帝元嘉十年，沮渠牧健改元永和，此書《浮陀跋摩傳》作「承和」，與《北史》同。皆足以資考證。卷末有僧果跋：「梁末承聖二年太歲癸酉，避侯景難來溢城。甲戌歲二月，捨化，葬於廬山禪閣寺墓。」每葉十二行，行十七字。末卷後有「聚寶門來賓樓姜家印行」木長印。

孫星衍《平津館鑒藏記書籍補遺·明版·法顯傳一卷》 題「東晉沙門法顯」。自記遊天竺事，在《釋藏》「兵」字八號。法顯以弘治二年與慧景、道整、慧應、慧嵬等至天竺尋求戒律，因記凡所遊歷卅國。沙河已西，迄於天竺，具敘本末。酈道元《水經注》引此書。明胡震亨刻本作《佛國記》。每葉十二行，行十七字。卷後有「聚寶門來賓樓姜家印行」木長印。

孫星衍《平津館鑒藏記書籍補遺·明版·辨正論八卷》 題「唐沙門釋法琳撰」。前有東宫學士陳子良序。在《釋藏》「陪」字號。書共十二篇。晁氏《讀書志》云：「宣和中，以其斥《老子》語，焚毁其第二、第四、第五、第六、第八凡五卷。序文亦有翦棄者。」此本八卷俱完，其中徵引古書最多，如鄭康成《六藝論》之類，近時輯者皆未之見，尤足以資考證。每葉十二行，行十七字。卷後有「聚寶門來賓樓姜家印行」木長印。

孫星衍《平津館鑒藏記書籍補遺·明版·集沙門不應拜俗等事六卷》 題「弘福寺沙門釋彦悰纂録」。前有太原王隱容序。在《釋藏》「冠」字號。書分三篇，《故事篇》皆集自晉迄隋致敬沙門等事，《議不拜篇》皆集唐龍朔四年羣臣議沙門不應拜俗事，《議不拜篇》又集羣臣議應拜俗者而糾彈之。雖屬釋氏自尊其教，所録皆六朝、唐人之文，頗爲世所罕覯。每葉十二行，行十七字。卷後有「聚寶門來賓樓姜家印行」木長印。

孫星衍《廉石居藏書記》内編《王叔和脈經十卷》 右《脈經》十卷，晉王叔和撰。明袁表校刊本。前有宋校定《脈經》進呈劄子，及富弼等署銜。次有宋刻《脈經》牒文。次有宋廣西漕司《重刻脈經序》。次有元刻《脈經》移文，元刻《脈經序》。次有明福建布政使右參政徐中行付校《脈經》手札，云「此王氏《脈經》真本。後醫依韵而成歌，不免牽綴。一字失真，百身莫返。頃從馬鍾翁家得此本，不啻萬金，便欲梓播寰中」云云。蓋明萬曆時刊本。其宋廣西漕司《重刻脈經序》，陳孔碩撰。稱少時得王叔和《脈訣》，怪其詞俚而指淺。更訪老醫，得《脈經》十卷。驗之，乃建本。求之建陽書坊，絶無鬻者。嘉定己巳，因從醫學求得《脈經》，借各本校之，與前後所見者同一建本也，乃知《脈訣》出而《脈經》隱。又稱取建本《脈經》略改誤文，寫以大字，刊之廣西漕司。是宋時已行《脈訣》，幾不知有《脈經》，賴孔碩校刊存古書耳。元刻《脈經序》，泰定中謝縉撰。王叔和《脈訣》者，不知起於何時。惟陳無擇《三因方》序脈云「六朝時，有高陽生者，剽竊作歌訣。劉元賓從而和之」云云。則無擇亦未嘗讀《脈經》也。又稱「朱文公謂《脈訣》詞最鄙淺，非叔和本書。雖文公亦未知其正出《脈經》」云云。今世所傳惟《脈訣》，即六朝高陽生劉元賓所撰。此書確是王叔和原本，自宋陳孔碩得之。當開四庫館時，搜羅未得，未以入録。予得此，將彙以呈御。

孫星衍《廉石居藏書記》内編《事類賦三十卷》 右《事類賦》三十卷。後有宋紹興丙寅右迪功郎、特差監潭州南嶽廟邊惇德及左儒林郎、紹興府觀察推官主管文字陳綬及右從政郎、充浙東提舉茶鹽司幹辦公事李端民校勘款。後序爲嘉靖甲午麻城陳全所作，稱：「紹興中，鄭提舉鏤梓於東浙。」又云：「甲午歲，全領教在汳，太守石巖白公以名進士由他官擢知開封。乃請於大宗師頤菴吴公，得其善本質定」云云。前序爲嘉靖十三年李濂撰，蓋此書嘉靖倣宋刻本。賈人或去其前後序以充宋版，然卻是專行本，近甚難得也。《天禄琳琅》載此書明版第三行吴淑銜名後空一行者，即此。賈人去前後序，故不可辨。

吴壽暘《拜經樓藏書題跋記》卷四《太平廣記》 右明刻本□十□卷，簡莊先生依宋本手校。先子跋云：「此明刻本《太平廣記》，爲譚愷開雕，較世行坊刻猶有古意。卷首有『郁逢慶』、『叔遇』圖記。按叔遇嘉興人，性喜收藏書畫，崇禎中嘗手輯古今名人法書名畫題跋記正、續各十二卷，可與汪氏《珊瑚網》、孫氏《庚子銷夏記》相頡頏，惜未有爲刊行者。此書間有闕番，皆郁氏原補，而陳仲魚孝廉復依宋板爲予手校一過，尤可爲插架之良本矣。嘉慶癸酉立春日，八十一叟吴某志於西簃。」

莫友芝《持静齋藏書記要》卷上《明刊本・莊子十卷》 無注。明萬曆丁丑兩淮都轉刊于慎德書院。

潘祖蔭《滂喜齋藏書記》卷二《明刻書史會要九卷補遺一卷六册》 元陶宗儀撰。曹睿序。前附孫作所撰《南村先生傳》。每卷後有助刻姓氏，如宋人刻經之例。卷一後云：「後山居士張氏瑞卿琉命工鋟梓。」卷二後云：「三味軒主者張氏國祥麒助刊。」亦有數人合刊一卷者。

陸心源《儀顧堂題跋》卷七《鍼灸資生經跋》 《鍼灸資生經》七卷。影寫明正統間廣勤書堂刊本。題曰大監王公編。每頁二十四行，每行二十二字。前有嘉定庚辰奉議郎、提舉淮南東路常平茶鹽公事徐正卿敘。目後有正統十二年孟夏三峯景達詳咨木記。卷末有三峯廣勤葉景達重刊一行。蓋明時麻沙刻本也。

繆荃孫《藝風藏書記》卷二《諸子・鹽鐵論十二卷》 明弘治刊本。目録後識云：「禎遊學宫時，得漢廬江太守丞汝南桓寬次公所著《鹽鐵論》。讀之，愛其辭博，其論覈，可以施之天下國家，非空言也。惜所鈔紙墨歲久漫漶，或不能句，有遺恨焉。迺者江陰始得宋嘉泰壬戌於薦紳家，如獲拱璧。因命工刻梓，嘉與四方大夫士共之。弘治辛酉十月朔日新淦涂禎識。」此張古餘影刻之祖本，明時刻於江陰，尤爲難得。

繆荃孫《藝風藏書記》卷二《諸子・醫林集要十卷》 明王璽撰。明刻本。璽官甘肅總兵官平羌將軍，手集古今良方加以論斷。始於中風，終於小兒，凡十卷。成化壬寅春德堂刊，首有璽自序。

繆荃孫《藝風藏書記》卷二《諸子・太玄經十卷》 萬玉堂刻本。每半葉八行，每行十七字。板心有「萬玉堂」三字。白口。是明人翻宋刻最善之書，莫氏《經眼録》以爲宋刻，誤矣。

繆荃孫《藝風藏書記》卷二《諸子・儒門經濟長短經九卷》 舊鈔本。字跡古雅，紙墨極舊。每卷有「杭州净戒院印行」七字。

繆荃孫《藝風藏書記》卷二《諸子・獨斷二卷》 明刊本。後有牌子云「嘉靖仲冬宗文堂鄭氏刊」兩行。

繆荃孫《藝風藏書記》卷二《諸子・敬齋古今黈十二卷》 舊鈔足本。張月霄、黄堯圃舊藏。末有「萬曆庚子春三月之吉武林書室蔣德盛刊行」兩行。

繆荃孫《藝風藏書記》卷二《諸子・野客叢書三十卷附野老記聞一卷》 明嘉靖王敦祥重刊本。每卷末有「長洲吴曜書、黄周賢等刻」兩行。板心亦有黄周賢、嚴椿等刻工姓名。

繆荃孫《藝風藏書記》卷二《諸子・廣弘明集四十卷》 明刻本。目録後有「徑山寂照庵自刻萬曆辛亥歲冬十月識」二行。世所謂支那本也。

繆荃孫《藝風藏書記》卷二《諸子・法藏碎金録五卷》 明嘉靖刻本。板心有「晁氏寶文堂」五字。

繆荃孫《藝風藏書記》卷五《類書・藝文類聚一百卷》 明山西平陽府刻本。有蘇祐序、黄洪毗序、鄭光溥序、張松序。

繆荃孫《藝風藏書記》卷五《類書・初學記三十卷》 明錫山安國刊本。板心上有「安桂坡館」四字。

繆荃孫《藝風藏書記》卷五《類書・初學記三十卷》 行款與安國本同。板心上有「九洲書屋」四字。

繆荃孫《藝風藏書記》卷五《類書・海録碎事二十二卷》 明劉鳳重校，姑蘇張象賢刻之。小啓云：「是書輯自宋葉州守，而我明劉侍御重校。古鐫久湮，謄本難偏。爰是發家藏付諸鍥鐭，以嘉惠宇内云。姑蘇後學張象賢識序。」後一行「萬曆己亥清和閏月，吴郡錢允治書并校」。前有紹興傅自得序，廷珪自序，萬曆劉鳳重刻序。

繆荃孫《藝風藏書記》卷五《類書・錦繡萬花谷前集四十卷後集四十卷續集四十卷別集三十卷》 明錫山秦氏繡石書堂刊本。蓋刊於嘉靖丙申也。自序已失去。

繆荃孫《藝風藏書記》卷五《類書・山堂考索前集六十六卷後集六十五卷續集五十六卷別集二十五卷》 首題「山堂先生章俊卿編輯，建陽知縣區玉刊行，縣丞管韶校正，正德戊辰鄭京序」。前有小象目，後有「皇明正德戊寅慎獨書齋刊行」木記。

繆荃孫《藝風藏書記》卷五《類書・古今合璧事類備要前集六十九卷後集八十一卷續集五十六卷別集九十四卷外集六十六卷》 明摹宋刊本。維新自序。又有嘉靖丙辰顧可學序，後有宋黄叔度跋。目後有「嘉靖壬子春正月三衢近峰夏相宋板摹刻，至丙辰冬十月事竣」兩行。

繆荃孫《藝風藏書記》卷五《類書・奇姓通十四卷》 明刊本。首有薛敷政、朱之蕃、周延儒、文震孟、王命新、吳亮采、張瑋、陳翼飛序及自序，李維楨跋。天啓甲子宛委堂刊本。字體別方，然尚有致。

繆荃孫《藝風藏書記》卷八《小說・世說新語三卷》 明萬曆己酉周氏博古堂重刊袁本。

繆荃孫《藝風藏書記》卷八《小說・劉賓客嘉話録一卷》 明高承埏稽古堂刊本。

李希聖《雁影齋題跋》卷四《袖珍方四卷》 前有洪武二十四年八月望日序，又有永樂十三年乙未季秋月序，言「數年以來，印板模糊。今令良醫等復校訂正，刊行於世」。蓋洪武先有刊板，至永樂時又重刊也。此本卷尾有「皇明弘治壬子仲春楊氏清江書堂重刊」，蓋不及百年，已三易板矣。其書計方三千七十又七，分八十一門，而不著撰人名字，作序者亦不著名。據序文知其輯於雲南，而洪武、永樂二刻，亦均在滇中，蓋邊遠多瘴，故方書盛行也。

于敏中《天禄琳琅書目》卷一〇《明版集部・曹子建集一函，四册》 魏曹植著。十卷。考《子建集》，見於《隋志》者稱三十卷，見於《唐志》及《書録解題》者皆二十卷，見於《讀書志》及《宋史・藝文志》者則止十卷。此本前後俱無序跋，目録後有「元豐五年，萬玉堂刊」木記，亦分十卷，與《讀書志》、《宋志》同。其書槧印甚精，印紙有「金粟山」印記，古色可愛。惟目録末葉、卷一首葉紙色不同，字體亦異，當是先有宋本闕此二葉，因爲翻刻，并以原書所闕重寫補刊，或舊有序跋，俱經私汰，未可知也。

于敏中《天禄琳琅書目》卷一〇《明版集部・分類補注李太白詩集二函，十六册》 唐李白著，元楊齊賢集注，蕭士贇補注。二十五卷。前元版中有是書，目録末葉版心標「至大辛亥三月刊」，此本版式似之，而目録末葉版心則稱「正統己巳二月印」，當即由前版翻出者。其所載「建安余氏勤有堂刊」木記，係仍元刻之舊。然元刻尚有李陽冰、樂史、宋敏求、曾鞏、毛漸諸序，此則全佚之矣。

于敏中《天禄琳琅書目》卷一〇《明版集部・集千家注杜工部詩集二函，二十三册》 唐杜甫著。《詩集》二十卷，附《文集》二卷。前宋王洙、王安石、胡宗愈、蔡夢弼四序，後載甫《墓誌》、本傳二篇。前元版中有是書，展轉翻刻，木記互異，然標題俱稱「集千家注分類杜工部集」。此則明人所梓行者，删去「分類」二字，所收序文亦與元刊不一。按：後一部標題次行稱「玉几山人校刊」，此本無之，所空一行亦未別刊姓氏，則知玉几山人者必爲明人書賈，欲僞作宋槧，嫌其名而掩之，固瞭然也。

于敏中《天禄琳琅書目》卷一〇《明版集部・類箋唐王右丞集二函，十二册》 唐王維著。《詩集》十卷，《文集》四卷。前明顧起經序，次《凡例》，次《開局氏里》，次《王集表敕》，次《王氏世系》并《圖》、《目録》，末載《右丞詩畫評》一卷，後《唐諸家同詠集》一卷，《唐諸家贈題集》一卷，《右丞年譜》一卷，《外編》一卷，《外編》後有起經識語。按：此書《凡例》稱《詩集》舊本係六卷，今析爲十卷，文四卷編置末册。其《開局氏里》後標「嘉靖三十四年十二月望授鋟，三十五年六月朔完局」。每卷末俱記刊書之月并校閲諸姓氏，可謂鄭重經營者矣。版雖不能甚工，而字畫清朗，尚稱佳本。

于敏中《天禄琳琅書目》卷一〇《明版集部・元氏長慶集一函，十四册》 唐元稹著。六十卷。前宋劉麟序，後附稹集外詩一章、文一篇。按：劉麟，不見《宋史》，爵里無可考。序文之末標爲「建安人，字應禮」。其序作於宣和甲辰，自稱「其父先經鈔寫，因閲手澤，募工刊行」，則麟殆首刊稹集之人歟？此書版式實爲明槧，而猶存此序者，蓋沿其舊也。

于敏中《天禄琳琅書目》卷一〇《明版集部・鐔津文集一函，四册》 宋沙門契嵩著。二十卷。目録後載宋陳舜俞撰《鐔津明教大師行業記》，末附契嵩與沙門唱和詩一卷，《序詩題讚》一卷。按陳舜俞記，稱契嵩所著書，自《定祖圖》而下謂之《嘉祐集》，又有《治平集》，凡百餘卷，總六十有餘萬言。其甥沙門法鐙克奉藏以信後世云云。據此，則契嵩所著述甚富，此二十卷僅其十之一二。但謂法鐙「奉藏」，則未全行鏤版可知也。今書末有洪武甲子天台松雨齋沙門原旭募重刊《鐔津集疏》一篇。又有永樂三年嘉興沙門宏宗書後一篇，稱松雨製疏重刊，既已化行，開至二十餘版，適疾作不克成其事。玆以天全叡公首座發堅固志繼其芳猷云云。則此版爲天全所雕，始末俱見。又有後序一篇，稱天全叡公爲東海慧眼宏辨禪師之弟子，似亦沙門所作，乃書賈於署名處割補別紙，意在僞充宋槧，而不知原旭之疏、宏宗之序已題洪武、永樂年號，又安從而掩飾乎？

于敏中《天禄琳琅書目》卷一〇《明版集部・歐陽先生文粹二函，十二册》 宋歐陽修著。《文粹》二十卷，《遺粹》十卷。前宋蘇軾序，次《宋史》本傳，次蘇轍撰神道碑，次韓琦撰墓誌銘，次蘇軾、王安石《祭文忠公文》。《文粹》後有宋陳亮序，此與前《分類補注李太白詩》之第二部同爲明人郭雲鵬所刊。《文粹》、《遺粹》卷末俱有「吳會郭雲鵬選輯付梓」木記，陳亮序後亦有木記，稱「吳會郭雲鵬校刊刻於寶善堂」。按：選輯校勘之人，前後應有序跋，乃僅刊木記爲識，則不過沿廖氏世綵、余氏勤有之舊，其爲刻梓售書而非自行操選者明矣。

于敏中《天禄琳琅書目》卷一〇《明版集部・重鋟文公先生奏議一函，五册》 宋朱子著。十五卷。前明葉向高序。向高序作於萬曆甲辰，稱朱生崇沐既刻《朱子語類》而余爲之序，兹復裒《奏議》刻之，仍屬余序云云。崇沐，爲萬曆間庠生，文公十三世孫，即詳此書所刊同校諸人姓氏之末。

于敏中《天禄琳琅書目》卷一〇《明版集部・弇州山人四部稾六函，六十二册》 明王世貞著。一百七十四卷，分賦、詩、文、説四部。前明汪道昆序，後附世貞弟世懋書，并世貞記《觀世懋遺世貞書》。世貞自爲記云：「敬美此書，寄自豫章，成垂十年矣。以其見飾之過，祕不敢示人。至於揚榷藝文，折衷上下，往往有寸心千古意，安可以嫌終祕之？且聞在《藝圃擷餘》中行之闠矣。乃爲梓拙稾之後。」據此，則此書爲世貞所自刊也。當時槧刻本不能工，今世所行者皆出一版，而此本猶屬明時所印，較爲清朗。

于敏中《天禄琳琅書目》卷一〇《明版集部・六家文選三函，三十册》 梁昭明太子蕭統撰。六十卷。唐李善、吕延濟、劉良、張銑、吕向、李周翰注。前蕭統序，次李善《上文選注表》并國子監奉刊《文選》詔旨，次吕延祚《進五臣集注文選表》，後明袁褧識語。此書槧刻甚精，校勘亦審，實與宋槧同工。序後標「此集精加校正，絶無舛誤，見在廣都縣北門裴宅印賣」。又五十二卷末葉標「毋昭裔貧時，常借《文選》不得，發憤曰：『異日若貴，當版鏤之，以遺學者。』後至宰相，遂踐其言」。并注云：「出《揮麈録》」。此二條，宋槧中本有之，係存其舊。其六十卷末葉有「吳郡袁氏善本新雕」隸書木記，則袁褧所自標也。褧識語云：余家藏書百年，見購嚮宋刻本《昭明文選》，有五臣、六臣、李善本、巾箱、白文大字小字，殆數十種。家有此本，甚稱精善，而注釋本以六家爲優，因命工翻雕。匡、郭字體未少改易。始於嘉靖甲午，成於己酉，計十六載云云。其四十四卷末葉標「丁未六月初八日李宗信雕」，五十六卷末葉標「戊申孟夏十三日李清雕」。李宗信、李清，疑皆當日剞劂高手，故自署其名。而丁未爲甲午後之十三年，僅刻至四十四卷。戊申又丁未後之一年，僅刻至五十六卷。且其成也經十六載，則袁氏之擇工選藝以求毫髮無憾之意，亦概可見矣。

于敏中《天禄琳琅書目》卷一〇《明版集部・六家文選六函，六十一册》 篇目同前，闕袁褧識語。此即袁褧所刊之版，而四十四卷末葉李宗信之名，及五十六卷末葉李清之名，俱被書賈剗去，故紙幅均屬接補，袁褧識語亦經私汰。而於六十卷末葉改刊「河東裴氏考訂諸大家善本，命工鋟於宋開慶辛酉季夏，至咸淳甲戌仲春工畢」，并於末一行增刊「把總鋟手曹仁」。其字畫既與前絶不相類，版心墨綫亦參差不齊，且考訂「訂」字誤作金旁，則僞飾之蹟顯然畢露矣。

于敏中《天禄琳琅書目》卷一〇《明版集部・六家文選六函，六十册》 篇目同前，闕袁褧識語。此書亦將袁氏識語、木記妄爲剗補。其卷五十二末葉所有「戊申孟夏十三日，李宗信雕」一行，雖於槧印之時以别紙掩蓋其上，然「十三」兩字墨痕猶隱透行間，依稀可辨。乃版心上方復以「熙寧四年刊」五字别刻木記，逐幅鈐印，抑何其心勞日拙耶？

于敏中《天禄琳琅書目》卷一〇《明版集部・文選補遺二函，十册》 宋陳仁子輯。四十卷。前宋趙文序，後宋譚紹烈識語。書中每卷標題下稱「茶陵陳仁子輯誦」，次行稱「門人魯達臣纂類」。目録後有「茶陵東山書院刊行」木記。【略】此本爲明時翻刻，槧印極精，惟自十四卷至十七卷與前後紙色迥别，則從别本取出補入者。

于敏中《天禄琳琅書目》卷一〇《明版集部・古文苑二函，十册》 宋章樵重編。二十一卷。前樵自序。考陳振孫《書録解題》，稱是書「不知何人集，世傳孫洙巨源於佛寺經龕得之，韓無咎類次爲九卷，刻之婺州」云云。此本則爲二十一卷，蓋宋時先後原有二版。考《浙江志》，章樵，字叔道，昌化人。嘉定元年進士，嘗宰吴。時代後於振孫，故《解題》僅登韓刻。按：樵自序作於紹定壬辰，序中稱「學製吴門」，結銜爲「知平江府吴縣事」，皆與《浙江志》符，惟《志》稱是書爲二十卷。按：樵自序固有「釐爲二十卷」之語，又稱第二十一卷「文多殘闕，姑存卷末」，則《志》所稱蓋不及末卷耳。是本字畫頗清明，而槧印不工，紙色亦出渲染，又僞作金粟山印記，總無以掩其爲明翻宋槧之迹也。

于敏中《天禄琳琅書目》卷一〇《明版集部・文苑英華纂要一函，四册》 宋周必大著。《纂要》八十四卷，《辨證》十卷。前明華燧序。此書乃燧與其從孫子宣所刻，爵里無考。其序作於正德元年，稱周益公嘗取内架所貯正本，集諸學士校正，去其煩冗，分類而成，凡八十四卷，復著《辨證》云云。據此，則必大原書嘗有序跋，後以久而佚之。序又稱，近得印本於陳湖陸氏。所云印本，蓋指宋槧也。此書仿宋巾箱本式，槧刻亦工，而字畫結體過大，不能如宋刻之作蠅頭書矣。

于敏中《天禄琳琅書目》卷一〇《明版集部・唐文粹四函，四十册》 篇目同前。此書於四十五卷之末別行刊「嘉靖甲申歲，太學生姑蘇徐焴文明刊於家塾」。其各卷標題之首俱冠以「重校正」三字。其序並作大書，雖似是別爲一版，然以通體之版式字畫較之，與前部所刊者並無區別。當是得其版者，僅將其序文重刊，又於各卷標題及四十五卷之末補刊標題以爲新刻，而實則仍其舊也。徐焴始末，亦無考。

于敏中《天禄琳琅書目》卷一〇《明版集部・萬首唐人絶句三函，十五册》 宋洪邁著。五、六言二十六卷，七言七十五卷，共一百一卷。前邁序，次劄子、奏狀，目録中有宋吴格、汪綱識語。考是書宋時舊本有一百卷、一百一卷之不同。其一百卷者，爲邁所自刊，半刻於會稽，半刻於鄱陽之本也。一百一卷者，爲汪綱守越時所刊，合鄱陽、會稽之本而併刻之者也。又有吴格重修之本，則僅屬會稽初刻之一半也。此書爲一百一卷，乃依汪綱本翻刻於明時者耳。觀洪邁自序，言今以所編合爲百卷，刻之蓬萊閣中。序後又有自題，云越府所刻七言至二十六卷，五言至二十卷，而奉祠歸鄱陽，惟書不可以不成，乃雇婺匠續之於容齋，旬月而畢。此百卷之名與刊刻之地，言之鑿鑿，無可疑者。故陳振孫《書録解題》嘗爲詳悉言之，謂邁編「七言七十五卷，五言、六言二十五卷。卷各百首，凡萬首，上之」。振孫所言，固指會稽、鄱陽合刻之本也。此書所載汪綱識語，則謂唐人絶句一百一卷，半刻會稽，半刻鄱陽。嘉定癸未，新安汪綱守越，遂搨鄱陽本併刻之，使合而爲一云云。是綱已變稱一百卷者爲一百一卷矣。原其互異之故，邁所自刊者五、六言共二十五卷，此本則以六言分出，列爲第二十六卷，故增多一卷也。乃書中又有吴格識語者，以吴格亦爲越守，後於洪邁而先於汪綱，曾取會稽所刻一半之版修補之，而刻於鄱陽之一半不與焉。故其識語但稱洪公守會稽，嘗以此刻之郡齋。後三十年，格獲繼往躅，命工修補，以永其傳。時爲嘉定辛亥云云。不言卷數，亦不言鄱陽續刻之事，以意考之，則正會稽一半之版也。第所記嘉定辛亥，似爲翻刻時所誤。

于敏中《天禄琳琅書目》卷一〇《明版集部・六朝詩彙二函，十二册》 明張謙輯，王宗聖增。一百十四卷。前明金城序，次《詩人姓氏爵里》。《明史・藝文志》載王宗聖《增補六朝詩彙》一百十四卷，雖於標題之上加以「增補」二字，然不及張謙之名。此本標題下并列張謙、王宗聖，兼署「姑蘇陸師道校正」。而金城序又稱，鄖西張子，雅意裒采，積累成編。賓湖王子，復裨益之，人凡五百有奇，爲卷百有十四，命曰《六朝詩彙》。因託五湖陸子爲之校讐，刻於蘇郡云云。是此書之創始與續成者，瞭然具見矣。張謙，字仲受，慈谿人，嘉靖甲辰進士，歷官按察副使，見朱彝尊《明詩綜》。王宗聖，義烏人，嘉靖壬辰進士，官僉事，見《浙江通志》。陸師道，字子傳，吴縣人，嘉靖戊戌進士，官尚寶少卿，見《蘇州府志》。金城始末無考。其序後自署爲濟南人，號元白子。此書字畫朗潔，紙墨俱佳，係初印本。

彭元瑞《天禄琳琅書目後編》卷一八《明版集部・陶靖節集一函，二册》 篇目見前元版集部。按：《陶集》傳本甚夥，此本爲九江郡刻，前有嘉靖戊申華雲序，略云中丞印臺傳公檄郡讐善本付梓，郡守張存誠取蔣氏翻刊付剞，繼守王廷幹刻成。蔣氏本原翻宋刻，惜其人不詳。又云，蜀本載吴仁傑《年譜》、張演《辨證》，又雜記晉賢論靖節語各一卷，而今略焉，當併刻之。其敘次是集傳刻爲詳，後有廷幹跋。

彭元瑞《天禄琳琅書目後編》卷一八《明版集部・唐王右丞詩劉須溪校本一函，一册》 唐王維撰。書六卷。凡詩四百餘篇，附録《唐書》列傳、《文獻通考》一條。弘治甲子吕夔重雕，前後有夔序、跋。夔，廣信永豐人，弘治壬戌進士，官杭州知府。書中朱書，用錢本校。

彭元瑞《天禄琳琅書目後編》卷一八《明版集部・唐陸宣公翰苑集一函，六册》 唐陸贄撰。書二十四卷。分三編，凡制誥十卷，八十五篇；奏草七卷，三十二篇；奏議七卷，二十四篇。前有權德輿《翰苑集序》，蘇軾《進奏議劄子》，蕭燧淳熙《講筵劄子》，郎煜《進所注奏議表》。宣德三年胡元節重刻，金實序。天順元年延祥重刻，項忠序。弘治十五年于鳳喈重刻，錢福序。嘉靖丁酉沈伯咸序，萬曆辛巳葉逢春序。是本乃其二十七世孫基忠校梓，萬曆丁未吴道南序。

彭元瑞《天禄琳琅書目後編》卷一八《明版集部・昌黎先生集四函，三十二册》 篇目見前宋版《朱文公校昌黎先生集》。前有李漢序，《敘説》七條，《重校凡例》十條，《朱子編昌黎先生集傳》四篇。通部卷末俱刻「東吴徐氏刻梓家塾」，或長方，或橢圓，或亞字形印。每葉版心俱刻「東雅堂」，明徐時泰家刻也。是書乃宋廖瑩中世綵堂原本，時泰仿刊時以瑩中爲賈似道黨人，不足重，削去每葉「世綵堂」字，改題「東雅堂」，世遂稱爲《東雅堂韓文》，以爲書林甲觀。凡重雕者，以脱胎宋本爲重，此獨深没其文，可知視乎其人耳。

彭元瑞《天禄琳琅書目後編》卷一八《明版集部·武溪集一函，四册》 宋余靖撰。【略】至明邱濬手鈔此集，韶州知府韓韡、同知方新、通判涂暐留刻郡齋，成化癸巳濬序。

彭元瑞《天禄琳琅書目後編》卷一八《明版集部·歐陽文忠公集五函，二十册》 篇目同前元版集部，附録後多《記神清洞》一卷。是集明天順壬午吉安知府海虞程宗得於胡廣家刻之，侍讀學士雲間錢溥、副使郡人彭勖序。弘治壬子知府姑蘇顧福、同知馬平歐陽允直再刻，庶子宣谿王臣序。正德壬申知府慈谿劉喬三刻，喬自序。此本爲嘉靖丁酉攝郡彭山季本四刻，訓導新安詹治跋，諸序皆載書中。

彭元瑞《天禄琳琅書目後編》卷二〇《明版集部·歷代文紀十六函，一百六十册》 明梅鼎祚撰。鼎祚，字禹金，宣城人，國子監生，有《鹿裘石室集》。凡《皇霸文紀》十三卷，有崇禎己巳陳繼儒序；《西漢文紀》二十四卷，《東漢文紀》三十二卷，有崇禎癸酉陳泰來序；《魏文紀》十八卷，《吴文紀》四卷，《蜀漢文紀》二卷，《西晉文紀》二十卷，《宋文紀》十八卷，有崇禎丁丑張煊序、張溥序。按：鼎祚作此書，意以配馮惟訥《詩紀》。然以文較詩纂輯較爲不易，鼎祚以一諸生，竭數十年之心力爲之，至其子士都易産行書，友朋佽助陸續付之剞劂，故傳本卷帙參差不一。《四庫全書》所載尚有《南齊文紀》十卷，《梁文紀》十四卷，《陳文紀》八卷，《北齊文紀》三卷，《後周文紀》八卷，《隋文紀》八卷，爲此本所無，而此本之魏、蜀、吴三編二十四卷，亦《全書》所未載。至北魏一代，兩本俱闕。鼎祚當日曾否有書，已未付刻，併無可考據矣。要之，是書畫代爲斷，各自成書，非可以闕佚例，且刻成即已盛行，隨時所得，先後不同故也。至鼎祚别纂《釋文紀》四十五卷，名雖相沿，更不應闌入此書矣。

彭元瑞《天禄琳琅書目後編》卷二〇《明版集部·全唐詩話一函，三册》 篇目同前元版集部。明秦中刻，有正德丁卯安惟學序，强晟後序，俱誤以此書爲尤袤作，更在毛晉前矣。刻書時，秦以御史巡按陝西，惟學方爲陝參政也。末刻印記「正德丁丑春正月穀旦，東魯鮑繼文伯正重刊於雲中教養堂」，是明時已再刻矣。

孫星衍《平津館鑒藏記書籍續編·明版·增修詩話總龜前集四十八卷後集五十卷》 題「龍舒散翁阮閱宏休編，皇明宗室月窗道人刊，鄱陽亭梧程珖舜用校」。前有嘉靖甲辰張嘉秀序，李易序，末有嘉靖乙巳程珖跋，末卷後有寫書刊字人姓名。舒江阮閱撰此書，見胡仔《苕溪漁隱叢話序》。此本爲月窗重編，已非阮氏之舊。《四庫全書》所收，即此本也。每葉廿二行，行廿二字。

莫友芝《持静齋藏書記要》卷上《明刊本·周元公集三卷》 宋周敦頤撰。明初濂溪書院本最佳。又一嘉靖刊本，十七卷，徒增益附録，末大于本。

繆荃孫《藝風藏書記》卷六《詩文·陶貞白集二卷》 明黄省曾編，新安汪士賢刊本。

繆荃孫《藝風藏書記》卷六《詩文·謝宣城集五卷》 明汪士賢刻本。前有正德辛未康海序，萬曆己卯梅鼎祚序，後有嘉靖丁酉黎晨跋。朓集五卷，爲宋紹興八年樓炤所刻。明正德辛未劉紹刻於武功，嘉靖丁酉黎晨刻於宣城，萬曆己亥司理史□再刻之。此本爲最後刻，然猶宋人編次也。

繆荃孫《藝風藏書記》卷六《詩文·曲江張文獻先生文集十二卷》 題後學謝正蒙編，萬曆甲申楊起元刻本。前有自序。

繆荃孫《藝風藏書記》卷六《詩文·重刊分類補注李詩全集二十五卷文集五卷》 明霏玉齋重刻元本。

繆荃孫《藝風藏書記》卷六《詩文·元氏長慶集六十卷白氏長慶集七十一卷》 明萬曆甲辰馬元調寶儉堂刊本。封面有「高陽單氏紹衣堂印」朱文長方印。

繆荃孫《藝風藏書記》卷六《詩文·安陽集五十卷家傳十卷别録遺事各一卷》 明正德張士隆刊本。前有曾大有序，後有宋程珦跋。

繆荃孫《藝風藏書記》卷六《詩文·范文正公集二十卷别集四卷年譜一卷年譜補遺一卷言行遺事録四卷遺跡一卷義莊規矩一卷褒賢集九卷》 明翻元天曆刊本。每半葉十二行，每行二十一字，蘇軾序。後有牌子云「天曆戊辰改元褒賢世家重刊於家塾歲寒堂」三行，篆書。時兆文、黄姫水、李鳳翔校，十五世孫啓乂、十六世孫惟元同校。元槧之後，以此刻爲最。

繆荃孫《藝風藏書記》卷六《詩文·歐陽先生文粹二十卷》 明郭雲鵬刊本。後有「吴郭雲鵬校刊梓行」小牌子。陳亮後敘，後又有「吴會郭雲鵬校勘刻於寶善堂」小牌子。

繆荃孫《藝風藏書記》卷六《詩文・西塘先生文集十卷》　明刻本。文八卷，詩一卷。附録傳、志、謚議、祭文、祠記等作。前有萬曆己酉同里葉向高序，謂秘閣有《西塘先生集》，乃宋隆興間公孫嘉正知建昌軍時所刻。書尚完善，因鈔録授同郡董崇相、陳元凱、曹能始校刻之。惜汰爲九卷，不得睹宋本之舊第矣。

繆荃孫《藝風藏書記》卷六《詩文・尹和靖先生文集八卷》　明隆慶己巳蔡國熙刊本。

繆荃孫《藝風藏書記》卷六《詩文・豫章羅先生文集十七卷》　明正德丁丑姜文魁刊本。有自序。每半葉十行，每行十九字。黑口。

繆荃孫《藝風藏書記》卷六《詩文・六家文選六十卷》　前列《文選序》，梁昭明太子撰。次《上文選注表》，李善撰。次國子監准敕節文選。次《進集五臣注文選表》，吕延祚撰。次上遣高力士宣口敕。次目録。昭明序後有「此集精加校正，絶無舛誤。見在廣都縣北門裴宅印賣」三行。第三十卷後有「皇明嘉靖壬寅四月立夏日，吴郡袁氏㕍庚草堂善本雕」兩行。第四十卷後有「此蜀郡廣都縣裴氏善本。今重雕于汝郡袁氏之嘉趣堂。嘉靖丙午春日，國朝改廣都縣爲雙流縣，屬成都府」四行。第四十一卷後有「藏亭」二字，「付抨板十四片陸板五片嘉靖丁未三月吴趨陸潮雕」。第五十二卷後有「毋昭裔貧時常借《文選》不得，發憤曰：『異日若貴，板鏤之以遺後學者。』後至宰相，遂踐其言，出《揮麈録》」三行。第五十六卷後有「戊申孟夏十三日李清雕」一行。第六十卷後有「余家藏書百年，見購鬻宋刻本《昭明文選》，有五臣、六臣、李善本、巾箱本，白文小字、大字，殆數十種。家有此本，甚稱精善。而注釋本以六家爲優，因命工翻雕，匡、郭字體，未少改易。刻始於嘉靖甲午歲，成於己酉，計十六載而完。用費浩繁，梓人艱集。今模搨傳播海内，覽兹册者，毋曰開卷快然也。皇明嘉靖己酉春正月十六日，吴郡汝南袁生褧題於嘉趣堂」。此刻乃祖崇寧五年鏤板，至政和元年畢工。五臣注在前，李注在後。朱竹垞所見賜書堂藏本所自出也。

繆荃孫《藝風藏書記》卷六《詩文・重校正唐文粹一百卷》　明嘉靖甲申徐焴刊本。前汪偉、胡纘宗兩序。胡序板心有「萬竹山房」四字。目後有「姑蘇後學尤桂、朱整同校正」一行。

繆荃孫《藝風藏書記》卷六《詩文・西漢文鑑二十一卷東漢文鑑十九卷》　明刊巾箱本。後有牌子云「龍飛嘉靖癸未京兆慎獨齋刊」兩行。

繆荃孫《藝風藏書記》卷七《詩文・重訂校正唐荊川先生文集十二卷》　明重刊無錫本。集後有牌子云「嘉靖癸丑仲冬浙江葉寶山堂」兩行。

王鳴盛《蛾術編》卷一四《合刻叢書》　取前人零碎著述難以單行者，彙刻爲叢書，其在宋則石廬龔士卨有《五子合刻》，鄮山左圭禹錫有《百川學海》，温陵曾慥端伯有《類説》，秀水朱勝非藏一有《紺珠集》。其在元則天台徐一夔大章有《蓺圃摻奇》，華亭陶宗儀九成有《説郛》。其在明則海上陸楫思豫有《古今説海》，四明余有丁有《子彙》，太末舒石泉有《集賢書舍六子合刻》，新安程榮有《漢魏三十六種叢書》，會稽商濬有《稗海》，新安吴琯有《古今逸史》，鄞縣屠隆長卿一字緯真有《漢魏叢書》，海寧胡文煥有《格致叢書》，武林鍾人傑有《唐宋叢書》，雲間陳繼儒眉公有《祕笈六編》，海虞毛鳳苞子晉有《津逮祕書》。

《百川學海》，左圭自序稱：昭陽作噩歲，柔兆執徐月，謂癸酉年丙辰月，當係南宋度宗咸淳九年之三月。明年甲戌七月，帝崩。又越二年丙子夏，元兵入臨安，宋亡。此書中有李之彦《東谷所見》，係咸淳四年戊辰所作。而華亭錢福序稱左圭爲宋人，非元人。錢乃前明化、治間人，其言必可信，則癸酉爲咸淳九年。

《蓺圃摻奇》卷首標錢唐陳世隆彦高原贈序，稱至正戊申，續《蓺圃摻奇》，秀水陶越艾村原贈。

《唐宋叢書》，鍾人傑刻，以有《宣和畫譜》者爲真。近有一卿姓人爲序者，無畫譜，係僞本。

《夷門廣牘》，周履靖彙輯并自序。又有劉鳳、黄洪憲、張獻翼、何三畏序。

《津逮祕書》刻成于崇正庚午，有陳函煇跋。又海鹽胡震亨孝轅跋云：毛君子晉刻《津逮祕書》成，憶昔予與亡友沈汝納刻諸雜書未竟而燬于火，其僅存者近亦歸之君，因并合之以行。酈氏《水經注》云：積石山上有石室，其中有積卷焉，世士罕津逮者。此津逮之所由得名也。或云《津逮祕書》目第六集内，有《金石録》、《墨池編》二種，毛實未刻，目則有之。

《祕册彙函》，胡震亨與秀水沈士龍汝納、新都孫震卿百里同刻于萬曆癸卯，三人各有序。

《漢魏叢書》，東海屠隆序，武林何允中、文開甫跋云：叢書彙自括蒼何先生，新安程氏止刻三十七種，予摻益其半。往見緯真氏分典雅、奇古、閎肆、藻豔四家，恐失作者之意，兹仍何氏經史子集舊目云。

商濬《稗海》，康熙間漁檣山人蔣國祚序云：四海外如中國者凡九，稗海環之又如是者九，瀛海環之。雖其言猶河漢無極，而六合之外存而不論，安必其無邪。暇日取《稗海》中諸編共相攷訂，訛者正之，疑者闕之。既卒業，因取稗海之説以釋是書名海之意。案：《漢・蓺文志》云：小説家者流蓋出于稗官，街談巷語，道聽塗説者之所造也。稗官字出此，字从禾傍，取稊稗之義。本去聲，如淳音排，作平聲讀。《地理志》琅邪郡稗縣，應劭音裨。則此字固有平音矣。蔣國祚序云云，蔣氏雖未至以禾傍爲衣傍，然書名稗海，正取稗官之稱，以海見其多耳，與裨海有何干涉？今以裨海釋名書之意，則牽混矣。

《稗海》内孫君孚《談圃》、《後山詩話》、《龍城録》，《百川學海》中已有，而龍城與彼顛倒不同，大約以《百川》爲是。馬永卿《嬾真子》乃南宋初人，而敘在歐陽公《歸田録》之前，可見其雜亂無章。

王鳴盛《蛾術編》卷一四《汲古閣刻》 毛氏汲古閣《十三經》除總序，共一萬一千八百四十六頁；《十七史》除總序緣起，共二萬二千二百九十三頁；《四書》共四百五十一頁，《津逮祕書》共一百四十五種，計一萬六千六百三十七頁。

王鳴盛《蛾術編》卷一四《本草》 《漢平帝紀》：元始五年，徵天下通知方術本草者，遣詣京師。《郊祀志》：成帝時，匡衡等奏罷本草待詔七十餘人，皆歸家。《游俠・樓護傳》：誦醫經本草方術數十萬言。由此觀之，本草在漢時其學已盛。《新唐書・于志寧傳》：志寧與司空李勣修定《本草》并圖，合五十四篇。帝曰：「《本草》尚矣！今復修之，何所異邪？」對曰：「昔陶宏景以《神農經》合雜家《別録》注之，江南偏方，不周曉藥石，往往紕繆，四百餘物，今攷正之，又增後世所用百餘物，以此爲異。」帝曰：「《本草》、《別録》何爲而二？」對曰：「班固唯記《黄帝内外經》，不載《本草》，至齊《七録》乃稱之。世謂神農氏嘗藥以拯含氣，而黄帝以前，文字不傳，以識相付，至桐、雷乃載篇册。然所載郡縣多在漢時，疑張仲景、華佗竄記其語。《別録》者，魏晉以來吴普、李當之所記，其言華葉形色，佐使相須，附經爲説，故宏景合而録之。」帝曰：「善！」其書遂行。

王鳴盛《蛾術編》卷一四《七十二家集》 《七十二家集》，福建漳州府龍谿縣人霏雲居張燮協和氏彙刻。其總目云：周一人：《宋大夫集》，楚宋玉著，三卷。漢十二人：《賈長沙集》，雒陽賈誼著，三卷。《司馬文園集》，蜀郡司馬相如著，二卷。《董膠西集》，廣川董仲舒著，二卷。《東方大中集》，平原東方朔著，二卷。《王諫議集》，蜀郡王褒著，二卷。《揚侍郎集》，蜀郡揚雄著，五卷。《馮曲陽集》，京兆馮衍著，二卷。《班蘭臺集》，北地班固著，四卷。《張河間集》，南陽張衡著，六卷。《蔡中郎集》，陳留蔡邕著，十二卷。《孔少府集》，魯國孔融著，二卷。《諸葛丞相集》，瑯琊諸葛亮著，二卷。魏七人：《魏武帝集》，武帝曹操著，五卷。《魏文帝集》，文帝曹丕著，十卷。《陳思王集》，陳王曹植著，十卷。《王侍中集》，山陽王粲著，三卷。《陳記室集》，廣陵陳琳著，二卷。《阮步兵集》，陳留阮籍著，五卷。《嵇中散集》，譙國嵇康著，六卷。晉十人：《傅鶉觚集》，北地傅元著，六卷。《孫馮翊集》，太原孫楚著，二卷。《夏侯常侍集》，譙國夏侯湛著，二卷。《潘黄門集》，滎陽潘岳著，六卷。《傅中丞集》，北地傅咸著，四卷。《潘太常集》，滎陽潘尼著，二卷。《陸平原集》，吴郡陸機著，八卷。《郭宏農集》，河東郭璞著，一卷。《孫廷尉集》，太原孫綽著，二卷。《陶彭澤集》，潯陽陶淵明著，五卷。宋五人：《謝康樂集》，陳郡謝靈運著，八卷。《顔光禄集》，瑯琊顔延之著，五卷。《鮑參軍集》，東海鮑照著，六卷。《謝法曹集》，陳郡謝惠連著，二卷。《謝光禄集》，瑯琊謝莊著，四卷。齊二人：《謝宣城集》，陳郡謝朓著，六卷。《王寧朔集》，瑯琊王融著，四卷。梁十八人：《梁武帝集》，武帝蕭衍著，十二卷。《梁昭明太子集》，太子蕭統著，十二卷。《梁簡文帝集》，簡文帝蕭綱著，十六卷。《梁元帝集》，元帝蕭繹著，十卷。《江醴陵集》，濟南江淹著，十四卷。《沈隱侯集》，吴興沈約著，十六卷。《陶隱居集》，秣陵陶宏景著，四卷。《任中丞集》，樂安任昉著，六卷。《王左丞集》，東海王僧孺著，三卷。《陸太常集》，吴郡陸倕著，二卷。《劉户曹集》，平原劉孝標著，二卷。《王詹事集》，瑯琊王筠著，二卷。《劉祕書集》，彭城劉孝綽著，二卷。《劉豫章集》，彭城劉潛著，二卷。《劉中庶集》，彭城劉孝威著，二卷。《庾度支集》，新野庾肩吾著，三卷。《何記室集》，東海何遜著，三卷。《吴朝請集》，吴興吴筠著，四卷。陳五人：《陳後主集》，後主陳叔寶著，三卷。《徐僕射集》，東海徐陵著，十卷。《沈侍中集》，吴興沈炯著，三卷。《江令君集》，濟陽江總著，五卷。《張散騎集》，清河張正見著，二卷。北魏二人：《高令公集》，渤海高允著，二卷。《温侍讀集》，濟陰温子昇著，二卷。北齊二人：《邢特進集》，河間邢邵著，二卷。《魏特進集》，鉅鹿魏收著，三卷。北周二人：《庾開府集》，新野庾信著，十六卷。《王司空集》，瑯琊王褒著，三卷。隋五人：《隋煬帝集》，煬帝楊廣著，八卷。《盧武陽集》，范陽盧思道著，三卷。《李懷州集》，博陵李德林著，二卷。《牛奇章集》，安定牛宏著，三卷。《薛司隸集》，河東薛道衡著，二卷。其自述云：向刻漢魏文集，各具一臠，挂漏特甚，因爲采取而補之。

所載皆詩賦文章，若經翼、史裁、子書、稗説不敢混收。是集以六朝爲界，唐後雄文蔚起，篇帙既廣，殆不勝收，體格漸離，宜從姑舍。且注解有出六朝以上人者，附于篇中，外此則不載。至其人出處世次朝代，一以史書爲準，而所采諸家亦必以二卷爲率，其不能足二卷者，存而不論。張君好古，殊見搜羅苦心，但藏板稍僻，播在中土者甚少。吾鄉張溥天如所輯《百三家集》有總序，又每集前皆有序，于協和所采皆有之，獨少宋玉一家。蓋玉集采取惟在楚詞、《文選》，則亦毋庸贅列矣。若夫新安汪氏彙編《漢魏六朝二十二家集》，金閶世裕堂梓行者，曾無一家出于二張所采之外，而序引亦皆艸艸然。予插架特竝存三家而不廢。

王鳴盛《蛾術編》卷一四《初唐四子集盛唐二集》　《初唐四子集》，亦張燮刻。王勃、楊炯、盧照鄰、駱賓王也。刻至照鄰而燮卒，其弟紹和刻駱集繼之。又刻《盛唐二集》，李邕、蕭穎士也。予別有仁和虞九章宛上《顔文選注駱集》。六人中，李邕竟以讒誅死。元宗之失德亦多矣，獨此一事哉。

王鳴盛《蛾術編》卷一四《後村居士集》　宋刻《後村居士集》五十卷，劉克莊潛夫著。淳祐九年己酉春，竹溪林希逸譔序。詩十六卷，詩話二卷，詩餘二卷，記二卷，序二卷，啓四卷，樂語、雜啓、上梁文合一卷，疏、青詞合一卷，題跋二卷，祭文二卷，祝文二卷，墓志五卷，表牋一卷，玉牒初草二卷，書三卷，行狀三卷。總目分上下卷，二十以前爲上卷，二十以後爲下卷，目録末行注「迪功郎新差昭州司法參軍林秀發編次」。克莊位卑無事迹，然文章甚有名。《宋史・文苑傳》詳于北宋，南渡寥寥數人，克莊竟不入，不可解。克莊散文僅能具體，無甚可取。詩則力埽陳言，獨開生面，自成一家矣。題姚三錫書鈔云：「漢儒之罪甚秦灰。」宋季家法盡喪，瀾倒波翻，吾何尤乎克莊。

王鳴盛《蛾術編》卷一四《天下同文集》　《天下同文集》五十卷，元盧陵周南瑞輯。大德甲辰同里劉將孫序稱：政厖土裂，三光五嶽之氣分，大音不完，必混一而後振。今混一之盛，開闢所未有，南瑞此編，選精刻妙云云。案：《吴艸廬集》有贈周南瑞序，稱南瑞字敬修，扁濂溪二字于室，人多譏之。但廬陵之周與春陵之周必同所出，此不足議。惟慕濂溪而不得其門，徒好文詞之陋，宜熟讀《通書》。予謂南瑞所編次者如是，其學識固卑，但艸廬以《通書》進南瑞，竊恐《通書》亦何足爲學，惟不及《太極圖》稍爲有見。

劉錦藻《清朝續文獻通考》卷二七〇《經籍考十四》　《武英殿聚珍版叢書》二千八百九十一卷，乾隆三十八年奉敕編。【略】

臣謹案：聚珍版創行之始，出於廷臣金簡，然較康熙朝范銅鑄字排纂《圖書集成》法較簡矣。高宗鳩工鋟木，刻單字二十五萬餘，並定名爲「聚珍版」，且題詩十韵以張之。先後排印成帙，曰經、曰史、曰子、曰集，而總稱之曰《武英殿聚珍版叢書》。工緻匀整，蔚若畫一，洵乎洋洋大觀也。惟是時移代易，散亡孔多，不特版字無存，即全書亦視如鴻寶。江西、福建、浙江三省，均有繙刻。光緒中葉，廣雅書局重以舊版付諸剞劂，排次井井，無虞漫漶，此書於以不朽矣。竊謂埏泥體羸，鎔鉛質輭，聖論精確，無與倫比。然即范銅鋟木，取給固易，收蓄殊難，稍失保存，則已星分汗散。且排比以後，印刷若干，欲圖再舉，必需重集，不如梓人操槧，朗若眉列，功雖倍而一勞永逸矣。歐美諸國，風行排字，其製與聚珍版相彷彿，然顛倒錯亂，倉猝成書，殊不足附於古作者之林也。

《楝亭十二種》六十九卷，曹寅編。寅，字子清，號楝亭，漢軍鑲藍旗人，官至通政司使。【略】

臣謹案：寅在揚州刻書，有五種，有十二種。五種者，《類編》、《集韵》、《玉篇》、《廣韵》、《禮部韵略》是也。十二種者，即是編也。寅與秀水朱彝尊相善，故借鈔曝書亭本甚夥，其自藏宋槧本，則有魏了翁《毛詩要義》、樓鑰《攻媿文集》等，乃所刊之十二種，除南唐史虚白《鈞磯立談》、宋劉克莊《千家詩》外，皆宋元人小品，僅足備藝術之助。楝亭云者，寅之父於白門使院手植楝樹數株，搆亭於其間，顔曰「楝亭」。寅讀父書，眷懷手澤，因以自號云。【略】

《雅雨堂叢書》一百三十四卷，盧見曾編。見曾，字雅雨，山東德州人，康熙辛丑進士。官至兩淮鹽運使。【略】

臣謹案：見曾深於兩漢之學，推尊鄭氏，如王應麟《困學紀聞》等，凡有涉於鄭氏説者，采輯殆盡，以爲欲求得聖人之遺意者，莫北海經師若也。其他校正宋本，刊落謬誤，足與文弨並美云。【略】

《抱經堂叢書》二百六十二卷，盧文弨編。文弨，見《經部・禮類・儀禮》。【略】

臣謹案：文弨嘗謂，今之所貴於宋本者，謂經屢寫，則必不逮前時也。然書之失真，亦每由於宋人。宋人每好逞臆見而改舊文，文弨有鑒於此，校勘宋槧，洗專己守殘之陋，匯博學詳説之資。先儒之精蘊賴以留，俗本之譌文賴以正。以故歸田後二十餘年，昧爽起，繙閲點勘，朱墨並作，几閒闠闤，無置茗盌處，日且暝，始出户散步庭中，俄而篝燈如故，至夜而後即安。祁寒酷寒不稍閒。其劬學如是。

《經訓堂叢書》一百六十七卷，畢沅編。沅，見《經部・禮類・大戴禮》。【略】

臣謹案：沅，開府西安，一時經術湛深之士，如孫星衍、洪亮吉、汪中、黄景仁輩，皆從之遊。所輯叢書有校正《吕氏春秋》一種，咸陽賓客，至今有遺風焉。於關中輿地金石，大有篳路藍縷以啟山林之毅力。乾隆癸卯，校刊於經訓堂，其功亦云鉅矣。【略】

《函海》四十函八百五十卷，李調元編。調元，見《經部・易類》。【略】

臣謹案：是編於蜀都文獻采輯宏富，命其名曰《函海》，亦猶宋左圭之《百川學海》，明商濬之《稗海》也。調元生際盛時，適開四庫，蒐采遺書，時調元由廣東學政監司畿輔，去京咫尺，而向在翰院同館諸人，尺素相通，因得借觀天府藏書之副本，時付鈔胥。始於乾隆辛丑秋，迄於壬寅冬，裒然成帙。先刻二十函，其弟鼎元及其子朝夔續刻二十函，前後凡四十函，殘闕訛譌，重加校補。至光緒八年，廣漢鍾登甲宴林重刻巾箱本，移易次第，增減各種，非復羅江舊觀矣。

《貸園叢書》四十六卷，周永年編。永年，見上《雜家類・雜纂》。【略】

臣謹案：永年與青州李文藻交，垂三十年。文藻官恩平、潮陽時，刊書十餘種，其原本大都借自永年。文藻没而板歸永年，遂彙刻十二種。文藻嘗言曰：「藏書不借，與藏書之意背矣；刻書不印，其與不刻奚異。」永年贊歎，以爲名言，故廣爲流布，以慰文藻之志云。

《藝海珠塵》八集三百三卷，吴省蘭編。省蘭，字泉之，江蘇南匯人，乾隆戊戌欽賜進士，官至工部左侍郎。【略】

臣謹案：省蘭是編分甲乙丙丁戊己庚辛八集，每刊一集，大致略分經史子集。金山錢熙輔續壬癸二集，體例亦同，乃後吴氏書版歸蘇州某書坊，擅易金石絲竹匏土革木八音爲次序，非復舊觀矣。【略】

《平津館叢書》四十三種二百三十七卷，孫星衍編。星衍，見《經部・易類》。【略】

臣謹案：《平津館叢書》，陽湖孫星衍所輯。其序云：「自甲到癸，終始十集。」朱記榮謂其鑒別之精，校訂之確，洵能備三善而絶五弊，宜其高出諸家叢書之上，而足爲後世之規橅。誠不誣也。夫星衍生乾嘉盛世，家有賜書，歷官中外，見聞尤博，而其迻鈔搜輯，歷二十餘年如一日。是書之成，則在嘉慶壬申，至光緒乙酉，吴縣朱記榮復刻於吴門，體例悉仍其舊。此書一經一史，亦墨亦儒，洵巨製也。【略】

《玉函山房輯佚書》六百三十二種七百六十八卷，章宗源編，馬國翰刊。宗源，字逢之，浙江山陰人，乾隆丙午舉人。國翰，見《經部・經解類》。【略】

臣謹案：是編自周秦以迄隋唐，凡羣經注疏、音義，旁及史傳、類書，廣徵博引，分經、史、諸子爲三編，作序録以冠於篇，有目無書者，缺四十餘種。據序録更有陸希聲《周易傳》、劉向《洪範五行傳記》、劉歆《洪範五行傳》、衞宏《尚書訓旨》、李軌《尚書音》、孫敏《春秋左氏傳賈服異同略》、蔣濟《郊丘議》、干寶《司徒儀注》、楊泉《物理論》，凡九種，亦皆不存。攷乾隆年間，山陰章宗源編輯是書，至道光間，歷城馬國翰得其稿，遂付梓人，而序録中每引會稽章學誠説，猶曰：「家實齋未及改正。」國翰之攘奪，猶李光庭之於張丙炎也。【略】

《士禮居叢書》十九種一百九十卷，黄丕烈編。丕烈，見《經部・禮類・周禮》。【略】

臣謹案：丕烈好蓄宋本，元和顧廣圻爲《百宋一廛賦》以美之。嘉慶戊寅，所刊宋本鄭氏《周禮》、《儀禮》及天聖明道本之《國語》、剡州姚氏本之《國策》，與夫龐安常之《傷寒總病論》、洪邁之《集驗方》，尤爲罕見之書。所附《札記》，詮釋音義，刊正謬誤，爲校勘家之翹楚。原刻曾經兵燹，流傳絶少，好古之士，珍如鴻寶云。【略】

《知不足齋叢書》三十集二百九十八種七百六十五卷，鮑廷博編。廷博，見《史部・目録類・經籍》。【略】

臣謹案：廷博父由歙遷武林，顔其所居曰「知不足齋」，而廷博能讀父書，並以流傳古書爲己任。時則浙東西藏書家如趙氏小山堂、盧氏抱經堂、汪氏振綺堂、吴氏拜經樓，互相借鈔，依據善本，其校勘之精，超出陶九成、商濬、屠隆、吴琯之上。恭遇我朝開四庫全書館，廷博獻書六百餘種，高宗親灑宸翰，題所進參寥子《唐闕史》及宋仁宗《武經總要》二書，御製詩以寵之。稽古之榮，士林豔稱之。嘉慶十八年，欽賜舉人。以廣刊祕籍之苦心，膺叠沛天恩之異數，宜也。粤亂之後，板已漫漶。光緒壬午，爲廣州芸林仙館修補印行，視原書非復舊觀矣。

《二酉堂叢書》二十一種二十七卷，張澍編。澍見《史部·地理類·都會郡縣》。【略】

臣謹案：澍初主講蘭州書院，纂《五涼舊聞》四十卷，旋復捜輯關隴著述，肇自周秦，暨乎隋唐，凡二十四種。即籍非鄉邦，孤本罕見，亦爲摭拾，得十二種。道光元年，刊於二酉堂，先成二十一種，關隴文獻於焉略備，亦猶李調元《函海》專主蜀中，其仰止鄉先達之心，後先同揆，不得謂其局於一隅也。

劉錦藻《清朝續文獻通考》卷二七一《經籍考十五》《學津討原》二十集一百七十二種一千四十三卷，張海鵬編。海鵬，字若雲，號子瑜，江蘇常熟人，諸生。【略】

臣謹案：海鵬是編，就毛晉汲古閣《津逮秘書》而增損之，去取之閒，尤爲矜慎。如《津逮》中之《子貢詩傳》、申培《詩説》，係明人僞撰。他如《焚椒録》之穢、《捫蝨新話》之妄，早經《四庫提要》論駁，今不著録，一遵去僞存真之意。且毛氏多采及書畫題跋，暨詩評、詩話，卷帙稍繁。是編義例謹嚴，又與宋本《太平御覽》同時付梓，以公同好，宜洪亮吉樂爲之序。夫學無津涯，而海鵬嗜古若渴，譬張騫之窮河源，不登崑崙不止，是則汲古之功臣也。

《墨海金壺》一百十五種七百二十九卷，張海鵬編。【略】

臣謹案：是編以存亡繼絶爲宗旨，恪遵《四庫提要》之意，凡原本久佚，從《永樂大典》録出者，亟爲登録，不稍遺漏。蓋深知一卷之書，古人之精神命脈寄焉。石韞玉爲序其簡端，引王子年《拾遺記》云「周時浮提之國，獻神通善書者二人，肘間出金壺，中有墨汁如漆，灑之著物，皆成篆隸科斗之字」。今海鵬以此義名其書，將使金壺中一點墨，灑遍華嚴世界，即胸無點墨者，亦得挹取醍醐，濬其聰明智慧，證爲上乘也。昔海鵬爲其配屈氏作行狀，述其言曰：「世人知積而不知散，積書與積金，其愚等也。」叢編之刊，是散金之餘，而廣書之傳也，豈非有菩薩布施之心乎。

《借月山房彙鈔》十六集一百三十五種二百八十六卷，張海鵬編。【略】

臣謹案：海鵬先有《學津討原》、《墨海金壺》之刻，專蒐采古書而於有明及國朝諸名人著述，未之及也。是編悉取諸近代，凡經學、小學、雜史、野乘、奏議、傳記、地理、政書、史評、儒家、術數、藝術、譜録，以及雜家小説、詩文評類，本末之學略備。試開卷一覽，足以濬學者之神智，而擴閒居之見聞，不啻瑯嬛福地，恣意所游焉。玆刻蕆事於嘉慶十七年七月，道光初，版歸上海陸璜，易其名爲《澤古齋叢鈔》，而《彙鈔》原本，幾成爲希世之寶矣。【略】

《侯官陳氏所著書》十二種一百二卷，陳壽祺、喬樅同撰。壽祺，見《經部·詩類》，喬樅，見《經部·書類》。【略】

臣謹案：壽祺自少讀書，即以千秋自命，晚年著述等身，幾於充棟。其子喬樅能讀父書，即以己所著《經説》等書，先後付梓，成《左海》諸種，嗣遭粤寇。光緒八年，林新圖訪其後裔，得其殘板，刊成《小琅環館叢書》十種，然非若原本之完善矣。

《經苑》二十五種二百四十四卷，錢儀吉編。儀吉，見《史部·正史類》。【略】

臣謹案：儀吉主大梁講席，經明行修之士，俱從之游，如鄢陵蘇源生、密縣鄭允之、祥符王儒行諸子，執經問難，皆以躬行實踐爲歸宿。所編《經苑》，實於《通志堂經解》外，別樹一幟。原書目四十一種，道光乙巳，大梁書院僅刊二十五種，宣統壬戌重印云。

劉錦藻《清朝續文獻通考》卷二七一《經籍考十五》《湖海樓叢書》十二種一百八卷，陳春編。春，浙江蕭山人。【略】

臣謹案：蕭山汪吏部繼培，家富藏書，春時相過從，商榷古今，每得善本，賞奇晰疑。春父七十生辰，繼培以手校《列子》張注爲壽，春即欣然付梓，此刻叢書之權輿也。惜繼培遽爾殂謝，《鹽鐵論》未有成書，春亦連丁家難，不無輟作。嗣與王進士晚聞重加審正，僅刊十二種，而宋陳傅良之《永嘉八面鋒》、明陳士元之《論語類考》，私於一家之學，雖述舊德，不免微瑕。李慈銘謂其中多善本，而擇之不精，殆以此也。【略】

《三長物齋叢書》二十五種二百六十七卷，黄本驥編。本驥，見《史部·政書類·儀制》。【略】

臣謹案：文廟之祀典，兩廡之位次，以及歷代之紀元，帝王之統系，詢之高材生，或不能盡答。本驥纂輯舊聞，典而核，約而賅，治掌故學者之初桄也。以詩文集附於後，刊於道光二十四年甲辰十二月，龍啟瑞爲之序，蔣瓌乃襄校云。

《頤志齋叢書》二十二種四十一卷，丁晏撰。晏，見《經部・易類》。【略】

臣謹案：晏《尚書餘論》，具言《孔叢》、《家語》皆王肅一手所爲，與朱士端《春雨樓叢書》强識篇所駁斥子雍所見略同。蓋丁、朱二子，同歲生也。子晏讀書得閒，必擇其義之精碻者，乃著於篇，不務博而守約，慎之至也。壽昌、壽祺等七人，於光緒元年同校付梓，稱未梓者尚有二十五種。然如《易林釋文》、《楚詞天問箋》、《曹集詮評》等，後皆刊行云。【略】

《漢學堂叢書》二百十五種二百十九卷，黄奭編。奭，字右原，江蘇甘泉人，道光壬辰欽賜舉人，刑部郎中。【略】

臣謹案：奭以孝廉官比部，嘗執經江藩之門，江氏受業於余蕭客，余氏之學出於惠棟。奭學有師承，搜輯是編二百八十餘種，併《高密遺書》十一種。奭既没，粤寇至，版庋樊汊鎮僧舍者二十餘年，其子携歸，僅存二百十餘種。其《經解逸書攷》，全襲《玉函山房輯佚書》，不啻馬國翰之攘章宗源也。惟《子史鉤沈》中史部，則自出機杼，不致寄人籬下，有足取也。

《守山閣叢書》一百十種六百五十二卷，錢熙祚編。熙祚，字錫之，别號雪枝，江蘇金山人。以捐辦海塘石工，保舉通判。【略】

臣謹案：是編即張海鵬《墨海金壺》之燼餘。熙祚於道光初，得其殘版，重加補訂。然張氏所刊《太白陰經》，雖據影宋鈔本，亦闕數篇。《珩璜新論》較《唐宋叢書》本脱去數條，《漢武帝内傳》較道藏本闕其大半。《大金弔伐録》不據《四庫》從《永樂大典》録出之本，而據超然堂吴氏本，脱文錯簡，更僕難數。熙祚乃與南匯張文虎、金山顧觀光商榷去取，討論真贋，十年付梓，胡培翬、阮元皆有序。元嘗作《虞山張氏貽經堂記》，有云刊刻祕籍，於人謂之有功，於己謂之有福。若熙祚之津逮後學，其志深可嘉尚矣。

《珠叢别録》二十八種八十二卷，錢熙祚編。【略】

臣謹案：熙祚輯《守山閣叢書》成，又摭所餘爲此刻。蓋以滄海遺珠，不能不細加掇拾也。自序略謂生平無他嗜好，惟好涉獵經史，閒及九流雜蓺、稗官小説，靡不泛覽，但輒爲俗物敗興。讀書真自有福哉。阮元序《守山閣叢書》曾云：「刊刻祕册，在己謂之有福。」諒哉言乎！是編所登孔平仲《珩璜新論》，較《唐宋叢書》補正數條，讎校之精，無逾於此。後之讀是書者，庶幾得一義，如獲真珠船矣。

《指海》二十集一百三十七種四百二卷，錢熙祚編。【略】

臣謹案：嘉慶閒，常熟張海鵬刊《借月山房叢書》，不久版歸上海陳璜，璜重刊爲《澤古齋叢鈔》。道光初，又歸金山錢氏，遂易其名曰《指海》。是編兼存古書，開卷殊有樸茂之氣，可謂博而有要矣。績溪胡培翬序云：「今夫海注焉而不滿，酌焉而不竭，瓌珍異寶，萬變錯出，重譯之舶，日帆其閒，目眩口呿，而不能一一識。然則澤古之士，縱窮流探源，有不望洋向若而歎哉！」自十三集以下，其子培讓、培杰續刊，世襲書香，不忘手澤，亦猶談、遷之《史記》，彪、固之《漢書》，父作而子述者也。

《璜川吴氏經學叢書》十五種八十九卷，吴志忠編。志忠，字有堂，江蘇吴縣人。【略】

臣謹案：志忠曾祖泰來，生於新安之璜源，及長，遷於蘇州，題其所居之室曰璜川書屋，示不忘舊也。時惠棟亦隸門下，而璜川吴氏遂著於吴中。其祖成佐，著《經史論存》，父英著《經句説》。而志忠於晏楹范硯，世守書香，承其父命，所刊皆甲部書。長洲陳奂爲序其緣起。試一展卷，始知經師家法，手澤存焉。志忠其善繼志哉！

《賜硯堂叢書》四集四十種四十卷，顧沅編。沅，見《史部・傳記類・總録》。【略】

臣謹案：叢書往往古今並録，專收國朝著述者，始自櫟下周亮工《賴古堂藏書》、武林王晫《檀几叢書》、新安張潮《昭代叢書》、石門吴震方《説鈴》四家。沅此編師仿前例，審定足本，後於黄丕烈處借鈔十餘種，乃得蕆事。武進趙懷玉、吴縣石韞玉、長樂梁章鉅爲之序。沅嘗有《吴郡名賢像贊》之刻，兹復蒐采我朝儒林藝苑百家九流，猶是尚友名賢之意也。賜硯云者，沅曾祖守紹興時，蒙世廟特賜古硯等物，遂顔所居之堂曰「賜硯」，紀殊恩也。沅涵濡祖澤，勿替引之云。

《海山仙館叢書》五十六種四百七十五卷，潘仕成編。仕成，字德畬，廣東番禺人，江蘇候補道。【略】

臣謹案：是編凡例謂，編分經史子集，以便檢閲。然《遂初堂書目》及《讀書敏求記》目録一類，宜置諸史，而反列於經。醫學、天算、藝術一類，宜列諸子，而反入於集。且仕成識昔人叢編之割裂，然所登釋元應《一切經音義》僅二十五卷，而未見東洋所藏唐釋慧琳一百卷之足本，則與割裂何異。

惟仕成能於道光季年，亟亟采入海國之輿圖，與西洋之火器，此亦能識時務者矣。

《嶺南遺書》六集五十七種三百四十三卷，伍崇曜編。崇曜，原名元薇，字良輔，號紫垣，廣東南海人，道光朝恩賞舉人，布政使銜候選道。【略】

臣謹案：道光朝，英人在粤東互市，當時有洋行十三，崇曜父秉鑑爲十三行之後勁，遂以豪商起家。崇曜既賜鄉舉，乃與名流討論著述，刊有《粤雅堂叢書》、《廣東十三家集》、《楚庭耆舊遺詩》前後集。是編於道光辛卯始付剞氏，續成六集。視李調元之《函海》、趙紹祖之《涇川叢書》，於鄉邦文獻同熒心香，良可寶也。

《粤雅堂叢書》二十集一百二十種七百三十七卷，伍崇曜編。【略】

臣謹案：廣東之刻叢書，有阮元學海堂《皇清經解》，潘仕成之《海山仙館叢書》，及張氏《榕園叢書》，而崇曜是編，亦戛戛獨造。自序謂：「搜采祕籍，付之鉛槧，具有七難。」自是不刊之論。粤雅堂者，舊輯《嶺南遺書》、《粤十三家集》、《楚廷耆舊遺書》之地，而因以署焉者也。閱四載而書成，時當咸豐三年歲在癸丑，不六十年而今昔異視。讀集中吴渭之《月泉吟社》一卷，杜本之《谷音》一卷，殊令故國孤臣，感慨係之者矣。

劉錦藻《清朝續文獻通考》卷二七二《經籍考十六》 《得月簃叢書》初集十種二十七卷，二集十種三十五卷，榮譽編。榮譽，字子譽，滿洲正白旗人，河南魯山縣知縣。【略】

臣謹案：納蘭性德工於詞，法式善工於詩，盛昱工於目録之學，而滿洲人之刊刻叢編，推榮譽爲傭中佼佼。卷帙雖少，自序竊比於簣士之微、涓流之細，謙辭也。若榮譽者，可謂好名之士矣。

《婁東雜著》八集五十六種五十八卷，邵廷烈編。廷烈，字子顯，江蘇太倉人，揚州府教授。【略】

臣謹案：叢書之刻，權輿於宋古鄮山人左圭之《百川學海》，而薈萃一邑之著作則始自明萬曆間樊維城令海鹽時，有《鹽邑志林》之輯。廷烈援引前例，輯鄉先正遺書，得五十六種。前乎此者，廷烈有《婁地全圖》之刻，一治水利，一萃人文，廷烈亦可謂好學也已。昔陶澍屬魏源、李兆洛，倣朱彝尊《經義考》例，輯《江左古今名人著述目録》，羣以兹事體大，辭不敢爲，而廷烈乃愛其鄉先輩，樂以其言餉天下，宜龔自珍序其集而贊歎之。乃是編偏刻李兆洛、李宗昉、李正鼎、葛其仁、王寶仁諸序，而獨芟龔序，豈以道光初年，自珍之文猶有所忌諱歟？

《續知不足齋叢書》二集十七種三十九卷，高承勳編。承勳，字松三，直隸滄縣人。【略】

臣謹案：是編板心皆刻曰「續鮑叢書」，然僅刊二集，亦猶部婁之於泰岱矣。殿以《游戲録》，冠以《和劑局方》。夫游戲無論矣，所謂《太平惠民和劑局方》十卷、《指南總論》三卷，雖歷代相傳禁方，盛行於宋元之間，然自道光至今，扶輿磅礴，稟氣薄弱，若執古方以治今病，未免膠柱鼓瑟矣，奚可哉。

《紛欣閣叢書》十四種七十八卷，周心如編。心如，浙江浦江人。【略】

臣謹案：是編刻於道光年間，欲繼鮑廷博《知不足齋叢書》及李調元《函海》之作，然相去遠矣。首册采及朱子《周易參同契考異》。《參同契》，後漢上虞魏伯陽所作，五代彭曉解義，南宋以後人假託紫陽考異。心如乃據盧黄瑞節附録云「空同道士鄒訢，即朱子借之託名也」。鄒本《春秋》邾子之國，《樂記》天地訢合，鄭氏注云，訢當作熹，以是證爲朱子，未免支離附會，誠不若《鹽鐵論》等之尚非僞書也。

《小石山房叢書》四十一種五十八卷，顧湘編。湘，字翠嵐，江蘇常熟人。【略】

臣謹案：吴中藏書之富，莫如絳雲樓；鋟版之盛，莫如汲古閣。海虞之士，承藉流風，則有張海鵬之《學津討原》、《借月山房》諸叢書。湘以小石山房與之對壘，亟登録汲古閣之書目。及其刻版，使著書人之精神，與刻書人之功德，不隨兵燹而滅没，九京可作，有不感而飲泣者乎。是編經其師季錫疇爲之序，刊於道光朝。粤匪之亂，板燬十之一，其子崇福、康福補刻於同治己巳，葉裕仁序之云。

《青照堂叢書》初編十種五十二卷，次編四十一種九十八卷，三編三十八種五十七卷，李元春編，劉廷陞等刊。元春，字時齋；廷陞，字晉階，均陝西朝邑人。【略】

臣謹案：廷陞刻初編，學峻刻次編，學寵刻三編。學寵孫文翰問字於李元春，時與元春商刊叢書，而元春出此祕册，道光乙未，刊於青照堂。元春序謂：「蜀人載貲助揚子雲著書，傳爲千古美談。」竊其意，若以此自命者。然觀其《諸經緯遺》一種，僅襲取陶宗儀《説郛》，而皆非足本，適爲韓昌黎提

要鉤元之言所誤，識者憾焉。【略】

《涉聞梓舊》二十五種一百十四卷，蔣光煦編。【略】

臣謹案：光煦在道光丁酉初刊叢書，及咸豐丙辰重行編纂，於叢書外增刊此本，於古今人嗜古之竺、著書之勤，惟恐手跡就湮，孤負作者藏之名山，傳之其人之意，而於考訂之學，搜訪尤不遺餘力。葉奕苞《金石録補續跋》七卷，王昶亦未之見，賴管廷芬得之書肆，爲之狂喜。末附《斠補隅録》十四卷，其目録云：「《陳后山集》十三葉，嗣出。」厥後竟付之闕如，其他單行本則有之。始知校書之慎，不肯急就者也。

《正誼齋叢書》十種八十二卷，汪紹成編。紹成，江蘇江都人。【略】

臣謹案：是編刊於道光二十年，江都陳逢衡爲之序，在昔揚州鮑氏所刻《六經》暨《太平御覽》諸書，紹成爲之讎校，始付剞劂。紹成以爲通經可以致用，而讀書必先識字，故是編以小學三種爲先，以《春秋》《周禮》爲重，殿以張伯行之《道統録》，以崇理學而敦士行，知其瓣香於正誼堂久矣。

《惜陰軒叢書》三十四種三百九卷，李錫齡編。錫齡，字孟熙，陝西三原人。【略】

臣謹案：錫齡於宅後搆一園曰「遠眺軒」、曰「惜陰」，貯書九萬餘卷。道光庚子、丙午年間，先後裒刊祕籍，版藏宏道書院，路德爲之序。是編所登善本凡六：一明人南逢吉《會稽三賦注》，足以補嵊縣周世則注前一賦之疏、節史鑄增注後二賦之冗；一明人曹昭《格古要論》三卷，乃采吉水王佐本，遞增爲十三卷；一宋馬永卿《元城語録》三卷，明崔銑《續編行録》一卷，開州王崇慶並爲之釋名曰《元城語録解》，所謂元城刊本是也；一吴師道《國策校註》，兹即據元時舊刻；一袁褧所刊《世説新語劉孝標注》，據陸放翁刊本，最爲完善；一明俞九文據元孫道明《清異録》鈔本，與陶宗儀《説郛》删節本迥别之。數刻者，雖非祕册，而是編必搜求善本，豈不快哉。刻未竟而錫齡没，豫屬其表弟張樹總司校刊云。【略】

《文選樓叢書》三十二種四百八十八卷，阮亨編。亨，見上《雜説》。【略】

臣謹案：道光壬寅正月，是編印成。亨跋于珠湖草堂云：「文選樓、積古齋諸處，所貯書版皆加收檢，其中家兄所刊者爲多，亦有門下士暨余暨姪輩所刊者。」所云家兄，即阮文達公元也。國朝大儒顧炎武最通，朱彝尊最博，兼通博而且精者阮元也。且元精於天算，故取西人蔣友仁之《地球説》，以證曾子地圜周髀日行之説，無不合也。精於金石，故《積古齋鐘鼎款識》，前以正薛尚功之謬，後以啟陳介祺、吴大澂之學。元以此二者繼往開來，蔚爲國朝絶學，顧不偉歟！【略】

《昭代叢書》五百六十種五百六十卷，沈楙悳續輯。楙悳，字翠嶺，江蘇吴江人。【略】

臣謹案：昭代通儒碩彦，不乏鴻篇鉅製。即私家撰述，藏之名山者，亦無美不備。於是康熙乙亥、癸未間，歙縣張潮有《昭代叢書》之刻，分甲乙丙三集，各五十種。迨乾隆丙申秋，震澤楊復吉踵輯《新編》、《續編》、《廣編》、《埤編》、《别編》，亦各五十種。道光甲辰，楙悳乃合張、楊兩家之書而刻之。從張氏之例，命楊氏新編曰「丁集續編」、曰「戊集廣編」、曰「己集埤編」、曰「庚集别編」、曰「辛集」，其所自纂之補編曰「壬集」，萃編曰「癸集」，於是十干乃全。遠則仿《昭明文選》賦甲至賦癸之例，近則繼宋左圭之《百川學海》以十干爲次第也。乃徇涇縣朱琦、嘉興沈維鐈之請，删汰張、楊原書之無裨掌故，有乖大雅者，凡六十種，别爲一編，命曰「别集」，凡十二册，而補以近人有用之書，仍如其原數，刊之於世楷堂。楙悳於十干外，擬刊子集若干種，雖有迮鶴壽等爲之襄校，然僅刊馮桂芬《弧矢算術細草圖解》一册，始知著書難，刊書亦不易也。

《琳琅祕室叢書》五集三十六種一百二十五卷，胡珽編。珽，字心耘，浙江仁和人。【略】

臣謹案：是編咸豐癸丑刻四集，甲寅續刻第五集。珽初寓吴門，搜集先世遺書，采獲宋元舊刊，影鈔諸本，刻於琳琅祕室。惜當日用活字版，雖仿阮氏十三經例，附有校勘記，然校書如埽落葉，譌訛未能免焉。每集總目悉附案語，遠以遵陳振孫《書録》之解題，近以仿《四庫全書》之提要，擇精語詳，便於瀏覽。開卷首登孔氏《祖庭廣記》，崇聖教也。乃由宣統溯咸豐，歲在癸丑，相距六十年，邪説横行，昌言廢孔，後之覽者，亦將有感於今昔異視也夫。【略】

《畿輔叢書》二百二十二種一千五百四十五卷，王灝編。灝，字文泉，直隸定州人，咸豐壬子舉人，候選同知。【略】

臣謹案：灝與張之洞同登鄉榜。《畿輔叢書》之輯，之洞與議，黄彭年亦慫恿之。灝在京遂廣購鄉先達著作，而海陵陳氏之書籍盡歸之，貴築黄國瑾任分校。厥後開局保定，王樹枬、胡景桂主之，有《采訪畿輔先哲遺書目》之刻。然光緒己卯開雕，刻未竣而灝卒。甲午，順德李文田督學直隸，抽印三十五種。丙午以後，武進陶湘編成總目，江陰繆荃孫譏其《廣雅》之疏證係高郵王念孫，《春秋繁露》之注係江都淩曙，謂爲喧賓奪主，未免苛論。惟史部采及《明史紀事本末》八十卷。竊思豐潤谷應泰爲浙江提學僉事，時山陰張岱嘗輯明一代遺事，應泰作紀事本末，以五百金購得之，則是書非直隸人真本也。【略】

《金華叢書》六十種六百五十七卷，胡鳳丹編。鳳丹，見《經部·小學類·字書》。【略】

臣謹案：鳳丹觀察鄂中，領官書局，以金華一郡譔述最富，徵諸《四庫總目》，自唐以來，凡百六十五種，編爲《提要》八卷。就所藏弆，次第開雕，比解組還浙，刻書之志不少懈，勒成是編而退。補齋之名，噪於兩浙矣。夫婺學淵源，肇於宋代，自吕祖謙、王柏、金履祥以經術顯，元則許謙、吴萊、黄溍，明則宋濂、章懋、蘇伯衡，儒先接迹。是編甄采靡遺，而道統實隱相維繫，不特爲一郡文苑之英華也。其子宗楙續刻五十九種，繼承先志，胡氏可謂有子矣。

《張氏榕園叢書》六十三種一百七十三卷，張丙炎編。丙炎，字午橋，號榕園，江蘇儀徵人，咸豐己未進士，廣東肇慶府知府。重宴鹿鳴，賞翰林院侍讀學士銜。【略】

臣謹案：是編卷首題簽曰「守約篇叢書」，張允顗改題曰「張氏榕園叢書」。目録曰「守約篇目録」，允顗改題曰「榕園叢書目録」。每種第一行下方，甲集曰「守約篇甲集」，乙集曰「守約篇乙集」，丙集曰「守約篇丙集」，允顗則削去「守約篇」三字，而單稱甲集乙集丙集。同治甲戌，陳澧之序，屬之番禺李光廷，即光廷跋語，亦以此書若出自手録。而允顗之序，則謂先君榕園公同治庚午由京曹出守廉州，丙子移肇，屬李光廷校勘。越歲丁艱歸，板之存粵者李先序而行之。然閱李刻版心，仍其名曰「榕園叢書」，諺所謂張冠李戴，洵不誣也。而允顗一刻版藏冰甌仙館，且附續刻焦循《揚州足徵録》二十七卷、阮元《儒林傳稿》四卷、姚文田《陽宅闢謬》一卷，共三種。然則允顗如班固之續彪書，光廷如郭象之竊《莊》注，兩書互證，得失可知矣。

劉錦藻《清朝續文獻通考》卷二七三《經籍考十七》

《古逸叢書》二十六種二百卷，黎庶昌編。庶昌，見《史部·傳記類·名人》。【略】

臣謹案：庶昌於光緒辛巳使日本，越歲壬午蒐輯佚書，屬楊守敬任校讎，刊於東京使署，甲申蒇事。是編之外，日本所存中土逸書古本，如唐釋慧琳《一切經音義》一百卷、希麟《續音義》十卷、白蓮社刻本唐楊上善《黄帝内經太素注》原書三十卷今存二十一卷、祕閣古寫卷子本《春秋經傳集解》三十卷，隋唐舊鈔本、又北宋本杜氏《通典》二百卷及《世説新語》三卷、南宋單疏本《尚書正義》二十卷、興國軍本不附釋音《春秋左氏傳》三十卷、南宋本《集韵》十卷、繙刻宋蜀大字本任淵《山谷詩注》二十卷，庶昌均未之刻，而特録之以餉後之好事者，其嗜古也摯矣。

《嘯園叢書》六函五十八種一百六十三卷，葛元煦編。元煦，見《史部·地理類·游記》。【略】

臣謹案：是編以裨益經史，洞達時務，敦厲風俗爲宗旨，而小説之雅馴者閒亦蒐采，殿以牧民治疾諸書，條理秩然，卓然成家，足與徐氏煙嶼樓、張氏花雨樓諸叢書並駕齊驅矣。各書皆有跋尾，尤有獨到語。其書版仿古香齋本，光緒九年癸未，鄞縣郭傳璞爲之序云。

《十萬卷樓叢書》初編十六種一百八十八卷，二編二十種九十九卷，三編十四種一百三卷，陸心源編。心源，見《史部·正史類》。【略】

臣謹案：浙西藏書之富，除杭州丁氏外，以歸安陸氏爲冠。心源蒐訪宋元遺書，於光緒己卯刊成兹編，必照原本，必求足本，非若宋左氏《學海》、元陶氏《説郛》，删節譌脱，觸目皆是。惜光緒丁未，其舊籍爲日本估舶載歸，不二十年，東京地震，付之一炬，幸留此繙刻本，學者尚可由流溯源焉。

【略】

《南菁書院叢書》八集四十一種一百四十四卷，王先謙、繆荃孫同編。先謙，見《經部·書類》，荃孫，見《史部·正史類》。【略】

臣謹案：先謙於光緒戊子秋刻《續經解》成，未刊者尚數十種，時荃孫掌教南菁書院，遂續刻是編。所采皆光緒朝經生家言，無乾嘉諸子標漢宋之幟，分門別户，齗齗致辨之習氣。而或者以首列《登科記考》疑之，不知士患不明經耳。經明，則取青紫如拾芥，而國家之制舉，所以使英雄入彀者，一以杜廢經黜孔之邪説，一以戢揭竿斬木之野心，科舉廢而時事不可問矣。有志復古者，盍鑒諸。【略】

《述古叢鈔》五集二十六種一百七十三卷，劉晚榮編。晚榮，廣東古岡人。

【略】

臣謹案：是編博采藝術，凡論書品畫之作，蒐羅富有，而冠以藏書紀要，嗜古者皆當奉爲圭臬也。晚榮迫於家計，棄儒而隱於市，所刊諸書，又皆精美，是能於番禺潘氏海山仙館、南海伍氏粵雅堂外，別樹一幟者。【略】

《天壤閣叢書》十六種三十六卷，王懿榮編。懿榮，見《史部·目録類·金石》。【略】

臣謹案：是編刊於光緒五年，版行寬大，家塾子弟讀之，訓詁詞章，初學時已培根柢，殿以《明刑弼教録》，則出而治民，恢恢乎其有餘矣。懿榮後官國子監祭酒，於庚子之難，從容自殉。迄今展覽斯卷，猶想見疾風勁草、板蕩忠臣之氣概云。

《式訓堂叢書》十二種三十卷、二集十四種五十二卷，章壽康編。壽康，字碩卿，浙江會稽人，湖北嘉魚縣知縣。【略】

臣謹案：紹興之有叢書，自明萬曆間山陰祁氏《淡生堂餘苑》、會稽商氏《稗海》始，迄今三百餘年。壽康抗心希古，蓄書數十萬卷，隨宦蜀中，暨爲令楚中，日以刻書爲事。而耆拾叢殘，率皆國朝老儒大師之著述，直足與蕭山陳氏湖海樓方駕。李慈銘一序，贊歎不虛也。

《後知不足齋叢書》八函五十六種一百八十八卷，鮑廷爵編。廷爵，字叔衡，江蘇常熟人，浙江候補知縣。【略】

臣謹案：廷爵係歙產，遷常熟，希蹤前哲，於光緒甲申踵刻是編，有吳縣潘曾瑋、嘉定徐郙爲之序。雖不及廷博讎校之精良，然較之道光間渤海高承勳《續知不足齋》之二集，已有上下床之別。光緒丙申、丁酉間，廷爵榷税於王店居甸寺，設曝書亭文社，以姚鼐、曾國藩所論考據、義理、經濟、詞章四門，捐廉課士，即以所刊零種分贈高材生。中郎之籍，付之王粲，至今有遺風焉。先是，婁縣楊葆光提倡風雅，而廷爵繼之，故百里之間，士子皆掇巍科而去。作育人才之效，於斯可睹焉。

《碧琳琅館叢書》四十四種二百八十二卷，方功惠編。功惠，字柳橋，湖南巴陵人，廣東候補道。【略】

臣謹案：是編刊於光緒十年，其同郡平江李元度爲之序。功惠官粵時，構碧琳琅館，藏書二十萬卷，既刻《古經解彙函》、《古小學彙函》及《唐文紀事》與《北盟會編》諸書，又刻茲四十四種。其嘉惠藝林之意，直欲駕潘氏海山仙館、伍氏粵雅堂而上之。惜未蕆事而功惠卒，故其校勘不盡精良云。

【略】

《傳硯齋叢書》十種二十六卷，吳丙湘編。丙湘，江蘇儀徵人，光緒庚寅進士，山東巡警道。【略】

臣謹案：叢書之刻，所據必善本，所校必得人，所費必多貲。三者之中，多貲尤難。故是編僅刊十種，於光緒乙酉蕆事，版藏孱守山莊。表章鄉邦文獻，又不出江都焦氏、徐氏，崑山徐氏三四家，較之李調元之《函海》，專主全蜀，書之多寡，大相逕庭云。【略】

《知服齋叢書》五集二十四種八十卷，龍鳳鑣編。鳳鑣，廣東順德人。【略】

臣謹案：南皮張之洞創勸人刻書說，海內聞風興起，而粵東爲最。鳳鑣是編，於《楊忠愍公集》讎校頗精，一埽坊本譌脱之陋習，毅魄忠魂，時流露於行間字裏也。鳳鑣又謂自左侯刱書局三十餘年，羣籍之要，未刻者尠，總天下局書爲一編，復徵私家書版，欲附售者入焉，爲大叢；依四部子目爲小叢，印行之，其爲叢書，豈不大哉。或譏鳳鑣所言等於玉卮無當，然其志非小，誠可嘉也。

雜録

朱熹《晦庵先生朱文公文集》卷三四《答吕伯恭》 熹昨拜書，以五君子祠堂記文爲請，屢辱教字，都未蒙喻及可否之意。竊觀書札語意，似已不妨出此數語，以慰一方學者之望，況發明前賢出處之意，又高明平昔所以自任之重乎？非專出乎鄙意也。《濂溪祠記》荆州已寄來矣，已屬子澄書而刻之。旦夕刻成即寄。但所請竊望便爲留意，及熹未去得之，幸甚。石謹具矣，顒俟顒俟，至懇至懇！熹上覆。塾子時乞呼來戒教之爲幸。熹又拜懇。

朱熹《晦庵先生朱文公文集》卷六四《答鞏仲至》 向説簡齋詩有合改定處，如能爲之料理，幸爲印一本來。只用粗紙，庶得就册塗改，附回改正，易爲力。吕書奏議近方得見印本，因得詳考當日規模機會，深可嘆息。但其間亦不免有漏落，此間人有寫本，與此互有詳略。

朱熹《晦庵先生朱文公文集》卷六四《答鞏仲至》 福州舊有《楚詞》白本，不知印板今尚在否？字書板樣頗佳，歲久計或漫滅。然讎校亦不至精，不知能爲區處，因其舊本再校重刻，以貽好事否？如能作此，即幸報及，待爲略看過結緣也。近讀伯恭所集《文鑑》，極有可商量處。前輩要亦多浪得名者，不知後世公論竟如何爾。

朱熹《晦庵先生朱文公文集》卷六四《答鞏仲至》 《楚詞》板既漫滅，雖修得亦不濟事。然欲重刊，又不可整理，使其可以就加讎校。若修得了，可就彼中先校一番，却以一凈本見示，當爲參訂，改定商量。若別刊行一本，亦佳事也。近得古田一士人所著《補音》一卷，亦甚有功，異時當併以奉寄也。

朱熹《晦庵先生朱文公文集》卷六四《答鞏仲至》 《楚詞》脩未？旋了旋寄數板，節次發來爲幸。古田《補音》此間無人寫得，今寄一書與蘇君，幸轉託縣官，差人賫去鄉下尋之，就其傳録尤便。亦聞渠寫本頗經删節，已囑令爲全録去矣。然此嘗編得《音考》一卷，音謂集古今正音協韵通而爲一，考謂考諸本同異并附其間。只欲別爲一卷，附之書後，不必攙入正文之下，礙人眼目，妨人吟諷。但亦未甚詳密。正文有異同，但擇一穩者爲定可也，又可附此。古田全書，俟旦夕稍暇，一面修寫寄呈。彼中不知已曾下手未？亦望隨得已了者節次寄來也。若已詳善，即此中本更不須寄去矣。

朱熹《晦庵先生朱文公文集》卷六四《答鞏仲至》 《楚詞》當俟面議，元本字亦不小，可便以小竹紙草印一本，携以見示。此間匠者工於剪貼，若只就此訂正，將來便可上板，不須再寫，又生一重脱誤，亦省事也。蘇君處所寫《補音》如已到，幸亦携來。此間所有本子不全，恐將來闕略，却不滿人意也。《聚星圖》此間已先令人畫，今詳所寄，大概不甚相遠。但此間者車中堂上有兩太丘，心頗疑之。今得所示，却差穩當，此必嘗經明者較量也。但閩中人不好事，畫筆幾絶，爲可歎耳。

朱熹《晦庵先生朱文公續集》卷二《答蔡季通》 精舍數日紛紛，無意思，只得應接酒食，説閑話而已。亦緣屋舍未就，不成規矩，它時須共議條約，乃可久遠往來耳。律書緩寫不妨，曆法莫亦可草定一梗概否？若用先天分數，不知日月五星之屬，遲速進退，皆可於此取齊否？若得此二書成，亦不爲無補於世也。某今歸山間，懶未欲出，意欲後月末間一到雲谷度暑，未知果能動否。恐不能動，即奉約一來家中，相聚數日，殊勝它處惹客生事也。

程集近復借得蜀本，初恐有所是正，然看一兩處，乃是長沙初刊時印本，流傳誤人如此，可恨。今謾納去，試爲勘一過。有不同處，只以紙蘸糊帖出，或恐有可取也。蓋陳明仲云亦嘗校定耳。

昨日已到芹溪，今日略走寒泉，晚即還此，治《淵源言行録》等書。意欲老兄一來，相聚旬日，伯諫之意亦然。《綱目》草册併告帶來，有餘力便欲下手刊修也。

聞又從平甫借《語録》，此殊非所宜汲汲。況温陵已下手刊刻，不數月當成，昨日已寄得十餘板樣來矣。册不甚大，便於齎挈，真學者之幸也。俟其寄來，首當奉去。然文字之外，要當有用心處，乃爲究竟耳。

《綱目》凡例脩立略定，極有條理意義矣。俟到此，更商榷之。但脩書功緒尚廣，若得數月全似此兩月無事，則可以小成矣。

《九章》之目與《周禮》注不同，盈朒恐是贏不足，勾股恐是旁要，幸更考之見喻也。《小學》册子向時携去，今告早附來，添注此數項，便可上納付匠家也。子澄寄得鄂州本來，今往一本，并《唐鑑》如喻遣上。編懸文字，亦幸早示及。前日因看《孟子》説，覺得「金聲玉振」一義舊説未安，即已改定。其説於樂之節頗有發明，未暇寫去也。大抵八音金石爲衆音之綱領，絲竹匏土包括於中，而革木二音無當於五聲十二律，故居最後而但爲衆樂之節。不知古人已作如此看否耶？又前日説宫懸用十二律，一懸用七律，判懸以下無鎛鍾特磬之説，不知與古法合否？幸并考之也。

三圖須作篆，乃有古意，便當遣人送伯謨處也。但磬式股鼓俱大，似是誤筆。今別考《禮》注，畫黄鍾一枚去，幸細考之。若合如此，即別爲作六枚，併此付來也。其厚亦有等差耶？或但長短不同而博厚如一也？并告依此界一側面，使有定論。老兄平時於此極精密，不知何故今此殊草草也。龜兆之説，未曉所謂。不知當近界弦處耶？當遠之也？又不知界弦是龜中直紋耶？是四外邊界也？幸更批喻。

磬式已定，但恐石璞不必太大，四邊只各留半寸許可也。博厚之制，前書誤謂諸律一等，後來細讀，始知其繆耳。《參同》寫得一本稍分明，俟皆了納去，更煩一看，便可刊刻矣。

所喻希真事，已語劉戎矣。偶欲出縣，匆匆奉報。別有一二事，令埜專人奉扣，幸垂喻。《中庸》闕板，并望早示及。聞前日談天甚快，恨不參聽其旁耳。

《啓蒙》中欲改數處，今籤出奉呈，幸更審之，可改即改爲佳，免令舊本流布太廣也。但恐不好看，亦無奈何耳。

前日所扣竟當如何？幸早見教，以解煩惑，幸甚幸甚！諸事却未聞焚滅之命，《中庸》必已了矣，早得數本爲惠，幸甚幸甚！

得履之書如此，亟以奉呈，恐欲預有所處也。然不必匆匆，但當有以待之耳。葉正則遭論，鐫兩秩罷去，并毁其書板。章中已見及，名次甚高，與履之所云相表裏。勢只旬月間，須有處分。又聞前日寒泉會哭，已有告言路者。周元興聞之城下吴生，赴省歸者云然，當非妄傳，亦可略語韜仲也。

因山之日已迫，而未有定議，有詔集議，尋復中輟。昨日不免入狀議之，未知如何也。《大學》後來道中又改「齊家治國」章兩處，不知曾爲刊否？

養正來辱書，乃聞閤中之疾未已，未能此來，殊以悵惘。某此無它，但爲《通鑑》課程所迫，無復優游潛玩之功，甚思講論耳。已看到後漢章帝處，只三四日當畢，向後功夫却不多矣。不免且那功夫了却《易》説，未能審思，不知能中理否。南軒已過上饒，得書，書中一紙上呈，幸爲訂之。并昨所説嘗論著者携以見示，幸甚幸甚！遺文上納。二録已領，昨伯崇借《遺書》三册寄還，乃不知分付何人，至今根究未得，極以爲撓。蓋此本最精，比老兄本後來又正了數字也。

伯諫書中説託料理《孟子集解》，今納去舊本兩册，更《拾遺》、《外書》、《記善録》、龜山、上蔡《録》、游氏《妙旨》、《庭聞稿録》、《五臣解》取范吕二説。各自抄出，每段空一行，未要寫經文，且以細書起止寫之，俟畢集，却剪下粘聚也。每章只作一段，章内諸説只依次序列之，不必重出經文矣。兩匠在此，略刊得數行矣。字畫頗可觀，未可印，未得寄去也。但此間獨力，深恐校讎不精，爲後日之累耳。向來見它人刊書重於改補，今乃知其非所樂。大抵非身處之，則利害不及而心乃公耳。

《中庸》首章更欲改數處，第二版恐須换却，第三版却只刊補亦可。然想亦只是此處如此，後來未必皆然也。且催令補了此數版，并《詩傳》示及也。來日取得來教，却別上狀。

《中庸》所改皆是切要處，前日却慢看了，所以切己功夫多不得力，甚恨其覺之晚也。《大學》亦儘有整頓處，亂道誤人，可懼可懼！

《啓蒙》前日所改尚欠數字，頗覺之否？《通書》注頗佳，當携往觀也。

《太極説》脩定，削去後語，只作一統論，意似亦無不盡也。《西銘説》在後，煩爲細看，携過見喻。

《通鑑》節只名《綱目》，取舉一綱，衆目張之義，條例亦已定矣。三國竟須以蜀漢爲正統，方得心安耳。

《横渠集》告付下婺州，用川本刊成，欲寄此，令補所無也。曾兒云，伯恭説所選之文取其備衆體，或疏通，或典重，或寬，或緊，或反復曲折耳。

《中庸章句》比略脩定，不知可旋開否？如欲之，煩二哥帶寫白人來。

《詩傳》中欲改數行，乃馬莊父來説，當時看得不子細，只見一字不同，便爲此説。今詳看，乃知誤也。幸付匠者正之，便中印一紙來。《中庸》必已了矣。

示喻筮法如此，甚平正簡便，不知何故本法却不如此？恐別有意指也。試更推之，如何？恐在老者陽多陰少，則終爲陽者少；在少者陰多陽少，則定爲陽者亦少。乃陽貴陰賤，吉少凶多之意，不知如何？《小學》誤字再納去數紙，封面只作《武夷精舍小學之書》可也。

旋暈之疾，正當静養。所需《儀禮》，殊非急務。且其本只兩卷餘是先人點，其後乃某續點。比更欲詳考，則已憚其字小而不敢讀矣。恐亦不能無誤，不足傳後也。細民艱食焦熬，奈何？氣象不佳，令人不知措身之所，不謂事勢急迫至此也。

印書之舉，不謂末流之弊一至於此。但當速去，無可疑者。必不可轉，則直捐之耳。平生無所不捨，而眷眷於此耶？要之范六丈真聖人也。

吕祖謙《東萊吕太史別集》卷七《與朱侍講元晦書一》 某侍旁粗遣，但獨學固陋，念欲咨請訂正，適以有德清親迎之役，遂復未果。俟至秋末，當謀西安之行，以踐子澄所諭山寺之約也。少意此間有一士人，欲以伊川《易傳》鋟板。近聞書府所藏本最爲善。子澄之言云爾。今於賓之丈處，假專人拜請，敢望暫付去介，異時却得面納也。迫行凌遽，姑以幅紙問起居，它祈厚爲斯文護重。

吕祖謙《東萊吕太史別集》卷七《與朱侍講元晦書二》 《通書》已依《易傳》板樣刊，但邵康節一段所謂「極論天地萬物之理，以及六合之外」，不知六合如何有外？末載「伊川」之類，亦恐是邵家子弟欲尊康節，故託之伊川，不知可削去否？其它所疑，張丈已報去，更不重出。《太極圖解》，近方得本，玩味淺陋，不足窺見精蘊。多未曉處，已疏於別紙，人回，切望指教。又讀龜山《中庸》，有疑處數條録呈，亦幸垂喻。科舉之習，於成已成物誠無益，但往在金華，兀然獨學，無與講論切磋者，閭巷士子，舍舉業則望風自絶，彼此無緣相接。故開舉業一路，以致其來，却就其間擇質美者告語之，近亦多向此者矣。自去秋來，十日一課，姑存之而已，至於爲學所當講者，則不敢怠也。《伊川學制》，亦嘗與張丈參酌，如改「試」爲「課」，歲時歸省，皆太學事，郡庠則初無分數利誘，而歸省者固往來不絶也。增闢齋舍，俟秋間郡中有力迺爲之。尊賢堂之類，但當搜訪有經行之人，延請入學，使諸生有所矜式，則已不失先生之意，恐不必特揭堂名也。婺州《易傳》已畢工，今先用草紙印一部拜納告，更爲校視，標注示及，當令再修也。吉州士人劉德循，樸實有志於學，冒暑專往，掃灑門墻，幸與之進。渠與郡中人偕發，恐徒步不及健步之駛，後此書三兩日到亦未可知。此間詳悉，當能備道也。

吕祖謙《東萊吕太史别集》卷七《與朱侍講元晦書五》 《易傳》聞婺女刊正已畢，以相去遠，不能一一如來諭，但改正誤字而已。其版樣未整者，皆未暇知也。已令印數本，俟到上納次。晦叔必常相聚，本欲作書，又恐已歸長沙，或尚未歸，語次望道區區。適今日往武成王廟致齋，而建寧適有便行甚遽，略此拜禀。向者來問數條，俟稍按堵，當得款曲商榷也。

吕祖謙《東萊吕太史别集》卷七《與朱侍講元晦書六》 婺本《易傳》，納三本去，不敢加裝治。誤字皆已改，但卦畫粗細、行數疏密之類，不能如人意悉釐正耳。《遺書》建本未到，已用去冬所寄本刊板，故其間一兩段更易次序處，姑仍其舊，餘皆以建本爲正，聞旦夕亦畢工矣。《二程先生集》，款曲亦當令婺人刊之。然新添伊川二子所爲序引，殊無家風，恐適足爲先生之累，欲削去之，更望一報。見所寄張丈所論時事，一一精當，不勝歎服，此間所共講者亦十八九同也。知言往在嚴陵時，與張丈講論亦嘗疏出可疑者數十條，今觀來示，其半亦相類，見與張丈參閲，續當咨請也。其餘已見於張丈書者，更不重出。相去之遠，惟祈因便時賜教督，不惜語言，痛加砭治，乃所願望。

吕祖謙《東萊吕太史别集》卷七《與朱侍講元晦書一六》 《太極説》竢有高安，便當屬子澄收其板。《精義》此間却不聞有欲再刊者。兩三日間訪問得的實，即當如來諭作沈漕書，蓋不欲虚發耳。别紙批問，謾以所見求是正，不安處望痛賜擿誨。今專遣人往候起居，凡有可砭飭，幸無細大疏示。近者論著及與學者問答，併詳賜録下，使得日夕玩繹，蓋道遠私居，遣介頗費力故也。

吕祖謙《東萊吕太史别集》卷七《與朱侍講元晦書一八》 某既拜書矣。義烏欲再刊《精義》者，兩日詢問得方寫畢而未鋟板，已屬義烏相識審詢其實而就止之，更數日須得耗也。然婺本例賈高，蓋紙籍之費重，非貧士所宜，勢必不能奪建本之售。政使其不肯止，亦不足慮，若令官司行下，却恐有示不廣之嫌，更告斟酌一報。蓋此介往反不過半月，足可商量也。然尚有所疑者，君子之動静語默，雖毫釐間有未到處，要當反求其所以然。蓋事雖有巨細大小，爲根本之病則一也。來教所謂本不欲如此者，意其爲心之正。既而以雕鏤之費，用度之乏，不得已而止之，或者漸近於自恕，而浸與初心不類乎？此非不識痛癢，蓋吾徒講學，政須於日用間就事上商量，似爲親切，故欲以未達處請教耳。「觀其生，志未平」之意，亦恐當深玩也。

吕祖謙《東萊吕太史别集》卷八《與朱侍講元晦書四九》 近麻沙印一書，曰《五朝名臣言行録》，板樣頗與《精義》相似，或傳吾丈所編定，果否？蓋其間頗多合考訂商量處，若信然，則續次往求教。或出於它人，則雜録行於世者固多，有所不暇辨也。

吕祖謙《東萊吕太史别集》卷八《與朱侍講元晦書五二》 《淵源録事書》藁本復還納，此間所搜訪可附入者，併録呈。但永嘉文字屢往督趣猶未送到，旦夕陳君舉來，當面督之也。《淵源録》其間鄙意有欲商榷者，謹以求教。大抵此書其出最不可早，與其速成而闊略，不若少待數年而粗完備也。汪丈説高抑崇有伊洛文字頗多，皆其手澤，故子弟不肯借人。已許爲宛轉假借，若得此則所增補者必多。推此類言之，則毋惜更搜訪爲善。只如《語》、《孟》精義，當時出之亦太遽，後來如周伯忱《論語》、横渠《孟子》等書，皆以印板既定，不可復增，此前事之鑑也。《横渠集》續收者，本欲便刊，以近得張丈書，復尋得一二篇，俟其送至乃下手。此亦開板太遽之失也。

陸深《儼山集》卷九五《與黄甥良式》 日來屢承惠海鮮池魚，甚慰。病起，但脾胃尚未開健，差勝前日骨立耳。知之知之！刻書復成幾種？可草草印來一閲。病餘因清出雜記畧有數卷，寫得十葉付去，就煩一校勘，若雷同勦説，抹去可也。予此等文字，大意欲窮經致用，與小説家不同，幸著眼，可命照入刻行欵寫一本來，有商量處也。雪天殊無好況，晴霽西來一敘。懸望！懸望！臂痛不減，不多及。

比復惠鰣魚，感感連日，病勢覺退，但脾胃未開耳。求醫了無影響，可怪！可恨！吾甥作事必精，所刻書不下古人，計費亦不貲也。篇名嫌不響，可題作《説海》如何？有緊要與典禮書多入幾種爲佳。臂痛轉劇，指不多及。日下望西出，聞否？亮亮。

小説若刊，須喚得吴中匠手方可。發還九種檢入，但訛謬極多，要校勘得精，却不枉工價也。予家所有，俟天晴清出，《農書》、《塵史》兩册，頗便病目，留一看。

王樵《方麓集》卷九《與從子塈書》 昨得姪書，勸我刻完《紹聞編》，甚是，甚是。家計固不足，今且只以上司有行者俱付刻書，何患不成。楊止菴借去書，日夜抄録，不完不已。問何從得書佐之多，云皆雇覓耳。我言雇覓所費不貲，何以辦此？渠云賤性不肉食，不衣帛，碗粟尺布之外，皆爲長物，及今所得俸禄，不抄書安所用之乎？我聞言深服深愧。世間自有烈丈夫，不到此則亦何從而識之也。感歎！感歎！黄安朝來，今付去上《論語》二册，再煩姪一查校誤字，督安朝專工儹刻，萬萬。已付安朝工銀二兩，可諭令勿輕花費，便買梨板飯米，令各房闕之，切不許斷續不接。《唐詩類抄》八本，板在刑部，新印得數部，以一部寄姪。又先師及朱子像二幅并寄，可收裱，俟他日擇一潔静之所懸挂，以便朝夕瞻禮。此亦吾姪平素之所惓惓也。【略】

書來，承以《紹聞編》之刊刻繫心，感姪雅意。緣上論已刻，動了頭，勢須自用工力，完此二册即止，餘半則俟有成之者耳。書記、别記合改一番，已謄有政本，連舊再欲刻之。楊止菴則欲付之書坊，府基姪則欲自寫净本而付之相知，俱聽之，不能必其果成否也。前因論及九曜地屋之事，并念及祠基止存，得吾在家時體面足矣，非欲外此而别有厚望也。【略】

日者家下無人，早晚甚勞照管。黄安朝刻書，已儘付銀米。但此人性不耐淡，而又善捱工，須時時一查督之，更勞姪一留心爲祝。仲男若來此，所留銀兩希吾姪收之，酙酌給付得完，亦吾之所懸懸在念者也。

《漫塘集》今得一部，紙板俱善，當校成善本，以俟有力者刻之。姪可先閲一過，張數有缺者記之，以俟抄補。字句有差者記而改之。此吾二人不了之一大事也。吾欲作年譜一卷，以終先大人之志，吾姪素所留心，凡劉氏家世及文清公一言片迹有載於他書者，爲我蒐羅輳聚。千萬！千萬！

王樵《方麓集》卷九《與再從子堯封書》 校讐皆甚精，所增「元后作民父母」條下一段，尤足以補吾所畧。寢字上从宀，竄字从穴，从鼠，元非一例。京中書者多据《正韵》，侯臣俗手耳。又加以夾雜低手，凡擦動及不告而謬填，皆此輩所爲也。任从處之。别帖已具，知悉。伯字復。

日記印來者仍有差字，蓋刻者擦動原字，輒以意填補而刻之，刻而又改，終不經刷。須時時查之，不致枉却工費也。伯字。【略】

昨説意且欲與姪商之耳。中間有須補者補之，姪可助我而成之，縱不刻，且以爲吾家子弟業舉之用。性質美而畧，已知理路者，甚足以起發。書坊恐未可與之，既示之，亦不必望其刻。待《紹聞》完後，書坊税印時，再作處可也。已與虚谷面説過，《春秋》四書刻成，俱再與姪閲訂一番耳。《説意》下册送閲，《孟子》未完，補之不難。前册尚要改幾處，可付來人。奏疏已分付印刷，有紙可送來。伯字。

王睿齋舊邑侯，諱儼，時爲粤東憲長。書稿欲付書手書之，恐有爲訶於吾門者，煩另覓可托者書之。封送用圖書訖，即封付唐君名某，瓊山人，許司諫克一壻也。可也。封來書稿一本。伯字。【略】

蕭江院亦同經，昨語及《書記》云，曾買諸坊中，乃翻本。吾對以見在重刊，俟完當請教，不知目下可得一二部以踐此言乎？中間仍有差舛處，須吾姪再一細對，庶幾不枉此一番費心耳。伯字。

送來《書記》四部，已付裝釘完訖。内卷數篇目俱已貼在簿面，唯簽題未得耳。可即付去手。伯字。【略】

《律箋》縣中急須三五部，煩不拘何紙，印裝付來人爲囑。伯字。

昨不欲付板坊中，誠恐其衆力不齊，視非己物，不無損壞耳。若無此患，則付之刷印，以酬其協成之勞，理固宜然，勿停刷可也。《説意》、《論語》亦不全，《孟子》在《紹聞》者已詳，今欲别加檃括，故缺而未補，姪肯助成，尤省我費力千萬，果决爲之。謝恩本已上次，當乙休二三日，間即發矣。伯字復。

項元汴《蕉窗九録・書録・論書》 書貴宋元者何哉？以其雕鏤不苟，校閲不訛，書寫肥細有則，刷印清明，況多奇書，未經後人重刻，故海内名家評書次第，爲價之輕重。以墳典六經、《騷》、《國》、《史記》、《漢書》、《文選》爲最，詩集及百家醫方次之，文集、道釋二書又其次也。宋書紙堅刻輭，字畫如寫，格用單邊，間多諱字，用墨稀薄，雖著水溼燥無煙跡，開卷一種書香，自生異味。元刻倣宋，單邊闊多一線，字畫不分麤細，紙鬆刻硬，用墨穢濁，中無諱字，開卷了無嗅味。嘗見宋板《漢書》，不惟内紙堅白，每本用澄心堂紙數幅爲副，今歸吴中，不可得矣。次以活襯竹紙爲佳，蠶繭、鵠白、藤紙固美，而存遺不廣。若糊背及以官券殘紙者，則惡矣。元補宋板遺缺，其去猶未易辨。國初補元板遺缺，内有單邊雙邊之異，且字刻迥别，不辨自明矣。近日作假宋板書者，種種若舊，初非今書彷佛。或令人先聲指爲故家某姓所遺，百計瞀惑，售者莫可窺測，多混名家。收藏者當具法眼辨證。

屠隆《考槃餘事》卷一《印書》　凡印書，永豐綿紙上，常山柬紙次之，順昌書紙又次之，福建竹紙爲下。綿貴其白且堅，柬貴其潤且厚。順昌堅不如綿，厚不如柬，直以價廉取稱；閩中紙短窄黧脆，刻又舛訛，品最下，而直最廉。

屠隆《考槃餘事》卷一《書直》　凡書之直之等差，視其本，視其刻，視其紙，視其裝，視其刷，視其緩急，視其有無本，視其鈔刻。鈔視其譌正，刻視其精粗，紙視其美惡，裝視其工拙，印視其初中，緩急視其時又視其用，遠近視其代又視其方。合此七者，參伍而錯綜之，天下之書之等定矣。

陳繼儒《妮古録》卷四　項氏藏《百家註柳河東集》，宋魏仲舉刻梓，紙板精妙，錫山華氏家藏物也。後祝京兆跋云：「余所見宋刻《文選》數本，惟此本精妙，著名吳門。舊爲李氏珍藏。嘉靖甲子購得之，帙中有祝枝山、唐伯虎諸公品題，亦妙品也。」又跋云：「自士以經術梯名，昭明之選與醬瓿翻久矣。然或有以著者，必事乎此者也。吳中數年來，士以文競，兹編始貴。余向蓄三五種，亦皆舊刻。此錢秀才高本尤佳，秀才既力文甚競，助以佳本，當尤增翰藻，不可涯爾。丁巳祝允明筆，門人張靈時侍筆研。」又跋云：「古云『《文選》爛，秀才半』。自隋唐以來，莫不習之。余昔游南都，求監本，率多漏缺，不可讀。偶閲書肆，獲部之半，曰非全書也。其後赴試京師，今少宰洞庭王公出其前帙見示，儼然合璧，因遂留而成之。自是累購善本，餘年莫之遇。孔周何從得此，紙墨刻印又精好倍余所藏，豈非天緣耶。好學之篤，又有好書濟其求，宜有以爲慶賞。楊循吉題。」後又有唐寅觀，丁巳冬徐禎卿披翫。

陳繼儒《珍珠船》卷一　李邕書仍自刻，多假立刻人名字，如茯苓、芝黄、仙鶴之類是也。

謝肇淛《五雜組》卷之一三《事部一》　求書之法，莫詳於鄭夾漈，莫精於胡元瑞，後有作者，無以加已。近代異書輩出，剞劂無遺，或故家之壁藏，或好事之帳中，或東觀之秘，或昭陵之殉，或傳記之裒集，或鈔録之殘賸，其間不準之誣、阮逸之贋，豈能保其必無？而毛聚爲裘，環斷成玦，亦足寶矣。但子集之遺，業已不乏；而經史之翼，終泯無傳，一也。漢、唐世遠既云無稽，而宋、元名家尚未表章，二也。好事之珍藏，靳而不宣，卒歸蕩子之魚肉；天府之秘册，嚴而難出，卒飽鼠蠹之饔餐，三也。具識鑒者，厄於財力，一失而不復得；當機遇者，失於因循，坐視而不留心，四也。同心而不同調者，多享敝帚而盼夜光；同調而不同心者，或厭家鷄而重野鶩，五也。故善藏書者，代不數人，人不數世，至於子孫，善鬻者亦不可得，何論讀哉。

今天下藏書之家，寥寥可數矣。王孫則開封睦㮮、南昌鬱儀兩家而已。開封有《萬卷堂書目》，庚戌夏，余托友人謝于楚至其所，鈔一二種，皆不可得，豈秘之耶？于楚言其書多在後殿，人不得見，亦無守藏之吏，塵垢汗漫，漸且零落矣。南昌蓋讀書者，非徒藏也，而卷帙不甚備。士庶之家，無逾徐茂吳、胡元瑞及吾閩謝伯元者。徐、胡相次不禄，篋中之藏，半作銀杯羽化矣。伯元嗜書，至忘寢食，而苦貧不能致，至糊口之資盡捐以市墳素，家中四壁，堆積充棟，然常奔走四方，不得肆志翻閲，亦闕陷事也。

建安楊文敏家藏書甚富，裝潢精好，經今二百年，若手未觸者。余時購其一二，有鄭樵《通志》及二十一史，皆國初時物也。余時居艱，亟令人操舟市得之，價亦甚廉。逾三月，而建寧遭陽侯之變，巨室所藏盡蕩爲魚鱉矣。此似有神物呵護之者。今二書，即百金索之，海内不易得也。

胡元瑞書，蓋得之金華虞參政家者。虞藏書數萬卷，貯之一樓，在池中央，小木爲彴，夜則去之，榜其門曰「樓不延客，書不借人」。其後子孫不能守，元瑞啖以重價，紿令盡室載至，凡數巨艦，及至，則曰：「吾貧不能償也。」復令載歸。虞氏子既失所望，又急於得金，反托親識居間，減價售之，計所得不十之一也，元瑞遂以書雄海内。王元美先生爲作《酉室山房記》，然書目竟未出，而元瑞下世矣，恐其後又蹈虞氏之轍也。

書所以貴宋板者，不惟點畫無訛，亦且箋刻精好，若法帖然。凡宋刻有肥瘦二種，肥者學顔，瘦者學歐，行款疏密任意不一，而字勢皆生動，箋古色而極薄，不蛀。元刻字稍帶行，而箋時用竹，視宋紙稍黑矣。國初用薄綿紙，若楚、滇所造者，用氣色超元匹宋，成、弘以來，漸就苟簡，至今日而醜惡極矣。【略】

王元美先生藏書最富，二典之外尚有三萬餘，其他即墓銘、朝報，積之如山，其考核該博，固有自來。汪伯玉即不爾，豈二公之學有博約之分耶？然約須從博中來，未有聞見寡陋而藉口獨創者，新安之識固當少遜瑯琊耳。近時則焦弱侯、李本寧二太史皆留心墳素，畢世討論，非徒爲書簏者。余與二君皆一交臂而失之，未得窺其室家之好也。

昭武謝伯元一意搜羅，智力畢盡；吾郡徐興公獨耽奇僻，驪牝皆忘，合二家架上之藏，富侔敵國矣。吾友又有林志尹者，家貧爲掾，不讀書而最耽書，其於四部篇目皆能成誦，每與俱入書肆中，披沙見金，觸目即得，人棄我取，悉中肯綮，興公數年之藏，十七出其目中也。

常有人家細帙簇族，自詫巨富者。余托志尹物色之，輒曰無有，衆咸訝之。及再核視，其尋常經史之外，不過坊間俗板濫惡文集耳，黿羹鴞炙，一紙不可得也。謂之無有，不亦宜乎？夫是之謂知書。

高濂《遵生八牋》卷一四《論藏書》 又如宋元刻書，雕鏤不苟，較閲不訛，書寫肥細有則，印刷清朗，况多奇書，未經后人重刻，惜不多見。佛氏、醫家二類更富，然醫方一字差誤，其害匪輕，故以宋刻爲善。海内名家評書次第爲價之重輕，若墳典《六經》、《騷》、《國》、《史記》、《漢書》、《文選》爲最，以詩集百家次之，文集、道釋二書又其次也。宋人之書，紙堅刻軟，字畫如寫，格用單邊，間多諱字，用墨稀薄，雖著水濕燥無烟跡，開卷一種書香，自生異味。元刻倣宋，單邊，字畫不分麄細，較宋邊條潤多一線，紙鬆刻硬，用墨穢濁，中無諱字，開卷了無嗅味。有種官券殘紙背印更惡。宋板書刻以活襯竹紙爲佳，而蚕繭紙、鵠白紙、籐紙固美，而存遺不廣。若糊褙宋書則不佳矣。余見宋刻大板《漢書》，不惟内紙堅白，每本用澄心堂紙數幅爲副，今歸吴中，真不可得。又若宋板遺在元印，或元補欠缺時，人執爲宋刻。元板遺至國初，或國初補欠，人亦執爲元刻。然而以元補宋，其去猶未易辨，以國初補元，内有單邊雙邊之異，且字刻迥然別矣，何必辯論。若國初慎獨齋刻書，似亦精美。近日作假宋板書者，神妙莫測，將新刻模宋板書，特抄微黄厚實竹紙，或用川中繭紙，或用糊褙方簾綿紙，或用孩兒白鹿紙，筒捲，用槌細細敲過，名之曰刮，以墨浸去嗅味印成。或將新刻板中殘缺一二要處，或濕黴三五張破碎重補。或改刻開卷一二序文年號，或貼過今人註刻名氏留空，另刻小印，將宋人姓氏扣填兩頭角處。或粧茅損，用砂石磨去一角，或作一二缺痕，以燎火燎去紙毛，仍用草烟薰黄，儼狀古人傷殘舊跡。或置蛀米櫃中，令蟲蝕作透漏蛀孔，或以鐵線燒紅，錐書本子，委曲成眼。一二轉折，種種與新不同。用紙裝襯綾錦套殼，入手重實，光膩可觀，初非今書彷彿以惑售者。或札夥囤，令人先聲指爲故家某姓所遺，百計瞽人，莫可窺測，多混名家，收藏者當具真眼辨証。

張應文《清秘藏》卷上《論宋刻書册》 藏書者貴宋刻，大都書寫肥瘦有則，佳者絶有歐柳筆法，紙質匀潔，墨色青純爲可愛耳。若夫格用單邊，間多諱字，雖辨証之一端，然非考據要訣也。余向見元美家班、范二書，乃真宗朝刻之秘閣，特賜兩府者，無論墨光焕發，紙質堅潤，每本用澄心堂紙爲副，尤爲清絶。前後所見《左傳》、《國語》、《老》、《莊》、《楚詞》、《史記》、《文選》，諸子、諸名家詩文集、雜記、道釋等書約千百册，一一皆精好，較之元美所藏不及多矣。評書次第，紙白板新綿紙爲佳，活襯竹紙次之，糊褙批點者不蓄可也。

談遷《棗林雜俎》聖集《收書法》 南充陳元忠相國于陸好儲書，平湖沈幼真太史懲孝勸其據類書注中所引証之書，覔篇目不經見者，日月標記，令書賈時時博求之，無意中忽得奇書。又據《天下書目》，考其版籍任諸路者，時時馳尺一託交游間，如目搜羅，期得乃已。自戊辰至甲戌七年，元忠以此法得奇書三千部。及家艱，寄書京師勳戚家，半失去。

陳宏緒《寒夜録》卷上 古今奇人奇書湮没散軼者不可勝紀，而釋老之徒尤甚。嘗欲作二氏文苑志，如比邱曇謨、鳩摩羅什、葛穉川、陶貞白者，人立一傳，擇其佳文附之。又嘉興楞嚴寺刻有漢本大藏，于此方撰述較五千四十八卷頗有增廣，予意欲更加搜補，另爲藏外撰述一書，未知此願得遂否也。

王士禛《分甘餘話》卷四《錢謙益之藏書》 錢先生藏書甲江左，絳雲樓一炬之後，以所餘宋槧本盡付其族孫曾，字遵王，《有學集》中跋述古堂宋版書，即其人也。先生逝後，曾盡鬻之泰興季氏，於是藏書無復存者。聞今又歸崑山徐氏矣。

阮葵生《茶餘客話》卷一六《宋本前後漢書》 趙承旨家宋槧前、後《漢書》，紙爲羅紋，字類歐陽率更，王弇州得之太宰陸水邨完家，前有松雪小像，紫衣紗帽，神采如生，弇州亦作一像於後。後牧齋以千二百金購之新安賈人，復售於四明謝象三。牧齋常云：「此書去我之日，殊難爲懷。李後主去國，聽教坊襍曲，揮泪對宫娥，一段凄凉景色，約略相似。」此書後歸新鄉張坦公司馬。康熙中，有人携至京中，索價甚高，梁蒼岩大司馬酧以五百金，不售。後不知所歸云。

阮葵生《茶餘客話》卷一六《錢遵王藏書》 遵王爲牧齋族孫，絳雲毁後，牧翁盡以所餘宋槧本付遵王，述古堂宋版書跋是也。遵王又自作《也是園書目》。後遵王盡鬻之泰興季氏，後又歸崑山徐氏果亭澹林堂，不及原一傳是樓。近日吴門蔣氏、江都馬氏，各搜得數種。

阮葵生《茶餘客話》卷一六《宋版》 書貴宋版者，點畫無訛，鐫刻精好。宋版有肥瘦二種：肥者學顔，瘦者學歐。行欵疎密，任意不一，而字勢皆生動，紙古色而極薄，不生蛀，經水而墨不漲，所以可貴。

趙慎畛《榆巢雜識》下卷《天一閣與〈四庫全書〉》　藏書之家，推浙之范氏天一閣爲最。閣建自前明嘉靖末，至今二百餘年，因時修葺，未曾改移。閣之間數及梁柱寬長尺寸皆有精義，蓋取「天一生水，地六成之」之意。輯《四庫全書》時，疆吏圖閣式以進，諭倣式建閣於御園中，是爲文源閣。《四庫全書》分三類：一刊刻，一抄録，一祇存書目。其刊刻者，便於行世，用武英殿聚珍版刷印，邊幅頗小。其抄録依《永樂大典》之例，繕正本各四部，貯文源閣者其一也。外貯紫禁者，曰文淵閣；貯盛京者，曰文溯閣；貯避暑山莊者，曰文津閣。

《申報》同治癸酉二月廿三日《勸翻刻醫書説》　嘗見汪訒庵《隨筆》所載一人，被冥司攝其魂去，查其多過，將不放回陽。其人願作好事以贖罪。冥王問作何好事，其人云願翻刻醫書。冥王問其願刻多少，其人曰願刻千金。冥王許之。醒後即踐其言，頗獲利，共刻五千金云。按其時正兵燹之後，故載籍多所散失，利己利人，莫此爲美。今各省遭亂，板片半化劫灰，前年閲《本草綱目》，其中引用醫書經史百家舊本共一百三十五家，李時珍增入七百十六家。問諸坊友，據云今僅存數十家而已。即康熙年間汪苓友諱琥所著《傷寒辯證廣註》，其引用傷寒書名目亦五十一種，摘録雜引書目又四十種，近半爲坊間所罕覩。嗚呼難矣！今雖大憲設局翻刻各經史，誠爲正學起見。但醫書亦足關民命，靈方妙法盡載陳編，倘任其消滅，醫者雖好古有心，而恨於無書可讀。縱號見機靈活，心性聰明，終歸師心自用，一遇疑難之症，付之束手，可慨也已！無論唐宋元三代之書不可多得，即有明一代不少名家著作今雖僅存數種，而板已久燬矣。就至近而言，若徐靈胎之醫書六種，當日曾收入《四庫全書》，向購一部，計錢八百餘文。今亂後僅見一二部，索價四五元。外又有《慎疾芻言》一卷，皆老年閲歷之論，字字精確，坊間亦未曾見過。嘉慶年間，閩中陳修園諱念祖所著醫書十數種，今坊間缺而不全，内有《傷寒淺註》、《金匱淺註》兩種，陳自云一生精力盡在此書，惜板印漫漶，閲之沉悶。考陳公係名孝廉，兼精醫理，所著各種，寔能獨會百家，折衷至當，與徐公皆醫中集大成之手筆也。倘業此者將其所著研究，何患不成名乎！斷無殺人之過。僕讀醫家三十年，宋元明諸家終有駁而不純之處，若徐、陳二公吾無間然矣。特其書不甚風行，折肱家不盡案置一編。苟有有力者先將徐氏六種、又《慎疾芻言》一種暨陳氏十數種將精本刻印，非但可以利人，亦定得厚利。現申報館中第將《王氏外科全生集》擺印，倘肯將彼二種亦爲設法，則紅杏林中又添一佳話矣。予日望之。

歐陽修《歸田録》卷二　葉子格者，自唐中世以後有之。説者云：因人有姓葉，號葉子青一作「清」，或作「晉」。者撰此格，因以爲名。此説非也。唐人藏書皆作卷軸，其後有葉子，其制似今策子。凡文字有備檢用者，卷軸難數卷舒，故以葉子寫之，如吴彩鸞《唐韵》、李郃《彩選》之類是也。骰子格本備檢用，故亦以葉子寫之，因以爲名爾。唐世士人宴聚，盛行葉子格，五代、國初猶然，後漸廢不傳。今其格世或有之，而無人知者，惟昔楊大年好之。仲待制，簡。大年門下客也，故亦能之。大年又取葉子彩一作「歌」。名紅鶴、皁鶴者，別演爲鶴格。鄭宣徽，戩。章郇公得象。皆大年門下客也，故皆能之。余少時亦有此二格，後失其本，今絶無知者。

王闢之《澠水燕談録》卷九《雜録》　唐太宗問一行世數，禪師製葉子格進之。葉子，言「二十世李」也，當時士大夫宴集皆爲之。其後有柴氏、趙氏，其格不一。蜀人以紅鶴格爲貴，禁中則以花蟲爲宗。近世，職方員外郎曹谷損益舊本，撰《舊歡新格》尤爲詳密。其法：用匾骰子六隻，犀牙師子十事，自盆帖而下，分十五門。門各有説，凡名彩二百二十七，逸彩二百四十七，總四百七十四彩。余家有其格，而世無能爲者。

胡應麟《少室山房筆叢》卷二五《藝林學山七・六赤打葉子》　李洞集有《贈龍州李郎中，先夢六赤，後因打葉子，因以詩上》，其詩云：「紅蠟香烟撲畫楹，梅花落盡庾樓清。光輝圓魄銜山冷，彩鏤方牙著腕輕。寳帖牽來獅子鎮，金盆引出鳳凰傾。徵黄喜兆莊周夢，六赤重新擲印成。」六赤者，古之瓊煢，今之骰子也。葉子如今之紙酒牌令，《鄭氏書目》有南唐李後主妃周氏《編金葉子格》，此戲今少傳。

《正楊》曰：《咸定録》云：「唐李郃爲賀州刺史，與妓人葉茂連、江行因撰骰子選，謂之『葉子』。咸通以來，天下尚之。不知正應本朝年祚，正體書『葉子』乃二十世木子，自武德至天祐恰二十世。」《歸田録》云：「葉子格自唐中世以後有之，説者云因人有姓葉號子青者撰此格，因以爲名。此説非也。唐人藏書皆作卷軸，其後有葉子，其制似今策子。凡文字有備檢用者，卷軸難數卷舒，故以葉子寫之，如吴彩鸞《唐韵》、李郃《彩選》之類是也。骰子格本備檢用，故亦以葉子寫之，因以爲名耳。唐世士人宴聚，盛行葉子格，五代、宋初猶然，漸廢不傳。今其格世或有之而人無知者，昔楊大年好之，仲簡，大年門下客也，故亦能之。余少時亦有此格，後失其本，今絶無知者。」

房千里《骰子選格》序云：「開成三年春，予自海上北徙，舟行次洞庭之陽，有風甚急，繫船野浦下三日。遇二三子號進士者，以穴骼雙雙爲戲，更投局上，以數多少爲進身職官之差數，豐貴而約賤，卒局有爲尉掾而上者，有貴爲相臣將臣者，有連得美名而後不振者，有始甚微而欻升於上位者。大凡得失不係賢不肖，但卜其偶不偶耳。」此戲即今陞官圖。

麟按，洞詩六赤即今之投子是也，葉子形制或如今酒牌，然今之酒牌不用投子，唐之葉子詳洞詩意，或以骰子行之，楊以爲即今酒牌，誤矣。歐公以爲備檢，亦非。今韵固有作葉子者，以便分拈故耳。第今韵書從帙，故便於檢閱，歐公時印册尚稀，或以備檢未可知也。彩選格久不傳，據房序絶類近陞官圖，與葉子全不類云。

鄭氏經籍目《偏金葉子格》一卷、《新定偏金葉子格》一卷，俱不題撰人。又有《擊蒙小葉子格》一卷，題李煜妃周氏撰。楊以「偏金」爲「編金」，又以《編金格》爲周氏撰，俱誤。鄭書目又有《小葉子格》一卷，亦不題撰人。鄭書目彩選格尤衆，并録於左方，以資博聞之士。

《骰子選格》三卷、《漢官儀彩選》三卷、《新彩選》一卷、《文武彩選》三卷、《春秋彩選》一卷、《元豐官制彩選》一卷、《慶曆彩選圖》一卷、《尋仙彩選》七卷、《選仙格》一卷、《選佛圖》一卷。

葉子彩選之戲今絶不可考，惟李易安《打馬序》云：「長行、葉子、博塞、彈棋世無傳者，藏鉤、樗蒲、雙陸、蹙融今漸廢絶，大小象戲、弈棋又止可容二人，獨彩選、打馬特爲閨房雅戲。嘗恨采選叢繁，勞於檢閱，能通者少，難遇勍敵；打馬簡要，又苦無文」云云。據此則葉子與采選迥然不同，葉子宋世已無能者，采選宋晚尚能爲之。然李稱「采選叢繁，難遇勑敵」，則此戲政未易言，非若今官制之易。又今紙牌童孺皆能，李何以有不傳之嘆，楊説之誤明矣。

張岱《陶庵夢憶》卷八《合采牌》 余作文武牌，以紙易骨，便於角鬥，而燕客復刻一牌，集天下之鬥虎、鬥鷹、鬥豹者，而多其色目，多其采，曰合采牌。余爲之作敘曰：「太史公曰『凡編户之民，富相什則卑下之，伯則畏憚之，千則役，萬則僕，物之理也』。古人以錢之名不雅馴，縉紳先生難道之，故易其名曰賦、曰禄、曰餉，天子千里外曰采。采者，采其美物以爲貢，猶賦也。諸侯在天子之縣内曰采，有地以處其子孫亦曰采，名不一，其實皆穀也，飯食之謂也。周封建多則采勝，秦無采則亡。采在下無以合之，則齊桓、晉文起矣。列國有采而分析之，則主父偃之謀也。繇是而亮采服采，好官不過多得采耳。充類至義之盡，竊亦采也，盗亦采也，鷹虎豹繇此其選也。然則奚爲而不禁？曰：小役大，弱役强，斯二者天也。《臯陶謨》曰『載采采』，微哉、之哉、庶哉！」

褚人穫《堅瓠癸集》卷一《葉子》 葉子不知所起，其式必須官様。我蘇桃花塢、太倉衛前、崑山司馬橋爲牌藪，以夾青純綿紙者爲上。按《文獻通考》有《葉子格戲》，晁氏云不著撰人。世傳葉子晚唐時婦人也撰此戲。李節之《藝林彙百》云：唐太宗問一行世數，一行製葉子格以進。葉子言二十世李也。其式亦不傳，不知何時改用宋江等名。潘之恒《葉子譜》云：葉子始於崑山，用《水滸傳》中人名爲角觝戲耳。黎遂球《運掌經》云：署之以宋江之徒者，必勇敢忠義然後可勝，而又非徒讀書者所能知，故署之以不知書之人。其法分立四門，自相統轄，由空鬮至九爲錢，累錢爲百，累百爲萬，累萬爲十萬，以至萬萬。萬勝千，千勝百，百勝錢。錢數賤九而貴空，殊倒置有味，戲百出而不窮，用數多而尚變。野史贊曰：「履其成，無忘其空。空以基之，成以息之。葉子之所由作也。」又曰：「聞賓四門，所以禮賢。不聞積聚，而工數錢。故愚稱守，運之有神。能積能散，存乎其人。空不居其歉，萬不履其盈。萑苻之輩，若宋公明，亦足爲世所程，誰曰不經。」

古惟扯張鬪虎，至馮猶龍始爲馬弔，謂馬四足，失一不可行，故分四壘，各執其八，而虚八爲中營，主將護之，以紀殿最，定賞罰。無掉者謂之赤足，部中惟百萬簪花，上國之將相也。猶齊之管、晏，鄭之僑、肸，魏之信陵，雖臣而威震主矣，故其賞獨專。勝亦得，敗亦得，或倍之以勝倍也，或三之，以自出師而捷故三也。主將得百萬，無尊無捷而亦勝矣。四尊部中之最尊者也，軍罷而稽程，倘不得其儔，雖尊而不勝。兼者尊之第二葉也，倘逢其尊，雖兼亦勝。極者部中之最卑者也，倘四極並臨，或更逢百萬，是匹夫而稱雄，雖極亦有時而獨尊，軍司馬紀録可也。

褚人穫《堅瓠癸集》卷一《紙牌説》 李東琪式玉《紙牌説》：紙牌四十頁，始乎錢，繼以索，再繼以貫。蓋散錢就緡始可以貫計，而極乎數之盛也。然則曷始乎空没文？此如漢高祖微時，實不能辦一錢也。錢無以半計者，而今有半錢，何也？蓋善權子母者，雖半不遺，而後可以累萬也。由一錢至九錢而止，竟不滿十，蓋盈數天地所忌，即十文亦難驟至也。繼之一索至九索而止，一貫至九貫而止，俱不滿十，義蓋同之耳。然何以至一貫始作人形？前此錢未盈貫，幾不得比於人數，今纍纍然其萬矣，皂隸升爲衣冠，銅臭立致公卿，必然之勢，無足怪也。自二十萬以至萬萬，數極矣。有其資者勢擬乎封君，而事可以帝制，故尊之以宋江也。或曰大萬不易致，此其人必有狙詐之謀，而參以殘刻之行，盜固有道焉，富人類然矣。乃錢索二十頁内獨空没文，亦具人狀，何也？蓋能爲極有者固人，萬萬貫是也；能爲極無者亦人，空没文是也。顧安知萬萬貫之不即爲空没文，如鄧通錢布天下，而其後不能名一錢；空没文之或可爲萬萬貫，如魯頓貧不免飢寒，而其後富雄猗氏乎？聚散倚伏之道於數紙内誕告焉，而特微其旨耳。獨是年來馬弔風馳，幾遍天下，不知其法創自誰何。然循其名，角其實，抑亦世變風會使然，有識者懼之耳。

阮葵生《茶餘客話》卷一八《水滸葉子》　萬萬貫宋江，千萬貫武松，百萬貫阮小二，九十阮小七，八十朱仝，七十孫立，六十呼延索，五十魯智深，四十李進，三十楊志，二十扈三娘。九萬貫雷横，八萬貫索超，七萬秦明，六萬史進，五萬李俊，四萬柴進，三萬關勝，二萬花榮，一萬燕青。又尊空没文錢王英，半文錢蔡慶。其式刻畫九品：曰截角，曰斜眼，曰豹牙，曰雙白，曰雙筋，曰斜齒，曰外缺，曰弦月。見潘之恒《葉子譜》。按張叔夜招安梁山泊榜文云：有赤身爲國，不避凶鋒，拏獲宋江者，賞錢萬萬貫，雙執花紅；拏獲李進義，即盧俊義。賞錢百萬貫，雙花紅；拏獲關勝、呼延索、柴進、武松、張清，賞十萬貫，花紅；拏獲董平、李進，即李俊也。賞五萬貫，花紅。今之葉子名目畫像，蓋采用榜中語，並仿其圖形也。《水滸傳》中方臘賊黨吕師囊，台州仙居人，亦非杜撰。但賊所陷乃杭、睦、歙、處、衢、婺六州，非浙西也。《青箱雜記》：「楊大年好與同輩打葉子。」當是紙牌。《遼史》：「穆宗應曆十九年正月，與群臣爲葉格戲。」二月，爲小哥所殺，乃不祥之物。劉毅一擲百萬，終於作賊。袁彦道脱白帽爲桓温決賭，真人梟也。然皆呼盧決勝，不至如葉子繪水泊梟雄。人即不能羹墻堯、舜，夢寐周公，何至日與群盜遊哉？

阮葵生《茶餘客話》卷一八《葉子戲消夜圖》　葉子戲消夜圖相傳始於宋太祖，令後宫人習以消夜。又有倒擲戲者，以玉作橄欖狀，六觚而列一二三四五六，推旋於玉盆中，久之方倒，中其數者爲勝。吾鄉酒籌亦有此式。

阮葵生《茶餘客話》卷一八《馬弔》　葉子戲，明神宗末年而小變，圖山東群盜像而鬭之，以百貫滅活爲勝負。見《綏寇紀略》。尤悔庵謂其名曰馬，曰槊，曰打，曰鬭，皆兵刀之象；有捉有放，有比有滅，不祥莫大焉。張賊名獻，李賊名闖，僞號稱大順，牌中皆有之。至馬弔興而百老阮小五之名獨著，則南渡馬、阮之讖，而明社屋矣。桐城張文端公深惡之，刻印章云「馬弔衆惡之門，習者非吾子孫」，遍印家藏書籍，至今張氏子孫不敢習馬弔。善夫！

趙翼《陔餘叢考》卷三三《葉子戲》　《品外録》：唐國昌公主會韋氏族于廣化里，韋氏諸家好爲葉子戲。歐陽公亦云，唐人宴聚，盛傳葉子格。袁文謂，此唐之讖也。葉子二字，拆其字上半乃「廿世」字，餘木字湊下子字作「李」字，乃是廿世李，正合有唐二十帝之數。馬令《南唐書》：李後主妃周氏又編金葉子格，即今之紙牌也。《遼史》稱爲葉格，見第三卷。則紙牌之戲，唐已有之。今之以《水滸》人分配者，蓋沿其式而易其名耳。

沈榜《宛署雜記》卷一七《民風一·土俗》　十月送寒衣。坊民刻板爲男女衣狀，飾文五色，印以出售，農民競以是月初一日鬻去，焚之祖考，名曰送寒衣。

沈榜《宛署雜記》卷一七《民風一·土俗》　十二月造臘八粥。【略】祀灶。坊民刻馬形印之爲灶馬，每年十二月二十四日，農民鬻以焚之灶前，謂爲送灶君上天。

徐時棟《煙嶼樓筆記》卷一　世俗祭神，必有神馬。祭畢，並楮幣焚之。焚時必用爆竹。大者三，小者纍纍如貫珠。或五百，或一千。此風吾家無有。昔先大夫常謂：「神馬中皆諸神狀貌，既焚以後，未知飄落何所，不已褻乎？至爆竹，古人用之以辟山魈、惡鬼。今光天化日之下，焉有鬼魅？且火星飛散，或偶入柴草中，不更惹事耶？」紙繪神像多作騎馬狀。板印出售謂之神馬，或曰紙馬。謂神乘馬自空來降，故曰神馬耳。吾鄉有阮姓者，好作聰明，嘗開設紙劄鋪，於招牌上以己意改神馬爲神模，以爲模者象也。俗以音近，誤模爲馬耳。一時不學者，從而效之。

震鈞《天咫偶聞》卷一〇《瑣記》　京師百貨所聚，惟正陽門街、地安門街、東西安門外、東西四牌樓、東西單牌樓暨外城之菜市、花市。自正月燈市始，夏月瓜果，中秋節物，兒嬉之泥兔爺，中元之荷燈，十二月之印板畫、煙火、花爆、紫鹿、黄羊、野豬、山雞、冰魚，俗名關東貨，亦有果實、蔬菜，旁及日用百物，微及秋蟲蟋蟀。苟及其時，則張棚列肆，堆若山積。賣之數日，而盡無餘者，足見京師用物之宏。

附一：製墨總部

《附一：製墨總部》提要

墨是用以寫字、繪畫的黑色顏料。製墨業爲中國文化的傳承和發展創造了有利條件，而中國文化的發展對墨的品質要求也越來越高。歷代許多書畫精品能保存至今，墨的質優起著很大的作用。墨也是古代印刷術必需的主要原材料之一，墨的製造和使用對印刷術的發明也是必不可少的。

中國墨起源甚古，早期的墨都是采用天然材料，商代甲骨上已有墨書文字，經化驗其墨蹟爲黑色碳素。人工製墨應起於先秦，最早關於「墨」的文獻記載見於戰國時期的《莊子》。魏晉時期，人工製墨水平已很高超，取材講究，工藝複雜精細，出現了石墨、油煙墨、松煙墨等不同種類，湧現出了許多製墨名家。歷史上，墨家自成體系，製作技藝和選料配方都秘而不宣，只在子孫相傳。墨的主要原料是煙灰和膠質，爲了改善耐久性、滲透性、色澤、香味、防腐防蛀等功效，還配和珍貴天然藥材等添加物。煙灰是製墨的黑色顏料，最早使用多爲松煙，即在窑中點燃松樹枝，燃燒後黑煙灰吸附在窑壁上獲得松煙；從宋代開始，采用松煙和油煙製墨兩種方法，油煙系用植物或動物油料在密閉煙房内燃點油燈，燈上罩蓋瓷碗吸附黑煙灰而獲得油煙。墨的製作過程一般由煙灰與燉徉的膠料拌成墨坯，再往墨坯中配和多種添加物後錘打，接著在墨模内壓成墨錠，自然陰乾翻晾，最後描金繪色。傳統製墨的一條重要經驗是「輕膠萬杵」，即錘打次數越多，墨的品質越佳。

秦代有了人工製造的煙墨。東漢時發明了墨模，使墨的樣式趨於規整。三國時魏國的墨非常精緻，被譽爲「仲將法墨」、「百年如石，一點如漆」。唐代，我國的製墨業空前興盛。當時製墨的技法、造型、題識、墨模雕刻都頗講究，著名墨工不斷出現，如祖敏、奚超、奚超珪（超之子）等。奚氏父子創造了搗松和膠等技術，大大提高了墨的品質，他們製的墨「堅如玉，紋如犀」、「豐肌膩理，光澤如漆」。漢唐多爲松煙墨，宋時發明了油煙墨。著名墨工張遇、梁杲、葉茂實等製的墨「清墨不凝滯」。元代墨模雕刻風格渾樸雄健。明代，我國製墨業更加發達，代表人物有羅小華、汪中山、程君房、方于魯等，他們争奇鬥勝，名墨紛呈。這時期油煙墨得到了很大的發展。羅小華發揚光大桐油煙墨法，色黑有光，藏之越久越黑。汪中山創造了集錦墨，藝術性極强。方于魯善用名貴藥料配和油煙製墨，清雅芬芳，久不變質。程君房創造「漆煙」製墨法，所製的墨更爲精美，色澤奪目，有「堅而有光，黝而能潤，舔筆不膠，入紙不暈」之評。明、清兩代製墨工藝較前代發達，名家輩出，實物流傳亦較多。有關明代製墨家的記載有明末麻三衡《墨志・系氏》一章裏所記的一百一十餘家，明末萬壽祺《墨表》記載的三十餘家。清初張仁熙的《雪堂墨品》、宋犖的《漫堂墨品》和《漫堂續墨品》記載了約二百家。清代造墨家多於明代，但文字記録没有明代多。

墨爲書畫消耗品，極易損壞，保存也十分不易。寒來暑往、冷熱交替、黴潮侵襲對墨品都有直接致命的影響。因此，古墨流傳下來十分不易，精品更屬鳳毛麟角。墨不僅是中國古代文人書寫的必備工具，更寄託著他們對自然界和人類社會的美好情懷，古墨不僅講究功能，也講究藝術，墨的形狀及裝飾包羅萬象，美輪美奂，是中國傳統文化的傑出代表之一，也是一件融繪畫、書法、雕刻於一體的藝術品，具有收藏和鑒賞的雙重價值，自宋以降，佳墨就成爲文人書案的陳設、觀賞品。古代文獻中對墨的製作工藝、墨的鑒賞、保存和使用都有豐富的論述。

基於上述史實，本總部下設經目有二：

一、《製造部》。收録製墨原料、製墨工藝、製墨工具及製墨名家的有關材料，包括題解、綜述、傳記、紀事、著録和藝文六個緯目。製墨原料與製墨工藝往往混雜交融，因此，不做强行分割；製墨工藝包括石墨、油煙墨和松煙墨三類，其中後兩類的資料較爲豐富。

二、《鑒賞部》。收録對各類製墨工藝的優劣品評、對各類墨的鑒賞、使用及墨的價格等相關材料，選擇材料時主要側重對具體製墨工藝的評價，選擇部分和鑒賞墨有關的軼聞故事，包括紀事、雜録和圖録三個緯目。紀事緯目分爲兩部分，一是收録有關墨的鑒賞方法的材料，二是收録有關保存墨的具體方法的材料。因墨的形制、圖案也是製墨工藝的重要組成部分，因此也予以收録，歸入本部的圖表緯目。

目録

製造部

題解

許慎《説文解字》卷一三下 墨，書墨也。从土从黑，黑亦聲，莫北切。

劉熙《釋名》卷六《釋書契》 墨，痗也，似物痗墨也。

陶弘景《真誥》 今書通用墨者何？蓋文章屬陰，墨，陰象也，自陰顯于陽也。

李時珍《本草綱目》卷七《土·墨宋開寶》 釋名：烏金《綱目》，陳玄《綱目》，玄香《綱目》，烏玉玦。時珍曰：古者以黑土爲墨，故字從黑土。許慎《説文》云：墨，烟煤所成，土之類也。故從黑土。劉熙《釋名》云：墨者，晦也。

集解：宗奭曰：墨，松之烟也。世有以粟草灰僞爲者，不可用，須松烟墨方可入藥。年遠烟細者爲佳，粗者不可用。今高麗國每貢墨於中國，不知何物合，不宜入藥。鄜延有石油，其煙甚濃，其煤可爲墨，墨光如漆，不可入藥。時珍曰：上墨以松煙，用梣皮汁解膠和造，或加香藥等物。今人多以窰突中墨烟再三，以麻油入内，用火燒過造墨，謂之墨煙。墨光雖黑，而非松煙矣，用者詳之。

發明：震亨曰：墨屬金而有火，入藥甚健，性又能止血。

《欽定古今圖書集成·理學彙編字學典》第一五〇卷《墨部二》朱常淓《述古書法纂·墨》 刑夷始制墨，字从黑土。煤烟所成，土之類也。

綜述

段公路《北户録》卷二《米䴵》 墨爲螺，爲量，爲丸，爲枚。《陸雲與兄書》：今送墨二螺。《婦人集·汲太子妻李與夫書》云：致尚書墨十螺。《梁科律》：御墨一量十二丸，皇后妃一量一百丸。蔡質《漢官儀》曰：尚書令、僕、丞、郎，月賜喻麋大墨一枚，小墨一枚。宋元嘉中格：寫書墨一丸，限二十萬字。

陳元靚《新編群書類要事林廣記》戊集卷之六《墨硯》 後漢李尤《墨硯銘》曰：「書契既造，硯墨乃陳。」由此觀之，則是墨之與硯皆與文字同興於黄帝之代也。

陶宗儀《南村輟耕録》卷二九《墨》 上古無墨，竹挺點漆而書，中古方以石磨汁，或云是延安石液。至魏晉時，始有墨丸，乃漆煙松煤夾和爲之，所以晉人多用凹心硯者，欲磨墨貯瀋耳。自後有螺子墨，亦墨丸之遺製。唐高麗歲貢松煙墨，用多年老松煙和麋鹿膠造成。至唐末，墨工奚超，與其子廷珪，自易水渡江，遷居歙州，南唐賜姓李氏，廷珪父子之墨，始集大成，然亦尚用松煙。廷珪初名廷邽，故世有奚廷珪墨，又有李廷珪墨，或有作庭珪字者，僞也，墨亦不精。宋熙豐間，張遇供御墨，用油煙入腦麝金箔，謂之龍香劑。元祐間，潘谷墨見稱於時。自後蜀中蒲大韶、梁杲、徐伯常及雪齋、齊峯、葉茂實、翁彦卿等出，世不乏墨。惟茂實得法，清黑不凝滯，彦卿莫能及。中統、至元以來，各有所傳，可以倣古。

徐炬《新鐫古今事物原始全書》卷一九《墨》 後漢李元《墨硯銘》曰：「書契既造，墨硯乃陳。」則二物皆黄帝時始。文房四寶稱墨爲「松滋侯」，又名「黑松使者」，又名「玄香太守」。明皇時見墨上有小道士，如蠅而行，帝叱之即呼萬歲，曰：「臣墨之精，黑松使者也。」

李詡《戒庵老人漫筆》卷七《筆墨》 記曰：昔人雅重文房之選，余學書五十年，頗留意兹事。近時陶穎之外，惟楮墨最爲敝濫，古紙不復可見矣。墨出歙州者差强人意，蓋其地去李氏雖遠，而製法猶存。其取煙、入膠、和材、擣錬、收貯之類，極爲煩瑣，故其成甚難，而其直亦甚昂。數十年來不勝售者之衆，其直之下曾不及所費百分之一，若是而求其不濫，何可得哉！

余往歲喜用水晶宫墨，蓋歙人汪廷器所製。廷器自號水晶宫客，家富而好文雅，與中朝士大夫遊，歲製善墨遺之，然所製僅僅數十挺，特供士大夫之能書者，而不以售人，故其製特精。嘗爲余言製法之妙，謂所燃燈心必染茜用之，嘗一歲失染，墨成，精光頓減，其不可忽如此。

近有吴山泉者，廷器之甥，實得其法。居吴中，製墨亦精，余亦喜用之。恐其欲易售而忽其法也，故爲説廷器之用心不苟如此。

按古法，用好純松煙，乾擣細篩，每煙一斤用膠五兩，浸梣皮汁中。梣皮即江南石檀木皮也，其皮入水緑色，又解膠，并益墨色。雞子白五枚，真珠麝香各一兩，皆别治合調，鐵臼中擣三萬杵，可過不可少。一法，松煙二兩，丁麝香、乾漆各少許，入紫草色紫，入梣皮色碧，皆助墨光。

大凡墨以堅爲上，古墨以上黨松心爲煙，以代郡鹿角膠煎爲膏而和之，其堅如石。惟易水人祖氏得其法，祖蓋唐之墨官也。其後有奚超者，亦易水人，唐末與其子廷珪來歙，而唐時賜姓李氏。父子皆善製墨，而超尤精。論者言超墨其堅如玉，其紋如犀。徐常侍鉉嘗得李超墨，長不過尺，細如箸，用十年乃盡，其磨處邊際似刀，可以截紙。又言其墨書版牘，歲久牘朽而字不動；皆言其堅也。當時但知廷珪善墨，而不知超之尤精如此。陶雅爲歙州刺史，謂超曰：「爾近製墨，甚不及吾初至郡時。」超曰：「公初臨郡，歲取墨不過十挺，今數百挺未已，何能精好？」夫超之能，猶以多不得精爲患，今之製者，動以數千，嗚呼，是尚得爲墨乎？嘉靖乙未仲冬衡山文徵明書。

張萱《疑耀》卷七《墨》　今世有新都方建元者，爲《墨譜》，又有程君房《墨苑》，皆行於世，其中所裒集，皆一時名公筆也，然未有能詳墨之所自始者。上古無墨，以竹挺點漆而書，中古有墨石，可磨汁以書，或云即延安石液也。晉《陸雲與兄機書》曰：「三臺上藏石墨數十萬斤。」不知即此石否？第又云：「燒此消可用，然烟中人。」又疑此石燒之爲燼，乃成墨，非磨汁即成墨也。晉、魏間始有墨丸，則以漆燒烟和松煤爲之。晉之後乃有螺子墨，但陸雲送石墨與兄機，已云今送二螺，則墨之名螺，自晉已然，特未製之爲螺也，名之曰「螺」，亦是丸子，猶未製之爲片也，故米元章《畫史》謂晉人多用凹心硯，正以磨墨丸貯墨瀋耳。至唐初，高麗歲貢松烟墨，用多年老松燒烟，和鹿角膠爲片，與魏、晉間墨丸以漆燒烟而不用膠者異矣。唐末，墨工奚廷邽乃倣其法，然亦止用烟膠。宋熙豐間有張遇者，供御墨，始用油烟入腦麝金箔，謂之「龍香劑」，其法遂至今不改。世第知廷邽之墨入水不渝，而不知其法蓋出於高麗也。與張遇同時者，又有葉茂實最得法，清黑不凝，余故表而出之，以補《墨譜》之闕。

顧起元《説略》卷二二《工考上》　上古無墨，竹挺點漆而書。中古方以石磨汁，或云是延安石液。鄜延境內有石油，生於水際，與泉水相雜而出，土人以雉尾浥之，頗似淳漆。至魏晉時，始有墨丸，乃漆烟、松煤夾和爲之。所以晉人多用凹心硯，蓋欲磨墨貯瀋耳。自後有螺子墨，亦墨丸之遺製也。造墨之妙，無如魏韋仲將，所謂「一點如漆」，六朝無過張永。唐高麗歲貢松烟墨，用多年老松烟和麋鹿膠造成。至唐末，墨工奚超與其子廷珪自易水渡江，遷居歙州，南唐賜姓李氏，廷珪父子之墨，始集大成，然亦尚用松烟，墨亦不精。宋有常和、沈珪、陳瞻皆妙品。熙豐間，張遇供御墨，用油烟入腦麝、金箔，謂之「龍香劑」。有隱君子王迪者，止用遠烟鹿膠，而自有龍麝氣。元祐間，潘谷墨見稱於時。紹興間，復古殿供御墨，乃戴彦衡所造。禁中降出雙角龍文，米友仁侍郎所畫也。自後蜀中蒲大韶、梁杲、徐伯常及雪齋、齊峯、葉茂實、翁彦卿等出，世不乏墨，惟茂實得法，清黑不凝滯，彦卿莫能及。中統、至元以來，有如朱萬初、蘇浩然澥製可以倣古。澥作松紋皴皮，堅緻如玉。若金章宗以蘇合油搜烟爲之，直與黃金埒，蓋墨妖也。

《漢官儀》：尚書郎起草，月賜隃麋大墨一枚、小墨一枚。陸士龍《與兄書》：一日上三臺，得曹公藏石墨數十萬片，今送二螺。《石崇奴券》云：張金好墨，過市數蠡。《春渚紀聞》：任道源家有墨，重二斤許，質堅如玉石，銘云：「永徽二年鎮庫墨。」《唐書·藝文志》：玄宗修圖書，創集賢院，大府季給上谷墨三百三十六丸。僞蜀孟氏賜童子墨一丸，墜荷芰盆中，數年出之，堅硬光膩仍舊，是僖宗朝所用之餘者。西域僧言：彼國無硯、筆、紙，但有好墨，是雞足山古松心爲之，貝葉上書字，墨倍光澤，雨濕揩之，字終不滅。徐鉉有李超墨一挺，長不過尺，細方如筯，與弟鍇共用之，日書不下五千字，凡十年乃盡。磨處邊際有刃，可以裁紙。《遯齋閒覽》云：祥符中，治昭應宫，用廷珪墨爲染飾，有貴族常遺一丸於池中，踰月人入水取之，容色不變，表裏如新。《澠水燕談》：李氏墨有劍脊圓餅，面多爲龍紋，仁宗宴近臣於羣玉殿，常以其香賜之。其後，翰林承旨賜者皆廷珪雙脊龍樣，尤爲嘉品。《春渚紀聞》：相州韓家有廷珪墨，一曰「臣廷珪四和墨」。《後山叢談》：秦少游有李廷珪墨半丸，不爲文理，質如金。潘谷見之而拜曰：「真李氏故物也，我再見矣。」又有張遇墨一團，面爲盤龍，鱗鬣悉具，背有「張遇麝香」四字，張乃後粱供備使。潘谷之墨，香徹肌骨，磨研至盡而香不衰。陳惟達之墨一篋，十年而香不入，惟作松香耳。又唐質肅公之子有墨曰「饒州供進墨務官李仲宣造」，南唐于饒置墨務耳。又昔人紀徐鉉墨，名「月團」，價值三萬。韓熙載化松堂墨，名「玄中子」。范丞相一墨，表曰「五劍堂造」，裡曰「天關第一煤」。景煥墨，名香璧，副墨子。蘇子瞻詩：近者唐夫子，遠致烏玉玦。

墨之異者。石墨出於延州，沈存中嘗記之，曹公鄴中三臺所藏即此。酈道元《水經注》：洛水之側有石墨山，山石盡墨，可以書疏。徐常侍鉉云：建康東有雲穴山，西有石墨，親常使之。《新安郡記》：黟縣南一十六里有石嶺，上有石墨，土人多采以書。有石墨井，是昔人采墨之所。《瑣碎録》：南雄州江中有石墨，色軟嫩，可層層揭得。土人以鋸解成片，吏人上案牘，童子學書，皆磨以代墨。顧微《廣州記》：懷化郡掘塹，得石墨甚多，精好寫書。《酉陽雜俎》：無勞縣山出石墨。劉恂《嶺表録異》：雷州廟中，雷雨勃起，人多於野中獲得石，如黳石，謂之曰：「雷公墨也。」又晉李石《續博物志》載《南越志》云：烏鰂懷墨。江東人或取其墨，書契以紿人物，書跡如淡墨，逾年墨消，空紙耳。

謝肇淛《五雜組》卷之一二 三代之墨，其法似不可知，然《周書》有涅墨之刑，晉襄有墨縗之制，又古人灼龜先以墨畫龜，則謂古人皆以漆書者，亦不然也。又云古有黑石，可磨汁而書。然黑石僅出延安，晉陸雲與兄書謂三臺上有藏者，則亦稀奇之物，安得人人而用之？況墨之爲字，從黑從土，其爲煤土所製無疑，但世遠不可考耳。至漢始有隃麋之名，至唐始有松烟之制。然三國時皇象論墨，已有多膠黝黑之説，則謂魏、晉以前皆用漆而不用膠者亦誤也。至於用珠則自李廷珪始，用腦麝、金箔則自宋張遇始，自此而競爲淫巧矣。按：太白詩有「蘭麝疑珍墨」之語，則唐墨已用麝。

祁駿佳《遯翁隨筆》卷上《紙筆墨》 上古無墨，惟竹梃點漆而書，中古方以石磨汁，與漆相似。至魏時，始有墨丸，以松煤漆烟，合而和之，于是魏之韋仲、六朝之張永，皆以墨擅名。唐時，高麗歲貢松烟墨。至唐末，有墨工奚超者，與其子廷珪，自易水遷居歙州，南唐賜姓李氏，而廷珪之名遂盛傳，然亦尚用松烟也。宋熙寧間，始用油烟入腦麝金箔，而精工愈甚矣。至金章宗，以蘇合油燒烟爲墨，價與黄金等，則墨之妖矣。「石墨」之説，出諸記傳者甚多，不可殫述。然歙爲墨藪，黟爲歙屬，記雖有黟州石墨之記，未嘗流行，則他處皆未可信。或如中古磨汁之石，不得已而用之耳，烟墨一出，自棄之矣。

唐秉鈞《文房肆考圖説》卷三《紙墨筆攷·墨説古制墨法見〈丹鉛総録〉卷八》 上古無墨，竹挺點漆而書，中古方以石磨汁，或云是延安石液。至魏晉時，始有墨丸，乃漆烟松煤夾和爲之，所以晉人多用凹心硯者，欲磨墨貯瀋耳。自後有螺子墨，亦墨丸之遺制。唐高麗歲貢松烟墨，多年老松烟和麋鹿膠造成。至唐末墨工奚超與其子廷珪，自易水渡江，遷居歙州，南唐賜姓李氏，廷珪父子之墨，始集大成，然亦用松烟，墨不甚精。宋熙豐間，張遇供御墨，用油烟入腦麝金箔，謂之龍香劑。元祐間潘谷墨見稱於時。自後蜀中蒲大韶、梁杲、徐伯常及雪齋、齊峰、葉茂實、翁彦卿等出，世不乏墨，帷茂實得法，清黑不凝滯，彦卿莫能及。中統、至元以來，各有所傳，可以仿古。

劉大魁《[乾隆]歙縣志》卷六《製造》 墨雖獨工于歙，而點烟于婺源，搗制于績溪人之手，歙唯監造精研而已。

俞正燮《癸巳存稿》卷一二《黄山松》 宋晁貫之《墨經》云：松烟，後唐用宣州黄山、歙州黟山及松蘿山松。李氏以宣、歙之松類易水之松，黄山、黟山、松蘿山之松，品惟上上。穿山石出者，歲所得不過二三株，爲上上。其次曰脂松，曰揭明松，曰紫松，曰簽松，曰黄明松，曰糖松，曰杏松，曰脂片松，凡九等。《老學庵筆記》云：「紹興間，中官欲用西湖九里松烟作墨，新安墨工戴彦衡力持不可，曰松當用黄山所産，此平地松豈可用！」羅願《新安志》云：「黄山朱砂泉旁近，有昔人墨窑數處。」又云：「黄山松煤至精者，造墨可比李廷珪。」又云：「新安墨以黄山名，衢池工者載他山松往造，亦竟不成。」是黄山自古多松，間有穿山石出者，以爲奇品。蓋多取山陰木實清瘦，烟自重黑，而葉夢得《避暑録話》謂黄山松腴烟黑，所言乃是脂片松，下品也。明天啓六年閏六月，山主吴養春家人吴榮在東廠首告，八月，審明程夢庚賣松銀十三萬六千兩，吴養春賣松銀六十餘萬兩。又官估山場木值銀六十餘萬兩，計賣松銀百餘萬。時木值甚賤，又山崖深邃，木值尤賤，當刊松萬萬株矣。今所剩者，皆刀斧所不及，宜多奇品。又程瑞祊《藜床囈語》言：康熙五十七八年間，蒲團、卧龍、破石、迎送、擾龍、倒挂、接引七松，化爲爐炭，其松更寥寥矣。

俞正燮《癸巳存稿》卷一〇《油烟墨》 古用石墨，後用松烟墨，宋沈括以鄜延石油煤作墨。《東坡志林》謂石油墨堅重而黑，在松烟之上。政和中，醫官寇宗奭作《本草衍義》，言墨用松烟，其石油煤不可入藥。又歐陽季默以油烟墨二遺東坡，乃自埽油燈烟所造。是北宋石油煤墨已行。葉夢得《避暑録話》云：「三十年來，歙人以黄山松漬漆燒烟作墨。余大觀間，取其煤，參以三韓墨三之一，既成，則他名墨皆不及。」又云：「近有油烟墨法，用麻油則黑，桐油則不黑。世多以桐油賤，不復用麻油，故油烟墨無佳者。」《四朝聞見録》云：「紹興間，復古殿供御墨，欲取九里松爲煤，新安戴彦衡言此平地松不可用，力持乃止。」《老學庵筆記》云：紹興中，欲以西湖九里松烟作墨，新安墨工以爲當用黄山松烟。是南宋初有油烟而多用松烟墨。金人元好問有《南中楊生玉泉墨》詩，注言「楊墨不用松烟而用鐙煤。」意鐙煤墨南中作者在紹興後，楊生名文秀，其子彬，傳其法以授耶律楚材者也。《元詩注》又言「宮中以張遇麝香小團爲畫眉墨」。陸友《墨史》云：潭洲墨工胡景純專取桐油烟，名曰「桐華烟」，畫工寶之，以點目瞳子，如點漆。則南宋與金重油烟墨，時猶兼用松烟。今高麗墨似有漆烟，即葉夢得所謂「三韓墨」。張世南《游宦紀聞》載：宣和六年高麗私覿名品，有松烟墨二十挺。是北宋以前墨用松烟，偶有油烟，南宋以後多用油烟。今松烟、油烟并用，松烟以雍正年間制者爲上，熱河圍場松也。

傳記

蘇易簡《文房四譜》卷五《墨譜》 昔祖氏本易定人，唐氏之時墨官也，今墨之上必假其姓而號之。大約易水者爲上，其妙者必以鹿角膠煎爲膏而和之，故祖氏之名聞于天下。今太行、濟源、王屋亦多好墨，有圓如規，亦墨之古製也，有以栝木烟爲之者尤粗。又云上黨松心爲之尤佳，突之末者爲上。

江南黟歙之地，有李廷珪墨尤佳。廷珪本易水人，其父超，唐末流離渡江，覩歙中可居，造墨故有名焉。今有人得而藏于家者，亦不下五六十年，蓋膠敗而墨調也。其堅如玉，其紋如犀，寫逾數十幅，不耗一二分也。

墨或堅裂者至佳，凡收貯宜以紗囊盛，懸于透風處佳。【略】

宋張永涉獵經史，能爲文章，善隸書，又有巧思，紙墨皆自造。上每得永表，輒執玩咨嗟久之，供御者不及也。

蔡襄《端明集》卷三四《文房四説》 墨，李庭珪爲第一，庭寬、承晏次之，張遇易水次之，陳朗又次之。不獨造作有法，松烟自異，當辨是也。【略】

余收歙州父子四世五人墨：超自易水來江南，爲歙人，超之子庭珪，珪弟庭寬，寬子承晏，晏子文用。用之後，墨無傳焉。有孫惟慶，今爲墨務官。李氏墨，超始知名，珪或爲邽，與寬最精好，承晏而下不能用家法，無足取者。世之好奇者多借庭珪姓名，模仿形制以造之，有至好者，苟非素蓄之家不能辨之。備條數等，傳諸雅尚之士，或有未見，他日續其後。

墨貴老久而膠盡也，故以古爲稱。世以歙州李庭珪爲第一，易水張遇爲第二。珪復有二品，「龍之雙脊」者爲上，「一脊」次之。遇亦二品，「易水貢墨」爲上，「供堂」次之。近世兖州陳朗亦爲精。庭珪弟庭寬、子承晏、晏子文用，皆能世業，然差不逮也。近輒絶無有也。

世有王君，得墨易水張遇、歙州李庭珪、庭寬、承晏、文用，又有柴珣、朱君德小墨，皆唐末五代以來知名者。然人間少得之，皆出上方。或有得者，是爲家寶也。

李庭珪墨爲天下第一品，祥符治昭應用爲染飾，今人間所有，皆其時餘物也。其族庭寬、寬之子文用亦造墨，較之其祖，莫能及也。過睢陽，倅車李侯言有庭寬墨，遂得之。李氏墨，余得其三世者，可謂富矣。

新安所作墨甚佳，然其名印以庭爲廷，非是。又肌理不細，椎練不熟，使墨工得一見之，爲語其未至，必能少進其藝。南方蒸濕，古墨尚覺有潤，況其新者，宜以漆匣密藏之，入秋冬間可用耳。

欲求李庭珪墨，終難得。或庭寬、承宴、文用，皆其家法。易水張遇亦爲精好，然庭珪圓墨殊未覩矣。

近得歙烟，令造墨，便有李庭珪風采，不爲浮光，乃知木性隨其地土所異。予嘗有辨，信不誣矣。

昔年洛下爲留守推官事，宋公見遺李庭珪墨。自爾書笥中稍或益之，漸至知墨。墨之説尤爲精微，唐彦猷殊通此理。沈立之見示盤溪木瓶，置水則碧色，宜墨。予按《廣韵》：「樊槻木可以漬水。」蓋聲之誤也。造墨多用秦皮，亦此類。今日微雨差凉，盡出硯墨以觀之。京居少暇，被疾在告，因及之。

王欽臣《王氏談録·李廷珪墨》 公性尤愛墨，持玩不厭，几案牀枕間往往置之。常以柔軟物磨拭，發其光色，至用衣袖，略無所惜。慶曆中，人有持廷珪墨十丸求售，從子參預，託公草文字，恐溷其思，遽令麾去。公後聞之，極爲歎惜。後此墨尤難得，而屢以萬錢市一丸，其品乃有數等，其「邽」字作「下邽」之「邽」者爲上，作「圭潔」之「圭」者次之，作「珪璧」之「珪」者又次之。其云「奚庭圭」者，最下。蓋廷珪本燕人，奚初姓，後徙江南，其初未奇，久而益佳，故李主寵其能，賜之姓也。雖名號有高下，其間又自有精粗，亦時有僞作者，人亦多惑。公言：「若辨之，當視其背，印云『歙州李廷珪墨』，歙旁缺之左足，與李字之中書，可與子字之足貫，又與廷字之豎書，墨字之右角貫，視之上下相通者爲真。」公又自能造墨，在濠梁彭門，常走人取兖州善煤，手自和揉，妙爲形體，蓋光色與廷珪相上下。既成，分遺好事，悉伏其精。嘗以廷珪墨遺君謨，隴西王之子恂謂公曰：「聞以墨遺君謨，橐中必缺，請以一丸補之。」

蘇軾《仇池筆記》卷下《王晉卿墨》 王晉卿造墨用黄金、丹砂，墨成，價與金等。三衢蔡瑫自煙煤膠外，一物不用，特以和劑有法，甚黑而光，殆不減晉卿。胡人謂「犀黑暗」、「象白暗」，可以名墨，亦可以名茶。

陳師道《後山集》卷一八　南唐於饒置墨務，歙置硯務，揚置紙務，各有官，歲貢有數。求墨工於海東，紙工於蜀中。主好蜀紙，既得蜀工，使行境内，而六合之水與蜀同。李本奚氏，以達賜國姓，世爲墨官云。唐之問質肅公之子有墨曰「饒州供進墨務官李仲宣造」，世莫知其何子，頗有家法。以遺黄魯直，魯直以謂不迨孫氏所有，而予謂過之。陳留孫待制家，有墨半鋌，號稱廷珪，但色重耳，非古制也。

蔡絛《鐵圍山叢談》卷五　昔有張滋者，真定人。善和墨，色光黳，膠法精絶，舉勝江南李廷珪。大觀初，時内相彦博、許八座光凝，共薦之於朝廷，命造墨入官庫。是後，歲加賜錢至三十二萬。政和末，魯公辭政而後止。滋亦能自重。方其得聲價時，皇弟燕、越二王吴本「皇弟」作「皇子」，張作「今皇帝」。呼滋至邸，命出墨，謂「雖百金不吝也」。滋不肯，曰：「滋非爲利者。今墨乃朝廷之命，吴本作「命之」。不敢私遺人。」二王乃丐於上，詔各賜三十斤。然滋所造，實超今古。其墨積大觀庫，無慮數萬斤。世謂道君用度廣，空帑藏，是悉繆説。別本竝作「誤」。不知元豐、大觀二藏雖研墨，蓋何事不具？仍豐盛異常爾。且以敵犯順時，元豐與内帑，自出河北、山東精絹一千萬匹，他絹則勿取。以是證焉，斯可知已。

晁貫之《墨經・工》　凡古人用墨，多自製造，故匠氏不顯。唐之匠氏惟聞祖敏，其後有易水奚鼐、奚鼎，鼐之子超，鼎之子起。易水又有張遇、陳贇。江南則歙州李超，超之子庭珪、庭寬，庭珪之子承浩，庭寬之子承晏，承晏之子文用，文用之子惟處、惟一、惟益，仲宣皆其世家也。歙州又有耿仁、耿遂，遂之子文政、文壽，而耿德、耿盛皆其世家也。宣州則盛匡道、盛通、盛真、盛舟、盛信、盛浩。又有業珣、柴承務、朱君德。兖州則陳朗，朗弟遠，遠之子惟進、惟迨。近世則京師潘谷、歙州張谷。

何薳《春渚紀聞》卷第八《記墨・都下墨工》　崇寧已來，都下墨工，如張孜、陳昱、關珪，弟瑱、郭遇明，皆有聲稱，而精於樣製。

何薳《春渚紀聞》卷第八《記墨・墨工製名多蹈襲》　墨工製名，多相蹈襲。其偶然耶，亦好事者冀其精藝，追配前人，故以重名之也。南唐李廷珪，子承宴；今有沈珪，珪子宴；又有關珪。國初張遇後有常遇，和之子；又有潘遇，谷之子。黟川布衣張谷，所製得李氏法，而世不多有；同時有潘谷，又永嘉葉谷作油烟，與潭州胡景純相上下，而膠法不及。陳贍之後又有梅贍云。耿德真，江南人，所製精者不減沈珪，惜其早死，藏墨之家不多見也。

張邦基《墨莊漫録》卷六《李文叔破墨癖説》　近世墨工多名手。自潘谷、陳贍、張谷名振一時之後，又有常山張順、九華朱覲、嘉禾沈珪、金華潘衡之徒，皆不愧舊人。宣、政間如關珪、關瑱、梅鼎、張滋、田守元、曾知微，亦有佳者。唐州桐柏山張浩制作精緻，膠法甚奇。舅氏吴順圖每歲造至百斤，遂壓京都之作矣。

前者數工所制好墨者，往往韜藏，至今存者尚多。予舊有此癖，收古今數百笏，種種有之。渡江時，爲人疑篋之重，以爲金玉，竊取之，殊可惜也。今尚餘一巨挺，極重厚，印曰「河東解子誠」；又一圭，印曰「韓偉昇」，膠力皆不乏，精采與新製敵，可與李氏父子甲乙也。

士大夫留意詞翰者，往往多喜收蓄，唯李格非文叔獨不喜之，嘗著《破墨癖説》云：

客有出墨一函，其製爲璧、爲丸、爲手握，凡十餘種，一一以錦囊之，詫曰：「昔李廷珪爲江西李國主父子作墨。絶世後二十年，乃有李承宴。又二十年，有張遇。自是墨無繼者矣。自吾大父始得兩丸於徐常侍鉉，其後吾父爲天子作文章，書碑銘，法當賜黄金，或天子寵異，則以此易之。」

余於是以兩手當心捧硯惟謹，不敢議。既而私怪予用薛安、潘谷墨三十餘年皆如吾意，不覺少有不足，不知所請廷珪墨者，用之當如何也。

他日，客又出墨。余又請，其説甚辯。余曰：「噓，余可以不愛墨矣。且子之言曰：『吾墨堅，可以劘。』然余劘當以刀，不以墨也。曰：『吾墨可以置水中，兩宿不腐。』然吾貯水以盆罋，不用墨也。客復曰：『余説未盡凡世之墨，不過二十年，膠敗，輒不可用。今吾墨皆百餘年不敗。』余曰：『此尤不足貴。余墨當用二三年者，何苦用百年墨哉！』」

客辭窮，曰：「吾墨得色多，凡用墨一圭，他墨兩圭不造。」余曰：「余用墨，每一二歲，不能盡一圭，往往失去，乃易墨，何嘗苦少墨也。唯是刷碑印文書人乃常常少墨耳。」

客心欲取勝，曰：「吾墨黑。」余曰：「天下固未有白墨。雖然，使其誠過他墨，猶足尚。」乃使取硯，屏人，雜錯以他墨書之，使客自辨，客亦不能辨也。

因恚曰：「天下奇物，要當自有識者。」余曰：「此正吾之所以難也。夫碔砆之所以不可爲玉，魚目之所以不可爲珠者，以其用之不異也。今墨之用在書，苟有用於書，與凡墨無異，則亦凡墨而已焉，烏在所寶哉！嗟乎，非徒墨也，世之人不考其日用而眩於虚名者多矣，此天下寒弱禍敗之所由召也，吾安可以不辨于墨！」文叔惟詞翰之好，乃不喜于墨，此不可曉，故併載之。

江少虞《宋朝事實類苑》卷六二《墨》 莆陽蔡君謨嘗評澠録有「李廷珪墨能削木墜溝中經月不壞」十四字。夏校云：「庫本黄校無。」李超，易水人，唐末與子庭珪度江，「度江」二字澠録作「亡」。至歙州，以其地多美松，因留居，以墨名家。本姓奚，江南賜姓李，珪或爲邽，弟庭寬、庭實，男承晏，澠録有「承安」二字。無上「庭實」二字。男文澠録作「乂」。用，皆有聞易水。江南又有朱君德、柴珣、柴成務、李文遠，皆澠録作「張」。遇陳贇，著名當時。其製有劍脊圓餅握澠録作「拙」。墨、進貢墨、供堂墨，面多爲龍紋，其幙音漫有「宣府」字，或止云「宣城」，著姓氏，或別州府。今人間亦有上二字澠録作「已少」。傳者。仁宗嘉祐中，宴近臣于羣玉澠録無「羣玉」二字。殿，嘗以其墨賜之，澠録有「其文」二字。曰「新安香墨」。其後翰林諸君承賜者，皆庭珪澠録無「庭珪」二字。雙脊龍樣尤爲佳品。

范成大《范成大筆記六種·吴船録》 辛亥，發恭州。嘉陵江自利、閬、果、合等州來合大江。百四十里，至涪州樂温縣，有張益德廟，大觀中賜額雄威，紹興中封忠顯王。蒲氏墨舊出此縣，大韶死久矣，其族人猶賣墨，不復能大佳，亦以賤價故也。

羅願《新安志》卷一〇《叙雜説·墨》 江南黟、歙之地，有李廷珪墨尤佳。廷珪本易水人。其父超，唐末流離渡江，覩歙中可居造墨，故有名。今人得而藏者，亦不下五六十年，膠敗而墨調，其堅如玉，其紋如犀，寫踰數十幅，不耗一二分也。《四譜》。

今常侍徐公鉉云：「幼年嘗得李超墨一挺，長不過尺，細才如筋，與其愛弟鍇共用之，日書不下五千字，凡十年乃盡。磨處邊際有刃，可以裁紙。自後用李氏墨，無及此者。」唐末，陶雅爲歙州刺史二十年，嘗責李超云：「爾近所造墨殊不及吾初至郡時，何也？」對曰：「公初臨郡，歲取墨不過十挺。今數百挺未已，何暇精好？」

近黟、歙間有人造白墨，色如銀，迨研訖，即與常墨無異，未知所製之法。

奚廷珪墨二品：一品面曰「遠煙香墨」，漫曰「從前奚廷珪」；其一面有特龍，漫曰「供使奚廷珪祖記」。墨皆狹薄輕脆，多斷折，校其精觕不及李廷珪遠甚，安敢望超也。自蔡君謨以來，皆言李廷珪即奚廷珪。唯此言奚墨不及李，又何遠言唐李慥是諸李之祖，不知孰是。

李超墨二品，其面或爲特龍，或曰「新安香墨」，其漫曰「歙州李超造」，或止曰「李超」，其號雖異，亦互有精觕。精意爲之者，廷珪不及也。廷珪大墨有二品，其一面曰「歙州李廷珪」，墨漫有特龍；其一面曰「歙州李廷珪造」，漫有雙脊特龍。小墨有握子者，上止有一「香」字，豐肌膩理，光澤如漆。又有小餅子，面有蟠龍四角，有「供御香墨」字，漫止有一「歙」字。前四品無粗者，非法之至精，曷能臻於此哉？諸李唯超、廷珪爲特嘉，承晏、文用次之，惟慶小挺子優於大墨，可亞廷珪也。宣道、宣德，不知何許人，其形製俱類廷珪，疑歙州人也。李孝美《墨苑》。

曾君示予墨一丸，其面文曰「新安上色香墨」，幕音漫。曰「歙州李廷邽墨」，肌理光膩，與今之李廷珪墨形模不類。其名「邽」、「珪」不同，形製復異，謂之真廷珪墨其可乎！然李超與其子廷珪唐末自易水渡江，至歙州，地多美松，因而留居，遂以墨名家。本姓奚，江南賜姓李氏。超墨世不復傳，襄嘗侍仁宗羣玉宴賜得之，其面文「新安香墨」，其幕「歙州李超造」，與今所示形制相類。予謂超與珪始至新安，各出姓名，尚用「邽」字。超死，而珪業益精，面有龍文，而其名亦用「邽」者，作之有先後也。何以知之？蓋類其父超，且藏蓄數十百年，非僞効也。予既辨之，而墨遂歸吾家，墨哉可無恨矣。蔡君謨《墨辨》。

余收歙州李氏父子四世五人墨，李超之子廷珪，珪之子廷寬，寬子承晏，晏子文用，用之後墨無傳焉。有孫惟慶，今爲墨務官。李氏墨超始知名，「珪」或爲「邽」，與寬最精好。承晏而下，不能用家法，無足取者。世之好奇者，多借廷珪姓名，模倣形制以造之，有至好者，苟非素蓄之家不能辨之。《四説》。

墨貴老，久而膠盡也，故以古爲稱。世以歙州李廷珪爲第一，易水張遇爲第二。珪復有二品，「龍文雙脊」者爲上，「一脊」次之。遇亦二品，「易水貢墨」爲上，「供堂」次之。近世兖州陳元亦爲精。廷珪弟廷寬，寬子承晏，晏子文用，皆能世其業，然差不逮，近絶無有也。廷珪爲第一，廷寬、承晏次之，張遇次之，陳元又次之，不獨造作有法，松煙自異。近得歙煙令造墨，便有廷珪風采，不爲浮光，乃知水性隨其土地而異，予嘗有辨，信不誣矣。

仁宗嘉祐中，宴近臣於羣玉殿，嘗以李超墨賜之，曰「新安香墨」。其後翰林諸君承賜者皆廷珪雙脊龍樣，尤爲佳品。《澠水燕談》。

祥符中，治昭應宮，用廷珪墨爲染飾。有貴族嘗誤遺一丸於池中，踰年臨池

飲，又墜一金器，乃令善水者取之，並得墨，光色不變，表裏如新。《遯齋閑覽》

禁中板刻古法帖十卷，當時皆用歙州貢墨墨本賜羣臣。今都下用錢萬二千，便可募得。元祐中，親賢宅從禁中借板墨百本，分遺官僚，但用潘谷墨，光輝有餘，而不甚黟黑，又多木横裂紋，士大夫不能盡别也。此本可當舊板價之半耳。黄魯直《跋翟公巽所藏石刻》

晁無斁有李墨半丸，云裕陵故物也。往於秦少游家見李墨，不爲文理，質如金石，亦裕陵所賜，王平甫所藏者。潘谷見之，再拜曰：「真廷珪所作也。」世惟王四學士有之，與此爲二矣。《陳無己集》

山谷道人云：潘谷一日過余，取所藏墨示之，谷隔錦囊揣之，曰：「此李承晏軟劑，今不易得。」又揣其一曰：「此谷二十年造者。今精力不及，無此墨也。」取視，果然。《春渚紀聞》

余爲兒時，於彭門寇鈞國家見其先世所藏李廷珪下至潘谷十三家墨，斷圭殘璧，粲然滿目。其廷珪小挺，歲久不見膠彩，而書於紙間視之，其墨皆非餘墨所及。東坡先生臨郡，日取試之，爲書杜詩十三篇，各於篇下書墨工姓名，因第其品次云。

一日，謁章季子於富春之法門寺，出廷珪墨半笏爲示，初不見膠彩，云是其大父申公所藏者。其墨匣亦作半笏樣，規製古朴，是百餘年物。

王景源使君所寶古墨一笏，蓋其先待制公所藏者。背銘曰「唐水部員外郎李慥造」，云諸李之祖也。黎介然一見，求以所用端石研易之，景源久之方與。後攜研至行朝，有貴人欲以五萬錢輟研，景源不與也。

沈珪，嘉禾人。初因販繒，往來黄山。有教之爲墨者，以意用膠，一出便有聲稱。後又出意取古松煤，雜用脂漆滓燒之，得煙極精細，名爲漆煙。每云章仲將法止用五兩之膠，至李氏渡江始用對膠，而祕不傳爲可恨。一日與張處厚於居彦實家造墨，而出灰池失於蚤，墨皆斷裂。彦實以所用墨料精佳，惜不忍棄，遂蒸浸以出故膠，再以新膠和之。墨成，堅如石，因悟對膠法。每視煙料而煎膠，膠成和煤，無一滴多寡。故其墨銘云「沈珪對膠，十年如石，一點如漆」，此最佳者也。

有持張孜墨較珪漆煙而勝者，珪曰：「此非敵也。」乃取中光減膠一丸與孜墨並，而孜墨反出其下遠甚。余叩之，答曰：「廷珪對膠於百年外方見勝妙。蓋雖精，煙膠多，則色爲膠所蔽。逮年遠，膠力漸退，而墨色如見耳。若孜墨，急於目前之售，故用膠不多，而煙墨不昧。若歲久膠盡，則脱然無光如土炭耳。孜墨宜用之西北，若入二浙，一遇梅潤，則敗矣。」

黄山張處厚、高景修皆起竈作煤製墨爲世業，其用遠煙魚膠所製，佳者不減沈珪、常和。沈珪、汪通輩或不自入山，多即就二人買煙。今渠用膠止各用印號，墨工製名，多相蹈襲，其偶然邪？亦好事者冀其精藝追配前人，故重名之也。南唐李廷珪子承晏，今有沈珪子晏，又有關珪。國初，張遇後有常遇者，和之子。又有潘遇，谷之子。黟川布衣張谷所製得李氏法，而世不多有。同時有潘谷。又永嘉葉谷，作油煙，與潭州胡景純相上下，而膠法不及。陳贍之後，又有梅贍云。

世言歙州具文房四寶，謂紙、墨、筆、研也，其實三爾。歙本不出筆，蓋出於宣州。研久無良材，所謂羅文、眉子者不復見，惟龍尾石捍堅拒墨，與凡石無異。歐陽文忠公作《研譜》，推歙石在端石上，世多不然之，蓋各因其所見爾。方文忠時，二地舊石尚多，豈公所有適歙之良而端之不良者乎？紙則近歲取之者多無復佳品。余素自不喜用，蓋不受墨，正與麻絶相反，雖用極濃墨，終不能作黑字。惟黄山松豐腴堅縝，與佗州松不類，又多漆。古未有用漆煙者，三十年來，人始爲之，以松漬漆並燒。余大觀間，令墨人高慶和取煤於山，不復計其直。又嘗被命館三韓使人，得其貢墨，碎之，參以三之一，既成，潘、張、二谷、陳贍之徒皆不及。葉左丞《避暑録話》

《錦繡萬花谷後集》卷二九　《大唐龍髓記》：「墨狻猊」：徐峯善碁，段成式欲盡窮其術，峯曰：「子若以墨狻猊與我，當使子過我十倍。」《龍髓記》

陳元靚《事林廣記》后集卷之九《評墨》　唐末墨工李超與子庭珪自易水渡江居歙，本姓奚，江南賜姓李氏，故世有奚庭珪墨，又有李庭珪墨，今之言墨者，亦以李庭珪爲第一，易水張遇爲第二。珪復有二品，「龍紋雙脊」爲上，「一脊」次之。遇亦有二品，「易水貢墨」爲上，「供堂」次之。近世兖州陳朗亦精於墨，可以次之。又有王君德墨，柴珣、朱君德小墨，皆唐末五代知名者。

張仲壽《疇齋二譜》卷上《墨譜》

李庭珪　文元背文曰百年如石，一點如漆。

潘衡　時齋姓氏不可辨，僅有御前墨工字。

宣和龍香劑　蒲大韶書窗輕煤，佛帳餘馥。

德壽

葉世英

朱知常香墨

梁杲

復古

華邦憲

雪齋墨寶

藂桂堂李世英墨

胡友直

周朝式

潘衡孫秉彝

李世英男克恭

樂温

蒲彦輝

劉文通

郭忠厚

鏡湖方氏

齊峯

緝熙劉士

寓菴

俞林丘放共製香墨

謝東善慶書寶。

黄表之

徐禧

葉茂實

翁彦卿

王大用

張之翰《西巖集》卷一九《王仲玄傳》　仲玄字子玄，潞州壺關人。父進母李，皆簪纓家。國初兵起，流落德興，又轉徙檀州。子玄始生檀之仙臺里，性澹薄，不喜華靡。稍長，便振拔，以耕鉏養其親，以勞苦代其兄，與人交必誠實，好讀書，務踐履，由是遠近稱其賢。後得製墨法，遂居燕都，不三數載，名動縉紳。雖曰翳墨，書籍咸與焉。或誘以厚利，令改圖者，子玄止之曰：「墨與書，息固微，尚可近聖賢，接鴻碩，使子孫不墮壟斷中。不過貧儉而已，又奚害？」故終身守其業。初，十五六，在仙臺之白家寺見白金一篋，時寺僧逃去，不能知其孰遺，乃留篋以俟。越翌日，復至寺，有主段禪訪其篋，詢得實而盡歸之。一日，坐墨肆，有客買細硯，見肆中所賣硯，即欲持去。子玄以實告，兹庸石也，果細，當求其家良硯則可。渠嘆謝而去。曩歲，累奉旨造墨，選墨工數十人，俾領之。子玄嘗入山林，立洞窯，取烟之遠者，造龍團至千餘餅，悉極其精妙。每進，上甚嘉賞，賜酒盡醉。當時王澹游、李虚舟、王鹿庵諸公俱有詩文見贈。蓋平昔孝敬廉信類如此。年七十，終於家。娶黄氏，再娶秦氏，生一子，名德修。余爲述其行事，異時史家叙卓行之士，庶幾有考焉。

陸友《墨史》卷上

魏

韋誕，字仲將，京兆人，太僕端之子，善隸、楷。魏太和中爲武都太守，以能書留補侍中。洛陽、許、鄴三都宮觀始就，詔令誕題署，以爲永制。給御筆墨，皆不任用。因奏蔡邕，自矜能書，兼斯喜之法，非紈素不妄下筆。夫欲善其事，必利其器。若用張芝筆，左伯紙，及臣墨，兼此三具，又得臣手，然後可以逞徑丈之勢，方寸千言。誕仕至光禄大夫，嘉平三年卒，年七十五。蕭子良《答王僧虔書》曰：「仲將之墨，一點如漆」。

後魏賈思勰《齊民要術》有韋仲將「筆方合墨法」。晁説之《墨經》竝舉韋仲將墨法、後魏賈思勰法，二法本無大異，而晁氏兩書之。又蘇易簡《文房四譜》載冀公墨法，其人未詳。

晉

張金者，晉人石崇奴。券云：「張金好墨，過市數蠡，并市豪筆，備郎寫書。」又吴淑《墨賦》云：「或名重張金，或妙稱祖氏。」

宋

張永，字景雲，吴郡吴人，裕之子，仕宋至征西將軍。涉獵書史，能爲文章，善隸書，又有巧思，益爲文帝所知。紙墨皆自營造，帝每得永表啓，輒執玩咨嗟，自嘆供御者了不及也。又詔永更製御紙，緊潔光麗，耀日奪目，又合祕墨，美殊前後，色如點漆，一點竟紙。

何薳《記墨》云：近世士人游戲翰墨，因其資地高韵，刱意出奇，如韋仲將、張永所製者，故自不少，然不皆手製，亦以意加減，指授善工而爲之耳。

如東坡先生在儋耳令潘衡所造，銘曰「海南松煤，東坡法墨」者是也。又云：賀方回、張秉道、康爲章皆能精究和膠之妙法，其製皆如出犀璧也。又如李元伯、李公照、王仲達、武繼隆、滕元發、邵興宗之徒，往往作墨，然多成於匠手而假名耳。因附著之不復別見云。

唐

李陽冰，趙郡人，官至將作大匠，善小篆。父雍門湖城令。冰兄弟五人皆負詞學。初師李斯《嶧山碑》，後見仲尼《吴季札墓誌》，便變化開闔，如虎如龍，勁利豪爽，風行雨集，文字之本，悉在心胷。自言斯篆之後直至小生，曹喜、蔡邕不足數，識者謂之「倉頡後身」。尤精小學，豪駿墨勁，時謂之「筆虎」。勢如古釵倚物，力有萬夫，無與爲比，周越云：陽冰篆勢，全法崔子玉、張平子碑，不因見夫子書，便變化開闔，蓋寶泉之臆斷也。宋元符間，襄陽米芾遊京師，於相國寺羅漢院僧壽許見陽冰供御墨一巨鋌，其制如碑，高逾尺而厚二寸，面蹙犀文，堅澤如玉，有篆款曰「文華閣」，中穴一竅，下畫泰卦於麒麟之上，幕篆六字，曰「翠霞」，曰「臣李陽永」，左行書「大曆二年二月造，得旨降入翻經院」，右行書「董作内府丞臣車輔、都監臣趙忠孚」。芾後數載經南徐，過鶴林，僧惟清乞書寶藏額，因難之。清忽開笥取古錦囊，出巨墨如曩時所見者。且言先師昔在京師貴人家，以古琴玉環一作古玉貿得之，乃奉墨授芾。芾受而書畢，亟歸淨名齋，報之以吴道子畫《熾盛光佛》一幀，古銅水龜玉界尺二。芾後書儒釋老書及忠孝賢明事，則用之。

祖敏，本易定人，唐時之墨官也。今墨之上，必假其姓而號之。大約易水煮爲上，其妙者必以鹿角膠煎爲膏而和之，故祖氏之名，聞於天下。晁氏云「古人用墨多自製造，故匠氏不顯。唐之匠氏，惟聞祖敏」。黄秉云：「祖氏易水人，故以濟上爲號。年載已遠，罕有存者」。友按《唐書·地理志》：易州土貢墨。意當時治墨者，不特祖氏。其後，奚、李、張、陳皆出易水製作之盛，有由來矣。

王君德者，唐末人。蔡君謨云：「世有王君德墨，人間少得之，皆出上方。或有得者，是爲家寶也」。《墨經》有唐王君德擣膠用石臼，擣三二千杵，其藥用酢、石榴皮、水牛角屑、膽礬三物，又法用梣木皮、皁角、膽礬、馬鞭草四物。

奚鼐、奚鼎，已上二人，唐末匠氏。鼐墨面曰「光慶」，又印曰「奚鼐墨」，又印曰「庚申」。而鼎墨大槩與鼐同，惟「庚申」字異。見《墨經》及趙寅《墨譜》。

奚庭珪，易水人，或曰李庭一作廷珪，本姓奚，江南賜姓李氏，非也。今之人但見有奚庭珪墨二品。庭珪父即超，何獨有奚庭珪而無奚超也？趙寅達夫嘗收得一種，上印文曰「宣府奚庭珪」，乃知居歙者李氏，籍宣者奚氏，各是一族而名偶同耳。《新安志》云：自蔡君謨以來，皆言李庭珪即奚庭珪，唯黄秉、李孝美云「奚墨不及李。」友按《墨經》云：觀易水奚氏、歙州李氏，皆用大膠，所以養墨。又云：奚鼐之子超，鼎之子起。而別敘歙州李超，超子庭珪以下世家。是族有奚、李之異，居有易、歙之分矣。况《墨説》復指宣府之記爲證，用衆説，從姓氏書之，惟超、起，未嘗以奚稱，則仍李氏，不敢重出云。

李慥者，易水諸李之祖也。葉少藴云：王景源使君所寶古墨一笏，蓋其先待制所藏者。背銘曰：「唐水部員外郎李慥製」，云諸李之祖也。黎介然一見求以所用端石硯易之，景源久之方與。後攜硯至行朝，有貴人欲以五萬錢輟硯景源竟惜不與也。

江南黟歙之地有李廷珪，墨尤佳。廷珪本易水人，其父超，唐末流離渡江，覩歙中可居造墨，故有名焉。今有得而藏於家者亦不下五六十年，蓋膠敗而墨調也，其堅如玉，其紋如犀，寫踰數十幅不耗一二分也。常侍徐公鉉爲太簡言，幼年嘗得李超墨一挺，長不過尺，細裁如筯，與其弟鍇共用之，日書不下五千字，凡十年乃盡，磨處邊際有刃，可以裁紙。自後用李氏墨，無及此者。超即廷珪之父也。超墨有二品，其面或爲特龍者，或曰「歙州香墨」者，其幕曰「歙州李超造」，一上曰李超，其號雖異，亦互有精觕。王仲薿云：其父岐公，在仁宗朝被賜超墨，題云「檢校水部員外郎臣超」，後以遺蔡君謨。君謨云：「超與其子廷珪，唐末自易水渡江至歙州，地多美松，因而留居，遂以墨名。家本姓奚，江南賜姓李氏。」超之墨世不復傳，襃嘗侍羣玉宴，輒賜得之。其從子絛云：「昭陵晚歲開内宴，數與大臣侍從從容談笑，嘗親御飛白書以分賜，更以香藥、名墨徧賚焉。一大臣得超墨，而君謨伯父所得乃廷珪。君謨時覺大臣意歉，有不足色，因密語能易之乎？大臣者但知廷珪爲貴，而不知有超也，既得易，輒欣然。及宴罷，騎從出内門去，將分道，君謨於馬上始乃長揖曰：「還知廷珪是李超兒否？」超有弟起，其墨不傳，子廷珪、廷寬。

廷珪，超之子，世爲南唐墨官。蔡君謨云廷珪墨爲天下第一品，祥符治昭應用爲染飾，今人間所有，皆其時餘物也。其墨能削木，誤墜溝中，數月不壞。昔年洛下爲留守推官，事王公，見遺廷珪墨，自是書笥中稍或益之，漸至知墨之説尤爲精微。唐彦猷殊達此理。超與廷珪始至新安，各出姓名，尚用「邽」字。

超死而珪業益精，面有龍文而其名亦有用「邽」字者，乃知名字不同形製有異者，作之有先後也。或曰：「何以知之？」曰：「類其父超也。」世之好奇者多借廷珪姓名，模倣形製以造之。有至好者，苟非素蓄之家不能辨，其墨雖歷數百年，研磨尚有龍腦氣，此其驗也。王原叔性愛墨，持玩不厭，几案牀枕閒往往置之，嘗以柔物磨拭之，發其光色，至用衣袖，略無所惜。慶曆中，有人持廷珪墨十丸求售，從子參預託言草文字，恐混其思，遽令麾去。既而聞之，極爲嘆息，其後尤難得，而屢以萬錢市一丸。其品乃有邽字，作「下邽」之「邽」者爲上，作「圭潔」之「圭」者次之，作「珪璧」之「珪」者又次之，其云「奚廷珪」者最下。蓋廷珪本燕人，奚初姓，後徙江南，其初未奇，久而益佳，故李主寵其能，賜之姓也。雖名號有高下，其閒又自有精麤，亦時有僞作者，人多惑。原叔言辨之當視其背印，背印云「歙州李廷珪墨」，歙傍欠字之左足與州字之中，或其或其二字誤李字之中畫與子字之足貫，又與廷字壬之豎畫，墨字之右角貫，視之上下相通者爲真。又自能造墨，在濠梁彭門嘗走人取兗州善煤，手自和揉，妙爲形體，其光色與廷珪相上下，既成，均遺好事，悉服其精。嘗以廷珪墨遺蔡君謨，隴西李之洵謁之曰：「聞以墨遺君謨，橐中必缺，今請以一丸補之。」蘇魏公云：「高祖以來，所用廷珪墨一挺，於祖父寶之。長四寸，闊一寸，厚一寸，其色之黑，世無物及者，研之無聲，面有「李廷珪墨」四字。蘇子瞻爲顔冕繹作集引，其子復以廷珪墨遺之，金塗龍及銘云「李憲臣所屬賜墨也」。又嘗以蜀中冷金牋試墨，惟廷珪乃黑。陳無已云：「晁無斁有李墨半丸，云是裕陵故物也。往於秦少游家，見李墨不爲文理，質如金石，亦裕陵所賜。王平甫所藏者，其子斿以遺少游。潘谷見之，載拜云：「真廷珪所作也，世惟王四學士有之，與此爲二矣。」吳幵喜蓄墨，收古今名品甚具，諸李所製皆有之，云皆無出廷珪之右者。其堅利可以削木，書《華嚴經》一部半，用廷珪才研一寸，其下帙用承晏墨，遂至二寸，則膠法可知矣。王彦若云趙韓王從太祖至洛，行故宮，見架閒一篋，取視之，皆李氏父子所製墨也，因盡以賜王。後王之子婦蓐中血暈危甚，醫求古墨爲藥，因取一枚投烈火中，研末酒服，即愈。諸子欲各備産乳之用，乃盡取墨，煅而分之，自是李氏墨世益少得。邵公濟云太祖下南唐所得廷珪父子墨，同他俘獲物付主藏籍收，不以爲貴也。後有司更作相國寺門樓，詔用黑漆，取墨於藏主，車載以給，皆廷珪父子之墨。至宣和年，黄金可得，李氏之墨不可得。熙寧閒，李舜舉御藥，爲林子中言禁中墨無廷珪成挺者，但有承晏、文用等墨爲古墨之尤者。握子有「香」字乃廷珪，禁中尤珍之。吾家太史云國初平江南時，廷珪墨連載數艘，輸入內庫，太宗賜近臣、祕閣帖皆用此墨。其後建玉清昭應宮，至用以供漆飾，而太史所記，與蔡、邵二説互有異同，故竝載之。廷珪子承浩，蚤世，故墨不多有，其後遂絶。友平生凡五見廷珪墨，其一見之於京師楊好謙家，面作柳枝瘦龍，上印一小「香」字，幕曰「歙州李廷珪墨」，黄羅囊襲之，表以牙籤曰「仁宗皇帝寶字墨」；其一見之於黄可玉清權齋，云是其外家宣和進士陳篆所藏；其一唐子真得於趙氏姑脂澤奩中，銘曰「保大元年歙州進墨務官臣李廷珪造」，後截留「保大」二字，易帖於莊肅幼恭；其一半挺，見之於鑒書博士柯敬仲家，銘曰「保大元年正月七日奉旨造」，幕曰「宏文館供奉庫」左行書云「墨務官臣廷珪」，右行書云「墨務官臣廷寬」；其一見之於洛陽趙顔子之孫許，面作特龍，幕曰「保大九年奉敕造長春殿供御龍印香煤」，左行書云「墨務官臣廷邽、監官臣亮」，右行書云「臣夷中、臣子和、臣卞等進。」試之，皆光澤如新，獨「寶」字墨質雖具，而膠法已敗，疑爲蘇家贗物也。

廷寬，超之次子。蔡君謨云：李超并男廷寬墨，今少見。廷珪爲第一，廷寬、承宴次之。又云：欲求廷珪墨，終難得。或廷寬、承宴、文用皆其家法。子承晏，承晏子文用，文用子仲宣，仲宣子惟益、惟慶。承晏，廷寬之子。蔡君謨云：李氏墨承晏而下，不能用家法，無足取者。熙寧九年，蘇魏公頌同修國史，開局日賜承晏笏挺雙脊龍墨、張遇丸墨、澄心堂紙。及對，神宗曰：「禁中自此少矣，宜寶之。」蘇子瞻云：黄魯直學吾書，輒以書名於時，好事者争以精紙妙墨求字，嘗攜古錦囊，滿其中皆是物者。一日見過，探之得承晏墨半挺，遂奪之。潘谷驗墨，摸索便知精麤。一日過魯直，取所藏墨示之，谷隔錦囊揣之曰：「此李承晏軟劑，今不易得。」又揣其一曰：「此谷廿年造者，今精力不及，無此墨也。」取視果然。

文用，承晏之子，能世其業，然墨差不逮，絶無有也。

仲宣，文用之子，亦如其父。陳無已云：南唐于饒置墨務，李本奚氏，以幸賜國姓，世爲墨官云。唐之問，質肅公之子，有墨曰「饒州供進墨務官李仲宣造」，世莫知其何人，頗有家法。以遺黄魯直，魯直謂不逮孫氏所有，而無己，謂過之。陳留孫待制家有墨半挺，號稱廷珪，但色重爾，非古製也。

惟益，仲宣之子。葉少蘊云元祐初京師雜買務貨舊墨，猶有惟益所作千餘挺，當時士大夫争取之，背印作「歙州務墨官李惟益造」者是也。弟惟慶。

惟慶，仲宣次子，其墨小挺子優於大墨，可亞廷珪。一種有兩頭圜，面有雙龍捧一牌子曰「供灑龍麝香墨」，幕文曰「歙州李惟慶墨」者，上品也。江南畏中國之威，其供御字竝刻爲「供灑」，一種面印皆同，幕文曰「歙州供進墨務官李惟慶造」者其次也，此後李氏遂無聞。宋仁宗時其子孫尚有爲務官者，歲貢上方，絶不佳，每移文本州責之，殊不入用也。

張遇，易水人。遇墨有題「光啓年」者，妙不減廷珪。宫中取其墨，燒去烟，用以畫眉，謂之「畫眉墨」。蔡君謨謂世以歙州李廷珪爲第一，易水張遇爲第二。遇亦有二品，易水貢墨爲上，供堂墨次之。蘇子瞻云麝香張遇墨兩枚，或自内庭得之，以見遺，藏之久矣。製作精至，非常墨所能髣髴。陳無己見秦少游有張遇墨一團，面爲盤龍，鱗鬣具悉，其妙如畫，其背有「張遇麝香」四字，語曰「良玉不琢，謂其不借美於外也」，張其後乎？《墨經》云：「凡印方直最難，往往多裂。易水張遇印多方直者，其劑熟可知。」葉少藴云：「兩漢閒稱墨多言丸，魏晉後始稱螺，取其上鋭必稍，如今之挺形，而丸則其製不可解。」或云乃今之錢子墨。世傳張遇墨乃唐末時物，皆爲錢子，是其遺法，然極不便於研磨，古人爲之，當别有意也。子谷。

谷製墨得李氏法，而世不多有。鄒志完謂遇之子名谷，然云黟川布衣，則疑别有同姓名者。又以處厚亦云黄山，意其自易水徙歙，如李氏，故漫從家世書之。子處厚。處厚在黄山起竈作煤製墨，爲世業，其用遠煙魚膠。鄒志完云：予用處厚墨久矣，而未之識。一日處厚踵門，問其家世，則谷之子，遇之孫。昔李氏以墨顯於江南，而遇妙得其法，至處厚益恐墜其家聲，不汲汲於利，尤可尚也。

朱逢，歙州人。江南韓熙載自延其造化松堂墨，文曰「元中子」，又曰「麝香月匣」而寶之。雖至親昵友無見之者。熙載死後，盡爲諸妓分攜而去。

陸友《墨史》卷中

宋

柴珣，宋初時人，代居宣城，得二李膠法，出潘、張之上。其作玉梭樣，銘曰「柴珣東窯」者，士大夫得之，蓋金玉比也。其後有柴成務、朱君德二人墨，竝狹小挺，制作不一。

陳贇，易水人。世傳不多，與張遇等。其墨銘曰「易水光真墨」，幕曰「陳贇」。

陳朗，兖州人。宋初避諱，因以「三翁」記之。蔡君謨評墨，以李廷珪爲第一，廷寬、承晏次之，張遇次之，朗又次之。不獨造作有法，松煙自異。君謨得歙煙造墨，便有廷珪風采，乃知本性隨其土地而異。朗弟遠，遠子惟進。楊如晦云歙州諸李稍喜出光，而東山諸陳作一色皴面。皴面便於研試，蓋墨色皴闇，磨之培增光黑，爲鬻者之利爾。大體入池蚤，作細文，入池遲，作皴文，無他術也。欲皮汎逾細而光，當出池時揩刷令净，以兔皮一番蘸水受之，則應手如角皮，汎墨家言也。

陳已、陳湘、陳相、陳和、陳顯，已上五人皆朗諸孫，膠法雖存，而妙處似非其子孫可傳，故墨不逮昔人。已墨名爲「飛魚鎚子」。相墨所謂「黑龍髓」者，銘曰「世業陳相，遠烟清光」。劉貢父作墨，作「長新」字，長新，陳相也。《墨經》云：兖人舊以十月煎膠，十一月造墨，今旋煎旋用，殊失之。故潘谷一見相墨，曰「惜哉！一生膠耳」。

景焕，成都人，隱居玉壘山。嘗得墨材甚精，造止五十團，不復更作，曰：「以此終吾身。」墨印文曰「香璧」，幕曰「副墨子」。焕有文藝，撰《野人閒話》、《牧豎閒談》及畫蹟傳於代。

盛匡道、盛通、盛真、盛舟、盛信、盛皓，已上六人皆宣州一族，大率如奚廷珪樣，幕竝篆文依歙樣香墨。唯通墨挺大，而與諸盛小異。

宣道，或曰宣德，不知何許人。墨皆範張遇，即未究郡國之來，姓名之出。

李伯揚以其形製俱類廷珪，疑歙州人也。

姜潛，字至之，兖州人，隱居奉苻之太平鎮。文潞公通判州事日訪墨於姜，姜曰：「近頗難得，當求佳煤自製。」久之，攜紙囊訪公，曰：「此即煤也，瀉之則盈盤，按之則如故。」又曰：「此亦可以如茶，啜之無害。」公如其言，啜一茶甌，食頃，忽發欬聲，香氣上襲，芳馥如麝，姜曰：「此所謂麝煤也，研麝入者，傳之悞矣。」墨成，頗珍惜之。

周明法、林鑑、陳泰，已上三人竝兖州名手作墨，其得意者皆不減諸陳，但尚新耳。

王迪，西洛隱君子也。其墨法止用遠煙、鹿膠二物，銑澤出陳瞻之右。文潞公嘗從迪求墨，久之，持煙一奩見公，且請以指起煙，按亦隨復，曰：「此煙之最輕遠者。」乃抄煙以湯瀹，起揖公對啜，云：「當自有龍麝氣，真煙香也。凡墨入龍麝，皆奪煙香而引蒸濕，反爲墨病，俗子不知也。」黄太史以迪爲鎮州人，而家於洛也。

耿仁遂，歙州人。仁遂子文政、文壽，而耿盛、耿德真，皆世其家。德真所製甚精，惜其早死，藏墨之家不多見也。

王順，兖海人。徂徠獨稱諸陳，順晚出而其法尤精。嘗言墨貴輕清，蓋烟遠則輕，膠遠則清，墨家膩此，多胚闇乏堅緻，非善法也。如李廷珪真墨堅如角石，年逾多而光采如新，斜研薄處可以刻紙，或云廷珪佳煤一斤可受膠一斤，入手堅重，研不滯筆，所以獨貴於世也。楊如晦謂順墨稍堅重，有光，雖濃磨不留筆，似得廷珪妙處。

裴言，元祐中爲曹王造墨，故料精而墨善，比常品差勝。

郭玉，汲人。玉所製墨銘曰「供御郭玉」。

潘谷，伊洛閒墨師也。墨既精好而價不二，士或不持錢，留券取墨，亦輒與之，蘇子瞻聞之，曰「非市道人也」，嘗與詩云：「一朝入海尋李白，空看人間畫墨仙」。豫章黄魯直嘗得李廷珪墨，神宗所賜王安國平甫者，已而遺淮海秦少游，少游愛之，藏錦囊中。墨師過少游，少游出錦囊以示之，墨師手拊錦囊，即拜曰：「真廷珪爲者。疇昔見於平甫家，與此二矣。是豈常墨工所能哉？」後忽取積券焚之，飲酒三日，發狂浪走，赴井死。人下視之，蓋趺坐井中，尚持念珠也。谷子遇陳無己，云供備使李唐卿，嘉祐中，以書待詔者也，喜墨。嘗謂予曰：「和墨用麝，欲其香，有損於墨而竟亦不能香也，不若竝藏以薰之。」潘谷墨香徹肌骨，磨研至盡而香不衰。陳惟進之墨一篋，十年而香一作麝氣不入，但自作松香耳。蓋陳墨膚理堅密，不受外熏，潘墨之香劑中，必入龍麝等也。

東野暉，兖人也。蘇子瞻云暉所製墨，每枚必十千，信非凡墨之比也。

蘇澥，字浩然，武功人，度支郎中舜元之子，爲祕閣校理，自號「支離居士」。喜造墨，所製皆作松紋皺皮而堅緻如玉石。何子楚與其孫之南仲容游。其家藏不過數笏，子楚得半笏於李漢臣，持視仲容，曰「真家寶也」。神宗朝，高麗入貢，奏乞浩然墨，詔取其家，浩然止以十笏進呈，其自珍祕如此。人有獲其寸許者，如斷金碎玉，爭相誇玩，黄魯直所謂廷珪贋墨出蘇家者，是浩然所作也。

晁貫之，字季一，性無他嗜，獨見墨丸，喜動眉宇。其所製銘曰「晁季一寄寂軒造」者，不減潘、陳。其兄説之，字以道，深於名理，尤喜造墨，著《墨經》三卷，論產松之地，烟煤製造之法，及自古墨工知名者，凡三篇。

朱覲，九華人，善用膠作軟劑，出光墨。滕元發作郡日，令其手製，銘曰「愛山堂造」者最佳。子聰，不逮其父。

僧清一，蜀人也，遇異人傳墨法，有名江淮閒，甚貴重之。張居靖善造墨，黄魯直試之，謂其鹿膠極堅黑，作皮肉不減曩時歙州煤。其光澤不足，良以歲月深遠，爽調護耳。

陳贍，真定人，初造墨遇一異人，傳和膠法，因就山中松取煤。其用膠雖不及常和、沈珪，而置之濕潤，初不蒸敗，此其妙處也。又受異人之教，每斤半千價，雖廉而利常贏餘。何子楚嘗以二萬錢就贍取墨，適非造墨時，因返金而以斷裂不全者二十笏爲寄，曰：「此因膠緊所致，非深於墨不敢爲獻也。」子楚寶而用之，并就真定公庫轉置百笏，自謂終身享之不盡。南渡一掃無餘，繼訪好事所藏，蓋一二見也。贍在宣和閒已自貴重，斤直五萬，比其身在蓋百倍矣。贍死，壻董仲淵因其法而加膠，墨尤堅緻，恨其即死，流傳不多也。董後有張順，亦贍壻，而所製不及淵，亦失贍法。又有胡德者，贍之外孫也。

劉寧，真定墨工也。與同郡張順各尊其藝，素不相下。康倬爲章使之造墨，但多以錢遺之，不問所造之多寡，故嘗得佳品。宣和乙巳春，爲章赴官鄭亭，將行，二人皆以墨獻。張力言其墨勝劉，劉云：「無多言，得以試之耳。」取二湯壺，熾炭熬之，使沸，各投墨一笏，煮之。自巳及酉，取視之，張墨已融敗拆裂，劉墨堅好如故，叩之琅然，張乃大服，劉曰：「二煤與膠皆一，所以異者萬杵耳。」

常和，隱居嵩山，墨雖晚出，頗自珍惜。膠法殊精，必得佳煤然後造，故其價與潘、陳特高，收其贏以起三清殿，其銘曰「紫霄峯造」者，歲久磨滅，真可截紙。和子遇，不爲五百年後名，而減膠售俗，正如江南徐熙作落墨花，而子崇嗣取悦俗眼，而作没骨花，以敗其家法也。

解子誠，河東人，韓偉昇，已上二人墨挺極重厚，膠力不乏，其精采可與新製敵也。

田守元，一名守真，其墨式形製極精，而煤不甚佳，差勝小潘，然亦多沙耳。

梅鼎、張孜、關珪弟瑱、曹知微、陳昱、郭遇明、梅贍、張雅、高肩，已上十人竝崇寧以來京師名手，皆有聲稱，而精於樣製。

侍其瑛，本良家子，少年流宕京師。元豐中以筆爲業，入太學，供諸生甚勤，不計其直，輒與之，率日至或二三日一至，自爾稍稍受知當世公卿、大夫，遂以筆名家。其後造墨，和劑、製樣稍佳，而膠法未精，不復取重於人。

李清，上黨人，以墨著名。

鄭涓，在重和中造墨，銘曰「凝香閣」者，張達明試之，謂不媿李氏。

薛安、薛容，少室人。容所造墨，用竈君山煤，真奇品也。

張滋，真定人。善和墨，色光黳，膠法精舉，勝江南名手。大觀初，時學士彦、許八坐光疑共薦之，於是命造墨，入大觀庫，是後歲歲加賜錢至二三萬。政和末，蔡京罷相而後止焉。滋亦能自重，方其得聲價時，皇、越二王呼滋至邸，命出墨，謂雖百金弗吝也。滋不肎曰：「滋非爲利者，今墨乃朝廷之命，不敢私遺人。」二王乃匄於上，詔各賜王十斤。然滋所造，實超今古，其墨積大觀庫，毋慮數萬斤。世有「宣和睿製」者，蓋滋所作也。

張浩，唐州人，居桐柏山。其墨精緻，膠法甚奇，吳順圖於每歲造至百斤，遂壓京都之作者矣。案吳順圖於每五字未詳。

王惟清、丁真一，已上二人隱居吳郡，皆能製墨，尤爲米元章所賞識。

高慶和，歙人也。大觀間，葉少蘊令慶和造墨，取煤於黃山，不復計直，蓋以松漬漆竝燒。又嘗館三韓，使人得其貢墨，碎之，參以三之一。既成，潘、張之徒皆不及。同時有汪通、高景脩，皆起竈作煤製墨，爲世業。

潘衡，金華人。蘇子瞻云衡初來儋耳起竈作墨，得煙豐而墨不甚精，因教其遠突寬籠，得煙幾減半，而墨乃彌黑，其文曰「海南松煤，東坡法墨」，皆精者也。常當防墨工盜用印，使得墨者疑。衡此墨出灰池中，未五日而色如此，日久膠定，當不減李廷珪、張遇也。子瞻自儋耳歸至廣州，舟敗，亡墨四篋，平生所寶皆盡，僅於諸子處得李墨一丸，潘谷墨兩丸，自是至毗陵，捐館舍所用，皆此三墨也。葉少蘊云：宣和初，有潘衡者，賣墨江西，自言嘗爲東坡造墨，海上得其祕法，故人争趨之。余因問東坡之子過，求其法，過大笑曰：「先人安得有法在儋耳！衡適來見，因使之別室爲煤，夜遺火，幾焚廬。翌日，煨燼中得煤數兩而無膠法，取牛皮膠以意和之，不能爲挺，磊磈僅如指者數十，公亦絶倒。衡因謝去。衡蓋自別得法，借東坡以行也。」天下事名實相蒙類如此，東坡乃以善墨聞耶。衡今在錢唐，竟以東坡故，售墨價數倍於前。然衡墨自佳，亦由墨以得名，尤用功，可與九華朱覲上下也。有女居廬陵，傳其業。孫秉彝，墨銘爲「金華潘衡嫡孫秉彝」者是也。

潘昱，善造墨。范至能謂二王府帖是昱墨所摹拓。友按黃魯直云：元祐中，親賢宅從禁中借版，刻法帖墨百本，分遺宮僚，但用潘谷墨，光輝有餘而不甚黟墨，又多木横裂文，士大夫不能別也。至能號稱博洽，而昱之名不同，疑傳聞之誤耳。

沈珪，嘉禾人。初因販繒往來黃山，有教之爲墨者，以意用膠，一出便有聲稱。後又出意取古松煤，雜松脂、漆滓燒之，得煙極精細，名爲「漆煙」。每云韋仲將法止用五兩之膠，至李氏渡江，始用對膠，而祕不傳，爲可恨。一日，與張處厚於居彦實家造墨，而出灰池失於早，墨皆斷裂，彦實以所用墨料精佳，惜不忍棄，遂蒸浸以出故膠，再以新膠和之。墨成其堅如石珪，因悟對膠法。每視煙料而煎膠，膠成和煤，無一滴多寡也，故其墨銘云「沈珪對膠，十年如石，一點如漆」，此最佳者也。其爲人有信義，庚子寇亂，何子楚避地嘉禾，連墻而居，日爲子楚言膠法，并觀其手製，雖得其大槩，至微妙處雖其子晏亦不能傳也。珪年七十餘終，晏先卒，其法遂絶。時有張孜墨，校珪漆煙而勝者，珪曰：「非此敵也。」乃取篋中先減膠一丸與孜墨竝，而孜墨反出其下遠甚。子楚叩之，云：「廷珪對膠，於百年外方見勝妙。蓋雖精烟，膠多則色爲膠所蔽，逮年遠膠力漸退，而墨色始見耳。若孜墨急於目前之售，故用膠不多而煙黑不昧，若歲久膠盡，則脱然無光，如土炭耳。孜墨用宜西北，若入二浙，一遇梅潤，則敗矣。」滕令堀監嘉禾酒時，延致珪甚厚，令盡其藝，既成，取小圓磨試，忽失所在，後二年，濬池得之，其堅緻如故，令堀莊敏公之子所蓄古墨至多而有鑒裁，謂珪曰：「幸多自愛，雖二李不能遠過也。」大觀間劉無言取蘇浩然製銘，令沈珪作數百丸以遺好事及當朝貴人所藏，未必皆浩然手製。然珪作墨，亦非近世墨工可及，實可亂真也。葉少蘊每勸人多蓄珪墨，珪死後，方知其可貴也。

僧仲球，融州人。世傳李氏膠法，在都嶠山中爲朱儀伯一作相作墨，銘曰「學易堂」者是也。

陸友《墨史》卷下

宋

戴彦衡，新安人。紹興間復古供御墨，蓋彦衡所造，自禁中降出，雙角龍文，或云米友仁侍郎所畫也。中官欲於苑中作墨竈，取西湖九里松作煤，彦衡力持不可，曰：「松當用黃山所産，此平地松，豈可用？」人重其有守。《新安志》云：彦衡自紹興八年以薦作復古殿等墨，其初降雙脊龍樣是米元暉所畫，繼作圭璧及戲虎樣，時議欲就禁苑爲窑，稍取九里松爲之，彦衡以松生道旁平地，不可用。其後衢池工載他山松往造，亦竟不成。彦衡嘗出貢餘一圭示米公，米公以爲少有其比。

蒲大韶，閬中人。得墨法於黃魯直，所製精甚，東南士大夫喜用之。嘗有中貴人持以進御，高宗方留意翰墨，視題字曰「錦屏蒲舜美」，問何人，中貴人答曰：「蜀墨工蒲大韶之字也」，即擲墨於地曰：「一墨工而敢妄作名字，可罪也！」遂不復内，自是印識即書姓名云。大韶死，子知微傳其法，與同郡史威皆著名。夔帥韓球令造數千一作十斤，愆期不能就，遣人逮之，舟覆江中，二工皆死，所售者皆其族人及役作竊大韶以自貴之。何子楚云近世所用蒲大韶墨，蓋油煙墨也。後見續仲永言紹興初，同中貴鄭幾仁撫諭吳少師玠於仙人關回，舟自涪陵來，大韶儒服手刺，就船來謁，因問油煙墨何得如是之堅久也？大韶云亦半以松煙和之，不爾則不得經久也。又周昭禮云：大韶，涪州樂温人，聓文子安；梁杲，渠州人，皆世業此。梁膠法精而值直貴，蒲麄而損梁直太半，出蜀者利其廉，攜以來者皆蒲墨也。雖均名川墨，而工製異，外有幸厔，又居蒲下，其家無人。杲有子思、温，紹其業。

蒲序，字中庠，隱居涪陵，作墨名世，不爲外飾。其法用鹿膠和劑，極清有光暈，然着濕氣輒皴起，漆之則不復畏濕。曾見序墨一笏於大梁張君錫家，面銘曰「荆璞」，幕曰「黄耳金鉉」，下云「墨隱蒲序製」，或云在廷珪前。序，宋渡江時尚存其後，有蒲雲、蒲彦輝、蒲庭一作廷璋，皆其族人也。

郭彬，不知何許人，米元暉嘗命其製墨，銘曰「山齋」。

王湍，以善墨名。嘗爲葉少藴言物性相制，固有不可知者，今或急於磨墨而沫起，殆纏筆不可作字，但取耳中塞一粟許投之，不過一再磨，即不復見。少藴試之，果然。

趙令衿，字表之，宋宗室，封安定郡王子子覺嗣子。覺，字彦先，幼俊敏有文，世受墨法，手自製，銘曰「雪齋」，爲世所貴，得之者價比金玉。彦先有子十四人，仕皆通顯，惟伯鹿傳其膠法最精，銘曰「超然清芬如在」，「超然」，表之自稱也。世言李氏對膠之妙，彦先以爲非特堅鈍難磨，且終不能黑。其法用煤六分，膠四分，始爲中度，但取煙，貴輕杵，和貴匀熟耳。煎膠以麋鹿角爲上，驢膠次之，阿井膠又次之，至其要訣，又非人所能知也。

吳滋，新安人。滋家世藏汪彦章帖云：「吳滋作墨，新有能聲。」紹興庚申，於新安郡齋授以對膠法，試之當見其佳。孝宗在東宮，以滋所造甚佳，例外犒緡錢二萬。其法取松煙，擇良膠，對以杵力，故滓不留硯。李司農若虚云：「新安出墨舊矣，唯李超父子擅名。近日墨工尤多，士大夫獨稱吳滋，使精意爲之，不求厚利，駸駸及前人矣。」滋領其言云。

何南翔，遂寧人，以墨知名。張魏公留守建康，日以書至蜀，取南翔所製墨。王晦叔爲銘其面曰「立言追聖學，籌筆活蒼生」。

胡景純，潭州人，專取桐油燒煙，名曰「桐華煙」，其製甚堅薄，不爲外飾以眩俗眼。大者不過數寸，小者圜如錢大，每磨硯間，其光可鑑。畫工寶之，以點目，瞳子如點漆。李彦穎云：長沙多墨工，唯胡氏墨千金獺髓者最著。州之大街之西安業坊有煙墨上、下巷，永豐坊有煙墨上巷。今有鄭子儀自謂得胡氏法。俊臣俗名爲「胡院子」。

世英、友直、國瑞、沛然、文中，皆景純子孫，俱世其業云。

葉谷，永嘉人。作油煙墨，與潭州胡景純相上下，而膠不及。

李世英，紹興中在吳秦王益府治墨。一日，王爲世英進墨入内，率一圭重十兩，高宗見其墨挺厚大難執，遂不御而還之，其銘爲「藂桂堂李世英造」者特佳。子克恭。

華邦憲，孝宗朝供御造墨。其一面曰「選德殿製，淳熙癸卯臣華邦憲造」，幕有特龍如畫。

侯璋汲人、石憲、蕭鳳長沙人、彭雲、彭紹、張桷瀘人、姚孟明、李英才廬陵人、杜大椿、張楚材、朱鼎臣、陳中正，已上十二人咸精其藝。淳熙以來，士大夫喜用其墨，視前代爲無媿矣。

葉世英，閩中人。周子充《玉堂雜記》云：丁酉十一月壬寅，内直宣名至清華閣，既退，中使傳旨賜世英墨五團。世英，御前墨工也。弟世傑。

郭忠厚，以墨名家。忠厚子玘，玘子喜。忠厚墨至今尚有麝氣，其面爲雙脊龍文，幕曰「喜定己卯臣郭忠厚造」。會稽王宣子家藏玘墨一挺，銘曰「復古殿製，端平乙未臣郭玘造」。

胡智，新安人。李司農云智得李氏墨法。其聓陳琦，守婦翁之法，不求速售，故世少知者。司農寓居新安，物色其人，使之造墨，猶有昔人典型。

楊振，字聲伯，長興人。武舉得官，蓄古墨最富，多精品，故所製不下趙彦先。

朱知常，銘曰「朱知常墨」，不下蒲史。

黄元功、詹從之、諸葛武仲、周達先、樊宗亮，已上五人竝居太末，傳趙彦先墨法，頗異常品。

劉忠恕，吳中人。家有墨一挺，形製甚大，止曰「劉忠恕」三字，紋理剥落，試之色澤如新。

劉文通子士先，端平間供御墨工。

葉茂實，太末人，善製墨。周公瑾言其先君明叔佐郡日，嘗令茂實造軟帳煙尤輕遠。其法用煖閣冪之，以紙帳約高八九尺，其下用盌貯油，炷燈煙直至頂。其膠法甚奇，內紫礦、秦皮、木賊草、當歸、腦子之類，皆治膠之藥。蓋膠不治則滯而不清，故其墨雖經久或色差淡，而無膠滯之患。

楊伯起者，以墨稱。其言取煙欲浮而輕，膠欲老而澂，均調揉治，不失其齊量，然後墨成。雖然，是直其麤耳，至若心解神悟，超然法度之外，吾亦不能評也。

俞林，善慶殿供御墨工。頃在淮南見墨一笏，幕作雲龍文，面曰「俞林、丘放共製香墨」。放，不知何人。

李杲、徐禧、戴溶、謝東、黃表之、潘士衡、潘士龍、楊逢辰廬陵人、葉子震、柴德言、周朝式、張公明、張永清、朱仲益、林杲字東卿、舒泰之、舒天瑞、陳伯升天台人、陳道真、鄭宣、方文龍、項應珍、范厚叔、翁壽卿、王大用、翁彥卿、周伯起墨名爲齊峯者，已上二十七人竝宋末名手，如舒泰之、翁彥卿皆嘗供御造墨，其形製少精而多麤，殊不逮前人。豈一物之微，亦與世高下。蓋松煙之法久絶，故劉葉之徒專尚油煙，宜簡版不宜紙也。

高麗

高麗貢墨，猛州爲上，順州次之。舊作大挺，不善合膠，脃軟不光。後稍得膠法，作小挺，差勝，然其煙極輕細。往時潘谷嘗取高麗墨，再杵入膠，遂爲絶等。其墨有曰「平虜城進貢」者，有曰「順州貢墨」，或曰「猛州貢墨」，率長挺而堅薄如革，版其色澤則順不逮猛也。李公擇曾惠蘇子瞻墨半枚，其印文曰「張力剛」，豈墨匠姓名耶？云得之高麗使者。魏道輔云新羅墨有蠅飲其汁，蠅立死，不知何毒之如是也，後常戒人合藥勿用新羅墨。日本亦有墨，徧肌印文，如柿蔕形。

契丹

陸子履奉使契丹日得墨，銘曰「陽岩鎮造」者，其國精品也。滕子濟亦有墨一大笏，爲龍鳳之文，面曰「鎮庫萬年不毀」。

西域

西域僧爲蘇太簡言，彼國無硯筆，但有好墨，中國不及，云是雞足山古松爲之。太簡常獲貝葉，上有梵字數百，墨倍光澤。會秋霖，爲窗雨濕，因而揩之，字終不滅。

金國

劉法，字彥矩，常山人，善博物，自製墨數品，銘曰「棲神岩造」者，佳品也。楊邦基爲畫《墨史圖》，一曰「入山」，二曰「起竈」，三曰「采松」，四曰「發火」，五曰「取煤」，六曰「烹膠」，七曰「和劑」，八曰「成造」，九曰「入灰治刷」，十曰「磨試」。彥矩云初無「入山」、「磨試」二事，而「成造」、「入灰」、「出灰」、「治刷」本四事，楊合爲二，復增「入山」、「磨試」，總成十圖云。

楊文秀，字伯達，本江左人，在金之季，以善墨聞。其法不用松炬，而用鐙煤。子彬得其遺法，以授耶律楚材，楚材授其子鑄，使造一萬丸，銘曰「玉泉萬笏」。

高啓《鳧藻集》卷四《墨翁傳》 墨翁者，吳槐市里中人也。嘗游荆楚間，遇人授古造墨法，因曰：「吾鬻此，足以資讀書，奚汲汲四方乎？」乃歸署門曰造古法墨，躬操杵臼，雖軀手黧面而形貌奇古，服危冠大褏，人望見咸異之。時磨墨潘數斗，醉爲人作徑尺字，殊偉，所製墨有定直，酬弗當輒弗予，故他肆之屨恒滿，而其門落然。客有誚之曰：「子之墨雖工，如弗售何？」翁曰：「嘻，吾之墨聚材孔良，用力甚勤，以其成之難，故不欲售之易也。今之逐利者，苟作以眩俗，卑賈以餌衆，視之雖如玄圭，試之則若土炭，吾竊恥焉。使吾欲售而效彼之爲，則是以古墨號于外，而以今墨售於內，所謂衒璞而市鼠腊，其可乎？吾既不能爲此，則無恠其即彼之多也。且吾墨雖不售，然視篋中則黝然者固在，何遽戚戚爲。」乃謝客閉户而歌曰：「守吾玄以終年，視彼沽者沘然。」客聞之曰：「隱者也。吾儕誦聖人之言以學古，爲則不能以實德弸其中，徒飾外以從俗徼譽者，豈不愧是翁哉？」歎息而去。齊人高啓聞其言以足自警也，遂書以爲傳。翁姓沈名繼孫，然世罕知之，唯呼墨翁云。

孔齊《至正直記》卷二《墨品》 江南之墨，稱于時者三：龍游、齊峯、荆溪也。予嘗試之，二者或煤粗損硯，惟荆溪于仲所造，則無此病，但傷于膠重耳。至順後，或用魚膠者，甚好。于氏已絶嗣，外甥李文遠得其傳，不若老于親造之爲佳。後至元間，姑蘇一伶人吳善字國良者，以吹簫游于貴卿士大夫之門，偶得造墨法來荆溪，亟於李，於可用也。近天台黃修之所造，可備急用。其長沙、臨江，皆不足取，兵後亦亡矣。

陶宗儀《南村輟耕録》卷二九《墨》

唐

祖敏　奚鼐易水。　奚鼎鼐之弟。　奚起鼎之子。　陳朗兗州。　王君得柴珣並唐末五代。

南唐

李超鼐之子，始居歙州。南唐賜姓李氏。 李廷珪 李廷寬 李承宴皆超之子。 李文用承宴之子。 李惟慶 李惟一 李仲宣皆文用子。 耿遂仁歙州。 耿文政 耿文壽皆遂仁子。 耿德 耿盛 盛匡道宣州。 盛通 盛真 盛舟 盛信 盛浩

宋

張遇 潘衡 蒲大韶款曰書窗輕煤，佛帳餘韵。 葉世英嘗造德壽宫墨。 朱知常款曰朱知常香齊。 梁杲 徐知常 葉邦憲嘗造復古殿墨。 雪齋款曰雪齋墨寶。 李世英款曰叢桂堂李世英。 胡友直 潘衡孫秉彝 周朝式 李世英男克恭 樂温 蒲彦輝 劉文通 郭忠厚 鏡湖方氏 黄表之 齊峯 劉士先嘗造緝熙殿墨。 寓菴得李、潘心法。 俞林 丘攽 謝東 徐禧 葉茂實三衢。 翁彦卿

元

潘雲谷清江。 胡文中長沙。 林松泉錢唐。 於材仲宜興。 杜清碧武夷。 衛學古松江。 黄修之天台。 朱萬初豫章。 丘可行金溪。 丘世英 丘南傑皆可行子。

楊慎《升庵集》卷六六《朱萬初墨》 元有朱萬初，善製墨，純用松烟，蓋取三百年摧朽之餘，精英之不可泯者用之，非常松也。天曆乙巳，開奎章閣，揀儒臣親侍翰墨，榮公存初、康里公子山皆侍閣下，以朱萬初所製墨進，大稱旨，得禄食藝文館。虞文靖公贈之詩曰：「霜雪摧殘澗壑非，深根千歲斧斤違。寸心不逐飛烟化，還作玄雲繞紫微。」蓋紀兹事也。又曰：「萬初之墨沉著而無留跡，輕清而有餘潤，其品在郭圮父子間。」又跋其後曰：「近世墨以油烟易松烟，姿媚而不深重。萬初既以墨顯，又得真定劉法造墨法於石刻中，以爲劉之精藝深心，盡在於此，必無誤後世，因覃思而得之。余嘗謂松煙墨深重而不姿媚，油煙墨姿媚而不深重，若以松脂爲炬取煙，二者兼之矣。」宋徽宗嘗以蘇合油搜烟爲墨，至金章宗購之，一兩墨價黄金一斤，欲倣爲之不能，此謂之墨妖可也。

楊慎《升庵集》卷六六《玉泉墨》 南中楊生製墨，不用松煙，止以燈煤爲之，名「玉泉墨」。又金章宗宫中，以張遇麝香小御團爲畫眉墨。余謂「玉泉」之名與燈煤無干，只以東坡「佛幌輕烟」爲名，豈不奇絶。

楊慎《升庵集》卷六六《松墨》 古墨惟以松煙爲之。曹子建詩：「墨出青松烟，筆出狡兔翰。」唐詩：「輕翰染松烟。」東坡詩：「徂徠無老松，易水無良工。」《小説》載：王方翼燎松丸墨，富家。《聞見録》云：唐李超，易水人，與子廷珪亡至歙州，其地多松，因留居，以墨名家。《仇池筆記》：真松煤遠烟，自有龍麝氣。世之嗜者如滕達、蘇浩然、吕行甫，暇日晴暖，研墨水數合，弄筆之餘，乃啜飲之。又云：「三衢蔡瑫自煙煤膠外，一物不用，特以和劑有法，甚黑而光。近世稱徽墨，率用桐油煙，既非古法，墨成亦用漆爲衣，始光。」東坡云：「光而不黑，索然無神氣，亦復安用。殆此等耶？予得墨法於異人，祗用煙膠成，即光如漆，名之曰「一品玄霜」，殆不虚也。」

王世貞《弇州四部稿》卷一七〇 陶九成載墨工，唐祖敏、奚鼐、奚鼎、奚起、陳朗、王君得、柴珣，南唐李超、李廷珪、廷寬、承宴、文用、惟慶、惟一、仲一，皆超之後。耿遂仁、文政、文壽、耿德、耿盛、盛匡道、盛通、盛真、盛信、盛浩，宋張遇、潘衡、蒲大韶、葉世英、朱知常、梁杲、胡友直、潘秉彝、徐知常、葉邦憲、周朝式、李世英、克恭、樂温，恭子。蒲彦輝、劉文通、郭忠厚、黄表之、劉士先、俞林、丘攽、謝東、徐禧、葉茂實。有姓號而無名者，方鏡湖。有號而無姓者，雪齋、齊峰、寓庵。元胡文忠，於材仲、衛學古、黄脩之、朱萬初、丘可行、丘世英、丘南傑。有姓號而無名者，潘雲谷、林松泉、杜清碧，可謂詳矣。然始不載韋誕、張永，宋不載常和、沈珪、陳相、張孜、沈晏、張谷、潘谷、葉谷、常遇、潘遇、陳瞻、王迪、蘇澥、陳昱、關珪、關瑱、郭遇明、江通、朱覲、胡景純、梅瞻、耿德真，何也。士大夫如蘇子瞻、晁季一、賀方回、張秉道、康爲章，皆能製墨，見何薳《春渚紀聞》。陶以柴珣列唐而薳云國初人，其不同乃爾。

陳繼儒《珍珠船》卷二 李廷珪父超，易水人，造墨尤妙，其堅如玉，其紋如犀。

麻三衢《墨志·系氏第二》

周 浮提國人 越王女

漢 田真 尚書令

魏 武帝

東魏

韋　誕　賈思勰

梁

張　永　冀　公

唐

高　祖　元　宗　祖　敏

奚　鼐易水。　奚鼎鼐弟。　奚　超鼐子。

陳　朗兗州。　王君得　柴　珣

南唐

徐　熙　徐崇嗣熙子　李　超即鼐之子，渡江後，南唐賜姓。

李廷珪　李廷寬按《墨史》，超之次子。李承晏並超子。《墨史》，廷寬子。

李　慥　韓熙載　李文用承晏子。

李惟慶　李惟一　李仲宣並文用子。

耿遂仁按《墨史》作耿仁遂。　耿文政　耿文壽並遂仁子。

耿　德按墨史。作耿德真。　耿　盛　盛匡道宣州。

盛　通一作道。　盛　真　盛　丹一作舟。

盛　信　盛　浩一作皓。○並宣州。　朱　逢

徐　鉉　景　煥

宋

徽　宗　范　質　郭遇明

汪　通一作江通。　常　和　張　遇

朱　覲　胡景純　梅　瞻《墨史》作贍。

耿德真　郭　玘　蘇子瞻

賀方回　沈　師　董仲淵

張懷民　潘　衡　潘秉彝衡之孫。

葉世英　朱知常　梁　杲

胡友直　張秉道　王　量

李世英　李克恭　徐智常

葉邦憲　晁寄一　周朝式

雪　齋　蒲大韶　樂　温

康爲章　蘇彦輝　劉文通

郭忠厚　齊　峯　何　蘧按蘧疑遽。

方鏡湖　黄表之　劉士先

寓　庵　俞　林　邱　攽

謝　東　徐　禧　蔡　瑫一作滔。

葉□實按《墨史》，葉茂實。　翁彦卿　潘　遇

蘇　澥　陳　昱　關　珪

關　瑱　沈　珪　陳　瞻

王　迪　潘　谷　陳　相

張　孜　沈　晏　張　谷

葉　谷　常　遇

金

章　宗

元

潘雲谷清江。　胡文忠長沙。　林松泉錢塘。

於材仲宜興。　杜清碧武夷。　衛學古松江。

黄修之天台。　朱萬初豫章。　邱可行金溪。

邱世英　邱南傑並可行子。

明

查文通　龍忠迪　方　正

蔡眉陽　羅小華　邵格之

程君房　方于魯　蘇乂元

邵青邱　汪伯倫　江晴川

汪一元　方林宗　潘方凱

汪中山　黄鳳臺　吴去塵

吴羽吉　丁南羽　吴左千按汪仲淹《墨書》作左千。

江文所　程禹伯　屠赤水

鄭仲嘗　葉元卿　程文登

潘嘉客　方正冕按疑方冕。　胡元真

吴長孺　方書田　孫玉泉

方坦庵　黃昌伯　王于凡　吳名望　朱紹本　徐　鳳　查鳳山　吳仲實　吳三玉　朱德甫　汪一陽　汪子元　吳南清　方楚嬰　汪時育　吳越石　汪俊賢　汪德順　程孟陽　吳連叔　吳樂生　胡梅亭　吳省元　程君亮　松溪子　西　隱　不二生墨表有不二齋。　方季康　劉雲峯　王　氏

孫敬泉　邵賓王　吳元象　葉大木　汪可泉　方　激　程魁野　黃長吉　劉　鐶　朱一涵　胡朝用　吳德卿　吳　泉　汪伯喬　孫碧溪　吳乾初　葉君錫　吳仲嘉　黃無隅　黃　奐　程夢瑞　春　宇　方栢源　吳仲暉　曹石葉　朱　震　游君用　程鳳池　程齊五　德　美

許方城　汪仲嘉　吳益之　程周修　孫玉亮　方鳳岐　汪鴻漸　吳叔大　汪君政　吳元輔　江之東　翁義軒　葉鳳池　汪春元　侯承之　方正泳　大　激案方于魯名大激。疑重出。　潘丕承　吳葆素　吳龍媒　汪前川　畢思溪　朱　獻　吳君衡　吳充符　方　雲　程東里　汪文憲　胡君理　楊　生

朱　氏　汪時茂　汪熙承

居易山人

麻三衡《墨志・治膠第四》 祖氏，本易定人，唐時墨官也。其妙者必以鹿角膠和之，故祖氏之名，聞于天下。今太行、濟源、王屋，亦多好墨，有圓如規者，亦墨之古製。【略】

《春渚紀聞》曰：陳瞻，真定人。初造，遇異人傳和膠法，因就山中古松取煤，其用膠雖不及常和、沈珪，而置之濕潤，初不蒸敗，此其妙處也。又受異人之教，每斤止售半千，價雖廉，而利常贏餘。余嘗以萬錢就瞻取墨，適非造墨時，因返金，而以斷裂不完者二十笏爲寄，曰：此因膠緊所致，非深于墨，不敢爲獻也。試之，果出常製之右，余寶而用之，并就真定公庫轉置，得百笏，自謂終身享之不盡。金人渡江，一掃無餘，繼訪好事所藏，蓋一二見也，緣瞻在宣和間已自貴重，斤直五萬，比其身在，蓋百倍矣。瞻死，壻董仲淵因其法而加膠，墨尤堅緻，恨其即死，流傳不多也。董後有張順，亦瞻壻，而所製不及淵，亦失瞻法。余偶與曾純父論李氏對膠法，因語及嘉禾沈珪與居彥實造墨再和之妙，純父曰：「頃于相州韓家見廷珪一墨，曰『廷珪四和墨』，則知對膠之法，寓于此也。」

麻三衡《墨志・和製第五》 沈郎中帥鄜延，以石燭作墨，堅重而黑，在松煙之上。曹公所藏，豈此物邪。【略】

沈珪，嘉禾人。初因販繒，往來黃山，有教之爲墨者，以意用膠，一出便有聲稱。後又出意取古松煤，雜用脂漆滓燒之，得煙極精細，名爲漆煙。每云：韋仲將法止用五十兩之膠，至李氏渡江，始用對膠，而祕不傳爲可恨。一日與張處厚于居彥實家造墨，而出灰池失早，墨皆斷裂，彥實以所用墨料精佳，惜不忍棄，遂蒸浸以出故膠，再以新膠和之，墨成，其堅如玉石，因悟對膠法。每視煙料而煎膠，膠成和煤，無一滴多寡也，故其墨銘云「沈珪對膠，十年如石，一點如漆」者，此其最佳者也。珪年七十餘，晏先珪卒，其法遂絶。

麻三衡《墨志・和製第五》 《宛委餘編》曰：造墨之妙者，無過魏韋誕，所謂仲將之墨，一點如漆者也。六朝無過張永，五季無過奚超及奚子廷珪，珪在南唐賜國姓，寘之水中，三年不壞。宋有常和、沈珪、陳瞻者，皆妙品也。張遇以龍香劑進御。有隱君子王迪者，止用遠煙鹿膠，而自有龍麝氣，當勝之。至潘谷而妙，駸駸乎廷珪流亞矣。元朱萬初，又谷流亞矣。

麻三衡《墨志・稽式第六》 崇寧已來，都下墨工，如張孜、陳昱、關珪、關

瑱、郭遇，皆有聲稱，而精于樣製。【略】

黃山張處厚、高景臨，皆起竈作煤，製墨爲世業。其用遠煙魚膠所製，佳者不減沈師、常和、沈珪、汪通輩或不自入山，亦多即就二人買煙，令渠用膠，止各用印號耳。

九華朱覲，亦善用膠作軟劑，出光墨。莊敏滕公作郡日，令其子製，銘曰「愛山堂造」者，最佳也。子聰不逮其父。

麻三衡《墨志・權質第八》 南唐于饒置墨務，歙置硯務，揚置紙務，各有官。歲貢有數，求墨工于海陽，紙工于蜀中。主好蜀紙，既得蜀工，使行境內，而六合之水與蜀同。李本奚氏，以幸賜國姓，世爲墨官云。唐之問，質肅公之子，有墨曰「饒州供進墨務官李仲宣造」，世莫知其何人子，頗有家法，或以遺黃魯直，直以爲不迨孫氏所有。陳留孫待制家，有墨半挺，號稱廷珪，但色重爾，非古製也。【略】

墨工製名，多相蹈襲，其偶然耶，亦好事者冀其精藝追配前人，故以重名之耳。南唐李廷珪子承晏，今有沈珪子晏，又有關珪。國初張遇，後有常遇，和之子，又有潘遇，谷之子。黟川布衣張谷，所製得李氏法，而世不多有，同時有潘谷，又有永嘉葉谷，作油煙，與潭州胡景純相上下，而膠法不及。陳瞻之後，又有梅瞻。耿德真，江南人，所製精者不減沈珪，惜其早亡，藏墨之家，不多見也。

謝肇淛《五雜組》卷一二《物部四》 李廷珪，唐僖宗時人，其墨在宋時如王平甫、石昌言、秦少游、蔡君謨輩皆有藏者。國朝馬愈《日抄》言：「在英國府中曾一見之。」今又百五十年矣，大內不可知，人間恐不可復得，即張遇、陳朗、潘谷皆無存者。以今之墨，不下往昔故也。

廷珪自易徙歙，遂爲歙人，則歙墨源流其來久矣。廷珪弟廷寬，寬子承宴，宴子文用，皆世其業而漸不逮。又有柴珣、朱君德小墨，皆唐末三代知名者。張遇、王迪、葉茂實、潘谷、陳朗、陳惟達、李仲宣，宋墨之良者也。元有朱萬初，純用松烟。國朝方正、羅小華、邵格之皆擅名一時。近代方于魯始臻其妙，其三十前所作九玄三極前無古人，最後程君房與爲仇敵，製玄元靈氣以壓之，二家各爭其價，紛拏不定。然君房大駔，亡命不齒倫輩，故士論迄歸方焉。

徐𤊹《宋蔡忠惠公別紀補遺》卷之下 蔡君謨常評李超墨。超，易水人，唐末與其子庭珪渡江至歙州，以地多美松，因留居，遂以墨名。家本姓奚，江南賜姓李氏。珪或爲邽，弟廷寬，男承宴，孫文用皆有名。又有朱君德、柴詢、柴成務、李文遠、張遇、陳贇，亦著名江南。當時其制有劍脊圓餅、拙墨、進貢墨、供堂墨，其面多作蛟龍，其幕有「宣府」字，今人間已少傳者。仁宗宴賜近臣墨，其文曰「新安香墨」，皆庭珪雙脊龍樣，尤爲佳品。《浪齋便録》

萬壽祺《墨表》二篡

宋

湻熙朝

朱熹一　葉理一

明

宣德朝

御墨四　方正三　邵格之十

成化朝

羅小華十三

嘉靖朝

方正子冕一　方冕子激一　泳一　方正曾孫鳳岡二

鳳岐三　邵青田一　邵青邱九　邵瓊林二

邵氏一　汪海厓一　汪南石一

萬曆朝

汪元一四　汪啓思一　汪仲嘉三　汪松菴一

汪氏二仲一　方暘泉一　方季康一　孫瑞卿一

孫繼洲一　孫玉泉一　孫氏一　佘雙松

潘嘉客一　潘方凱一　項玄貞一　郭胤高一

吳翼明一　吳民望三　吳孝甫一　吳仲輝二

吳充符一　胡玄貞二　程丙叔一　程用修一

有字號無姓

華陽一　常和一　鐵山道人一　伯瑛氏一

西隱道人一　靈源　仰泉一　乾初氏一

無姓氏字號

碧天無際一　寫經墨一　捻劑二　亭館

竹梧館一　香林館一　介福堂一　鼎菴一

秋水亭一　戲墨　九種

徽外

高麗墨一

萬壽祺《墨表》四纂《古今墨論》 六朝之後，復有李承晏、李文用、陳贇、盛皓、盛道、盛丹、盛真、柴珣、宣道、宣德、朱君德、耿德真，皆類廷珪，爲墨中神品。又猛、順二州貢墨，光澤可愛，皆尊貴不易得。唐玄宗御按墨曰「龍香劑」。一日見墨上有小道士如蠅而行，上叱之，即呼萬歲，曰：「臣墨之精，黑松使者也。」世人有文者，其墨上皆有龍賓十二。

阮葵生《茶餘客話》卷一九《制墨名家》 古來制墨名家，常山張順、九華朱覲、嘉禾沈珪、金華潘衡、桐柏張灝、河東解子誠，獨李氏父子擅名，以能世其業也。

江登雲、江紹蓮《橙陽散志》卷末《備志》 歙工首推制墨，而銅錫、竹器及螺蜔諸品，并號精良。若羅經、日晷，則奇巧獨擅矣。

墨工惟歙最著，以流傳有自也。南唐李超及其子廷珪始作，宋時潘谷繼之。嘉靖後，若羅小華、程君房、方于魯、吴去塵，皆名重一時，半螺寸珽，珍同珙璧。而國朝之貢上方邀宸鑒，則有曹素功。此外，擅名墨藪者尤不下百數十家，胥能行世傳遠。夫文房精玩四，而婺之硯，歙之墨，徽居其二，詎不韙哉。

紀事

賈思勰《齊民要術》卷九《合墨法》 好醇煙擣訖，以細絹篩於堈內，篩去草莽，若細沙塵埃。此物至輕微，不宜露篩，喜失飛去，不可不慎。墨一斤，以好膠五兩浸梣皮汁中。梣，江南樊雞木皮也。其皮入水緑色，解膠又益墨色。可下雞子白，去黄，五顆，更以真朱砂一兩，麝香一兩别治細篩，都合，調下鐵臼中，寧剛不宜澤，擣三萬杵，杵多益善。合墨不得過二月、九月，温時敗臭，寒則難乾，潼溶見風日解碎。重不得過二三兩，墨之大訣如此，寧小不大。

陶穀《清異録》卷下《文用門》 副墨子 蜀人景焕，博雅士也，志尚静隱，卜築玉壘山，茅堂花榭，足以自娱。嘗得墨材甚精，止造五十團，曰：「以此終身。」墨印文曰「香璧」，陰篆曰「副墨子」。

麝香月 韓熙載留心翰墨，四方膠煤多不合意。延歙匠朱逢，於書館傍燒墨供用，命其所曰「化松堂」，墨又曰「玄中子」，又自名「麝香月」，匣而寶之。熙載死，妓妾攜去，了無存者。

蘇易簡《文房四譜》卷五《墨譜》

一之叙事

《真誥》云：今書通用墨者何，蓋文章屬陰，墨，陰象也，自陰顯于陽也。

《續漢書》云：中宫令主御墨。

《漢書》云：尚書令僕丞郎，月賜隃麋大墨一枚，小墨一枚。

《東宫故事》：皇太子初拜，給香墨四丸。

《釋名》曰：墨者，晦也，言似物晦墨也。

《陸士龍與兄書》曰：一日上三臺，得曹公藏石墨數十萬斤，然不知兄頗見之否，今送二螺。

古有九子之墨，祝婚者多子，善禱之像也，詞曰：九子之墨，藏于松煙，本性長生，子孫無邊。

《顧微廣州記》曰：懷化郡掘塹，得石墨甚多，精好可寫書。今山中多出朱石，亦可以入朱硯中使。

戴延之《西征記》曰：石墨山北五十里，山多墨可書，故號焉。盛宏之《荆州記》曰：築陽縣亦出。

楊雄詔令：尚書賜筆墨，觀書石室。

《墨藪》云：凡書先取墨，必廬山之松烟，岱郡之鹿角膠，十年之上强如石者妙。

《周書》有涅墨之刑，莊子云：砥筆和墨，晉公墨衰，邑宰墨綬，是知墨其來久矣。

陶侃獻晉帝牋紙三十枚，墨二十丸，皆極精妙。

王充《論衡》云：以塗傳泥，以墨點繒，孰有知之。清受塵白取垢青蠅之污，常在絹素。

歐陽通每書，其墨必古松之烟，末以麝香，方可下筆。

許氏《説文》云：墨者，墨也，字從黑土，墨者煤烟所成，土之類也。

古人灼龜，先以墨畫龜，然後灼之，兆順食墨乃吉。《尚書・洛誥》云：惟洛食。漢文大横入兆，即其事也。

北齊朝會儀，諸郡守勞訖，遣陳土宜，字有謬誤，及書跡濫劣者，必令飲墨水一升。見《開寶通禮》。

酈元注《水經》云：鄴都銅雀臺北曰「冰井臺」，高八丈，有屋一百四十間，上有冰室數井，井深十五丈，藏冰及石墨焉，石墨可書。又見陸雲與兄書云。

《括地志》云：東都壽安縣洛水之側，有石墨山，山石盡黑，可以書疏，故以石墨名山。

《新安郡記》云：黟縣南一十六里有石嶺，上有石墨，土人多采以書，有石墨井，是昔人采墨之所，今懸水所淙激，其井轉益深矣。

《陳留耆舊傳》云：王邯剛猛，能解槃牙破節目，考驗楚王英謀反，連及千餘人事，竟引入詰問無謬，一見，賜御筆墨，再見，賜佩帶，三見，除司徒西曹屬。

王充《論衡》云：河出圖，洛出書，此皆自然也，天安得筆墨圖畫乎。

《晉令》：治書令史掌威儀禁令，領受寫書縑帛筆墨。

《筆陣圖》以筆爲刀矟，墨爲鍪甲。

蘇易簡《文房四譜》卷五《墨譜》二之造

韋仲將《墨法》曰：即韋誕也。今之墨法，以好醇松烟乾擣，以細絹篵於缸中，篵去草芥。此物至輕，不宜露篵，慮飛散也。烟一斤已上，好膠五兩，浸梣皮汁中。梣皮即江南石檀木皮也。其皮入水緑色，又解膠，并益墨色。可下去黄雞子白五枚，亦以真珠一兩，麝香半兩，皆別治細篵。都合調下鐵臼中，寧剛不宜澤。擣三萬杵，杵多益善。不得過二月、九月，温時臭敗，寒則難乾。每錠重不過二兩。故蕭子良《答王僧虔書》云：「仲將之墨，一點如漆。」

冀公墨法：松烟二兩，丁香、麝香、乾漆各少許，右以膠水溲作挺，火烟上薰之，一月可使。入紫草末色紫，入秦皮末色碧，其色俱可愛。

昔祖氏本陽定人，唐時墨官也。今墨之上必假其姓而號之，大約易水者爲上。其妙者必以鹿角膠煎爲膏而和之，故祖氏之名聞於天下。今太行濟源、王屋亦多好墨，有圓如規，亦墨之古製也。有以栝木烟爲之者尤麤。又云：上黨松心爲之尤佳，突之末者爲上。

江南黟歙之地，有李廷珪墨尤佳。廷珪本易水人，其父超，唐末流離渡江，覩歙中可居造墨，故有名焉。今有人得而藏于家者，亦不下五六十年。蓋膠敗而墨調也。其堅如玉，其紋如犀，寫踰數十幅，不耗一二分也。

墨或堅裂者至佳，凡收貯宜以紗囊盛，懸於透風處佳。造朱墨法：上好朱砂細研飛過，好朱紅亦可。以梣皮水煮膠，清浸一七日，傾去膠清。於日色中漸漸漉之，乾濕得所，和如墨挺，於朱硯中研之，以書碑石。亦須二月、九月造之。

宋張永涉獵經史，能爲文章，善隸書，又有巧思，紙墨皆自造。上每得永表，輒執玩咨嗟久之，嘆供御者不及也。

造麻子墨法：以大麻子油沃糯米半碗强，碎剪燈心堆于上，燃爲燈。置一地坑于中，用一瓦鉢微穿透其底，覆其焰上，取烟煤重研過。以石器中煎煮皂莢膏，并研過者糯米膏，入龍腦、麝香、秦皮末和之，擣三千杵。搜爲挺，置蔭室中俟乾。書於紙上，向日若金字也。秦皮，陶隱居云俗謂之樊槻皮。以水漬和墨，書色不脱，故造墨方多用之。

近黟歙間有人造白墨，色如銀。迨研訖，即與常墨無異。即未知所製之法。

蔡襄《端明集》卷三四《文房四説》 黄山松煤至精者，造墨可比李庭珪，然匠者多貧，人於以求利，故不逮也。近有道人，自能燒烟，遣令就黄山取煤，必得佳者。

沈括《夢溪筆談》卷二四《雜誌一》 鄜延境内有石油，舊説高奴縣出脂水，即此也。生於水際，沙石與泉水相雜，惘惘而出。土人以雉尾裛之，乃采入缶中，頗似淳漆，然之如麻，但煙甚濃，所霑幄幕皆黑。予疑其煙可用，試掃其煤以爲墨，黑光如漆，松墨不及也。遂大爲之，其識文爲「延川石液」者是也。此物後必大行於世，自予始爲之。蓋石油至多，生於地中無窮，不若松木有時而竭。今齊魯間松林盡矣，漸至太行、京西、江南，松山大半皆童矣，造煤人蓋未知石煙之利也。石炭煙亦大墨人衣，余戲爲延州詩云：「二郎山下雪紛紛，旋卓穹廬學塞人。化盡素衣冬未老，石煙多似洛陽塵。」

王闢之《澠水燕談録》卷九 南唐後主留意筆札，所用澄心堂紙、李廷珪墨、龍尾石硯三物，爲天下之冠。自李氏之亡，龍尾石不復出。嘉祐中，校理錢仙芝知歙州，訪得其所乃大溪也。李氏嘗患溪不可入，斷其流，使由他道。李氏亡，居民苦其溪之回遠，導之如昔，石乃絶。仙芝移溪還故道，石乃復出，遽與諸溪並行。莆陽蔡君謨常評李超，易水人，唐末與其子廷珪渡江至歙州，以其地多美松，因留居，以墨名家，本姓奚，江南賜姓李氏，珪或爲邽。珪弟廷寬，男承晏，承晏男文用，皆有聞易水。江南又有朱君德、柴詢、柴成務、李文遠、張遇、陳贇著名。當時其制有劍脊、圓餅、拙墨、進貢墨、供堂墨，其面多作蛟龍，其幕音縵有宣府字，或云止宣，或著姓氏，或別州府，今人間已少傳者。仁宗嘉祐中宴近臣，於宴嘗以墨賜之，其文曰「新安香墨」，其後，翰林諸君承賜者皆廷珪，雙脊龍様尤爲佳品。

王欽臣《王氏談録·雌黄墨》 公言雌黄爲墨，校書甚良，飛研極細堅，膠揉爲挺，無油萘器中磨，加以少藤黃，尤佳。

晁貫之《墨經》

松

古用松煙、石墨二種，石墨自晉魏以後無聞，松煙之製尚矣。漢貴扶風隃麋、終南山之松，蔡質《漢官儀》曰：「尚書令、僕、丞、郎月賜隃麋大墨一枚，小墨一枚。」晉貴九江廬山之松，衛夫人《筆陣圖》曰：「墨取廬山松煙。」唐則易州、潞州之松，上黨松心尤先見貴。後唐則宣州黃山、歙州黟山松、羅山之松，李氏以宣歙之松類易水之松。今兗州泰山、徂徠山、嶧山、沂州龜山、蒙山，密州九仙山，登州牢山，鎮府、五臺、邢州、潞州太行山，遼州遼陽山，汝州竈君山，隨州桐柏山，衛州共山，衢州柯山，池州九華山及宣歙諸山，皆產松之所。兗、沂、登、密之間山，總謂之「東山」，鎮府之山，則曰「西山」。自昔東山之松，色澤肥膩，性質沉重，品惟上上，然今不復有。今其所有者纔十餘歲之松，不可比西山之大松。蓋西山之松與易水之松相近，乃古松之地，與黃山、黟山、羅山之松，品惟上上。遼陽山、竈君山、桐柏山可甲乙，九華山品中，共山、柯山品下。大槩松根生茯苓，穿山石而出者透脂松，歲所得不過二三株，品惟上上。根幹肥大，脂出若珠者曰脂松，品惟上中。可揭而起，視之而明者曰「揭明松」，品惟上下。明不足而紫者曰「紫松」，品惟中上。礦而挺直者曰「籤松」，品惟中中。明不足而黃者曰「黃明松」，品惟中下。無膏油而漫若糖苴然者曰「糖松」，品惟下上。無膏油而類杏者曰「杏松」，品惟下中。其出歷青之餘者曰「脂片松」，品惟下下。其降此外，不足品第。

煤

古用立窑，高丈餘，其竈寬腹小口，不出突，於竈面覆以五斗甕，又益以五甕，大小爲差。穴底相乘，亦視大小爲差。每層泥塗惟密，約甕中煤厚住火，以鷄羽掃取之，或爲五品，或爲二品，二品不取最先一器。今用卧窑，疊石累礦，取岡嶺高下，形勢向背，而或長百尺，深五尺，脊高三尺，口大一尺，小項八尺，大項四十尺，胡口二尺，身五十尺。胡口亦曰「咽口」，口身之末曰「頭」。每以松三枝或五枝徐爨之，五枝以上，烟暴煤麄，以下則煙緩煤細，枝數益少益良，有白灰去之，凡七晝夜而成，名曰一會。候窑冷采煤，以項煤爲二器，以頭煤爲一器。頭煤如珠如纓絡，身煤成塊成片。頭煤深者曰「遠火」，外者曰「近火」，煤不堪用。凡煤貴輕，舊東山煤輕，西山煤重，今則西山煤輕，東山煤重。凡器大而輕者良，器小而重者否。凡振之而應手者良，擊之而有聲者良。凡以手試之而入人紋理難洗者良。以物試之自然有光成片者良。凡墨有穿眼者謂之滲眼，煤雜，窑病也。舊窑有蟲鼠等糞及窑衣露蟲雜在煤中，莫能揀辨，唯唾多可弭之，然終不能無。

膠

凡墨，膠爲大。有上等煤而膠不如法，墨亦不佳。如得膠法，雖次煤能成善墨，且潘谷之煤，人多有之，而人製墨，莫有及谷者，正在煎膠之妙。凡膠，鹿膠爲上，《考工記》曰：「鹿膠青白，馬膠赤白，牛膠火赤，鼠膠餌，犀膠黃，莫先於鹿膠。」故魏夫人曰：「墨取廬山松煙，代郡鹿膠。」凡鹿膠，一名白膠，一名黃明膠，《墨法》所稱黃明膠，正謂鹿膠，世人多誤以爲牛膠。但鹿膠難得，煎法用蠟及胡麻者，皆不入墨家之用。案隱居《白膠法》，先以米瀋汁漬七日，令軟，然後煮煎之，如作阿膠淘。又一法，細剉鹿角與一片乾牛皮同煎，即銷爛。唐《本草》注曰：「麋角、鹿角煑濃汁，重煎成膠。」今法取蛻角，斷如寸，去皮，及赤觪，以河水漬七晝夜，又一晝夜煎之，將成以少牛膠投之，加以龍麝。鹿膠之下，當用牛膠。牛用水牛皮，作家所謂鄉掘皮最良，剔除去毛，以水浸去塵汙，浸不可太軟，當須有性，謂之夾生。煎火不可暴，常以篦攪之不停手，貴氣出不昏。時時揚起視之以候厚薄，直至一條如帶爲度。其墨膠不可單用，或以牛膠、魚膠、阿膠參和之。兗人舊以十月煎膠，十一月造墨。今旋煎旋用，殊失之，故潘谷一見陳相墨，曰：惜哉！其用一生膠耳。當以重煎者爲良。

羅

凡煤須用羅，後魏賈思勰曰：醇煙擣訖，當以細絹篩堈內。此物至輕微，不宜露篩，喜飛去，不可不謹。

和

凡和煤，當在浄密小室內，不可通風。傾膠於煤中央良久，使自流，然後衆力急和之，貴潤澤而光明。初和如麥飯許，搜之有聲乃良膠。初取之和下等煤，再取之和中等煤，最後取之和上等煤。凡煤一片，古法用膠一片，今用膠水一斤，水居十二兩，膠居四兩，所以不善。然賈思勰墨法，煤一斤，用膠五兩，蓋亦未盡善也。況膠多利久，膠少利新，匠者以其速售，故喜用膠少。觀易水奚氏、歙州李氏，皆用大膠墨紙黃，小膠墨紙微黃，其力以是爲差。

凡大膠必厚，厚難於和，和之柔則善，剛則裂。若以漆和之，凡煤一斤，以生漆三錢，熟漆二錢，取清汁投膠中，打之勻，和之如法。

擣

凡擣不厭多，魏韋仲將《墨法》：鐵臼中擣三萬杵，杵多益愈。後賈思勰法曰：亦擣三萬杵，杵多益善。唐王君德則用石臼擣三二千杵，蓋其擣無數。其擣過粘後，光不可搗，自從臼中捉出爲度。出臼納靜器內，用紙封羃，熳火養之，紙上作數穴以通氣，火不可間斷，爲其畏寒。然不可暴，暴則潼溶，謂之熱粘，不堪製作。凡鹿膠搗成便丸捍，不可遲延，稍遲乃皴裂不堪。若牛膠，擣之一日後，膠行力均，再入臼搗二餘下乃可丸。捍丸時用五人相次，人有錢砧，椎三五百下，舊語曰「一椎一折鬪手捷」，此其法也。初椎成爲光劑，爲硬劑，又過硬劑，爲熱劑。每一劑傳畢五人成熟劑，乃入匠手丸捍。

丸

凡丸劑不可不熟，又病於熱，熱不堪用，雖成，必不光澤，易碎裂。凡急手爲光劑，緩手爲皴劑，一丸即成，不利於再。

藥

凡墨藥尚矣。魏韋仲將用真珠、麝香二物。後魏賈思勰用梣木、鷄白、真珠、麝香四物。唐王君德用醋、石榴皮、水犀角屑、膽礬三物。王又法用梣木皮、皂角、膽礬、馬鞭草四物。李廷珪用藤黄、犀角、真珠、巴豆等十二物。今兖人不用藥爲貴，其説曰：正如白麵、清麵，又如茶之不可雜以外料。亦自有理，然不及用藥者良。舊有別集《藥法》一卷。

印

凡底版貴平直，寧大不小。平版上俯下平，寧重不輕。凡底版銀爲上，面印牙爲上。尋常底版用棠，手版用杷。蓋底版面印，皆以松爲良，與煤爲宜。凡印大墨，以水拭之，以紙按之，然後用印。凡印方直最難用，用多裂。易水張遇印，多方直者，其劑熟可知。

樣

凡墨樣當取則於古，無大小厚薄之限，而賈思勰曰：墨壐不得過二三兩，寧小不大，世人遂以薄小爲貴，謂從前奚庭珪然。宣府奚庭珪之類小墨，在古品中爲佳，不知雙春龍之類大墨，亦不可置在劣等。要之，無大小厚薄，醇煙法膠爲本耳。蓋厚大利久，薄小利新，厚大難工，薄小易善，故匠人不喜於厚大者。然太大則不便於用，太薄則艱於包，當以厚而大者爲佳。

蔭

凡墨蔭用炭灰、石灰、麥糠三種。炭灰爲上，石灰酷多裂，麥糠慢多曲。惟炭灰爲上，凡用炭灰精篩，弗雜弗濕，其下惟厚，上之厚薄，視墨之大小，時之晴晦。中以薄紙裹之，然置之不平亦曲，見風亦裂。若用石灰蔭，當於新瓦器中置灰，灰上用紙，紙上復加以灰，不可厚。若用麥糠蔭，以椽架葦縣室中，其上糠底，糠惟平惟均，不可有逆糠。凡蔭室，以靜密温小爲貴，晝夜不去火。然火大則病，火暴亦病，其晝夜候火，隨風日晴晦，最爲難。又有不用蔭者，墨成曝於靜密室中聽自乾。又有以衣被覆之使乾者。

事治

凡事治墨，以水、以兔皮、以滑石、以萊州石、以錢、以銉頭、以漆、以墨，以墨最不佳，餘錯用之皆良。惟此數物，不及弄成，如弄鞭、弄茶瓢。

研

凡研墨不猒遲，古語云：「研墨如病。」凡研，直研爲上，有研乃見直色，不損墨。若圓磨，則假借重勢，往來有風，以助顔色，乃非墨之真色，惟售墨者圓研。若邪研，則水常揖其半，而其半不及先所用者，惟俗人邪研。凡墨户不工於製作，而工於研磨，其所售墨，則使自研之，常優一暈。凡煤細研之乾遲，煤麄研之乾疾，凡惡墨研之如研泥。

時

凡墨最貴及時，韋仲將《墨法》：「不得過二月、九月。」賈思勰曰：「温時敗臭，寒時潼溶，當以十一月、十二月、正月爲上時，十月、二月爲下時，餘月無益有害。」既得時，須擇晴明無風之日，或當静夜。若燒煤之時當以二月、三月、四月爲上時，八月、九月、五月、十月、六月、七月，水潦土濕，十一月、十二月風高水寒，皆不利。

何薳《春渚紀聞》卷第八《記墨·烟香自有龍麝氣》 西洛王迪，隱君子也。其墨法止用遠烟鹿膠二物，銑澤出陳贍之右。文潞公嘗從迪求墨，久之，持烟一奩見公，見請以指按烟，指起烟亦隨起，曰：「此烟之最輕遠者。」乃抄烟以湯瀹起揖公對啜，云當自有龍麝氣，真烟香也。凡墨入龍麝，皆奪烟香，而引蒸濕，反爲墨病，俗子不知也。

何薳《春渚紀聞》卷第八《記墨·漆烟對膠》 沈珪，嘉禾人。初因販繒，往來黄山，有教之爲墨者，以意用膠，一出便有聲稱。後又出意取古松煤，雜用脂漆滓，燒之得烟極精黑，名爲漆烟。每云韋仲將法止用五兩之膠，止用五兩之膠

「五」,《寶本》作「五十」。而李氏渡江,始用對膠,而祕不傳爲可恨。一日與張處厚於居彥實家造墨,而出灰池失早,墨皆斷裂。彥實以所用墨料精佳,惜不忍棄,遂蒸浸以出故膠,再以新膠和之,墨成,其堅如玉石。因悟對膠法,每視烟料而煎膠,膠成和煤,無一滴多寡也,故其墨銘云:「沈珪對膠,十年如石,一點如漆」者,此最佳者也。余識之蓋二十年矣。其爲人有信義,前後爲余製墨計數百笏。庚子寇亂,余避地嘉禾,復與珪連牆而居,日爲余言膠法,并觀其手製,雖得其大概,至微妙處,雖其子宴亦不能傳也。珪年七十餘終,宴先珪卒,其法遂絶。有持張孜墨較珪漆烟而勝者,珪曰:「此非敵也。」乃取中光減膠一丸,與孜墨並,而孜墨反出其下遠甚。命叩之,曰:「廷珪對膠,於百年外方見勝妙。蓋雖精烟,膠多則色爲膠所蔽,逮年遠膠力漸退,而墨色始見耳。若孜墨急於目前之售,故用膠不多,而烟墨不昧,若歲久膠盡,則脱然無光,如土炭耳。孜墨用宜西北,若入二浙,一過梅潤則敗矣。」滕令遐監嘉禾酒時,延致珪甚厚,令盡其藝。既成即小丸磨試,而忽失所在。後二年浚池得之,其堅緻如故。令遐莊敏公之子,所蓄古墨至多,而有鑒裁。因謂珪曰:「幸多自愛,雖二李復生,亦不能遠過也。」

何薳《春渚紀聞》卷第八《記墨・二李膠法》 柴珣,國初時人。得二李膠法,出潘、張之上。其作玉梭樣,銘曰「柴珣東瑶」者,士大夫得之,蓋金玉比也。

何薳《春渚紀聞》卷第八《記墨・軟劑出光墨》 九華朱覲,亦善用膠作軟劑出光墨。莊敏滕公作郡日,令其子製銘曰「愛山堂」造者最佳,子聰不逮其父。

何薳《春渚紀聞》卷第八《記墨・南海松煤》 近世士人遊戲翰墨,因其資地高韵,創意出奇,如晉韋仲將、宋張永所製者,故自不少。然不皆手製,加減指授善工而爲之耳。如東坡先生在儋耳,令潘衡所造,銘曰「海南松煤,東坡法墨」者是也。其法或云每笏用金花烟脂數餅,故墨色豔發,勝用丹砂也。

何薳《春渚紀聞》卷第八《記墨・雜取樺烟》 三衢蔡瑫,雖家世造墨而取烟和膠,皆出衆工之下。其煤或雜取樺烟爲之,止取利目前也。

何薳《春渚紀聞》卷第八《記墨・油松烟相半則經久》 近世所用蒲大韶墨,蓋油烟墨也。後見續仲永言,紹興初同中貴鄭幾仁撫諭少師吴玠於仙人關,回舟自涪陵來,大韶儒服手刺,就船來謁。因問油烟墨何得如是之堅久也,大韶云:「亦半以松烟和之,不爾則不得經久也。」

何薳《春渚紀聞》卷第八《記墨・桐華烟如點漆》 潭州胡景純專取桐油燒烟,名桐華烟。其製甚堅薄,不爲外飾,以眩俗眼。大者不過數寸,小者圓如錢大。每磨研閒,其光可鑒。畫工寶之,以點目瞳子,如點漆云。

李孝美《墨譜法式》卷上《圖》

采松

右采松之肥潤者,截作小枝,削去簽刺,懼其先成白灰,隨烟而入,則煤不醇美。

造窰

右造窰用板各長九尺，闊尺餘，每兩板對倚相次，全用泥封合。窰梢一角爲突，蓋以高下，角突大小約二寸徑合。如窰病，燃火有礙，及出烟不快，即開突斟酌修治，事訖，復閉之。窰心地面上亦有出氣眼，直通突外，以備出氣。其窰至十二步陡低一邊，留取煤小門。一邊用石板對倚爲巷，至六步爲大巷，又漸小一步爲拍巷，又五步節次低小爲小巷，又半步爲燕口，只開二寸高五寸。大堂下安臺，臺下鑿兩小池。一池以備積灰，一池以浸小掃箒，以備掃灰。

發火

發火要活，不用多然，然死灰多，則墨不黑也。庭珪墨所以妙正緣此，此造法第一關也。大韶云：造墨何須火力堅，火微烟重自然妍。

右窰相並三四眼，留一二眼爲滅火，每以松三兩枝細細發火，候及六七分，將殘者於別眼然之，應有灰落，即以濕箒掃入池中，無使揚也。別眼皆取常煤。

取煤

煤貴陳宿，隔旬日尤佳。又一種栢煤，出終南，蒲大韶多用之，李欣父子用之尤妙。栢煤薄，取最不易。

右燒煤自發火止於十日，不候窰冷，令入開巷邊小門而入，以扇子取，分前後中爲三等，唯後者最優，《墨苑》云突之末者爲上。中者次，前者又其次，故窰梢懸板者謂之「茸頭」，揉殺即名「珠子」，他無以加也。

和製

入膠水等分，復用真煙發之，遲二日入套板，俟稍乾，微火薰五七刻，冷後加明膠佳。蒲大韶和製與李氏異，見《宣靖録方》。

右用好醇煤乾擣，以細絹篵於缸中，篵去草芥，不可露篵，慮飛散也。或用密羅上下各以紙爲袋，篵之亦佳。每和入膠物，拌搜至勻，下鐵臼中，寧乾勿濕，擣三萬杵，多多益善，不得過二月、九月，温時敗臭，寒則難乾。潼溶見風日解碎，重不得過三兩，寧小不大。出《齊民要術》韋誕墨法。

入灰

不入灰性燥，不可久用，多則色白，此尤難事。

右用好柴炭灰相半，篩細按平，以紙襯放墨，再以紙覆布灰，令密大約五六日可出矣。亦有不用灰池，於密室中作棚，去地三尺，置箔於上，籍之用穅，麥稻皆可。無害於成。獨兖州陳氏世世用之。

出灰

微火薰一晝夜，細擊之，其滓自落。廷珪法不同，見後。

右墨出灰池，以繩辮之，掛梁間，無近牆邊，牆墨曲。候乾，用水刷，令平浄，再以黄蠟滑石出光，有堅緻者至佳，收貯以紗囊，懸透風處。出《墨苑》。

磨試

用舊紫石研新水，不著力磨二刻試佳。磨重則劑易剥，色澤不勻。是蒲墨用栢烟尤不堪重，宣和試墨方甚備，今采摘其説。

右研墨要涼，涼則生光，不可熱，熱則生沫，蓋忌其研急則墨熱也。李陽冰云：「用則旋研，無令停久，久則塵埃相污，膠力隳亡，如泥鈍不任下筆矣。」出《墨苑》。

李孝美《墨譜法式》卷下《法》

膠

煮膠要用二月、三月、九月、十月，餘月則不成。熱即不凝，無以作餅。寒即凍瘃，合膠不粘。以沙牛皮或水牛皮，水浸四五日，令極液，浄洗濯，無令有泥，不須削毛，削毛費功，打膠無益。片割著釜中，唯欲舊釜大而不渝者，釜新則燒令皮著底，釜小費著火，釜渝令膠色黑。凡水皆得煮，然鹹苦之水，膠乃更勝。長作匕，匕頭鐵刃，時時徹底攪之，勿令著底。匕頭不施鐵刃，雖攪不徹底，不徹底則焦，焦則膠惡，是以尤須數數攪之。水少更添，常使滂沛，經宿晬時，勿令絶火，候皮爛熟，以匕瀝汁，看末後一珠，微有粘勢，膠便熟矣。以初挹所濾去滓穢，瀉浄乾盆中。挹時勿停火，火停沸定，則皮膏汁下，挹不得也。淳熟汁盡更，添水煮之，攪如初法，熟後挹取，看皮垂盡，著釜焦黑，無復粘勢，乃棄去之。膠盆向滿，舁著空静屋中，仰頭令凝。（蓋則氣變成水，令膠解離。）凌旦，合席上，脱所凝膠口，濕細緊綫以割之。其近盆底土惡之處不中用者，割去少許，然後十字拆破之，又中斷爲段，較薄割作餅。唯末上膠皮如粥膜者爲最，近盆之上者次之，末下者不佳，即苯膠也。先於庭中豎槌，施三重密箔，令免狗鼠，於最下箔上布置膠餅，其上兩重，爲作蔭凉，并扞霜露。（膠餅雖凝，水汁未盡，見日即消，霜露霑濡，復難乾燥。）旦起至食時，卷去上箔，令膠見日，（凌旦氣寒，不畏消釋，霜露之潤，見日即乾。）食後還復舒箔爲蔭，雨即納敞屋之下，則不須重箔，四五日浥浥時，繩穿膠餅，懸而日曝，極乾乃納屋内，懸紙籠之。（以防青蠅塵土之污。）夏中雖軟，相俟至八月秋涼時，日中曝之，還復堅好。（出《齊民要術》。）

同前

水牛皮不以多少，生去肉并毛根，洗浸極浄，入大鍋慢火煮三兩日，令皮極爛。如水耗，旋添温水，候鍋内有粥面爲度，漸減火，不添水，傾在盆内濾取清汁，不住手攪至濕，（務要出盡熱氣。）候凝以綫割之。（並如前法。）

鹿角膠

大鹿角十斤，截成二寸，河水浸一月，洗浄入大鍋，添水五斗，黄膠四兩同煮，常令沸，水耗即添湯。（勿入冷水。）日夜熬至二㪷，方去鹿角，折濾極浄去滓，再入小鍋，用炭火熬至成，貯磁罌中，候凝即切作片子，於通風處放乾。

魚膠

鯉魚鱗不計多少，水浸一日，洗令極浄，以無油鍋内添水，用慢火煮一伏時，候鱗爛，濾去滓，再滓稀稠得所澄，取清者候凝，勒作片子，或傾在半竹筒内，頓風處候乾收。

減膠

鰾半斤，膠一斤，同以冷水浸一伏時，先將鰾用笋葉裹定緊繫，水煮百餘沸，去笋葉，乘熱入臼中，急擣至爛，次入浸鹿膠及猪膽汁一盞，藤黄二分，同擣至稀匀得所，就臼放凝，取出勒作片子，放乾。

冀公墨

松烟二兩，丁香、麝香、乾漆各少許，以膠水搜作挺，火烟上薰之，一月可使。

仲將墨（蕭子良答王僧虔書云：「仲將之墨，一點如漆。」）

醇烟一斤以上，以膠五兩，（温庭筠云：五兩新膠，乾輕入用。出《墨苑》。）浸梣皮汁中不，可下鷄子白去黄五顆，亦以朱砂（《墨苑》作真珠，按《本草》丹砂作末名真硃。陶隱居云：真珠即今朱砂也。珠字恐是傳寫之繆。）一兩、麝香一兩，別治細篩，都合稠。（餘見和製圖，其次他法准此。）

庭珪墨

牛角胎三兩，洗浄，細剉，以水一斗浸七日，皂角三挺煮一日，澄取清汁三斤，入梔子仁、黄蘗、秦皮、蘇木各一兩，白檀半兩，酸榴皮一枚，再浸三日。入鍋煮三五沸，取汁一斤，入魚膠二兩半，浸一宿，重湯熬熟，入碌礬末半錢，同濾過，和煤一斤。

同前

藥汁一斤，入減膠三兩，浸一宿，重湯煮化令熟，綿濾，和煤一斤，乘熱搜匀。

古墨

紫草、秦皮、皂角、蘓木、牛角、胎酸、石榴皮各一兩，細剉，用清水煎，取汁一斤濾過，入膠六兩，青黛半兩同熬，候匀化，再濾過煤一斤於浄盆内，逐旋入膠搜匀。

同前

秦皮、蘓木各二錢，甘松、藿香、酸石榴皮半兩，煎汁一斤六兩，浸鹿角膠二兩半，重湯煮，耗一二分，用厚綿濾過，和煤一斤四兩，更入熟漆一兩。

同前

酸石榴皮、秦皮、牛角胎各三兩，黄蘗二兩，五倍子、巴豆各一兩，頴青半兩，碌礬一分，皂角三挺，並剉細，入水二斗，浸一兩宿，入鍋慢煮至七八升，去滓，折濾浄汁，再熬至三升，厚綿濾過，取浄汁一斤，傾大椀内，入猪膽汁半盞，鹿角膠五兩，重湯化熬，令沫散，不住手攪，再以綿濾，煤一斤搜和匀，更入細研藤黄、生龍腦各一錢。

油烟墨

桐油二十斤，大磁椀十餘隻，以麻合燈心旋旋入油八分，上以瓦盆蓋之，看烟煤厚薄於無風浄屋内，以鷄羽掃取，此二十斤，可出煤一斤。秦皮二兩，巴豆、黄蘗各一兩，梔子仁、甘松、香陵、零香各半兩，皂角五挺，細槌碎，以水五升浸一宿，次日，於銀石器内慢火煮至耗半，濾去滓，秤取一斤，入膠四兩再熬，化盡退火，放冷，經宿旋旋入煤搜匀。

同前

清油、麻子油、瀝青作末各一斤，先將二油調匀，以大碗一隻，中心安麻花點著，旋旋摻入瀝青，用大新盆蓋之，周回以瓦子襯起，令透氣，薰取，以翎子掃之。每煤四兩，用潁川梳頭膠一兩，先以秦皮水煎，取濃汁四兩，并膠再熬，匀化捜煤。

同前

清油一斤，瀝青一斤，先以紫草二莖，燈心十莖，共作一束，可長三寸，於一大椀膠定，傾油在内，掘一地穴子埋定，露椀唇兩指，合以新盆。三五斗大。用塼子三脚襯起，點著草，至夜掃之。酸石榴皮、胡桃、青皮各二枚，呵梨勒一分，青黛半兩，皂角三挺，並碎之，以水二斗煮，及一斗，以綿濾，取汁一斤，入膠四兩，再熬，不住攪，候沫散，和煤一斤。煤少再依前法燒取。

同前

麻子油二斤，掘地坑子，開三吵道，置一大椀，傾油在内，以麻花作心，合以新盆，不襯起，勿令透氣，每一斤油可取煤九錢。紫草、巴豆、秦皮、黄蘗等，分以水煎，取濃汁，放冷，浸膠，候軟，木臼内杵如稀糊，量煤和之。

同前

麻子油、瀝青相半，慢火煉匀。以紫草、細茸三莖、燈心五莖，麻皮纏定，齊截作三寸長，用釘脚插定置椀底。傾油在内，撅一地坑，約深五寸，徑七寸，三面開吵道，各長尺餘，闊四五寸，近坑闊一寸，塼泥蓋了納，去坑口五寸安油碗，坑内以半塼襯定，吵口須近椀下，勿令風吹，著椀唇坑上，合新瓦罐一隻，於口邊開三寸口子，要看火却用濕紙封合，底上開透，作圓口子，徑一寸半，其上以次相乘至七八隻，逐隻只於底上開放，口子自下漸大，唯末上者只留三分小眼子，勿閉合，令出煤氣。每罐唇亦用濕紙封了，點著，候油盡，從上罐掃煤入袋。牛角胎、酸石榴皮、秦皮各三兩，草烏頭、紫草、巴豆、呵梨勒各半兩，細剉一處，用水三斤，浸五七日，慢火熬，耗一半，濾去滓，入膠五兩，化匀，和煤一斤。

同前

以大麻子油沃糯米半碗强，碎剪燈心堆其上，燃爲燈。置一地坑子中，用一瓦鉢微穿透其底，覆其焰上，取烟煤重研過。以石噐中煎者皂角膏，并研過者糯米膏，入龍腦、麝香、秦皮末和之。

叙藥

秦皮、解膠益色，一名梣皮，一名石檀。陶隱居云：俗謂之樊槻皮以水漬之和墨書，色不脱。《齊民要術》云：江南樊鷄木也。温庭筠書云：韋曜名方，即永鷄木。藤黄、鷄子清、生漆、牛角胎、至堅。猪膽、鯉魚膽、至黑而澤。甘松、藿香、零陵香、白檀、丁香、龍腦、麝香、碎膠煤氣。歐陽通每書其墨，必古松之烟末以射香，方下筆。地榆、虎杖、卷栢、五倍子、丹參、黄連、黄蘆、紫草、欝金、茜根、黑豆、百藥煎、蕪木、胡桃、青皮、草烏頭、牡丹皮、棠梨葉、呵梨勒、助色。段成式書云：棠梨所染，滋節多方，梨勒共和，周遮無濕。皂角、除濕氣。梔子仁、青黛、去膠色。黄蘗、研無聲。川烏頭、膠力不勁。酸石榴皮、硯中遲散。巴豆、增肥，多則損光。碌礬、如黑色則敗膠。朱砂、益色。李白《酬張司縣歌》：上黨碧松烟，夷陵丹砂末。蘭麝凝珍墨，精光乃可掇。烏賊魚腹中墨。諸法未見入用。陶隱居云：烏賊腹中有墨，今作好墨用之。

品膠

一魚膠，唯番禺者佳。二減膠，三梳頭，潁川膠山子是也。四鹿角膠，《墨藪》云：凡書必取廬山之松烟，岱郡之鹿角膠，十年之上，强如石者妙。《墨譜》云：祖氏墨必以鹿角膠煎膏和之。五阿膠，鄆膠有兩等，一牛皮，一烏驢皮，和墨必以牛皮者爲勝。六膠。作將冀公墨法唯有好膠，號爲精製，取堅而有色也。

儲泳《祛疑説・墨説》 製墨之法，取烟不過欲其輕遠而水之重輕、膠之分兩，隨時增減，大槩不甚相遠。世人往往入他藥以助其黑色，發其光焰，不知天下至黑，何以加於油烟，入藥一分減色一分耳。惟當事治膠法，煎膠之次，恐其滯也，有藥以醒之，恐其烈也，有藥以敗之，故藥去而性存，膠成而體不雜，膠烟之外不用一藥，此墨之所謂膠法也。夫烟之所以黑者，擣練之功也。今之製墨者，以手搜劑，緩則燥裂，一再蒸之，已失其性，况敢擣練千杵耶。得製膠之法，又能緩膠之性，則入鐵石臼中擣一二千下，膠性如飴，惟意所適，然後作鋌，出烟之黑色，發烟之光焰，未有過於此者。區區秦皮、紫草之類，適爲膠法累耳。雅意文房者，不可不知此理。

吴儆《竹洲集》卷一四《雜著・墨説》 蜀人以桐華爲墨，雖一時光黑可愛，然新則滯，久則敗。以歙墨之佳者先後研和用之，則蜀膠爲之融液清澈，而歙煙益精明可鑑。歙人吴滋蓋合兩家之所長，獨步一時，然率以奉權貴，要厚利，士大夫不能多致。雖如予之僻與之居相邇，平生所得止兩圭，今爲福唐張叔潛奪去，不可復得。三衢鄭彦珪得法於歙，取千歲之松枯朽腐敗之餘，刳剔而琢削之，如粤人治香之法，醮以梧桐之液、髹漆之滓。積其煙之輕而遠者，以窮冬沍寒之時，鑿深山澗谷之凝冰，煮堅革而埏埴之。色絶黑而膠清，藏之十年，必有能辨之者。歲寒然後知松柏，雖其煨燼之餘，猶耐久也。

《錦繡萬花谷後集》卷二九 三萬杵。韋仲將《墨方》曰：合墨法以真珠一兩，麝香半兩，皆擣細後都合下鐵臼中，擣三萬杵，杵多愈益，不得過二月、九月。

張世南《游宦紀聞》卷一　書大字用松煙墨，每患無光彩，而墨易脱。偶得太一宫易高士書符用墨訣試之，果妙。其法以黄明水膠半兩許，用水一小盂，煎至五分，蒸化尤妙。如磨松墨時，以膠水兩蜆殼，研至五色見浡作，再添膠水，俟墨濃可書則止。如覺滯筆，入生薑自然汁少許；或鎔膠時，入濃皁角水數滴亦可。

陳元靚《事林廣記》戊集卷之五《藝圃須知·李庭珪造墨正法》

取煙

清麻油十斤，先取三斤，以蘇木一兩半、宣黄連二兩半、杏仁二兩，碓碎同煎。候油變色，放温，濾去滓，傾入餘油内攪匀。隨盞大小，掘地作坑，深淺令與盞平。滿添油炷燈，安在坑内，以瓦盆子約面濶八九寸、底深三寸許者覆之。仍用方寸瓦片楮起三面，不可太高，又不可太低，每一炊久即掃一度，只可作十盞，若盞多則掃不徹。每取煙次，即剪去燈花，勿抛油内，仍勿頻揭見風，恐致煙落。

合膠

黄牛皮水浸透，拔去毛，仰掬在平板上。取生黄土勻撒皮上，良久，以小刀剗，剗去筋膜，换水頻洗，斫碎入無油膩鍋内，水煎成膠。顧出，薄攤竹隔子上風乾。凡煙四兩，用乾膠一兩一分，打作小片，以水浸軟，却漉出入藥汁内同熬。切忌膠少，膠少則不堅，多又着筆，不宜添減也。

搜煙以上並造墨法

每煙四兩半，用宣黄連半兩、蘇木四兩，各碓碎，水二盞同煎，五七沸，候色變，用熟絹濾去滓，别同沉香一錢半煎，留水四兩許，再濾。次用腦半錢、麝一錢，輕粉一錢半，以藥汁半合研化。先將藥汁入膠同熬，不住手攪，令溶後入腦麝汁攪勻，乘熱傾入煙内，内就無風處速搜和，次就案上團揉，候光可照人，方印作鋌子。先以滑石爲末塗墨入灰池，頓無風處，窨五七日，候乾，取出以棕刷子净刷，且收衣笥中，旬月後取出，不然亦無害，但欲堅勁故也。

灰池

取麥麴或稻稈、菱草等燒成灰，勿搗，羅薄鋪竹筌中，置墨於上，使不相靠，又鋪灰覆之。切忌用柴炭石灰，反能損墨。凡造墨時，或遇蹇澁，搜揉不成，更不得添膠水，恐纏筆不堪。宜用斧打千百下，候相着，然後裁捺作鋌極佳。或不用香藥，亦得，惟合和次更加甜榴皮方寸許，取兩茶脚水浸半日，取汁略煎熱勿沸，傾少許入墨，可令色黑，多則反致色昏。他如鹿角、皂兒等膠，切不可用。

王惲《玉堂嘉話》卷二　磨李廷珪墨法。商台符嘗云：「向抄合萬户，用聚星玉版硯，磨李廷珪墨，求木菴書。硯爲墨所畫，木菴亟止之曰：『用李氏墨有法。若用一分，先以水依分數漬一宿，然後磨研，乃不傷硯。』」

陸友《墨史》卷下《雜記》

《説文》云：墨，書墨也。从黑从土。墨者，煙煤所成，土之類也。

《釋名》曰：墨者，晦也。言似物晦黑也。

《漢書》：尚書令僕丞郎月賜隃麋大墨一枚，小墨一枚。

漢中官令主御筆墨。

《東宫故事》：皇太子初拜，給香墨四丸。

《東漢觀記》曰：和熹鄧后即位，萬國貢獻悉禁絶，惟歲時供紙墨而已。

揚雄詔令：尚書賜筆墨，觀書石室。

汲太子妻《與夫書》曰：并致上書墨十螺。

《魏官儀》云：尚書郎缺，試諸郎，故孝廉能文案者。先試一日，宿召會都坐，給筆墨以奏。

陸士龍《遺兄士衡書》云：三上臺曹公藏石墨數十萬斤，云燒此消復可用，然煙中人，不知兄頗見之不？今送二螺。

《大業拾遺記》：宫人以蛾緑畫眉，疑亦石墨之類。近世無復此物，沈存中括帥鄜延，界内有石油，然之煙甚濃，其煤可爲墨，黑光如漆，松煙不及，其識文爲「延川石液」者是也。

《晉令》：治書令史掌威儀禁令，領受寫書縑帛、筆墨。

陶侃獻晉帝箋紙三千枚，墨二十丸，皆極精妙。

《墨藪》云：凡書先取墨，必廬山之松煙，代郡之鹿角膠，十年之上强如石者妙。

南朝以墨爲螺、爲量、爲丸、爲枚，陸士龍《與兄書》：送墨二螺。梁《科律》：御墨一量十二丸。

《漢官儀》：令僕丞賜墨一枚。

歐陽通每書，其墨必古松之煙，末以射香，方可下筆。

唐元宗御案墨曰「龍香劑」。一日，見墨上有小道士如蠅而行，上叱之，即呼「萬歲」，曰：「臣乃墨精黑松使者也，凡世人有文者，其墨上皆有龍賓十二。」上神之，乃以墨分賜掌文之官。

盧杞與馮盛相遇於道，各攜一囊。杞發盛囊，有墨一枚，杞大笑。盛曰：「天峯煤和鍼魚腦入金溪子，手中録《離騷》古本，比公日提綾紋刺三百，爲名利奴，顧當孰勝？」已而搜杞囊果是三百刺。

許芝有妙墨八廚，巢賊亂，瘞於善和里第。事平取之，墨已不見，惟石蓮匣存。

《老成相墨經》曰：墨文如履皮，磨之油暈者，一兩可染三萬筆。又云墨染紙三年，字不能昏闇者上。凡墨日日用之，一歲纔減半寸者，萬金不換。案《老成相墨經》麻三衡《墨志》作《成老相墨經》。

《文房寶飾》曰：養墨以豹皮囊，貴乎遠濕。

徐鼎臣兄弟工翰染飾書具，嘗出一月團墨，曰「此價直三萬錢」，江左士人好事無及之者。

世言蜀中冷金牋最難爲筆，非也。惟此紙難爲墨。蘇子瞻嘗以此紙試墨，惟李廷珪乃黑。

今之小學者將書，必先安神養氣，存想字形在眼前，然後以左手磨墨，墨調手穩方書，則不失體也。又云「研墨如病」，蓋重其調勻而不泥也。又云：「研墨要涼，涼則生光。墨不宜熱，熱則生沫。」蓋忌其研急而墨熱。又李陽冰云：「用則旋研，無令停久，久則塵埃相汙，膠力隳亡，如此泥鈍不任下筆矣。」

沈存中云：南方暑雨時，墨恶蒸溽，可置熰閤中。其法不用，切切以梓木匣貯之。梅月微令近火，但要如人體温，不必太熱，歲久膠性乾透，漸自不蒸。善墨雖蒸不壞，不善者雖焙亦蒸，全在製作，不問蒸也。

《墨經》云：凡墨，擊之以辨其聲。醇煙之墨，其聲清響；雜煙之墨，其聲重滯。若研之以辨其聲，細墨之聲膩，麄墨之聲麄。麄謂之打硯，膩謂之入硯。凡研，直研爲上。直研乃見真色，不損墨。若圜研磨，則假借重勢，往來有風，以助顏色，乃非墨之真色也。沙門惠洪云：司馬君實無所嗜好，獨蓄墨數百斤，或以爲言，君實曰：「吾欲子孫知吾所用此物何爲也。」

蘇子瞻有佳墨七十丸，而猶求覓不已。石昌言蓄李廷珪墨，不許人磨。或曰：「子不磨墨，墨將磨子。」李公擇見墨輒奪，相知閒抄取殆盡。吕行甫平生好藏墨，士大夫戲之爲「墨顛」。又如滕達道、蘇浩然暇日晴暖，輒研墨水數合，弄筆之餘，則啜飲之。

唐彦猷清簡寡欲，不以世務爲意。公退一室，蕭然臨書試墨，以此度日。

陸友《墨史》附録徐顯《稗傳》　陸友，字友仁，姑蘇人也。姑蘇爲東南都會，富庶甲於天下，其列肆大賈皆靡衣甘食，其子弟自幼讀書，稍能執筆識姓名，即教爲商賈事，以故文學日少。友仁生市廛闤闠之所，父以市布爲業，獨能異其所好，攻苦於學，隣里多竊笑之，雖其父亦不樂其子之習儒也。及長，益親賢士大夫，往來其家，隣里雖有大姓，賢士大夫不入也。於是復皆自媿，欲教其子以陸君爲法。君善爲歌詩，長於唐人五言律，工漢八分隸、楷，又博極羣物。時海内治平，富家巨室争以古器物相尚，凡三代以下鐘鼎、銘刻，漢唐以來法書、名畫，皆從陸氏鑒定真贋，一經品題，價遂十倍。嘗觀光上國，奎章閣鑒書博士柯公九思一見，服其精識，而侍書學士虞公集亦善其書，遂相與言於文宗皇帝，未及任用而二公去職。君内顧無知己，乃與柯公南歸吴，闢小室，僅可容膝，中庭植翠竹數竿，旁樹湖石，峯巒秀異。室中左右圖書，集古今雜録，前列烏几，上置天禄、辟邪、紫鳳池、金銅鎮紙，皆可愛玩。客至，出漢博山，出古龍涎，汲虎丘劍池水，煮建溪小鳳團，清坐竟日。自號「硯北生」。著《硯史》、《墨史》，得衛青古玉印，并著《印史》，翰林諸賢皆賦詠之。所爲詩文，有《杞菊軒稾》。年四十八，以疾卒。

劉基《多能鄙事》卷五《造墨法》　碧清桐油不凍損者一斤爲率，以燈盞十個，磚頭架令牢，入油，每盞燈心四莖點上，用有柄砂銚十個覆盞上，相離半寸，銚心煙到如銅錢厚大點，以鵞翎掃取，安浄盆中。煙燈有花即剪去，約取煙八錢次用。

牛皮膠、黄明者春秋一錢，冬二錢，夏不用。阿膠、春秋二錢半，冬一錢二分半，夏四錢。紫礦、五分已上，三件並隔夜浸之。秦皮、五分，先用水半盞浸之。訶子、去核。芭豆、去殼。黄蘗皮、剉碎。酸石榴皮。乾，切碎。已上各半錢。

右將四件並入秦皮，水中浸一時，以砂石器文武火煑，待染手，用夾絹濾去滓，候冷入二膠在内浸，春夏約半日，秋冬定一日，却稱與水共一斤四兩重，湯蒸如飴糖，打令無滓，却將細煙先入盆内，傾入膠水，乘熱急打，搜煉成劑。如膠乾硬，再將布蘸熱湯，布裹所搜劑在湯氣上蒸，再搜入模，趂軟印了即輕手取出，旋燒稻稈灰平鋪匾箕内，用紙襯灰上，却放墨在紙上，仍以灰遮墨，兩日翻過換紙，更一日取出，木賊打光，却用軟布裹蠟打擦，猪牙砑之。

沈繼孫《墨法集要》

浸油

古法惟用松燒煙，近代始用桐油、麻子油燒煙，衢人用皂青油燒煙，蘇人用菜子油、豆油燒煙。以上諸油俱可燒煙製墨，但桐油得煙最多，爲墨色黑而光，久則日黑一日，餘油得煙皆少，爲墨色淡而昏，久則日淡一日。每桐油十五斤，芝麻油五斤，先將蘇木二兩，黃連一兩半，海桐皮、香仁、紫草、檀香各一兩，梔子、白芷各半兩，木鼈子仁六枚，右剉碎，入麻油內，浸半月餘，日常以杖攪動，臨燒煙時，下鍋煎令藥焦，停冷，漉去柤，傾入桐油，攪勻燒之。今時少有用此浸油法者，姑存其古云。

水盆

用圓厚瓦盆，內闊二尺一寸，緣闊一寸，深三寸半，底平緣直，近緣開指大一竅，用𩨎塞住，以備放水。用長木架，高三尺，閣起水盆，以薄甎七塊，遶盆緣排轉。盆中央置闊緣瓦煙筒一箇，內闊六寸，連緣共闊八寸，高與盆口相齊。筒內亦置薄甎一塊，油盞置各甎塊上，低盆口三分，浸水離盞口三分，中央一盞，用鐵鴨脚穿定燈草，每盞納燈草訖，然後傾油，將長柄煙椀蓋定燒之。如盆中水熱，則頻浸冷水，不可全換冷水，冷則煙不昇上，得煙絶少，但浸水爲妙。若水耗乾，要浸滿時，去了近緣煙椀油盞各一隻，拔去竅𩨎，放乾，再塞住漏斗，傾水換之，仍以油盞煙椀補滿。若水積久，生膩浮起，以搭籮去之。盆有油膩，乾硬，黏定邊緣，刀鏟去之，清水洗浄，方可再用。一法用杉爲槽貯水，底板最厚，四向牆板

次之，内長七尺，闊一尺四寸，深三寸半，平中用長木梁一條，界爲兩路，麻筋油灰黏固縫道，莫令滲漏。槽尾近底處，開一圓竅，以備放水，高三尺櫈兩條閣之，甎襯油醆于水内，煙椀兩路蓋之，每槽用醆椀各二十隻，燒法與水盆同，亦有石爲槽者。

油醆

用壯厚缸沙油醆，闊四寸半，平穩闊足，窑水通滿者，以薄甎襯高，頓放水盆内，低盆口三分，不宜太低，低則煙飛散，拘收不住，得煙少，或置水槽中亦然。若用過油醆，内外不浄，以竹篾子刮之，次以稻稈灰揩擦，若更不浄，用刀鏟浄，再以水洗拭乾。一法不用灰擦，置米飲中煮數沸，刷洗去其油膩。

油醆圖

煙椀

用淘鍊細土燒長柄瓦椀，圓闊五寸三分，深二寸五分，柄長三寸，連柄高五寸五分，内深潭似釜，必磨砑十分光滑，以椀唇外置瓦盆緣上，内置瓦筒緣上，須椀心正對燄頭罩之，椀口緣塗些薑汁，急手掃煙，若煙椀油汙内外，皆便拭浄，倘汙煙煤，不堪用矣。

煙椀圖

燈草

揀肥大黄色堅實燈草，截作九寸爲段，理去短瘦，取首尾相停者，每用十二莖，以少緜纏定頭于粗板上，以手搓捲成一條令實，復以少緜纏定尾。夏極熱時，減去草兩莖，只用十莖搓捲，仍舊用十二莖，則得煙雖多而不良。候捲得四五百條，方用蘇木濃汁煎燈草數沸，候紫色，漉出，曬令極乾，紙裹藏之，毋令塵汙，用則旋取。

燒煙

宜秋深冬初，于明亮密室，上置仰塵，四向周密，背處開一小門，高限，掛紙

簾，水盆置木架上。盆竅向架外，塞住竅，侵水滿，甎襯油觥于水內。每觥傾油八分，納燈草訖，煙椀蓋之，勿見風，致煙落。約四五刻掃煙一度，則一度剔去燈草，逐觥以筯剪去燈煤，棄于水盆內，否則燈花罩了火燄，煙不能起。以鵝翎掃煙入瓦盆中，經宿，始可併聚一器，蓋之，須以空煙椀一隻替下有煙椀掃之，敲碎巴豆三四粒，納油觥中，發煙燄，得煙多。每日約掃二十餘度，掃遲則煙老，雖多而色黃，造墨無光不黑。室中可置水盆十枚，自早至暮燒之，須揀無風之日，若有風，或煙房不密，得煙皆少。夏煙亦老，必頻換冷水及減燈草爲良，每桐油一百兩，得煙八兩，此爲至能。忌油滴煙中，及紅燄燈花落煙內，則不堪用矣。

篩煙

于密室中，以手按定細生絹篩子，徐徐麾下小口，光浮缸內，去其毛翎紙屑，貯于紙糊籠中，繩懸梁間，毋近牆壁，以傷濕氣。用則旋取。或皮紙糊袋藏之亦佳，煙乃至輕之物，切忌露篩，露篩則飛，揚滿室矣。

鎔膠

魚鰾膠用清白如緜者，冷水浸一宿令輭，快斧剁碎，每膠一兩，入巴豆仁五粒，搥碎，與膠和勻，箬棄裹定緊繫之，煮十數沸，去箬葉，乘熱入闊口瓶中，急杵極爛無核，和藥汁內，重湯煮化。若用牛皮膠，當揀黃明煎造得法者，有等煎生者賁不化。剉如指面大片子，臨用，先以些水灑潤，候輭，方下藥汁中，重湯煮化。

篩煙圖

已上二膠，臨鎔之際，用慢火煎，長竹篦不住手攪，候之沫消清徹爲度，煮化得膠清，墨乃不膩，此最緊要大法。每桐油煙一十兩，正月、二月、十月、十一月、十二月用牛膠四兩半，藥水一十兩，四月、五月、八月用牛膠五兩半，藥水九兩半，六月、七月用牛膠六兩，藥水九兩。每松煤一斤，用牛膠四兩或五兩。藥水四時俱用半斤，春冬宜減膠增水，仲夏、季夏、孟秋宜增膠減水。濾膠用細絹緜濾最佳，若布濾，柤腳並下，製墨有病，藥水亦重絹濾之。魚鰾膠不可純用，止可用九分牛膠，一分魚膠，若二分便纏筆難寫。世俗見坡詩有魚膠熟萬杵之句，便謂墨須用魚膠，癡漢面前，難以說夢。又貨墨者無一人肯辯其非，詐言魚膠良是，由是人信爲然，堪一笑也。凡使牛膠，必以好牛皮，或做鼓處裁下剩牛皮煎成者方好，若熟皮家刮下皮屑煎成者，則力淺不堪用。膠好方始有力，可以減斤兩用，墨因膠少煙多，故倍加黑，名爲輕膠。墨色黑且清，利于速售，但年遠久藏，慮恐色退。若造久藏墨，須用桐油燒煙十兩，陳年半膠四兩半，陳年魚膠半兩，秦皮、蘇木各半兩，煎濃汁搜和，蒸杵製之，歲久愈黑愈堅矣。予舊時荆溪吴國良所造牛膠墨，至今五六十年，儼如古墨，何言牛膠之墨不善耶？世有造熱膠墨者，非膠帶熱下也，于鎔膠之時，傾藥水在內，候膠煮得清熟。若藥水耗少，更添得法，方可搜煙，必上甑蒸透，硬劑杵成熟劑，取出用力揉輭，才堪丸擀上印，如此造者，謂之熱膠墨也。有造冷膠墨者，非膠待冷下也，但以膠投藥水中煮化，不問清濁、生熟，傾入煙中，團得成劑，便上印脱，不蒸不杵，以此膠力不勻，姿質頓劣，如此造者謂之冷膠墨也。凡造膠製墨，宜在正月、二月、十月、十一月，餘月造者，大熱則造膠不凝製墨多碎，大寒則造膠凍瘃，製墨斷裂，小墨尚可，大墨決不可爲也。

鎔膠圖

用藥

用藥之法，非惟增光助色取香而已，意在經久使膠力不敗，墨色不退，堅如犀石，瑩澤豐腴，膩理可愛，此古人用藥之妙也。藥有損有益，須知其由，且如緑礬、青黛作敗，麝香、雞子青引濕，榴皮、藤黄減黑，秦皮書色不脱，烏頭膠力不

用藥圖

隳，紫草、蘇木、紫礦、銀硃、金箔助色發豔，俗呼豔爲雲頭。魚膠增黑，多則膠筆鋒，牛膠多亦然，又無雲頭，色少黑。魚膠、牛膠皆陳久者好，有用羣隊香藥以解膠煤氣者，但欲其香，不知爲病損色，且上甑一蒸之後，香氣全無，用之何益。惟入薔薇露者，其香經久不歇。其次則丸擀之時，旋入腦麝，天氣冷時，隔宿浸藥，暖時當日五更浸藥，皆浸至辰巳間，帶藥入鍋，煎至濃稠，絹濾去柤，矴清，逼去濃腳用之。先以膠烊開，次下研細杏仁攪勻，細絹扠去柤腳，入前浄藥汁內，重湯煮化，搜煙造黑，廕乾試之，無泛沫不膩。藥有當研爲細末旋和入劑中者，腦麝、硃砂、藤黄、螺青、金箔之類也。然欲墨之黑，一須煙清，二須膠好而減用，三須萬杵不厭，此不易之法，不可全藉乎藥也。

搜煙

秤浄煙一斤于白瓷盆，盆置櫈上，取煮化膠藥汁，乘熱以緜濾下煙之中央，急手搜勻便入，搜如細砂狀，寧乾勿濕，捻作毬子。如盆底有煙膠粘定，隨即鏟下捻聚，與毬子以布共裹，上甑蒸之。大墨最難搜和，只宜于輭，硬則燥裂。手劑及有紋墨劑宜半輭，脱子墨劑宜極輭，硬則難脱不美滿。洗光墨劑亦宜輭，貴在揉搙多，則墨無病，當於正月、二月、三月、九月、十月、十一月爲之，餘月非宜也。

搜煙圖

蒸劑

用瓦甑或木甑，嵌在鍋中，底下水莫近甑，甑底以篾襯滿，取前布裹毬子入甑，箬蘆蓋之，四圍毋得走氣，猛火蒸之，約十數沸，候甑内氣合，甑上汗下如雨，方可取出，乘熱入臼杵擣。蒸時不可間斷，火氣生熟不勻，一劑必作三次替换蒸之。若杵後仍復乾硬，灑些藥汁再蒸，或秤下塊子停久凝硬，鎚打不輭，揉搙不開者，亦再蒸之。始可用度。

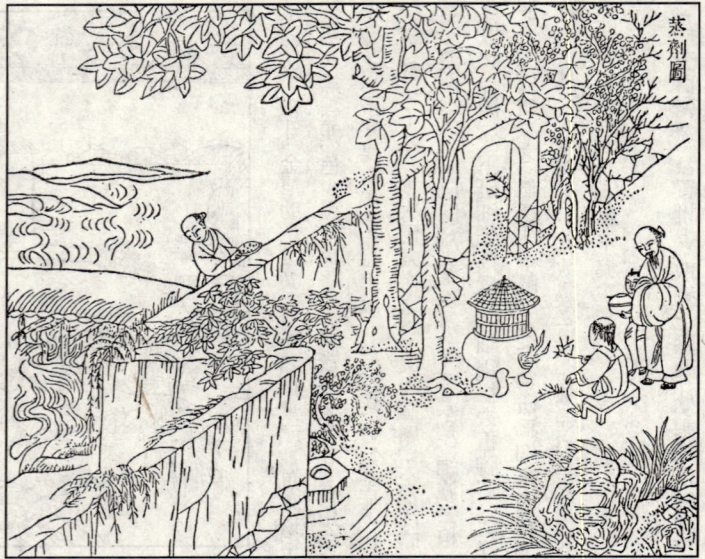

蒸劑圖

杵擣

用青石臼一枚，外不拘方圓，内深圓光滑如釜，檀木爲杵，長六尺餘，取蒸透毬子傾臼中，乘熱以手按平，徐徐杵打，俱實，乃使二人互杵擣之，擣得成餅，均匀，分一半蒸，留一半擣，候擣得熟，卻换出甑中者擣之，如此互换蒸擣，得十分成熟方可住。擣貴在擣得四向捲起如椀楪，乃摺轉四角再擣，假如辰時下臼擣起，擣到午時方爲成熟，塊劑常要擣温，休得遲慢，凝併定了。若塊劑輥出難擣，再加一人以木鍬捺住擣之，倘乾燥黏杵，灑藥水少許于劑上，不可多，約杵七八百杵，或千杵柔輭成熟爲度，古語云：擣不厭多，愈擣愈堅，此其法也。出臼後，乘熱搓爲條子，任意大小作劑秤之，遲慢則凝硬難搓矣。

秤劑

取出臼成熟塊子置桌上，搓揉作長條，濕布密裹，納温暖釜中，旋取出切爲小塊，秤架上每段秤準，凡濕劑重一兩四錢者，乾之則得一兩，餘皆倣此。秤之放瓷瓶中，濕布罨蓋，或頓湯内，逐塊取出鎚錬。

鎚錬

用五人相次各備鐵碪鐵鎚，每人取劑一丸，鐵鉗夾定，置于碪上，鎚二百餘下，麤劑方成光劑，再鎚二百餘下，光劑始成硬劑，再鎚二百餘下，硬劑方成熟劑，與麪劑相似，方可丸擀。鎚時若乾燥黏杵，略蘸些藥汁潤之，古語云：「一鎚一折鬬手捷」，是此法也。

丸擀

以鎚錬成熟劑子，于光滑硬木桌上摶揉輭，逐塊旋入腦麝，再加摶揉匀，方可丸擀。所貴一氣搓得成就爲善。若搓不熟，則生硬核，或開裂縫，猶如炭紋劑不可冷，冷則乾硬難搓，不能霑黏成就。劑大難搓，假如四兩重者，須分作兩塊，各人搓一塊，候搓得熟，卻併作一塊再搓，方可丸擀，急手爲光劑，緩手爲皴劑。一丸即成，不利于再，必搓得如彈子圓滑，無絲毫摺縫，方以摶板擀成形製，端正捺平，乃上印脱，更入後項香料，久遠研磨，香韵不退。薔薇露、麝香、片腦，右爲細末，再乳如粉，無聲爲度，每入少許丸擀。

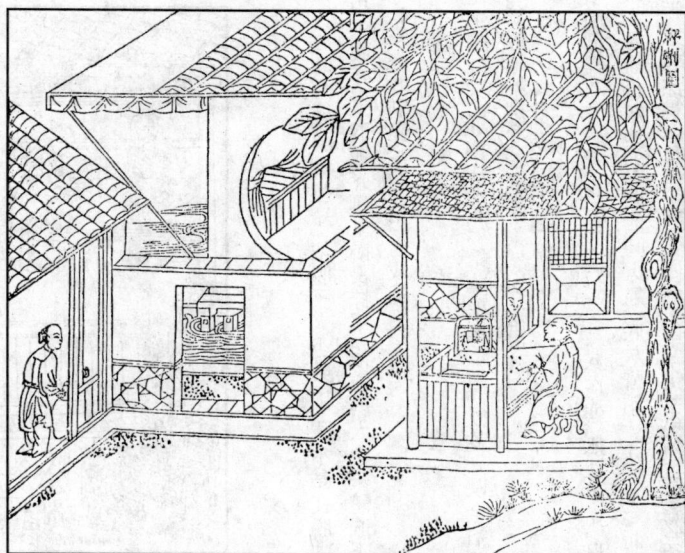

樣製

墨之式樣，當取則于古人。無大小厚薄之限，蓋厚大利久，薄小利新，厚大難工，薄小易善，故墨工不喜爲厚大。然太大，則不便于用，太小則難以得色。要之，厚大雖可貴，不若三四兩者得其中也。古墨形製，多有紋理可尚，其法祕而不傳，鮮有知者，兹恐久後湮没，筆于此編，庶傳不朽也。

斜皮紋法

搓搙塊子十分成熟，摶爲彈丸，置當風處少頃，卻輕輕左揉轉成紋，擀長捺平，便上印板，印訖，取起停眼，性定，乃入灰池。

古松皮法

如製八寸長之墨，只擀六寸長條子，用紙簾輥動烘之。若欲麤紋緊火烘，細紋慢火烘，待皮面稍乾，以摶板鬆上聲讀長八寸，用力壓平，即成紋也。候冷入灰，陰乾刷浄，隨意刻字填金。

金星紋法

以輭劑摶爲彈丸，濃膠水略潤皮面，金箔裹滿，置當風處少頃，候稍乾，向左揉轉成紋，擀長捺平，不用板印，紙襯入灰候乾，不用蠟刷，以玉砑光，隨意雕字填青。

銀星紋法

與前金星紋法同，但改用銀箔裹。

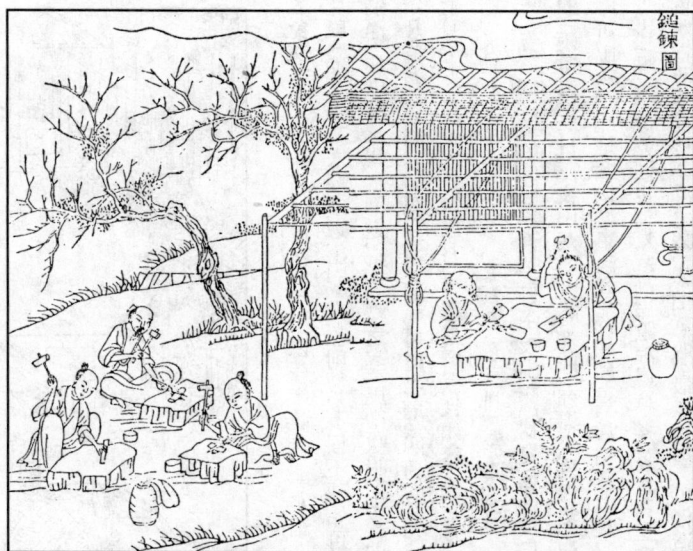

羅紋法

脱子不拘方圓，以稀眼硬生羅，依脱子大小剪下，膠水黏在脱内，上下兩面皆用，或只用一面亦得，取輭光劑子擀長捺平，依脱内大小一體嵌下，用力壓實取出，紙襯入灰，陰乾刷光，任意刻字，或就刻字脱内。

嵌金字法

先鎔化牛膠，以少許薑汁和勻，筆蘸塗刻字内，候乾。以金箔量大小吹上紙，覆半時，新散毫筆拂浄，則金字粲然，此法最妙。

入灰

陰墨須用稻稈灰淋過者，名曰「敗灰」。其灰作池，無性不猛，日中曬乾，羅細用之。以木方盤爲灰池，不問四時天氣，底灰皆用一寸以上，而灰用一寸以下，灰要攤平，不要捺實，實則不能滲濕，陰小墨不必紙襯，大墨必須紙襯爲佳，一免損色，二免灰入墨紋。每日一度换灰，須以一半乾灰，一半舊灰和勻用之，不可見風，見風墨斷，出灰太乾則裂，不輭不硬始可出灰。出灰之後，以刷刷浄，便以腦麝錫合灌之，紙裹藏之，若風中吹眼，則墨曲裂，須記下陰出陰日期，凡二月、三月、八月、九月，灰池可陰二層，四月、五月、六月、七月，可陰一層，十月、十一月、十二月、正月，可陰三層。且如陰三層者，先鋪底灰一寸，排墨一層，又鋪灰一寸，排墨一層，又鋪灰一寸，排墨一層，却鋪灰一寸蓋之，此爲三層也。春冬陰一錢二錢重者，一日兩夜出灰，秋夏陰則一日一夜出灰。春冬陰一兩二兩重者，二日三夜出灰。大略如此，亦難太拘日數，但以墨相擊，其聲乾響，即可出灰。此是陰松煙墨法，若陰油煙墨，當稍遲出灰，蓋油煙墨元用藥水倍多于松煙墨，故乾遲也。夏宜高屋陰涼處陰之，冬宜密室向陽處陰之。冬灰宜厚，夏灰宜薄。夏秋蒸濕之時，膠怕蒸敗，最難製墨，可停造也。深冬極

寒之時，膠怕凍敗，亦難造也。冬月濕劑莫久停几案，急急入廕，久廕出灰，遲者則粗白如松煤色，終刷不光，灰濕則曬，天陰則炒，冬寒廕室中晝夜不去火，然火大火暴皆爲墨病，須審用之也。廕大墨法，先用稍乾灰鋪平，底下以紙上下襯墨，以灰蓋之，經一日取出，别换潤灰，如前紙襯灰蓋，一日一度换灰换紙，約五六日，候墨乾時，不用紙襯，只以墨入乾灰，假如辰時一换，午時一换，戌時一换，一日三度，乾灰换之，約五六日，候墨十分乾訖，取出刷净，且未可上蠟，厚紙裹起無風處，半月之後，方可見風。凡治造半斤重墨，宜用此法。

出灰

取墨出灰，刷净，排細篩中陰晾一兩日，再刷净，置當風處，吹晾一兩日，候表裏徹乾，以粗布擦去浮煙，硬刷蘸蠟刷光爲度。墨乾硬，刷則光澤有色，未乾而刷，則皮面灰色，永刷不黑，惟水洗研光者，明亮如漆。

水池

石池貯水，其上置板，板上置墨，以舊細草鞋底蘸些水摩擦，令墨平整，絹帛拭净，停晾候乾，刷過，粗布擦光，馬臘石打研訖，囊貯懸于高處，候徹乾，紙裹藏之，每候晴明時取出，乾帛拭過，風中晾片時收之。若蒸濕時，略用火焙，但如人體之温，不可熱也。經三兩夏過，膠性乾透，漸自不蒸。初出灰墨，亦可以焙，焙法于焙籠下置一枚紙灰缸，深埋熟炭團一箇，徐徐焙去濕氣，杉匣藏之，外用黑光漆，内不漆，置牀上近人氣處，以熟漆略刷墨上，免濕蒸侵也。若製下新墨，便經一蒸，精華盡去，不堪用矣。

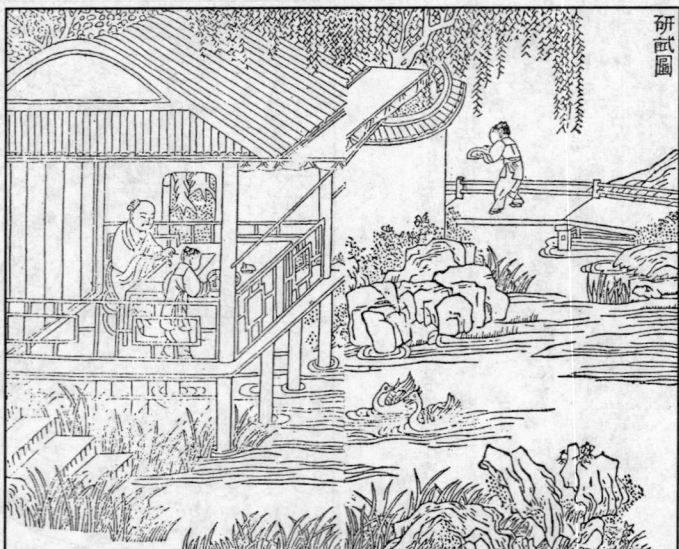

水池圖

研試

墨徐徐上下直研，自然無沫清徹。若急急縱横亂研，自然生沫漬膩。善墨研之如研犀，惡墨研之如研泥。李陽冰云：用則旋研，毋令停久，停久則塵埃相雜，膠力隳亡如泥，不任下筆矣。墨色以紫光爲上，黑元次之，青光又次之，白光爲下矣。光之與色不可偏廢，以久而不渝者爲貴，惟忌膠，光不取也。古墨多有色而無光者，蓋因蒸濕敗之使然，非善者也。其善者黯而不浮，明而有艷，澤而無漬，是謂紫光，墨之絶品也。以墨試墨，不若以紙試墨，或以硯試，或以指甲試者，皆未善。東坡云：世人論墨，多貴其黑而不取其光，光而不黑，固爲棄物，若黑而不光，索然無神彩，亦復無用。要使其光清而不浮，治湛如小兒目睛，乃爲佳也。霉天用墨，研過便拭乾，免得蒸敗。凡用墨須滴水研之，不可以墨入硯池擁水研也。

研試圖

印脫

搏板長一尺一寸，闊三寸，厚一寸。字板長廣不一，隨墨大小，中凸起二分

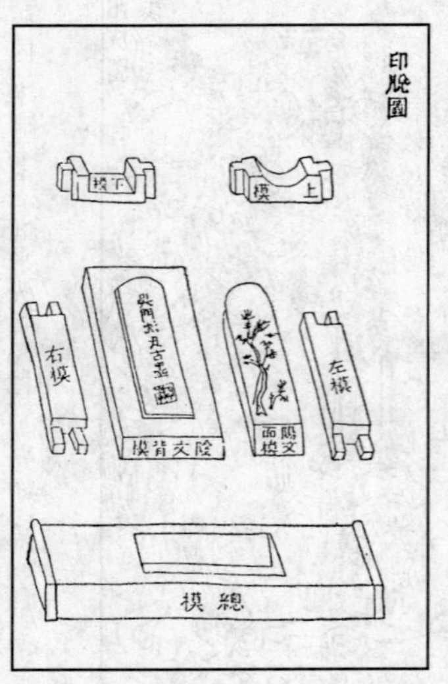

印脫圖

許，刻如墨之製，雕字畫成文，四周各餘二寸許以置模。捺板亦如其凸起者，而外無餘木以入牆內，墨之厚薄視劑子多寡焉。板並要平正光滑，以棗木爲之。以搏板推擀成形製，置字板上，以捺板平下印之。若造脱子大墨，最難得劑子滿，脱内又難得實，須用壓㲘牀坐木擔壓下，方得四圍都到，稜角美滿。

墨脱之製，七木湊成，四木爲牆，底面兩板，刻銘文畫式于上，分陰陽文合而捺之。外以堅木穴其中，爲箍嵌住，使牆不可開，以一大小，出墨則去箍。

楊慎《升菴集》卷六六《古製墨法》 古墨法云：煙細膠新，杵熟烝匀，色不染手，光可射人。又曰：虬松取烟，鹿膠相揉，九蒸回澤，萬杵力扣，光可照人，色不染手。造墨惟膠爲難。古之妙工皆自製膠法，取新解牛革及筋全用之，牛革取其厚處，連膚及毛皆割不用，入冶成膠即以和煙，若冷定重化則已非新矣。今之膠材皆牛革之棄餘，故雖號廣膠，去古膠法猶遠，無怪乎墨品之下也。徽墨今名第一者，上比潘谷、蔡瑫，中間猶容十許人，況李廷珪乎。

項元汴《蕉窗九録・墨録・古製墨法》 古墨法云：烟細膠新，杵熟烝匀，色不用手，光可射人。又曰：虯松取烟，鹿膠相揉，九烝回澤，萬杵力扣，光可照人，色不染手。造墨惟膠爲難。古之妙工，皆自製膠法，取新解牛革及觔全用之。牛革取其厚處，連膚及毛皆割不用，入治成膠，即以和烟，若冷定重化，則已非新矣。今之膠料，皆牛革之棄餘，故雖號廣膠，去古膠法猶遠，無怪乎墨品之下也。徽墨今古第一者，上比潘谷、蔡洺，中閒猶容十許人，况李廷珪乎。

項元汴《蕉窗九録・墨録・玉泉墨畫眉墨》 南中楊生製墨，不用松烟，止以燈煤爲之，名「玉泉墨」。又金章宗宫中，以張遇麝香小御團爲畫眉墨。余謂「玉泉」之名與燈煤無干，只以東坡「佛幌輕烟」爲名，豈不奇絶。

項元汴《蕉窗九録・墨録・松墨》 古墨惟以松烟爲之，曹子建詩：「墨出青松烟，筆出狡兔翰。」東坡詩：「輕翰染松墨。」「徂徠無老松，易水無良工。」此説載王方翼《燎松丸烟》。《富家聞見録》云：「唐李超，易水人，與子廷珪亡至歙州。其地多松，因留居，以墨名家。」《仇池筆記》：「真松煤遠烟，自有龍麝氣。世之嗜者，如滕達、蘇浩然、吕行甫，暇日晴暖，研墨水數合，弄筆之餘，乃啜飲之。」又云：「衢蔡瑫，自烟煤膠外一物不用，特以和劑有法，甚黑而光。」近世稱徽墨，率用桐油烟，既非古法，墨成，亦用漆爲衣始光。東坡云：「光而不黑，索然無神氣，亦復安用？」殆此等耶。予得法墨于異人，祇用烟膠成，即光如漆，名之曰「一品元霜」，殆不虚也。

王肯堂《鬱岡齋筆塵》卷四 藥之有助于墨者，梣皮解膠益色，藤黄、雞子清、生漆、牛角胎至堅，豬膽、鯉魚膽至黑而澤，甘松、藿香、零陵香、白檀、丁香、龍腦、麝香辟膠煤氣，歐陽通每書，其墨必古松之煙，末以麝香，方下筆。地榆、卷栢、五倍子、丹參、黄連、紫草、鬱金、茜根、黑豆、百藥煎、蘇木、胡桃、青皮草、烏頭、牡丹皮、棠梨葉、阿梨勒助色，皂角除濕氣，梔子仁、青黛去膠色黄，粱研無聲。川烏頭使膠力不勁，酸石榴皮令研中遲散，巴豆增肥，多則損光，緑礬加黑色，多則敗膠，朱砂益色，此出古墨譜。然煙之至精者，不假藥物之助，假藥物之助者，皆色不足也。

新安程幼博以漆入油然煙爲墨，自詫前無古人。然宋人固嘗以松漬漆爇以取煙矣。《避暑録話》云：古未有用漆煙者，三十年來人始爲之。古法以瀝青與油等分用，皆取其煙之細也。

造朱墨即以前製過砂每一兩入龍腦二分，廣膠和之，不用餘物爲妙。

邢侗《來禽館集》卷二一《墨談》 方于魯墨擅名歙州，當以色澤規撫取勝，磨之若糭，有香氣，無墨氣，所署非「煙寥天一」，殊謬不然，左司馬公差愧太玄氏董狐。

三十年前，墨止和劑成餅，不施文采，貴在草細，烟真，膠清，杵到，即無香料，汪汪池腹間作清冷觀，舐筆不膠，入紙不暈。今製一取古文奇字，篆籀填銘，鼎敦饕餮，神恠千態，花木蟲魚，幻象百出，妙奪化工，即皮相之髹采，可鑑栀表蠟裡，無益文苑，有慚上玄。

今三四十年，故家所藏舊市墨，甎之如枯松枝，略無容華。磨之欝勃起藍烟，不深黑。和汁餘升許，都如止水。豪端滑脱，落紙清潤，惜不多得。

羅文龍墨是豪游中哲匠，金相玉質，水煤盡屬上清，高華鮮令，別作妙觀，空青水碧，木難珊瑚，一笏之費，價抵連城。

僕十五年前於都下得一挺，署記爲「辛亥」，政與我生之辰相值。此三十八年間，閲幾家梅月幽香，洒落余手。彈之鏗鏗作金石聲，色理闇然，鑽之彌堅，即煩搏浪一擊，不能驟碎，然亦不欲研磨，寶若軀命。再三十餘年，擬作河間壙中殉，不復令從世代間磨人。

余姻家齊河尹大將軍一日談墨，即從秘緘中取一丸見遺，謂爲胡元時物，兩首作鋭，重可三兩，醇黑，無一字欵識。第絲絲起髮理，太樸中最含光，恠似北地松煤劑，想易水耳孫流在中原者，差不失彌祖北法耶。顧家婦清心玉蕻，正何必

麻三衡《墨志·紀原第一》 西方釋迦佛爲磨休王時剥皮爲紙，斷髓爲墨，寫大乘經。

盛宏之《荆州記》曰：築陽縣有墨山，山石悉如墨。

麻三衡《墨志·煙品第三》 蘇子瞻曰：凡煙皆黑，何獨油煙爲墨則白？蓋松煙取遠，油煙取近，故爲焰所灼而白耳。予近取油煙，才積便掃，以爲墨皆黑，殆過于松煤，但調不得法，不爲佳墨，然非煙之罪也。

《試墨書》曰：松之有利于世者甚博，松花脂、茯苓，服之皆長生。其節煑之以釀酒，愈風痺，强腰足。其根皮食之，膚革香，久則香聞下風數十步外。其實食之，滋血髓。其明爲燭，其烟爲墨。其種産西北者至良，名黄松，堅韌冠百木。【略】

楊升庵曰：「元朱萬初善製墨，純用松煙，蓋取三百年摧朽之餘，精英之不可泯者用之，真非常松也。」《墨箋》曰：南中楊生製墨不用松煙，止以燈煤爲之，名「玉泉墨」。

麻三衡《墨志·治膠第四》 《考工記》曰：鹿膠青白，馬膠赤白，牛膠大赤，鼠膠餌，犀膠黄。案《弢工記》：鼠膠黑，魚膠餌。此似誤。

衛夫人曰：墨取代郡鹿膠。【略】

陶宗儀曰：「唐高麗歲貢松煙墨，用多年老松煙和麋鹿膠造成也。」

麻三衡《墨志·和製第五》 韋仲將墨方：合墨法，以真珠一兩，麝香半兩，皆擣細後都合，下鐵臼中擣三萬杵，杵多愈善，不得過二月、九月。賈思勰曰：「醇烟擣三萬杵訖，當以細絹篩堈内，此物至輕微，露篩喜飛去，不可不謹。」【略】

《大唐龍髓記》曰：傳記楚王靈夔造紅白二墨，及書寫衣服，黑衣用白書，白衣用紅書，自成一家。

唐陶雅爲歙州刺史，責李超云：「爾近所造墨，殊不及吾初至郡時，何也？」對曰：「公初臨郡，歲取墨不過十挺，今數百挺未已，何暇精好！」【略】

宋徽宗宣和中，製蘇合油墨，價比黄金。【略】

蘇子瞻自製墨，用高麗煤、契丹膠。王叔朗之嘗試高麗墨無光。子瞻在海南作墨，竈火發，幾焚屋，救滅，遂罷作墨。得佳墨大小五百丸，入漆者凡百丸，足以了一世，餘松明一車，仍以照夜。

王晉卿造墨，用黄金丹砂。墨成，價與金等。

李唐卿，嘉祐中以書待詔者也。喜墨，嘗曰：「和墨用麝，欲其香，有損于墨，而竟亦不能香也，不若並藏以熏之。潘谷之墨，香徹肌骨，磨研至盡，而香不衰。陳惟達一作進之墨，一篋十年，而麝氣不入，但自作松香耳。蓋陳墨膚理堅密，不受外熏。潘墨外雖美，而中疎耳。」【略】

蘇浩然瀨，自製墨皆作松紋皺皮，堅緻如玉，王迪流也。至金章宗，乃以蘇合油溲煙爲之，遂與黄金同價，蓋墨妖也。

麻三衡《墨志·權質第八》 潭州胡景純，專取桐燒煙，名「桐花煙」。其製甚雅，不爲外飾以眩俗眼，大者不過數寸，小者僅如指大，每磨研間，其光如鑑，畫工寶之，以點目瞳子，如點漆云。

宋應星《天工開物》下卷《丹青第十六·墨》 凡墨，燒烟凝質而爲之。取桐油、清油、猪油烟爲者，居十之一，取松烟爲者居十之九。凡造貴重墨者，國朝推重徽郡人，或以載油之艱，遣人僦居荆、襄、辰、沅，就其賤值桐油點烟而歸。其墨他日登於紙上，日影横射有紅光者，則以紫草汁浸染燈心而燃炷者也。凡爇油取煙，每油一斤得上煙一兩餘。手力捷疾者，一人供事燈盞二百副。若刮取怠緩則煙老，火燃質料併喪也。其餘尋常用墨，則先將松樹流去膠香，然後伐木。凡松香有一毛未净盡，其煙造墨，終有滓結不解之病。凡松樹流去香，木根鑿一小孔，炷燈緩炙，則通身膏液就煖傾流而出也。凡燒松煙，伐松斬成尺寸，鞠篾爲圓屋如舟中雨篷式，接連十餘丈。内外與接口皆以紙及席糊固完成。隔位數節小孔出煙，其下掩土砌磚，先爲通煙道路。燃薪數日，歇冷入中掃刮。凡燒松煙，放火通煙，自頭徹尾，靠尾一二節者爲清煙，取入佳墨爲料；中節者爲混煙，取爲時墨料；若近頭一二節，只刮取爲煙子，貨賣刷印書文家，仍取研細用之，其餘則供漆工、堊工之塗元者。凡松煙造墨，入水久浸，以浮沈分精慤。其和膠之後，以槌敲多寡分脆堅。其增入珍料與漱金、銜麝，則松煙、油煙增減聽人。其餘《墨經》、《墨譜》，博物者自詳，此不過粗記質料原因而已。

萬壽祺《墨表》 王者，德至山陵而黑丹出。

女牀之山，其陰多石墨。

鄜延之川脂流出，即延安石油也，以爲煙墨，松脂不及。

懷化郡掘塹得石墨，精好可寫書。

上古書用漆，中古用石墨，後世用煙墨。

漢有隃麋墨、東宮香墨，鄴中三臺有曹公石墨，造墨有韋仲將墨法，冀公墨法，祖氏墨法，李超、李廷珪墨法，潘谷墨法，麻子墨法，宋徽宗蘇合油墨法。

「書窗拾輕煤，佛帳拂餘馥。辛勤破午夜，收此一寸玉。」蓋言造墨之難也。

山谷取小錦囊，有墨一丸，以示潘谷，谷隔囊探之，歎曰：「今老矣，不能爲也。」出之，乃谷少所作墨，其藝之精如此。【略】

古墨法云：烟細膠新，杵熟烝勻，色不染手，光可射人。又曰：虬松取烟，鹿膠相揉，九烝回澤，萬杵力扣，光可炤人，色不染手。造墨惟膠爲難，古之妙工皆自製膠，今所用雖曰廣膠，去古法遠甚，無怪乎墨品之下也。徽墨古今弟一者，上比潘谷、蔡滔，中間猶容十許人，况廷珪乎。【略】

歷代製墨，各臻神妙，繇漢及于元，論其大畧，明興最上者方、邵、羅三氏，遂爲昭代之冠。嗣是而後，名家不絕，然古用松煤，今皆桐油煙矣。牛膠、鹿膠、阿膠古人互用，而近時多用牛膠，又不自製，則不如古。阿膠在齊、魯遠不可得，皆取諸廣東也。復以熊膽點之，以發其光，解其滯，亦有遠勝於古者。萬曆、天啓之間，程君房、方于魯、吴去塵最著，與方、邵、羅争雄而王，來者不已，後之視今，正未可計量也。程、方、吴三氏別有表。

方以智《通雅》卷三二《器用》 墨以九蒸萬杵爲貴，松烟鹿膠今失久矣。《輟耕録》曰：上古竹挺點漆，中古以石磨汁。魏晉時始有墨丸，乃漆烟松煤爲之，晉人用凹心硯者，欲貯瀋耳。自後有螺子墨。《巵言》曰：韋誕之墨，一點如漆。六朝無過張永，五季無過奚超及其子廷珪。廷珪在南唐賜姓。宋有常和、沈珪、陳贍，皆妙品也。張遇以龍香劑進御。有隱君子王迪者，止用遠烟鹿膠，而自有龍麝氣，當勝之。至潘谷而妙，駸駸乎廷珪流亞矣，元朱萬初又谷流亞也。蘇浩然澥自製墨，皆作松紋皴皮，堅緻如玉石，王迪流也。宋徽宗蘇合烟墨法，至金章宗乃以蘇合油搜烟爲之，價同黄金。宣廟有龍鳳大定，外有查文通、龍忠迪、方正、蘇眉陽、羅小華、汪中山、邵青丘及子格之、方于魯、程君房、汪仲嘉、吴左干、丁南羽，今則潘嘉客、方凱、吴名望、去塵。《墨法》曰：虬松取烟，鹿膠相揉，九蒸回澤，萬杵力扣。古用松烟，今用油烟，古自製鹿膠，今用廣膠矣。桐油乃黑，菜油則白，秙油秙烟者輕，五秙油一秙烟者重。以漆與紫草入油，六石得一石，烟則望之碧，而日中紫矣。自謂敵程君房，其法不用冰麝而止用豬膽，萬杵之，以冰麝能奪墨之色也。試法磨各墨于研，俟其乾，置水中，則上者乃黑，次則逈白，惟李廷珪作藍色。

吴景旭《歷代詩話》卷六六《松煙》 楊升菴曰：朱萬初善製墨，純用松煙，蓋取三百年摧朽之餘，精英之不可泯者用之，非常松也。天曆乙巳，開奎章閣，揀儒臣親侍翰墨，榮存初、喀喇子山皆侍閣下，以朱萬初所製墨進，大稱旨，得祿食藝文館。虞伯生贈詩云：「霜雪摧殘澗壑非，深根千歲斧斤違。寸心不逐飛煙化，還作玄雲繞紫微。」蓋紀兹事也。

吴旦生曰：上古無墨，竹挺點漆而書，中古方以石磨汁。至魏晉時，始有墨丸，乃漆煙松煤夾和爲之，曹子建所謂「墨出青松煙」。而晉人多用凹心硯者，欲磨墨貯瀋耳。或謂燎松丸墨起於唐王方翼，不知前此已有也。唐高麗歲貢松煙墨，用多年老松煙和麋鹿膠造成。唐末奚超與子廷珪至歙州，其地多松，因留居，以墨名家，尚用松煙。宋元祐間，潘谷作墨，東坡謂其雜用高麗煤，故詩云：「徂徠無老松，易水無良工。珍材取樂浪，妙手惟潘翁。」亦用松煙也。熙豐間，張遇供御墨，用油煙入腦麝、金箔，謂之龍香劑。徽宗以蘇合油搜煙爲墨，金章宗購之，一兩墨價黄金一斤。伯生又有跋云：「近世墨以油煙易松煙，嘗謂松煙墨深重而不姿媚，油煙墨姿媚而不深重，若以松脂爲炬取煙，二者兼矣。」

阮葵生《茶餘客話》卷一九《造墨之妙》 造墨之妙，以金章宗蘇合油烟墨爲第一，其次則奚廷珪。按廷珪初名廷邽，在南唐賜國姓，遂稱李廷珪。其墨每松烟一斤，用真珠三兩，玉屑一兩，龍腦一兩，和以生漆，搗十萬杵，故堅如玉石，能置水中三年不壞。其珪字作下邽之邽者爲上，圭潔之圭次之，珪璧之珪又次之。作「奚廷珪」者最下。或作「庭珪」字，僞也。《春渚紀聞》稱蘇子瞻、晁季一、賀方回、康爲章皆能制墨。明人墨以羅小華爲第一，程君房、方正邵次之，方于魯又次之。龍忠迪、查文通、蘇眉陽、汪中小、邵青丘、汪仲嘉、丁南羽、潘嘉客、吴名望，皆名重一時。予舊藏君房、于魯墨甚夥，今皆不知所往。于魯不及小華，而所刻《墨譜》精妙絶倫，足供燕閑清玩，所著有《佳日樓詩集》。小華墨以鹿角膠爲上上品，龍柱次之，華山松又次之。邱谷香家舊藏墨頗富，近亦散落殆盡。潘衡墨有金填篆書「墨成不敢用，進上蓬萊宮」十字。潘，宋人。宋熙豐間，張遇供御墨，始用油烟入腦麝金箔，謂之「龍香劑」。今墨皆油烟，松烟失傳。

阮葵生《茶餘客話》卷一九《松烟》 造墨古用松烟，漢取諸扶風，晉取諸廬山，唐取易州上黨。唐末，易州李超之子廷珪亡至歙州，歙人傳其法。

《欽定古今圖書集成·理學彙編字學典》第一四九卷《墨部彙考一》趙希鵠《洞天墨録·古製墨法》 古墨法云：烟細膠新，杵熟蒸勻，色不染手，光可射人。又曰：虬松取烟，鹿膠相揉，九蒸回澤，萬杵力扣，光可照人，色不染手。造墨惟膠爲難，古之妙工皆自製膠法，取新解牛革及筋全用之。牛革取其厚處，連膚及毛皆割不用，入治成膠，即以和烟。若冷定重化，則已非新矣。今之膠料皆牛革之棄餘，故雖號廣膠，去古膠法猶遠，無怪乎墨品之下也。徽墨今古第一者，上比潘谷、蔡滔，中猶容十許人，况李廷珪乎。

《欽定古今圖書集成·理學彙編字學典》第一五〇卷《墨部彙考二》朱常淓《述古書法纂墨》

造雌黄墨法

用雌黄研極細，以水飛過，澄清去水，用秦皮、梔子、皂角各一分，巴豆一粒去皮，廣東黄明牛皮膠半兩，同煎汁，和雌黄，作餅子，陰乾，或用模按成錠亦可。

造硃墨法

造硃墨藥汁如造雌黄墨法，此却用絶好銀硃爲最。

錢泳《履園叢話》卷一二《藝能·製墨》 昔人有云：「筆陳如草，墨陳如寶」。所謂「陳者」，欲其多隔幾年，稍脱火性耳，未必指唐、宋之墨始爲陳也。今人言古墨者，輒曰李廷珪、潘谷，否則程君房、方于魯，甚至有每一笏直數十百金者，其實皆無所用。余嘗見詒晉齋主人及劉文清公書，凡用古墨者，不論卷册大小，幅皆模糊，滿紙如滲如污。蓋墨古則膠脱，膠脱則不可用，任其煙之細，製之精，實無所取，不過置案頭飾觀而已。

《説文》：「墨者，黑也。」松煙所成，只要煙細。東坡所謂要使其光清而不浮，湛湛如小兒目睛，乃爲佳也。近時曹素功、詹子雲、方密菴、汪節菴輩所製者，俱可用。如取煙不細，終成棄物。

《清内務府墨作則例》 委署庫掌一員，栢唐阿二名，領催二名，造墨人四名，學手造墨人六名，專司成造獨草墨、三草墨、硃砂墨、燻烟、漂硃等事，俱係隨交隨辦，所用硃砂、銀硃、桐油、燈草、廣膠、排草、零陵香、蘇木、紫草、棉子、白粗布、白檀香、飛金、生漆等項，向廣儲司行取；冰片、麝香、熊膽等項，向藥房行取；猪油、猪膽，向掌儀司行取；銼草向武備院行取；糯米酒向掌關防管理内管領事務處行取；煤炭向營造司行取；凡所用畫匠、漆匠，及夾子、鐵絲、木盤、木墩、桌案、凳杌、缸盆、押竿竹、亮扁、墨模子等項，向營造司行取；磁碗、磁罈、磁乳鉢、磁擂搥等項，向廣儲司行取；絹羅、馬尾羅、蒸籠等項，向掌關防管理内管領處行取；其鐵頂火、鐵索、掛竿、鐵隔、漏鐵、燈盞、鐵鍋、鐵爐、鐵錘、剪子、木銼、鐵銼等項，不堪用時向武備院營造司更换，如不敷用，另行取用。

做墨定例

做硃墨一料：用硃砂一觔、廣膠六兩、冰片三錢、飛金十張、棉子一錢、白布二尺，炭十觔，煤五十觔，每料得硃墨十九錠，每錠重五錢五分，共重十兩四錢五分。

做獨草墨一料：熏烟子用銅油四百觔、猪油二百觔、燈草二觔，染燈草用蘇木三觔，煤桐油用生漆二觔，煤猪油用紫草二觔，每油一觔得烟子三錢，共得烟子一百八十兩。廣膠十兩，砲製三次，熬水燉膠，用白檀香十二兩、排草八兩、零陵香八兩，濾膠用棉子二兩，過膠用白粗布一丈，每廣膠一觔得淨膠十二兩，共得淨膠一百二十兩。合墨用飛金六百張、熊膽四兩、冰片十兩、麝香五兩、糯米酒十五觔，熬水燉膠蒸墨共用煤八百觔，炭二百四十觔。收什做細用銼草一觔，應得墨三百兩。打銼做細每兩傷耗五分，共傷耗十五兩，實應得墨二百八十五兩。

做三草墨一料：燻烟子用桐油四百觔、猪油二百觔、燈草四觔，煤油用紫草二觔，生漆二觔，廣膠二十觔，熬水用白檀香十二兩、排草四兩、零陵香四兩，過膠用白粗布五尺，合墨用猪膽八十個、冰片六兩、麝香三兩、糯米酒六觔，熬水蒸墨共用煤八百觔，炭二百四十觔。每油一觔，得烟子六錢，共得烟子三百六十兩。廣膠二十觔，炮製三次，共得淨膠二百四十兩。打銼做細用銼草一觔，應得墨六百兩，打銼做細每兩傷耗五分，共傷耗三十兩，實應得墨五百七十兩。

做搨墨刻三草墨一料，淨重六百兩。燻烟子用桐油四百觔、猪油二百觔、燈草四觔，廣膠二十觔，熬水用白檀香十二兩，合墨用猪膽五十個、冰片三兩二錢、麝香一兩六錢，過膠用白粗布五尺，熬水燉膠蒸墨，用煤八百觔、炭二百四十觔、每油一觔，得烟子六錢，共得烟子三百六十兩。廣膠二十觔，炮製三次，共得淨膠二百四十兩。漂飛硃每銀硃一觔，得漂硃十兩。

乾隆七年三月照南匠徽墨法做獨草墨一料：用桐油四百觔，猪油二百觔，燈草二觔，廣膠十一觔十兩三錢，冰片十一兩五錢二分，麝香五兩七錢六分，熊膽六錢九分一釐二毫，飛金六百張，江米酒十五觔，排草八兩，零陵香八兩，蘇木三觔，紫草二觔，銼草一觔，生漆二觔，棉子一兩，白粗布十尺，煤八百觔，炭二百四十觔，白紬二尺，棉花三觔，京高紙二百張，廣涼蓆一領，連四紙一百張，長五尺，寬四幅，黄布挖單一個，用玉泉山水。

十年七月呈准，做墨糙墨一料：燻烟子用桐油四百觔，猪油二百觔，燈草四觔，水膠二十觔，熬水用白檀香十二兩，合墨用猪膽五十個，冰片三兩二錢，麝香一兩六錢，江米酒三十觔，過膠用白粗布五尺，熬水燉膠蒸墨，用煤八百觔，炭二百四十觔，做細用白紬四尺，棉花六觔，銼草二觔，京高紙四百張，長四尺五寸，廣涼蓆二領，連四紙二百張，長五尺，寬四幅，黄布挖單二個，用玉泉山水。做成實應得黑糙墨六百兩。凡由懋勤殿交出改造黑墨所用冰片、麝香，照核減例用二成，改造紅墨照核減冰片二兩，用六兩八錢六分二釐成做，核減燻獨草烟子，每一料重一百八十兩，需用桐油三百觔、猪油一百五十觔、燈草二十二兩四錢、蘇木三十三兩六錢、生漆二十二兩四錢、紫草二十二兩四錢，按照《墨法集要》内開載，成造黑墨，燻烟用桐油三百觔、芝麻油一百觔，浸油燒烟用川黄連三十兩、海桐皮、杏仁、檀香、紫草各二十兩，梔子、白芷各十兩，木鱉子仁一百二十枚，蘇木五觔八兩。燒烟用燈草三觔、巴豆二百粒，包裹烟子用榜紙三十張，盛油用徑過一尺二寸缸盆十個，點燈用徑過四寸五分、深一寸五分、厚三分鐵燈盞五十個，裡口徑過一尺八寸，幫厚一寸、除底厚二寸、淨高三寸五分雙竹箍杉木盆十個，高三寸五分、裡口徑過六寸、邊厚一寸隻竹箍釘鐵葉杉木筒十個，徑過五寸七分粗磁碗七十個，剛竹大墨夾子七十個，鐵油絲四兩，徑過一尺二寸、高五寸隻層細絹羅二個。收什粘補漆做陳設二十六方，彩漆墨五分，内破裂墨八十五錠，每錠用漆匠二工，彩漆匠一工，長寬三寸三分紅金四張，黄金三張，飛銀三張，描金墨五分。内破裂墨七十一錠，每錠漆匠二工，描金匠一工，長寬三寸三分紅金四張，黄金三張，飛銀三張，素墨五分。内破裂墨三十三錠，每錠用漆匠二工，以上彩漆匠、描金匠、漆匠，每工工價銀一錢八分。每錠墨用生漆一兩、籠罩漆五錢、土子末一兩、白粗布五寸、白紬一寸。成做四方式墨模一方，長寬三寸六分，折見方寸二十五寸九分二釐，每寸用雕刻工七工，共用雕刻工一百八十一工。六楞式墨模一方，每楞各寬五分六釐，高五寸六分，折見方寸十八寸四分八釐，每寸用雕刻工七工，共用雕刻工一百二十九工。成做底蓋搯套，用棗木見方尺，每尺價銀一兩二錢，檀木見方尺，每尺價銀一兩六錢，熟鐵每觔價銀五分，每錠用紅金二十張，黄金三十張，飛銀十張，每錠用描金匠二工。

謝崧岱《南學製墨劄記·取烟第一》　古法製墨惟用松煤，墨从黑，从土，意者古人以黑土書簡，今京師挑水者有用黑石或木炭畫數壁間，或古人遺法本是如此，亦未可知。松煤之制必在易紙之後，特先儒無及此者，無可證據耳。自南唐李廷珪易用油烟，《西園雜記》謂：用油烟始於宋張遇，非也。松煤之制，遂以不傳，故明沈繼孫《墨法集要》一書，爲近代造墨家之祖，亦止載油烟一法。今詳各油取烟之法，並第各烟之次第如左。

松香即松脂。及桐、麻等油，皆可取烟，僅就已經試用者而論，桐油爲上，係湖南之土産桐油。松香次之，猪油即猪脂。又次之，燈油或曰京師燈油即蘇子油。又次之，麻油即香油。又次之，間然漆取烟，其色更在桐油之上，《墨志》已有此説，但未試用，不知確否。然即次如麻油，猶數倍於市墨之佳者。其取烟之法亦各不同，松香烟大成毬，法用鐵鍋盛之，沙鍋亦可。用綿條數根，將油浸透，不論何油。置於松香之上，用火點燃，松香自然鎔化，烟往上沖，上蓋瓦缸盛水大缸極好，銅鐵缸皆可。以盛烟，但不可太緊，緊則火滅，又不可太鬆，鬆則烟走。大約須空三四寸，以火不滅爲度，不必禁其烟之全不走也。火滅再點，至點不然，則松香盡矣。然後將缸取下，候冷，用小刷取烟。松香一斤，約可得烟三四錢。至各油取烟之法，猪脂先須煎化成油。即照常點鐙之式，用鐵絲作架，將洋鐵皮或銅皮或鐙餞須將凹正對燄頭。架住，罩於鐙火之上，不可太高，高則烟少，以頂著紅燄爲度，但須及時刮取，約一刻餘刮一度，極遲不可過兩刻。恐其久則烟黄，並恐其多而墜也。燈草須揀肥大者，冬以十二莖爲度，夏亦可用八九莖，人言燈草少則烟細，試之殊不然，亦無遠細近粗之説。各油得烟之數，約倍松香，惟桐油則每斤可得烟一兩二三錢。亦有即於讀書燈上取烟者，事雖兩省，惟烟氣逼人，最易傷目，並最污書籍。

附古浸油法

《墨法集要》：桐油得烟最多，爲墨色黑而光，久則日黑一日。餘油得烟皆少，爲墨色淡而昏，久則日淡一日。每桐油十五斤，芝麻油五斤，先將蘇木二兩，黄連一兩半，海桐皮、杏仁、紫草、檀香各一兩，梔子、白芷各半兩，木鼈子仁六枚，右㓚碎入麻油内，浸半月餘，日常以杖攪動，臨燒烟時，下鍋煎令藥焦，停冷，漉去柤，傾入桐油，攪勻燒之。今時少有用此浸油法者，姑存其古云。

又用燈草法

又：揀肥大黄色堅實燈草，截作九寸爲段，理去短瘦，取首尾相停者，每用十二莖，以少緜纏定首尾，於粗板上以手搓捲成一條，令實，捲得多條，用蘇木濃汁煎燈草數沸，候紫色漉出，曬令極乾，紙裹藏之，毋令塵汙，用則旋取。

又發燄掃烟法

又：常須剪去燈煤，棄于水盆内，否則燈花罩了火燄，烟不能起。敲碎巴豆三四粒，納油餞中，發烟燄得烟多。每日約掃二十餘度，掃遲則烟老，雖多而色黄，造墨無光不黑。

研烟第二

墨以烟細爲佳，故古人有十萬杵之法，然杵止可施於多烟，且不如研之得力。然不得其法，雖研無功。今詳其法如左：

烟性最輕，無水即飛，見水即浮，雖欲研之，即俗所謂乳。而不受研也。法將烟置研鉢俗謂之乳鉢，亦曰乳碗。內，用酒浸透，須好燒酒。烟見酒即服，不飛不浮，自然受研。然後畧加清水，便研爲度。如畫家之研顔料，醫家之研眼藥，總以多研爲妙，和膠之後，再須多研。

和膠第三

墨之佳否，係乎和膠，故晁季一《墨經》謂：上等煤而膠不如法，墨亦不佳。如得膠法，雖次煤亦成善墨。是雖指煤墨而言，其實烟墨亦自如此。今詳其看膠之法與和膠輕重之數如左：

膠無論牛、即廣膠。驢，即尋常入藥之阿膠。皆可入墨，總以亮爲上，如用阿膠，京都雷萬春之上中二等可用，下等不可用。蒸化之水清者爲上，畧渾次之，黑而滯者決不可用。筆蘸膠水全不滯筆，寫去若無膠，然則極佳矣。膠水必俟冷透，方可入烟，不然必至不勻。乾烟三錢以入乾膠二錢爲度，既不滯筆，亦不脱落。如嫌其不亮，可再加膠，則自亮矣。此則雖人所好，可自酌量也。

烟三膠二之數，專指白摺大卷及白紙而言，如紅紙及蠟箋則須倍加。

附煎膠法

《墨法集要》：凡使牛膠，必以好牛皮，或做鼓處裁下膹牛皮煎成者方好。若熟皮家刮下皮屑煎成者，則力淺，不堪用。膠好方始有力，可以減斤兩，用墨因膠少烟多，故倍加黑。

又用藥法

又：用藥有損有益，須知其由，且如緑礬、青黛作敗，麝香、雞子清引溼，榴皮、藤黄減黑，秦皮書色不脱，烏頭膠力不潫，紫草、蘇木、紫礦、銀硃、金箔助色發艷，俗呼艷爲雲頭。魚膠增黑，多則膠筆鋒，牛膠多亦然，又無雲頭，色少黑。節欲墨之黑，一須烟純，二須膠好而減用，三須萬杵不厭，此不易之法，不可全藉乎藥也。

《仇池筆記》：三衢蔡瑫，自烟煤膠外一物不用，特以和劑有法，甚黑而光。

去渣第四

烟本極細，又當細研之後，本自無渣，究不妨過篩以臻盡善，且膠雖極佳，究自有渣，終以過篩爲妙，但須稍清，乃能篩出，其篩之之具，今廠肆所謂墨篩者，亦曰墨漏。甚可用。紗不必極細，一層已足，亦不必用兩層。

收餅第五

既篩之後，墨已成矣，然猶不可即用，何也？火氣未净，其色不潤，且酒性猶存，若以入盒，最易生霉。須盛入餅內，玻璃、紅銅皆可。蓋不可太嚴，須令其透風出氣，愈陳愈佳，縱少亦須在一月以後。臨用之時，將上面清水從容倒去，盡用其墨入盒。如此做法無所謂渣，自上至下皆是一色，萬無以餅底爲渣而不用也。

入盒第六

墨盒瓤子，絨爲上，先須發溼。綿次之，須去粉，用沸水洗净。但不可太少。墨必極濃入盒，不可太多，以瓤子吃飽，而又上無浮墨爲度。瓤少墨多，極不適用。瓤多墨少，勉强可用。適中之處，久用自知。常須挑撥，免致不勻。如被風乾，可將清水添入，不拘生熟。撥勻再用，不必遽然添墨也。黄連、元參等水俱可不用。

入麝第七

墨以黑爲本，故於文从黑，其餘皆虚文也。古無用麝入墨之事，自宋張遇始用麝入墨，後世遂不免以此爲品題，其實墨之佳否，何嘗在此？如欲畧從時，尚可於入盒時用之，亦不必太多。其實冰片等香足矣，不必用麝，多費而實無益。

附論墨色

《墨法集要》：墨色以紫光爲上，黑光次之，青光又次之，白光爲下矣。光之與色不可偏廢，以久而不渝者爲貴，惟忌膠光不取也。古墨多有有色而無光者，蓋因蒸溼敗之使然，非善者也。其善者，黯而不浮，明而有豔，澤而無漬，是謂紫光，墨之絶品也。以墨試墨，不若以紙試墨，或以硯試，或以指甲試者，皆未善。東坡云：「世人論墨，多貴其黑，而不取其光。光而不黑，固爲棄物。若黑而不光，索然無神彩，亦復無用。要使其光清而不浮，湛湛如小兒目睛，乃爲佳也。」

按：色之與光，雖不可偏廢，然色本也，光末也。宋人重黑猶爲不失其本，今人取光而又多取膠光，是末中之末也，即此小事，亦可觀古今之變矣。

成條第八

墨成條塊，全恃膠多。曾用竹筒試作一次，用手搓亦能成條。其膠已約倍於常，然磨較市墨，猶爲極輕。大約今市墨之成條塊者，乾烟一錢入乾膠必在二錢以外，天潮時，墨軟如綿，能作弓形，即此可見膠多。故一成條塊，無論膠輕，已落下乘。見既用墨盒，固可不必成條塊，既成條塊，又須磨細，徒爲多事，今亦畧詳其法，以備一格。分送友朋，用瓶封固亦可。如將墨瓤風乾，並可寄遠。如欲講求樣製，則沈氏名繼孫，明洪武時蘇州人。之《墨法集要》可倣爲之。更欲講求模式刻鏤精工，則程、名君房，明歙縣人，有《墨苑》十二卷。方名于魯，與程同時同縣人，有《墨譜》六卷。二家之書已甚詳矣。

鄒凌沅《通學齋叢書·藝學彙編》　書繪墨料近有造成出售者，購之甚易，依法仿造，恐弗及專工此藝者。但有時購之不便，必須自製，果能仿製得法，自明立法之理。

此墨料以油爲本，凡含油之質，皆合書繪之用。但所製墨料必如尋常便用，方能任意書繪，不滯筆端，并無化散墨迹之弊。常用者二種，一爲流質，一爲定質，法與尋常墨水暨鉛筆同工。

書繪墨料方取牛油或羊油二兩，淨蜜蠟二兩，入鐵鍋内，蓋密加熱至能自燃。次取上等洋皂二兩，切成小塊，俟一塊已鎔，陸續加入，頻以桿調和不止，及加完後，俟燃至如前未加洋皂時之油蠟體積相等爲度，但自燃勿令過猛。如見燃發過高，即取離火少頃，再置火上，將未詳，據云係虫類，於樹上作爲巢穴，其色黄明如膠。二兩加入，隨令鍋内火熄，俟全融合，即不可令其再燃。復取熬熟胡麻子油、黑炱調勻，井入鍋内，熬成濃膏，約至減少一半，即成墨料。至應添炱若干，以黑色深淺爲主，用炱愈多愈易研勻，但過多亦不合用。凡墨料已成，傾入紙模冷定成條，或取平面大理石，先用洋皂拭勻，然後傾於石面，及將冷時，另取大理石板一塊，以洋皂拭勻，覆壓墨上，冷定切成長條，即如墨錠。

凡作墨料必經意於鍋内自燃之時，如鍋内火燃不旺，鍋下必復加熱。如鍋内火燃過猛，見鍋内四周全燃，聞有爆裂之聲，必立取鍋離火。設鍋内火仍太猛，以蓋覆之，少停，再加熱，否則墨料全燒壞矣。

試墨料成功與否，取墨料研之，見有黑痕，不與水和勻，即知尚未熬成，必再入鍋内，如法熬之。如終不與水化融和勻，必再入鍋熬融，稍加洋皂。若見油質幾盡，墨無結力，又知火候過度，必再入鍋内，添洋皂與蜜蠟。

以上墨料爲書繪石面所用。若書繪紙面覆印石上者，法印前同，惟多加蜜蠟而已。製定質墨料，方取上等洋皂一兩半，或牛油，或羊油二兩，淨蜜蠟二兩半，舍拉克一兩，黑炱四分兩之一，製法同前。所成墨條可削尖同鉛筆，以備用。

印紙墨料用黑炱與熬熟之胡麻子油或核桃油調勻，油墨多寡相配須視乎天時寒暑。嘗有取作成之墨，覺得太濃，可加熬熟胡麻子油少許，調合備用。至墨之稀濃合宜，印工必常留心，因石質各點中有小孔，加墨時着力過猛，細線必鋪展變粗。墨質過稀，則細線所加之墨亦必漸鋪散，改變原圖。若墨質過濃，則石板無字跡之處，亦易粘墨。總之，加墨之法視所繪之圖與所加之墨，其愛攝力愈能化合，所印書畫自然清爽，設製不如法，二墨無相愛攝力，則所印書畫自淡而無色，且印數張後，原本已無用矣。

鄒凌沅《格致答問類編》　或云：古者用漆寫字於竹簡以爲書，漆書之後皆用石墨。石墨即黑丹，乃地産，或即筆鉛之類。至漢以後，始多用松烟煤，即今時墨也。可見中國墨用雖古，其類無多。不知西國之墨古今有無異同，能否歷存久遠？請詳示之。

答：西國之墨始於何時，幾難查攷，蓋上古無文字，亦無紙張，至中古始有以獸皮代紙之法。若中國，上古無書契，結繩而治，中古始有蒲編竹簡之制，但無論爲何等紙，必有垂久之墨，始能將當時著作傳留後世，否則雖有垂久之紙，而墨數年即退，仍屬烏用。詳考各國所製之墨，其佳者可數千百年不變。古人之墨多有膠與油性，製法以顔料和以樹膠與油。常用之料爲油炱，每炱四分，配膠一分，另加水若干，磨至勻細，用模鑄成條塊或餅，中國至今尚用此法。但數百年來，中國墨在各西國甚爲有名，初呼爲印度墨，不知爲中國所製者。此墨最耐久，但有一弊，如寫於皮或硬紙面，見水易脱。古西人製墨，多以醋代水，又嘗用一種墨，謂之「金墨」，以其有金色也。又有銀墨，亦有以銀朱作紅墨者。古之抄本書間有用紫墨者，如憑券等件則用緑墨，希臘國凡士之親族人等未成人者，以緑墨寫其名號。古人亦有用藍黄墨者，攷西國六百年來，尚未有用黄墨者。又古書凡用金墨、銀墨者，外則敷漆一層，如羅馬、希臘等國，寫字後則敷蠟一層，西曆八百至九百年所抄之書，大半敷以漆蠟。如羅馬則以墨魚腹中黑料爲墨，此魚在水中如遇他魚吞食，則放其墨，令水混，他魚即不能見，待水清已逃去矣。古人所用之墨，間有千年前之抄本比百年前抄本或印本更顯明者，大畧四百年前之墨俱能耐久。史書言東方各王以紅墨寫字，墨盛以金盒，盒鑲各種寶石。據近來之墨可分四大宗：一中國墨，即西人呼爲印度墨者；二西國印書墨；三西國寫字墨；四變色墨，此各墨大半爲黑色。但另有紅、藍、緑各色之墨，西國亦多用之。兹將各墨製法分陳於左：一中國墨。以毫筆書於軟紙最爲合用，西國向不知此墨製法，購自印度爲繪畫等要事之用，今知爲油炱和膠，或外加香料而製。造炱法燃燈上加覆盆，與燈相近，以收其炱。但墨亦有精粗之别，華人盡知，不必細論。二印書墨。此墨爲西國一大生意，有數大廠專製此墨。西紙厚硬，如令潮濕，則墨更易粘連，故西字新聞紙每晨出買時，其紙尚溼，職此故也。其墨大半爲胡蔴油和炱而作，間有松香油或黑松香若干者，亦有加普魯士藍少許，令色更深者，亦有稍加紅鉛粉者，製法頗繁。法以圓鐵鍋内盛熬成之胡蔴油料，鍋中有立軸，軸上有數刀，以汽機令軸轉動，則刀劃其料成細塊，添以炱等料，轉若干時，令勻，再以軋輪軋之，或研之，即可爲印書之用。若印新聞紙之墨，比印書之墨更廉而稀，因印之最快，濃則不及。其餘他色印書墨亦以此法製之，惟以他色代炱耳。三寫字墨。西國寫字所用墨水沁入紙中，無法洗退，如落於木器之上，可以濃鹽强水洗除，再用净水揩洗，即無痕跡。製法以瓦瓶能容水十磅者，加碎五倍子一磅，皂礬一磅，瓶中滿以沸過雨水，每日掉和數次，數日即合用。如另加樹膠半磅即成脱墨。寫字後，蓋以濕薄之紙架内壓之，即印成，底稿與原文無異。製藍墨法，將普魯士藍和入草酸消化之即成。製紅墨以蘇木在醋内煮之，加臼礬樹膠少許即成。四變色墨。能於白布寫字，洗之不脱。法以銀養、淡養五即照像必需之料，水中化之，另加淡輕四養水並樹膠，中國墨少許。寫字初不見跡，遇熱則變深黑色。又有數種料，可寫於厚紙，託信局寄與某人，信局視爲白紙，但接信者知之，以火烘紙，其字全顯。此水有一種，謂之「鈷養淡養五」，西藥房中均有出售。

著録

徐鉉《騎省集》卷二三《文房四譜序》　聖人之道，天下之務，充格上下，綿亘古今，究之無倪，酌之不竭，是以君子學然後知不足也。然則士之處世，名既成，身既泰，猶復孜孜於討論者，蓋亦鮮矣。昔魏武帝獨歎於朱伯業，今復見於武功蘇君矣。君始以世家文行，貢名春官。天子臨軒考第，首冠羣彦，出入數載，翺翔青雲，綵衣朱紱，光映里閈，其美至矣。而其學益勤，不矜老成，以此爲樂，退食之室，圖書在焉，筆硯紙墨，餘無長物。以爲此四者，爲學之所資，不可斯須而闕者也。由是討其根源，紀其故實，參以古今之變，繼之賦頌之作，各從其類次而譜之，有條不紊，既精且博。士有能精此四者，載籍其焉往哉。愚亦好學者也，覽此書而珍之，故爲《文冠篇》，以示來者。

蘇易簡《文房四譜後序》　班《志》有言曰：小説家流千三百八十篇。蓋出於稗官道途之説也。孔子曰：「雖小道，亦有可觀者焉。」苟至遠而不泥，庶亦幾於道也。矧善其事者必利其器，尋其波者必討其源。吾見其决洩古先之道，發揚翰墨之精，莫不由是四者，方傳之無窮乎？苟闕其一，雖敏妙之士，如廉頗不能將楚人也。常觀《茶經》《竹譜》，尚言始末，成一家之説，况世爲儒者，焉能無述哉？因閲書秘府，遂檢尋前志，并耳目所及、交知所載者集成此譜。問之通識者，識者亦曰可，故不能棄。其冠序則有右騎省徐公述焉。敢以胸臆之志，復書於卷末云。

蘇易簡《文房四譜》四庫全書提要　《文房四譜》五卷，宋蘇易簡撰。易簡，字太簡，梓州銅山人。太平興國五年進士，累官參知政事，以禮部侍郎出知鄧州，移陳州卒，事蹟具《宋史》本傳。易簡所作《續翰林志》，洪遵收入《翰苑羣書》中，已别著録。是編集古今筆硯紙墨原委本末及其故實，繼以辭賦詩文，合爲一書。前載徐鉉序，末有雍熙三年九月自序，謂因閲書秘府，集成此譜，蓋亦類書之體也。其搜采頗爲詳博，如梁元帝《忠臣傳》、顧野王《輿地志》等書，今皆久亡，惟藉此以獲見其畧。其他徵引，亦多宋以前舊籍，足以廣典據而資博聞。凡筆譜二卷，硯、紙、墨譜各一卷，而以筆格、水滴附焉。當時甚重其書，至藏於秘閣。尤袤《遂初堂書目》作《文房四寶譜》，又有《續文房四寶譜》。此止題《文房四譜》，與《宋史》本傳相同，蓋後人嫌其不雅，删去一字也。乾隆四十六年十月恭校上。

蘇易簡《文房四譜》卷末黄廷鑑跋　此書向無善本，照曠閣刊《學津》時，出其家藏抄本，屬校謬誤，殆不可讀，讎勘再三，粗成句讀，而中如《文嵩四侯傳》，及《墨譜》中段、温贈答書狀十五首，不見於他類書徵引者，槩從闕如，緣是録副未梓。己卯冬，晤錢塘夢華何君，云近得鶴夢山房舊抄完本，從之借校，今春夢華何君攜書來，知又新從振綺堂汪氏本校過者，狂喜欲絶，鑑遂從兩本合校一過，補卷一《筆之雜説》脱文四十二條，卷二《筆之詞賦》一條，卷三《硯之敘事》九條，其餘闕文錯字，約計二百八十餘字，其異同處兩通及存疑者不計焉，是書至是可稱完善矣。特未知視《敏求記》所云，絳雲勘對疑似之本，相去又何如也。拙經老人黄廷鑑識。

晁貫之《墨經》四庫全書提要　臣等謹案《墨經》一卷，舊載毛晉《津逮祕書》中，題曰「晁氏撰」，不著時代名字。諸書引之，亦但曰《晁氏墨經》。考何薳《春渚紀聞》云：「晁季一生平無他嗜，獨見墨喜動眉宇，其所製銘曰『晁季一寄寂軒造』者，不減潘、陳。」又稱其與賀方回、張秉道、康爲章皆能精究和膠之法，其製皆如璧。此書中論膠云：「有上等煤而膠不如法，墨亦不佳，如得膠法，雖次煤而成善墨。」與所言精究和膠亦合，疑爲晁季一作也。然晁公武《讀書後志》但有董乘《墨譜》一卷，而不及此書，不應其從父之作公武不見，是爲可疑。考《讀書志》子部之敘稱：九曰小説，十曰天文曆算，十一曰兵家，十二曰類家，十三曰雜藝，十四曰醫書，十五曰神仙，十六曰釋書，而今本所刊小説之後綴以王氏《神仙傳》、葛洪《神仙傳》二種，併不列神仙之標題，以下即別標釋書類，是今本佚其子部五類，類書一類，適在所佚之中，案《後志》載《墨譜》於類書。其不載亦不足疑矣。季一名貫之，晁説之之兄弟行。朱弁《風月堂詩話》稱其官一曰「檢討」，一曰「察院」，不知實終於何職，其事迹亦無考云。乾隆四十六年十月恭校上。

李孝美《墨譜法式》馬涓序　士大夫之好事者，蓄圖畫書刻器用之類，必皆以傳之久者爲貴。書畫至於漫蝕而不完，器用至於詭怪而難辨，則寶而藏之爲愈至，而或者非之曰：此世俗之人貴耳賤目者也。道藝工巧，無世無之，何獨榮古而陋今乎？是益不然，大抵古人之敦重信實，無所不用其極，故其施之事物，雖各述作不同，然必要之盡善而後已。其才不逮於盡善者有矣，然非能傳之久者也。傳者斷木爲棋，梡革爲鞠，亦皆有法。棋鞠戲玩之用爾，古人爲之猶且不苟，而曰有法存焉，況於不待爲戲玩者乎。嘗考《周官》，究其爲弓矢輪輿之類，斬伐矯揉斲削之功，筋角齒草羽毛之用，必求之天時，審之地氣，然後以工巧成之，其言纚纚，若煩而不可信然，而聖人存之以爲書，後世守之以爲經，由是益知夫古人制作，其用心如此，所以可貴於後世者然也。趙郡李伯揚集《墨譜》三卷，曰圖，曰式，曰法，其講貫品藻無不詳，雖使未嘗留意於其間者，一觀其書而所得過半，善辯者亦不能勝也。其敘祖氏以下數十家，類皆尊尚前輩而以後來者弗及，豈特爲好古者也。蓋伯揚之所集，固嘗稽之舊聞而參以所試矣。其制作之要已能自得其妙，其品第去取信爲不誣，非所謂貴耳而賤目者也。雖然，觀其用心於一物，必臻其極如此，則擴而充之，益知其所學之必到也。紹聖乙亥十一月二十日，承議郎、通判遂州軍州兼管内勸農事借緋馬涓序。

李孝美《墨譜法式》李元膺序　予友李伯揚以其所次《墨譜》寄予云：「予平生無所好，顧獨好墨。聞人有善墨，求觀之不遠千里。凡得古墨近百品，森然如斷圭破璧，膚理堅細，擊之有聲，試之其光如漆。念世人不能盡見，其久而遂不傳也，乃存其形製，而書工之姓名於其上。又嘗親至魯山，從竈工野人講問爲墨之法，如伐松取煤，品膠用藥，揉劑入灰之類，纖悉畢具。有言所不能載者，則見之圖畫，欲使天下皆知爲墨之法，而從事於其間，庶幾有如古人者出焉。凡爲書三卷，書成久而未有叙文，願求重於君以行乎世。」予讀之而笑曰：「嗟乎，如伯揚，其可謂好事也哉。夫墨，几案間一閒澹物也，世人徒以簡牘所資，蓋不可少，其亦無足甚好者。而伯揚汲汲焉如有聲色臭味，酷好而力求之，忘其身之勞也，其用心不亦異乎？既自以爲可好，因謂天下之人皆與己同，欲推其所好者共之，其又難哉。此書之出，如昌歜戎菽，不惟同好者少，其又且笑之，以伯揚嗜好之癖也。雖然，亦安知無君子用是以知伯揚者。昔嵇叔夜好鍛，王武子好騎，阮遥集好蠟屐，此其於人之賢不肖，非有所損益也，而載在史册，爲千古之美談。夫君子之觀人，不必於其大者，得其平居言笑之餘，以及其所玩好，而足以窺見其所存。此三物初若無足言，而世有鑽李核障錢簏者，則其清濁何如也？將見百世之下，好事者得《墨譜》而歎焉。因以知伯揚好尚而想見其人，則其風流遠矣，豈止行於一時也哉！」東平李元膺叙。

李孝美《墨譜法式》四庫全書提要　《墨譜法式》三卷，宋李孝美撰。孝美字伯揚，自署趙郡人，仕履未詳。前有紹聖乙亥馬涓序及李元膺序，與《通考》所載合。然二序皆稱《墨譜》，而《通考》則題曰《墨苑》，與序互異，案書中「出灰」、「磨試」二條，注曰出《墨苑》，則《墨苑》别爲一書，《通考》誤也。此本題曰《墨譜法式》與《通考》又别。書分三卷，上卷曰圖，中卷曰式，下卷曰法則，法式乃其中之子目，安得復爲總名？且既曰墨譜，又曰法式，文意重疊，尤乖體例，殆後人妄改，今姑據原名書之，以存其舊。上卷凡采松、造窑、發火、取煤、和製、入灰、出灰、磨試八圖，圖各有説，今惟采松、造窑有圖，説餘皆有説而佚其圖。中卷凡祖氏、奚庭珪、李超、李珪、李承晏、李文用、李惟慶、陳贇、張遇、盛氏、柴珣、宣道、宣德、猛州貢墨、順州貢墨，及無名氏十五家之式，亦各繪面圖、漫圖，惟以奚庭珪、李庭珪分爲二人，且謂奚不如李遠甚，與《南唐書》奚庭珪賜姓爲李之説大異，未詳何據。其目列盛氏在柴珣前，而圖則盛在柴後，傳寫誤也。下卷凡牛皮膠、鹿角膠、魚膠、減膠、冀公墨、仲將墨、庭珪墨、古墨、油烟、敘藥、品膠十一法，而牛皮膠有二法，庭珪墨有二法，古墨有三法，油烟墨有六法，實二十法。其持論皆剖析毫芒，具有精理。自明以來，油烟盛行，松烟之製久絶，孝美所論，雖今人不能用，然古法古式藉以得傳，亦博物者所當知也。

劉壎《雲莊集》卷五《送造墨楊伯起序》　學者以紙爲田，筆爲耜，而墨其膏液也，三者其重均爾。然製作之法，墨爲最難。予友楊伯起挾此技游四方，得者寶之。予嘗叩其法，伯起歷歷爲予言，烟欲浮而輕，膠欲老而微，均調揉治，不失其劑量，然後吾墨以成。雖然，是直其觕耳，至若心悟神解，超然法度之外者，予亦不能評也。嗚呼！技之進于道若是夫！雖然，是墨也，作之難，用之尤難。予觀昔之聖賢，以其心之精粹假此而出，一話一言澤潤千古，猶善殖者，匪稷則黍也。後之不賢者，以其心之滓穢假此而出，一點一畫流毒九有，猶不善殖者，匪稂則莠也。然則其用不亦難乎！予故筆是，以告吾徒之用此墨者。

吴澄《吴文正公集》卷一六《贈墨工艾文焕序》　世稱墨爲玄玉，玄名其色，玉喻其質也。蓋墨之堅青光黑者佳。黑青合謂之玄，而黑易青難。但黑不青，緇爾，非玄也。堅光備謂之玉，而堅易光難。但堅不光，石爾，非玉也。前代墨工未暇論，宋南渡後，盛行柯山之墨，在後乃有吾郡之胡焉，七八十年競用湛然之墨。近年又有同邑之艾焉，如楚、吴特起，間齊、晉之霸，其取信於衆，見售於時也，豈偶然哉？不有其實，不能也。而艾工猶欲借重於人言，夫人言何足以爲重？苟無其實，雖百口交譽，虚名而已矣。文焕之墨既信既售，不資予言也，予舊識之，故書此以贈。

吴澄《吴文正集》卷二六《送胡宗時序》　李超暨子廷珪再世居歙，以墨名家。「黄金可得，李墨不可得」，其貴重如此。吾鄉胡湛然，自嘉定癸未於信州龍虎山遇異人，授墨法。堅青光黑，莫能及之。傳其子士楚，子又傳其孫宗亮、宗時、宗權，三世矣。向時與柯山一二墨工齊等，今柯山不復有墨，胡墨遂爲第一。蓋工以世工爲善。墨者，文房之寶，非它工比，尤當論其世也。李墨再世，胡墨三世。一家祕妙，人不與知，其獨爲名墨工也宜哉。

吴澄《吴文正集》卷五九《題范清敏公贈墨工序後》　宋嘉定、寶慶間，豐城范清敏公宰崇仁。澄幼稺時，每聽先大父對客談論亹亹，道范公之政神明剛决、公正審悉，不可一二計。蓋自宋初以至季年，邑宰未有能如公者。後爲郡守、部使，其政皆然。澄既熟於耳聞，及見公之一筆於書者，則知公非徒有其政，而又有文、有學、有識也。第所見者不過剖析獄訟之語，而於他文曾不多見。今忽見公贈墨工一序，讀竟，歎曰：「斯地而有斯人也夫！斯時而有斯文也夫！」公謂墨工之售墨不可輕。售非其人，則其墨適足以蠹斯文、蝕吾道。嗚呼嚴矣！公以此爲售墨者之戒，則用墨者之罪爲何如哉？觀公用此墨以涖官臨民，真無負此墨者。使公得用此墨於皂囊之中，白簡之上，則弼遺補闕，擊奸去邪，上有補於君德，下有裨於國政，是豈小小哉？惜公不得用此墨於彼，而僅得用之彼獄辭訟牒也。公之文既不多見，而此文幾爲人間苞苴廢棄之紙，非吾友陳淵然之卓識高誼，則公之曾孫凱何從而得此家寶也耶？澄之所以把翫不忍釋手，而重歎斯文之幸而存也。淵然，宋江西提刑諱杰之子，與范世姻。凱嘗仕於朝，爲贊儀署丞。

陸友《墨史》四庫全書提要　《墨史》三卷，元陸友撰。友字友仁，吴縣人，其書集古來精於製墨者，攷其事蹟，勒爲一書。於魏得韋誕一人，於晉得張金一人，於劉宋得張永一人，於唐得李陽冰以下十九人，於宋得柴珣以下一百三十餘人，於金得劉法、楊文秀二人。又詳載高麗、契丹、西域之墨，附録雜記二十五則，皆墨之典故也。其間蒐羅隱僻，博贍可觀，大率采自宋人説部者居多。雖其出處不能盡詳，而薈稡成編實可爲文房故事之助。其論奚廷珪非李廷珪一條，據《墨經》載，易水奚鼐之子超，鼐之子起，又別叙歙州李超，超子廷珪以下世家，是族有奚、李之異，居有易、歙之分，惟其名偶同，足破世所傳江南賜姓李氏之説爲妄，亦頗有資於考據。案《禆傳》載，友仁生市廛闤闠間，父以市布爲業，獨能異其所好，攻苦於學，善爲歌詩，工八分隸楷，博極羣物。奎章閣鑒書博士柯九思、侍書學士虞集服其精識，相與言於文宗。未及任用而二人去職，友亦南歸，自號硯北生，著《硯史》、《墨史》、《印史》，所爲詩文有《杞菊軒藁》，今皆亡佚，惟《研北雜志》及是書尚存。

虞集《道園學古録》卷三四《朱萬初製墨序》　豫章朱萬初，世儒家，敏文而善藝，得古墨法。至京師，頗試作之，相知者一二君子耳。余嘗用之，愛其沈著而無留迹，輕清而有餘潤，其品在郭圮父子間，而縉紳博雅，殊以其言爲信。聖天子御奎章閣，親翰墨，近臣以爲薦者，上進果稱旨，賜官，可謂榮遇也已。於乎！天下之所謂精藝者，世固有之，其聞不聞，係乎遇與不遇。文房之用，鬱鬱不見采者久矣，一旦際乎文明之盛，遂顯于時，而傳於來世，豈偶然哉？而或者又希其以技進，則亦甚矣。世之論玩物者，固謂之乎？故著其説，以待觀物而知者云耳。

吴皋《吴吴類稿》卷三《贈墨卿胡達義序》　胡湛然氏墨妙當代，賢公卿聞人恒所試用，每善其製作之精，無慊奚易水，亦固信然，名實相須，不誣如此。夫古人一藝能用於時，賢者必亟爲奬與，豈惟昔能然今不能然，亦獨何心，吾於胡達義有感矣。湛然爲達義三世祖，相傳授異人墨法，而擅譽碩儒鉅公間爲甚。舊貢内府，供上用者數矣。收名定價，跨越前代。是由子孫繩其祖武，它工竟莫窺其藩籬，故藝獨精而名益彰。達義所製，良契厥妙，吾恐賢士大夫或莫之究，而貽魚目混珠之憾。余之著其人，蓋著其無忝厥祖，然於奬與古人之意，豈以不敏而敢後於諸公也。是爲贈。至正己丑孟夏之月序。

沈繼孫《墨法集要》原序 余録墨法既成，客有見者曰：舊傳《墨譜》、《墨苑》、《墨經》之類者多矣，又何用録耶？余曰：墨譜諸家，皆雜取墨工之言，非身歷手試，文具而已，不足憑也。聊舉其一以明之。李廷珪之墨，至宣和間，黄金可得，而李墨不可得矣，爲世所貴如此，其方祕密，世無知者，譜乃妄撰之，用數藥煮汁，鎔魚膠和松煤爲之，大可笑也，果可信而可從乎？余初製墨時，諸方並試之，用藥愈多，而墨愈下。其後受教于三衢之墨師，乃並去藥，惟膠煙細和熟杵之，墨成，色黑而光，真所謂如小兒目睛也。具禮報之，師拒不肯受，惟戒不揚其姓名，恐鄉里同業者知之或怨，時洪武之初也，至今不得再見之。余家自此從其法以爲墨，識者謂墨有古意，余思念師之德，追憶師之言，繼又得一僧墨訣，遂并録之。余非敢求多于墨譜諸家也，身所歷，手所試，知其實之不戾于古墨工也。客聞而善之曰：可謂墨之實録矣。請以實録名之，使人知墨之法，實在此不在彼，其言實可信可從，而于墨譜諸家，實有補其所未究也。洪武戊寅歲立春日，吴門沈繼孫序。

沈繼孫《墨法集要》四庫全書提要 《墨法集要》一卷，明蘇州沈繼孫撰。繼孫，洪武時人，自言初受教于三衢墨師，後又從一僧得墨訣，遂併録成書，凡爲圖二十，附載圖一，每圖各爲之説，實近代造墨之所祖也。古墨皆松煙，南唐李廷珪始兼用桐油，後楊振、陳道真諸家皆述其法。元明以來，松煙之製漸亡，惟是法獨傳。繼孫所製今不存，其工拙雖莫可攷，而此書由浸油以至試墨，敍次詳核，各有條理，班班然古法具存，亦可謂深于兹事矣。世傳晁氏《墨經》，其説太略，而明以來，方氏、程氏諸譜，又斤斤惟花紋模式之是矜，不若是書之縷析造法，切于實用，録而傳之，是亦利用之一端，非他雜家技術徒爲戲玩者比也。原本諸圖，皆以施功先後爲序，惟樣製圖後，附以印脱之式，未免參錯不倫，其形製亦頗未合。今以二十圖列于前，而以印脱之式重加訂正，退置卷末，庶端緒秩然，而體例尤爲盡善云。乾隆四十年四月恭校上。

方于魯《方氏墨譜》王穉登《方建元墨譜序》 新都方建元氏，志尚耽玄，情專守黑。隱於墨，欲假墨而藏名；家於墨，非緣墨而射利。殺青成譜，鍥梓盈編，形文畢陳，圖咏並載，合爲五卷，離爲六則。瑞璽靈苻，蒼聖黄琮，卿雲騶虞，貝闕珠宫，作國寶第一。舜衣商鼎，天馬芝房，連理合歡，虎文龍光，作國華第二。穆駿夏碑，蒼珮玄珠，刀筆貨泉，琅玕青藜，作博古第三。百子九英，珊瑚木難，松枝桃根，鳳玦璃環，作博物第四。香雲寶月，五牛三車，貝多鬘陀，法幢紗花，作瀍寶第五。玉洞霞城，鳥使鶩賓，碧桃仙杏，紫氣真人，作鴻寶第六。是六者，辨形象則譎誕無涯，敍讚頌則葳蕤可悦。雞舌椒蘭之馥，絪緼襲裾；金膏水碧之精，光芒注目。於是隃麋之説罔有遺漏，玄香之名不勝流播矣。乃其援玉名烏，即霜稱紫，仲將擅譽於一點，士衡侈賜乎二螺。囊裁錢豹之革，劑合針魚之髓。粉芙蓉之萼而秋渚皆空，煤松樹之薪而春岫無色。幼示浮屠，金壺飛液，精凝羽士，黄屋馮几。斯皆驗往蹟之已然，徵合轍而非謬者與？方君篋饒藏草，筆禪生花，譚風雅則騷壇之選鋒，傳高逸則布衣之祭酒，能俾姓氏，徹於閶闔，聲稱徧乎寰宇，豈惟墨爲名高，抑亦技以人重者耶。萬曆己丑二月初五日，太原王穉登序。

方于魯《方氏墨譜》李維楨《墨譜序》 今之工于墨者，則無如于魯氏矣。于魯，故名大激，晚乃以字行，更字建元。其爲墨象凡五：曰規、曰矩、曰珽、曰圭、曰雜珮。象所取義六：曰國寶、曰國華、曰博古、曰博物、曰太莫、曰太玄。求之象與義而不能，强而名之者五：曰瑶艸、曰大國香、曰大紫重玄、曰非烟、曰九玄三極。不脛而走四方，不招而市如噎。處布衣之位而重於萬乘，不佞介紹之以左司馬，申之以二仲氏，得至其室縱觀之。其品式有經，則王府之闕石和鈞，公輸之準繩也。其追琢美好，則偃師之倡，輪扁之斲，宋之玉楮，而郢之斤成風也。其詞章則典謨訓誥，渾噩爾雅，即秦漢而下無論也。其族類浩穰，肖像詭特，則九鼎之百物神姦，册府之群玉不可形狀也。其芬香郁烈，光彩煜燿，則虞廷之卿雲，太乙之青藜，楚之畹蘭畝蕙也。其文字則河之圖，洛之書，倉頡之篆，孔甲之盤盂，闞里之蝌蚪也。試而用之，不膠漆而固，不烟霧而升，不涅緇而黑，不珠璧而潤，若有若無，若離若合。天之蒼蒼，非正色耶？其壺子之衡氣機耶？即騶衍莫能談，季咸莫能相矣。美哉技也，一至此乎。建元之子嘉樹息父之業而修之，名與建元等。不佞又聞人之言曰：建元始爲墨，市無知者。嘗受學于左司馬，而業奇進，已受知于王氏二美而神愈王，夫孰謂文士無用哉。不佞不文，何敢望三先生，以建元父子之請，不能爲墨序，所爲叙其譜如此。雲杜李維楨撰。

方瑞生《墨海》自敘 夫情有所耽則癖。古來癖者寧少其人？耽《左氏》則有傳癖，耽佳句則有詩癖，耽茗事則有甘草癖，甚至糟丘營而荷鍤常隨，石丈呼而袍笏下拜，予誠不能希蹤萬一而癖爲近之。蚤歲癖於硯，繼癖於墨，真如昔人所稱饑當食，寒當衣，孤寂當友朋，殷憂當琴瑟，它好不與易者。呫嗶之餘，輒向故紙堆中，蒐墨林遺事，還自笑窮波斯采寶船，辛苦頭白，有所窺見，隨爲點綴其間，又自咲小兒强作解事語，幾欲罷去，技癢終不能自禁，久之陶家瓶告盈矣。

會碣石舒師有當予言，臾予作吾黨仲將，乃按瀍鳩工，益攻搜烟和膠之術，墨且不脛而走四方。一日，友人過予，發篋見書，大噪曰：「此快書也，何不懸諸國門，樹玄家赤幟，乃私爲帳中物耶！」予唯唯謝不敏，玄言日繁矣，安能復揚其波而災梨棗。友人曰：固哉，果若所云，則尼山不必雨墨，龍賓不必著靈矣。常侍之後，何復有內翰，內翰之後，何復有黄、蔡諸人。予不獲已，乃盡出篋中書，書故先後所錯綜而成者，釐爲若干卷，分內外輯。內輯《玄鯖録》厥目惟四，墨之韵事嘉話萃焉，珍錯具陳，恣人嚅嚌，世間信有揚州鶴乎？《仙墨函》厥目惟三，象外標玄，爲默仙特開生面，期與韵人勝士偕作烟雲供養耳。《説墨合》厥目惟八，自抒胸臆，合符作者，卮言未必無當乎，百衲之識，殆將不免。外輯圖者五，稽往古，則古墨有束，墨事有摹，崇昭代則龍賓有乘，玄符有徵，文明丕著，沕穆可還，玄象于是乎藏矣。既卒業，乃高咏虞文靖公詩「寸心不逐非烟化，還作玄雲遶紫薇」。友人曰善則善矣，抑予竊有請焉。主爲墨卿作譜，而闌及楮先生輩，猶曰四君臭味也。至若二仙詠墨語，創爲點睛，已屬脩眉混沌矣。而副墨更收其雜著，不已駢枝乎？識者將必訾其不倫。予曰：唯唯否否。語不云乎？「作詩必此詩，定非知詩人。」王摩詰畫中有詩，爲花寫生，有四時之花錯集者。顧虎頭號傳神手，頰上益三毫而丰神殊勝，固非規規肖貌間索解也。且子不觀於水乎？清冷一泓，鱗鬣可數，投之纖滓輒溷者，澗沚之觀也。廓而江河，至大瀛海，則萬川供其吐納，浮天浴日，屑雨崩雷，宇宙間奇詭譎怪不可名狀者，舉出没變化乎其中，觀至此，始足窮水之變。孟夫子所謂觀於海者難爲水，此之謂也。友人瞿然曰：大哉言乎！予直拘墟之見者耳，海無盡流，墨亦無盡載，子能以大心總持之，墨海之會端在兹矣，以之名其書可乎？予曰：是吾心也，帝鴻氏之硯實兆厥名，佩有年矣，併識之，以旌吾癖。澹玄方瑞生。

方瑞生《墨海》卷一《玄鯖録》序 海濱有涸鱗，人争臠之，復且乘潮去，而鱗故自若，曾未測其脩廣何如也。邇者玄工錯煩言興，浩汗難窮，真同望海，欲向此中索佳處，又不啻操任公子釣術，遲六鰲出驚濤間，難矣，難矣！矧蠡測之智如予者耶？方將目眩心奪有駭，若日出已耳，山峙雲興已耳，自非海上客，何能膾神魚？亦惟是，聊爲染指，以望吾腹，題曰「玄鯖録」，竊自比于嚮之作《五侯鯖》者。若曰彼借潤侯門，余拾瀋玄海，同一餖飣云耳。

方瑞生《墨海》王式通序 涉園居士以明方澹玄《墨海》內外輯十卷重印行世，屬爲之序。余謂文士耆尚，往往偏異，鼎彝碑刻硯墨之屬，其施於文房者，靡不有以致之。而漢、唐、宋、明以來，耆墨者特多，單心體製，精揅光色，互相矜尚，蔚爲專門，弆藏螺丸，珍若隨和，風氣所趨，紀述寖富，即澹玄所著者，殆無慮數十百家，何其盛也！康熙中，宋牧仲、張長人竝以藏墨名，有《漫堂墨品》、《雪堂墨品》之作。光緒中，意園祭酒亦耆墨，所藏三十六丸，近歸余友中舟同年，中舟因輯《鬱華閣墨品》、《恐高寒齋墨品》，蓋嘗深慨明墨之難得，一毁於再和墨之製，再毁於翰林御試之用。其近自求得者七十二丸，合鬱華舊藏纔一百八九，然亦竭其力而爲之，以視《墨海》蓋鮮矣。自明訖今垂三百年，中更兵火，故家遺物散失四方，而棄於山陬邨墟者，庸夫愚媍漫不省識，殘璧斷圭淪滅弗覺。再更百數十年，明墨將盡，詎不惜哉！昔歐陽永叔嘗謂物好之而有力則無不致，雖天下怪奇巧玅可喜之物，莫不兼聚而有也。余則謂耆之至者，物固聚之，顧聚於一時，其勢不能久而無散，散則不可復聚，而墨之聚又非鼎彝碑刻比也。澹玄所列墨品凡以百數，大氏皆亡之矣。然今猶幸得見者，賴有其書存也。雖不得墨之真品，而觀其形製，百世之下足賞翫焉。然則涉園兹舉其可已乎？涉園博涉多通，精校勘之學，曩年得亡友松鄰宋元明四十種詞版賡續景刻，其它景印書甚夥，蓋大有裨藝林者，斯猶吷餘也。戊辰二月志盦王式通。

麻三衡《墨志》李光倬序 探賾索隱，鉤深致遠，古聖人之所以立成器也，述者亦有事焉。不賾則狹，類弗周也；不隱則陋，法弗辨也；不深則褻，體弗貴也；不遠則囿，用弗彰也；器之利湮，而作者之意失矣。吾讀麻孟璿氏《墨志》，將教天下所以攻之與夫蓄之者，遠之至也，而根究於鬼神之變，倉史之撰焉，深而隱矣。上下諸家，家法之精觕，物材之良苦，如正統系，則以言乎天下之至賾也。夫孟璿非述也，作者之事也。記曰：衣服在躬，不知其名爲罔，世之守成器之利，則不能名者，何可㮣舉？獨儒者自號博通著察，出其緒餘，顧于被服之神明者闕如，可乎？是書行，盡砭罔學之弊，不啻有攻于客卿，乃孟璿所以饗客卿之報者，行自此侈大哉。豫章李光倬譔。

麻三衡《墨志》吴之淳跋 《墨志》一卷，明季宣城麻氏孟璿撰。凡分九類，徵引賅詳，論説古雋，似兼李氏《墨譜》、陸氏《墨史》之長。考孟璿名注復社，屯師姑山，兵潰被執，死甚烈，蓋節義之士。其緒餘故自足傳，所作韵語，已略載《明詩綜》，而《墨志》未見諸家著録，近惟知不足齋所刊《墨史》中，偶一附注，亦希世之書也。此舊鈔本，傳自冬心先生，魚豕甚多，先祖亦曾校閲，未及細勘，今春因蔣茂才生沐欲刊入叢書，復悉心參校一過，尚虞疏謬，俟明眼者再審之。道光戊戌孟夏，海昌吴之淳識於拜經樓。

萬壽祺《墨表》自敘　嗚呼，大文舒矣，玄德孔固。黄帝以來，四千餘年之間，書契既往，桼刀咸謝，漢興隃麋，始進代降，而後天命神靈龍賓出焉，地不愛寶，石墨産於女牀之山，嗚呼，豈不盛與。奚氏南竄易水，與於新安，家擅緑蛾，人握玄珠，世勢趨今而下，才法踰古而尊，攷其大凡，可得而論。南唐北元，歲遐則寢，道失斯擯，咸無足紀。自宋及今，人以世次，墨以代升，攷者不可勝窮。而有楚迺拔，爰成斯編，以次條式。嗚呼！追古人之不作，懷風流之僅存，學墨之道出於大儒，守黑之心是用小剬。

六經未絶，六經之絶，絶於文字，守道以經，導民以躬行，文行騈茂，百世之繩，是可得而稱也。今所見者，磨而不磷，其在斯與？敘宋朱熹弟一。

出則以道不以穀，守則以志不以貧。林泉之姿，實惟遐心，爾則三不朽，民到於今。敘葉理弟二。

萬幾之暇，睿藻飛翰，戈劍鈎筆，咸得名焉。顧視自危，惕惕凡凡，玄默思道而天下大治。小物其勤，仰追哲后，臣拜稽首。敘明宣德御墨弟三。

穆穆宣宗，削楮垂論，甯獨玄卿，得備顧問。文學之士，繇之以並進，豈不偉與？敘宣德中方氏、邵氏弟四。

洞溪之水東流入於歙江，萬初既謝，百年之内，若存若亡，美人采蘭，言掇其芳，去者日以續，而來者日以揚也。敘成化中羅氏弟五。

上之所好，其下成俗。父之所傳，其子不瀆。守法戩穀，景命有僕，方、邵、汪之謂與？敘嘉靖中方、邵、汪氏弟六。

文章山海，莫盛於慶曆，楮先生、石衛尉與漿鄉侯奔走趨事，夙夜在公，不能及也。郁郁文獻，國之綱紀，玄德升聞，其來不已。敘萬曆以來汪、方、孫、佘、潘、項、郭、吴、胡、程氏弟七。

炙竹搗籐，圖書蔚止，以右我經史，斯大猷也。山鍪之癯，以紀草木，著書名山，藏之嶽瀆，固不必世之知我乎？敘有字號無姓弟八。

名者身之大疚，知白靡争，與鴻冥冥，世莫得而名，此其最高者與？敘無姓氏字號弟九。

智者寄道於約，仁者守器於牖，顧瞻周道，不如考槃一鍪。敘亭館弟十。

戲雖小道，可以觀德。守墨者愚，戲墨者哲。以墨墨者斯無墨也。敘戲墨弟十一。

禮失而求諸野，夏失而議諸荒服，君子所以悲後世也。貢金九牧，其五在外，山海之産，不盡嵩岱，是亦坐諸門外之義耶？敘高麗弟十二。

治言多危，治書多毁，以白爲黑，厥咎孔隤。告爾以古訓，永爾以耽思，以毋忌聲聞晉癖，宋學既堅且確，念兹在兹，奚媿於古人之鴻畧哉？敘古今墨論弟十三。永爾下一本無以字。

萬壽祺年少甫識。

萬壽祺《墨表》黄丕烈跋　馮盛與盧杞相遇於道，各携一囊。杞發盛囊，有墨一枚，杞大笑，盛正色曰：「天峯煤和汁魚腦，入金谿子手中，録《離騷》古本，比公日提綾文刺三百，爲名利奴，顧當孰勝？」已而搜杞囊，果是三百刺。蓼龕先生以豹皮尉橐，提古墨數十，日夕枕卧其側，梅花、春雪、菊蕊、秋霜，觀其意思，蕭散若了不關人事，雖晉人之癖，自謂過之，不獨與馮盛遠驅先駕也。然先生蓄墨不止此橐，試天乳之水，踞黄庭之榻，日有臨摹，而此橐則將與劫灰石墨，竝重璆琳，《墨表》之所爲作也，恐永無磨試之日矣。道人笑謂先生曰：「子瞻云：未知一生當著幾兩屐，吾有墨七十枚，而猶求取不已。石昌言蓄墨，廷珪墨不許人磨，或戲之曰，子不磨墨，墨將磨子。斯言雖小，可以喻大。先生盍散此墨，流傳人間，不則日磨數斗，吞咀墨華，施諸絹楮，以發其山川光怪之氣乎。不然則李公擇見墨輒奪，道人亦不免古人習氣。」嘉慶丁丑初冬，訪松門於吴淞橋，出萬年少《墨表》，托付剞劂曰：「此鮑丈渌飲遺書也，余梓之，以竟彼未竟之志。」遂攜歸付刊。因思向年曾於張白華家見萬所書《祭硯圖》，筆墨古雅，令人愛絶。今又讀其所著《墨表》，余於翰墨因緣抑何深耶。惜老友云逝，賞析惟艱，止此一二素心如松門者，又在異地，不能時常晤語，益知商榷此事爲不易矣。戊寅春分後四日蕘翁記。

汪近聖《鑑古齋墨藪》趙青藜叙　天下之墨推歙州，歙州之墨推曹氏，曹氏之名達於九重，幾與南唐李廷珪等。珪父子之來歙也，或謂選於水，或謂利於松，歙之名重天下，烏容過辨其爲松爲水哉？顧猶是松也，猶是水也，而業墨於歙者不下百餘家，何以獨推曹氏？豈其膠獨陳與杵獨到與？抑其取夫烟者獨遠而匀，調於藥者有秘旨與？夫名固不可以苟焉而已也。余頃來歙，汪子夢占從余遊，偕其叔惟高來，出所製墨示余，摩挲於手，恠其堅可以水，鋒可以截也，急滌硯試之，則古香襲人，光炯炯奪雙目，恐世所寶於曹氏之紫玉光亦無以過。惟高語余曰：墨之膠貴陳，杵貴到，烟貴遠，固也，而其要捴在藥貴匀。彼曹氏之匀調於藥者，吾翁實左右之。不寧惟是，吾翁行輩三人，嘗分處於歙之以墨名者，曹氏外若吴，若畢，則既萃三家之長矣。而吾兄爾臧又於誦讀餘暇，廣搜古式及其製法之所以得與所以失而切究之，則其墨之精良也，固宜，久之讀其《墨藪》，知惟高於乾隆歲辛酉入都供奉内廷，閲三載始歸，然則歙墨之見賞於楓宸者，曹氏特播其名，而惟高躬踐其實也。實大而聲宏，吾以知汪氏之收名也遠矣，書此爲天下之循名核實者導先路焉。惟高尊翁字近聖，鑑古齋主人。時龍集乾隆壬申歲仲冬月之吉，賜進士出身、監察御史、前翰林院編脩，欽點丁卯科鄉試湖南正考官、辛酉戊午兩科鄉試浙江副考官涇上趙青藜拜撰并書。

汪啟淑《飛鴻堂墨譜》孫陳典序

風雅之士每多留意長物，况楮墨筆硯猶爲文人必需，而四者以墨爲要，蓋否則不適用耳。歷朝嗜愛研究諸君指不勝屈，而國朝櫟園先生獨嗜之深，愛之篤，不惜黄金一餅、白珠一箪，鳩集海緝數盈千百於歲除之夕，羅列几案祭之，以酒燈燭輝映，陸離奪目，相傳迄今之艷，好事風流不見。幾又百年，突有新安汪君秀峰寓居古小粉墻，英年而屏聲色犬馬之好，獨愛擁鼻苦吟，聚書萬卷，集古今名公印章萬方，興西湖社諸君往還唱酬間暇亦喜聚墨，雖爲數無多，不足以誇越櫟園。然考別真贋，選擇精良，收羅諸家，均所膾炙人口者，蓋秀峰其意在精而不在多者耶。一日予偶過訪，出以供玩，真覺古氣磅礴，炫耀銀海回謂：「秀峰若何繪以作譜乎！」秀峰諾予以是即乞弁言，自愧不文，何敢輕作先馬然欣喜。秀峰多資而好古，真可啟發後人，回贅數言以爲誌，後之君子毋以爲阿其所好也。

乾隆丁卯仲春同學弟晴湖氏孫陳典拜手書

沈初《西清筆記》卷一 上欽定《墨法集要》一書，繪爲長卷，命余逐節分書，御題詩於卷首，入石渠寶笈，令工製墨，取舊所藏墨屑而入之。

彭元瑞《天禄琳琅書目後編》卷一七《明版子部》 程幼博《墨苑》二函，十二册。明程大約撰。大約，字幼博，歙人。署銜「鴻臚寺序班」，即墨工程君房也。書十五卷。前六卷，每卷分上下，以所製墨款式、詩詞，繪之爲圖，分六門，曰玄工圖七十九，曰輿圖六十七，曰人官圖四十四，曰物華圖九十八，曰儒藏圖五十九，曰緇黄圖五十八。又後九卷，曰墨苑人文爵里，皆時人投贈詩文序贊，惟第四卷中有圖七十七，亦標物華，似續製成圖，欲入之物華類中，而編次無法，又標爲卷四終也。前有萬曆丙午葉向高序，後有大約自序。

吴壽暘《拜經樓藏書題跋記》卷四《墨志》 宣城麻三衡著，金壽門先生手寫本。内載元時造墨宜興潘材仲，先君子書云：「某按，元時宜興多造墨名手，若吴國良、吴善、李文遠、陶得和、湯生不知其名，並見倪高士集中，贈詩甚多。然則此書所遺漏者不少矣。」

陸以湉《冷廬雜識》卷三《墨譜》 明方于魯《墨譜》，程君房《墨苑》，繪刻精工，藝林清賞。較其優劣，當以《墨譜》爲勝。《墨苑》中自著序記，語涉矜夸，其搜羅名人題贈雖多，而如顧秉謙、沈潅等筆札亦皆載入，未免薰蕕相雜。且此書爲文房清玩，乃臚列時人，備志科第、官爵，殊乖雅道，不若《墨譜》之能得體要也。《譜》中載汪仲淹《墨書》述于魯之言曰：「試墨如試金，當略其色澤，求其神氣。其法用紫石研，注水涓滴同磨，多少同。磨之一縷如綫，而鑒其光，紫爲上，黑光次之，青又次之，白爲下，黯㳚無光，或有云霞氣，又下之下也。」此數語可爲相墨金針。

徐康《前塵夢影録》卷上 張長人仁熙有墨癖，藏古墨三十六品，著《雪堂墨品》，後盡歸之宋漫堂。宋與之同嗜，亦得三十六品，著《漫堂墨品》與《筠廊偶筆》、《二筆》、《怪石贊》，同付手民。相傳宋在黄州時，以友朋所遺之酒，和於一處，名曰「雪堂義尊」，竹垞老人後知之云：何不以各家墨椎碎和膠重擣成劑，名之「雪堂義墨」乎。越百年，蟫藻閣竟有再和墨。標按：再和墨有御製者，金冬心「五百斤油」亦再和墨。

程君房大約有《墨譜》十六巨册，前題後跋，皆有聞於世。圖繪之工，丁雲鵬、吴左千居多，琱鏤之精，爲萬曆時稱絶作。因夥友方于魯建元負心，册後附《中山狼傳》，并圖四幅。所記負心者，不廑于魯，然于魯亦以鬻墨起家。《中山狼傳》一出，方氏蒙垢，遂刻《墨苑》一書以相敵，并出資購娓此傳，故傳世者絶少。方氏書刻工不及程氏，即松煙工料亦不逮。乾嘉年間，藏墨者置程、方二家，不加品藻，以其設肆不足珍賞，第至今又越百年，且遭兵燹，即程方所製之墨，亦不可得，相傳二家皆有上乘，凡一兩以内者，皆名流託皓，無不佳妙，若大塊文章，祇堪悦目耳。近時出有九子墨、九師圖形墨，亦借二家之名，實則爲贋品之最下者。

陸友仁著《墨史》，刊入《知不足齋叢書》，皆紀南唐、兩宋、有元諸墨，今無存於世者。

《墨表》上下兩卷，禾中名士戴松門光曾輯。自明初以至國初，皆出自收藏，每挺注分兩、長員、方楕各式，惟闕圖列隔三層，校《雪堂》、《漫堂墨品》所記，詳盡多矣。此表於道光辛丑冬，與張次柳少尉凱同遊西泠所得。次柳爲白也應雲太守子，隨任吳門，少年好學，兼有墨癖，遍搜廣采，郡中諸人所蓄，大率歸之，自明初至國朝，約二百餘挺，余爲之作《續墨表》，較前表多逾數倍。後余遊九峯三泖間，公子因回避，改赴淛江，旋遭兵劫，歿於寧紹差次。嘗於申江晤其弟懽，詢之云所藏一無蹤迹矣，惜哉。

謝崧岱《南學製墨劄記》蔣本鑑序　甲申七月，祏生表弟繞道清江，出近年所得，就正於余，以余久同學於舅氏也。讀其中有《製墨劄記》，並得試其所製桐烟，乃歎凡事之必有時會，而著書之未易輕言也。祏生之言曰：「讀書必先分類，必讀盡專門之事，然後可以著筆。」觀其所著，頗不負所言。然令當今之世不用墨盒，雖讀盡《墨經》諸書，能出古人範圍，而强世人之不尚端硯耶？此則關乎時會，有非可强而致者，製墨且然，遑論他哉？祏生視此固爲餘事，然非讀盡此類之書，而又身歷而手試之，亦不能有此數條，甚哉，著書之何可輕言也，祏生勉哉！吾願讀凡書之盡如讀墨書，而確有實際，以静待時會之至，自無負吾舅氏之教矣。適隨漕幕有援閩之行，倚裝書此，非可云序，亦籍以贈別云爾。愚表兄蔣本鑑識。

謝崧岱《南學製墨劄記》自序　庚辰秋，岱始得游大學，與四川劉君搏萬炳靈比屋而居，屢見於鐙上取烟，問之，則曰：「聞之饒君儀庭登逵，可以參入墨盒。」岱詢饒君則曰：「無有師承，想當然耳。」試之，不甚佳，岱效爲之，亦不適用。旋劉君就館南城，於是皆作罷論矣。辛巳冬，學中彭君葆初廷弼筆札，自喜每一臨池，必先去膠數次，岱因理前説與之討論，彭君縱論墨品，以松烟爲最細，叩其法，亦不能道其詳。岱思松烟或者其松香乎？試之，得烟頗多，然猶不知研法。又數月，始漸知和膠輕重之數，其色甚佳，雖市墨去膠數十次，亦不能逮。彭、饒二君雖知其佳，猶存烟不如墨之見，力主必參墨汁及就墨膠之説，蓋以墨值貴，而烟值賤也。岱思墨以烟成，烟即是墨，力主用净烟爲是，然猶不知收餅入盒之法，時而色深，遠勝市墨，時而色淺，轉不如市墨之最劣者。數字之間，淺深屢異，復用市墨，又惡其色淡而膠筆，不得已，强用之，自壬午春季以後，未嘗復用市墨矣。屢試屢誤，屢誤屢悟，至癸未冬，始漸知收餅入盒之法，遂無忽淺忽深之弊。吳君子中立亭照法製之，亦能適用。饒君亦轉詢於岱，於是問者漸多，岱一一告之，終稍遜於岱所自製，疑岱爲祕者亦有之。此法倡自饒君，劉君和之，而岱實收其成，豈其間亦有數存耶。茲乘放學之暇，將數年所歷試者詳其原委，撰爲八法：

取煙第一　附浸油法　用燈草法　發燄掃煙法

研煙第二

和膠第三　附煎膠法　用藥法

去渣第四

收餅第五

入盒第六

入麝第七　附論墨色

成條第八

名曰《南學製墨劄記》。雖薰烟小道，然於實事求是，講求利用之君子，或亦未嘗無小助焉。惜四君皆不在學，未能與之商榷細訂爾。甲申端節後一日，湘鄉謝崧岱識於南學廣業堂。

藝文

徐堅《初學記》卷二一《文部》　事對：噴紙　點繒　葛洪《神仙傳》曰：班孟不知何許人也，嚼墨一噴，皆成字，竟紙各有意義。王充《論衡》曰：論者既不知累害所從生，又不知被累害者行賢潔也。又塗搏泥，以墨點繒，孰有知之。清受塵，白取垢，青蠅之污，常在絹素。二螺　九子　陸雲《與兄書》曰：一日上三臺，曹公藏石墨數十萬斤，云燒此消復可用。然不，兄頗見之不，今送二螺。鄭氏《婚禮謁文讚》曰：九子之墨，藏于松烟。本性長生，子孫無邊。吐魚　畫掌　葛洪《神仙傳》曰：葛玄見賣大魚，謂曰：「暫煩此魚往河伯處。」魚主曰：「魚已死。」玄曰：「無苦。」乃丹書紙内口中，投水。有頃魚化，騰躍上岸，吐墨書，青色如木葉而去。王子年《拾遺記》曰：張儀、蘇秦二人同志，遞剪髮以相活，或傭力寫書。行遇聖人之文，無題記，則以墨畫於掌内及股裏。夜還，更折竹寫之。惠葛龔　投庾亮　葛龔《與梁相書》曰：復惠善墨，下士所無。摧骸骨，碎肝膽，不足鳴報。蕭方等《三十國春秋》曰：王隱始成《晉書》，合八十八卷。家貧無紙，未成其志。遂南遊，投陶侃於荆州。又江州投庾亮，乃獲其紙墨,始書就焉。伐薪買　禱石祠何法盛《中興書》曰：葛洪好學,常伐薪賣買紙墨。干寶《搜神記》曰：益州之西有祠,自稱黃石公。初禱者持一百紙,一雙筆,一丸墨。先聞石室中有聲,便言吉凶,遂不見形。天雨　松烟,《災祥集》曰：天雨墨,君臣無道讒人進。曹植《樂府詩》曰：墨出青松烟,筆出狡兔翰。古人感鳥跡,文字有改判。致夫　賜令《婦人集》曰：汲太子妻《與夫書》曰：并致上書墨十螺。蔡質《漢官》曰：尚書令僕丞郎,月賜渝糜大墨一枚,小墨一枚。筑陽山　懷化塹盛弘之《荊州記》曰：筑陽縣有墨山,山石悉如墨。顧微《廣州記》曰：懷化郡掘塹,得石墨甚多,精好可寫書。戴延之《西征記》曰：石墨山北五十里,山多墨,可以書。供歲時　合珠麝《東觀漢記》曰：和熹鄧后即位,萬國貢獻悉禁絶,惟歲時供紙墨而已。韋仲將《墨方》曰：合墨去,以真珠一兩,麝香半兩,皆擣細,後都合下鐵臼中,擣三萬杵,杵多愈益,不得過二月九月。銘：後漢李尤《墨研銘》書契既造,研墨乃陳。烟石附筆,以流以申。

李白《李太白文集》卷一五《酬張司馬贈墨》　上黨碧松煙,夷陵丹砂末。蘭麝凝珍墨,精光乃堪掇。黃頭奴子雙鴉鬟,錦囊養之懷袖間。今日贈余蘭亭去,興來灑筆會稽山。

吴淑《事類賦》卷一五《什物部·墨賦》　《真誥》曰墨者陰之象,《釋名》曰墨者晦之義。陸雲得之于魏臺,陶侃獻之于晉帝。或名重張金,或妙稱祖氏。王郎既受于嘉惠,張永亦傳其巧思。污扇上而因成駁牛,出池中而更驚童子。王遠書之而入木,班孟噴之而成字。復有二螺九子,上黨隃糜,其堅如玉,其紋若犀。別有吐于魚腹,磨之楯鼻。和冀公二兩之煙,矜仲將一點之漆。揚雄受賜而石室觀《書》,王肅通靈而東齋注《易》。故有領袖如皂,而脣齒皆黑。至于藏廬岳之十年,給東宮之四丸,王勃之盈衣袖,新室之污陵垣。亦有斱髓明志,刳心表虔,賣薪著業,飲水懲愆。玄光有文嵩之傳,青松吟曹植之篇。斯筆陣之鍪甲,實文苑之攸先也。

蘇易簡《文房四譜》卷五《墨譜》　張仲素《墨池賦》：墨之爲用也,以觀其妙。池之爲玩也,不傷其清。苟變池而盡墨,知功積而藝成。俾夜作晝,日居月諸,挹彼一水,精其六言。或流離於崩雲之勢,乍滴瀝于垂露之餘。由是變此黛色,涵乎碧虛。浴玉羽之翩翩,忽殊白鳥；濯錦鱗之瀲瀲,稍見玄魚。自强不息,克臻其極。何健筆以成文,俾方塘之改色。映揚鬐之鯉,乍謂寓書；沾曳尾之龜,還同食墨。沮洳斯久,杳冥莫測。受涅者必其淄,知白者成其黑。恢弘學海,輝映儒林。將援毫而悦目,豈泛舟而賞心。其外莫測,其中莫見。同君子之用晦,比至人之不炫。冰開而純漆重重,石映而玄珪片片。倘北流而浸稻,自成黑黍之形；如東門之漚麻,更學素絲之變。究其義也,如蟲篆之所爲；悦其風也,想鳥跡之多奇。將與能也,而可傳可繼；豈謀樂也,而泳之游之。恥魏國之沉沉,徒開墨井；笑崑山之浩浩,空設瑶池。專其業者全其名,久其道者盡其美。譬彼濡翰,成兹色水。則知游藝之徒盡,以墨池而爲比。

僧齊己《謝人惠墨詩》：珍重歲寒烟,攜來路幾千。只應真典誥,銷得苦磨研。正色浮端硯,精光動蜀箋。因君强濡染,捨此即忘筌。

段成式《送温飛卿墨往復書十五首》：段云：近集賢舊吏獻墨二挺,謹分一挺送上。雖名殊九子,狀異二螺。如虎掌者非佳,似兔支者差勝。不思吴興道士忽遇,因取上章；趙王神女得之,遂能注《易》。所恨隃麋松節,絶已多時；上谷欏頭,求之未獲也。成式述作中躓,草隸非上,海若白事,足以驅策。詎可供成塚之硯,奪如椽之筆乎？

温答云：庭筠曰：即日僮幹至,奉披榮誨,蒙賚易州墨一挺。竹山奇製,上蔡輕烟,色掩緇帷,香含漆簡。雖復三臺故物,貴重相傳,五兩新膠,乾輕入用。猶怨於潛曠遠,建業尫羸。韋曜名方,即求雞木；傅玄佳致,別染龜銘。恩加于蘭署郎官,禮備于松櫺介婦。汲妻衡第,所未窺觀；《廣記》《漢儀》,何當著列。矧又玄州上苑,青瑣西垣,讐字猶新,疑簽上整。帳中女史,每襲清香；架上仙人,常持縹帙。得於華近,辱在庸虛。豈知夜鶴頻驚,殊慙志業；秋虵屢綰,不稱精研。惟憂痗物虛投,蠟盤空設。晉陵雖壞,正握銅兵；王詔徒深,唯磨玉硯。捧受榮佩,不任下情,庭筠再拜。

段答云：昨獻小墨,殆不任用。籍棖之力,殊未堅剛；和粹之餘,固非精好。既非懷化所得,豈是筑陽可求。况某從來政能,慚洎祖之市果；自少學業,愧稚川之伐薪。飛卿制肘功深,焠掌忘倦,齊奮五筆,捷發百函。愁中復解玄嘲,病裏猶屠墨守。烟石所附,抑有神手；裁札承訊,忻懌兼襟。莫測度詞,難知古訓,行當祇謁,條訪闕疑。成式狀。

温答云：昨夜安東聽偈,北窗追涼。枏枕才攲,蘭釭未艾,縹繩初解,紫簡仍傳,麗事珍繁,擒華益贍。雖則竟山充貢,握槧堪書,五丸二兩之精英,三輔九江之清潤。葛龔受賜,稱下士難求；王粲著銘,歎遐風易遠。俱苞輪囷,盡入淙金,遺逸皆存,纖微悉舉。鶡觀鵬運,豈識逍遥；鯢入鮒居,應嗟坎窞。願承謦欬，以牖愚蒙。庭筠狀。

段答云：昨更拾從土黑聲之餘，自謂無遺策矣。但魏井蛙尚猶自恃，醯雞未知大全，忽奉毫白，復新耳目。重耳誤徹，謬設生塹；張奐致渝，研味難盡。詎同王遠術士，題字入木；班孟何人，噴書竟紙。雖趙壹非草，數丸志徵；汲媛餉夫，十螺求説。肝膽將破，翰苔已疲，有力負之，更遲承問。成式狀。

温答云：伏蒙又抒沖襟，詳徵故事。蒼然之氣，仰則彌高；毖彼之泉，汲而增廣。方且驚神褫魄，寧唯衿甲投戈。復思素洛呈祥，翠嫣垂貺，龜字著象，鳥英含華。至于漢省五丸，武部三善。仲宣佳藻，既詠浮光；張永研工，常稱點漆。逸少每停質滑，長庸常務色輕。搗乃韋書，知爲宋畫。荀濟提兵之檄，磨楯而成；息躬覆族之言，削門而顯。敢持蛙井，猶望鯤池，不任慙伏宗仰之至。庭筠狀。

段答云：赫日初昇，白汗四匝。愁議墨陽之地，嬾窺兼愛之書。次復八行，盈襞交互。訪伏牛之夜骨，豈望登真；迷良獸之沉脂，虛成不任。更得四供晉主，五入漢陵，隱侯辭著於麝膠，葛玄術成于魚吐。寧止千松，政染二丸。可和僧繻獨擅之才，周顒自謂無愧而已。支策長望，梯几熟眠。方困九攻，徒榮十部。齊師其遁，詎教脱扃。成式狀。

温答云：竊以童山不秀，非鄒衍可吹；眢井無泉，豈耿恭不拜。墨尤之事，謂以獲麟；筆聖之言，翻同倚馬。静思神運，不測冥搜。亦有自相里而分，豈公輸所削，流輝精絹，假潤青泉。銘著李尤，書投蘇竟；字憂素敗，不長飛揚。傳相見貽，守宮斯主。研蚌胎而合美，配馬滴以成章。更率荒蕪，益慚疎略。庭筠狀。

段答云：藍染未青，玄嘲轉白。責羝羊以求乳，耨石田而望苗。殆將壯腸，豈止憎貌。猶記烟磨青石，黛漬幕書，施棖易思，號令難曉。蘇秦同志，傭力有而可題；王隱南游，著書無而誰給。今則色流琅硯，光滴彩毫，腹笥未緘，初不停綴。疲兵怯戰，惟願竪降。成式狀。

温答云：驛書方來，言泉更湧，高同泰時，富類敖倉。怯朦叟之大巫，駭王郎之小賊。尤有剛中巧製，廟裏奇香。徵上黨之私心，識長安之石炭。烏黔靡用，龜食難知。規虞器以成奢，默梁刑而嚴罪。便當北面，不獨棲毫。庭筠狀。

段答云：飛卿博窮奧典，敏給芳詞，吐水千瓶，有才一石。成式尺紙寒暑，素所不嫻，一卷篇題，從來蓋寡。竊以墨事故實，巾箱先無，可謂附驥驤而雖疲，遵繩墨而不跌者。忽記鄴西古井，更欲探尋；號略鏤盤，誰當倣效。況又劇問可答，但愧於子安；一見之賜，敢同於郅惲乎？陣崩鶴唳，歌怯雞鳴，復將晨壓我軍，望之如墨也。豈勝懋居懾處之至。成式狀。

温答云：庭筠閲市無功，持撾寡効，大魂障聽，蝸脘傷明。庸敢撫翼鵷鵬，追蹤驥騄？每承函素，若涉滄溟。亦有叢篨尚存，烖餘可記。至于繚從權制，既禦秦兵；綬匪舊儀，仍傳漢制。張池造寫，蔡碣含舒。荷新淦之恩，空沾子野；發冶城之詔，獨避元規。窘類轢羹，辭同拾飲，其爲愧怍，豈可勝言。庭筠狀。

段答云：韞櫝遍尋，緘筠窮索，思安世篋內搜，伯喈帳中更覯。沈家令之謝箋，思生松黛；楊師道之佳句，才摛烟華。抑又時方得賢，地不愛寶。定知災祥不兩，誰論穹昊所無。還介方酬，鬱儀未晛，羽驛沓集，筆路載馳。豈知石室之書，能迷中散；麻繻之語，只辨光和。底滯之時，徵引多誤，殫筆搦紙，慚怯倍增。成式狀。

温答云：昨日浴簽時，光風亭小宴，三鼓方歸。臨出捧緘，在酲忘答。亦以蚳蝝久罄，川瀆皆隕。豈知元化之杯，莫能窮竭；季倫之寶，益更扶疎。雖有翰海壘石，湞陽水號，烟城佺咏，剩出青松，惡道遺踪，空留白石。扇裏止餘烏牸，屏間正作蒼蠅。豈敢猶彎楚野之弓，尚索神亭之戟？謹當焚筆，不復操觚矣。庭筠狀。

段答云：問義不休，攬筆即作，何翅懸皷得搥也。小生方更倍鰓，尚自舉尾；更搜屋火，得復刀圭。因記風人辭中，將書烏皂；長歌行裏，謂出松烟。供椒掖量用百丸，給蘭臺率以六石。棠梨所染，滋潤多方；黎勒共和，周遮無法。傳玄稱爲正色，豈虛言歟？飛卿筆陣堂堂，舌端衮衮。一盟城下，甘作附庸。成式狀。

文嵩《松滋侯易玄光傳》易玄光，字處晦，燕人也。其先號青松子，頗有材幹。雅淡清貞，深隱山谷不仕，以吟嘯烟月自娱。常謂門生祁炎曰：「余青山白雲之士，去榮華，絶嗜欲，修真得道，久不爲寒暑所侵，壽且千歲，然猶未離五行之數，終拘有限。予漸覺形神枯槁，是知老之將至矣。余他日必爲風雨所躓，後因子熾盛，余當神化爲雲氣之狀，升霄漢矣。」其留者號玄塵生，徙居黔突之上，必糜膠水之契，喻麋處士煎鹿角，和丹砂麝香數味，遺而餌之，其後果然，門生皆以青松子前知定數矣。玄塵生餌藥得道，自黃帝時，蒼頡比鳥跡爲文，以代結繩之政，玄塵便與有功焉。其後子孫皆傳其術，以成道易水之上，遂爲易氏焉。玄光即玄塵曾孫也，家世通玄處素，其壽皆永。嘗與南越石虚中爲研究雲水之交，與宣城毛元鋭、華陰楮知白爲文章濡染之友。明天子重儒，玄慕其有道，世爲文史之官，特詔常侍御案之右，拜中書監、儒林待制，封松滋侯。其宗族蕃盛，布在海内，少長皆親硯席，以文顯用也。

史臣曰：古者得姓，非官族世功，則多以地名爲氏，或爵邑焉，或所居焉。松滋侯易氏，蓋前山林得道人也。青松子富有春秋，不顯名氏，其族或隱天下名山，皆避爲棟梁之用也。有居太山者，秦始皇巡狩至東岳，因經其隱所，拜其兄弟五人爲大夫焉。其參玄得道能神化者則自易水之上，後代故用爲姓云。

郭祥正《青山集》卷一一《謝餘干陸宰惠李廷珪墨》　集仙昔與文忠游，文采聲名喧九州。鯤鵬未化忽塌翼，地老天荒雲海幽。篋中嘗秘上賜墨，仁宗所賜李廷珪墨。紫金泥印雙脊虯。名題廷珪姓氏李，此物未省何年留。紋如堅犀刮不動，鏗鏗觸硯蒼煙浮。蜀牋灑落黑勝漆，欲論所直真難酬。麟兒字法肖家學，珍綈寶匣深藏收。并刀截斷輒分我，始信明珠今暗投。嗟予吟筆久已閣，辨舌倒卷剛腸柔。書陳北闕上印紱，志樂南畝親耡耰。得君賜墨竟安用，捧翫反覆增予羞。況君緑髮眸子瑩，才業自副朝廷求。研應煤麝染諫草，扶持世病蒼生瘳。名成功遂取上笏，世閥光熖垂千秋。莫如老鈍默將死，再拜謝貺長江頭。

郭祥正《青山集》卷一一《謝李公擇惠妙墨二餅》　南山采松節，北山割麝臍。燒煙掃煤和去聲膠漆，篆記歲月形蛟螭。集賢學士久珍玩，云初得自扶桑枝。李得於宗室。張翁所作又精絶，磨刮不動猶堅犀，鄴臺古瓦汲水試，黑雲隨手生冰池。況君學術老益富，六經秘法窮無遺。明牕净几列毫楮，而與此物真相宜。草玄著就垂萬世，忠厚自任陳安危。嗟予吏役久零落，至寶暗贈寧非癡。嗚呼大禹已往不復見，一尺渾厚疑玄圭。

郭祥正《青山續集》卷三《夢錫惠墨答以蜀茶》　墨者質自黑，黑者墨之宜。所以陳玄號，聞之於退之。近世工頗拙，取巧惟見欺。摹成古鼎篆，團作革靴皮。揮毫見慘淡，色比突中煤。誰最畜佳品，鄭君真好奇。贈我以所貴，有不讓金犀。堅如雷公石，端若大禹圭。研磨出深黝，落紙光陸離。較之囊中舊，相去乃雲泥。辱君此賜固以厚，何以報之乏瓊玖。不如投君以耆好，君性耆茶人罕有。建谿龍鳳想厭多，越上槍旗不禁久。我收蜀茗亦可飲，得我峨眉高太守。人情或以少爲珍，心若喜之當適口。更憐此物來處遠，三峽驚波如電卷。江湖重覆千萬里，淮海浩蕩漣漪淺。舍舟登陸尚相隨，今以答君非不腆。開緘碾潑試一嘗，尤稱君家銅葉盞。

蘇軾《東坡全集》卷九《次韻答舒教授觀余所藏墨》　異時長笑王會稽，野鶩膻腥汙刀几。暮年却得庾安西，自厭家雞題六紙。二子風流冠當代，顧與兒童爭愠喜。秦王十八已龍飛，嗜好晚將蛇蚓比。我生百事不挂眼，時人謬説云工此。世間有癖念誰無，傾身障簏尤堪鄙。一生當著幾緉屐，定心肯爲微物起。此墨足支三十年，但恐風霜侵髮齒。非人磨墨墨磨人，缾應未罄罍先恥。逝將振衣歸故國，數畝荒園自鋤理。作書寄君君莫笑，但覓來禽與青李。一螺點漆便有餘，萬竈燒松何處使。君不見永寧第中擣龍麝，列屋閒居清且美。倒暈連眉秀嶺浮，雙鴉畫鬢香雲委。時聞五斛賜蛾緑，不惜千金求獺髓。聞君此詩當大笑，寒窗冷硯冰生水。

蘇軾《東坡全集》卷一四《孫莘老寄墨》　徂徠無老松，易水無良工。珍材取樂浪，妙手惟潘翁。潘谷作墨雜用高麗煤。魚胞熟萬杵，犀角蟠雙龍。墨成不敢用，進入蓬萊宫。蓬萊春晝永，玉殿明房櫳。金箋灑飛白，瑞霧縈長虹。遥憐醉常侍，一笑開天容。

谿石琢馬肝，剡藤開玉版。噓噓雲霧出，奕奕龍蛇綰。此中有何好，秀色紛滿眼。故人歸天禄，古漆窺蠹簡。隃糜給尚方，老手擅編剗。分餘幸見及，流落一歎赧。

我貧如飢鼠，長夜空齩齧。瓦池研竈煤，葦管書柿葉。近者唐夫子，遠致烏玉玦。唐林夫寄張遇墨半丸。先生又繼之，圭璧爛箱篋。晴窗洗硯坐，蛇蚓稍蟠結。便有好事人，敲門求醉帖。

馮山《安岳集》卷四《謝人惠兖墨》　故人山東來，遺我數丸墨。握丸大如指，盥手重拂拭。濃磨向日看，古瓦增潤澤。經屑不見紙，清光隱深墨。書云舊所秘，聞今已難得。庭珪死已久，至寶世罕識。御府徒僅存，人間萬金直。兖州擅高價，比歙固少抑。古松亦將盡，神奇漸衰息。文章不見貴，筆硯豈可擲。牢落況此君，雖精淡無色。憐君情好古，投贈兼以臆。世事持此觀，噫嗟共冥默。

黄庭堅《山谷外集》卷四《謝景文惠浩然所作廷珪墨》　廷珪赝墨出蘇家，麝煤添澤紋烏韡。柳枝瘦龍印香字，十襲一日三摩抄。劉侯愛我如桃李，揮贈要我書萬紙。不意神禹治水圭，忽然入我懷袖裏。吾不能手抄五車書，亦不能寫論付官奴。便當閉門學水墨，灑作江南驟雨圖。

米芾《寶晉英光集》卷五《墨》 百鍊經來老更奇，暗中光價自然飛。錦囊手跡長顔色，曾是君王乞得歸。

鄒浩《道鄉集》卷五《夢臣惠潘谷墨》 老潘飛躡烟霞去，墨寶流傳能幾許。尚方猶以比庭珪，況復人間故人處。夫君好事追前賢，巾襲深藏二十年。雨暘燥濕莫知數，畢竟挺然金石堅。一朝灑發南箕舌，信在言前可中輟。有如印弄掌握間，稜角雖刓終一決。著書天禄垂無期，雲將掉頭吾弗知。但欣厚意厚若此，來仙閣上信雙眉。我有歙州韞玉石，琢成高秋遠天碧。平時長自水流珠，未省呼童助涓滴。我有常州飽霜毫，千錢一管價不高。真行隸草字百萬，勁鋒凛凛方遒豪。絳人陳元乃其伍，相得懽甚誰能禦。心灰緣此亦復然，和我精神動寰宇。便滌硯，便操筆，便啓軒窗磨此墨，敲冰佳紙適及門，羅列千張耀晴日。也吟詩，也作文，也把《黄庭》摸右軍，并包萬類入方寸，倏忽變化生乾坤。君不見，老子絶學故能學； 君不見，孔子捐書故能書。因君起我書且學，我書且學孔老俱。孔老俱，竟何如，寫我長句酬勤渠。

潘谷賣墨時，吕翁嘗過之。指授長生訣，舉世那能窺。但稱衆墨中，谷墨最珍奇。一旦内藥成，解去逃喧卑。忽忽期月後，來與丹元期。夜飲曉分手，丹元初不知，仍留墨數片，屬元付其兒。有兒旋其門，頂白元驚疑。細詰所以然，始知谷如斯。谷仙今幾年，谷墨今在兹。静言人間世，舟壑常密移。朱顔兀槁木，緑髮垂素絲。借令富貴極，畢竟將奚爲。谷乎真可人，得墨吾得師。

鄒浩《道鄉集》卷五《夢臣再以墨來》 孫郎文史外，所好墨而已。韞玉藏櫝中，涓辰乃開視。未嘗輕示人，每戒卞和耻。謂予心事同，分惠真可喜。磨去五之一，餘者恰盈咫。印弄稜角刓，前言戲之耳。蒼頭忽踵門，喘汗殊不止。恍疑皂囊藥，無因至於此。亟取啓緘封，入眼勝雙鯉。其長應天數，其光動晴晷。當暑尚挾纊，豈但什襲比。且云此不刓，品色尤更美。始知雅意來，要以補前毁。想初聞語時，廢書頻拊髀。兵法善致人，所致必如指。一朝下兩城，曾不費一矢。坐令鼎足心，成轍亂旗靡。堂堂莫我過，勢若建瓴水。墨果多乎哉，一一是孤壘。齊城七十二，受降從此始。

謝薖《竹友集》卷三《陳循中求賦高麗墨詩爲作長句》 老松收煙琢玄玉，可試洮州鴨頭緑。來從萬里古樂浪，傳到麻源第三谷。要須岱郡鹿角膠，擣成方解土炭嘲。請君磨研寫新作，一弄潺湲弔康樂。

韓駒《陵陽集》卷一《謝錢珝仲惠高麗墨》 王卿贈我三韓紙，白若截肪光照几。錢侯繼贈朝鮮墨，黑如點漆光浮水。舊傳績溪多老松，奚超既死松亦空。易水良工近名世，真材始不歸潘翁。明窗晏坐不忽忽，引紙磨墨寒生風。借問玄圭何自來？去年海中持節使。殷勤二物從來遠，裨海環瀛眼中見。若欲揮寫藏名山，不如却作談天衍。

洪适《盤洲文集》卷四《送唐左史紙墨》 黄山奇峰三十六，聳壑壽松多節目。真工曲突掃芳煤，介圭拱璧陳玄玉。淛河千里兹濫觴，萬穀之皮搗冰霜。肌理細膩色白皙，蜀網剡藤難鴈行。使君來自岷峨麓，曾賦客卿朝奏牘。細字不作蠅頭書，高文當有牛腰軸。向來平步第一螭，勇退宛在番之湄。陶泓毛穎幸旅進，快寫《元和聖德詩》。

薛季宣《浪語集》卷三二《墨銘》 膠煤相得，以成其德。研幾惟玄，毋污白。

趙蕃《淳熙稿》卷七《贈墨二首》 奚李風流遠，名家得自賢。粗能明欵識，不暇別中邊。歲計一丸足，癡人連屋懸。此生能幾屐，兹士信超然。

斸我千年質，成兹數寸堅。當從黑白辨，豈問姓名題。願效文章用，寧辭肌骨封。先生無浪語，略爲究端倪。

鄭清之《文房四友除授集·陳玄除子墨客卿誥》 昔李斯學於荀況，爲秦客卿，尊寵委任之，乃焚書坑儒，自畔於孔氏，罪不勝誅。爾與毛穎、陶泓之儔，娱侍始皇，乃能黯黮蓋覆，知黑守白，迄全博士書，不至煙滅。魯共王得科斗文字，寫之竹簡，亦與有力焉。遂使百王文物，如五采章施後世，炳然目擊，其有功於名教甚大，與李斯異矣。然則傳千古文章之印，有三代號令之風，磨以歲月，賁飾聖世，其效可殫紀耶。俾陞棘列之光華，實亦松階之積累。宜戒成蠅之誤，務滋脱兔之毫。往欽乃司，毋乏吾事。可除子墨客卿。

鄭清之《文房四友除授集·代陳玄謝啓》 焚膏油而自苦，久懷如擣之憂； 升卿掌以驟華，遽沐兼收之寵。俯慙小物，仰累洪爐。伏念某黑水派遥，黟川源淺。自分爲池中之物，伊誰賞爨下之音。堅白辨雄，見比漆園之傲； 雌黄口衆，競嗤墨子之非。擊幼安之缶，而歌烏烏； 解子雲之嘲，而守默默。面目黧黑，志氣消磨，未能希擣藥之僊，已甘儕飲墨之士。輕重未可問，寧覬死灰之復然； 尺寸垂將來，敢作凌煙之遠計。竈非肯媚，突不得黔，徒詫屈原之獨清，寧信老子之守黑。人皆自奮，争先懷金而紆朱； 已獨見遺，反誚草玄之尚白。既論情無膠漆之固，疇見知於杵臼之間。肉食之色既無，塵衣之緇莫滌。玄圭誰錫，故笏空存。家聲莫續於五松，陋品驟躋於九棘。左右斷無即墨之譽，姓名曷至中書之堂。自揆資輕，有慚明試。兹蓋恭遇某官，筆既提而再入，瑟無膠以不調。博極羣書，允謂墨莊之富；善無棄物，均爲夾袋之儲。惟其肯摸索於暗中，所以入收拾之數内。某敢不執愈堅於金石，瑩毋變於丹青。磨涅豈無，恪守磷緇之訓；方圓俱可，肯貽卿阜之譏。

鄭清之《文房四友除授集》劉克莊《陳玄除子墨客卿誥》　秦重卿爵，以客斯爲之。漢仍秦舊，位亞翰林主人一等，優游文字之間，而不責以吏課，有賓友之道焉。爾粲然有文，磨而不磷，雖嘗見鬭於孟軻，而或者謂其與孔子蓋相爲用。來從吾游，質凝重而氣芳潔，所長不在於點竄典謨、塗改雅頌而已。進之卿列，待以客禮。夫膏沃者光燁，漬久者色深，人之於學，何獨不然？予不憚於研磨，爾益思於策勵。

鄭清之《文房四友除授集》劉克莊《代陳玄謝啓》　召同四友，愧濡染之非才；仕至九卿，忽婆娑而就列。皆猶甄之賜也，非媚竈而得之。伏念某分上黨之枝，傳絳人之業。朝磨鐵研，夕映雪窗。雖皴裂欲無全膚，然燥濕終不改度。嗜古文字，班馬之香是薰；與人交游，陳雷之膠不解。弄翰之池盡黑，餬口之突不黔。偶陪泓穎之名流，殊乏卿雲之妙思。上恩甚渥，月輒給於一枚；舊學都荒，歲纔磨於寸許。中遭點黮，稍見擯踈。嗤畫蛇之俳諧，指成蠅之謬誤。仲將之點如漆，世豈無於公評；內史之灰復然，公真有於大造。粤惟先世，僅受松封，曾是鯫生，驟躋棘列。兹蓋伏遇某官，晬然見面，默而知言。潤色廟謨，不假丹青之力；劑量人品，尤嚴皂白之分。既湔黤黮之誣，亦玷清華之選。某敢不研精游藝，摩頂訓知？杜陵金掌之詩，可謂榮矣；豫子漆身之事，竊有感焉。

李俊民《莊靖集》卷三《墨》　松間老潘谷，何處得玄圭。速置薔薇露，詩仙醉欲題。

王邁《臞軒集》卷一六《試五墨五首》　雪齋凡數種，此種出清漳。或作西齋號，南州許擅場。

長沙游玩地，多有墨工奇。舊説胡光烈，今誇鄭子儀。

柯山葉茂實，膠法頗精堅。潘李今何處，斯人得正傳。

齊峯何處是，似亦出柯山。此是西山物，研磨雙淚潸。

墨上署臣字，必曾經進來。一年磨一寸，須作墨中魁。

陳起《江湖後集》卷七《墨歌》　空山老桐勁如鐵，英枝翦翦夜撑月。霜風著子涵玉膏，烈手崇朝剖融結。別令刳木環清泉，翠缸紙羃籠輕烟。霏霏玄霧掃難聚，斷犀烹煉凝蛟涎。和成萬杵擣圭璧，良工欲售常自惜。絶憐剡水多天藤，又慮端溪欠奇石。久知此藝人罕精，作者未必識者明。九華山下祝公子，頗以膠法成其名。相逢但問詩有幾，以詩换墨兩自喜。酴醾園館已謝春，楊柳池塘正藏水。薰風拂拂吹硯波，呼兒教作病手磨。須臾滿硯片雲黑，無詩可寫如君何。

陳起《江湖後集》卷一〇《柯山製墨胡處士求隸字》　有客落魄遊京都，形服差類山澤臞。袖携一紙故友書，來求古隸銘墨模。我方臨池且自娱，觸撥雅興生江湖。坐扣墨法果不誣，出示數餅泥金濡。質模温潤凝龍酥，麝氣酷烈清透膚。浣濯研沼塵滓無，磨動淳漆生金壺。吴牋半幅翻雪腴，碧雲掩冉生兔鬚。豪家有錢貯金珠，誰肯淡好如吾徒。自憐我爲貧所拘，傾囊盡易令無餘。臨行束擔付獠奴，就索詩句榮歸途。天下具眼不可污，芳名豈借人言沽。

陳起《江湖後集》卷一〇《贈製墨羽人葛太玉》　回公膠法不輕傳，太玉知機合伴仙。安得翠雲蜚象管，書邀風月上鑾牋。

方岳《秋崖集》卷一八《擬文房四制・陳玄除子墨客卿詔》　客卿秦官也，昔者斯爲之，而經籍之禍烈矣，豈其卿！今天下書同文，亦惟爾二三子者是賴。卿自處於膠漆之固，受知於杼臼之間，蓋有賓友之道焉。如珪如璋，儀我九棘，文不在兹乎？其研精覃思，磨以歲月，使翰林主人慨然嘆曰，膏沃者光煜，質堅者氣凝，此其有功於經籍甚大，則予汝嘉。

方岳《秋崖集》卷一八《再擬文房四制・陳玄除凌煙閣學士依舊子墨客卿封松滋侯誥》　勳閣飛翬，騰文章之光燄；侯邦胙爵，割風露之膏腴。眷吾膠漆之舊交，申錫璽泥之新渥。仍陪棘列，大啓茅封。具官某，惡紫而不亂乎朱，知白而自守其黑。如珪如璋如璧，匪儒者之寶乎？非煙非霧非雲，蓋文字之祥也。故磨以歲月而未易動，每研其菁華而愈益奇。幽然可鑑之光，凛有難犯之色。真御史號爲鐵面，獨專席上之珍；五大夫固已灰心，要豈池中之物。思昔燈窗之夜，定交杼臼之間。詎不念於青氈，退無湯沐；乃相攸於墨壤，申衍租畲。不移金掌之華，峻立寶儲之邃。予欲模寫日月，以爾爲治水之玄圭；予欲筆削《春秋》，以爾爲韞匵之美玉。其祗典訓，思賁人文。

馬廷鸞《碧梧玩芳集》卷二二《次韻湯叔遜謝筆墨長句》　南屏翁，斯文千古何終窮，清輝靈氣斗牛充。我從公家二老話此事，寒更支坐燭跋紅。哀哉人琴俱亡天地覆，有刀有玉誰錯礲。翁今巋然魯靈殿，砥柱一葉萬仞中。竭來訪我維摩室，我起于坐欣迎公。驚呼絶嘆吾道厄，客卿顯士委蒿蓬。竈煤葦管不足用，宣城黟水無良工。柰何盲卒乘鈍馬，欲寫傑作稱詞雄。贈公撤雷揮電施敏手，餘事渲染文字如飛蟲。我生哀傷所欠死，十年破硯烟雨濛。一朝洗眼獲玉句，金膏水碧浸方瞳。翰墨場中身老大，期公盛氣晚霞同。峥嶸素論猶激烈，始信迂儒曲學如發蒙。

耶律鑄《雙溪醉隱集》卷四《玉泉新墨并序》 尊大人領省得江南楊氏子彬受造墨法甚神絶，令鑄學造一萬丸，其妙即遠過雪堂而蔑視諸家，可與李廷珪相先後焉，命之曰「玉泉新墨」，故作詩以紀其事云。

栢液煤揉冷劑香，枯膠點漆自仙方。風生白兔硯名瞳睛瑩，電走碧雲牋名鴉背光。可笑千金高索價，更憐百紙碎裁鋼。一作鋩。竚情看了人争道，且置三張在一傍。一作玩來一足方頭筆，莫道張顛酒更狂。

張玉書《御定佩文齋詠物詩選》卷一八〇台哈布哈《桐花煙爲吴國良賦》 吴郎骨相非食肉，朝食桐花洞庭曲。洞庭三月桐始華，千枝萬朵摇江緑。吴郎采采盈傾筐，寶之不啻瓊膏粟。真珠龍腦吹香霧，夜夜山房擣玄玉。墨成誰共進蓬萊，天顔一笑金門開。河伯香飛噴木葉，太守噓氣成樓臺。龍賓十二吾何有，不意龍文入吾手。芙蓉粉暖玻璃匣，雲藍色映彤墀柳。玉堂退食春晝長，桃花紙透水油光。銙管時時濡秀石，銀鈎歷歷凝玄霜。君不聞易水仙人號奇絶，落紙三年光不滅。又不聞唐夫子致烏玉玦，坡老當年書柿葉。惜哉唐李不復見，吴郎善保千金訣，嗚呼吴郎善保千金訣。

劉壎《水雲村稾》卷六《傅生墨銘有引》 昔盱江士大夫評墨，競推傅雲心製作精實，色黟而光瑩。雲既歸岫，墨難復得，乃不知祕傳膠法，已付其宗人某矣。頃予仕閩，是子囊所製求售，好事競市，謂勝雲心。予時欲爲作銘，弗果也，村居小暇，輒與之銘：

誰琢玄玉，繄雲心翁。翁去子來，杵製彌工。貢蓬萊宫，定有賞識。揮灑玉牋，一點如漆。

吴澄《吴文正集》卷五三《游壽翁墨銘》 凡木之類，松之壽爲最，其液降而下者爲琥珀，壽可千歲。其氣升而上者爲墨，壽可萬世。惟爾不朽，此所以久。惟此可久，爾所以壽。壽以此乎，壽以爾乎。此壽爾壽，兩相無窮。爾壽此壽，一將無同。莫明初終，問之墨工，墨工爲誰，游卿壽翁。

吴澄《吴文正集》卷五三《詹見翁墨銘》 以磨則磷，以涅則緇。一時之施，其昭不緇。其久不磷，萬世之信。孰全孰虧，往問詹尹。

吴澄《吴文正集》卷五三《墨銘與袁自心》 袁自心墨最晚出，前山後溪幾若一。其堅如石黑如漆，光燄透紙又宜筆。得此玄圭鎮石室，我爲銘之著其實。

虞集《道園學古録》卷三《謝吴宗師惠墨》 念我哀年不廢書，錦囊古墨送幽居。明窗塵影丹同熟，玄圃雲英玉不如。敢謂文章勝虎豹，祇應箋註到蟲魚。研磨不盡人間老，傳與兒孫尚有餘。

虞集《道園學古録》卷三《三用韵答巢翁就以奎章賜墨贈之》 隣父常思長史書，不辭頻謁惱巢居。臨池三月玄霜盡，對月千篇白雪如。賦敵洛波翔翠羽，歌成湘浦剩文魚。故分瀘石松煙色，猶是奎章舊賜餘。

虞集《道園學古録》卷二九《贈朱萬初四首》 霜雪摧殘凋壑非，深根千歲斧斤違。寸心不逐飛煙化，還作玄雲繞紫微。

近世墨以油煙易松滋，媚而不深重。萬初既以墨顯，得真定劉法石刻墨法，以爲劉之精藝深心盡在於此，必無誤後世，因覃思而得之。蓋取千百年摧朽之餘精英之不可泯者乃用之，非常松也。烏乎！孰肯舍易而求難？必求古人之成法，而後盡其心者乎？

珥貂鳴珮入明光，新墨初成進御床。草野小臣春夢短，猶懷染翰侍君王。

天曆己巳，天下大定，中外乂安。天子始作奎章之閣于宫庭之西，日親御翰墨。時榮公存初、康里公子山皆近侍閣下，以朱萬初所製墨進，大稱旨，得禄食藝之館，其名藉甚。邈在草野，豈勝千古之思乎？

延閣晨趨接佩聲，又紆朱紱向江城。丹心要似東陽水，釀作官壺徹底清。

朱萬初以藝文直長，以年勞恩賞出佐帥幕南海，轉丞東陽。東陽文物之邑，俗第以名酒歸之，豈其山川之望哉？韓文公譏丞不負余，余負丞，今丞凡邑之風俗、教命、刑獄、科賦無不得言，言之當無不可行。存乎其人而已，萬初勉之。

頗愛燒香是鼻塵，不應緣鼰又勞人。方床石鼎過清晝，一縷山雲伴老身。

深山高居，爐香不可闕。退休之久，佳品乏絶，野人爲取老松栢之根枝葉實擣治，斫楓肪和之。每焚一丸，亦足以稍助清苦，久亦不復爲。今年大雨，時行土潤，溽暑特甚。萬初袖致土速數片，空齋蕭寒，遂得爲一日之供，亦可喜也。

虞集《道園學古録》卷二九《贈朱萬初之官建寧並序》 仲春之望，建寧幕長朱君萬初之官，迂道百里，惠訪山中，存撫老病，深感古誼。得見禁林貴臣名公書報，萬初延閣機暇，得進所製新墨，甚稱旨意。中書傳問所居官，將有朝擢之喜，良爲助慶，因賦此爲別云。

墨卿玄璧進明光，玉硯雲興御榻香。内相貽書傳異賞，中朝垂問仕何方？宗家應訪金絲舊，古道相求草木荒。把筆欲題新感遇，牛衣春夢鬢蒼浪。

迺賢《金臺集》卷一《江東魏元德進所製齊峰墨於上都慈仁殿賜文錦馬湩以寵之既南歸作詩以贈云》 錦襲元圭瑩，龍香秘閣浮。漬毫春黛濕，拂楮翠雲流。繡綺頒宮掖，瓊漿出殿頭。小臣沾雨露，千載荷恩休。

王逢《梧溪集》卷四 君不見王勃醉墨腹稿成，張旭醉墨草聖鳴。生也醉墨心醉畫，落筆迥奪天人精。首法米南宮，繼習北苑董。試臨老閻《職貢圖》，頭飛鼻飲欲活動。去年傳馬大夫，黄冠野服賀監湖。今年寫鍾進士，絶行高名魯男子。不圖木落黄龍灣，寫我弄月扁舟間。醉墨生，復何有，胸中魚鳥在沼囿。所願淳風化日回，上爲至尊千萬壽。千萬壽，良有時，殷高舊貌版築相，漢顯曾草雲臺姿，匪生是望將誰期。生再拜，生再舞，一尊來看最閒園，三花且對江珧柱。

倪瓚《清閟閣全集》卷三《贈墨生》 巘谷春風起，桐花落磵紅。隔水輕烟發，收煤石竈中。豹囊秘玄玉，鶩池生白虹。湯生法潘谷，千載事還同。

倪瓚《清閟閣全集》卷四《贈陶得和製墨》 麋膠萬杵搗玄霜，螺製初成龍井莊。悟得廷珪張遇法，古松煙細色蒼蒼。

桐花煙出潘衡後，依舊升龍柳枝瘦。請看陶法妙非常，一點濃雲瓊楮透。

倪瓚《清閟閣全集》卷六《李文遠製墨次吴寅甫韵》 潘衡墨法老坡傳，承晏昆仍又幾年。獨依山室燒桐子，贈與仙人寫内篇。石竈霞光存活火，夜帷雲影炫晴烟。要知文字遺不朽，猶向詩中咏墨仙。

倪瓚《清閟閣全集》卷六《贈墨生沈學翁》 沈學翁隱居吴市，燒墨以自給，所謂不汲汲於富貴，不戚戚於貧賤者也。烟細而膠清，黑若點漆，近世不易得矣。因賦贈焉。

桐煙墨法後松煙，妙賞坡翁已久傳。麋角膠清瑩玄玉，龍文刀利淬寒泉。山癯唯珍白鶩帖，雲窻誰録古苔篇。愛爾治生吴市隱，收煤一室數燈然。

倪瓚《清閟閣全集》卷七《贈墨生吴善》 銅官山下白雲亭，澗底長松長茯苓。傳得潘生燒墨法，墨成持贈寫丹經。

倪瓚《清閟閣全集》卷九《題荆溪清遠圖》 荆溪吴國良，工製墨，善吹簫，好與賢士大夫遊。張貞居每館寓其家，艤舟籬傍，興盡便返，故國良得貞居翰墨爲多。今年夏，予以事至郡中，泊舟文忠祠後，國良便從溪上具小舟相就語，爲援簫作三五弄，慰予寂寞，并以新製桐花煙墨爲贈。予嘉其思致近古，遂寫《荆溪清遠圖》以遺之。實至正十年四月廿一日也。東海倪生記。

吴皋《吾吾類稿》卷三《墨銘》 製劑而圓，益杵以堅；孰爲而傳，有啟自仙。涵濡以研，人文攸宣；永胤之延，守吾之玄。

高啟《大全集》卷九《贈墨翁沈蒙泉》 南朝墨法稱奚家，相國謬費盈連車。紫殿堆金欲沽世已少，至今好事成咨嗟。潘生後出亦奇絶，峨嵋仙子嘗相誇。紫殿曾供寫飛白，玉堂每用書官麻。人間留藏敢輕試，傳玩正比雲龍茶。沈翁遠得二子妙，珙璧自美誰能瑕。徂徠老節燒欲盡，萬杵夜搗玄霜華。錦囊贈我忽在几，光怪迸屋驚早鴉。一餅團團未磨缺，似月食盡逢妖蟇。此物宜歸大手筆，濡染竹帛垂無涯。上當紀頌聖功德，下可論載臣忠邪。我今才薄况病退，破硯久棄塵生窪。一朝得此復何用，慚註魚豕箋蟲蝦。摩挲忽動揮灑興，聊吟險句追島叉。高堂淋漓爲君掃，醉汙舊賜宮袍花。

解縉《文毅集》卷四《墨》 北方黑帝驅松使，松使嘘烟滿天地。神工幻作元霜飛，一斂搗成烏玉劑。腦麝勾膠香屑屑，巧製如琴復如月。休論價值重如金，貴在玉堂堂上列。出處相同毛與楮，生也同生死同死。結隣好箇石鄉侯，親我更親二君子。天池共沐恩波慣，彩鳳龍光幾璀璨。五經載道孰爲先，匪我傳來那得見。

邢侗《來禽館集》卷二一《程君房墨贊》 陳蔡圍中之甑埃爾，鼻祖也。上黨嶺際之松心爾，正嫡也。至今雲來居歙，緼滿遐逖，繩繩詵詵，攻苦淡轂。墨子之世，其官不貳，其職不溺者耶。

二千卷之點乙汝之，以長楊獵之夸詡汝之，以公輸氏之染削汝之，以相國寺之鬆塗汝之，以大宗師之寓言汝之以。嗚乎，此五墨墨非夫晋平公之墨墨也。其質則墨石之霏屑耶，其膠則墨牡之膚㺃耶，其水則墨葉之濫泉耶，其巧則墨翟之飛鳶耶，其亡幸則墨床之亡賴以殺其真耶。

高奴之脂廬、龍水二物，君臣劑玄髓天章，沈郎鮮厥理有斐，其文代劂剞。

疇譜汝陳玄，署汝客卿也。磨硯不犂，舐筆不稽，箸紙洪潤以黳，是所謂四美既具，潭潭文府相待而成者也。

又

《邵安與朱萬初帖》曰：深山高居，爐香不可缺。退休之久，嘉品乏絶。野人爲取老松柏之根、枝、葉、實，共擣治之，斫楓舫羼輪之。每焚一丸，亦足助清苦。今年大雨時行，土潤，溽暑特甚。萬初致石鼎，清晝香高齊蕭間，遂爲一日之借，良可喜也。萬初本墨妙，又兼香癖，蓋墨之與香同一關紐，亦猶書之與畫，謎之與禪也。

幼傳燃漆成劑，遂一時光價，幾成墨妖。余譙幼傳墨劑乏香，幼傳譙余墨有墨香，即蘇合賫焉，矧夫龍腦。余復謂幼傳：今日墨爲政，胡弗自後香並爲政乎？然香有至韻，沉水栴檀非品也，雕房綺閣非地也，肥肉醇酒非主也，傖儜邋遢非客也，勞薪獸炭非弃也，淪肌撲鼻非賞也。狎湘而將，身卧淚颸，送微熏鬭，莽而借舌，清魂烟凝，弱縷或無，見鄙於萬初爾。幼傳有意荀令君，余將霑匄三日。

麻三衡《墨志・紀原第一》 論曰：劉熙《釋名》曰：墨，晦也，言似物晦黑也。尚元者，有志焉。上古無墨，文字多用刀筆削竹簡，閒以挺點漆作書。洎書策稠濁，力不給，一切倚辦石墨矣。然周書有涅墨之刑，晉襄有墨縗之制。古人灼龜，先以墨畫，則知古者不盡以漆書也。三國時，皇象論墨，已有多膠黝墨之說。則魏晉以前，又不盡用石墨，而用膠墨矣。自石墨無聞，而好奇者，往往取漆煙和松煤爲之。江淹云：墨則上黨松心是也。權輿韋氏，遂有螺丸，至易水父子渡江，庶幾集大成云。久之，治煤不令。宋熙豐閒，張遇謀所以入神者，以意用油煙入腦麝合之，聲光一變矣，數百年來，率繇是法。晁氏《墨經》云：奚超以宣歙之松類易水，卜居其閒，至于今，歙州墨滿天下，聞亦能走四夷，宣則猶是宣也，而諸盛之藝不傳，毋亦寸有所短歟？顧人人自以爲能探元，是以蒐輯本末，以綴續前事，用備覽觀，以云守墨，則近之已。

麻三衡《墨志・系氏第二》 論曰：嘗讀陶九成所著墨工，未嘗不歎其博，而晉魏之閒闕焉，爲《宛委餘編》所抨，顧賈思勰所出，王氏又未之見矣。古人用墨多自製，故工者不顯。唐以後姓氏稍稍出，而宋元閒以字號者，僅見雪齋、齊峯、寓庵三數人。及省《春渚紀聞》，又未嘗不爽然矣。繇是時士大夫如李慥、徐熙、徐鉉、韓熙載、蘇子瞻、賀方回、王量、晁季一、張秉道、康爲章輩，皆能製墨，多以字行于世。迄有明，有姓字而不名，雖工者有然已。萬曆中，歙州程方用內事相齮軋不貲以爲名高，一時公卿閒有左右袒者，至聲徹禁地。後三十年，有吳去塵者，金章玉質，盡藝入微矣。其羣從中更有羽吉，可謂具體，語云：「劍則干將莫邪，木則梗楠杞梓」，於戲盛哉。

麻三衡《墨志・煙品第三》 論曰：往見故家所蓄前代墨，多古香可掬。研之，栗栗起藍煙，此自是北地松煤，正如玉卮無當。自張遇覃思供御，用油煙入腦麝金屑爲之，盡變古法。金章宗搜宣和蘇合油煙墨，價三倍于黄金。及中統至元以來，師心各至矣。宣德閒，上博古好奇，止基于煙緻而漆之廉，其煤之杰而弗殊，然往往堅質而光不澤，折衷馳驟。而煙之以桐液者，自羅氏始，後之學于此法以治煙者，置木梘仰之，而薄以水，納燈于其腹，酌桐液炷茜草而然之，覆琖置燈煙之上，毋過高，高則渙，毋過卑，卑則濁，非敢徒用液也。姑入紫草焉，以爲色者染之蘇木以悦其容。其焰盛也欲徐，既炮帶燼而微也，欲消息其餘，卒乎餤緩而力弛，遂霍然而起之，姑使無蘊乎，且差等焉，而後即安。嗚呼，能盡矣，雖易水復起，蔑以加焉。夫一藝之微，而窮工極曲，坐而致天下名，實無難者。此雖小道，可以喻大，能無慎哉。

麻三衡《墨志・治膠第四》 論曰：夫膠者，墨之血脈也。譬諸體性焉，有首領股肱，至于手拇、毛髮、榮衛、轇結膚寸而合，俄而可以一疏遠矣，豈不重哉。莫稠于膠，而泓然研腹閒，以舐筆不濡者爲貴。清者與天，濁者與地，有以也。夫鹿膠，古墨家最良，而今之用者蓋寡，何邪？好奇者至染指豨膏，豨膏不知從何作始，然膩而無餤，毋亦宰夫多于獵徒故耳。吾在金陵，王于凡贈余自製鹿膠墨，最黝澤奪目，豈獨得古法歟？不務出此，而畏苟難，則以東粤牛膠，質明瑩，煎隔歲者爲良。

麻三衡《墨志・和製第五》 論曰：晁氏稱韋賈言所以治墨之理與古今日新狀，其論甚備。自張遇、潘谷、蔡瑫、朱萬初猶出意矜慎，而況于衆人乎。歙州有名近代，吳拭和膠，精藝深心，略見施行矣，上方犀璧，殆無愧也歟。或曰：松煤遠煙，自有龍麝氣，而嗜者如滕達道、呂行甫、蘇浩然，弄筆之餘，啜飲餘汁，異已。顧往往數百年物，不絶于世，夫一物耳，剛柔而皆用之，遂令永其天年如此。《墨法》云：虬松取煙，鹿膠相揉，九蒸回澤，萬杵力扣，光可照人，色不染手。數言盡之。若夫木難珊瑚，水精金屑，其易水之鄭衛乎！予以蔡瑫之言爲然。

麻三衡《墨志·稽式第六》 論曰：吾讀天寶中黑松使者説，神其事。墨之精，至能幻形爲道士，奇矣！羅龍文乃製小道士墨，及觀薛稷爲墨封九錫，墨即吐異氣，結成樓臺，未嘗不髣彿想見其爲人。而近世弔奇者，日新月異，取古人奇字篆籀，饕餮、蟲魚、鳥獸、竹木、器具，取義象形，千變百出，即皮相之，爛若披錦矣。語云：人貌榮名，且胡爲其足以重墨也。近代程方諸家弄墨，猥不足觀，雖去塵亦作耳目近玩，非不髤采可鑑，無益文苑，吾無取焉。假令去塵但和劑成丸，不施文采，慮無有爲流傳者歟。若南唐韓氏元中子，名尤近雅。聊復取聞見所及古今名式，序次列之，蓋其炫燿，所繇來者漸矣。

麻三衡《墨志·藏蓄第七》 論曰：吾聞之李尤曰：書契既造，研墨乃陳，煙石附筆，以流以申。《釋名》曰：硯者，研也，可研墨使和濡也。二者相著，有以哉。惟吾友陸文虎亦寶硯云。文虎爲余言：天都吴去非，藏墨不啻數十百家，以余所知，武林、梁溪，猶有蘇氏遺風。中原兩京，更饒好事，濟南邢氏尤著，今中原陸沉矣，惜哉！南唐初，盛匡道以墨顯于宣，千年以來，何嗜之少也。孫直公頗與余有同志，而直公探元購勝倍于予。豹囊錦襲，極其矜慎，會風日清好，兩家品藻，務爲左右拒，及其久也，相悦以解。或曰：玩物喪志，姑舍是。嗚呼！金玉無足論，以三百綫紋刺，作名利經營，眎囊墨一丸，孰得孰失？此乃向者馮盛所羞也，與其爲白之尚也，毋甯爲元之尚乎。

麻三衡《墨志·權質第八》 論曰：余宣人，故所稱墨，于宣一再致意耳。繇南唐至于今，盛氏之業亡焉，而論墨者蓋寡。余聞墨有數德，匪石而堅，入水不漬，此似義。浩浩乎小大無屈盡之期，此似仁。入堅節之木利可以截楮，此似勇。觀其光，湛湛如秋水之溢于塘，觀其氣，氤氳如曉日，此似有道。古之人，不卑小道，務有所成名，彼操一技之能，必入其室，格物君子，蓋其述也。蘇子瞻目能辨十三家墨法，較然不惑于次第，豈不以學識哉。次尾吴氏之言曰：吾取其質，惟元惟默，于以用之，日新其德。信已。

麻三衡《墨志·語林第九》 論曰：自書契後，綴文之士衆矣。先秦無言墨者，故勿論，惟葛洪、曹植、陸雲、庾肩吾、司馬光、蘇軾，此數公者，皆博物洽聞，其言有補于世，顧獨于藝成，衡量進退，不遺餘力。傳曰：雖小道，必有可觀。豈近是乎？宣德閒，綜核名實，至于技巧工匠器械，咸精其能。嘉、隆之際，歙州墨工，襲易水之蹟而起者，肩背相望，亦足以知吏稱其職，民安其業矣。而探元論著自婁東、濟南、新安、東海以外，何寥寥邪。先民有言，萬稗爲美，博奕爲賢，良有以也。且以温公之名德，于世無所好，獨蓄墨數百斤，嘗語人曰吾欲子孫知吾所用此物何爲也，可謂深遠矣。予故自漢魏以來至于今，掇其議論切于墨事者著于篇，以作語林云。

曹學佺《石倉歷代詩選》卷一五八晁冲之《贈僧法一墨》 黄山之巔百尺松，虬枝偃蓋連羣峰。山神守護魑魅避，道人剪伐天爲容。捫崖跙踔篝火遠，絶壁暗靄凝煙濃。玄霜霏霏玉杵下，捕麋煮角當嚴冬。陰房風日不可到，律管吹盡灰無踪。小書細字著名姓，黄金照耀圖雙龍。守臣再拜選進日，九關有詔開重重。老儒偶得實天幸，千金更買無由逢。上人淡泊何所好，工書草隸如飛蓬。苦來求我惜不得，一酬十載相過從。君不見玉堂詞人紫垣客，拜賜舞蹈黄羅封。長安紙價猶未貴，江南江北山皆童。

曹學佺《石倉歷代詩選》卷一五八晁冲之《法一以前墨爲未佳復以承晏墨贈之》 我聞江南墨官有諸奚，老超尚不如廷珪。後來承晏復秀出，喧然父子名相齊。百年相傳紋斷碎，彷彿尚見蛟龍背。電光屬天星斗昏，雨痕倒海風雲晦。却憶當年清暑殿，黄門侍立才人見。銀鈎灑落桃花牋，牙牀磨試紅絲硯。同時書畫三萬軸，大徐小篆徐熙竹。御題四絶海内傳，秘府毫芒惜如玉。君不見建隆天子開國初，曹公受詔行掃除。王侯舊物人今得，更寫西天貝葉書。

宋犖《漫堂墨品》王原《漫堂藏墨贊》 子墨客卿，太陰之精。銅雀石號，玦烏玉名。累錫袞被，雙脊龍騰。九子頌嬪，十螺表貞。南唐車載，善和匣傾。狻猊售偶，隃糜給仍。趙女襄易，羽使趨蠅。金壺汁溢，綈褁丸盈。經木可削，墮水猶硜。昔推二李，近惟一程。方汪擅技，吴邵代興。雪堂義墨，髯翁夙稱。今之漫堂，推宋先生。羅購珍賞，較前倍贏。廣濟張氏，著爲墨經。餉公好事，寶勝瑶瓊。公意靡倦，益之十朋。隔囊品别，淵鑒莫京。潘谷失步，薛稷喪評。藉迺文豹，潘斯錦繒。譜箋姓氏，圖肖象形。甲乙整比，銖兩零星。松心餤澹，油暈文輕。出自萬杵，磨之千層。毛穎宣妙，陶泓受能。一點一漆，一飲一升。蒐討二酉，薈蕞三乘。狀寫生態，牢籠物情。濡髮揮灑，東絹吴綾。倚馬著讃，露書山銘。斯物有託，彰其德馨。我爲贊辭，後世是徵。

宋犖《漫堂墨品》張仁熙《墨論》 宋牧仲使君問於張子曰：「墨有説乎？」張子曰：然，有之。古稱「絳人陳玄」，文房藝一耳，然其道可大焉。由其道者，可以隱，可以癖，可以博物，可以文，可以悟爲文之理，可以教孝，可以佐禮，可以垂訓於後裔，而戒天下之侈也。《釋名》曰：「墨，晦也。」言似物晦黑也。宋潘谷製墨精妙，而價不二，士或不持錢求墨，不計多少與之。蘇子瞻贈以詩曰「布衫漆黑手如龜，未害冰壺貯秋月」，谷殆韓伯休之流乎。陳惟達之墨，與麝並藏一匣，十年而麝氣不入，自作松香耳。蓋膚理堅密，不受外薰，人如此者，何患世俗之靡耶？故曰可以隱。吕行甫好藏墨而不能書，時磨而小啜之。石昌言藏墨，不許人磨。李公擇見人墨輒奪。蘇子瞻蓄墨至七千挺，遇天氣晴霽輒出品玩。而潘谷見秦少游所藏廷珪墨，即下拜曰：「真李氏物，我生再見矣。王四學士有之，與此爲二也。」此與杜《左》、嵇鍛，嗜石而拜，好書而發塚以求，嘔血以思者無異也，故曰可以癖。墨有經、有書、有史、有苑、有辯，有臨帖之墨、有畫墨、有楷書墨、有寫經墨，而程氏《墨苑》，自玄工輿圖、人官物華、儒藏緇黃、建緯授詞，種種臚列，故曰可以博物。吴元中起草，令婢遠山磨隃麋墨，文即佳，故曰可以文。奚超入新都，語刺史陶雅曰：「始公歲取墨，不過十挺，今數百挺未已也，何精焉？」以超之能，多則不精，故曰可以悟爲文之理。初虞世，名士也，善醫，好奪人藏墨，人至以「男旱魃」名之。然每得佳墨，必以遺黄山谷曰：「山谷孝於其親，吾最厚愛。」故曰可以教孝。「九子之墨，藏於松煙，本姓長生，孫子圖邊」，鄭氏《昏禮謁文贊》也，故曰可以佐禮。洪覺範禪師云：「司馬温公無所嗜好，獨蓄墨數百觔。」或以爲言，公曰：「吾欲子孫知吾用此物何爲者也。」嗚呼，司馬公豈玩物喪志者耶？獨垂訓於後世如此。金章宗用蘇合油煙墨，後人以黄金倍易無覓處。唐明皇好墨，墨精化爲人，如蠅大，行硯閒，酬對言語。人主以好墨名，墨卒不可得。明皇墨精，不過與梨園妖姬等，君如此，又何稱焉。故曰可以戒侈。若夫地有墨山，天有墨泉。韋仲將製必以時，擣三萬杵，乃發堅光。王迪用遠煙鹿角膠，而自生龍麝，窮神盡思，妙不可追，此殆未易一二爲俗人言也。牧仲使君好墨，與予有同嗜者，因舉其大者以告之，作《墨論》。

嵇永仁《抱犢山房集》卷二《臭墨》 殘瀋如雲碧作藍，鮑魚過肆味中含。松煙半鋌能多許，薰透文心命不甘。

嵇永仁《抱犢山房集》卷六《臭墨》 隃麋研透色青藍，膠味薰蒸油氣舍。怕向故人酬白雪，煙煤紙上恐難甘。

彭定求《御定全唐詩》卷五九李嶠《墨》 長安分石炭，上黨結松心。遶畫蠅初落，含滋綬更深。悲絲光易染，疊素彩還沈。別有張芝學，書池幸見臨。

彭定求《御定全唐詩》卷四六八劉言史《右軍墨池》 永嘉人事盡歸空，逸少遺居蔓草中。至今池水涵餘墨，猶與諸泉色不同。

汪近聖《鑑古齋墨藪》卷四附録《諸家題贊》 墨與硯用充貢物，然硯石采於婺源之龍尾山，非歙産也，墨歲貢數十斤，皆購於曹素功氏，他墨不得與，夫非以其名與。然余閒以近聖汪氏墨示人，或反以爲佳，雖號知墨者莫不謂然，其珍重幾與曹墨等，此寧以其名耶。徽墨自昔多聞家，曹氏蓋後起者，而聲價遠出諸家上，夫又安知汪之不將爲曹也。然則名又曷可少與。山右張佩芳

余官羈都下，與家鄉疎濶，山川珍産，思寶而翫之，況濡毫染翰，斯須不可去者乎？汪氏近聖，以墨名家，嘗應召至京師，進呈稱旨，名之不脛而走，歷有年所。今其子若孫能世其業，《詩》曰「無念爾祖」，又曰「永錫爾類」，汪氏有焉。至若選質之精，製作之妙，光之發，香之浮，用之適，評者夥矣，奚俟余言。雲塘程景伊

憶髫年與汪子君蔚共鄉塾，昕夕聚首矣，其爲人也純樸，用心也縝密，接物也和光，心誠喜之。比余宦於京，而汪子習其世業，業墨以名於家。迨余歷卿秩再旬宣中州，而汪子之墨名益大噪，數貢於廷，天子灑宸翰，揚鳳藻，甚稱良焉。蓋其製之純樸如其爲人，工之縝密如其用心。調露於端溪，而騰華於陟釐，和而光也，如其接物，人與墨俱可傳矣。世之親其業而弗善其事，無其實而妄希其名者，視汪子之業墨何如耶？予且勉之矣。畹香江蘭

徽郡人文甲天下，而黄山白嶽之靈，洩奇毓異，不獨鍾於人，而亦鍾於物。蓋汪氏之有《墨藪》，名播寰區，不脛而走，人争慕之。丁未仲秋，余蒙恩命擢守新安，見比户皆執墨藝，而鑑古齋製作精良，尤推重於時。且司其事者，其志壹，其神静，深藏若虚，勤業而非居奇，列肆而無市心，技也而進乎道矣。而當世之賢士大夫，樂與之交，而名公鉅卿競爲文辭歌詠以誌之，誠汪氏之秘笈，亦藝林之大觀也。今琳琅投贈，又復盈篋，將續付剞劂，乞言於予，因爲之質，敘其緣起，跋數語以應其請云爾。謹齋峻亮

龍賓是否，犀紋還有。冀公煙清，仲將漆厚。藏十年於盧阿，竝二螺於瓊玖。巧傳張永之思，字嚼班孟之口。入木而仙子題門，譯經而青童拂帚。名登御苑聲稱久。試問西園吉士，孰謂非松滋之侯，玄香之首。恕齋明晟

黄山白嶽峙新都，人物交推士大夫。毓秀自來多絶技，而今墨派屬純儒。

奚家父子自東遷，劍脊龍紋海内傳。此日九重徵古法，乾隆辛酉詔論，以御書處所製之墨失其古法，於徽郡募選名手，著府縣著名護送進京教習，于是近聖之郎君惟高赴召焉。羣推汪子是真詮。

製法由來競此都，終須巨眼辨瑕瑜。臨池池上烟雲起，不羨驪龍頷下珠。

易水真傳道自藏，先民遺法重精良。汪君妙技超前後，擣出烏金奪玉光。

豈是雍州枯黑水，碧雲滇海作玄霜。麟膏鳳髓休將比，藜閣清輝灑翰香。

喻糜直令筆生春，瑤貴堪爲席上珍。萬杵搗成堅似石，毫端珠玉耀絲綸。古吳周天式

制起於漢，模繼於唐。客卿號著，督護名楊。斂華養晦，闇然日章。體靜而動，質潤而剛。佩之則吉，何用不臧。

汪子近聖，技越尋常。制兼衆萬，法擅諸詳。搜煙三昧，什襲珍藏。堅如金石，其聲鏘鏘。黑如齊漆，其色蒼蒼。朱緒錦軸，字句生香。西園東壁，翰藻流光。秀鍾譙國，輝映玉堂。揮毫花放，宋豔班芳。落紙雲騰，賈壘劉墻。窻几明淨，箋簡精良。臨池雅助，復得玄霜。人生樂事，引興彌長。世須知寶，勝彼玕琅。

子墨子，緻而黑，堅如金，堪削木。不珠玉奪璠璵，不椒麝同蘭馥。光陸離，輝版牘。品題不僅蘇東坡，珍恤豈止黄山谷？我願揮毫者毋信耳，須信目。蘭水李升齡

煙清得一工，倍該萬枝冠。天都名馳御，案入夢添才。子之思噴字，助仙人之幻。是誠天下之奇寶，豈特文房之雅玩。古郎州唐惟安

名馳青史，望重玄光。法宗易水，書啓豹囊。華陽汪子，追古精良。犀紋擅譽，松韵流芳。箋騰異衫，顯吐寒芒。一點如漆，四丸贈香。瑤齋寶製，學士珍藏。袖盈發夢，絹潑成章。業專奕世，山高水長。延令蕭昌

愛新覺羅·弘曆《御製詩二集》卷五八《墨》 磬壺應瀝血，用硯欲凹心。淳漆稱精絕，輕膠用意深。筆常與爲入，茶每遜其沈。落紙雲烟潤，《蘭亭》試背臨。

愛新覺羅·弘曆《御製詩三集》卷八六《墨》 與茶奚必較新陳，用佐文房孰比倫。歷歷千言照今古，超超六法顯精神。喚卿呼予謂多事，玩日愒時斯枉珍。磨盡思王才八斗，依然研北此龍賓。

愛新覺羅·弘曆《御製詩四集》卷九六《四藏書屋詠文房四事有序》 文房四事中，墨硯入古，紙入古者已罕見，而筆則不入古，此堅脆之分也。然四者如乾之四德與地之四方，豈可闕一哉。兹得明雕漆匣，恰宜置文房四事於中而藏於書屋，因即以名之。蓋向之詠，詠其事也，向有詠文房四事詩。今之詠，詠其藏也，事雖同而意各殊，因爲之序。【略】

非人磨墨墨磨人，猶有磨焉義未臻。兹以兩枚藏厥用，恰同十翼顯諸仁。

厭他五色誇奇品，明代御墨有五色者。喜此元霜愜素珍。蓍得水天爻上六，由來不速得龍賓。

姚鼐《惜抱軒全集》詩集卷七《論墨絶句九首》

宣和香劑用油烟，奚李前橅竟邈然。筆法而今論篆畫，江南三絶自當年。

涉足塵埃世態生，中休養節久方成。論松略似觀人法，誰及新安戴彦衡。事見《老學庵筆記》。

朝鮮舊國解燒松，使者朝正數笏從。著硯未能堅似石，卻無膠滯不妨濃。

膠折燕山風莫勝，篋中片片似春冰。時工止解緣邊漆，不悟堅金儼故稜。

除卻廷珪跨乃翁，幾家絶藝後能同。來男作相虞兒匠，何怪方今曹素功。

霄漢樓憑江水空，鶴峯書畫散秋風。盛時猶記先人説，淚與殘丸滴硯中。先君外家任大理，公藏書畫甚富，皆大理先世鶴峯先生所畜，今有鶴峯墨，奇品也。

程君文筆工無比，姿媚何嘗解俗書。累壓篋中爲長物，不妨啜汁賞心餘。程魚門多藏程君房、羅小華、方于魯及明内龍香，舊名其齋曰「三長物」，墨其一也。

我愛瑤田善論琴，博聞思復好深湛。才傳墨法五千杵，已失家財十萬金。程瑤田語云：墨以多杵爲佳，然自千杵以上則難杵數倍于初時。墨不過千杵，瑤田用古法，杵至三千，已極難，而程君房必五千杵。

年年兩袖染成烏，佳字奇文一筆無。惟向天涯寫歸興，故應銘背作思鱸。范成大製墨事，見《老學庵筆記》。

鑒賞部

紀事

馮贄《雲仙雜記》卷二《墨紋如履皮》　墨紋如履皮，磨之有油暈者，一兩可染三萬筆。《成老相墨經》。

馮贄《雲仙雜記》卷六《墨難滅者萬金不換》　丸墨日用之，一歲磨滅半寸者，萬金不換，然至難得。《成老相墨經》。

陶穀《清異録》卷下《文用門・月團》　徐鉉兄弟工翰染，崇飾書具。嘗出一月團墨，曰：「此價值三萬。」

陶穀《清異録》卷下《文用門・五劍堂》　范丞相質一墨，表曰「五劍堂造」，裏曰「天關第一煤」，下有臣字而磨滅其名。究其所來，實遼東物也。

《新唐書》卷五七《禮樂志》　既而太府月給蜀郡麻紙五千番，季給上谷墨三百三十六丸，歲給河間、景城、清河、博平四郡兔千五百皮爲筆材。

蔡襄《蔡襄集》卷三四《雜著二・墨辨》　曾君視予墨一丸，其面文曰「新安上色香墨」，幕音漫。曰「歙州李庭邽造」。肌理光膩，與今之李庭珪墨形模不類也。其名字不同，邽、珪不同。形制復異，謂之真庭珪墨，其可乎？然李超與其子庭珪，唐末自易水度江至歙州，地多美松，因而留居，遂以墨名家。本姓奚，江南賜姓李氏。超墨世不復傳，襄嘗侍仁宗羣玉宴，輒賜得之。其面文「新安香墨」，其幕「歙州李超造」，與今所視形制切相類也。予謂超與珪始至新安，各出姓名，尚用「邽」字。超死而珪業益精，面有龍紋，而其名亦用「邽」者，乃知名字不同，形制有異者，作之有先後也。或曰：「何以決知之？」曰：「類其父超也。蓄藏於中，數十百年，非僞效也。」予既辨之，而墨遂歸吾家。墨哉，可無恨矣！書其説以贈曾君，或墨之思，攬予説可以少解。嘉祐八年癸卯九月二十八日，莆陽蔡襄記。

蘇軾《仇池筆記》卷上《論墨》　今世論墨，惟取其光。光而不墨，是爲棄墨。黑而不光，索然無神氣，亦復安用。要使其光清而不浮，湛湛然如小兒目睛乃佳。

蘇軾《仇池筆記》卷上《石墨》　陸士衡《與士龍書》云：「登銅雀臺，得曹公所藏石墨數甕，今分寄一螺。」《大業拾遺》：「宮中以蛾緑畫眉。」亦石墨之類也。沈存中帥鄜延，以石燭作墨，堅重而黑，在松烟之上。曹公所藏，豈此物也耶。

蘇軾《仇池筆記》卷下《潘谷墨》　潘谷墨既精妙，而價不二。一日，忽取欠墨錢券焚之，飲酒三日，發狂赴井死。人下視之，趺坐井中，尚持數珠也。

蘇軾《仇池筆記》卷下《雪堂義尊》　元祐中，駙馬都尉王晉卿置墨十數品雜研之，作數十字，以觀色之淺深。若果佳，當搗和爲一品。昔在黄州，鄰近四五州送酒，合置一器，謂之「雪堂義尊」，今又爲「雪堂義墨」耶。

蘇軾《東坡志林》卷一〇　近時，世人好蓄茶與墨，閑暇輒出二物校勝負，云：「茶以白爲尚，墨以黑爲勝。」予既不能校，則以茶校墨，以墨較茶，未嘗不勝也。

真松煤遠煙，馥然自有龍麝氣，初不假二物也。世之嗜者，如滕達道、蘇浩然、吕行甫。暇日晴煖，研墨水數合，弄筆之餘，少啜飲之。蔡君謨嗜茶，老病不能復飲，則把玩而已。看茶而啜墨，亦事之可笑者也。【略】

己卯臘月二十三日夜，墨竈火大發，幾焚屋，救滅，遂罷作墨。得佳墨大小五百丸，入漆者幾百丸，足以了一世著書，仍以遺人，所不知何人也。餘松明一車，留以照夜。二十八日二鼓，作此紙。

司馬温公曰：「茶與墨正相反，茶欲白，墨欲黑，茶欲重，墨欲輕，茶欲新，墨欲陳。」予曰：「二物之質誠然矣，然亦有同者。」公曰：「何謂？」予曰：「奇茶妙墨皆香，是其德同也；皆堅，是其操同也。譬如賢人君子，妍醜黔皙之不同，其德操藴藏實無以異。」公笑以爲是。

陳師道《後山集》卷一八《談叢》　寇昌齡嗜硯墨得名，晚居徐，守問之，曰：「墨貴黑，硯貴發墨。」守不解，以爲輕己。嗟乎！世士可與語耶？【略】

秦少游有李廷珪墨半丸，不爲文理，質如金石，潘谷見之而拜曰：「真李氏故物也，我生再見矣。」王四學士有之，與此爲二也。墨乃平甫之所寶，谷所見者，其子游以遺少游也。又有張遇墨一團，面爲盤龍，鱗鬣悉具，其妙如畫，其背皆有「張遇麝香」四字。潘墨之龍略有大節耳，亦妍妙，有紋如盤絲，二物世未有也。語曰：「良玉不琢，謂不借美於外也。」張遇，後梁供備使。李唐卿，嘉祐中，以書待詔者也，喜墨，嘗謂余曰：「和墨用麝，欲其香，有損于墨而竟亦不能香也，不若並藏以熏之。」潘谷之墨，香徹肌骨，磨研至盡而香不衰。　陳惟達一作進之墨一篋，十年而麝氣不入，但自作松香耳。蓋陳墨膚理堅密，不受外熏，潘墨外雖美而中疏爾。」

南唐於饒置墨務，歙置硯務，揚置紙務，各有官，歲貢有數。求墨工於海東，紙工於蜀。中主好蜀紙，既得蜀工，使行境內，而六合之水與蜀同。

蔡絛《鐵圍山叢談》卷五 昭陵晚歲開內宴，蓋數與大臣侍從從容談笑，嘗親御飛白書以分賜，仍命內相王岐公禹玉各題其上，更且以香藥名墨徧賚焉。一大臣得「李超墨」，而君謨伯父所得乃「廷珪」。君謨時覺大臣意歎有不足色，因密語：「能易之乎？」大臣者但知「廷珪」爲貴，而不知有「超」也。既易，轉欣然。及宴罷，騎從出內門去，將分道，君謨於馬上始長揖曰：「還知廷珪是李超兒否？」

晁貫之《墨經》

色

凡墨色，紫光爲上，墨光次之，青光又次之，白光爲下。凡光與色不可廢一，以久而不渝者爲貴，然忌膠光。古墨多有色無光者，以蒸濕敗之，非古墨之善者。其有善者黯而不浮，明而有艷，澤而無漬，是謂紫光。凡以墨比墨，不若以紙比墨，或以研試之，或以指甲試皆不佳。

聲

凡墨擊之以辨其聲。醇煙之墨，其聲清響。雜煙之墨，其聲重滯。若研之以辨其聲，細墨之聲膩，麄墨之聲麄。麄謂之打研，膩謂之入研。

輕重

凡墨不貴輕，舊語曰：「煤貴輕，墨貴重。」今世人擇墨貴輕，甚非。煤麄則輕，煤雜則輕，春膠則輕，膠傷水則輕，膠爲濕所敗則輕，惟醇煙、法膠、善藥，良時乃重而有體，有體乃能久遠，愈久益堅，濕則弗能敗。自然成質，非輕非重。

新故

凡新墨不及故墨。衛夫人曰：「墨取十年以上，强之如石者。」蓋其愈久益堅，且白物久斯變墨，况其本黑之物。煤久而黑，黑而紫，膠久而固，固而乃發光彩，此古墨所以重於世。凡新墨不過三夏，殆不堪用。凡故墨膠敗者，末之，新煤再和殊善，入膠久之，乃可和。然非大膠久蔭弗可。

何薳《春渚紀聞》卷第八《記墨・潘谷墨仙揣囊知墨》 潘谷賣墨都下。元祐初，余爲童子，侍先君居武學直舍中。谷嘗至，負墨篋而酣詠自若，每笏止取百錢，或就而乞，探篋取斷碎者與之，不吝也。其用膠不過五兩之制，亦遇濕不敗。後傳谷醉飲郊外，經日不歸，家人求之，坐於枯井而死，體皆柔軟，疑其解化也。東坡先生嘗贈之詩，有「一朝入海尋李白，空看人間畫墨仙」之句，蓋言其爲墨隱也。山谷道人云：「潘生一日過余，取所藏墨示之，谷隔錦囊揣之曰：『此李承宴軟劑，今不易得。』又揣一曰：『此谷二十年造者，今精力不及，無此墨也。』取視，果然。」其小握子墨，醫者云，可入藥用，亦藉其真氣之力也。

何薳《春渚紀聞》卷第八《記墨・洙泗之珍》 東魯陳相作方圭樣，銘之曰「洙泗之珍」，佳墨也。

何薳《春渚紀聞》卷第八《記墨・紫霄峯墨》 大室常和，其墨精緻，與其人，已見東坡先生所書。極善用膠。余嘗就和得數餅，銘曰「紫霄峯造者」，歲久磨處真可截紙。子遇不爲五百年後名，而減膠售俗。如江南徐熙作落墨花，而子崇嗣取悦俗眼，而作没骨花，敗其家法也。

何薳《春渚紀聞》卷第八《記墨・蘇浩然斷金碎玉》 支離居士蘇澥浩然所製，皆作松紋皴皮，而堅緻如玉石。余與其孫之南字仲容遊，其家所藏，不過數笏。而余於李漢臣丈得半笏，持視仲容，云：「真家寶也。」神廟朝，高麗人入貢，奏乞浩然墨，詔取其家。浩然止以十笏進呈，其自珍秘蓋如此。世人有獲其寸許者，如斷金碎玉，爭相誇玩云。大觀間，劉無言取其製銘，令沈珪作數百丸，以遺好事及當朝貴人，故今人所藏，未必皆出浩然手製。珪作此墨，亦非近世之墨工可及，實可亂真也。

何薳《春渚紀聞》卷第八《記墨・寄寂堂墨如犀璧》 晁季一生無它嗜，獨見墨丸，喜動眉宇。其所製銘曰「晁季一寄寂軒造」者，不減潘、陳。賀方回、張秉道、康爲章皆能精究和膠之法，其製皆如犀璧也。

何薳《春渚紀聞》卷第八《記墨・精烟義墨》 余嘗於章序臣家，見一墨背列李承宴、李惟益、張谷、潘谷四人名氏。序臣云是王量提學所製，患無佳墨，取四家斷碎者，再和膠成之，自謂勝絶，此其見遺者。因謂序臣曰：「此亦好奇之過也。余聞之裂墨之妙，正在和膠。今之造佳墨者，非不擇精烟，而不能佳絶者，膠法謬也。如不善爲文，而取五經之語，以己意合而成章，望其高古，終不能佳也。」序臣又曰：「東坡先生亦嘗欲爲雪堂義墨，何也？」余曰：「東坡蓋欲與衆共之，而患其高下不一耳，非所謂集衆美以爲善也。」

何薳《春渚紀聞》卷第八《記墨・唐高宗鎮庫墨》 近於內省任道源家，見數種古墨，皆生平未見，多出御府所賜。其家高者有唐高宗時鎮庫墨一笏，重二斤許，質堅如玉石，銘曰「永徽二年鎮庫墨」，而不著墨工名氏。

何薳《春渚紀聞》卷第八《記墨·十三家墨》 余爲兒時，於彭門寇鈞國家見其先世所藏李廷珪下至潘谷十三家墨。斷珪殘璧，粲然滿目。其廷珪小挺，歲久不見膠彩，而書於紙間視之，其黑皆非餘墨所及。東坡先生臨郡日，取試之，爲書杜詩十三篇，各於篇下書墨工姓名，因第其品次云。

何薳《春渚紀聞》卷第八《記墨·墨磨人》 一日謁章季子於富春之法門寺，出廷珪墨半笏爲示，初不見膠彩，云是其大父申公所藏者。其墨匣亦作半笏樣，規製古朴，是百餘年物。東坡先生所謂非人磨墨墨磨人者，不虛語也。

何薳《春渚紀聞》卷第八《記墨·廷珪四和墨》 余偶與曾純父論李氏對膠法，因語及嘉禾沈珪與居彥實造墨再和之妙。純父曰，頃於相州韓家見廷珪一墨，曰「臣廷珪四和墨」，則知對膠之法寓於此。

邵博《邵氏聞見後録》卷二八 太祖下南唐，所得李廷珪父子墨，同他俘獲物，付主藏籍收，不以爲貴也。後有司更作相國寺門樓，詔用黑漆，取墨于主藏，車載以給，皆廷珪父子之墨。至宣和年，黃金可得，李氏之墨不可得也。

黃魯直就几閣間，取小錦囊，中有墨半丸，以示潘谷。谷隔錦囊手之，即置几上，頓首曰：「天下之寶也。」出之，乃李廷珪作耳。又別取小錦囊，中有墨一丸，谷手之如前，則嘆曰：「今老矣，不能爲也。」出之，乃谷少作耳。其藝之精如此。

叶廷珪《海録碎事》卷一九《墨門》 二螺陸雲《與兄機書》云：一日上三臺，曹公藏石墨數十萬斤，今往二螺，兄頗見之否。給香墨《東宮故事》：皇太子初拜，給香墨四丸。上黨松心上黨郡松心作墨。渝麋墨《漢官》云：尚書令僕丞郎，月賜渝麋大墨一枚，小墨一枚。金壺汁《拾遺記》：浮提國獻神通善書二人，出金壺四寸，中有墨汁如淳漆，洒地及石，皆成篆隸。佐老子撰《道德經》十萬言，及金壺汁盡，二人刳心瀝血以代墨焉。蘆阜松煙見紙門。碧松煙古詩云：上黨碧松煙，夷陵丹砂末。蘭麝凝珍墨，精光乃堪撥。犀紋李庭珪父超，易水人，造墨尤妙，其堅如玉，其紋如犀。九子墨古有九子之墨，祝婚者多子。《文房四譜》。墨一丸會稽太守王朗之子肅，隨在郡東齋宿夜，有女子自地中出，稱是越王女，臨別贈墨一丸。肅方注《周易》，多有滯思，至用此墨，便覺才思通暢。

曾慥《類説》卷九《看茶啜墨》 真松煤遠煙，自有龍麝氣。世之嗜者如滕達道、蘇浩然、吕行甫，暇日晴暖，研墨水數合，弄筆之餘，乃啜飲之。蔡君謨嗜茶，老病不能飲，但把玩而已。看茶啜墨，亦事之可笑者也。

曾慥《類説》卷一三 墨爲螺、爲量、爲丸、爲枚，陸雲《與兄書》：送墨二螺。梁科律御墨一量十二丸。《漢官儀》：令僕丞郎賜墨一枚。

《錦繡萬花谷後集》卷二九《墨》 黑松使者《陶家瓶餘事》曰：玄宗御案墨曰「龍香劑」，一日見墨上有小道士，如蠅而行，上叱之，即呼萬歲，曰：「臣墨之精，黑松使者也。凡世人有文者，其墨上皆有龍賓十二。」上神之，乃以墨分賜掌文官。

玄香太守 薛稷爲墨封九錫，拜玄香太守，兼亳州楮郡平章事。是日，墨吐異氣，結成樓臺狀，隣里來觀，食久乃滅。《纂異記》。

字三年不昏 《相墨經》：墨染紙三年，字不能昏闇者爲上。

豹皮囊 《文房寶飾》曰：養墨以豹皮囊，貴乎遠濕。

魚吐青色 葛玄見賣大魚，謂曰：「暫煩此魚往河伯處。」魚主曰：「魚已死。」玄曰：「無害。」乃丹書紙，內口中，投水。有頃，魚化騰躍上岸，吐黑書，青色如木葉而去。並葛洪《神仙傳》。

懷化塹 懷化郡掘塹，得石墨甚多精好，可寫書。《廣州記》。

周去非《嶺外代答》卷六《器用門·墨》 容州多大松，其人能製墨。佳者一笏不盈百錢，其下則一斤止直錢二百，商人舉數則搭賣之。交阯墨雖不甚佳，亦不至甚腐。交人以墨與角硯，鵁筆，併垂腰間。

張仲壽《疇齋二譜·墨譜》 李庭珪墨自昔士大夫論之詳矣。余在前朝時，見前朝御府有一笏，每盛夏曝涼，始得一見，面曰「歙州李庭珪墨」，漫則柳葉雙春龍，倒印小香字，柳葉之端貯以黃囊，標以牙籤，誌云：仁宗皇帝寶字。墨質雖具，膠法已敗，蓋宣和間，諸公嘗云：黃金可得，李墨不可有，今去宣和又幾二百年矣。吾友竹閒楊好謙性嗜古墨，疇昔於鄉閭嘗蓄七八十枚，最高遠者不過潘衡、蒲大韶輩，自來朝京國，首獲宣和龍香劑，又獲李廷珪墨於友人王雲峯家，袖以示余，觀其制度與昔之所見無少異，其敷理細密、膠法堅凝則過之。暇日出所藏墨卅種，命余試優劣。余謂此公案古人已行之矣，東坡先生嘗與彭門寇鈞國試墨一十三種，以竹閒之雅好，固無媿於鈞國，而余之醜畫去坡仙蓋萬萬相遠矣，何足以發露客卿之妙？辭不獲已，因臨喻翁陸季任先生字卅帖以塞命。其庭珪墨自宣和間已歎希有，逮夫前朝德壽、重華二宮好尚如此，僅存一笏，其貴重可知也。今竹閒見之，足以酬素志矣。雖然，物之有成必有虧，如人之有生必有死，此古今不易之理也。竹閒如此當寓意於物可也，幸無留意而反爲墨所磨我。作是說，竹閒一咲而點頭。時至元第廿三年二月，疇齋張壽希静題。

墨工蒲大懿，字舜美，閬中人。得墨法於山谷，多題云「錦屏蒲舜美」。其子知微，同郡史威亦用其法。

葉茂實墨，雖經久或色黯淡，而無膠滯之患，勝他人多矣。時有趙水月伯鹿亦能用雪齋法，其號爲「超然清芬如在」。祝梅閒作山寵輕煙，毛滄洲作香劑。又有林泉東卿者，亦能制墨汶陽香劑，人云「一點如漆，百年如石」，然皆不及老葉，而所謂翁彦卿、王大用者，時不數之也。

汪舜民《〔弘治〕徽州府志》卷二《食貨一・土産》 墨。出歙、休寧二縣，五代李超及子廷珪造墨。至宋，徽州遂歲以大龍鳳墨千斤充貢。仁宗嘉祐中，宴近臣於羣玉殿，以李超墨賜之，曰「新安香墨」。其後賜翰林，皆李廷珪雙脊龍樣品尤佳。《墨譜》稱：墨之上者，拈來輕，嗅來馨，磨來清。然物有盛衰，工有良苦，不能如舊。今失其傳，惟出休寧城北汪氏者稍佳，其形製猶多以龍爲飾。前志云近黟歙間有人造白墨，色如銀，迨研訖即與常。

汪舜民《〔弘治〕徽州府志》卷一二《拾遺》 《遯齋閒覽》云：祥符中，治昭應宫用廷珪墨爲染飾。有貴族嘗誤遺一丸於池中，踰年臨池飲，又墜一金器，乃令善水者取之，併得墨，光色不變，表裏如新。

黄魯直《跋翟公異所藏石刻》云：禁中板刻古法帖十卷，當時皆用歙州貢墨。墨本賜群臣，今都下用錢萬貳千便可募得。元祐中，親賢宅從禁中借板墨百本，分遺官僚，但用潘谷墨，光輝有餘而不甚黟黑，又多木横裂文，士大夫不能盡別也。此本可當舊板價之半耳。

《陳無己集》云：晁無斁有李墨半丸，云裕陵故物也。往於秦少游家見李墨，不爲文理，質如金石，亦裕陵所賜，王平甫所藏者，潘谷見之再拜曰：「真廷珪所作也。世惟王四學士有之，與此爲二矣。」

李孝美《墨苑》云：李超墨二品，其面或爲特龍，或曰「新安香墨」，其漫曰「歙州李超」，其號雖異，亦互有精觕。精意爲之者，廷珪不及也。廷珪大墨有二品，其一面曰「歙州李廷珪墨」，漫有特龍，其一面曰「歙州李廷珪造」，漫有雙脊特龍。小墨有握子者，上止有一「香」字，豐肌膩理，光澤如漆。又有小餅子，面有蟠龍，四角有「供御香墨」字，漫止有「歙」字。前四品無粗者，非法之至精，曷能臻此哉。諸李唯超、廷珪爲特嘉，承晏、文用次之，惟慶小挺子優於大墨，可亞廷珪也。宣道、宣德不知何許人，其形製俱類廷珪，疑歙州人也。

張應文《清秘藏》卷上《論墨》 試墨當用發墨硯磨，一縷如綫而鑑其光，紫光爲上，黑光次之，青光又次之，白爲下，黯白無光或有雲霞氣爲下之下。蔡君謨言奚氏墨能削木，米元章言古墨磨之無泡，〔古墨無泡，膠力盡也〕，故墨以口有鋒刃而無泡者爲貴，至於香味、形制，鑒家畧而弗論。

屠隆《考槃餘事》卷二《墨箋・論墨》 古人用墨，必擇精品，蓋不特籍美于今，更籍傳美於後。若晉唐之書、宋元之畫，皆傳數百年，墨色如漆，神氣賴以全。若墨之下者，用濃，見水則沁散湮污，用澹，重褙則神氣索然，未及數年，墨跡已脱，此用墨之不可不精也。高深甫云：「墨之妙用，質取其輕，烟取其清，嗅之無香，磨之無聲。新研新水，磨若不勝，忌急則熱，熱則生沫。用則旋研，研無久停。塵埃污墨，膠力泥凝。用過則濯，墨積勿盈。藏久膠宿，墨用乃精」，誠鑒墨三昧語。其古今名家造法，備詳墨經、墨書。

邢侗《來禽館集》卷二一《評墨》 研尚端州，近則龍尾。墨貴奚潘，近則羅小華、方方于魯、程君房。紙則澄心、鵠白，今則剡藤、玉山。筆重宣州，諸葛派演，吴興張廷錫、陸子復等俱佳。

王肯堂《鬱岡齋筆麈》卷四 黄山谷先生就書閣閒取小錦囊，中有墨半丸，以示潘谷。谷隔囊捫之，即置几上，頓首曰：「天下之寶也！」出之，乃李廷珪之作者。又取小錦囊，亦有墨一丸，谷捫之如前，則嘆曰：「今老矣，不能爲也。」出之，乃谷少時作者。嗚呼！古人一藝之精，至于六根互用如此，此其心可知，口不可得言。而世之人方較量濃淡之閒，以爲知音，不亦謬乎！故曰「不知者如烏之雌雄，其知之者如烏鵲也。」

謝肇淛《五雜組》卷之一二《物部四》 古人書之用墨，不過欲其黑而已，故凡烟煤皆可爲也。後世欲其發光，欲其香，又欲其堅，故造作百端，淫巧還出，價侔金玉，所謂趍其末而忘其本者也。

墨太陳則膠氣盡而字不發光，太新則膠氣重而筆多纏滯，惟三五十年後最宜合用。方正墨，今用之已作煤土色矣，不知仲將何以一點如漆？或曰古墨用漆，故堅而亮；今祇用膠，故數經黴濕則敗矣。余家藏歙墨之極佳者，携至京師，冬月皆碎裂如礫，而廷珪當時政在易水得名，恐用漆之説不誣耳。

徐常侍得李超墨一挺，長近尺餘，兄弟日畫五千字，凡用十年乃盡。宋元嘉墨，每丸作二十萬字。乃知昔墨不獨堅而耐磨，亦挺質長大。羅小華墨雖貴重，每挺皆二兩餘，規者五兩餘。近來方、程墨苦於太小，大僅如指，用之易盡，而「青麟髓」、「開天容」尤小，家居無事，每遇乞書狼藉時，不一月輒盡，且亦不便於磨也。

唐陶雅爲歙州刺史，責李超云：「爾近所造墨殊不及吾初至郡時，何也？」對曰：「公初臨郡，歲取墨不過十挺，今數百挺未已，何暇精好爲？」噫！今之守令取墨，豈直數百挺而已耶？

方于魯《方氏墨譜》附汪道貫《墨書》 古稱善賞識者，徐常侍之下，世不多有。潘谷隔囊而辨天下之寶，固一藝之精，以神用也。若石昌言懸墨滿室，不許人磨。滕達、蘇浩然、吕行甫弄筆之餘，啜其殘瀋，可語極嗜，非直賞鑒矣。建元氏曰：試墨如試金，當略其色澤，求其神氣。其法用紫石研注水涓滴同磨，多少同，磨之一縷如綫而鑑其光，紫光爲上，黑光次之，青又次之，白爲下。黯沕無光或有雲霞氣，又下之下也。蘇長公有言：光而不黑，索然無神氣，亦復安用？膠不和也。滯筆鋒者，膠氣濁也。研之有聲者，膠煤不調而製不善也。元美先賞識精矣。蔡君謨言：「奚氏墨能削禾，故墨口以有鋒刃者爲上。」垢積研間者，生曰：「黯而澤，緻而黑，光可晰，堅于璧。」太函氏曰：「以耳視者惛，以目視者哲，以心視者神。聞聲而雷同，耳視也。按圖而索驥，目視也。觀其象以求其真，心視也。好玄者，苟得其真，隋和具在。」袁履善氏曰：「真物難蓄，燕石市炫。」惜哉評騭之艱也信夫。

《釋名》曰：「墨者，晦也。」《真誥》曰：「墨，陰象也。」然體晦而用章，象陰而理陽，所謂「筆陳之鍪甲，文苑之攸先」也。

《古墨法》云：「烟細膠新，杵熟蒸勻，色不染手，光可射人。」四語已盡製墨三昧。明德非馨，太冲惟漠，先後一揆也。《仇池筆記》云：「三衢蔡瑫，自烟煤膠外，一物不用，特以和劑有法，甚黑而光。彼取光于蠙珠，求芬于腦麝，風斯下矣。」

羅秘書墨，以珠英玉屑取重，人文之巧耳。其搜烟和膠之三昧，實不逮後人。頃以東觀，咨訪及之，幾與珊瑚木難同價，物故有所遭哉。世之重奚氏墨，古今同也。然不遇則車載以漆相國寺門，遇則黄金可得而奚氏墨不可得，物之係于所遭如此。

元虞文靖稱朱萬初墨：「沈着而無留蹟，輕清而有餘潤。」二語亦得製墨之妙。

太函氏言：「今之足以卑古者，惟陶氏墨氏。」莫廷韓言：「建元墨可以超潘駕李，裒然代興。」夫卑古超駕，難矣！使建元而遇潘、李，庶幾在鴈行之間。李有廷珪，方有嘉樹，並稱濟美，亦足方駕。宋晁氏有《墨經》，不著其名，其言製墨與今亦小異，今其書具在。方氏《譜》出，當令族賈攦指，秇林讓博，可稱墨家董狐。

高濂《遵生八牋》卷一五《論墨》 高子曰：古之尚墨，若徐鉉墨名「月團」，價值三萬。唐元宗墨名「龍香劑」，致墨精幻形。李廷珪龍紋墨、雙脊墨，千古稱絶。漢時月給尚書令渝糜大墨。范丞相一墨，表曰「五劍堂造」，裏曰「天闕第一煤」。金章宗蘇合油烟墨，後欲得之者，以黄金倍易，無可覓處。景煥墨名「香璧」、「副墨子」。五代時，有朱君得柴珣小墨。韓熙載化松堂墨，名「元中子」、「麝香月龍煤」。張遇造易水貢墨，懷民遺東坡墨，名「青烟煤」。又如供堂墨、淵雲墨，兖州陳朗《墨淵》有潘雲谷墨、松丸墨、狻猊墨、松烟墨、九子墨、魚吐墨、天雨墨、陽山石墨、化塹墨、浮提國金壺墨、雷公墨。又若「仲將之墨，一點如漆」等類，皆古名墨也。若今世所尚，以羅小華爲最，羅之墨固善矣。余所見國初查文通、龍忠迪墨、碧天龍氣墨、水晶宫墨、新安方正牛舌墨。石青填字「赤金爲衣」者，蘇眉陽幼年所製，祖李遺法卧蠶小墨。世宗時，邵格之墨，如方于魯、寥天一、九元、三極、國寶、非烟等墨，亦皆精品。前如汪中山翰史，初時製墨，質之佳美，不亞羅墨。其精品以豆瓣楠爲匣，内用朱漆，簽以中款，表曰太極、兩猊、三猿、四象、五雀、六馬、七鵰、八仙、九鸑、十鹿，皆以鳥獸取義。又有元香太守小長墨四種：一曰彘文，二曰卧蠶，三曰亞字，四曰玉階。有客卿四種小元墨：曰太極，曰八卦，曰圓璧，曰瓊樓。有松滋侯四種小方墨：一亞字，二羅文，三九雲，四螭環。有墨挺墨柱。余先得其數種試之，質輕烟紫，可爲九元三極矣，似在羅上，真神品也。今人所見，皆其次品，式樣雖一，而墨質不佳。又如二十八宿元墨，更其下矣，故名即湮没不傳，至後墨印尚存，而質愈下，特爲中山表焉。余爲典客時，高麗使者饋墨，上有梅花印紱，其墨色甚墨而濃厚。以余論之，墨之妙用，質取其輕，烟取其青，嗅之無香，磨之無聲，新硯新水，磨若不勝。忌急則熱，熱則沫生。用則旋研，研無久停。塵埃污墨，膠力泥凝。用過則濯，墨積勿盈。藏久膠宿，墨用乃精。用墨之法無出余數語也。若治墨之精，模式之巧，方于魯所刻《墨譜》似盡善也。奇哉！方之墨哉！客曰：「墨惟適用足矣，何以奇爲？」噫，匪好奇也，墨品精者，不特於今爲佳，存於後世更佳。不特詞翰藉美於今，更藉傳美於後。若晉唐之書，宋元之畫，傳數百年墨色如漆，書畫神氣賴墨以全。若墨之下品，用濃見水則沁散湮污，用淡重褙則神氣索然，未及數年，墨跡似脱。繇此觀之，則墨之爲用果好奇也，知此則可與言墨矣。故李廷珪詩云：「贈爾烏玉玦，清泉硯須潔。避暑懸葛囊，臨風度梅月。」其寶惜可知。又云：「墨藏石匣中，過梅不霉。」是亦一法。

方瑞生《方氏墨海》卷一《玄鯖録·霏屑》 玄籥既啟，玉屑霏霏，王謝家物，聊借以揮。

南昌縣水竹幽蔚，王右軍典臨川郡曰：「每過此，盤礴不能去」，因號「墨池」。先是梅福種蓮花池中，嘆曰：「生爲我酷，身爲我梏，形爲我辱。」遂入洪厓山。

醇老全翁元之敦夫，子瞻同遊南屏寺，寺僧謙出奇茗如玉雪，適會三衢蔡熙之子瑫出所造墨，黑如漆。墨欲其黑，茶欲其白，物轉顛倒，未知孰是，大衆一咲而去。蘇長公

王晉卿致墨三十六丸，凡十餘品，雜研之，作數十字以觀其色之深淺。若果佳，當擣合爲一品，亦當爲佳墨。予昔在黄州，隣郡皆送酒，予合置之一器，謂之「雪堂義罇」，今又當爲「雪堂義墨」耶。

墨竈火發，幾焚屋，救滅，遂罷作墨。得佳墨大小五百丸，入漆者幾百丸，足了一世，仍以遺人，所不知者，何人也。

徂徠珠子煤，自然有龍麝氣，以水調匀，一刀圭服，能已鬲氣除痰飲。專用此一味，阿膠和之，擣數萬杵，即爲妙墨，不俟餘法也。陳公弼在汶上作此墨，謂之「黑龍髓」。

阮孚云：「一生當着幾輛屐」，僕云：「不知當用幾丸墨。」人嘗惜墨不磨，終當爲墨所磨。

黄魯直學吾書，輒以書名於時，好事者争以精紙妙墨求之，常携古錦囊，滿中皆是物。一日見過，探之得承晏墨半挺，曰「羣兒賤家雞，嗜野鶩」，遂奪之。

川僧清悟，遇異人傳墨法，新有名江淮間。予與王文甫各得十丸，用海東羅文麦光紙，作大字數紙，堅韌異常，可傳五六百年，意使清悟託此不朽也。

晁無咎有李墨半丸，謂是裕陵故物，王平甫所藏者。潘谷見之再拜曰：「真廷珪所作也。世惟王四學士有之，與此爲二。」

蜀人景焕志尚静隱，卜築玉壘山下，茅堂花榭足以自娱。嘗得墨材甚精，止造五十團，以此終身。墨印文曰「香璧」，陰篆曰「副墨子」。《玉海》

裴休早肄業太行山，後登顯位，建寺于彼，爲化城寺。寺僧粉額，陳筆硯，俟裴公親題之。裴公神情自若，以衣袖濡墨，書之尤甚遒徤。逮歸，侍婢訝其霑渥，裴公曰：「向以之代筆來。」《唐書》

米元章知雍丘，東坡自揚州召還，具酒邀之。既至，對設長案，各以精筆佳紙二百列其上，置饌其旁。東坡見之，大咲就坐，每酒一行，即伸紙共作字，一小史磨墨，幾不能供。薄暮酒行既終，而紙亦盡，乃更相易去，各自以爲平日書莫及也。

余得高麗墨，碎之，雜以潘谷墨，以清悟和墨法濟之爲握子，殊可用。故知天下無棄物，在處之如何爾。和墨惟膠當乃佳，膠當而不失清和，乃爲難耳。清悟墨膠水寒之，可切作水精膾也。蘇長公

茶欲其白，常患其黑，墨則反是。然墨磨隔宿則色暗，茶碾過日則香减，頗相似也。茶以新爲貴，墨以古爲佳，又相反矣。茶可於口，墨可於目。蔡君謨老病不能飲，則烹而翫之。呂行甫好藏墨而不能書，則時磨而小啜之。此又可以發來者之一咲。

司馬温公嘗曰：「茶與墨政相反。茶欲白，墨欲黑，茶欲重，墨欲輕，茶欲新，墨欲陳。」予曰：「二物之質誠然，然亦有同者。」公曰：「謂何？」予曰：「奇茶妙墨皆香，是其德同也。皆堅，是其操同也。辟如賢人君子，妍醜黔皙之不同，其德操韞藏，實無以異。」公咲以爲是。

崇寧初，召書學博士米芾書大屏。芾至，顧左右乞宣取筆硯，上指御案間端研，使就用之。書成，捧硯跪請曰：「此研經賜臣芾濡染，不堪復以進御，取進止。」上大咲，賜之，芾蹈舞以謝，即抱負趨出，餘墨漬袍袖，而喜見顔色。上顧蔡京曰：「顛名不虚也。」京奏曰：「芾人品誠高，所謂不可無一，不可有二。」

古書不唯可讀，乃有一種古香可愛，古墨之香，政堪與比。楊用脩

士大夫胷中無三斗墨，何以運管城？然恐醖釀宿陳，書之無光澤耳。如書畫家不善使墨，謂之墨癡。

墨以陳爲貴，余所蓄二墨，形製古雅，當是佳品。余不善書，未經磨試。昔東坡謂吕行甫知藏墨而不能書，則時磨墨汁少啜之。余無啜墨之量，惟手摩香澤，足一賞也。陸平湖

唐子西有言不能鋭，因以鈍爲體，不能動，因以静爲用。予每三復於斯言，夫墨之爲道，處於鋭鈍動静之間者也，故壽於筆而夭于研。若予非敢謂能鈍能静也，而所謂不能鋭與動則信矣。以墨君之半，歸我之全，其庶幾完久乎？鐵堅

于石，穴於桑氏，顧所歸何如人，研墨之壽夭，殆未有定也。

先人去新都時，父老争賫持佳扇墨詣車前言：「明使君囊無一錢歸遺故人，此歙所産，幸可納受，分餉鄉里。」先人逡巡謝，爲受墨一鋌，扇一握。此與唐杜暹辭婺州紙事適類。當時以暹比漢劉寵，歙父老不識暹事，亦云陶公今之寵也。陶歙菴

書牕中，明几浄榻不可缺者，香也。燃沉水香不如聞花香，聞花香不如聽茗香，聽茗香不若觀墨香。墨香非蘭、非麝、非色、非味，逆於鼻，沁於目，故曰「觀」也。人知觀墨之香，可與語墨。

筆禿焉，退于塚。紙敗焉，灰于熖。硯毁焉，處于瓦礫。唯墨雖殘珪斷璧，尚猶争寶。且三物同盡，神去形留，墨出有入，無至於聲臭雙泯，蓋墨默仙也。藏者久視，用者尸解。宋比玉。

劉若愚《酌中志》卷二二《見聞瑣事雜記》 世廟、神廟享國年久，鼓鑄嘉靖、萬曆錢流行甚廣，惟光廟在位僅匝月，先帝仰思泰昌年號尚未鑄錢，遂分鑄，與天啟錢并流通，同使民間。有恭睹泰昌錢而墮泪者。纍臣藏有徽墨四大笏，可重二斤，劑料甚佳。上摹「泰昌元年制」，想是正人君子曾蒙光廟召用禮遇者，藉此墨以志不忘也。纍臣磨用，聞錢法侍郎劉君重慶好古喜墨，遂托一山東人轉賣，且藉此墨滿望劉君據墨具疏，請將泰昌錢亦鑄若干以廣行，奈劉君留墨付值，而泛泛然視爲没要緊事也。惜哉！

萬壽祺《墨表》三篹

正 背 左 右 式

宋

朱熹

升龍 升龍 圓一丸

淳熙年 朱熹製 長

葉理

小像 七薰碧松煙夷陵丹 硃末蘭麝凝珍墨精 光乃堪掇黄頭奴子 雙鵶鬟錦囊捲之懷 袖間今日贈與蘭亭 去興來灑筆會稽山 右謫仙訓張司馬贈 墨祁門石雲葉理識 圓大一丸

明

宣德御墨

龍香御墨 大明宣德年製 圓長一丸

龍香御墨 宣德年造八分書 圓長一丸

龍香御墨 宣德元年製 笏二丸

方正

新安振肅坊 碧天龍氣頂荷葉足蓮花 方正造麟鳳文 方長一丸

碧天龍氣 金鳳鳴陽 牛舌一丸

極品青煙龜文 新安方正 笏一丸

邵格之

至寶珍藏 邵格之監賞 長方一丸

御墨雙龍 格之氏 長方一丸

墨寶四螭啣尾 太上玄神達摩渡盧像 邵格之製 大圓一丸

神品得隃麋之妙瀘紹方翼之真傳八分書海陽雲岳邵格之製草書 大方長一丸

宣德年造龍捧珠格之邵氏珍藏龍捧球 長圓一丸

嘉靖庚子年卧蠶文 休邑邵格之精製 大圓長一丸

神品邵格之製 格之小像頂盤螭萬曆三年 小長方一丸

神品法沿手超邁于谷玄文如犀質如玉邵格之製 笏一丸

赤水玄珠篆書邵格之監製 松雀畫 上尖下方長 一丸

羅小華

僊芝 芝文 華道人小篆 大圓一丸

玄霜草書 浪中游螭文 大圓一丸

五螭文兩面 大圓一丸

青蒲幽居浮舟 太極八卦 中圓一丸

小華山中客園 五螭文兩面 小圓一丸

龍文小華山人草書雙螭兩面　玦一丸

小華山人篆雙螭兩面　玦一丸

金龍捧珠　頂芝　長柱一丸

華道人墨草篆　雲文　圓長二丸

華道人製隸盤龍　小六角方長一丸

不二齋八分達摩像　方長一丸

龍文　碎塊

方冕

上品真煙方正男冕印記新安方正　捻劑圓長一丸

方激

墨精方冕男激監製　海水子母螭　笏一丸

方泳

絕品墨精新安方正泳製　嘉靖丙辰始用根心中加百料磨驗清香寫時光潤　帶葉瓜　方長一丸

方鳳岡

上品清煙八分書　方正曾孫鳳岡製　大圓一丸

八分文飛白寶方正曾孫鳳岡製　咿芝螭　笏一丸

方鳳岐

極品墨精嘉靖己未　新安方正曾孫鳳岐製　行螭　笏一丸

絕品墨精方正曾孫鳳岐　三仰螭　笏一丸

上品清煙鳳岐新安方正監製　咿芝螭　笏一丸

邵青田

玉質犀文八分書雙闌雲角　邵青田正盈製休邑東門人家印記　方長一丸

邵青邱

昔種青門今遺玄圃爾祖有矣　邵子曰乾南坤北離東坎西震東北兌東　繩其武十嶽壬寅爲　邵青邱友人邵青正銘　帶葉瓜　南巽西南艮西北自震至乾爲順自巽至　八角一丸

坤爲逆　內太極圖外八卦

青門遺種　邵青丘製　瓜子一丸

寶藏東陵矦家篆書　青丘像六和陳有守題　方長一丸

狀元其堅若玉其紋若螭過陶公之妙儼李超之製上螭下闌香重煙清方可是邵青邱自製　印記　青門種瓜人家　方長收角一丸

嘉靖壬子邵青丘製休邑東門人　印記青門種瓜人家　子母螭金迴文　絲環文　方長一丸

邵瓊林

文昌星贊維星有斗運帝中央次魁揚紀是曰文昌啓以揆藻迪以含章垂耀金櫃司祿玉堂皇甫汸譔　瓊林小像海陽邵神品瓊林製　方長二丸

邵氏

雲臺草書邵氏家藏　雲臺圖　大圓一丸

汪海厓

極品荷花文　墨精嘉靖戊子汪海厓監製　方長一丸

汪南石

墨精南石子識　嘉靖乙卯汪南石造對拱塗金螭　方長折角一丸

汪元一

神品功圖煙閣瑞錫玄圭海陽汪元一製上雙龍　方長一丸

功圖煙閣瑞錫玄圭隸書玄神海易桑林里製八分書　方長一丸

文昌像　文昌星贊　皇甫汸譔　錢穀書海陽汪元一製菊花邊　方長一丸

唐薛稷封墨九錫文兩面頂方勝文海陽汪元一製　方長一丸

汪啓思

大椿堂印玉筋篆兩面水浪文汪啓思監造　方長一丸

汪仲嘉

李法　萬曆丁未秋汪仲嘉建隆復古法墨　方長一丸

李法行書　萬曆丙午歙汪仲嘉造龍香劑墨寶藏香雙螭文　圓長一丸

歙景山堂藏墨　書寶萬曆丙午歙汪仲嘉監造不可磨　方長一丸

汪松菴

漢宮春詩　漢宮春圖　汪松菴製　大圓一丸

汪氏二仲　子墨客卿臨智永書　汪氏二仲製墨　方長一丸

方暘泉

方氏暘泉玉筯印記盤螭　方長上有紐　一丸

方季康

三台五雲　方季康寶藏　萬曆癸丑年製　大方長一丸

孫瑞卿

墨精新安玉泉孫瑞卿識杏花燕子　方長折角　上有紐一丸

孫繼洲

新安孫繼洲製　杏花魁星　大圓一丸

孫玉泉

萬福攸同　萬曆己亥年製玄府璆琳邊梅花頂孫玉泉　大方長一丸

孫氏

世掌絲綸八分書孫氏家藏　絲綸圖　大圓一丸

佘雙松

上上真煙　佘雙松製　捻劑一丸

潘嘉客

㊂香長龍　紫極龍光　歙潘嘉客墨　小長一丸

潘方凱

歙潘方凱製　雙龍　大圓長一丸

項玄貞

碧寮樓　稚翎項氏藏　玄貞製　長尖上缺下一丸

郭胤高

六龍御天頌　六龍御天圖不蕪齋家藏郭眉高監製　大圓一丸

吴翼明

萬曆丁未歲　吴翼明監製　長方一丸

吴民望

紫金霜　兩面雙螭　蒲石齋寶藏萬曆壬寅年製　圓長一丸

紫金霜墨　蒲石齋藏萬曆年　兩面雙龍　圓長一丸

蒲石齋藏墨吴民望製　長一丸

吴孝甫

吴孝甫製行書松皮文　圓長一丸

吴仲輝

龍香草篆夏季如石一點如桼萬曆丙辰年歙吴仲輝按易水法造笏二丸

吴充符

襲常齋藏　吴充符自製　捻劑一丸

胡玄貞

竹節古犀昆八分書　七星胡玄貞製　方長上斜捎一丸

龍唇八分書　胡玄貞製　兩面蝶束腰　蝶一丸

程丙叔

程丙叔監製　青雲館　天雞文　獸面雷文　方長一丸

程用脩

世掌絲綸篆　絲綸圖　大國香程用脩監製　大圓一丸

有字號無涯

華陽製麟女送子　送子觀世音　以簫引鳳　小圓一丸

常和墨法　立鶴步雲　圓一丸

鐵山道人采琢　香國玄圭篆書　方長圓頂一丸

伯瑛氏真賞　佛帳餘馥　方長一丸

西隱道人　滄然齋珍藏　方長一丸

八分書　紫金霜　契蘭堂監製　仿懷民遺墨　光湛不浮清若童睛靈源　方長折角一丸

篆書　墨龍髓　迴文欄　仰泉　騰内龍龍　翥鳳文鳳篆書　卍字文兩邊方稍長一丸

滄游子來相如題　徐廣車服集注曰侍臣加貂蟬者取其清高也乾初氏　篆書　蟬形一丸

無姓氏字號

碧天無際　　捻劑一丸

寫經墨篆書心經一卷　　方一丸

捻劑　　圓長二丸

亭館

竹梧館製篆書　神品玄文如犀質如法沿于超邁于下缺　　方長一丸

香林館墨隸書　　鳳舌一丸

介福堂　萬曆癸酉年製　　圓長一丸

鼎菴篆書　　方長一丸

弖　秋水亭官製　二螭澆水　萬曆癸酉　墨文不在玆　精惟玄惟默　嗟爾客卿　贊造詣精絶　　圓一丸

戲墨

玉池　水山文　　小圓一丸

恬愉館　守其墨爲天下式　　瓜子三丸

無量亦無邊其昌銘新都汪君理法古　　長瓜子一丸

鳩硯　極品　　鳩一丸

極品　　菡萏一丸

竹胎　極品　　筍一丸

龍魚　　魚一丸

高麗

鰲山晚煙　竹梅文　　方長一丸

萬壽祺《墨表》四篇　造墨之妙無過魏韋誕，所謂「仲將之墨，一點如桼」者也。六朝無過張永，五季無過奚超及其子廷珪，廷珪在南唐賜國姓，置之水中，三年不壞。宋有常和、沈珪、陳瞻者，皆妙品也。張遇以「龍香劑」進御。有隱君子王迪者，止用遠煙鹿膠，而自有龍麝氣，當勝之。至潘谷而妙，駸駸乎廷珪流亞矣。元朱萬初又谷之流亞。蘇浩然澥自製墨，皆作松紋皴皮，堅緻如玉，王迪流也。至金章宗，乃以蘇合油搜煙爲之，遂與黃金同價，蓋墨妖耳。

燕人易玄光，字處晦，封爲「松滋侯」，蓋墨精也。薛稷爲墨封九錫，拜「玄香太守」，兼亳州楮郡平章事，甫至窑中，墨吐異氣，結成樓臺，鄰里采觀，食頃乃滅。宋太祖下南唐，得廷珪父子墨同俘獲付主藏藉入不爲貴也。後有司造相國寺門，詔用墨桼，取墨於主藏，車載以給，費用都盡。嘉祐中，仁宗宴近臣於羣玉殿，嘗以其墨賜之，曰「新安香墨」。其後翰林承旨亦得賜，皆「墨脊雙龍」。至宣和間，黃金可得而李墨不可得也。

南中楊生製墨，不用松煙，止以燈煤爲之，名「玉泉墨」。又金章宗宮中，以張遇「麝香小御團」爲畫眉墨。

麻三衡《墨志・稽式第六》

石墨陽山勞山並出　天雨墨　金壺墨浮提國

雷公墨雷州　魚吐墨東海　塹墨懷化

馬腹墨　隃麋大小墨漢尚書令　一點如漆韋誕

鎮庫墨　龍香劑唐元宗　天峯煤馮盛

石蓮墨許芝　月團徐鉉　元中子

麝香月　龍煤並韓熙載　饒州供墨唐之問

落花墨　没骨花並徐熙　東窑玉梭

天關第一煤范質　香璧　副墨子並景焕

墨元陳朗　劍脊龍紋　雙脊鯉

拙墨　進貢墨　烏玉玦並李廷珪

軟劑出光朱覲　小握子李承晏　松丸墨

狻猊墨　松煙墨　福庭東閣

九子墨並潘谷　洙泗之珍陳珍　青煙墨

供堂墨　龍香小御團並張遇　德壽宫墨葉世英

海南松煤　雪堂義墨　東坡法墨

淵雲黑並蘇子瞻　蘇合油墨宋徽宗　叢桂李世英

香齋朱知常　紫霄峰墨常和　書窗輕煤

佛帳餘馥並蒲大韶　雪齋雪齋主人　復古殿墨葉邦憲

緝熙殿墨列上光　斷金碎玉蘇澥　寄寂堂墨晁季一

畫眉墨金章宗　梅花墨高麗國　龍鳳大定

光素大定並宣德御墨　龍香御墨　探微神品並嘉靖御墨

碧天龍氣查文通徐鳳
清悟墨禪
小道士墨
佛元珠
伏虎
通天香
龍涎香墨
元黃天符
功臣券
梅花妙品
神品並邵格之
元香太守四種
松潤雲春丁南羽
碧天龍香徐鳳
妙品
還樸齋墨
青玉案並程君房
國寶
太紫重元
旃檀香墨
龍九子
渾金璞玉
狀元墨邵青邱
大國香
千歲苓汪鴻漸
清華獨步
萬杵元霜
三元元精張少源
一品元霜屠赤水

水晶宮二種龍忠迪
獨草清煙並方正
太清玉
天寶
朝陛三級
臨池志逸
碧玉圭
墨精
葵花墨
紫金霜
上品清煙方正子晃，及方激、方鳳岐並製
客卿四種
元淵
元元靈氣
薌澤
合懽芳
寥天一
非煙
青麟髓
佛幌輕煙
鳳九雛並方于魯
極品
開天容潘方凱
黃金臺
元府天球
西崑元玉並孫玉泉
元精
元海紫瀾程魁野
玉泉臺楊生

牛舌墨
卧蠶墨蘇眉陽
神品
玉虎符
堯年
師鑾
龍柱並羅小華
清都玉
古鳳柱
紫薇墨
太元十種
松滋侯四種並汪中山
髻珠並吴左干
重元
百子榴
貝多
九元三極
函三爲一
瑞元極品
銅雀瓦
紫雪吴伯昌
鵝羣並方林宗
龕斯墨
香精
水草涵清
元神蘇文元
百壽江晴川
松風閣墨吴氏
元璧德美

常和法墨方雲
象墨攝香居士
元霜汪熙承
嶰峯煙王于凡
元珠液
騂騮奮步鄭仲常
未曾有
烏玉液
七寶光
愿成
元草
寫經墨
天下文明
同文印
吉雲露
月債許方城
世寶金壺汁
鏡石
紫霜
家藏乳金黃鳳翥
藏墨吴充符
龍文程東里
蓮佛不二生
古狻猊吴德卿
玉蘭墨義宇
清煙墨吴南清
延州石液
麒麟墨
元璧孫碧溪

天府元霜江文所
墅南堂墨
蒼璧汪伯倫黃長吉
慧業文心
青天碧
廬岳遺煙方書田
無名樸
斷璧
不可磨
嫌漆白
紫金光聚
空青吴去塵
虎文吴羽吉
天琛吴叔大
紫極龍光
元雲程用修
太乙藜
琬琰
煙瑞程鳳池
七合鄰虛曹石葉
澹然齋珍藏四隱道人
古犀昆胡元貞
二儀墨江之東
玉虎符元所
墨鋌翁儀軒
元圭吴山泉
筑陽山石方楚嬰
墨林妙品汪春元
墨精八卦候承之

龍川王氏
太元吴君實
紫金霜吴名望
紫虹
紫磨金程禹伯
烏玉玦朱一涵
襲明
花鐵
元璧
湛晴
庵摩羅
梅溪學舍法墨
千秋光
梅花園汪仲嘉
金質潘嘉客
松雲墨朱紹本
石上雯
驪龍涎
太元煙程齊五
元芝程宗尹
元神黃長吉
雙節堂墨游君用
法華雨葉大木
鹿喜汪俊瓊
紫金世良
名花十友葉鳳池
元鯨珠汪伯喬
封爵銘汪時育
無質吴越石

瑞應圖　清溪墨吳乾初　極品墨精方泳
元元一氣吳葆素　太乙元神汪俊賢　元神葵墨葉君錫
元戎圖子墨材　龍蟠紫泥大激　元聖汪德慎
松石間意　意園珍寶陳爾新　夥光潘丕承
松圖書閣　真賞程孟陽　舍利光
放言居法墨黃無隅　素軒真賞吳仲嘉　磨子吳連叔
元龍黃奐　字藻陳君亮　鹿角膠吳龍煤
易水光吳欒生　蘭生程孟端　名岳藏書汪前川
鳳池方伯源　龍香吳仲暉　一品天香畢思溪
獨草墨精春宇山人　西子黛汪時茂　精式胡梅亭
異墨寶藏松溪子　桃花源墨　奇香墨
玩鵝墨　最上乘　鴻買
紫芝芥無名氏

麻三衡《墨志・稽式第六》 李廷珪墨，有劍脊圓餅，而多爲龍紋。嘉祐中，仁宗以其墨賜近臣，曰「新安香墨」。其後翰林承旨賜者，皆雙脊龍樣，尤爲佳品。

宋初，柴珣得二李膠法，出潘張之上。其作玉梭樣，銘曰「柴珣東窯」者，士大夫得之，蓋金玉比也。

麻三衡《墨志・權質第八》 《墨談》曰：墨欲至實，實則煙沉。墨欲至虛，虛則質清。松煤不膚光，桐膏太骨露，要之松煤則君子闇然，桐膏乃文士符采。又曰：羅龍文是豪游哲匠，程君房可稱墨家董狐，方于魯殆末季烏衣中僑肸。

韓青老農曰：「有持張孜墨較深珪漆煙而勝者。」珪曰：「此非敵也」，乃取中光減膠一丸，與孜墨並，而孜墨反出其下遠甚。余扣之，曰：「廷珪對膠，于百年外方見勝妙，蓋雖精煙，膠多則色爲膠所蔽，逮年遠，膠力漸退，而墨色始見耳。若孜墨，急于目前之售，故用膠不多，而煙墨不昧，歲久膠盡，則脱然無光，如土灰耳。」孜墨産宜西北，入兩浙，一遇梅潤，則敗矣。滕令嘏監嘉禾酒時，延致珪甚厚，令盡其藝，既成，即小丸摩試，而忽失所在，後二年，濬池得之，其堅緻如故。令嘏，莊敏公之子，所蓄之古墨至多，而有鑒裁，因謂珪曰：「幸多自愛，雖二李復生，亦不能遠過也。」

僞蜀有童子能誦書，孟氏召入，甚嘉其穎悟，遂賜墨一丸。童子誤墮于盆池中，後數年植荷芰，復獲之，堅硬光瑩如初，云是僖宗墨。

《墨箋》曰：「朱萬初之墨，沉著而無留跡，輕清而有餘潤，其品在郭圮父子閒。」又曰：「松煙墨深重而不姿媚，油煙墨姿媚而不深重。」

《成老相墨經》曰：墨文如履皮，磨之有油暈者，一兩可染三萬筆，墨染三年字紙不能昏闇者爲上。

麻三衡《墨志・權質第八》 高深甫云：墨之妙用，質取其輕，煙取其清。嗅之無香，磨之無聲。新硯新水，磨若不勝。忌急則熱，熱則沫生。用則旋研，研無久停。塵埃汚墨，膠力泥凝。用過則濯，墨積勿盈。藏久膠宿，墨用乃精。

衛大夫曰：「墨取十年以上强之如石者。」

麻三衡《墨志・語林第九》 崇禎十年冬，予偶製筆，爲詩贈梅朗三，朗三報以藏墨，且答詩曰：「鼠鬚須寄右將軍，爲爾閑書九錫文。聞説遠山眉黛淺，葛囊聊取緑煙分。」更數日，忽作畫見貽，後綴之以跋曰：「孟璿惠筆，余報之以墨數螺，時孟璿納姬，因體前詩，作《送墨圖》贈之，令想見子京風流如昨日耳。屬是日方與外兄顔庭生飲酒賦詩，因共浮白，爲盡一巵，庭生省畫久之，曰：『正恐右軍亦復不易兼舉。』」頃日撰《墨志》既成，發囊見墨，爲之欷歔，墨則猶是墨也，朗三化爲異物矣，此物殆真能磨人者，蘇子所稱通人一蔽，吾其無方祛也。

彭淵材游京師，十年不歸，一日跨驢南還，以一卒挾布橐，皆斜絆其腋，一邑聚觀，以爲必金珠也。或問之，淵材喜見鬚眉曰：「吾富可敵國矣。」遂命開橐，則李廷珪墨一丸，文與可竹一枝，歐公《五代史》草稾一部，他無所有。

孫巨源從劉貢父求墨，而吏送于孫莘老，巨源以求而未得讓劉，劉曰：「已嘗送君矣。」已而知莘老誤留，以其皆姓孫，並爲館職，故吏輩莫得其辨也。劉雅善謔，曰：「何不取其髯爲別。」于是館中以莘老爲大髯孫學士，巨源爲小髯孫學士。

黄山谷曰：「潘谷驗墨，摸索便知精粗。」凡百工各妙于一物，與極深研幾者，同一關捩耳。魏晉閒士大夫，往往有人材風鑒，至于反照，便如漆墨，亦潘之流耳。

宣和閒，嘗造香于睿思東閣，南渡後，如其法製之，所謂「東閣雲頭香」也。馮當世在兩府，使潘谷作墨，銘曰「福庭東閣」，然則墨亦有東閣邪。

張仁熙《雪堂墨品》 方正牛舌墨，有「極品清煙」四字。論墨家多推方氏，幾與小華道人等，殆世廟前人也。宋牧仲使君一日謂余曰：「吾藏墨有方正者。」余急呼曰：「得非牛舌墨乎？」發視果然。蓋諸家推方氏以牛舌爲最耳。

邵青邱瓜墨，有「青門遺」三字，亦世廟前人，此絶無僅有者矣。倍價購於舒氏，舒氏以予爲知墨人也，而復售之。

程君房寥天一，萬曆庚戌。余家世藏，經兵火，僅存者。所謂有墨氣無香氣，與于魯反者也。君房墨最玄元靈氣，而有時寥天一反踞其上，蓋所值工料偶勝耳，識者别之。

程孟陽古松煤墨，陰有銘，陽有孟陽像。昔沈珪，嘉禾人，往來黄山，取古松煤，雜脂漆滓燒之，云按韋仲將法，孟陽本此。唐宋以來多松煙墨，少油煙墨，故蘇子瞻得油煙墨而寶之。今油煙勝，而松煙遂少，即有之，質輕善頹昏糨耳，此獨佳絶。孟陽者，松圓詩老程嘉燧也。錢牧齋《列朝詩集》中，極推爲嘉定高士，其墨固足傳也。

又松圓閣墨一截，上大書程孟陽字。

程君房陳玄墨製極大，今存其碎餘，堅光射人，如小兒目睛，可愛。

君房玄元靈氣阿膠墨，萬曆庚戌。薄甚，重不滿錢餘。其製一而厚者，余往往見之，包以綾文，畫牡丹其上，始入匣中，匣亦異今時也。

余端蒙墨精，不知何年製，有墨精緣起，載明皇所見甚悉，極香，亦非近時物。

汪仲嘉公孫合造李法墨，有「百年如石，一點如漆」二語。「李法」二字，近墨家多用之。

汪仲嘉山黿輕煙復古墨，萬曆丙午。

方于魯青麟髓小墨，有「世寶」字，近程鳳池遂以「世寶」名第一墨。

于魯寥天一墨一截。「青麟髓」爲于魯第一墨，余見其數十種，製各不一，有方者，正畫一麟，多用熊膽，舐之甚苦。舌形者，横作龍形者，龍纏身而銜珠於其口者，有云于魯超世之墨者。余有于魯九玄三極墨，亦與君房墨並藏。兵火中，先人手澤也，已贈使君矣，再索視之，云爲好事者奪去，惜哉。按于魯初執事君房家，已自爲墨，遂狎主齊盟，不相下，至訟於官。嘗以贋者應郡守古公重購，古公怒，請驗於汪左司馬，逮而笞之。邢子愿號知墨，每云于魯規模色澤勝耳，左司馬差愧太玄董狐，或别有祕合，爲司馬出一瓣香，未可知也。要之幼博、君房俠于墨，意專在名。于魯多爲利，利則真贋雜出無疑矣。君房墨有次第，而煙皆佳，至最下爲妙品，亦足當上乘，此兩氏之别乎。

潘方凱開天容墨，萬曆庚戌，如韋軒寶藏。余舊有數種，方圓不同，皆漱金，亦檢以贈使君。使君所自藏，金退矣，殆藏之未得其道也。

汪季常一莖草墨，萬曆庚戌。

葉環源玉髓墨，形小圓，陰書「環源」，陽書「玉髓」四字耳。又一種，形方，上畫奎像，亦精絶。董玄宰先生生平好用環源墨，環源遂大知名。

吴幹古秋葉墨。

吴玄象紫雪墨亦數種，有玄枵之精，原始之液，九轉百煉，神明紫雪銘，兹所列，乃櫟社居士家藏者。紫雪形模皆質古，當熹廟時，百昌以富巨萬賈禍，宜不惜物力爲墨，其真者，不在程方下，近所擬乃俗甚。

吴去塵墨一截，不知何製。去塵在啟、禎時，始爲博古新樣，品目至六十餘種，炫耀光景，較之君房士夔而象箸，大抵傚法世廟時邵格之所爲者，然形式既殊，物料絶勝，其牀頭捉刀，遂復寥寥，不可多遘，久索乃得此，以奉使君。去塵，先孝廉執友也，向所藏頗侈，今乃若海上三山，世變使然耶。

黄賓王龍文雙脊墨，萬曆辛亥，有銘，自書放言居士，東林所稱黄正賓者是也。亦與先君子遊，猶見其扇上詩字云「龍文雙脊」，廷珪舊墨名也，放言倣之。

紫雲閣藏墨，上書「壬寅春製」，不知姓名，亦精甚。

吴君章太紫重玄墨，守玄居監製，世傳其天峰神物佳，余見之，亦松煙之頹焉者。

方澹玄非煙黑，萬曆癸丑，舊見其墨説，公安珂雪先生筆也。歙太常吴先生防兵於蘄，曾出以贈先孝廉，佳甚，今亡矣，此蓋舒氏贈予者。

吴喬年知止堂柔翰齋墨，萬曆戊午，圭形。

詹雲鵬金盤露墨，作落花流水製，漱金，舒小康以壽予，今贈使君。

德藻堂水蒼玉，上書季園墨。

吴蓋卿寫經墨，小不盈寸，上書《心經》一卷。此等殊不異，近見葉柏叟輩亦倣此，所刻《心經》更楷。

羣玉册府大圓墨，不知何人製。

朱一涵雙渟化光墨，鳳文漱金，銘曰：「日中黑帝澄玄渟，月中墨帝渟屬金」，是曰「雙渟」。雙渟之精，澹漠無形。

宰萬物而天下文明，此一涵第一墨，向余多藏之，頃亦難索。一涵，時人耳，遂珍如此哉。

汪美中一莖草墨，天啓甲子。

吴叔大天琛倣古箸小墨。

軟劑天琛倣承晏墨。

新安上色墨，亦天琛，此玄粟齋第一墨，其所倣「雪堂義墨」，皆以天琛行。

涂伯經龍賓墨。

吴鴻漸漱金青麟髓墨。

吴鴻漸玄虬脂，桑林里第一墨。自朱一涵至此，八墨皆時製，所謂檜以下，無識者也。然時墨中，亦有絶佳者，如鳳池世寶，葉玄卿太乙玄靈，柏叟最上乘，不可勝數，亦當旁搜以資著書之用。若小華道人，中山翰史諸公，余間見之，然未易得也。

昔蘇子瞻在黄，於雪堂試墨三十六丸，掄其佳者合爲一品，名曰「雪堂義墨」，歙人吴叔大遂倣其意，作義墨三十六丸，雖不免時製，而肖形取象，物料精工，余昔珍藏之，今墨皆散去，而雪堂墨匣猶存。暇日搜使君所藏，及余家所藏舊墨贈使君者，亦得三十六丸，因以其匣並遺使君貯之，亦雪堂遺意也。又按王朗守會稽，子肅隨之東齋，忽夜有女子從地出，稱玉女，曉別，贈墨一丸，肅方欲註《周易》，因此才思開悟。使君守黄五年，構東齋於雪堂之左，著書吟諷其中，今將母樓詩，往往稱東齋者是也，亦與古人偶合，因附識之。康熙九年人日，書於藕灣精舍。

黄宗羲《明文海》卷四七九邢侗《墨談》　三十年前墨止利劑成餅，不施文采，貴在草細、煙真、膠清、杵到，即無香料，汪汪池腹間作清泠觀，舐筆不膠，入紙不暈。今製一取古文奇字、篆籀填銘，鼎敦饕餮、神怪千態，花木蠶魚，幻象百出，妙奪化工，即皮相之鬆采可鑒，梔表蠟裹，無益文苑，有慚上玄。

今三四十年，故家所藏舊市墨，玩之如枯松枝，略無容華，磨之鬱勃起藍煙，不深黑，和汁餘升許都如止水，毫端滑脱，落紙清潤，惜不多得。

羅文龍墨是豪游中哲匠，金相玉質，水煤盡屬上清，高華鮮令，别作妙觀，空青水碧，木難珊瑚。一笏之費，價抵連域。

僕十五年前於都下得一挺，署記爲「辛亥」，政與我生之辰相值。此三十八年間，閲幾家梅月幽香，迺落余手，彈之鏗鏗作金石聲，色理闇然，鑽之彌堅，即煩博浪一擊，不能驟碎，然亦不欲研磨，寶若軀命。再三十餘年，擬作河間壙中殉，不復令從世代間磨人。

吾鄉孟大中丞好藏書墨，一旦朝露，便爲里兒攘取殆盡。聞有一挺，爲新安朱紫陽先生，欵是趙宋時物，不審作何色象，計今不爲邨舍女兒畫眉，則爲塾師小童塗鴉。千年尤物，類至失職，何但中郎，竈下桐焦。

見江南奉使大璫製進御數墨，多龍文采翠，表冒黄金塗，中用珠粉、金泥、龍腦、麝臍，色奪朝曦，芬溢九竅，如内法醖，濃郁饒舌，然乏荷露清遠韵，朝堂高貴，不比寒松，居士墨亦宜然。

松江製墨挺，作薄片，多署「龍香劑」。磨之質清，起重嵐，不甚深黑，比之士品，則逸民之儔。

有墨德，有墨才，有墨韵。太上重玄，非石而堅，入水不漬，著手不污，德也。小而片研，大而巨斗，譬之飲河，無不具足，捺管可作蠅頭，拓箒極于方丈，利可截紙，汁堪入木，才也。黑擬點漆，翳若浮嵐，澄乃秋水，泛則天花，水煤結其氤氲，木石鬱其爛熳，韵也。合此三者，致足爲墨卿解嘲。乃知隃麋策勛，不減淩烟。

墨欲至實，實則煙沈。墨欲至虚，虚則質清。實實虚虚，既沈復清，是曰墨神。

松煤不膚光，桐膏太骨露。要之松煤則君子闇然，桐膏乃文士衿采。

研發墨猶之錐利木穴，墨磨研猶之水滴石穿，剛柔相制，齒落舌存，物亦爾爾。

墨，月可以盡一笏，筆半之，硯可逮乎雲仍，三者功力悉敵。世間壽夭，不必程能課勞。當自賦質有差耳。

豨膏墨不知從何作，始見今歙製，《墨銘》云爾。僕不深知墨法，第以臆測，恐豨膏不能取汁清，想以釉勝耳。釉勝非墨所由得貴也。鹿角作膠，從來稱尚，何渠不辦，此乃辦豨膏，抑亦宰夫多於捕鹿人耶？言之可資嘔噱。

方于魯擅名歙州，當以色澤規橅取勝。磨之若糨，有香氣，無墨氣，所署非煙，寥天一，殊謬不然，左司馬公差愧太玄氏董狐。

余托年友巡江孫公侍御爲製數墨，云是受方氏方，晷磨之，糊筆不堪作字，百計爲墨原不可得，貯之四年所，卒無一當。又從年友牛觀察得數挺，愈不任側理用，然獨新様可人，不欲棄置，因自失笑，非真賞流。于魯墨滿天下，聞亦能走四裔。想心手與世代低昂，此猶末季烏衣中僑肸耶？倘亦别有秘，合獨爲司馬公出一瓣香，故司馬據實標目乎？北士局曲井蛙，不免爲墨氏司馬氏揶揄。

程幼博燃漆成劑，遂一時光價，幾成墨妖。余譙幼博墨劑乏香，幼博譙余：「墨有墨香，即蘇合熬焉，矧夫龍腦。」余復謂幼博：「今日墨爲政，胡弗自後香並爲政乎？然香有至韵，沈水栴檀，非品也；雕房綺閣，非地也；肥肉醇酒，非主也；傖儜邋遢，非客也；勞薪獸炭，非僚也；淪肌撲鼻，非賞也。狎湘而將身卧淚，颸送微熏，闢莽而借合清魂，煙凝弱縷，或無見鄙於萬初爾。」幼博有意荀令君，余將霑匄三日。

邵安《與朱萬初帖》曰：「深山高居，爐香不可缺，退休之久，嘉品乏絶。」野人爲取老松柏之根、株、葉、實，共擣治之，斫楓肪羼楡之，每焚一丸，亦足助香。苦今年大雨時行，土潤溽暑特甚。萬初致石鼎清晝香，高齋蕭閒，遂爲一日之借，良可喜也。萬初本墨妙，又兼香癖，蓋墨之與香同一關紐，亦猶書之與畫，謎之與禪也。

有徽余書者，會持一螺半挺以代鵞羣，久之，古墨盈筐，彊效人製豹囊、明光錦諸件別貯之。一日有知我者，當爲立玄晏先生傳也。羅小華舊合雖聲光奕奕，尚不及今中駟，不審何説。

王梅溪履歷丁自申

宋犖《漫堂墨品》 余性嗜墨，向於黄州得三十六丸，詳張長人所撰《雪堂墨品》，今十四年矣。暇日檢笥中，所續得又三十四丸，辨而紀之，名曰《漫堂墨品》云。康熙甲子人日。

止雲館寫經墨，一面方氏珍藏，兩旁彦成專製，萬曆丁未明一元造，上漱金字，嵌珠，重四錢一分。 寥天一，下畫一主人方印，一面汪伯玉銘，建元墨，旁辛丑字，重二錢一分。

草玄亭墨，旁庚戌吴汝修製楷書，一面雙螭嵌珠，上倒香字小圓印，漱金，重二錢三分。

龍香劑，説虎齋藏，上庚戌字，灑金嵌珠，重三錢二分。

龍香劑，一面十笏齋篆書，兩旁「萬曆甲辰年」、「歙吴康虞造」，行楷，重四錢五分。

墨皇，一面汪儒仲藏於快雪樓上，已未字楷書，重一錢七分。 方于魯瑞元極品，漆成斷文，重七錢五分。

玄蟬露，一面精一齋藏，上「辛亥」，楷書，漱金，重二錢四分。

來喜閣製墨，下覺我方印，萬曆己未楷書，墨首兩面盤螭如古碑，重一錢三分。

九玄三極，一面「建元」二字楷書，式甚奇古，重一錢八分。

義蒼篆墨，紱麟齋藏，篆書，歙方于魯倣易水法造，楷書，一面龍文子封氏督製，小字漱金，嵌珠，重四錢二分。

玄元靈氣，下程幼博方印，一面程大約銘，上庚「戌字」，旁「君房氏」三半字，薄甚，重二錢一分。

觀妙齋墨，一面「吴肇一製」，旁「萬曆壬子」，楷書，漱金，嵌珠，重二錢四分。

玄玉，一面吴雲卿珍藏，八分書，重三錢六分。

青藜光，一面蘊真閣藏，歙方林宗製，上爲朱太史先生珍賞，上下雲頭，方印「林宗」二字，重四錢六分。

空賞齋墨，楷書，漱金，上嵌珠，重二錢三分。

祝彦輔九玄三極，楷書，邊微高，重二錢一分。

函一墨，下尚友齋印，一面曹和初製，重一錢七分。

玄精，一面閒道人三字，八分書，下東岡印，落花流水式，塗金，重二錢。

寥天一，一面吴玄象監製，楷書，上下作雲頭，重二錢二分。

雙渟化光，一面朱一涵銘，八分書，漱金，漆邊，重九錢二分。

爽閣墨，一面壬戌大年氏藏，灑金，圓而扁，闊一寸，長倍之，重三錢六分。

虚白齋墨，一面壬戌年製，行書，灑金，線邊上圓，重四錢二分。

吴大年倣李法，一面水華居珍藏，上「壬戌」二字，漱金，線邊，重二錢八分。

野弦堂藏墨，一面崇禎元年，楷書，圓印有家字，方印浚明字，重二錢一分。

延陵吴元養墨，篆書，旁崇禎年造，楷書，鎮紙式，重一錢四分。

右墨二十六笏，得之遼左張秀升氏，秀升曾爲新安太守。

大圓墨，一池初緑四行書字，一面盤螭戲水，上旁小華逸史，又水雲居製，楷書，重一兩五錢五分，以粤紗易之米編修紫來。

極品墨半笏，下隸書不全，一面海陽草書字，當是邵格之製，重五錢二分。

當朝一品墨半笏，花邊，一面仙人吹簫立鼇首，重五錢二分。

以上二墨，從子静姪得之，莊敏公舊物也。

文嵩友墨，隸書下葉向榮珍藏，向榮小印，一面牡丹雙鳳，旁萬曆丙辰年造，上大千氏楷書，宣城袁士旦贈，重三錢八分。

赤水珠，兩面雙螭盤繞，旁「柔翰齋」三篆字，上有小銅環，係新安程山尊扇頭物，解贈，重二錢。

玄芝墨，壽星文，一面楷書銘。舊爲漢陽熊次侯太史贈存，實兄奪去，今只存一段，復從子静得之，重四錢二分。

玄璧，下程氏君房印，一面盤螭上妙品字，漆色如新，麻城劉子貞贈，重九錢。

吴去塵墨，一面太極圖，一面百子文，上盤螭紐，旁去塵監製小字，亦山尊贈，重一錢二分。

阮葵生《茶餘客話》卷一九《用墨涂墻》 倪鴻寶在里門頗治園亭，以方于魯、程君房墨調朱砂，涂堊墻壁門窗。門生魯元寵爲徽州推官，多藏墨，先生索之，間數日又索，元寵曰：「先生染翰雖多，亦不應如是之速。」既而知之，曰：「吾所用奉先生者，皆名品也，不亦可惜乎？」

阮葵生《茶餘客話》卷一九《試墨》 試墨當以發墨硯磨，一縷如綫而鑒其光，紫光爲上，黑光次之，青光又次之，白爲下，黯白無光或有雲霞氣爲下之下。蔡君謨言：「奚氏墨能削木。」米元章云：「古墨磨之無泡。」古墨無泡，膠力盡也。故墨以口有鋒刃無泡者爲貴，至於香味形制，鑒家略而弗論。《戹言》曰：「韋誕之墨，一點如漆，六朝無過張永，五季無過奚超。」超，廷珪父也，廷珪在南唐賜姓李。試墨之法，磨各墨於硯，俟其乾，置水中，上者黑，次則漸白，惟李廷珪作藍色。

徐康《前塵夢影録》卷上 咸豐初年，余於玉峯集街得墨一挺，漆邊，約重兩許，正面陽文「壽山福海」，背面「順治某年製」。

次公嘗得程君房墨，二寸半見方，正面上書「飛龍在天」，下「程君房製」，皆篆字，背面繪龍，古色古香，乃其祖松阿先生舊藏。又秋水閣牛舌墨二挺，與康前所得一模。又有兕觥歸趙墨，正面列兕觥形，陳於几，背面乾隆某年製，亦難得者。標按：次公者乃常熟趙次侯先生，所居舊山樓，有花木泉石之勝，多收藏。

烏衣玉玦，隸書，面王鶴舟謝□□製，背道光某甲子，漆邊，乃曹素功家頂煙重五錢，易銀五錢。

散氏鬲大員墨，約重斤許，漆邊，面縮橅鬲篆，全文陽識，背楷書散氏鬲三字。鬲舊藏巴予籍家慰祖，故縮橅篆文，絲毫不爽，劫後見之骨董肆，因索直昂，手拓其文，未幾，鬲即爲人購去。巴善篆隸，刻有印譜，蓋徽商而家於邗江者，汪容甫中有別傳，極推重之。標見慰祖有銅都承盤，字體模散氏盤酷似，今藏錢塘汪郎亭鳴鑾師處。

曹文敏大墨，重五兩餘，高數寸，漆邊，長方，雲龍文，下爲波濤，皆陽文。按文敏即文正公振鏞尊人。彭文勤公墨，亦巨挺。

陳曼生墨，面種榆仙館，背曼生製，約六七錢，漆匣，五色漆畫花卉精絶。曼生詩稟，其女夫趙蘭友校刊，竹册雙綫，仿宋體寫，亦古雅。

孫古雲墨，面五千椎，背古雲品定，皆手書，重五錢。

嘉慶年間，館閣作書盛行俞稼園墨，面芴齋膠法，背稼園俞氏造，重六錢，長方式。一時備殿試朝考之需，一挺易銀一兩。北方風燥，惟俞墨可免墒裂。

吴去麋墨，拭得之海寧查氏，尚有原貯漆匣，長方罩蓋，如東倭器式，木胎中粘白絹，有吴氏選製小方朱印文，墨俱作博古樣，僅四種，大小厚薄輕重不等。中惟一蟬形最小，不及二錢重，餘皆完好無裂紋，惜不能全記其形狀矣。辛酉冬，游鶴沙與邵格之墨，同歸鄭齋主人。

明人仿李易水墨，亦祇見過半截，員首有邊，上一孔，洞穿可佩，面曰龍文，下倣廷珪等字，背有嘉靖四三字，惜僅餘半寸有奇，不能計其分兩。

冬心先生墨，贋者最多，真者余僅見大半段，長方厚闊邊，兩面皆作漆書體，面五百斤油，背冬心先生造，字背陽面陰，極肥，約重七錢。

少穆先生拜疏判牘之墨，背道光某年月，約重二兩，四圍細金回龍文，長方式。

余家舊藏大墨一挺，曰「欲其黑」，兩面同上，重一兩。道光八九年，先君司鐸陽湖，得見居士次子桐生別駕於試硯齋，承其惠《快雨堂題跋》二册，菊香膏四笏，歙硯一方，云白鳳膏已罄，菊花香膠料亦無，不能再製矣。

汪心農居士穀得明季阿膠一巨匧，嗅之有菊花香，遂自製墨。最上乘者曰「白鳳膏」，重三錢，背「心農氏製」。其次曰「菊香膏」，大字，背「乾隆辛亥心農製」，字稍小。又有兩種，曰「知其白」，曰「知其黑」，背「心農氏製」，字皆王夢樓太史書，各重五錢半。隨園每託心農以菊香膏料造墨，分貽名公巨卿，余所及見者，如秋帆尚書吟詩之墨，胥員扁形，綫雲環繞，陰面隨園叟袁枚製。一曰「思元主人吟詩之墨」，長方式，背「隨園叟袁枚恭製」，主人爲豫邸世子。一曰「敬齋相公吟詩之墨」，背「倉山叟袁枚製」，長方式員首。一曰「雨窗先生吟詩之墨」阿林保，一曰「麗川中丞吟詩之墨」奇豐額，背皆書「隨園叟袁枚製」，形色同前，皆重六錢。其分遺女弟子者，式如白鳳膏，重三錢，面「閨秀吟詩之墨」，背「隨園手製」。老友黃心齋國珍云：隨園廣交游，内自王侯，外至封圻，尚風雅者，無不造墨贈遺，如禮邸世子，《小倉山房集》中，見其投贈詩文，必有贈墨。然余生平所見，祇此數種，劫後更爲希覯，若近時肆中所售隨園先生著書之墨，真同泥出，最爲贋品下乘，明眼人咸能辨之。

屠琴隝墨，長方，員首足，面「琴塢書畫墨」，背「嘉慶十七年九月□」，重五錢。

黃小松墨，署員式，正「小蓬萊閣」，隸書四字，背「嘉慶□□秋日小松氏製」，約重五錢。

秋史自製墨，泉刀形，面「即墨之吉貨」，稻芒文，背「秋史款」，漆邊極黝澤，重二兩。又一種與梅溪同製，亦泉刀式，煙質稍遜。又一種，四面綫雲，牛舌形，約重兩許，正面「蟫藻閣再和墨」，楷書陰文，背面橫列曰「邵格之」、「方正」、「程君房」、「方于魯」，分四行，亦楷書，老友顧湘翁云，蟫藻閣，即秋史讀書室名。

阮相國墨，碑形，面碑頭橫列曰「積古齋打碑墨」，兩字一行，下半截光素，背「下截江秋史錢梅溪同造」，皆作古篆，重二兩，扁闊而薄。按江名德量，歙人。

漁洋山人墨，面「蠶尾山房製」，長方式，蘇齋所撰《復初集》中有題詠。

蘇齋詩境墨，面縮橅放翁石刻「詩境」二字，長方形，約重六七錢，字陰文，下署覃溪款。

徐司寇墨，正面紫玉光，二龍銜珠，背「東海徐健庵製」，長方式，重五錢，有曹素功小方印。

商邱宋牧仲犖墨一挺，面「清德堂」，旁雙龍文。撫吳時，多惠政，仁廟南巡，御題「清德堂」以賜。背「牧翁先生清賞」。長方式，重八錢。又自製黃海山花墨，扁方形，約有二十餘種。余曾得四五挺，面畫折枝山花，背題所咏。《漫堂詩集》中有咏山花詩五絶二十首，皆載山中土俗之名，不見於《羣芳譜》。

虞山錢牧齋，有蒙叟墨，正面「牧翁老師珍賞」，背爲天下式，旁注「門人吳聞禮製」，長方式，五錢重。又秋水閣墨，重約八九錢，牛舌形，面同上，背「秋水閣」三字，有闌，旁注「門人吳聞詩製」，滿身綫雲環繞，陰文，字皆居中。後讀《紅豆集》，知吳氏昆仲皆歙産，集中有《秋水閣記》。

周櫟園大牛舌墨，面書「櫟園先生珍賞」，背「賴古堂製」，皆陰文。四圍黑漆，光潤而有細裂文隱隱，約重三兩餘。

程夢陽小象墨，方巾深衣半截身，單邊，重三錢，餘質輕如葉，正面象，背有贊，破漆匣，計十二挺，皆有白綾囊，囊面有「頂煙」二字，一時朋好，分購而盡。

白墨，長方形，約重四五錢。老友朱月椒云是外國所製。余未試磨，亦不知命名之義。

邢子愿墨，方建侯製，陽文贊，即邢自題，漆邊，重八錢，長方形，古香可愛。

不是墨，海陽汪氏舡，無年代，署員式。

明初查文通墨一挺，約長一寸二分，重二錢許。又邵格之墨，長方形，重五錢，余辟兵申江時得之，爲沈均初孝廉樹鏞易去。

明宣德御墨，形如雞卵而扁，正面「御墨」二字，隸書，背「宣德四年」，下曾礴過，通體黝黑，隱隱有潄金細點，握於手，久之嗅有香而微帶腥，中和龍涎也。核之歲月，閲二三百年矣，而無一豪坼裂紋。

石庵相國專用純紫豪，墨瀋稠膩，真一點如漆。人笑王惕甫用濃墨，王曰：「汝未見相國作書耳。」蓋王官國子先生時，曾入相國幕府司箋奏也。

休寧汪近聖，繼曹素功而起，嘉慶、道光閒甚著名，選料極有佳者。劫後惟胡開文盛行，微嫌用膠過重。近有續開詹姓墨鋪，以舊模製墨，料既不佳，且有一面冬心款，一面方于魯造，冒昧從事，實爲墨者笑談。

宋徽宗嘗以蘇合油搜煙爲墨，至金章宗購之，一兩墨價金一斤，人欲倣爲之不能，此之謂墨妖。

老友黃秋士，婁邑小蒸里人。道光中葉，游吳門，爲陶文毅公澍所知，善山水、工人物，擅詩書畫三絶之譽。文毅遊惠山，秋士繪圖鐫石，嵌於聽松庵壁，又畫竹罏圖、石銚圖，同時鐫刻。秋士挾其技於吳門，設顔料印泥箋絹，列肆於門廳，後爲畫室，名花瓷盎，棐几無纖塵，日有賓朋踵門求書畫。嘗飭工製墨，一曰「湘華館選煙」，背有年月，細邊，五錢重，料最細，乃自用者。一曰「衍波閣選煙」，分兩同，肆中應客之求。惜所製兩斤許，劫後從未見過。

海陽汪元一墨，側有崇禎某年製。

櫟園先生嘗蓄墨萬種，歲除以酒奠之，作《祭墨詩》，其友王紫崖話其事，漫賦二律，見《梅邨詩集》。按先生喜徵人刻印作畫，著有《印人傳》、《讀畫録》兩種行世。

宋觀詧思仁服官東魯多惠政，而極風雅，有《竹梧清嘯圖》，乾嘉名士，題咏將偏，桂未谷曾游其門。歸田後，製家傳一經長員墨，重五錢，漆身潄金。又自爲生壙，有壙圖墨，祇見其四，扁方形，面列壙旁山水，品題之，背有贊，約五錢弱。

知其白，背「時齋氏製」，選煙雖不及菊香膏，而料亦佳，面背皆時齋自書。按時齋爲汪文端公之子，名承霈。吾家鴻寶季父，製心太平軒課詩長員墨，隸書楷書皆有，五錢重，嘉慶某甲子某月。

錢梅溪善趙吴興體，曾爲成邸捉刀，尤蒙蘇齋賞識。梅翁爲武肅王裔，王曾鑄金塗塔，翁因選除麋佳料，作金塗塔墨。塔形一片，厚半寸，面「金塗塔」三篆字，背「□十□世孫泳仿製」。

王味陳精於製墨，余所見充貢巨挺，名「花十友」，面御製咏花詩，隸書陰文，背折枝花，陽文，約五兩餘一挺，漆邊，長方形。味陳官箴以墨敗，而選煙頗佳。曾刻類帖八大册，似尚風雅，與隨園往還，《小倉山房詩集》中見之。

徐靈胎子名爔號鼎和，一號榆邨，納一伎曰李秋蓉兒，姝麗，妙解音律，靈胎翁爲之著《洄曲雜言》，惜蚤世。榆邨繪圖製墨，徵詩文，墨長方式，面秋蓉度曲小像，背句曰「展卷漫嫌頗頷甚，秋蓉本是斷腸花」，重五錢。

曹素功休寧墨，工繼程、方，而起於康熙朝，六飛臨幸江寧，進呈所製墨，蒙賜「紫玉光」三字。後充貢選煙及發售者，有雙龍文，銜珠，皆扁方形，周圍貼金，無邊廓，陰文楷書填藍，款則陽文，重五錢，千秋光同式。後曹氏後裔，列肆於皖，於吴門，當在乾隆年間。余嘗攜舊所得者眎之，云此種康熙時製作，今不但此種煙料久斷，即墨之木模，亦遺失久矣。余猶記前人云：墨欲黑，茶欲白。欲試其黑，須得蜀中冷金箋，或以黑漆板試之，黄色、青色居多。曹氏選料極精，得邀睿賞，有以哉。

程音田自磨墨，而半截小像科頭陽文，約兩許。音田名振甲，爲名進士，歙人，僑居吴門，曾充銅商，而大折閲，因自號音田，取無心意思，而不知究作何解。

標按：程字木庵，好收藏金石，余刻有《木庵藏器目》。

郭嵩燾《郭嵩燾日記》卷一 （咸豐八年九月十九日）爾欽出示藏墨十錠，隨園老人制送瑶圃尚書者。墨紋静細，近時蓋無有也。因見贈金壺仙液墨二方，不及隨園所制，而自屬佳品。

晁貫之《墨經·養蓄》 大凡養新墨，納輕器中，縣風處，每丸以紙封之，惡濕氣相博。不可卧放，卧放多曲。凡蓄故墨，亦利頻風，日時以手潤澤之，時置於衣袖中，彌善。

陳元靚《事林廣記》戊集卷之五

藏墨

東坡藏墨法以滑石、瀝青爲細末匀糝，用紙密封，雖濕處數年不壞。墨工云梅月藏墨于石灰中佳。又法以熟艾同墨藏杉木灰中尤妙，一云豹皮裹墨不蒸。

磨墨

磨墨最宜輕手，有沫着少耳垢同磨則清，不可曉也。濃墨寫大字，入少麻油佳。寫絹帛以薑汁磨墨。

試墨

試墨有法，點墨漆上，與漆争光爲上品也。若欲較墨之優劣，則各抹一點于漆上，則便可見其等差。

鑒墨

墨當取其光，光而不黑是爲棄黑，黑而不光亦復安用？要使光清而不浮，湛湛然如小兒目睛乃佳。

修墨

好墨或損壞，以爐中灰篩過，却燒炭火於灰上，待灰熱，去火，將墨置於熱灰中少時，取出其墨仍舊。

劉基《多能鄙事》卷五《收墨法》 熟艾包墨，梅月置灰中。

方于魯《方氏墨譜》附汪道貫《墨書》 奚氏之墨，墜溝經月而不渝，何論收藏？然古人養墨以豹皮囊，貴乎遠濕，何以故？豈非以膠漆異用，新舊異宜，燥濕異調故耶。余友程子虚氏曰：「藏墨藏書，俱貴遠濕。藏墨者，宜置之高閣，蕴以熟艾，納之灰中，能去膠氣而益墨色。」建元氏曰：「墨成而未乾者，遇陰雨則置灰中，易乾而不潰，夏用爐灰，冬雜以石灰，欲其温也。」則藏墨之用灰善矣。夫膠之力不久，其性不盡，棄置而不收，濡漬而不撿，而委于製之不工，不亦難乎？

屠隆《考槃餘事》卷二《硯箋·試新墨》 新墨初用，膠性并稜角未伏，不可重磨，恐傷硯質。

周履靖《羣物奇制·文房》 收墨用皂角柴燒石灰令黄，盒之。墨被尿浸或水浸，色敗而淡，以水煮熱，黄蠟塗之，如磨用時去蠟包，色則如故。

謝肇淛《五雜組》卷之一二《物部四》 古人養墨，以豹皮囊，欲遠其濕。又云宜以漆匣密藏之，欲滋其潤。

唐秉鈞《文房肆考圖説》卷三《紙墨筆攷·藏墨法》 用熟艾和墨收藏，每遇黄霉久雨潮天，則紙裹置於石灰末中，則不致發蒸起白點霉花。常用爐火護之亦妙，但不可烘曬。一濕一烘曬，未有不裂而零落，以致不可研而爲廢棄矣。凡墨錠，厚者可以久藏，薄者不耐風燥潮濕，故隨用亦隨剥裂爾。

雜録

干寶《搜神記》卷四 益州之西，雲南之東，有神祠，尅山石爲室，下有神，奉祠之，自稱黄公。因言此神張良所受黄石公之靈也。清净不宰殺，諸祈禱者，持一百錢，一雙筆，一丸墨，置石室中，前請乞。先聞石室中有聲，須臾，問：「來人何欲？」既言，便具語吉凶，不見其形。至今如此。

酈道元《水經注》卷一〇《濁漳水》 又作銅雀於樓巔，舒翼若飛。南則金虎臺，高八丈，有屋百九間。北曰冰井臺，亦高八丈，有屋百四十五間。上有冰室，室有數井。井深十五丈，藏冰及石墨焉。石墨可書，又燃之難盡，亦謂之石炭。

酈道元《水經注》卷一五《洛水》 洛水之側有石墨山，山石盡黑，可以書疏，故以石墨名山矣。

蘇易簡《文房四譜》卷五《墨譜》 三之雜説

張芝臨池書，水盡墨。

《神仙傳》云：班孟能嚼墨，一噴皆成字，盡紙有意義。

王子年《拾遺》云：張儀、蘇秦同志傭力寫書，行遇聖人之文，無題記則以墨畫掌及股裏以記之。

葛洪好學，自伐薪買紙墨。

《災祥集》曰：天雨墨，君臣無道，讒人進。

《神仙傳》：漢桓帝徵仙人王遠，遠乃題宫門四百餘字。帝惡而削之，外字去，内字復見，墨皆入木裏。

揚雄《劄劉歆書》云：雄爲郎，自奏心好沈博絶麗之文，願不受三歲俸，息休直事，得肆心廣意。成帝詔不奪俸，令尚書賜筆墨，得觀書于石室。故天下上計孝廉及内郡衛卒會者，雄常把三寸弱翰，賫油素四尺以問其異，歸則以鉛擿松槧，二十七年于兹矣。

僞蜀有童子某者能誦書。孟氏召入，甚嘉其穎悟，遂錫之衣服及墨一丸。或云後家僮誤墜於庭下盆池中，後數年重植盆中荷芰，復獲之，堅硬光膩仍舊。僖宗朝所用之墨餘者。

唐王勃爲文章，先研墨數升，以被覆面，謂之腹藁，起即下筆不休。幼常夢人遺之墨丸盈袖。

西域僧書言：彼國無硯筆紙，但有好墨，中國者不及也，云是雞足山古松心爲之。僕嘗獲貝葉上有梵字數百，墨倍光澤，會秋霖，爲窗雨濕，因而揩之，字終不滅。

後周宣帝令外婦人以墨畫眉，蓋禁中方得施粉黛。

《漢書》：光武起，王莽令以墨汙渭陵、延陵周垣。

僕將起赴舉年，夢今上臨軒親賜墨一挺，僕因蹈舞拜受，且日言於座客。有江表郭靖前賀曰：「必狀元及第。」僕詰之，郭曰：「僕有徵方言也。」前春御試，果冠羣彦，而郭公已有他事遁歸江表。後言之于禮部郎中張洎，洎曰：「夫墨者，筆硯之前，用時必須出手矣。手與首同音也。」僕亦自解之曰：「天子手與文墨也。」

顧野王《輿地志》曰：漢時王朗爲會稽太守，子肅隨之郡，住東齋中。夜有女子從地出，稱趙王女，與肅語，曉别，贈一丸墨，肅方欲注《周易》，因此便覺才思開悟。

《抱朴子》：友人玄伯先生以濡墨爲城池，以機軸爲干戈。《汲太子妻與夫書》曰：并致上墨十螺。

葛龔《與梁相書》曰：復惠善墨，下士難求，椎骸骨，碎肝膽，不足明報。

干寶《搜神記》曰：益州西有祠，自稱黄石公。人或饋紙筆一丸墨，則石室中言吉凶。

《本草》云：墨味辛無毒，止血生肌膚。合金瘡散，主産後血暈。磨醋服之，亦主瞇目，物芒入目點瞳子上。又主血痢及小兒客忤，擣篩和水調服之。好墨入藥，粗者不堪。

陶隱居云：樊槻皮水漬以和墨，書色不脱，即秦皮也。

陶隱居云：烏賊魚腹中有墨，今作好墨用之。烏賊者，以其食烏也。

海人云：烏賊魚，即秦王筭袋魚也。昔秦王東遊，棄筭袋於海，化爲此魚，形一如筭袋，兩帶極長，墨猶在腹，人捕之，必噴墨昏人目也。其墨人用寫券。歲久其字磨滅，如空紙焉，無行者多用之。

《國語》：晉成公初生，夢人規其臀以墨曰：「使有晉國三世。」故名黑臀。

潁川荀濟與梁武有舊，而素輕梁武。及梁受禪，乃入北，嘗云：「會於楯鼻磨墨作文檄梁。」

今常侍徐公鉉云：「建康東有雲穴，西山有石墨，親常使之。」又云：「幼年常得李超墨一挺，長不過尺，細裁如筯。」與其愛弟鍇共用之，日書不下五千字，凡十年乃盡。磨處邊際如刃，可以裁紙。自後用李氏墨，無及此者。超即廷珪之父也。

唐末陶雅爲歙州刺史二十年，嘗責李超云：「爾近所造墨，殊不及吾初至郡時，何也？」對曰：「公初臨郡，歲取墨不過十挺。今數百挺未已，何暇精好焉。」

山中新伐木書之，字即隱起。他日洗去墨，字猶分明。又書於版牘，歲久木朽，而字終不動。蓋烟煤能固木也。亦徐常侍言。

今之小學者將書，必先安神養氣，存想字形在眼前，然後以左手研墨，墨調手穩方書，則不失體也。又曰：「研墨如病」，蓋重其調匀而不泥也。又曰：「研墨要涼，涼則生光，墨不宜熱，熱則生沫」，蓋忌其研急而墨熱。又李陽冰云：「用則旋研，無令停久，久則墨埃相污，膠力隳亡。如此，泥鈍不任下筆矣。」

初舉子云：凡入試，題目未出，間豫研墨一硯。蓋欲其辦事，非主於事筆硯之妙者也。

今之燒藥者，言以墨塗紙裹藥，尤能拒火。

王嘉《拾遺記》：昔老君居景室山，與老叟五人共談天地之數，撰經書垂十萬言。有浮提國二神人出金壺器，中有墨汁，狀若淳漆，灑木石，皆成篆隸，以寫之，及金壺汁盡，二人乃欲刳心瀝血以代墨焉。五老，即五天之精也。景室，即太室、少室也。

王獻之與桓温書扇，誤爲墨污，因就成一駮牛，甚工。

曹不興畫屏風，誤污爲蠅，文帝以手彈之。

義熙中，三藏佛馱跋陁住建業謝司空寺，造護净堂，譯《華嚴經》。堂下忽化出一池，常有青衣童子自池中出，與僧灑掃研墨。

《宋雲行記》云：西天磨休王斮髓爲墨，寫大乘經。見《筆勢》中。

石崇《奴券》曰：張金好墨，過市數蠡，并市毫筆，備郎寫書。

趙壹《非草書》云：十日一筆，月數丸墨。見《筆勢》中。

劉恂《嶺表録異》云：嶺表有雷墨。蓋雷州廟中雷雨勃起，人多於野中獲得石，狀如黳石，謂之曰「雷公墨」也，扣之鎗鎗然，光瑩可愛。

《典論》云：袁紹妻劉氏性妬，紹死未殯，殺其妾五人，恐死者知，乃髡其髮，墨其面。

曹毗《志怪》云：漢武鑿昆明極深，悉是灰墨，無復土，舉朝不解。以問東方朔，朔曰：「臣愚不足以知之，可試問西域胡僧。」帝以朔不知，難以核問。後漢明帝時，外國道人入來洛陽時，有憶方朔言者，乃試問之，胡人曰：「經云：天地大劫將盡，則劫燒灰。此燒之餘。」乃知朔言有旨。又云出《幽明録》。

黄庭堅《山谷簡尺》卷上《與人簡》　大墨一笏，頗堅黑，恨不多耳。

蘇軾《東坡題跋》卷五《書懷民所遺墨》　世人論墨，多貴其黑，而不取其光。光而不黑，固爲棄物。若黑而不光，索然無神采，亦復無用。要使其光清而不浮，湛湛如小兒目精，乃爲佳也。懷民遺僕二枚，其陽云「清煙煤法墨」，其陰云「道卿」，既黑而光，殆如前所云者。書以報之。

蘇軾《東坡題跋》卷五《書求墨》　阮生云：未知一生當著幾緉屐。吾有佳墨七十九，而猶求取不已。不近愚耶？

蘇軾《東坡題跋》卷五《書北虜墨》　雲庵有墨，銘云「陽巖鎮造」，云是北虜墨，陸子履奉使得之者。

蘇軾《東坡題跋》卷五《書廷珪墨》　昨日有人出墨數寸，僕望見知其爲廷珪也。凡物莫不然，不知者如烏之雌雄，其知之者如烏、鵠也。

蘇軾《東坡題跋》卷五《記奪魯直墨》　黄魯直學吾書，輒以書名於時。好事者争以精紙妙墨求之。常攜古錦囊，滿中皆是物也。一日見過，探之得承晏墨半鋌。魯直甚惜之，曰：群兒賤家雞，嗜野鶩。遂奪之，此墨是也。元祐四年三月四日。

蘇軾《東坡題跋》卷五《書柳氏試墨》　昨日有人點第一綱龍團，香味十倍常茶，如使諸葛鼠須筆，金闌子入手，不似有鋒刃，惟有此物似之。元祐八年三月十八日，過柳仲遠試墨，書此。此墨云「文公檜鼯臘」，不知其所謂也。

蘇軾《東坡題跋》卷五《書李承晏墨》　近時士大夫多造墨，墨工亦盡其技，然皆不逮張李古劑，獨二谷亂真，蓋亦竊取其形制而已。吴子野出此墨，云是孫准所遺，李承晏真物也。當以色考之，仍以數品比較，乃定真僞耳。紹聖丙子十二月二十一日書。

蘇軾《蘇東坡全集》卷九九《書裴言墨》　潘谷、郭玉、裴言皆墨工，其精粗次第如此。此裴言墨也，比常墨差勝，云是與曹王製者，當由物料精好故耶？

蘇軾《蘇東坡全集》卷九九《書王君佐所蓄墨》　君佐所蓄新羅墨，甚黑而不光，當以潘谷墨和之，乃爲佳絶。今時士大夫多貴蘇浩然墨，浩然本用高麗煤雜遠煙作之，高麗煤若獨使，如研土炭耳。

蘇軾《蘇東坡全集》卷九九《書潘衡墨》 金華潘衡初來儋耳，起灶作墨，得煙甚豐而墨不甚精。予教其作遠突寬灶，得煙幾減半而墨乃爾。其印文曰「海南松煤」「東坡法墨」，皆精者也。常當防墨工盜用印，使得墨者疑耳。此墨出灰池中，未五日而色已如此，日久膠定，當不減李廷珪、張遇也。元符二年四月十七日。

蘇軾《蘇東坡全集》卷九九《書海南墨》 此墨吾在海南親作，其墨與廷珪不相下。海南多松，松多故煤富，煤富故有擇也。

蘇軾《蘇東坡全集》卷九九《書孫叔静常和墨》 孫叔静用劍脊墨，極精妙。其文曰「太室常和」。常和，蓋少室間道人也。賣墨，收其贏以起三清殿。墨甚堅而黑，近歲善墨，唯朱覲及此耳。覲，九華人。

羅願《新安志》卷一〇《叙雜説・研》 昔李後主留意翰墨，用澄心堂紙、李廷邽墨、龍尾研，三者爲天下冠，當時貴之。

《錦繡萬花谷後集》卷二九 一噴皆成字。班孟嚼墨，一噴皆成字，竟紙各有意義。

字三年不昏。《相墨經》：「墨染紙三年，字不能昏闇者爲上。」

孔齊《至正直記》卷二《學書法》 凡學書字，必用好墨、好硯、好紙、好筆。筆、墨尤爲要緊。筆不好則壞手法，久而習定，則書法手勢俱廢，不如前日矣。墨不好則滯筆毫，不能運動，亦壞手法，此吾親受此患。向者在家，有荆溪墨、錢唐筆，作字臨帖，間有可取處。及避地鄞縣，吴、越阻隔，凡有以錢唐信物至，則邏者必奪之，更鍛鍊以獄，或有至死者，所以就本處買羊毫犇麻絲所造雜用筆，井市賣具膠墨，所以作字法皆廢，僅存得舊墨少許，以自備用，不敢縱研磨也。吴中則不然，凡越、明、温、台之物至者，置之不問，其相去也遠矣。嗚呼！悲哉。

項元汴《蕉窗九録・帖録・淳化閣帖》 宋太宗搜訪古人墨跡，於淳化年中，命侍書王著摹勒作十卷，卷尾俱有篆書，題「淳化三年壬辰歲十一月六日奉聖旨摹勒上石」。用澄心堂紙，李庭珪墨拓打，以手摩之，墨不污手，親王大臣各賜一本，無銀錠紋，初搨者上也，不可得矣，有銀錠紋而墨濃者次也，淡者又次之。

沈榜《宛署雜記》卷一五《經費下・鄉試》 錠墨一斤十二兩，上墨三斤十兩，中墨二斤，下墨三斤十三兩，上墨四十三笏，中墨二十一笏，下墨五十笏。

屠隆《考槃餘事》卷一《帖箋・南北帋墨》 古之北帋，其紋横質鬆而厚，不甚受墨。北墨多用松烟，色青而淺，不和油蠟，故北搨色淡而紋皺，如薄雲之過青天，謂之「夾紗」，作蟬翅搨也。南帋其紋豎，墨用油湮以蠟。及造烏金帋水敲刷碑文，故色純黑而有浮光，謂之「烏金搨」。

文震亨《長物志》卷五《書畫・南北紙墨》 古之北紙，其紋横，質鬆而厚，不受墨，故色澹而紋皺，謂之蟬翅搨。南紙其紋豎，用油蠟，故色純黑而有浮光，謂之「烏金搨」。

《欽定古今圖書集成・理學彙編字學典》卷一五〇《墨部雜録》 《廣州記》：懷化郡掘塹得石墨甚多，精好寫書。今山中多出此石，亦可以入朱硯中使。

烏賊，舊説名河伯度事小吏，遇大魚，輒放墨，方數尺，以混其身。江東人或取墨書契，以脱人財物，書跡如淡墨，逾年字消，唯空紙耳。

《申報》同治甲戌三月初六日《印書黑墨出售》 啓者：本館今有外國印書黑墨水出售，其價格外公道。如合意者到正鳳印書館可也。特此告白。二月初弍日正鳳印書館啓。

圖録

李孝美《墨譜法式》卷中《式》

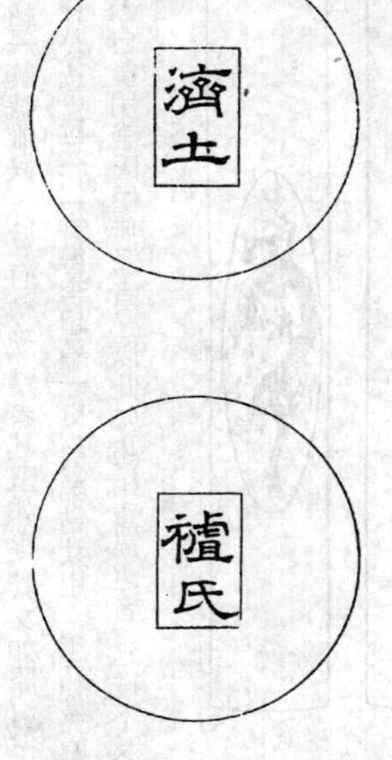

右祖氏易水人，故以「濟土」爲號，年已久遠，罕有存者。

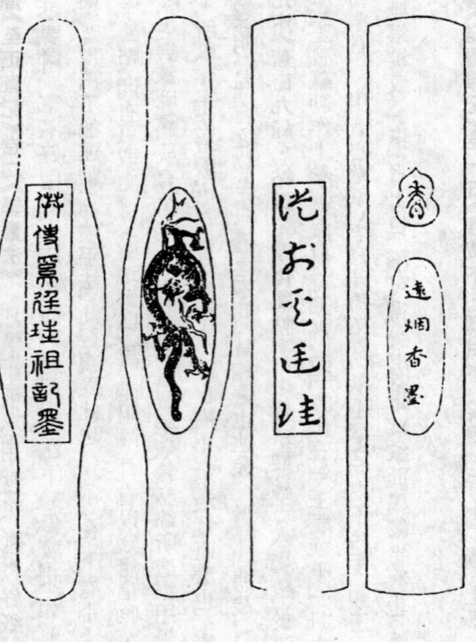

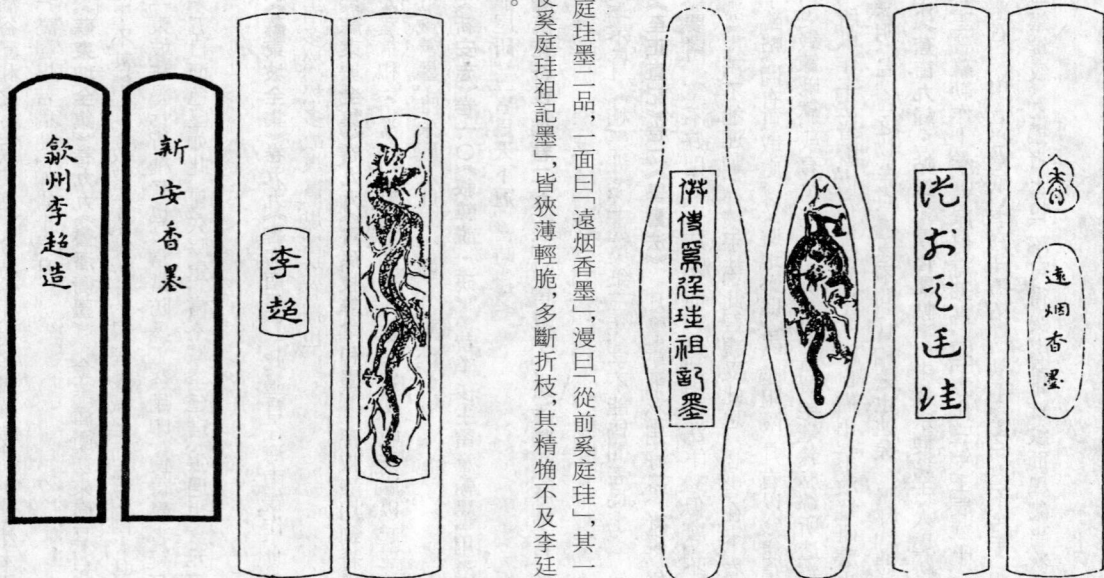

右奚庭珪墨二品，一面曰「遠烟香墨」，漫曰「從前奚庭珪」，其一面有特龍，漫曰「供使奚庭珪祖記墨」，皆狹薄輕脆，多斷折枝，其精觕不及李廷珪遠甚，安敢望超也。

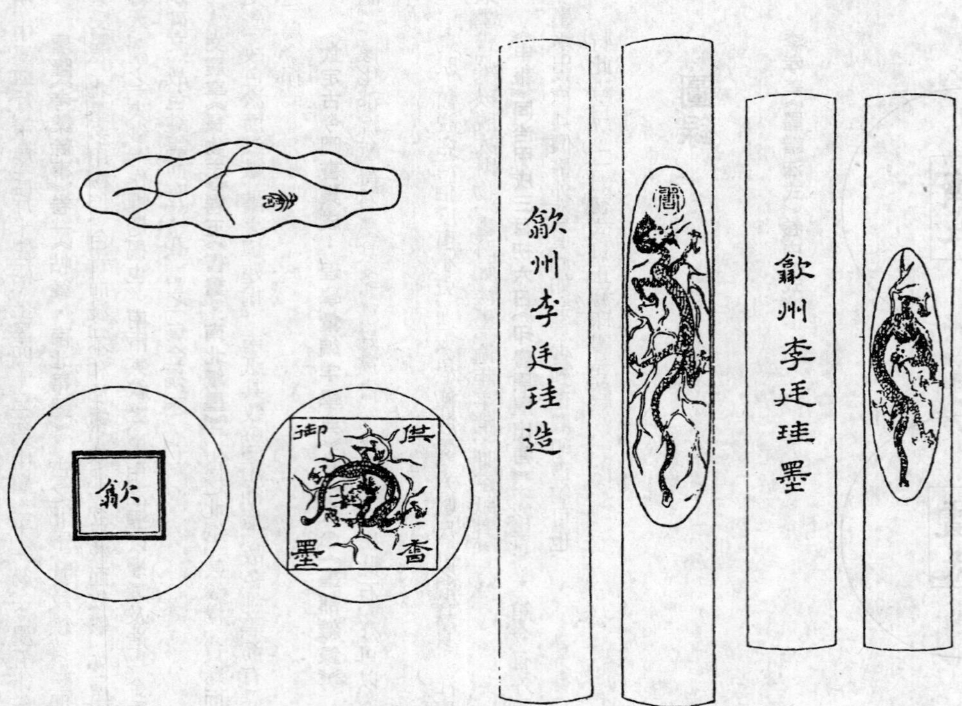

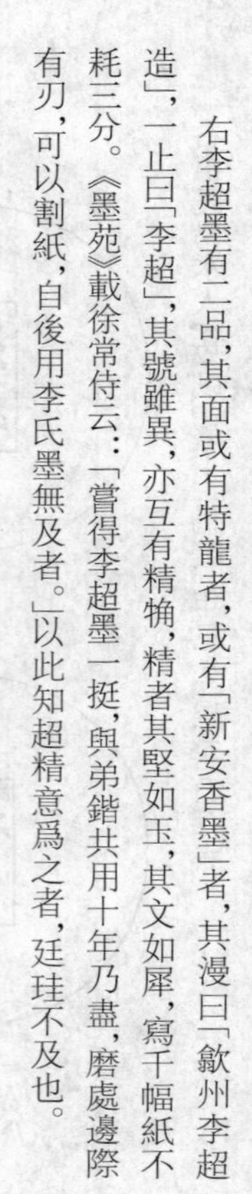

右李超墨有二品，其面或有特龍者，或有「新安香墨」者，其漫曰「歙州李超造」，一止曰「李超」，其號雖異，亦互有精觕，精者其堅如玉，其文如犀，寫千幅紙不耗三分。《墨苑》載徐常侍云：「嘗得李超墨一挺，與弟鍇共用十年乃盡，磨處邊際有刃，可以割紙，自後用李氏墨無及者。」以此知超精意爲之者，廷珪不及也。

右李廷珪大墨，有二品，其一面曰「歙州李廷珪墨」，漫有特龍。其一面曰「歙州李廷珪造」，漫有雙脊特龍。小墨有握子者，上止有一「香」字，其豐肌膩理，光澤如漆。又有小餅子，面有蟠龍，四角有「供御香墨」字，漫止有一「歙」字。前四品無粗者，非法之至精，曷能臻於此哉。

右李承晏。

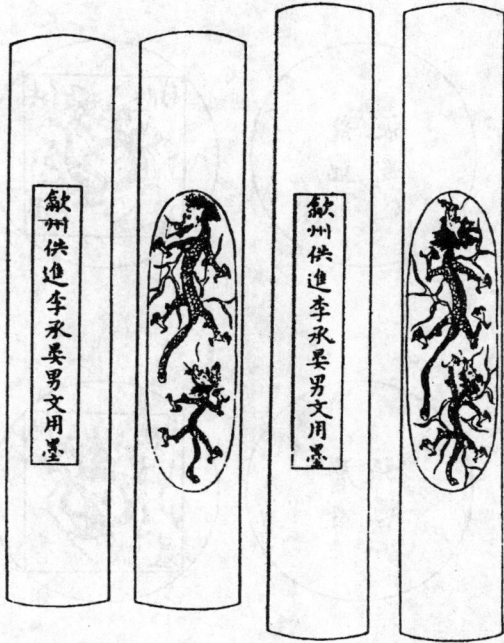

右李文用。

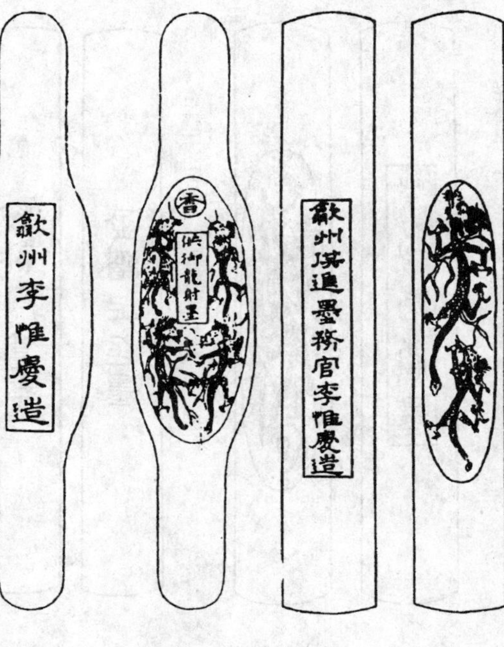

右李惟慶。按李氏墨惟超、及廷珪爲嘉，承晏、文用次之，惟慶小挺子優於大墨，可亞廷珪也。

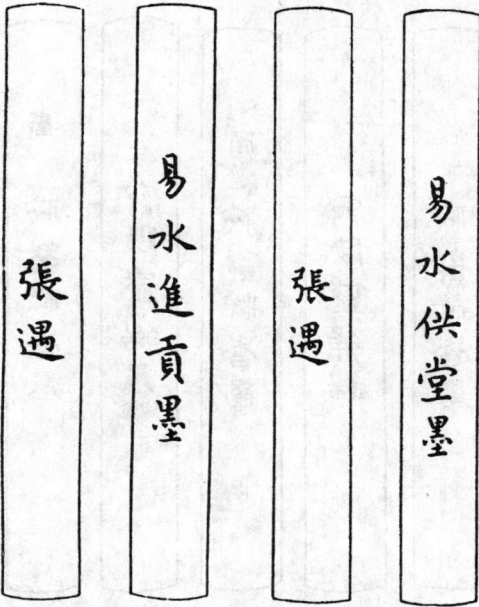

易水供堂墨

張遇

易水進貢墨

張遇

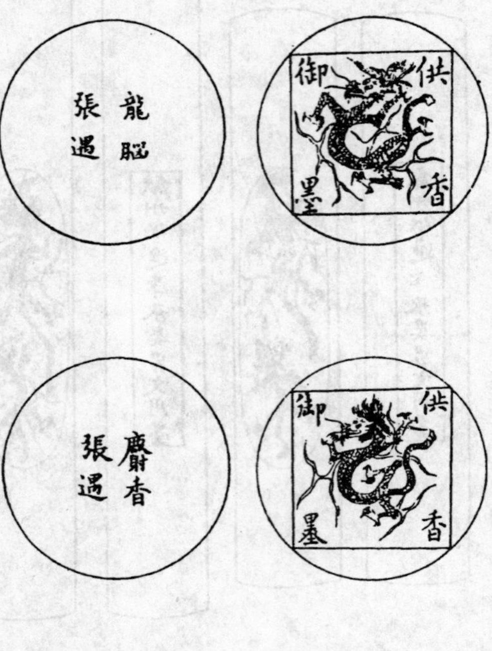

右張遇大墨，二品，一曰「易水供堂墨」，一曰「易水進貢墨」，其漫皆有「張遇」字。又有圓墨二品，面皆有蟠龍，四角有「供御香墨」字，其漫一曰「麝香張遇」，一曰「龍腦張遇」，或云宮中畫眉墨，不知何代所貢也。

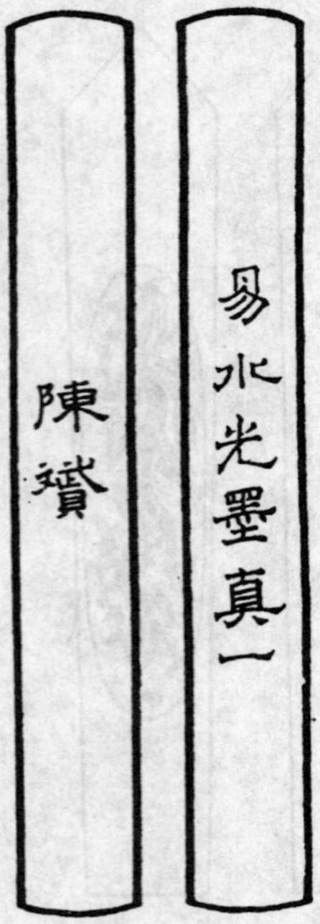

右陳贇，世傳不多，與張遇等。

右盛氏四品。

右柴珣。

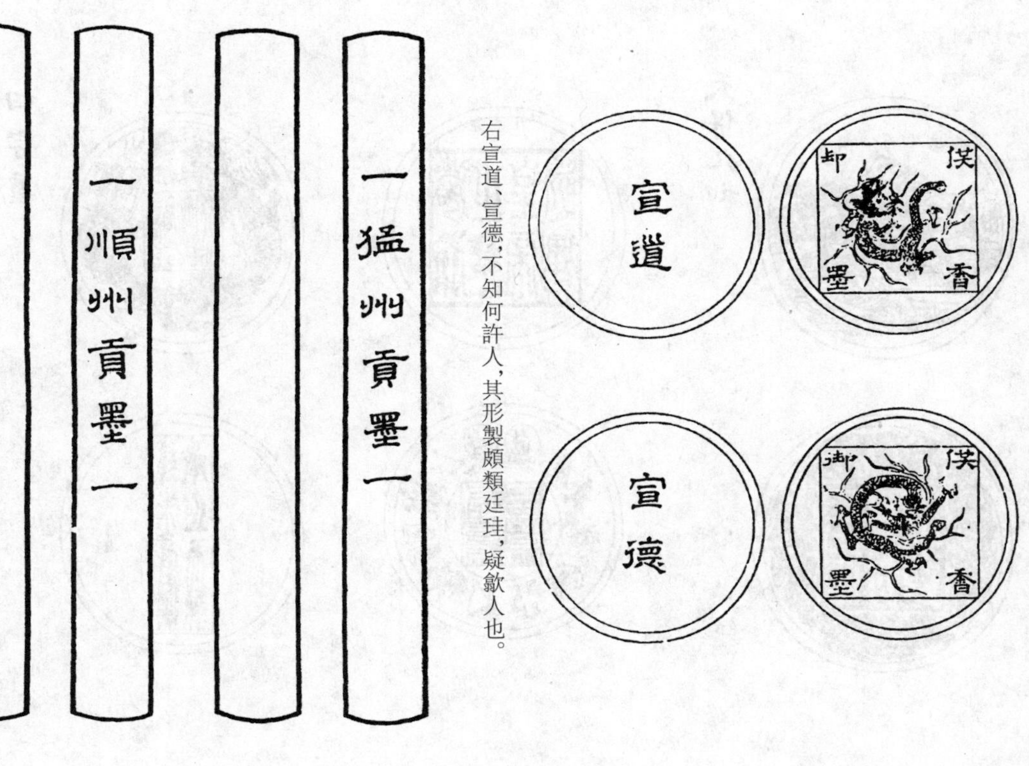

右宣道、宣德，不知何許人，其形製頗類廷珪，疑歙人也。

右新羅大墨二品，一曰「猛州貢墨」，一曰「順州貢墨」，率長挺，堅輕如革。又有小墨二品，形製實厚，光澤可愛，校其精觕大不及也。

右一品，不知何郡誰氏所製，形製闊厚，紋如靴皮蹙縮，然面漫有字，不類今書，約其文面曰「龍麝文房祕寶」，漫曰「細煤烟黑龍跡」，其色澤如新羅。外有朱君德、耿德真，及兗州諸陳墨，世多收之，皆少精而多觕，故其形製此所不録。

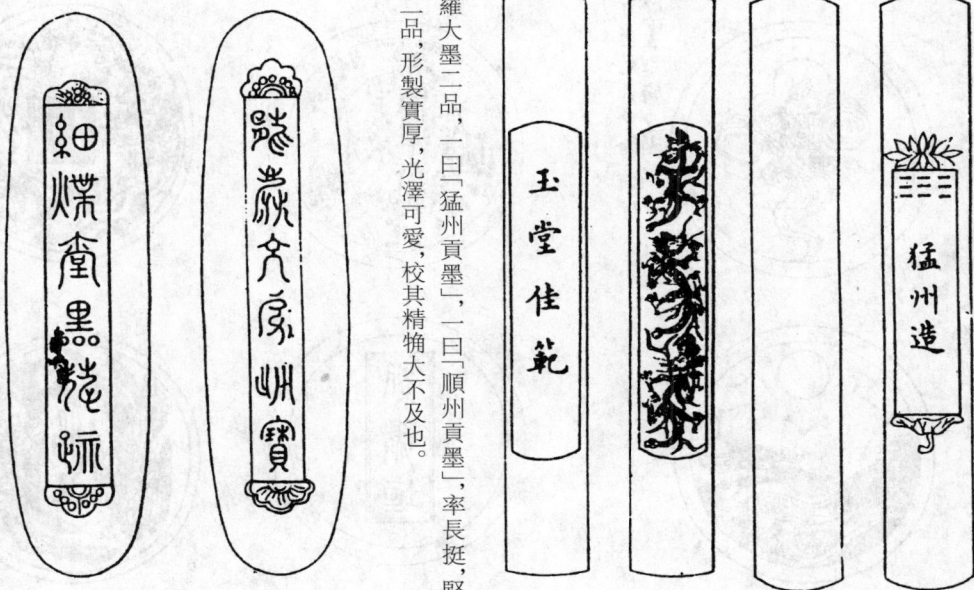

四字重

天保九如

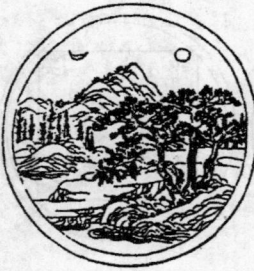

九字重

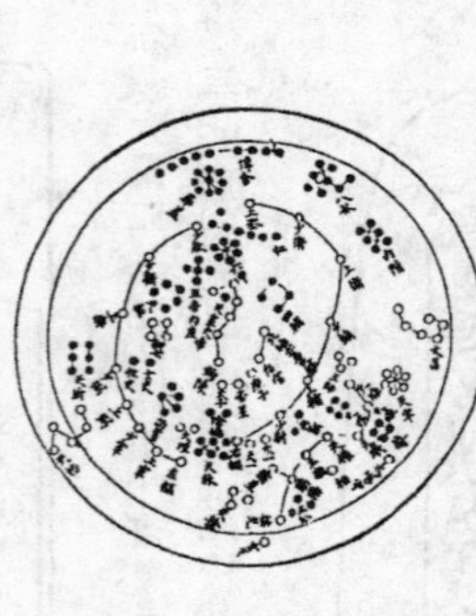

日重光月重輪
星重輝海重潤

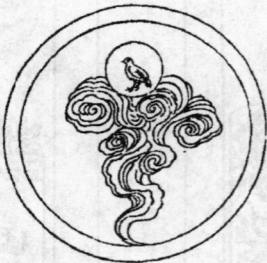

冊命

玄宫
王者道被草木營
室歷九象而可覩
睢鳩

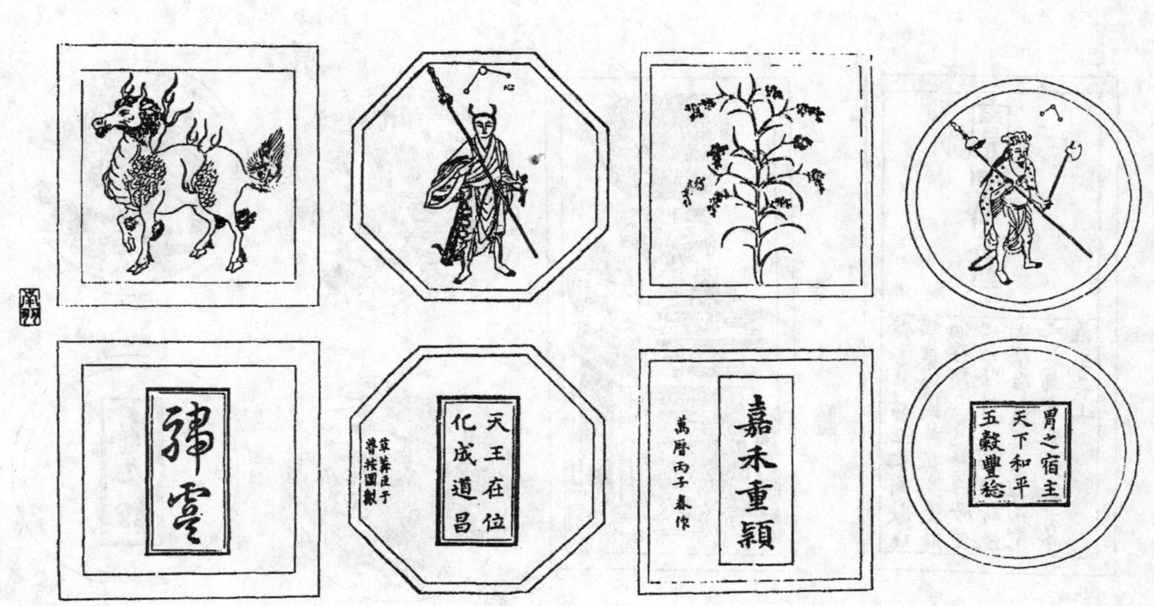
天王在位
化成道昌
嘉禾重穎
萬曆丙子春作
胃之宿主
天下和平
五穀豐稔

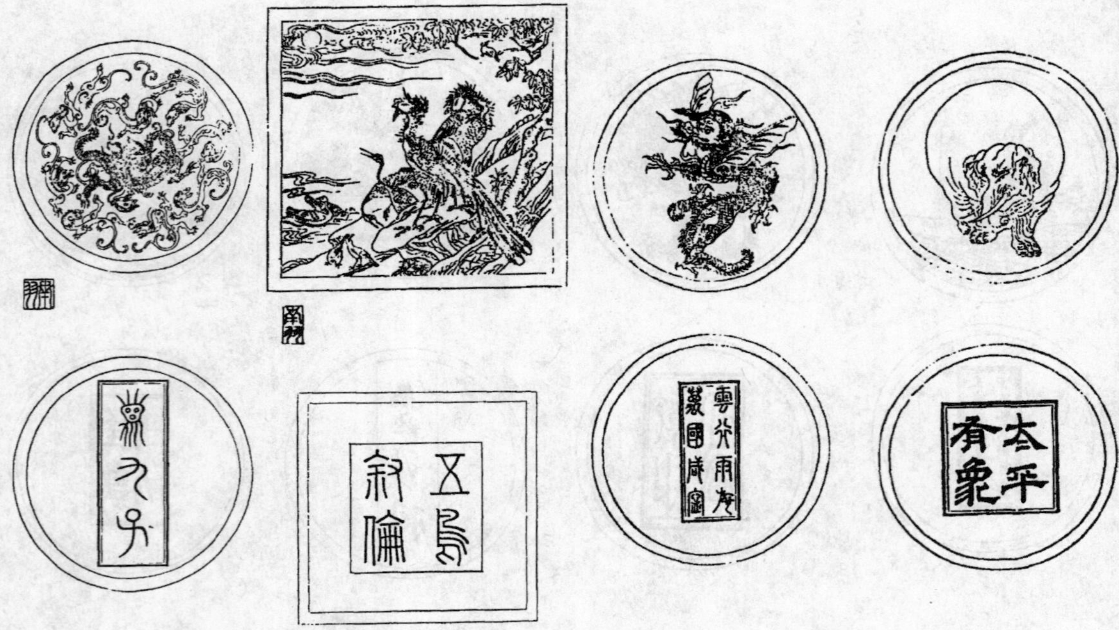
太平
有象

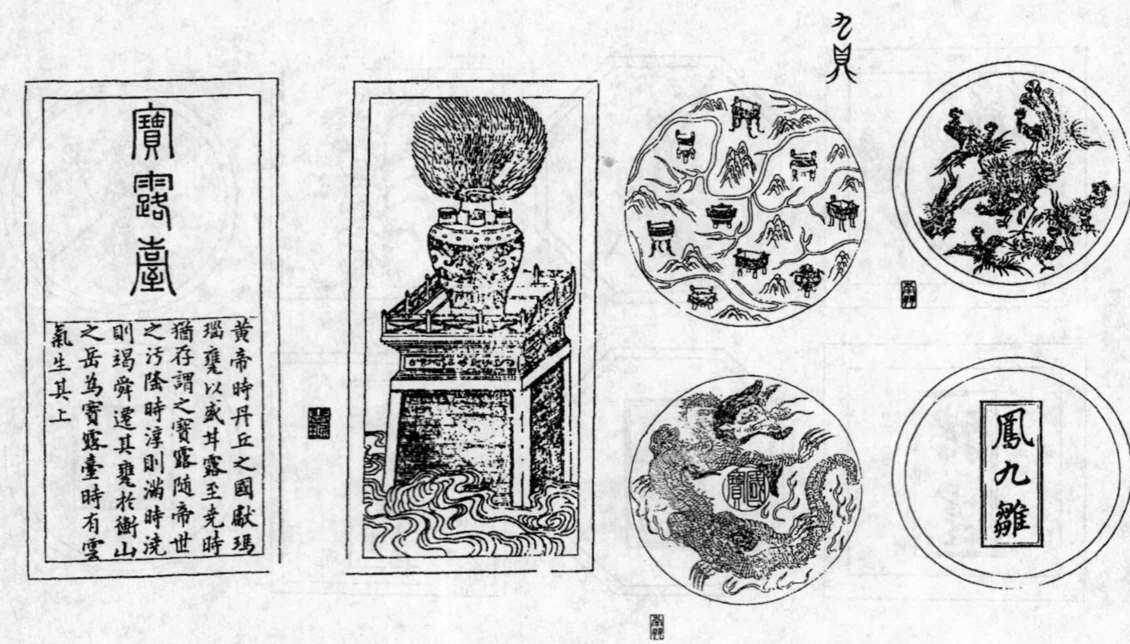
寶露臺
黃帝時丹丘之國獻瑪瑙甕以盛甘露至堯時猶存謂之寶露隨帝世之汚隆時淳則滿時澆則竭舜遷其甕於衡山之岳為寶露臺時有雲氣生其上
鳳九雛

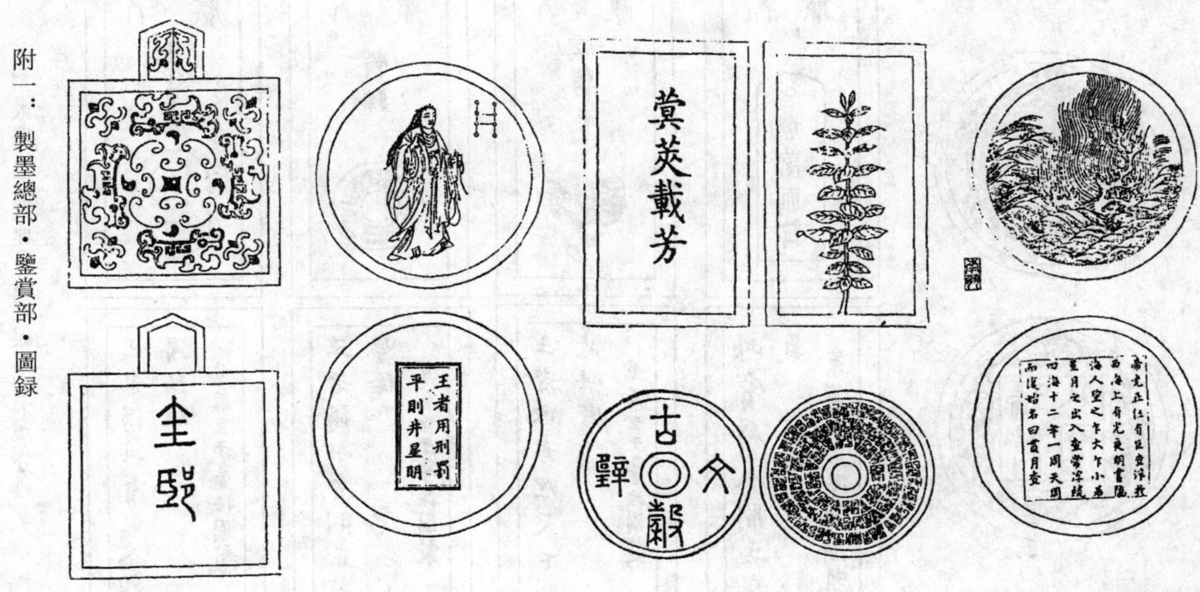

蓂莢載芳
王者用刑罰平則井星明
全璧
古文穀璧
帝堯在位有巨查浮於西海上有光夜明晝滅海人望之乍大乍小若星月之出入查常浮繞四海十二年一周天周而復始名曰貫月查

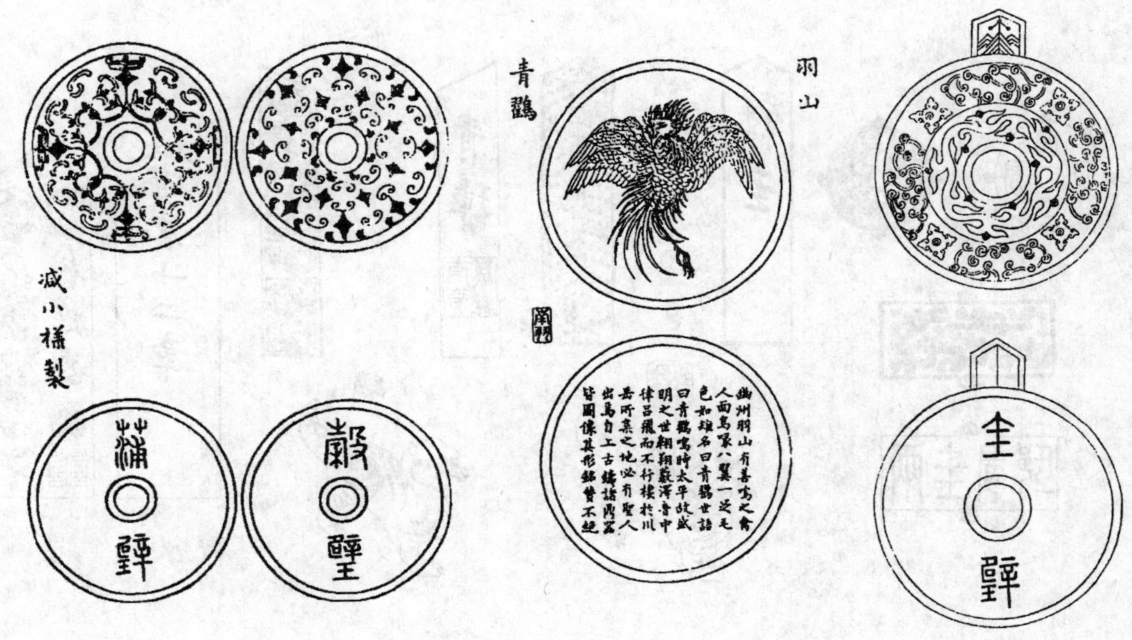

減小樣製
青鸐
羽山
蒲璧
穀璧
幽州羽山有善鳴之禽人面鳥喙八翼一足毛色如雉名曰青鸐世語曰青鸐鳴時太平故盛明之世翔鶵蔽澤音中律吕飛而不行棲於川岳所集之地必有聖人出焉自工古鑄諸鼎器皆圖像其形銘贊不絕
全璧

王母玉環
穀璧
瑞符八寶
王者得此寶能令外國歸服
草莽臣于魯按圖製
王者得此寶則五穀豐稔
草莽臣于魯按圖製
王者以孝理天下則見此寶
草莽臣于魯按圖製
此寶辟人間兵疫氣
草莽臣于魯按圖製

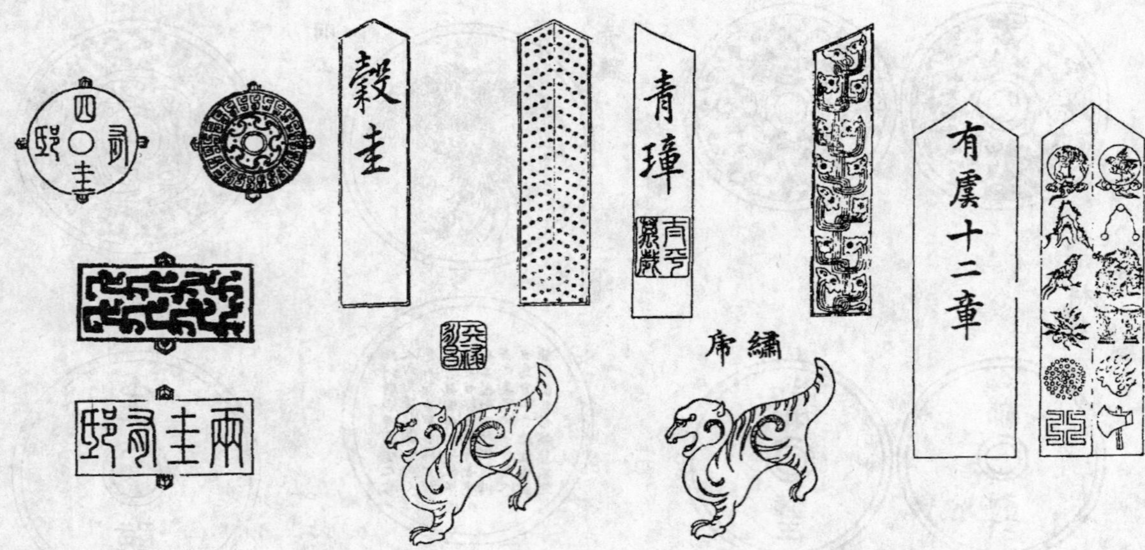
穀圭
青璋
有虞十二章

崑岑玄木

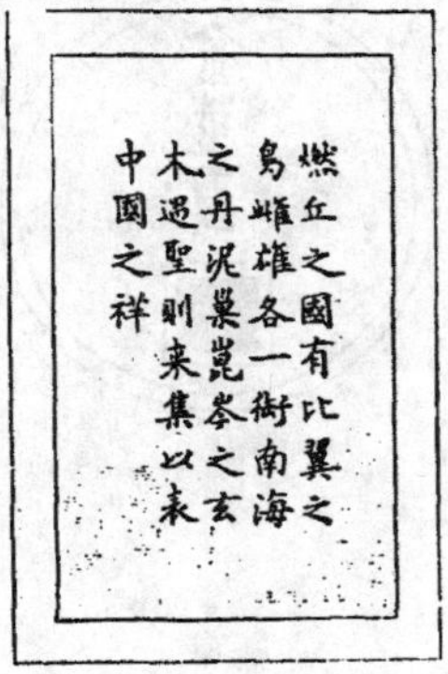

燃丘之國有比翼之鳥雌雄各一銜南海之丹泥巢崑岑之玄木遇聖則来集以表中國之祥

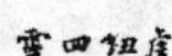

蟠桃核

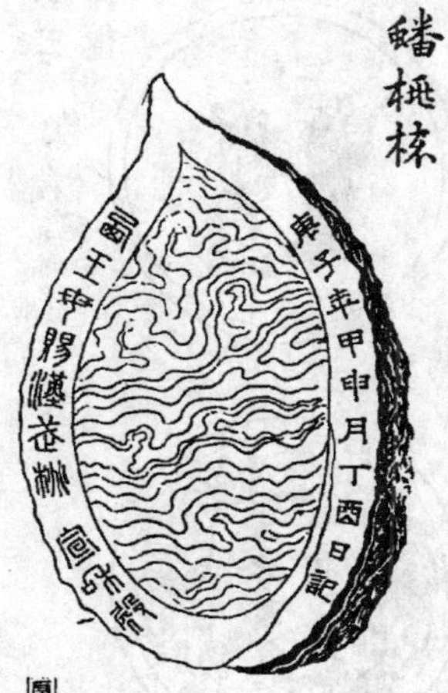

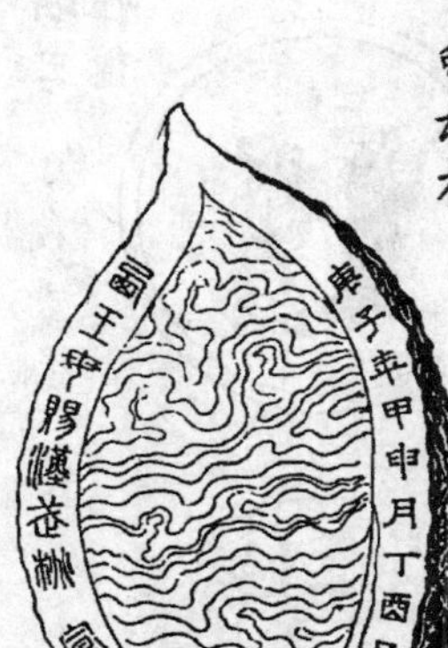

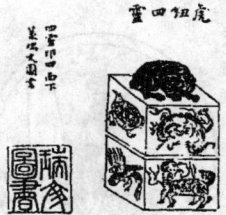

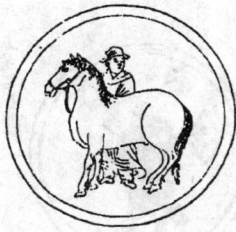

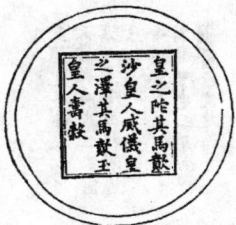

洪武乙卯夏五月丁丑，上御奉天門，召翰林臣出示元內庫所藏巨桃半核，長五寸，廣四寸七分，前刻西王母賜漢武桃及宣和殿十字，塗以金，中繪龜雀雲氣之象，後鐫庚子年甲申月丁酉日記。其字如前之數，命學士宋濂爲賦。

事載《宛委餘編》。

漢宮春

歲在甲申

虞庭卿雲

明王
慎德

四庚
戊寅

錫九

五星聚奎璧

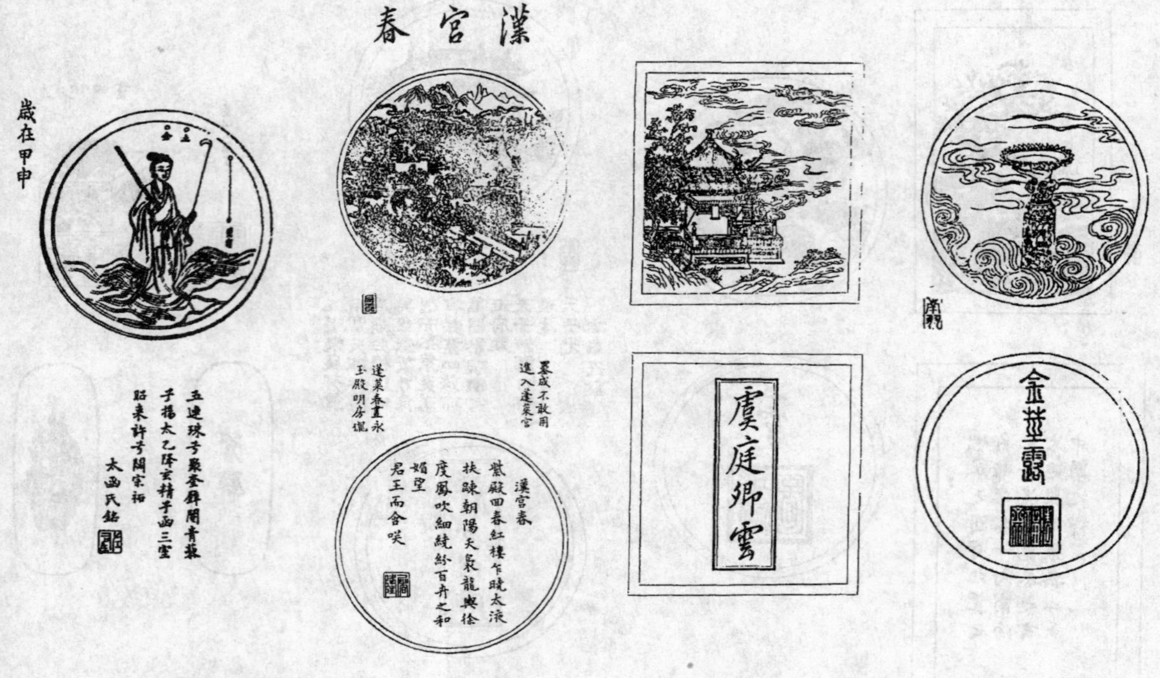

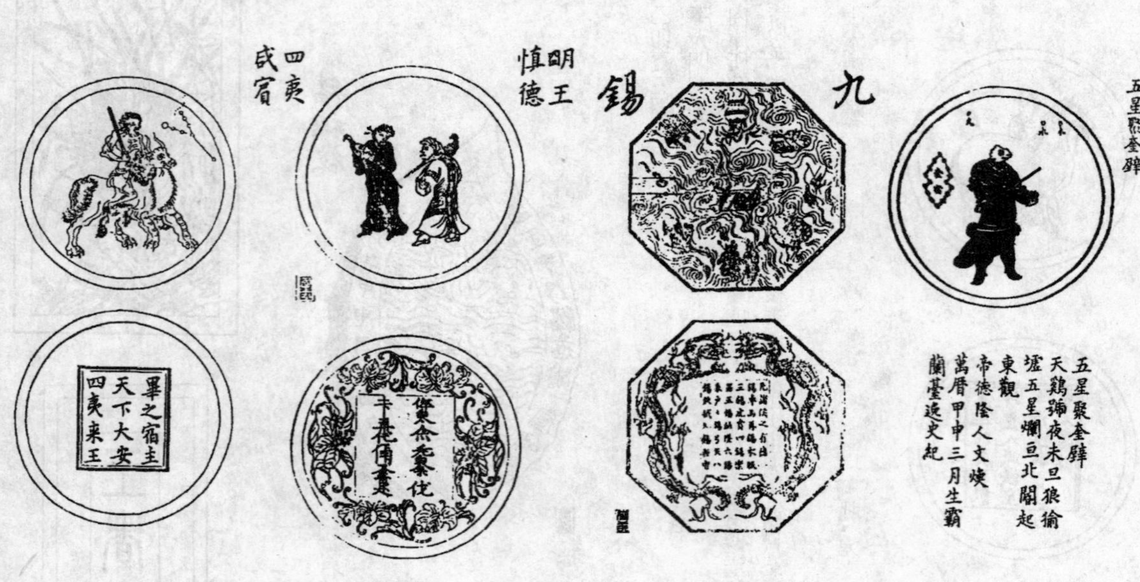

青圭
厥有成績紀于太常
昭華之玉
玄璜
黄琮

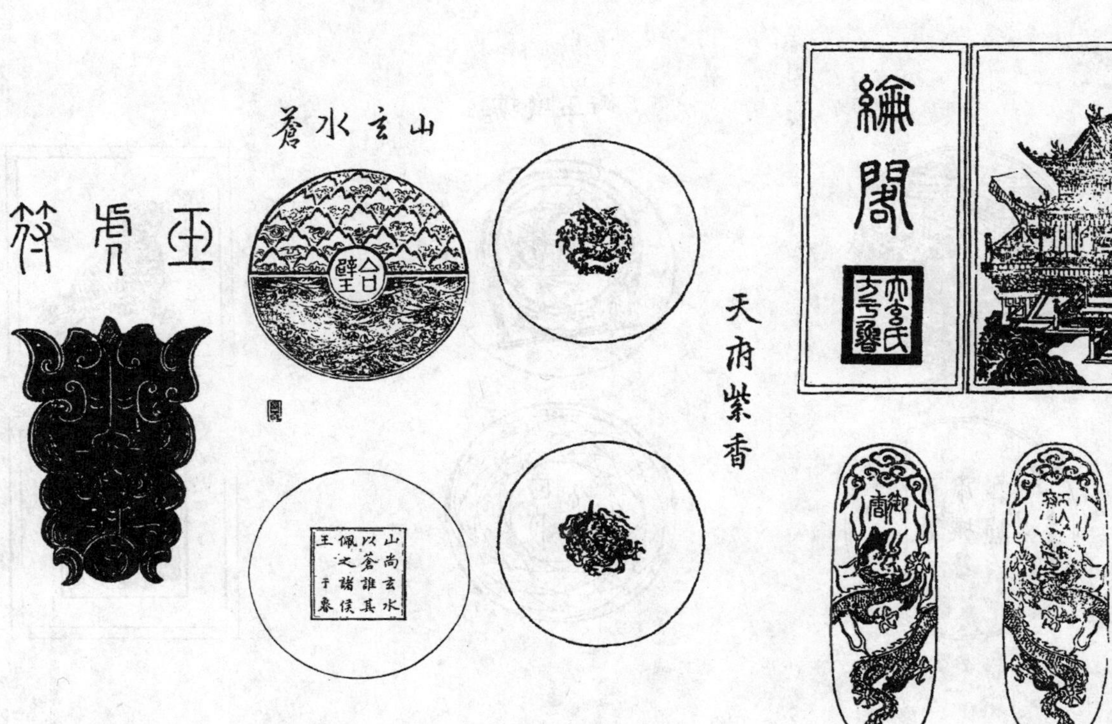
山玄水蒼
天府紫香
山尚玄水以蒼誰其佩之諸侯于王春

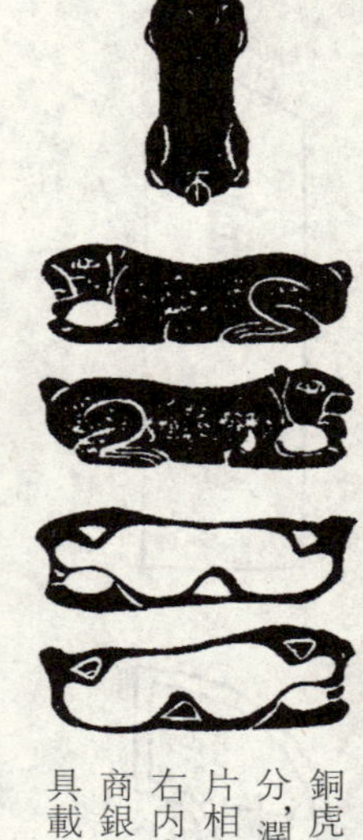

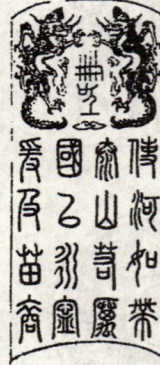

銅虎符長二寸四分，高八分，濶八分，剖而爲二。二片相合，左内有三榫隆起，右内有三凹爲卯，以受榫，商銀三行，凡十八字令，不具載。

鐵象形宂如兎高尺餘濶二尺許黃金商嵌減小樣作

功臣封爵銘

傳河如帶
泰山若厲
國乙永寧
爰及苗裔

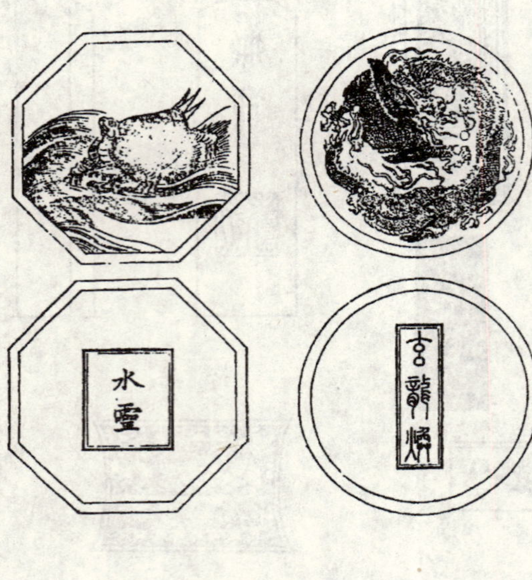

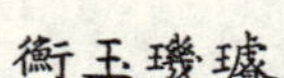

璿璣玉衡

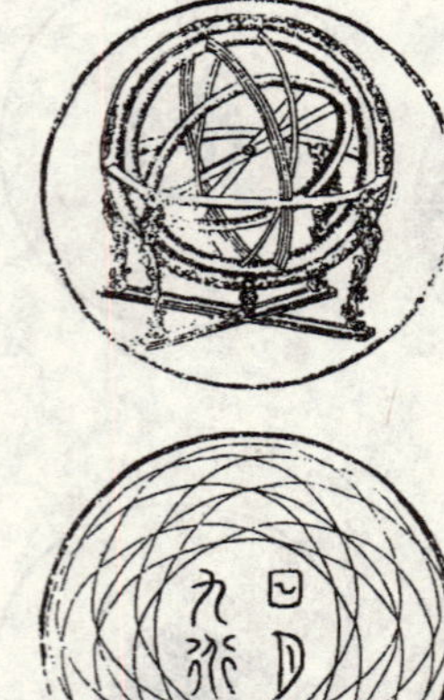

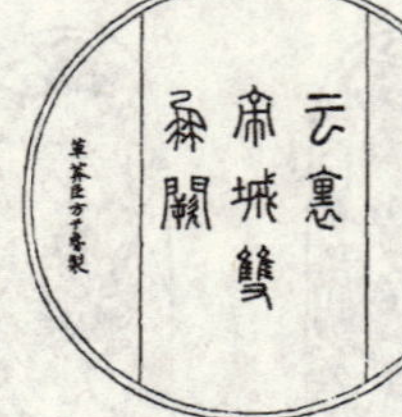

龍鳳呈祥
鳳有翼龍有鱗
君不獨興必有
良臣
古樂府歌
方于魯製
若佮和羹
爾惟鹽梅

百川赴巨海
衆星環北辰
角之宿主
天下和平
賢人進用
衆流歸海
萬國意
奉君心

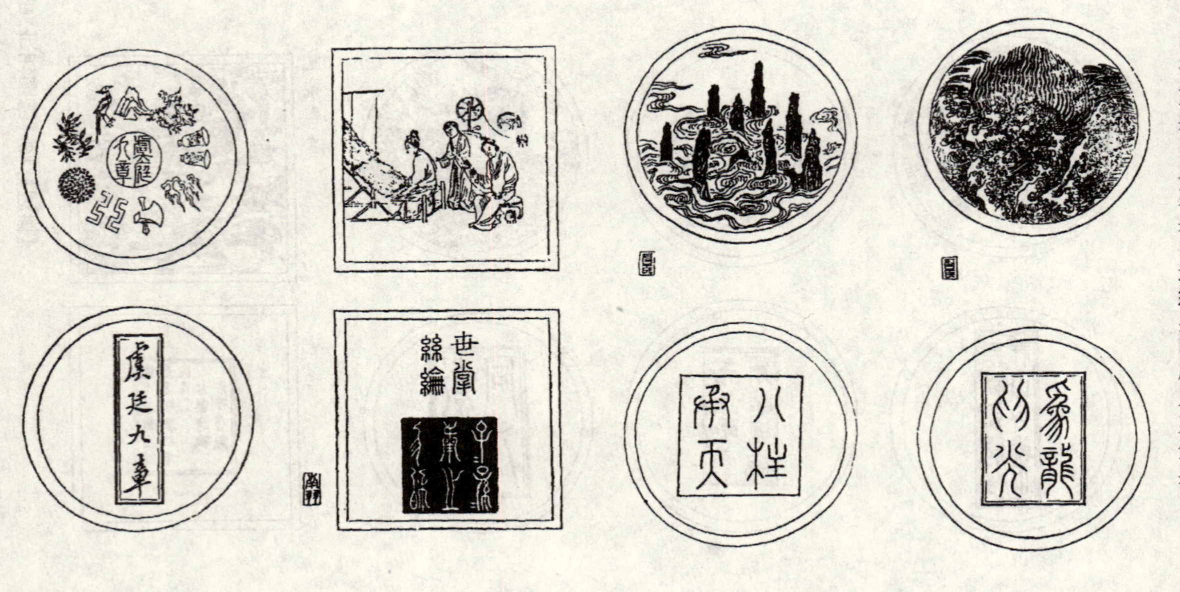
虞廷九章
世寶
綸綸
八柱
承天

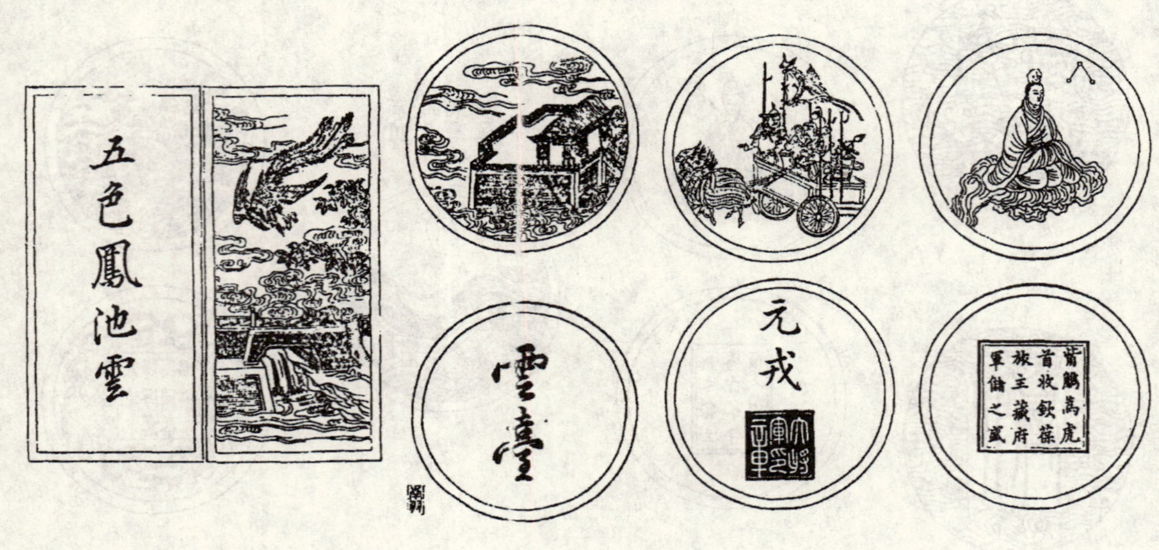
五色鳳池雲
元戎

革
五雉
淩烟閣

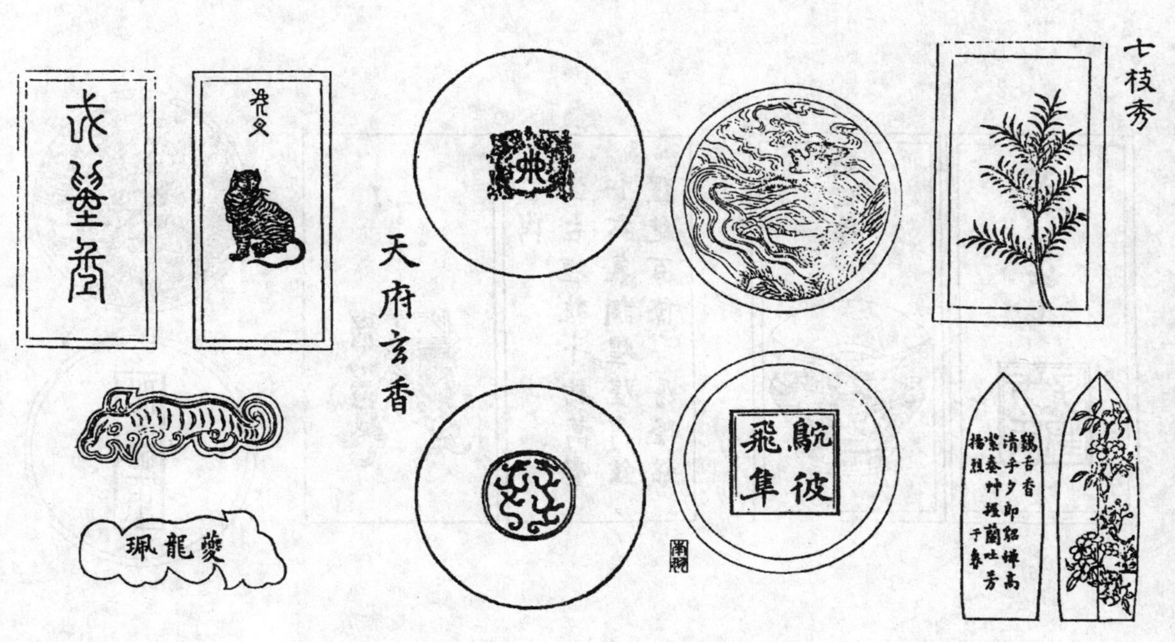
天府玄香
七枝秀
夔龍珮
飛隼
駪彼

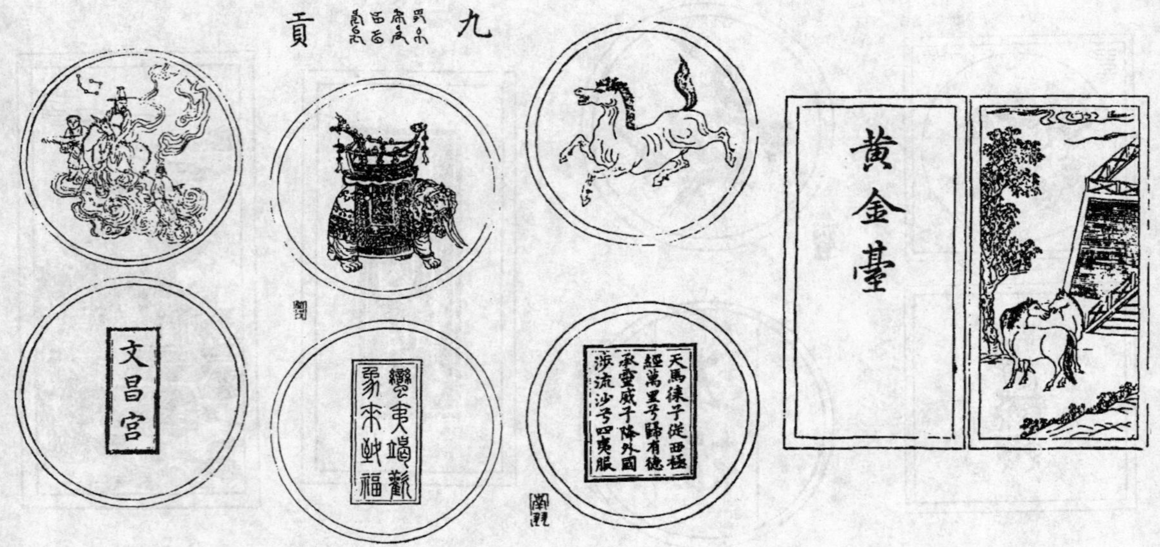
九貢
文昌宮
天馬徠兮從西極
經萬里兮歸有德
承靈威兮降外國
涉流沙兮四夷服
黃金臺

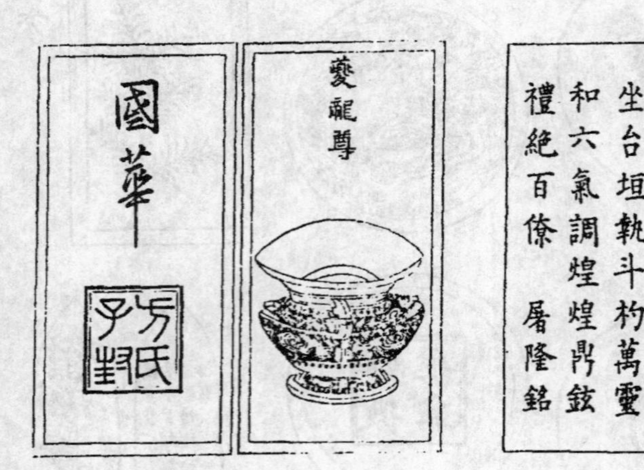
國華
夔龍尊

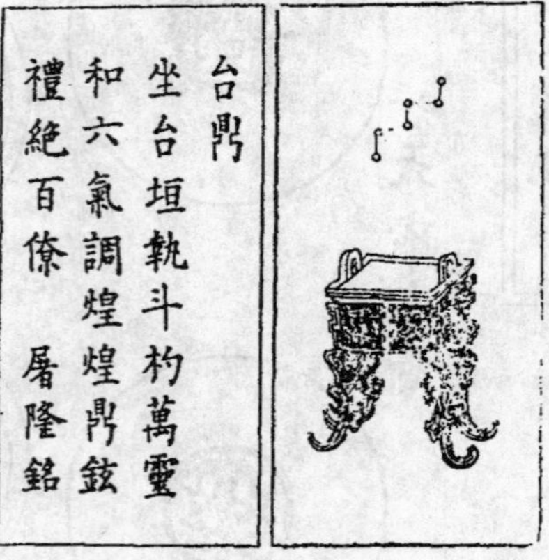
台斗
坐台垣執斗杓萬靈
和六氣調煌煌斗鉉
禮絕百僚
屠隆銘

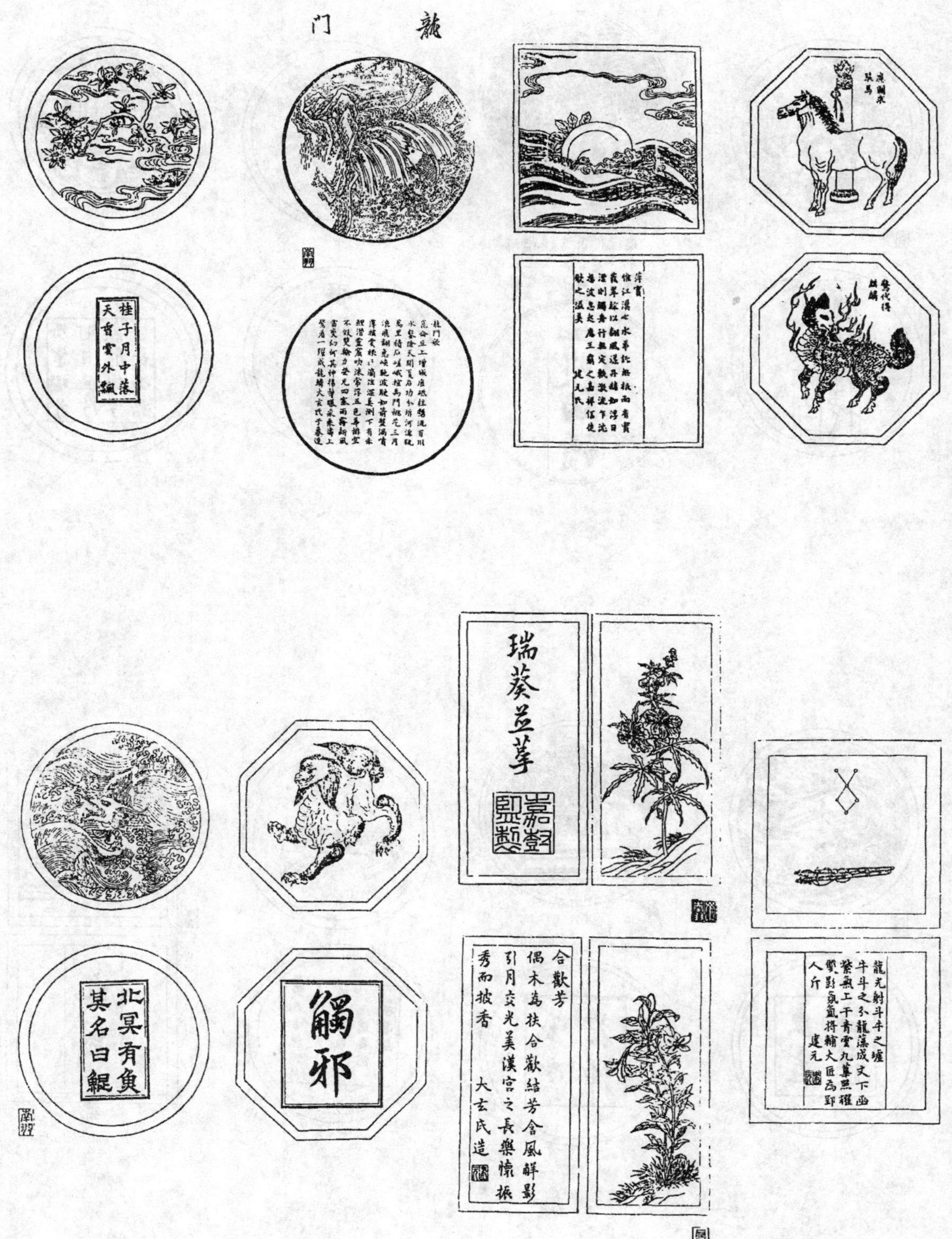
龍门
桂子月中落
天香雲外飄
瑞葵呈芽
北冥有魚
其名曰鯤
觸邪
合歡芳
偶木爲扶合歡結芳含風解影
引月交光美漢宫之長樂懷振
秀而披香
大玄氏造
龍光射斗牛之墟
牛斗之分龍藻成文下函
紫氣工干青雲九蕣照耀
雙影氛氲將輔大匠爲郢
人斤
建元

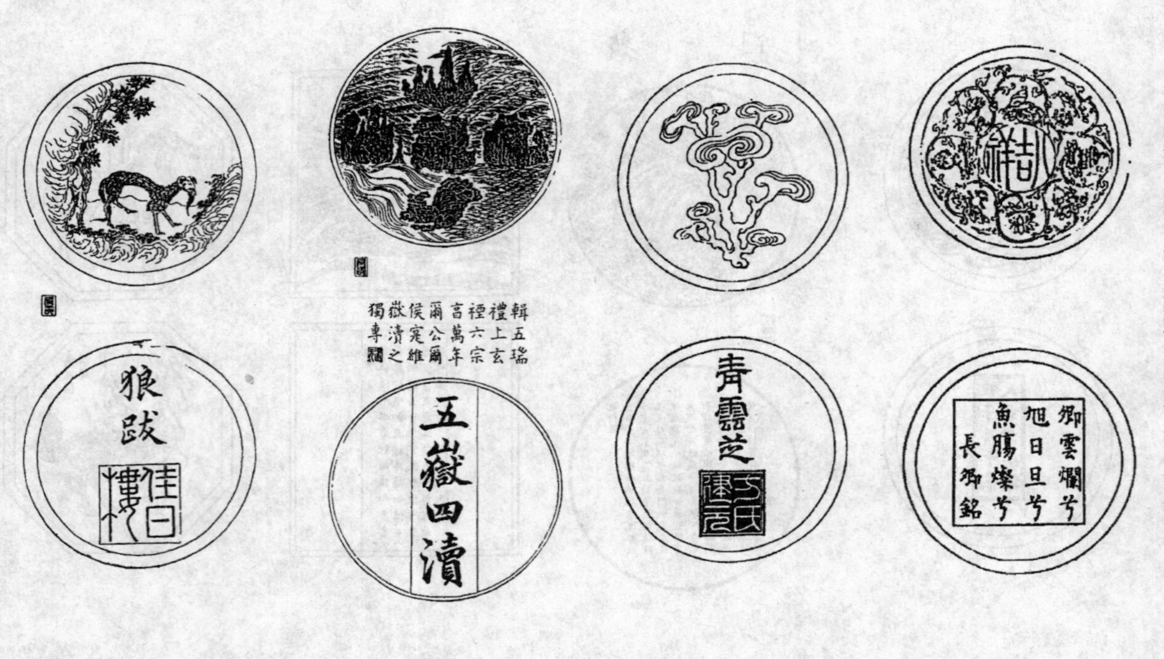
輯五瑞禮上玄經六宗言萬年爾公爾維侯寔之嶽瀆獨專
狼跋
五嶽四瀆
青雲芝
卿雲爛兮旭日旦兮魚腸燦兮長卿銘

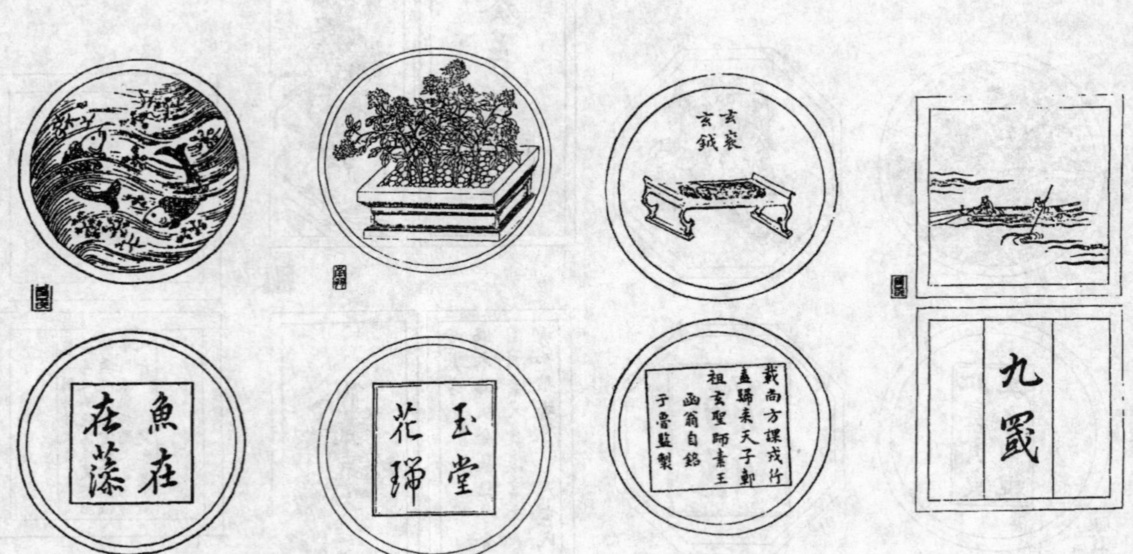
玄袞玄鉞
魚在在藻
玉堂花珊
九罭

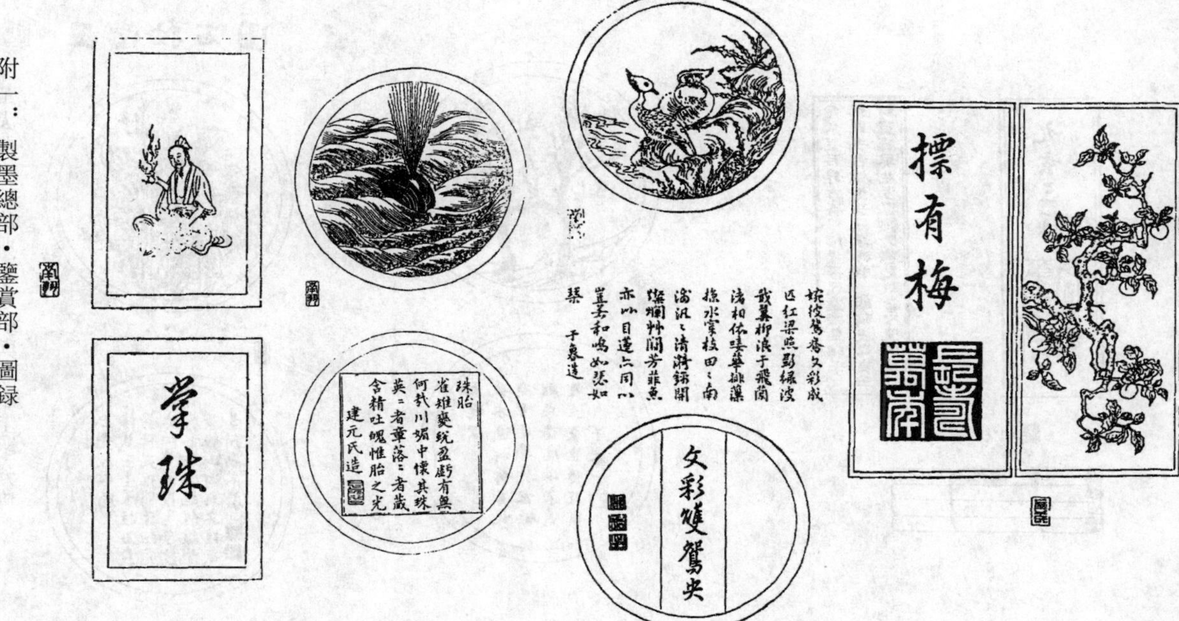
掌珠
珠胎
雀雉變𧉅蜃虧有無
何就川媚中懷其珠
英英者華落落者藏
含精吐魄惟胎之光
建元氏造
摽有梅
文彩雙鴛央

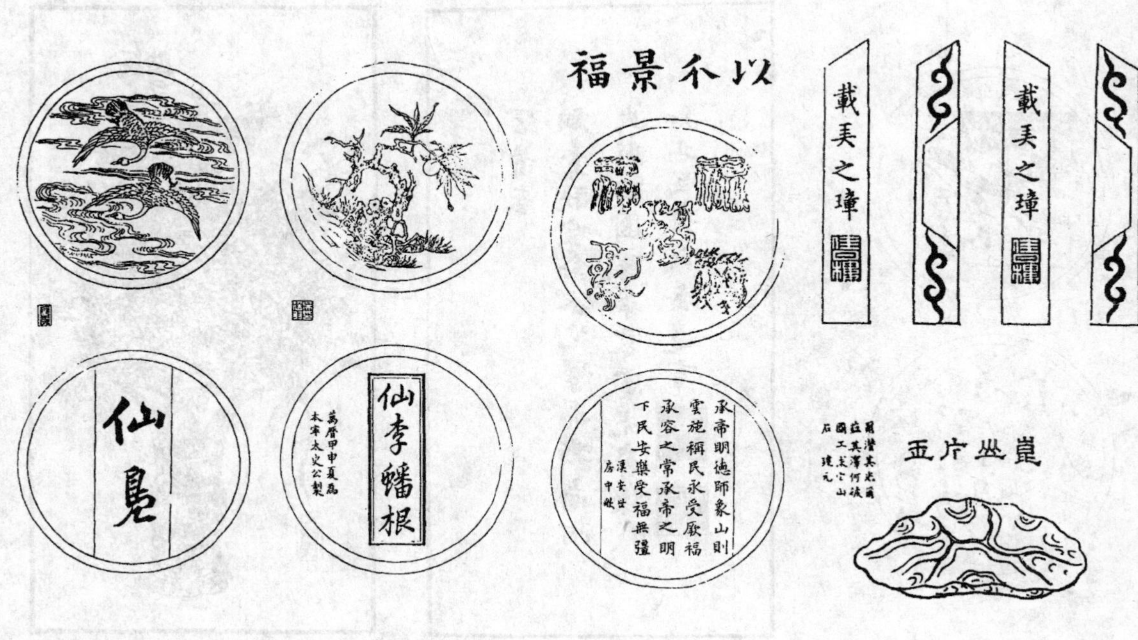
以介景福
載美之瑋
載美之瑋
萬曆甲申夏爲
本寧太史公製
仙李鱕根
承帝明德師象山則
雲施稱民永受厥福
承容之常承帝之明
下民安樂受福無彊
漢安世
房中歌
崑丘片玉

玉堂柱石圖

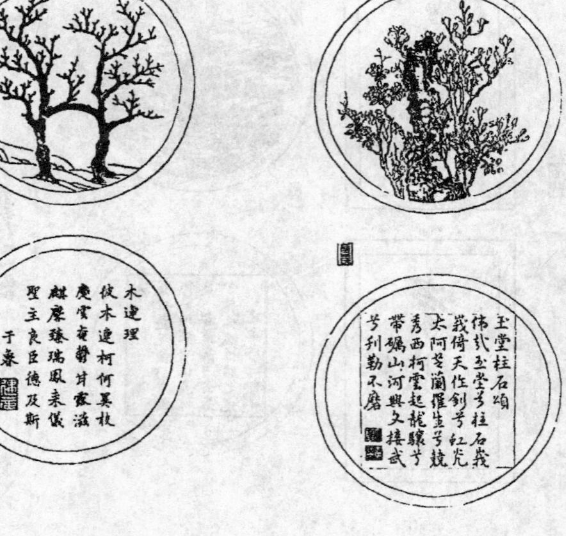
玉堂柱石頌
偉哉玉堂兮柱石峩
峩倚天作劍兮虹光
太阿是蘭羅生兮競
秀西柯雲起龍驤兮
帶礪山河與久接武
兮刋勒不磨

木連理
彼木連柯何異枝
慶雲夜藹甘露滋
麒麟臻瑞鳳來儀
聖主良臣德及斯
于秦

九玄三極
今之足言昇古者推陶氏墨氏蓋柴史陶李之
墨此千古稱良吾見罕矣我　明謝氏之良墨
如宣爽異在乎墨劑于魯足配當之徐伯吾許
璜以黼

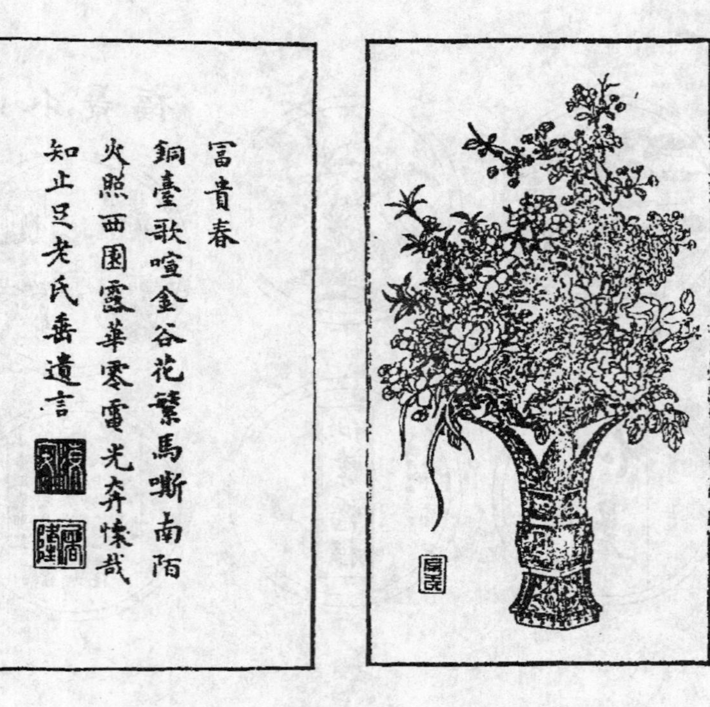
富貴春
銅臺歌喧金谷花驚馬嘶南陌
火照西園露華零電光奔悚哉
知止足老氏垂遺言

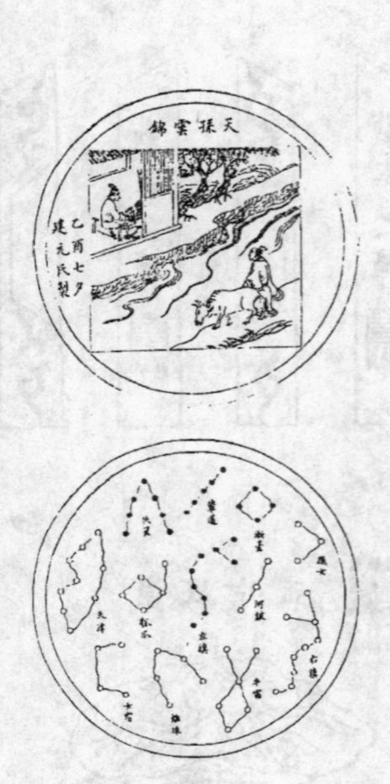
天孫雲錦
乙酉七夕
建元氏製

始作書契

天祿青藜

金人

不可磨

青琅干綠
裡藥煮娠
瀝翰玄霜
寒雙鸞銜
去五雲端

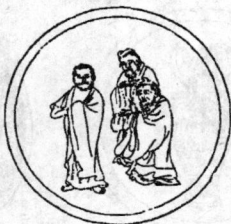

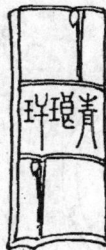

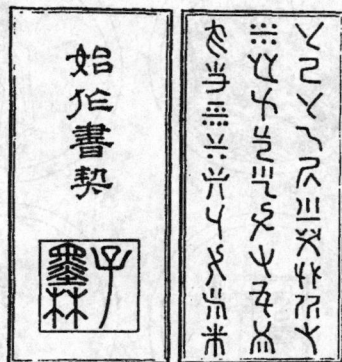

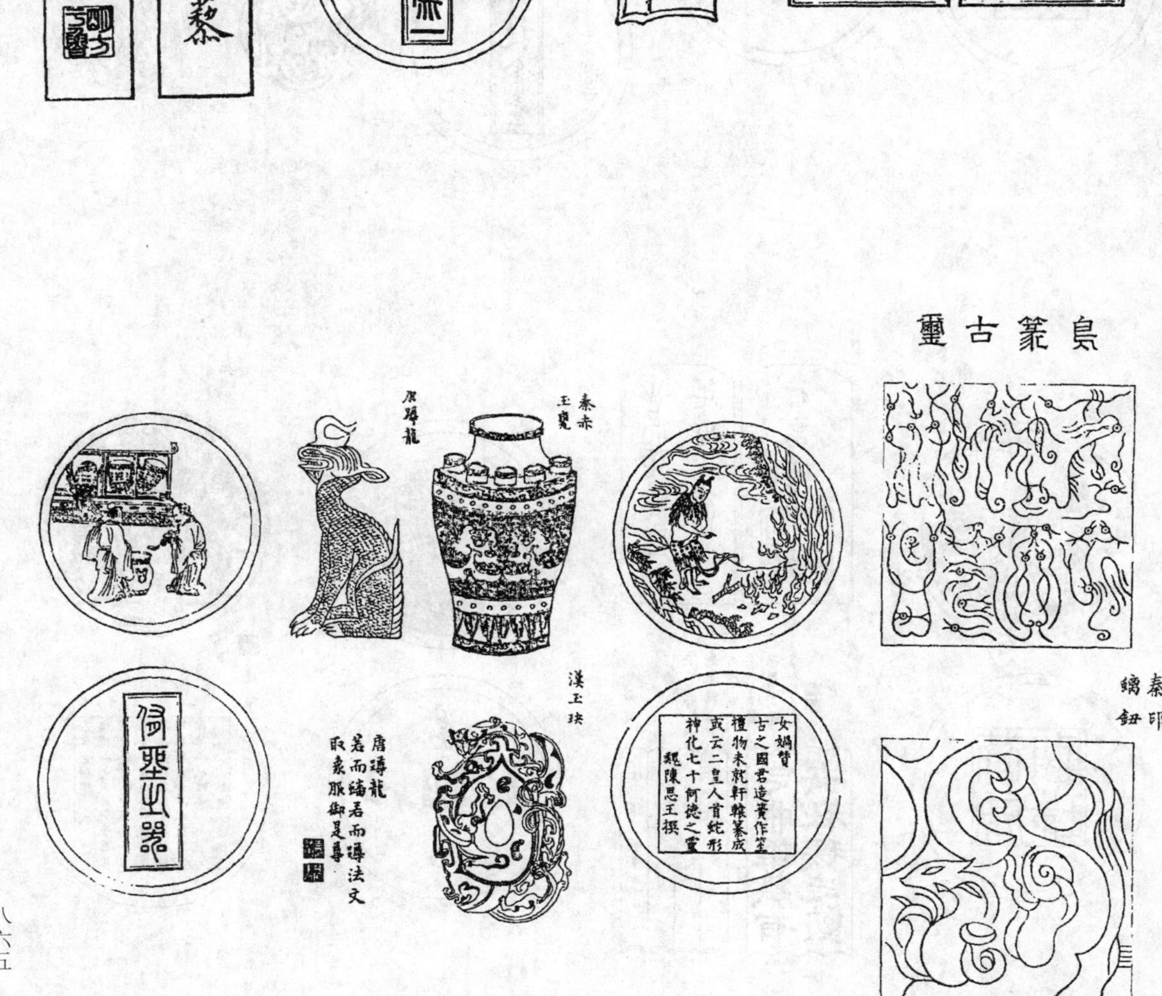

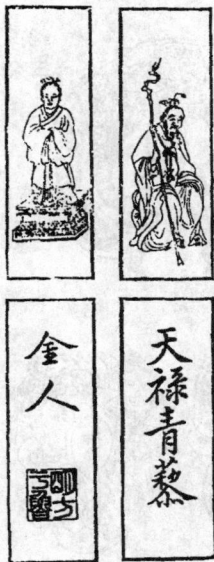

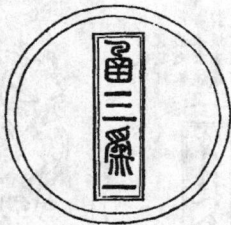

周靈王時浮提之國獻神通善書二人乍老乍少或出或藏肘間懸金壺四寸上有五龍之檢封以青泥中有黑汁如淋漆灑地及石皆成科斗之書
浮金輕玉
南山古露
墨精
萬壑凌風寒露凝何以藏之王壺冰五龍封檢青霞色何以注之金壺汁
建元氏
浮提金壺
五色玉玦
神品

神禹碑
黃帝宮珠
定冊帷幕有安社稷之勳
漢蔡邕書

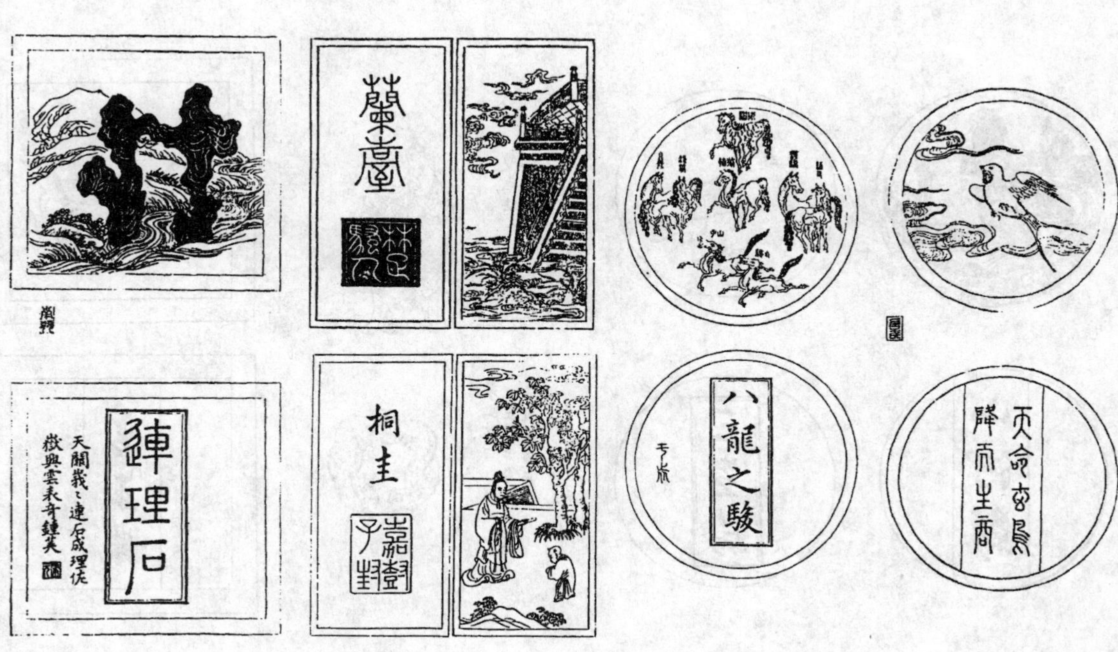

製錦

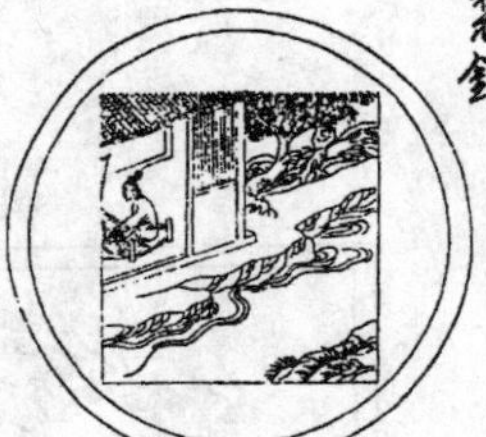

盤中詩自山樹高鳥鳴悲起左右旋環讀之當從中央周四角

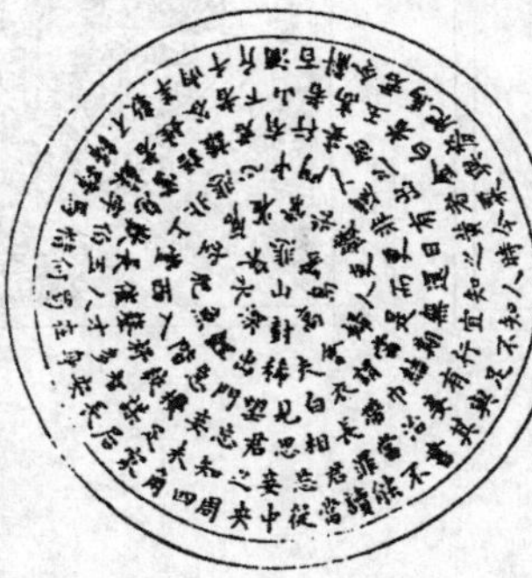

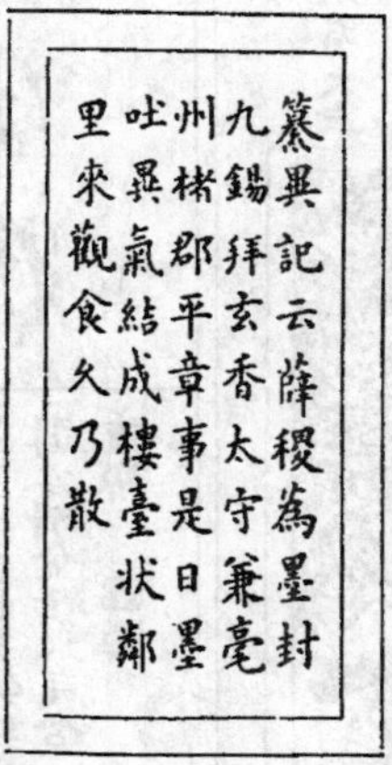

纂異記云薛稷爲墨封九錫拜玄香太守兼毫州楮郡平章事是日墨吐異氣結成樓臺狀鄰里來觀食久乃散

玄香異氣

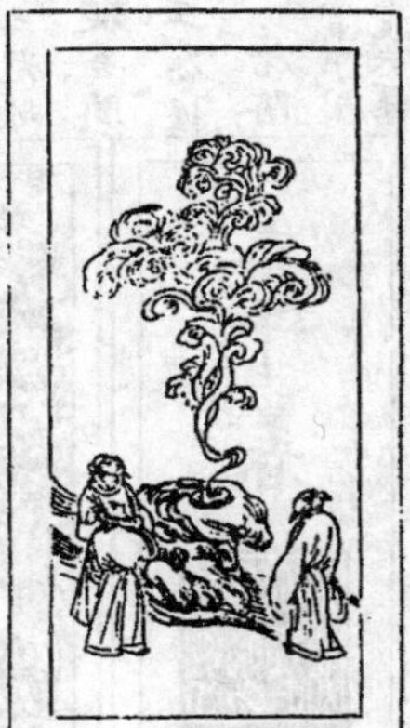

九子墨

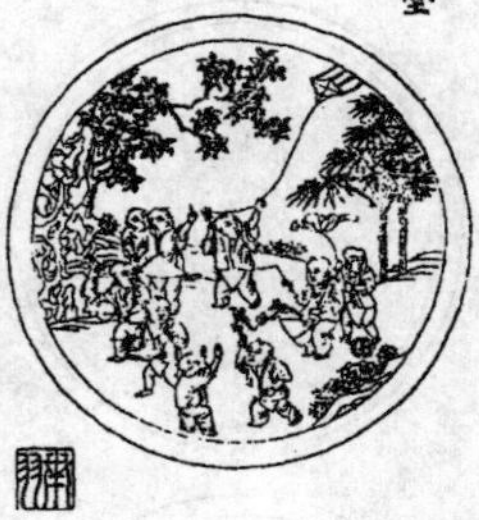

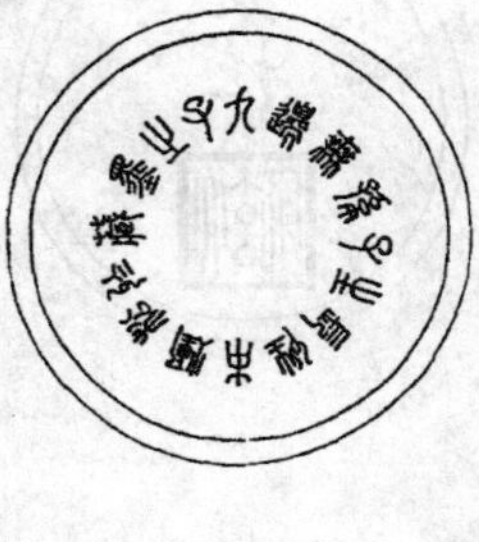

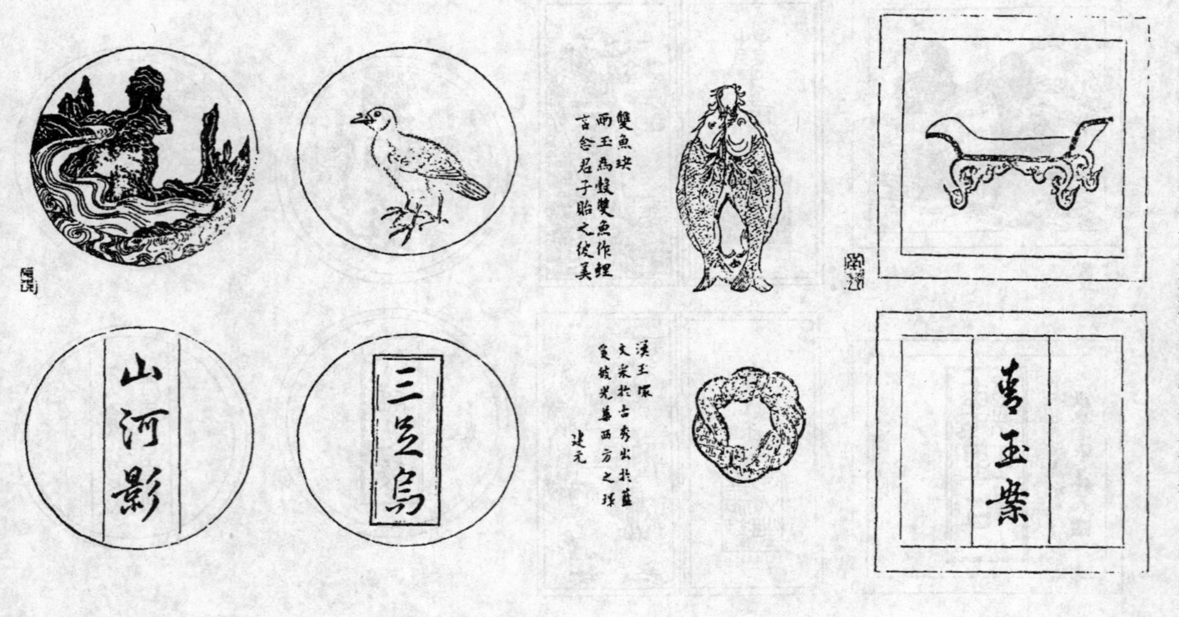
雙魚玦
兩玉爲妓雙魚作鯉
吉念君子貽之彼美
漢玉環
文采於古秀出於藍
免鈴光暴西方之瑤
建元
山河影
三足烏

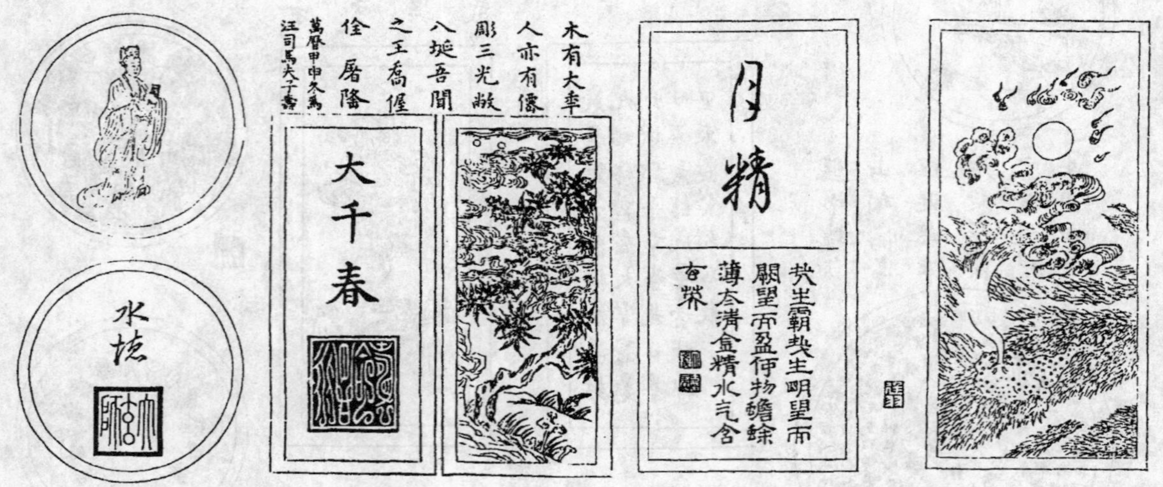
木有大椿
人亦有儔
彫三光敝
八埏吾聞
之王喬偓
佺居隆
萬曆甲申冬爲
汪司馬夫子壽
大千春
月精
水堍

文犀照水
千歲苓
琴華鑑圖

厭勝錢
依原樣製
靈寶
百爵

壺中九華

窈窕雲壑　瓏瓏靈竇　欲雨生池　若煙蒸岫　靈氣挺華　天工錯繡　幽意出群　九峯含秀

建元氏

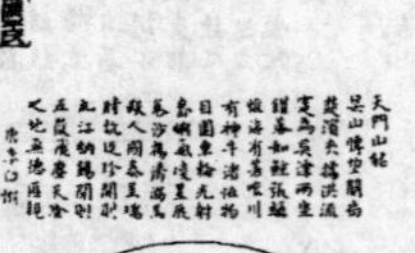

天門山銘

結綺

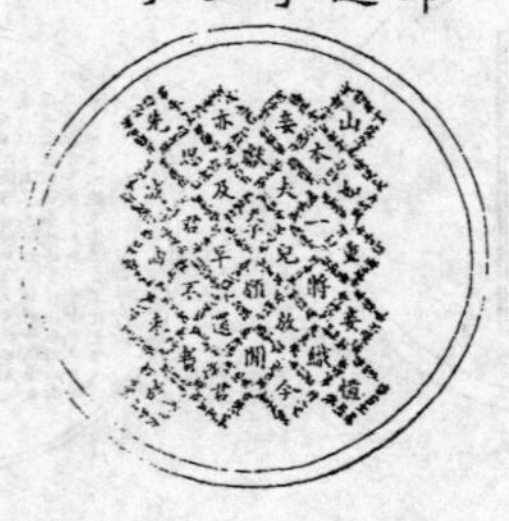

織錦圖從君字起至還字止

墨狻猊

子封法古

煙細膠新杵熟蒸匀　色不染手光可射人

趙宋李昉蓄五禽皆以客名白鷴曰閑客白鷺曰雪客白鶴曰僊客孔雀曰南客鸚鵡曰西客

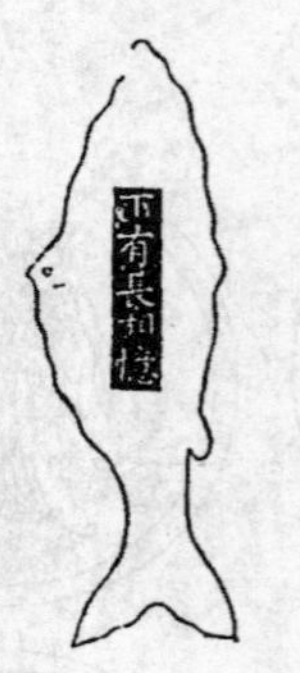

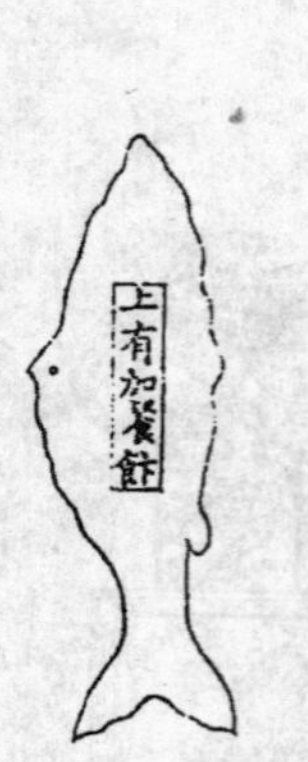

雙魚

玄成比目素結同心　中有尺書載好其音　懷三歲字如雙南金　我勞系思爾浮爾沉

于魯製

此墨用以寄書狀若虎符調其鑿枘而相合空處刻鈞鬣上有孔以朱絃約之

此墨四方一寸五方皆虎文

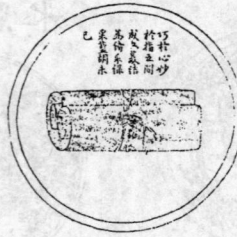

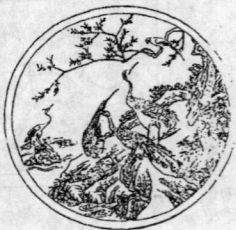

天水

三臺石墨

漢有隃麋魏有螺三臺藏者烏用多襍雲巳矣人不磨　建元

三臺石墨

古文玉形如奁兩耳有孔名不可考

美山神實斷自鬼工六瑞梅藻五彩成紅樑於子聞之歲聞風君子作佩溫溫其同　建元氏

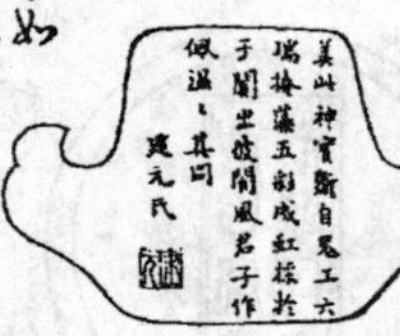

桃葉

桃之葉桂之楫君有心江可涉

螺子黛

玄注的黛凝香剛蛾綠拂鴉黃涌煙却月清且揚小山曲曲遠山長　建元戲題

石鐘

有鐘蔵兮維臺懸片石兮崔巍吐雲霧兮科斗殷山嶽兮風雷　于魯

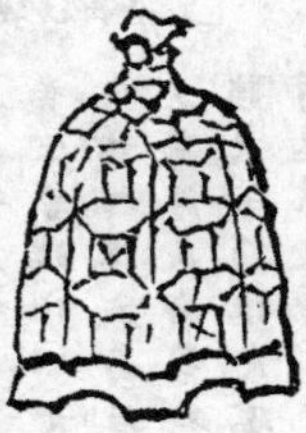

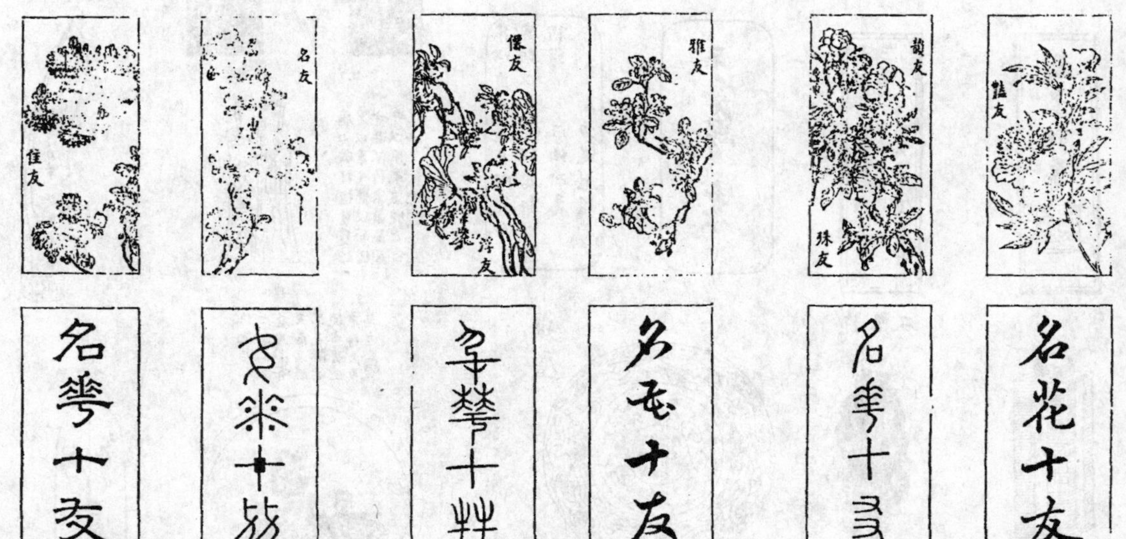

名花十友叙

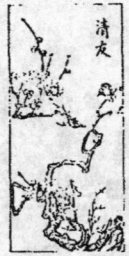

昔宋曾端伯以十花為十友，謂桂僊友，菊佳友，梅清友，荷淨友，海棠名友，荼䕷韻友，茉莉雅友，瑞香殊友，芍藥豔友，薝蔔禪友，各為之詞。張敏叔又以十二花為十二客，各賦以詩。余因戲輯為諸墨，一曰名花十友，一曰名花十二客。

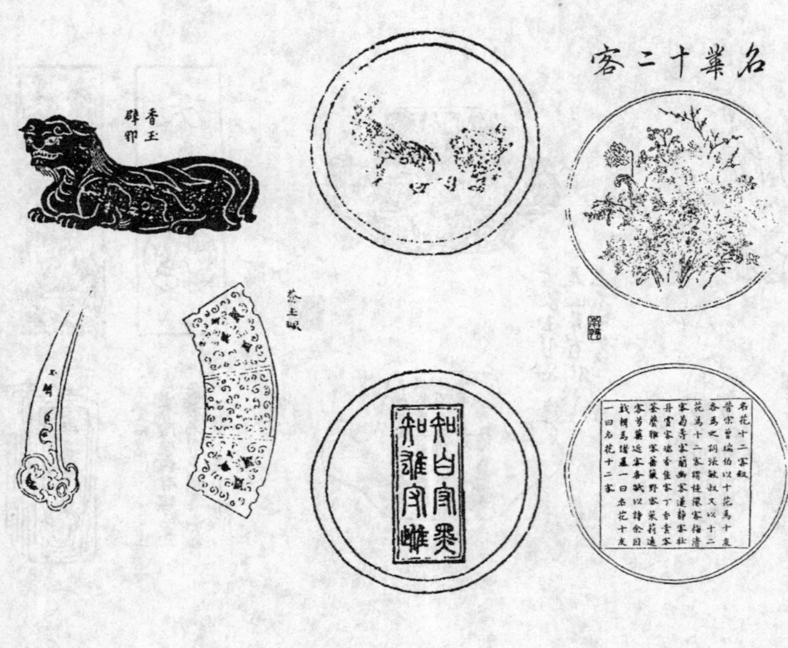

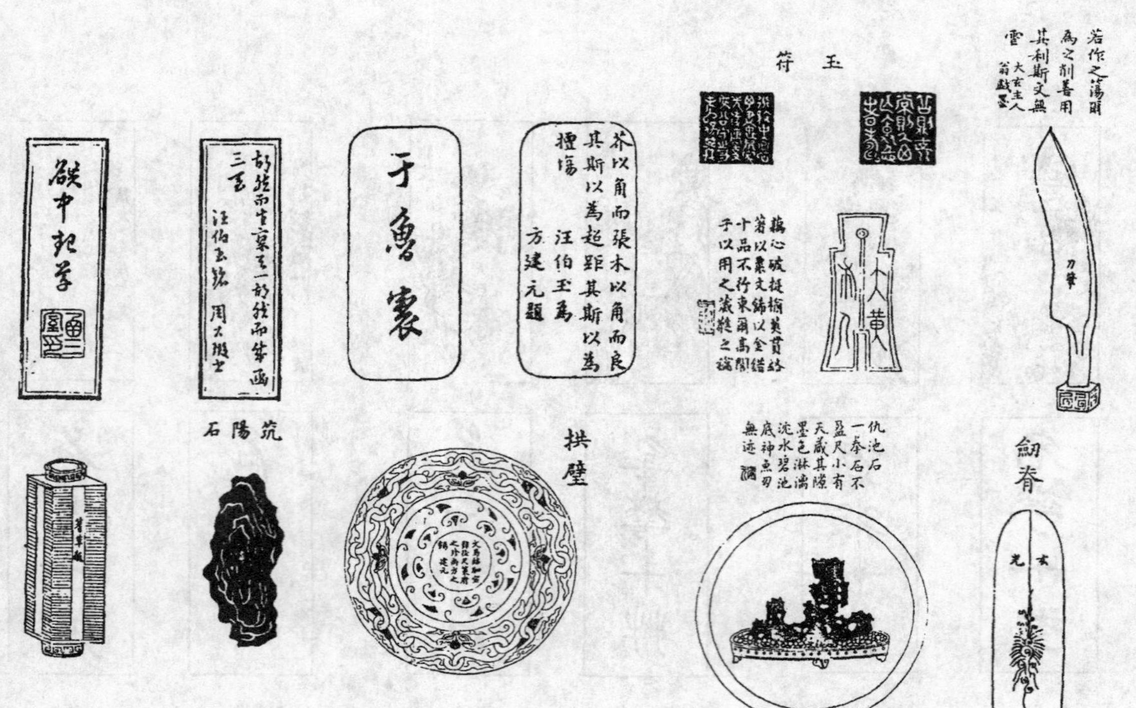

方于魯《方氏墨譜》卷四《博物》

螺舟

神查貫月儗舸乘霞

滄波之螺浮海之涯

瑤光交彩斗氣成華

昭之雲漢其天車耶

大玄氏

山海經云北海幽都黑
水出焉其上有玄鳥玄
蛇玄豹玄虎玄狐是爲
大玄之山有玄丘之民
大玄山

五嶽銘

桐栢霏煙浮丘吐霞靈

篇北岳鈔炁西華玄夷

蒼水應神禹祁岱宗玉

牒七十二家峩峩太史

金弢石室精靈呵護風

雨弗蝕有光如虹燭奎

壁　屠隆長卿甫

五岳五欵象形作式

上凸下平分陰陽刻

各書五山之名

小五岳印四方各一

寸五面刻五岳下篆

五岳藏書四字

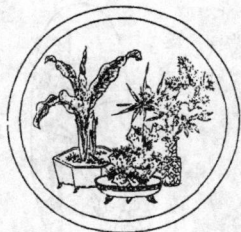

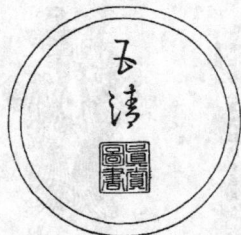

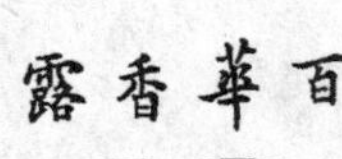

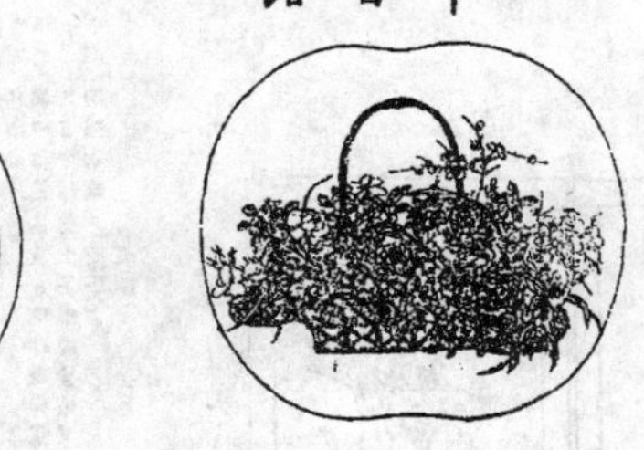

百花香露

五色三危露四照萬品丟夜陞

瑶英垂素液朝圃琪樹綴朱華

珠璣錯落水晶朗湛湛銅龍日

初上瑞氣浮來百和香靈芬吐

在九莖宴芳林玫籽紫瓊霜瑛

滕鳳沫鵠都梁水涵玄武池中

覗火引青藜杖底光玉鬪瓊天酒

金壺汁吉雲滿室占佳色枝枝

葉葉雯華生表京久章卿子墨

玉清

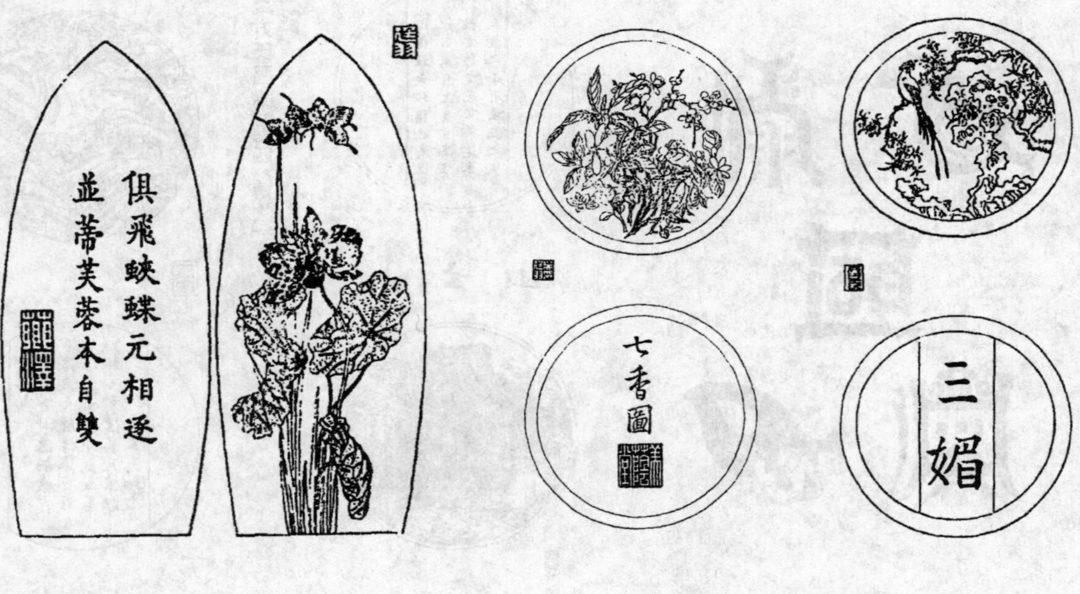
俱飛蛺蝶元相逐
並蒂芙蓉本自雙
七香圖
三婿

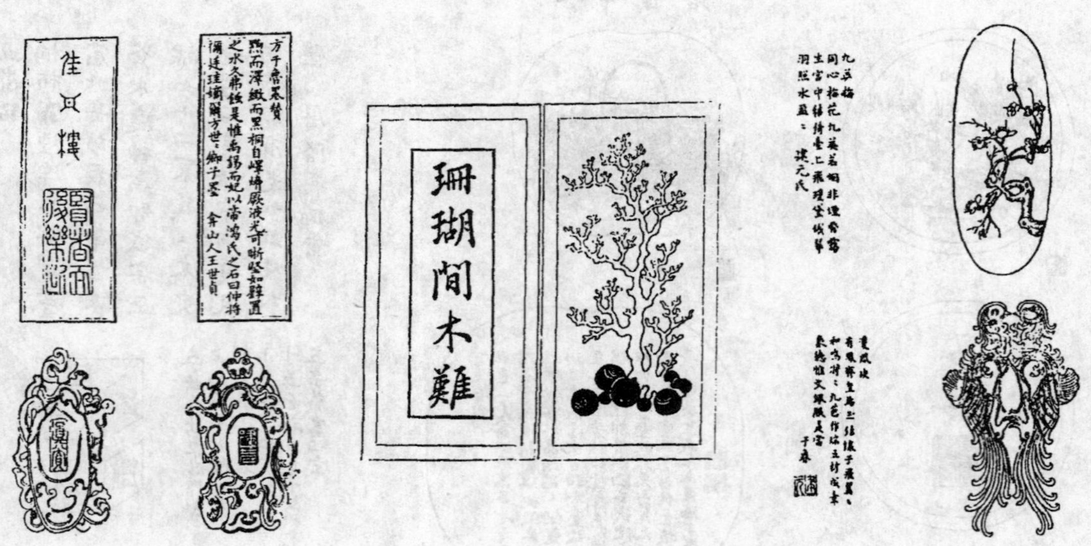
佳日樓
方于魯墨贊
黝而澤緻而黑桐自嶧陽膠液光可晰堅如辟置
之水久而不蝕是惟易錫而妃以常鴻氏之石曰仲將
彌廷珪摛厥方世世御于墨　弇山人王世貞
珊瑚間木難

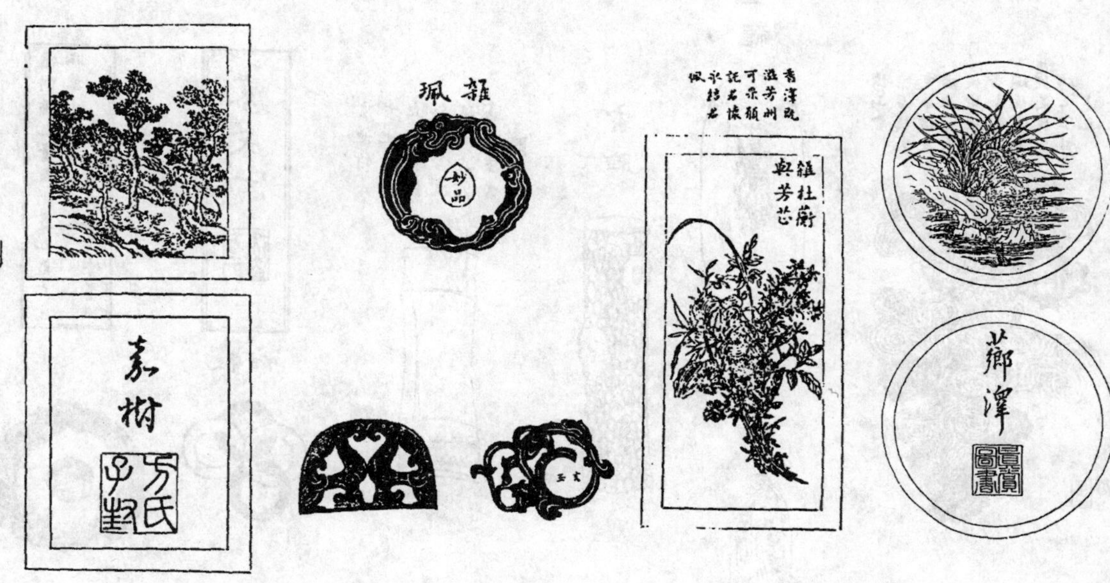
龍珮
妙品
嘉樹
方氏子魯
雜杜蘅與芳芷
鄣潭

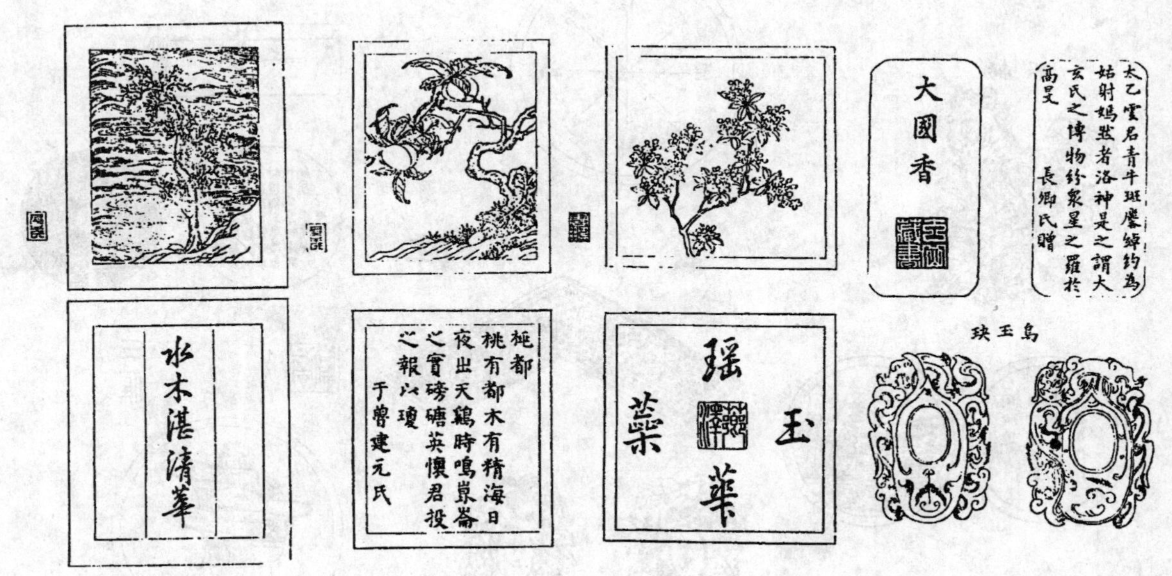
水木湛清華
大國香
瑤玉蘂華
鳥玉玦

博山雲
采石鏤文，
變華結蓋
蟠曲雕環
蜿延花帶
香分瑞氣
烟隱仙靈
彼美良工
巧心班形
建元

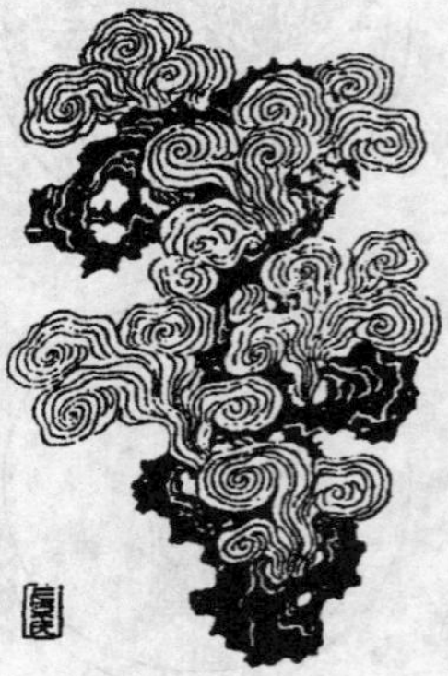

豋龍

茗之華

玄脂

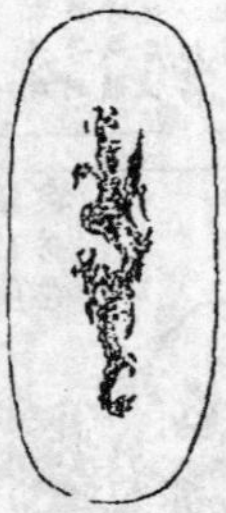

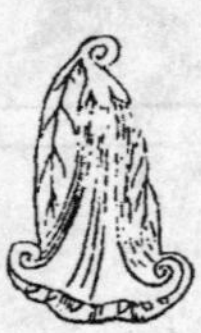

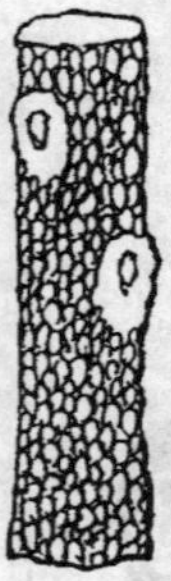

玄池竹
玄池竹玄
立雲玄枝
浮水含氣
氤偃波朵
露成玄文

參天一

清則稀也，膏輕則麋也，角玄德
非馨太沖惟淡
伯玉銘于膏墨

交臂連環

桃根

束素

子有錦綈
勿忘簞子
有新人勿
忘故

浮玉

同心蓮
日分隻帶影
水合兩花香
梁朱超詩

神品

三雁

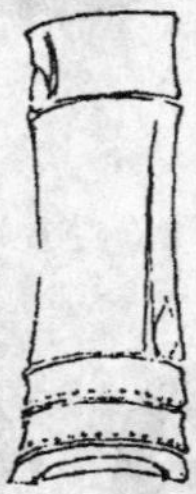

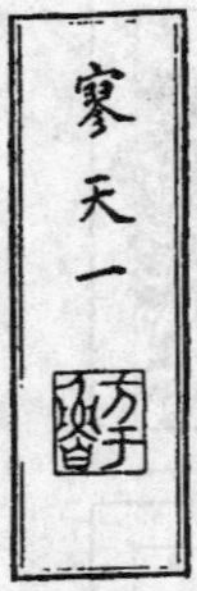

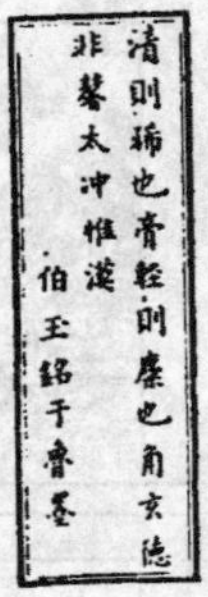

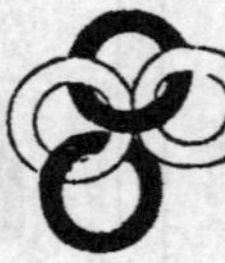

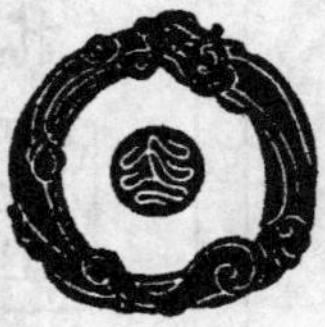

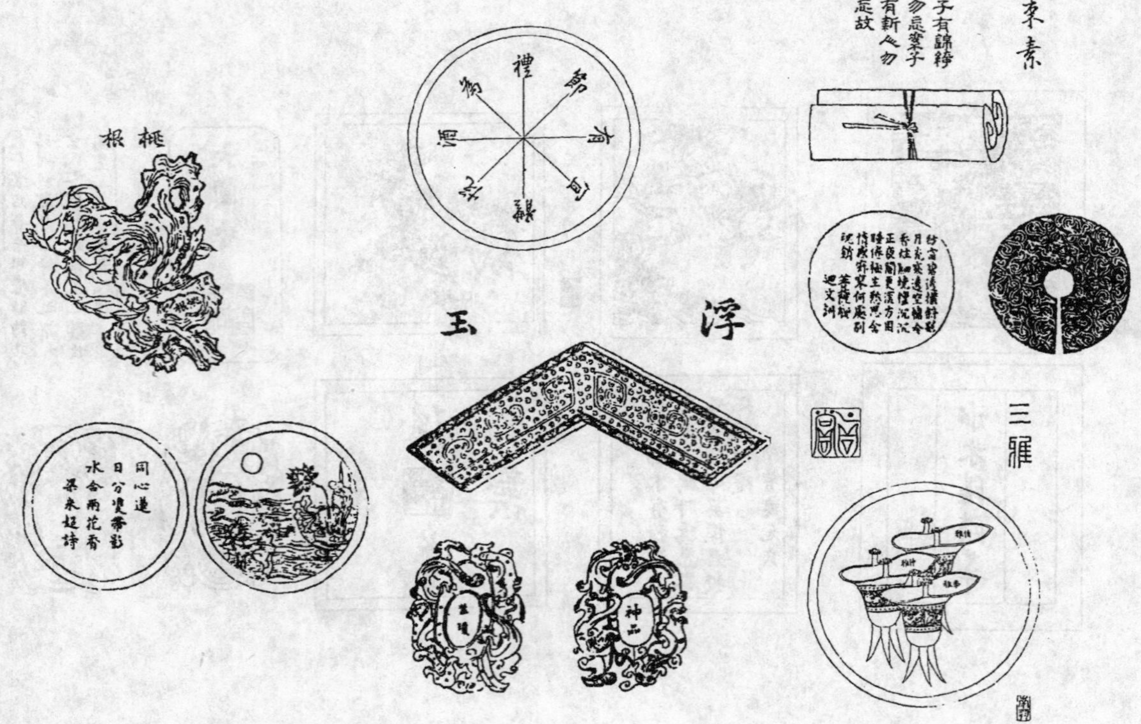

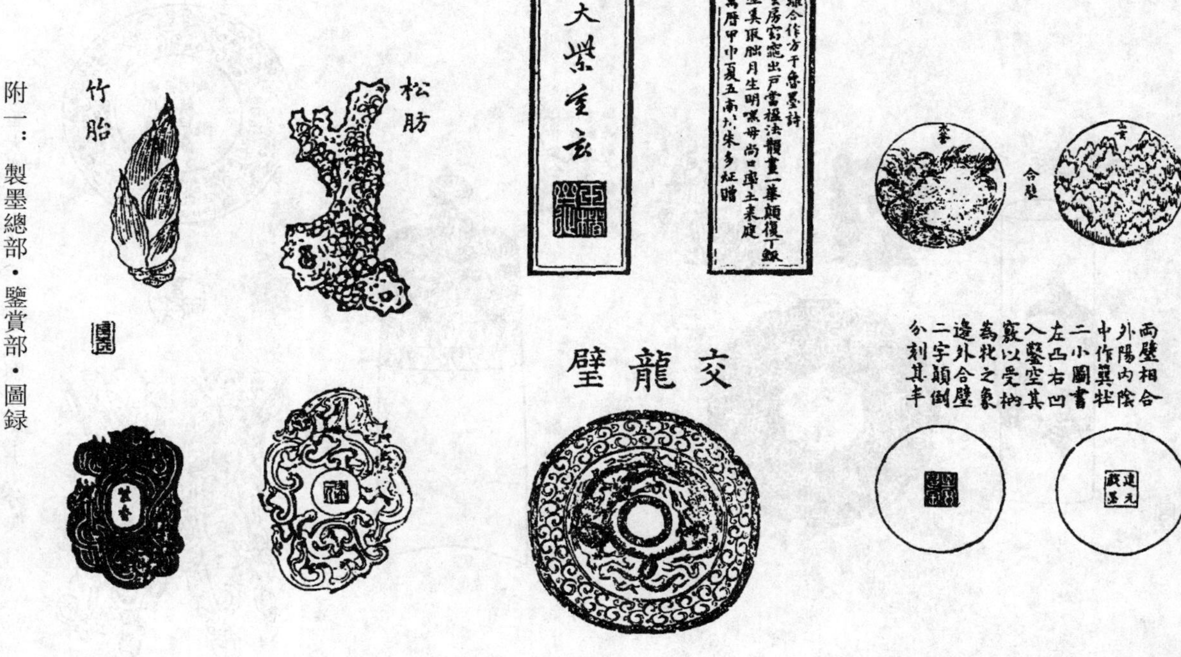
竹胎
松肪
大紫金玄
雜合作方于魯墨詩
交龍璧
兩璧相合外陽內陰中作巽壯二小圖書左凸右凹入鑿空其竅以受納為壯之象邊外合璧二字顛倒分刻其半

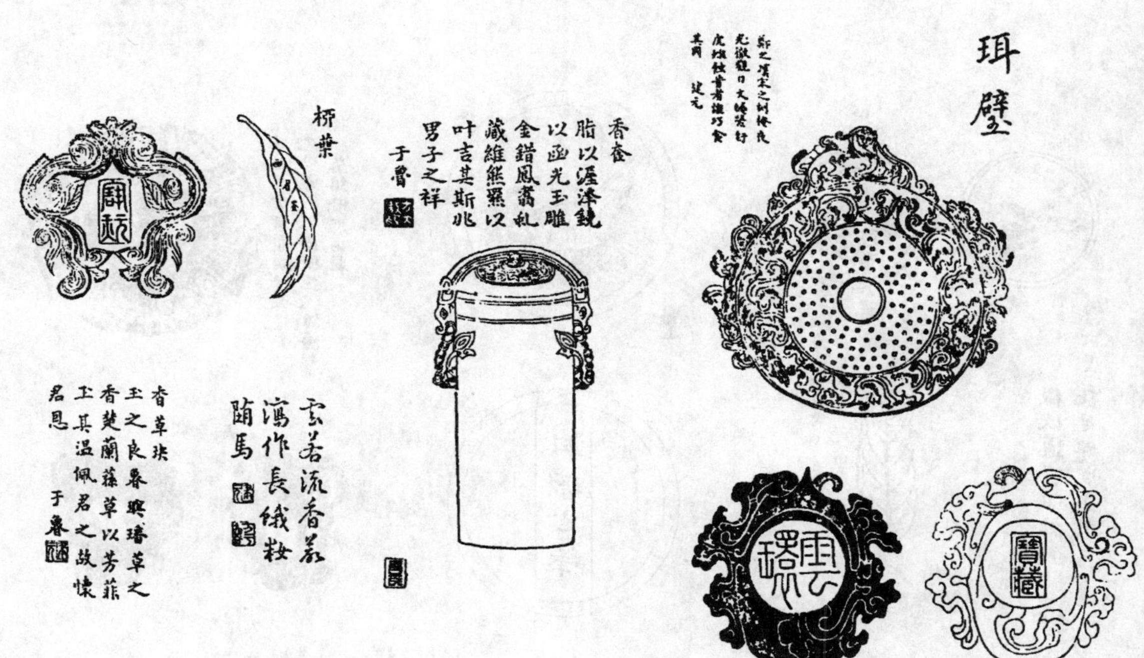
珥璧
柳葉
香奩脂以澤澤鏡以函光玉雕金錯鳳翥虯藏維熊羆以叶吉其斯兆男子之祥
于魯
雲若流香蕊瀉作長絨粧蹄馬
香草玦玉之良春與瑤草之香楚蘭蓀草以芳菲上其温佩君之故懷君思
于魯

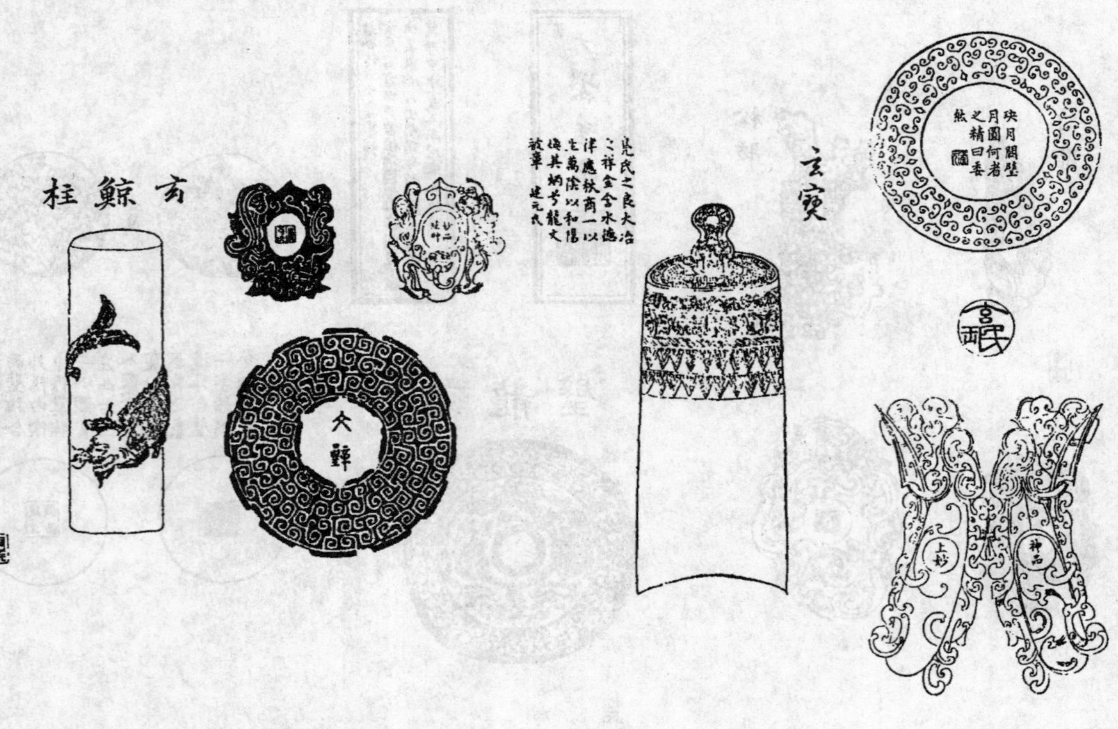
玄鯨柱
兒氏之良大冶之祥金含水德津應秋商一以先爲陰以和陽倫其納兮龍文被華建元氏
玄寶
玦月闕璧月圓何者之精曰垂然

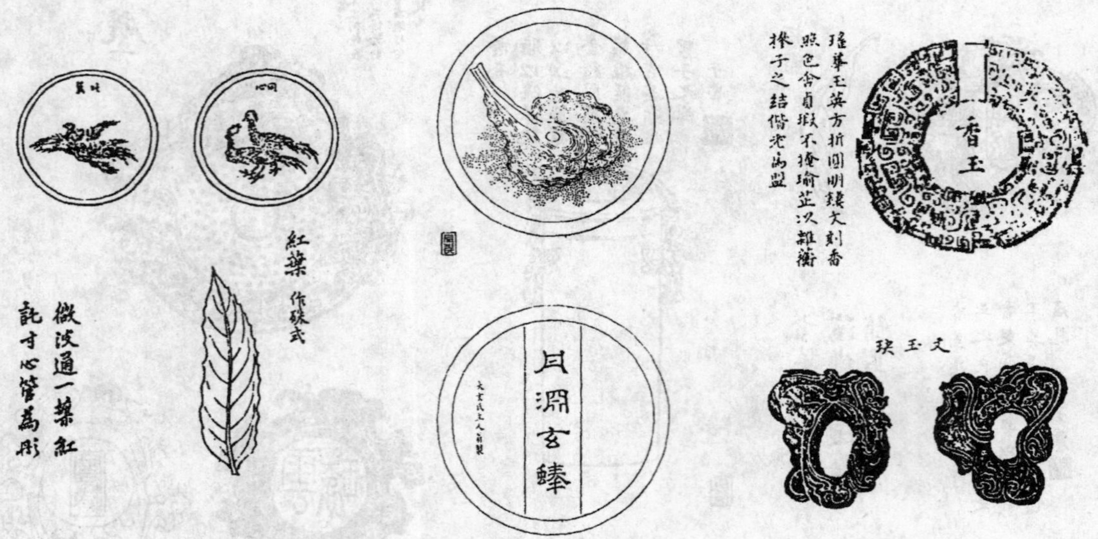
紅葉作砝式
徽歙通一葉紅訖寸心管爲形
瑶華玉英方圻圓明鏤文刻香照色含肩瑕不掩瑜芷次雜蘅椒子之結佩兆尚盟
香玉
文玉玦

黄絹幼婦外孫齏臼

絕妙好辭

龍鯉
洪波蕩蕩
中有神魚
鼓風跋浪
吐雲淩虚
禹門既通
天池莫容
彼誇九萬
爾作飛龍
建元

分香蓮

古樂府江南曲
江南可采蓮蓮葉何田田魚戲
蓮葉間魚戲蓮葉東魚戲蓮葉
西魚戲蓮葉南魚戲蓮葉北

魯生戲作

方于魯製

昔氏劇氏三釘下者實綠猶見影而不見光柳
而楔施於事也于魯之墨曰非烟近於是矣余
恐得者陋而不試墨将磨乎國香而下割愛哉
之然猶有民邑公廷獻池上　王敬美評

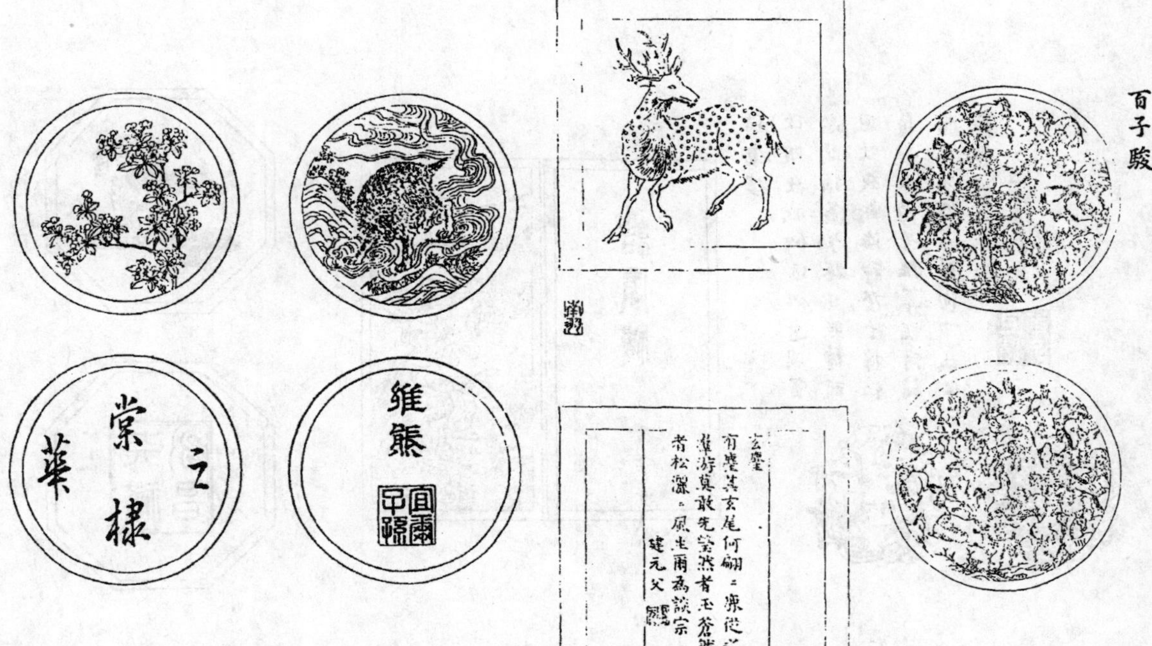

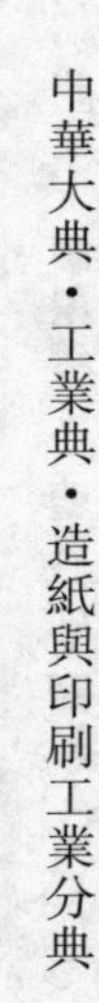

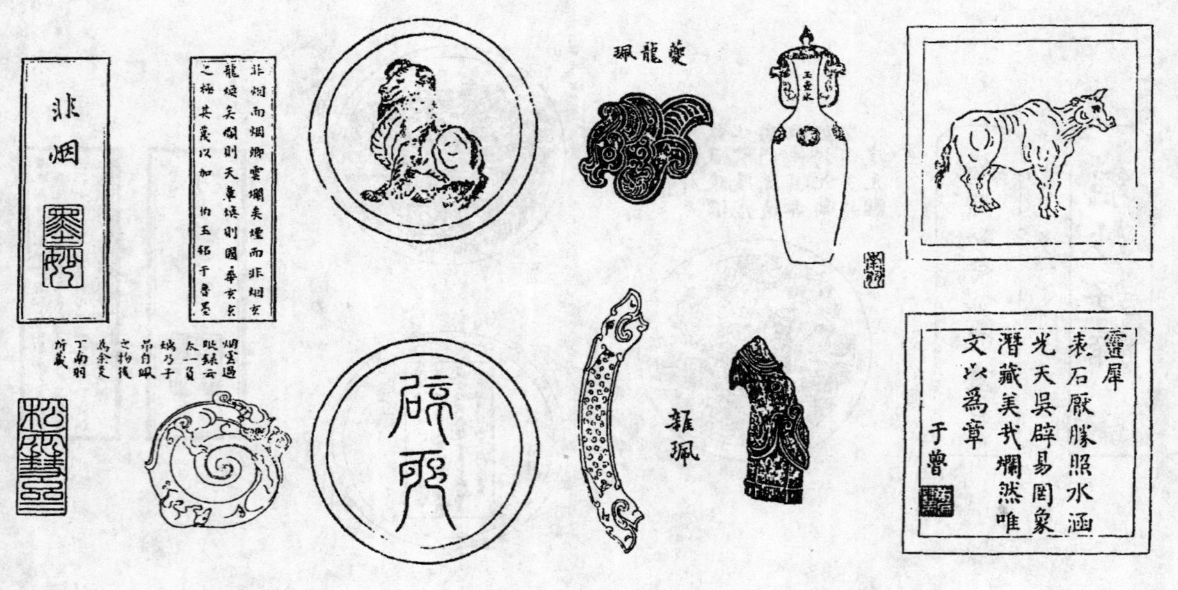

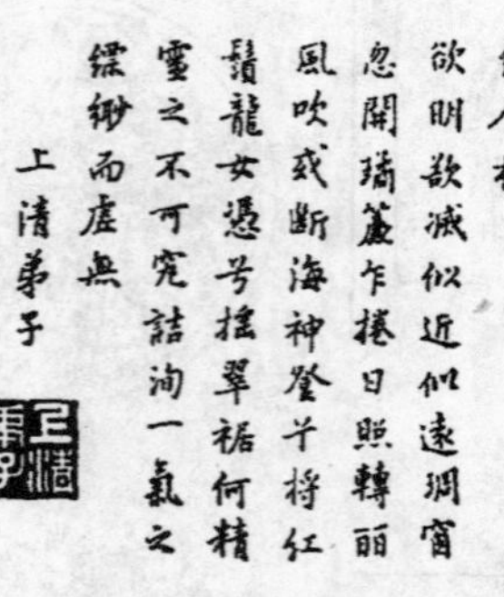
结蜃樓
欲明欲滅似近如遠洞窗
忽開瑞簾乍捲日照轉丽
風吹或斷海神登兮將紅
鬚龍女憑兮搖翠裾何精
靈之不可究詰洶一氣之
縹緲而虛無
上清弟子

方墨

金屑泉

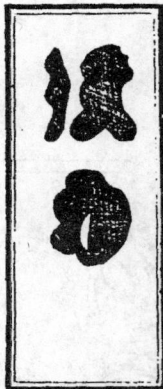

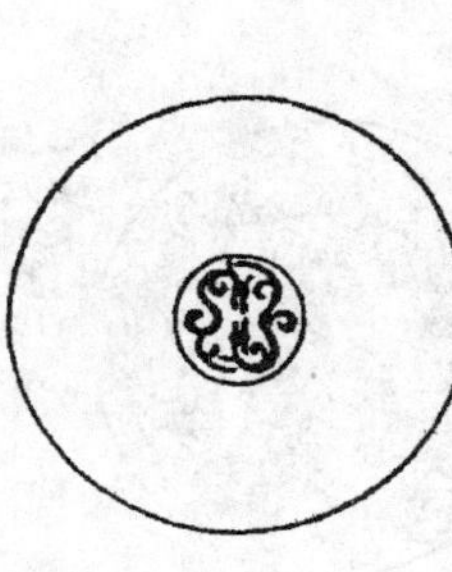

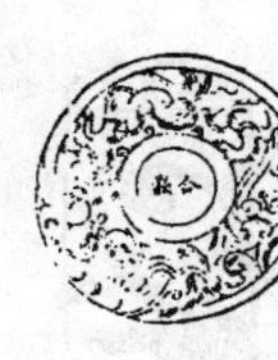

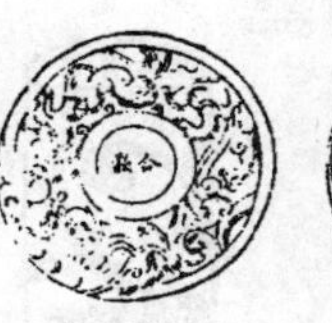

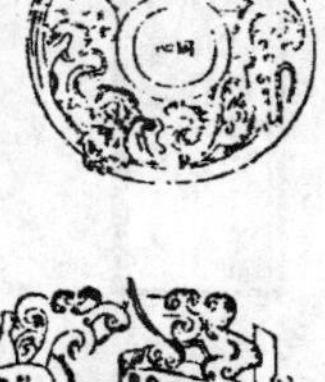

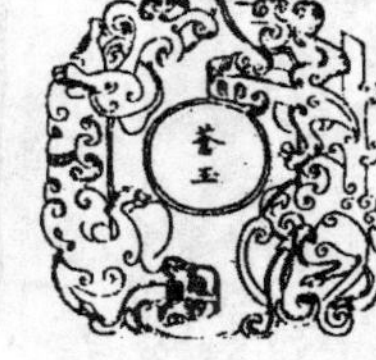

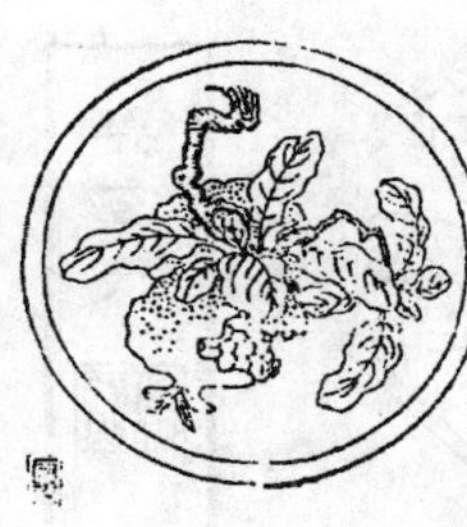

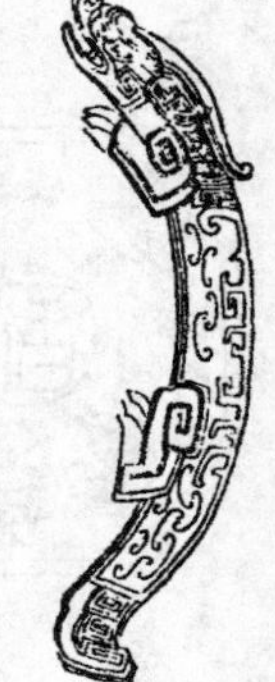

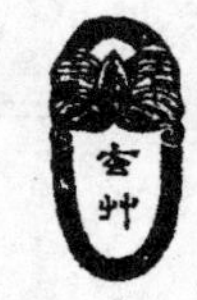

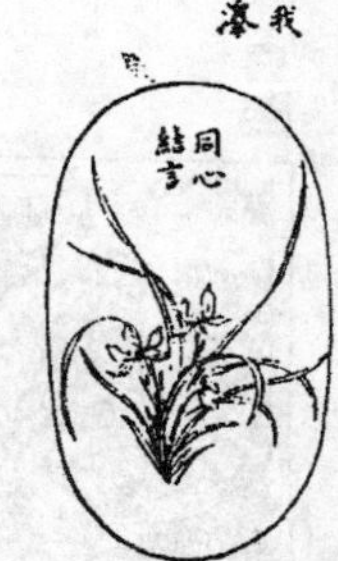

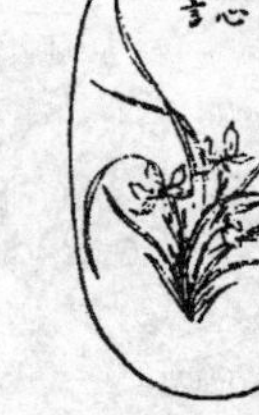

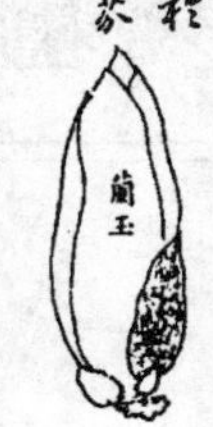

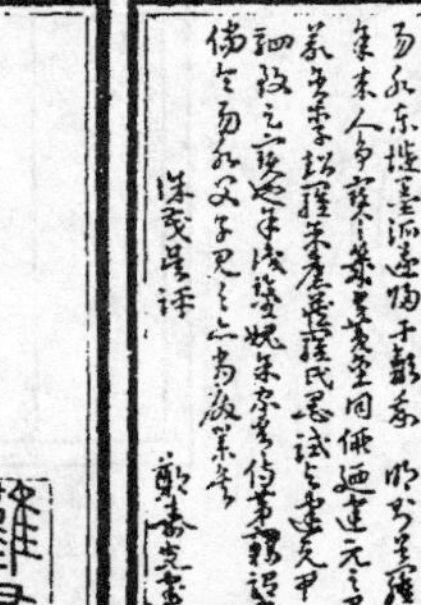

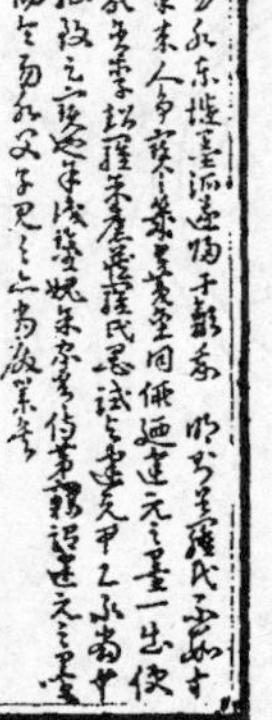

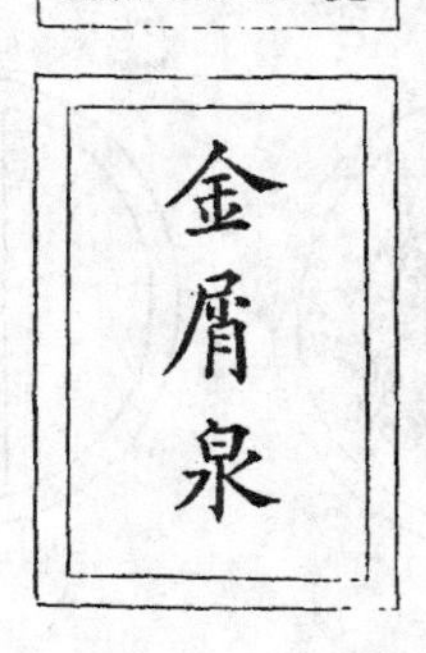

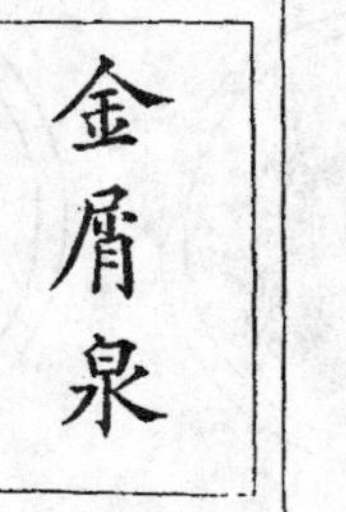

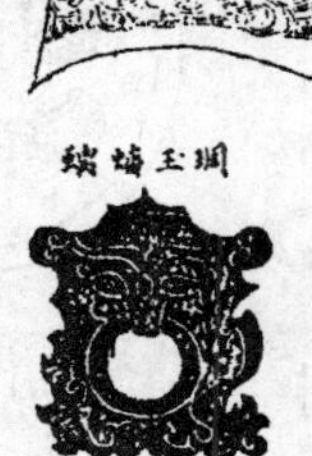

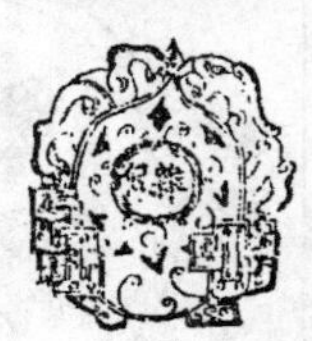

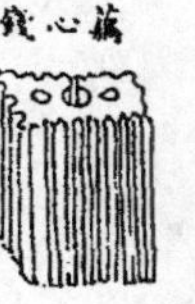

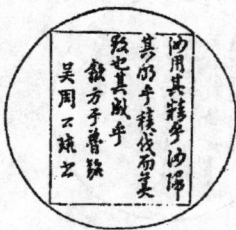

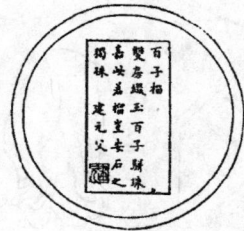

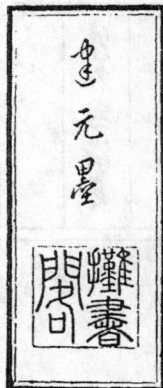

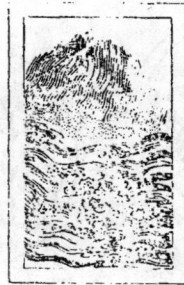

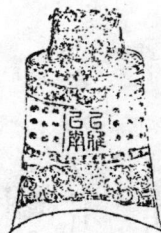

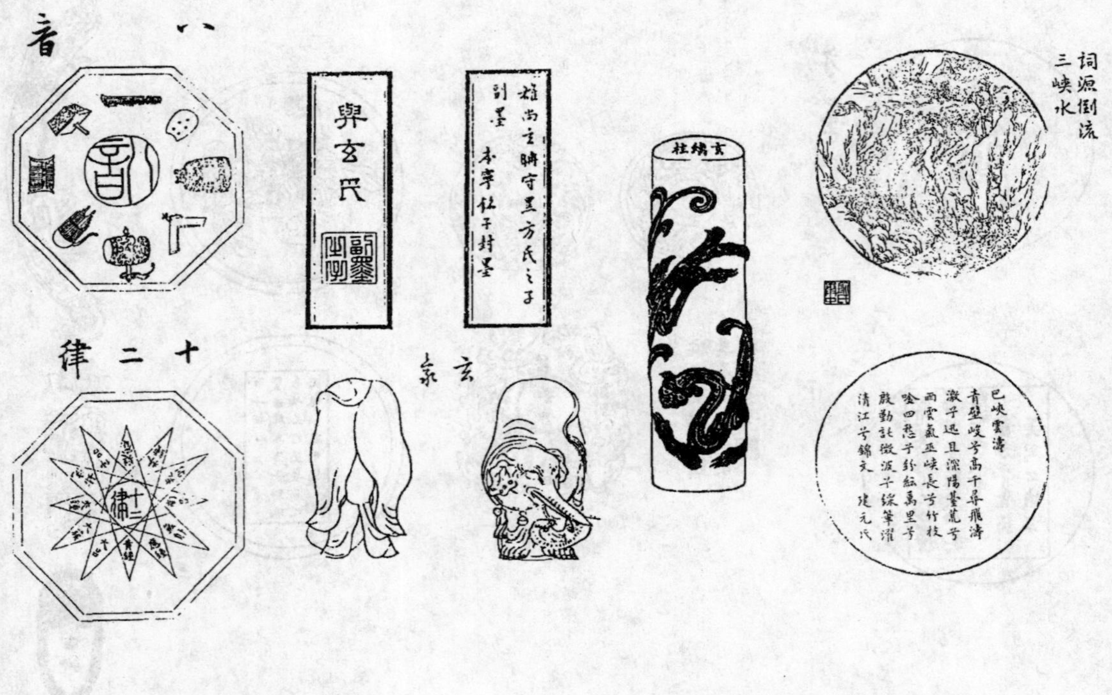
八音
十二律
畢玄氏
雄尚主眄守墨方氏之子剖墨
李宰杜子封墨
玄象
玄燒杜
詞源倒流三峽水
巴峽雲濤
青壁峻兮高千尋飛濤激兮迅且深陽臺荒兮雨雲亂巫峽長兮竹枝唫四愁兮紆紼萬里兮殷勤討微源兮縱筆溜清江兮錦文
建元氏

玄海蘇珍
二酉
石丈雲
清輝照海月

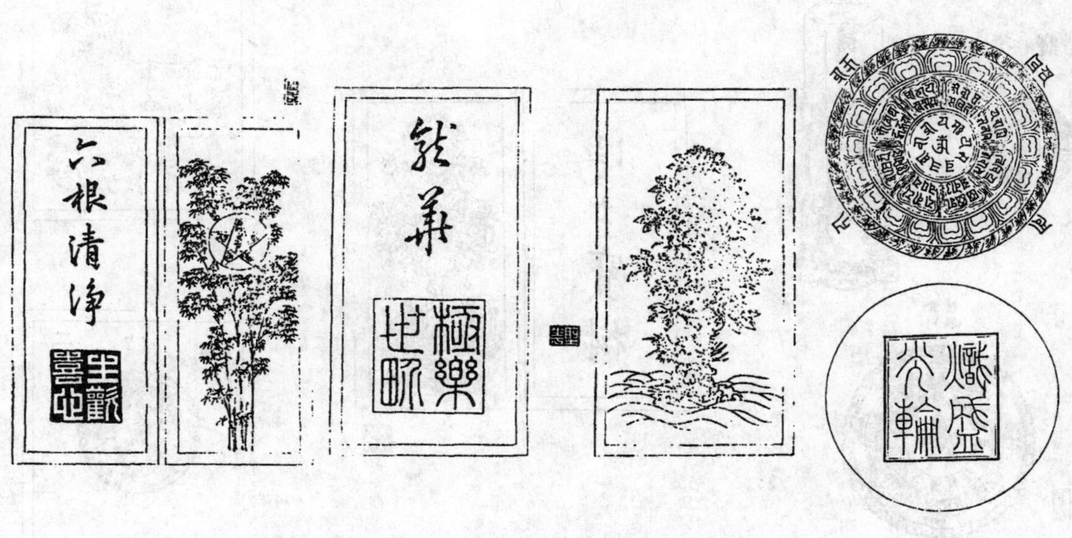
六根清淨
能𦬊
極樂世界

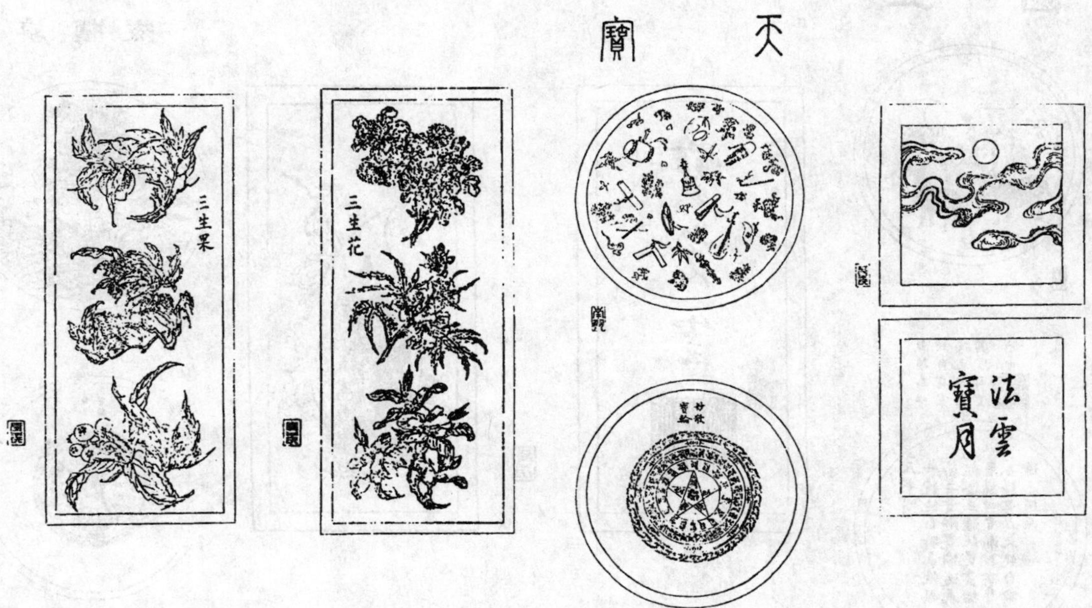
三生果
三生花
天寶
法雲
寶月

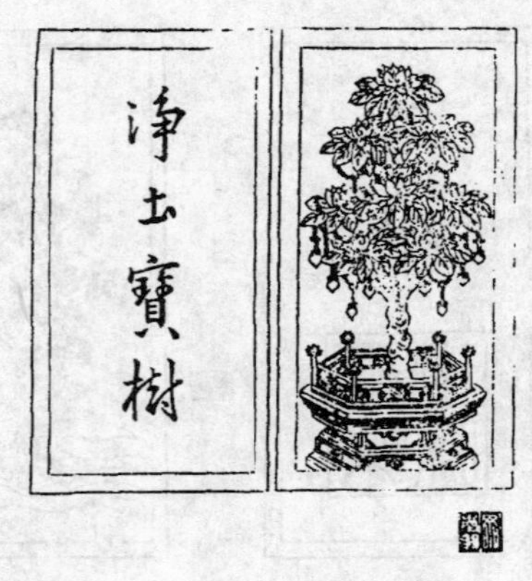

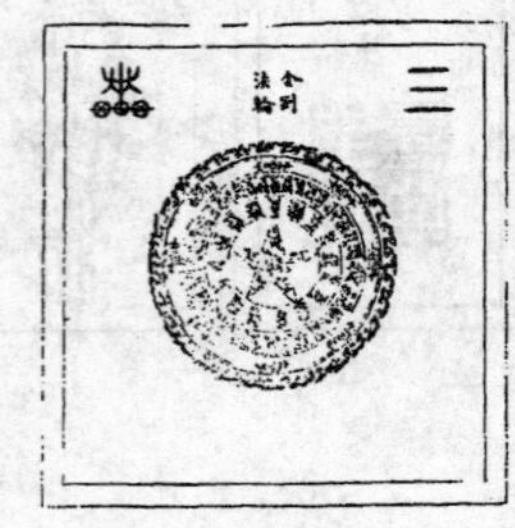

白猶為祥
純白真常
玄元守黑
異室同堂
西三堂

五牛圖
一體純白喻真性無
染二首漸白喻真
起妄三體純𪓬喻迷真
畢爆四首漸白喻背
妄歸真五又純白喻
返本還源

墳檀滚

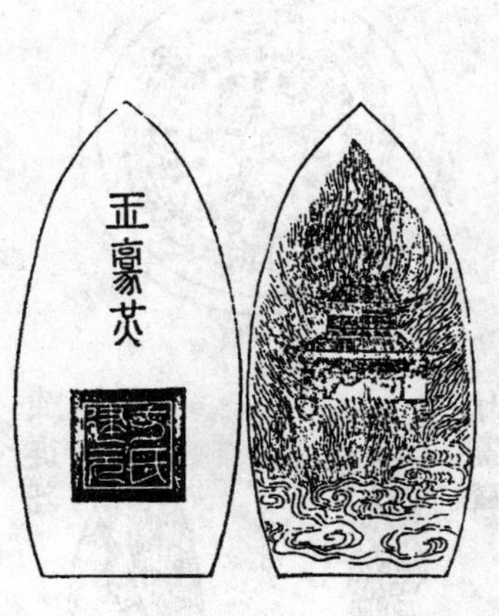

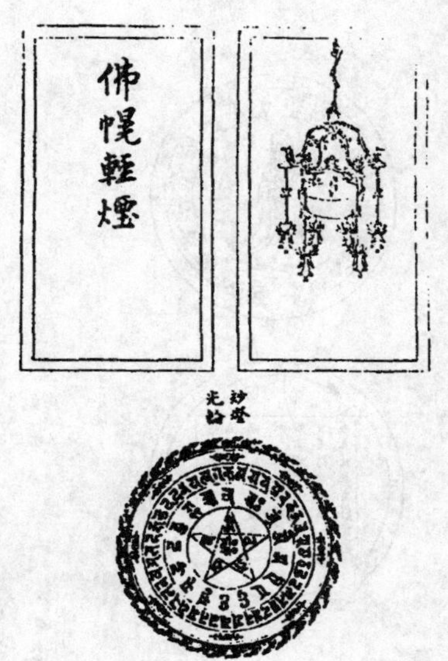
佛幌輕煙

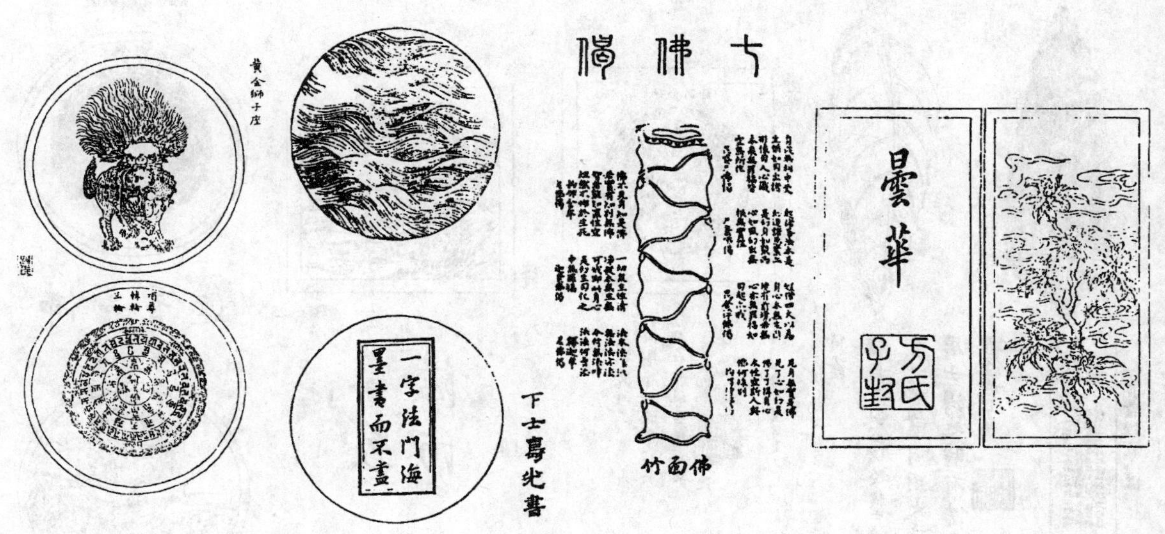
七佛偈
一字法門海
墨書而不盡
下士壽光書
佛面竹

妙華寶輪與天女散花分款

天女散花

達磨真性頌

栴檀香

青蓮蕊

無生不滅有
色竟空水澄
象澈言出其
中 子晉

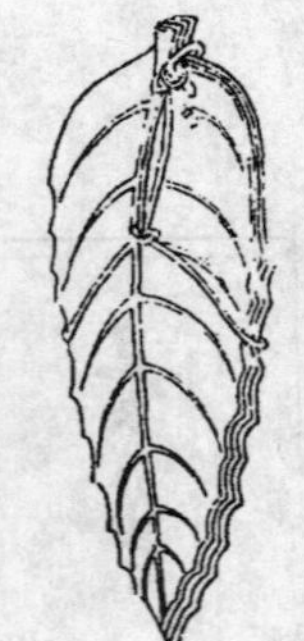

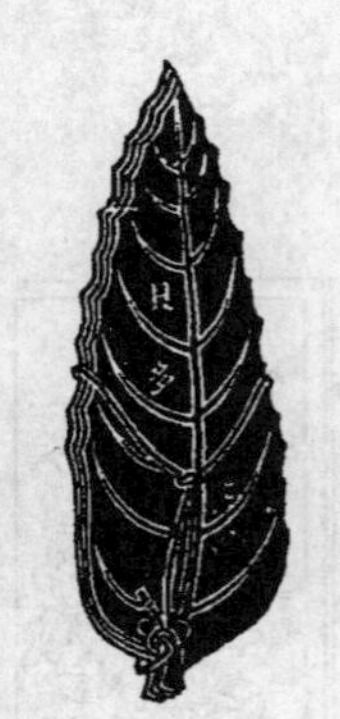

佛土青蓮

三獸渡河

三獸度河
此岸有三彼岸則一
越在中流亟度勿失

毗師

維摩室寫經墨

貝葉
種自迦毗移於華壤
畫一葉書可周大藏
居士淂之時有佛雲
護其上

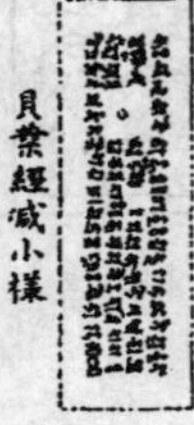

貝葉經減小樣

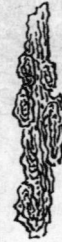

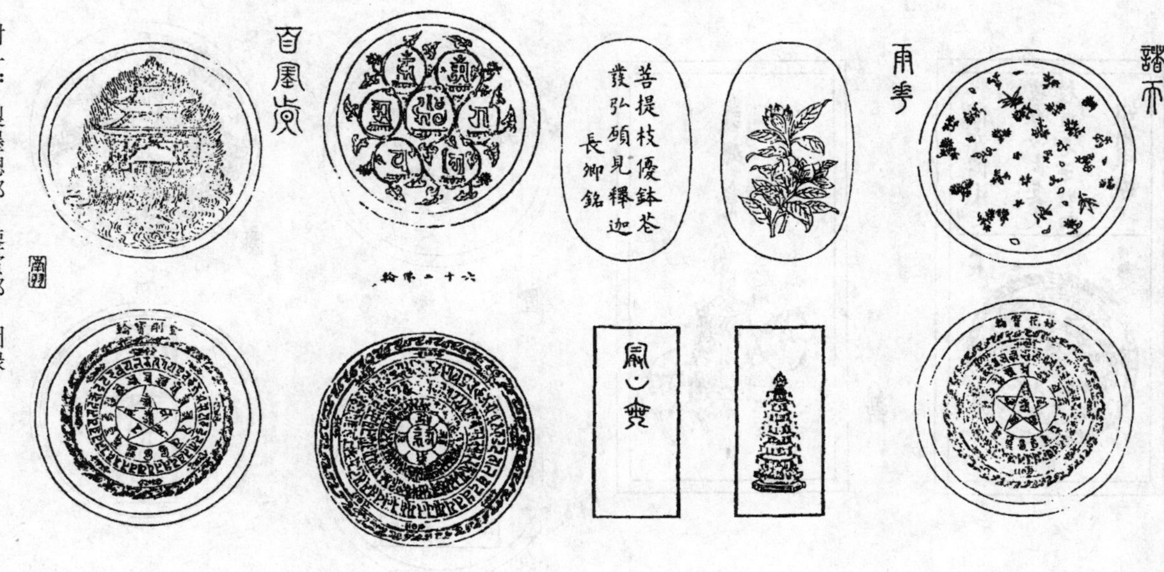

石鏡

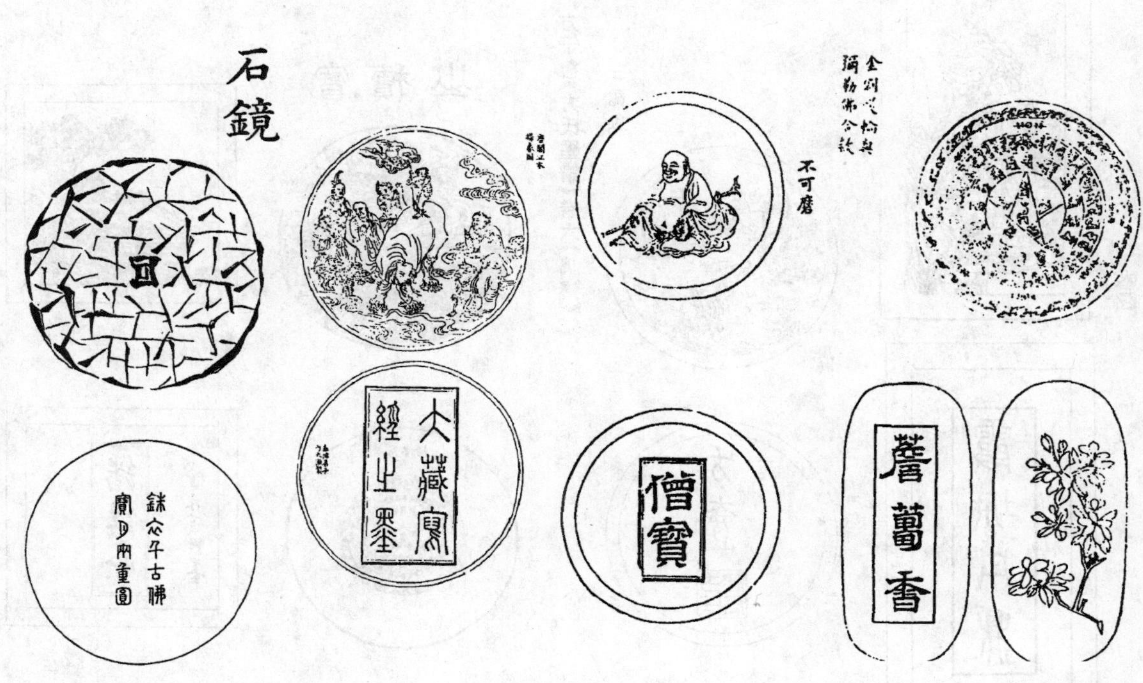

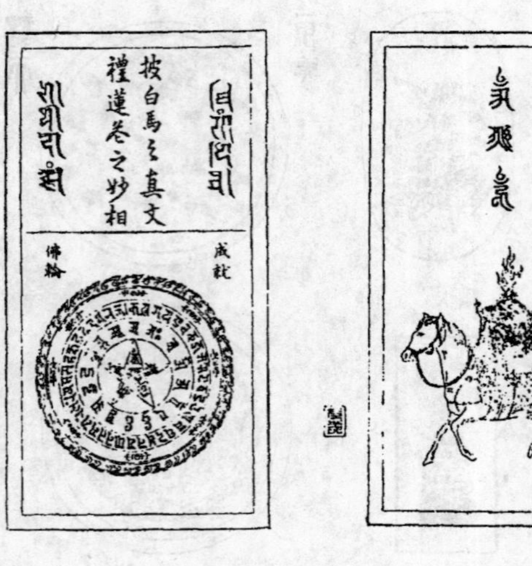

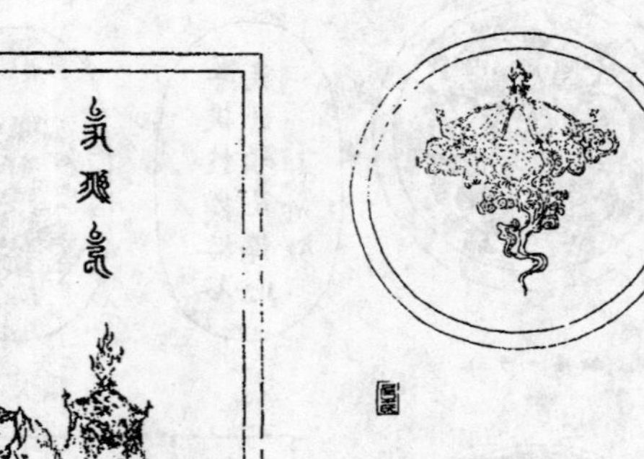

香雲盒

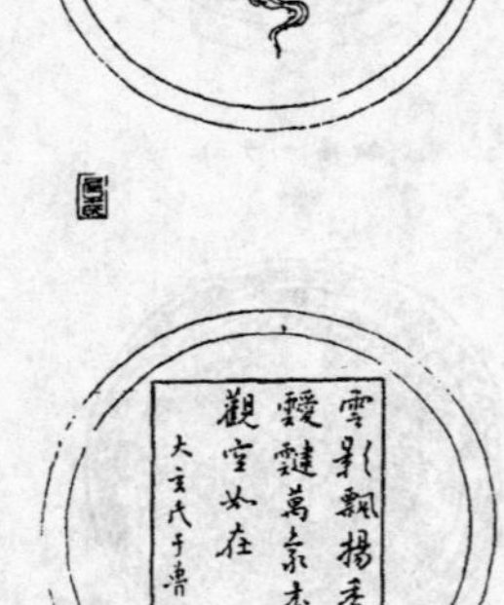

方于魯《方氏墨譜》卷六《鴻寶》

三福山

寶積山

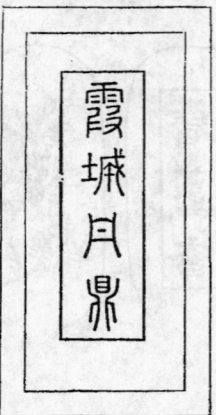

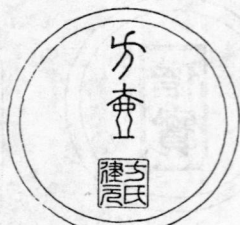

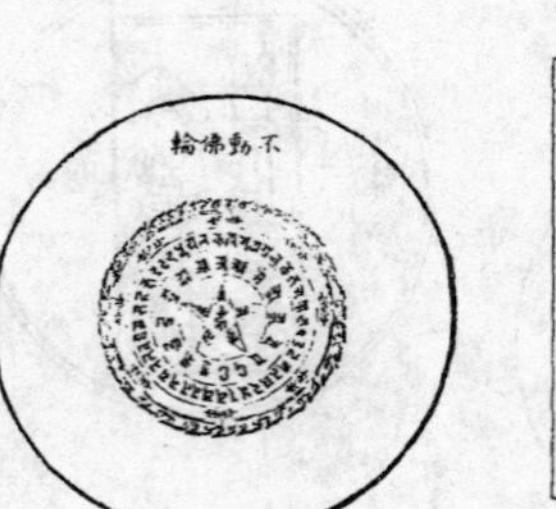

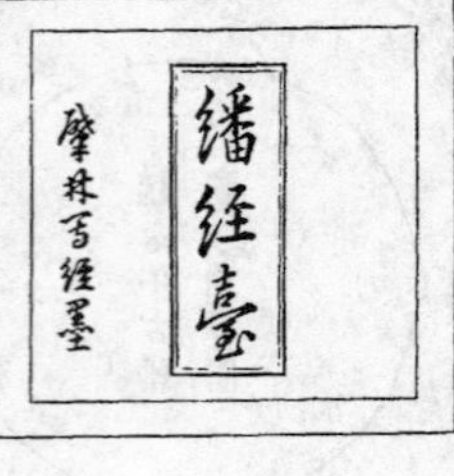

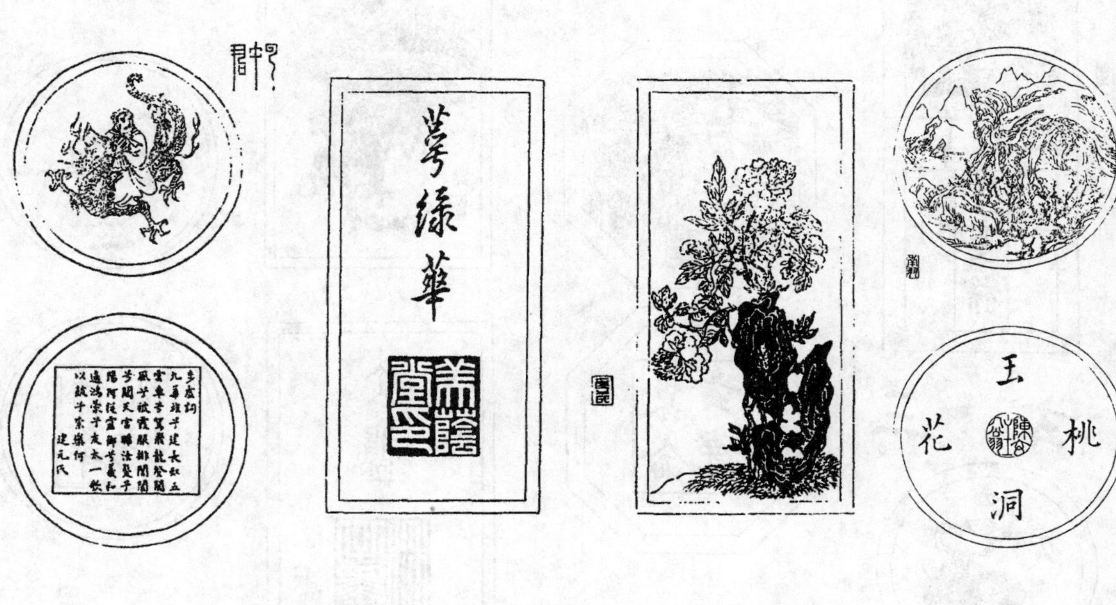

七星檜

三玄

崑崙玄寶

大盤

清華仙露

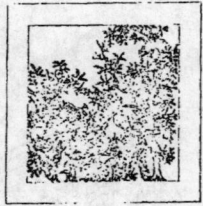

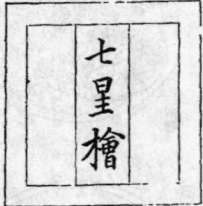

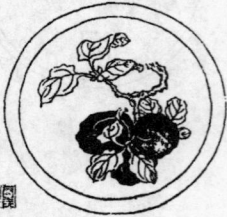

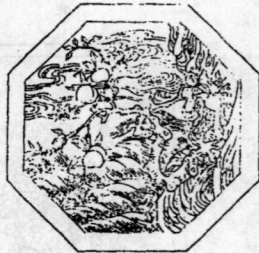

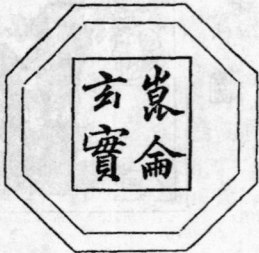

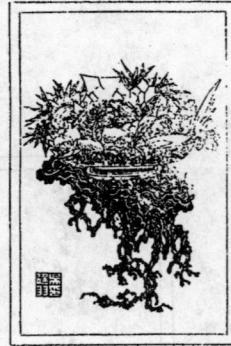

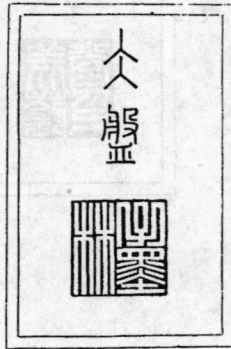

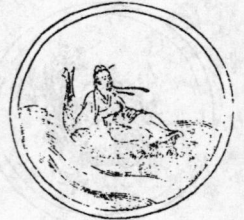

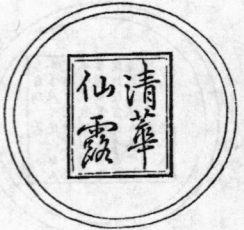

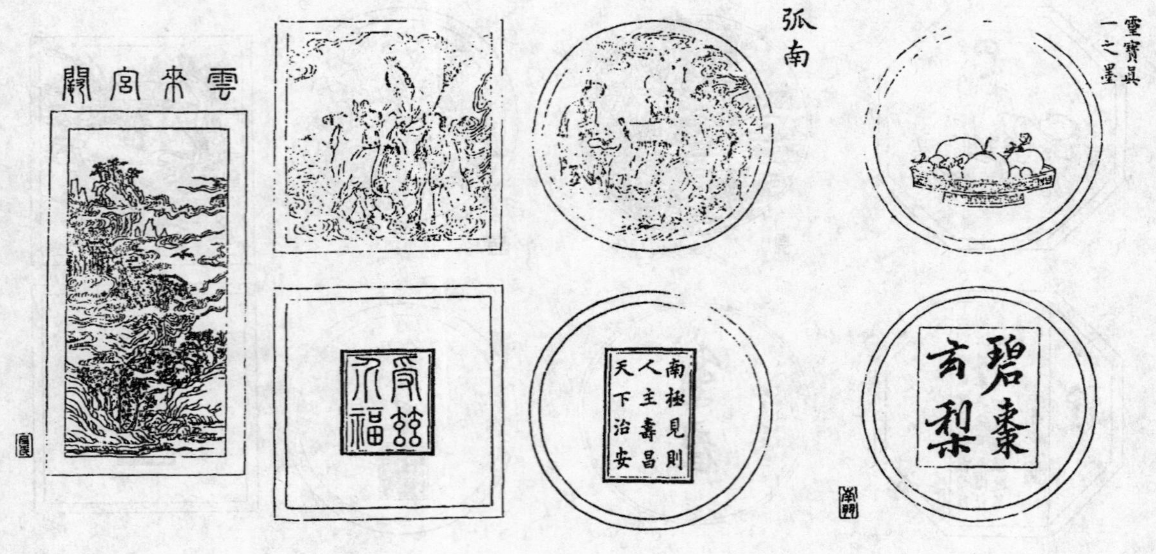

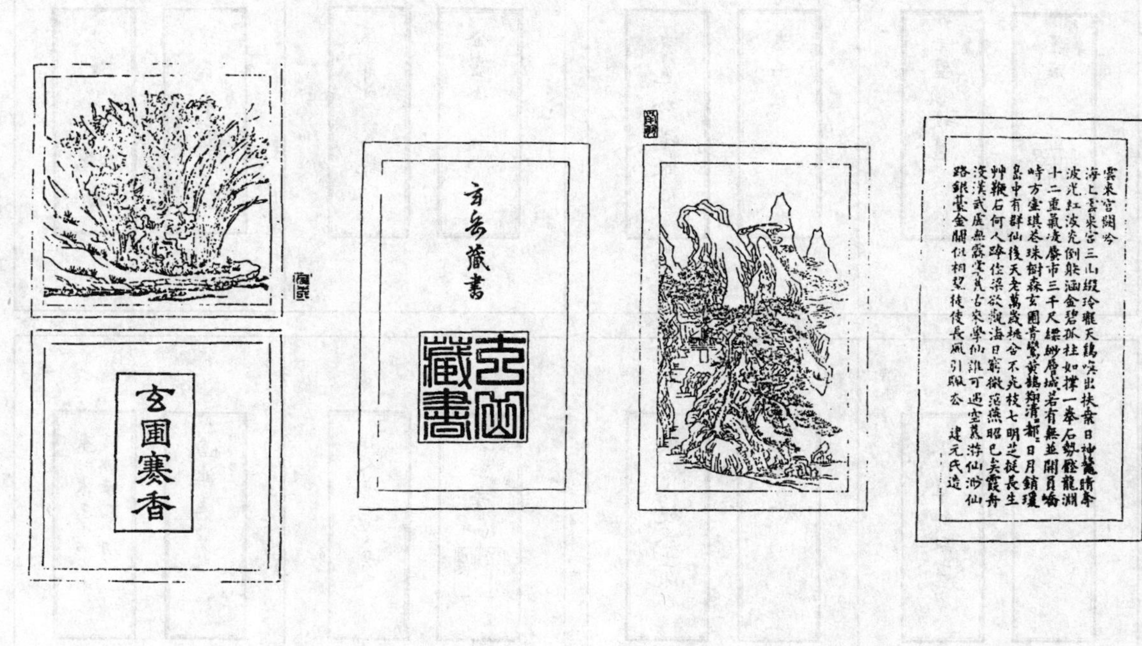

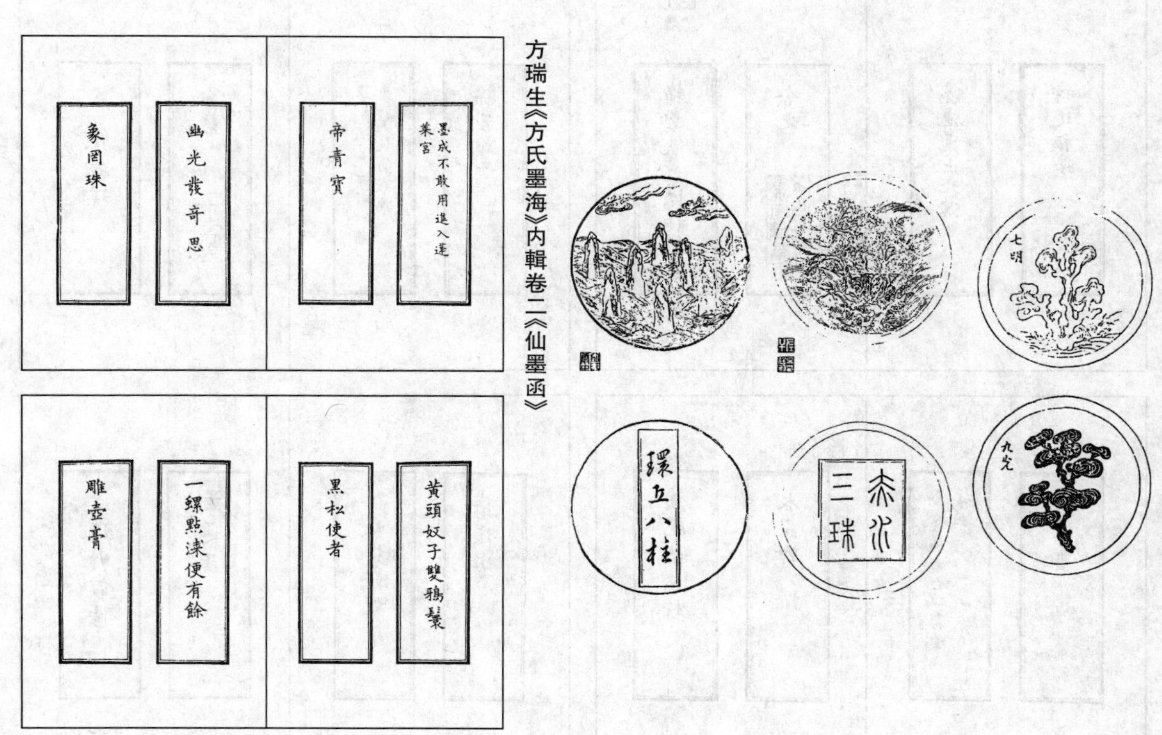

方瑞生《方氏墨海》内輯卷二《仙墨函》

上黨碧松煙

青龍胎

犀角盤雙龍

金壺檢

秀色紛滿眼

崟玉榮

圭璧爛箱篋

墨癡

布衫洓黑手如龜未
害氷壺貯秋月

墨池蓮

非人磨墨〻磨人

不動尊

寒窓冷硯氷生水

寥天一

琅〻翠餅獻玄筠

闓釆

書窓拾輕煤

青藜

翠色冷光何所似墻
東鬒髮墮寒鴉

縹緲誰子

錦囊養之懷袖間

含光

墨池飛出北溟魚

神遊極表

遙憐醉常侍

玄通子

佛帳掃餘馥

旃檀海

魚肔𣪺萬杵

水晶膾

金箋洒飛白瑞霧縈
長虹

沆瀣璽

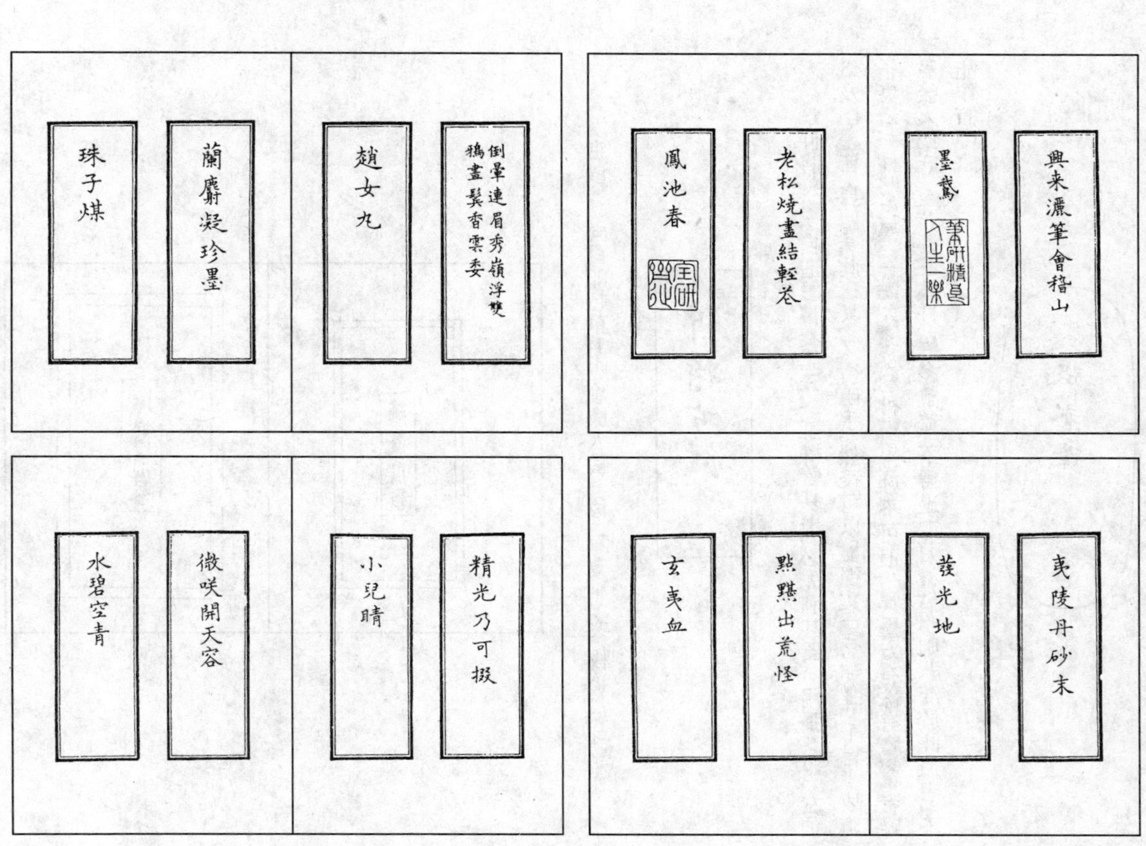

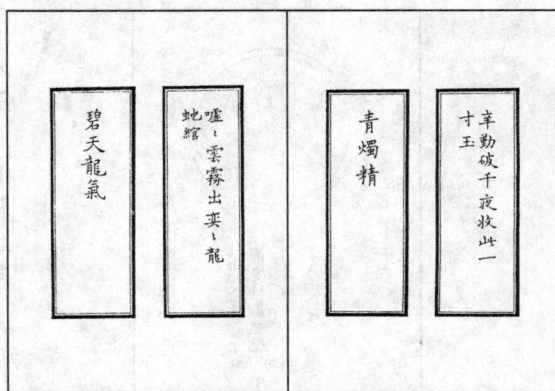

方瑞生《墨海圖》卷一《古墨東上》

墨道日著，墨派亦日繁，顧贋鼎易淆，法燈誰嗣，徵往垂後，何能廢墨家董狐。予是以上遡軒轅，下迨趙宋，圭笏名世者譜之，金元附焉，統曰古墨東云，約其大都庋同簡册，令人復見漢官威儀耳。抑予尤有感焉。墨云古矣，歲久膠敗，其中不無研若土炭者，對膠墨之爲五百歲，名有旨哉。入水經年不渝，超、珪固當鼻祖。

帝鴻氏硯治爲墨海，墨之肇自軒轅，信有徵矣。作墨者一云田真，一云邢夷，並著之，俟博雅者攷焉。

辛勤破千夜收此一寸玉
青燭精
噓噓雲霧出奕奕龍蛇縮
碧天龍氣

《漢官儀》：尚書郎起草月賜隃麋大墨一枚，隃麋小墨一枚。

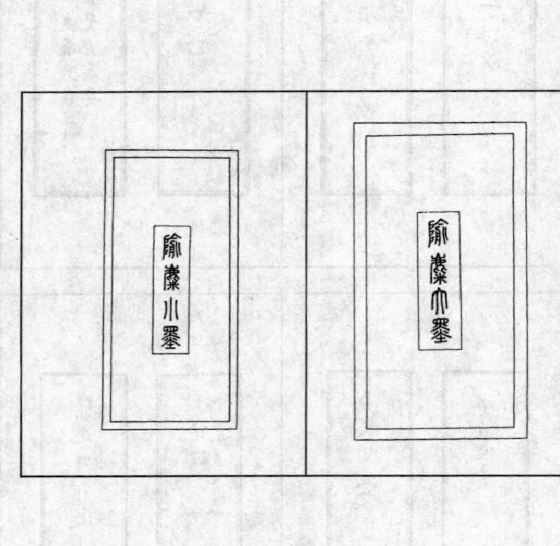

仲將古法

韋仲將善書，自造墨嘗奏記云：工欲善其事，必先利其器。用張芝筆，左伯紙及臣墨皆古法，兼此三具，又得臣手，然後可以盡徑丈之勢，方寸千言。故蕭子良云：仲將之墨，一點如漆。窮神盡思，妙不可追。其墨方有珠有麝，議者疑爲後人僞託，至若擣三萬杵，杵多愈益，不得過二月、九月，則非深於此道者，不能作箇中語。

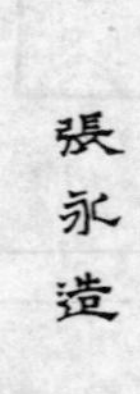

六朝墨無過張永，沈約《宋書》曰：張永涉獵詩史，能爲文章，善隸書，又有巧思，紙墨皆自造。上每得永表啟，執玩咨嗟自歎，供御者不之及也。

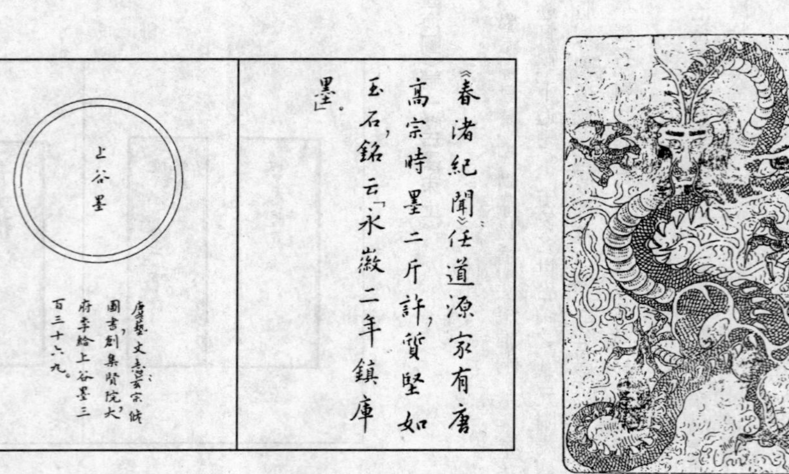

《春渚紀聞》：任道源家有唐高宗時墨二斤許，質堅如玉石，銘云「永徽二年鎮庫墨」。
上谷墨
唐藝文志：玄宗儲圖書，創集賢院，大府季給上谷墨三百三十六丸。

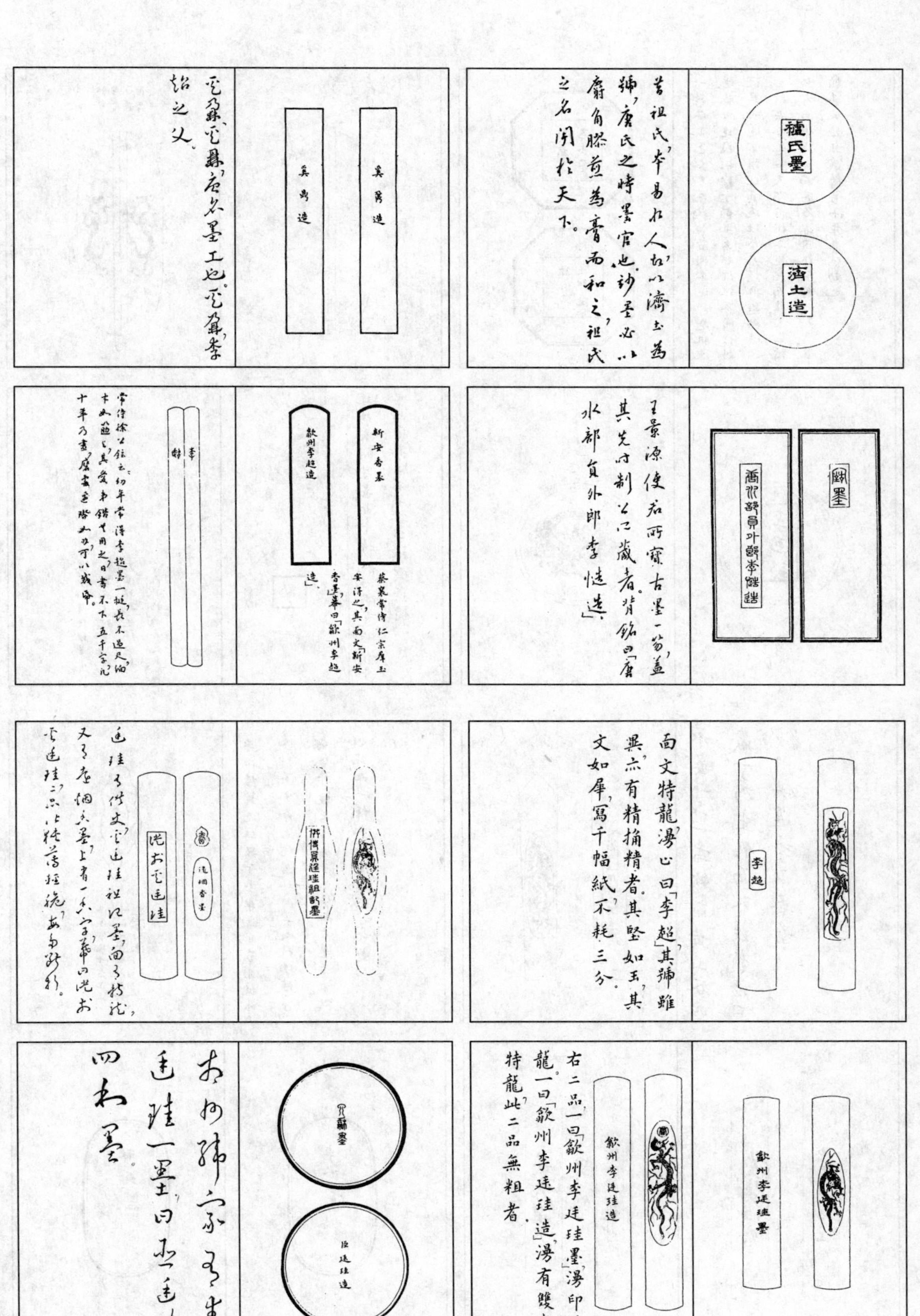

祖氏墨

濟土造

昔祖氏，本易水人，以濟土為㨨，唐氏之時墨官也。妙墨必以鹿角膠煎為膏而和之，祖氏之名聞於天下。

奚鼐造

奚鼎造

奚鼐、奚鼎，唐名墨工也。奚鼐，李超之父。

御墨

唐水部員外郎李慥造

王景源使君所寶古墨一笏，蓋其先世刺史之藏者，背銘曰「唐水部員外郎李慥造」。

新安香墨

歙州李超造

蔡襄常侍仁宗庫上李墨之，其面文「新安香墨」，幕曰「歙州李超造」。

李超

常侍徐公鉉云：幼年常得李超墨一挺，長不過尺，細如筯，與其弟鍇共用之，日書不下五千字，凡十年乃盡，磨處邊際如刃，可以裁紙。

李超

面文特龍，湯亦曰「李超」，其㨨雖異，亦有精捕精者。其堅如玉，其文如犀，寫千幅紙不耗三分。

供奉墨廷珪祖朝墨

松烟香墨

供奉廷珪

廷珪乃仲宣之子，廷珪祖孫墨，面乃特龍，又乃有香烟之墨，上有一小六字，幕曰「供奉廷珪」，二品之精，皆極絕，無有勝者。

歙州李廷珪墨

歙州李廷珪造

右二品一曰「歙州李廷珪墨」，湯印特龍。一曰「歙州李廷珪造」，湯有雙脊特龍。此二品無粗者。

四和墨

廷珪造

有柯歸六家李廷珪一墨，曰李廷珪四和墨。

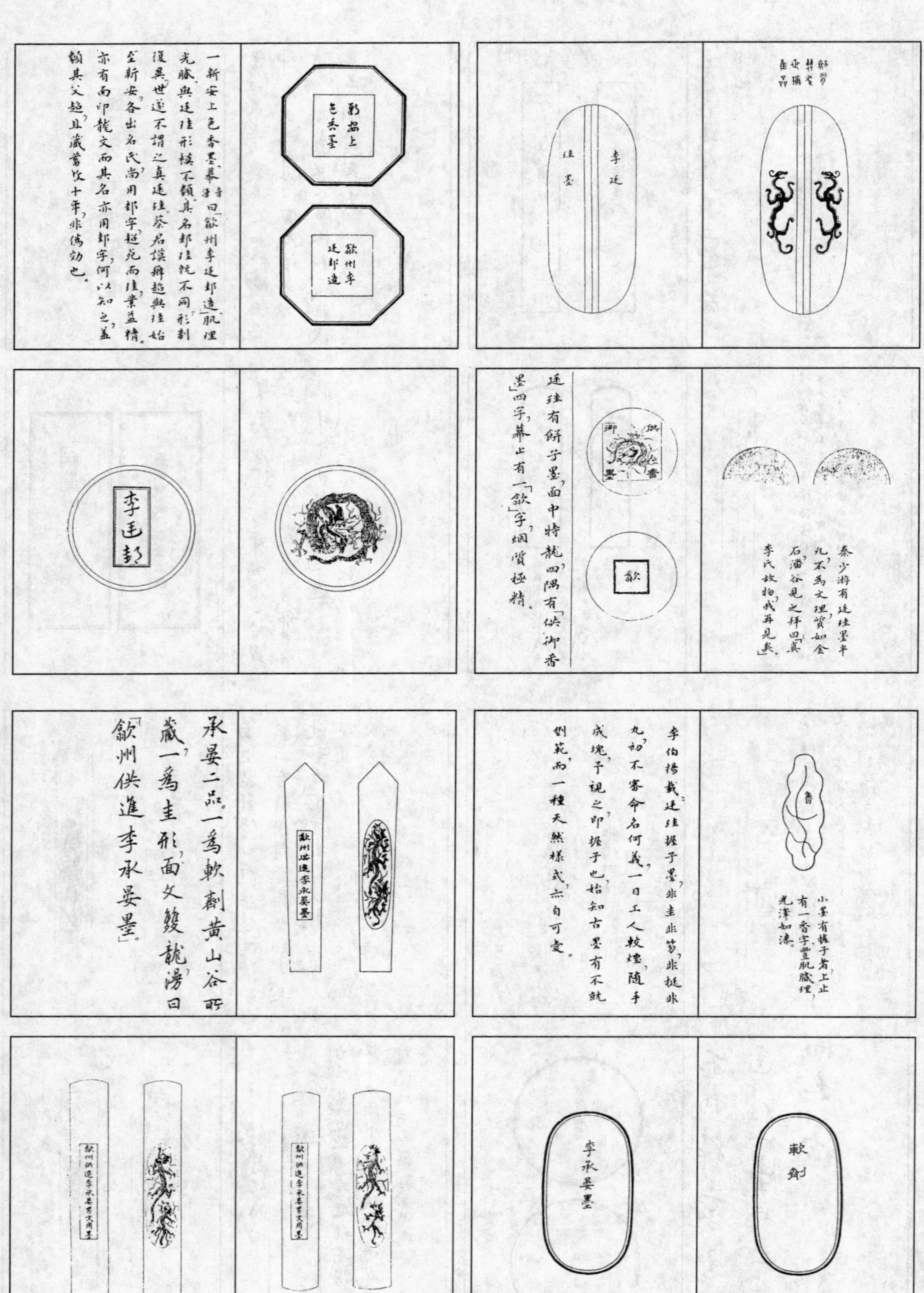

一新安上色香墨，幕書曰「歙州李廷邽造」，肌理光膩，與廷珪形模不類，真名邽珪既不同，形制復異，世遂不謂之真廷珪。蔡君謨辨超與珪始至新安，各出名氏，尚用邽字，超死而珪業益精。亦有面印龍文而其名亦用邽字，何以知之，蓋類其父超，且藏蓄次十年，非偽効也。

秦少游有廷珪墨半丸，不為文理，質如金石，潘谷見之，拜曰：「真李氏故物，我再見矣」。

廷珪有餅子墨，面中特龍，四隅有「供御香墨」四字，幕止有一「歙」字，烟質極精。

小墨有握子者，上止有一香字，豐肌膩理，光澤如漆。

李伯揚載：廷珪握子墨，非圭非笏，非梃非丸，初不審命名何義，一日工人較煙，隨手成塊，予視之，即握子也，始知古墨有不就劑範，而一種天然樣式，亦自可愛。

承晏二品。一為軟劑，黃山谷所藏，一為圭形，面文雙龍，湯曰「歙州供進李承晏墨」。

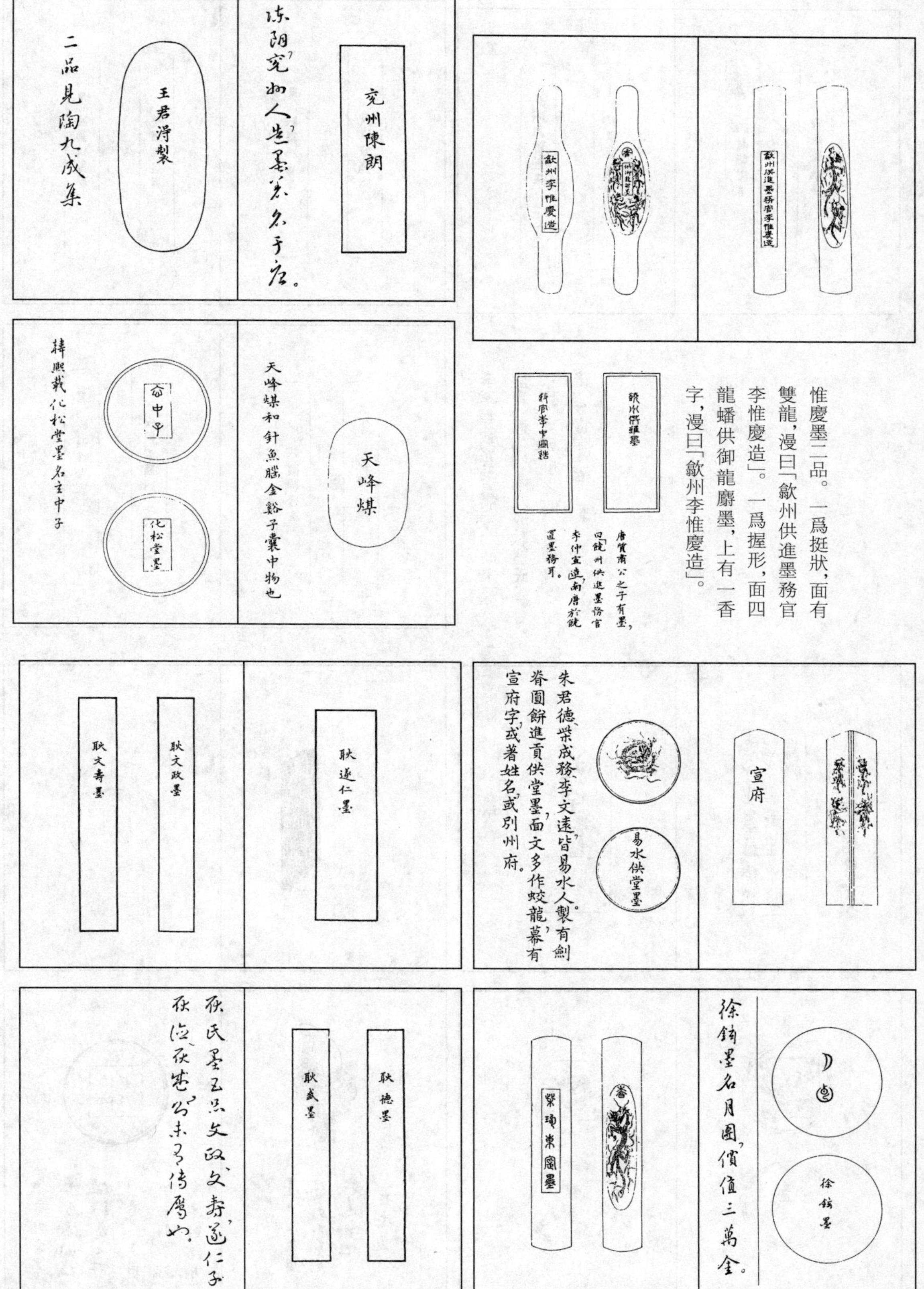

附一：製墨總部‧鑒賞部‧圖錄

惟慶墨二品。一爲挺狀，面有雙龍，漫曰「歙州供進墨務官李惟慶造」。一爲握形，面四龍蟠供御龍麝墨，上有一香字，漫曰「歙州李惟慶造」。

唐賓甫之子有墨，□鏡州供進墨務官李仲宣造南唐於硯，置墨務耳。

二品見陶九成集

王君淨製

陳□冤州人造墨苦無名手也。

兗州陳朗

撰興戲化松堂墨名主中子

化松堂墨

谷中子

天峰煤和針魚膠金谿子囊中物也

天峰煤

朱君德榮成務李文遠皆易水人製有劍脊圓餅進貢供堂墨，面文多作蛟龍幕有宣府字或著姓名或別州府。

易水供堂墨

宣府

耿文壽墨

耿文政墨

耿逸仁墨

徐鈞墨名月團，價值三萬金。

徐鈞墨

雙瑞棠圖墨

耿氏墨玉只文政父壽逸仁子狄臨狄忠公未另传廣如。

耿武墨

耿德墨

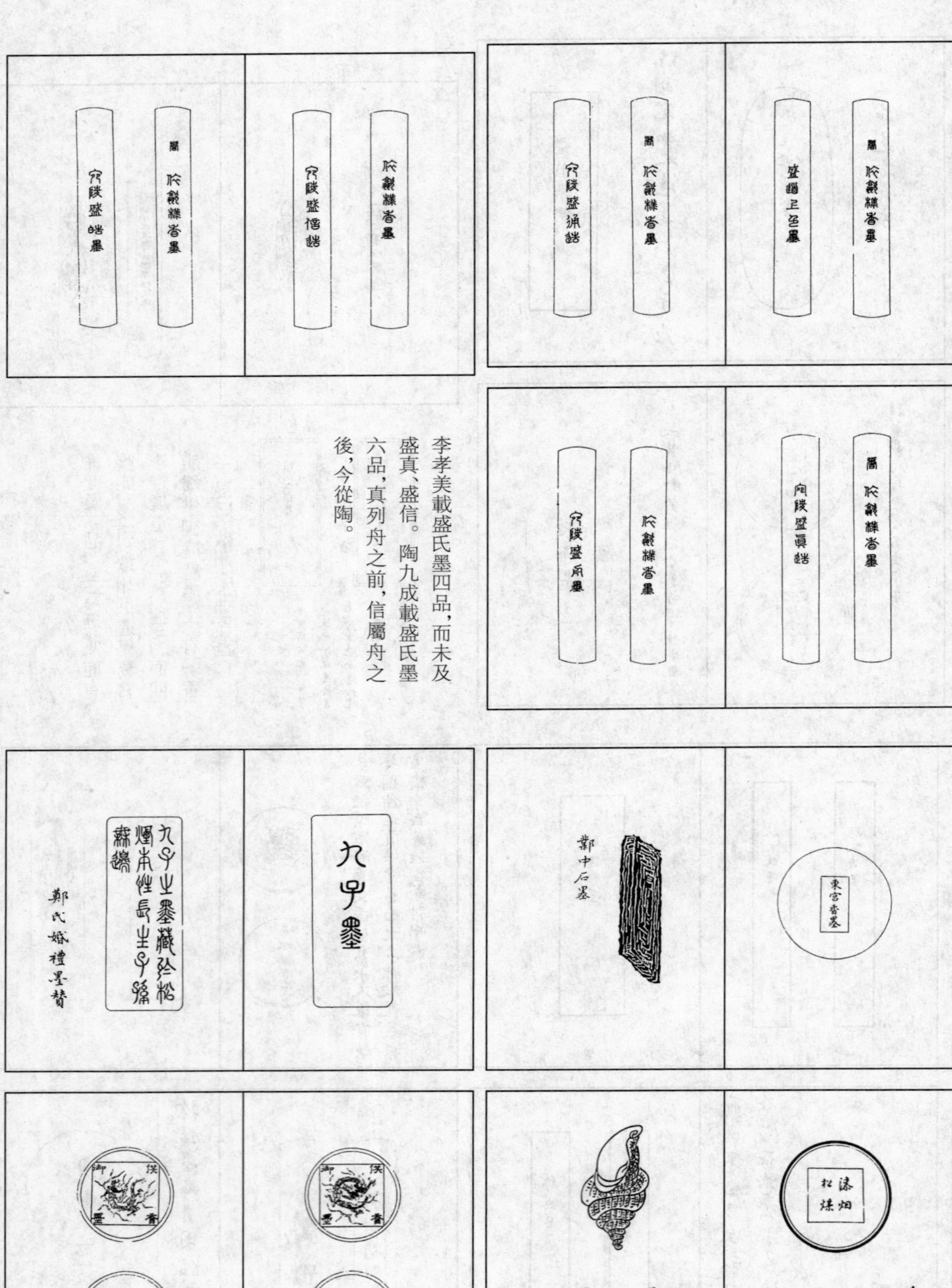

李孝美載盛氏墨四品，而未及盛真、盛信。陶九成載盛氏墨六品，真列舟之前，信屬舟之後，今從陶。

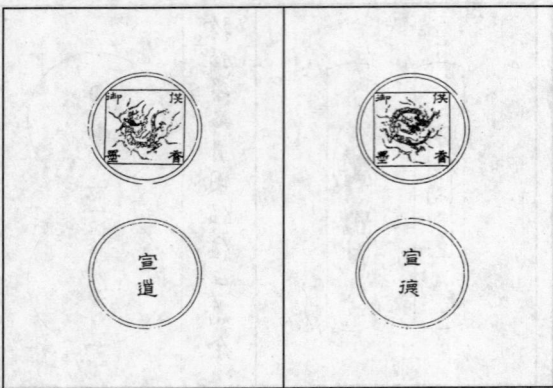

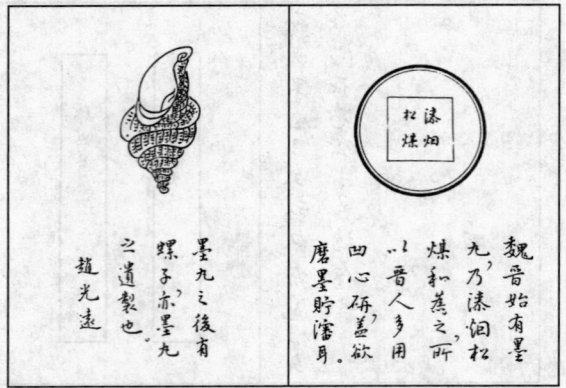

方瑞生《墨海圖》卷二《古墨束下》

松寶

廷珪墨

鍾山張先生云：少年過外家，謁李文定公，見所藏李廷珪墨一丸，作平面腰子樣，上刻「松寶」兩字，色澤古潤，真如烏玉。

詩有松腴之句，意古佳墨也。附圖

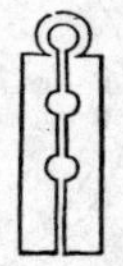

此墨得之金陵市中，面竅三圓，絶不類時製，旁篆常仲將三字，扣之聲如玉石，磨研百下，其汁如水，色若純漆，謂仲將遺寶。吾不敢知，洵亦良工古法。方瑞生識

宋徽宗墨

蘇合油烟

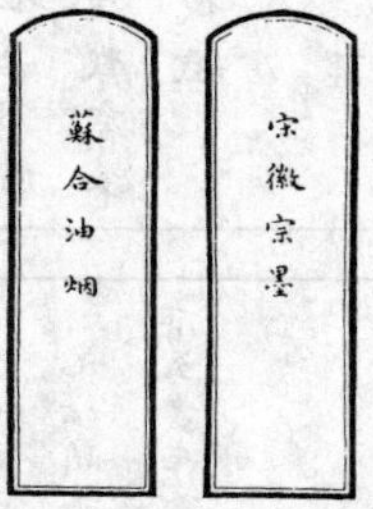

宋徽宗嘗以蘇合油搜烟爲墨，至金章宗購之，一兩墨價黃金一斤。欲倣爲之，不能，謂之墨妖。

天關第一煤

五劍堂造

范公偁所藏墨

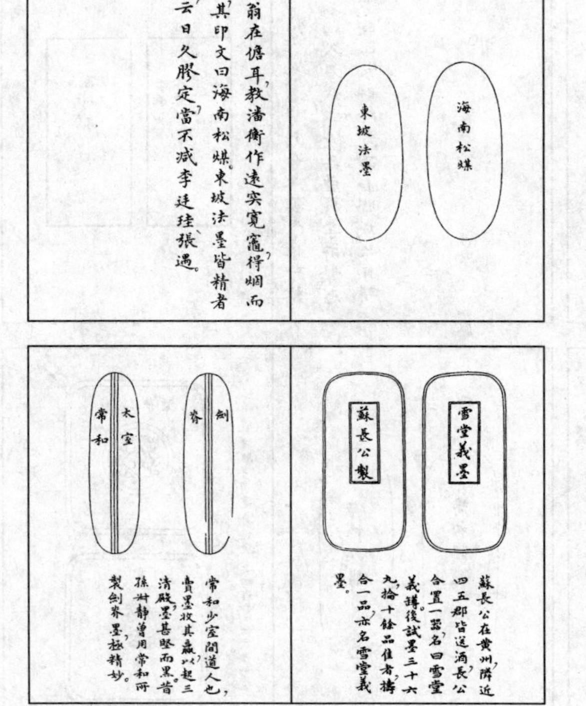

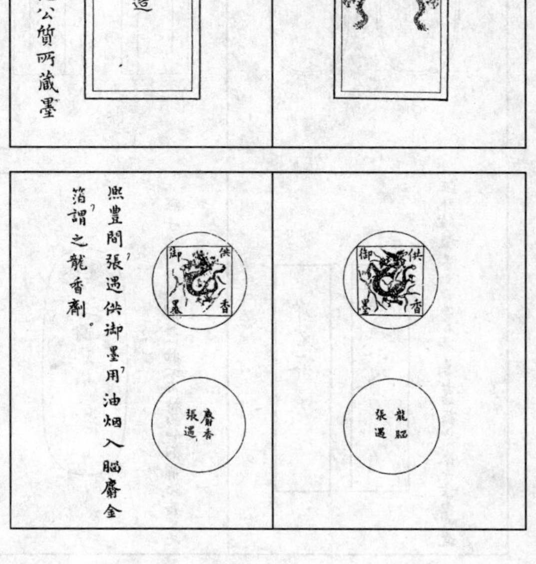

供御香墨
龍腦
張遇
供御香墨
麝香
張遇
熙豐間，張遇供御墨，用油烟入腦麝金箔，謂之龍香劑。

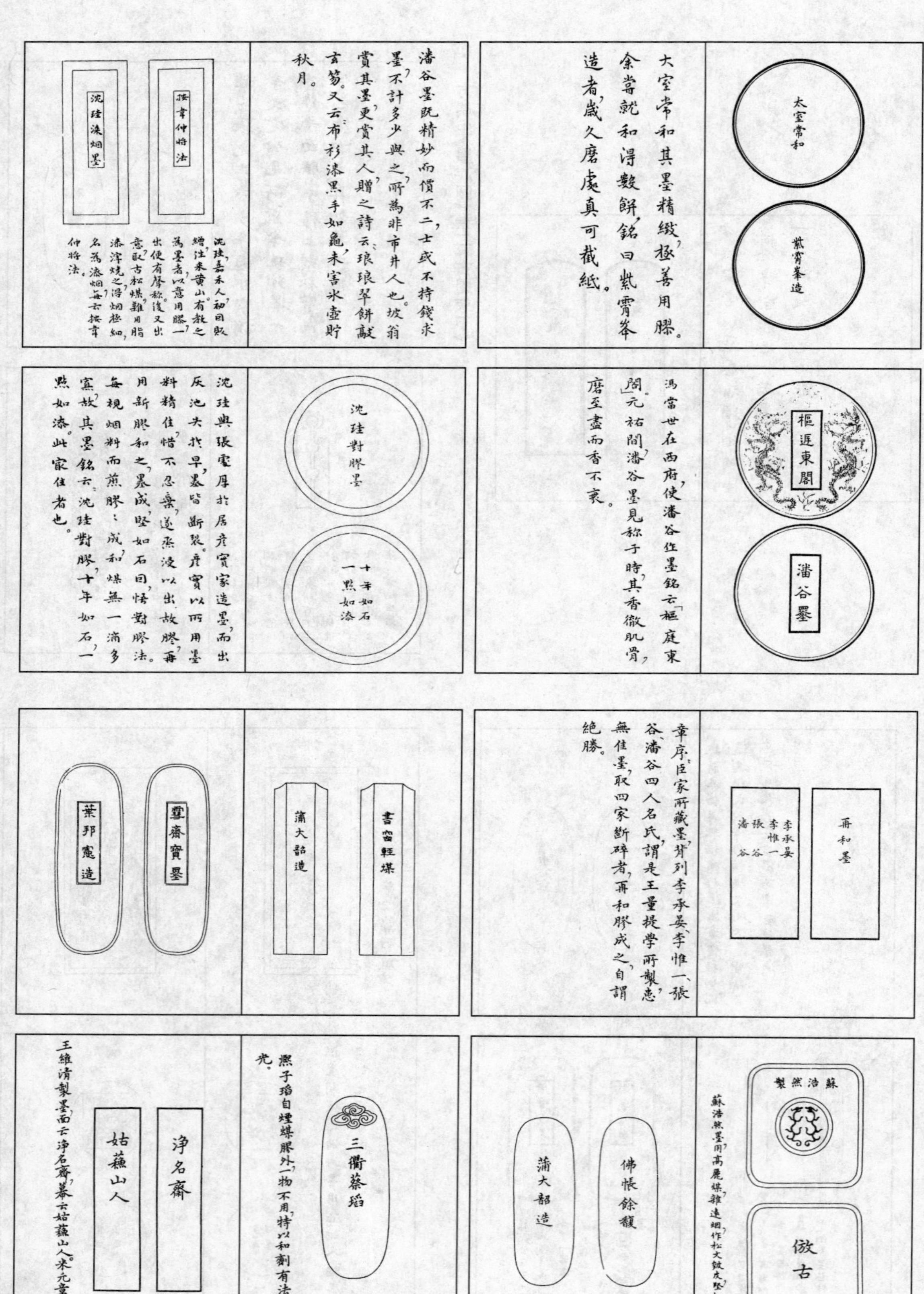

太室常和其墨精緻，極善用膠。余嘗就和得數餅，銘曰紫霄峯造者，歲久磨處真可截紙。

潘谷墨既精妙而價不二，士或不持錢求墨，不計多少與之，所為非市井人也。坡翁賞其墨，更賞其人，贈之詩云：「琅琅翠餅敲玄筍。」又云：「布衫漆黑手如龜，未害冰壺貯秋月。」

沈珪，嘉禾人，初因販繒，往來黃山。有教之為墨者，以意用膠，一出便有聲稱。後又出意，取古松煤，雜用脂漆滓燒之，得烟極細，名為漆烟，每云按韋仲將法。

馮當世在西府，使潘谷作墨，銘云「樞庭東閣」。元祐間，潘谷墨見稱于時，其香徹肌骨，磨至盡而香不衰。

沈珪與張處厚於居彥實家造墨，而出灰池失於早，墨皆斷裂。彥實以所用墨料精佳，惜不忍棄，遂蒸浸以出故膠，再用新膠和之，墨成，堅如石。因悟對膠法。每視烟料而煎膠，膠成和煤無一滴多寡，故其墨銘云：「沈珪對膠，十年如石，一點如漆。」此家佳者也。

章序，臣家所藏墨，背列李承晏、李惟一、張谷、潘谷四人名氏，謂是王量提學所製，患無佳墨，取四家斷碎者，再和膠成之，自謂絕勝。

蘇浩然墨用高麗煤，雜遠烟，作松文皴皮，堅如玉。

燕子瑫自煙煤膠外，一物不用，特以和劑有法，甚黑而光。

王維清製墨，面云淨名齋，幕云姑蘓山人。米元章家所造。

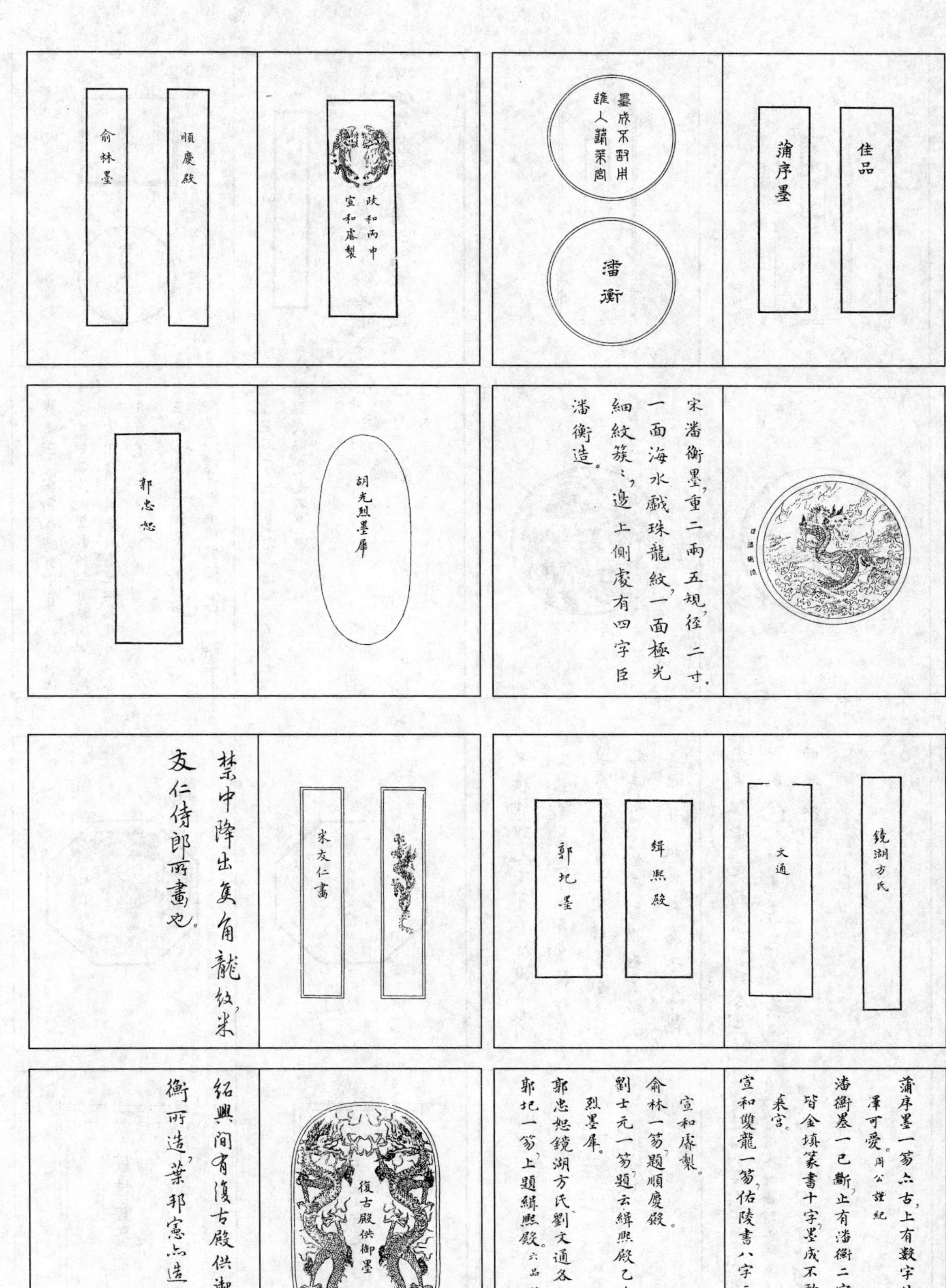
佳品
蒲序墨
墨成不敢用
進入蓬萊宮
潘衡
政和丙申
宣和睿製
順慶殿
俞林墨
臣潘衡造
宋潘衡墨，重二兩五，規徑二寸。一面海水戲珠龍紋，一面極光細紋簇簇，邊上側處有四字臣潘衡造。
胡光烈墨庫
郭忠恕
鏡湖方氏
文通
緝熙殿
郭圯墨
米友仁畫
禁中降出隻角龍紋，米友仁侍郎所畫也。
蒲序墨一笏亦古，上有數字佳品，其下光澤可愛。周公謹紀
潘衡墨一，已斷，止有潘衡二字。約重四兩，皆金填篆書十字，墨成不敢用，進入蓬萊宮。
宣和雙龍一笏，佑陵書八字云：政和丙申宣和睿製。
俞林一笏，題順慶殿。
劉士元一笏，題云緝熙殿乙未星砂胡光烈墨庫。
郭忠恕、鏡湖方氏、劉文通各一笏。
郭圯一笏，上題緝熙殿。六品趙伯仁舉藏
復古殿供御墨
紹興間有復古殿供御墨，乃彥衡所造，葉邦憲亦造復古殿墨。

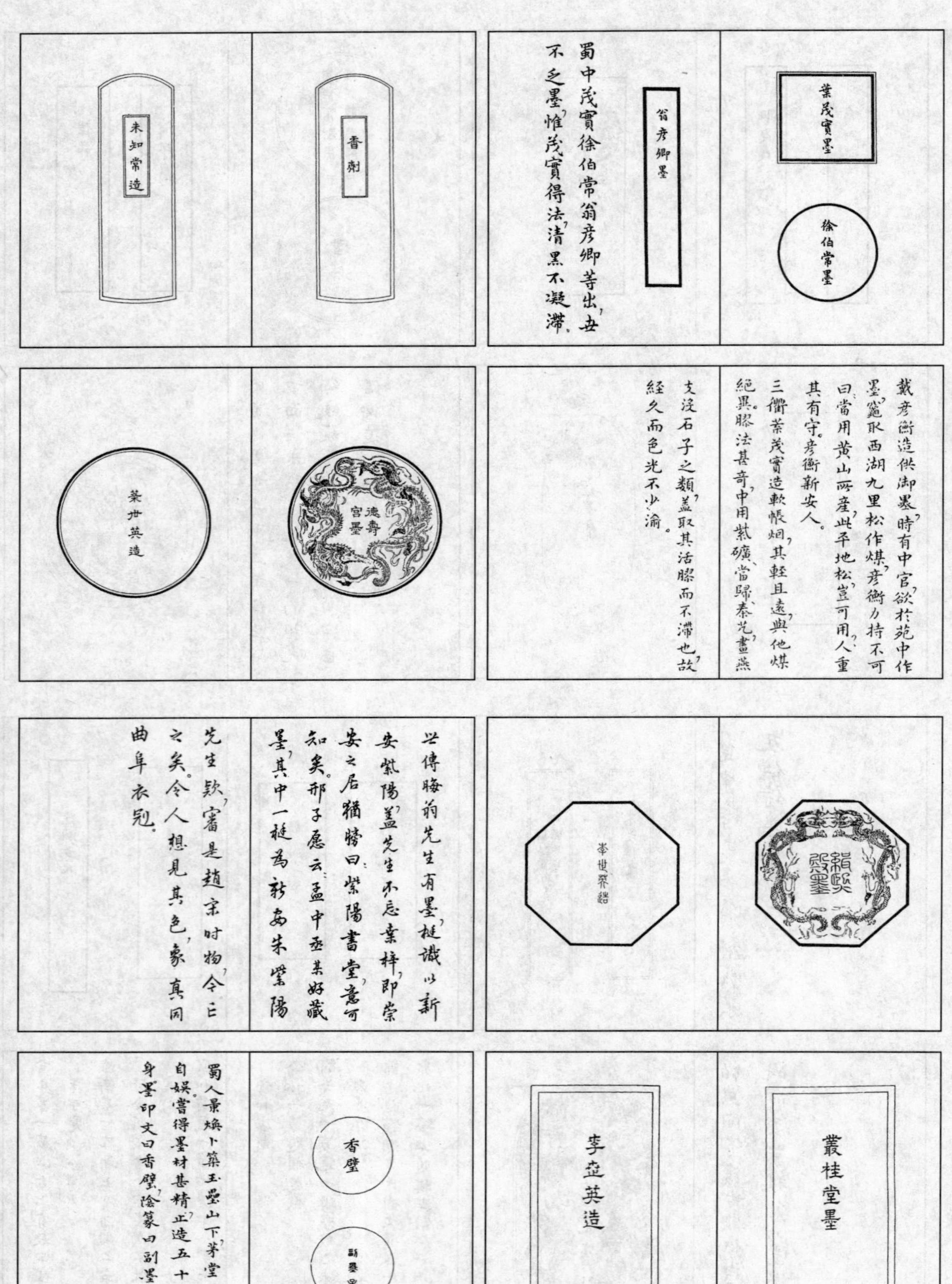

葉茂實墨

徐伯常墨

翁彥卿墨

蜀中茂實、徐伯常、翁彥卿等出，毋不乏墨，惟茂實得法，清黑不凝滯。

香劑

未知常造

戴彥衡造供御墨。時有中官欲於苑中作墨竈，取西湖九里松作煤，彥衡力持不可，曰：當用黃山所產，此平地松，豈可用？人重其有守。彥衡，新安人。

三衢葉茂實造軟帳烟，其輕且遠，與他煤絕異。膠法甚奇，中用紫礦、當歸、秦皮、晝燕支、洗石子之類，蓋取其活膠而不滯也，故經久而色光不少渝。

德壽宮墨

葉世英造

緝熙殿墨

李世英造

世傳晦翁先生有墨挺，識以新安紫陽，蓋先生不忘桑梓，即崇安之居猶號曰：紫陽書堂，意可知矣。邢子愿云：孟中丞某好藏墨，其中一挺為新安朱紫陽先生款，當是趙宋時物，今已亡矣。令人想見其色，象真同曲阜衣冠。

叢桂堂墨

李世英造

香璧

副墨子

蜀人景煥，卜築玉壘山下，茅堂花榭，足以自娛。嘗得墨材甚精，止造五十團，以此終身。墨印文曰香璧，陰篆曰副墨子。

造墨

王迪造

隱君子王迪者，以用意烟花角膠而自是能麝氣。

易水進貢墨

張遇

易水供堂墨

張遇

二品墨，易水貢墨爲上，供堂次之。

河東解子誠

韓偉昇

卧蚕小墨

蘇眉陽製

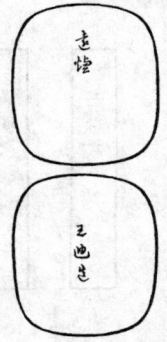

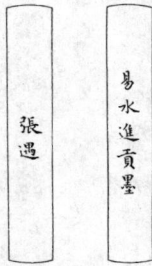

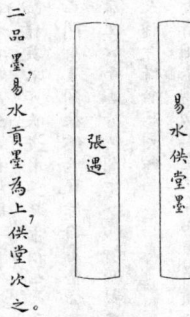

張邦基有墨一巨梃，極厚重，印曰河東解子誠。又一圭，印曰韓偉昇，膠力皆不乏精采，與新製敵，可與李氏父子甲乙也。蘇眉陽幼年製卧蚕小墨，祖李氏法。

易水光墨真一

陳贇

右陳贇世傳不多，與張遇等

一猛州貢墨一

一順州貢墨一

猛州造

龍蕨文房珍寶

細煤臺黑龍跡

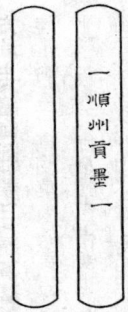

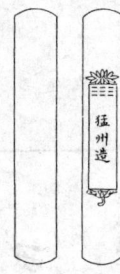

李孝美云：此品不知何郡誰氏所造，但形製潤厚，紋如靴皮蹙縮，然面漫有字，不類今書，約其文面曰龍膚文房秘寶，漫曰細煤臺黑龍跡，其色澤如新羅。

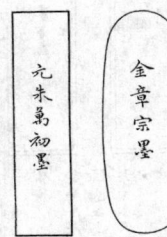

玉堂佳範

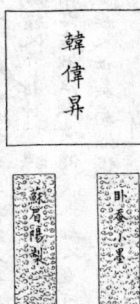

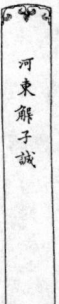

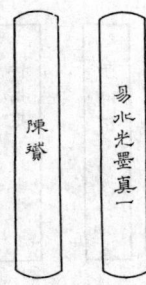

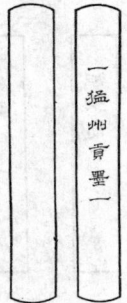

新羅大墨二品，一曰猛州貢墨，一曰順州貢墨，率長挺堅，輕如草。又有小墨二品，一曰順州造蓮蓋荷底，一曰玉堂佳範，面印三龍紋，形製實厚，光澤可愛，校其精犒，大不及小也。

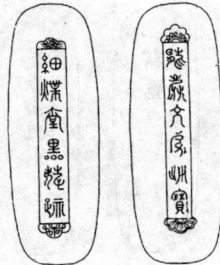

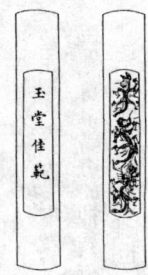

蘇合油烟爲之，直與黄金埒

金章宗墨

元朱萬初墨

朱萬初善製墨，純用松烟，取三百年摧朽之餘，精英不可泯者用之，非常松也。大曆乙巳，開奎章閣，揀儒臣親侍翰墨。榮公存初、康里公子山皆侍閣下，以萬初所製墨進，大稱旨，得食藝文館。虞文靖稱朱萬初之墨，沉着而無留蹟，輕清而有餘潤，其品在郭圮父子間。

杜清碧

衛學古

黄脩之

丘可行

潘雲谷

胡文忠

林松泉

于仲材

潘雲谷，清江人。胡文忠，長沙人。林松泉，錢塘人。于材仲，宜興人。杜清碧，武夷人。衛學古，松江人。黄脩之，天台人。丘可行，金溪人。世英、南傑，俱可行子。

丘世英

丘南傑

唐時高麗歲貢松烟墨，用多年老松烟和麋鹿膠造。玻翁云：高麗墨碎之，雜以潘谷墨，以清悟和墨法劑之，爲握子，殊可用。若獨使，如研土炭耳。近製有梅花與丹鳳朝陽款，篆翰林風月字，薄片深漆，終仍椎魯之風。

歲貢松煙墨

高麗

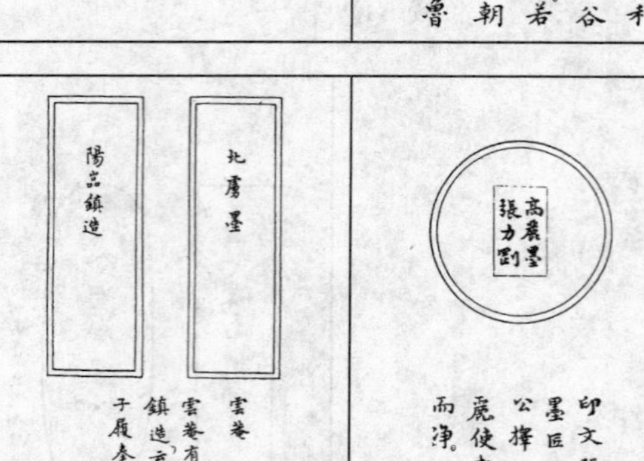

高麗墨張力剛
印文張力剛，豈墨臣姓名耶？李公擇云：得之高麗使者，其墨光而淨。
北虜墨
陽嵓鎮造
雲菴
雲菴有墨，銘曰陽嵓鎮造，云是北虜墨，陸子履奉使得之者。

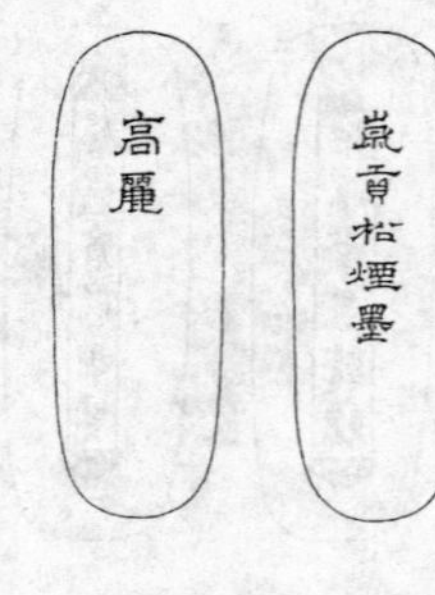

西域墨
西域僧言彼國無硯筆紙，但有好墨，云是雞足山古松心爲之。

方瑞生《墨海圖》卷三《墨事摹》

陸士衡云：宣物莫大於言，存形莫大於畫。蓋左圖右書，古人不廢，墨事可無摹乎？曷爲而分奇勝志畫變也。靈光標勝於巨麗，禹鼎著奇於神姦，原自並存宇宙。宗少文好山水，凡所履歷圖於室，以當卧遊，此亦予之卧遊圖也。撫琴動操，誰屬賞音。

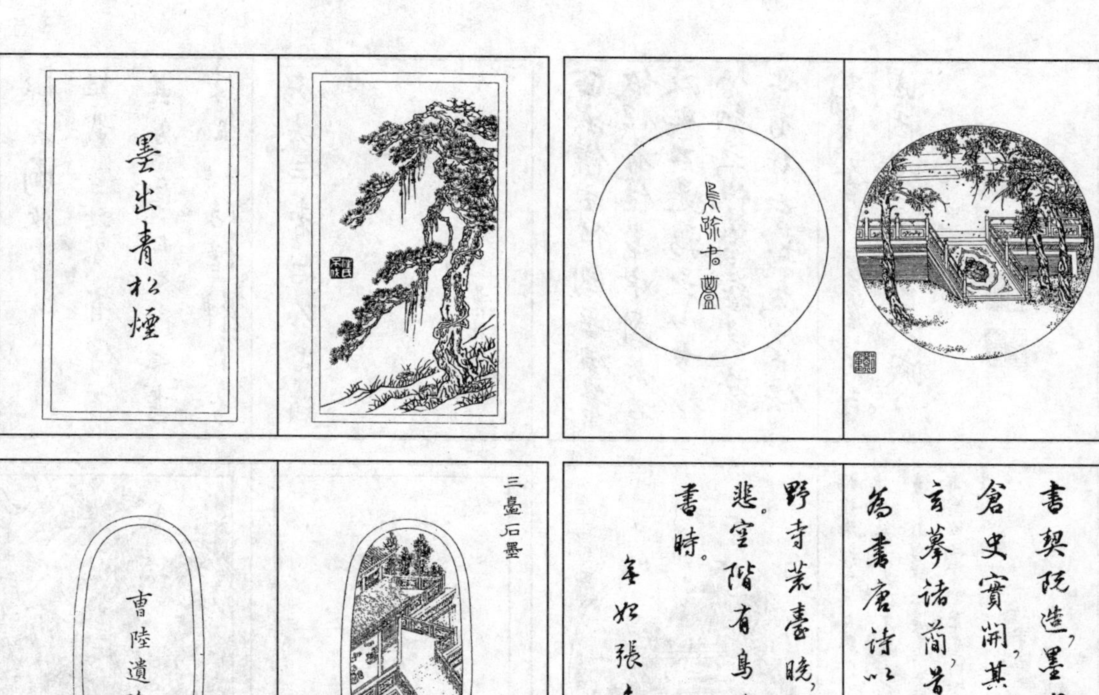

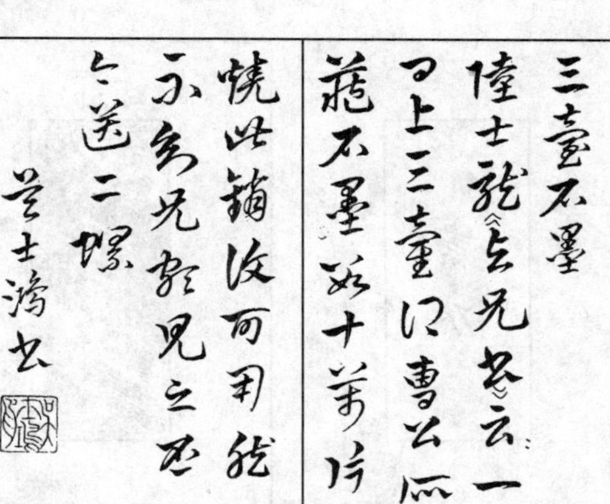
書契既造，墨事乃興，倉史實闡其先者漆。言摹諸簡，昔有旨哉。為書唐詩以遺之：野寺荒臺晚，寒天古木悲。空階有鳥跡，猶似造書時。

年姪張京元

三臺石墨

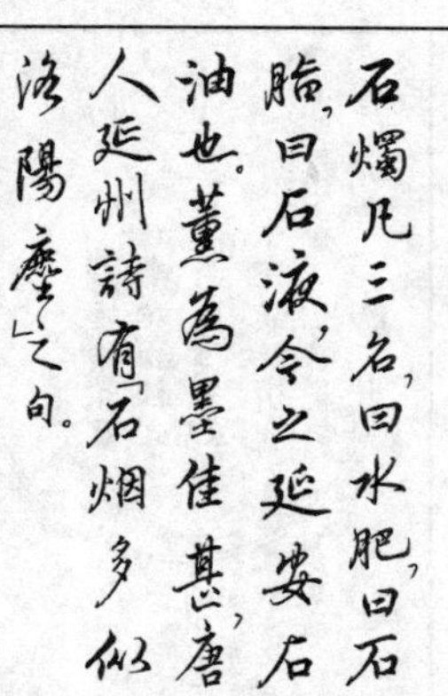

三臺石墨

陸士龍《與兄書》云：一日上三臺，得曹公所藏石墨數十萬片，燒此銷復可用，然不知兄頗見之不？今送二螺。

吳士鴻書

石燭凡三名，曰水肥，曰石脂，曰石液，今之延安石油也。薰為墨佳甚，唐人延州詩有「石烟多似洛陽塵」之句。

吳中衡

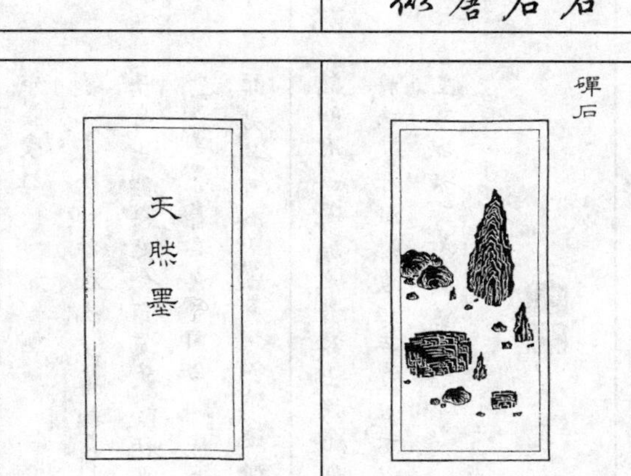

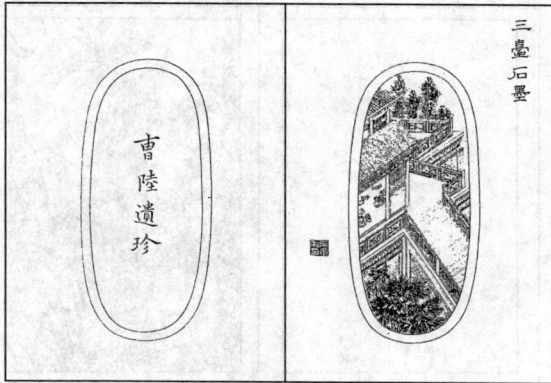

碑石圖攷

紀載西北夷有碑石，其色烏，土人以之書字，且以涂繒帛，具方角尖，三者亦石墨類也。

黃伯符錄

西域僧言：彼國無硯筆紙，但有佳墨，中國者不及也，云是鷄足山古松心為之。僕嘗獲貝葉，上有梵字數百，墨倍光澤，會秋霖為室雨濕，因拭之，字終不滅。

竺士滄書

古松心

石渠授玄

楊雄為郎三歲，自奏少不得學，而心好沉博絕麗之文，願不受三歲之俸，且休脫直事之繇，得肆心廣意，以自克就。有詔可不奪俸，令尚書賜筆墨錢六萬，得觀書于石渠。

竹浪居士汪承啟書

受經墨

蜀紙積菓賓
羣詒爾教經
苟腹吁嗟劉
君真樂育

樹汁墨

書衣

市墨受經

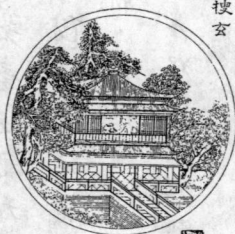

劉祐，字伯祖，仕郡為主簿。郡將小子嘗出錢，付之令市買菓實，祐悉以買筆墨書具與之，曰：白郡將言：郎君年可入小學，而但傲浪，遠近謂明府無過庭之教，請出授書。郡將為使子就祐受經，五日一試，不滿呈限，白決罰，遂成學業也。

河東薛益書

書衣

任末年十四時，學無常師，負笈不遠險阻，每言人而不學則何以成。或依樹之下，編茅為菴，削荆為筆，尅樹汁為墨，夜則映星望月，暗則縛麻蒿以自照，觀書有合意者，題其衣裳以記之。

閔純禮書

運甓齋墨

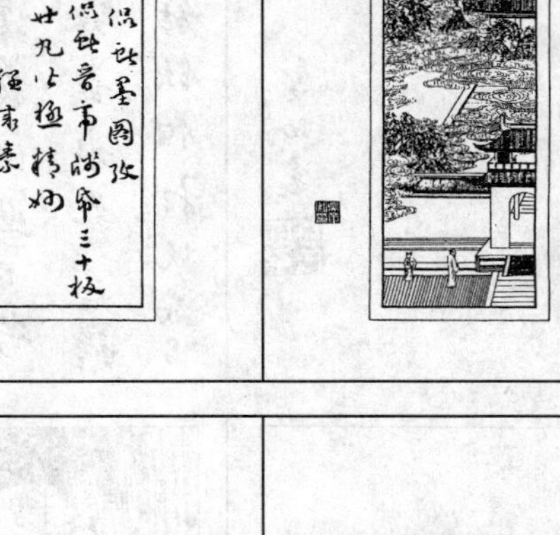

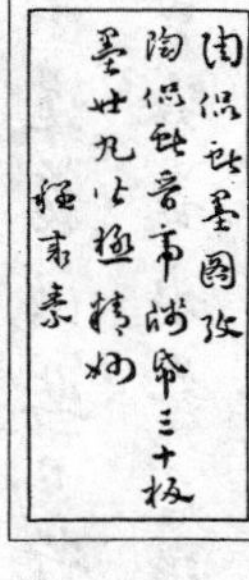

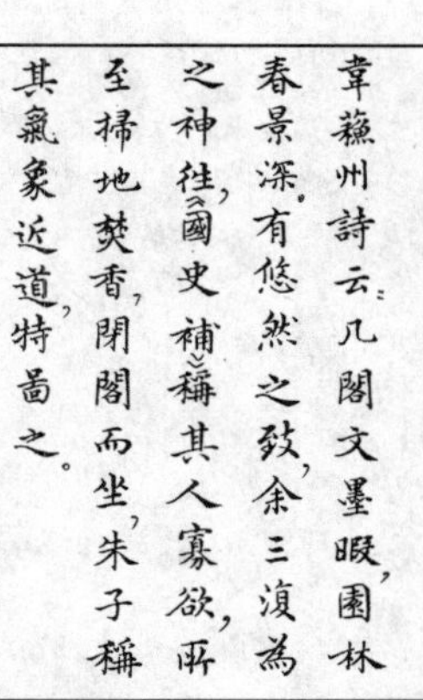

韋蘇州詩云：几閣文墨暇，園林春景深。有悠然之致，余三復爲之神往，《國史補》稱其人寡欲，所至掃地焚香，閉閣而坐，朱子稱其氣象近道，特畫之。

車閣

張史醉書

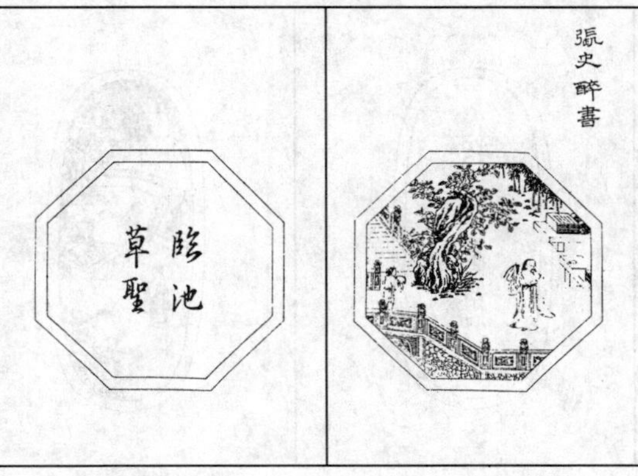

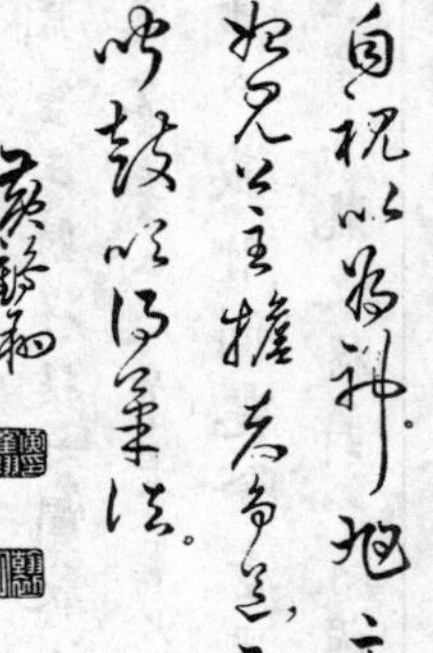

袖筆圖

裴相國休少讀書河内太行山，後通顯，就山建化城寺，旋受太原节鎮道經寺，僧粉額，陳筆硯俟公題署，公便展袖濡墨書之，尤更道絶。逮歸，侍兒訝其沾渥，公曰向以代筆。來

方以晉録。

袖筆圖

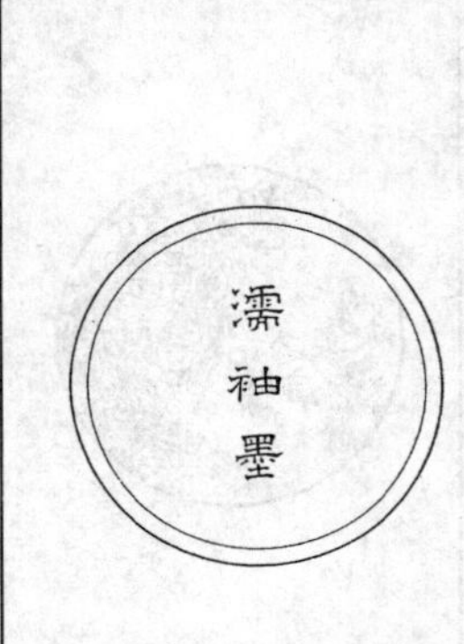

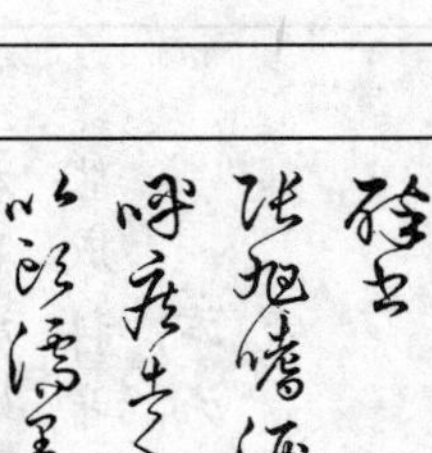

附録裴相國遺事

裴休贈黄蘗山僧詩曰：自從大士傳心印，額上圓珠七尺身。挂錫十年棲蜀水，浮杯今日渡江濵。一千龍象隨高步，萬里香華結勝因。擬欲事師爲弟子，不知將法付何人。休以此詩呈示黄蘗，黄蘗不顧，曰：若形於紙墨，何有吾宗。休問其故，曰：上乘之印，惟是一心，更無别法。心體一空，萬緣俱寂，如大日輪升于虚空，其中照耀，静無纖埃。證之者無新舊，無淺深。説之者不立義解，不開戶牖。直下便是，動念，

即乖其後，休錄之為傳心法要云。

吳學書錄

蔡君謨嗜墨

滕達道、蘇浩然、呂行甫曾蓄墨水，蔡君謨老不能飲，但把玩而已。

聖功書

把玩墨瀋

景室談經

老君居景室山，與老叟五人共談天地之數，撰經書數十萬言，有溪提國二神出金壺中，有墨汁狀若純漆，以寫之。及金壺汁盡，二人乃刳心瀝血以代墨焉。

吳中衡

金壺

周靈王時，浮提之國獻神通善書二人，乍老乍少，或出或藏，肘間懸金壺四寸，上有五龍之檢，封以青泥中有黑汁如點漆灑地，及石皆成科斗之書。

若洲方士翊

浮提壺

金壺黑汁

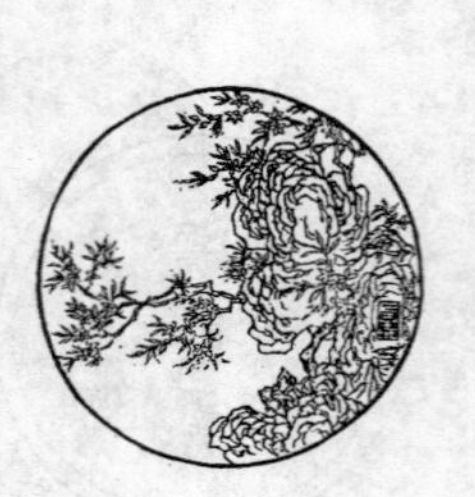

醉墨桃花

桃花石

海東北桃州山傳安期生以醉墨灑于石上，遂成桃花，今名桃花石。

方士翊書

婆羅墨髓事録

宋雲以魏神龜中至烏萇國，又西至本釋迦往自作國名唐佉王。有天帝化爲婆羅門形，語王曰：我甚知聖法，須打骨作筆，剥皮爲紙，取髓爲墨。王即依其言，遣善書者抄之，遂成大乘經典。今打骨處化爲琉璃。

阿玉吴文龍書

婆羅門

婆羅髓墨

入木[illegible]蹤

漢桓帝徵仙人王遠，遠題宮門四百餘字，悉入木裏。

墨皇靈契

象外傳敎

右軍筆法冠稱墨皇，如書《黄庭》時，感天台丈人空中致語，事甚奇。信精妙入神，玄賓可格者，李青蓮有詠，併圖録之。

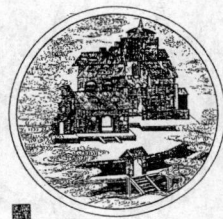

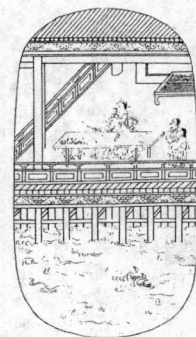

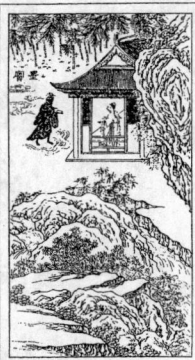

右軍本清真，瀟洒在風塵。山陰遇羽客，要此好鵞賓。掃素寫道經，筆精妙入神。書罷籠鵞去，何曾别主人。

墨賓

王獻之於會稽山見一人黑身被雲而下，右手持紙，右手持筆，以遺獻之。獻之受而問曰：君何姓，李復日休，筆什矣。旋答曰：吾象外爲家，不變爲姓，子常爲李玄筆跡殊吾神耶。默默佩服形之，退而臨寫，向逾三載，克悟其旨，時人稱曰墨賓。

一菴書

義熙中，三藏佛馱陁住建業謝司空寺，造護淨堂，譯華嚴經。堂下忽化出一池，常有青衣童子自池中出，與僧灑淨研墨。

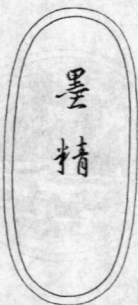

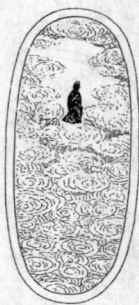

七四老人許經寫

淨堂譯經

墨精

唐玄宗御案墨曰龍香劑，一日見墨上有小道士如蠅而行，上叱之，即呼萬歲，曰臣墨之精，黑松使者。

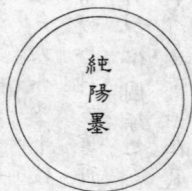

西州城者馬之駿書於天放齋

吳道子初為瑕丘尉，明皇召入供奉。宫中有粉墻，數尋，使画山水於上，道子乃調墨一盆，盡潑墻上，幕覆之，頃刻去幕，請上觀畫，山水、林木、人烟、鳥獸，無不備具，上縱觀久之，歎羨無已。道子復徐步指點曰：此山巖下有小洞，其中有仙，扣之必應。於是以指擊之，忽然門開，有童子伺側，道子奏曰：洞中甚佳，請先入顧，陛下繼來。遂入洞中，以手招上，上不能入，須臾門閉，莫知道子所之。其所画墻仍瑩白如舊，無有餘墨矣。

河東薛明益書

色界非實倏玄倏白一彈指頃蓬萊咫尺咄哉道子作此戲劇誰能從之洞門常闢

程開裕書

純陽墨

呂僊

洞賓游開元寺僧贈之以墨兩笏贈僧藏之已李太臨轉運江西行部至寺尋僧問曰呂先生嘗贈汝金乎僧恍然自失我不識呂先生但前有道士贈吾墨耳初無金也出墨視大臨即金矣大臨摩挲不忍釋手欲易以他金僧不受但以一笏轉贈之且問轉運何以知此云得之何仙姑故來驗耳間日洞賓復來僧具以告洞賓笑曰此女饒舌遂與僧攜手出門賓忽不知所之

趙宧光書

墨潑造化

呂僊

洞賓遊開元寺，僧瀕行以墨兩笏贈，僧藏之。已李太臨轉運江西，行部至寺，尋僧問曰：呂先生嘗贈汝金乎？僧恍然自失，我不識呂先生，但前有道士贈吾墨耳，初無金也。出墨視大臨，即金矣。大臨摩挲不忍釋手，欲易以他金，僧不受，但以一笏持贈之，且問轉運何以知此。云得之何仙姑，故來驗耳。間日洞賓復來，僧具以告洞賓，笑曰：此女饒舌，遂與僧携手出門，賓忽不知所之。

文徵簡書

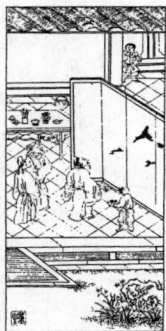

潑墨

王墨者，不知何許人，亦不知其名，善潑墨画山水，時人故謂之王墨。多遊江湖間，常畫山水松石雜樹，性多疎野，好酒，凡欲画圖障，先飲醺酣之後，即以墨潑，或笑或吟，脚蹙手抹，或淡或濃，隨其形狀，為山，為石，為雲，為水，應手隨意，倏若造化。圖出雲霞，染成風雨，宛若神巧。俯觀，不見其墨污之迹，皆謂奇異也。

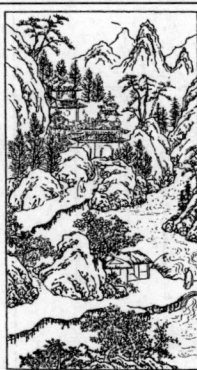

吳郡陸士仁書

混沌譜

石室丸

陳希夷隱於睡方，有異人墨筆記其聲息曰：此先生華胥調混沌譜也。潑玄墨海，志莬奇勝，余方睡興濃爛，游華胥國，特書此貽之曰：墨主玄而譜，混沌洵奇矣。果有味于混沌一語，將無南華蝶夢，猶屬黄粱未熟時以案乎是，宜圖以俟，向華山尚睡方者。

磊石舒曰敬

黄石公石室

兖州西有神祠，自稱黄石公，祈禱一百紙，一雙筆，一丸墨，先聞石室中有聲，須臾告凶，不見形也。

潛水方節望書于

青芝書舍

墨池龍賁

借潤涓滴，沛作甘霖。彭回酷烈，宇宙清泠。誰謂墨池，曾遊海濱。中藏主幹，變化萬靈。

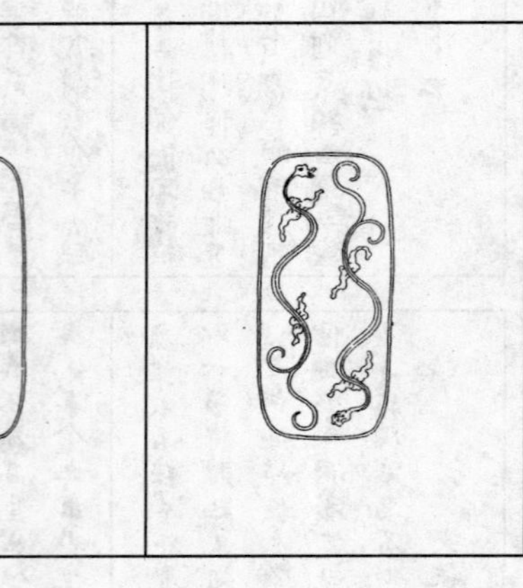

鞠通善屬和人聲歌喜
啾枯桐尤愛古墨

方瑞生《墨海圖》卷四

龍賓乘

墨，文寶也，與造化通，隨世運爲高下，故黑丹呈瑞於山陵，墨龍徵祥於璧沼，玄香吐異於樓臺。徐常侍、蘇端明作者輩出，則奚、潘諸家與之後先輝映，夫豈偶然哉。

昭代運際中天，人文丕著，真足驅班、馬，隸鍾、王，而墨法日工，亦駸駸駕易水而上，洵千載一時也。黑松使者對御案曰：能文之人必有龍賓十二。今日之龍賓效靈，不更殫赫耶？特乘之，竊自附於董、李之義。

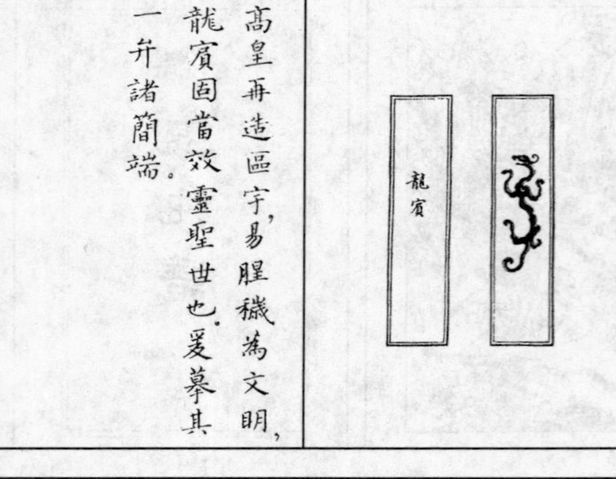

龍賓
高皇再造區宇，易腥穢爲文明，龍賓固當效靈聖世也。爰摹其一弁諸簡端。

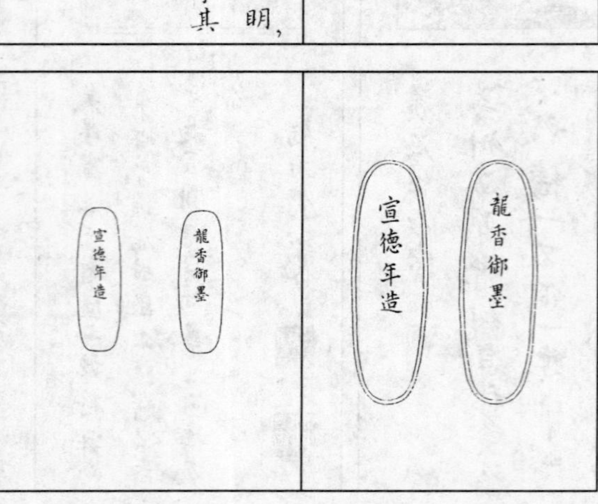

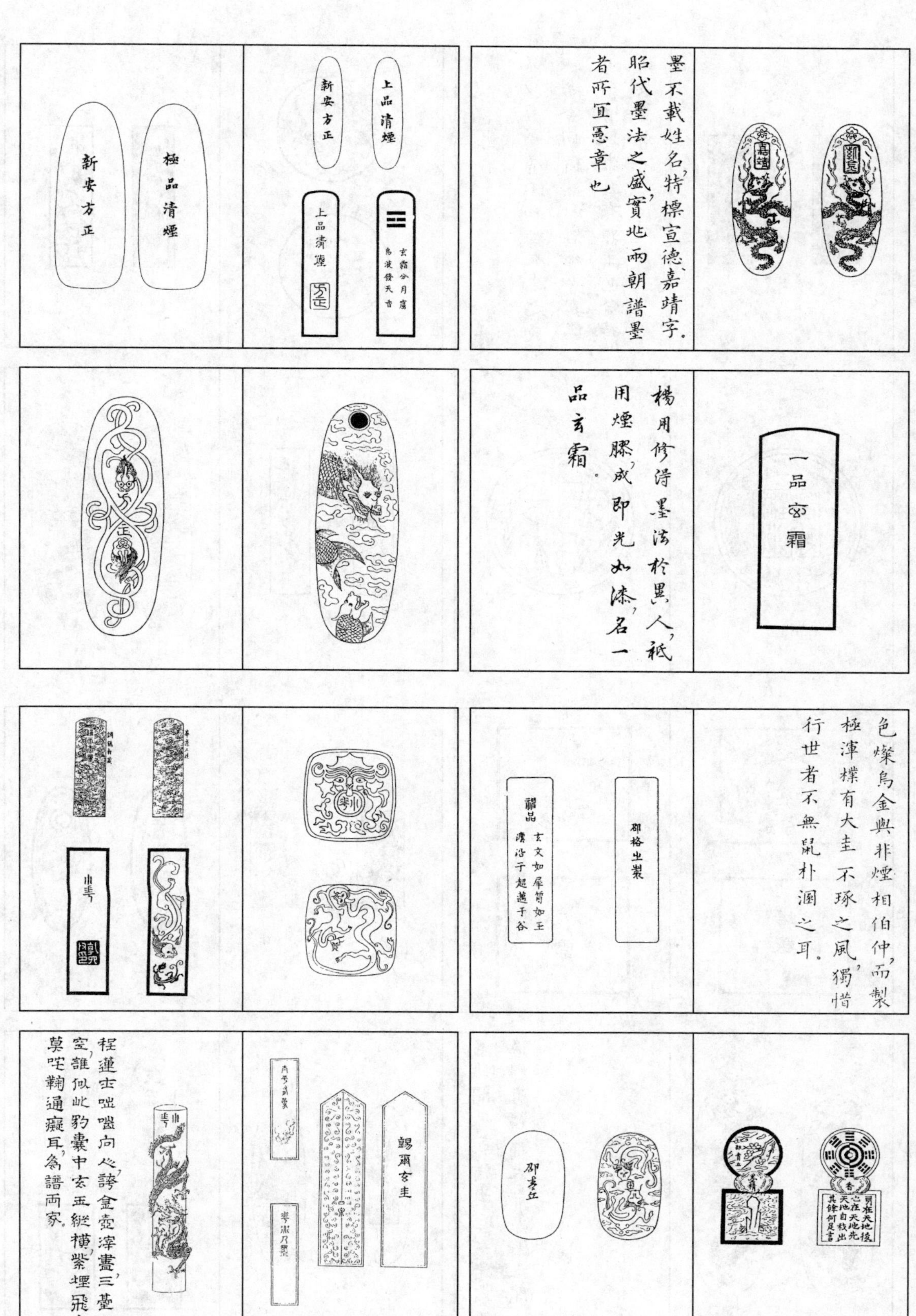

新安方正
極品清煙
上品清煙
新安方正
上品清煙
墨不載姓名，特標宣德、嘉靖字。昭代墨法之盛，實兆兩朝。譜墨者所宜憲章也。
楊用修得墨法於異人，祇用煙膠，成即光如漆，名一品玄霜。
一品玄霜
邵格之製
色燦烏金，與非煙相伯仲，而製極渾樸，有大圭不琢之風，獨惜行世者不無鼠朴溷之耳。
程蓮古咄咄向人，誇金壺淬畫，三臺已空，誰似此豹囊中玄玉縱橫，紫煙飛走。莫咤鞠通癡耳，為譜兩家。

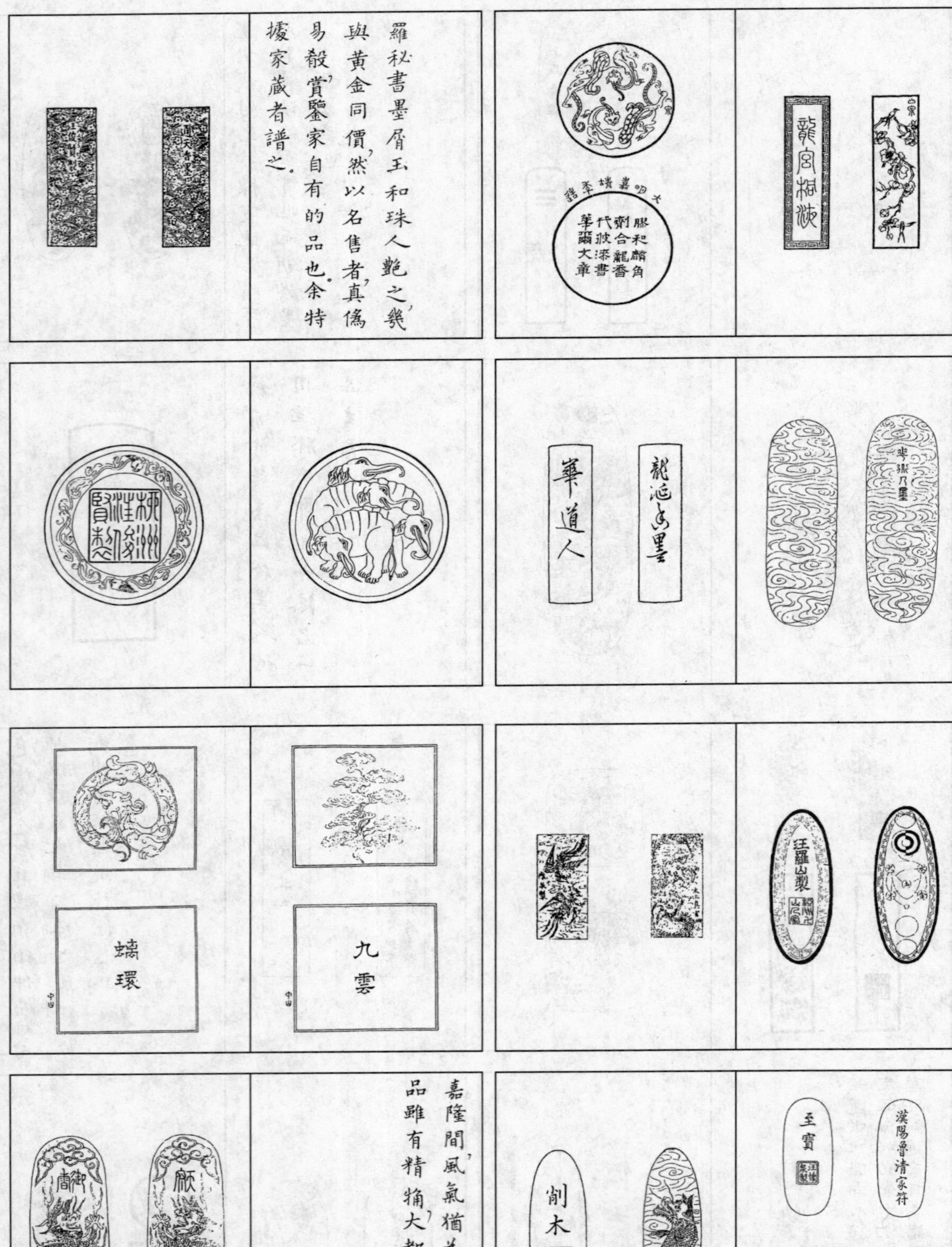
羅秘書墨屑玉和珠人艶之，幾與黃金同價，然以名售者，真偽易殽，賞鑒家自有的品也。余特撮家藏者譜之。

嘉隆間，風氣猶為近古，諸家墨品雖有精粗，大都魯衛之間。

丛亥水蒼

臨池志逸

烹在筆前

烏玉

景星圖

狀如下月生於
海朝玉者不遺
故人師見

欲中起学

方于魯製

如鑑而宜家玉一朝弦而紫画
三玄
汪伯玉銘
用之聰士

天祿青翠

非烟

崔氏糠

初情藏墨

撼不金
萬曆甲辰

玄元靈氣

家天一

崑磨金

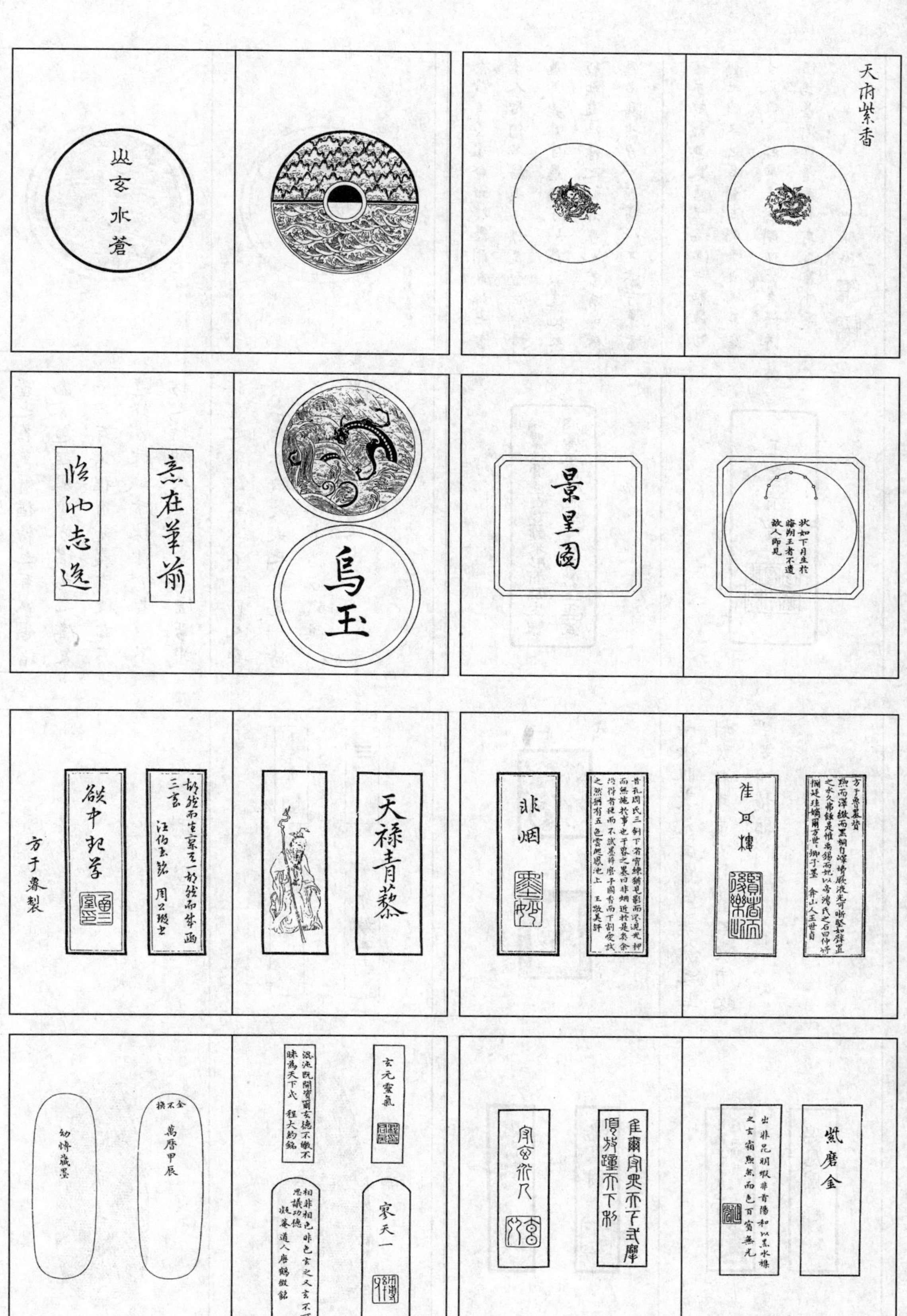

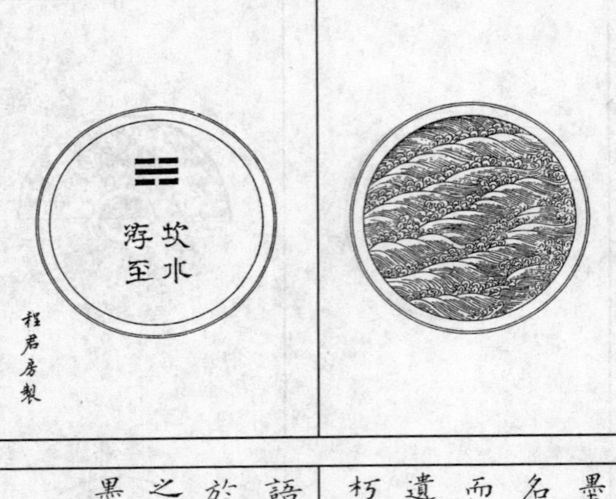

余藏書墨處命曰培愚閣，或訝之，書蓋人智，何名培愚？予謂盖智正以培愚耳。老氏守愚，顏子如愚，留造化之巧而遊鴻濛之初者，愚也。昔有以硯愚名齋者，予以培當硯，不亦可乎？蓄書不能讀典，夫蓄墨而不工臨池，均謂之癡，予之名閣亦以癡自況耳。滬玄氏從旁哄曰：子為閣作記矣，請淂借為墨卿作譜，爰第其品著於篇。

方如駿識

墨之在萬曆，猶詩之有盛唐，諸名家遞起，巖中方程為之嚆矢。而方有譜，程有苑，數古搜玄，不遺餘力。彼誠千秋自命者，以不朽之精神攻墨，墨寧不擅場耶？語有之：不精不誠，不能動人。吾於二氏亦云。爰表之以志一時之盛。他如方林宗、潘方凱，俱以墨名家者，俟續入。

豨薟珍膏色直玄，馥來彤管潤生煙。
擁毫試遣臨池興，一片香雲上玉箋。

玉堂清署

衆妙之門

玄墨

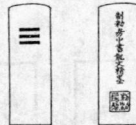

瑩徹肌裏，宛同烏玉，去今之上劑幾微耳，而不以墨名家，何故？果別有掩耶？

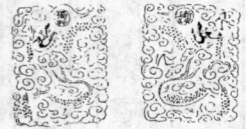

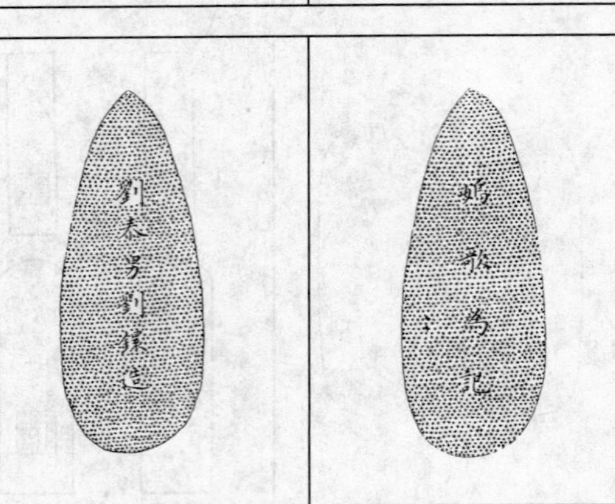

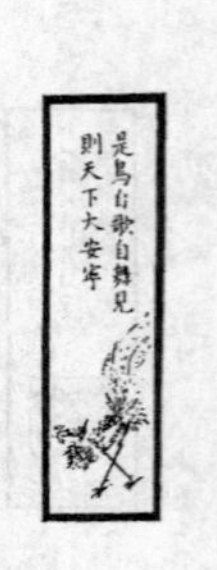

瑞應圖
汪孟
登製
是鳥自歌自舞見
則天下大安寧

瑞應圖
許伯純
復古墨
休徵呈聖世
嘉應出明時

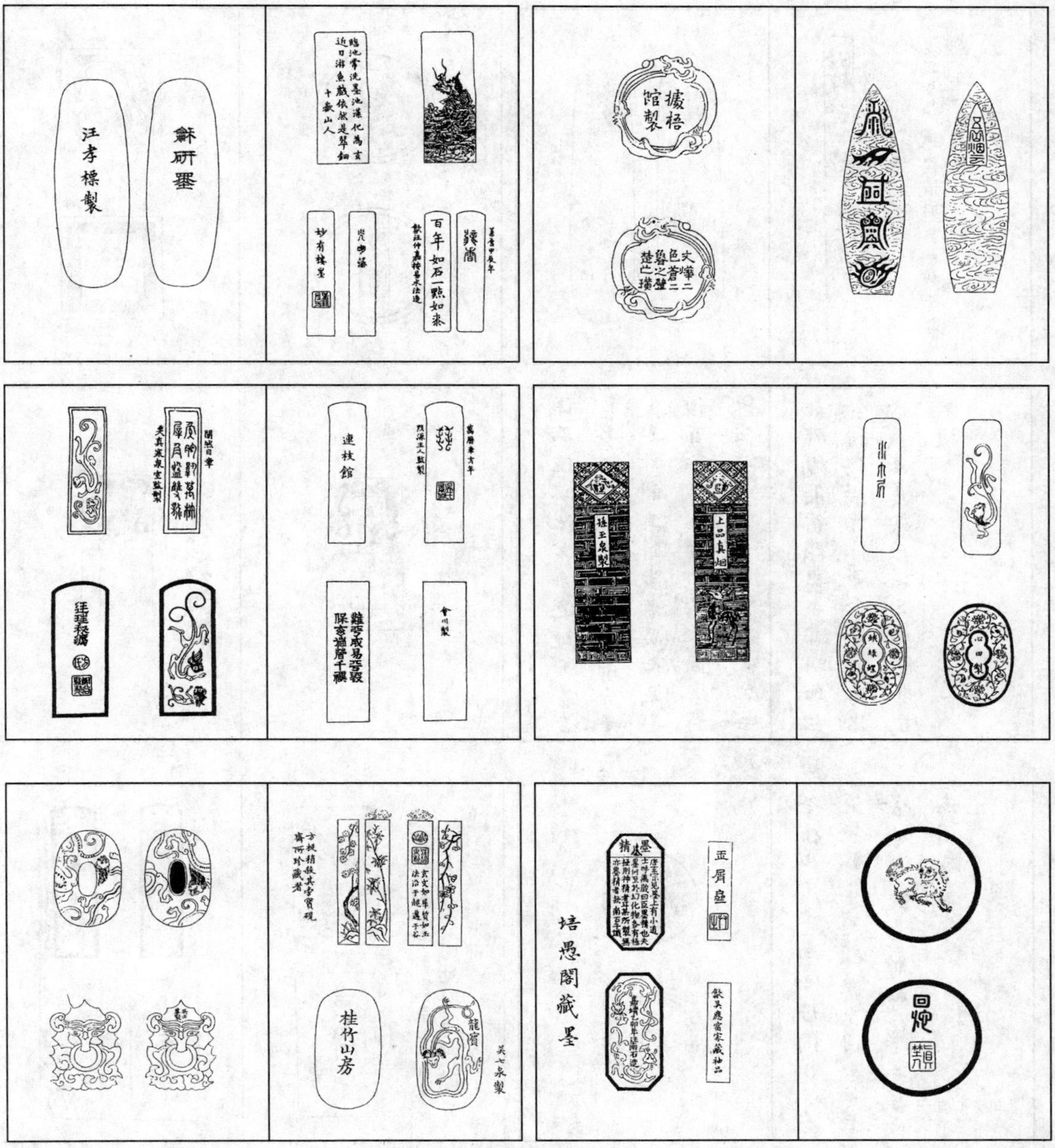

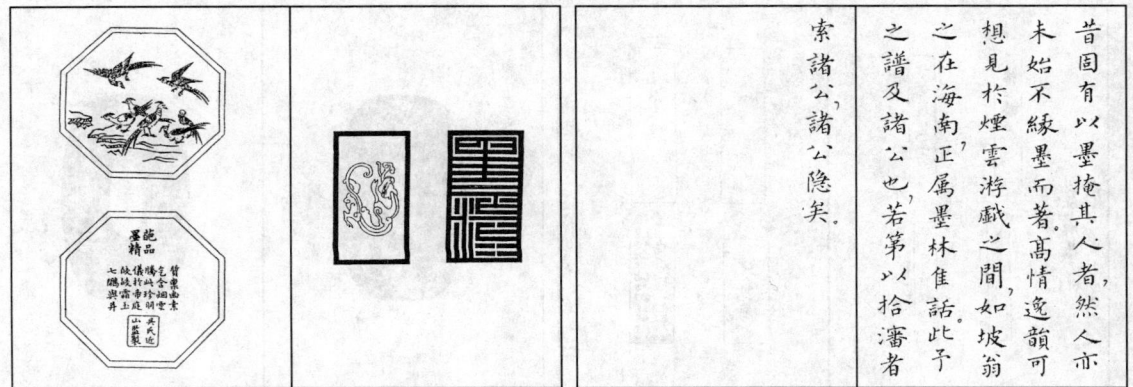

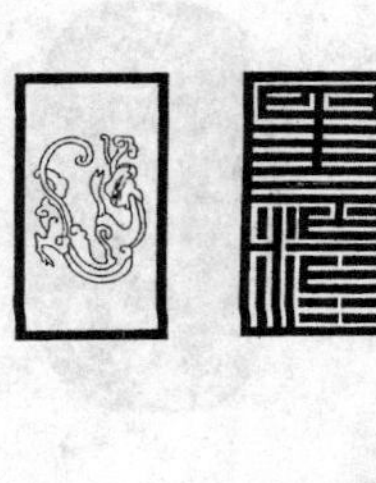

昔固有以墨掩其人者，然人亦未始不緣墨而著。高情逸韻可想見於煙雲游戲之間，如坡翁之在海南，正屬墨林佳話。此予之譜及諸公也，若第以拾瀋者索諸公，諸公隱矣。

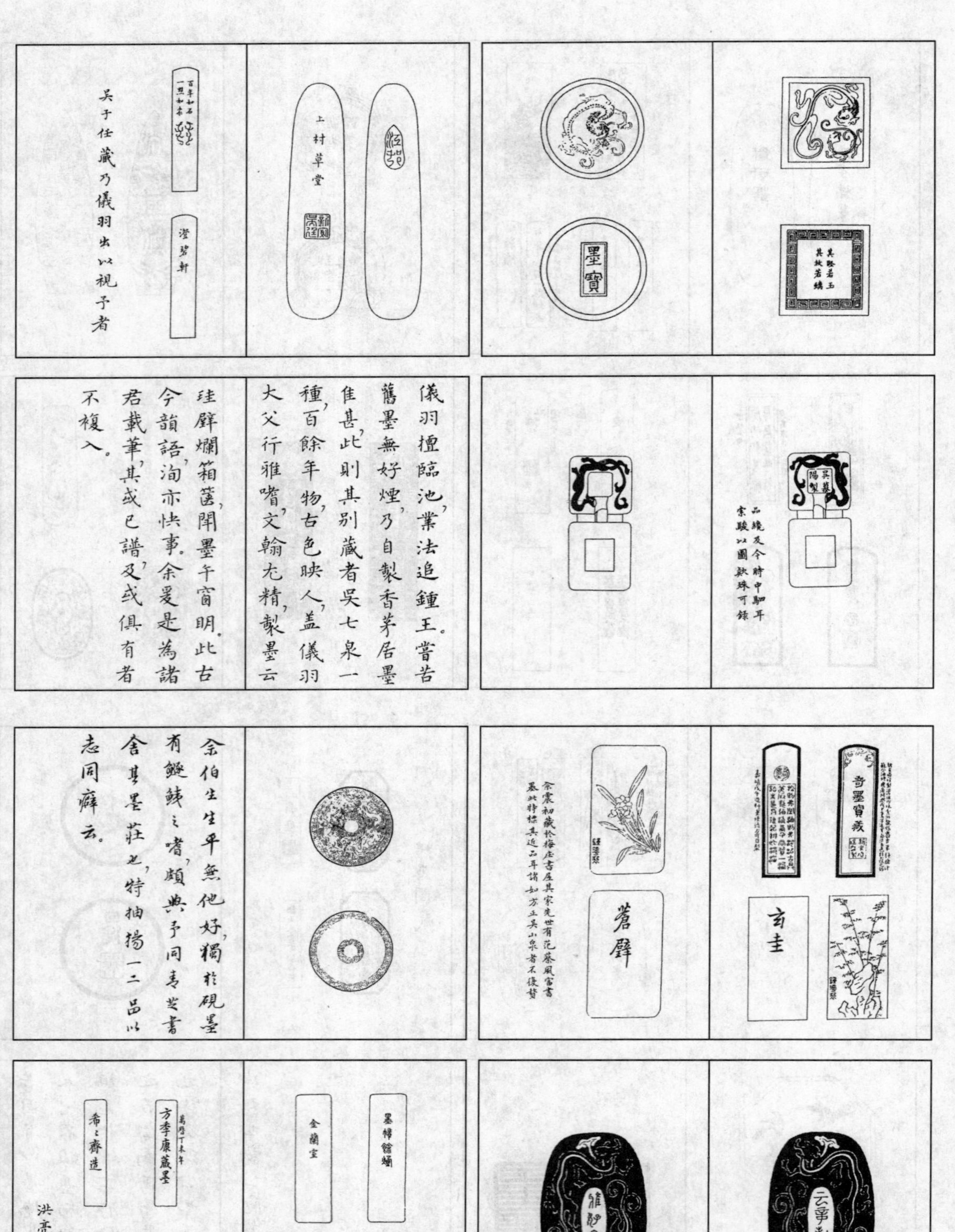

吴于仕藏乃儀羽出以視予者
澄碧軒
上村草堂
墨寶
儀羽擅臨池，業法追鍾王。嘗苦舊墨無好煙，乃自製香茅居墨，佳甚。此則其别藏者吴七泉一種，百餘年物，古色映人，蓋儀羽大父行雅嗜文翰尤精，製墨云。
珪璧爛箱篋，開墨午窗明，此古今韻語，洵亦快事。余爰是爲諸君載筆，其或已譜及或俱有者，不複入。
余伯生生平無他好，獨於硯墨有癖，錢之嗜，頗與予同，專裝書舍其墨莊也，特抽揭一二品以志同癖云。
蒼璧
玄圭
洪亮卿藏
希之壽造
方季康藏墨
金蘭室

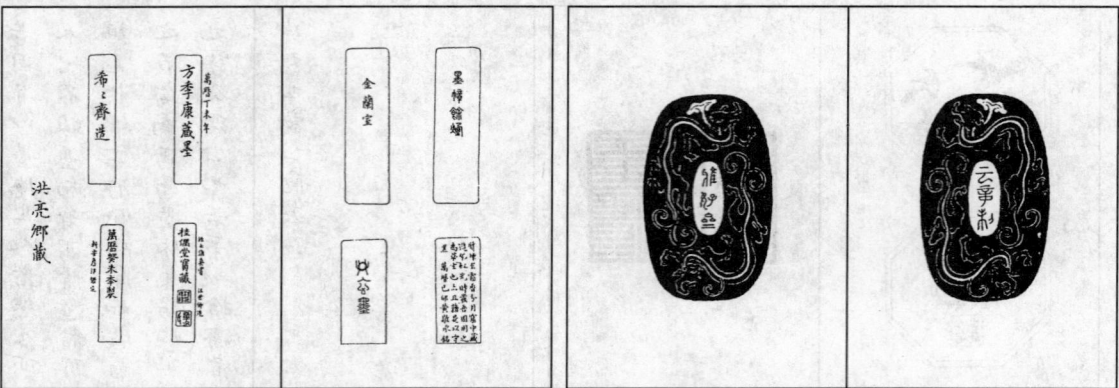

蝯菴藏墨

黑松使者

三萬杵

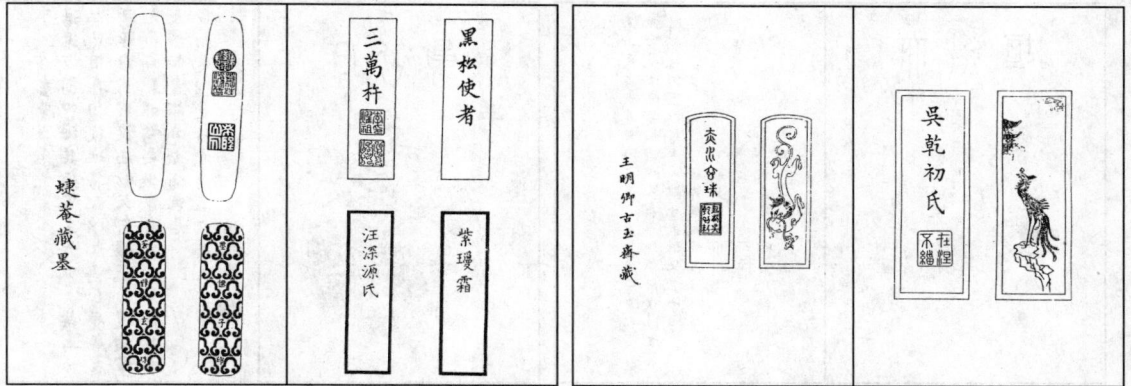

紫瓊霜

汪深源氏

右四種墨，余垂髫時以碧玉指環易諸好事家者，藏篋中二十餘年，未嘗示人。吾友滄玄譜墨，搜奇訪異，無微弗著，因以授之。庚申九日蝯菴居士潘一駒書于鬱秀亭。

王明卿古玉齋藏

吳乾初氏

方茅裕謂佛周藏

三珠樹

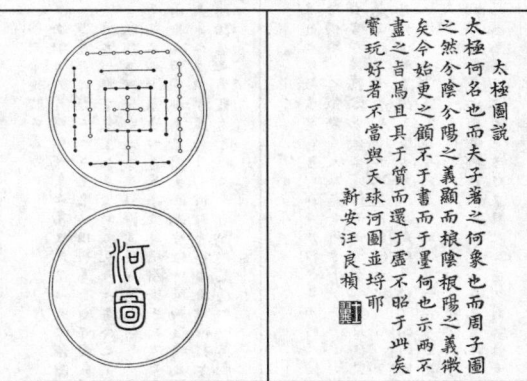

太極圖說

太極何名也，而夫子著之；何象也，而周子圖之。然分陰分陽之義顯，而根陰根陽之義微矣。今始更之，顧不于書而于墨，何也？示兩不盡之旨焉。且具于質而還于虛，不昭于此矣。實玩好者，不當與天球河圖並埒耶？

新安汪良楨

河圖

河圖

景龍呈文，易數斯顯。四十有九，厥名大衍。環中無窮，一爲常虛。疇能演之，載茗一車。

焦竑

河圖

生而有象，爲馬爲龍。象而有數，五十居中。水北火南，金西木東，各以位置，匯測匪工。誰今副墨，肖此玄同，百和千椎，還於鴻濛。斯文鼻祖，太白之容。我作充此，不數雕蟲。

沈瑩

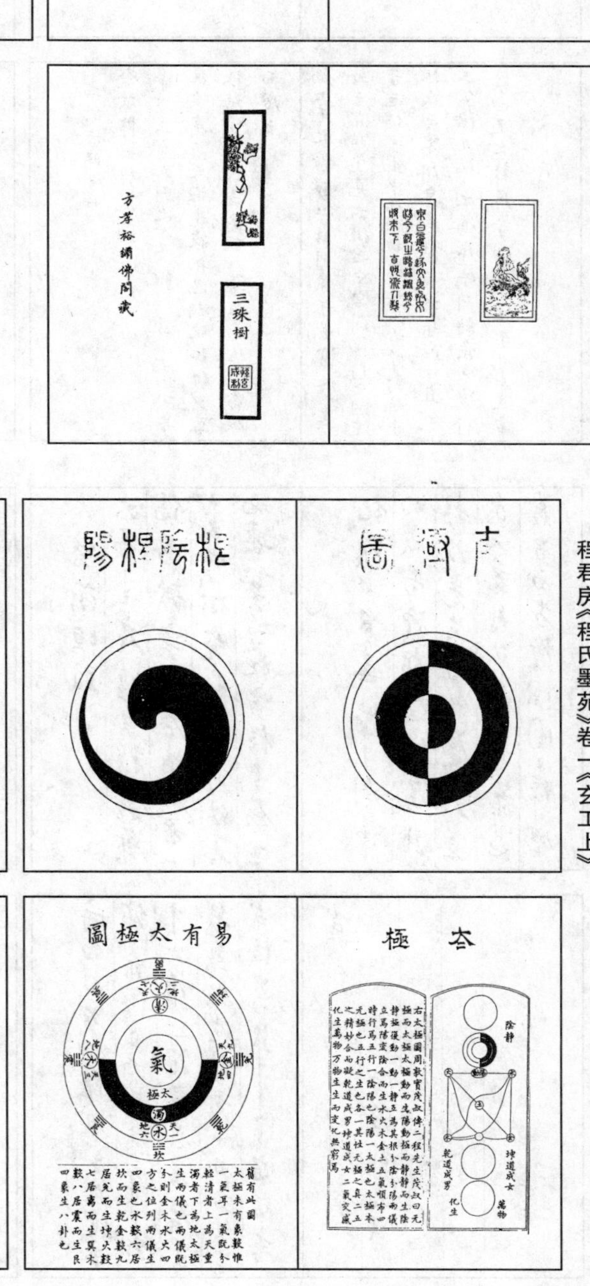

洛書贊

湯湯方割四海其痌玄圭告成美哉禹功帝是用嘉錫彼地符配以九疇於變唐虞丕承維武釋旄而訪父師縷陳治運諸掌允哉君範非疇安儆事有本始不在多言太玄儗書觸目儆焉敢告君相是訓是行建用皇極而天下平

汪良楨

日初昇

墨而藏者哉是用以之藏市庶象宵以自明亂曰曉雲爍兮初曦爛兮赤烏白虹何横漢兮蒼壁褐懐不可以汗兮大明中天盼永旦兮

新都程大約撰

東嘉趙士楨書

太微垣

日初昇賦有序

不佞約少而爲儒籍大學也給事鴻臚之廬日侍殿廷儐唱卯焉以侃直放非久謝歸乃舍儒而攻墨墨成思以易天下未幾而家難作棲於福堂晝坐愴入刻木期對苦長夜之湯湯覲霞盈之未照爲墨墨容光何地鳴冤剖懐就日靡期會畫史以日方昇圖欣欣然當心者久之大明出矣幽隱固畢燭又遠揆之剞劂而賦以自廣焉其辭曰曩聞鴻濛氏剖徒順判玄黄手摶二曜以授混茫始無始而亘運世鍊陽之精玄陰之晦翕闢而得索鑰測天地之道若張弓張者柸胎焉䂓齊州之丹穴臨懸寓之大荒伊沉寒之高昊御乾行而無疆爾迺曜靈懸象布景闡祥矢曈曈之初旭晞亭亭之遥光駕六龍而飛三足經暘谷而出扶桑濯寰澗而暈赤繳大塊之青蒼駕大輪之閃爍結鬱儀之璘璜循浮曦之順軌標踆烏以翱翔若夫行度惟一在天無二扶搖淨氣雲霞任質夜氣昏黄晦景闇遠玉漏遼兕金鐘寂閃爾其備輝月星韜

太微垣賦有引

余故郎大行覲帝座三台九列之上胥職次焉迄今十年往矣齋居之暇中夜興思凝睫睇垣眇焉悵結于墨氏圖焉耿耿草莽之忱爰爲賦而廣之

緬上元之曠眇兮昭列象于蒼穹步翼軫之直北兮見太微之中宮闢端门之洞達兮迺位乎正中儼執法之左右兮對峙乎垣之西東胡皂衣稱謁者兮以次直乎三公陪九卿之駕序兮列諸侯之後行紫四星之軒屏兮納帝座于中正波章

天市垣賦有序

余觀日初昇賦之就矣而畫史氏更以天市垣圖進南斗之南二十二星東西垣列焉余嚮瑶圖靡日久仰觀貫象星入且繁明不及六七者余之寃歟何日可白聊爲短賦以泄其恨恨焉

余閱木而夕嚴兮甘遵累乎佤座視座漏于天際兮若微茫而宵觀萬象閲其無光兮倏仰瞻而復頫美天市之于垣于居南斗之所部市樓車肆以列兮辨陰陽之分數天斗斛之平量兮歲豐穰之仰霞廣帛度之衣被兮暨窮貧以及編户相七公而列九紀兮恂璚璚之散斛安天床之女御兮卜公宫之德溥容貫索之宏闊兮母賢豪之嗇虜彼宗屬之明潤兮廠閣寺之駭庵臣列侯而拱帝座兮弁泰階于邃古被十五國之風謠兮潤河海之澤善余嘗窺不知幾萬里兮騶侵靡能以步武豈六合之爲甌兮天地舒而納絪昬余知白而守黑兮攖情于翰墨之圖斂斯法而藏斯象兮將無畀乎工貫殫人官而之天市兮競東壁之公斋久則棄諸千

禩兮遠則數夫率土羡神技之進乎道兮書契乎焉攸承余信宵載于斯兮莫知其爲鼓爲舞

新都程大約撰

東嘉趙士楨書

北斗七星

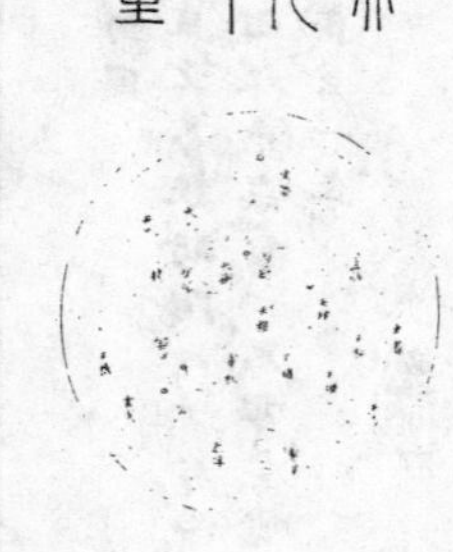

紫微垣頌

大帝之座樞星叙歛

偏常鉤陳區居輔右延一

十五帥衛兔神翁命侍焉

西垂八萬里把玄樞兮展星

紀山鏡之分毒北斗闔闢

明盛蜀瑶姬駕歧萬哉

精抑光朱烏翱翔煌八荒

兔文京智伏此郛扁正道

義兮西方燦燦圖之帰璧

府白龍黄鉞惟參主久雍堂

緯東階平趁精緯壽

中土維乾象莫宮居萬

緂照照遊世虛一自玄紫星

武後萬年一宇宙皆居

震

汪從敬憲成

龍鳳呈祥頌

於鑠我　皇緝熙　大明光闡聖道以和以平龍見于郊鳳儀于庭隱隱飛躍鏘鏘和鳴應金行之秀氣禀火德之精英負靈圖而五彩讃蕭韶于九成爾乃騰雲而起摶風而翔煥羽儀於千仞耀神化于八荒璀燦倫質蜒蜿成章遠而望之儼旭日之瓌麗迫而察之像列缺之光芒羨茲鱗介之長羽族之王允叶昭　盛世之嘉瑞表　熙朝之吉祥

臣程大約謹頌

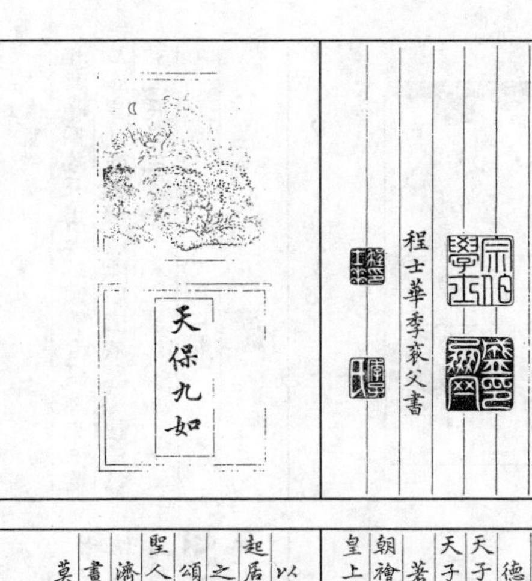

頌聲洋洋敬矢司墨誕告多方

關中鳳岡盛訥撰

程士華季袞父書

日月重光頌有序

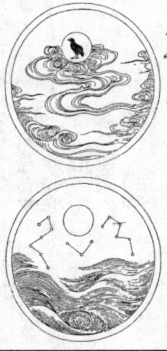

天子嗣服有二十載茂德存乎十世廓帝緒光祖德嘉與函夏福澤而綏寧之神謨聖真天人協應徽億萬載無疆之庥殆于今而爲烈者也于時壬辰八月旣望復當流虹之誕方負澄肅夷夏貢庭忭呼祝頌天動雲蹕于是日月之瑞獻重光焉唯是天子自昭明德當天繼照通晝夜之知合陰陽之撰苞育玄黃登邁三五以故能茂格重玄薦孚元始明二曜正六符朗壽星引玉曆綿基圖而永元命葆神凝一太和也萬恭欽明茂德也洪澤顯比至仁也久道化成上眞也豈必登弇宮探玄圖表云亭之勝迅崐崘之馭然後能承休造誇㺯琬哉不佞訥故守詞垣久叨禁直方脩雅頌之業鳴明聖之盛鴻臚典客程大約氏給

天保九如頌有序

天子之御宇紀萬曆元也蓋祈天永命懋至德焉臣子嵩呼而效遐祝曰天子萬年天子者天地民物之寄命也天子壽而天地民物之壽隨之此其彰彰較著者也約至愚不肖罹于罪戾與供朝禬一日之役迄今有遐思焉恭閱皇上揮灑宸翰爛然天章時時親子墨客卿以隆玄德草莽之中無繇奉起居叨近侍奏隃麋而勒天保庶幾効區區之忱明北面衷悃耳謹援風人之義演爲頌詩二章敬俯伏稽首以獻頌曰聖人在宥赫斯中興函夏允殖夷荒敉寧濟濟岳牧師師凝丞剌章雲漢子墨淩兢點畫辰宿以永結繩詩人有言天保定爾以莫不興如山如阜如岡如陵如川之方至

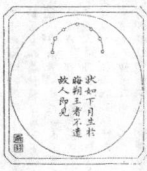

初弦圖

月初弦顧桂枝升寒澈月初弦天戾乃爲戟培之月初弦嫦娥顧粧據修眉月初弦更學蟾蜍流離月初弦下方矯昔理靖物月初弦天光漏昇鵲擲月初弦盈理未爲狸月初弦陰隲墨敷晹初靡

滾陽程濬

汪大同書

五星聚奎辟行 甲申年作

垂衣聖人坐明堂煌煌天德日月光相傳五星聚奎辟天下顏色生文章往年大水占牛斗曾勸長星一杯酒赤妖立掃禎祥出精霧變化應無有嘉靖五星營室間將作大匠不得闘纏次遲速偶然聚五十餘年千歲還奎辟分野應何值盡屬中華文物地北斗南箕未可量

大明中天萬曆始

程大約

文昌宮

格澤星

萬曆紀元廿載予斯天子中興爲建三殿裸勇作難屬國不靖不佞抱杞人之憂占天得格澤焉大壯之業隆遠人格矣喜而賦此爲尚方獻

格澤炎炎如火上炎潤斯澤斯油素泛沾如稱而格不種而穫不有土功必有大客降假明辟遠豬徂饗汗青點漆尺一斯旣重譯遐荒方來者吉凌煙論功爾其第一

程大約

景星圖

文昌宮歌

穹窶何處文昌宮斗口戴匡亘彩虹帝子巍巍駐黃屋真氣彌彌薄太空下羅五岳瞰川瀆上窺二曜淩穹窿祥皴煇煌爍河漢裔雲繚繞峙天墉太微伊迩傍帝座群靈並轂來空同雪精騰驤騁高步委蛇追電羊角風侍從瞪目哆口笑人言地啞天爲聾此語荒唐未可據或黜口耳專心胸會主圖書耀東壁司祿司命權兼隆要爲元元啟靈府直從大始開鴻濛揮毫洒墨流千禩相忘真宰不言功

新都程大約撰

東嘉趙士楨書

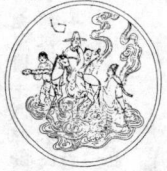

金莖露篇

栢梁臺高接天僊人銅掌擎金蓮承來夕露
日如泉汁後供釀涓滴研泗成閑凰詘片篇
君王天暑三萬季

陳仁龍

燃石香雲

燗石色紅似肺
燒有香烟聞數
百里煙氣升天
則成香雲雲遍
潤則成香雨

湘夫人

一滴水衍洞庭波發彈指之頃浴日沐月有
美一人其顏如荼綰鬟劾雲凝脂為膚江有
香草美人佩之翩何姍姍宛其來遲帝實遣
子作室玄德千年之後陰靈復出

湯賓尹題

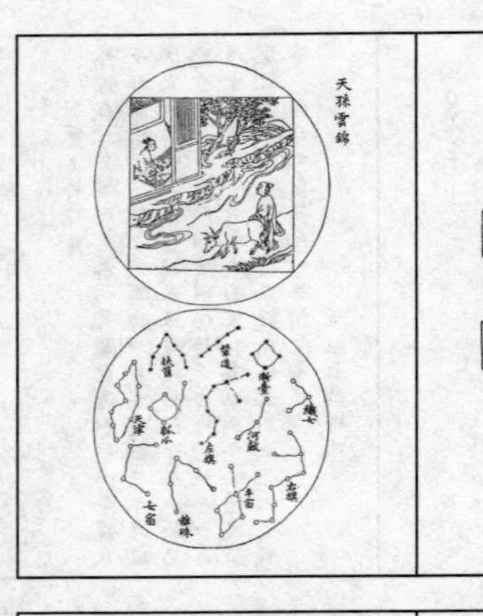

天孫雲錦

燃石香雲

焚地肺通天心煙縹緲何陰陰油然作
沛然霖震百里馥蕭森玄者德美璆琳
穎楮研共盍簪論生殺三相參神王氣
剬在禽濟用離承以壬

義陽彭好古

東皇太一

七夕圖歌

秋雲乍薄河漢陰秋風乍動飄梧林共道天
孫散巧夕鵲橋高駕牽牛臨千門萬戶陳瓜
果渺氣漲瀾漢渚深男兒手不工文墨若從
女子聞穿針人言織女勞機杼終日扎扎成
幾許隔歲迨還難再期一水清盈不得語霞
銷雲散剗天章鳳彩龍文動七襄五緻絲縷
別蒼素九區衣被黼黻垂裳審知雲幄休鼇織
祇助牛郎和筆墨室家輕暖慶基隆天下文
章生顏色此夕何夕重踌躇雙星會合情黯
舒揮手夷猶高謝世埋腹清狂別曝書聞然
日章織素理何哉牽牧勤耕鋤夜夜墨花飛
彩靄光芒斗畔徹牛墟

新都程大約撰
東嘉趙士楨書

大司命

靈風肅肅伐鼓歙簫翠旂孔蓋容與飄
飄執心公方示民不佻名着楚詞我歌
且謠

吳郡錢允治

浮游槎

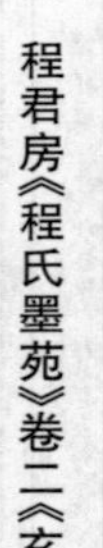

程君房《程氏墨苑》卷二《玄工下》

飛龍在天

龍之靈徧寰宇神變化氣寒暑出升雲
霖下土大人造萬物覩凌太清圖玄譜
潤
皇猷光冊府豈曰小補之哉

于若瀛

飛龍在天

浮漢槎

事具博物誌中苑墨者及之有思動天文之想乎
大造漢漢有爛青冥周垣列宿乃聞客星銀河之畔
天展渕澄牽牛伊何大農揚靈浮浮者槎以當放舲
莖戒時日八月秋清悠然河漢依稀都傳占譚通道
莽不知名爰取歸路爰叩君乎天耶人耶聚神會精
百物攸宜萬彙嘉亨以語墨德是曰大真

彭好古伯籛甫撰

東君

飛龍在天頌

粤稽太始顯仰無垠宇通宙合厥生振振猛則虎兕威而麋仁瑞則
麟鳳靈而靡神厥惟龍德變化迨延蹄涔溟渤能蟠能伸氣為寒暑
視作昏辰首稱十翼以象君臣見而在田文明天下名世德苑鉠諸
王者飛而在天御極函夏爰長鱗玄爰騰天馬風霆擁從雲雨需灑
飛躍太清潛淵九野縣寓軏体元元膂蝦大人有造蝠惟我
皇龍飛九五臨帝馳王時揮天藻大署
宸章式入于墨敬供
尚方於昭雲漢潤色玄黄國華墨寶謨烈允臧
聖人天子萬曆無彊小臣作頌以勒彝常

原任鴻臚寺序班臣程大約謹頌

時乘六龍以御天

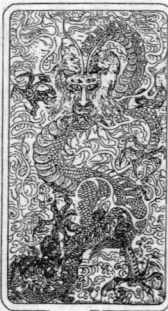

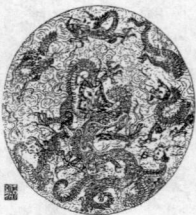

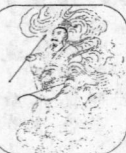

六龍御天頌

明明元后撫時握樞駕六飛龍登于天衢雨師清塵
風伯戒塗羲和捧轂望舒扶輿太白抗旌豐隆挈鼓
紅霓先導雲霞後扈千乘萬騎森羅啇薄容成浮丘
是弼是輔巍巍蕩蕩閶闔九重棊布星列別殿離宮
端居泌穆體道執中以明四目以達四聰中道伊何
曰仁曰儉月竁輸心穹窿革面重譯来賓載懽載忭
億萬斯年享其天眷

原任鴻臚寺序班臣程大約謹頌

龍九子

鳳九雛

丹山之穴寔產靈禽一母九雛純陽之精懽
以相保用闡文明𪅏蹻而棲竝吭而鳴六德
備備五象呈形煒々煌々一毛千金
天子當陽来儀紫庭九州四海曰大安寧

程大約

天老對庭

龍九種 二章

鬱成薰嶅如雲龍變化待氤氲
紫氣桑青霓涌見龍文識龍種

梅守箕

鳳九雛

天老對庭頌

黄帝坐於殊庭觀於大皇之野有神鳥者五蝍日而来棲於尾
閭其為狀也龍文而龜身燕頷而雞味宿植而鹿化鴻前而麟
後蛇頸而魚尾鸛顙而鴛腮縷以赤金錯以黄銀間之紫翠五
綵備焉帝顧而異之于是奏咸池之樂張於洞庭之游羣臣風
后力牧有炎氏畢在賡歌而和焉帝復異而問之是何祥也余
何德以感靈乎羣臣未有以復也左顧而屬天老天老對曰是
火精也產𠔁州之西丹山之穴所謂鳳皇者也羽蟲三百六十
而此為之長豈其形之瑰瑋備至德焉首若韄青戴仁也嬰若
白蚕抱義也脊若丹赤負禮也胷若石墨蘊知也足下蚰黄履
信也㪅象有六則天地日月風緯之異形㪅苞有九則耳目口
舌色冠距音腹之殊致其飲食也在積石為瓊枝為琦玗為琅
玕而又有離珠一人三頭遞卧遞起以伺之其鳴動也中金皷
為歸嬉為提扶為賀世而又有郎都上翔歸昌節々足々以揚
之棲翢風穴之深濯羽弱水之上覽七德而律五音朗九文而
紓諸彩天苞地符嘉成畢奏惟鳳為能天下有道浔鳳象之一
則過而俔之得其二則翔企焉浔其三則集翽焉得其四則春
秋會之浔其五則朝夕比之終身居之矣當是時也六服咸寧
萬物由庚祖順百彙具若四靈鳳皇来儀以昭帝眖之成毋庸
讓矣帝曰俞哉天老之言也由余聞之鳳以方見惟中央者祥

焉其餘則為兵為喪為水災沴屬黃畢不一而足將啇畢青鸐
屬玉之屬不足貴乎又何祥也天老對曰臣聞縹青者鶖黔黄
者鵕鷾紫者鸑多白者鸐玄黜者烏浔鳳之一體者也西有鴻
雀東有詠珂北有定甲南有錦駝中有黄鵠竊鳳之形似者也
羽族之生多矣由斐巽而浔鳳皇由鳳皇而浔寫鹿妖孼出焉
德下衰則分其具體又下衰則肖其形似極下衰則得其孼兆
鳳皆也德之為鳳皆也彼不自恭然玄储而誣天鴇枉者君子
宜何耻焉由今而卜之藏之踰百年而有翔儀于庭者得大德
焉踰千年而有長鳴於岐者浔至德焉又踰千年而有從嬉於
𡰪山者得壁德焉皆是物耳臣其為帝豫之以俟億萬世對甫
畢而帝曰善哉天老之言也延命伶倫斷嶰谷之竹吹而律之
寫鳳音焉已屬素女簧之窐之史皇繪之胡曹黼衣之裳之晉
取象於鳳風后力牧有炎氏陳帝鴻氏之研桑飛龍氏之纂次
第天老之對為頌以獻頌曰
靈鳥者何有鳳有皇天子萬年萬邦来王
靈鳥者何有皇有鳳天子五福萬邦作貢
鳳皇儀矣於彼高崗百辟師々五位皇々
鳳皇鳴矣于彼朝陽萬姓受成九重之光

二酉生程涓謹頌
四廣柄程表素書

二十八宿圖墨贊

墨史氏曰玄象幽矣為章于天宜莫如列宿
用晦而明具墨德焉學者博綜六藝問之天
漠々耳余故苑之為墨宿各為圖圖各為贊
贊各為體皆按故而求者也乃若坐筴禨祥
秘習有禁其誰敢干之

放民程大約

九房

角宿符

角兩者何天闗是名希威信市左刑右兵三門
四表亨衢道平列宿順序皇輿攸寧

程涓
阿白

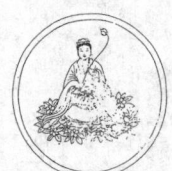

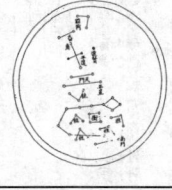

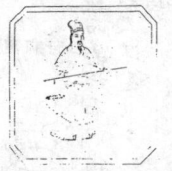

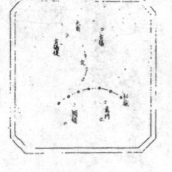

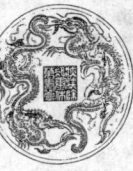

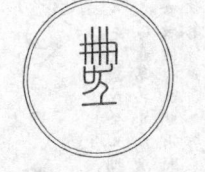

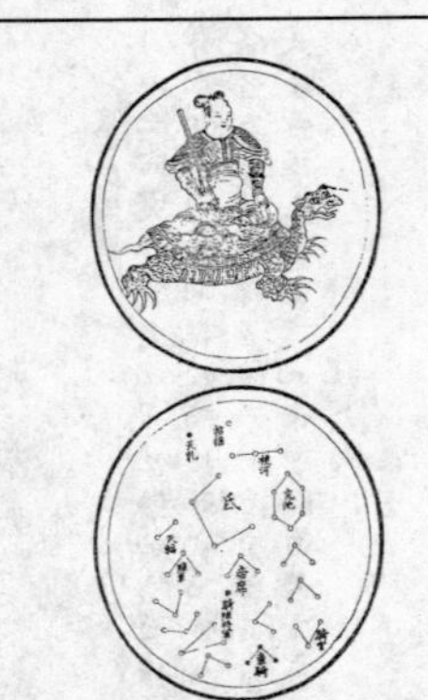

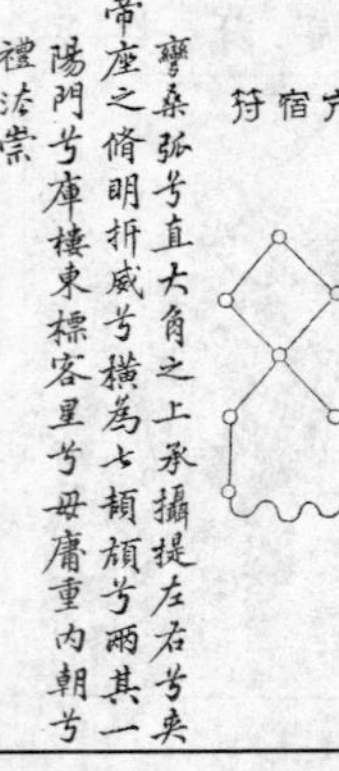

亢宿符

彎桑弧兮直大角之上承攝提左右兮夾
帝座之脩明折威兮橫為七頓頑兮兩其一
陽門兮庫樓東標客星兮毋庸重內朝兮
禮法崇

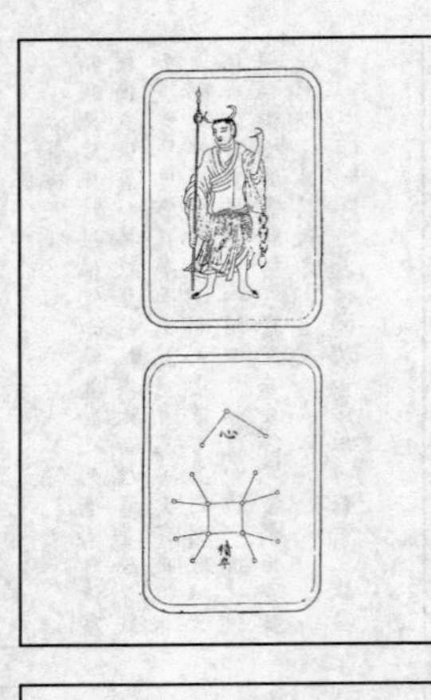

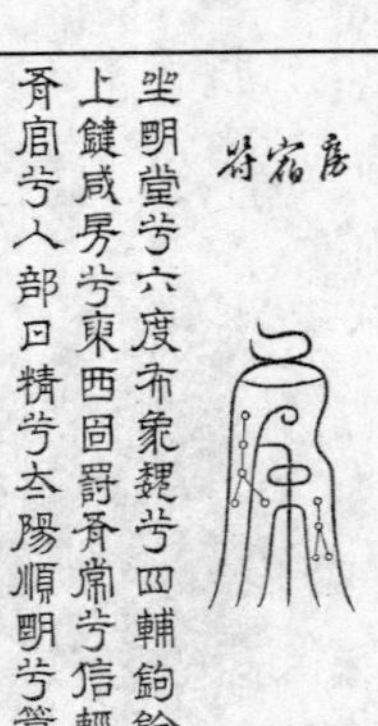

房宿符

坐明堂兮六度布象魏兮四輔鉤鈐兮
上鍵咸房兮東西罰齊常兮信輕從
齊宮兮入部曰精兮太陽順明兮管括

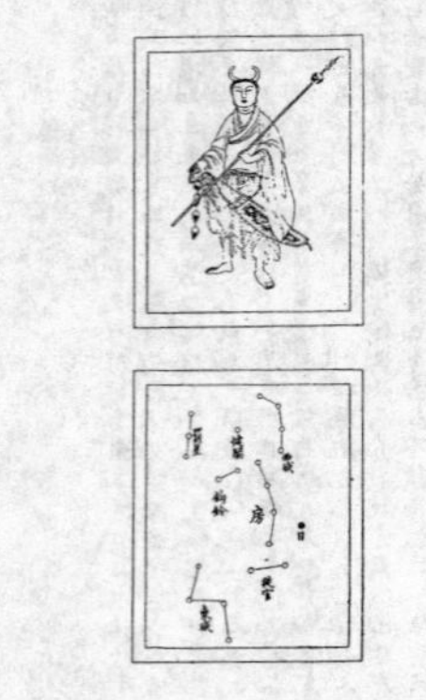

氐宿符

斗方側寢天王路寢其在后妃休解房依
天乳招搖梗河漻漻黿然
帝席燕樂是即熙然亢池舟楫是務蓄然衆
騎天福是倚是以為康國逸祇之賜

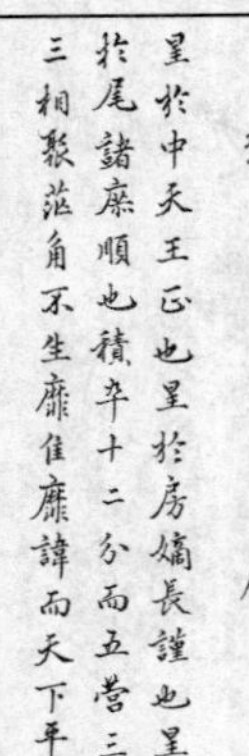

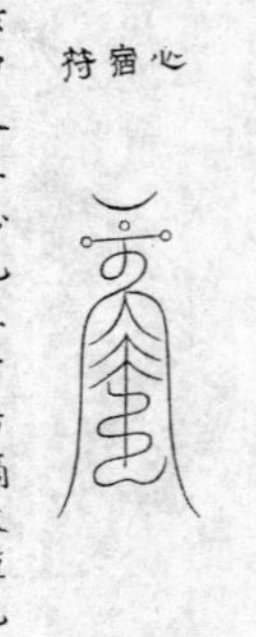

心宿符

星於中天王正也星於房嫡長謹也星
於尾諸庶順也積卒十二分而五營三
三相聚蓝角不生庶隹庶諱而天下平

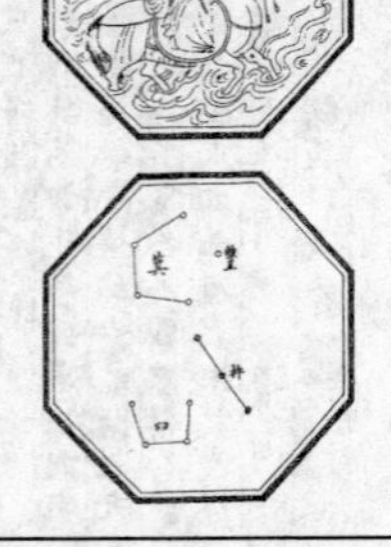

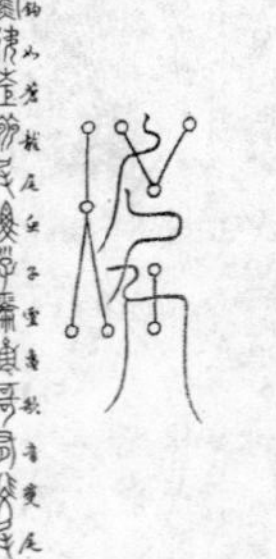

尾宿符

九星鉤如君執尾丘子室者數者變尾上天
江四橫越何武傳說右懷樽神宮一室寶天
鯈龜二大內當負辰

袁表篆古

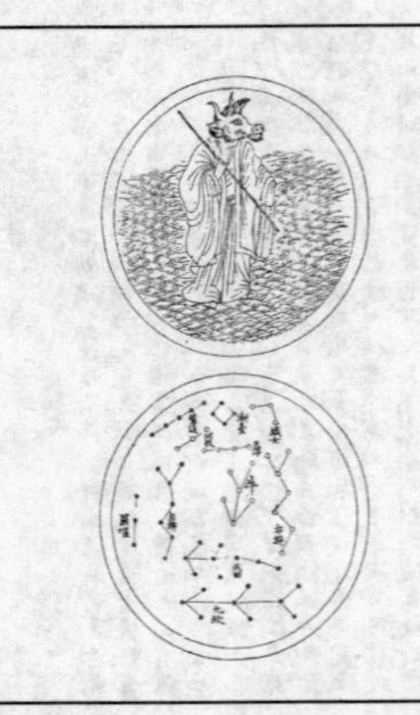

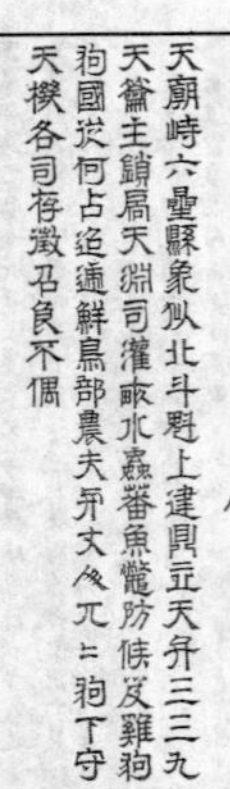

斗宿符

天廟峙六壘縣象似北斗魁上建閃立天弁三三九
天籥主鎖局天淵司灌溉水蟲番魚鼈防候及雞狗
狗國從何占逃遁鮮鳥部農夫弁文人凡二狗下守
天攙各司存徵召良不偶

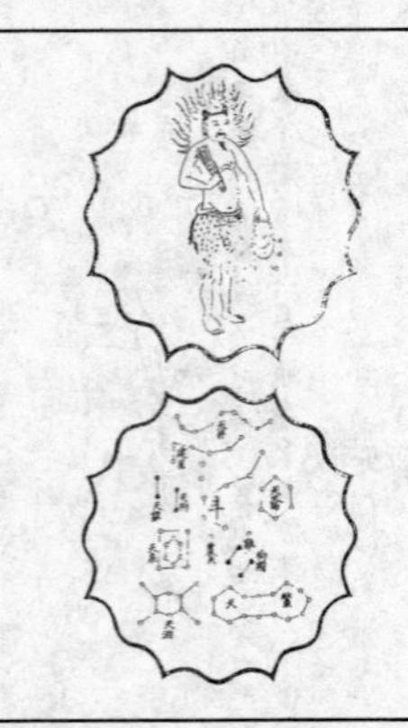

箕宿符

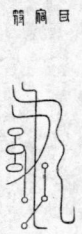

簸而箕杵而臼揚糠皮穿風歎是以
知天津是以主妃后是以為豐荒樞
杻

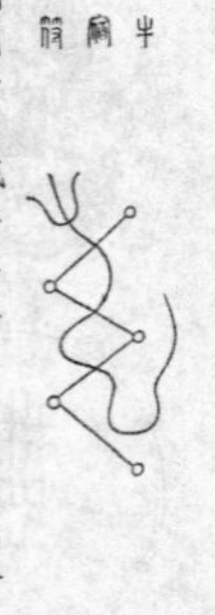

牛宿符

天闢關梁主犧牲且天田三三叠稱登且九
坎羅堰塞疏盈且河鼓天桴農寓兵且右旗
左旗節制明且焆然織女幽峥嶸且瞰水漸
臺刻漏更且西是輦道豫游行且

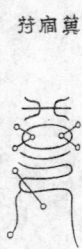

女宿符

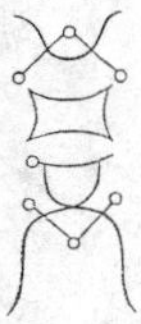

天而須女彷彿箕只離珠為歲序以時只敲敗二爪植藁二只天津九曲直盧危只奚仲車正扶箱緣只十二諸侯以其司只

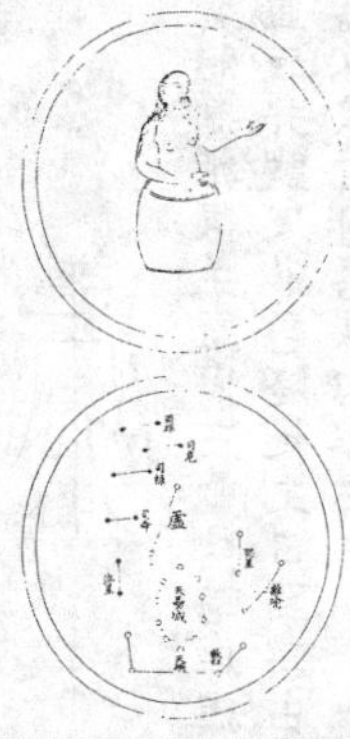

危宿符

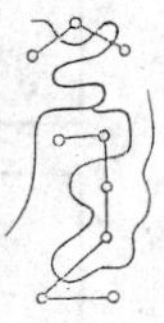

三星者爍危是耶五而黑者人氏耶三四而杵臼五而鵶者造父只耶七而車府九而天鈎者救邪二而蓋屋倍而墳墓成邪毀邪四而盧梁十而天錢表耶裏耶將為天之府為天之市耶

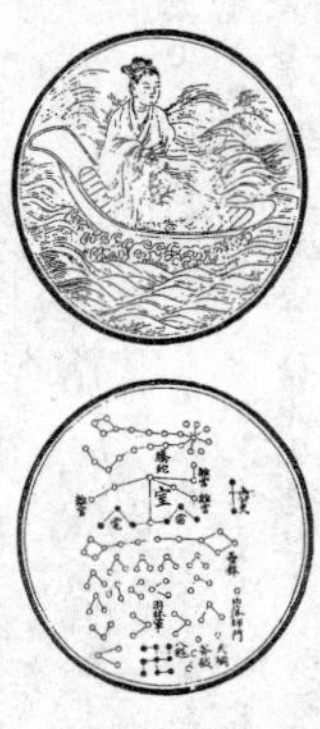

虛宿符

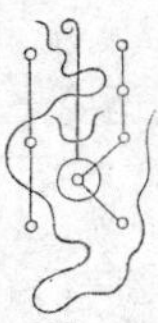

[illegible]

室宿符

遶室三雙出離宫帝嘯諸天雷電同辟壘陣次羽林雄北落門前斧鉞通以幟八魁伏莽戒恢二天網武帳幪眇爾騰蛇戢水蟲力役康哉吏土功

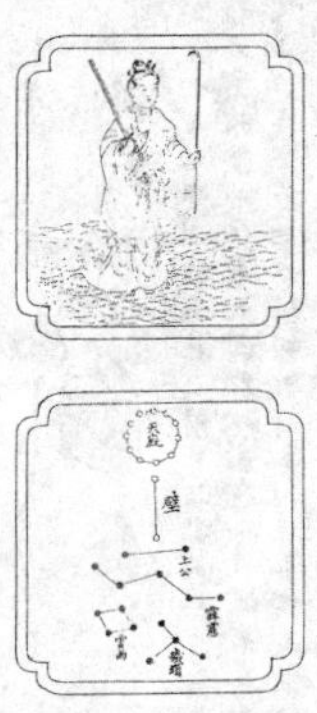

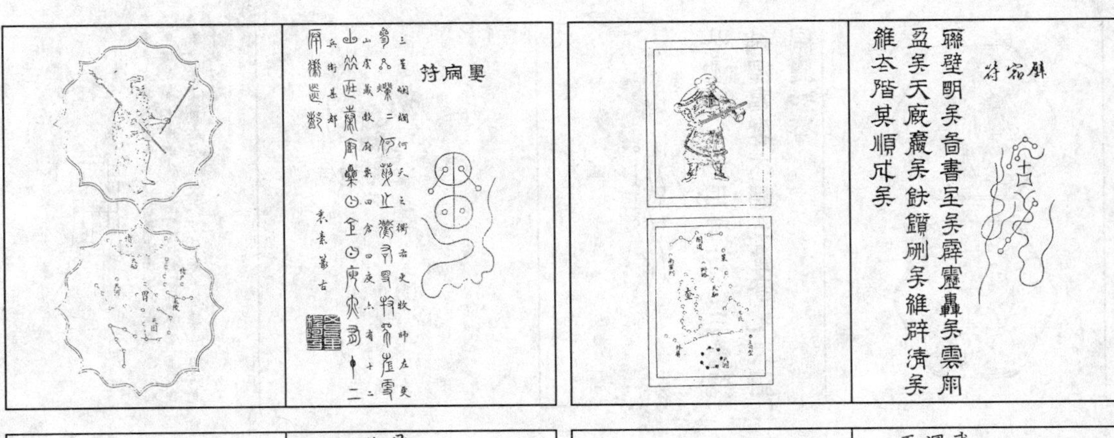

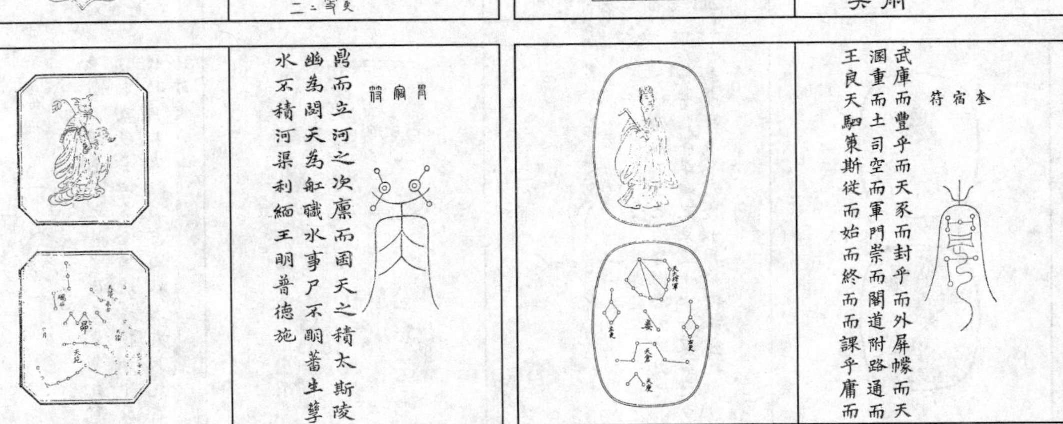

昴宿符

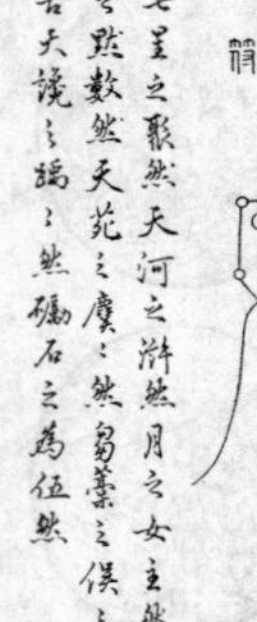

而七星之聚然天河之滸然月之女主然天陰之跳數然天苑之虞虞然芻藁之俟俟然卷舌天讒之謡謡然礪石之爲伍然

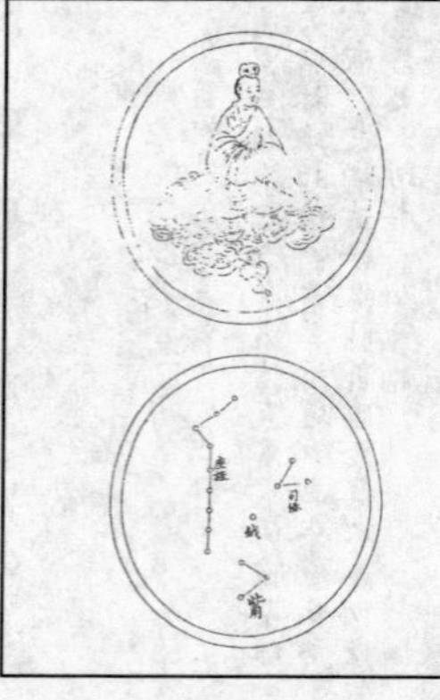

畢宿符

畢星八主四夷刑殺亦與之附耳胡不徹天節胡然移天高天潢若伍垂天關啓以其時九州城車口天園咸池亡不有兩柱横列六諸王九斿參旗天下守

觜宿符

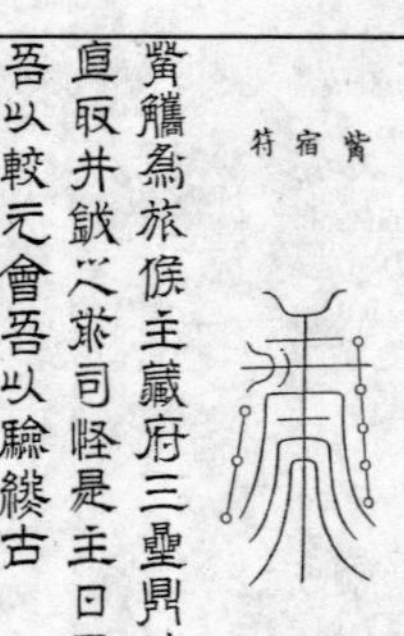

觜觿爲旅候主藏府三壘兕峙座旗直取井鉞以茀司怪是主日至時占吾以較元會吾以驗終古

參宿符

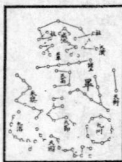

主九譯應七將兩肩雙足心立象玉井深深穽厠狼軍井沉沉潤器伏天廁神奇屏風東司天災病黄爲壯

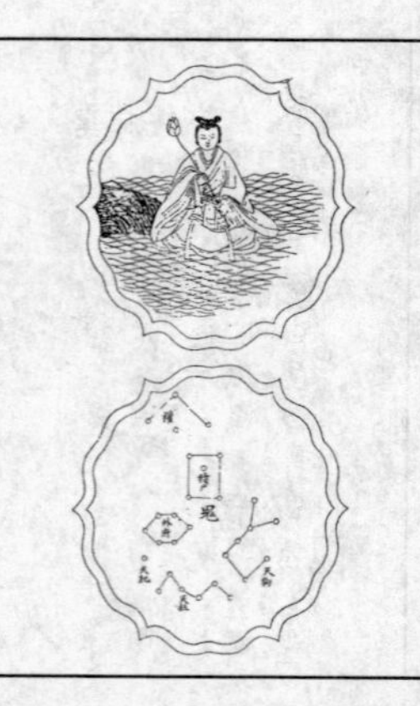

井宿符

東井者何水衡則那積薪積水南河北河天樽三列五諸侯多水府水位行陰盈科野雞司怪軍市以和頑狼受射闕丘嵯峨丈人子孫森森婆娑孫南瑞應千秋可致

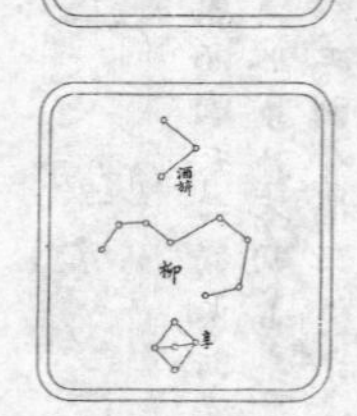

鬼宿符

象方之冊爲天之目中積尸氣星曰爲獨積馬及兵布帛金玉爟烽備伏外廚修禄天狗天社司守司福亦有天紀茲壯司牧

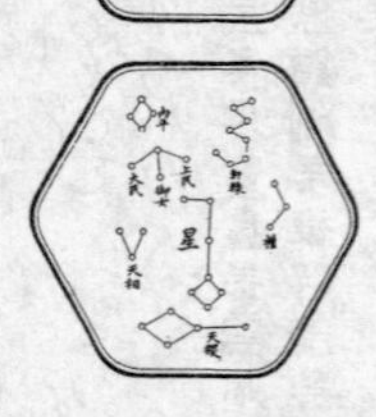

柳宿符

从壘凹上参佀柳旂列三壘號爲酒官宴大酺五壘守九天廚南應知否

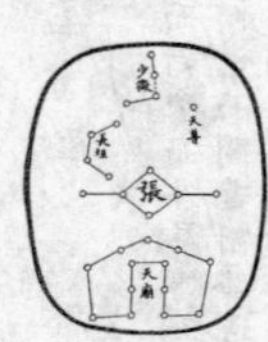

星宿符

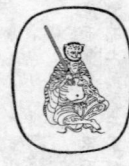

星星如鈎柳下生之天都洵美文繡成之后妃賢哲胥準程之東陵十七軒轅形之中台南爟四内平之凝丞三相稷五靈之

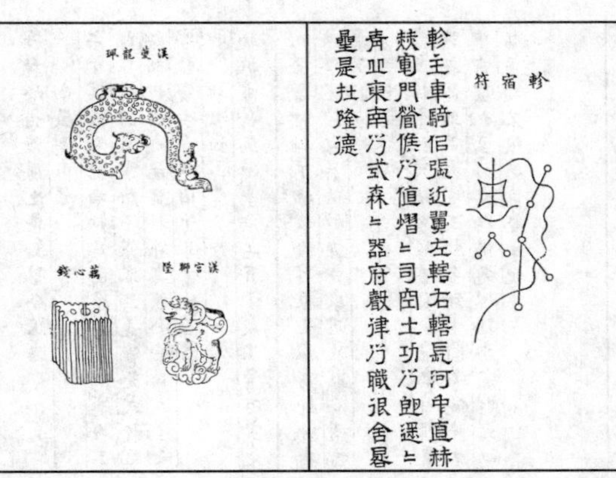

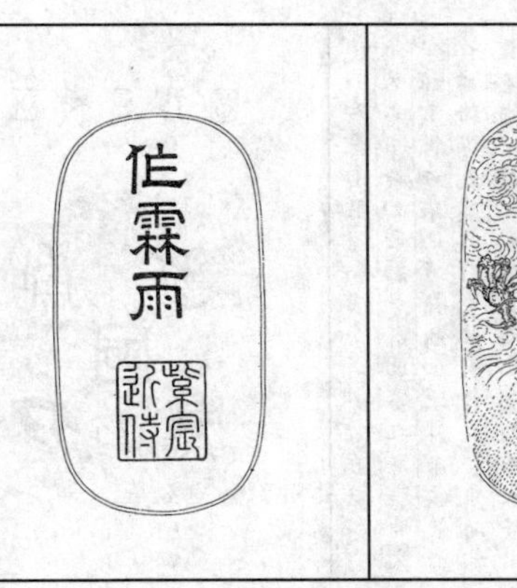

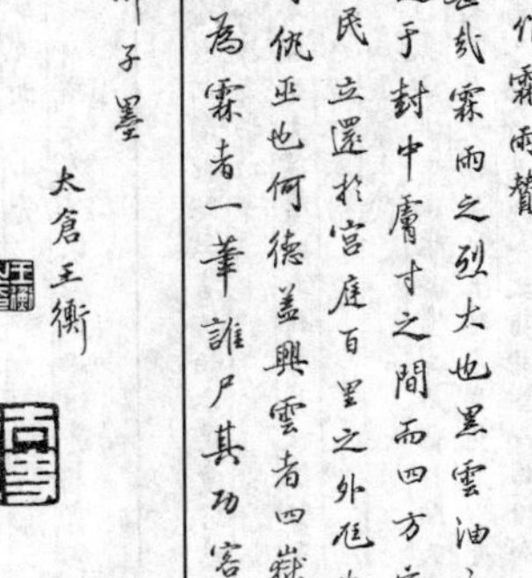

程君房《程氏墨苑》卷三《輿圖上》

崐崘天柱
崐崘天柱
崑崙名區天之八柱日往月来光
明隱避誰升岬丌遺其玄珠天風
颯然爲爾滌除
焦竑

五嶽真形圖

掩關弄柔翰天遊寄寥廓遠固歷
十洲近亦探五嶽豹囊啟玄霜真
形資領畧邀矣玄黄判紛若書契
作洞觀畀萬仞固志軌一壑守默
返吾真寫懷聊獨樂佳興毛颣傳
雲霞剡藤落謝彼無言公解我文
字縛何待畢婚嫁還期笲汙巇芥
可納須彌嶽應儕毫末畢竟水烟
空假合膏火鑠觀化齊有無豁然
發一噱
朱之蕃元介甫

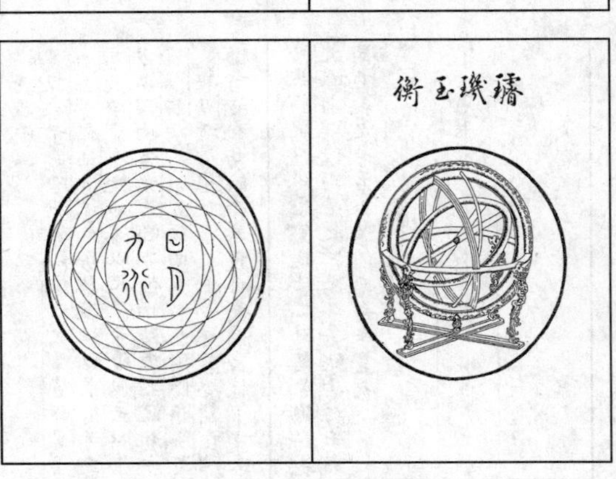

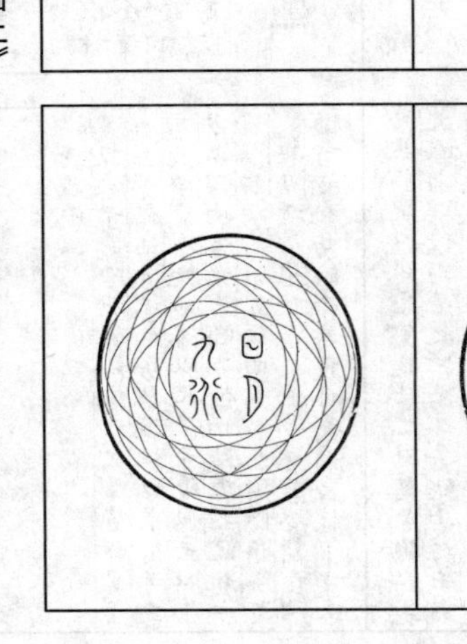

五嶽真形圖

五嶽真形圖叙

維天上玄命曰圖精中有圖書之府詎非文字祖哉從四表以布精魄曰地符若龜龍之負河洛尚矣其凝結尤莫大於五嶽其間爰藏金版玉書至如孔子之山函則墨水浸出隃麋石墨隨縣邑而是皆嶽之支也然則人世之然桐九松以輝簡冊寔繇苞符之自然而爲之洩其秘故墨苑必首五嶽猶人爵之

丹煉峰頂煙鳳池染翰壁合珠聯

南嶽衡山賛

上承冥宿銓德均物璣衡孕精靈洞寶冊玉牒字奇錦石文蔚子墨客卿是資是式體離耀明做寔成色作科斗書瀉金壺汁太虛之寶特寶玄質石囷千年靈秘盡謐

北嶽恒山賛

巍彼玄岳爲蘭臺府上有玄泉黑帝所宇是爲登僧坤軸下撫太陰可象堯霜萬杵神草染絳光芒丈許硅辟百四象形攸取石劉楮柔爾則椎嘗

中嶽嵩山賛

嵩高位中亘天毓秀經書自然豈其神搆爰淺翰墨具品文圍玉枚金餅方圓摹毓降生申甫置九盈袖吐精揚光俾輔在宥斯文曰昌爾功不後從角普生祝呼

首三公說苑云五嶽視三公以能大布雲雨則知墨瀋澤天下功要侔於三公何殊雲雨乎而嶽之精散爲四方人文墨之華國又昌可賅言是文以墨寶而墨之象五嶽隆其尊崇其功也幼俾製之精工甲於宇内不具論特論其圖之意而各係之以賛

東嶽泰山賛

天門神府是爲岱宗廣名維何蓬玄空峒玉榮金篋阿閣秘蹤鈞書河伯六達帝宮疇非墨卿抒奇揚功明旹闡化文藻鬱隆取精青藜祓後辟東義不受辱漢祀秦封

西嶽華山賛

其位太白其質尚玄巨靈擘石鬱狩開天東夷特拜爲文物先仙官降唐詞苑名賢青綬檢簿墨跡爛然石羊之精繪圖而傳借金液

萬壽

温陵楊道賓撰

古蒲方祖兆書于潮遂陽之清虛館

東岳泰山

泰山頌

巖巖泰山窣起平地吐歙風雲亭毒元氣七十二代駈王走帝玉檢金泥靈揰可覿高者爲封堅者爲礪玄功告成曠若泰世渾沌循蜚舉手能企化爲人文闡幽燭昧馬圖龜書爛焉可紀

陳之龍士爽父

泰山銘

泰山崟崇寔爲天孫長茲五岳巋然獨尊歷代肅后登封其巔仙宮神府永秘靈文我欽玄功象帝之先大明忽啟炳焉煥焉如彼日觀日出重淵用晦而顯光景鮮妍

程大約

西岳華山圖

於鑠華山儼金作鎮蓮蕚天開河流中瀉萬寶政成九土漸潤德被仁霑金聲玉振英英文苑是做是圖援儒入墨幾收桑榆知白守黑由損遠無仰鑽高堅其殆庶乎

潘京南長康記

南岳衡山

東岳泰山圖

萬物資始岱宗王者受命降禪登封玉檢金策三五蓋隆摩頂放踵惟墨之功取制尚象以立方極光顯瞰函纖疑雲出摛華經天作霖觸石卓哉松滋允矣若礪

壽櫟生潘京南

西岳華山

南嶽衡山

爰取象于太陰兮著絢綵于文章資松黑于喬岳兮借油暈于芝房鍊清煙以成質兮定其名曰龍香蚘如漆以比黑兮復似圭以爲方上鏤岣嶁之三峰兮俯臨浩淼之沅湘亦有瀟霍之爲副兮彼回鴈止乎衡陽惟玄夷之所居兮蒼水使者之流芳曾發金簡于神禹兮亦化鳥跡而飛颺用是圖嵓峻于玄玉兮共鶉尾以耀光豈廷珪之所製兮抑詳芝之瘞藏頹漈彤管之三萬兮著紈素之千霜爾乃秘之于名山兮同南岳乎靈長

武林姚履素

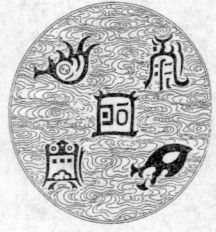

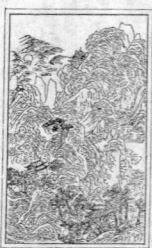

三臺石墨

三臺突兀漳河濱臺中石墨珠璘璘曹公父子侈製作寶之不啻琳與珉當精既多何可盡後來好事猶見珍陸家兄弟持相贈遺翰至今稱绝倫松煤桐液法轉嶽此墨遜詘無由伸我修墨史聊載爾不教異物委埃塵　幼博

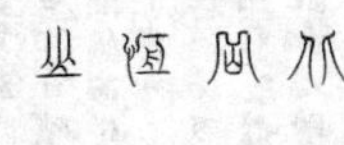

中岳嵩山

天作高山于彼洛京維嶽降神子墨客卿成一家言名山藏之神物呵護精光陸離

句吳顧秉謙題

大鋻五山

北嶽恒山

寓神曲陽為太乙總玄之天寄精玄霜為松滋螺黛之儷我不能燔柴秩望禋祀乎渾源而庶幾與陶褚諸君揖讓于几前以默守吾太玄

雲間沈文系

中岳嵩山

大鋻五山

巨壑汪洋五山盤錯仙靈往還與波出沒鼇背擎之大地現前一念還真清淨本然

焦竑

大鋻五山

茫茫大鋻水之靈府亙融亙結其山有五神仙居之亘乎今古隱見無常無有定所元精緼洩别一區宇奚賴于巨鼇之乘誠幻化而莫覩有耶無耶吾不得其名言質之西方聖人曰實有真空是為淨土

玄居士程大約

大鋻五山墨贊

混混冥冥若鴻濛之未剖大壑五山有乎烏有何當障筆海之瀾峙竹素之藪茲山也匪鼇戴而扸匪有力者負之而走或不俟浩劫滄桑而殫夫化工之手

延陵吳會

玄元靈氣墨贊

癸卯秋余友程巨源齋頭四方友諸士品及墨品如良新都、如良易得、、如良此品試之良然巨源為索贊之曰

玄無形元無名靈氣發靈生明墨是之興翁集大成曰結精精

至九後一日寄墨墨者曉款橫綴來處嗅花枝提筆書法日光倒射硯池墨墨墨靈騰起花氣助之良為一快

濠章祝世祿

玄元靈氣歌有序

君房氏托於俠困於仕脫於阨隱於墨盡墨之道未以為足思懸几之光可鑒毛髮油則黯如也儼漆可燈其煤之色當佳於油遠甚何前人未及耶桐烟中試半投漆汁火不得耀漸減而投以三之一熒然星燦耿然珠圓焰不四灼而烟輕如碧天顥彩始在有無之間纖微拂而徐積之盡一石僅得烟十數兩和劑既成不借色於金珠而清光溢目不借馥於龍麝而幽韻襲人筆浥其瀋不濁如水紙受其澤不滯如脂授諸史氏一試而訝其奇再試而扣其所以殊於衆三試而藏諸懷袖不能不用而不忍輕用惟作小楷乃出就古端手自磨研以助書興不能名狀其質而歸之神化所成命之曰玄元靈氣與藝苑傳而珍之復為之歌曰

萬類含氣本一元重玄既剖靈光存物物於物氣乃昏中有神物為物君托跡桐鄉與漆園化人入火疇能燔形銷質燼精魄分真靈秉氣常氤氲總攝一切歸玄雲出無入有憑吐吞消滴水中窮河源一毫端際低崑崙終日言而未嘗言不言之言普聲聞玄胡得此衆妙門漆書汗簡會其原玄珠在淵力屈羣象罔能探意獨憖韋李奚潘那足論載爾玄德貢人文吁嗟乎載爾玄德貢人文

大明萬曆壬寅歲日長至金陵蘭嵎山人朱之蕃書于燕臺之大隱居

玄元靈氣歌

易水流枯玄德淳千秋墨妙疇探髓一支東注新安江黟澤晶熒世少雙徂徠松彫煙膏呰真贗相迷徒相訾臨池何處覓隃麋欲燒筆硯咄咄嗟忽有寄我文豹囊開函片片墮玄霜芬芳噴薄龍麝散光彩陸離珠璣燦初疑墨上蠅細點齊州漆恨不洒徧九萬箋真須月給雙椽筆知是冲玄靈氣鍾蕭颯龜堂香霧籠咲我守玄方落落彩毫銀管生花夢

鮑應鰲山甫撰

續玄元靈氣歌

南山有木葉茖紫，虞皇椽之入鼎烹搗煉渾如膠。牙錫吞光含照，奪容成千畝陳夏何盈盈。痴哉秦皇思塗城，曾如新安擬蒼精然以蓁火爍文星瀋煙漠漠碧雲橫，層案纔得四銖輕彈丸珎鬣授長卿。乍研龍尾瑩且清，長卿慣作驚人鳴，凭几揮毫十斛傾，作歌紀事錫嘉名。龍紋𠢕脊莫爭衡，居然元始靈光生。散作宇宙空中聲，洗硯閣筆了無情。寥寥千載太玄經，吁嗟乎寥寥千載太玄経。

武林姚履素

孟京產

孟京產者，孟門山及京山也。山多產，乃以涅石及玄礦名，夫非墨類也乎？余也嘗不惠考圖經而得斯二者，鐫之即石墨山，不得專美于前矣。涅而緇石，斯糜玄而礦色，斯驪蒼蒼者墨，攸至點畫形聲，以焉支為墨者池動。翠蟲十三經，皷壎尊碑。

程涓

玄元靈氣

二儀未判，萬象未形，混混沌沌，窅窅冥冥，歙焉以歙，蔚矣其文，玄元之氣，進古鍾靈。

程大約銘

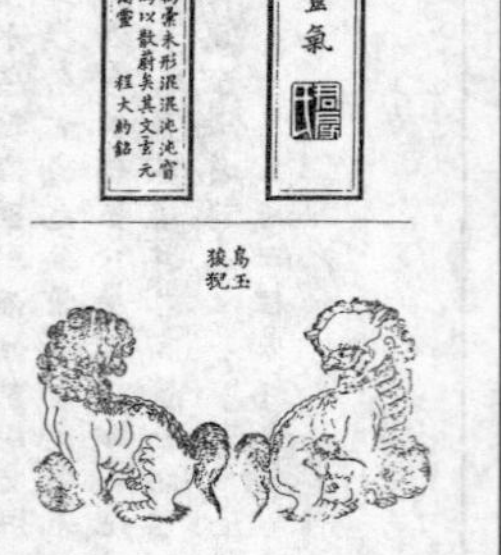

龍門歌

黃河之源天漢，敵宿海奔騰九萬里。馮夷畏勢故遂延，陽侯秉威承意旨。重崖不伏五丁開，紆道還從九折來。白馬津頭飛赤箭，黃沙磧面吼春雷。九九鳴風神変化，三三闢戶相隨逐。駛流直下若建瓴，砥石擎中如特架。有時鼓鬣詹天池，無限靈光辟水犀。獨跨五雲驂太史，能驅萬斛

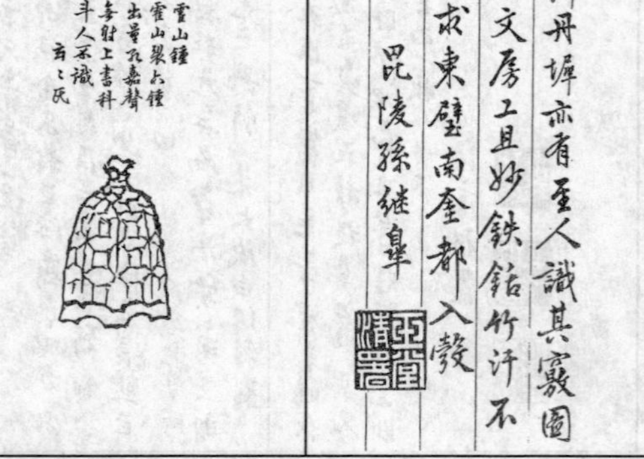

剡舟墀亦有至人，識其襄圖向文房，工且妙，鉄鉛竹汗不須求，東壁南奎都入彀。

毘陵孫繼臯

固元天膏

崑崙東三千里有岳，五色北曰固元。黑雲上升，黑水下流，魚鳥色如之。道君取以為膏鬘，得之轉白為黑矣。墨不足徵乎，故以天膏名。煙而烟，煙而非烟，玄而玄玄之又玄，以為膏也鮮，以為黑也妍，以為傳也仙，是以系之曰天。

丁士寧書

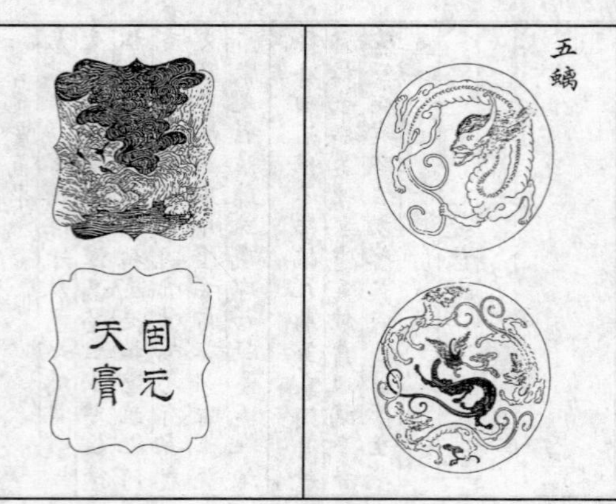

金膏水碧

金膏水碧，奇寶屬也。詩人多用之，而莫究所自。黃金之膏可以續骨，出穆天子傳。耿山多水碧，出山海經。墨子大藥俱收之，苑安得遺焉？戴以詩：金屑有膏水脂有碧，山𡽱崢嶸洞腹滴瀝。墨者之徽，巧人時填，六書攸同，以凝庶蹟。

程大约

黑丹

余讀東京賦浮黑丹石緇句則瞿然異之孝經援神契曰王者德至于山陵則黑丹出焉考之輿地則鄜西高陵楊城宜陽浙陽贛興諸地井洞中皆出石墨黑丹者是已其始名載大戴禮從古尚之矣令上躬謁山陵仁孝之至玄液素緇宜有應者不佞故近侍之臣苑而為墨效區區艸莽之思頌為聖明頌之

欲黑者丹玄緇汎瀾滋流坎土洞穴井榦薰爐工成膠堅蒼瑗臣哉隣哉永以北面

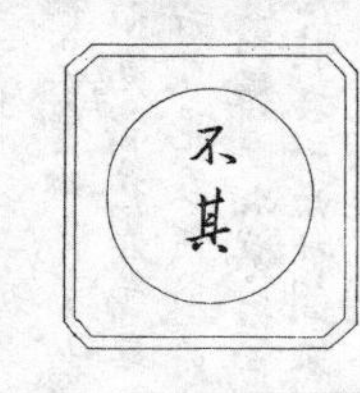

石燭

石燭凡三名曰水肥曰石脂曰石液今之延安石油也薰烟為墨佳甚唐人延州詩有石烟多于洛陽塵之句故特苑之

水何肥波瀰瀰石何脂膏垂垂仙人可積釋可棻尊生通靈允若茲燎以烟煤合作黳尚書省下標隃麋

玄玄子程大約

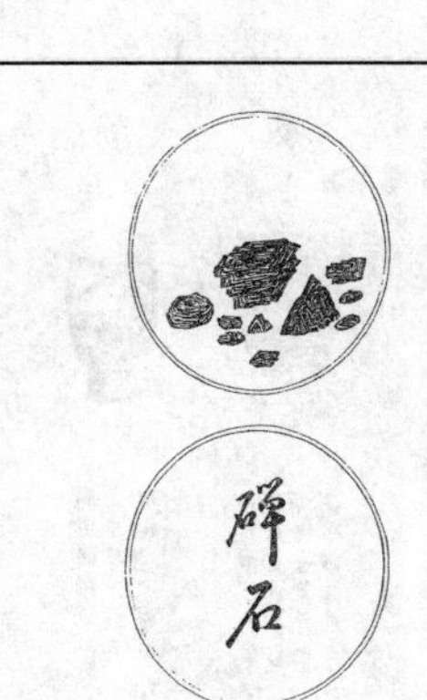

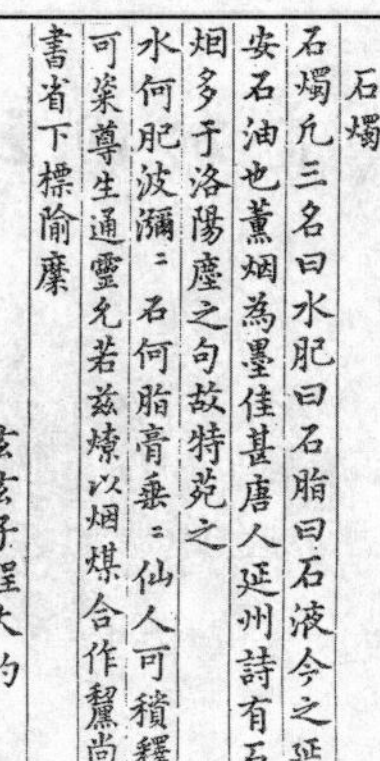

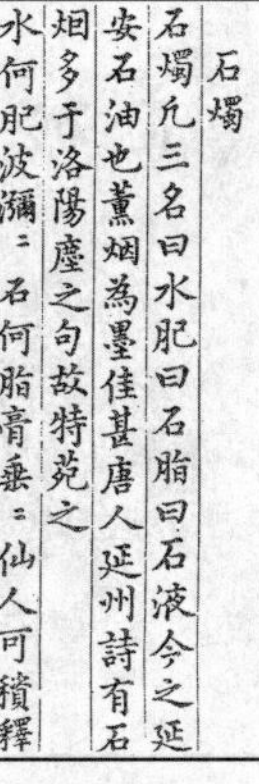

不其

不其即墨山也山有書帶草可入墨又有墨水自平度墨山來入海即墨邑名奇矣乃不其山又奇余固愛而苑之

不其山積墨上有書帶草墨水浮湯湯柞實潤為阜山川競呈奇扶桑吷杲杲萬鎰千黄金貽為藝林寳

程涓著

丁士寧書

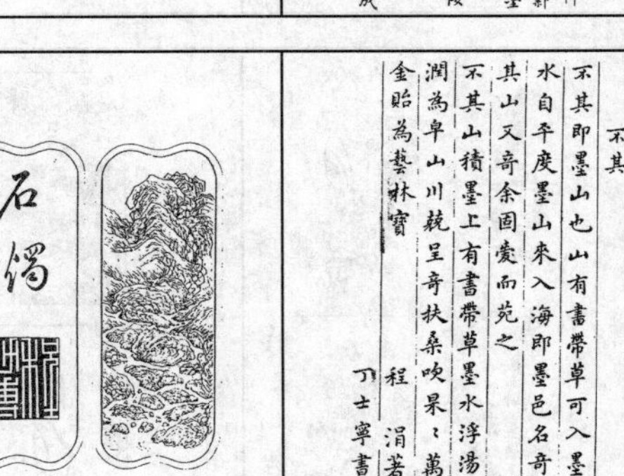

礰石

礰石烏石也西壮夷以書且染繒焉骿具員方尖三者殆亦石墨類也苑之為礰石

墨以煙墨也人墨以礰墨也天入楮則騰入繒則娇三臺九子洵同然

程涓

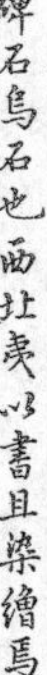

兩辟相合外陽內陰中作奠壯二小圖書左凸右凹入鑿空其竅以受枘為牝之象邊外合壁二字顛倒分刻其半

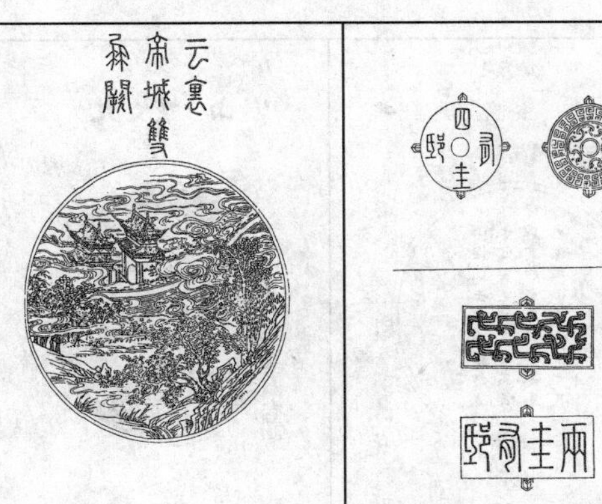

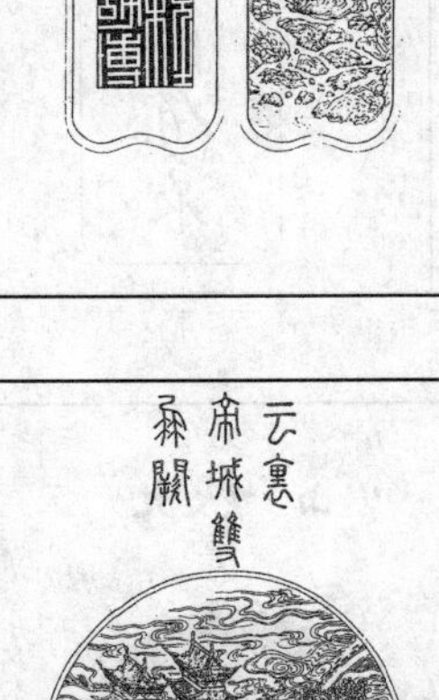

綸閣

崔嵬複道層臺高百尺峙三台王言綵出民聽綸裁雷霆轂震動霄漢色昭回咫尺招移五岳須臾遍徹九垓層簷欄遶雲霞爛綺梳屹立蓬萊洒翰揮毫絢綵列流峙調嘂和爵膏腴惟壇梅北望雲物縈縈表諸方異坐聽漏轂沉沉速五夜摧女校貫魚滿持石墨香盈斗侍臣鵠立恭上金莖露一榼九重樓閣峻升中遐荒瞻卓爾千載明良交喜起庶事咏康哉

程涓

賦得雲裏帝城雙鳳闕

崔嵬宮殿九重居鬱鬱雲霞五綵舒禁樹千行燃鑪燭天街幾隊捲龍旗夕浮露氣開金掌晨送鐘聲遶玉除迴想十年供奉事究如昨日護鑾輿淋氣氤氳御道長五雲多處曉蒼蒼深宮環珮依龍袞高闕金銀峙鳳皇風動九霄千象緯星臨萬國拜冠裳從知子墨新承寵臺上從容賦柏梁

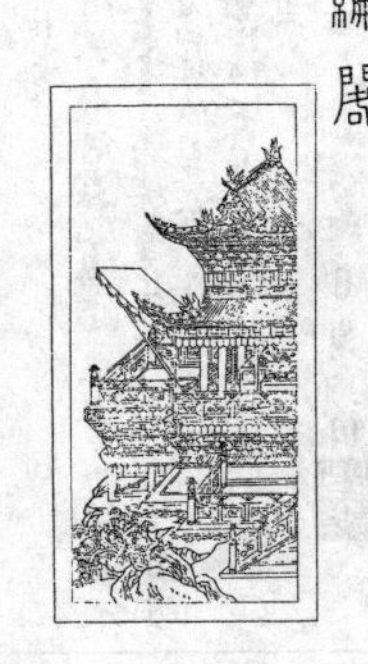

綸閣

阿閣閑閑以煌歷北斗踐文昌栖金爵巢鳳皇綺疏紛延日光三壽朋若陵岡攄帝綸揆天章彩沈沈夜未央繪黼黻垂衣裳酌元斗惟龔康真四游紘八方至大業皇哉唐千萬祺戩而昌歌以言之永翱翔

顧起元

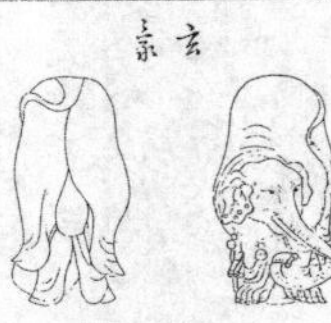

玄象

脩

廟用脩，讀曰卣。卣，中尊，謂獻象之屬。獻亦作犧，讀

蛋

山川四方用蛋，形漆尊，畫爲蛋形。鮮曰含漿尊之象也，容五斗。

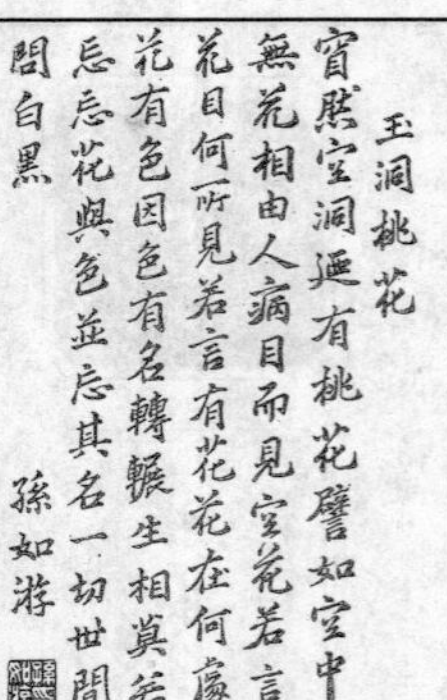

玉洞桃花

窅然空洞，迤有桃花，譬如空中本無花相，由人病目而見空花。若言無花，目何所見？若言有花，花在何處？因花有色，因色有名，轉輾生相，莫若兩忘。忘花與色，並忘其名，一切世間，不問白黑。

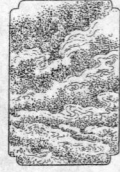

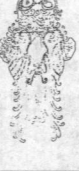

孫如游

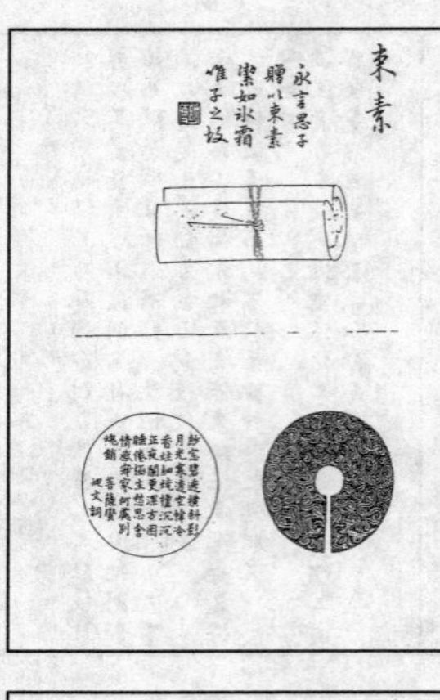

玉洞桃花歌

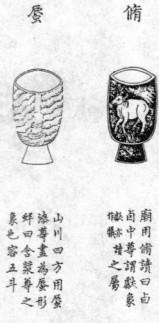

憶昔先皇重睦宗，周南帝子還分封。綵筆暫紆六館草，赤符親捧上林桐。武岡開國洞庭北，特給辟雍使者力。行旌深破五溪雲，佩劍欲窮三楚域。春曉武陵路不迷，桃源更僻武陵西。叩穿玉洞石門古，彷彿飛花碧艸齊。嘉命是時稱使節，行人載道無留轍。庶邦守令俱負弩，同姓侯王拜執珪。歸來歲月不相待，此事更移三十載。風氣飄遙眇楚湘，夢寐蒼茫隔江海。桃樹花開不記春，洞中流水依然在。伊誰礪礴浮此圖，窺入墨苑姻且都。要使石君受砥礪，將無毛穎飽雕胡。儂壤依稀覩咫尺，游踪恍惚在須臾。問津何自同漁父，探奇猶得記野夫。我聞秦人初避地，石穴木巢遼且闊。但識依隣長子孫，安有餘情及文字。駸然人代即仙家，流傳今古稱奇事。此圖此墨並爲珍，爲作溪山記曆誌。

程大約

墨眉泉

玉蘭花

其色如玉，其香如蘭。遯衆芳于楚澤，不與之而争妍。

君房氏贊

雙鳳玦

伎羌雙鳥，厥名鳳皇。交頸而鳴，接翼而翔。六德以備，五象斯彰。翩其來儀，王者道昌。

劬博父

程君房《程氏墨苑》卷四《輿圖下》

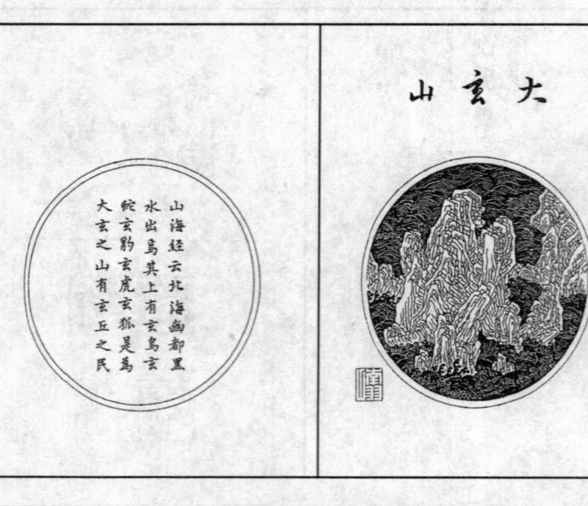

大玄山

幽都黑水何瀰瀰，迴瀋流膏如漆。家君房真有縮地術，新都作玄丘宮。豹文蔚，孤毫豐，收拾歸來總玄功。會稽齋中兒女幻，武昌市上仙蹤空。

司馬氏相

大玄山贊

兔毛大玄真秀山陸，訛實掌匡事木松添烟。龍漿層溢目睢，獨以彩為學滄糜。

海寵豐汝敘

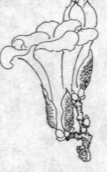

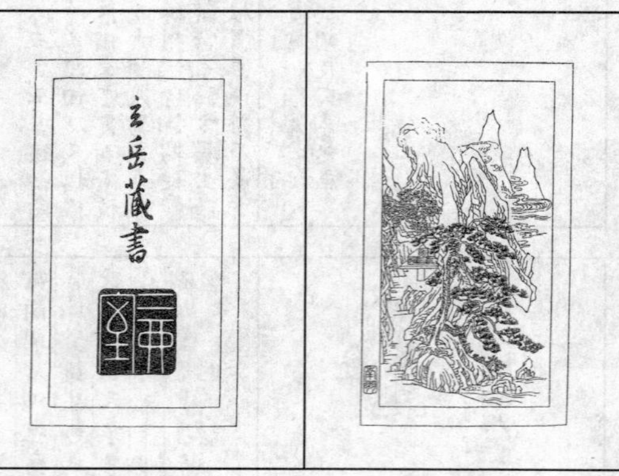

五嶽四瀆

大玄山

峨峨者若耶野然者湯湯耶虎弼而豹蔵于玄丘之野而日月之光耶乃之景宣浸汁黑丹凝霜於崖非祖德至而章舍武皇孰執是晦而以明　長水樂和謇

漢宮春

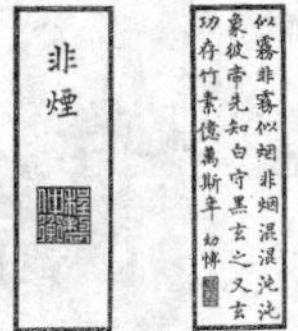

非煙

似霧非霧似烟非烟混混沌沌象彼帝先知白守黑玄之又玄功存竹素德萬斯年　幼博

桃葉

墟園有桃其葉翩翩王家少婦郁用相憐　鴻濛氏

五岳四瀆頌

混沌既闢萌芽已分重濁者地輕清者天縈翕元氣孰操其權結而為山融而為川山惟五岳川惟四瀆以鎮九州以長百谷惟岳巃嵸惟瀆滲漉以動以靜奠安邦國南北衡恒東西泰華嵩山中峙峻極無加寵宅仙靈吞吐雲霞丹梯萬仞天路寧遐曰江曰河曰淮曰濟異派同流同歸于海浩浩汧汧漫漫瀰瀰美哉禹功明德遠矣王者之興神化無方岳則效靈瀆則呈祥鳳凰來儀其運彌昌龍馬負圖其道彌光赫矣皇明猗歟我后上帝照臨寔輔寔祐萬國梯航轉輸恐後封禪昌期冠乎宇宙　聖不自聖謙讓未遑深居垂拱率由舊章無為而治　君明臣良草茅作頌方彼擊壤

程大約

漢宮春圖

閶闔初開輦色中開參差象檻隱約蓬萊六宮遠近三殿雀兔乃丙書昜帝四康朱帝在清禁寅居雉蝶布

明吳主宵

山河分影圖

太陰精魄行天中琉璃閃爍光瓏瓏隱約半輪蓋大黑逃援太始未鴻濛人言黑是山河影缁白分明文斯炳誠將援影入墨林方寸千尋及萬頃山自高高河自流山河含動真宰慈兑華欲濃蟠欲潛明窺技布鉄雲路山河留影無時影影落人間墨不絕俶然黯黮模人文安從守黑開光絜

程大約

河白甫書

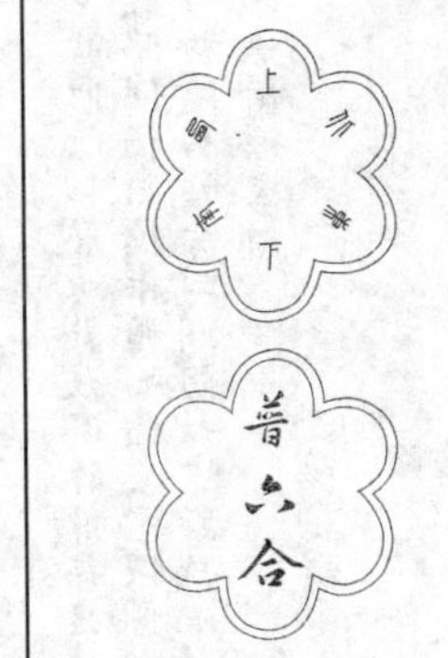

山河分影

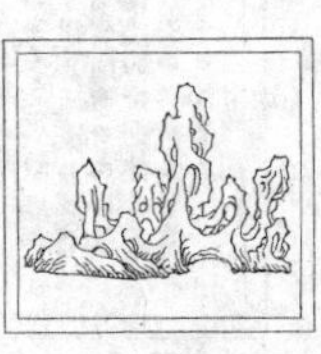

普六合

天地安上下東西南北起四方顧仰大造詎得遥相望山澤通氣雷風水火相將五行變化無時亡帝出帝入居有常誰其尸者叩茫茫子墨澤澤闇然章妙物而言為歸藏

程大約

天柱

天柱

北平驪成縣之西南有碣石漢武帝常登之望巨海而勒其石枕馬形如柱令柱、見立波濤中潮水進退不動不沒命曰天柱予墨氏直之研池者何溟海餘波天柱者何石墨峨峨支空承宇剛柔相摩七瞨靡損九淙靡多隨氣潮汐天與水和以文以字千秋不磨

黄公敏

劉然書

石墨山九曲水

玄國香

濡置九郡僊冃預爲氏好徒跣冃廣步墨以爲飭積習成常以黑爲美雖騷所謂玄國吳仛玄國香知白業守畏德僊冃何黔肰域其流蒼蒼碧露凝霜狀宮挺正色濡高鼎五祥經言玄國遺芬芳

程涓巨源氏

山玄

水蒼

石墨山

新安縣密山之南流歷九曲入於洛洛水之側有石墨山山石盡黑可以書疏三臺之藏其是類歟余郡黟山多有之亦以新安名郡然不若縣著矣煙不必松桐調不必膠廣阿香不必蘭與麝人不必刮與磨山靈後鬼工突兀出嵯峨森森蒼玉及黛螺三臺九井藏何多

程涓

玄國香

山玄水蒼

吾聞大海上廼有三神山崒嵂列遠嶂浩蕩叢長瀾山玄水亦蒼豈作塵中顏此畐母乃是刻削決溝間布岑若星羅澄波瀉潺湲落棠夕景向函墜栖鳥啼殘露華瀧溶溶映月漾輕光杳杳凌霄披迴翠競出嵐氣衆岫前微茫遠色歆浮天迴波散綺鋪澄練絕巘遥峯擁碧蓮斗爛雲收彷將曉掩映霏霏更淼淼翻疑倚棹鶼鵡轂忽訝悲訶鳥鶴繞倚伏重巒帶曙星長風捲靄湛泠泠文姬春恨眉含黛洛女晨妝鏡拂青秀峙依微雨初霽山歛空濛水容漪來去波中皺鴨頭重輕霧庖盤螺髻披畐重愧賞

心睽似聽松聲與亂葭濟滕能忘思轎屐臨溪猶自憶乘植君看紫雲偎團旭一杯清碧帖玄玉朗朗飛煙黯歆沉桂流長脉瀁空綠

滎陽鄭焞

蒼水

紋裂

羣玉冊府

苕之華貽陶唐輯五瑞虞用章作六器禮羣方欽二帝逮夏商爲瑚爲彝于今有光維周興文武王郛斯摧圻斯方佩盈億釣璜信乎尹昭嘉祥德特達于珪璋美周穆絕遐荒稅乘輿黑水陽睠羣玉策府藏鐫琬琰琳琅摩錄字檢青緗具曰天瑞觀國之光

若之堅練維良若之潤刮維光若之色黝維常若之馨磨維芳晦而明闇而章比德于玉其用無疆

程大約

劉然書

蒼之墨

蒼蒼者之凝而為墨之又蒼蒼者墨久而為精爾之生清墨華斯明爾堅土之墨質斯貞之墨還之二定成之墨者德明斯爾令名研磨筆戰厤振光声畫之而代之吾以像墨風

二酉生程涓

阿白甫篆

寶露臺

黄帝時丹丘之國獻瑪瑙甕以盛甘露至堯時猶存謂之寶露隨帝世之污隆時淳則滿時澆則竭舜遷其甕於衡山之岳為寶露臺時有雲氣生其上

黄彝　斝彝

秋嘗冬烝祼用斝彝皆有舟盛鬱鬯黄目者以黄金為目彝舟畫以金漆

斝彝盛明水先儒讀斝為稼謂畫禾於彝因為彝名彝與舟並漆六中其扁足内亦畫禾稼

凌煙閣

二酉

凌煙圖

太原真人蓋世雄年少手提三尺虹指麾天地為動色席捲山河若振蒙是時化家倏為國蹤附後先誰者力淩煙閣上列新圖二十餘曹當千億勳名矯矯俱元臣盡道帝王自有真已向東京盟白馬居然高閣築麒麟將相佚王庸有種鐘彝竹帛垂無垠慷慨一持開氣象崚嶒千載貌風神李唐迄今傳幾許五代兩宋遼金主勝國腥膻復百年始有高皇開土宇大明並照日月光漢寢唐陵俱渺茫要識鴻猷詩素簡且收往蹟杵玄霜元氣渾淪受擘磔真宰雕鎪泣刃芒請君且戰英雄氣相與驅馳翰墨場

程大約

劉然書

二酉山歌

我聞委宛之山有道書蜂宮黝闥祕儲居金蘭玉字蝌斗篆萬古圖籍稱權輿赤帝秘之曰靈藪大禹欲啟仍趑趄蒼水使者授其旨退餚齋戒三月餘登岂踞拜發石匣歘忽祥光滿太虚又聞二酉名山高嶂崒山中多有藏書室青編黄卷何琳琅想像山靈耽著述峰巒不與五岳並洞穴豈共三山匹逍遥清泉挂石涯參差綠樹穿雲日白鹿青牛領上行丹禽文鳥林間出芸閣芳香遠近飄彷彿還空來太乙古人草就一家言藏向深山欲永存淮南徒用緘鴻寶泰裥空勞詮國門圖經編載諸山勝卧遊久廢登臨興獨懷二酉覓藍擧無柰塵軀長蹭蹬築室聊加二酉名更致吾宗二酉生開簾散帙共商訂朝曛夕月歡以營書成不啻數千卷重樓疊謝俱充盈天都非望應咫尺三十六峰堪結盟吁嗟乎二酉閣之勢恐傾

程大約

結蜃樓

詞源倒流三峽水

女媧贊

古之國君聖德作笙禮物未就軒轅纂成或云二皇人首蛇形神化七十何德之靈

魏陳思王撰

龍珮

漢玉提梁

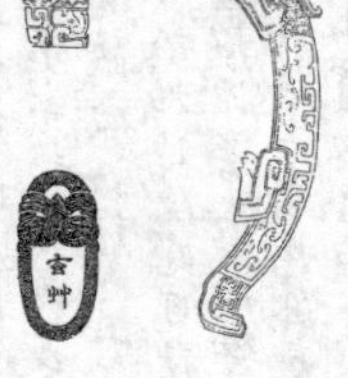

結蜃樓

何哉氣鬱以風見海藏崎龍宮層樓複道疊重重士女馮登紛以迷胡然靈異詰鴻濛

二酉生程涓

三峽飛濤賦

惟巴東之三峽勢岝嶺而礚硍乃神禹之斬鑿洩横流而委輸脈聯絡而不散波淊滸而邐迤下峻梁以倒擊觸峭鋒而相磓盤湓激而為窟湍瀄潗而成堆既崩巖而墜嶺復掣電以响雷狀如天輪膠戾而幹轉又似地軸挺拔而争迴磊匌匌而鼓舞轟砐硪而傾頹駭浪暴灑驚湍疾飛灡濤衆瀠瀾淪潛潰注五湖以混瀁灌三江而漭瀰所以表乾坤之闔闢壯岳瀆之嶮巇也迺若畸人雋士瑰瑋嶔崎濡墨揮翰作賦摛辭思汪洋而澔汗氣詰曲而崔嵬滔滔不竭滚滚有餘須臾萬言倚馬可需迄以方斯峽之水濆瀑而湯瀰俛仰今古其人能知楚則屈原宋玉唐勒景差漢則枚乘鄒陽子雲相如魏有曹劉應徐標其異晉有潘陸張左擅其奇盛唐則有韓柳之文李杜之詩是皆吐山川之靈秀渙文章之陸離

程大約

石髮雲

清輝照海月

八柱承天

青靈芝

墨理石

象流海國歸萬君心 奉意

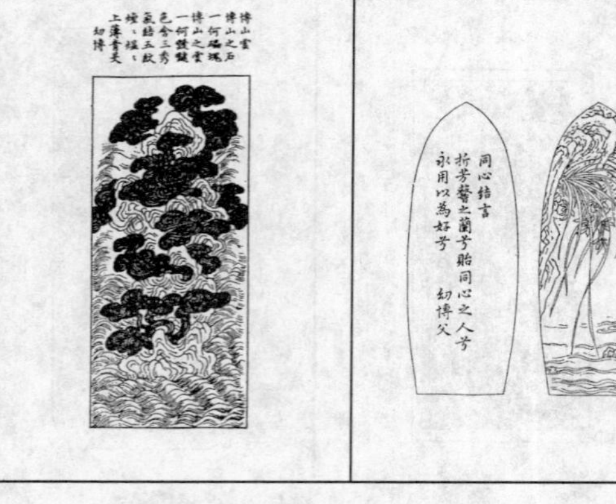

天门山歌

滄江瀰漫幾萬里梁山對峙江之汜徽如地裂豁天開闕崖青霄不能擬淵渤泓汯勢搏雄崔嵬屹崪見天工吳楚關津從此限作固作鎮資王公靡踞鯨吞莫南服天门遙拱鍾山蘇雲簇霞連光景鮮王氣千秋耀人目萬帝龍飛第一邦據吳控夏古無雙艅艎迴流破勍敵西山齋樹碧油幢下有怪物時隱見日晴烟如飛電噴濤掀浪常溺人燃犀試照形因變謫仙江上曾揚舲醉愛天门為勒銘山靈水怪相驚詫至今長覩風波寧余自紅顏成白首舟楫往來殊已久幾欲登臨賦萬言謫仙雲際頻揮手仰天大笑聊作歌磊塊難消懷無何圖之墨苑藏石室庶使茲山永不磨

萬曆癸卯長至日方于魯程大約書于半渚舟中

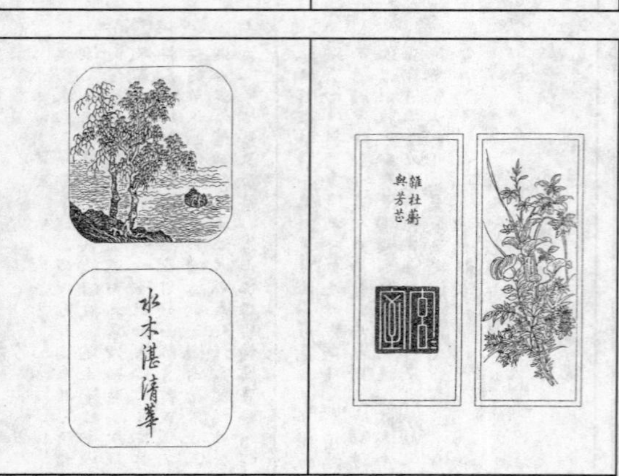

程君房《程氏墨苑》卷五《人官上》

白嶽靈區

墨苑卷之五

人官

墨吏氏曰天用地地用天天地用人人用天地至哉言乎語用而及於人用天地而後兩間之用全也自有書契以來而墨為政大小之用靡非人者是故官止而神王機動而天隨用雖以人而窮變鼓舞之利有人力無所與者庶幾見天則焉中華衣冠之區禮樂明備巍乎煥然光照古今即雕題窮髮之鄉雕幾塑範無不工者攀奇巧而歸朴素今昔遠近之製度居然可考矣作人官

鴻濛氏程大約著

和光氏周之訓書

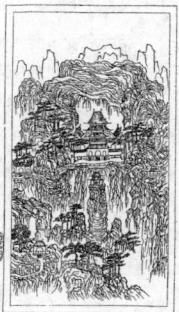

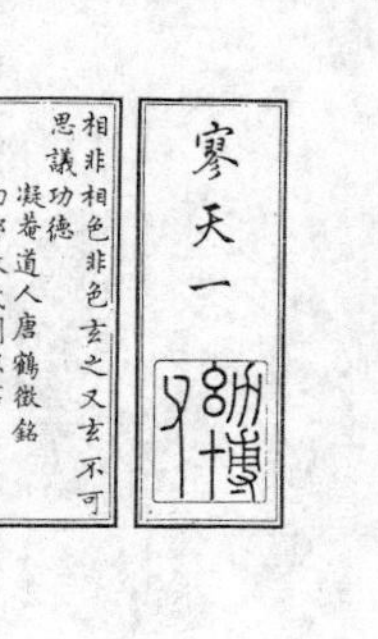

寥天一
相非相色非色玄之又玄不可思議功德
凝菴道人唐鶴徵銘
南鄣放民劉然書

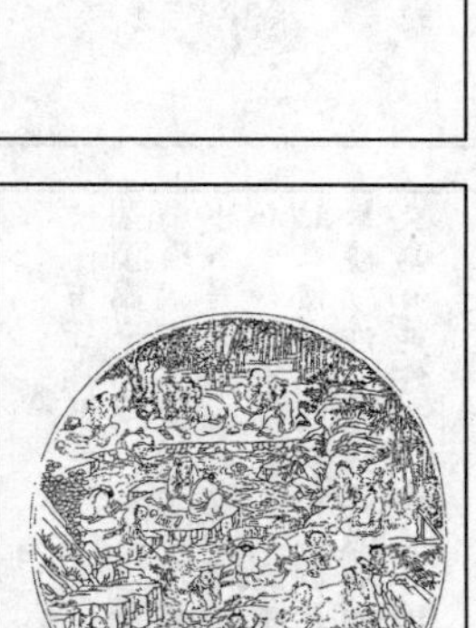

蘭亭圖記

墨家之祖王右軍嵬然今古冠焉右軍墨蹟傳世者不下百餘種惟蘭亭為家訽求者以天朗氣清而沒全文以遊觀妨政而掩全節淺之乎品藝之卑論世之遺也夫惟秋景而後春記之蕭氏何知焉始右軍去護軍而為會稽其歲月雖不可考乃其開倉賑飢上疏爭吳會賦役與執政書陳郡中利害豈習清談而癈政事者治暇而務遊觀蘭亭何病哉至其兩諫殷浩北伐而策其必敗告會稽王領根立勢業而後可以有謀跆晉之先後事右軍預燭焰之非空談無事實者時不能用至于播墓自絕非右軍之志矣昔人謂右軍為藝所掩論其人迴出東晉上竟其經略不在茂弘安石之下知言哉乃今去永和千百世讀其文而思見其人即其事而想像其地按其圖而親炙其勝亦臚可紀載矣李伯時趙千里故鉅筆宣和周藩皆帝王家重賞鑒者據圖則亭故據水而立步欄四厰一蒼頭炊鼎温酪奴二童子直柱下展卷橫几坐而觀鵞羣者意其為右軍主焉崇山峻領茂林脩竹左右映帶而曲水環之諸水從洞壑噴出飛沫而來三四童子執觴壺擎盤盂雍雍秩秩各事其事諸客次第班坐水濱鋪方席展豹皮藉坐而手相招者郡功曹魏滂又得一右軍也閣筆端研一執卷一開卷若賦就而欲書者散騎常侍郗曇與滎陽桓偉也曲右肱而伸左肱若瞋引者前餘杭令謝藤也曳白而默覽者侍郎謝瑰也左右袒而欲授筆於人左右袒而把卷欲受筆者王凝之與潁川庾友也袒而相向坐以盃招者王渙之行叅軍事丘旄也膝而盡立而拱箕倨而接童子盃者前餘杭令孫統行叅軍楊模潁川庾藴也背而坐迴盻而語趺而坐展卷而吟者王獻之叅軍孔盛鎦密及王玄之也伸手而語閣筆受簡而恣吟欲就者王彬之郡五官謝繹王徽之也得觴而却飲畢而更呼觴流及前夷猶而欲受者府功曹勞夷行叅軍徐豐之前長水令華耆也開卷而誦交手而聽者徐州平西曹華王藴之也藴之之右則鎮國大將軍卞迪東卷吟未就司徒西屬謝萬吟就而反顧之次則上虞令華茂山陰虞谷僔盃執筆欲偶語任城呂本彭城曹諲張吻據地作談天態中軍叅軍孫嗣柏手自怡陳郡袁嶠之且觴且吟行叅軍王豐之手卷不能釋絛有石梁亘清流中四五童子執事盃盤如向者已王肅之撚鬚而坐叅軍司馬虞說執簡而思府主簿任凝束手而了不經意右司馬孫綽竣賦而尚賈餘勇諸賢四十餘人皆天下文物雍容極一時之盛賦詩以四五言命篇有成二篇者有成一篇者有不成篇而以酒篇者三分而鼎立之于時為高會右軍即遊觀於泉石而實以虛談癈務浮文妨要鑒當時之弊故以一死生齊彭殤為妄誕于文為眇論書用蠶繭紙鼠鬚筆遒媚勁健超代特出字有重者皆構別體變轉悉異遂無雷同其時乃有神助他日更書數十本終無及者于書為絕藝右軍且自珍重之留付子孫至七世孫永欣禪師與其衣鉢並付弟子辯才韞櫝甚謹唐皇挾萬乘之尊不能致特勑御史蕭翼計得之于世為曠事備是數者皆足雄秇林隻千古蘭亭之為墨寶信不虛耳乃其聚訟定武而下迄今紛紛未有定論余故特鎸之屬墨苑中得其門者山陰堂皇不難于升且入矣

廣平程大約撰

古瀛劉然書

兩暨可磨也而丹不可奪而持螭以主朝而無愧於而紱
新安汪良楨士翼父銘

注經丹

百子圖

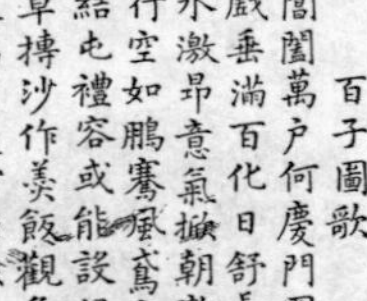

雍容揖酒唐虞存先導攀苍作羽蓋高標曳褚列旌旛亦自彬彬成禮樂似聞啞啞多咲言成行在右倏在左群兒自小還自尊已歡梓里金蘭合詎數謝庭玉樹繁鳳麟有美歟毛趾水木居㷀窮本源借問桐鄉麗不億副墨之子洛誦孫

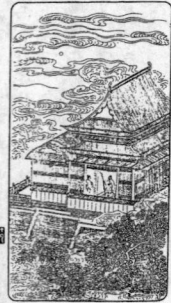

古歙程大約

百子圖歌

閭閻萬户何慶門圖中風物究堪論群兒嬉戲垂滿百化日舒長春漏温肹倩風神剪秋水激昂意氣撇朝瞰小者跳地作虎子大者行空如鵬騫風鳶高放務寨廊竹馬常騎習結屯禮容或能設俎豆鬬芳競淂拾荃蓀藉草摶沙作羹飯觀魚激水翻甕盆辨難時指東禺日延佇詎唉㐫隣豚傀儡鬧場劉項戲

歙器銘

在昔唐虞執中立極三王代興守焉靡忒周公思兼制器示習惟虛則欹惟滿則覆正也惟中究見天則繕性理人匪茲焉式尼父是取交神契黙聖遠道微虛器徒飾三致杜思五斛曹憶義則罔尋達人興惻胡以儆心象諸即墨頹終罔象玄珠可得是曰真觀敬告一德

汪良楨士翼父

天祿青藜

青藜閣

賦得天祿青藜

栽栽天祿閣沉沉夜未央爍爍映圖史耿耿青藜光束髮授書久糟粕陳縹緗啓牖藉老人闡譚超尋常曲學羞比阿諂諛嗟荒唐葆精發餘緒戢志時翱翔豈必困百家聊以康四方千古寸心在言意兩相忘

朱之蕃書

金人圖

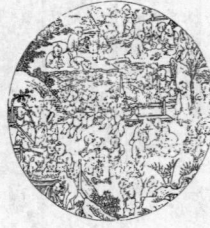

三緘其口而銘於後括囊无咎興戎滋垢孰與嘿守嘻金人其陳玄之寂友與

于若瀛

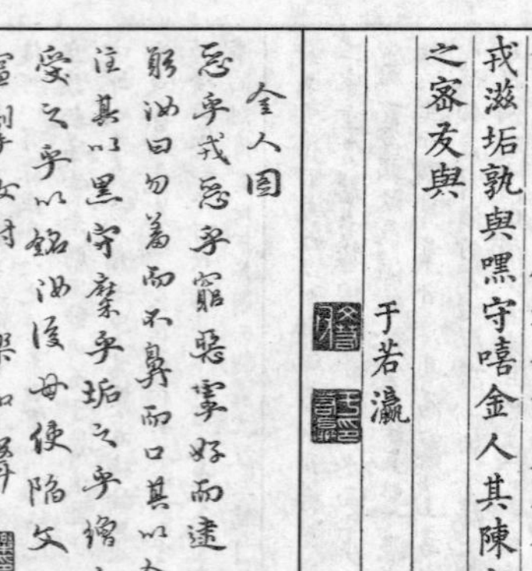

金人圖

惡乎戎惡乎窮惡乎好而速汝躬汝曰勿蓋而不鼻而口其以金注其以黑守麋乎垢之乎繪乎愛之乎以銘汝後毋使陷文而富掣汝肘

樂和聲

金人圖

天祿青藜

美清夜廠赤霄駕輗乘風遊歘飄望天祿止泬寥青藜曳杖行招摇口為吹火為燒天老脩賕意氣餞捜秘笈揜纁幖夘金之子坐相邀墨斯絢聿斯標指畫千古何遥遥鐫成象效玄超東壁圖書應斗杓

程大約

金人圖銘

於爾金人式緘其口勒銘于背括囊是守於爾后人大張其吻勒銘于胸臥聊靡謎咨爾小學既德靡建猥佊章服叢服以隆笠戲民生言語為政樞機迅發應論同轂矩放亚里繼踵贊譽堅白鳴恣雌黄寔寔

明二元学竣德巍巍晉我九列不遂豪遷顧家彝良陳九軼序咸輔騰説外肆中距喙佊覦雛曾是從違講共靡常弍琢而歸峙兹亮直安從柔辟進其乘咸退其胥譜談談眷臧炎炎肯何既羅經羅遂辱斧柄呼旦當吸出剸爽人驟齒靡骸刺舌何及爰負深

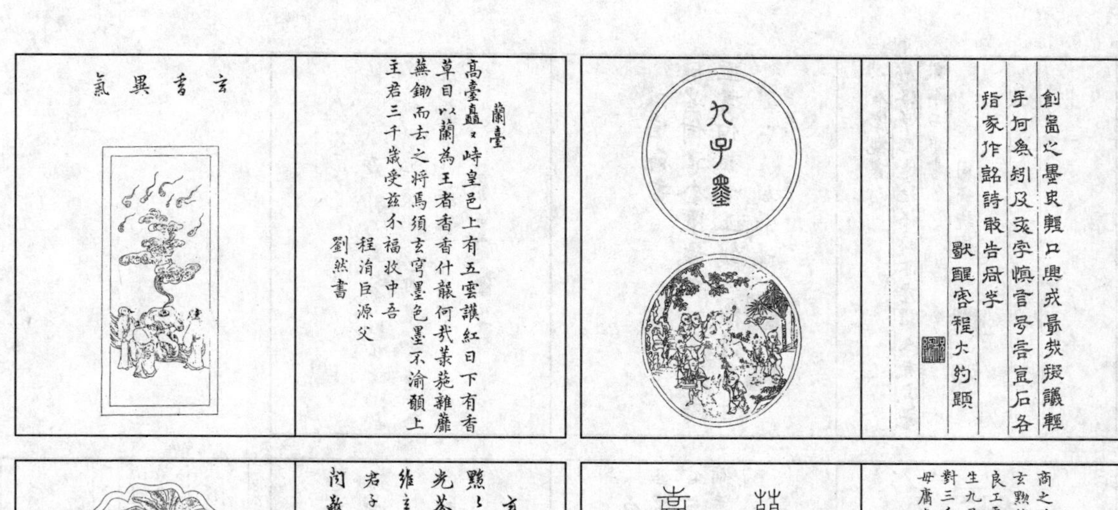

創畾之墨史輕口與我曷致撥議輕手何爲刻及玄字慎言兮言宜石各指象作銘詩敢告爲学

歇醒客程大約題

蘭臺

高臺矗矗峙皇邑上有五雲護紅日下有香草目以蘭爲王者香香什襲何哉蒹葹雜靡蕪鋤而去之將馬須玄穹墨色墨不渝顛上主君三千歲受茲介福收中吾

程涓巨源父

劉然書

九子歌

商之孫子麤不億玄德日蹐尚白色疇何絳人號陳玄黝然知白恒守黑鬱鬱但徠有老松由來易水多良工更取奠肥熟萬杵寧辜犀角盤雙龍本性長生生九子黛螺烏玉應無比夢寐曾聞十八公禮樂會對三千士陶泓毛穎結綢繆會稽褚生歡相挍用世毋庸名處晦人人封作松滋侯

程涓

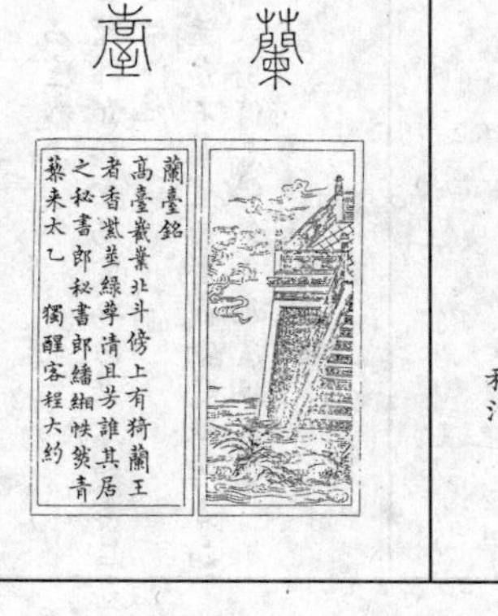

蘭臺銘

高臺巖業北斗傍上有猗蘭王者香紫莖緑華清且芳誰其居之秘書郎秘書郎緗帙縹青藜来太乙

獨醒客程大約

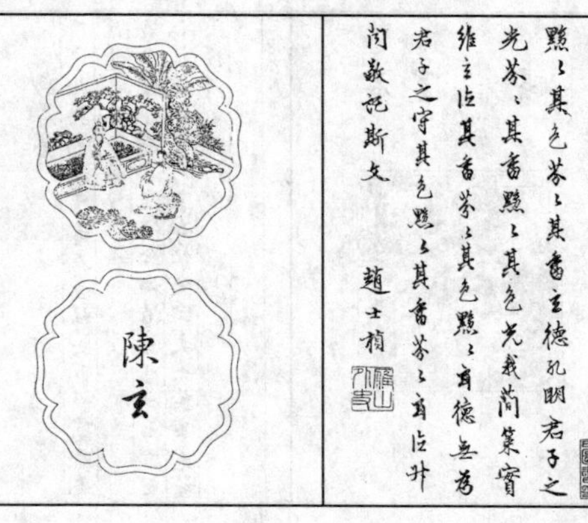

玄香異氣

黯黯其色芬芬其香玄德孔明君子之光芬芬其香黯黯其色光義簡棄寶維玄佔其香芬芬其色黯黯玄德無爲君子之守其色黯黯其香芬芬玄佔升

閔敬記斯文

趙士楨

陳玄傳

陳玄者登州人也其先有居石州者磨礲涅緇或病其無特操也故不甚顯名既而徙居松陽以功封松滋侯未幾有罪失侯國除玄出祝融之後其庶孽俱煨燼無遺惟玄得其輕清上浮之氣能世其傳聚族而徙鉅鹿之膠州採珍集芳以自禱于上帝久而不厭磨礱而出之其光瑩然因代漆園吏爲政又與楊氏分塗而治道術其言並盈天下楊氏爲我天下無所利焉玄特兼愛自王公大人以至鄉塾市肆工匠璧樂罔不沾其馥而濡其澤者方戰國時天下競於力政玄雖不得志然羽檄交馳未嘗不有賴焉猶淂仕爲客卿漢武尊儒右文玄始大顯嘗曰我誠不惜摩頂放踵以利天下即九流百家言布諸簡冊汗牛充棟俾瞻眀洛誦守之無斁猶吾副也若夫操觚染翰之士臨池而揮灑出無入有變化莫測其孰與我顧吾惡夫太白若辱皦皦者易汚常守黑爲谷不欲以其功顯爾記云國有道其言足以興國無道其默足以容故雖當坑儒焚書之世吾未嘗不藏器以待時卒不至於糜絶而不嗣也又曰人知我之茹垢納汚而不求白也不知我之潔於自愛纖塵微瑕入之則黯慘失色矣奈何法家者流剠其面則借我爲名貪者黷于貨則借我爲名吾曷知其解也又曰千載而下尚我者楊子雲善成我者韋仲將李廷珪而已故曰知我者稀則我貴然天不變我之道亦不變我其將與天無極哉玄終以耆宿見重于世其後子孫往往流落人間或顯或隱迺今巨子則在歙之程鄉云

太史公曰玄生周於濟用晦於藏用然亦有

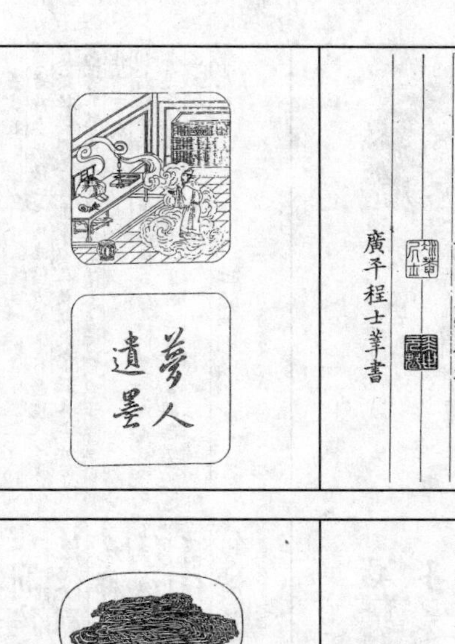

時乎引繩而彈之俾欹傾奉曲者無以自容未可以執一槩之也孟軻氏迺以能言距之者爲聖人之徒何歟論者終躋之與孔子並豈以聖人之書不得之不著

晋陵唐鶴徵撰

廣平程士華書

夢人遺墨

昔人夢得筆之子復得墨魁何處藏山川當失色

同安許獬

畫眉黛

畫眉黛

始興之石揉而爲墨用以飾黛不禐以色秉以堅貞得無化石墨耶一石耶于德則一

翁嵩光

石室觀書

匪墨何書金匱緘之以屬秘府匪書何觀玄玉鎸之徵信今古

姚履素

石室觀書

河洛事已遠圯橋跡亦虛誰人有玄契能解石中書

同安許獬

畫眉黛

廣中始興邑溪中產石墨婦女取以畫眉光澤逾甚作畫眉黛

磊磊雲根齒齒溪湄含錙擁黛可以畫眉女紅鍼縷釆將何之奇飾父字丈夫其事毛髮之增奸不如指掌之之賦志

程涓

石室觀書

石室觀書

西京雜記詔令尚書賜雄筆墨觀書石室故以兊何者藏石爲室何者觀緗縹帙何者知寇天術何者賜金玉九螺銀不律

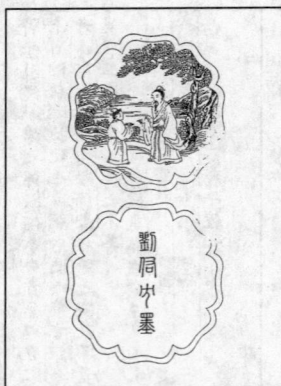

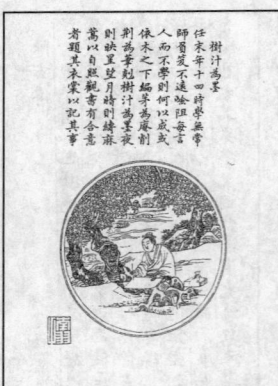

程家仲輔父撰

畫掌股

畫掌股

昔者蘇秦張儀二人同志傭力寫書行遇聖人之文無題記則以墨畫于掌内及股間夫掌股之上汗湯難書非精品不能任也若儀秦者可謂良于墨矣因作畫掌股

訓斯詁伸斯股烱可覿佛斯彷指斯掌窔靡爽何以畫之汗以湯精煉大還是黑丹三寸之舌調無端子墨子功當太官

二酉生程涓

劉佑市墨

言之文行之遠吾將以汝爲輿乃質不足而文有餘其無爲虛車歟

義興吳亮題

樹汁爲墨

任末年十四時學無常師負笈不遠險阻每言人而不學則何以成或依林木之下編茅爲庵削荆爲筆尅樹汁爲墨夜則映星望月暗則縛麻蒿以自照觀書有合意者題其衣裳以記其事

劉佑市墨

後漢劉佑佐郡爲主簿嘗爲郡將小子買墨尋授之經成學焉因諦而入墨有經在笥有墨在篋散子母錢博公卿業

二酉程涓

君子之車

樹汁爲墨

任公高品殫力典籍方探宇宙敢忘朝夕莫瞬松煙聊資木液庶幾漆書可踵芳迹

京口茅溱

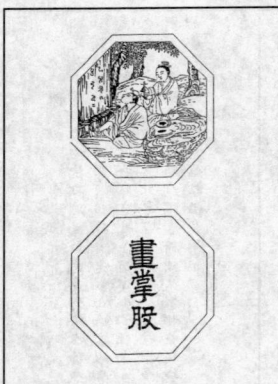

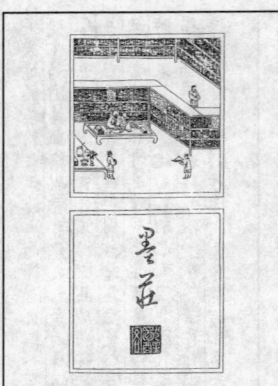

墨莊

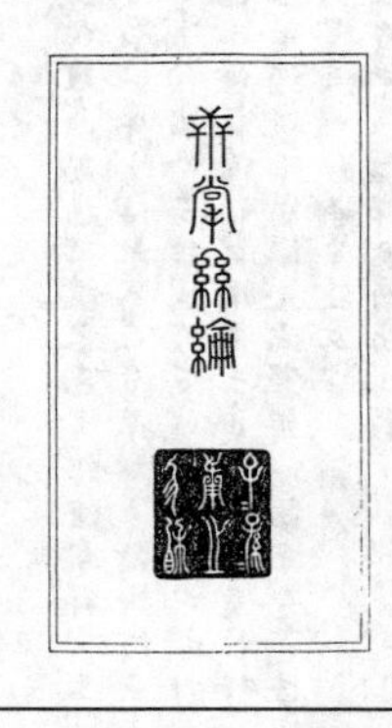

程君房《程氏墨苑》卷六《人官下》

世掌絲綸頌 有序

蓋聞源清流濬水產隋侯之珠嶽秀巖深山孕卞和之玉天不閟靈聿彰照乘地不愛寶允售連城惟鉉內樞之任帝重其官故爾西掖之除世榮其秩職代王言授簡絲綸之閣詞宣國道揮毫龍鳳之池奚翅典作史書參裁時政漢高馬遷之才尊寵任職魏嘉劉楨之學清切拜官袖情標遠王令擅風流於晉朝詩賦清新謝客流聲名於齊室盛唐則令狐之藻麗有宋則司馬之忠純並抄清班兼居要地事隆前代光映後賢國文獻之所共徵簡冊之所並載者也要以奕世令襆隔坐盛典不多見於往昔廡可必於方今恭惟斂城大宗伯于相公氣識淹通才華豊贍譽宣庠序望重台衡經綸黼黻煥乎潤色皇猷瑚璉珪璋展也鋪陳

墨莊

二螺四九自古重錫豈期勞人砌門壘壁雲護儲胥雨凝陶埴日居月諸坐而論易

秀水朱國祚

結綺

間紅雜紫組古纂素使散花之天女應返廻而却步

織錦圖從君字起至還字止

筆花生夢賦 有序

昔江淹夢人貽筆一枚燦爛生五色花光彩可愛由是文思日進擅名當時余幼承父命習計然之業浮游江湖不遑問學中年遠省所激奮然成均始親經史領畧大義而已舊宦一載歸罹家難久困保宮情思無聊間以篇籍自娛羸涉吟詠思致蹇澁未敢示人一日偶涉夢境見架上管成瞱然生花喜而異之醒覺聰明稍益背之文通疇昔之夢為不爽焉吁嘻嘻乎事亦奇矣由是漸窺著作之林宗弟巨源暨一二友人時時見過相與彈射益使奉教於大雅君子得宣幽憤之懷傳播區宇況寬幸釋雜賓天之所啓抑亦精神之所感召歟乃蒐纂集墨苑追憶其事屬良史圖而載之併系之以賦云

覽載稽于曩昔異江生之筆花綴吳律以哉

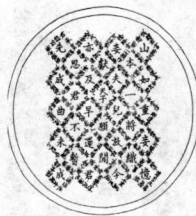

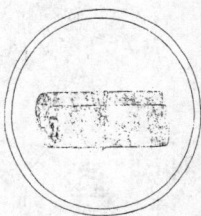

宗署觔冠垂仲振羽儀於秘省中年曳履司喉舌於南宮項雖歸臥林泉行將名登鼎鉉令公子才高七步學富五車鍾鼓詞垣笙簧藝苑門第清華豈直王珉之于王治文章典雅寧殊賈至之於賈曾射策擬郄林之一枝通籍期和車之獨坐濟美可必世家何慚大約人非文舉幸登元禮之門名謝仲宣喜倒中郎之屣製作淄繅緗曾獲瓊瑤之報衷懷呈筆札盖羞瓦礫之投數用躊躇冀中頌祝爰命良史特繪斯圖兼綴之以蕪詞且載之於墨苑云頌曰

壁門天迥綸閣霞連朝推望士世豔清衡纂述
帝紀出納
王言
黻扆幽邃
丹禁森嚴鏘躍龍池羽儀鵷

樹地切雲霄司存雨露既典要樞兼參座務旁求異才特簡雅度佐佐宗伯鄒魯名儒道遵姬孔文法典謨彤庭對策萬言以數宸其勝會領中秘書入侍
經筵出收篤士
帝嘉忠讜國富柟梓管轄之司巍然高峙典禮之任始終是以緬懷東山得請來歸煙霞鵠鵠藝我初衣望隆朝宁位黄扉冀野公早出慰安祇蔡公子盛年宏才博學精金在鎔良辟在璞戢戢丹穴載產鸑鷟繼彼趨宗高翔寥廓雲仍濟美輔我
皇家炳焉蔚焉振藻揚葩小子有心燃取木華進之
東觀待草制麻

萬曆甲辰七夕程大約著

荂瑕趙璧而揚葩擴采色于錦繡奪鮮景于雲霞文犀之管豕不足貴翠羽之飾抑何足夸爾乃出入六經周旋百代賁幽冥於明神綜人倫於晻昧契周王于羑里慰史遷於犴狴𠇗備規矩包羅天地實賴以闡千聖之道術豈直以紀五車之文字

萬曆甲辰浴佛日玄居士程大約紀事

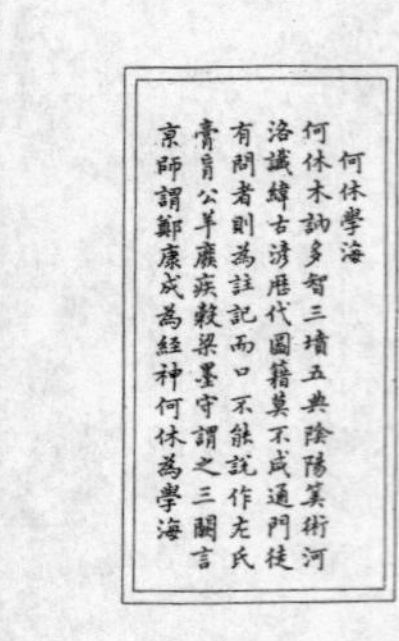

何休學海
何休木訥多智三墳五典陰陽筭術河洛讖緯古諺歷代圖籍莫不成通門徒有問者則為註記而口不能說作左氏膏肓公羊癈疾穀梁墨守謂之三闕言京師謂鄭康成為經神何休為學海

筆花生夢賦跋

古者吉月獻夢于王蓋重典也即爰立大事以夢寐得之知先其神乎乃若至人無夢而莊生之蝶以物孔子之姬以人皆夢真也叔季德衰而人不能夢夢不及獻夢蔑者誣夢私者覩于夢乎何有不佞披髮時從先大夫于辰陽獲交宗兄幼博先生迄今四十餘年每見幼博伸筆而為詩若文急不索韻援不加點稿旋就而旋棄之不多存也繇以家難困圄中不佞歲時往省之見案頭古史山積幾于穎川氏所受者幼博間謂余嚮昔之夜夢筆生花豈亦抵持之祥乎然幼博自是日增文興積稿纍纍然交人潘伯和往視幼博強集而付剞劂不佞細讀之較曩者大相逈異矣抵持之花不為惠連之草乎先生寔自賦其事屬墨者苑之先生以夢而得覺不惠以覺而驗夢筆墨交花飛雲霧而徹斗牛夢以為先生之茂墨德一動天文足乎乃海內士大夫率多先生苑名文鉅作遠近輳至成百家不朽言人情賢于夢卜詎不信夫敬跋之以驗覲者

宗弟涓巨源父書

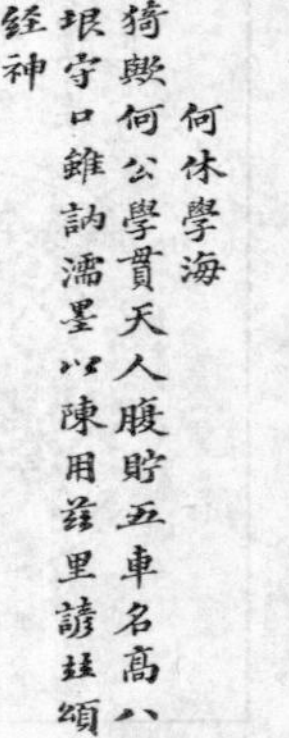

何休學海
猗歟何公學貫天人腹貯五車名高八埏守口雖訥濡墨以陳用茲里諺茲頌經神
京口茅溱

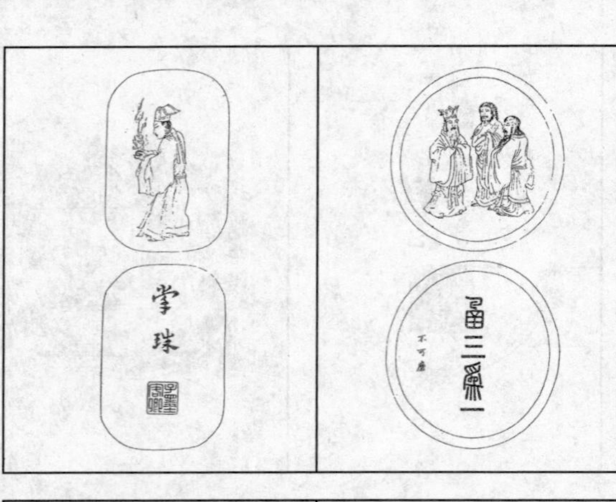

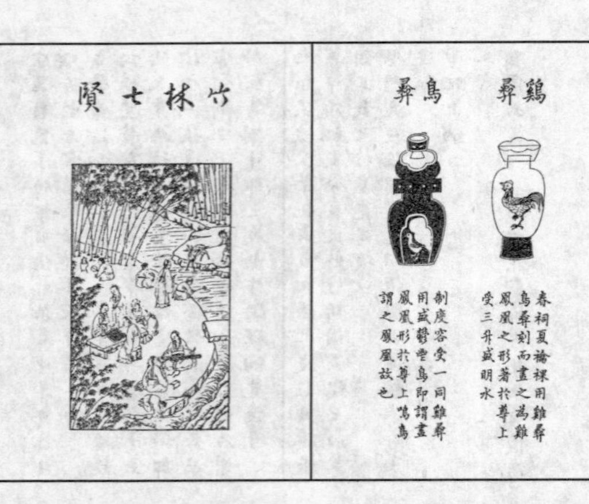

掌珠

玄珠佛掌握玩弄以朝夕瞎道不須披象罔亦空索光餘十乘照價匝連城易只恐此物神不與世俗覿江妃何足佩驪龍未可馴安得仙掌一舉盡擷之滄海無遺珍

常道立

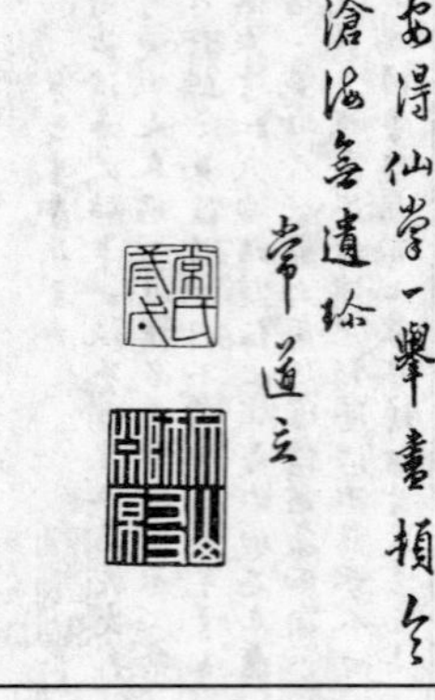

題竹林七賢圖

山公愛飲世爭傳一飲八斗方兀然阿戎飲興亦翩翩酣暢黃公酒壚前風流應不減羣賢中散酒態更堪憐醉如玉山頹其巔此中誰解識真僊步兵清嘯入雲天胸中磊磈大于拳澆以百斛彌覺堅途窮慟哭驅車旋參軍頌酒雖短篇子雲酒箴殊愧焉荷鍤相隨一任偏仲容圍飲棄括棬大盆盛酒當賓筵一吸何妨盡千千向生灌園資酒錢醉來灑翰思如泉

混沌道人張泰貞

賦得落日放船好　程涓

向晚朱光逝新涼傍水生欲教張樂飲須作泛舟行彩鷁使星度紅粧邀月明鴟夷殊解事愛殺五湖清

賦得輕風生浪遲　汪良楨

一水澄如練微茫信晚風流連浮露緑蕩漾落霞紅洛女淩波穩江妃布縠空何因上舟檝相與共千鍾

賦得竹深留客處　紀觀光

翠篠叢幽渚翛然覺夏寒干雲高百尺臨水密千竿蔣詡頻年種王猷竟日看此君殊戀客画舸倚前灘

賦得荷淨納涼時　潘萬嗣

幽人期結夏浦漵出新荷碧葉羞鄣渌紅英咲綺羅游魚潛影密舞蝶逐香多采采誰家女因風紫棹歌

賦得公子調冰水　程大約

何物偏宜夏長安玉井冰但教深暑散豈怕薄寒凝白擘群加愛青蠅獨見憎虚疑襁褓客河朔興難乘

賦得佳人雪藕絲　畢力德

美人能愛藕雪以當嘉蔬玉腕色相似冰肌香自如含情偏黙黙作態故徐徐惆悵中心事縲牽欲斷餘

墨池

墨池千載留其名水昔盡黑今者清昔人臨池累歲月今人手中荆棘生學書不勤書不成獨使山陰草聖鳴

孫如游

墨池

右軍臨池美柔翰滌硯頻教墨花散日居月諸寧覺深池水盡黑人爭歎蘭亭自昔擅風流唐主不惜千金求即令玄聖重翰墨蹇余何負松滋侯

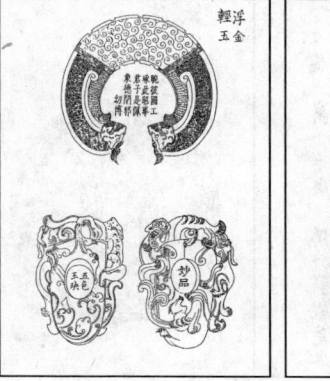

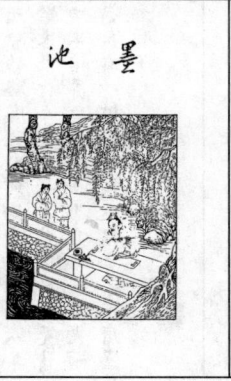

程大約幼博父

賦得片雲頭上黑　黄公敏

倏爾清川上油然起片雲千峯齊黯靄四野轉氤氳鷺立仍相並鷗飛尚一羣座中添逸興况值酒微醺

賦得應是雨催詩　吴文辥

為問舟中客誰稱鄴下才秖緣詩未就故遣雨相催思逐千峰起豪從三峡迴倘干金谷令何怕玉山頹

里人洪自寛書

墨池

浮金輕玉

飲中八仙

飲中八仙詞

世傳八仙不可見海島迷茫鍾呂面浪游五岳亦浮雲縱得千齡一飛電何如飲中八仙人其骨已朽名逾新杜陵作歌譜姓氏究然像貌見天真舟車意態各殊狀箕倨簡傲時相親睥睨乾坤小宇宙夷猶日月無冬春咲呼荷鍤小豎子哆言枕麴非放民何得鯨吞涸河海直須斗飲移星辰擾擾世途勞鞅掌津津麴蘖堪藏身竭來兒取守吾黑才華酒德并為珍要知生事持螯蟹何須高閣畫麒麟右揮絲毫左揮斝呼爾八仙若有神須臾應刼俱混沌淋漓醉墨淩風塵

程大約
劉然書

玉堂柱石篇

太史氏自言尊然微清切近帝閽駕木作天玉作堂巍巍柱石檠天長檠天長運歲功四時亭毒亨以豐芝房蘭臺俱臣鄰右文秉武歸陶鈞爾言萬歲祝聖人祝聖人寧萬國禮樂明備中外厲翼帶礪有誓銘山河府以文章林翰墨

程大約
劉然書

瑞葵益茡

瑞葵

維茲珍草懷芬吐榮靈物閒氣向陽而傾挺河渭之膏壤吸昂井之玄精覩聯跗而齊穎類承露之雙莖

幼博

玉堂柱石

文彩鸂鶒

官槐兎目竹粉香長堤曖霧簇晴黄公子看花馳馬埒王孫挾彈鬬鷄場鬬鷄馳馬歡何極細緑團紅織春色何憂鴛鴦戀翩樓芳汀錦水驅鸂翼鸂翼鸂飛在緑蕪迴翔不肯雜鷗鳧朱翅巧靚珊瑚嘴彩縠輕蕤翡翠襦緗葩绀房午風蠕綺舡畫楫時為伴嗟芳偏拖縹帶長翻蒲忽見青萍短蒲池荇澗水流逐浪沿流向亂芃避日影隨荷蓋緑迴風毛鬈蓼旗紅鮮鮮鵁鶄鶒頓令蟆盾千金媿浪說青田百六年曆傳玄扈三文字曉遊暮宿總為群傳灌沿洄不暫分雨晴磯邊縹緲錦月明沙上翠御雲沙上

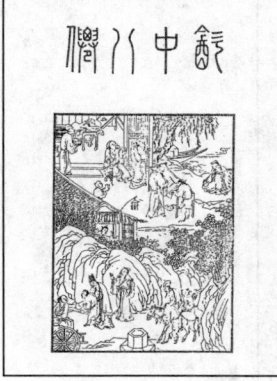

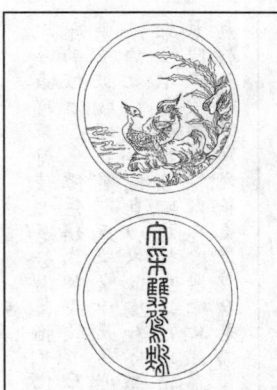

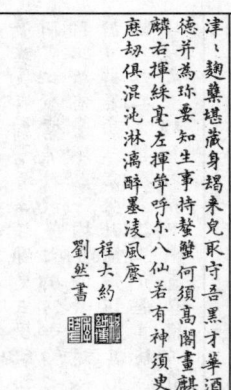

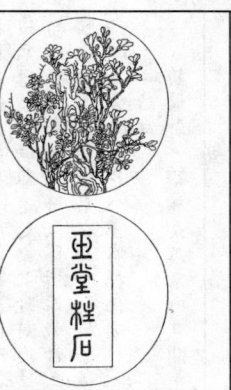

碊邊歡不足相、交頸華池曲滌器壚
頭映二珠画眉檻庭偎儂玉夢逐蓮塘
唱竹枝宵闌妒殺嫁時縭相思樹下何
曾睡夜合花開每共窺鵲鷺尺繭中派
瀉秀色由來亦堪借刺绣翻濃錦上棧
合歡鑄作臺前尾誰遣文禽八瑩細不
應臨跡向重玄差池頻共文屏傍振迅
還棲璧水邊更看點鷺歸蘋甬頡皇島
驚看非邈有時攜藻上梔花軒蓄猶疑
頡川鸞

滎陽鄭琰撰

百老圖引

伊誰繪此百老圖墨痕墨素真糢糊昆
吾刀濩施剞劂秋毫目力辯精蠶冠裳
楚楚見朝代嬰鑠彬彬美丈夫招邀會
有鶴書到來往毋須鳩杖扶行歌互答
生氣色彈碁擊節劇歡娛咲指滄桑今
幾變追呼期羨合吾徒我聞羲皇太古

紫而紫玄而玄較畫
一布大千點點者黑
蒼蒼者天

大紫重玄

百老圖

際人各一萬八千歲流傳典載縱荒唐
元會始終當運世何如耄耋百老人年
齡未足一人身錢籛亦號小厮監曼倩
由來信弄臣汙隆世事直如此畫史磅
礴良有以披圖轉憶先民言子不磨墨
墨磨子

海陽程涓

百老墨賦

夫靈輿元胎真宗妙烝懷玄宅一養祖
含三故道超闔闢之先身出刼塵之表
齊二儀以永固看碧海之頻枯越八極
以同遊見白榆之幾瘁是以天垂法象
六星炳朗於南地擁靈源一水澄泠於
北卉載祖洲之草木傳上古之椿令威

之華表歸來神使之蓮芳上集搖光化
鹿尚皎二以參僊紫婦為狐亦綏二而
變質彼翩蠕之異類既葆素以長年此
清淨之精光必脩真以永世處和守默
容成示黃帝於崆峒抱靜安恬羨門指
紫陽於蒙頂煉神太乙責藥瑯琊識紫
氣於函關吐白光於泰岱黃石老而復
少赤松久尚為工駕鹿華陽霧市蓮池
之異執書衡岳靈臺仙宇之奇錢籛導
引升盧偓佺服松易辟武陵苍鳩避秦
網之羣麗地肺玉堂定濂儲之四皓聚
徒二室解綬五湖絳縣遺黎已歷六千
餘甲子長安逸士適見五百載銅人招
黃鵠以歸來舊添海屋抱白雲而長往

定淮西四俱殊人各臻上壽耄耆稱道
豪爽長存鬚髩重玄精神更王風馳於
罔宦之埜雲集於沉墨之鄉何班輸之
神工繪百靈不盈一掬豈仙山之詭秘
計寸辟奚啻三京坐卧歠彈俱盡其形
識緇塵之不染飛游談立各逞其技仰
瓊玖之生輝伊希猶聽簫聲彷彿佇看
鳳麐巧能縮地術解潛形三島十洲不
滿咫歡並壺中十羣五聚共招尋樂同
橘底知其白守其黑混沌靈根大能載
小能容煙霞特品为也懷讒逐楚遺蠹
羈秦縲絏非辜敢向孔門坦腹土灰有
望希從馬室摛文齊震非賒空見丈三
之日燹霜未擊誰云尺五之天鶴堪痛

丹熟函鐺圯叟墮履橋頭涪翁相羊水
許棋敲日月柯爛林中鶴唳風雲笙鳴
嶺上茅君羽化桂父霞升梔熟偷三屆
鴒鵾於漢署狗騎化二呼保媪於華巔
此皆托體艸玄列名真誥或服食度筋
骨或歠歙游天山或易玄髓以超凡或
長綠毛而拔宅或石叱王生之牧或竹
蛇葛公之龍或烹大藥爐中或煉刀圭
鼎內涔蹄渤澥以七日為千季螻蟻岷
崘隔兩塵於一剎若斯輕舉莫可窮陳
迺採艸立醫書文釋彖渭濱釣帝濟水
傳經賜鳩杖以事猶迓蒲輪而寵遇香
山逸會玉顏對酒添紅洛社耆英鶴髮
看花競白聽杜宇而占王氣看蹇驢而

於華亭犬巳悲於上蔡歲舟未固隣邃
徒哀歷隙之駒難追赴壑之蛇漸沒披
畚硃念非青肝蒼臀之祥對像疑神生
翠水玄丘之想龐眉在目聊一賦窮寐
神山壽域非遙足八言悠揚化海

詩曰

鶴髮翩二總相羨玉京此日開華
宴覓棠共聚蓬萊山瑞靄長凝蕊
珠殿松古烟横萬古秋丹砂未就
咲浮丘臨圓不盡游仙賞惆悵雲
中十二樓

古歙程大約

程君房《程氏墨苑》卷七《物華上》

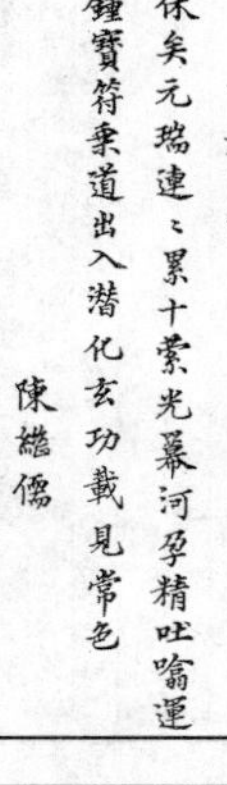
百老圖贊

休矣元瑞連連累十葉光羃河孕精吐喻運
鍾寶符秉道出入潛化玄功載見常色

陳繼儒

雲臺

臨高臺淩層雲漢家赫赫諸將軍
承爾家開爾國底定山河同社
稷親甪責壯三千伊淮蹤附相淩
先佐龍飛位九五太史冊功載憲
府永王明准五百大者公侯次者
伯占列宿應四七中宵見夢賚
良弼沙中革偶語愁何哉仇恚
先封侯夷信族葅彭肉猛士翻
思守四服責吏事保功臣白馬之
盟墨尚新山若礪河如帶國以
永存及苗裔

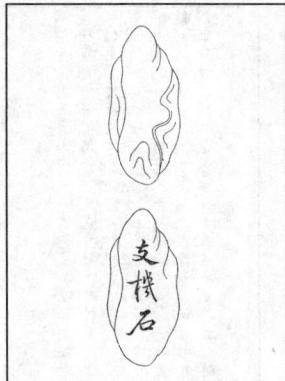

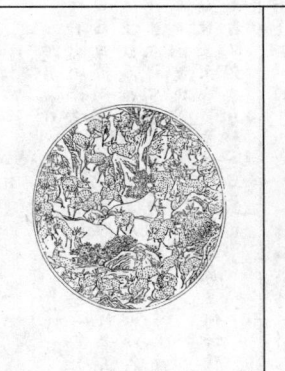

玉虎符

玉虎徠兮從
日南徑萬里
兮飽風嵐信
美合兮視軌
軌凜明威兮
德澤覃

程涓

雲臺

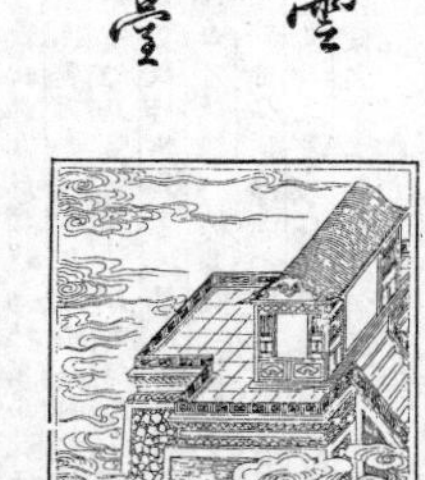

程鄉松滋侯
於赫大夫徂徠之巔亦越
程鄉栽培有年俊明亮采
功滿凌煙建侯錫壤樹滋
者全雖灰亦松不如黑鉛
文字和墨永普八埏

程涓

文檝石

文檝石

萬曆間吴蜀山陝之區數苦織造時時聞
天子下明詔寬之君平之肆得卜石焉余因式而象墨
以屬良史且爲之歌倫樂府焉
層霄綷約籍仙姬綵雲紫霧拖五絲雷轟風籟鳴天
機薄海萬家思敝衣經緯反覆胡然支曾聞女媧高
補天玄石煉就潤且堅乞取支機萬斯年
織女勞勞事若辛織成浣濯河之濱河濱牽斗者何
人鮮通文字力耕耘擬贈石墨劉家珍千秋萬國播
無垠燦爛星辰動七襄亦文白楮鬱蒼蒼機頭花樣
皆文章

程涓巨源父

桐鄉戲封圖

嚌則封桐之鄉
嚌則命宜侯王
天子無戲言朝家
有服章人之好
我示周行萬禩
千秋輸墨鄉

巨源

百鹿圖

墨苑卷之七

物華

墨史氏曰二儀肇而萬彙出凡物之有形者
兆著色焉色之爲言華也萬物出乎震震東
方青也歷五方之色正者間者而勞坎成艮
以黑終焉色嚌有華於墨者無華之華其華
玄矣余苑墨而多識于金石鳥獸草木之名
天者喬者毛者羽者潛者見者灼灼者碓碓
者畢羅入焉之章而之晦之之晦而之章之
萬物皆備墨道滿天下矣要以物乎物而不
物于物斯其爲太上者有神在手作物華

獨醒客程大約著

百鹿歌

嬴秦坑詩書早已失其鹿鄒魯遺編究
然在楚漢諸公不復逐臨淮江陵夾轂
雙列仙老子常騎獨何來什百聚爲羣
但見巑崖紛相續伏卧行立各異情壯
牝邀呼若並畜文彩爭璘虎豹姿麌麌
坐饗芝苓熟何者良工貌其全即墨加
封堪剖竹只今
聖代右文章高巖大澤勤推轂學士青
衿盛藻思朝端亦綫絶指麾遂令文章
重有權白辟若摧黄金縮試聽呦呦風
際鳴和以九九如歌百禄

程大約

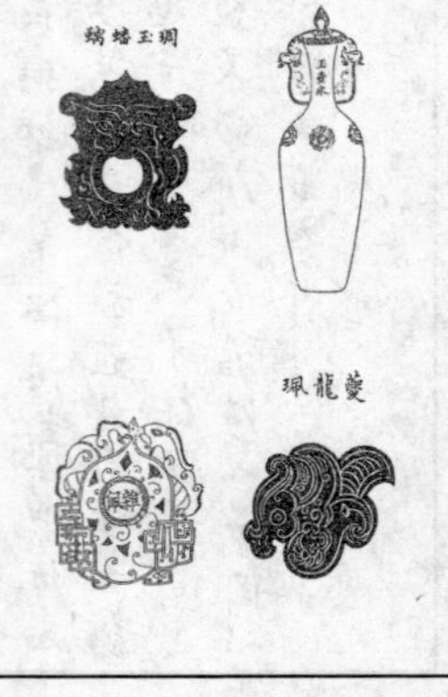

石魚

蒼鷟

晉永嘉元年洛陽東北步廣有二鷟出蒼色者飛翔沖天白色者止焉譜之入墨苑為臨池者愛之

蒼鷟高飛白鷟向籠二鷟同出蒼者雄蒼鷟染衣毛羽黑啄餘碧草吞石墨今古臨池者稱晉王右軍綠文丹字無時寫愛此蒼鷟日作犀

程大約

劉然書

榮臺鳥

石魚歌 有序

湘鄉之陰有石魚山多玄石石色黑而理若雲母開發一重輒有魚形鱗鰭首尾宛若刻畫形體具足燒之作魚膏腥取而為墨視阿廣美矣爰有是歌

我聞百谷王長子為蒼龍偶然魚服遊行潦欲窮星宿叩鴻濛胡為涸轍落人手釣絲網罟苦羈守風雷陡起北溟來磊落深藏西湘久人怪石魚住深山郍知龍種時泥蟠吐氣嘘雲作玄霧千秋墨彩留人間

獨醒客程大約

蒼鷟

榮臺鳥

榮臺山南出雜烏形類鵶烏純黑而姣好較燕烏赤烏白蒼烏異焉爰譜墨烏視瑞應圖重矣

謂烏靡靈雜烏冥丶非應嘉瑞胡為蜚鳴雜烏飛鳴翩丶曰貫姣好其音響振林社林社驩呼暢舞康衢豈彼鵶白可比雜烏雜烏雅丶薄言愛者爰及前榮適彼中野赤侶厲鴻喚雨鳩風蚩丶有衆孰知雌雄雌雄何其三足者奇曰文映赤雲彩為儀儀此六服嘉墨為像文事聿興黨庠家塾

程消

雙雉曲

雙雉曲引

逐雉縣之南當秦時聞有陽伯者逢二童子曰舀曰彼兩童子雉也得雌者霸得雄者王二童翻飛化為雙雉光武獲雉于此山以為中興之祥置縣名焉文明之瑞墨宜章矣庚曲而為雙雉

離披五采皆文章雙雉昂藏五鳳皇何物陽伯者仙史深山手拍二童子 右一

有美翩丶雉子斑東飛山陽西水湍詛得人神作物化得雄者王雌者霸 右二

何處真人白水鄉絳冠首事奮鷹揚卯金重奕赤符耀一札十行稱墨妙 右三

人言山靈俞兒見逐雉至今名壯縣學林草莽無叢廊細者嚇虢大旂常 右四

黃公敏有功父

萬寶仰成詩

畫本誰開錦里園珠連星繫叢株根未圖色秀圖妝稔不重苍妍重實繁冊員大小懸崖寮金彈參差引野猿碧脃琉璃沉玉甃翠環磊落照銀盤綺巒尚見龍睛濕胎顆偏垂鶴頂暄登俎應封黃蠟蒂賜臣疑摘紫擮垣華林散彩鳥椑熟壓酩含津馬乳溫朱實由來傳蜀郡絳囊初貢出夷門東方竊啖徵李壽宋氏遺王兆子孫釀醴足供孫楚祭和羮合薦廟廊餐安期瓶缽頻貪嗜老婦槃飣任亂吞勿厭含消為臟谷須誇眞味喻忠言總來玄圃遺仙種曾向樊川奉至尊自是浔名從漢苑浪傳多本祖張騫移封即墨成眞果濡染時霑雨露恩

古歙程大約

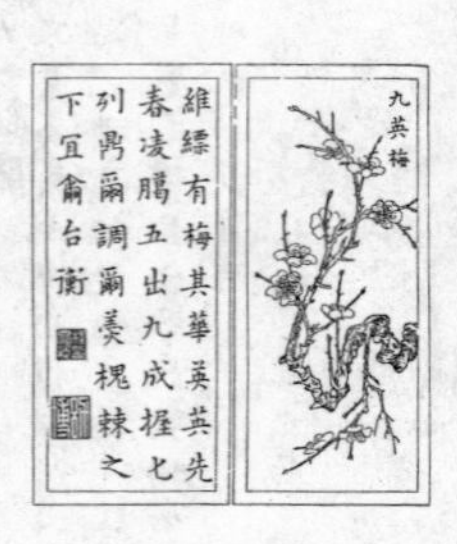

萬寶仰成

山尊

追享朝享再獻用兩山尊一盛玄酒一盛盎齊亦刻而畫之為山雲形

象尊

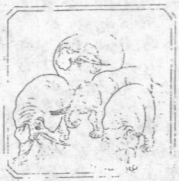

春祠夏禴其再獻用兩象尊一盛玄酒一盛盎齊以象骨飾尊

太平有象

太平有象銘

謂太平無象耶下野庶而上標枝庸得服思謂太平有象耶和九土而順四時庸播聲詩象有而無耶維穆〻而美師〻無思無為象無而有耶歌擊壤而謹康衢不識不知余以給上方之瑜糜千秋百世于焉足支

五鳥叙倫

虞庭卿雲詩三首

中天啓運一元文明陶唐揖讓乃厥虞庭重華曜宇大荒載寧蒸〻黎庶師〻公卿乃齊水土乃作璣衡爰命三物胡庸五兵太平嘉應雲出英〻蒼蔚朝躋縈鬱郁紛若烟若霧如珠如氷允明且良庶事維貞

其二

於時俊乂矣和而捺允若且格思君嚮陶二女媦茲九男服勞鶉居鷇食壙走林翺與物偕昌游盤以敖氤氳含吐卿雲高〻優游絃歌言謝屯膏

其三

顒仰懸寓旦晝舒長卿雲爛燡為龍

五鳥叙倫

關〻雎鳩在河之洲究其美矣以莫不迷鳴鶴在陰其子和之聲聞于天風辯雄雌鴻漸于丘聲應氣求式相好矣毋相尤矣黃鳥于征其鳴嚶〻矧伊人兮永言友生鳳皇鳴矣于彼朝陽羣羣衆羽莫不來王

劉然書

虞庭卿雲

為光霞幬嘉彙披拂扶桑三風五雨時和歲康曰元曰凱比屋高陽動植何知胡用不滅乃生屈軼乃觸神羊歲巡禋望有事四方荒服重譯莫不來王日月光華千秋未央

程大約

劉然書

王者香

王者香

燸煙弱霧吹芳洲翠莖緑柃嬌春柔泠香一夜檀心咲海棠泣露芙蓉愁胭脂蔌刺凝畔紫鷓鴣無聲啄芳沚晴風祕度野塘寒九畹亭亭明月渼瀟川漁父歸不歸蘭皐極目但依依斷續菁茸隨雜珊悠揚舞態紉春衣澤花搖蕩蒼飈呌湘江草長玄猿嘯雲移二女九疑昏秋風日落黃陵廟萱艸寧云解慍強標枝堪繫別離腸豈羨松筠淩素節不言桃李媚青陽深谷幽叢飄旖旎肯逐流芬墮秋水自信逃名隱者馨不獨孤高比君子聖主徵書索逸才淩煙高閣為君開鍾鼎不磨勳業顯莫辭簪筆上蘭臺

榮陽鄭焞

百卉含英詩

趙昌雅淂丹青訣傳寫花神稱妙絕胸次潛施造化功毫端抽出生成茁妖紅艷紫幻中妍粉黛朱顏暗裏別萬態都來指顧閒四時不改芳菲節歐陽忽訝牡丹午摩詰徒誇蕉葉雪浥露迎風澹可憐倚雲映日渺難折只疑張藻筆鋒工未解徐熙墨池埒生潤却承春澤滋枯乾不耐秋風裂武陵佳景依稀見金谷名園方寸列靄靄玄宮錦繡叢紛紛天近雲霞綴臨池香氣散餘芬落紙容光霏彩屑一朵頻開萬象鮮群株巧就千年碣由來華而吐奇葩自是松煙培種孽托根淂所不易移競麗當時無謝謁却咲繁華朝露零何如傷爾揚芳烈

古歙程大約

百卉含英

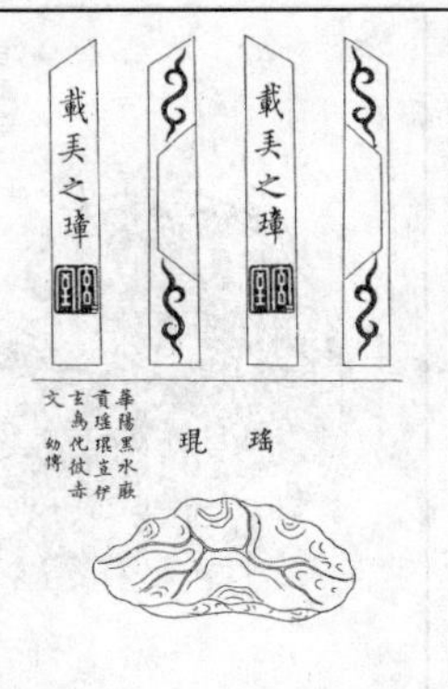

五色鳳池雲

五色鳳池雲

瞻龍象集鳳池爛五色雲垂垂潤析木拂扶桑擁翠葆穆青蒼積璒辟規皓魄恍拖練條衣白若英英瑩以瓊為大赤紓霓旌閣以陰沛玄德油然興黝然黑候隅方究中央握金鉉垂黃裳雲爓白池揚波書同文車則郁傳六經在三事等金石正文字雲斯彩墨斯光

聖天子坐明堂

程大約

黃金臺

黃金臺

君不見霸主謀臣別易傷驌驦白募輕率秋長城一旦衣不閑百萬齊兵臨易水可憐召祀五旬厭社屋壇傾舊鬼哀却喜隗人求馬骨黃金先築鄗臺濟西轉戰臨淄失鼓鼎旋看還歷室叱咤霸清七十城寧至後榮雄圖謹又不見山鬼獻璧祖龍徂中宵蛇母哭嗚、兩鳩亦解真人厄皮弊誰憐騰下支騰下瓢零壯心熱蕭條麈中識奇志崇臺疲築黃金飄裡將魂驚一單咽壘、鵲印映牙旂織盡三秦逐楚猴談笑却吹奏漢鼎浩詩四海大風秋人世滄桑幾回老霸圖王業空如許當日黃金上將壇

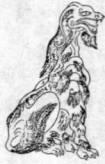

墨精

唐玄宗見墨上有小道士呼萬歲曰臣墨精也經有之精氣為物鬼神之情狀見矣凡物皆有神考之墨袂曰四氏其精之謂與唯精而後可以語墨也墨之不精何以墨為草莽臣盖有效焉

維墨之精文章斯炳何以見靈

天子明聖

維墨之精六書斯妍何以祝嘏

天子萬年

維墨之精九圍品式何以効功

天子建極

維墨之精亘世遺傳何以信度

天子重玄

玄玄子程大約

百馬圖

烏玉玦

奇玩

妙品

只今唯見青、艸杜宇血聲夕照征秋来青艸轉萋、烟中尚想鳶旗影月下疑聞駿馬嘶吁嗟乎丈夫慷慨當自立肯令逆氣青天濕猿臂虬鬚重錦袍旋頭夜照龍魂泣磧迴沙鳴莫斷腸孤單百戰掃攙搶蒙茸雪裏貂裘暗錯落星前鐵甲光仗劍封侯畵猶壯李廣功高不相讓芳名近逢鳳皇樓蓄績永靈龍扉帳勒石燕然志不磨淩烟閣上指山河赤松且遂玄真隱莫使荒臺怨綠莎

鄭琰延年撰

墨精

程氏君房

帝於桓山得白澤神獸能言達萬物之情出軒轅記

百馬圖行

有馬以來詩八駿七名九逸旋相引紙縑聲價一時高留得畫圖千古認當季畫馬江都王筆鋒寫出真乘黃前有支遁後韋諷狸骨鱗頭浪低昂天寶年來數曹霸曾貌唐家照夜白龍池十日霹靂飛赤墀一展風雲迫十驥堪憐九匹

嘉玉苍驄莊拳毛騧都疑渥水龍媒種最羨汾陽獅子花飛騰蹴踏孫陽姤筋骨權奇遺絹素六法相沿漸寂寞趙家松雪稱獨步訪古搜今畫有無飲伏奔嘶萬態殊經營步驟融心手巧奪生成百馬圖騊駼騅駓無不有驕驄鷹駄頻聚首驍騮驎驊異瘦肥駃北騠蹄競先後繁騄美鬣額相俱歎玉流珠各自娱時懸一幅高堂下圍人太僕盡睛駟掇来墨本氣深穩儼見玄駒屯大宛煙雪凌空易水寒翠華拂地胡沙捲早晚臨池草太玄鑿竅洴流飲馬泉磨聽咆嘯驕陣敵掃看馳逐散雲烟古來良馬況君子一顧長鳴思萬里要知裂轡授加

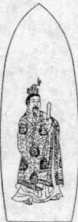

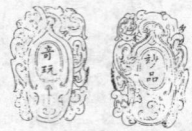

鞭良工隱意有如此見説天閑冀北開
高價真傳郭隗來紛紛駿骨亦已售相
携直上黄金臺

古歙程大約

八龍之駿銘有引

昔者正公郊父受勅寔用伸八龍之駿以飲于枝涛之中斯其為天子之乗天下馬也屬官效器爰重世典余各為銘而勒之墨

赤水之東龍匹乃形是曰天馬逐電行空

右赤驥

太乙用䀝山玄水蒼牝驪滅沒沙丘之傍

右盜驪

亦驥亦克靡豬靡黑粹白而義是稱其德

右白義

陸越飛翰水軼鶩梟一息千里詎曰軏軥

右踰輪

波斯淪岳斯立汗血濕

右山子

琮鑾裹金絡轡君馬黄

右渠黄

大宛求天馴狀為橐騙

右華騮

来北唐御西荒耳綠者滅

右綠耳

辟邪

玉辟邪作者誰閲人世親書帷伊朝夕千歲期

程涓

維彼猛獸首自月支目光瓅礫顛毛披披猿威孔厲莫克狀之不逢不若功在鼎彝

程大約

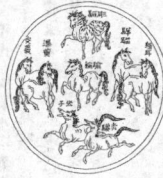

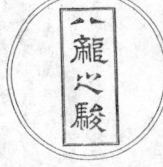

八龍之駿

松風石

松風石

武宗時夫餘國貢松風石方一丈中有枯松盛夏颯颯涼颸生于其間亦大異矣因其異而苑之

謂風石出石不點頭謂松引風松枯胡颸刻屆盛夏金爍欲流涼颸奚自而鼓颸颸謂松膠膈謂石贅瘥丈人磊落大夫行佽德藉堅閟寄迹玄洲功滿淩煙松滋晉侯相傳千古用表六幽

程宸仲輔父撰

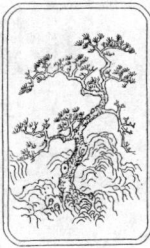

廬山之巔非烟而烟藻合吐雲芬流涌泉昔閟靈奇之藏令操文章之權問之三天子都曰天何言守吾太玄

義興吳亮采于甫銘

鈞璜

松風石墨銘

松上風韻謖謖兮我聞斯風凰幽谷兮
松下石勢嶻嶻兮我分斯石麗偏頗兮
維風之清維石之貞非松相感永得斯
名相彼松兮閲歲于年于年之精化為
紫烟

北地米萬鍾

廬山松煙

鈞璜

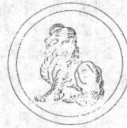

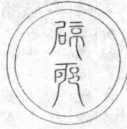

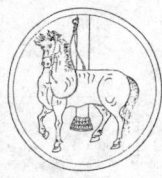

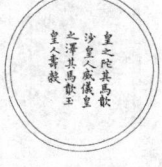

太公鈞磻溪得玉璜刻曰姬受命吕佐之報在齊其事大皙將有傳會者在乎苑墨者狀之將以疑信而信疑也受命之符至人斯孚革命之際至人震世謂信靡疑先事有幾謂疑靡信後事則審保佑命之自天申之佐命巍巍邦家之基

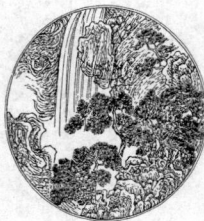

邢陽彭好古

紫龍涎

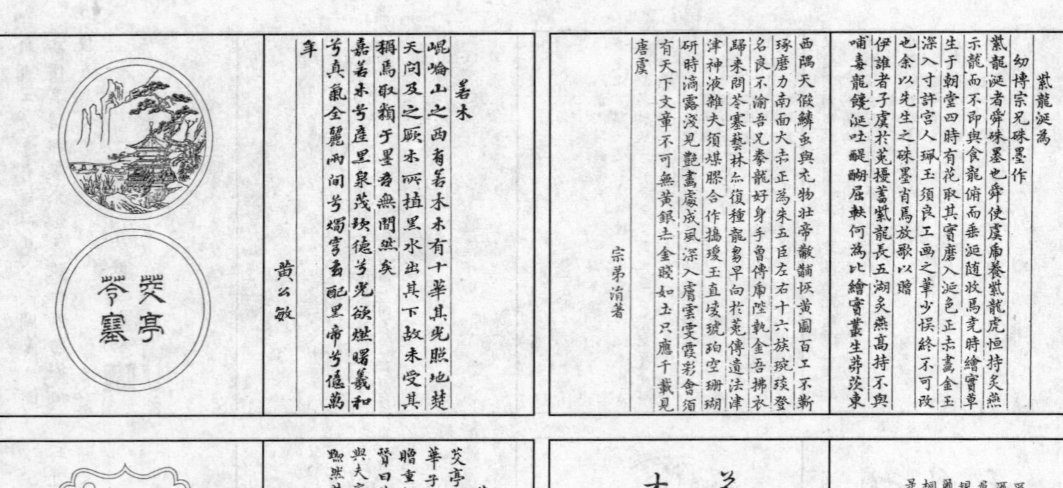

紫龍涎爲

幼博宗兄硃墨作

紫龍涎者舜硃墨也舜使虞鬲養紫龍虎恒持炙燕示龍而不卽與食龍俯而垂涎隨收焉堯時繪實草生于朝堂四時有花取其實磨入涎色正赤畫金玉深入寸許宮人珮玉須良工画之筆少悞終不可改也余以先生之硃墨肖焉放歌以贈

伊誰者子虞於蒐擾蓄紫龍長五湖炙燕高持不與哺毒龍饞涎吐醍醐屈軼何為比繪實叢生莽淡東西隅天假鳞虫與尤物壯帝黻黼抚黄圖百工不斷琢磨力南面大赤正為朱五臣左右十六族琬琰登名良不渝吾兄拳龍好身手曾傳鬲陛執金吾拂衣歸来問苓塞藝林亦復種龍芻早向於菟傳遺法津津神液雜夫須煤膠合作擣瓊玉直凌琥珀空珊瑚研時滴露淺見艷畫處成風深入膚雲雯霞彩會須有天下文章不可無黄銀赤金賤如土只應千載見唐虞

宗弟涌著

若木

崐崘山之西有若木木有十華其光照地楚天問及之厥木所植黑水出其下故未受其稱焉取類于墨香無間然矣

嘉若木兮產黑泉茂玦德兮光欲燃曙羲和兮真氣全麗兩間兮燭穹蒼配黑帝兮億萬年

黄公敏

玄玉磬

爾輪靡圓爾截靡方爾縮靡短爾舒靡長靡生品彙何所象而規矩準繩何所將試爾于松滋而式爾于桐鄉如其用之玄德是常

巨源

若木

芰亭苓塞

芰亭者何志行也苓塞者何志處也二者皆以先子華子名傾盖晤孔子終日議文墨不能去束帛之贈重物以重人矣余故譜之入墨而贊之

贊曰苓塞之下菪然者松芰亭之畔果然者供孰與夫之剡之途与聖人逢德言盛禮言恭有美清揚黝然其徙

程大約

文昌里程阿留書

泰初彙茅

小往大来天下平上及泰清下太寧白茅純束彙以征濟濟多士惟 國楨萬季

天子坐明庭

武陵顧起元

泰初彙茅

世羅頻績昭登志在須翮高雲卑陳子實由哲姬寧輔相裁成左右民洛爾子墨象太平

崟山居士項德棻

先大夫雅好墨生平亿三點烟而鴆工兩悞余以是得聞此中三昧居恆時拈腕中有鬼目中有神以自評遂謂今無奚李東不須作五卸雙眷觀廼當吾世有君房直超而上之余亦云墜落矣紀之銘尾以當懺悔

父乙爵將進酒

過百六值三五丁昌期追太古治無為歌有祜燦星辰調風雨壽萬年宙合宇一解

降甘露湧醴泉弥野順比屋賢時和歲豐民引恬却走馬以糞其田如蜂蜂康使使二解

知不詐愚老不悼傷草能指佞羊乃觸狂機心靡萌瀕氣迷莊翰藻繪雲漢道路遵遊荒皇心即墨剖畫玄黄三解

黄公敏有功父

分香蓮

泰初彙茅

届福運際嘉宗三陽升賢人庸四門肇大闢拔茅連彙微哉同植鮮亦裁宿枯株莽黄紛以供緺附驥稚隨翁青雲天逵漸于鴻吉征在南升序在東之物則薄之用則重蓬生麻中直蕭艾附蘭叢因林可薦子墨斯功欣欣向榮吾將無從

程涌

分香蓮曲

蓮有華華有香田田蓮葉水雲鄉靈龜時棲魚時戲倏忽香分散四方東西南北沾衣裳香既可分亦可合四垂紛轃水中央為爾收拾入翰墨千秋萬禩流芬芳

分香蓮曲四解

江南蓮葉何田田江南女兒歌採蓮青娥皓腕袂相牵袂相牵難再得思江南望江北

程涌

纏頭繚紹五絲編緯約蓮華雜芙蓉薄言采之芬芳蒸芬芳蒸定幾許魚戲波龜棲渚

薰風颸颸夜舒荷開蕚接葉明素波香氤氳流絳羅流絳羅不可見影墨光昭素絢

池塘蕩漾雲低垂濺珠滴露何纍纍臨風徨佪有所思有所思胡當偶歌鴛鴦識蝌蚪

程大約

玄壺
芥子雖微而納須彌粒粟爾斯世界藏之彼壺者玄體物不遺入之出之變化攸宜爾注金汁爾瀦玉脂職書司契墨家是儀
大約
玉脂
金汁
玄壺
桂子

桂子天香

秋高氣爽霞宇穹窿漥婆桂樹廣寒之宮一解詢蔽茂欝美彼蓊葱吳剛志斧孀娥培工二解仙仙者秀為林為棐蟾魄斯澹兔華斯濃三解曄曄者華或黃或紅葉翠而雨天香而風四解猥之問答而志高崇伊何招隱伊何自公五解揮毫携袖為書者雄蓍入子墨不猶攸同六解

程大約

桂子天香

秋月光秋風長月中桂子和風香誰人移栽向玄圃廓然無礙清虛府吳剛手内空持斧

孫如游

桂子天香

風冷天高露未晞月中丹桂正菲菲客卿奏罷長楊賦贏得天香滿袖歸

京口茅溱

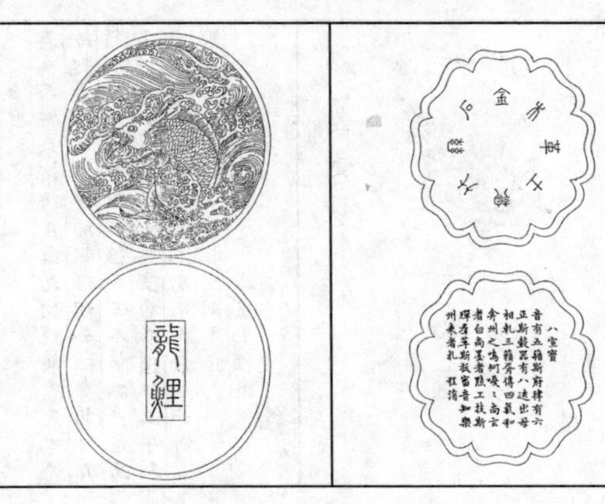

龍鯉

我聞龍門水截嵲何森洋神鼇作柱虹霓果百谷江河歸霧派日月出沒晝夜流天下萬魚皆迴避昂睛然鬣起烟霧噴濤躍浪鼓風颷天池九萬渺何處咫尺鱗甲分沉浮蜃海聲搖水母宮嚯山光射波臣愁乃知此魚自神物潛脩全力居崢嶸雷轟霹靂起泣濛水擊三千真鮫鱼曝腮點額紛紛幺靡寧與神魚羣四時會作三農雨天北嵩迸五綵雲

程大約

題丁南羽畫鷹揚虎視圖

年來築室南山側閉戶蕭條守文墨伏櫪誰知老驥心黎陽丁生稱卓識為我濡毫繪小圖彷彿英風動八區已看虎視威雄犯更覩鷹揚勢莫呼休言海内無戈猶亦有九重思萬里君不見班超馳出玉門關猶教絕域勳名起

程大約

叢著圖

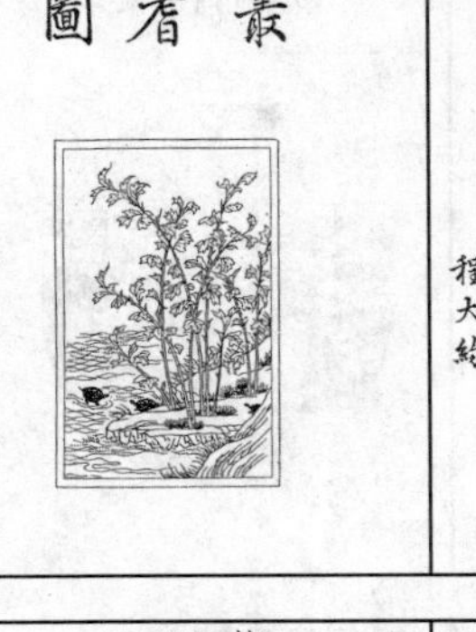

叢著圖

聖人出百世師神明贊乃生蓍浮雲氣守靈龜四十九扐歸奇八卦畫跡斯垂微子墨誰與歸

于若瀛

叢著

曱高陳吉凶生陰陽貢道六九用名惟爾著莖見天地心惟爾子墨晝奇耦形是兩為世珍

秀水項德棻

合璧

藂蓍篇

聖人在宥幽贊神明精靈凝緜蓍以藂生大衍再倍垂滿百莖品物皆出王衢咊平受稽物則以敫究眞靈氣上覆都都紛紛靈龜下守縮縮循循屈軼爲芳藂藂是玲象地所歷覈倚以仍知來藏往物開以濡奇偶二畫璽跌斯興聿肇書契爰代結繩所儀變化特衷殊尤探賾營物可象是求當物斯篇準繩斯周吾歸璽香劘百子咊

汪聖脩書

香奩

爾鑑爾脂，爾儲爾持，爾熊爾熏，爾莫不宜。

巨源

柳葉

柳葉

既使娟而纖麗，復婀娜以脩長，映風流之京兆，徹逸態于新妝。

幼博父

香草訣

子好芳草，豈忘子貽，思彼嚴霜，一朝萃之，爰刻琳琢，存其彷彿，願言永佩，慰兹離索。

合璧丸

英英尺璧來何所，昆山萬仞絕巔處，天際繽紛起白虹，林中緯約明深炬，合朔曾聞日月行，合璧鸞看雌雄侶，溫向三冬能耐寒，涼生六月不知暑，城輸十五重羸秦，價值三千歸舊楚，卞氏心哀隱自吞，陶朱內好厚如許，直取宜僚最美丸，且共莊生副墨語。

二酉生程涓

題丁南羽畫百爵圖

丁生畫手妙入神，向爲烏鳥皆逼真，頃余墨苑收名筆，更圖百爵圖中出，圖式如規徑尺餘，群飛群啄仍萬態，一時見者殊驚異，咸說林良遠不如，百爵翩翩誰作長，壽競未須態俯仰，鯤鵬變化奇，逢時九萬扶雲能直上。聖朝將相多才賢，蓋世勳名四海傳，期爾丹青都市裡，爲圖高閣擬凌烟。

程大約

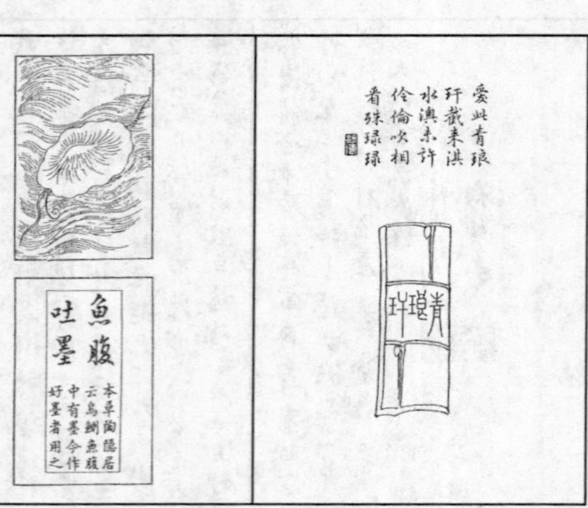

百雀賦

感瑾充之蔦散，陣崐崘之崇丘，集堂宇之寧止，適藩籬之隱岀，擢翩翩之素質，鼓翼翼之殊尤，奮緗黃之翅勁，挺參差之尾脩。至夫三五聯翩，百十成羣，俯啄黃壤，仰棲茂林，翔則依風，止則連雲，雖薄肌而淺色，雅毛戢而占芬，作鳳凰之儔匹，曾鶯燕之紛紜，審錫爵之為祥，習御環之令聞。及至朱明竣令，東南長風，六月一息，鯤化無窮，大火西景，商飈彌空，宅身逝者，胥給以絓，何變羽之無極，信條支之號降，習西羌之侈獻，標大家之文雄。爾乃功滿凌煙，壤剪林桐，大夫茲拔，列侯就封，受上寵于邯鄲，登三事于弘農，加子墨為客卿，主圖書奎壁之東。

程涓著

烏鰂

烏鰂墨，好奇之士好言之，黠者取以書契紿人物，踰年墨消空紙耳，然亦異哉，聊苑之以備一則。

張而口乃集，足縮而啄乃在腹，噏滄波，噀墨沃，射水慁，薄天錄，供魚書，類蠹屬。

程涓

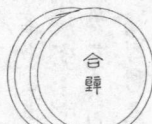

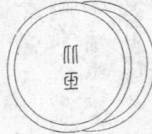

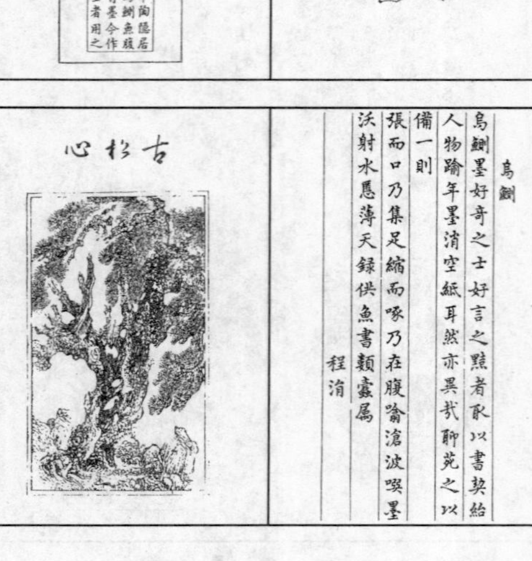

題古松心墨

上古有大風號吹崩山衆急墜一拳石徂徠千丈折摩自穿閩動雲氣敲擊皓已經八萬歲鑿破混沌穴其内出玄霜未衰自分别雨露不濡濊光采耀日月顧君惟寶沈緑為玄玉屑免名多節松又名兔國鐵

華亭宋懋晋

惟南有金

江南白嶽厥產烏金功勒竹素藻擅詞林我無妄涅人徒我磷㱥勿輕試比以許身

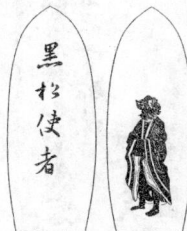

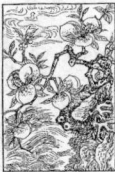

朱之蕃贊拜書

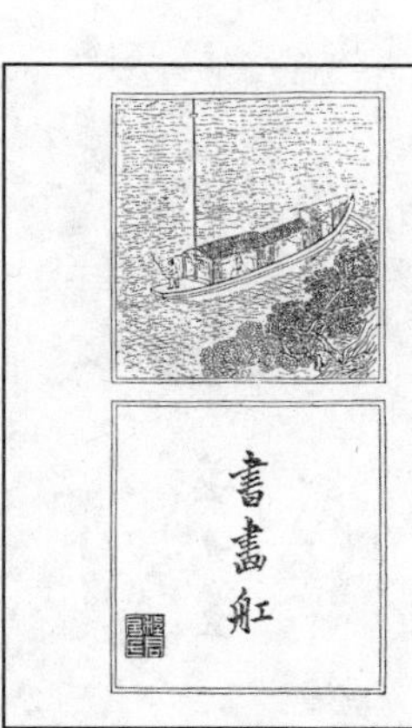

書畫舡

古松心墨

蘇易簡云鷄足山古松心製墨絶佳余因苑得之其言良信云

雞足之陰虬枝森森玉兔分窟青軨挺容茅犀光照柏麝香侵煙丸萬擣堅潤寸金

程涓

惟南有金

書畫船

有墨者池于彼中流一葦杭之虛而遨遊左圖右書及爾綢繆人曰米氏之舟吾曰傅巖之舟

句吴顧東謙題

書畫船墨銘

汎汎蘭舟在彼河湄䌲素陸離于焉樂斯　一
汎汎蘭舟在彼河濆圖繪如雲聊樂我云　二
蘭舟漂漂桂檝摇摇圖書蕭蕭于焉逍遥　三
昔維元章今則仲子米氏流風堪銘墨史　四

北地米萬鍾

書畫舫

相彼中流載沉載浮帝[illegible]奚爲[illegible]在爲[illegible]誰其[illegible]之[illegible]墨[illegible]誰其[illegible]之[illegible]墨[illegible]舟

紫[illegible]　[illegible]

黑松使銘

氏孤竹封松滋世代久遠誰知之玄聲默既獨亦為鋭上豐下安且頤安能為辟復為圭守雌守黑知者希玄社旅予稱所施

陳之龍

度索蟠桃

跋書畫船後

右軍之池池可泛舟，右宮之舟舟中皆墨，墨藏舟耶，舟藏墨耶，吴房氏之苑耶

吴文企

黑松使者

度索桃

西王母處羅宴北海屋下添籌桃花桑曾結子桑田已變滄洲趙昇自經七試曼倩要用三偷

丹崖居士沈文系

纔見梅花開又見桃花落本無去住心桃花自開落

滿山看桃後狐疑悉除去心本不着疑何必因桃樹桃核生桃花蠢卷又生核不緣前核因那得後果實借問前核何從生是謂説不得

文系

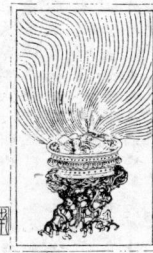

芝九莖

鞠通

大千椿賦 爲

大宗伯轂翁于相公初度之祝 有序

南華真人曰中古之世有大椿焉以五百歲爲春五百歲爲秋異哉斯人之靈壽無殊于木中之椿非鴻厓浮丘可淂而髣髴者也轂城于公者秊朝野頌之文辭瓌麗上映南極乃不佞大約故爲公門下士歡忭之至倍于恒情敬屬友人丁

南羽繪大千椿圖系之以賦以从封人之祝併勒其事於墨苑傳之于永久云賦曰搜神異于邃古考靈物于秘經覩𥅆論于莊叟等至人于大椿豈榆柳之比性儼冥靈而齊齡爾乃脩幹參雲喬枝礙日下臨瀇滉之淵上倚嵬嶷之辭威鳳之所栖細文鸞之所棲息擢穎含青抽榮凝碧稟造化之純精非衆木所能匹若夫千歲之資萬年之質天陵

鞠通

鞠通綠色虫也背上隱隱起金綫文善屬和人聲歌喜食枯桐尤愛古墨屑出孫鳳吐綬栗中殆蠃蠵脅之類歟苑者不遺細小故取之

龍門枝上綠華虫縷縷黃金背起隆小鳴聲于喝大鳴奏八風食邑者何即墨封

丁九常書

大千春

偃蓋之松大谷倒生之栢俯變滄桑仰凋日月覩茲無芳睠吡奪色彼弱水之九衢峚山之五采明光之長生負丘之不死貞蕤秀葉玉膏素髓冐烟霞於億載傲雪霜於窮紀望之早衰避之無始至於天雞已唱陽烏甫昇宿霧漸收東方大明集羽族于長條競嘯侶而呼朋振翮翮之奇毳流喈喈之好音其上則玄猿素狖鼯鼠文貍或攀援而戲或騰躍而嬉或作隱而作見或以昂而以低其下則白麋赤豹青牛蒼兕或庇其清陰或舐其芳滓或長往而長來或暫伏而暫倚誠耳目之所未接歌詠之所難擬者也故風雷之所震撼而露之所滲漉歷昏旦之氣候閱四時之涼燠既芊眠于廣隰復扶踈于大麓枝動搖而彌勁葉飛翻而益蕤香飄萬壑色映千巘之秘受上帝之景命挺靈秀于自然奪仙桂

辭按若木之鮮妍赤松遊其下而得道偓佺嗅其氣而長年嘗追思乎疇曩目周章于載記識光陰之欻邁嗟人生之如寄惟茲大椿壽數天地何金石之可比豈龜鶴之能儷爰有東海大老轂城耆英傳黃石之秘訣像姑射之神人餌瑤草而駐顏服金丹而鍊形翔王喬之鳧舄應方朔之歲星方其濯纓

清朝豨筆禁苑踐玉筍之班充瀛洲之選逼華蓋於咫尺爲詞臣之冠冕膺纂脩之重任陪經筵之盛典尋貳銓司載晉秩宗人推許鄭之鑒世仰夔龍之崇雅望期登于上台特召立躋乎三公開壽域于八荒調元氣于九重緜國祚于萬禩延

玄香太守歌

東書不覩何湯嬾嬉游飽食終中散去小見玄香太守正風流筆吞玄吾凌落海枕流漱石營爲城上上子姝毋不仕蕭然一座來靈氣香藝花筆幽蘭薰窯窯窣窣揚雄宅多從問字響如雲楮生梁此不爲瘦年來已老中書君文華五色照琳琅玄須初筆向明光天子臨軒正其對玄卿詔筍來吾備耳膺大冊其高文筆札傳宜出尚方典郡功名傍第一其草懷文并抱質世間墨吏何庸隳我看賴色如黥灰

吳文企

帝曆于千祀引黃髮之老叟脩辟雍之遺軌公乃高坐賓筵端享殊禮歌天保之嘉章繹詩人之奧旨

萬曆甲辰重九日　鄣郡放臣程大約拜書

玄香太守

玄香太守

腆也守黑雄也尚玄客卿

舊署太守新銓

梅守箕

黑水玄趾 雍州 黑水之陽乃峙玄岡爰興寶藏燠乎文章億萬禩光

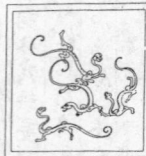

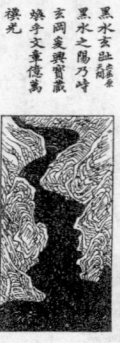

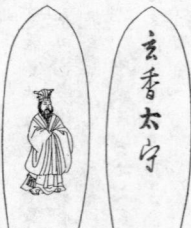

龍膏烟珮

黑有玄妙

金丹金鎔同數為康為性佛乞句滿是非我房和墨玄妙集法

漾果朱家生

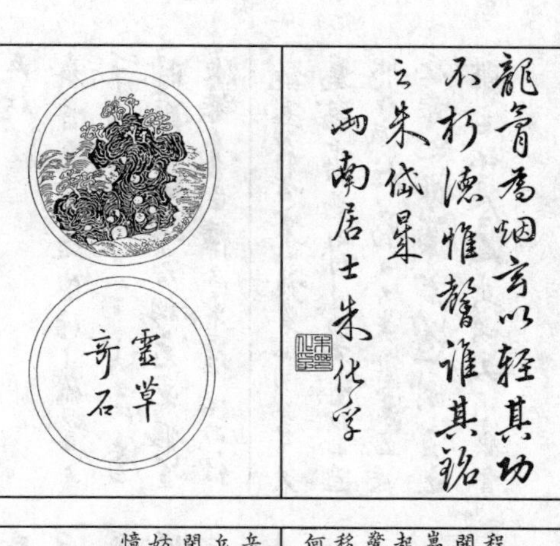

龍膏烟瑞

方丈之山一名巒雉東方龍場也地方千里玉瑤為林雲色皆紫有龍皮骨為山阜散百頃遇蛻骨之時如生龍或云龍常鬬此膏血如水流膏色黑者著草木及諸物如淳漆也膏色紫光著地凝堅可為寶器燕昭王二年海人乘霞舟以雕壺盛數斗膏以獻昭王為通雲之臺亦曰通霞臺以龍膏為燈光耀百里煙色丹紫國人望之咸言瑞光苑以為墨一大奇事也

方丈矗矗兮羣龍場瑤瓊林林兮雲翺翔蛻皮骨兮列山崗飛膏血兮河流長美招抹兮貢遐荒築高臺兮通天閶燃龍膏兮凝瑞光盛墨德兮煥文章

義陽彭好古撰

奇石歌

程先生好奇石一丘一壑如有情草堂自此開胸臆意氣似欲無奇章迎置松烟聊自適巖嶤元同造化功動搖疑待神明力百重共起出丹崖十丈孤標挂青壁臨棟當階勢已驚顚歎如人態仍逼數枝不敢以伯仲一片移之勤拂拭眼前麋鹿聊寄情金谷平泉復何益持去不問嚴君平醉來便學陶彭澤五岳雙峯畫入簷林端何事雲偏白隱處寧孤丘壑情吟時未枉煙霞色揮毫不作令人詩閉戶重探古人籍擴身奚羨叱羊群按袂何妨補鼇極芸臺終自想江湖丘園甲乙常相憶

長洲張敉幼于氏撰

靈草奇石

靈草煌煌燦紫英天然奇石鬱崢嶸陳玄寫得孤高趣共結詞壇世外盟

京口茅溱

九鼎

玉堂苍瑞

北門禁近有嚴玉堂名葩爛開馥馡芬芳駢蒂五色瑞着苍王盛出右文雲漢為章

吴郡錢允治

五松

玉堂花瑞

九鼎

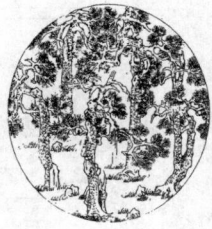

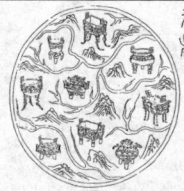

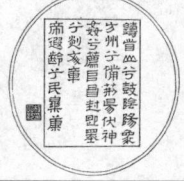

一笏輕于四銖片言重于九鼎四銖之笏可磨也九鼎之言不可磨也匪為惜爾黔吾自愛吾鼎

姚履素

五松墨贊

刳髯灔鬱鱗帀崢嶸寒飈夾拂萬壑濤聲偃蓋亭五授爵官嬴青蓮幽討伏沸標名于辛浹結大藥孕生芙蓉伏兕碧霧從橫芝旁裊裊上逗太清胡以劊之露挹金莖混沌一竅肖像倏明纖塵蛻盡北極凝精肅聲錦雯璀璨光盈古習科斗鼎爾染成文珍有四爾功最弘旁圭紉佩谿落纔行龍堂習久馳譽帝京雙南尺璧歙手雖鬻

伏沸道人內史佘敬中

徂徠之松

惟靈山之嵯峩挺貞松之蹇産傲冱寒之雪霜凌排空之崿巘貫四運以不凋歷千年而長衍條盤結而蓋密枝紛披而彌遠形如鸞鳳勢若虬龍象亭亭之靄靄顏偃蓋之童童抽纖莖以森竦布芳穎之青葱延輕飈而發響儼靜夜之絲桐上有翠實素髓離離馥馥偓佺食而養性永籍名于仙籙下有青牛紫苓靈藥異獸採玉策之秘記延萬齡之長壽焚彼蒼煙以代漆書陋魏臺之石墨追漢室之隃糜

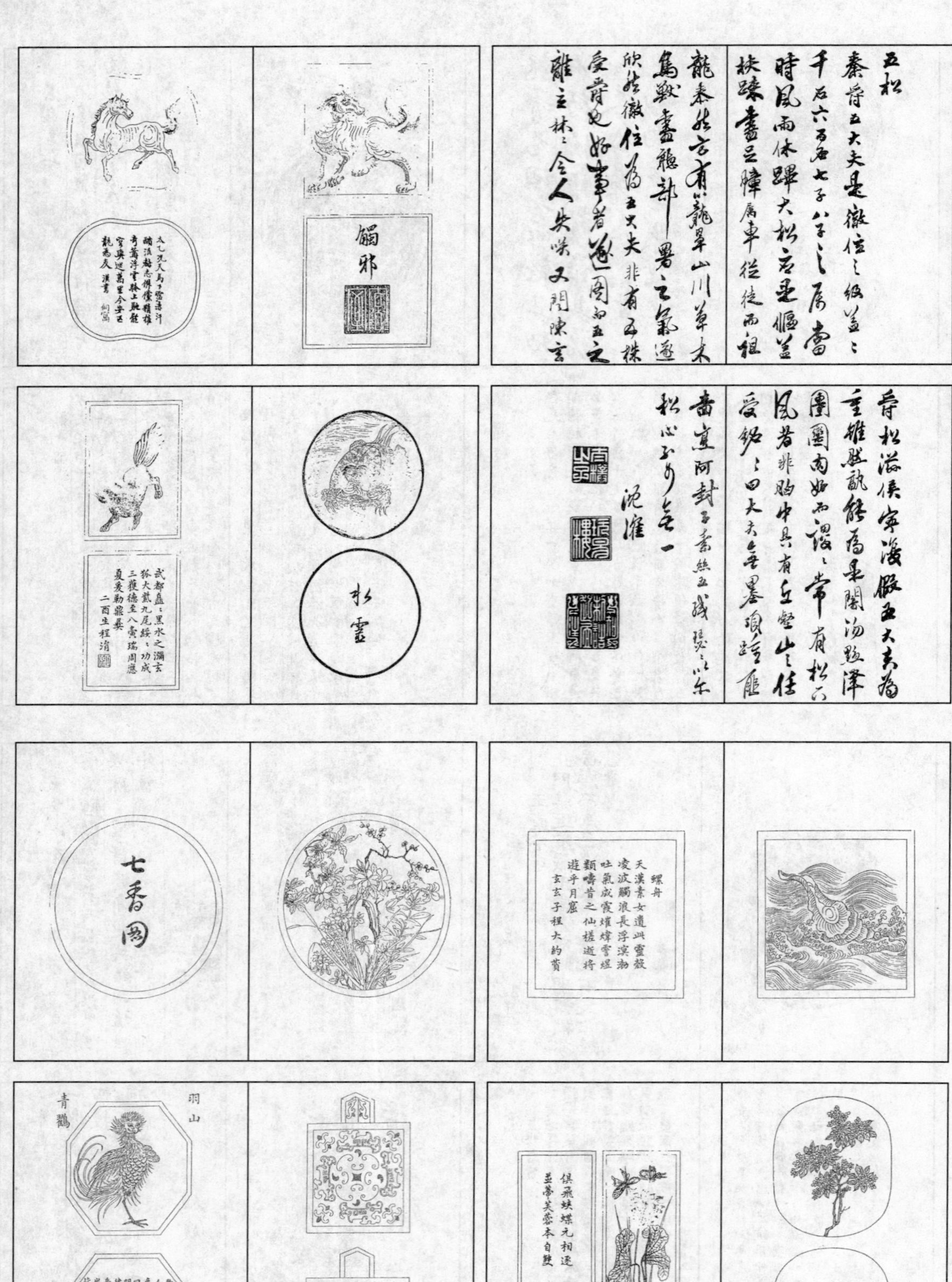
蠲邪
松雲
七香圖
青鸞
羽山
瑤華
玉蘂

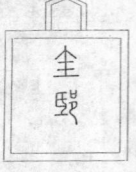

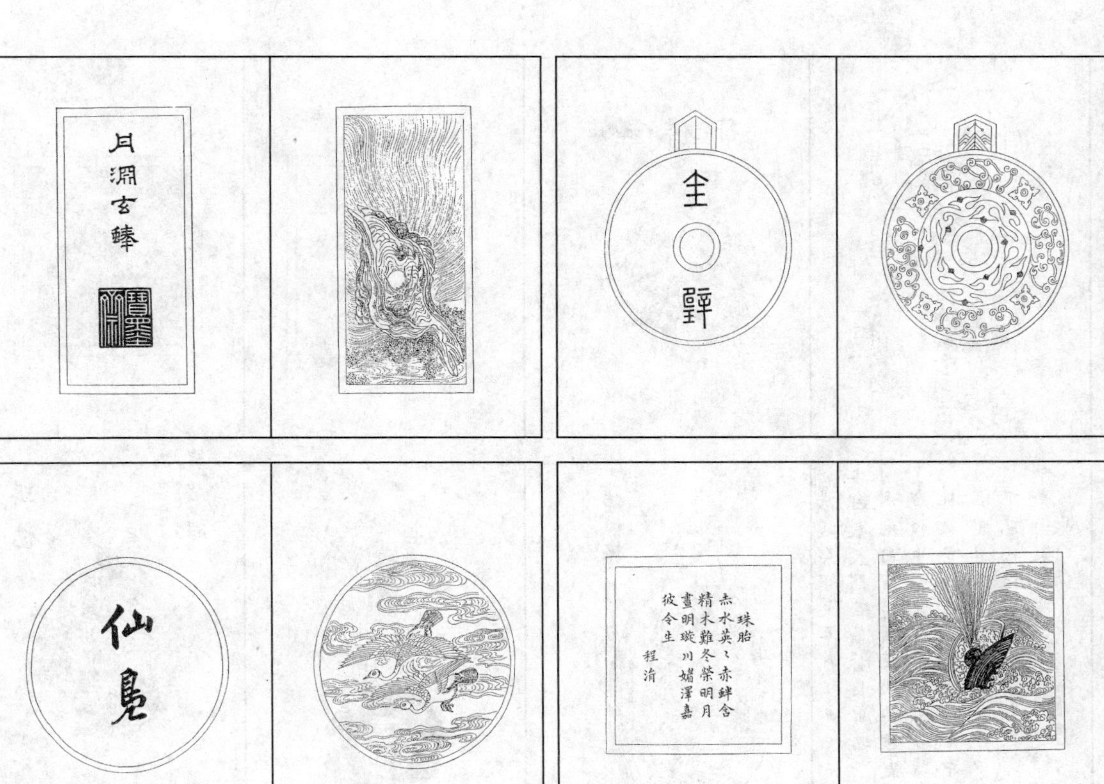
仙鳧
珠胎
赤水英々赤蚌含
精木難冬榮明月
畫明璇川媚澤嘉
彼令生
程洧

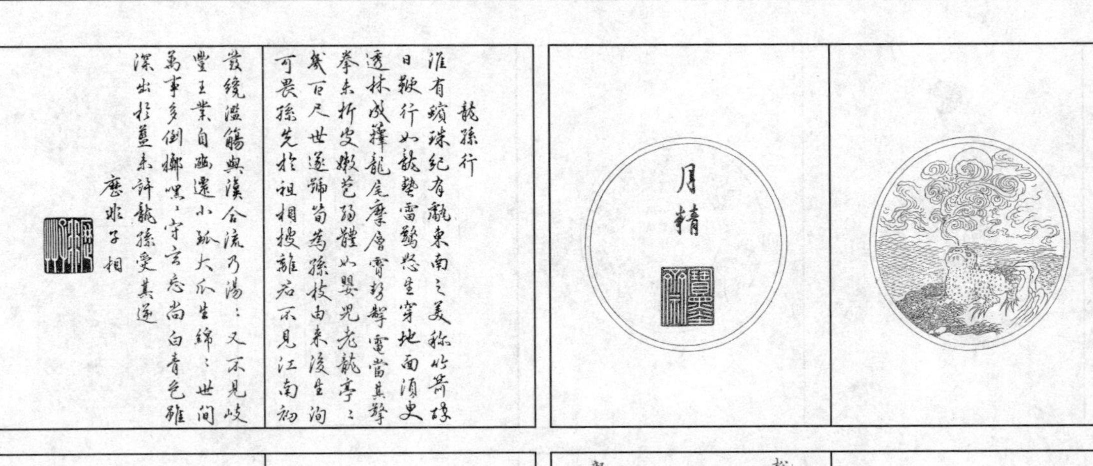
龍孫行
月精

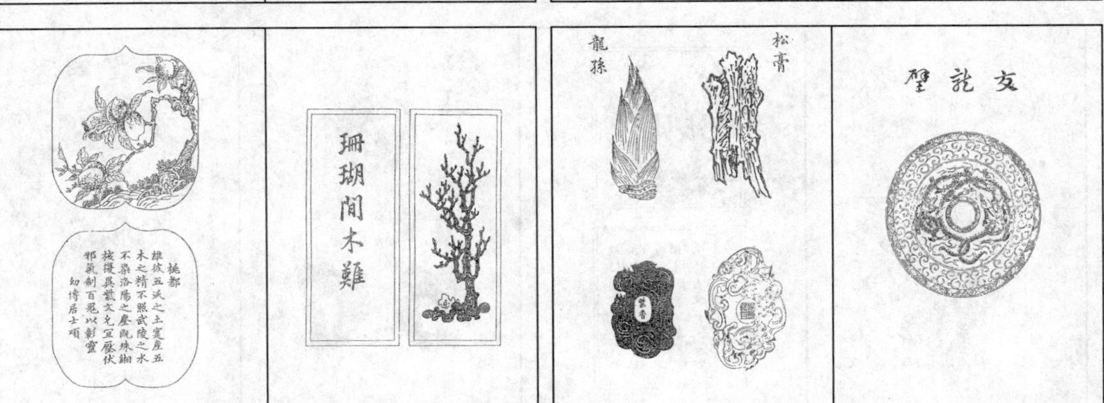
龍孫
松膏
珊瑚間木難

玉麟符

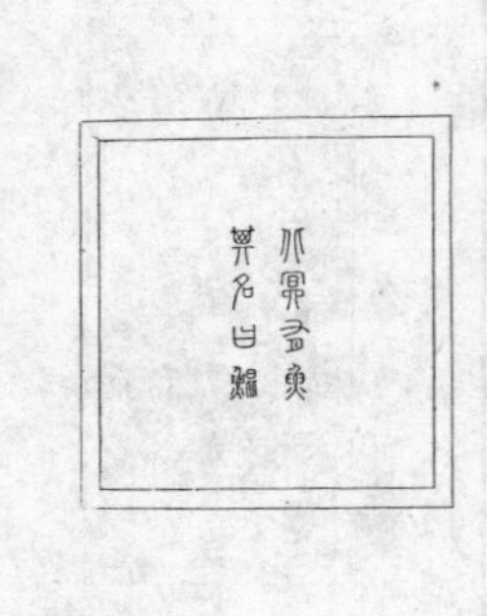

洪武乙卯夏五月丁丑
上御奉天門召翰林臣出
示元内庫所藏巨桃半核長五寸
廣四寸七分前刻西王母賜漢武
桃及宣和殿十字塗以金中繪龜
寉雲氣之象後鐫庚子年甲申月
丁酉日記其字如前之數
命學士宋濂為賦

事戴
委究
徐
縕

蟠桃核

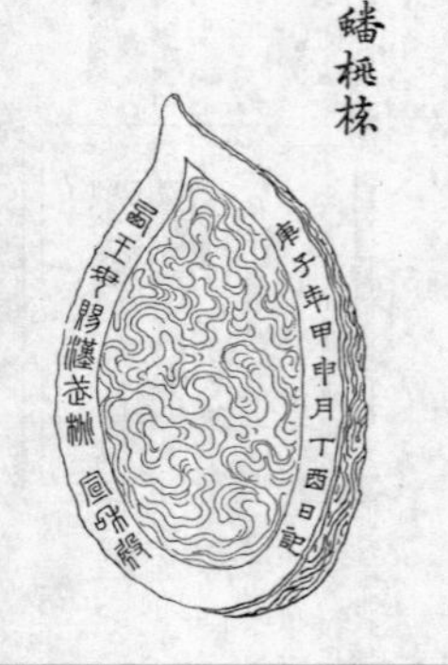

玥璧

由倍好懷為寶
抵虞谷置秦島
耿夜光于時保
巨源

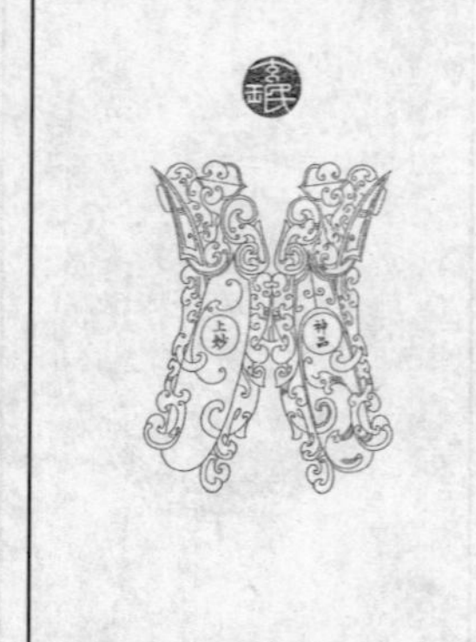

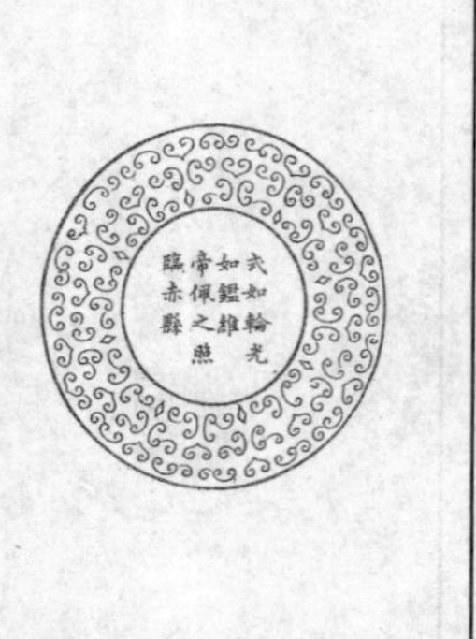

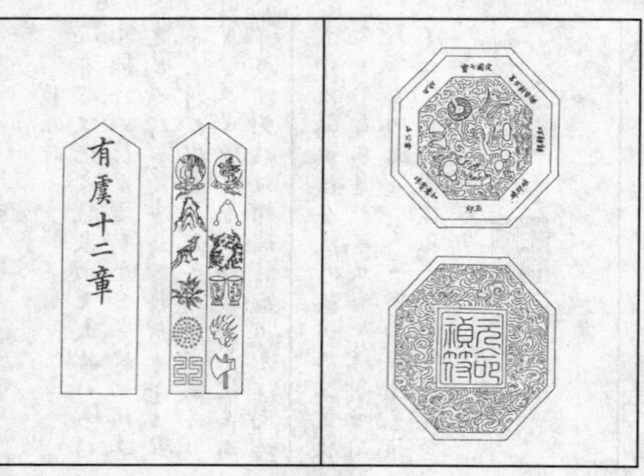

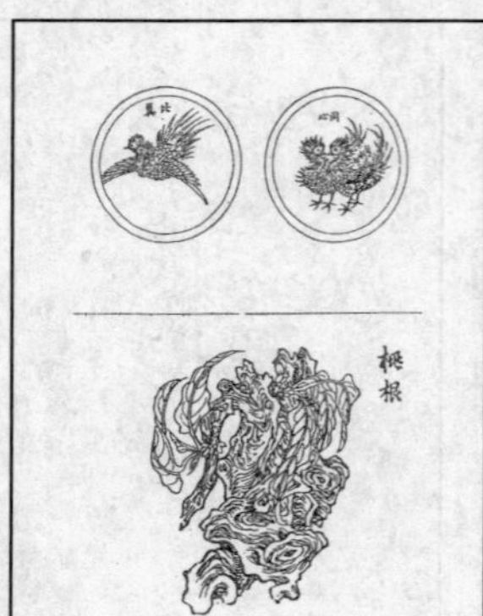

木連理
緊彼嘉木連理其枝
虬龍注躍鸞鳳雙棲
下蟠谿谷上凌雲霓
四時不改千秋若斯
幼博父

香玉玦
崐山之琛藍田之美雕之礱之有斐
其文歟且而剫欲合而分謐謐君子
揖以成身
君房氏

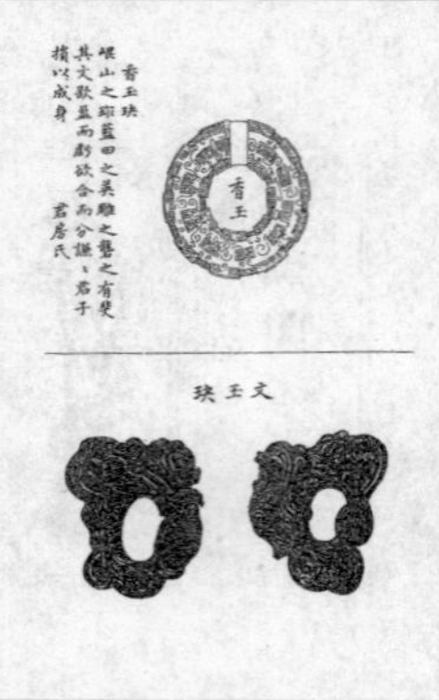

文玉玦

玄鯨寶柱

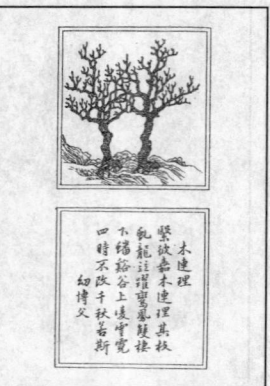

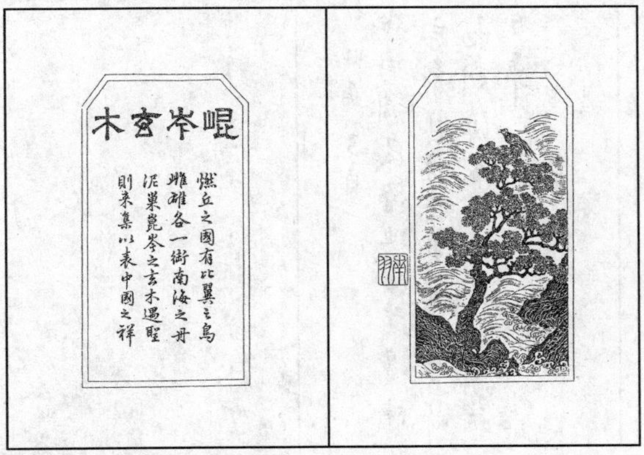

棠棣之華

雜珮

靈犀

玄犀蹻蹻黄支挺
生表異者角吐烈
蕤精通天析水稱
靈以名

程涓

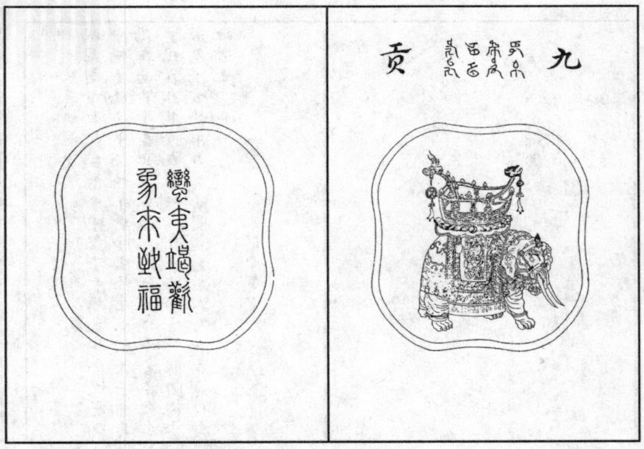

九貢

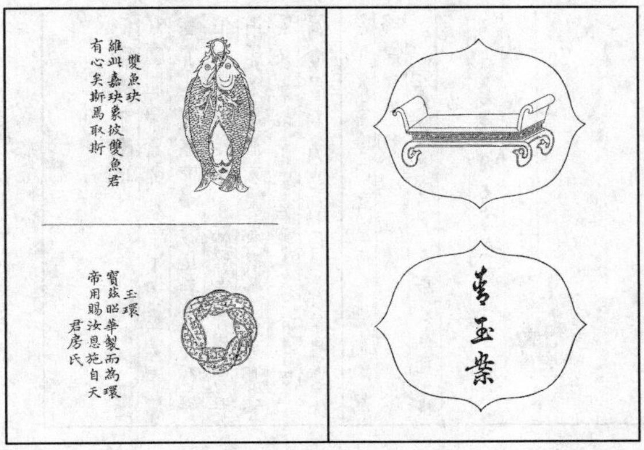

雙魚玦

維此嘉玦象彼雙魚君
有心矣斯焉取斯

玉環

寶兹昭華製而為環
帝用賜汝恩施自天
君房氏

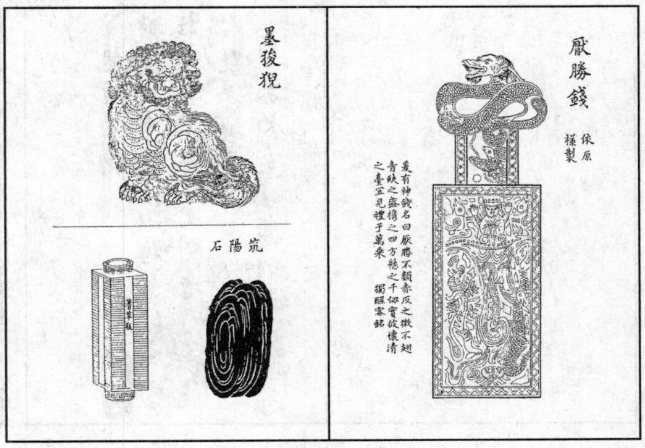

舊玉案

墨狻猊

歙陽石

厭勝錢

依原樣製

爰有神錢名曰厭勝不類赤仄之徵不翅
青蚨之盜損之四方戀之千仞寶彼懷清
之臺宜見禮于萬乘

獨醒客銘

崐岺玄木

燃丘之國有比翼之鳥
雌雄各一銜南海之丹
泥巢崐岺之玄木遇聖
則來集以表中國之祥

維熊

五雉

墨苑卷之九

儒藏

墨史氏曰六經之行天地若二曜五緯
然以章晦也墨之義也素王垂經唯聖
者事次則鉅賢述而不作又次則固焉
而已漢儒擬經唐儒報經後世置僭竊
焉宋儒陽避其名而陰掠其柄反之者
歸焉覇儒余不佞苑墨墨之文字悉矣
自周易以下萬焉之準擬郢報郢陰陽
其名實郢凡諸百家以類次附驗以游
戲而已作儒藏

洪滌程大約著

山東劉絲書

子筆之

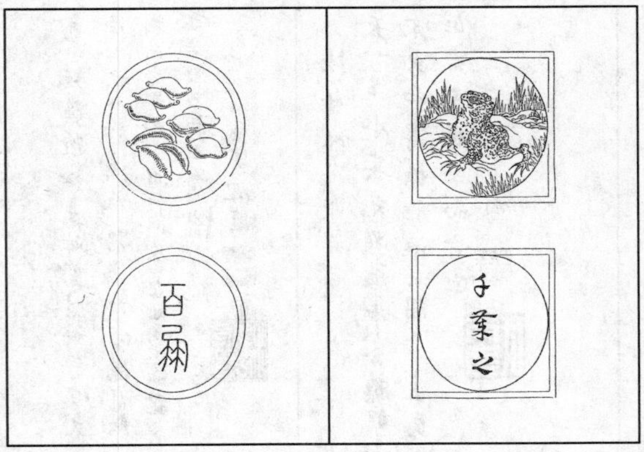

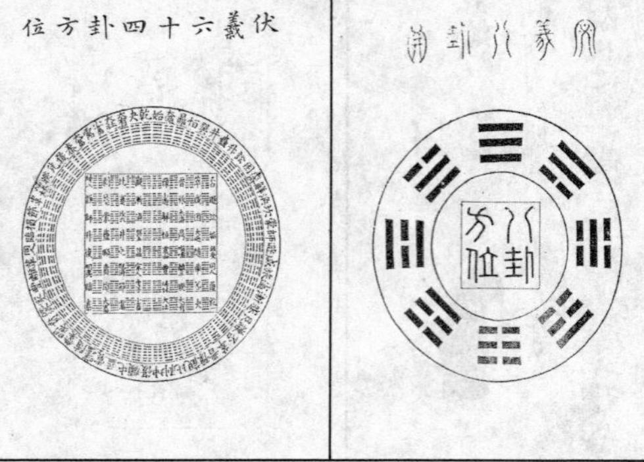

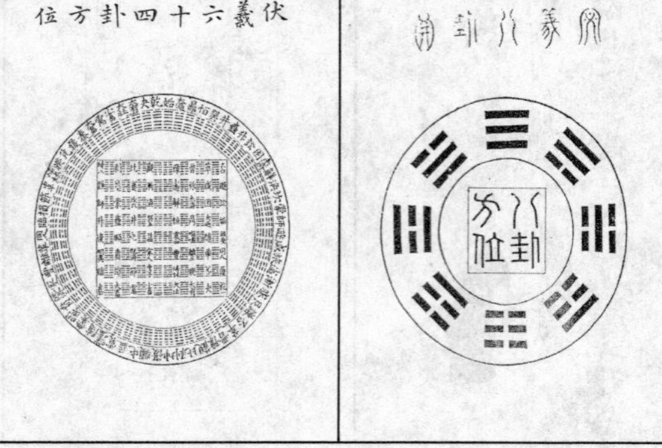

伏羲四圖說

此圓圖布者乾盡午中坤盡子中離盡卯中坎盡酉中陽生於子中極於午中陰生於午中極於子中其陽在南其陰在北方布者乾始於西北坤盡於東南其陽在北其陰在南此二者陰陽相待之數圓於外者為陽方於中者為陰圓者動而為天方者靜而為地者也

洪自寬書

龍行雨施

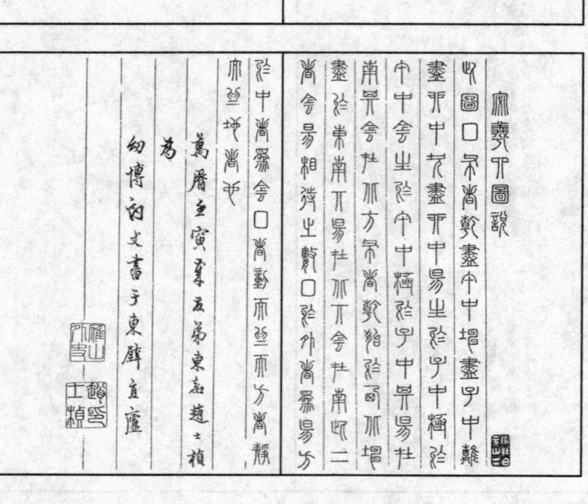

伏羲四圖說

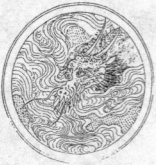

此圖圓布者乾盡午中坤盡子中離盡卯中坎盡酉中陽生於子中極於午中陰生於午中極於子中其陽在南其陰在北方布者乾始於西北坤盡於東南其陽在北其陰在南此二者陰陽相待之數圓於外者為陽方於中者為陰圓者動而為天方者靜而為地者也

萬曆壬寅[illegible]友弟東嘉趙士楨為

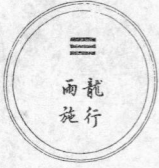

幼博詞丈書于東壁直廬

龍行雨施

龍德正中當位以時秉彼玄雲招墨之池天下文明普乃德施吁嗟乎龍兮

白吳顧秉謙題

牝馬之貞

牝馬之貞

我馬調良行地無疆得神忘象牝牡驪黃其柔其靜動則德方維玄維漢闇然日章

常道主

燁燁重離明照四方象麗乎正天下化成惟茲玄德質幽用明其守則黑取象則光諸縉玩飾彫剔彌章登之冊府萬年允臧

西南居士朱作字

疑陽則龍乘陽則馬馬行無疆龍戰則野我馬玄黃龍非龍者騋牝三千知光大也君子夢中守其純敬使章六書其納雖雖晴日戴鉉塞且極且

沈淮

易以知險惟心亨也黑以知白守不爭也文以行遠祗光平也常德習教用其宏也游不失信以涂盈也象銘鐘鐘匪英匪石地由庚也

西吳沈淮

坎卦贊

天一生水其光黯然中含離明不火而傳故雕漁之間文章出焉此君子所以尚玄也

王衡

古樂府咏洊雷主罷

水馬年玄兔來詞臣獻頌挨天才春雷洊震
秋蟠開帝降元子驩顏回宗廟重罷何康哉
百拜稽首臣不敢起穆穆淵衷匪誠曷以黄
流在中衆妙萃止玄之又玄作天地始

陳之龍

兼山艮

昔之解艮者曰所以為柅者為輔也所以為
防者為水也為輿為柅為山為防斯近於固
而不可行然則虞翻所云撓其三以飲臣臣
乞盡呑之者其程氏之麋也耶

湯賓尹書

巽

自青蘋之末而生者帝宣其结也極
萬竅怒號而成者少過萬國也熏兮
其解愠者
九五之澤也嗟世其永寶之見者必
作也

潞園焦竑

鼎黄耳

雒則有足其行以耳薦
其馨香多受帝祉

許獬

兑

天一氣地兩澤疇象之曰友德
用則共翊文明舍則相守以黙

潞園焦竑

鴻漸羽儀

爰有陽鳥以類聮羣濯足玄渚排翮
青雲稟中和之純氣應天地之佳禎
赴四節而不爽越萬里以偕徂序而不亂
其儀可經勒之墨苑羽翼斯文

程大約

鴻漸羽儀

冥冥者鴻漸于煙霄希宇
横空于何可拈摹以予墨
羽儀清朝

天水趙世顯

解退頌

維墨維墨辨别白黑吉凶厥德爰分淑慝竺
乾儒墨翰墨垂則僉壬貪墨刑墨罔忒植兹
正直杜彼蟊賊竹挺勁節正色山立蘭茁幽
谷薦香上國荆榛叢棘投畜屏熄贊我
明辟助乃黜陟梟或可塞石將孔泐汗簡靡
逸揭如皎日

金陵朱之蕃書

鴻漸于陸

鴻之羽用之為儀墨之儀其用不齊其儀百家儀萬化而宣洩乎斯文也聖智之基耶

濠梁朱宗吉

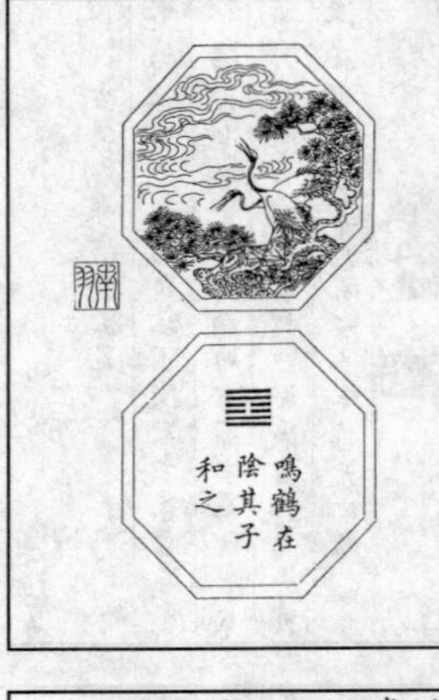

中孚鳴和

中孚信也古者墨以示信是故鶴鳴子和爾爵我靡相信之至也其為墨德孰加焉因得式而贊之

鳥而啄頸斯長鳥而足翅斯蒼毛羽楚楚黑白有章以識書契以服冠裳相期朝野慎相忘

程大约著

大人虎變其文炳也君子豹變其文蔚也

鳴隺在陰

仙人曾控王子喬鸞皇棲翼同孤高蕙帳繞空出吳市千里一舉凌丹霄網羅却咲餘聲聞延佇堦墀猶得性孤鳴夜半聲更奇獨舞霜前色逾淨斂謂雲中似邴原不向林間飾支遁主人馴養多歲年就新去故仍留連連聲並翼欣有托翺翔別赴私自憐冰質風翎誇介鳥集君華池啄君稻飛來五里一徘徊長唳風前立霜曉翩翩磊落耻鷄羣舜舜低昂厭鶩飽高標遠致何冥冥顧影支離似客星翰墨傳來霄漢遠早棲不羨太湖萍

長洲張救幼于氏

虎豹其文

豹澤于霧虎變生風郁郁翰墨彪炳與同一時玄造千祺宗工

晉安趙世顯

黑羊圖 并序

詩賦黑羊頌聖世美有位也友人程幼博氏寫之於墨思深哉可以風矣因贅堯數語于其上

遠矣姬德二南啓治維江與漢化行俗美有賢大夫在公濟濟被服不忒進退以禮前修載述来哲仰企畫象成文祟玄為質匪野匪史彬彬君子墨妙風流蔭暎千祀

辛丑皐月朏潁川陳鳳佐

五瑞四嶽

重華協帝百辟同圭璧合符舟車通狩而覲望陟岱宗衡恆華岳凜從風吁嗟虖萬年典謨翳玄功

姚履素

於彼朝陽

甘棠

宛彼陌上棠是茇召公存綠陰被原野勿翦衛公恩馴雉雙白鹿昵匪誅信歆傷哉赭流鞭祇見荊棘繁

吳郡錢允治

猗猗棲鳳傺杲杲晴旭光結抓象昭耀維象含華芳雖中雲門青獨茂山之陽匪石未迴顧何能諧宮商圖形字墨共玄功永勿忘

西南居士朱化字

鹿鳴

鹿鳴

琴瑟雝、玉帛濟、鹿鳴興歌龍光允禮德音孔昭周行如砥匪藉墨卿曷登文陛

京口茅溙

東齋註易 有引

漢時王郎爲會稽太守子肅隨之郡住東齋中夜有女子從地出稱趙王女與肅語曉別贈墨一丸肅方欲註易因此便覺才思開悟苑之爲葦編助

高齋寂、清且閒一編腹笥手連山郎君日飽二千石丰神磊、意閑、中夜靈飈倏然動地中綽約出雅嫺驚訝胡然天與帝自云趙女來邯鄲婉嫕纏綿中夜語把贈香劑墨一丸墨一丸功千古羲皇姬孔俱有補試問宓妃與文姜那得片言爲易詁

程寰仲輔父撰

帝若曰咨惟爾羣牧予夙夜玄德以暨汝方服汝惟述乃職予命是聽肇自西河惟淮及沂江漢滔、岷嶓極西涇渭滎濟既會既瀦滇滄東漸訖朔不距聲教所被亦莫不乂乃欽爾旅守而勿替予銘爾治功惟茲墨銘億萬斯年爾績孔昭

西南居士朱化孚

東齋註易

東齋註易

王太守子名肅郡東齋常獨宿一女子從地出臨別時贈以墨此一挺真神物用註易思湧浡奎璧照地土花紫越女王郎俱不死飲其汁者幾人耳

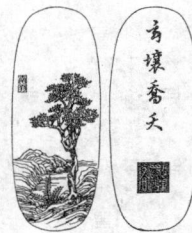

湯賓尹書銘

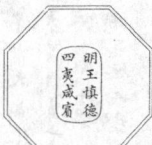

明王慎德 四夷咸賓

梯山航海採種摩眉梳系玄生王子萬年

皖野石瓚

玄壤喬天

歸馬放牛

馬胡歸兮華山陽牛胡放兮桃林鄉偃武脩文兮垂典章昭回雲漢兮麗三光于墨用世兮王道昌

于若瀛

歸馬放牛

放牛兮歸馬偃武兮脩文執挾藻兮而龍賓吐氣毋兮耀肩金帝臧而兮嘉而動而萱茅兮參辰而分屏兮鶩精將延喜之玉兮而萊夫豈徒蕪眹兮而銘

項德棻

玄壤喬天

草維夭木維喬土壤維黑莽蕭蕭採厥艸木燼以燼魚膠麋眉旋均調攻磨玄埴陵玄楞羼墨千秋晉準標

程洧

歸馬放牛

歸馬放牛

歸而馬華山下放而牛桃林幽干戈戢鉛槧載脩武功敷文命覃敷百官循令一人有慶九圍式四國正寶哉墨墨爲政

程洧著

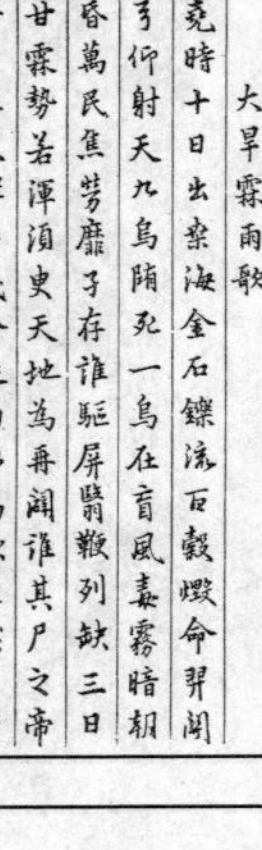

大旱霖雨歌

堯時十日出焚海金石鑠流百穀燬命羿闕弓仰射天九烏隕死一烏在肓風毒霧暗朝昏萬民焦勞靡孑存誰驅屏翳鞭列缺三日甘霖勢若渾滇吏天地爲冉闔誰其尸之帝者力草木鮮華民命延昌以爲歌惟黙黙吁嗟衢壤胡爲擊

四明陳之龍

大旱霖雨

皇王解網澤良相築巖心胡爾旱魃虐如焚變蒼林川瀆盡封秘蜥蜴不可尋靈德格幽昊揮戈驅六壬盈盈墨池水散作普天霖萬畦秀如滌千山綠轉深豈謂黑松使翻作土龍吟至今半圭玉風雨共銷沉

武林姚履素

松心

厤維松心上黨所采曾閱歲寒柯葉不改鬱爲醇煙紫雲霏微黼黻皇猷日麗星辉

潛園焦竑

大旱霖雨

旱之太甚鑠石流金我禾枯悴歲聿其侵有雲如慈出我高岑興雨寘寘我此甘霖我禾其登獲我民心自德所滲爰銘墨林

東嘉趙士楨

松柏之有心

竹箭

於維竹箭擅美東南浮筠玉立天風珊珊誰對此君翰舒鉛摛彲注太玄賴玆子墨

潛園焦竑

鴛鸞于飛

畢之羅之福祿其宜以望東玄覩若佑有之臨池

張鳳翼

幽谷遷喬

三變大成圖

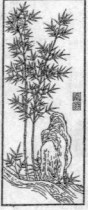

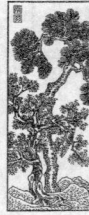

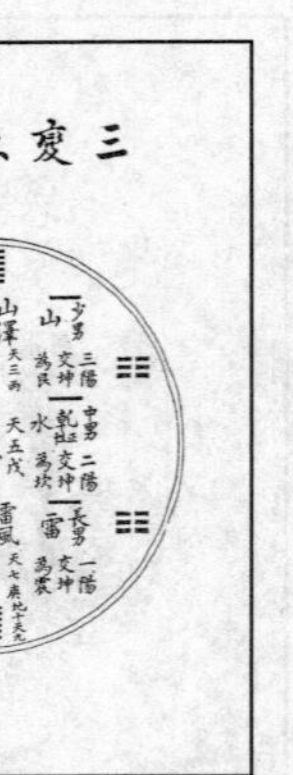

墨卦

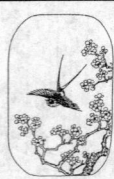

出谷遷喬

鳥出幽谷人超塵濁超塵達天如鳥喬遷德日巍然心日沖然爲天下谷抱默守玄

孫如游

受命咸宜
百祿是何

墨卦

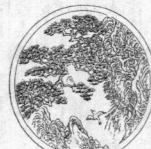

墨元亨利貞利用書可貞元咎彖曰墨晦也體剛而用柔内實而外虚石得水而順行是以元亨利用書而天下順也治百官而察萬民墨之時用大矣哉象曰煙媒合作墨君子以論世辯物初九聲於石濡于毫可貞吉測曰聲石濡毫貞初試也

六二麋角斯膠豬脂斯膏以利書大吉測曰麋角豬膏品毋淆也六三毋貳我之慎寶藏之終吉測曰慎寶藏之用可竟也九四玄如蒼如白楮輸如即墨封吉測曰封之即墨不亡吉乎六五天下文明王用書於上黨大吉測曰天下文明化行也王用上黨用晦明也

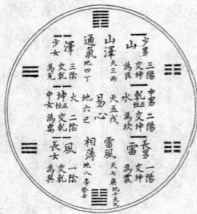

上九磨頂放踵以利天下函无咎
򠀀
测曰雖凶无咎天下利也

昔字文杵作筆卦謂人言筆始于秦其不見稱于孔子易也固宜乃究所由来則包羲氏之八卦夏后氏之九疇凡科斗鳥跡鍾昌籀篆之文非任筆安所施哉筆之制未備而筆之用則古與墨俱無先後論也然墨之始以漆而後以煙獨之乎筆也孔子繫易而歸于中古憂患之作于世道升降之向深致慨焉文王之美里閔公之居東憂患深矣宗无鴻臚幼博先生以謫居圄圄者垂七載余時時過從與論易屬工人以墨進因畫此卦同憂患焉卦成而先生事大白墨之義居然可知詎惟知者觀之而思過半矣

勲賢里人程涓巨源著

儒者藏百金是收東去西来爰踵尼丘疇其函之君子用休

四裔思皇九有同軌式之用之其麗無量為白為黄為珪爲璋誕錫庶府畢事尚方稽首萬季

天子之光

桐鄉八章二章章六句二章章八句四章章十句

萬曆壬寅端陽月吉

江夏丁應泰撰

海陽程先禮書

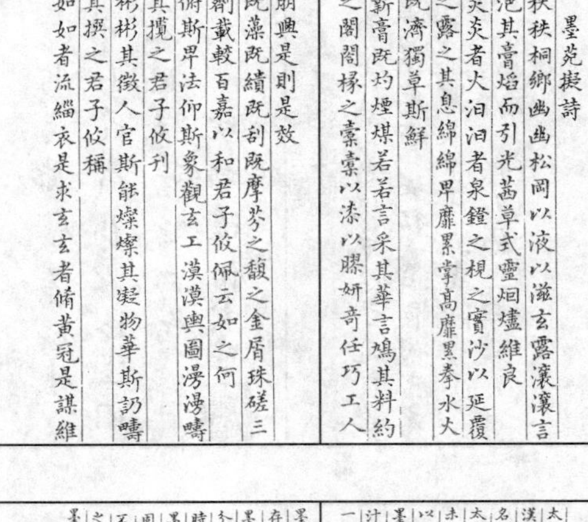

墨莞擬詩

秩秩桐鄉幽幽松岡以液以滋玄露瀼瀼言浥其膏焰而引光茜草式靈烱爐維良炎炎者火汩汩者泉鐙之視之實沙以延霞之露之其息綿綿畀靡累掌高靡累拳水火既濟獨草斯鮮薪膏既灼煙煤若若言采其華言鳩其料約之閣閣椽之橐橐以漆以膠妍奇任巧工人朋興是則是效既藻既繢既刮既摩芬之馥之金屑珠磋三劑載較百嘉以和君子攸佩云如之何俯斯畀法仰斯象觀玄工漠漠興圖湯湯疇其攬之君子攸刊彬彬其徽人官斯能爍爍其凝物華斯訪疇其撰之君子攸稱如如者流緇衣是求玄玄者脩黄冠是謀維

墨材

墨曰晦以厥彰用供尚方以厥材供于縣寓惟其人墨若品列曰我有玄工與畐物華人官儒藏緇黄曰于圄厲克勤亦厥工先精勞肆徂厥精勞肆徂濫冒偽人証人鑒肆亦不信工度撫畋物軌乃特監厥戩為工曰無重煤無浮膠至聚芡蒻至煩杵臼合由以容工其效夙夜祇成事厥命曷以惟漠惟馨自古制若兹監罔攸斁惟曰若取材既閑烱末惟其量劑為厥模制若作鉅細惟規萬圭若作光澤既勤磨刮惟其塗丹雘

今工惟曰

當宁既勤用玄德黜為貴萬邦懷應中外以孚亦既用玄德漢典隃麋萬邦允懷

六書既同中國文聿追王度于先民

肆工惟德施普濟夷裔咸若用普敷文命

已若兹監惟曰匆替引于萬年惟工以沒以升嵗嵗時時永保藏

程大約著

鮑觀光書

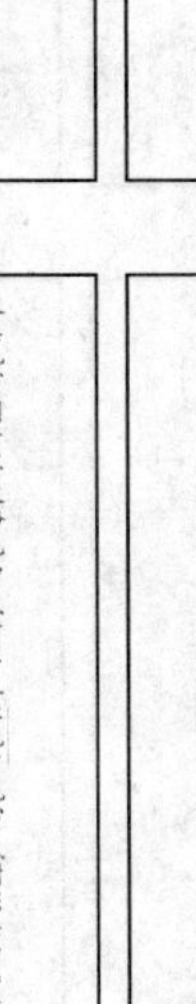

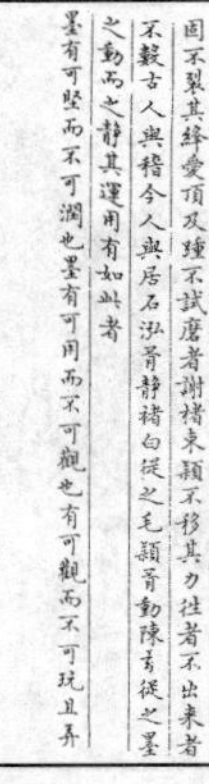

墨行

太冲公問於玄居士曰夫子之名墨也墨行者與儒行者與玄居士曰漢以前儒墨之稱脊於一漢以後儒墨之稱析於二余聞之也君子之名也實其行也名行何以異

太冲公曰敢問墨行玄居士曰卒條之不能歷其數臚考之乃留更僕未容易也太冲公就席玄居士侍曰墨有桐鄉之液以待爕風夜煨爐以待延濟水火以待舉分清濁以待取其基質有如此者

墨有不愛金珠而洎屑以為實不靳熊獺而滙膽以為調不擇井犀而汁黄以中和空青而片氷也凝脂而雜馥也非時不見不亦難得乎缺一不可不亦難畜乎先難而後獲不亦敬事乎其倫物有如此者

墨有和膠媒操臼杵其大杵如慢小杵如傌慢則如韋傌則如弦其緩存而急劑也孳孳若有竟也其揚和有如此者

墨有範圍齊難其雕鏤裝細圓必中規萬必中矩劍變不滯奇觚之形分合不習直方之利廣其物以致曲也官其人以致用也擬形容而象時宜以言倫也其周悉有如此者

墨有積之以歲時海之以寒暑持薤不虧其質龍之豹橐封之綺筍緘固不裂其縫燮頂及踵不試磨者謝㰖束額不移其力往者不出来者不轂古人與稽今人與居石泓背靜褚白從之毛穎背動陳玄從之墨之動而之靜其運用有如此者

墨有可堅而不可潤也墨有可用而不可褻也有可觀而不可玩且弄也其色澤欲瑩其神采欲流其光瑩可照鑒而不可鈍滯也其刮摩有如此者

墨有金玉以為相木難火齊以為飾珊瑚水晶以為衣鋪翠而艷含的而章雖有席姸不更其實其珍攝有如此者

墨有玉府之工繪天之手五日一山十日一水肖人象物點綴華卉穠抹之不學以重輕抹之不泊以淡畫苑者取裁焉其絢藻有如此者

墨有列宿與稽雲漢與章象緯照之下方以為驗上弗疑下弗諂主文譎諫而為之其言者無罪而聞者足以戒也雖重輪重光時頌其祥猶將不忘百姓之病也其玄工有如此者

墨有矗矗而為高浩漾而為流磊落而貞堅漸漬而滓淵資之以黑為多用晦而明含點而光類族而取義辨物而居方其與地有如此者

墨有舉上則君公舉下則黔首程功積事掠萬而推揄之各其以至男教斯興苟茂女德不遺公宮其人官有如此者

墨有觀物動者以覩上也植者以覩下也飛躍相尋也鱗介相鮮也洪相先也纖相致也其物華有如此者

墨有攷邃而發秘陳經而傳創而作之前弗有也龐而翹之又不加後也不譎舊而為同不立異而損益同弗與異弗非也其儒藏有如此者

墨有空則事體墨精則事太上妙明而清淨貫通以與人恬澹以知服近文章脩持心性縷分如緇銖不窮不遺其出入緇黄有如此者

古者重墨墨與儒並今者重墨墨為儒用玄德者墨之本也元神者墨之真也靈明者墨之妙也冲氣者墨之純也玄元靈氣謝形去質空冥而有之猶且不敢言墨也其尊讓有如此者

墨有不遺用於窮閻不謬排于朱閣不輕貧賤不恩貴介不闌有司故曰墨今庸工之為墨也離常以墨相詬病玄居士承舍太冲公禮之信此言也行加重名加大環寓以內不敢市墨

金壇于仕廉元貞父述

程先甦書

巨川舟楫

賦詩巨川舟楫

陸海誠滔蕩洋洋嘆河廣誰能鼓輕舠出險登祿鏹獨抱康時心玄珠探象罔資遣涉浩渺宣仁潤艸莽塵鞅多苦辛安危繫反掌振彼洪濤中臥之羲皇上與世共安流陶然寄俯仰蓬瀛在澗沼達觀獲恬養

蘭嵎朱之蕃書

大行使楫圖

四十有四年春王正月大行聘于楚覲用墨

初大行為國子生會有楚之役大宗伯將事焉寵也使竣楚王進饗之又明日饗於齋宫饗禮甚盛大行覲焉覲用墨王脤之以向史蔡墨墨之貴賤輕重焉史墨對曰上古結繩而治後世聖人易之以書契則墨家興始在松滋而聚栽繼轉桐鄉煤腜合而出之其為製也幷石和金歛芬眉寶子是乎取之其出之也朝繪甕徽禄位四民于是乎用之其藏之也豹囊錦帙以辟濕蠹其出之也石涇管城水部楮生各以類應其出入也時率玉之內墨皆與焉稽古臣工信庚章物叢法而求之畢力而造之公始用之歷歲而始出自闤闠庠序以逮司府至于尚方無不受墨山人取之燈人爐之腜人蒸之力人擣之模人範之工人藻礪之夫墨以古貽而以今式其製之也精其用之也徧則沈無留疑輕無滯滓嗅無華氣研無纖蹟入穎則澤飛白則潤傳之久遠堅㶕如漆以陳為貴反是則賤而輕重因之真誥之首章藏墨之道也王説乃束帛加璧賦湛露之章以報行人行人賦瓊瑤之章復史墨再拜受之乃報命

楚黃西陵一壑居士彭好古撰

恭默思道夢
帝賚予良弼

恭默思道贊

恭以默默以思怳兮忽兮道在茲上帝臨女恤女私賚女良弼宿為箕中興天下清且夷

程大約

三河夢賚匪夢以傳賚何不夢終人以宣因人因天玄之又玄

晼奶隫仙題

恭默思道

道可受兮不可思天何言哉行四時惟默與恭昇帝夷列星降之爲鹽梅殷邦嘉靖其在茲

潛園集絃

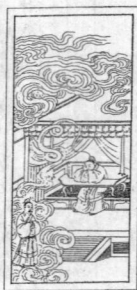

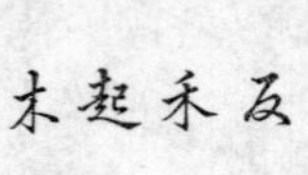

反禾起木

聖人先天君相造命風雷倏霽如響斯應凡厥具靈鬼神棲栖一念不欺天地促令副墨傳之善事惟敬

濠梁汝脩朱宗吉

反禾起木贊

皇天無私惟德是輔金縢事顯爰霽其怒居高聽卑捷于影響以禍以福今古不爽

程大約

若作梓材

嗟彼梓材爰資樸斲以爾守玄大莫奚斲黝矣滇稲勠囊帍幄為妖為神爾則自躍吾茅還吾之朴

項德棻

若作龢羹
爾惟塩梅

調鼎鹽梅

貢金冀九鼎亨帝資大羹濟水味匯和鹽梅
用乃弘緊美幽巖姿爰立歲寒盟謝波春英
飛序改實始成鷗渴有餘滋醞鹵含孤清揮
手酌元化濟世如調羹五就任斯重負組寧
潔名鼎食非所矜饕餮鷹生平

朱之蕃書

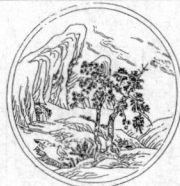

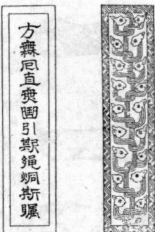

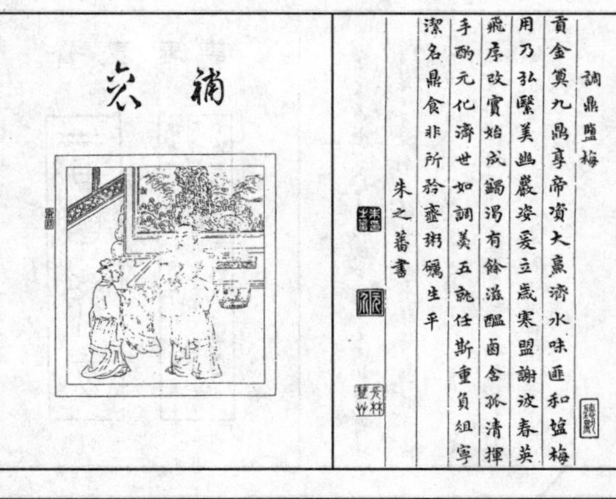

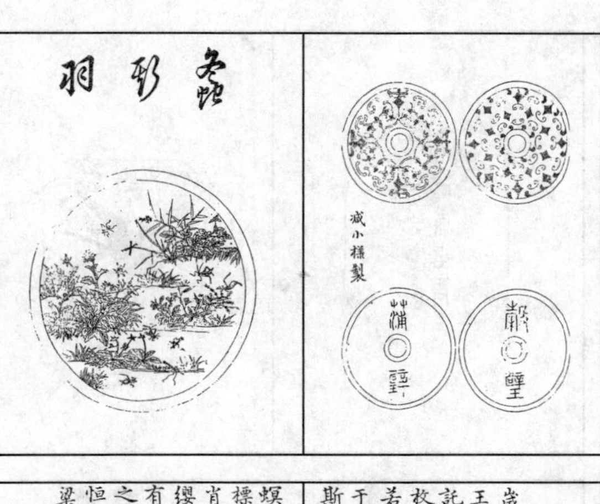

補袞

天孫夜織雲錦裳山龍日月垂文章黼黻成
削紛且長誰欺婀娜居洞房微綸迴暎牿明
光補成五色煒以煌手挾羅薦中自將
天子服之壽而昌垂衣端拱朝明堂

頓起元

皇々袞職有闕彩補々
之伊誰維仲山甫補袞
之庸寔府是崇勤々
若聖嬛美京㦡

西南居士朱化孚

螽斯羽賦

歲序迎秋萬彙迴薄覽華蒔育茂對榮落梁
王遊于兔園觀螽斯之羽詵詵和集而於有
託于是厰初蓬命廣樂進友生嘀唫噱鄒陽
枚乘之屬袂聯而靡步却相如後至揖客若
若王乃歌國風于周南紀春秋于魯繹授簡
于司馬大夫曰夫蟲之不經見者多矣而螽
斯之羽卜詩興詠虹经特書故者以為蝗屬
螟螣蝨賊食殆無餘何祥何異而宣聖為之
標揭公宮為之笑啖也奇僻子搜龎蒸子攄
肖形象德試為寡人賦而解諸相如于是獵
纓而起逡巡徐徐曰夫寓形縣寓寄動黃壤
有生皆適無微不彰彼螽斯之積羽羣毛介
之蜚揚環動則叢出于大陸肖翹則表沴于
恒陽峙角脩股綠衣黃裳棲遲畝畝嘍喋稻
梁一生而九十九子百尔嘉祥此縈樛木于

南山采卷耳于周行周姬之誦文母頌聲迄
今猶洋洋也若乃德施政平化行比屋序澤
豐仁鮮保犹獨蜚負而不灾覆濡而不穀供
鳳皇以為餐化魚蝦而應祝何茅茨之能盡
豈牀季之驅逐公宮之頌以和而不以乖春
秋之事虞灾而不虞福合德取義謝訛去謬
矢流徽于風雅亶標奇于簡牘肅行羽于天
田顧觀生于亭毒鄒陽聞之怡然思服有懷
周雅敌揚清曲于是乃作而賦麂之々歌々
曰何麂々兮羣飛繇繽紛兮于翬蔽雲天兮
拱日暉宜繩々兮頵不違又續而為揖々之
歌々曰何揖々兮欽羽迴縈積兮羣聚鳴長
風兮吸寶雲宜縶々兮羼不數歌竟王遽首
肎乃顧枚牀起而為亂々曰螽斯羽兮麟之
趾美振々兮諸公子宜萬姓兮傳千禩綏福
祿兮歌樂只王亟稱善乃屬侍人獻壽羞辟

睢鳩

孤汀暖艸茵橫陳柳渚倉烟牽勝睿回
風掠轂鴨頭水一雙睢鳥韻芳湣芳湄
晶晶返紅照拂羽高低向幽寤翩翻莕
蒂轉悠揚攪亂荷錢更濛棹遠希十子
某呱呱城上嗁霜空九雛晙來迥沚復
蓬水攖徹操宮響亂蒲關關兩聲齊一
調倉而含烟碧凼杳旨聽中郎鸒下鳴
霜絛蓖唱塤箎綏丁丁求反總孤音反
舌嚶嚶亦憂音呢喃紫燕嬲行後杜宇
一聲響又深不如此鳥歡相聚雌龢雄
鳴向晰葬輿人周南弟一章何因螺石
棲儔羽儔羽依微集紫雲芝風飄馥落
苔豩點箋尚聽相味圻金鐵沌頭彩霧

譜諸子墨復之無斁

程大約

螽斯羽

螽斯生兮于天田羽肅肅兮行翩翩綠閒黃
兮裳衣鮮棲遲畝畝嘍喋稻梁百朋九子宜
爾嘉祥

程涓

劉然書

睢鳩

黃飛去飛来聽鼓鼙玉沼碧水雙雙浴
京兆回看春猶縈合歡檻底蛾兒孫

閔福清鄭琰

引繩直

方彝回直典圖引繩炯斯騷

天命玄鳥降而生商

玄鳥生商

懿彼玄鳥寔啓商祚桓桓玄王龍騰鳳翥玄德載升玄風攸布百祿駢臻雲仍無斁

京口茅溱

天命玄鳥贊

繄玄鳥氏發祥於商玄德升聞于湯有光分茅烏衣炳蹟桐鄉亳州褚郡藉爾平章

海虞瞿汝稷

贊皇秦篆

吉日癸巳

恒嶽之麓贊皇山巔亹亹之石斯文在焉周耶秦耶疇辨當年耶墨苑詎惟永傳美攝神秀用光爾玄

黄皇石闢間有刻文曰吉日癸巳相傳謂穆王緣日千不刻出師刻石歷殷評觀行筆結字純似李斯八分小篆而頻三代文字見嘉哀掠趙此詩刻耶後世誤傳為穆天子書

萬曆壬寅長至日東嘉趙士楨跋

嵩山漢隷

壽

嵩山漢隷

崇嵩之福以壽爲先大哉我皇惟仁乃全非皇漢主撫運文明對越嵩嶽萬歲長年嵩山之石斯文勒焉友鄰五岳額入我穎台肯促儀神色仙仙而方為信自西方千億東海東中之自天

常吉

始制文字

夏禹書

史籀書

秦丞相李斯書

銅虎符長二寸四分高八分濶八分剖而爲二二片相合左內有三捽隆起右內有三凹爲卯以受捽商銀三行凡十八字今不具載

鄂華之五

黄琮

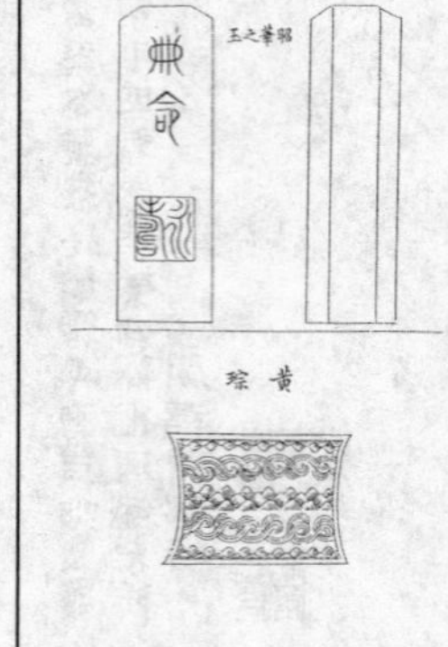

九罭

九罭斯鰣斯魴鴻于飛渚之曷遺見之袞衣裳都人思思未央

巨源

玄裳玄鉞華爾裳凜爾鉞隻字重裒與爵素王素臣則靡越

程洧

程君房《程氏墨苑》卷一一《緇黃上》

墨苑卷之十一

緇黃

墨史氏曰儒生誦法孔子孔子猶龍柱下而恒星西土也二氏亡譏焉至孟子興而始以好辯名然詘楊而楊逃之詘墨而墨逃之鼎立之分名教維均流傳迨今而弘明清淨之風宏以遠矣是故錄金函飜貝葉布方冊率墨焉資則維用之重哉余苑墨捜二氏式而式者取之不式而式者亟取之庶幾亟三之義萬有之道也玄德之施及永永矣作緇黃

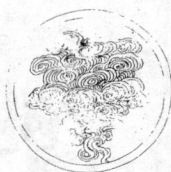

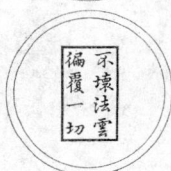

程大約著

茅閬詩書

二室翻經

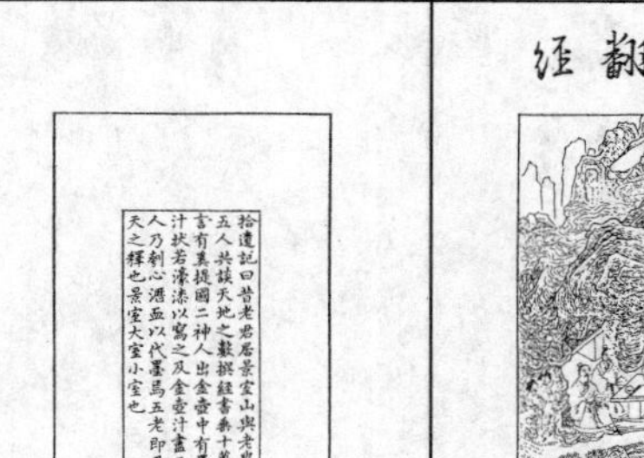

拾遺記曰昔老君居景室山與老叟五人共談天地之數撰經書垂十萬言有浮提國二神人出金壺中有墨汁狀若淳漆以寫之及金壺汁盡二人乃剜心瀝血以代墨焉五老即五天之精也景室大室小室也

二室緇經

夫二有言多言數窮不言而言言而不言是謂玄同知白守黑一以是終嗚呼猶龍之所以猶龍也與

頤起元泰初

二室緇經

古佛道場嵬峩二室誦聲喃喃匪朝伊夕孰知墻壁説法熾然三藏雖多在一指端

焦竑

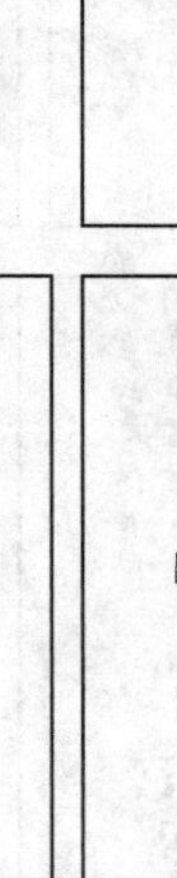

二室緇經

惟古先生是爲太上景室絶顛日月臨嚮五天人師共談法象憫衆爲畀超萬爲王奚提伊何現神者相爲紀文言金汁來既壺儲告渴睊睊忻悵瀝血代墨剜心無恙不二門闢大衆同命用彼昭昭啟此怏怏何以名之至仁無量

一壑居士彭好古

玉杵玄霜

雲翹仙子飛輜軿致詞歸去秋寘寘藍橋清水凝寒綠藥杵聲聲隔茅屋翠袖娉婷如束素玉纖對客擎秋露海山微茫白日暮寧知此是昇真路河漢迢迢望靈匹良玉一雙爲誰出霜膏一搗三千年雜以丹藥玄復玄赤虬夭矯寉下天相將携手凌青冥玄精靈變難具述墨卿拾瀋合仙術

陳勲

玉杵玄霜

法雲

石端平水清泠相磨盪雲冉生攝一切彰萬靈盡可盡形無形平等施自性寧

聽默居士朱之蕃書

三生圖

玉杵玄霜

長卿方病渴劉伶欲解醒神仙如可接藍橋漿正清

許獬

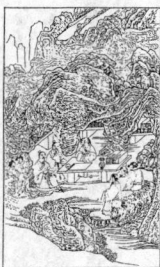

三生石

玄不玄涅不涅妙明心内外徹究
應三生亦經劫劫墨可磨石
不

郭正先

仙居臺閣吟

我聞仙人好樓居層欄列檻凌太虛我聞官人躡臺閣九列三事高聯絡百尺巍巍在上頭手捫星斗銀河流神真青介寧無諂玉皇殿前香案吏祇今閶闔多僊人天子萬年社稷臣

程寀仲輔父撰

仙居樓閣

山河大地本虛空空中何處安樓閣仙人樓閣杳難尋遥見雲間雙白鶴

許獬

三生石

當其為石不知其將為墨也今其為墨不知其復為石也石亦一圓澤墨亦一圓澤精魂經幾萬劫而猶然守黑似此精進吾不知其所極也

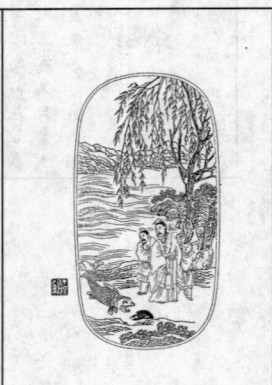

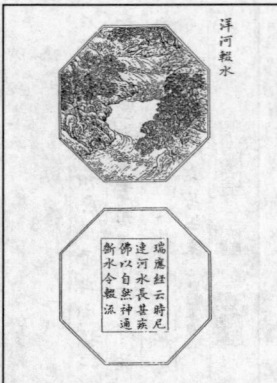

睡庵湯賓尹書

仙居臺閣

異魚吐墨

葛洪神仙傳曰葛玄見賣大魚謂曰暫煩此魚往河伯處魚主曰魚已死玄曰無苦乃丹書紙内口中投水有頃魚化騰躍上岸吐墨青色如木葉而去

異魚吐墨

玄海浩渺魚龍秘藏變化青紫吞吐文章染以斑管龍尾餘芳昔見珎于李後主曾被釣于䱐鰐王

姚履素

異魚吐墨

取爾腹中墨寫爾腹中書但解相思意勿詩故人蹤

同安許獬子遜甫

三

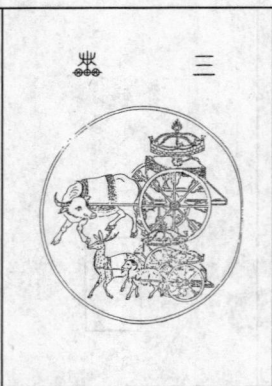

金剛法輪

吐墨魚

汝噉能食在肅則吐食則果腹吐則灶目捨食而吐文乃郁郁告爾墨士為乃腹毋為乃目

梁溪郭正先

三車偈

法本無法何有于車鏡中之影空中之花一本無一何有于三會三歸一一不容言

金剛濟輪贊

輪轉法即法轉輪即輪與法其俱轉即其俱不轉即轉而不轉不轉而轉是之謂轉法輪是之謂濟輪現

玄居士程大約

洋河輟水

瑞應經云時尼連河水長甚疾佛以自然神通斷水令輟流

洋河瀫水偈

无可奈何尼連大河滚滚滔天萬
國同波誰能遏抑籍兹神力
錫用玄圭泽水不溢

明山居士龍

答祥河瀫水問

問尼連可殊衆河河水可殊衆水水若不殊流當不
殊佛何神通能瀫其流
答佛與凡夫自性中原有此河亦有此水即河非河
即水非水非水非河無流無瀫無之斯瀫有之斯流
能有能無能流能瀫佛性如是凡夫性亦如是性本
如是有何神通三千大千世界亦當作如是觀以河
觀河以水觀水滔滔不息無有是處

萬曆甲辰上元玄玄子齋沐書于玄玄室

烏金

我聞桑田變滄海滄海亦復爲桑
田乾坤萬古總幻物倏忽變化空
茫然何況世間徑寸墨不啻滄海
一粒粟洞仙爲墨僧爲金真耶幻
耶瞶人目試令山僧問洞賓爲金
爲墨何者真洞賓應向山僧咲咲
却神仙亦幻身

孫如游

洋河瀫水歌

天一生水古來傳此是人性真淵源安流急
溜浪湍湃喜怒哀樂若有權夫子胡然在川
上水哉水哉當心賞洙泗瀠洄萬古流恒河
定水相雄長湍水論性性不疑達者自信愚
者嗤遏顙在山由搏激天機不尔人力爲尼
連河濱嗟逝者滔滔晝夜着不舍誰令中瀫
流東西水信無分於上下

彭好古

烏金

烏金紀呂氏墨也

洞賓遊開元寺善寺僧瀕行以墨兩笏贈僧藏之已
李大臨轉運江西行部至寺尋僧向曰吕先生嘗贈
汝金乎僧怳然自失我不識吕先生但前有道士贈
吾墨耳初無金也出墨視大臨即金矣大臨摩挲不
忍釋手欲易以他金僧不受但以一笏轉贈之且向
轉運何以知此云得之何仙姑故來驗耳向曰洞賓
復來僧具以告洞賓咲曰此女饒舌遂與僧携手出
门去不知所之

愚聞贈遺交際主者可得寓公力化呈奇清都不遺
凡界識因藏之已久魯儻來之可覩故烏玉醞積重
其物因重其人黄金幻化推其常且推其變
愚聞仙真訂交宰官所繇望氣幽深未物患煴所以
通靈結犢事于人寰廣因緣于世緯故應手而求不
啻百朋之錫饒舌非愚毋庸三緘之盟

程湑

萬年枝墨贊

馥如蘭如温如粟如貴則上黨松心而
奚取乎萬年之枝無乃長藕朴
樸芳蕤千秋萬歲而不朽者
其以斯

延陵芝會

萬年枝

玄光靈芝

萬年枝

有鶴名太平專栖萬年木青葱媲
檜栢日照光曄煜黛産五色芝可
佐岡陵祝

吴郡錢允治

萬年枝

上古有木登大年結托元氣橑青天
物誠有之人胡不然千秋大業稱立
言竹耶素耶金石堅咄咄墨卿行
勉旃

句吴顧東謙題

玄光靈芝

煌煌神芝生玄圃瑶光璀璨靈
房吐誰其移之圖書府漢家九
莖何足數天子比歌垂萬古我圾
揚國猷
明主

句吴顧東謙題

青精子

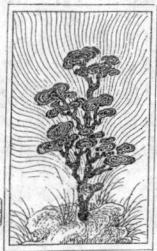

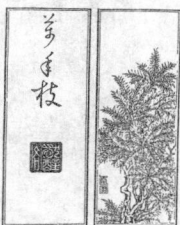

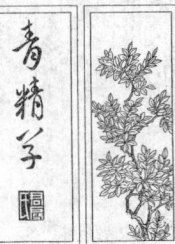

青精草

青精艸一名天南燭經云服草木之正氣與神通食青燭之精命不復隕正謂此也故道家以飯青精佛家以饌伊蒲子墨子安能捨之作青精草墨

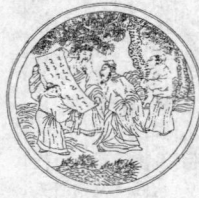

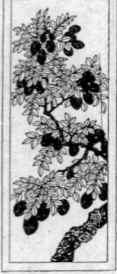

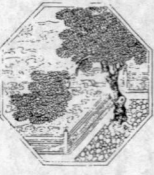

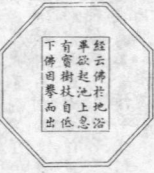

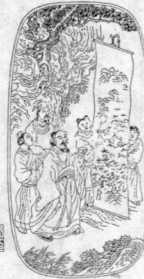

坎壤有若草叢生挺蒼莖葉葉挹玄露萎萎流芳馨條風扇衆卉動摇揚青精蘭盂托緇鑪墨飯充黄庭筮名南天燭文字浮光榮

程　涓著

吹墨成字

墨樵

晉葛洪好學常伐薪賣以買紙墨詩人多之乃有斯咏

樵夫何爲斧斤日持負薪朝出沽酒夕歸云胡詩書不識文字售墨市廛將欲奚以前驅牛羊高陟隴崗草木夭喬爛然文章冥心斛斗得心應手意銳學書志不在酒仙篆成雯雲隸八分允筆載絶播于無垠

程　涓著

陰岐黑棗

噴墨成字

神仙傳云班孟能嚼墨一噴皆成字竟紙各有意義墨耶人耶兆有能辯之者苑以爲墨

斛斗輔頰舌龍蛇白練裙但寶子墨子毋用中書君

黄以敏

陰岐黑棗

周穆王時西王母進也顓頊時紫桂成林其實如棗老子時玉文之棗實如瓶河中蘇氏女之棗無核黄鵠磯小吏之竊食棗如瓜異則異矣要以譜墨無如陰岐家焉

岐之陰地斯黑棗黶黶色墨墨菓實既華德音不瑕西方之貽何似東家

玄玄子程大約

寶樹低枝

經云佛於池浴畢欲起池上忽有寶樹枝自低下佛因攀而出

寶樹低枝

金身淨不垢何當浴清池拂拭事日新昭裕承赫曦一浴濯天宇再浴絜地維濯濯洗毛髮直以沁心脾罷浴躍無因寶樹忽低枝戒珠迴自環振衣庸方思佛性物物足草樹詎無知

瀕陽彭好古

巽水墨

甬彝

追享朝享裸用甬彝蜼彝甬彝盛明水彝舟並漆赤中其局足內亦漆及畫甬爲飾

蜼彝

蜼彝盛鬱鬯蜼卬鼻似彌猴而大黄黑色尾長數尺似獺尾末有岐鼻露向上雨即以尾塞鼻

莊生化蝶

巽水墨賓上人

上人即吕仙也善畫不用筆墨但含墨水噴紙帛上自然成山川花木宫室人物之狀略加拂拭而已

愚聞墨質凝重藉水而後順行水德輕清得墨而後渾化萬石君之基托津津相須管城子之轉輸默默自得故用晦而明允畢天下之能事以明而晦久易上古之治功

愚聞繪事後素疇知墨之爲功巧格先工允求意之豫定胡然巽水雜畜楮帛之間遂爾成章妙得丹青之理故知墨以神用吞吐紗闔闢之機人以傈神濃淡畫風雲之狀

幼博程大約著

仲調程家擘書

莊生化蝶圖歌和

鴻臚幼博宗兄作

人生若大夢夢寐皆有因興周尼父見元聖思賢上帝賚良臣周也何爲化爲蝶如入南柯王蟻穴縱然熟睡睡復醒栩栩蘧蘧寧差别世途變態多模糊夢松夢鹿皆虚無誰向夢中復說夢醒後嗟嘆收中吾我聞至人眇無夢思慮凝然穿不動可能晝夜通知哭共造物相玩吴與爾嬉遊文藝場如同莊惠論濠梁且支一枕黑甜去暫息千秋沉墨鄉

宗弟涓撰

吴文韡書

莊生化蝶

南華真人悟道機著書十萬言精微非湊湯武詘竟舜意見卓越知者希欲齊物我一生死須泯有象探無始倏忽變化焉能常小智閒閒殊可鄙請君看我夢中身化爲蝴蝶往来頻往来栩栩喻適志覺後蘧然跡已陳覺非真覺夢非夢周也蝶也徒播弄周爲蝴蝶蝶爲周自是轉輪輪不動此意何人識家深西方釋者居裟林教演三車窮萬刼冥證莊生化蝶心以斯觀化化可見百年轉眄如流電傳與悠悠塵世人冨貴浮雲那足戀

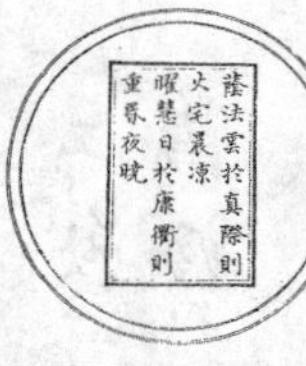

蔭法雲於真際則火宅晨涼曜慧日於康衢則重昏夜曉

泥墨金

韓忠獻公琦晚年延方士事長生洞賓鶉衣垢面求謁韓意輕之問何能曰能墨即掘地坎溲焉韓不悦洞賓和揉坎中泥報墨成遽去韓公隨取視之乃良金也金識吕字破之徹肌理韓追悔無已故兹圖爲作泥墨金

愚聞大庭臚唱奏五色之卿雲名世崇勲扶中興之皎日詎逼桑榆之晚節圖究松栢之貞姿遂疑周僕之藏乃怖真龍之降故櫪馬皆驚安保大星之墜冶金識識尚遺化土之傳

愚聞金結土淳相違之迹甚迥土隆金孕相生之理不誣取遺矢於人身探化機于坎土無事烟煤之合竟成熕刻之功故尚方文苑競將金石之磨妍九有千秋畢弄神仙之文墨

程大約著

周之訓書

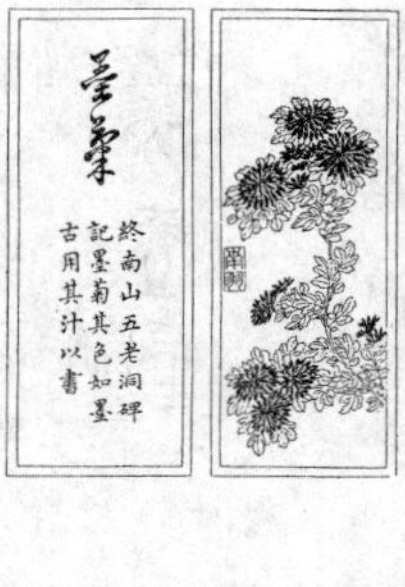

法雲慧日

因早識雲因瞎知日如彼空華緣相受色空本無着華何處得雲目非空亦非目出若目出者還從目入旋合眼時晝何窣窣見雲與日色陰妄識圓淨妙明雲日俱寂是知儒當守墨白當守黑

髮僧沈文系

泥墨金

墨菊

終南山五老洞碑記墨菊其色如墨古用其汁以書

書入木

書入木

漢宣帝徵仙人王遠遠乃題宮门四百餘字帝惡而剷之外字去内字復見仙蹤靈異非世俤法所能磨滅也苑玄霜集兮華露漙龍涎液兮鳳膏團玉兎杵兮蝦蟇丸入木石兮書靡刓不曰湼白冥翅汗青維䃅咸福嘉尔神靈

黄以敏

紫磨金

純陽墨化金

純陽游戲武昌市千錢一鋌墨誰蓄郎金非墨墨非金幻化攪神隨反復買墨論價如買金得墨成金駭流俗仙家惜墨勝惜金堪嗟人苦不知足筆畊硯種可給生何必兼金滿籯匱君不見漢武皇阿嬌深貯黄金屋又不見石季倫緑珠高樓墮金谷積金本欲貽子孫豈意金多招禍速治世賤金價同土智士寶墨重懷玉青蛇騰去白鶴飛以金易墨明無欲請游書契未興時金藏于山墨藏木語言文字同掃除莫逆以心笑以目

聽默生朱之蕃書

紫磨金

洞賓吕真人爲墨者貸武昌墨貂寸餘直三千旬日莫售也王氏鼓刀者某子甲有意乎真人之昂其直舉三千市焉且酢以酒别歸熟寢夜半有叩户聲墨者舉故錢還之矣詰旦視墨乃紫磨金上有吕字尋墨者不復見噫嘻異矣因作紫磨金而繹爲之演

愚聞天有顛道之晦而故之章仙有玄機恒杜而亦恒露埋光鏟焰縱混跡于風塵駭異振奇宣神通于烜赫故市墨昂售物色凡界之豪賢終夜畀還轉見清都之峻脱

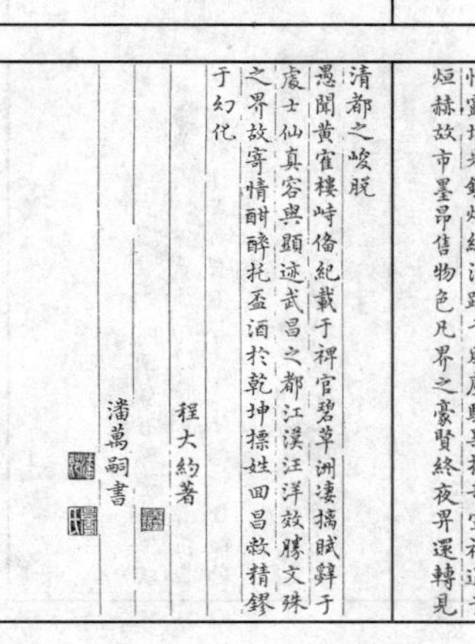

愚聞黄隺樓峙倫紀載于稗官碧草洲凄擒賦肆于處士仙真容與顛迹武昌之都江漢汪洋斂賸文殊之界故寄情酣醉托盃酒於乾坤摽姓田昌斂精鏐于幻化

程大約著

潘萬嗣書

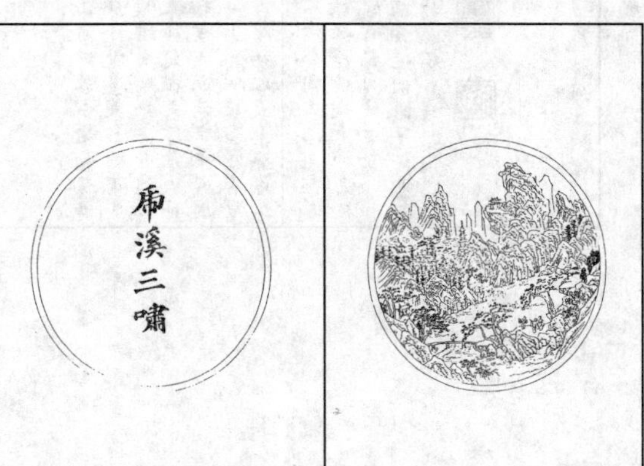

虎溪三嘯歌

遠公築室廬山傍琳宮紺宇爛生光池中白蓮色清淨自是東林古道場下有虎溪功德水源從西土來何長蒲團常結跏趺坐掩關一任名流過送客鄒魯到水邊石上莓苔青不破經禪之暇蓮社開暫寬酒禁陶令來後有陸生稱靜者緇經闡法相徘徊襟期既云洽留連此山限共步琉璃地同上金銀臺有時興盡肄將返相送沙頭日殊晚三咲訢訢出白雲寧覺虎溪過已遠誰謂遠公法律踈不聞米汁涸浮屠

誰謂遠公情性慵請看廬嶽留高蹤勝會難逢勝流少焉得二客頻相從我愛陶潛脫塵俗我愛遠公斷醞醁直廬道路阻且長誰同一咲開心曲玄亭玄草集垂成毋論緇黃簡冊盈煩爾蕭齋盤礴者為圖嘉蹟入題詠

玄居士程大約

三獸渡河

三獸度河偈

三獸非獸獸獸三無三河在那處度上

戲譔

玄居士

三祝

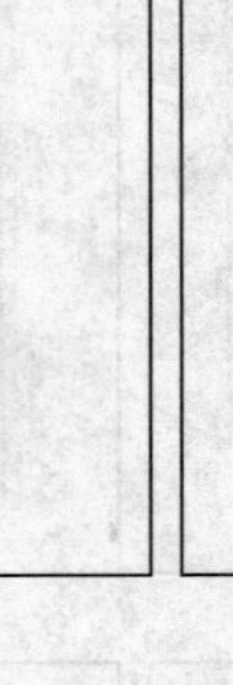

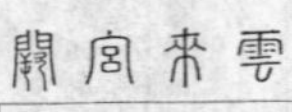

雲來宮闕吟

東海廻環幾萬里三山縹緲波心起相傳上有雲來宮瑤臺瓊樹紛玲瓏蓬萊島嶼稱第一人間五嶽應難匹復有員嶠與方壺總之靈境屬清都隱見往來無定在支撑寧假神鼇背參差五城十二樓雲霞高嶻空中浮琪花玉樹兢顏色萬彙千名人詎識黃鶴青鸞並可乘撫翼翺翔最上層仙人大藥資瑤草服食能令身不老出入六合洞三光王喬赤松非渺茫秦皇慕道殊恍惚漢武求仙乏仙骨使者徒勞汎海槎雲來宮闕望中賒

海陽黃德明謙亨父書于武林雲居

程君房《程氏墨苑》卷一二《緇黃下》

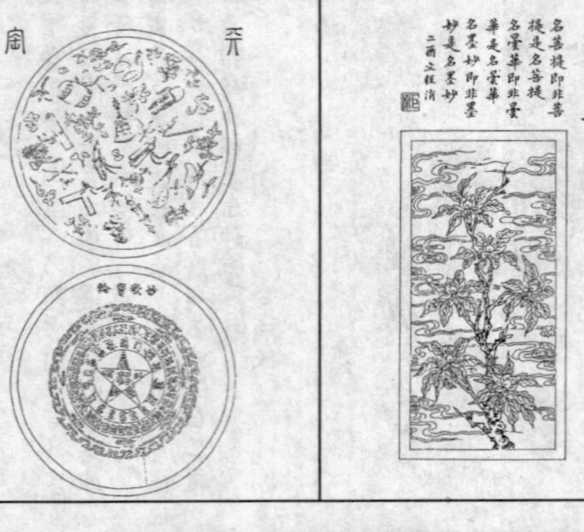

曇華

名菩提即非菩提是名菩提名曇華即非曇華是名曇華名墨妙即非墨妙是名墨妙

二酉立程涓

天寶

聲有八是曰器器則可陳音有五是曰理理則無根律有十二是曰濟濟則有倫聲出音音歸律樂其可考非曰人造法離理理離器樂其至道是曰天寶

程大約

劉然書

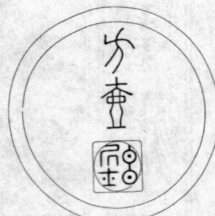

栴檀海歌

大瀛海兮石嵯峨現寶殿兮時甡和紛紛馥馥散大羅慈雲開曙月座波信叔菩期豈云多

程涓

黃金獅子座

六根清淨

黃金獅子座

青牛函谷玄聖忽服奕彼魯郊絫王特祝爰有狻猊座升黃屋籙記神獸乃哮天鹿函極化人乮乘以轂載劇厚承調肘馴伏彩㷔背昂青蓮步蹴嚏龍雄水疇象騰陸

潘象安書

五牛圖辯

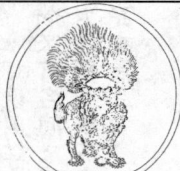

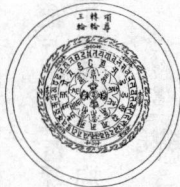

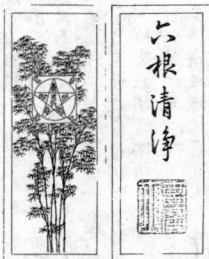

昔者孟氏道性善毋能同有生於犬牛及其求放心而喻雞犬抑何先後不倫類也釋氏出世歸善於守心辟則牧牛毋令縱逸人之性猶牛之性無間然矣像教者繪為五牛其一體純白喻真性無染其二首漸黑喻迷真起妄其三體純黑喻業垢嬰纏其四首漸白喻背妄歸真其五又純白喻復本還源宗門品第犁然具矣學人誦法孔孟庸得靡然疑於黑白間夫白受采白則始矣白賁无咎白則終矣是吾儒之所謂白也老氏玄聖道德極於無上知其白守其黑忘其或污而預善之玄尚白矣禽滑釐之徒宗墨而祖釋泣素絲焉泣其數於染也夫由易與禮之訓也終始以白者也生之謂白猶白之謂白與其為真純也者為復反也者莫白也若也由墨與老之說也不始終以白者也白人之白也無異於白牛之白者與其為起妄也者業垢也者莫白也若也且也素絲之易於染而黼黻文章胥此以出黑是守矣竟其守而為天下白又奚嫌焉調伏既馴牛且何擇未復黑牛而靡縶絆超然獨往何害自在又久之而受命如響人牛俱亡白無所白黑無所黑嗒然忘矣不曰白乎涅而不緇皜皜乎不可尚已夫其不緇也柔庸格於受賁庸羅於咎墨安所事悲而老氏亦安所事守哉牛之力視龍象雄黑白之為宗門重也爰屬之墨卿必有能辯之者

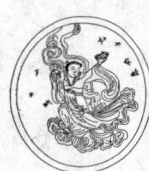

程大約

南郡劉然書

天女散花吟

吟散花花散何飄遙天女現法身法王冥香入沉滐㶉𤃤上林炯潔洄御溝水散花花如雨綽約非予比吟散花中天雨華葩枝枝帶寶露片片如丹霞散來染衣衣不著此花何能留別著吟散花花蒙茸請織函潤曄曄紫請說杳壇樹樹紅百葉滿生龍馬瑞九莖秀出白甯通蘭臺芸窗文章古池蓮宗草意思同誰不向花儲生意誰不向花托素衷素衷生意嫣相待游絲飛颺誰為宰仁者自生分別想至人嗒然大自在歌散花花欲散仍來散歌聲欲斷聲未斷婕妤侍者閑賠邯鄲才人空井梓胡然而帝胡然而天閑姍姍美且娑千手會須播瑤華片片偈寧煩宣言讚還為高唱散花吟與爾相忘結習心要使諸天鬘色相不夭大地布黃金

程大約

劉然書

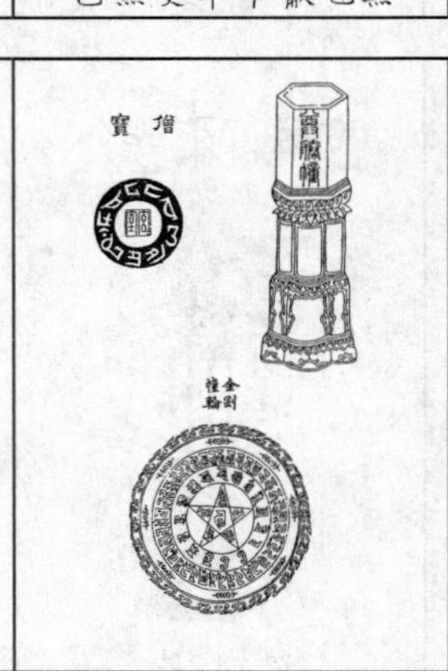

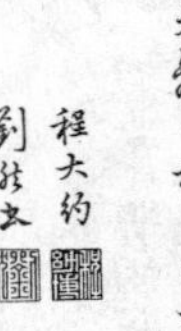

彌勒贊

尒龍尒象尒闡大藏是曰持世其用無央沉默尒空莊嚴尒相是曰應世其作無上尒願尒力尒觀尒想接引膚切跏趺膚放是曰出世其數無量

海陽程涓

劉然書

掃象圖

掃象圖銘

衜不可名蘊不可象片偈萬分悉歸大藏歸則無名忘則無象況掃亦亡是乘最上

潘緯書

達磨真性頌

達磨西来不立文字直指人心見性成佛故有真性一頌經二十字回環讀之成四十首計八百字每首用韻四至俱通以表真性無有窮盡也

掃象圖贊

象即非象夫何可掃非象即象夫何不掃玄而解之拂拭非真默而識之森羅非妄墨乎吾與爾深入鄉羅延窟矣

寶林居士顧起元

掃象圖

有象耶無象耶而掃為最上耶象有耶象無耶而又掃以除耶有象無象之先掃與不掃之間其玄之又玄者耶

于若瀛

達磨真性頌引

達磨之来天竺也泛重溟周三寒暑而後至及達震旦面壁九年不立文字直指人心見性成佛乃其十二時歌五葉一花之偈亦微染綺語習焉至于皮膚骨髓之喻抑何詮次淺深章章較著也獨真性頌字僅二十學人以璇璣圖法讀之成四十首計八百字每首用韻四至俱通廻環不窮夫人真性亦猶是焉引而伸之觸類而長之四十者可畢而百八百者可畢而千萬矣夫性爲生命生命爲天地根夫真乃生生乃不滅不滅之謂能永存永存者真是故生老病死憂生耳目口鼻身意賊志豐約幽紛惑知理事欲障亂思造次顛沛患難撼守夫然者謂之諸緣爲諸緣起者起則滅滅則不生不生者亡夫性爲真爲離爲性爲情爲緣爲理爲空爲忘爲照爲寂爲身爲至爲淨爲明爲圓爲始爲終爲常爲妙爲極備矣夫歸于真妄乃潛爲天地先天地之先造之無前生于一隸乃役爲人物辟人物之辟乃登無極成性存存渾渾淪淪爲出入之門是爲獨尊信斯言也四十首者縮而一二則奇偶矣成八百字者退而十五則因重矣夫是之謂性夫是之謂真西極之旨其庶幾乎八萬濾門十方世界智者觀之而思過半矣

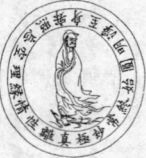

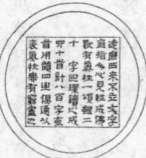

學人程大約

劉然書

青牛紫氣墨贊

只曰尹喜多事遂致老聃饒舌函關紫氣也乎常副墨五千傳不滅滅不滅玄之又玄不可說任從別下註脚來萬里寒光一條鐵

吳郡嚴澂

函關青牛紫氣歌

挐顛濃墨何司生降盲圖靈太上精指李人間聊寄姓伯陽于古留仙名方瞳丣頤兼尼趾青牛西度逢尹喜紫氣暫停留谷關五千文字皆真髓後人糟粕誦黄庭獨有墨卿澈秘局手握雲煙奪造化胸中獸會紫金經瀟灑鳳麈鐫佁態烏丕光妝萬象杜斷君吕畫濃玄楔書此贈君君官嗣

松浦野漁余敬中

渾然者精燁然者華細則無滓瑩則無瑕金堅玉潤迥無以加彙然而齊者是爲大方之家

巨源

青牛紫氣

青牛紫氣

關門峩峩紫氣彌彌關當關尹真人何之青牛稅駕强為著書東度莫留西流莫追道不可道名亡名知億萬麽數五千文辭知雄知白守黑而雌是曰玄德不可度思是曰猶龍矧可射思

程涓

如來柱

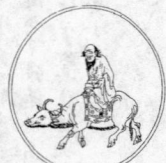

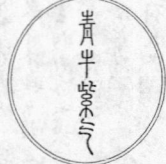

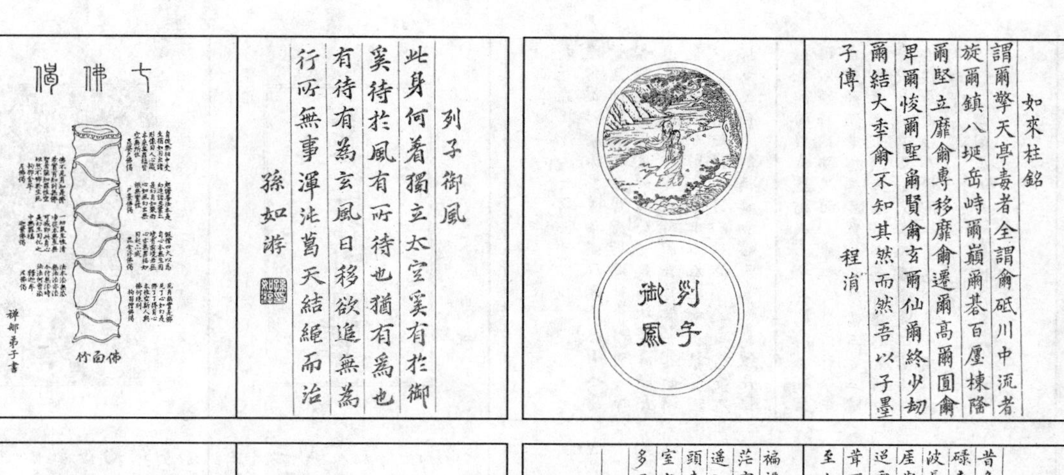

如來柱銘
謂爾擎天亭毒者全謂爾砥川中流者旋爾鎮八埏岳峙爾巔爾碁百壓棟隆爾堅立靡爾專移靡爾遷爾高爾圓爾早爾悛爾聖爾賢爾玄爾仙爾終少刼爾結大李爾不知其然而然吾以子墨子傳
程涓
列子御風
列子御風
此身何着獨立太空奚有於御奚待於風有所待也猶有爲也有待有爲玄風日移欲進無爲行所無事渾沌鑿天結繩而治
孫如游
七佛偈
竹面佛
禅鄉弟子書

題丁南羽畫列子御風圖

昔逢畸人吴山窟謂我飄然有仙骨别来碌碌走紅塵二十三春度超忽謫期應未滿風波長汩沒埋名酒肆中沉飲恣兀兀思遇洪厓與赤松便拋妻子遠相從鸞鶴不爲下迢迢雲外蹤蓬莱瀛洲郝可涉菖蒲瑶草空手茸丁生豈是令威後葛家仙翁盂画手開畫至人在林藪泠然御風騰九有風吹衣帶殊褊褼獨行應與道爲偶画圖不及掌来大茫茫宇宙無能過見此令人神思清恍惚真仙遥入座程君酷愛画重幣購名筆口誇碩甫頭未易丁生疋有時着緇衣敬寫維摩居丈室有時戴黄冠貌出蓮舟乘太乙人間世無多日逝將脱屣訪仙術向平婚嫁何須畢

混沌道人張泰貞

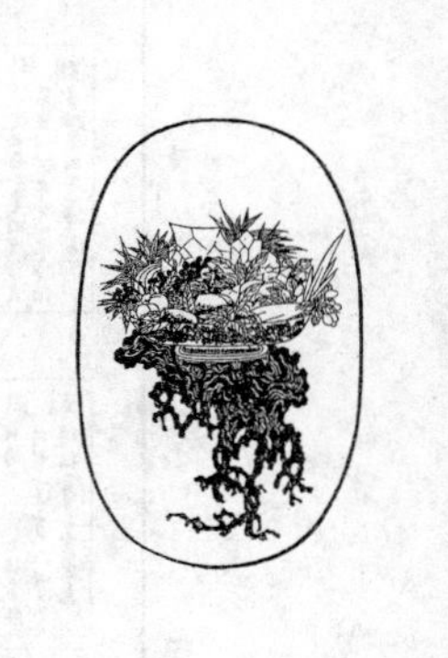

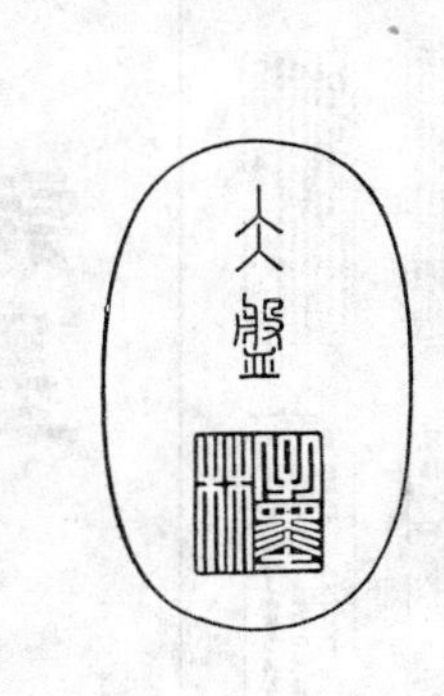

維摩説法圖

新都江世會摹君房士芳監製

維摩說濡偈并序

中辰寒月從余趨中過程鴻臚勇博先生邸舍既出墨苑相示次至緇黄并維摩説法欵識鴻臚曰此予新得圖象也夫象維摩耑伊以昊默百答叁十弍菩薩各㠯意讓不弍而維摩以一默攝之則維摩不言而意旨固已遠天下萬象萬彙説不出此墨固體物不遺者乎是㠯取焉余因退而歡喜作偈

維摩詰居士本來無色身偶而墮有色彝然還吾默三十二菩薩從默演衆有維摩詰居士以一默攝之以一默攝之叁十弍義顯三十弍義顯此默夫蠢胄吾觀方丈室能容百萬衆維默足㠯闢紛呶庶聚訟一鉢饜衆飢此義不可識一默乖衆有此法不可説吾以問維摩維摩亦不知所説者何濡請問吉居士

九龢嶂山人吴光裕具草

東林蓮社圖

題東林蓮社圖歌 有序

晉永熙九秊歲在己未惠遠法師搆精舍於匡廬山號曰東林與十八高賢結蓮社行深念佛三昧以脩淨業是會現居士身者則有陶淵明范宣子徐孺子劉遺民現比丘身者則有遠公僧伽提婆支道林僧康淵竺法深于法開竺道壹現宰官身者則有中軍殷淵源掾許玄度刺史王輔嗣文學王敬仁左丞王敬言孫興公王坦之餘聽法者濟濟雲仍諸公不招日集惟陶靖節或日一至或數日一至遠因以酒誘之欣然命籃輿趣至至則無酒輒攢眉而去此東林蓮社有自来矣前人多繪其圖以傳其事先是余得其圖於文太史氏懸之事佛齋中乙巳初春程幼博先生見而嘉之採入墨苑蓋取摩頂放踵以利天下之義時墨苑既成列載緇黄部末屬余表題其説漫為之歌歌曰

遠公結社廬山岑蓮華滿座開東林十八高賢日相聚長脩淨業為行深社中招引逃禪客野服籃輿度阡陌登壇無酒輒攢眉歸去来兮雙眼白常言吾醉即吾真醉裏真如幻裏身何似無醒亦無醉自在空禪不染塵所以遠公獨超脱頗愛陶君能曠達適意撥来拂意還箇中解悟真衣鉢文家太史擅丹青繪圖紀勝懸空庭顧我生平耽飲癖亦顧常醉不願醒披拂此圖多慷慨前賢故社今安在惟餘飲者留其名寧知萬法皈三昧三昧由来廣大千無生無滅亦無禪儘教舍我弘兼愛卻識真空本太玄程君自是探玄者千古招尋追往社採圖入墨思深哉摩頂放踵利天下

涉園居士吳文龍撰并書

御製畊織圖

詩墨

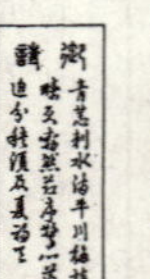

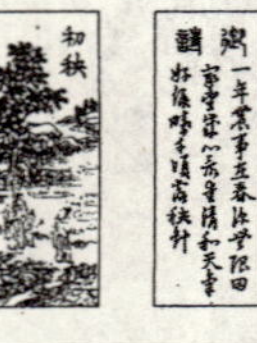

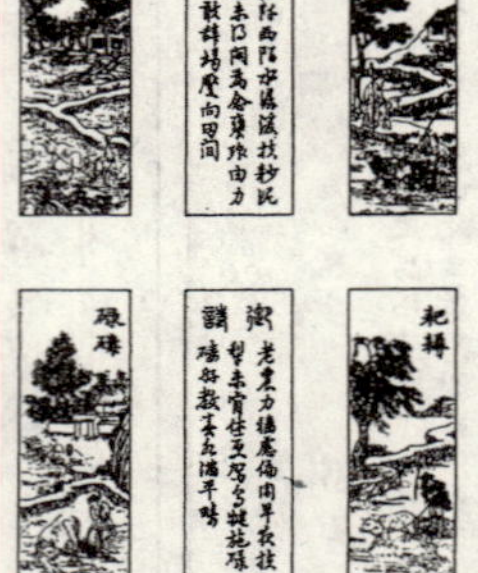

汪近聖《鑑古齋墨藪》卷一《御製畊織圖詩墨》

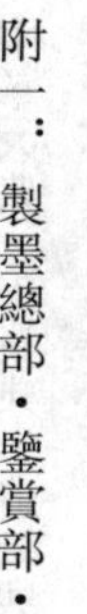

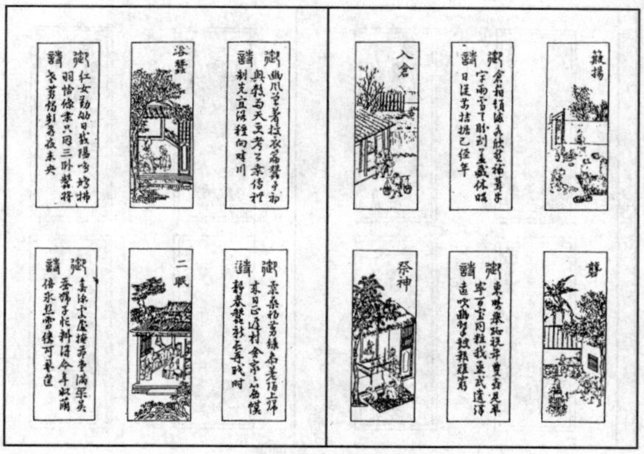

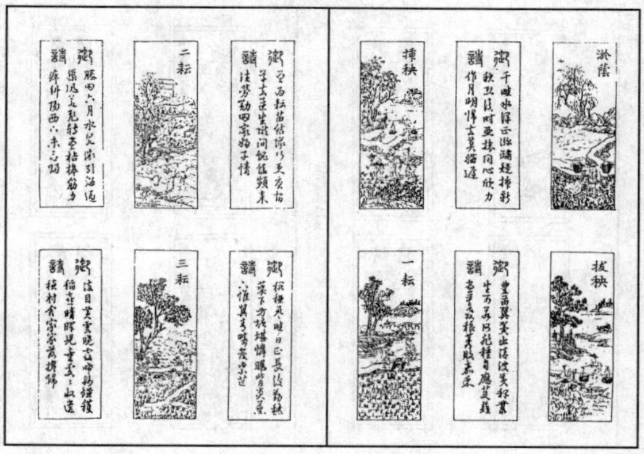

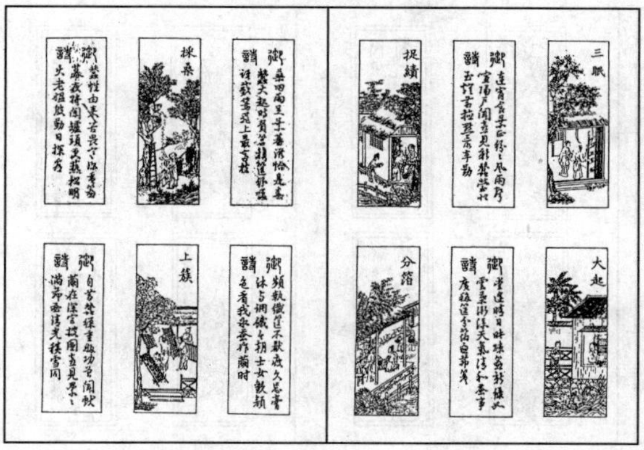

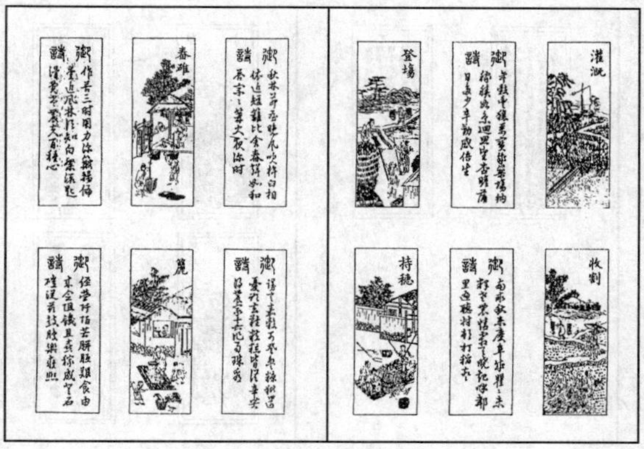

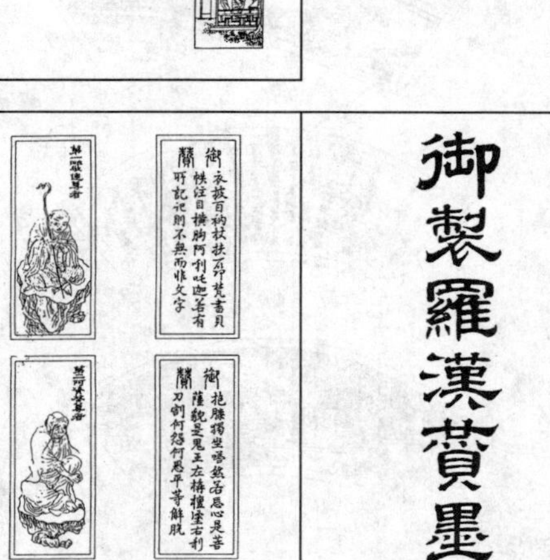

汪近聖《鑑古齋墨藪》卷一《御製羅漢贊墨》

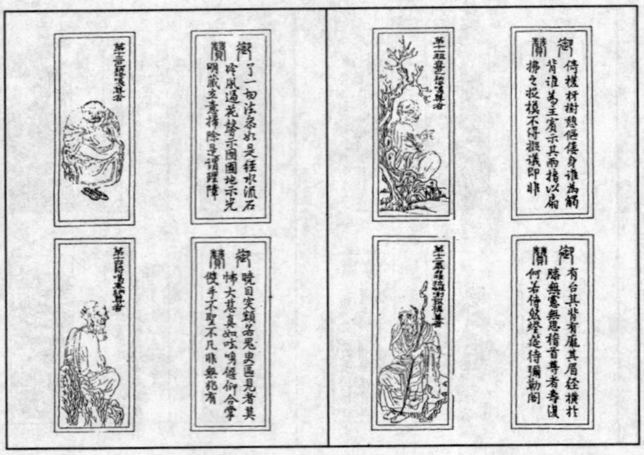

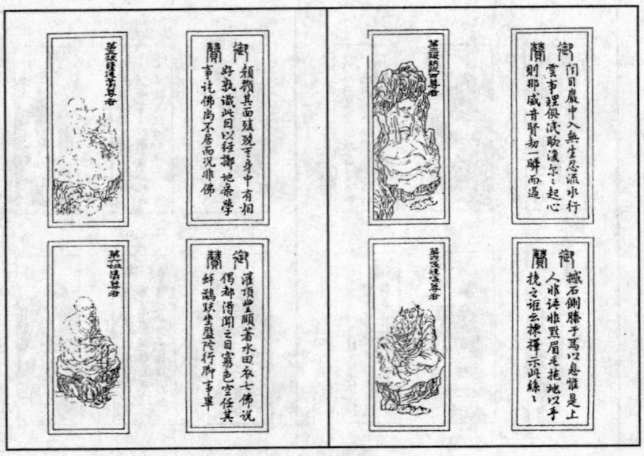

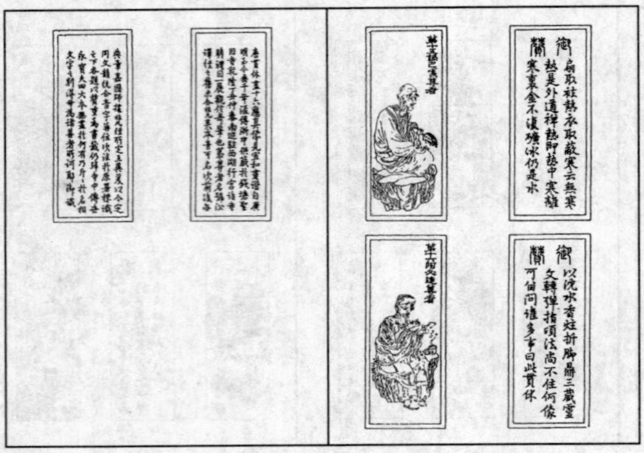

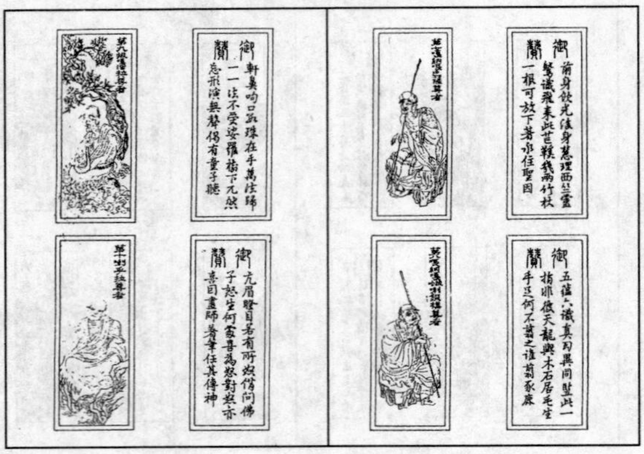

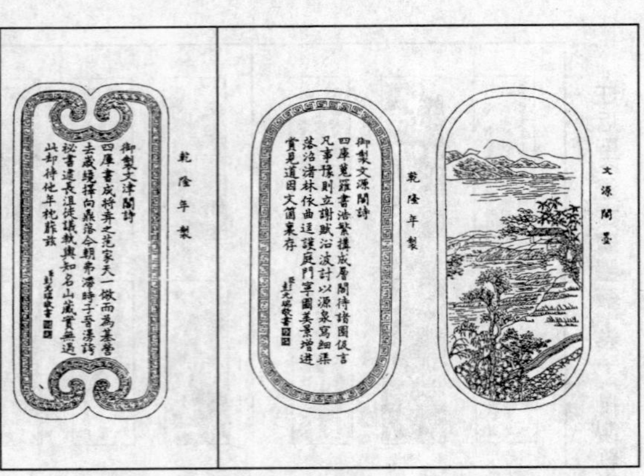

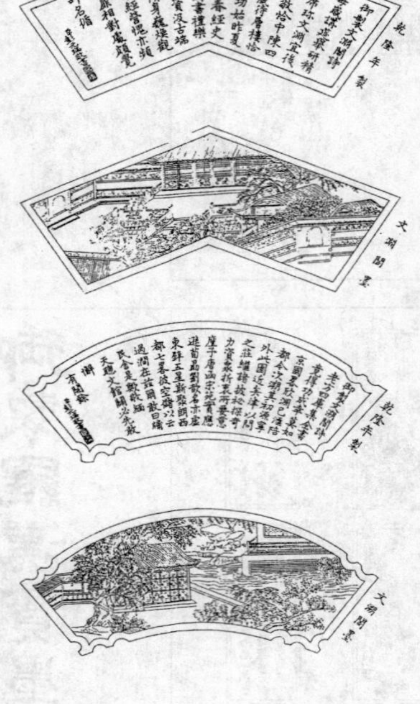

汪近聖《鑑古齋墨藪》卷一《御製四庫文閣詩》

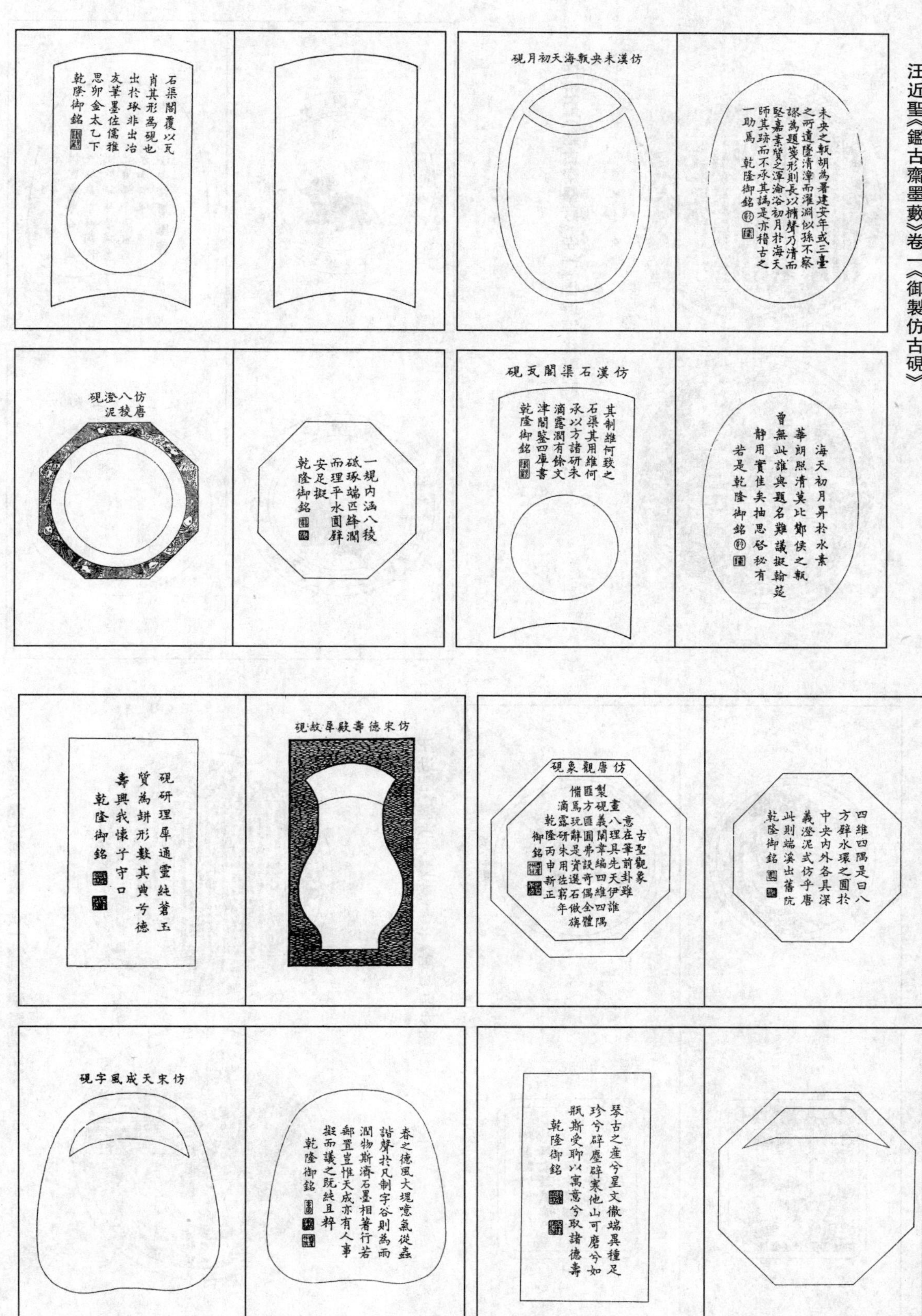
未央之甎胡爲著建安年或三臺之所遺隆清滓而濯淵似孫不緊謬爲題籤形則長以橢聲乃清而堅嘉素質之渾淪浴初月於海天師其跡而不承其譌是亦稽古之一助焉 乾隆御銘
仿漢未央甎海天初月硯
石渠閣覆以瓦 肖其形爲硯也 出於琢非出冶 友筆墨佐儒雅 思卯金太乙下 乾隆御銘
海天初月昇於水素 華朗照清莫比鄭侯之甎 曾無此誰與題名難議擬翰苑 靜用實佳矣抽思啓秘有 若是乾隆御銘
仿漢石渠閣瓦硯
其制維何致之 石渠其用維何 承以方諸研朱 滴露潤有餘文 津閣鑒四庫書 乾隆御銘
一規內涵八稜 砥琢端匠鋒潤 而理平水圓辟 安足擬 乾隆御銘
仿唐八稜澄泥硯
四維四隅是曰八 方辟水環之圜於 中央內外各具深 義澄泥式仿乎唐 此則端溪出舊阬 乾隆御銘
仿唐觀象硯
古聖觀象 意在筆前卦雖 畫八理具先天伊誰 製硯義闡韋編四維四隅 匯方匯圓弗設奇偶全體 備焉玩辭是資選石做旗 滴露研朱用佐窮年 乾隆丙申新正 御銘
仿宋德壽殿犀紋硯
硯研理犀通靈純蒼玉 質爲趼形數其典兮德 壽興我懷于守口 乾隆御銘
琴古之產兮星文徹端異種足 珍兮辟塵辟寒他山可磨兮如 瓶斯受聊以寓意兮取諸德壽 乾隆御銘
春之德風大塊噫氣從蟲 諧聲於凡制字谷則爲雨 潤物斯濟石墨相著行若 郵置豈惟天成亦有人事 擬而議之既純且粹 乾隆御銘
仿宋天成風字硯

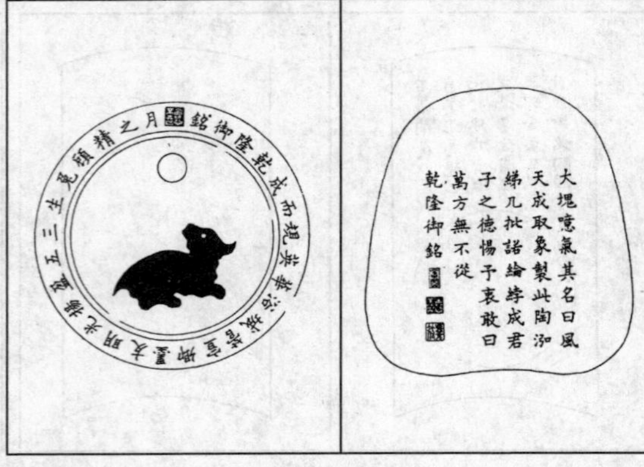

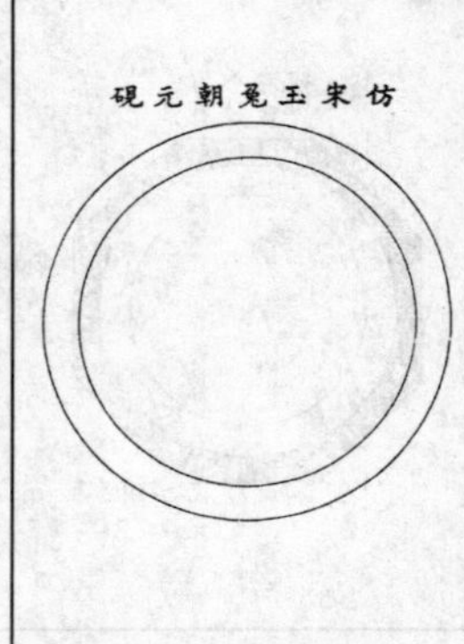

內殿龍香

乾隆年製

汪近聖《鑑古齋墨藪》卷一《御製淳化軒記》

內殿龍香

乾隆年製

汪近聖《鑑古齋墨藪》卷一《御製快雪堂記》

汪近聖《鑑古齋墨藪》卷一《御製四友圖詩》

乾隆年製

御製詠柏
性是白鶴孤
形乃蒼龍偃
試問如掾交
可能遺楚畹

御製詠竹
倪迂瀟灑枝
自取性情騐
鳳影將龍文
毋乃失華瞻

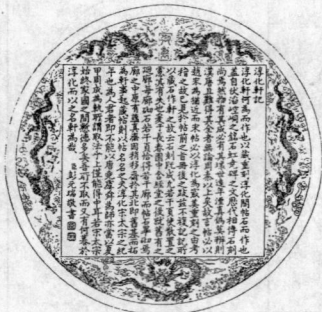

汪近聖《鑑古齋墨藪》卷一《御製四靈圖詩》

御詠四靈詩
神變需從佐化
權為霖施溥利
農田濡經行健
象君德敢不皆
乘勵體乾 右龍

進
臣彭元瑞恭

御詠四靈詩
養氣含神固不
靈先知昭兆那
勝書廟堂之上
藏巾笥曳尾塗
龜吉弗如 右龜

進
臣彭元瑞恭

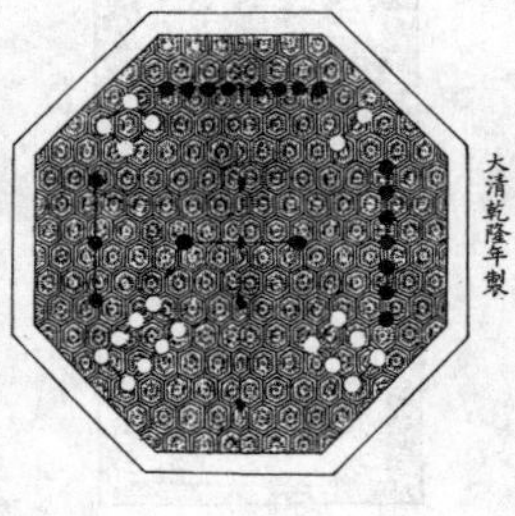

汪近聖《鑑古齋墨藪》卷一《御製詠墨詩》

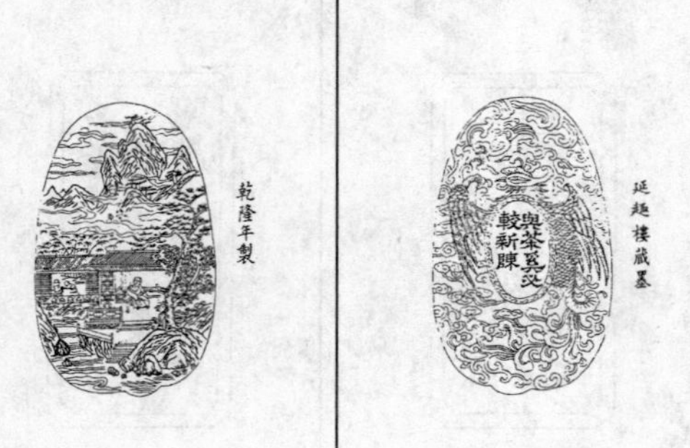
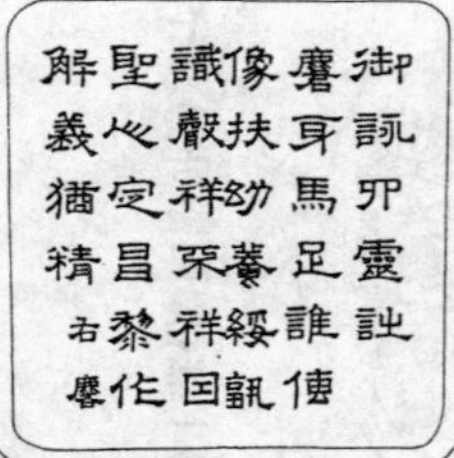
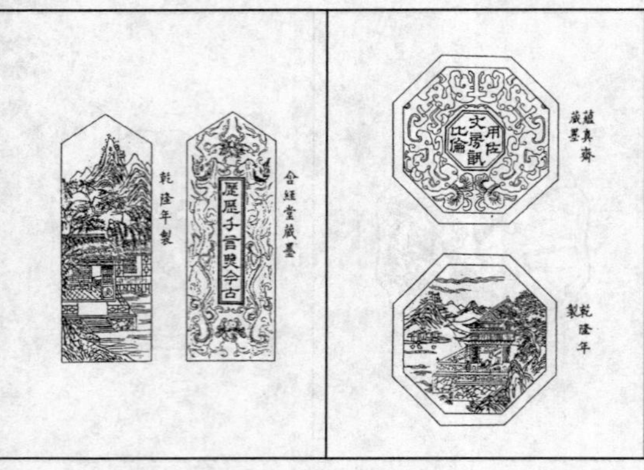

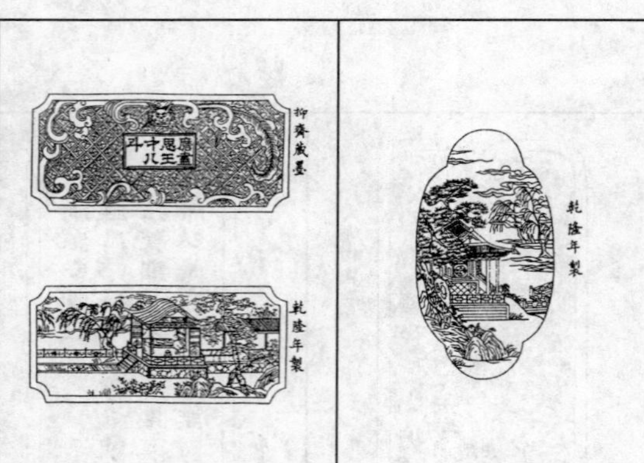

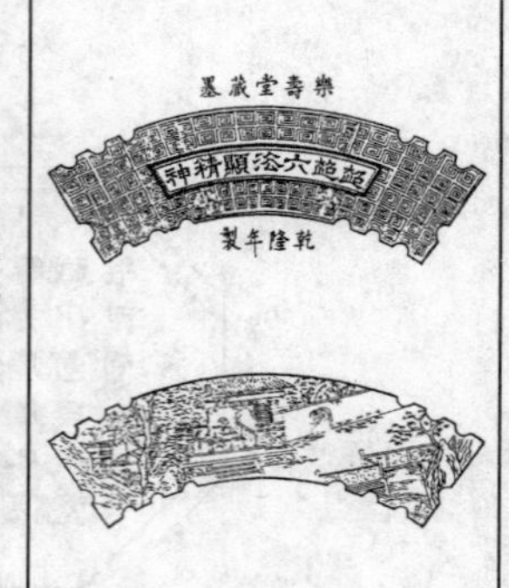
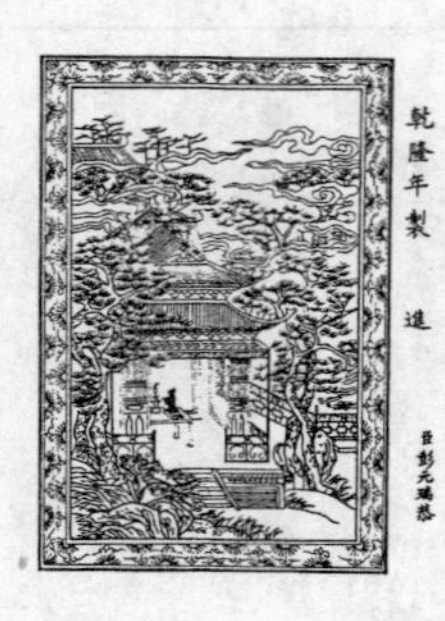

御筆題畫詩墨

大清乾隆年製

水驛山莊各趣程閒誰忘
世得無營九龍一幅蕭蕭
筆別有悠然訪茘情
丙子春御題

賜本

臣彭元瑞恭摹

大清乾隆年製

識得吳中派
愛看雲外皴
閒他廬四柱所
待是何人
丁丑春御題

賜本

臣彭元瑞恭摹

大清乾隆年製

我登鳥道華山巔一泓天池乃俯視
後從山下望石壁虛無應在雲端擬
乃知居高見自廣遊於物内迷惑矣
漁山寫照即境描併圖莫若傳其理
乾隆丁丑二月登華山俯天池因題此圖
御筆

賜本

臣彭元瑞恭摹

大清乾隆年製

曲徑白雲諾濤紛藹
澗底飛聲堪聽聞
主逢高士過瓷會下
保方泉黄安澤頤浚
非陸貫堂表亦知裏
庚辰春月
御題

賜本

臣彭元瑞恭摹

乾隆年製

石田本筆迴傳
神此獨雲溪一
脉真不肯盤餐
校滋味紫芒如
滴露華新
庚辰仲秋
御題

賜本

臣彭元瑞恭摹

大清乾隆年製

石骨松皮了莫分松蓀石
繞抑氤氲設如太古無名字
何故人稱帝與賡
壬午春御題

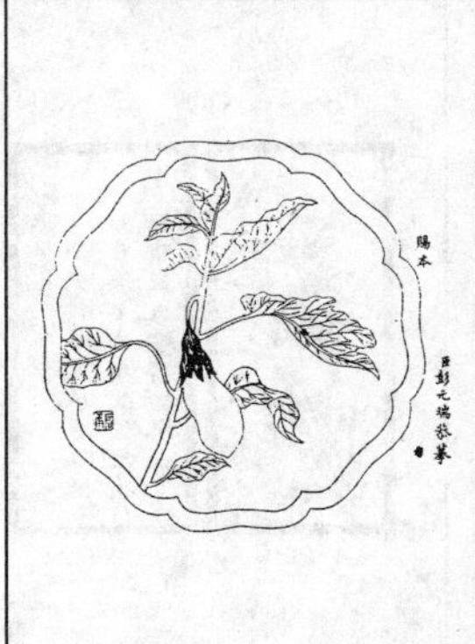

賜本

臣彭元瑞恭摹

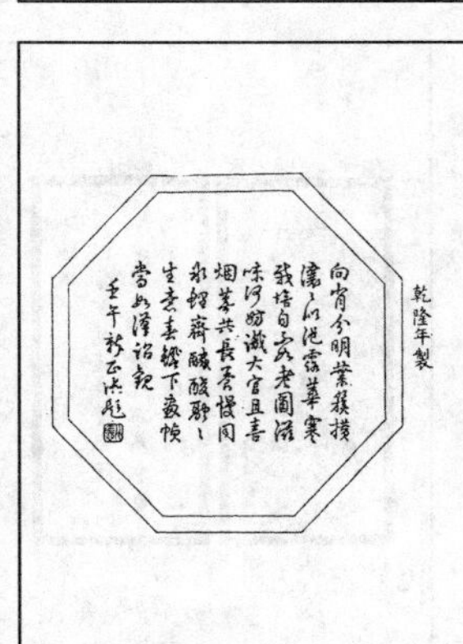

乾隆年製

向宵分明紫蘇擷
濛濛池露華寒
我培自家老圃溢
味河蚓識大官且喜
烟菜共長香饅同
永鋟齋醃酸鄉鄉
生意春鏤下麥恢
嘗如澤詔乾
壬午秋正御題

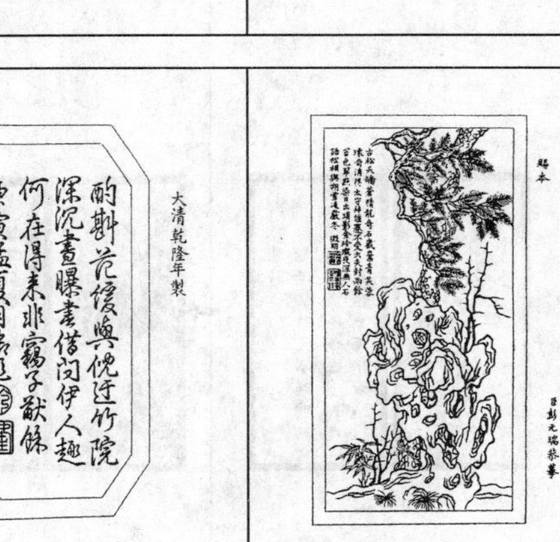

賜本

臣彭元瑞恭摹

大清乾隆年製

酌斟花饅與傀送竹院
深沉畫曝書借問伊人趣
何在得來非窮子獻餘
庚寅孟夏月御題

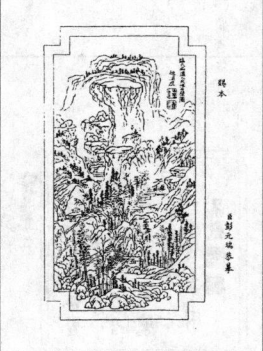

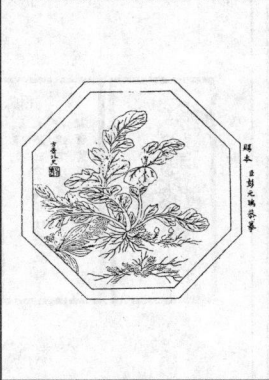

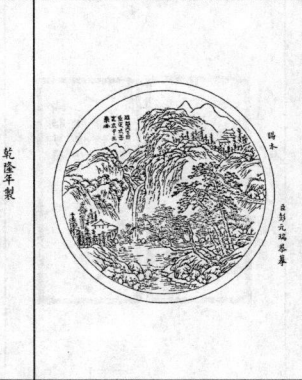

汪近聖《鑑古齋墨藪》卷二《御製花卉圖詩》

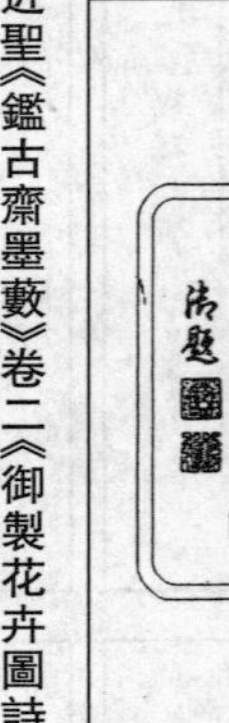

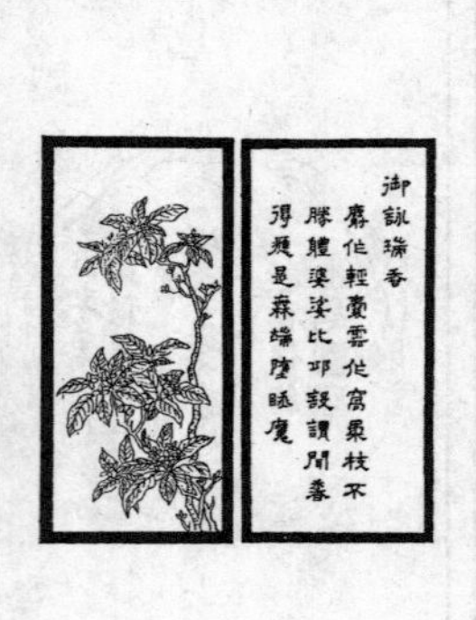
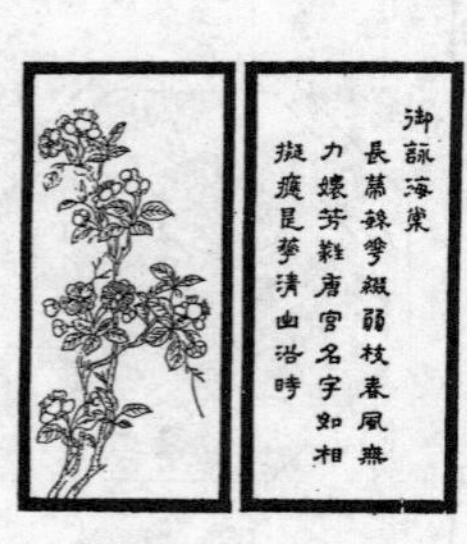

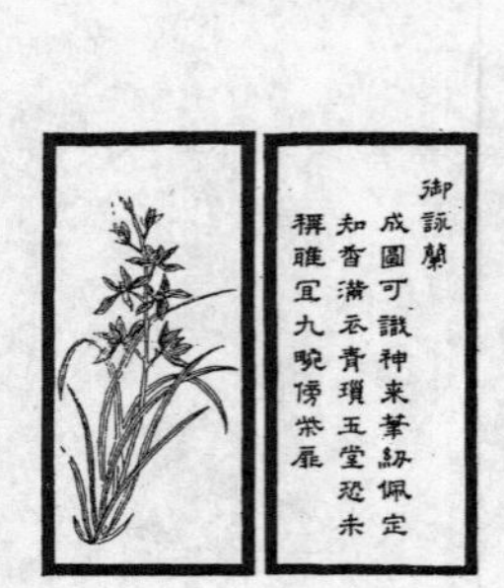
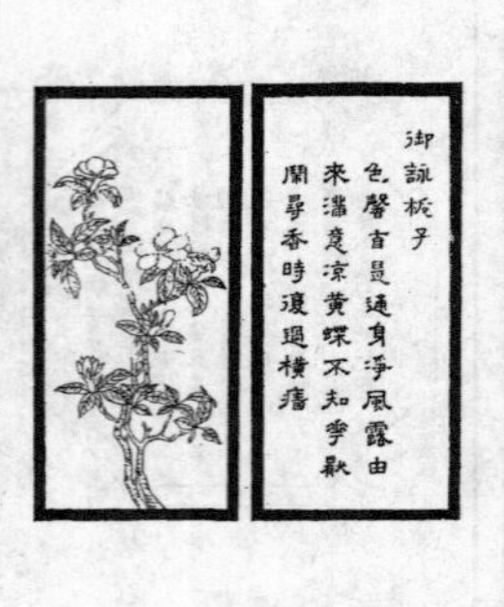

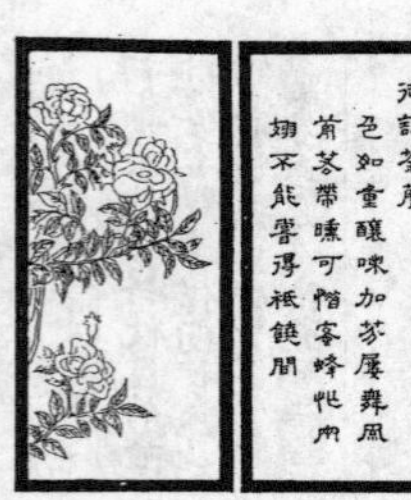

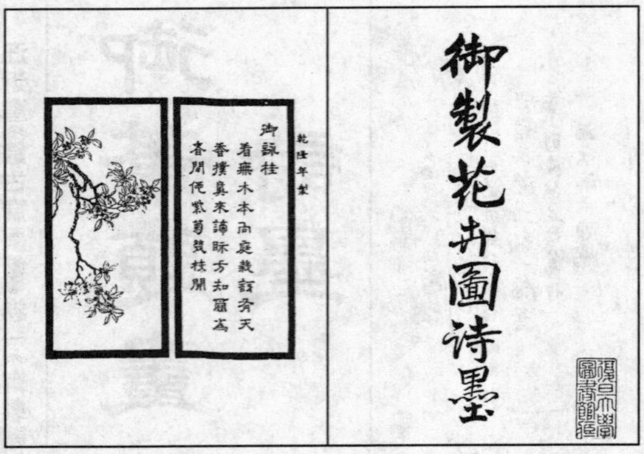

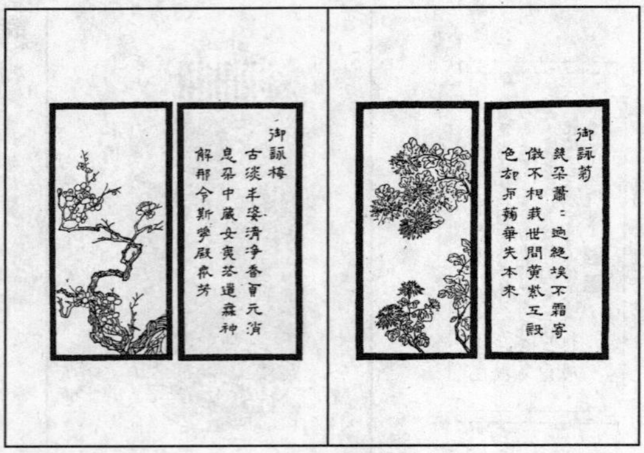

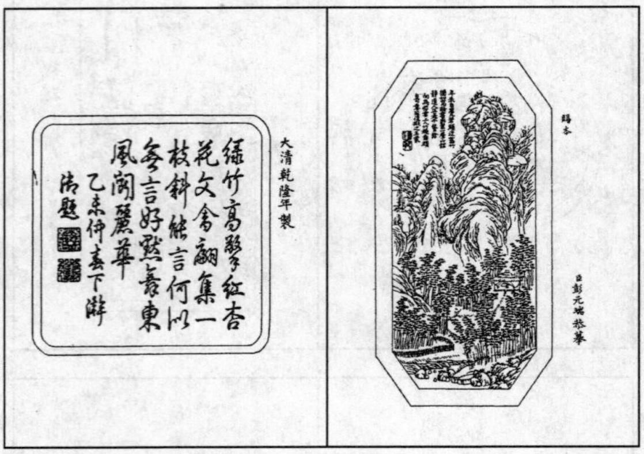

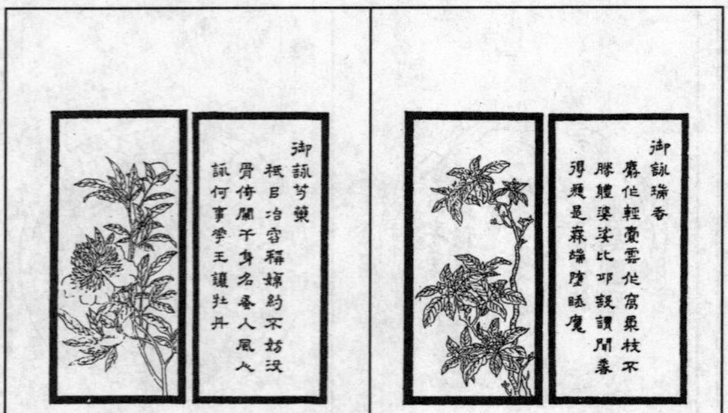

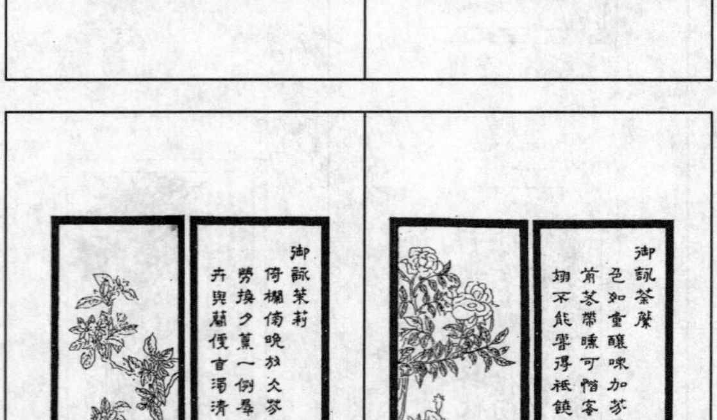

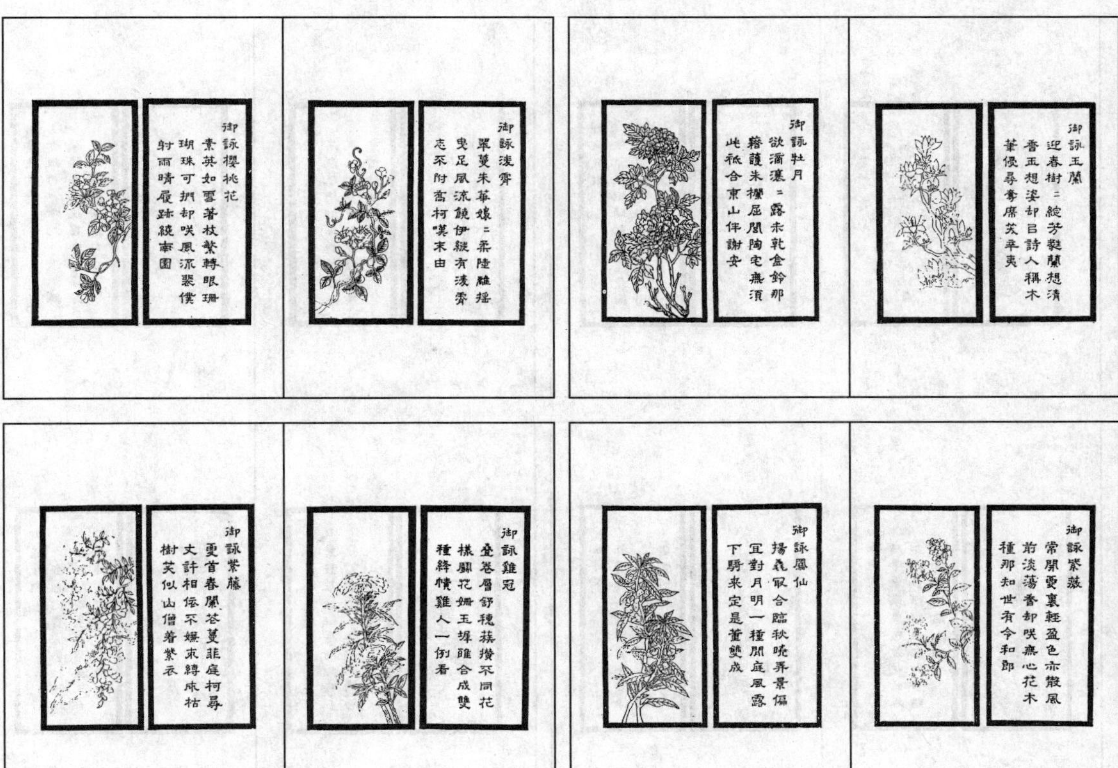
御詠玉蘭
御詠牡丹
御詠淩霄
御詠櫻桃花
御詠紫薇
御詠鳳仙
御詠雞冠
御詠紫藤

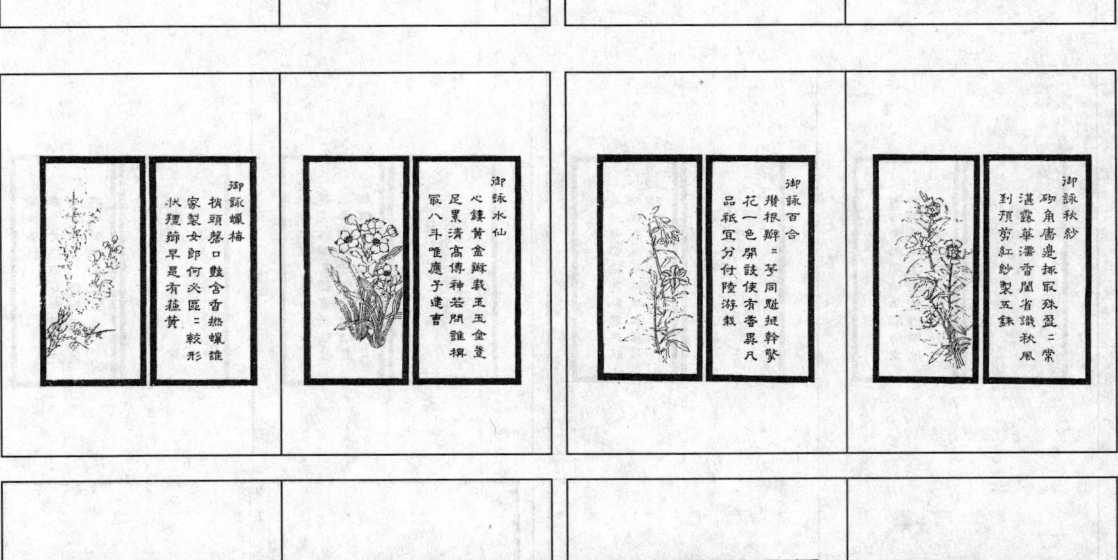
御詠秋紗
御詠百合
御詠水仙
御詠蠟梅

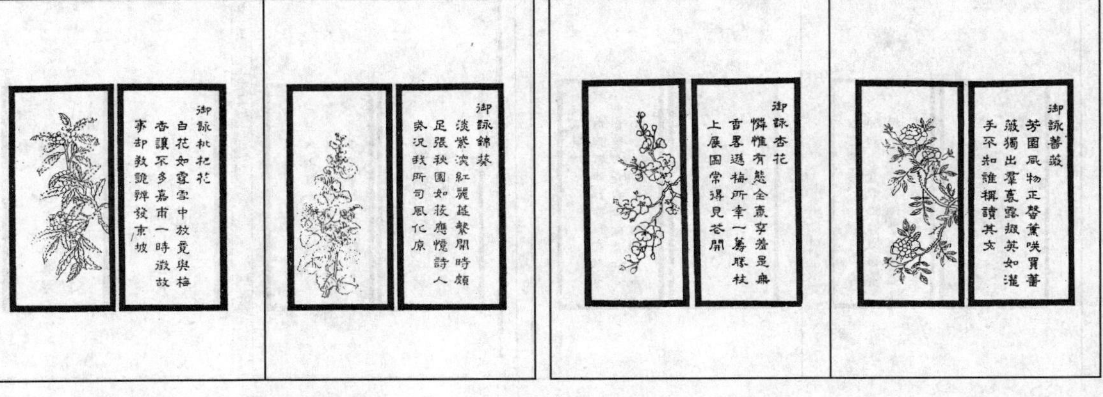
御詠薔薇
御詠杏花
御詠錦葵
御詠枇杷花

御詠夾竹桃
亦復猗猗亦灼灼淡紅蹤翠特丰姿連昌宮內牆頭望正是元家得句昔

御詠翠雀
居然眼翅如生動曉露承來吐細芬便有遊蜂欲採蕊何妨物類本同羣

御詠石榴
枝頭簇綴絳紗囊應是圖盛湛露瀼設使淵材先得遇海棠那獨恨無香

御詠紫荊
碎英累累簇週身色與開庭判斷春卻合葩經汪棠棣為曾京兆悟田真

御詠玫瑰
火齊為花麝作香枝頭紅日射焜煌嵩山碧朶天台白態色何曾定有常

御詠山丹
樊叢簇簇綻庭陰豔疊紅羅惹蝶尋比似淮南應致咲山人何得有月心

御詠玉簪
嚴價非高品自絜幽香淨色護庭陰東村儘有效顰者也解摘來頭上簪

御詠迎春
採得春來春復迎花於春亦持多情讀他不必爭時刻會見櫻桁紅雨并

御詠玲珠蘭
垂垂黃穗擬珠玲薰茗烹湯香滿屋花譜卻稱色正紫從知記載信誰真

御詠繡毬花
樊庾江南見花朶秖疑杖上雪攢球玲瓏簇就煙霞體點綴真宜山水州

御詠長春
逐月枝間窈窕紅天然頭踏報春風草蟲蝶動幾蕤發便趁陽和上露叢

御詠牽牛
河畔黃姑不耐單服葙空望露華溥連延蔓引柧枝上抱樹秋蟬為唱寒

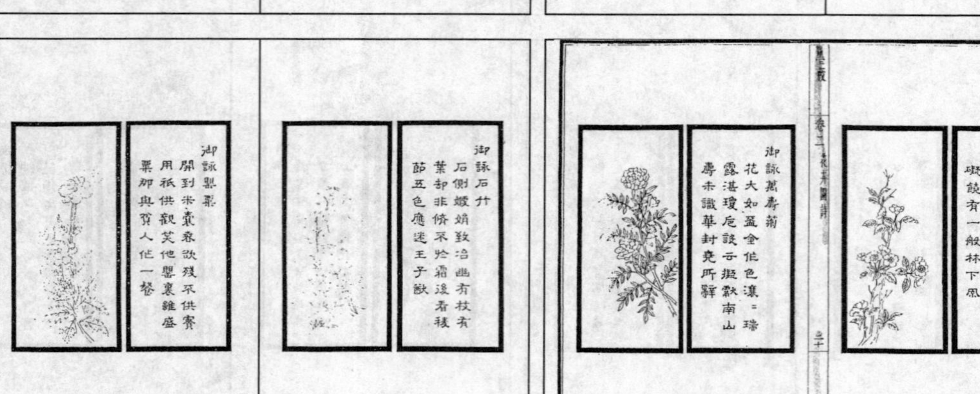

御詠梨花
喜白為姿嬾着紅傳根起是水晶宮十分靚豔曾何礙競有一般林下風

御詠萬壽菊
花大如盃金作色瀼瀼瑞露湛瓊卮設云擬歘南山壽未識華封堯所辭

御詠石竹
石側嬛娟致治幽有枝有葉卻非儕不於霜後看穠節五色應迷王子猷

御詠罌粟
開到米囊春欲殘不供賓用祇供觀笑他罌裏雖盛粟那與貧人作一餐

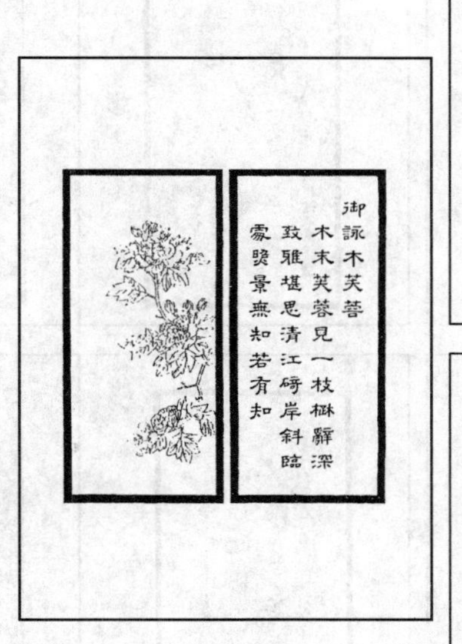

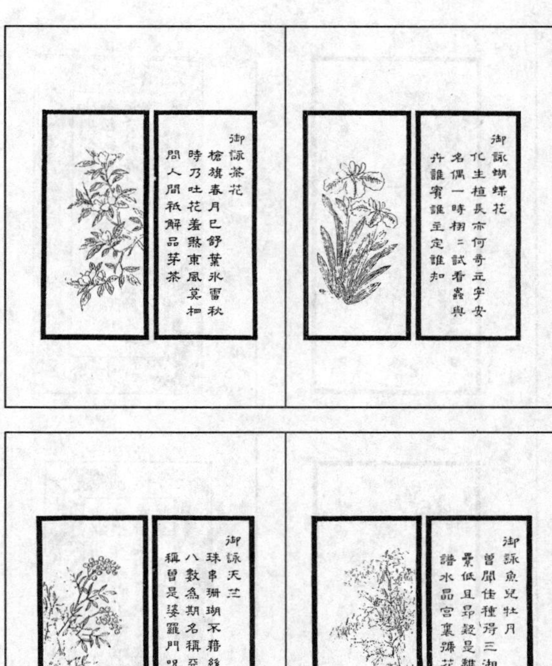

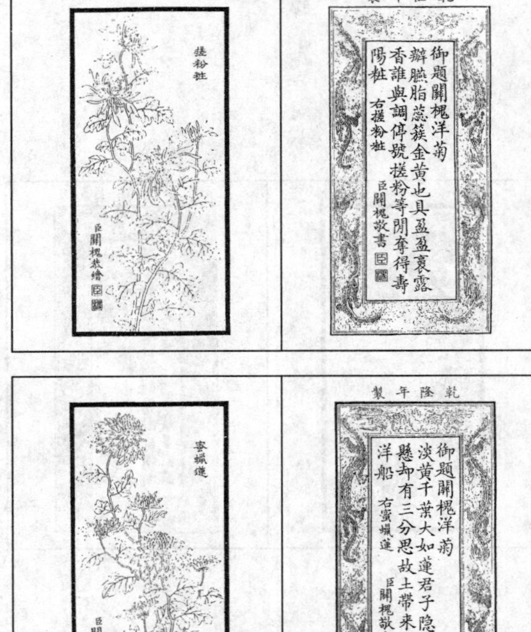

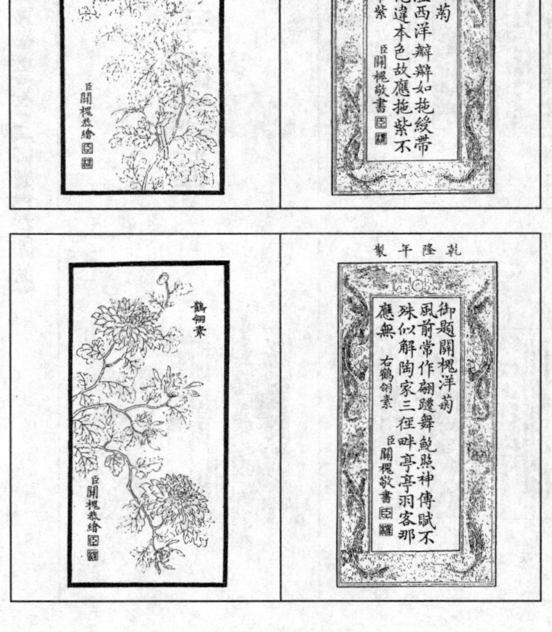

汪近聖《鑑古齋墨藪》卷二《御題洋菊》

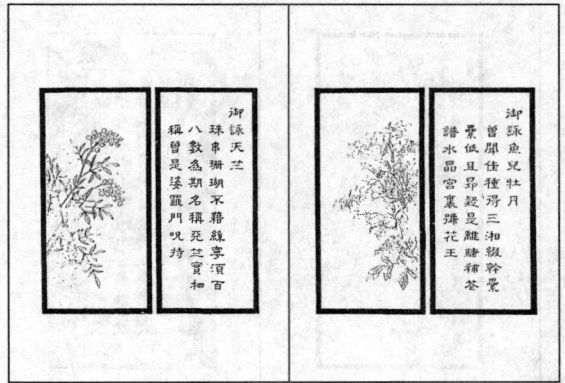

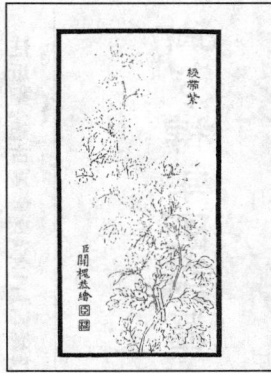

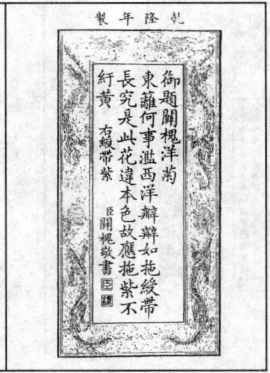

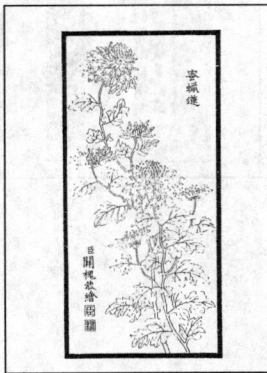

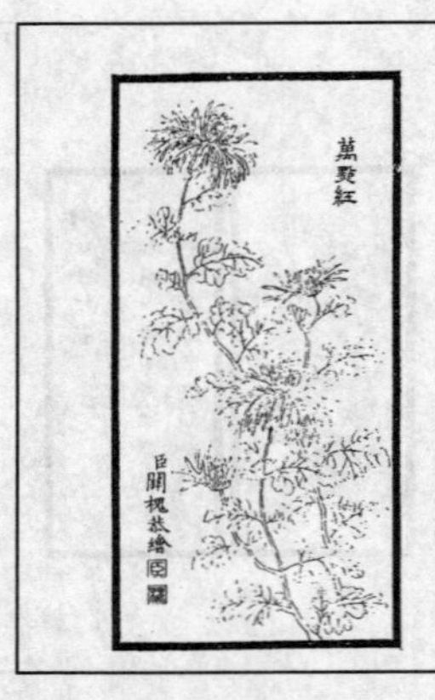

乾隆年製
御題開槐洋菊
如絡細英蕊鬭金垂垂萬點淡紅
沉勞勞亭畔如相遇寫畫離人一
片心
右萬點紅
臣開槐敬書

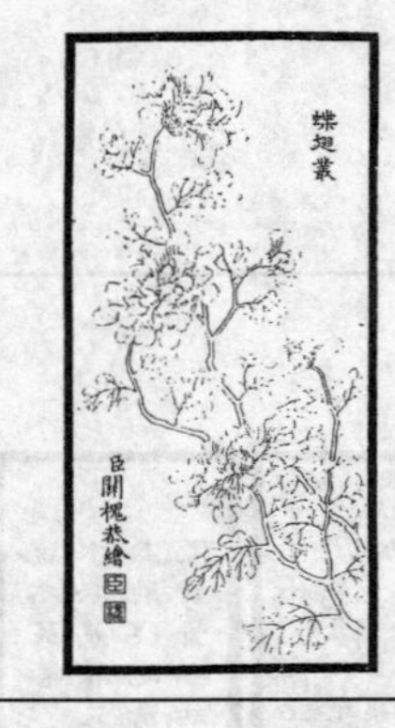

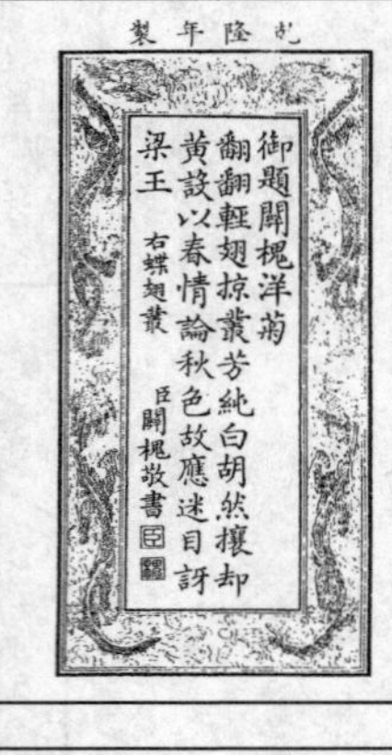

乾隆年製
御題開槐洋菊
翻翻輕翅掠叢芳純白胡然擭却
黄設以春情論秋色故應迷目訝
梁王
右蝶翅叢
臣開槐敬書

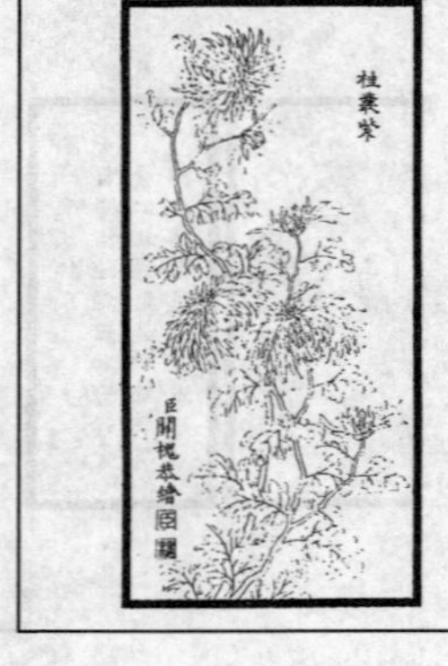

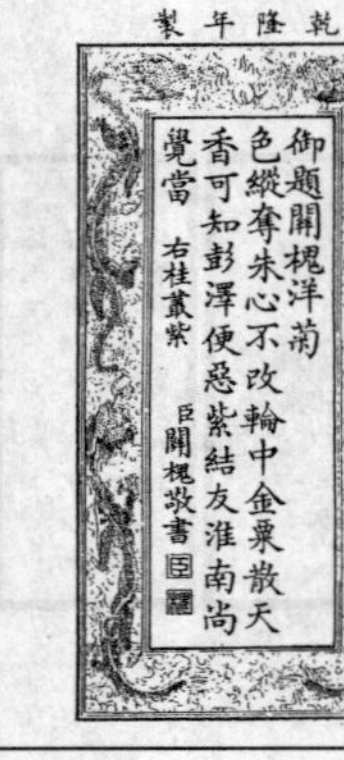

乾隆年製
御題開槐洋菊
色緞奪朱心不改輪中金粟散天
香可知彭澤便恐紫結友淮南尚
覺當
右桂叢紫
臣開槐敬書

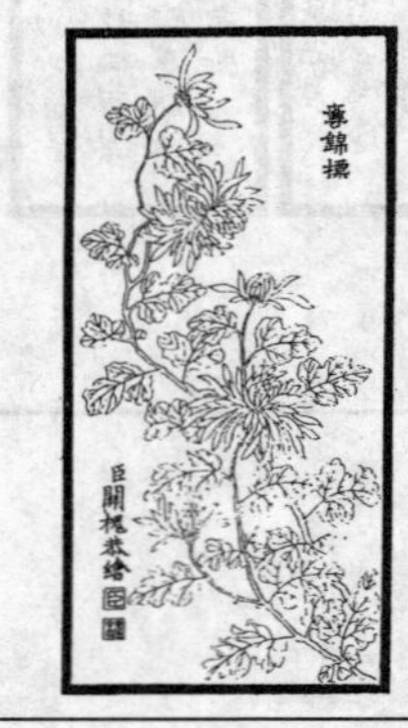

乾隆年製
御題開槐洋菊
俗稱徒艷狀元紅冒菊當知惱醉
翁五斗折腰猶不屑奪標豈在彼
心中
右奪錦標
臣開槐敬書

御製棉華圖詩墨

布種

乾隆年製

汪近聖《鑑古齋墨藪》卷二《御製棉花圖詩》

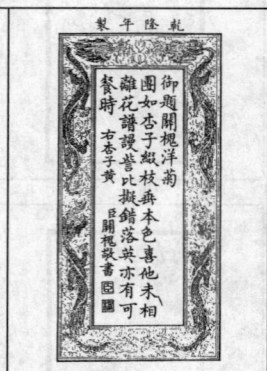

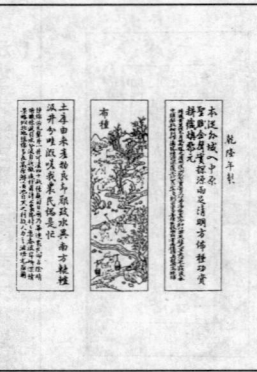

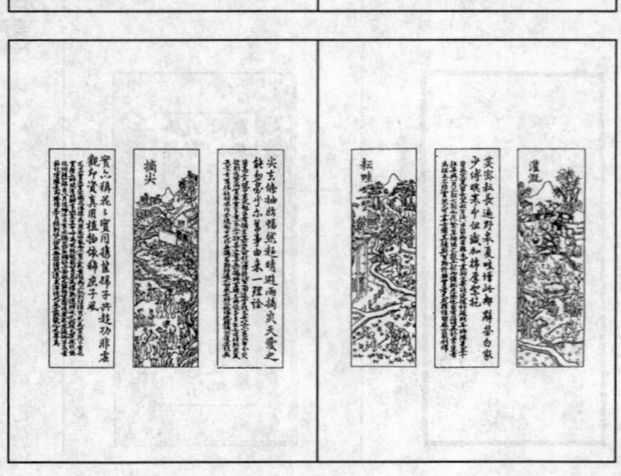

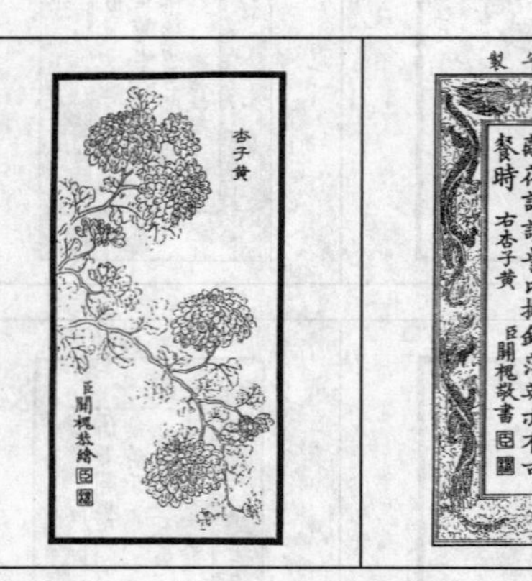

杏子黄
臣開槐恭繪
乾隆年製
御題開槐洋菊
團如杏子綴枝秉本色喜他未相
離花譜謾誇比擬錯落英亦有可
餐時
右杏子黄
臣開槐敬書

汪近聖《鑑古齋墨藪》卷二《御製西湖名勝圖詩》

汪近聖《鑑古齋墨藪》卷二《御製輞川圖詩》

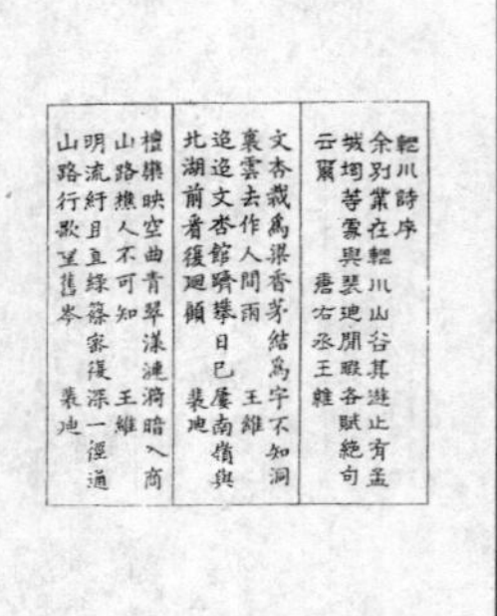

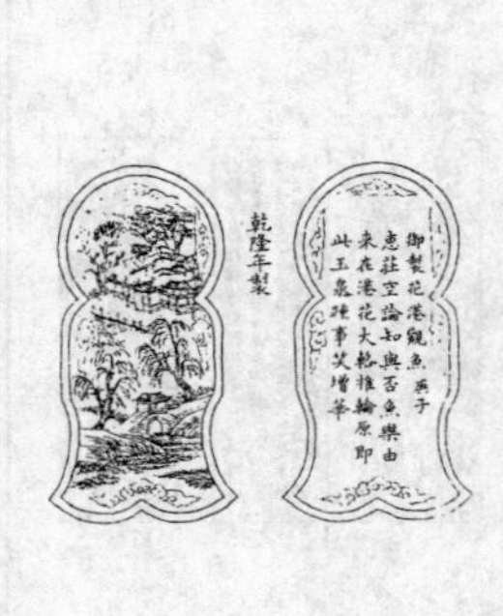

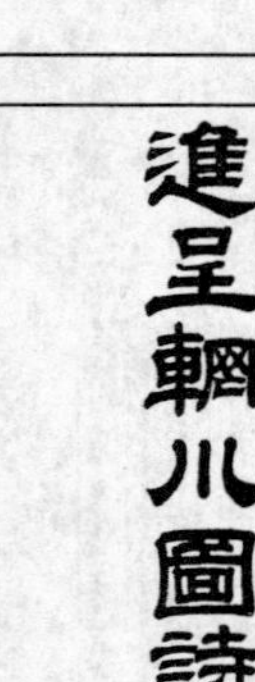

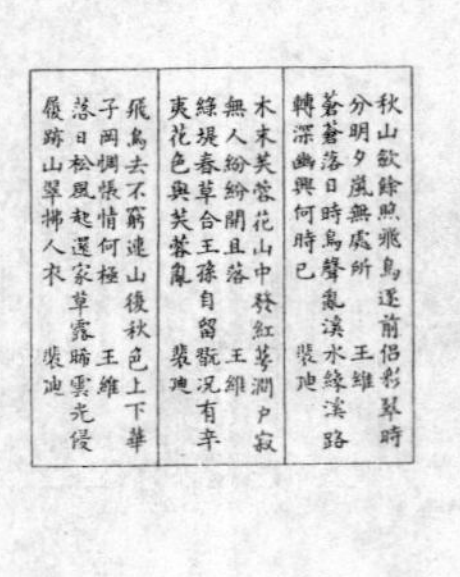

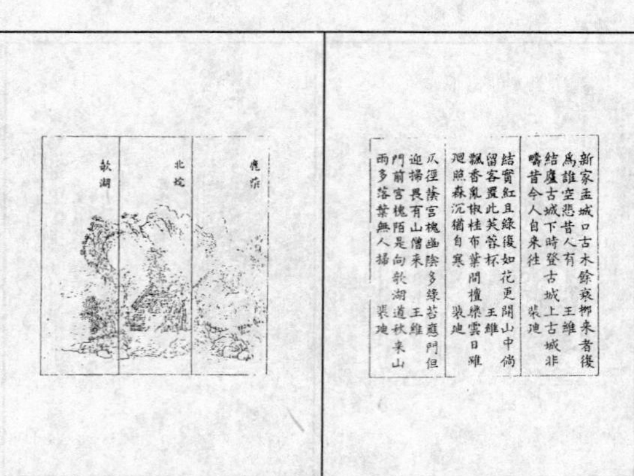

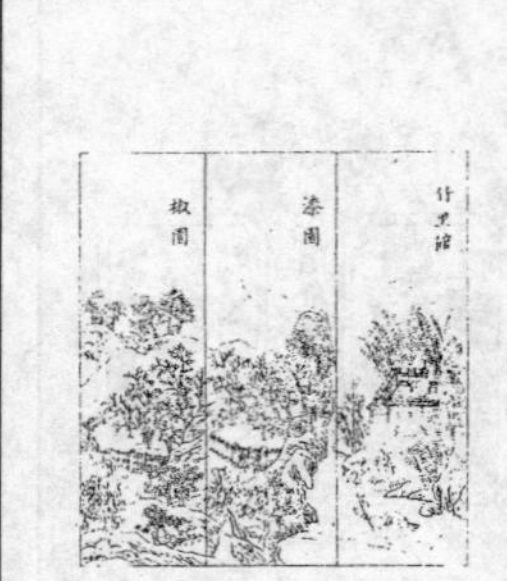

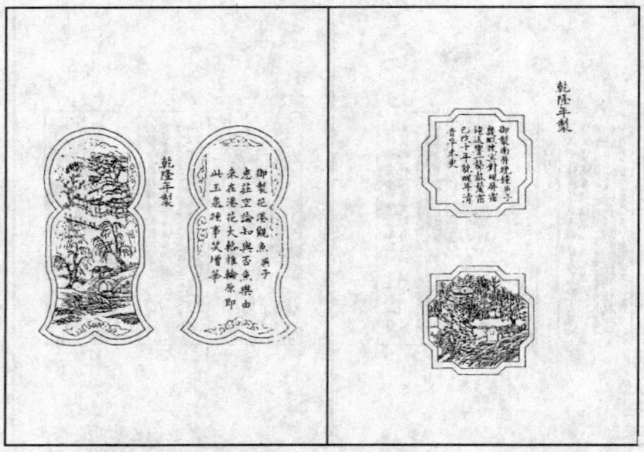

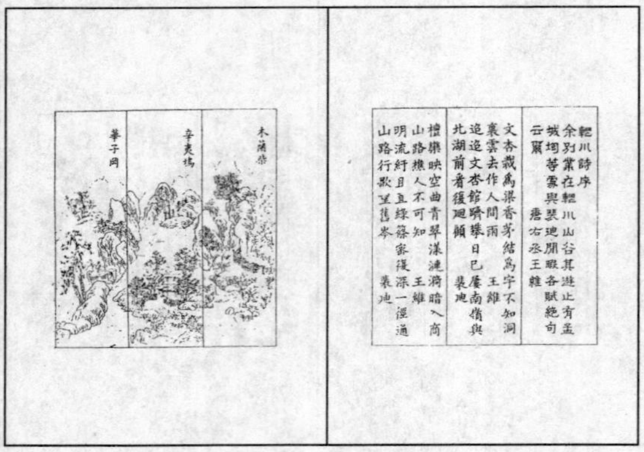

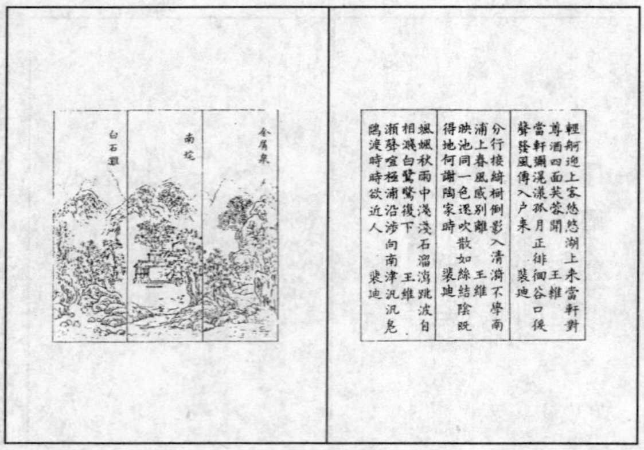

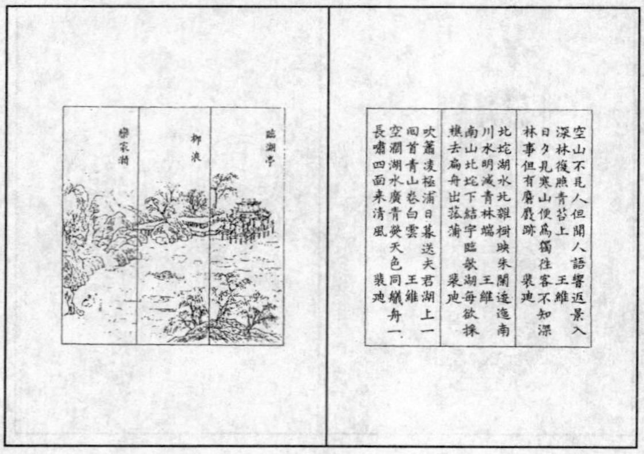

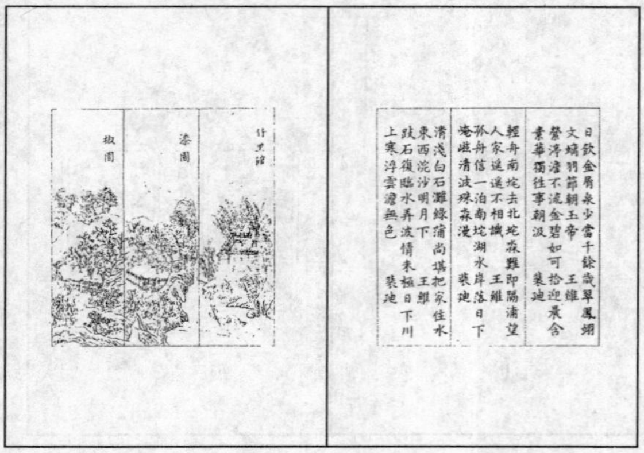

獨坐幽篁裡彈琴復長嘯深林人
不知明月来相照 王維

來過竹里館日與道相親出入惟
山鳥幽深無世人 裴廸

古人非傲吏自闕經世務偶寄一
微官婆娑數株樹 王維

好閒蛩成性果此諧宿諾今日漆
園遊還同莊叟樂 裴廸

桂尊迎帝子杜若贈佳人椒漿奠
瑤席欲下雲中君 王維

丹刺罥人衣芳香留過客幸堪調
冉用願君垂採摘 裴廸

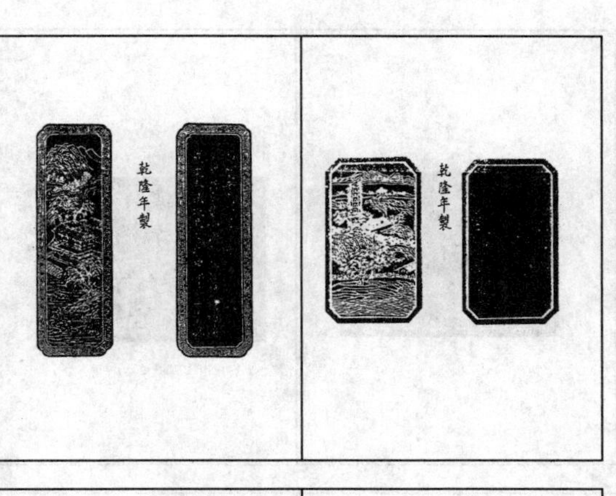

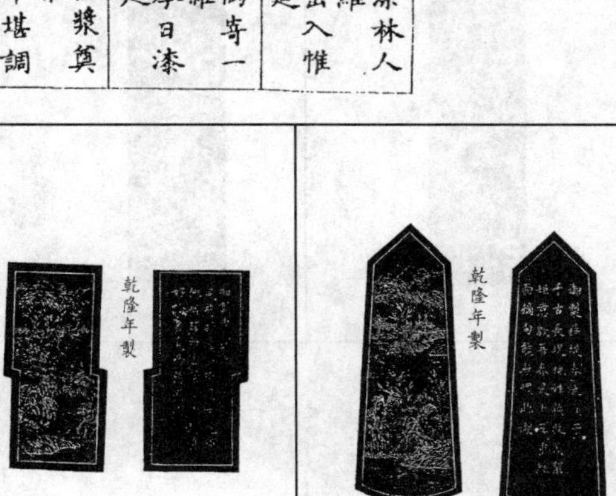

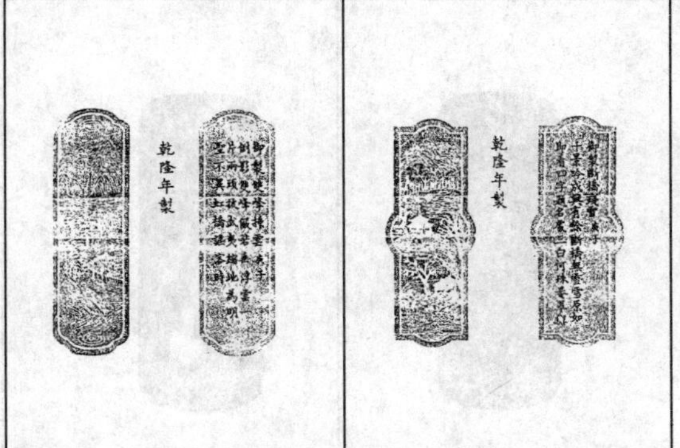

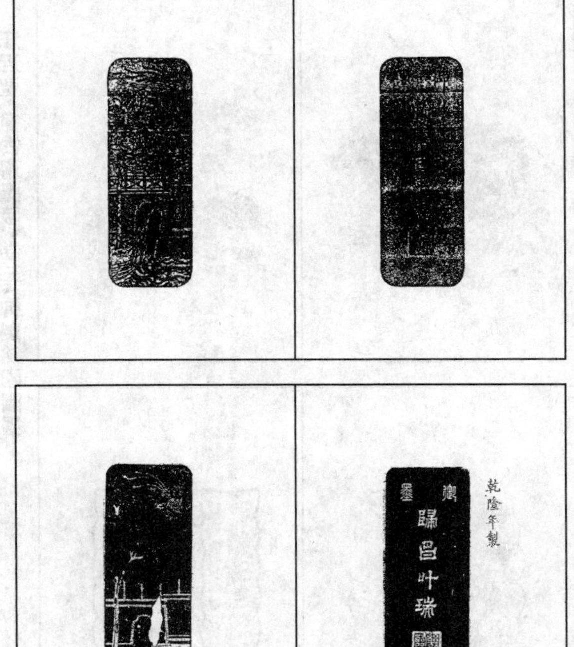

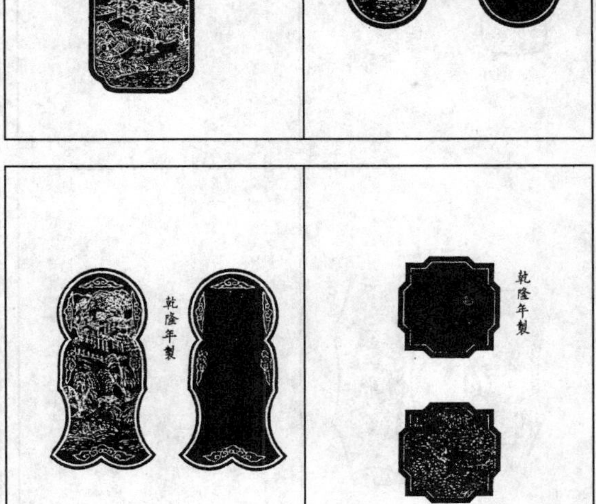

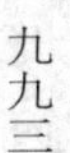

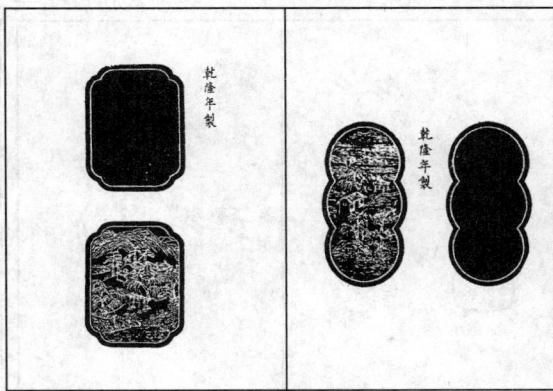

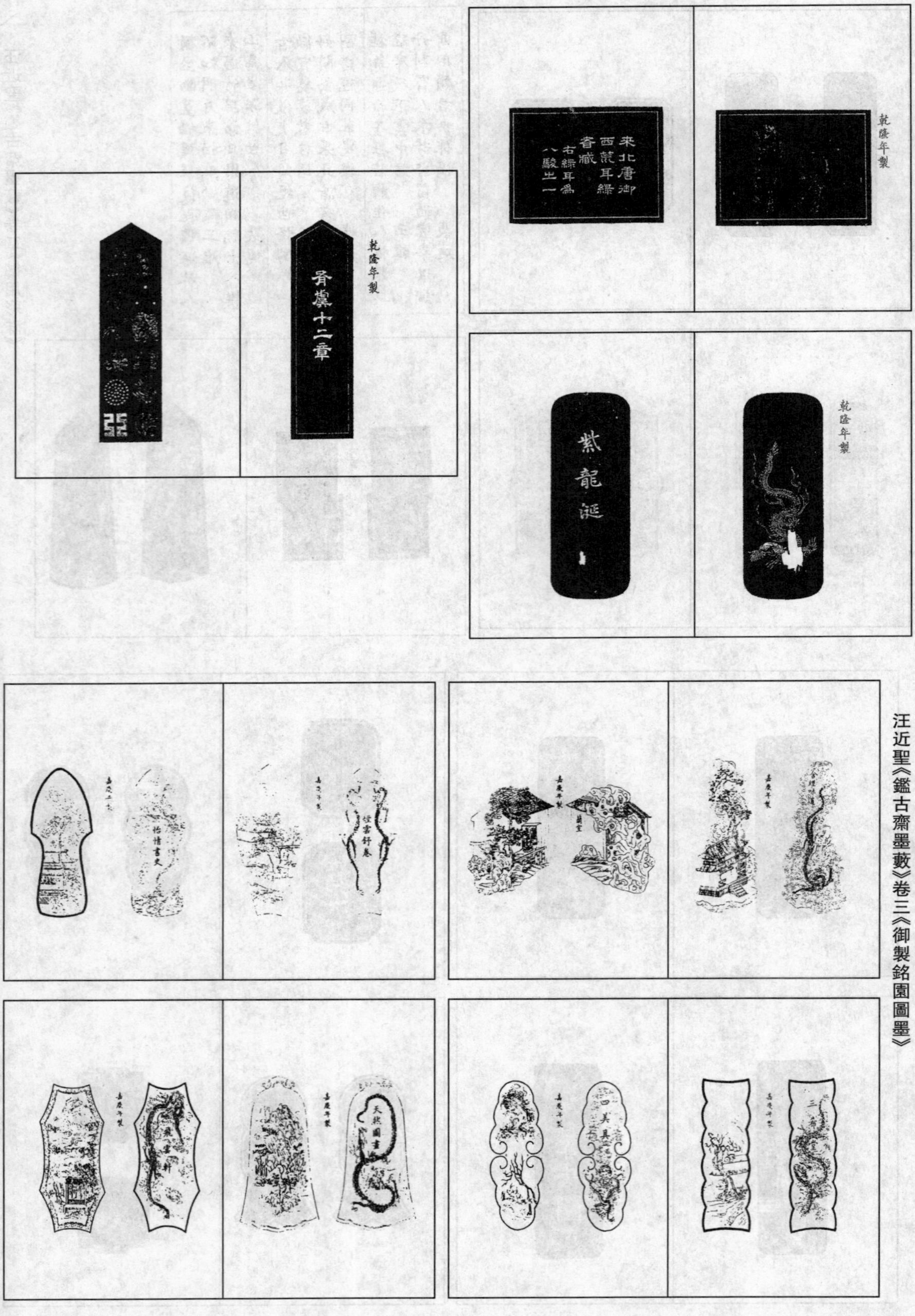

乾隆年製

乾隆年製

紫龍涎

乾隆年製

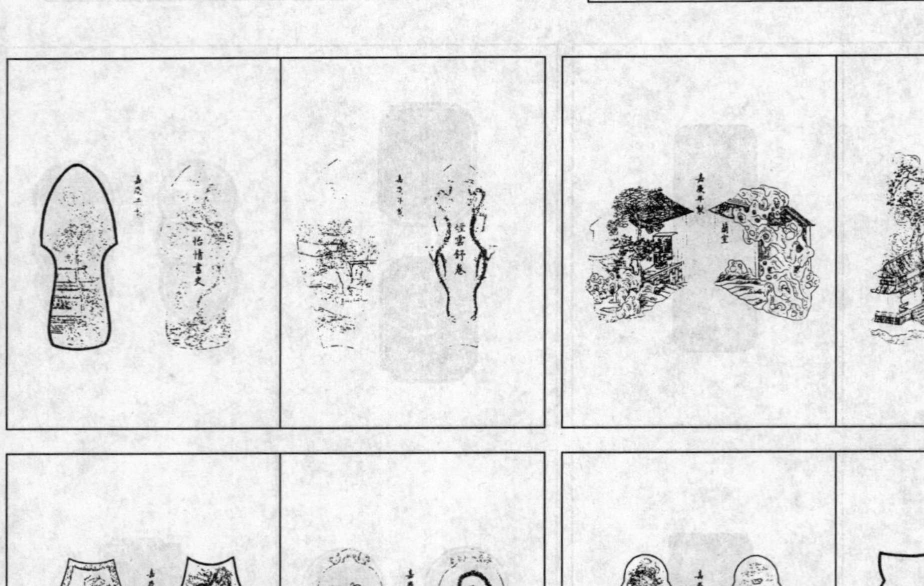

汪近聖《鑑古齋墨藪》卷三《御製銘園圖墨》

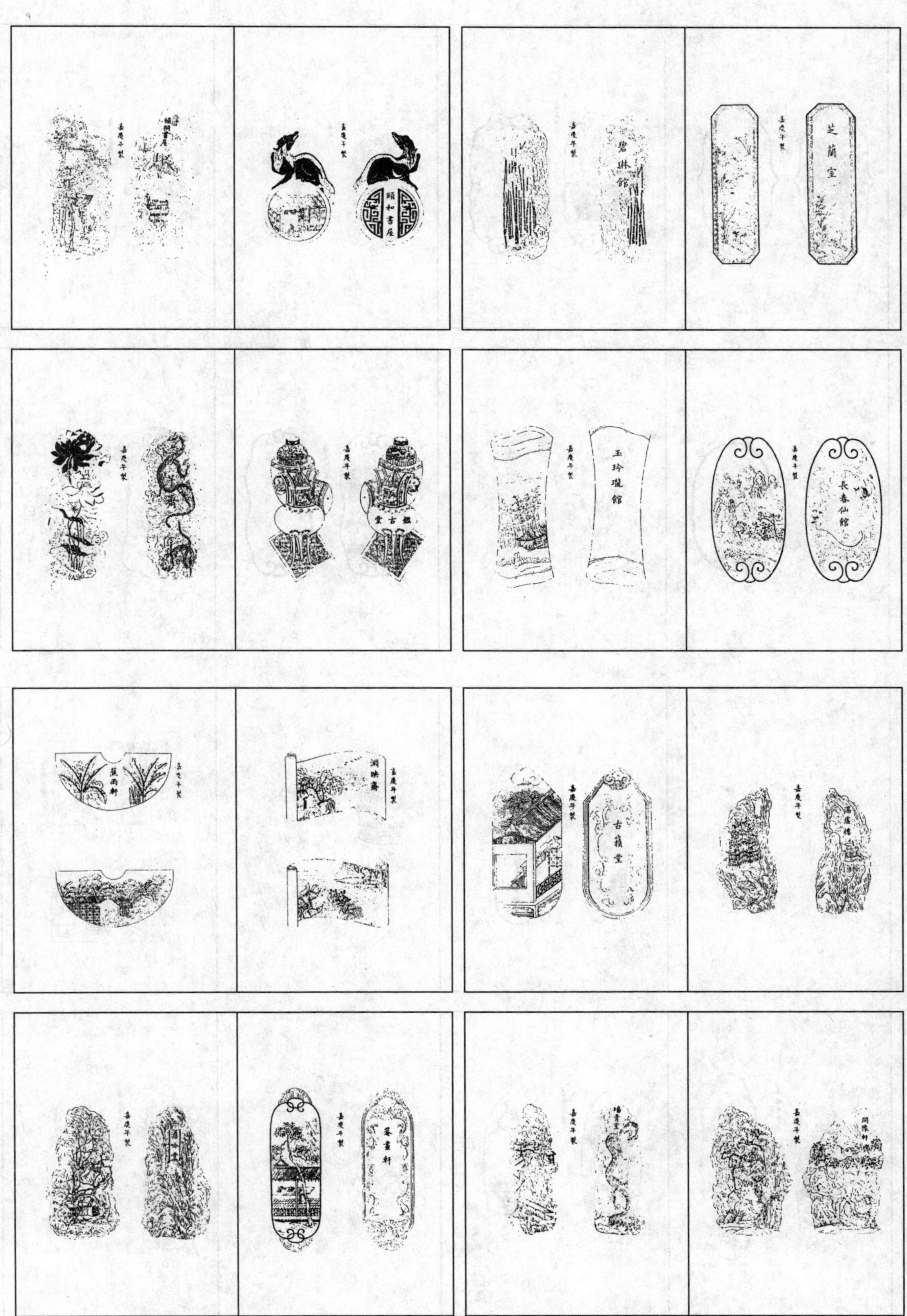

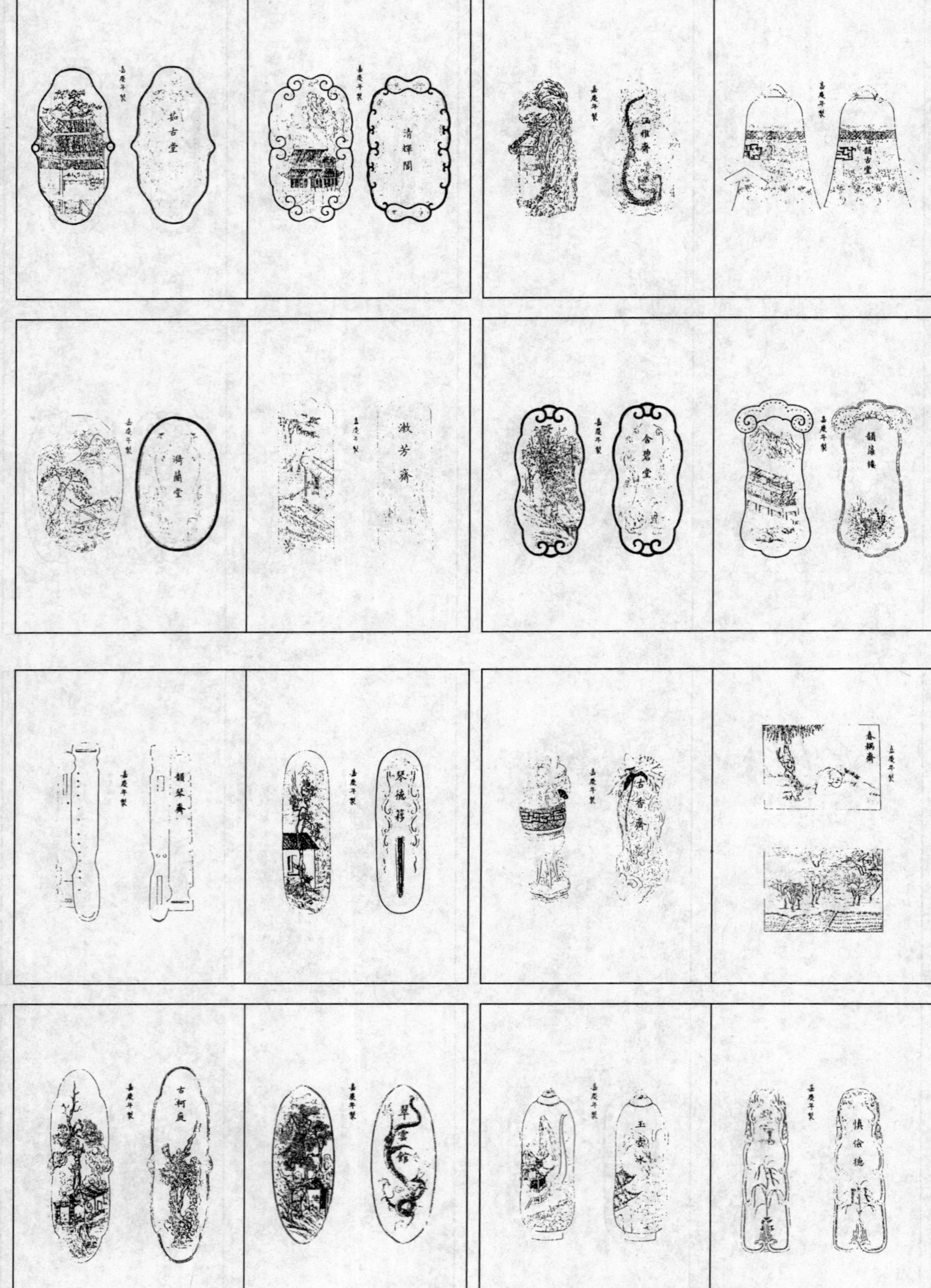

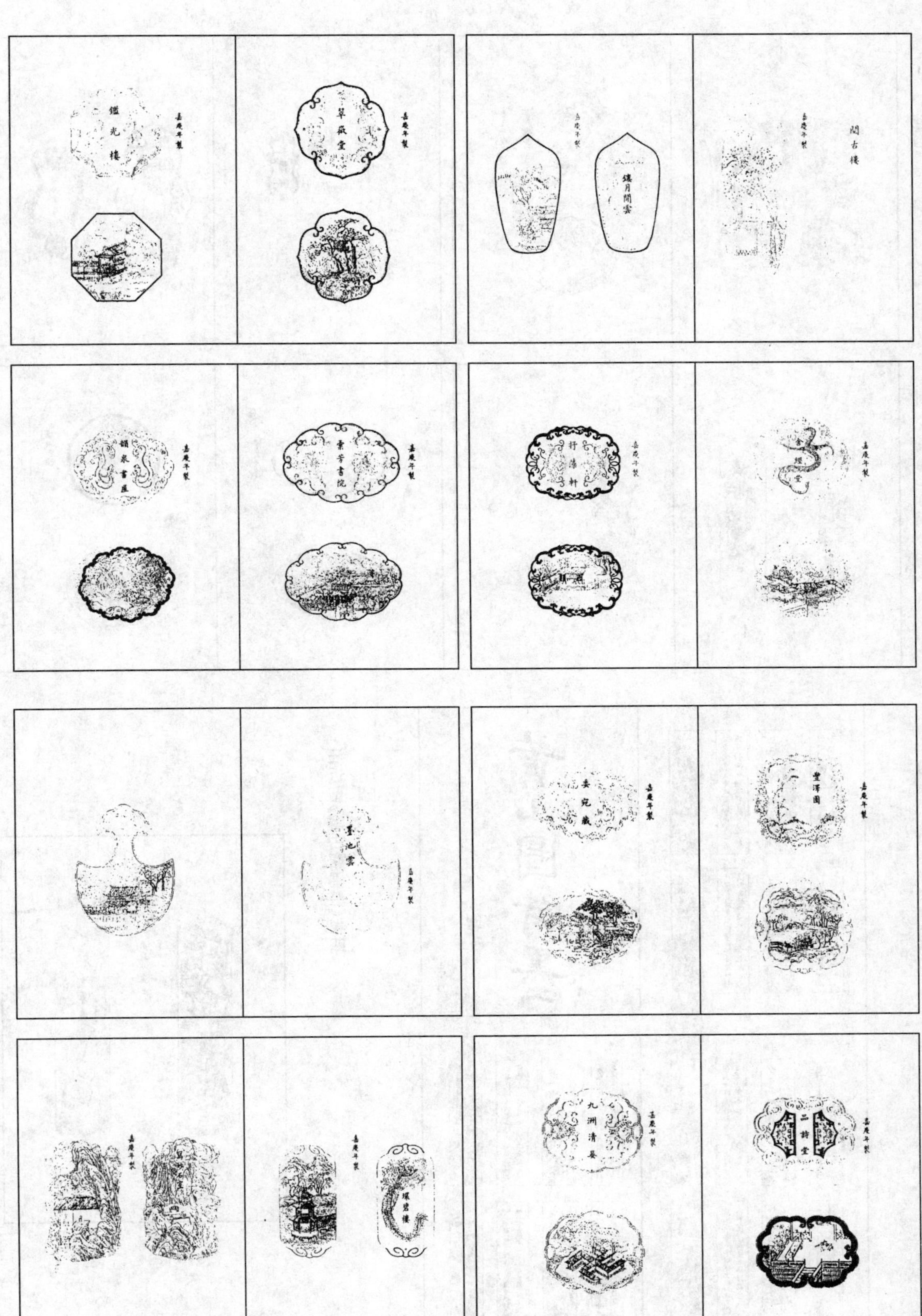
嘉慶年製
九洲清晏

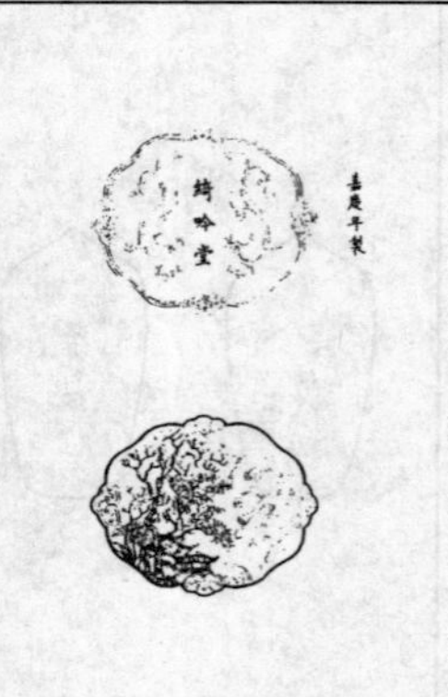
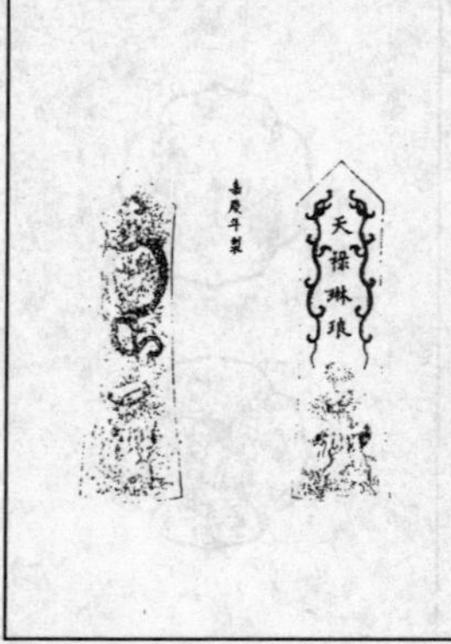
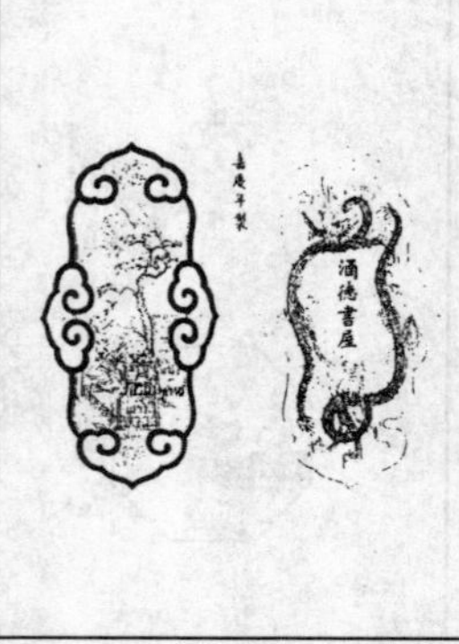
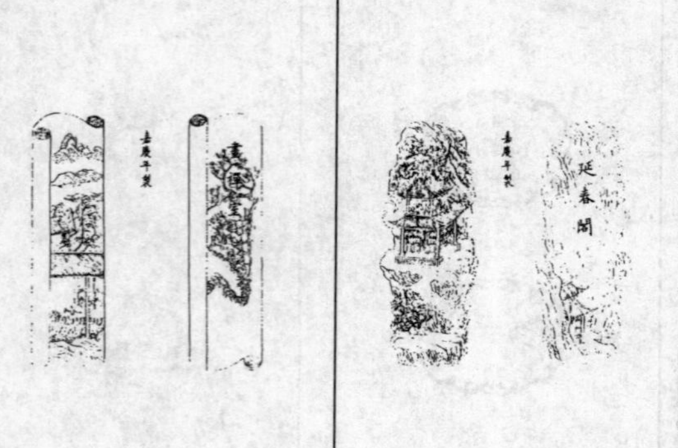
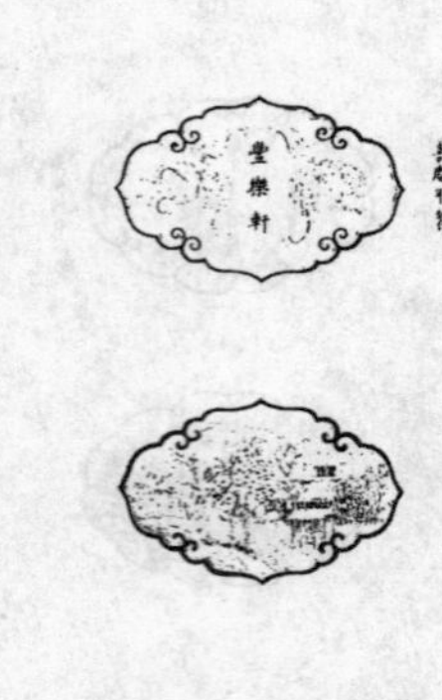
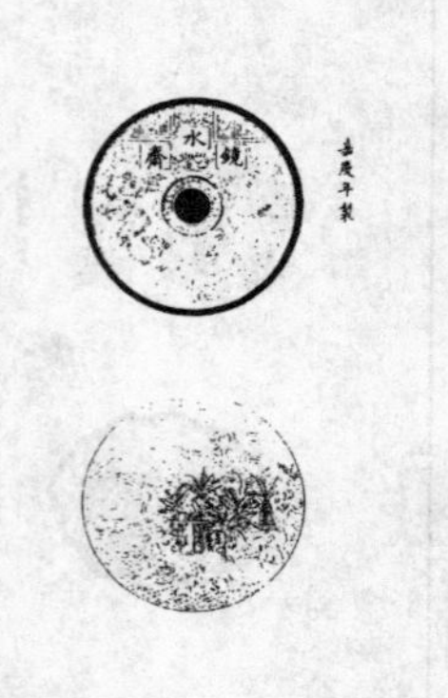

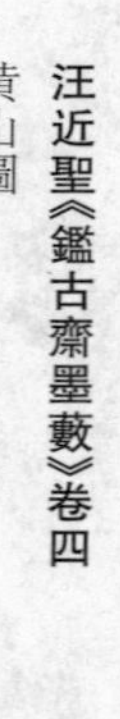

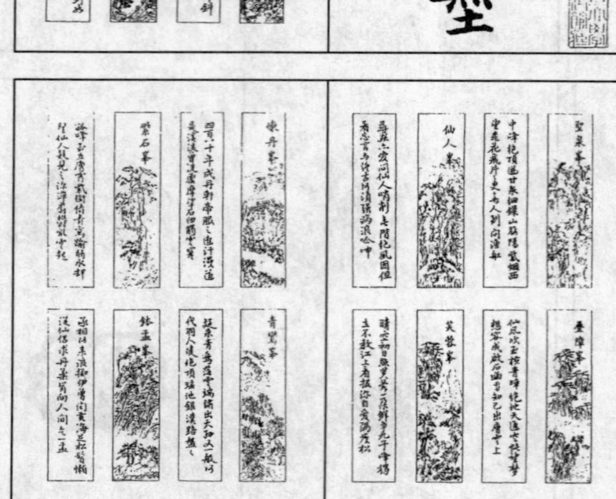

汪近聖《鑑古齋墨藪》卷四

黄山圖

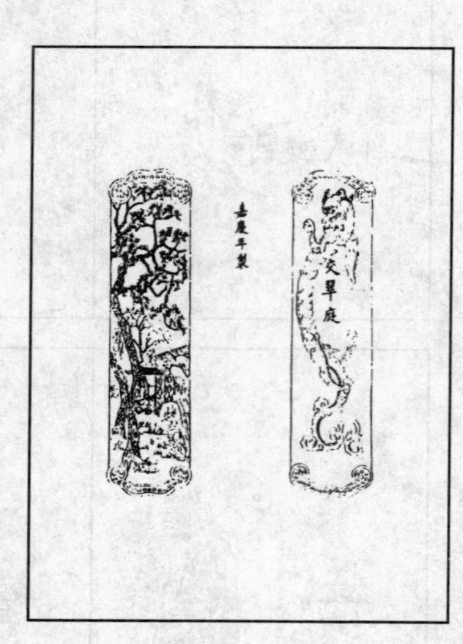

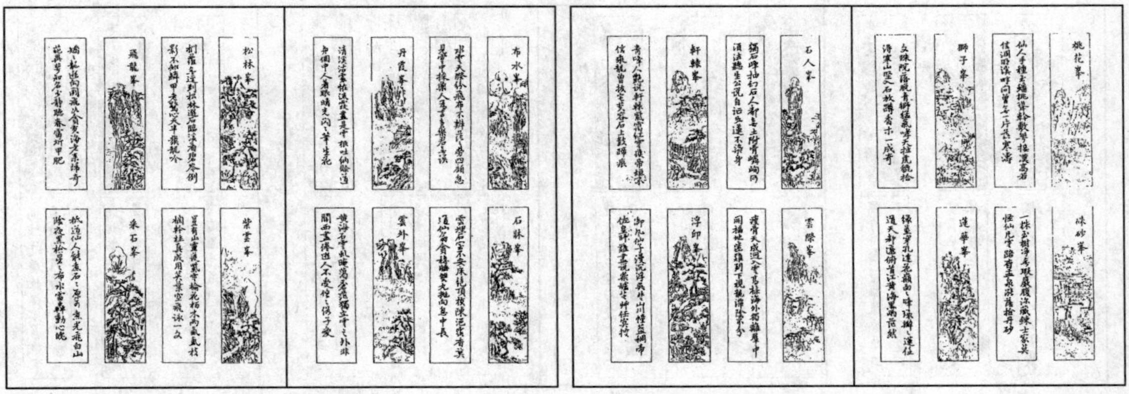

黃山圖墨贊

往余掌教紫陽，適汪君惟高歸自內廷，與論製墨法甚精，且悉見余三十六峰斷句袖歸未幾，惟高作古，余亦辭講席，今十年餘矣。其昆季子姪奉所製遠貽，其光可照，堅可水，鋒可截玉，不待言，而三十六斷句宛在，對之不勝人磨墨磨之感云。贊曰：

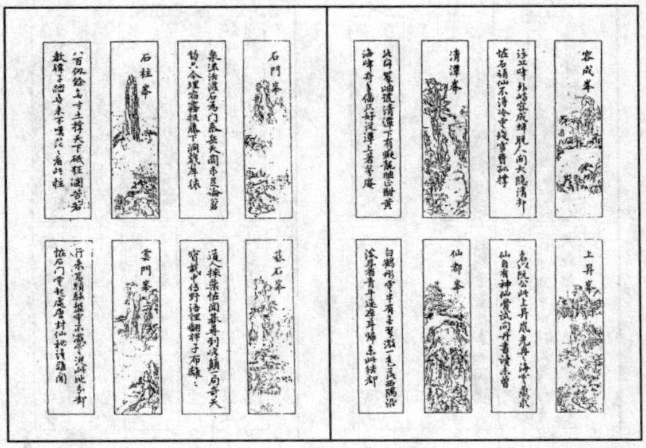

新安墨妙冠天下，乃在黃海松心者。
煙其質兮樂其輔，千鍾萬鍾質無假。
從古論物窮淵源，金玉膏膚何有也。
我吟六六取為模，雕刻所至鑄陶冶。

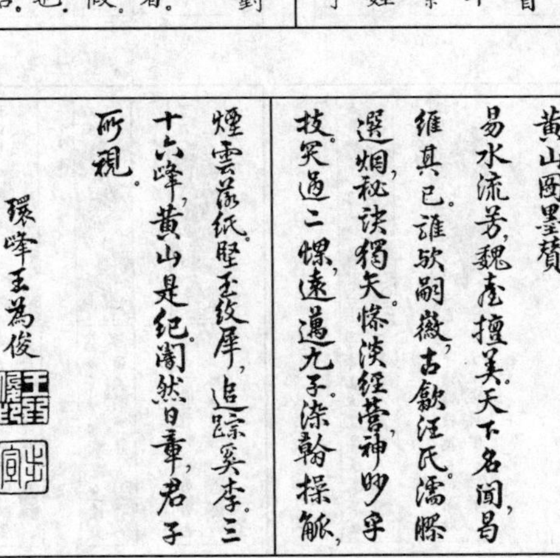

新安山水

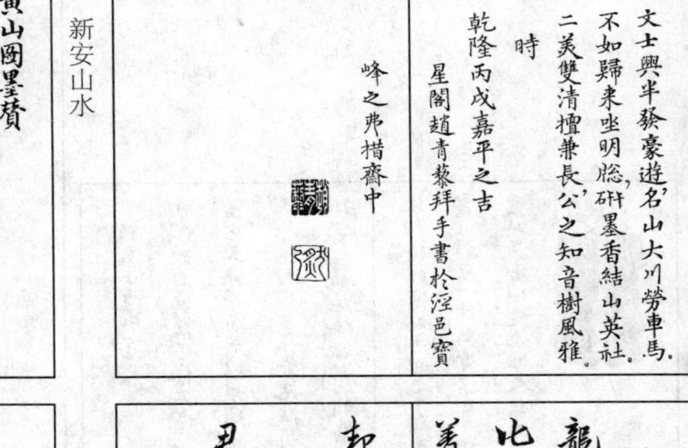

文士興半發豪遊，名山大川勞車馬。
不如歸來坐明牕，研墨香結山英社。
二美雙清擅兼長，公之知音樹風雅。
時
乾隆丙戌嘉平之吉
星閣趙青藜拜手書於涇邑寓
峰之弗措齋中

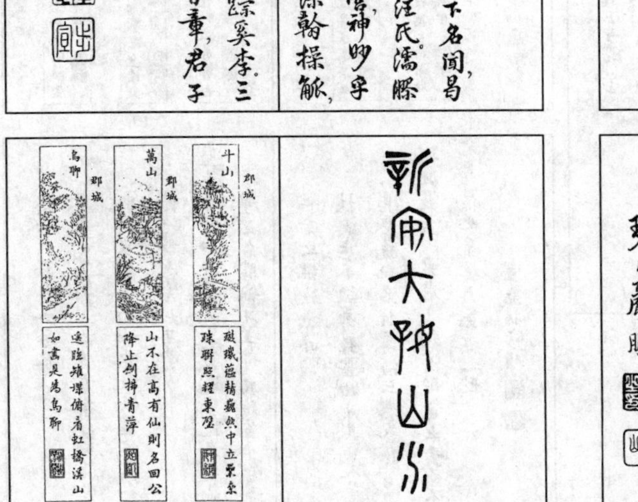

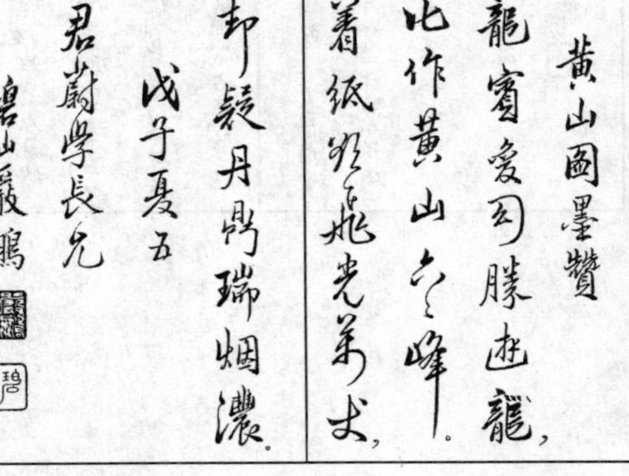

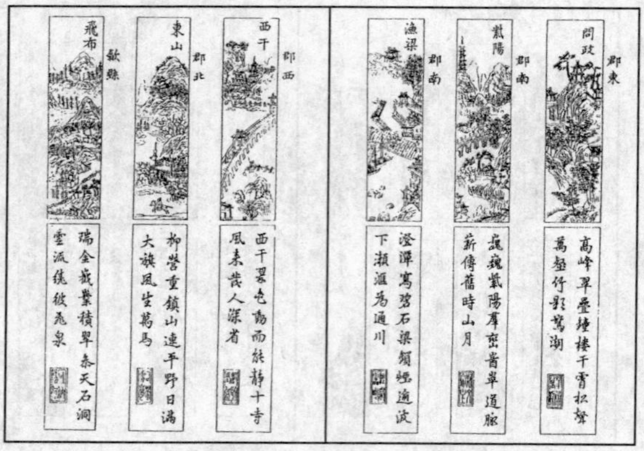

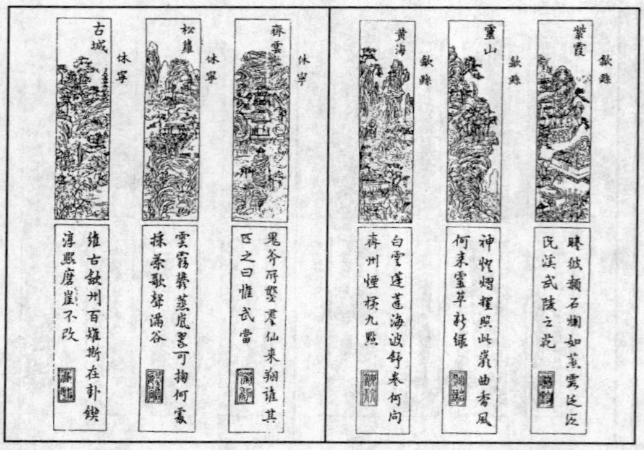

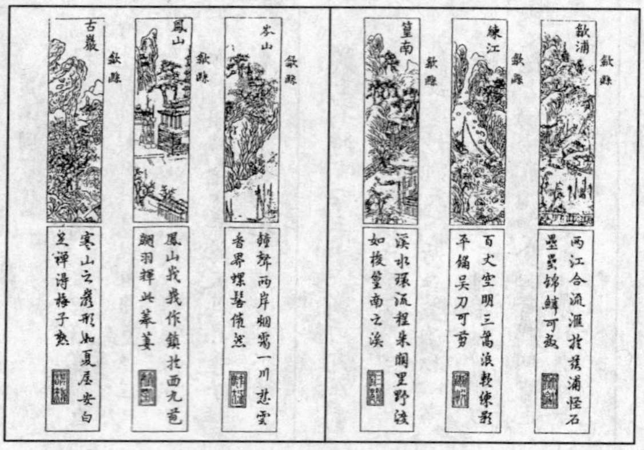

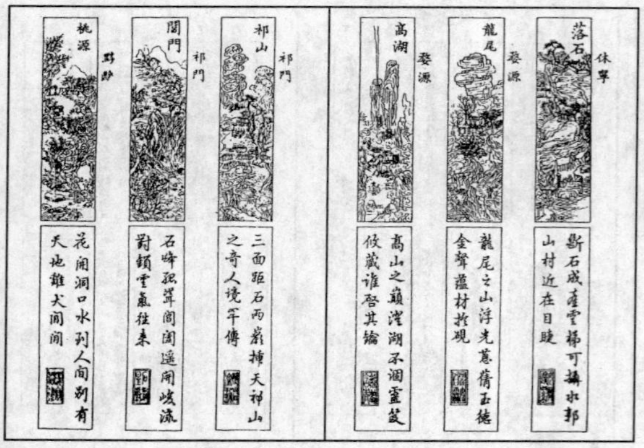

問政 郡東
高峰翠疊連樓千霄松聲萬壑竹影鷲湖

紫陽 郡南
巍巍紫陽庠序崇卑道脉薪傳舊時山月

漁梁 郡南
澄潭寫碧石梁類堰遹波下瀨匯為通川

西干 郡西
西干翠色飭而旋靜十寺風來裝人深者

東山 郡北
柳營重鎮山連平野日滿大旗風生萬馬

飛布 歙縣
瑞金巍業積翠參天石洞靈派悠彼飛泉

紫霞 歙縣
睇彼頹石斕如蒸霞迄匹阮溪武陵之花

靈山 歙縣
神牧嬉擢照此巖曲香風何來靈草新綠

黄海 歙縣
白雲蓬萊海波舒卷何向壽州煙橫九點

齊雲 休寧
鬼斧所鑿羣仙來翔誰其匹之曰惟武當

松蘿 休寧
雲霧繁蒸嵐翠可掬何處採茶歌聲滿谷

古城 休寧
維古歙州百雉斯在斷鐵淳熙磨崖不改

歙浦 歙縣
兩江合流匯於斯浦怪石壘壘錦鱗可數

練江 歙縣
百丈空明三篙浪轂練影平鋪吳刀可剪

篁南 歙縣
溪水環流程朱闕里野綫如棧篁南之溪

岑山 歙縣
鍾靈兩岸翻寫一川慈雲香界螺髻儼然

鳳山 歙縣
鳳山峩峩作鎮於西九苞翽羽揮此萋萋

古巖 歙縣
寒山之巖形如夏屋安白呈禪得梅子熟

落石 休寧
斷石成崖雲梯可攀水郭山村近在目睫

龍尾 婺源
龍尾之山浮光蔥蒨玉德金聲蘊材於硯

高湖 婺源
高山之巔濬湖不涸靈笈攸藏誰啓其鑰

祁山 祁門
三面距石兩巖摩天神山之奇人境罕傳

閶門 祁門
石峰孤聳閶闔遙開峽流對鎖雲氣往來

桃源 黟縣
花開洞口水到人間別有天地雞犬間聞

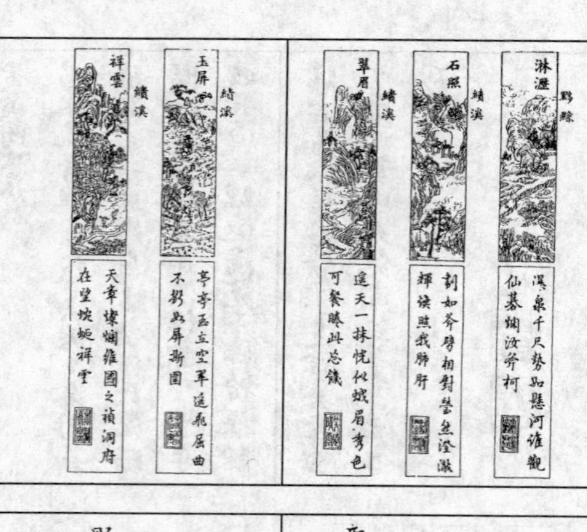

新安大好山水墨贊

墨製盛於新安而鑑古齋汪氏其冣也。新安故多好山水，兹其靈，挺其秀，雖一技之末亦足蒙

聖主之知而發文人之彩，進乎道矣。爰彙郡之名勝刻為二部，其殆茁乎？智者仁者之樂歟？贊曰：扶輿之氣，毓秀鍾靈，物產其良，人薦其馨，既馳名於薄海，亦奏藝於

彤廷。是蓋 君蔚兄獨有醉翁之意而不係之乎？模山範水之形。

宣城孫彦碩

題烏玉叢珍墨

于闐拱璧種必昌緣上黨松煙賈原無價蓋宏文典冊每因以焜燿彤庭即書畫名流亦藉而蜚聲藝苑披圖尋虞譜佳日樓寶器如林依樣製新裁呈古齋摹臨絕妙倚晴窗而恣賞千秋古玩熏心滴清露以輕磨一種幽香撲鼻知白守黑我獨愛此亦吾似是而非人或嗤其皮相

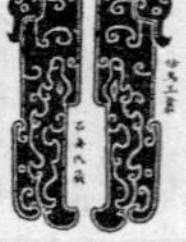

石舟孫璠

千秋光

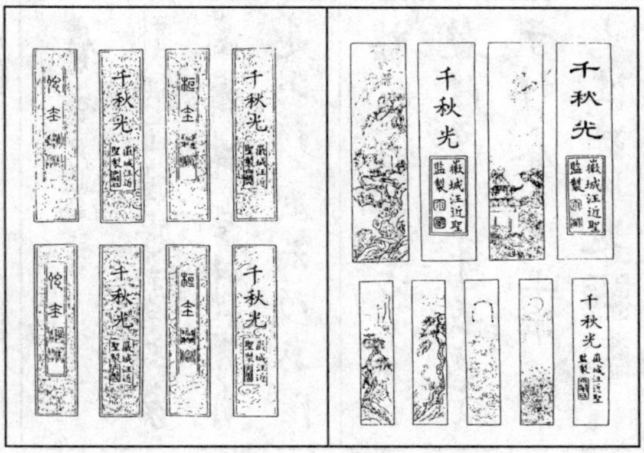

千秋光 徽城汪近聖監製

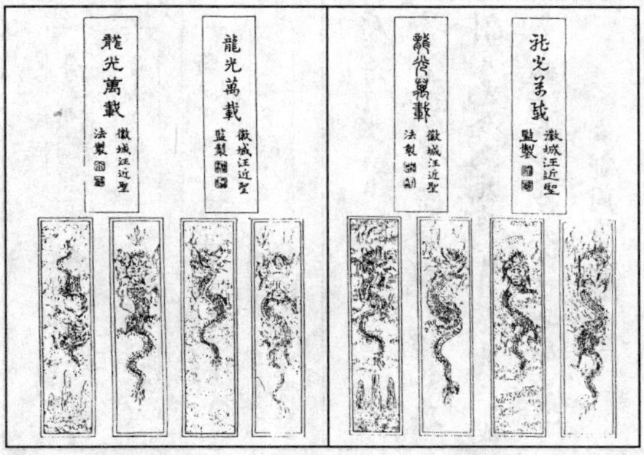

龍光萬載 徽城汪近聖監製

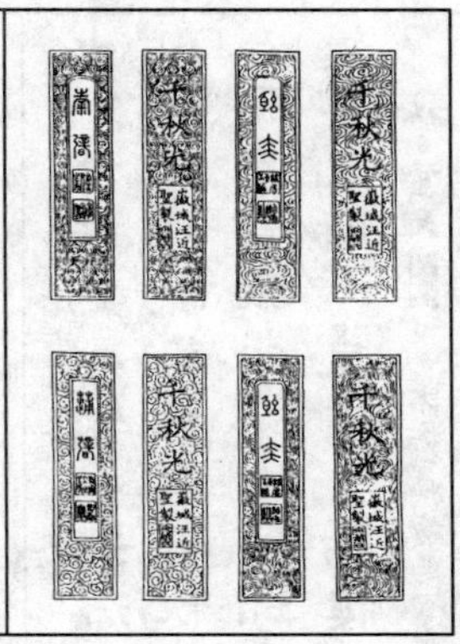

龍光萬載 徽城汪近聖法製

千秋光墨跋

上黨碧松烟，夷陵丹砂末，豪麝潑珠墨，精光乃如友。家涌滴仙詩，前古垂明渺，妙彼十年膠，其若一點漆，烏玦值黃金，聚餅敲元笏，甬為汪東高，雄太觀石室，拔尔垂基。不千秋光史帙，何愛倣金壺，濡汪云史筆，彰攄與劉心，矣為深何必。 宛田佩蒙

龍光萬載墨讚

一點如漆，厥惟仲將。其紋如犀，李超斂良。遹推鑑古，易水傳方。千搥萬杵，松液流香。功歸濡染，用顯文章。上品作貢，秘苑珍藏。製成麟髓，韜以豹囊。纂藻昭回，萬載龍光。

稍斉江文熙題

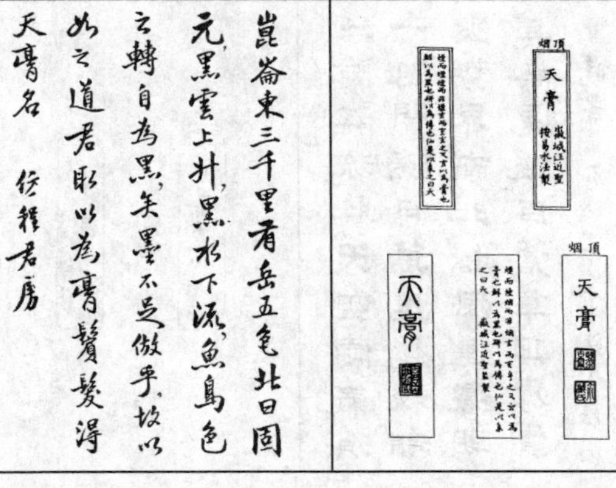

崑崙東三千里有岳五色，北曰固元，黑雲上升，黑水下流，魚鳥色之轉，自為黑矣。墨不足傲乎，故以如之道，君取以為膏，鬢髮溽天膏名。 佟稚君房

天膏 徽城汪近聖摹易水法製

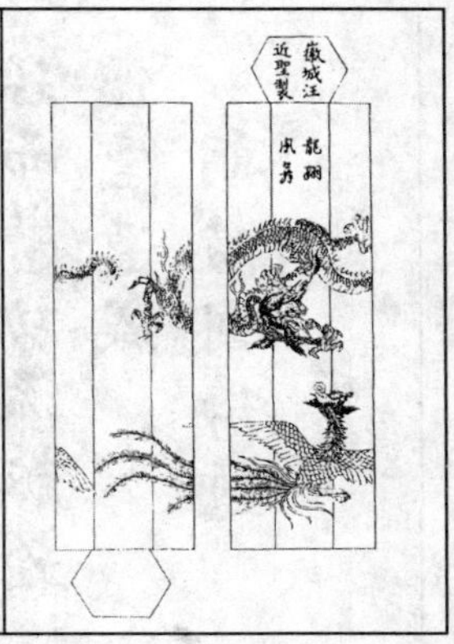

題鑑古齋龍翔鳳舞墨

戲海飛來火有箏，吹簫響徹碧雲天。四靈紀瑞標姿美，點綴烟光入硯田。

海陽吳錫齡

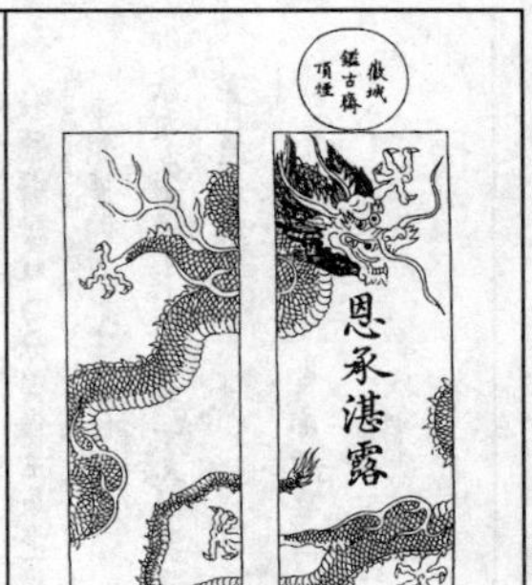

恩承湛露墨讚

元霜萬杵，啞魚腹，緻作犀紋，堅似玉。蒲劉張祖並稱良，前有奚李後潘谷。新安汪氏法最工，鑑古爭傳名馥郁。作貢上方秘府珍，石渠金馬咸購蓄。緗染遍琳瑯多，湛露承 恩正饒沃。文章光氣射斗牛，雖云晦默實炳煜。筆陣由來作鍪甲，更使詞鋒礪銛鏃。

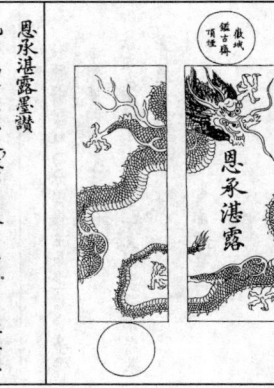

謹齋江昀

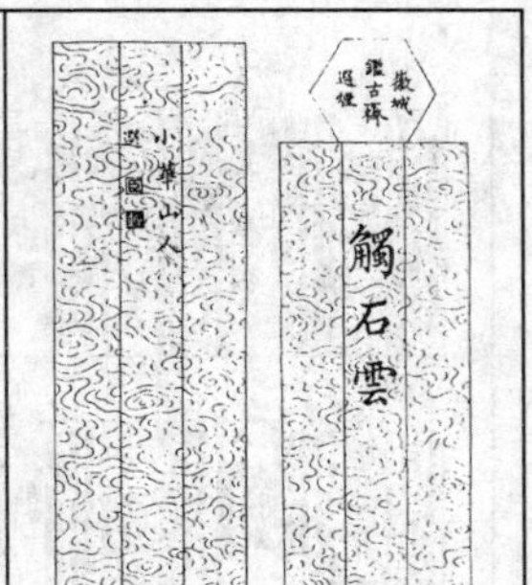

恩承湛露

觸石雲

觸石雲墨銘

然雲膚寸，觸石千里，其諸有霖雨之施乎，霽乎，鱗鱗乎，兮何时起。

乾隆五十四年

婁東朱衣題

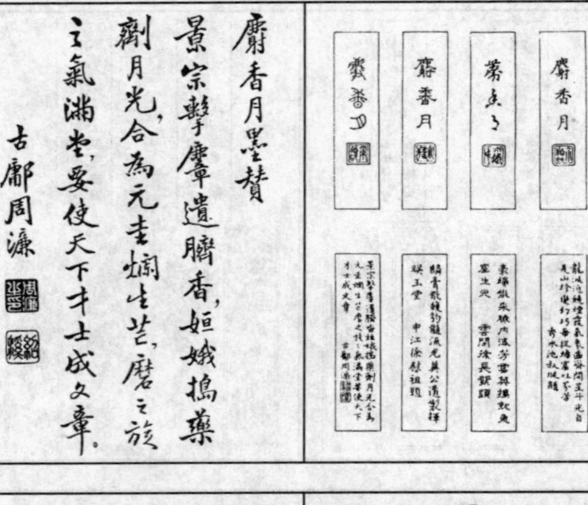

麝香月墨贊

景宗擘麞遺臍香，姮娥搗藥劘月光，合爲元圭爛生芒，磨之旋之氣滿堂，要使天下才士成文章。

古鄮周濂

麝香月墨贊

龍涎近繞煙霞氣，象嵩齋開星斗光。自是山珍變幻巧，安從蟾窟吐芬芳。

乾隆五十七年歲次壬子仲春之月上澣，秀水沈姍埏題

麝香月墨贊

毫端散彩，臍內流芳。雲英搗就，兔窟生光。

乾隆辛亥冬日雪開

徐長蕤題

麝香月墨贊

麟膏散馥，豹髓流光。異公遺製，輝暎玉堂。

壬子仲春之月中江

徐懋祖題

天門山圖

臨江書屋 木齋姚椽製

出門何所見，一泒大江流。山色千峰晚，蘆華兩岸秋。人歸黃葉渡，船泊白沙洲。緩步天門上，風高月滿樓。

秋日登天門山 木齋姚椽

采石山圖

[illegible]書屋 金萼溪製

地險江流壯，天空霧氣消。一帆開曉日，萬里趁秋潮。山勢界南北，松風連暮朝。長吟還縱目，蒼隼正摩霄。

曉發采石作 萼溪金璋

夫子辟小引

圖書之精，川岳之英，奇光奕奕，橫理庚庚，自古而澤，匪琢而瑩，功流艅翰，價重連城。

朗陵劉琦題

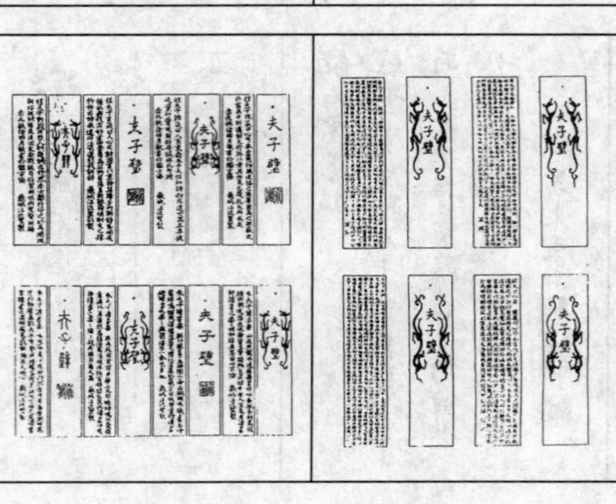

夫子壁墨讚

金聲之堂，丹書之甕。琮璜其珍，瑾瑜其貢。氣吐白虹，文輝朱鳳。百代摩挲，七枚寶重。惟吾 汪君，聲華邁衆。宅近宮墻，家鄰軒洞。檜影凌空，杏花香夢。術投廷珪，書貽季重。追之琢之，其揄其麋。什之襲之，其磨其礱。昔歲京華，天街飛鞚。日煥楓宸，雲瞻松棟。寵拜鑾坡，恩分鶴俸。玉局追陪，金臺供奉。銅雀淵源，龍賓伯仲。染向御爐，天衣無縫。千杵搗成，一丸贈送。潭水踏歌，青蓮是頌。

震亭曹學詩題

圭辟光贊

玉闕分圭文檀拱
璧動靜瀯清詩書
世澤伊今之人相
古之質一年一寸
啜香汁

汪上趙青藜

松膠桂液精采凝膏玉質圭形
華珍挹實域名山而光射斗牛
耀閬苑以敷同金石斯為特品用
貢上方　右題圭璧光墨
乾隆丙午秋長洲錢棨

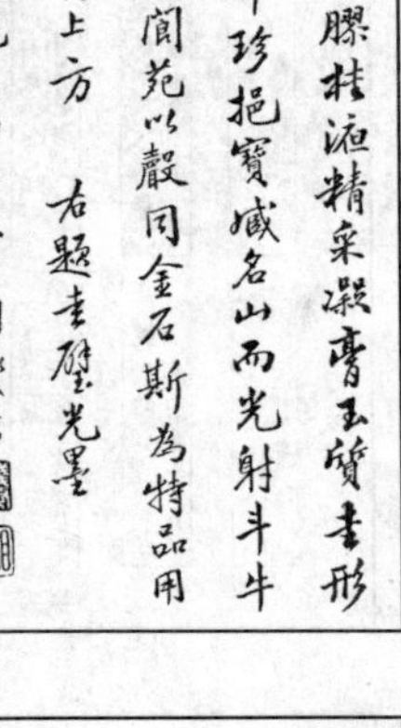

圭璧光墨銘

麋髓于魯靈氣君房何如
圭璧之光可用賓于王

緝園承煊

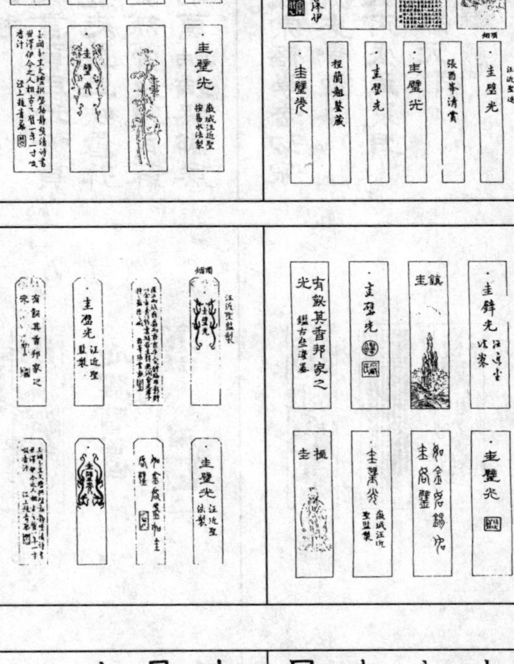

圭辟光銘

圭辟之光上應奎辟啚
書之府氷宜天下文章
是式溶溶乳黯漸漸易
水千四百年合由雨美
是可人臨川之池而貫
洛陽之紙

東墅謝墉

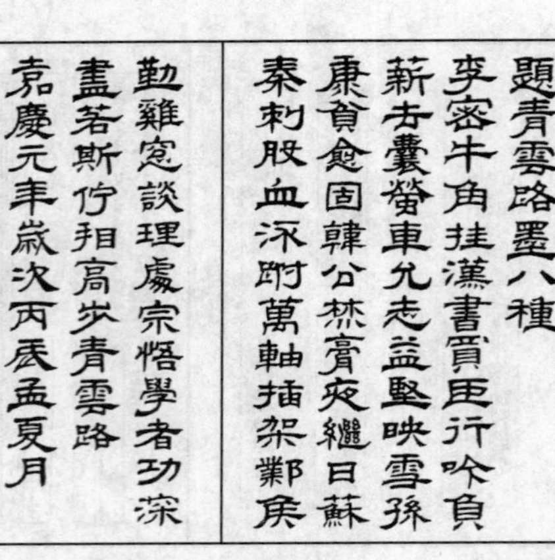

題青雲路墨八種

李密牛角掛漢書買臣行吟負薪去囊螢車允志益堅映雪孫康貧愈固韓公焚膏夜繼日蘇秦刺股血流附萬軸插架鄴侯勤雜寘談理處宗悟學者功深盡著斯仿翔高步青雲路

嘉慶元年歲次丙辰孟夏月

石枰江元贊

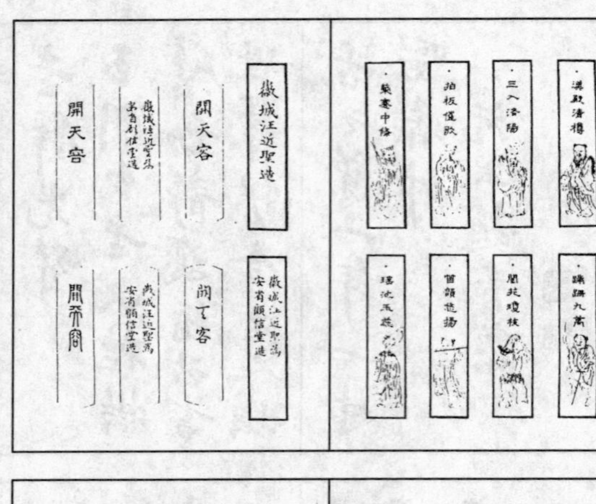

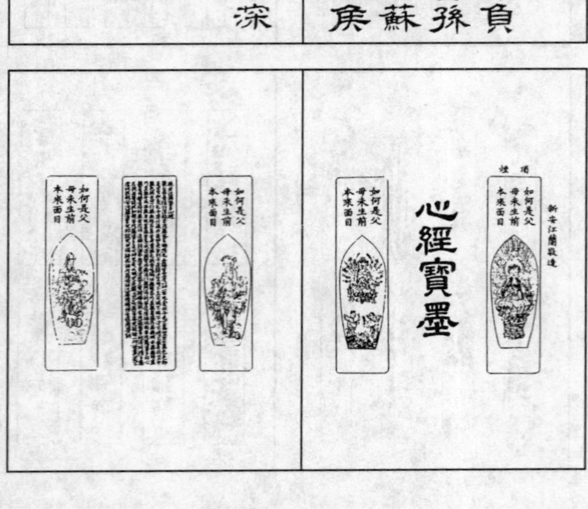

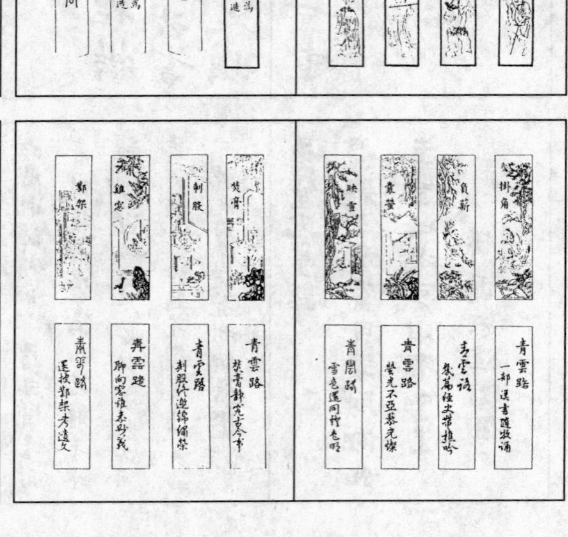

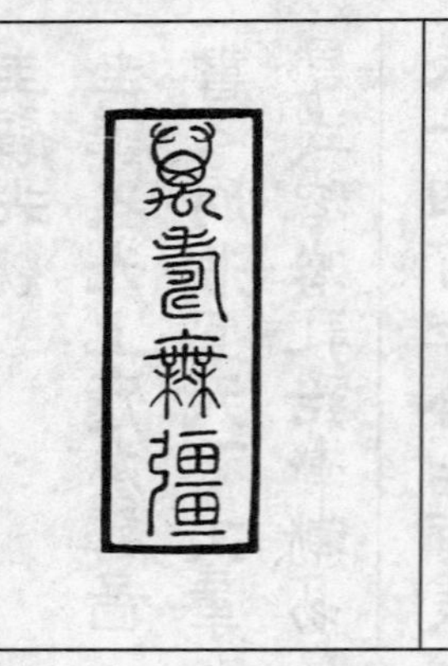

涵春書屋珍藏

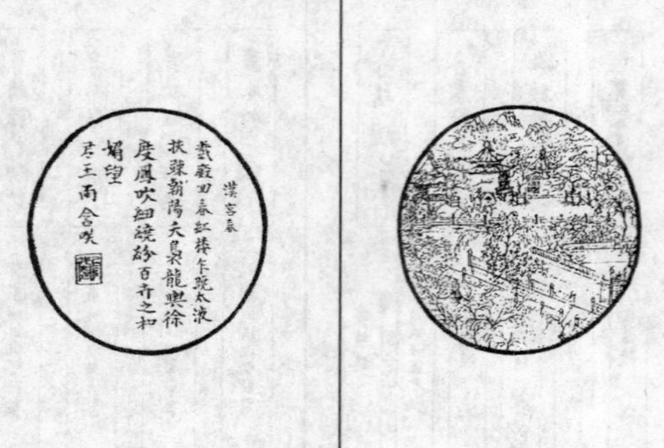

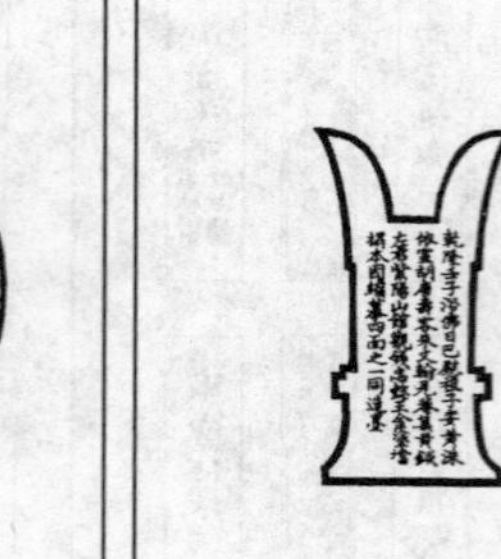

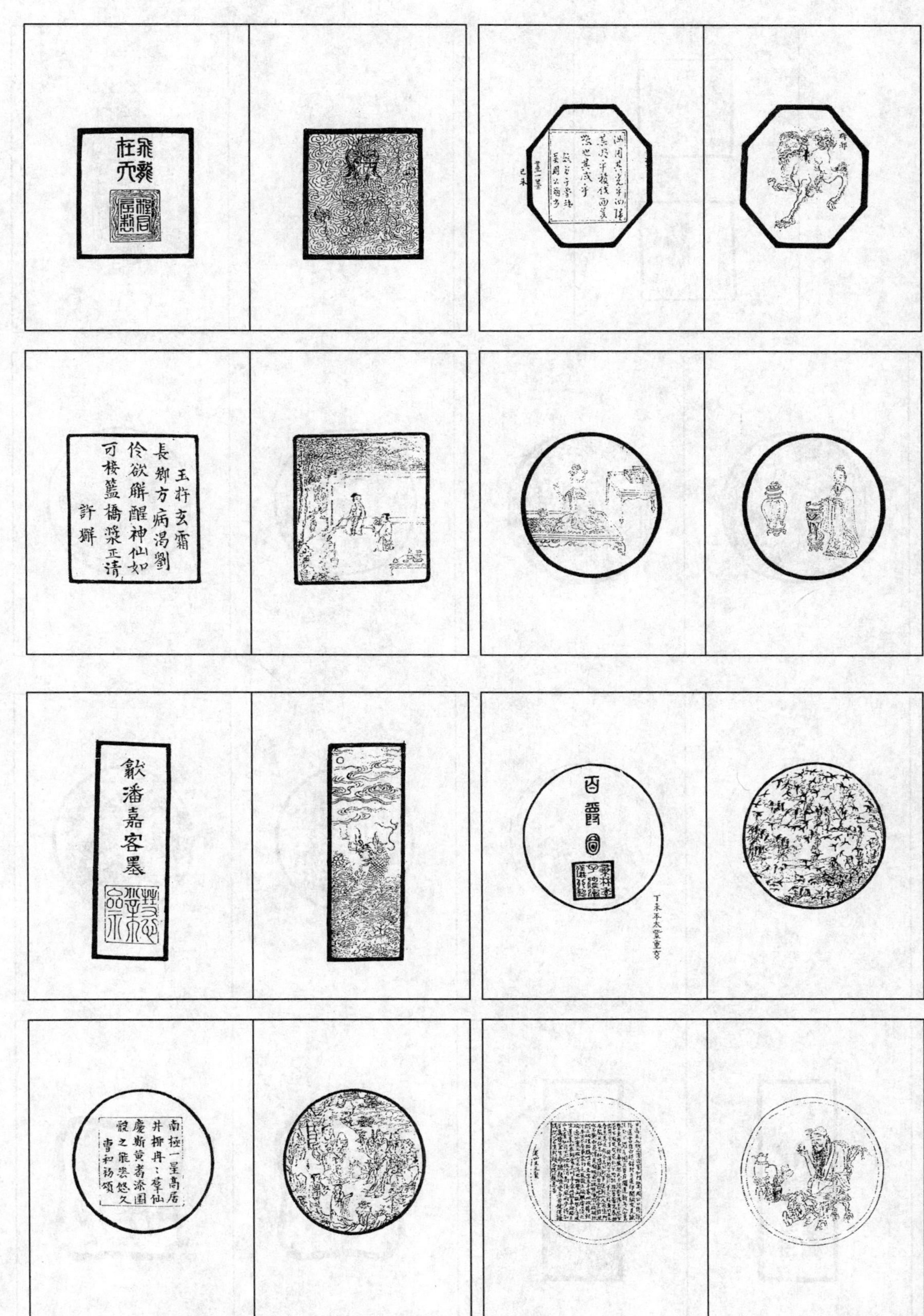

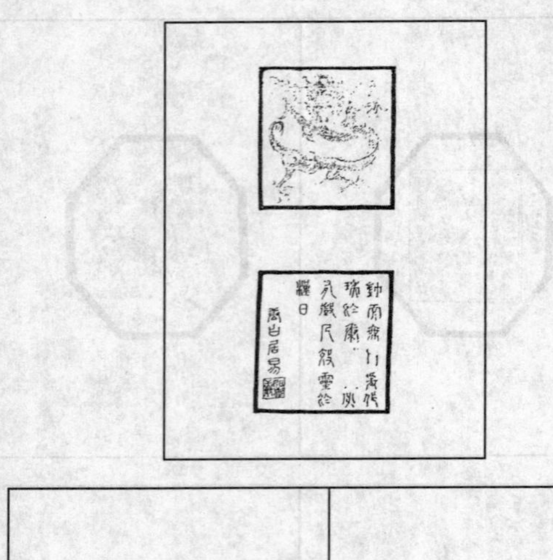

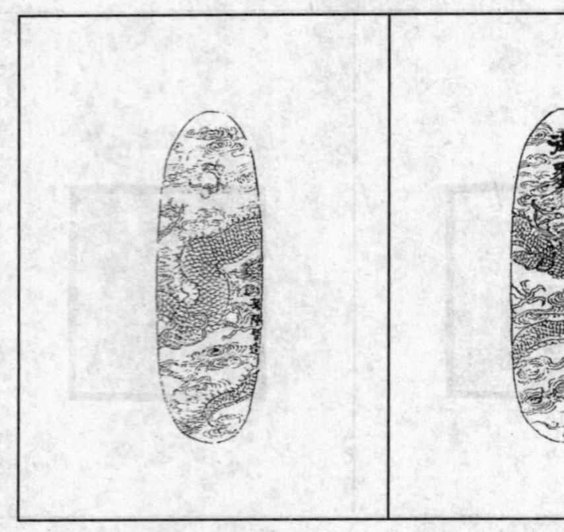

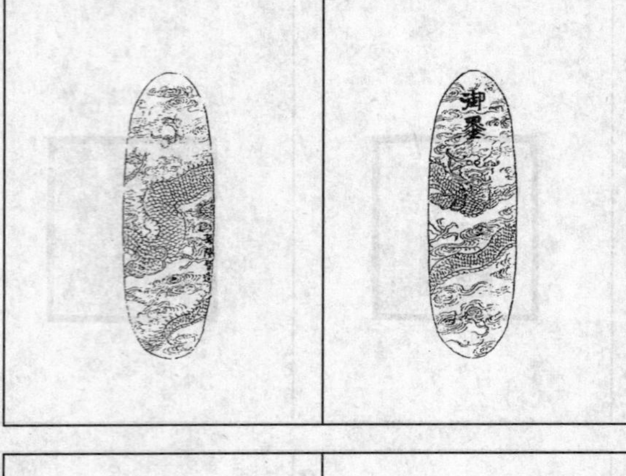

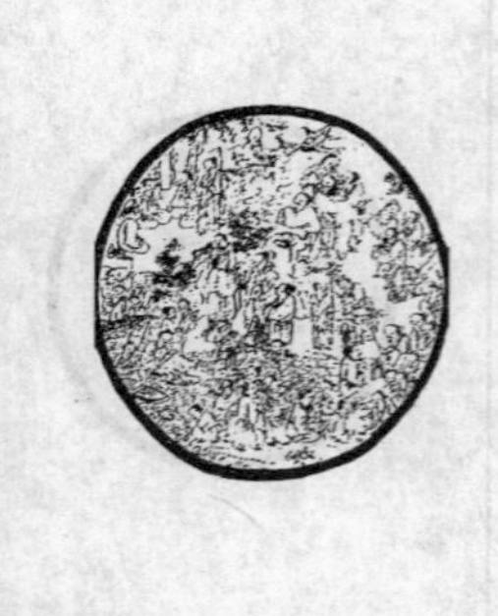

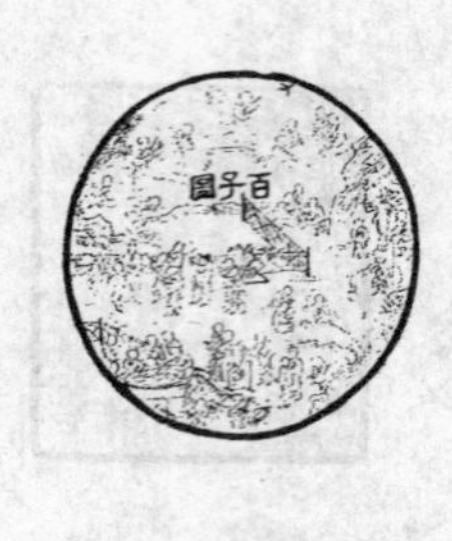

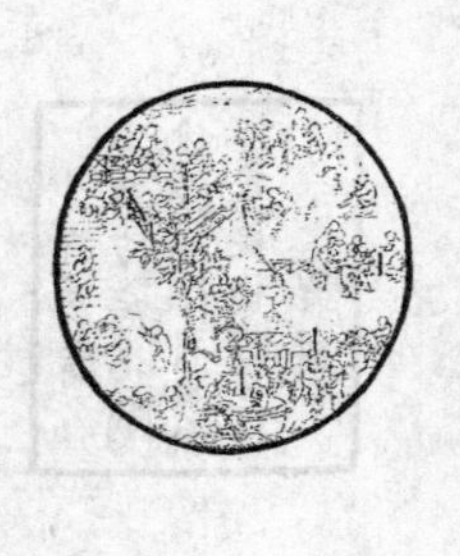

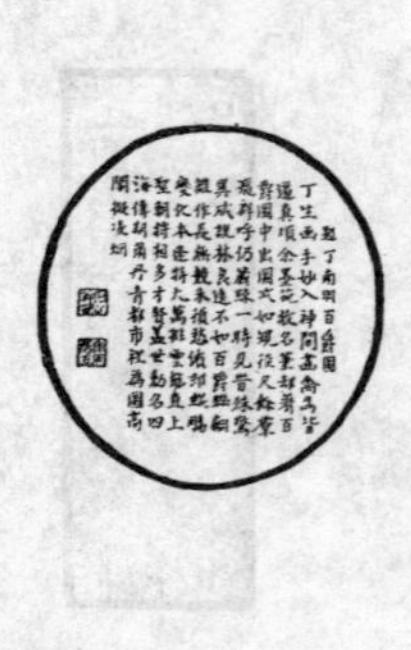

千巖泉洒落
萬叡樹縈迴

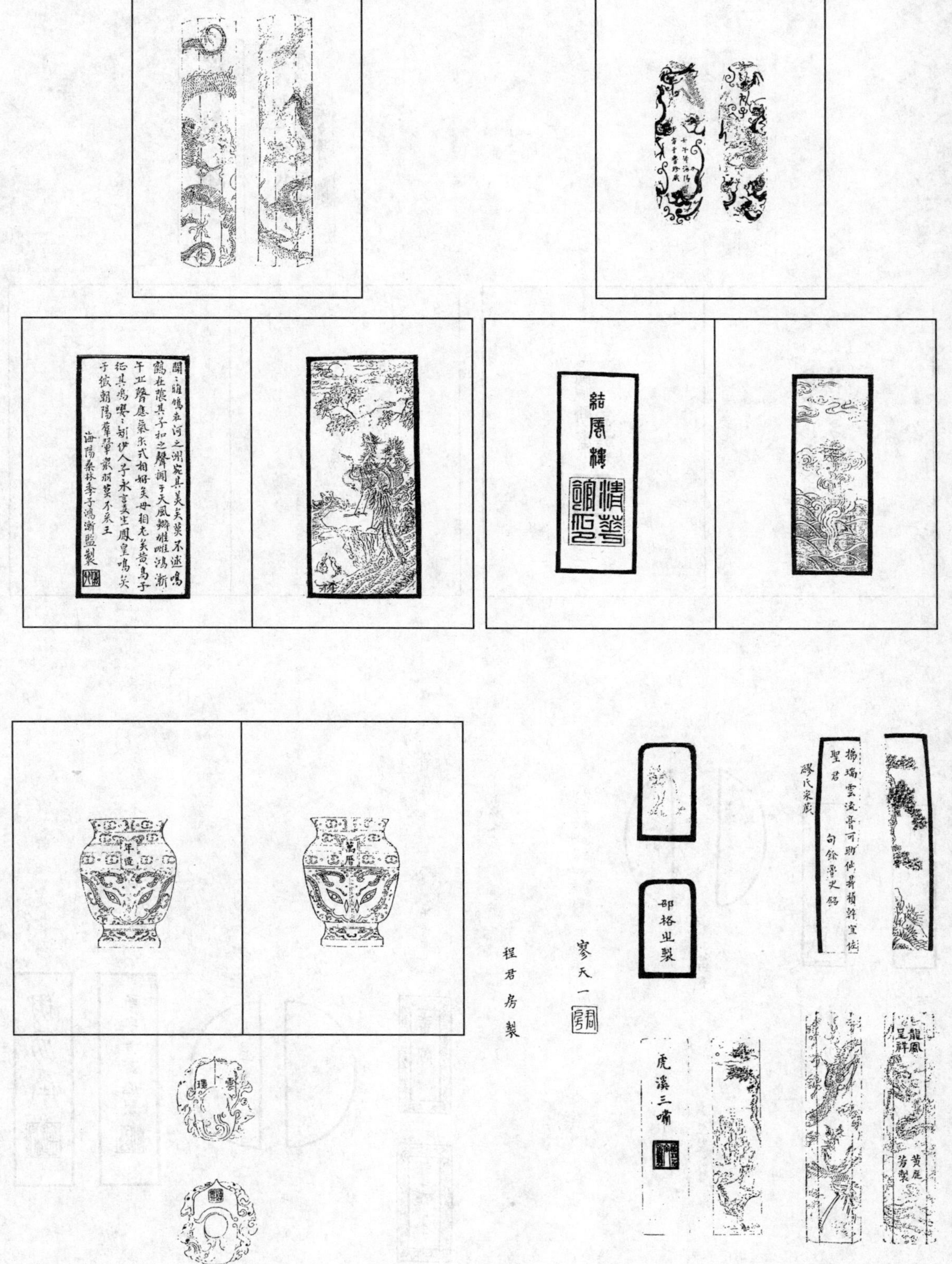

平思屋長龙涛 手合

小又寶寺町 堺筋

蒼龍液

蒼蘇九匕涎化蟾窟 用染柔翰藻采繽紛

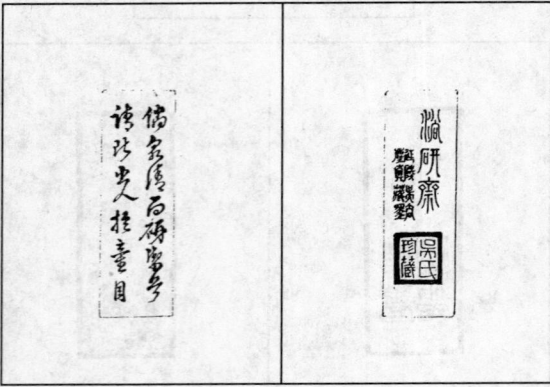

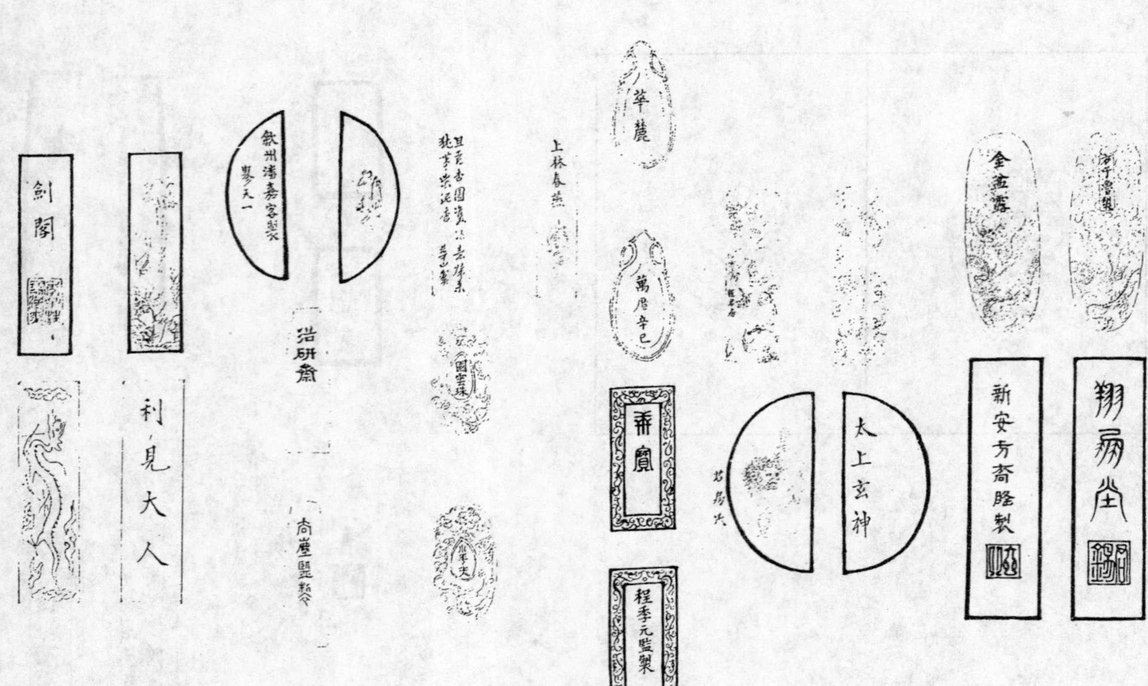

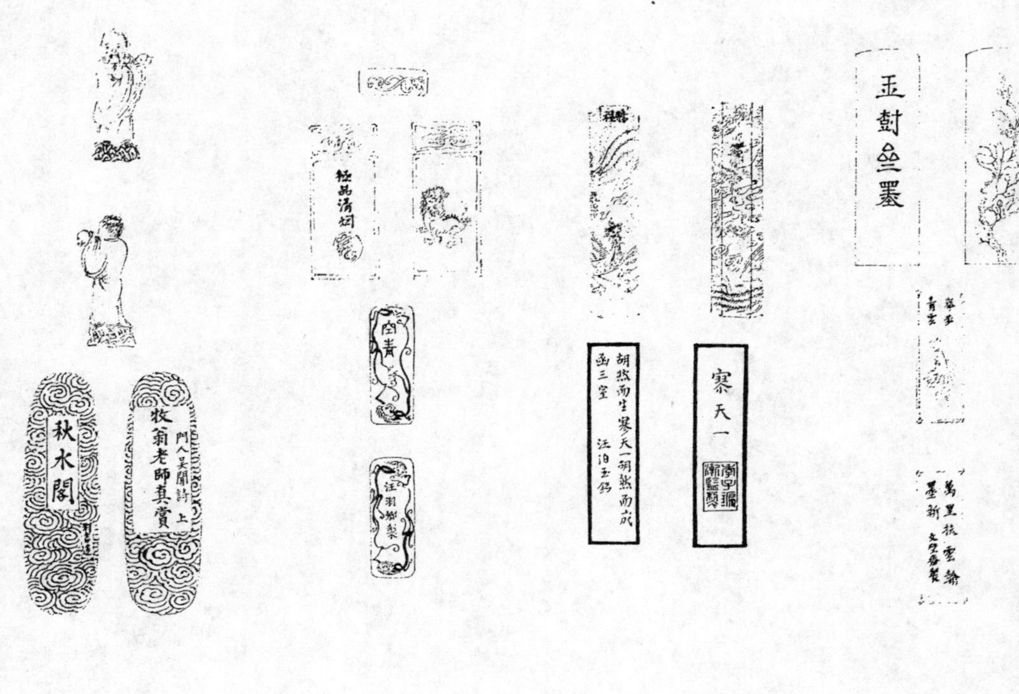

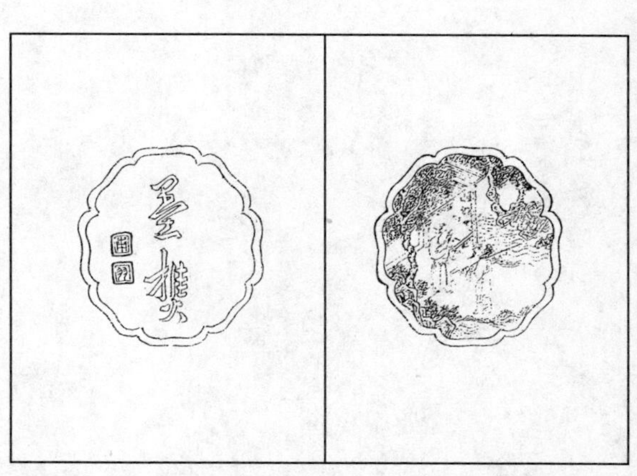

附二：製筆總部

《附二：製筆總部》提要

我國的毛筆作爲一種書寫工具，不但是古人必備的文房用具，而且在表達中華書法、繪畫的特殊韵味上具有不可忽視的作用。筆還寄託著中國古代文人記録歷史、分辨曲直、實現志向的濟世情懷。

文字中最早的「筆」字出現在商代甲骨文上。春秋戰國時對筆的稱呼各地都不同，楚稱「聿」，吴稱「不律」，燕稱「弗」，秦稱「筆」，秦始皇統一六國後，才統一稱爲「筆」。秦朝之後，筆匠們開始將筆的一端掏空，將筆頭納入空腔之中。毛筆的形制從此確立。元、明以後，毛筆的主要産地集中在浙江、湖南和江蘇等地，以山羊毛製作羊毫筆著稱於世。

毛筆的製作關鍵在於筆頭，古人云「筆之所貴在毫」。製作毛筆筆尖的材料主要是獸毛禽羽，即動物纖維，也有少量用植物纖維的，選毫不同決定了筆頭的長短、剛柔、粗細及使用特點的差異。中國古代製筆的材料種類豐富，主要有羊毛、兔毫、黄鼠狼毛、初生嬰兒的胎髮等。最初筆毫多以兔毛製作，有紫毫和花白之分，紫毫取自兔項脊及尾，軟而圓健，是相當名貴的毛筆。羊毫筆用羊毛做成，古代以嘉興、硤石生産的羊毫爲第一，秀水等縣次之，多以青羊毛爲之。湖筆也多以羊毫取勝，製湖筆用的是杭嘉湖地區的山羊毛，山羊必須在冬季宰殺，經專業筆工的揀擇，經十道工序，方由羊毛成爲羊毫。狼毫筆通常用黄鼠狼的尾毛做毫，優質的黄鼠狼毛産在東北，力介於羊毫、紫毫之間，質地較脆，不耐摩擦。用兩種以上不同的毫可以製成兼毫筆，一般以狼毫或紫毫與羊毫合製而成，以一種毫爲芯柱，用别種毫覆蓋在外面。筆匠們爲了提高製筆工藝，還不停探索用各種動物毛製筆，如雞毛、鼠須、山馬毫、豬鬃、鹿毫等，形形色色不下百種。

毛筆的名貴除了體現在筆頭所用的珍貴毫毛上，也表現在筆管的材料及裝飾上。筆管的材料以竹子最爲普遍，但有時爲顯示地位和尊貴，筆工也常使用名貴材料做筆管，如金、銀、玉、象牙、玳瑁等，《朝野僉載》稱：「歐陽通以象牙犀角爲筆管。」即使用竹竿，也要選上等斑竹，並鑲嵌象牙、玉、香木等作爲裝飾。單從使用功能上來説，竹製筆管當然最爲適宜，且竹子取材容易，輕便實用，又價廉物美。竹管筆也可分爲白竹管、方竹管、紫竹管、湘妃竹管、馬鞭竹管等。

我國所産毛筆中最負盛名的當屬湖筆，被譽爲「筆中之冠」。「湖筆」之聞名於世，當在六、七百年以前的元朝。元以前，以宣筆最有名氣，蘇東坡、柳公權都喜歡用宣州筆；元以後，宣筆逐漸爲湖筆所取代，據《湖州府志》記載：「元時馮慶科、陸文寶制筆，其鄉習而精之，故湖筆名於世」，「湖州馮筆妙無倫，還有能工沈日新。倘遇玉堂揮翰手，不嫌索價如珍珠。」人們願以千金重價求買湖筆，足見其聲譽卓著。湖筆的故鄉在浙江湖州的善璉鎮，當地幾乎家家出筆工，户户會製筆。湖筆亦稱湖穎，所謂「穎」，就是指筆頭尖端有一段整齊而透明的鋒穎，業内人稱之爲「黑子」，「黑子」的深淺，就是鋒穎的長短，是用上等山羊毛經過浸、拔、並、梳、連、合等近百道工序精心製成的，白居易曾以「千萬毛中揀一毫」和「毫雖輕，功甚重」來形容製筆技藝的精細和複雜，所以有「毛穎之技甲天下」之説。

對於毛筆的鑒賞，古人總結爲尖、齊、圓、健，稱「筆有四德」。「尖」指筆尖要鋒利，筆鋒愈深長愈佳，所謂鋒毫畢露，尖鋭無比；「齊」是指整體的筆毫，必要均匀整齊，將筆頭之前鋒壓平，其鋒頂毫端，應齊整無參差，合時乃尖如一點；「圓」是指筆頭的造形，要端正飽滿，如春筍般，整支筆吸墨後提起，自然圓渾乃爲佳品；「健」是指毛的品質，要能剛柔適度，配料要相輔相成，筆鋒、筆腰、筆腹、力點要均匀始能運筆自如，揮灑暢順，轉折、逆鋒不枯澀如流雲。

基於各類文獻對製筆材質、製筆工藝及筆的保存等記録，本總部下設經目有二：

一、《製造部》。收録製筆原料、製筆工藝、製筆工具及製筆名家的有關材料，包括綜述、傳記和紀事三個緯目。製筆原料與製筆工藝往往混雜交融，因此，不做强行分割。

二、《鑒賞部》。收録對各類製筆工藝的優劣品評、對各類筆的鑒賞和使用等方面的材料，設紀事、藝文和雜録三個緯目。選擇材料時主要側重對製筆工藝的評價，選擇部分和鑒賞筆有關的軼聞故事。紀事緯目分爲兩部分，一是收録有關筆的鑒賞、品評的材料，二是收録有關保存筆的各種方法的材料。

目録

綜述

劉熙《釋名》卷六《釋書契》 筆：述也，述事而書之也。

崔豹《古今注》卷下《問答釋義第八》 牛亨問曰：「自古有書契已來，便應有筆。世稱蒙恬造筆，何也？」答曰：「蒙恬始造即秦筆耳，以枯木爲管，鹿毛爲柱，羊毛爲被，所謂蒼毫，非兔毫竹管也。」又問：「彤管何也？」答曰：「彤者，赤漆耳。史官載事，故以彤管用，赤心記事也。」

郭璞《爾雅注疏》卷四《釋器第六》 不律謂之筆。注：蜀人呼筆爲不律也，語之變轉。

徐堅《初學記》卷二一《文部・筆》 叙事。《釋名》曰：筆，述也。謂述事而書之也。案《博物志》：蒙恬造筆。又案《尚書中候》：玄龜負圖出，周公援筆以時文寫之。《曲禮》云：史載筆，士載言。此則秦之前已有筆矣。蓋諸國或未之名，而秦獨得其名，恬更爲之損益耳。故《說文》曰：楚謂之聿，吴謂之不律，燕謂之拂，秦謂之筆，是也。《西京雜記》云：漢制，天子筆，以錯寶爲跗音夫，毛皆以秋兔之毫。官師路扈爲之，又以雜寶爲匣，厠以玉璧翠羽，皆直百金。《漢書》云：尚書令、僕〔射〕、丞相、郎，月給大管筆一雙。傅玄云：漢末一筆之柙，雕以黄金，飾以和璧，綴以隋珠，文以翡翠，其筆非文犀之楨，必象齒之管，豐狐之柱，秋兔之翰矣，則其事也。

馬鎬《中華古今注》卷上《簪白筆》 簪白筆，古珥筆之遺象也。腰帶劍珥筆，示君子有文武之備焉。

蘇易簡《文房四譜》卷一《筆譜上附筆格》 一之叙事

上古結繩而治，後世聖人易之以書契，蓋依類象形，始謂之文，形聲相益，故謂之字。孔子曰：「誰能出不由户？」揚雄曰：「孰有書不由筆？」苟非書，則天地之心，形聲之發，又何由而出哉？是故知筆有大功於世也。

《釋名》曰：「筆，述也。謂述事而言之。」又成公綏曰：「筆者，畢也，謂能畢舉萬物之形，而序自然之情也。」又《墨藪》云：「筆者，意也，意到即筆到焉。」又吴謂之不律，燕謂之弗，秦謂之筆也。又許慎《說文》云：「楚謂之聿。聿字，從聿一。又聿，音女涉反。聿者，手之捷巧也。故從又從巾。秦謂之筆，從聿竹。」郭璞云：「蜀人謂筆爲不律。雖曰蒙恬製筆，而周公作《爾雅》授成王，而已云簡謂之札，不律謂之筆，或謂之點。」又《尚書中候》云：「玄龜負圖出，周公援筆以時文寫之。」《曲禮》云：「史載筆。」《詩》云：「静女其孌，貽我彤管。」又夫子絶筆於獲麟。《莊子》云：「舐筆和墨。」是知古筆其來久矣。又慮古之筆，不論以竹以毛以木，但能染墨成字，即呼之爲筆也。昔蒙恬之作秦筆也，柘木爲管，以鹿毛爲柱，羊毛爲被，所謂「蒼毫」，非謂兔毫竹管也。（見崔豹《古今注》。）秦之時，併吞六國，滅前代之美，故蒙恬獨稱於時。又《史記》云：始皇令恬與太子扶蘇築長城，恬令取中山兔毛造筆，令判案也。

《西京雜記》云：漢製，天子筆以錯寶爲跗音夫，毛皆以秋兔之毫，官師路扈爲之。又以雜寶爲匣，厠以玉璧翠羽，皆直百金。

又《漢書》云：尚書令、僕射、丞相、郎官，月給大筆一雙。篆題云「北宫工作」。

又傅玄云：漢末一筆之柙，雕以黄金，飾以和璧，綴以隋珠，文以翡翠。非文犀之楨，必象齒之管，豐狐之柱，秋兔之翰。用之者必被珠綉之衣，踐雕玉之履。

王子年《拾遺》云：張華造一作進。《博物志》成，晋武賜麟角筆管，此遼西國所獻也。

《孝經援神契》云：孔子製作《孝經》，使七十二子向北辰磬折，使曾子抱河洛事北向。孔子簪縹筆，衣絳單衣，向北辰而拜。

王羲之《筆經》云：有人以緑沉漆竹管及鏤管見遺，録之多年，斯亦可愛玩。詎必金寶雕琢，然後爲貴乎？

崔豹《古今注》云：今士大夫簪筆佩劍，言文武之道備也。晋蔡洪赴洛中，人問曰：「吴中舊姓何如？」答曰：「吴府君聖朝之盛佐，明時之俊乂。朱永長理物之宏德，清選之高望。嚴仲弼九臯之鳴鶴，空谷之白駒。顧彦先八音之琴瑟，五色之龍章。張伯威歲寒之茂松，幽夜之逸光。陸士龍鴻鵠之徘徊，懸鼓之待槌。此諸君以洪筆爲鉏耒，以紙札爲良田，以玄墨爲稼穡，以義理爲豐年。」出劉氏《小說》，又出《語林》。

《文士傳》云：成公綏口不能談，而有劇問，以筆答之，見其深智。

吴闞澤爲人傭書，以供紙筆。

《世説》：王羲之得用筆法於白雲先生，先生遺之鼠鬚筆。又云：鍾繇、張芝皆用鼠鬚筆。

魏曹公聞吴與劉先主荆州，方書，不覺筆墜地。何晏亦同。司馬宣王欲誅曹爽，呼何晏作奏，曰：「宜上卿名。」晏驚，失筆於地。

晉王珣，字元琳，夢人以大筆如椽與之，人説曰：「君當有大手筆事。」後孝武哀策謚文，皆珣所草。又云是王東亭。

《漢書》：張安世持橐簪筆，事孝武數十年，以備顧問，可謂忠謹矣。

《梁書》：紀少瑜，字幼瑒，嘗夢陸倕以一束青鏤管筆授之，云：「我以此猶可用，卿自擇其善者。」其文因此遂進。

梁鄭灼，家貧好學，抄義疏以日繼夜，筆毫盡，必削而用之。

隋劉行本累遷掌朝下大夫。周代故事：天子臨軒，掌朝典筆硯，持至御座，則承御大夫取以進之。及行本爲掌朝，將進筆於帝，承御復欲取之。行本抗聲曰：「筆不可得！」帝驚視，問之，行本曰：「臣聞設官分職，各有司存。臣既不得佩承御刀，承御亦焉能取臣筆？」帝曰「然」，因令二司各行所職。

柳公權爲司封員外郎，穆宗問曰：「筆何以盡善？」對曰：「用筆在心，心正則筆正。」上改容，知其筆諫。

《景龍文館集》云：中宗令諸學士入甘露殿，其北壁列書架。架上之書，學士等署見《新序》、《説苑》、《鹽鐵》、《潛夫》等論。架前有銀硯一，碧鏤牙管十，銀函盛紙數十種。

揚子《法言》云：孰有書不由筆，言不由舌？吾見天常爲帝王之筆舌也。

《論衡》曰：智能之人，須三寸之舌，一尺之筆，然後能自通也。

曹褒，字叔通，常慕叔孫通爲漢禮儀，夜則沉思，寢則懷鉛筆，行則誦文書。當其念至，忽忘所之。

《韓詩外傳》曰：趙簡子有臣曰周舍，立於門下三日三夜。簡子問其故，對曰：「臣願爲諤諤之臣，墨筆執牘，從君之後，伺君過而書之。」

司馬相如作文，把筆嚙之，似魚含毫。陸士衡《文賦》云：或含毫而邈然。

梁元帝爲湘東王時好文學，著書常記録忠臣義士及文章之美者。筆有三品，或金銀雕飾，或用斑竹爲管。忠孝全者，用金管書之；德行精粹者，用銀管書之；文章贍逸者，以斑竹管書之。故湘東之譽，播於江表。

《東宫舊事》：皇太子初拜，給漆筆四枝，銅博山筆牀一副。

歐陽通，詢之子，善書，瘦怯於父，常自矜能。書必以象牙、犀角爲管，貍毛爲心，覆以秋毫，松煙爲墨，末以麝香，紙必須用緊薄白滑者乃書之，蓋自重也。

柳惲嘗賦詩，未就，以筆捶琴，坐客以筯和之，惲驚其哀韵，乃製爲雅音，後傳擊琴自筆捶之始也。

《史記》：相如爲天子遊獵之賦，賦成，武帝許尚書給其筆札。

又漢獻帝令荀悦爲《漢紀》三十篇，詔尚書給筆札。

江淹夢得五色筆，由是文藻日新。後有人稱郭璞，取之。

君子避三端，其一曰：文士之筆端。

漢班超常爲官傭書，久勞苦，乃投筆曰：「大丈夫當效傅介子、張騫，立功異域，以取封侯，焉能久事筆硯？」

陸雲《與兄士衡書》曰：「君苗每常見兄文思，欲焚筆硯。」

魏明帝見殿中侍御史簪白筆，側堦而立，問曰：「此何官也？」辛毗對曰：「御史簪筆書過，以記陛下不依古法者。今者，直備官毦筆耳。」

左思爲《三都賦》，門庭藩溷，必置筆硯，十稔方成。

薛宣令人納薪，以炙筆硯。

又魚豢《魏略》曰：顔斐，字文林，爲河東太守。課人輸租，車便置薪兩束，爲寒炙筆硯，風化大行。

禰衡爲《鸚鵡賦》於黄射座上祖之子，筆不停綴。又阮瑀援筆草檄立成，曹公索筆求改，卒無下筆處。

揚雄每天下上計孝廉會者，雄即把三寸弱翰，賫油素四尺，以問其異語。

《史記》：西門豹爲鄴令，投巫於水，復投三老，乃簪筆磬折，向河而立，以待良久。

崔豹《古今注》云：牛亨問彤管何也？答曰：「彤，赤漆耳。史官載事，故以赤管，言以赤心記事也。」

曹公欲令十吏就蔡琰寫書，姬曰：「妾聞男女禮不親授，乞給紙筆一月，真草惟命。」於是繕寫送之，文無遺誤。

王粲才高，辯論應機，屬文舉筆便成。鍾繇、王朗各爲魏卿相，至於朝廷奏議，皆閣筆不敢措手。

袁子《正書》云：《尚書》以六百石爲名，珮契刀，囊執版，右簪筆焉。

僧智永學書，舊筆頭盈數石，自後瘞之，目爲退筆塚。見《筆勢》中。

《孔子世家》云：孔子在位，聽訟文辭可以與人共者，不獨有也。至於脩《春秋》，筆則筆，削則削，子夏之徒，不能贊一辭。

薛宣爲陳留，下至財用筆硯，皆爲設方畧利用，必令省費也。

王充好理實，閉門潛思，户牖墻壁各置刀筆，著《論衡》八十五篇，二十餘萬言。

謝承《後漢書》云：楊琁，字機平，平零陵賊，爲荆州刺史。趙凱橫奏檻車徵之，仍奪其筆硯。乃嚙臂出血，以簿中白毛筆染血以書帛上，具陳破賊之形勢，及言爲凱所誣，以付子弟詣闕自訟，詔原之。

王隱《晉書》：陳壽卒，洛陽令張泓遣吏賫紙筆，就壽門下寫《三國志》。

《謝莊傳》云：時宋世祖出行夜還，勑開門。莊居守曰：「伏須神筆，乃敢開門。」

《王僧虔傳》云：齊孝武欲擅書名，僧虔不敢顯跡，常用拙筆書，以此見容。

孔稚圭上表曰：聖照玄覽，斷自天筆。

庾廙，字幼簡，侍中袁彖雅慕之，贈鹿角書、格蜯硯、象牙筆管。

陶弘景，字通明，年四五歲，常以荻爲筆，畫灰中學書，遂爲善隸。

范岫，字懋賓，濟陽考城人，每居常以廉潔著稱，爲晉陵太守，雖牙管一雙，猶以爲費。

《太公陰謀》：筆之書曰：毫毛茂茂，陷水可脱，陷文不活。

蔡邕《與梁相》：復惠善墨良筆，下工所無重。惟天恩厚施，期於終始。工一作士。

徐廣《車服儀制》曰：古者貴賤皆執笏，縉紳之士者，縉笏而垂紳帶也，有事則書之，故常簪筆。今之白筆，是其遺像。

《禮》云：「史載筆，士載言。」注云：「謂從於會同，各持其職，以待事也，筆謂書具之屬。」

《典畧》云：路粹，字文蔚，少學於蔡邕，爲丞相軍謀祭酒，曹操令作狀奏孔融誅之。後人觀粹所作，無不嘉其才而忌其筆。

蔡襄《端明集》卷三四《文房四説》 新作無池研，龍尾石羅紋、金星如玉者佳。筆，諸葛高、許頔皆奇物。紙，澄心堂有存者，殊絶品也。墨，有李庭珪、承晏，易水張遇亦爲獨步。四物文房推先，好事者所宜留意，散卓筆心長，特佳耳。

唐仲友《悦齋文鈔》卷九《筆記》 《静女》之詩曰：「貽我彤管，彤管有煒。」孔子作《春秋》，筆則筆，削則削。《禮》曰：「史載筆。」《博物志》乃謂：「蒙恬造筆。」非始造也，其製作至恬而始精爾。至漢以降，乃有寶跗、玉匣、翠羽、黄金、隋珠、和璧、文犀、象齒、麟角之飾，珍矣，於適用則未也。善乎王右軍之論曰：「昔人或以琉璃、象牙爲筆管，麗飾則有之，然筆須輕便，重則躓矣。」又曰：「有人以緑沈漆竹管及鏤管見遺，録之多年，斯亦可愛玩，詎必金寶雕琢而後爲寶也？」此深知筆之利病者也。漢制，天子筆皆以秋兔之毫，蓋造筆當以兔毫爲正，譬如硯必用石，鑑必用銅。傅子乃言：「豐狐之柱，秋兔之翰。」歐陽通用狸毛爲筆，覆以兔毫。其尤精者則有鼠鬚、猩毛，皆人搜奇而用之，甚至於髡人鬚而征其直者，真好異之過也。晉王隱《筆銘》云：「豈其作筆，必兔之毫。調利難秃，亦有鹿毛。」此思其上者不可得，故思其次者，較諸嶺南用鷄羽之屬差勝耳，惟羊毫勁健，宜於大字，用以覆兔毫作方寸以上書，清勁可愛，下此則少圓熟矣。毛穎之族，中山爲望，漢時諸郡獻兔毫出鴻都，惟趙國毫中用。時人皆言兔毫無優劣，管手有巧拙，此論固當矣，然自江以南，兔毫皆不可用。大抵兔生於平原者沙平草軟，則毛長而勁；生山林者，出入荆棘間，則剉鋭而短，故不入用，無他故也。唐給集賢諸學士歲千五百皮，亦止以四郡所貢者，良由此爾。古人以筆爲鋤耒，欲善其事，必利其器，則筆固不可不擇。然古人善書者，又以不擇紙筆爲工，虞世南以是辨歐、褚優劣，至如張伯英墨池、智永師筆塚，所用之多若此，必不暇精擇也。然鑑筆亦甚難事，柳公權求筆於諸葛氏，卒還其先與者而取常筆，況他人乎？噫！筆之用至廣大矣，用之以斡旋洪鈞，陶冶萬類，是爲化筆；用之以鋪張閎休，鼓舞羣動，是爲椽筆；用之以鎔範衆言，恢宏至道，是爲文筆；誅姦諛，發潛德，時則有史筆；肅朝列，糾官邪，時則有白筆；讞疑罪，斷詳刑，時則有丹筆。援筆以寫龜圖，則彝倫叙焉；抽毫以命才子，則文賦作焉；分金銀斑竹之飾以紀述名士，則功德文章著焉。記久明遠，開物成務，著古昔之昬，傳千里之忞忞，捨我其誰？若古大賢以筆端膚寸霈爲霖雨，其次者亦粉澤王化，丹青王猷，使當時號大手筆。又其次作文之士，下筆不能自休，稠人廣坐，援而書牘，曾不停綴，專意述作者至於門墻藩溷，悉置紙筆，文字一傳，使作者心服，欲焚棄筆硯。嗜書者秃千兔之翰，以字畫名其家，古人用筆，端不苟然也。故以符應之，著形於夢寐，則有點額兆孫氏之祥，如椽應大册之異。五色爲藻思之符，出爲靈響，尚能與博陵生商古今而論得失也。惜乎世訛道喪，文武異途，始有投筆而求封侯，恃長槍大劍，而以毛錐子爲安用者，是可歎已。況乎爲上者既不中書，流而爲刀筆吏，惡俗且恃以爲嚚訟之資，至號珥筆之民，則吾所不取也已。大丞相以管城子賜僚屬，明窗净几，拂歙石，研松煤，寄興乎楮先生之門，於是乎書。

陳元靚《事林廣記》戊集卷之六《筆》 《博物志》云：「蒙恬製筆。」董仲舒荅牛亨之問曰：「夫有筆之理，與書同生。」周公援筆，寫龜負圖，其來尚矣。

王世貞《弇州四部稿》卷一七〇《説部》 舊傳蒙恬始爲筆，或曰非也。周公綏管，夫子絶筆，或曰當時用漆書竹簡，有點畫而無ノ乀，蒙恬始爲兔毫也。或又曰恬作筆，柘木爲管，以鹿毛爲柱，羊毛爲被，非兔毫也。又《博物志》：恬爲筆，以狐狸毛爲心，兔毛爲副。心即柱也，其不同乃爾。昌黎《毛穎傳》依《博物志》。又右軍所著《筆經》略云：諸郡毫惟中山兔肥而毫長，可用。先用人髮杪數十莖，襍青羊毛并兔毳裁，令齊平，以麻紙裹枝根令治。次取上毫，薄薄布柱上，令柱不見。又云：世傳張芝、鍾繇用鼠鬚筆，筆鋒勁强有鋒芒，余未之信，鼠鬚用未必能佳，甚難得。昔人用琉璃、象牙爲管，重則躓矣。近有人以绿沈漆管及鏤管見遺，用之經年，頗可愛翫。右軍言：「故當弟是時，已失中原矣，安能必得中山毫也。」又記云：右軍書《蘭亭禊序》，用蠶繭紙，鼠鬚筆。

《博物志》有虎僕毛筆，嶺外少兔，以雞雉毛作筆，亦妙。此即蘇長公所謂「三錢雞毛筆」也。又云：蜀中石鼠毛可以爲筆，其名曰「𪊲」。又人鬚作筆甚佳。大抵皆不足論，唯兔毫，其次羊毛耳。

漢製，天子筆以錯寶爲跗。晉武賜張華麟角筆管。湘東王記録名賢，忠孝全者以金管，德行精粹者以銀管，文章贍逸者以斑竹管。唐人詩云：「盛德好將銀管述。」

製筆之法，桀者居前，毳者居後，强者爲刃，要者爲輔。參之以檾，束之以管，固以漆液，澤以海藻。濡墨而試，直中繩，勾中鉤，方圓中規矩，終日握而不敗，故曰「筆妙」。

宣城諸葛氏，其先爲右軍父子製筆，聞柳公權善書，以舊製法筆遺之，公權謂不堪用，乃復更以常筆，公權稱善，諸葛嘆曰：「柳學士不如右軍父子多矣。」

謝肇淛《五雜組》卷之一二《物部四》 太公筆銘云：「毫毛茂茂，陷水可脱，陷文不活。」則周初已有筆矣。衛詩稱「彤管有煒」，《援神契》「孔子作《孝經》，簪縹筆」，又「絶筆於獲麟」。《莊子》：「畫者吮筆和墨。」則謂筆始蒙恬，非也。崔豹《古今注》謂：「恬始作秦筆，以枯木爲管，鹿毛爲柱，羊毛爲被。所謂蒼毫，非兔毫竹管也。」果爾，則退之《毛穎傳》謂中山人蒙恬賜以湯沐者，亦誤矣。

徐炬《新鐫古今事物原始全書》卷一九 《説文》云：楚稱筆謂之「聿」，吴謂之「不律」，燕謂之「弗」，秦謂之「筆」。張華《博物志》云：秦蒙恬造筆。《千字文》亦云「恬筆倫紙」。《古今注》曰：牛亨問於顔師古曰：「古有書契，即當有筆，皆稱蒙恬造筆，而恬乃秦人耳，其故何也？」師古曰：「蒙恬但能爲秦筆爾。古筆以枯木爲管，以鹿毛爲柱，羊毛爲被，非兔毛竹管也。」由此觀之，蒙恬所造者，今之羊毛筆耳。蒙恬截毛穎以歸始皇，封諸管城，累拜中書，後人呼筆爲「管城子」，爲「中書君」，即此。因筆頭之尖，又呼爲「尖頭奴」。按《毛穎傳》或謂古無筆，以鉛畫木記字，故曰「鉛槧」。至楚，以芒梗爲之。蒙恬以竹爲管，以毛爲毫。王右軍曰：紙者，陣也。筆者，刀楯也。墨者，兵甲也。水硯者，城池也。心意者，將軍也。

祁駿佳《遯翁隨筆》卷上 李石《續博物志》云：王叡有言：書契以來，便應有筆。世傳始於蒙恬，殆非也。按太公曰：「毫毛茂茂，陷水可脱，陷文不活。」又周公有綏管之説，孔子有絶筆之文。至於孔子作《孝經》，簪縹筆，衣絳單，向北而拜，則筆之來久矣。或曰：當時以刀刻畫爲筆，非今所用之筆也。然太公「毫毛茂茂」之言，豈非今之以毛作筆哉。當是蒙恬之製最精，故世傳之耳。然《筆經》云恬以鹿毛爲柱，羊毛爲被，未用兔毫，則韓文公《毛穎傳》猶失於考證也。至右軍《筆經》云，中山兔肥而毫長，則用兔矣。

唐秉鈞《文房肆考圖説》卷三《紙墨筆攷・筆説》 上古結繩以治，未嘗有筆。黄帝垂裳，蒼頡造文字，然後易之書契，依類象形謂之文，形聲相益謂之字，著於竹帛謂之書。書有六義。契，約也。兩書一契，同而别之謂之契。而筆始作焉。筆者述也，謂述事而言之也。按《尚書中候》玄龜負圖出，周公援筆以時文寫之。《曲禮》云：「史載筆，士載言。」則知秦以前已有筆，而獨秦之蒙恬以造筆名著者，想恬更爲損益之故耳。然名稱各異，楚謂之「聿」，吴謂之「不律」，燕謂之「拂」，秦謂之「筆」。筆之稱，直延之今也。漢制筆雕以黄金，飾以和璧，綴以隋珠，文以翡翠，管非文犀，必以象牙，極華麗矣。今狼狐以下雜毛，皆可爲筆，而惟秋兔之毫爲最，王右軍《筆經》曰：「惟趙國毫中用。」然時人咸言兔毫無優劣，管手有巧拙之語，予意匠工果需巧手，而毫管亦須選擇。我儕寒素，日事硯北，使用毛穎，何求華美。但竹榦必選堅重圓直，則手執轉運，可以從心，無牽强掣肘之病。穎頭必選尖、齊、圓、健四字完備，又要剛柔二字相濟者，用之方可揮寫自如也。上四字乃筆之體，言外象也；下二字乃筆之用，言内才也。尖者筆頭尖細也。齊者於齒間輕緩咬開，將指甲拏之使扁排開，内外之毛一齊而無長短也。圓者週身圓溷飽湛，如新出肥土之筍，絶無低陷凹凸之處也。健者於指上打圈子，絶不澁滯也。柔者指頭上圈時，不覺硬强。剛者圈停提起，筆頭自能尖整者是也。凡筆外餙之毛，或以雉尾蓋之，則五色可愛，亦足助發文思。若大提筆，必須用豬鬃，每根旁分四五根爲之，則健爽鬆泛，且其心長，而舒斂稱意，揮灑自如也。

梁同書《筆史·筆之始》 《法苑珠林》二十五卷：昔過去久遠阿僧祇劫，有仙人名最勝，不惜身命，剥皮爲紙，刺血爲墨，析骨爲筆，爲衆生故。

成公綏《棄故筆賦》：「有倉頡之奇生，列四目而並明，乃發慮於書契，采秋毫之類芒，加膠漆之綢繆，結三束而五重，建犀角之元管，屬象齒於纖鋒。」是筆始於皇頡也。

《物原》：虞舜造筆，以漆書於方簡。

《困學紀聞》引《御覽》太公《筆銘》曰：毫毛茂茂，陷水可脱，陷文不活。

《尚書中候》云：元龜負圖出，周公援筆以寫之。

《援神契》云：「孔子作《孝經》，簪縹筆。」又：「絶筆於獲麟。」

《曲禮》：史載筆。

《詩》：彤管有煒。

《爾雅》：「不律謂之筆。」《説文》：「筆，所以書也。楚謂之聿，吴謂之不律，燕謂之弗，秦謂之筆。」

《莊子》：畫者吮筆和墨。

《博物志》：「蒙恬造筆。」《初學記》：「秦之前已有筆矣，恬更爲之損益耳。」

《韓詩外傳》：周舍爲趙簡子臣，墨筆操牘，從君之後，伺君過而書之。

《淮南·本經訓》：「蒼頡作書，鬼夜哭。」高誘注：「以爲鬼或作兔。兔恐見取豪作筆，害及其軀，故夜哭。」

崔豹《古今注》云：白筆，古珥之遺象也。腰帶劍，首珥筆，示君子文武之備焉。

鄒炳泰《午風堂叢談》卷六 筆用羊毫，蓋自秦漢已然。《史記》蒙恬取中山兔毫造筆，而崔豹《古今注》：蒙恬作筆，以柘木爲管，以鹿毛爲柱，以羊毛爲被，所以蒼毫非爲兔毫竹管也。後漢韋仲將筆亦用兔毫及青羊毛，凡兔毫必用秋兔，仲秋寒暑調和，毫乃中用，羊毫亦然，要在揀頡如法。今人喜用純羊毫筆，筆工失其法，力弱而神不調和。其兼毫一種，以兔毫及羊毛兼用，差覺圓勁，然亦易敗。郭天錫得杭州潘又新筆，書小楷數千而不伐，今亦無此筆工矣！

傳記

蔡襄《端明集》卷三四《文房四説》 筆，用毫爲難。近宣州諸葛高造鼠鬚散卓及長心筆，絶佳。常州許頔所造二品，亦不滅之。然其運動隨手無滯，各是一家，不可一體而論之也。

房用之筆果可用，鋒齊勁健。今世筆例皆鋒長難使，比至鋒鋭少損，已秃不中使矣。

邵博《邵氏聞見後録》卷二八 宣城陳氏，家傳右軍《求筆帖》，後世益以作筆名家。柳公權求筆，但遺以二枝，曰：「公權能書，當繼來索，不必卻之。」果卻之，遂多易以常筆，曰：「前者右軍筆，公權固不能用也。」予從王正夫父子，得張義祖所用無心毫，雖鋒長二寸許，他人不能用，亦曰右軍遺法也。義祖名友正，退傳之子，居昭德坊，不下閣二十年，學書盡窺右軍之妙，尚以蔡君謨爲淺近，米元章爲狂誕，非合作，然世無知者，如其所用筆，可嘆也！獨王正夫父子好之云。

蔡絛《鐵圍山叢談》卷六 宣州諸葛氏，素工管城子，自右軍以來世其業，其筆制散卓也。吾頃見尚方所藏右軍《筆陣圖》，自畫捉筆手於圖，亦散卓也。又幼歲當元符、崇寧時，與米元章輩士大夫之好事者争寶愛，每遺吾諸葛氏筆，又皆散卓也。及大觀間偶得諸葛筆，則已有黄魯直樣作棗心者。魯公不獨喜毛穎，亦多用毛鬚主薄，故諸葛氏遂有魯公羊毫樣，俄爲叔父文正公又出觀文樣，既數數更其調度，繇是奔走時好，至與挈竹器，巡閭閻，貨錐子，入奴臺，手妙圭撮者，争先步武矣。政和後，諸葛氏之名於是頓息焉。吾聞諸唐季時有名士，就宣帥求諸葛氏筆，而諸葛氏知其有書名，乃持右軍筆二枝乞與，其人不樂。宣帥再索，則以十枝去，復報不入用，諸葛氏懼，因請宣帥一觀其書札，乃曰：「似此特常筆與之爾。前兩枝，非右軍不能用也。」是諸葛氏非但藝之工，其鑒識固不弱，所以流傳將七百年。向使能世其業如唐季時，則諸葛氏門户豈遽滅息哉！

此言雖小，可以喻大。

陸游《渭南文集》卷二五《書屠覺筆》 建炎、紹興之間，有筆工屠希者，暴得名。是時大駕在宋，都在廣陵，又南渡幸會稽、錢塘，希嘗從駕。自天子公卿朝士，四方士大夫，皆貴希筆，一筒至千錢，下此不可得，晁侍讀以道作詩稱譽之。有吴先生師中，字茂先，得其筆，以一與先少師，希之技誠絶人，入手即熟，作萬字不少敗，莫能及者。後七十餘年，予得其孫屠覺筆，財價百錢，入手亦熟可喜，然不二百字，敗矣，或謂覺利于易敗而速售，是不然，價既日削矣，易敗則人競趨它工，覺固不爲書者計，獨不自爲計乎？乃書希事，庶覺或見之。

朱熹《晦庵集》卷七六《贈筆工蔡藻》 予性不善書，尤不能用兔毫弱筆。建安蔡藻以筆名家，其用羊毫者尤勁健，予是以悦之。藻若去此而游於都市，蓋將與曹忠輩争先云。淳熙元年八月五日朱仲晦父書。

樓鑰《攻媿集》卷七九《贈筆工吕文質》 四明吕文質居桃源谿上，多游浙右，作筆殊佳，在人品中則賈長頭也。近筆工苦無兔毫，文質深入淮楚，始得之。韓文公作《毛穎傳》及贊，終始以中山爲言，意其爲定武也。傳雖寓言，然其中云「蒙恬南伐楚，次中山，將大獵以懼楚」，則非定武也。今溧水有中山，去縣纔十五里，《元和郡縣志》云「出兔毫，爲筆精妙」。此縣唐屬宣州，今隸建康宣城，筆舊有名于世，豈以此耶？文質試往訪求之。

趙希鵠《洞天清禄集・古畫辯》 孫太古，蜀人，多用游絲筆作人物，而失之軟弱，出伯時下，然衣褶宛轉曲盡，過於李。

陳造《江湖長翁集》卷三一《題筆工俞生所藏書法》 俞處士造筆精緻甲吴中。俞頗能書，理則然，然餬口不餘，見古碑法書，捐衣食求之，不論價，此亦奇嗜癖好，未可以常情計。所蓄多善本，此軸真蹟可寶，士大夫願得之者，俞能有之，予敢以市工例視之耶？

屠隆《考槃餘事》卷二《筆箋・工》 古者蒙恬創筆，南朝有姥善作筆。開元中，筆匠名鐵頭，能瑩管如玉。宣州有諸葛高，常州許顗，國朝有陸繼翁、王古用，皆湖人，住金陵。吉水有鄭伯清，吴興有張天錫，惜乎近俱失傳其妙，大抵海内筆工，皆不若湖之得法，畫筆以杭之張文貴爲首稱，而張亦不妄傳人。今則善惡無準，世業不修，似亦可惜。揚州之中管鼠心畫筆，乃以落墨、白描佳絶，水筆亦妙。

屠隆《紙墨筆硯箋・筆箋・筆經》 劉向《説苑》：王滿生説「周公籍筆牘書之」，則周公時已有筆矣。韋誕《筆經》曰：製筆之法，桀者居前，毳者居後，强者爲刃，懦者爲輔。參之以檾，束之以管，固以漆液，澤以海藻。濡墨而試，直中繩，曲中勾，方圓中規矩，終日握而不敗，故曰「筆妙」。又柳公權一帖云：「近蒙寄筆，深慰遠情，但出鋒太短，傷於勁硬。所要優柔，出鋒須長，擇毫須細，取管不在大，副切須齊。副齊則波掣有憑，管小則運動省力，毛細則點畫無失，鋒長則洪潤自由。」此帖論筆之妙頗盡，故粹書之。

謝肇淛《五雜組》卷之一二《物部四》 相傳宣州陳氏世能作筆，有右軍與其祖《求筆帖》藏於家。至唐柳公權求筆，老工先與二管，語其子曰：「柳學士如能書，當留此筆。若退還，可以常筆與之。」既進，柳果以爲不堪用，遂與常筆，乃大稱佳，陳退嘆曰：「古今人不相及，信遠矣！」余謂柳書與王所以異者，剛柔之分耳。右軍用鼠鬚筆，想當苦勁，非神手不能用也。歐、虞尚用剛筆，蘭臺漸失故步，至魯公、誠懸，雖有筋肉之别，其取態一也，宜其不能用右軍之筆耳。公權又有《謝筆帖》云：「蒙寄筆，出鋒太短，傷於勁硬。所要優柔，出鋒須長，擇毫須細。管不在大，副切須齊。副齊則波撇有憑，管小則運動省力，毛細則點畫無失，鋒長則洪闊圓潤。」即此數語，公權之用筆可知矣。

筆之所貴者，毫中用耳，然古今談咏多及鏤飾。劉婕好折琉璃筆管，晉武賜張茂先麟角爲管，袁彖贈庾廙象牙筆管，南朝筆工鐵頭者能瑩管如玉，湘州守贈李德裕斑竹管，段成式寄温飛卿葫蘆筆管。《西京雜記》：「天子筆管，以錯寶爲跗，雜寶爲匣，厠以玉璧翠羽。」漢末一筆之匣，雕以黄金，飾以和璧，綴以隋珠，文以悲翠。湘東王筆有三等，金玉爲上，銀竹次之。至於王使君，以鼠牙刻筆管作從軍行，人馬毛髪、屋宇山川無不畢具。噫！精則極矣，於筆何與？譬之擇姝者，不觀其貌而惟衣飾之是尚也，惑亦甚矣。

歐陽通，能書者也，猶以象牙、犀角爲筆管，况庸人乎？右軍謂：「人有以琉璃、象牙爲筆管者，麗飾則有之，然筆須輕便，重則躓矣，惟有緑沉、漆竹及鏤管可愛。」余謂筆苟中書，則緑沉、漆鏤亦不必可也。

僞唐宜王從謙喜用宣城諸葛氏筆，名爲「翹軒寶帚」。君謨所謂諸葛高者，想其子孫也。吴興元時馮應科筆，至與子昂、舜舉擅名三絶，可謂幸矣。今之工者，急於射利而不顧敗名，上之取者，虧其價值而不擇好醜，故湖筆雖滿天下，而真足當臨池之用者，千百中一二也。

方以智《通雅》卷三二《器用》 聿即筆，後人加竹。周公綏管，夫子絶筆，蒙恬始爲筆，瑁玻瓈鏤金爲管，或緑沉漆管、椶竹紫檀花梨管，然皆不若白竹之薄標者，最便持用。南朝有姥善作筆，開元中，筆匠名鐵頭，宣州有諸葛高，常州許穎。謂柳學士不如右軍父子者，諸葛也。近時陸繼翁、王古用皆湖人，住南京。吉水有鄭伯清，吳興有張天錫，今俱失傳其妙。

王士禛《池北偶談》卷一二《新淦筆工》 宋岳侍郎珂《玉楮集》載，唐世有刺郡江表者，時宰囑以新淦出筆，託製以相寄。刺史至，召佳手，一老父應命，百日才得二管，馳貢相府。既訝其遲，又薄其鮮，試之，乃絶不堪，大怒曰：「數千里勞寄兩管惡筆來。」刺史聞之懼，欲罪老父，老父訴曰：「使君勿草草，我所製乃歐、褚所用，丐先示以相君翰墨，再製；苟不稱，甘就鼎鑊。」既示之，笑曰：「如此，只消三十錢筆。」不日獻五十管，馳上之，相一試大喜，優賜匠者。夜窻偶試毘陵張顥筆，因爲賦詩云：「世間未必無臯夔，九疑虞舜不可追。武皇鋭意開絶漠，摧鋒乃亦有衛霍。嗟哉格物本一理，顧人所用何如耳？筆工在昔本市傭，束毫傳管求售同。誰云進伎不進道，意匠輒與歐褚通。虔州刺史覓佳筆，雙筦何堪須百日？星馳一騎到長安，試手鳳池隨棄擲。老奴恂慄丞相嗔，能用此筆能幾人？願窺翰墨減工製，必使揮毫誇入神。斗柄初回開電笑，槖籥果符人所料。中山聚族倘未殫，束帛那容及年少。是知人才用舍識別惟一心，臯夔衛霍無古今。妍媸能否惟在上所使，此筆區區正其比。我生識字僅一丁，眼前所見徒毘陵。未知當年新淦定何若，正恐鍾衛二王無合作。君不見此老一去知幾年，當時鑒裁無復傳。紛紛鵝毛抱箭賣，恰費書傭三十錢。」岳公，忠武王孫，所著有《桯史》、《金佗粹編》等書。此集凡八卷，乃故衡王府抄本也。集中又有贈李微之秘監詩，自注云：「微之以吏館牒來，索予所撰《東陲筆略》。」此書不知尚傳於世否？識其目，當更訪之。又《學圃萱蘇》載：唐宣州陳氏，世能作筆，家傳右軍《求筆帖》。至唐柳公權求筆於宣城，先予二管，語其子曰：「柳學士能書，當留此筆；不爾，退還，即可以常筆予之。」柳果以爲不入用，別求，遂予常筆。陳曰：「吾先予二筆，非右軍不能用也。」與此絶相類。

阮葵生《茶餘客話》卷一九《制筆名手》 明季陸繼翁、王古用，皆湖州人，住南京，工制筆。又吉水鄭伯清、吳興張天錫，皆以制筆有名公卿間。宋《江湖長翁集》有題筆工俞生藏書跋。謝肇淛《西吳枝乘》記元時吳興三絶：趙松雪書，錢舜舉畫，馮應科筆。又元時張進中者，字子正，都城耆老，善制筆。管用堅竹，毫用鼬鼠，精鋭宜書，吳興趙子昂、淇上王仲謀、上黨宋齊彥，皆與之善，尚方有所需，非進中筆不用，進中每自持筆入宮，必蒙賜酒食。《太平清話》言宋時有鷄心筆、小兒胎髮筆、猩猩毛筆、鼠尾筆、狼毫筆，近日復有以貂毫制者，某咏猩猩毛筆云：「生前幾兩屐，身後五車書。」明神宗文華殿用市中筆，貼筆匠楊彥章名紙。

梁同書《筆史·筆之匠》 李仲甫 《列仙傳》：仲甫，潁川人。漢桓帝時，賣筆遼東市上，一筆三錢。有錢亦與筆，無錢亦與筆。

韋昶 《書斷》：晉韋昶好作筆。王子敬得其筆，歎爲絶世。昶字文休，誕兄，官至散騎常侍。

南朝姥 《酉陽雜俎》：南朝有姥善作筆，蕭子雲嘗書用，筆心用胎髮。

鐵頭 開元中筆匠，能瑩管如玉，莫傳其法。亦見《酉陽雜俎》。

管子文 《開元遺事》：有書生謁李林甫，稱管子文，後化爲筆。《大唐奇事》：管子文去後，有故舊大筆一，其人攜以白李林甫，林甫以筆置書閣，焚香拜祝，其夕，筆忽化爲一五色禽飛去，不知所之。

黃暉 齊己《寄黃暉處士詩》：蒙氏藝傳黃氏子，獨聞相繼得名高。鋒鋩妙奪金雞距，纖利精分玉兔豪。

萇鳳 《龍鬚志》：羅隱喜筆工萇鳳，語之曰：「筆，文章貨也。吾當助子取高價。」

汝州士 石晉末，汝州有一士，不知姓名。每夜作筆十管，付其家，至曉闔户而出，面街鑿壁，實以竹筒，如引水者。有人置三十錢，一筆自躍出，以勢力取之，莫得也。筆盡則取錢，攜一壺買酒，吟嘯自若，率常如此，凡三十載，忽去不知所在，又數十年，復有見之者，顔貌如故，人謂之筆仙。

顧筆仙 《續文獻通考》：宋顧筆仙鬻筆遇仙，年九十七。一日積葦庭中，自舉火焚之，乘火雲而去。

諸葛高 歐陽公《聖俞惠宣州筆》詩：聖俞宣城人，能使紫豪筆。宣人諸葛高，世業守不失。

李晸 許頌 歐陽公《筆説》：余書惟用李晸筆，雖諸葛高、許頌，皆不如。

葛生 《林逋集》：予頃得宛陵葛生所茹筆十餘筒，其中復得精妙者二三焉。每用之，如揮百勝之師，横行於紙墨閒，所向無不如意，惜其日久且弊，作詩二篇以録其功。

吳政 吳説 《東坡外集·書吳説筆》云：吳政已亡，其子説，頗得家法。

程弈　《東坡志林》：錢塘筆工程弈，所製有三十年前意味，使人作字，不知有筆。

李文政　東坡詩自注：昔李公擇種竹館中，戲語同舍：「後人指此竹，必曰李文政手植。」劉貢父笑曰：「文政不獨繫筆，亦知種竹耶？」以其姓氏適同，故云爾。

俞俊　東坡《見俞俊筆》詩：筆工近歲説吴俞，李葛虚名總不如。

張武　《六硯齋三筆》：山谷《與王直方柬》云：子瞻明日必來，當設硯席於清涼處，多堆佳紙俟之。張武筆，其所喜也。

杜君懿　東坡云：君懿筆，藏二三十年不蠹。

楊仲　山谷《與黄斌老書》云：偶得楊仲筆，似可用，謾寄十枚。

吴無至　《山谷題跋》：有吴無至者，豪士晏叔原之酒客，今乃賣筆於市，作無心散卓，大小皆可人意。《通雅》引作吴無星，恐訛。

張耕老　山谷《試張耕老羊毛筆》云：老羝拔穎，霜竹斬幹，雙鉤虚指，八法回腕。張子束筆，無心爲樸。雞著金距，鹿戴千角。

嚴永　山谷《跋王孝子孫寒山詩後》云：「試嘉陽嚴永獺毛筆。」又《跋與楊景山書古樂府後》云：「邑中老儒楊景山乞書，因取嚴永舊無心棗核筆書。」又有《贈筆工嚴永帖》。在戎州時。

張真　山谷《跋戲答陳元輿詩後》云：眉山楊明叔作墨瀋，請作大字，試舒城張真筆。

張通　山谷《筆説》：張通既作筆有聲，故書戒之。

郎奇　侍其瑛　李展　山谷《書侍其瑛筆》云：南陽張又祖，喜用郎奇棗心散卓。今侍其瑛秀才以紫豪作棗心筆，含墨圓健，恐又祖不得獨貴郎奇而捨侍其也。宣城諸葛高三副筆，鋒雖盡而心故圓。弋陽李展雞距，書蠅頭萬字而不頓。今都下筆師如蝟毛，作無心棗核筆，可告以諸葛高、李展、侍其瑛也。

吕道人　吕大淵　張遇　諸葛元　山谷《筆説》：「歙州吕道人，非爲貧而作筆，故能工。黟州吕大淵，悟韋仲將作筆法，爲余作大小筆二十餘枝，無不可人意。見余家有割餘狨毛，則以作丁香筆，周旋可人。往在僰道，有嚴永者，蒸獺毛爲余作三副筆，亦可用。又爲余取高麗猩猩毛筆解之，揀去倒豪，別撚心爲之，率十六七，用極善。」又云：「張遇丁香筆，撚心極圓，束頡有力，可學徐季海《禹廟》詩字，侍其瑛、諸葛元，皆不能也。

元道寧　吴希照　林爲之　以上三人，據吴師道《禮部集》，皆見山谷帖。

閻生　李慶　張鼎　山谷《林爲之送筆戲贈》詩：閻生作三副，規模宣城葛。外貌雖鋭澤，豪心或麤糲。巧將希栗尾，拙乃成棗核。李慶縛散卓，含豪能不洩。病在惜白豪，往往半巧拙。小字亦周旋，大字難曲折。時時一毛亂，乃似逆梳髮。張鼎徒有表，徐偃元無骨。模畫記姓名，亦可應倉卒。

鄭友直　山谷草書杜詩，試鄭友直筆。見孫退谷《庚子銷夏記》第八卷。

許頔　蔡君謨云：宣州諸葛高，造鼠鬚及長心筆絶佳。常州許頔所造二品，亦不減之。

諸葛漸　蔡忠惠紀之，見《吴禮部集》。

柳材　柳東　李之儀《姑溪題跋》：元祐中，錢唐倪本敦復通守當塗，抵書相問勞，籍以十筆，其籤云「河東柳材」，試之頗相入，自後訪柳不可得，而念不少輟。異時，予得罪流是邦，既到，首幸得償所念，而材乃歷陽人，死已久，得柳東，所藝宛轉抑揚，二十年之負怳然見慰。問之，蓋材族人，於是知淵源有自來也。

屠希　晁説之《贈筆處士屠希》詩：「屠希祖是屠牛坦，今日卻屠秋兔豪。自識有心三副健，可憐無補一生勞。」陸放翁詩：「屠希一筆價必千，紹興初載海内傳。高皇愛賞登玉几，求書早暮常差肩。」紹興間，希嘗從駕，四方皆貴希筆，一筒至千錢。

朱元亨　陸放翁《跋後山居士長短句》末云：紹興二年正月二十四日，雪中試朱元亨筆書。

吕文質　樓鑰《攻媿集·贈筆工吕文質》云：四明吕文質，居桃源谿上，多游浙右，作筆殊佳。在人品中，則賈長頭也。

俞珣　樓攻媿《試俞珣長頭筆》詩：倦游俞老入中州，霜兔抽豪飽盛秋。平日相親管城子，結交今得賈長頭。

周壽　楊誠齋有《試毘陵周壽墨池樣筆》七古一首。

蔡藻一作澡　《朱子題跋》：「蔡藻造筆，能書者識之。因試其所製棗心樣，喜其老而益精。」元吴澄詩所謂「蔡澡朱所褒」是也。

汪伯立　《六研齋筆記》：謝塈知徽州，於理廟有椒房之親，貢新安四寶：澄心堂紙、汪伯立筆、李廷珪墨、羊鬭嶺舊坑硯。

仲璋　黄伯思《東觀餘論·跋干禄字碑後》云：試姑蘇仲璋筆。

賀發　《玉楮集·試廬陵賀發竹絲筆》詩：此君素以直節名，延風揖月標韵清。何人心匠出天巧，縷析豪分匀且輕。居然束縛復其始，即墨紆朱封管城。世間官爵豈必計，且幸一家同汗青。

沈俊之　《文丞相集》有《沈俊之筆贊》云：厥體孔良，厥心孔端。資汝心匠，達汝心官。

劉遠　謝郎　元遺山詩：宣城諸葛寂無聞，前後兩劉新策勳。謝郎神鋒恨太儁，雖然豈不超人羣。前劉不知何名。

馮應科　吳興馮筆，至與子昂、舜舉擅名三絶。吳澄《謝馮筆》詩：「坡公詫葛吳，蔡澡朱所褒。邇來浙西馮，聲實相朋曹。」仇遠詩：「精藝惟數馮應科。」

張進中　字子正。淇上王仲謀、上黨宋齊彥、吳興趙子昂，皆與之游。以一筆工，而數得持筆入禁中。見元王士熙《張進中墓表》。王惲有《贈進中》詩。

吳昇　姚愷　陸震　楊鼎　楊茂林　沈秀榮　仇遠《金淵集·贈溧水楊老》詩：「浙間筆工麻粟多，精萟惟數馮應科。吳昇姚愷已難得，陸震楊鼎相肩摩。中山博士子墨卿，貽書薦至楊茂林。」又《贈沈秀榮》詩：「近知沈子萟希有，洗擇圓齊易入手。不論兔穎與羊毛，染墨試之能耐久。」

潘又新　郭畀天錫《客杭日記》：客有惠杭州潘又新筆者，書小楷數千而不伐，可愛可愛。

范君用　郭天錫有《贈筆工范君用》七律。

范君實　張伯雨有《贈筆生范君實》詩。

温生　王冕元章有《謝友惠温生筆》詩。

許文瑶　張光弼有《贈製筆生許文瑶》七古，見《文苑四先生集》。

周伯温　錢竹汀少詹跋鐘鼎款識云：其墨蹟元時爲謝長源所得，有周公謹、趙子昂、柯敬仲、周伯温、幹克莊、達兼善、王止仲諸人題識。克莊之跋云：「至正元年後五月廿二日，在武林驛，以潘雲谷墨，試張掖周伯温所遺黄羊尾毛筆。」伯温，名沙剌班，由宿衛起家，歷江西肅政廉訪使。嘗與克莊同修遼、金、宋三史。西北之境，有黄羊焉，相傳西夏有國時，嘗取其尾豪爲筆，歲久亡其法，伯温以意命工製之，館閣諸公多爲賦詩，蓋色目之好事者。

陸文寶　明陸樹聲《清暑筆談》：國初吳興筆工陸文寶，醖藉喜交名士。楊鐵老爲著《穎命》，託以秦中書令制官。復自注：「中書令，秦無此官。」

陸繼翁　曾棨贈詩：美哉文寶名已久，當有家法傳繼翁。

施文用　《戒庵漫筆》：宏治時，吳興筆工造筆進御，有細刻小標記云「筆匠施阿牛」。孝宗鄙其名，易之曰「施文用」。

劉節文　傅子封　解縉有《贈筆工劉節文》七古，甘彥初有《贈筆工傅子封》七律，並見《文苑四先生集》。

許穎　常州人。

王古用　湖人，住南京。

鄭伯清　吉水人。

張天錫　吳興人。以上四人，見《通雅》，言與陸繼翁同時。

張文貴　《考槃餘事》：畫筆以杭之張文貴爲首稱。

錢叟　朱竹垞集有《贈筆工錢叟序》，我朝名人詩文集中，標筆工姓名者當復不少，予寡陋疏嬾，不能徧檢録出，儻有好事者爲予補之，則幸甚。

劉必通　孫枝發　今世京師散卓水筆，此二家最擅名。

夏岐山　沈茂才　潘岳南　王諤廷　陸錫三　姚天翼　沈秀章　王天章

陸世名　以上九人，予常用其筆，岐山、岳南製尤佳。予悼之云：「曾聞筆是文章貨，健鋭圓齊製必良。可惜夏潘亡已久，一番抽管一悲涼。」「陸、沈、姚、王亦有聞，試來畢竟未精純。評量記取涪翁説，李慶閣生是等倫。」

徐康《前塵夢影録》卷上　梁山舟晚年專用羊豪，《頻羅庵集》中有《筆史》一卷，中有弔潘岳南詩云：「可惜岳南亡已久，一番抽管一悲涼。」同時後輩有蔣山堂仁亦專用羊豪，即小楷亦用之轉健，遂薦於山舟，潘生亡後，其法亦絶。至道光時，有李馥齋能作卷心，大可作擘窠，小可作楷，即朝考廷試，皆可揮灑，須一金一枝，名噪京師。吳門則陸榮昌爲最佳，善作紫狼豪，顧耕石侍讀元熙極賞之，字之曰「蓉仙」。陸之後有池玉書，嘗云，馥齋深得古法，以紫豪而兼羊穎，尖齊圓健，四德俱備，此法今失傳矣。

紀事

揚雄《法言》卷三《問道篇》　孰有書不由筆，言不由舌，吾見天常爲帝王之筆舌也。【畧】或曰：刀不利，筆不銛，而獨加諸砥，不亦可乎？曰：人砥則秦尚矣。

賈思勰《齊民要術》卷九《筆墨第九十一・筆法》 韋仲將《筆方》曰：先次以鐵梳兔毫及羊青毛，去其穢毛，蓋使不髯，茹訖，各別之，皆用梳掌痛拍，整齊毫鋒端，本各作扁，極令均調平好，用衣羊青毛、縮羊青毛，去兔毫頭下二分許，然後合扁，捲令極圓。訖，痛頡之，以所整羊毛中，或用衣中心，名曰「筆柱」，或曰「墨池」、「承墨」。復用毫青衣羊毛外，如作柱法，使中心齊，亦使平均。痛頡，内管中，寧隨毛長者使深，寧小不大，筆之大要也。

李吉甫《元和郡縣圖志》卷二九《江南道》 中山，在縣東南一十五里，出兔毫，爲筆精妙。

段公路《北户録》卷二《雞毛筆》 番禺諸郡如隴右，多以青羊毫爲筆。昭州擇雞毛爲筆，其三覆鋒亦有圓如錐，方如鑿，可抄寫細字者。昔溪源有鴨毛筆，以山雞毛、雀雉毛間之，五色可愛。徵其事，得非入江淹夢中者乎？且筆有豐狐之毫，傅子云：漢末筆非文犀之楨，必象遺之筦，豐狐之毫，秋兔之翰。虎僕之毛，《博物志》：有獸緣木，似豹，名爲虎僕，毛可以爲筆也。蚼蛉鼠毛，《廣志》云可以爲筆。鼠鬚，均州出。羖玀羊毛，邛朔取腋下族毛。麝毛貍毛，鄭公虔云：麝毛筆一管寫書直行四十張，貍毛筆一管界行寫書八百張。馬毛，嘉州。羊鬚，陶隱居燒丹，封鼎際，用羊鬚筆。胎髮，吴嫗多以小兒髮爲柱筆。鄭虔云蕭祭酒常用之。又，韋仲將《筆方》云筆柱或云墨池，亦曰承墨。又有柳筆、皮筆、鐵筆也。龍筋《金陵拾遺》具。爲之。然未若兔毫，其宣城歲貢青毫六兩，紫毫三兩，次毫六兩，勁健無以過也。今嶺中亦有兔，但纔大於鼠，比北中者，其毫軟弱，不充筆用，是知王羲之歎江東下濕，兔毫不及中山。又煬帝取滄州兔養於揚州海陵縣，至令勁快，不堪全用，蓋兔食竹葉故耳。然次有鹿毛筆，晉張華嘗用之，不下兔毫。按《博物志》云：筆，蒙恬所製。世有短書名爲《黄仲舒答牛亨問》曰：蒙恬作秦筆，枯木爲管，鹿毛爲柱，羊毛爲被。所謂蒼毫非兔毫也。大有筆之理與書同生具。《尚書中候》云：龜負圖，周公援筆寫之。其來尚矣。

劉恂《嶺表録異》卷下 番禺地無狐兔，用鹿毛、野狸毛爲筆。又昭富春勤等州則擇鷄毛爲筆，其爲用與兔毫不異，但恨鼠鬚之名，未得見也。

蘇易簡《文房四譜》卷一《筆譜・二之造》 韋仲將《筆墨方》：先于髮梳梳兔毫及青羊毛，去其穢毛訖，各別用梳掌痛正毫齊鋒端，各作扁，極令匀調平好，用裹青羊毛，毛去兔毫頭下二分許，然後合扁，卷令極固。痛頡訖，以所正青羊毛中截，用裹筆中心，名爲「筆柱」，或曰「墨池」「承墨」。復用青毫外，如作柱法，使心齊，亦使平均，痛頡内管中，宜心小不宜大。此筆之要也。

王羲之《筆經》曰：《廣志會獻》云：諸郡獻兔毫，出鴻都門，惟有趙國毫中用。世人咸云兔毫無優劣，筆手有巧拙，意謂趙國平原廣澤無雜草木，惟有細草，是以兔肥，肥則毫長而鋭，此則良筆也。凡作筆須用秋兔，秋兔者，仲秋取毫也，所以然者，孟秋去夏近，則其毫焦而嫩，季秋去冬近，則其毫脆而禿，惟八月寒暑調和，毫乃中用，其夾脊上有兩行毛，此毫尤佳，脅際扶疏，乃其次耳。采毫竟，以紙裹石灰汁，微火上煮令薄沸，所以去其膩也。先用人髮杪數十莖，雜青羊毛并兔毳，凡兔毛長而勁者曰毫，短而弱者曰毳。惟令齊平，以麻紙裹柱根令治，用以麻紙者，欲其體實，得水不脹。次取上毫薄薄布柱上，令柱不見，然後安之。惟須精擇，去其倒毛，毛杪合鋒令長九分，管修二握，須圓正方可。後世人或爲削管，或筆輕重不同，所以筆多偏握者，以一邊偏重故也，自不留心加意，無以詳其至。此筆成合，蒸之令熟三斗米飯，須以繩穿管縣之水器上一宿，然後可用。世傳鍾繇、張芝皆用鼠鬚筆，鋒端勁强有鋒鋩，余未之信。夫秋兔爲用，從心任手，鼠鬚甚難得，且爲用未必能佳，蓋好事者之説耳。昔人或以琉璃象牙爲筆管，麗飾則有之，然筆須輕便，重則躓矣。近有人以緑沈漆管及鏤管見遺，録之多年，斯亦可愛玩，詎必金寶雕琢，然後爲貴也。余嘗自爲筆甚可用，謝安石、庾稚恭每就我求之，靳而不與。

《博物志》云：有獸緣木，文似豹，名虎僕，毛可以取爲筆。嶺外尤少兔，人多以雜雉毛作筆亦妙，故嶺外人書札多體弱，然其筆亦利。其云至水乾墨緊之後，鬈然如薑焉。所以《嶺表記》云：嶺外既無兔，有郡牧得兔毫，令匠人作之。匠者醉，因失之，惶懼，乃以己鬚製上。甚善，詰之，工以實對。郡牧乃令一户必輸人鬚，或不能逮，輒責其直。

宣城之筆，雖管答至妙，而佳者亦少，大約供進或達寮爲之則稍工。又或以鹿之細毛爲之者，故晉王隱《筆銘》云：「豈其作筆，必兔之毫。調利難禿，亦有鹿毛。」蓋江表亦少兔也，往往商賈齎其皮南渡以取利。今江南民閒使者，則皆以山羊毛焉。蜀中亦有用羊毛爲筆者，往往亦不下兔毫也。

今有以金銀爲泥書佛道書者，其筆毫纔可數百莖。濡金泥之後，則鋒重澀而有力也。

淮南王《畢萬術》曰：取桐燭與柏木及蠟俱内箒中百日，以爲筆，畫酒自分矣。

蘇易簡《文房四譜》卷一《筆譜・三之筆勢》 今之飛白書者，多以竹筆，尤不佳。宜用相思樹皮，棼其末而漆其柄，可隨字大小，作五七枚妙。往往一筆書一字，滿一八尺屏風者。

《墨藪》云：王逸少《筆勢圖》：「先取崇山絶仞中兔毫，八九月收之，取其筆頭長一寸，管長五寸，鋒齊腰强者妙。」

今之小學者，言筆有四句訣也：「心柱硬，覆毛薄，尖似錐，齊似鑿。」見《敘事中》。

歐陽通自重其書，必以象牙犀角爲管，貍毛爲心，覆以秋毫。

秦蒙恬爲筆，以狐貍毛爲心，兔毫爲副。見《博物志》。

蜀中出石鼠，毛可以爲筆，其名䶂。

李陽冰《筆法訣》云：夫筆大小硬輭長短，或紙絹心散卓等，即各從人所好。用作之法，匠須良哲，物料精詳。入墨之時，則毫副諸毛，勿令斜曲。每因用了，則洗濯收藏，惟己自持，勿傳他手。至于時展其書，興來不過百字，更有執捉之勢，用筆緊慢，即出于當人至理確定矣。

《新唐書》卷四一《地理志》 蘄州蘄春郡，上。土貢：白紵、簟、鹿毛筆、茶、白花蛇、烏蛇脯。【略】

昇州江寧郡，至德二載以潤州之江寧縣置，上元二年廢，光啓三年復，以上元、句容、溧水、溧陽四縣置。土貢：筆、甘棠。【略】

越州會稽郡中都督府，土貢【略】紙、筆。【略】

宣州宣城郡，望。土貢【略】紙、筆、署預、黄連、碌青。

董逌《廣川書跋》卷七《歐陽詢帖》 余求前人論書，必先擇筆，至於動作皆得，如意非是，未嘗書也。韋昶善書而妙於筆，故子敬稱爲奇絶。然書必托於筆以顯，則筋骨肉理皆筆之所寄也，率更於筆，特未嘗擇而皆得佳趣。虞伯施謂詢不擇紙筆皆得如意，此正紀其實耳，宜遂良不能及也。

朱彧《萍洲可談》卷二 造筆用兔毫最佳，好事者用栗鼠鬚或猩猩毛以爲奇，然不若兔毫便於書也。廣南無兔，用雞毛，然毛匾不可書，代匱而已。近世筆工，宣州諸葛氏，常州許氏，皆世其家。安陸成安道、弋陽李展之徒，尚多馳名於時。宣人善治竹管，瑩潔可愛，亦有以葦爲管者，貴其輕。高麗使過常州市筆，諸許待其解舟，即急售之，半無毛頭，以爲得計。

馬永卿《嬾真子》卷五 退之以毛潁爲中山人者，蓋出於右軍經云「唯趙國毫中用」，蓋趙國平原廣澤，無雜木，唯有細草，是以兔肥，肥則毫長而鋭，此良筆也。

李石《續博物志》卷一〇 王叡云：有書契以來，便應有毫，世傳蒙恬制，非也。崔豹曰：蒙恬以枯木爲管，以鹿毛爲柱，羊毛爲被，所謂毫，非今之竹兔也。

范成大《桂海虞衡志・志器》 鷄毛筆。嶺外亦有兔，然極少，俗不能爲兔毫筆，率用雞毛，其鋒踉蹌不聽使。

周去非《嶺外代答》卷六《器用門・筆》 廣西多閹雞，羽毛甚澤，人取其頸毛，絲而聚之以爲筆，全類兔毫，一枝直四五錢。然毫短，鋒齊軟而無力，止宜細書。苟字大半寸，難書矣。嶺外亦有兔，其毫乃不堪爲筆。静江府羊毫筆則絶佳，蓋馳聲於深廣也。

陳槱《負暄野録》卷下《論筆料》 韓昌黎爲《毛穎傳》，是知筆以兔穎爲正。然兔有南北之殊，南兔毫短而輭，北兔毫長而勁，生背領者其白如雲，霜毫作筆絶有力。然純用北毫，雖健且耐久，其失也不婉。用南毫，雖入手易熟，其失也弱而易乏。善爲筆者，但以北毫束心，而以南毫爲副，外則又用霜白覆之，斯能兼盡其美矣。古人或用貍毛、鼠鬚，今都下亦有製此筆者，大抵只是於兔毫中入數莖同束。聞之工者云，但可以助力，且作美觀，然不可多用，多用則大麄澀。《酉陽雜俎》載：南朝有姥，善束筆，心用胎髮。蕭子雲嘗用之，似是取其輭熟。此法今不復見於用。吴俗近日卻有用竹絲者，往往以法揉製，使就揮染。或謂是苕枝，而冒稱曰竹絲。江西亦有緝竹爲輕綈者，疑未必不可爲此也。

陳槱《負暄野録》卷下《二毫筆》 歐陽通以貍毛爲筆，以兔毫覆之，此二毫筆之所由始也。以羊合兔，盛於今時，蓋不但剛柔得中，差宜作字，而且價廉工省，故人所競趨。番陽張彦實待制名杞元注云：犯光廟御諱。敦，嘗爲賦詩云：「包羞不借虎皮蒙，筆陣仍推兔作鋒。未免吹毛强分别，即今同受管城封。」

陳槱《負暄野録》卷下《毫錐名筆》 世稱筆之鋒短而鋭者爲毫錐，蓋本白太傅詩云有「毫鋒鋭若錐」之語，白自注云：時與元微之各有鋒纖細管筆，攜以就試，相顧輒笑，目曰毫錐。

周密《癸辛雜識前集・筆墨》 先君子善書，體兼虞、柳，余所書以學柳不成，學歐又不成，不自知其拙，往往歸過筆墨，諺所謂不善操舟而惡河之曲也。汎觀前輩善書者，亦莫不於此留意焉。王右軍少年多用紫紙，中年用麻紙，又用紙未義製紙，取其流麗，便於行筆。蔡中郎非流紈豐素，不妄下筆。韋誕云：用張芝筆、左伯紙、任及墨，兼此三具，又得巨手，然後可以建徑丈之字，方寸千言。

韋昶善書而妙於筆，故子敬稱爲奇絶。漢世郡國貢兔，惟趙爲勝。歐陽通用狸毛筆。皇象云：真措毫筆，委曲宛轉，不叛散，嘗滑密沾污，墨須多膠紺黟者，如此逸豫。余日手調適而歎娱，正可小展試。近世惟米家父子及薛紹彭留意筆札，元暉謂筆不可意者，如朽竹篙舟，曲筯哺物，此最善喻。然則古人未嘗不留意如此，獨率更令臨書不擇筆，要是古今能事耳。

陶宗儀《説郛》卷三一下　筆神曰「佩阿」，硯神曰「淬妃」，墨神曰「回氏」，紙神曰「尚卿」，筆神又曰「昌化」。

陶宗儀《説郛》卷九八王羲之《筆經》　漢時諸郡獻兔毫，出鴻都，惟有趙國毫中用，時人咸言兔毫無優劣，管手有巧拙。

有人以緑沉漆竹管及鏤管見遺，録之多年，斯亦可愛玩。詎必金寶彫琢，然後爲寶也。

昔人或以瑠璃、象牙爲筆管，麗飾則有之，然筆須輕便，重則躓矣。

諸郡毫惟中山兔肥而毫長，可用。先用人髮杪數十莖，襍青羊毛并兔毳，裁令齊平，以麻紙裹柱根，令净。次取上毫，薄薄布柱上，令柱不見。

世傳張芝、鍾繇用鼠鬚筆，筆鋒勁强，有鋒芒，余未之信。鼠鬚用未必能佳，甚難得。

嶺外少兔，以雞毛作筆，亦妙。

蜀中石鼠毛可以爲筆，其名曰「䶂」。

人鬚作筆，甚佳。

漢製，天子筆以錯寶爲跗。

晉武賜張華麟角筆管。

製筆之法，桀者居前，毳者居後，强者爲刃，要者爲輔，參之以檾，束之以管，固以漆液，澤以海藻。濡墨而試，直中繩，勾中鉤，方圓中規矩，終日握而不敗，故曰筆妙。

《永樂大典》卷二二七八《吴興續志·土貢·歸安縣》　筆。本縣善璉村居民大半能制筆，其筆視他處爲特勝。自馮應科、陸穎之後，代不乏人。農耕之暇，輒縛筆，客旅轉致于四方者甚衆。居民藉此藝，備耕作之利焉。

《〔成化〕湖州府志》卷八《土産》　筆出歸安縣東南善璉村，舊有馮應科、陸穎，皆善製筆，近時王古用所製亦妙，至今人多習其藝，故湖州之筆冠於天下。

《〔成化〕湖州府志》卷八《土産》　筆料：

筆管共一萬三千五百八十七箇，

山羊毛一十斤五兩，

兔皮一百二十八張。

陸深《儼山外集》卷五《春風堂隨筆》　製筆之法，桀者居前，毳者居後，强者爲刃，要者爲輔。參之以檾，束之以管，固以漆液，澤以海藻。濡墨而試，直中繩，勾中鉤，方圓中規矩，終日握而不敗，故曰「筆妙」。此數言簡約，未知誰所爲，可題爲筆經。

李詡《戒庵老人漫筆》卷五《毫管産》　兔用肩毫，取其勁也，有全用者，有參半者，故筆有全肩半肩之號，今筆標多作堅字者非。筆簳竹，冬管不蛀，交春砟者則蛀。造筆羊毛，天下獨出嘉興，峽石爲第一，秀水等縣次之，嘉善、崇德、海鹽俱不甚佳。

李詡《戒庵老人漫筆》卷七《筆墨》　筆墨二事，士人日與周旋，不可茫然莫識其梗概也。曩時買墨於金閶，吴山泉餉余以文衡山帖一，中乃記墨法也。余邑孫大雅《滄螺集》有《贈筆生張蒙序》，二文論筆墨大略具矣，並存之。

《序》曰：「昌黎韓子傳毛穎爲中山人，中山非晉，乃唐宣州中山也。宣州自唐來多擅名筆，而諸葛氏尤精。諸葛嘗遺其子授筆柳誠懸，且語其子曰：『柳學士善書，當留此筆，不爾即以常筆與之。』既而柳果以不入用，别求他筆。其子不能知，諸葛語之曰：『前所進者，非二王不能用也。』柳爲一代法書，而不知諸葛之用意，諸葛之藝，乃能過誠懸之書，信乎千里馬常有，而伯樂不常有也。國初，此法流吴興，自馮應科、陸穎輩首被趙文敏賞識，而宣州之筆殆無聞焉。余嘗以筆何勝於宣、湖，筆工有不能言，此蓋未見韋續論筆之過。其法取崇山絶仞中兔毛，八九月收之，毫長一寸，管長五寸，鋒齊腰强爲善。大抵巖石陟絶，其兔下上奔突，舉身之力皆聚於毫；至八九月霜降竹枯，聳身曲脊以耐寒栗，則其力愈勁。宣、湖又山郡，兔材易集，故家有其業，業有其人。至於用意之妙，齊鋒不難，而腰强爲難，鋒齊者類不能强，腰强者有不能齊，雖趙文敏用馮陸筆，亦僅得其齊，而罕得其强。余雖不善書，然私識其故，而有以知韋説之不謬。吴興陸用之精於爲筆，不在馮穎之下。徙居婁江，授其甥顧秀巖，秀巖又授其甥張蒙，世傳筆法，如出一手。自漳泉廣海，賈舶來吴，艤舟岸下，百金易之，殆無虚歲。雖淞之士大夫求筆，有不待遠走百里而取之几席之下矣。生論筆之利病，辯析至到，始余識之吴郡學宫，數求余言，時造次欲書未暇也。後余還淞，其請益堅，故序以廣士君子之知，而歎識者之稀也。」

項元汴《蕉窗九録・筆録》　筆法

製筆之法，以尖、齊、圓、健爲四德。毫堅則尖。毫多則色紫而齊。用麻帖襯得法，則毫束而圓。用以純毫，附以香狸，角水得法，則用久而健。柳帖云：副齊則波掣有憑，管小則運動省力，毛細則點畫無失，鋒長則洪潤自由，筆之元樞當盡於是。今八毫少而狸麻倍之，筆不耐寫，豈筆之咎哉，爲不用料耳。

毫

筆之所貴者在毫。廣東番禺諸郡，多以青羊毛爲之，以雉尾或鷄鴨毛爲，蓋五色可觀。或用豐狐毛、鼠鬚、虎毛、羊毛、麝毛、鹿毛、羊鬚、胎髮、豬鬃、狸毛造者，然皆不若兔毫爲佳。兔以崇山絶壑中者，兔肥毫長而鋭，秋毫取健，冬毫取堅，春夏之毫則不堪矣。若中秋無月，則兔不孕，毫少而貴。朝鮮有狼尾筆，亦佳，近日所製尤絶妙。

管

古有金管、銀管、斑管、象管、玳瑁管、玻璃管、鏤金管、緑沈漆管、椶竹管、紫檀管、花梨管，然皆不若白竹之薄標者爲管，最便持用。筆之妙盡矣，他又何尚焉。冬月以紙帛衣管以避寒者，似亦難用，悉不取也。

式

舊製筆頭式如筍尖最佳，後變爲細腰葫蘆様。初寫似細，宜作小書用，後腰散，便成水筆，即爲棄物矣。當從舊製可也。

邢侗《來禽館集》卷二一《筆附》　頗憶李唐筆工，用羲之法製數莞筆餉柳誠懸，誠懸大恚，謂不中揮染，工人復依今製重餽，柳乃大加稱賞，遍爲延譽。工人夷然不屑，遂用是定右軍、誠懸光價。良工苦心，亦大高識。大較魏晉間布豪如鐵，一味整健，下此便取隨指腕柔調，安得字裏銀鈎。僕私自語：世有辨筆人，迺能辨書，談何容易。

陳繼儒《珍珠船》卷二　《筆偈》云：圓如錐，捺如鑿，只得入，不得却。言縛筆要緊，一毛出，即不堪用也。

汝穎有高士，每夜作筆十管付其室。十筆盡，雖勢要官府督之，無報也。後數十年，見者顔色如故，時謂筆仙。

顧起元《説略》卷二二《工考上》　李石《續博物志》載：王叡云：「有書契以來，便應有筆，世傳蒙恬制，非也。《太公陰謀》筆曰：毫毛茂茂，陷水可脱，陷文不活。周公綏管，夫子絶筆。《援神契》言：孔子作《孝經》，簪縹筆，衣絳單衣，向北辰而拜。筆之來久矣。或曰：當時用漆書竹簡，有點畫而無丿乀，蒙恬始爲兔毫也。《古今注》答牛亨曰：恬作筆，以枯木爲管，以鹿毛爲柱，羊毛爲被，非兔毫竹管也。又《博物志》：恬爲筆，以狐狸毛爲心，兔毛爲副。心即柱也，其不同乃爾。《西京雜記》：漢天子筆，管以錯寶爲跗，毛皆以秋兔之毫，官師路扈爲之，以雜寶爲匣。揚雄《答劉歆書》：把三寸弱翰。《會稽典録》：盛吉拜廷尉持丹筆。《拾遺記》：任末削荆爲筆。陸士龍《與兄書》：魏武帝劉婕妤以七月七日折琉璃筆管。《拾遺記》：張華造《博物志》，晉武賜麟角筆。以麟角爲筆管，遼西國所獻也。又《小説》曰：王右軍得用筆法於白雲先生，先生遺之鼠鬚筆。又右軍《筆經》云：世傳張芝、鍾繇用鼠鬚筆，筆鋒勁强有鋒芒，余未之信。鼠鬚用未必能佳，甚難得。昔人用琉璃、象牙爲管，重則躓矣。近有人以緑沈漆管及鏤管見遺，用之經年，頗可愛翫。《紀聞談》云：南朝有老嫗，善作筆，胎髮者尤佳。又有筆工名鐵頭，能瑩管如玉。梁湘東王紀録名賢，忠孝純全者以金管，德行精粹者以銀管，文章贍逸者以斑竹管。陶隱居燒丹封鼎際，用羊鬚筆。紀元瑜夢人贈青鏤管筆。晉王隱《筆銘》云：豈其作筆，必兔之毫，調利難禿，亦有鹿毛。《異物志》：有人鬚筆，蜀有出石鼠毛，可爲筆。鄭公虔云：麝毛筆，一管寫書，直行四十張。狸毛筆，一管界行寫書，八百張。又記載：嶺外有獸，似豹緣木，名虎僕，毛可爲筆。又有鴨毛筆、雞毛筆、雉毛筆。《盧氏雜説》：王使君有筆管，中間刻《從軍行》，人馬毛髮，屋木山行，無不精絶。《搜神記》呼曰：一雙筆，一丸墨。梁簡文帝《答徐摛書》云：乍置筆床。南朝以四管爲一床。梁令云：寫書，筆一枚一萬字。蔡君謨爲歐公寫《集古録序》，潤筆以鼠鬚栗尾筆、銅緑筆格。

謝肇淛《五雜組》卷之一二《物部四》　古人書鳥文小篆，似不用筆亦可，自真草八分興而筆之權逾重矣。鍾繇、張芝、王右軍皆用鼠鬚，歐陽通用狸毛爲心，蕭祭酒用胎髮爲柱，張華用鹿毛，嶺南郡牧用人鬚，陶景行用羊鬚。鄭虔謂：「麝毛一管可書四十張，狸毛八十張。」又有用豐狐、蚼蛉、龍筋、虎僕及猩猩毛、狼毫、鴨毛、雀雉毛者，恐皆好奇之過。要其純正得宜，剛柔相濟，終不及中山之兔，下此則羊毫耳。然羊毫柔而無鋒，終非上乘。

王右軍嘗嘆江東下濕，兔毛不及中山，然唐、宋推宣城，自元以來造筆之工即屬吴興，北地作者不敢望也。吴興自兔毫外，有鼠毫、羊毫二種，近乃以兔毫爲柱，羊毫輔之，剛柔適宜，名曰「巨細」，其價直百錢。然行書可用，楷非所宜。

蔡君謨云：「宣州諸葛高造鼠鬚及長心筆絶佳，常州許頔所造二品亦不減之。」則君謨尚用鼠鬚筆也。今吴興作者，間用鼠、狼毫。臧晉叔以貂鼠令工製之，曾寄余數枝，圓勁殊甚，然稍覺肥笨，用之亦苦不能自由，政不知右軍、端明所用法度若何耳。

鼠鬚苦勁，何以中書？陸佃《埤雅》云：「栗鼠蒼黑而小，取其毫於尾可以製筆，世所謂『鼠鬚栗尾』者也，其鋒乃健於兔。」然則實尾而名以鬚耳。栗鼠若今竹鼦之類，亦非家鼠也。

方以智《通雅》卷三二《器用》 散卓者，㲜筆也。廣川引皇象曰：欲作草書漫漫落落，宜得精毫㲜筆宛轉不叛散者。張友正草字用筆過爲鋒長。㲜音而兖切，即借作耎字。山谷書：吴無星筆言能兔毫筆也。有柱有被，有心有副。右軍《筆經》曰：中山兔肥毫長，故可用。世傳張芝、鍾繇用鼠鬚筆，嘗謂東晉已失中原，右軍安能必得中山毫，《蘭亭》用繭紙、鼠鬚筆書繭紙，或泛溟來乎。《博物志》有虎僕毛筆。山嶺外少兔，以雞雉毛亦妙，子瞻所云「三錢雞毛筆」也。又云：蜀石鼠回颷毛可爲筆。眉公《妮古録》：宋時有雞毛筆、檀心筆、小兒胎髮筆、猩猩毛筆、鼠尾筆、狼毫筆。筆有四德，鋭、齊、健、圓。今人毫少而狸毿倍之，安見德乎？古有以金、以銀、斑象、玳作無心散卓。若提筆去紙，則諸葛筆敗矣。侍其瑛亦能之。南陽張乂祖喜用郎奇棗心散卓作瘦勁字，此總謂宛轉滿志耳。彦遠《論書》言：右軍有行草，分寸即縣筆之用也。其跋張旭《郎官石柱記》言：侸音樹鋒鱗勒峻礫，抑左升右，仰策輕揭，緊趯音立闔收。此君固善形容用筆矣。

屈大均《廣東新語》卷一六《器語・茅筆》 白沙喜用茅筆，所居圭峯，其茅多生石上，色白而勁，以茅心束縛爲筆，作字多樸野之致，白沙嘗稱爲茅君。有詩云：「茅君稍用事，入手稱神工。」又云：「長揖謝茅君，安静以待終。」又嘗稱爲茅龍，其詩云：「茅龍飛出右軍窩。」今新會書家倣之，多用茅筆。

《欽定古今圖書集成・理學彙編字學典》第一四八卷《筆部雜録》 《禮記・曲禮》：「史載筆，士載言。」《正義》：史謂國史，書録王事者。王若舉動，史必書之，王若行往，則史載書具而從之也。不言簡牘，而云筆者，筆是書之主，則餘載可知。《爾雅》云：「不律謂之筆。」郭云：「書筆名，四方之異言也。」士謂司盟之士，言謂盟會之辭，舊事也，必載盟會之辭者，或尋舊盟，或用舊會之禮，應須知之，故載自隨也。《述古書法纂》：《曲禮》曰：史載筆蓋畢舉萬物之形，故謂之「筆」。

《古今圖書集成・理學彙編字學典》第一四八卷《筆部雜録》 《雲仙雜記》：白樂天作紫毫筆詩云：「宣城石上有老兔，食竹飲泉生紫毫。」余守宣時，問筆工毫用何處兔？答云：陳、亳、宿數州客所販，宣自有兔毫，不堪用。蓋兔居原田則毫全，以出入無傷也。宣兔居山，出入爲荆棘樹石所傷，毫例短秃，則白詩所云非也。白公宣州發解進士，宜知之，偶不問耳。【略】

東坡題跋：宣州諸葛氏筆擅天下久矣，縱其間不甚佳者，終有家法，如北苑茶、内庫酒、教坊樂，雖弊精疲神欲强學之，而草野氣終不可脱。

近年筆工不經師匠，妄出新意，擇毫雖精，形製詭異，不與人手謀。獨錢塘程奕所製，有三十年先輩意味，使人作字，不知有筆，亦是一快。吾不久行當致數百枝而去，北方無此筆也。

余在北方食麞兔極美，及來兩浙江淮，此物稀少，宜其益珍，每得食率少味及微腥，有魚蝦氣，聚其皮數十以易筆於都下，皆云此南兔，不經霜雪，毫漫不可用，乃知此物本不産陂澤間也。

近日都下筆皆圓熟少鋒，雖軟美易使，然百字外力輒衰，蓋製毫太熟使然也。粥筆者既利於易敗而多售，買筆者亦利其易使，惟諸葛氏獨守舊法，此又可喜也。

繫筆當用生毫，筆成，飯甑中蒸之熟一斗飯，乃取出，懸水甕上數月乃可用，此古法也。

散卓筆惟諸葛能之，他人學者皆得其形似而無其法，反不如常筆，如人學杜甫詩，得其麤俗而已。

唐林夫以諸葛筆兩束寄僕，每束十色，奇妙之極，非林夫善書，莫能得此筆，林夫又求僕行草，故爲作此數紙。

久在海外，舊所齎筆皆腐敗，至用雞毛筆，拒手獰劣，如魏元忠所謂騎窮相驢脚摇鐙者，今日忽於孫叔静處用諸葛筆，驚歎此筆乃爾蘊藉耳。

今日於叔静家飲官法酒，烹團茶，燒衙香，用諸葛筆，皆北歸喜事。

《欽定古今圖書集成・理學彙編字學典》第一四八卷《筆部雜録》 《清暑筆談》：製筆者，擇毫精粗與膠束緊慢皆中度，則鋒全而筆健。近來作者鹵莽，筆既濫劣，惟巧於妄名以蘄售。一種毫過圓熟者，不能運墨，用之則鋒散而墨漲，以供學人作義，易敗而售速。予性拙書，用筆不求備，然駑馬無良御，益窘躓矣。【略】

《廣博物志》：筆星星氣有一枝末鋭似筆也。

《偃曝談餘》：《古今注》云：彤管，赤漆耳。史官載筆以志心事也。注《漢官儀》又曰：尚書令僕丞郎月給赤管大筆一雙，篆題曰「一官工作。」《搜神記》又曰：王祐病，有鬼至其家，留赤筆十餘，薦下曰：簪之出入辟惡，凡舉事皆無恙。則彤管又若袚不祥者。然古或漆，或鏤，或以象，或以琉璃，至綠沈斑管，而後今始盡用竹矣，故右軍書：斯亦可愛，詎以金寶雕珍爲貴也。

南朝呼筆四管爲一牀。

《太平清話》：宋時有雞毛筆、檀心筆、小兒胎髮筆、猩猩毛筆、鼠尾筆、狼毫筆。

梁同書《筆史·筆之料》 兔豪 出宣州溧水縣中山，在縣東南一十五里，製筆精妙。見《元和郡縣志》二十八卷。右軍《筆經》云：「中山兔肥豪長，故可用。」

青豪 紫豪 顔師古《隋遺録》：「張麗華試東郭㕙紫豪筆，答江令璧月句。」段公路《北户録》：「宣城歲貢青豪六兩，紫豪三兩。」白樂天詩：「每歲宣城進筆時，紫豪之價如金貴。」又云：「宣城石上有老兔，食竹飲泉生紫豪。」

羊鬚 《天中記》：陶隱居用羊鬚筆，封丹鼎。

羊毛 天下獨出嘉興，硤石爲第一，秀水等縣次之，嘉善、海鹽皆不佳。

青羊 《樹萱録》：番禺諸郡，多以青羊毛爲筆。

黄羊 西北之境有黄羊，西夏有國時，嘗取其尾豪爲筆。 錢少詹大昕説。

鹿毛 馬縞《中華古今注》：「蒙恬始作秦筆耳，以柘木爲管，鹿毛爲柱，羊毛爲被，所謂蒼豪，非兔豪竹管也。」晉王隱《筆銘》：「豈其作筆，必兔之豪。調和難禿，亦有鹿毛。」張華用鹿毛筆。《地理志》：蘄州土貢鹿毛筆。

麝毛 貍毛 鄭虔謂麝毛一管，可書四十張，貍毛八十張。《朝野僉載》：「歐陽通筆，用貍毛爲心，覆以秋兔豪。」《樹萱録》：番禺諸郡爲筆，或用麝毛、貍毛。

鼠鬚 《法書要録》：右軍寫《蘭亭序》以鼠鬚筆。《世説》：右軍得筆法於白雲先生，遺之鼠鬚筆。又云：鍾繇、張芝，皆用鼠鬚筆。《歸田録》：蔡君謨爲永叔寫《集古目録序》，歐以鼠鬚栗尾筆爲潤筆。

虎僕 見《博物志》。李日華《六研齋二筆》云：皇甫松賦：「書抽虎僕。」虎僕者，小獸，狀似貍，善緣樹，皮毛斑蔚如豹。取其尾毳縛筆，最健。即九節貍也。

虎毛 《雲仙雜記》：有僦馬生甚貧，遇人與虎毛紅管筆一枝，曰：「所需但呵筆即得之。」

蚼蛉 《廣志》：蚼蛉、鼠毛可以爲筆。

豐狐 龍筋 猩猩 狼豪 《文□披沙記》：筆有豐狐、蚼蛉、龍筋、虎僕及猩猩毛、狼豪，雖奇品，而醇正得宜，不及中山兔豪。《考槃餘事》：朝鮮有狼尾筆，亦佳。

石鼠 出蜀，毛可作筆。見《廣韵》「鼫」字注。

貂鼠 明臧晉叔以貂鼠令工製筆，圓勁，稍覺肥笨。

狨毛 獺毛 二種見山谷《筆説》。

鶖毛 白香山《渭村退居》詩：對秉鶖毛筆，俱含雞舌香。

鴨毛 鴨毛筆，見《北户録》。

雞毛 雉毛 《博物志》：山嶺外少兔，以雞雉毛亦妙。《樹萱録》：番禺諸郡爲筆，或用山雉、豐狐之豪。陳眉公《妮古録》：宋時有雞毛筆、檀心筆。檀心不知何物。

雞距 白香山《雞距筆賦》：足之健者有雞足，毛之勁者有兔毛。就足之中奮發者利距，在毛之内秀出者長豪。黄山谷詩：宣城變樣蹲雞距，諸葛名家捋鼠鬚。

豬毛 王佐《文房論》：永樂初，吉水鄭伯清以豬鬃爲筆，健而可愛，其心則長。

黄毛 《續文獻通考》：朝鮮國貢黄毛筆。

胎髮 蕭祭酒筆，用胎髮爲柱。唐齊己《送胎髮筆寄仁公》詩：内惟胎髮外秋豪，綠玉新裁管束牢。

人鬚 張懷瓘《書斷》：「嶺南兔，嘗有郡牧得其皮，使工人削筆。醉失之，大懼，因翦己鬚爲筆，甚善。更使爲之，工人辭焉，以實對，遂下令使户輸人鬚。或不能致，輒責其直。」出《嶺南異物志》。

荆筆 《拾遺記》：任末，字叔本。年十四，削荆爲筆。

荻筆 《南史》：陶宏景四五歲，以荻爲筆。

木筆 《孔六帖》：于闐以木爲筆。

竹絲筆 見岳珂《玉楮集》。

仙茅筆 見《朱竹坨集》。

梁同書《筆史・筆之製》《通雅》云：筆有柱有被，有心有副。

《妮古録》云：筆有四德：鋭、齊、健、圓。《考槃餘事》云：製筆之法，以尖、齊、圓、健，爲四德。

韋誕《筆經》：製筆之法，桀者居前，毳者居後，强者爲刃，耎者爲輔。參之以檾，束之以管，固以漆液，澤以海藻。濡墨而試，直中繩，句中鉤，方圓中規矩，終日握而不敗，故曰筆妙。

《柳公權帖》：近蒙寄筆，深慰遠情。但出鋒太短，傷於勁硬。所要優柔，出鋒須長，擇豪須細，管不在大，副切須齊。副齊則波掣有憑，管小則運動省力，毛細則點畫無失，鋒長則洪潤自由。

李詡《戒庵漫筆》：兔用肩豪，取其勁也。有全用者，有參半者，故筆有全肩、半肩之號，今筆標作「堅」字，非。筆幹，竹冬管不蛀，交春斫者則蛀。

《避暑録》：筆出於宣州，自唐惟諸葛一姓，世傳其業。治平、嘉祐前，得諸葛筆者，率以爲珍玩。熙寧後，世始用無心散卓筆，其風一變。

山谷《筆説》：宣城諸葛高，繫散卓筆，大概筆長寸半，藏一寸於管中。

東坡云：「近日都下筆皆圓熟少鋒，雖軟美易使，然百字外力輒衰，蓋製豪太熟使然。鬻筆者既利於易敗而多售，買筆者亦利其易使。唯諸葛高獨守舊法。」又云：「繫筆當用生豪。筆成，飯甑中蒸之，熟一斗飯，乃取出。縣水甕上數月，乃可用，此古法也。」又云：「杜君懿膠筆法，藏筆能二三十年。每一百枝，用水銀粉一錢，上皆以沸湯調研如稀糊，乃以研墨膠筆，永不蠹，且潤軟不燥。」

《考槃餘事》：東坡以黄連煎湯，調輕粉蘸筆頭，候乾收之，則不燥。山谷以川椒、黄蘗煎湯，磨松煙染筆藏之，尤佳。若有油膩，以皁角湯洗之。」又《文房寶録》云：養筆以硫黄酒舒其豪。

衛夫人《筆陳圖》有云：筆取崇山絶仞中兔豪，八九月收之，筆頭長一寸，管長五寸，鋒齊腰强者。

右軍《筆經》：諸郡兔豪，惟趙國豪中用。趙國平原廣澤，無雜草木，唯有細草，是以兔肥豪長而鋭。須仲秋收之。采豪竟，先用人髮杪數十莖，雜青羊毛并兔毳，裁令齊平，以麻紙裹柱根。次取上豪薄薄布柱上，令柱不見，然後安之。毛杪合鋒，令長九分，管修二握，須圓正方可。

李陽冰《翰林禁經》有九生法：一生筆，純豪爲心，輭而復健。

《山谷題跋》：筆工最難，其擇豪，如郭泰之論士，其頓心著副，如輪扁之斲輪。

製筆謂之「茹筆」，蓋言其含豪終日也。《笠澤叢書》有《哀茹筆工》詩一首，林逋集有《美葛生所茹筆》詩二篇。元王惲《贈筆工張進中》詩云：「進中本燕産，茹筆鐘樓市。」今製法如故，而「茹筆」之名隱矣。

《南部新書》：柳公權《筆偈》曰：「圓如錐，捺如鑿，只得入，不得卻。」蓋縛筆要緊，一毛出，即不堪用。

白香山與元微之各有纖鋒細管筆，攜以就試，目爲豪錐。見香山《代書百韵》詩注。

柳宗元《楊尚書寄郴筆》：知是小生本様，今更商摧，使盡其功，獻長句云：截玉銛錐作妙形，貯雲含霧到南溟。

《考槃餘事》：舊製筆頭式如筍尖，最佳，後變爲細腰葫蘆様，當從舊製。

《西京雜記》：漢制，天子筆管以錯寶爲跗。

晉《東宫舊事》：皇太子初拜，給漆筆四。

陸機與弟書：在平原嘗按行曹公器物，有琉璃筆一枝。

《拾遺記》：晉武帝以《博物志》成，賜張華麟角筆管，遼西所獻也。

《朝野僉載》：歐陽通以象牙、犀角爲筆管。

《五代史》：蘇循獻晉王畫日筆三十管。

《清異録》：僞唐宜春王從謙，用宣城諸葛筆一枝，酬以十金，號爲「翹軒寶帚」。

右軍《筆經》：昔人或以琉璃、象牙爲筆管，麗飾則有之，然筆須輕便，重則躓矣。近有人以緑沈漆竹管及鏤管見遺，斯亦可玩，何必金玉？

《梁書》：元帝爲湘東王時，記録忠臣義士文章之美者，用筆有三品：一金管，一銀管，一斑竹管。

《青箱雜記》：紀少瑜嘗夢陸倕以一束青鏤管筆授之。

《珍珠船》：隋高僧敬脱善書大字，筆長三尺，其麤如人臂，乞書者一字而已。

《清異録》：開元二年，賜宰相寶相枝各二十，斑竹筆管也，花點勻密，紋如兔豪。

顧况詩：手把山中紫羅筆。

段成式寄温飛卿葫蘆筆管。

《孔六帖》：李靖五世孫彦方，其舊物有佩筆，以木爲管弢，刻金其上，别爲環以限其閒，筆尚可用也。

《研北雜志》：袁伯長有李後主所用玉筆，管上有鐫字文，鏤甚精。

《山堂肆考》：唐世舉子入場，嗜利者争賣健豪圓鋒，其價十倍，號「定名筆」。

《汗漫録》：司空圖隱中條山，芟松枝爲筆管，曰：「幽人筆當如是。」

《盧氏雜記》：德州王使君椅家有筆一管，贏於常用，刻《從軍行》一幅，人馬、毛髪、屋木、亭臺、遠水，無不精絶，似非人工，云用鼠牙刻，崔郎中鋌文有《王氏筆管記》。

《戒庵漫筆》：御用筆，冬用綾裹管，裹襯以緜，春用紫羅，至夏秋用象牙、水晶、玳瑁等，皆内府臨時發出製造。

《通雅》：古有以金，以銀、斑象、玳瑁、玻瓈、鏤金爲管，或緑沈漆管、椶竹、紫檀、花黎管，皆不若白竹之便持用。

阮葵生《茶餘客話》卷一九《毫筆》 《續博物志》云：「有書契以來，便應有毫，世傳蒙恬制，非也。」崔豹曰：「蒙恬以枯木爲管，以鹿毛爲柱，羊毛爲被。」所謂毫，非今之竹兔也。

和珅《欽定大清一統志》卷一〇二《蒲州府・土産》 筆出永濟縣，以兔豪爲之，佳者不減湖州所造。

錢泳《履園叢話》卷一二《藝能・選毫》 筆以吴興人製者爲佳，其所謂狼毫、兔毫、羊毫、兼毫者，各極其妙。然毫之中有剛柔利鈍之不同，南北中山之互異。每一枝筆，只要選其最健者二三根入其中，則用之經年不敗，謂之選毫。相傳趙松雪能自製筆，取千百枝筆試之，其中必有健者數十枝，則取數十枝拆開，選最健之毫迸爲一枝，如此則得心應手，一枝筆可用五六年，此其所以妙也。諺云「能書不擇筆」，實妄言耳。

大凡書家以小筆書大字必薄，以大筆書小字必厚，其勢然也。功夫淺則薄，功夫深則厚，其理然也。余幼時聞老輩作書，有取香火燒其筆尖，然後用之者，故其書禿，無有鋒穎，以此爲厚，不亦謬乎！

姚元之《竹葉亭雜記》卷一 御用筆，向皆選取紫毫之最硬者方得奏進，筆管皆鐫「天章」、「雲漢」等字。上以其不合用，命英協揆時爲户部尚書。以外間習用者進試之，取純羊毫、兼毫二種，命仿此製造。復以管上鐫字每多虚飾，命以後各視其筆，但鐫「純羊毫」、「兼毫」字而已。

梁章鉅《浪迹叢談》卷九《記筆三則》 盧言《雜説》云：「世傳宣州陸氏世能作筆，家傳右軍與其祖求筆（帖）。後子孫猶能作筆。至唐柳公權求筆於宣州，先與二管，謂其子曰：『柳學士能書，當留此筆，如退還，即可以常筆與之。』未幾，柳以爲不入用，遂與常筆。陸云：『先與者非右軍不能用，柳信與之遠矣。』」

世俗言蒙恬始造筆，非也。《尚書中候》言神龜負圖，周公援筆寫之；又《援神契》言孔子作《孝經》，簪縹筆；是周、孔時已有筆矣。成公綏有《棄故筆賦》云：「有倉頡之奇生，列四目而并明。乃發慮於書契，采秋毫之顛芒。加膠漆之綢繆，結三束而五重。建犀角之玄管，屬象齒於纖鋒。」是筆之制，已備於倉頡時矣。《淮南子・本經訓》云：「倉頡作書，鬼夜哭。」高誘注：「鬼或作兔，兔恐取毫作筆，害及其軀，故夜哭。」制筆率用兔毫，或用羊豪，鷄毛、鼠須、狼毫、貂毫。此外有用鹿毛者，見《中華古今注》；有用麝毛、貍毛者，見《朝野僉載》及《樹萱録》；有用狨毛、獺毛者，見黄山谷《筆説》；有用鵝毛者，見白香山詩；有用猩毛者，見王荆公詩；有用雉毛者，見《博物志》；有用猪毛者，見王佐《文房論》；有用胎髪者，見唐齊己詩；有用人鬚者，見《嶺南異物志》。

制筆謂之茹筆，蓋言其終日含毫也。《笠澤叢書》有《哀茹筆工》詩，《林逋集》有《美葛生所茹筆》詩。今制筆者尚守此法，但以口餂之使圓，而茹筆之名，鮮有人道者矣。

陳康祺《郎潛紀聞二筆》卷九《梁山舟創筆飲》 文房佳供，以錫或磁爲之，用以養筆者，世皆稱爲筆插，實筆飲也，倡自梁山舟學士。學士工書負重名，以毛穎染墨後，一經燥枯，便不適用，爰出新意，琢錫方二寸餘，高如之，面設四穿，大小各二，以受卓筆。中容水數合，使得上潤毛穎，不至漸濡而止，名曰「筆飲」，學士自造，銘以寵之。

陳康祺《郎潛紀聞三筆》卷九《筆估鐫字筆管之原始》 苕上筆估，多於竹管鐫字，以爲徽幟，攷此製始於康熙以後。沈文恪公荃家藏法帖，嘗蒙聖祖御筆書「落筆風雲」四字於卷端。諸城劉文清公亦嘗蒙高宗宸題「清愛堂」、「天香深處」扁額。二公感激恩遇，管城鐫刻，比之勒鼎銘鍾，不意苕估之摹仿爲之也。「落筆風雲」諸種，今中書君之庸劣者，尚冒其名。

王闓運《［光緒］湘潭縣志》卷一一《貨殖四》 羅汝懷修縣書，作物産志，盡海内所同，有無殊異者。其巧匠名工，傳伯達治筆、江又盛剪、柳泰盛綫，傳業國初，及居仁帽，清芝香粉，同仁錫器，元泰醬，祥華饈，亦各以贍家起名。

鑒賞部

紀事

馮贄《雲仙雜記》卷六《筆封九錫》 薛稷爲筆封九錫，拜墨曹都統、黑水郡王兼毛州刺史。《龍鬚志》。

陶穀《清異録》卷下《文用門・寶篛》 僞唐宜春王從謙，喜書札，學晉二王楷法，用宣城諸葛筆，一枝酬以十金，勁妙甲當時，號爲「翹軒寶篛」，士人往往呼爲「寶篛」。

陶穀《清異録》卷下《文用門・寶相枝》 開平二年，賜宰相張文蔚、楊涉、薛貽寶相枝各二十，龍鱗月硯各一。寶相枝，斑竹筆管也，花點匀密，紋如兔毫。龍鱗，石紋似之；月硯，形象之，歙産也。

陶穀《清異録》卷下《文用門・定名筆》 唐世舉子將入場，嗜利者争賣健豪圓鋒筆，其價十倍，號「定名筆」。筆工每賣一枝，則録姓名，俟其榮捷，則詣門求阿堵，俗呼「謝筆」。

歐陽脩《歐陽脩全集》卷一二九《筆説・李晸筆説》 余書惟用李晸筆，雖諸葛高、許頌，皆不如意，晸非金石，安知其不先朝露以填溝壑？然則遂當絶筆，此理之不然也。夫人性易習，當使無所偏係，乃爲通理，適得聖俞所和《試筆詩》，尤爲精當。余嘗爲原甫説，聖俞壓韵不似和詩，原甫大以爲知言，然此無他，惟熟而已。蔡君謨性喜書，多學，是以難精。古人各自爲書，用法同而爲字異，然後能名於後世。若夫求悦俗以取媚，兹豈復有天真耶？唐所謂歐、虞、褚、陸，至於顔、柳，皆自名家，蓋各因其性，則爲之亦不爲難矣。嘉祐四年夏，納凉於庭中，學書盈紙，以付發。

歐陽脩《歐陽脩全集》卷一三〇《試筆》 宣筆初不可用，往時聖俞屢以爲惠，尋復爲人乞去。今得此甚可用，遂深藏之。

《蔡襄集》卷三四《雜著二》 李隩下於績溪，而優於由拳，與烏田相埒。循州藤紙微精細而差黃，他處以竹筋，不足道。房用之筆果可用，鋒齊勁健。今世筆例皆鋒長難使，比至鋒鋭少損，已禿，不中使矣。

趙令畤《侯鯖録》卷四《東坡評諸葛氏筆》 東坡云：「諸葛氏筆，譬如内庫法酒、北苑茶，他處縱有佳者，殆難得其髣髴。」余續之曰：「上閤衙香，儀鸞司椽燭，京師婦人梳妝與脚，天下所不及。」公大笑。

葉廷珪《海録碎事》卷一九《筆門》 天筆孔稚珪表：聖照玄覽，斷自天筆。筆一床《搜神記》：南朝呼筆四管爲一床。緑沉管《筆譜》：人有以緑沉漆管筆遺王逸少。文翰將軍文翰將軍，筆也。筆仙汝潁有高士，每夜作筆十管，付其室，十筆盡，雖勢要官府督之，無報也。後數十年見者，顔色如故，時謂「筆仙」。麟筆《吴融詩》：偶持麟筆侍金閨。牙管羲之《筆經》：昔人以琉璃、象牙爲筆管，麗飾則有之，然筆須輕便，重則躓矣。泚筆疑當作「涉筆」也。寶跗《西京雜記》：漢制，天子筆以錯寶爲跗，以秋兔毫爲之。狡兔翰陳思王《樂府》：墨出青松煙，筆出狡兔翰。趙國毫《唐志》：漢諸郡獻兔毫，書鴻門題，唯趙國毫中用。《筆偈》筆偈云：圓如錐，捺如鑿，只得入，不得却。言縛筆要緊，一毛出，即不堪用也。柔翰弱冠弄柔翰，卓犖觀羣書。注云：柔翰，筆也。左太冲詩。虎僕《博物志》：有獸緑文，似豹名虎僕，毛可爲筆。三寸弱翰揚子雲《荅劉歆書》曰：天子上計，孝廉會者。雄嘗提三寸弱翰筆，以問其異語。麟角筆見紙門。鼠鬚筆見上巳門。

曾慥《類説》卷一三《墨紙》 呼筆爲「雙」、爲「床」、爲「枚」。梁簡文《荅徐摛書》：時設書幌，乍置筆床。四管爲一床也。

張栻《南軒集》卷一八《贈熊辯筆説》 頃年得溧陽顧綱散卓棗心，制度殊不類近世筆，邇來試使熊辯爲之，蓋不減綱，寒牕作字，十數紙不厭，良覺慰意也。然此筆殆不入時人手，辯不可以難售而詭遇，會有賞音者。

《錦繡萬花谷後集》卷之二九《筆》 兔毫管手 王羲之《筆經》曰：漢時諸郡獻兔毫出鴻都，惟有趙國毫中用，時人咸言曰：兔毫無優劣，管手有巧拙。

姚勉《雪坡集》卷四二《試筆因成》 是筆也，南昌賀發之所造也，發以筆名，聞自昔矣。暇日，友人攜筆以遺，且曰：「珍之平生，將不廢其用。」因以廬陵羅燮之墨試之，紙潤而光皎，字峭而體勁，果非劣毫者。

陳元靚《事林廣記》戊集卷之五《評筆》 番禺諸郡多以青羊毛爲筆，或用雞鴨毛，或以山雉毛，五色可愛。又有豐狐毛、虎僕毛、鼠鬚、羊毛、麝毛、狸毛、羊鬚、胎髮等，然皆未若兔毫。亦須取崇山絶仭中之兔，八九月收之，若中秋無月則兔不孕，兔不孕則毫少筆貴。夫筆須鋒齊勁健，今世筆皆鋒長少損，已禿不中用矣。宣州諸葛向、常州許頓造鼠鬚散卓長心筆絶佳。

王惲《秋澗集》卷四六《雜著・筆説》 燕之筆，霜雪穎也，勁而莫爲屈；楚之毫，炎蒸之毳也，柔而易爲書。勁與柔何俟多論，獨念夫用之有難易也。余以心無所用，近集三代已來輔臣相業，述《調元事鑑》，筆爲日課，資閒中一樂，機格問，燕、楚之材皆具。柔和者易於得字，腕不知勢也；勁挺者艱於如意，手指既據，致牽其臂而爲困。然不數日，燕鋒方練，布畫愈精，顧楚産已敗，而不任吾用矣，予於是乎感焉曰：此何異於相之用人也？昔霍將軍子孟欲顓事權，利其庸鄙者相，故李蔡、石慶、王訢、楊敞，使之充位而已。霍終不聞讜言，其族隨敗而無餘。唐相蕭嵩亦以韓休柔易而薦之，及其當位，持議方剛，殆不少撓，至有「不意能爾」之嘆，而開元之政蔚有可觀，後之君子居於人上者，正當毋友不如已者可也。苟專以庸鄙便已爲心，其如邦家何！作《筆説》。至元丙戌夏六月三日也。

楊瑀《山居新語》卷三 《圖畫見聞志》載唐刺史王倚有筆一管，稍粗於常用筆，管兩頭各出半寸，中間刻從軍行一鋪，人馬、毛髮、亭臺、遠水，無不精絶，每一事刻從軍詩兩句，似非人功，其畫迹若粉描，向明方可辨之，云用鼠牙雕刻。

鄭元祐《僑吴集》卷六《贈製筆温生》 今春予入杭，貞居張尊師方建神光樓葛井西，師與予知舊，因留宿樓上，對酒聯句。予尚左不善書，而師之書知名天下。予出句捷甚，師捉筆便書，然屢索輒叱其弟子，謂筆不佳。最後出一枝，上標温國寶姓名，師乃喜曰：「是固揭學士所賞識。」予雖不善書，見師用筆書不已，因取傍赫蹏小紙試之，誠善筆也。

孔齊《至正直記》卷二《筆品》 予幼時見筆之品，有所謂三副二毫者，以兔毫爲心，用紙裹隔年羊毫副之，凡二層。有所謂蘭蕋者，染羊毫如蘭芽包。此三副差小，皆用笱籜葉束定，入竹管。有所謂棗心者，全用兔毫，外以黄絲線纏束其半，取其狀如棗心也。至順間，有所謂大小樂墨者，全用兔毫散卓，以線束其心，根用松膠，綴入竹管，管長尺五以上，筆頭亦長二寸許，小者半之。後以松膠不堅，未散而筆頭摇動脱落，始用生漆，至今盛行于世，但差小耳，其他樣皆不復見也。筆生之擅名江、浙者，吴興馮應科之後，有錢唐凌子善、錢瑞、張江祖出，近又吴興陸穎、温國寶、陸文桂、黄子文、沈君實，頗稱于時。丙申以後，無復佳筆矣。

程敏政《新安文獻志》卷一九江光啓《送姪濟舟售硯序》 謝公塈之知徽州也，於理廟有椒房之親，貢新安四寶：澄心堂紙、汪伯立筆、李廷珪墨，硯則取之舊坑。

李詡《戒庵老人漫筆》卷三《御用筆》 朝廷用筆，每月十四、三十日兩次進御，各二十管。冬用綾裹管，裏襯以緜，春用紫羅，至夏秋用象牙、水晶、玳瑁等，皆内府臨時發出製造。弘治時，吴興筆工造筆進御，有細刻小標記云：「筆匠施阿牛。」孝宗見而鄙其名，内傳以小名對，敕易名曰「施文用」，至今猶然。右二事，吴興筆工張永賢説。

周履靖《羣物奇制・文房》 評筆：筆貴鋒齊勁健。今世鋒少易損秃，不中用矣。

謝肇淛《五雜組》卷之一二《物部四》 草書筆須柔，然過柔無鋒，近墨猪矣。皇象謂草書「欲得精毫莸筆，委曲宛轉不叛散」者，非神手不能道此筆中事也。巨細，筆直柔耳，若要楷書正鋒，須是純毫，大約鋒欲其長，管欲其小，頭欲其牢，柱欲其細，吴興作家多不辨此也。

南北異宜。兔毫入北地，一經霜風即脆，故長安多用水筆，然不過宜於傭胥輩耳。今書家賣字爲活者，大率羊毫，不但柔便耐書，亦賤而易置耳。古人退筆成塚，倘有百錢之直，貧士安所辦此？

漢揚子雲把三寸弱翰，賫白素三尺，問異語「弱翰」，柔毛筆也，故今人相沿動稱「柔翰」，然則筆之尚柔，其來久矣。

紙須白而厚，堅而滑，筆須健而圓，長而輕，墨須黑而有光，硯須寬而發墨。置之明窗净几，時書一二段文選、小説，亦人間至樂也。

孫承澤《春明夢餘録》卷九《文華殿・神宗遺事》 西壁一几，几上筆硯無甚珍異，筆皆市中所買，上貼筆匠楊彦章名，紙皆折簡，一如士人所用，其樸如此。

阮葵生《茶餘客話》卷一九《名家用筆》 趙松雪遇筆有宛轉如意者輒剖之，取其精毫别貯之，萃三管之精，令工總縛一管，則真草巨細無不可，項子京嘗欲仿之。見李實君《紫桃軒雜綴》。近日劉崇如墉自太原守罷歸，居相國邸第，破新筆，自揀精毫，重加縛束，不付之工人也，揮洒和軟，有得心應手之妙。

沈初《西清筆記》卷一 寫泥金字不可用毫筆，於前門筆鋪中市其最下者，董香光所謂三文錢雞毛筆，今則須五六文矣。泥金寫於羊腦箋上更非此不可，緣受金多能徐下，令金色平滿，軟滑順手。年時寫《華嚴經》，始用毫筆，繼易水筆，最後得此筆，凡三易而後始得焉。

沈初《西清筆記》卷二 上所常用中疎易散，第用其鋒，書少時，輒易之乃可。有名「經天緯地」者，一管中藏四筆，尚可用。微嫌其鋒短少滯，其餘雖飾觀而未適於用。

黃本驥《湖南方物志》卷七《郴州府》　郴筆有詩見《柳子厚集》中。《霏雪録》載：吴人稱雪庵居士謁趙松雪，出郴筆兩枝，王右丞雪裏芭蕉一幅，公曰：「爾欲吾題此邪？」吾郴之筆在元猶重，今豈無嗣其藝者？《餘冬序録》。楚南筆無佳製，惟郴筆稍可用。燕泉生於其地，未始以他郡校之爾。《瀟湘聽雨録》。唐柳宗元楊尚書寄郴筆，知是小生本様，今更商搉，使盡其功，輒獻長句：截玉銛錐作妙形，貯雲含霧到南溟。尚書舊用裁天詔，内史新將寫道經。曲藝豈能裨損益，微辭祇欲播芳馨。花陽卿月光輝徧，毫末應傳顧兔靈。

徐康《前塵夢影録》卷上　柳公權一帖云，近蒙寄筆，深慰遠情，但出鋒太短，傷於勁硬，所要優柔，出鋒須長。擇豪須細，管不在大，副切須齊，齊則波掣有凴，管〔細〕則運動省力，毛細則點畫無混，鋒長則滋潤自由。余按誠懸所説，洵製筆者之金鍼，然非法書名家，亦未易解此。

陳元靚《事林廣記》戊集卷之五　收筆

東坡以黃連煎湯，調輕粉蘸筆頭，候乾收。山谷以蜀椒、黃蘗煎湯，磨松煤染筆，藏之不蛀，尤佳。

洗筆

洗筆之法：以器盛熱湯浸一飯久，輕輕擺洗，次却用冷水滌之。若有油膩則以皂角湯洗，甚佳。

劉基《多能鄙事》卷五《筆墨紙硯・收筆法》　以水署浸濕，蘸輕粉少許，手撚筆頭令勻入心，晾乾收之最佳。或用雄黃，能折筆鋒。椒末生網虫，苦苣汁不能久，前項最良也。

項元汴《蕉窗九録・筆録》　藏筆以十月、正二月收者爲佳。《文房寶飾》云：養筆以硫黃酒舒其毫。蘇東坡以黃連煎湯調輕粉蘸筆頭，候乾收之，則不蛀。黃山谷以川椒、黃蘗煎湯，磨松烟染筆藏之，尤佳。

滌

妙筆書後即入筆洗中，滌去滯墨，則毫堅不脱，可耐久用。寫完即加筆帽，免挫筆鋒，若有油膩，以皁角湯洗之。

瘞

古人重筆，用敗則瘞。今人委之糞土，似非雅厚。昔趙光逢薄遊襄漢，濯足溪上，見一方磚類碑，上題云：「髡友退鋒郎，功成鬢髮霜。冢頭封馬鬣，不敢負恩光。」後題獨孤貞節立，磚上積有苔痕，此蓋好事者瘞筆之所。

阮葵生《茶餘客話》卷一九《藏筆之法》　東坡以黃連湯調青粉蘸筆，候乾收之。山谷以川椒煎湯磨松烟染筆藏之。近日汪松泉司空以紅花、黃連煎水，發筆磨墨皆用之。

唐秉鈞《文房肆考圖説》卷三《紙墨筆攷》　膠筆頭耐久不落法

筆頭，匠工每以松香鎔化粘之，往往不固，易於墮落，必須自將松香剔净，以粉糰或角黍尖，杵搗如膠黏之，可直至穎尖禿盡不墮。若要着水之排筆，施力取勢之提筆，則以嚴漆膠之，更固而不畏濕矣。

洗筆

士人用筆書寫，寫畢，即以筆於清水中擺去墨汁，又以素紙於筆外抹去餘墨，原不使墨少存留。倘遇不諳惜筆者，偶留宿墨於上，以致穎毫堅黏，必須洗去，方得穎毫仍舊輕活靈變。法用磁盞盛熱湯，頻探數過，俟一飯頃，宿墨潤透，輕輕擺洗，次用冷水滌之。若沾油膩，則以皂角湯洗，清水過之。

藏筆

東坡以黃連煎湯，調輕粉，蘸筆頭，候乾收之。黃山谷以蜀椒、黃柏煎湯，磨松煤染筆藏之，皆可以免蛀。余每以紙封筆帽空孔處，又多置蜀椒、樟腦於筆匣中，殊覺省便而辟蠹，且又芳馥悦意。筆匣亦以香樟木爲之。余家書櫝、衣箱、卧榻，皆用香樟木造，取其不生蠹，不生蝨也。

藝文

徐堅《初學記》卷二一《文部・事對》　文犀　翠羽《傅子》曰：漢末筆，非文犀之楨，必象齒之管。《西京雜記》曰：漢制天子筆，以雜寶爲匣，厠以玉璧翠羽，皆直百金。吴律　趙毫許慎《説文》曰：筆所以書也，楚謂之聿，吴謂之不律，燕謂之拂，秦謂之筆。王羲之《筆經》曰：漢時諸郡獻兔毫，出鴻都，惟有趙國毫中用。時人咸言，兔毫無優劣，管手有巧拙。寫圖　書牘《尚書中候》曰：玄龜負圖出，周公援筆以時文寫之。謝承《後漢書》曰：第五永爲督軍御史督使幽州，蔡邕等天下名才士人皆會。祖餞於平樂館，高彪送永在坐，因援筆書牘。當面　銘心蔡邕書曰：侍中執事，相見無期。惟是筆疏，可以當面。傅玄《筆銘》曰：韡韡彤管，冉冉輕翰。正色玄墨，銘心寫言。寶跗　金匣《西京雜記》曰：漢制，天子筆，以錯寶爲跗，毛皆以秋兔之毫。《傅子》云：漢末一筆之匣，彫以黄金，飾以和璧。加點　益字吴祚《國統》曰：吴主孫權，嘗夢北面頓首於天帝，忽見一人以筆點其額。舉以問徵士熊循，循曰：「吉祥矣！大王必爲主。王者人之首，額者王之上。王上加點，主字之象也。」《吴志》曰：諸葛恪父瑾，長面似驢。孫權大會，使人牽一驢入，乃於其面題曰：諸葛子瑜。恪跪曰：「乞請筆益兩字。」因聽與筆，恪續其下曰「之驢」，舉坐歡笑。纏枲　鏤管傅玄《筆賦》曰：於是班匠竭巧，名工逞術，纏以素枲，納以玄漆。王羲之《筆經》曰：有人以緑沉漆竹管及鏤管見遺，録之多年，斯亦可愛玩。詎必金寶彫琢，然後爲寶也。象管　寶匣王羲之《筆經》曰：昔人或以瑠璃、象牙爲筆管，麗飾則有之。然筆須輕便，重則躓矣。《西京雜記》曰：漢制，天子筆，以錯寶爲跗，毛皆以秋兔之毫。官師路扈爲之，以雜寶爲匣，厠以玉璧。班投　顔炙《東觀漢記》曰：班超家貧，投筆嘆曰：「大丈夫當效傅介子、張騫立功異域封侯，安能久事筆硯乎？」魚豢《魏略》曰：顔裴爲河東太守，課人輸租車，便致薪兩束，爲寒冰，炙筆硯。制彤管　綴翠匣傅玄《鷹兔賦》曰：兔謂鷹曰：「汝害於物，我益於世。筆氂被札，彤管以制。」《傅子》曰：漢末一筆之匣，綴以隋珠，文以翡翠。立憲成功　雕金飾璧蔡邕《筆賦》曰：昔蒼頡創業，翰墨作用，書契興焉。夫制作上聖，立憲者莫先乎筆。詳原其所由，究察其成功，鑠乎焕乎，弗可尚矣。《傅子》曰：漢末一管之匣，彫以黄金，飾以和璧。

賦　後漢蔡邕《筆賦》惟其翰之所生，于季冬之狡兔，性精亟以慓悍，體遄迅以騁步。削文竹以爲管，加漆絲之纏束。形調摶以直端，染玄墨以定色。畫乾坤之陰陽，讚宓皇之洪勳。盡五帝之休德，揚蕩蕩之典文。紀三王之功伐兮，表八百之肆覲。傳六經而綴百氏兮，建皇極而序彝倫。綜人事於晻昧兮，贊幽冥於神明。象類多喻，靡施不協。上剛下柔，乾坤位也。新故代謝，四時次也。圓和正直，規矩極也。玄首黄管，天地色也。晉傅玄《筆賦》簡脩毫之奇免，撰珍皮之上翰。濯之以清水，芬之以幽蘭。嘉竹翠色，彤管含丹。於是班匠竭巧，良工逞術。纏以素枲，納以玄漆。豐約得中，不文不質。爾乃染芳松之淳烟兮，寫文象於紈素。動應手而從心，焕光流而星布。

詩　梁簡文帝《詠筆格詩》英華表玉笈，佳麗稱珠網。無如兹制奇，彫飾雜衆象。仰出寫含花，横插學仙掌。幸因提拾用，遂厠璇臺賞。梁徐摛《詠筆詩》本自靈山出，名因瑞草傳。纖端奉積潤，弱質散芳烟。直寫飛蓬牒，横承落絮篇。一逢掌握重，寧憶仲升捐。

讚　晉郭璞《筆讚》上古結繩，易以書契。經緯天地，錯綜羣藝。日用不知，功蓋萬世。

銘　後漢李尤《筆銘》筆之强志，庶事分别。七術雖衆，猶可解説。口無擇言，駟不及舌。筆之過悮，愆尤不滅。晉王隱《筆銘》豈其作筆，必兔之毫。調利難秃，亦有鹿毛。

啓　梁庚肩吾《謝賚銅硯筆格啓》烟磨青石，已踐孔氏之壇；管插銅龍，還笑王生之壁。西域胡人，卧織成之金簟；游仙童子，隱芙蓉之行障。莫不並出梁園，來頒狹室。

吴淑《事類賦》卷一五《什物部·筆》　禮曰：士載言，史載筆。古以爲能述事而言，故謂之爲述。又以爲能畢舉萬物之形，亦謂之爲畢。故秦謂之筆，楚謂之聿，而吴謂之不律。若乃漆管緑沈之妙，文犀象齒之殊，博山爲牀，錯寶爲跗。静女嘗貽於彤管，周公曾寫於龜書。爾其中山之毫，北宫之製，秦將蒙恬之造始，官師路扈之精麗。周舍執之而司過，班超投之而立事。怒王思而逐蠅，傷盛吉而流涕。驚何晏而遽失，駭曹公而忽墜。阮檄而曾誶立成，禰賦而未嘗停綴。至於湘東三品，春坊四枝，含毫緬邈，搦管徘徊。楊璇染血而書帛，陶景用荻而畫灰。觀其染清松之微煙，奉纖毫之積潤，白牙碧鏤之奇，雞距鹿毛之雋。王充之户牖墻壁，左思之門庭藩溷。削荆既自於任末，捶琴更聞於柳惲。或以作鋤耒於詞園，或以爲刀矟於文陣。若至趙國秋毫，遼西麟角，鋒必九分，管唯一握。逢陸機而欲焚，過仲宣而見閣。闞澤既自傭書，安世亦嘗持槖。枕中而每欲傳方，薦下而還聞辟惡。鄭譯假潤以爲辭，曹褒懷鉛而嗜學。僧虔晦迹而見容，卜商括囊於則削。若夫陸倕授之於幼場，郭璞取之於江淹，白雲先生以鼠鬚而傳法，晉陵太守謂牙管之傷廉。至於上剛下柔之名，三束五重之美，夢大手於詞臣，表赤心於史氏。給相如而賦遊獵，供荀悦而成《漢紀》。蔡琰求之而寫書，王隱授之而修史。毦白見識於辛毗，搢縹嘗聞於夫子。别有點高洋而作主，賜渾瑊而録功。太初有不畜之慎，歐陽有不擇之工。至有寶胡盧而彌珍，却琉璃而若重。婕妤折之而尚存，鄭灼削之而更用。顔裴則炙以課薪，智永則瘞而作塚。亦聞采彼龍鐘，截兹箘簬，痛頡爲嘉，懸蒸有度。清麗識傅玄之銘，瞻逸仰嵇含之賦。行本明佩刀之職，公權陳正心之喻。訝蠅集於苻堅，卜蛇銜於管輅。仲將留神於製作，稚恭見求而靳固。傳毛穎於韓公，自毫錐於白傅。逸少驚入木之七分，仲尼止獲麟之一句。斯濡翰之爲用，誠詞家之急務也。

蘇易簡《文房四譜》卷二《筆譜下·五之辭賦》　蔡邕《筆賦》：序曰：昔蒼頡創業，翰墨作用，書契興焉。夫制作上書，則憲者莫先乎筆。詳原其所由，究察其成功，鑠乎焕乎，弗可尚矣！賦曰：惟其翰之所生，生於季冬之狡兔。性精亟而慓悍，體遄迅而騁步。削文竹以爲管，加漆絲之纏束。形調摶以直端，染玄墨以定色。畫乾坤之陰陽，讚宓羲之洪勳。盡五帝之休德，揚蕩蕩之典文。紀三王之功伐兮，表八百之肆覲。傳六經而綴百氏兮，建皇極而序彝倫。綜人事於晻昧兮，贊幽冥於神明。象類多喻，靡施不協。上剛下柔，乾坤位也；新故代謝，四時次也；圓和正直，規矩極也；元首黃管，天地色也。云云。

晉傅玄《筆賦》：簡脩毫之奇兔，撰珍皮之上翰。濯之以清水，芬之以幽蘭。嘉竹挺翠，彤管含丹。於是班匠竭力，良工逞術。纏以素枲，納以玄漆。豐約得中，不文不質。爾乃染芳松之淳烟兮，寫文象於紈素。動應手以從心兮，焕光流而星布。柔不絲屈，剛不玉折。鋒鍔淋漓，芒跱鍼列。

傅玄《筆銘》曰：韡韡彤管，冉冉輕翰。正色玄墨，銘心寫言。光讚天人，深厲未然。君子世之，無攻異端。

傅玄《鷹兔賦》云：兔謂鷹曰：毋害於物，有益於世。華髦被體，彤管以制。蒼頡創業，以興書契。仲尼賴之，定此文藝。擬則天地，圓盡萬方，經理羣品，宣綜陰陽。内敷七政，班序明堂。道運玄昧，非筆不光。三皇德孔，非筆不章。

梁簡文《詠筆格》詩：英華表玉笈，佳麗稱珠網。無如兹制奇，雕飾褋衆象。仰出寫含花，横插學仙掌。幸因提拾用，遂厠璇臺賞。

梁徐摛《詠筆》詩：本自靈山出，名因瑞草傳。纖端奉積潤，弱質散芳烟。直寫飛蓬葉，横承落絮篇。一逢掌握重，寧憶仲升捐。

晉郭璞《筆讚》：上古結繩，易以書契。經緯天地，錯綜羣藝。日用不知，功蓋萬世。

後漢李尤《筆銘》：筆之强志，庶事分别，七術雖衆，猶可解説。口無擇言，駟不及舌。筆之過誤，愆尤不滅。魏傅公選《筆銘》：昔在上古，結繩而治。降及後代，易以書契。書契之興，興自頡皇。肇建一體，浸遂繁昌。彌綸羣事，通遠達幽。垂訓紀典，匪筆靡修。實爲心畫，臧否斯由。厥美宏大，置類鮮儔。德馨之著，惟道是將。苟逞其違，禍亦無方。

梁庾肩吾《謝賚銅硯筆格啓》：烟磨青石，以踐孔氏之壇；管插銅龍，還笑王生之璧。西域胡人，用織成之絳簟；游仙童子，隱芙蓉之行陣。莫不盡出梁園，來頒狹室。

嵇含《試筆賦》序：騁韓盧，逐狡兔，日未移晷，一縱雙獲。季秋之月，毫鋒甚偉，遂刊懸崖之竹而爲筆，因而爲賦。

賈耽《虞書歌》：衆書之中虞書巧，體法自然歸大道。不同懷素只攻顛，豈類張芝惟扎草。形勢素，肌骨老，父子君臣相揖抱。孤青似竹更颼飀，闊白如波長浩渺。能方正，不隳倒，功夫未至難尋奥。須知孔子廟堂碑，便是青緗中至寶。

成公綏字子安《棄故筆賦》：序曰：治世之功，莫尚於筆。筆者，畢也，能畢舉萬物之形，序自然之情也。力未盡而棄之糞掃，有似古賢之不遇。於是收取，洗而棄之，用其力而殘其身焉。

有蒼頡之奇生，列四目而兼明；慕羲氏之畫卦，載萬物於五行。乃發慮於書契，采秋毫之穎芒。加膠漆之綢繆，結三束而五重。建犀角之玄管，屬象齒於纖鋒。染青松之微烟，著不泯之永蹤。則象神仙，人皇九頭；式範羣生，異體怪軀。注玉度於七經，訓河洛之讖緯；書日月之所躔，别列宿之舍次。乃皆是筆之勛，人日用而不寤，迄盡力於萬鈞，卒見棄於衢路。

唐張碧《答張郎中分寄翰林貢餘筆歌》：

圓金五寸輕錯刀，天人摘落霜兔毛。我之宗兄掌文檄，翰林分與神仙毫。東風吹柳作金線，狂湧辭波力生健。此時捧得江文通，五色光從掌中見。江龍角嫩無精彩，畫日揮空射烟靄。誰能邀得懷素來，晴明書破琉璃海。揚雄得之《甘泉賦》，胸中白鳳無因飛。他年擬把補造化，穿江入海剜天涯。昨宵夢見歐率更，先來醉我黄金觥。手擎瑟瑟三十斗，博歸天上書《黄庭》。夢中擺手不相許，帳望空乘碧雲去。

梁吴均《筆格賦》：幽山之桂樹，恒縈風而抱霧。葉委鬱而陸離，根縱横而盤互。爾其負霜含液，枝翠心赤，翦其匡條，爲此筆格。趺則嵓嵓方爽，似華山之孤上。管則員員峻逸，若九疑之争出。長對坐以銜烟，永臨窗而儲筆。

梁元帝《謝宣賜白牙鏤管啓》：春坊漆管，曲降深恩；北宫象牙，猥蒙霑逮。雕鐫精巧，似遼東之仙物；寫圖奇麗，笑蜀郡之儒生。故知嵇賦非工，王銘未善。昔伯喈致贈，才屬友人；葛龔所酬，止聞通議。豈若遠降鴻慈，曲覃庸陋。方當琉璃無當，隨珠過侈。但有羡卜商，無因則削。徒懷曹植，恒願執鞭。

白樂天《雞距筆賦》：足之健者有雞足，毛之勁者有兔毛。就足之中，奮發者利距；在毛之内，秀出者長毫。合爲手筆，正得其要；象彼足距，曲盡其妙。圓而直，始造意於蒙恬；利而銛，終逞能於逸少。斯則創因智士，製在良工。拔毫爲鋒，截竹爲筒。視其端，若武安君之頭小；窺其管，如元氏之心空。豈不以中山之明，視勁而俊。汝陰之翰，音勇而雄。一毛不成，采衆毫於三穴之内；四者可棄，取鋭武於五德之中。雙美是合，兩揆相同。故不得兔毛，無以成起草之用；不名雞距，無以表入墨之功。及夫親手澤，隨指顧，秉以律，動以度。染松烟之墨，灑鵝毛之素。莫不畫成屈鐵，點成垂露。若用之戰陣，則摧敵而先鳴。若用之草聖，則擅場而獨步。察所以，稽其故，雖云任物以用長，亦在假名而善喻。向使但隨物棄，不與人遇，則距畜縮於晨雞，毫摧殘於塞兔。安得取名於彼，移用在兹？映赤管，狀紺趾乍舉；對紅箋，疑錦臆初披。輟翰停毫，既象於翹足就棲之夕；揮芒拂鋭，又似乎奮拳引鬬之時。苟名實之副者，信動静而似之。其用不困，其美無儔。因草爲號者質陋，折蒲而書者體柔。彼皆瑣細，此實殊尤。是以搦之而變成金距，書之而化出銀鉤。夫然則董狐操，可以勒爲良史；宣尼握，可以削定《春秋》。夫其不象雞之羽者，鄙其輕薄；不取雞之冠者，惡其柔弱。斯距也，如劍如戟，可繫可縛。將壯我之毫芒，必假爾之鋒鍔。遂使見之者書狂發，秉之者筆力作。挫萬物而人文成，草八行而鳥跡落。縹囊或處，類藏錐之沈潛；團扇忽書，同舞鏡之揮霍。儒有學書臨水，負笈登山，含毫既至，握管未還。過兔園而易感，望雞樹以難攀。願争雄於爪距之下，冀得雋於筆硯之間。

竇絅《五色筆賦》：物有罄奇，文抽藻思。含五采而可寶，焕六書而增媚。豈不以潤色形容，昭宣夢寐。漬毫端之一勺，潛合水章；施墨妙於八行，宛成錦字。言念伊人，光輝發身。拳然手受，灼若迷真。載帛驚纈文漸出，臨池訝蓮綵長新。效用辭林，驚宿鳥之丹羽；呈功學海，間游魚之彩鱗。所以成畫飾之規，得和光之道。輕肆力於垂露，闇流精於起草。俾題橋之處，轉稱舒虹；當進牘之時，尤宜奮藻。掌握攸重，文章可驚。揉松烟而霞駮，操竹簡而淚凝。倘使書紳，黼黻之容斯美；如令畫象，丹青之妙足徵。卓爾無雙，斑然不一。摛握彩以冥契，刷孤峰而秀出。紛色絲兮宜映縑囊，暈科斗兮似開緗帙。動人文之際，懷豹變於良宵；呈鳥跡之前，想烏凝於瑞日。當其色授之初，念忘形而獲諸；魂交之次，驚目亂之相於。相發揮於拳石，幾還染於尺書。秉翰苑之間，媚花陰而蔚矣；耕情田之上，臨玉德以温如。是知潛應丹誠，暗彰吉夢。嘉不亂之如削，意相宣而載弄。混青蠅之點，取類華蟲；迷皓鶴之書，思齊彩鳳。故可以彰斯蕤葉，點綴桃花。舒彩牋而增麗，耀彤管而孔嘉。彼雕翠羽而示功，鏤文犀而窮奢，曾不如披翰藻而發光華。

僧貫休《詠筆》詩：莫訝書紳苦，功成在一毫。自從蒙管束，便覺用心勞。手點身難棄，身閒架亦高。何妨成五色，永願助風騷。

白樂天《紫毫筆》樂府詞：紫毫筆，尖如錐兮利如刀。江南石上有老兔，喫竹飲泉生紫毫。宣城工人采爲筆，千萬毛中揀一毫。毫雖輕，功甚重，管勒工名稱歲貢，君兮臣兮勿輕用。勿輕用，將何如？願賜東西府御史，願頒左右臺起居。搦管趨入黄金殿，袖毫立在白玉除。臣有奸邪正衙奏，君有動言直筆書。起居郎，侍御史，爾知紫毫不易置。每歲宣城進筆時，紫毫之價如金貴。慎勿空將彈失儀，慎勿空將録制詞。

韋充《筆賦》：筆之健者，用有所長，惟兹載事，或表含章。雖發跡於衆毫，誠難穎脱；苟容身於一管，豈是鋒鋩。進必願言，退亦處默，隨所動以授彩，寓孤貞而保直。修辭立句，曾無點畫之虧；游藝依仁，空負詩書之力。恐無成而見擲，常自悚以研精。擇才而丹青不間，應用而工拙偕行。所以盡心於學者，常巧於人情。惟首出筒中，長憂銼鋭；及文成紙上，或冀知名。以提挈不難，發揮有自，縱八體之俱寫，亦一毛而不墜。何當入夢，終期暗以相親；倘用臨池，詎欲辭於歷試。今也文章具舉，翰墨皆陳，秋毫以削，寶匣以新。但使元禮之門，不將點額；則知子張之手，永用書紳。夫如是則止有所托，知有所因，然後録名之際，希數字於伊人。

衛公李德裕《斑竹管賦》：余寓居於郊外精舍，有湘中太守贈以斑竹管，奇彩燦爛。愛玩不足，因爲小賦以報之。

山合沓兮瀟湘曲，水潺湲兮出幽谷。緣層嶺兮茂奇篠，夾澄瀾兮聳修竹。鷓鴣起兮鉤輈，白猿悲兮斷續。實璀璨兮來鳳，根聯延兮倚鹿。徃者二妃不從，獨處兹岑，望蒼梧兮日遠，撫瑶瑟兮怨深。洒思淚兮珠已盡，染翠莖兮苔更侵。何精誠之感物，遂散漫於幽林。爰有良牧，采之巖趾。表貞節於苦寒，見虚心於君子。始操截以成管，因天姿之具美。疑貝錦之濯波，似餘霞之散綺。自我放逐，塊然巖中，泰初憂而絶筆，殷浩默以書空。忽有客以贈鯉，因起予以雕蟲。念楚人之所賦，實周初之變風。昔漢代之方侈，增其炳焕，綴明璣以爲柙，飾文犀而爲玩。見傅玄。徒有貴於繁華，竟何資於藻翰。曾不知擇美於江潭，訪奇於湘岸。況乃彤管有煒，列於詩人。周得之而操牘，張得之而書紳。惟兹物之日用，與造化而齊均。方寶此以終老，永躬耕乎典墳。

韓愈《毛穎傳》：毛穎者，中山人也。其先明眎，佐禹治東方土，養萬物有功，封於卯地，死爲十二神。嘗曰：「吾子孫神明之後，不可與物同，當吐而生。」已而果然。明眎八世孫䨲，世傳當殷之時居中山，得神仙之術，能匿光使物，竊妒娥，騎蟾蜍入月，其後代遂隱不仕云。居東郭者號曰東郭㕙，狡而善走，與韓盧争能。盧不及，盧怒與宋猳謀而殺之，醢其家。秦始皇時，使蒙將軍恬南伐楚，次中山，將大獵以懼楚，召左右庶長與軍尉，以《連山》筮之，得天與人文之兆，筮者賀曰：「今日之獲，不角不牙。衣褐之徒，缺口而長鬚，八竅而趺居。獨取其髦，簡牘是資。天下同其書，秦其遂兼諸侯乎！」遂獵圍毛氏之族，拔其豪載穎而歸，獻俘於章臺宫，聚其族而加束縛焉。秦皇帝使恬賜之湯沐，而封之管城，號「管城子」，日見親寵任事。穎爲人强記而便敏，自結繩之代以及秦時事，無不纂録，陰陽、卜筮、占相、醫方、族氏、山經、地志、字書、圖畫、九流百家、天人之書，及至浮圖、老子、外國之説，皆所詳悉。又通當代之務，官府簿書、市井貨錢注記，惟上所使。自秦始皇帝及太子扶蘇、胡亥、丞相李斯、中軍府令高，下及國人，無不愛重。又善隨人意，正直、邪曲、巧拙，一隨其人。雖後見廢棄，終默而不洩。惟不喜武士，然見請亦時往。累拜中書令，與上益狎，上常呼爲「中書君」。上親決事，以衡石自程，雖宫人不得立左右，獨穎與執燭者常侍，上休方罷。穎與絳人陳玄、弘農陶泓及會稽褚先生友善相推置，其出處必偕，上召穎，三人者不待詔輒俱往，上未嘗怪焉。後因進見，上將有任使，拂拭之，因免冠謝。上見其髮秃，又所摹畫不能稱上意，上嘻笑曰：「中書君老而秃，不任吾用。吾嘗謂君中書，君今不中書耶？」對曰：「臣所謂盡心者。」因不復召，歸封邑，終於管城。其子孫甚多，散處中國夷狄，皆冒管城，惟居中山者，能繼父祖業。太史公曰：毛氏有兩族：其一姬姓，文王之子，封於毛，所謂魯衛毛聃者也，戰國時有毛公、毛遂。獨中山之族，不知其本所出，子孫最爲蕃昌。《春秋》之成，見絶於孔子而非其罪。及蒙將軍拔中山之豪，始皇封諸管城，世遂有名，而姬姓之毛無聞。穎始以俘見，卒見任使。秦之滅諸侯，穎與有功，賞不酬勞，以老見踈，秦真少恩哉！

段成式《寄温飛卿葫蘆管筆》往復二首：桐鄉往還，見遺葫蘆筆管，輒分一枚寄上。下走困於守拙，不能大用。瓠落之實，有同於惠施；堅厚之種，本慙於屈轂。然兩思榮器，愁想酒杯，嫌苦菜而不吟，持長柄而爲贈。未曾安筆，却省藏書，八月斷來，固是佳者。方知緑沈、赤管過於淺俗，求太白麥穗，獲臨賀石班，蓋可爲副也。飛卿窮素緗之業，擅雄伯之名，沿泝九流，訂銓百氏。筆洒瀝而轉潤，紙襞績而不供，或助操彈，且非玩好。便望審安承墨，細度覆毫，勿令仲宣等閒敢詠也。成式狀。

温庭筠答：庭筠累日來洛水寒疝，荆州夜嗽，筋骸莫攝，邪蠱相攻。蝸脘傷明，對蘭缸而不寢；牛腸治嗽，嗟藥録而難求。前者伏蒙賜葫蘆筆管一莖，久欲含詞，聊申拜貺。而上池未效，下筆無聊，慙況沈吟，幽懷未叙。然則産於何地，得自誰人，而能絜以裁筠，輕同舉羽？豈伊籌草，空操九寸之長；何必靈芝，獨號三株之秀。但曾藏戢册省，永貯仙居，供笑遺民，遷永佳種，惟應仲履，忽壓煩聲。豈常見已墮遺犀，仍抽直幹，青松所染，漆竹非珍，足使玳瑁慙華，琉璃掩耀。一枝爲貴，豈其陸生；三寸見稱，遂兼揚子。謹當刊於巖竹，寘以郊翰，隨纖利而爲牀，擬高低而作屋。所恨書裙寡媚，釘帳無功，實靦凡姿，空塵異貺。庭筠狀。

陸龜蒙《石筆架子賦》：栝可延年，簾能照夜，直爲絶代之物，以速連城之價。爾材雖足重，質實無妍。徒親翰墨，謾費雕鎸。到處而人争閣筆，相逢而竟欲投篇。若遇左太冲，猶置門庭之下；如逢陸内史，先焚章句之前。竇跗非鄰，金匣不敵。直堪諫諍之士，雅稱玄靈之客。謝守邊城雨細，題處堪憐。陶公嶺畔雲多，吟中合惜。或若君王有命，璽素争新，則以火齊、水晶之飾，龍骨、象齒之琢，窺臨舊硯，襞染生春。衛夫人悶弄綵毫，思量不到；班婕妤笑提丹筆，眄睞無因。若自戴山，如當榧几，則叨居談柄之列，辱在文房之理。誠非刻畫，幾受譴於纖兒；終假磨礱，幸見容於夫子。可以資雪唱，可以助風騷，莫比巾箱之貴，堪齊鐵研之高。吟洞庭之波，秋聲敢散；賦瑤池之月，皓色可逃。若有白馬潛心，雕龍在口，鉤羅不下於三篋，裁剪無慙於八斗。零陵例化，肯後於雙飛；玄晏書成，願齊於不朽。

陸龜蒙《哀茹筆工辭》：夫子之肱兮何綿綿，耕不能耒兮漁不能船。截筠束毫，既勝且便。晝夜今古，惟毫是鐫。爰有茹夫，工之良者。責其精觕，在價高下。闕齧義牙，尚不能捨。旬濡數鋒，月秃一把。編如蠶絲，汝實助也。我書之奇，渾源未衰，惟汝是賴。如何已而，有兔千萬，拔毛止皮。散漶鈍銼，縚觚靡辭。圓而不流，銛而不欹。在握方染，亦茹之爲。斲輪運斤，傳之者誰？毫健身殞，吾寧不悲。

段成式《寄余知古秀才散卓筆十管軟健筆十管書》：竊以《孝經援神契》夫子簪之，以拜北極。《尚書中候》周公援之，以出玄圖。其後仲將稍精，右軍益妙，張芝遺法，閻氏新規。其毫則景成愈於中山，麝柔劣於羊勁。或得懸蒸之要，或傳痛頡之方。起自蒙恬，蓋取其妙。不唯玄首黄瑄之製，含丹纏素之華，軟健被於一牀，雕鎪止於二管而已。跗則大白麥穗，臨賀石班。格爲仙掌之形，架作蓮花之狀。限書一萬字，應貴鹿毛；書紙四十枚，詎兼人髮。前件筆出自新淦，散卓尤精。能用青毫之長，似學鐵頭之短。況虎僕久絶，桐燭難成。鷹固無慙，兔或增懼。足使王朗遽閣，君苗欲焚。户牖門墻，足備其闕也。

余知古《謝段公五色筆狀》：伏蒙郎中殊恩，賜及前件筆。竊以趙國名毫，遼東仙管，曾進言於石室，奏議於圜丘。經阮籍而飛動稱神，得王珣而形製方大。妙合景純之讚，奇標逸少之經。利器莫先，豈宜虚授？某藝乏鴻彩，膺此緑沉，降自成麟，翻將畫虎。空懷得手之媿，如無落度之憂。春蚓未成，豐狐濫對。喜並出圖而授，驚逾入夢之徵。將欲遺於子孫，清白莫比；更願藏之篋笥，瑞應那同。捧載明恩，伏增感激。謹狀。

殷元《筆銘》云：宣神者言，載言者書。受以毫管，妙有以敷。彌綸二儀，包括有無。

孔璠之《筆讚》曰：亹亹柔翰，敷微通神。時淪古冥，玄趨常新。

文嵩《四侯傳·管城侯》：毛元鋭，字文鋒，宣城人也。其先黄帝時大昴流於東野而生。昴宿一名旄頭，遂姓毛氏，世居兔園。少昊時因少暴農之稼，爲鶆鳩氏所擒誅之，以爲乾豆。其族有竄於江南者，居於宣城溧陽山中，宗族豪盛。元鋭之世二代祖聿，因秦始皇時遣大將軍蒙恬南征吴楚，疑其有三窟之計，恃狡而不從，使前鋒圍而盡執其族，擇其首領酋健者縻縛之，獻於麾下。大將軍問聿之能，曰：「善編録簡册，自有文字已來，注記略無遺漏。」大將軍奇之，用命爲掾，掌管記。及凱旋，聞於上，爲築城而居，其族遂以文翰著名。其子士載，漢時佐太史公修史，有勁直之稱。天子因覽前代史，嘉其述美惡不隱，文簡而事備，拜左右史，以積勞累功封管城侯。子孫世修厥職，能業其官，累代襲爵不絶，皆與名賢碩德如張伯英、衛伯玉、索幼安、鍾元常、韋仲將、王逸少、王子猷並爲執友。歷宋、齊已來，朝廷益以爲重。鋭之曾大父如椽，與王珣爲神契之交。大父如聿，與江文通、紀少瑜有綵毫鏤管之惠，皆文章之會友也。鋭爲人穎悟俊利，其方也如鑿，其圓也如規。其得用也稱旨，則默默而作，隨心應手，有如風雨之聲者，有如鸞鶴迴翔之勢、龍蛇奔走之狀者。能爲文多記，不倦濤染，光祖德也。起家校書郎直館，遷中書令，襲爵管城侯。聖朝庶政修明，得與南越石虚中、燕人易玄光同被詔，常侍御案之右，與華陰楮知白爲相須之友。天子以六合晏然，志在墳典，因詔元鋭專職修撰。鋭久蒙委用，心力以殫，至於疲憊，書札粗疎，懼不稱旨，遂懇上疏告老。上覽之，嘉歎曰：「所謂達士知止足矣。」優詔可之，曰：「壯則驅馳，老則休息，載書方册，有德可觀。卿仰止前哲，宜加厚禮，可工部尚書致仕就國，光優賢之道也，仍以其子嗣職焉。」

史臣曰：管城毛氏之先，蓋昴宿之精，取髦頭之名以爲氏，以與姬姓毛伯鄭之後毛氏，不同族也。其子孫則盛於毛伯之後，其器用則編及日月所燭之地也，天子至於士庶，無不重之者也。朝廷及天下公府曹署隨其大小，皆處右職，功德顯著，宗族蕃昌云。

米芾《寶晉英光集》卷五《筆》　摹畫由來妙手知，彩箋落處直疑飛。寸心用盡終須補，贏得霜毫秃後歸。

王十朋《梅溪先生後集》卷一《會稽風俗賦》　生兩腋之清風，與飄飄於蓬島。剡藤番番，管城斑斑。越紙出於剡，舒元輿有《悲古剡藤》文。《圖經》：「越出筆管。」冰敲嵊水，張伯玉詩：「敲冰呈巧手。」注云：「越俗呼敲冰紙爲巧手。」竹翦顧園。《述異記》：「越中有顧家斑竹。」製於蒙、蔡之手，游於羲、猷之間。友陳元與端紫，仝文字於人寰。

朱熹《晦庵集》卷八四《跋蔡藻筆後》　蔡藻造筆，能書者識之，此故沅州吕使君語也。因試其所製棗心様，喜其老而益精，并深山陽鄰笛之感。慶元丙辰冬至前五日，晦翁書。

薛季宣《浪語集》卷三二《器物十四銘·筆銘》　一言非，駟莫追。寫之不得，永瑕玼。心正筆正，筆法哉！

釋居簡《北磵集》卷六《管城子》　或謂管城子鋭而夭，非知言也。文場掉鞅，詞林奏技，舍子則誰與？子則沾溉餘潤，點發新奇，卒成其志，功其懋哉！故知有用於世者，一日爲壽，不則百年爲夭也審矣。余鈍而無用，視子則有媿。

鄭清之《文房四友除授集》竹溪林史君《代毛穎謝表》　短才易乏，年已逼於二毛；新渥載沾，封有同於五管。何功簡牘，有玷絲綸。伏念臣東郭裔微，宣城居僻。羣游巖穴，本無嫌於衣褐之徒；一落市朝，偶見憐於副墨之子。志雖酬於脱穎，嘲莫解於沐冠。何嘗嘆白首之蹉跎，乃誤被黑頭之任使。初入連山之筮，以同書占；及待衡石之程，與執燭伍。誰稱髦士，見謂筆公。曲直巧拙，其人是隨。每私慙於四友，貨錢注記，唯上所使。誠見縛於微官，或責效於短長，或視時而冷暖。霜毛半減，日力易疲，莫酬題柱之言，安有如椽之夢。楮知白嘗反面，以臣點汙而見疑。石虚中恃麄才，欲臣流落而後已。獨蒙拂拭，未忍棄捐。豈非以内札施行，無漏言於片字；中書進擬，或任怨以一勾。忠粗竭於毫芒，恩久居於掌握。俾乃墨守，聊代筆耕。上林借一枝，已愧卓錐之貧士；渭川封千畝，重懷孤竹之清風。辱此獎提，若爲輸寫。兹蓋恭遇陛下，游戲翰墨，收拾英髦。察其不二之心，憐其欲秃之髮。謂非罪見絶，豈容無一字之褒；使有功不侯，是自負丹書之約。遂使管窺之士，復叨茅胙之榮。臣敢不盡力簡編，酬恩湯沐。對揚麻卷，幸襲元鋭之封；期效棗心，時進公權之諫。

鄭清之《文房四友除授集》安晚先生《中書令管城子毛穎進封管城侯制》

制曰：造書代結繩之政，孰與圖回；將軍拔中山之豪，式隆任使。載疇爵秩，庸賁時髦。中書令管城子食邑若干户，食實封若干户毛穎，美秀而文，神明之胄。本長生於月窟，亦分配於日辰。何特顯於秦漢之間，蓋自别於衛聃之裔。記夙標於明眎，得而稱焉；昔見逐於韓盧，非其罪也。俾歸掌握，爰布腹心。簡牘是資，拔一毛利天下；文明以化，知百世俟聖人。通篆籀於古今，公春秋之褒貶。自蒙恬始資其用，至韓愈復傳其功。博學强記，無以尚之；殫見洽聞，有如此者。雖嘗賜湯沐之邑，未能展摹書之規。賞不酬勞，位宜稱德，爰剖丹書之券，大開孤竹之封。期益廣惠施之五車，毋但樂渭川之千畮。分土壤黑，勒勳汗青。於戲！萬里封侯，豈效昔賢之投筆；三朝受籍，遹觀寰宇之同文。往盡乃心，毋替朕命。可進封管城侯，依前中書令、加食邑若干户，食實封若干户。

鄭清之《文房四友除授集》後村劉中書名克莊，字黄夫**《中書令管城子毛穎進封管城侯制》** 提筆居公槐之位，久倚任於英豪；剖符拓孤竹之封，肆褒崇於勳舊。仍加書社，庸勸士林。其官某出明視之宗，生廣寒之府。自伏羲造書而後，至蒼頡製字以來，居然貫通，靡不鈔纂。始避秦師之獵，甘處隱淪；繼入周人之置，遂陪衆俊。朕方興文治，妙簡譽髦。尊顯以史遷之官，緜歷乎汾陽之考。華顛欲秃，豈辭拔楊氏之一毛；清節自持，素恥營晉臣之三窟。雖勳名異乎定遠之燕頷，然摹畫妙於右軍之鼠鬚。供内廷肆筆之娱，開寰宇同書之兆。或寫諸琬琰，或勒在鼎彝。博古通今，雖百世可知也；策功行賞，何萬户足道哉。益湯沐之舊畬，涣綵綸之新渥。於戲！古者重分茅之爵，是謂封君；聖人有微管之言，深嘉仲父。毋廢朕命，以昌斯父。

鄭清之《文房四友除授集》後村劉中書《代毛穎謝表》 位冠鳳池，初乏英髦之譽；爵班侯國，忽加采食之封。沐寵懷慚，摛辭敘感。伏念臣中山舊族，東土寒生。昔西伯詢芻蕘，首往遊於周囿；及孝王好賓客，復延致於梁園。遂由衣褐之徒，獲預汗青之列。居常摹畫軍國之務，非但馳騁文字之間，盡挫鋒芒，不覺顛毛之秃。久居掌握，豈勝指目之多，或誣其就縛於蒙恬，或議其見絶於孔子，或笑武安之頭鋭，或嘲蒲璧之心長。衆方吹求，上獨拂拭。屢削牘而祈閑退，每賜劄而示眷留。得於涵濡，庶幾直諒友直；賜之湯沐，豈若恩澤侯哉。兹蓋伏遇陛下，奎璧之光燭天，雲漢之章飾物。嘉臣冰霜勵操，素無三窟之謀；察臣巖穴奮身，非有五樓之援。疏分茅之異渥，酬執簡之微勞。臣敢不盡心服勤，碎首圖報。上林一枝，今以借汝，親逢明主之右文；渭川千畝，比之對君，深愧古人之辭富。

李俊民《莊靖集》卷三《筆》 不見中書君，不聞老成人。爲君作佳傳，繼者皆尖新。

劉克莊《後村先生大全集》卷第三《羊毫筆一首》 拔到髯生族，多因免穎稀。只宜茅舍用，難向玉堂揮。弄翰虚名似，吹毛本質非。兒曹貪價賤，鵶蚓掃如飛。

元好問《遺山集》卷四《劉遠筆》 老兔力能舉玉杵，文陣挽强猶百鈞。惜哉變化太狡獪，嚮也褐衣今虎文。宣城諸葛寂無聞，前後兩劉新册勳。謝郎神鋒恨太雋，雖然豈不超人羣？三錢雞毛吐皇墳，尖奴定能張吾軍。何時酌我百壺酒，爲汝醉草垂天雲。

耶律楚材《湛然居士文集》卷二《贈李郡王筆》 管城從我自燕都，流落遐荒萬里餘。半札秋毫裁翡翠，一枝霜竹翦瓊琚。鋒端但可題塵景，筆下安能劃太虚。聊復贈君爲土物，中書休笑不中書。李郡王嘗爲西遼執政。

耶律楚材《湛然居士文集》卷四《贈摶霄筆》 一札霜毫綴玉枝，管城家世出東涯。遼東筆。鋒端有口能談景，紙上無聲解寫詩。免向江淹求彩管，莫學班氏棄毛錐。贈君聊助文房用，賦就《離騷》寄我知。

耶律楚材《湛然居士文集》卷九《燕京大覺禪寺奥公乞經藏記既成以詩戲之》 詞源老去苦無多，强著閑文讚釋迦。遒健兔毫生月窟，光明蠒紙出新羅。茶爐幾瓣龍涎燼，玉板十分鳳墨磨。此起科差真可笑，湛然陪酒更陪歌。新獲紫玉板硯於友人。

方岳《秋崖集》卷一八《擬文房四制·賜毛穎辭免進封管城侯恩命不允詔》 豪傑之士，雖無文王猶興。抑天之將喪斯文，則投棄於班超，疏薄於史弘肇者，皆一世豪也。此漢文帝所以慨然於飛將軍之不逢歟？方今天開文明，穎異輩出，卿以神明之後，濡染多聞，泰山毫芒，功在百世，一徹侯豈足道哉！顧獨以山中丈人自高，若不屑於孤竹之管者，諗老而禿，匪朕攸聞。《詩》不云乎：「古之人無斁，譽髦斯士」。朕固爲斯文計也。《傳》不云乎：「拔一毛而利天下不爲也」。卿而不得與於斯文乎？亟釐乃封，毋格予命。

方岳《秋崖集》卷一八《擬文房四制·中書令管城子毛穎進封管城侯加食邑制》 揮毫長紫薇之省，允藉時髦；拓封仍清渭之川，就開侯社。誕孚有衆，增賁斯文。具官某，胄出神明，世稱豪雋。獨掃千人之陣，諸學士閣手避之；老挾九秋之霜，儒家者注心久矣。自簡拔乎廣寒之府，旋染濡乎子墨之卿。蒐輯羣言，十行俱下；勒成鉅典，一字不遺。蓋將補造化而天無功，豈但落雲煙而紙爲貴。施及蠻貊，煥乎文章。朕詳延英豪，網羅遺逸。掌握之間惟所使，極五三載籍之傳；毫毛之益不敢忘，矧上下結繩之代。用加茅土，俾衍圭腴，罔投爾而恢定遠之封，方援爾而書汾陽之考。有嘉衷赤，動在汗青。於戲！今天下書同文，朕既博觀於鳥迹；惟君子才兼德，爾無自絶於麟經。往盡乃心，奚煩多訓。

虞集《道園遺稿》卷三《與筆生》 聖明天子御奎章，翰墨昭回日月光。畫殿風微雙鳳翥，春池波暖六龍驤。侍臣近榻誇先得，内史開函喜自將。借問紫毫誰所製？發揮神化未渠央。

虞集《道園類稿》卷一五《黄羊尾毛筆贊并序》 萬物之類甚多，而草木飛走，性情形體盡之矣。天生之，地成之，人用之。天地生成萬物之類，以備萬事之用，人得而用之，所以參乎天地而貴於物也。伏羲因圖而有畫，神禹錫疇而有書，而聿之用始矣。聿之以竹者，加竹以别之，傳之以毛，而筆之用日廣。草木之枝，飛走之羽毛，凡可爲聿之用者，無不效其材矣。西北之境有黄羊焉，玉食之珍品也。西夏之人，有取其尾之毫以爲筆者，歲久亡其法。張掖劉公伯温，嘗命筆工之精技作而用之，果稱佳妙。其修史著廷，蓋嘗用之。中朝之士，咸爲之賦。而伯循、廷心、伯敷，又稱傑作於一時者也。公廉於江西，亦以告予。惜乎髦矣，不能及諸君子之盛，姑述之以贊云。

古史操聿，圖畫文字。屬毫就濡，轉便分隸。爰歷凡將，奇觚快意。名書之家，世資精技。毛翰須鬣，隨取銛利。觀象兑澤，角趾其類。非麠非麇，黄以爲異。飲雪於池，茹豐於汜。獸人效鮮，鼎食之貴。生而善馳，射不容羿。趨風不回，毋踐後□。冰霜勁强，末穎全鋭。治擇約束，工嘆未試。筠管犀弢，妙絶當世。維時天禄，校書更歲。日書萬言，其用不匱。聖明幾暇，書法遊藝。繅藉以進，發揮文思。雲漢昭回，海嶽衣被。吁嗟豐美，日薦厚味。俎几之餘，近以微棄。矧是草野，誰録其細？紀功旗常，載事纂記。增光日星，摹寫天地。一寸之弱，莫究其至。況乎俊髦，濟濟可致。立賢無方，君子之志。

解縉《文毅集》卷四《筆妙軒》 管城子爾能圖天文，又能貌地理。六經修纂點畫明，羣書著述文章美。作之之始稱蒙恬，後來毛州刺史傳。近代喜稱陸文寶，如錐如鑿還如椽。善書不擇新與故，一鋒殺盡山中兔。江淹夢斷多才華，班超投却成奇遇。聞君製作非尋常，尖齊員健良有方。當窻特書風雨作，臨池點染烟雲香。百體書中盡神妙，金雀虎爪生輝耀。懸針垂露更清新，不作拙工使人誚。陸君早爲人所稱，英氣凜凜當青春。何時攜取獻天子，圖畫麒麟閣上人。

朱彝尊《曝書亭集》卷一七《仙游茅筆歌酬徐檢討釚》 君不用鐵梳梳秋兔毫，亦不用束青羊毛。别搜凡材逞妙技，鼠鬚虎僕非爾曹。吾聞仙游郭外山最高，仙人九鯉雲中遨。紫鱗三百二十四，白蝦蟆吠黄雞號。有時懸厓忽題科斗字，是豈不律人間操。茅田深深野火燒未盡，樵夫蕘豎赤脚騰磽磝。拔茅連茹縛作將，指節六寸之體兼頭尻。桃枝竹罷火熨帖，鹿角菜免膏煎熬。誰與智者刱此物，將毋九何一范授以刻髓之蘆刀。垂虹亭長嗜奇癖，一牀載得還吴艚，分我一管已足豪。當其運腕大稱意，筆頭公喜長堅牢，人生知己隨所遭。良工對之但駭遻，足使李展汗走屠希逃。

褚人穫《堅瓠丁集》卷二《紫姑咏筆》 《齊東野語》載紫姑《咏筆》云：「系出中山骨欲仙，何人扶穎縛尖圓。狂僧堪笑堆成冢，豪客曾聞掃似椽。窗下玉蜍涵夜月，几間雪繭涌春泉。當時定遠成何事，輕擲毛錐恐未然。」《閑居筆記》：解學士縉亦有《咏筆》詩云：「紫竹纖毫綫扎成，如龍似虎伴書生。渴來玉硯池中飲，飽向花箋紙上行。寫本告王臣宰懼，題書入廟鬼神驚。雖然不是龍泉劍，曾與君王定太平。」

褚人穫《堅瓠壬集》卷一《毛穎後傳》 廣平申和孟涵光作《毛穎後傳》，微有寄託，亦滑稽之筆，可與前人江瑶柱、羅文諸傳相比。其略曰：穎以老病謝中書事歸，而往來研山、甬上，愛防風山水，遂移居焉。是時陳玄隱天都，楮先生在剡，陶泓遷於端州，時時相遇，爲方外交。適有人自長安來，言沛公入關時，蕭何盡收丞相御史律令圖書，乃嘆謂玄等曰：「吾輩竭生平纂録，將與竹帛垂無窮，今遂爲他人有耶？」因欷歔不自勝，遂發狂，常科頭散髮，不與士大夫相見，士大夫亦厭之，擲不復顧。餅師、酒媪或見而呼之，命登記所業籍，欣然爲書。然書又潦倒，不稱人意。其後穎死而子孫繁衍，日益盛，皆能文工書畫。烏衣象服，珮玉襲紫，綺裘照耀，江左四方達者聞之，争聘掌書記。先是穎懲己孤立被廢，命子孫十人爲曹，所至遞用事，故寵任久不衰。四方黠者亦拂飾冒穎支庶，識者輒能辨之。於是中山之族微，而防風甲天下。

史氏曰：自楚漢遞興，能者皆起效一技，而穎獨以老病自全，挺立不屈，豈慕孤竹之遺風歟？然身晦而子孫用，使富貴不絶，可謂善處名實者矣。

嵇永仁《抱犢山房集》卷二《敗筆》 管城觸處破愁城，吐墨吞毫百萬兵。掃盡鋒鋩猶勝劍，誅心斧鉞掌中擎。

查慎行《敬業堂詩集》卷三七《以紫檀鏤管筆一雙餽院長兼呈拙句》 客從吴興來，遺我雙不律。森然秋兔穎，毫末羞自匿。削管用紫檀，可手製新出。免冠頭不禿，肯入中書室。我老腕力微，何心計贏絀。學書疑有鬼，覓句懶無匹。留之注蟲鰕，如膠柱鼓瑟。故用移贈公，庶幾副其實。吴俞世不作，吴政、俞俊皆北宋時筆工也。諸葛法久失。錢沈亦名流，後來費評隲。雖非金與銀，鏤刻分篆述。猶勝斑與赤，輕脆抱空質。上將點絲綸，次亦標甲乙。含毫特餘興，揮灑膏繼日。新年富新咏，傳示盈卷帙。浩汗或掣鯨，精微乃貫蝨。儲材等武庫，應敵在倉卒。不以老見輕，有作例牽率。余雖勉屬和，十駕争及一。從公乞餘波，仍以詩侑筆。

《欽定古今圖書集成·理學彙編字學典》第一四七卷《筆部彙考·筆部藝文一》周武王《筆銘》 毫毛茂茂，陷水可脱，陷文不活。

《欽定古今圖書集成·理學彙編字學典》第一四七卷《筆部彙考·藝文二》

筆　唐李嶠

握管門庭側，含毫山水隈。霜輝簡上發，錦字夢中開。鸚鵡摛文至，麒麟絶句來。何當遇良史，左右振奇才。

李員外寄紙筆　韓愈

題是臨池後，分從起草餘。兔尖針莫並，繭净雪難如。莫怪殷勤謝，虞卿正著書。

楊尚書寄郴筆知是小生本様令更商榷使盡其功輒獻長句　柳宗元

截玉銛錐作妙形，貯雲含霧到南溟。尚書舊用裁天詔，内史新將寫道經。曲藝豈能裨損益，微辭祇欲播芳馨。桂陽卿月光輝徧，毫末應傳顧兔靈。

筆　楊收

雖非囊中物，何堅不可鑽。一朝操政柄，定使冠三端。

詠宣州筆　耿湋

寒竹漸虚受，纖毫任幾重。影端緣守直，心勁懶藏鋒。落紙驚風起，摇空浥露濃。丹青與紀事，捨此復何從。

酬馬彧　韓定辭

崇霞臺上神仙客，學辨癡龍藝最多。盛德好將銀筆述，麗詞堪與雪兒歌。

筆　闕名

能令音信通千里，解致蛟龍運八行。縱使江生未相賞，應緣自負好文章。

謝人自鍾陵寄紙筆　僧齊己

故人猶憶苦吟勞，所惠何殊金錯刀。霜雪剪裁新剡硾，鋒鋩管束本宣毫。知君倒篋情何厚，借我臨池價斗高。詞客分張看欲盡，不堪來處隔秋濤。

筆離手　薛濤

越管宣毫始稱情，紅箋紙上撒花瓊。都緣用久鋒頭盡，不得羲之手裏擎。

《欽定古今圖書集成·理學彙編字學典》第一四七卷《筆部彙考·藝文二》

詩筆　宋林逋

青鏤墨淋漓，珊瑚架最宜。静援花影轉，孤卓漏聲遲。題柱吾何取，如椽彼一時。風騷兼草隸，千古有人知。

聖俞惠宣州筆戲書　歐陽修

聖俞宣城人，能使紫毫筆。宣人諸葛高，世業守不失。緊心縛長毫，三副頗精密。硬輭適人手，百管不差一。京師諸筆工，牌榜自稱述。纍纍相國東，比若衣縫蝨。或柔多虚尖，或硬不可屈。但能裝管榻，有表曾無實。價高仍費錢，用不過數日。豈如宣城毫，耐久仍可乞。

乞筆　曾幾

市上無佳筆，營求亦已勞。護持空雪竹，束縛欠霜毫。此物藏三穴，煩公拔一毛。不圖髯主簿，取用價能高。

《欽定古今圖書集成·理學彙編字學典》第一四七卷《筆部彙考·藝文三》

贈筆工陸繼翁　明曾棨

吴興筆工陸文寶，制作不與常人同。自然入手造神妙，所以舉世稱良工。有時盤礴坐軒東，石盤水清如鏡中。空山老兔脱毛骨，簡拔精鋭披蒙茸。平原霜氣在毫末，水面猶覺吹秋風。製成進入蓬萊宮，紫花彤管飛晴虹。九重清燕發宸翰，五色絢爛皆成龍。國初以來稱絕藝，光價自此垂無窮。惜哉文寶久已死，尚有家法傳繼翁。我時得之一揮灑，落紙欲挫詞場鋒。秉心蘭蕊動光彩，栗尾雞距爭奇雄。揭來簪此扈仙蹕，欲補造化難爲功。夢中無人授五色，安得錦繡蟠心胷。閒來書空不成字，縱有篆刻慚雕蟲。幸今太平重文學，玉堂金馬多奇逢。莫言盛世少知己，爲我寄謝管城公。

鐵筆行爲王元誠作　　王守仁

王郎宋代中書孫，鑄鐵爲筆書堅珉。畫沙每笑唐長史，拔毫未數秦將軍。高堂落筆神鬼怒，九萬鸞箋碎如霧。鉛淚霏霏灑露盤，金聲錚錚入秋樹。鳥迹微茫科斗變，柳薤凋傷悲籀篆。鼓文已裂岐陽石，漆燈空照山陰繭。王郎筆藝鳥迹精莫傳，幾度索我東歸篇。毛錐不如鐵錐利，吾方老鈍君加鞭。矢爾鐵心磨鐵硯，淬鋒要比婆留箭。太平天子封功臣，脱囊去寫黄金券。

毛錐行　　程嘉燧

茅生輕舟如畫閣，自嫌浮家不得泊。我栖一樓如凍蠅，跬步出遊還不能。興酣安得逐子東西去，載酒千斛長如澠。買斷烏程與顧渚，松醪松風瀉花乳。茅生叩門貰我千兔毫，亂掃谿藤落風雨。隨手翻瀾乞與人，自豪快意無所取。茅生叩門肝膽露，知我平生重毫素。只今十指如懸槌，生花吐穎將何爲。牀頭大劍且無用，愧爾徒贈雙毛錐。

羊毫筆　　瞿佑

毛穎年深老不能，中書模畫歎難勝。管城忽現左元放，草澤不容嚴子陵。壁上榴皮功可述，門前竹葉事無憑。剛柔何必吹毛問，耐久真堪作友朋。

筆　　郭登

綰蚓塗鴉不自嫌，却將毫末强揪撏。中書老矣真無用，猶向人前要出尖。

謝車叔銘寄筆　　僧德祥

寄來名筆自湖州，珍重齋中什襲收。早晚翻經有僧到，芭蕉先種待新秋。

顧嗣立《元詩選初集》卷四二謝宗可《鼠須筆》　夜逐虚星上月宫，奮髯奪得管城公。槖中不攬吟窻夢，指下先爭翰苑功。莫笑硯池濡醉墨，絶勝倉廩飽陳紅。半生齧盡詩書字，散作龍蛇落紙中。

顧嗣立《元詩選二集》卷八郭天錫《贈筆工范君用》　光分顧兔一毫芒，徧灑春分翰墨場。得趣妙從看劍舞，全身功貴善刀藏。夢花不羨雕蟲巧，試草曾供倚馬忙。昨過山僧餘習在，小書紅葉拭新霜。

愛新覺羅・弘曆《御製詩四集》卷九六《四藏書屋詠文房四事有序**》**　文房四事中，墨硯入古，紙入古者已罕見，而筆則不入古，此堅脆之分也。然四者如乾之四德與地之四方，豈可闕一哉。兹得明雕漆匣，恰宜置文房四事於中而藏於書屋，因即以名之，蓋向之詠，詠其事也，向有詠文房四事詩。今之詠，詠其藏也。事雖同而意各殊，因爲之序。

久爲草語豈無稽，俗云墨久爲寶，筆久爲草，蓋不以爲珍也。四事文房要欲齊。燥濕得宜收亦易，簪濡有籍用休擠。文當斤艷方遵軌，書在藏鋒似印泥。懷素祇稱珍敗物，豈如硯匣伴玻瓈。

雜録

蘇易簡《文房四譜》卷一《筆譜・四之雜説》　在昔受爵者必置嚢於草詔者，謂之「潤筆」。鄭譯隋文時自隆州刺史復國公爵，令李德林作詔。高祖戲之曰：「筆頭乾。」譯對曰：「出爲方牧，杖策而歸，不得一錢，何以潤筆？」帝大笑。

梁簡文爲《筆語》十卷。今書莫得見。

《幽明録》：賈弼夢人求易其頭，明朝不覺，人見悉驚走，弼自陳乃信。後能半面笑半面啼，兩手兩足并口齊奮，五筆書成，文辭各異。

齊高洋夢人以筆點其額，王曇哲賀曰：「王當作主。」吴孫權夢亦同，熊循解之。

梁紀少瑜嘗夢陸倕以一束青鏤管筆授之，後文章大進。見叙事中。

《搜神記》曰：王祐病，有鬼至其家，留赤筆十餘枚於薦下，曰：「可使人簪之，出入辟惡，舉事皆無恙。」又與上類，壬甲李乙，凡與書皆無恙。

《酉陽雜俎》云：大曆中，東都天津橋有乞兒無兩手，以右足夾筆寫經乞錢，欲書時，先擲筆高尺餘，以足接之，曾無失落，書跡尤楷。

石晉之末，汝州有一高士，不顯姓名。每夜作筆十管，付其室家，至曉，闔户而出。面背街鑿壁，貫以竹筒，如引水者。或人置三十金，則一管躍出，十筆告盡，雖勢要官府督之，亦無報也。其人則携一榼，吟嘯於道宫佛廟酒肆中，至夜酣暢而歸，其匹婦亦怡然自得。復爲十管，來晨貨之。如此三十載，後或携室徙居，杳不知所終。後數十年復見者，顔色如故，時人謂之筆僊。

魏末傳曰：夏侯太初見召還，路絶人事，不畜筆，其謹慎如此。

今之筆故者往往尋不見，或會府吏千百輩，用筆至多，亦不知所之，或云鬼取之判冥。

昔有僧惠遠製《涅槃經疏》訖，呪其筆曰：「如合聖意，此筆不墜。」乃擲於空中，卓然不落。唐越州法師神楷造《維摩經疏》亦然，後迎入長安。

《酉陽雜俎》云：長安宣平坊有賣油而至賤者，人久疑之。逐入樹窟，乃見蝦蟇以筆管盛樹津，以市於人。發掘而出，尚挾管瞪目，氣色自若。

今都會間有運大筆如椽者，寫小字，小如半麻粒許，瞬息而就。或於稻粒之上寫七言詩一絶，分間布白，歷歷可愛。

《闕史》云：術士如得一故筆，可令於都市中代其受刑，術者即解化而去，謂之筆解。

《本草》云：筆頭灰，多年者燒之，水服，可以療溺塞之病。

《列仙傳》云：李仲甫，潁川人。漢桓帝時賣筆遼東市上，一筆三錢，無直亦與之。明旦，有成筆數十束。如此三年，得錢輒棄之道中。

魏王思爲大司農，性急。常執筆作書，蠅集筆端，驅去復來。思怒逐蠅不得，還，乃取筆擲地毀之。又蠅集苻堅筆以傳赦。堅與王猛、苻融密議於露臺，有大蒼蠅入自牖間，鳴聲甚大，集筆端。去於市中爲黑衣小人，大呼曰：「官今大赦。」

《御史臺記》云：臺中尚揖，揖者，古之肅拜也，故有「臺揖筆」，每署事必舉筆當額。有不能下筆者，人號爲「高揖筆」。往往自臺拜他官，執筆亦誤作臺揖者，人皆笑之。

德宗在奉天與渾瑊無名官告千餘軸，募敢死之士。賜瑊御筆一管，當戰勝量功伐，即署其名授之。不足，即以筆書其紳。

唐相裴休，早肄業於河内之太行山。後登顯位，建寺於彼，目爲化城寺。旋授太原節鎮，經由是寺，寺之僧粉額陳筆硯，俟裴公親題之。裴公神情自若，以衣袖濡墨以書之，尤甚遒健。逮歸，侍婢訝其霑渥，裴公曰：「向以之代筆來。」

王子年《拾遺記》云：任末年十四，學無常師。或依林木之下，編茅爲菴，削荆爲筆，刻樹汁以爲書。夜則映月望星，暗則燃蒿自照。

劉峻與沈約、范雲，同奉梁武策錦被事，咸言已罄。而峻請紙筆更疏十事，在座皆驚視失色。

晉陸士龍云：魏武帝劉婕妤，以七月七日折琉璃筆管，此其時也。出《時照新書》。

《會稽典録》云：盛吉字君達，拜廷尉，每冬月罪囚當斷，其妻執燭，吉持丹筆，相向垂涕。

《晉春秋》云：何禎少孤，常以縛筆織扇爲業，善爲智詐，由是知名。

王隱始著《國史》，成八十八卷。屬免官居家，家貧匱，筆札未能就，遂南遊陶侃，又還江州，投庾元規，規乃給其筆札，其書遂成。

《天合百録》云：西天龍猛尊者，常用藥筆點山石爲金寶，濟施千人。

唐法師楚金刺血寫《法華經》，筆端常有舍利。

古者吏道必事刀筆，今亦有藏刀於管者，蓋其遺製者也。

段成式以葫蘆爲筆，以贈温飛卿。書在詞賦門。

柳公權不能用義之筆。見筆勢中。

今之職官斷大辟罪者，署案訖必尋毀其筆，蓋彰其惻隱也。醫工常取之，燒灰治驚風及童子邪氣。

謝承《後漢書》云：劉祐爲郡主簿，郡將之子出錢付之，令買果實，祐悉買筆墨書具以與之。

魏管輅往見安平太守王基，基令作卦，輅曰：「牀上當有大蛇銜筆，小大共視，須臾失之。」果然。

諸葛恪父瑾，長面似驢。孫權大會羣臣，使人牽一驢，長檢其面，題曰：「諸葛子瑜。」恪跪乞筆益兩字，因聽與之。恪續其下曰「之驢」，舉坐大笑，乃以驢賜之。

趙伯符爲丹陽郡，極嚴酷。典筆吏取筆失旨，頓與五十鞭。

羅什撰譯，伯肇執筆，定諸詞義，學者宗之。

《魏略》：張既爲郡小吏而家富，自念無自達，乃畜好刀筆版奏，伺諸大吏無者，輒奉之。

吴孫權常夢北面頓首於文帝，顧而見日，俄而日變爲三日。忽見一人從前以筆點其額，流血於前，懼而走之，狀似飛者，復墜於地。覺以問術士熊循，循曰：「吉祥矣，大王必爲吴主。王者，人之首。額者，人之上。王加點，主字也。在前而來，王者之羣臣也。雖王意未至，而羣下自逼矣。血流在前，教令明白，當從王出也。」權乃詢之大臣，遂絶於魏。

太熙中童謡曰：「二月盡，三月初，桑生蓓蕾柳葉舒，荊筆楊板行詔書。」後王瑋殺汝南王亮，帝以白虎幡宣詔收王瑋誅之。瑋手握青紙，謂監刑者曰：「此詔書也。」蓋此應之。

桐燭筆分酒。見造筆。

《宋雲行記》云：以魏神龜中至烏萇國，又西，至本釋迦往自作國，名磨休王。有天帝化爲婆羅門形，語王曰：「我甚知聖法，須打骨作筆，剥皮爲紙，取髓爲墨。」王即依其言遣善書者抄之，遂成大乘經典。今打骨處化爲琉璃。

《夢書》云：夢筆研，爲縣官文書所連也。

又云：夢得筆研憂縣官。又云：磨硯染筆，詞訟陳也。

古詩云：有客從南來，遺我一把筆。

《國語》云：智襄子爲室美，士茁懼曰：「臣秉筆事君，記曰：高山峻原，不生草木。松栢之地，其土不肥。今土木勝，臣懼不安人也。」室成三年而智氏亡。

《莊子》曰：宋元君將畫圖，衆史皆至，受揖而立，舐筆和墨，在外者半。

《東觀漢記》：永平年神爵集宫殿官府，上假賈逵筆札，令作《神爵頌》。除蘭臺令史，遷郎中。

《晉書》：赫連勃勃謂隱士京兆韋祖思曰：「我今未死，汝猶不以我爲帝王。吾死之後，汝輩弄筆當置吾何地？」遂殺之。

《賀循傳》：陳敏之亂，詐稱詔書，以循爲丹陽内史。循辭以脚疾，手不制筆。又服寒食散，露髮袒身，示不可用。敏竟不敢逼。

《劉穆之傳》：宋高祖素拙於書，穆之曰：「此雖小事，然宣被四遠，願公小復留意。」高祖終不能，以稟分有自。穆之乃曰：「公但縱筆爲大字徑尺，亦無嫌大。既足有所苞，且其名亦美。」高祖從之，一紙不過六七字便滿。

宋世祖歡飲，令羣臣各賦詩。沈慶之手不知書，眼不識字，上逼令作書。慶之曰：「臣不知書，請口授。」上令顔師伯執筆。慶之曰：「微生值多幸，得逢聖運昌。朽老筋力盡，徒步還南岡。辭榮此聖世，何愧張子房。」上甚悦，衆美其辭意。

齊虞玩之小嫺刀筆，汎涉文史。

後魏世宗常勑廷尉游肇有所降恕，肇不從，曰：「陛下自能恕之，豈能令臣曲筆。」

嵇含《筆銘》曰：采管龍種，拔毫秋兔。

陸雲《與兄機書》曰：案視曹公器物，筆枚所希，聞黄初二年，劉婕妤折之。見此復使人悵然又有感處。筆亦如吴筆，又有琉璃筆一枝。

王允將誅蔡邕，馬日磾曰：「伯喈曠世逸才，多識漢事，當續《後漢》，爲世大典。」允曰：「武帝不殺司馬遷，使作謗書流於後世。今不可使佞臣執筆在幼主左右，無益聖德，我黨復蒙訕謗。」

後漢來歙伐公孫述，爲刺客傷腰。召蓋延以屬軍事，自書遺表訖，投筆抽刃而絶。光武省書攬涕。

後漢周磐，字堅伯，年七十三。朝會集論終日，因令二子曰：「吾日者夢見先師東里先生，與我講於陰堂之奥，豈吾齒之盡乎！若命終，編二尺四寸簡，寫《堯典》一篇，并刀筆各一，以置棺前。」

《搜神記》：益州有神祠，自稱黄石公。祈者持一雙筆及紙墨，投於石室中言吉凶。有聲而無形。

石晉朝丞相趙瑩布衣時，常以窮通之分禱於華岳廟。是夜夢神遺以一筆二劍，始猶未寤，既而一踐廊廟，再擁節旄

近朝丞相馬裔孫幼干禄，祈於上邏神，夢與二筆，一大一小。後爲翰林學士及知貢舉，自謂應之，大拜之日，堂吏進二筆，大小與夢相符。

石晉之相和凝，少爲明經，夢人與五色筆一束，自是文彩日新，擢進士第，三公九卿，無所不歷。

《錦繡萬花谷後集》卷二九 毛錐子 洪肇曰：安朝廷，定禍亂，直須長槍大劍，若毛錐子，安足用哉。《五代史》。

黑水郡王 薛稷爲筆封墨曹都統、黑水郡王，表兼毛錐刺史。《龍鬚志》。

是筆可當面 蔡邕書曰：侍中執事相見無期，惟是筆疏可以當面。

祝穆《方輿勝覽》卷一五《江東路甯國府·土産》 紫毫筆白居易詩：「起居郎，侍御史，爾知紫毫不易致。每歲宣城進筆時，紫毫之價如金貴。謹勿空將彈失儀，謹勿空將録制詞。」

沈榜《宛署雜記》卷一五《經費下·鄉試》 半堅筆二百三十枝，全堅蘭茁筆三百枝，本筆八十枝，判筆三百八枝，高本筆四十枝，川毫筆四十枝，鼠毫筆三十枝，熟鼠毫筆四十枝，謄録水筆二百四十枝。

沈初《西清筆記》卷一 浙省供御之筆有名小紫穎者。

《（道光）宣黄縣志》卷一二《土産志》 水筆。

《欽定户部則例》卷四三《税則一・崇文門用物税則》　筆管每萬枝税捌分肆釐。數珠每百觔税陸分。扇骨子每拾把税叁分。南筆每百枝規矩每分各税壹錢貳釐。

《欽定户部則例》卷四六《税則四・山海關用物税則》　筆管每萬枝税捌分陸釐。

南筆每百枝、唱板每拾副、天平每架各税壹分貳釐。

《欽定户部則例》卷四九《税則七・坐糧廳用物税則》　筆管每箍柒百枝，落地各税肆釐，起京各税壹釐。

《欽定户部則例》卷五一《税則九・臨清關用物税則》　細竹器筆每千枝税陸分叁釐。

《欽定户部則例》卷五二《税則一〇・淮安正關用物税則》　筆管每擔税陸分。

《欽定户部則例》卷五五《税則一三・滸墅關用物小販税則》　筆管大捆每肆捆，小捆每陸捆，各作壹擔，掃箒每貳百把作壹擔，每擔各税肆分。

《欽定户部則例》卷五九《税則一七・東海關用物税則》　筆管每萬枝税壹錢肆分。【略】乾筆每百枝、斑竹小車每輛、竹圍屏簾每副，各税肆分。水筆每百枝、響竹每百把，竹火筒、竹剔箒、竹帽架每百箇，竹帳架每副，各税貳分。

附二：製硯總部

《附三：製硯總部》提要

硯在中國古代又稱爲「研」，是古人書寫作畫時用來研磨顔料的研磨器。硯的産生早於筆墨紙。見於文獻的硯製造始於黄帝，宋代蘇易簡《文房四譜·硯譜》中「叙事」載：「黄帝得一玉紐，治爲墨海焉，其上篆文曰『帝鴻氏之硯』。」從考古材料看，硯最早出現在仰韶文化時期，隨著製筆技術的提高和製墨工藝的發展，製硯經歷了一個從粗到細到精到實用與藝術鑒賞并珍的過程，也經歷了一個由研磨器到書寫硯、由多種材質到以石材爲主的過程，逐漸形成了以端硯、歙硯、洮硯、澄泥硯四大名硯爲主的硯文化和製硯工藝。製硯在中國傳統文化傳播過程中起著非常重要的作用，硯的優劣直接關係到用墨的好壞，而用墨的好壞事關筆的書寫美醜和留存長久。優則發墨不廢筆，劣則不發墨廢筆。硯就材質而言，有石硯、木硯、竹硯、陶硯、瓦硯、磚硯、鐵硯、銅硯、銀硯、金硯、玉硯、水晶硯、澄泥硯、翡翠硯、瑪瑙硯等，不一而足；就産地而言，有古端州（今廣東肇慶）的端硯，有古歙州（今安徽歙縣）的歙硯，有古洮州（今甘肅卓尼、臨潭、岷縣）的洮硯，有古絳州的澄泥硯，有古易州（今河北省易縣）的易水硯，有古苴卻鎮（今四川攀枝花市江南一帶）的苴卻硯，有古虢州（今河南靈寶市）的虢州硯，有産於今山東的紅絲硯、徐公硯，有産於今遼寧的松花石硯等等。古人製硯精雕細琢，硯品種豐富，不僅僅限於實用，還兼具造型、詩文或圖像雕刻等多種文化傳承和藝術欣賞的功能，硯文化是中華傳統文化的重要組成部分。

硯在古代不僅代表文人墨客的文化情懷，更是中國傳統文化精髓的代表，不僅在書寫中國歷史的過程中起到了十分重要的作用，而且在傳播傳承中國傳統文化過程中起到了十分積極的作用。

本總部下設綜述、傳記、紀事、著録、藝文、雜録和圖録等七個緯目，盡可能地收録一九一一年以前的有關硯的製造方面的材料。每個緯目録文均按作者年代順序排列。

目録

綜述

《歐陽修集編年箋注》卷七二《譜記·硯譜》 端石出端溪，色理瑩潤，本以子石爲上。子石者，在大石中生，蓋精石也。而流俗傳訛，遂以紫石爲上。又以貯水不耗爲佳。有鸜鵒眼爲貴。眼，石病也，然惟此岩石則有之。端石非徒重於流俗，官司歲以爲貢，亦在他硯上。然十無一二發墨者，但充玩好而已。

歙石出於龍尾溪，其石堅勁，大抵多發墨，故前世多用之。以金星爲貴，其石理微粗，以手摩之，索索有鋒芒者尤佳。余少時又得金坑礦石，尤堅而發墨，然世亦罕有。端溪以北岩爲上，龍尾以深溪爲上。較其優劣，龍尾遠出端溪上，而端溪以後出見貴爾。

絳州角石者，其色如白牛角，其文有花浪，與牛角無異。然頑滑不發墨，世人但以研丹爾。

歸州大沱石，其色青黑斑斑，其文理微粗，亦頗發墨。歸峽人謂江水爲沱，蓋江水中石也。硯止用於川、峽，人世未嘗有。余爲夷陵縣令時，嘗得一枚，聊記以廣聞爾。

青州紫金石，文理粗，亦不發墨，惟京東人用之。又有鐵硯，制作頗精，然患其不發墨，往往函端石於其中，人亦罕用。惟研筒便於提携，官曹往往持之以自從爾。

紅絲石硯者，君謨贈余，云此青州石也，得之唐彦猷。云須飲以水使足乃可用，不然渴燥。彦猷甚奇此硯，以爲發墨不減端石。君謨又言：「端石瑩潤，惟有芒者尤發墨；歙石多芒，惟膩理者特佳。蓋物之奇者，必異其類也。」此言與余特異，故并記之。

青州、濰州石末研，皆瓦硯也。其善發墨，非石硯之比，然稍粗者損筆鋒。石末本用濰水石，前世已記之，故唐人惟稱濰州。今二州所作皆佳，而青州尤擅名於世矣。

相州古瓦誠佳，然少真者，蓋真瓦朽腐不可用，世俗尚其名爾。今人乃以澄泥如古瓦狀作瓦埋土中，久而鑿以爲硯。然不必真古瓦，自是凡瓦皆發墨，優於石爾。今見官府典吏以破盆瓮瓦片研墨，作文書尤快也。

虢州澄泥，唐人品硯以爲第一，而今人罕用矣。《文房四譜》有造瓦硯法，人罕知其妙。向時有著作佐郎劉羲叟者，嘗如其法造之，絶佳。硯作未多，士大夫家未甚有，而羲叟物故，獨余嘗得其二：一以贈劉原父，一余置中書閣中，尤以爲寶也。今士大夫不學書，故罕事筆硯，硯之見於時者惟此爾。

羅願《新安志》卷一〇《叙襍説·研》 龍尾黼研，章聖皇帝所常御也。乾元升遐，以賜外戚劉氏，而永年以遺其舅王齊愈。臣拭得之，以遺臣宗孟，且銘之曰：「黟歙之珍，匪斯石也。黼形而縠理，金聲而玉色也。雲蒸露湛，祥符之澤也。」二臣更寶之，見者必作也。《蘇文忠公集》。

余家有歙研，底有款識云「吴順義元年處士汪少微銘云：『松操凝煙，楮英鋪雪。毫穎如飛，人間五絶』。」所頌者三物爾，蓋謂研與少微爲五邪？蘇公説。

今歙州之山有石，俗謂之龍尾石，亦亞於端。若得其石心，巧匠就而琢之，貯水之處，圓轉如渦旋可愛。蘇參政易簡《文房四譜》。

端石在端溪，色理瑩潤，本以子石爲上。子石者，在大石中生，蓋精石也。而流俗傳謞，遂以紫石爲上，又以貯水不耗爲佳。有鸜鵒眼爲貴，眼，石病也，然惟北巖石則有之。端石非徒重於流俗，官司歲以爲貢，亦在佗研上，然十無一二發墨者，但充翫好而已。歙石出於龍尾溪，其石堅勁，大抵多發墨，故前世多用之，以金星爲貴，其石理微麤，以手摩之，索索有鋒鋩者尤佳。余少時又得金坑礦石，尤堅而發墨，然世亦罕有。端溪以北巖爲上，龍尾以深溪爲上，較其優劣，龍尾遠出端溪上，而端溪以後出見貴爾。歐陽公《研譜》。

君謨言端石瑩潤，惟有鋩者尤發墨。歙石多鋩，惟膩理者特佳。蓋物之奇者，必異其類也。此言與余特異，故并記之。

研端溪無星石、龍尾水心緑，紺如玉石，二物入用，餘不足道也。蔡君謨《文房四説》。

青州石末研受墨而費筆，龍尾石得墨遲而久不燥。羅文石起墨過龍尾、端溪，龍窟巖紫石又次之。古瓦類石末，過此無足議也。

蘇易簡《文房四譜》中載研四十餘品，以青州紅絲石第一，端州斧柯山第二，龍尾石第三，餘皆在中下，雖銅雀臺古瓦研列於下品，特存古物耳。《類説》。

婺源研在唐開元中因獵人葉氏逐獸，至長城里，見壘石如城壘狀，瑩潔可愛，因擕之以歸，刊粗成研，温潤大過端溪者。後數世，葉氏諸孫持以與令。令愛之，訪得匠手，琢爲研，由是天下始傳。南唐元宗精意翰墨，歙守獻研，并薦研工李少微。國主嘉之，擢爲研官，令石工周全師之。其後匠益多。今全最高年，能道昔時事，并召少微之孫明訪僞告，不獲。今山下葉氏繁息幾數百户，乃獵者之孫也。唐積《婺源研圖譜》。

凡取石，先具牲醪祝版，擇日齋戒。至山下，設神位十餘於壇，祝訖發之。稍褻慢，必有蜂蠆虫蟒毒物傷人，蓋神物所惜，不欲廣傳人間，所得不過百十枚即竭矣，又當再祝之。前後嚙死者十餘人。今皆預祀享也。唐侍讀《研譜》云：二十年前，頗見人用龍尾石研。求之江南故老，云：昔李後主留意翰墨，用澄心堂紙、李廷邽墨、龍尾研，三者爲天下冠，當時貴之。自李氏亡，而石不出，亦有傳至今者。景祐中，校理錢仙芝守歙，始得李氏取石故處。其地本大溪也，常患水深，工不可入。仙芝改其流，使由別道行，自是方得之。後縣人病其須索，復溪流如初，石乃中絶。邑官復改溪流，遵錢公故道，而後所得盡佳石，遂與端石竝行。按《圖經》：龍尾山在婺源縣長城里，今雖多故坑，無有石出。環縣皆山也，石雖出他山，實龍尾之支脈，俱得謂之龍尾。《歙研説》。

唐公《研録》云：嘗過金陵，於翰林葉道卿處見研，方四五寸，色淡青，如秋雨新霽，遠望莫天，表裏瑩潔，都無文理，蓋石之美者。云得於歙，不知出於何坑，今不復有。祁門縣出細羅文石，酷似泥漿石，亦有羅文，但石理稍慢，不甚堅，色淡，易乾耳。此石甚能亂真，人多以爲婺源泥漿石，當須精辨之。歙縣出刷絲研，甚好，但文理太分明，無羅文，間有白路、白點者是。《辨歙石説》。

涵星研，龍尾溪石風字樣，下有二足，琢之甚薄。先博士君得之於外姓姪黄村成伯。成伯以嗜研，求主婺源簿，顧視一老研工甚。至秩滿，研工送之百里，探懷出此研爲贐，且言明府三年之久，所收無此研也。黄始責其不誠，工云：「凡臨縣者，孰不欲得佳研？使每研必珎石，則龍尾溪當泓爲海不給也。此石歲采不過十數，幸善護之。然研只如常研，無甚佳者，但用之，至灰埃垢積，經月不滌，而磨墨如新，此爲勝絶耳。」先子性率，不耐勤滌，得此，用之終身。出何薳《春渚紀聞》。其父武學博士去非也。

陳槱《負暄野録》卷下

論筆墨硯

硯貴細而潤，然細則多不發墨，惟細而微有鋩鍔，方其受墨時，所謂如熱熨斗上熖蠟，不聞其聲，而密相粘滯者，斯爲上矣。墨貴黑光，筆貴易熟而耐久，然二者每交相爲病，惟墨能用膠得宜，筆能擇毫不苟，斯可兼盡其善。又硯忌枯燥，則易吸水；墨忌濡溼，則易昏滯；筆忌乾捺，則毫隨膠折。故愛硯之法，當以鬃匣相之，不惟養潤，亦可護塵。研墨當旋，滴水勿使停積。昔人多用硯板，不鑿墨池，政恐膠久而凝滯也。用筆時，當先以清水濡毫，令稍軟，然後循毫理點染，仍別置洗具，用畢，隨即滌濯，勿使留墨，則難秃也。藏墨當以茶蒻包之，又以綿裹而入於櫝，則蒸溚不能入，藏筆宜皂角子水調鉛粉蘸上，則不生蠹。如上諸法，留意文翰者皆能知之，今謾書示兒輩耳。如藏筆墨，則高挂，用木匣懸於梁棟間。

論硯材

硯以端溪爲最，次則洮河，又次則古歙，又次則劍溪，此外如淮安辰溪諸郡，雖亦有之，然皆不足俎豆其間。端歙所産，皆有新舊坑之別。惟舊坑者爲上，今已淪爲深淵，不可復取。但聞人間時有收得者，亦絶希罕。新坑亦間有可采，然百不一二。端石有眼，本非硯之所貴，特以此表其真耳，故辯之者有活眼、死眼之殊。活眼凡有數暈，黄赤相間，所謂鴝鵒眼者乃佳。若但純黄或純緑色，模糊不明了者，則爲死眼，此無足取，兼多有僞爲者，須細察之，方可見也。歙石有四種紋：一曰刷絲，乃直紋也；二曰蘆菔，乃交羅紋也；三曰眉子，上有黄黑紋如眉；四曰金星，狀若灑金；此四紋者，惟刷絲爲上，其間復有差等，但金星之質最頑不堪用。洮石今亦絶少，歙之祁門有一種石，淡緑色而理細，土人以之爲假洮石，但性極燥，故爲賤耳。劍溪出黯淡灘，有石子，爲之妙甚，東坡所謂鳳咮，以爲出於北苑鳳山之咮。今其地初不聞有佳石，不知何以稱此。廬陵人工造澄泥瓦硯，規倣銅雀，然其質枯燥。又南中人以琿璖琢硯，久則拒墨。漆硯亦然，本取漆匠案卓上自然久積者，質堅而鋌，利於研磨，今人乃旋累漆僞爲，體虚而滑，不可用，大抵皆非硯之正材也。

趙希鵠《洞天清禄集・古硯辯》 世人論硯者，皆曰多用歙石，蓋不知有端。殊不知歷代以來，皆采端溪。至南唐李主時，端溪舊坑已竭，故不得已而取其次，歙乃端之次，其失一也。近時好事者作硯譜，惟分端溪上中下三巖，不知下巖惟有舊坑，無新坑，上中二巖，則皆有新舊坑，於歙亦然，其失二也。世之論端溪者，惟貴紫色，而不知下巖舊坑，惟有漆黑、青花二種，初未嘗紫，無他，未曾睹古硯，其失三也。余慮世人貴耳鑒而無心賞，故述《古硯辯》，惟説端、歙而不他及。蓋他石皆不及端、歙，或强以爲硯，寧不羞見子墨客卿乎？是説非老於用硯者，其孰知之。

端溪下巖舊坑，卵石黑如漆，細潤如玉，扣之無聲，磨墨亦無聲，有眼中有暈，或六七眼相連，排星斗異形。石居水底，須千夫堰水汲盡，深數丈，篝火下縋，深入穴中，方得之。此品南唐時已難得，至慶曆閒，坑竭。下巖舊坑又一種卵石，去膔方得，材色青黑，細如玉，有花點，如筯頭大，其點別是碧玉清瑩，與硯質不同，唐吴淑《硯賦》所謂點滴青花是也，故名青花子石，今譌爲青花紫石。李長吉詩已誤作紫字，其實未嘗紫也。青點之中，或有白點如粟，排星斗異象，水溼方見，扣之無聲，磨墨亦無聲，此品南唐時已難得。慶曆閒，坑竭。已上二品石，久用鋒鋩愈出，不退鈍，不假磨礱。下巖上有一坑，出此二種石，別無新坑，所謂新坑，蓋元坑已盡而別開一坑，下巖則否。

端溪中巖舊坑，石色紫，如新嫩肝，細潤如玉，有眼小如菉豆粒，純緑色而無暈，或有緑條紋，或白條紋如綫。蓋豎而圓者爲眼，横而長者爲條紋。此種亦是卵石，外有黄膔包絡，扣之無甚聲，磨墨亦無聲，久用鋒鋩不退，不假磨礱，今此坑取之亦竭。中巖新坑，色淡紫，眼如鴝鵒，眼大重暈而緊小其中，如瞳人狀，石老者扣之有聲，嫩者無甚聲，磨墨則微有聲。石有枯潤，潤者雖難得，然久用則鋒鋩退乏，必假磨礱。今此品難得，遂爲希世之寶，百研之中，見一二耳。世人見其希有，又未曾見古研，遂目此爲下巖舊坑，不知此去下巖已低三等矣。

端溪上巖新舊坑，皆色灰紫而粗燥，眼大如雄雞眼，扣之瑲然，磨墨相拒如鋸聲，久用則鋒乏，光如鏡面，不堪用。然舊坑差勝新坑，今士夫所藏研多此品。

他處石類端溪而非者，有一種黎石，出九溪黎溪，表淡青，裏深紫而帶紅，有極細潤者，然以之磨墨，則木塞而不鬆快，愈用愈光，而頑硬如鏡面，閒有金綫或黄脈直截如界行相閒者，號紫袍金帶。高宗朝，戚里吴琚曾以進御，不稱旨。一種辰沅州黑石，色深黑，質粗燥，或微有小眼，黯然不分明，今人不知，往往稱爲黑端，相去天淵矣。今端溪民負販者，多市辰沅研璞而歸，刻作端溪樣，以眩士大夫，被獲重價。若辰沅人自鐫刻者，則大雕篆，或作荷蓮、水波、犀牛、鼉魚、八角、六花等樣，藻飾異常，雖極工巧，而材不堪用，此亦辯辰沅研之一法。

歙溪龍尾舊坑，色淡青黑，湛如秋水，竝無紋，以水溼之，微似紫，乾則否。細潤如玉，發黑如泛油，竝無聲，久用不退鋒，或有隱隱白紋，成山水、星斗、雲月異象，水溼則見，乾則否。此亦是卵石，故難得，大者極不過四五寸，多作月研，就其材也。或有純黑如角者，東坡最貴重此品，今得之亦貴重不減端溪下巖。然龍尾舊坑雖極細，猶微澀墨，端溪下巖則直如鐵盤塌蠟矣，以此爲辨。南唐時，方開龍尾舊坑，今已無之。新坑色亦青黑，無紋而粗燥，礪墨退筆，久用則鈍乏，有極大盈三尺者。

羅紋、刷絲、金銀閒刷絲、眉子，四品新舊坑，四品舊坑，竝青黑色，紋細而質潤如玉。羅紋真如極細羅，刷絲如髮密，眉子如甲痕，或如蠶大，金銀閒絲亦細密，久用不退鋒，磨墨無聲，無闊大者，然皆次於龍尾舊坑，亦南唐時開坑，今已無，如得之，貴重不減龍尾舊坑。四品新坑，竝紋粗而質枯燥，且不堅。眉子，大者或長一二三寸。刷絲，每條相去一二分。羅紋如羅花紋，拒墨如鋸，久用退乏光硬，大者盈一二尺，甚大者三尺。金星新舊坑，竝麄燥淡青色，雖金星滿面，然礪墨退筆，久用退乏，大者盈尺。別有一種黑石金星，姿質亞端溪下巖漆黑石，乃是萬州懸金崖金星石，色漆黑，細潤如玉，隱隱金星，水溼則見，乾則否，發墨如泛油無聲，久用不退乏，非歙也。今萬崖亦已取盡，如得之，不減端溪下巖。

銀星新舊坑，竝麄燥，淡青黑色，有星處不堪磨墨，工人多側取之，置其星於外，謂之銀星牆壁，拒墨如鋸，久用退乏如鏡面，大者盈尺。

除端、歙二石外，惟洮河緑石，北方最貴重。緑如藍，潤如玉，發墨不減端溪下巖。然石在臨洮大河深水之底，非人力所致，得之爲無價之寶。耆舊相傳，雖知有洮研，然目所未睹。今有緑石硯名爲洮者，多是黎石之表，或長沙谷山石。黎石潤而光，不受墨，堪作砥礪耳。

荆襄鄂渚之閒，有團塊黑玉璞，正與端溪下巖黑卵石同，而堅縝過之，正堪作研，惟不如玉器出光留其鋒耳。但黑中有白玉相閒，甚者闊寸許，玉石謂之閒玉瑪瑙，其白處又極堅，恐梗墨，若用純黑處爲研，當在端溪下巖之次，龍尾舊坑之上。

硯匣不當用五金，蓋石乃金之所自出，金爲石之精華，子母同處，則子盜母氣，反能燥石，而又誨盜。法當用佳漆爲之，研雖低，匣蓋必令高過寸許，方雅觀。然只用琴光素漆，切忌用鈿花犀毗之屬。四角須布令極牢，不宜用紗。匣取其容研，而周圍寬三紙，或作皁絹襯尤妙。今人於匣底作小穴，小竅容指，本以之出研，而多泄潤氣。但令匣稍寬，不必留竅，或有墨汁流下，多汙几案，又或匣底之下作豹脚，取其可入手指，以移重研，此尤非所宜，蓋硯實則易發墨，虚則否，故古人作研，多實其趺，又加以絣褥，正爲是也。

趙希鵠《洞天清禄集·研屏辯》 古無研屏，或銘研，多鐫於研之底與側，自東坡、山谷，始作研屏，既勒銘於研，又刻於屏，以表而出之。山谷有烏石研銘屏，今在婺州義烏一士夫家，用南康軍烏石，蓋烏石堅耐，他石不可用也。

洪景盧《夷堅志》云：一士夫赴官就道，其子婦方懷妊，轎夫顛仆而半產，乃翁呼轎夫欲治之。夫曰：「逗曉不辨道路，爲一石所礙。」翁不信，親往視之，匾闊微如玉，良璞也。攜詣玉工，解作三片，青質白章，成山林雲月飛鳥像，歷歷分明，自取其二，以一謝玉工。工治作屏，因貴璫以獻御府，惜其無對，召工問之，工具以士夫姓名對，被旨以重賞宣取，湊成三屏，置之玉虛殿。

永州祁陽縣石，雖成紋，然景叢雜不清楚，又多刻畫而成，以手摸之，有凸凹可驗，間有自然者，不甚佳。

蜀中有石，解開自然有小松形，或三五十株，行列成徑，描畫所不及，又松止高二寸，正堪作研屏。屏之式止須連腔腳高尺一二寸許，闊尺五六寸許，方與蓋小研相稱，若高大非所宜。其腔宜用黑漆或烏木，不宜用鈿花犀毗之屬。

取名畫極低小者嵌屏腔亦佳，但難得耳。古人但多留意作阮面大如小盌者，亦宜嵌背，苟非名筆，則不可，或用古人墨蹟亦妙。

謝肇淛《五雜組》卷之一二《物部四》 硯則端石尚矣，不但質潤發墨，即其體裁，渾素大雅，亦與文館相宜。無論琉璃金玉，靡俗可憎，即龍尾、紅絲見之亦當爽然自失。政似邢夫人衣故衣時，能令尹夫人自痛不如也。

皇象論草書宜得精毫莬筆，委曲婉轉不叛散者，紙欲滑密不沾污者，墨欲多膠紺黝者。梁竟陵云：「子邑之紙，妍妙輝光；仲將之墨，一點如漆；仲英之筆，窮神盡意。」獨於硯無稱焉。蓋硯視三者稍可緩耳。今人知寶數十百金之硯，而不知精擇紙筆，以觀美則可耳，非求實用者也。子邑左伯，字仲英，當作「伯英」。張芝字考章，誕奏魏公書可見。

柳公權論硯，以青州爲第一，絳州次之，殊不及端。今青州所出石即紅絲硯也。唐彥猷亦謂紅絲石爲天下第一，蔡君謨問其故，曰：「墨，黑物也，施於紫石則曖昧不明，在紅黃則色自現，一也；研墨如漆，石有脂脉，能助墨光，二也。」其言甚辨。然余習於用端，有解有未解耳。

唐李咸用《端溪硯》詩有「着指痕猶濕，經旬水未低。鴝眼工諳謬，羊肝土乍封。捧受同交印，矜持過秉珪」等語。劉夢得《謝人惠端州石硯》詩：「端州石硯人間重。」李賀《青花石硯歌》云：「端州匠者巧如神，露天磨劍割紫雲。」則知唐人原重端硯。朱新仲《猗覺寮雜記》又載柳公權論硯云：「端溪石爲硯，至妙，益墨，青紫色者可直千金。」則非不知貴也，難得故耳。

蔡君謨云：「東州可謂多奇石。自紅絲出後，有鵲金黑玉硯，最爲佳物。新得黃玉硯，正如蒸栗續。又有紫金硯，又得褐石黑角石，尤精。向者，但知有端巖、龍尾，求之不已，遂極品類。」余之所好，有異於人乎？近代莆田參知蔡一槐酷好硯石，足迹半天下，凡遇片石佳者，必收行囊中，常有數十百枚。蔡氏可謂世有硯癖矣。

端硯雖有活眼、死眼之別，然石之有眼猶人之有斑痣，其貴原不在此。但端石多有眼，以此別其爲端耳。宋高宗謂端硯如一段紫玉，瑩潤無瑕乃佳，不必以眼爲貴。余謂石誠佳，即新者自可，亦不必以舊爲貴也。

今之端硯，池皆如綫，無受水處，亦無蓄墨瀋處，其傍必置筆池。若大書，必置碗盛墨，亦頗不便。間有斗槽者，便爲減價。此但論工拙耳，非擇硯者也。余蓄硯多，擇有池者，吾取其適用耳，豈以賣硯爲事哉？及考宋晁以道藏硯，必取玉斗樣，每曰：「硯石無池受墨，但可作枕耳。」乃知千古之上，亦有與余同好者。

宋時供御大內，無非端石。航海之難，舟覆於莆之涵頭，禁中之硯盡落民間，然其始，人尚未知貴重。其後吳人有知之者，微行以賤直購之，久而漸覺，價遂騰涌，高者直百金，低亦不下一二十金。而莆人耳目既熟，轉市新石，妙加鐫琢，視之宋硯毫髮不殊，散之四方，於是吳人轉爲所欺矣。

銅雀瓦雖奇品，然終燥烈易乾，乃其發墨，倍於端矣。洮河緑石，貞潤堅緻，其價在端上，以不易得也。江南李氏有澄泥硯，堅膩如石，其實陶也。有方者，六角者，旁刻花鳥甚精，四周有羅箋紋，較之銅雀又爲良矣。

馬肝、龍卵，色之正也；月暈、星涵，姿之奇也；魚躍、雲興，石之怪也；結鄰、璧友，名之佳也；稠桑、栗岡，地之僻也；金月、雲峰，製之巧也；芝生、虹飲，器之瑞也；青鐵、浮槎，質之詭也；頗黎、玉函，用之靡也；磨穴、腹窪，業之篤也；盧擲、陶碎，道之窮也。

楊雄、桑維翰皆用鐵硯。東魏孝靜帝用銅硯。景龍文館用銀硯。今天下官署皆用錫硯，俗陋甚矣。

一日呵得一擔水，纔直二錢，廉者之言也，然亦殺風景矣。質潤生水，自是硯之上乘，譬之禾生合穎，麥秀兩岐，可謂多得一石穀，纔直二百錢乎？蕭穎士謂石有三災，當併此爲四也。

韓退之《毛穎傳》，名硯爲陶泓。鄭畋、盧攜擲硯相詬，王鐸嘆曰：「不意中書有瓦解之事！」則唐人硯尚多用瓦也。

袁象贈庾翼以蚌硯，蔣道支取水上浮查爲硯，則硯之不用石，蓋多矣。

高濂《遵生八箋・燕閑清賞箋》中卷《論硯》 高子曰：硯爲文房最要之具。古人以端硯爲首。端溪有新舊坑之分。舊坑石色青黑，温潤如玉，上生石眼，有青緑五六暈，而中心微黄，黄中有黑點，形似鴝鵒之眼，故以鴝鵒名硯。眼分三種，暈多晶瑩者，謂之活眼；有眼朦朧，暈光昏滯者，謂之泪眼；雖具眼形，内外焦黄無暈者，謂之死眼。故有「泪不如活，死不如泪」之評。又以眼在池上者，名曰高眼，爲佳；生下者，爲低眼，次之。惟北岩之石有眼，餘坑有無相間。或有七眼，三五眼，如星斗排聯者，或十數錯落，上下四旁生者。或有白點如粟，貯水方見隱隱，扣之無聲，磨墨亦無聲，爲下岩之石，今則絶無，有則希世之珍也。上岩、中岩之石，皆灰色而紫如猪肝，總有一眼，暈少形大，如雄鷄眼，扣之摩之俱有聲，質亦粗礪，即今之端石是也。歐陽公以端之子石爲佳，以子石生大石中，爲石之精，其發墨光潤，貯水不耗，爲可貴耳。古有端石貢硯，無眼，其細膩發墨，色青光潤，此必下岩石也。想貢硯在宋，官司取多，不暇剪裁取眼故耳。貴在發墨，何取於眼？無眼者，但不入於俗眼，鑒家何礙？歙石出龍尾溪者，其石堅勁發墨，故前人多用之。以金星爲貴，石理微粗，以手磨之，索索有鋒芒者，尤佳。歙溪羅紋，如羅之紋，細潤如玉；刷絲，如髮之密，金銀間刷絲，亦細密；眉子，即峨眉也。如甲痕，爲舊坑四種石也，色俱青黑。其新坑者，羅紋如蘿菔紋，刷絲每條相去一二分，眉子或長一二寸。金星新舊坑石色雖淡青，質并粗燥。銀星新舊坑同。故歙石有龍尾、金星、蛾眉角、浪松文等名。有種湖廣沅州出石，深黑，亦有小眼，廣人取歸作硯，名曰黑端。沅人取作犀牛、魚、龜、荷葉、八角等式。瀿溪石，淡青色，内深紫而帶紅，極細潤，用久光甚，有黄脉相間，俗號紫袍金帶。有僞造者，以藥鑿嵌成之，自有痕迹。洮河緑石，色緑微藍，其潤如玉，發墨不減端溪下岩，出陝西，河深甚難得也。今名洮者，俱瀿石之皮，乃長沙山谷中石，光不發墨。廣東萬州懸岩金星石，色黑如漆，光潤如玉，以水潤之，則金星自見，乾則無迹，極能發墨，用久不退，在歙之上，端之下岩石可并也。浙之衢石，黑者亦佳，多不發墨。他如黑角硯、紅絲硯、黄玉硯、褐色硯、紫金硯、鵲金墨玉石硯，皆出山東。水晶硯發墨如歙。蔡州白石硯、浮蓋山仙石硯、丹石硯、唐州唐石硯，宿州宿石硯，吉州紫石硯，淄州黄金硯、金雀石硯，青州石末硯，熟鐵硯、紫金石硯，用不發墨。青石硯、藴玉石硯、戎石絳石硯、淮石硯、寧石硯、宣石硯、吉石硯、夔石硯，如漆發墨。明石硯、萬州磁洞石硯、相州銅雀瓦硯、未央宫瓦頭硯、柳州柳石硯，出龍壁下；成州成石硯，出栗亭。瀘硯、濰硯、南劍州魯水硯、宿州樂石硯、虢州澄泥硯、登州駝基島石硯、歸州大陀石硯、江西寧府陶硯，形肖銅雀。高麗硯，上鑿花巧。梁公硯、銀硯、銅硯、磚硯、漆硯、蚌硯、磁硯，硯之出處不可勝紀。衆硯中龍尾發墨，池水積久不乾。端溪美惡俱能發墨，中有受水燥濕之别，羅紋過於龍尾。銅雀硯沉水千年，原質亦細，故易發墨而不甚燥，亦不壞筆，他則無足議也。唐之澄泥硯，品爲第一，惜乎傳少，而今人罕見。古之名硯，如陳省躬有仙翁硯，陶穀有兩池圓硯，名曰壁友。和魯公有雪方池硯，周彬公友人有金棱玉海硯，徐閩之有小金成硯，宣城有四環鼓硯。李後主有生水硯，内有黄石子，子在則水，無子則涸。孫之翰有呵水硯，一呵水流。丁晉公有水硯，一泓墨水，盛暑不乾。劉義叟造瓦硯。丁寶臣緑石硯，即緑豆端也。謂之玉堂新制，送王介甫，故介甫詩有「玉堂新制世争傳，况是蠻溪緑石鐫」之句。蘇長公硯，銘曰：「千夫挽綆，百夫運斤。篝火下錘，以致斯珍。」此言下岩端石在宋亦難采取如此，况後數百年矣，何能易得？若余所見硯有百方，皆名硯也，不能一一悉記，舉其可寶者言之。如端溪天生七星硯、緑端石硯、玉兔朝元硯、子石硯、山字子石硯、天成白玉風字硯、漢碧玉圭硯、唐澄泥八角大硯、未央宫磚頭硯、德壽殿犀紋石硯、天漢硯、龍尾石筒瓦小硯、洮河緑石硯、銀絲石硯、古瓦鶩硯、靈壁山石硯、龍尾石段硯、興和磚硯、石渠瓦硯、豆斑石硯，此皆硯之極少而至精妙者，圖其形體，共海内鑒家賞之。噫！有硯存笥，如范喬之遺子者，能幾人哉？人能賤金玉而寶硯石者，又幾人哉？况佳硯之不得其主，又不知其幾矣。他如沉於深淵，掩於厚土，毁於兵燹，敗於顛覆，災於記算之旁，困於學究之側，其幾又何勝於千百計也，惜哉！

潘之淙《書法離鉤》卷二《適志》 《翰林禁經》云：書法有九生：一生筆，純毫爲心，軟而復健。二生紙，新入篋笥，潤滑易書，即受其墨，若久露風日，枯燥難用。三生硯，用則貯水，畢即乾之；司馬云：硯石不可浸潤。四生水，義在新汲，不可久停，停不堪用。五生墨，隨要旋研，凝和墨光爲上，多則泥鈍。六生手，適攜執勞，腕則無準。七生神，凝神静思，不可煩躁。八生目，寢息適寤，光明分明。九生景，天氣清明，人心舒悦。備此九者，乃可言書。

潘之淙《書法離鉤》卷六《利器》 東坡云：使人作字，不知有筆，亦是一快。又云：製墨之妙，正在和膠。今之造佳墨者，非不擇精烟，而不佳絶者，膠法謬也。又云：研細而不退墨，紙滑而字易燥，皆尤物也。又云：研之發墨者必費筆，不費筆則退墨，二德難兼，非獨研也。大字難結密，小字常局促，真書患不放，艸書苦無法。

書譜云：水太漬則肉散，太燥則肉枯，乾研墨濕點筆，濕研墨乾點筆。又云：磨墨之法，重按輕推，遠行近折，濃則滯，淡則薄，麤則多累，積則不匀。又云：研池寬面細，每夕一洗，則水墨調匀，骨肉得所。端石取細潤停水，歙石唯取填澀，發墨兼之，斯爲美矣。又云：初學須用佳紙，今後不怯；用惡筆，今後不擇筆。凡書不得自磨墨，令手顫觔骨木强，是大忌也。磨墨不得用研池中水，令墨滯筆沍，須以水注汲新水，臨時斟酌之。

潘之淙《書法離鉤》卷九《原研》 劉氏云：研者堅也，研也。太公曰：石研孔筆。其用久矣。唐皆鳳池研，中心如瓦凹，故曰研瓦。援筆因勢凹則鋒圓，書畫亦圓。今研如砥，援筆則鋒多偏。近有鏉心凸研，援筆則三角矣。

坡翁云：建州北苑鳳凰山，山如飛鳳下舞之狀。山下有石，聲如銅鐵，作研至美，如有膚筠然。此殆玉德也。疑其太滑，然至益墨，余名之曰鳳咮。又云：僕好用鳳咮石研，然論者多異同。蓋自少得真者，爲黯黮灘石所亂耳。

淄石號韞玉研，發墨而損筆。端石非下喦者，宜筆而褪墨。二者當安所去取？用褪墨研，如騎鈍馬，數步一鞭，數字一磨，不如騎騾用瓦研也。

端溪石出肇慶府端溪下喦，舊坑卵石，色黑如漆，細潤如玉，有眼，眼中有暈，六七眼相連排，星斗象。此喦慶曆間坑已竭。又有一種卵石，去膔方得，材色青黑，細潤如玉，有青花如箸頭大，似碧石青瀅，或有白點如粟，排星斗象，水濕方見。皆扣之無聲，磨墨亦無聲。此二種石最貴。下喦止有一坑，出此二種石，其色未嘗紫也，别無新坑。

端溪中喦，舊坑亦卵石也。色紫如嫩肝，細潤如玉，有眼，小如菉豆，或有緑條文，或有白條文。堅而圓者爲眼，横而長者爲條。扣之無聲，磨墨亦無聲。此種石亦貴。外有青膔色，久用鋒鏌不退。北宋時坑已取竭。中喦新坑石色淡紫，眼如鸜鵒，眼中有暈，嫩者扣之無聲，磨墨微有聲。

端溪上喦，舊坑、新坑石皆灰色，紫而麤燥，眼如雞眼大，扣之、磨墨皆有聲，久用光如鏡面。舊坑稍勝新坑。惟端溪有眼。古云無眼不成端。其眼有活眼、淚眼、死眼，活眼勝淚眼，淚眼勝死眼。又云：眼多石中有病。

辰沅州出一種石，色深黑，質麤燥，或有小眼。端溪人取歸，刻作端樣，稱爲黑端。辰沅人自製者，多作犀牛、八角等樣。又有一種瀠石，出九溪瀠溪，表淡青，内深紫而帶紅，有極細潤者，久用則光如鏡面。或有金線及黄脈相間者，號爲紫袍金帶。

歙溪石出歙縣龍尾溪，舊坑卵石，色淡青黑，有細紋，潤如玉，水濕微紫，或隱隱有白紋，成山水星月異象。燥則否，大者不過四五寸，多作月研，就其材也。或有純黑者。此石最貴，不減端溪下喦，南唐時方開，至宋時盡矣。龍尾溪新坑石，色亦有青者，質麤燥，有極大者，盈二三尺。

金星舊坑、新坑石，淡青色，竝麤燥，大者盈尺。

銀星舊坑、新坑石，色淡青黑，竝麤燥。有星處不堪磨墨，多側取爲研，大者盈尺。

萬州懸岩金星石，質亞端溪下喦，色漆黑，細潤如玉。水濕金星則現，乾則否，極發墨。

洮河緑石，色緑如藍，潤如玉，發墨不減端溪下喦，出臨洮大河深水底，甚難得。今有緑石研名洮石者，多是瀠石之表，或是長沙山石也。瀠石光而潤，亦不受墨。

銅雀研，乃銅雀臺瓦，入水多年，故滋潤發墨。世多僞者。

未央研，乃未央宫瓦，亦注水經久，好事者以爲研。

李漁《閑情偶寄》卷一〇《器玩部上》 暖椅式如太師椅而稍寛，彼止取容臀，而此則周身全納故也。如睡翁椅而稍直，彼止利於睡，而此則坐卧咸宜，坐多而卧少也。前後置門，兩旁實鑲以板，臀下足下俱用柵。用柵者，透火氣也，用板者，使煖氣纖毫不洩也，前後置門者，前進人而後進火也。然欲省事則後門可以不設，進人之處，亦可以進火。此椅之妙，全在安抽替於脚柵之下。只此一物，禦盡奇寒，使五官四肢，均受其利而弗覺。另置扶手匣一具，其前後尺寸，倍於轎内所用者。入門坐定，置此匣於前，以代几案，倍於轎内所用者，欲置筆硯及書本故也。抽替以板爲之，底嵌薄磚，四圍鑲銅。所貯之炭，務求極細，如爐内燒香所用者。置炭其中，上以灰覆，則火氣不烈而滿座皆温，是隆冬時别一世界。況又爲費極廉，自朝抵暮，止用小炭四塊，曉用二塊至午，午换二塊至晚。此四炭者，秤之不滿四兩，而一日之内，可享室煖無冬之福，此其利於身者也。若止利於身而無益於事，仍是宴安之具，此則不然。扶手用板，鏤去掌大一片，以極薄端硯補之，膠以生漆，不問而知火氣上蒸，硯石常煖，求無呵凍之勞，此又其利於事者也。

朱彝尊《説硯》 端州於今爲肇慶府。山石多可製硯，惟水巖最上。水經鬱溪東至高安縣爲大水，蓋蒼梧至是五百里，有羚羊峽以東之，峽勢將盡，其左折而北趨，有峰曰朝天岩。端溪之水出其陰，溪長一里許，廣不盈丈。自水口北行三十步，有穴。窺之，止容一人，俛伏捫而入，積水灌其中。凡取石，必先以瓠汲水，自内而外，若傳杯然。水涸，熬豚膏，燃紙爲燈，由穴而入，中漸廣，分三涂，穿洞半里抵岩壁，岩高三丈，上下皆刓石，不可鑿也。鑿石之工多黄岡村民，日役不過四十人，坐卧偃側其内，得石自内傳乎外，一如汲水法。岩三層，石分三品焉。上岩者，質純而艷，微紫；中岩者，質潤而凝，色漸青；下岩者，質淡而細，色近白，有眼。沉水觀之，若有蘋藻浮動其中者，是曰青花，試以墨，若熬釜塗蠟者然，斯爲美矣。其餘紋不同，紫氣奔而廻礴，謂之水捺；聚而爲輪，謂之金錢；紫氣既竭，白氣次之，謂之蕉葉白；凝緑若灑注，謂之翡翠；白凝於緑，纖而長者，謂之玉帶；黄氣亘其上若虹，謂之黄龍；若縷，謂之金線；點墨瘢相比，謂之雀斑；丹若粟者，謂之硃砂；斑斑蝕如蟲嚙，謂之蟲蛀；旁色赭者，謂之鱣血邊。其爲眼不同者有鸜鵒眼、有鴉眼、有象眼。黄謂之鴉，碧謂之鸜鵒，眼不貴黄也。圓者爲鴝鵒，爲鴉，長者爲象，眼不貴長也。或三五其暈、或七九其暈，暈有奇而無偶者也。辨水岩者必於是驗之，思過半矣。朝天岩在水岩之南，産石易與水岩混，亦有蟲蛀，有玉帶紋，有金線。若翡翠似矣，恨微黄；黄龍似矣，〔恨〕燥；蕉葉白、火捺似矣，恨模糊；硃砂斑似矣，恨太低。其眼，四旁若漬，睛翳不明，此泪眼也。形體備而光采全無，此死眼也。自此而外則屏風山背有石，西坑有石，北嶺有石。大抵拒墨者，多向日視之，見有若繁星者，有若金銀氣者，其理粗，其質燥，其聲堅響，其色深紫，或如猪肝，或如黛緑，或如敗錦，或間道如松木紋，皆石之下者也。宣德岩在屏風山半，開自宣德年，品在朝天岩之上，山多虎患，故歲久無采者。要之，得水岩而諸山之石可廢，得青花兼鴝鵒眼者，而諸品又可廢矣。三水梅花坑去端溪四十里，在三水縣境，産石亦有鴝鵒眼，較之水岩無異也。然徑尺之石，眼或多至百數，光滑易製，不知硯者惟眼是求，挾之以爲希世之寶，特宋人之燕石耳。予遊嶺表，正值采硯時，購水岩石百餘，久盡散去。海鹽周福柱從余學詩，以端石硯爲贄，乃追憶舊日所得，爲説示之，俾審所擇焉。

盛百二《淄硯録》 余以戊子夏承乏般陽。明年春，訪淄石硯材所自出，采取十餘車，聚工琢之。先成硯三百餘，無一可者，心頗悔之，後得一小方，四面天然，邊者細潤，發墨亞於端州上品，中横青黄色，紋若龍尾，名之曰蒼龍尾硯，以視淄人，咸以爲自來官工所琢硯，無及此者。乃諮訪取材之法，及官工之弊，復成硯數百，其中可者不過二十餘方，閒閲前人談硯之説，隨手記録，以爲《硯譜》，而鄰封所産者亦連類及之。八月，丁母憂，未竟之，石悉散於人，硯亦隨人所取，存者什一而已。譜時有增益，然十年以來，山陰興盡，視同敝帚矣。今夏任城山長吴江錢子巽齋寄示談硯數條，并勸令付梓，因次其先後，易名《硯録》，恐見聞未廣，災梨尚有待，姑述其本末如此。時乾隆己亥八月朔也。

宋熙寧中，初尚淄硯。温公修《資治通鑑》，神宗躬擇其尤者賜之。當時有韞玉、金星、青金、黑玉等名，諸家之論以爲發墨損筆，又謂其可與端、歙相上下，放翁《鑾谿硯銘》云：龍尾之羣從，而淄韞玉之伯仲也。大約淄石之等不一，昔人或得其一二，而品第之，恐偏而無當也。昔時取石之處，或云金雀山，或云梓桐山石門澗，今則在淄川東北二十餘里河東莊之仙巖洞，一名洞子溝者是也。兩厓相對，鐵色壁立，南北厓各有洞，可容數十人，中爲澗壑，流水自東而西注，東畔巨石平鋪，方廣數十畝，皆硯材也。徑尺之石，高下不同，方寸之石，腹背過異，其麤者必鬆，石粉與墨俱下，損筆尤甚。以出於璞者爲佳，韞玉所以名乎？形如卵，俗名鳳皇子者爲最，猶端溪之子石也。《端硯譜》云：石有黄臕胞胳，鑿之，方見硯材，所謂子石。蔡君謨又謂之紫龍卵。歙硯亦然。東坡《硯銘》云：東坡硯，龍尾石，開雀卵，見蒼璧。其四面天然邊，或三面天然邊者次之，然已不易得矣。取之之法在不惜石，用大石兩相擊，因其理自解而擇之，或從罅處攻之，方數尺之石，僅得一掌焉，不可必也。邊有鐵色者、紫者、白者、黄者，其白與鐵色者，或恐其滑，黄色者又恐其疏。有明質暗花如竹草形者，人以爲奇貴，然欲其在背，而面則以純爲貴。有紺青、紫雲、沈緑、褐色等名，亦有似蕉葉白者、似火捺者、似玳瑁者，不易得也。亦有黄龍文及金綫銀綫如斷文者，石之經脈也。昔人謂其久則斷裂者，蓋以此，以無爲貴。然不必天然邊而佳者亦有之，以鑿試之，大都質麤者理疏，琢磨之功省。雕鏤之，墨染之，蠟炙之，以炫於肆者，皆是也。攻堅者工力數倍，雕鏤不易，施且損器，工所忌，故輒匿之，或棄之，或以其美竊之，官所取以大而方正者爲尚。又或爲屏，刻書與畫以供口。案：遇碎石則捐之，無異買櫝而還珠矣。金星不欲堂，研墨處有如銅屑徧布者非佳也。又有一種金星多且大，石甚疏，不久即窪，金星林立如杈矣。淄地多山，石之可爲硯者不乏。當不獨仙巖，即余所采尚不及水坑，遺珠恐不免，安得好事如北海公者乎。

唐彦猷《硯録》淄州。淄州縣最爲多石，所謂青金石者，其色青黑相混，性少堅，潤而發墨者，可與端、歙相上下，但不甚美好。

《讀書誌》：唐詢《硯譜》二卷，亦名《北海公硯録》。

又云：淄川金雀山石，色紺青，堅潤，出歙石之右，而研墨須倍之，以此反不逮，蓋潤密之故。又云：青金石出梓桐山石門澗中，其色青黑相參，有如銅屑徧布，亦有純色者，理極細密而堅，叩之無聲。

集説

東坡題跋：淄石號韞玉，發墨而損筆。端石非下巖者宜筆而褪墨，二者當何所去取？用褪墨硯，如騎鈍馬，數步一鞭，數字一磨，不如騎驢用瓦硯也。

米元章《硯史》：淄州石理滑易乏，在建石之次。

按《顔山雜誌》云：石自有發墨而不損筆者，二公皆未之見也。

王闢之《澠水燕談録》：梓桐山青金石，或曰即自然銅。范文正早居長白山，往來於此見之，後知青州，遣工取爲硯，發墨類歙石，東方人多用之，因名范公石，然不耐久，久則恒自斷裂。

高似孫《硯箋》云：淄州金雀山有韞玉、金星二石，中硯。又云《寰宇記》：淄州産長理石。邵康節《金雀硯詩》：銅雀或常有，未嘗見金雀。金雀出何所，必出自雲岳。翦斷白雲根，分破蒼岑角。水貯見溫潤，墨發如瀺灂。

唐夢賚《濟南府志》：反蹤。古城東北洞子溝石亦可礲硯。蔡君謨所謂雀金恐是金雀。黑玉，東州奇石也。王文學敏人，負石壘其父墓，凡麗牲之碣，皆洞石爲之，其父文學瑞永，殫心韻學，好古工詩，敏人工畫，固可與雀金爲三友矣。

曹昭《格古要論》：黄金硯出淄川。

按《金雀山邑志》無據，《濟南志》似即洞子溝，然金雀之名，問之土人皆不知。即省志、郡志，益都、博山志皆不載。或云金嶺鎮南有金山，即金雀，未敢謂然。梓桐之桐，今作橦，在縣治東北十餘里，與夔山比肩，有前洞、後洞，所謂石門澗者，洵不誣矣，但不聞有硯材。然此山與仙巖相距僅十里，雖不連屬，或當時以其相近而概舉之，亦未可知。至《寰宇記》所謂長理石，恐是藥材。

《魏書·地形志》：東清河郡治般陽，所屬繹幕縣，有隴水，即瀧水也。鄃縣有金雀山，郡縣並劉宋僑置，非平原之鄃與繹幕也。般陽即今淄川縣治，隴水既在今縣境内，金雀山當亦不遠。

孫文定公沚亭廷銓《顔山雜誌》：硯石産顔神鎮北庵上村倒流河側，千夫出水，乃可以入，西偏則硬，東偏則薄，惟中坑者堅潤而光，暎日視之，金星徧體，暗室不見者爲最。星大者，最下。

按此恐即《硯箋》所謂金星石也。但暎日視之，金星徧體，雖他處亦有之，不獨此也。顔神鎮爲今博山縣治，宋時屬淄川，元時爲行淄川縣治。庵上村石，亦淄石也。然孫公作記，至今百二十年，而庵上村石人不顧而問焉。又唐豹巖爲本邑人，其撰《濟南志》亦云淄石坑在顔神。於洞子溝略言不詳，未知何故。

《顔山雜志》云：崇禎閒有人於峩嶺後鑿煤井攻山出石，其理自然而解文成鱗甲，悉如魚龍，一邊凸起，一邊凹，如相印鑄。按此仙巖亦有之，或如葉如花如龍如鳳，然其石往往理疏。

《歙硯譜》云：硯成塗墨與石相益，於洗濯不惹墨漬，初使塗以薑汁，研即著墨，今人云以塗臀非也。今之爲淄石者亦然，無不塗以墨，次用蠟以藏其拙，若石質堅潤，琢磨又精，墨自不漬，何必蠟乎？又石理欲卧不欲立，立者雖堅，宿墨三日不滌，即剥蝕矣，大約與端不同，亦或因燥之故，蠟，墨之於硯，猶木之漆，火炙之欲其蠟墨之巽入也，而石已枯矣。

萩林先生《端硯譜序》：石理直則順，故拒墨；横則逆，故留墨。善製硯者，用其横理，則與墨相迎如膠漆，且落墨細，用久不滑。家南箕翁謂：端石宜用側面，信然。

附録青州韞玉　萊蕪石　石末　紅絲

米元章《硯史》：青州韞玉硯，理密聲清，青黑色，白點如彈，不著墨。

按：余得高子益所製臨淄鳳皇山石硯，色黑，堅潤，冬月不凍，旁有白點如礬，不受墨，豈即青州之韞玉乎？或謂鳳皇山與淄石同一脈，蓋青淄脣齒。又淄水出原山，由益都臨淄以入海，凡産淄水之旁者，皆可名淄石。《山東通志》云：淄硯出益都西山淄水閒。然則安知淄不可爲青，青不可爲淄也。余見淄石屏，色黑，方徑尺，上有紅雲，作捹日戢霞之象，下有白點如雪花，與鳳皇石同。子益名緒增，司理繩東先生之後，有硯癖，遇佳石即自琢之。

柳公權云：青州石末硯第一，絳州次之。

歐陽文忠云：濰州石末硯，皆瓦硯也，甚善發墨，非石硯之比，然稍麤者損筆鋒。石末本用濰州石，前世已記之，故唐人惟稱濰州。今二州所作皆佳，而青州尤擅名天下矣。

唐彦猷《硯録》：濰州北海縣山所出爛石，土人研澄其末燒之爲硯，即柳公權所云青州石末硯者，濰乃青之故北海縣也。

按閩人有以木爲胎，屑端石調漆爲硯者，亦輕而發墨。

東坡云：柳公權論硯甚貴青州石末，謂墨易冷。世莫曉其語。此硯青州甚易得，出陶竈中，無潤澤理。

蔡襄《文房四譜》：石末，受墨而費筆。

李之彦《硯譜》：青、濰州石末硯，皆瓦硯也。柳公權以爲第一者，當時未見歙石，以爲上品耳。

葉夢得《石林避暑録話》：柳公權記青州石末硯，墨易冷。冷字或爲泠，凡頑石捍堅，磨墨者用力太過而疾，則兩剛相拒，必熱而沫起，俗言磨墨如病兒，把筆如壯夫。又云：磨墨如病風。手皆貴其輕也。冷與泠二義不相遠。石末本瓦硯，極不佳，至今青州有之。唐中世未甚知有端歙石，當是以瓦質不堅，磨墨無沫耳。物性相制，固有不可知者，今或急於磨墨而沫起，殆纏筆不可作字，但取耳中塞一粟許投之，不過一蕞，磨即不復見。頃墨工王湍言此，試之，果然。

按：石末固未爲佳，公權以比絳州澄泥，爲第一耳。

蘇易簡《文房四譜》其硯譜載天下之硯四十餘品，以青州紅絲石爲第一，端州斧柯山石爲第二，歙州龍尾山石爲第三。

按此條一作唐李石《續博物志》。

唐彦猷《硯録》：嘗聞青州紫金石其傳之四方，多以鐵銅而匣片石于其中，頗類永福石。嘉祐六年，余知青州，至即訪紫金石所出，于州之南二十里曰臨朐縣界，掘土丈餘乃得之。然石有重數，土人所取者不過第一、第二重，至第四重則澤尤甚，而色又正紫。雖發墨與端、歙差同，而資質殊爲下。青之西至淄川縣境最爲多，石有青金石，又有金雀山石。又得登州海中駝基島石，全類歙石而文理皆不逮也。其後得青州益都縣石工蘇懷玉言，州之西四十里有墨山，山高四十餘丈，西連兖州，凡三百里，山頂出泉，縣流至山下，清甘芬香，與諸泉特異，傳謂有靈草生于上，泉出于其間，故漬染而香。由山之南盤折而上五百餘步，乃有洞穴，深約六七尺，高至數丈，其狹止能容一人。洞之前復有大石欹縣欲墜者，石皆生於洞之西壁，不知重數，如積疊而成，大率上下皆青，或赤石數重，其中乃有紅黄而其文如絲者一，相傳曰紅絲石。去洞口絶壁，有鐫刻文字，乃唐中和年采石者所記，竟不知取之何用，迄今經二百餘年不復有人至，其上者獨山下民，時往視之，莫不指以爲奇寶。余既聞其説，意謂可取爲硯，亟遣白直偕蘇氏而往，初頗辭，以高險不可得入，因厚給其資，勉之使行。既往六七日，僅得方四五寸者二。其外有若皮膚掩蔽，漸以麤石磨治，已而理盡露，華縟密緻，皆極其研，既加鐫鑱，則其聲清越，鏘若金石，殆非耳目之所聞見。亟命裁而爲硯，以墨試之，其異于他石有三。他石不過取其温潤滑瑩，此乃漬之以水而有滋液出于其間，以手磨拭之，久黏著如膏，一也；它石與墨色相發不過以其體質堅美，此乃常有膏潤浮泛墨色，故其相凝若純漆，二也；他石用訖，甚者不過頃刻，其次止終食之間，墨即乾矣，此若覆之以匣，數日墨色不乾，經夜即其氣上下蒸濡著於匣中，有如雨露。此三者，雖世之稱爲好事者，非精于物理則無由得之。其采鑿于洞中，皆就壁間先鑿去其上下石，然後乃及美材，每患引鑿之不能加長，故所獲無大者。又在外多黄，近内則紅，雖其體則均而色未能純。後乃于洞之側穿爲一穴，其廣袤丈，掘土至六七尺，往往得成片者，大或踰尺，而色皆純，其土不常土，皆成乳末，推尋石之聚結，蓋山髓脈也。自辛丑夏四月至癸卯春三月經二年，凡工人數十往，其所得可爲硯者大小共五十餘。一日，洞門爲巨石摧搒而人不可復入，其石遂絶。今人有得之者皆洞外黄赤之石，尚假此名，殊非真也。余往令端人崔之才、歙人汪琮購求得二州之石品第一者，愛而用之，平居未嘗須臾去也。自得兹石，而端、歙皆置於衍中不復視矣。因論著古今所載之石及自所見，隨其優劣而次序之，分爲上下二卷，非敢傳於他人，姑欲貽諸子孫，後將有所得則當續而廣之，以成吾之志也。

又云：青州墨山紅絲石其外有皮表，或白或赤者，有文如林木之狀，既加磨礱，即其理紅黄相參，二色皆不甚深，理黄者其絲紅，理紅者其絲黄，若其文上下通徹勻布，此至難得者。又有理黄而文如柿者，或無文而純如柿者，或其理純紅而文之紅又深者，若黄紅相雜而不成文，此其下也。文之美者則有疑轉連接圜圓，方二三寸，而其絲凡十餘重，次第不亂，或如月暈，自心及外可及六七重者，或如山石而尖峯奇勢皆具者，或如禽魚雲霞花卉之類者。此但論石之文采不一，至於資質潤美，以及發墨則皆均也。其石久爲水所浸漬，即有膏液出焉。若久乾者以手拭之則有白屑被其上，乃膏液之所結積也。凡爲硯初用之固有法，今更不載，惟精于物理者自當得之。然世之人罕有識者，往往徒得之而不能用也。悲夫！此石之至靈者，非他石可與較，故列之于首云。

米元章《硯史》：紅絲石作器甚佳，大抵色白而紋紅者慢發墨，亦漬墨不可洗，必磨治之。文理斑石赤者不漬墨，發墨有光而紋大不入看。慢者經暍則色損，凍則裂乾，不可磨，墨浸經日方可用，一用又不可滌，非品之善。

李之彦《硯譜》：紅絲石須飲以水使足乃可用，不然渴燥。唐彦猷甚奇此硯，以爲發墨不減端石。

杜綰《雲林石譜》：青州縣縣上疑有脱字。紅絲石産土中，其質赤黄紅，文如刷絲縈繞石面而稍軟，扣之無聲，琢爲硯，先以水漬之乃可用。蓋石質燥渴，頗發墨。唐林甫彦猷作《墨譜》當作硯録。以此爲上品。

錢巽齋大培云：今從深洞仰而剷取，正如唐彦猷法，未聞産土中。石質有好惡，不繫有聲無聲，如彦猷所云，扣之其聲清越者，亦未嘗不佳。

按：杜謂産土中，恐以臨朐紫金石爲紅絲石矣。得非青州之下脱臨朐二字乎。

王漁洋《分甘餘話》：唐詢《硯録》以青州黑山紅絲硯爲第一。今黑山在顔神鎮，友人趙子和作羹琢二石以贈，雖發墨而甚損筆，且麤硬。彦猷所云不知何據。昔人品果以緑李爲第一，居荔枝上，亦此類也。

按：黑山，《硯録》作墨山。又《博山志》云：山在縣東南十里。他山石青，黑山石黑，産鐵，不聞其可爲硯。且去益都甚遠，與《硯録》四十里之數不合。余初得紅絲石，聞在益都之苔頭，距淄川東界十餘里，其石紅白相間，紅多而白少，白如玉。受墨，紅處漬墨且麤硬。或云：以中白而四邊紅者爲佳。恐不確。曾見趙秋谷紅絲硯，似香色而閒有絲，近見紅絲硯頗有與秋谷硯相類者，云出益都西三十五里之黑山，蓋即墨山，漁洋誤以爲顔神之黑山也。又臨朐盤龍山石，其色紫理疏，土人亦謂之紅絲，恐即《硯録》所云紫金石也。

錢巽齋云：紅絲石産黑山，東距益都治三十五里，山下有王孔莊。《硯録》黑作墨，或以名不雅改爲墨山耳。又云：亘三百里。則黑墨非有兩山，當是産王孔者爲紅絲，産顔神者石黑。自雍正以前顔神亦益都也。王文簡屬紅絲於顔神，傳聞之誤。

又云：紅絲石美惡不齊，前人褒貶亦迥異。米元章詆之太甚，若蘇易簡、唐彦猷以爲端歙所不及，又似不虞之譽。近來新琢之硯，誠未爲大佳。培在益都日購得舊硯二，皆天然山水樹石，肌理細膩，此誠他石所不能兼者矣。

王漁洋《池北偶談》：鄒平張尚書延登，崇禎中遊泰山，宿大汶口，偶行飯至水濱，見水中光芒特異，出之則一石，尺許，背負一小蝠一蠶，腹下蝠近百，飛者伏者，肉翅如蠶，若天然，有小凹，可受水，下方正可受墨，因製之爲硯，銘之曰：泰山所鍾，汶水所浴。堅勁似鐵，温瑩如玉。化而爲鼭，生生百族。不假雕飾，天然古緑。用以作硯，龍尾繼躅。文字之祥，自求多福。故名多福硯。《爾雅》：蝙蝠，服翼。郭璞注：齊人呼爲蟙蠌，故又名蟙蠌硯。

按：此石萊蕪往往有之，不聞有光，人亦不之貴，其色緑，有深淺不同，又有如蠖一作沃。村石色者，華東尚書所得，蓋特異于衆。在大汶口距萊蕪五十里爲泰安縣境，則不獨萊蕪有也。淄川西南至萊蕪界八十里有原山焉。其水南出爲汶，北出爲淄，今入博山縣。戊子秋，張萊蕪愚髯曾以二石見貽，長方四寸餘，其背有如蝙蝠影，如蜂蝶、蜻蜓者數十，文皆凸起，其一石面有珠、蝙蝠影，大寸餘，卻不易得，名之曰鴻福硯。可爲讀《易》研朱砂品此石，在八月十三日，爲聖壽節。銘曰：皇建敷錫，地不愛寶。來自丹穴，翔若朱鳥。如天之福，黎庶壽考。滴露細研，情遊羲昊。

曹溶《硯録》

一山川

江從西南來數千里，海從東北湧入不二百里，夾江兩岸皆山，至峽乃對束而起，氣不外行，合水之秀，因産硯石。

左江發源於交趾，經容縣至南藤縣，至南甯之合鎮，而與右江合。

右江發源于雲南之富州，入廣西田州，經柳州至南寧，而與左江合。

府江發源于全州，自湘山寺分水西南流至桂林爲灕水，東北流至衡州爲湘水，灕水自桂林下平樂至梧州爲府江。

以上三江，分合爲二，入梧州大江，即漢武使馳義候發夜郎兵下牂牁江處。西流入廣東界，經封川、德慶至肇慶，而爲端溪，一名西江，羚羊峽束之，兩山對峙，廣不盈里。

左江從交趾來，經南寧，下烏蠻灘，流至潯州。

右江從牂牁江來，出慶遠，流至柳州，下象州，至潯州，兩江合流而至梧州，達肇慶。又府江從全州湘山寺分水，過三十六陡，西南流至桂林爲灕水，東北流至衡州爲湘水，灕水自桂林下平樂，則爲府江，越昭平至梧州，三江始合流而入於端溪矣。夾江兩岸，緜山複嶺，無有窮際。

端溪之水，出峽口，經廣利墟，下九江，過新會縣入海。廣利墟在三水縣西北數里，海潮至則直入峽口，至梧州乃已。

高峽山

自全州出道州，下龍虎關，逕平樂、賀縣至德慶，下端州。

全州

漱玉巖。

桂林府

桂山，灕山，湘山。

德慶州

三洲巖一名玉乳巖，石室中有石乳，蒼緑色，閒類佛像、鐘磬、禽魚之屬，溪名端溪，有宋李綱玉乳巖三大字。

香山

端州

爛柯山　高峽山

東三十里曰高峽山，在黄岡，都高百餘仞，周四十里，與爛柯山相對。江流至此，夾束而小。相傳有羊化石，因名羚羊峽，又名高要峽。又二十里乃至産硯之山，山在郡之東南，東西南三面距江。

東南五十里曰爛柯山。在溪頭，都高數百仞，周五十里，峰如卓筆，常有雲霞。俗傳王質觀棋處。其麓隔溪二石巖正産端硯之所。有國朝用硯歲月枚數及董工官姓名。

西七十里曰蒼梧水，源出爛柯山，有瀑布焉。

東北三十里曰瀝水。源出北山諸澗，出羚羊峽，今作浮屠於石頂，以扼水口。

南爲大江，在府城南，出夜郎豚水，經牂牁水合衆水入海，亦名西江。

廣西水自雲貴交流而來，皆合蒼梧。左江正派始於盤江之北盤江，出烏撒，達貴州普安之東，南盤江出霑益、六涼、澂江通海。而皆會於阿迷，達貴州羅雄之南，兩江合而下泗城、田州，至南寧合江鎮，又與麗江合。麗江出交趾廣源州，經太平、思明府，兩江合而下横州，至潯州南門爲鬱江，即古牂牁江。漢武帝使歸義侯發蜀罪人下牂牁江，會於番禺，即此。右江正派始於柳江，源出都勻府，下獨山，經慶遠，至柳城與大融江合。過柳州與洛溶江合，下象州與都泥江合，始濁，乃入大藤峽。出峽過潯州北門爲黔江，黔、鬱二江合於潯東門，而下蒼梧，與府江合，府江一名灕江。灕江源興安之海陽山，一水相離，北入楚爲湘江，南入桂爲灕江，三水合流，出封川，過廣東入海。

數千里之水，奔流趨肇慶，而羚羊峽束之，左峽又横出，當江之衝，吸秀含靈，乃理勢之自然者。

二神理

山石在水土深奧中，自洪荒來不見風日，故質輭性澤，含滃弄芬，不雨而潤，入手如玉，叩之鏗然金聲，貯水則經歲不縮，受墨則膩而相親，含筆則護毫而加秀。

三采鑿

山拔地數百尺，其入山之口東南向，常年爲土所掩，剷土深丈餘，始見石。門高不逾七尺，廣不過五尺，皆巉削廉鋭，人矮行乃得入，望之黯黯然。入洞又復下行數十步，蛇蟠蚓曲，達於采石之所。中空如一間屋，每丈許留石柱拄之，如是者凡三四處，蓋自唐以來積工劖鑿之所致也。空處皆受水，四時盈而不涸，蓋地勢窪下，山外雨潦既灌輸其中，又石理堅蒼細嫩，衆山精潤之氣，交萃於此，雖微雨潦水亦自滿，春夏秋三時，山足皆水，不見涯涘。開山者，秋盡冬初，募人累數百，人操一瓢，林立如貫魚，舀水瓢中遞出之，人足不移而水潛去，費莫大於此。水既去已，以枯藁藉足，然脂油之燈，使烟不灼目，仰而鑿石，人日一方，石皆圓，縱横之理，有小白脈可察，因而鑿之。凡石十方之内，中材者不二三，中材五十方之内，品貴者不二三，品貴百方之内，有眼者不二三，有眼十方之内，方圓五六寸可製爲硯者不二三。蓋格愈上則病愈多，夏后之璜，不能無考。求其純粹縝細，一片紫玉，難之又難，百金不與易也。入水者爲下巖，稍高者爲中巖，山頂者爲上巖。下巖過中巖，中巖過上巖，其質迥異他石，要以水坑爲貴，識者自辨。

國朝爲封禁，設一把總守之。今則荒草彌望，石礫没徑，人跡罕到，然深水所封，天地祕固，非王侯將相不能議開。故雖土人不能得之，其號爲端溪，售於外方者，皆他山之石。至貴則山頂之石，同類而異氣者也。

四品類

有眼青花紫石爲最貴，眼取外圓内碧，端正有神，層暈分明，深淺相間，暈或九層，或七層，或五層，暈中有睛，睒睒欲照，如譜所稱鴝鵒者，上也。選眼之法，大小適中，輪廓合度，碧多於黟，層各異色。若大或過量，小或似菽，散漫扁側，黃白參錯，昏眵失睛，平淺乏暈，皆昔人所云死眼、淚眼之擬也。石之蘊積，歷久衆理畢備，質既邁常，文乃溢出。眼者，石之至文也，如道德之士，能爲文章，其文有本，故眼不虚生，必起青花有據，非雲非霞，若星若霧，紫氛黑章，駢跗疊萼花聚之處，可察眼路，然有花繁而無眼者，未有無花而生眼者也。

無眼青花紫石次之。石必尚紫，紫必尚花，此元章論硯語也。

純紫石又次之。剛不過拒，柔不受刓，愉愉緻緻，悦澤如美人之膚，清空如雨後之天，不泥一形，不偏一色，才藏於中而德彪於外，斯石家之極則矣。

蕉葉白又次之。石納水滋，色乃過淡，細嫩之極，與墨相嫖，嫌其過柔，久或剥落，粤人最重此品，以數十金享之。

火黯紋又次之。石體精堅而不拒墨，紫暈艷發，錦雲蔚然而起，濃淡相間，或拂紋如螺，或纈彩如繡，質之純之剛者。以上五種，皆端溪貴族，遠近交重，物無異評者也。外此則有金線，深黃界道，粲粲若真金。有黃龍，色視金線而淺，散漫成片，中亦具五色。有鐵線，青紫之中純黑，忽二三寸許，勁直可鑑。有硃砂，則爲朱點，赤處特高。有翡翠，其色正緑，沈沈近人。翡翠一石中或數見，不若硃砂之孤生，然翡翠者，眼之肇端，其品爲不羣矣。有雨點，其色黑，離離參差，粤人稱爲雀斑。有蟲蛀，石中夾砂，砂體水嚙之而空，乃成剥蝕之狀，惟宋坑中有之，亦佳品也。以上數者，非石所貴，然辨端石者録之，以他石皆無此數種也。

五别種

硯山將起，其發祖處爲屏風巖，其石性硬而滑，不發墨，俗呼爲屏風背。離高峽山里許，東南處最高起，名朝天巖，其石類上巖，色紫而乾，久乃拒墨。此二種與水巖同祖，往往足以亂真。過此則有梅花坑，眼最多而具五色。黄坑在七星巖之西北，産紫石而近紅。又有白端、緑端，皆七星巖之産也，品爲最賤。又有老鼠坑、將軍坑，皆不堪入目。惟宣德坑石深紫色，堅細發墨，爲山坑中上品，可與水巖作中駟。今此坑搜采已罄，絶不可得，惟收藏家偶一有之。

六辨訛

下巖雖在水中，石皆稠結蔓生，斧鑿乃脱。今人見圓石如卵，輒指爲水中自生，不知端溪之水，一自外侵，一自上漬，重崖密趾，狀若竇穴，竝無驚濤巨浪，安得轉石成子乎？又謂巨石懸空，中孕小石，此尤不經。石皆横生，其受鑿處紋理具在，必有黄胞，中無空處，又安有小石乎？又謂蟲生石間，蛀處成窗。察窗乃砂所爲，水滌之而中空，即水或生蟲，未必啗石。又謂石之在巖，輭如土粉，出巖見風，質始堅挺。詳詢工人，竝無此事。

七鑑戒

粤人不能用石，製成硯後，每融蠟封之，取其光瑩耀目。最可恨者，先用烈火熁硯，令極熱，然後傅蠟其上，則先融後凝，渾然無迹。石本水德，今乃火攻，芳潤之性，十損其五。蠟本韌膩，受塵垢，不數年磨去舊蠟，再上新蠟，蠟數上而石全枯矣。蠟中視石，如隔雲見月，昏翳悶人，且蠟石不發墨，未審於硯何補也。粤工多俗，往往刻作龍鳳花草之形，粗鄙萬狀，甚或嵌眼剖面，蒙欺不一，自非解人，未易語此。若供以清泉，閟以漆室，精毫良墨，稱其名貴，雅人所知，玆録所略也。

水坑初入之處，山氣未深，土氣相錯，其石作黄白色，中有紅斑，與下巖石不類。閒有精堅，結成眼亦作黄色。

石成眼處，四圍多裂紋駁脈，蓋精華畢萃於眼，往往百病叢生。

曹昭、王佐《新增格古要論》卷七《古硯論》

端溪下巖舊坑石

端溪出廣東肇慶府，端溪下巖舊坑卵石，色黑如漆，細潤如玉，有眼，中有暈，或六七眼相連，排星斗象，此巖宋慶曆閒坑石已竭矣。又有一種卵石，去標方得材，色青黑，細潤如玉，有青花如筯頭大，似碧玉青瑩者，或有白點如粟，排星斗像，水濕方見，皆扣之無聲，磨墨亦無聲。此二種石最貴，下巖止有一坑出此漆色，青花二種石，其色未嘗紫也，别無新坑。

端溪上巖舊坑新坑石

端溪上巖舊坑、新坑石，皆灰色，紫而粗燥，眼如雄雞眼大，叩之磨墨皆有聲，久用光如鏡面。舊坑稍勝新坑，惟端石有眼。

古人云，無眼不成端，其眼有活眼、淚眼、死眼，活眼勝淚眼，淚眼勝死眼。又云，眼多者石中有病。

端溪中巖舊坑新坑石

端溪中巖舊坑赤卵石，色紫如嫩肝，細潤如玉，有眼小如菉豆，或有緑絲紋，或有白絲紋。堅而圓者爲眼，横而長者爲絲紋。扣之無聲，磨墨亦無聲，此二種石最貴。外有横臕包絡，久用鋒芒不退，此石宋時此坑取亦竭矣。

中巖新坑石，色淡紫，眼如鴝鵒眼大，中有暈，嫩者扣之無甚聲，磨墨微有聲，久用鋒芒退乏。石有枯潤，潤者亦難得，此石下巖低三等矣。

端溪古論　出《方輿勝覽》，新增

唐柳公權曰：端州有溪曰端溪，其硯有赤白黃色點者，謂之鴝鴿眼；或脈理黃者，謂之金線紋。

《端州郡志》云：有青紋者，謂之青緣，其短者謂之眼筋，下巖石亦有之，色微斑者，謂之火黯者，下巖無此。又有曰赤裂，曰黃霞，曰鐵線，曰白鑽者，圓而深，如鑽眼，曰壓矢，其色斑駁。其舊坑則有龍巖、汲綆、黃圃三石。汲綆全無眼。其新坑則有後磨、小湘、唐竇、黃坑、蚌坑、鐵坑六處，皆不及上三石。

蘇易簡《硯譜》：端溪硯，水中者石色青，山半者石色紫，山頂石尤潤，如豬肝色者佳。若匠者識山之脈理，鑿一窟，自然有圓石青紫色者，琢而爲硯，可值千金，謂之子石硯。

《東軒筆録》：魏泰曰：端溪硯有三種，曰巖山，曰西坑，曰後磨石。石色深紫，襯手而潤，扣之清遠，有青綠圓小鴝鴿眼，乃巖石。其次色赤，呵之乃潤，鴝鴿眼色紫，紋慢而大，此乃西坑石也。其下青紫色，向明側視，有碎星光點，如沙中雲母，乾而少潤，謂之後磨石。西坑硯三，當巖石之一，下後磨石三，當西坑之一，其品可知。

宋丁寶臣知端州，以端溪綠石硯送王荆公，謂之玉堂新樣。

隋、唐、宋皆爲端州，宋徽宗封端王以潛邸，始改肇慶府。端溪在高要縣，下巖在大江中，又名北壁，有龍潭硯最佳。

評硯見《事林廣記》，新增

端硯出端溪，有上下巖、西坑，餘處悉其下也。惟北巖爲上。北巖即上巖，色理瑩潤有鋩者，尤發墨，本以紫石爲上。紫石者，在大石中生，蓋精石也。又有草蒙茸，金線紋，惟有眼者最貴，謂之鴝鴿眼，石文精美，如木有節，今不知者乃以爲病。惟上巖石有眼，眼之佳者，青綠黃三色相重，多者自外至心，凡九帀，其大者尤爲希有，或布列硯中，如北斗、心、房星之形，世人以眼多少爲價之輕重。其生於墨池之外者，謂之高眼，生於内者，謂之低眼。高眼尤爲尚。然又有活眼、淚眼、死眼。黃黑相間，翳精在内，晶瑩可愛，謂之活眼；四傍浸清，不甚鮮明，謂之淚眼；形體略具，内外皆白，殊無光彩，謂之死眼。大抵活眼勝淚眼，淚眼勝死眼，死眼勝無眼也。

吴震方《嶺南雜記》上卷　端石出肇慶府羚羊峽東，有上岩、中岩、下岩之列，有水坑、旱坑之分，有舊坑、新坑之目。其宋時舊坑，包公所謂不持一硯者，今亦無所得石矣。其石之精麄美惡，人人聚訟，皆由身不至端溪，以耳爲目，此倡彼和，究竟莫能辨真石也。彼地唯一僧及二三武弁識之，蓋以前當事者開坑，令其監督，日與土人石工及好事者、收藏者講究，故能略識其梗概也。大約不論石之大小、眼之有無，以細潤光嫩者爲上，其發墨與否，久而後貴，初出未有不發墨也，造爲種種異名，以炫遠近，古無此也。其眼亦不論大小，以層次分明、色澤圓活者爲佳，藏硯之人故自矜許，掌大舊坑非數十金不可致。至於城外廟前，掛中所賣者皆屏風岩，旱坑之石，價極賤，即新坑亦不可得矣。余無辨硯之識，無購硯之資，故不能言硯。侯官高兆，固齋客游於端，適值開茹，考訂殊確，著論一篇，可謂善言石者矣，録之於左。【略】

永樂、宣德間開坑，未幾俱罷去。崇禎末，蜀人熊文燦總督兩廣日，指揮蘇萬邦藏石工於江西組火，中夜開坑，不敢自日中也。丁亥後，守禁罷，至今凡六開坑。工受官役，日有程，不擇膚理，鑿伐拆裂，宋、元、明五百餘年未聞也。大抵石理日剥，精華日盡，氣韵顔色不能一執成説，要以老坑具妍姿者爲定。余至端州，值開坑，所見三十年前石與今異。訪之石工，其言殊别，徵其説，各護所偏。余既喜身親古人未言之見聞，複重慨夫文明之璞，一旦割裂而出，天地真藴，山川元氣，漸至竭耗，不數十年，此山便成陵谷，無有問津之處。爰述於編，庶幾後之君子觀覽寶藏，知此石實雲漢之鐘萃，三江五州之榮衛，或可以小慰於真宰也。

陳恭尹跋云：硯之用，發墨、不損毫，二者盡之矣。不損毫，常硯皆能之，唯發墨之也，非親試水岩不知也。他硯麤則銼墨，細則拒墨，水岩則不然，玉肌膩滑，拊不留手，著水研墨油油然，若與墨相戀不舍。墨愈堅者，其戀石也彌甚，以他硯並之，水之分數同，墨同手同，而爲研之數，水岩常少於他硯十之三四。每春夏間積雨時，墨竟日用之，則稜角軟腐反張，唯水岩可免此病。驟以他硯易之，頃刻不勝其苦矣。硯槽之水，隆冬極寒，他硯常冰，而水岩獨否。具此數妙，雖使椎樸無文，猶將拂拭用之。况其體質之美，千奇百變，不可殫窮，豈南離文明之德獨萃於端溪耶？

固齋所考剖析辯證，已無遺意。然近歲往往有一二所新出之石，氣韵顔色幾足亂真，不深心識别，鮮不爲所眩惑。亦有出自水岩，如固齋所云精華日盡，不能一執成説者。跋曰：余嘗撰《石語》一篇，言端溪石頗詳核。而以天地英華日消月剥爲恨。固齋客端州，盡得三洞之精蘊，辨析毫芒，大洩神理，俾羚羊寶藏一一肺肝如見，美惡精粗，莫逃淵鑒。自唐以來，罕有能言及此者，真端溪之幸也。固齋來值開坑，所見三十年前石與今異，其美亦不如昔，因慨夫文明之璞一旦割裂無遺，天地真藴、山川元氣漸至竭耗，不數十年，此兩峽將成陵谷。而雲漢之扶輿、三江之榮衛無以複完，恐爲斯地之災眚。嘻！誠仁人君子之用心哉。

范端昂《粵中見聞録》卷九《地部六·硯石》 唐宋古硯，大率老坑。新坑十餘種，然皆不及水巖。水巖在羚羊峽口之東，自端溪北行三十步，一穴在山下，高三尺許，乃水巖口也。匍匐而入，至五六丈，爲正坑。從正坑右轉數丈，爲西坑。坑門最小。從其旁入爲中坑。從正坑左轉十余丈爲東坑。東坑外，即大江矣。

三坑石俱有三層。上層稍粗，中層多鴝鵒眼，下層破碎不受斧鑿。三坑石俱有火捺、蕉葉白，而東洞尤美者，以其有青花也。青花之外，有若黄龍文者，朱黑點者，麻鵲點者，水氣縈折，如一道川流者，圓文如水花珠涌有層數者，拖緑纖長如玉帶者，黄若絲縷名金錢者，斑蝕如蟲嚙名蟲蛀者，兩旁色赬名爲鱣魚之邊者，凡十餘種。其火捺以紫氣奔而回礴，又如血暈，散開若雲霧之氣。或小而圓輪若金錢者，蕉葉白以純白成大片者，黄龍文以黄氣散布鴻鴻濛濛者，麻鵲斑以點黄如粟者，朱砂翡翠以紅緑分明者爲上。眼大者如五銖錢，小者芥子，以活而清朗有黑睛，非肉非泪非死者爲上。眼貴碧不貴黄，貴圓不貴長，貴多暈，暈至十餘重者。大率暈有奇無偶。

凡石外皆有粗石，粗石内連膘，部膘乃得石，非見石即堪作硯也。硯之用，發墨、不損毫二者盡之。平常硯皆能不損毫，惟發墨之妙，必親試水巖乃知。他硯粗則銼墨，細則拒墨；水巖玉肌膩理，着水研墨，若與墨相戀不舍。每春夏間積雨時，墨竟日用之，則稜角軟腐反張，水巖硯獨不然。硯槽之水，隆冬極寒，他硯常冰，而水巖獨否，所以可貴。

大抵硯石以純粹無瑕疵，色如羊肝淡紫，生氣蒸蒸者爲上，眼非所貴也。宋朝水岩猶未開，皆于七星巖北、將軍北取石，其石色黑無眼，質亦粗，至今黄岡石估尚取之。

羚羊峽西北岸，有村曰黄岡，居民五百餘家，以石爲生。琢紫石以制硯，琢白石、錦石以作屏風、几案、盤、盂諸物，歲售天下，逾萬金。錦石亦出羚羊峽中，青質白章，多作雲霞、山水、人物、蟲魚物，以爲屏風、几案，不讓大理石，但質微脆耳。

名媛《劉蘭雪集》載有「李年姒賦《緑衣》新成，林孺人拉往唁之，李年姒命一青衣端擎古硯，逼余贈以處變詩。翌日余起，臨妝前，青衣以紅綃裹硯惠余，因謝而勖之。」詩曰：「銅雀雲封澤未干，摛文墨海起狂瀾。蟾蜍滴帶陰山潤，鴝鵒星分壁水寒。晉帝賜同麟筆重，王慈取并素琴端。不磷磨盡堅如許，敢作他山一石看。」

梁紹壬《兩般秋雨盦隨筆》卷六《端硯》 端硯之辨最難，非生長斯土悉心窮究者，不能知也。嘉應吴石華學博蘭修從事於斯，著《説研》六則，兹并節録之：

水巖，亦名老坑，明萬曆後所開，内分四洞，曰大西洞，曰小西洞，曰正洞，曰東洞。按趙希鵠《洞天清録》：「下巖有舊坑無新坑，上中二岩則皆分新舊。」此宋所稱舊坑也。陳子升《硯書》：「明成、弘間，端石有老坑之名，即宣德朝天諸巖之石，水巖開於近日。」此明季所稱老坑也。高兆《端溪硯考》：「正洞、東西洞，土人皆名老坑。」景日昣《硯坑述》：「老坑有中洞、東洞、西洞之分。」此康熙後所稱老坑也。

周氏《硯坑志》：「治平坑，土人又稱巖子坑。」據此，則巖仔坑又即宋之下巖也。宋下巖塞自崇觀前，今水岩開自萬曆後，地越四五里，作譜者混而一之矣。

水巖大西洞，猶宋之下巖北壁，皆稱絶品。次小西洞，次正洞，東洞爲下。《廣語》云：「東洞尤美。」《端溪硯考》云：「正洞爲上，東洞次之，西洞又次之。」皆不足據。

端石之美五：一青花，欲細不欲粗，欲活不欲枯，欲沉不欲露，欲暈不欲結，如淄塵翳於明鏡，如墨瀋着於濕紙，斯絶品矣。一魚腦，白如晴雲，吹之欲散，鬆如團絮，觸之欲起者，是無上品。亦名魚腦凍。凍者，水肪之所凝也。白而嫩者次之，灰與紅下矣。一蕉白，如蕉葉初展，含露欲滴者上也，素潔者次之，黄而焦藍而灰下矣。一天青，如秋雨乍晴，蔚藍無際者上也，陰而晦下矣。青花者，石之榮。魚腦、蕉白者，石之髓。天青者，石之肉。榮無質，必傅他質而著之，傅於天青者上品，傅於魚腦、蕉白者無上上品，惟大西洞有之。一曰冰紋凍，白暈縱横，有痕無迹，罥如蛛網，輕若藕絲，是謂異品，亦出大西洞。他洞白紋如綫，適損毫墨，雖曰冰紋，非所尚矣。

唐詢《硯録》云：「眼生墨池外者曰高眼，内曰低眼，高眼尤尚，以不爲墨掩，常可睹也。」按硯心必不宜有眼，水巖石眼外層有淡墨暈，眼嵌石中，其圓如珠，初磨見淡墨圓暈，即眼皮也。愈磨愈大，層亦愈多，睛見而眼適中矣。再磨則睛去，愈磨愈小，層亦愈少，皮見而眼去矣。故宜眼處見睛而止，不宜眼處見皮而止，毋再磨也。

石工治硯成，鍛以火，傅以蠟，飾外而戕其中，甚矣其害也。凡硯積墨之下，其石易泐，正由火攻傷其水質耳。

宋、明俱有硯貢，我朝悉除去之。每歲端午，督撫但以端硯九方，隨葵扇、葛布、香珠進之，皆新坑純浄之石。嘉慶中，用麻子坑，近用茶坑。其第四則形容石質妙處，不減毛西河《觀石二録》。

震鈞《天咫偶聞》卷七《外城西》 墨合盛行，端硯日賤。宋代舊坑，不逾十金，賈人亦絶不識。士夫案頭，墨合之外，硯石寥寥。即有者，不過新坑禮貨，取其追琢之工，供玩而已。

傳記

《漢書》卷八三《薛宣傳》 宣爲人好威儀，進止雍容，甚可觀也。性密静有思，思省吏職，求其便安。下至財用筆研，皆爲設方略，利用而省費。吏民稱之，郡中清静。遷爲少府，共張職辦。

《魏書》卷六六《崔亮傳》 時隴西李沖當朝任事，亮從兄光往依之，謂亮曰：「安能久事筆硯，而不往託李氏也？彼家饒書，因可得學。」亮曰：「弟妹飢寒，豈可獨飽？自可觀書於市，安能看人眉睫乎！」光言之於沖，沖召亮與語，因謂亮曰：「比見卿先人《相命論》，使人胸中無復怵迫之念。今遂亡本，卿能記之不？」亮即爲誦之，涕淚交零，聲韵不異。沖甚奇之，迎爲館客。

顔之推《顔氏家訓》卷七《雜藝第十九》 王逸少風流才士，蕭散名人，舉世惟知其書，翻以能自蔽也。蕭子雲每嘆曰：「吾著《齊書》，勒成一典，文章弘義，自謂可觀；唯以筆迹得名，亦異事也。」王褒地胄清華，才學優敏，後雖入關，亦被禮遇。猶以書工，崎嶇碑碣之間，辛苦筆硯之役，嘗悔恨曰：「假使吾不知書，可不至今日邪？」以此觀之，慎勿以書自命。雖然，厮猥之人，以能書拔擢者多矣。故道不同不相爲謀也。

《晉書》卷五四《陸機傳》 機天才秀逸，辭藻宏麗，張華嘗謂之曰：「人之爲文，常恨才少，而子更患其多。」弟雲嘗與書曰：「君苗見兄文，輒欲燒其筆硯。」後葛洪著書，稱「機文猶玄圃之積玉，無非夜光焉，五河之吐流，泉源如一焉。其弘麗妍贍，英鋭漂逸，亦一代之絶乎！」其爲人所推服如此。

《晉書》卷九四《范喬傳》 喬字伯孫。年二歲時，祖馨臨終，撫喬首曰：「恨不見汝成人！」因以所用硯與之。至五歲，祖母以告喬，喬便執硯涕泣。九歲請學，在同輩之中，言無媟辭。弱冠，受業於樂安蔣國明。

《隋書》卷五〇《宇文慶傳》 宇文慶字神慶，河南洛陽人也。祖金殿，魏征南大將軍。仕歷五州刺史、安吉侯。父顯和，夏州刺史。慶沉深，有器局，少以聰敏見知。周初，受業東觀，頗涉經史。既而謂人曰：「書足記姓名而已，安能久事筆硯，爲腐儒之業！」於時文州民夷相聚爲亂，慶應募從征。

《南史》卷二二《王慈傳》 慈字伯寶。年八歲，外祖宋太宰江夏王義恭迎之内齋，施寶物恣所取，慈取素琴石硯及《孝子圖》而已，義恭善之。袁淑見其幼時，撫其背曰：「叔慈内潤也。」

《南史》卷二五《到彦之傳》 鏡子藎，早聰慧，位尚書殿中郎，嘗從武帝幸京口，登北顧樓賦詩。藎受詔便就，上以示溉曰：「藎定是才子，翻恐卿從來文章假手於藎。」因賜絹二十疋。後溉每和御詩，上輒手詔戲溉曰：「得無貽厥之力乎？」又賜溉《連珠》曰：「硯磨墨以騰文，筆飛毫以書信，如飛蛾之赴火，豈焚身之可吝。必耄年其已及，可假之於少藎。」其見知賞如此。

《北史》卷八一《張景仁傳》 景仁爲兒童時，在洛京，曾詣國學摹《石經》。許子華遇之學中，執景仁手曰：「張郎風骨，必當通貴，非但官爵遷達，乃與天子同筆硯，傳衣履。」子華卒二十餘年，景仁位開府，數賜衣冠、筆硯，如子華所言。

《舊唐書》卷一七《文宗本紀下》 十二月壬申朔，諸道鹽鐵轉運榷茶使令狐楚奏榷茶不便於民，請停，從之。癸丑，太子太保張茂宗卒。甲子，敕左右省起居齋筆硯及紙於螭頭下記言記事。

《舊唐書》卷八九《狄仁傑傳》 未幾，爲來俊臣誣構下獄。時一問即承者例得減死，來俊臣逼脅仁傑，令一問承反。仁傑歎曰：「大周革命，萬物唯新，唐朝舊臣，甘從誅戮。反是實！」俊臣乃少寬之。判官王德壽謂仁傑曰：「尚書必得減死。德壽意欲求少階級，憑尚書牽楊執柔，可乎？」仁傑曰：「若何牽之？」德壽曰：「尚書爲春官時，執柔任其司員外，引之可也。」仁傑曰：「皇天后土，遣仁傑行此事！」以頭觸柱，流血被面，德壽懼而謝焉。既承反，所司但待日行刑，不復嚴備。仁傑求守者得筆硯，拆被頭帛書冤，置綿衣中，謂德壽曰：「時方熱，請付家人去其綿。」德壽不之察。仁傑子光遠得書，持以告變。則天召見，覽之而問俊臣，俊臣曰：「仁傑不免冠帶，寢處甚安，何由伏罪？」則天使人視之，俊臣遽命仁傑巾帶而見使者。乃令德壽代仁傑作謝死表，附使者進之。則天召仁傑，謂曰：「承反何也？」對曰：「向若不承反，已死於鞭笞笑。」「何爲作謝死表？」曰：「臣無此表。」示之，乃知代署也。故得免死，貶彭澤令。武承嗣屢奏請誅之，則天曰：「朕好生惡殺，志在恤刑。渙汗已行，不可更返。」

《舊唐書》卷一一五《郭承嘏傳》 郭承嘏字復卿。曾祖尚父汾陽王。祖晞，諸衛將軍。父鈞。承嘏生而秀異，乳保之年，即好筆硯。比及成童，能通《五經》。

《舊唐書》卷一六〇《劉禹錫傳》 禹錫晚年與少傅白居易友善，詩筆文章，時無在其右者。常與禹錫唱和往來，因集其詩而序之曰：「彭城劉夢得，詩豪者也。其鋒森然，少敢當者。予不量力，往往犯之。夫合應者聲同，交争者力敵。一往一復，欲罷不能。由是每制一篇，先於視草，視竟則興作，興作則文成。一二年來，日尋筆硯，同和贈答，不覺滋多。大和三年春以前，紙墨所存者，凡一百三十八首。」

《舊唐書》卷一六五《柳公權傳》 大中初，轉少師，中謝，宣宗召昇殿，御前書三紙，軍容使西門季玄捧硯，樞密使崔巨源過筆。一紙真書十字，曰「衛夫人傳筆法於王右軍」；一紙行書十一字，曰「永禪師真草《千字文》得家法」；一紙草書八字，曰「謂語助者焉哉乎也」。賜錦綵、瓶盤等銀器，仍令自書謝狀，勿拘真行，帝尤奇惜之。

公權志耽書學，不能治生，爲勳戚家碑板，問遺歲時鉅萬，多爲主藏豎海鷗、龍安所竊。别貯酒器杯盂一笥，緘縢如故，其器皆亡。訊海鷗，乃曰：「不測其亡。」公權哂曰：「銀杯羽化耳。」不復更言。所寶唯筆硯圖畫，自扃鐍之。常評硯，以青州石末爲第一，言墨易冷，絳州黑硯次之。

《舊唐書》卷一七八《鄭畋傳》 五年，黄巢起曹、鄆，南犯荆、襄，東渡江、淮，衆歸百萬，所經屢陷郡邑。六年，陷安南府據之，致書與浙東觀察使崔璆，求鄆州節鉞。璆言賊勢難圖，宜因授之，以絶北顧之患，天子下百僚議。初，黄巢之起也，宰相盧攜以浙西觀察使高駢素有軍功，奏爲淮南節度使，令扼賊衝，尋以駢爲諸道行營都統。及崔璆之奏，朝臣議之。有請假節以紓患者，畋采羣議，欲以南海節制縻之。攜以始用高駢，欲立奇功以圖勝。攜曰：「高駢將略無雙，淮土甲兵甚鋭。今諸道之師方集，蕞爾纖寇，不足平殄。何事捨之示怯，而令諸軍解體耶！」畋曰：「巢賊之亂，本因饑歲。人以利合，乃至實繁，江、淮以南，薦食殆半。國家久不用兵，士皆忘戰，所在節將，閉門自守，尚不能枝。不如釋咎包容，權降恩澤。彼本以饑年利合，一遇豐歲，孰不懷思鄉土？其衆一離，則巢賊几上肉耳，此所謂不戰而屈人兵也。若此際不以計攻，全恃兵力，恐天下之憂未艾也。」羣議然之，而左僕射于琮曰：「南海有市舶之利，歲貢珠璣。如令妖賊所有，國藏漸當廢竭。」上亦望駢成功，乃依攜議。及中書商量制敕，畋曰：「妖賊百萬，横行天下，高公遷延玩寇，無意翦除，又從而保之，彼得計矣。國祚安危，在我輩三四人畫度。公倚淮南用兵，吾不知税駕之所矣。」攜怒，拂衣而起，袂染於硯，因投之。僖宗聞之怒，曰：「大臣相詬，何以表儀四海？」二人俱罷政事，以太子賓客分司東都。

《舊五代史》卷一二六《馮道傳》 （莊宗）遽命道對面草詞，將示其衆。道執筆久之，莊宗正色促焉，道徐起對曰：「道所掌筆硯，敢不供職。今大王屢集大功，方平南寇，崇韜所諫，未至過當，阻拒之則可，不可以向來之言，諠動羣議，敵人若知，謂大王君臣之不和矣。幸熟而思之，則天下幸甚也。」俄而崇韜入謝，因道之解焉，人始重其膽量。

《新五代史》卷二九《桑維翰傳》 桑維翰字國僑，河南人也。爲人醜怪，身短而面長，常臨鑑以自奇曰：「七尺之身，不如一尺之面。」慨然有志於公輔。初舉進士，主司惡其姓，以「桑」「喪」同音。人有勸其不必舉進士，可以從佗求仕者，維翰慨然，乃著《日出扶桑賦》以見志。又鑄鐵硯以示人曰：「硯弊則改而佗仕。」卒以進士及第。晉高祖辟爲河陽節度掌書記，其後常以自從。

《新五代史》卷六一《楊行密世家》 顯德三年，世宗征淮南，下詔撫安楊氏子孫，而李景聞之，遣人盡殺其族。周先鋒都部署劉重進得其玉硯、馬腦碗、翡翠瓶以獻，楊氏遂絶。

《歐陽修集編年箋注》卷一三一《試筆·南唐硯》 某此一硯，用之二十年矣。當南唐有國時，於歙州置硯務，選工之善者，命以九品之服，月有俸廩之給，號硯務官，歲爲官造硯有數。其硯四方而平淺者，南唐官硯也。其石尤精，制作亦不類今工之侈竊。此硯得自今王舍人原叔，原叔家不識爲佳硯也，兒子輩棄置之。予始得之，亦不知爲南唐物也。有江南人年老者見之，凄然曰：「此故國之物也。」因具道其所以然，遂始寶惜之。其貶夷陵也，折其一角。

沈括《夢溪筆談》卷九《人事一·孫之翰不受硯》 孫之翰，人嘗與一硯，直三十千。孫曰：「硯有何異，而如此之價也？」客曰：「硯以石潤爲貴，此石呵之則水流。」孫曰：「一日呵得一擔水，才直三錢，買此何用？」竟不受。

秦觀《淮海集》卷三三《銘穎師研》 穎師十二歲以書爲東坡、大滁二公所稱，他時豈予以紫石硯贈之，銘其下曰：三生懷素法穎上，此處轉大法輪。

唐積《歙州硯譜·匠手第九》

縣城三姓四家，一十一人。

劉大，名福誠；第三，第四，第五，第六。

周四，名全，年七十；周二，名進誠；周小四。

周三，名進昌；劉二，無官名；朱三，名明。

靈屬里一姓三家，六人。

戴大，名文宗；戴四，名義誠。

戴二，名義和；第三，第五，第六。

大容里濟口，三姓四人。

方七，名守宗；男慶子。胡三，名嵩興。

汪大，號汪王二。

吴曾《能改齋漫録》卷一四《記文·汪彦章敬慕韓子蒼》 汪彦章視中書舍人韓公駒子蒼，前輩也。紹興初，韓寄寓臨川，汪來守郡，通啓曰：承作者百年之師友，爲斯文一代之統盟。別簡云：僕知有公而公不知有僕，藻老矣，願焚筆硯以從公遊。蓋前輩相敬慕如此。

曾敏行《獨醒雜志》卷六 江彦明，吉之永新人，喜作詩，事母極孝。母嘗有疾，彦明攜筆硯坐牀下，進藥之餘，吟詩自遣，遂以詩名。

曾敏行《獨醒雜志》卷八 今人製陶硯，惟武昌萬道人所製以爲極精，余初未信也。廬陵有劉生者，自言傳萬之法，然最佳者不能十年輒敗，至有三五年遂刓泐不可用者。余頃因歉歲，有野人持一風字樣求售，易以斗米，滌濯視之，亦陶硯也。其底有萬字篆文，意其爲萬所製，用之今餘三十年，受墨如初，雖高要、歙溪之佳石，不是過也。聞武昌今尚有製者，乃萬之後。

范成大《吴郡志》卷四一《仙事》 蔣生，吴郡人。好神仙，弱歲棄家遊四方，學鍊丹不成。後得日者章全素爲隸，見生几上瓦硯，忽曰：「先生好烹鍊之法，夫仙丹食之則骨化爲金，安有不長生耶？今先生之丹能化石硯爲金乎？」生心甚慚，以他詞拒之，曰：「汝傭者，豈能知神仙事乎？無妄言。」全素笑而去。後月餘，衣中出小瓢，云：「是中有丹，能化土爲金。」顧此硯以刀圭傅之。生以爲誕妄，罵之。全素尋卒，以篢盛屍，將瘞之，忽亡其屍，徒有巾帶衣履存焉。藥鼎下有美光粲然，中探之，得石硯，其上寸餘化爲紫金矣。《宣室志》。

羅大經《鶴林玉露》卷三甲編《大乾夢》 廖德明，字子晦，朱文公高弟也。少時夢謁大乾，夢懷刺候謁廟廡下，謁者索刺，出諸袖，視其題字云「宣教郎廖某」，遂覺。後登第，改秩，以宣教郎宰閩。請迓者及門，思前夢，恐官止此，不欲行。親朋交相勉，乃質之文公。公曰：「待徐思之。」一夕，忽叩門曰：「得之矣。」因指案上物曰：「人與器物不同，如筆止能爲筆，不能爲硯；劍止能爲劍，不能爲琴；故其成毁久速，有一定不易之數。惟人則不然，虚靈知覺，萬理兼該，固有朝爲跖而暮爲舜者，故其吉凶禍福，亦隨之而變，難以一定言。今子赴官，但當充廣德性，力行好事，前夢不足芥蔕。」子晦拜而受教。後把麾持節，官至正郎。

趙彦衛《雲麓漫鈔》卷五 嘉泰二年六月，紹興府山陰農人，闢地得古磚於黄閍岡，字十行云：「郎耶王獻之保母，姓李名意如，廣漢人也。在母家志行高秀，歸王氏柔，慎恭勤，善屬文，能草書，解釋、老旨趣。年七十，興寧三年歲在乙丑二月六日，無疾而終。下闕十二字。望葬會稽，下闕九字。岡下，殉以曲水小硯，交螭方壺，樹雙松於墓上，立貞石而志之。悲夫！後八百餘載，知獻之保母宮於兹土者，尚下闕二字。焉。」尚書李公大性伯和，時持浙東憲節，嘗見，云：硯色紫而潤，後有「晉獻之」三字，傍有「永嘉」二字。硯後歸錢清王畿家。畿好古，三槐王氏後，模得其本，出以示余。志字大小甚類《蘭亭敘》，其間「曲水會稽」字，尤逼敘，筆力遒逸，真有父風。或云乃近人僞爲之，有五驗：蓋集王字，故大小不等，一也；書「晉獻之」三字而不著姓，獻之決不若是，二也；婦人謂嫁曰歸，既爲人保母，不當言歸，復云「志行高秀」，皆非學者語，三也；獻之非善日者，而云「八百餘載」，四也；古人墓塼文皆突起，無刊字者，五也。以此推之，良有理。

《宋史》卷二五〇《師約傳》　師約字君授，少習進士業。英宗欲求儒生爲主壻，命宰相召克臣諭旨，令師約持所爲文至第。明日，獻賦一編，即坐中賦《大人繼明詩》，遂賜對，選爲駙馬都尉，尚徐國公主。授左衛將軍，面賜玉帶。又賜《九經》、筆硯，勉之進學。

《宋史》卷二六一《劉重進傳》　顯德三年，世宗聞揚州無備，遣宣祖、韓令坤與重進等往襲取之，又爲先鋒都部署，進克泰州。初，楊行密子孫居海陵，號永寧宫，周師渡淮，盡爲李景所殺。重進入其家，得玉硯、玉杯盤、水晶盞、瑪瑙罌、翡翠瓶以獻。

《宋史》卷二八七《王嗣宗傳》　嗣宗尤睦宗族，撫諸姪如己子，著遺戒以訓子孫勿得析居，又令以《孝經》、弓劍、筆硯置壙中。

《宋史》卷二九六《查道傳》　道幼沉嶷不羣，罕言笑，喜親筆硯，文徽特愛之。未冠，以詞業稱。侍母渡江，奉養以孝聞。

《宋史》卷三〇三《唐詢傳》　詢少刻勵自修，已而不固所守，及知湖州，悦官妓取以爲妾。好畜硯，客至輒出而玩之，有《硯録》三卷。

《宋史》卷三一二《王珪傳》　嘉祐立皇子，中書召珪作詔，珪曰：「此大事也，非面受旨不可。」明日請對，曰：「海内望此舉久矣，果出自聖意乎？」仁宗曰：「朕意決矣。」珪再拜賀，始退而草詔。歐陽脩聞而歎曰：「真學士也。」帝宴寶文閣，作飛白書分侍臣，命珪識歲月姓名。再宴羣玉，又使爲序，以所御筆、墨、牋、硯賜之。

《宋史》卷三一六《包拯傳》　包拯字希仁，廬州合肥人也。始舉進士，除大理評事，出知建昌縣。以父母皆老，辭不就。得監和州税，父母又不欲行，拯即解官歸養。後數年，親繼亡，拯廬墓終喪，猶裴徊不忍去，里中父老數來勸勉。久之，赴調，知天長縣。有盜割人牛舌者，主來訴。拯曰：「第歸，殺而鬻之。」尋復有來告私殺牛者，拯曰：「何爲割牛舌而又告之？」盜驚服。徙知端州，遷殿中丞。端土産硯，前守緣貢，率取數十倍以遺權貴。拯命製者才足貢數，歲滿不持一硯歸。

《宋史》卷三三一《沈遼傳》　遼追悔平生不自貴重，悉謝棄少習，杜門隱几，雖筆硯亦埃塵竟日。間作爲文章，雄奇峭麗，尤長於歌詩，曾鞏、蘇軾、黄庭堅皆與唱酬相往來，然竟不復起。

《宋史》卷三五一《劉正夫傳》　政和六年，擢拜特進、少宰。才半歲，屬疾，三上章告老，除安化軍節度使、開府儀同三司致仕。病小愈，丐東歸，詔肩輿至内殿，長子阜民掖入坐。從容及燕雲事，曰：「臣起書生，軍旅之事未之學，然兩朝信誓之久，四海生靈之衆，願深留聖思。」明日，徙節安静軍，起充中太一宫使，封康國公。將行，賜之詩及硯筆、圖畫、藥餌、香茶之屬甚厚。

《宋史》卷四三二《胡旦傳》　旦喜讀書，既喪明，猶令人誦經史，隱几聽之不少輟。著《漢春秋》、《五代史略》、《將帥要略》、《演聖通論》、《唐乘》、《家傳》三百餘卷。斲大硯，方五六尺，刻而瘗之，曰「胡旦修《漢春秋》硯」。

《宋史》卷四四〇《安德裕傳》　安德裕字益之，一字師皐，河南人。父重榮，晉成德軍節度，《五代史》有傳。德裕生于真定，未期，重榮舉兵敗，乳母抱逃水竇中。將出，爲守兵所得，執以見軍校秦習，習與重榮有舊，因匿之。習先養石守瓊爲子，及年壯無嗣，以德裕付瓊養之，因姓秦氏。習世兵家，以弓矢、狗馬爲事。德裕孩提即喜筆硯，遇文字輒爲誦讀聲，諸子不之齒，習獨異之。既成童，俾就學，遂博貫文史，精於《禮》、《傳》，嗜《西漢書》。

《宋史》卷四四四《秦觀傳》　元祐初，軾以賢良方正薦于朝，除太學博士，校正祕書省書籍。遷正字，而復爲兼國史院編修官，上日有硯墨器幣之賜。

《宋史》卷四五七《种放傳》　淳化三年，陝西轉運宋惟幹言其才行，詔使召之。其母恚曰：「常勸汝勿聚徒講學。身既隱矣，何用文爲？果爲人知不得安處，我將棄汝深入窮山矣。」放稱疾不起。其母盡取其筆硯焚之，與放轉居窮僻，人跡罕至。太宗嘉其節，詔京兆賜以緡錢使養母，不奪其志，有司歲時存問。

《金史》卷九五《移剌履傳》　世宗方興儒術，詔譯經史，擢國史院編修官，兼筆硯直長。

《金史》卷九五《董師中傳》　師中工文，性通達，疏財尚義，平居則樂易真率，其臨事則剛決，挺然不可奪。弟師儉，初業進士，欲籍其資廕。師中保任之，密令人代給堂帖，使之肄業。師儉感其義方，力學後遂登第。方在政府，近侍傳詔，將録用其子，師中奏曰：「臣有姪孤幼，若蒙恩録，勝于臣子。」上義之，以其姪爲筆硯承奉。與胥持國同輔政，頗相親附，世以此少之。

《金史》卷一〇一《承暉傳》　承暉字維明，本名福興。好學，淹貫經史。襲父益都尹鄭家塔割剌訛没謀克。大定十五年，選充符寶祗候，遷筆硯直長，轉近侍局直長，調中都右警巡使。

《金史》卷一二一《夾谷守中傳》　興定元年，監察御史郭著按行秦中，得其事以聞。詔贈資善大夫、東京留守，仍收其子兀母爲筆硯承奉。

《金史》卷一二一《王晦傳》 初，晦就執，謂其愛將牛斗曰：「若能死乎？」曰：「斗蒙公見知，安忍獨生。」併見殺。詔贈榮禄大夫、樞密副使，仍命有司立碑，歲時致祭。録其子汝霖爲筆硯承奉。

《金史》卷一二六《王元節傳》 孫國綱，字正之。業儒術，尤長吏事。爲人端重樂易，或有忤者略不與校，亦未嘗形於怒色。大安三年，試補尚書吏部掾，未幾，轉御史臺令史。宣宗聞其材幹，興定三年特召爲近侍，奉職承應，甚見寵遇，勅留凡三考，出爲同知申州事。無何，召爲筆硯直長，擢監察御史，秩滿，勅留再任，蓋知其材器故也。

《金史》卷一二九《蕭裕傳》 遥設亦與筆硯令史白荅書，使白荅助裕以取富貴，白荅奏其書。海陵信裕不疑，謂白荅構誣之，命殺白荅於市。

《金史》卷一三二《烏帶傳》 子瑭，本名烏也阿補，以曾祖阿魯補功，充筆硯祗候。

郎瑛《七修類稿》卷一四《國事類》 懷恩，不知何許人。成化間，御史林俊劾季曉，詔下獄，且不測。恩叩頭，極言救解。上大怒曰：「汝與林俊合謀訕我，不然，彼何知宫中事？」以硯擲之，不中，復撲以筆。脱帽俯伏不起，上命扶出，至東華門，遇鎮撫，曰：「若等諂梁芳傾俊，俊死，若等不得獨生。」

謝肇淛《五雜組》卷之七《人部三》 米元章與富鄭公婿范大珪同游相國寺，以七百金買得王維《雪圖》，因無僕從，借范人持之。行游良久，范主僕俱不見，翌日，遣人往取，云已送西京裱背矣，米無如之何，因以贈之。余謂此老平日好攘人物，見蔡魯公、王右軍書則叫呼欲投水，挾而得之，爲天子書《千文》，則并禁中端硯而袖出。今日遇范，亦出乎爾反乎爾者也，可爲絶倒。

張岱《夜航船》卷七《政事部·不持一硯》 包拯知端州，州歲貢硯，必進數倍以遺要人，拯命僅足貢數即已。秩滿歸，不持一硯。

張岱《夜航船》卷八《文學部·焚棄筆硯》 陸機天才秀逸，辭藻宏麗，張茂先嘗謂之曰：「人之爲文章，常患才少，而子患才多。」機弟雲曰：「茂先見兄文，輒欲焚棄筆硯。」

張岱《夜航船》卷一三《容貌部·女博士》 甄后年九歲時，喜攻書，每用諸兄筆硯。兄曰：「欲作女博士耶？」后曰：「古者賢女未有不覽經籍；不然，成敗安知之？」

張岱《夜航船》卷一四《九流部·碎却筆硯》 李泌在衡山事明瓚禪師，師瓚云：「欲學道者，先將筆硯碎却。」

吴任臣《十國春秋》卷一一《汪少微傳》 汪少微，歙州人也。常於順義元年撰《歙硯銘》云：「松操凝煙，楮英鋪雪，毫穎如飛，人間四絶。」

吴任臣《十國春秋》卷一二《何敬洙傳》 何敬洙，廣陵人。軀貌短陋，而趫捷有力。幼遇亂，吴楚州刺史李簡得之，給事左右。簡性殘忍，僕厮有小過，率置之死。敬洙與其伍手搏階下，有持簡所寶硯過者，戲曰：「誰敢破此？」敬洙時被酒，厲色曰：「死生有命！」乃一擲碎之。翼日，簡視事，退聞硯毁，詰主者，具以實對，即命擒至，皆謂必死矣。簡妻素奇敬洙，匿之堂奥。旬日，簡謂已逃去，亦置不問。會有烏逐簡而噪，避之輒隨至，大怒曰：「恨何敬洙不在此！」敬洙善射，命中無所遺，故思之。語未畢，敬洙挾朱彈鐵丸拜於前，拜起，一發斃之。簡大喜，不復治毁硯事。

吴任臣《十國春秋》卷二八《蒯鼇傳》 （蒯鼇）常蓄龍尾硯，友人欲之而不言，鼇亦心許之，未及予也。一日，友人不告而歸，鼇悔恨，徒步數百里，追及，授硯而還。猶以素行爲有司所擯，至後主未始登仕版，迨國亡銓授未及，遂不復謀仕。

吴任臣《十國春秋》卷八二《忠懿王世家下》 二年春，宋帝取王草書以進，詔賜金匣玉硯及龍鳳墨、紅緑筆、蜀牋盈丈紙皆百數。

《明史》卷一九一《汪俊傳》 弟偉，字器之。由庶吉士授檢討。與俊皆忤劉瑾，調南京禮部主事。瑾誅，復故官。屢遷南京國子祭酒。武宗以巡幸至，率諸生請幸學，不從。江彬矯旨取玉硯，偉曰：「有秀才時故硯，可持去。」俊罷官之歲，偉亦至吏部右侍郎，偕廷臣數争「大禮」，又伏闕力争。及席書、張璁等議行，猶持前説不變。轉官左侍郎，爲陳洸劾罷，卒於家。

《明史》卷二九八《楊黼傳》 楊黼，雲南太和人也。好學，讀《五經》皆百遍。工篆籀，好釋典。或勸其應舉，笑曰：「不理性命，理外物耶？」庭前有大桂樹，縛板樹上，題曰桂樓。偃仰其中，歌詩自得。躬耕數畝供甘膬，但求親悦，不顧餘也。注《孝經》數萬言，證羣書，根性命，字皆小篆。所用硯乾，將下樓取水，硯池忽滿，自是爲常，時人咸異之。

《明史》卷三〇四《懷恩傳》 員外郎林俊論芳及僧繼曉下獄，帝欲誅之，恩固争。帝怒，投以硯曰：「若助俊訕我。」恩免冠伏地號哭。帝叱之出。恩遣人告鎮撫司曰：「汝曹諂芳傾俊。俊死，汝曹何以生！」徑歸，稱疾不起。帝怒解，遺醫視恩，卒釋俊。

王士禎《香祖筆記》卷三　東嘉趙士楨，字嘗吉，能詩工書，明文華殿中書。一日出內府藏硯，悉刻前代年號，命士楨改製，刻萬曆字。內有一硯，乃唐文皇賜虞世南者，士楨奏云：「太宗賢主，世南名臣，乞留此硯，以彰前代君臣相與之美。」從之。

王士禎《香祖筆記》卷七　甲申七月，門人李子來先復自奉天少京兆遷少廷尉，歸京師，遺松花硯一，紺色白文，徧體作雲錦形，試之細潤宜墨，頪端溪之下品。後有續《硯譜》者，品當列洮河龍尾紅絲之上。

屈大均《廣東新語》卷一九《墳語・劉龑墓》　劉龑墓在番禺東二十里。其地有南亭、北亭，海潮圍遶，中不過十餘里，墓在北亭洲旁，疑即昌華苑地也。崇禎九年秋，洲間有雷出，奮而成穴。一田父見之，投以石，空空有聲。乃內一雄雞，夜盡聞雞鳴，於是率子弟以入。堂宇豁然，珠簾半垂，左右金案玉几備列，有金人十二，舉之重各十五六斤。中二金像冕而坐，若王與后，重各五六十斤。旁有學士十八，以白銀爲之。地皆金蠶珠貝所築。旁有便房，當窗一寶鏡，大徑三尺，光燭如白日。寶硯一，硯池中有一玉魚能遊動。碧玉盤一，以水滿注其中，有二金魚影浮出。他珍異物甚衆，不可指識。

錢泳《履園叢話》卷六《耆舊・黼堂少宰》　嘉善家黼堂少宰名樾，中乾隆壬辰進士，歷官至吏部左侍郎。少工書法，歷踐清華。年七十餘，自營生壙，一切飭終之具，皆自經理。一日早起，命家人將書籍、筆硯、字畫、什物及生平玩好之具，盡行點檢，關鎖封固，若將有遠行者。遂坐後堂，翛然而逝。余見少宰爲翰林時，其貌絕似趙榮祿畫像。過五十後，兩耳下忽添長鬚。至七十餘，鬚髮俱白，惟兩耳下鬚尚黑，亦罕見者。少宰歿後二十年，其令子熙屬余刻神道碑，立於墓左，裴回丙舍者三日而去，時道光壬辰四月也。

錢泳《履園叢話》卷九《碑帖・墨妙亭詩刻》　宋孫莘老嘗知湖州，裒集漢、唐諸賢名蹟石刻於郡齋，署曰墨妙亭。東坡爲作記，並賦詩刻石，中有云：「吳興太守真好古，購買斷缺揮縑繒。龜趺入座螭隱壁，空齋晝靜聞登登。」蓋紀實也。《吳興志》云：元人守湖州，粗砂大石皆磨去，是以漢、唐諸刻無有存者，惟存東坡詩一石而已。後此石亦斷缺不全。其一片嘉靖中王陽明守仁謫龍場驛丞時得之，曾琢爲硯，存十二字，見裘文達公曰修記。一時朝貴俱有詩，蔣心餘七古一首尤爲絕妙。其一片天啓初黃石齋道周得之，亦琢爲硯，存十七字，爲吳興姚玉裁所藏，後歸桐鄉汪氏，當時如厲樊榭、丁龍泓、蔣心餘諸公亦各有詩紀之，載吾友張芑堂徵君《金石契》中。余幼時猶見搨本，今《戲鴻堂帖》所刻全篇，是思翁取舊刻重摹，非真蹟入石也。

錢泳《履園叢話》卷一七《報應》　蘭州有秦某者，自幼出門謀生，爲督撫堂官，日積月累，家頗饒裕。年過四十，尚無子，忽自省曰：「吾以家資數萬將欲與誰耶？」遂攜萬金入京，將報捐道員。又自念曰：「官場如戲場，一朝下臺，皆非我有，不若不官之爲美也。」盡以橐中金購買書籍，捆載而回。一到家，先立義學，以教鄉里之不能習業者。每當朔望，親詣學舍，輒以筆墨紙硯給賞諸生，以鼓勵之。并立行仁堂，以濟貧乏。凡施衣、施棺、施藥之事，靡不周至。未幾，連生兩子，長維嶽號曉峯，中乾隆庚戌進士，入翰林；少子某，亦中鄉榜，官山西知縣。後秦某年九十餘，享福二十年而卒。

姚元之《竹葉亭雜記》卷四　盧村硯余在中州曾得其一，瓦質而龜形。余既莫知其所出，試以墨亦不甚奇，未之重也。及試陝州，見士子有用此者，問之，云：「殊不易得，有不發墨者僞也。」然不能言其詳。山長馮夢花綬，浙人也，在陝久，見而問之，乃爲余具道所致。時當冬寒，且言遇寒不凍，驗之果然。馮有長詩一章，前有序敘述甚詳，記以備考。序云：「村在陝州城南三十里，傳有隱士盧景者，好造瓦硯，硯成悉瘞之厓壁間，村以是得名。然莫詳其時代，州乘亦逸其人，惟硯窑故址猶在。人於得硯處時見開元古錢，因疑硯爲唐時物云。硯之大者徑尺，小者三四寸，形製如箕、如瓢、如龜鱉之甲，下有兩足或四足，質似巖而甚薄，然堅緻密栗不可磨削，性發墨而不滲。以盛水，暑月不涸，寒月不凍。或謂其古澄泥類也。硯之在村隨處皆有，乃入土輒數丈，上多居人屋廬，禁人發掘，必俟其旁厓崩裂，始爭鋤土出之。又往往爲沙石壓損，完者百不得一，故村人甚秘惜焉。辛未夏，於州城偶得之，因記以詩：「鏗然片瓦堅於鐵，大或如瓢輕如葉。陝人貽我向我言，此爲古硯歲千百。父老相傳作硯人，姓盧名景多高節。平生造硯不賣錢，窖之土內如埋璧。至今時代不可稽，求之志乘皆湮沒。廢窑毀敗子孫亡，村以盧喚未曾易。窑外村前百丈厓，田夫往往揮鋤掘。掘時當見開元錢，粘泥附硯相狼籍。以錢證硯硯可知，當是唐時人手澤。吾聞盧綸尉閿鄉，又聞盧奐守二虢。豈其後人隱是村，借端猶奮文人烈。不然尋常陶埴家，好名孰抱如斯癖。其時澄泥出虢州，更傳石琢稠桑驛。唐人硯譜竟寶之，勝於龍尾斧柯石。二者年來早失傳，搜羅不得人爭惜。此硯當時不著名，胡爲歷刼難磨滅。尾圓頭鋭腹低凹，一池似月環其額。案頭昂首類於蟾，裙邊舒足跛同鱉。偶爾金壺勺水傾，積旬曾未虞枯竭。研之三匣墨如雲，一泓終日凝靈液。瓦當銅雀世紛紛，孰優孰劣無能別。詞人寶愛過琳腴，銀箋珊管勳同策。吁嗟乎！作字張芝尚有池，吟詩魏野常留宅。足與黄流底柱共千秋，誰知更有區區陶瓦稱奇絶。」

陳康祺《郎潛紀聞初筆》卷八《紀文達公逸事》 紀文達自言：自四歲至老，未嘗一日離筆硯。乾隆壬子三月，偶在直廬，戲謂友人云：昔陶靖節自作挽歌，余亦自題一聯曰：「浮沈宦海如鷗鳥，生死書叢似蠹魚。」百年之後，諸公書以見挽足矣。劉文清公墉笑曰：「上句殊不類公，若以挽陸耳山，乃確當耳。」越三日，而陸副憲訃音至。文達紀之《槐西雜志》，以爲事有先兆云。

陳康祺《郎潛紀聞二筆》卷一〇《金冬心傔從各擅一藝》 冬心徵士，以書畫遨嬉名勝四十餘年，所攜傔從，亦各擅一藝。甬東朱龍善琢硯，新安張喜子界烏絲闌，會稽鄭小邑兒工鈔書，吴趨莊閏郎操縵能理琴曲，涇陽蔡春解歌元白新樂府。

陳康祺《郎潛紀聞二筆》卷一一《知州得蒙恩賜》 雍正五年，馮少寇以知州開復，蒙世廟超授廬州知府，並於請訓之日，特賜貂裘錦綺、端硯法帖諸珍。五品微員，初起廢籍，仰膺特達至此，中材以上，蔑不奮興矣。

陳康祺《郎潛紀聞二筆》卷一三《張石州之狂放》 平定張石州穆，以優行貢成均，道光己亥應順天鄉試，攜瓶酒入，監搜者呵曰：「去酒。」石州輒飲盡，而揮棄其餘瀝。監者怒，命悉索之，破筆硯，毁衣被，無所得。石州捫腹曰：「是中便便經笥，若輩豈能搜耶。」監者益忿，乃摭筆囊中片紙有字一行，誣曰：「此懷挾也。」送刑部，讞白其枉，然竟坐擯斥。石州淵博無涯涘，世以東京崔、蔡目之，微眚見黜，固由賦命之奇，然亦太使氣已。

陳康祺《郎潛紀聞二筆》卷一五《賜硯》 彭文勤公之先德補堂宫贊廷訓，嘗拜聖廟御銘松花石硯之賜。及文勤值南書房，高宗復以松花石硯賜之，亦經聖廟御銘者，時謂之雙硯合璧。公因畫《賜硯圖》，以慶遭遇。公在乾隆朝，所受歲時例賞，文房珍物，與衆共被者，不可殫計。其被特恩專賜，亦有二硯：一爲進《重排千文》所賜鳳沼澄泥硯，本秀水朱氏物；一爲編類千叟宴詩册所賜仿宋梁苑雕龍端石硯，文勤尤珍襲之，與合璧二硯同庋，以詒後人。至公孫邦疇，繼美爲詞臣，理可得硯，然以遺命世世傳大宗，遂歸硯於湖南知縣邦時。國恩門緒，永戴光榮，片石璆然，與彝鼎寶珪等貴矣。

陳康祺《郎潛紀聞三筆》卷一二《韓襄毅遺硯之遭際》 雷侍郎以誠以一硯贈曾文正公，蓋韓襄毅雍之故物。硯刻瓶形，襄毅自題曰韓瓶硯。後歸王文成公，題硯背數十字，至本朝歸阿文成公，而青浦王侍郎昶題硯匣，復百餘言。咸豐中入雷侍郎手，則曲阜孔繼鑅所貽也。亡弟中書君好蓄古硯，非有詩銘篆刻者不收。余嘗相約爲硯箋，采録頗廣，顧無遭際如斯硯者，二文成、一文正爲開闢後有數偉人，韓襄毅之忠勤，雷侍郎之勛伐，蘭泉宥涵之博雅，似亦世不多見。榮哉石兄，吾願具袍笏而拜也。

震鈞《天咫偶聞》卷三《東城》 貴雲西侍郎慶平生有硯癖，刻有《詠研詩》一册，皆同人倡和之作，余曾於廟市見之。又鐵梅菴先生有歐陽文忠南唐官硯，歐公題云：此硯用之二十年矣。當南唐有國時，於歙州造硯，務選工之善者。命以九品之服，月有俸廩之給，號研務官，歲爲官造硯有數。其硯四方而平淺者，官硯也。其石尤精，製作亦不類今工之侈窳。此硯得自今王舍人原叔家，不知爲佳硯也，兒子輩棄置之。予初得之，亦不知爲南唐物。有江南年老者見之，悽然曰：此故國之物也。因具道其所以然，遂始寶惜之。其貶夷陵也，折其一角。皇祐三年辛卯，龍圖閣直學士歐陽修記。又先芝圃方伯福藏有岳鄂王硯，刻王手書銘，云：持堅守白，不磷不淄。下有謝疊山藏記，文文山銘，于忠肅、王文成題字，曾歸董思翁。二硯，法石帆皆有詩。

紀事

陶穀《清異録》卷下《文用門》

壁友　余家世寶一硯，不知何在。形正圓，腹作兩池，底分三魚口以承之，紫潤可愛。背陰有字云「壁友」，銘云：「華先生製。天受玉質，研磨百爲，夫惟歲寒，非友而誰。」似是唐物。

雪方池　和魯公有白方硯，通明無纖翳，得之於峨嵋比丘，公自題硯室曰「雪方池」。

金稜玉海　武昌節度掌書記周彬公，余同僚，一硯四圍有少金紋如陷製者。處士方蕙獻詩曰：「金稜玉海比連城，假借文章取盛名。」

仙翁硯　南昌陳省躬，好硯成癖。晚得一枚，腹有四眼，徐鉉名之「方相石」。省躬以近凶不用，自號爲「仙翁硯」，蓋取道家四目老翁之説。

小金城　小金城，命者徐蘭之硯，體純紫，而截腰有緑紋如城之女墻，是以得名。

四鐶鼓硯　宣城裁衣肆，用一石鎮，紫而潤。予以謂堪爲硯材，買之，琢爲四鐶鼓硯，綴以白玉環，方圓逾一尺。

畦宗郎君　歐陽通善書，修飾文具，其家藏遺物尚多，皆就刻名號。研室曰「紫方館」，金荿盛研滴曰「金小相」，鎮紙曰「套子龜」、薰陸香魁。「小連城」、王璮，一作「壬壇」。「千鈞史」，水瑩鐵眠兒。界尺曰「由準氏」，芒筆曰「畦宗郎君」，夾槽曰「半身龍」。

三災石　蕭穎士文爽兼人，而矜躁爲甚。嘗至倉曹李韶家，見歙硯頗良，既退，語同行者：「君識此硯乎？蓋三災石也。」同行不喻而問之，曰：「字札不奇，研一災；文辭不優，研二災；窗几狼籍，研三災。」同行者斂眉頷之。

張泊《賈氏譚録》　絳縣人善製澄泥硯，縫絹囊置汾水中，踰年而後取，沙泥之細者已實囊矣。陶爲硯，水不涸焉。

唐積《歙州硯譜》

采發第一

婺源硯，在唐開元中，獵人葉氏逐獸至長城里，見疊石如城壘狀，瑩潔可愛，因攜以歸，刊粗成硯，温潤大過端溪。後數世，葉氏諸孫持以與令。令愛之，訪得匠手，斲爲硯，由是山下始傳。至南唐，元宗精意翰墨，歙守又獻硯，并薦硯工李少微，國主嘉之，擢爲硯官，令石工周全師之，爾後匠者增益頗多。今全最高年，能道昔時事，并召少微孫明，今家濟源。訪僞誥不獲，傳多如此。今山下葉氏繁息幾數百户，迺獵者之孫。

石坑第二

羅紋山，亦曰芙蓉溪。硯坑十餘處，蔓延百餘里，皆山前後沿溪所生，溪水中殊無石，好事者相傳多云水中石。又見蘇易簡《硯譜》云：歙州龍尾山石，亦端溪之亞。訪於彼俗，雖有龍尾山，而山實無石，蓋好事者取其美名以咤於世。今次其石品與地坑之名如後。

眉子坑，在羅紋山，開元中發。屬程於地，從溪下至取石處九丈五尺，其闊二丈六尺，深一丈三尺。坑皆無土相雜。

羅紋裏山坑，在羅紋山後，李氏時發。今廢五十餘年，名色未詳。

羅紋坑，在眉子坑之東，李氏時發。地向屬王仁高，今絶籍，爲硯户戴義八人共請之，歲輸山税三十金。自山下至取石處，計七十五丈，闊十八丈，深十五丈三尺，石藏土中。今土深三四丈乃至石也。見石處謂之寨頭也。

水舷坑，在眉子坑外，臨溪。冬水涸時，方可取，春夏不可得。發地丈餘迺至石，率多金花。眉子地屬程於。

水蕨坑，在羅紋山西北，地屬王十五。景祐中發。今廢四十年，自水舷至坑五丈五尺，闊一丈三尺，穿窟取之，久廢不可得。蓋石工不知攻取法，石裏如浪紋。

溪頭坑，又曰主持山，在羅紋山金星坑之北，約二三里，廢已二十年不取。其石金星，率多虚慢焉。

葉九山坑，在溪頭坑之西約一里，不取已三十年。有眉子石，紋麤慢，與溪頭相次也。

羅紋金星坑，在羅紋山西北。自羅紋坑相去四十五丈，今廢不取。蓋工用多，所得少也。

驢坑，在縣之西北七十里，屬詹觀。景祐中，曹平爲令時取之，後王君玉爲守又取之，近嘉祐中刁璆爲尉又取之，其石有青緑暈也。

濟源坑，在縣之正北。凡三坑並列。曰碧裏坑，在山上，色理青瑩。及半里，有水步石，大雨點白暈。次十里，入裏山，石青細有金紋花暈，厥狀不常。

洞靈巖，在縣西北一百二十里，三洞相連。石産巖之左右，無定處，材璞至少而瑕脉多，或有絶病，瑩浄者可擬端溪之品，而石理燥慢。

浙石，屬衢州開化縣，俗謂之玳瑁石。其紋正如玳瑁，傍視則有波紋者，可爲碑材、帛碪、柱礎之類，至易得。

攻取第三

凡取石，先具牲醪祝版，擇日齋戒，至山下，設神位十餘於壇墠之上，祝訖發之，若稍褻慢，必有蜂蠆蟲蟒毒物傷人之患立出。蓋山川、神物所擁護祕惜，尤不欲廣傳人間，所得不過百十枚即竭矣，又當再祝之。前後被囓死者十餘人，今皆預祀享也。冀其陰助，不得不愛重之。

品目第四

眉子石其紋七種：

金星地眉子，對眉子，短眉子，長眉子，簇眉子，闊眉子，金眉子。

外山羅紋其紋十三種：

麤羅紋，細羅紋，古犀羅紋，角浪羅紋，金星羅紋，松紋羅紋，石心羅紋，金暈羅紋，絞絲羅紋，刷絲羅紋，倒理羅紋，鳥釘羅紋，卵石羅紋。

裏山羅紋一等：

金星疎慢。

金星其紋三種：

葵花，金暈，金星。

驢坑一等：

青色緑暈。

洞靈巖紫石，大小者如肝色。今産浮梁縣巖嶺，處處有，其匠者或琢爲茶甌，凌冬不可用也。

浙石一等：

紋如玳瑁班。

水舷金紋厥狀十種：

金紋如長壽僊人者，青班金紋如鶴舞者，金紋如雙鴛鴦者，金紋如斗者，金紋如枯槎僊人者，如金雲氣者，眉如卧蠶者，如雙魚蹲鴟者，金紋如湖中寒鴈者，如金壺餅者，余常見之。

修斲第五

硯斲初成，先以蠟塗内外，蓋與石相益，須借此則温潤光潔可愛，於石殊無損，而便於洗濯，不惹墨漬。初使以生薑汁塗研處，即着墨，今人多不知此，云是瑕病，以墨蠟蓋滅痕璺，又云不發墨光，始初磨墨，兼帶少蠟，滯暗墨色故也。使三五度，則無此病矣。又出墨色者便使益好多漬難愛護，欲着手氣，必成痕迹，故人多用蠟蓋，免此患也。硯須每日洗浣，去其積墨敗水，則墨光瑩澤也。

名狀第六

端樣，舍人樣，都官樣，玉堂樣，月樣，方月樣，龍眼樣，圭樣，方龍眼樣，瓜樣，方葫蘆樣，八角辟雍樣，方辟雍樣，馬蹄樣，新月樣，鍬樣，眉心樣，石心樣，瓢樣，天池樣，科斗樣，銀鋌樣，蓮葉樣，人面樣，毬頭樣，寶餅樣，笏頭樣，風字樣，古錢樣，外方裏圓，筒硯樣，蟾蜍樣，辟雍樣，方玉堂樣，尹氏樣，蝦蟆樣，犀牛樣，鸚鵡樣，琴樣，龜樣。

已上並擇取樣製古雅者，繪之於圖，餘數名雖多種，狀樣都俗也，不取。

石病第七

雞脚如麻石，黯色類雞脚印行迹。鳥肫有痕如木葉，若肉中之脞也。隔路如墨痕，如蚓跡行路。浪痕，徧纏如細帛紋，其色或淺或深。黑色贅子若烏豆狀，隱起礙手，韜藏於石中，或開之迺有大璺。搭線斜紋，若硯斲，硬線有起處隱手，名工亦不能礪平也。斷紋，有紋兩不相着。石上有微塵孔者，乃石之膚也。黄爛者，土中石皮也。

道路第八

自歙州大路一百八十里至西坑口，入山三十里，至羅紋山，皆山谷大林莽，盤屈鳥道也。自婺源縣大路三十里，過溪，皆大嶺重複，九十里至羅紋山下。自州至濟源口一百九十里，入小路，七十里至濟源，自縣至濟口八十里，入小路，七十里至濟源。

匠手第九

縣城三姓四家，一十一人。

劉大，名福誠，第三，第四，第五，第六。

周四，名全，年七十；周二，名進誠；周小四。

周三，名進昌；劉二，無官名；朱三，名明。

靈屬里一姓三家，六人。

戴二，名義和；第三；第五；第六。

戴大，名文宗；戴四，名義誠。

大容里濟口，三姓四人。

方七，名守宗；男慶子；胡三，名嵩興；

汪大，號汪王二。

攻器第十

箕畚，銃，鐵大小鎚，長短鑿，鋼屑，鎯頭，鵶觜鋤，木杴。

大宋治平丙午歲重九日。

蘇軾《東坡志林》卷四《紅絲石》 唐彦猷以青州紅絲石爲甲。或云惟堪作骰盆，蓋亦不見佳者。今觀雪菴所藏，乃知前人不妄許爾。

米芾《硯史》 人好萬殊，而以甚同爲公，甚不同爲惑，喻之而移，非真得之，更而得之，則必信其守。夫博弈由賢乎已，則吾是文，必不見嗤於賞鑒之士。

用品

器以用爲功，玉不爲鼎，陶不爲柱。文錦之美，方罫則不先於表出之綌；楮葉雖工，而無補於宋人之用。夫如是，則石理發墨爲上，色次之，形製工拙又其次，文藻緣飾，雖天然，失硯之用。

玉硯

玉出光爲硯，着墨不滲，甚發墨，有光，其云磨墨處不出光者，非也。余自製成蒼玉硯。

唐州方城縣葛仙公巖石

石理向日視之，如玉瑩，如鑑光，而着墨如澄泥不滑，稍磨之，墨已下而不熱生泡。生泡者，膠也。古墨無泡，膠力盡也。若石滑磨久，墨下遲，則兩剛生熱，故膠生泡也。此石既不熱，良久墨發生光，如漆如油，有豔不滲也。歲久不乏，常如新成，有君子一德之操。色紫可愛，聲平而有韵，亦有澹青白色，如月如星而無暈，此石近出，始見十餘枚矣。

溫州華嚴尼寺巖石

石理向日視之，如方城石，磨墨不熱，無泡，發墨生光，如漆如油，有豔不滲，色赤而多有白沙點。爲硯則避磨墨處，比方城差慢，難崭而易磨，亦有白點，點處有玉性，扣之聲平無韵。校理石揚休所購王羲之硯者，乃此石，今人所收古硯，間有此石，形合晉畫，約見四五枚矣。

端州巖石

巖有四，下巖、上巖、半邊巖、後礫巖。余嘗至端，故得其說詳。下巖第一，穿洞深入，不論四時，皆爲水浸。治平中，貢硯，取水月餘方及石，石細，扣之清越。鸜鵒眼，圓碧暈多，明瑩。石嫩甚者，如泥無聲，不着墨；清越者，溫潤着墨快，不熱無泡，然良久微滲，若油發豔，亦有不乏者，然方城溫巖十磨，此石三十磨方相及。下巖既深，工人所費多，硯直不補，故力無能取，近年無復有，聞有仁廟已前，賜史院官硯多是，其後來歲貢，惟上巖石。上巖在山上，石性乾，紫色深，理麄性硬，眼黄，差不圓，而青色淡。其巖深處，間有潤者，而眼終不如下巖也。有着墨者、拒墨者，其着墨者，初用半月前甚快，蓋細砂石所發出理也；半月後則退。生光搓墨，又須以柔石發之，已而復然。拒墨者，雖新成便拒墨，此等石，扣之聲皆堅響而老。半邊巖者，在山半，石理同上巖，色多青紫，近黑，多瑕而眼長如卵。有瞎眼者，中是白點。死眼者，黑點而暈細。翳眼者，或青或黑，横亂其眼。又多青不成眼，圓點横長青間道如松木紋。其極麄者費筆，而稍細者多乏。後礫石，土人刻爲盆、印合、壓紙、兒戲之物，多夾砂無眼，少瑕，間有極細軟者，發墨不乏，扣之無聲。土人不貴，而用實有在半邊上巖之上者，不可常得。又徧詢石工，云子石未嘗有，其在巖中，實於大石版上鑿，豈有中包一子者。余嘗謂：若溪流中多有卵石，容差褊可崭面磨墨，所謂石子，世因訛爲子石。至有斲樣相似而爲之者，於理必不於大石中心復生卵子也。世之好奇者，又以歙州羅紋石作子石，硯文本直，兩頭取鋭則紋脱短，至左右頰自然成漩紋，便謂之是真子石，可笑！綠石帶黄色，亦爲硯，多以爲器，材甚美，而得墨快，少光彩。已上硯，平生約見五七百枚，十千已上無估。

歙硯婺源石

歙州有硯圖，石峒最多種，而赤紫石多瑕。土人以線脈隔爲三種病，今人以細羅紋無星爲上。少時見一硯於士人趙光弼家，其樣上狹四寸許，下闊六寸許，如二十幅紙厚，色緑如公裳，而點如紫金，斑斑匀布，無羅紋，點中無竅，自後不復覩與此等者。又士人周昌謂處，見一小圓硯，青羅紋，一星紫金如鵝眼錢。此二硯最奇。大抵發墨不乏，獨以色如常之石，而以奇恠爲品高，亦有赤紫色石，無文理，少瑕，光澤如棗木，土人以爲香爐之類，亦斲爲硯，與墨鬭而不相入，經日便滑，不可研矣。又嘗一士人家，見一金絲羅紋硯，其紋半金半黑，光彩與常異。此外麄羅紋刷絲、羅紋爲次第，約見千餘枚矣。但以色與瓦磚等，品故不能高。今但曾官歙者，必收百餘枚，土人以爲生，終日成一硯，少有病，不直數十金，幸完仍好，直五七千已上無估。

通遠軍漞石硯

石理澁可礪刃，綠色如朝衣，深者亦可愛。又則水波紋，間有黑小點，土人謂之湔墨點。有緊甚奇妙而硬者，與墨鬭而慢甚者，滲墨無光，其中者甚佳，在洮河綠石上。自朝廷開熙河，始爲中國有。亦有赤紫石，色斑，爲硯，發墨過於綠者，而不匀淨。又有黑者，戎人以礪刃，而鐵色光肥，亦可作硯，而堅不發墨。

西都會聖宮硯

會聖宮石，在溪澗中，色紫，理如虢石，差硬，發墨不乏，扣之無聲。

青州青石

色類歙，理皆不及，發墨不乏，有瓦礫之象。

成州栗亭石

色青，有銅點，大如指，理慢，發墨不乏，亦有瓦礫之象。

潭州谷山硯

色淡青，有紋如亂絲，理慢，扣之無聲，得墨快，發墨有光。

成州栗玉硯

理堅，色如栗，不甚着墨，爲器甚佳。

歸州緑石硯

理有風濤之象，紋頭緊慢不等，治難平，得墨快，滲墨無光彩，色緑可愛，如蕡色，澹如水蒼玉。

夔州黟石硯

色黑，理乾，間有墨點，如墨玉光，發墨不乏。

廬山青石硯

大略與潭州谷山同。

蘇州褐黄石硯

理麄，發墨不滲，類夔石。土人刻成硯，以草一束燒過爲慢灰火煨之，色遂變紫，用之與不煨者一同，亦不燥，乃知天性非水火所移。

建溪黯澹石

理如牛角，扣之聲堅清，磨久不得墨，縱得，色變如灰，作器甚佳。

陶硯

相州土人自製陶硯，在銅雀上。以熟絹二重淘泥澄之，取極細者，燔爲硯，有色緑如春波者。或以黑白埴爲水紋，其理細滑，着墨不費筆，但微滲。

吕硯

澤州有吕道人陶硯，以別色泥於其首純作吕字，内外透，後人効之，有縫不透也。其理堅重與凡石等，以歷青火油之堅響滲入三分許，磨墨不乏，其理與方城石等。

淄州硯

淄石理滑易乏，在建石之次。

高麗硯

理密堅有聲，發墨，色青間白，有金星，隨横文密成列，用久乏。

青州藴玉石紅絲石青石

理密，聲堅清，色青黑，白點如彈，不着墨，墨無光，好事者但置爲一器可。紅絲石作器深佳，大抵色白而紋紅者慢，發墨，亦漬墨，不可洗，必磨治之。紋理斑石赤者不漬墨，發墨有光，而紋大不入看，慢者經暍則色損，凍則裂，乾則不可磨墨，浸經日方可用，一用又可滌，非品之善。青石有麄文如羅，近歙，亦着墨不發。

虢州石

理細如泥，色紫可愛，發墨不滲，久之石漸損凸硬，墨磨之則有泥香。

信州水晶硯

於他硯磨墨汁傾入用。

蔡州白硯

理滑，可爲器，爲朱硯。花蘂石亦作小朱硯。

性品

大抵四方硯發墨久不乏者，石必差軟，扣之聲低而有韵。歲久漸凹不發墨者，石堅，扣之堅響，稍用則如鏡走墨。余所品謂：目擊自收經用者，聞雖多，不録以傳疑。古硯無不佳，豈不嘗落非好事者手用之，則尋棄擲之矣。惟久在人間，賢庸並善，是以不乏傳也。

様品

晉硯見於晉顧愷之畫者，有於天生疊石上刊人面者，有十蹄圓銅硯中如鏉者，余嘗以紫石作之。有上圓下方，於圓純上刊兩竅置筆者，有如鳳字兩足者，獨此甚多，所謂鳳凰池也。蓋以上並晉製，見於晉人圖畫，世俗呼爲風字。蓋不原兩足之製，謂之鳳足。至今端州石工，以兩眼相對於足傍者，謂之鳳足。鳳之義，取五色英文，燦然成章也。今人有收得右軍硯，其製與晉圖畫同，頭狹四寸許，下闊六寸許，頂兩純皆綽慢，下不勒成痕，外如内之製，足狹長，色紫，類溫巖，中凹成臼。又有收得智永硯，頭微圓，又類箕象，中亦成臼矣。又有人收古銅硯，一龜銜一硯如蓮葉，兩足，龜腹圓，墨水不可出，以筆頭就之則出。又參政蘇文簡家收唐畫《唐太宗長孫后納諫圖》，宫人於瑪瑙盤中托一圓頭鳳池硯，似晉製，頭純直微凸，如書鳳字，左右純斜刊，下不勒痕摺，向頂亦然，不滯墨，其外隨内勢簡易。其後至隋唐，工稍巧，頭圓，身微瘦，下闊而足或圓爲柱，已不逮古。至本朝，變成穹高腰瘦，刃闊如鉞斧之狀。仁廟已前，硯多作此製，後差少。資政殿學士蒲傳正收真宗所用硯，與仁廟賜駙馬都尉李公炤鳳池硯，形製一同。至今尚方多此製，國初已來，公卿家往往有之。仁宗已前賜史院官硯，皆端溪石，純薄，上狹下闊，峻直不出足，中坦夷，猶有鳳池之像。或有四邊刊花，中爲魚爲龜者，凡此形製多端下巖奇品也。嘉祐末，硯樣已如大指麄，心甚凸，意求渾厚，而氣象益不古，純斗故勒深，滯墨難滌，心凸故點筆不圓，常如三角簇。蓋古硯皆心凹，後稍正平，未有凸者，始自侍讀學士唐彦猷，作紅絲辟雍硯，心高凸，至作馬蹄樣，亦心凸，至磨墨溜向身出，觀墨色則凸高增浮泛之勢，援毫則非便也。其晉銅硯，雖如鏊，然頂殊平，以便援毫。今杭州龍華寺收梁傅大夫磁硯一枚，甚大，磁褐色，心如鏊，環水如辟雍之製。下作浪花擢環近足處，而磨墨處無磁油，然殊着墨。古墨稱螺，亦恐不若近世堅，不然，殆不可磨也。又丹楊人多於古塚得銅硯，三足蹄，有蓋，不鏤花，中陷一片陶。今人往往作硯於其中，翻以爲匣也。唐墓中間有得如蓮葉，中凹兩足，如鳳池之製，甚薄，足或如棗也。今歙人最多作形製，而土人尤重端樣，以平直斗樣爲貴。得美石無瑕，必先作此樣，滯墨，甚可惜也。大抵石美無瑕，方可施工，璞而厚者，土人多識其藏，疾不復巧製，人或因其渾厚而美之。余嘗惡歙樣俗者，凡刊改十餘硯，纔半指許，便有病見，頓令人減愛。其端人不斲成，祇持璞賣者，亦多如是。陳文惠丞相家，收一蜀王衍時皇太子陶硯，連蓋，蓋上有鳳坐一臺，餘雕雜花草，涅之以金泥紅漆，有字曰：鳳凰臺。此製方直，上狹，笋在硯上，中甚平也。唐之製，見《文房四譜》；今之製，見《歙州硯圖》，故不重出，此人力所爲也。吾收一青翠疊石，堅響，三層，傍一嵌磨墨，上出一峯，高尺餘，頂復平，嵌巖如亂雲四垂以覆硯，以水澤頂，則隨葉垂珠滴硯心，上有銘識，事見唐莊南傑賦，乃歷代所寶也。又收一正紫石，四疊，下有坐有足，巧於瘻盂，足上起一枝，細狹，枝上盤兩疊，長七寸餘，闊四寸餘，如靈芝，首鋭下闊，天然鳳池之象，中微凹，點水磨墨，可書十幅紙，石理在方城之右，此非人力所成，信天下之瓌寶也。

何薳《春渚紀聞》卷九《記硯》

端溪龍香硯

臨汝史君黄莘任道所寶龍香硯，端溪石也。史君與其父孝綽，字逸老，皆有能書名，故文房所蓄多臻妙美。硯深紫色，古斗樣，每貯水磨濡，久之則香氣襲人，如龍腦者。云先代御府中物。任道既終，其子材納之壙中。

歙山斗星硯

歙之大姓汪氏，一夕山居，漲水暴至，遷寓莊户之廬。莊户，硯工也。夜有光起於支牀之石，異而取之，使琢爲硯石。色正天碧，細羅文中涵金星七，布列如斗宿狀，輔星在焉。因目之爲斗星硯。汪自是家道饒益，懼爲要人所奪，祕不語人。每爲周旋，人一出，必焚香再拜而視之。方臘之亂亡之矣。僧謙云。

龍尾溪月硯

三衢徐氏所寶龍尾溪石，近貯水處有圓暈幾寸許，正如一月狀，其色明暗隨月虧盈，是亦異矣。余母舅祝君子與之姻家，數見之，今不知所在。

玉蟾蜍硯

吴興余拂君厚家所寶玉蟾蜍硯，其廣四寸而長幾倍，中受墨處獨不出光，云是南唐御府中物。余與許師聖崇寧間過余氏借觀，時君厚母喪在殯，正懷硯柩側。已而聞袖中嘖然有聲，視之，蜍腦中裂如絲，蓋觸尸氣所致也。

端溪紫蟾蜍硯

紫蟾蜍，端溪石也。無眼，正紫色，腹有古篆「玉溪生山房」五字。藏於吴興陶定安世家，云是李義山遺硯。其腹疵垢，真數百年物也。其蓋有東坡小楷書銘云：「蟾蜍爬沙到月窟，隱避光明入岩骨。琢磨黝頳出尤物，雕龍淵懿傾澥渤。」安世屢欲易余東坡《醉草》未許，而以拱璧易向叔堅矣。即以進御，世人不復見也。

丁晉公石子硯

黄叔幾爲余言，丁晉公好蓄瑰異，宰衡之日，除其周旋爲端守，屬求佳現。其人至郡，前後所獻幾數百枚，皆未滿公意。一日，硯工見有飛鷺翹駐潭心，意非立鷺之所。因令没人視之，見下有圓石大如米斛，塊處潭中，似可挽取。疑其有異，即以白守，集漁户維舟出之，石既登岸，轉仄之間，若有涵水聲。硯工視之，賀曰：「此必有寶石藏中，所謂石子者是也。相傳天産至珍，滋蔭此潭，以孕崖石，散爲文字之祥。今日見之矣。」即叢手攻剖，果得一石於泓水中，大如鵝卵，色紫玉也。中剖之爲二硯，亟送其一，公得之喜甚。報書云：「硯應有二，何爲留一自奉，得無効雷豐城之留莫邪否！此非終合之物也。」守曰：「天下至寶，不可萃於一家，以啓人貪心。」託以解職後面獻，而公以擅移陵寢事，籍其家矣，而硯不知所在。

金龍硯

余友何持之，滕莊敏之甥，所蓄瑰異，多外舅故物，而有賞鑒。爲余言，其親党氏有先爲端州者，得二岩石硯璞，藏之再世矣。後其孫於京師得鐵鏡，背銘高古。有道人請爲磨治，云須得美石，有鋒刃而不劇，如端溪石者，發其光彩，則盡善矣。因以一璞付之鏡湖以歸，曰：「是非尤物，硯璞殆希世之珍，非與我百千，不能賞余精識，且出斯寶也。」其孫驚異許之，而持璞去。三日來示，曰：「使公見其梗概也。」細視之，則石面脈理深青色，盤絡如柏枝狀，漫不曉其爲何等物也。道人索酒引滿，大笑，復持璞去，曰：「後十日可賀，請宿備所償之直，吾將遠遊湖海，不能待也。」及期出硯，硯正圓，中徑七八寸，渾厚無眼，如馬肝色，中盤一金色龍，頭角爪尾粲然畢具。會有知者，即以進御，或言禁中先已有一硯矣。

呂老煅研

高平呂老，造墨常山。遇異人傳燒金訣，煅出視之，瓦礫也。有教之爲研者，研成堅潤宜墨，光溢如漆。每研首必有一白書「呂」字爲誌。呂老既死，法不授子。而湯陰人盜其名而爲之甚衆，持至京師，每研不滿百錢之直。至呂老所遺，好奇之士，有以十萬錢購一研不可得者。研出於陶，而以金鐵物劃之不入爲真。余兄子碩所獲，而作玉壺樣者，尤爲奇物。余嘗爲之銘曰：「真仙戲幻，煅瓦成金。老呂受之，鑄金作瓦。置之籬壁，以睨其璞。顧彼瓴甓，爲有慚德。範而爲研，以極其妙。」則金瓦幾於同價。

澄泥研

悟靖處士王衷天誘所藏澄泥研，正紫色而堅澤如端溪石，扣之鏗然有聲，以金鐵劃之，了無痕璺。或疑是澤州呂老所作，而研首無「呂」字。其製巧妙，非俗士所能爲。天誘云，米元章見之，名孫真人研。是非固無所稽考，自是一種佳物也。

銅雀臺瓦

相州，魏武故都。所築銅雀臺，其瓦初用鉛丹雜胡桃油擣治火之，取其不滲，雨過即乾耳。後人於其故基，掘地得之，鑱以爲研，雖易得墨而終乏温潤，好事者但取其高古也。下有金錫文爲真，每研成，受水處常恐爲沙粒所隔，去之則便成沙眼，至難得平瑩者。蓋初無意爲研，而不加澄濾，如後來呂研所製也。章序臣得之，屬余爲詩，將刻其後，云：「阿瞞恃姦雄，挾漢令天下。惜時無英豪，礫裂異肩踝。終令盜抔土，埏作三臺瓦。雖云當塗高，會有石槽馬。人愚瓦何罪，淪蟄翳梧檟。錫花封雨苔，鴛彩晦雲罅。當時丹油法，實非謀諸野。因之好奇士，探琢助揮寫。歸參端歙材，堅澤未渠亞。章侯捐百金，訪獲從吾詫。興亡何復論，徒足增忿罵。但嗟瓦礫微，亦以材用捨。從令瓴甓餘，當擅瓊瑰價。士患德不修，不憂老田舍。」

南皮二臺遺瓦研

魏武都鄴，築三臺以居，銅雀其一也，最爲壯麗。後世耕者，得其瓦於地中，好事者斲以爲研，號爲奇古。歐陽文忠公嘗得於謝景山，作歌以酬之者是也。魏武既破袁紹於冀州，紹死，逐其子譚於南皮，築臺以候望其軍，而名曰袁侯臺。魏文帝與吴質從容遊集於南皮，亦築臺以居，名讌友。至今南皮有二臺故址在焉。人有得其遺瓦，形製哆大，擊之鏗然有聲。「吾之子蘧，取其斷缺者，規以爲研，其堅與鐵石競，屢敗斲工之具，僅能窊之，而特潤緻，發墨可用。知昔人創物制器，雖甚微者，皆所不苟，非若後世之簡陋也。」此先君所序。而蘧銘之曰：「方峥嶸焕奕於一時之盛兮，詎知夫隆棟必傾而華榱終折。洎毀擲埋委於千載之下兮，孰期乎澡澤薦藉而參夫文房四寶之列。蓋物之顯晦也有時，而事之興廢也常迭。遺材良而質美者，雖亘千古兮，不隨衆物而湮滅。」

端石蓮葉研

余過嘉禾王悟靖處士，坐間有客懷出蓮葉研，端石也。青紫色，有二碧眼，活潤可愛，形製復甚精妙，正如芳蓮脱葉狀，其薄如五六重紙，大如掌，磨之索索有聲，而墨光可鑒也。其人甚惜，不可得。特記其精製，喻研工，終不能爲也。

風字晉研

風字研，石色正青紫相參，無眼甚薄，研心磨已窪下，背緑皴剥，殆非近代物。與墨爲入，光灔如漆。王天誘見之，以爲晉研。後易銅鑪於章序臣。序臣攜至行朝，爲一嗜研貴人力取去。其人所蓄數百枚，而此研爲之冠也。

烏銅提研

烏銅提研，余於錢唐得之。製作非近世所爲，柄容墨漿可半升許。亦爲章序臣易去，闕子東見之，而銘之曰：「鑄金爲觚，提攜顛倒。時措之宜，發於隱奥。寒暑燥濕，不改其操。君子寶之，庶幾允蹈。」

古斗樣鐵護研

余兄宗勝所用鐵護研，端溪石，正紫色，無眼，古斗樣，温潤如玉。爲滌者墮地，缺其受水處。慨惜之餘，乃取以漆固而鐵護其外，中固無傷也。蓮銘之曰：「左晉馬宮，形則虧矣，胸中之書，震耀百世。」

吳興許采五研

吳興許采，字師正，字畫規模，鍾司徒殆窺其妙。自爲兒時，已有研癖，所藏具四方名品，幾至百枚，猶求取不已。常言吾死則以研甃壙，無遺恨矣。最佳者，得蔡君謨所寶端溪研一，圓厚寸餘，中可徑尺，色正青紫，緣有一眼才如箸大，名之「景星助月」。又得二石，一以分余，玉堂樣，色紺青類洮河石，面有十數暈，金翠周閒，與孔雀毛閒金花正相類，甚宜墨，而不知石所從出。又一端石，古斗樣，長尺餘，馬肝色，下有王禹玉丞相書「玉堂舊物」四字。又圓研，下岩石，有二碧眼，中極窪下，溫潤發墨，師正常所用者。莫養正爲之銘曰：「圓如月，窪如尊。勿謂其琢削不巧，見謂椎魯無文。即而視之，其中甚溫。」又一端石，玉堂樣者授余，深紫色無眼。余命之曰「端友」，且爲之銘云：「君子取友必端，子有韞玉之美，復具眼而知默，祈漸摩以窮年，何爲子之三益也。」

趙水曹書畫八硯

水曹趙竦子立，文章翰墨皆見重於前輩。蓮先博士爲徐州學官日，趙獻狀開鑿吕梁百步之嶮，置局城下，最爲周旋。其《重定華夷圖》方一尺有半，字如蠅頭，而體製精楷。蘇州張珙妙於刊鑱，三年而後成。甚自祕惜，不易以與人，與其所獲丁晉公家王右軍小楷《樂毅論》櫝藏自隨，得之者以爲珍玩。先子所得，才三四數也。其所用硯，端石長尺餘，闊七八寸，溫潤宜墨。云端石若此大者至艱得，求之十年而後獲。上下界爲八硯，云性懶滌硯，又不奈宿墨滯筆，日用一現，八日而周，始一濯之，則常用新硯矣，故名八面受敵云。

趙安定提研製

《研譜》稱唐人最重端溪石，每得一佳石，必梳而爲數板，用精鐵爲周郭。青州人作此，至有名家者，歷代寶□。余於崇寧閒見安定郡王趙德麟丈所用一枚，作提研製。紹興四年復拜公於錢塘湧金門賜第，出研案閒云：「生平玩好，盡喪盜火。而此研常所受用，復外拙，貪者不取，得周旋至今。」余亦撫之悵然也。近章伯深偶於錢塘鐵肆中得一枚，絕與趙類而非是也。求易余東坡所畫《鵲竹》而得之。工製堅密，今人不能爲也。

龍尾溪研不畏塵垢

涵星研，龍尾溪石，風字樣，下有二足，琢之甚薄。先博士君得之於外姪黃材成伯。黃以嗜研求爲婺源簿，既至，顧視一老研工甚至。秩滿而研工餞之百里，探懷出此研爲贐，且言：「明府三年之久，所收無此研也。」黃始責其不誠，工云：「凡臨縣者，孰不欲得佳研。每研必得珍石，則龍尾溪當泓爲鯨海不給也。此石歲采不過十數，幸善護之。」然研如常研，無甚佳者，但用之至灰埃垢積，經月不滌而磨墨如新，此爲勝絕耳。先子性率，不耐勤滌，得此用之終身云。莫養正爲之銘曰：「膚寸之珍，雲蒸霧出。小而有容，如摩詰室。老何肺腸，與之爲一。季子受之，周旋勿失。」

鄭魁銘研詩

永嘉林叔睿所藏端石，馬蹄樣，深紫色，厚寸許，面徑七八寸，下有鄭魁銘詩，隸字甚奇，云：「仙翁種玉芝，耕得紫玻璃。磨出海鯨血，鑿成天馬蹄。潤應通月窟，洗合就雲溪。常恐魍魎奪，山行亦自攜。」研之妙美，盡於銘詩，而末句所寄，旨哉。

李端叔銘僧研

比邱了能，蓄端研古斗樣，青紫色，有二眼，碧暈活潤。背有李端叔銘云：「踏碓是向上機，不識字是第一義。遂乃傳子傳孫，至今爲祥爲瑞。有美了能比邱，人上長出一頭。名字半露消息，伎倆非聞思修。發明前身不識字，後身湧出江河流。墨可泐，一能兩身，具眼者識。」李文家集遺此銘，故録之。

躍魚見木石中

徐州護戎陳臯供奉，行田閒遇開墓者，得瑪瑙盂，圓淨無雕鏤紋，盂中容二合許，疑古酒巵也。陳用以貯水注硯，因閒硯之中有一鯽，長寸許，遊泳可愛。意爲偶汲池水得之，不以爲異也。後或疑之，取置缶中，盡出餘水，驗之魚不復見。復酌水滿中，須臾一魚泛然而起，以手取之，終無形體可拘，復不可知爲何寶也。余視之數矣。時水曹趙子立被旨開鑿吕梁之嶮，辟陳督役，目覩斯異。因言其頃在都下，偶以百錢於相國寺市得一異石，將爲紙鎮。遇一玉工求以錢二萬易之。趙不與，玉工歎息數四，曰：「此寶非余不能精辨，餘人一錢不直也。」持歸幾年，了無他異。其季子康不直工言，以斧破視之，中有泓水，一鯽躍出，撥剌於地，急取之亡矣。是亦斯盂之類也。余又記《虜庭雜記》所載，晉出帝既遷黃龍府，虜主新立，召與相見，帝因以金盌魚盆爲獻。金盌半猶是磁，云是唐明皇令道士葉法靜治化金藥成，點磁盆試之者。魚盆則一木素盆也，方圓二尺，中有木紋成二魚狀，鱗鬣畢具，長五寸許。若貯水用，則雙魚隱然湧起，頃之遂成真魚。覆水則宛然木紋之魚也。至今句容人鑄銅爲洗，名雙魚者，用其遺製也。

銅蟾自滴

古銅蟾蜍，章申公研滴也。每注水滿中，置蜍研仄，不假人力而蜍口出泡，泡殞則滴水入研，已而復吐，腹空而止。米元章見而甚異之，求以古書博易，申公不許，後失之。或見之寶晉齋。申公之孫伯深云。

雷斧研銘

余經霅川，偶得數雷斧於耕夫，雖小大不等而體皆如玉，因擇其厚者窪而爲研。膚理鋭澤，取墨磨研而墨光可鑒。但恨其大而薄者，不容窪治，則以鐵爲周郭，如青州提研所製，亦几案間一尤物也。因銘之曰：「石化殞星，龍雨刀槊。是從震霆，散墜風雹。形實斧也，其質玉璧。窪而爲硯，以資鋭澤。與翰墨而周旋，誅姦諛之死魄。」

魏泰《東軒筆録》卷之一五　余爲兒童時，見端溪硯有三種，曰巖石，曰西坑，曰後歷。石色深紫，襯手而潤，幾於有水，扣之聲清遠，石上有黯，青緑間，暈圓小而緊者謂之鸜鵒眼，此乃巖石也，采於水底，最爲土人貴重。又其次，則石色亦赤，呵之乃潤，扣之有聲，但不甚清遠，亦有鸜鵒眼，色紫緑，暈慢而大，此乃西坑石，土人不甚重。又其下者，青紫色，向明側視，有碎星，光照如沙中雲母，石理極慢，乾而少潤，扣之聲重濁，亦有鸜鵒眼，大而偏斜不緊，謂之後歷石，土人賤之。西坑硯三當巖石之一，後歷硯五當西坑之一，則其品價相懸可知矣。自三十年前，見士大夫言亦得端溪巖石硯者，予觀之，皆西坑石也。邇來士大夫所收者，又皆後歷石也。豈惟世無巖石，雖西坑者亦不可得而見矣。

朱彧《萍洲可談》卷二　端州石在深谷中，細而潤。初爲官封之，已難得；後興慶建軍，以王地禁采石，不復可得。石上有鸜鵒眼，宛若生者，暈多而青緑爲貴，磨礱終不可去，俗傳透石涎也。端硯藏久無不甎者，以石潤，久亦乾，故不平，如溼木乾則不平。

姚寬《西溪叢語》卷下　王建《宫詞》：「延英引對碧衣郎，紅硯宣毫各別牀。天子下簾親自問，宫人手裏過茶湯。」恐是用紅絲研，江南李氏時猶重之。歐公《研譜》以青州紅絲石爲第一。此研多滑不受墨，若受墨，妙不可加。王建集中有作工研，又作洪研，皆非也。《雲溪友議》載元子芝明經制策入仕，亦有此一篇，未知孰是？

端硯，下巖色紫如猪肝，密理堅緻，温潤而澤，儲水發墨，叩之有聲。但性質堅，礦斷裂，尤多瑕疵。

秋楓巖，石色微淡，可亞下巖，堅潤不及。

梅根巖，一名中巖，桃花巖，一名上巖。二巖石俱皆沙壤相雜，無水泉，色淡而燥，肌理稍疏，然中巖又勝上巖。

新坑，石色帶紅紫，其文細密，材質厚大無瑕，然止是崖石，頗乏堅潤。

後歷石與新坑略相似，又處其次。

西坑六崖，石色青，微黑，佳者如歙石，麤羅紋，而發墨過之，石眼圓暈數重，青白黄黑相間，極大者爲最勝。

土人以晶瑩圓明、中無瑕翳者爲活眼，形模相類、不甚鮮明者爲淚眼，形體略具、内外皆白、殊無光彩者爲枯眼。

洪适《辨歙石説》

細羅紋石文如羅縠精細，其色青瑩，其理緊密堅重，瑩浄無瑕璺，乃硯之奇材也。

麤羅紋似細羅紋而文理稍麤。

暗細羅紋羅紋雖細晦而不露紋理，隱隱石色微青黑。

刷絲羅紋石紋精細纏密如刷絲然。

金花羅紋羅紋地上間以金花亂點，大細不常，如畫工銷金。

金暈羅紋金暈數重如抹畫者，或暈如卵形及杏葉，皆重疊數重。

金星羅紋細金點如撒星者，有金抹如眉子者，有横抹金紋，長短不定者。

算條羅紋比刷絲紋理疎而麤大，正如排算子。

角浪羅紋直紋數路，如角浪然。

瓜子羅紋比細羅紋尤細，狹如瓜子者。

細棗心無羅紋，而石紋兩頭尖如棗核。

麤棗心較細棗心而麤。

水波紋理横細如晴晝微風，清沼漣漪之紋。

對眉子石紋如人畫眉而細，遍地成對者。

錦蹙石暈如畫雲氣，間金暈如蹙錦然。

錦蹙眉子石紋横如眉子，間有金暈。

羅漢入洞石中有金暈如雲氣，下有羅漢龕座之形。

金星眉子眉子疎匀，而有金星間之。

鱔肚眉子眉子疎而匀，石紋如人字鱔肚紋，間有金暈金星者。

鴈攢湖眉子硯心有紋暈如注池，四外眉子密密，如羣鴈飛集之狀。

菉豆眉子石理稍黑微暗而斑，内有短密眉子紋。

金花眉子眉子石中有金花金暈者。

短眉子眉子密短而勻。

長眉子眉子長而差大。

泥漿細羅紋而尤温潤，乃羅紋下坑石。

卵石

雨點石

羅紋上坑石色微重，中坑石色微淡，下坑即泥漿石。

棗心坑皆乾坑，故石微燥。

水波坑亦是棗心石。

祁門縣出細羅紋石，酷似泥漿石，亦有羅紋，但石理稍慢，不甚堅，色淡易乾耳。此石甚能亂真，人多以爲婺源泥漿石，當須精辨之也。

歙縣出刷絲硯甚好，但紋理太分明，無羅紋，間有白路白點者是。

洪邁《容齋續筆》卷一二《銅爵灌硯》 相州，古鄴都，魏太祖銅雀臺在其處，今遺址髣髴尚存。瓦絶大，艾城王文叔得其一以爲硯，餉黄魯直，東坡所爲作銘者也。其後復歸王氏。硯之長幾三尺，闊半之。先公自燕還，亦得二硯，大者長尺半寸，闊八寸，中爲瓢形，背有隱起六隸字，甚清勁，曰「建安十五年造」。魏祖以建安九年領冀州牧，治鄴，始作此臺云。小者規範全不逮，而其腹亦有六篆字，曰「大魏興和年造」，中皆作小簇花團。興和，乃東魏孝静帝紀年。是時正都鄴，與建安相距三百年，其至於今，亦六百餘年矣。二者皆藏姪孫僩處。予爲銘建安者曰：「鄴瓦所范，嘻其是邪？幾九百年，來隨漢槎。淬爾筆鋒，肆其滂葩。僩實寶此，以昌我家。」銘興和者曰：「魏元之東，狗脚于鄴。吁其瓦存，亦禪千劫。上林得雁，獲貯歸笈。玩而銘之，衰淚棲睫。」贛州雩都縣故有灌嬰廟，今不復存。相傳左地嘗爲池，耕人往往於其中耕出古瓦，可窾爲硯。予向來守郡日所得者，刓缺兩角，猶重十斤，瀋墨如發硎，其光沛然，色正黄。考德儀年，又非銅雀比，亦嘗刻銘于上，曰：「范土作瓦，既埴既已。何斷制於火，而卒以囿水？廟于漢侯，今千幾年？何址歷祀歇，而此獨也存？縣贛之雩，曰若灌池。研爲我得，而銘以章之。」蓋紀實也。

洪邁《辨歙石説跋》 研出端谿，其色如猪肝蒲萄，中邊瑩澈，光可以鑑，粹然「紫琳腴」也，患太滑，不肯受墨。歙石細者，肌理如絲縠，如涵星泓，如眉有稜，四壁垣垣削成，類文玉蒼璧；而短處在不爲毛錐地，好事者病焉。邁智不足鑒物，頗幸蓄兩研，其一正方，爲斗形，徑可五寸許，腹有東坡先生爲仲豫銘二十四言，常篋櫝藏弆；其一橢爲風字，鏗然而輕，提携周旋，且二十年久，稱意便足。曩寓五領，無所買，莫府於歙嘗出捐三千錢，售眉子石一，隨輒予人莫惜。始之以識察之不精，中之以二者之先入，他無在顧眄者，故差若省事。景伯兄治歙期年，能納其民於不忍欺之鄉，斷斷廷下，至無一迹，獨念翰墨衆君子乘集吾土，而主人莫之省，既揭蘇氏《文房譜》於四寶堂，又别刻研説三種。以書來，令綴語其下，顧前云云，不能巧自飾也。客或謂兄曰：使君雅無長物，諸郎桉頭研，不百錢直，今使家挾是書，人具是眼，則芙蓉龍尾之珍，不幾於盡。公亦能忘薏苡嫌乎？兄以手推客曰去。紹興三十年十月二日，弟左承議郎、尚書禮部員外郎兼國史院編修官邁跋。

陸游《老學庵筆記》卷一 謝景魚名淪滌硯法：用蜀中貢餘紙，先去黑，徐以絲瓜磨洗，餘漬皆盡，而不損硯。

陸游《老學庵筆記》卷八 高廟謂：「端硯如一段紫玉，瑩潤無瑕乃佳，何必以眼爲貴耶。」晁以道藏硯必取玉斗樣，喜其受墨瀋多也。每曰：「硯若無池受墨，則墨亦不必磨，筆亦不必點，惟可作枕耳。」

唐彦猷《硯録》言：「青州紅絲石硯，覆之以匣，數日墨色不乾。經夜即其氣上下蒸濡，着於匣中，有如雨露。」又云：「紅絲硯必用銀作匣。」凡石硯若置銀匣中，即未乾之墨氣上騰，其墨乃著蓋上。久之，蓋上之墨復滴硯中，亦不必經夜也。銅錫皆然，而銀尤甚，雖漆匣亦時有之，但少耳。彦猷貴重紅絲硯，以銀爲匣，見其蒸潤，而未嘗試他硯也。

高似孫《硯録》卷七《畫》

秦系硯

秦系《山居詩》：「洗硯魚仍戲，移樽鳥不驚。」系注《老子》，穴山石爲研。

剡西古硯

剡開元鄉民劚土值研，色下嵓也，渾璞泐蝕，受墨處獨砥中際凹處，唐以前物。銘：玉在深山，有道則見，山耶石耶？陵谷幾變。嗚呼！此玉不晦不炫，不以知貴，不以棄賤。

八角石硯

剡丁發硯於破冢，外肖羲畫，内鑿禹海，越手輕爽，石性已空，入土老也。銘：二火一刀研，與人俱高。甲乙丙丁硯，與數不逃。石之饕，志之勞，文之騷，人之豪。

施宿《會稽志》卷一三《觀東廡》 乾道中，上皋畊者得古磚，有文曰：五鳳元年三月造。以獻府牧洪文惠公，文惠命鐫以爲硯，置案間，意甚愛之。然所著《隸釋》、《隸續》皆不載，豈以其篆體非隸字耶。

葉樾《端溪硯譜》

謹按：端州治高要縣，自唐爲高要郡。皇朝政和初，以太上皇潛藩，賜號肇慶府。府東三十三里有山，曰斧柯。在大江之南，蓋靈羊峽之對山也。斧柯山，峻峙壁立，下際潮水。自江之湄登山，行三四里，即爲硯嵓也。先至者曰下嵓，下嵓之中，有泉出焉，雖大旱未嘗涸。下嵓之上，曰中嵓，中嵓之上曰上嵓，自上嵓轉山之背曰龍嵓。龍嵓，蓋唐取硯之所，後下嵓得石，勝龍嵓，龍嵓不復取。自山之下，分路稍東，至半邊山諸嵓。西南沿溪而上曰蚌坑，龍嵓、斧柯山脚谷中也。大抵石以下嵓爲上，中嵓、龍嵓、半邊山諸嵓次之，上嵓又次之，蚌坑最下，此嵓石之品也。下嵓石乾則灰蒼色，潤則青紫色。嵓有兩口，其中則通爲一穴，大者取研所自入也。小者泉水所自出也，故號曰水口，即陳公密所開也。嵓之北壁，石背爲泉水所浸，彌漫湧溢，下流爲溪，嵓之中，歲久崩摧，石屑翳塞，積水屈曲，淺深人所莫測，以是石工不復能采矣。今世所有下嵓硯，唐五季國初時物也。今欲得下嵓北壁石者，往往於泉水石屑中得之，若南壁石，尚或可采，然自崇觀以後，亦罕得矣。北壁石，蓋泉生其中，非石生泉中也，則潤可知矣。嵓之上，雖秋冬乾旱，亦未嘗涸，有泉珠散落如飛雨不絶。北壁石眼正圓，有青緑碧紫白黑暈十數重，中復有瞳子。南壁石即泉水半浸者，稍不及北壁眼之暈，色皆少淡。下嵓、上嵓皆有。山半上嵓之穴，陟而取石；中嵓之穴，或陟或降；下嵓之穴，降而取石。上嵓有三穴，上穴曰土地嵓，以土地祠居其上名焉。中嵓曰梅樹嵓，下穴今石工以爲中嵓者是也。下穴兩口，其間通爲一穴，皆中嵓也。土地嵓亦有兩穴，其中亦相通。土地嵓石色帶黄赤，眼亦如之。梅樹嵓石微黄，赤稍輕而帶灰蒼色，眼黄緑。中嵓兩壁石與梅樹嵓同，而少勝焉。北壁石則與下嵓南壁石相類，而少劣焉。

大抵石性貴潤，色貴青紫，乾則灰蒼色，潤則青紫色，眼貴翠緑圓正，有瞳子。石有眼，則易分品第。若性枯燥，色黄褐。乾則灰蒼色，潤則青紫色。眼赤黄，皆下品也。眼赤黄輕，青緑重，即漸爲上品矣。

龍嵓石色深紫，眼少。有即類中嵓半邊山者。

半邊山諸嵓，石色少灰青，與下嵓南壁石、中嵓北壁石相類，但眼不若下嵓，則眼暈少爾。中嵓者層暈多，青緑赤黄紫色皆淺淡不同。

然半邊山嵓極多眼。

半邊山嵓，近南者眼大，暈差少緑，近北者眼少，暈愈少，所謂菉豆眼。

蚌坑石性堅，顔色深紫，有眼，即黄白微帶青色，不正，無瞳子，雖潤亦不發墨。眼偏斜不正，無暈道，有翳。

黄坑石，即與上嵓石相類。新坑石，與半邊山石之劣者相類，但半段碎小耳。

小湘峽在州之西四十里，其石類嵓石，而性軟燥，色深紫，如蚌坑及後歷石，眼亦類蚌坑石，大抵潤及坑石，而發墨勝之。

後歷山，在州北十里，石性軟燥，色深紫帶黄赤，間亦有眼，極類蚌坑，堅潤不及，發墨勝之。

嵓石取諸嵓，斧併力然後可得。凡嵓石皆有黄臕，如玉之瓜蔞也，胞絡黄臕，鑿去方見硯材，世所謂子石也。子石嵓中有底石，皆頑石，極潤，不發墨，又色汙雜，不可硯，端人謂之鴨屎石。底石之上大率如石榴子，又如墫坯。自底至頂，中作三疊，下疊居底石之上，最佳品也。石必有眼，端人謂之脚石。中疊居下疊之上，次石也。眼或有或無，端人謂之腰石。上疊居中疊之上，又次石也。皆無眼，端人謂之頂石。頂石之上，皆蓋石也，亦頑麄而不堪用。大抵三疊石皆有麄臕絡，無非子石，世人乃謂别一種子石，非也。蓋往往有崩落嵓中泉水中者，其形偶圓類卵，人或中摸得之，故妄有此説。

蚌坑石取於山下澗谷中，皆波濤所擊，風日所曝，雷雨所摧，皆頑很不才之物也。但人能到其處，皆可拾取，端人謂之野石，蓋遍地是也，甚易得之，而他處人不識，往往反愛之，正以大璞少瑕翳耳。其小湘石、後歷石，皆掘地取，嵓石不假油蠟，久則自光潤，後歷非油蠟則不堪用，歲次油蠟敗，則麄燥不堪用矣。

蚌坑，自鼎湖山諸谷水聚爲大溪，轉斧柯山下，出大江中，半邊山諸嵓，有大秋風、小秋風、獸頭、獅子、桃花、河頭、新坑、黄坑等名，皆在斧柯山下，蓋山之麓也。

凡有眼之石，在本嵓中尤縝密温潤。端人謂：石嫩則眼多，老則眼少；嫩石細潤發墨，所以重有眼也。青脉者必有眼，故腰石、腳石多有青脈，而頂石多瑩淨，端人謂青脈爲眼筋。夫眼之別者，曰鸜鵒、曰鸚歌、曰了歌、秦吉了也。曰雀眼、曰雞眼、曰貓眼、曰菉豆，各以形似名之，翠綠爲上。

李賀有《端州青花石硯歌》，蓋自唐以來，便以青眼爲上，黄赤爲下。

硯之價，下嵓水底脚石十倍於南壁石，南壁石十倍於中嵓北壁石，半邊山南諸嵓倍於中嵓南壁石，半邊山北諸嵓及龍嵓、中嵓南壁倍上嵓諸穴石，上嵓諸穴倍小湘石，小湘石倍後歷、蚌坑石。後歷之佳者，亦與上嵓諸穴價等。

硯之形製，曰：平底風字，曰有脚風字，曰垂裙風字，曰古樣風字，曰鳳池，曰四直，曰古樣四直，曰雙錦四直，曰合歡四直，曰箕樣，曰斧樣，曰瓜樣，曰卵樣，曰璧樣，曰人面，曰蓮，曰荷葉，曰仙桃，曰瓢樣，曰鼎樣，曰玉臺，曰天研，東坡嘗得石，不加斧鑿以爲研，後人尋嵓石自然平整者倣之。曰蟾樣，曰龜樣，曰曲水，曰鐘樣，曰圭樣，曰笏樣，曰梭樣，曰琴樣，曰鏊樣，曰雙魚樣，曰團樣，曰八稜角柄秉硯，曰八稜秉硯，曰竹節秉硯，曰硯磚，曰硯板，曰房相樣，曰琵琶樣，曰月樣，曰腰皷，曰馬蹄，曰月池，曰阮樣，曰歙樣，曰吕樣，曰琴足風字，曰蓬萊樣。

宣和初，御府降樣造，形若風字，如鳳池樣，但平底耳。有四環，刻海水魚龍三神山，水池作崑崙狀，左日右月，星斗羅列，以供太上皇書府之用。

石之病者，有曰鐵線。乃是臕皮隔處，若於線上鑿之，則應手而斷。

曰瑕，白文。

曰鑽，如蛀蟲眼。

曰驚，斧鑿觸裂者。

曰火黯，一名熨火焦。惟嵓石有之，斜班處如火燒狀。

曰黄龍，灰黄色，如龍虵横斜布石上。

唯火黯，端人不以爲病，蓋嵓石必有之，他山石皆無。

右縉雲葉樾交叔傳此譜，稍異於衆人之説，不知何人所撰，稱徽祖爲太上皇，必紹興初人云。淳熙十年七月二十四日，東平滎芑書。

祝穆《方輿勝覽》卷一二《福建路南劍州·土產》 石硯。葉少藴云：「此石有二種：其一出鹵水，去黯淡四十里，細潤而不甚發墨；黯淡灘石宜墨，而膚理不逮，然世亦未知此石之可珍也。」蘇子瞻鳳咮硯，或以爲此石。

祝穆《方輿勝覽》卷一六《江東路徽州·山川》 龍尾山。在婺源東南百里，西連武溪。開元中，獵人葉氏見石瑩潔，鐫粗成研，子孫持以獻令。令訪匠琢，由是世始傳。一名羅文山，有石理所似爲名。

祝穆《方輿勝覽》卷三四《廣東路肇慶府·土產》 端硯。柳公權曰：「端州有溪，曰端溪。其硯有赤白黄色點者，謂之鸜鵒眼。或脉理黄者，謂之金線紋。」《郡志》云：「有青紋者，謂之音條。其短者，謂之眼筋，下巖石亦有之。色微班者，謂之火黯，下巖無此。又有曰赤裂，曰黄霞，曰鐵線。曰白鑽，圓而深如鑽眼。曰壓矢，其色班駁。其舊坑則有龍巖、汲綆、黄圃三石，汲綆全無眼。其新坑則有後歷、小湘、唐寶、黄坑、蚌坑、鐵坑六處，皆不及上三石。」蘇易簡《硯譜》：「端溪硯，水中者石色青，山半者石色紫，山頂石尤潤，如猪肝色者佳。若匠者識山之脉理，鑿一窟，自然有圓石青紫色者，琢而爲硯，可直千金，謂之子石硯。」《東軒筆録》：「魏泰曰：『端溪硯有三種：曰巖山，曰西坑，曰後磨石。石色深紫，襯手而潤，叩之清遠，有青緑圓小鸜鵒眼，乃巖石。其次色赤，呵之乃潤，鸜鵒眼，色紫，紋慢而大，此乃西坑石也。其下青紫色，向明側視有碎星光點，如沙中雲母，乾而少潤，謂之後磨石。西坑硯三當巖石之一，後磨石三當西坑之一，其品可知。』」李賀《紫石硯歌》：「端州石匠巧如神，露天磨刀割紫雲。紗帷晝睡墨花春，輕漚漂沫松麝薰。」昔丁寶臣知端州，以詩送緑石硯於介甫，所謂「玉堂新樣」者。介甫以詩報之云：「玉堂新樣世爭傳，況以蠻溪緑石鐫。嗟我長來無異物，愧君持贈有新篇。久埋瘴霧看猶濕，一取春波洗更鮮。還與故人袍色似，論心於此亦同堅。」蘇子瞻《硯銘》：「千夫挽綆，百夫運斤，篝火下縋，以出斯珍。」

《歙硯説》 唐侍讀《硯譜》云：二十年前，頗見人用龍尾石硯，求之江南故老，云昔李後主留意翰墨，用澄心堂紙、李庭邽墨、龍尾硯，三者爲天下冠，當時貴之。自李氏亡而石不出，亦有傳至今者。景祐中，校理錢仙芝守歙，始得李氏取石故處，其地本大溪也，常患水深，工不可入，仙芝改其流，使由別道行，自是方能得之。其後縣人病其須索，復溪流如初，石乃中絶。後邑官復改溪流，遵錢公故道，而後所得盡佳石也，遂與端石並行。按《圖經》龍尾山在婺源縣長城里。唐開元中，葉氏得其地，嘗取石為硯，不見稱於世，故無聞焉。蘇易簡《硯譜》云：龍尾山石，亞於端溪。今雖多故坑，無有石出。環縣皆山也，而石雖出他山，寔龍尾之肢脉，俱得謂之龍尾。

自州一百八十里至西坑口，入山谷林莽，盤屈鳥道，又三十里，自縣三十里過溪，大嶺重複，九十里並至羅紋山下。

自州一百九十里，自縣八十里，並至濟口，入山，又七十里至濟源。

龍尾山，亦名羅紋山。下名芙蓉溪，石坑最多，延蔓百餘里，取之不絶。

眉子坑，在羅紋山之西，從溪下至坑十餘丈，坑中無土，深丈餘，闊二三尺許。

羅紋裏山，在羅紋山後。

羅紋舊坑，地名寨頭，即錢云所訪南唐采石故坑也。

水絃坑，在眉子坑外，臨溪，至冬水涸，方能取之。入地丈餘，石多金花。

水蕨坦坑，在羅紋山西北，其理若浪。

溪頭坑，在金星坑之北五里。

葉九坑，在溪頭之西一里，亦有眉子，其理麄慢，與溪頭坑石相上下。

金星坑，在羅紋山西北，相去四十五丈。

驢坑，在縣西北七十里。景祐中曹平爲令，後王君玉爲守，嘉祐中刁璆爲尉，皆取之，其石青中緑暈。

濟源坑，在縣之正北，三坑相連。

碧裏坑，在濟山上，色理青瑩。相去半里，有水步石，大雨點石，十里外有裏山石，青細有金紋花暈，其狀奇恠不常。

洞靈巖，在縣北一百二十里，三洞相連，石産於巖之左右，無定所，色擬端溪，麄而燥，復多瑕璺。

淛石，出衢州開化縣界，斑若玳瑁然。

麻石，三尺中隱硯材數寸而已，猶玉之在璞也。坑往往在溪澗中，至冬水涸，合三二十人方可興工，每打發一坑，不三數日必雨，雨即坑壠皆堙塞，較其工力，倍金銀坑中取礦者，此其所以貴也。往時必先祠以中牢，方免諸患。

大抵攻琢貴精，治之不盡工，雖有佳石，亦常硯而已。每得一石，以鐵鑿擊之，候其聲清圓，乃可攻治，度其所宜，然後制樣，須令人捧，不然，内諸稻穀中，欲其不實也。

蘇易簡云：硯有薄如紙者，蓋以薄爲利用云。

龍尾石，多産於水中，故極温潤，性本堅密，扣之其聲清越，婉若玉振，與他石不同，色多蒼黑，亦有青碧者。采人日增，石亦漸少，有得之巖崖中者，色白而燥，殊不入用。

眉子，色青或紫，短者，簇者如卧蠶，而犀紋立理；長者，闊者如虎紋，而松紋從理。其曰鴈湖攢與對眉子，最爲精絶，凡九品：

鴈湖眉子　對眉子　金星眉子　菉豆眉子　錦蹙眉子　短眉子　長眉子　簇眉子　闊眉子

大抵石頑則光滑，而磨墨不快；石麄則黏墨，而滲漬難滌，唯麄羅紋理不疎，細羅紋石不嫩者爲佳。凡十二品：

細羅紋　麄羅紋　暗細羅紋　松紋羅紋　角浪羅紋　金星羅紋　刷絲羅紋　倒地羅紋　石心羅紋　卵石羅紋　泥漿羅紋　筭子羅紋

麄羅紋稍細者，易爲磨墨，細羅紋稍堅者，最能發墨。或者以易磨墨爲發墨，非也。唯蔡君謨論得其要，墨在硯中，隨筆旋轉，滌之泮然盡去，此乃石性堅潤，能發起，不滯於硯耳。若刷絲、松紋、角浪，皆以其理疎，易於磨墨。至於金星之類，乃其餘事，自有優劣，獨泥漿一品，較之諸石，紋理細密，富於温潤，但多不甚堅實。瓜子羅紋，紋若瓜子羅紋然，此最佳者也。出水波坑中，幸而得之，不可期，或取羅紋側爲之，甚能亂真。

驢坑，石色青緑暈，今不復出。士大夫家間有藏者，亦罕見之。

棗心，青潤可愛，中有小斑紋，中廣上下皆鋭，形若棗核然，雖少疵瑕，多失之頑固。

唐公《硯録》云：嘗過金陵，於翰林葉道卿處見一硯，方四五寸許，其色淡青，如秋雨新霽，遠望暮天，表裏瑩潔，都無紋理，蓋所謂硯之美者也。云得於歙，不知出於甚坑，今不復有。

裏山一種，金星而疎慢。

水絃金紋凡十種：

青斑如舞鶴者　如長壽仙人者　如雙鴛鴦者　如枯槎仙人者
如朝霞雲氣者　如湖中寒鴈者　如雙魚蹲鴟者　如壺瓶者
如卧蠶者　如斗者

硯以瑩浄爲先，小有痕線，皆不足甚貴，石病有十：

痕如蚓行迹。雞腳如雞迹，麻石黯色。鳥肫有痕如木葉，若肉中脞也。浪痕徧纏，如布帛紋，作淺深黑色。贅子如烏豆隱起礙手，開之多成大璺。搭線斜紋，若斷裂者。黄爛者，土中石皮也。硬線高起隱手，雖良工不能礪平也。石上有微塵孔者，石之膚也。斷紋，兩不相着。

硯之形制不一，古人有以蚌爲之者，取其適用而已。舊有古端樣，并世傳晉右軍將軍王逸少端樣，皆外方内若峻坂然，使墨下入水中，至寫字時，更不費研磨之工。今之端樣，蓋其遺法也。或有爲硯板、硯鏡之類，微坳其首而已；或直用平石一片，别以器盛水，旋滴入研墨，以此知今人不如古人書字之多耳。

《硯譜》

李後主硯

李後主留意筆扎，所用澄心堂紙，李廷珪墨，龍尾石硯，三者爲天下之冠。

右軍風字硯

會稽有老叟云：右軍之後，持一風字硯，大尺餘，色正赤，用之不減端石。云右軍所用者，石揚休以錢二萬得之。

紅絲石

青州紅絲石，外有皮表，磨礱即其理，紅黃相參。理黃者其絲紅，理紅者其絲黃。須飲以水使足，乃可用，不然渴燥。唐彦猷其奇此硯，以爲發墨不減端石。蔡君謨又言：端石瑩潤，惟有鋩者尤發墨；歙石多鋩，惟膩者佳。蓋物之奇者，必異其類也。

鳳咮石

蘇子瞻云：僕好鳳咮石，少得真者。唐彦猷以青州紅絲石爲甲，或云唯堪作骰盆。

端硯

蘇公易簡云：柳公權論硯，青州石爲第一，絳州者次之，殊不言端石。世傳端溪中有草，蒙茸可愛，匠琢石成硯，用草裹之，故自嶺表迄中夏而無損。或云水中石，其色青；山半石，其色紫；山絶頂者，尤潤，如豬肝色者佳。其貯水處有白赤黃色點者，謂之鸜鵒眼；脉理黃者，謂之金線紋。其山號斧柯，昔人采石爲硯，必中牢祭之，不爾，雷電失石所在。

鸜鵒眼

端石有眼者最貴，謂之鸜鵒眼。石紋精美，如木有節，今不知者，乃以爲石病，吁，可痛哉！石有上下巖，西坑，後歷，悉其下也。惟上巖有眼。眼之美者，青黃綠三色相重，多者自外至心凡九重，其大者尤爲希有。或布列硯中，如北斗心房之形。土人以眼多少爲價重輕。其生於墨池之外者，謂之高眼，生於内者曰低眼，高眼尤可尚，以不爲墨漬，常可睹也。或云：取石祭以中牢，故老云無之。又云：石有金線爲美，正其病也。唐彦猷。

子石

端石以子石爲上。在大石中生，蓋精石也。流俗訛爲紫石，又以貯水不耗爲佳。有眼爲貴，眼，石病也。官司歲以爲貢，在它硯上，然十無一二發墨者，但充翫好而已。歐陽永叔。

端溪

端溪有斧柯、茶園、將軍地，同是一溪，唯斧柯出者，大不過三四指，一兩呵津汗滴瀝，真難得之物。茶園次之，將軍又次。鄭樵

活眼死眼

蘇易簡作《文房四譜》，譜言：四寶，硯爲首。筆墨兼紙，皆爲隨時收索，可與終身俱者，唯硯而已。譜中載四十餘品，以青州紅絲石爲一，斧柯出第二，龍尾石第三，餘皆在中下。雖銅雀臺古瓦硯列於下品，特存古物耳。端所出有四：岩石爲甲，石屋次之，西坑又次之，後歷爲劣。巖與西坑相去二十里，石屋、後歷七里，而所産迥然不同，猶建安産茶，北源壑源去沙溪十數里而優劣差殊。而巖石又分上下，又有活眼、死眼之别。圓暈相重，黃黑相間，鑿精在内，晶瑩可愛，謂之活眼；四旁浸漬，不甚鮮明，謂之淚眼；形體略具，内外皆白，殊無光彩，謂之死眼。活眼勝淚眼，淚眼勝死眼，死眼勝無眼。

龍尾石

歙石出於龍尾溪，以金星爲貴。予少時得金坑礦石，堅而發墨。端溪以北巖爲上，龍尾以深爲上，龍尾遠於端溪上，而端石以後出見貴爾。歐陽永叔

李賀詩

永叔以端溪後出，不然。李賀有《端州青花石硯》詩云：暗灑萇泓冷血痕。則謂鸜鵒眼，知端石爲硯久矣。

諸州硯

淄州金雀石，色紺青，聲如金玉。又有青金石，叩之無聲，發墨。青州紫金石，狀類端州西坑石，發墨過之。吉州〔吉水〕縣紫石，亦類西坑。登州駞基島石，上有羅紋金星。絳州角石，色如白牛角。歸州大沱石，江水中石也，止用於川峽人。宿州出樂石，潤膩發墨，但無石脉。萬州有懸金崖石，又有磁湖石。洮河出綠石，性厥不起墨，不耐久磨。牢山丹石，滑澤堅膩。古瓦硯出相州魏銅雀臺，里人因掘土，往往得之。虢州澄泥，唐人品硯以爲第一，今人罕用。澤州道人吕翁作澄泥硯，堅重如石，手觸輒生暈，上著吕字。青濰州石末硯，皆瓦硯也，柳公權以爲第一，當時未見歙石，以爲上品耳。

硯賦

傅玄《硯賦》云：木貴其能軟，石美其潤堅。劉道友以浮查爲硯，知古亦有

木硯。

銅硯蜯硯

劉聰謂晉懷帝曰：「頃贈朕拓木銅硯。」袁象贈庾翼蜯硯。

水精硯

丁恕有水精硯，大纔四寸許，爲風字樣，用墨即不出光，發墨如歙石。

玉硯

鎮潼留後李充伯得玉材，琢爲圓硯，發墨可愛。

碧玉硯

許漢陽筆以白玉爲管，硯乃碧玉，以玻瓈爲匣。

鐵硯

青州熟鐵硯，甚發墨，有柄可執。晉桑維翰鑄生鐵硯。

漆硯

《晉儀》注：太子納妃有漆硯。

竹硯

《異物志》云：廣南以竹爲硯。

滌硯

凡硯須旦滌之，縱未能，亦須日易其水，洗宜用小氈片或紙。若久用，石色爲墨漬污，即以麩炭磨洗，復如新矣。苦寒不宜用佳硯，石理既凍，墨亦少光。

帝鴻氏之硯

黄帝得玉一紐，治爲墨海，其上篆文曰「帝鴻氏之硯」。又太公《金匱硯書》曰：石墨相著，邪心讒言，無得污白。是知硯其來尚矣。硯者，研也。可研墨使和濡也。

孔子硯

伍緝之《從征記》云：魯國孔子廟中，石硯一枚甚古朴，孔子平生時物也。及顔路所請者車亦存。

硯溪

《永嘉郡記》云：硯溪一源多石硯。《述異記》云：洞庭湖一陂有范蠡石牀、石硯。

一篋磨穴硯

古人有學書於人者，數年，自以藝成，告而去辭。師曰：「吾有一篋物，可附於某處。」及山之下，絶無所付人，封題亦甚不密，乃啓之，皆磨穴者硯數十枚，方知師夙所用者，乃返山，服膺至皓首，方畢其藝。

補百碎硯

石晉時，關右有李處士能畫馴狸，能開端硯。百碎者賷歸旬日，即復舊如新琢成，略無瑕纇，但莫得其法。

後主青石硯

李後主得青石硯，墨池中有黄石如彈丸，水常滿，終日用之不耗。每以自隨。後歸朝，陶穀見而異之。硯大不可持，乃取石彈丸去。後主拽其手，振臂就取，後主請以寶玩爲謝，陶不許。後主曰：「唯此硯能生水，他硯皆不可用。」陶試數十硯，水皆不生。後主索之良苦，陶不能奈，曰：「要當碎之。」石破，中有小魚，跳地上即死，自是硯無復潤澤。

真材本性

硯當用石，鏡當用銅，此真材本性也。以瓦爲研，如以鐵爲鏡耳。

王惲《玉堂嘉話》卷三　米元暉所藏古端硯，其背刻云：「此硯色青紫而潤，下巖石也。先公得於山谷若文室中。磨李庭珪墨，試諸葛氏筆，世間真有楊州鶴也。」後題曰：「元暉。」山谷云：「虎兒筆力能扛鼎，好着元暉繼阿章。」米因以字之，亦義之、獻之之例也。

王惲《玉堂嘉話》卷五　米先生《端州斧柯山石説》

端州石出高要縣斧柯山。山前臨大溪，其絶頂，匠者於此鑿石，歲久乃成洞穴，今已極深邃。洞中常有水，至春冬水涸采石。中陰黑無所覩，但以手捫石，隨大小取之。凡石理之精麤，即良工往洞中，且不能別，至於瑕玷璺脈，須出洞乃可識，故有累日月而不得一佳者。大抵以石中有眼者爲最貴，世謂之鸜鵒眼。蓋石文精美如木之有節也，不知者反以爲石病，吁！可痛哉。凡取石有四，曰上巖、下巖、西坑、後歷。上巖之石最精，下巖次之。惟上巖之石乃有眼，眼之美者，皆緑黄二色相重，多者自外至心凡八九重，其狀皆圓，以色鮮美、重數而圓正者爲上。其大者尤爲稀有，絶大者乃如彈丸。有布列硯中，或如北斗，或如五星、心、房之形者，價不減數萬。其生於墨池之外，謂之高眼，其内者爲低眼。曰高眼者，以其不爲墨所漬淹，常可覩於前也。無眼者雖資質甚美，不出千錢。石之品有數種，其色正紫而微有青潤無芒，叩之無聲，此近水者也。其色微紫而不深重，近日視之略似有芒，叩之有聲，此巖壁之石。二者最爲發墨，乃石至精者。

其次青紫參半，或紫而近赤，或青多紫少，皆石之下也。端人爲硯，凡色之不佳者須用佛桑花染漬之。初亦可愛，經水即如故。又山有自然團子，或云剖其璞而得焉，謂之子石。又謂石之有金線者爲美，此正其病也，端人亦不取云。唯材之大者尤爲難得，每購求方六七寸而亡病脈者，固亦少矣。比歲所貢方硯者五，皆以尺爲準，然止於巖石之中品。或眼，工人輒鑿去之，恐異日復求不可必致也。

陶宗儀《南村輟耕録》卷八《雙硯堂》 周待制白岩先生仁榮買地於府城之鄭捏兒坊，剏義塾以淑後進。築礎時，掘地深纔數尺，有青石，獲雙硯，硯有欵識。乃唐鄭司户虔故物。塾既成，遂名雙硯堂。爾後，先生之弟本道先生仔肩登庚申科，仕至惠州判官。虔字弱齊，俗謡爲捏兒云。

曹昭、王佐《新增格古要論》卷七《古硯論》

歙溪龍尾石舊坑

歙溪，龍尾溪舊坑赤卵石，色淡青黑無紋，而温潤如玉，水濕之微紫，或隱隱有白紋，成山水星月異像，乾則否。大者不過四五寸，多作月硯，就其材也。或有純黑者。此石至貴，不減端溪下巖石。

舊坑，南唐時方開龍尾溪坑，至宋取盡矣。

龍尾溪新坑，色亦青黑，質粗燥，有極大者盈二三尺。

歙溪羅紋、刷絲、金銀間刷絲、眉子，俱舊坑四品。舊坑石皆青黑色。紋細而潤如玉，曰羅紋。如細羅紋刷絲如髮密。金銀間刷絲亦細密，眉子如甲痕，或如蠶大。

已上石亦南唐時開，至北宋時無矣，得之貴重不減龍尾舊坑。

四品新坑，石質並枯燥，紋亦粗。

羅紋如蘿茯，紋大者盈二三尺。刷絲每條相去一二分。眉子或長二三寸。

金星舊坑新坑

金星舊坑、新坑，石淡青色，並粗，大者盈尺，久用則退乏。

銀星舊坑新坑

銀星舊坑、新坑，石淡青黑色，並粗燥，有星處不堪磨墨，多側取爲硯，久用則退乏，其小者如鏡面，大者盈尺。

佐家有一團硯，面上多白點，如粟米大，此銀星也。

類端石

湖廣辰、沅州出一種石，色深黑，質粗燥，或有小眼，端溪人取歸，刻作端石樣，稱爲黑端。今湖廣辰州府沅州。

辰、沅二州人自製者，多作犀牛龜魚八角等樣。

漵溪石，有一種石，出九溪之漵溪，石表淡青色，內深紫而帶紅，有極細潤者，久用則光如鏡，或有金線及黄脈相間者，號爲紫袍金帶。今九溪衛，在湖廣常德、辰州二府界。

紫袍金帶，多有僞者，蓋以藥成之，分明有拆痕可驗，真者自不同也。

洮溪硯

嘗聞洮河緑石，色絶如藍，其潤如玉，發墨不減端溪下巖石。此石出陝西臨洮府大河深水中，甚難得也。

今有緑石硯名洮石者，多是漵石之表，或湖廣長沙府山谷中石也。漵石潤而光，卻不受墨。

萬州金星石

萬州懸崖金星石，資質亞於端溪下巖石，色漆墨，細潤如玉，水濕之，則金星自見，乾則否，極發墨，久用不退乏，非歙比也。如得之，不減端溪下巖石。在廣東海外瓊州府。

衢硯 新增

衢硯，今浙江衢州府所出，開化縣黑石最佳，大者三尺，但多不發墨。

端硯

柳公權曰：端州有溪曰端溪，其硯有赤白黄色點者，謂之鴝鴿眼，或脈理黄者，謂之金線紋。

《郡志》云：有青紋者，謂之青縧，其短者謂之眼筋，下岩石亦有之。色微斑者，謂之火黯，下巖無此。又有曰赤裂，曰黄霞，曰鐵線。曰白鑽，圓而深如鑽眼。曰壓矢，其色斑駁。其舊坑則有龍岩、汲綆、黄圃三石，汲綆全無眼。其新坑則有後歷、小湘、唐竇、黄坑、蚌坑、鐵坑六處，皆不及上三石。

硯名出《廣記》，此下俱新增。

龍尾硯，金星硯，羅紋硯，蛾眉硯，角浪硯，松紋硯，豆斑硯，已上俱出歙縣，皆硯之異名，其石皆出於龍尾溪，金星尤佳。

紅絲硯，黑角硯，黄玉硯，褐色硯，紫金硯，鵲金墨，玉石硯，已上俱出東州，唐彥猷作紅絲硯，自號爲天下第一。

子石硯，鴝鴿眼，緑絲環，已上俱出廣東端溪。紫石硯，出吉州。黄金硯，出淄州。金雀石硯，出淄州。熟鐵硯，出青州。磁洞石硯，出萬州。懸崖金星石硯，出萬州。古瓦硯，出相州，即銅雀硯。魯水硯，出南劍州。樂石硯，出宿州。緑石硯，出洮州。角石硯，出絳州。石末硯，出青州。澄泥硯，出虢州。大陀石硯，出歸州。駝基島石硯，出登州。石末硯，發墨而廢筆。龍尾，得墨遲而久不燥。羅紋石，起墨過於龍尾。端溪龍窟巖紫石又次之。古瓦類石末，他無足議。

洗硯法出《廣記》，新增。

凡硯須日滌之，過二三日即墨色差減，縱未能滌，亦須易水。春夏蒸濕之時，墨久留其間，則膠力滯而不可用，尤要頻滌去之。

洗硯不得使熱湯，亦不得用氈片故紙，惟以蓮房枯炭洗之，最佳。

端溪自有洗硯石，或挼皁角水洗之，亦得。

半夏切平洗硯，大去滯墨。

又黄蠟補硯尤佳。

李賢《明一統志》卷一六《池州府》 硯。出歙縣龍尾山武溪，其品有五，一曰眉子石，有七種；二曰外山羅紋，有十三種；三曰裏山羅紋，有二種；四曰金星，有三種；五曰驢坑，有一種；世總謂之龍尾硯。大抵歙石之珍者，以青色緑暈多金星者爲上，然近深溪者尤佳。

李賢《明一統志》卷二五《登州府》 硯石。蓬萊縣海中鼉磯島下出，名羅文金星硯，又名雪浪硯。

李賢《明一統志》卷二九《河南府》 澄泥硯。俱陝州出。

李賢《明一統志》卷三七《寧夏衛》 洮石硯。宋張耒詩：「贈君洮河緑石含風漪，能淬筆端利如錐。」

李賢《明一統志》卷四三《衢州府》 硯。常山、開化二縣出。

李賢《明一統志》卷四六《寧波府》 石硯。在慈溪縣西南五十里白巖山崖罅間，有石硯。可見而不可得，人異之。

李賢《明一統志》卷七二《邛州》 蒲江硯。蒲江縣出，其發墨與端、歙不異。

李賢《明一統志》卷八一《肇慶府》 端硯。高要縣羚羊峽對山出硯，有三種，巖石爲上，西坑次之，後(磨)〔歷〕又次之。其色深紫，瑩潤，扣之其聲清遠，有青緑、黄重暈圓點者謂之鸜鵒眼，爲巖石，其色赤，呵之乃潤。鸜鵒眼色紫紋漫而大者爲西坑石，其色青紫，向明側視有碎星光點如沙中雲母。乾而少潤者爲後(磨)〔歷〕石。又有子石在大石中，匠者識山之脉理，鑿一窟自然有圓石青紫色者，琢爲硯，可直千金。

李詡《戒庵老人漫筆》卷八《硯貴洗》 硯宜常洗，不洗則滯墨，滯墨則損筆。

陸樹聲《清暑筆談》 硯材惟堅潤者良，堅則緻密，潤則瑩細，而墨磨不滯，易於發墨。故曰：「堅潤爲德，發墨爲材。」或者指石理芒澁，墨易磨者爲發墨，此材不勝德耳，用之損筆。

蔡忠惠題沙隨程氏歙硯曰：「玉質純蒼理緻精，鋒鋩都盡墨無聲。」此正謂石理堅潤，鋒鋩盡而墨無聲矣，安能損筆？而坡仙乃謂硯發墨者必損筆，此不知何謂？

端硯以下巖石紫色者爲上，其貴重不在眼，或謂眼爲石之病，然石理堅潤而具活眼者固自佳。若必以有眼爲端，則有飾僞眼於凡石者，西施捧心而顰，病處成妍，東家姬無其貌而效顰焉者也。

王圻《稗史彙編·文史門·文用》

端溪硯

端溪出下岩，色紫如猪肝，密理堅緻，潴水發墨，呵之即澤，研試則如磨玉而無聲，此上品也。中下品則皆沙壤相雜，不惟肌理既粗復燥，而色赤如蚌，新舊坑皆不可用，製作既俗，又滑不留墨。且石之有眼，予亦不取。大抵瑕翳於石有嫌，況病眼、假眼，韵度尤不足觀，故所藏皆一段紫玉畧無點綴者可也。

雪方池

和魯公有白方硯，通明無纖翳，自題硯名曰雪方池。

金陵玉海

武昌節度掌書記周彬公，予同僚，一硯四圍有小金紋，如陷，製者處士方薦獻詩曰：金陵玉海比連城。

仙翁硯

南昌陳省躬好硯成癖，晚得一枚，腹有四眼，徐鉉名之方相石，省躬以近凶不用，自號爲仙翁硯，蓋取道家四目老翁之説。

小金城

小金城，命者徐闡之硯，體純紫，而纖脳有線紋如城之女墻，是以得名。

四鐶鼓硯

宣城裁衣肆中用一石鎮子而潤，予謂堪爲硯材，懇售之，琢爲四鐶鼓硯。

三災石

蕭穎士文爽而矜躁，嘗至李韶家見歙硯，頗良。既退，語同行者曰：「君識此硯乎，蓋三災石也。」同行者不喻而問之，曰：「字札不奇，一災也；文辭不優，二災也；窓几狼籍，三災也。」同行者歛眉領之。

雷硯

九峯孫公所居山後，有雷破一石，村人得工硤以獻，一如輪，一如斧，皆有孔，滑澤可愛，琢以爲硯，號雷輪、雷斧二硯，自爲之記。豐公說。

南唐硯

南唐有國時，造硯於歙州，其硯務選工之善者，命以九品之服，月有俸廩之給，號硯務官，歲爲官造硯。其硯四方而平淺者，南唐官硯也。其石老，精製作，亦不類今工之侈。予此硯得自王舍人原叔家，原叔不識佳研也，子孫輩棄置之。予始得之，亦不知爲南唐物也。有江南人年老見者，悽然曰：此故國之物也。因具道其所以然，遂始寶惜之。某貶夷陵時損其一角。

硯封九錫

薛稷又爲硯封九錫，拜離石鄉侯，使持節即墨軍事長史兼鉄面尚書。凰翔《退耕傳》

高宗硯銘

宋高宗建炎中以已所常用之硯賜綦密祀，硯上刻御書銘曰：「操觚濡墨兮，中有殺生。造次必思兮，令世可行。」吁，大哉王言也。司刑者宜以此銘，置爲硯屏，日與之相對，誠可與官箴所謂「爾俸爾禄」者同爲不刊之言也。

端歙石

世人論硯者曰多用歙石，蓋不知有端石，歷代以來皆用端溪。至南唐李后主時，端溪舊坑已竭，故不得已而取其次，歙乃端石之次也。近時好事者作硯譜，惟分端溪上中下三嵓，不知下岩惟有舊坑，無新坑，上中二岩，則皆有新、舊坑，於歙亦然。世之論端溪者，惟貴紫色，而不知下岩舊坑惟有漆墨、清花二種，初未嘗有紫色者，此無他，未曾覩古硯也。予慮世人貴耳鑒而無心賞，故述古硯惟説端、歙二溪，而不他及，蓋他石皆不及端、歙，或强以爲硯，寧不羞見子墨客卿乎。

端溪下巖舊坑

端溪下巖舊坑，卵石黑如漆，細潤如玉，磨墨無聲，有眼，中有暈，或六七眼相連者，及如排星斗之異形。石居水底，須千夫堰水汲盡，深數丈，篝火下搥，深入穴中，方得之。此品南唐時已難得，至慶曆間坑竭。下岩舊坑又一種卵石，去膔方得材，色青黑，細如玉，有花點，如筯頭大，其點别是碧玉青瑩，與研質不同，唐吳淑《硯賦》所謂「點滴青花」是也。故名青花子石，今訛爲青花紫石。李長吉詩已訛作紫字，其實未嘗紫也。青點之中或有白點，如粟，排星斗異象，經水方見，扣之無聲，磨墨亦無聲，此品南唐時亦已難得，慶曆間坑竭。已上二品石久用鋒芒愈出，不退鈍，不假磨礲，下巖上有一坑出此二種石，别無新坑，所謂新坑蓋元坑已盡而别開一坑，下巖則否。

中巖舊坑新坑

端溪中巖舊坑，石紫色，新嫩肝色，細潤如玉，有眼小如菉荳粒，純緑色而無暈，或有緑條紋，或白條紋如線。蓋竪而員者爲眼，横而長者爲條紋。此種亦是卵石，外有横膔包絡，扣之無聲，磨墨亦無聲，久用鋒芒不退，不假磨礲。今此坑取之亦竭。中巖新坑色淡紫，眼如鸲鵒眼，取其大重暈而緊小其中如瞳人狀，石老者叩之有聲，嫩者無聲，磨墨則微有聲。石有枯潤，潤者雖難得，然久用則鋒芒退乏，必假磨礲，今此品難得，遂爲希世之寶，百硯之中止見一二耳。世人見其希有，又未嘗見古硯，遂目此爲下巖舊坑之石，不知此去下巖已低三等矣。

黎石辰沅石

有一種黎石，出九溪、黎溪，表淡青，裏深紫而帶紅，有極細潤者。然以之磨墨則木塞而不鬆快，愈用愈光而頑硬如鏡，而間有金線，或黄脈直截如界行相間者，號爲紫袍金帶。高宗朝戚里吳鋸曾以進御，不稱旨。又一種辰沅州黑石，色深黑，質粗燥，或微有小眼，黯然不分明，今人不知，往往稱爲黑端，相去天淵。今端溪民負販者，多市沅硯璞而歸，刻作端溪様以眩人目，南士大夫被獲重價，若辰沅人自鐫刻者，則大雕篆，或作荷蓮水波、犀牛龜魚、八角六花等様，藻飾異常，雖工巧而材不堪用，此亦辨辰沅硯之一法耳。

歙溪龍尾

歙溪龍尾新坑、舊坑，石色淡青，黑湛如秋水，並無紋，經水微似紫，乾則否，細潤如玉，發墨如泛油，並無聲，久用不退鋒芒，或有隱隱白紋，成山水、星斗、雲月異象，水濕則見，乾則否，此亦是卵石故。難得大者，極不過四五寸，多作月硯，就其材也。或有純黑如角者，東坡最貴重此品，今得之亦貴重不減端溪下岩。然龍尾舊坑雖極細，尤微澁黑，端溪下岩則直如鐵盤塌蠟矣，以此爲辨。南唐時方開龍尾舊坑，今已無之。新坑之石，色亦青黑無紋而粗燥礪墨退筆，久用則鈍乏，有極大盈二三尺者。

歙溪勝龍尾

歙溪羅紋、刷絲、金銀間刷絲、眉子，新舊坑石並青黑色紋，而質潤如玉。羅紋真如極細羅，刷絲如髮密，眉子如甲痕，或如蠶大，金銀間絲亦細密，久用不退鋒芒，磨墨無聲。無闊大者，然皆次於龍尾舊坑，亦南唐時開，今已無矣，如得之貴重不減龍尾舊坑。四品新坑並文粗而質枯燥，且不堅。眉子大者或長二三寸，刷絲每條相去一二分，羅紋如羅，茯紋拒墨如鋸，久用退乏，硬大者盈二三尺也。

金星石

金星石，新舊坑並粗燥，淡青色，雖有金星滿面，然礪墨退筆，久用退乏，大者盈尺。別有一種黑石金星，質亞於端溪下岩漆黑石，乃是萬州懸金崖金星石，色如黑漆，細潤如玉，隱隱金星，水滋則見，乾則否。發墨如汎油無聲，久用不退乏，非歙也。今萬崖亦已取盡，如得之不減端溪下岩之石也。

銀星石

銀星石，新舊坑石並粗燥，漆青黑色，有星處不堪磨，墨工人多側取之，置其星於外，謂之銀星墻壁，拒墨如鋸，久用退乏。如鏡面大，亦有盈尺者，估視鐫琢而用。

洮河緑石

除端、歙二石外，惟洮河緑石，此石最貴重，緑如藍，潤如玉，發墨不減端溪下巖，然石在臨洮大河深水之底，非人力所致，得之爲無價寶。耆舊相傳雖知有洮研，然目所未覩。今或有緑石研名爲洮者，多是黎石之表，或長沙谷山石黎石，潤而光，不受墨，堪作砥礪耳。

黑玉硯

荆襄郢渚之間有團塊墨玉璞，正與端溪下岩黑卵石同，而堅細過之，正堪作硯，雅甚，如作玉器則光溜有鋒耳。但黑中有白玉相間，甚者闊寸許，玉石謂之間玉瑪瑙，其白處又極堅，恐梗墨。若用純黑處爲研，當在端溪之下，龍尾舊坑之上。

硯匣

硯匣不當用五金，蓋石乃金之所自出，金爲石之精華，子母同處，則子盜母氣，反能燥石，而且誨盜，當用佳漆爲之。硯雖低，匣必令高過寸許，方可藏之。然只用光素漆，切忌用犀皮細花之屬，四角須用布，令極牢，不宜用紗。匣取其容硯而周圍寬三指，作皂絹襯之尤妙。今人於匣底作小穴、小竅容指，本以之出研而多泄潤氣，令匣稍寬，不可留竅，或有墨汁流下多污几案。又或匣底之下作豹脚，取其可入手指以移重研，此尤非所宜。蓋硯實則易發墨，虛則否。故古人作硯多實其趺，又加以絣褥，正爲是也。

葛仙巖石

硯之美者無出於端溪之石，而米芾元章作《硯史》則以唐州方城山葛仙翁巖石爲冠。元章謂：方城巖石石理向日視之，如玉瑩如鑑光，而着墨如澄泥不滑，稍磨之則已下，而不熱生泡，發墨生光，如漆如油，歲久不退嘗如新，誠有君子一德之操。色紫可愛，聲平而有韵。此石近出，始見十餘枚，故列之於首。然此説恐未爲公也。予外氏居唐州，而方城外邑也，予往來必過仙公山下，地名新塞，居民多以石爲工，所貨之硯紫、青、白三種石也，亦作鼎斛、盤盂之類。其硯如吴郡巉村石之易得，一枚不過百錢。惟有一種曰太陽坑石，乃元章所謂近出者，坑在山巔，其石色如端溪，堅重縝密，作硯極發墨，不數磨而已盈硯，殊可愛也。蓋元章性急，每用磨墨發艷甚易，故以適意爲快，然多損筆墨，故士人謂之筆墨劊子，可與端州後瀝石相抗焉，得居上巖、下巖二石之上也。予在京西時擇求數年，得一巨璞，琢爲玉斗樣，不知者以爲無眼之端溪也。渡江以後亡之。

石取發墨

器以用爲功，玉不爲鼎，陶不爲柱，文錦之美，方暑則不先於表出之綌，楮葉雖工，而無補於宋人之用。夫如是，則石理發墨爲上，色次之，形製工拙又其次也。文藻外飾，雖天然失硯之用。

赤岩石

石理向日視之如方城石，磨墨不熱，無泡，發墨生光，如漆如油有艷，不滲，色赤而多有白沙點。爲研則避磨墨處，比方城差慢，難斷而易磨，亦有白點，點處有玉性，聲平無韵，楊休所購王羲之硯者，乃此石。今人所收古硯間有此石，形合《晉書》，約見四五枚矣。

歙硯婺源石

歙州有硯畓，石崗最多種，而赤紫石多瑕。土人以線脉隔爲三種〔病〕，今人以細羅紋無星爲上。

通遠軍漞石硯

石理澁可礪刀，緑色如朝衣，深者亦可愛，又次則水波紋，間有黑小點，土人謂之湔墨點。有紫者甚奇訬而硬者，與墨鬬，慢者滲墨無光，其中者甚佳。

西都會聖宫硯

會聖宫石在溪澗中，色紫，理如虢石，差硬，發墨不乏，扣之無聲。

青州青石硯

色類歙，理皆不及，發墨不乏，有瓦礫之象。

成州栗亭石

色青，有銅點，大如指，理慢，發墨不乏，亦有瓦礫之象。又成州有栗玉硯，理堅，色如栗，不甚着墨。

潭州谷山硯

色淡青，有紋如亂絲，理慢，扣之無聲，得墨快，發墨亦有光，大約與廬山青石硯同。

歸州緑石硯

理有風濤之象，紋頭緊慢不等，治難平，得墨快，添墨無光彩，色緑可愛，如秘色，淡如水蒼玉。

夔州黟石硯

色黑，理乾，間有墨點，如墨玉光，發墨不乏。

蘇州褐黄石硯

理麤，發墨不滲，類夔石。土人刻成硯，以草一束燒過爲慢灰煨之，色遂變紫，用之與不煨者一同而不燥，乃知天性非水火所移。

建溪黯澹石

理如牛角，扣之聲堅清，磨久不得墨，縱得色變如灰，作器甚佳。

陶硯

相州士人自製陶硯，在銅雀臺取泥，以熟絹二重陶泥，澄之，取極細者，燒爲硯，有色緑如春波者。或以黑白填爲水紋，其理細滑，着墨不費筆，但微滲。

吕硯

澤州有吕道人陶硯，以别色泥於其首，純作吕字，内外透。後人效之，有縫不透也。其性堅重，與瓦石等，以瀝青火油之滲入三分許，堅響，磨墨不乏，其性與方城石相等。

高麗硯

理堅密，能發墨，色青間白，亦有金星，隨横文密成列。

虢州石

理細如泥，色紫可愛，發墨不滲，久之石漸損凹硬，墨磨之，則有泥香。

信州水晶硯

用他硯磨墨汁傾入用，因光滑不能發墨故耳。

蔡州白石硯

理滑，可爲器，爲朱硯。花蘂石亦作小朱硯。

李後主硯

李後主留意翰墨筆札，所用澄心堂紙、李廷珪墨、龍尾石硯，三者爲天下之冠。

右軍風字硯

會稽有老叟云，右軍之後持一風字硯，大尺餘，色正赤，用之不減端石云。右軍所用者，後楊林以錢二萬易之。

紅絲石

青州紅絲石，外有皮表，磨礱即其理，紅黄不滲，理黄者其絲紅，理紅者其絲黄，須飲以水使足，乃可用，不然渴燥。

龍尾石

歙州出於龍尾溪，以金星爲貴。予少時得金坑礦石，堅而發墨。端溪以北岩爲上龍尾，以深爲上龍尾，遠在端溪上，而端石以後出見貴耳。李賀有端溪青花石硯詩云：暗洒萇弘冷血痕。蓋謂鸜鵒眼，知端石爲研久矣。

品硯

淄州金雀石，色紺青，聲如金玉。又有青金石，叩之無聲，甚發墨。青州紫金石，狀類端溪西坑石，發墨過之。吉州吉水縣紫石亦類西坑。登州鼉基島石，上有羅紋金星。絳州角石，色如白牛角。歸州大沱石，江水中石也，止用於川峽人。宿州出樂石，膩潤發墨，但無石脈。萬州有懸金厓石，又有磁洞石。洮河出緑石，性軟不起墨，不耐久磨。山舟石滑澤堅膩。古瓦硯出相州魏銅雀臺，里人因掘土往往得之。虢州澄泥石，唐人品硯以爲第一，今人罕用。澤州道人吕翁作澄泥研，堅重如石，手觸輒生暈，上著吕字。青濰州石末硯皆瓦研也，柳公權以爲第一，想當時未見歙石，以爲上品耳。

硯賦

傅玄硯賦云：木貴其能軟，石美其潤堅。劉道友以浮查爲硯，知古亦有木硯。

銅硯蜯硯

劉聰謂晉懷帝曰：贈朕柘木銅硯。袁家贈庾翼蜯硯。

水精硯

丁恕有水精硯，大才四寸許，爲風字樣，用墨光發如歙石。

玉硯

李允伯得玉琢爲圓硯，發墨可愛。

碧玉硯

許漢陽筆以白玉爲管，硯以碧玉爲之，以玻瓈爲匣。

鋏硯

青州熟鋏硯，甚發墨，有柄可執者。桑維翰鑄生鋏硯。

漆硯

《晉儀》注：太子納妃，有漆硯。

竹硯

《異物志》云：廣南以竹爲硯。

帝鴻氏硯

黄帝得玉一紐，治爲墨海，其上篆大字曰：帝鴻氏之硯。

孔子硯

孔子廟中石硯一枚，甚古朴，孔子平生時物也。

硯溪

《永嘉郡記》云：硯溪一源多石硯。《述異記》云：洞庭湖一陂有范蠡石牀、石硯。

硯形製

硯之形製：曰平底風字，曰有脚風字，曰垂裙風字，曰古樣風字，曰鳳池，曰四直，曰古樣四直，曰雙錦四直，曰合歡四直，曰箕樣，曰斧樣，曰瓜樣，曰卵樣，曰璧樣，曰人面，曰蓮樣，曰荷葉，曰仙桃，曰瓢樣，曰鼎樣，曰玉臺，曰天硯，曰蟾樣，曰龜樣，曰曲水，曰鐘樣，曰圭樣，曰笏樣，曰梭樣，曰琹樣，曰鼓樣，曰雙魚樣，曰團樣，曰八稜角柄硯，曰八稜秉硯，曰竹節秉硯，曰硯磚，曰硯板，曰方相樣，曰琵琶樣，曰月樣，曰腰鼓，曰馬蹄，曰月池，曰阮樣，曰歙樣，曰琴足風字，曰蓬萊樣。

宣和初御府降樣造形，若風字如鳳池樣，但平底耳。有四環刻海水、魚龍、三神、山水、池作崑崙狀，左日右月，墨斗羅列，以供太上皇書府之用。

高濂《遵生八箋・燕閑清賞箋》中卷

高似孫硯箋諸式

鳳池硯　玉堂硯　玉臺硯　蓬萊硯　圭硯　辟雍硯　房相硯　郎官硯　風字硯　鼎硯　人面硯　曲水硯　八稜硯　四直硯　院硯　蓮葉硯　馬蹄硯　鳳池硯　圓池硯　天硯　玉環硯　舍人硯　水池硯　大師硯　蟾硯　東坡硯　都堂硯　内相硯　葫蘆硯　鐵硯　隻履硯　雙履硯　月池硯　方池硯　笏硯　斧形硯　瓢硯　璧硯

續硯式

琴硯　鷹揚硯　鶯硯　山字硯　太極硯　箕硯　漢壺硯　鳳嗉硯　松段硯　山石硯

滌藏硯法

佳硯，池水不可令乾，每日易以清水，以養石潤，不可一日不滌。若用二三日不滌，墨色差減，滌者不可磨去墨銹，此爲古硯之征。滌以皂角清水爲妙，滚水不可滌硯。以半夏切片擦硯，極去宿墨。以絲瓜瓤滌洗，總不如蓮房殼收起，以水浸軟滌硯，去垢起滯，又不傷硯。不可以氈片故紙揩抹，恐氈毛紙屑，以混墨色。大忌滚水磨墨，茶亦不可。新墨初用，膠性并稜角未伏，不可重磨，恐傷硯質。冬月當預藏佳硯，以粗硯用之，可以敵凍。寒時以火炙冰，當用四角挣爐，架火硯上，微暖逼之，或用硯爐亦可。得青州熟鐵硯用之，甚宜。春夏二時，霉溽蒸濕，使墨積久，則膠泛滯筆，又能損硯精采，須頻滌之。以文綾爲囊，韜避塵垢，藏之笥匣，不可以硯壓硯，以致傷損。硯之佳者，最爲難得，今所尚者，未必佳品。人俱貴耳賤目，以愚隸家。彼所爲寶，豈真寶哉？又不可以不察。

後硯圖，皆余十年間南北所見，或在世家，或在文客，或落市肆，重索高資。鑒家未見，按圖未必盡許爲奇。即内中一二易得之石，亦異常品。故余賞其諸硯質之堅膩，琢之圓滑，色之光采，聲之清泠，體之厚重，藏之完整，傳之久遠，豈世俗所謂硯哉？海内必有見者，見則必以余爲藻鑒的確。余雖未博，目中見此爲佳，第恐沉歿，圖志不忘。愧余筆拙，未盡形容。若爲浮借，余素不善。

沈德符《萬曆野獲編》卷二六《玩具・端州硯材》　端州爲今肇慶府，古硯材所出，然惟下巖子石爲第一品。自宋徽宗窮全盛物力，采貢以進，除内府所藏，自親王大璫，及兩府侍從以下，俱得沾賜。嗣後沙壅水深，不復可施工，此硯遂爲絶世奇寶。靖康南渡，士大夫各攜以過江。及德祐隨駕，又攜至閩中，至莆田舟覆，人硯俱没，盡爲彼中士人所得，正、嘉中，士紳始知貴重，流入吴中争購之。閩人因僞造以欺肉眼，今宋端硯滿天下，皆莆中贋物也。真下巖既不可得，乃及中巖，今中巖亦盡，而上巖之新坑，始以充四方所需。刓滑拒墨，幾同頑石，耳食者所積藏，無一堪用。頃己亥歲，粤東珠池内臣李鳳，始命蛋人以餘技試之下巖，皮囊絞水窮日夜，久之始見，則皆如玉璞，臕裹絡包，中含奇質，斲之纔得硯材。豐膩細潤，有目所未覩。始知古所稱子石，非紫石也。所得凡百枚，水復大至，蛋人幾溺，旋泅以出，而下巖又復閉矣。憨師分得數十隻，歸以餉所厚宰官。今東南復見下巖，如還宣和舊觀，皆憨師力也。

施閏章《硯林拾遺》 東谷李之彦作《硯譜》，縉雲葉樾作《端溪硯譜》，襄陽米芾作《硯史》，曹繼善作《歙硯説》，其散見諸書者不可枚舉，硯説備矣。順治壬辰夏以命使粤，肇慶府，古端州也，所寓郭外天寧寺，咫尺端江，聚硯爲市，旁諏參校，稍益舊聞，作《硯林拾遺》。宣城施閏章尚白父。

一硯阬

端溪在肇慶府城南，一名端江，臨江一山，半浸水中，鑿石琢硯，以穴深入水者爲佳。其石有層次，率尺許爲一層，上膚下滓，中爲純美。阬近江者曰水巖，色潤如膚，呵之成液。其次距水畧遠曰朝天巖，石色稍燥。最遠者曰屏風背，燥逾甚。山之尾曰梅花阬，下矣。

一辨舊阬

吾鄉秦正野嘗署肇慶府學博，藏大石廟廡下，發以贈余。有硯工李氏，跛一足，最良，謂之李拐老，使眎之以水拭石，驚曰：「水巖也。」余問：「果舊阬否？」工掉頭匿笑曰：「阬何新舊。」因問之，曰：「京師貴人耳食舊阬之説久矣，我土人不識也。自有天地來即有此石，石何新舊。漢以前不通中國，唐宋硯充貢，官爲監鑿，滿貢數則封穴，它毋得盜，取一阬既盡，更鑿一阬，故稱新舊，但眎水近遠，不以新舊高下也。若舊阬浮上更鑿之而深，入得水氣逾多，則新勝舊矣。今官家不禁藩鎮，有司日役百千人鑿取無算，蓋硯房盡發時也。公已得驪珠，復何舊阬之羨耶？」

一取硯材

石既授工削成硯材，隨其横竪大小得三十餘方。一日與同年沈僉憲正岳過瀝湖訪朱公子暇，朱賀曰：「聞君得水巖石，曾琢硯否？」余曰：「琢就。」朱憮然曰：「惜不令我見。水巖之妙在潤而發墨，石故有理，凡木直截處多鋒稜，横斲則平順，石理亦然。庸工治硯如切肪，横側而分之，平鋪爲硯，猶操莫耶，而用其背也。宋貢硯皆鈍滑磨墨如磨鏡，病正坐此。」然則如何？曰：「法當用石鋒直立而層截之，則面面發墨矣。」試之良然。

一辨硯眼

鸜鵒眼貴活、貴少、貴在空間處不受墨掩。活眼，黑白明潤，有八九重暈，瞭然瞳子。畢國兆司理端州，蓄一眼，體質修妍，色正純紫，一眼在眉額間，流盼如水，銘曰美人硯。又一石片作秋葉，眼大如猫睛，層暈尤多。最後從天寧寺收得佛手石，掌上七星爛陳，如人所位置，遭亂失去，尤物信難久據也。

葉樾交叔《硯譜》云：「端人謂石嫩則眼多，老則眼少。此語未然。今俗所稱梅花阬石，枯燥通體皆豆瓣眼。」歐公又謂：「有眼者十無一二，發墨亦未盡然。」李之彦《端硯譜》辨活眼、淚眼、死眼甚精，惟云「死眼勝無眼」太過。眼不活則混雜無光采，不如無眼，故昔人以眼爲石病，當以瑩潤無瑕爲上。

一石采

石色純紫第一。近者稱名種種，有白光浮出紫緑之間曰蕉葉白。有間作殷紅大點如火烙赤痕曰火衲文，一曰火捺，古稱熨火焦者是也。或雜彩碎點紅曰丹砂碧、曰翡翠。或硯傍纍纍空蝕曰蟲蛀。案《硯譜》石上有微塵孔者，石之膚也。今謂之蟲蛀。李賀《端州青花硯》詩：「暗洒萇宏冷血痕。」則是翡翠之類。

一子石

歐陽公以子石爲石精，生在大石中，俗譌爲紫石。米襄陽言徧詢石工，實在大石版上鑿取，並無中包一子者，蓋若溪流中卵石，可嶄面磨墨，是謂子石，世因譌爲子石。余案米説良勝，今端人泅浴溪中摸得之水底者是也。其石受水氣生成，上下削平，四圍不斷，往往潤麗多奇狀。葉交叔又謂崑石鑿去黄臕胞俗方見硯材，是爲子石，亦似非。

沈正岳嘗親見一人鑿石水底得尺許，如紅玉，軟如土壤，掬而出之，登岸乃堅，其手摸處劃然指痕。

一硯品

昔李後主用澄心堂紙、李廷珪墨、龍尾硯三者爲天下冠，當時貴之。端石尚未大顯，自宋以後端石盛行，今士大夫無復言龍尾者矣。龍尾如清寒道人，時見機穎端口，如風流學士，竟體朗潤。

端硯版無水池，宋貢硯水池淺狹，硯身太高。銅雀瓦贋，沈泥弱，洮硯如碧玉不下墨，登州鼉磯下墨而麄獷，淄州、南康堪作硯奴。歙金星、眉子硯細潤發墨，舊稱在婺源長城里，近世歙人多言在歙縣獄底，地近不可得，咄咄怪事。余嘗有《古硯歌》端州舊貢宫禁嚴，老阮尺寸人争羡。亂來萬事無留餘，江根石窟搜羅徧。眉子金星歙轉無，馬肝鸜眼端翻賤。

一硯式

石産於端而工不善斲，近日官吏餉貴人命工鏤琢，有星宿海、珊瑚、鳥、龍虎、風雲、赤雲捧日、三台、獨柱、人物、山水等名狀，愈工愈俗，是爲石災。吴人仿宋式故爲刓損，蒙以墨瀋，便成古物，别一種不盡琢磨，半留本色，謂之天然研，殊有風韵。余友顧見山工部得王弇州硯，山峯壑都具，受墨處轉隘，嘗示余索銘，蓋硯也而怪石供矣。

一辨發墨

曹繼善論歙硯云：麄羅紋稍細者易爲磨墨，細羅紋稍堅者最能發墨。或以易磨墨爲發墨，非也。惟蔡君謨能言硯德，墨在硯中隨筆旋轉，滌之泮然盡去，此乃石性堅潤，能發起不滯於硯耳。黎逢《石硯賦》「水隨暈而還周，黑浮光而黛起」。

一琢硯

解石之鋸，無齒，視墨繩處撒沙加水引鋸斯入，蓋籍沙爲鋸鋒也。

一藏硯

貯硯宜退光漆木匣，不宜紙，漆潤紙燥也。紫檀、花梨之類粤東人多尚之，亦香燥不養硯。古有琉璃硯匣、珊瑚筆架。

一滌硯

粤富人喜櫝大硯，不著墨，中土人喜藏宋硯，不求適用。用硯但數洗濯不留宿墨爲佳。諺云：「寧可三日不洗面，不可三日不洗硯。」余友有癖硯者，每晨盥面水移注木盆，滌以蓮房，浸良久，取出風乾，水氣滋漬積久有光，俗所名包漿也。忌東帖紙拭，能傷硯鋒。硯留宿墨重磨則減黑，或磨墨在硯，黑光浮動，停食頃用之，光色頓減，惟試以金扇立見。

硯有初發墨久而鈍者，亦如刀劍須磨淬，用杉木鬆炭磨一遍，則石鋒焕發，名爲發硯，爇地老人常用此法。按：《硯譜》：石爲墨漬污，以烰炭磨洗如新。米《硯史》亦云：「以柔石發之。」

包孝肅守端州秩滿，不持一硯。余初至，東沈僉憲索硯云：「莫學龍團一硯無及。」得水巖大石，方直可尺餘，琢硯二十片，又重購得二三石子，鸜鴝眼絶奇者，拊不離座，客目爲硯淫。載歸，次平樂，會賊陷桂林，盡棄舟篋脱身，東踰梅嶺歸，笥中硯十亡其六七矣。始自笑曰拙於書而勞於硯，不亦或與「人生當著幾兩屐」，於硯亦云。親交過存，將去都盡。既十許年，發敝簏得此稿，追次而録之，以志余所得於端江者若此，貯之巾箱即號爲石友可也。

甲辰正月八日，愚山居士施閏章又記於雙溪之寄雲樓。

葉夢珠《閲世編》卷七 硯石，昔推嶺南端溪石爲第一，次則歙石，外此無别石也。近年來，蘇州觀音山有石可以琢硯。初出時，硯工就其石之體製爲之，不拘方圓，假充古硯，人以重價購之，幾與端硯等。其後市上賣者日衆，價遂日賤，不能混淆古硯，體製亦從方圓，類於端、歙，其如石質稍粗，不堪珍玩何！故每方所值不過二、三錢而已。

屈大均《廣東新語》卷五《石語・端石》 羚羊峽口之東有一溪，溪長一里許，廣不盈丈，其名端溪。自溪口北行三十步，一穴在山下，高三尺許，乃水巖口也。匍匐而入，至五六丈爲正坑。從正坑右轉數丈爲西坑。坑門最小，從其旁入爲中坑。從正坑左轉十餘丈爲東坑，東坑外即大江矣。坑中水淵停不竭，以瞿甕傳水，注槽筧中，水稍竭，乃可下鑿。石有三層，上層者稍麄，中層多鸜鵒眼，下層在水底，多破碎不受斧鑿。凡西、中、東三洞皆然。三洞皆有蕉葉白、火捺，而東洞尤美。其美也以有青花微細如塵，隱隱浮出，或如蟣虱脚者爲上，麄點成片者次之，蓋石細極乃有青花，青花者石之精華也。外則有若黄龍文者，朱砂點者，麻鵲斑者，水氣縈折如一道川流者，圓文如水花珠湧有層數者，拖緑纖長如玉帶者，黄若絲縷名金綫者，斑蝕如蟲嚙名蟲蛀者，兩旁色赭名爲鱣魚之邊者，凡十餘種。其火捺以紫氣奔而迴礴，又如血暈散開，有若雲霧之氣，或小而圓輪若金錢者。蕉葉白以純白成大片者。黄龍文以黄氣散布，鴻鴻濛濛者。麻鵲斑以點黄如粟者。朱砂翡翠以紅緑分明者爲上。眼大者如五銖錢，小者芥子，以活而清朗有黑睛，非肉非淚非死者爲上。眼又貴碧不貴黄，貴圓不貴長，貴陽不貴陰。黄明爲陽，緑暗爲陰。貴多暈，暈至十餘重者。大率暈有奇無偶，然與黄龍、金綫等紋，皆石之病。火捺、蕉葉白亦乃石皮，而青花麄者，又巖底最下一層，不足貴。大抵上下及四旁者皆不精，上層爲天花板，麄燥，最下爲沙板，過細又不精。惟中層者，純深秀嫩，一片真氣，如新泉欲流，又如雲霞氤氳，温柔長煖，斯乃石之髓也，得之可以盡廢諸巖石矣。予嘗得其一，名曰水肪，其序云：「端石有五質，水質爲上，此水之質也。水之精華所結，虚而爲雲，實而爲石。人見以爲石，吾見以爲水，故以水肪稱之。肪者水之膏腴也。」銘曰：「水爲石命，火爲石性。斯水之精，以玄而聖。其質尚柔，温然可敬。」

唐宋古硯，大率老坑、新坑等十餘種，落墨而不發墨，雖有墨痕繡蝕，古色可愛，然不費水、不費筆墨，未有如水巖之美者。他若黄坑、錦雲、梅花坑、屏風背、宣德巖、朝天巖諸石，率燥澀，渴筆飲墨，久用輒成鏡面，惟水巖石停墨不乾，墨著筆端即起，積痕細薄，披之盡脱，以薑及浮炭片磨洗宿墨，復堅細浮潤如故。墨如雲氣蒸湧，少研輒滿，其體重而輕，質剛而柔，摩之寂寂無纖響，按之若小兒肌膚温軟，嫩而不滑，秀而多姿，握之稍久，掌中水滋，蓋《筆陣圖》所謂「浮津耀墨」，無價之奇者也。水巖在老坑之内，宋治平中於此采硯，東坡所謂「千夫堰水，挽綆汲深，篝火下縋，百夫運斤而得之」者。初從頭洞至水坑，自高而卑，二里許，魚貫而入，不得昂首直腰。中有軒有竇，或盤或援乃得至。以猪脂漬布燃照，沿洄曲水而行，行皆向東。初至者爲西洞，其石無眼。又入爲下巖，宋所開坑，名曰康子巖者也。此巖最寒，能傷人。又入爲東洞。康子之前爲南洞，多蕉葉白。其後爲北洞，石彌純粹，水彌深，近外江水，久必有穿漏之患，昔人取石留數柱，虞其頽圮，今名爲東留柱、西留柱，亦取之，以木柱代矣。凡石外皆有麄石。麄石内連臕，剖臕乃得石。火捺者，石之堅處，血之所凝，故其色紅紫或黑。蕉葉白者，石之嫩處，膏之所成，故其色白。其一片純潔無斑纇，真紫碧青，微有青花，如秋雲綿密，或如水波微塵，視之不見，浸於水中乃見，必須心如毫髮，乃知其妙。此石乃在窮淵，水之所凝，雲之所成，玉而非玉，冰而非冰，水爲其氣，雲爲其神，其石之質欲化，而冰之體已堅，此真端溪之精英，其價過於瑶瓊者也。凡香有結，石亦然。香木之結者爲香，端石之結者爲硯。其石大至數尺，去其不結者，取其結者，僅得掌許，故硯之大而佳者最難得。通水巖中，石之結者無幾，非片片皆精好也。

端溪之南第一峯，第一條坑爲水巖，第三條爲文殊坑，當中一條爲虎坑。水巖之上爲屏風背，爲朝天巖，爲新坑，爲巖仔，爲宣德巖。宣德巖久已無石。西洞今亦鑿穿，江水入焉，不可以復鑿，即鑿亦僅容二斧四人而已。中洞尚可容六斧十二人。東洞可容四斧八人。更番鑿之。此巖自宋治平四年重開，有内官魏封勒名其上。封當與江西石匠數十人，被巖裂壓死洞中，今巖口有魏太監墳，葬其客魂而已。石匠常爲怪，叫呼擲礫以嚇人。入洞者毛髮凛然，憂鬼魅之爲害，或亦山靈不欲精華盡出於人間也。他若亞婆坑在峽北，從第一條坑而入。黄坑在峽南，從龍華寺後而入，石皆有眼，而色紫質麄。梅花坑在峽口東，從沙步典水村而入，石亦多眼，眼大而暈重，不甚分明，質青亦麄，則山靈之所不甚吝惜者也。當宋時，水巖未開，皆於七星巖北將軍嶺之下，名爲將軍坑者取石。其石色黑無眼，質亦麄，至今黄岡硯估尚取之。然諸坑石皆易取，惟水巖積水淵渟，非具大力者不能取。取必於冬始，於春終，天寒江落，峽水淺，乃可列炬而入，杓泉而出，金錢之費雖不貲，然得佳石無幾，蓋天地之精華有盡，一卷之多，與蛟螭争於水府，崖壁一坼，性命齊捐，噫嘻，可不畏哉！大抵佳石之得，良有命焉，不可以人力强求。予少頗畜硯，以熊制府所開石爲最。次則某藩王所開石。今時石皆不如昔，蓋端溪精華亦已盡矣。嘗從友人得一硯。名之曰大璞，有《乞硯行》，頗能形容其美。辭云：「羚羊峽東惟端溪，水巖之口臨江低。石師匍匐下絶磴，中穿四洞先東西。使君最嗜紫雲片，脚踏青天割爲硯。青花細細似微塵，蕉葉白中時隱見。空濛雨氣成黄龍，欲散不散浮水面。猪肝淡紫方新鮮，帶血千年色未變。中間火捺暈如錢，半壁陰沉望似烟。翡翠朱砂非一種，斑斑麻鵲點多圓。斯是水巖石中髓，水之精華結淵底。就中純粹含乾德，紛紛脂玉㣿肌理。玉骨入手温然煖若春，浮動心花兼意蕊。姑射冰凝總在神，昭儀膏滑那濡水。雖剛按似柔，生氣周身舞不靡。鸜鵒何須活眼多，雲霞亦是空天滓。使君命匠細磨礱，中有三方最高美。其餘浸潤水盤中，水碧金膏盡糠粃。分我東洞一大巒，似方非方非石子。縱横六寸甚端厚，蕉葉青花相間起。前者兩片琢未成，贈我已與瓊瑶似。使君割愛本非常，不貪爲寶吾難已。」而大璞銘云：「水巖一角，天然大璞。自成圭璋，不用追琢。蕉葉白凝，火痕丹渥。文聖之純，潛龍之確。水涌雲蒸，書成不覺。一氣氤氳，其元在朔。與我心華，殷勤浣濯。」

磨硯，先以水巖口之前亞婆井麄石磨之，次以靈山寺前細沙和麄石磨之，次以蚺蛇坑之石細磨之，又以飛鼠巖之石細細磨之，然後上蠟，使顔色增潤。或僞爲佳眼其上，蠟以沃之，亦可觀。予詩云：「石工欺汝只纖毫，翡翠朱砂總未高。鸜鵒眼多堪抵鵲，梅花坑好可磨刀。」大抵石以純粹無諸瑕疵，色如羊肝淡紫，生氣蒸蒸者爲上。眼非所貴，水巖率無眼。眼者石之筋絡，亦石纇也。然石美亦不妨有眼。相傳下巖舊坑卵石，色黑如漆，細潤有眼，眼中有暈，或六七眼相連，扣之清越，研之無聲，著墨不熱無泡，良久微浸，若油黯發，此至慶曆間已少。中巖在山半，名半邊巖，其卵石紫嫩肝色，細潤有眼，小如緑豆，有條紋或白或緑，扣之及研皆無聲，外有黄臕包絡，久用鋒芒不退，宋時此坑取之亦竭矣。中巖新坑，石色淡紫，眼如鸜鵒，有暈，其嫩者扣之無甚聲，磨墨有微聲，久用鋒芒退乏，此不及下巖遠甚。上巖舊坑有青紫。新坑石皆灰色，紫而麄燥，眼如雞眼大，扣之磨墨皆無聲，有松板紋，久用光如鏡面，比中巖又遠不及。總之，水巖石佳者有窮，自宋至今，英華日消日削，金鑛、銀坑、砂窟且已告盡，而况於九淵神髓，美踰瓊瑶者乎？比年斧斤不輟，山靈告哀，有力者負之而趨，無以自保。予嘗爲文以弔水巖，又有歌云：「水巖之石水精子，帶血羊肝純作紫。火捺金錢朵朵圓，白凝蕉葉爲肌理。年來巖底采無餘，鬼斧神工多得髓。紛紛散入富豪家，什襲文綾與絳紗。未雨那知泉有本，長乾争見墨生花。緑塵半與圖書積，安得松烟飽朝夕。真氣徒含天一深，空光未有雲霞迹。琉璃作匣枉稱珍，終日隨身詎有人。風雅紛葩思賦客，春秋羽翼憶經神。君今欲采珪璋質，尺寸微瑕皆勿失。天留淳樸與遺人，鬼瞰高明悲巨室。」

羚羊峽西北岸，有村曰黄岡，居民五百餘家，以石爲生。其琢紫石者半，白石、錦石者半。紫石以製硯，白石、錦石以作屏風、几、案、盤、盂諸物，歲售天下踰萬金。性多狡黠，善以贋坑石惑人，每得重價，白石即西洋諸番亦來買取。蓋黄岡衣食於石，自宋至今，享山巖之利數百年矣。予有黄岡詩云：「村小當高峽，家家擁石林。琢磨兒女力，揮灑聖賢心。」又云：「此地耕桑少，人人割紫雲。雙鎌天際至，一片水坑分。」其南岸金渡村居民，則以龍鬚蒲席爲生。

宋熙寧中，杜諮知端州，禁民毋得采石，而知州占斷，人號爲杜萬石。周濂溪時提點廣南東路刑獄，惡其奪民之利，因爲起請，凡仕於州者買硯毋得過二枚，遂爲著令。葉石洞云：宋貢硯，惟賜史官，故端硯重於天下，杜諮遂以蒙詬。夫有尤物，皆足厲民。正統後，采硯之使不至，人直礪視之，非惟上所好耶？善乎子罕之辭玉也，曰「懼喪吾寶」。嗟嗟，吾寶無喪多矣，而奚人之寶爲？傳稱唐有韋承慶，左遷高要尉，有餽紫硯者，置案上，歲餘起辰州刺史，復以還之。包孝肅知端州，秩滿，有一硯，投於羚羊峽口。馬晞驥判肇慶府，有潛以奇硯獻者，晞驥曰：「此亦長物也」。謝之。噫，若三公者，可謂無喪其寶者哉！

屈大均《廣東新語》卷五《石語・端溪硯石》

侯官高兆固齋云：端州分野直星紀。僧一行曰：天地兩戒山河，與天之雲漢始末。謂星紀得雲漢降氣，爲百川下流云。羚羊峽距郡東三十里，東三江之水，其山産石類珷玏。唐宋以來，才人文士，采作硯材，蘇文忠稱爲寶石，蓋東西粤扶輿之脈藴閟也。未至峽十里爲大蕘山，皆牛毛細皴，宛如畫境。峽山青蒼對峙，江流泓浄，頗似嚴瀨。峽石鑛凡十一。北岸坑曰阿婆，曰白婆墳，其石質黯黝不鮮，佳者亦有火捺紋、蕉葉白。可亂水巖、朝天巖。惟青花中黄星密灑如塵，眼大於螺，若人張目，湛湛無神，真賞家以此辨定。碧點長斜，似眼無瞳，每石一片，可得十二三點、十數點者。梅花坑在峽外三水境中，峽將盡岸，南山坳有洞，書「宋治平四年，差太監魏某重開」，土人名曰巖仔坑。其石叩之聲泠泠，久磨能滑。旁有塚，相傳其時開鑿中虚，崩閉數百十人，太監死焉，守土者葬其冠服於此。坑下度小山曰新坑，其石細潤微青，蕉葉白亦青。西上越水澗。隔裏曰朝天巖。土人名山坑爲隔裏。其石堅實。不能滑膩。火捺紋成結不運，若蠟炬着堊壁斜餤，及燒損几案處。古塔巖其石比朝天巖，無火捺紋、蕉葉白色晦氣黄，純潔無痕者亦可貴。古塔巖後爲屏風背。其石木如，譬猪肝曝於風日。宣德巖在屏風背下，去水巖二里許，其石髣髴水巖，今不可得。巖仔坑東有洞，廣如屋，曰棲安洞，舊時開坑石工所棲之所。又東有小山圓阜，下爲水坑。折上數十武，有萬曆二十八年差督理珠池市舶内官監太監李鳳開坑封坑月日立石。洞臨江口，小於圭竇，石工裸身，盤盛豨膏，燃火腰鎚，螺旋而進。入洞西轉，有淵不測，先投以石，聞水聲，急轉西折，不則墜深淵矣。正洞容工一二十人。由正洞入西洞，西洞漸寬。東洞舊納四人，一人運鑿，一人仰卧，膝前置磁盤燈於胸以燭之，不能坐立捧。今容七鎚，且十四人矣。取石一人秉鎚，一人捧燈。三洞，正洞石上上，次東洞，西洞又次之。土人皆名曰老坑。石三層，上層近山沙，透漏如蠹蝕，曰蟲蛀，其質微遜中層，常有翡翠雜拉。中層火捺紋、蕉葉白，其絶品。東瓜穰、青花及眼生蕉葉白。下，石工所名下層石也。又下，麻鵲斑，紋成魚凍，或如唾涎，亦有眼，眼中瞳含沙多脱去。此中石時有蔚藍者，秀色可餐，不一見。下此底坂石云。中層、下層火捺紋，如朝霞蔚起，散若馬尾，若刷絲縈繞，絢采熊熊，大當錢，有芒，曰金錢火捺，品上上。黰然黑色曰錢捺，如蚓曰鳳涎，皆石疵。蕉葉白上下四旁必有火捺紋掩映。舊坑皎潔比紈素，近坑白中雜出青花也。青花上品若澗沚細藻，朱碧瑩然，縹縷隱隱，又如魚兒隊行。青花明顯如石花菜者，石工稱爲芊紋，品中中。三洞眼各異。正洞眼赤，圜如珊瑚鳥目。石嫩，眼侵土氣者若象牙，其瞳分明，亦足賞。東洞眼碧色，數暈，對之奕奕射人，曰鸜鵒眼，圓正明媚者不易得，他洞偶一有之。西洞眼黑，圓瞳一黍如豉。三洞石，正洞下層第一，入手温潤柔膩有生氣，鮮潔蒨麗，磨之與墨相親，摩挲心動。東洞西側深處曰飛鼠巖，其石有紋曰黄龍，斜亘石面，工指爲瑕。正洞亦有黄龍紋，游揚如雲氣，如薄羅，亦移人情。三洞俱水中，冬日引水盡乃可取。正洞北潭底水深不可引，時有鬼神。東洞徑傾仄，水工列小童長跪舉杯勺揚水，水乃涸。以故開坑先引水閲月，費金錢至累千金。舊制把總一員，專轄守坑。律令盜坑石比竊盜論，其厲禁如此。永樂、宣德間開坑，未幾俱罷去。崇禎末，蜀人熊文燦總督兩廣日，指揮蘇萬邦致石工於江西，緼火中夜開坑，不敢自日中也。丁亥後守禁罷，至今凡六開坑。工受官役日有程，不擇膚理，鑿伐坼裂，宋元明五百餘年未聞也。大抵石理日剥，精華日盡，氣韻顔色，不能一執成説，要以老坑具妍姿者爲定。予至端州值開坑，所見三十年前石與今異。訪之石工，其言殊别，徵其説，各護所偏。予既喜身親古人未言之見聞，復重慨夫文明之璞，一旦劃裂而出，天地真藴，山川元氣，漸至竭耗，不數十年，此山便成陵谷，無有問津之處，爰述於編，庶幾後之君子觀覽寶藏，知此石實雲漢之鍾萃，三江五州之榮衛，或可以小慰於真宰也。

陳恭尹跋云：硯之用，發墨不損毫，二者盡之矣。不損毫常硯皆能之，唯發墨之妙，非親試水巖不知也。他硯麤則銼墨，細則拒墨。水巖即不然，玉肌膩理，拊不留手，着水研墨，則油油然若與墨相戀不捨。墨愈堅者，其戀石也彌甚。以他硯並之，水之分數同，墨同，手同，而爲研之數，水巖常少於他硯十之三四。每春夏間積雨時，墨竟日用之，則稜角軟腐反張，唯水巖可免此病，驟以他硯易之，頃刻不勝其苦矣。硯槽之水，隆冬極寒，他硯常冰，而水巖獨否。具此數妙，雖使椎樸無文，猶將拂拭用之，況其體質之美，千奇百變，不可殫窮，豈南離文明之德，獨萃於端溪耶？固齋所考，剖析辨證，已無遺義。然近歲往往有一二所新出之石，氣韻顔色，幾足亂真，不深心識别，鮮不爲所眩惑。亦有出自水巖，如固齋所云，精華日見，不能一執成説者。

大均跋曰：予嘗譔《石語》一篇，言端溪石頗詳核，而以天地英華，日消月剥爲恨。固齋客端州，盡得三洞之精藴，辯晳毫芒，大洩神理，俾羚羊寶藏，一一肺肝如見，美惡精麤，莫逃淵鑒，自唐宋以來，罕有能言及此者，真端溪之幸也。固齋來值開坑，所見三十年前石與今異，其美亦不如昔，因慨夫文明之璞，一旦劃裂無遺，天地真藴，山川元氣，漸至竭耗，不數十年，此兩峽將成陵谷，將雲漢之扶輿，三江之榮衛，無以復完，恐爲斯地之災眚。噫嘻，誠仁人君子之用心哉！予嘗爲文弔水巖，有曰：「嗚呼水巖，有此寶藏。斧斤自戕，精靈日喪。尺寸之膚，雲情水狀。氣含九淵，無以自養。日燠月寒，晝夜摩盪。似剛似柔，面粹背盎。白葉青花，瓊瑶不讓。大璞難完，經營巧匠。天地大文，惟人醖釀。豈在一卷，光華可仗。水坑雖美，於寶無當。作者之聖，不以爲尚。述者之明，不以相貺。嗟爾三洞，有消無長。山腹穹然，穿穴相向。無石可觸，雲不能上。發育無功，厲生腑臟。負之而趨，巖巖大創。有力之人，肩項相望。山靈自災，敢云無妄。曷不崩頹，淪於沆漭。捲彼牂江，以自深廣。」

屈大均《廣東新語》卷一三《藝語·製硯》　陳中洲有小端硯，其賦有云：「水巖紫雲，硯惟此珍。誰其琢之，事諸巷人。堂似坳則非坳，池既鑿而未鑿。底欲刳而不刳，邊務擴而即擴。」四語盡硯式之妙。

胡渭《禹貢錐指》卷四　金吉甫云：怪石如今萊之温石，可爲器。今青州黑山紅絲石，紅黄相參，文如林木，或如月暈，如山峰，如雲霞，如花卉，即古怪石也。淄川梓桐山石、門澗石，色若青金，紋如銅屑，理極細密，亦奇石，但不如紅絲石之堅。凡此諸品皆可爲器用，今取以爲硯。

王士禛《池北偶談》卷一四《談藝四·心太平菴硯》　有漁於道士洑者，得一硯，八角，製作古雅，背鐫「心太平菴」字，蓋陸放翁故物也。和州項副使得之，今歸淄川畢載積州守際有。

王士禛《池北偶談》卷一四《談藝四·灌嬰廟瓦》　吉水李梅公侍郎元鼎有硯，五瓣如梅花狀，質如黄玉，雜翡翠丹砂之色，纍纍墳起，云是灌嬰廟瓦，一時文士多賦之。故友鄒程村祗謨作《硯考》，引洪文敏《容齋隨筆》灌瓦硯銘爲證。

王士禛《池北偶談》卷一五《談藝五·謝道韞硯》　孫北海侍郎承澤藏謝氏道韞小硯一，有銘云：「絲紅清石，墨光洪璧，資我文翰，玉砅堅質。」末有道韞字。家兄考功云：「詳其文句，可廻讀，然倒正皆殊不工。砅音厲，水激石聲，作冰字用尤誤，恐非謝筆耳。」

王士禛《池北偶談》卷一六《談藝六·銅雀硯辨》　崔後渠《彰德府志》辨硯云：「世傳鄴城古瓦硯，皆曰曹魏銅雀，塼硯皆曰冰井，蓋徇名而未審其實。魏之宫室，焚蕩於汲桑之亂，趙燕而後，迭興代毀，何有於瓦礫乎？」《鄴中記》云：「北齊起鄴，南城屋瓦皆以胡桃油油之，光明不蘚。筒瓦用在覆，故油其背。版瓦用在仰，故油其面。筒瓦長二尺，闊一尺。版瓦之長如之，而其闊倍。今或得其真者，當油處必有細紋，俗曰琴紋。有花曰錫花，傳言當時以黃丹鉛錫和泥，積歲久而錫花乃見。古塼大者方四尺，上有盤花鳥獸紋，千秋萬歲字，其紀年非天保則興和，蓋東魏、北齊也。又有塼筒者，花紋年號如塼，內圓外方，用承簷溜，亦可爲硯。」宋刺史李琮，元豐中於丹陽郡不疑家得唐元次山家藏鄴城古塼硯，背有花紋及萬歲字，與《鄴中記》合。又曰「大魏興和二年造」，則唐賢所珍，已出於南城矣。

王士禛《池北偶談》卷二〇《談異一·蟙蠌硯》 張華東公延登，崇禎丁丑三月遊泰山，宿大汶口。偶行飯至河濱，見水中光芒甚異，出之，則一石可尺許，背負一小蝠，一蠶，腹下蝠近百，飛者伏者，肉羽如生，蠶右天然有小凹，可以受水，下方正受墨。公製爲硯，名曰「多福硯」，銘之云：「泰山所鍾，汶水所浴。堅勁似鐵，溫瑩如玉。化而爲䶈，生生百族。不假雕飾，天然古綠。用以作硯，龍尾繼躅。文字之祥，自求多福。」《爾雅》：蝙蝠，服翼。郭璞注：齊人呼爲蟙蠌。因又名之曰「蟙蠌硯」。公門人劉文正理順、馬文忠世奇、夏考功允彝、高中丞名衡諸公皆爲銘贊，亦奇物也。

王士禛《池北偶談》卷二五《談異六·擊硯圖》 吳匏菴嘗蓄一銅雀瓦硯，甚珍之。一日，出示其友，某公惡曹瞞，拔劍擊之，立碎。匏菴懊惜。時沈石田在座，乃援筆於便面作《擊硯圖》，匏菴大喜。崇禎間，有都司胡琳者遊吳中，以十金購得之，珍惜甚。病且革，手握扇不可解，家人遂以殉。琳，武進士，商丘人。所藏又有蒲廷昌獅子一軸，亦神品。宋牧仲中丞說。

李光地《御定月令輯要》卷一四《七月令》 灘哥石硯。增《名勝志》：番禺縣光孝寺有古硯。刻云：大唐神龍改元七月七日。天竺僧般剌蜜帝至寺，僧出此硯視之，乃灘哥石也。

李光地《御定月令輯要》卷一七《冬月》 七寶硯鑪。原《開天遺事》：內庫中有七寶硯鑪一所，曲盡其功。每至冬寒硯凍，置於鑪上，硯氷自消，不勞置火。冬月帝常用之。

春風膏硯。增《物類相感志》：冬月令水不氷，以楊花鋪硯槽，名文房春風膏硯。

李光地《御定月令輯要》卷一七《冬月》 水紘坑石。增《歙硯說》：水紘坑在眉子坑外，臨溪，至冬水涸方能取之，入地丈餘，石多金花。

李光地《御定月令輯要》卷一八《雜記》 義之石硯。增《玉海》：太平興國八年十月己丑，越州獻義之石硯。

吳任臣《十國春秋》卷三二《李廷珪傳》 江南以澄心堂紙、龍尾硯按龍尾硯，元宗時硯官李少微造，見《潛溪集》。及廷珪墨爲文房三寶。

姚際恒《好古堂書畫記·續記》

續收書畫奇物記丁亥秋以後

宋端石璞硯，長六寸，闊四寸，厚一寸，平底方直，未琢池沼。蘇東坡銘并引曰：吾宗養直，少而好直。東坡居士贈以璞硯，且銘之曰：「我友三益，取溪之石，寒松爲煤，孤竹爲筆，蓬麻效紙，仰泉致滴，斬几信鉤，以全吾直。」文集載此銘，其引與之小異。曰蘇堅伯固之子庠，字養直，妙齡而有異才，贈以端硯，且銘之曰云云。案：銘硯贈人，止宜如石所言，不應稱其名，且及其父名，若集傳世，自宜詳其父子之名，使人知之，彼此互異，其爲真蹟，益可無疑。養直號後湖居士，文章品望有名當時，既爲其硯石淡青紫如馬肝，細潤如玉，叩之無聲，磨墨亦無聲，有鸜鵒眼二，真下巖奇品，可謂三絕，世之寶硯也。較予舊所藏十一硯，豈後來居上，例宜爾耶。世之墨刻致佳者，以真蹟入石；今此硯銘，乃公親書於石，故與墨蹟等，予搨有數十本，以待貽好事者云。

陳齡《端石擬上·擬水坑計十種，又上層及異色者數種》

水巖古亦稱斧柯。

端州即今廣東肇慶府。之東三十六里，有山曰斧柯，今名爛柯。在大江之南，峻峙壁立，一十餘里爲高峽，山之對山也。江流至是夾束而小，故名高要峽，屬高要縣。亦名羚羊峽。峽勢將盡，左折而北趨，有小山曰硯巖，朝天巖，蓋其主頂也，以當東南數千里瀉入之江流，逆收西北二百里湧上之海潮，會合於此。而端溪之水出其陰，蓋自屏風巖發祖，迤邐至此，含靈吸秀，故產名璞，南離文明之德，或畢萃於斯。其下即爲水巖，去郡幾五十里，與斧柯之麓，僅隔一溪耳。水巖之口小於圭竇，須匍匐而入，唐宋以來，皆於此采硯，其工值之費、采取之艱、備見諸家論說，故茲編之所略也。初入漸寬處，爲洞口，自高而卑，方達水坑，無論四時，皆淵停不竭。先至者爲正洞，從正洞右轉爲西洞，又從旁入爲中洞，即唐時所開下巖，名唐子巖者。又從正洞左轉爲東洞。其唐子之前爲南洞，又名南壁者；其後爲北洞，又名北壁者，土人皆名老坑，唐宋之論硯者，所稱斧柯是也。其頭洞之石雖已深入，然未經水滋，爲土氣相錯，故其石多作黃白色，中有紅斑，最深處亦有作灰青色者，與下水坑有異，間有眼，亦作黃色，四圍便多裂紋駁脈，以其色不佳，皆不甚采取，故不多見。其南、北、中三洞之石，中洞下巖者，色最湻古，石極細嫩，有純黑色，及青黑色帶青花者，有鴝鵒眼，宋時采取已竭，今古硯中亦罕見，此品即有，亦唐五季及宋初之物。其南壁石多蕉葉白，有眼極佳，但暈少而淡。北壁石，色青紫，質彌純粹，眼正圓，有十餘層暈，尤可愛，蓋北壁之美，水彌深也，今俱少見。其正、西、東三洞之石，以東洞爲上，其眼多碧暈，如鴝鵒眼；正洞次之，其眼多赤圜，如珊瑚鳥目；西洞又次之，其眼多黑圜，中瞳一粟如豉。東洞爲上者，以其蕉白、火捺尤美，有細細青花浮動於質中耳。三洞石俱三層，層各尺許。上層近山沙，齧蝕有蟲蛀，或有翡翠，眼甚少，質稍堅，色純紫，潤而豔，謂之頂石。中層本多眼，質精細，色漸青淡而凝，謂之腰石。下層亦有眼，質軟嫩，色近白，秀而姿，謂之脚石。其中下二層皆有蕉葉白、火捺紋，明瑩與山坑迥别；俱有黄龍硃砂，翡翠、黄臕等紋，能令人摩挲心動。其最上一層爲天花板，極粗燥，不堪硯，謂之蓋石。最下一層爲沙板，又過細潤，且不發墨；或紋成魚涷，或如唾涎，眼中多含沙，亦多破損，不受斧鑿，以其多汙雜，故謂之鴨屎石。惟此中偶有蔚藍者，秀色可餐，而亦絶少，今以水坑而具青花者，另録於左，以供博覽。

蕉葉白間青花品在紫玉、淡紫、黑端、諸青花之上。

水坑東洞下層之石，質極細嫩，色漸近白，謂之蕉葉白，以瑩潔明浄、無斑駁者爲佳。質中有微微紅氣，如傅粉勻脂者；有隱隱青花，如寒波微塵者品上上。其旁必有火捺紋，如雲蒸霞蔚，爲之掩映，間有鴝鵒眼，對之能奕奕射人，水溼觀之，則氣凝於白，儼若浮酥，色帶微紅，宛如滲血。擬其色，譬之美人初醉；試以墨，譬之熬釜塗蠟。此吳伯憇、朱竹垞妙於形容，宜乎寰中共寶，過於璠瑶者也。若蕉葉白色晦而微黄，火捺紋質實而不散；青花則黑黝而過露，質性則枯燥而多瑕，依稀近似，神韻索然，此即旱坑中之贋品，淵博家自能鑒别耳。

紫玉間青花品在蕉白間，青花之次。

水坑東洞中層之石，質性細潤，色極紫豔，謂之紫玉，以純乎一色，無雜拉者爲佳。質中有穠豔紅氣，如暖日夭桃者；有隱約青花，如遊魚在藻者，品亦上上。其間必有鴝鵒眼，光彩焕發，爲之輝映。置之水中，覩其氣色，則豔若桃花；察其肌理，則紫翠欲滴。米元章之論硯石必尚紫，紫必尚花，葉交叔之端品有眼則嫩，嫩則發墨。信乎，古今同寶，物無異者也。若紫玉，則色深而乏豔，青花則氣渾而成片，鴝眼則翳淚而鮮神，質性則堅實而不潤，似欠神情，絶無生韻，此實旱坑中之别産，老鑒家亦能辨之。

淡紫間青花品在紫玉間，青花之次。

水坑東洞中層之石，質本細潤，亦有色紫稍淡，謂之淡紫，以潤澤純浄無斑纇者爲佳。質中有淡淡紅氣，如葡萄初熟者；有細細青花，如蘋藻欲浮者，品亦上上。其上間有黄龍紋，悠揚焕爛，爲之點綴，或有眼、或無眼。有則絶佳，沈水觀之，辨其質，色如帶血羊肝；言其神韻，則一片真氣。悦澤如美人之膚，曹秋岳善譬之詞；温軟如小兒之肌，屈翁山妙喻之語。宜其遐邇争重，出於尋常者也。若淡紫則色木而氣黄，青花則枯黯而不散，文彩則汙雜而不純，質性則理粗而乏豔，絶無佳趣，實鮮丰神，此亦旱坑中之一種，難爲識者之觀也。

黑端間青花品在淡紫間，青花之次。

水坑中洞下巖之石，質極軟嫩，細潤如玉，其色青黑而帶灰蒼，溼則微紫，謂之黑端，以明瑩光澤、無駁脈者爲佳。質中有青花甚明瑩，散則如兩點，聚則如藻荇者，品亦上上。或有鴝鵒眼，有則絶佳；每每成星斗象。或有鱓血斑。亦明潤，扣之無聲，磨墨亦無聲，甚發墨，經久不乏，因質過嫩，最易成凹，昔智永硯或以此。予曾得一古硯於虎林，是此石，長四寸許，闊二寸許，厚不過三分，眉池高額，額有銘識，漫滅不能辨，中已成凹。後攜往江右，偶爲頑童洗滌，池内忽斷，遂因材改製爲宇宙硯，縱横尚有二寸許，猶可寶惜，爲好事者購去，今不復重見。此種此坑，宋時已竭，蓋唐以來，便以青花爲重，故李賀有《端州青花石硯歌》。若質堅花粗，及紋枯色晦者，皆宋時之旱坑，雖亦古淡可喜，未免有拒墨之嫌。

右水坑青花四種，皆古今之最推重者，品上上。如無青花則正洞、西洞亦有三種，如蕉葉白，則潔如紈素；紫玉，則艷若桃花；淡紫，則嫩如羊肝。下巖舊坑中亦有三種，如中洞、南洞、北洞，俱純深秀嫩，古若圭璧，亦雅人之所珍重。品上中，大都入手皆温潤如玉，不雨而澤，研墨則不熱無泡；若油發豔，摩之俱寂寂無纖聲，視之則烝烝有生氣。此外更有三洞上層之石，及異色可人者，品亦上下。故水坑之有青花及無青花者，共計十種，以及上層異色等品，皆山川元氣之所鍾聚，南離文明之所孕育，非諸山坑中下之品，小可比擬。或能親見水巖上上佳品，别其品性，察其精彩，不獨諸山之石可廢，即各護所偏之諸説，亦可廢矣。因爲端石水坑擬。

陳齡《端石擬中·擬山坑計三十三種》

中巖舊坑新坑

在郡東五十里硯巖之山半，居下巖之上。舊坑色微青紫，如嫩肝，質性細潤，有碧眼，小如菉豆而無暈，謂之菉豆眼。又有緑條、白條紋，扣之微有聲，磨墨則無聲，久用鋒鋩不退，宋時此坑已竭。新坑色淡而微青，質性微堅，間有黑色青花，眼如鴝鵒而有暈，扣之、磨墨皆微有聲，久用退乏。其坑亦竭，今宋硯中皆不能多見。

上巖舊坑新坑又名北巖，有土地巖、梅樹巖二處，梅樹巖石近中巖，覺稍勝。

在硯巖之山半，居中巖之上。舊坑色青紫，新坑色灰紫，質俱粗燥，有松板紋及粗花紋，眼如雞眼大而黄青者，亦淡差不圓，扣之、磨墨皆有聲，用稍久則光如鏡面，亦有新成便拒墨者。今坑亦竭，所見宋硯，此石爲多，世所謂宋端也。

龍巖

自上巖轉西南，在上巖之山背，斧柯山腳谷中石也。色正紫，眼甚少，質性細潤，與中巖相等。唐時取硯以此，後下巖得石勝龍巖，乃不復取，故今甚少見。《端州郡志》舊坑又有汲綆黄圃，新坑又有唐竇鐵坑。鄭樵又有茶園之名，魏泰又有西坑之目。今並不傳無攷，故附及之，以俟博雅。

半邊山諸巖有大秋風、小秋風、獸頭、獅子、桃花河頭等名。

自龍巖下稍東，在斧柯山麓。色紫帶灰青，眼極多。近南諸巖，有類下巖南壁石，眼大暈少；近北諸巖，與中巖相等，暈愈少，亦菉豆眼也。其細潤者亦可愛，但易乏。今見宋硯之多眼者，皆此石，但多瑕。

新坑

在斧柯山麓，爲半邊山之新坑，非後之類水巖之新坑也。産石佳者，與半邊山相等，但多碎小，亦宋時所開，有三四暈眼。

黄坑

在斧柯山麓，亦半邊山之坑，産石與上巖相等，亦宋時所開，有三四暈眼。

蚌坑

自龍巖西南，沿小溪而上，宋時取之山下澗谷中，色深紫，性堅而潤，不發墨，有眼偏斜，黄色而帶微青，無暈而翳，端人謂之野石，甚易得，多大璞巨材，且無瑕璺，但品最下。

朝天巖古亦稱斧柯，故後龍巖諸坑，皆仍其舊説，有七洞。

在郡東五十里，居水巖之南，爲水巖之主頂，高要峽東南最高處也。端溪之水出其右，與水巖一氣相通，故産石似水巖之上層，較他山之石爲最貴。但色紫而乾，亦有白中帶紫者，質皆堅實，不能滑膩，久則拒墨。間有細潤者，極類水巖，不易鑒别，恨色帶微黄，無青花隱隱浮於骨中耳。亦有蟲蛀、黄臕、金線、黄龍、硃砂、翡翠、蕉白、火捺等紋，亦有眼，但蟲蛀則大，黄臕則枯，金線則黄，龍則燥，硃砂則形大而不鮮，翡翠則色黄而汙雜，火捺紋則成結而不運，蕉葉白則色晦而氣黄。得純净大片者，亦可貴。眼多淚翳，暈多而明炯者亦可愛。近充老坑售於外方，皆是此種。

巖仔坑

在水巖之西，與新坑相近。宋治平中所重開，其石似宋端，扣之聲泠泠，久用能滑。

新坑

在朝天巖之西，與巖仔坑相近，質嫩細潤，色紫微青，蕉葉白亦青，有眼亦四五暈，極類水巖，但不發墨，今亦不可得。

屏風巖土名屏風背，有黄竹根、梨花根等名。

在水巖之南，爲硯山發祖處。其石木如，其聲堅響，其性硬滑，不發墨，其色紅紫，譬猪肝暴於風日，間有質細者，色微帶黑，有青紫粗花，及長條緑紋，亦有黄臕、蟲蛀，但枯闇無致，置水池中，能數日不乾，因與水巖同祖共氣，故其佳者似水巖，亦足亂真。今粤中市人者，多此種，其黄竹根、棃花根者最佳。又有一種粗而發墨，亦間有緑石色深如黛，亦發墨。

宣德巖亦稱宣德坑。

在屏風背之山半，去水巖二里許，品在朝天巖之上，明宣宗時新開，爲山坑中之上品。質性堅細，色紫發墨，或一方中，五色俱備，其最嫩者，彷彿水巖，亦有眼，但止三四暈，而多淚。今洞塌，搜采已罄，絶不可得。亦有粗硬者，色深紫近黑，久用能滑。

古塔巖

在屏風背之前，其石比朝天巖，無蕉葉白、火捺紋，喜多大材巨料，無缺爛驚鼺之病。土人每取爲硯售人，惜稍久便不發墨，惟作颼颼響耳。

黄龍坑

在高要峽之南，龍華寺後而入，産石色紫，質粗，久則光如鏡，面亦有眼。

右峽之南岸一十四坑，皆屏風背、朝天巖之支脈。

高要硤即羚羊峽，峽北岸即高硤山。

在郡東三十五里，峽之北岸，産錦石，青質白章，多作雲霞、山水、草木、蟲魚諸形，可爲硯，亦發墨，土人多以爲屏風、几案、床榻之屬。

白娑墳

在高要峽之北，靈山寺後，石色微黑，黯黮不鮮，又多破損，而不發墨。其最佳者，白紫色，多横紋，有火捺紋、蕉葉白。偶得純净者，可類水巖，今亦少有。惟可辨者，青花中黄星密灑如塵，眼大如螺，若人張目，湛湛無神耳。

啞婆墳亦稱啞婆坑，一作阿婆墳。

在高要峽之北，靈山寺背，色紫質粗，亦有眼，内有佳者，爲深坑，有蕉葉白、火捺紋，可充水巖，但帶黄色而無寶光，亦乏青花浮於膜理耳。品與朝天巖相等，惜多破碎。

鐵窟

在靈山寺右，石出爛土中，殊不佳，品最下。

七星巖

在郡東北六里，黄崗之前，踞高要峽之西北。産石名白端，色白如雪，作朱硯最佳，有花紋者，爲白錦石，具山水、草木、雲氣、物象，堪爲屏風、几案之類。

黄岡流坑附。

在七星巖背，羚羊峽之西北。産石色深紫，如猪肝，或有近紅者，質極粗燥，研墨有聲，用稍久，鋒鋩即退乏。又有洞産緑石，名緑端，其色淡碧，質有粗細，俱不發墨，堪作硃硯，一名緑豆石今粤肆所售者，不出洞中，乃大雨時石，從沙中泛出，俗呼爲流坑石，殊不佳。

將軍坑又名小將軍坑。

在七星巖北將軍嶺之下。宋時水坑未開，曾取此石，色黑紫，或有紅紫色者，質最粗礪，亞於屏風背，無眼，多破碎，今無取之者，宋硯中有此石。

老鼠坑

産石與將軍坑等，不堪入用。

錦雲坑

産石青紫色，有花，質堅燥，不發墨。舊硯中間有之，土人稱錦雲石。

黄山巖

産石紅者極粗，淡色者極枯，即細者亦不發墨，最多且賤，近充蕉葉白多此種。

小仙坑

産石色紅紫，質甚嫩，有花紋不細，雖可觀，而不發墨。

右峽之北岸一十一坑，皆高峽山七星巖之支脈。

梅花坑

在峽口之外，廣州三水縣境中，去端溪四十里，從沙步典水村而入。産石淡青色，如死灰，質粗且堅，光滑易裂，不發墨，且多眼。或具五色，一片可得十數點者，或一方中有通身皆眼者。其眼大黄而暈少，睛不分明，此越産之最下者。一曰碧點長斜，似眼無瞳者，誤。

後歷巖

在郡北十里，宋時所開，掘地取之。石性軟而且燥，色深紫帶黄赤，間亦有眼，極類蚌坑，或有一兩暈，堅潤不及，發墨實過之。間有極細軟者，用在半邊之上。

小湘峽

在郡西四十里，宋時所開，亦掘地取之，頗類巖石，質性軟而不潤，色深紫如蚌坑石，眼無瞳亦如之，發墨勝坑石。

企文坑

在西門外石靈山寺之陰，石質近粗，有蕉葉白、火捺紋，品在啞婆墳之下。

上蕉園一名相公坑。

在石靈山，石質細膩，類水坑，有眼。

下蕉園

在頂湖山麓，郡之東北三十五里，其石大約與上蕉園等，亦有眼。

通天巖

在郡南陽江縣境，漢陽江之南，石質粗細不等，多大材，小者覺佳，亦有五六重暈眼。

天堂坑

在郡西南新興縣境中，産緑石，最細嫩，發墨，光彩可愛。

右離峽外産，共八坑，與峽之南北岸支脈不相連屬。

右山坑三十三種，大都以宣德、朝天、中巖、龍巖、半邊、新坑、上蕉、下蕉、白婆、啞婆，彷佛水坑者爲上，餘俱次之，皆不堪入目，以其有極枯燥而渴筆飲墨者，有極粗礪而銼墨廢筆者，有堅滑如牛角者，有汙雜如敗疽者，有板實而木如者，有鏗然而金聲者，有起雲母點者，有起蜒蚰光者，有如松木紋者，有如玳瑁斑者，此皆山坑中下之品。耳食之徒，每以端目矜誇而珍之，反以佳品爲嫌。因爲端石山坑擬。

陳齡《端石擬下・擬文彩計一十三種》

鴝鵒眼

石之備妙處，至文所著也。故青花聚處，可察眼路，未有粗礪之石而生佳眼者也。以圓正明媚，層暈分明，其瞳炯炯欲照者佳。如青碧紅黄相重，光彩明瑩者爲陽眼，品上上；青緑碧黑相重，光彩幽暗者爲陰眼，故次之。層暈分明，形體稍長者，又次之。若翳淚、黄赤等眼，反爲石累，旱坑中常有之，品斯下矣。論眼之目，以生於墨窩之外者爲高眼，生於墨窩之内者爲低眼，形體圓正者爲鴝鵒眼，形體尖長者爲象眼，層暈明媚者爲活眼，光彩全無者爲死眼，輪郭寬大者爲怒眼，層次模糊者爲翳眼，四旁浸漬者爲淚眼，中有白點者爲瞎眼，含沙脱去者爲病眼。有點無沿者名之曰斑，則非眼矣。若水坑産石，正洞之眼則赤圜，西洞之眼則黑圜，東洞之眼則碧色，皆層暈緊密，光彩奪目，他洞偶一似之，或三五七九其暈，或至十餘暈者，皆有奇而無偶。舊坑中巖石，多淺碧小眼，雖無暈亦佳。水坑中之嫩石，眼侵土氣，作淡黄，純白色者次之。一種旱坑赤紫石，眼作純紅者，石質微軟，及有緑眼中一黍紅者，石最粗硬，眼雖可觀，品亦下矣。然水坑之石，具絶佳之眼，每多破裂汙雜，其純净者甚難得。

青花

石之極細處，精華所發也。以朱碧蒨麗、紫翠欲滴者爲佳。如寒波細藻，輕煙微塵，隱約乎中者，品上上。如蘋如藻，若霧若星，浮動乎中者次之。如東瓜瓤，如石花菜，微露乎中者又次之。若粗大模糊，枯暗不鮮，間有黄星密洒，非旱坑中之白婆墳，即屏風背，品爲下矣。

蕉葉白

石之最嫩處，膏液所成也。以絶潔明瑩，大片無斑駁者爲佳。然亦有數種，如剖生魚肉之純白者，舊坑有之；如羊肝帶血之微紅者，西洞有之；如葡萄初熟之微紫者，正洞有之；如青磚帶水之微黑者，新坑有之。以上五種，四旁必有火捺之氣散開掩映於上，惟東洞蕉白，色微青而帶紅艷，以有青花品上上。舊坑及正洞、西洞，亦鮮潔蒨麗，故次之。新坑雖潤澤細膩，但久用退乏，又次之。惟白中微黄，是旱坑中朝天巖、白婆墳、啞婆墳、企文坑等處所産，多横紋，更多焦黄色細紋縱横於腠理，色晦氣黄，亦枯槁不潤，品爲下矣。

火捺紋

石之微堅處，血氣所凝也。以紅暈豔發，絢彩熊熊，不踞墨窩者爲佳。或如朝霞蔚起，或如血暈散開掩映乎旁，性與石等者，品上上。或散若馬尾，或聚若金錢，點綴乎上，性微堅者，品中中。若蠟炬之燒堊壁，若熨斗之焦几案，成結不運，性極堅者，品下下。若紫艷者能滲出紅氣，黑潤者能散出青花，亦蕉葉白上之美紋。未可以旱坑中紫，與木如之鳳涎形如蚓也。黑與鐵似之鐵捺目之也。

黄龍紋

石之最佳處，精氣所形也。以悠揚有緻，鴻鴻濛濛者爲佳。若淡如泥金，而色豔如雲如霞，縹緲欲動者，品上上。赤如真金，而色明如龍如蛇，糾纏屈曲者，品中中。黄如染赭，而色呆如虹如蜺，直硬交錯者，旱坑中亦有之，品下下。又有淡若金泥，環繞石腹，名金帶圍者；又有燦如鍮石，細亘石面，名金線紋者；又有黄如穴粟，散而成點，名麻雀斑者；今人以近皮處之雨點紋黑色者，名雀斑。又有赤若真金，聚而成圍，名金圈者，此皆紋之貴者也。若或形如山水，勢若烟雲，此又紋之奇，而品之妙矣。

硃砂斑

石之堅硬處，紫氣所凝也。以紅潤肖真者佳。若偶見一二點，生於墨窩之外者，爲上上。大塊叢生，或如鱓血者，次之。枯暗難平者，旱坑中有之，品下下。

翡翠斑

石之駁雜處，眼之所漸也。以淺碧瑩潤者佳。若蕭疎數點，生於四旁者爲上上。密如灑汁或帶微黄者，次之。枯暗夾砂者，旱坑中有之，品下下。

蟲蛀

石之剥蝕處，砂水所齧也，以位置合度者佳。或斷或連，生於四旁者，爲上上。形勢少致，或帶黄砂者，次之。大片穿漏者，旱坑中有之，品下下。

黄臕

石之包絡處，真藴所發也，以明瑩鮮潤者佳。若黄如黍粟，金碧朱紫錯陳者爲上上。純黄不雜，或如鱓血者，次之。枯燥汙雜者，旱坑中有之，品下下。

右文彩九種，其前五種爲水坑中之美紋，中層、下層之佳品，以此徵之，故有則爲貴；其後四種，雖亦水坑中之紋，然恐美中不足，故無則亦可。至若紋之直而纖長者，緑凝於上謂之緑條，白凝於緑謂之玉帶。紋之細而纖長者，黑而有光謂之鐵線，黄而有瑕亦謂之金線，此皆坑石之瑕，以無爲貴，好事者故美其名者也。然攷前輩諸説，或以鵠眼、青花、蕉白、火捺、黄龍爲瑕，爲病者，或以緑條、玉帶、金線、鐵線爲美紋者，各出臆見，未之或攷。因爲端石文彩擬。

徐毅《歙硯輯考》 龍尾山，高二百仞，芙蓉之支也。西連武溪，山石可作硯。一名羅紋山，以石有羅紋，故云。《廣輿記》載其品有五，金星者佳。

唐積《婺源硯圖譜》云：婺源硯在唐開元中因獵人葉氏逐獸至長城里，見壘石如城壘狀，瑩潔可愛，因攜之歸，刊粗成硯，温潤大過端溪。後數世葉氏孫持以與令，令愛之，訪匠手琢成，由是天下始傳。南唐元宗精意翰墨，歙守獻硯並薦工李少微，元宗嘉之，擢爲硯官，令石工周全師之。今山下葉氏繁息幾數百户，乃獵者孫也。

《歙硯説》云：凡取石，先用牲醪祝板齋戒，擇日至山下設神位十餘於壇，祝訖發之，稍褻慢必有蜂蠆蟲蟒毒物傷人，蓋神物所惜，不欲廣傳人間，所得不過百十枚即竭矣。又當再祝之，前後囓死者十餘人，今皆預祀享。唐侍讀《硯譜》云：二十年前見人頗用龍尾石硯，求之江南故老，云：昔李後主留意翰墨，用澄心堂紙、李廷珪墨、龍尾硯三者爲天下冠，當時貴之。自李氏亡而石不出，亦有傳至今者。景祐中，校理錢仙芝守歙，始得李氏取石故處，其地本大溪也，常患水深，工不可入，仙芝改其流，方得之。後縣人病其需索，復溪流如初，石乃中絶。邑官復改溪流，遵錢公故道而後所得盡佳石，遂與端石並行。按《圖經》龍尾山在婺源長城里，今雖多故坑，無有石出。環縣皆山也，石雖出他山，實龍尾之支脉，俱得謂之龍尾云。

宋蘇軾《龍尾硯歌》：「黄琮白璧天不惜，顧恐貪夫死懷璧。若看龍尾寶石材，玉德金聲寓於石。與天作石來幾時，與人作硯初不辭。詩成鮑謝石何與，筆落鍾王硯不知。錦茵玉匣俱塵垢，搗練支牀亦何有。况瞋蘇子鳳咮銘，戲語相嘲作牛後。碧天照水風吹雲，明窗净几清無塵。我生天地一閒物，蘇子亦是支離人。粗言細語都不擇，春蚓秋蛇隨意畫。願從蘇子老東坡，仁者不用生平别。」按：《黄山谷集》載《東坡硯贊並序》曰：余舊作《鳳咮硯銘》，其略云：蘇子一硯名鳳咮，坐令龍尾羞牛後。已而求硯於歙之武溪里，人云子有鳳咮，何以爲羞，忿然不平，竟不可得。適有奉議郎方君彦德有龍尾大硯，甚奇，謂余若能作詩少鮮前語即當奉餉，乃作此歌。

黄庭堅《硯山行》：「新安出城二百里，走峰奔巒如鬬蟻。陸不通車水不舟，步步穿雲到龍尾。龍尾羣山聳半空，居人劍戟旌旛裏。樹接藤騰兩畔根，獸卧崖壁撑天宇。森森冷風逼人寒，俗傳六月常如此。其間石有産羅紋，眉子金星相間起。居民山下百餘家，鮑戴與王相鄰里。鑿礪磨形如日星，刻骨鏤金尋石髓。選堪去雜用精奇，往往百中三四耳。磨方剪鋭熟端相，審樣狀名隨手是。不輕不燥禀天然，重實温潤如君子。日輝燦燦飛金星，碧雲色奪端州紫。遂令天下文章翁，走吏迢迢來澗底。時陳三日酒傾醇，祓祝山神神莫鄙。懸崕之處覺魂飛，終日有無難指擬。不知造化有何心，融結之功存妙理。不爲金玉資天功，時與文章成里美。自從元祐獻朝貢，至今人求不曾止。硯工得此贍朝餐，寒谷欣欣生暗喜。願從此硯鍾相隨，帶入朝廷揚大義。寫開胸臆化爲霖，還與空山救枯死。」按此山谷奉朝命取硯，與鮑曰仁善，因主其家，作此以留記。

又留題二首：「虎邱山嘯有聞名，黄公何事硯山行。浩興狂吟欠籠壁，心惟口頌不虚稱。門内君子集君子，硯誇龍尾載羣史。帝王當日命諄諄，天下名賢多到此。」「名賢曾到此山登，愛硯欣然作硯行。鐫石留題光動影，令人頌罷有餘情。」

白石山人程棠《題硯石生輝》：「文星化石絶塵泥，生成五美賽端溪。神光徹夜摇山岳，靈氣長年貫璧奎。可笑宋朝孫之翰，一硯三萬錢不换。書生十載硯磨穿，聖朝詔上親賢舘。」

樂野公《題硯石生輝》：「天地鍾靈石藴奇，胎成山水古今稀。文人珍惜爲珠寶，噴出煙雲動帝畿。」

晦翁遺跡：「虹井書，齋寓硯山，樂觀斯景近仙關。描成小影龍蛇耀，留與人間作寶看。」

邑人游泰亨《遊硯山》二律：「久聞山産硯，此日始經行。地匪當時主，坑存舊日名。異材難鑒别，亂石俱縱横。空谷寒烟重，淒然百感生。」「歙硯聞天下，初尤寶舊坑。羅紋徵異品，龍尾播佳名。緊足誰優劣，莊基孰重輕。時人渾未識，概以硯山稱。」

蘇文忠公《硯説》云：予家有歙硯，底有欵識，云「吴順義元年處士汪少微。」銘曰：「松操凝煙，楮英鋪雪。毫穎如飛，人間五絶。」所頌者三物爾，蓋謂硯與少微爲五絶邪？

宋謝塈知徽州時，嘗於舊坑取石貢理宗。初坑上常有五色雲氣如錦衾，郡檄隨雲所覆處斵之得佳石。有白文繞兩舷宛轉如二龍，既發爲硯而雲氣不復見矣。

歐陽永叔云：「歙石出於龍尾溪，以金星爲貴。予少時得金坑礦石，堅而發墨。端溪以斗巖爲上，龍尾以深爲上，龍尾遠於端溪上，而端石以先出見貴爾。」

唐公《硯録》云：嘗過金陵，於翰林葉道卿處見一硯，方四寸許，其色淡青如秋雨新霽，遠望暮天，表裡瑩潔，都無紋理，蓋所謂硯之美者也。云得於歙，不知出於甚坑，今不復有。按：此石即眉紋坑之素質而細嫩者，其色淡碧。

曹繼善云：龍尾石多産於水中，故極温澤，性本堅密，扣之，其聲清越，婉若玉振，與他石不同，色多蒼黑，亦有青碧者。采人日增，石亦漸少。

石坑

眉子坑在羅紋山，開元中發，屬程於地。從溪下至取石處九丈五尺，其闊三丈六尺，深一丈三尺，坑皆無土相雜。

水舷坑在眉子坑外臨溪，冬水涸時方可取，春夏不可得。發地丈餘乃至，石率多金花眉子，地屬程於。

水巌坑在羅紋山西北，地屬王十五。景祐中發，自水舷至坑五丈五尺，闊一丈三尺，穿籠取之。久廢不可得，蓋石工不知攻取法，石理如浪紋。

羅紋坑在眉子坑之東。李氏時發，地向屬王仁高，今絶籍，爲硯户戴義八人共請之，歲輸山税三十金。自山下至取石處計七十五丈，闊十八丈，深十五丈三尺，石藏土中，去土深三四丈乃至石也。見石處謂之寨頭。

羅紋坑又呼爲舊坑，與緊足坑、莊基坑三坑並列，相去百餘步，而緊足、莊基石品次之，舊坑又自爲三，曰泥漿，曰棗心，曰緑石。泥漿温潤細密而不甚堅實，棗心細者青潤可愛，中有小斑，粗者微燥，緑石質理稍慢，惟羅紋稱上云。

水波坑産瓜子羅紋，不可多得。與羅紋下坑相近，久失其詳。

羅紋金星坑在羅紋山西北，自羅紋坑相去四十五丈，今廢不取，蓋工用多，所得少也。

溪頭坑又曰主持山，在羅紋山金星坑之北約二三里，廢已多年，不取其石，金星率多虚慢焉。

葉九山坑在溪頭坑之西約一里，不取已久。有眉子，石紋粗慢，與溪頭相次也。

廬坑在縣之西北七十里，屬嗇觀。景祐中曹平爲令時取之，後王君玉爲守又取之，近嘉祐中刁璆爲尉又取之，其石有青緑暈也。

濟源坑在縣之正北，凡三坑並列。曰碧裡坑，在山上，色理青瑩。及半里有水步坑，石大雨點白暈。次十里入裡山坑，石青細有金紋花暈，厥狀不常。按：廬坑與濟源坑石俱瑩潤，第較眉子、羅紋，其質稍緩，至水步石雨點白暈者即陸深春風堂所著刷絲紋，正視之，見黑點疎疎如灑墨云云者也。

麻石，三尺中隱硯材數寸而已，猶玉之在璞也。坑往往在溪澗中，至冬水涸，合三二十人方可興工，每打發一坑，不三數日必雨，雨即坑壠皆堙塞，較其工力倍金銀坑中取礦者，此其所以貴也。往時必先祀以中牢，方免諸患。

廟前坑在羅紋山古廟前，石如紫玉色，間以金星。景祐時發，取石數塊，即迷其處，至今失傳。

品目

眉子石紋十四種

對眉子石紋如人畫眉而細，遍地成對者，其色青碧，其質潤潔。

水浪紋理横細如晴晝微風，清沼漣漪之狀。

雁攅湖眉子硯心有紋暈如汪池，四外眉子密密如羣雁飛集之狀。以上三種稱絶。

錦蹙石暈如畫雲氣，間以金暈如蹙錦然。

錦蹙眉子石紋横如眉子，間有金暈。

羅漢入洞石中有金暈如雲氣，下有羅漢龕座之形。按：即今名太極圖者。

金星眉子眉子踈勻而有金星間之。

鱔肚眉子眉子踈而勻，石紋如鱔肚紋，間有金暈金星者。

菉豆眉子石理稍黑微暗，而斑内有短密眉子紋。

金花眉子眉子石中有金花金暈者。

短眉子眉子密短而勻。

長眉子眉子長而差大。

闊眉子眉子闊而色微黑，長者、闊者俱如虎紋。

簇眉子眉子密細，間攅一處，與短眉子相似。

水舷金紋十種即在眉子坑外臨溪，亦眉子紋也。

青斑如舞鶴者。

如長壽仙人者。

如雙鴛鴦者。

如枯槎仙人者。

如朝霞雲氣者。

如湖中寒雁者。

如雙魚蹲鵰者。

如壺餅者。

如卧蠶者。

如斗者。

石以眉子爲絶，而眉子品目不一，要以石色青碧，石質瑩潤而紋理勻净者尤爲精絶。

外山羅紋十七種

瓜子羅紋比細羅紋尤細，狹如瓜子者，乃羅紋之奇材也。

細羅紋石紋如羅縠精細，其色青瑩，其理緊密而堅重。

粗羅紋似細羅紋而紋稍粗。

暗細羅紋羅紋雖細，晦而不露，紋理隱隱，石色微青黑。

刷絲羅紋石紋稍疎如刷絲然。

金花羅紋羅紋地上間以金花亂點，大細不常，如畫工銷金。

金暈羅紋金暈數層，如林畫者，或暈如卵形及杏葉，皆重疊數重。

金星羅紋細金點如散星者，有金抹如眉子者，有黄抹金紋長短不定者。

算條羅紋比刷絲紋理疎而粗大，正如排算子。

角浪羅紋直紋數路如角浪然。

細棗心無羅紋而石紋兩頭尖如棗核。

粗棗心較細棗心而粗。

泥漿細羅紋而尤温潤，出羅紋下坑。

松紋羅紋縱理如松紋。

紋絲羅紋如手指紋。

古犀羅紋較角浪紋精細而立理。

卵石羅紋有暈如卵形。

雨點羅紋又名烏釘羅紋，即濟源坑之水步石，紋理如刷絲，間以雨點而色質淡慢。

裏山羅紋一種

金星疎慢

粗羅紋稍細者易爲磨墨，細羅紋稍堅者最能發墨。或者以易磨墨爲發墨，非也。惟蔡君謨論得其要，墨在硯中隨筆旋轉，滌之泮然盡去，此乃石性堅潤，能發起不滯於硯耳。若刷絲、松紋、角浪皆以其理疎易於磨墨。至於金星之類乃其餘事，自有優劣，獨泥漿一品較之諸石紋理細密，富於温潤，但多不甚堅實。

瓜子羅紋紋若瓜子，此最佳者也，出水波坑中，幸而得之，不可期。

金星紋三種

葵花

金暈

金星

廬坑一種

青色緑暈

眉紋、羅紋俱有金星，惟審石質之高下，金星乃餘事耳。且金星有隱者、現者，總爲石中寶光，大抵隱者其石質尤嫩。

石病

雞脚如麻石黯色，類雞脚印行迹。

烏肫有痕如木葉，若肉中脞也。

隔路如墨痕，如蚓迹行路。

浪痕偏纏如布帛紋，其色或淺或深。

黑色贅子若烏豆狀，隱起礙手，皺藏於石中，或開之乃有大壘。

搭線斜紋若硯斷裂者。

硬線有起處隱手，雖良工亦不能礪平也。

斷紋有紋兩不相着。

塵孔石上有微塵孔者，乃石之膚也。

黄爛土中石皮也。

硯以瑩净爲先，小有痕線皆不甚貴。龍尾各種俱佳，每多間以石病即爲白璧之瑕。至眉子文質尤美，於他種而惟此痕線偏多且有檢之無疵，及製之則有微疵者，非什伯不得一二完璧，是以稱難稱絶。人每謂歙亞於端，蓋只見其疵者、或如後載之僞者，而未見歙之真與全耳。

修斲

硯斲初成，先以蠟塗内外，蓋與石相益，須借此則温潤光潔可愛，於石殊無損而便於洗濯，不惹墨漬。初使以生薑汁塗研處即着墨，今人多不知此，云是瑕病，以墨蠟蓋減痕璺，又云不發墨光，始初磨墨兼帶少蠟滯暗墨色故也，使三五度則無此病矣。又出墨色者便使益好多漬難愛護，欲着手氣必成痕迹，故人多用蠟，蓋免此患也。硯須每日洗浣，去其積墨敗水，則墨光瑩澤也。按：古用蠟法是矣，今以黑漆拭之不留迹尤妙。再查蠟滑漆澁，幾掩石質，不便初用。莫若底與旁用漆，正面拭以胡桃油，則石質顯而初用利矣。此爲正法補録。大抵攻琢貴精，治之不盡工，雖有佳石亦常硯而已。每得一石，以鐵鑿擊之，候其聲清圓，乃可攻治，度其所宜，然後製樣，須令人捧，不然内諸稻穀中欲其不實也。

蘇易簡云：硯有薄如紙者，蓋以薄爲利用云。

名狀

端樣　舍人樣　都官樣
玉堂樣　月樣　方月樣
龍眼樣　圭樣　方龍眼樣
瓜樣　方葫蘆樣　方辟雍樣
八角辟雍樣　馬蹄樣　新月樣
鏉樣　眉心樣　石心樣
瓢樣　天池樣　科斗樣
銀鋌樣　蓮葉樣　人面樣
毬頭樣　寶餅樣　笏頭樣
風字樣　古錢樣　外方裡圓樣
筒硯樣　蟾蜍樣　辟雍樣
方玉堂樣　尹氏樣　蝦蟆樣
犀牛樣　鸜鵒樣　琴樣
鼉樣　補録一品樣　三台樣
東坡案頭方樣　鼎樣　銅雀樣
宋東井樣　太極圖樣　亞字樣
天然樣　隔水淌漕樣　螃蟹樣
鵝樣　鐘樣　竹節樣
井田樣　簸風字樣　唐高貢樣
插手樣　蕉葉樣　天雞樣
梧桐樣　鷹樣

以上並擇取樣製古雅者，餘數名雖多種，狀樣都俗也，不取。

硯之形製不一，古人有以蚌爲之者，取其適用而已。舊有古端樣，並世傳晉右軍將軍王逸少端樣，皆外方内若峻坂然，使墨下入水中，至寫字時更不費研磨之工，今之端樣蓋其遺法也。或有爲硯板、硯鏡之類，微坳其首而已。或直用平石一片，別以器盛水，旋滴入研墨，以此知今人不如古人書字之多耳。

評訂

石何爲貴？發墨爲貴。發墨何爲貴？以細潤發墨而不燥不滯爲尤貴。論者執以端溪無尚，前載蘇子《龍尾歌》並歐陽子《辨硯説》已有確証，不爾盍取所鍾，以上兩端較之，則優劣無難立見。

凡石質堅者必不嫩，潤者必多滑，惟歙石則嫩而堅潤而不滑，扣之有聲，撫之若膚，磨之如鋒，兼以紋理燦縵，色擬碧天，雖用積久，滌之畧無墨漬，此其所以遠過於端溪也。

眉子坑、羅紋坑並産羅紋山，二者俱佳，而羅紋稍遜於眉子，説者以羅紋爲最，蓋指其山名云。

辨僞

曹繼善云：歙縣出刷絲紋硯甚好，但紋理太分明，無羅紋間有白路白點者是。愚涖歙已久，品石不計萬千，從未見邑石有堪作硯者，此仍承訛踵謬，前序已辨之明矣。

黟縣石色青黑，堅潤有聲，間以金釘，乃石瑕也。硯工混以金星歙硯名，然其質滑甚，磨久將穿，而釘如故，實石中下乘。愚初至新安幾爲所誤，及考龍尾真僞始辨，乃今之文人學士猶有指此爲歙，且以之家藏珍重者，惜乎歙誣矣，而學人何以自許。

祁門縣出細羅紋石，酷似泥漿，但石理稍慢，不甚堅，色淡易乾耳。此石能亂真，人多以爲婺源泥漿石，當須精辨之也。

玉山縣童家坊去龍尾二百五十里，産石可作硯，能發墨，但其色淡青欠瑩潤，土人斵以紋理微者充羅紋，以紋理顯者充眉子。此等甚能亂真，彼耳食者不詳來歷，惟貪價廉，購製盈篋，以爲奇貨，現與龍尾並行，實有珠目之混，識者急宜留心甄別。

德興縣大安地方去龍尾一百六十里，亦産硯石，俗名刷絲，其紋横，理如眉而不活，間有雨點灑墨斑，質滑色淡，亦與眉子混行，大抵兩山皆龍尾之支云。

常山石多種，青黑兼金星者肖黟而無聲，亦僞歙。餘肝色、緑色並開化石如玳瑁，浮梁之紫石不一。

附辨歙端法

端之堅老者如馬肝、蟲蛀、火烙文等，易發墨而粗，細嫩者如焦葉白、青花、鳳眼等發墨細而稍緩，久用則退鋒，且墨滯於石，滌之不去。惟歙之眉子、羅紋各種愈嫩愈發墨，有細潤如玉者發墨如汎油，並無聲，久用不退鋒，墨亦不滯於石，雖積數十年，一旦滌之其質立見。欲辨高下惟將端、歙並置案上，以一器注水研之，記其數孰少孰多，則發墨之利鈍可見，研畢以盒覆之，閱時日啓驗其墨孰乾孰濕，則石之潤燥立明。

李光庭《鄉言解頤》卷四《物部上・煖硯》 筆硯精良，人之樂也。冰炭制化，硯之災也。當得意疾書之時，而水丞腹堅，石君面皺，能無興阻？世之爲煖硯者，店鋪用鐵硯，書大字者翻用瓦罐蓋，謂之墨海，其下皆可貯火。昔在内閣時，有以錫匣硯空其下以貯熱湯者。余曾得有柄古銅斗，廣二寸許，高如之，携作煖硯，頗適用，有句云：「軟塵香土雪花霏，薇省冰窗筆結紐。以湯貯斗硯墨融，起草拈毫心應手。中書老矣走風塵，悔不携君飲江酒。」云云。又六十年前冬月潞河小試，有以火酒磨墨者，人曰字色較白，不如清醬，試之果然。或曰淺淡質白，文家所忌。今加作料，氣味自當深厚，高列無疑。「何人執筆效公權，處處冬烘理硯田。石出老坑才脱劫，墨蒸熱海又薰天。半穿青鐵重歸冶，一縷紅絲竟欲然。倘遇段維吟興發，眼前煎餅認匀圓。」

李光庭《鄉言解頤》卷五《物部下》

永安甎　開元瓦

近日瓦當硯甚多，僞者大半，甎硯較少。以造室之物爲硯，似乎穿鑿，然陶泓之號，由來舊矣。果其字體分明，文理堅緻，勝於劣石，且有古意。數年前，劉寬夫侍御贈甎硯，方五寸，壁篆「永安」二字。己酉正月，於廠肆得唐瓦一塊，長尺有五寸，厚寸許，中鑿微凹，左鐫「開元十一年梁昇卿摹」九字。《儒行》有「瓦合」，俗以士子制藝爲敲門甎，甎瓦爲硯，固其所也。數番引玉愧投甎，贈我陶泓勖悦研。無極銘殊千歲瓦，永安文合五銖錢。促趺執卷留陳迹，視景趨公憶昔年。幾度摩挲遲著墨，壓茶炊餅共垂涎。病身肯負上元宵，購得開元硯一凹。與我不妨爲瓦合，問渠曾否作甎敲。有文幸免空腔誚，無鎛休占敝甕爻。二尺陶泓千歲久，青銅三百未虛拋。

江登雲、江紹蓮《橙陽散志》卷末《備志》 硯石出婺之龍尾山，而曰歙硯，以婺固古歙州地也。至謂産歙獄井中，則誕矣。蓋土人稱石之腴美者，曰肉石，稱硯坑曰阱，因誤以爲獄井耳。

沈心《怪石録》 藴玉石，産益都縣淄水中，色青黑，質堅，昔人多取以作硯。

蘇軾《雜記》：淄石藴玉硯，發墨損筆。

米芾《硯史》：青州藴玉石，理密聲清，青黑色，白點如彈，不著墨。

高似孫《硯箋》：淄州金雀山有藴玉、金星二石，中硯。按：藴玉石産淄水，續古誤爲金雀山。

《皇宋類苑》：淄州石門澗石青黑，相錯如雜銅屑，理極細密，范文正公居白山以爲硯，發墨類歙石，久則裂。

張卯《淄硯銘》：泰岱之靈，淄水之精，龍賓爲友，觸石雲生。

金雀石，産益都縣金雀山，色紺青，質堅，宜作硯。

唐詢《硯録》：金雀山石紺青潤密，叩如金玉，用墨不逮歙。

邵雍詩：銅雀或常有，未嘗見金雀。金雀出何所，必出自靈嶽。翦斷白雲根，分破蒼岑角。水貯見温潤，墨發如鑱削。

紫金石，産臨朐縣沂山下土中，色紫如端溪東洞石，質堅，作硯頗佳。

唐詢《硯録》：紫金石出臨朐，色紫潤澤，姿殊下。

《米芾帖》：紫金石與右軍硯無異，唐端出其下。

《李虞帖》：晚唐競取紫金石，芒潤清響，國初已乏。

紅絲石，産臨朐縣黑山，質甚堅，其文理詳唐詢《硯録》。

唐詢《硯録》：「紅絲石紅黄相參不甚深，理黄者絲紅，理紅者絲黄，其紋匀徹。石工蘇懷玉言州西四十里，盤折而上五百餘步有洞，狹容一人，洞前大石攲懸，石生於洞之兩壁，洞口絶壁有鐫字，唐中和年采石所記。蘇公得石四五寸，旋加磨治，文華緻，聲清越，墨膏浮蒸，濡如露，異於他石。一日洞門石摧，遂絶。」又：「紅絲石宜銀匣，氣澤蒸溼，墨色不乾。」

歐陽修《硯譜》：紅絲石須飲水，乃發墨。

《蘇軾帖》：紅絲發墨，謂勝端則過。

米芾《硯史》：青州紅絲石，大抵色白而紋紅者慢發墨，亦漬墨不可洗，必磨治之。紋理斑石赤者不漬墨，發墨有光，而紋大不入看。慢者經喝則色損，凍則裂，乾則不可磨墨，浸經日方可用，一用又須滌，非品之善。

《蔡襄帖》：唐彦猷以紅絲石爲天下第一石，有脂脈助墨光。

李之彦《硯譜》：蘇易簡以青州紅絲石爲第一，斧柯山第二，龍尾石第三，餘皆在中下。紅絲石須飲水使足乃可用。

王闢之《澠水燕談録》：唐彦猷嘉祐中守青社，得紅絲石於黑山，琢爲硯，紅黄相參，文如林木，或如月暈，或如山峯，或如雲霧花卉。自有膏潤泛墨色，覆之以匣，數日不乾，彦猷作《硯録》品爲第一。

杜綰《石譜》：青州紅絲石産土中，其質赤黄，紅紋如刷絲縈繞石面，而稍軟，扣之無聲，琢爲硯先以水漬久，乃可用。蓋石質燥渴，頗發墨。唐林甫彦猷作《硯録》以此石爲上品。

王世貞《宛委餘編》：古硯皆心凹後稍平正，未有凸者。始自唐彦猷作紅絲辟雍硯心高，至作馬蹄様亦心凸，援毫則非便也。

李良年詩自注：秣陵鎮人從土中見石函如古銅，剖之得圓硯，黯然而澤，銘凡十六字：紅絲青石，墨光洪璧，資我文翰，王砅堅質。未有道藴二字。按此當是紅絲石硯。

鼉磯石，産蓬萊縣海中鼉磯島，琢以爲硯，甚佳。色青黑，質堅，其有金星雪浪紋者最不易得。

唐詢《硯録》：登州駝基島石，色黑，羅紋金星，發墨類歙。

石末，出濰縣，以濰水中石碾極細末，復漂浄，陶爲硯，故名石末，自唐時已重之。

蘇軾《雜記》：公權論石末云「墨易冷」，世莫曉其語。青州易得無足珍，唐人作羯鼓腔，豈硯材乎。

《蔡襄帖》：青州石末，受墨而費筆。

歐陽修《硯譜》：青州、濰州石末皆瓦硯也，其善發墨也，非石硯之比，然稍粗者損筆鋒。石末本用濰水石，故唐人惟稱濰州，今二州所作皆佳，而青尤擅名於世矣。

《太平御覽》：柳公權評硯，以青州石末爲第一，言「墨易冷」，絳州黑硯次之。

李之彦《硯譜》：青濰州石末皆瓦硯也，柳公權以爲第一，當時未見歙石，以爲上品耳。

高似孫《硯箋》：公權記石末硯墨易冷。或爲冷，堅磨力兩剛拒，必熱而沫。磨墨如病兒，貴其輕也。唐中世未甚知有端、歙，當是以瓦質不堅，磨墨無沫耳。

王世貞《宛委餘編》：柳公權蓄硯以石末爲第一，絳州者次之，後始重端、歙、臨洮。

袁樹《端溪硯譜記》：肇慶，古端州也。端溪在德慶州界，溪近端山，故名。大江之水發源夜郎，徑牂牁、鬱林、蒼梧，灕江會端溪而下至肇城，統名端江，由羚羊峽以入海。峽之迤東右側第二山，硯坑在焉。考唐柳子厚謂：「端溪石至妙益墨，青紫色者，可値千金。」李長吉有《青花紫石硯歌》，謂端州匠巧如神，端石之重由來久矣。坑在江側，登岸百餘武，即達洞門，由山根穴墜而深入。其取水之法，詳見《曝書亭集》。入洞里許，有兩石横亘，中通一穴。入則仰卧先以足，出則俯卧先以首，名磨胸石。再入爲梅花椿洞，初劈時存石爲柱，以防傾陷，後人并取其柱易以巨木爲梅花形也。椿左側爲老東洞、大東洞，石色黄，眼作牙色。右側爲老西洞、大西洞、小西洞，石色白，質細嫩，罕有眼，間有眼者作碧色。由二洞深入爲老中洞，多天青色，無蕉白，眼亦青。三洞之石惟西洞爲最，而大西洞尤佳。西洞之石其質分四層。第一層名天花板，色紫赤，多斑釘；第四層名底板石，色青黑，多斑剥筋紋，間有浄者，面作蜒蝣光；惟二層、三層質細膩而輭堅，色融和而光潤，蕉白、青花、黄龍、火捺、冰紋、魚腦、麻雀斑、米鼻注、玉帶、鳳涎、水蛀、鎏金、硃砂、翡翠，無美不備。惟水線、斑釘横斜交錯，且質嫩多驚紋，觸手迸裂，求數寸完璧不易得。中洞之石久已罄絶。西洞自康熙年間采鑿都盡，蔽於蓁莽者又數十年，世之所得東洞爲多。大概端州之石多具硯材。由硯坑側登山三四里，名屏風崖，亦有坑，俗名坑仔崖，即新水坑也。蕉白、青花各種俱備，最多眼，眼色緑且無水線，以貌取之，猶在老坑上。新坑之側有飛鼠崖坑各種皆具，惟扣之有聲。距峽東二十里横查司對岸有坑，爲東坡所開，名老蘇坑，石色亦全備，其音響尤甚。近老蘇坑一山名龍尾坑者，最多眼，皆水坑也，惟用久即拒墨。又坑仔崖側有坑，亦名新坑。郡城北七里許七星巖後有盤古坑，開自宋時，因名老宋坑，色作豬肝色，佳者名豬肝凍。其旁又有新坑，名新宋坑，石紫色，其堅滑更遜老宋坑。又峽東南五里許，鼎湖山後有錦雲坑，石色黄赤，多黑眼，及松木虎斑紋，名錦雲端，皆旱坑也，多拒墨，土人重眼，遂多贋工，儼然鸜鵒，而板滯乏生動，甚無取也。石以水坑爲佳，無音爲最。惟西洞者潤澀相兼，久且益墨，雖取裁過薄者，扣之不能無聲，然審之不作銅音、瓦音，即斑紋交錯者，其飲墨終遠勝他石，此其所以爲寶歟。乾隆庚子歲，孫廉使春巖公監司肇羅道，開采西洞，方涓吉啓穴，雷雨暴作，穴中煙霧蒸騰，工不得入，乃爲文祭告山靈，越三日始息。每日用汲水工二百名，厚給工價，晝夜更汲，自九月初一日至十二月十五日方涸水見石。越歲辛丑三月朔，忽有虎來穴前，攫食犬彘，日夕守卧，任驅不去，似有呵護狀，而穴中春泉亦湧發，工不能施，遂止。山川之寶，造物所靳，豈偶然哉！余於夏五始臨郡，下車即訪求石友，已爲大力者羅致無遺。峽爲入省要津，月一再度，恒低徊於溪間不能去。壬寅冬，方伯鄭公復捐俸開采，命余董其事，獨啓大西洞，惜興工較遲，閱癸卯正月既望始涸水見石，未帀月春泉驟生，獲石無幾，而完璧尤難。迺聚先後所獲石，規之範之，各就其材，得硯大小百二十方，惜今之粤工類多匠氣，雕琢麤頑，未克供坡老鏤銘，繫欽作頌。顧念希世者貴，登席乃珍。老坑自此番開閉後，水深石盡，坑闊洞危，將不可復得。故以天地人物分列四等，凡老坑之盡美無疵者，品居天字；新坑之質色俱美，未忍下置者列爲天二，以別之；老坑之瑕瑜互見者列爲地字；其稍次與新坑之佳者列爲人字；雜坑諸石統列物字，並圖形爲譜。有最賞心者閒爲之銘，愧不能追孝肅之清風，投硯成渚。他日歸舟不名一錢，而妄呼萬石，以視到溉之移南宫之袖，當更爲千古一噱耳。譜既成，因爲之記。

和珅《欽定大清一統志》卷五七《蘇州府四》　巙村硯。《姑蘇志》：出靈巖山下，石硯佳者，不減歙材。

和珅《欽定大清一統志》卷一三〇《兗州府三》　尼山石硯。出曲阜縣尼山，文理精膩，亦稱雅品。柘硯出泗水縣柘溝，其地產赤埴瓶盎，亦可爲硯，滑潤如石，謂之柘硯。梁公硯出魚臺縣，其地善爲陶硯，文理潤膩，面色碧緑，謂之梁公硯。

和珅《欽定大清一統志》卷一三七《登州府》　硯石。《明統志·硯石》：蓬萊縣海中鼉璣島下出，名羅文金星硯，又有雪浪石。

和珅《欽定大清一統志》卷一七五《陝州》　瓦硯。《唐書·地理志》：虢州貢瓦硯。《説郛》：虢州澄泥硯，唐人品之，以爲第一，硯理細如泥，色紫可愛，發墨不滲。

和珅《欽定大清一統志》卷二〇〇《鞏昌府》　硯石。洮州廳出。

和珅《欽定大清一統志》卷二一一《階州》　雲石硯。《郡志》：出階州。

和珅《欽定大清一統志》卷二三三《衢州府》　硯山。在常山縣南二十里，出紫石及金星石，皆可作硯。《明統志》：常山、開化二縣出。

和珅《欽定大清一統志》卷三四六《肇慶府》二　硯。《寰宇記》：端州出硯石。蘇易簡《硯譜》端溪有斧柯、茶園、將軍池同是一溪，惟斧柯出者大不過三四指，最津潤難得，茶園次之，將軍次之。葉樾《端溪硯譜》：肇慶府東三十三里有斧柯山，峻峙壁立，下際潮水。自江湄登山行三四里即爲硯嵓，先至者曰下嵓，中有泉，雖大旱不涸。又上曰中嵓，又上曰上嵓。自上嵓轉山之背曰龍嵓，自山之下分路稍東至半邊山諸嵓，西南松溪而上曰蚌坑石。以下嵓爲上，中嵓、龍嵓、半邊山諸嵓次之，上嵓又次之，蚌坑最下。

朱棟《硯小史》卷一《端州二十六品》　古人用硯最重端州，有上中下巖之分，南北壁之異，東西洞之目，新舊坑之别，水旱巖之殊。讀自宋以來諸公譜，其議論評斷殊異所聞。巖石開自李唐，先取中巖而後下巖，著下巖最老之坑竭於慶曆。陳公密水口旋開，治平中巖仔重闢，此皆趙希鵠指爲中巖新舊坑，南北宋諸公即以此爲下巖者也。元則不能考，曾設官專轄守坑，盗石比竊盗。有明一再開於永樂、宣德、萬曆，未幾罷去，然例禁尚嚴也。本朝文治極隆，精華屢發。或探原穴以求珍，或闢别巖而取石，以今所見，合古所云，可互證而不必盡同。要以水巖發墨爲上品，於是稽其時代，敘其巖坑，詳其品目，定其妍媸，考其初開、既竭之本末，明著於編，疑者姑闕，好古之士欲取而藏之，是可稽焉。

龍巖

葉譜云：自上巖轉山之背曰龍巖。龍巖爲唐人取硯之所，後下巖得石勝龍巖，龍巖不復取，石色深紫，眼少。

高似孫曰：龍巖石深紫，類中巖、半邊山。

王漁洋曰：上巖之背曰屏風巖，石質堅勁，最發墨，然肌理粗燥，損筆，亦稱龍巖石。

高固齋曰：屏風石如猪肝曝於風日，粗燥不堪。

丁實夫曰：唐宋古坑硯共有十餘品，最老者曰龍巖，曰汲綆，曰黄圃，龍巖最佳。

將軍坑

米南宫曰：斧柯、茶園、將軍同一溪，斧柯絶難得，茶園次之，將軍又次之。

《硯録》曰：當宋初水巖未開，於七星巖北將軍嶺下取石，名將軍坑。石黑無眼，質亦粗。

下巖舊坑漆黑卵石

趙希鵠曰：色淡青，微黑如漆，細潤如玉，有眼六七相連如星斗。此卵石，扣磨俱無聲，當時已難得，慶曆間竭矣。

下巖舊坑青花子石

趙希鵠曰：此亦卵石，去膔方得材，色青微黑而帶紫，細潤如玉。有花點如筯頭大，或白點精瑩如星，水濕方見，扣磨亦無聲。以上二品並産於最老之坑，深水之底，發墨如油泛，逾月不乾，久用不鈍，滌之泮然。南唐時已少，至慶曆間竭矣。祗此舊坑産二品石，别無新坑。所謂新坑蓋元坑竭而别開者也。

水巖舊坑紫石

宋無名氏譜曰：巖有兩口，中通，故名水口，陳公密所開也。北壁石背爲泉水所浸，蓋泉生石中，非石生泉中，其潤可見，眼正圓，五色暈十數重，具瞳子。南壁係泉水半浸者，稍遜北壁，眼暈亦淡。北壁深莫測，工不復采。南宋所有下巖硯，唐五季宋初時物也。欲求下巖北壁石者，往往於泉水石屑中得之。若南壁尚可采，然崇觀以後亦罕得矣。

趙希鵠曰：色紫如新嫩肝，細潤如玉，眼如緑豆，純渌無暈，或具白條紋如線，此卵石外絡黄膔，扣磨無甚聲，久用鋒不退，發墨異常。仁廟時亦竭。

米史云：穿洞皆水，治平中貢硯，取水月餘方及石。石細，聲清越，眼圓，碧暈明瑩，嫩甚者如泥，無聲，不著墨。清越者温潤，著墨快，不熱，無泡，良久微添，若油發豔。巖深費多，硯直不補，近年不復取。聞仁廟前賜史院官多此石，以後歲貢，惟上巖而已。

《皇朝類苑》云：石色深紫，襯手潤，扣之清遠，有青緑，暈圓小而緊，曰鴝鵒。采於水底，最貴重。

高似孫曰：紫如豬肝，密理堅緻，潴水發墨如玉，磨無聲。

高深甫曰：峽將盡，岸南山坳有洞，書宋治平四年差太監魏某重開。土人名曰巖仔，其石聲泠泠，久磨能滑。

永樂重開水坑

陳道山曰：永樂中遣中使采水巖西洞，石細潤發墨。明初斧斤不輟，今已鑿穿。

成化重開水巖

錢黍谷曰：水巖開於成化中，此開之最後者，得石最難，至中原者絶少，中州士夫亦罕見之。舊有二穴已坍，北鑿一穴以入，取石之處已抵於江數尺矣。排坐用七十餘人月餘而水始涸，此水巖之所以難得也。其石聲不錚錚，色不純匀而無不純之痕，石無紫赤如豬肝者，紫中微帶淡白淺青之色。其紫處有中濃外淡，或圓如錢，或散成片者，俗謂之火捺。淡白處如雲如烟無定形者謂之蕉白。又有青花、黄龍等紋。佳處原不在此，總之色如霞光雲氣，遠望紛積、近視無較然之痕，其質膩滑而潤，比他石稍温，撫不留手，可以暗中摸索而得，江南惟曹秋岳巖伯玉可與論此。

萬曆重開水坑

王宇泰曰：今世所傳宋貢硯非下巖石，至我明萬曆二十七年奉詔開采，使蛋人泅而取之，則硯生其中，有黄膔如玉璞，鑿見硯材，百不得一，於是下巖石始復出世。又云：硯材多石璞，去膔方得，有至心皆粗石不可硯者，其如霞如錦如水波紋者，百千中之一二耳。又云：今日所得直追中唐，遠出宋硯之上何啻千百倍，亦一時之盛。蓋硯之發墨以用久不乏爲貴，今世所有古端硯，雖光如鏡面，而以墨試，索索而下覺有芒，用久不乏者多唐末宋初物。至盛宋時巖穴閉絶，無此種。於硯則重古，於墨則重香，俗子之見。

高固齋曰：從巖仔坑東有洞，廣如屋。舊時開坑，石工所棲。東有小山圓阜，下爲水巖，折上數十步，有萬曆二十八年差督理珠市舶内官監太監李鳳紀開坑封坑月日立石。

王漁洋曰：下巖出水南北壁皆曰中巖，北壁勝南壁，以其險仄，故北壁佳者尚有數處。土人選壁作穴，漸入漸小，只容一人，深入數十丈，窮日之力才一二硯，皴圻砂蝕者多，間有醇似下巖，惟潤不及。南壁堅潤相似，坼裂砂線更多，即有清醇氣韵而質稍嫩，三四年後鋒退滑不發，須柔石更磨治之，萬曆中所采皆此石也。此與上巖都在宋坑洞口之内。

初重開水巖老坑

曹秋岳曰：入水爲下巖，稍高爲中巖，山頂爲上巖，以有眼青花爲上。青花非雲非霞，若星若霧，紫氣黑章，駢附疊萼，花聚之處，可察眼路，然有花繁而無眼，未有無花而生眼者也。其次爲無眼青花，石必尚紫，紫必尚花，元章論硯語也。又次爲純紫，石剛不過拒，柔不受刓，悦澤如美人膚，清空如雨後天，不泥一形，不偏一色，石家極則也。又次爲蕉白，石紬，水滋色澹，細嫩之極，與墨相親，嫌其過柔，久則剥落。粤人最重此品，以數十金售之。

高固齋曰：洞臨江口，入洞西轉至正洞，容工二十人，石上上。東洞次之，西洞又次之。土人皆名老坑石，凡三層。上層近山多砂，透漏如蟲蝕，曰蟲蛀，其質微遜中層，常有翡翠拉雜并火捺、蕉白。其絶品東瓜瓤青花及眼生蕉白之下，石工所名下層石也。又有麻鵲斑紋，成魚凍，或如唾涎，亦有眼，眼中瞳子含砂多脱去。此石時有蔚藍者秀色可餐，不多見。下此爲底板石云，舊坑皎潔比紈素，此與竹垞合。近坑白中雜出青花也。眼亦各異。正洞眼赤圓如珊瑚鳥目，石嫩眼侵土氣者如象牙，其瞳分明，亦足賞。東洞眼碧，暈數重，曰鴝鴒，圓正明媚者不易得，他洞偶一見之。西洞眼黑，圓瞳，一黍如豉。正洞下層第一，入手温潤柔膩，有生氣，鮮潔蒨麗，磨與墨相親。東曰飛鼠，亦在水中，石微不及。

《石語》云：水巖匍匐而入至五六丈爲正坑，從正坑右轉數丈爲西坑，坑門最小，從其旁入爲中坑，從左坑左轉十餘丈爲東坑，東坑外即大江矣。石三層，上層稍粗，中層多鸜鵒眼，下層在水底，多破碎，不受斧鑿。凡西中東三洞，皆蕉白火捺，而東洞尤美，以有青花，微細如塵，隱隱浮出，或如蟣虱脚者爲上，麄點成片者次之。石極細乃有青花，青花石之精華也。火捺、蕉白石皮亦有之，青花粗者亦巖底最下一層石，不足貴。大抵上下四旁皆不精，中層純深秀嫩，一片真氣如新泉欲流，又如雲霞氤氲，温柔長煖，斯爲石之髓，停墨不乾，墨着筆端即起積痕細薄，披之即脱，發墨如雲氣蒸湧，少研輒滿。又云：唐宋古硯大率老新坑十餘種，落墨而不發墨，不如水巖之美。水巖在老坑内，治平中於此采硯，初至爲西洞，石無眼。又入爲下巖，宋所開，名康子坑。又入爲東洞，康子之前爲南洞，多蕉白，其後爲北洞，石彌純粹。青花以秋雲綿密如水波微塵者爲上，眼以活而分明有黑睛非肉非淚非死者爲上。

王新城曰：宋坑以此巖爲第一。巖在水中，色如羊肝，温如紫玉，時有緑點或緑筋如莄不雜，銀線不帶油暈、無穴蝕皴坼而氣韻深厚，隱隱有光，扣之清越，撫之水流，其眼圓大，淺青深碧相間，時帶黄赤暈數重，亦有不作眼者，皆希世寶也。更有純莄無暈者，不多見。此種石皆發墨不乾，歷久不滑。

竹垞曰：端石皆可製硯，惟水巖最貴。羚羊峽勢將盡其左折而北趨有山曰朝天巖，端溪之水出其陰，溪長一里許，廣不盈丈。自水口北行三十步有穴，窺之，止容一人。俯伏捫而入，積水灌其中。凡取石必先以瓠汲，自内而外若傳杯然，水既涸，熬豚膏然燈由穴入，中漸廣，分三塗，穿洞半里抵巖壁，日役不過四十人。巖高三尺，石分三品。上巖者，質純而艷，色微紫；中巖者，質潤而凝，色漸青；下巖者，質淡而細，色近白。皆有眼如鴝鴒，有青花如蘋藻，試以墨如熬釜塗蠟然，斯爲發墨。

高小琴曰：巖不論中下，坑不講舊新，果出水中，别有一種，雅韻細潤，發墨始終不滑，不待試而知。

吴公重開大西洞吴淞巖官肇慶太守，乾隆癸酉重開水巖作紀。

吴淞巖純年曰：肇慶城東三十里之羚羊峽，高數十仞，坐東北向西南，左抱諸巖，右臨江水，端溪一道前繞入江。硯坑洞門在半山之下，蒲伏迤邐而進即小西洞，再進爲正洞。而至大西洞，洞勢微高，開鑿年久，中如大屋，自洞口至底相懸約二十八九丈，每隔三尺排坐一人以遞水，開至東洞須坐四十餘人，至西洞須坐八十餘人，方得水乾。其采石之法一如運水人數。坑巖原分三層，下爲上品，但巖洞年久深遠，惟冬月水涸時可采，而運石車水先須兩月有餘，一至春水發生，技無所用。坡翁云：千夫挽綆，百夫運斤；篝火下縋，以出斯珍。洵乎，開采之不易而老坑之所以可貴也。又云：宋以前所開諸坑今已無石，間有之，石色紅紫不發。惟今之水巖爲老坑，凡四洞，其小西洞及正洞已枯竭，而東洞石質亦粗燥，故今之水巖石必出自大西洞者佳。大西洞亦分上中下三層，其質各異。上層衆美畢備，惟色澤遜潤，落墨易乾；下層石多水紋，面背迸透，且雜砂釘，難求全壁；中層爲石之腴，青花、蕉白之爲美，其大彰明較著者，或有翡翠與鴝鴒眼，或水波、水裂紋，亦大西洞石之美者。其瑩潔無疵，畧衆美而色較青，名天青色，此大西洞稍上之石，他處無有，亦上品也。要之，石果出大西洞者質必細膩，襯手潤，與墨相親而無叛，扣之沈著，日光照耀無形，爲諸坑所不及。

高小琹曰：端溪之南第一峯第一坑爲水巖，中間爲虎坑，第三坑爲文殊坑，水巖之上爲屏風，背爲朝天巖、爲巖仔、爲新坑、爲宣德巖，凡五處。從第一坑而入，峽北爲亞婆坑，峽南爲黄坑，峽口東爲梅花坑，皆不如水巖。水巖之石，皆不如大西洞。

楊公重開大西洞

高桐村曰：乾隆丁酉楊公景素總督兩廣，用三千餘金開大西洞。石色淡紫，眼具鴝鴒，多水波、水裂紋，雖新琢之硯，細潤不乾，且極發墨。另有一種青如羊肝石者尤不易得。

中巖舊坑石

葉譜云：上巖、中巖皆在山半，上巖之穴陟而取石，中巖之穴或陟或降。

《古硯辨》曰：色滄紫，眼如鴝鵒，重暈緊小有瞳子。石老者叩之有聲，嫩者無甚聲，磨之則微有聲。石有枯潤二種，雖難得，久用鋒退，必假磨礲。今此品已極少，百硯中見一二耳。世人見其希有，又目未見古坑石，遂以此爲下巖硯，不知此石已低却下巖三等矣。

高深甫曰：中巖石色灰紫，眼大而暈少。

《端硯譜》曰：中巖南壁石與梅巖同而稍勝北壁石，與下巖南壁同而少劣。

陳道山曰：中巖在山之半，其坑初脱水，故石質亦細潤，眼亦圓，暈分明，具瞳子。初成亦極下墨，與水中石無異，試以墨微嫌其滑，反不如新開水巖之如膠似漆爲堪用也。嘗得黄涪翁遺硯，下有銘曰：南離所産，中巖之精。其妙悉如前所云，而終嫌其滑。後又得二宋硯，及他處所見不下十餘方，其至佳者亦如此，可見脱水之石未免外潤中乾，今人惟古硯是珍，尚非真賞。

上巖舊坑石

唐彦猷曰：端溪以上巖爲最精，眼之美者紫緑黄三重，多者八九重，圓若畫成者貴，大者尤稀。色正紫微青，潤無芒，叩無聲，此近水者也；其色微紫而不深重，近日視之似有芒，扣有聲，此巖壁之石，最發墨，惟材之大者更難得，方六七寸而無病脈者已少。比歲所貢方硯五，皆鑿去眼，恐異日復求不可致也。

米南宫曰：上巖在山上，石性乾，紫色深，理粗性硬，眼黄不圓。其巖深處間有潤者，終不如下巖妙也。有著墨者，初用半月前甚快，蓋細砂石所發出理也。半月後生光撻墨，又須以柔石發之，已而復然。拒墨者，雖新成便拒墨，此等石扣之皆堅響。

葉譜云：上巖有三穴。上穴曰土地巖，以土地祠居其上名焉。中穴曰梅樹巖。下穴今石工以爲中巖是也。下穴兩口通爲一穴，皆中巖也。(可與前中巖參看。)土地巖亦有兩穴，中通，産石黄赤，眼亦如之。梅樹巖石微黄赤，稍輕則帶灰蒼眼，黄緑。

《古硯辨》云：上巖新舊坑色灰紫而質粗燥，眼大，爲雄鷄眼，扣之瑲瑲，然磨則相拒如鋸聲，久用鋒退，光如鏡面，不堪用。舊坑差勝新坑，今士大夫多藏此品。

高深甫曰：上中巖石皆灰紫，眼暈少而形頗大，謂之雄鷄眼，扣磨有聲，質亦粗礪，即今之端石也。

王漁洋曰：色微赤，質微燥，亦以進御，然不及中巖，亦在宋坑洞口之内。

顧藹谷曰：唐侍讀《硯録》極稱上巖，知爾時中下漸枯，上巖初闢，其舊坑亦尚近水也。米公距唐幾五十年，宜其粗燥，然尚云巖深處間有潤者，至宋渡南後遂無問津。

典水梅花坑

竹垞云：在三水縣境，産石有眼，方之水巖無異，然逕尺之石多至百數，光滑易裂，特宋人之燕石耳。

王漁洋曰：石帶灰白青色，質理堅燥，有方五六寸而眼至數十者，扁長不圓，名鵝眼。

高固齋曰：碧點長斜，似眼無瞳，每石一片，可得十餘點。

後歷坑

米老曰：後歷石，土人刻作盆、印合、壓紙、兒戲之物，多夾砂，無眼，少瑕。間有極細軟者，發墨不乏，扣無聲，土人不貴，而用實在半邊上巖之上。又《類苑》米帖云：巖石爲甲，後歷爲劣。

《東軒筆録》云：石色青紫，向明側視有碎星，光點如砂中雲母，乾而少潤，乃後歷石也。

無名氏譜云：後歷山在州北十里，石性軟燥，色深紫微黄。間亦有眼，極類蚌坑，堅潤不及，發墨過之。

高似孫曰：石性軟滲，色紫帶黄，赤眼，類蚌坑，非油蠟不光潤。

王漁洋曰：蚌坑之後山曰後歷，大於蚌坑而更劣。

丁閬環曰：品在蚌坑上，宋硯中偶一見之，不易得。

西坑石

《事林廣記》云：端溪有上下巖，西坑餘處悉其下。

《硯録》云：石有四，上巖最精，下巖次之，西坑、後歷皆其下也。

《東軒筆録》云：色赤，呵之乃潤，鴝鵒眼，色紫，紋漫，爲大西坑石。

李東谷《硯譜》云：巖石爲甲，石屋次之，西坑又次之。

竹垞曰：西坑石拒墨者多。

半邊山石

《巖石譜》云：在斧柯山下，稍東有大秋風、小秋風、獸頭、獅子、桃花、河頭、新坑、黄坑等名，諸品石色少灰青，與下巖、南壁、中巖、北壁石相類。

米襄陽曰：半邊山在山之半，石理同上巖，色多青紫近黑，多瑕，眼長如卵。瞎者，中是白點。死眼者，黑點，暈細。翳眼者，或青或黑横亂其間。又多青不成眼，或間道如松木紋極粗者，損筆，而稍細者多乏。

葉譜云：半邊山諸品石色少灰青，但眼暈少。又云：近南者，眼大暈差，少近北者，眼小暈愈少，謂之菉豆。

蚌坑石

葉譜云：石性堅，色深紫，有眼，黄白，或微青不正，無瞳子，雖潤不發，與半邊山相類。

《皇朝類苑》云：三十年前人所得巖石皆蚌坑石，近收者後歷也。又云：蚌石取於澗谷，曰野石，昧者愛其大璞少瑕。

王新城曰：隔峽水西南曰蚌坑，沿山産石，有青、有紫、有豆菉，皆堪作硯，但質枯色嫩耳。

小湘石

宋無名字譜云：小湘倍後歷、蚌坑。

王新城曰：小湘石有銀星不發，止可調朱。

漪雲曰：小湘在州西四十里，石性軟燥，不堪用。

宣德巖

錢黍谷曰：巖開宣德間，産石亞於水巖而勝於老坑。老坑則開於宋，非采鑿既枯，即水深難采矣。

竹垞曰：巖在屏風山半，開自宣德，品在朝天巖上，巖多虎患，年久不采。

曹秋岳曰：石色深紫，堅細發墨，爲山坑中上品。今搜采已罄，絶不可得。

高固齋曰：巖在屏風背下，去水巖二里許，産石仿佛水巖，今難得矣。

黄坑石

王新城曰：石室山之北嶺曰黄坑，色醇紫而微黄赤，温潤細密，惜不甚堅，扣無聲，頗發，然難貯水，宋坑之外以此爲良。

張六花曰：此坑竹垞太史以爲拒墨。

丁淇園曰：黄坑石與上巖石相類。

朝天巖

竹垞曰：朝天巖在今水巖之南，産石易與水巖混，亦有蟲蛀、玉帶、金線。翡翠似矣，恨微黄。黄龍似矣，恨枯燥。焦白似矣，恨糢糊。硃砂斑似矣，恨大眡。

高固齋曰：從新坑西上越水澗隔裏曰朝天巖，石堅實，不滑膩，火捺成結不運，若蠟炬著堊壁斜燄及燒損几案處。蕉白色、晦氣黄，純潔無痕者亦可貴。

古塯巖

高固齋曰：石似朝天巖，無火捺、蕉白。

北岸坑

高固齋曰：北岸坑曰阿婆，曰白婆墳，石質黯黝不鮮，佳者亦有火撩、蕉白，可亂水巖、朝天巖，惟青花中黄星密灑如塵，眼大於螺，若人張目狀，淇湛無神。

金星石

王新城曰：石出德慶，黑如漆而多金星，亦發，微燥，品在宋坑中巖下，朝天巖上。

錦文端石

王新城曰：北嶺之東曰錦文端，石質堅勁，色青紫，濃淡相間如錦，扣之清揚，甚發墨，然粗而少潤，品在黄坑下。

新坑

高固齋曰：從巖仔坑下度小山曰新坑，其石細潤，微青，蕉葉白亦青。

王新城曰：出宋坑洞口環山皆曰新坑，石色極嫩，淡紫帶白，有油暈，俗贋呼水巖，亦曰蕉葉白，扣無聲，用一二年鋒盡退，今世所貴重，未深察也。又云：自宋坑以西其眼如豆如麻大小，悉圓正。

論曰：世人多稱下巖，其坑早竭於慶曆。自宋及今，屢開屢竭，苟出於深水之底者，獨非漆黑青花之亞乎。他如龍巖、後歷以及近今所闢十餘坑，亦下巖之別派，世並珍之。嘗謂水巖之石初出，當無不佳，久伐漸歸枯竭。諸譜各就所見而語其真，而棟更欲參觀以求其合，乃知既枯之老坑反不及後闢之水巖得用，旱巖之宋硯遠不若水坑之新製可珍，此意非深於用硯者不知也。

贊曰：大江前繞，兩峯翠積，斧柯、羚羊對峙。南離文明，鍾兹山澤。上下層巖，蛟龍窟宅。南北壁開，東西洞僻。水底千夫，劚取寶石。紫比嫩肝，温同古璧。濕見青花，潔凝蕉白。硃砂斑斕，鴝鵒圓碧。此皆水巖，千金難覯。龍巖蒼蒼，開自李唐。宋元明後，選穴成坑。爰求幾片，琢爲雅硯。泉生石中，津輝池面。上應奎躔，中藏百川。大焕文章，象合坤乾。紅絲熟鐵，無此瑩潔。方城温巑，遂兹迅發。凌歙轢洮，珍爲獨絶。逾月不乾，千古不竭。

朱棟《硯小史》卷一《歙州》　龍尾山，在我邑之長城里。或謂唐開元時葉氏始取石爲硯，或謂南唐後主始開坑，或謂龍尾石産水中，或謂水中本無石，或謂彼處雖有龍尾山，山實無石出。棟自高祖若沖公遷金山，不得至故里而訪之，故皆不論。論其石所謂亞於端溪者，前人之論皆不虚，因次其石品與一切地坑之名如後。

龍尾坑

《新安志》云：龍尾在婺源東南，産石過端溪。

《歙硯説曰》：龍尾石多産水中，温潤堅密，扣之清越，婉若玉振，色蒼黑，亦有青碧者。

《古硯辨》云：色澹青黑，無紋，湛如秋水，以水濕之微似紫，乾則否，細潤如玉，磨無聲，發墨如油泛，久不退鋒，或有隱隱白紋成山水、星斗、雲月象，水濕則見，亦是卵石難得。大者不過四五寸，多作月硯，就其材也。或有純黑如角者，東坡最貴重，不減下巖端溪。然龍尾舊坑雖極細，猶微澁墨，端溪下巖直如鐵盤搨蠟矣，以此爲辨。舊坑已竭，新坑青黑無紋而粗燥礪筆退墨，久用鈍乏，有大盈三尺者。

《歙硯譜》云：龍尾古坑無石，他山皆龍尾支脈，謂之龍尾坑，延蔓百餘里，取不竭。又云龍尾石，端溪之亞。

蔡記曰：龍尾水心石，緑紺如玉，入用。

唐録云：二十年前過金陵，於翰林葉道卿家見一硯，方四五寸，色澹青如秋雨新霽，遠望暮天，表裏瑩潔，都無文理。云得於歙。此龍尾石也，當出於端之右。

歐公曰：龍尾在端溪上，端溪以後出見貴耳。又云：石堅勁，發墨，金星爲貴。石理微粗，手摩之索索，有鋒鋩者尤佳。端溪以北巖爲上，龍尾以深溪爲上。

東坡曰：曇秀龍尾硯，所謂澁不留筆，滑不拒墨者，製以拱璧，闕月爲池，蔣公希舊物。

《石林避暑録》云：龍尾石拒墨。歐公推歙在端石上，世不然之。

羅紋坑

歙百八十里至西坑口，入山三十里至羅紋山，皆川谷林莽鳥道。婺源大路三十里過溪，大嶺重複，九十里至羅紋山。

《歙硯説》曰：龍尾，亦名羅紋。山下爲芙蓉溪，石坑最多，取之不竭。又云：蘇易簡謂龍尾亞於端溪。今已無石，環縣皆山也，石雖出他山，皆龍尾肢脈。坑在寨頭，即錢仙芝訪南唐采石故坑。

米南宫曰：歙州石，今人以細羅紋無星者爲上品。

《辨歙石説》云：細羅紋如羅縠之細，其色青瑩，其理緊密堅重，瑩浄無瑕，硯之奇材也。暗細羅紋，晦而不露，紋理隱隱，色微青微黑。瓜子羅紋比細羅紋尤細，狹如瓜子者出水波坑，幸而得之，不可期，此最佳品。泥漿羅紋比細羅紋尤温潤，紋理細密，但多不甚堅。此羅紋下坑石也。羅紋上坑石色微重，中坑石色微澹，下坑即泥漿石。又云：大凡石頑則光滑，而磨墨不快；石粗則黏墨，而滲漬難滌。惟粗羅紋理不踈，細羅紋石不嫩者佳。又云：粗羅紋稍細者易於磨墨，細羅紋稍堅者最發墨。

洪景伯《歙硯譜》與前説同。又祈門縣亦出細羅紋，酷似泥漿，理慢不堅，色淡易乾，能亂真。

唐録曰：龍尾最多種，性皆堅密，扣有聲，蒼黑者佳，而色之淺深不一。其理或如羅紋，或如竹根横紋。

蔡記曰：龍尾石得墨遲久不燥，羅紋石起墨過龍尾。

《硯箋》云：細羅紋最温潤，暗細羅紋青黑不露，瓜子羅紋狹如瓜子，金星羅紋點如星細如眉，金暈羅紋數重如畫，金花羅紋花如銷金。又有古犀羅紋、石心羅紋、絞絲羅紋、刷絲羅紋、松紋羅紋、卵石羅紋，凡十二品。又云：裏山羅紋金星踈慢，外山羅紋似細羅紋稍粗。又有鳥釘角、浪算子之名。

刷絲坑

《歙譜》云：刷絲，文理分明，無羅紋，理踈，易磨墨。

眉子坑

《硯説》云：眉子，色青或紫，短者、簇者如卧蠶，犀紋，長者、闊者如彪紋、松紋，其鴈湖對眉，最爲精絶。

《硯戔》：眉子石十二品。金花金暈者曰金花眉，眉陳金星間之者曰金星眉，遍地成對者曰對眉，短密而匀者曰短眉，差大而長者曰長眉，心暈如池、密如鴈集者曰鴈湖眉，横如眉而有金暈者曰錦蹙眉，黑斑内有短密者曰菉豆眉，踈而匀兼有金星及暈者曰鱔肚眉，又短而簇者曰簇眉，闊者曰闊眉，純是金色者曰金眉。

《歙譜》云：眉子坑在羅紋山西，從溪至坑十餘丈，坑無土，深丈餘，闊二三尺，開元中發。

金星坑

高似孫曰：金星坑在羅紋山西北。

歐陽公曰：少時得金星礦石，發墨在端溪之上。

《硯録》云：有金星布列成南北斗狀者，有金文回環成月暈者。有石文團轉，大逕三寸餘，當硯之中，謂之硯臺。有其理緑色而黑文横其上，纖長如眉，雜以金星者。有金交如魚如蠶如雲如月者。見殿省丞崔珉風字硯，大盈尺，有金線環匝其外，池中具金魚，其心亦有金魚，殊可怪也。又於錢仙芝校理所見二硯，其一中有金，月下有二雲覆翼之；其一中有金，北斗傍有二雲左右之，色頗青。此種昔所未有，三十年來方見之。

《古硯辯》云：羅紋，刷絲，金銀間刷，眉子四品。舊坑並青黑色，紋細，質潤如玉。羅紋如極細羅，刷絲如髮密，眉子如甲痕如卧蠶，金銀間刷亦細密，久用不退鋒，磨無聲，皆次於龍尾。舊坑開於南唐，今竭。四品新坑皆紋粗質燥且不堅。眉子大者長三二寸，刷絲每條相去一二分，羅紋如蘿茯紋拒墨如鋸，久則退，乏光，硬，有大盈一二尺者。又云：金星新舊坑石色淡青並粗燥，金星滿面，礪筆，退墨，久用退乏。銀星新舊坑色青黑，亦極粗燥，有銀星處不堪磨。

丁閬環云：金銀星石有星處堅不能磨，工多側琢，置其星於傍，美其名曰金銀壁，乾燥不發墨。

黄琴友曰：近出歙州石一，有金銀星，便堅硬拒墨且不發。合諸《古硯辨》之金銀間刷，歐文忠之金星礦石，亦見古今物産之殊。

碧裏坑

《硯箋》曰：在濟源坑外，石色青瑩。半里有水步坑，十里外有裏山，石青而細，有金紋，花暈狀不一。

濟源坑

《硯箋》曰：與水步、碧裏三坑並列。

水巖坑

《硯箋》曰：在羅紋山西北。景祐中，發石如浪，今不可得。

棗心石

《歙硯譜》曰：棗心清潤有小斑紋爲乾坑石，微燥失之頑。又曰：棗心兩頭尖如棗核，又如晴晝微風，清沼漣漪。

水舷坑

《硯箋》曰：在眉坑外，冬涸可取，丈餘方至石，多金花、眉子。

驢坑

《歙硯譜》曰：在縣西北。景祐中，令曹平取之，守王君玉取之。嘉祐中，尉刁璆取之。石青緑暈，今不復出。

溪頭坑

《硯箋》曰：在金星坑北，金星虛慢。

葉九坑

《硯箋》曰：在溪頭坑西，有眉石，粗慢。

靈巖山

《歙硯譜》曰：山有三洞相連，璞少瑕多，燥慢。瑩者擬端溪。

麻石

《硯箋》曰：麻石中隱硯材數寸，猶玉在璞，産溪澗中，冬涸可取。

緑石

《米史》云：趙元弼硯，緑如袍，點如紫金，斑斑匀布，無羅紋。

《硯箋》曰：暈有星斗、雲霞、仙人、鴛鶴、魚鴈之狀。東坡詩：皎皎穿雲月。陳舜俞詩：石間圓影疊金坡。是其狀也。

嚴舫漁曰：端溪亦有緑石硯。見《硯箋》。王荆公詩「玉堂新樣世争傳，况是蠻溪緑玉鐫」是也。惟宋人譜録皆不載。按白石、緑石皆産端州七星巖。

論曰：宋賢如蘇、米、曹、趙諸公皆謂歙亞於端，惟歐文忠、唐侍讀則言端遜於歙。夫兩公生仁廟間，適當端州中下巖封塞之後，爾時歲貢惟取上巖，上巖之品不及龍尾老坑，并不如羅紋舊産。因時立説，有未可厚非者，究當以前説爲長。侍讀去南唐開坑時尚近，又得其友周頌者知婺源，欲求佳石至再不能獲。余家世居月潭，舊藏羅紋古硯，温潤益墨。又得端州宋坑硯三，儘畢生之用，寶而藏之，不可得也。

贊曰：巗封斧柯，靈鍾黟歙。伊誰肇端，實始於葉。而至南唐，爰探龍窟。割取碧雲，修成澹月。材小，多作月硯。羅紋續開，角浪蛾眉。松文瓜子，古犀刷絲。出此寶石，莫非奇材。隱涵星斗，珍逾瓊瑰。

朱棟《硯小史》卷二《青唐温陝萬登六州》 唐公作《硯録》，以紅絲冠諸州；

米老成《硯史》，以方城温巖列端右。至懸金、駝基、洮河三品，宋人並珍，不減古端溪，皆足録也。余特置六州所産於端、歙後而次第之。

青州黑山紅絲石

唐侍讀曰：青州益都石工蘇懷玉言，州之西四十里有黑山，高四十餘丈，山頂出泉，懸流至山下，清甘芬香，與諸泉特異。由山南折而上五百步，乃有洞，深六七尺，高數丈，其狹止容一人。洞前後有大石欹懸若墜者。石生洞中，兩壁不知重數，如積疊然。大率上下皆青，或紫者數重，中有紅黄而紋如絲者，相傳爲紅絲。石洞口絶壁有鐫字，乃唐中和年采石者所紀，不知取以何用。今經二百餘年，不復有人至其上。余聞其説，意謂可作硯，急遣其往。初以險辭，厚給勉之使行，六七日僅得方四五寸者二。外有皮，以粗石磨治，文理盡呈，華縟密緻，極其妍，扣之鏘若金石，即裁爲硯，以墨試之。其異於他石者有三：他石不過以温潤瑩滑爲美，此乃浸以水而有滋液出焉，以手磨之，久則黏著如膏，一也；他石與墨色相發，不過體質堅潤，此乃常有膏潤浮泛，墨色相凝若純漆，二也；他石用過甚者不過三四日，其次不終日間即乾，此石覆以匣，數日墨如故，經夜其氣上蒸，匣上如雨露，三也。采則於壁間先去其上下石，乃及美材。每患引鑿不能長，故無大者。乃於洞側穿一穴取之，往往得成片大踰尺者。自辛丑四月至癸卯三月，工人數十往，得可爲硯者大小共五十餘方。一日洞門爲巨石摧掩，石遂絶。今人所得皆洞外黄赤之石，尚假此名，殊失真也。又云：其理黄紅相間，色不甚深。理黄者絲紅，理紅者絲黄，其文上下通徹匀布，此至難得。又有理黄而文如柿者，或無文而純如柿者，或理純紅而文之紅又深者，若紅黄相褁而不成文者，此其下也。文之美者有旋轉連接團圈，方三二寸，而其絲凡十餘重，次第不亂者，或如月暈自心及外可六七重者，或如山石而尖峯奇勢皆具者，或如雲霞花卉禽魚類者，石之文不一，而發墨則均。此石之至靈者，故列之於首。須飲以水使足用之。

蔡端明曰：唐彦猷以紅絲爲天下第一，石有脂脈助墨光。

東坡與君謨帖曰：紅絲發墨，謂勝端則過。棟按：蘇大參《文房四譜》特置紅絲於下品，即余向所經見之硯，亦嫌粗燥不堪用，何唐、蘇兩公嗜好懸殊若是之甚？及細玩是録，詳敘得之之由，石質之異，膏液之潤，發墨之精，即不及端之下巖，歙之龍尾，恐非他山之石所可及。然則大參與余經見者，安知非即洞外黄赤之石耶？宋人諸譜言人人殊，皆當作如是觀，不獨紅絲一種已也。

唐州方城縣葛仙公巖石

米南宫曰：石理向日視之如玉瑩，如鑑光，著墨如澄泥不滑，稍磨之墨已下而不熱生泡，良久發墨生光如漆如油有艶不燥，歲久不乏，常如新。色紫可愛，聲平有韵，亦有淡青白色如月如星而有暈，此石近出，始見十餘方。

張静渠曰：《石譜》謂此石出土中，潤而頗軟，一淡青，一緑，一深紫，一灰白色，質不甚細膩，扣無聲，頗發墨。如此則尚不如歙溪舊坑，而米公乃與温巖同列端州上，則知初出之石無不佳，而其説爲可信也。

温州華巖尼寺巖石

米公曰：石理向日視之如方城，磨墨不熱無泡，發墨生光如油漆，不燥，色赤多白點，爲硯則避磨墨處，比方城差慢，難嶄而易磨，白點有玉性，扣之聲平無韵，挍理石揚休所購王右軍硯乃此石，今人所收古硯亦間有此石。

棟按：《雲林石譜》謂石出水中有横紋微粗，亦與米史異，但《硯録》載揚休以錢二萬購右軍硯，稱其理細不減端溪，此蓋唐侍讀所親試者，即温巖可知矣。

陝州洮河緑石

《古硯辨》云：除端、歙二溪外，洮河緑石北方最貴重。淥如藍，潤如玉，發墨不減端州下巖，然産臨洮大河深水之底，非人力所致，得之爲無價之珍。

李之彦譜云：洮河出緑石，性腝不起墨，不耐久磨。

高深甫曰：發墨如下巖，出陝西深河，甚難得。今名洮者俱濠石之皮，乃長沙山谷中石，不發墨。

萬州懸金厓石

趙希鵠曰：質亞端溪下巖，漆黑，石細潤如玉，金星隱隱，水濕方見，磨無聲，發如油泛，久不退乏，非歙比也。今亦取盡，得之不減下巖。

唐録云：色正黑，體潤密而色晻昧，有文如銅屑，或如楚石，大點似豆，此最佳者，扣無聲，發墨在歙下。

高深甫曰：粤東萬州懸金厓石極發，用久不退，在歙之上，可並端州下巖。

登州駝基島石

唐録云：色青黑，具羅紋金星，甚發墨，全類歙，而文理不如。

李東谷譜云：駝基石上有羅紋金星。

董寄廬曰：島在海中，産石似歙而益墨殊勝，有枯潤二種，得之澗水中者尤佳。端、歙二溪鮮精石，家藏此硯而寶之。

丁筠莊曰：此品舊硯極潤而發，是處皆端、歙石，而島石偶一見之。

論曰：昔平原董太史寄廬示余駝基島石，細潤如玉。後於上谷肆中復見此石，索價過昂，不及購，至今惜之。又於徐四立夫所見一巨硯，云出温巖，皆極發，知前人之言不我欺也。屢訪黑山紅絲，已重開而不得見，餘皆歷代采取耗矣。因念江湖海岳大於陝之洮、青之黑山者不可勝數，特無好事如侍讀儀部諸名公者物色而搜采之，故不著於世。余遊南北二萬餘里，凡遇高山大川，登臨賦詩，輒作是想云。

贊曰：黑山紅絲，融液凝脂。方城奇質，發墨如漆。温巖正赤，右軍所擇。萬厓懸金，王孫特珍。希鵠，宋宗室。臨洮大河，嵐浸渌波。駝基小島，星爛蒼昊。一聯標格，欲壓元白。六州精英，幾壓端阮。

朱棟《硯小史》卷二《潭建歸號十四州石》 自青、唐六州外，又得十四品：曰谷山、曰鳳咮、曰大沱、曰廬山、曰終葵、曰夔石、曰青金、曰紫金、曰西都、曰牢山、曰宿州、曰青雀、曰吉州、曰永嘉，賞鑑家苟能識古坑而藏之，是亦可貴。

潭州谷山石

米史云：色澹青，有紋如亂絲，理慢，扣無聲，得墨快，發而有光。

建州鳳凰山鳳咮石

蘇文忠曰：山在建州北苑，有石聲如銅鐵，作硯至美，如有膚筠然，此殆玉德也。疑太滑，然至益墨。熙寧間國子博士太原王頤始知爲硯，而求名於余，名之曰鳳咮。

《蘇魏公集》云：延平石出水底，温瑩縝密，有玉之德，益墨色。

米史云：黯淡石，聲堅清，磨久不得墨。

《硯箋》云：東坡鳳咮蓋黯淡灘石，一出鹵水，去灘四十里，細潤不發墨，灘石宜墨，膚理不及鹵水。

歸州大沱石

唐録云：扣之無聲，石色蒼而黄者不甚堅，正緑者堅，微少温潤，上皆有文如林木狀，或如灑以墨汁者，或有圓逕一二寸如月狀中雜以林木者。獨色渌者，中有黄緑相錯如青州蘁跂石，琢爲硯，往往有文斷裂，幸而完者十亡一二，發墨過端、歙而潤澤不逮也。此石世罕有知者。

歐陽公曰：荆州巴江大沱石色青黑斑斑，其文微粗，頗發墨。

李東谷云：大沱石江水中産也，止用於川峽。

高似孫曰：石有風濤象，青黑，理微粗燥，墨無光。

廬山青石

米史云：與潭州谷山石同。

虢州終葵石稠桑硯附

《通典》云：虢州歲貢鍾馗石硯十。

米史云：虢石細紫可愛，發墨不滲，久漸凹，磨墨有泥香。

李濟翁《資暇録》云：元和初叔祖宰虢，山澗得一紫石，琢爲硯，名稠桑硯。

夔石

米公云：色黑理乾，間有黑點如墨玉，發墨可用。

高深甫云：色如漆最發。

淄州淄川縣青金石

唐録云：石出梓桐山石澗中，色青黑相參，紋如銅屑布其上，亦有純色者極細密而不甚堅，扣無聲，其發略似歙而色不逮。

《類苑》云：淄州石門澗石理極細密。范文正公居長白山以爲硯，發墨類歙石，久則裂。

李東谷曰：淄川青金叩無聲而發墨。

米公曰：淄州石理滑易，在建石之次。

《硯譜》云：淄州韞玉硯發墨損筆。

高似孫曰：按《寰宇記》淄州産長理石。

青州紫金石

唐録云：余知青州，至即訪此石，蓋出於州之南二十里曰臨朐界，掘土丈餘乃得，石有數重，人所取者不過第一二重，若至第四重，潤澤尤甚而色又正紫，雖發與端、歙同，而質微下。

歐譜云：此石理粗不發墨，京東人用之。

《硯史》云：紫金與右軍硯無異，端、唐出其下。

李譜云：狀類端西坑而發墨過之。

《硯箋》云：晚唐競取紫金石，芒潤清響，國初已乏。琢製不精，惟一鑾平耳。

吉州永福縣紫金石

唐侍讀曰：色近紫，理粗不潤，亦類端之西坑而尤發墨。

米史云：狀類端州西坑石，發墨過之。

西都會聖宫石

米史云：石出溪澗中，色紫，理如虢石差硬，發墨不乏，扣無聲。

牢山丹石

李東谷曰：滑澤堅膩而發墨。

高似孫曰：唐氏譜天下硯不知兹石銘。銘曰：彤池紫淵，出日所浴，蒸爲赤霓，以貫暘谷。是生斯珍，非石非玉。又云：唐林夫遺某丹石硯，粲然如芙蕖出水，殺墨宜毫。後元章以徐熙《牡丹圖》易唐林夫硯。

宿州樂石

《硯史》云：潤膩發墨無石脈。

淄川金雀石

《硯譜》云：淄州金雀山有蘊玉、金星二石，中硯。邵堯夫詩：承貯見温潤，發墨如瀺灂。其妙可知。

唐録云：石色紺青，聲如金玉，姿質出歙上，而磨墨須倍之，以此反不及，蓋由潤密之甚耳。

永嘉石

《永嘉記》云：硯溪一源多石硯。

《鄭剛中集》云：永嘉觀音石硯比端溪尤良，潤微不及。

論曰：昔在京師，客蔭臺王宫贊所。宫贊濟南人，雅好硯，如淄州青金、青州紫金、淄川金雀以及潭之谷山、虢之終葵，收藏古硯頗富，暇則取佳墨一試於明窗净案間，且相與上下其議論，兩年之間，所得於良友者多，然後知前賢所品初無浮借也。此十四品經見者過半，亦藉古人之銘詞而識之，品類繁多，鑑賞非易。

贊曰：世重端歙，此在所遺。名賢卑賞，並擅英奇。難追龍尾，可躡駝基。

朱棟《硯小史》卷二《石末澄泥》 唐初書家林立，大概多用陶硯，而其品特珍。自端、歙開後，聲價漸微矣。然間有一二宋製，留傳於世者，較古瓦已覺此勝於彼，其爲唐人所作者概可知也。唐硯罕見，而其法在，宋製極美，而其硯存，詳著於編，以爲羣石之亞。

青州石末硯

柳公權記：青州石末第一，磨墨易冷。

唐録云：硯出維州北海縣，皆縣山所出爛石，土人澄其末而燒成，即公權所謂青州石末是也。濰乃青之故北海縣，而公權以爲第一者，未見歙以上品耳。

歐公曰：濰州、青州石末硯甚善，發墨非石硯之比，然稍粗者損筆。石末本用濰州，前世已記之。故唐人惟稱濰州，今二州所作皆佳，而青州尤擅名於天下。

蔡君謨曰：青州石末受墨而費筆。

《東坡雜説》云：公權論石末云墨易冷，世莫曉其語。青州易得，無足珍唐人作羯鼓鞚，豈硯材乎？

《硯史》云：唐人稱濰州石末硯發墨麄損筆，今青州擅名。

《石林避暑録》云：公權謂石末墨易冷，兩剛相拒必熱而沫磨墨如病兒，貴其輕也。唐中世未甚知有端、歙，當是以瓦質不堅，磨墨無沫耳。

澄泥硯

歐公曰：虢州唐人以爲第一，劉義叟妍譜法造之絶佳。余得其二，一贈原父，一置中書閣。今士大夫不學書罕事筆硯，硯之見於時者惟此。又云：澤州金道人澄泥硯有吕字，堅緻可試墨。又王孜藏古硯，識者曰吕公造，旁篆二方圈，玉色金聲，奇物。

《墨池編》云：舊傳澄泥法，以夾布囊盛墐泥水中擺之得細者，澄去清水，令微乾，入黄丹飛過，加胡桃油，捕搜如麵，入模中壓令至堅，微蔭乾，利刃琢成，以稻草并黄牛糞和燒一伏時，然後入蠟，貯米醋蒸六七度，含津益墨，不亞於石。

米史云：絳縣人善製澄泥硯，以細絹二重淘泥澄之，取極細者燔爲硯，有色淥如春波者，或以黑白填作水紋，其理細滑著墨不費筆，但微滲。澤州有吕道人陶硯，以別色泥於首刻作吕字内外透，後人效之，有縫不透也。其理堅重與凡石同，以瀝青油之滲入三分許，磨墨不乏等方城。又相州陶硯在銅雀上，淥如春波，細滑著墨不費筆。

李東谷云：澤州吕翁澄泥硯堅重如石，手觸輒生暈。

高深甫曰：唐澄泥品爲第一，惜傳少，今人罕見。曾見一八稜硯，質細而堅如玉，下有篆書「明理宣跡，平水圍壁。建武庚子」十二字，并刻躍鯉奔馬於四周波浪中。按建武有三，漢光武、東晉元帝及齊明帝皆以此紀年，唐祇有建中耳。此定爲唐澄泥，未免失考。

顧蘭谷曰：澄泥之最上者爲鱔魚黄，其次爲蒜豆砂，又次爲玫瑰紫。黄中斑點大者爲豆瓣，小者爲菉豆，有此砂者皆發墨，然不若硃砂澄泥之尤妙。曾見一小圓硯上刻「宣和」二字，一鶯，研極精工皆古而發，潤而細。嘗聞絳縣澄泥縫絹袋於汾水中，踰年泥實囊，則其細可知矣。又有韓澄泥，出通州，近亦難得。

磁硯

《硯史》云：杭州龍華寺收梁傅大夫甆硯，甆褐色，磨墨處有磁油然，殊著墨。

《硯箋》云：梅聖俞答王幾道遺磁泥古硯詩：澄泥叢臺泥，斷瓦鄴宫瓦。初從故人來，來自邯鄲下。

缸硯

《硯箋》云：蜀老以藥煮破缸爲硯，欒城有《破缸硯賦》。

論曰：唐人重陶硯，宋人亦珍之，獨侍讀以出於陶灼，非自然不足道，尊之太過，抑之太過，皆非平允之論也。大槩此品以古見貴，置古硯於端、歙間實堪鼎足。

贊曰：土以水清，硯以火成。水火既濟，質朴文明。

朱棟《硯小史》卷二《古磚古瓦》 瓦硯與澄泥、石末類也，而甚不同。石末諸品起後世，瓦則自魏而漢而周，歷年甚久。既興和遺物亦在宋唐以前，無恠前賢之珍於他硯也。余竊疑澄泥之法陶灼多端，磚與瓦安能如是乎？即如鄴記具載陶灼之法，秦漢之瓦能盡若此乎？余非好古而愚者，祇取前人紀載如干種列澄泥後，其未經作硯者，雖多聞，不録以取議。

羽陽宫瓦

《橘軒雜録》云：鳳翔，古雍州，秦穆公羽陽宫故基在焉。其瓦有「羽陽千歲」古篆文。昔雲中馬勝公得之，陰字在硯之左，奇古非銅雀比。

《東觀餘論》云：長安民獻秦穆公羽陽宫瓦十餘枚。若今筩瓦，然首有「千歲萬歲」字。

阿房宫磚

程正夫《巴剌椀歌序》云：有客自燕至，出阿房宫磚硯，如蜜蠟色，肌理瑩滑如玉，厚三寸，方可盈尺，頗發墨。

未央宫瓦

《硯譜》云：宫在長安，漢高七年丞相何所營造也。宫中諸殿瓦身如半筒，而覆簷際者其頭有面外向，面徑五寸，圍一尺六寸强，篆有四字，字有六等，曰：「漢并天下」、曰「長生未央」、曰「儲胥未央」、曰「長生無極」、曰「萬壽無疆」、曰「永壽無彊」、曰「太極未央」。面至背厚一寸弱，其背平可磨墨。唐宋以來往往出之土中，去其身以作硯，故名瓦頭研。

漪雲上人曰：嘉慶戊午夏，貞溪曹式金茂才歸自長安，購得未央瓦頭二，一全，一存其半，皆琢爲硯。其全者復碎爲三，歎惜累日，乃爲二坨索歸，改製二硯，一如半月，一如三脚蝦蟆狀，所篆「長生未央」四字，剖分兩處矣。然雖新琢，温潤發墨有光，真堪寶貴。二坨即將如蝦蟆狀者轉贈於邃，邃不敏，當書《法華經》以報。

未央宫磚

高深甫曰：此硯色黄形如腎，長六寸，闊四寸，厚一寸，扣之聲清而堅，背有「建安十五年」陽字一行，上篆「海天初月」四字。

新製未央瓦硯

吉水王功載曰：宣德中，寧藩造漢未央瓦硯，改作今布瓦樣極緻，人多寶玩。研墨不渴，高八寸强，闊六寸，厚一寸弱，有銘，凡十一行，行每六字，末有「臞仙書」三字，字皆古隸，下有「寧國」二字印，硯上有池，左有「炎漢古甓，維天所錫」，右有「子子孫孫，永寶世襲」八篆字。下有「爲愛甄陶之質，宜加即墨之封」篆文十二字，凡四行。其背中間「未央宫東閣瓦」六字，左有「大漢十年」四字，右有「酇侯蕭何監造」六字，俱隸書。

長樂宫瓦

二坨曰：斷瓦一角背有「長樂片瓦硯」五篆字，下刻文待詔銘十六字，乃隸書也。色青黑，細潤發墨，奇古異常，向爲吴興楊翁巽撰淮所藏。己酉，遇於保陽，出以相示，以余苦愛，特贈之。楊翁博雅慷慨，今之古人也。

飛廉館瓦

王新城曰：元王文定惲《秋澗集》中有《飛廉館瓦硯歌》。

石渠閣瓦

高深甫云：曾見此硯背篆「石渠閣瓦」字，上有懶翁銘，傍刻「嘉靖五年改製」，質堅如玉，叩之聲清。

漢祖廟瓦定州漢祖廟上瓦。

《硯箋》云：《梅聖俞詩》：硯取漢廟瓦，誰惜漢廟隳。從古一如斯，吾今對之悲。

楚王廟磚

《宣城駰記》云：楚王廟磚可爲硯。

灌嬰廟瓦

《隨筆》云：贛雩都灌嬰廟左有池，得瓦可爲硯。余守郡得刓闕兩角，重二十觔，瀋墨如潑，沛然正黄。

王新城云：李梅公侍郎有硯五瓣如梅花狀，質似黄玉，襍翡翠丹砂之色，云是灌廟瓦。鄒程村作《硯考》引洪文敏《容齋隨筆》《灌瓦硯銘》爲證。

銅雀臺瓦

《文房四譜》云：魏銅雀臺遺址人多發其古瓦，琢硯甚工，貯水數日不燥。世傳云：昔人製此，俾陶人澄泥以絺綌濾過，加胡桃油埏埴之，故與他瓦異。

《硯録》云：瓦出相州，多斷折，色青，內平瑩，不類今瓦，上印工人姓氏，八分隸也。間有全者，工刓其中爲硯，煮以瀝青，發墨可用，好事者以古特珍。

歐録云：相州瓦誠佳，然少真者。又云：大名相等處作假瓦。

蔡帖云：色青肉厚，以古見貴，多工姓氏，隸古。

米帖云：銅雀硯甚發墨，可使。

賈氏《談録》云：鄴郡三臺舊瓦琢硯勝於澄泥。

晁氏《客録》：銅雀瓦驗有三錫花雷布鮮疵是也，風雨雕鐫不可僞。

《老學庵筆記》云：銅雀瓦皆陽字，紀「建安十五年造」。聞土人云：瓦甚大，一片可爲四硯。

《類書》云：鄴城古瓦細潤如玉，發不費筆，此古所重者，而今絶無，鄴民僞造以給遠方，殆不可用。

高深甫曰：江西寧府陶硯形肖銅雀，作僞者是處有之。

周聞園曰：昔分守鄭州，客持一銅雀硯求售，益都馮氏家藏物也，價重未及購，遂爲虹橋朱秀才所得，即置十三硯齋中，古藻盎然，摩挲心動。

避暑宫瓦

香姜閣瓦

冰井臺瓦

楊升庵曰：曹操臺瓦已不可得。宋人所收乃高歡避暑宫、冰井臺、香姜閣瓦也。亦引洪容齋爲證。

興和磚硯

崔後渠《彰德府志·辨硯》云：世傳鄴城古瓦硯皆曰曹魏銅雀磚硯，皆曰冰井，蓋狗名而未審其實。魏之宫室，焚蕩於汲桑之亂，燕趙而後，迭興代毁，何有於瓦礫乎？《鄴中記》云：北齊起鄴南城屋瓦加以胡桃油油之，光明不蘚。筒瓦用在覆，故油其背；版瓦用在仰，故油在面。瓦長二尺，闊一尺，版瓦之長如之而其闊倍。今得其真者當油處必有細紋，俗曰琴紋，有花曰錫花，傳言當時以黄丹鉛錫和泥，積歲久而錫花乃見。古磚大者方四尺，上有盤龍鳥獸紋，「千秋萬歲」字，其紀年非天和即興和，蓋東魏、北齊也。又有古磚筒者花紋年號如磚，內員外方，用承簷溜，此亦可爲硯。宋刺史李宗元豐中於丹陽郡不疑家得唐元次山家藏鄴城古磚硯，背有花紋及「萬歲」字，與《鄴中記》合。又曰大魏興和二年造，知唐賢所珍已出於南城矣。

吕藍衍《鄴臺瓦辨》云：昔傳鄴瓦皆金銀丹砂之屬陶成琢治爲硯，愈堅愈縝膩廉密，發墨宜筆不燥，金砂之性猶存也。此説不確。鄴瓦以十萬計，用金銀丹砂費且不貲，當時未必爲此，乃夸誕者作此説欺人爾。

丁筠莊曰：堅實瓦磚經四五百年當無不爛，近見二坨翁自琢未央瓦硯，一面有隸文處，渾古的真；一面用雕鐫處，堅硬如石。若似近時陶器，安能歷二千餘年，然則雜以丹砂濾經絺綌，然乎，否乎？要之古人之物，其力量有如此者。

論曰：高似孫謂殫極受用，莫過後山，其詩曰：書生活計亦酸寒，斷磚片瓦寧求備。此語殊不盡然。斷磚片瓦唐時已極重，何況南宋！近人以數十金得鄴臺半磚，而余家雀硯亦用白金十金購之。上谷漢物且然，矧自漢以上乎？夫天下固多輕於當時，重於後世者，而好古之癖往往更以古人棄擲之餘聘爲席珍，列諸上品，不惜傾囊倒篋而搜求者，彼瓦硯特其雅焉者也。

贊曰：關中鄴中，歷傳幾主。荒宫故基，難尋柱礎。何來瓦礫，特發於土。重作池臺，復近窗戶。摩挲紀年，揮毫弔古。經萬冰霜，作黑風雨。

朱棟《硯小史》卷二《玉晶瑪瑙硯》 硯始黄帝而始作之，硯實本乎玉，後世或以陶、或以石、或以金而忘其祖，不知玉質與筆墨有甚相宜者，即類於玉，如晶如瑪瑙，亦與玉略相似者，復類聚而爲之紀。

玉硯

蘇譜云：黄帝得玉一紐，治爲墨海，上篆以文曰：「帝鴻氏之硯。」

《西京雜記》云：天子以玉爲硯，以酒爲滴，取其不冰。

李方叔云：玉於用墨處不出光便有芒。常衮詩：宫樣玉蟾蜍。意以玉爲之，若爲硯滴又何怪焉。

《攬轡録》云：田皋好論器玩。云：宣和玉硯在張浩家已葬。

蒼玉硯

米公云：玉出光爲硯，著墨不滲，甚發有光。或云玉不出光者，非也。余自製成蒼玉硯。

陸友仁曰：宋徐容齋玉硯不甚白，高至一尺，受墨處不光，可研。又葉森舊有紹興内府玉硯，作壺樣，下碾字曰「玉壺」，磨墨處光，研墨亦起。

《遵生八牋》有天成蒼玉風字硯。

《硯譜》云：成州栗玉硯堅不著墨。養直銘云：色如蒸栗玉之質。

蔡帖云：黄玉硯如蒸栗。

碧玉硯

《西清詩話》：張亶見海中樓閣金碧，琅珮者數百人，揖亶賦詩，硯碧玉色。

《硯牋》云：貞元中，許商舟行湖中，青衣迎入一府，女郎請書《江海賦》。碧玉硯，銀水，玻瓈爲匣。

高深甫曰：硯形如圭，四面土秀黄剥纏滿隙處，本質乃菠菜緑也，殆秦漢之物。

翡翠硯

《韵石齋筆談》云：隨州何青邱家藏此硯，磨以金霏霏成屑如墨瀋，乃其尊人閣學公宗彦遺物。

張六花曰：此産滇南，不及于闐之精潔，色翠可愛，其佳者價等羊脂，而於近日尤重。

墨玉硯

蔡帖云：墨玉硯最爲奇物。

《古硯辨》云：荆襄鄂渚之間有團塊墨玉，璞與端溪下巖卵石同，堅縝過之，堪作硯，不出光以留其鋒，但黑中有白玉相間，甚者闊寸許，名間玉瑪瑙，其白處極堅拒墨。用純黑者作硯，當在端溪下巖之次，龍尾舊坑之上。

張六花曰：近日石子中墨玉甚多，匠視爲棄物。

水晶硯

《硯録》云：丁恕有水晶硯，用墨處不出光，發墨如歙。

米公曰：水晶硯磨墨汁入用。

論曰：晶玉之性極堅細，温澤不出光，以留其鋒，方能著墨，蓋不虞不發而患其難磨也。必謂光其墨堂者，好奇之過，諸品堅不易琢，至小者非破數十工不成，工價幾與材料等，因此益貴重。

贊曰：硯以玉琢，其製最古。似玉之堅，亦以類取。君子珍之，欲如其貞；君子存之，欲如其温。

朱棟《硯小史》卷二《銕銅銀硯》 碑版文字，金與石並重，而硯亦然。但五金之性各不同，金錫性軟不受磨，惟銅與銀有作之者，而銕尤精，特志三品於晶玉硯後。

鐵硯

《拾遺記》云：張華撰《博物志》成，武帝賜青鐵硯，此銕于闐所貢。

《五代史》云：桑維翰鑄鐵硯，曰硯弊敗改而他任。

賈氏《談録》云：青州熟鐵硯發墨。

歐譜云：青州銕硯製作頗精。

銅硯

《硯牋》云：洪厓先生歸河内，舍人劉守璋贈揚雄鐵硯。

李方叔帖云：米元章鑄生銅硯甚佳。又曰：銅硯易研敗筆。

《硯北襍志》云：見銅持硯類箕樣，長近一尺，池旁作倭人坐其上，後有一獸，以前二足撫倭人之身，作牛首，其地作細花紋甚精，必倭人舊物。

銀硯

魏王操《雜物疏》云：御物三十種，有純銀參帶硯一枚。

《三十國春秋》云：上燕謂劉聰曰：卿贈朕銀硯憶否？

論曰：三品中銀硯可不蓄，銅尚可磨，而鐵最古。鐵性堅剛，利用之則近武，鈍用之文雅乃爾，亦一奇也。

贊曰：不化青錢，乃作硯田。其品不俗，肯依寒氊。畢竟輸鐵，窮且益堅。

朱棟《硯小史》卷二《各州常品》 無人不書是處産硯，必求至精至美者而用之，勢難遍給。乃知雅硯不可少，常硯尤不可多，其種博采尚多遺，當隨見聞而補入。

洮石

米史云：石理澁可礪，深緑可愛，有波紋小黑點謂之湔墨，點緊者與墨鬭慢者滲墨無光，佳者在洮石上。

瀘石

山谷曰：瀘川石硯黯黑受墨，視萬崖中正砦，無眉。

戎石

《硯箋》云：戎州試金石類淄石。

中正砦石

《硯箋》云：縝栗密緻德也，礱而不瑀質也，生石之淵中正砦，蠻溪之別也。

成石

米史云：成州栗亭石色青，銅點大如指，理慢發墨。

石鐘山石

《東坡帖》：米元章得山硯於湖口石鐘山側，甚奇。

九溪黎石

趙希鵠曰：出九溪黎溪，表滄青，裹深青而帶紅色，有極細潤者，磨則澁，不鬆快，愈用愈光，硬如鏡面，間有金線，或黄絡直截如界行。高宗朝戚里吴琚曾以進御，不稱旨。

黄栞友曰：按朱輔《蠻溪叢咲》謂石出黎溪，於陶金井中取之，近亦難得。有紫緑二色，圍黄線者名金繫帶。近見此石甚多，皆作鎮紙等物，爲硯則滑不堪磨。

嚴觡漁曰：金繫帶，俗稱紫袍金帶。或云近多僞作，以藥成之，然真亦不足貴，何用僞爲？又有僞洮石，即黎石之表，或長沙山谷中石也，潤而不下墨。

辰沅州黑石

《古硯辨》云：色黑質粗燥，或微有小眼黯不分明，今人不知，稱爲黑端溪。端人負販者多市此璞，歸刻作端樣眩人，江南士大夫被獲重價而材不堪用。單煒以沅石硯遺吴琚進重華宫。

絳石

歐譜：絳州角石色如牛角，有花浪，頑滑不發墨。

《蔡帖》云：黑角有佳趣。

寧石

《九域志》云：寧州歲貢硯十枚。

宣石

李太白詩：麻牋素絹排數箱，宣州石硯墨色光。

明石

《米帖》：明州石硯甚麄。

柳石

柳柳州《山水記》云：龍壁下多秀石可爲硯。

灘哥石

《澹寮居士集》云：神龍改元，天竺僧示灘哥石硯。王燓，西人，習知西川，言灘哥石黳黑，在積石軍西。

易石

王秋厓曰：石産易州，色紫性不堅，時有緑點如眼，無瞳，能下墨。

嶁村石

丁閬環曰：産蘇之靈巖嶁村，有澹青者，有黄色者，古坑頗發墨，俗名老嶁村，今已取竭。新産滑燥不堪，肆中多是。

黛陁石

劉貢父有《黛陁石硯詩》。

太湖石

皮日休序曰：處士魏不琢買龜頭山疊石硯，高不及二寸，其仞數百，謂太湖硯。

淮石

《拾遺記》云：吴郡有硯石山。

《硯箋》云：楊次公作辟雍硯，有詩。

僊石

《皮日休集》云：浮蓋山仙壇洞有仙石硯。

《硯箋》云：汪藻有浦城縣浮蓋山《仙石硯詩》。又云：高常與客下天壇中路獲硯石，似馬蹄，外稜孤聳，内發墨色，幽奇天然，疑神仙遺物。

褐石

《蔡帖》云：東州褐色石可硯。

白石

《江淹集》云：宋高祖賜建平王景素石硯。

米史云：蔡州白石硯理滑。

蔡子池石

劉澄之《永初山水記》：興平縣蔡子池穴深二百丈，石青堪硯。

吴興青石

高宗翰《墨志》：虞龢論吴興青石質滑停墨。

唐石

唐録云：唐州紫石，色澤可愛，膩不發墨，人以爲端。

《硯箋》云：唐石佳者與端亂真，特以無眼辨。

開化石

丁實夫曰：衢州常山開化産石，堅潤如歙，色黑不發，大盈三尺。

魯水石

高深甫曰：石産南劍州。

尼山石

方渭濱曰：産今兖州。

方城石

高度峯曰：石出南陽之方城山，有紅緑二種，不發墨。

靈壁山石

《遵生八牋》。

蟀硯　木硯

晉袁彖贈庾翼蟀硯，與木硯俱見《墨池編》。

漆硯

《東宫故事》：皇太子初拜有漆硯。近見馬公丹巖藏古硯一，體輕發墨，白山先生遺物。

高麗硯

唐録云：茹孝標高麗黄石硯，墨光可鑑。

米史云：高麗硯堅密有聲，發墨，色青間白，有金星，或云硯上多鑿花巧。

論曰：以上各種特不發墨耳，落墨則同。嘗有友人規余曰：某以一拳粗石、一勺清泉隨處皆可書，子所蓄者能勝此乎？況筆墨之妙與不妙豈在硯之精與不精乎？此語頗有理，因推廣其意而贊之。

贊曰：硯取其潤，水濕奚枯；硯取其發，墨厚自腴。競説豬肉，都食菜蔬；争求錦繡，不如布襦。才華世忌，或遜蠢愚。尋常之物，恒適時需。苟可紀事，即抵硨磲；苟可賦詩，即等璠璵。若成三災，美亦無須。古不講硯，人多善書；我今作史，自信非迂。廣采常品，用告通儒。

朱棟《硯小史》卷三《史論十二則》

論色

唐人云：水中石色青，山半石色紫。宋人云：乾則灰蒼色，潤則青紫色。

講求古硯者大抵以滄青爲最貴，青紫、青黑者次之，紫又次之，灰蒼爲下。又有一種正赤者亦爲古所尚，而在端州石中雅所不取。

端州石無論青紫、蒼赤而於細潤濃滄之間別有一種韵致，方是水坑，若枯燥無神雖青不貴。

論聲

大抵四方石硯發墨久不乏者石必差軟，扣之無聲，或聲平而無韵，或聲低而清越。不發墨者石質堅勁，扣之瑲瑲聲響。此石自然之性，不難一擊而知。

論眼

杜季揚《石譜》云：下巖石謂之鴝鵒眼，上巖下穴謂之鸚哥眼，上巖下中穴謂之雞翁猫兒眼，半邊山謂之雀兒眼，了哥眼，土人以此別之。

圓正、明媚、翠緑、淺深相間，暈作十數重，具瞳子者曰鴝鵒。又有鴉眼、象眼，黄謂之鴉，碧謂之鸜鵒眼，不貴黄也。圓者爲鴝鵒爲鴉，長者爲象眼，不貴長也。暈則有奇無偶，辨水巖者必於是驗之。大概石嫩則眼潤，乾則枯。

眼有三種，暈多精瑩謂之活，朦朧昏滯謂之淚，内外焦黄無暈謂之死。活勝淚，淚勝死，死勝無。又以眼在池上曰高眼，池下爲低眼，眼特取其高。

端人謂石嫩則眼多，老則眼少。嫩石細潤發墨，所以重有眼也。青脈者必有眼，故腰脚石多有之，端人謂之眼筋。又有赤眼圓如珊瑚鳥目，翠眼緊小無瞳，均爲下品。

宋高宗以端石之有眼爲病，而諸譜皆貴重，然磨墨處必須避之。

論青花

宋人論硯大概不講青花，惟《古硯辨》始據唐吴淑《硯賦》「點滴青花」一語以証古坑青花子石，然祇云有花點如筋頭大，其點碧玉精瑩與硯質不同。又云：青黑中有白點如粟，排星斗異象，水濕方見，此古坑之青花，而與近時所論殊不合。青花粗點叢襍勿貴也，惟浮沈石面零星隱見，諦視之如髮絲、如鼠跡、如蠅翅，間錯成文者佳。或如澗沚細藻浮動其中者，或如魚兒隊行於水者，或如秋雲綿密，或如水面微塵，是皆上品。或有明顯如石花菜者，石工稱爲芊紋，品中中。此惟水坑才有之，旱巖無有。

王性之《端硯銘》曰：下巖星殞，彤霞爛然。呵噓餘潤，雲液神泉。是亦青花注脚。

論蕉白

蕉葉白，古亦無是語。端石之性潤則青紫，乾則灰蒼，近今所出梅花巖等石灰白居多，此乃石之本色，瞽者遂以此爲蕉白，誤矣。所謂蕉白者上下四旁必有火捺紋掩映，竹垞所云「紫氣既竭，白氣次之」是也。又考白婆墳、朝天巖諸坑都有火捺蕉白，可亂水巖，乃知蕉白之妙不必純而成片，須要潤而有神。

凡端石有火捺處質必堅勁，滑不可磨，至蕉白處性必差軟益墨，乃知火捺爲石之病，而蕉白爲可貴也。有火捺然後有蕉白，宋人以爲病者在此，不以爲病者亦在此。

有一種火捺蕉白全具而不發墨者，乃是石之皮，不可不察。

論石紋

紫氣奔而迴薄曰火捺，聚而爲輪曰金錢，絢采熊熊，大如錢而有芒者。黶然黑色謂之鋏捺，如蚓者謂之鳳涎，凝緑若灑汁謂之翡翠，白凝於緑纖而長者謂之玉帶，黃氣亘其上若虹者謂之黃龍，若縷者謂之金線，點墨瘢相似謂之雀斑，又名鵪鴣斑，丹若粟者謂之硃砂，斑如雲霞燦爛者謂之古斑，剥蝕如蟲嚙者謂之蟲蛀，旁色赭者謂之鮔血邊，此皆無害。更有向日視之有若繁星者，有若金銀氣者，有若敗錦者，有若松木紋者，皆石之下者也。

前人論端石之病七：曰鋏捺、曰鳳涎、曰斑、白文。曰鑽、如蟲蛀。曰驚、斧鑿觸裂者。曰火黯、曰黃龍。論歙石之病十：曰石黯，類鷄迹；曰烏豚，若肉脞；曰隔路，如蚓跡；曰浪痕，如帛紋；曰贅子，若豆；曰擔線，斜文斷裂；曰硬線，起處隱手；曰斷紋，兩不相着；曰石孔，石之膚；曰黃爛，上中石皮。

端石中又有冬瓜瓤者，亦以形似名，高固齋以爲絶品，與青花、蕉白並珍，近人亦以爲病，余謂以上諸病不礙墨堂，却無大害。

論三疊石

凡巖石皆有黃臕如玉之瓜蔓也，鑿去方見硯材，世所謂子石也。子石自底至頂中作三層，下疊居底石之上最佳品也，其石必有眼，端人謂之脚石；中疊居下疊之上，次石也，眼或有或無，端人謂之腰石；上疊居中疊以上又有次也，皆無眼，端人謂之頂石；頂石之上皆蓋石也，粗頑不堪用。若底石尤頑，雖細不發，又色汙雜不可以硯，端人謂之鴨屎石；底之上大率如石榴子，又如塼坯云。

三疊石皆有粗絡，無非子石，世人乃謂別有一種子石，非也。往往崩落澗中摸取其形如卵，故妄名之。

論發墨

余按：米趙諸公皆謂發墨之妙，如漆如油；又謂下巖之發直如熬盤搨蠟；東坡先生則云硯之美止於滑而發墨。至君謨所論尤極明晰，直謂發墨非易磨，墨在硯中生光發豔，隨筆旋轉，滌之泮然立盡，乃石性堅潤，能發起不滯於硯耳。故識者以易磨爲下墨，墨如油泛爲發墨，得水坑之佳者，下墨、發墨二者相兼，別坑下墨則有之，發墨者殊少。今人不善書，不知硯，不解用墨，并所謂發墨者而亦昧之。逸峯云如以易磨爲發墨，則一切粗石皆可重，曷貴水巖？

前人譜中往往誤認下墨爲發墨，無怪後人不知也。余嘗得一小方硯，具火捺、蕉白，生一眼於池之端，細潤，磨無聲，且極下墨，稍磨即濃，畧作數字墨遂沈底，其池面惟水一潭，如着灰塵狀，化水不能作書，重作四五磨，墨復上泛，須臾墨沈如故。此種硯作書毫無光彩，又不受用，所謂不發墨者如是。

石之粗鬆者大概易磨而石漸損，歲久微凹，此二等石也。宋坑之極佳者其質必堅，堅非老之謂，質雖堅而理仍細，須潤澁相兼，浮津輝墨，故可貴。若一種堅老之石亦滑，不發墨。至美之硯以一匙水則用三十多磨，取匣蓋覆之，少頃復加十餘磨，墨光都浮水面，隨手用去，硯如新洗不留餘。若不發之石，墨必研至如膠厚然後可用，且易乾，一日十數磨，愈磨愈積愈多，不但死墨黯淡，作字無光，而且一日不洗則硯池堆積滯而難滌，故發墨必藉乎水巖。

君謨又言：端石瑩潤惟有鋩者尤發墨，歙石多鋩惟膩理者特佳。此説亦有理。

前人論端以眼爲貴，自國初以來皆重青花，近時又尚蕉白。余謂惟青而近黑者古今無異詞，無不發墨。

論形製

繁欽銘：有規如馬蹄，鋭如蓮葉，上圓下方如圭如璧者，有圓如盤而中隆起水環之者，謂之辟雍，亦稱分題。硯腰半微坳謂之郎官樣者。有連水滴器於其首而爲之穴者，旁以導水焉，閉其上穴則下之穴水流注硯中，居常畧無沾覆。

唐録云：硯之形製古今相傳有如鼎足者、如人面者、如蟾蜍者、如風字者、如瓜狀者、如龜形者、如馬蹄者、如葫蘆者、如璧池者、如鷄卵者、如琴足者，亦有如琴者、有外方内圓者、有内外皆方者。或有虚其下者，亦有實之者，此二種皆上鋭下廣。又有外皆正方别爲臺於中謂之墨池。此皆余嘗見者。

米老《硯史》云：晉硯見於顧愷之畫，有天生疊石上刊人面者，有十蹄圓銅硯中如鐓者，余嘗以紫石作之。有上圓下方於圓純上刊兩竅署筆者，有如鳳字兩足者，此最多，所謂鳳凰池也。以上皆晉製，世人呼爲風字，蓋不原兩足之製。今端人以兩眼相對於足旁者謂之鳳足，鳳之義取五色成文，燦然成章也。有收右軍硯，頭狹四寸許，下闊六寸許，頂兩純皆綽慢，下不勒痕，外如内之製，足狹長，色紫，類温巘，中凹成臼。又收智永硯，頭微圓，類箕象，中亦成臼。又收古銅硯，一龜銜一硯如蓮葉，兩足，龜腹圓，墨水不可出，以筆頭就之則出也。隋唐工稍巧，頭圓身微瘦，下闊足圓爲柱，已不逮古。至本朝變成穹高腰瘦，刃闊如鉞斧狀，仁廟前多此製，後差少。資政殿學士蒲傳正收真宗所用硯與仁廟賜駙馬都尉李公炤鳳池硯，形製同，至今尚方多此製，國初已來公卿家往往有之。仁廟前賜史院官硯皆端溪石，純薄，上狹下闊，峻直不出足，中坦夷，猶有鳳池意。或四邊刊花，中爲魚爲龜者，凡此形製多端下巘奇品也。嘉祐末，硯樣已如大指粗，心甚凸，意求渾厚而氣象益不古，純斗故勒深，滯墨難滌，心凸故點筆不圓，常如三角簇，蓋古硯皆心凹後稍平正，未有凸者，始自侍讀學士唐彦猷作紅絲辟雍硯，心高凸，至作馬蹄樣亦心凸，磨墨溜向身，墨色凸起，增浮泛之勢，援毫則不便也。唐墓中有得如蓮葉，中凹，兩足如鳳池，製甚薄，足或如棗。陳文惠丞相家收一蜀王衍時皇太子陶硯連蓋，蓋上有鳳坐一臺，餘雕花草，涅之以金泥紅漆，有字曰「鳳凰臺」，此製方直，筍在硯上，中甚平也。唐之製見《文房四譜》，今之製見《歙州硯圖》，故不重出。

南唐李氏于歙州置硯務官，歲爲官造硯有數，其硯四方而平淺者，南唐官硯也。往往鏤邊，極工巧。

余考前製之外尚有玉堂、玉臺、蓬萊、房相、舍人、太師、都堂、内相、東坡、曲水、八稜、四直、圓池、玉環、隻履、雙履、月池、方池、人面等製，皆是宋琢，可以爲式。近今有作長方硯，四面留闊邊，硯首作巨池，與池面似斷而連，受墨處則又微窪，俗稱攩潮硯。製雖不古，受用異常。

風字有五：曰垂裙風字、曰平底風字、曰有脚風字、曰古樣風字、曰琴足風字。四直有三：曰古樣四直、曰雙錦四直、曰合歡四直。八稜有二：曰八稜秉硯、曰八稜角柄秉硯。又有瓢、鐘、鼎、笏、鼓、梭、竹節、仙桃、琵琶、雙魚、月硯、硯磚諸式，雖古皆小樣。

論古硯

古硯之見於譜者曰：孔子硯、在孔廟，製甚古朴。右軍硯、一石，夷叟家古鳳池。一石，揚休所得風字。獻之硯、保母墓中殉葬，曲水小硯，黑而潤，底刻「獻之」，旁刻「永和」。智永硯、李商隱硯、蟾蜍樣，篆「玉溪生山房」。許敬宗硯、李衛公硯、絶妙者曰結鄰。柳誠懸硯。公權所寶惟硯，自扃鐍之。侯宗亮硯、唐彦猷得，上刻「延和」。此皆載諸硯牋者。而高深甫又載陳省躬仙翁硯、陶穀兩池圓硯、名璧友。和魯公雪方硯、周彬公金稜玉海硯、徐闡之小金成硯、宣城四環鼓硯、李后主生水硯、即青石硯。孫之翰呵水硯、丁晉公水硯，又端溪天生七星研、玉兔朝元硯、唐澄泥八角大硯、未央宫磚研、德壽殿犀紋石硯、龍尾石筒瓦小硯、刻「烏玉」二字。石渠閣瓦硯、背篆「石渠閣瓦」四字。傍刻「嘉靖五年改製」。興和磚硯、硯首有「黄玉」二字。古瓦鷰硯尾有「元章」二字，蓋米氏珍藏印。皆可以備稽考。

孫北海承澤家藏謝道韞小硯，有銘曰：絲紅清石，墨光洪璧，資我文翰，玉砅堅質。末有「道韞」字。西樵王考功詳其文，可迴讀。

張夢符孔孫云：今御府有寶硯，上有蒼龍横硯沼中，世所謂巘花是也。又有聚寶硯，玉板太乙船無眼而潤，悉稱寶石。

陳公密縝知端州，部民蓄奇硯，破其家得之。硯面熨斗焦如黑龍奮迅，二鴝爲目，每晦則雲霧輒興。公密没，歸張仲謀。政和間入禁中，書符其後，龍德宫服玩，爲都監王殊所匿。

寶晉齋硯山大不盈尺，或云長尺餘。高半之，中隔絶闊，前後五十五峯，一作前聳三十六峯。大猶手指，左右引兩陂陀而中鑿爲硯。一作東南有一磴，横出方平，可二寸許，鑿爲硯。有華蓋峯、月巘、方壇、玉筍、翠巒，上洞、下洞三折相通於龍池，遇天雨則津潤，池中滴水少許，經旬不竭，李唐時物也。後歸南唐后主，主亡流轉數十家歸米南宫，刻其下，述所由來甚詳，有「寶晉齋」三篆字，及襄陽米氏世珍印。後米與蘇仲恭學士易北固甘露寺海岳庵地，遂歸蘇氏。至宣和又入御府。南渡後爲天台戴運使覺民所得，後歸其族人某，時相賈似道求之不與，攜持兵亂間，寢處與俱，乃獲全。又歷四百年，不知更易幾姓，至新安許文穆公國家，已而歸嘉禾朱文恪國祚。此研竹垞曾攜之京，爲崑山徐司寇購去，今不知所在。

曾敔周有端州石，屹起成山麓，平可受墨，米公得之甚喜，抱眠三日，屬東坡爲之銘。

李元元暉蓄米南宮端硯，背刻小米題字曰：此硯色青紫而潤，下巗石也。先公得於山谷丈室中，磨李廷珪墨，試諸葛氏筆，世間真有揚州鶴也。

虞純中硯薄唇斗池，背數星雲襲之，古玉堂硯也。銘曰：琢山骨，維端溪。星晢晢，雲襲之。懸絶壁，下斗池。

李煒，字公炤，自號和光子。周益公家有其講道齋所用硯，背刻篆曰「公炤」。又仁廟嘗以端州硯賜李煒。

玉免朝元硯，是細羅紋，刷絲，石圓，逕六寸，高一寸五分，面有葱色，免月二像巧若畫成，無凹凸以湊形似，真五代前物也。旁刻「建中靖國元年改製」，下刻篆書曰「一拳石兮呈祥，俾翰墨兮增光。出煨燼兮不敗，伊蘇氏兮其昌。張九成識」，又二行「子子孫孫，永古寶之」。

李元時古端硯廣踰尺，厚二寸，栗澤芒潤，具端石之美，琢製甚質，容水處深而底平，非邇來所有。

杜叔元君懿藏許敬宗硯，潤如玉，殺墨如風，微窪，真四百餘年物。後漁人於浙江網一銅匣，鑄許敬宗硯，兩方足，匣有容足處，即敬宗物也。君懿嘗以此硯求東坡志墓，坡辭之。其子沂復以硯求孫莘老，孫笑曰「敬宗在正堪斫以飼狗耳，何以硯爲」。

有漁於道士洑者得一硯，八角，製作古雅，背鐫「心太平庵」字，蓋放翁故物也。《劍南集》有《心太平庵詩》。三字出《外景經》「行間無事心太平」是也。此硯和州項副使得之，後歸淄川畢州守載積。

元章龍尾硯旁有「辛卯米芾」四字印，舊藏黄公道周家，後爲方侍御邵春所得。

米老云：吾收一青翠疊石，作三層，傍一磴平磨墨，上出一峯，高尺餘，頂復平，嵌巗如亂雲四垂，以覆硯，以水澤頂，則隨葉垂珠滴硯心。上有銘識。事見唐莊南傑賦，乃歷代所寶也。又收一正紫石，四疊，下有座有足，巧於瘿盂，足下起一枝細狹，枝上盤兩層，長七寸餘，闊半之，如靈芝，上鋭下闊，天然鳳池像，中微凹，點水磨墨，可書十幅紙者，石理在方城右，非人力所成，信天下之瓌寶也。

玉帶生，文信國所遺硯也。生紫衣玉帶，實産於端，資質微粗，曾於信國周旋，故文士交口稱道。家竹垞、吴荆山諸先達皆作歌以贈之。

緑端松磬硯，長七八寸，蓋硯板也。上刻松枝石磬而以半磬作硯池。趙松雪銘其陰，細潤發墨。

趙魏公乙未自燕回，出所收圓端硯及洮石硯，洮名緑漪，如玉斗樣。又葉森曾見公一端石璧雍硯，名曰大雅。

董宗伯端州大硯長尺餘，闊半之，下有四足，色紫黑，質堅，頗下墨。後歸張文敏，今在周閒翁別駕處。

米太僕友石以五百金購一硯山，具七十二峯。明季流寇之亂，米氏奔迸，以古器數簏寄戚家，此爲一士夫所得。又寶一風字硯，知六合時入覲京師，往返兩月，硯墨尚未乾也。

王新城云：余舊蓄一硯山，長可五六寸，高半之，自頂至麓皴法天然，巗巒秀絶，爲大力者負之而趨，每憶之輒作米公蟾蜍淚滴之歎。

論硯價

右軍風字硯大尺餘，色正赤，理細，用不減於端，左史石揚休以錢二萬得之。

仁廟中，中下巗既不能采，特重上巗，如石有鴝鵒眼布列硯中，或如北斗如五星心房像者，價已不減數萬。

宋人云：硯之價下巗水底脚石十倍於南壁石，南壁石十倍於中巗北壁石，半邊山南諸巗倍於中巗南壁石，半邊山北諸巗及龍巗中巖南壁倍上巖諸穴石，上巗諸穴倍小湘石，小湘倍後歷、蚌坑石，後歷之佳者亦與上巗諸穴石等。

《東軒筆録》云：西坑石三當巗石之一，後歷石三當西坑之一。

嘉靖間，福建有許姓者常估於蘇，過文衡山玉蘭堂，見案頭一硯，文頗珍重，許曰：「此硯閩中是處皆有。」文咲曰：「此宋貢硯也，乃端溪舊坑，不易得者。」許知其説，逾歲即攜宋貢硯二十至姑蘇，文見大駭，歎至寶何若是之多。因易其四，士夫爭購之，得高價。乙卯許復攜三十方欲赴蘇，覬厚值。時海上倭亂，遂客金陵，爲都中士大夫所獲，詢其所自，蓋得諸鄉村古寺及訓塾中，此殆宋室將衰，遷於南海，故閩廣是處有之。

米太僕硯山每天欲雨則水出，欲霽則先燥，太僕購以五百金。

王新城曰：下巖水底脚石價十倍於南北壁，南北壁十倍於龍巗、上巗，龍巗、上巗倍小湘，小湘倍後歷、蚌坑。

吴青壇曰：藏硯之人矜許掌大舊坑，非數十金不可致。至城外廟前肆中所賈者皆屏風巗、旱坑石，價極賤，即新坑不可得矣。前人謂端石紫而青者價值千金，今世所傳古水坑硯價反不貴，何也？蓋欲覓水巖老坑千百硯中無一硯，能辨水巖老坑亦千百人中無一人，乃知前代識者多故貴在物，今人識者少故貴在識也，然惟京師可求，他處無有。

論用硯

凡斲石硯成先以粗石磨治之，次用原石輕磨，或用細京磚帶水細擦，然後以洗净頭髮一團，乾磨令細，再用黄蠟塗之，顔色便潤。硯有破處鎔瀝青調元損石末綴之無痕，若調生漆尤妙。石晉時關右李處士能補碎硯，畧無瑕。或云以黄蠟和墨火烘補之，非良法也。

昔人云：寧可三日不沐面，不可一日不洗硯。多洗則不燥且得神氣，一日不滌膠凝滯筆，墨亦無光。春温夏熱時霉蒸易起，尤宜頻滌。滌硯須用新汲水，不宜置礬及熟水，尤忌温水，另置大木盆，不可用磁銅器以防碰損，若於活水池頭臨流净滌則尤妙也。

新斲之硯欲其潤，都用洗面湯候冷浴之，衹可暫用。用鮮蓮房去四周青皮及内外白筋硬殼候乾，以六七枚爲一束，用線紮緊浸軟洗硯，次用絲瓜老筋亦能去垢。唐侍讀氊片故紙俱可揩洗，此最傷硯，不可從。

硯有積墨乃見古舊。張仲素《墨池賦》曰：「苟變地而盡黑，知功積而藝成。」又云「變此黛色，涵乎碧虚。」形容積墨妙矣。如有堆積處或謂之墨綉，當用生半夏切平磨之即去。侍讀又謂用麩炭磨濯，其説亦非。

硯宜頻易新水。

硯用則貯水，畢則乾之，久浸便不發墨。

研墨用直硯爲上，乃見真色，不攪墨。若圓硯磨則假借重勢，往來有風，雖助顔色，失墨之真。

新墨膠重多棱角，衹宜輕磨，方不壞硯。以尋常之墨試佳硯，亦能發艷生光，特恐損硯耳。若常硯而用佳墨，不能盡墨之才，昏暗無色。

硯池水不可乾，所以養其潤，養硯以文綾，貴乎隔塵。苦寒不宜用佳硯，石理既凍，墨亦減光。晁氏《墨經》云：墨粗謂之打硯，墨細謂之入硯，墨不取其粗。

石性堅膩如玉，潤澤無瑕，端之大概。晉宋間往往以器貯墨汁，不在磨墨也。

硯匣不可用五金，蓋石乃金所自出，金爲石之精華，子母同處則子盗母氣，反能燥石，况金堅石軟，必至挫傷，須用舊墨檀及紫花梨獨木雕成，蓋内再上洋漆以收濕氣，則墨不化水而生光。或用舊紫楠亦儘古雅。

硯匣用木，火氣耗津，用洋漆作之最有講究，其法以貢緞作胎，絹亦可。外用鹿角霜或碗砂和生漆塗上，再用褪光，歷久不壞。

匣蓋去硯必須高却寸餘，若硯本高者則又不拘。

匣取其容硯，周圍必須寬却三紙，尤爲合宜，底用細絹襯，不可用氊。

朱棟《硯小史》卷三《陶泓逸事》 蘇譜載：硯始自帝鴻，知硯即製於有文字時，在四譜中當推最古。夏鼎見於繁頌，金匱僅有硯銘。惟孔廟硯存，乃是春秋時物。至典午後所傳名硯，即存天壤間，亦恐鮮識真之目，故博求古硯者當從趙宋始。

高宗《御押鄭亨仲詩》：石渠東觀天尺五，右文儲硯一百九，銅匣珠囊漢瓊玖。《館閣録》止云秘閣硯七十五耳。

晏元獻夫人王超女，元獻有古硯，王氏舊物也，號傳婿硯。元獻婿富鄭公，鄭公婿馮文簡，文簡孫婿朱聖予，聖予婿滕子濟，俱爲執政，硯今藏滕氏。朱之孫女又適洪景嚴，亦登三府，盛事也。

李后主有青石硯，墨池中有黄石如彈丸，水常滿，終日用之不竭。後歸朝，陶穀見而異之，硯大不可持，乃取石彈丸去。後主索之良苦，陶不能奈，曰：要當碎之。石破，中有小魚跳出地即死，自是硯無復潤澤。

江南故老云：李後主所用龍尾石爲天下冠。蘇魏公守杭，梁况之倅勸過，蘇公一見異之，既別遺以硯，曰：「爲異日玉堂用。」元祐六年，梁草蘇公拜右相麻，所用乃蘇公硯。

王文叔守洛，得銅雀瓦於深水中，其子爲硯，歸，黄涪翁製銘於下曰：「維曹氏西陵之陶瓦其屋，歌舞以除風雨。初不自期，爲翰墨主。不有君子，長與甓爲伍。」硯惡褪墨，大概瓦硯皆宜筆而下墨。

丁晉公宅光州，臨終以一篋寄，題五十五年姓丁人來作通判分付，至是歲丁僑來，即公之孫，發篋一匣貯大端硯，上小竅覆以碁子，揭之水一泓流出。

周仁熟與元章交契，一日米言得一硯非世間物，殆天地秘藏，待我而識。周曰：「公雖博物，所得真贋各半，特善誇耳。」米起取諸笥，周命取水，未至亟以唾點磨墨，米變色曰：「硯污不可用矣。」爲公贈，繼歸之，米終不納。又米老嘗以端硯呈子瞻，子瞻故唾之，因以爲遺。

荆公過東坡，有硯愛之曰：當集句以賦。唱曰「巧匠鑿山骨」，久之不成篇，命駕去。

龍尾在婺源東南，開元中獵人葉氏逐獸至長城，見疊石瑩潔，攜歸，刊成硯，温潤過端溪，持獻令。令訪匠琢爲硯。南唐元宗時歙守獻硯，薦工李少微，擢硯官。

龍尾石求之江南故老云：後主留意翰墨，特貴重之。景祐中，錢仙芝守歙，得李氏取石處，大溪水深不可入，改流别道方可得入，病其須，復溪如初，石中絶，仍改溪流遵故道，所得盡佳石。

徐鉉得銅雀瓦，注水試墨即滲，鉉咲曰：「豈銅雀之渴乎？」

明内府藏硯皆刻前代年號，命文華殿中書趙士正改製，刻萬曆字。内有一硯乃唐文皇賜虞世南者，士正奏曰：「太宗賢主，世南名臣，乞留此以彰前代君臣相與之美。」從之。

潘稼堂云：自罷禁以來三四百年水坑開采止十數次。

唐紫端硯無眼，宋硯乃有眼。

錢泰谷謂：唐硯必無端石，宋硯必無水坑。二語似非篤論。

水坑明自永樂、宣德一再開，正統後采石之使不至粵，直至萬曆重開水巖。

張世南《遊宦紀聞》：高廟嘗書數語賜曹勛云：端璞出下巖，色紫如猪肝，密理堅緻，潴水發墨，呵之即潤，研試如玉無聲，此上品也。中下品皆沙壤相襍，不惟肌理麄而色亦如後歷新坑，皆不可用，製作既俗，又滑不留墨，即石之有眼，余亦不取。大抵瑕翳於石有嫌，况病眼假眼韵度尤不足觀，故所藏皆一段紫玉略無點綴。此亦可備論宋硯之一則，急取而録之。

端巖鑿成深穴，探穴中不可睹，但捫取之，日衹數石，在洞别其精粗，有累日不得一佳石者。

凡入穴采石必先以中牢祭之，否則雷霆勃興，失石所在。

熙寧中杜諮知端州，禁民采石，而杜獨占之，世人謡稱杜萬石。濂溪周子時提點廣南東路刑獄，惡其奪民之利，因爲題請，凡仕於州者買硯毋得過二枚，遂著爲令，諮因蒙詬。

《九域志》：包孝肅公傳》曰：端歲貢率數十，公知端，歲滿不持一硯歸。

蘇子美云：筆硯精良，人生一樂。

東坡嘗得石，不加斧鑿以爲研，後人尋巖石自然平整者傚之曰天研。此在各様品之外，而品獨高。

唐蕭穎士嘗至倉曹李韶家，見歙硯頗良，既退語同行者曰：「識此硯乎？蓋三災硯也。」問其故，乃謂「字札不奇爲一災，文詞不優爲二災，牕户狼藉爲三災」。硯乎硯乎，能免斯譏乎？

坡翁龍尾月硯銘：「萋萋兮霧縠石，宛宛兮黑白月。其受水者哉生明，而運墨者旁死魄。照千古其如在，耿此月之不没。」端硯銘云：「千夫挽綆，百夫運斤，篝火下縋，以出斯珍。一噓而泫，歲久愈新。」又云：「與墨爲入，玉靈之食。與水爲出，陰鑑之液。匪以玩物，維以觀德。」其作孔毅夫硯銘曰：「溢不留筆，滑不拒墨。瓜膚而縠理，金聲而玉德。」斜川亦有銘云：「置之冰凝，凄然其似秋。噓之露泫，煕然其似春。」前人謂端得春温，歙同秋爽，而端歙之佳者温爽咸備。此種銘字字精深，皆匪苟作。

錢泳《履園叢話》卷一二《藝能・琢硯》 石之出於端州者，概而名之曰端。端非一種，種非一類，只要質理細，發墨易，便是佳硯。其他名色甚多，如鸜鵒眼、黄龍紋、蕉葉白之類，而石質粗笨，不發墨，則亦安用其名色耶？近日阮雲臺宫保在粵東，又得恩平茶阬石，甚發墨，五色俱有，較端州新阬爲優，此前人之所未見。

石之細而發墨者，亦不必端州，即如歙之龍尾、蘇之蠖邨，漢宫之瓦當，魏、晉之宫殿磚，松花江之砥石，俱可爲硯。近又以日本國石爲硯者，皆出於通州福山一帶，人家牆壁内時時有之，相傳爲明時倭寇入江南壓船帶來者，其質堅而細，甚發墨，有黄紫黑三種，莫名其爲何石，近亦漸少矣。

余嘗論琢硯之工，全在乎取材，不必問做手。如硯材不佳，雖妙手亦何能爲耶？曩時在小倉山房識江寧衛臯溪，手段卻好，惟所琢之硯皆是棄材，不過陳設案頭，與假古銅磁飾觀而已。

錢泳《履園叢話》卷一二《藝能・周製》 周製之法，惟揚州有之，明末有周姓者始創此法，故名周製。其法以金銀、寶石、真珠、珊瑚、碧玉、翡翠、水晶、瑪瑙、玳瑁、琿渠、青金、緑松、螺甸、象牙、密蠟、沉香爲之，雕成山水、人物、樹木、樓臺、花卉、翎毛，嵌於檀梨漆器之上。大而屏風、桌倚、窗槅、書架，小則筆牀、茶具、硯匣、書箱，五色陸離，難以形容，真古來未有之奇玩也。乾隆中有王國琛、盧映之輩，精於此技，今映之孫葵生亦能之。

李兆洛《端溪研坑記》　古硯石之最著者，青州、絳州，今時則惟端溪。其山在肇慶城東三十里之羚羊峽內，高可數十仞，面西南，左抱諸巖，右臨江水，端溪遶其前而入江。坑洞之口在半山下，進洞口轉右爲摩胸石，堅不可鑿入，裸而蒲伏以進，旁有出水小池，進數武，有梅花椿五，松木爲之，高二尺餘，徑五六寸，前人用以撐石角者。凡洞中曲折處，俱有此椿。迤邐而進，即小西洞口，無石可采，久經沙石壅閉。再進即東洞，洞勢向東，故名。其地較西洞略高，其水流入正洞，故易消涸，但石質稍遜，可無庸采。過此路逕漸低，形如釜底，有名樓脚者，有名凸篷者，皆石工因其形以名之。再進即正洞，一如小西洞，無石可采。自凸篷左轉，即大西洞門，亦因向西，故名。地勢微高於正洞。洞内開鑿年久，寬大如屋，石工以鑿下廢石，隨時填砌，以防傾頹。自洞口至洞底，高下相懸約二十八九丈，一路高止三尺，寬止三四尺，不能起立。石工入者，各携小磁罈一，竹箕一，罈可容水五升，箕可貯石十餘斤，每隔三尺，排坐一人，并燃一燈，晝夜汲水外遞。洞門外開一小溝，設戽車一，用篾筐挹注内水至車下，乃戽之入溪。進之東洞須排坐四十餘人，至西洞須排坐八十餘人，方得相接，其采石一如運水人數，隔三五日，又須引去客水一次。采石必看明石脉，見鮮潤有色者然後下鑿，否則遇鑿火出并亦無用也。一歲之内，惟冬月水涸時可施工。而運石戽水，先需二月餘，一經春水發生，雖欲汲戽，技無所施矣。

端溪硯石，宋以前所開諸坑，今已無石，間有之，石色紅紫，不發墨，無可取者。惟水巖爲老坑，凡四洞，其小西洞及正洞已無可采，而東洞石質，亦復粗燥，故今之水巖石，必出自大西洞者佳。大西洞石，上中下三層質又各異。上巖之石，衆美畢備，惟色澤遜潤，落墨易乾；下巖石多水紋，面背迸透，且砂釘夾雜，欲求完璧僅矣；中層則石之腴也，青花、蕉白之爲美，其大彰明較著，弟蕉白不必純而成片，要潤而有神，色青花粗點叢雜弗貴也。惟浮沈石面，零星隱現，諦視之如髮絲、如鼠跡、如蠅翅，間錯成文者良。設一片之中，青花、蕉白二者交并，而又兼有火捺紋，如金錢圓而生動，此千百片中僅見之珍。非蕉白、非青花、亦非火捺，而或有黃龍，即金線。或有銀線，或有翡翠，或有雊鵒眼，或有水波氷裂文，亦大西洞石之美者，其瑩潔無疵，略衆美，而色較青，名曰天青，此大西洞中層稍上之石，他處無有，亦上品也。至或一片内，五色備具，如雲霞燦爛，曰古斑，曰硃砂斑，能令觀者炫目，則大西洞間出之奇矣。他如鸜鵒斑、如冬瓜瓤，人以爲石之病，其實不然，若不礙墨堂，姑聽之可耳。要之石出大西洞者，必石質細膩，襯手而潤，與墨親而無叛，扣之則其聲沈著，日光照耀無影，此爲諸坑所不及，即水巖東洞，亦相遜遠矣。

羚羊峽之口，正北向，入峽口數百武，其東有小水入之，即端溪口也。方冬時，涓涓細流耳。兩山夾溪之北，即硯石山山口，口自溪口連峯邐迤而東南，以漸高聳，其傍溪之山，僅小阜，高可十丈，其麓則老坑在焉。自舟登陸，可百步許，至坑口，口向巽，容一人側身入，入即窈黑，且益窄，蛇行乃可進。山無樹木，石之出於土者，率頑劣破碎，無可觀者。而至粹之硯，乃在其裡坑之西。緣山麓而傍江者，爲東洞山之背，爲叢坑。逾脊北下，在峽口外緣江者曰獅子口，曰水鬼洞。水鬼洞直在山下，逼江水咫尺，遙望可見。自老坑口東望，第二峯高處，有石徑，徑上石隙有鑿跡。導者云：此爲坑仔巖。山皆陡峭，不敢上，仿佛見巖上有刻字焉。導者云：自老坑而東，過宣德巖、老巖洞、坑仔歷而後至坑仔巖，皆在山半，不盡可望見也。坑仔之上，即屏風巖。踰脊北下爲屏風背，其右有飛鼠巖，有坑尾。自坑仔巖之麓，循而東行，轉而北，爲麻子坑，亦在山中，徑甚峭狹。自坑仔巖至麻子坑，中間經青花坑、瓦昂洞、杉篷巖、松樹根、龍尾青、朝天洞、石埪洞諸坑，或高或下，皆在山上。自麻子坑進山，爲旱歷蕉，其背爲散錦青花，此皆與老坑相近者也。峽之外背硯洲而東北，曰沙步，自沙入曰塗口鄉，有坑曰老蘇坑。坑之對山迤東，爲飛來洞，亦曰坑頭。自麻子坑迤北，曰望夫山。又北，有龍華寺，寺後有上田坑、下田坑、虎坑、鐵穩坑。望夫山之後有文殊坑、金雞坑。望夫山之北，尚有金毛獅子、龍仔角等坑，石工亦不甚了了矣。此皆距端溪稍遠，然皆與端溪同脉者也。峽之西對端溪者曰靈山，蓋即羚羊山。山口有天后廟，廟之後，有七嶺根坑。循而南至羚羊汎，凡二十里，中間有大頭竹根坑，有阿婆巖，有金雞坑，有白婆墳，有黃魚坑，有朝京巖。朝京巖之下，有青石巖。巖之北爲北嶺，嶺下有宋坑，所謂將軍坑也。北嶺亦名將軍嶺。今洞口石壓下，不復可取。居人於其旁取石，謂之陳坑，其西爲雜坑，其下爲錦石坑，石皆相似，隨在可取。無巖洞，嶺之西爲東岡山，有東岡坑，出緑石，其下又出紅石，皆可爲硯。東岡之北，又有蟾蜍坑，坑之上爲新坑，相近又有唐寶坑。七星巖之西，有出米洞，洞之後曰希岡。岡下爲九龍坑，亦曰梅花坑。其蒲田則在府城東之小湘峽，新蘇坑則在恩平縣之境，距端溪遠者且百里，而石色大概相似，以其同在端州，故皆謂之端石云。予所身至者，惟老坑及坑仔巖，其獅子口，朝京岩之類舟中望見之，餘皆詢之老工，得其大畧。石工云：舊開今廢之坑甚夥，渠等所不知，及知之而不能名者尚多也。

凡坑口無不險隘，僅一竇，圓尺許，解衣扶服乃可入，既入，亦僅容傴僂，問石工何不鑿作令廣，云：此是石骨，不可鐫。凡洞中石之中硯材者，外皆石骨包之，必尋其脉絡，曲折而後可取，或上或下，或左或右，或寛或隘，皆鑿至石骨而止。故老坑中深至半里許，而無尋丈寛闊處，亦無尋丈徑直處。

石材中又分四層。初層頑獷夾沙不可用，二層、四層則粗燥而無潤，亦可琢治，以三層爲最佳。而此層次又非劃然分判，或一石中而三、四層間出，得完全無疵者絶難，但其中有數寸精美，可以受墨，即其傍稍雜二層、四層，不盡割棄矣。每采石出坑，初層則盡棄之，謂之石渣，老坑洞口，石渣如山，坑久不開，人於渣中檢視，亦時獲可用者。

石工謂石之青紫色者曰天青，成片青白色曰蕉葉白，四圍有火捺中暈白如脂者曰魚腦。其論石以魚腦爲貴，然魚腦極大不過二三寸，而四周火捺，極難得純净。又魚腦心中，每有沙蛀，求大片魚腦，且無沙蛀，千不得一。魚腦黄色則又不貴矣。天青、蕉白，便有成片盈尺者，而蕉白意稍枯燥，不及天青之温潤。宋徽宗一片紫玉之語，真當家也。麻子坑魚腦殆不減老坑，而天青不如也。東洞坑仔巖俱有魚腦，沈水視之甚膩，出水覺無情，色亦稍黄。

石之細玩可愛者，無如青花，隱浮於青紫之上，似黑非黑，如紗如縠，如藻如波，映日視之，五色鮮潤，其成點者，謂之青花，結色稍黑矣。小即不嫌，大即韵魚腦，無青花，質嫩而精神不足也。麻子坑亦有青花，而不及老坑之神致深邃，餘坑皆無。

老坑時有縱横紋，或黄或白，乍視似釁裂，而細視無瑕者，工人謂之金銀線，其理甚勁而净，不以爲病，其黑紋隱起如線，磨之不平者，謂之鐵線，若在墨堂，則甚爲害矣。又有細白紋，縱横三五道，白紋旁作微暈，如畫家渲染者，謂之氷文。洞之下入水最深處乃有之，不易得也，亦非他坑所有，其鐵線則往往而是矣。石釘者，未化頑質，包於石中者也。堅不可鐫，爲石之大病。然老坑之釘，或白如玉，或紅如丹砂，或黑如漆，或青如黛，有一釘中而五色俱備者，工人謂之五彩釘，但不在墨堂，便覺點綴生姸，轉增其美。又有石斑如古銅色者謂之古斑，如鸜哥緑者謂之翡翠，皆非釘也。翡翠他坑多有，而鮮麗不及，古斑亦間有之，而五彩釘則老坑所獨矣。

有青白色浮於石面，大片閃爍爍如塵沙者，謂之冬瓜瓤，似是石之膘，老坑有此者，大抵是二層石。有散漫黄色者，謂之黄龍紋，似是石之膈脉者，皆疵也，亦有色如飛動點綴可喜者。

辨硯固不在眼，然眼之佳，晶瑩可愛。老坑有眼者甚少，予見老坑數百方，有眼者纔一二方耳。麻子坑眼亦殊可觀，然亦不易得也。石工能以他石之眼嵌於此石，視之幾無形跡可尋。故凡眼之不當硯位者，琢下别儲之，以爲他用，眼之佳者一枚值百錢也。亦止麻子坑可觀，梅花坑眼極多，然小而黄，不足取。

硯之斷者，石工能接之，視之無跡也，但細碎之塊，則不能粘合，詢其法，不肯言，但云：須燒斷處極熱，以藥塗而合之。燒終損硯，非佳法也。

石坑雖多，工所取者，亦不過四五坑耳。麻子坑爲新坑之最佳者，餘則坑仔巖、朝京巖、飛耒洞、蟾蜍坑，取其石色尚類老坑也。其餘諸洞，或已竭，或爲石壓塞，或石質不佳，不利售，故莫之取也。肆中所鬻者，大抵皆陳坑、新蘇坑，以其取之甚易，又價賤而易售耳。余屬石工，每坑必索取一二，凡得二十餘種，種種各别，究以麻子坑爲最佳品。

凡硯坑不論在山頂山下，其中無不有水，故取石必先去水。又洞中雖冬月亦暖，故入洞者，無不裸體，洞中無不黑暗，故入采者，無不持燈。燈在洞中，氣無所洩，煙煤皆著人體，故采石而出者，下身沾黄泥，上身受烟煤，無不剥駁如鬼。

凡采石者，先雇工搭篷廠，儲糧食，備水罐，蓄油火，工之價，日率百文，食日一升，先入洞運水出之，水涸乃采石。麻子坑涸水不過三五日，故開采工費，十餘金即足。老坑須一日，晝夜輪班而作，須役二百餘人，故涸水之費，已需千金，若采石兩三月，則其費又倍之矣。所采之石，每日各以朱别之，聚於一所，而嚴守之。所得之石不分美惡，皆以日計，主工者得七日，諸工人得三日，工既畢，坑既封，乃爲鬮而分之。凡坑但硯肆有力者，即可募工開采，不請於官，老坑則必制府撫軍主之，乃開。麻子坑則知縣得主之。老坑自嘉慶六年開後遂無開者，故其石日少，但如手掌大温潤無疵者，即值一二十金；其不甚精美者，亦須一二金；若五六寸成方無大疵，則在百金以上矣。彼都喜事文士，及守令服官此土者，無不願醵金集事，而合河中丞守孝肅投硯之戒，終不許也。

嘉慶庚辰，先生遊粵東，館於康蘭皋中丞所，越二年乃歸，此稿作於是時，中間頗有重沓，殆由隨時劄記，無意爲書，後人輯録，遂無由詳定之爾。

咸豐癸丑二年後學高承鈺謹識。

梁章鉅《浪跡續談》卷二《王右軍墨池》 今温州郡署東偏有墨池，旁有石刻「墨池」二大字，相傳爲王右軍守郡時所鑿，而鎮戎署中亦有之。或云彼是真蹟，而此是後人附會者，或云鎮署之墨池，初亦没於民間，而後理出之者。余謂《晉書·王羲之傳》並不言其守永嘉，惟郡、縣舊志，皆承宋、元數修之後，紀載鑿鑿。舊志《祠祀門》有王謝祠，在華蓋山下，祀晉郡守王羲之、宋郡守謝靈運。邑人王叔杲有《王謝祠記略》云：「兩賢治郡之績，雖世遠莫詳，而任敬序(原誤爲「亭」)《郡志》嘗曰：『永嘉自東晉置郡以來，爲之守者，若王羲之治尚慈惠，謝靈運招士講書，由是人知向學。』蓋並以循吏稱，而聲跡流播，泉曰墨池，堂曰夢草，坊曰康樂，民至於今稱之。」又《郡志·坊表門》有五馬坊，謂王羲之守郡，嘗控五馬出游，故名。又引萬曆舊志，謂墨池在城内墨池坊，王右軍臨池作書於此，米芾書「墨池」二大字。又葉式《墨池記》云：「右軍刺温，多惠政，暇輒復臨池。其制方，其水洌。或云即右軍滌研所，至今水面時時見墨點如科斗，汲之無有。」又石門勞大與《甌江逸志》云：「温州自百里坊至平陽時百里，皆種荷花，王羲之自南門登舟賞荷，即此地。」又舊志載城北八里有華巖山，中有黄巖洞，其石可爲硯。王右軍帖云：「近得華巖石硯，頗佳。」又引謝靈運《與弟書》云：「聞惡溪道中九十九里，五十九灘，王右軍游此，嘗歎其奇絶，遂書『突星瀨』於石。」又云，郭公山有富覽亭，額係王羲之筆。亭久圮，字跡猶存。凡此皆右軍在永嘉之實事，想宋、元以前尚有他書可徵，不能因《晉書》本傳偶未及之，遂斷爲右軍必未守永嘉也。今署東墨池上，隸書石刻「墨池」二大字，跋云：「《郡志》載右軍爲永嘉太守，於署鑿池，曰墨池。攷《晉書》，右軍無守永嘉事，池之有無，疑信間耳。前守劉君，諱德新，嗜古士也，因亭前有方塘，石刻『墨池』字以實之，歲久剥落，余修葺公廨，恐前人之意遂湮，命兒子壎作隸體重鐫焉。傳信歟？傳疑歟？俟論定於博聞之君子。乾隆彊圉大淵獻厲相月書於署東之留閒軒。斟城李琬。」按李係山左壽光人，乾隆丁亥戊子間守郡，距今不及百年。此石刻語意游移，殊不足爲墨池重，但惜米襄陽舊跡，不知何時爲大力者負之而趨耳。又按《四朝聞見録》云：「留元剛，字茂潛，以宏博應選，使酒任氣。永嘉劉錫祖、父掩據羲之墨池且百年，後爲世僕所發，公斷其廬，得池於卧内，劉氏遂衰。」留茂潛爲丞相申公之子(「子」當爲「孫」)，建炎中知温州軍州軍，當時此事甚偉。所可笑者，劉氏以前賢名蹟，掩之卧内，不知是何肺腸耳。

何傳瑤《寶硯堂硯辨》

四洞先後次序

端石甚夥，其最者爲老坑，坑止一門，内分四洞。至佳者曰大西洞，而拱篷屬焉；次曰正洞，而洞仔屬焉；次曰小西洞；最次曰東洞，而廟尾屬焉。今石工以正洞及小西之佳者爲小西洞，最次者爲正洞，非不知名實紊淆，但欲藉西洞名目以動人，遂致相沿貽誤耳。兹列四洞先後之序，辨其精粗之品，其近似雜坑則分隸各洞後，而以硯巖圖終焉。

大西洞

大西洞中分五層，頂石色青紫，質粗厚，多火捺、紗紙紋、蚰蜈光，間有蠅頭、青花而色黯淡，無足貴。次爲二層，其天青如晨星初没，朝旭未升，有静穆淵渾之妙，其青花有大小相襍，精彩參差者爲子母青花，有細如纖塵，玲瓏透露者爲蟻腳青花，其蕉葉白如新剥蕉心，細膩滑澤。曹秋嶽謂蕉白石質過柔，久或剥落，品不足貴，其説非也。旁有一片紅如臙脂者曰臙脂捺，有色較深重者曰火捺。然火捺第襯托蕉白以成佳品，其質堅不發墨，祇宜在研上截及兩旁耳，鴝鵒眼亦然。眼大如小指頭，色深碧，睛或白如銀，或黑如漆，俱有光氣逼人，外有黑線圈，内有黑白暈，佳者暈至四五層。有暈無睛謂之盲眼，有睛無暈謂之死眼，睛暈俱無謂之翡翠，點不成眼樣謂之翡翠紋；以上數種皆同三層，而凝結温軟畧遜之，眼則諸層無，稍異也。三層中微分上下層。上層曰腰石，扣之如片瓦聲。老坑皆作木聲，惟此稍異。色微紫，非真紫也，深青揚紫耳。曹秋嶽高廟俱謂端石難得，純粹縝密如一片紫玉者，米襄陽謂石必貴紫。宋高宗云：璞出下嵒，其色純紫。洪景盧云：色如猪肝、如葡萄，中邊瑩徹，其光可鑒粹然，紫琳腴也，皆謂宋坑耳。今之談硯者膠守諸説，動謂無端不紫，謬甚。多眼，往往有石僅數寸，竟至八九珠或十餘珠者，多青花，大如緑豆，小如椒實顆顆，有臙脂一縷迴環者曰玫瑰紫青花。下層天青較二層及腰石益加温潤軟結矣。有極細青花，小於蟻脚，日下視之，浮動如生者曰鵞毛氄青花，其大如指頭，小如黑豆，皆有一縷黑線或臙脂線環繞，内悉鵞毛氄凝聚而成者曰青花結。蕉白則細滑而渾融，其有一種生氣團團圞圞如澄潭月漾者曰魚腦凍；錯落疎散者曰碎凍。《端硯考》以魚腦凍爲下品，誤也。魚腦凍及蕉白旁之火捺，其圓如輪者曰金錢捺；捺上有青白氣浮起者曰火餤青，更有一線紅色廻環其外者曰臙脂暈。魚腦凍、蕉白與火捺相接處有細紋縷縷，如一道活水圓旋曲赴，中多成串鷔毛氄青花者曰馬尾紋；有如冰如雪，非烟非霧，乍見之祗一片白氣，日光照之如藕絲交罥，有形無跡者曰冰紋凍。李氏《硯辨》謂：馬尾紋、冰紋祗與金線、水線等皆石質之最下，誤也。凡此皆質色兼良石，品之最貴者也。下此四層又曰三層脚底石，稍粗硬，佳者亦有天青、青花、蕉白、魚腦凍、碎凍，然瑜瑕互見，多火捺、蚰蜒光、銀線、金線、水線，三線惟銀線尚細密，不損毫，餘皆粗疎，摩之觸手。多蟲蛀，緑質五采釘，白質五采釘，釘之堅實拒刃，襍坑所無，時人藉此辨真贋，然皆石之疵也。每層佳石必有一層石殼，或黄白色、或純白色，其堅實雖不及五采釘，然亦拒刃，石上得此必多方護留，以爲大西證據，人皆以上品目之，其實石有此則必佳，而所以佳者不在此也。五層底板，不堪硯材，大塊者製爲墨盤、墨海，其留墨猶勝於襍坑云。

舊蘇坑一名西岸

質微硬，色純青，青花、蕉白、天青俱似大西洞，但扣之作金聲，石工惡其易識，擊之使裂，無聲可辨，然反覆細驗，其粗硬渴燥氣，究不能揜，近所取更不佳。

朝天巖一名二輝坑

質色並佳，惟蕉白稍少活氣，天青、青花俱似大西洞，然青花俱大如椒子，顆顆無分，且每顆中必有白點，扣之亦作金聲。老坑青花亦偶有中藏白點者，然必各種青花大小相襍，若一律無分者不可不辨。

龍爪巖

色青白，質少細潤，有青花作暗黑色，蕉白、魚腦凍，俱似大西洞。然石面多縱横白筋，石工謬托爲冰紋凍，不知冰紋必融液細膩，石筋則頑硬麤疎，且時有青筋，狀若細縷翡翠，每條之中首尾分緑白二色，與冰紋凍判若淄澠矣。

老巖

質細結，色嫩白似大西洞，蕉白、魚腦凍、馬尾紋，尤似水巖。然多長點、圓點、石榴仁，雖最嫩細中亦無生活氣，老坑四洞未見有此。

白線巖

多白筋，如粗銀線，石工以之充冰紋凍，然石筋粗大無活色，且一片紅灰混濁氣，無潔白融液如大西洞冰紋者。

坑仔巖

色微紫，質略細，金聲，無天青，其蕉白、魚腦凍之細嫩者，甚似大西洞，然嫩而不化，如以粉塗成者，其旁必有蠅矢點，似細青花而色甚淡，日下察之，滿面蟻脚、油迹，有緑質、五采釘，極鬆脆，可以指甲刮去。有帶黄氣者其質稍燥，甚似小西東洞。要之兩洞亦無蠅矢點，況巖石燥必作金聲。

麻子坑

色青，質細，甚似大西洞，然眼大如拇指頭，蕉白魚、腦凍皆實而滑，如粉塗成者，天青微紅。青花，多極長點，不浮動，且多織蓆紋，縷縷相續，直而不曲，其有黄龍者，可混小西東洞，然兩洞亦無織蓆紋。

正洞

正洞層數如大西，頂石色青紫，質粗鬆，多蚰蜒光，無青花，有砂氣砂眼，間有畧細者，然帶旱氣。二層無天青，色畧同大西腰石，而乏深蘊氣，亦有各種青花，然甚稀疏，少茂密者。蕉白，色亦潔白，質亦細滑，而絶少精細。青花、火捺淡臙脂色，多蚰蜒光，眼則深淺碧色，皆有睛，同大西洞。間有一種純白者，色如新剥象牙，睛如黑漆，暈數亦常至四五層。翡翠紋亦有白者，蓋翡翠紋與眼質本同類，第因其形似而異名耳。三層無分上下，有蟻脚青花、鷔毛氄青花，及青花結，無玫瑰紫。青花間有畧粗大者，其外有一層白線圈，或淺碧線圈，曰蛤肚紋青花。其産於水最深處者，有天青、蕉白、魚腦凍、碎凍、馬尾紋。且青花浮動所少者精彩色；蕉白光潤所少者鮮嫩色；魚腦凍、碎凍亦渾融，所少者純粹色；馬尾紋亦層折，所少者細膩色；則謂正洞之所以遜大西者不在質而在色可也。舊説以爲正洞多蕉白、魚腦凍、馬尾紋，但一片紅色、黄色、灰色、枯白色、古銅色，其中多如拔去猪鬃毛孔者曰猪鬃眼，黄黑點大如椒子者曰麻雀斑。不知此特洞仔中次一等石，若即一端以例全體，不幾失廬山真面目耶。無上品冰紋凍有縱横銀線畧粗，大不融液，或有如金色者曰金線，如硬裂痕者曰木線，二線皆有迹，且金線之旁更隱隱有一道黄氣，迥異大西之渾化無痕，石工亦呼爲二層冰紋云。有白點大如緑豆者曰石榴仁，今呼爲白玉點；有白筋大於金線約一倍者曰白間紋；微夾一縷嫩青色者曰青間紋，今皆呼爲白玉帶；有竝無青白筋而質理横生者曰横間紋；其横間紋内外精粗各異者曰天地分；天地分四洞皆有。有黄氣或成條、或成段，色如淡金者曰黄龍。五者雖無損毫之病，然質不能發墨，色不足悦人，當與翡翠紋無睛、眼大、火捺同爲瑜瑾之瑕也。《新語》以白玉點、白玉帶比美蕉白、魚腦凍，兼謂四洞皆同，近來談硯者多因之。李氏《硯辨》謂黄龍僅次於青花、蕉白。二説均誤。四層雖至佳者亦無天青、青花、魚腦凍，縱有蕉白必不純，多火捺、蚰蜒光、黄龍、金線、水線、粗銀線、蟲蛀，曹秋嶽謂蟲蛀爲石之佳品，惟宋坑有之，殊不然。緑質五采釘、硃砂質五采釘及麻雀斑，又曰蝦蟇斑，斑紋稍長曰鷓鴣斑，各層皮殼多淡黄少純白。五層底板，全不堪用。

軟石洚巖

天青、蕉白俱似正洞，然質軟滑而實，色蒼白而枯，細看有黄黑晦氣。

硬石洚巖

質微硬，上層色紫白，下層色青白，似正洞，然亦有黄黑晦氣。

打木棉蕉巖

質微燥，蕉白、魚腦凍，似正洞，然紫色横紋密密相間，不離寸許，細看有渴燥氣，質理亦疎。

塘竇巖

色青紫，質細嫩，似正洞，然鬆而不結，日下視之，尤易見。

蟾蜍坑

質細嫩，色青紫，似正洞天青，然多硃砂釘，而釘中有黑點，多水線，而線中有砂氣，其質實而硬，以刀試之，較他石爲難入。

大坑頭石

色紫，質薄，蕉白有大盈尺者，青花皆作長點。佳者似正洞，然石榴仁多而成團，扣之其聲石而大。

蒲田坑

色紫白，質粗疎，青花、蕉白似正洞；但青花暗黑無光，蕉白枯燥殊少細膩氣。

宋坑

質細結軟滑，可比正洞。色純紫如馬肝，瑩徹渾活，多鮮豔翡翠及緑色蟲蛀，端谿之佳石也。但此巖搜采已罄，惟收藏家間有之，今石工所售皆礦石耳。礦石出北嶺山，不堪硯材，以爲碑碣，久不剥落云。

小西洞

小西洞，層數如大西頂，石色微紅，質鬆薄，多蚰蜒光、猪鬃眼，無青花，或有

淡色黄龍。二層間有天青，微帶灰藍及蒼白色。青花有蛤肚紋者，有蟻脚者。蕉白色紅而混濁，質薄而疎鬆。蕉白中少青花、火捺。金錢捺亦有鮮豔如淡臙脂，團結而不散者。然紫黑色較多，眼滌、淺碧、白三種，翡翠紋亦三色，與正洞同。三層色較青白，有蟻脚、青花、蛤肚紋、青花及青花結，然不多，産於水最深處者，天青之静穆如大西而少淵渾氣。天青中亦有青花、蕉白、魚腦凍、碎凍、馬尾紋，然青花最多蛤肚紋而少浮動氣，青花之最弱者也。魚腦凍、碎凍佳者亦活現而少渾融氣，魚腦凍之最弱者也。蕉白中難得青花，尤少光潤氣，蕉白之最弱者也。馬尾紋近火捺處每有一種晦昧色而少層折，馬尾紋之最弱者也。則謂小西洞之所以不及正洞者，雖在色而實在質可也。蓋正洞截大西之脉，潔净精微之致，雖不及大西而凝結深厚，究無彼此之别。小西屬大西之支，温軟秀滑之姿，雖間比正洞而結鬆壯弱，實有天壤之殊。近來鑒硯家多謂小西三層、蕉白、魚腦凍縱少青花而純青不紅，直不啻大西，其次者祇帶微紅色，必不至或黄或灰，非正洞所能及。不知其説實囿於石工以正洞及小西之佳者爲小西最次，則爲正洞之説，斷不足憑。按：正洞、洞仔間有質甚鬆而色甚灰、火捺甚散，不及小西者，然此實非其中之佳品。若舉一以例其餘，豈特小西足加於正洞已乎。況小西亦非絶不灰不黄者，嘗問諸故老，云正洞、小西難分，畢竟正洞尚壯，而小西甚弱，此言深中兩洞利病。今小西石青白者多帶淡藍色，淡藍則灰氣也。微紅者多帶蒼赤色，蒼赤則黄氣也。灰則疎鬆，黄則枯燥，其質之遠遜正洞也何疑。無冰紋凍，亦少細密銀線，白質五采釘、緑質五采釘，皮殼僅深淺黄兩種。四層色紅不鮮艷，質硬而碎裂，多金線、水線、鐵線、石榴仁、麻雀斑、猪鬃眼、青間紋、白間紋、横間紋、黄龍、黄碧、翡翠紋、硃砂釘、硃砂質五采釘，間有三五寸略净者，究不適於用。底板尤多蟲蛀，不中硯材矣。

飛鼠巖

質鬆，色白微灰，似小西天青石，然青花色黯淡，每顆中必有白點。

青點巖

質細，色似小西天青，然眼色甚枯，滿面皆紗紙紋，不着水更爲易辨。

七稔根巖

色紫，質滑，蕉白、天青純白色，眼俱似小西，然旱氣太甚，無青花，滿身金點，斜視之星光隱隱照人。

結白巖

質結、色白微紫，似小西二層，然多緑點，或長或圓，皆如粗青花，蕉白偏身白色，無火捺，未見無緑點者。

菱角肉巖

質粗，色白，蕉白似小西三層，然質鬆而不實，色白而不潤，火捺亦多而散涣。

朝敬巖

色紫，質硬，有蛤肚紋、青花，無小青花，似小西二層，但多鐵砂釘，老坑所無。其三層蕉白青白色，魚腦凍古銅色，亦似東洞之次者，然一石中蕉白、魚腦凍判分兩色，老坑亦無。

龍尾青巖

色紫白，質略粗，似小西二層，間有甚青者，然一片枯氣，且多緑色小長點，斜視滿面蚰蜒光，扣之有石聲、有金聲。

東洞

東洞層數如大西，頂石及洞口，皆乾枯朽爛，無可節取。二層色紅黄，質枯燥，有青花及青花結，然鬆而不結，暗而不潤，多蚰蜒光、黄龍、猪鬃眼、麻雀斑，又有形如黄龍而色較紫黑者曰泥氣及黄碧、黄白、純黄三種紋，狀如翡翠。眼色亦然。歐陽文忠謂眼爲石之病，如此數種有真不如無。間有純碧、純白者暈多至四五層，其睛究粗黑無光，甚少佳品。近廟尾者色尤紅，質尤燥，紗紙紋尤密，即磨礱極細滑，反側視之，必有一種枯燥氣，此東洞之最次者也。三層略少紅燥氣，其天青色老，無上三洞之鮮潤，其青花色淡，無上三洞之活現，即有茂密者，細視之，覺青花以外，其石質必微粗，色必微晦，蕉白紅色、黄色、灰色者居多，其最精者亦純白，惟求蕉白中之青花則不可得。魚腦凍、碎凍、紅色、黄色、蒼黄色者居多，其最精者亦鮮嫩，惟求魚腦凍中之青花亦不可得。且多麻雀斑、猪鬃眼、石榴仁、金線、水線、硬銀線、黑砂線等紋，或狀如冰紋而不渾融，石工亦謂之東洞冰紋、火捺。有淡紅而灰者，有深紫而黑者，皆不團結，馬尾紋或微黄、或淡紅，殊不生動，間有有數種之美，而無數種之惡者，不特可比小西洞，即置之正洞中亦幾無辨。大凡石之結者，其外必有一層皮殼，東洞之皮殼皆黄赤色，皮殼之裏必有一道黄氣浸淫入石，闊約一指許，至純之中斷不能無襍，此東洞之品所以居四洞之終也。四層仍有青花，點粗色暗，有蕉白皆紅黄色，有火捺，紫黑色，多黄龍、黄紋、金線、水線、鐵線、黑砂線、泥氣、麻雀斑、猪鬃眼、石榴仁、青間紋、白間紋、横間紋、硬蟲柱、硃砂釘，有畧净者如小西四層，不堪適用。底板亦與小西洞無別。

果盒絡巖

色黄赤，質粗，蕉白微紫，青花粗散，似東洞。然眼紫色，蟲蛀、砂釘黑黄色，極鬆脆，指甲可刮去。

黄蚓矢巖

色白，質粗，蕉白微紫，似東洞之次者，然多眼，色深青，暈三二層外有黑圈，睛與暈不分明。東洞以青色眼爲難得，且無顆顆睛暈皆不分明者。

虎尾坑

色青白，質鬆，多蕉白，似東洞。然火捺太淡，且蕉白之中多小長白點，縱磨礱極滑，亦帶一種渴氣，石工謂之鹵氣。

白蟻窩巖

色紫白，多蕉白，似東洞。然質太粗，且多蟲蛀，若白蟻窩然。

藤菜花巖

色青而晦，似東洞之嫩者。然甚多石榴仁，且多紅色直紋。

黄坑

色紫，質細，蕉白紫黄似東洞。然火捺淡紅色，其餤氣散布滿面，老坑即不盡結實，亦畧收斂。

砂皮洞

青花、蕉白、火捺俱似東洞之佳者。然少細膩氣，其次者一片渴燥矣。

阿婆坑

質硬，色老，佳者亦似東洞三層。且有青花、蕉白，然青花中有白點，眼大於麻子坑，無光氣，其畧粗者則滿面金星，密灑如塵。

宣德巖

質堅細，色純紫，似東洞及宋坑之佳者。間有鴝鵒眼，亦端石之佳品也。然此巖搜采已罄，博識諸老猶艷稱之，瑶亦幸獲見之。

自宋以來，硯譜、硯説如林，然按水巖開於萬曆二十八年，則從前之説斷難盡合於今石矣。明季迄今，人自爲書，家自爲説，非者是之，是者非之，無怪乎《通志》譏其以耳爲目也。間有言之稍當，第於精者詳之，粗則畧之，至於真贋之辨，尤罕有及者。亦知辨硯之難，不難於識精粗，而難於決真贋乎！夫端溪之老坑止一而襍坑不下七十種，即質色甚類老坑者，亦不下十數種，苟非於同之中詳辨其異，於異之中詳辨其同，自難必魚目不混珠，碔砆不亂玉也。瑶世居此鄉，高曾以來嗜好無間，先君子尤具特識，求硯者每得一言，輒以爲定評。不肖聞見所及，悉條記之，猶懼掛一而漏萬也。道光己丑，黄香石先生以修郡志來端州見而稱之，遂出以問世，冀博雅君子補所不逮，使後人無譏以耳爲目，則幸甚幸甚。

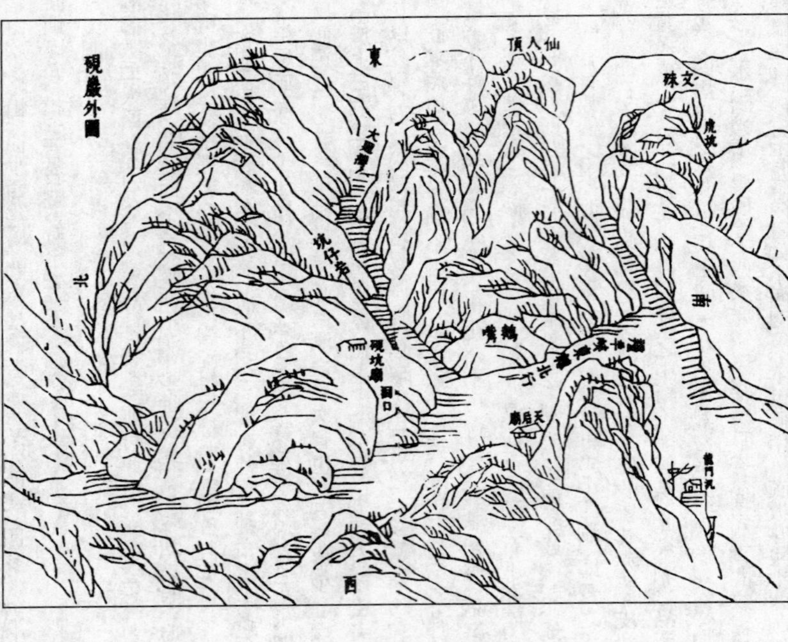

洞本嵌空相通，然必循路方可達。入洞匍匐自上而下，摩胸石横亘，伏而過。凡涸水施工，列坐傳汲，水槽口爲第一位，其第四位通廟尾，六位通飛鼠巖，此巖亦有口出，距洞門不遠，十三位抵梅花椿，十五位門樓仔，十八位分通東洞、小西洞，二十三位最低須欹首，三十一二位稍高離頂一二拳，四十三位正洞口，四十七位最高可起立，五十二位横路下大水湖，五十三位接水，五十四位起水。過此約六七尺爲拱篷口，轉下拱篷，十三位起水吴太守繩年取石處，逾拱篷口約六七尺爲水歸洞口，轉下坐十八人起水，自拱篷以後，總名大西洞，以水歸洞石尤佳。再過經遊魚洲，乾隆末年采石已至此，嘉慶初漸入而高矣。洞末挹水注游魚洲，再流入水歸洞。水罌遞傳至水槽口，瀉入漕內，車出洞門，約用八十餘人，至大西洞。香山黄培芳繪圖並識。

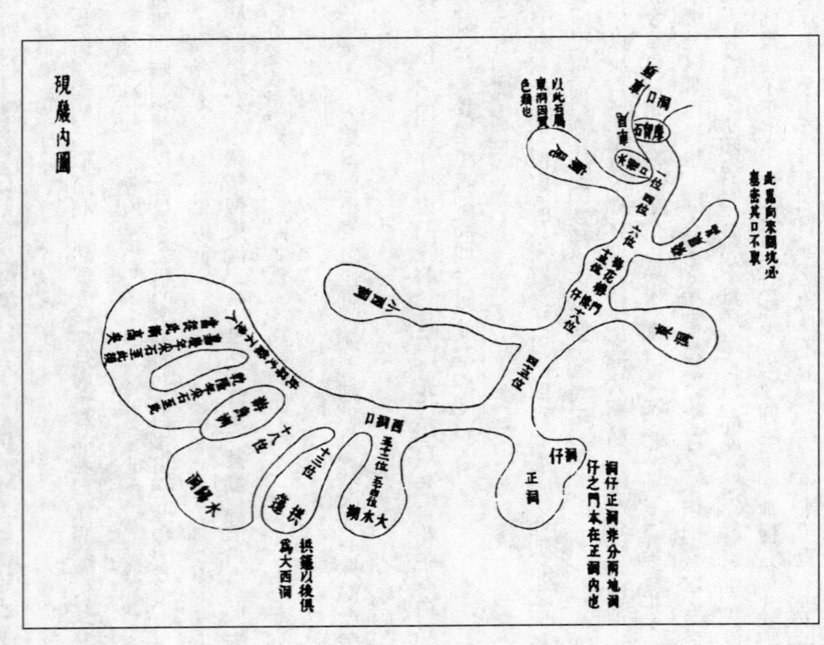

跋

《寶硯堂硯辨》者，石卿先生所著也。洩洞府之精華，剖扶輿之秘奥，可謂文房之諍友，石丈之知己矣。噫！自道光癸未，瀛與修邑志，延訪石工，言人人殊，難以徵信。至若唐宋以來，雖傳硯譜，郡邑前志未著圖經，繪之爲圖，匯其衆説，實自《高要志》始。今此書詳加辨正，晰分四洞，條列諸巖，如古鏡照人，靈犀燭水，洞見肺腑，不爽毫髮，苟非家學相承，安能有此真鑒哉！則此一編，即謂寶研先人手澤存焉可也。道光十年庚寅孟春，姻弟黄登瀛謹跋。

徐康《前塵夢影録》卷上

米南宫《硯史》所論，與今不合。蓋宋時盛行歙縣羅紋，今好古家尚有藏弆者，若水阬之眉紋、刷絲亦發墨，未可厚非。南唐李氏有墨務官，專督采歙石，是爲采石之鼻祖。附識於此。袁壽皆愷家藏其先德五硯，築樓於楓橋，家富藏書，五硯拓本册題咏不少。余辟兵申江，見於查氏，乃五硯中三硯，一爲元静春居士，一爲清容老人及明袁褧物。元硯乃澄泥黄色，明硯則山石旱陂硬滑。查得之袁氏後裔，其直頗昂，然只可品玩古人手澤，不足爲文房揮灑之用。按劫後五硯尚存，近爲吾鄉潘秋谷所得。

石田大硯，天然形，向在白下某姓。孫文靖公建牙兩江，有某邑令緣事爲上官齮齕，勢甚危。有友云：文靖絶苞苴，而愛石成癖。若以重資購此硯以獻，是圍當可解。某令如計以行，費至五百金云。咸豐間孫氏僑居閶門，不但古雲一支止有孤寡，即賓華亦作古矣。歲闌以此硯出售，價四十金。硯厚一寸餘，從横不及八九寸，豫粒民立太守見之，愛不忍釋，而苦無買石田資，不得已脱貂裘入長生庫，如其直。明春，秋士爲畫金貂换硯圖，與硯之打本同裝，一時傳爲美談。越一歲，豫公隨王壯愍有齡督軍至浙，同時殉難，此硯不知下落矣。硯正面井形，背刻陽文牛形，六面皆刻字，明代人居多。太守盟心珍秘，從不示友共賞，即打本亦不能乞一紙，余先於飛凫人處一見，後於裝池壁上，匆匆相遇，未記題者姓名，然沈翁書畫，皆鈐「白石翁」。或得此硯，而有「石田」之號歟？

紫山翁每以不得顧氏所珍石鼓硯爲平生憾事云。硯背縮橅北宋搨十鼓文，石質乃明水阬絶品。嘉慶年間硯在京師，蘇齋曾見之，蓋露香園舊物也。顧氏有復刊閣帖影宋本内經。兄名從德，弟名從義，弟官方伯歸，築露香園，覓異種水蜜桃，種之成林，實大如碗，可重八兩，俗因稱之曰半斤園桃。今大徑黄泥膚一帶，皆種水蜜桃，而顧氏巨桃久絶。

紫山翁善書能琴，於分隸尤妙。所蓄文房精品極夥，如硯則特賞盧阬，大小計百枚，皆有青花，築百花庵以庋之。其最愜心者，廬一枚如掌大，以烏角沈香製匣，真翁山所品水肪也。

舊藏康里子山研，紅漆匣，繪五采花卉，并有「蒙古」四字在四角，匣爲絹胎，入水不沈，研面一瓶形，背刻銘十六字，下書「巙巙子山研」。質黄黑色，澄泥不甚佳。中襯鹿皮一頁，背面書「崇禎某年月」。此研於道光乙未春，吾師朱碧山太守自邗江來，曾寓吴門半月，太守善指畫，長幀大幅，皆粘紙於牆，爲之兔起鶻落，令人不敢諦視，署款亦懸筆以書，真奇才也。太守爲山陰人，其弟曾爲江右太守，以躭嗜於煙，罷官，師因作《説海傳》傳奇刺之。余時學畫，遂以子山研及舊拓般若壺題名爲贄。

李申書先生兆洛官鳳臺時，以經術飾吏治，百廢具舉。其親家爲吴江吴山子育，翁邀之同往，增修縣志。暇時，訪劉厲王遺迹，土人訛爲琉璃王，臺已久堙，碎甓甚多，皆具五色，細膩堅韌，砍之大中研材，小者隨其形，篆作印章，大小不等。山翁能自琢研，佳者申翁作銘。山翁每於午餐後，令館童攜具檢歸。後輒印盡爲鄧守之所得，展轉售於澄江陳以和式金。陳與余爲舊交，曾拓以見餉。

王海日先生華澄泥大硯，質鱓肚黄色，四方形，徑尺，中起員臺，四周礴中皆細文，波浪層疊，取海天旭日意。背有先生自銘，四側皆明人題辭看款。楠木匣，匣面亦明季及國初人題識。按先生爲陽明父，《明史》有傳。

蓮鬚閣大硯，番禺黎美周遂球故物，頂側篆書蓮鬚閣三字。石乃明末之水阬，凡翡翠釘、白玉點、鐵捺悉備，然石材太巨，故瑕瑜互見。美周粤東名士，邗江影園雅集，各賦黄牡丹詩，冠其曹，當時稱爲牡丹狀元。

十硯齋主人黄莘田，藏硯最多。余四十年前遊雲間，曾得其一，背有記六七行，爲十硯之一。後於吴門得一小方硯，中起一員臺，臺下環繞波濤文突起，背刻莘田銘，下方印曰「黄任」。咸豐己未冬得大硯，方而四角模棱，天然形，面刻「美無度」三字，厚一寸，四方八寸，面微窪，以受墨瀋，旁鐫「非君美無度，何以□瓊琚」十字，此十硯之甲品，靡顔膩理，拊不留手，令人意消。劫後復得雲月硯，背傳玉露題畫赤壁圖，陽文，雲月在面上左首。山石崎嶔，水波微雲，各極其妙。兩側圖章三，下刻吴門顧二孃製，篆書。此硯爲潘椒坡攜至楚北武穴，遇大甾廑臏半截。莘田曾任高要四會，正開阬采石，故所購獨多。罷官後，攜至吴門，佳石多付顧二孃手琢，而自爲銘，題品其甲乙。其友劉慈贈顧詩云：「一寸干將切紫泥，專諸門巷日初西。如何軋軋鳴機手，割徧端州十里溪。」亦見《隨園詩話》。同時淛江陳星門兆崙亦有詩貽顧，見陳詩集。莘田善詩工書，其詩註中引顧二孃逸事云，能以纖足踹機軸之繩，即知石之美惡。古人有履豨之伎，同於庖丁解牛，真神乎技矣。莘田初刻詩，名《秋江集》，未幾板片散失，閩人爲之重刻，且箋釋之間，不胥媚上官，因之被劾，歸舟渡江，以巨幅書大字曰「飲酒賦詩，不理民事，奉旨革職」，懸之檣竿，風趣正不惡也。莘田係康熙某科乙榜，至乾隆某年，重賦鹿鳴，年已八十四五矣。

順治三年丁亥至康熙廿六年丁卯，凡六開坑。《廣東新語》云：「予少時頗蓄硯，以熊開府文燦所開石爲最，次則耿藩所開一云尚藩。」按：熊在明末，尚藩削於康熙十九年，則開阬在六次之一。又竹垞《説硯》云：「予游嶺表，正值采硯時。」按：竹垞度嶺，在康熙三十二年癸酉，已在六開阬之後矣。又雍正三年冬，開水巖，吴繩年官肇慶府，著有《端溪志》。乾隆四十五年庚子，孫春巖嘉樂官肇羅道，開采西洞。初啓工，忽有虎來攫食犬豕，日夕守卧不去，繼之，春水驟發，工不能施而止。四十七年冬，方伯鄭公源璹捐俸開采，命郡伯袁香亭澍董其事，以時促，獨開大西洞。惜春水驟生，獲石無幾，製硯百二十方，袁公爲作《端溪硯譜記》。嘉慶紀元八月，廢慶府廣玉開阬，得大西洞石六千塊有奇，小西洞石約千出。廣有《開阬記》刻石。六年，知府楊有源復開。道光八年冬，高要縣丞陳銓，雇役戽水，至洞傍力盡而止，未至西洞也。道光十三年冬，盧厚山宫保坤撫粵，適歲祲，與同官議以工代賑。十一月開工，次年正月取石，三月水長封陂。吴石華蘭脩目擊其事，著《端溪硯史》三卷。老友王鶴舟玉璋宦粵久，頗知各阬石質，曹翁秋舫載奎目力亦佳，因翻刻《硯史》，圖皆黄秋士繪。嘗以水歸洞硯贈左青士，所謂梭子式，玫瑰青花。水歸洞在大西極深處，最難得者。申江徐紫翁亦巨眼，嘗云：「硯品至盧阬，殆觀止矣。」且以前開采一次，有一次之良材，色澤各有不同。余於劫中，見一硯署員式，蕉葉白之上乘，名冰綃，周圍有銘，紫翁自著，肆主索價太昂，旋爲他人購去。希世之珍，失之交臂，惋惜累日。

陳康祺《郎潜紀聞三筆》卷一〇《紀文達硯銘用意》　紀文達公性好硯，嘗以九十九硯名其齋。硯必有銘，信手摛辭，皆有深意。如赤石硯云：「迂士得之，琢雕爲樸。」淄石硯云：「刻鳥鏤花，彌工彌俗。」螭紋硯云：「雕鏤盤螭，俗工之式。」仿宋硯云：「石則新，式則古。與其雕鎪，吾寧取此。」圭硯云：「腹劍深藏，君子所惡。」紫石硯云：「摭一語于葩經，曰尚有典型。」升恒硯云：「作頌稱觥，用兹摛藻。」黼斧硯云：「黼黻升平，藉有文章，老夫耄矣，猶思拜手而賡颺。」留耕硯云：「作硯者誰，善留餘地。忠厚之心，慶延於世。」壺盧硯云：「雕畫壺盧，實非依樣。」又曰：「既有壺盧，無妨依樣。」金水附日硯云：「金水二星，恒附日行，天既成象，地亦成形。」月隄硯云：「緬思昌黎，百川手障。」挈瓶硯云：「守口如瓶，鄭公八十之所銘。我今七十有八齡，其循先正之典型，毋高論以驚聽。」劉文正公硯云：「如鄭公笏，千秋生敬。」又一硯云：「此是乾隆辛卯歲，醉翁親付老門生。」公殁後，其門人出公所藏硯，各拓一本，用昌黎《石鼓歌》韵，紀之以詩。

陳矩《天全石録》

春波影

石産穆坪外朗江心。江即《説文》所謂沫水也。石質青，文黑，狀類波瀾起伏，中時露金痕，冬不凍，可爲硯材。余獲一盈尺者，波文中露龍尾，尤異也。此物春夏間江浪如山不易采，冬浪平乃縋巧匠琢取之。舊例充硯貢，六年僅貢五硯，蓋難之也。昔東坡隨老蘇曾遊此山中，猶有景蘇亭遺址。惜東坡之來其年方幼，又爲時不久，故未見箸録。石之顯晦蓋有時與？并記之而綴以銘曰：鴨頭泛影，繡石瓏玲，色媲唐窑，雲破天青。

古苔痕

玉溪産白石，堅潤若玉，有斑文作黑緑色，酷肖苔痕，金點縱横，燦爛可愛。製爲硯，頗養水受墨，佳品也。

又一石出穆坪家朗江中，色淡緑而文淡黑，亦若破苔痕，以其質稍乾，用製印章。古人有尋古廟破苔痕賞玩者，惜未見此兩石耳。

蕉葉緑

靈關爲蜀後户，天險也。飛巖插空，奔泉如雷，過其地者，莫不震耳駴目。石産關之小溪中，地名小紅林，與外朗江石色同，而質遜其潤，品稍次之。余曾得盈尺者，製爲大硯，風韵可人。贊曰：清溪片石，可人如玉。生與小紅鄰，分得緑天緑。

古遺墨

玉溪産石，堅潤如玉，已著録矣。余拾得一拳，長尺餘，製爲雙硯，黑肌而黄脈，皮亦作黄色，其光可鑑，不退墨，能養水，硯石之美也。《説文》玖石次玉，黑色者，此其是與。

梅花浪

光緒辛丑春，天全小河奔流中獲此石，質如江波，點落梅花片，朱白掩映，艷若雲霞，觀者疑爲梅水所化，琢爲硯，尚有横斜清淺之致，石之清麗，以此爲極。

銘曰：水弱梅瘦，化石則堅。問石前身，曾否伴逋僊。

鑑光硯

明代陳眉公繼儒，性癖硯，家有硯廬，嘗語人曰：「文人之於硯如美人之於鏡，不可須臾離也。」辛丑秋七夕，州人有以古硯來售者，形大於掌，色青而潤，銀沙徧體，光能鑑物，又能養水發墨，然則一器而兼適文人、美人之用矣。眉公蓄硯雖富，未有如此奇者，可不寶諸。銘曰：清心鑑影，如對菱花。黑蛟起舞，光動銀沙。

著録

祝穆《古今事文類聚》别集卷一四《跋婺源硯譜》 龍尾刷絲，秀潤玉質，天下硯石第一。今其穴塞已數年，大木生之，不復可取。或因洪水漂薄，沙礫間得異時斧鑿之餘，至瑣碎者亦治爲硯，縱横不盈二三寸，稍大者即是故家所藏舊物，士大夫既罕得見，故能察識者少，而遂以端石爲貴。端石絶品猶不能大勝刷絲，東坡《鳳咮硯銘》云：「坐令龍尾羞牛後。」此乃武夷灘石，那得度龍尾前！一時謔語，非確語也。

《宋史》卷二〇七《藝文志》 《端硯圖》一卷；蘇易簡《文房四譜》五卷；唐績《硯圖譜》一卷；唐詢《硯録》二卷；李洪《續文房四譜》五卷。

陳齡《端石擬》卷首吴雲序 《端石擬》三卷，海鹽陳介亭先生所撰。先生於書無所不窺，生平箸述甚富，喜收藏古人名迹、泉鐘鼎彝器之屬，尤酷耆硯石。嘗薈萃趙宋已來各家硯譜，攷諸前聞，證以目論，以成此一書。其中辨别坑洞之高下，石質之優劣，剖析毫芒，無隱不顯。好古者，澄心静氣，循轍以求，是書也，實可爲端石元鐙矣。余生也晚，不獲接先生音塵，屬先生裔孫仙海太守，知余有同耆，以弁言見屬，將授梓人。余卒讀之，既服先生衡鑒精當，尤服先生青花硯歌一篇，中有句云：「得之不得云有命，慎勿妄求生毁訾。」又云：「人間清福享最難，幸獲斯珍已爲儗。」詞意深遠，無所不包，不特爲許正尗輩下一針砭而已。仙海文章政事卓絶一時，固知其淵原必有所自也。他日訪得吟牘及地學、算法諸書，彙刊行世，是尤藝林一快事也，余將拭目以俟。癸酉春二月，後學吴雲。

陳齡《端石擬》自序 予少時，誦讀之暇，惟古是好，鼎彝之外，蓄端石數種，以供揮灑，奈何祝融妬我而奪去。今且老矣，猶耿耿於懷，不獨此身未能一至端溪，得窺羚羊寶藏，且無購硯之資以遂所好。數年來，足跡無定時，得與曾客端者爲之討論，及於四方好古家，出其所藏而品定之，於是閲歷漸廣，稍具識見，因取向所編輯米元章、葉交叔、唐彦猷、蘇易簡、曹明仲、曹秋岳、屈翁山、高固齊、吴伯憩、朱竹垞之諸説徵之，未免各隨所見，各護所偏。竊不自揣，據所聞見爲是擬而折衷之，庶幾水旱有分，真僞有辨。端溪靈藴，水巖神髓，一旦得以白之，予雖未能羅而致之，然亦聊慰所好，故是擬信足傳其髣髴，亦無忝於山靈可知矣。時乾隆庚午歲重陽後一日，桐溪歸棹漫題山水上之人。

庚午夏初，邑之好事者争尚端石，凡市廛村學搜索殆盡。於是，硯估叠至，動以水坑、青花、蕉白、紫玉、淡紫爲名，咸得厚值，購藏之家，莫之或辨，每每出以品定，不過宋人一燕石耳，未免見嗤於識者。予因有《端石擬》之作以白之，蓋擬其質、色、文、彩，以爲水巖之徵，至於石之能事，固足可稱，則鮮及之。今年夏，復檢前編，乃續擬水坑八德，以申其説，庶幾有補乎騷雅之一得。其一曰歷寒不冰，質之温也；二曰貯水不耗，質之潤也；三曰研墨無泡，質之柔也；四曰發墨無聲，質之嫩也；五曰停墨浮艷，質之細也；六曰護毫加秀，質之膩也；七曰起墨不滯，質之潔也；八曰經久不乏，質之美也。具此八德，質已邁常，信爲古今之瓌寶，可遇而不可求者也。知硯之士，幸獲水巖名璞，能時於明窗浄几，授以松煙，飽以兔穎，試觀其德，以盡水巖之能事，則遭逢之幸，豈偶然哉？慎勿匣以琉璃，襲以異錦，藏之名山，置之高閣，與塵封土瘞者何異？吾恐水巖靈藴，八德既備，一旦出之，未忍久爲甘此寂寂也。圓機之士幸祈鑒之。辛未五月望前一日書於藜閣。

陳齡《端石擬》陳方瀛跋 右《端石擬》三卷，附藜閣十硯銘，係先六世祖介亭公手著也。公生於康熙中年，家本閩之同安，先以海氛未靖，七世祖玉昇公遵聖祖遷海之令，去家鄉十餘載，始卜居於浙之海鹽。公以入籍未幾，不欲應有司試，性磊落，又不屑事舉子業，遂貫穿百家，精地理、醫學，博涉羣書，網羅古彝器，日惟攷訂異同以自娱。晚年好道尤篤，自號青陽道人，鍵户鑪丹，人有以神仙目之者。時嘉禾項氏中落，天籟閣所庋，强半歸余家。數傳而先大父螺洲公早世，先大夫方在襁褓中，門祚衰微，故物零落，鮮有存者，爲清儀閣所得居多，庚辛以後，浮家靡定，先澤所留，盡付劫灰矣。是册於邑城復後得之，故紙堆中尚有公遺像，并蒲團静坐圖，有吾郡王穀原比部、錢擇石宗伯諸家題句，及手抄《黄庭》諸經，皆完好無剥蝕，似未經兵火，豈冥漠中有呵護者歟。而所著《文圃山人吟牘》及地學、算法各種，皆不可復得。此册亦有數處闕文，今仍其舊，付手民以廣流傳。於戲，公天才績學，一生未遇。吾家本閩中巨族，自遷浙二百餘年，書香不絶如縷，非公厚德，曷以臻此。小子不才，不能仰承先志，追念世澤，負疚滋深。同治十一年壬申冬日七世孫方瀛謹識。

徐毅《歙硯輯考》序　天地鍾靈，有不世出之偉人，亦必有不易覯之奇物。新安文公之發源也，素稱大好山水，如黄山白嶽、練水浦江所産蒼松怪石不可勝計，而最著者惟硯然，其原有不得不辨者。自前人創奇，以爲出自歙獄井中，盤屈以下，伏水底鑿之，得石曰歙硯。余始而疑，繼而駭，以爲硯雖微物，實宇宙靈秀之氣，文人寶之，以佐聖天子，出治四方，文章黼黻，揆厥所由，亦綦重矣。而顧産於獄之井中，深窪晦黑，憂愁陰險之地，不幾於褻厥靈也哉。歲在甲寅，奉命出守新安衛，目覩井洞隘小，無從出入，詢之紳士故老，考之圖輿諸書，並無入井求硯之説。及按唐積《硯譜》并蘇、黄文集，其形諸詩詞歌咏班班可考，始知是硯出自婺源之龍尾山，蓋新安稱古歙州，婺隸於歙，不曰龍尾，而曰歙者，統於同也。向之所傳乃前人創説，好爲怪誕不經，後人承訛踵謬，附和雷同，其誣罔不可信往往若此。雖然，猶有説。夫物非目覩不足信。心知硯之源矣，而不得硯之真，未始不爲窮理格物之一闕。幸值我皇上御極之初，以文明經理天下，諸臣工仰體上意，搆求精硯，以備文房。先是大中丞孫委其事於前太守楊，以余協理，繼則大中丞陳暨臬憲劉皆檄余耑辦前後數役。凡紳士家藏古式與硯山居民所存之老坑舊石，悉用重價徵取，搜羅幾遍。而石之粹然者，温潤静潔，文理縝密，撫之若柔膚，磨之如利鋒，方以端溪，其質其色無不遠勝，所進果稱上意，夫益信蘇、黄諸君子之著作確而足徵，所當采輯彙編爲考證之一佐者。惟是天下大矣，山川名物繁矣，而獨以此空前軼後之質産於歙者何也？蓋硯山近我文公闕里，兩間精英之氣蓄積者深，斯絶人絶物，並峙而出，誠造化之有心歟。余文不足録，政不足考，他日者負笈登闕里之堂，講學課業，暇併呈政於硯，倘得我公以少微目之，斯亦平生之大幸也。旹乾隆庚申蒲月，渠陽徐毅書於新安之米山堂。

《歙硯説》四庫全書提要　《歙硯説》一卷，《辨歙石説》一卷，不著撰人名氏。陳振孫《書録解題》載之，亦云皆不著姓名，左圭《百川學海》列於唐積譜後，卷末有跋，稱紹興三十年十二月弟左承議郎尚書禮部員外郎兼國史院編修官邁跋，跋中稱景伯兄治歙，既揭蘇氏文房譜於四寶堂，又别刻《硯説》三種云云。案景伯爲洪邁兄洪适之字，則此二書，似出於适，然與邁跋三種之説不合。考适《盤洲集》，有蘇易簡《文房四譜》跋，稱説歙硯者凡三家，品諸李者有《墨苑》，以踵此編，然則此二種，蓋與唐積之譜，共爲三種，皆适所刻，以附於文房譜之後者，實非适所自撰也。硯説兼紀采石之地，琢石之法，及其品質之高下。《歙石説》則專論其紋理星暈，凡二十七種，辨别頗爲詳悉。唐詢北海公《硯録》見於《郡齋讀書志》者，今其本久已失傳，惟此書引有兩條，及無名氏《硯譜》引有一條，猶可以考見什一云。

《端溪硯譜》四庫全書提要　《端溪硯譜》一卷，不著撰人名氏，末有淳熙十年東平榮芑跋曰：右縉雲葉樾交叔傳此譜，稍異於衆人之説，不知何人所撰，稱徽祖爲太上皇，必紹興初人云云。是當時已不詳其出誰手矣。其書前論石之所出與石質石眼，次論價，次論形製，而終以石病。考端硯始見李賀詩，然柳公權論硯，首青絳二州，不言端石，蘇易簡《文房四譜》亦尚以青州紅絲硯爲首，後端硯獨重於世，而鑒别之法，亦漸以精密，此譜所載，於地産之優劣，石品之高下，皆剖晰微至，可以依據。至於當時以子石爲貴，而此獨辨其妄，榮芑以爲稍異於衆人之説，蓋指此類。然自米芾《硯史》已云徧詢石工，未嘗有子石，芾爲洺洸縣尉，嘗親至端州得其詳，而其言正與此合，亦足以知其説之確也。

《歙州硯譜》四庫全書提要　《歙州硯譜》一卷，不著撰人名氏。惟卷末題有「大宋治平丙午歲重九日」十字。考之陳振孫《書録解題》載有《歙硯圖譜》一卷，稱太子中舍知婺源縣唐積撰，治平丙午歲云云。其年月與此相合，然則此即積書矣。中分采發、石坑、攻取、品目、修斵、名狀、石病、道路、匠手、攻器十門。所誌開鑿成造之法甚詳，蓋歙石顯於南唐，宋人以其發墨，頗好用之，士人藉是爲生，往往多作形勢以希售。米芾嘗譏其好爲端樣，以平直斗樣爲貴，滯墨，甚可惜。而此書名狀門内實首列端樣，亦可以考見一時風尚也。《書録解題》作圖譜，米芾亦稱今之製見《歙州硯圖》，而此本有譜無圖，蓋左圭刊入《百川學海》時，病繪圖繁費，削而不載，今則無從考補矣。

《硯史》四庫全書提要　《硯史》一卷，宋米芾撰。芾有《畫史》，已著録。是書首冠以用品一條，論石當以發墨爲上；後附性品一條，論石質之堅軟。樣品一條，則備列晉硯、唐硯以迄宋代形製之不同。中記諸硯，自玉硯至蔡州白硯，凡二十六種。而於端、歙二石，辨之尤詳。自謂皆曾目擊經用者，非此則不録，其用意殊爲矜慎。末記所收青翠疊石一，正紫石一，皆指爲歷代之瓌寶，而獨不及所謂南唐硯山者，或當時尚未歸寶晉齋中，或已爲薛紹彭所易歟。芾本工書法，凡石之良楛，皆出親試，故所論具得硯理，視他家之耳食者不同。其論歷代制作之變，考據尤極精確，有足爲文房鑒古之助者焉。

李兆銘《端溪硯坑記》附《增訂端溪硯坑志》序 譜誌之作，所以使後人有可考據也。獨至《端溪硯譜》，則不盡然。言人人殊，執其書以考今之坑洞，而賞今之岩石，多不相符，疑古人未嘗親歷其地，辨其石，徒以得之傳聞者，涉筆成書，謂之好事則可，謂之傳信則不可也。李長吉有《青花紫石硯歌》，則知端石唐時已重，然所咏僅紫端之有眼者。其實端不盡紫，紫亦不盡佳也。後人謬譏其訛子石爲紫石，不知原有紫端、緑端、白端之名，且云端溪中别有一種子石，歐陽公亦以爲小石在大石中生者，不知坑底卵石，皆堅頑絶不宜墨。惟洞内石壁精華所結處，有粗臕胞絡於外，從中鑿取硯材，斯爲子石，可以盡祛千古之疑。且古人多以所見之一二石，遂爲妍媸定論。蔡君謨、米元章偶得佳石，故以端爲佳，歐陽公未得佳石，又以端爲劣。王荆公得緑端爲美，不知其並不發墨，惟坡公云：「千夫挽綆，百夫運斤。篝火下縋，乃得斯珍。」則與今之水坑采石無異矣。

汪啓淑《飛鴻堂硯譜》卷首方岳薦《飛鴻堂硯譜敘》 夫譜者，普也。心有所好，普而列之，用清源用溯流也。故有年譜、有家譜，若菊，若茶，若羣芳，若琴棋印畫，悉皆有譜，名不一，義無不一。秀峰工於字學，筆墨精良，外尤留心覓硯。自唐宋元明以迄我朝，苟聞潤如玉，黝如漆，聚墨多，可飽霜毫者不計地遠近、金多寡，必搆求而得，固已盈笥而積架間。有銘言新警，篆刻離奇，難其重不能時玩，延名手摩而下之，彙成一譜，置之案頭，臨池稍暇，逐一按觀。凡古銘古篆，畢集於目睫間，則譜固惟其便，亦取硯無塵及可謂真知篤好矣。余耕是，髮已種種，因筆拙，此中佳妙茫未有知，偶於涉獵，見米顛得賜御硯抱持而出，墨汁淋漓袍袖，興會豪邁，心亦嚮往。今披是譜，爰杜數言以弁於首。屏山方岳薦書於武林卧月樓，旹乾隆丙寅年嘉平月朔日。

朱棟《硯小史》黃霆序 物莫頑於石，石而爲硯，良工追琢，文士品題，傳諸奕世，猶什襲而珍藏之，此無他，天生其材必不使終老巖阿而不盡其材也。同里二坨朱子良硯材也。縝密如玉，温潤如端州上品，至詩才古雅，音韵清越，直駕龍尾、靈璧而上矣。所著《硯小史》原原本本，無一字無來歷，無一語不蘊藉，無一圖不精采，爲硯説法即爲身説法，并爲世之俗不可醫者説法也。或曰俗不可醫者，案頭無用是編，讀一二行而昏昏欲睡矣。余曰：此朱子立説之時早向佛前發願，堪爲知者道，難與俗人言。余不文，生不雅不俗之間，亟勸朱子登諸梨棗，見賞藝林，將見頑石點頭，而况寶硯乎哉。亦焉有俗人而不如頑石者哉！同學弟黃霆拜序。

朱棟《硯小史》薛體淇序 作史有三長，曰識、曰才，曰筆。讀書不貫串則無才，論斷不精確則無識，文詞不典贍則無筆，班馬范史而外代有其人，互有得失，深歎史才之少，正所以見史才之難。金山二坨朱司馬余同硯友，亦良史才也。工詩古文詞，早賦壯遊，長安久客，其意氣原欲讀中秘書，其才識不難充左右史，惜以數奇，七試秋闈，再薦不售，僅以詩名儕偶間，雅多著述。且平生有硯癖，得古今十三研，名其齋曰十三硯齋。滴水輕研，清辭滿紙，初不知境遇之窮。暇取古今論硯之書，倣史家例共成四弓，曰《硯小史》，簡鍊不如似孫而貫串勝之，古朴不如彦猷而精確過之，博雅莫如襄陽而典贍更倍之，此殆具龍門、扶風、順陽之才，而合之者，非亦體大思精者耶。二坨出晦庵先生後，年方壯盛，他日登玉堂歷鳳池如其所作石生之傳云云者，不僅目爲詩人，且進而成良史，則是編也，特其見端者也。是爲序。嘉慶戊午桂月四日，同里愚弟薛體淇拜撰。

袁樹《端溪硯譜記》楊復吉跋 端溪硯石舊有葉氏之譜、蘇氏之譜，言之詳矣。香亭先生兹記簡而明，約而達，更能括其大。凡先生詩格竟體温麗，與難兄隨園異曲同工。今觀兹記，文筆之駿偉，亦復不相上下也。乙丑仲春震澤楊復吉識。

何傳瑶《寶硯堂硯辨》戴熙序 余曩者有辨研癖，余之癖蓋不癖研而癖辨，世之可黑、可白、可寶、可商、可薰、可蕕、可飴、可荼、可賢、可否者，必求其所自出，察其所由歸，真知灼見，於余之胸勤勤焉、懇懇焉。出所得而辨諸人，務使賢者不沈埋於庸俗之手，不賢者得駕乎其上，予然後心始快，此真予之癖也，而偶寓於研。然而余之於硯也，求不當，察不精，出所得而辨諸人，人不予信。同輩鑒研之勝予者，就正之，又率高自位置，浩博無涯涘，與以研輒嫚駡，目或不正視，大都少見者其説固，多見者其詞游。余覺其中之無有也，故十餘年來，人不余信，予不自信而亦不信人。去年秋，奉命視粤學，獲見吴李廉薗脩所輯《端溪研史》列諸説而按以目驗，日夕誦之，究其端緒，始知向之喋喋者曾百不得其一二也。孝廉所采諸説以何石卿傳瑶《寶研堂硯辨》爲最多而説亦最詳，石卿余不知何許人，訪孝廉已物故，方恨其書之無可證，今年試録遺，有膺名而入者，石卿也，余則大喜。俟其投卷，出七研問之，石卿優三研，劣圓硯，侃侃謇謇，無所依違，退而出其書，與其言合，石卿之於研可謂精矣，辨可謂明矣，説不固，辭不游，真知灼見，務與人以可信。石卿蓋信人也，予見石卿不獨喜石卿之能辨研，又自喜能辨石卿之爲人。且予固癖辨者，苟持其辨研之術，爲辨人之術，則他日因辨所不必辨，而遂能辨其所必辨焉，不可謂非石卿啓之，爰爲敘。道光十九年七月下澣，督學使者戴熙譔并書。

何傳瑶《寶硯堂硯辨》黄培芳序 端州星紀上應雲漢，山川孕育，産爲硯材，若羚羊峽之水巖石，殆兩粤地脉精華融結而成者也。唐宋以來，説硯者以端爲稱首，顧言人人殊，即考之國初，亦與今異。如以正洞爲上上，次東洞，西洞又次之，皆相背而馳，其他談石質名目高下，更無論矣。昔人有云：菁華日見，不能執一成説，善夫！余以輯郡乘來端州，訪寶硯堂於北郊，晤何石卿茂才，玩賞其先世所藏硯。尊甫碧山公尤神於鑒別，石卿家學相承，雖老石工尚遜其精識。余勸其勒成一編，以裨藝苑。暇日石卿手稿示余，義例甚善，大體仿《山海經》之四山分爲四洞，而以各襍巖相類者分坿焉。俾閲者既識其真，又得晰其疑似，如辨淄澠，如洞見癥結，剖論微至，遠有端緒，非取辨於立談之頃，與夫耳食悠謬之言可比也。余喜山川融結之奇不終閟，而後之説研者，咸得所依據焉，因以拙繪硯巖内外圖就正之，屬其授梓，以公諸世云。道光九年己丑小春香山黄培芳謹書。

何傳瑶《寶硯堂硯辨》林召棠序 予素不解硯，友人舟過羚羊，十錢市片石，予試而佳，乞焉。十餘年南北舟車，矮屋明窗，相伴皆此物也。甲午來端州，水巖適啓，揮毫之士，聚必語硯，予若不聞也。既狎見之，試請質之，而遂嗜之。間何石卿茂才尤精識，就求商畧，因得所著《硯辨》讀之，喜曰：此風胡、薛燭相劒之文也。吾乃今別龍淵巨闕矣。端州士人以藏硯相矜重，尤推石卿所寶爲冠絶。尊甫碧山先生特精鑒，馮魚山前輩謂可作《硯史》者。石卿既生硯鄉，承家學，又飲食嗜好於是，宜其析疑表微校量毫末間也。往時紀曉嵐先生論端硯云：宋人極重紫石，紫石不可得，乃貴蕉葉白，蕉葉白又不易得，近人乃貴青花。近時石工以純青爲絶品，遇紫石棄不視，好尚固殊耶。抑昔美今惡耶。今日水巖佳石，磨瑩精好，秀氣浮動，如春烟麗波。然持校百十年前物，其渾厚堅深，乃不古若。一巖所産，孕精儲氣，華樸隱顯，執柯伐柯，其則猶遠，矧咫聞影測，動曰：吾意其如是，殆不爽耶。今日以此事推石卿，雖曰硯之董狐可矣。道光丁酉六月吴川林召棠書。

何傳瑶《寶硯堂硯辨》高鴻序 余少時粗解翰墨，即有硯癖。每購端産，雖片材輒庋几案間，握玩不置，思一品別之。然巖分水旱，尚屬懵然，又安知水巖四洞，亦遞呈差等也。歲壬辰，幕遊端州。明年冬，開采水巖，至來春而畢。余既觸所好，會逢其適，遂懸價購求，並承友人持贈，得石數十觔，集匠開琢，日取諸史譜箋考，與廣記縣志讀之，證以目力，質以疑僞，梗概得矣。繼又讀何石卿先生《硯辨》一書，其書析水巖爲四洞，洞附近似諸坑淄澠畫然，剖析絫黍，青花、結、魚腦凍、冰紋凍諸論既能發精蘊，抉淵微，至於不在質而在色，雖在色而實在質數語尤爲總握其要，旨哉言乎！辨硯之難，不難於識精粗而難於決真贋，然非薈萃見聞，別徵心得，惡能道此哉。余雅愜素懷，用壽梨棗，刷贈知交，世有嗜同吾癖者乎，此其指南矣。道光丁酉六月仁和高鴻謹序。

于敏中《欽定西清硯譜》卷首《御製西清硯譜序》 向詠文房四事，謂筆硯紙墨，文房所必資也，然筆最不耐久，所云「老不中書」。紙次之；墨又次之，惟硯爲最耐久。故自米芾、李之彦輩率譜而藏之，以爲藝林佳話。内府硯頗夥，或傳自勝朝，或弆自國初。如晉玉蘭堂硯、璧水暖硯，久陳之乾清宫東西暖閣，因思物緐地博，散置多年，不有以薈綜稡記，或致遺佚失傳爲可惜也。因命内廷翰臣甄覈品次，圖而譜之，凡舊藏者若干枚，散置者若干枚，新獲者若干枚，其棄置庫中爲之剪拂刮磨礲爲奇品者又若干枚。譜既成，欲命于敏中擬四六引言以行之。既思題句銘辭皆自作，且六日而成四十首，所爲惜淪棄、悟用人、慎好惡、戒玩物無不三致意焉，則又不可以無文而不序其梗槩也。昔許采一文人耳，藏硯幾至百枚。兹百年太平，石渠、天禄之府貯硯多至二百枚，亦不爲過而。予以爲已過者，蓋意有所好，必有所繫。若謂文房之資立言傳道，有異他物之爲，嗟夫！是予所以自解乎？抑亦所以自訟乎？乾隆戊戌孟春月下澣。

《欽定西清硯譜凡例》 一、自帝鴻創墨海之規，金匱載硯書之訓，硯之爲制尚矣。嗣後香姜銅雀間出劫灰，龍尾鴝睛別珎山骨。若宋蘇易簡、蔡襄諸人所譜，米芾之史，高似孫之箋，或掺觚之士享其敝帚，或好古之家矜其耳食，非陋即誣。是譜著録遠溯漢代，近逮本朝，凡經名人鑒藏佳硯，悉係内府舊儲，繪圖著說，冠以御序，并錫名曰「西清硯譜」，允堪匯成巨觀，徵信墨林。

一、諸家硯譜雖間及收藏銘款，不過偶爾標題，未能遍加品藻，我皇上文思天縱，萬幾餘暇，既拔其萃，登諸翰筵，且寵以天藻，或銘或詩，信手拈出，如化工之肖物，而於斂時錫福、慎樞機、惜隱淪、戒玩物尤殷殷致意，蓋即小喻大，而聖人心法治法全體大用備焉已。

一、陶泓結友，首契墨卿，兩漢以降，玉蘭璧水著美晉時，菱鏡石渠標奇唐代，古硯流傳大約陶石二種爲夥，是譜所登，先陶於石，以未央之瓦、三臺之甎較之六朝製石，閱代尤遠，從其朔也。

一、古今佳硯固貴質美工良，而鑒賞品題因人增重，是譜敘次按時代先後，而於命名象物義取斷章，其曾經名流手澤者即以人系硯，冠於每代之首，以志雅尚。

一、是譜所登諸硯或供臨池御用，或經鑒定弆藏什襲，各有專司，如乾清宮東西暖閣三友，則緗帙同排，兩晉則綈几對列，他若十干標古而篋貯琳瑯，衆品羅珎而箱盈磊砢，譜中雖按時代裒次，散見各卷，而於圖說仍附識緣起，並與其餘陳設各硯，均於每卷子目下詳書硯貯某處，庶即分見合更便撿閱。

一、譜內硯說先尺度，次石質，次形製。無論硯及硯匣，凡收藏名人姓氏出處必核其紀年署款，公私印記，與歷朝史傳文集說部諸書符合與否，細加考證，呈覽甄定，即隻字半章亦必旁搜詳訂，間有闕疑，愈昭矜慎。其前人銘跋成文者另録附御題之後，下逮臣工奉勅恭和之作，亦得榮預簡末。

一、前人譜硯往往詳於說而畧於圖，惟明高濂《遵生八牋》圖說並列，然亦畧具形模，未彰全體。是譜所繪尺度既用線法收分，其不及分者注明硯圖之首，至其形製刻畫若蓬萊、道山、蘭亭等圖，細至夔蝸、蟲鳥無不摹寫入微，而於石質損駁、眼、蛀、金星、翡翠之屬尤極意皴染，各開生面。其有一圖繪至三四面者，蓋御題鈐寶及前人銘款印記分列各面，非是不能彙其全也。

一、是譜薈萃古今，得硯二百，陶則漢甓稱首，而唐宋以下澄泥舊製胥隸焉。石則晉硯開先，而端歙艭村諸舊石屬焉。餘若玉磁二種，雖曾載米史而流傳頗尠，且不適用。紫金、紅絲之類雖諸家亦曾記録，而石質較遜，祇堪附載，以備一體，不登正録。洪惟我朝發祥東土，混同緑砥，德比玉温，琢硯進御，經列聖暨皇上御題者甚富。謹擇其質良製佳者譜諸附録之首，以見文運肇興，扶輿彰瑞。至於硃墨二硯、倣古各式，均出睿裁評定，乙夜披章，淋漓丹墨，以殿斯譜，不獨如獅尾神王，抑足爲石友慶遭逢於不朽云。

乾隆四十三年歲在戊戌嘉平月臣于敏中、臣梁國治、臣王杰、臣董誥、臣錢汝誠、臣曹文埴、臣金士松、臣陳孝泳奉勅恭校訂。臣門應兆奉勅恭繪。

吳繩年《端溪硯志》梁詩正序　硯之爲用大矣，硯石之重端溪久矣。自唐以來，率以端谿品在歙谿之上，争寶貴焉。而譜研者不一家，評研者亦不一說。世人每依據爲品第，皆耳食也。夫時代歷久遠則陵谷亦有遷移，前人之論述詎可盡概於今日？自非探尋洞穴，推究豪芒，其能悉地脈之消長，而窮石理之精微哉。予表弟吳君淞巖以才擢守肇慶。越二年，改成事理，端谿其所治也，遂以餘閒相視開采，規費親勞，未幾工竣，稔知夫巖坑今昔之殊，質理精麄之别，暨戽水鑿石工力艱辛之狀，爰作端谿小志三卷，郵以示予，並移硯以贈。予詳閱其圖，玩其記，旁覽其采輯諸說，淞岩之於是役也，可謂勤矣。夫一硯材之細而審訂精覈若此，則其治民率屬可知矣。傳之於世，將以是志之著明，參以前人之評隲，端谿顛末可盡得焉，其爲風雅之助豈淺鮮哉。或謂宋包孝肅知端州，秩滿不取一研，史册稱美，淞巖毋乃異是乎？予謂不然，孝肅之不取一研，表其廉也，淞岩之有事兹役，普其利也，以山川精氣之結供承明著作之資，上以貢之朝廷，下以贈之賓友，取多用宏，裨益斯大，豈可以彼而例此雖然，予爲更進一解，昔蘇文忠不云乎？「詩成鮑謝石何預，華落鍾王硯不知」，又曰「真手不壞，真研不損」。寄語淞岩曉人不當如是耶？因書以爲序。薌林梁詩正，時乾隆丁丑夏五既望。

吳繩年《端溪硯志》全祖望序　宋人之爲研譜者曰蘇易簡，曰李之彥，曰唐績；爲《研史》者曰米芾。唯唐氏著録於《宋志》，然唐譜竟亦無片語傳者。及端歙争長，洪文安公有《歙研譜》、曹繼善有《歙研說》，其爲端研譜者曰葉樾，又有無名氏之《端研圖》，亦著録於《宋志》而今皆不可得見。明人所重唯端研，故石洞葉先生春及以講學魁儒亦爲端研譜，而今端志莫之載也，豈非文獻之脱失乎？吾友吳兄淞巘守肇慶，政通人和，有事開采，因爲《端溪小志》三卷，是固圖經之鼓吹也。其時予開講於溪上，因得爲之序。唯端谿之研材近亦竭矣。予欲當事諸公少休息之，以需神靈之醖釀，嘗有詩以爲研田告困，不厲民而實足以養民，雖日事開鑿無害也。淞巘固二千石之良也，必其使山有儲材而後能使地不愛寶，其以吾言爲然否。天章山長全祖望。

吳繩年《端溪硯志》杭世駿序　天地精英之氣磅礴，鬱積融結而爲山川，出雲降雨，朝嵐夕靄，變幻而不可方物，莫山若也。然觀其外或嶔刺而不可磨礱，剖其肌或麄劣而不中攻錯。一過再過，棄擲而不復把玩者衆矣。獨粤中之山與他省異。靈山之石可鋸而爲屏，東安之石可琢而爲几，德慶之金星、高要之錦石，屏風巘之錦白，其可以利器用者僂指而不勝數也。端州羚羊峽屹然矗立於大江之濱，蒼秀綿麗，俯壓群岫，呵護之以鬼神，擁衛之以虎豹，驟侵犯焉則毛髮噤竪，喘汗反走而不敢再過，其尊嚴清峙又非他山之所得而儕也。山理縝栗而潤，可中硯材，唐宋以來暴殄取之，迄無寧歲，而山靈未嘗告竭焉。環溪而處者種子孫穀婦子仰衣食於山靈者，凡數百家，山靈亦若閔其飢，劬予取予求卵而翼之以代造物者之施濟，則山靈之爲功於端之民者大矣。吾友錢唐吴君淞巘守肇慶之二年，因民利導，百廢具脩，適當開采，先期蠲吉，躬親相視，登高一呼，子來嚮應，不數月而蕆事，得石千枚。上上者貢之天府，以光聖天子卿雲麗日之治，磨丹握管，沛施雨露，以潤澤下士之焦枯。次者移贈賓僚，得以展布其設施，而不敢私一石焉。是一役也，不妄役一民，不慮使一夫，踴躍奔走，人忘其勞。淞巘恐後人之不察斯意也，暇繪爲圖，著説以辨其始，終成書三卷，題曰《端谿研志》，督序於余。昔宋包公拯知端州，嘗興斯役，不取一研而歸，史表其清介。夫自宋迄今，前後之守端州者不知更歷幾人，守端州者之有事開采者又不知更歷幾輩，而今之稱頌人口者獨一包公。繼自包公而後其可以信今而傳後者舍吾淞巘莫與也。親民守土之吏，寶是硯而用之，舉筆而輒思山靈不敢愛寶，以衣食斯民之意，則硯雖小物，豈無關於治道之大乎。不揣檮昧，輒陳其所見，而以復於淞巘，遂即以爲硯志序。乾隆十有九年歲在閼逢閹茂壯月朔，舊史杭世駿。

吴繩年《端溪硯志》彭端淑序　昔之評硯者有三，青州也，端溪也，歙也，而品端於次。端之産硯有三，上巘也，中巘也，水巘也，而水巘爲最。水巘之硯亦有三，青花也，蕉白也，火捺也，而青花爲最。青花之妙在隱現中濡水乃辨，得之良難，火捺則人皆見之，而余獨喜蕉白。蓋蕉白之妙有三：能蓄水一也，不拒墨一也，不損毫又一也。曩余獲端硯於京師市肆中，其中爲蕉白四面皆火捺衛之，若雲蒸霞蔚，閃爍無定，殆杜少陵所云「其滑乃清波，其光或雷電」是也。用之數年，能蓄水不拒墨不損毫，取他人所稱青花諸品較之，皆莫能及，若龍尾、紅絲吾固不得而知也，然竊意端州産硯之區當必有更佳於是者。適受命來肇，郡守吴公淞巘出數硯示余，其狀非一，青花、蕉白、火捺外，或眼若鴝鵒，或紋若金絲，或點若朱砂，或采若翡翠，襯手而潤，扣之清越，蓋山川之靈鍾此奇石，怪變不測如斯，乃嘆曩之所賞猶未盡也。既而淞巘復以所著《硯志》三卷質余，博采古今評論，又自爲説記極詳，且悉云親歷水巘，倩人力捐重貲閲數月而後得取，非易易也。淞巘守肇，留心民事，興利剔弊，而於硯瑣事亦務精詳如此，後之博雅君子當必有采於是也已。眉山彭端淑樂齋氏題。

吴繩年《端溪硯志》卷末何夢瑶跋　瑶家距端溪二百里而近，未嘗一至水巘，於硯精確殊不辨，所購皆贋鼎，蕉白、火捺雖具而枯黯無神，蓋西岸石云。今年春，忝主天章書院講席，郡守淞巘吴公以硯見餉，其一純粹無瑕纇，青花細若遊塵；其一肌理清潤，旁有銀線，並佳品也。因復得讀其所著《硯志》，自是頗能識别。又嘗疑昔人品題諸洞甲東乙西，今則反是，或謂東美已盡，若人材然，地無硃砂，遂上赤土，讀志始知石工但以洞門所嚮爲名，故東西易方，東洞靈秀所鍾，藏畜未竭，今不異昔也。公遇事精詳，衡鑒不爽，歲試賞拔士，悉院中翹楚，有觸目琳瑯之歎，孰謂此地無材者，君子不誣十室未嘗物也，妄謂楚南多石，如或者之見，祇自形其謬妄，去公遠矣。硯之有美無瑕者不易得，自昔已然，但當棄瑕録用，瑕瑜不掩正真，品必欲求全，反爲僞飾所欺，然亦坐未嘗物色耳，讀是志如親歷水巘矣。南海何夢瑶跋。

吴繩年《端溪硯志》卷末吕伊跋　硯石之重端溪尚矣。淞巘吴君擢守肇慶之歲，適有事於開采，程功董役之暇，因爲輯録《硯志》三卷，徵引甚精覈，而冠以端州硯坑圖，記大西洞硯石説各一篇。《春秋公羊傳》曰：「所見異詞，所聞異詞，所傳聞又異詞。」古今之爲硯説者言人人殊，蓋傳聞不如所聞，所聞不如所見者，大抵如斯也。自斯編出而凡欲因以辨真贋，考妍醜者既流觀泛覽於古今人之所云，而又一折衷以淞巖之説，庶幾其思過半矣乎。而吾益有感於淞巘之治郡也。夫鼓吹風雅，扶樹道教，硯之爲物薄而用可重焉，矧其爲貢之尚方，以備聖天子宸翰之灑者哉。淞巘爲人，詳密精審，動中程度，自開工之始，以迄工竣之餘，既目擊其殫思畢力，敬謹從事矣。即此一編之作，亦辨晰推求，反覆再三，若惟恐偶有訛誤焉者，則夫臨民率屬之大，其不肯聊且粗略以内負厥心可知也。古大臣小物克勤，正於人所忽不經意之處，愈以徵其恪□有位焉。不然淞巘固良二千石也，豈與經生家之誇博綜矜考據者等哉。讀是編者，夫亦可深長思矣。同學愚弟耜堂吕伊跋。

吴繩年《端溪硯志》卷末王永熙跋　右《端溪研志》三卷，郡憲吴公所采輯也，鐫於乾隆丁丑之秋。越庚辰，公俸滿，循例入覲。挈眷旋里，遂載版以去。未幾，公下世，原版不復可見，而所貽數帙不足以應索者。因稍節其複，仍爲三卷，付剞劂氏重録之，既供同好之求，且得以廣公之傳云。楚州王永熙跋。

王繼香《醉盦硯銘》俞樾序　古人槃盂几杖無不有銘以自警也。後世不復有此意，且尋常什物亦無可銘。吾人於日用之物，其必宜有銘，且銘之而宜者，其惟硯乎？《東坡集》中多硯銘，皆詼譎有奇致，余喜誦之。醉盦王子示余《硯銘》一册，命意雋永，用筆峬峭，可與東坡諸銘並傳矣。昌黎云：「若使乘酣逞雄怪，造化何以當鐫鑱。」今以醉盦勒銘，斯真乘酣而逞雄怪矣。爲硯一喜，爲硯一驚。己卯春日曲園居士俞樾。

王繼香《醉盦硯銘》沈寶森序　余石交王君子獻，早歲蜚聲，爲騷壇周鄧，近年隨宦勾東，益耽古藝，尤工八法。君越中舊家，先世藏硯不少，經亂散失，因復購集，懲其易散，各繫以銘贊，計十九首。鄖人士傳鈔殆遍，乞出已貲付刊，君不能禁，乃寄示余。余羸老也，以視子獻之雋鋭，其才可懷，其年尤不可及，苟充其好古之癖，研經而砥道，則物恒倫敘之地，安知庸焉常焉者之不更勝於新奇也。至銘辭之古雋簡潔，越縵言之詳已，余何能贊一辭也。戊寅十二月上澣，山陰沈寶森。

王繼香《醉盦硯銘》李慈銘序　銘辭樹骨於《選》，而左以《世説》、《語林》之名，雋精致密察，發爲光華，無美不臻，與題悉稱，上之足與鍾嶸《詩品》、懷瓘《書斷》等並絜天芬，次之亦足與蘇黄題跋、米岳評贊等同標禁臠，題下小序亦皆峻潔雅令，有不盡之旨。崑山之玉片屑皆珍，即此孤行已爲卓絶。京師冬夜，寒雪滿窗，燭火霜清，茶光月綺，點讀一過，筆舌俱香。戊寅十月二十一日丙夜，越縵李慈銘識。

王繼香《醉盦硯銘》王蜺序　銘辭之作，肇端先聖。銘之爲言名也。遇物能名，君子是程。名之必可言也，言之必可行也，道不可見，因器而流形，故曰「道可道非常道，名可名非常名」。醉盦王子銘其硯十又九。一物之微貫乎終始，片語之貴重若球琳。不曰白乎，不曰堅乎，涅不滓而磨不磷乎？爲同爲異，必有能言之者。戊寅季冬望日，黄巖王蜺題記。

王繼香《醉盦硯銘》自序　硯之製以玉、以晶、以銀、以錢、以瓦、以甎、以澄泥，以哥窯，最奇者以竹、以紙，而石其庸者也。硯之石曰青州、曰絳州、曰鼉磯，最異者曰賀蘭、曰松花，而端與歙其常者也。硯之象爲窪、爲仰、爲衺、爲橢，其巧者爲雲鳥，爲器物之屬，而方圓其質樸者也。硯之誌有譜、有録、有傳、有史、有記、有箋、有説、有評、有圖畫，其題目一二者有歌詩、有詺贊，而於詺贊爲尤宜。唐宋已來，品題富矣。自後世捌墨合、墨壺之製，於是擣者盆磨者，磑人樂其事半而功倍也，争以奇巧相尚，而好硯者或寡矣。余先世不乏藏硯，至家君搜羅益富，一燬於火，再燬於兵，蕩焉泯焉，劫後稍稍物色，四方朋輩亦投其所好，雖不逮向者什之三四，而足資品題者可十餘枚。石多端歙，象半方圓，非質樸即庸與常焉。余庸常人也，則數硯之歸余宜也。余不善相硯，亦未嘗癖於硯，特自歎冷落棄置適類乎此，又懼物之聚而必散也，因各系詺贊以傳之。雖然，物之傳否存乎其人，余非其人也，微特岳忠武之端石，文信國之玉帶，與夫趙忠毅、黄忠端、張忠烈之遺硯，焜燿宇宙。硯固以人重，即李之結鄰，米之研山，蘇之涵星，陶之璧友，徐之金城播諸藝林，亦文房嘉語也。而庸庸如余，雖詺之贊之，適以累硯之質且樸，又奚足爲硯重。然而琢磨之範，砥礪之資古人能自得師則即以硯爲砥焉、硎焉、砭焉，可也。詺云乎哉。光緒三年歲在丁丑秋九月，會稽王繼香識。

王繼香《醉盦硯銘》葛元煦序　《醉盦硯銘》一卷，會稽王子獻孝廉箸也。孝廉爲景瑗廣文仲子，性敏才贍，工詩古文詞，近隨侍四明，偶與座客品硯，醉後援筆撰《硯銘》若干首，一夕而成，詰旦好事者傳鈔殆遍。余未識孝廉，從其門下士潘笙甫舍人處得窺副本，愛不釋手，爰付之梓，以公同好。舍人述其師乃祖諱銘，故稿中銘悉作詺。又言孝廉五應春官不遇，南返遂陶情詩酒，放浪於蛟門鮚埼間，宜其鬱伊之致時露行間，窺豹一斑，識麟半趾，亦足以覘其所藴矣。光緒五年閏三月仁和葛元煦理齋氏識。

盛百二《淄硯録》沈楙悳跋　秀水盛柚堂先生，山左循吏也。鳴琴之暇，留意文房。兹《淄硯録》一卷，余購之書賈，雖寥寥數則，而援引精詳，行書莊重，如見其人。自云見聞未廣，弗付剞劂。然淄硯罕有專録，先生采摭之餘，兼能旁及鄰封所産，亦可以繼米史、高箋成一家言矣。辛丑秋日吴江沈楙悳識。

藝文

韓愈《韓愈外集》卷五《高君仙硯銘并序》　儒生高常，與予下天壇中路，獲硯石，似馬蹄狀，外稜孤聳，内發墨色，幽奇天然，疑神仙遺物。寶而用之，請予銘底：

仙馬有靈，迹在於石；稜而宛中，有點墨迹。文字之祥，君家其昌。

韓愈《韓愈集》卷三六《雜文·瘞硯銘》 隴西李觀元賓始從進士貢在京師，或貽之硯。既四年，悲歡窮泰，未嘗廢其用。凡與之試藝春官，實三年登上第。行於褒谷，役者劉胤誤墜之地，毀焉。乃匣歸，埋於京師里中。昌黎韓愈，其友人也，贊且識云：

土乎質，陶乎成器。復其質，非生死類。全斯用，毀不忍棄。埋而識，之仁之義。硯乎硯乎，與瓦礫異。

李賀《李賀詩全集·楊生青花紫石硯歌》 端州石工巧如神，踏天磨刀割紫云。佣刓抱水含滿唇，暗洒萇弘冷血痕。紗帷晝暖墨花春，輕漚漂沫松麝薰。乾膩薄重立脚匀，數寸光秋無日昏。圓毫促點聲靜新，孔硯寬頑何足云。

徐鉉《騎省集》卷一四《硯銘》 它山之石，是斲是治。荆藍表瑩，雲露含滋。執簡而至，磨鉛在玆。言出乎身，文以行之。噫嗟君子，慎爾樞機！

吳淑《事類賦》卷一五《硯賦》 采陰山之潛璞，琢圓池於壁水。成墨海於一紐，侔夏鼎之三趾。選自斧柯，置之綈几，或采於吳都山下，或取於永嘉溪裏。若夫蓮葉馬蹄之狀，圓天方地之形。木則貴其能軟，玉則取其不冰。鴝曾聞於銜水，蟻或見於沈罌。滴蟾除之積潤，點鴝鵒之寒星。爾其郎官之樣，終葵之製，甄后則以爲常用，宇文則不能久事。劉弘嘗接於晉武，彭祖曾同於宣帝。盧携怒以相投，韓愈述其先瘞。至於梁武不珍於翔鳳，道支初得於浮楂。蚌貽庾翼，鐵遺洪涯。玩薇茫之金線，重點滴之青花。亦聞稠桑美石，興平青色，筆運翰染，浮津輝墨。學時方侯於凍開，洗處常聞於水黑。張華以麟筆同賜，王慈以素琴并得。取端溪者價重千金，出青州者名標第一。或爲祖先而增感，或因雷霆而遽失。至其汾水精奇，埿泥妙絶，歙山既重於龍尾，西域但施於竹節。秘雀臺之滑膩，寶栗岡之潤潔。斯所以作城池於筆陣，非徒比石墨於讒説也。

宋祁《宋景文集》卷二《古瓦硯賦》 有知己者，貺予以古瓦硯一枚，温潤可嘉，寶玩無斁。感物銘惠，因爲賦之。其詞曰：粤有雅器，以硯爲謚。本瓴瓦之微物，荷坯陶之洪施。嗟興廢之靡常，念終始而殊致。昔何爲而湮没，今何爲而見異。得非大厦雲構，飛甍山峙。凌霧概日，横鄽蔽里。宫窈窱而相屬，闕觚稜而叢倚。敞金谷之爲樓，會叢臺而成市。莫不狀翠鱗而隱軫，浮青煙而旖旎。陽烏結阿以上承，玉女飛牕而下視。忽代往而棟撓，俄人非而室燬。遇昆陽之飛屋，逢霍家之徹第。化魏宫之鴛翼，災柏梁之魚尾。於是星墜冰散，光沈物遷。狼籍舊圃，沉埋野田。失虯檐之瑞色，掩銅雷之餘鮮。朽壤晦兮何日，縹苔封兮幾年。或深耕而出壠，或被發而當阡。詎毀方之可冀，甘勝注之長捐。何智者之胥會，爛奇姿之下顛。感無情之舊物，將有用於羣賢。爰究爰度，載磨載鐫。因其窊以爲受，即其陋而成研。我質具矣，幽光粲然。純漆侔黑，潤珉訂堅。謝泥塗之幽處，升文史之長筵。或兔穎而前試，或雞距而相鮮。荷提携於手澤，涵文飾於言泉。若乃尼父作經，太沖能賦，伯英臨池，王充置柱，君苗未之焚棄，范喬見而悲撫。雖寶肆之非齒，幸哲人之攸御。摩頂至踵兮墨之徒，將效勤於斯語。

蘇軾《東坡全集》卷九六《魯直所惠洮河石硯銘》 洗之礪，發金鐵。琢而泓，堅密澤。郡洮岷，至中國。棄予劍，參筆墨。歲丙寅，斗南北。歸予者，黄魯直。

蘇軾《東坡全集》卷九六《故人王頤有自然端硯硯之成於片石上稍稍如磨治而已銘曰》 其色馬肝，其聲磬，其文水中月，真寶石也。而其德則正，其形天合。其於人也略是，故可使而不可役也。

蘇軾《東坡全集》卷九六《周文炳瓢硯銘》 以汝爲硯，瞿肖而瓢質。以汝爲瓢，硯剖而腹實。飲西江之水，吾以汝礪齒。懸河之辯，其以爾借面。不即不離，孰曰非道人之應器。

蘇軾《東坡全集》卷九六《王定國硯銘二首》 石出西山之西，北山之北。戎以發劍，予以試墨。劍止一夫敬，墨以爲萬世則。吾以是知天下之才，皆可以納諸聖賢之域。

月之從星，時則風雨。汪洋翰墨，將此是似。黑雲浮空，謾不見天。風起雲移，星月凜然。

蘇軾《東坡全集》卷九六《唐陸魯望硯銘》 噫先生，隱唐餘。甘杞菊，老樵漁。是器寶，實相予。爲散人，出叢書。

蘇軾《東坡全集》卷九六《天石硯銘并敘》 某年十二時，於所居紗縠行宅隙地中，與群兒鑿地爲戲。得異石，如魚，膚温瑩，作淺碧色。表裏皆細銀星，扣之鏗然，試以爲硯，甚發墨，無貯水處。先君曰：「是天硯也。有硯之德，而不足於形耳。」因以賜某，曰：「是文字之祥也。」某寶而用之，且爲銘曰：

一受其成，而不可更。或主於德，或全於形。均是二者，顧予安取。仰唇俯足，世固多有。

元豐二年秋七月，予得罪下獄，家屬流離，書籍散亂。明年至黄州，求硯不復得，以爲失之矣。七年七月，舟行至當塗，發書笥，忽復見之。甚喜，以付迨、過。其匣雖不工，先君手刻其受硯處，而使工人就成之者，不可易也。

蘇軾《東坡續集》卷二《偶於龍井辨才處得歙硯甚奇作小詩》 羅細無文角浪平，半丸犀璧浦雲泓。午囱睡起人初静，時聽西風拉瑟聲。

蘇軾《東坡續集》卷二《次韵和子由欲得驪山沉泥硯》 舉世爭稱鄴瓦堅，一枚不换百金頒。豈知好事王夫子，自采臨潼繡領山。經火尚含泉脉暖，吊秦應有淚痕潸。封題寄去吾無用，近日從戎擬學班。

蘇軾《東坡續集》卷一〇《孔毅甫鳳咮石硯銘》 昔予得之鳳凰山下龍焙之間，今君得之劍浦之上黯黮之灘。如樂之和，如金之堅，如玉之有潤，如舌之有泉。此其大凡也，爲然爲不然。然也雖胡越同名猶可，不然徒與此石谿而產，何異於九鵬而一鶚。

釋惠洪《石門文字禪》卷二〇《端硯銘》 破韜玉之蒼石，出孕金之晴川。解碧谿之封裹，割紫雲之芳鮮。從連眉之僊子，供倒流之詞源。

釋惠洪《石門文字禪》卷二〇《歙硯銘二首并序》 東坡得唐林夫歙硯絶妙，然其心甚隆，坡惜之，以向林夫曰：「琢硯者欲磨平其隆，百年之後用之，方爲妙耳。」

外儼豐碩，中含清堅。而質常潤，如舌有泉。滑足金光，碧生霧曉。平其微隆，多年方妙。

體切玉潤，膚刷絲文。書城之友，歙谿之珍。貌貴端重，德貴粹温。是故覺範，於硯亦云。

釋惠洪《石門文字禪》卷二〇《龍尾硯賦并序》 予所蓄龍尾硯，比他硯最賢。龔德莊從予乞曰：「此石宜宿玉堂，豈公所當有耶？」既以與之，又戲爲之賦。其詞曰：

柳子嘗有言曰：「硯之美者，唯青石最賢，而絳石次焉。自絳、青而下，蓋亦不數，而世亦無傳。」何温然之子石，出高要之晴川。方其始造也，祠中牢以匈祐，犯驚湍之洄漩。探萬仞之崖腹，取勁石之堅圓。裹碧草以徑出，割紫雲之明鮮。縈金縷於廓岸，張鴝目於坳淵。於是房以玉室而綈以錦衣，名以虚中而以居默字之。適風檽之春晝，偶莫逆於書幃。管城子方蒙茸而落帽，燕客儼峨峨之豐頤。愛知白之盡展其底蘊，而看君答煙霞之譚詞。粲古今於立頃，而觀者若未始與聞。而有知以其有是之德，故君子見録而不遺也。蓋嘗罥網而出鯉，昭以佳瑞而生之。涸於順山而鴿致，浴於越池而水緇。姿端重而有墨侯之封，腰微坳而作郎官之狀。逸于闐青鐵之羣，秀蟾蜍玉器之上。又嘗污盧携之怒裾，印太真之醉掌。泮紫金於藥鼎，鎗清聲於書幌。殆其棄而弗用也，猶贐餘骸於弟子，瘞朽骨於草莽。而狂生乃以鐵竊其名，而市工仍以瓦肖其像。由此硯之難致，故紛謬僞之欺誑也。顧予此硯之清堅，出於歙溪之湄水。乃陋南荒之堯肝，而竊自比於龍尾。匀數寸之秋光，温一片之和氣。疑初得於魯祠，何朴美之如此！從予游亦有年，愛其忍垢之類己。嗟所值之不遭，紛白眼之相視。獨一龔之可人，輒傾蓋而見喜。將提携而去歸，置玉堂之棐几。稔亨奮而逃窮，脱怒罵之焚毁。終未免腹洞於暮年，而猶勝支牀於壯歲。子行勉矣，予將觀子與管城輩耕於無所不知之鄉，而至豐年之義理也已。

釋惠洪《石門文字禪》卷二〇《五老硯銘并序》 杜季楊奉使湘南，過九江，見廬山而愛之。得拳石於九嶷山之下，類五老峰。有坳其痕如硯，季楊欣然置几案間，名之曰五老硯。余觀之於南楚門舟中，爲之銘曰：

廬山五老，寒翠倚天。公嘗過之，望見垂涎。揭來幽夢，時歷其顛。九嶷之下，得石如拳。二三君子，聚首比肩。豈其遊戲，分身則然。下有坳處，形如玉淵。疑有神龍，風雷播掀。以當吾硯，刷其芳鮮。醉中落筆，粲義雲煙。我作銘詩，擘窠爲鐫。袖歸中朝，爲好事傳。

釋惠洪《石門文字禪》卷二〇《王裕之求硯銘爲作此》 吾聞大梁之東郭有硯臺焉，而自然成坳淵，挽九江之水以爲滴，聚桐柏之色以爲煙，借温江卓筆之峯以蘸其尖，展青天以爲紙，書吾餞君之詩情與曠野以相連。吾輩留滯南楚思上國而未得以還轅，雖然會當與君握手州橋踏月以話湘川。是時君必折蟾宫之桂，我亦腰金紆紫揖讓於人主之前。此言蓋理有固然，非狂且顛也。

楊萬里《誠齋集》卷九七《七星研銘》 端溪七星研，紫巖先生故物也。其子敬夫以遺予，則銘而藏諸。

金玉其聲，追琢其泓。端溪之英，紫巖之明。維仲敬父，詒我誠叟。發櫝瞻之，日中見斗。楊氏所客，墨氏所國。逃楊逃墨，子將奚適？

李洪《芸庵類稿》卷六《紫微龍尾硯銘》 余生歲在已酉，大駕南巡，先公扈從，掌誥紫微閣下。渡江故物散逸，得龍尾圜硯焉。於時天子焦勞庶政，躬攬豪傑，思濟多艱，以圖中興復古之功。初詔誥命令布於四方，武夫悍卒讀之流涕，按劍而志存伊吾之北矣。將相同心，共獎王室。聖主推赤心置人腹中，故建炎德澤，深結民心。惟我先公以一身執羈靮，從上於艱險中，能導上意，鏗鍧震盪，濃墨大字，摹寫天地，發揮日月，俾民咸曰大哉王言。方其搦寸管於屬車警蹕之間，使如雷如霆，號令迅速，與夫吮墨盾鼻而草檄，横槊馬鞍而賦詩，固不侔矣，斯硯有助焉。皇天悔禍，成今日中興之業，亘越古昔，丕丕之基，對天無競，緊前日作士氣、得民心之故也。彼有曝茆簷之冬日，話玉堂於田舍，況茲硯爲李氏之寶，豈與文房之玩可同年而語哉！謹勒爲銘，以示子孫，使毋忘先德，益勵報君之忠也。

月團團兮，望舒之魄也。顧兔蔫穎兮，燃桂以爲墨也。雲蒸霧蔚兮，中興之德澤也。從冰龍兮，浮日域也。拂扶桑兮，宇宙窄也。驅雷霆兮，拯人厄也。戮鯨鯢兮，妖蟇磔也。玉振金聲兮，君子德也。摛藻天庭兮，文華國也。韋編三絶兮，探其賾也。抱槧懷鉛兮，玄尚白也。志在《春秋》兮，麟之獲也。誦龍蛇之章兮，去無迹也。子孫寶之兮，不在乎龍尾之石也。

李洪《芸庵類稿》卷六《漆視銘有序》 昔北海侯譜硯，載古以玉石、雷斧、鐵甓爲者，惟晉太子納妃有漆硯，余得之永嘉，髹工凝漆而成，勒銘識之。

孚尹縝栗，謂爾玉質。温潤而澤，則凝其石。追琢就窪，鑿然無瑕。鄭人腊鼠，荆山抵鵲。靡竢三獻，薦於几格。意鹿臺髹工之棄，孔壁汗簡之餘。友陳玄與毛穎，伴草玄而著書。

薛季宣《浪語集》卷三二《研銘》 剛方正潤，磨而不磷。凹凸無庸，不安則震。

樓鑰《攻媿集》卷八一《族兄德潤硯銘》 惟端溪下巖之石，藏古麗州之樓氏。用以射策閱三世，孫子相傳寶千祀。

樓鑰《攻媿集》卷八一《王端本硯銘》 四圭兩圭同一邸，未聞一璧踞十趾。玉有五色今乃紫，磨以禹圭滃雲起。羲獻傳家不知幾，傲睨揮毫約詩史。淮水不絶璧不毁，書種綿綿尚百世。

崔敦禮《宫教集》卷一二《硯銘》 異哉，崔子之硯也！鏤獸以爲模，環山以爲池。獸有炳蔚可見之文，山有清明秀異之姿。斯二者皆象夫君子所爲。異時藻潤邦光，粉飾王席，則出而用，不然且柙而藏之，所謂天在山以蓄德，含其章而發之以時者也。

羅大經《鶴林玉露》卷之四《買硯詩》 徐淵子詩云：「俸餘擬辦買山錢，却買端州古硯磚。依舊被渠驅使在，買山之事定何年？」劉改之賀其除直院啓云：「以載鶴之船載書，入覲之清標如此；移買山之錢買硯，平生之雅好可知。」

葉寘《愛日齋叢抄》卷三 《夢溪筆談》記商洛間兵官賦詩云：「人生心無累，何必買山錢。」遂投檄去。頗類坡詞「不如歸去，二頃良田無覓處；歸去來兮，待有良田是幾時」。近如徐淵子詩乃云：「俸餘宜辦買山錢，却買端州古硯甎。依舊被渠驅使在，買山之事定何年。」

方岳《秋崖集》卷一八《擬文房四制・石鄉侯石虚中除翰林學士誥》 朕慨想碩儒，焕興文治。它山之石可攻玉，既久琢磨；《祈招》之音式如金，是資潤色。時予端彦，遂長禁林。具官某，温潤乎其粹中，凝重乎其方外。磨而不磷，常面屈其坐人；鑽之彌堅，亦眼高於餘子。有美傳巖之璞，居然孔席之珍。一卷石未足多，乃獨專於文翰；萬斛泉所宜出，且世掌於絲綸。屬禁省之久虚，趣宗工而入直。方且研究乎墨卿之妙，與之提携乎香案之旁。歷代寶之，龜玉無櫝中之毁；台輔器也，鼇扉極天下之英。是爲天子私人，所謂文章宿老。噫，出一言以悟主，正賴切磨；煉五色以補天，毋忘起沃。其發爾藴，以昌斯文。

方岳《秋崖集》卷一八《擬文房四制・賜石虚中辭免翰林學士恩命不允詔》

處翰墨之林，非髦士即素士也，而得端士之難，若卿者可謂端也。已直方大，其學《易》者歟？金玉其相，其學《詩》者歟？望之儼然，即之也温，其學《禮》者歟？潛珍巖穴之中，獻璞匠石之手，所以磨礲其性質、追琢其文章，有年於此矣。入直鼇禁，時從予游，寶而器之，遠出時彦。若曰頑鈍，則誰汝孚。嗚謙雖休，毋、或辭費。

《硯譜》

謝銅硯筆格啓

庾肩吾《謝銅硯筆格啓》云：煙磨青石，已踐孔子之壇；管插銅龍，還笑王生之壁。

石硯賦

黎逢《石硯賦》云：琢而磨之，其滑如砥。欲研精而染翰，在虚中而貯水。水隨量而還周，墨浮光而黛起。明而未融，是以爲用。久而不渝，故以爲美。成器尚古，微闕里於素王；匠法增華，參會稽之内史。又云：一拳之石取其堅，一勺之水取其净。又云：對此大匠，厠諸鴻筆。見珎於殺青之晨，爲用於草玄之日。

硯詩

僧貫休硯詩云：低心蒙潤久，入匣更身安。

石虛中傳

文嵩《石虛中傳》云：石虛中，字居默，器度方圓，中心坦然，若汪汪萬頃之量，封即墨侯。與宣城毛元鋭、燕人易玄光、華陰褚知白皆同出處。

虞集《道園學古録》卷三《謝張書巢送宣和瀘石硯》 巢翁新得瀘州硯，拂拭塵埃送老樵。毁璧復完知故物，沈沙俄出認前朝。毫翻夜雨天垂藻，墨泛春冰地應潮。恐召相如令草檄，爲懷諸葛渡軍遥。

虞集《道園學古録》卷四《韓氏陶硯銘爲潘憲臣作》 大陶軒轅範阿泓，摶丹合土水火並。隤然凝質幾天成，重厚密澤堅方平。發揮文章著光晶，磨涅千歲無毁傾。潘甫愛之如奉盈，有虞尚陶爰勒銘。

虞集《道園學古録》卷四《洮硯銘爲陸友仁作》 雲生洮中化完玉，膚理縝潤色正硝，保而用之吴郡陸。

虞集《道園學古録》卷四《硯銘爲斡克莊作》 毓德深泓，達材清明。磨礱圭角，浸潤光精。至溥之澤，至華之英。作爲文章，以頌治平。

揭傒斯《揭傒斯全集·詩集》卷四《硯山詩》 山石出靈璧，其大不盈尺，高半之；中隔絶澗，前後五十五峯，東南有飛磴横出，方平可二寸許，鑿以爲硯，號曰硯山。在唐已有名，後歸於李後主。主亡，歸於宋米芾元章，刻其下，述所由來甚詳。宋之季，歸於天台戴運使覺民。後又歸其族人。宰相賈似道求之弗與，擕持兵亂間，寢處與俱，遂獲全。大都太乙崇福宫張真人，本戴氏子，今年春貽書得之，請予賦詩。其辭曰：

何年靈璧一拳石，五十五峯不盈尺。峯峯相向如削鐵，祝融紫蓋前後列。東南一泓尤可愛，白晝玄雲生霮䨴。在唐已著羣玉賦，入宋更受元章拜。天台澒洞雲海連，戴氏藏之餘百年。護持不污權貴手，離亂獨與身俱全。帝旁真人乘紫霞，尺書招之若還家。陰崖洞壑寒谽谺，宛轉細路通褒斜。崑崙蓬萊與方壺，坐卧相對神仙居。硬黄從寫《黄庭》帖，汗青或抄《鴻寶》書。秦淮咽咽金陵道，此物幸不隨秋草。顧君谷神長不老，净几明窗永相保。

黄道周《黄漳浦文選》附録朱辰應《記黄石齋斷碑硯後》 先太傅文恪公舊藏米海岳硯山，閲三傳至公曾孫竹垞太史，擕至京師，王尚書阮亭見之，歎爲奇物，賦長謌焉。先時公少子尚寶公（諱大定）曾出以贈公門下士石齋黄公。公以先師所寶，不敢受，祇題斷句四章而去。太傅文孫上舍（諱茂暘）闡德録疏其事，且云行笈中止斷碑一硯，則是物蓋早與石齋周旋矣。石齋讁戍下獄，備嘗艱苦，莊烈帝終以儒者優容之，則所云「曾從霹靂推車去，又得滂沱自在春」，是硯蓋亦患難中一友也。讀其銘詞，猶可相見。明命既傾，石齋致命唐藩。先尚寶間關東浙，「石齋寄尚寶手簡，以隆中有子、晝錦有孫爲勗，不知仍用是硯否耶？又聞石齋兵敗婺源，其夫人致書石齋，言忠臣有國無家，勿以内顧爲念。所用者更有他硯邪？是不可得而考已。雖然，宋王伯厚得士如文文山，千古傳爲盛事。先太傅主天啓二年會闈，是科先後自靖者凡二十有三人，石齋實不愧文山。後死尚論者即以先太傅海岳研山擬王氏校士之硯，而石齋之斷碑以之並文山玉帶生，夫何歉哉？是日既展閲吾友張芑堂所摹拓本，適拜掃先太傅賜墓暨尚寶碧血埋藏之所，仰見松柏烈烈，不啻親聆石齋鬼門相候云云也（句見黄公與尚寶手簡）。

錢秉鐙《藏山閣集選輯·端溪石硯歌》 端溪出石硯，有三種：巖石爲上，西坑次之，後磨又次之。

端州有石色皆紫，端州紫石硯盈市。入市買硯苦不佳，佳者舊坑今在水。前者尚書來搜坑，（總督丁魁楚。）發兵障溪涸溪底。溪水玲瓏赴巖深，此坑宛在深巖裏。泅人没水舟然灰，腰斧穿巖及坑止。坑中捫石截如泥，精粗不辨誰者是。回身攀舷向灰擲，石被風僵兼火炙。琢出猶存火衲文，最佳乃是蕉葉白。點石取名獻尚書，泅人出水渾搜索。即今尚書一門屠（丁後降虜被屠。）壯士磨刀復誰惜！我聞此言自歎息，浪説鴝鵒眼能碧（端人不重此。）我有歙硯亦非真，筆鋒掃禿何曾釋。只道端州硯易尋，那知滿市屏風石！歸來洗硯還著書，此硯雖粗書盈尺。

屈大均《廣東新語》卷一三《製硯》 陳中洲有小端硯，其賦有云：「水巖紫雲，硯惟此珍。誰其琢之，專諸巷人。堂似坳而非坳，池既鑿而未鑿。底欲刳而不刳，邊務擴而即擴。四語盡硯式之妙。

戴晟《寤硯齋集·柴邨上人自廣南來擕水坑石一片春日過訪出示且許帶歸次早送還書此志感》 粤閩行萬里，一硯不離身。云是端溪石，堪爲席上珍。青花浮紫玉，蕉葉净秋雯。覓句烟霞外，時時潑墨新。

常怪留雲子，年來硯愈珍。摩挲客意重，什襲主情真。濯垢愁氷漬，揮毫畏墨淪。何如師視此，色相不生塵。

戴晟《寤硯齋集·商盤贈余藏珠硯繫之以詩依韻奉答》 方壁圓輪做作殊，光生書卷映明珠，蘇黄銘硯千秋重，何事輕投到小夫。

戴晟《寤硯齋集·玉收南歸以斗硯贈之》 端硯纔盈二寸餘，好同臂閣伴幽居。松煤一著烟雲起，待展晴窗細字書。

金埴《不下帶編》卷二 餘姚黄徵君梨洲宗羲硯銘云：「毋酬應而作，毋代人而作，毋因時貴而作。寧不爲人之所喜，庶幾對古人而不怍。」觀此銘而其人如見已。

陳齡《端石擬·藜閣十硯銘附》 卷荷硯銘有金星、金雲、黄龍、蟲蛀等紋。

蒐巖璞之瑰奇，遂卷荷之體段。呈象則景星慶雲，兆形則龍文蟲篆。吾將恒處其北，而破古人之萬卷。

龍尾石硯銘有角浪紋。

□□□道替，世言名古學廢。吾甯違世耽六□，欲學屠龍先割尾，一幅春波爲剪取。

緑荷硯銘首琢一螺，色深緑，頗肖。

斯一田，斯一螺，信不磨。

龍珠硯銘此有眼端石。

惟端之英，有龍之靈，以著文明。

舊端方硯銘

守其正也所以直，惟其端也所以方，是以君子友之而不忘。

白端硯銘

近朱者赤，近墨者黑，毋使不分，以汙我白。

石尊硯銘

惟尊有六，未聞以石。尊乃酒器，何以盛墨。以之飲兔，能鴻吾業。爲之結鄰，欲觀其德。

天然子母硯銘

萬物肇形，陰陽自判。惟彼石母，衆子依戀。女媧□鍊而具五色，五丁開遂而成斯硯。吾將攜置□□□几之府，窮摹太古鴻濛之篆。

天然青花端硯銘

斯端友也，予每愛其含英吐華而不琢，涫樸鎮静而不磨，殆將授之以即墨，恒爲予之楷模。

星月交輝宇宙硯銘并序 有大小二眼。

庚午中秋，梧桐鄉汪映波，以渠曾祖碧巢先生所藏星月交輝硯璞見遺，予曾於愛賢齋品爲第一，朱竹坨所謂「得水巖而諸山之石可廢，得青花而兼鴝鵒眼者，而諸品又可廢矣」。因製爲宇宙硯，硯成，乃銘之曰：

月之華，星之光，古今輝耀，天地文章。

復作青花硯歌以識其妙：

端州之東卅六里，斧柯高峽相對峙。夾東江流入峽來，特然一峯當水起。含靈吸秀千萬年，藴閟精華在水底。山川鍾萃産硯材，龍尾紅絲應□□。自唐迄今采欲竭，鬼斧神工無休止。初穿□□□深入，中洞却在深淵裏。自南及北水彌深，南壁北壁今俱圮。最佳正洞及東西，東洞精華尤無比。明瑩細嫩秀可餐，帶血羊肝山骨髓。蕉葉白内隱青花，寒波微塵差相似。四旁火捺散流霞，膩粉凝脂浮腠理。瑩瑩鴝眼欲照人，能令瞥見生歡喜。文奇質異不易覯，山靈吝惜無過此。得之不得云有命，慎勿妄求生毀訾。人間清福享最難，幸獲斯珍已爲僾。吾將結鄰伴老穎，爲渠先撰端石擬。

右銘之硯，大小十枚，非盡石質之美而及其銘，蓋供予日夕從事而識之。世所謂行硯、坐硯，實供朱供墨之需耳。因録《端石擬》竟，并作是歌，而筆其餘幅。

錢陳群《香樹齋文集》卷一〇《謝顧少司馬惠筆硯紙墨匣啓》 盈尺裁身，徑寸納量。胸羅四友，卷之密以退藏；富比百城，出其善而遠應。采老坑於端渚，龍尾一絲；砑新樣於錦江，螺紋廿疊。畫疆食采，封即墨於芥中；分野名湯，居管城於圻内。又復懷鉛待試，注水斯盛。按部就班，司契爲匠。開來馬上，抽妙思於湧泉；留伴枕函，寄清吟於題壁。儼衣裳之在笥，慎爾話言；規忠信於倚衡，守兹筦鑰。西洋客至，驚秘製之精微；東觀人歸，便輕馱之携挈。花場月夕，雖一奚而可將；蘭佩蓀紉，敢再拜而敬受。

沈心《怪石録》 汪藻《紅絲硯銘》：餐霞道士赤膚肌，隱然脈絡辭紅絲。千齡不敗堅且滋，誰其忍者斲厥屍。

歸莊《紅絲硯銘》：孔壁音，寂已久。藉爾以爲文，黄絹幼婦。

徐渭《鼉磯硯銘》：稠喻麋，一何捷，敗穎兔，猛於獵。馬善走，蹄必齧，才難哉。又：拔中山，吾汝訝。猶勝彼攻即墨者，終歲而不能下。

□□□《駝基硯銘》：姚寬《西溪叢語》曰，登州駝基島石可琢硯，島海運道也，新城王季木遺余駝基研，爲之銘曰：海島有石，取以琢硯。涉彼風濤，登於書案。世無淮安，誰復海運。晴窗摩挲，使我三歎。

朱彝尊《鼉磯石硯銘》：靈鼉磯，左海圍，沐日浴月衆所歸。我懷斯石置棐几，金星繁，倍龍尾。

魏坤《鼉磯研歌》：青州紅絲已罕得，淄川中坑亦虚擲。旅懷直窮海之濱，貪買鼉磯一片石。久從絶島埋雲根，蛟涎噴激鯨波呑。千夫冒險入崖底，劚取山骨鮫宫裏。碎點金星照水寒，平堆雪浪隨風起。古來硯材世難全，香姜銅雀空流連。何如此石出東海，龍尾可並南唐傳。匣中端溪潤如玉，理滑翻愁磨未足。如騎鈍馬鞭不動，一步一蹶行局促。輸汝發墨少滯艱，鈔書臨帖娱老顔。煙丸碾處雜蜃氣，縹緲想見三神山。

于敏中《欽定西清硯譜》卷一《御製題漢未央宫東閣瓦硯》 噲豨越布皆功狗，相國發縱常居守，楚歌四起霸業墮，漢王南面朝九有。功成治定作未央，連雲榱棟將侈富。叶。翡翠參差覆反宇，日射華光入文牖。燕啄皇孫炎火微，頓教閼户嗟豐蔀。金銅仙人辭漢去，清淚汍濕濕肩肘。一木難支大厦傾，荆煙墟露埋形久。何人湔剔供濡毫，青鐵視此翻覺醜。呵之有澤理緻精，弊而不壞純且厚。以静爲用故永年，尚卿螺子爲文友。銅雀硯亦擅佳名，陶成四百年以後。共置明窗净几間，阿瞞有知應自咎。鄭侯豈藉是硯傳，是硯真因鄭侯壽。

臣梁詩正銘：元雲蒸，蒼玉獲。未央瓦，鄭侯作。軼甘泉，藐銅雀。刀筆意，早相託。到於今，伴圖籍。播清芬，石渠閣。

臣張若靄識語：前千百年漢家爲宫，陶人效之，鄭侯監之。後千百年漢宫何在，耕者得之，文房用之。

臣董邦達七言古詩：未央宫成刀筆吏，參差萬瓦如鱗次。宫殘一片寶於珉，斑斑猶見鄭侯字。巧匠鐫鑱作硯材，墨卿管子同駈使。黝色長沾雨氣青，堅光不礙霜華漬。回眎當年萬瓦羣，羞與噲等名相厠。

臣汪由敦銘：炎祚開，紫宫新。陶甓良，垂千春。宜豪墨，璧府珍。

臣勵宗萬銘：歲古不磨，物堅斯壽。宫弗厭卑，器亦求舊。眷兹鴛飛，用儕鳳咮。製樸以淳，質渾而厚。潤色鴻文，功昭世宙。

臣陳邦彦銘：漢宫鴛瓦兮匪玉匪石，承明鳳池兮如圭如璧。長奉君王染翰，分億萬年其無斁。

臣裘曰修銘：阿房火後未央出，高拂星辰薄雲日。轉眼銅駝卧荆棘，瓦聲墮地秋蕭瑟。雨蝕沙埋光彩溢，題字摩挲未全失。緊誰規作文房物，觀乎人文占象吉。招邀龍賓走不聿，龍以緹緗副芸帙，用佐休明彰黻黻。

于敏中《欽定西清硯譜》卷一《御製漢未央宫北温室殿瓦硯銘》 赤帝肇基，鄭侯正宅，陶人爲瓦，堅若金石。霄露凝精，曦陽耀魄。歷歲二千，印花暈碧。佳士振奇，摩抄惋惜。曰是良材，不襲而澤，潤宜柔翰，緻泛松液。作硯惟寶，重逾拱璧。鑒賞秘藏，流傳屢易。曩遘陽九，淪委沙礫。貢珍天府，輝映東壁。臨池静對，俛仰今昔。締構經營，英姿奕奕。懷賢興慕，鑑古增惕。何有區區，文章字畫。龍賓就召，蟾蜍滴瀝。摛藻西京，卿雲接跡。

臣汪由敦銘：陶之精，堅以瑩，柧稜特起雄漢京。閲年幾何來書府，日摩抄氣逼古。

臣張若靄銘：露凝仙掌，殿隱卿雲。鱗差櫛比，黄屋玢豳。翔鴛顧影，眠柳摇春。一器之傳，珍逾尺璧。誰其繼者，工斯埏埴。陶泓楮生，銘兹炎德。

臣董邦達銘：未央宏麗，温室深嚴。漢宫遺製，既雕既鑱。珊瑚作架，玳瑁成函。泐銘其上，用志大凡。

臣梁詩正銘：卯金銷，留瓦注。鴛鴦影已分，蟾蜍氣方吐。猶記當年簪筆人，巡簷默數庭前樹。

臣勵宗萬銘：來自漢室，寶此研田。玉不碎兮瓦亦全，盛以仙露潔且鮮。

臣裘曰修銘：漢業既成，未央是營。温室深閟，萬瓦鱗次。越數千年，瓦猶獲全。登之文囿，用爲硯田。製自工師，珍同圭璧。物無棄材，視此遺甓。

臣陳邦彦銘：縝而潤，栗而温，漢社已屋，宫瓦猶存。昔同樹不語，今並石能言。

于敏中《欽定西清硯譜》卷一《御製題漢銅雀瓦硯》 笵土爲瓦瓦成石，石瓦土兮誰本質。摩抄蒼玉認前朝，尚有建安年可識。相州當日築高臺，鴛瓦精傳陶氏術。鉛丹細搗襍胡桃，大浸稽天不漏滴。貯歌藏舞鄙齊雲，更擬二喬陳筍席。仲謀孟德今何在，相争霸業春氷釋。銅雀棲荆室奉頽，谷陵遷變匪朝夕。遂使人於帛縷物，一器千金乃不易。何人規爲潤色生，窪尊圓月中繩尺。歲月既久火性沉，潤似端溪老坑出。松滋寶帚獲嘉朋，書媒文畝資幽適。詎數虢州土貢佳，呵之直欲流神液。寄情竹素玩古今，松雪齋中想捉筆。非人磨墨墨磨人，東坡果入維摩室。

臣梁詩正銘：范土鍛火，出離入巽。匪石同堅，得水永潤。

臣汪由敦銘：色黝象天，分涵太素，玉潤金堅兮奎壁護。

臣勵宗萬銘：慎濯磨，壽者静，萬斯年，圖疇永。

臣董邦達銘：陶斯成，净無垢。隆其形，静則壽。發爲文章，函蓋九有。

臣陳邦彦銘：賦形陶冶，鍊質氷雪。温如玉，堅如鐵。以供墨池，與圭璋埒。

臣張若靄銘：高臺何在，遺瓦獨存。墨君管子，介紹無言。

臣裘曰脩銘：昔以成臺，徵歌貯舞。兹以臨池，研今泳古。遥遥千載，物換星移。片瓦何知，惟所用之。

于敏中《欽定西清硯譜》卷一《御製題漢銅雀瓦硯》 硯之珍者宋時端，漢瓦更古千載焉。長盈尺横五寸寬，背隸建安十五年。容齋故物或疑然，内府舊器向題篇。未央銅雀各一全，得兹三友佳話傳。於面滴水不易乾，拭水乃潤蒸露溥，承溜含滋理可詮。何物不可致有言，恧哉蒿目吾於賢。

于敏中《欽定西清硯譜》卷一《御製漢銅雀瓦硯銘》 金仙一去，鄴臺荒也。銅雀片瓦，羽之吉光也。窪其中以爲硯，温潤而栗，直以方也。前有甘泉，後香姜也。得此以鼎足，貯金壺宜文房也。龍尾珍於宋，紫雲割於唐也。傳之千載，數百載非弗寶貴矣，不若斯之壽而臧也。勒爲此銘，發神雀之藻耀，表甄官之精良也。亦以慨奸雄之骨已朽，建安之年號不亡也。

臣梁詩正銘：銅雀雙鳴五穀熟，幻化長留硯田宿。墨池清泚星光屬，依稀照影漳河曲。

臣張若靄銘：鄴土猶新，漳流不蝕。用佐古香，代文以質。

臣裘曰修詩：鄴都漳水流涓涓，高臺遺跡埋荒烟。行人拾得臺上甎，既礱既治煩磨鐫。中央彷彿月未圓，凹之如沼還如田。絳人管子來因緣，爰登筍席陳琱筵。其陰題識尚宛然，製自建安十五年。上鑴寶貨之古泉，下刻呦鹿伏且眠。布痕猶皺膚理堅，土花千載受氣全。墨池雲湧風仙仙，至今一瓦仍流傳，舊時銅雀知誰邊。

臣汪由敦銘：神雀軒舉，藏歌貯舞。高臺既傾，鶩沙宿莽。萬瓦鱗鱗，遺此片甲。質瑩而澤，襲之寶匣。豈無良材，龍尾鳳咮，閱歲踰千，曷若汝壽。

臣勵宗萬詩：銅臺瓦，沈漳水，風日盪摩波濯洗。光潤出河凝石髓，苞藴經天緯地文。鄴下空驚七才子，春華秋實兼所收，陶鑄典墳括圖史。

臣董邦達銘：銅臺燬矣，隻瓦猶新；臺因時圮，瓦以硯珍。質温而栗，光黝而純。繄無馬肝，古色漸湮；繄無鳳咮，追琢損真。維此范土，堅埒貞珉。面隆腹窪，肉好邊均。以濡不律，以砥龍賓。圖球共寶，棐几長春。

臣陳邦彦詩：歷盡漳河晝棟塵，琢成良硯襲芳裀。池凹微染苔痕碧，欵字長留舊迹新。棐几明窗供雅玩，舞衫歌板認前因。濃磨子墨裁青史，猶記三分漢鼎人。

于敏中《欽定西清硯譜》卷一《御製漢銅雀瓦硯銘》 月露澹澹，流爲靈液。烟雲蒼蒼，毓此元碧。翳高臺之片鱗，邁媧皇之遺石。

明文徵明銘：凌風欲翔，涵月無漬。片瓦留傳，琢成如砥。緬遺制於黄初，潤苔花而暈紫。映墨池以相鮮，比鳳咮之爲美。

于敏中《欽定西清硯譜》卷一《御製題漢銅雀瓦硯》 静爲用復泰爲貞，净几文房永伴清。毛舉不須説毛穎，陶成原得號陶泓。鄴臺一旦辭榱棟，漳野多年埋棘荆。可惜建安空紀歲，爾時覬覦早深萌。

硯首銘：惟天降靈，錫我曹甓。值時清明，遇人而出。惜彼陶甄，乃古器質。翰墨是封，以彰以述。

于敏中《欽定西清硯譜》卷一《御製題漢銅雀瓦硯》 偶憶瓦硯或尚有，居然此器呈座右。未央銅雀各存一，貯之乾清題句久。斯蓋其次未經詠，徒命西清試吟手。重觀歷歷作古人，不覺悵然爲搔首。四時代嬗刻無停，信哉何物如汝壽。然予更復致疑焉，瓦片識年理難剖。即今宫殿黄瓦覆，何曾一一年歲鏤。或云六朝好事者，所倣爲之誌不朽。此事雖假亦久哉，惡知非真亦非苟。

臣汪由敦銘：伊昔之鉅麗，瓦也有餘媿。而今之遭逢，登几席以雍容陳秘殿。松花汎臺安在哉，瓦爲硯可鑑。

臣勵宗萬銘：凌雲已歆，歌臺何處？片瓦猶存，潤滋儛露。墨侯守之，管城永固。

臣裘曰修銘：割據空，歌舞寂，弔荒基，得遺甓。始摩抄，繼湔滌，召工師，慎脩飾。良材呈，嘉名錫。侣中山，容子墨，堪爲朋，用比德。芸閣中，縹囊側，更千年，永無極。

臣梁詩正銘：建安片瓦今依然，神工遺結文友緣，珍逾蒼玉千秋傳。何似當年燦金碧，臺荒空惜參差跡。

臣張若靄銘：質堅以樸，色黝而渥。用佐豪端，揚清激濁。陋彼魏家，賦詩横槊。

臣陳邦彦銘：舞臺荒，瓦成石。謝紛華，司簡册。焕堯文，傳羲畫。硯長存，歌停拍。建安遺，一片碧。

臣董邦達詩：層臺高峙臨清漳，銅雀錫號耀天閶。縹瓦鱗鱗甃禁墻，當塗易代何蒼涼。土花蝕透碧鴛鴦，揭來尋向鄴城疆。建安紀年字一行，輸之天府等琳琅。如琢如磨精且良，不須刓圓更毁方。陶泓清泚疑截肪，彩毫輕試墨花香。錦綺縚緎七寶裝，掩映圖史琴書傍。抉雲漢兮分天章，以壽貞珉千秋光。

于敏中《欽定西清硯譜》卷二《御製多福硯銘》惟古有訓，斂時五福，敷錫庶民，幽贊化育。承天之序，厥惟艱哉，視民如傷，孰釋予懷。毋曰九重之宮而安其躬，念蔀屋之竊歎，每憂心以忡忡。毋曰八珍之膳而供其宴，念糲食之尚乏，嗟何能以下嚥。錫福謂何，遑云建極。期慾尤之或鮮，恒小心而翼翼。我心如是，我志在茲，視此礪石，貞堅不移。庶天祖之鑒佑，致風雨其咸時。斯蒼生之多福，即予一人之多福，永與薄海而共之。

平州銘：汶水之清，實毓其精。人心抱質，翰墨流英。貽厥孫子，紹我家聲。

又：獲硯即如獲田，有田正可種福。願我世世子孫，慎毋懈於畊讀。

無款識語：見在之福積自祖宗者不可不惜，將來之福遺於子孫者不可不培。

白鵜緣人贊：太山所鍾，汶水所浴。堅勁如鐵，溫潤似玉。化爲飛鼲，生生百族。不假雕飾，天然古綠。用而作硯，龍尾繼躅。文字之祥，自求多福。

臣任蘭枝銘：朵雲片玉出澠阜，噓氣如虹工衝斗。貢之明堂列几右，赤文綠字無不有。毫端膚寸百靈走，崇朝徧灑歡孩耉。翊贊文明發豐蔀，蒸出芝菌作林藪。民俗登三歲餘九，用介景福俾單厚。九重斂仰志謙受，精意祓濯孚盈缶。敷言錫福騰萬口，尚勵乃績一乃守。含章靜嘿遠氛垢，萬歲千齡奉我后。

臣蔣溥銘：維皇建極，錫福下民。言傳號渙，灑澤爲春。覩茲石英，德象坤厚。蓄故能容，靜故能壽。肅陳丹几，夙夜懋勤。根柢經訓，扶質敷文。抱貞守一，沾濡朝野。漸之摩之，悠也久也。遜志時敏，聖學日新。仁耕義耨，廣運陶鈞。福被萬邦，中正是秉。銘厥金石，用配盤鼎。

臣劉統勳銘：中和純粹，毓質惟良。以綏多福，嘉名乃彰。福之滋培，既深且長。福之推暨，品類咸昌。體立用行，炳蔚裔皇。有典有則，如圭如璋。味道之腴，漱藝之芳。澤沛蒼黎，輝映巖廊。德洋恩溥，若時雨暘。引之申之，積厚流光。日新又新，茀祿用康。文同九有，慶錫無疆。

臣彭啓豐銘：雲根出山，霞蔚其文；墨池灑潤，結藻流芬。以介繁祉，百福千祀。與金並堅，比玉同美。挹彼注茲，潤色鴻熙。出納綸誥，恩膏溥施。靜德無聲，榮光似鏡。正直守中，端凝主敬。維德之馨，錫賚有銘。盤盂並鑒，彝訓是經。我皇至德，受釐保佑。配命自求，乾行坤厚。天葩刊珉，輝光日新。建極錫福，箕疇載陳。

臣張若靄銘：坦坦平平，宜文宜質。溫溫穆穆，如圭如璧。其體常貢，其用不息。動以研天下之精，靜以立天下之則。從心而不踰乎矩，因時而不滯乎物。是之謂造福之田，掞天之筆。藹藹爲雲，膚寸也而沛垂天之澤。淵淵其淵，涓滴也而凝江海之液。渙汗其大號而義貫六經，燦麗其絲綸而文成五色。蓋萬物之壽也，而悉本於王心之一。萬年之和也，而皆蘊於皇衷之密。神之聽之，多福是錫，民之質矣，徧爲順德。

臣鄂容安銘：維茲珉石，膺受多福。樸然天成，渾渾穆穆。體端而靜，性堅以貞。以濡以沐，潤色蒼生。濡之以毫，爲霖爲雨。曾不崇朝，徧於寰宇。沐之以墨，如綍如綸。沛若江河，達於崑崙。勿謂萬類，聚之几席。藉此方寸，通其呼吸。雖有萬事，資以助之。著於一紙，九有勿遺。運行在心，吐納在腹。一滴涓涓，中外咸渥。膺福者硯，錫福者天。虛中以應，億萬斯年。

臣介福銘：相茲貞石，采自幽谷。追之琢之，溫其如玉。供清玩於九重，肇嘉名以多福。明明我后，錫極庶民。宵衣旰食，與物偕春。福緣天降，亦由自求。遵道遵路，朝野咸休。乃啓丹帷，乃拭綈几。嘉茲硯之堪珍，煥絲綸於遐邇。涵濡宇宙，潤色太平。永斯年於億萬，熙久道兮化成。

于敏中《欽定西清硯譜》卷二《御製題漢甎石渠硯》寶藏漢時墨，器類楚王磚。質異洪家譜，珍傳朱氏編。陶泓信此耳，居默彼誰焉。設寄鳳池容，寧知八影遷。

于敏中《欽定西清硯譜》卷二《御製題漢甎虎伏硯》古甎疑出未央宮，泥質全澄色類銅。小篆何人刻虎伏，於菟那足擬文雄。

于敏中《欽定西清硯譜》卷二《御製題魏興和甎硯》扣如金石聲和緩，背識興和年造。宛彼其偏安世季晚，何有此哉郁翰苑，信乎斯文行之遠。

于敏中《欽定西清硯譜》卷二《御製唐石渠硯銘》方盈寸有半，圍以渠而周。銅乎石乎泥乎合一，相閱千秋。邊幅雖小，其用無窮，如寸田，贊化工。

于敏中《欽定西清硯譜》卷二《御製唐澄泥六螭石渠硯銘》石渠唐硯，久藏內府兮。賁來六螭，物必有偶兮。呵之發潤，筆花墨雨兮。竟體剥蝕，華紋吞吐兮。玉尚有焉，况斯甄土兮。何物永堅，爲之意憮兮。

于敏中《欽定西清硯譜》卷二《御製唐八稜澄泥硯銘》汾水澄泥絳縣製，賈氏譚録詳紀事。建武庚子分明識，海馬飛魚出波際。佐我文房之五藝，揮毫祇欲書亥字。

于敏中《欽定西清硯譜》卷三《御製題宋宣和澄泥硯》澄泥貢硯識宣和，小篆分明泐未磨。撫不手留質古玉，暎教心澹色春波。出陶底異銅臺瓦，受墨偏宜棐几娥。温室餘閒常命什，勑幾惟覺慚賡歌。

臣蔣溥詩：幾度叢臺漉水和，流傳古質未消磨。西清識篆猶青汴，東璧分牋自衍波。半沼春泉宜静友，一圭膩玉薦雲娥。宸章燦處烟光濕，不數端州石硯歌。

臣汪由敦詩：綈几揮毫心手和，宋時尺璧愛詩磨。濕涵雨氣龍鱗片，潤浥寒芒鴝眼波。毛穎舊傳陶是友，雲仙漫詫墨爲娥。金聲玉德蒼顔古，長沐榮光帝作歌。

臣梁詩正詩：良工舊製出延和，宣示依然瑩不磨。鳳咮相看齊拱璧，龍文宛在識迴波。似從滴露添餘鏽，疑有涵星照影娥。閲世今知遭際好，千秋長得奉宸歌。

臣劉統勳詩：以陶代石土膏和，宋製流傳妙琢磨。金錫同堅留古暈，蚌珠比潤泫微波。試來蒼璧浮星彩，浴向清池映月娥。長佐揮毫天藻麗，紫雲舊句漫成歌。

于敏中《欽定西清硯譜》卷三《御製題宋張栻寫經澄泥硯》　南軒曾是友龍賓，師事胡宏授受真。治郡立朝多實踐，空言道學豈其人。

于敏中《欽定西清硯譜》卷三《御製宋澄泥虎符硯銘》　聞之説命事須師古也，物豈不然於硯尤宜斯語也。宋代澄泥其形爲伏虎也，小篆曰符蓋以用於軍旅也，磨盾伊誰爰乃成其露布也，觀象玩占我則念夫革之九五也。自新新民應天順人之矩也，古色斑斕文房朝夕與處也。曰金曰石無不可也，世間萬物曷莫不生於土也。

于敏中《欽定西清硯譜》卷三《御製題宋澄泥虎符硯》　式爲兵符形似虎，意寓炳文濟其武。坡云磨甕可供書，奚必陶泓稡爾許。

于敏中《欽定西清硯譜》卷三《御製宋澄泥虎符硯銘》　貌其金，質其土。象虎符，詰戎旅。彰斯文，濟彼武。草露布，是資汝。

于敏中《欽定西清硯譜》卷三《御製宋澄泥虎符硯銘》　汾州舊製囊沙濘，是陶是冶良工整，如金如石爲用静，大人虎變其文炳，自新新民吾應省。

朱棟《硯小史》卷四《賦文詩圖·銅雀硯賦》　池繞陣雲，筆餘覇氣。歌作歐陽，歐有古《瓦硯歌》。詩成韓魏。韓有《古瓦硯詩》。埋蓬蒿而土蝕，古址荒涼；問事業於陶泓，崇臺髣髴。我思當年武帝，特建文昌。時應當塗之讖，臺增割據之場。宮中妓列三千，人傳侈靡；樓上雀高丈五，勢極飛翔。金碧生暉，上下都裝翡翠；琉璃映日，參差悉覆鴛鴦。《晉書》銅雀臺皆鴛鴦瓦。雙闕浮於太清，特命愛子而作賦；中天開以華館，復集多士以成章。謂斯臺之永固，樂終古而未央。無何而西陵忽起墓田，南城頓除歌舞。月夕空懸，繐帳不是芳辰；甲子復出，金墉旋更典午。考興修於後趙，尚有樓臺；遭兵燹於汲桑，早無廊廡。時發舊瓦之二三，年刻建安之十五。河山如故，曾照魏國之斜陽；姬妾分香，嘗蔽鄴宮之陰雨。前人制造，半行漢隸之文；有客摩挲，一片曹家之土。佇想爾時，公讌早依文士以同居；那知此日，明窗猶與我儕而弔古。由是列之於譜，稱之爲田。潤比未央之瓦，舊同長樂之磚。視錫花之流精，氷霜剥落；驗土斑之乾翠，風雨雕鎸。黄成金玉之坯，胡桃油泛；紫作葡萄之錦，雷布紋連。論品却勝紅絲，光浮漆匣；滴水常如碧沼，墨泛松烟。誠佳嫌少真，徐常侍咲疑其渴；好事愛其古，晏元獻裁破難全。物在北齊東魏以前，自昔則瓴甋同擲；品入竹垞石田之月，歷今則翰墨爲緣。當步三曹之宏麗，如與七子而周旋。重起而爲之亂曰：銅雀鑄兮宮殿開，司馬禪兮漸傾積；汲桑亂兮付刼灰，瓦礫多兮埋塵埃。既無臺兮存陶坯，斵爲硯兮仍稱臺。如有造五鳳樓之手兮，豈特重曹魏之多材。

水坑端硯

先筆起光焰，心低用極寬。幾研如許發，一月不曾乾。雲護池中暖，泉生石裏寒。春温兼秋肅，清粹勝琅玕。

未央片月硯

未央宮闕久成邱，圓瓦飄殘缺月修。簾外曉寒袍未賜，猶分前殿半輪秋。

疎影　端硯

朝天巖峻，甚神工割得，紫雲三寸。或重青州，或重潭州，那及此君温潤。興來蘭蕊松烟合，看墨海，濤翻千頃。又盡人，端友相稱，體格十分方正。不見羅文居默，早中書待詔，能取侯印。虛中字居默。子獨何爲，幾載磨礲，不向鳳池争勝。玉堂新樣君無愧，祇伴著，琴書清冷。到後來，見貴有期，歐公云端以後出見貴。高眼一時難認。

前調　題硯

開奩微笑，喜一池墨泛，恍臨清沼。半挺烏丸，幾轉輕研，陣陣黑雲縈繞。龍巖風雨前宵甚，祇一霎，池邊飛到。歎年來，以硯爲田，潤澤不愁枯槁。

況自山中求得，比雀臺舊瓦，出身還好。星斗瑩然，藻泚依然，隱見青花多少。金稜玉海連城重，豈輸却，中書才料。見羅文傳。倩何人，捧向尊前，題遍江南花草。

宋硯銘

噫！此古坑硯之琢於宋，多少名人曾其經，六七百年而暫爲我用。

蕉白硯銘

一片石，不盈尺。紫間青，青間碧。中漸淡，露蕉白。發如油，潤如璧。琢者嚴舫漁，銘者朱二垞。

天然研

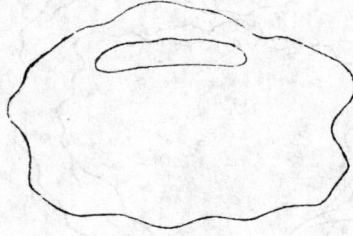

端坑石子，色澹紫，細而發，長四寸，闊如之，厚四之一，亦柏鄉魏氏物，下有「貞庵」二字篆文。

銘

如此自然，外潤中堅，用公之硯，如見公焉。虹橋。

澄泥研

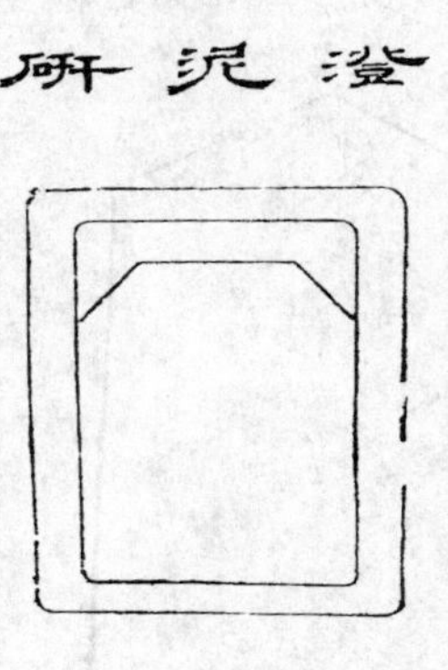

此宋澄泥，色如春波，墨同油泛，下有「碧玉」二字。

銘

或產於澤，或出於絳。或作於虢，或陶於相。此唐賢之所尚，歷千餘年其無恙。虹橋。

天然龍尾石段研

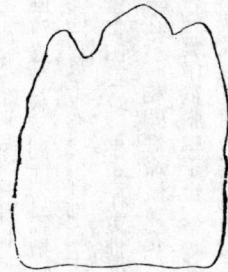

形如峭壁不假琢削而成，蒼翠可珍不徒以發墨見貴。

銘

何處洞天，飛來峭壁。秋嵐氣清，秋潭寒碧。桐村高景光。

駝基石

此石產登州鼉磯島，色青綠如龍尾，發墨不燥，余特愛而銘其陰。

端歙既枯，此石仍在。采自小磯，中藏巨海。戊午重九，二垞居士。

駝基石，青間碧，具雪浪，中凝白。細而發，且潤澤。方寸池，勝尺璧。女史高静貞。

駝基圭研

形如圭，色如黛。墨浮津，鋒不退。産海中，珍海內。子香丁益琳。

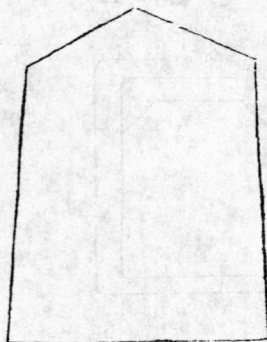

此端石子硯，色澹紫細潤而發，長一尺，闊如之，厚三寸，重十一觔半，端産之石莫有過於此者，亦爲閬環所藏。

銘

百夫運斤，乃出斯珍。斯真山川之精英，蘊結而成，莫之與京。閬環丁益琳。

鄭用錫《北郭園詩鈔》卷二《破硯》 呵水何曾弗值錢，磨人磨墨總堪憐。一場瓦礫封侯地，半截江山草檄天。但得良田休問税，難防衆口莫求全。無端又抱彈丸恨，擲得枯魚各惘然。

陸以湉《冷廬雜識》卷六《器銘》 器之有銘，由來遠矣，見於歷朝者不可悉數，兹擇近人所作辭旨簡質者録之。方望溪侍郎《硯銘》：「磨而不磷，静以守黑。」又《澄泥硯銘》：「甄之陶之久益堅，琢之磨之好且完，善而藏之德乃全。」錢竹汀宫詹《圓硯銘》：「懷孔之璧，守老之黑。」又《筆管銘》：「毋用汝鋭，可以百歲。」紀文達公《截刀銘》：「當斷則斷，以齊不齊。利器在手，孰得而參差。」又《瓜硯銘》：「無用者半，益之以枝蔓。君子摛文，鑒於兹硯。」金冬心《缺角硯銘》：「頭鋭且禿，不修邊幅，腹中有墨君所獨。」梁山舟學士《自用硯銘》：「磨不磷，涅不淄，堅白之德吾所師。」又《小硯銘》：「不彫不琢，完爾太璞。」又《摺疊扇銘》：「一闔一闢，造化在手。明月半規，清風滿袖。」程易疇學博《小員硯銘》：「余能方弗能員，宜與而相周旋。」吴江周叔斗茂才夢台《印泥盒銘》：「紅泥田，玉龍耕種垂蜿蜒，收令名，乃有年。」孫愈愚明經《筆銘》：「三寸管，一丈舌，慎持之，有鬼責。」嘉興錢警石學博泰吉《印匣銘》：「保其名，在退藏，用之不輕終身臧。」楊至堂河督《硯銘》：「涅不緇，蕉葉白，知其白，守其黑，説心研慮介於石。」高伯平明經《朱硯銘》：「勘六籍文字之益，惟中藏者赤。」余嘗作《筆銘》云：「純兮兼兮判厥品，朱兮墨兮視所近，勤習慎持，用無不宜。」又《墨銘》云：「色闇德馨，體剛堅而用文明。早夜研摩，以成我名。」

林占梅《潛園琴餘草簡編·黄莘田端硯歌》 得來好硯同好友，日日摩挲常在手；伴吟墨使陳静軒，資寫《黄庭》向晴牖。閩中同嗜本有人，十硯老人莘田叟；直如硯癖子瞻翁，不讓風流錢可久。湖曲百篇擅竹枝，草箋一部描花柳。楊次也李嘯村當時並盛名，津津膾炙千人口。許都高士媲雙丁，鄴架連篇方二酉。行徧江南又嶺南，喜近素馨田百畝。平生作吏拙催科，能扇仁風遍原藪。放衙花底紙揮毫，判牘筵間盃在口。相關性命硯兼花，自寫胸懷詩與酒。因此罷官歸去來，清時何害風流咎！囊中祇賸二千金，半購端溪紫雲母。歸裝十硯剩餘貲，還取珠江兩妹秀。桃葉桃根泛棹歸，燕子樓中甘白首。陳迹回頭百十年，浮雲變幻成衣狗。舊物星分到海東，連城荆璞爲吾有。《香草箋》中此硯詩，玉堂佳句鐫其後。《香草箋》有詩曰「何年修斧屬吳剛」云云，即鐫於此硯之後，隸書、篆印俱佳。 漫説牛毛白蕉鑱，勿誇鴝眼青華剖。賺稱銅雀贋未央，泥瓦尤嫌難滌垢。兹珍潤發細如脂，元玉之聲清越扣。我有清夜簴鐘琴，棐几明窗堪配偶。吾儕立脚重彝倫，大德不逾何足醜！自來物固因人傳，花木亦當敬歐九。君不見信國當年玉帶生，珍同圭璧輝琮玖？造就金剛不壞身，二謝之名隨不朽。我硯人間亦既稀，無德以資良愧忸。於今猛省□修虔，善行嘉言書座右。化爲丹篆吐紅光，萬丈冲霄懾星斗。

陳康祺《郎潛紀聞初筆》卷一一《紀文達硯銘》 潘文恭公初入翰林，以歙硯求銘於紀文達，公爲之銘：「稜稜有骨作作芒，取墨則利穎亦傷，繄包孝肅豈不剛，我思韓范富歐陽。」案：文恭少年渾涵端重，文達正當以風骨勖之，何反慮其過剛，殊不可解。

徐世昌《晚晴簃詩匯》卷六履端親王永珹《銅雀瓦硯歌》 阿瞞漢賊非漢臣，營窟乃在漳河濱。銅雀高臺入霄漢，參差瓦縫排魚鱗。太息人生祇如夢，光陰老向軍中送。分香賣履事難言，望斷西陵含隱痛。中原劫運幾滄桑，棟宇飛灰草樹荒。石墨那堪供染翰，硯材差喜發幽光。幻化本鴛鴦，成斑亦鸜鵒。佳品自澄泥，奇珍踰美玉。卻想觚稜金碧時，琉璃片片亞檐垂。誰能磨盾頻飛檄，但説臨江自詠詩。到今遺瓦苔斑駁，文房好倩良工斲。君不見建安年號記分明，漢鼎雖遷留正朔。

徐世昌《晚晴簃詩匯》卷八烏爾恭阿《喜得唐子西硯周澗東孝廉檢示貴耳集賦謝》 孔云友多聞，潤東我益友。告以古硯銘，《貴耳集》載久。北宋唐子西，篆刻俱名手。賴君學淵源，賦詩傳不朽。喜極忘效顰，犯曉詩筒走。舊蓄宣和鸜，歙石頗不醜。兩硯都非常，或有鬼神守。暇當就我看，無歸飲我酒。食肉亦何俗，杯盤羅菘韭。雄談受益多，循循猶善誘。昨許鐫一行，高朋能運肘。爲篆石琴藏，嘉慶歲丁丑。

徐世昌《晚晴簃詩匯》卷一一黄宗羲《讀上蔡語録上蔡家極有好硯後盡舍之一好硯亦與人慨然賦此》 有宋上蔡謝先生，一硯不留磨破瓦。要使胸中自廓然，世間何物更難捨。而吾平生玩物心，擾擾無殊於野馬。忽然北風捲土去，不名一錢在屋下。突兀三硯真奇物，天將史筆委之野。一硯龍尾從西土，傳之朗三宣城梅朗中。傳之我。燕臺澒洞風塵中，留之文虎甬上陸捋。亦姑且。十年流轉歸雪交，余書室名「雪交亭」。治亂存殁淚堪把。一硯括眼暈九重，秋水時向明窗瀉。丁子王作合玉硯，千祀古文出亡社。三硯縱橫傍短檠，雪崖無煙亦瀟灑。昔年送女入甬東，穴壁偷兒不相假。吾時聞之在中途，欲行不前奈兩踝。嬌兒阿壽恐吾傷，乞得滑硯强吾寫。吾爲阿壽勉强笑，握筆終然多牽惹。開卷今見上蔡事，使我愧汗如盛夏。丈夫力不能自割，偷兒真爲益我者。兒亡三載硯四年，有賊不向貧家打。

徐世昌《晚晴簃詩匯》卷四五汪琬《嚴氏傳硯齋》 迢迢先澤冠東吴，太守詒謀近亦無。絶勝風流王内史，祇著小卷付官奴。

室有牙籤映縹緗，庭前書帶數叢長。封胡羯末今如許，未怕年來硯沼荒。

燕寢凝香有昔賢，百年手澤至今傳。銅山錢埒知多少，不敵君家寶硯田。

徐世昌《晚晴簃詩匯》卷五〇曹寅《題啓南先生莫斫銅雀硯圖》 未央宫中一尺瓦，不知遺恨漳河下。錫花雷布誰作模，鴛央離合無真假。阿瞞心雄天厭足，平生只欠西陵哭。飛來銅雀亦辜恩，可憐難覆如花肉。與奸作瓦罪莫辭，與人作硯遭磷淄。粉身何惜鹿盧碎，渴筆恐辱屠沽兒。隱君正史先救硯，麟經獨炳丹青傳。君不見瓊林寶藏無不收，王莽之頭斬蛇劍。

徐世昌《晚晴簃詩匯》卷五〇方登嶧《端州采硯行》 紫雲硯采端州畔，端州城峙牂牱岸。峽束羚羊復北趨，十里青山聳天半。山腰有穴僅容人，山腳端溪流洴洴。溪源暗與穴凹通，積水灌中泥不暎。瓠罌往汲如傳杯，水枯石出寒雲散。豚膏然紙匍匐行，旭日無光曉不旦。俯身直入中漸寬，東西中洞三塗判。西洞望之皆卻足，劖鑿傷厓厓欲斷。中洞東洞半里穿，巖壁嶙峋起玉案。上巖石質豔且純，馬肝色比朝霞燦。質潤色青分中巖，不及下巖居其冠。微白冉冉淡秋光，撫手摩之生石汗。石髓精華結淵底，生成獨與水爲伴。七暈九暈鸜鵒睛，微塵細藻秋花亂。鸜眼或五暈，或七暈、九暈，暈數有奇而無偶。有暈無睛者，謂之死眼；有睛若潰者，謂之淚眼；黄白色者，鴉眼；長者，象眼；圓而緑者鸜眼也。置水中若蘋藻浮動其内，曰青花。二者惟下巖硯備之，餘皆無。欲散不散氤氲生，亘虹氣聚黄龍貫。石紋有黄而長亘其上者曰黄龍。蕉葉凝脂鱣血紅，雀點斑斑瀌墨翰。白而潤者曰蕉葉，白旁色赭者曰鱣血，邊點墨瘢相比者曰雀斑。細粟丹砂玉帶長，緑匀翡翠苔花曼。紅若栗者曰硃砂，斑白凝于緑纖而長者曰玉帶，凝緑若灑汁者曰翡翠。奔爲火捺聚金錢，絳雲割取分霄漢。紫氣奔而散者曰火捺，紋聚而圓若輪者曰金錢。水衝石蝕蟲齧餘，黄金細縷添宫綫。石闕盤旋若墨池者曰蟲蛀紋，黄龍之細若縷曰金綫。三巖辨色色不同，璺瑕無掩瑩光面。朝天巖産阿婆灘，碶砢易紊玫瓌衒。朝天巖、阿婆灘皆産石亦佳，易與水巖混。西坑北嶺屏風山，披離敗錦松紋見。西坑、北嶺、屏風背皆有石或紅白模糊如敗錦，或間道如松紋，下品也。宣厓虎患采者稀，坑遠梅花質尤賤。宣德厓在屏風山半。宣德年所開，品居朝天巖上而不及水巖。梅花坑去端溪四十里，産石多鴉眼，至數十百，光滑而易裂，石之最下者也。什襲琉璃百硯充，不及水巖餘一片。香山宰相何吾騶。粤制府，吴伯成。前後開巖相繼武。鉤索不惜捐千金，尺寸藍田雜硎砮。日役黄岡數十人，黄岡去端州十里，村人以取硯爲生，此硯藪也。胥吏督程運斤斧。匿好獻醜工師情，荆璞由來能預剖。迂性生平有硯癖，操舟三泊黄岡浦。比户千家琢石聲，村民恃此充饔釜。購得下巖六寸餘，五星灼耀東南聚。色和容輭融春膏，昭儀臂滑羅襦舞。瑩潔神凝太液冰，生氣濛濛時欲雨。緹緗十重等鴻寶，磨礱搜輯心良苦。産者無多購者多，山靈側耳聽我歌。硯兮硯兮慎所擇，須向石渠虎觀揮毫馳騁帝王側，否則窮深山，游大澤，枕圖書面倚巖阿，供高人文士淋漓紛葩之華墨。毋入富豪叢，毋使市兒竊，終古風塵埋玉玦。硯兮硯兮生莫竭，常使霄漢之間饒奇物，待我他年此地續舊游，買船載石神術移山向吴越。

徐世昌《晚晴簃詩匯》卷五九李茹旻《漢元硯歌》　康熙二十九年庚午春，余得此硯，石色深黑，長尺許，廣五寸，厚可三寸，堅潤無兩，光可鑑物，著手即汗。上一池，一龍蟠之，足皆三爪。中受墨處稍窪，環暈，微有墨漬，小孔，四隅觚稜漸没，兩牆款識皆小楷。右偏序云：「武德四年，上開弘文館，臣在陪從，上命寫《列女傳》於屏。上嘉賞，旋賜漢元硯。受以歸，遂銘焉。銘曰：不磨者神，可傳者形。形神並妙，天地長貞。君恩申錫，有永其珍。虞世南識。」下有私印。硯陰中虚，四圍輪郭肉好，上鑱「漢元」二字，體係小篆。下雕一象凸出，製亦渾樸。按谷永《訟陳湯疏》有「漢元以來，征伐方外之將未嘗有」之語，則此漢元當係製作年代。蓋漢初無年號，《史記》：「高祖入關，立爲漢王，稱漢元年。」意即此時所造。蕭何經紀周到，百物具備，悉極精良，故能有此。又小篆始於李斯，漢初六書尚仍秦舊，亦其證也。至虞永興楷書，歷取數帖較之，筆法略同，覺此豐神更勝，當非贋質。又其石最重，體段無多，重至十有二斤，亦所稀覯。因珍藏之，爲作此歌。或疑大内之物，何以龍非五爪，客有曰：「龍五爪，大内通用物也。上所親御者特用三爪，取通三才之義，亦以少爲貴者耳。」又曰：「上用五爪，太上用三爪。」二説未知孰是，并附記之。

巨璞胚胎飽精液，光怪迸起崑崙坼。元氣淋漓滄溟窄，嶽祇駭走神工擘。陽九方回祖龍厄，誰其獲者帝子赤。西京制詔多乃績，真宰上訴天應惜。未央煙燄將炎赫，雷電晦冥失踪跡。太原公子握天策，流轉依然在宮掖。中壘遺編亡故册，詔行祕書書屏帟。書罷隻字無差忒，帝嘉五絶聲嘖嘖。稽首拜賜歸第宅，紀恩鐫銘深鏤刻。六十三字釵釵劃，一字可抵南金百。至今桑海幾變易，神物撝呵無缺隙。中磨研處稍窪瀉，千年墨蝕龍香碧。顧我塗鴉澀如棘，書法嬾學由夙昔。遠媿前賢妙鉤畫，安用聯坳各盡墨。徒爾嗜古有奇癖，欽此寶物世希得。爲置左右圖書側，玉潤金堅照顔色。吁嗟萬物會有役，精爽一片肯虚擲。方今上有聖明辟，補天何當助微礫。

徐世昌《晚晴簃詩匯》卷六八張若靄《奉勅恭題青宮時所畫菊花水仙卷子》　琉璃硯匣塵不生，墨君管子相逢迎。紛披紅紫何足貌，此中寄託殊遥情。冰霜肌膚旃檀心，大羅仙子來玉京。金尊牙版豈復垢，皎然萬劫瑶杯擎。西風吹草草不緑，重臺猶占東籬名。坐枝雙鳥鳴嚶嚶，淵明乍參師語清。同生浄土良足貴，西湖配食堪餐英。毫端造化信點染，春風秋露來無聲。以此栽培徧萬物，都看弱植喬林成。青宮閒暇窮物態，徐黄邊趙難抗衡。萬幾偶一展蜀素，那能如昔多經營。臣得拜觀重命識，墨林藝圃沾恩榮。

徐世昌《晚晴簃詩匯》卷七〇陳梓《寄高村張遜菴》　九間茅屋占高村，十里溪雲水到門。晴雨機關漁父熟，桑麻經濟老農尊。竹窗緑照蟾蜍硯，花徑紅開鸜鵒樽。幽興尋常休浪擲，風塵京洛馬頭昏。

徐世昌《晚晴簃詩匯》卷七〇沈堡《御賜砥石硯歌贈石庭上人》　道人昔歲游京邸，天子召見離宫裏。賦就初春瑞雪詞，侍臣奏上龍顔喜。拂衣歸卧高雲中，仍向空山食松餌。萬乘南巡明聖湖，遂朝行在登丹所。臨軒玉音何琅琅，賜來砥石硯一方。緑質無玼浮玉色，翠紋結秀生瑶光。我聞此石出遼水，水碧爲胎金作髓。温潤無殊歙穴青，堅良且邁端溪紫。只今聖主重文章，珍物通靈皆異常。已見馬肝貢殊域，尤多鳳咮羅巖廊。皇情衹眷此硯美，掞藻時時憑玉几。拜爵應封即墨侯，錫名且號虚中子。石公棒硯辭京師，好磨松節臨清池。奈園祕笈日勤寫，頌揚帝德高巍巍。

徐世昌《晚晴簃詩匯》卷七一劉綸《王文成斷碑硯》　談兵早佩威寧劍，謫官獨抱端明硯。端明匪硯是斷碑，割剩天邊紫雲片。十二字餘墨妙詩，節角依然露生面。丞哉丞哉定誰負，鐫名鈐印相矜衒。蠻煙瘴雨久沈霾，重捫十指精神見。乃知古之學道人，定力非關出研鍊。君不見江岸衣冠匿影過，幾曾寥廓抃虞羅。厥後大功潰成九華坐，聞召即至回譴訶，此時此硯百徧憑摩挲。想當下南昌，檄書快意蠲宿疴。及其歸陽明，語録微指醒羣魔。而於學道之人一一若無預，儒林將相史策空分科，何來高第弟子入室還操戈。逆閹固無論，張桂庸足苛，只合擣持二松四槐日對哦。請因公硯質疑義，石不可轉墨可磨。

徐世昌《晚晴簃詩匯》卷七四金德瑛《制硯歌贈陸莆塘孝廉》　書生硯田苦耕耘，田之授受由他人。莆塘乃欲創物始，月斧自闢蒼雲恨。渾然元圭質素璞，疆場凹凸逐手分。平留掌面蕉葉色，細出鐘鼎雷回紋。零星小石逞游戲，一滴滉瀁珠含屑。晴窗曉日光鮮新，高吟《騷雅》追《皇墳》。袖間無聲運斧斤，淵淵古氣相氤氳。鍾王韓杜未落紙，隱約逗露先天文。囊中蓄得端溪品，相戒不許俗手捫。每愛青花浮荇藻，恰遇妙斲鐫琪琨。餘工試與遺暇隙，譬運重甓連朝昏。文章已出戒剽竊，制器那用躬辛勤。知君寓意弗苟且，詩筆掃盡窠臼陳。硯成獨許享其逸，此田屬我長子孫。

徐世昌《晚晴簃詩匯》卷八〇叶觀國《邱芷房編修庭瀠贈長生無極瓦硯》

瓦當文字録者誰，百十二種形模奇。長生無極乃其一，云是阿房舊宫之所遺。自從銅雀香姜收作硯，鼉磯龍尾名空馳。埏埴况在漢魏上，筆法頗疑丞相斯。編修校士向關隴，軺車來往驪山陲。蘄年蘭池訪陳跡，但餘瓦礫縈荆茨。偶然拾自清渭湄，製爲墨沼蒼璆姿。匣裝氈裹遠餉我，重之奚翅十朋龜。我聞羽陽之瓦出荒壟，流傳藝苑如韓碑。甘泉一枚誇搠獲，當年羣雅留歌詩。豈意神物興有時，珠聯璧合何纍纍。紛綸延壽益壽字，鄭重億年萬歲辭。祕文吉語爲國瑞，何異器車銀甕祥姚姬。我爲墨磨雙鬢絲，無多來日徒嗟噫。晴窗拂几看硯背，死籍可落應軒眉。冷金細拓侑石鼓，井華新汲研隃糜。老來懶事蟲魚注，持寫《黄庭内景》師楊羲。

徐世昌《晚晴簃詩匯》卷八一錢載《二硯歌》 文信國玉帶生硯在内城，攜謝文節橋亭卜卦硯訪之，並陳於几而作歌。

昨見文節橋亭硯，卻思玉帶生未見。悠悠人海人豈知，豈知信國硯在斯。二公英靈亘天壤，相友相於日來往。二硯相望五百年，嘉會之禮無因緣。得邀謝硯訪文硯，是有鬼神非偶然。文山硯在疊山右，端州恂堅歙不後。信國硯銘云：礲爾之皇兮。橋亭卜卦硯程文海銘云：不食而堅。此几逢今辰，此堂此堂記春書。炷香敬爲雙忠悲，再拜恭惟兩文壽。丹心詩未題零丁，伯顔兵未趨皋亭。公方性豪厚奉己，硯亦務寡稀勞形。信國硯銘雖未紀歲月，要是在平居勤王之前。轉茶坂頭初旅食，建陽市上罕交識。公祇麻衣哭向東，硯應黧面愁占北。何榮何悴貞節同，見二硯不見二公。墨而搨銘即鐘鼎，匣而分手仍萍蓬。堂閒几净意繾綣，一片清氣留虚空。

徐世昌《晚晴簃詩匯》卷九五汪志伊《初頤園中丞以書來索端硯爰將素用之硯贈之媵以詩》

鈴閣由來有四友，鐵面尚書交獨久。呵之輒澤扣無聲，性堅質潤媲瓊玖。静鎮不摧龍鬚鋒，坦懷善發元香守。其才其德兩無倫，相與摩挲肯釋手。觸來雲氣時騰騰，臨池一洗較龍吼。况此區區稱良田，一撥笑予勝千畝。孜孜窮日倒枯腸，全藉滓妃才八斗。滓妃沈醉墨花香，高詠頤園梅爲首。思梅應擬梁何遜，曾消滇池幾杯酒。滇池飛來雙鯉魚，尺素虀辛胥幼婦。殷勤索硯指端溪，豈似書生習氣狃。當年白筆簪蘭臺，臺閣風生職不負。節旄今擁碧雞山，載道口碑歌父母。遨歷不自曰能賢，鐵面婆心無出右。惟此硯兮潤且堅，差堪與君作敵偶。我何割愛竟與君，知君三立能不朽。知君三立能不朽，温厲蚤希魯中叟。

徐世昌《晚晴簃詩匯》卷九六程尚濂《秦夫人硯歌爲雲楣賦》 秦夫人良玉將略具詳本傳。其檄書章奏，皆自爲之，世罕知者，爲武功掩也。陳子雲楣謁夫人祠墓，作長歌弔之。嗣孫懷庭報以夫人所遺硯，雲楣囑題，爲賦長句。

秦夫人，真將軍，將軍能武兼能文。白梃縱横萬人敵，奇功書作垂天雲。生小學書仍學劍，草檄飛章留一硯。片石真同玉帶生，血染隃麋淚如霰。一出平播州，再出殲奢酋。河山破碎箭滿眼，乃欲孱婦補此已缺之金甌。督師早以蜀爲壑，中丞已入賊之橐。請纓則易借箸難，萬夫之雄一箇弱。孤軍慷慨先勤王，努力撐拄支危疆。平臺召對誠僅事，况復宸翰垂煌煌。雲楣居士拜祠廟，古木荒煙一憑弔。感爾高歌泣鬼神，瓊瑶竟效投桃報。硯修七寸廣半之，古製渾渾森角圭。惜哉將軍遺墨盡煨燼，巋然此硯獨與名山垂。我來爲爾摩挲久，虹氣猶疑貫星斗。木蘭從軍甯復論，紛紛列女誰能偶。聖朝史筆何嶙峋，特標一傳褒殊勳，硯乎硯乎萬古不朽齊貞珉。

徐世昌《晚晴簃詩匯》卷九六吴錫麒《題鄺湛若硯銘并洗硯池題字拓本》

硯側鐫「天風吹夜泉」五字，下有明福洞主印，今藏王蘭泉廷尉處。鄺露洗硯池在粤東光孝寺，翁覃溪學士使粤，拓其字以歸，與銘合裝成軸，索題。

君詩乃在瀟湘洞庭間，嘘殘竹魄凋蘭顔。乞歸一勺楚江水，手洗芙蓉不自閒。此硯從君共往還，此池流水日潺湲。海南遺字老風雨，誰念畸人閲歷艱。高莫高於鴉咋山，遠莫遠於鬼門關。天令絶域顯文字，銅柱細剔苔花斑。壺笙蘆管盡收拾，記成《赤雅》誰能删。藍胡二月歌羣蠻，貚娘妙舞摇花鬟。鸜之鵒之雙活眼，見君手畫蛾眉彎。歸來抱琴死忠義，片石寂寞留人寰。招君魂兮渺渺，石有淚兮潸潸，雲車霧駕安能攀。天風颯颯夜泉起，明福洞邊聞珮環。

徐世昌《晚晴簃詩匯》卷一〇五翁樹培《南唐官硯歌》 背鐫皇祐三年歐陽文忠記。

百六十字輝星躔，永叔所得原叔傳。我從皇祐溯保大，後先俯仰已百年。宋興百年盛文治，龍圖學士登集賢。搜碑手題《集古録》，傳信新訂薛史編。夷陵舟中伴行笈，玉堂儤直供丹鉛。回思初得二十載，雙桂樓下屏風前。牡丹姚魏譜京洛，鸜鵒眼暈摹方圓。公時南京作留守，此硯先已來應天。沈湮棄置忽顯豁，押尾小印精雕鐫。昇平回首憶疇昔，江南野老詞淒然。自言幼時嘗及見，金陵舊有負郭田。先朝元宗重文史，縹緗器具能精妍。承明石渠富珍祕，廷珪之墨澄心箋。是時歙州置硯務，餼廩月給唐國錢。龍尾山頭劚蒼骨，羅紋坑底淘清泉。尚方歲取有程課，箕裘世業彌精專。溪流漸湮山脈斷，滄桑變後歲月遷。摩挲此硯三歎息，無端棖觸增流連。一代繁華説江左，萬古靈秀鍾山川。李少微名漫題記，謝景山瓦曾周旋。

徐世昌《晚晴簃詩匯》卷一〇六舒位《宋謝文節公橋亭卜硯歌》（卜硯集）

云：「硯，歙材，修九寸七分，廣五寸六分，額篆橋亭卜卦硯五字，面左右有元集賢學士程文海銘，背有明永樂間閩人趙元識措地得硯之由。」 圍湖坪，三寸鏑。建陽市，一片石。更無鸜鵒好紋留，應作蟾蜍清淚滴。自從歷劫匡山麓，坑雲五色無人劚。荆棘難尋祕閣頑，泥塗何况橋亭卜。不怨魏行省，但笑留承旨。無勞程集賢，猶有趙處士。始知神物難久埋，南谿七十三間開。得之地下竄狐兔，捧出座上生雲雷。銅爵香姜不足數，玉帶水雲乃其伍。肯草蠲除詔，留伴趙孟頫。願寫生祭文，移贈王炎午。石飛海立五百年，硯兮硯兮爾良苦。憶當流落朝天橋，早識三日無江潮。祗爲趙氏一塊肉，未入楊家七客寮。好事留傳閱兵燹，黑者隃麋碧者蘇。鼠肝蟲臂已不惜，龍眼犀紋那可辨。重其人者物可悲，一書卻聘生光輝。驚鶴徙倚詹尹市，飢鳳太息曹娥碑。嗚呼寶祐初開蕊珠榜，放膽文章慨以慷。三十功名石不言，淒涼資國蜘蛛網。

徐世昌《晚晴簃詩匯》卷一〇八程含章《弔端坑》

千夫挽水水千尺，百夫篝火火青碧。蛇行猿引爭幽宮，日向端溪鑿硯石。端溪石硯美如何，地肺天精山水腋。寶墨融融津液生，銀毫湛湛心手適。坐令歙石與澄泥，奴隸一朝盡減色。自從唐宋元明來，鬼斧神工響未寂。山腹如懸破釜空，百孔千瘡罔護惜。臨流我爲端山歌，山靈有知定隕泣。直木先伐古所悲，甘泉先竭事歷歷。珠池寶井怨誰招，金鑛銀坑總自賊。古來幾人如孝肅，肯使精華留餘力。君今有翼飛天涯，天涯難絶匠人蹟。請君變作青石峯，壽與長江共無極。

徐世昌《晚晴簃詩匯》卷一一三叶燕《二硯窩歌》

滎陽老死埋雙硯，蝕盡土花色不變。講堂卜築忽吐奇，珍重題名世爭羨。淵源近溯幻江村，三絶風流承一線。平生結鄰萬石君，虢州割得東坑片。當年西署供酸磨，風霜驅作雲霞縵。後來一麾天南陲，猶勝司户古州竄。簿書無事鞭朴閒，千兔飽霜逐飛電。歸攜石叟伴征橈，卧看煙嵐出晴案。可憐詞場竟踈闊，百年遠受祝融譴。靈物終須鬼神護，留作雲仍香一瓣。蕭條異代復異族，什襲堂中同紀甗。何况骨肉一氣通，餘燼拾來歸篋衍。摩挲作歌誌終始，改闢新規還舊觀。潤沾亭畔半生澤，光映閣中二老面。半生亭、二老閣皆高州所築。自是伯孫述祖德，豈比彥猷招客玩。我嘗落帆造其窩，俯仰拂拭發長歎。人生學業相砥磨，正在接續淒涼見。草生書帶昔葳蕤，雲起墨池今華絢。滎陽遥矣高州運，二硯窩中一以貫。

徐世昌《晚晴簃詩匯》卷一一三宋湘《查大理湆家藏謝文節橋亭卜卦硯屬余爲詩》

摩挲賸墨玉庚庚，想見夷齊萬古情。國既無人焉問卜，臣猶有母此埋名。從容豈愧文丞相，流落曾聞玉帶生。同是出頭一方石，人歌人哭至今并。

徐世昌《晚晴簃詩匯》卷一一四吴嵩梁《周定王蘭雪硯翁覃溪師屬賦》

銘云：「割葉雲之片石兮，漾璧水之元光。」款署蘭雪背日東書堂寶。 周藩宫裏端溪石，留與蘇齋試煙墨。四百年來璧水香，鐫題古篆看猶識。騶虞獻後歸大梁，不願移封就洛陽。師儒曾聘劉長史，詞賦雅重東書堂。鎮平博平皆好士，南陵西亭亦相繼。本草圖成爲救荒，幽芳千種誰重繪。汴河横決浪如山，迎取金容没水還。一片仙雲依舊紫，卻隨玉椀出人間。元朝宫樹傷心碧，樂府當初歌不得。斜陽秋草十三陵，今日蟾蜍淚重滴。未央殘瓦永平磚，都與人家作硯田。尋常故物知何限，名字關心特可憐。

徐世昌《晚晴簃詩匯》卷一一四金衍宗《宋胡忠簡遺象硯歌和瞥石》

硯爲陽湖呂幼心郡丞棨所藏，背有鐫象，題曰澹庵先生小象，紹興戊寅四月朔錢塘馬和之寫。 李綱趙鼎棄如遺，兩宫北狩無還期。不知父兄但知母，檜也和議逢其私。惟時詔諭正通使，公切忠憤形乎詞。想當草疏硯在側，血淚濡墨揮淋漓。能如公言斬倫檜，同仇大義敷天知。小朝廷甘作臣妾，雖蹈東悔夫何辭。一封朝奏夕萬里，硯亦漂轉天之涯。玉堂花甎恍夢寐，孤臣九死惟汝隨。公之心腸本鐵石，閒情偶賦何瑕疵。滄江久卧歲云晚，倔强猶昔霜盈髭。侍郎硯背貌公象，千秋面目無磷淄。嗚呼老秦既死姦黨逐，曷不賜環徒量移。金甌破碎賸一角，六經勒石空昭垂。思陵工書善品硯，惟於忠佞迷妍媸。雖然薰蕕不同器，我於倫也重嗟咨。十年五使數往返，宛轉虎口瀕艱危。顯仁之返亦其力，局中心苦局外訾。始拘繼脅卒乃殉，庶與皓弁無差池。公時在讜盛酬唱，定亦心折垂涕洟。狎邪市井語太激，詎料抗節終如斯。此如歐公斥司諫，高亦君子非等夷。吾儕論世貴平恕，因賦公硯兼及之。

徐世昌《晚晴簃詩匯》卷一一四金衍宗《晉永嘉甎硯歌》

硯左刻「永嘉六年施

令英作」八字。吳與菁山土人掘井得之，余壻董勤甫見贈製爲硯。玉馬出地蒼鶩飛，侍中碧血濺龍衣。豆田天子更何在，銅駝荆棘埋煙霏。永嘉略比唐天祐，無主猶承正朔舊。中原鼎沸神州沈，一角菁山爲誰守。居民曉起争汲泉，轆轤井眉雙瓶懸。銀牀金榦杳莫問，昆明劫灰餘此甎。銅雀硯材世所豔，字體鍾王況不欠。賞奇須待博物才，臨平石鼓豐城劍。董郎貽我徑尺瓊，墨海聊作良田耕。斷紋似具鸜鴿眼，新亭涕淚含晶瑩。君不見排牆下有王夷甫，運甓陶公亦徒苦，笑渠消受石三災，何如化作劉伶墳上土。

徐世昌《晚晴簃詩匯》卷一二一路德《張忠烈公硯爲曹莪屺少府作》 涇渭東流似奔馬，客到秦中訪秦瓦。張公破硯出市中，莪屺於長安市上得公遺研。經年未售識者寡。曹君一生耕硯田，得如拱璧珍拳拳。道此本是故鄉物，張公，鄞人，少府即浙人。二十四字蒼水鐫。硯有張公自題銘辭共二十四字，銘曰：「投鼠支牀，幾經摩劫。堅貞不渝，何嫌瑕裂。佐我揮濡，長此昕夕。」楚人得弓意殊快，無心相遇真天緣。昔年義旗竪海上，軍敗烹龍志猶壯。公兵敗遁入舟山，即今定海，舉舟師奉魯王趨崇明待潮大洋山，山上有羊羣，取烹之，羊乃龍所化，頃刻風雷大作，各舟盡覆，惟公與魯王數人得生。魯王已死唐王孱，坐使孤臣氣彫喪。遯迹自擬蠖身藏，乘勢還思螳臂抗。白蝯無聲健兒入，柳鏁香風吹習習。公至象山島中結茅，屋後有大樹，蓄白蝯其上，凡有登岸者，蝯即鳴，公得乘舟而逸，當道者數年不能得公。有舊卒爲普陀僧者，常至公所，蝯所熟識，僧至不鳴，官偵知之，誘僧先往而以兵隨之，遂被擒。何人伏鑕尚從容，笑看錢塘好山色。錢塘江上一抔土，右鄰忠肅左忠武。公詩有：「日月雙懸于氏墓，乾坤半壁岳家山」之句。鄉人遂葬公於于岳二墓間。椒漿恨未酹忠魂，手澤今朝快一撫。國破安用身獨完，此硯與人同膽肝。趙璧拌教碎秦柱，玉帶詎肯隨黃冠。滄桑變換二百載，到今墨繡猶斑斕。君不見虞山甘作長樂老，貳臣傳裏名難剜。梅村祭酒號詩史，惜哉所欠惟一死。張公大義心炳然，玉碎終知勝瓦全。此硯他年返枌社，士林佳話争流傳。雙松別墅好風日，墅爲香山尉盩厔時舊蹟，少府葺之。仙尉開軒布吟席。錦軸新裝松雪書，牙籤更檢《子山集》。會須移向別牀攤，莫近張公一片石。

徐世昌《晚晴簃詩匯》卷一二三王嘉禄《齊雲樓甎硯》 月華泠浸吳城樹，一片紫雲飛不去。霜寒碧甃埋鴛鴦，土花蹙鱗融麝香。朱甍綺檐挂參斗，元和使君來置酒。滿闌芍藥嚥春紅，山頭鯉魚飛化龍。緑墀香塵印羅韈，可憐焦土阿房宮。鬼鐙散螢寒貼貼，灰蝶棲煙抱黃葉。銅爵香姜共爾愁，玉蟾淚滴凝清秋。

徐世昌《晚晴簃詩匯》卷一二九李家駿《訪薛宜堂》 花氣滿闌干，相逢意灑然。君憑詩作業，我以石爲田。得句雲歸洞，談經月在天。三更人不寐，鐵硯欲磨穿。

徐世昌《晚晴簃詩匯》卷一二九邱光華《朱竹垞太史著書硯歌爲曹種水言純賦》 太史跋扈翰墨場，罷官長揖歸故鄉。北垞之南南垞北，有亭萬卷羅縹緗。著書等身老彌篤，如起廢疾鍼膏肓。經兼鄭孔史班馬，此硯晨夕時相將。憶昔太史返大庾，一百八石載歸航。硃砂斑紅雀斑黑，鸜鴿眼碧鴉眼黃。已聞榜人竊其九，餘亦散盡無留藏。復從何處得端産，軒然一笑誰能詳。曹君博物清門彦，頻年鼓棹游維揚。傾囊購得太史硯，巧偷豪奪嗤襄陽。近來好事工作僞，片瓦輒欲誇香姜。即如樊榭跋此硯，謂曾過眼見數方。晴窗展玩三歎息，魯鼎真贋空評量。物因人重僞亦好，況喜石質尤精良。流傳儻入俗人手，何異黠鼠銜生薑。誰知精靈默呵護，前歸樊榭後古香。從兹定見虹貫月，滄江夜夜生光芒。

徐世昌《晚晴簃詩匯》卷一三四錢泰吉《盤谷硯歌寄酬衎石兄》 少讀《昌黎集》，夢想盤之中。大行山字老未識，何緣脚蹋幽人宫。吾兄知我饒硯癖，爲致盤中一片石。面含淺紫背深碧，泉甘土肥養玉液。況有隴西隱君此焉宅，盧老韓公共游屐。斯文元氣久藴積，能使鳳咮龍尾皆辟易。我今對此硯，卻憶貞元初。吐蕃大入寇，烽火傳邊隅。西川節度屢破敵，庶幾不愧大丈夫。鬼夷此日負海嵎，天子宵旰勞遠謨。樓船將軍盛兵衛，輕裘坐展籌海圖。書生不能草羽書，枉持一硯頻欷歔。硯兮硯兮吾語汝，但願龍起大擇驅天吴，一朝滅此釜底魚。硯刻魚龍之象。遠行不勞吉日出，少陵句。采山釣水容吾徒。平沙緑浪榜方口，用昌黎和盧郎中送盤谷子詩句。與兄窮探極覽相嬉娛。

徐世昌《晚晴簃詩匯》卷一三六邵懿辰《陳小鐵貳尹受硯圖》 相國之硯太僕藏，中丞手傳犀角郎。人弓人得意冰釋，西華葛帔秋風涼。公私劫劫憂桂玉，石田何從覓稻粱。遺作銜官博斗食，鸞棲枳棘摧文章。昔對君苗欲焚硯，羈齡速藻驚老蒼。浮邱閣中餞君別，下筆磊磊騰珠光。南驅北走寢日月，長拋筆墨親風霜。新安程生江夏黄，或躋學省升玉堂。君與齊名獨堙戹，不復射策下名場。喬木灰飛萬金散，何恤區區拳石亡。男兒七尺志自强，塵中手板莫黯傷。起家曹掾八州督，龍蛇變化嗟何常。神駒赤汗終千里，太僕中丞流澤長。

徐世昌《晚晴簃詩匯》卷一四八于源《趙忠毅公東方未明硯拓本》 五更待

旦森袍笏，一疏書成奪奸魄。事成不成未可料，已拌貶謫同貞石。白日委鬼作嘯聲，毒霧蔽天天不明。荷戈幸免碧血禍，觚稜回首難爲情。雁門關外埋秋草，此硯何年復歸趙。流傳曾入繡衣手，即今猶爲子孫寶。百年不灑蟾蜍淚，乾坤正氣留銘字。尚傳金石重人間，更想摩抄鐵如意。

徐世昌《晚晴簃詩匯》卷一五七孫海《題巨子馥慕硯圖》 寒碧一拳光四澈，鴝眼晶瑩濾秋月。紙上墨痕黯黯濕，疑是幽人心上血。手澤蹉跎五十年，此硯能穿心不穿。收入畫圖寓深意，晴雪落水生玉煙。我昔曾題《夢硯圖》，唐子方中丞有《夢硯圖》。舊游一夢春模糊。嚴寒呵凍碾冰花，爲君重賦玉蟾蜍。

徐世昌《晚晴簃詩匯》卷一六四諸可寶《澄心堂歌》 青華鏤筆紅絲硯，澄心堂紙白於練。宫中保儀女掌書，江山如笑排鶯燕。姊妹承恩侍李皇，提鞵剗韈事荒唐。通天一帖題昭後，初月雙趺創窅孃。燒槽琵琶腰玉柱，君王小令歌行路。别翻曲子念家山，彈絶冰絃愁日暮。瓦官閣下黄花波，嘑烏聲聲帝奈何。最笑倉皇辭廟日，聽來猶有教坊歌。君不見官家恨不作詞史，金粉南朝悉如此。

徐世昌《晚晴簃詩匯》卷一六六譚宗浚《鄺湛若天風吹夜泉硯歌》 書君懸鍼垂露之奇篆，寫君離鸞别鶴之悲吟。忠魂縹緲去已久，但有貞珉一片知君心。鴉咋當年此石誠非偶，滃鬱春雲落君手。用之愈久德愈全，合伴書窗爲益友。鴉咋嶺，鬼門關，孑然書劍來猺蠻。山魈狰獰伏洞裏，巨蟒睒睗懸林間。硯乎辛苦定同歷，幸不棄置埋榛營。不然軍中時草檄，擲筆懸空飛霹靂。丹心耿耿長不磨，願與東南支半壁。積城一角陰雲愁，日影慘淡悲清秋。奇才豈僅屈宋並，毅魄直同張許游。片石猶存豈君意，悔不烽塵遭破碎。硯池點點浮青痕，尚似憂時賈生淚。橋亭字，墨妙碑，此硯與之應並重。忽憶舊時好琴癖，畫有同嗜安能一一搜剔全無遺。我來摩挲有款識，閒對遺蹤思往事。洗處曾來虞苑游，光孝寺洗硯池爲鄺湛若隸書。捧時定合青琴侍。青琴湛若侍兒也，見《嶠雅》。君今騎鶴歸太虚，硯亦轉徙經燕吴。願祈六丁下攝取，永鎮朱明洞府神仙都。

徐世昌《晚晴簃詩匯》卷一七〇丁立誠《孫仁甫文炳奎出觀先世所藏温公澄泥硯李延平有題名南宋爲魏鶴山得見真西山跋明有文衡山觀款》 南唐澄泥第一品，北宋黨碑第一人。匪硯之重，世自不敢輕。况其温温玉質，娟娟出水蓮丰神。硯之方正見公德，硯之圭角表公節。公兮硯兮皆可述，獨樂園中説《周易》。墨花濡染傳家集，鳳味龍尾伯仲間。只許橋亭謝升堂，玉帶文入室。前有觀者李延平，後有觀者文徵明，其中更有西山鶴山來同盟。八百載後歸之樂安孫，可與宋雕《資治通鑑》稱爲兩足尊。君家藏宋刻《通鑑》，劫後尚存殘本。

徐世昌《晚晴簃詩匯》卷一七二吴受福《明姜給諫埰宣州老兵硯爲陽湖左社文孝廉運奎題》 昔也居諫官，起草曾侍惠文冠。今也爲戍卒，枕戈待焚君苗筆。不以囑蛟龍，不以鋤榛莽。給諫别有硯銘云：爾有目，蛟龍之窟不能矚；我有鋤，榛莽之區不能除。氈裘毳幕溷厮養，此石遭際抑何枉。遐想當年黨禍侵，烏臺風骨爭森森。役車蒼皇猶未赴，神州胡乃先陸沈。吁嗟乎！石齊斷碑誰所守，鄺生天風汝其友。一坏荒土敬亭右，硯兮終古與之長不朽。

徐世昌《晚晴簃詩匯》卷一七八宋書昇《銅雀臺瓦硯歌》 漢火未熄妖星芒，銅雀一現朱雀藏。高臺巍峩連漳起，鄴下媚狐肆披猖。鳳柱對蹲雙結綺，虹橋創挂若迴廊。年月迴環書蝌蚪，琉璃金碧覆鴛鴦。漢家兵戈既鼎沸，横槊歸來樂未央。大兒彈碁幼傅粉，一門父子盛文章。惆悵東風慕嬌女，朝露慨慷對杜康。阿房歌絃秦公子，陽臺雲雨楚君王。分香賣履留遺囑，兒女之情抑何長。建安去此二千載，太息阿瞞骨已霜。一世之雄今安在，獨留瓦片豔文房。

徐世昌《晚晴簃詩匯》卷一八六歸懋儀《題女史葉小鸞眉子硯》 螺子輕研玉樣温，摩挲中有古吟魂。一泓暝瀉桃花水，洗出當年舊黛痕。

徐世昌《晚晴簃詩匯》卷一八七汪端《秦溝粉黛磚硯歌》 涇邑某氏藏古硯，澄泥也。紅白青翠，斑剥錯落若珠璣，上有建業文房印。余忠宣銘注以爲秦阿房宫溝宫人傾粉澤脂水所成，洵異物也，紀之以詩。 南唐硯山不可見，人間猶賸南唐硯。香姜銅雀久銷沈，幻出秦宫雲一片。六國蛾眉競曉妝，歌臺舞殿起阿房。星熒明鏡驪山遠，漲膩凝脂滑水香。四圍錯落珠璣細，粉暈斑斑黛痕翠。臨波想見卷衣人，玉姜豔選文馨麗。深鎖長門卅六年，魚膏銀海閟重泉。御溝空照秦時月，春水流花冷暮煙。楚人一炬悲焦土，留得殘磚碧苔古。建業文房好護持，鍾山小隱風流主。金鏤應填絶妙詞，新聲曾譜恨來遲。紅羅亭榭瑶光殿，知付娥皇付保儀。一行題跋忠宣筆，昆刀細劃龍山雪。早春獨殿賦梅花，不凝廣平心似鐵。何處香花識舊墩，百年流轉到清門。松煙寒滴蟾蜍淚，蘭篆紅銷蜥蜴魂。秦臺未到吹簫處，秦山尚有宫人墓。澄心堂紙玉管毫，夜鐙還寫《阿房賦》。《研北雜志》：袁伯長藏有李後主玉管筆。

徐世昌《晚晴簃詩匯》卷一八八宗婉《漢宫瓦硯歌》 千年古殿生蒿萊，瓦礫變化成良材。文房珍翫何足道，盛衰貴賤亦幻哉。誰人作硯供書契，云是帝鴻古遺制。琢玉奇珍衹飾觀，澄泥别樣誇新製。辟雝風字古樣鐫，合歡秋葉新題籤。小者文場便懷袖，大者椽筆揮雲煙。硯材百種此尤寡，陶質蒼然古而雅。問年神雀五鳳初，託地長生未央下。當年立杖覆千官，此日抔泥出寒野。良工琢付識者藏，摩挲日久騰輝光。儲以水晶玻璃之寶匣，配以珊瑚翡翠之筆牀。更聞此硯能發墨，濡染淋漓殊自得。凹處猶餘土蝕痕，中央已没苔花色。君不見玉龍金鳳銅雀臺，於今無地無塵埃。又不見離宫別館三十六，望裏莘莘走麋鹿。羨爾猶存歷劫身，芸窗珍重伴詞人。他時攜上通明殿，書徧吟毫五色新。

徐世昌《晚晴簃詩匯》卷一九二繆寶娟《題漢未央瓦硯歌》 紫雲一片土花結，寒光隱隱凝霜雪。流落人間三千年，不隨碑碣同磨滅。古來宫闕盛炎劉，未央宫與阿房侔。阿房一炬成焦土，漢家片瓦猶千秋。片瓦功能奪真宰，蛟龍泣罷嘘痕在。質堅不爲歲月磨，色古豈歷風霜改。昌溪吴氏實用之，滄桑變幻不可知。洪子嗜古有奇癖，得從古市光陸離。盛以寶盒盤蛟螭，奇氣掩映珊瑚枝。岱翁銘字工刻鏤，鄭侯古篆形模舊。精金可鑠石可灰，此物永並鼎鐘壽。

徐世昌《晚晴簃詩匯》卷一九三玉并《自題梅花緑端硯》 人住緑梅簃，夫子齋名。眉比梅花緑。不用畫雙蛾，寫鴛鴦卅六。

徐世昌《晚晴簃詩匯》卷二〇〇金永爵《紀曉嵐紫石硯歌》 十硯先生癖於硯，罷官歸里瓶無粟。惟有詩束兩牛腰，端坑奇石聲相觸。就中濟陽井叔刊，日夕摩挲愛尤篤。篆籀蒼勁銘其背，八角廉棱截紫玉。金櫻手捧隃麋香，莘田侍兒金櫻妙解文翰。品月題花幽事足。淬妃欣説遇鉅公，曉嵐情雅不入俗。山斗聲名徧華夷，徂夏我讀《灤陽録》。西清常共襆被攜，小泓晴虹光怪數。松園前輩金公履度。駕星槎，邂逅論交蒙贈辱。筆勢矯矯傳海邦，渴驥奔泉無跼躅。春風吹落經畹齋，趙秀三。几案清哦佐醞醁。繭紙百幅白如銀，實物如今於我屬。見此宛若對昔賢，浄水蓮房手自浴。留作吾家永寶用，豈數金綫與蛾緑。六傳百有九年間，鸜眼幾點記往躅。爲證邵亭文字祥，明窗續成《中林曲》。錢塘吴中林庭華有《十硯先生歌》。

王繼香《醉盦硯銘》

聖珉

家君嘗詣衢州謁宣聖楷木象，歸途得一硯，類水巗石，囊至婺齋，令歙工琢池，試以墨，經月不涸。或曰可名夫子硯，嫌其黷也，易之曰聖珉。

磨不磷，涅不緇，百世師。

崑山片玉

厚寸許，徑七八寸，深紫色，肌理細膩，發墨而不費筆。

理潤而澤，聲清而越。温其如玉，君子之德。

七星

色黝，徑尺，腹有鴝眼七，布列如斗宿狀。

北斗睒睒孕石君，紫芒上騰昌斯文。

蒼玉虬

歙州龍尾石，有紋鱗鱗，瀋墨如潑，永叔云石堅而發墨，殆類此。

龍尾之精黑雲聚，蜯耶鮔耶何足數。一勺之多，用作霖雨。

青鐵

歙石，蒼堅如鐵，銼墨而極細緻，殊不似元章之筆墨劊子也。

錚錚其聲，蒼蒼其形。是乃孝肅之面，廣平之心。

鐘硯

堅其質，黝其色。追或蠡，此不泐。發爲文章，聲出金石。

天然硯

下巖品，最宜墨，其式渾樸可喜。

犖犖落落，琭琭珞珞。不雕不琢，抱素見璞。

斧硯

蜯坑石，似風字而殺其額，似鳳字而刖其足，有若斧者焉。

割地肺，剸山骨。斷龍尾，屍鯨血。墨吏髡，筆公禿。藻帝廷，惟汝力。

雙龍戲珠

亦下巖妙品，硯眉有眼如珠，旁鐫二龍，蜿蜒奮迅，若欲破壁飛去也。

蒼虯對舞墨海渾，石鱗蚴蟉珠吐吞，助爾筆勢跳天門。

白石硯

知白守黑，爲天下式。

鷖璞

質厚温潤，色如磬，著墨不滲。

博而厚，澤而黝。虚以受，貞以久。元之又元理誰剖，或將訾汝爲墨守乎否。

静真先生

密理堅緻，温然粹然，昔人號硯曰「潤色先生」、曰「巖屋上人」、曰「鐵面尚書」，余獨取其静而真也，謚之曰静真先生。

客卿臨矣禿友匆，汝奚獨壽，寂然不動。

金帶圍

其理細滑，腰有黄紋束如帶，此方處士詩所謂金稜者也。

拜即墨侯，封萬石君。錫之鞶帶，以旌乃勳。

琨胎

余再從叔父念亭子英濤工書，善相硯，劫後得水巖石，自琢之，拾其餘規爲小硯，置墨合中。戊辰秋以賜余，越四稔叔旅歿雲和，而片石至今在案，對之泫然。

圓如鏡，靈如璊，骰汝光，刮汝垢。於虖此先叔氏念亭子所手授也。「人生安得如汝壽！」用坡句。

蓮葉硯

余年十九喜弄柔翰，張魯封世丈景燾亟賞之。里鄰中遂争以紙素索書，陳明經慶榮乞作楹帖，以手治蓮葉硯爲潤筆。時方寫《金剛》《法華經》，戲作口頭禪耳。

蘸貝葉紙，寫《法華》字。秋露下垂，活潑潑地。

篔簹硯

黑肩紫背，通體肖竹節，窪小池環，以篠刓其右，尤古拙，左有黄氣，悉鏤竹葉。古虞章子沛和所詒也。

粤南㭊竹硯，玆硯轉模竹。咄哉陶泓住篔谷。外震内艮相倚伏，置諸文房可醫俗。

星魄

脈理堅粹，呵之即澤，試墨則如磨玉而無聲。

長庚下謫光熠熠，其品靈璧才磐石，沐日浴月沃冰雪。奈何歲歲飲墨汁，玉蜍爲爾淚頻滴。

行匧硯

硯小而方，色紺青，類洮河石。曾攜之泝嚴瀨，經吴門，歪燕趙，過泰岱，浮溟渤，舟車顛簸，未嘗稍損，石之良也。

而乾之剛，而坤之方，而艮之時行，利用出入，動無不臧。

石田

堅重縝密，紫潤可愛，平時自用硯也。

墨爾鐮，筆爾耒，歛之書倉，收之學海。千百年後乃有秋，毋爲目前歎惡歲。

附録舊作

宋端宗屐硯

石徑尺許，内凹外刓，底如屐形，一足，刻端宗押，見陶馨之屐硯履歷。友人胡半癡得之，屬爲銘。

有扁斯石，形下成器。天水之朝賜汝履，六百年來折幾齒。

葉小鸞眉子硯

爲女弟子沈甄昭銘。

女郎之碧玉耶，織星之支機耶。一鉤月魄仙人遺耶，畫眉深淺問淬妃耶。噫，斯殆當日草返生香之詩者耶。

端友

爲餘杭王生瀚銘。

砥礪廉隅，琢磨元旨。與子墨交，其淡如水。

硃硯

爲陸小畬比部銘。

保其赤，莫近墨。貴陶元，以浴素。毋看朱而成碧，心中丹，眼中血。

紫琳腴

叔弟繼穀蓄端石一片，徑四寸，純紫，發墨。因取范石湖詩意名之，且泐銘焉。

其平如砥，其薄如紙。守貞取默，是之取爾。

雜録

酈道元《水經注》卷二五《泗水》 廟屋三間，夫子在西間東向，顔母在中間南向，夫人隔東一間東向。夫人床前有石硯一枚，作甚朴，云平生時物也。

《南史》卷六《梁本紀》上卷六 四年春正月癸卯，詔「自今九流常選，年未三十，不通一經，不得解褐。若有才同甘、顔，勿限年次」。置《五經》博士各一人。有司奏：吴令唐傭鑄盤龍火鑪、翔鳳硯蓋。詔禁錮終身。丙午，省《鳳凰銜書伎》。戊申，詔「往代多命宫人帷宫觀禋郊之禮，非所以仰虔蒼昊，自今停止」。

《北史》卷七〇《劉璠傳》　周代故事，天子臨軒，掌朝典筆硯，持至御坐，則承御大夫取進之。及行本爲掌朝，將進筆於帝，承御復欲取之。行本抗聲曰：「筆不可得。」帝驚視問之，行本曰：「臣聞設官分職，各有司存。臣既不得佩承御刀，承御亦焉得取臣筆。」帝曰：「然。」因令二司各行所職。

徐堅《初學記》卷二〇《文部・硯第八》　《從征記》曰：魯國孔子廟中，有石硯一枚。蓋夫子平生時物。《漢書》云：宣帝微時，少與張彭祖同硯席書。《後漢書》云：王充於室内門户牆柱，各置筆硯，著《論衡》八十五篇。魏武《上雜物疏》云：御物有純銀參帶圓硯，大小各一枚。《晉書》云：武帝與劉弘同年，少同硯書。《東宫故事》云：晉皇太子初拜，有漆硯一枚，牙子百副，紀有漆書硯一，則其事也。

晉銀　孔石蕭方等《三十國春秋》曰：永嘉六年，劉聰引上入讌。上謂曰：「卿爲豫章王時，朕與王武子相造，卿贈朕以柘弓銀硯，卿憶否？」聰曰：「安敢忘之？且恨爾日不得早識龍顔。伍緝之《從征記》曰：夫子床前有石硯一枚。作甚古朴，蓋夫子平生時物。

奪刺史　借府君謝承《後漢書》曰：楊班爲荆州刺史，趙凱横奏檻車徵，奪其筆硯。《劉道士傳》曰：劉根字君安，能召鬼。張府君語曰：「聞君能使人見鬼，可使形見，不者加戮。」根曰：「借府君前筆硯。」因書奏以扣几。須臾，五百鬼縛府君死父母至。

魏后數用　晉帝少同王沈《魏書》曰：甄后九歲喜書，數用諸兄弟筆硯，謂曰：「汝當習女工而學書，當作女博士耶！」后曰：「古賢女皆覽前代成敗，以爲己戒。不知書，何因見之？」梁元帝《忠臣傳》曰：劉弘，沛國人也。弘寓居洛陽，與晉武帝同年，少同硯書。

銀帶　金池魏武《上雜物疏》曰：御物三十種，有純銀參帶硯一枚，純銀參帶圓硯，大小各一枚。傅玄《硯賦》曰：即方圓以定形，鍛金鐵以爲池；木貴其能軟，石美其潤堅；加采漆之膠固，含冲之德清玄。

溪源　石穴《永嘉郡記》曰：硯溪一源，中多石硯。劉澄之《宋永初山川今古記》曰：興平石穴，深二百許丈，石青色，堪爲硯。

御筵　置柱繁欽《硯頌》曰：鈎三趾於夏鼎，象辰宿之相扶；供無窮之祕用，御几筵之優遊。謝承《後漢書》曰：王充於室内門户牆柱，各置筆硯而作《論衡》。方員　班散繁欽《硯讚》曰：或薄或厚，乃員乃方；班采散色，漚染毫芒。點黛文字，耀明典章。生翰墨　含清玄繁欽《硯讚》曰：顧尋斯硯，乃生翰墨。自昔頡皇，傳之罔極。傅玄《硯賦》曰：木貴其能軟，石美其潤堅；加采漆之膠固，含冲德之清玄。

篇籍永垂　讒邪無污李尤《硯銘》曰：書契既造，硯墨乃陳；篇籍永垂，紀志功勳。太公《金匱硯之書》曰：石墨相著而黑，邪心讒言，无得污白。

［賦］晉傅玄《硯賦》采陰山之潛樸，簡衆材之攸宜；即方圓以定形，鍛金鐵而爲池。設上下之剖判，配法象乎二儀。木貴其能軟，石美其潤堅。加采漆之膠固，含冲德之清玄。［詩］楊師道《詠硯詩》圓池類璧水，輕翰染烟華；將軍欲定遠，見棄不應賒。［頌］魏繁欽《硯頌》有般倕之妙匠兮，晲詭異於遐都。稽山川之神瑞兮，識璿璇之内敷。遂縈繩於規矩兮，假卞氏之遺模。擬渾靈之肇制兮，效羲和之毁隅。鈎三趾於夏鼎兮，象辰宿之相扶。供無窮之祕用兮，御几筵而優遊。［讚］魏繁欽硯讚方如地象，圓似天常；班彩散色，漚染毫芒。點黛文字，曜明典章；施而不德，吐輒無疆。浸漬甘液，吸受流光。［銘］魏王粲《硯銘》爰初書契，以代結繩；人察官理，庶績誕興。在代季末，華藻流淫；文不爲行，書不盡心。淳樸澆散，俗以崩沉；墨運翰染，榮辱是若。念兹在兹，惟正是宅。

封演《封氏聞見記》卷八《巨骨》　李司徒勉，在汀州曾出異骨一節，上可爲硯。云在南海時，有遠方客所贈，云是蜈蚣脊骨。

樂史《太平寰宇記》卷二一《河南道》　《郡國志》云：「闕里，背洙面泗。有夫子床，前有石硯一枚，石作甚樸，云夫子生平所用物。」

《新唐書》卷三八《地理志》　虢州弘農郡，雄。本虢郡，治盧氏。義寧元年，析隋弘農郡三縣置。貞觀八年徙治弘農。天寶元年更郡名。土貢：絁、瓦硯、麝、地骨皮、梨。

《新唐書》卷四九上《百官志》　内直局　内直郎二人，從六品下；丞二人，正八品下。掌符璽、衣服、繖扇、几案、筆硯、垣牆。

蘇軾《蘇東坡全集》卷一三一《學書爲樂》　蘇子美嘗言：「明窗净几，筆硯紙墨皆極精良，亦自是人生一樂。」然能得此樂者甚稀，其不爲外物移其好者，又特稀也。余晚知此趣，恨字體不工，不能到古人佳處。若以爲樂，則自足有餘。

趙令畤《侯鯖録》卷四《東坡評美硯》　東坡云：硯之美者必費墨。

何薳《春渚紀聞》卷六《東坡事實・營妓比海棠絶句》　先生在黄日，每有燕集，醉墨淋漓，不惜與人。至於營妓供侍，扇書帶畫，亦時有之。有李琪者，小慧而頗知書札，坡亦每顧之喜，終未嘗獲公之賜。至公移汝郡，將祖行，酒酣奉觴再拜，取領巾乞書。公顧視久之，令琪磨硯，墨濃取筆大書云：「東坡七歲黄州住，何事無言及李琪。」即擲筆袖手，與客笑談，坐客相謂：「語似凡易，又不終篇，何也？」至將徹具，琪復拜請。坡大笑曰：「幾忘出場。」繼書云：「恰似西川杜工部，海棠雖好不留詩。」一座擊節，盡醉而散。

曾敏行《獨醒雜志》卷九　贛之雩都尉，廳後舊有灌嬰廟，臨其池上。廟毁，往往瓴甓墮池中，歲年不可計矣，因刀鑷工取半瓦爲礪石，人見而異之，遂求其瓦爲硯，於是有灌瓦之名。求者既多，今罕得全瓦。好事者以銅雀瓦不復有，亦謾蓄之。

吴曾《能改齋漫録》卷一《事始・端溪硯》 端州石，唐世已知名，許渾《歲暮自廣江至新興》詩云：「洞丁多斲石，蠻女半淘金。」自注云：「端州斲石。」李賀《青花紫石硯歌》云：「端州匠者巧如神。」柳公權論硯，亦云端谿石爲硯至妙也。

陸游《老學庵筆記》卷一 祕閣有端硯，上有紹興御書二「頑」字。唐有凖敕惡詩，今又有凖敕頑硯耶。

宇文懋昭《大金國志》卷三五《雜色儀制》 熙宗立，又增「專經」、「神童」、「法律」三科爲雜科，然不擢用，止於簿尉。專經至於爲直省官，事宰執，持筆硯。童子科止有趙憲甫位至三品。此太宗、熙宗繼世取士之科也。

《宋史》卷五《太宗本紀二》 夏四月庚午，罷端州貢硯。

《宋史》卷八七《地理志三・陝西》 虢州，雄，虢郡，軍事。崇寧户二萬二千四百九十，口四萬七千五百六十三。貢麝香、地骨皮、硯。【略】

寧州，望，彭原郡，興寧軍節度。本軍事州，宣和元年賜軍額。崇寧户三萬七千五百五十八，口一十二萬二千四十一。貢菴閭、荆芥、硯、席。

《宋史》卷九〇《地理志六》 肇慶府，望，高要郡，肇慶軍節度。本端州，軍事。元符三年，升興慶軍節度。大觀元年，升下爲望。重和元年，賜肇慶府名，仍改軍額。元豐户二萬五千一百三。貢銀、石硯。

《宋史》卷一二二《禮志二五》 六月，詔翰林寫先帝常服及絳紗袍、通天冠御容二，奉帳坐，列於大升輿之前，仍以太宗玩好，弓劍、筆硯、琴棋之屬，蒙組繡置輿中，陳於仗内。

《宋史》卷四九一《外國七》 又别啓，貢佛經，納青木函；琥珀、青紅白水晶、紅黑木槵子念珠各一連，並納螺鈿花形平函；毛籠一，納螺杯二口；葛籠一，納法螺二口，染皮二十枚；金銀蒔繪筥一合，納髮鬘二頭，又一合，納參議正四位上藤佐理手書二卷及進奉物數一卷、表狀一卷；又金銀蒔繪硯一筥一合，納金硯一、鹿毛筆、松烟墨、金銅水瓶、鐵刀；又金銀蒔繪扇筥一合，納檜扇二十枚、蝙蝠扇二枚。

《遼史》卷四《太宗本紀下》 秋七月癸亥，南唐遣使奉蠟丸書。【略】壬申，晉遣使進水晶硯。

《遼史》卷四五《百官志一》 筆硯局。筆硯祗候郎君。筆硯吏。

《遼史》卷四五《百官志一》 承應小底局。筆硯小底。

《金史》卷四三《輿服志下》 大定二年制，百官趨朝、赴省，並須裹帶。五品以上官，趨朝則朝服，赴省則展皂，雨雪沾衣則從便。凡朝參，主寶、主符展紫，御仙花或太平花金束帶。近侍給使、供御筆硯、直長、符寶吏紫襖子，塗金束帶。

《金史》卷五三《選舉志三》 筆硯承奉，舊名筆硯令史，大定三年，更爲筆硯供奉，後以避顯宗諱，復更今名。正隆二年，女直人遷敦武，餘歷進義，無出身。大定二年格，初考女直遷敦武，餘保義，出職正班從七品。吏格，初都軍，二、三下令，四、五中令，六上令。

《金史》卷五六《百官志二》 筆硯局，直長二員，正八品，掌御用筆墨硯等事。泰和七年以女直應奉兼。舊名筆硯令史，大定三年改爲筆硯供奉，以避諱改爲承奉。

《金史》卷五七《百官志三》 司經，正八品。副，正九品。掌經史圖籍筆硯等事。

《金史》卷五八《百官志四》 筆硯承奉、閤門祗候、侍衛親軍百户，十二貫石，絹四匹，綿三十兩。東宫筆硯，六貫石。

《元史》卷一七七《張思明傳》 五年，除西京宣慰使，嶺北戍士多貧者，歲凶，相挻爲變，思明威惠並行，邊境乃安。因疏和林運糧不便事十一條，帝勞以端硯，上尊。

李賢《明一統志》卷一〇《常州府》 硯池。在武進縣鄒浩墓側，世傳浩洗硯於此。

李賢《明一統志》卷六八《保寧府》 捧硯亭。在南巖上。宋司馬池嘗携其子光遊此，因賦詩命光捧硯，後遂以捧硯名亭。

李賢《明一統志》卷六九《叙州府》 硯石溪。在長寧縣牛心山後峰，石如磬，可以爲硯。

李賢《明一統志》卷七八《漳州府》 硯石嶺。在龍巖縣東，峰巒秀麗，氣脉融和，取其石作硯，甚光潤。

李賢《明一統志》卷八〇《惠州府》 洗硯池。在興寧縣治西南。五代時，羅孟郊嘗建亭，讀書於此，滌筆硯久之，池水盡黑。

郎瑛《七修類稿》卷五〇《奇謔類・異寶》 嘗讀《春渚紀聞》，有人蓄碼碯大硯，注水硯間，則水中有一小鯽游泳可愛，去水則無也。《夷堅志》亦載，人有銅盆，凡水注滿，則雙鯽撥剌出水矣。無水無之。予未之信。後杭醫朱某家造墳，得土中二磁碗，偶注酒於中，則頃刻有緑苔浮滿酒中。意其不潔所致，及滌凈復注亦然。飲之，又未嘗有物也。予女夫家有礪石水盆，架於天井中，水滿則緑苔浮面，去水則無。惜今碎敗，不堪蓄水，與古人所載魚事相同。不知此爲何等異寶。

李詡《戒庵老人漫筆》卷八《鋤地得金印古硯》 楊五川《南宫集》中有《月華硯銘引》，載金印古硯事，曰：「昔景泰中吾東溪府君守安，有二農夫偶耕於野，得埋金焉，詣州請平。試問其狀，曰：『始吾運鉏於田，覺鏗然有聲者三，視之方得石蓋，去石而金見。』命洗土視之，則古金印也，其文爲『壽亭侯印』。又命取石至，則硯也。府君乃歸其印於朝，取其硯而償若直焉。硯之在予家餘六十載。正德己卯孟秋十有二日記。」所謂東溪府君者，即《通紀》諸書所載兵部觀政進士常熟楊集，當時以其上于司馬書出爲安州知州者是也。

于慎行《穀山筆麈》卷二《紀述一》 經筵進講，在文華前殿，日講在殿後穿廊，正字在後殿東閣設一幄，次又東一室，乃上所遊息。一日同二三講臣入視，見窗下一几，几上設少許書籍，又一二玉盆，盆中養小金魚寸許，上所玩弄也。西壁一几，几上筆硯無甚珍異，筆皆市中所買，上貼筆匠楊彦章名，楮皆折簡，一如士人所用。其朴如此。

謝肇淛《五雜組》卷之四《地部二》 黄州東百里有孔子山，相傳孔子適楚，嘗登此山。上有坐石，草木不侵。有硯石，每雨輒有墨水流出。

沈德符《萬曆野獲編》卷二四《外郡・靈巖山》 靈巖山有夫差館娃宫、響屧廊，浣花池，采香徑等勝，固吴中麗矚也。其石最佳者中硯材，次亦當碑碣諸用。

高濂《遵生八箋・起居安樂箋上・居室安處條》 高子曰：書齋宜明静，不可太敞。明净可爽心神，宏敞則傷目力。窗外四壁，薜蘿滿墻，中列松檜盆景，或建蘭一二，繞砌種以翠芸草令遍，茂則青葱鬱然。旁置洗硯池一，更設盆池，近窗處，蓄金鯽五七頭，以觀天機活潑。齋中長桌一，古硯一，舊古銅水注一，舊窑筆格一，斑竹筆筒一，舊窑筆洗一，糊斗一，水中丞一，銅石鎮紙一。左置榻床一，榻下滚脚凳一，床頭小几一，上置古銅花尊，或哥窑定瓶一。花時則插花盈瓶，以集香氣；閑時置蒲石於上，收朝露以清目。或置鼎爐一，用燒印篆清香。冬置暖硯爐一。

高濂《遵生八箋・燕閑清賞箋上・叙古鑒賞》 《洞天清録》云：「人生世間，如白駒之過隙，而風雨憂愁，輒三之二，其間得閑者，才十之一耳。況知之而能享者，又百之一二。於百一之中，又多以聲色爲樂，不知吾輩自有樂地。悦目初不在色，盈耳初不在聲。明窗净几，焚香其中，佳客玉立相映，取古人妙迹圖畫，以觀鳥篆蝸書，奇峰遠水，摩挲鐘鼎，親見商周。端硯涌岩泉，焦桐鳴佩玉。不知身居塵世，所謂受用清福，孰有逾此者乎？」

劉守章贈洪崖先生揚雄鐵硯、四皓鹿角枕。卞敬家有無患枕。

陶貞白有雀尾爐。唐内庫有七寶硯爐，至冬寒硯凍，放上即化，不用火炭。

武帝賜于闐青錢硯，遼西麟角筆，南越側理紙。唐賜宰相張文蔚龍鱗月硯、寶相枝。筆也。

唐彦猷作紅絲硯，自號爲天下第一。

歐陽通善飾文房，其命藏硯石室曰紫方館，貝光曰發光地菩薩，研滴曰金小相，鎮紙曰小連城千鈞史，界尺曰由准氏，筆曰畦宗郎君，槽曰半身龍，裁刀曰治書奴。

寶晉齋有天成硯山、玉蟾蜍，皆希世奇珍。

吴應箕《讀書止觀録》卷二 山谷誡子弟云：「吉蠲筆墨，如澡身浴德；指拭几硯，如改過遷善。敗筆浣墨，曠子弟職。書几書硯，自點其面。惟弟惟子，臨深戰戰。」讀書者當觀此。

屈大均《廣東新語》卷六《神語》 南海廟有玉簡、玉簫、玉硯、象鞭。林靄所獻銅鼓。

屈大均《廣東新語》卷二四《蟲語・蚱蜢異》 香山黄雙槐先生瑜，官長樂時，有豪氓殺人匿其屍，訊不詞服，法司欲從疑釋。先生請自訊。忽有蚱蜢折左股斃於硯池，謂曰：女折其左股，沈黑水池中，神告我矣。氓驚服。其洗濁冤奸多此類。

王士禛《池北偶談》卷一一《談藝一・飛廉館瓦》 元王文定惲《秋澗集》，有《飛廉館瓦硯歌》，略云：「劉郎杳杳秋風客，神鳥冥飛憶初格。豹章爵首尾蟠蛇，建章千門風冽冽。」云云。此亦在銅雀之前，知漢瓦無不可爲硯也。

王士禛《池北偶談》卷一二《談藝二・羽陽宫瓦》 《橘軒雜録》：「鳳翔府，古雍州，秦穆公羽陽宫故基在焉。其瓦有古篆『羽陽千歲』字，昔雲中馬勝公得之。陰字，在硯之左，奇古，非銅雀所及。」《東觀餘論》云：「長安民獻秦穆公羽陽宫瓦十餘枚，若今甯瓦然。首有「羽陽千歲萬歲」字。」《老學叢談》云：「銅雀瓦皆陽字，紀建安十三年造。嘗聞其土著人云，瓦甚大，一片可爲四硯。」

王士禛《池北偶談》卷一八《談藝八・敏速》　《南唐近事》載處士史虛白嘗對客弈，旁令學徒四五輩，各秉紙筆，先定題目，隨口而書，略不停綴，數食之間，衆製皆就。《封氏聞見記》：維縣尉張陟，在中書日試萬言，令善書者三十人，各操紙執筆，俱占題目，身自巡席，依題口授，周而復始，午後，詩筆俱成，得七千餘字。《唐詩紀事》：長沙王璘日試萬言，崔詹事廉問表薦於朝，先試之。璘請十吏，皆給筆札，璘口授，十吏筆不停綴，首題《黄河賦》三千字，復爲「鳥散餘花落」詩二十首，皆可謂敏速矣。又韋皋嘗於二十四化設醮，請符載撰齋詞，於時飲摩訶池上，載命小吏十二人捧硯，人分兩題，緩步池間，各授口占，其敏如此。

王士禛《池北偶談》卷一九《談藝九・米太僕研山》　米太僕友石萬鍾家藏一研山，有七十二峯，洞壑奇絶。每天欲雨則水出，欲霽則先燥。太僕以五百金購之。明末流寇入京師，米氏奔迸，以古器數簏寄親戚家，此物遂爲一士夫所得。又寶一風字硯，太僕知六合縣時，嘗入覲北京，往返兩月餘，硯墨猶未燥也。康熙戊午夏，公孫紫來漢雯知長葛縣，行取入都，出硯示予，爲説如此。紫來今官翰林(待)[侍]講。

王士禛《池北偶談》卷二一《談異二・離非女子》　故友南粤陸漢東卿孝廉，有小硯，是南漢劉鋹宫中物，有鋹宫人離非女子篆銘。卿死子幼，此硯不知流落何所。石埭令姚六康子莊爲予言之，姚亦粤人。

王士禛《池北偶談》卷二二《談異三・王祭酒》　吾郡歷城明翰林王公敕，字雲芝，成化甲辰進士及第第三人。諸生時，讀書卧牛山寺，夜見地有火光，發之，得石匣。匣有書二册，讀之，遂能御風出神，知未來休咎。生平異事甚多，嘗與僧采枸杞山上，僧先下扣門，公已先在啓扃。官河南、四川督學，試日，諸生見鎖院廳廡各有一公危坐。一日見白雲一片，命騎追之，雲落地化爲石，色如雪，煮食之，其甘如飴，曰：「此雲母也。」行輝縣山中，忽下輿拜曰：「丈乃在此。」令掘地，得奇石，置之百泉書院。又於道左古垣中，開視得紫石硯二枚，各有鸜鵒一隻，雌雄相向。嘗云：「地如竹篩眼，凡有異寶皆可見。」又采杞僧臨終，公問所欲，曰：「欲富貴兼之。」公曰：「但堪作一藩王耳！」朱書其背曰：「蜀王。」比王生第二子，背上隱隱有書字。尹恭簡旻寢疾，問之，曰：「有大鶴入室飛旋，已而颺去，公之神也。」果然。官終南國子祭酒，預知死期。怛化時，四城門皆見公羽衣鶴氅而去，如雲水道人。鄉人於良鄉道中遇鼓吹從南來，視之，乃公也。王陽明素推服之，張尚書鶴鳴爲作傳。先贈司徒公生時，大父方伯贈司徒公取公名名之。

王士禛《池北偶談》卷二六《談異七・鬼粥硯》　淄川王某，大理卿筠蒼公曾孫也。康熙己巳上元日，遊顏神鎮城隍廟，時方卓午，遇一老叟，持古硯自廟中出。王曰：「粥乎？」叟曰：「適已粥之矣。家尚有一硯，與此類。明日幸過訪，當以相贈，不須價也。」且告以家在某村，正王歸路必經處。翌日，如言訪之，至村外一林墓側，有茅舍，叟已候門。見王曰：「渴乎？有漿可飲。但所居湫隘，不敢延入，君候於此。飲畢，當出硯相贈耳。」少選，出漿飲之，飲甫畢，王遂發狂奔走，直上山巔，雖澗壑荆棘不避。遇樵人數輩識之，舁歸其家，迷不知人，卧病數月始愈。

王士禛《古夫于亭雜録》卷一《何家奇石》　寂音《石門文字禪》有云：「何忠孺家有石如硯，以水灌之，則枝葉出石間，如叢桂狀。」亦奇物。

胡渭《禹貢錐指》卷五　黄鎮成云：浮磬出泗水之濱，非必水中，蓋浮生土中不根著者。金吉甫云：浮磬如今硯石之取子石者，蓋石根不著巖崖而特生，故謂之。

李光地《御定月令輯要》卷三《每月令》　硯務官原　歐陽修《試筆》：南唐有國時，於歙州置硯務，選工之善者，命以九品之服，月有俸廩之給，號硯務官。

龔煒《巢林筆談》卷三《硯名玉帶袍》　楊鐵崖詩「雪水初融玉帶袍」。玉帶袍，錢塘士女曹妙清硯也。其名艷異，但不知於硯義何取？

惠棟《九曜齋筆記》卷二《楹書櫝硯》　《陳留志》曰：范喬，字伯孫。年二歲，祖父馨臨終執其手曰：恨不見汝成人。因以所用硯留與之。後家人告喬，喬執其硯涕泣。《御覽》五百十九。羅泌《路史》曰：楹書待子，櫝硯貽孫。楹書，晏子事。櫝硯，即范馨也。

惠棟《九曜齋筆記》卷三《石墨相著》　武王書硯曰：「石墨相著而黑，邪心讒言，無得汙白。」

黄中松《詩疑辯證》卷二《彤管》　自有書契以來即已有筆，不獨創始於秦矣。況乎黄帝之硯，黄帝得玉而篆曰：帝鴻氏之硯。周公之硯，周公硯銘曰：石墨相著而黑，邪心讒言，無得污白。晉靈公之硯。如蟾蜍腹容五合水。

趙翼《陔餘叢考》卷二一《乞巧》　《續博物志》：山東風俗，正月取五姓女，年十餘歲，共卧一榻，覆之以衾，以箕扇之，良久如夢寐，或欲刺文繡，事筆硯，理管絃。俄頃乃瘖，謂之扇天。卜以乞巧。

吴繩年《端溪硯志》卷中　有青花鴝鵒則無火捺、蕉葉白，考之土人，上巖多黄龍，中則火捺、蕉葉白，下始有青花、鴝鵒眼，不相兼也。端人重鴝鵒如珠玉，而蕉葉白乃瞠乎後矣。

右嚴繩孫《説硯》

端溪産硯之坑凡十有一，惟水巖爲上。水巖内有三洞，曰中，曰東，曰西。冬月水涸乃可采。自溪登岸北行三十步有山，穹然如寶蓋，其乳下垂爲穴。穴高三尺，小如圭竇，是爲水巖巖口，止容一人，石工裸身先用兩足投下，然後以手攀巖口，腰縋徐徐而入，匍匐伏行，度半里許爲中洞。從中洞左轉數丈，其勢趨上爲西洞，洞門益狹。又從中洞右折而下五六丈爲東洞，東洞鄰於大江矣。春夏之交洞爲江水浸灌，迨秋漸退，以匏運汲，自内達外，魚貫接遞，有如傳杯，至水竭，始下鑿。蘇東坡所謂：「千夫堰水，挽綆汲深。篝火下縋，百夫運斤而得之」者。東洞今已鑿穿，不可復鑿，即鑿亦應鎚而碎，不成硯材。中洞可容六鎚十二人，或四鎚八人。西洞亦如之。洞中幽黑，不知晝夜，熬豚膏爲盤燈以燭之。凡鑿各分石堂，兩人共一堂，一堂一燈，一鎚，鑿一人，卧一人，彼此更替。蓋洞傴須曲脊仰鑿，非更替不能耐勞也。上層石質麤爲天花板，最下一層雜沙泥爲沙板，俱無用。惟在沙板之上一層，雲氣滃鬱，新泉欲流，得石之髓，三洞皆然。洞石有火捺、蕉葉白、麻雀斑、黄龍、玉帶、米鼻蛀、蟲蛀、鳳涎、鎏金、硃砂、翡翠之屬，以辨真僞，而青花、鴝鵒眼尤爲至寶，不可多得。以諸品常雜見於中層，青花、鴝鵒眼獨見於沙板之上一層也。火捺必紫氣縈薄，圜如金錢。蕉葉白必瑩光如玉。麻雀斑必微綴數點，與金粟相似。黄龍有如金碧山水紋者，有黄氣連蜷如龍纏護石兩旁者。玉帶如白虹拖在雲中。米鼻蛀如粒米藏入石縫。蟲蛀，蟲蝕入石逗出小孔也。鳳涎如金汁。鎏金，金色隱現，入水則明，出水則滄。硃砂，爛如芙蓉，或如臙脂一點，浮在石上，光照几案。翡翠如翠羽青緑相間，粲成鸞采。至若青花其爲魚文、萍藻、馬尾線不一，演漾波上，散爲瀾漪。亦有名白花，如銀絲一縷繞於空際者，然不多見也。鴝鵒眼爲圓、爲暈、爲碧，色暈必數重，睛如點漆，點漆者活眼也，翳則爲死眼，弗貴也。三洞之石，中洞與東洞石色紅而帶黄，如一片鴻濛，精華内蓄，其氣深，其神穆。西洞石色如羊肝，常若在水，光彩焕發，生氣上騰。其他諸坑石多産於山，石工采琢無時，朝操鎚入，暮可携石而歸。朝天巖未嘗無火捺、蕉葉、黄龍，而其色枯。寶塔巖鴝鵒眼不減三洞，而其石黑理不能發墨。亞婆坑眼如緑豆，亦有碧色，而石頑塊不堪。巖仔石，石工常取竇充水巖，然色嫩而氣薄，不可耐。近有新坑，爲西江水大衝出，在水巖東洞之側，亦有可觀，但多鏡面，與明瓦星易損毫。屏風背紫而堅。往時相尚宣德巖，品在朝天巖之上，而今無復存。梅花坑，方寸之石眼輙數十，無一晶瑩，對之徒敗人意。總之，端溪之石得水巖而諸巖可廢，得青花而諸石可廢，得鴝鵒眼而象眼、鵶眼俱可以不論也。又水巖爲煙雲之氣醲成，故其氣清，舉之甚輕，諸石全受沙土濁氣，舉之甚重。故善辨水巖者不在日中見石，夜來以手按石，其凍如冰，沾之欲濕，則得之矣。

右錢以塏《嶺海見聞》

羚羊峽水泓迅，多曲風，觸山廻環，舟行者檣帆多不測。入夏雨漲，上下殊險，兩岸石齒峥叠，不可艤泊。北岸昔人鑿壁闢徑，以便縴役，可容軒輿，有一二處峻陡者，舍輿可徒，殊坦然也。硯坑在峽東口南岸，老坑離岸數十丈，坑南有山神祠，口高不逾四尺，闊如之。蓋闢鑿爲竇，不知始采者何以知之，而闢荒吸腴也。入口仄，而下投以石，水聲泙泙然。工曰：坑深五十丈，百金之費可汲而盡也。石之可硯者三層，餘皆山礪耳。上層火捺重濁，蕉葉白亦老，中層較嫩，下層更勝，至青花獨下層有之。石之具火捺，蕉白者多眼，而青花石無之。青花石亦有二種，石脚者，質色黝細不雜，花紋如縷，漬水始現。其中下二層之間亦有粗花最現，雜蕉白中，蓋蕉白之花非青花也，其佳者往往有眼，最難得。宜墨唯取蕉白，青花。若火捺散布中間則爲廢石，蓋火捺堅硬不宜墨，若在邊隅則無礙也。此色惟坑石有之，存此著辨耳。眼以翠緑圓正層叠者名鴝鵒眼爲上，此硯譜説也。今觀老坑石，眼雞卵形，色翠緑、淡緑二種，僅二三層，及見古塔巖石眼圓正而色淡緑多層紋，似乎古人之説，不無舛也。古塔坑在山腰，其質亦細膩，亦有火捺、蕉白，但無下坑蓬勃生發之氣，然眼多光彩，巧纖可愛，較下坑過之。第坑眼外輪有黑暈中圈淡紅，巖眼中圈黑色而外無暈，中睛亦黑色，不如坑睛之紅耳。坑出石多，而佳者百之一二，巖出石艱，而佳者十之二三，故巖石之價其省數倍。巖石止一層可觀，色純紫，坑石碧有火捺者始紫，今鬻於市者皆亞婆坑、朝天巖石，渾乎紫矣。

老坑有中洞、西洞、東洞之分，然統於一竇，俱謂之坑。坑之北離江岸數武曰文殊坑，今名新坑，石質酷類老坑，稍粗，亦有火捺、蕉白、青花，但眼色金黄，中多翠緑紋筋，估人名曰翡翠以飾聽。予窺其理，此坑去老坑僅數十武，與坑石一脉，蓋此處筋紋爲脉之行，而精華結聚於老坑成眼，故有貴賤之分。予己卯冬鑿洞得石四百片，僅得二青花石，一爲六寸磚，一爲子石，其磚以贈鈕玉樵而子硯留鐫説於背，以志佳者之難得也。

石之病者曰砂釘，大如指頂，頑硬如釘。曰蟲蛀，石内有孔如蝕。曰鐵線，即砂釘之細長者。曰重皮，若夾灰然，石之分層也。曰驚紋，非其質也，蓋錘鑿之過。曰火捺紋，赤黯如雲，形硬不宜墨，然在邊隅則貴，此文惟坑石有之，以是辨真贋也。亦有淡濁二種，曰黄龍石，有黄痕如薄雲流行。曰鷓鴣、麻鵲斑，黑白點如豆大，或如虱蟣，不識者誤指爲青花。曰亂麻斑，或黑或黄或緑，紋横殊無條理。曰翡翠斑，有重緑淺緑二種，或成塊，或斜紋長，石之精華，其盡處尺許結爲眼。諸病惟火捺、黄龍、鷓鴣斑、麻鵲斑、亂麻斑、翡翠斑，工不以爲嫌，蓋無妨於墨，惟不飾玩耳。

眼蓋石之精華，其層暈翡翠，造化自然之工巧，彩光奪目，良可寶玩。眼之佳上者，石質必細潤，其大小材器不同則工鑿之稱材與不稱材耳。坑眼不及古塔巖，而塔石大遜於坑。又新坑朝天巖、屏風背各洞石俱有眼，恐執眼論石未免魚珠，故識者論硯有佳石不用眼之説。眼佳者質雖佳而材器未必成全，則亦等諸無用之物；若材質成全，雖無眼自可寶用。其説大是，然究不如材質與眼兼備者之更可寶也。予論硯有六要：一要質，二要材，三要眼，四要位置，五要體式，六要琢磨。質不美潤等諸粗礪，材不成全止堪委棄，佳石無眼，樸而無文，眼在要脚爲墨所掩，若體製琢磨，存乎人力，達者自有賞鑒。大率佳石雖無眼可用，而佳眼非好石則不可用，故古人重質不重文也。估人作硯必用蠟漬火熨，若佳石斷不宜。新製者雖琢磨精細，終覺生澁，莫如手磨久之，饒有神氣。

眼有活眼、死眼、淚眼之説。大率層暈分明、翠緑紅睛者潤，其黑睛者亦潤，若金黄、土黄、象牙枯骨色者燥也，雖兼暈睛不貴，並無暈睛益下。

沈南箕稱端硯多拒墨，宋人式用側面，故磨久不滑，亦一説也。余試之矣，質嫩俱宜墨，色濁、質老、硬者不宜，是無論側面與否也。南箕特未得佳者，故篤於信耳以立説耳。巖石竪矗旁爲正面，上頂下脚俱側宜知。

采石先汲水盡，洞屈曲轉運不易，置木斗車輪繫轉出之，有窒礙處則工人轉相遞出，勿用瓦磁器易破。工在内鑿采甚難，洞矮，手足之力不能舒，主人從其工程每以塊之多寡督責工人，速於報命，往往大材小鑿，甚以頑石充數，故必兩工夥一錘代其勞逸，以材之大小定課程而不必區區於多，寡間。

硯山名爲斧柯，其山端正，故又名端山，山之外爲桃溪村，故硯譜有桃花巖之名。至下巖、中巖、上巖、大秋風、小秋風、半邊山、土地巖、小湘巖、後瀝巖各説有可考有不可考者。土地巖，譜稱巖有土地祠，今土地祠在老坑左數丈許，則老洞之爲土地巖也。老坑、新水坑皆在山脚，洞口斜入地腹，則下巖疑爲山脚諸坑之渾名。至古塔、屏風、朝天並無名數。旱坑俱高在山腰，離脚三里許，是爲中巖，而最上則山頂，更無洞口舊蹟。其大小秋風或即朝天、屏風諸洞，而今昔異其名，未可知也。半邊山巖當即今所謂古塔者，其坑口山形如削壁立，以形命名，似不爽矣。若大小湘巖，今要邑禄步司轄在郡西二十里，與坑東西相隔五十餘里，坑産緑、黄石二種，可爲器用。工人亦製硯磚，名曰緑端，全不宜墨。若後瀝巖譜稱在城北數里，即七星巖也。其石五色，蓋大理之類，工人取其漂白者製硯磨砆，游人多有鬻之者。二者俱非坑類。舊有將軍坑在巖後將軍嶺，而譜未載。作譜者米南宫。□石洞皆好古名儒稱，嘗至端而説頗疎漏，毋亦足跡之未周歟。

天寧寺前水街，硯市也。石皆紫色，無眼、無火捺、黄龍、蕉白、翡翠諸色，詢之稱爲亞婆坑。此坑在峽中北岸龍門汛東諸山，有數洞。余嘗至其坑，坑止丈餘，無水，山石之細者也，價至賤，每磚不過分計，今嶺外所稱紫端拒墨者皆此物。余家居曾以重價購其二，珍之而無用。竊怪端硯之著稱，不知所謂，今得之矣。

石工采石多匿其佳者，須偵察之。凡采石先禱祝於土地祠，稍晦夜有虎至坑口，爲茅寮蔽風日，夜必宿舟防虎。古塔坑去江遠，勢必宿寮絶火□□之。此山多飛石，弗論晝夜，時有石自空而來，擊落有聲，不知所解，或云山魈爲之。

予在端三年，以硯爲嗜好，然無力開巖，屢購於估，不可得佳者。偶得一石，大如掌，細花縷縷，質甚粹潤，寶之，勒名其上，題曰夢筆峰。

古塔巖即半邊巖之新坑也，其石比朝天巖無火捺紋、蕉葉白，多鴝鵒眼，石估鬻此，每獲重價。

火捺取活，蕉白取嫩，火捺外輪而蕉白内束不雜者佳。佳硯池水不可令乾，每日易以清水，以養石潤，不可一日不滌。若用二三日不滌，黑色差減。滌者不可磨去墨繡，此爲古硯之徵，滌以皂角清水爲妙。或以洗臉水滌净，復過清水令自乾，切勿用滚水，以半夏切平擦硯。極去宿墨。以絲瓜瓤滌洗又不如蓮房殼收起以水浸軟滌硯去垢，起滯又不傷。硯不可以氈片故紙揩抹，恐氈毛紙屑以混墨色，大忌。滚水磨墨，茶亦不可。新墨初用膠性并稜角未伏，不可重磨，恐傷硯面。冬月當預藏佳硯，以粗研用之，可以敵凍。寒時以火炙冰，當用四脚挣爐架火硯上微煖逼之，或用硯爐亦可得。青州熟鐵硯用之甚宜。或云真老坑硯即在塞北苦寒之地，着水不凍，惜予在都時未得一硯以試之。春夏二時霉溽蒸濕使墨積久則膠泛滯墨筆，又能損硯精采，須頻滌之。文綾爲囊韜避塵垢，藏之笥匣，不可以硯壓硯，以致損傷。

右景日昣《硯坑述》。

硯山，在端州羚羊峽東口南岸，離峽岸南上數武曰文殊坑，又南爲砂皮洞，即硯譜所稱虎坑也。虎坑之南爲飛鼠巖，又上爲宣德巖，巖口刻宣宗遣官監督姓名及開坑封坑月日。再南爲治平坑，土人又稱曰巖仔坑，亦刻宋治平四年差太監魏封重開字。治平之南爲水巖，治平間亦於此采石，又名康子巖。諸洞俱在山麓，西向相去不出四十丈。内外水巖之上爲屏風背、爲朝天巖、爲新坑、爲古塔巖，即半邊山巖也。山之東背爲桃溪村，故硯譜有桃花巖之名。惟水巖之石迥異諸洞，洞高不踰四尺，潤如之。自宋開采至今，自高而卑，其深約二里許。洞中之水屈曲淵渟，采石者必先集黄岡石工自洞口魚貫而入，列坐其間，寘燈於洞之兩旁，以甕汲水，次第傳出，水漸落而工與燈亦漸加，若汲至底，必須工三百輩晝夜更番，閲月乃竭，水竭而後采石。明設把總一員專轄，律令盗石者比竊盗論，其厲禁如此。今雖無此禁，然民間不得擅采，即當軸風雅，亦往往以金錢之費不貲而止。此非具大力者必不能舉，舉必於冬天寒江落之時。水巖之内分四洞，匍匐而入，不得昂首直腰，至五六丈爲正洞，又名爲大西洞。從正洞又轉六七丈爲小西洞，因其門最小故也。從其旁入爲中洞。又從正洞左轉十餘丈爲東洞，東洞之北即飛鼠巖，此外廼峽内大江矣。每洞可容三四槌或多六七槌，餘工仍轉甕遞汲，否則水漸聚而槌無所施矣。其石之可硯者僅一線，如金銀礦之砂路，上下四旁俱黄色麤厲，如工人壘提修路之物。而一線之物又必有如膜如臕包之絡之，去膜與臕然後得石。然石又分三層，近山而砂水透漏，石中如蠹蝕，名曰蟲蛀，火捺重濁，蕉葉白老而不潤。中層較嫩，下層更勝，至青花惟下層爲最，過此則爲底板石矣。中洞石色青而深，西洞青而淺，東洞多紫色，若一片純紫而鮮妍者爲紫羊肝，即宋時馬肝石也，今亦罕覩。火捺、蕉白、青花、硃砂斑、翡翠、麻鵲斑、鴝鴿眼、黄龍紋、猪鬃眼，三洞皆有，他洞亦間有之，特妍醜不同耳。火捺者血之所凝，蕉白者膏之所成；蕉白四旁必有火捺掩映以顯其秀。火捺如朝霞蔚起鴻鴻濛濛爲上品，如玫瑰紅，如馬尾臨風飄揚無定爲馬尾火捺，或如五銖錢四輪有鋩、色淡而暈爲金錢火捺，俱可貴。或如火燒漆器，或堅黑如鐵，名鐵捺者俱礙墨不取。蕉白者必一片白潤，彷彿芭蕉葉上霜花未乾者爲至寶；若如紙灰色枯而無神亦不貴。青花者如花青細如蟣虱脚，或波面微塵，視之無形，沃水乃見斯爲上品；若粗點及成片無生動氣者次之；而青花之内得有火捺如玫瑰紅、馬尾，如豆大金錢紅而不紫，潤而不枯，暈而不結，而火捺之内復有細青花者更爲絶品。又一種如冬瓜瓤，一種如五色雲霞，一片磅礴生氣，殊不可見。硃砂斑翡翠者以鮮妍光彩不礙墨堂者，有亦無害。麻鵲斑者如麻鵲細斑，若有若無，亦可玩也。鴝鴿眼者貴圓不貴長，貴活不貴死，貴明不貴暗，貴多暈至十餘重者，大率暈有奇無偶，大如豆，小如芥子，黑白分明，有肉有睛，睛貴黑，肉貴碧，不貴黄，若如人張目湛湛無神及泪眼、肉眼、無睛者俱下下。但眼在墨堂雖好必去，而好眼又不易得，非若古塔巖盈掌之石有眼數點及十數點者，且三洞之眼又各異。中洞眼圓亦如珊瑚鳥目，若土氣相侵如象牙色者亦不貴。東洞眼碧色，多暈，對之奕奕射人，然多鷄卵形，圓正明媚，亦不易得。西洞眼有瞳如黍，其色漆黑，亦足賞。黄龍紋恍如一縷黄雲，悠悠揚揚，又如泥金圖畫，沃水燦爛者爲上。猪鬃眼凡石見之皆非上品，然甚落墨，久而不滑。又有白痕如線名曰水線，頗不拒墨，若在邊亦無礙。至於砂釘大如指，堅異常。及有線如鐵名鐵線者，皆拒槌鑿，即石工亦不取。大約三洞之中以秀色可餐，入手温柔，握之稍久掌中水濡，硯與磨之無纖響、無浮沫、無水泡而墨輒濃，經三宿不涸者爲至寶。雍正元年冬，余客端州，適開砂皮、飛鼠、文殊三坑，因躬至其間采石，及遍歷諸洞，猶以不得親入水巖爲恨。至三年冬，始開水巖，余廼得入洞采石，前後共二百餘片。又於端舊家得陳文恭一硯，旁刻「白沙藏硯」四字，硯之通體斑剥，墨痕繡蝕，古色愛人，乃刻「梅山周氏真賞」六篆於其陰。然其寬與長亦不及三四寸，厚亦不過六分，蓋水巖之石，欲得盡善盡美。洵如屈翁山所云「大不盈掌」，景東暘亦云「石大至數尺，精美者僅掌許耳」。至於亞婆坑、白婆墳俱在羚羊峽北岸，其石質黝黯不鮮妍，佳者亦有蕉白、火捺。黄坑在羚羊峽西口南岸龍華寺後，石亦有眼，而色紫質粗。羚羊峽中龍門汛左有坑數處，坑無水，其石亦紫而無蕉白、青花，今嶺北所稱紫端者是也。梅花坑在峽東口，從典水村而入，石亦多眼，眼大而無神，質青而粗。朝天巖石堅而不嫩，細而不膩，火捺結而不暈，蕉白氣晦無彩，得純潔無斑者亦可貴。巖仔坑石扣之聲泠泠然，久磨必滑。古塔巖石質亦細膩，然火捺、蕉白少蓬勃生發之氣，惟鴝鴿眼員正而色淡緑，多層紋，明媚可愛，石工鬻此每得重價。屏風背石色如猪肝，曝於風日，絶少生氣。

宣德巖石彷彿水巖，今不可得。惟飛鼠巖石淡紫而潤，間有黄龍紋。砂皮洞石蕉白、青花、火捺均有之，而細膩不及水巖，然較諸洞則飛鼠、砂皮兩洞猶爲可嘉。至文殊坑石頗似飛鼠巖而滋潤不無少遜矣。新巖石細潤，微有青花、蕉白，久之光如鏡面，不發墨也。宋以前水巖未開，俱於七星巖北將軍嶺下采石，其質粗而色青，無蕉白、青花、火捺，亦無眼，至今名將軍坑，又名北嶺坑也，黄江石工尚取之。七星巖石潔白如玉，製硯磨硃及磬與水注諸文玩，間有黑色山水紋如大理石者，製屏風與香几諸器。小湘巖在城西二十里，産黄緑二色石，常爲器具，其緑者製硯，名曰緑端，全不宜墨。其他處，余未親歷者不敢以道路傳聞，附會其説焉。

右梅山周氏《硯坑志》。按周氏不知其名。

水巖水阬同實異名，未開爲巖，已鑿爲阬，無水爲旱巖，旱阬，有水爲水巖、水阬。羚羊峽兩岸皆研山，唐宋以來取材不下數十處，皆無考。惟峽西首南岸梅花阬有宋治平四年太監重開題石，峽東首南岸爲阬仔巖，巖之東有小山土人呼老阬，山下爲水阬。舊時阬禁甚嚴，今已弛，惟以巨石塞口，土人具呈官准即開。

水阬中分三硐，正硐石爲上，西硐次，東硐又次。正硐北淪深淵，怪物藏焉，水深不可引。由正硐左轉爲西硐，右轉爲東硐，每硐石分三層，上層山沙透漏如蟲蛀，質微遜，中層方佳，下層爲最。東硐多帶黄龍紋，不似飛鼠巖之晦暗少神氣也。

石之青脉者必有眼，故辨石老嫩以眼爲驗，但眼在石中，剖之恰好始獲具眼，少失分寸，或中藏未露，或旁鑿截去，同此一片妙質，徒以不見眼爲劣，不亦固哉。至反以有眼爲石病，則矯枉過正，胥失之矣。正硐眼赤圜，唐人所咏鴝眼是也。西硐眼鴉，東硐眼黑，總以瞳子分明圓活明媚爲上。他若有眼無瞳，有瞳無神爲死眼，爲瞎眼，爲淚眼，皆不足貴。至有片石可得數十眼者，尤石之疵。北岸亞婆、白婆等阬石最多，此則不容以眼名之矣。

新坑在屏風、朝天諸巖之間，微有沙潤縈紆白，質緊而滑，亦有火捺，毫釐千里，識者立辨，不待磨玩之久也。

右佟雅慶復《汗漫吟詩注》。

吴繩年《端溪硯志》卷下　崔生居端巖，於後巖百丈坑得紫龍卵造硯，長尺，廣減尺之四，厚重粹潤，若有德君子，眼暈六七重無纖瑕，近手潤澤可劘墨。來遺，余試以澄心堂紙，李廷珪墨，諸葛漸筆。

右蔡君謨硯記。

杜叔元藏許敬宗硯，後官杭，漁人於浙江網一銅匣，鑄許敬宗硯，兩方足，匣有容足處，即敬宗物。叔元子遺孫莘老，莘老憎其人，求得之，端石也，潤如玉，殺墨如風，微窪，真四百餘年物。

右東坡雜紀。

丁晉公自海外徙宅光州，臨終，以一巨篋寄郡帑中，題云：「候五十五年，有姓丁來此作通判，可分付開之。」至是歲，僑來貳郡政，即晉公之孫，計其所留年月，尚未生。啓視之，但一黑匣，貯大端硯一枚，上有一小竅，以一碁子覆之，揭之，有水一泓流出，無有歇時，温潤之甚，不可名狀。丁氏子孫至今寶之。

右王明清《揮麈餘録》。

胡堂長伯量記度常卿涵星硯，云：寶慶丙戌秋八月，渝州度使君正奉詔入京，過金陵，出其所藏坡仙涵星硯，而廬山胡詠記之曰：硯端石以石眼在池得名，形方以今尺度之可廣四寸，其表倍蓰，高寸有半，上廣下殺，其陰容掌不啻，面出玉斗爲池，斗之半微爲窪坡，如半月，用以限墨。星在池者十有三，下皆乘以雲氣，大者四，其二近半月，其二倚南壁，而一復差大而高，外微緑中黄，瞳如針眼而紺碧，衆星此爲獨勝。小者九，二倚東壁，二倚西壁如參商然，五者中立，一高二次而三低，如聚東井然。汲泉滿地，粲粲相輝，半月止墨，元雲靉靆而下，古人制作之精如此！星在陰者二，上列四字曰「癸巳端巖」，下三字曰「子容記」。子容，蘇丞相頌，意其初得也。東壁之外有墨書「子瞻」二字，下有三字，惟泓字髣髴，二不可辨。西壁外「子功」二字。使君曰：硯陰七字，本亦未刊，以借觀者衆，懼把玩之多，遂成泯没，故李氏刊之。按：坡詩有《以涵星硯贈范淳夫侍講》《風月石屏贈子功中書》共二首，詩中模寫與此硯實合，以年譜考之，當在元祐八年癸酉。硯後歸李才元家，其孫家於成都。之成都杲史君以五十緡購得之，外周以二鬃匣。蓋陰各有朱字紀歲月及土人姓名。外者己亥洋州造大方誌，内者辛未杭州後洋沈上牢。坡仙元祐己巳以龍圖閣直學士左朝奉郎知杭州，至辛未二月九日除翰林承旨，則内匣爲坡仙在杭作無疑，距作詩爲先三年耳。范、李後爲姻家，故硯歸李云。

右張世南《游宦紀聞》。

陳公密縝知端州，部民蓄奇硯，破其家得之，硯面熨斗焦如黑龍奮迅，二鴝爲目，每晦則雲霧輒興。公密没，歸張仲謀。政和間，入禁中。

右《蘇養直集》。

李元暉蓄米元章端石研，其背刻元暉題字云：「此研色青紫而潤，下巘石也。」御府寶硯曰蒼龍，横沿内有龍形横硯池中，世所謂巘花是也。

右陸友仁《硯北襍志》。

賈侯有硯，端之異石也。温潤堅結，渾然天成，而不資匠鑿之力。余嘉其能全於樸而致於用也，故名之曰「渾沌」。

右郝經《渾沌硯賦序》。

丁寶臣知端州，製緑石研送王介甫，謂之「玉堂新樣」。王荆公報之以詩云：「玉堂新樣世争傳，况以蠻溪緑石鐫。」

右《類林》。

御府有聚寶硯、玉版、太乙船，無眼而温潤，皆寶硯也。杜季陽端石蟾蜍硯篆「玉溪生山房」，李商隱硯也。

右周密《雲烟過眼録》。

趙子昂端石辟雍硯，名曰「六雅」。

緑端松磬硯，長七八寸，蓋硯板也。其上刻「松枝石磬」，而以半磬爲硯池，細潤發墨。趙子銘其陰。

文太史得古端硯，鋭首豐下，形如覆盆，面縷五星聚奎及蓬萊三島，左右蟠雙螭，刳其背令虚，鐫刻東坡製銘。一龜横出作屭贔狀，文縷精緻，不知何時物也，因命爲「五星硯」。

右《妮古録》。

乾隆壬申，余在歷下，有客匣硯至，啓之，則結緑硯也。余曰：是非新城王氏物乎，余聞此硯久矣，何爲乎來哉？」客曰：「第觀之硯，端溪之老坑也。」面平無池。厚寸許，縱五寸，衡得縱之半，色若馬肝而差淡，質細潤，青花隱隱如荇藻浮動，别有嫩緑斑，歷歷若晨星之在天，故錫以嘉名也。其背有隸古書，漁洋老人銘曰：「此非結緑也。何以沿結緑之名，殆如虎賁之似中郎耶？雖無老成人，尚有典型。」右旁署幔亭珍藏，亦隸古，書體類唐人，韶逸可愛，蓋老人屬□人林吉人舍人所書也。觀已，余復詢如前。客曰：「幔亭孫某者以此贈，因公癖好此，且鑒賞之精也，故奉覽，敢索記而繫吾名焉，雖以硯易文，固所願也。」余曰：噫嘻，不愛名硯非人情也，愛之而欲取之，是蹈兩手三硯之譏也。矧余文惡足以當之。夫物有聚必有散，王氏之物可贈客，客可贈余，余亦可他贈，贈或轉贈客，無不可也。文以硯成，伊可幸也，雖拙不可以不記也，屬草而以硯歸諸客。

右沈廷芳《隱拙齋集》。

羚羊峽紫石硯，東坡先生攜至海南，元符三年自儋耳移廉州之瓊，持以贈余爲别。歲月遷流，追維先生言論，邈不可即，倩工鐫先生遺像爲瓣香之奉云。崇寧元年十二月十九日瓊州姜君弼謹識。

右姜唐佐《東坡硯識》。補遺

和珅《欽定大清一統志》卷七九《徽州府二》　硯。南唐置歙硯務。歐陽修《硯譜》：歙州龍尾溪石第三。洪遵《歙硯譜》：羅紋金星坑、水廠坑在羅紋山西北，溪頭坑在金星坑之北，葉九山坑在溪頭坑之西，有眉子石。氷舷坑在眉子坑外，臨溪，冬水涸時，迺可取，率多金花眉子。驢坑在婺源縣北七十里，石有青絲暈。濟源坑在婺源縣北，凡三坑並列，曰碧裏坑，在山上，色理青瑩。及半里有水步石，大雨輒白暈。次十里入裏山，石青細，有金紋花暈。

姚元之《竹葉亭雜記》卷一　上即位，内府循例備御用硯四十方，硯皆鐫「道光御用」四字。上以所備過多，閒置足惜，因命分賜諸臣，英協揆師得其三焉。聖人之儉如此。

朝鮮國遣使年貢有例賞，由禮部具奏。新正宴紫光閣，又例有加賞。及該使臣在圓明園獻詩，復有加賞國王及使臣物件，俱由軍機具奏，在山高水長頒給。

賞國王物件：龍緞二疋、福字箋二百幅、雕漆器四件、大小絹箋四卷、墨四匣、筆四匣、硯二方、玻璃器四件。

賞獻詩使臣物件：大緞各一疋、筆各二匣、墨各二匣、箋紙各二卷。

梁章鉅《樞垣記略》卷二七《雜記》　癸丑殿試後三日，憲皇帝御懋勤殿閲卷，將原擬第三卷改第一卷，第五卷改第三卷。及啓彌封，則第一卷係會元陳倓，第三卷則張若靄也。上大喜。時廷玉在直廬辦事，遣内侍諭曰：「爾子張若靄取中探花矣，特告大學士知之。」廷玉驚懼失措，免冠叩首，懇辭數四，内侍轉奏，未蒙俞允。復奏請面見啓事，仍免冠叩首，繼以泣下。上憐其愚忱，乃命改爲二甲第一名。嗣引見新進士，若靄得照榜眼探花例，一體授翰林院編修。次日又奉旨：「在軍機房行走，隨伊父教導。」若靄辨明而入，及暮而歸，抄録諭旨，收貯檔案，頗稱勤慎。其非交辦之事，廷玉固不言，若靄亦不敢問也。甲寅秋，軍機大臣入見，各賜洋漆匣端硯一方，又特賜若靄一研。又顧諸大臣曰：「張若靄品量好，朕甚嘉之。」是冬御書「福」字，以次面賜廷臣，最後至若靄，上大笑曰：「今日乃寫『福』字第一日也，汝父得第一幅，汝得最後一幅，無意中有此恰好事，豈非吉祥之徵乎？」聖心之屬望如此。《澄懷園集》。

徐宗幹《斯未信齋雜録・丁戊隨筆》 河尹潘巽庵汝濟，山左濟州舊好也。遇於河上，贈海兒星巖端硯一方、鈞磁水盂一件。

徐宗幹《斯未信齋雜録・壑廬雜記》 鄭氏女史，年老仍吟詩不輟，嘗出句云：「對鏡焚香雲掩月。」久無對者。余擬云：「薰爐炙硯水生烟。」

閩中得黄忠烈公斷碑硯圖拓本，銘其後曰：磨而堅，破而完，身雖殘，心自丹。石有泐，人不刊；烈士骨，忠臣肝。

繼昌《行素齋雜記》卷下 《夢園叢説》記内閣大堂案上粗石硯一方，相傳爲嚴分宜故物，不可移動。予詢之温蔚卿内翰，信然。云此硯今猶置之大堂榻上東北隅，其西北隅尚有一櫃，云亦不敢啓，不知中有何物也。噫，奸雄柄國，據案票本，誣害忠良，一團厲氣凝結於頑石，迄今數百年，觸之猶足以禍人，可畏哉。至於櫃，意必當時置緊要文件，或奸謀祕計，禁人窺視，故相沿至今，猶謂不敢啓耳。其然，豈其然乎？吾不能決而信之也。

郭嵩燾《郭嵩燾日記》第二卷 （同治十三年七月）十三日。大雨。回拜各處，至劉韫齋、劉泳如、陳舫仙處久談。晚赴張力臣召，同席李次青、曾劼剛、朱香蓀、黄子壽、崔貞史，夜久乃歸。泳如開示硯石産所，一在西溪旁小溪，出鳳灘上三十餘里，曰杉木溪，所産石淺紫色，屬古丈坪界。又上十里餘，曰施溶溪，所産石深淺緑色二種，屬永順縣界，石質細膩堅潤，尤勝於杉木溪之紫石。

陳康祺《郎潛紀聞初筆》卷一三《黄莘田十硯齋》 永福黄莘田太令任，令四會時，鋤暴振窮，築隄捍水，大耐官職。罷官歸里，壓裝惟端溪石數枚，因名所居曰「十硯齋」。或曰：「君作嶺外官，一清如是耶？」笑指其硯曰：「我乃有此，猶愧王僧孺矣。」世稱詩人政績，爲詞華所掩耳。

陳康祺《郎潛紀聞二筆》卷六《皇子典學之禮》 乾隆元年正月，奉旨：「著大學士鄂爾泰、張廷玉、朱軾，左都御史福敏，侍郎徐元夢、邵基，爲皇子師傅，著欽天監擇日開學。」旋擇得二十四日吉。是日清晨，皇長子、皇次子到學，總管太監傳旨：「皇子應行拜師之禮。」諸臣固辭，遂長揖，賜賚文綺筆硯之屬，與雍正元年同。

震鈞《天咫偶聞》卷三《東城》 完顔氏半畝園，在弓弦胡衕内牛排子胡衕。國初爲李笠翁所創，賈膠侯中丞居之。後改爲會館，又改爲戲園。道光初，麟見亭河帥得之，大爲改葺，其名遂著。純以結構曲折，鋪陳古雅見長。富麗而有書卷氣，故不易得。每處專陳一物，如永保尊彝之室專弆鼎彝；琅環妙境專藏書；退思齋專收古琴；拜石軒專陳怪石，供大理石屏，有極精者，端硯、印章纍纍，甚至楹聯亦磨石爲之。

圖録

高濂《遵生八箋》卷一五《燕閑清賞箋》中卷

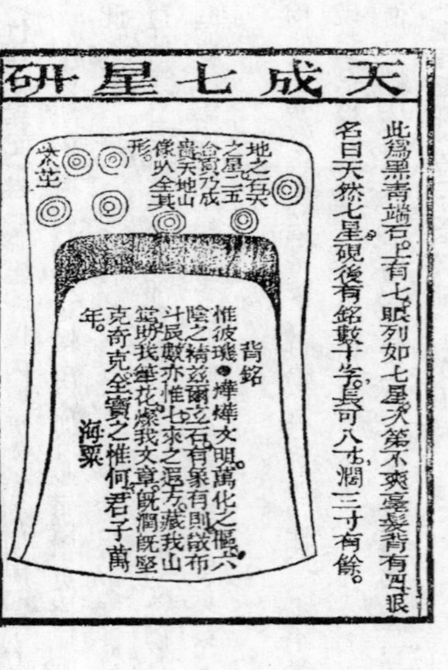

天成七星研
此爲黑青端石，上有七眼，列如七星，次第不爽毫髮，背有四眼，
名曰天然七星硯。後有銘數十字。長可八寸，闊三寸有餘。
背銘
惟彼璣●，煒煒文明。萬化之樞，六陰之精。茲爾迺石，有象有則。啟布斗辰，數亦惟七。來之遐方，藏我山堂。助我筆花，燦我文章。既潤既堅，克奇克全。寶之惟何，君子萬年。

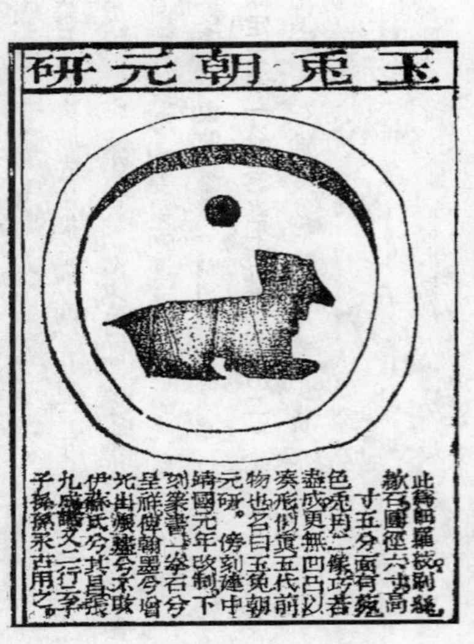

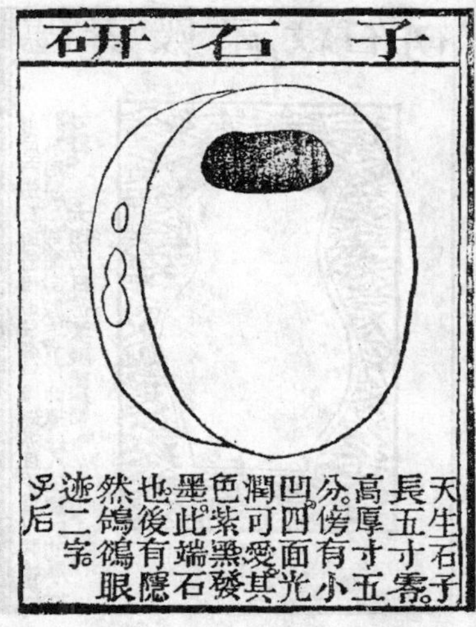

子石研

天生石子。長五寸零。高厚寸五分。傍有小凹。四面光潤可愛。其色紫黑發墨。此端石也。後有隱然鴝鵒眼迹二字。孑后

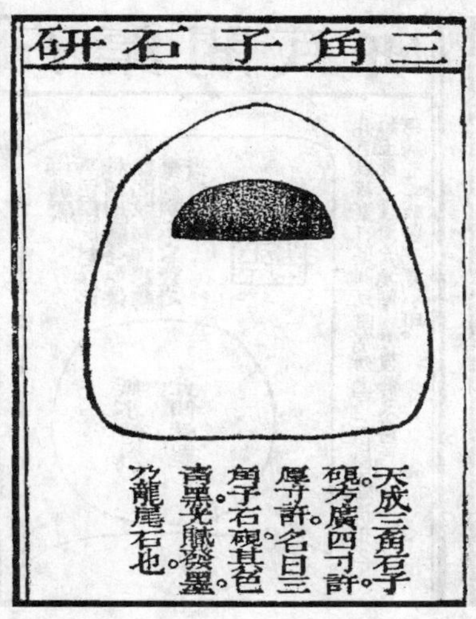

三角子石研

天成三角石子。硯方廣四寸許。厚寸許。名曰三角子石硯。其色青黑。光膩發墨。乃龍尾石也。

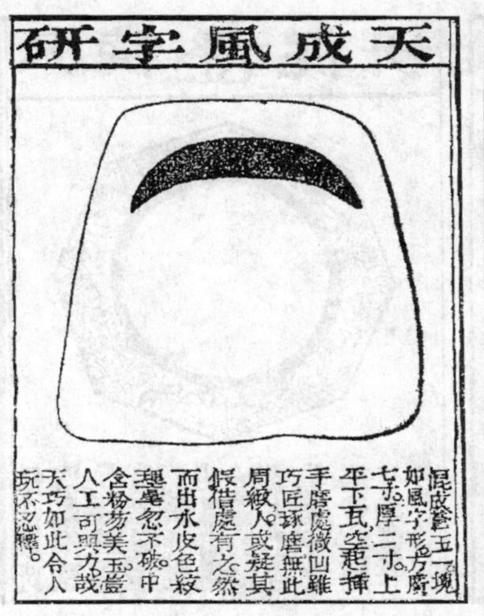

天成風字研

混成蒼玉一塊。如風字形。方廣七寸。厚二寸。上平下瓦。若起揮手磨處微凹。雖巧匠琢磨無此周緻。人或疑其假借處有之。然而出水皮色紋理毫忽不破。中含粉芴美玉。豈人工可與力哉。天巧如此。令人玩不忍釋。

碧玉圭研

此碧玉圭形。長七寸許。厚一寸。四面上秀黃剝蝕滴漬處。并後露半體。乃菠菜綠色。爲絕品碧玉。上有水池。四面光瑩。此誠秦漢物也。

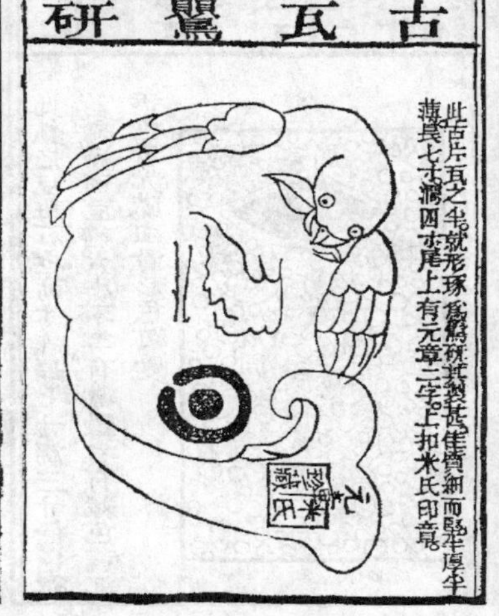

古瓦鷰研

此古片瓦之半。就形琢爲鷰硯。其製甚佳。質細而堅。半厚半薄。長七寸。濶四寸。尾上有元章二字。上扣米氏印章。

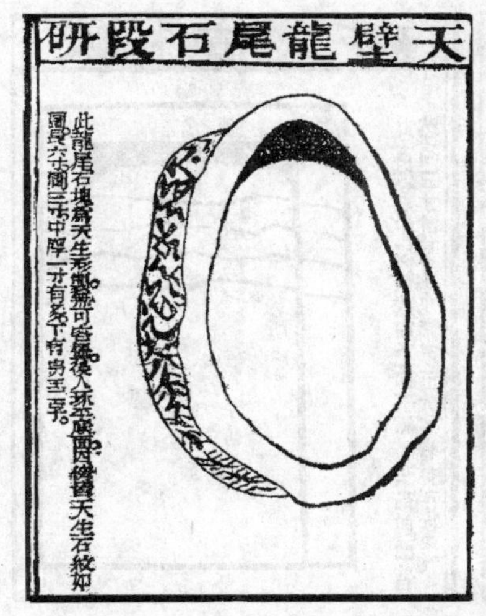

天璧龍尾石段研

此龍尾石塊。爲天生形製。無可容施。後人琢磨爲研。因留天生石紋如圓段。長六寸。闊三寸。中厚一寸有奇。下有鳥玉字。

八稜澄泥研

虢之澄泥研，池以泥水澄細淘篩爲之。硯以爲第一。其質細如石，用墨如玉聲。方廣九寸，厚三寸。下有篆字，明理宣跡。水圖篆武庚子共十二字。上水池外皆海水波濤中躍鯉馬二物，刀法精妙，實隱然稀世物也。

石渠閣瓦研

此瓦硯背篆石渠閣瓦四字。硯上有銘，質堅聲清，扣之如玉。長一尺，闊六寸，厚一寸，後傍又書云：嘉靖五年秋製，下有小印。

德壽殿犀紋石研

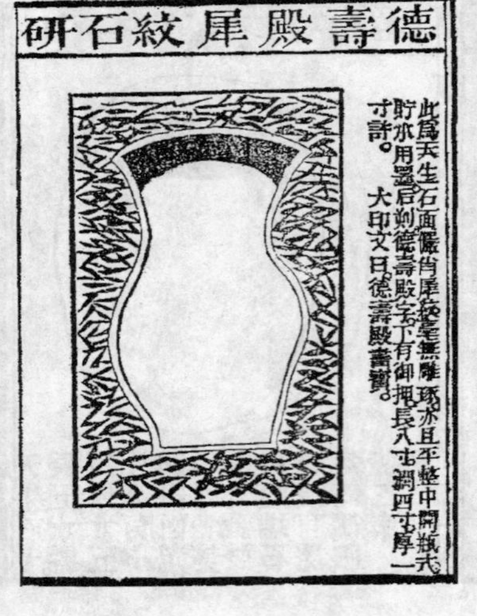

此爲天生石，面儼肖犀紋，毫無雕琢，亦且平整。中開瓶式貯水用墨。石背刻德壽殿宝，下有御押。長八寸，闊四寸，厚一寸許。大印文曰德壽殿書寶。

天潢研

此古歙石，中段橫截白色如玉，儼若天潢，四面皆然。高三寸許，長九寸，闊寸五分，下有插手空處。

豆斑石研

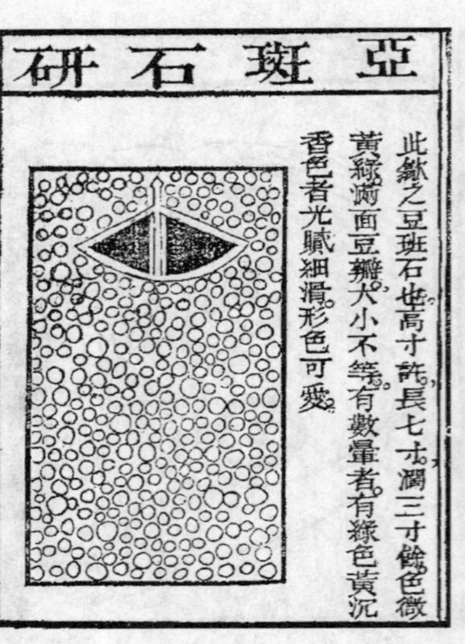

此歙之豆斑石也，高寸許，長七寸，闊三寸，餘色微黃綠，滿面豆瓣，大小不等，有數暈者，有綠色黃沉香色者，光膩細滑，形色可愛。

洮河綠石研

此洮河綠石硯，其光細如玉，無少瑕，異櫟不及手之堅，其色如新綠，沒堅可愛，以之試墨，泛而發，以之書，筆柔而不澀，寔研中寶也。

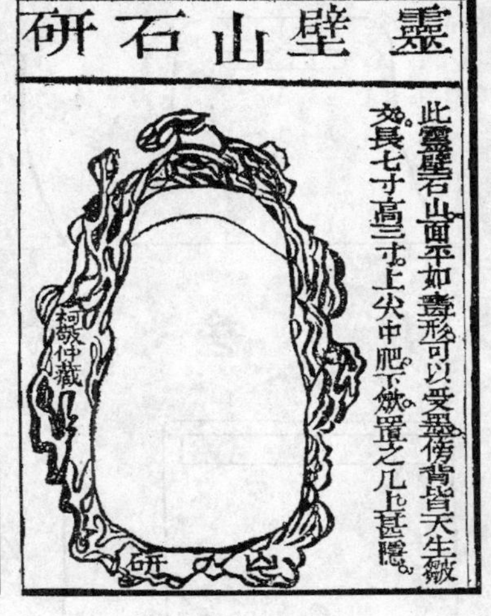
靈壁山石研
此靈壁石山面平如壽形可以受墨傍背皆天生皺
文。長七寸高三寸。上尖中肥。下斂。置之几上甚隱。
柯敬仲藏
研

龍尾石筒瓦研
龍尾之英。
歙之精。
壽斯文。
房寶堅貞
此龍尾石研。琢如筒瓦之形。面上鐫刻如圖，下有萬
卷樓三篆字。長六寸。濶三寸。高二寸。有多。石色青瑩
如玉。
萬卷樓

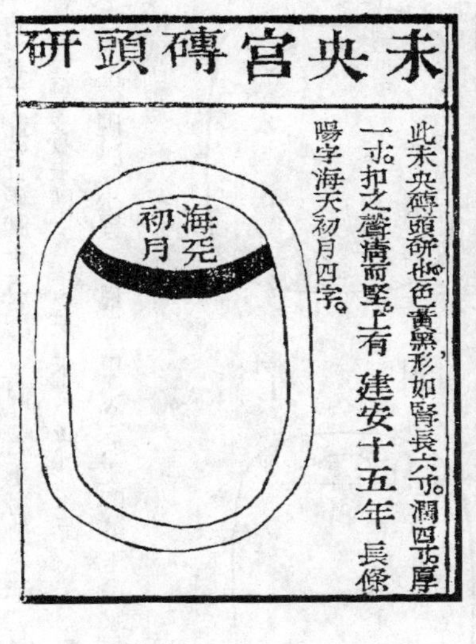
未央宮磚頭研
此未央磚頭研也。色黃黑，形如腎。長六寸。濶四寸。厚
一寸。扣之聲清而堅。上有　建安十五年　長倸
陽字海天初月四字。
海天
初月

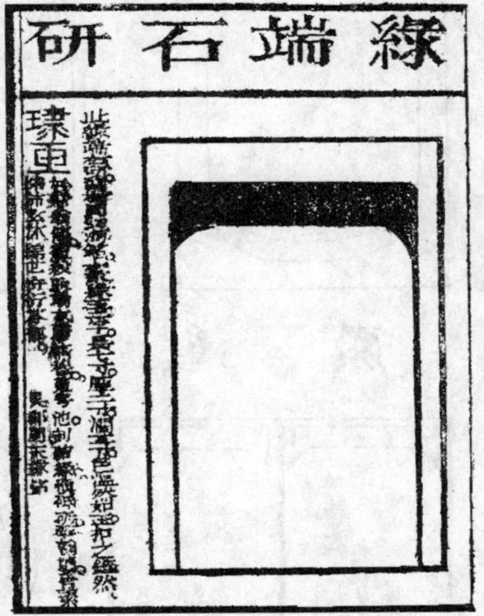
緑端石研

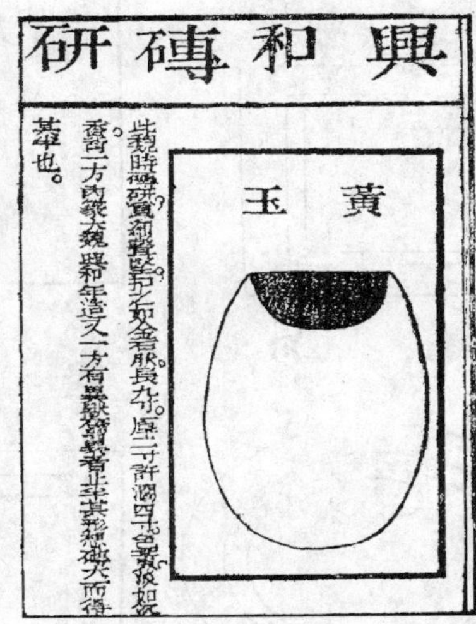
興和磚研
黃
玉

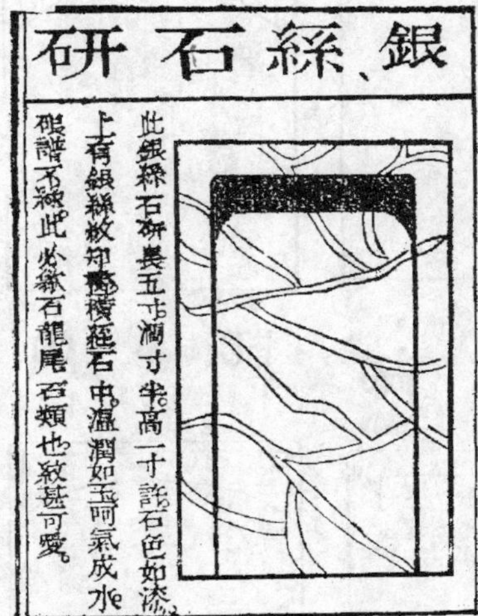
銀絲石研
此銀絲石研。長五寸。濶寸半。高一寸許。石色如漆，
上有銀絲紋。即歙溪橫紋石也。溫潤如玉。呵氣成水
硯譜不載此。必歙石龍尾石類也。紋甚可愛。

朱棟《硯小史》卷三《沈什硯圖十五品》 有佳石不可無良工，有良材不可無古法。本質雖高，裁就之方未精，磨琢之工未至，終非雅品，難入藝林。惟古杭沈公仕硯圖十五品，與《硯箋》小異，最爲簡古。余於王明經玉瓚家得其本，借摹列後，俾俗工知所取則焉。

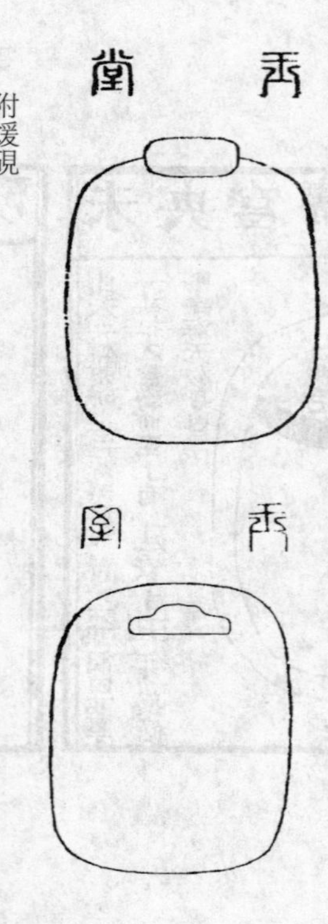

附煖硯

冬日須用煖硯，以銅錫作匣，中分三層，下層無底，可置手爐之上，中層置温湯，上層用薄端石片，仍可用蓋，加洋漆於内以收濕氣。或於下層另製小爐亦可。

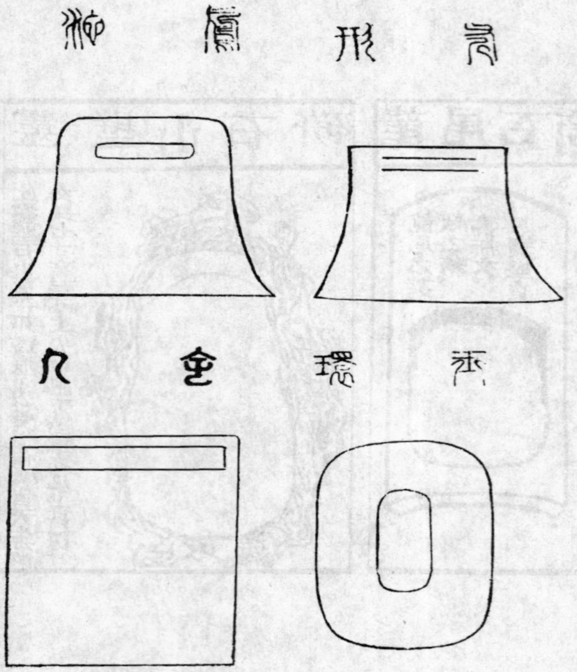

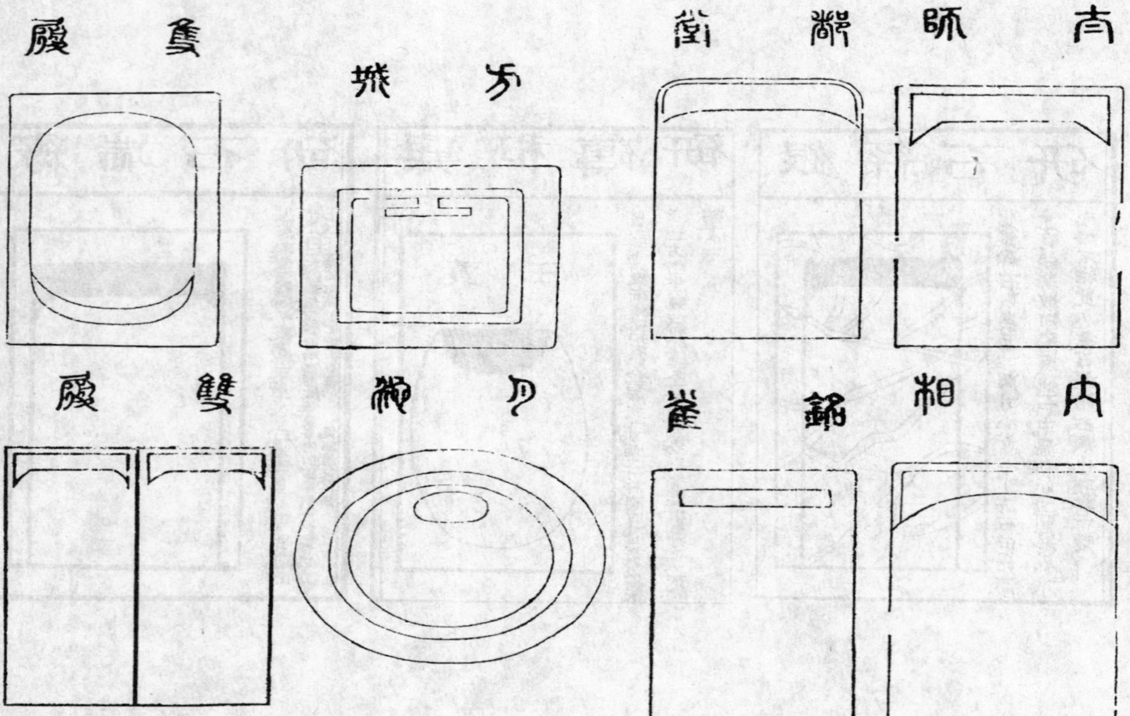

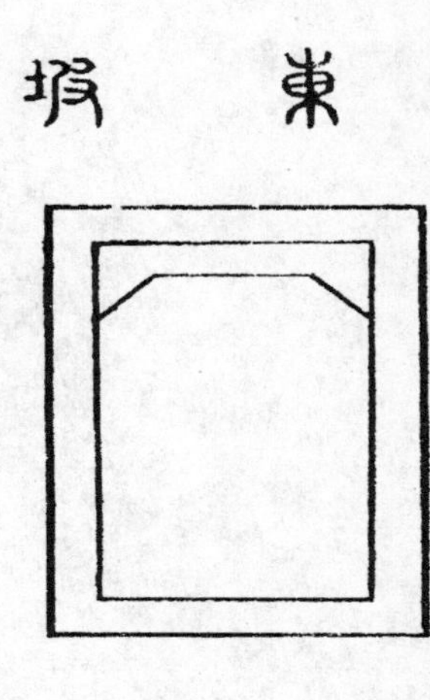

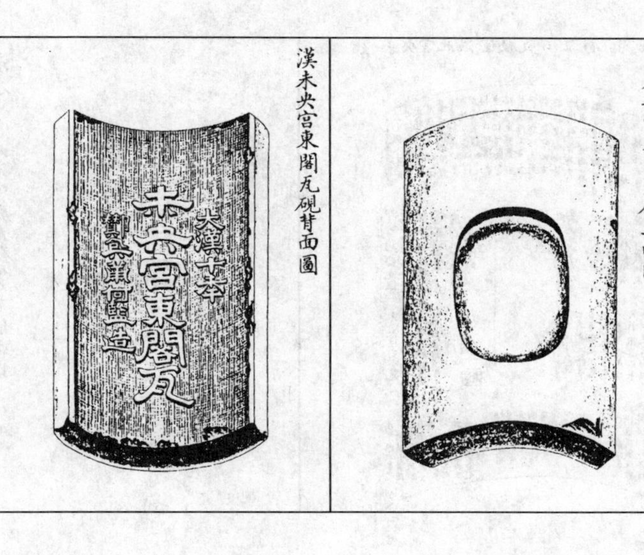

漢未央宮東閣瓦硯正面圖 繪圖十分之六

漢未央宮東閣瓦硯背面圖

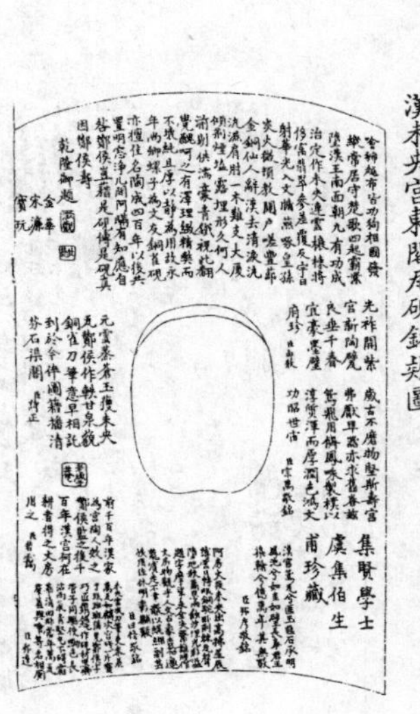

漢未央宮東閣瓦硯銘款圖

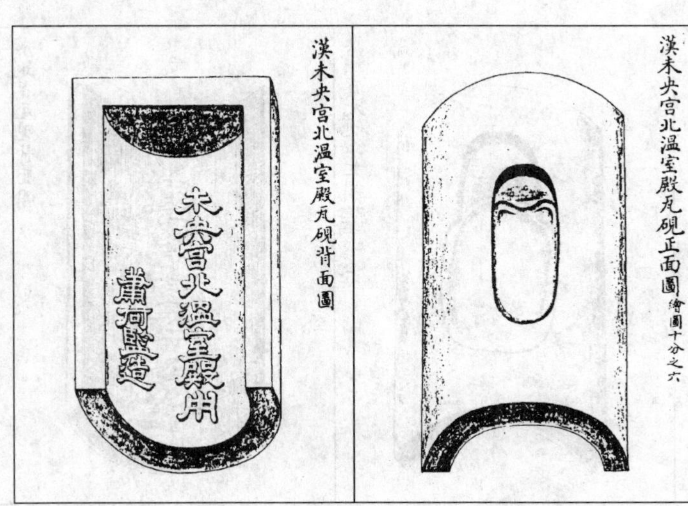

漢未央宮北温室殿瓦硯正面圖 繪圖十分之六

漢未央宮北温室殿瓦硯背面圖

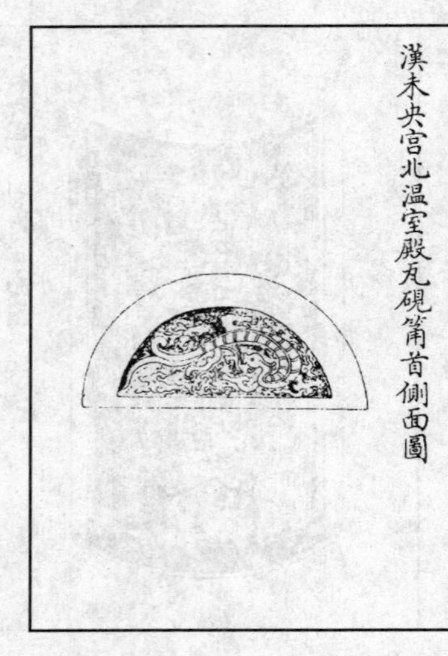

漢未央宮北溫室殿瓦硯筩首側面圖

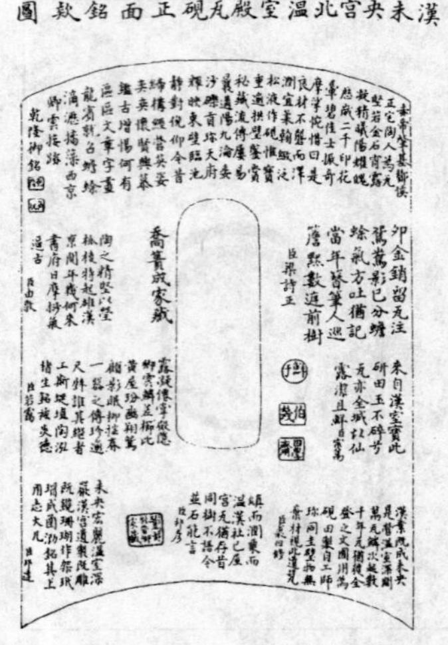

漢未央宮北溫室殿瓦硯正面銘款圖

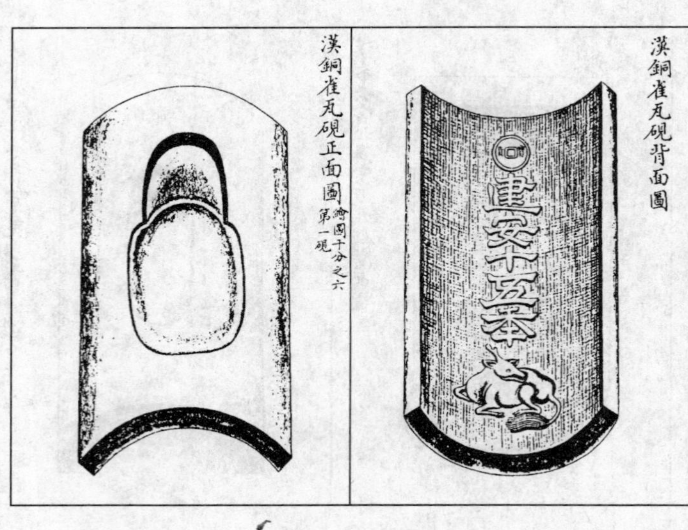

漢銅雀瓦硯背面圖

漢銅雀瓦硯正面圖 繪圖十分之六 第一硯

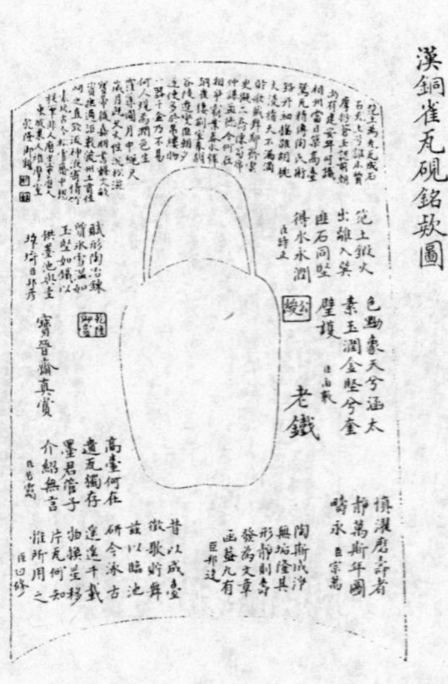

漢銅雀瓦硯銘款圖

漢銅雀瓦硯銘欵圖

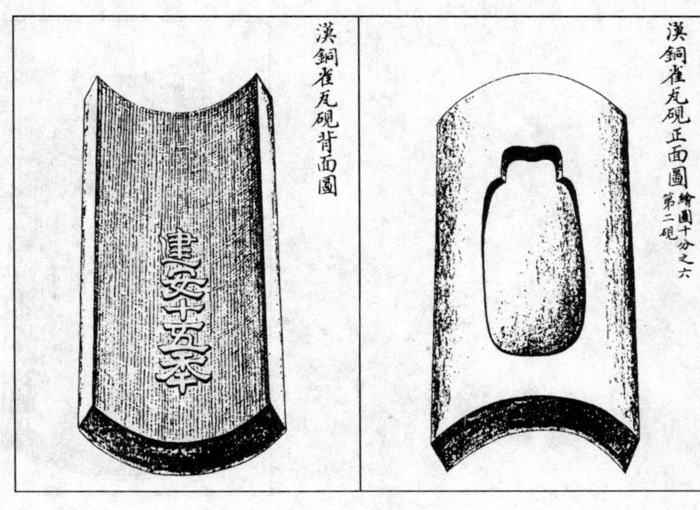

漢銅雀瓦硯背面圖

漢銅雀瓦硯正面圖 繪圖十分之六 第二硯

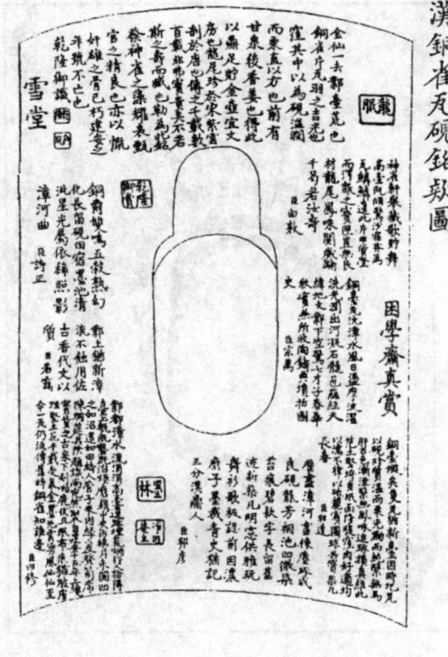

漢銅雀瓦硯銘欵圖

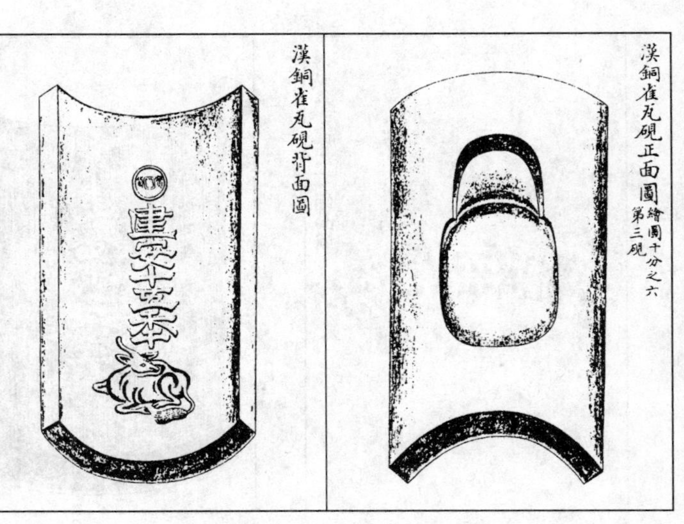

漢銅雀瓦硯背面圖

漢銅雀瓦硯正面圖 繪圖十分之六 第三硯

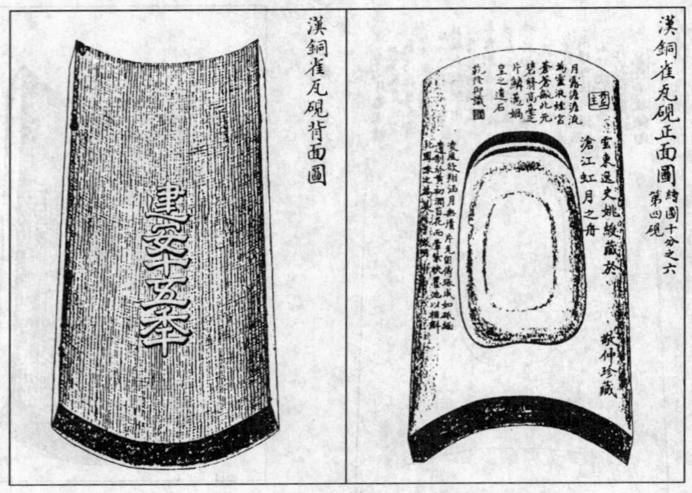

漢銅雀瓦硯正面圖 繪圖十分之六 第四硯

漢銅雀瓦硯背面圖

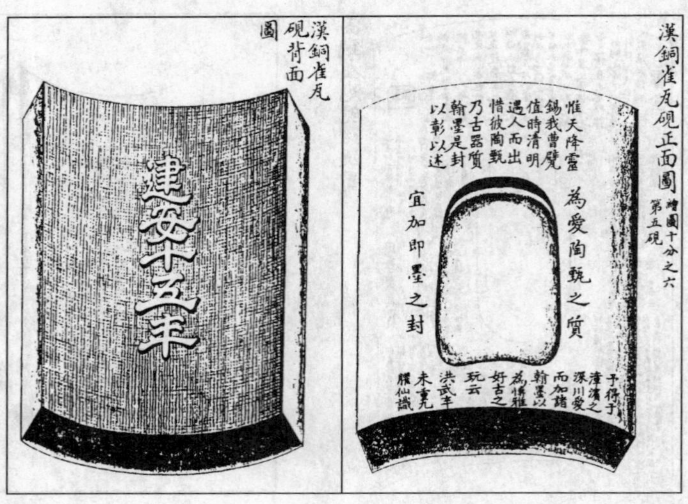

漢銅雀瓦硯正面圖 繪圖十分之六 第五硯

漢銅雀瓦硯背面圖

漢銅雀瓦硯上方側面圖

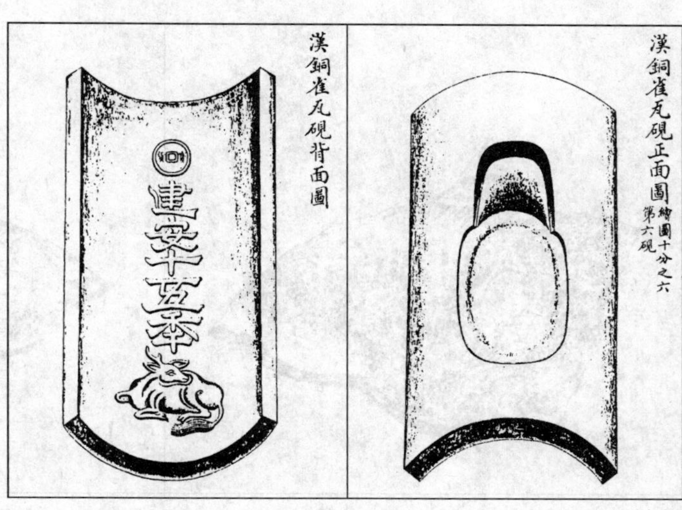
漢銅雀瓦硯正面圖
繪圖十分之六
第六硯
漢銅雀瓦硯背面圖
建安十五年

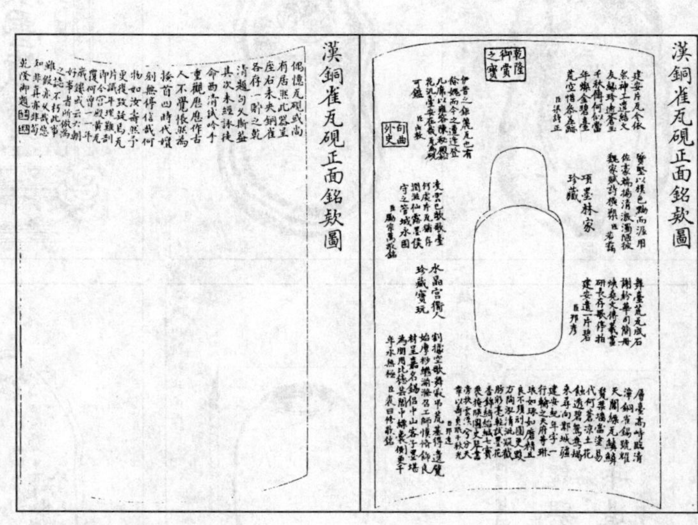
漢銅雀瓦硯正面銘款圖
漢銅雀瓦硯正面銘款圖

于敏中《欽定西清硯譜》卷二《陶之屬》

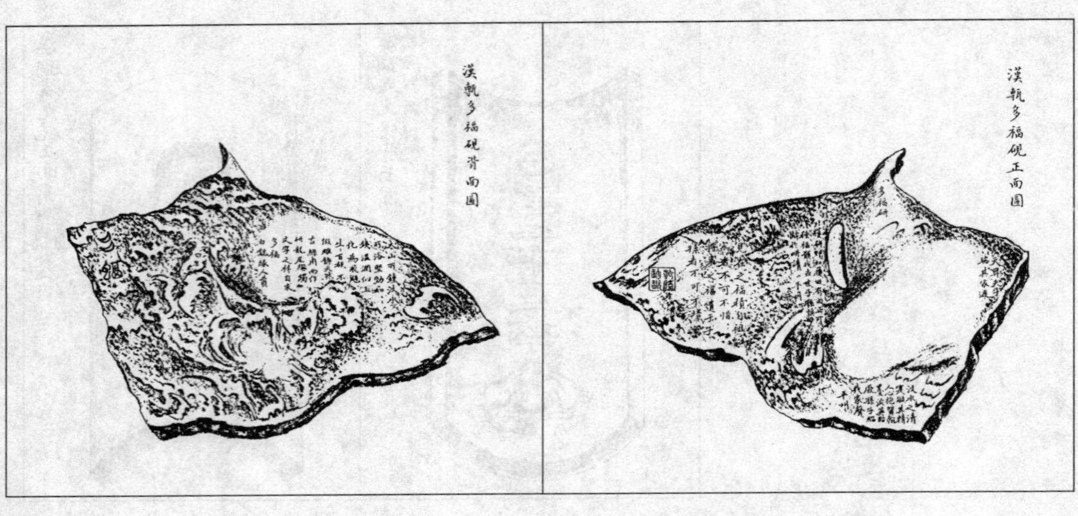
漢瓴多福硯正面圖
漢瓴多福硯背面圖

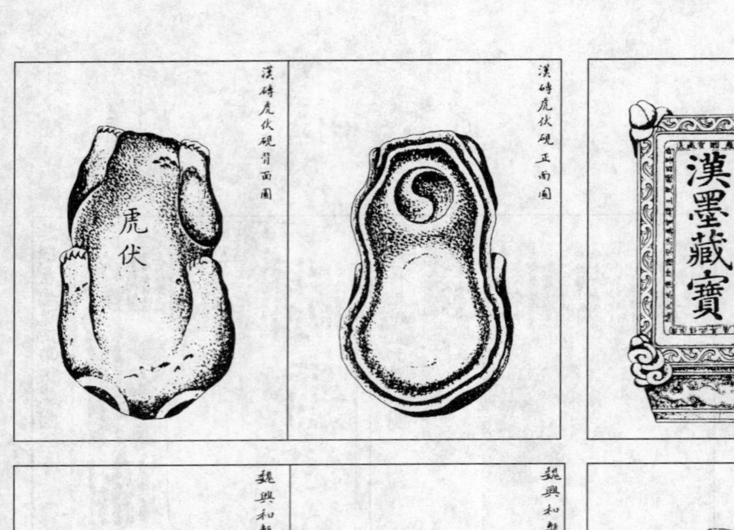
漢磚虎伏硯正面圖
漢磚虎伏硯背面圖

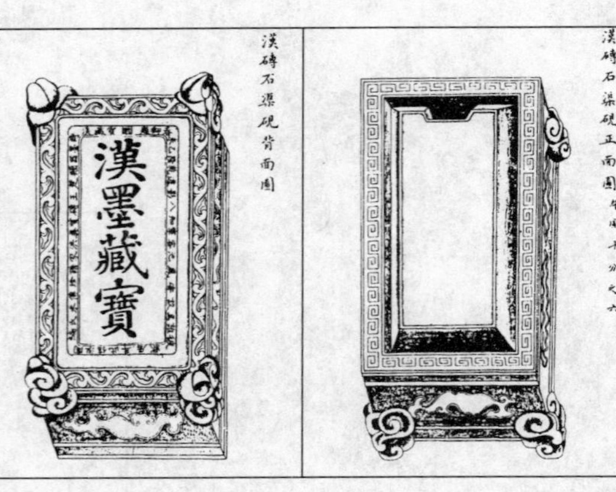
漢磚石渠硯正面圖
漢磚石渠硯背面圖

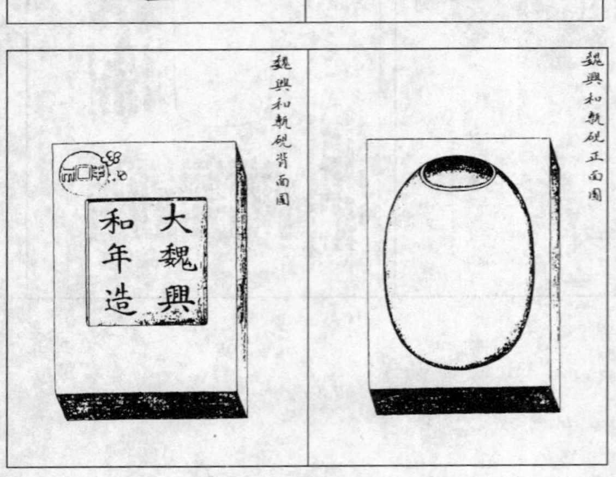

魏興和瓴硯正面圖
魏興和瓴硯背面圖

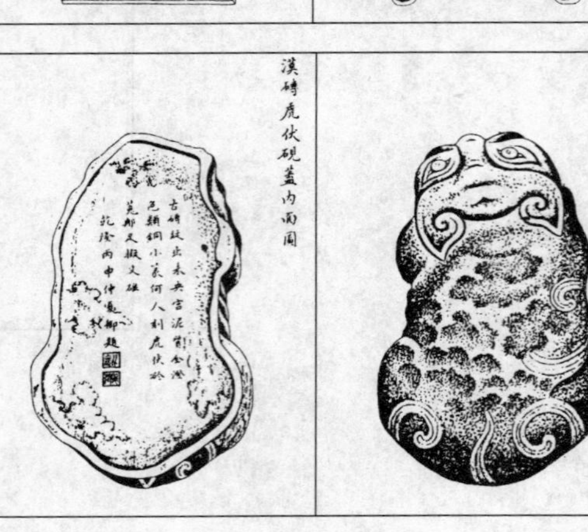
漢磚虎伏硯蓋外面圖
漢磚虎伏硯蓋內面圖

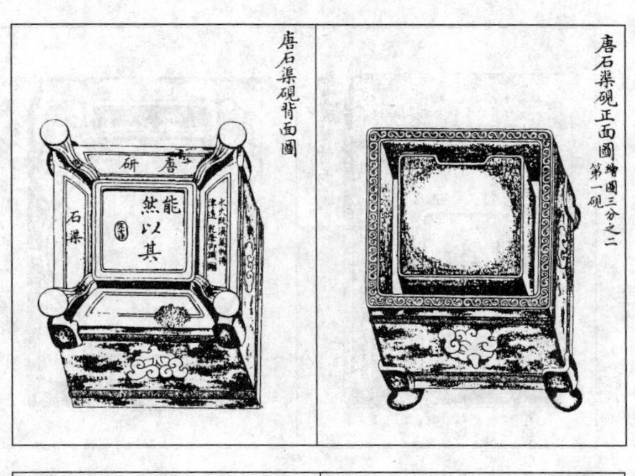

唐石渠硯正面圖 繪圖三分之二 第一硯

唐石渠硯背面圖

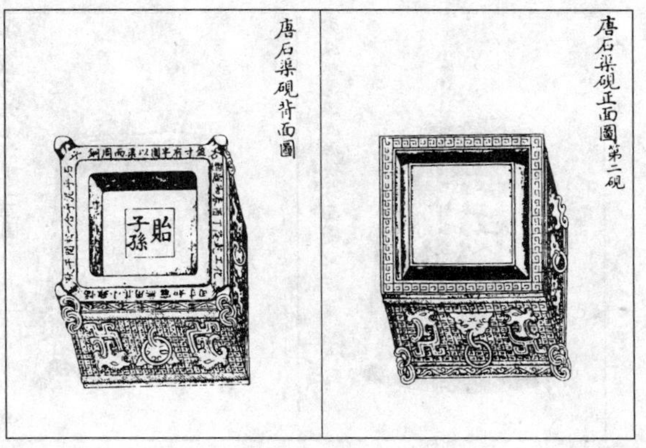

唐石渠硯正面圖 第二硯

唐石渠硯背面圖

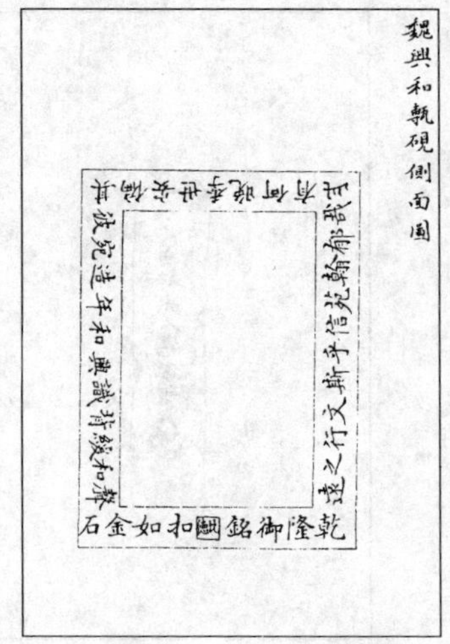

魏興和瓴硯側面圖

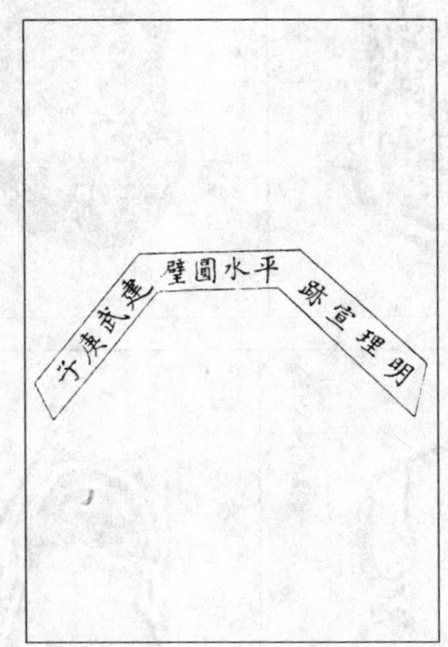

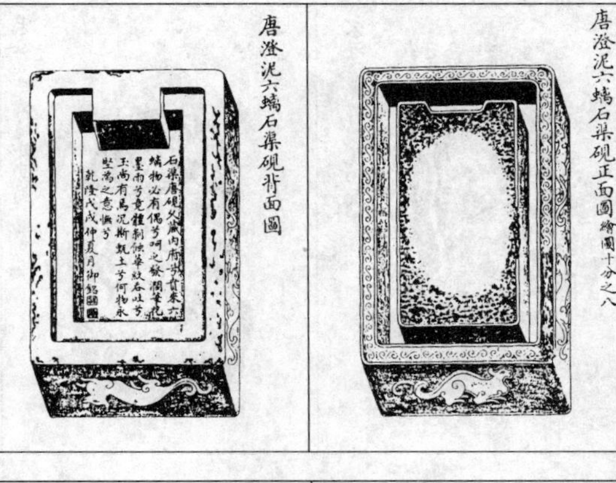

唐澄泥六螭石渠硯正面圖 繪圖十分之八

唐澄泥六螭石渠硯背面圖

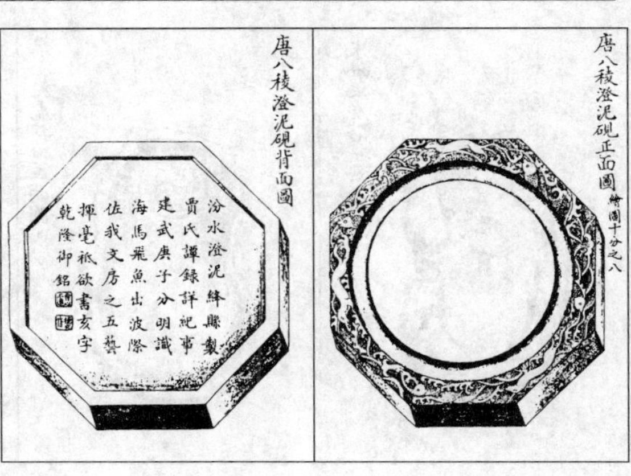

唐八稜澄泥硯正面圖 繪圖十分之八

唐八稜澄泥硯背面圖

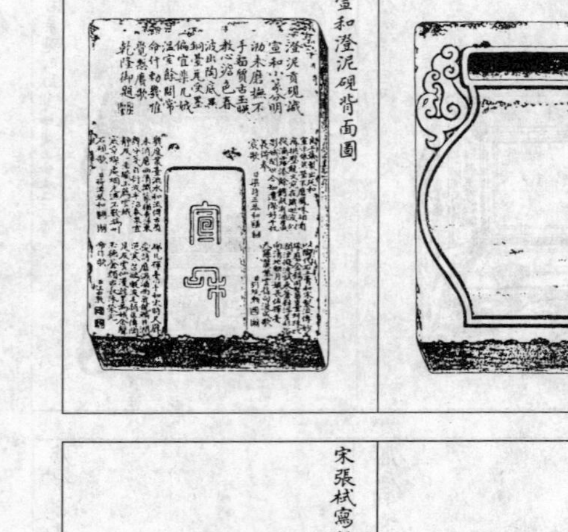

宋宣和澄泥硯正面圖 縮圖十分之六

宋宣和澄泥硯背面圖

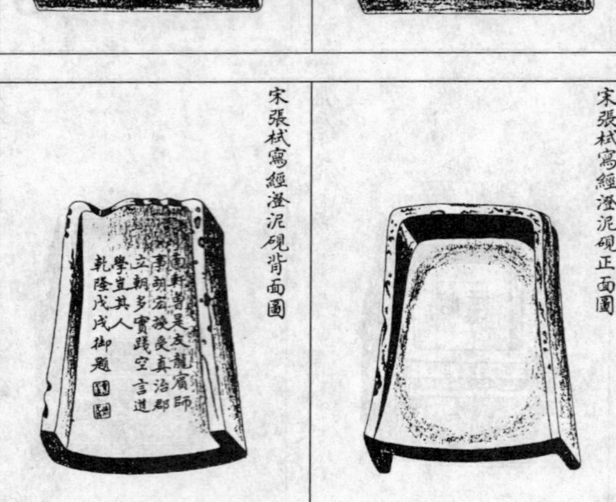

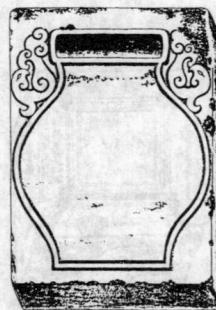

宋張栻寫經澄泥硯正面圖

宋張栻寫經澄泥硯背面圖

宋張栻寫經澄泥硯右方側面圖

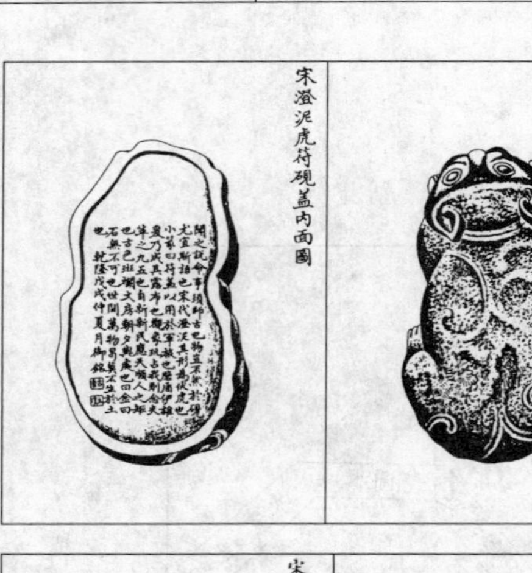

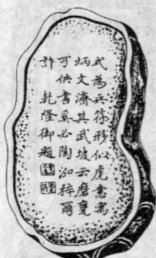

宋澄泥虎符硯蓋外面圖 第一硯

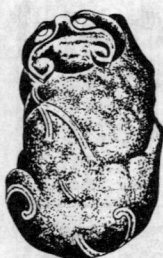

宋澄泥虎符硯蓋内面圖

宋澄泥虎符硯外面圖 第二硯

宋澄泥虎符硯蓋内面圖

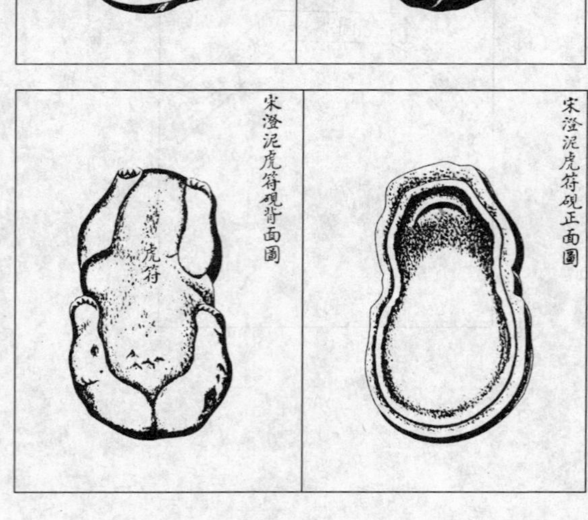

宋澄泥虎符硯正面圖

宋澄泥虎符硯背面圖

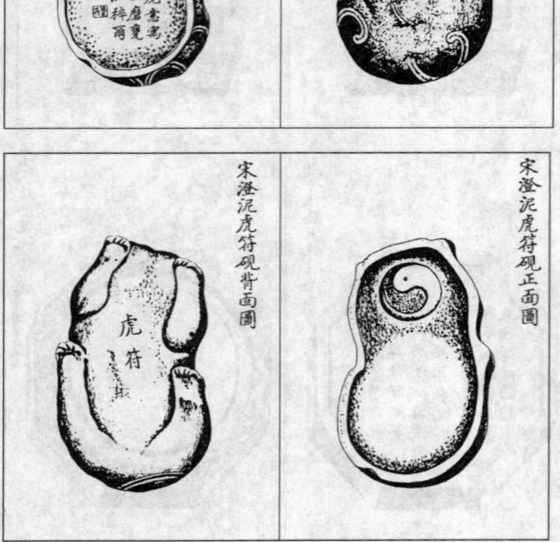

宋澄泥虎符硯正面圖

宋澄泥虎符硯背面圖

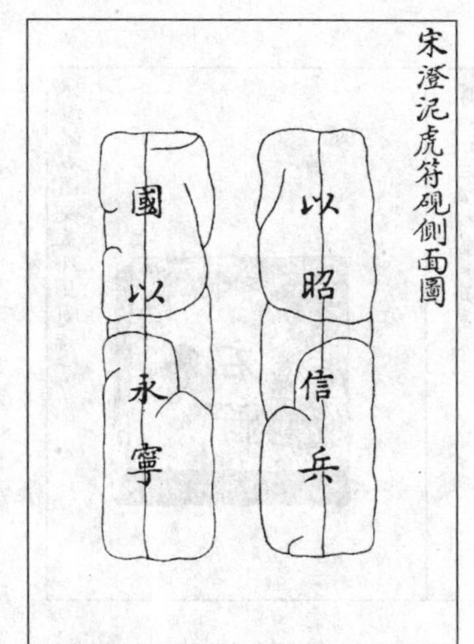

宋澄泥虎符硯側面圖

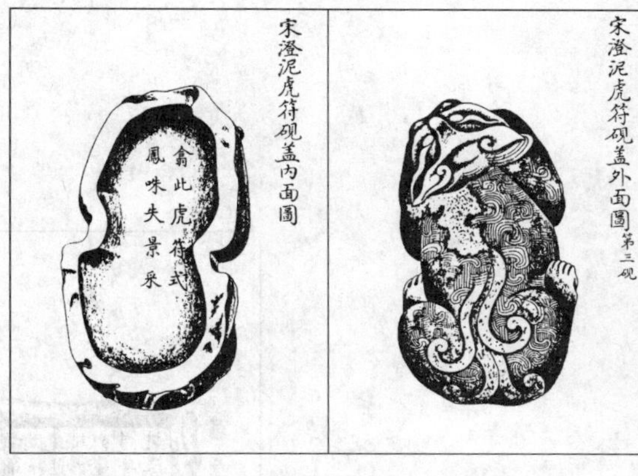

宋澄泥虎符硯盖外面圖 第三硯

宋澄泥虎符硯盖内面圖

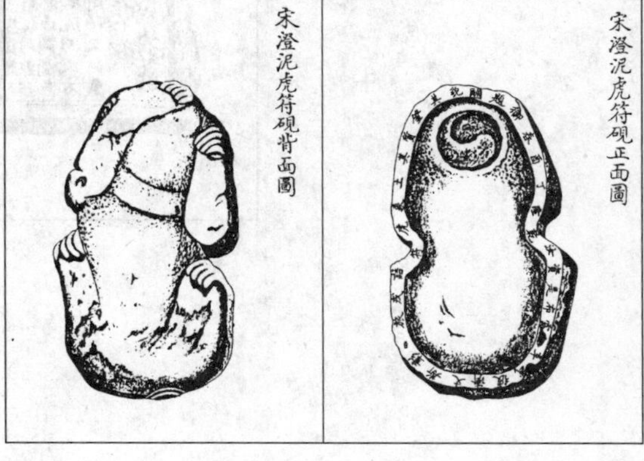
宋澄泥虎符硯正面圖

宋澄泥虎符硯背面圖

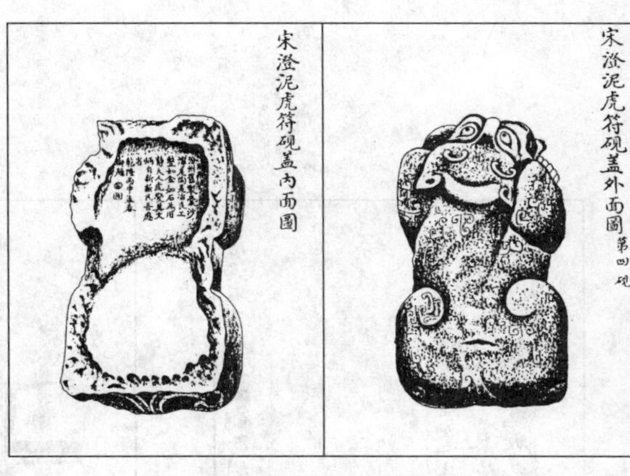
宋澄泥虎符硯盖外面圖 第四硯

宋澄泥虎符硯盖内面圖

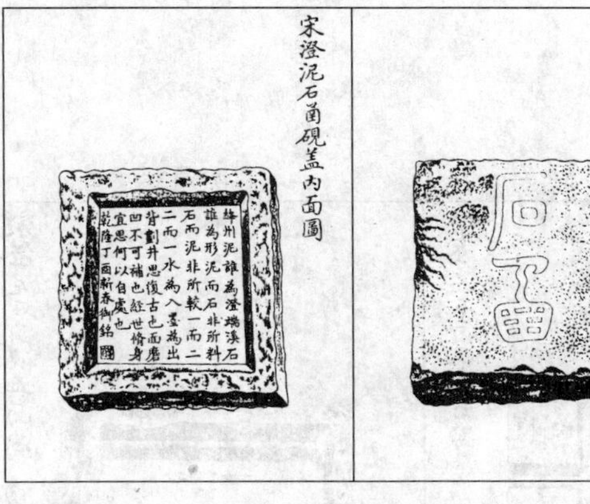
宋澄泥石函硯盖外面圖 第一硯 繪圖十分之八

宋澄泥石函硯盖内面圖

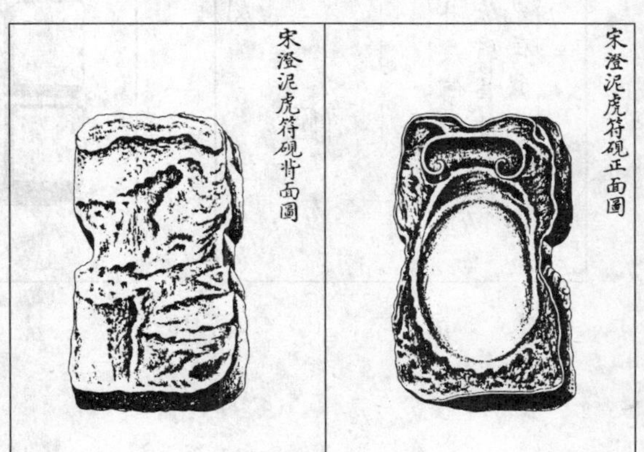
宋澄泥虎符硯正面圖

宋澄泥虎符硯背面圖

宋澄泥石函硯正面圖

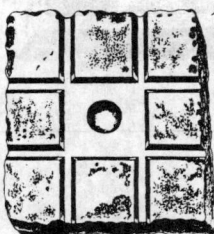

宋澄泥石函硯背面圖

御製宋澄石函硯銘

絳州泥，誰爲澄，端溪石，誰爲形，泥而石非所料，石而泥非所較，一而二，二而一，水爲入，墨爲出，背畫井，思復古也，面磨凹不可補也，經世修身宜思何以自處也。

無名人銘：鼎迶井，焱何極，青霞流，貯菖液，靈威小，兒在汝側。

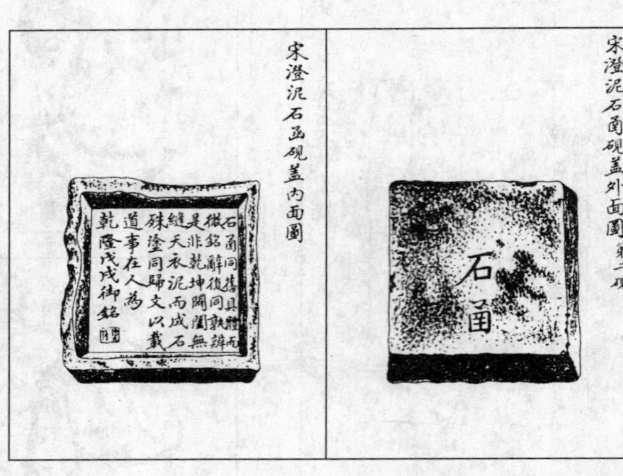

宋澄泥石函硯蓋外面圖 第二硯

宋澄泥石函硯蓋內面圖

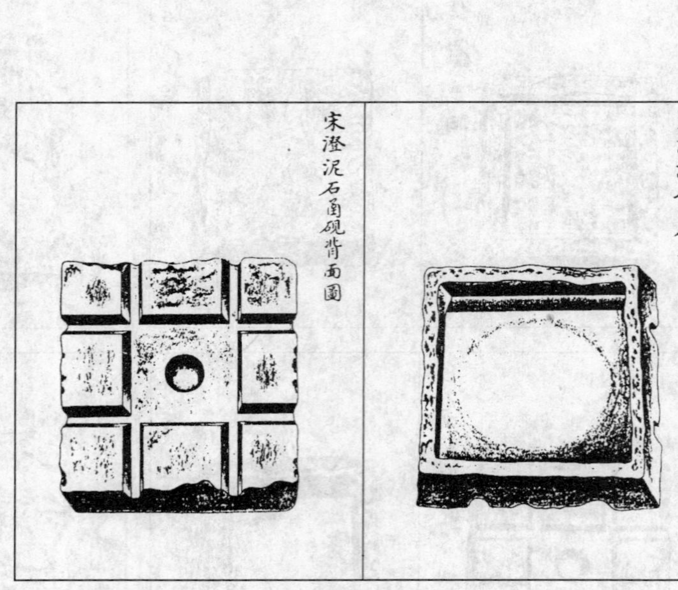

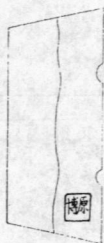

宋澄泥石函硯正面圖

宋澄泥石函硯背面圖

鼎迶井焱何極
青霞流貯昌液
靈威肶兒在我側

宋澄泥石函硯左右側面圖

宋澄泥石函硯説

硯正方，爲斗檢式，厚一寸四分，面縱横各二寸七分，底縱横各三寸三分。宋時澄泥製，剖爲石函，上下自然渾合。下函爲硯，受墨處正平，上方斜入墨池，約深二分許。上函爲蓋，面有剥蝕痕，鐫「石函」二字，篆書。蓋内鐫御題銘一首，楷書，鈐寶一，曰「德充符」，左側上下函合縫處鐫銘十九字，篆書。下函右側有「原博」二字方印一。下函背刻作「井」字形，中圓如井口。是硯質細而潤，製作亦古，與前石函硯式相仿，惟此銘内「朕」字、「我」字，彼作「小」字「汝」字稍異耳。亦不署名，不知何人作。原博係明吴寬字，想曾經鑒用者。匣蓋鐫御題銘與硯同，隸書，鈐寶一，曰「幾暇怡情」。

御製宋澄泥石函硯銘

石函同舊，具體而微。銘辭復同，孰辨是非。乾坤闢闔，無縫天衣。泥而成石，殊途同歸。文以載道，事在人爲。

無名人銘：鼎逌井，焱何極，青霞流，貯菖液，靈威朕兒在我側。

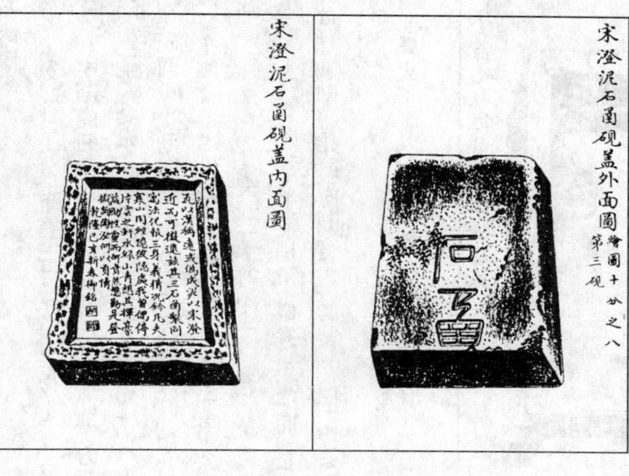

宋澄泥石函硯蓋外面圖 繪圖十分之八 第三硯

宋澄泥石函硯蓋内面圖

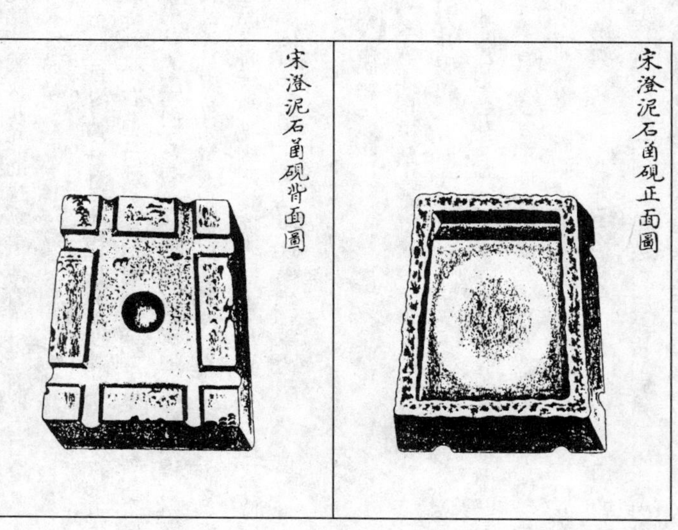

宋澄泥石函硯正面圖

宋澄泥石函硯背面圖

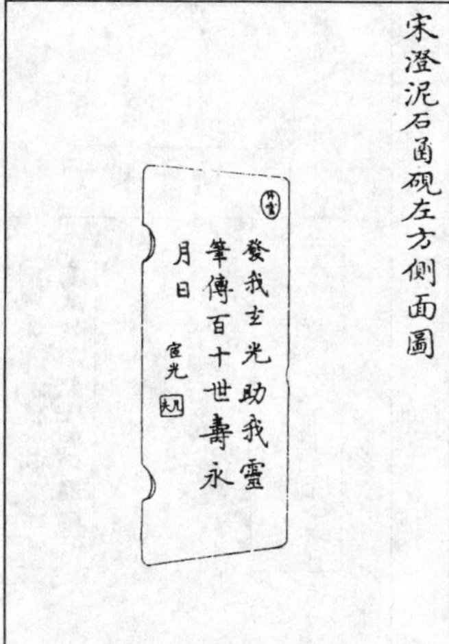

宋澄泥石函硯左方側面圖

宋澄泥石函硯説

硯高三寸七分，上寬二寸七分，下寬三寸三分，蓋厚七分，底厚八分許，通厚一寸五分，澄泥爲之。中剖處凹凸自然，不加礱治。蓋面左方及左右下方俱有剥蝕，正中鐫「石函」二字，篆書。蓋裏深三分鐫御題銘一首，楷書，鈐寶二，曰「比德」、曰「朗潤」。硯面正平而微窪，上方墨池深三分許，硯背作井字，中圓如井形，亦微有剥蝕。左側合縫處鐫銘十六字，篆書，末署「宧光」二字欵，行書，首有「片雲」二字橢圓印一，末有「凡夫」二字方印一。考明趙宧光，蘇州人，號凡夫，隱寒山，工篆書。是硯較前二硯土質稍粗，似遜一籌，而製式相同，且經凡夫鑒藏，亦可寶也。匣蓋鐫御題銘與硯同，隸書，鈐寶一，曰「古香」。

御製宋澄泥石函硯銘

瓦以漢稱，遠或僞成。泥以宋澄，近而可徵。逮兹其三，石函製同。寓法化報，三身義精，况鈐凡夫，寒山用經。憶彼隱處，我曾偶停。片雲之軒，水緑山青。想其揮毫，益助性靈。而何賁然，懋勤是登。擬詢陶泓，何以賁情。

宋翠濤硯正面圖 縮圖十分之八

宋翠濤硯背面圖

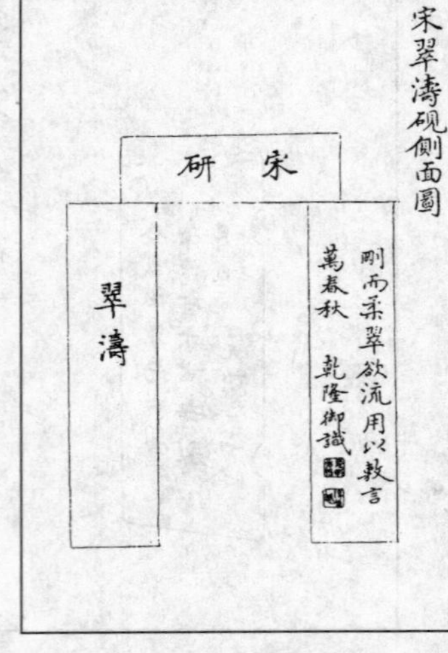

宋翠濤硯側面圖

趙宧光銘：發我元光，助我靈筆，傳百十世，壽永月日。

宋翠濤硯説

硯高六寸，寬四寸，厚一寸，宋澄泥製。受墨處寬平，與墨池通，池深六分，池左有銅器融蝕痕，右粘五銖錢一枚，硯首側鐫「宋硯」二字，隸書。左側鐫御題銘一首，楷書，鈐寶二，曰「幾暇怡情」，曰「得佳趣」。右側鐫「翠濤」二字，隸書，兩跗俱有剥蝕。是硯色如黄玉，入土年久，銅氣蒸蝕，蒼翠欲滴，墨鏽亦復深透，可稱硯林逸品。匣蓋外鐫御題銘與硯同，楷書，鈐寶一，曰「乾隆宸翰」。上鈐寶一，曰「乾隆」，内鐫「宋硯」二字，匣底内鐫「翠濤」二字，俱隸書。外鐫標識曰「庚」，楷書。

御製宋翠濤硯銘

剛而柔，翠欲流，用以敷言萬春秋。

宋方井硯説

硯高八寸四分，寬五寸五分，厚一寸，宋澄泥製。周刻溝塍，面爲井字，中平如畦，墨池深廣容墨勺許，池間刻卧牛二，神態宛然，上方側鐫「宋硯」二字，右側鐫「方井」二字，並隸書。周側及跗古痕駁蝕，墨華斑斕。高似孫《硯箋》所云玉色金聲者，庶幾近之。硯背鐫御題銘一首，行書，鈐寶二，曰「乾隆」。匣蓋鐫御題銘與硯同，行書，鈐寶二，曰「得佳趣」，曰「乾隆宸翰」。匣底内鐫「方井」二字，隸書，鈐寶一，曰「乾隆御玩」。外鐫標識曰「壬」，楷書。

宋方井硯正面圖 繪圖十分之六

宋方井硯背面圖

冽寒泉潤嘉穎立體於静福田斯永養而不窮者井也 乾隆御識

宋方井硯側面圖

方井

宋研

御製宋方井硯銘

冽寒泉，潤嘉穎。立體於静，福田斯永，養而不窮者井也。

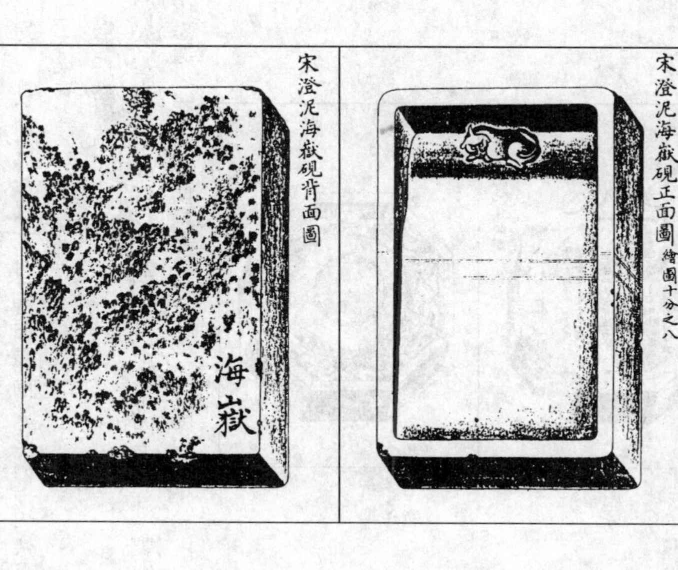

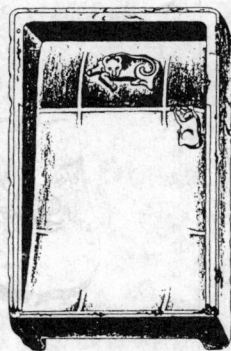

宋澄泥海嶽硯正面圖 繪圖十分之八

宋澄泥海嶽硯背面圖

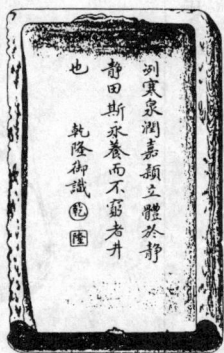

宋澄泥海嶽硯側面圖

宋澄泥海嶽硯説

硯高六寸四分，寬四寸二分，厚八分，澄泥爲之。體輕理緻，潤密如玉，色黄而黝，受墨處深一分，横界金線一道。墨池深三分，池中琢眠犀一。硯背剥蝕，右傍下鐫楷書「海嶽」二字。硯側周鐫御題詩一首，楷書，鈐寶二，曰「比德」，曰「朗潤」。匣蓋並鐫是詩，鈐寶二，曰「會心不遠」，曰「德充符」。

御製題宋澄泥海嶽硯

出陶雖非未央瓦，亦自七百年上下。視之如石黝而赭，持輕呵潤真泥也。澄於絳縣紗囊者，化脆爲堅信神冶。海嶽菴中老顛把，書畫超凡似誠寡。何來文房佐儒雅，用緬伊人率欲捨。

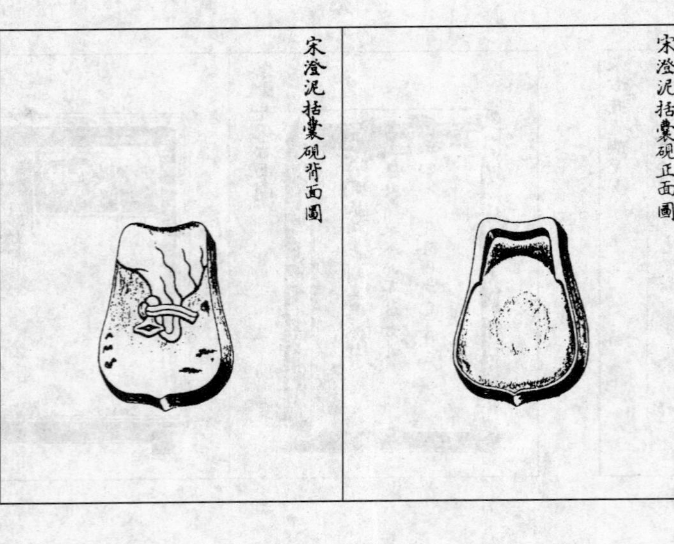
宋澄泥括囊硯正面圖
宋澄泥括囊硯背面圖

宋澄泥括囊硯説

硯高二寸五分，上寬一寸二分，下寬一寸七分，厚三分許。澄泥，宋製。墨鏽膠固，受墨處連墨池爲囊式，背刻作囊，口斂處反折，索陶束之，有括囊之義。側面周鐫御題銘一首，楷書，鈐寶一，曰「古香」。匣蓋並鐫是銘，隸書，鈐寶二，曰「古香」，曰「太璞」。

御製宋澄泥括囊硯銘

言出諸口兮，語書諸手兮，君子之樞機可不慎坤四之守兮。製硯者義或於此取兮，然予恐遇之弗聞而戒仗馬之醜兮。

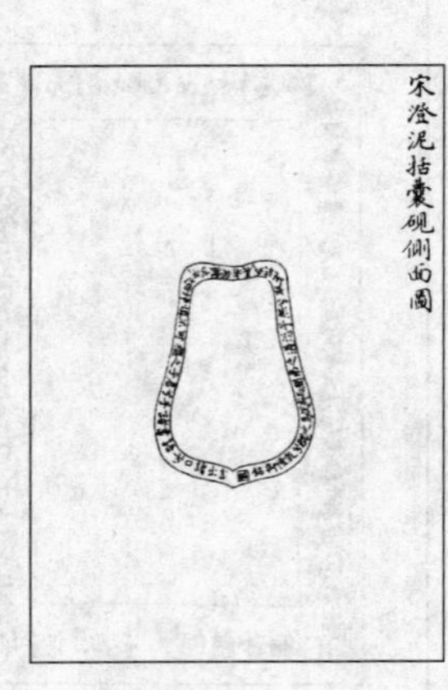
宋澄泥括囊硯側面圖

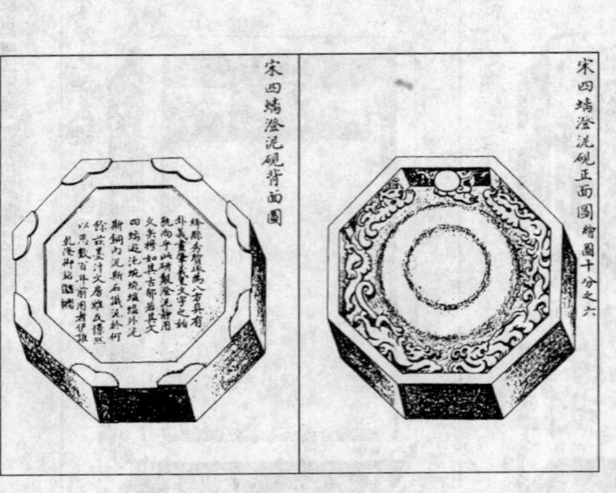
宋四螭澄泥硯正面圖 繪圖十分之六
宋四螭澄泥硯背面圖

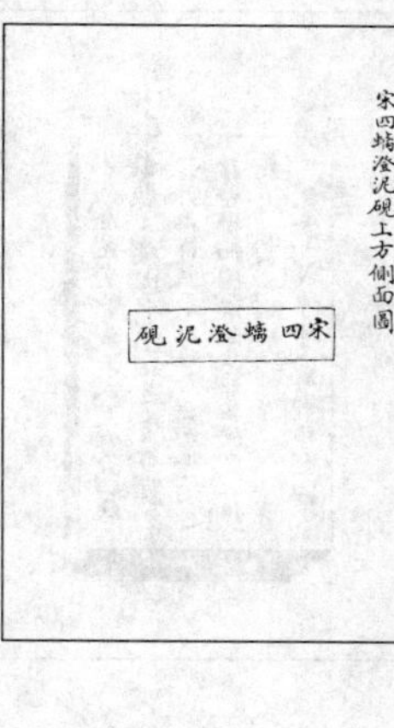

宋四螭澄泥硯上方側面圖

宋四螭澄泥硯説

硯八稜，稜徑六寸五分，寬徑六寸一分，厚一寸一分，澄泥爲之。色黄而微緑，質極瑩潤，中受墨處正圓，墨池環爲渠，池中上方鏤爲慶雲拱日，下鏤四螭。通體青緑濃厚，間以砂斑。上方側面鐫「宋四螭澄泥硯」六字，楷書。硯背每稜有跗覆手，内鐫御題銘一首，楷書，鈐寶二，曰「會心不遠」，曰「德充符」。是硯體質瑰厚，而較常硯爲輕，墨銹亦透，洵非宋製不能。匣蓋鐫御題銘，與硯同，隸書，鈐寶二，曰「幾暇怡情」，曰「得佳趣」。匣底内鐫「乾隆御用」四字，外鐫「宋四螭澄泥研」六字，並隸書。

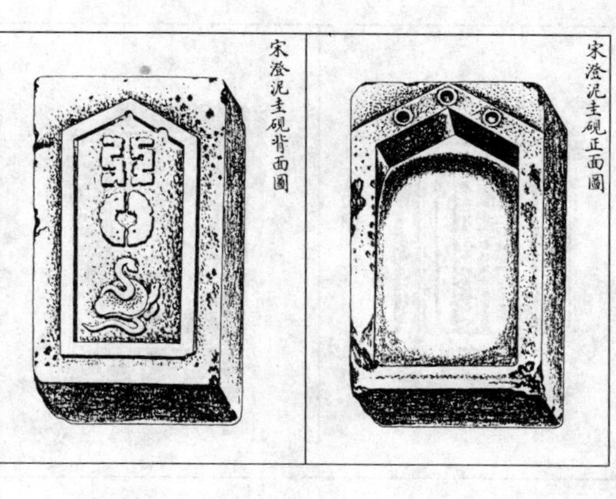
宋澄泥圭硯正面圖　宋澄泥圭硯背面圖

御製宋四螭澄泥硯銘

絳縣秀質，琢爲八方。具有封義，畫肇羲皇。文字之始，孰尚乎此。研製澄泥，静用久矣。穆如其古，郁若其文。四螭遊池，蛇蜿蝹蝹。外泥斯銅，内泥斯石。識泥於何，餘兹墨汁。文房雅友，憬然以思，數百年前，用者伊誰。

宋澄泥圭硯側面圖

宋澄泥圭硯説

硯高五寸，寬三寸，厚六分，澄泥爲之。面背皆刻圭形，質製古朴，側理黄，墨文層叠，蓋陶鍊精工所致。四旁剥蝕，中受墨處平坦細潤，圭首刻三星聯珠。硯池深五分，硯側上鐫「宋澄泥圭硯」五字，楷書。餘三面鐫御題銘一首，楷書，鈐寶一，曰「德充符」。硯背上刻黻文，中爲雙璜，下爲元武，皆自然渾璞，非近時製作所能。匣蓋鐫御題銘與硯同，鈐寶二，曰「幾暇怡情」，曰「得佳趣」。匣底内鐫「乾隆御玩」四字，下鐫「宋澄泥圭硯」五字，俱隸書。

御製宋澄泥圭硯銘

厥形圭，錫夏祥。厥首黻，繡虞裳。墨池雲，起元武。藏珠聯璧，合宜文章。

宋澄泥石渠硯説

硯高四寸五分，寬二寸九分，厚一寸三分，宋澄泥製。長方式，色紫而細，體輕而澤，硯面周刻石渠爲墨池，墨鏽深裹。邊周刻卧蠶紋，側面左右各印螭虎二，上下各印螭虎一。跗爲象首，抱硯離几四分許，覆手窪下，凡二層，中鐫御題詩一首，楷書，鈐寶二，曰「古香」，曰「太璞」。匣蓋並鐫是詩，隸書，鈐寶二，曰「幾暇怡情」，曰「得佳趣」。

御製題宋澄泥石渠硯

石渠本效漢名爲，滴露研朱此合宜。不必劉揚徵往事，可知庾許有新詞。劃金早是泯陳迹，刻獸亦非出近時。曾傍宣和工字畫，如何獨昧作君師。

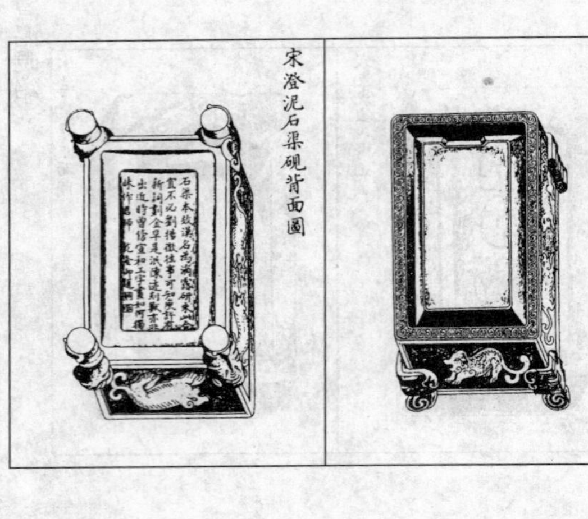

宋澄泥石渠硯正面圖 繪圖十分之八

宋澄泥石渠硯背面圖

宋澄泥黼黻絢紋硯正面圖

宋澄泥黼黻絢紋硯背面圖

宋澄泥黼黻絢紋硯說

硯高四寸四分，寬二寸七分，厚五分，宋澄泥製。通體剥蝕。上方刻黼黻紋，漫漶幾不可辨，邊周刻絢紋，墨繡深厚。硯背鐫御題銘一首，楷書，鈐寶二，曰「比德」，曰「朗潤」。是硯製作既雅，閱歲復久，彌覺古香可挹。匣蓋鐫御題銘與硯同，隸書，鈐寶二，曰「會心不遠」，曰「德充符」。

御製宋澄泥黼黻絢紋硯銘

宋代澄泥豈曾藏王氏文莛，絢紋黼黻又疑成乎宣和之年。爾時豐亨豫大以餙太平，用致金源之烽烟。時移世變而陶泓如故，曾無變遷。以静爲用，有如是焉。

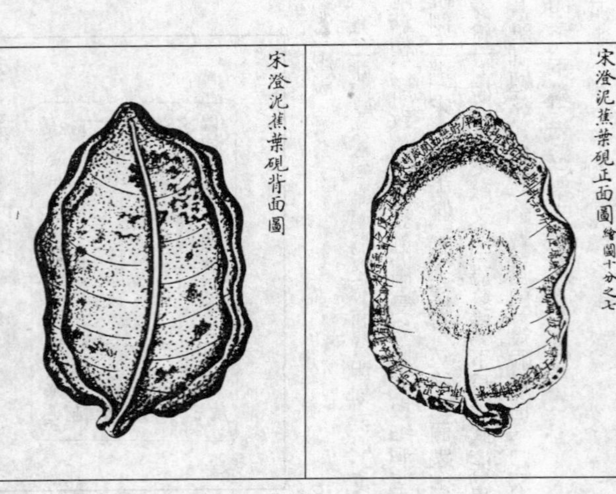

宋澄泥蕉葉硯正面圖 繪圖十分之七

宋澄泥蕉葉硯背面圖

宋澄泥蕉葉硯說

硯高六寸六分，寬四寸四分，厚五分許，宋澄泥製。如蕉葉仰展，面凹聚墨，柄下稍出。四周邊稜卷處微刻葉紋，環鐫御題詩一首，楷書，鈐寶一，曰「比德」。背刻蕉葉，背面三層叠起，鈎勒古雅，通體斑駁，墨鏽濃厚，的是宋製佳品。匣蓋鐫御題詩與硯同，隸書，鈐寶二，曰「幾暇怡情」，曰「得佳趣」。

御製題宋澄泥蕉葉硯

庫貯懋勤閲歲時，幾曾綈几一陳之。豈無遺者聊令檢，遂有賁如屢得奇。囊異李郎紫雲劄，菴疑懷士緑天披。珊瑚筆架琉璃匣，彼所知哉斯豈知。

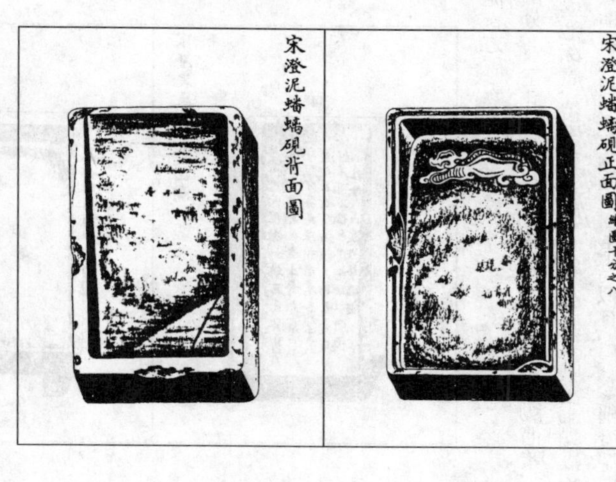

宋澄泥蟠螭硯正面圖 繪圖十分之八

宋澄泥蟠螭硯背面圖

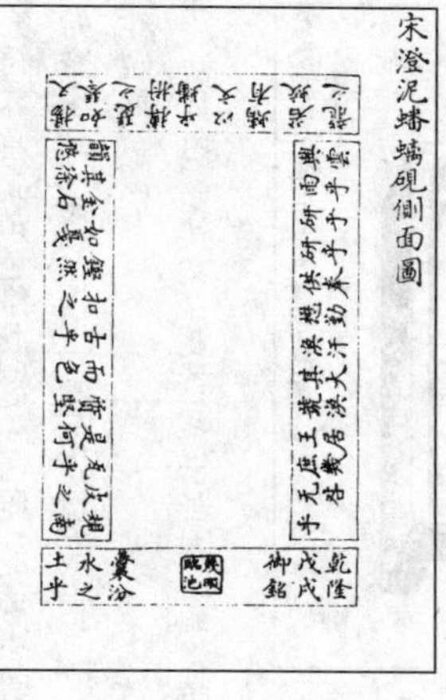

宋澄泥蟠螭硯側面圖

宋澄泥蟠螭硯説

硯高五寸三分，寬三寸四分，厚九分許，澄泥，宋製。色正黄，質輕而極細緻，澄泥中最上品也。墨池中刻卧螭一，硯面深窪，覆手上深下淺，兩面顛倒皆可受墨，通體墨鏽深裹，剥落刓缺，決非南宋以後物。側面周鐫御題銘一首，楷書，鈐寶一，曰「幾暇臨池」。匣蓋並鐫是銘，隸書，鈐寶二，曰「會心不遠」，曰「德充符」。

御製宋澄泥蟠螭硯銘

囊汾水之土乎，規南皮之瓦乎，是何質堅而色古乎。扣之鏗然，如戛金石，其徐韻悠揚，又如琴瑟之搏拊乎。蟠以文螭，有若蛟龍之興雲雨乎。研乎研乎，供奉懋勤，涣汗其大號，涣王居庶幾無咎乎。

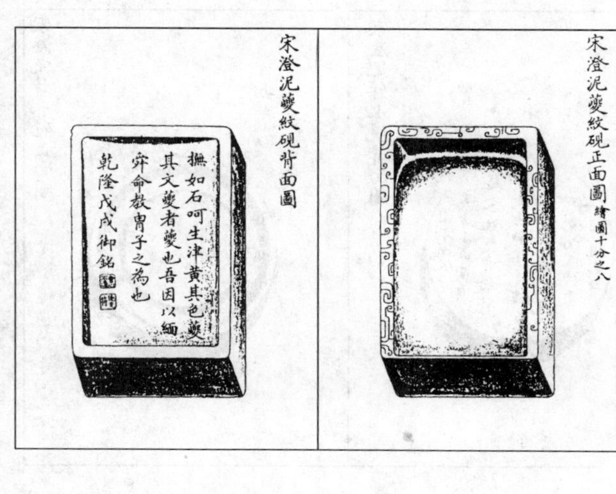

宋澄泥夔紋硯正面圖 繪圖十分之八

宋澄泥夔紋硯背面圖

宋澄泥夔紋硯説

硯高四寸六分，寬三寸，厚八分，澄泥爲之。長方式，受墨處寬平，斜通墨池，邊刻夔紋，右角及邊微泐，覆手上淺下深，中鐫御題銘一首，楷書，鈐寶二，曰

「會心不遠」，曰「德充符」。是硯黄色細潤，夔紋古雅，的係宋時舊製。匣蓋鐫御題銘與硯同，隸書，鈐寶二，曰「幾暇怡情」，曰「得佳趣」。

御製宋澄泥夔紋硯銘

撫如石，呵生津。黄其色，夔其文。夔者夔也，吾因以緬舜命教胄子之爲也。

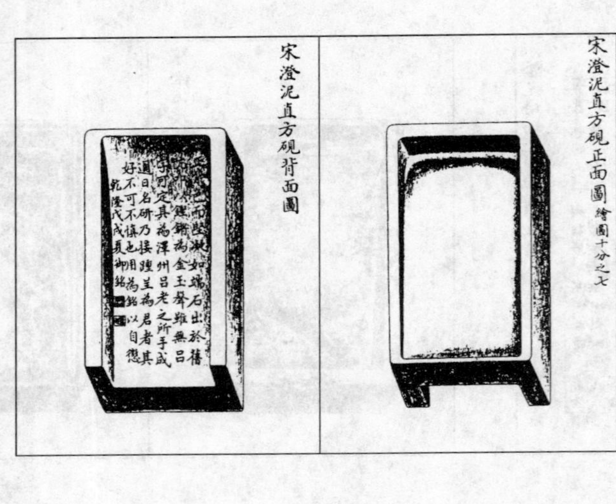
宋澄泥直方硯正面圖 繪圖十分之七
宋澄泥直方硯背面圖

宋澄泥直方硯説

硯高五寸四分，寬三寸二分，厚一寸，宋澄泥製。色黝而紫，堅潤如老坑端石。硯面微黄，墨池深廣，覆手自上削下，離几五分許，中鐫御題銘一首，楷書，鈐寶二，曰「幾暇怡情」，曰「得佳趣」。考宋高似孫《硯箋》稱澄泥硯，唐時以絳州爲最。宋時澤州呂老尤擅長硯，輒有一呂字，背面深透，磨之不去。是硯細膩滋潤，雖無呂字款識，或亦其所手製也。匣蓋鐫御題銘與硯同，隸書，鈐寶二，曰「乾」「隆」。

御製宋澄泥直方硯銘

正紫色而堅凝，如端石出於舊阬，叩以鏗鏘爲金玉聲，雖無呂字，可定其爲澤州呂老之所手成。邇日名硯乃接踵呈，爲君者其好不可不慎也。用爲銘，以自懲。

于敏中《欽定西清硯譜》卷五《陶之屬》

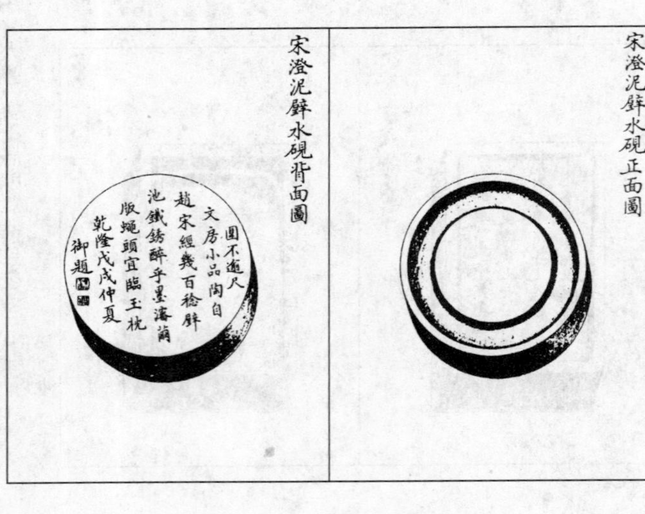

宋澄泥辟水硯正面圖
宋澄泥辟水硯背面圖

宋澄泥璧水硯説

硯圓，徑二寸六分，厚三分許，宋澄泥製。受墨處微凹，規圓如璧，環以墨池，硯背正平，鐫御題銘一首，楷書，鈐寶二，曰「會心不遠」，曰「德充符」。是硯圍不及尺而質細且潤，宜筆，蓄墨最便濡染，洵稱小品中之佳者。匣蓋鐫御題銘與硯同，隸書，鈐寶一，曰「德充符」。

御製宋澄泥璧水硯銘

圍不逾尺，文房小品。陶自趙宋，經幾百稔。璧池鐵銹，醉乎墨瀋。繭版蠅頭，宜臨玉枕。

宋澄泥列錢硯正面圖

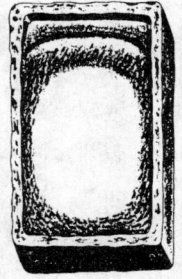

宋澄泥列錢硯背面圖

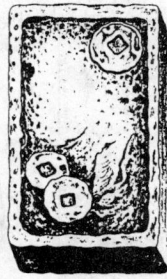

宋澄泥列錢硯下方側面圖

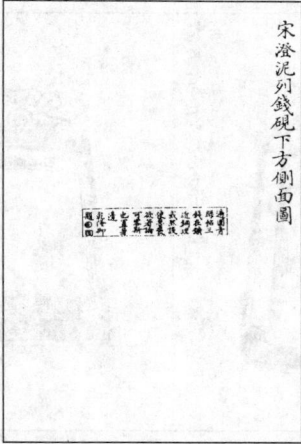

宋澄泥列錢硯說

硯高三寸八分，寬二寸三分，厚五分，澄泥爲之。長方式，遍裏青緑砂斑如古鼎彝，惟受墨處橢圓三寸許，露澄泥本質，色正黄，邊上方流雲紋隱現，覆手粘古錢三，一大二微小，入土融漬，彌形古蔘。下方側鐫御題詩一首，楷書，鈐寶二，曰「乾」「隆」。匣蓋並鐫是詩，隸書，鈐寶二，曰「比德」，曰「朗潤」。

御製題宋澄泥列錢硯

遍圍青緑貼三錢，在鑛近銅理或然。設使魯褒欲著論，可容斯也置身邊。

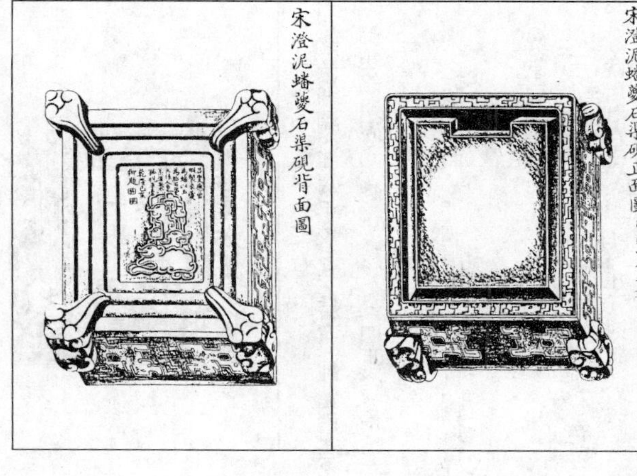

宋澄泥蟠夔石渠硯正面圖 繪圖十分之六

宋澄泥蟠夔石渠硯背面圖

宋澄泥蟠夔石渠硯說

硯高五寸六分，寬四寸七分，厚一寸三分，宋澄泥製。色如紫玉而極細潤，受墨處微凹，周環以渠，深六分許，邊周刻蟠夔十三，側面環刻流雲及蟠夔十，覆手深五分許，三層遞束而下，中刻子母夔四，上鐫御題詩一首，楷書，鈐寶二，曰「古香」，曰「太璞」。匣蓋並鐫是詩，隸書，鈐寶二，曰「乾」「隆」。四足各爲獸面出硯三分許，離几亦三分許。是硯質古式雅，與内府舊藏石渠諸硯欵式相同，其爲宋時汾州紫澄泥無疑也。

御製題宋澄泥蟠夔石渠硯

吕叟應曾煆製來，夔爲蟠以玉爲胎。石渠天禄人争羡，誰果不孤視草臺。

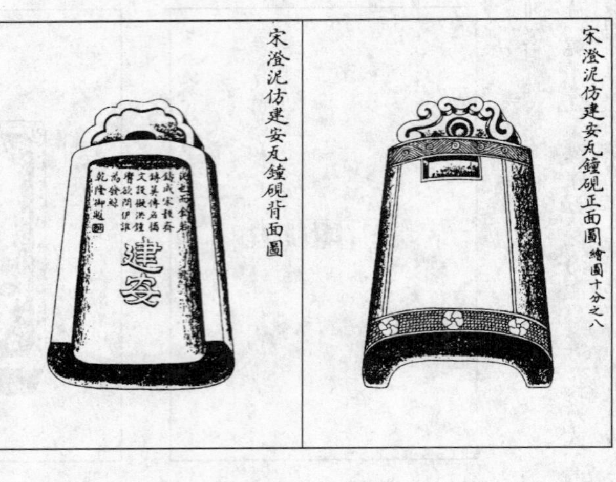

宋澄泥仿建安瓦鐘硯正面圖 繪圖十分之八

宋澄泥仿建安瓦鐘硯背面圖

宋澄泥仿建安瓦鐘硯説

硯高四寸六分，上寬二寸八分，下寬三寸九分，厚一寸一分，宋澄泥製。仿漢瓦式，琢爲半鐘，鐘體平處受墨，上爲方池深分許，上刻篆，帶篆間有乳八，欒間刻粟紋，綴以三花。上方爲鐘紐，有卧蠶紋，覆手穹起，離几六分許，中鐫「建安」二字，陽文，隸書。上鐫御題詩一首，楷書，鈐寶一，曰「比德」。匣蓋並鐫是詩，隸書，鈐寶二，曰「比德」，曰「郎潤」。

御製題宋澄泥仿建安瓦鐘硯

泥也而金若鑄成，宋誙齊鏄莫傳名。摛文設擬洪鐘響，欲問伊誰爲發鯨。

宋澄泥仿唐石渠硯説

硯高四寸一分，寬如之，厚一寸，澄泥製。四周石渠深三分，外斗而內側上方墨池較渠深三分許，邊周刻龢文，間以水波，側面亦周布波紋，每面各刻螭虎二。覆手深四分許，作兩層，外邊周刻水藻紋，內周鐫御題銘一首，楷書，鈐寶一，曰「會心不遠」。中鐫「子孫永昌」四字方印一，四趺刻獸面抱硯離几二分許。是硯式仿唐製澄泥，亦紫色細潤，惟閱年較近，青綠漬蝕處稍遜其古厚，然亦非宋以後所能及。匣蓋鐫御題銘與硯同，隸書，鈐寶二，曰「幾暇怡情」，曰「得佳趣」。

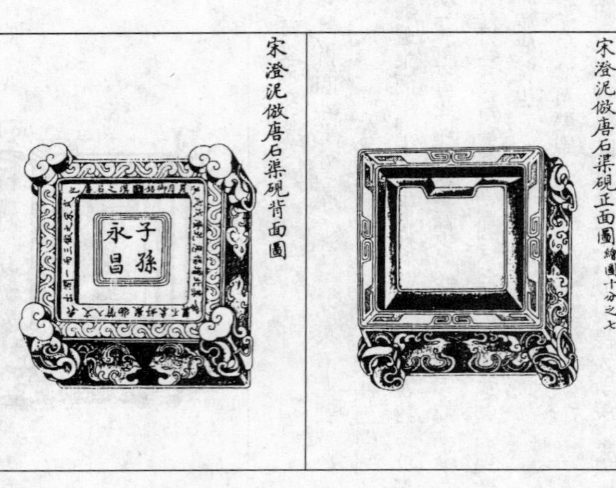

宋澄泥倣唐石渠硯正面圖 繪圖十分之七

宋澄泥倣唐石渠硯背面圖

御製宋澄泥倣唐石渠硯銘

漢之名，唐之式，宋之倣，三而一。潤出堅，文入質，物聚好，來不翼。居其北，增惕息。

宋澄泥海濤異獸硯説

硯高五寸八分，寬三寸八分，厚一寸四分，宋澄泥製。色赤而潤，遍裹墨鏽，邊周刻海水，墨池波濤坌起，中有異獸一趺，亦周刻海水，覆手深三分許，海波盪潏，上方左異獸出沒，中刻贔屭負碑半出水外。下方側鐫御題詩一首，楷書，鈐寶二，曰「比德」，曰「朗潤」。匣蓋並鐫是詩，隸書，鈐寶二，曰「幾暇怡情」，曰「得佳趣」。

御製題宋澄泥海濤異獸硯

知雕不辨鑿痕施，獸若騰濤濤若披。疑供木家成賦後，挾天谿出許多奇。

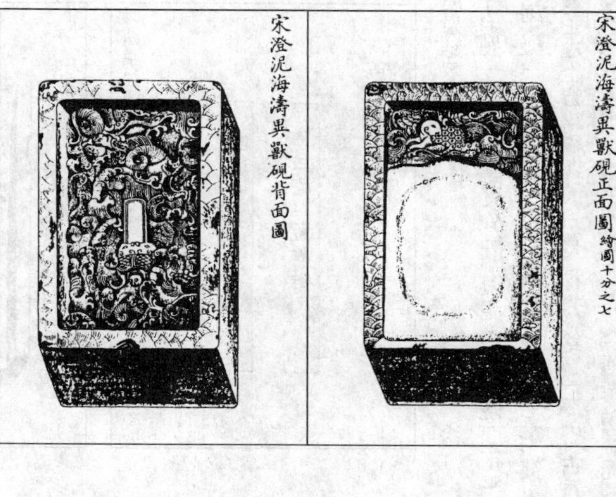

宋澄泥海濤異獸硯正面圖 縮圖十分之七

宋澄泥海濤異獸硯背面圖

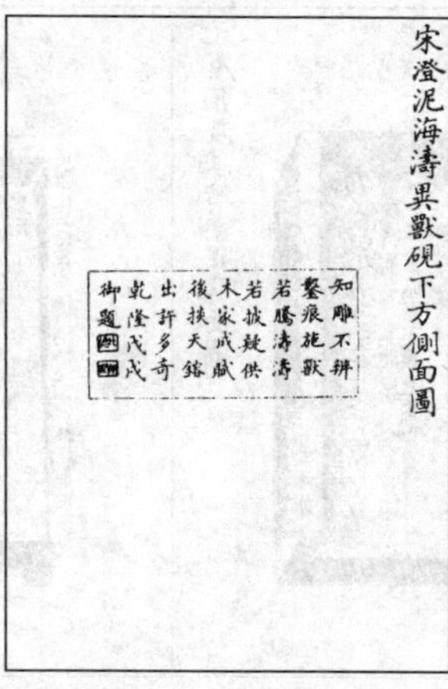

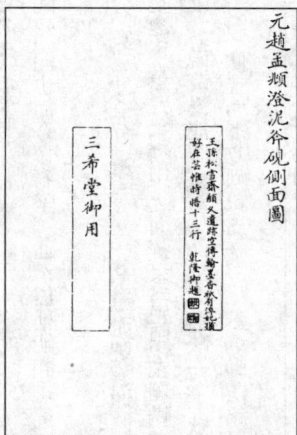

宋澄泥海濤異獸硯下方側面圖

元趙孟頫澄泥斧硯正面圖

質而堅静而
玄惟其然故
永年
子昂

元趙孟頫澄泥斧硯背面圖

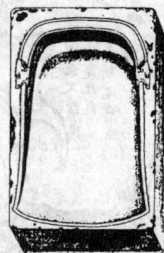

王孫松雪齋頽久遺跡空傳翰墨香衹有滓妃猶
好在芸帷時晤十三行　乾隆御題

三希堂御用

元趙孟頫澄泥斧硯側面圖

元趙孟頫澄泥斧硯説

硯高三寸五分，寬二寸三分，厚五分，澄泥爲之。質極細膩，古香可挹，硯體長方，受墨處連池刻爲斧形，旁刻兩螭首銜斧，面背四邊俱有剥落。左側鐫「三希堂御用」五字，隸書，右側鐫御題詩一首，楷書，鈐寶二，曰「比德」，曰「朗潤」。覆手鐫元趙孟頫銘十二字，草書，下署「子昂」二字款，行書。匣蓋鐫御題詩與硯同，行書，鈐寶二，曰「幾暇怡情」，曰「得佳趣」。匣底鐫寶一，曰「乾隆御玩」。

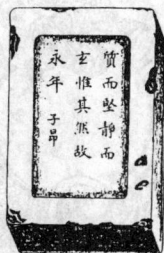

御製題元趙孟頫澄泥斧硯

王孫松雪齋頽久，遺跡空傳翰墨香。衹有滓妃猶好在，芸帷時晤十三行。

元趙孟頫銘：質而堅，静而玄，惟其然，故永年。

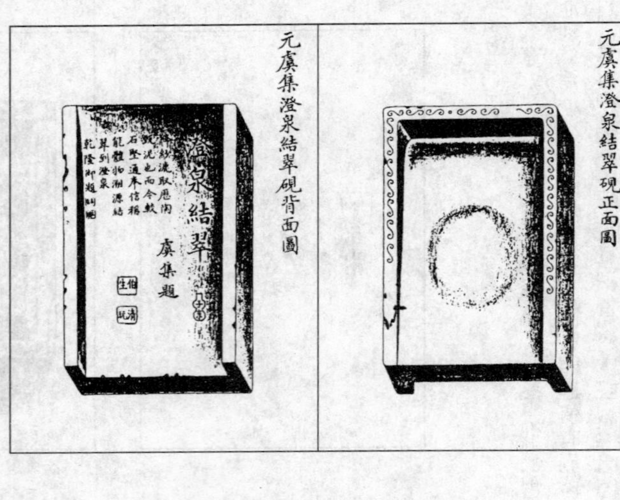

元虞集澄泉結翠硯正面圖
元虞集澄泉結翠硯背面圖

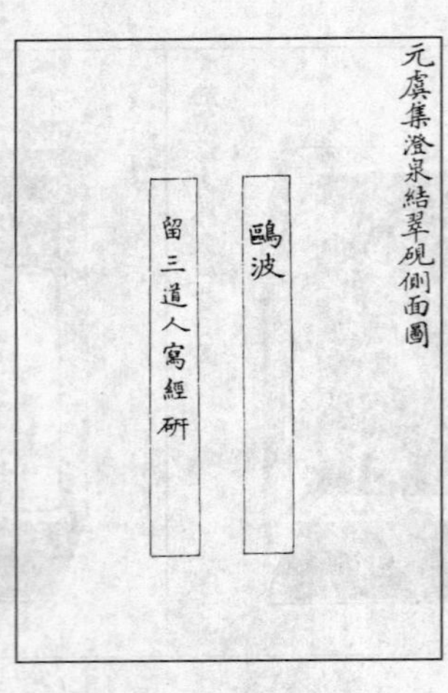

元虞集澄泉結翠硯側面圖

元虞集澄泉結翠硯説

硯高四寸一分，寬二寸七分，厚五分許，澄泥爲之。硯面正平，直下深削三分許爲墨池，邊周刻流雲紋，左側鐫「留三道人寫經研」七字，篆書，右側鐫「鷗波」二字，隸書。覆手左上方鐫御題詩一首，楷書，鈐寶二，曰「古香」，曰「太璞」。匣蓋並鐫是詩，鈐寶二，曰「比德」，曰「朗潤」。右鐫「澄泉結翠」四字，隸書，後有「虞集題」三字欵，楷書「伯生清玩」二字方印各一，右下方「子京」二字瓢印一。考鷗波亭在湖州府城内江子匯上，元趙孟頫遊息之所，故是硯孟頫以之署欵，伯生同時復加品題，「留三道人」雖未詳其，名氏，要與明項元汴子京俱經收藏者，雪泥鴻爪，獲藉是硯以不朽，詎非幸歟。匣蓋鐫御題詩與硯同，隸書，鈐寶二，曰「比德」，曰「朗潤」。底鐫寶一，曰「乾隆御玩」。

御製題元虞集澄泉結翠硯

絳紗漉取歷陶甄，泥也而今較石堅。通奉信稱能體物，溯源結翠到澄泉。

元澄泥龍珠硯説

硯高四寸八分，寬三寸三分，厚一寸二分，澄泥製。通體刻作蟠龍，受墨處正圓若龍抱珠。墨池正當龍口，鱗甲之而，勢含風雨，左側鐫御題銘一首，楷書，鈐寶二，曰「乾」「隆」。硯背爲龍腹，鐫銘十六字，内缺一字，欵署「魯宣」二字，俱篆書。右旁瓢印一曰「仲圭」，下方刓缺寸許。匣蓋鐫御題銘與硯同，楷書，鈐寶

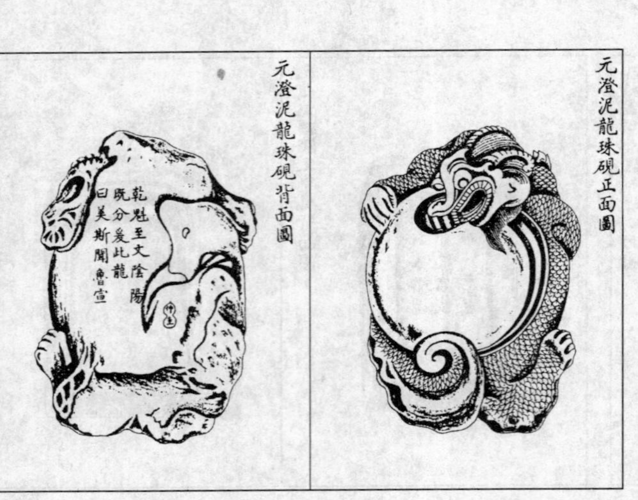

元澄泥龍珠硯正面圖
元澄泥龍珠硯背面圖

一，曰「幾暇臨池」。匣底内鐫「元硯」二字，楷書，鈐寶一，曰「乾隆御玩」。外鐫銘文二十四字，署欵曰「唐子西研銘。康熙著雍敦牂端凝殿珍襲」十六字，俱楷書，鈐寶一，曰「崇文清玩」。查魯宣無考。元吴鎮，字仲圭，善書畫，硯蓋其所寶者。著雍敦牂爲康熙十七年歲次戊午。是硯自元至國朝四百餘年，流傳内府。品題珍襲，迄今又屆百年，恭頌墨華時雨之銘，益仰聖澤相承，入人深厚，不獨爲斯硯慶遭逢也。

御製元澄泥龍珠硯銘

墨華吐，沛時雨。

魯宣銘：乾魁至文，陰陽既分，爰此龍闕，曰美斯聞。

匣底鐫唐子西硯銘：不能鋭，因以鈍爲體。不能動，因以静爲用。惟其然所以能永年。

于敏中《欽定西清硯譜》卷六《陶之屬》

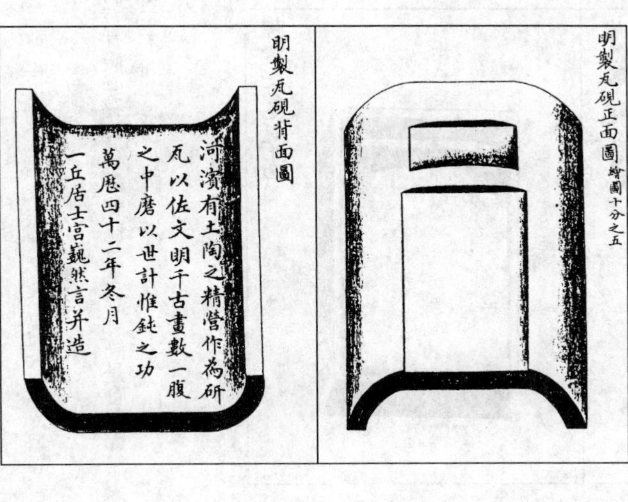

明製瓦硯説

硯高九寸許，寬七寸二分，廣三寸九分，穹起如瓦，離几一寸七分許，陶土爲之。硯面削平爲受墨處，縱五寸五分，上方墨池如仰瓦，深二分許，旁多駁落，右方鐫御題詩一首，楷書，鈐寶二，曰「會心不遠」，曰「德充符」。左方鐫臣于敏中、臣梁國治、臣王杰、臣董誥、臣金士松、臣陳孝泳詩銘各一首。硯背鐫銘三十二字，末署「萬曆四十二年冬月，一邱居士宫巍然言并造」十八字欵，並行書，巍然爵里無考。是硯雖係仿瓦式爲硯，非若未央、銅雀流傳之古，而自明迄今已閲二百餘歲，久弆内庫，一經天題拂拭，用佐文房，蓋不勝爲是硯慶遭逢云。匣蓋内鐫御題詩與硯同，隸書，鈐寶二，曰「比德」，曰「朗潤」。

御製題明製瓦硯

内府庫藏分典守，各司存不相授受。偶搜所弆舊陶泓，復得三十皆瓊玖。或端溪舊或澄泥，乃識天家何不有。此瓦雖非漢唐宋，亦二百年用以久。質堅製古與墨宜，佐我文房之四友。一以惕是召公言，一以慙非坡翁手。翁於二猶以爲多，題此紛呈徒自醜。

明宫巍然銘：河濵有土，陶之精瑩。作爲研瓦，以佐文明。千古畫數，一腹之中。磨以世計，惟鈍之功。萬曆四十二年冬月一邱居士宫巍然言并造。

臣于敏中銘：古瓦渾然，質堅色粹。製爲陶友，静用斯寄。未央非漢，銅雀殊魏。避贋存真，題示大意。

臣梁國治銘：潤發墨，石硯職。陶瓦良，具斯德。閲歲年，絶刻飾。天章賁，文房式。

臣王杰銘：殿瓦珍傳硯材中，濾泥仿古幾伯仲。置之文房陪雅供，帝鴻墨灑圓球重。

臣董誥詩：二百年可稽，五十字深鏤。文房荷天題，久矣静者壽。埏埴溯有虞，潤澤匪承霤。

臣金士松詩：瓦硯尚存物質，硯瓦已落言詮。同是食封即墨，榮勳用佐文筵。

臣陳孝泳詩：不向鄴臺尋舊製，也殊呂老印泥文。伴將學究村居裏，何幸奎章爲榮勳。

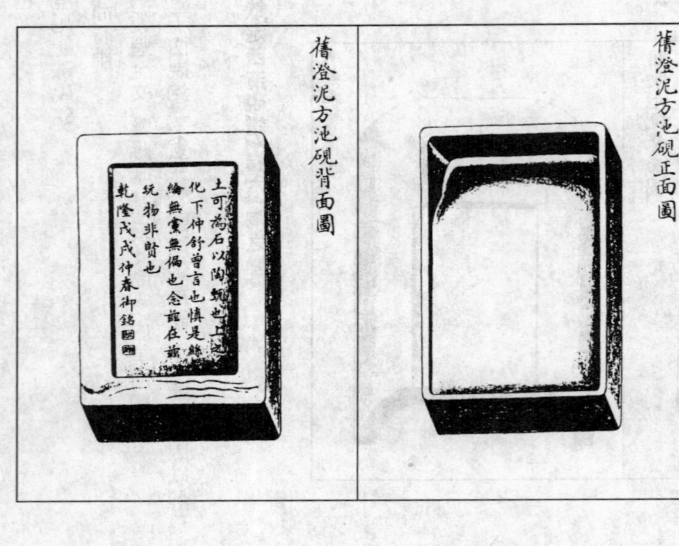

舊澄泥方池硯正面圖

舊澄泥方池硯背面圖

舊澄泥方池硯説

硯高三寸九分，寬二寸六分許，厚五分許，舊澄泥爲之。色紫而硯面微黄，墨池寬廣方直，頗便聚瀋。覆手鐫御題銘一首，楷書，鈐寶二，曰「比德」，曰「朗潤」。匣蓋並鐫是銘，隸書，鈐寶二，曰「會心不遠」，曰「德充符」。

御製舊澄泥方池硯銘

土可爲石，以陶甄也。上之化下，仲舒曾言也。慎是絲綸，無黨無偏也。念茲在茲，玩物非賢也。

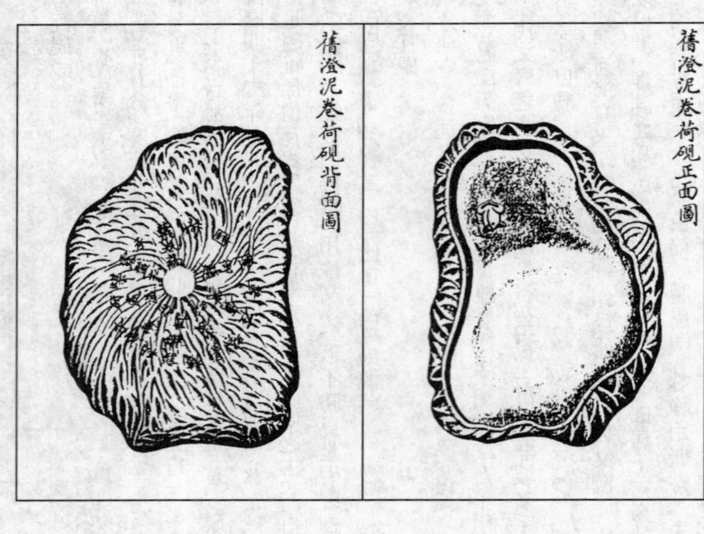

舊澄泥卷荷硯正面圖

舊澄泥卷荷硯背面圖

舊澄泥卷荷硯説

硯爲卷荷式，舊澄泥製。高約四寸五分，中寬三寸許，上下斂三分之一，色黄而澤，墨鏽深厚，受墨處如荷之承露。左上方刻蟾蜍一，精巧生動，用爲卷邊荷葉文。硯背爲花蒂，莖縷宛然，亦樸亦雅，環蒂周鐫御題詩一首，楷書，鈐寶一，曰「古香」。匣蓋内並鐫是詩，隸書，鈐寶二，曰「會心不遠」，曰「德充符」。

御製題舊澄泥卷荷硯

荷葉卷爲承露盤，松煤研處溢文瀾。筆非秋設擬其挾，影落蟾蜍在廣寒。

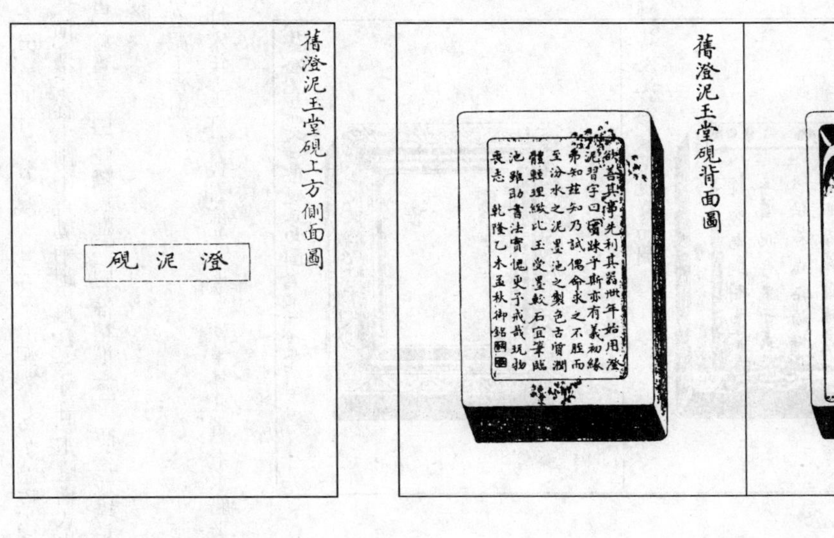

舊澄泥玉堂硯説

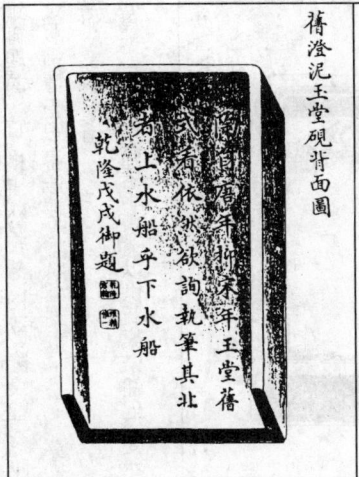

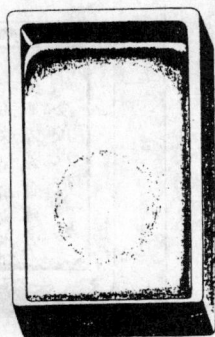

硯高四寸三分，寬二寸七分，厚五分，玉堂式，舊澄泥爲之。色黄而澤，墨池深四分許，上方側鎸「澄泥硯」三字，楷書，覆手上下俱有鐵花，中鎸御製銘一首，楷書，鈐寶二，曰「古香」，曰「太璞」。匣蓋内並鎸是銘，隸書，鈐寶二，曰「比德」，曰「朗潤」。底内鎸「乾隆御用」四字，外鐫「澄泥硯」三字，俱隸書。謹案是硯常侍翰筵，臣等敬觀受墨處，窪圓如錢。仰惟我皇上筆法天縱，超妙入神，而萬幾餘暇，寄興臨池，伏讀御製硯銘，益徵天行之健，彌綸無間云。

御製舊澄泥玉堂硯銘

欲善其事，先利其器。卅年始用，澄泥習字。曰實踈乎，斯亦有義。初緣弗知，兹知乃試。偶命求之，不脛而至。汾水之泥，墨池之製。色古質潤，體輕理緻。比玉受墨，較石宜筆。臨池雖助，書法實愧。更予戒哉，玩物喪志。

舊澄泥玉堂硯正面圖第二硯 繪圖十分之七

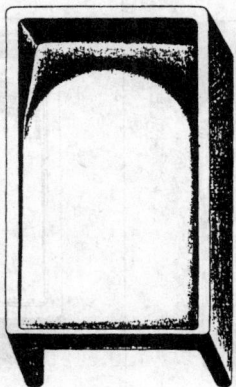

舊澄泥玉堂硯背面圖

者上水船乎下水船
乾隆戊戌御題

舊澄泥玉堂硯説

硯高六寸六分，寬四寸一分，厚一寸三分，澄泥製。色黄體輕，極爲細膩，墨池深廣，鏽痕瑩漬，覆手從上削下直勒兩跗，離几一寸許，玉堂舊式也。中鐫御題詩一首，楷書，鈐寶二，曰「乾隆宸翰」，曰「惟精惟一」。匣蓋並鐫是詩，隸書鈐寶二，曰「乾」「隆」。

御製題舊澄泥玉堂硯

陶自唐年抑宋年，玉堂舊式看依然。欲詢執筆其北者，上水船乎下水船。

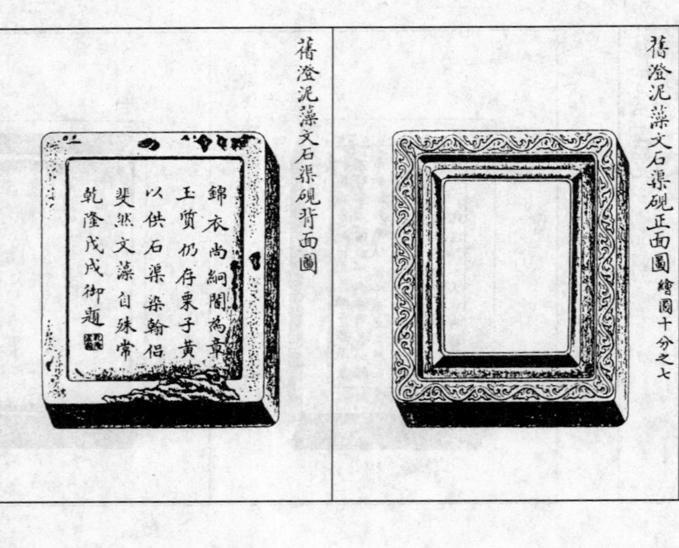

舊澄泥藻文石渠硯正面圖 繪圖十分之七

舊澄泥藻文石渠硯背面圖

舊澄泥藻文石渠硯説

硯高五寸五分，寬四寸八分，厚七分許，舊澄泥製。色黄如蒸栗，細膩潤澤，硯面寬平，周環以渠，墨鏽深厚，邊周刻水藻文，刀法渾古，硯背四周俱有剥蝕，下方刓缺，覆手鐫御題詩一首，楷書，鈐寶一，曰「乾隆宸翰」。匣蓋並鐫是詩，隸書，鈐寶二，曰「幾暇怡情」，曰「得佳趣」。

御製題舊澄泥藻文石渠硯

錦衣尚絅闇爲章，玉質仍存栗子黄。以供石渠染翰侶，斐然文藻自殊常。

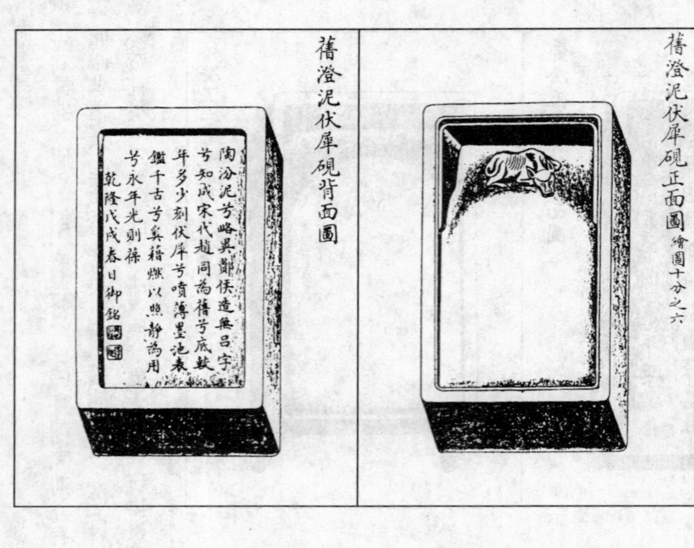

舊澄泥伏犀硯正面圖 繪圖十分之六

舊澄泥伏犀硯背面圖

舊澄泥伏犀硯説

硯高七寸，寬四寸四分，厚一寸二分，澄泥爲之。色正黄，質細而潤。墨池深五分許，中刻伏犀一，昂首向硯作噴薄勢，極爲生動。覆手鐫御題銘一首，楷書，鈐寶二，曰「幾暇怡情」，曰「得佳趣」。匣蓋並鐫是銘，隸書，鈐寶同。

御製舊澄泥伏犀硯銘

陶汾泥兮略異鄴侯造，無吕字兮知成宋代。趙同爲舊兮底較年多少，刻伏犀兮噴薄墨池表。鑑千古兮奚藉燃以照，静爲用兮永年光則葆。

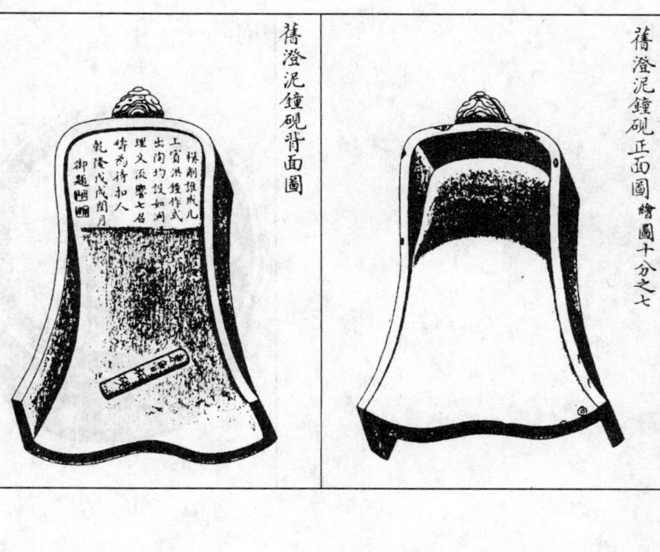

舊澄泥鐘硯正面圖 繪圖十分之七

舊澄泥鐘硯背面圖

舊澄泥鐘硯説

硯高六寸，上寬三寸，下寬四寸八分，爲鐘式，蒲牢鈕高八分，厚不及寸，舊澄泥製，質極輕緻。上方爲墨池，深廣可蓄瀋，下受墨處亦甚寬平。覆手上平下削，兩跗離几七分許，上方平處鐫御題詩一首，楷書，鈐寶二，曰「比德」，曰「朗潤」，下斜印「東魯柘硯」四字條記。按：東魯柘硯無考，或爲魯人名柘者所製，未敢臆斷也。匣蓋鐫御題詩與硯同，隸書，鈐寶一，曰「得佳趣」。

御製題舊澄泥鐘硯

模削誰成几上賓，洪鐘作式出陶均。設如洞理文流響，七召疇爲待扣人。

舊澄泥四直硯説

硯高九寸二分，寬五寸五分，厚一寸四分，澄泥爲之。色黄而黝，受墨處界勒平直，墨池深廣環博，墨鏞深透，聚瀋多而宜筆，便於擘窠大書。覆手鐫御題

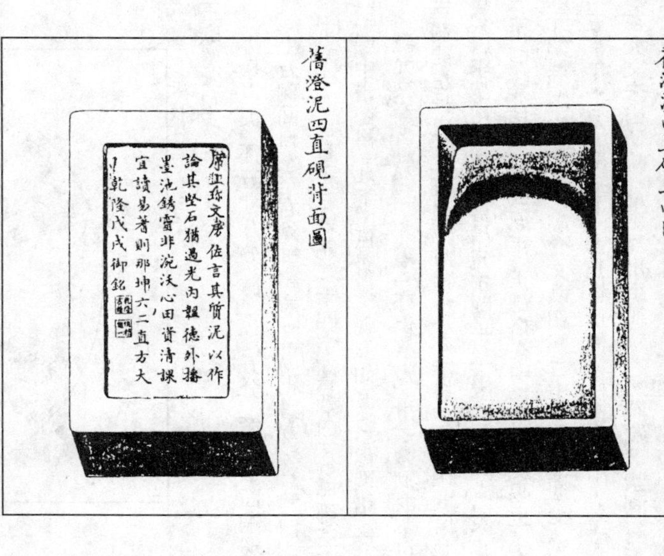

舊澄泥四直硯正面圖 繪圖十分之五

舊澄泥四直硯背面圖

銘一首，楷書，鈐寶二，曰「乾隆宸翰」，曰「惟精惟一」。匣蓋並鐫是銘，隸書，鈐寶二，曰「乾」「隆」。案：澄泥舊製，埏埴精良者每以小品見珍。内府所藏如石函、蕉葉、夔紋等硯，大皆僅逾五寸，是硯磅礴盈尺，而陶煉彌精，尤不易得。

御製舊澄泥四直硯銘

席上珍，文房佐。言其質，泥以作。論其堅，石猶過。光内韞，德外播。墨池銹，靈非涴。沃心田，資清課。宜讀易，蓍則那。坤六二，直方大。

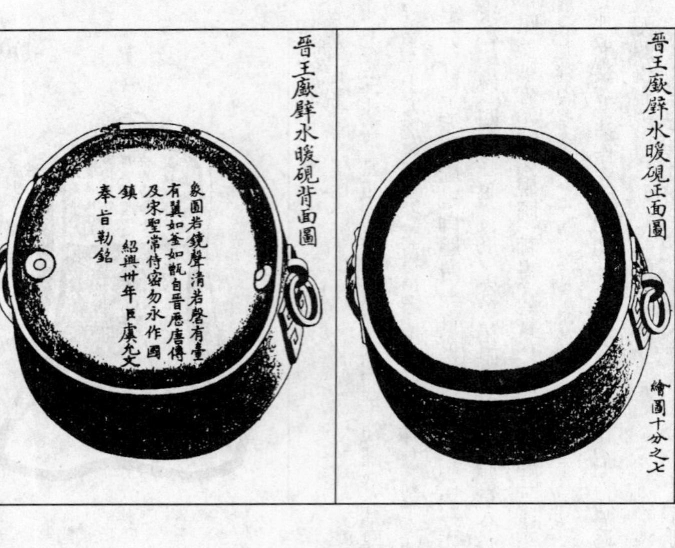

晉王廞辟水暖硯正面圖
繪圖十分之七
晉王廞辟水暖硯背面圖
象圜若鏡璧清若磬有臺有翼如釜如甑自晉歷唐傳及宋聖常侍密勿永作國鎮
紹興卅年臣虞允文奉旨勒銘

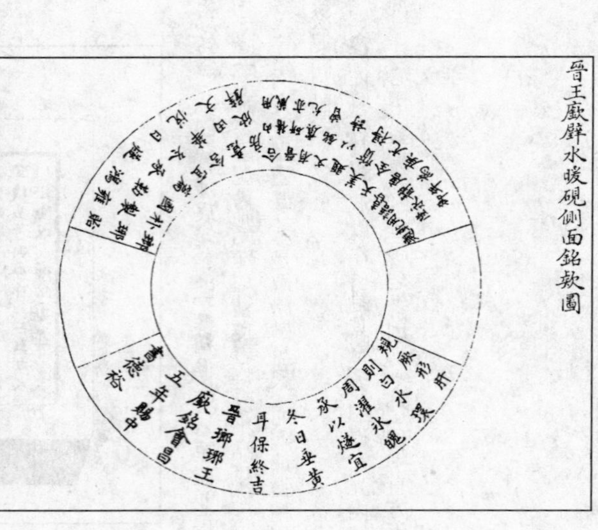

晉王廞璧水暖硯說

硯圓如璧，外環以渠，徑五寸八分，厚一寸五分，旁綴獸面銅環二，直透硯背，堅緻古樸。上方側面自左至右鐫御題詩一首，楷書，鈐寶二，曰「幾暇怡情」，曰「得佳趣」。下方側面自右至左鐫銘二十四字，署欵曰「晉瑯琊王廞銘」六字，後有「會昌五年賜中書德裕」九字，皆篆書。硯形如覆釜，背鐫銘三十二字，署欵曰「紹興卅年臣虞允文奉旨勒銘」十二字，亦俱篆書，卅字微刓缺不可辨。考《晉書》，王廞官至司徒左長史，於羲之爲羣從行，亦能書，今淳化閣所載《告誘静媛帖》即其書蹟。唐李德裕以武宗會昌元年同平章事，四年加太尉，賜爵衛國公，至宣宗大中元年罷政分司。此云五年，正德裕在中書時所受賜也。宋高宗紀元建炎，五年改元紹興，三十二年。虞允文以紹興二十三年登進士第，除秘書丞，累遷禮部郎，三十年十月借工部尚書充賀正使。使還，除中書舍人直學士院。奉勅作銘，當在允文未出使時，刓處爲卅字無疑。是硯質理紫潤，絶類端石。考宋李之彦《硯譜》載會稽老叟云是右軍之後，持一硯，色正赤，不減端石。又晉傳休奕《硯賦》云：「采陰山之潛璞，簡衆材之攸宜。節方圓以定形，鍛金鐵而爲池。」竊意端溪巖石雖自唐著名，晉魏以前必已有取爲硯材者，而圓池銅耳亦與休奕賦語相合，想見晉時舊製如此也。硯爲内府所藏，向陳乾清宫西暖閣几上。匣蓋内鐫御題詩與硯同，鈐寶二，曰「乾隆御賞」，曰「幾暇怡情」。匣底上鐫「晉硯」二字，楷書，下鈐寶一，曰「乾隆御玩」。

御製題晉王廞璧水暖硯

瑯琊貽朴製，雍國勒鴻篇。承燧宜冬日，含華悦意田。文房欣璧合，内府舊藏晉研亦有虞允文銘，曾題以詩。美質得天全。尤喜唐庚語，静爲用永年。

晉王廞銘：規厥形，肝則白。水環周，濯氷皏。承以燧，宜冬日。垂黄耳，保終吉。

虞允文銘：象圓若鏡，聲清若磬。有臺有翼，如釜如甑。自晉歷唐，傳及宋聖。常侍密勿，永作國鎮。

晉玉蘭堂硯正面圖 繪圖十分之六

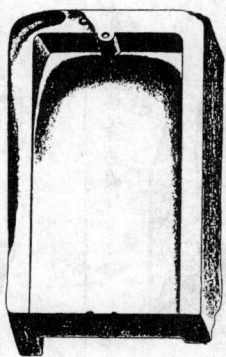

晉玉蘭堂硯背面圖

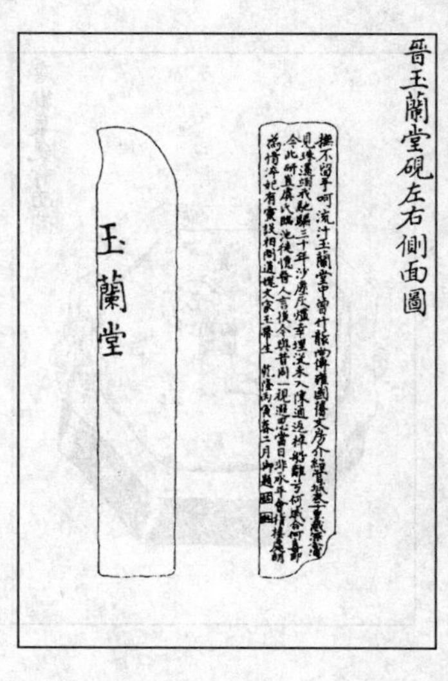

晉玉蘭堂硯左右側面圖

晉玉蘭堂硯説

硯高五寸五分，寬三寸五分，厚八分許，似端石而有芒，中多黄點如潄金。受墨處寬平微凹，斜通墨池中，矗石柱一，而竅其首，當是先有水蛀痕而脱落如管。上方左角刓剥，左側鐫「玉蘭堂」三字，僅存其半，右側鐫御題詩一首，楷書，鈐寶二，曰「古香」，曰「太璞」。硯背覆手鐫識語四十八字，署「紹興丙辰秋九月益州份甫記」，欵十五字，俱隸書。考《宋史》，虞允文字彬甫，隆州仁壽人。七歲能屬文，即以父任入官。建炎元年丁未，即靖康二年，高宗以是年四月即位，建元建炎。八月勝捷軍校陳通作亂於杭州，執帥臣葉夢得，殺漕臣吴昉。允文本傳雖不載其時任何職，據硯銘云「驅馳三十年」，又云「毁於陳通之亂」，當是以父蔭爲漕屬也。五年辛亥改元紹興，銘云「丙辰」則紹興六年也。距建炎元年丁未已十年，而云五年得於灰燼中，蓋爲紹興元年而改製破硯時，又踰五年也。玉蘭堂無考。銘云此晉硯，當是晉時製硯者所署，故允文改作時愛而不忍去也。隆州熙寧初廢，至孝宗隆興五年復升爲州，屬成都路，允文銘硯時州尚未復，故止署益州也。份即古文彬字，從篆書也。是硯石質既古，雖重經改作而彌覺渾璞爲内府舊藏，向陳乾清宫東暖閣几上。匣蓋外鐫御題詩與硯同，鈐寶二，曰「乾隆御賞」，曰「幾暇怡情」。内鐫「晉硯」二字，楷書，鈐寶一，曰「乾隆御玩」。匣底鈐寶二，曰「乾」「隆」。

御製題晉玉蘭堂硯

撫不留手呵流汁，玉蘭堂中曾什襲。尚傳雍國舊文房，介紹管城友子墨。感深合浦見珠還，翊我馳驅三十年。沙塵灰燼幸埋没，未入陳通返棹船。離兮何戚合何喜，即今此研豈虞氏。臨池徒憶晉人言，從今與昔同一視。遐思當日非承平，會稽棲處胡爲情。淬妃有靈設相問，道媿文家玉帶生。

虞允文識語：此晉研也，翊我驅馳三十年矣。毁於陳通之亂，五年忽得於灰燼中，幸也。復製之，其伴我餘齡，雖曰珠還，聊慰玉碎之感已耳。

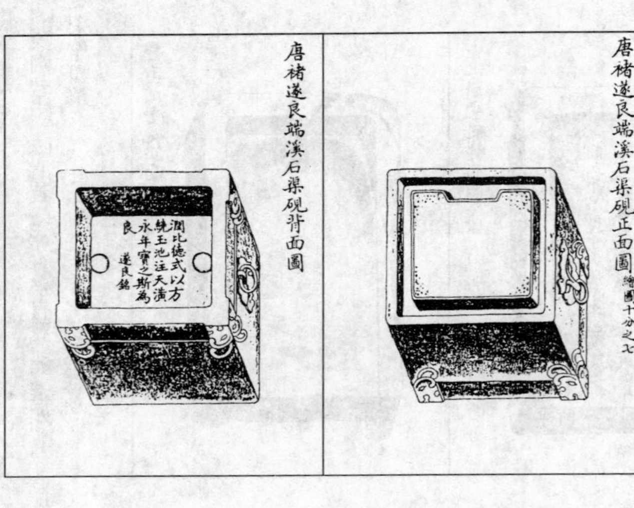

唐褚遂良端溪石渠硯正面圖 繪圖十分之七

唐褚遂良端溪石渠硯背面圖

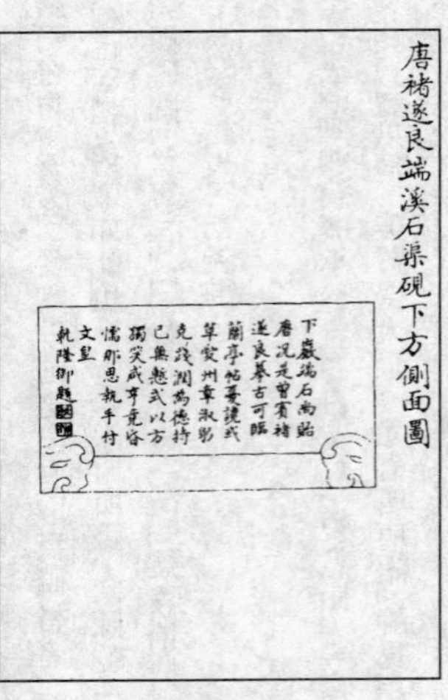
唐褚遂良端溪石渠硯下方側面圖

唐褚遂良端溪石渠硯説

硯高三寸九分，寬四寸二分，厚二寸二分，端溪石爲之。受墨處微凹，周環以渠，深二分許，廣三分，上方墨池較渠深半分，廣倍之。墨鏽厚裹，四邊俱有剥蝕，左右側面綴獸面二，各銜銅環一，釘透覆手。下方側面鐫御題詩一首，楷書，鈐寶二，曰「比德」，曰「朗潤」。趺四角抱處各刻神羊首一，覆手深幾寸，内鐫銘二十九字，下署「遂良銘」三字，俱篆書。是硯較内府唐石渠硯體式正同，雖雕刻青緑微遜，而渾璞彌佳，且經登善實用，足爲墨林增重。匣蓋鐫御題詩與硯同，隸書，鈐寶二，曰「乾隆宸翰」，曰「惟精惟一」。

御製題唐褚遂良端溪石渠硯

下巖端石尚貽唐，況是曾賓褚遂良。摹古可臨蘭亭帖，憂讒或草愛州章。淑躬克踐潤爲德，持己無慙式以方。獨笑咸亨竟昏懦，那思執手付文皇。

褚遂良銘：潤比德，式以方。繞玉池，注天潢。永年寶之斯爲良。

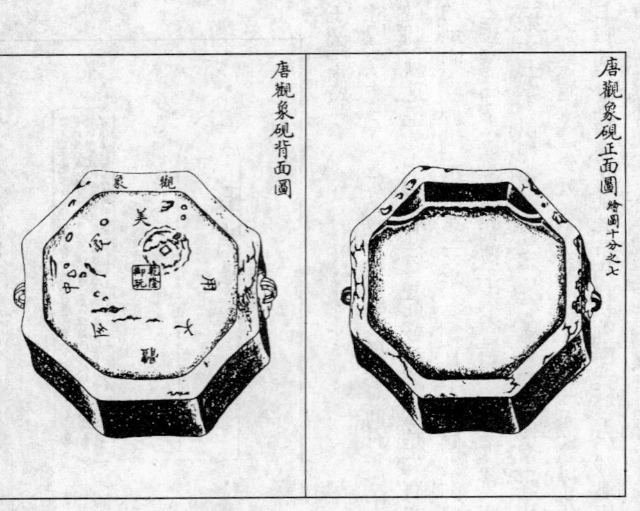
唐觀象硯正面圖 繪圖十分之七

唐觀象硯背面圖

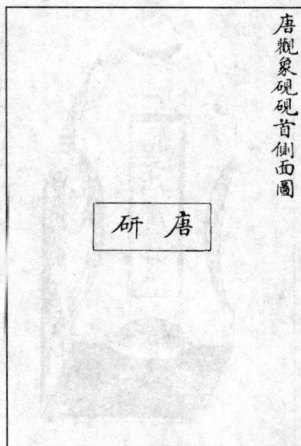

不然。令端溪、歙石非乏良材，而沐浴詩書，黝然光澤，則古硯實有足珎者。爰課實而錫以名，并各爲之銘刻之。乾隆己巳長至記。

美最中全，體大用堅。

唐觀象硯硯首側面圖

唐研

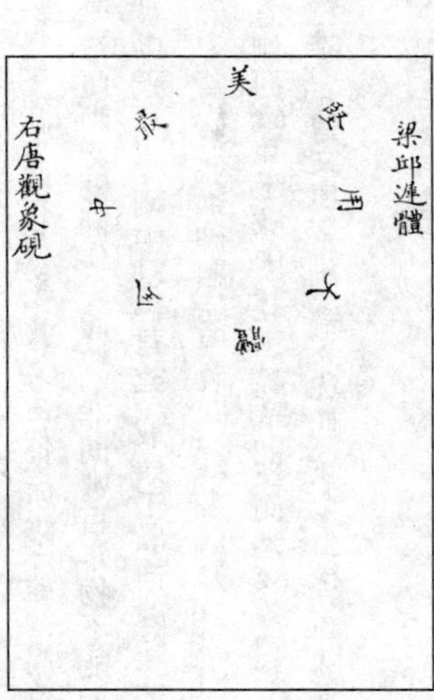

右唐觀象硯

唐觀象硯說

硯八稜，稜徑五寸二分，高不及五寸，寬五寸有奇，厚九分，兩旁綴獸面銅耳二，右微刓，端州石，色白而潤，中帶火捺紋。墨池深二分許，兩耳綴處爲銅氣所暈，微帶青緑，硯首側鐫「唐硯」二字，硯背上方鐫「觀象」二字，俱隸書。中環鐫御題迴文銘一首，楷書，中心鈐寶一，曰「乾隆御玩」。右偏有古錢融暈痕，錢去而四周青緑尚存。考端溪龍岩石作硯，自唐人始見於李嶠及李長吉所詠，逮宋而取材益廣。是硯墨鏽古厚，體質比今端石較輕，的係入土年久，沙水氣盡而石理獨存，亦猶舊銅磁器年久出土者以體輕爲古也。匣蓋鐫御題銘與硯同，中鈐寶一，曰「乾隆」。內鐫「唐硯」二字，隸書。匣底內鐫「觀象」二字，隸書，鈐寶一，曰「乾隆御玩」。外鐫「甲」字，楷書，蓋標識以十干爲次，餘倣此。

謹案：內府什襲古硯甚夥。乾隆十四年冬，皇上幾餘品藻，擇其材良製古者十硯，重加拂拭，肇錫嘉名，曰唐觀象硯，曰唐菱鏡硯，曰唐石渠硯，曰宋垂乳硯，曰宋黝玉硯，曰宋紫雲硯，曰宋翠濤硯，曰宋暈月硯，曰宋方井硯，曰元凝松硯，各鐫御銘并爲之序，合弆乾清宮，匣底標識以十干爲次。千年舊物，聯璧翰筵，復吐虹光，以供文思。天子墨光噴薄，涵育萬有之用，遭逢榮幸，足爲硯林增價。十硯或陶或石，質體不同。臣等於每圖之目書貯乾清宮而仍歸類編次，以從譜例，謹恭録序於此硯御製銘之首，其餘九硯御題仍各系本硯，謹識緣起於此。

御製古硯銘有序

內府藏硯甚夥，向未經品題。今年冬幾餘偶暇，選其材良而製古者，得唐硯三，宋硯六，元硯一，皆真舊物也。遲任有言，人惟求舊，器非求舊惟新，獨於硯

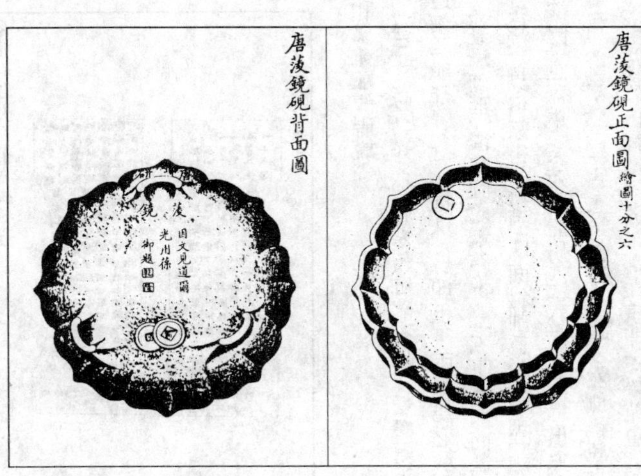
唐菱鏡硯正面圖 繪圖十分之六

唐菱鏡硯背面圖

唐菱鏡硯説

硯八稜，稜徑六寸八分，厚六分。唐歙溪石，仿菱鏡式，刻作菱花，再重爲受墨處，外環墨池，左上方粘五銖錢一枚，周結土鏽，丹黄斑駁。硯背仰承如盂，下抱三足，足高四分，微屈如璜，上方足外鐫「唐硯」二字，足内鐫「菱鏡」二字，俱隸書，中鐫御題銘一首，楷書，鈐寶二，曰「乾」「隆」。下方兩足間粘五銖錢五枚。考歙溪龍尾石，唐開元中始采爲硯，至南唐元宗時歙守以充歲貢。是硯受墨處黑質金星，黯然油然，通體結成硃砂斑，微間青緑，如古尊彝，盛唐舊製，非宋元以後龍尾羅紋所能仿佛也。匣蓋鐫御題銘與硯同，鈐寶一，曰「乾隆宸翰」。上方鈐寶一，曰「乾隆」，内鐫「唐硯」二字，隸書。匣底内鐫「菱鏡」二字，隸書，鈐寶一，曰「乾隆御玩」，外鐫標識曰「乙」，楷書。

御製唐菱鏡硯銘

因文見道，爾光用葆。

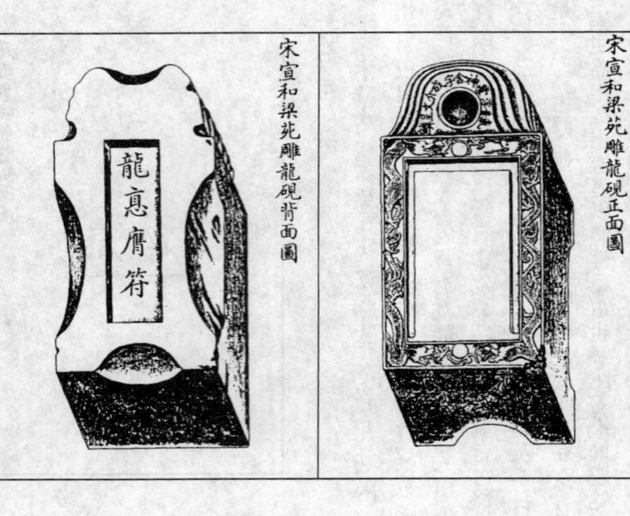

宋宣和梁苑雕龍硯正面圖

宋宣和梁苑雕龍硯背面圖

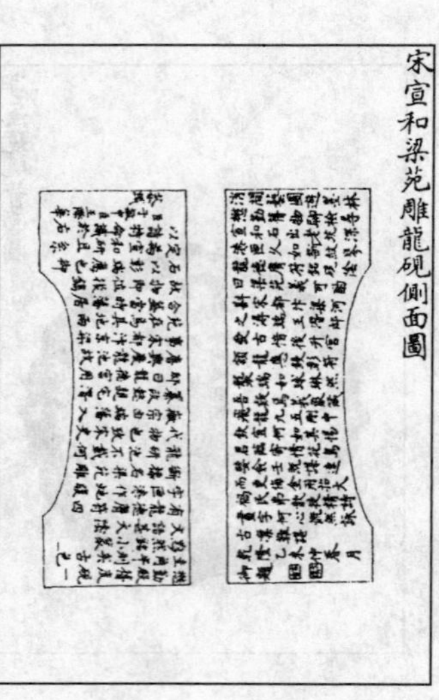
宋宣和梁苑雕龍硯側面圖

宋宣和梁苑雕龍硯説

硯高六寸，寬三寸，厚一寸六分，宋舊坑端石也。受墨處正平，外上左右三方環爲墨池，邊刻四龍升降各二，抱珠，珠即上下兩眼爲之。硯首穹起爲波紋十層，鑿圓竅一，竪爲碑形，環竅圓處鐫銘十二字，下方側面準硯首圓處式鐫銘十二字，與上合爲一首，俱篆書。覆手四面斜削爲跗，中鐫「龍德膺符」四字，楷書。硯貯以古漆匣，匣蓋鐫「梁苑雕龍研池」六字，篆書，俱無名欵。硯右側鐫御題詩一首，隸書，鈐寶二，曰「古香」，曰「太璞」。左側鐫臣于敏中、臣王際華識語一百二十一字并欵，俱隸書。考宋都汴京即古梁苑也。史稱徽宗初封端王，踐阼後以潛邸爲龍德宮，硯署「龍德膺符」四字，疑端邸故物，即位後鐫此以彰符應。是硯石質純紫而有翡翠，篆文古穆，所鐫「龍德膺符」四字尤有虞監《廟堂碑》筆意，漆匣斷處隱隱作蛇腹紋，非閱數百年物不能如此，今經御鑒定爲宣和舊製，被以天章，標剛中以惕君臨，戒僉壬以申殷鑒，即物垂訓，真足爲萬世帝王大法。外匣蓋並鐫御題詩與硯同，隸書，鈐寶二，曰「得佳趣」，曰「幾暇怡情」。下方側面鐫臣于敏中、臣王際華，左側鐫臣梁國治、臣王杰、臣彭元瑞，上方鐫臣董誥、臣曹文埴，右側鐫臣沈初、臣金士松、臣陳孝泳詩各一首，俱楷書。

御製題宋宣和梁苑雕龍硯

消閒藝圃遊墨林，懋勤舊物聊檢尋。宣和石出老坑深，漆匣久如斷紋琴。龍德膺符銘硯陰，曰梁苑義可酌斟。宋都汴梁河之潯，端王潛邸愛古惜。後升宮額龍德錫，彰符襲瑞如球琳。然吾疑焉羲象箴，飛龍九五剛中欽。宜何如其惕君臨，寄情花鳥孌僉壬。既謀遼而更侮金，用招大禍民弗歆。徒精詩畫字何心，慨然詠古凜難諶。

臣于敏中、臣王際華識語：懋勤殿舊庋硯一，圭角半刓矣。古色黝然，銘小篆文，語甚大，陰有「龍德膺符」四字。匣漆作蛇腹斷，標名梁苑雕龍研池，不載何代物也。攷《宋史》徽宗由端藩入纂，改懿親宅潛邸曰龍德宫，用唐興慶龍池故事，宋都汴京梁苑在焉，其地兩合，蓋當時藩居故物，即位後鐫石以彰瑞應也。御定爲宣和研，且系以詩，特命識於右。

臣于敏中詩：梁苑雕紋古，端藩殿額沈。銷磨一片石，揮灑萬年箴。因即義文象，而爲雅頌音。鄙他空潑墨，花鳥繪春深。

臣王際華詩：宣和朱邸舊，瑞侈握符臨。畫諾求花石，揮毫創瘦金。匣紋蛇腹斷，歲籥麝煤沈。寓物抒堯戒，千秋鑑古心。

臣梁國治詩：一片宣和石可尋，披函吟對古香深。文鐫龍德垂金鑑，義正乾剛粹玉音。花鳥汴宫餘藻藝，圖書璧府寄銘箴。朝來雲起之而繞，五色光中仰日臨。

臣王杰詩：古色黝然歲月深，製從梁苑未銷沈。漆皴蛇腹紋週面，池躍龍鱗字勒陰。艮嶽雲烟痕共蝕，乾爻朝夕義堪尋。幾餘藝圃邀宸賞，觸處如傳惕若心。

臣彭元瑞詩：介字鱗文古暈侵，秋風艮嶽尚難尋。躍龍朱邸空符應，下馬青城已陸沈。不識六爻乾在上，徒夸四字硯之陰。帝鴻墨海摛吟寓，評鑑同昭出治心。

臣董誥詩：七百年遺製，龍池字可尋。躍鱗形宛轉，積瀋暈陰森。訂譜分書甲，夸符出孔壬。流傳邀鑒處，考古重垂箴。

臣曹文埴詩：歲月宣和舊，烟雲古汴沈。空遺龍有角，誰惜礪如金。片石文房在，仙毫法鑒深。勸懲偕玉帶，一正主臣心。

臣沈初詩：宣和遺製墨花沈，一硯空沿歲月深。藝府古光生几案，宸題大義切銘箴。汴京失鹿鑒於後，梁苑雕龍考自今。從此弆藏成寶器，千秋垂戒指堪尋。

臣金士松詩：宸題寓物即垂箴，樹義宏深見道心。石不能言堪古鑒，龍之爲象在君臨。潛藩梁苑文章客，御宇宣和翰墨林。一自聖人鐫戒語，摩挲片研重兼金。

臣陳孝泳詩：宣和觚翰比球琛，寶硯留傳閟曩今。魯注金壺供點染，幸歸璧府得披尋。靈文綴藻青花活，嘘氣成雲紫暈深。睿賞偶吟必提要，興觀義炳合銘箴。

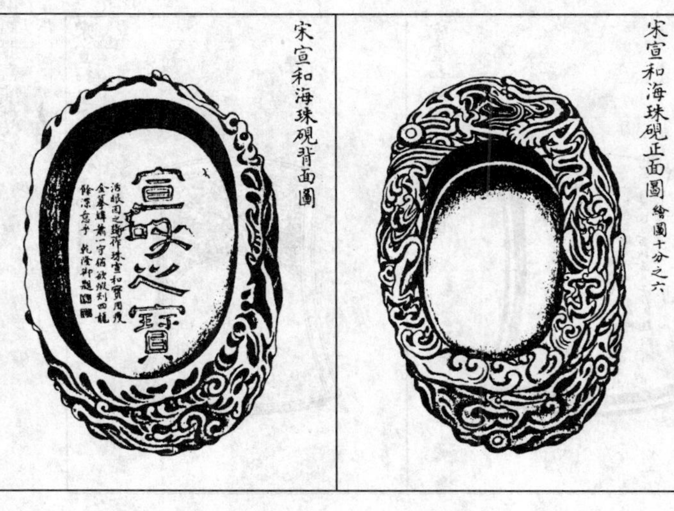

宋宣和海珠硯正面圖　繪圖十分之六

宋宣和海珠硯背面圖

宋宣和海珠硯説

硯高七寸許，橢圓式，寬五寸一分，厚二寸許，老坑端石，紫而潤，周刻海水，左上方活眼一，就刻作珠，四龍旋繞，之而隱現，勢極生動。覆手深寸許，中鐫「宣和之寶」四字，隸書，左鐫御題詩一首，楷書，鈐寶二，曰「會心不遠」，曰「德充符」。匣蓋並鐫是詩，隸書，鈐寶二，曰「乾」「隆」。

御製題宋宣和海珠硯

活眼因之斲作珠，宣和寶用瘦金摹。緯蕭一守猶欲烬，刻四龍餘深意乎。

宋宣和洗象硯說

硯高五寸九分許，寬五寸六分，厚一寸二分，宋坑端石，色如豬肝。硯面正

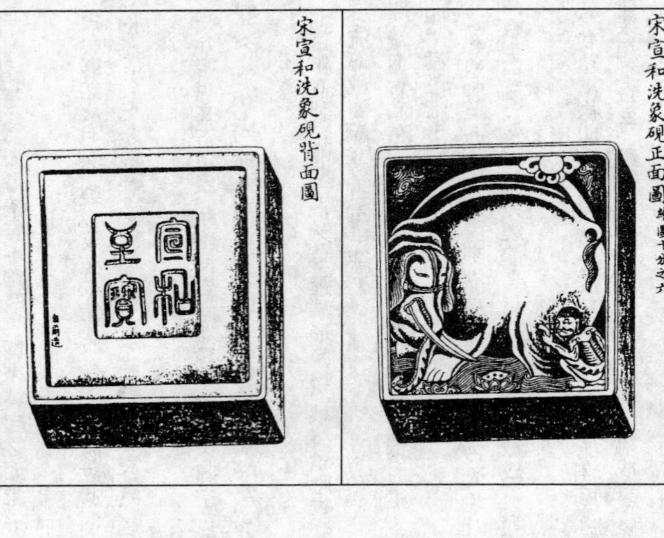

宋宣和洗象硯正面圖 繪圖十分之六

宋宣和洗象硯背面圖

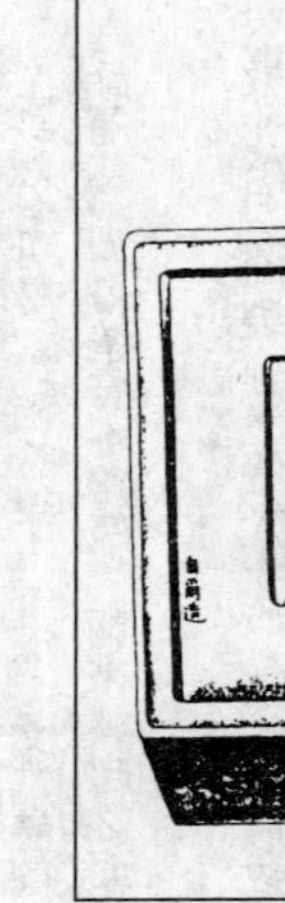

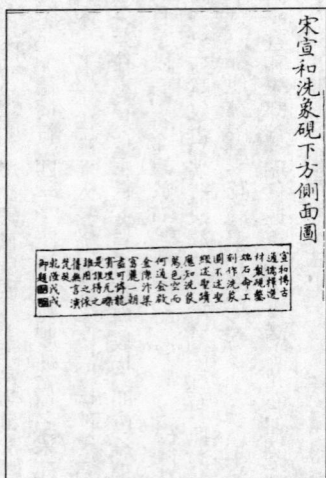

宋宣和洗象硯下方側面圖

方中刻象形，象首左顧，以象身爲受墨處，右上方有眼一如日，下刻慶雲護之。左右皆刻流雲，下方水紋瀲灎。右有象奴蹲水中作力洗象，水中泛蓮花二。覆手作兩層，中鐫「宣和至寶」四字。左有「自爾造」三字欵，俱篆書。下方側面鐫御題詩一首，楷書，鈐寶二，曰「比德」，曰「朗潤」。匣蓋並鐫是詩，隸書鈐寶二，曰「乾」「隆」。是硯石質既舊，而製作樸雅，其爲宋時物無疑。「自爾」無考。

御製題宋宣和洗象硯

宣和博古通儒釋，選材製硯鑿端石。命工刻作洗象圖，不述聖經述聖蹟。應知洗象萬色空，而何通金啓金隙。汴梁富麗一朝盡，可憐龍賓埋瓦礫。是誰得之誰用之，依舊無言演梵筴。

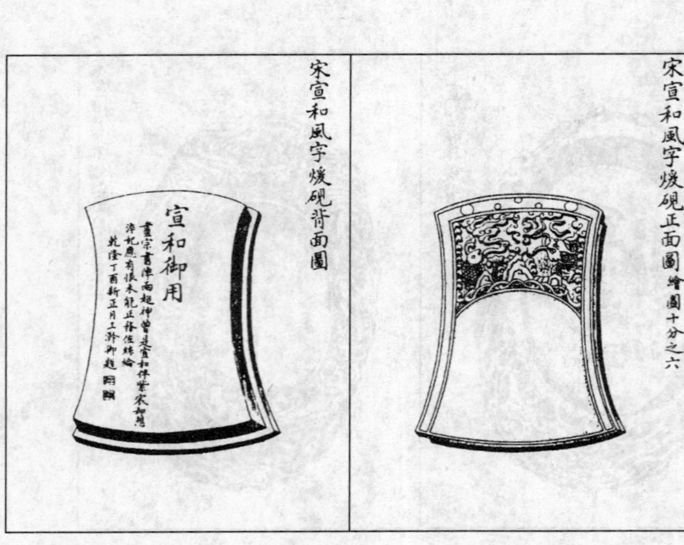

宋宣和風字㶿硯正面圖 繪圖十分之六

宋宣和風字㶿硯背面圖

宋宣和風字煖硯銅池正面圖

宋宣和風字煖硯銅池背面圖

宋宣和風字煖硯說

硯高六寸，上寬四寸，下寬四寸七分，厚六分，宋老坑端石，琢爲風字式。硯面正平微凹，墨池刻魚龍騰躍，有雲垂海立之勢，邊周刻雙線，上方線内刻日月三辰。硯背中鐫「宣和御用」四字，隸書，左方鐫御題詩一首，楷書，鈐寶二，曰「比德」，曰「朗潤」。硯背較硯體縮一分有奇，入池深四分許，池以銅爲之，高寬尺寸並與硯同，厚一分許，深一寸三分許，中貯温水以煖硯，四側周刻海波，中涵海螺、應龍、大龜、龍馬各一，左右凸起，獸面四貫以銅環，取便捧持。下承四跗，離几不及寸，背鐫「宣和御用」四字，亦隸書。徧體青緑，砂斑穆然如古罍洗。是硯石質既舊，銅池彌復古秀，春生几席，銅井不冰，亦臨池一快事也。匣蓋鐫御題詩與硯同，隸書，鈐寶二，曰「乾」「隆」。

御製題宋宣和風字煖硯

畫宗書陣兩超神，曾是宣和伴紫宸。却想淬妃應有恨，未能正務佐絲綸。

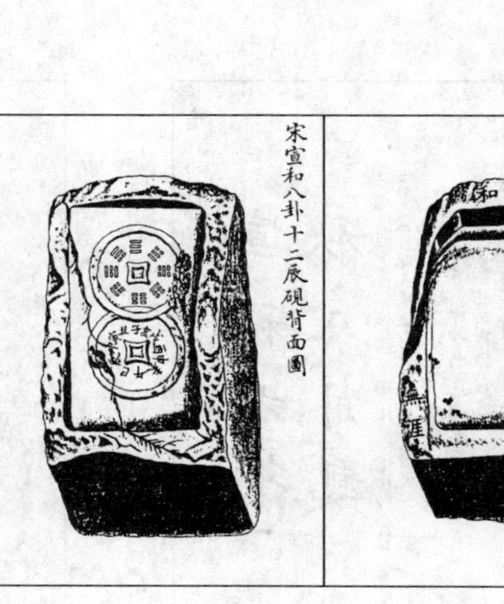
宋宣和八卦十二辰硯正面圖 繪圖十分之六

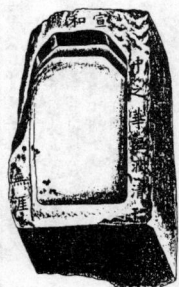

宋宣和八卦十二辰硯背面圖

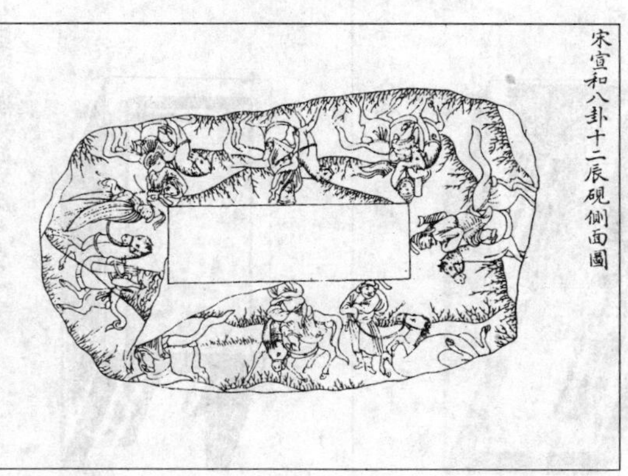
宋宣和八卦十二辰硯側面圖

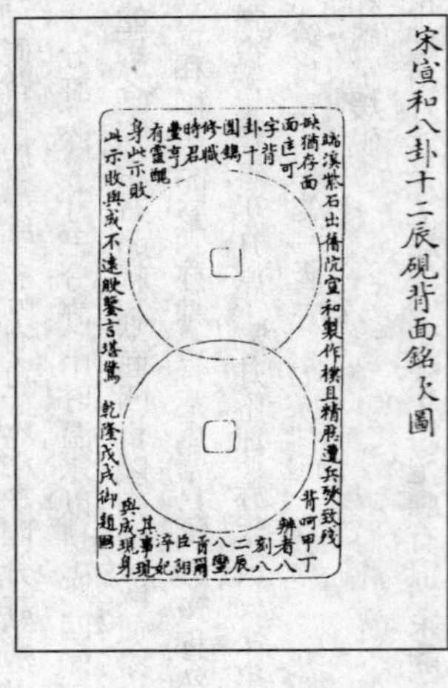
宋宣和八卦十二辰硯背面銘文圖

宋宣和八卦十二辰硯説

硯高六寸七分，寬四寸三分，厚一寸九分，宋老坑端石，色如豬肝。硯面左角缺，受墨處深凹，墨池作圭首式，硯首鐫「宣和」二字，「和」字缺落不全，左右銘十六字，漫漶過半，存者右「中之華温潤清」六字，下一字似是「和」字而不全，左「無涯」二字，「涯」字水旁亦缺，俱篆書。側面周刻八鑾底貢圖人物，意態俱生動，亦多駁落。覆手四角俱缺，中爲連錢二，上環刻八卦，下環刻「子丑寅卯辰巳午未申酉戌亥」十二字，楷書，外周鐫御題詩一首，楷書，鈐寶一，曰「比德」。匣蓋並鐫是詩，隸書，鈐寶二，曰「比德」，曰「朗潤」。

御製題宋宣和八卦十二辰硯

端溪紫石出舊阬，宣和製作樸且精。歷遭兵燹致殘缺，猶存面背呵甲丁。面匡可辨者八字，背刻八卦十二辰。圜鐫八鑾修職貢，爾時君臣詡豐亨。淬妃有靈醜其事，現身此示敗與成。現身此示敗與成，不遠殷鑒言堪驚。

宋宣和八柱硯説

硯高四寸五分，寬二寸六分許，厚如之，端溪老坑石。面正平，硯首墨池寬僅二分許，深亦如之。左側鐫御題銘一首，隸書，鈐寶二，曰「比德」，曰「朗潤」，右側鐫「宣和六年秋八月製」八字，行草書。硯背刻柱八，長短相間，鐫刻渾樸，確係宋製。匣蓋鐫御題銘及鈐寶並與硯同。

御製宋宣和八柱硯銘

八柱承天，廣運肖乾。六書載道，因文以傳。石出老坑，宣和六年。非銅雀之瓦，異未央之甎。澤於古以餘潤，腴乎内以爲堅。其動也直，其静也專。顧將資乎綸几，渠寧斐乎翰筵。

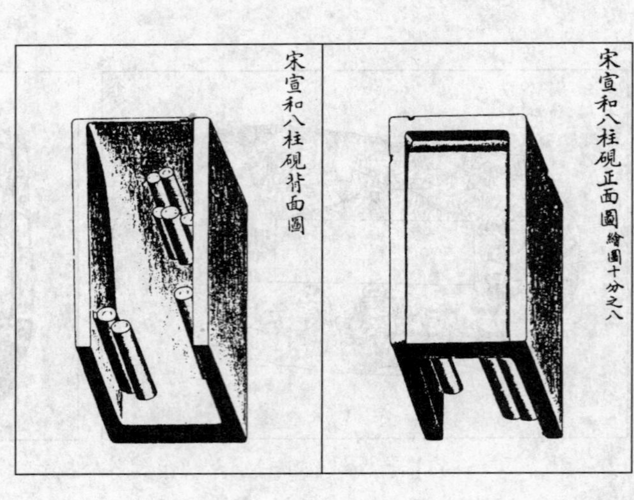

宋宣和八柱硯正面圖 繪圖十分之八

宋宣和八柱硯背面圖

宋宣和八柱硯側面圖

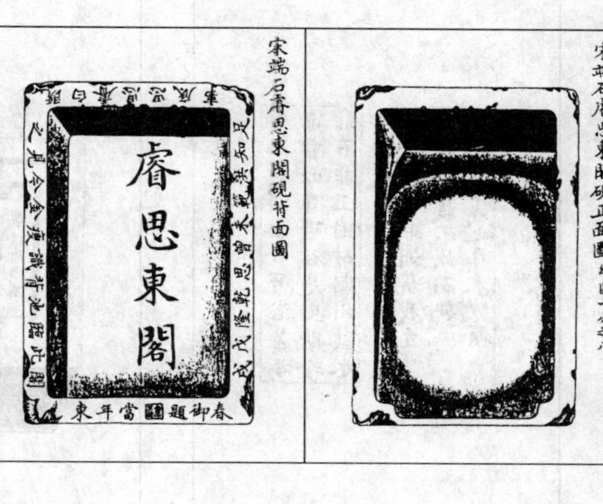

宋端石睿思東閣硯正面圖 縮圖十分之八

宋端石睿思東閣硯背面圖

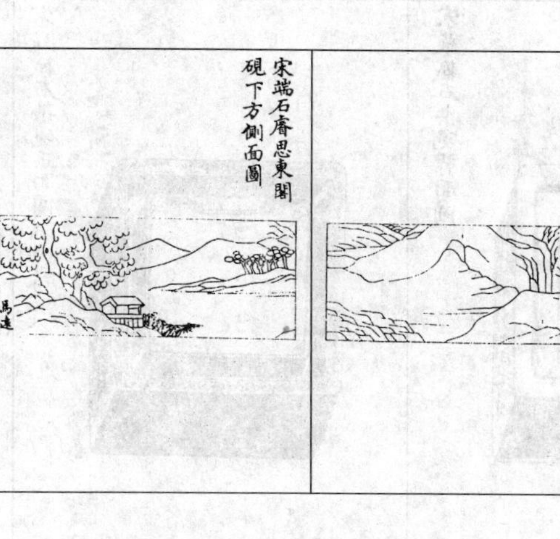

宋端石睿思東閣硯上方側面圖

宋端石睿思東閣硯下方側面圖

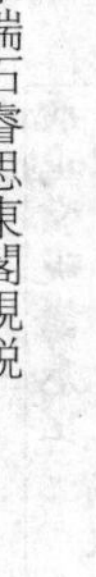

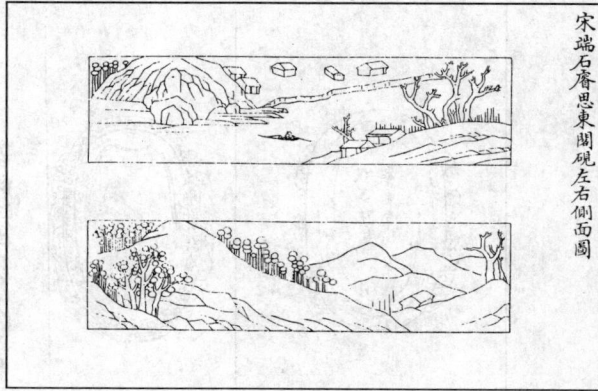

宋端石睿思東閣硯左右側面圖

宋端石睿思東閣硯說

硯高六寸七分，寬四寸四分，厚一寸九分，端溪水巖石也。面寬平直，下爲墨池，深八分，邊寬四分許，四角俱微有刓缺處。側面周刻通景山水，行筆簡古，境趣蕭踈，下署「馬遠」二字款，行書。硯背覆手深四分許，中鎸「睿思東閣」四字，行書，硯跗周鎸御題詩一首，隸書，鈐寶一，曰「會心不遠」。考元王士點《禁扁》引《汴京宫圖》載有睿思殿名。又元陶宗儀《書史會要》稱宋徽宗書筆勢勁逸，自號瘦金書。馬遠工畫山水人物，光寧朝待詔畫院。是硯署「睿思東閣」四字，極瘦勁，其爲北宋製作，徽宗御書無疑。想流傳至南渡後，遠復補爲之圖耳。至其石肌細膩，墨鏽古厚，尤不易得。匣蓋鎸御題詩與硯同，隸書鈐寶一，曰「乾隆御玩」。

御製題宋端石睿思東閣硯

當年東閣此臨池，背識瘦金今見之。既曰睿思思底事，足知洪範未曾思。

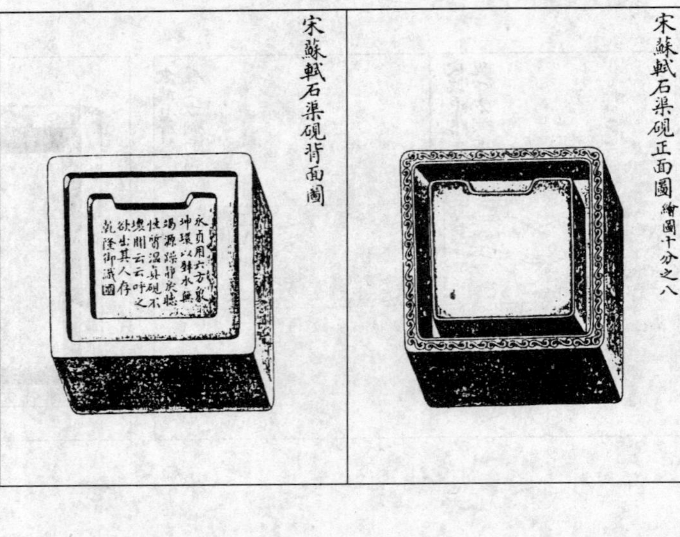

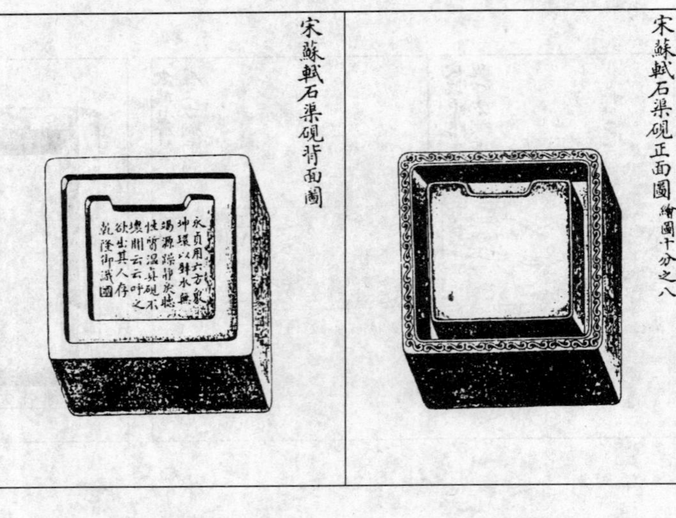

宋蘇軾石渠硯説

硯高三寸六分，寬三寸五分，厚一寸七分，宋端石爲之。中受墨處環以墨池，邊周刻流雲，左右側面鐫宋蘇軾銘四十八字，後署「元豐壬戌之春東坡題」九字款，俱行書。覆手凹下爲兩層，與硯面式相應。中鐫御題銘一首，楷書，鈐寶一，曰「朗潤」。匣蓋並鐫是銘，行書，鈐寶一，曰「幾暇怡情」。匣底鐫寶一，曰「乾隆御玩」。

御製宋蘇軾石渠硯銘

永貞用六方象坤，環以璧水無竭源，躁静戾聽性質温。真硯不壞閒云云，呼之欲出其人存。

宋蘇軾銘：彤池紫淵，出日所浴，蒸爲赤霓，以貫暘谷。是生斯珍，非石非玉，因材制用，璧水環復。耕予中洲，蓺我元粟，投粒則獲，不炊而熟。

汪啓淑《飛鴻堂硯譜》卷上

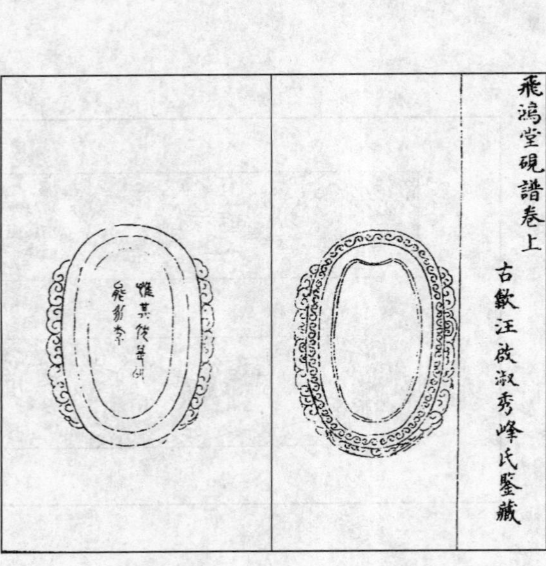

飛鴻堂硯譜卷上
古歙汪啟淑秀峰氏鑒藏

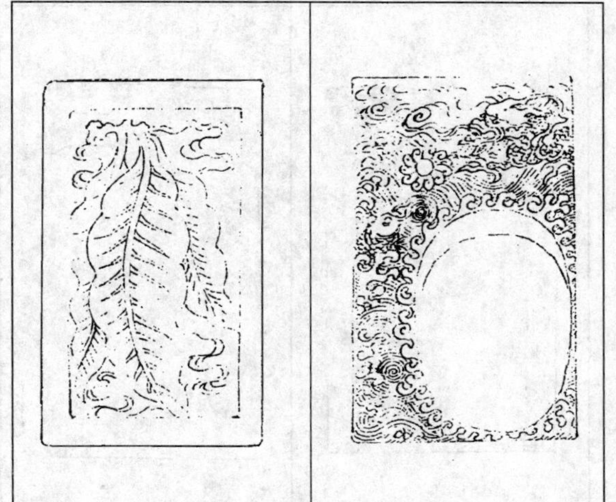

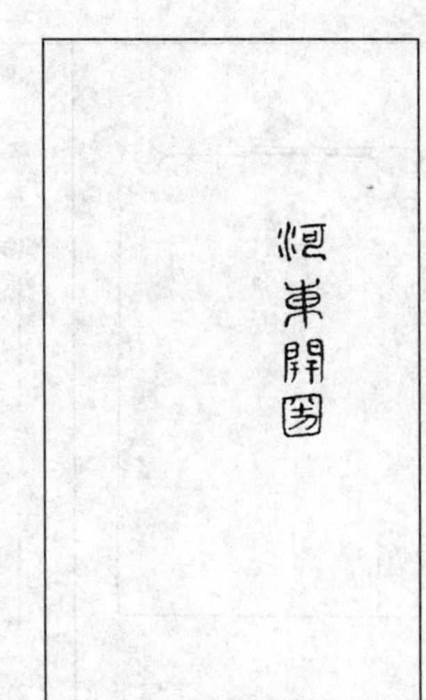
河東開國

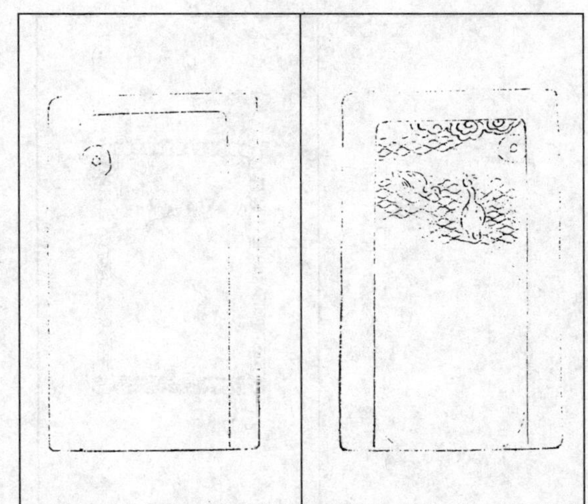

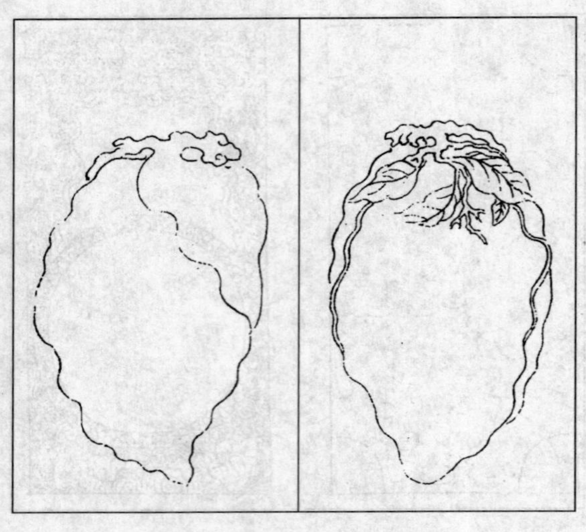

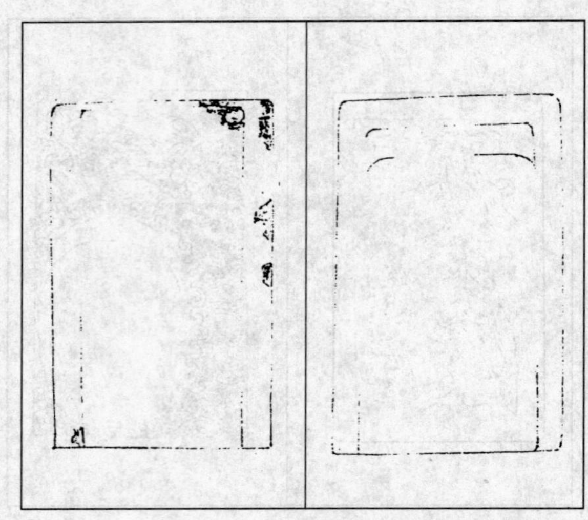

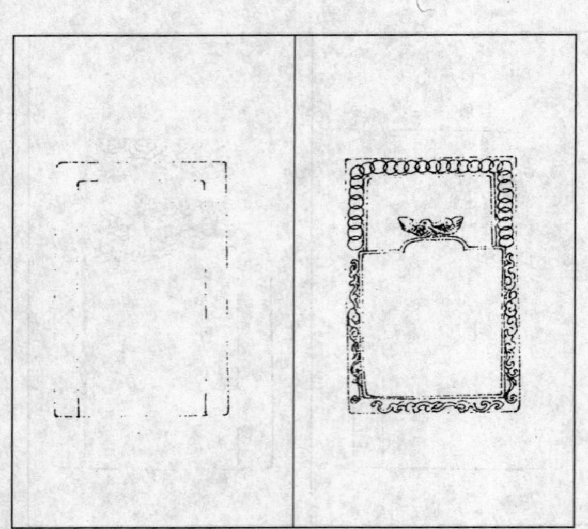

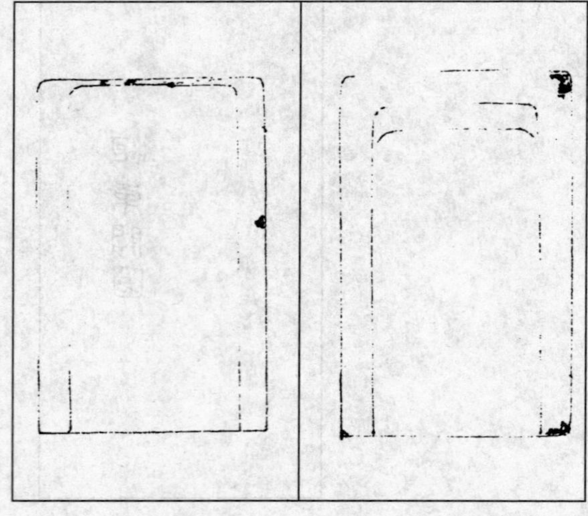

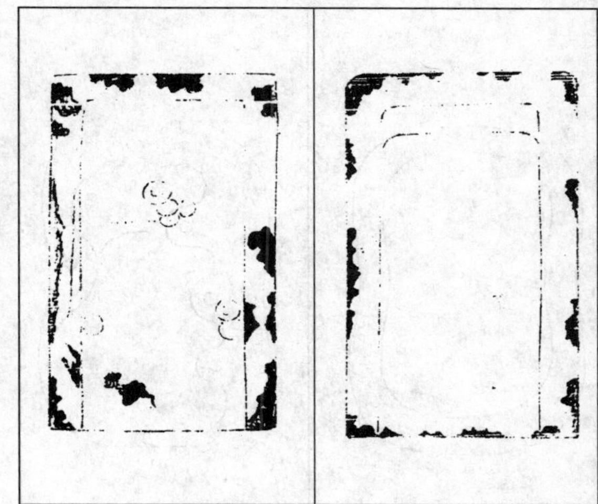

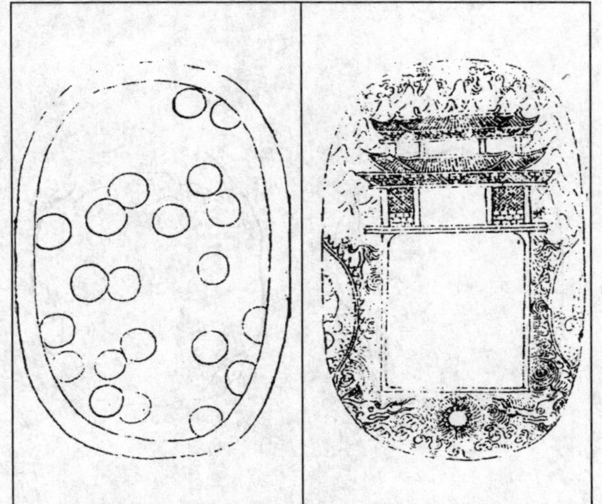

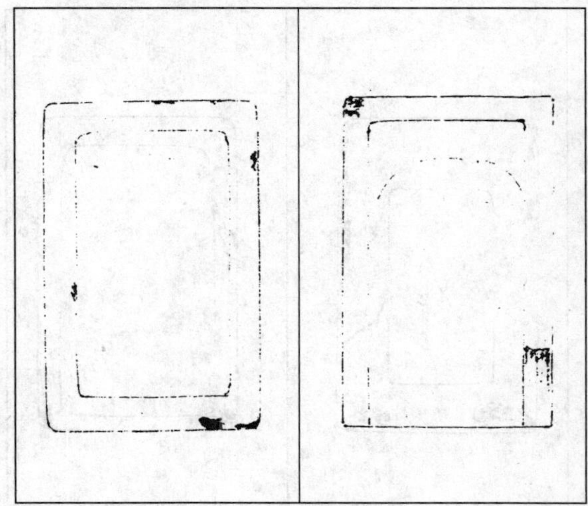

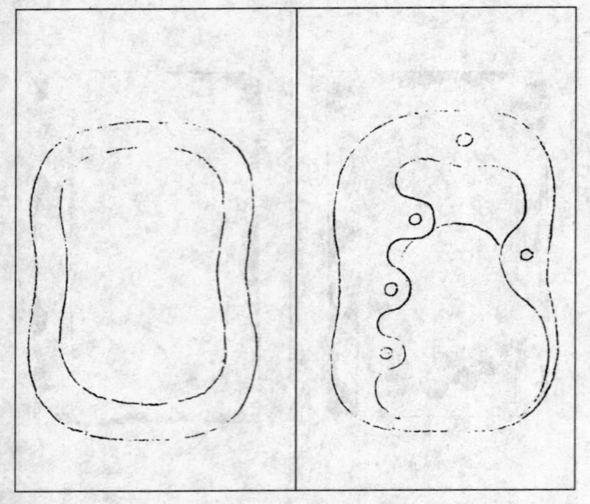
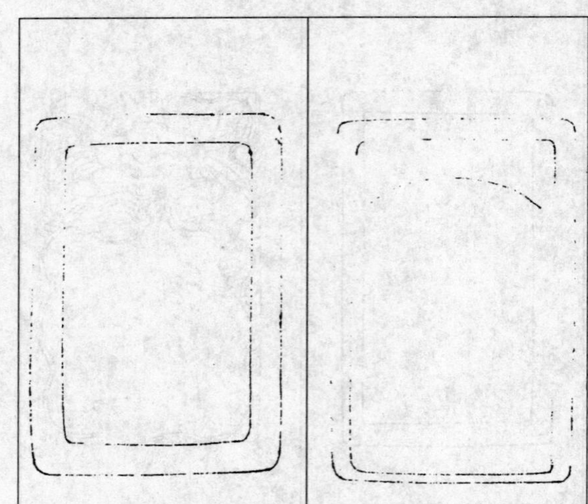
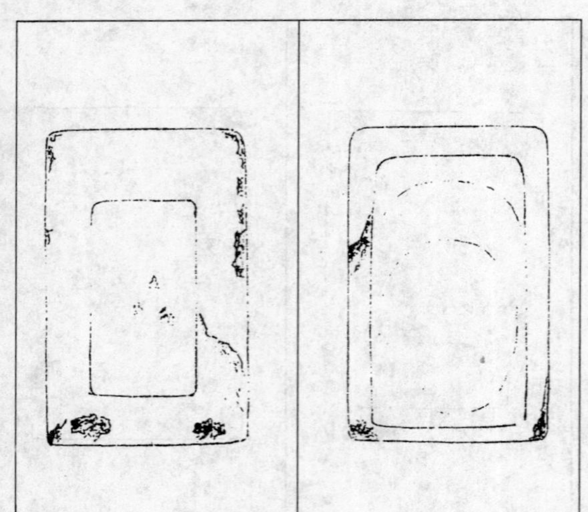
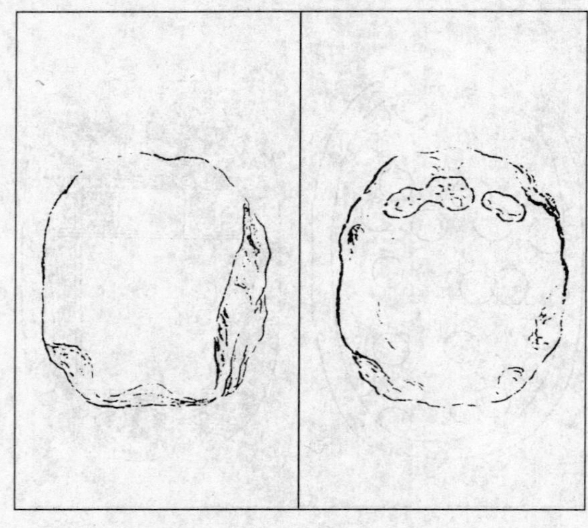

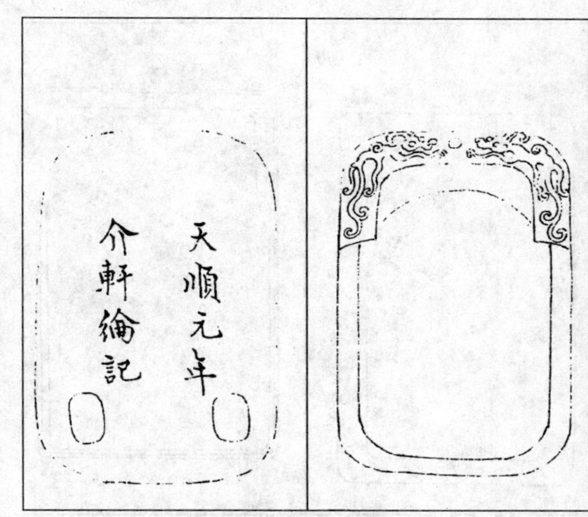
天順元年
介軒綸記

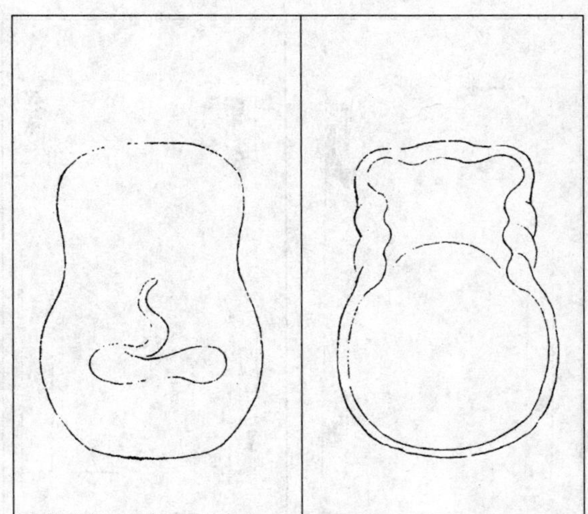

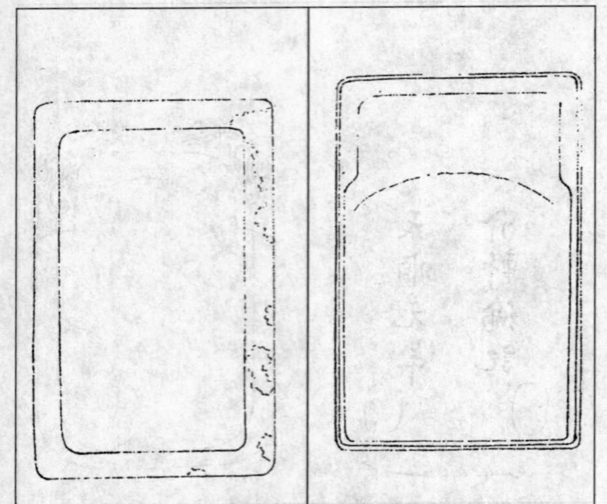

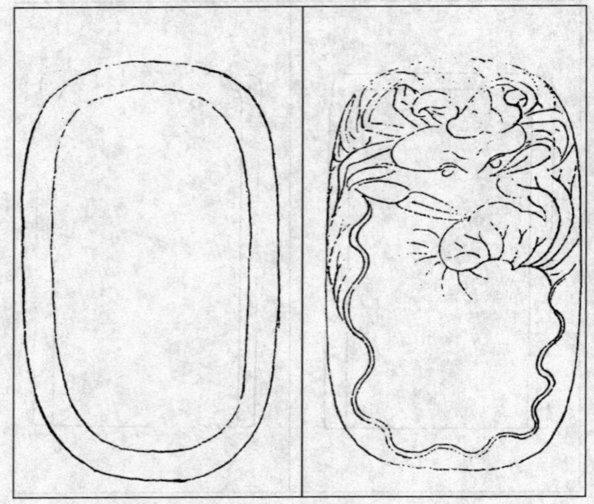

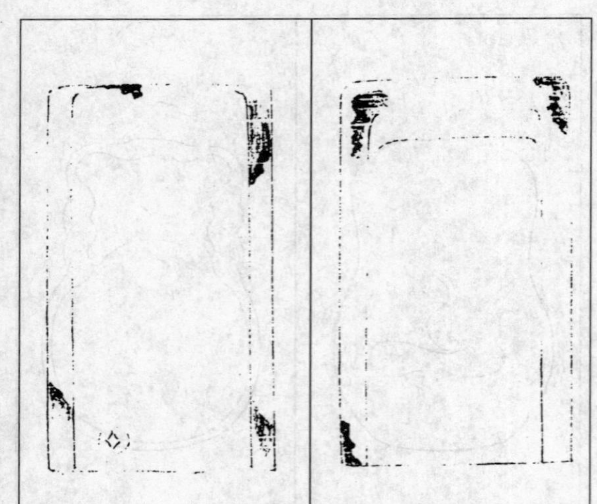

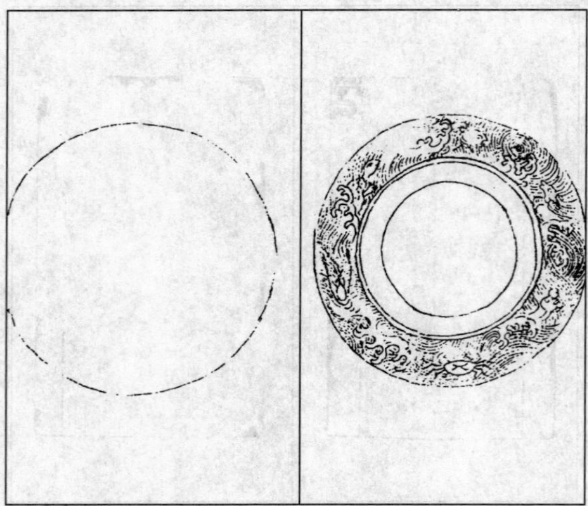

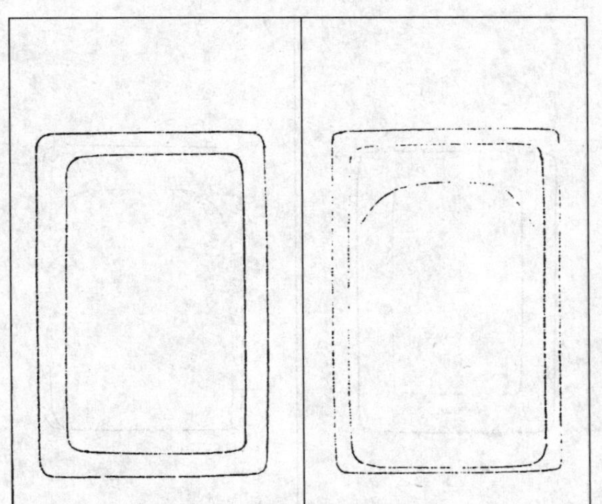

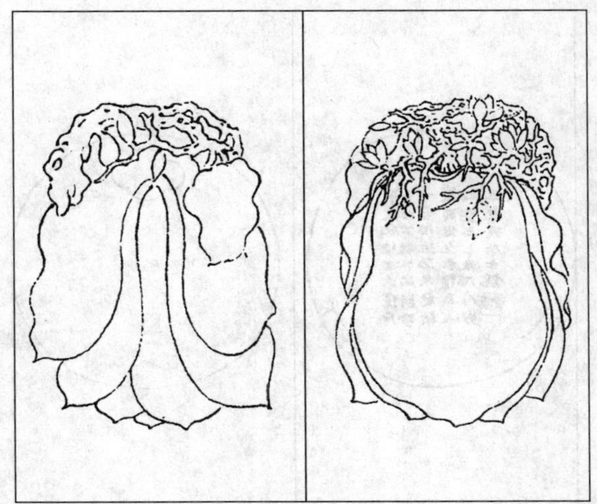

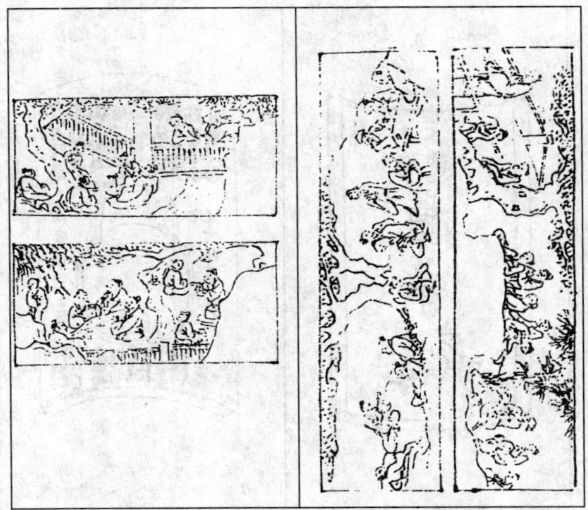

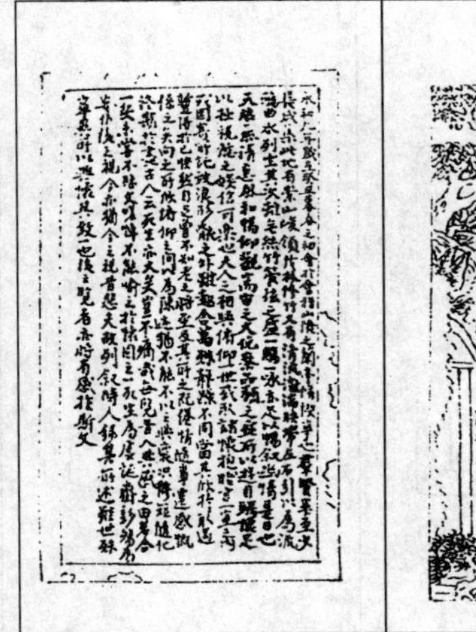

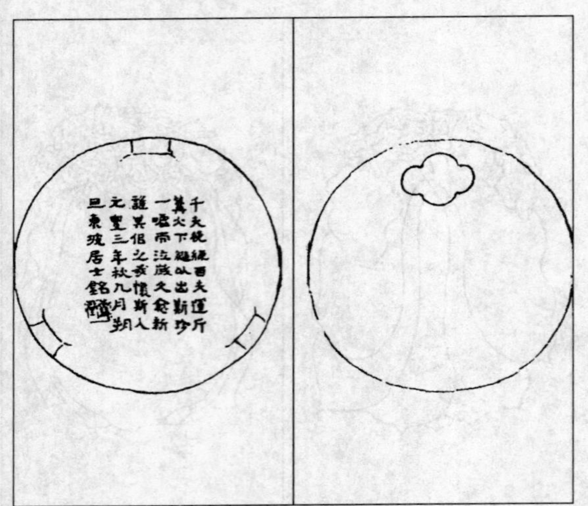
千夫挽綆百夫運斤
篝火下縋以出斯珍
誰其似之我懷斯人
元豐三年秋九月朔
東坡居士銘

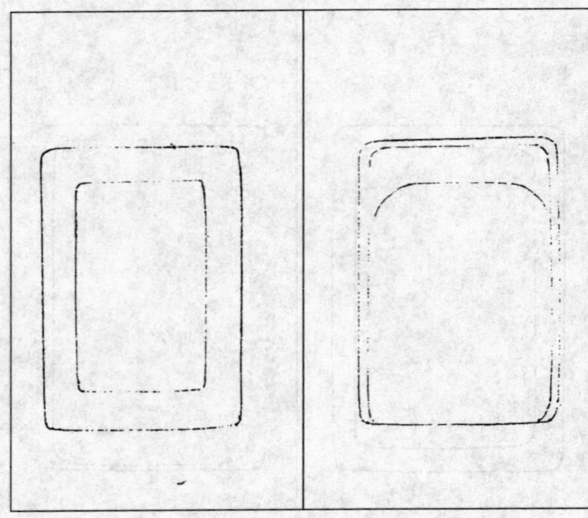

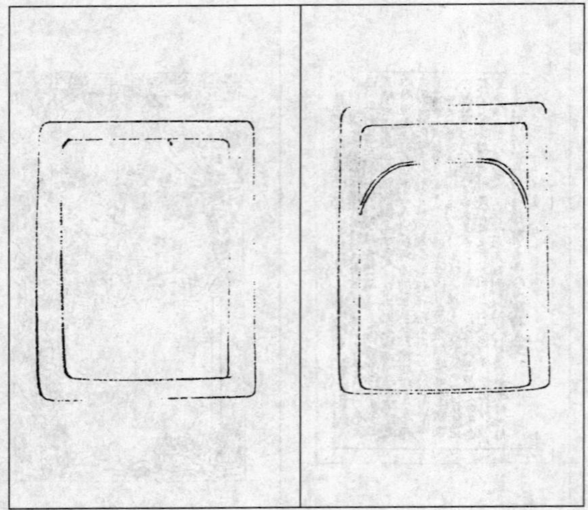

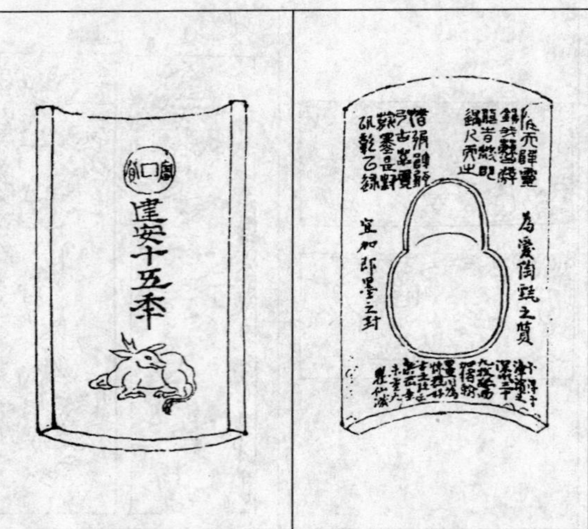
建安十五秊
為愛陶銑之質
宜加郎墨之封

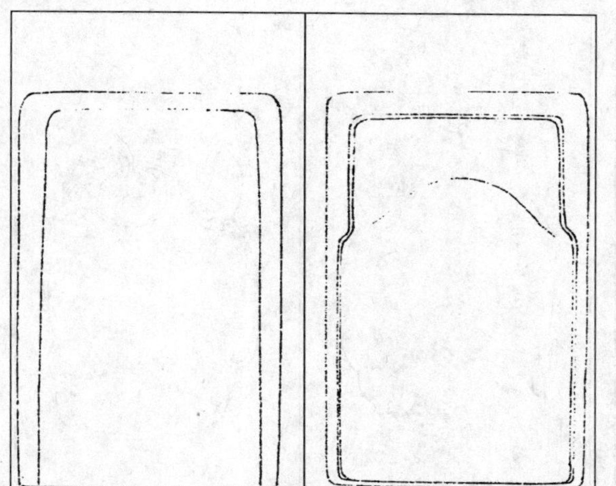

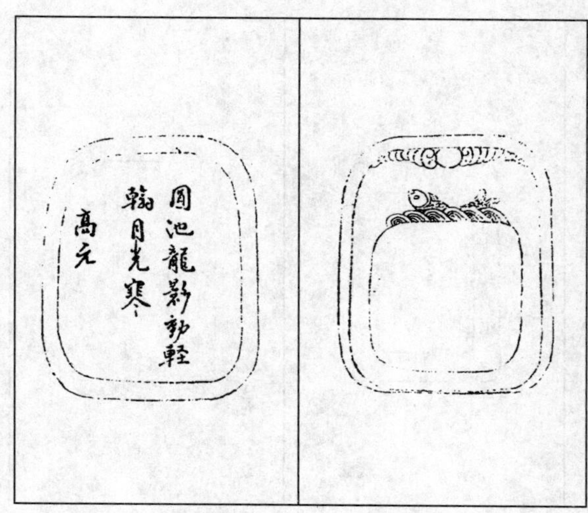
圓池龍影動輕
輪月光寒
高元

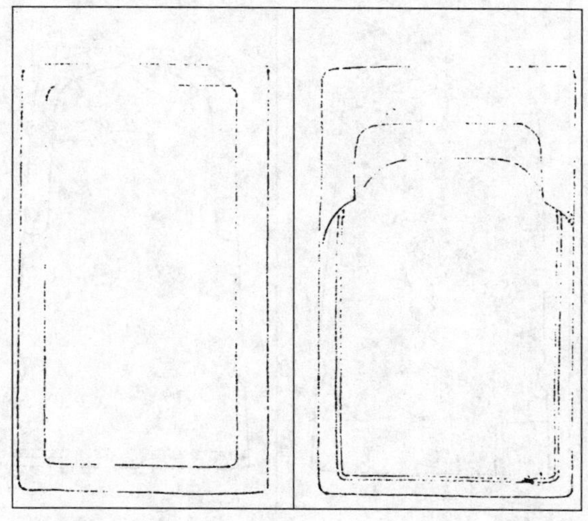

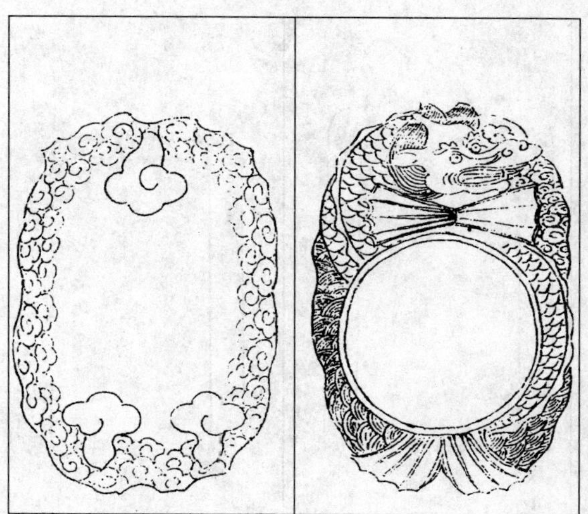

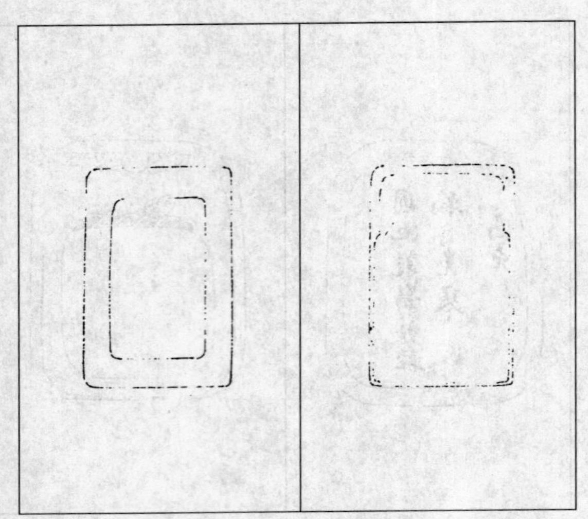

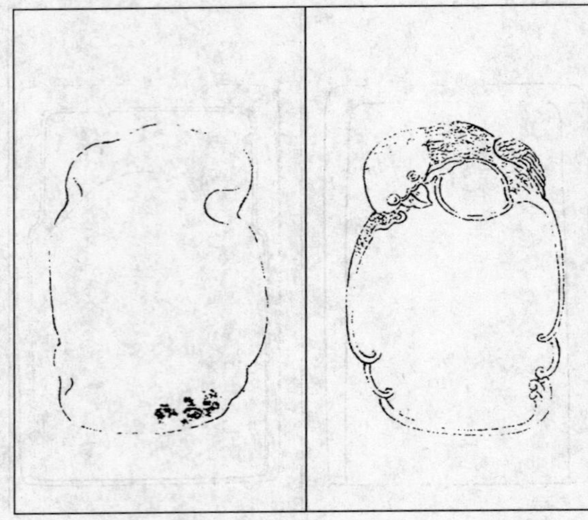

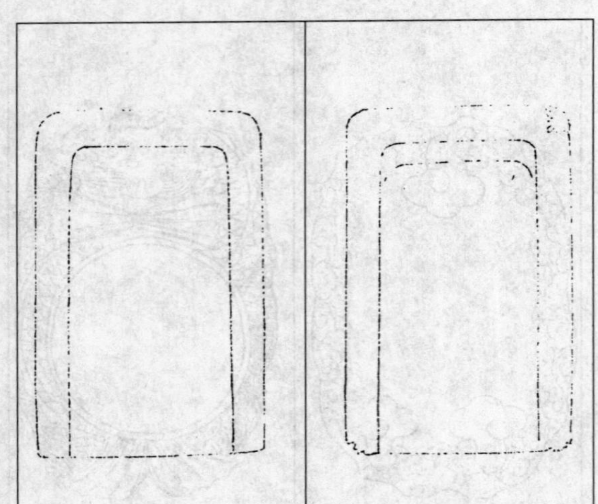

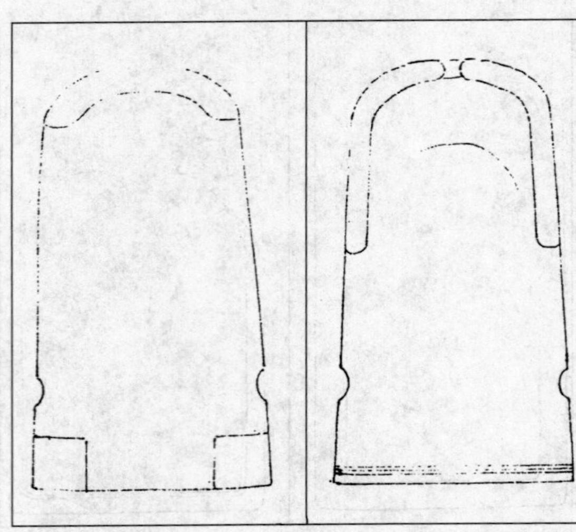

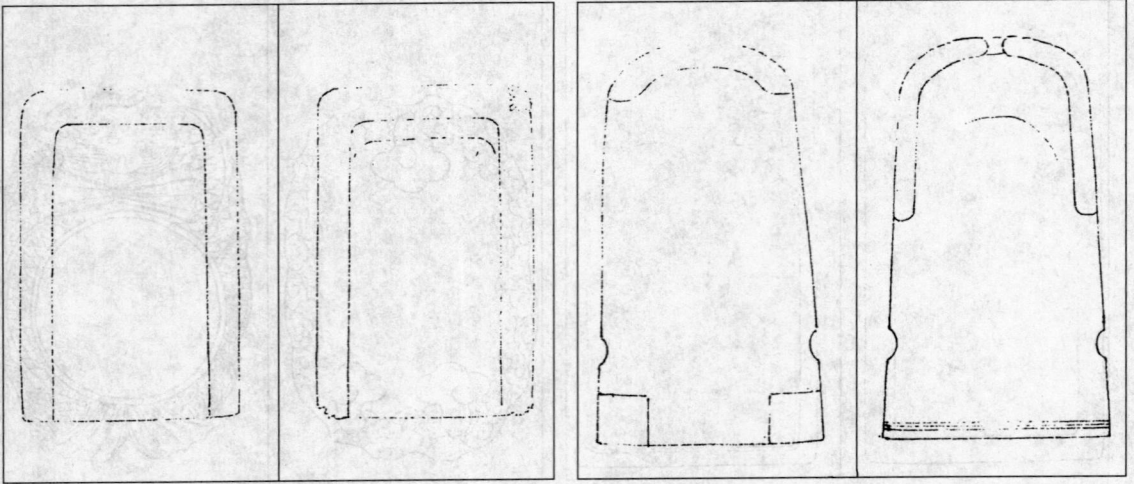

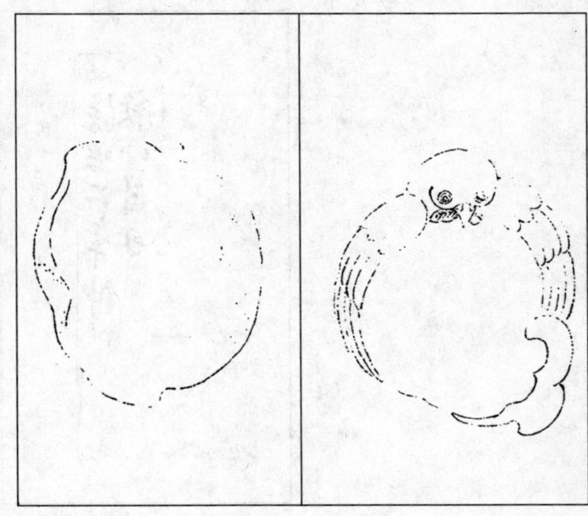

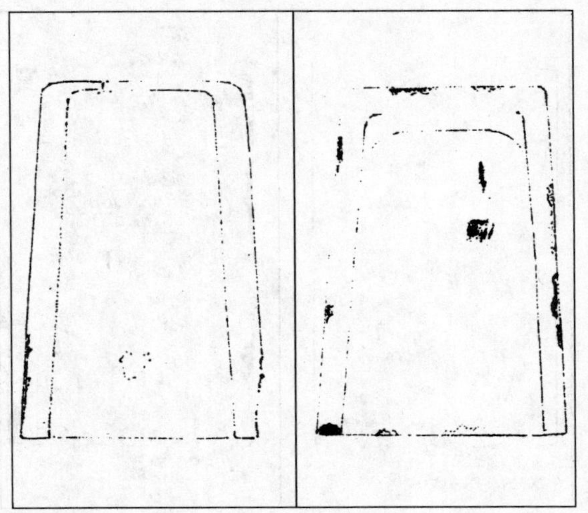

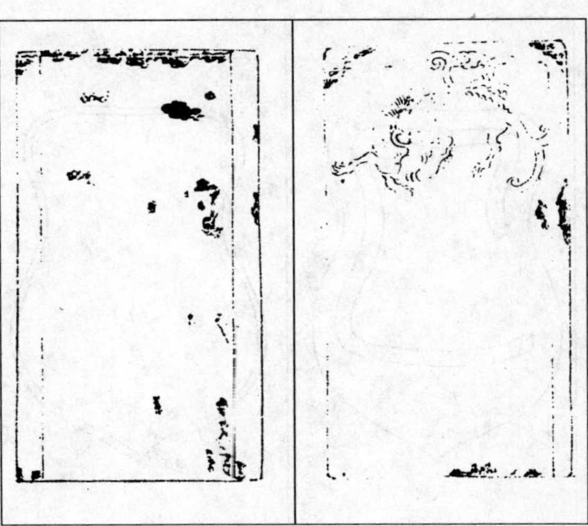

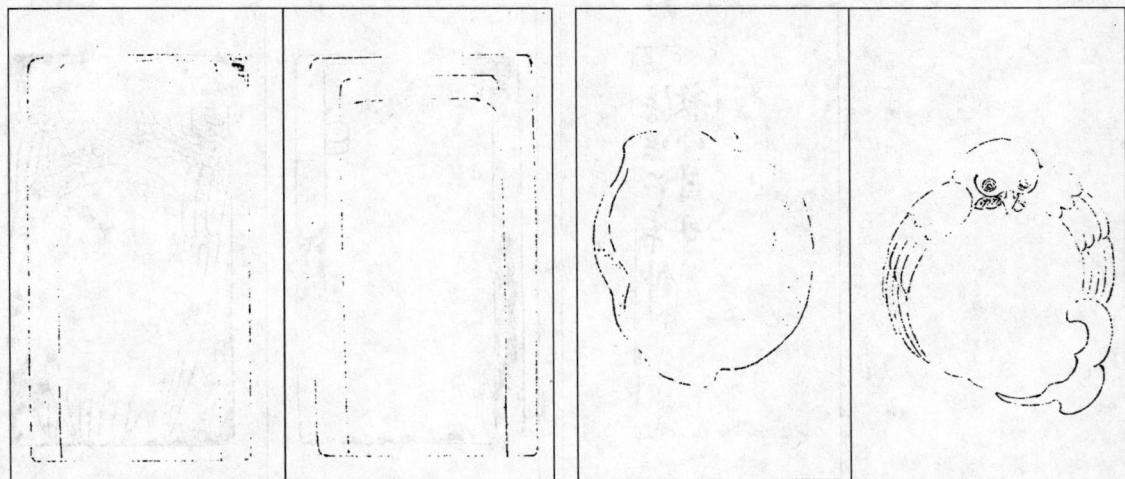

康熙二年仲秋八月日

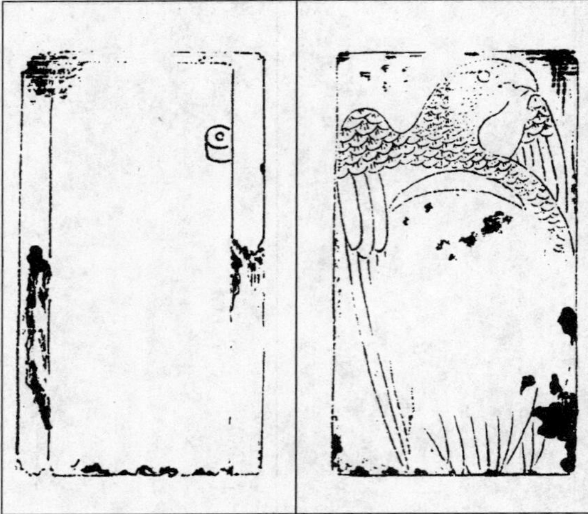

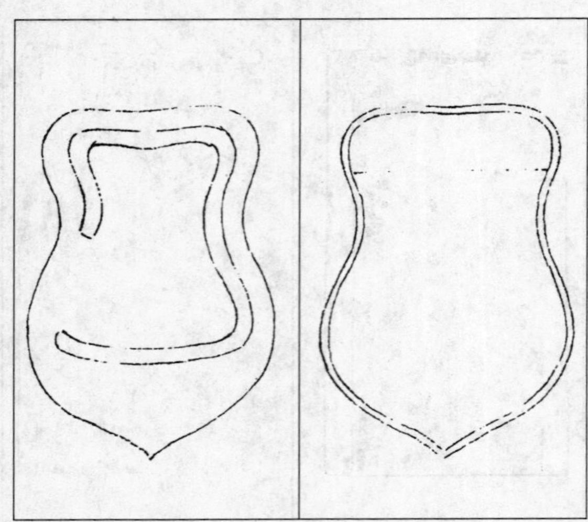

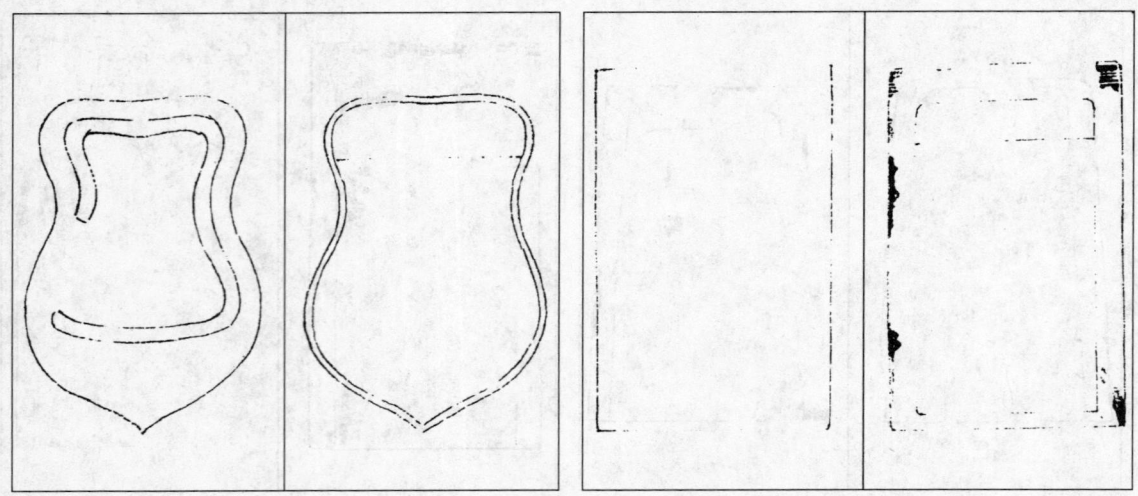

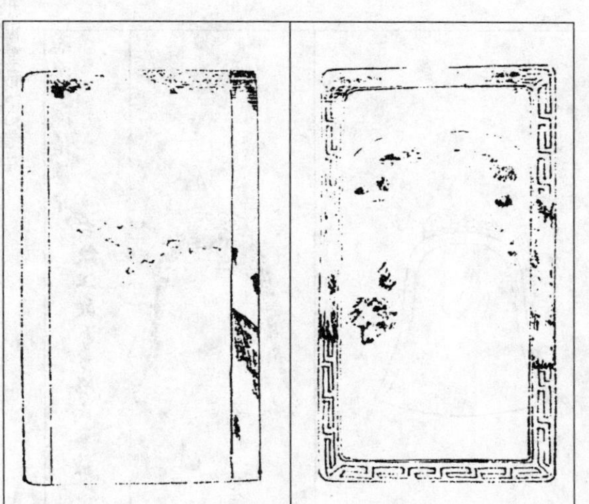

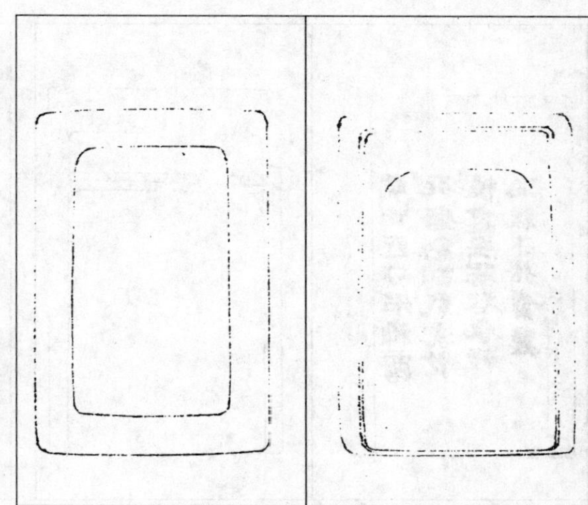

飛鴻堂硯譜卷上終

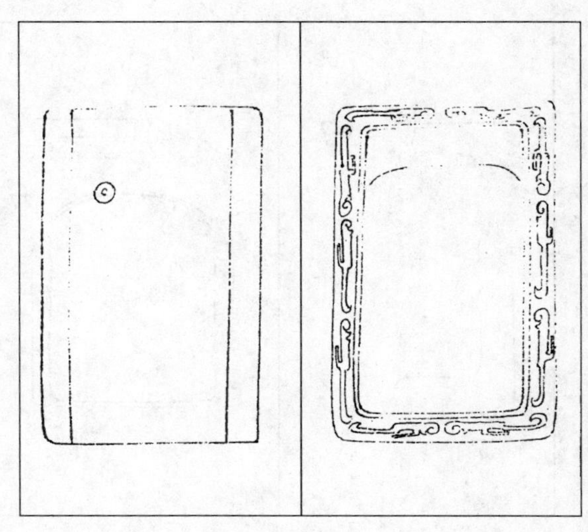

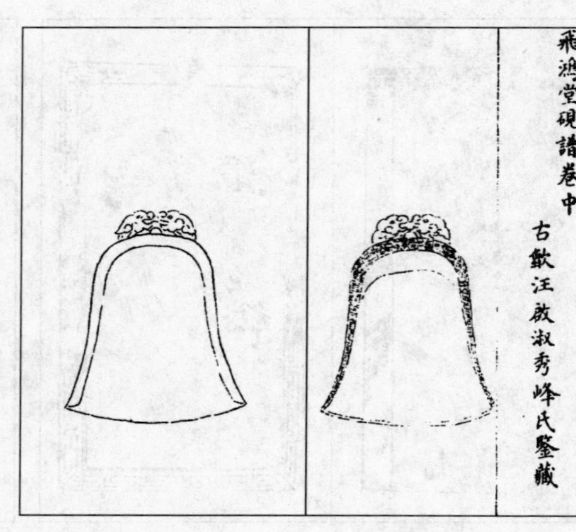
飛鴻堂硯譜卷中
古歙汪啟淑秀峰氏鑒藏

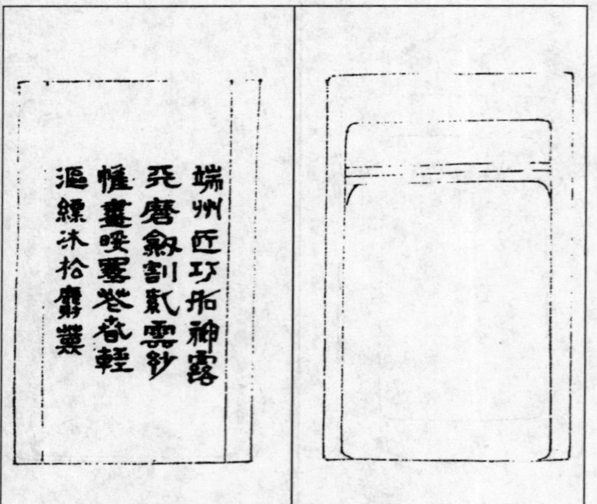
端州匠巧斫神露

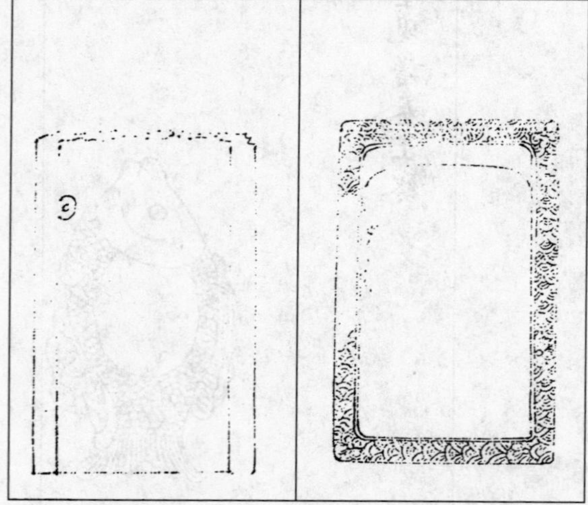

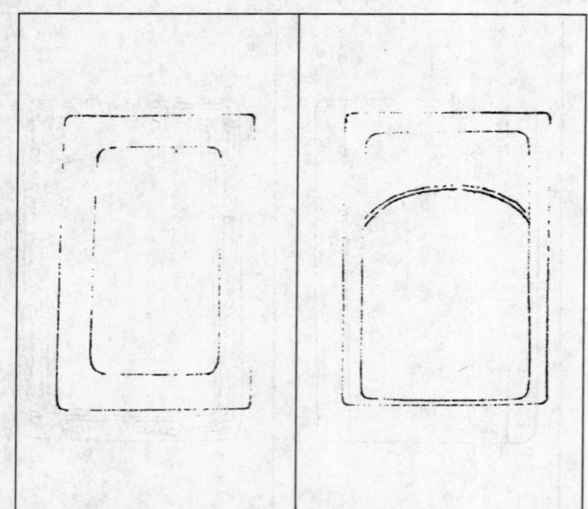

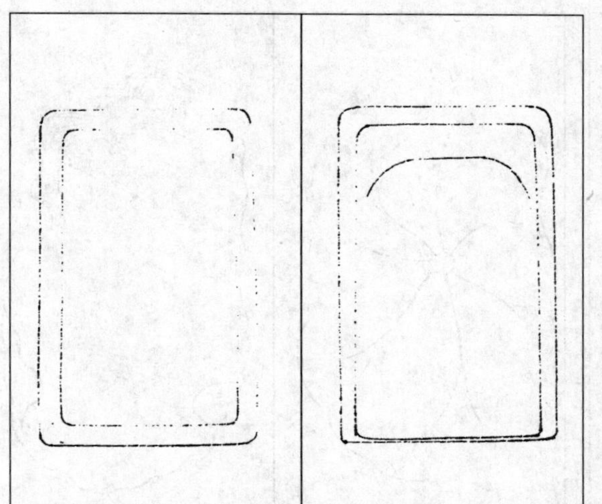

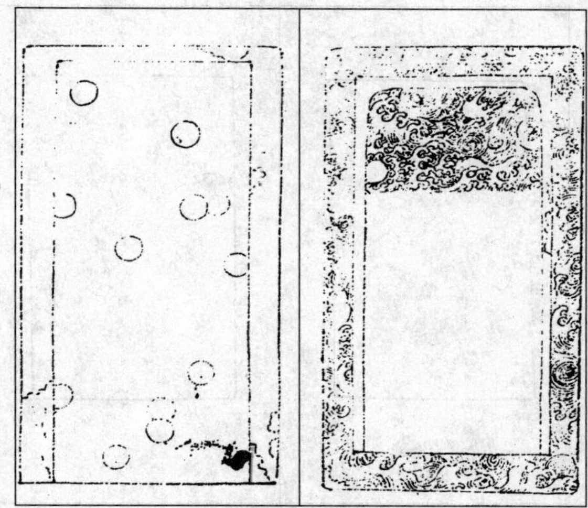

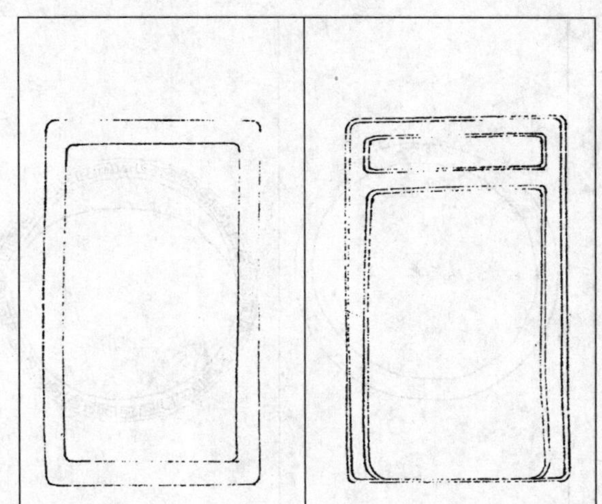

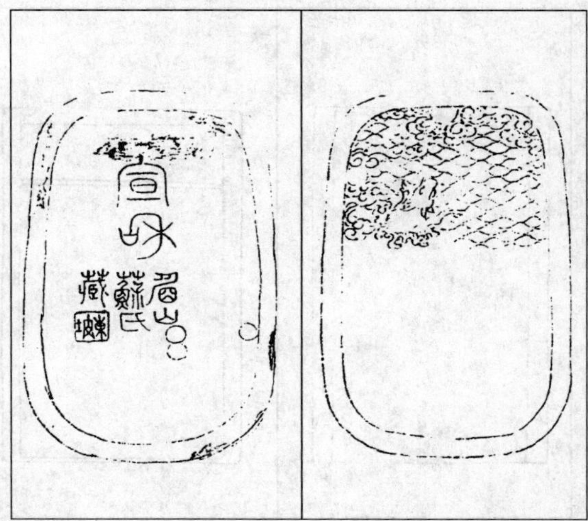

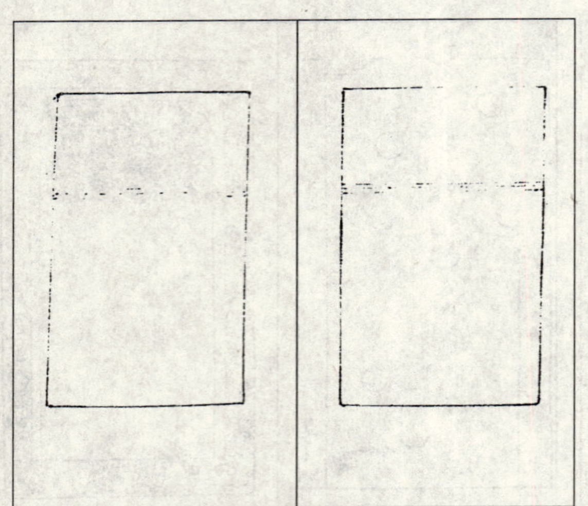

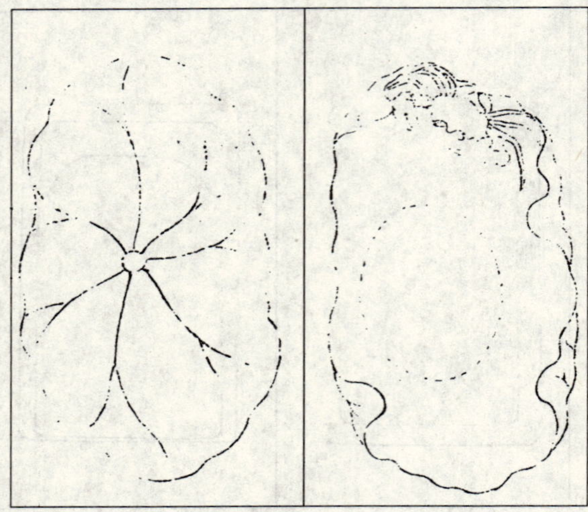

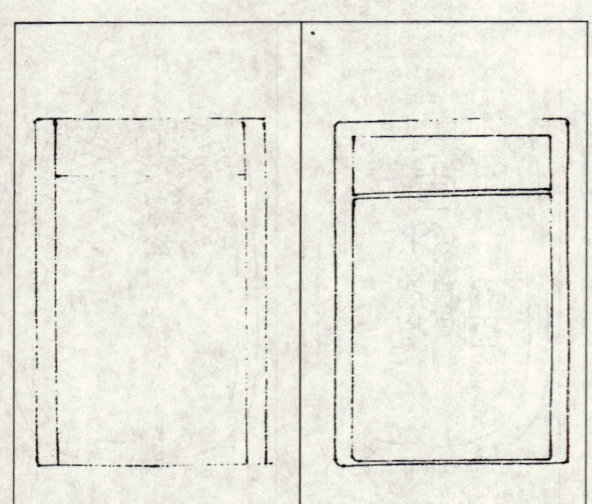

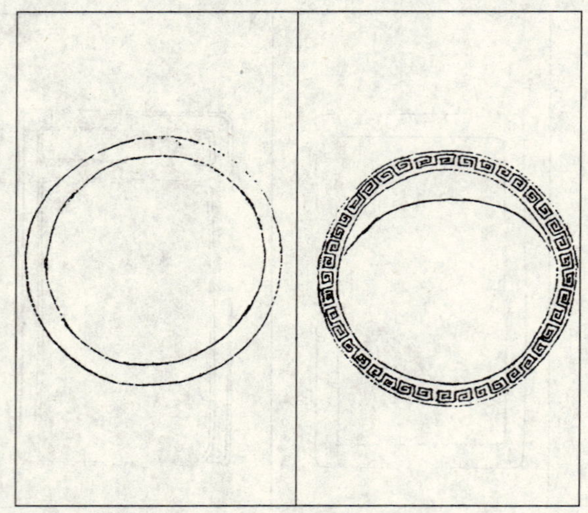

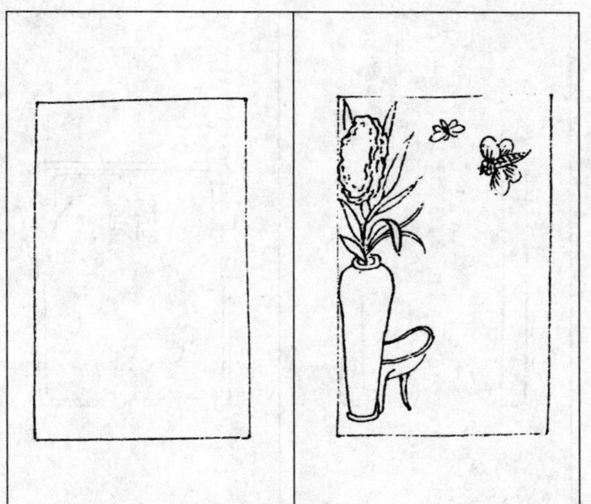

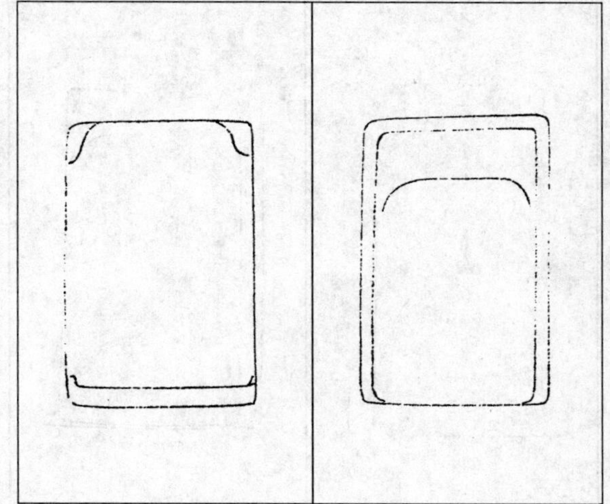

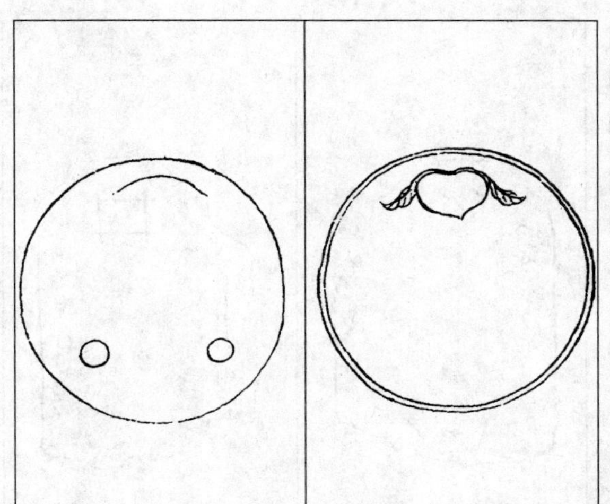

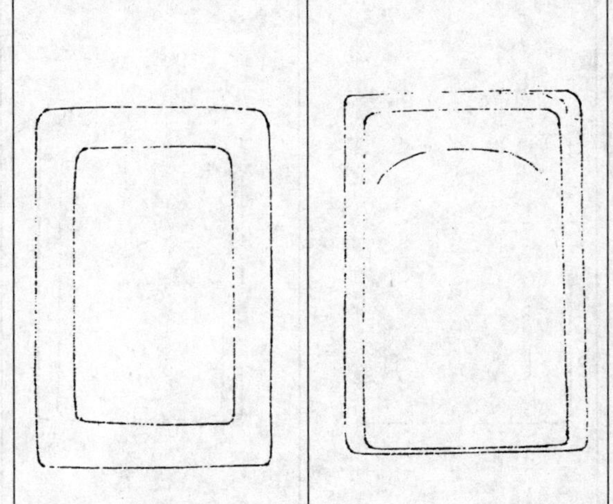

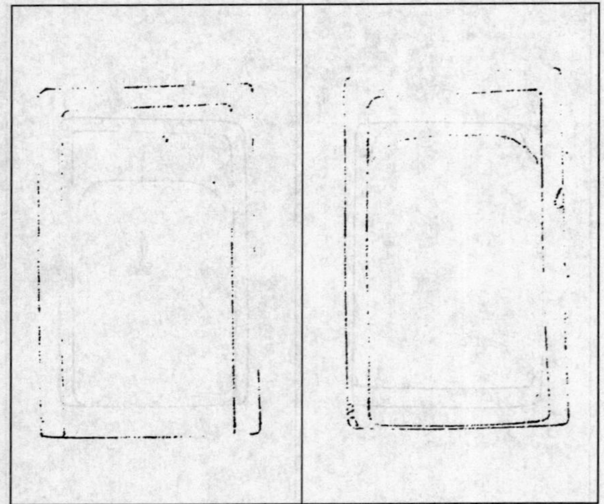

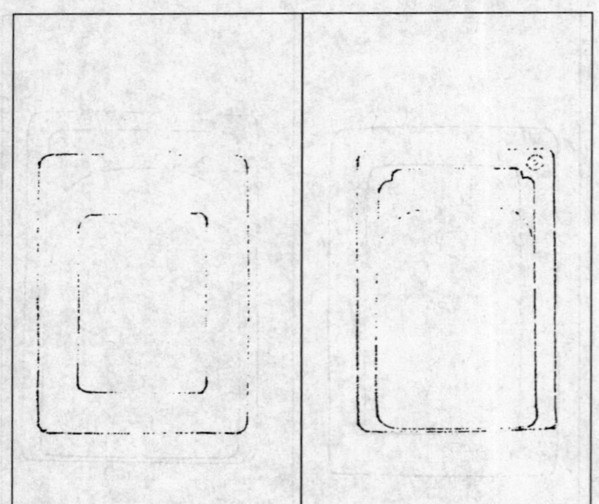

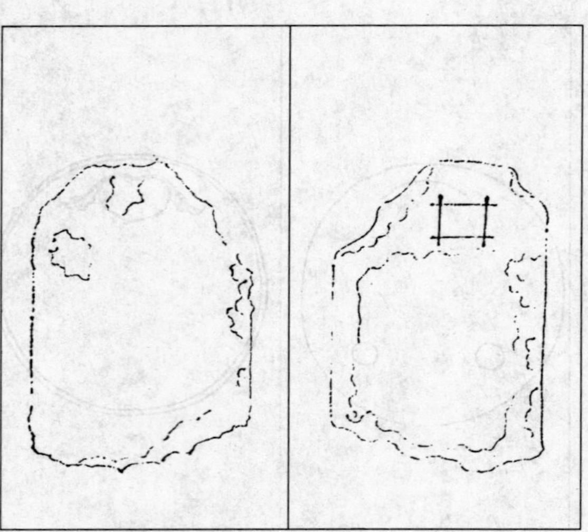

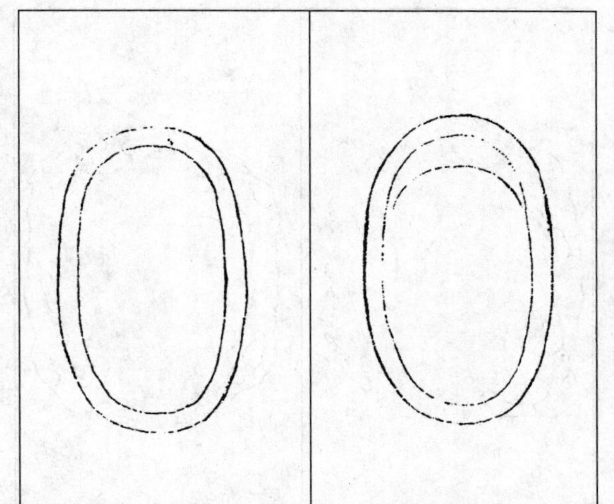

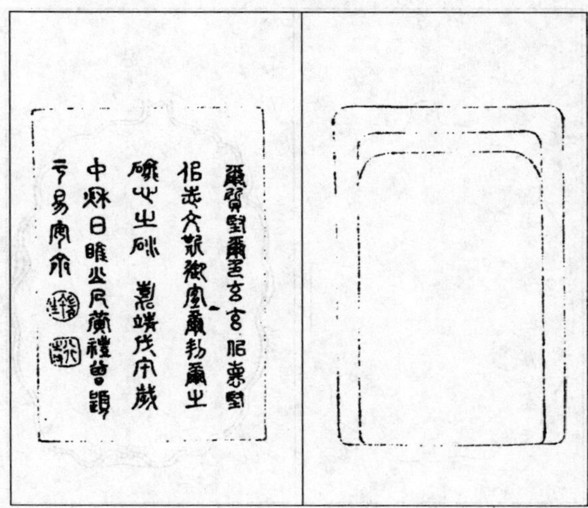

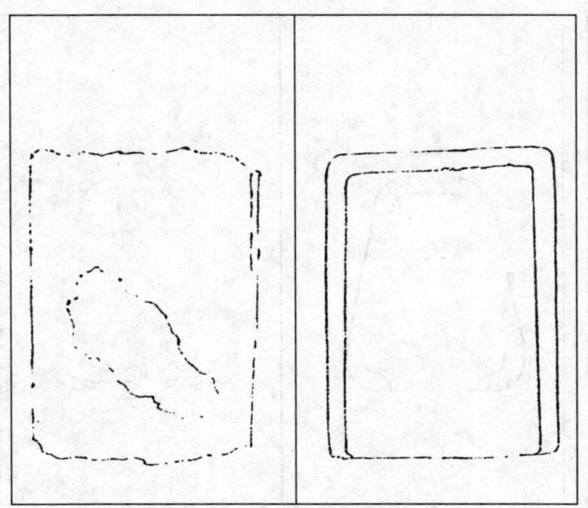

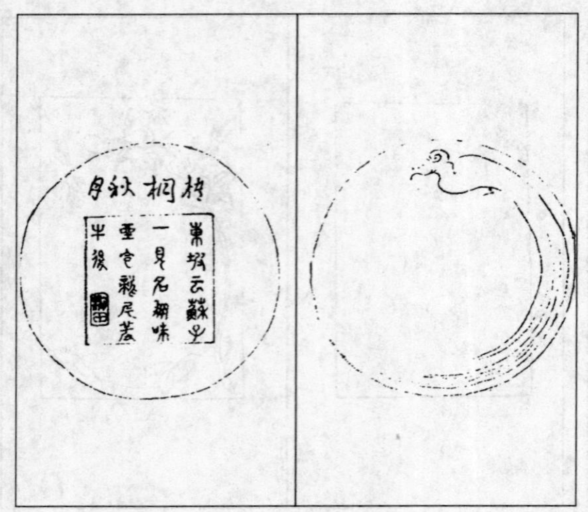
梧桐秋月

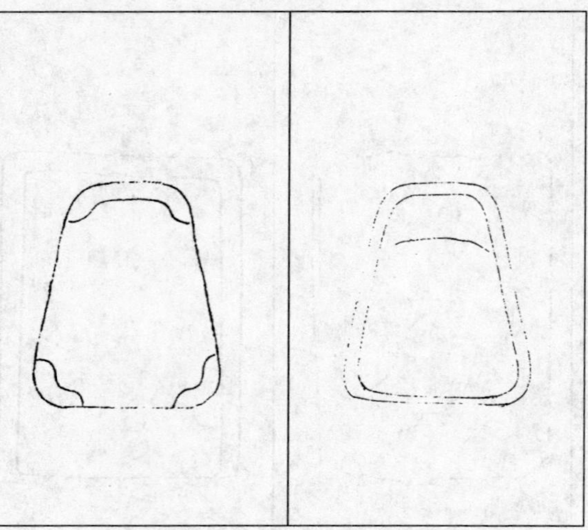

紫芝山房

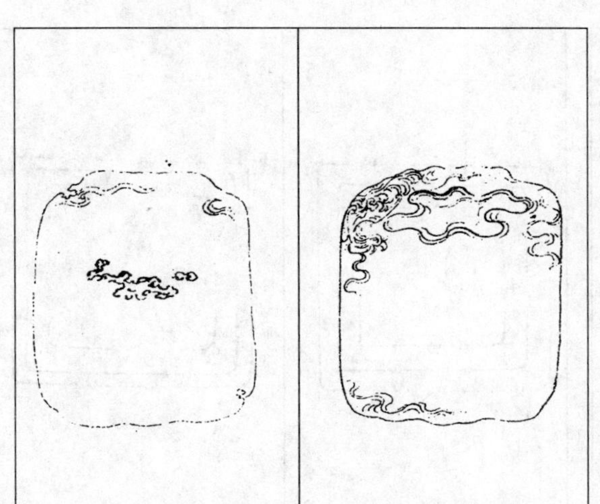

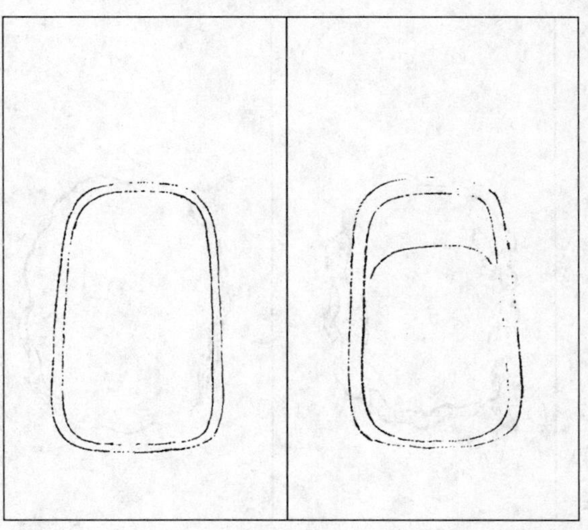

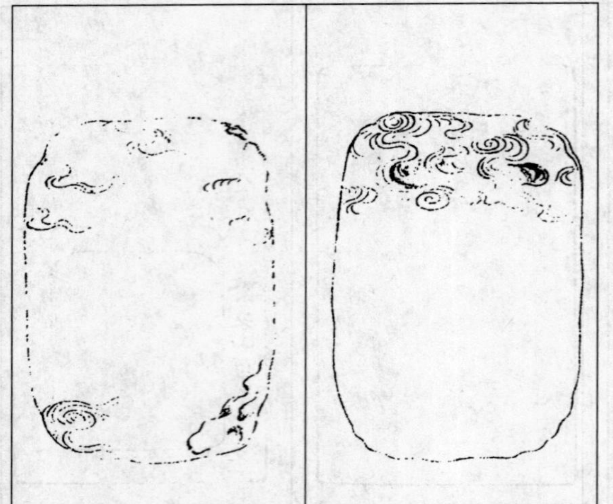
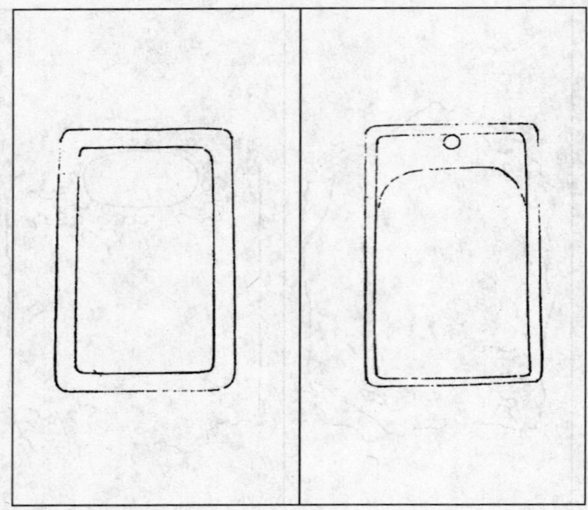
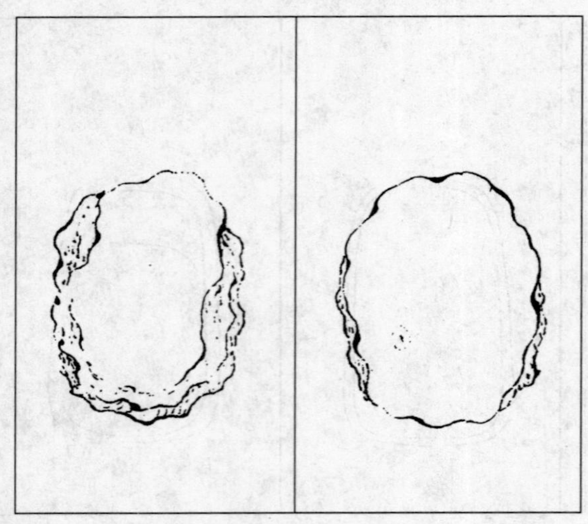
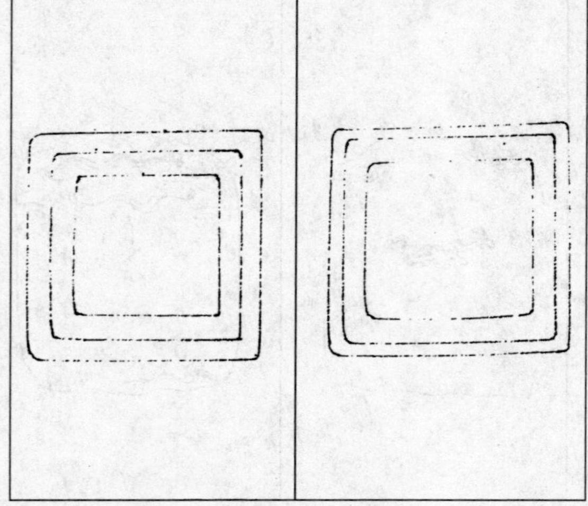

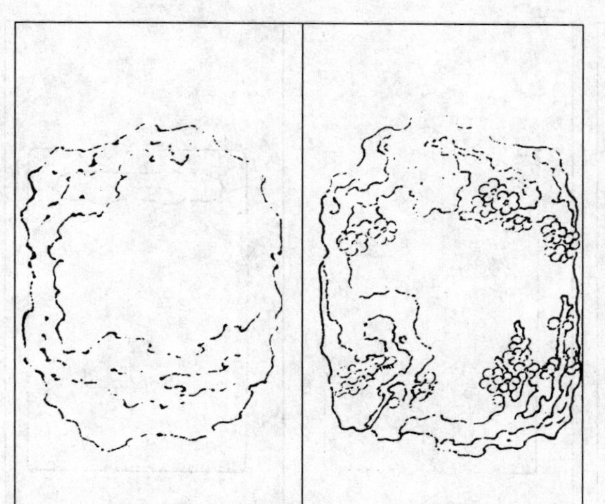

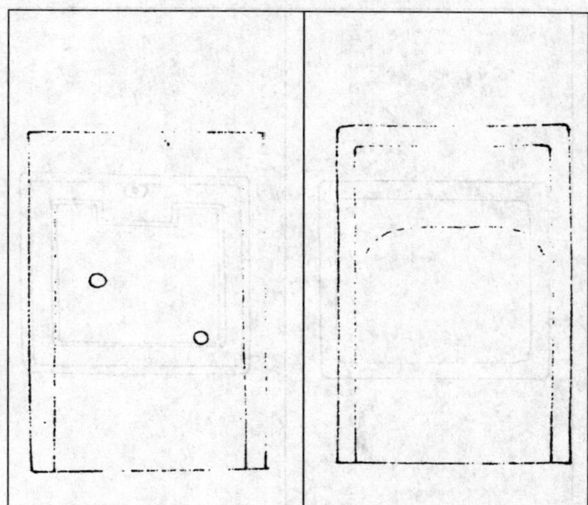

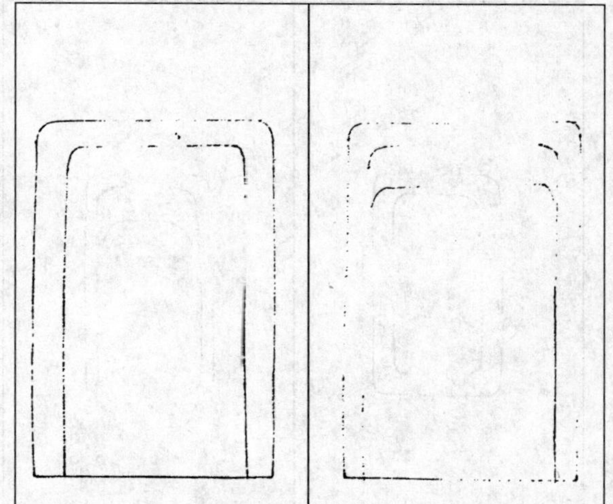

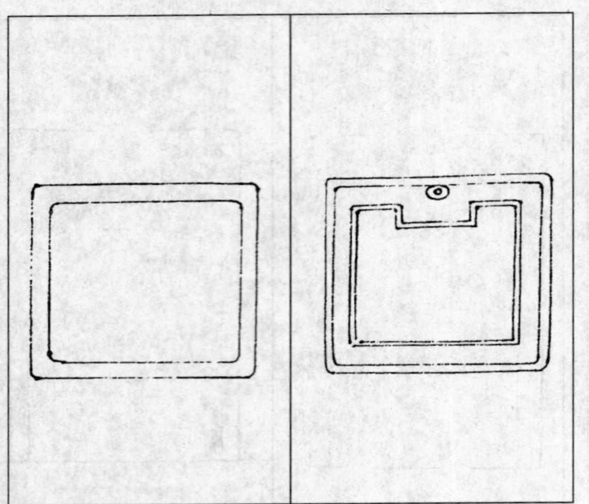

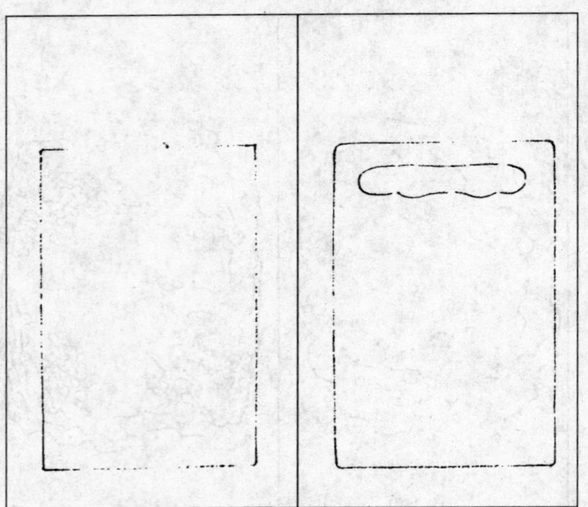

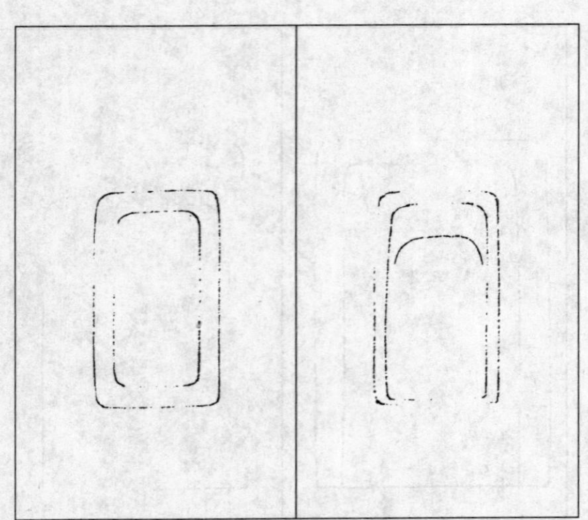

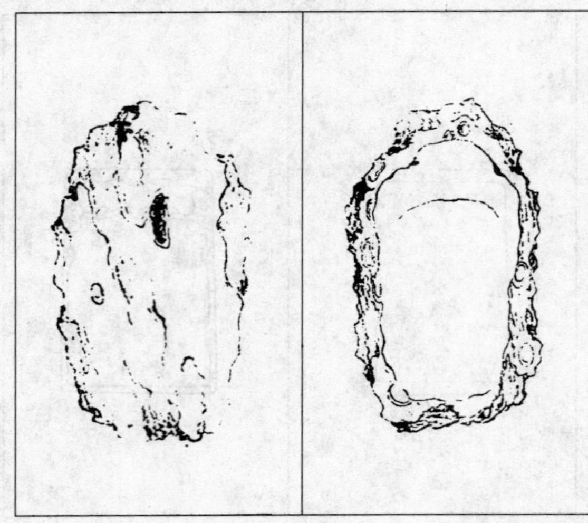

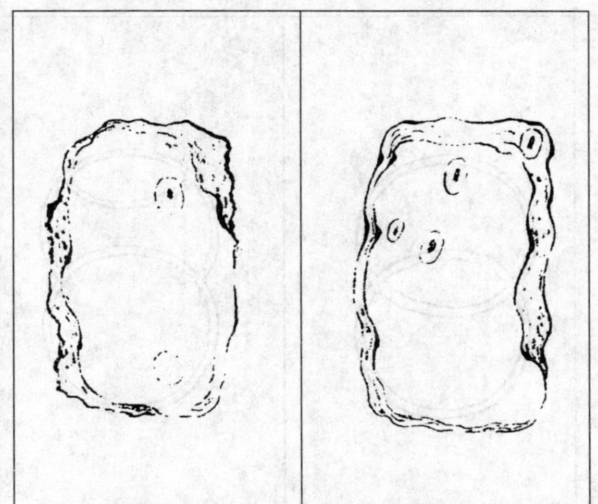

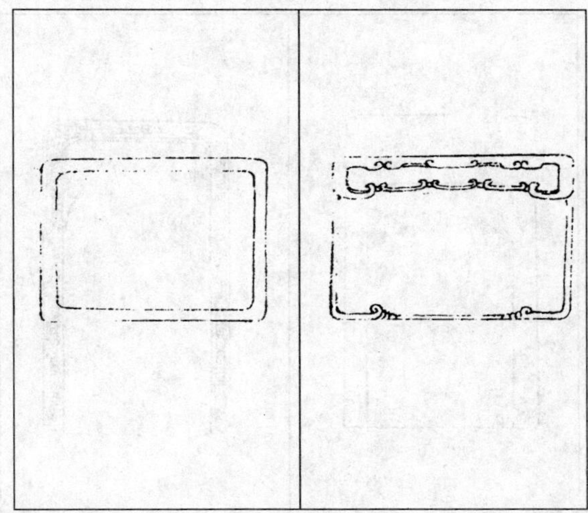

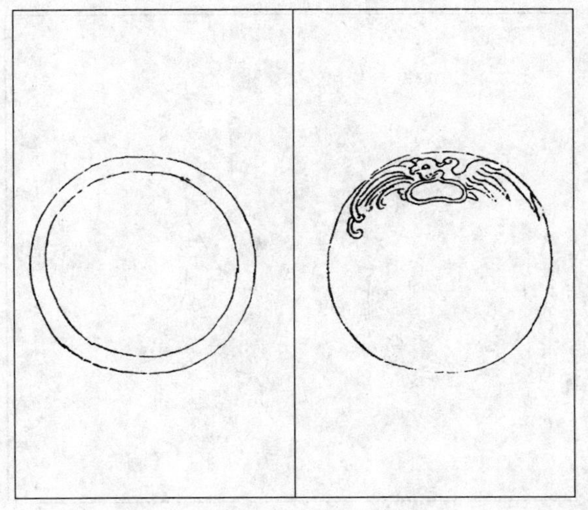

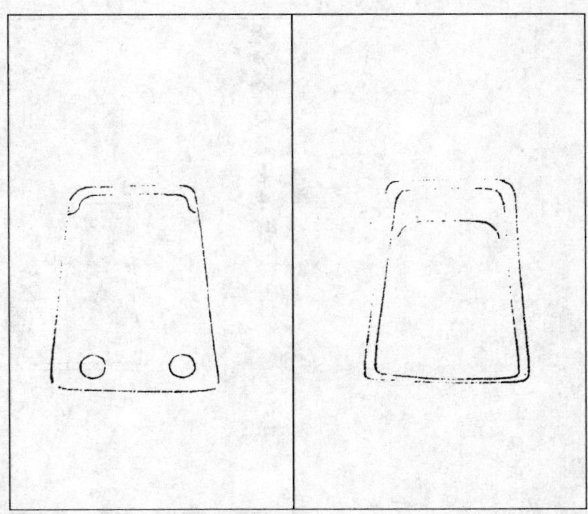

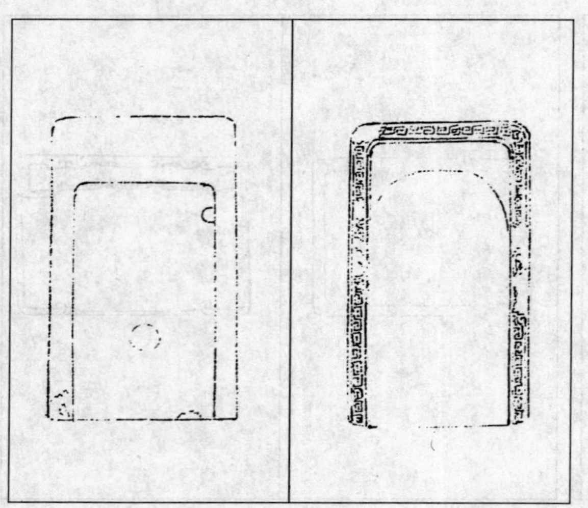

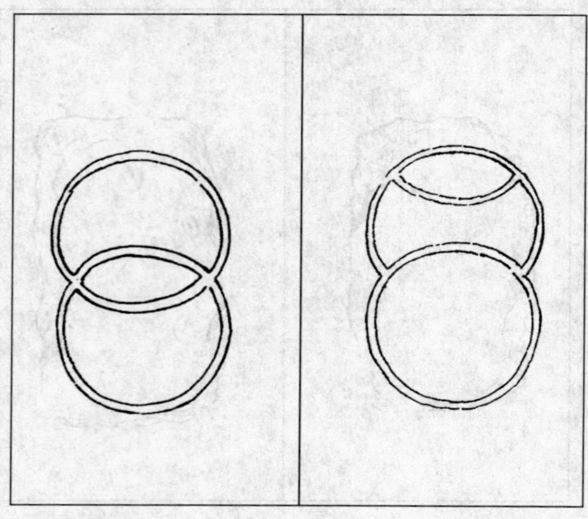

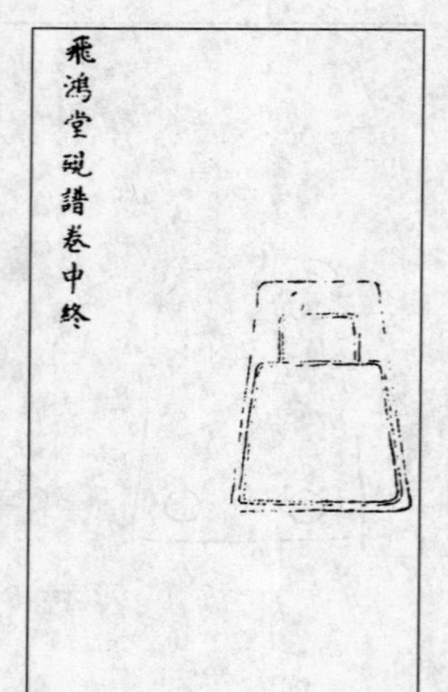

飛鴻堂硯譜卷中終

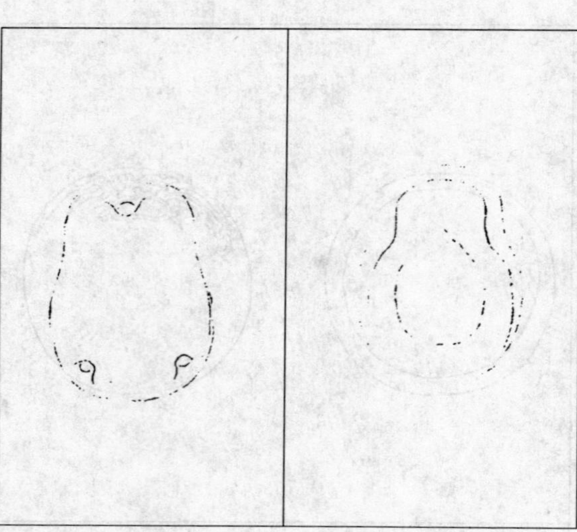

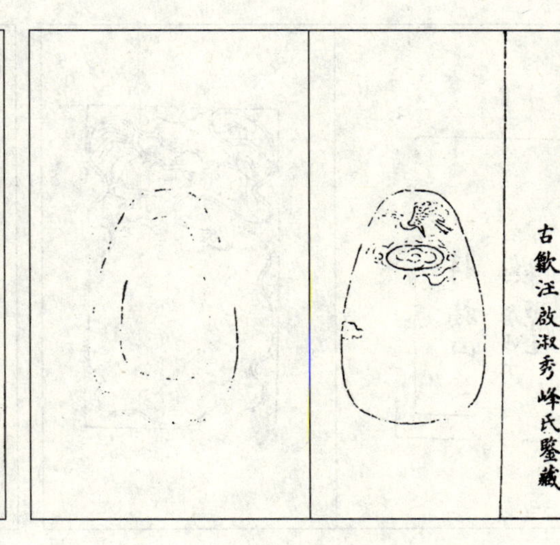
飛鴻堂硯譜卷下
古歙汪啟淑秀峰氏鑒藏

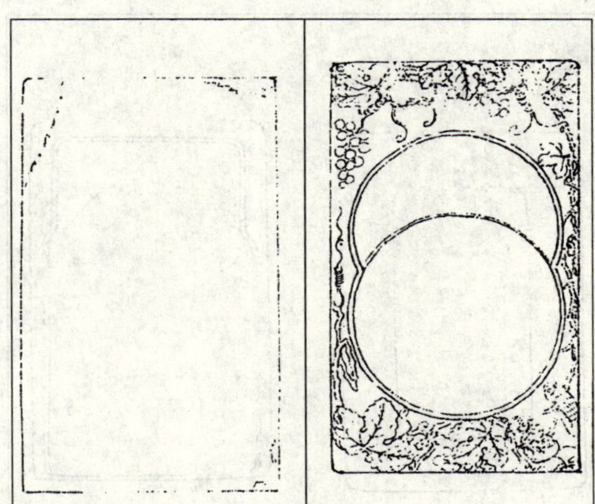

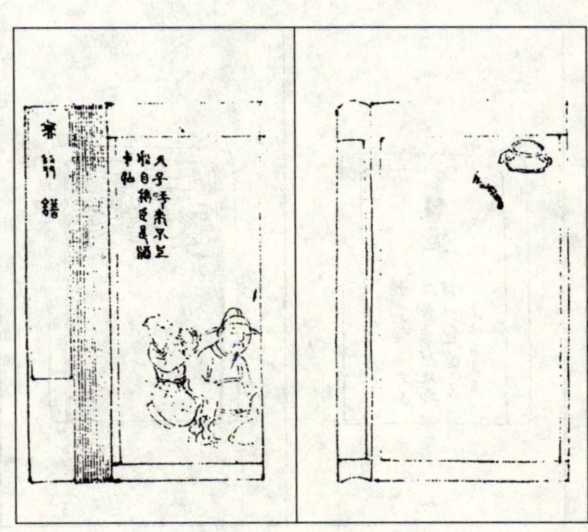

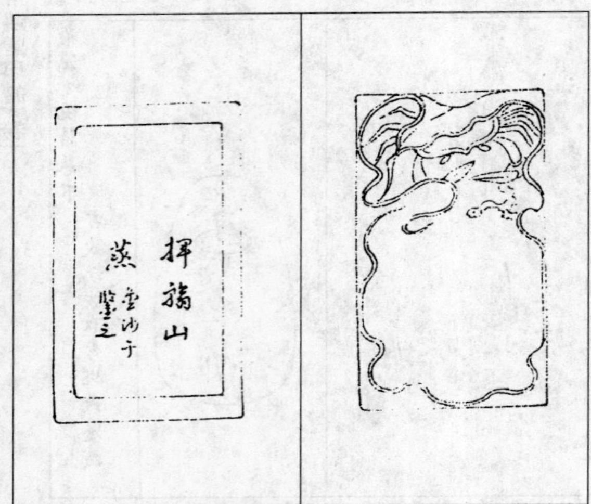

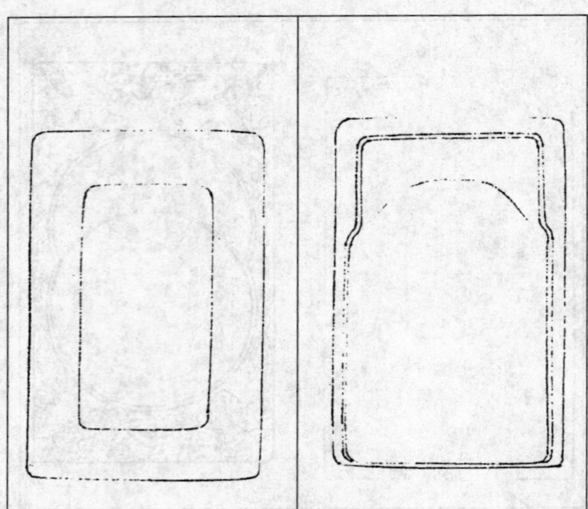

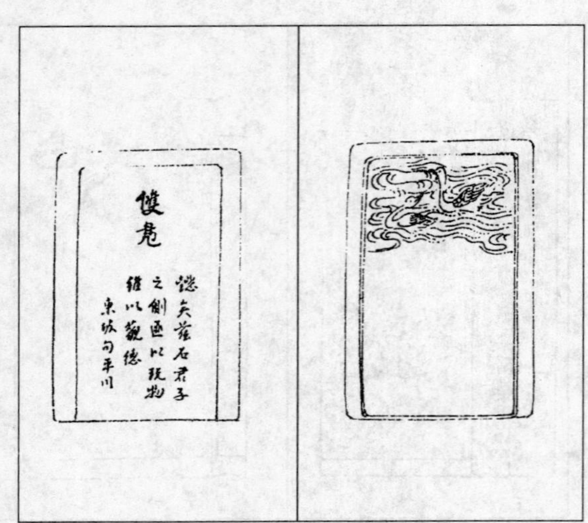

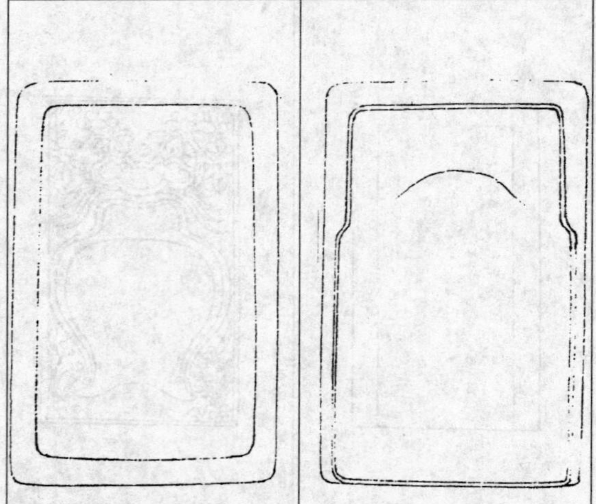

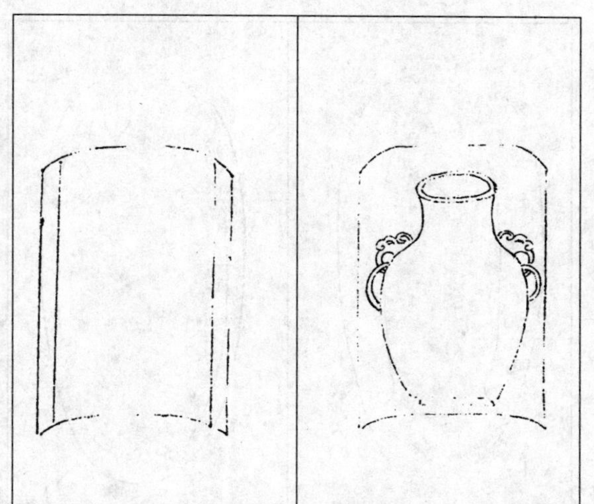

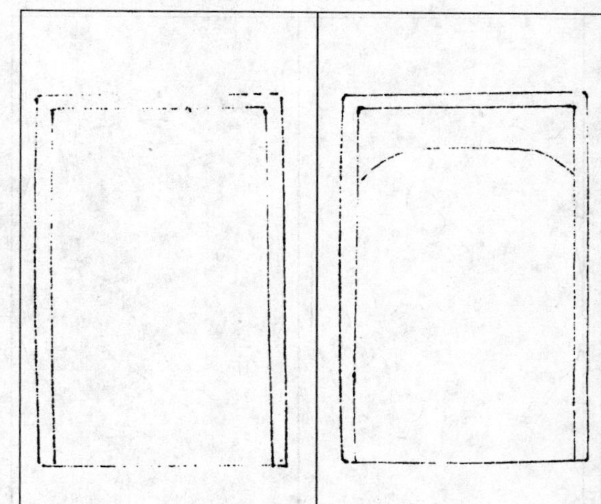

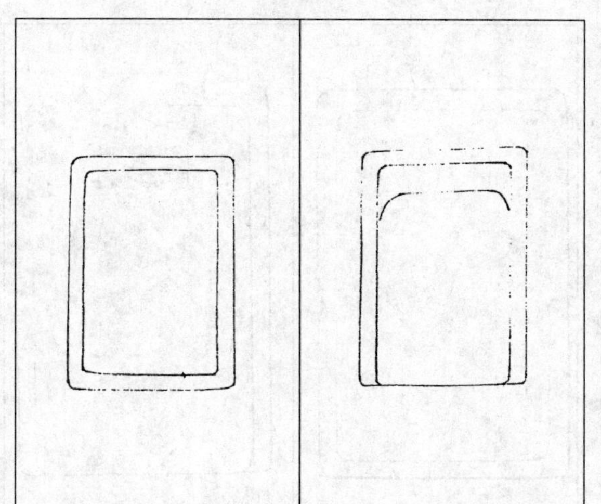

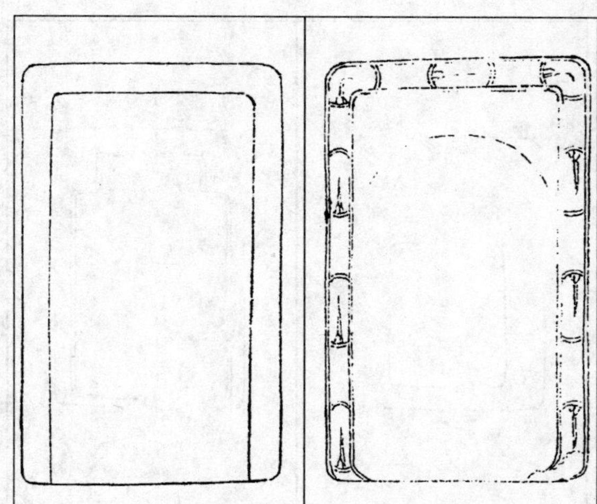

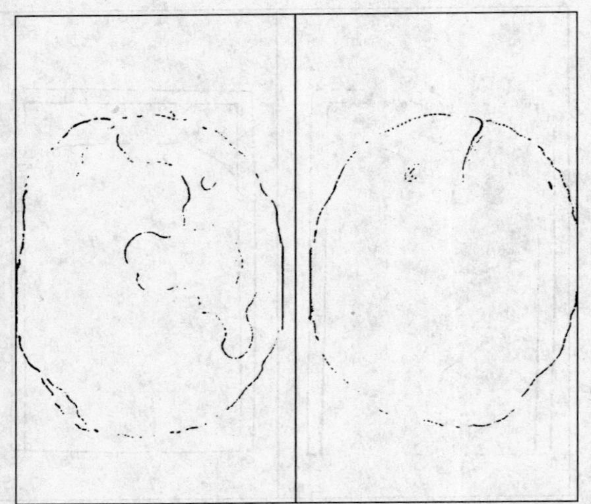

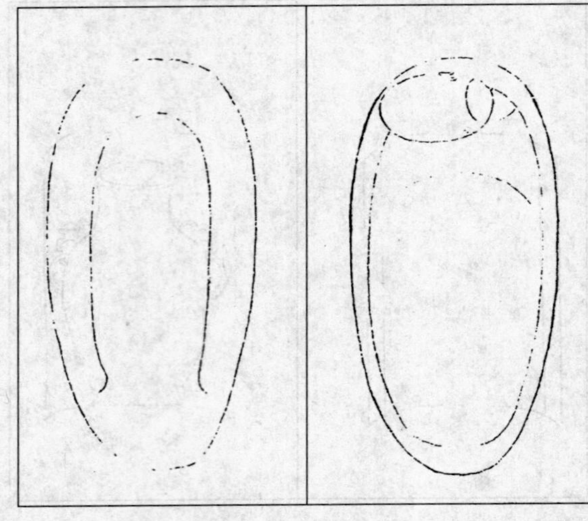

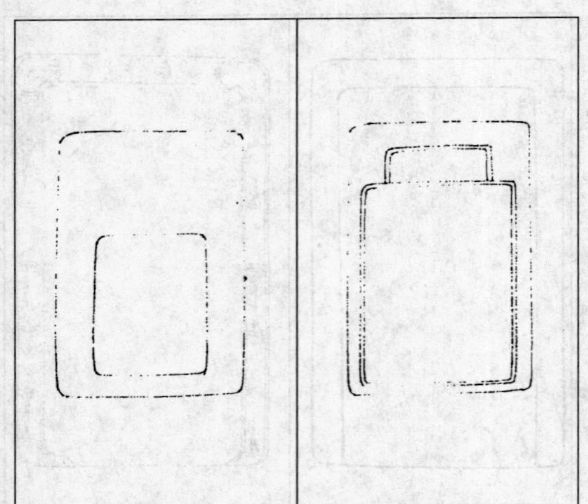

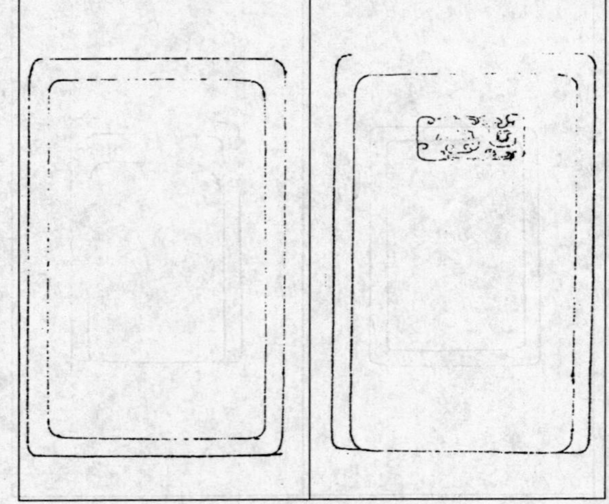

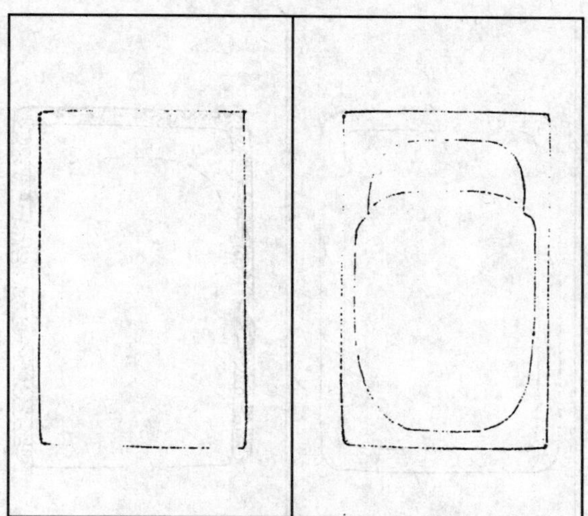

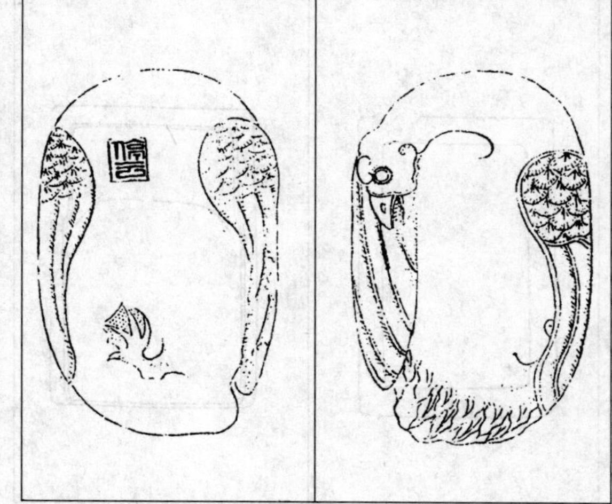

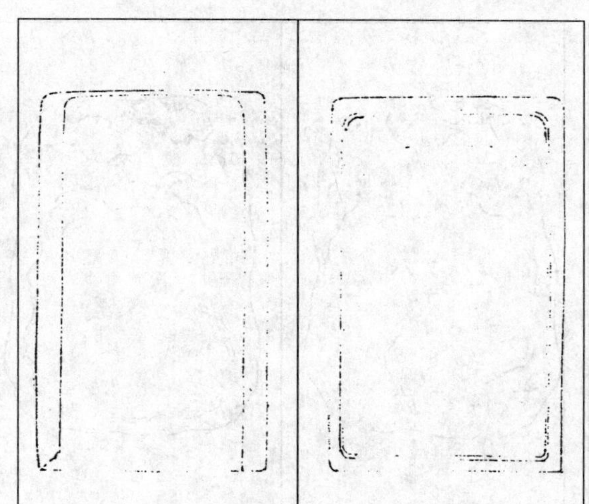

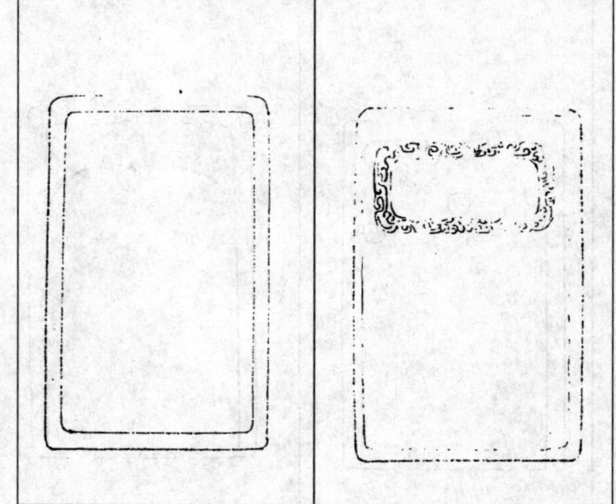

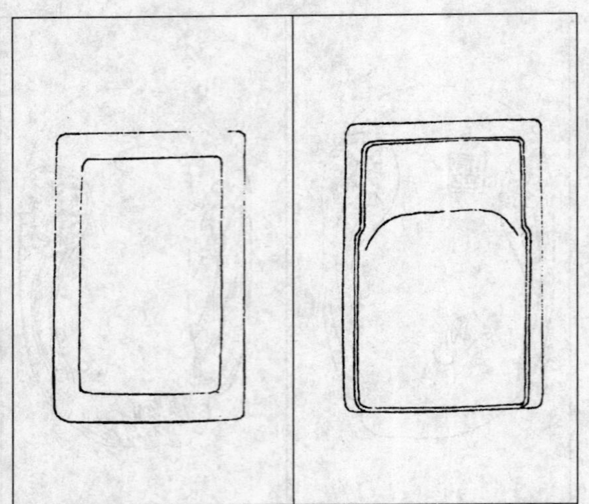

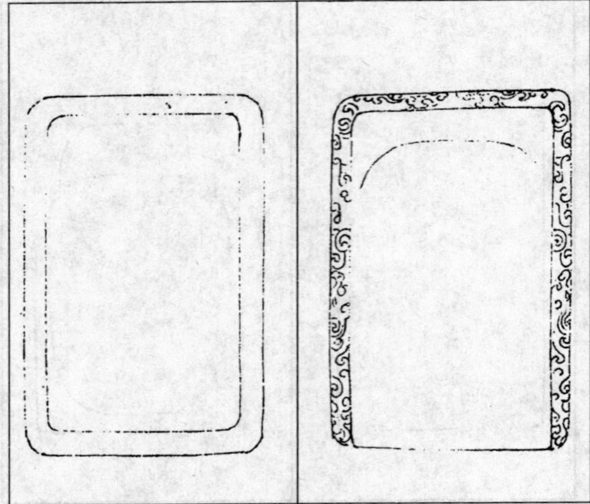

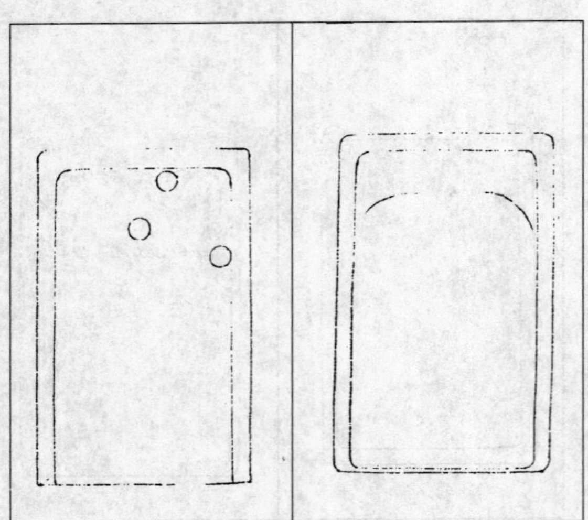

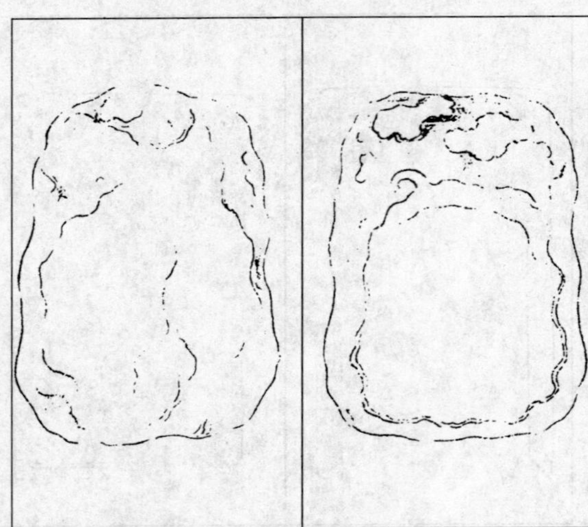

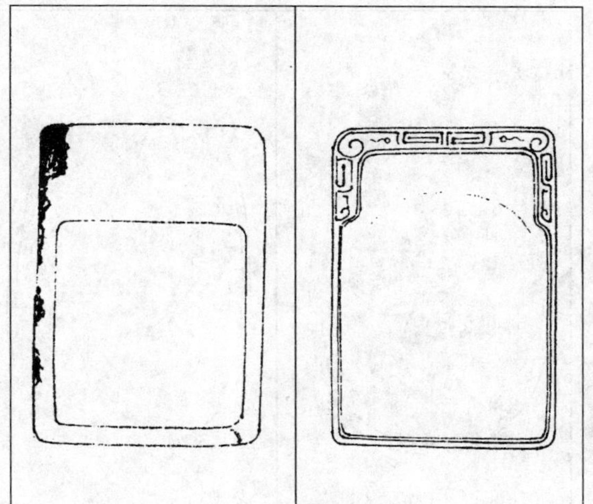

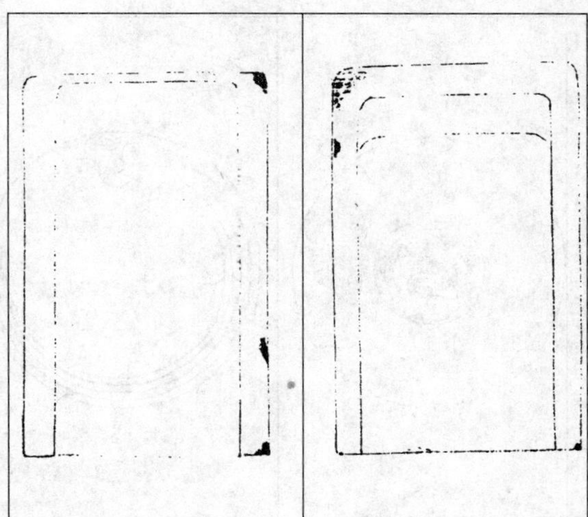

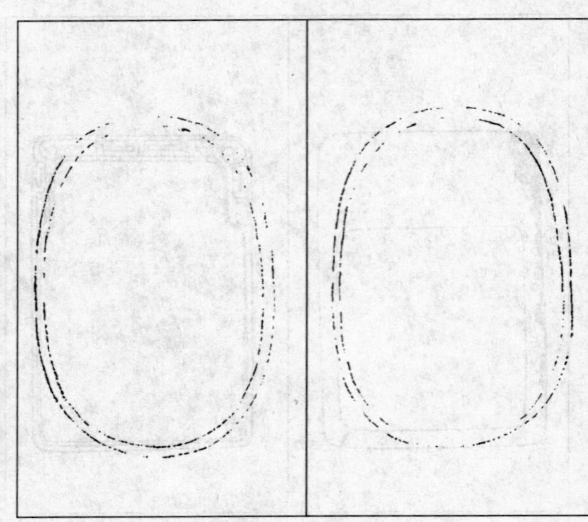

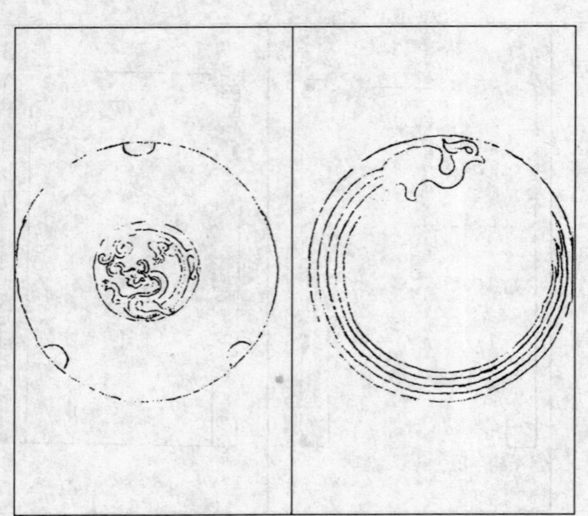

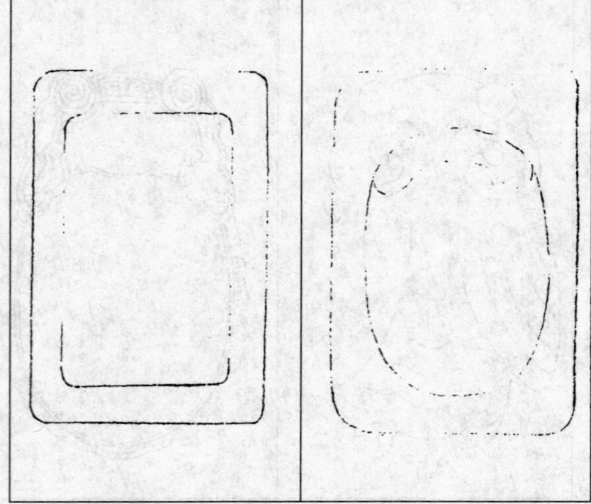

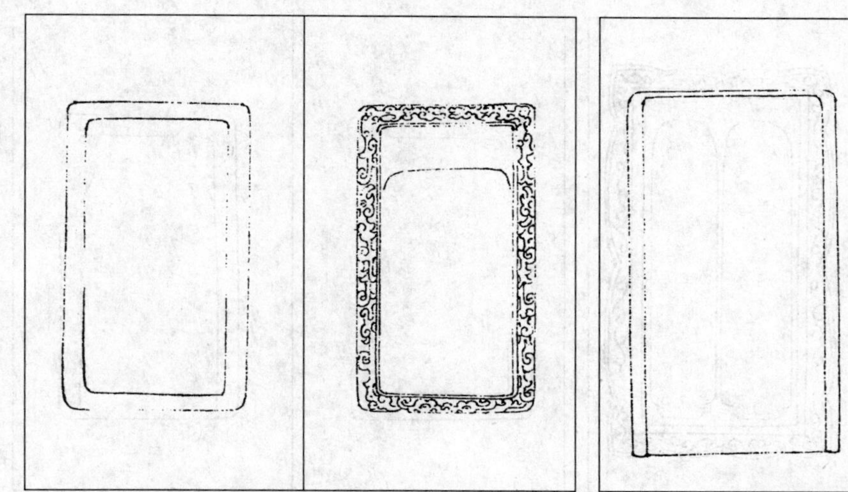

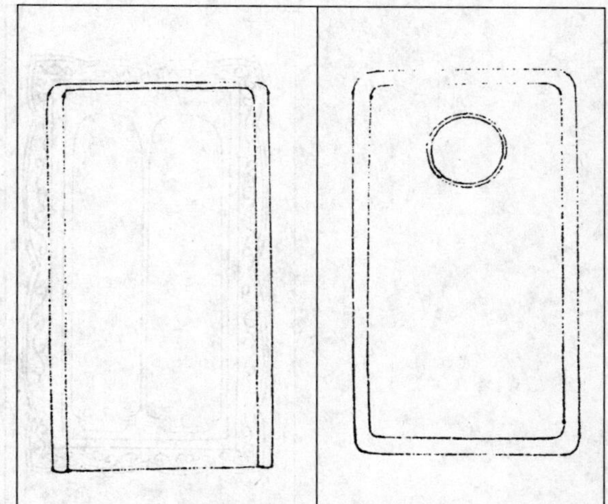

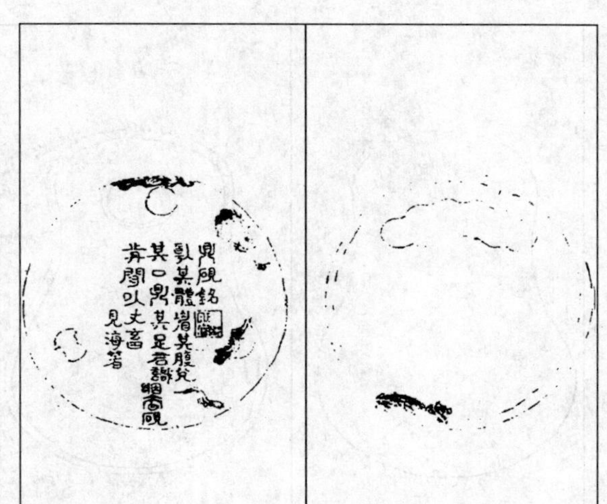

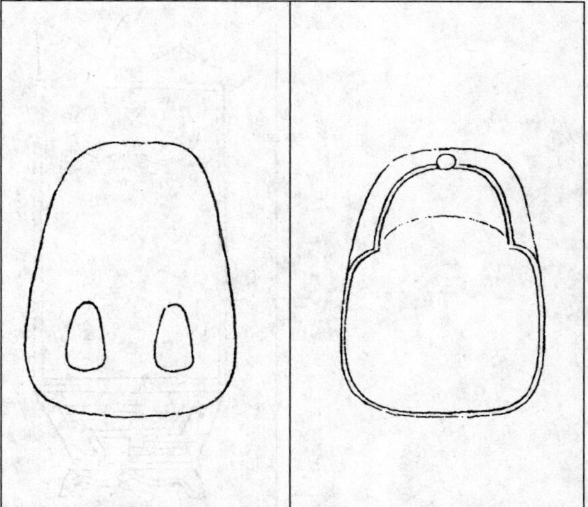

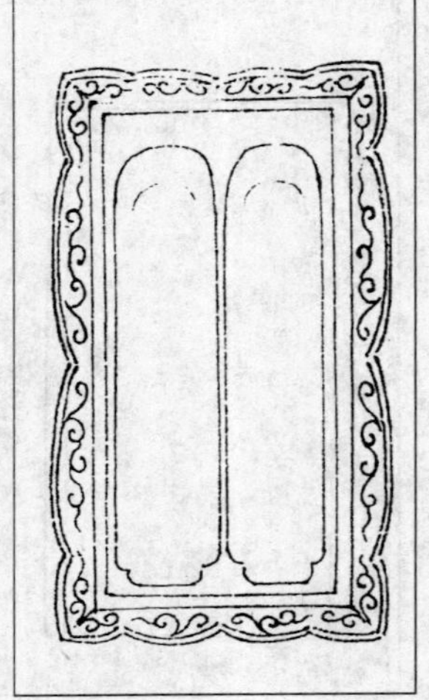
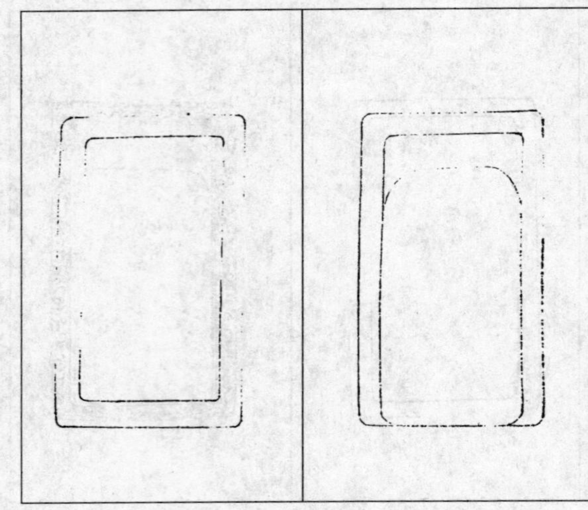

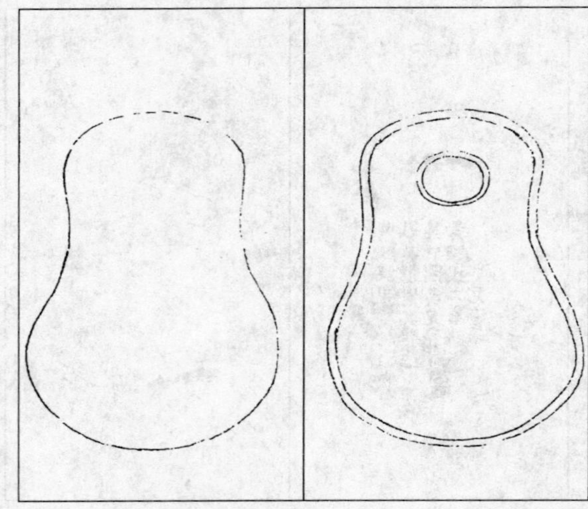

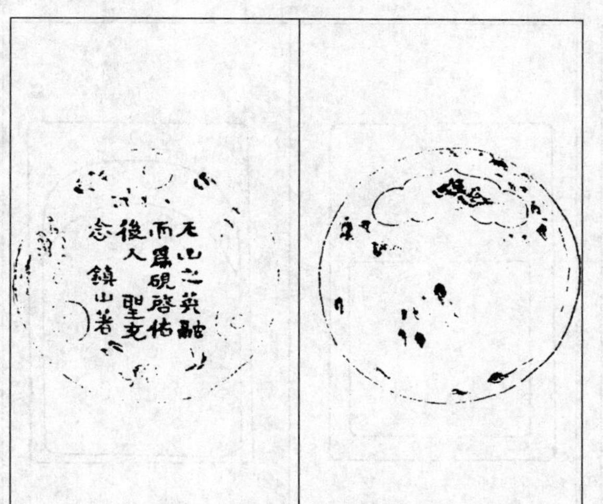
石山之英融
而爲硯啓佑
後人聖支
念鎮山著

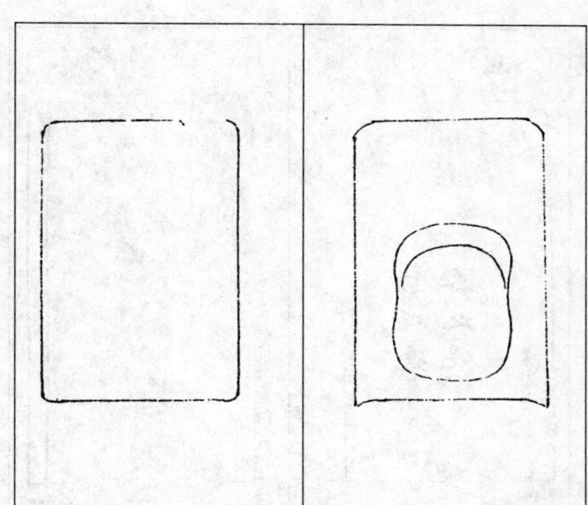

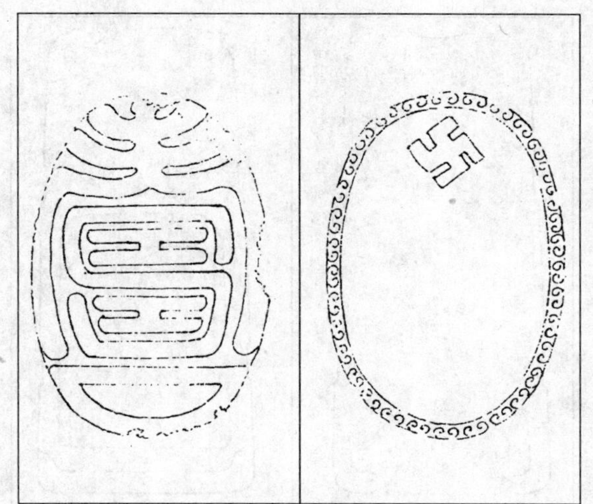

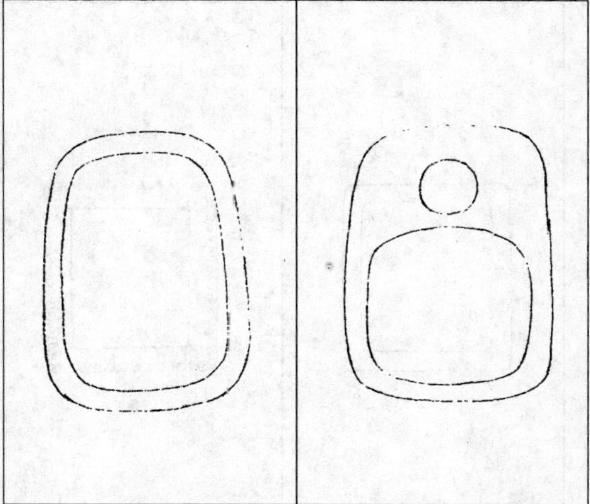

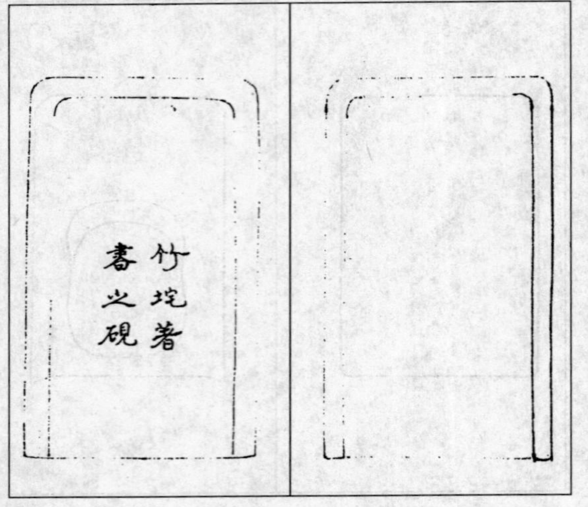
竹坨著
書之硯

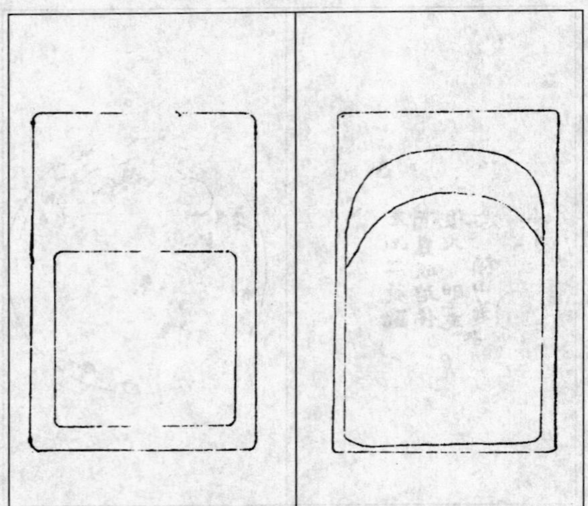

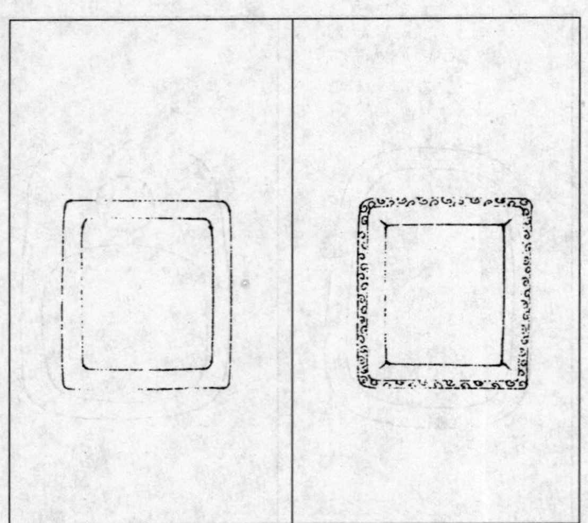

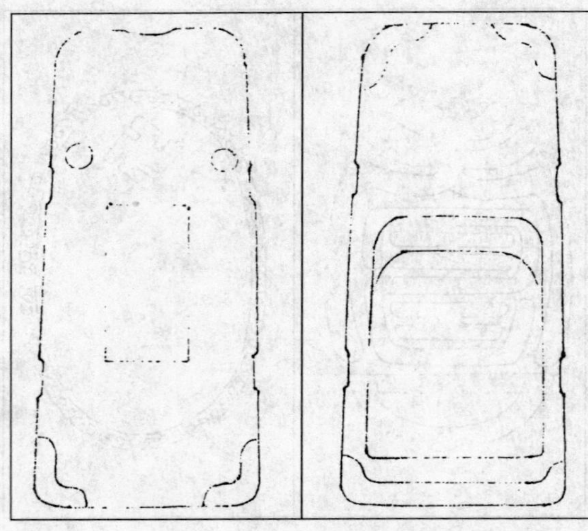

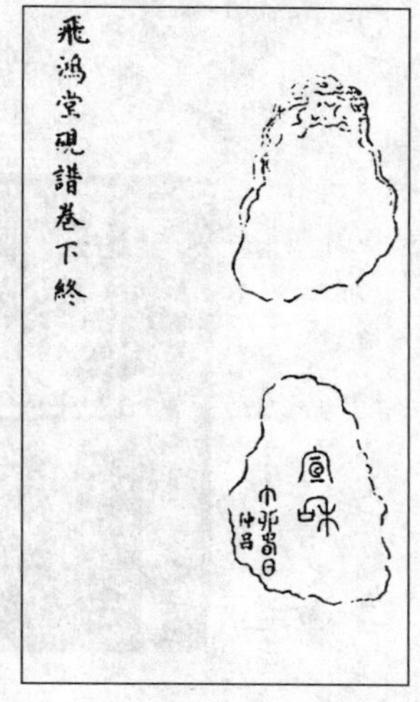
飛鴻堂硯譜卷下終

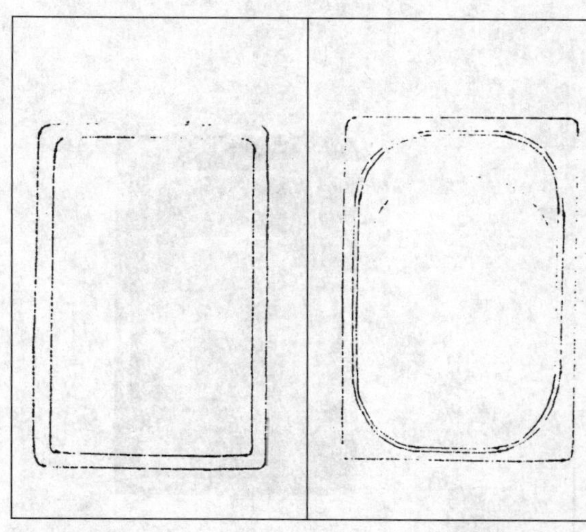

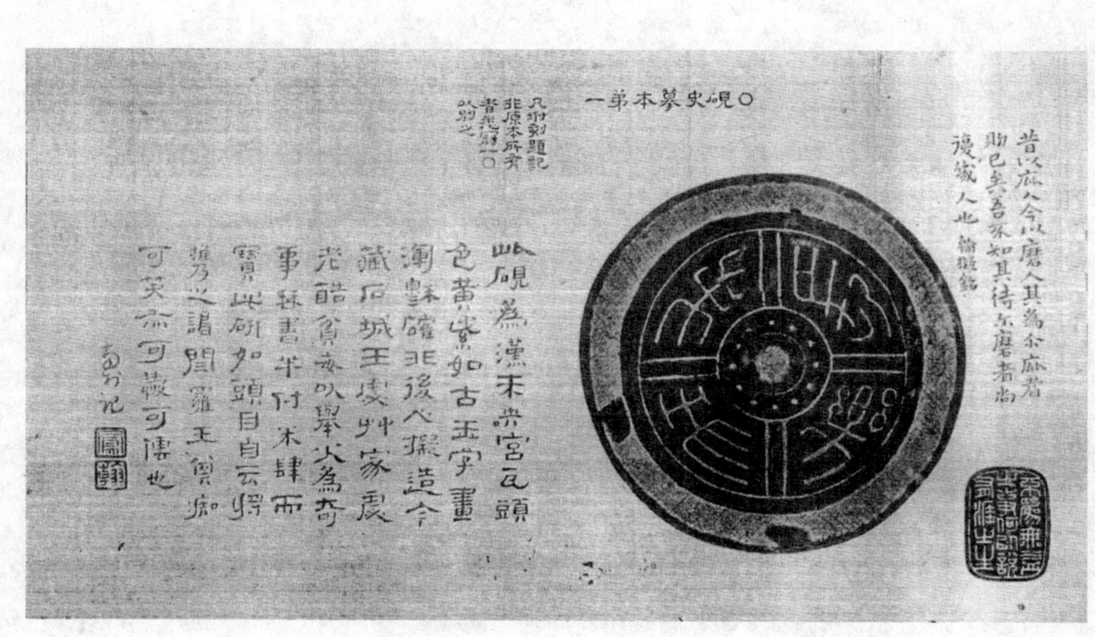
○硯史摹本第一
此硯為漢未央宮瓦頭

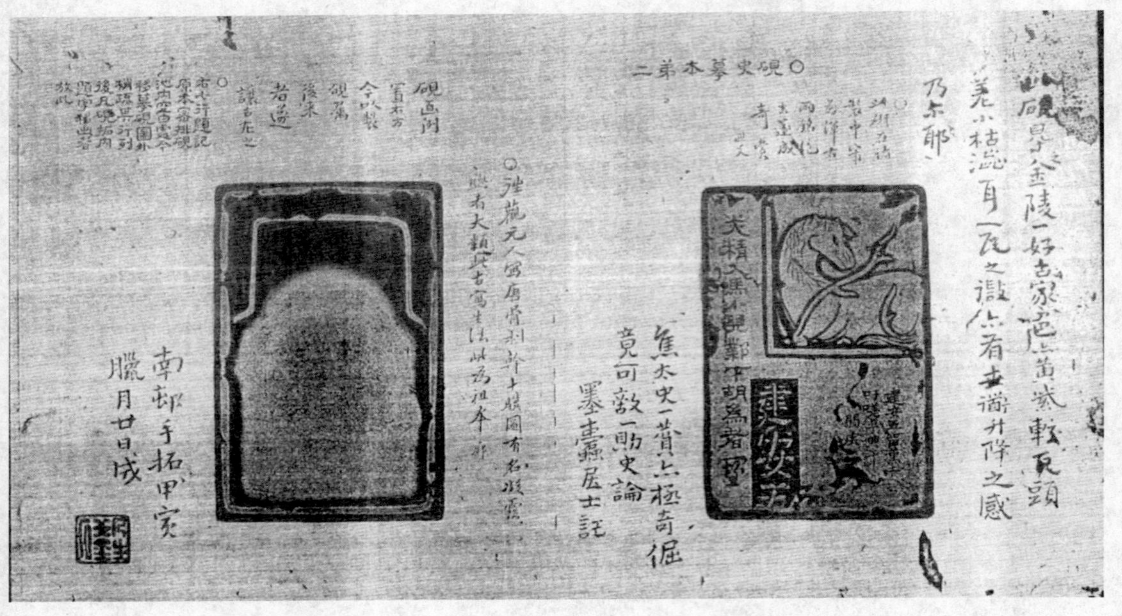
○硯史摹本第二

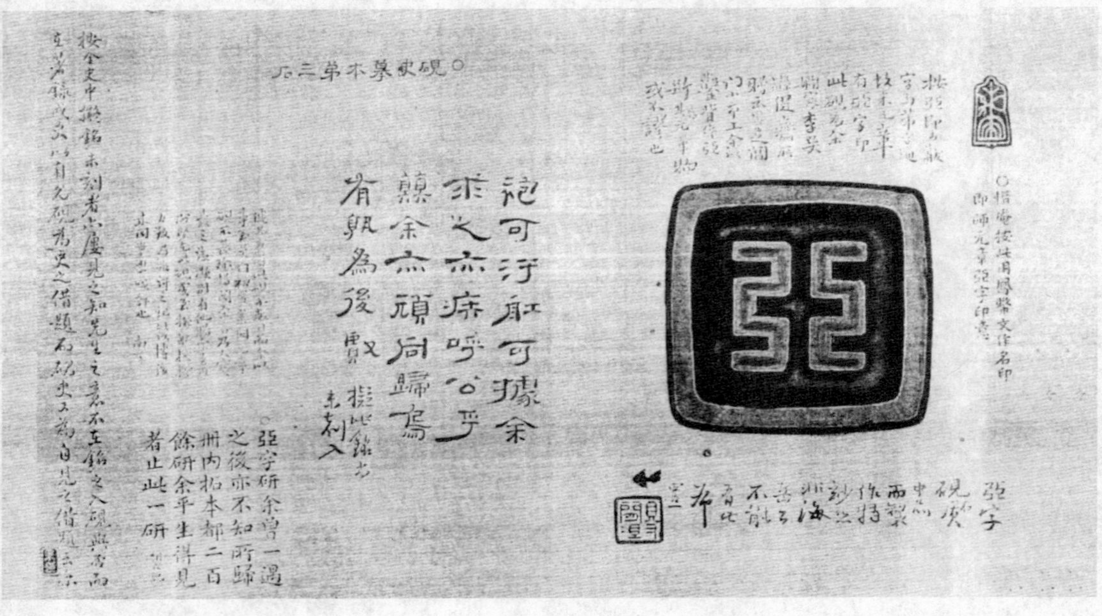
○硯史摹本第三石

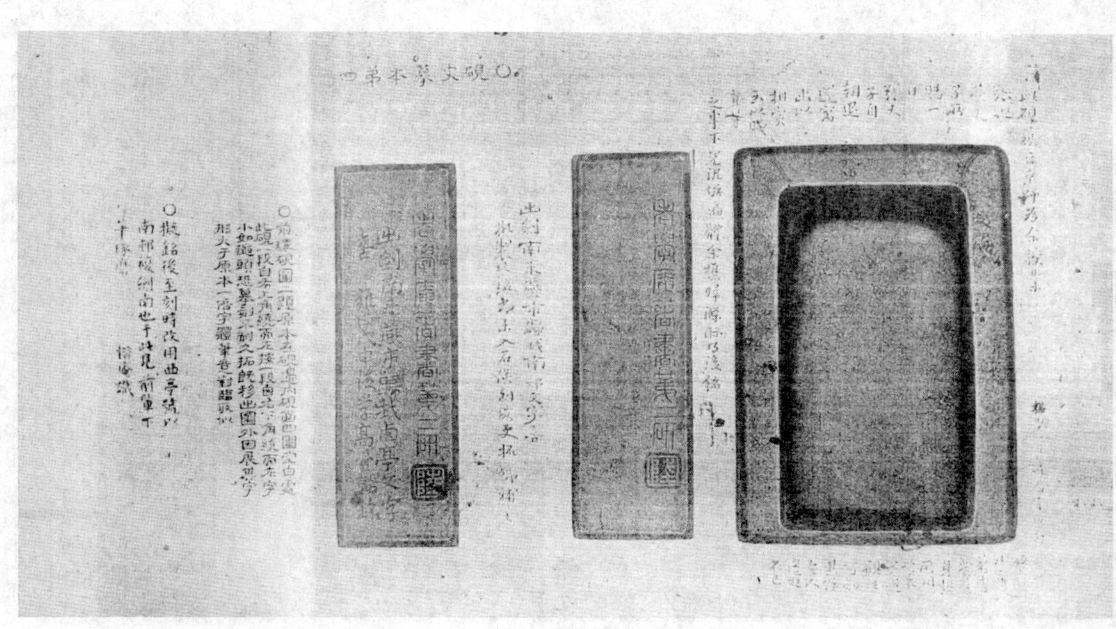
○硯史摹本第四

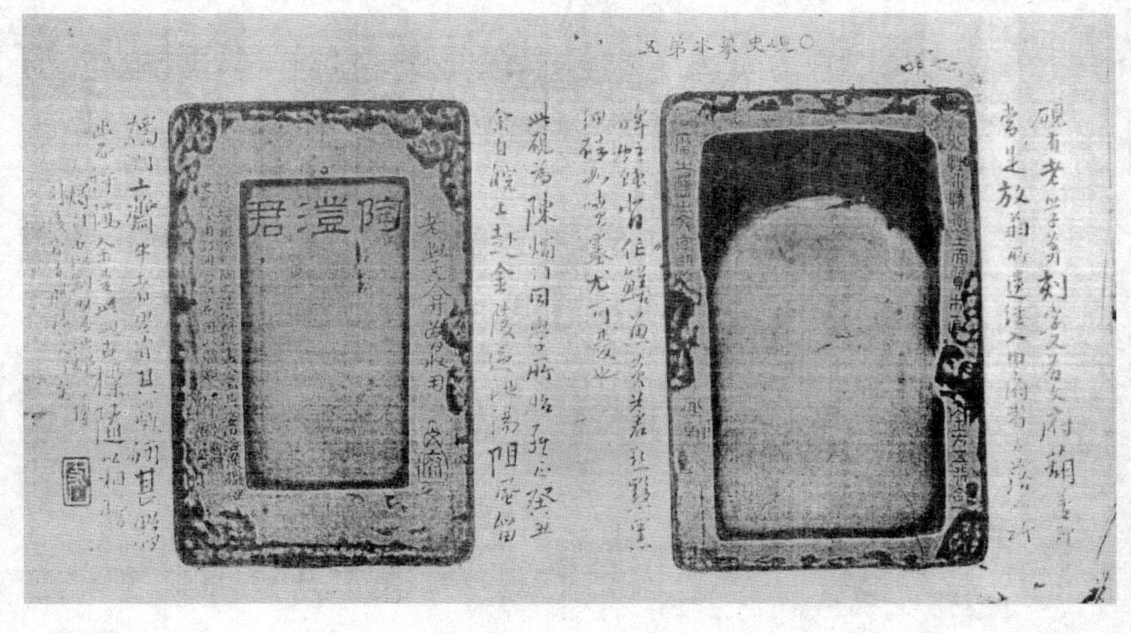
○硯史摹本第五

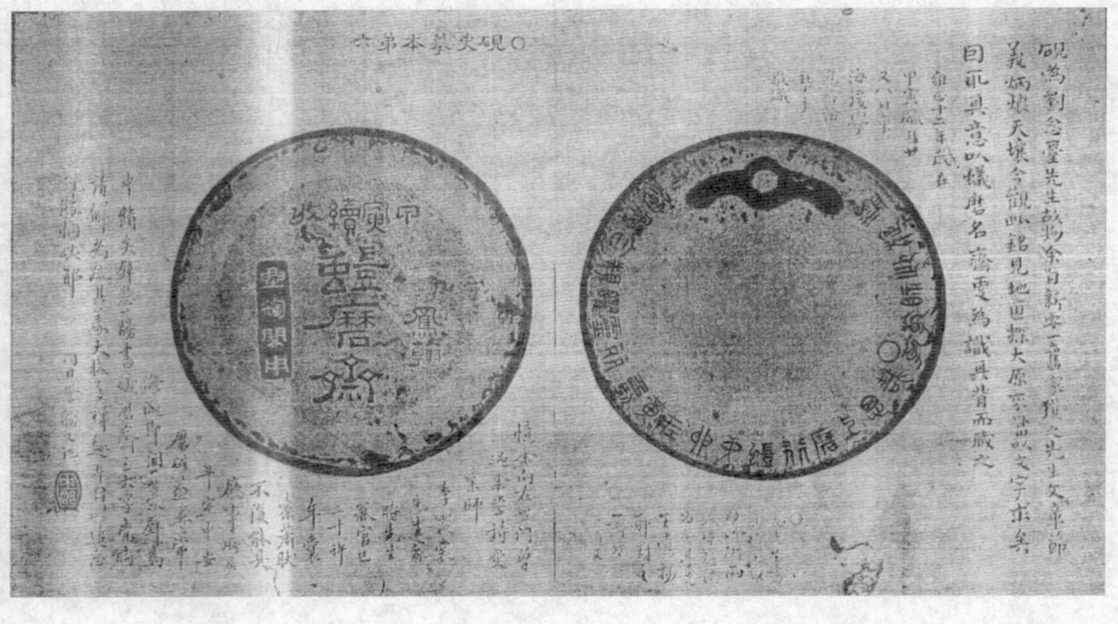
○硯史摹本第六

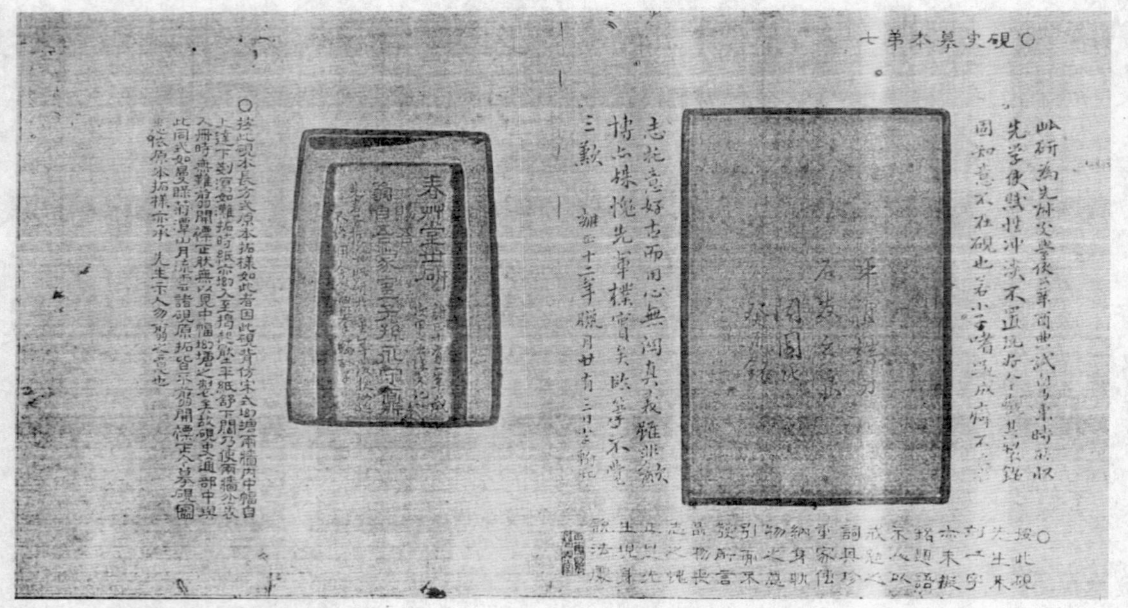
○硯史摹本第七

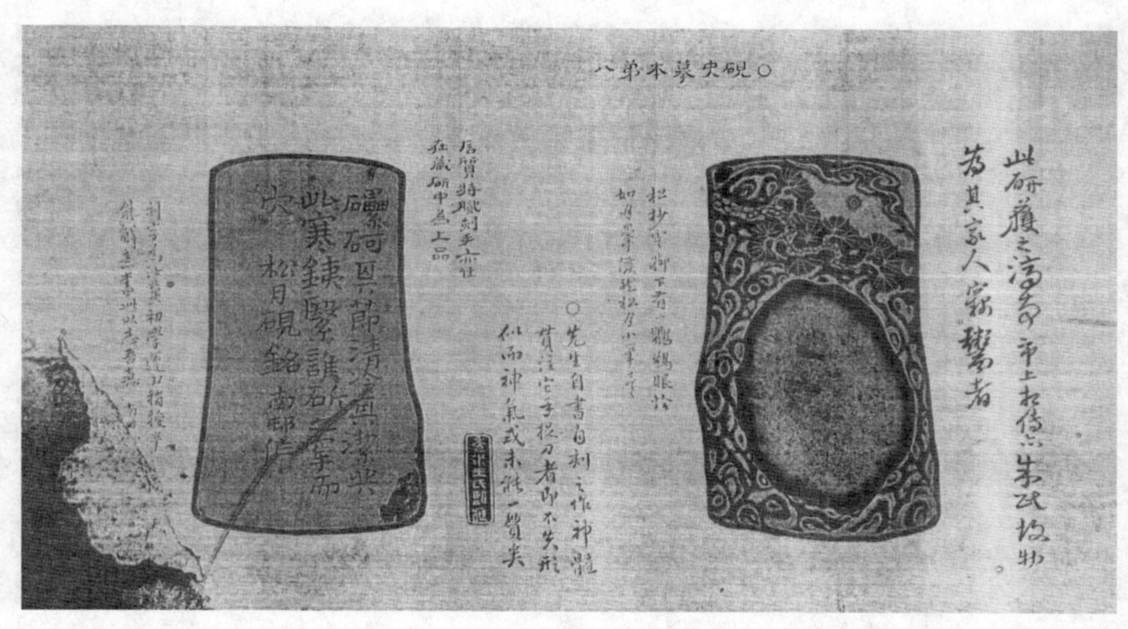
○硯史摹本第八

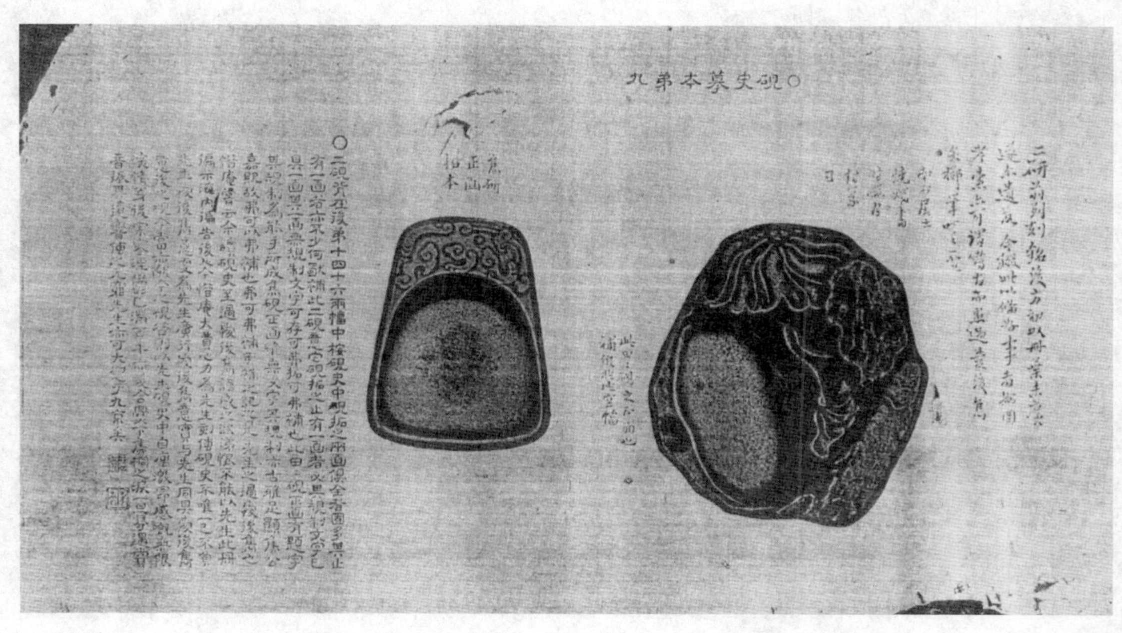
○硯史摹本第九

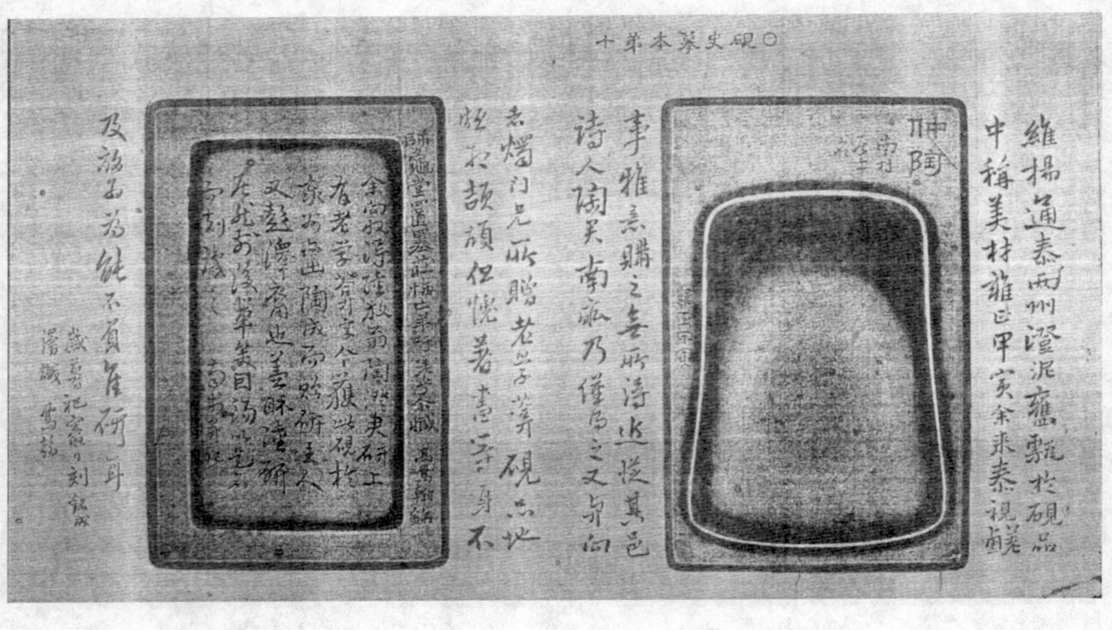
○硯史摹本第十

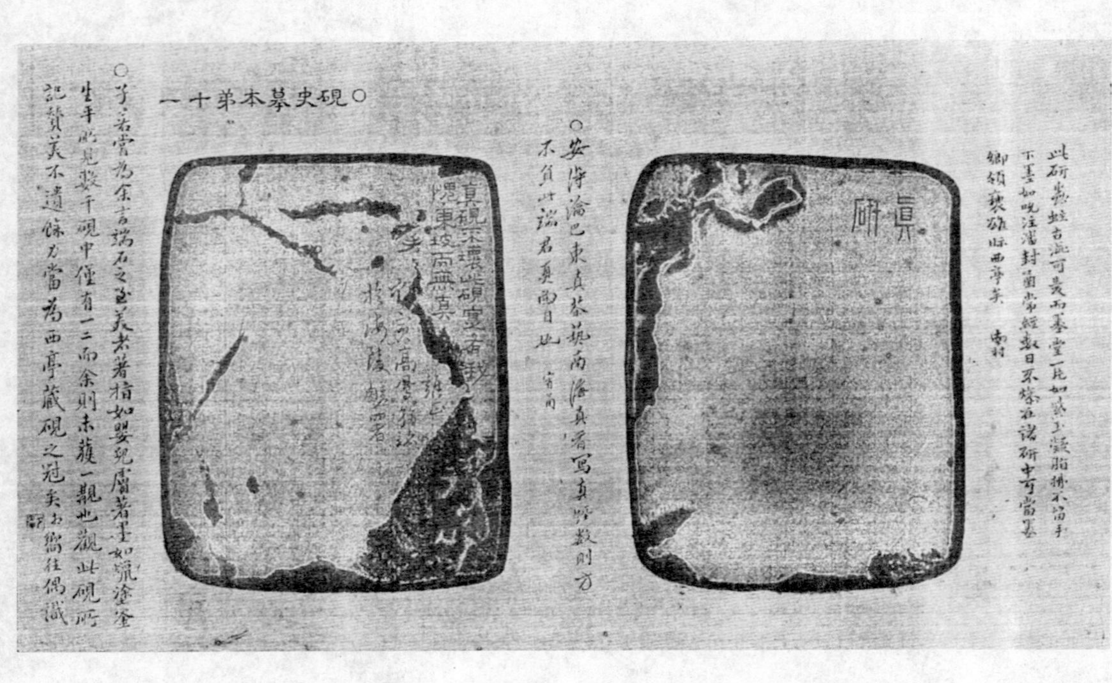
○硯史摹本第十一

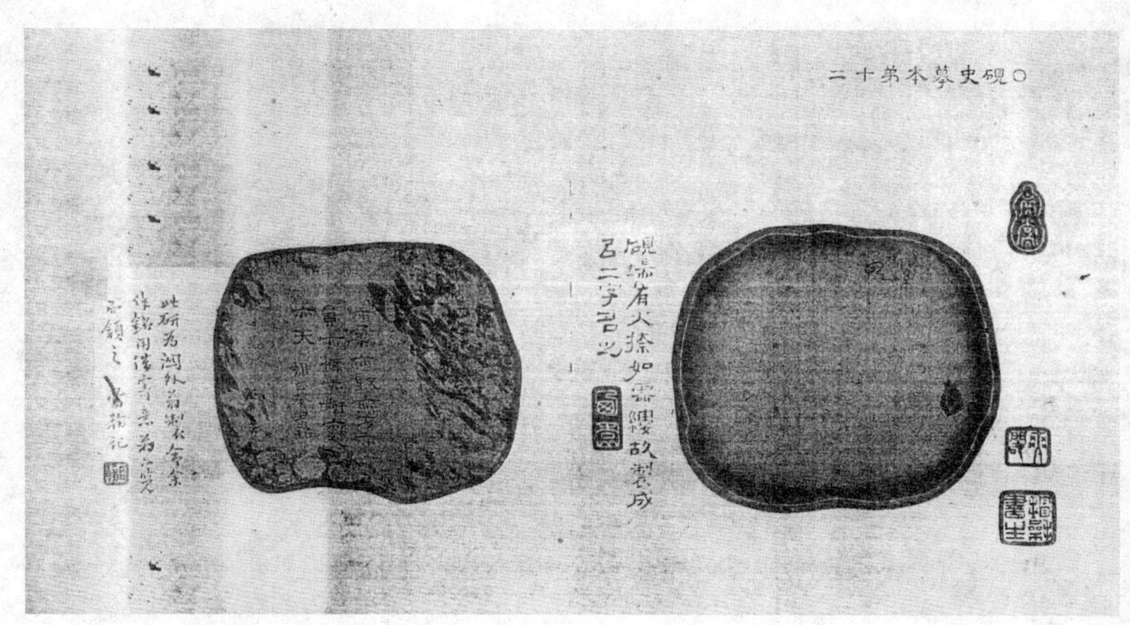

○硯史摹本第十二

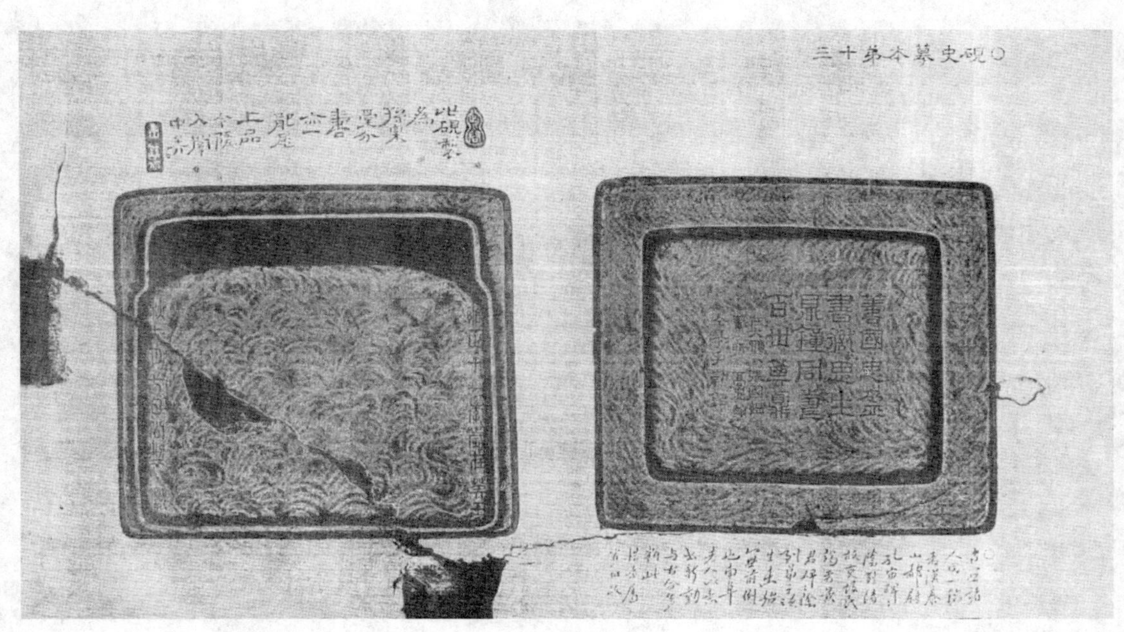

○硯史摹本第十三

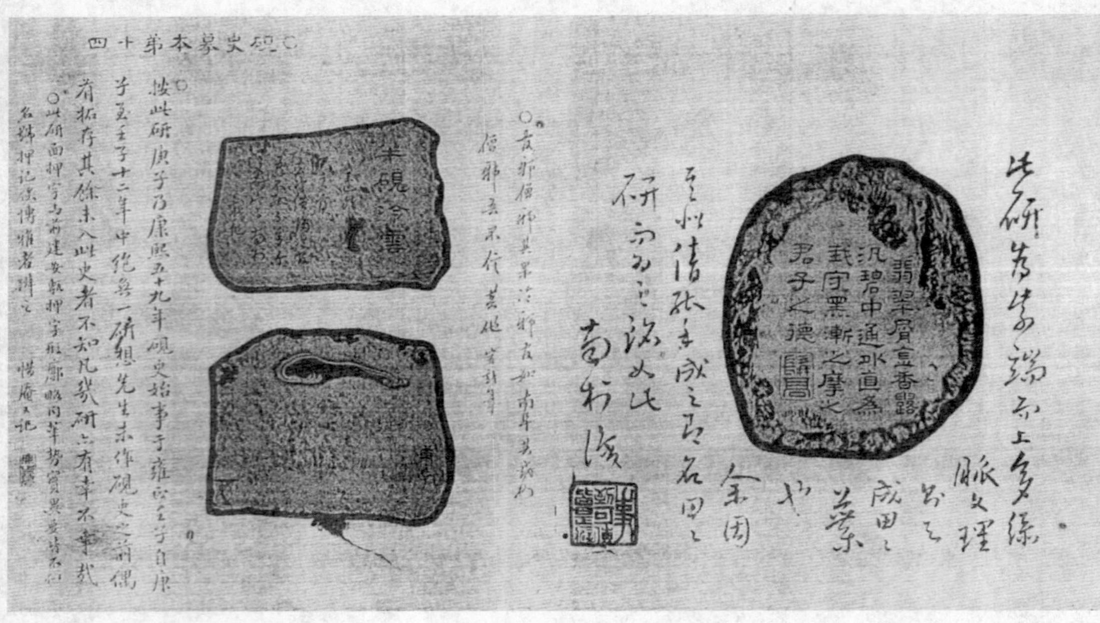
○硯史摹本第十四
翡翠屑金香露汎碧中通水直為我守黑漸之摩之君子之德

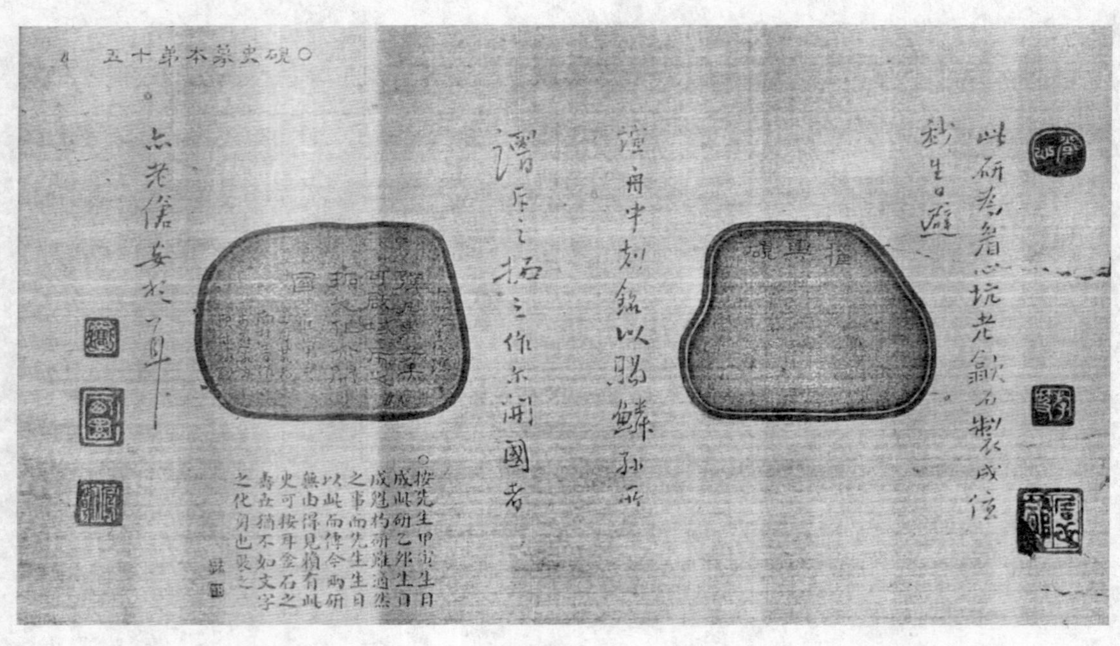
○硯史摹本第十五
○按先生甲寅生日成此研乙卯生日成短約研雖適然之事而先生生日以此而傳令兩研無由得見賴有此史可按耳金石之壽在猶不如文字之化身也畏之

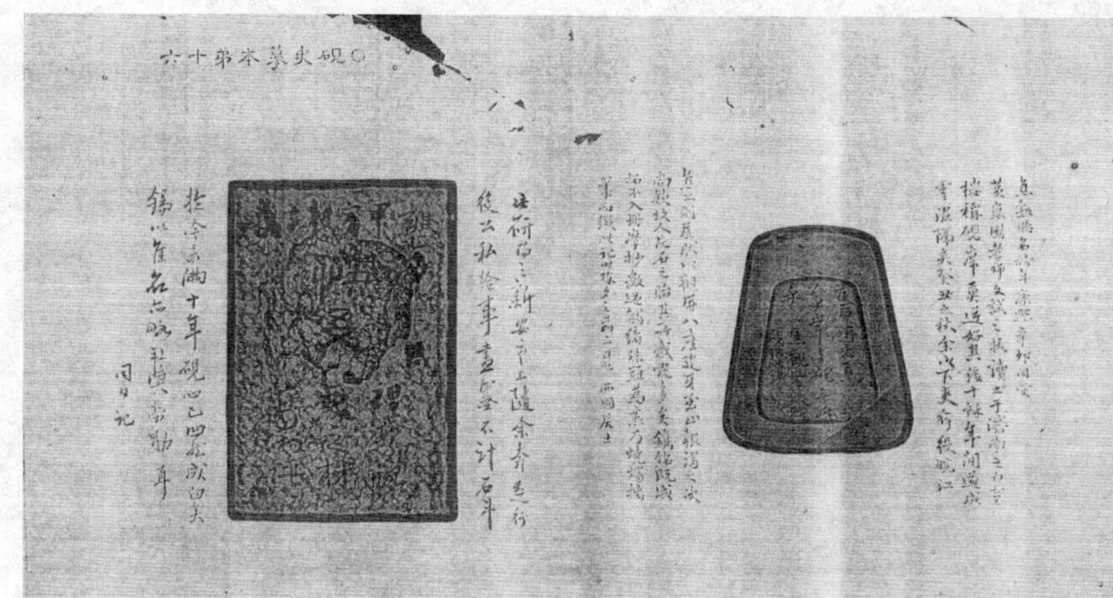
○硯史摹本第十六

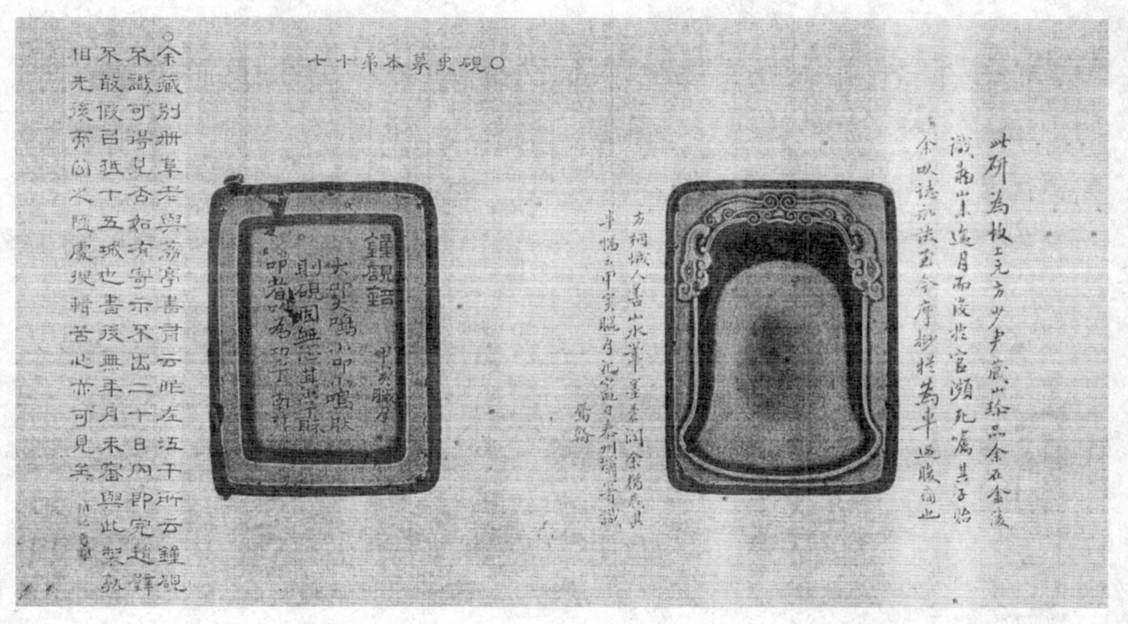
○硯史摹本第十七

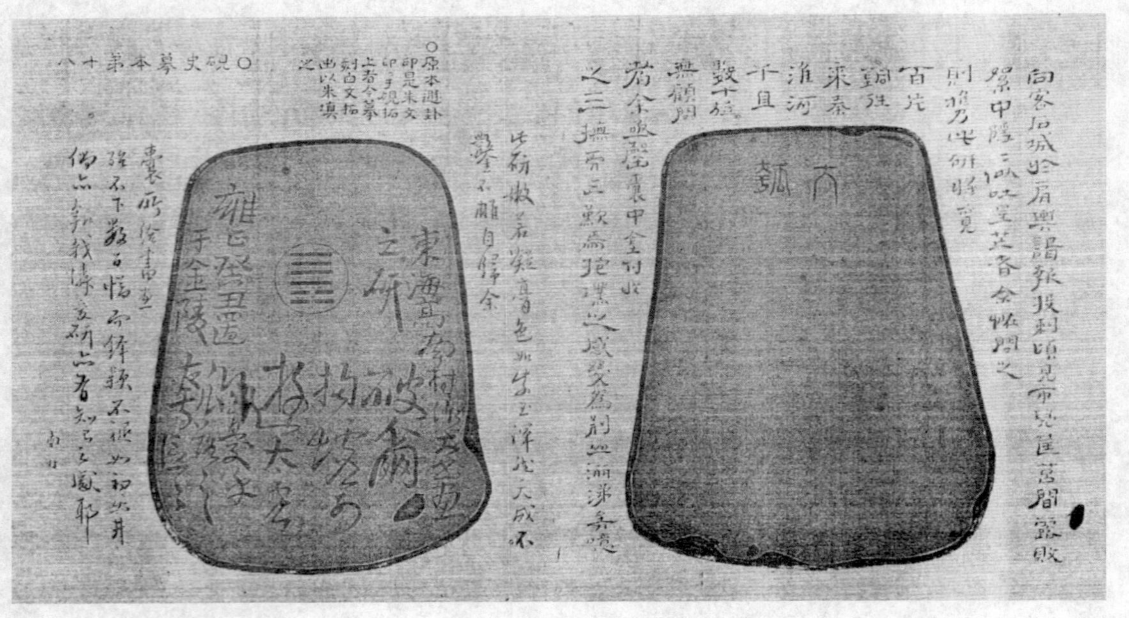

○硯史摹本第十八

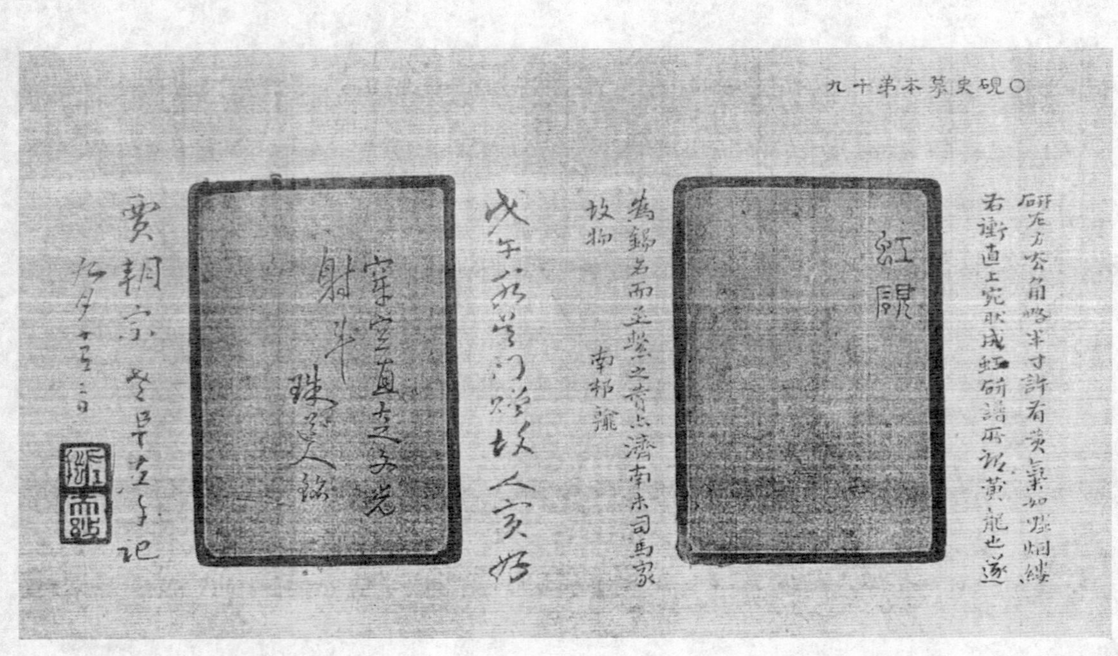

○硯史摹本第十九

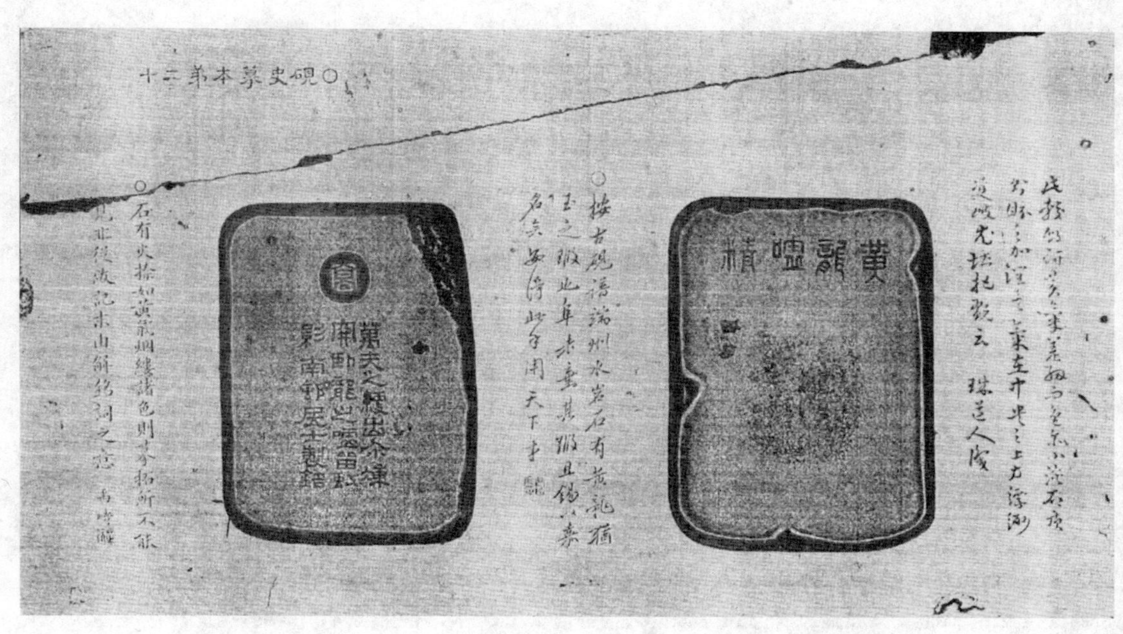
○硯史摹本第二十

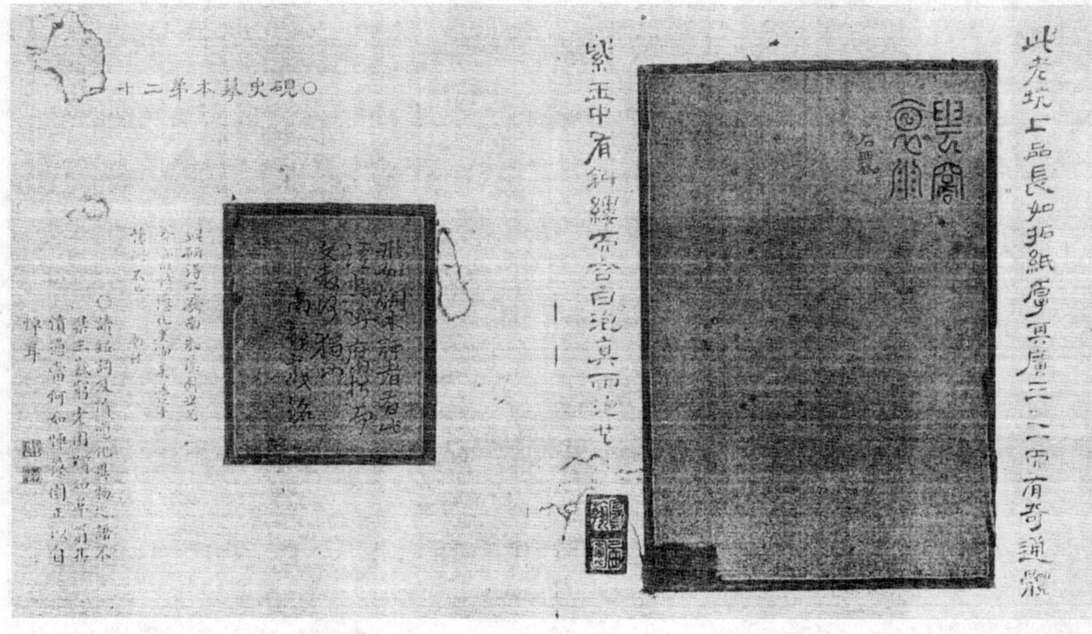
○硯史摹本第二十

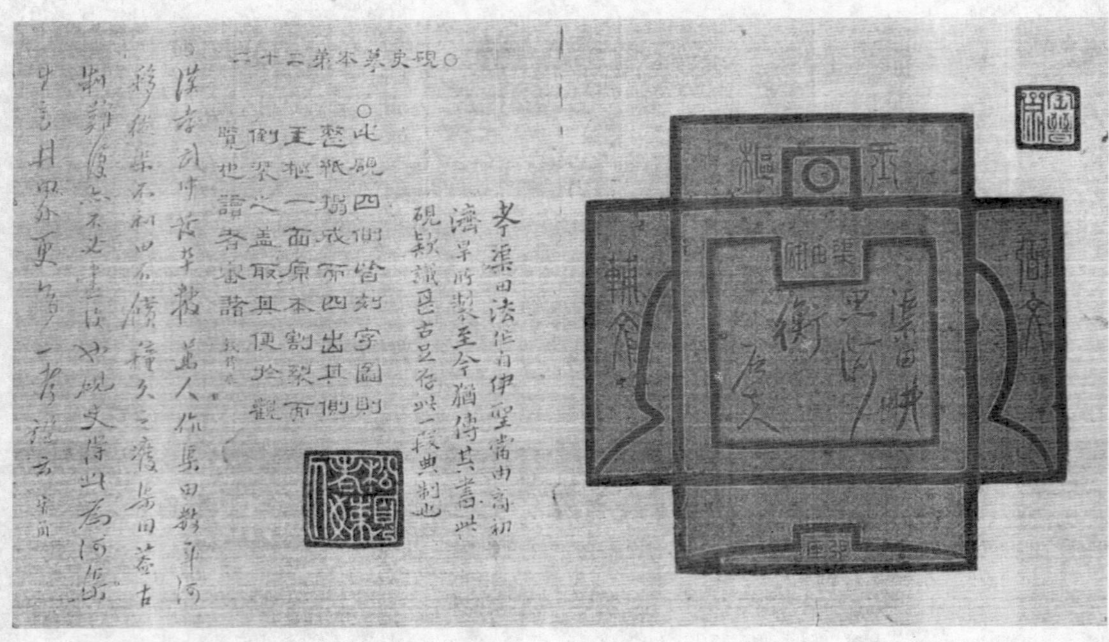
○硯史摹本第二十三

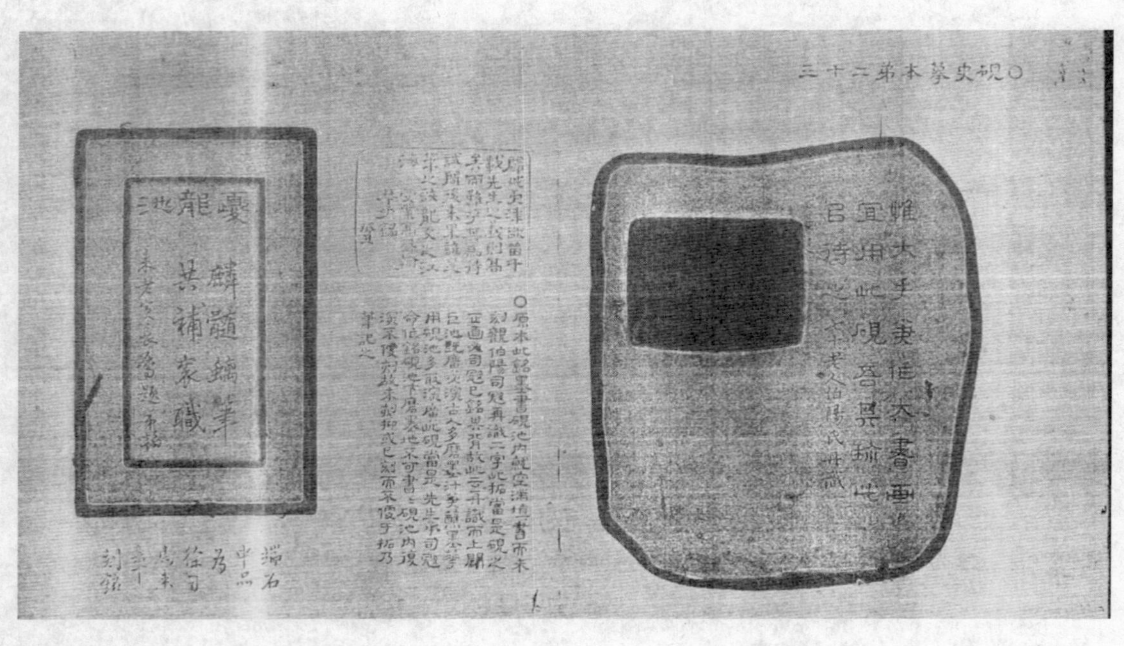
○硯史摹本第二十三

○硯史摹本第二十四

書徵先生
書財思盈
書來恩晉
昕山勤銘

此即錫製官硯也。雖丘甲寅來昕靄事日夕常左行衙河干，蓋合不蔽風雨，故研必用函，烈日寒。久所僧以護，暍冻而給以亦着也。既有函，遂省受銘，地燬心所當刊此數字，不知表以為余義諾，出雅製先意矣。南邨記

○硯史摹本第二十五

○硯以上端老坑者，鸜鵒眼睛凝湛，小然漆面，落筆輕驗。青雲明

學研

研朱紹先議精内藏與余，自成守山房文字昧生，陶煌雖匠士子銘于閣欽。東海高鳳翰 山堂

墨香廬緑耕粉傳，律之鈔道，錫此名，為銘其背。南村

此硯爲海南某將軍所贈其……

此硯鸜鵒眼，舊在左之上方，後付磨工製於池，磨去而蕩滅之，此其在方少下，原位又有一小眼，今摹此硯舊者，不及此並存之，以為楷說。

○按此硯爲長方式，因硯背凹，猶故拓形下闕。其說已詳第七幅春草堂世硯拓識語中。雖世硯与翁潭諸硯皆無下邊，獨此硯邊四周故拓留，敢宋舒出邊痕，拓恐茲亦從原樣摹刻，乃爲示誤。

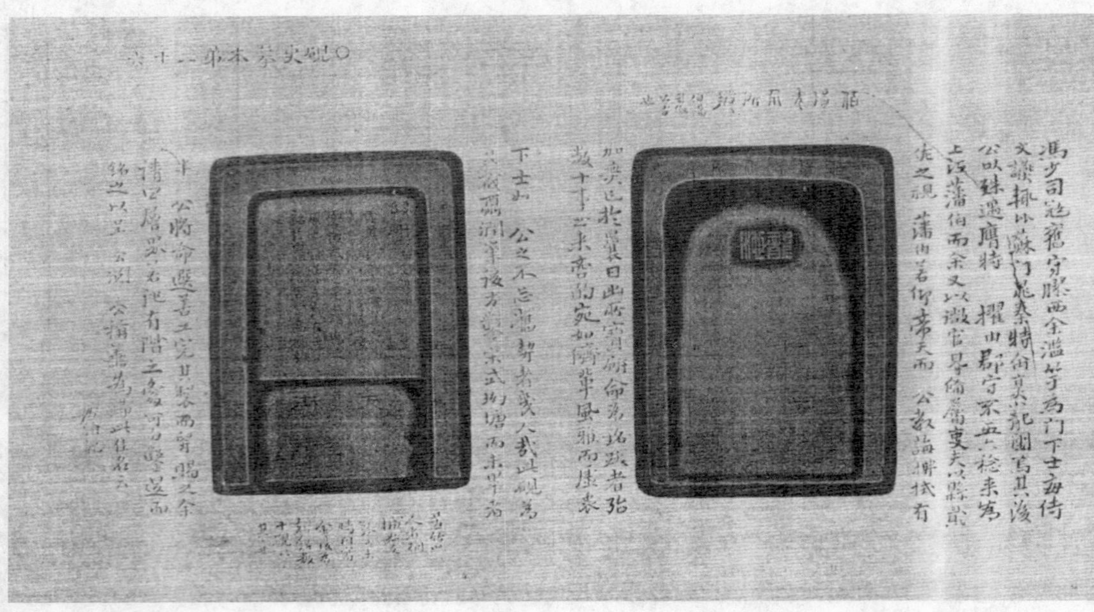
○硯史摹本第二十六

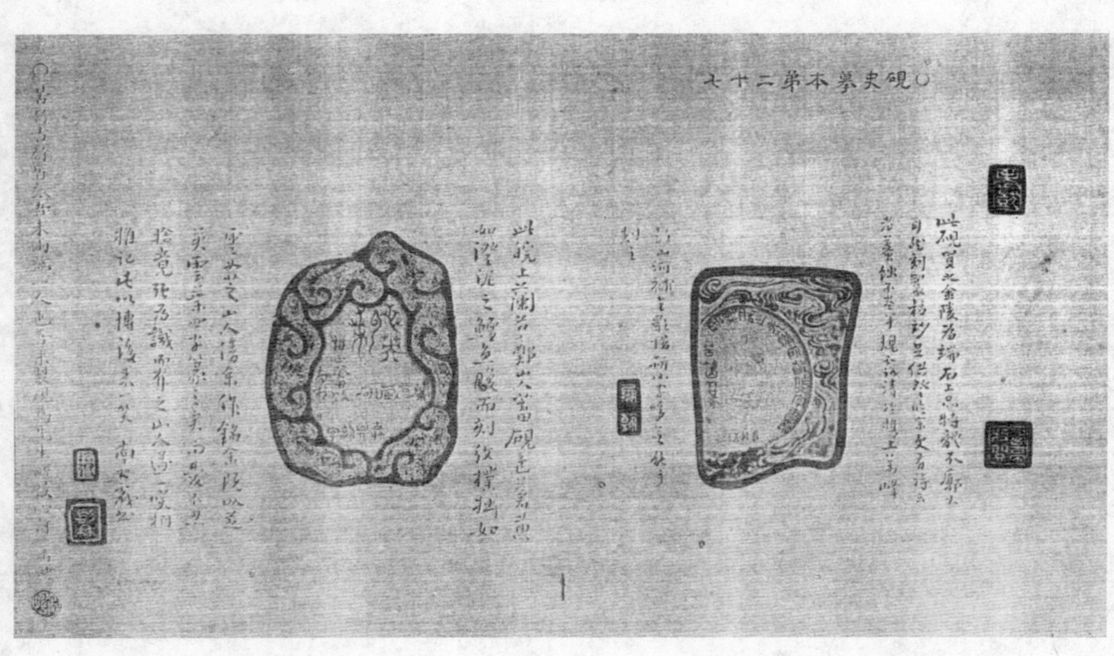
○硯史摹本第二十七

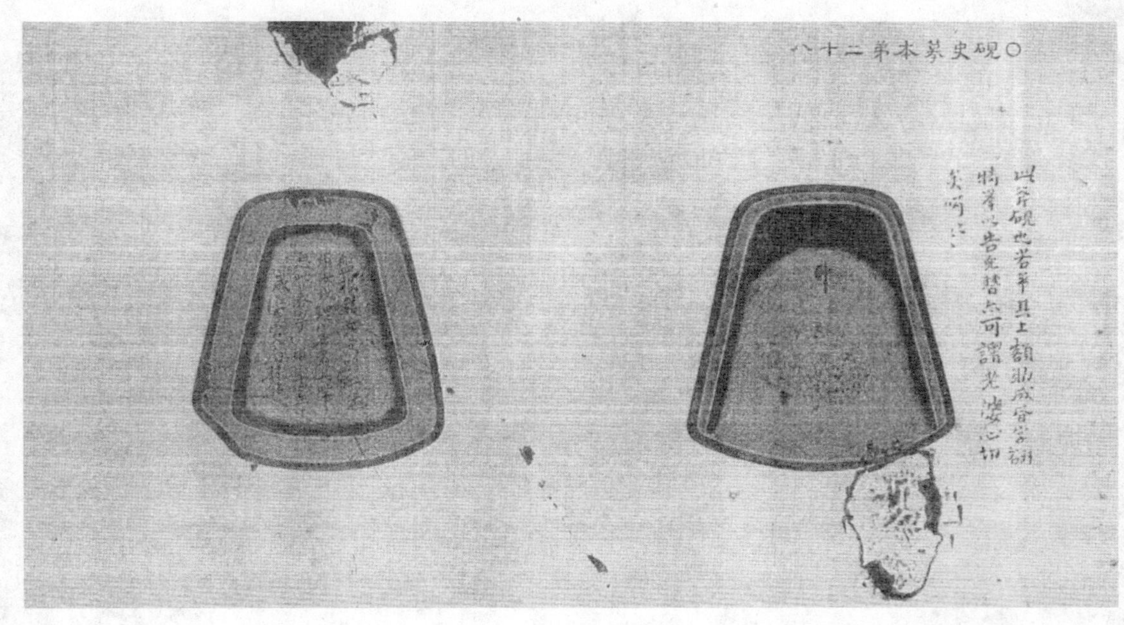

○硯史摹本第二十八

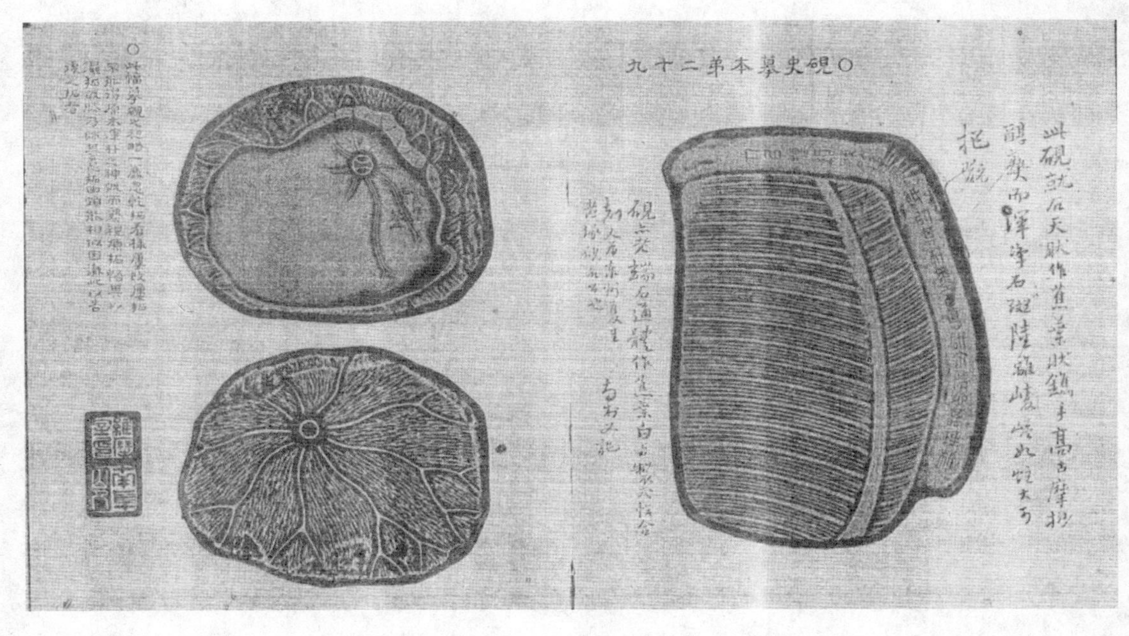

○硯史摹本第二十九

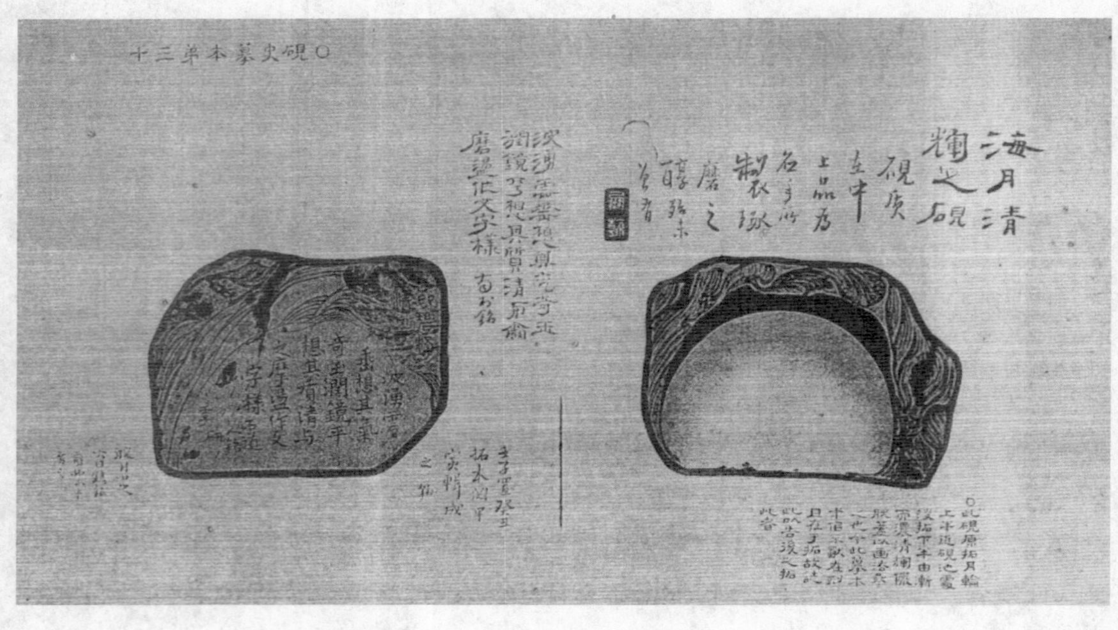
○硯史摹本第三十

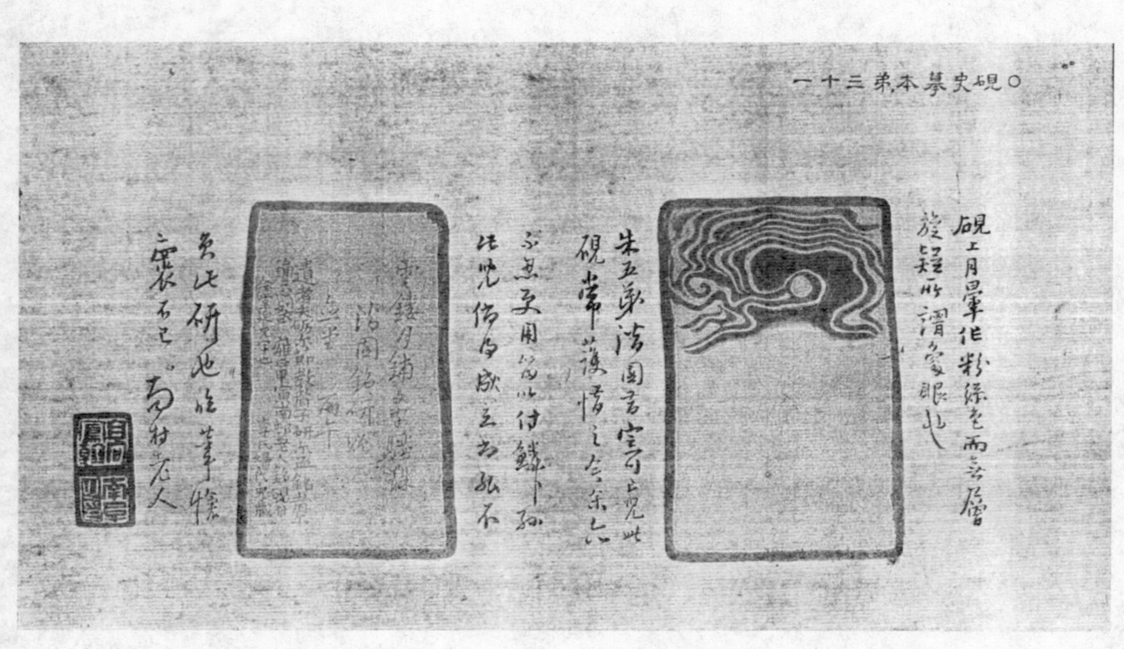
○硯史摹本第三十一

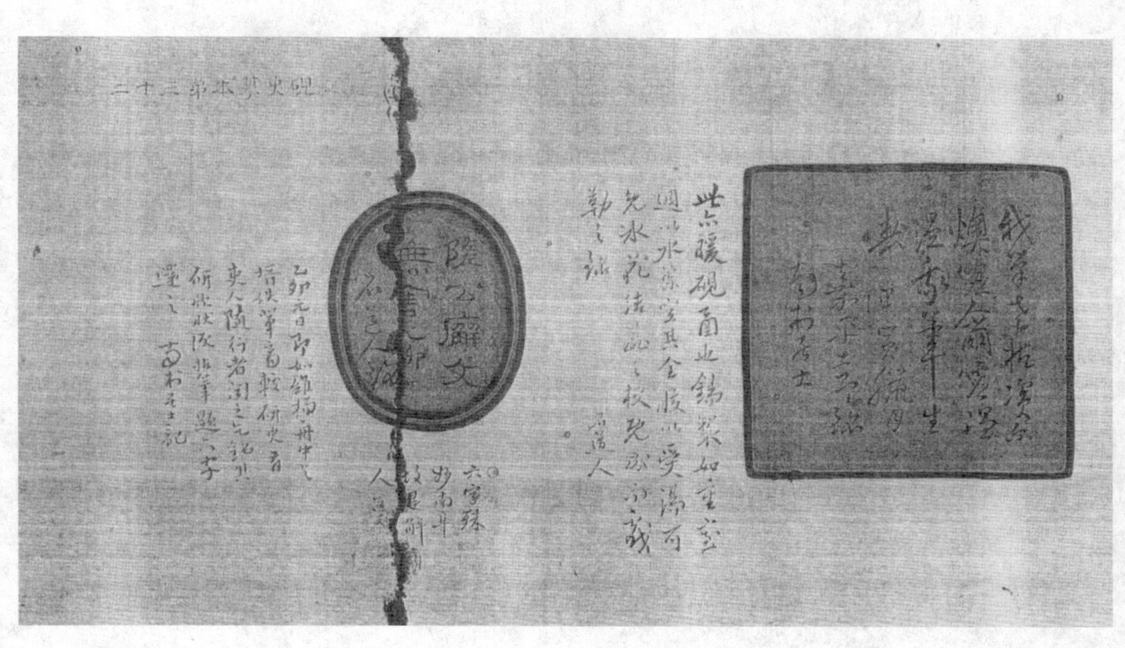
硯史摹本第三十二

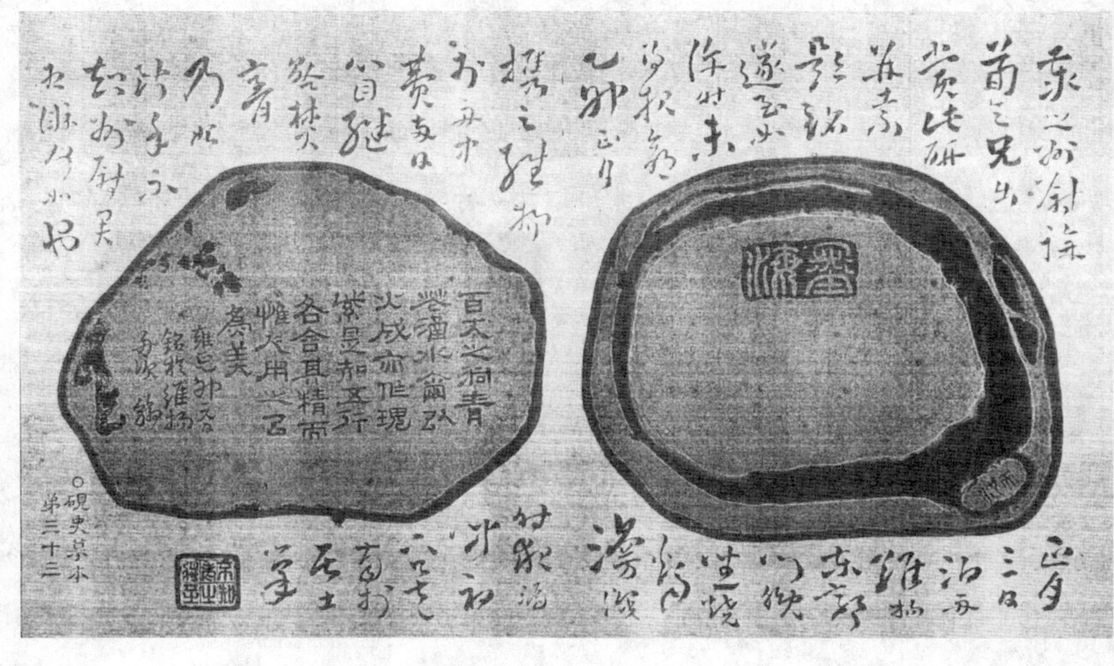
○硯史摹本第三十三

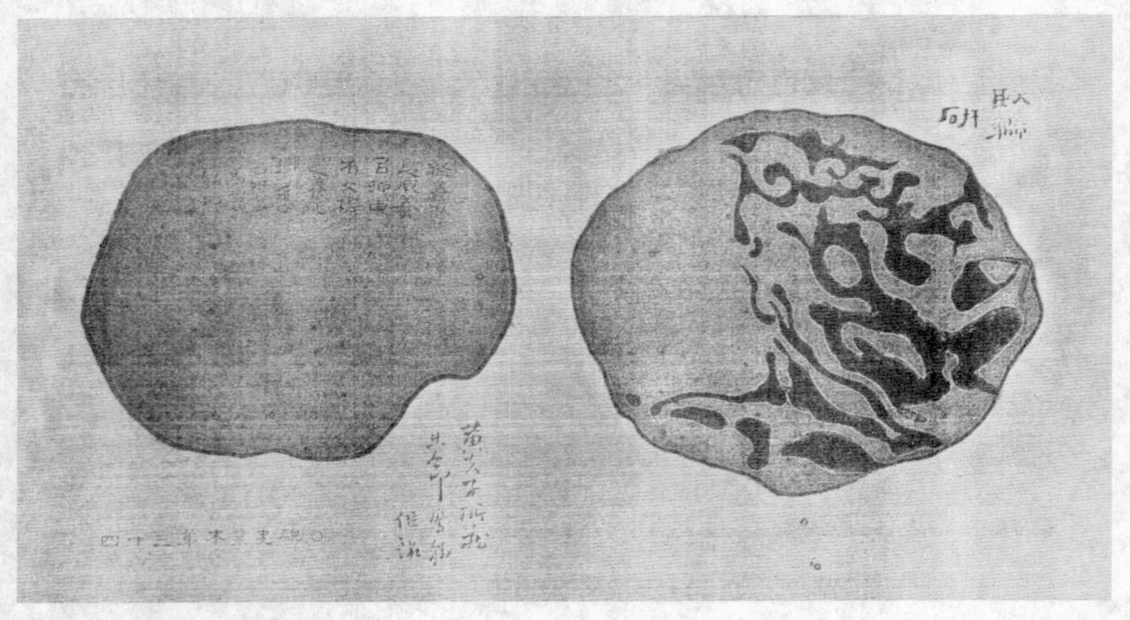
○硯史摹本第三十四

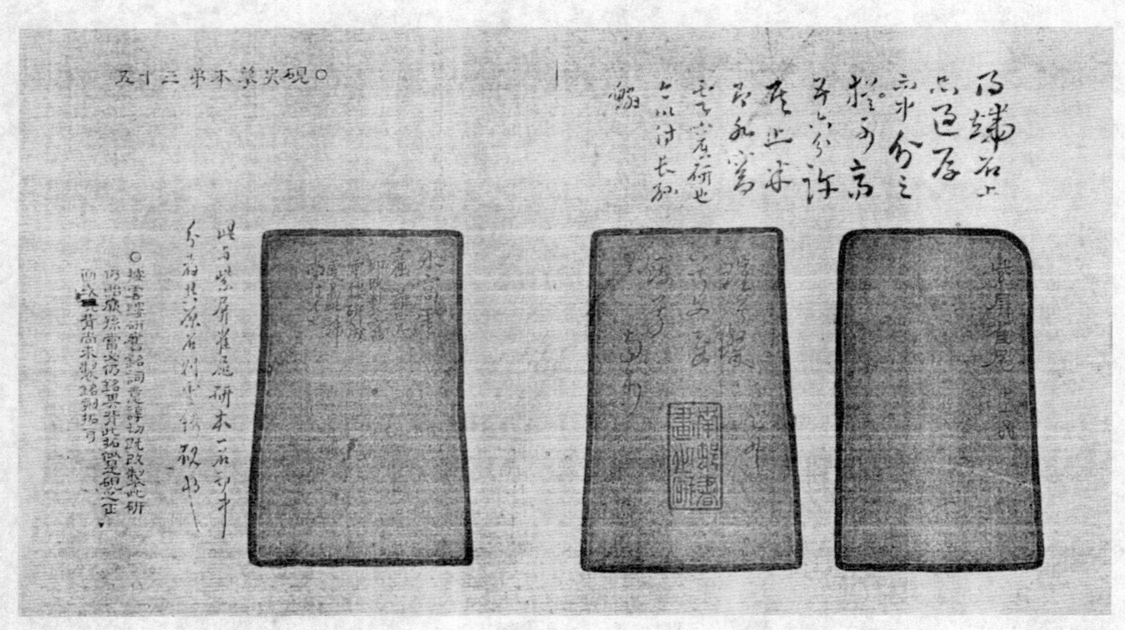
○硯史摹本第三十五

○硯史摹本第三十六
○此頁原本因以兩硯拓並排于幅中就中間
隙處内細書兩行小字蠅頭茲展大臨摹
分為三行字則大于原跡三倍

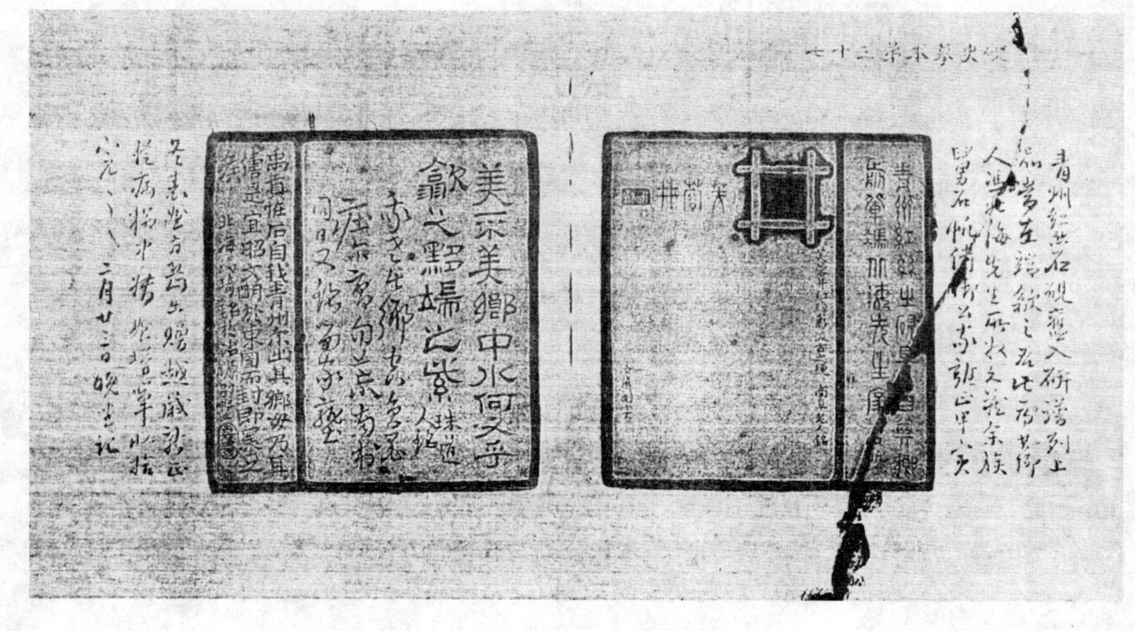
硯史摹本第三十七

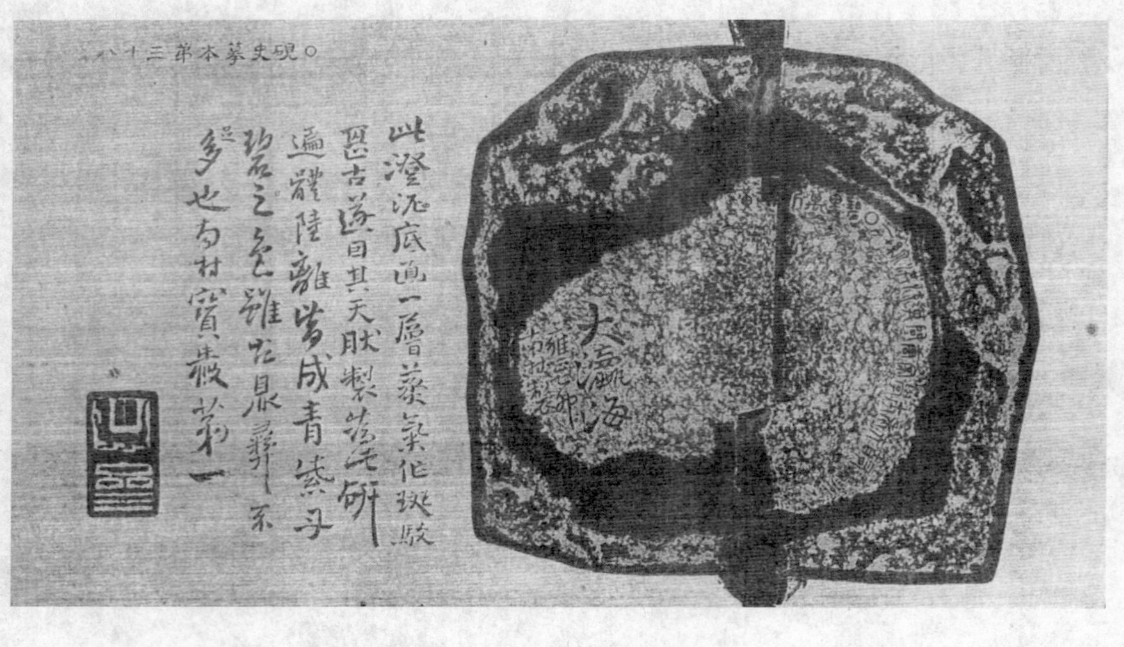

○硯史摹本第三十八

○硯史摹本第三十九

〇硯史萃本第四十

〇硯史萃本第四十一

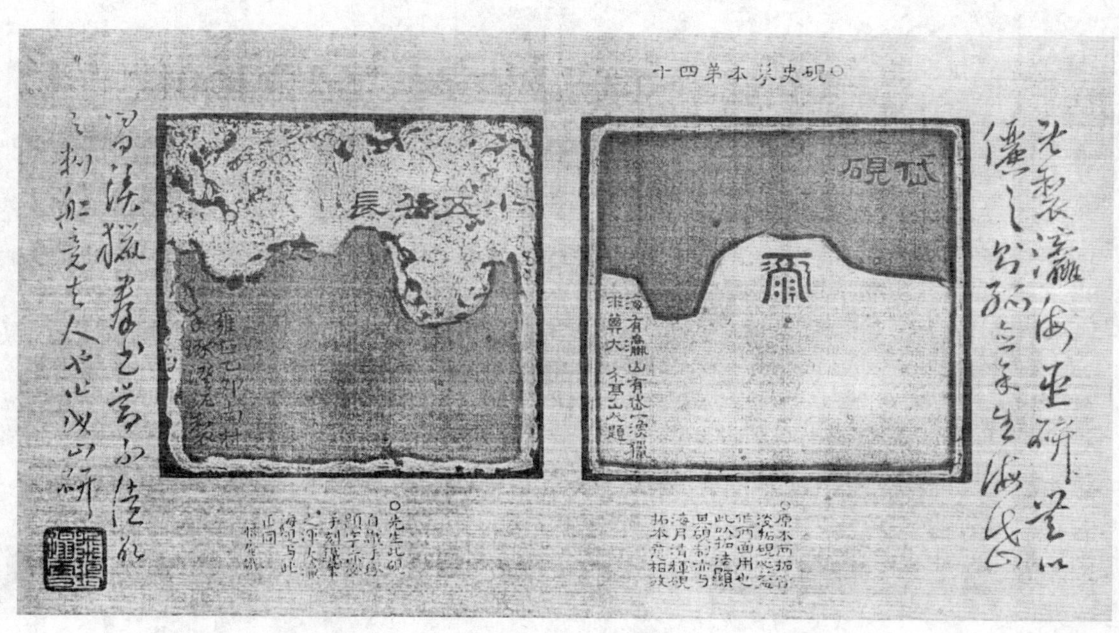

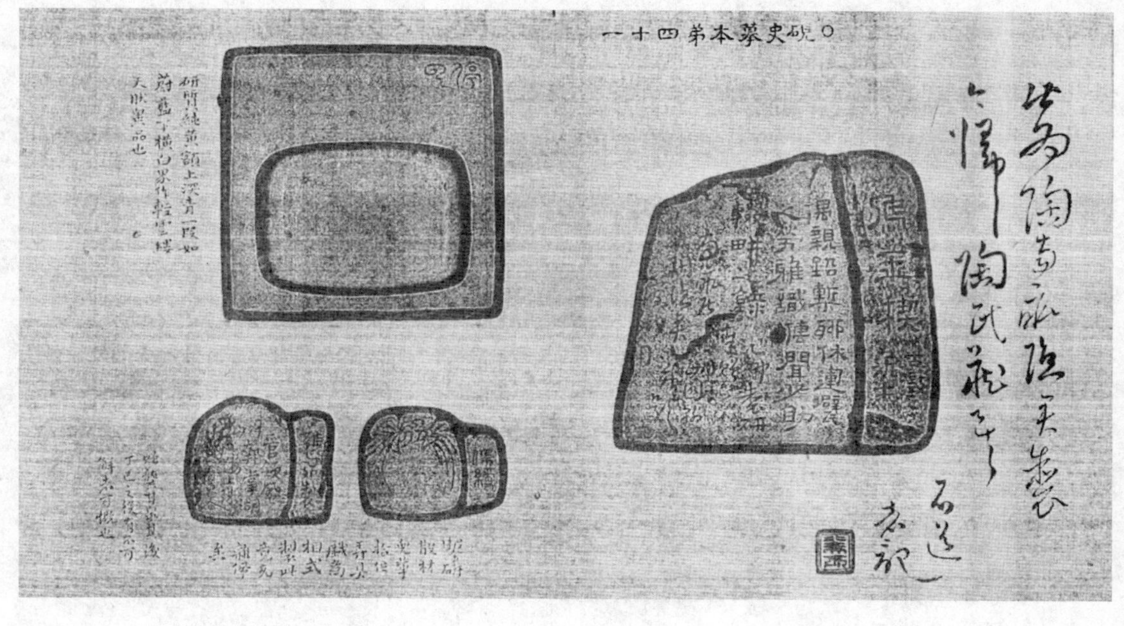

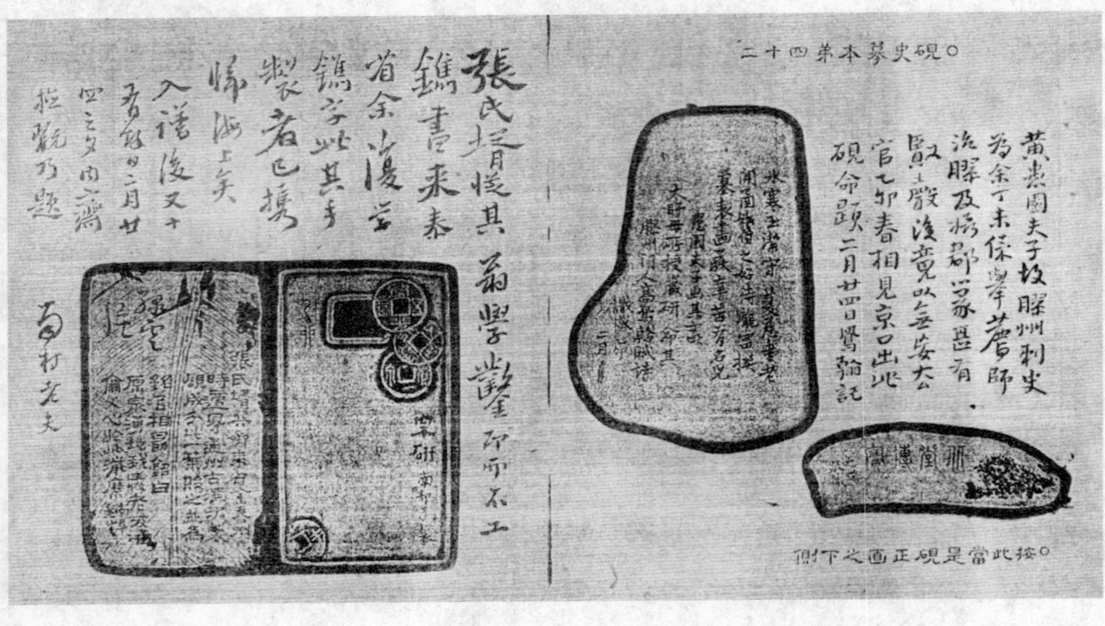
○硯史摹本第四十二
○按此當是硯正面之下側

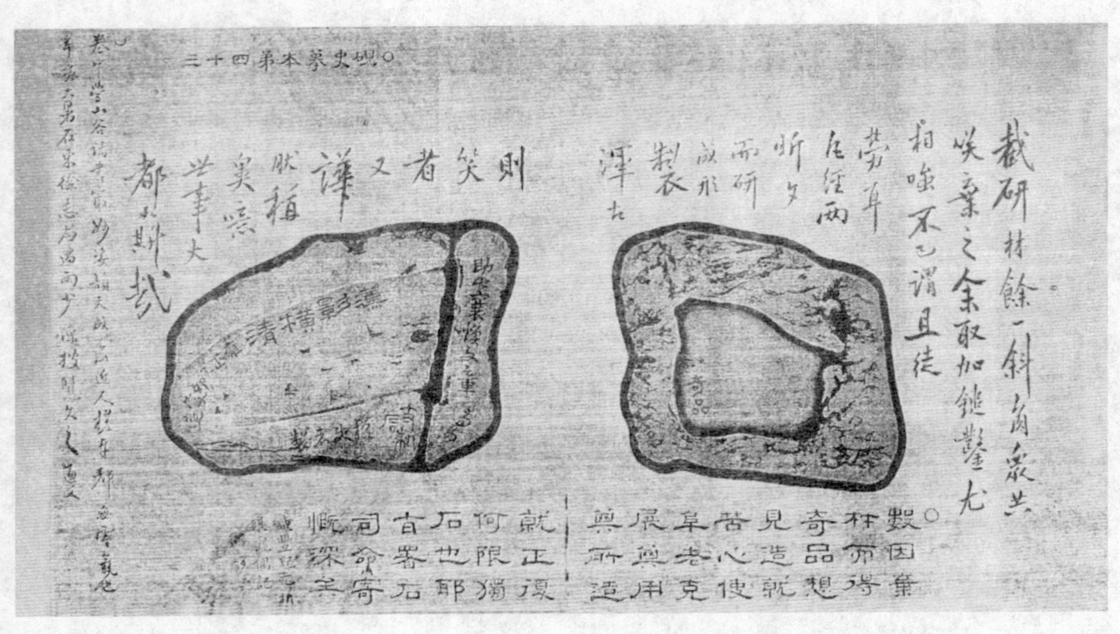
○硯史摹本第四十三

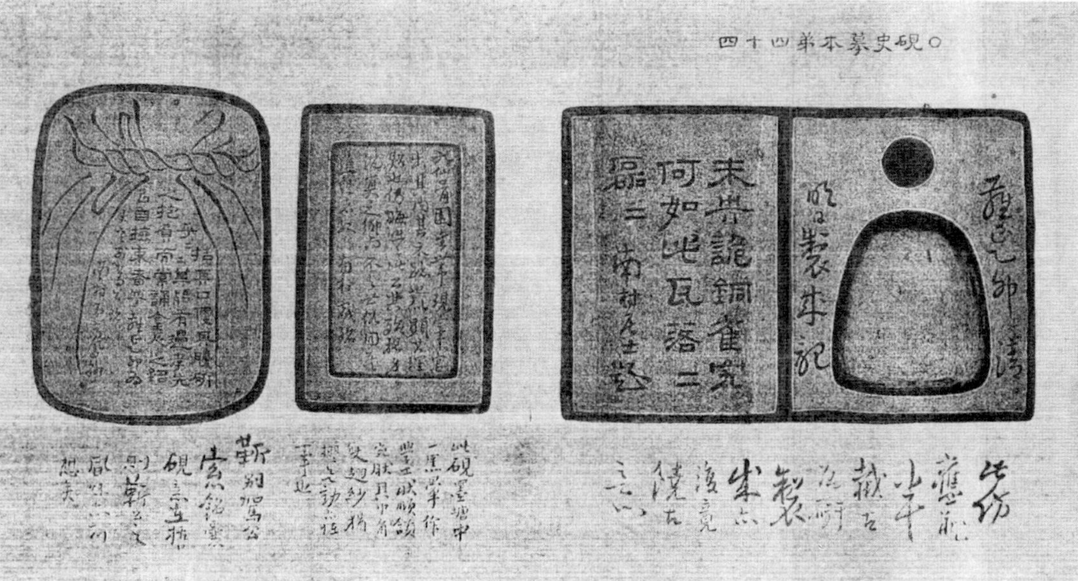

○硯史摹本第四十四

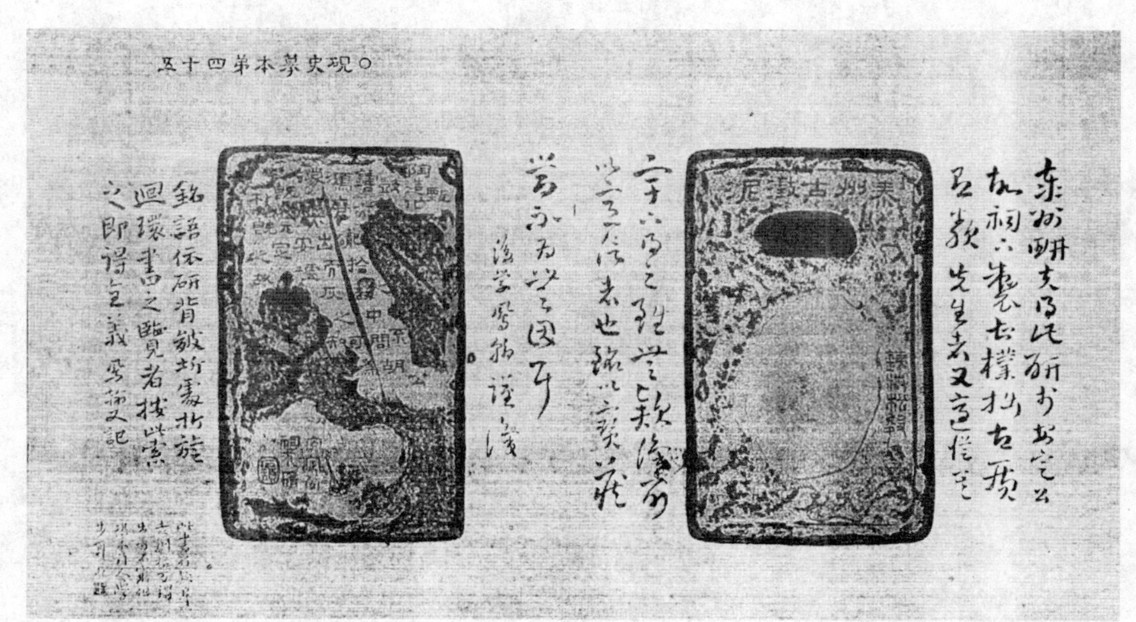

○硯史摹本第四十五

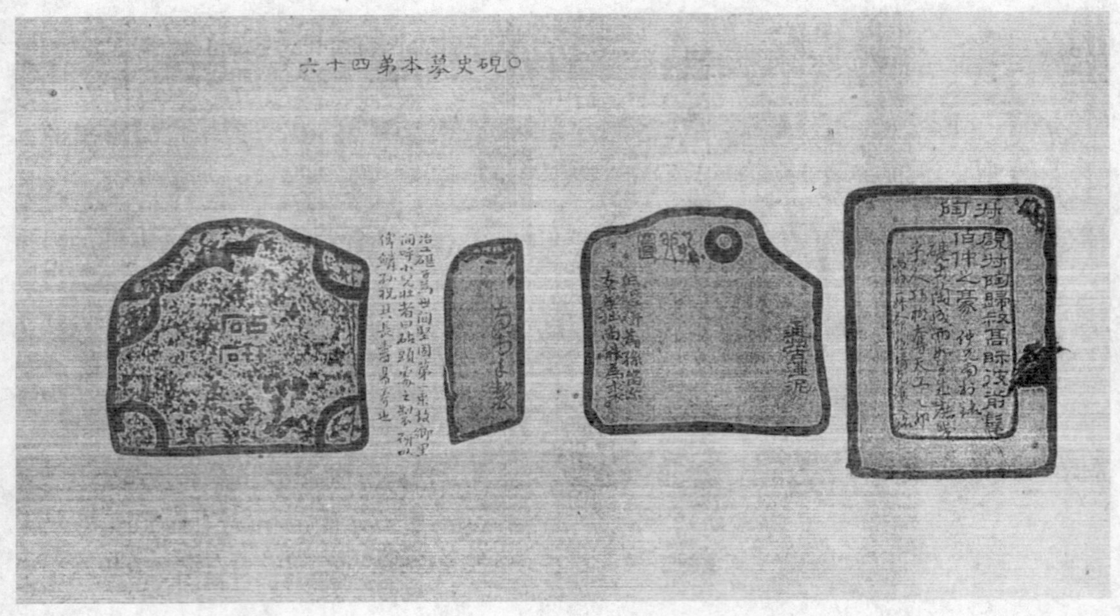

○硯史摹本第四十六

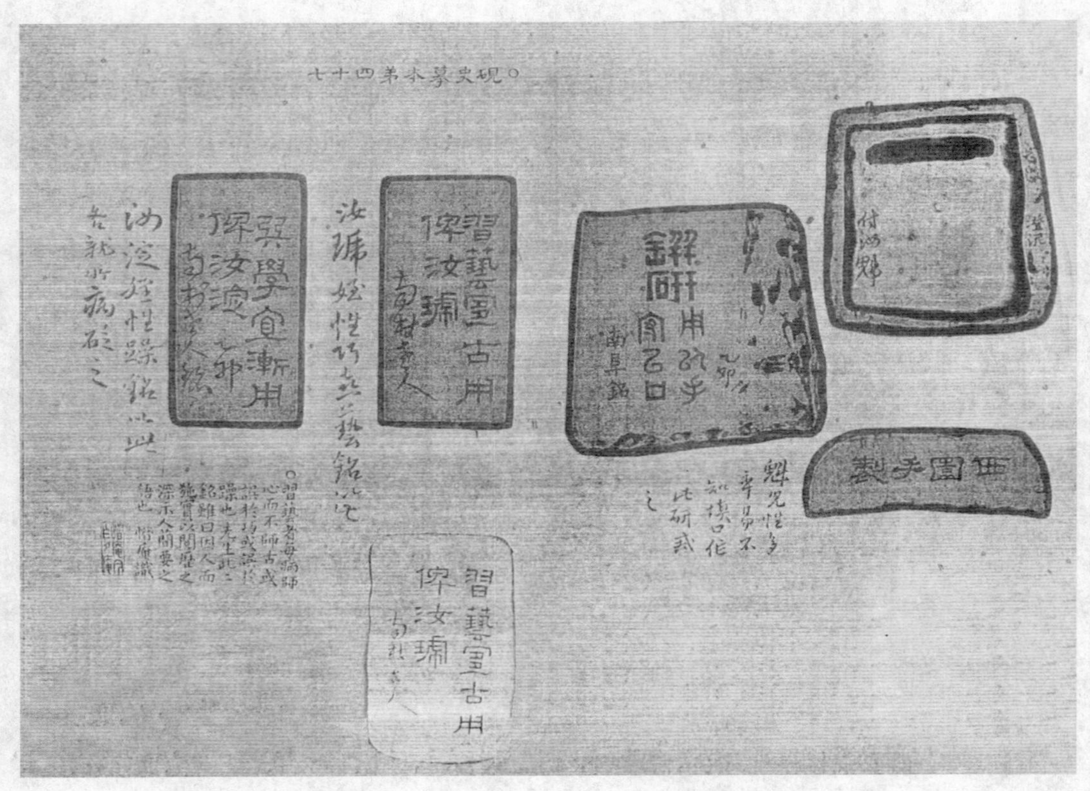

○硯史摹本第四十七

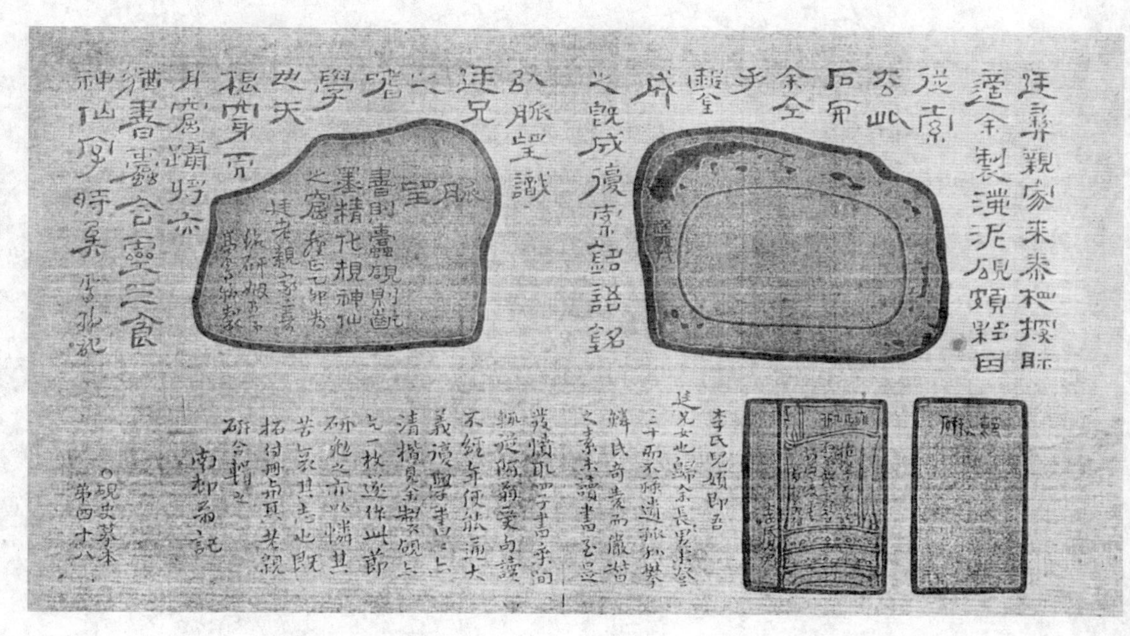
○硯史摹本第四十八

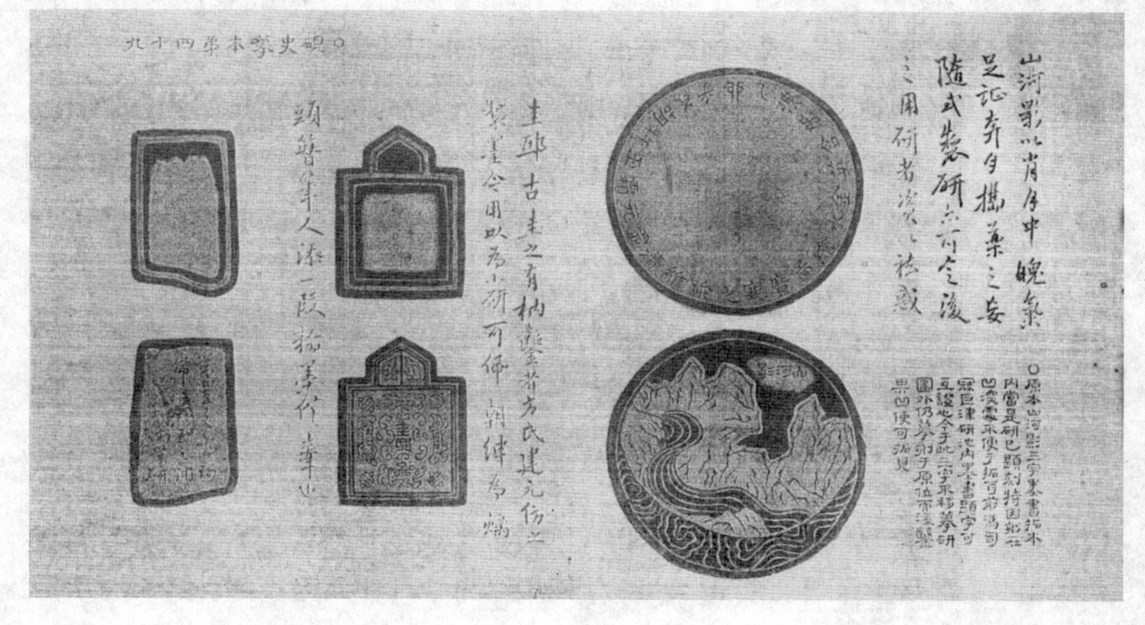
○硯史摹本第四十九

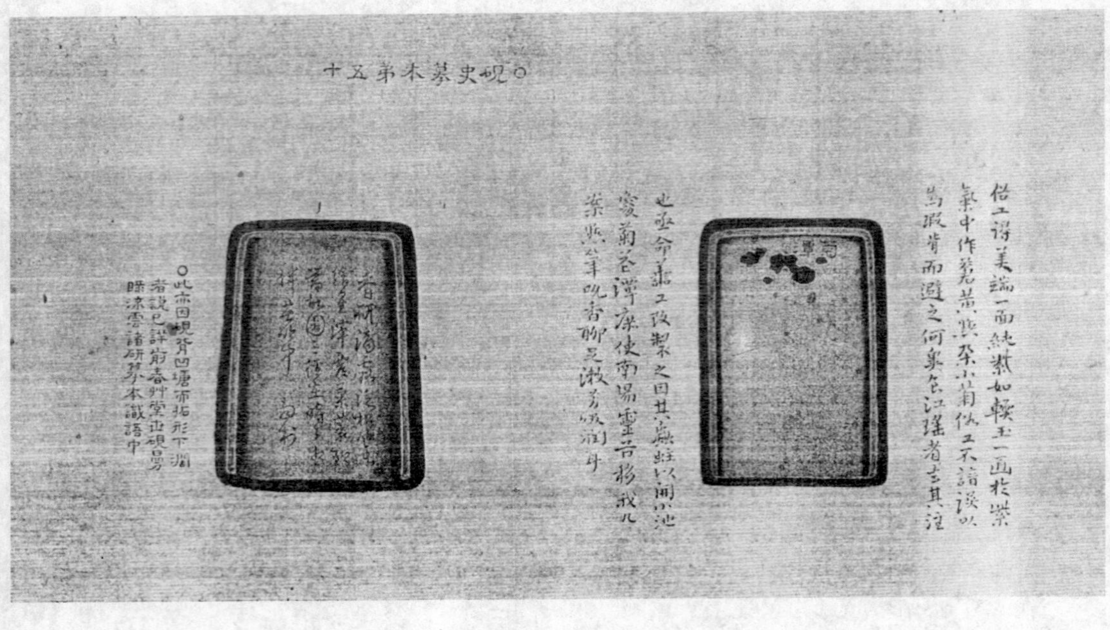
硯史摹本第五十

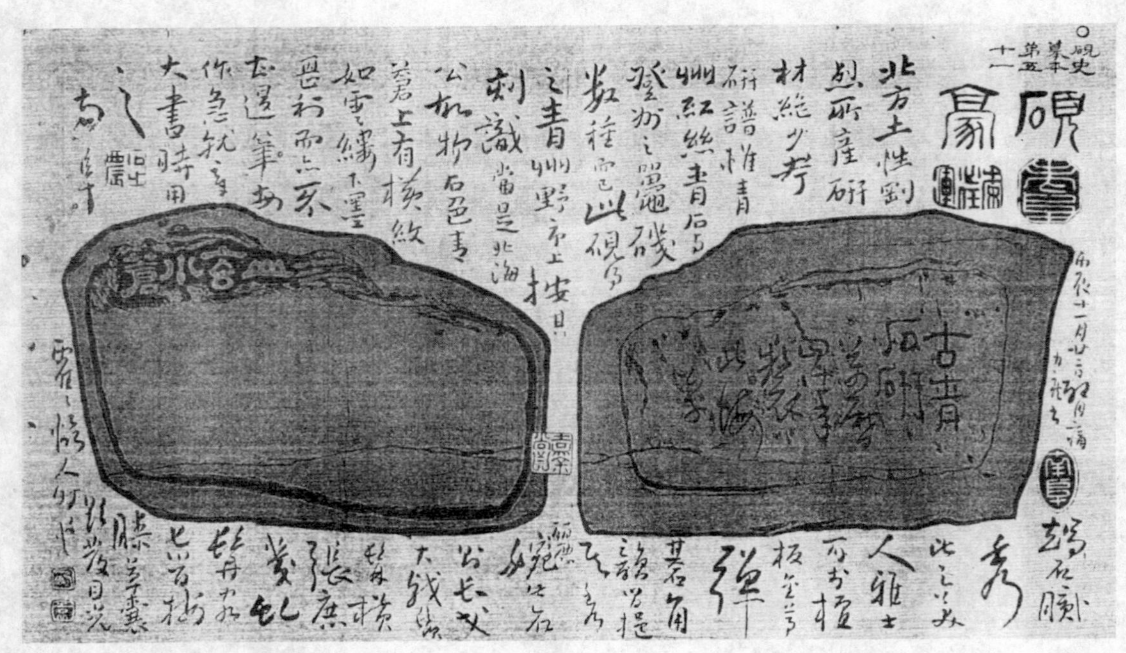
硯史摹本第五十一

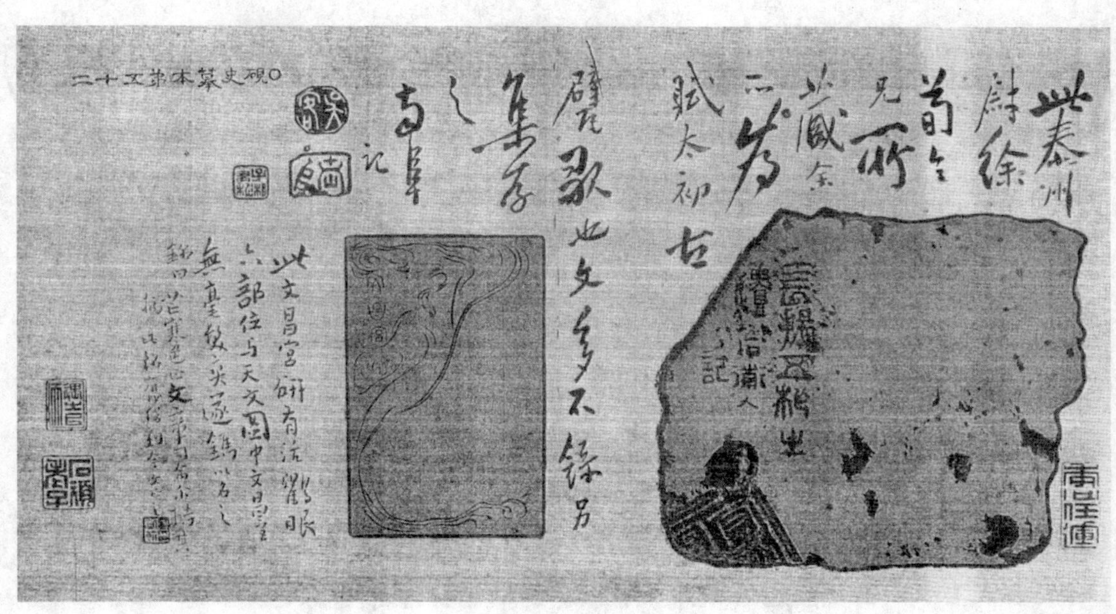
○硯史摹本弟五十二

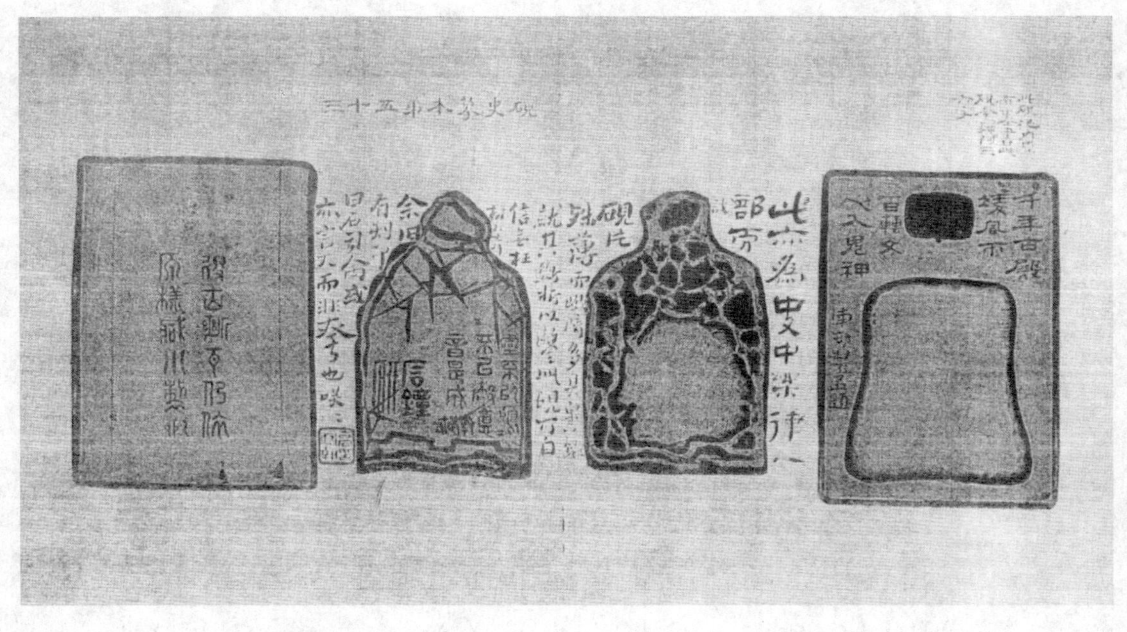
硯史摹本弟五十三

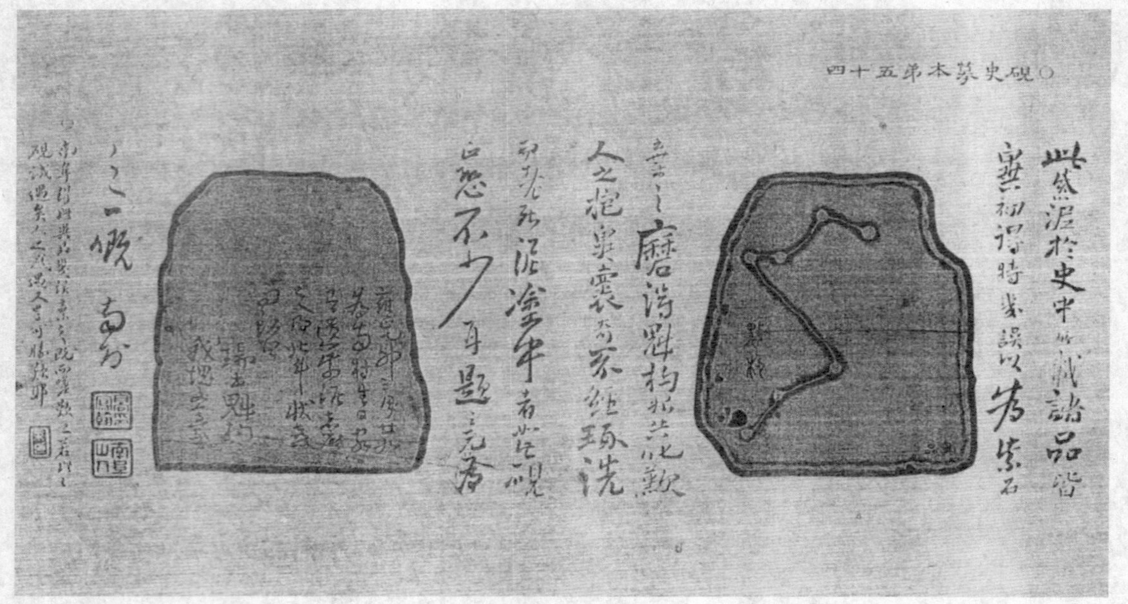
〇硯史摹本第五十四

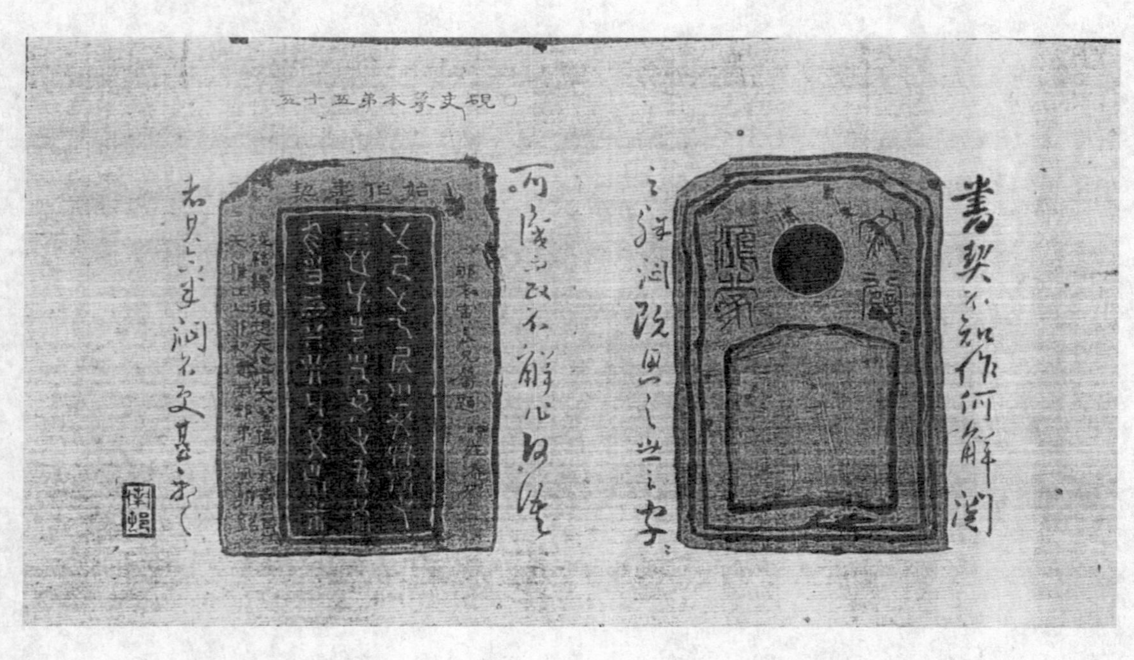
〇硯史摹本第五十五

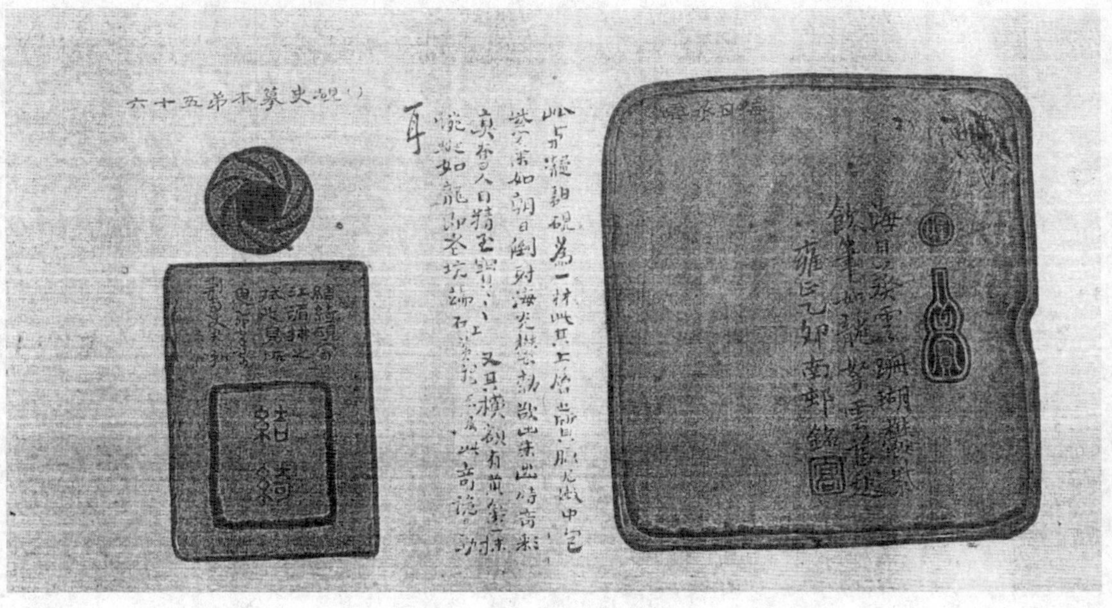
硯史摹本第五十六

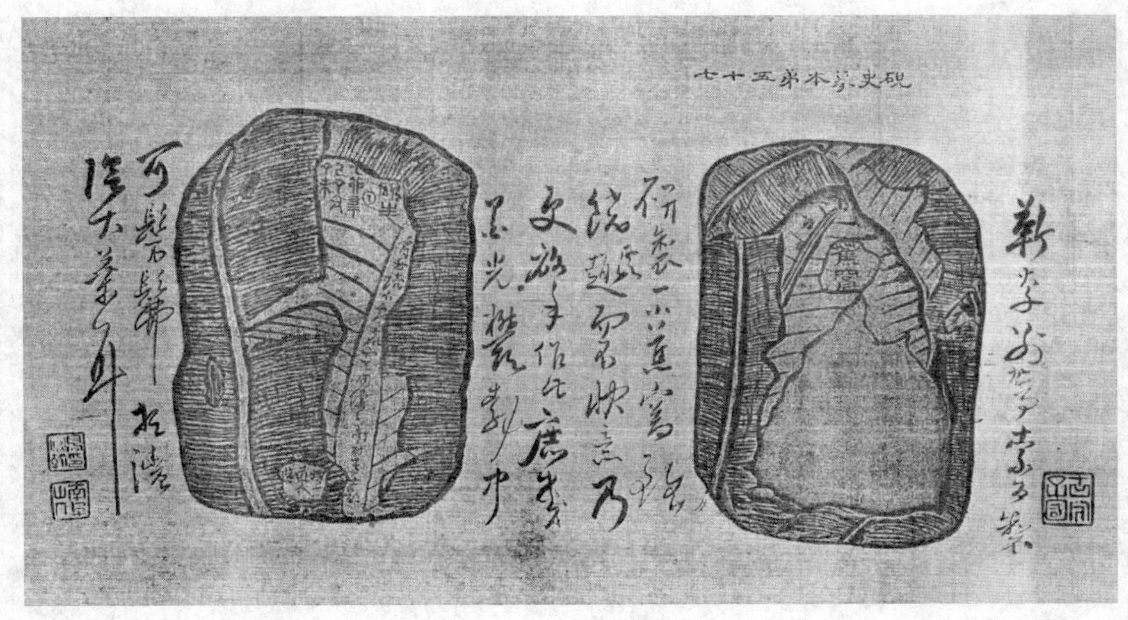
硯史摹本第五十七

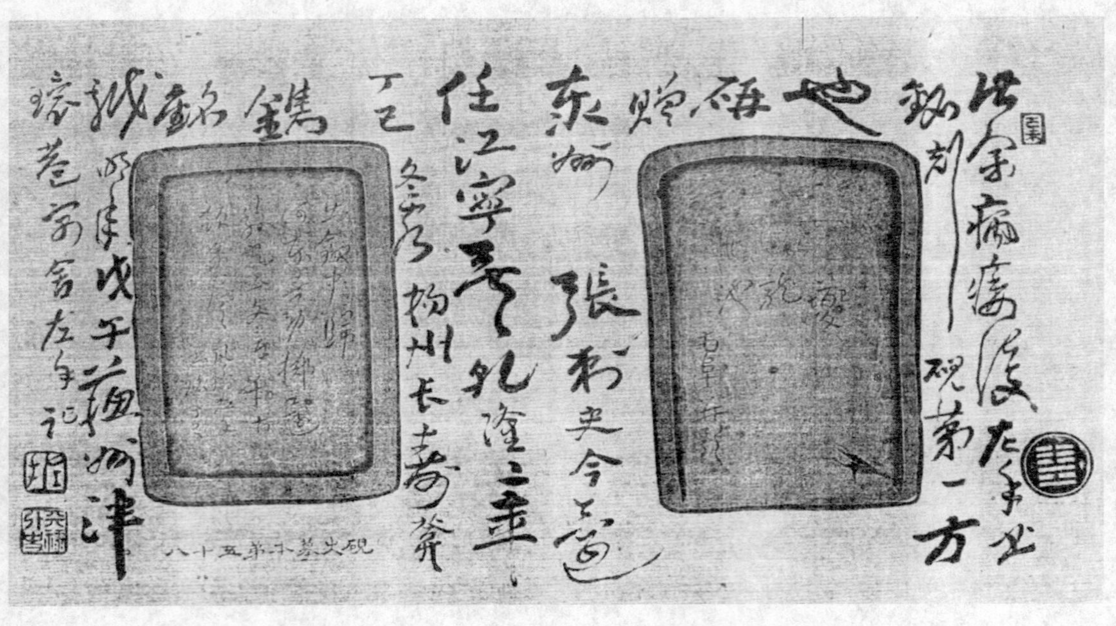

硯史槖本第五十八

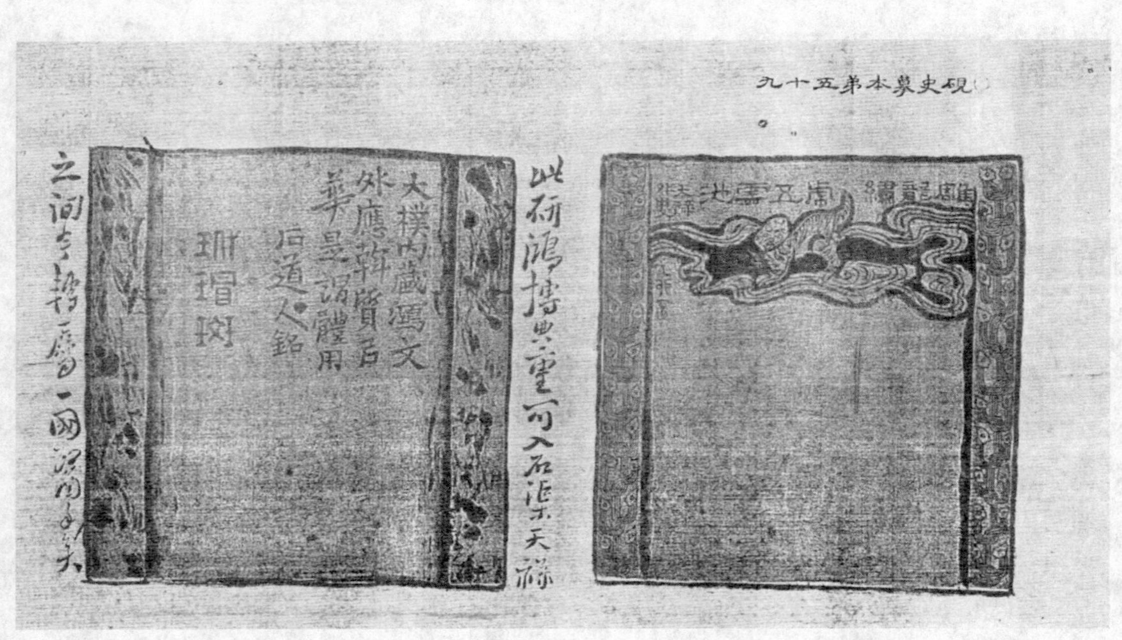

硯史槖本第五十九

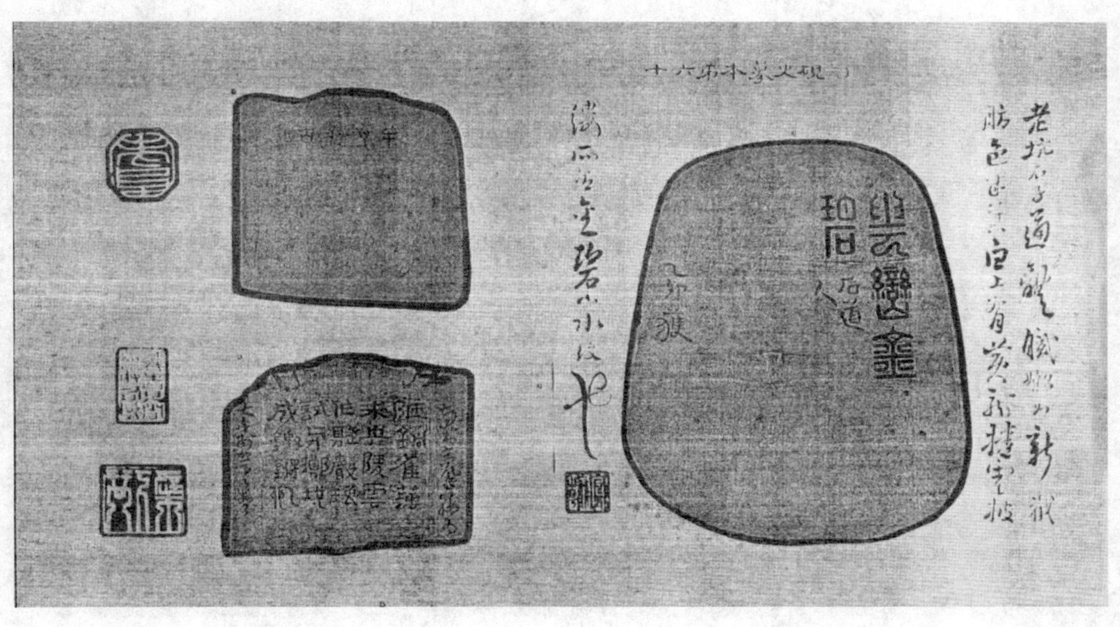
硯史摹本第六十

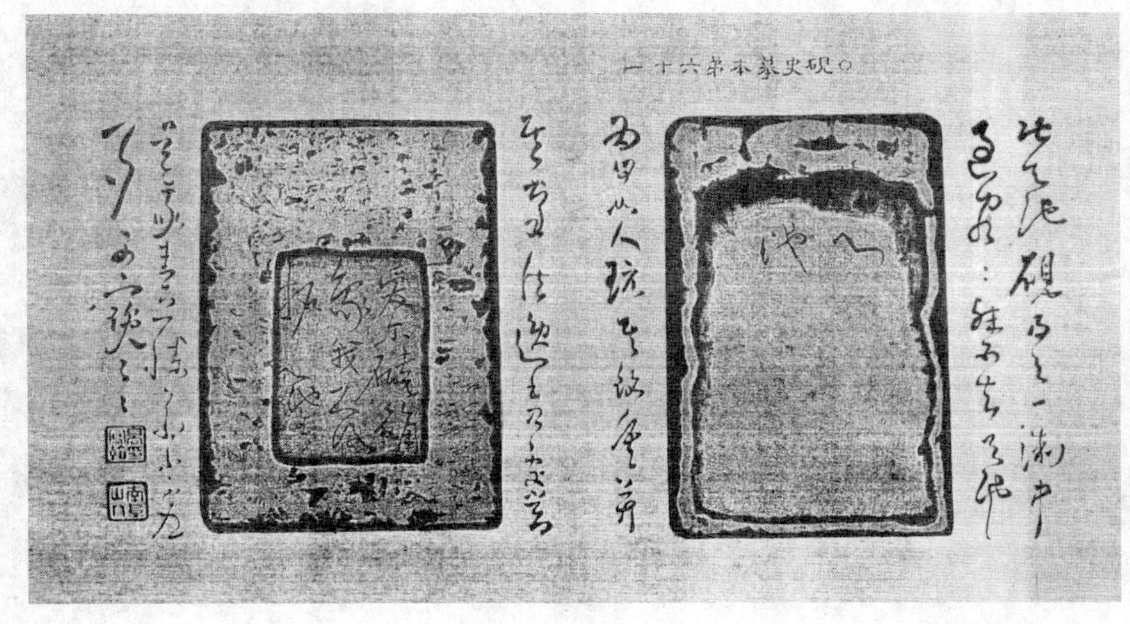
硯史摹本第六十一

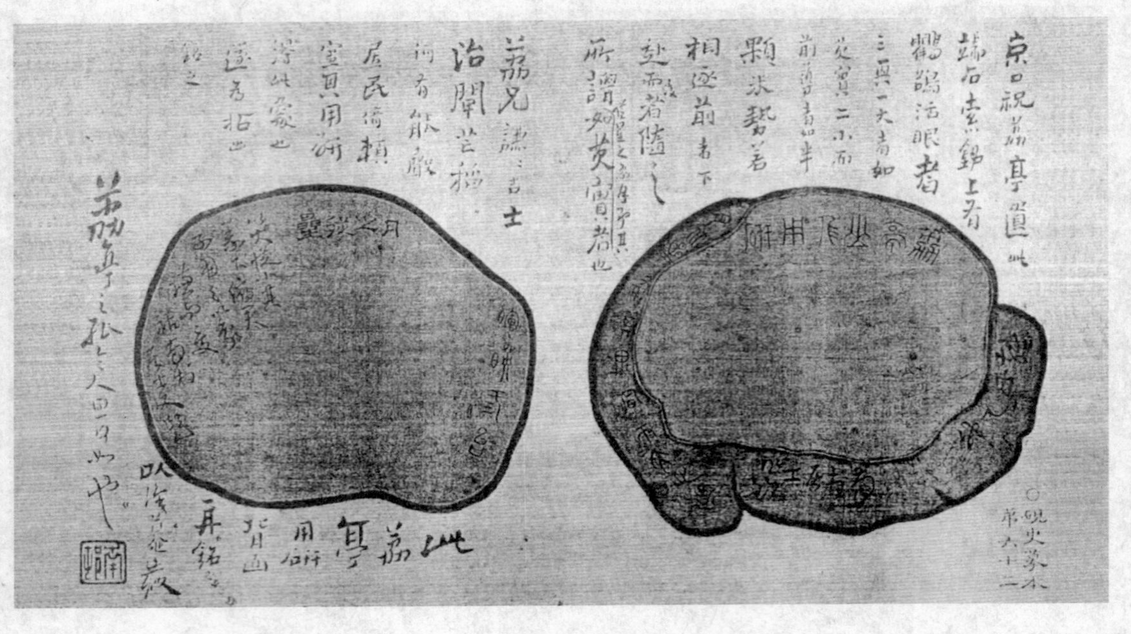
○硯史摹本第六十二

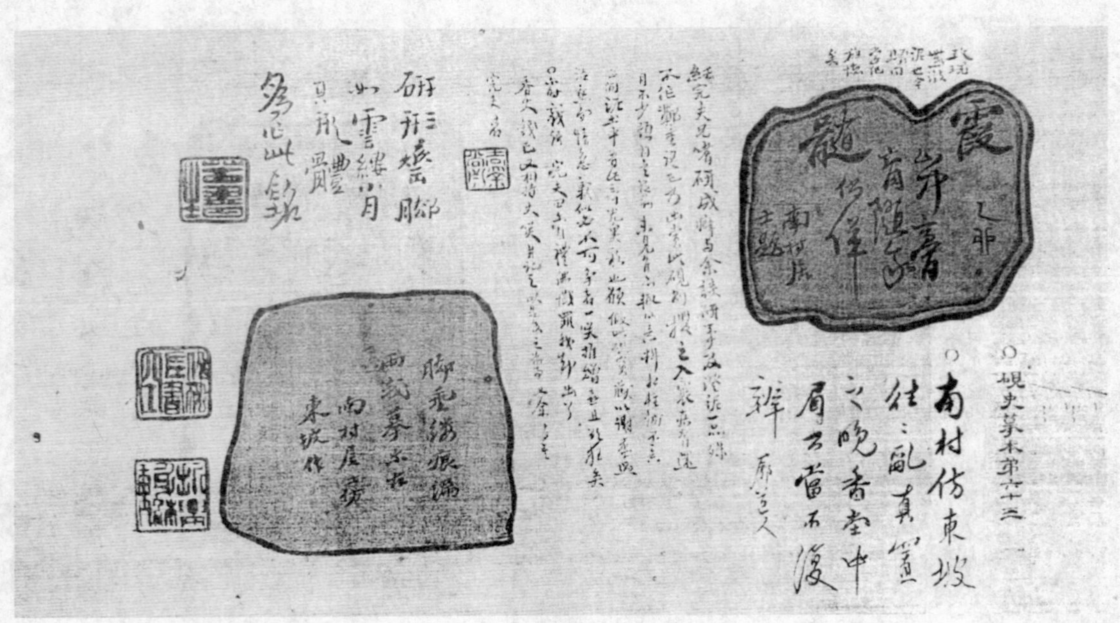
○硯史摹本第六十三

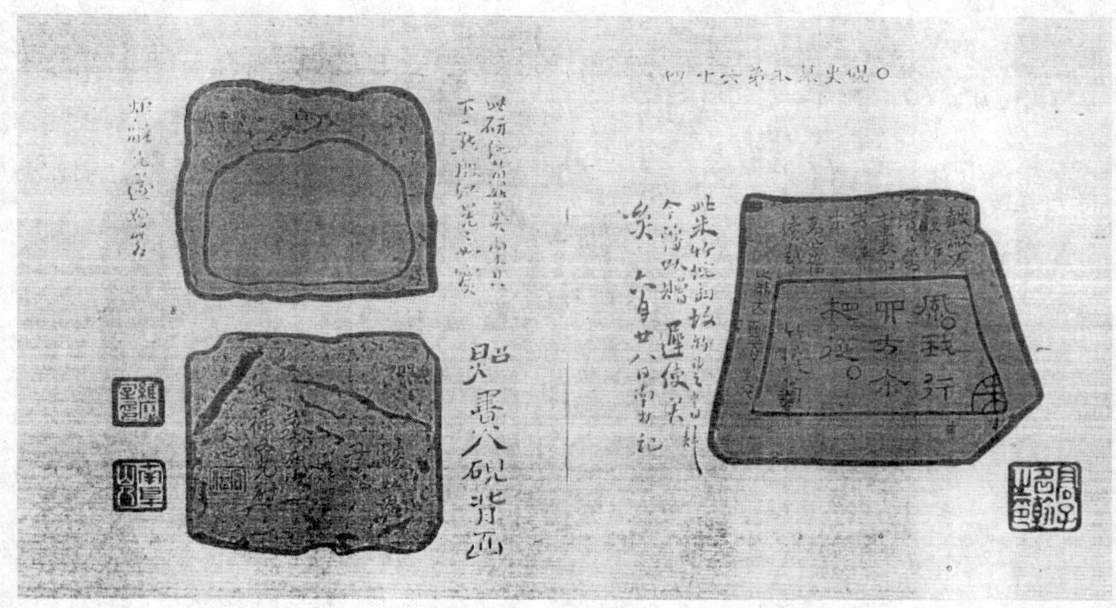
硯史摹本第六十四

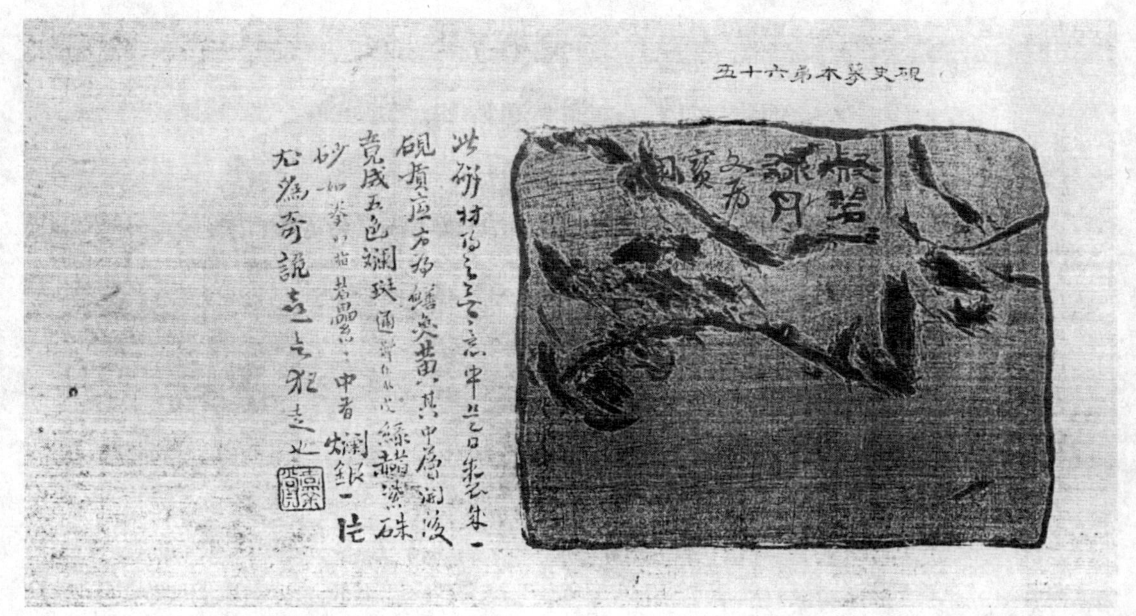
硯史摹本第六十五

新別駕谷立齊學人也架上
籤不翅万鐵皆入具靈辰毎
命對談紅楮擧善隨近
昱此佳澄泥素爲製研戎
者國塞旦爲裁別別駕公道也
乃當臺寅亜津拜爲題凱
癡人

七月日油拓之圖
此海
文
物工營爲新章前方後之硯

忽潭舟四年六表此名

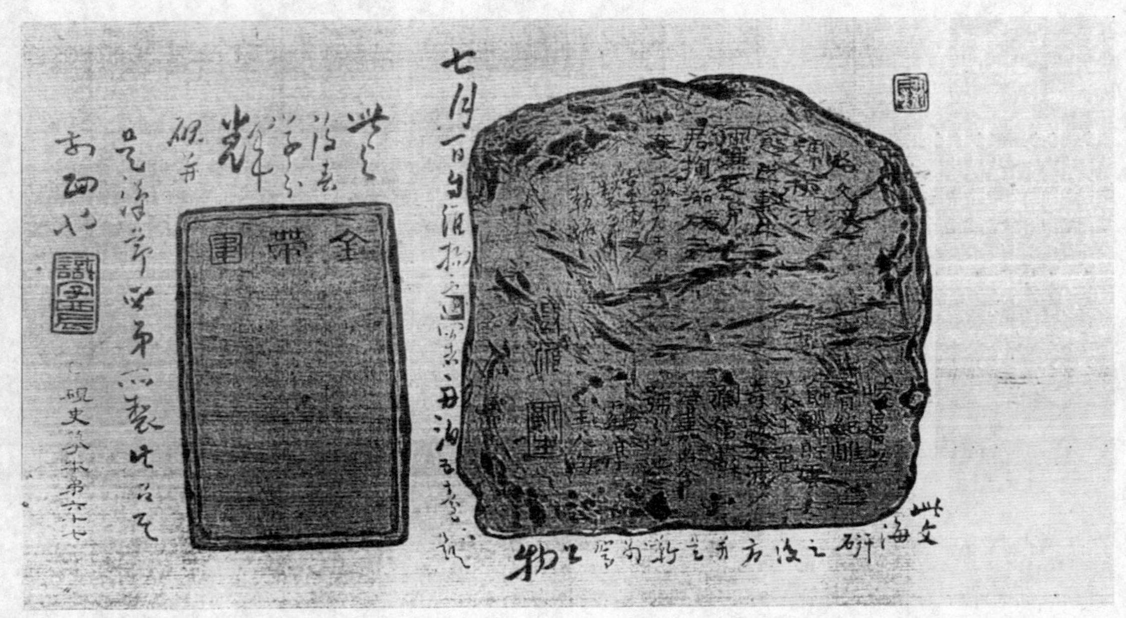

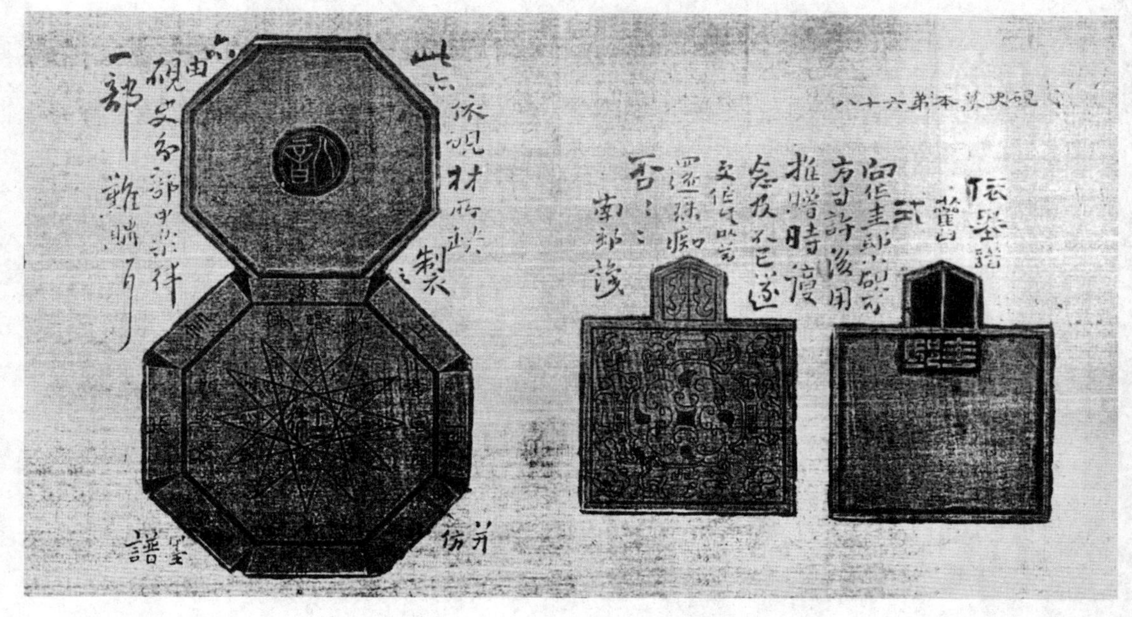
硯史摹本第六十八

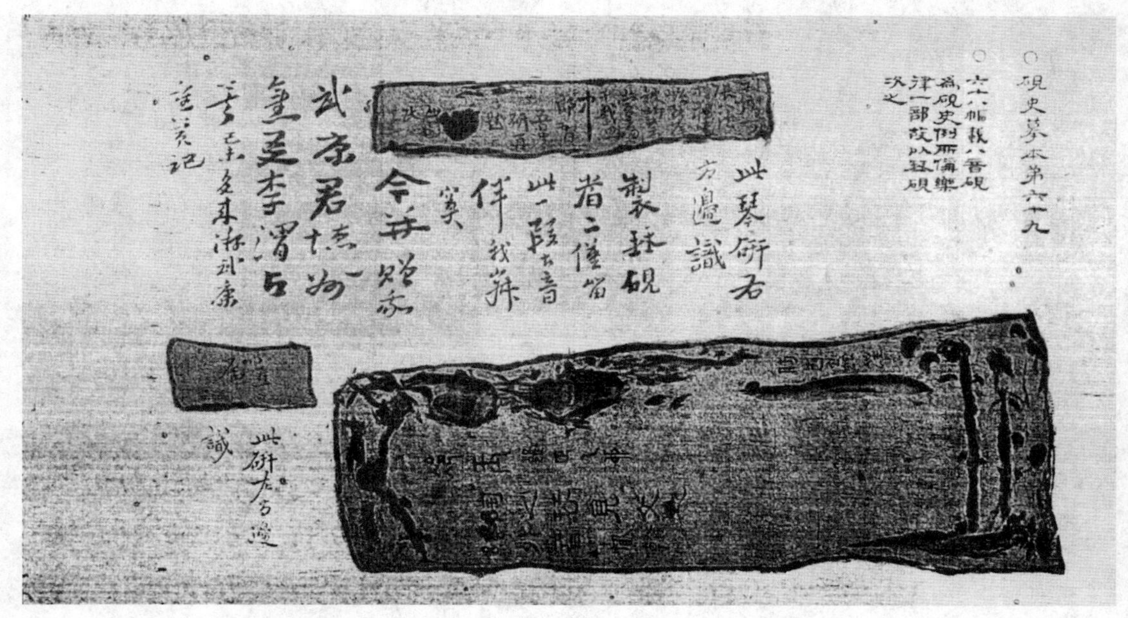
硯史摹本第六十九

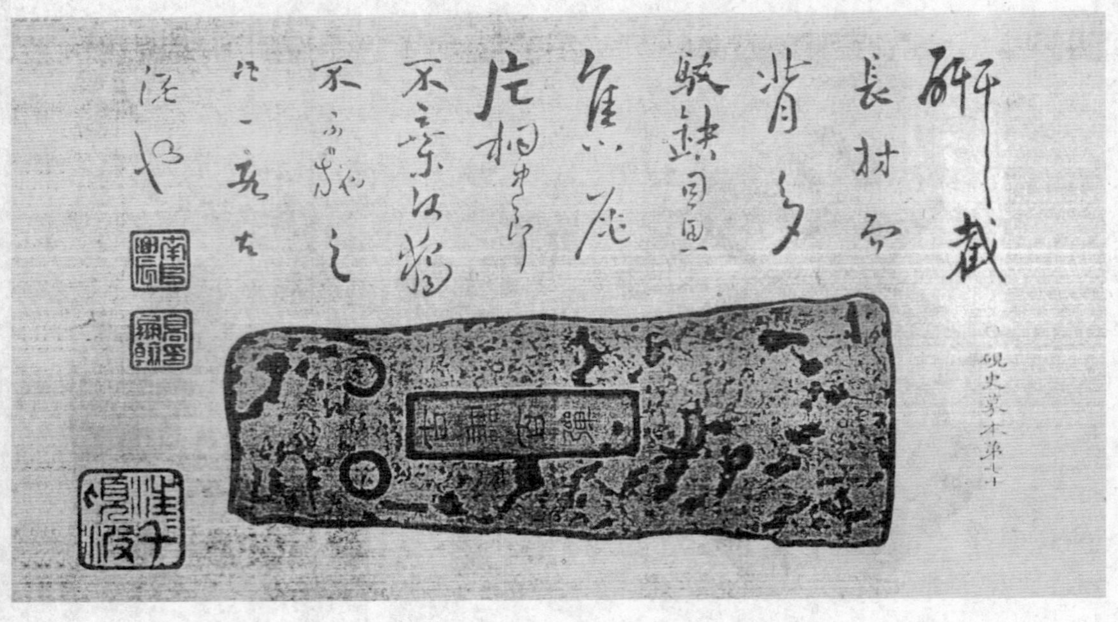

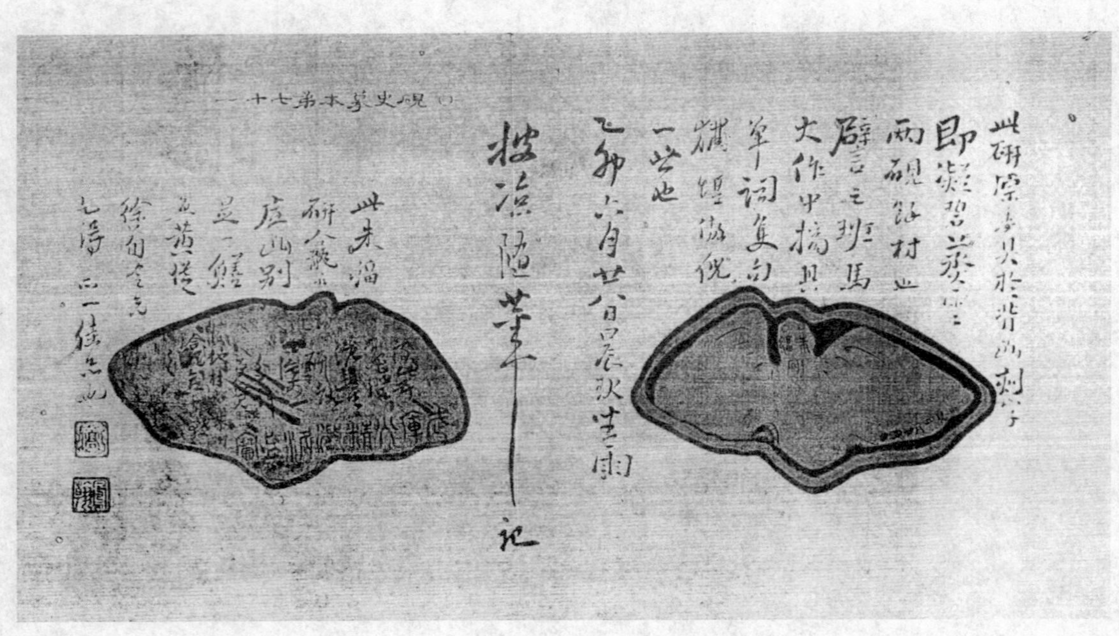

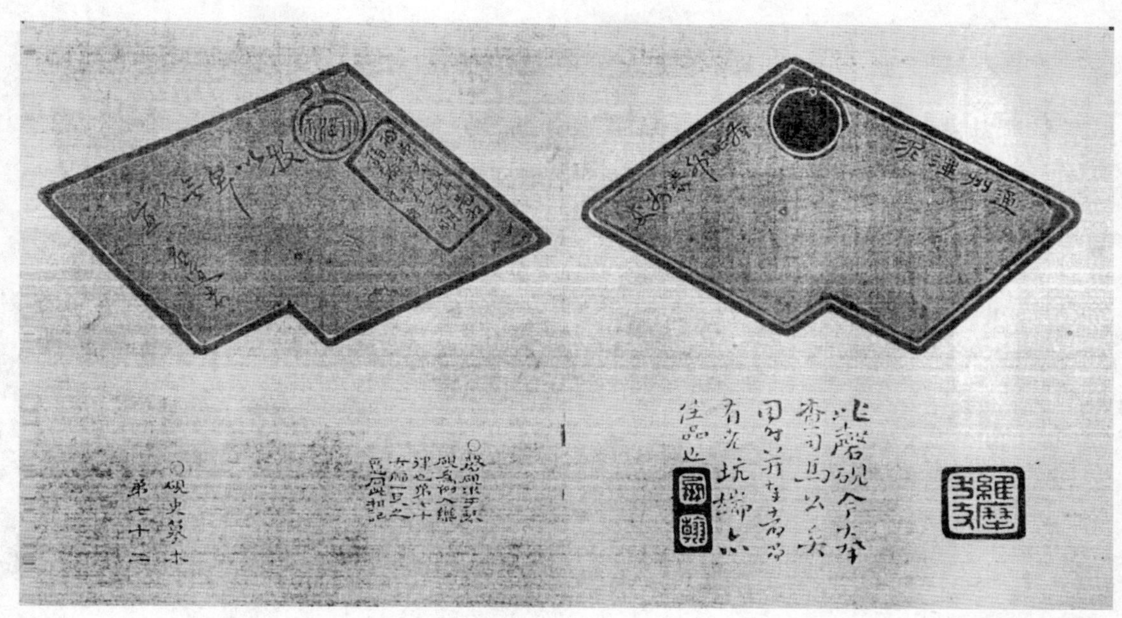

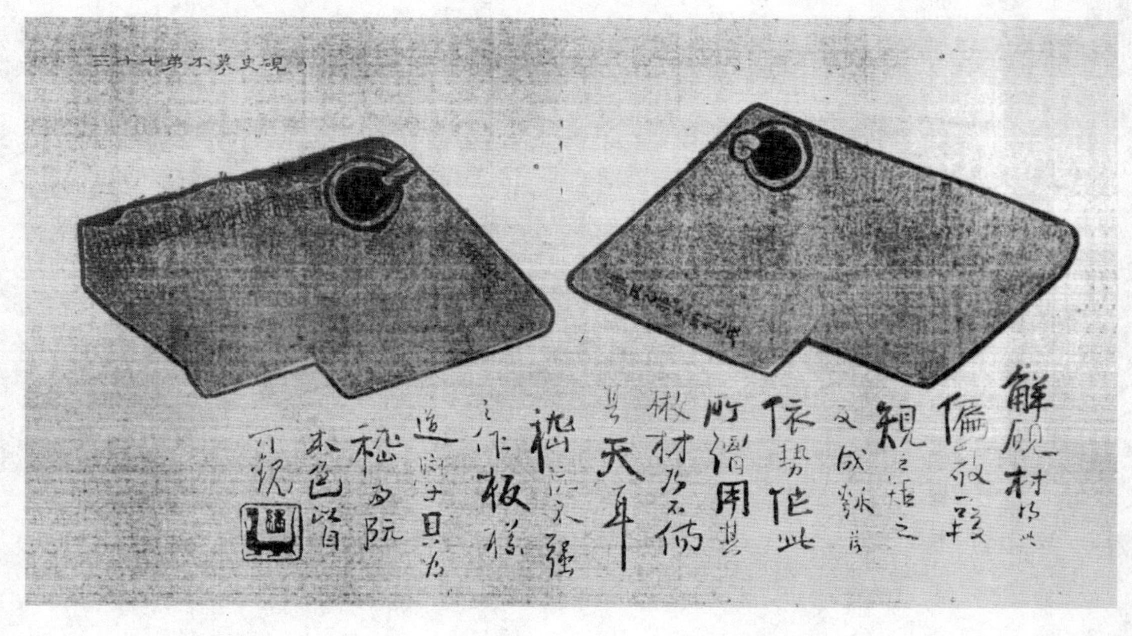

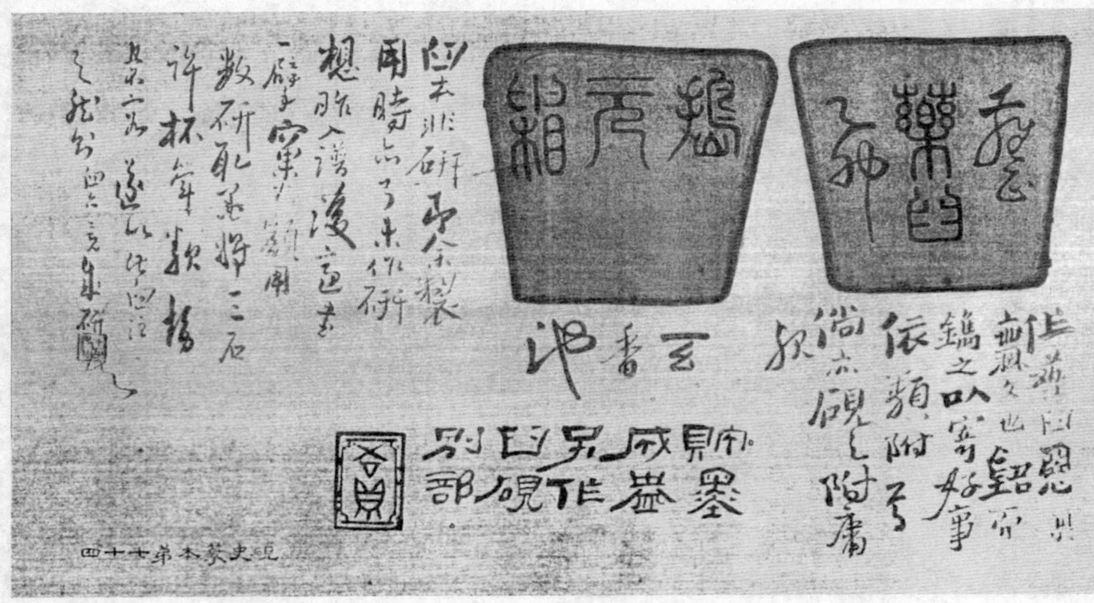

硯史摹本第十五

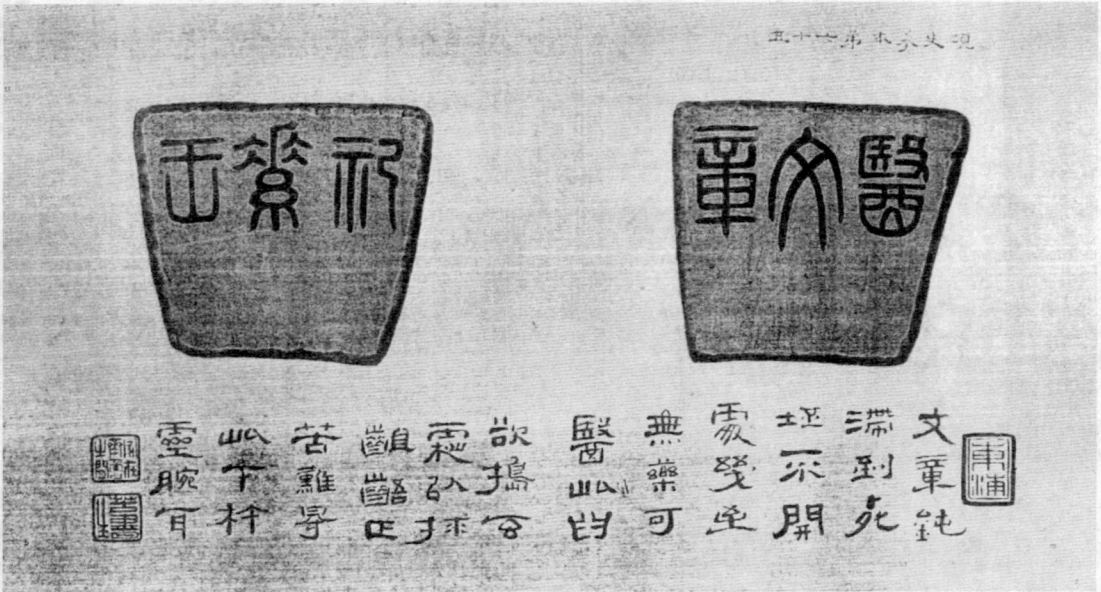

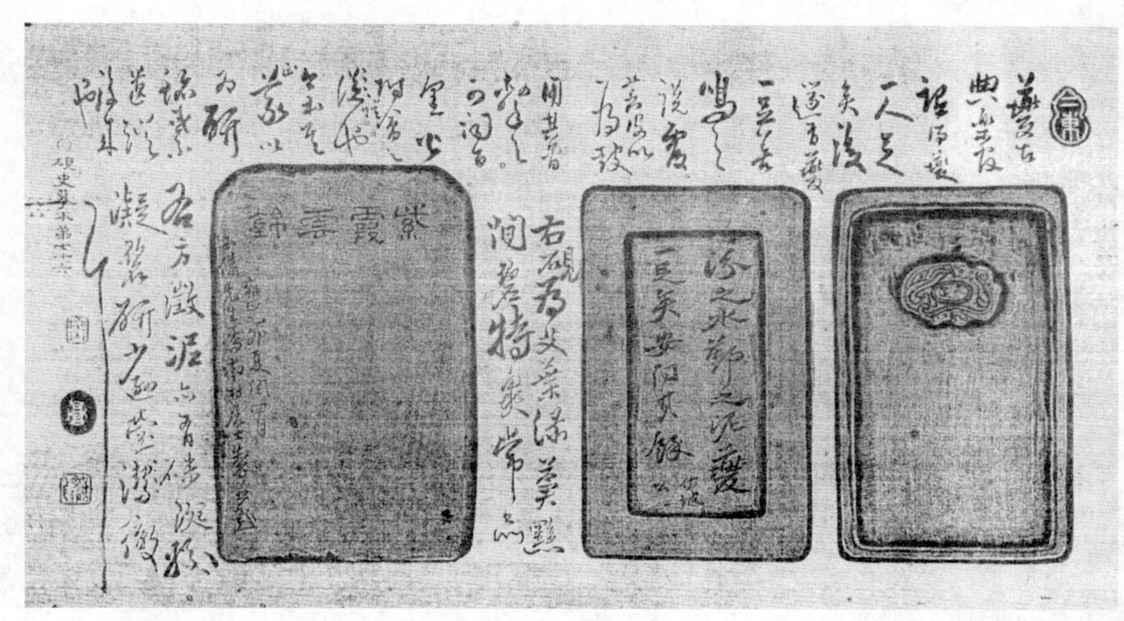

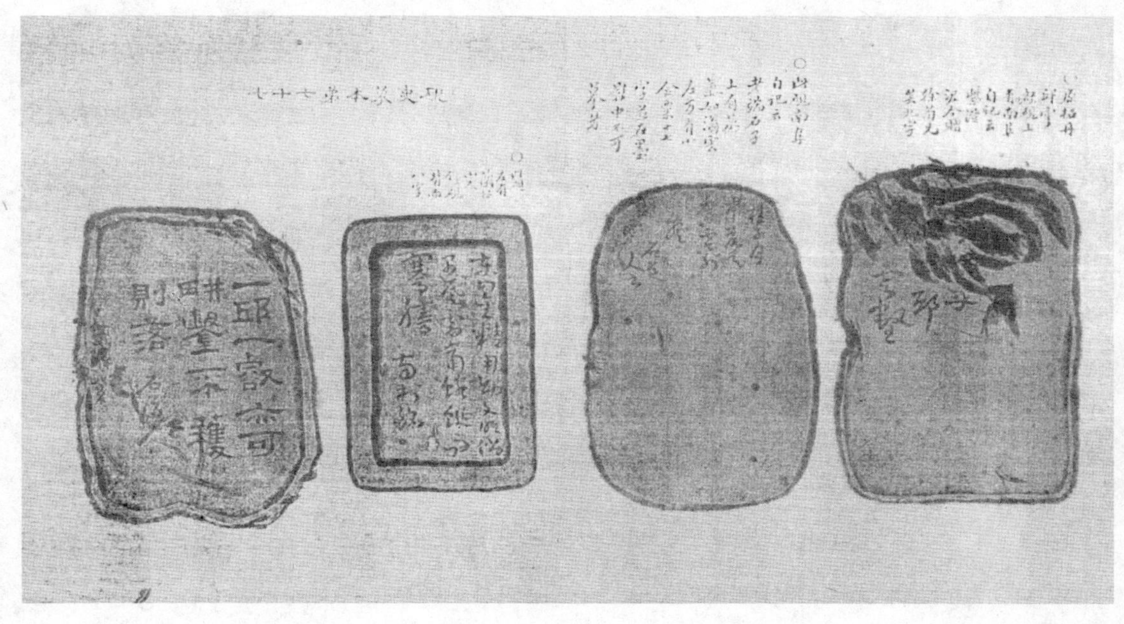

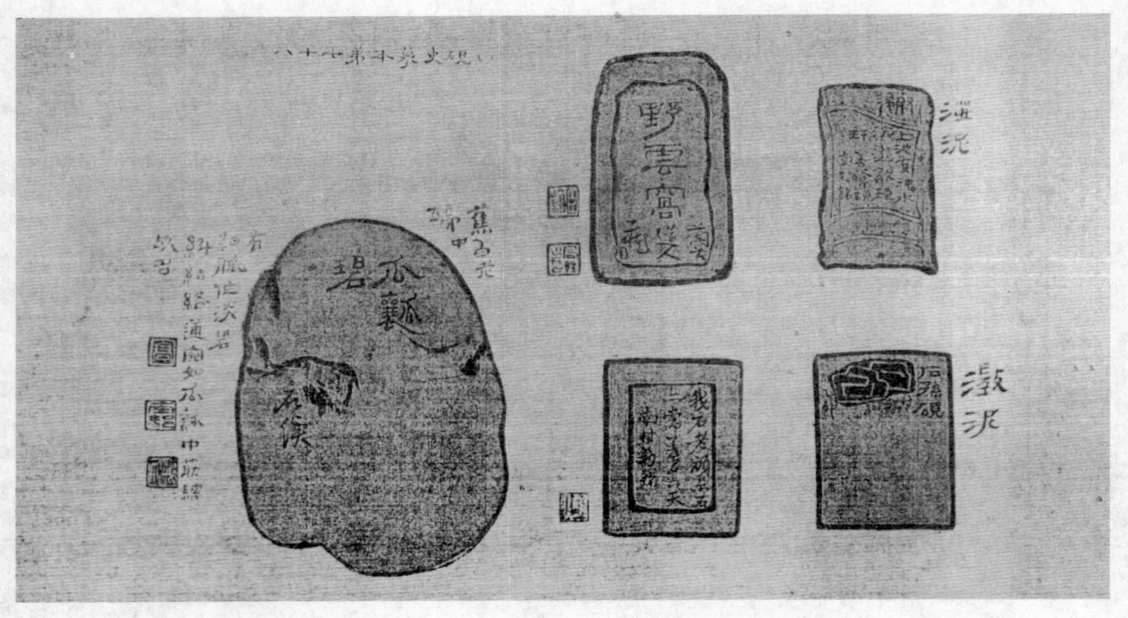

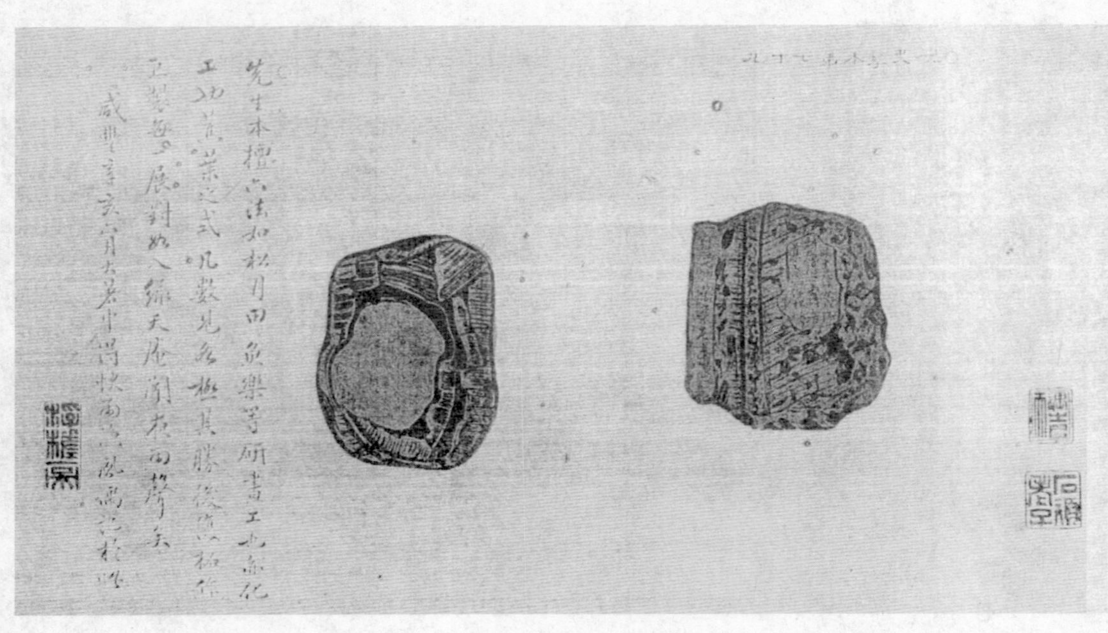

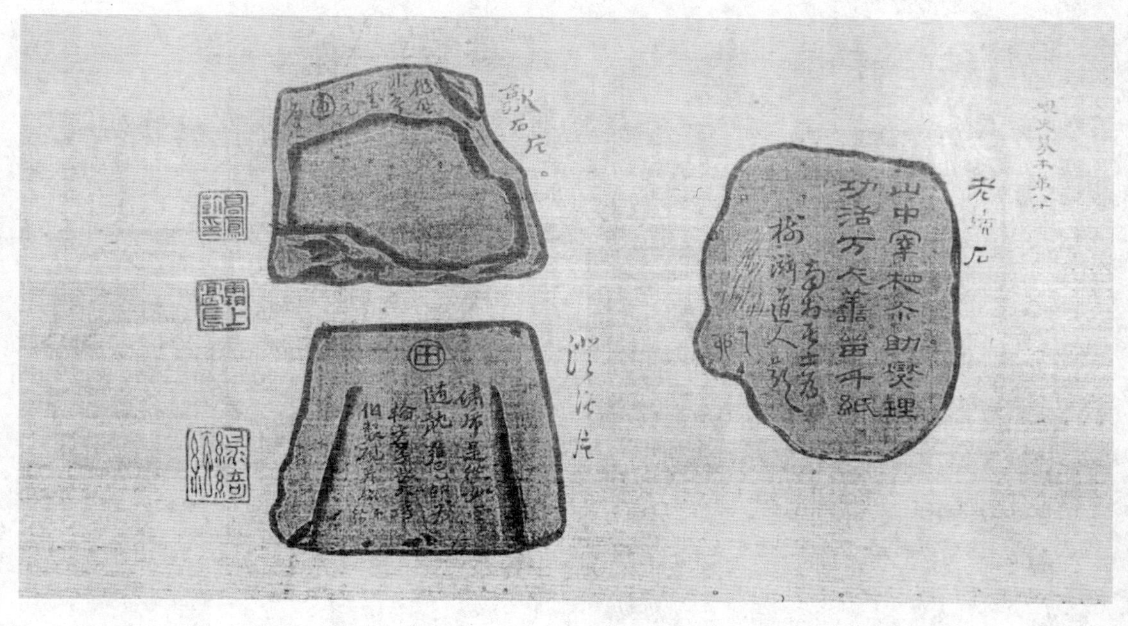

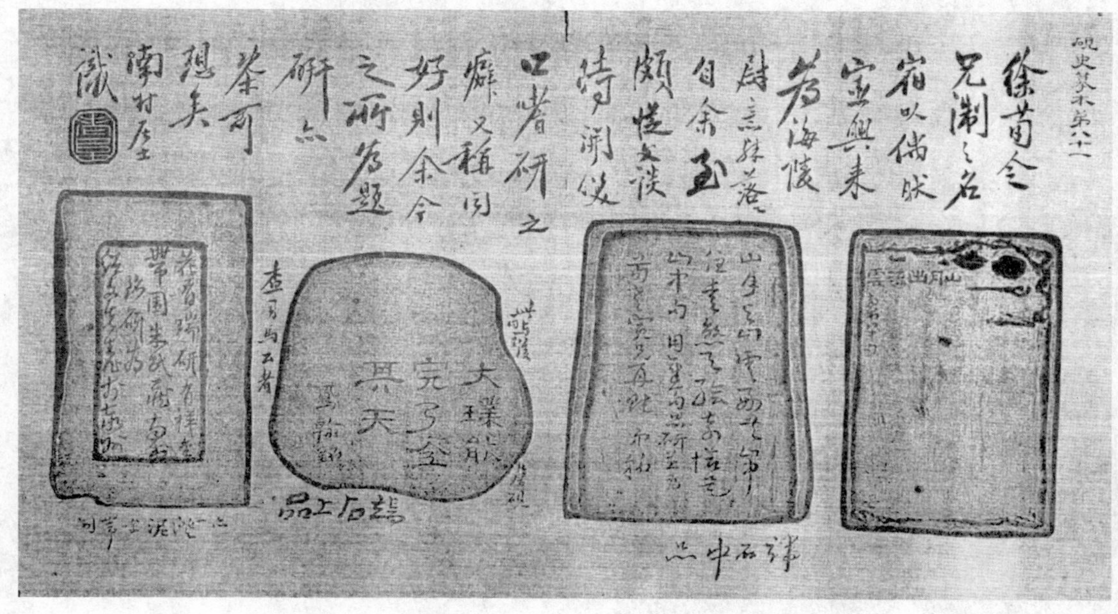

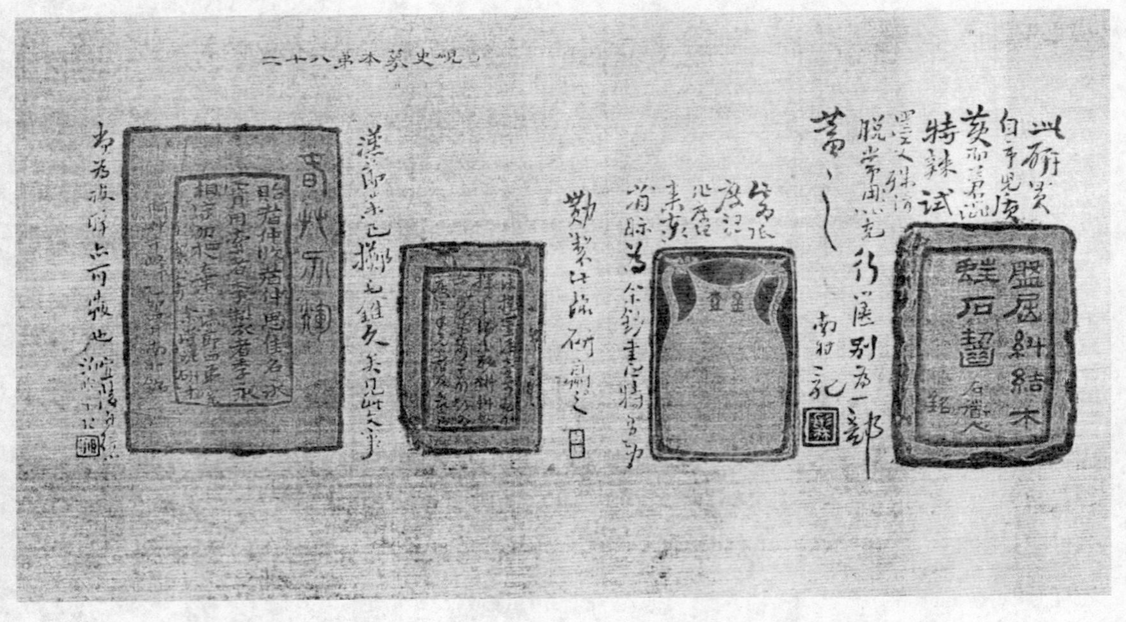

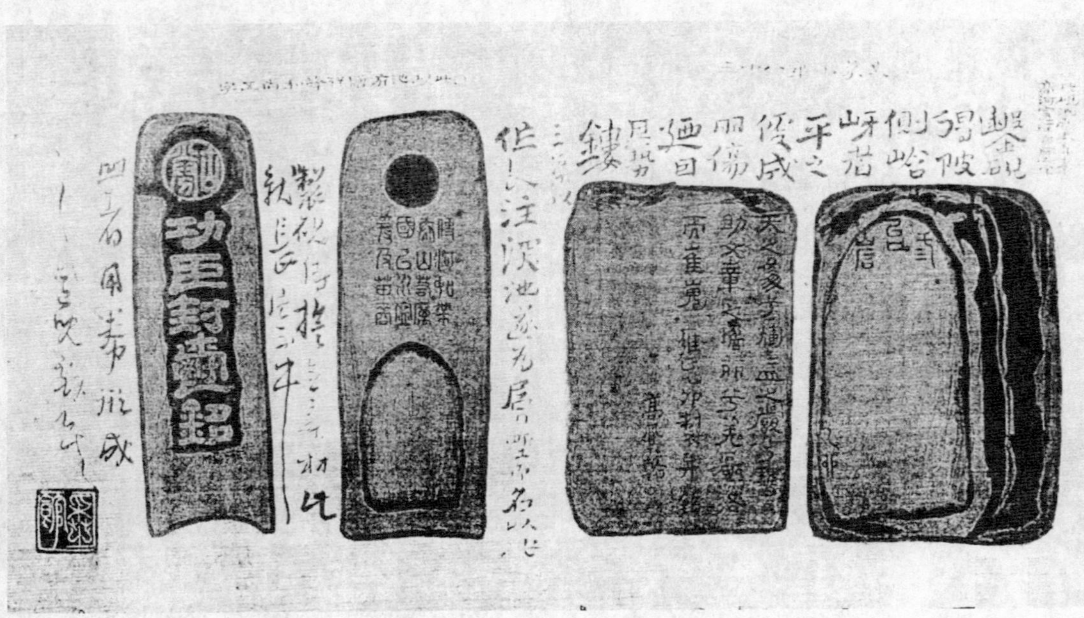

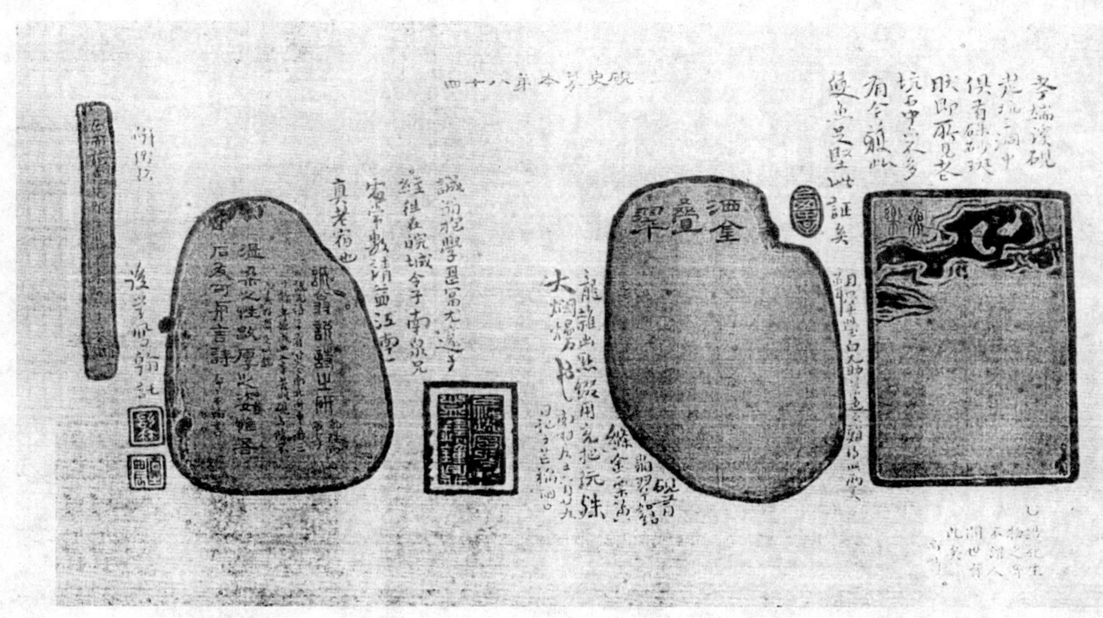
硯史摹本八十四

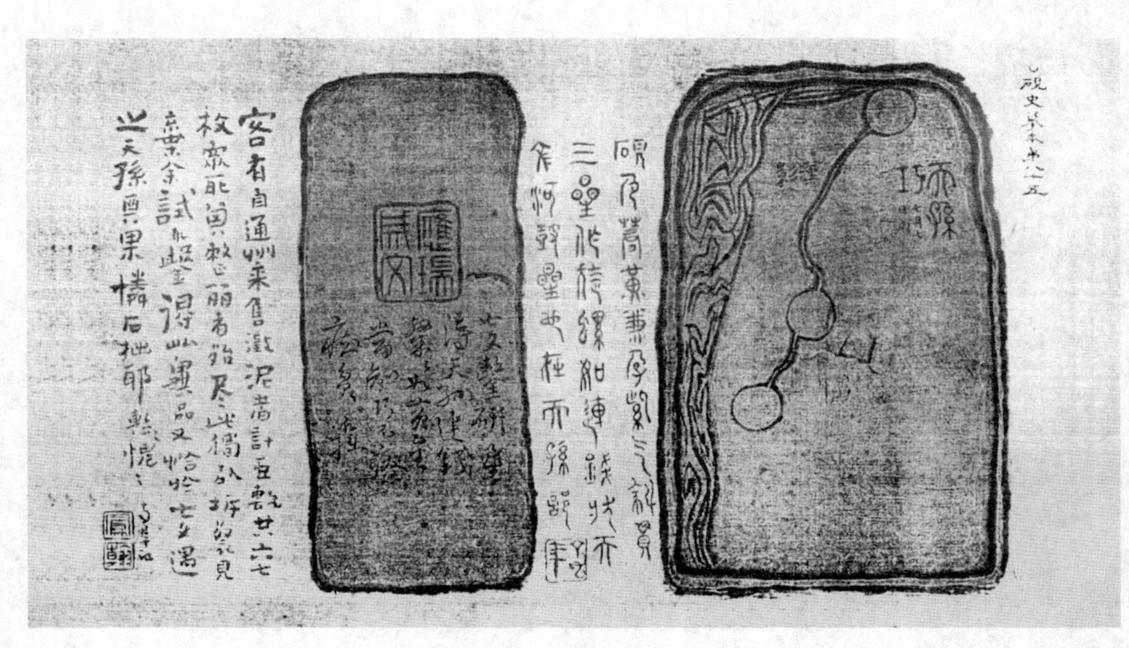
硯史摹本八十五

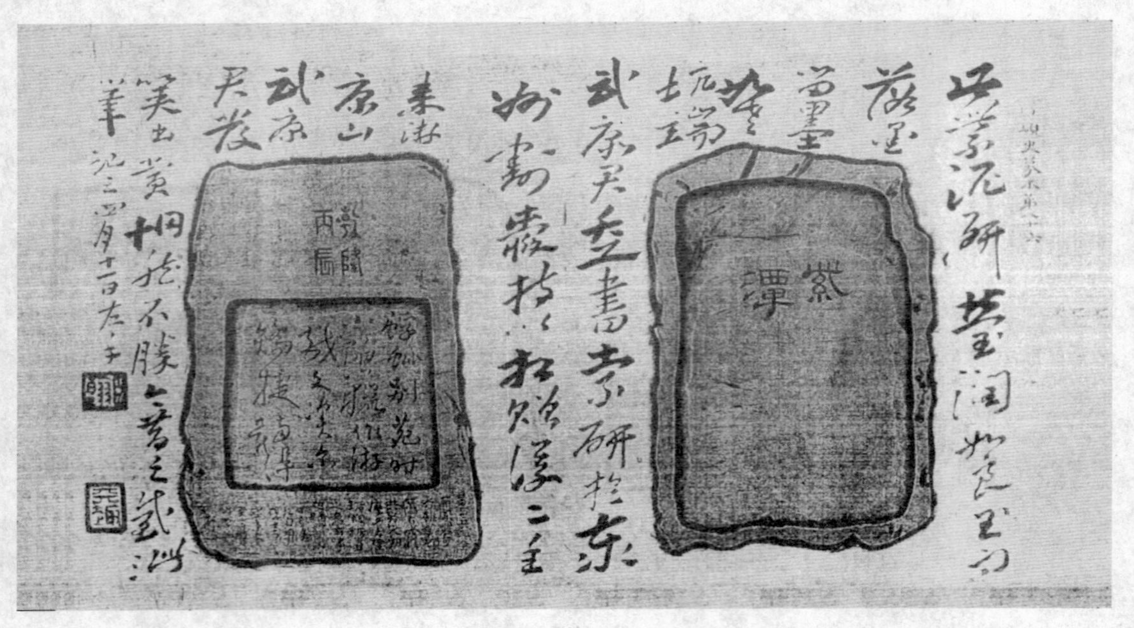

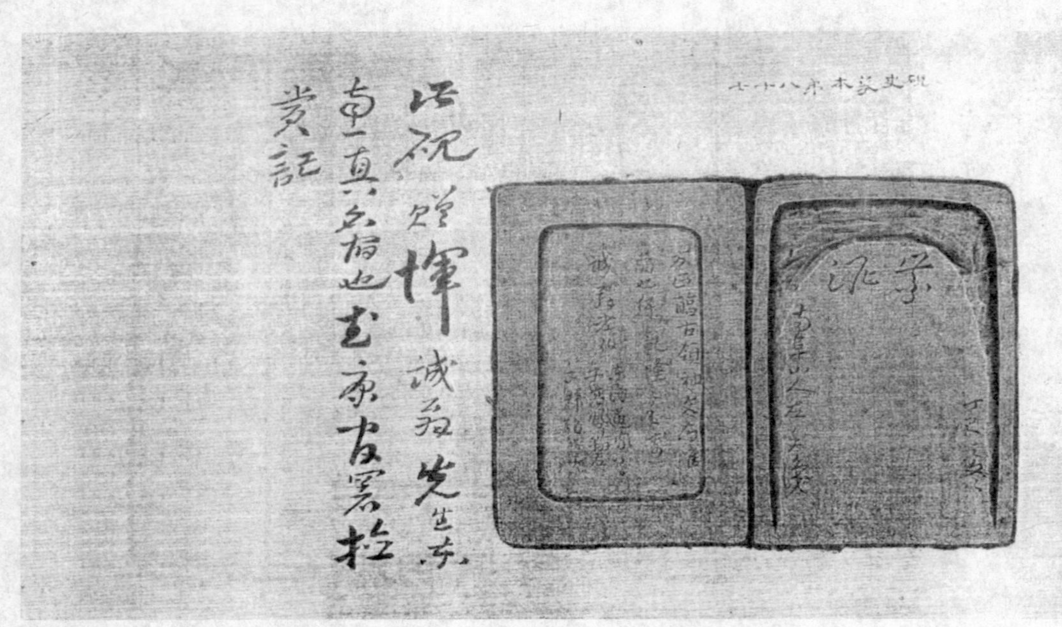

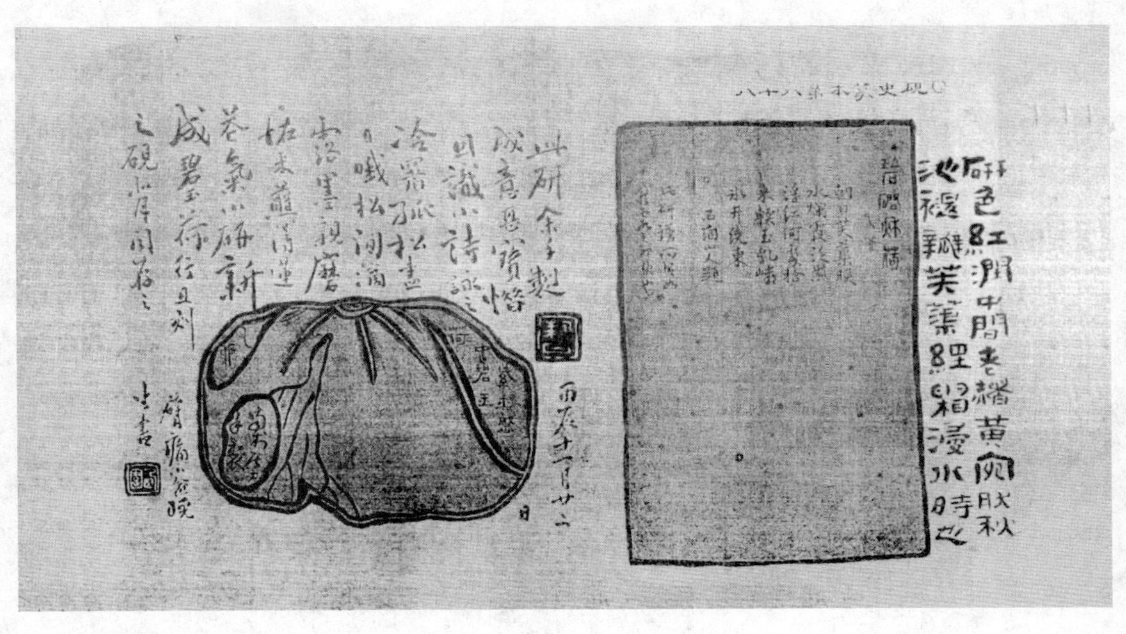
硯史摹本第八十八

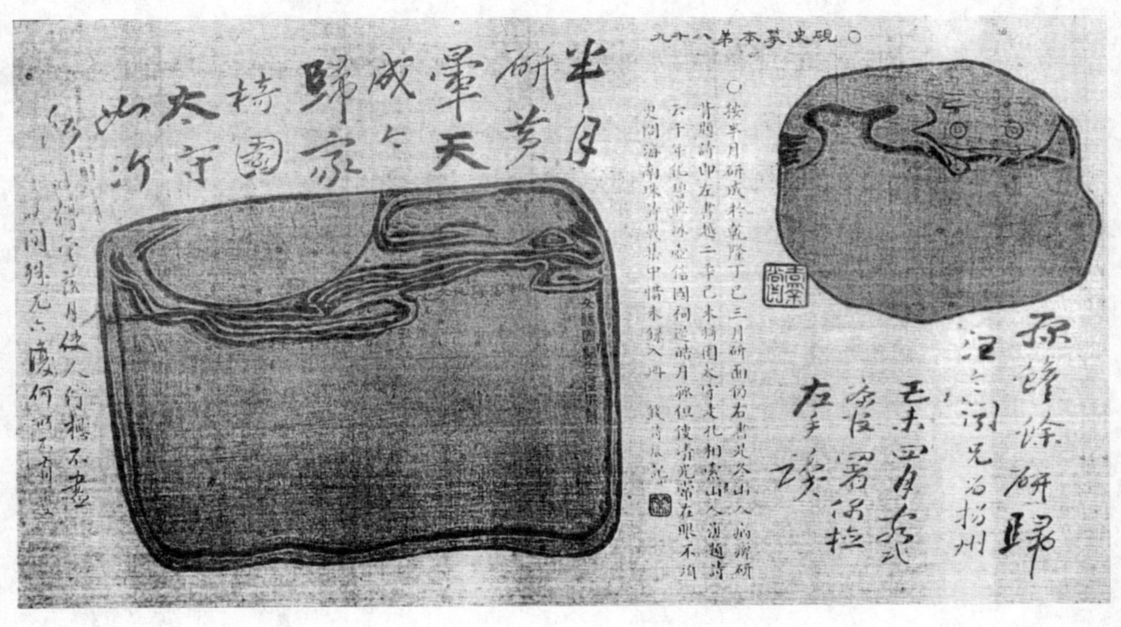
硯史摹本第八十九

半月硯之背

見之

○說文解字本第九十一

興九如硯墨新奇交得未曾

昔與巖黃華半月研好

歸我六安橋園弟今

攀此還沂水於四月十二在

威康官署左手記

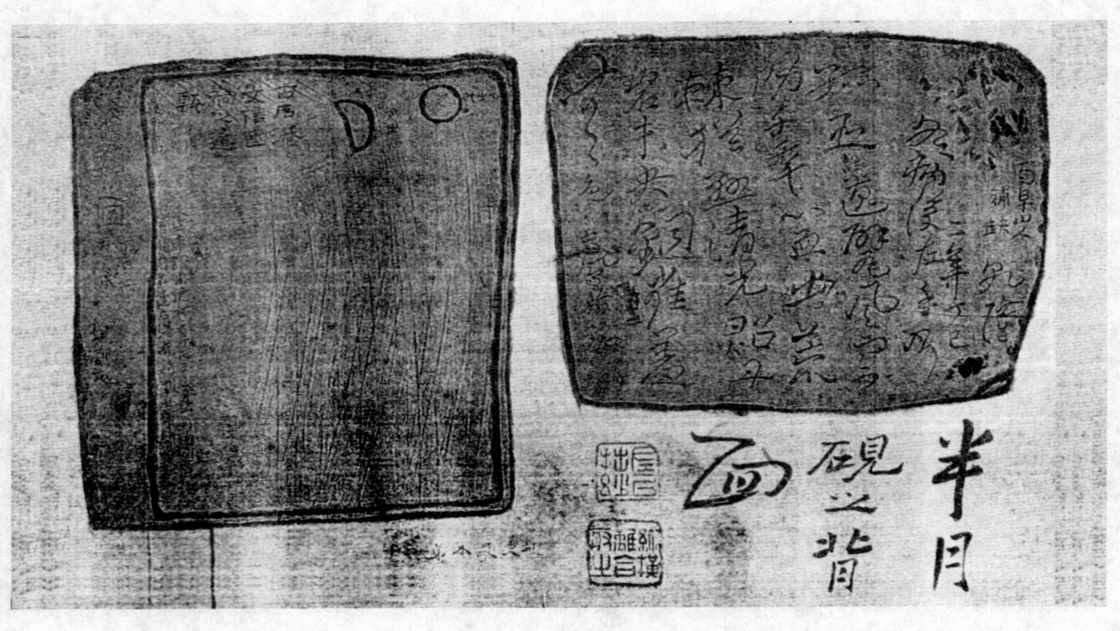

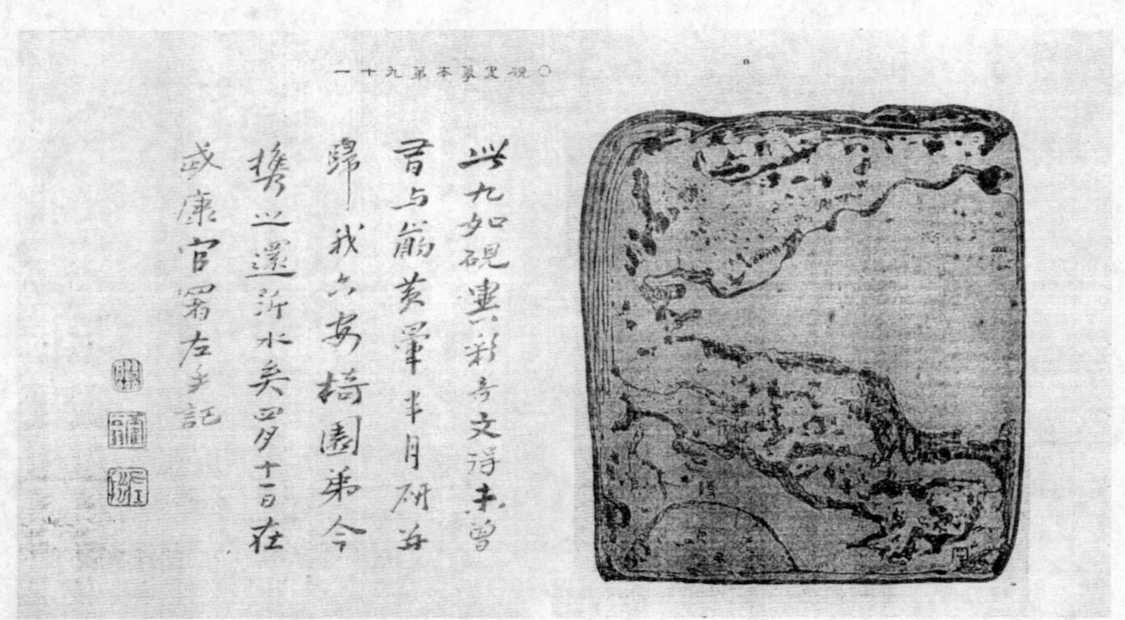

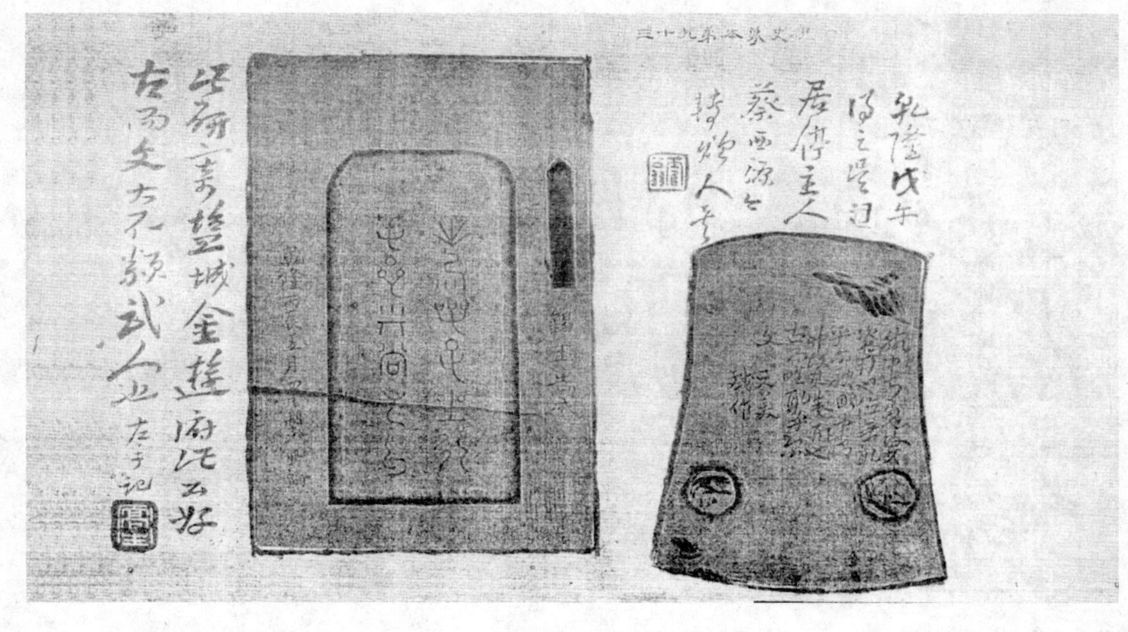

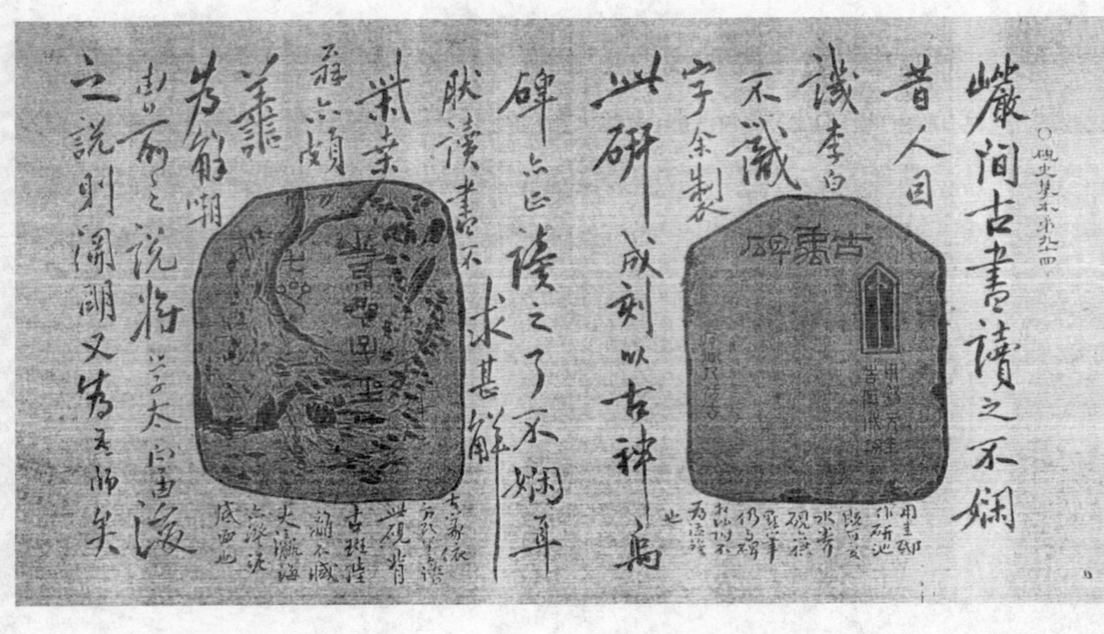

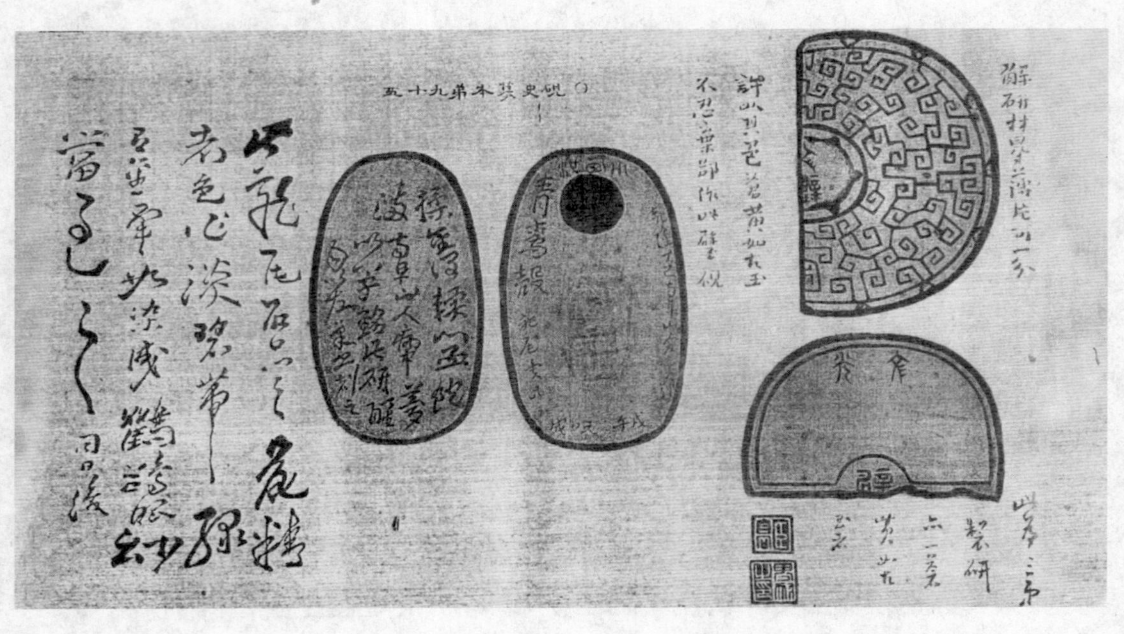

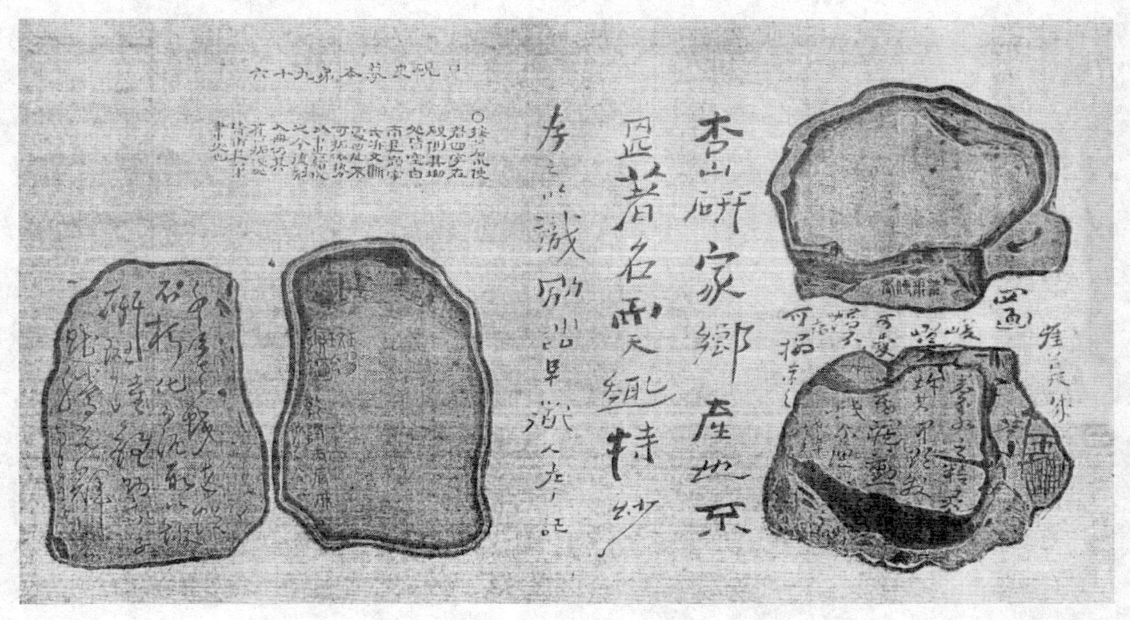

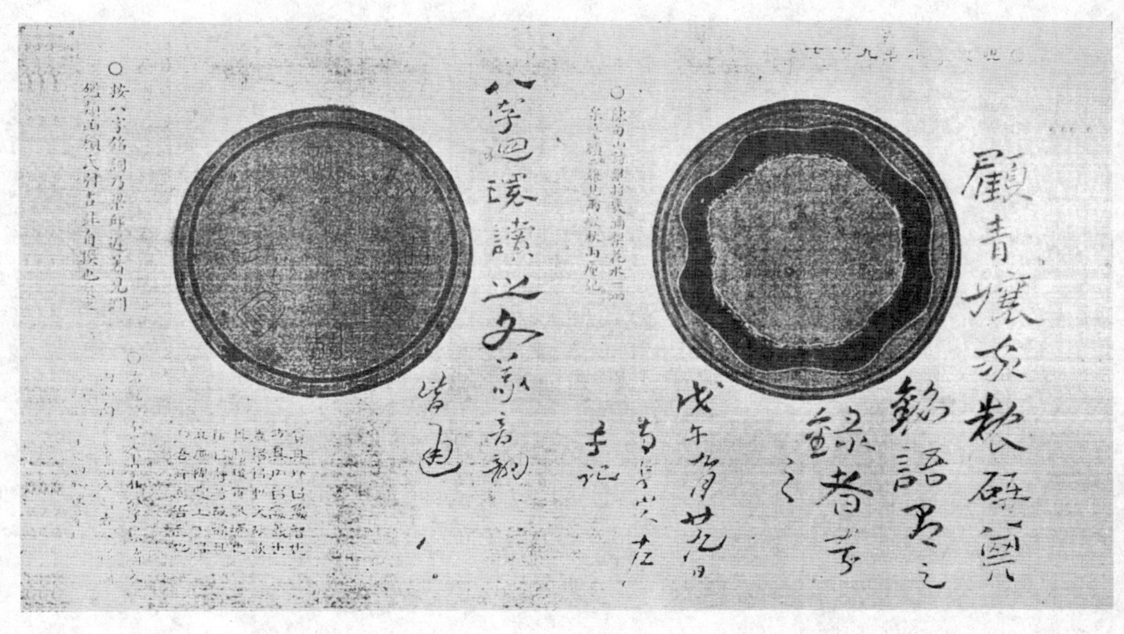

中華大典·工業典

造紙與印刷工業分典　引用書目

説　明

一、本分典引用書目，系本分典所使用的全部書籍，總計一千五百餘種。選書主要依據《中華大典》通用書目，結合本分典的實際情況，有相當部分書籍超出通用書目所列文獻。

二、書目按筆畫排序，筆畫數相同者，先按筆畫「横、豎、撇、點、折」，次按下一字筆畫依次排序。

三、各書著録順序，依次爲書名，作者，作者年代，出版者、出版時間、版本。不詳者空缺。

四、集體編寫的著作，一般情況下只著録主持者或主要編纂者一人。依據需要，一書可以選用多種版本。

五、各書著録選用通行善本、新整理出版本或較有影響的版本，盡量吸收現有研究成果。

書名	作者	時代	版本
一畫			
一山文集	李繼本	元	臺灣商務印書館一九八六年文淵閣《四庫全書》影印本
二畫			
二十年目睹之怪現狀	吴趼人	清	上海古籍出版社二〇〇二年《續修四庫全書》影印本
二刻拍案驚奇	淩濛初	明	上海古籍出版社二〇〇二年《續修四庫全書》影印本
二薇亭詩集	徐　璣	宋	臺灣商務印書館一九八六年文淵閣《四庫全書》影印本
十竹齋箋譜	胡正言	明	中國書店二〇一二年重印鄭振鐸覆刻本
十國春秋	吴任臣	清	中華書局一九八三年標點本
十駕齋養新録	錢大昕	清	上海古籍出版社二〇〇二年《續修四庫全書》影印本
七修類稾	郎　瑛	明	上海古籍出版社二〇〇二年《續修四庫全書》影印本
七修續稾	郎　瑛	明	上海古籍出版社二〇〇二年《續修四庫全書》影印本
八旬萬壽盛典	阿　桂	清	臺灣商務印書館一九八六年文淵閣《四庫全書》影印本
〔弘治〕八閩通志	黄仲昭	明	書目文獻出版社一九八八年《北京圖書館古籍珍本叢刊》影印本
人海記	查慎行	清	北京古籍出版社一九八一年標點本
入蜀記	陸　遊	宋	臺灣商務印書館一九八六年文淵閣《四庫全書》影印本
〔嘉靖〕九江府志	馮曾修　李汛纂	明	上海古籍書店一九六二年《天一閣藏明代方志選刊》影印本
〔同治〕九江府志	達春布修　黄鳳樓纂	清	臺灣成文出版社有限公司一九七五年影印本
九命奇冤	吴沃堯	清	清光緒三十二年上海廣智書局單行本
九家集註杜詩	杜甫撰　郭知達集註	唐、宋	臺灣商務印書館一九八六年文淵閣《四庫全書》影印本

九章算術			臺灣商務印書館一九八六年文淵閣《四庫全書》影印本
九朝編年備要	陳均	宋	臺灣商務印書館一九八六年文淵閣《四庫全書》影印本
九曜齋筆記	惠棟	清	臺灣新興書局有限公司一九七九年《筆記小説大觀》影印本
九靈山房集	戴良	元	臺灣商務印書館一九八六年文淵閣《四庫全書》影印本

三畫

三希堂法帖	梁詩正	清	遼寧萬卷出版公司二〇〇九年李翰文選本
三垣筆記	李清	明	中華書局一九八二年點校本
三柳軒雜識	程棨	元	中國書店一九八六年説郛影印本
三省山内風土雜識	嚴如熤	清	陝西通志館印《關中叢書》本
三省邊防備覽	嚴如熤	清	上海古籍出版社二〇〇二年《續修四庫全書》影印本
三國志	陳壽	晉	中華書局一九五九年點校本
三朝北盟會編	徐夢莘	宋	臺灣商務印書館一九八六年文淵閣《四庫全書》影印本
三楚新録	周羽翀	宋	臺灣商務印書館一九八六年文淵閣《四庫全書》影印本
三輔決録	趙岐	漢	上海古籍出版社二〇〇二年《續修四庫全書》影印本
三輔故事	趙岐	漢	張氏二酉堂叢書本
三餘集	黄彦平	宋	臺灣商務印書館一九八六年文淵閣《四庫全書》影印本
于清端政書	于成龍	清	臺灣商務印書館一九八六年文淵閣《四庫全書》影印本
于湖集	張孝祥	宋	臺灣商務印書館一九八六年文淵閣《四庫全書》影印本
工部廠庫須知	何士晉	明	書目文獻出版社二〇〇〇年《北京圖書館古籍珍本叢刊》本
大方廣佛華嚴經合論	釋慧研	宋	續經藏第一編第五套第四册
大全集	高啟	明	臺灣商務印書館一九八六年文淵閣《四庫全書》影印本
大明律	劉惟謙	明	上海古籍出版社二〇〇二年《續修四庫全書》影印本
大易粹言	方聞一	宋	臺灣商務印書館一九八六年文淵閣《四庫全書》影印本
大金國志	宇文懋昭	宋	山東齊魯書社二〇〇二年點校本
大唐新語	劉肅	唐	中華書局一九八四年許德楠點校本
大清印刷物專律			上海書店出版社二〇一一年《中國近現代出版史料初編·五》
大清律例	三泰	清	法律出版社一九九九年點校本
大清律例會通新纂	姚雨薌	清	臺灣文海出版社有限公司一九八七年《近代中國史料叢刊三編》本
大義覺迷録	愛新覺羅·胤禛	清	海南出版社二〇〇〇年《故宮珍本叢刊》影印本
大慧普覺禪師語録	釋蘊聞	宋	日本大正新修大藏經第四七册

大學衍義補　丘濬　明　臺灣商務印書館一九八六年文淵閣《四庫全書》影印本

大隱居士詩集　鄧深　宋　臺灣商務印書館一九八六年文淵閣《四庫全書》影印本

大隱集　李正民　宋　臺灣商務印書館一九八六年文淵閣《四庫全書》影印本

〔康熙〕弋陽縣志　譚瑄　清　康熙二十二年刻本

上元江甯鄉土合志　陳作霖　清　江楚編譯局一九一〇年版

〔同治〕上江兩縣志　汪士鐸　清　臺灣成文出版社有限公司一九七一年影印本

〔同治〕上海縣志　應寶時　清　清同治十年吴門臬署刊本

上海彝場景緻記　管斯駿　清　學苑出版社二〇一〇年《中國稀見地方史料集成》第一輯

〔乾隆〕上饒縣志　程肇豐　清　乾隆四十九年刻本

小兒衛生總微論方　宋　臺灣商務印書館一九八六年文淵閣《四庫全書》影印本

小畜集　王禹偁　宋　上海商務印書館《四部叢刊初編》本

小鳴稿　朱誠泳　明　臺灣商務印書館一九八六年文淵閣《四庫全書》影印本

山西通志　儲大文　清　臺灣商務印書館一九八六年文淵閣《四庫全書》影印本

山志　王弘　清　上海古籍出版社二〇〇二年《續修四庫全書》影印本

山谷外集　黄庭堅　宋　臺灣商務印書館一九八六年文淵閣《四庫全書》影印本

山谷別集　黄庭堅　宋　臺灣商務印書館一九八六年文淵閣《四庫全書》影印本

山谷集　黄庭堅　宋　臺灣商務印書館一九八六年文淵閣《四庫全書》影印本

山谷簡尺　黄庭堅　宋　臺灣商務印書館一九八六年文淵閣《四庫全書》影印本

山東通志　杜詔　清　臺灣商務印書館一九八六年文淵閣《四庫全書》影印本

山居新語　楊瑀　元　中華書局二〇〇六年楊曉春點校本

山堂別集　王世貞　明　臺灣商務印書館一九八六年文淵閣《四庫全書》影印本

山堂肆考　彭大翼　明　臺灣商務印書館一九八六年文淵閣《四庫全書》影印本

巾箱説　金埴　清　中華書局一九八二年王湜華點校本

四畫

王氏談録　王洙　宋　臺灣新文豐出版公司一九八五年《叢書集成新編》影印本

王氏談録　王欽臣　宋　臺灣商務印書館一九八六年文淵閣《四庫全書》影印本

王文成全書　王守仁　明　臺灣商務印書館一九八六年文淵閣《四庫全書》影印本

王右丞集註　王維撰　趙殿成箋註　唐、清　臺灣商務印書館一九八六年文淵閣《四庫全書》影印本

王司馬集　王建　唐　臺灣商務印書館一九八六年文淵閣《四庫全書》影印本

王忠文集　王禕　明　臺灣商務印書館一九八六年文淵閣《四庫全書》影印本

書名	作者	時代	版本
王侍郎奏議	王茂蔭	清	上海古籍出版社二〇〇二年《續修四庫全書》影印本
王端毅奏議	王　恕	明	臺灣商務印書館一九八三年文淵閣《四庫全書》影印本
天工開物	宋應星	明	上海古籍出版社二〇〇二年《續修四庫全書》影印本
天下同文集	周南瑞	元	臺灣商務印書館一九八六年文淵閣《四庫全書》影印本
天中記	陳耀文	明	臺灣商務印書館一九八六年文淵閣《四庫全書》影印本
天台九祖傳	士　衡	宋	續藏經第二編乙第七套第四册
天全石録	陳　矩	清	國家圖書館出版社二〇一一年《地方金石志彙編》影印本
天竺別集	釋遵式	宋	上海商務印書館一九二五年線裝本
天津大公報			人民出版社一九八二年影印本
天咫偶聞	震　鈞	清	上海古籍出版社二〇〇二年《續修四庫全書》影印本
天禄琳琅書目	于敏中	清	上海古籍出版社二〇〇五年標點本
天禄琳琅書目後編	彭元瑞	清	上海古籍出版社二〇〇五年標點本
天禄識餘	高士奇	清	齊魯書社一九九五年《四庫全書存目叢書》影印本
元氏長慶集	元　稹	唐	臺灣商務印書館一九八六年文淵閣《四庫全書》影印本
元文類	蘇天爵	元	臺灣商務印書館一九八六年文淵閣《四庫全書》影印本
元史	宋　濂	明	中華書局一九七六年點校本
元名臣事略	蘇天爵	元	臺灣商務印書館一九八六年文淵閣《四庫全書》影印本
元和郡縣圖志	李吉甫	唐	中華書局一九八三年標點本
元音	孫原理	明	臺灣商務印書館一九八六年文淵閣《四庫全書》影印本
元詩選	顧嗣立	清	臺灣商務印書館一九八六年文淵閣《四庫全書》影印本
元詩體要	宋　緒	明	臺灣商務印書館一九八六年文淵閣《四庫全書》影印本
元憲集	宋　庠	宋	臺灣商務印書館一九八六年文淵閣《四庫全書》影印本
元豐九域志	王　存	宋	中華書局一九八四年標點本
元豐類稿	曾　鞏	宋	臺灣商務印書館一九八六年文淵閣《四庫全書》影印本
廿二史考異	錢大昕	清	江蘇古籍出版社一九九七年嘉定《錢大昕全集》點校本
廿二史劄記	趙　翼	清	中國書店一九八七年標點本
五代會要	王　溥	宋	上海古籍出版社一九七八年標點本
五百家註音辨昌黎先生文集	魏仲舉編	宋	臺灣商務印書館一九八六年文淵閣《四庫全書》影印本
五百家播芳大全文粹	魏齊賢	宋	臺灣商務印書館一九八六年文淵閣《四庫全書》影印本
五燈會元	釋普濟	宋	臺灣商務印書館一九八六年文淵閣《四庫全書》影印本

五雜組　謝肇淛　明　上海書店出版社二〇〇一年據上海圖書館藏明如韋館刻本點校本
不下帶編　金埴　清　中華書局一九八二年王湜華點校本
不繫舟漁集　陳高　元　臺灣商務印書館一九八六年文淵閣《四庫全書》影印本
太上助國救民總真秘要　元妙宗　宋　影印正統道藏本
太平治迹統類　彭百川　宋　臺灣商務印書館一九八六年文淵閣《四庫全書》影印本
太平清話　陳繼儒　明　齊魯書社一九九五年《四庫全書存目叢書》影印本
太平御覽　李昉　宋　臺灣商務印書館一九八六年文淵閣《四庫全書》影印本
太平聖惠方　王懷隱　宋　人民衛生出版社一九五八年排印本
太平廣記　李昉　宋　中華書局一九六一年影印本
〔嘉靖〕太平縣志　曾才漢修　葉良佩纂　明　上海古籍書店一九六三年《天一閣藏明代方志選刊》影印本
太平寰宇記　樂史　宋　臺灣商務印書館一九八六年文淵閣《四庫全書》影印本
太白陰經　李筌　唐　臺灣商務印書館一九八六年文淵閣《四庫全書》影印本
太倉稊米集　周紫芝　宋　臺灣商務印書館一九八六年文淵閣《四庫全書》影印本
友林乙稿　史彌寧　宋　臺灣商務印書館一九八六年文淵閣《四庫全書》影印本
尤溪縣志　馬傳經修、洪清芳纂　清　民國十六年鉛印本
止堂集　彭龜年　宋　臺灣商務印書館一九八六年文淵閣《四庫全書》影印本
止齋集　陳傅良　宋　臺灣商務印書館一九八六年文淵閣《四庫全書》影印本
少室山房筆叢　胡應麟　明　上海書店出版社二〇〇一年標點本
少陽集　陳東　宋　臺灣商務印書館一九八六年文淵閣《四庫全書》影印本
日知録　顧炎武　清　臺灣商務印書館一九八六年文淵閣《四庫全書》影印本
日知録集釋　顧炎武撰　黄汝成集釋　清　上海古籍出版社二〇〇二年《續修四庫全書》影印本
中西見聞録　羅林森　清　首都圖書館藏本
中州人物考　孫奇逢　清　臺灣商務印書館一九八六年文淵閣《四庫全書》影印本
中江縣志　游夔一　清　四川巴蜀書社二〇〇九年《珍稀四川地方志叢刊》第六册
中吴紀聞　龔明之　宋　上海古籍出版社一九八六年孫菊園點校本
中華古今注　馬縞　五代　中華書局二〇一二年吴企明點校本
中國出版史料補編　張靜廬　現代　中華書局一九五七年版
中國近代出版史料初編　張靜廬　現代　上海書店出版社二〇一一年版
中國醫籍考　（日）丹波元胤　江户時代　人民衛生出版社一九五六年重印本
中庵集　劉敏中　元　臺灣商務印書館一九八六年文淵閣《四庫全書》影印本

中朝故事　尉遲偓　南唐　臺灣商務印書館一九八六年文淵閣《四庫全書》影印本

中興小紀　熊克　宋　臺灣商務印書館一九八六年文淵閣《四庫全書》影印本

内務府墨作則例　涉園墨萃本

水心集　葉適　宋　臺灣商務印書館一九八六年文淵閣《四庫全書》影印本

水坑石記　錢朝鼎　清　浙江人民美術出版社二〇一三年《美術叢書》四集第六輯

水東日記　葉盛　明　中華書局一九八〇年魏中平點校本

水曹清暇録　汪啓淑　清　上海古籍出版社二〇〇二年《續修四庫全書》影印本

水雲村稾　劉壎　元　臺灣商務印書館一九八六年文淵閣《四庫全書》影印本

水經注　酈道元　北魏　臺灣商務印書館一九八六年文淵閣《四庫全書》影印本

午風堂叢談　鄒炳泰　清　上海古籍出版社二〇〇二年《續修四庫全書》影印本

毛詩指説　成伯璵　唐　臺灣商務印書館一九八六年文淵閣《四庫全書》影印本

毛詩草木鳥獸蟲魚疏　陸璣　三國吴　臺灣商務印書館一九八六年文淵閣《四庫全書》影印本

升菴集　楊慎　明　臺灣商務印書館一九八六年文淵閣《四庫全書》影印本

仇池筆記　蘇軾　宋　河南大象出版社二〇〇三年《全宋筆記》點校本

今言　鄭曉　明　中華書局一九八四年李致忠點校本

分甘餘話　王士禛　清　中華書局一九八九年點校本

公是集　劉敞　宋　臺灣商務印書館一九八六年文淵閣《四庫全書》影印本

月屋漫稿　黄庚　元　臺灣商務印書館一九八六年文淵閣《四庫全書》影印本

丹陽集　葛勝仲　宋　臺灣商務印書館一九八六年文淵閣《四庫全書》影印本

丹淵集　文同　宋　臺灣商務印書館一九八六年文淵閣《四庫全書》影印本

丹鉛摘録　楊慎　明　臺灣商務印書館一九八六年文淵閣《四庫全書》影印本

丹鉛餘録　楊慎　明　臺灣商務印書館一九八六年文淵閣《四庫全書》影印本

丹鉛總録　梁佐　明　臺灣商務印書館一九八六年文淵閣《四庫全書》影印本

丹鉛續録　楊慎　明　臺灣商務印書館一九八六年文淵閣《四庫全書》影印本

六一筆記　歐陽修　宋　上海商務印書館民國十六年涵芬樓説郛本

六帖補　楊伯嵒　宋　臺灣商務印書館一九八六年文淵閣《四庫全書》影印本

六研齋二筆　李日華　明　臺灣商務印書館一九八六年文淵閣《四庫全書》影印本

六研齋三筆　李日華　明　臺灣商務印書館一九八六年文淵閣《四庫全書》影印本

六研齋筆記　李日華　明　臺灣商務印書館一九八六年文淵閣《四庫全書》影印本

六書故　戴侗　宋　臺灣商務印書館一九八六年文淵閣《四庫全書》影印本

文山集　文天祥　宋　臺灣商務印書館一九八六年文淵閣《四庫全書》影印本
文心雕龍　劉　勰　南朝梁　臺灣商務印書館一九八六年文淵閣《四庫全書》影印本
文安集　揭傒斯　元　臺灣商務印書館一九八六年文淵閣《四庫全書》影印本
文苑英華　李　昉　宋　臺灣商務印書館一九八六年文淵閣《四庫全書》影印本
文昌雜録　龐元英　宋　臺灣商務印書館一九八六年文淵閣《四庫全書》影印本
文忠集　歐陽修　宋　臺灣商務印書館一九八六年文淵閣《四庫全書》影印本
文忠集　周必大　宋　臺灣商務印書館一九八六年文淵閣《四庫全書》影印本
文定集　汪應辰　宋　臺灣商務印書館一九八六年文淵閣《四庫全書》影印本
文房四友除授集　鄭清之　宋　上海商務印書館《叢書集成初編》本
文房四説　蔡　襄　宋　臺灣商務印書館一九八六年文淵閣《四庫全書》影印本
文房四譜　蘇易簡　宋　臺灣商務印書館一九八六年文淵閣《四庫全書》影印本
文房肆考圖説　唐秉鈞　清　上海古籍出版社二〇〇二年《續修四庫全書》影印本
文房器具箋　屠　隆　明　浙江人民美術出版社二〇一三年《美術叢書》二集第九輯
文美齋詩箋譜　張兆祥　清　山東美術出版社《中國古畫譜集成》清宣統三年木刻套色精印本
文恭集　胡　宿　宋　臺灣商務印書館一九八六年文淵閣《四庫全書》影印本
文莊集　夏　竦　宋　臺灣商務印書館一九八六年文淵閣《四庫全書》影印本
文溪集　李昴英　宋　臺灣商務印書館一九八六年文淵閣《四庫全書》影印本
文毅集　解　縉　明　臺灣商務印書館一九八六年文淵閣《四庫全書》影印本
文選　蕭　統　南朝梁　中華書局一九七七年影印宋刻本
文憲集　宋　濂　明　臺灣商務印書館一九八六年文淵閣《四庫全書》影印本
文藪　皮日休　唐　臺灣商務印書館一九八六年文淵閣《四庫全書》影印本
文獻通考　馬端臨　元　中華書局一九八六年影印本
文獻集　黃　溍　元　臺灣商務印書館一九八六年文淵閣《四庫全書》影印本
方氏墨譜　方于魯　明　天津古籍出版社二〇〇八年線裝本
方舟集　李　石　宋　臺灣商務印書館一九八六年文淵閣《四庫全書》影印本
方是閒居士小稿　劉學箕　宋　臺灣商務印書館一九八六年文淵閣《四庫全書》影印本
方洲集　張　寧　明　臺灣商務印書館一九八六年文淵閣《四庫全書》影印本
方望溪全集　方　苞　清　中國書店一九九一年影印清咸豐元年刻本
方壺存稿　汪　莘　宋　臺灣商務印書館一九八六年文淵閣《四庫全書》影印本
方輿勝覽　祝　穆　宋　中華書局二〇〇三年施和金點校本

方齋存稿　林文俊　明　臺灣商務印書館一九八六年文淵閣《四庫全書》影印本

方麓集　王樵　明　臺灣商務印書館一九八六年文淵閣《四庫全書》影印本

斗南老人集　胡奎　明　臺灣商務印書館一九八六年文淵閣《四庫全書》影印本

心泉學詩稿　蒲壽宬　宋　臺灣商務印書館一九八六年文淵閣《四庫全書》影印本

孔子家語　王肅　唐　臺灣商務印書館一九八六年文淵閣《四庫全書》影印本

孔叢子　孔鮒　戰國　上海商務印書館《四部叢刊初編》本

五畫

〔康熙〕玉山縣志　唐世徵修、郭金臺纂　清　清康熙二十年刻本

玉井樵唱　尹廷高　元　臺灣商務印書館一九八六年文淵閣《四庫全書》影印本

玉芝堂談薈　徐應秋　明　臺灣商務印書館一九八六年文淵閣《四庫全書》影印本

玉函山房輯佚書　馬國翰　清　上海古籍出版社二〇〇二年《續修四庫全書》影印本

玉海　王應麟　宋　臺灣商務印書館一九八六年文淵閣《四庫全書》影印本

玉堂嘉話　王惲　元　中華書局二〇〇六年楊曉春點校本

玉堂叢語　焦竑　明　中華書局一九八一年點校本

玉笥集　張憲　元　臺灣商務印書館一九八六年文淵閣《四庫全書》影印本

玉笥集　鄧雅　明　臺灣商務印書館一九八六年文淵閣《四庫全書》影印本

玉壺清話　釋文瑩　宋　中華書局一九八四年鄭世剛點校本

玉楮集　岳珂　宋　臺灣商務印書館一九八六年文淵閣《四庫全書》影印本

玉鏡新譚　朱長祚　明　中華書局一九八九年點校本

示兒編　孫奕　宋　臺灣商務印書館一九八六年文淵閣《四庫全書》影印本

邛竹杖　施男　清　上海古籍出版社二〇〇二年《續修四庫全書》影印本

甘肅通志　李迪　清　臺灣商務印書館一九八六年文淵閣《四庫全書》影印本

世説新語　劉義慶　南朝宋　臺灣商務印書館一九八六年文淵閣《四庫全書》影印本

艾軒集　林光朝　宋　臺灣商務印書館一九八六年文淵閣《四庫全書》影印本

古夫于亭雜録　王士禛　清　中華書局一九八八年點校本

古今印史　徐官　明　寶顏堂秘笈本

古今合璧事類備要　謝維新　宋　臺灣商務印書館一九八六年文淵閣《四庫全書》影印本

古今事文類聚　祝穆　宋　臺灣商務印書館一九八六年文淵閣《四庫全書》影印本

古今注　崔豹　晉　臺灣商務印書館一九八六年文淵閣《四庫全書》影印本

古今書刻　周弘祖　明　上海古籍出版社二〇〇五年重印葉德輝影刻明刊本

古今歲時雜詠　蒲積中　宋　臺灣商務印書館一九八六年文淵閣《四庫全書》影印本

古今源流至論　林駉　宋　臺灣商務印書館一九八六年文淵閣《四庫全書》影印本

古今圖書集成　陳夢雷　清　上海中華書局一九三四年縮小影印本

古今說海　陸楫　明　臺灣商務印書館一九八六年文淵閣《四庫全書》影印本

古文苑　上海商務印書館《四部叢刊》縮印常熟瞿氏藏宋刻本

古文舊書考　（日）島田翰　明治時代　上海古籍出版社二〇一四年杜澤遜校注本

古杭雜記　李東有　元　學海類編本

古泉山館題跋　瞿中溶　清　北京圖書館出版社二〇〇二年《國家圖書館藏古籍題跋叢刊》影印本

古梅遺稿　吳龍翰　宋　臺灣商務印書館一九八六年文淵閣《四庫全書》影印本

古詩紀　馮惟訥　明　臺灣商務印書館一九八六年文淵閣《四庫全書》影印本

古歡堂集　田雯　清　臺灣商務印書館一九八六年文淵閣《四庫全書》影印本

本草衍義　寇宗奭　宋　上海古籍出版社二〇〇二年《續修四庫全書》影印本

本草綱目　李時珍　明　臺灣商務印書館一九八六年文淵閣《四庫全書》影印本

本堂集　陳著　宋　臺灣商務印書館一九八六年文淵閣《四庫全書》影印本

可閒老人集　張昱　元　臺灣商務印書館一九八六年文淵閣《四庫全書》影印本

可齋雜藁　李曾伯　宋　臺灣商務印書館一九八六年文淵閣《四庫全書》影印本

可齋續藁　李曾伯　宋　臺灣商務印書館一九八六年文淵閣《四庫全書》影印本

石田文集　馬祖常　元　臺灣商務印書館一九八六年文淵閣《四庫全書》影印本

石田詩選　沈周　明　臺灣商務印書館一九八六年文淵閣《四庫全書》影印本

石阡物產記　孟繼塤　清　線裝書局二〇〇三年《國家圖書館藏清代邊疆史料抄稿本彙編》影印本

石初集　周霆震　元　臺灣商務印書館一九八六年文淵閣《四庫全書》影印本

石林燕語　葉夢得　宋　中華書局一九八四年侯忠義點校本

石門文字禪　釋惠洪　宋　臺灣商務印書館一九八六年文淵閣《四庫全書》影印本

（同治）石門縣志　林葆元修　申正颺纂　清　清同治七年刻十三年補刻本

（道光）石城縣志　朱一慊修、許瓊纂　清　清道光四年刻本

石渠隨筆　阮元　清　上海商務印書館《叢書集成初編》本

石渠餘紀　王慶雲　清　北京古籍出版社一九八五年王湜華點校本

石湖詩集　范成大　宋　臺灣商務印書館一九八六年文淵閣《四庫全書》影印本

石隱硯談　計楠　清　浙江人民美術出版社二〇一三年《美術叢書》三集第七輯

右台仙館筆記　俞樾　清　上海古籍出版社二〇〇二年《續修四庫全書》影印本

平江記事	高德基	元	臺灣商務印書館一九八六年文淵閣《四庫全書》影印本
平津館鑒藏記書籍	孫星衍	清	上海古籍出版社二〇〇八年標點本
北山集	鄭剛中	宋	臺灣商務印書館一九八六年文淵閣《四庫全書》影印本
北山集	程　俱	宋	臺灣商務印書館一九八六年文淵閣《四庫全書》影印本
北户録	段公路	唐	臺灣商務印書館一九八六年文淵閣《四庫全書》影印本
北史	李延壽	唐	中華書局一九七四年標點本
北行日録	樓　鑰	宋	臺灣新文豐出版公司一九八五年《叢書集成新編》影印本
北苑别録	趙汝礪	宋	臺灣商務印書館一九八六年文淵閣《四庫全書》影印本
北京圖書館藏中國歷代石刻搨本彙編			中州古籍出版社一九九一年影印本
北郭園詩鈔	鄭用錫	清	臺灣省文獻委員會一九九三年《臺灣歷史文獻叢刊》本
北堂書鈔	虞世南	唐	臺灣商務印書館一九八六年文淵閣《四庫全書》影印本
北夢瑣言	孫光憲	宋	上海古籍出版社一九八一年林艾園點校本
北溪大全集	陳　淳	宋	臺灣商務印書館一九八六年文淵閣《四庫全書》影印本
北齊書	李百藥	唐	中華書局一九七二年標點本
北轅録	周　煇	宋	臺灣新文豐出版公司一九八五年《叢書集成新編》影印本
北磵集	釋居簡	宋	臺灣商務印書館一九八六年文淵閣《四庫全書》影印本
申報			上海書店出版社一九八七年影印上海圖書館藏本
申齋集	劉岳申	元	臺灣商務印書館一九八六年文淵閣《四庫全書》影印本
史記	司馬遷	漢	中華書局一九五九年標點本
史記索隱	司馬貞	唐	臺灣商務印書館一九八六年文淵閣《四庫全書》影印本
史記集解	裴　駰	宋	臺灣商務印書館一九八六年文淵閣《四庫全書》影印本
四川通志	張晉生	清	臺灣商務印書館一九八六年文淵閣《四庫全書》影印本
四友齋叢説	何良俊	明	中華書局一九五九年斷句重印萬曆七年刻本
四民月令	崔　寔	漢	中華書局二〇一三年石聲漢點校本
〔開慶〕四明續志	梅應發	宋	臺灣商務印書館一九八六年文淵閣《四庫全書》影印本
四朝聞見録	葉紹翁	宋	中華書局一九八九年沈錫麟點校本
仙屏書屋初集	黄爵滋	清	上海古籍出版社二〇〇二年《續修四庫全書》影印本
仙溪志	趙與泌修　黄巖孫纂	宋	中華書局一九九〇年《宋元方志叢刊》影印本
白下瑣言	甘　熙	清	江蘇廣陵古籍刻印社一九八三年《筆記小説大觀》本
白氏長慶集	白居易	唐	臺灣商務印書館一九八六年文淵閣《四庫全書》影印本

白孔六帖　白居易、孔傳　唐、宋　臺灣商務印書館一九八六年文淵閣《四庫全書》影印本

白虎通義　班固　漢　臺灣商務印書館一九八六年文淵閣《四庫全書》影印本

白雲集　唐桂芳　元　臺灣商務印書館一九八六年文淵閣《四庫全書》影印本

白蓮集　釋齊己　後唐　臺灣商務印書館一九八六年文淵閣《四庫全書》影印本

卮林　周嬰　明　臺灣商務印書館一九八六年文淵閣《四庫全書》影印本

册府元龜　王欽若　宋　臺灣商務印書館一九八六年文淵閣《四庫全書》影印本

包孝肅奏議集　包拯　宋　臺灣商務印書館一九八六年文淵閣《四庫全書》影印本

（乾隆）汀州府志　曾曰瑛修　李紱纂　清　臺灣成文出版社有限公司一九六八年影印本

（道光）永安縣續志　孫義修、陳樹蘭纂　清　清道光十三年刻本

永樂大典　解縉　明　中華書局一九八六年影印本

永樂大典方志輯佚　中華書局二〇〇四年馬蓉點校本

（嘉靖）永豐縣志　管景　明　上海古籍書店一九六四年《天一閣藏明代方志選刊》影印本

司空表聖文集　司空圖　唐　臺灣商務印書館一九八六年文淵閣《四庫全書》影印本

司馬光奏議　司馬光　宋　山西人民出版社一九八六年王根林點校本

弁山小隱吟録　黄玠　元　臺灣商務印書館一九八六年文淵閣《四庫全書》影印本

六畫

（道光）耒陽縣志　常慶　清　湖南省圖書館藏本

（光緒）耒陽縣志　于學琴　清　臺灣成文出版社有限公司一九七五年影印本

圭塘小藁　許有壬　元　臺灣商務印書館一九八六年文淵閣《四庫全書》影印本

圭塘别集　許有壬　元　臺灣商務印書館一九八六年文淵閣《四庫全書》影印本

圭塘欸乃集　許有壬　元　臺灣商務印書館一九八六年文淵閣《四庫全書》影印本

圭齋文集　歐陽玄　元　臺灣商務印書館一九八六年文淵閣《四庫全書》影印本

（光緒）吉安府志　定祥修　劉繹纂　清　上海古籍出版社二〇一〇年版

考槃餘事　屠隆　明　齊魯書社一九九五年《四庫全書存目叢書》影印本

老老恒言　曹庭棟　清　齊魯書社一九九五年《四庫全書存目叢書》影印本

老殘遊記　劉鶚　清　上海古籍出版社二〇〇二年《續修四庫全書》影印本

老學庵筆記　陸游　宋　中華書局一九七九年點校本

西山文集　真德秀　宋　臺灣商務印書館一九八六年文淵閣《四庫全書》影印本

西村詩集補遺　朱朴　明　臺灣商務印書館一九八六年文淵閣《四庫全書》影印本

西河集　毛奇齡　清　臺灣商務印書館一九八六年文淵閣《四庫全書》影印本

書名	作者	朝代	版本
西清筆記	沈初	清	上海商務印書館《叢書集成初編》本
〔道光〕西鄉縣志	薛祥綏	清	臺灣成文出版社有限公司一九七〇年
西湖老人繁勝録			山東齊魯書社一九九七年《四庫全書存目叢書》影印本
西湖遊覽志	田汝成	明	臺灣新文豐出版公司一九八九年《叢書集成續編》影印本
西湖遊覽志餘	田汝成	明	臺灣新文豐出版公司一九八九年《叢書集成續編》影印本
西渡集	洪炎	宋	臺灣商務印書館一九八六年文淵閣《四庫全書》影印本
西塘集	鄭俠	宋	臺灣商務印書館一九八六年文淵閣《四庫全書》影印本
西溪集	沈遘	宋	臺灣商務印書館一九八六年文淵閣《四庫全書》影印本
西溪叢語	姚寬	宋	中華書局一九九三年孔凡禮點校本
西臺集	畢仲游	宋	臺灣商務印書館一九八六年文淵閣《四庫全書》影印本
西藏紀遊	周靄聯	清	墨緣堂四卷本
西藏圖考	黄沛翹	清	臺灣文海出版社一九六五年《中國邊疆叢書》第一輯
西巖集	張之翰	元	臺灣商務印書館一九八六年文淵閣《四庫全書》影印本
在園雜志	劉廷璣	清	上海古籍出版社二〇〇二年《續修四庫全書》影印本
百宋一廛書録	黄丕烈	清	北京圖書館出版社二〇〇二年《國家圖書館藏古籍題跋叢刊》影印本
百宋一廛賦	顧廣圻	清	士禮居叢書本
有學集	錢謙益	清	上海古籍出版社二〇一〇年《清代詩文集彙編》影印本
存研樓文集	儲大文	清	上海古籍出版社二〇一〇年《清代詩文集彙編》影印本
列朝詩集	錢謙益	清	中華書局二〇〇七年版
成都文類	扈仲榮	宋	臺灣商務印書館一九八六年文淵閣《四庫全書》影印本
夷白齋稿	陳基	元	臺灣商務印書館一九八六年文淵閣《四庫全書》影印本
夷堅志	洪邁	宋	中華書局一九八一年何卓點校本
至大金陵新志	張鉉	元	臺灣商務印書館一九八六年文淵閣《四庫全書》影印本
至元嘉禾志	徐碩	元	臺灣商務印書館一九八六年文淵閣《四庫全書》影印本
至正四明續志	王元恭	元	中華書局一九九〇年《宋元方志叢刊》影印本
至正直記	孔齊	元	上海古籍出版社一九八七年莊敏點校本
至正集	許有壬	元	臺灣商務印書館一九八六年文淵閣《四庫全書》影印本
至順鎮江志	俞希魯	元	中華書局一九九〇年《宋元方志叢刊》影印本
此木軒雜著	焦袁熹	清	上海古籍出版社二〇〇二年《續修四庫全書》影印本
光緒政要	沈桐生	清	臺灣文海出版社一九六六年《近代中國史料叢刊》本

曲洧舊聞 朱弁 宋 中華書局二〇〇二年標點本
吕氏春秋 吕不韋 戰國 臺灣商務印書館一九八六年文淵閣《四庫全書》影印本
吕氏雜記 吕希哲 宋 臺灣商務印書館一九八六年文淵閣《四庫全書》影印本
吕衡州集 吕温 唐 臺灣商務印書館一九八六年文淵閣《四庫全書》影印本
因話録 趙璘 唐 上海古籍出版社一九五七年點校本
回疆志 清 臺灣成文出版社有限公司一九六八年影印本
朱子語類 黎靖德 宋 臺灣商務印書館一九八六年文淵閣《四庫全書》影印本
朱澗集 許應龍 宋 臺灣商務印書館一九八六年文淵閣《四庫全書》影印本
竹坡詩話 周紫芝 宋 臺灣商務印書館一九八六年文淵閣《四庫全書》影印本
竹洲集 吴儆 宋 臺灣商務印書館一九八六年文淵閣《四庫全書》影印本
竹葉亭雜記 姚元之 清 中華書局一九八二年李解民點校本
竹嶼山房雜部 宋詡 明 臺灣商務印書館一九八六年文淵閣《四庫全書》影印本
竹隱畸士集 趙鼎臣 宋 臺灣商務印書館一九八六年文淵閣《四庫全書》影印本
竹齋集 王冕 明 臺灣商務印書館一九八六年文淵閣《四庫全書》影印本
竹齋詩集 裘萬頃 宋 臺灣商務印書館一九八六年文淵閣《四庫全書》影印本
竹譜 李衎 元 臺灣商務印書館一九八六年文淵閣《四庫全書》影印本
〔弘治〕休寧志存 程敏政 明 明弘治四年刻本
〔嘉靖〕延平府志 陳能修 鄭慶雲纂 明 上海古籍書店一九六一年《天一閣藏明代方志選刊》影印本
延祐四明志 袁桷 元 臺灣新文豐出版公司一九九七年《叢書集成三編》影印本
自堂存藁 陳杰 宋 臺灣商務印書館一九八六年文淵閣《四庫全書》影印本
自鳴集 章甫 宋 臺灣商務印書館一九八六年文淵閣《四庫全書》影印本
伊濱集 王沂 元 臺灣商務印書館一九八六年文淵閣《四庫全書》影印本
行水金鑑 傅澤洪 清 臺灣商務印書館一九八六年文淵閣《四庫全書》影印本
行素齋雜記 繼昌 清 江蘇廣陵古籍刻印社一九八六年《筆記小説大觀》本
全芳備祖前集 陳景沂 宋 臺灣商務印書館一九八六年文淵閣《四庫全書》影印本
全後漢文 嚴可均 清 上海古籍出版社二〇〇二年《續修四庫全書》影印本
全唐文 董誥 清 中華書局一九八三年影印嘉慶本
全蜀藝文志 周復俊 明 臺灣商務印書館一九八六年文淵閣《四庫全書》影印本
合錦回文傳 笠翁先生 清 上海古籍出版社一九九六年《古本小説集成》影印本
危太樸文續集 危素 元 吴興劉氏嘉業堂一九一三年刻本

名臣經濟録	黄訓	明	臺灣商務印書館一九八六年文淵閣《四庫全書》影印本
名義考	周祈	明	臺灣商務印書館一九八六年文淵閣《四庫全書》影印本
多能鄙事	劉基	明	上海古籍出版社二〇〇二年《續修四庫全書》影印本
江月松風集	錢惟善	元	臺灣商務印書館一九八六年文淵閣《四庫全書》影印本
江西通志	陶成	清	臺灣商務印書館一九八六年文淵閣《四庫全書》影印本
（光緒）江西通志	趙之謙	清	上海古籍出版社二〇〇二年《續修四庫全書》影印本
江西農工商礦紀略	傅春官	清	江西省圖書館藏清光緒三十四年印本
江南通志	黄之雋	清	臺灣商務印書館一九八六年文淵閣《四庫全書》影印本
江南野史	龍袞	宋	臺灣商務印書館一九八六年文淵閣《四庫全書》影印本
江南製造局譯書提要叙	陳洙		上海科學技術文獻出版社二〇一二年《江南製造局譯書叢編》
江湖小集	陳起	宋	臺灣商務印書館一九八六年文淵閣《四庫全書》影印本
江湖長翁集	陳造	宋	臺灣商務印書館一九八六年文淵閣《四庫全書》影印本
江湖後集	陳起	宋	臺灣商務印書館一九八六年文淵閣《四庫全書》影印本
（嘉慶）江甯府志	姚鼐	清	江蘇古籍出版社一九九一年版
江鄰幾雜志	江休復	宋	河南大象出版社二〇〇三年《全宋筆記》點校本
（正德）江寧縣志	王誥	明	書目文獻出版社一九八八年《北京圖書館古籍珍本叢刊》影印本
江蘇省明清以來碑刻資料選集	江蘇省博物館		三聯書店一九五九年版
池北偶談	王士禛	清	中華書局一九八二年靳斯仁點校本
（嘉靖）池州府志	王崇	明	上海古籍出版社一九六二年《天一閣藏明代方志選刊》影印本
（道光）安平縣志	劉祖憲修、何思貴纂	清	清道光七年刻本
安岳集	馮山	宋	臺灣商務印書館一九八六年文淵閣《四庫全書》影印本
安晚堂詩集	鄭清之	宋	臺灣商務印書館一九八六年文淵閣《四庫全書》影印本
安雅堂集	陳旅	元	臺灣商務印書館一九八六年文淵閣《四庫全書》影印本
（同治）安義縣志	杜林修　彭斗山纂	清	臺灣成文出版社有限公司一九七五年影印本
（嘉靖）安溪縣志	汪瑀修　林有年纂	明	上海古籍書店一九六三年《天一閣藏明代方志選刊》影印本
（康熙）安慶府志	張楷	清	清康熙六十年刻本
艮齋詩集	侯克中	元	臺灣商務印書館一九八六年文淵閣《四庫全書》影印本
好古堂家藏書畫記	姚際恒	清	上海商務印書館《叢書集成初編》本
羽庭集	劉仁本	元	臺灣商務印書館一九八六年文淵閣《四庫全書》影印本
牟氏陵陽集	牟巘	宋	臺灣商務印書館一九八六年文淵閣《四庫全書》影印本

七畫

戒庵老人漫筆　李詡　明　中華書局一九八二年魏連科點校本
攻媿集　樓鑰　宋　臺灣商務印書館一九八六年文淵閣《四庫全書》影印本
〔嘉定〕赤城志　陳耆卿　宋　臺灣商務印書館一九八六年文淵閣《四庫全書》影印本
〔光緒〕孝豐縣志　劉濬修、潘宅仁纂　清　清光緒五年刻本
抑菴文後集　王直　明　臺灣商務印書館一九八六年文淵閣《四庫全書》影印本
志雅堂雜鈔　周密　宋　臺灣新文豐出版公司一九八五年《叢書集成新編》影印本
却掃編　徐度　宋　臺灣商務印書館一九八六年文淵閣《四庫全書》影印本
芸庵類藁　李洪　宋　臺灣商務印書館一九八六年文淵閣《四庫全書》影印本
花谿集　沈夢麟　明　臺灣商務印書館一九八六年文淵閣《四庫全書》影印本
芳谷集　徐明善　元　臺灣商務印書館一九八六年文淵閣《四庫全書》影印本
杜陽雜編　蘇鶚　唐　臺灣商務印書館一九八六年文淵閣《四庫全書》影印本
李太白文集　李白　唐　臺灣商務印書館一九八六年文淵閣《四庫全書》影印本
李文公集　李翺　唐　臺灣商務印書館一九八六年文淵閣《四庫全書》影印本
李遐叔文集　李華　唐　臺灣商務印書館一九八六年文淵閣《四庫全書》影印本
李義山詩集　李商隱　唐　臺灣商務印書館一九八六年文淵閣《四庫全書》影印本
李羣玉詩集　李羣玉　唐　臺灣商務印書館一九八六年文淵閣《四庫全書》影印本
李漁全集　李漁　清　浙江古籍出版社一九九一年點校本
李衛公別集　李德裕　唐　臺灣商務印書館一九八六年文淵閣《四庫全書》影印本
李鴻章全集　李鴻章　清　時代文藝出版社一九九八年標點本
甫里集　陸龜蒙　唐　臺灣商務印書館一九八六年文淵閣《四庫全書》影印本
吾吾類稿　吴皐　元　臺灣商務印書館一九八六年文淵閣《四庫全書》影印本
酉陽雜俎　段成式　唐　臺灣商務印書館一九八六年文淵閣《四庫全書》影印本
吴文正公集　吴澄　元　臺灣新文豐出版公司一九八五年《元人文集珍本叢刊》本
吴文正集　吴澄　元　臺灣商務印書館一九八六年文淵閣《四庫全書》影印本
吴門表隱　顧震濤　清　江蘇古籍出版社一九九九年《江蘇地方文獻叢書》本
吴郡志　范成大　宋　中華書局一九九〇年《宋元方志叢刊》影印本
吴越春秋　趙煜　東漢　影寫宋刻本
吴越備史　錢儼　宋　臺灣商務印書館一九八六年文淵閣《四庫全書》影印本
吴詩集覽　吴偉業　清　上海古籍出版社二〇〇二年《續修四庫全書》影印本

困學紀聞	王應麟	宋	遼寧教育出版社一九八九年點校本
岐海瑣談	姜　准	明	上海社會科學院出版社二〇〇二年點校本
何水部集	何　遜	南朝梁	臺灣商務印書館一九八六年文淵閣《四庫全書》影印本
何文簡疏議	何孟春	明	臺灣商務印書館一九八六年文淵閣《四庫全書》影印本
〔光緒〕佛坪廳志	劉　煐	清	陝西三秦出版社二〇〇五年點校本
佛祖歷代通載	釋念常	元	臺灣商務印書館一九八六年文淵閣《四庫全書》影印本
近十年之怪現狀	吴趼人	清	天津古籍出版社一九八六年點校本
近事會元	李上交	宋	臺灣商務印書館一九八六年文淵閣《四庫全書》影印本
近峰聞畧	皇甫録	明	臺灣新興書局有限公司一九七九年《筆記小説大觀》影印本
余襄公奏議	余　靖	宋	上海書店一九九四年《叢書集成續編》影印本
谷響集	釋善住	元	臺灣商務印書館一九八六年文淵閣《四庫全書》影印本
冷齋夜話	釋惠洪	宋	臺灣商務印書館一九八六年文淵閣《四庫全書》影印本
冷廬雜識	陸以湉	清	中華書局一九八四年崔凡芝點校本
快雪堂漫録	馮夢禎	明	齊魯書社一九九五年《四庫全書存目叢書》影印本
宋大詔令集		宋	中華書局一九六二年影印本
宋元書刻牌記圖録	林申清	現代	北京圖書館出版社一九九九年版
宋元舊本書經眼録	莫友芝	清	上海古籍出版社二〇〇九年點校本
宋文鑑	吕祖謙	宋	臺灣商務印書館一九八六年文淵閣《四庫全書》影印本
宋史	脱　脱	元	中華書局一九七七年標點本
宋史全文		元	臺灣商務印書館一九八六年文淵閣《四庫全書》影印本
宋名臣言行録	李幼武	宋	清光緒二十九年刻本
宋季三朝政要		元	臺灣商務印書館一九八六年文淵閣《四庫全書》影印本
宋書	沈　約	南朝齊	中華書局一九七四年標點本
宋朝名畫評	劉道醇	宋	臺灣商務印書館一九八六年文淵閣《四庫全書》影印本
宋朝事實	李　攸	宋	臺灣商務印書館一九八六年文淵閣《四庫全書》影印本
宋朝事實類苑	江少虞	宋	上海古籍出版社一九八一年點校本
宋朝諸臣奏議	趙汝愚	宋	上海古籍出版社一九九九年點校本
宋景文公筆記	宋　祁	宋	河南大象出版社二〇〇三年《全宋筆記》點校本
宋稗類鈔	潘永因	清	書目文獻出版社一九八五年版
宋會要輯稿	徐　松	清	中華書局一九五七年影印本

宋詩紀事　厲鶚　清　臺灣商務印書館一九八六年文淵閣《四庫全書》影印本
初學記　徐堅　唐　臺灣商務印書館一九八六年文淵閣《四庫全書》影印本
初學集　錢謙益　清　上海古籍出版社二〇一〇年《清代詩文集彙編》影印本
邵氏聞見後録　邵博　宋　中華書局一九八三年劉德權點校本
邵氏聞見録　邵伯温　宋　中華書局一九八三年李劍雄點校本
邵陽縣鄉土志　陳吴萃修、姚炳奎纂　清　清光緒三十三年刻本
甬上耆舊詩　胡文學　清　臺灣商務印書館一九八六年文淵閣《四庫全書》影印本

八畫

（乾隆）奉化縣志　陳琦　清　上海古籍出版社二〇一〇年版
（同治）奉新縣志　吕懋先修、帥方蔚纂　清　清同治十年刻本
武夷新集　楊億　宋　臺灣商務印書館一九八六年文淵閣《四庫全書》影印本
武英殿聚珍版程式　金簡　清　清光緒二十五年廣雅書局重刊本
武林梵志　吴之鯨　明　臺灣商務印書館一九八六年文淵閣《四庫全書》影印本
武林藏書録　丁申　清　上海古籍出版社二〇〇五年重印光緒庚子嘉惠堂本
武林舊事　周密　宋　上海古籍出版社一九九三年《山川風情叢書》影印本
武昌縣志　鍾桐山修、柯逢時纂　清　清光緒十一年刻本
（嘉靖）武康縣志　程嗣功修　駱文盛纂　明　上海古籍出版社一九六二年《天一閣藏明代方志選刊》影印本
武備志　茅元儀　明　上海古籍出版社二〇〇二年《續修四庫全書》影印本
武溪集　余靖　宋　臺灣商務印書館一九八六年文淵閣《四庫全書》影印本
武經總要　曾公亮　宋　臺灣商務印書館一九八六年文淵閣《四庫全書》影印本
武編前集　唐順之　明　臺灣商務印書館一九八六年文淵閣《四庫全書》影印本
青山集　郭祥正　宋　臺灣商務印書館一九八六年文淵閣《四庫全書》影印本
青山續集　郭祥正　宋　臺灣商務印書館一九八六年文淵閣《四庫全書》影印本
青崖集　魏初　元　臺灣商務印書館一九八六年文淵閣《四庫全書》影印本
青雲梯　臺灣新文豐出版公司一九九九年《叢書集成三編》影印本
青箱雜記　吴處厚　宋　中華書局一九八五年李裕民點校本
青谿漫稿　倪岳　明　臺灣商務印書館一九八六年文淵閣《四庫全書》影印本
（光緒）長汀縣志　劉國光　清　臺灣成文出版社有限公司一九六七年影印本
長安客話　蔣一葵　明　北京古籍出版社一九八三年點校本
長物志　文震亨　明　臺灣商務印書館一九八六年文淵閣《四庫全書》影印本

抱朴子　葛　洪　晉　臺灣商務印書館一九八六年文淵閣《四庫全書》影印本
抱犢山房集　嵇永仁　清　臺灣商務印書館一九八六年文淵閣《四庫全書》影印本
拙齋文集　林之奇　宋　臺灣商務印書館一九八六年文淵閣《四庫全書》影印本
坡門酬唱集　邵　浩　宋　貴池劉氏玉海堂影宋刊本
范太史集　范祖禹　宋　臺灣商務印書館一九八六年文淵閣《四庫全書》影印本
范文正公別集　范仲淹　宋　上海商務印書館《四部叢刊初編》本
范成大筆記六種　范成大　宋　中華書局二〇〇二年孔凡禮點校本
范忠宣集　范純仁　宋　臺灣商務印書館一九八六年文淵閣《四庫全書》影印本
直齋書録解題　陳振孫　宋　臺灣商務印書館一九八六年文淵閣《四庫全書》影印本
苕溪漁隱叢話　胡　仔　宋　臺灣商務印書館一九八六年文淵閣《四庫全書》影印本
林和靖先生詩集　林　逋　宋　商務印書館《四部叢刊初編》重印江安傅氏雙鑑樓藏影寫明黑口本
林和靖集　林　逋　宋　浙江古籍出版社一九八五年沈幼征點校本
林間録　釋惠洪　宋　臺灣商務印書館一九八六年文淵閣《四庫全書》影印本
林登州集　林　弼　明　臺灣商務印書館一九八六年文淵閣《四庫全書》影印本
析津志輯佚　熊夢祥　元　北京古籍出版社一九八三年點校本
來禽館集　邢　侗　明　齊魯書社一九九七年《四庫全書存目叢書》本
來鶴亭集　吕　誠　元　臺灣商務印書館一九八六年文淵閣《四庫全書》影印本
〔嘉慶〕松江府志　宋如林　清　臺灣成文出版社有限公司一九六六年影印本
松江衢歌　陳金浩　清　臺灣新文豐出版公司一九八五年《叢書集成新編》影印本
松坡詞　京　鏜　宋　彊邨叢書本
松窗雜録　李　濬　唐　臺灣商務印書館一九八六年文淵閣《四庫全書》影印本
松隱集　曹　勛　宋　臺灣商務印書館一九八六年文淵閣《四庫全書》影印本
杭俗遺風　范祖述　清　上海文藝出版社一九八九年影印本
述異記　任　昉　南朝梁　臺灣商務印書館一九八六年文淵閣《四庫全書》影印本
杼山集　釋皎然　唐　臺灣商務印書館一九八六年文淵閣《四庫全書》影印本
東山存稿　趙　汸　元　臺灣商務印書館一九八六年文淵閣《四庫全書》影印本
東山詩選　葛紹體　宋　臺灣商務印書館一九八六年文淵閣《四庫全書》影印本
東江家藏集　顧　清　明　臺灣商務印書館一九八六年文淵閣《四庫全書》影印本
東牟集　王　洋　宋　臺灣商務印書館一九八六年文淵閣《四庫全書》影印本
東里集　楊士奇　明　臺灣商務印書館一九八六年文淵閣《四庫全書》影印本

東坡全集	蘇軾	宋	臺灣商務印書館一九八六年文淵閣《四庫全書》影印本
東坡志林	蘇軾	宋	中華書局一九八一年王松齡點校本。
東京夢華録	孟元老	宋	中華書局一九八二年鄧之誠校注本
東都事略	王偁	宋	臺灣商務印書館一九八六年文淵閣《四庫全書》影印本
東華續録(光緒朝)	朱壽朋	清	上海古籍出版社二〇〇二年《續修四庫全書》影印本
東軒筆録	魏泰	宋	中華書局一九八三年李裕民點校本
東原録	龔鼎臣	宋	臺灣商務印書館一九八六年文淵閣《四庫全書》影印本
東萊吕太史文集	吕祖謙	宋	續金華叢書本
東萊吕太史別集	吕祖謙	宋	續金華叢書本
東萊詩集	吕本中	宋	臺灣商務印書館一九八六年文淵閣《四庫全書》影印本
東堂集	毛滂	宋	臺灣商務印書館一九八六年文淵閣《四庫全書》影印本
東皋子集	王績	唐	臺灣商務印書館一九八六年文淵閣《四庫全書》影印本
東湖叢記	蔣光煦	清	上海古籍出版社二〇〇二年《續修四庫全書》影印本
東塘集	袁説友	宋	臺灣商務印書館一九八六年文淵閣《四庫全書》影印本
東園文集	鄭紀	明	臺灣商務印書館一九八六年文淵閣《四庫全書》影印本
東維子集	楊維楨	元	臺灣商務印書館一九八六年文淵閣《四庫全書》影印本
東牕集	張擴	宋	臺灣商務印書館一九八六年文淵閣《四庫全書》影印本
東澗集	許應龍	宋	臺灣商務印書館一九八六年文淵閣《四庫全書》影印本
東齋紀事	許觀	宋	臺灣商務印書館一九八三年文淵閣《四庫全書》影印本
東齋記事	范鎮	宋	中華書局一九八〇年汝沛點校本
東觀集	魏野	宋	臺灣商務印書館一九八六年文淵閣《四庫全書》影印本
東觀漢記校注	劉珍	漢	中州古籍出版社一九八七年吴樹平校注本
事林廣記	陳元靚	宋	中華書局一九六三年影印本
事物紀原	高承	宋	臺灣商務印書館一九八六年文淵閣《四庫全書》影印本
事類賦	吴淑	宋	臺灣商務印書館一九八六年文淵閣《四庫全書》影印本
兩宋名賢小集	陳思	宋	臺灣商務印書館一九八六年文淵閣《四庫全書》影印本
兩河清匯	薛鳳祚	明	臺灣商務印書館一九八六年文淵閣《四庫全書》影印本
兩般秋雨盦隨筆	梁紹壬	清	上海古籍出版社二〇〇二年《續修四庫全書》影印本
兩朝綱目備要		宋	臺灣文海出版社一九六七年版
雨航雜録	馮時可	明	臺灣商務印書館一九八六年文淵閣《四庫全書》影印本

書名	作者	時代	版本
歧路燈	李綠園	清	上海古籍出版社一九九三年《古本小説集成》影印本
尚書詳解	夏僎	宋	臺灣商務印書館一九八六年文淵閣《四庫全書》影印本
盱江集	李覯	宋	臺灣商務印書館一九八六年文淵閣《四庫全書》影印本
具茨詩集	王立道	明	臺灣商務印書館一九八六年文淵閣《四庫全書》影印本
味經堂書院志	劉光蕡	清	陝西通志館印《關中叢書》本
〔道光〕昌化縣志	于尚齡修、王兆杏纂	清	清道光三年刻本
昌谷集	李賀	唐	臺灣商務印書館一九八六年文淵閣《四庫全書》影印本
明一統志	李賢	明	臺灣商務印書館一九八六年文淵閣《四庫全書》影印本
明太祖文集	朱元璋	明	臺灣商務印書館一九八六年文淵閣《四庫全書》影印本
明文海	黄宗羲	明	臺灣商務印書館一九八六年文淵閣《四庫全書》影印本
明史	張廷玉	清	中華書局一九七四年點校本
明名臣琬琰録	徐紘	明	臺灣商務印書館一九八六年文淵閣《四庫全書》影印本
明季北略	計六奇	清	中華書局一九八四年魏得良點校本
明宮史	吕毖	明	臺灣商務印書館一九八六年文淵閣《四庫全書》影印本
明清以來北京工商會館碑刻選編	李華	現代	文物出版社一九八〇年整理標點本
明清以來蘇州社會史碑刻集	王國平		蘇州大學出版社一九九八年
明清蘇州工商業碑刻集	蘇州博物館		江蘇人民出版社一九八一年
明會典	申時行	明	臺灣商務印書館一九八六年文淵閣《四庫全書》影印本
明詩紀事	陳田	清	上海古籍出版社一九九三年點校本
明經世文編	陳子龍	明	中華書局一九六二年本
明實録		明	臺北中央研究院歷史語言研究所一九六二年校印本
易翼傳	鄭汝諧	宋	通志堂經解本
典故紀聞	余繼登	明	中華書局一九八一年點校本
忠正德文集	趙鼎	宋	臺灣商務印書館一九八六年文淵閣《四庫全書》影印本
忠靖集	夏原吉	明	臺灣商務印書館一九八六年文淵閣《四庫全書》影印本
忠肅集	劉摯	宋	臺灣商務印書館一九八六年文淵閣《四庫全書》影印本
忠肅集	于謙	明	臺灣商務印書館一九八六年文淵閣《四庫全書》影印本
忠愍集	寇準	宋	臺灣商務印書館一九八六年文淵閣《四庫全書》影印本
忠愍集	李若水	宋	臺灣商務印書館一九八六年文淵閣《四庫全書》影印本
岩棲幽事	陳繼儒	明	齊魯書社一九九五年《四庫全書存目叢書》影印本

書名	作者	時代	版本
牧庵集	姚燧	元	臺灣商務印書館一九八六年文淵閣《四庫全書》影印本
物理小識	方以智	明	臺灣商務印書館一九八六年文淵閣《四庫全書》影印本
乖崖先生文集	張詠	宋	上海商務印書館《續古逸叢書》本
秇林伐山	楊慎	明	上海古籍出版社二〇〇二年《續修四庫全書》影印本
（隆慶）岳州府誌	鍾崇文	明	上海古籍書店一九六三年《天一閣藏明代方志選刊》影印本
佩文韵府	張玉書	清	臺灣商務印書館一九八六年文淵閣《四庫全書》影印本
所安遺集	陳泰	元	臺灣商務印書館一九八六年文淵閣《四庫全書》影印本
金石史	郭宗昌	明	臺灣商務印書館一九八六年文淵閣《四庫全書》影印本
金石録校證	趙明誠	宋	上海書畫出版社一九八五年排印本
金史	脱脱	元	中華書局一九七五年標點本
金華子雜編	劉崇遠	南唐	江蘇廣陵古籍刻印社一九八三年《筆記小説大觀》本
金華黄先生文集	黄溍	元	上海古籍出版社二〇〇二年《續修四庫全書》影印本
金陵百詠	曾極	宋	臺灣商務印書館一九八六年文淵閣《四庫全書》影印本
金陵雜記	滌浮道人	清	北京圖書館出版社二〇一三年點校本
金粟箋説	張燕昌	清	上海古籍出版社二〇〇二年《續修四庫全書》影印本
周易啟蒙翼傳	胡一桂	元	臺灣商務印書館一九八六年文淵閣《四庫全書》影印本
周易集解	李鼎祚	唐	毛氏汲古閣刻《津逮秘書》本
周易説略	張爾岐	清	上海古籍出版社二〇〇二年《續修四庫全書》影印本
周書	令狐德棻	唐	中華書局一九七一年標點本
周濂溪集	周敦頤	宋	上海商務印書館《叢書集成初編》本
京師坊巷記	朱一新	清	臺灣新文豐出版公司一九八九年《叢書集成續編》影印本
夜航船	張岱	明	上海古籍出版社二〇〇二年《續修四庫全書》影印本
庚巳編	陸粲	明	中華書局一九八七年譚棣華點校本
法苑珠林	釋道世	唐	臺灣商務印書館一九八六年文淵閣《四庫全書》影印本
法書要録	張彦遠	唐	臺灣商務印書館一九八六年文淵閣《四庫全書》影印本
河南通志	孫灝	清	臺灣商務印書館一九八六年文淵閣《四庫全書》影印本
河南集	尹洙	宋	臺灣商務印書館一九八六年文淵閣《四庫全書》影印本
泊宅編	方勺	宋	中華書局一九八三年許沛藻點校本
泠然齋詩集	蘇泂	宋	臺灣商務印書館一九八六年文淵閣《四庫全書》影印本
注維摩經	釋僧肇	晉	日本大正新修大藏經本

泥板試印初編　翟金生　清　北京圖書館藏道光二十四年翟氏泥活字印本
怪石録　沈　心　清　昭代叢書本
〔光緒〕定遠廳志　余修鳳　清　臺灣成文出版社有限公司
定襄金石攷　牛誠修　清　國家圖書館出版社二〇一一年《地方金石志彙編》影印本
定齋集　蔡　戡　宋　臺灣商務印書館一九八六年文淵閣《四庫全書》影印本
〔道光〕宜黄縣志　札隆阿修　程卓樑纂　清　臺灣成文出版社有限公司一九七〇年影印本
官場現形記　李伯元　清　清宣統元年崇本堂石印本
空同集　李夢陽　明　臺灣商務印書館一九八六年文淵閣《四庫全書》影印本
宛陵集　梅堯臣　宋　上海商務印書館《四部叢刊初編》本
宛署雜記　沈　榜　明　北京古籍出版社一九八二年標點本
郎潛紀聞四筆　陳康祺　清　中華書局一九九〇年褚家偉整理點校本
郎潛紀聞初筆二筆三筆　陳康祺　清　中華書局一九八四年晉石點校本
〔正德〕建昌府志　夏良勝　明　上海古籍書店一九六四年《天一閣藏明代方志選刊》本
建炎以來朝野雜記　李心傳　宋　中華書局二〇〇〇年徐規點校本
建炎以來繫年要録　李心傳　宋　臺灣商務印書館一九八六年文淵閣《四庫全書》影印本
〔嘉靖〕建陽縣志　馮繼科　明　上海古籍書店一九六二年《天一閣藏明代方志選刊》影印本
〔嘉靖〕建寧府志　夏玉麟修　汪佃纂　明　上海古籍書店一九六四年《天一閣藏明代方志選刊》影印本
居士集　歐陽修　宋　齊魯書社一九九七年《四庫存目叢書》影印本
居竹軒詩集　成廷珪　元　臺灣商務印書館一九八六年文淵閣《四庫全書》影印本
居易録　王士禛　清　臺灣商務印書館一九八六年文淵閣《四庫全書》影印本
居家必用事類全集　元　上海古籍出版社二〇〇二年《續修四庫全書》影印本
陔餘叢考　趙　翼　清　商務印書館一九五七年據乾隆庚戌湛貽堂刊本斷句排印本
姑溪居士前集　李之儀　宋　臺灣商務印書館一九八六年文淵閣《四庫全書》影印本
姑蘇志　王　鏊　明　臺灣商務印書館一九八六年文淵閣《四庫全書》影印本
妮古録　陳繼儒　明　寶顔堂秘笈本
始豐稿　徐一夔　元　臺灣商務印書館一九八六年文淵閣《四庫全書》影印本

九畫

契丹國志　葉隆禮　宋　上海古籍出版社一九八五年賈敬顔點校本
春在堂隨筆　俞　樾　清　上海古籍出版社二〇〇二年《續修四庫全書》影印本
春冰室野乘　李岳瑞　清　清宣統三年廣智書局校印本

春明退朝録 宋敏求 宋 中華書局一九八〇年誠剛點校本
春明夢餘録 孫承澤 清 臺灣商務印書館一九八六年文淵閣《四庫全書》影印本
春草齋集 烏斯道 明 臺灣商務印書館一九八六年文淵閣《四庫全書》影印本
春秋傳 胡安國 宋 宋乾道四年刻慶元五年黄汝嘉修補本
春秋繁露 董仲舒 漢 中華書局一九七五年點校本
春風堂隨筆 陸深 明 寶顔堂秘笈本
春渚紀聞 何薳 宋 中華書局一九八三年張明華點校本
珍珠船 陳繼儒 明 齊魯書社一九九五年《四庫全書存目叢書》影印本
珍席放談 高晦叟 宋 臺灣商務印書館一九八六年文淵閣《四庫全書》影印本
珊瑚網 汪砢玉 明 臺灣商務印書館一九八六年文淵閣《四庫全書》影印本
封氏聞見記 封演 唐 臺灣商務印書館一九八六年文淵閣《四庫全書》影印本
持靜齋藏書記要 莫友芝 清 上海古籍出版社二〇〇九年點校本
政藝叢書 鄧實 清 臺灣文海出版社一九七三年版
拾遺記 王嘉 晉 中華書局一九八一年齊治平校注本
荆楚歲時記 宗懔 南朝梁 臺灣商務印書館一九八六年文淵閣《四庫全書》影印本
草木子 葉子奇 元 中華書局一九五九年合校斷句本
草堂雅集 顧瑛 元 臺灣商務印書館一九八六年文淵閣《四庫全書》影印本
草閣詩集 李曄 元 臺灣商務印書館一九八六年文淵閣《四庫全書》影印本？
茶香室叢鈔續鈔三鈔四鈔 俞樾 清 上海古籍出版社二〇〇二年《續修四庫全書》影印本
茶經 陸羽 唐 臺灣商務印書館一九八六年文淵閣《四庫全書》影印本
茶餘客話 阮葵生 清 上海古籍出版社二〇〇二年《續修四庫全書》影印本
胡澹庵先生文集 胡銓 宋 知不足齋叢書本
南方草木狀 嵇含 晉 臺灣商務印書館一九八六年文淵閣《四庫全書》影印本
南史 李延壽 唐 中華書局一九七五年點校本
〔同治〕南安府志 黄鳴珂 清 臺灣成文出版社有限公司一九六七年影印本
〔光緒〕南安府志補正 楊錞 清 臺灣成文出版社有限公司一九六七年影印本
南村輟耕録 陶宗儀 元 中華書局一九五九年重印武進陶氏影元刻本
南宋館閣録 陳騤 宋 臺灣商務印書館一九八六年文淵閣《四庫全書》影印本
南昌郡乘 陳弘緒 清 書目文獻出版社二〇〇〇年《北京圖書館古籍珍本叢刊》影印本
南軒集 張栻 宋 臺灣商務印書館一九八六年文淵閣《四庫全書》影印本

南唐書　馬　令　宋　臺灣商務印書館一九八六年文淵閣《四庫全書》影印本
南部新書　錢　易　宋　中華書局二〇〇二年黄壽成點校本
南陽集　韓　維　宋　臺灣商務印書館一九八六年文淵閣《四庫全書》影印本
南軺日記　文廷式　清　中華書局二〇〇七年點校本
南湖集　張　鎡　宋　臺灣商務印書館一九八六年文淵閣《四庫全書》影印本
南雍經籍考　葉德輝　清　光緒觀古堂刻本
南齊書　蕭子顯　南朝梁　中華書局一九七二年點校本
南澗文集　李文藻　清　上海古籍出版社二〇〇二年《續修四庫全書》影印本
南澗甲乙稿　韓元吉　宋　臺灣商務印書館一九八六年文淵閣《四庫全書》影印本
南學製墨劄記　謝松岱　清　上海古籍出版社二〇〇二年《續修四庫全書》影印本
南濠居士文跋　都　穆　明　上海古籍出版社二〇〇二年《續修四庫全書》影印本
南疆繹史勘本　李　瑤　清　清道光十年李瑤泥活字印本
南廱志　黄　佐　明　上海古籍出版社二〇〇二年《續修四庫全書》影印本
柯山集　張　耒　宋　臺灣商務印書館一九八六年文淵閣《四庫全書》影印本
相山集　王之道　宋　臺灣商務印書館一九八六年文淵閣《四庫全書》影印本
相臺書塾刊正九經三傳沿革例　岳　珂　宋　知不足齋叢書本
柏齋集　何　瑭　明　臺灣商務印書館一九八六年文淵閣《四庫全書》影印本
柳宗元集　柳宗元　唐　中華書局一九七九年點校本
柳南隨筆　王應奎　清　上海古籍出版社二〇〇二年《續修四庫全書》影印本
柳南續筆　王應奎　清　上海古籍出版社二〇〇二年《續修四庫全書》影印本
咸平集　田　錫　宋　臺灣商務印書館一九八六年文淵閣《四庫全書》影印本
咸淳毗陵志　史能之　宋　中華書局一九九〇年《宋元方志叢刊》第三册影印本
咸淳臨安志　潛説友　宋　臺灣商務印書館一九八六年文淵閣《四庫全書》影印本
研北雜志　陸　友　元　臺灣新文豐出版公司一九九七年《叢書集成三編》影印本
省心雜言　李邦獻　宋　臺灣商務印書館一九八六年文淵閣《四庫全書》影印本
省齋集　廖行之　宋　臺灣商務印書館一九八六年文淵閣《四庫全書》影印本
是齋百一選方　王　璆　宋　日本寬政十一年（一七九九年）刊本
思適齋書跋　顧廣圻　清　上海古籍出版社二〇〇七年點校本
拜石山房詞鈔　顧　翰　清　上海古籍出版社二〇〇二年《續修四庫全書》影印本
拜經樓藏書題跋記　吴壽暘　清　上海古籍出版社二〇〇七年點校本

香山集　喻良能　宋　臺灣商務印書館一九八六年文淵閣《四庫全書》影印本
香祖筆記　王士禛　清　臺灣商務印書館一九八六年文淵閣《四庫全書》影印本
香飲樓賓談　陸長春　清　江蘇廣陵古籍刻印社一九八六年《筆記小説大觀》本
香溪集　范浚　宋　臺灣商務印書館一九八六年文淵閣《四庫全書》影印本
香樹齋文集　錢陳羣　清　上海古籍出版社二〇一〇年《清代詩文集彙編》影印本
秋崖集　方岳　宋　臺灣商務印書館一九八六年文淵閣《四庫全書》影印本
秋澗集　王惲　元　臺灣商務印書館一九八六年文淵閣《四庫全書》影印本
秋聲集　衛宗武　宋　臺灣商務印書館一九八六年文淵閣《四庫全書》影印本
秋巖詩集　陳宜甫　元　臺灣商務印書館一九八六年文淵閣《四庫全書》影印本
（同治）重刊興化府志　周瑛　明　清同治十年刊本
（同治）重修上高縣志　馮蘭森　清　清同治九年刻本
（道光）重修略陽縣志　譚瑀　清　清道光二十六年刻本
（光緒）重修彭縣志　張龍甲修、吕調陽纂　清　清光緒六年刻本
重修證類本草　唐慎微　宋　影金刻本
重編紅雨樓題跋　徐𤊹　明　北京圖書館出版社二〇〇二年《國家圖書館藏古籍題跋叢刊》影印本
重編瓊臺藁　邱濬　明　臺灣商務印書館一九八六年文淵閣《四庫全書》影印本
（光緒）重纂邵武府志　王琛修　張景祁纂　清　臺灣成文出版社有限公司一九六七年影印本
（道光）重纂福建通志　陳壽祺　清　江蘇鳳凰出版社二〇一一年《中國地方志集成》影印本
（弘治）保定郡志　章律修　張才纂　徐珪重編　明　上海古籍書店一九八一年《天一閣藏明代方志選刊》影印本
皇朝文鑑　吕祖謙　宋　上海商務印書館《四部叢刊初編》本
鳧藻集　高啟　明　臺灣商務印書館一九八六年文淵閣《四庫全書》影印本
禹貢山川地理圖　程大昌　宋　臺灣商務印書館一九八六年文淵閣《四庫全書》影印本
禹貢錐指　胡渭　清　臺灣商務印書館一九八六年文淵閣《四庫全書》影印本
侯鯖録　趙令時　宋　中華書局二〇〇二年孔凡禮點校本
俟庵集　李存　元　臺灣商務印書館一九八六年文淵閣《四庫全書》影印本
待制集　柳貫　元　臺灣商務印書館一九八六年文淵閣《四庫全書》影印本
後山居士文集　陳師道　宋　上海古籍出版社一九八四年影印宋刻本
後山集　陳師道　宋　臺灣商務印書館一九八六年文淵閣《四庫全書》影印本
後山談叢　陳師道　宋　中華書局二〇〇七年李偉國點校本
後村先生大全集　劉克莊　宋　上海商務印書館《四部叢刊初編》本

後村集　劉克莊　宋　臺灣商務印書館一九八六年文淵閣《四庫全書》影印本

後紅樓夢　逍遥子　清　上海古籍出版社一九九二年《古本小説集成》影印本

後漢紀　袁宏　晉　臺灣商務印書館一九八六年文淵閣《四庫全書》影印本

後漢書　范曄　南朝宋　中華書局一九六五年點校本

後樂集　衛涇　宋　臺灣商務印書館一九八六年文淵閣《四庫全書》影印本

後蘇龕合集　施士潔　清　臺灣大通書局一九八七年《臺灣文獻叢刊》本

後觀石録　毛奇齡　清　浙江人民美術出版社二〇一三年《美術叢書》初集第三輯

弇山堂別集　王世貞　明　臺灣商務印書館一九八六年文淵閣《四庫全書》影印本

弇州四部稿　王世貞　明　臺灣商務印書館一九八六年文淵閣《四庫全書》影印本

弇州續稿　王世貞　明　臺灣商務印書館一九八六年文淵閣《四庫全書》影印本

負暄野録　陳槱　宋　浙江人民美術出版社二〇一三年《美術叢書》初集第三輯

負暄雜録　顧文薦　宋　上海商務印書館民國十六年涵芬樓説郛本

勉齋集　黄榦　宋　臺灣商務印書館一九八六年文淵閣《四庫全書》影印本

急就篇　史游　漢　臺灣商務印書館一九八六年文淵閣《四庫全書》影印本

訂譌雜録　胡鳴玉　清　臺灣商務印書館一九八六年文淵閣《四庫全書》影印本

度人上品妙經注解　明正統道藏本

度隴記　董醇　清　《小方壺齋輿地叢鈔》第六帙

彦周詩話　許顗　宋　臺灣商務印書館一九八六年文淵閣《四庫全書》影印本

音論　顧炎武　明　清道光二十六年福田書海銅活字本

帝京景物略　劉侗　明　上海古籍出版社二〇〇二年《續修四庫全書》影印本

帝京歲時紀勝　潘榮陛　清　北京古籍出版社一九八一年點校本

前定録　鍾輅　唐　臺灣商務印書館一九八六年文淵閣《四庫全書》影印本

前塵夢影録　徐康　清　上海古籍出版社二〇〇二年《續修四庫全書》影印本

前漢紀　荀悦　漢　臺灣商務印書館一九八六年文淵閣《四庫全書》影印本

首楞嚴經義海　釋咸輝　宋　日本弘教書院大藏經吕字號第四册

〔嘉靖〕洪雅縣志　束載修　張可述纂　明　上海古籍書店一九八一年《天一閣藏明代方志選刊》影印本

洞天清禄集　趙希鵠　宋　海山仙館叢書本

洞冥記　郭憲　漢　臺灣商務印書館一九八六年文淵閣《四庫全書》影印本

洺水集　程珌　宋　臺灣商務印書館一九八六年文淵閣《四庫全書》影印本

洛陽伽藍記　楊衒之　北魏　上海古籍出版社一九七八年校注本

净德集　吕陶　宋　臺灣商務印書館一九八六年文淵閣《四庫全書》影印本
〔光緒〕洋縣志　張鵬翼　清　臺灣成文出版社有限公司一九六九年影印本
津門雜記　張燾　清　臺灣新文豐出版公司一九九七年《叢書集成三編》影印本
恒言録　錢大昕　清　上海古籍出版社二〇〇二年《續修四庫全書》影印本
宣和北苑貢茶録　熊蕃　宋　臺灣商務印書館一九八六年文淵閣《四庫全書》影印本
宣和奉使高麗圖經　徐競　宋　臺灣新文豐出版公司一九八九年《叢書集成新編》影印本
客座贅語　顧起元　明　中華書局一九八七年譚棣華點校本
祛疑説　儲泳　宋　臺灣商務印書館一九八六年文淵閣《四庫全書》影印本
祠山事要指掌集　周秉秀　宋　明宣德刻本
祠部集　强至　宋　臺灣商務印書館一九八六年文淵閣《四庫全書》影印本
退庵隨筆　梁章鉅　清　上海古籍出版社二〇〇二年《續修四庫全書》影印本
屏山集　劉子翬　宋　臺灣商務印書館一九八六年文淵閣《四庫全書》影印本
屏巖小稿　張觀光　元　臺灣商務印書館一九八六年文淵閣《四庫全書》影印本
韋齋集　朱松　明　臺灣商務印書館一九八六年文淵閣《四庫全書》影印本
韋蘇州集　韋應物　唐　臺灣商務印書館一九八六年文淵閣《四庫全書》影印本
眉山文集　唐庚　宋　臺灣商務印書館一九八六年文淵閣《四庫全書》影印本
眉山詩集　唐庚　宋　臺灣商務印書館一九八六年文淵閣《四庫全書》影印本
〔雍正〕陝西通志　沈青崖　清　臺灣商務印書館一九八六年文淵閣《四庫全書》影印本
陝境漢江流域貿易稽覈表　仇繼恒　清　陝西通志館印《關中叢書》本
姚少監詩集　姚合　唐　臺灣商務印書館一九八六年文淵閣《四庫全書》影印本
飛鴻堂硯譜　汪啟淑　清　上海古籍出版社二〇〇二年《續修四庫全書》影印本
癸巳存稿　俞正燮　清　上海古籍出版社二〇〇二年《續修四庫全書》影印本
癸辛雜識　周密　宋　中華書局一九八八年吴企明點校本
紅雨樓題跋　徐𤊹　明　上海古籍出版社二〇〇二年《續修四庫全書》影印本
紅樓夢　曹雪芹　清　清光緒二年聚珍堂活字印本
紀硯　程瑤田　清　浙江人民美術出版社二〇一三年《美術叢書》四集第一輯
紀曉嵐文集　紀昀　清　河北教育出版社一九九一年孫致中點校本

十畫

〔乾隆〕泰和縣志　冉棠修、沈瀾纂　清　清乾隆十八年刻本
秦疆治略　盧坤　清　臺灣成文出版社有限公司一九七〇年影印本

書名	作者	朝代	版本
珩璜新論	孔平仲	宋	臺灣商務印書館一九八六年文淵閣《四庫全書》影印本
班馬字類	婁　機	宋	臺灣商務印書館一九八六年文淵閣《四庫全書》影印本
〔正德〕袁州府志	嚴　嵩	明	上海古籍書店一九六三年《天一閣藏明代方志選刊》本
〔乾隆〕袁州府志	陳廷枚修、熊日華纂	清	清乾隆二十五年刻本
都城紀勝	耐得翁	宋	上海古籍出版社一九九三年《山川風情叢書》影印本
華延年室題跋	傅以禮	清	上海古籍出版社二〇〇九年點校本
華陽國志	常　璩	晉	巴蜀書社一九八四年校注本
華陽集	顧　況	唐	臺灣商務印書館一九八六年文淵閣《四庫全書》影印本
華陽集	王　珪	宋	臺灣商務印書館一九八六年文淵閣《四庫全書》影印本
莆陽知稼翁文集	黄公度	宋	南城李氏宜秋館刊《宋人集乙編》本
荷香館瑣言	丁國鈞	清	上海書店一九九四年《叢書集成續編》影印本
荷牐叢談	林時對	清	臺灣文海出版社影印清康熙稿本
莘廬遺詩	凌　泗	清	雪巷曲江書莊刊本
真山民集	真桂芳	宋	臺灣商務印書館一九八六年文淵閣《四庫全書》影印本
真西山文集	真德秀	宋	上海商務印書館《四部叢刊》本
真珠船	胡　侍	明	齊魯書社一九九五年《四庫全書存目叢書》影印本
真誥	陶弘景	南朝梁	上海商務印書館一九二七年涵芬樓説郛本
莊靖集	李俊民	金	臺灣商務印書館一九八六年文淵閣《四庫全書》影印本
莊簡集	李　光	宋	臺灣商務印書館一九八六年文淵閣《四庫全書》影印本
桂海虞衡志	范成大	宋	臺灣商務印書館一九八六年文淵閣《四庫全書》影印本説郛
桂陽直隸州志	汪敩灝修、王闓運纂	清	清同治七年刻本
桂隱詩集	劉　詵	元	臺灣商務印書館一九八六年文淵閣《四庫全書》影印本
郴江百詠	阮　閱	宋	臺灣商務印書館一九八六年文淵閣《四庫全書》影印本
桐江續集	方　回	元	臺灣商務印書館一九八六年文淵閣《四庫全書》影印本
格致答問類編	鄒淩沅	清	通學齋刻《通學齋叢書》本
格致匯編	傅蘭雅	清	上海圖書館藏本
格致鏡原	陳元龍	清	臺灣商務印書館一九八六年文淵閣《四庫全書》影印本
校補金石例四種	李　瑤	清	道光十二年李瑤泥活字印本
栟櫚文集	鄧　肅	宋	明弘光重刻萬曆本
酌中志	劉若愚	明	北京古籍出版社一九八六年點校本

晉政輯要 剛毅 清 上海古籍出版社二〇〇二年《續修四庫全書》影印本
晉書 房玄齡 唐 中華書局一九七四年點校本
柴氏四隱集 柴復貞 明 臺灣商務印書館一九八六年文淵閣《四庫全書》影印本
逍遥集 潘閬 宋 臺灣商務印書館一九八六年文淵閣《四庫全書》影印本
時務報 中華書局一九九一年影印合訂本
時報 線裝書局二〇〇六年影印合訂本
晁氏客語 晁説之 宋 臺灣商務印書館一九八六年文淵閣《四庫全書》影印本
蚓竅集 管時敏 明 臺灣商務印書館一九八六年文淵閣《四庫全書》影印本
秘書監志 王士點 元 浙江古籍出版社一九九二年高榮盛點校本
倚松詩集 饒節 宋 臺灣商務印書館一九八六年文淵閣《四庫全書》影印本
倪文貞奏疏 倪元璐 明 臺灣商務印書館一九八六年文淵閣《四庫全書》影印本
倦遊雜録 張師正 宋 上海古籍出版社一九九三年點校本
息齋筆記 吴桂森 明 上海古籍出版社二〇〇二年《續修四庫全書》影印本
師山集 鄭玉 元 臺灣商務印書館一九八六年文淵閣《四庫全書》影印本
徐公文集 徐鉉 宋 上海商務印書館《四部叢刊初編》本
徐氏筆精 徐𤊹 明 臺灣商務印書館一九八六年文淵閣《四庫全書》影印本
徐正字詩賦 徐寅 唐 臺灣商務印書館一九八六年文淵閣《四庫全書》影印本
徐孝穆集箋註 徐陵撰 吴兆宜箋註 南朝陳、清 臺灣商務印書館一九八六年文淵閣《四庫全書》影印本
徐愚齋自叙年譜 徐潤 清 上海古籍出版社二〇〇二年《續修四庫全書》影印本
徐霞客遊記 徐弘祖 明 臺灣商務印書館一九八六年文淵閣《四庫全書》影印本
針灸資生經 王執中 宋 明正統刻本
留青日札 田藝衡 明 上海古籍出版社二〇〇二年《續修四庫全書》影印本
記纂淵海 潘自牧 宋 臺灣商務印書館一九八六年文淵閣《四庫全書》影印本
〔宣統〕高要縣志 馬呈圖 清 肇慶和發自動機印務局一九三八年鉛印本
高峯文集 廖剛 宋 臺灣商務印書館一九八六年文淵閣《四庫全書》影印本
高常侍集 高適 唐 臺灣商務印書館一九八六年文淵閣《四庫全書》影印本
郭嵩燾日記 郭嵩燾 清 湖南人民出版社一九八一年點校本
唐六典 張九齡 唐 臺灣商務印書館一九八六年文淵閣《四庫全書》影印本
唐文粹 姚鉉 宋 上海商務印書館影印明嘉靖刊本
唐英歌詩 吴融 唐 臺灣商務印書館一九八六年文淵閣《四庫全書》影印本

唐風集 杜荀鶴 唐 臺灣商務印書館一九八六年文淵閣《四庫全書》影印本
唐國史補 李肇 唐 上海古籍出版社一九五七年點校本
唐會要 王溥 宋 上海古籍出版社一九九一年標校本
唐詩紀事 計敏夫 宋 臺灣商務印書館一九八六年文淵閣《四庫全書》影印本
唐摭言 王定保 五代 臺灣商務印書館一九八六年文淵閣《四庫全書》影印本
唐語林 王讜 宋 古典文學出版社一九五七年標點重印守山閣叢書本
益部方物略記 宋祁 宋 臺灣商務印書館一九八六年文淵閣《四庫全書》影印本
益部談資 何宇度 明 臺灣新文豐出版公司一九八五年《叢書集成新編》影印本
剡源文集 戴表元 元 臺灣商務印書館一九八六年文淵閣《四庫全書》影印本
剡溪漫筆 孫能傳 明 上海古籍出版社二〇〇二年《續修四庫全書》影印本
剡録 高似孫 宋 臺灣商務印書館一九八六年文淵閣《四庫全書》影印本
浙江通志 沈翼機 清 臺灣商務印書館一九八六年文淵閣《四庫全書》影印本
〔嘉靖〕浦江志略 毛鳳韶 明 上海古籍書店一九八一年《天一閣藏明代方志選刊》影印本
涑水記聞 司馬光 宋 中華書局一九八〇年點校本
〔嘉慶〕涇縣志 李德淦 清 臺灣成文出版社有限公司一九七五年影印本
海上塵天影 司香舊尉 清 上海古籍出版社一九九二年《古本小説集成》影印本
海陵集 周麟之 宋 臺灣商務印書館一九八六年文淵閣《四庫全書》影印本
海録碎事 葉庭珪 宋 臺灣商務印書館一九八六年文淵閣《四庫全書》影印本
浮溪集 汪藻 宋 臺灣商務印書館一九八六年文淵閣《四庫全書》影印本
浣花集 韋莊 唐 臺灣商務印書館一九八六年文淵閣《四庫全書》影印本
浪跡三談 梁章鉅 清 上海古籍出版社二〇〇二年《續修四庫全書》影印本
浪跡叢談 梁章鉅 清 上海古籍出版社二〇〇二年《續修四庫全書》影印本
浪跡續談 梁章鉅 清 上海古籍出版社二〇〇二年《續修四庫全書》影印本
浪語集 薛季宣 宋 臺灣商務印書館一九八六年文淵閣《四庫全書》影印本
悦齋文鈔 唐仲友 宋 上海古籍出版社二〇〇二年《續修四庫全書》影印本
宸垣識略 吴長元 清 北京古籍出版社一九八三年點校本
家世舊聞 陸游 宋 中華書局一九九三年孔凡禮點校本
容春堂後集 邵寶 明 臺灣商務印書館一九八六年文淵閣《四庫全書》影印本
〔光緒〕容縣志 封祝唐 清 臺灣成文出版社有限公司一九七四年影印本
容齋隨筆 洪邁 宋 中華書局二〇〇五年孔凡禮點校本

書小史　陳思　宋　臺灣商務印書館一九八六年文淵閣《四庫全書》影印本
書目答問　張之洞　清　上海古籍出版社二〇〇二年《續修四庫全書》影印本
書史　米芾　宋　臺灣商務印書館一九八六年文淵閣《四庫全書》影印本
書林清話　葉德輝　清　中華書局一九五七年重印長沙觀古堂刻本
書法要録　張彦遠　唐　臺灣商務印書館一九八六年文淵閣《四庫全書》影印本
書法離鉤　潘之淙　明　臺灣商務印書館一九八六年文淵閣《四庫全書》影印本
書叙指南　任廣　宋　臺灣商務印書館一九八六年文淵閣《四庫全書》影印本
書訣　豐坊　明　臺灣商務印書館一九八六年文淵閣《四庫全書》影印本
書畫跋　孫鑛　明　臺灣商務印書館一九八六年文淵閣《四庫全書》影印本
書經補遺　吕宗傑　元　江蘇古籍出版社一九八八年影印《宛委别藏》本
書斷　張懷瓘　唐　臺灣商務印書館一九八六年文淵閣《四庫全書》影印本
陵陽集　韓駒　宋　臺灣商務印書館一九八六年文淵閣《四庫全書》影印本
陵陽集　牟巘　宋　臺灣商務印書館一九八六年文淵閣《四庫全書》影印本
陳白沙集　陳獻章　明　上海古籍出版社一九九一年《四庫明人文集叢刊》本
陳定宇先生文集　陳櫟　元　臺北新文豐出版公司一九八五年《元人文集珍本叢刊》影印本
陳亮集　陳亮　宋　中華書局一九八七年鄧廣銘點校本
陳書　姚思廉　唐　中華書局一九七二年點校本
孫公談圃　劉延世　宋　臺灣商務印書館一九八六年文淵閣《四庫全書》影印本
孫毅菴奏議　孫懋　明　臺灣商務印書館一九八六年文淵閣《四庫全書》影印本
陶朱新録　馬純　宋　臺灣商務印書館一九八六年文淵閣《四庫全書》影印本
陶菴夢憶　張岱　明　上海古籍出版社一九八二年馬興榮點校本
陶淵明集　陶潛　晉　臺灣商務印書館一九八六年文淵閣《四庫全書》影印本
陶學士集　陶安　明　臺灣商務印書館一九八六年文淵閣《四庫全書》影印本
通志　鄭樵　宋　臺灣商務印書館一九八六年文淵閣《四庫全書》影印本
通典　杜佑　唐　中華書局一九八八年點校本
通制條格　元　中華書局二〇〇一年方齡貴《通制條格校注》本
通俗編　翟灝　清　上海古籍出版社二〇〇二年《續修四庫全書》影印本
通商各關華洋貿易總册　清　北華大學一九九〇年影印本
通雅　方以智　明　臺灣商務印書館一九八六年文淵閣《四庫全書》影印本
通學齋叢書　鄒凌沅　清　光緒宣統年間鉛印本。

書名	著者	朝代	版本
通鑑紀事本末	袁樞	宋	上海商務印書館《四部叢刊初編》本
能改齋漫録	吴曾	宋	上海古籍出版社一九六〇年點校本
純白齋類稿	胡助	元	臺灣商務印書館一九八六年文淵閣《四庫全書》影印本
十一畫			
埤雅	陸佃	宋	臺灣商務印書館一九八六年文淵閣《四庫全書》影印本
教會新報			臺灣復州古舊書店一九八二年合刊本
掃軌閒談	江熙	清	賜硯堂叢書新編本
〔康熙〕黄山志	釋弘眉	清	清康熙六年刻本
黄山志定本	閔麟嗣	清	安徽叢書本
黄氏日抄	黄震	宋	臺灣商務印書館一九八六年文淵閣《四庫全書》影印本
黄庭堅全集	黄庭堅	宋	四川大學出版社二〇〇一年劉琳等點校本
黄漳浦文選	黄道周	明	臺灣大通書局一九八七年《臺灣文獻史料叢刊》本
〔萬曆〕黄巖縣志	袁應祺修　牟汝忠纂	明	上海古籍書店一九六三年《天一閣藏明代方志選刊》影印本
菽園雜記	陸容	明	中華書局一九八五年點校本
萍洲可談	朱彧	宋	中華書局二〇〇七年李偉國點校本
乾道稿	趙蕃	宋	臺灣商務印書館一九八六年文淵閣《四庫全書》影印本
乾道臨安志	周淙	宋	中華書局一九九〇年《宋元方志叢刊》影印本
〔乾隆〕梧州府志	史鳴臯	清	海南出版社二〇〇〇年《故宫珍本叢刊》影印本
梧溪集	王逢	元	臺灣商務印書館一九八六年文淵閣《四庫全書》影印本
桯史	岳珂	宋	中華書局一九八一年吴企明點校本
梅花百詠	馮子振	元	臺灣商務印書館一九八六年文淵閣《四庫全書》影印本
梅溪集	王十朋	宋	臺灣商務印書館一九八六年文淵閣《四庫全書》影印本
曹子建集	曹植	三國魏	臺灣商務印書館一九八六年文淵閣《四庫全書》影印本
曹祠部集	曹鄴	唐	臺灣商務印書館一九八六年文淵閣《四庫全書》影印本
堅瓠集	褚人穫	清	上海古籍出版社二〇〇二年《續修四庫全書》影印本
盛京通志	劉謹之	清	臺灣商務印書館一九八六年文淵閣《四庫全書》影印本
雪山集	王質	宋	臺灣商務印書館一九八六年文淵閣《四庫全書》影印本
雪坡集	姚勉	宋	臺灣商務印書館一九八六年文淵閣《四庫全書》影印本
雪堂墨品	張仁熙	清	娛園叢刻本
雪樓集	程鉅夫	元	臺灣商務印書館一九八六年文淵閣《四庫全書》影印本

（康熙）常州府志　于琨　清　江蘇古籍出版社一九九一年《中國地方志集成》本
野古集　龔詡　明　臺灣商務印書館一九八六年文淵閣《四庫全書》影印本
野客叢書　王楙　宋　中華書局一九八七年點校本
野趣有聲畫　楊公遠　元　臺灣商務印書館一九八六年文淵閣《四庫全書》影印本
晦庵先生朱文公文集　朱熹　宋　上海商務印書館《四部叢刊初編》本
晦庵先生朱文公易説　朱熹　宋　通志堂經解本
晦庵集　朱熹　宋　臺灣商務印書館一九八六年文淵閣《四庫全書》影印本
晚晴簃詩匯　徐世昌　清　退耕堂刊本
鄂國金佗續編　岳珂　宋　中華書局一九八九年王曾瑜《鄂國金佗稡編續編校注》本
國朝二百家名賢文粹　宋　上海古籍出版社二〇〇二年《續修四庫全書》影印本
國朝文類　蘇天爵　元　至正二年西湖書院本
過庭録　范公偁　宋　中華書局二〇〇二年孔凡禮點校本
得一録　余治　清　臺灣華文書局《中華文史叢書》影印同治八年得見齋刻本
釣磯立談　史温　宋　河南大象出版社二〇〇三年《全宋筆記》本
猗覺寮雜記　朱翌　宋　臺灣商務印書館一九八六年文淵閣《四庫全書》影印本
康有爲全集　康有爲　清　中國人民大學出版社二〇〇七年版
康熙幾暇格物編　愛新覺羅・玄燁　清　通學齋叢書本
庸閑齋筆記　陳其元　清　中華書局一九八九年楊璐點校本
庸盦筆記　薛福成　清　江蘇廣陵古籍刻印社一九八三年《筆記小説大觀》本
章泉稿　趙蕃　宋　臺灣商務印書館一九八六年文淵閣《四庫全書》影印本
敝帚藁畧　包恢　宋　臺灣商務印書館一九八六年文淵閣《四庫全書》影印本
清内府刻書檔案史料彙編　翁連溪　現代　江蘇廣陵書社二〇〇七年標點本
清代刑部鈔檔　清　中國社會科學院經濟研究所藏本
清江三孔集　孔武仲等　宋　臺灣商務印書館一九八六年文淵閣《四庫全書》影印本
（同治）清江縣志　潘懿修　朱孫詒纂　清　國家圖書館出版社二〇一〇年版
清河書畫舫　張丑　明　臺灣商務印書館一九八六年文淵閣《四庫全書》影印本
清波别志　周煇　宋　中華書局一九九四年點校本
清波雜志　周煇　宋　中華書局一九九四年劉永翔校注本
清風亭稿　童軒　明　臺灣商務印書館一九八六年文淵閣《四庫全書》影印本
清祕藏　張應文　明　臺灣商務印書館一九八六年文淵閣《四庫全書》影印本

清容居士集　袁桷　元　臺灣商務印書館一九八六年文淵閣《四庫全書》影印本
清異録　陶穀　宋　臺灣商務印書館一九八六年文淵閣《四庫全書》影印本
清朝續文獻通考　劉錦藻　清　浙江古籍出版社二〇〇〇年重印《萬有文庫》本
清惠集　劉麟　明　臺灣商務印書館一九八六年文淵閣《四庫全書》影印本
清暑筆談　陸樹聲　明　寶顔堂秘笈本
清閟閣全集　倪瓚　元　臺灣商務印書館一九八六年文淵閣《四庫全書》影印本
清實録　清　中華書局一九八五年影印本
清儀閣所藏古器物文　張廷濟　清　商務印書館一九二五年
清獻集　趙抃　宋　臺灣商務印書館一九八六年文淵閣《四庫全書》影印本
淞南夢影録　黄協塤　清　江蘇廣陵古籍刻印社一九八六年《筆記小説大觀》本
淞南樂府　楊光輔　清　臺灣新文豐出版公司一九九七年《叢書集成三編》影印本
淮海集　秦觀　宋　臺灣商務印書館一九八六年文淵閣《四庫全書》影印本
淳化秘閣法帖考正　王澍　清　臺灣商務印書館一九八六年文淵閣《四庫全書》影印本
〔嘉靖〕淳安縣志　姚鳴鸞修　余坤纂　明　上海古籍書店一九八一年《天一閣藏明代方志選刊》影印本
淳祐臨安志　施諤　宋　中華書局一九九〇年《宋元方志叢刊》影印本
淳熙三山志　梁克家　宋　臺灣商務印書館一九八六年文淵閣《四庫全書》影印本
淳熙稿　趙蕃　宋　臺灣商務印書館一九八六年文淵閣《四庫全書》影印本
梁書　姚思廉　唐　中華書局一九七三年點校本
梁谿先生文集　李綱　宋　清道光十四年刻本
梁谿集　李綱　宋　臺灣商務印書館一九八六年文淵閣《四庫全書》影印本
梁谿漫志　費衮　宋　上海古籍出版社一九八五年金圓點校本
梁谿遺稿　尤袤　宋　臺灣商務印書館一九八六年文淵閣《四庫全書》影印本
惜抱軒全集　姚鼐　清　中國書店一九九一年本
〔嘉靖〕惟揚志　朱懷幹修　盛儀纂　明　江蘇廣陵書社有限公司二〇一三年版
寄鶴齋選集　洪棄生　清　臺灣大通書局一九八七年《臺灣文獻史料叢刊》本
密齋筆記　謝采伯　宋　臺灣商務印書館一九八六年文淵閣《四庫全書》影印本
視已成事齋官書　李方赤　清　社會科學文獻出版社二〇〇六年《古代榜文告示彙存》本
張之洞全集　張之洞　清　河北人民出版社一九九八年標點本
張氏拙軒集　張侃　宋　臺灣商務印書館一九八六年文淵閣《四庫全書》影印本
張司業集　張籍　唐　臺灣商務印書館一九八六年文淵閣《四庫全書》影印本

張莊僖文集　張永明　明　臺灣商務印書館一九八六年文淵閣《四庫全書》影印本

隋書　魏　徵　唐　中華書局一九七三年點校本

參寥子詩集　釋道潛　宋　臺灣商務印書館一九八六年文淵閣《四庫全書》影印本

鄉言解頤　李光庭　清　中華書局一九八二年石繼昌點校本

紺珠集　朱勝非　宋　臺灣商務印書館一九八六年文淵閣《四庫全書》影印本

巢林筆談　龔　煒　清　中華書局一九八一年錢炳寰整理點校本

十二畫

絜齋集　袁　燮　宋　臺灣商務印書館一九八六年文淵閣《四庫全書》影印本

琴士詩鈔　趙紹祖　清　上海古籍出版社二〇一〇年《清代詩文集彙編》影印本

越絶書　袁　康　漢　明嘉靖仿汪綱刻本

揚州畫舫録　李　斗　清　上海古籍出版社二〇〇二年《續修四庫全書》影印本

博物志　張　華　晉　臺灣新文豐出版公司一九八五年《叢書集成新編》影印本

博物要覽　谷　泰　明　上海古籍出版社二〇〇二年《續修四庫全書》影印本

揭傒斯全集　揭傒斯　元　上海古籍出版社一九八五年李夢生點校本

彭城集　劉　攽　宋　臺灣商務印書館一九八六年文淵閣《四庫全書》影印本

搜神後記　陶　潛　晉　中華書局一九八一年點校本

搜神記　干　寶　晉　中華書局一九七九年點校本

揮麈録　王明清　宋　中華書局一九六一年點校本

斯未信齋雜録　徐宗幹　清　臺灣銀行經濟研究室編印《臺灣文獻叢刊》第九三種

葉戲原起　汪師韓　清　上海古籍出版社二〇〇二年《續修四庫全書》影印本

萬首唐人絶句　洪　邁　宋　文學古籍刊行社一九五九年影印明嘉靖刻本

萬壽盛典初集　王　掞　清　臺灣商務印書館一九八六年文淵閣《四庫全書》影印本

萬曆野獲編　沈德符　明　中華書局一九五九年校補本

敬止集　陳應芳　明　臺灣商務印書館一九八六年文淵閣《四庫全書》影印本

敬鄉録　吳師道　元　臺灣商務印書館一九八六年文淵閣《四庫全書》影印本

敬業堂詩集　查慎行　清　臺灣商務印書館一九八六年文淵閣《四庫全書》影印本

朝野僉載　張　鷟　唐　臺灣商務印書館一九八六年文淵閣《四庫全書》影印本

朝野類要　趙　升　宋　臺灣商務印書館一九八六年文淵閣《四庫全書》影印本

朝鮮志　明　臺灣商務印書館一九八六年文淵閣《四庫全書》影印本

葦航漫遊稿　胡仲弓　宋　臺灣商務印書館一九八六年文淵閣《四庫全書》影印本

書名	作者	朝代	版本
椒邱文集	何喬新	明	臺灣商務印書館一九八六年文淵閣《四庫全書》影印本
〔嘉靖〕惠安縣志	莫尚簡修　張岳纂	明	上海古籍書店一九六三年《天一閣藏明代方志選刊》影印本
粟香二筆	金武祥	清	上海古籍出版社二〇〇二年《續修四庫全書》影印本
粟香三筆	金武祥	清	上海古籍出版社二〇〇二年《續修四庫全書》影印本
粟香五筆	金武祥	清	上海古籍出版社二〇〇二年《續修四庫全書》影印本
粟香隨筆	金武祥	清	上海古籍出版社二〇〇二年《續修四庫全書》影印本
棗林雜俎	談遷	明	上海古籍出版社二〇〇二年《續修四庫全書》影印本
皕宋樓藏書志	陸心源	清	光緒八年陸氏十萬卷樓刻本
硯小史	朱棟	明	上海古籍書店一九七九年複印本
硯山齋雜記	孫承澤	明	臺灣新興書局有限公司一九七九年《筆記小説大觀》本
硯石録	高兆	唐	《檀几叢書》第十册
硯北雜録	黄叔琳	清	齊魯書社一九九五年《四庫全書存目叢書》影印本
硯史	米芾	宋	臺灣商務印書館一九八六年文淵閣《四庫全書》影印本
硯林拾遺	施閏章	清	浙江人民美術出版社二〇一三年《美術叢書》二集第一輯
硯箋	高似孫	宋	臺灣商務印書館一九八六年文淵閣《四庫全書》影印本
硯銘	潘耒	宋	清懷叢書本
硯録	曹溶	明	浙江人民美術出版社二〇一三年《美術叢書》初集第六輯
硯譜			臺灣商務印書館一九八六年文淵閣《四庫全書》影印本
雁影齋題跋	李希聖	清	上海古籍出版社二〇〇九年點校本
雲仙雜記	馮贄	唐	臺灣商務印書館一九八六年文淵閣《四庫全書》影印本
雲林石譜	杜綰	宋	臺灣商務印書館一九八六年文淵閣《四庫全書》影印本
雲林集	貢奎	元	臺灣商務印書館一九八六年文淵閣《四庫全書》影印本
雲南通志	靖道謨	清	臺灣商務印書館一九八六年文淵閣《四庫全書》影印本
雲泉詩	薛嵎	宋	臺灣商務印書館一九八六年文淵閣《四庫全書》影印本
雲莊集	劉爚	宋	臺灣商務印書館一九八六年文淵閣《四庫全書》影印本
雲莊集	曾協	宋	臺灣商務印書館一九八六年文淵閣《四庫全書》影印本
雲巢編	沈遼	宋	臺灣商務印書館一九八六年文淵閣《四庫全書》影印本
雲煙過眼録	周密	宋	臺灣商務印書館一九八六年文淵閣《四庫全書》影印本
雲溪集	郭印	宋	臺灣商務印書館一九八六年文淵閣《四庫全書》影印本
雲臺編	鄭谷	唐	臺灣商務印書館一九八六年文淵閣《四庫全書》影印本

雲麓漫鈔　趙彥衛　宋　中華書局一九九六年傅根清點校本

斐然集　胡寅　宋　臺灣商務印書館一九八六年文淵閣《四庫全書》影印本

紫山大全集　胡祗遹　元　臺灣商務印書館一九八六年文淵閣《四庫全書》影印本

紫桃軒又綴　李日華　明　齊魯書社一九九五年《四庫全書存目叢書》影印本

紫桃軒雜綴　李日華　明　齊魯書社一九九五年《四庫全書存目叢書》影印本

紫微集　張嵲　宋　臺灣商務印書館一九八六年文淵閣《四庫全書》影印本

紫巖詩選　于石　宋　臺灣商務印書館一九八六年文淵閣《四庫全書》影印本

棠陰比事　桂萬榮　宋　臺灣商務印書館一九八六年文淵閣《四庫全書》影印本

開元天寶遺事十種　王仁裕　五代　上海古籍出版社一九八五年丁如明輯校本

閑居叢稿　蒲道源　元　臺灣商務印書館一九八六年文淵閣《四庫全書》影印本

閒居編　釋智圓　宋　江蘇鳳凰出版社二〇一二年《和刻本中國古逸書叢刊》本

閒情偶寄　李漁　明　上海古籍出版社二〇〇二年《續修四庫全書》影印本

景文集　宋祁　宋　臺灣商務印書館一九八六年文淵閣《四庫全書》影印本

景迂生集　晁說之　宋　臺灣商務印書館一九八六年文淵閣《四庫全書》影印本

景定建康志　周應合　宋　臺灣商務印書館一九八六年文淵閣《四庫全書》影印本

貴州通志　靖道謨　清　臺灣商務印書館一九八六年文淵閣《四庫全書》影印本

〔道光〕貴陽府志　周作楫　清　咸豐二年刻本

鄖溪集　鄭獬　宋　臺灣商務印書館一九八六年文淵閣《四庫全書》影印本

無爲集　楊傑　宋　臺灣商務印書館一九八六年文淵閣《四庫全書》影印本

無錫縣志　明　臺灣商務印書館一九八六年文淵閣《四庫全書》影印本

程氏墨苑　程大約　明　黃山書社二〇〇九年版

筆史　梁同書　清　娛園叢刻本

筆墨紙硯箋　屠隆　明　浙江人民美術出版社二〇一三年《美術叢書》二集第九輯

備忘集　海瑞　明　臺灣商務印書館一九八六年文淵閣《四庫全書》影印本

傅與礪詩文集　傅若金　元　臺灣商務印書館一九八六年文淵閣《四庫全書》影印本

牋紙譜　費著　元　臺灣商務印書館一九八六年文淵閣《四庫全書》影印本

〔道光〕順昌縣志　賈懋功　清　臺灣成文出版社有限公司一九七四年影印本

順昌縣志　許庭梧修、謝鐘瑾纂，陸嗣淵增修、謝鐘玿增纂　清　清光緒七年刻本

〔咸豐〕順德縣志　馮奉初　清　中山大學出版社一九九三年版

集千家註杜工部詩集　杜甫撰　高楚芳編　唐、元　臺灣商務印書館一九八六年文淵閣《四庫全書》影印本

書名	作者	朝代	版本
集韵	丁度	宋	北京圖書館藏南宋淳熙十四年安康金州軍刊本
集驗背疽方	李迅	宋	臺灣商務印書館一九八六年文淵閣《四庫全書》影印本
焦氏易林	焦延壽	漢	臺灣商務印書館一九八六年文淵閣《四庫全書》影印本
焦氏筆乘	焦竑	明	上海古籍出版社二〇〇二年《續修四庫全書》影印本
焦氏筆乘續集	焦竑	明	上海古籍出版社二〇〇二年《續修四庫全書》影印本
粵中見聞録	范端昂	清	廣東高等教育出版社一九八八年湯志岳點校注釋本
粵西叢載	汪森	清	臺灣商務印書館一九八六年文淵閣《四庫全書》影印本
粵述	閔叙	清	齊魯書社一九九六年《四庫全書存目叢書》影印本
粵閩巡視紀略	杜臻	清	康熙三十八年經緯堂刊本
御定月令輯要	李光地	清	臺灣商務印書館一九八六年文淵閣《四庫全書》影印本
御定全唐詩	彭定求	清	臺灣商務印書館一九八六年文淵閣《四庫全書》影印本
御定佩文齋詠物詩選	張玉書	清	臺灣商務印書館一九八六年文淵閣《四庫全書》影印本
御定淵鑑類函	張英	清	臺灣商務印書館一九八六年文淵閣《四庫全書》影印本
御定駢字類編	吳士玉	清	臺灣商務印書館一九八六年文淵閣《四庫全書》影印本
御製詩二集	愛新覺羅・弘曆	清	臺灣商務印書館一九八六年文淵閣《四庫全書》影印本
御製詩三集	愛新覺羅・弘曆	清	臺灣商務印書館一九八六年文淵閣《四庫全書》影印本
御製詩五集	愛新覺羅・弘曆	清	臺灣商務印書館一九八六年文淵閣《四庫全書》影印本
御製詩四集	愛新覺羅・弘曆	清	臺灣商務印書館一九八六年文淵閣《四庫全書》影印本
復齋先生龍圖陳公文集	陳宓	宋	上海古籍出版社二〇〇二年《續修四庫全書》影印本
欽定大清一統志	和珅	清	臺灣商務印書館一九八六年文淵閣《四庫全書》影印本
欽定大清會典	允祹	清	臺灣商務印書館一九八六年文淵閣《四庫全書》影印本
欽定大清會典則例	允祹	清	臺灣商務印書館一九八六年文淵閣《四庫全書》影印本
欽定日下舊聞考	于敏中	清	北京古籍出版社一九八七年點校本
欽定户部則例	于敏中	清	海南出版社二〇〇〇年《故宫珍本叢刊》影印本
欽定四庫全書總目	永瑢	清	臺灣商務印書館一九八六年文淵閣《四庫全書》影印本
欽定西清硯譜	于敏中	清	臺灣商務印書館一九八六年文淵閣《四庫全書》影印本
欽定皇朝文獻通考	嵇璜	清	臺灣商務印書館一九八六年文淵閣《四庫全書》影印本
欽定皇朝通典	嵇璜	清	臺灣商務印書館一九八六年文淵閣《四庫全書》影印本
欽定皇輿西域圖志	傅恒	清	臺灣商務印書館一九八六年文淵閣《四庫全書》影印本
欽定授時通考	鄂爾泰	清	臺灣商務印書館一九八六年文淵閣《四庫全書》影印本

欽定國子監志　梁國治　清　臺灣商務印書館一九八六年文淵閣《四庫全書》影印本
欽定熱河志　和珅　清　臺灣商務印書館一九八六年文淵閣《四庫全書》影印本
欽定歷代職官表　永瑢　清　臺灣商務印書館一九八六年文淵閣《四庫全書》影印本
欽定續文獻通考　嵇璜　清　臺灣商務印書館一九八六年文淵閣《四庫全書》影印本
欽定續通典　嵇璜　清　臺灣商務印書館一九八六年文淵閣《四庫全書》影印本
飲冰室文集　梁啟超　清　上海古籍出版社二〇一〇年《清代詩文彙編》本
觚不觚録　王世貞　明　臺灣商務印書館一九八六年文淵閣《四庫全書》影印本
觚賸　鈕琇　清　上海古籍出版社二〇〇二年《續修四庫全書》影印本
詠物詩　謝宗可　元　臺灣商務印書館一九八六年文淵閣《四庫全書》影印本
詞苑叢談　徐釚　清　臺灣商務印書館一九八六年文淵閣《四庫全書》影印本
就日録　廖用中　宋　江蘇廣陵古籍刻印社一九八六年《筆記小説大觀》本
普濟本事方　許叔微　宋　上海科學技術出版社一九五九年版
尊白堂集　虞儔　宋　臺灣商務印書館一九八六年文淵閣《四庫全書》影印本
道門通教必用集　呂太古　宋　明正統道藏本
道家金石略　陳垣　現代　文物出版社一九八八年版
道鄉集　鄒浩　宋　臺灣商務印書館一九八六年文淵閣《四庫全書》影印本
道園學古録　虞集　元　臺灣商務印書館一九八六年文淵閣《四庫全書》影印本
曾公遺録　曾布　宋　河南大象出版社二〇〇三年《全宋筆記》本
湛然居士文集　耶律楚材　元　上海商務印書館《四部叢刊初編》本
湛然居士集　耶律楚材　元　臺灣商務印書館一九八六年文淵閣《四庫全書》影印本
湛園札記　姜宸英　清　臺灣商務印書館一九八六年文淵閣《四庫全書》影印本
湖北通志檢存稿　章學誠　清　文物出版社一九八五年《章學誠遺書》影印本
湖南方物志　黃本驥　清　臺灣新文豐出版公司一九八九年《叢書集成續編》影印本
湖廣通志　夏力恕　清　臺灣商務印書館一九八六年文淵閣《四庫全書》影印本
湘山野録　釋文瑩　宋　臺灣新興書局有限公司一九七六年《筆記小説大觀》本
湘中記　羅含　晉　臺灣商務印書館一九八六年文淵閣《四庫全書》影印本説郛
〔光緒〕湘潭縣志　王闓運　清　臺灣成文出版社有限公司一九七〇年影印本
湘學報　湖南師範大學出版社二〇一〇年《湖湘文庫》本
〔嘉靖〕温州府志　張孚敬　明　上海古籍出版社一九六四年《天一閣藏明代方志選刊》影印本
渭南文集　陸游　宋　臺灣商務印書館一九八六年文淵閣《四庫全書》影印本

渭南文集　陸游　宋　明弘治十五年華珵銅活字印本
淵穎集　吴萊　元　臺灣商務印書館一九八六年文淵閣《四庫全書》影印本
游宧紀聞　張世南　宋　中華書局一九八一年張茂鵬點校本
滋溪文稿　蘇天爵　元　中華書局一九九七年陳高華點校本
湧幢小品　朱國禎　明　上海古籍出版社二〇〇二年《續修四庫全書》影印本
愧郯録　岳珂　宋　臺灣商務印書館一九八六年文淵閣《四庫全書》影印本
寒山帚談　趙宧光　明　臺灣商務印書館一九八六年文淵閣《四庫全書》影印本
寒山詩集　釋寒山　唐　臺灣商務印書館一九八六年文淵閣《四庫全書》影印本
寒夜録　陳弘緒　明　學海類編本
富山遺稿　方夔　宋　臺灣商務印書館一九八六年文淵閣《四庫全書》影印本
（光緒）富陽縣志　汪文炳　清　清光緒三十二年刻本
寓圃雜記　王錡　明　中華書局一九八四年張德信點校本
（嘉靖）甯國府志　黎晨修　李默纂　明　上海古籍出版社一九六二年《天一閣藏明代方志選刊》影印本
補疑獄集　張景　明　臺灣商務印書館一九八六年文淵閣《四庫全書》影印本
畫史　米芾　宋　臺灣商務印書館一九八六年文淵閣《四庫全書》影印本
畫墁集　張舜民　宋　臺灣商務印書館一九八六年文淵閣《四庫全書》影印本
巽齋文集　歐陽守道　宋　臺灣商務印書館一九八六年文淵閣《四庫全書》影印本

十三畫

（同治）瑞州府志　黄廷金修　蕭浚蘭纂　清　臺灣成文出版社有限公司一九七〇年影印本
（隆慶）瑞昌縣志　劉儲修　謝顧纂　明　上海古籍出版社一九六三年《天一閣藏明代方志選刊》影印本
摛文堂集　慕容彦逢　宋　臺灣商務印書館一九八六年文淵閣《四庫全書》影印本
聖祖仁皇帝聖訓　愛新覺羅・玄燁　清　世界書局一九三六年《摛藻堂四庫全書薈要》影印本
勤齋集　蕭𣂏　元　臺灣商務印書館一九八六年文淵閣《四庫全書》影印本
蓮峯集　史堯弼　宋　臺灣商務印書館一九八六年文淵閣《四庫全書》影印本
夢林玄解　何棟如　明　明崇禎九年刻本
夢溪筆談　沈括　宋　文物出版社一九七五年影印古迂陳氏家藏元大德九年刻本
夢粱録　吴自牧　宋　知不足齋叢書本
蒿庵閒話　張爾岐　清　上海商務印書館《叢書集成初編》本
（道光）蒲圻縣志　勞克泰修、但傳熺纂　清　清道光十六年刻本
蒙川遺稿　劉黻　宋　臺灣商務印書館一九八六年文淵閣《四庫全書》影印本

書名	作者	朝代	版本
蒙齋集	袁甫	宋	臺灣商務印書館一九八六年文淵閣《四庫全書》影印本
楊公筆録	楊彦齡	宋	臺灣新文豐出版公司一九八五年《叢書集成新編》影印本
楊文公談苑	楊億	宋	上海古籍出版社一九九三年李裕民輯校本
楞嚴經集注			續藏經第一編第二五套第四册
榆巢雜識	趙慎畛	清	中華書局二〇〇一年徐懷寶點校本
楓窗小牘	袁褧	宋	臺灣商務印書館一九八六年文淵閣《四庫全書》影印本
槎翁詩集	劉嵩	明	臺灣商務印書館一九八六年文淵閣《四庫全書》影印本
碑傳集	錢儀吉	清	臺灣明文書局一九八五年《清代傳記叢刊》影印本
碑傳集三編	汪兆鏞	清	臺灣明文書局一九八五年《清代傳記叢刊》影印本
碑傳集補	閔爾昌	清	臺灣明文書局一九八五年《清代傳記叢刊》影印本
雷塘盦主弟子記	張鑒	清	上海古籍出版社二〇〇二年《續修四庫全書》影印本
零陵縣志	徐保齡修、劉沛纂	清	清光緒二年刻本
歲時廣記	陳元靚	宋	臺灣商務印書館一九八六年文淵閣《四庫全書》影印本
賊情彙纂	張德堅	清	上海古籍出版社二〇〇二年《續修四庫全書》影印本
暇老齋雜記	茅元儀	明	上海古籍出版社二〇〇二年《續修四庫全書》影印本
跨鼇集	李新	宋	臺灣商務印書館一九八六年文淵閣《四庫全書》影印本
路史	羅泌	宋	臺灣商務印書館一九八六年文淵閣《四庫全書》影印本
蛾術編	王鳴盛	清	上海古籍出版社二〇〇二年《續修四庫全書》影印本
農政全書	徐光啓	明	上海古籍出版社一九七九年校注本
農書	王禎	元	明嘉靖九年刻本　明萬曆二年刻本
農書	沈尃	明	上海古籍出版社二〇〇二年《續修四庫全書》影印本
農桑衣食撮要	魯明善	元	臺灣新文豐出版公司一九八五年《叢書集成新編》影印本
農桑輯要	元司農司	元	後至元五年刻明修本
蜀中名勝記	曹學佺	明	臺灣新文豐出版公司一九八五年《叢書集成新編》影印本
蜀中廣記	曹學佺	明	臺灣商務印書館一九八六年文淵閣《四庫全書》影印本
嵩山集	晁公遡	宋	臺灣商務印書館一九八六年文淵閣《四庫全書》影印本
圓宗文類	(高麗)義天	宋	續經藏第二編第八套第五册
榘庵集	同恕	元	臺灣商務印書館一九八六年文淵閣《四庫全書》影印本
稗史	唐順之	明	臺灣商務印書館一九八六年文淵閣《四庫全書》影印本
筠軒清閟録	董其昌	明	臺灣商務印書館一九八六年文淵閣《四庫全書》影印本

筠軒集　唐元　元　臺灣商務印書館一九八六年文淵閣《四庫全書》影印本
筠廊偶筆　宋犖　清　上海古籍出版社二〇一二年版
筠谿集　李彌遜　宋　臺灣商務印書館一九八六年文淵閣《四庫全書》影印本
節孝集　徐積　宋　臺灣商務印書館一九八六年文淵閣《四庫全書》影印本
傳家集　司馬光　宋　臺灣商務印書館一九八六年文淵閣《四庫全書》影印本
傳燈玉英集　王隨　宋　影印宋藏遺珍本
鼠璞　戴埴　宋　臺灣商務印書館一九八六年文淵閣《四庫全書》影印本
〔乾隆〕鉛山縣志　鄭之僑　清　乾隆四十九年刻本
鉛書　笪繼良　明　萬曆四十六年刊本
會昌一品集　李德裕　唐　臺灣商務印書館一九八六年文淵閣《四庫全書》影印本
會稽三賦注　王十朋　宋　臺灣新文豐出版公司一九八五年《叢書集成新編》影印本
會稽志　施宿　宋　臺灣商務印書館一九八六年文淵閣《四庫全書》影印本
會稽續志　張淏　宋　臺灣商務印書館一九八六年文淵閣《四庫全書》影印本
愛日精廬藏書志　張金吾　清　中華書局二〇一二年《書目題跋叢書》本
愛日齋叢抄　葉寘　宋　臺灣商務印書館一九八六年文淵閣《四庫全書》影印本
詩集傳　朱熹　宋　臺灣商務印書館一九八六年文淵閣《四庫全書》影印本
詩傳名物集覽　陳大章　清　臺灣新文豐出版公司一九八五年《叢書集成新編》影印本
詩傳遺説　朱鑑　明　臺灣商務印書館一九八六年文淵閣《四庫全書》影印本
詩話總龜　阮閲　宋　臺灣商務印書館一九八六年文淵閣《四庫全書》影印本
詩話總龜後集　阮閲　宋　臺灣商務印書館一九八六年文淵閣《四庫全書》影印本
詩疑辨證　黄中松　清　臺灣商務印書館一九八六年文淵閣《四庫全書》影印本
詩識名解　姚炳　清　臺灣商務印書館一九八六年文淵閣《四庫全書》影印本
誠齋集　楊萬里　宋　臺灣商務印書館一九八六年文淵閣《四庫全書》影印本
廉石居藏書記　孫星衍　清　上海古籍出版社二〇〇八年標點本
資治通鑑　司馬光　宋　中華書局一九五六年點校本
資治新書　李漁　清　浙江古籍出版社一九九一年《李漁全集》本
資暇集　李匡乂　唐　中華書局二〇一二年吴企明點校本
靖州鄉土志　金蓉鏡　清　清光緒三十四年刻本
靖康稗史　確庵　耐庵　宋　中華書局一九八八年崔文印箋證本
新五代史　歐陽修　宋　中華書局一九七四年點校本

新刊校定集注杜詩　郭知達　宋　中華書局一九八一年影印南宋寶慶元年曾噩刻本

新安文獻志　程敏政　明　臺灣商務印書館一九八六年文淵閣《四庫全書》影印本

新安志　羅願　宋　臺灣商務印書館一九八六年文淵閣《四庫全書》影印本

〔萬曆〕新昌縣志　田琯　明　上海古籍書店一九六四年《天一閣藏明代方志選刊》影印本

新法算書　徐光啟　明　臺灣商務印書館一九八六年文淵閣《四庫全書》影印本

〔光緒〕新修清水河廳志　文秀修、盧夢蘭纂　清　清光緒九年修鈔本

新脩科分六學僧傳　曇噩　元　續藏經第貳編第六套第三册

新唐書　歐陽修　宋　中華書局一九七五年點校本

新書　賈誼　漢　上海古籍出版社一九八六年《二十二子》本

新會鄉土志　譚鑣　清　清光緒三十四年鉛印本

新增格古要論　曹昭撰　王佐增　明　上海古籍出版社二〇〇二年《續修四庫全書》影印本

韵石齋筆談　姜紹書　清　臺灣商務印書館一九八六年文淵閣《四庫全書》影印本

韵府羣玉　陰時夫　元　臺灣商務印書館一九八六年文淵閣《四庫全書》影印本

雍虞先生道園類稿　虞集　元　北京圖書館出版社二〇〇四年《再造中華善本》

慈湖先生遺書　楊簡　宋　明嘉靖四年秦鉞刻本

煙嶼樓筆記　徐時棟　清　上海古籍出版社二〇〇二年《續修四庫全書》影印本

滇考　馮甦　清　臺灣商務印書館一九八六年文淵閣《四庫全書》影印本

滏水集　趙秉文　金　臺灣商務印書館一九八六年文淵閣《四庫全書》影印本

溪堂集　謝逸　宋　臺灣商務印書館一九八六年文淵閣《四庫全書》影印本

滄洲塵缶編　程公許　宋　臺灣商務印書館一九八六年文淵閣《四庫全書》影印本

滄螺集　孫作　明　臺灣商務印書館一九八六年文淵閣《四庫全書》影印本

滂喜齋藏書記　潘祖蔭　清　上海古籍出版社二〇〇七年標點本

〔乾隆〕福州府志　徐景熹修　魯曾煜纂　清　臺灣成文出版社有限公司一九六七年影印本

福建省例　清　臺灣銀行經濟研究室一九六四年印行《臺灣文獻叢刊》第一九九種

福建通志　謝道承　清　臺灣商務印書館一九八六年文淵閣《四庫全書》影印本

福省政事録　清　線裝書局二〇〇三年《國家圖書館藏清代邊疆史料抄稿本彙編》影印本

〔乾隆〕福寧府志　朱珪修　李拔纂　清　臺灣成文出版社有限公司一九六七年影印本

群書考索後集　章如愚　宋　臺灣商務印書館一九八六年文淵閣《四庫全書》影印本

羣物奇制　周履靖　明　臺灣新文豐出版公司一九八五年《叢書集成新編》影印本

書名	作者	朝代	版本
羣書考索	章如愚	宋	臺灣商務印書館一九八六年文淵閣《四庫全書》影印本
裝潢志	周嘉胄	明	昭代叢書本
叠山集	謝枋得	宋	臺灣商務印書館一九八六年文淵閣《四庫全書》影印本
經義考	朱彝尊	清	臺灣商務印書館一九八六年文淵閣《四庫全書》影印本
經濟文集	李士瞻	元	臺灣商務印書館一九八六年文淵閣《四庫全書》影印本
十四畫			
碧梧玩芳集	馬廷鸞	宋	臺灣商務印書館一九八六年文淵閣《四庫全書》影印本
趙氏易説	趙善譽	宋	臺灣商務印書館一九八六年文淵閣《四庫全書》影印本
嘉定赤城志	陳耆卿	宋	臺灣商務印書館一九八六年文淵閣《四庫全書》影印本
嘉泰吴興志	談　鑰	宋	中華書局一九九〇年《宋元方志叢刊》第五册影印本
嘉泰普燈録	釋正受	宋	續藏經第二編乙第一〇套第一册
嘉泰會稽志	施　宿	宋	中華書局一九九〇年《宋元方志叢刊》影印本
臺海使槎録	黄叔璥	清	臺灣新文豐出版公司一九八五年《叢書集成新編》影印本
壽親養老新書	陳　直	宋	臺灣商務印書館一九八六年文淵閣《四庫全書》影印本
〔道光同治〕綦江縣志	羅　星	清	道光十五年刻本
蔡忠惠集	蔡　襄	宋	臺灣商務印書館一九八六年文淵閣《四庫全書》影印本
蔡襄集	蔡　襄	宋	上海古籍出版社一九九六年版
爾雅翼	羅　願	宋	臺灣商務印書館一九八六年文淵閣《四庫全書》影印本
聞見近録	王　鞏	宋	臺灣商務印書館一九八六年文淵閣《四庫全書》影印本
閩小紀	周亮工	清	上海古籍出版社二〇〇二年《續修四庫全書》影印本
閩中紀略	許　旭	清	道光二十四年吴江沈氏世楷堂刊本(昭代叢書癸集)
閩部疏	王世懋	明	上海古籍出版社二〇〇二年《續修四庫全書》影印本
閩産録異	郭柏蒼	清	光緒十二年刻本
閩縣鄉土志	朱景星修　鄭祖庚纂	清	清光緒三十二年鉛印本
蜨階外史		清	江蘇廣陵古籍刻印社一九八三年《筆記小説大觀》第一七册
圖書編	章　潢	宋	臺灣商務印書館一九八六年文淵閣《四庫全書》影印本
圖畫見聞志	郭若虛	宋	臺灣商務印書館一九八六年文淵閣《四庫全書》影印本
僑吴集	鄭元祐	元	明弘治九年張習刻本
銅刻小記	王肇鋐	清	上海書店出版社二〇一一年《中國近現代出版史料初編・四》
鄱陽集	彭汝礪	宋	臺灣商務印書館一九八六年文淵閣《四庫全書》影印本

遯翁隨筆　祁駿佳　明　上海商務印書館《叢書集成初編》本

鳳麓小志　陳作霖　清　臺灣華文書局《中華文史叢書》第九六册

疑獄集　和　凝　五代晉　臺灣商務印書館一九八六年文淵閣《四庫全書》影印本

疑耀　張　萱　明　臺灣商務印書館一九八六年文淵閣《四庫全書》影印本

鄮峰真隱漫録　史　浩　宋　臺灣商務印書館一九八六年文淵閣《四庫全書》影印本

説文解字　許　慎　漢　臺灣商務印書館一九八六年文淵閣《四庫全書》影印本

説文解字注　段玉裁　清　上海古籍出版社一九八一年影印經韵樓刻本

説岳全傳　錢　彩　清　上海古籍出版社一九九〇年《古本小説集成》影印本

説郛　陶宗儀　元　臺灣商務印書館一九八六年文淵閣《四庫全書》影印本

説略　顧起元　明　臺灣商務印書館一九八六年文淵閣《四庫全書》影印本

説硯　朱彝尊　清　浙江人民美術出版社二〇一三年《美術叢書》初集第九輯

廣川書跋　董　逌　宋　臺灣商務印書館一九八六年文淵閣《四庫全書》影印本

廣方言館全案　清　上海古籍出版社一九八九年《上海灘與上海人叢書》本

廣弘明集　釋道宣　唐　臺灣商務印書館一九八六年文淵閣《四庫全書》影印本

廣西通志　錢元昌　清　臺灣商務印書館一九八六年文淵閣《四庫全書》影印本

（光緒）廣州府志　史　澄　清　臺灣成文出版社有限公司一九六六年影印本

（光緒）廣安州新志　周克堃　清　清宣統三年刻本

廣志　郭義恭　晉　上海古籍出版社二〇〇二年《續修四庫全書》影印本

廣志繹　王士性　明　中華書局一九八一年吕景琳點校本

廣東通志　魯曾煜　清　臺灣商務印書館一九八六年文淵閣《四庫全書》影印本

廣東新語　屈大均　清　中華書局一九八五年點校本

（同治）廣信府志　蔣繼洙修　李樹藩纂　清　臺灣成文出版社有限公司一九七〇年影印本

廣陵集　王　令　宋　臺灣商務印書館一九八六年文淵閣《四庫全書》影印本

廣陽雜記　劉獻廷　清　中華書局一九五七年汪北平點校本

廣博物志　董斯張　明　臺灣商務印書館一九八六年文淵閣《四庫全書》影印本

廣寧縣志　項　惠　清　臺灣新文豐出版公司一九八九年《叢書集成續編》影印本

端石擬　陳　齡　清　日本早稻田大學藏清同治刊本

端平詩雋　周　弼　宋　臺灣商務印書館一九八六年文淵閣《四庫全書》影印本

端明集　蔡　襄　宋　臺灣商務印書館一九八六年文淵閣《四庫全書》影印本

端溪研坑記　李兆洛　清　浙江人民美術出版社二〇一三年《美術叢書》初集第二輯

書名	作者	朝代	版本
端溪硯石考	高兆	清	浙江人民美術出版社二〇一三年《美術叢書》初集第七輯
端溪硯坑考	計楠	清	浙江人民美術出版社二〇一三年《美術叢書》三集第七輯
端溪硯志	吴繩年	清	上海古籍出版社二〇〇二年《續修四庫全書》影印本
端溪硯譜			臺灣商務印書館一九八六年文淵閣《四庫全書》影印本
適可齋記言	馬建忠	清	上海古籍出版社二〇〇二年《續修四庫全書》影印本
齊民要術	賈思勰	北魏	上海書店一九八九年《四部叢刊初編》影印本
齊東野語	周密	宋	中華書局一九八三年張茂鵬點校本
養生隨筆	曹庭棟	清	上海書店一九八一年版
養吉齋餘録	吴振棫	清	中華書局二〇〇五年童正倫點校本
養吉齋叢録	吴振棫	清	中華書局二〇〇五年童正倫點校本
養吾齋集	劉將孫	元	齊魯書社一九九五年《四庫全書存目叢書》影印本
精訂綱鑒廿一史通俗衍義	吕撫	清	上海古籍出版社一九九〇年《古本小説集成》影印本
鄭忠肅奏議遺集	鄭興裔	宋	臺灣商務印書館一九八六年文淵閣《四庫全書》影印本
(同治光緒)棠邑縣志	廖朝翼	清	光緒十年刻本
漢林四傳	鄭相如	清	上海商務印書館《叢書集成初編》本
漢官儀	劉攽	宋	紹興臨安府刻本
漢書	班固	漢	中華書局一九六二年點校本
滿洲源流考	阿桂	清	臺灣商務印書館一九八六年文淵閣《四庫全書》影印本
漫堂墨品	宋犖	清	娱園叢刻本
漫塘集	劉宰	宋	臺灣商務印書館一九八六年文淵閣《四庫全書》影印本
漁洋説部精華	王士禛	清	劉堅類次本
演山集	黄裳	明	臺灣商務印書館一九八六年文淵閣《四庫全書》影印本
演繁露	程大昌	宋	臺灣商務印書館一九八六年文淵閣《四庫全書》影印本
滬城備考	褚華	清	上海掌故叢書本
滬城歲事衢歌	張春華	清	臺灣新文豐出版公司一九八九年《叢書集成續編》影印本
賓退録	趙與時	宋	上海古籍出版社一九八三年齊治平點校本
(成化)寧波郡志	楊寔	明	臺灣成文出版社有限公司一九七〇年影印本
瘖硯齋集	戴晟	清	北京出版社一九九七年《四庫未收書輯刊》影印本
瘖硯齋學詩	戴晟	清	乾隆刻本
翠渠摘藁	周瑛	明	臺灣商務印書館一九八六年文淵閣《四庫全書》影印本

翠微先生北征録　宋　華岳　上海古籍出版社二〇〇二年《續修四庫全書》影印本
翠微南征録　宋　華岳　臺灣商務印書館一九八六年文淵閣《四庫全書》影印本
熊勿軒先生文集　清　熊禾　上海商務印書館《叢書集成初編》本

十五畫

〔光緒〕撫州府志　清　許應鑅修　謝煌纂　臺灣成文出版社有限公司影印清光緒二年刊本
撫吴公牘　清　丁日昌　臺灣華文書局《中華文史叢書》第四七册
撫吴疏草　清　韓世琦　北京出版社一九九八年《四庫未收書輯刊》本
增訂端溪硯坑志　清　朱玉振　上海古籍出版社二〇〇二年《續修四庫全書》影印本
穀山筆麈　明　于慎行　中華書局一九八四年吕景琳點校本
穀梁傳　戰國　穀梁赤　影宋紹熙刻本
蕉軒隨録　清　方濬師　中華書局一九九五年盛冬鈴點校本
蕉軒續録　清　方濬師　中華書局一九九五年盛冬鈴點校本
蕉廊脞録　清　吴慶坻　中華書局一九九〇年張文其點校本
蕉窗九録　明　項元汴　上海古籍出版社二〇〇二年《續修四庫全書》影印本
蕩寇志　清　俞萬春　新文化書社一九三二年版
横浦集　宋　張九成　臺灣商務印書館一九八六年文淵閣《四庫全書》影印本
横塘集　宋　許景衡　臺灣商務印書館一九八六年文淵閣《四庫全書》影印本
樞垣記略　清　梁章鉅　中華書局一九八四年何英芳點校本
樗菴類藳　明　鄭潛　臺灣商務印書館一九八六年文淵閣《四庫全書》影印本
歐陽修全集　宋　歐陽修　中華書局二〇〇一年版
醉庵硯銘　清　王繼香　嘯園叢書本
遼史　元　脱脱　中華書局一九七四年點校本
劇談録　唐　康駢　臺灣商務印書館一九八六年文淵閣《四庫全書》影印本
鄴中記　晉　陸翽　臺灣商務印書館一九八六年文淵閣《四庫全書》影印本
賞延素心録　清　周二學　上海商務印書館《叢書集成初編》本
閲世編　清　葉夢珠　中華書局二〇〇七年來新夏校點本
閬風集　宋　舒岳祥　臺灣商務印書館一九八六年文淵閣《四庫全書》影印本
遺山集　金　元好問　臺灣商務印書館一九八六年文淵閣《四庫全書》影印本
墨史　元　陸友　臺灣商務印書館一九八六年文淵閣《四庫全書》影印本
墨池璅録　明　楊慎　臺灣商務印書館一九八六年文淵閣《四庫全書》影印本

墨池編　朱長文　宋　臺灣商務印書館一九八六年文淵閣《四庫全書》影印本
墨志　麻三衡　明　咸豐蔣氏宜年堂本
墨表　萬壽祺　清　嘉慶嘉興從好齋刻本
墨法集要　沈繼孫　明　臺灣商務印書館一九八六年文淵閣《四庫全書》影印本
墨客揮犀　彭乘　宋　中華書局二〇〇二年孔凡禮點校本
墨莊漫録　張邦基　宋　中華書局二〇〇二年孔凡禮點校本
墨海　方瑞生　明　萬曆四十六年刊本
墨經　晁貫之　宋　臺灣商務印書館一九八六年文淵閣《四庫全書》影印本
墨餘贅稿　計楠　清　浙江人民美術出版社二〇一三年《美術叢書》三集第七輯
墨藪　韋續　唐　臺灣商務印書館一九八六年文淵閣《四庫全書》影印本
墨譜法式　李孝美　宋　臺灣商務印書館一九八六年文淵閣《四庫全書》影印本
篁墩文集　程敏政　明　臺灣商務印書館一九八六年文淵閣《四庫全書》影印本
儀顧堂題跋　陸心源　清　中華書局一九九〇年《清人書目題跋叢刊》影印本
樂軒集　陳藻　宋　臺灣商務印書館一九八六年文淵閣《四庫全書》影印本
〔永樂〕樂清縣志　明　上海古籍書店一九六四年《天一閣藏明代方志選刊》影印本
樂善録　李昌齡　宋　續古逸叢書
樂靜集　李昭玘　宋　臺灣商務印書館一九八六年文淵閣《四庫全書》影印本
〔同治〕德化縣志　陳鼒修　黃鳳樓纂　清　臺灣成文出版社有限公司一九七〇年影印本
盤洲文集　洪适　宋　臺灣商務印書館一九八六年文淵閣《四庫全書》影印本
劍南詩稿　陸游　宋　上海古籍出版社二〇〇五年錢仲聯校注本
〔嘉靖〕魯山縣志　姚卿修　孫鐸纂　明　上海古籍書店一九六三年《天一閣藏明代方志選刊》影印本
魯齋集　王柏　宋　臺灣商務印書館一九八六年文淵閣《四庫全書》影印本
劉忠誠公遺集　劉坤一　清　上海古籍出版社二〇一〇年《清代詩文集彙編》影印本
劉賓客文集　劉禹錫　唐　齊魯書社一九九五年《四庫全書存目叢書》影印本
劉賓客嘉話録　韋絢　唐　臺灣商務印書館一九八六年文淵閣《四庫全書》影印本
劉隨州集　劉長卿　唐　臺灣商務印書館一九八六年文淵閣《四庫全書》影印本
諸蕃志　趙汝适　宋　中華書局一九九六年校釋本
論語正義　劉寶楠　清　中華書局一九八二年點校本
論語意原　鄭汝諧　宋　臺灣商務印書館一九八六年文淵閣《四庫全書》影印本
論衡　王充　漢　中華書局一九八五年點校本

調燮類編　　宋　海山仙館叢書本

談苑　孔平仲　宋　臺灣商務印書館一九八六年文淵閣《四庫全書》影印本

〔光緒〕慶元縣志　林步瀛修、史恩緒纂　清　清光緒三年刻本

慶湖遺老詩集　賀鑄　宋　臺灣商務印書館一九八六年文淵閣《四庫全書》影印本

遵生八牋　高濂　明　臺灣商務印書館一九八六年文淵閣《四庫全書》影印本

潛山集　釋文珦　明　臺灣商務印書館一九八六年文淵閣《四庫全書》影印本

潛夫論　王符　漢　臺灣商務印書館一九八六年文淵閣《四庫全書》影印本

潛研堂文集　錢大昕　清　上海古籍出版社二〇〇二年《續修四庫全書》影印本

潛虛　司馬光　宋　知不足齋叢書本

潛園琴餘草簡編　林占梅　清　臺灣省文獻委員會一九九三年《臺灣歷史文獻叢刊》本

潤泉集　韓淲　宋　臺灣商務印書館一九八六年文淵閣《四庫全書》影印本

潘司空奏疏　潘季馴　明　臺灣商務印書館一九八六年文淵閣《四庫全書》影印本

潏水集　李復　宋　臺灣商務印書館一九八六年文淵閣《四庫全書》影印本

履園叢話　錢泳　清　中華書局一九七九年張偉點校本

履齋遺稿　吳潛　宋　臺灣商務印書館一九八六年文淵閣《四庫全書》影印本

緣督集　高似孫　宋　臺灣商務印書館一九八六年文淵閣《四庫全書》影印本

緯略　曾豐　宋　臺灣商務印書館一九八六年文淵閣《四庫全書》影印本

畿輔通志　田易　清　齊魯書社一九九五年《四庫全書存目叢書》影印本

十六畫

靜思集　郭鈺　元　臺灣商務印書館一九八六年文淵閣《四庫全書》影印本

靜修集　劉因　元　臺灣商務印書館一九八六年文淵閣《四庫全書》影印本

壇經校釋　慧能　唐　中華書局一九八三年校釋本

燕京歲時記　富察敦崇　清　北京古籍出版社一九八一年點校本

燕翼詒謀録　王林　宋　中華書局一九八一年誠剛點校本

翰苑羣書　洪遵　宋　臺灣商務印書館一九八六年文淵閣《四庫全書》影印本

翰林志　李肇　唐　臺灣商務印書館一九八六年文淵閣《四庫全書》影印本

翰林記　黃佐　明　臺灣商務印書館一九八六年文淵閣《四庫全書》影印本

〔乾隆〕蕭山縣志　黃鈺　清　清乾隆十六年刻本

頤庵文選　胡儼　明　臺灣商務印書館一九八六年文淵閣《四庫全書》影印本

頤庵居士集　劉應時　宋　臺灣商務印書館一九八六年文淵閣《四庫全書》影印本

書名	作者	朝代	版本
樵香小記	何琇	清	臺灣商務印書館一九八六年文淵閣《四庫全書》影印本
樵雲獨唱	葉顒	元	臺灣商務印書館一九八六年文淵閣《四庫全書》影印本
橙陽散志	江登雲	清	乾隆三十二年刻本
橘山四六	李廷忠	宋	臺灣商務印書館一九八六年文淵閣《四庫全書》影印本
輶軒語	張之洞	清	光緒八年江西書局聚珍本
磧砂藏		宋	臺灣《中華大藏經》第一輯影印上海《影印宋磧砂藏》本
歷代名臣奏議	楊士奇	明	臺灣商務印書館一九八六年文淵閣《四庫全書》影印本
歷代名畫記	張彦遠	唐	臺灣商務印書館一九八六年文淵閣《四庫全書》影印本
歷代名醫蒙求	周守忠	宋	人民衛生出版社一九五五年影印宋嘉定刻本
歷代制度詳説	吕祖謙	宋	臺灣商務印書館一九八六年文淵閣《四庫全書》影印本
歷代詩話	吴景旭	清	臺灣商務印書館一九八六年文淵閣《四庫全書》影印本
嘯亭雜録	昭槤	清	中華書局一九八〇年何英芳點校本
默記	王銍	宋	中華書局一九八一年朱杰人點校本
憩園詞話	杜文瀾	清	上海古籍出版社二〇〇二年《續修四庫全書》影印本
〔光緒〕興寧縣志	黄榜元	清	臺灣成文出版社有限公司一九七五年影印本
學林	王觀國	宋	臺灣商務印書館一九八六年文淵閣《四庫全書》影印本
學易集	劉跂	宋	臺灣商務印書館一九八六年文淵閣《四庫全書》影印本
學海堂志	林伯桐、陳澧	清	江蘇教育出版社一九九五年《中國歷代書院志》影印清刊本
學餘堂外集	施閏章	清	臺灣商務印書館一九八六年文淵閣《四庫全書》影印本
學齋佔畢	史繩祖	宋	臺灣商務印書館一九八六年文淵閣《四庫全書》影印本
儒林外史	吴敬梓	清	上海古籍出版社一九九三年《古本小説集成》影印本
衡山縣志	郭慶颺修、文嶽英纂	清	清光緒元年刻本
錢塘集	韋驤	宋	臺灣商務印書館一九八六年文淵閣《四庫全書》影印本
錢塘遺事	劉一清	元	臺灣商務印書館一九八六年文淵閣《四庫全書》影印本
錦里耆舊傳	勾延慶	宋	河南大象出版社二〇〇三年《全宋筆記》本
錦繡萬花谷後集		宋	臺灣商務印書館一九八六年文淵閣《四庫全書》影印本
錦繡萬花谷前集		宋	臺灣商務印書館一九八六年文淵閣《四庫全書》影印本
歙州硯譜	唐積	宋	臺灣商務印書館一九八六年文淵閣《四庫全書》影印本
歙硯説		宋	臺灣商務印書館一九八六年文淵閣《四庫全書》影印本
歙硯輯考	徐毅	清	上海古籍出版社二〇〇二年《續修四庫全書》影印本

鮑明遠集	鮑照	南朝宋	臺灣商務印書館一九八六年文淵閣《四庫全書》影印本
鮑溶集外詩	鮑溶	唐	清康熙刻本
獨異志	李亢	唐	中華書局一九八三年張永欽點校本
獨醒雜志	曾敏行	宋	上海古籍出版社一九八六年朱杰人標校本
麈史	王得臣	宋	上海古籍出版社一九八六年點校本
辨歙石説	洪邁	宋	臺灣商務印書館一九八六年文淵閣《四庫全書》影印本
辨歙硯説			浙江人民美術出版社二〇一三年《美術叢書》三集第三輯
龍川集	陳亮	宋	臺灣商務印書館一九八六年文淵閣《四庫全書》影印本
龍雲集	劉弇	宋	臺灣商務印書館一九八六年文淵閣《四庫全書》影印本
龍舒增廣浄土文	王日休	宋	日本大正新修大藏經
〔嘉靖〕龍溪縣志	劉天授修　林魁纂	明	中華書局一九六五年《天一閣藏明代方志選刊》影印本
〔道光〕龍巖州志	彭衍堂修　陳文衡纂	清	臺灣成文出版社有限公司一九六七年影印本
龍龕手鑑	僧行均	遼	臺灣商務印書館一九八六年文淵閣《四庫全書》影印本
澠水燕談録	王闢之	宋	中華書局一九八一年李偉國點校本
潞公文集	文彦博	宋	臺灣商務印書館一九八六年文淵閣《四庫全書》影印本
澹生堂藏書約	祁承㸁	明	上海古籍出版社二〇〇五年重印知不足齋叢書本
澹齋集	李流謙	元	臺灣商務印書館一九八六年文淵閣《四庫全書》影印本
憲臺通紀	趙承禧	元	中華書局一九八六年影印《永樂大典》卷二六〇八
禪林僧寶傳	釋惠洪	宋	續藏經第一三七册
禪宗頌古聯珠集	釋法應	宋	頻伽藏騰字函第二册
避暑録話	葉夢得	宋	臺灣商務印書館一九八六年文淵閣《四庫全書》影印本
隱湖題跋	毛晉	明	北京圖書館出版社二〇〇二年《國家圖書館藏古籍題跋叢刊》影印本
縉雲文集	馮時行	宋	臺灣商務印書館一九八六年文淵閣《四庫全書》影印本
十七畫			
藍山集	藍仁	明	臺灣商務印書館一九八六年文淵閣《四庫全書》影印本
藏山閣集選輯	錢秉鐙	清	臺灣大通書局《臺灣文獻叢刊》本
藏書十約	葉德輝	清	上海古籍出版社二〇〇五年排印本
藏書紀事詩	葉昌熾	清	上海古典文學出版社一九五八年重印葉氏家刻本
藏書紀要	孫慶增	清	上海古籍出版社二〇〇五年重印士禮居叢書本
藏書題識	汪璐	清	上海古籍出版社二〇〇九年點校本

舊五代史　薛居正　宋　中華書局一九七六年點校本
舊唐書　劉昫　五代　中華書局一九七五年點校本
韓内翰别集　韓偓　唐　臺灣商務印書館一九八六年文淵閣《四庫全書》影印本
韓愈全集　韓愈　唐　四川大學出版社一九九六年版
韓愈集　韓愈　唐　湖南岳麓出版社二〇〇〇年點校本
臨川集　王安石　宋　臺灣商務印書館一九八六年文淵閣《四庫全書》影印本
臨汀彙考　楊瀾　清　光緒四年刻本
霞外詩集　馬臻　元　臺灣商務印書館一九八六年文淵閣《四庫全書》影印本
嶺外代答　周去非　宋　中華書局一九九九年楊武泉校注本
嶺表録異　劉恂　唐　臺灣商務印書館一九八六年文淵閣《四庫全書》影印本
嶺南風物記　吴綺　清　臺灣商務印書館一九八六年文淵閣《四庫全書》影印本
嶺南雜記　吴震方　清　齊魯書社一九九六年《四庫全書存目叢書》影印本
嶺海見聞　錢以塏　清　齊魯書社一九九六年《四庫全書存目叢書》影印本
嶺雲海日樓詩鈔　丘逢甲　清　上海古籍出版社二〇〇二年《續修四庫全書》影印本
魏書　魏收　北齊　北京中華書局一九七四年標點本
龜巢稿　謝應芳　元　上海商務印書館《四部叢刊初編》本
龜谿集　沈與求　宋　臺灣商務印書館一九八六年文淵閣《四庫全書》影印本
（弘治）徽州府志　彭澤修　汪舜民纂　明　上海古籍書店一九六四年《天一閣藏明代方志選刊》影印本
（嘉靖）徽州府志　汪尚寧　明　書目文獻出版社一九八八年《北京圖書館古籍珍本叢刊》影印本
鍼灸資生經　王執中　宋　明正統刻本
謝宣城集　謝朓　南朝齊　臺灣商務印書館一九八六年文淵閣《四庫全書》影印本
謝疊山全集校注　謝枋得　宋　華東師範大學出版社一九九三年版
甕牖閒評　袁文　宋　上海古籍出版社一九八五年點校本
甕牖餘談　王韜　清　上海古籍出版社二〇〇二年《續修四庫全書》影印本
鴻慶居士集　孫覿　宋　臺灣商務印書館一九八六年文淵閣《四庫全書》影印本
濟南集　李廌　宋　臺灣商務印書館一九八六年文淵閣《四庫全書》影印本
禮記正義　孔穎達　唐　宋刻本
禮部志稿　俞汝楫　明　臺灣商務印書館一九八六年文淵閣《四庫全書》影印本
禮部集　吴師道　元　臺灣商務印書館一九八六年文淵閣《四庫全書》影印本
牆東類稿　陸文圭　元　臺灣商務印書館一九八六年文淵閣《四庫全書》影印本

十八畫

職方外紀	艾儒略	明	臺灣新文豐出版公司一九八五年《叢書集成新編》影印本
職官分紀	孫逢吉	宋	臺灣商務印書館一九八六年文淵閣《四庫全書》影印本
藝文類聚	歐陽詢	唐	臺灣商務印書館一九八六年文淵閣《四庫全書》影印本
藝風藏書記	繆荃孫	清	上海古籍出版社二〇〇七年標點庚子刻本
檮杌閑評	李　清	清	上海古籍出版社一九九二年《古本小説集成》影印本
覆瓿集	趙必瑑	宋	臺灣商務印書館一九八六年文淵閣《四庫全書》影印本
簡齋集	陳與義	宋	臺灣商務印書館一九八六年文淵閣《四庫全書》影印本
雙槐歲抄	黄　瑜	明	中華書局一九九九年點校本
雙溪醉隱集	耶律鑄	元	臺灣商務印書館一九八六年文淵閣《四庫全書》影印本
雙溪類稾	王　炎	宋	臺灣商務印書館一九八六年文淵閣《四庫全書》影印本
雙薇園集	丁有煜	清	北京出版社二〇〇五年《四庫禁燬書叢刊補編》影印本
歸田瑣記	梁章鉅	清	臺灣新文豐出版公司一九九七年《叢書集成三編》影印本
歸田録	歐陽修	宋	中華書局一九八一年李偉國點校本
歸潛志	劉　祁	金	中華書局一九八三年崔文印點校本
鎮安縣鄉土志	李麟圖	清	清光緒三十四年鉛印本
雞肋集	晁補之	宋	臺灣商務印書館一九八六年文淵閣《四庫全書》影印本
雞肋編	莊　綽	宋	中華書局一九八三年點校本
顔氏家訓	顔子推	隋	臺灣商務印書館一九八六年文淵閣《四庫全書》影印本

十九畫

〔同治〕瀏陽縣志	王汝惺修、鄒焌杰等纂	清	清同治十二年刻本
蘆川歸來集	張元幹	宋	臺灣商務印書館一九八六年文淵閣《四庫全書》影印本
〔嘉靖〕蘄州志	甘　澤	明	上海古籍出版社一九六二年《天一閣藏明代方志選刊》影印本
勸學篇	張之洞	清	光緒二十四年甘肅藩署重刊本
蘇平仲文集	蘇伯衡	明	臺灣商務印書館一九八六年文淵閣《四庫全書》影印本
〔同治〕蘇州府志	李銘皖	清	江蘇古籍出版社一九九一年《中國地方志集成》影印本
蘇學士集	蘇舜欽	宋	臺灣商務印書館一九八六年文淵閣《四庫全書》影印本
蘇魏公文集	蘇　頌	宋	臺灣商務印書館一九八六年文淵閣《四庫全書》影印本
曝書亭集	朱彝尊	清	臺灣商務印書館一九八六年文淵閣《四庫全書》影印本
曝書雜記	錢泰吉	清	上海古籍出版社二〇〇二年《續修四庫全書》影印本

書名	作者	朝代	版本
關中奏議	楊一清	明	臺灣商務印書館一九八六年文淵閣《四庫全書》影印本
畸齋二譜	張仲壽	元	清光緒間丁氏八千卷樓叢刻本
〔淳熙〕嚴州圖經	陳公亮	宋	中華書局一九九〇年《宋元方志叢刊》影印本
羅昭諫集	羅隱	唐	臺灣商務印書館一九八六年文淵閣《四庫全書》影印本
羅鄂州小集	羅願	宋	書目文獻出版社二〇〇〇年《北京圖書館古籍珍本叢刊》影印本
簷曝雜記	趙翼	清	中華書局一九八二年李解民點校本
譚菀醍醐	楊慎	明	臺灣商務印書館一九八六年文淵閣《四庫全書》影印本
證類本草	唐慎微	宋	臺灣商務印書館一九八六年文淵閣《四庫全書》影印本
廬陵周益國文忠公集	周必大	宋	清道光瀛塘別墅刻本
廬溪文集	王庭珪	宋	臺灣商務印書館一九八六年文淵閣《四庫全書》影印本
類説	曾慥	宋	文學古籍社一九五五年影印明天啟刻本
類篇	司馬光	宋	臺灣商務印書館一九八六年文淵閣《四庫全書》影印本
瀛奎律髓	方回	元	臺灣商務印書館一九八六年文淵閣《四庫全書》影印本
瀛壖雜志	王韜	清	臺灣新文豐出版公司一九九七年《叢書集成三編》影印本
懷星堂集	祝允明	明	臺灣商務印書館一九八六年文淵閣《四庫全書》影印本
懷麓堂集	李東陽	明	臺灣商務印書館一九八六年文淵閣《四庫全書》影印本
嬾真子	馬永卿	宋	臺灣商務印書館一九八六年文淵閣《四庫全書》影印本
繹史	馬驌	清	中華書局二〇〇七年整理本
二十畫			
蘭亭考	桑世昌	宋	臺灣商務印書館一九八六年文淵閣《四庫全書》影印本
蘭亭續考	俞松	宋	臺灣商務印書館一九八六年文淵閣《四庫全書》影印本
鶡冠子	陸佃	宋	臺灣商務印書館一九八六年文淵閣《四庫全書》影印本
纂修四庫全書檔案	中國第一歷史檔案館		上海古籍出版社一九九七年標點本
鐔津集	釋契嵩	宋	臺灣商務印書館一九八六年文淵閣《四庫全書》影印本
釋名	劉熙	漢	臺灣商務印書館一九八六年文淵閣《四庫全書》影印本
灌園集	呂南公	宋	臺灣商務印書館一九八六年文淵閣《四庫全書》影印本
寶刻叢編	陳思	宋	十萬卷樓叢書本
寶真齋法書贊	岳珂	宋	臺灣商務印書館一九八六年文淵閣《四庫全書》影印本
寶晉山林集拾遺	米芾	宋	書目文獻出版社二〇〇〇年《北京圖書館古籍珍本叢刊》影印本
寶晉英光集	米芾	宋	臺灣商務印書館一九八六年文淵閣《四庫全書》影印本

寶硯堂硯辨　何傳瑤　清　喜詠軒叢書本
寶慶四明志　羅濬　宋　中華書局一九九〇年《宋元方志叢刊》影印本
寶慶會稽續志　張淏　宋　中華書局一九九〇年《宋元方志叢刊》影印本

二十一畫

儼山外集　陸深　明　臺灣商務印書館一九八六年文淵閣《四庫全書》影印本
儼山集　陸深　明　臺灣商務印書館一九八六年文淵閣《四庫全書》影印本
儼山續集　陸深　明　臺灣商務印書館一九八六年文淵閣《四庫全書》影印本
鐵菴集　方大琮　宋　臺灣商務印書館一九八六年文淵閣《四庫全書》影印本
鐵崖古樂府　楊維楨　元　臺灣商務印書館一九八六年文淵閣《四庫全書》影印本
鐵圍山叢談　蔡絛　宋　中華書局一九八三年馮惠民點校本
灊山集　朱翌　宋　臺灣商務印書館一九八六年文淵閣《四庫全書》影印本
鶴山先生大全文集　魏了翁　宋　上海商務印書館《四部叢刊初編》本
鶴山集　魏了翁　宋　臺灣商務印書館一九八六年文淵閣《四庫全書》影印本
鶴年詩集　丁鶴年　元　臺灣商務印書館一九八六年文淵閣《四庫全書》影印本
鶴林玉露　羅大經　宋　中華書局一九八三年點校本
鶴林集　吴泳　宋　臺灣商務印書館一九八六年文淵閣《四庫全書》影印本
續文獻通考　嵇璜　清　臺灣商務印書館一九八六年文淵閣《四庫全書》影印本
續古今攷　方回　元　臺灣商務印書館一九八六年文淵閣《四庫全書》影印本
續指月録　聶先　清　新纂續藏經第八四册
〔光緒〕續修順寧府志稿　黨蒙修、周宗洛纂　清　清光緒三十一年刻本
續軒渠集　洪希文　元　臺灣商務印書館一九八六年文淵閣《四庫全書》影印本
續書畫題跋記　郁逢慶　明　臺灣商務印書館一九八六年文淵閣《四庫全書》影印本
續博物志　李石　宋　臺灣商務印書館一九八六年文淵閣《四庫全書》影印本
續富國策　陳熾　清　光緒二十三年慎記書莊石印本
續碑傳集　繆荃孫　清　臺灣明文書局一九八五年《清代傳記叢刊》影印本
續資治通鑑長編　李燾　宋　中華書局一九七九年點校本
續演繁露　程大昌　宋　臺灣商務印書館一九八六年文淵閣《四庫全書》影印本
續墨客揮犀　彭乘　宋　中華書局二〇〇二年孔凡禮點校本
〔光緒〕續纂江甯府志　蔣啟勳修　汪士鐸纂　清　臺灣成文出版社有限公司一九七〇年影印本

二十二畫

聽雨叢談　福格　清　中華書局一九八四年汪北平點校本

蘿軒變古箋譜　吴發祥　明　上海朵雲軒一九八一年複刻上海博物館藏明刻本

霽山文集　林景熙　宋　上海商務印書館《叢書集成初編》本

鑑古齋墨藪　汪近聖　清　涉園墨萃本

臞軒集　王邁　宋　臺灣商務印書館一九八六年文淵閣《四庫全書》影印本

二十三畫

欒城集　蘇轍　宋　明清夢軒刻本

麟臺故事　程俱　宋　十萬卷樓叢書本

二十四畫

觀石録　高兆　清　浙江人民美術出版社二〇一三年《美術叢書》初集第一輯

蠹齋先生鉛刀編　周孚　宋　清抄本

鹽鐵論　桓寬　漢　中華書局一九九二年《新編諸子集成》第一輯王利器校注本

靈巖集　唐士恥　宋　臺灣商務印書館一九八六年文淵閣《四庫全書》影印本

〔同治〕贛州府志　魏瀛修　鐘音鴻纂　清　江蘇古籍出版社一九九六年《中國地方志集成》影印本

二十九畫

鬱岡齋筆麈　王肯堂　明　上海古籍出版社二〇〇二年《續修四庫全書》影印本

《中華大典》辦公室

主　任：于永湛

副主任：伍　傑
姜學中

編　審：趙含坤
崔望雲
馮寶志
宋志英
谷笑鵬

裝幀設計：章耀達

上海市《中華大典·工業典》工作小組

組　長：王興康

組　員：吕　健
郭子建
占旭東
張旭東

《中華大典·工業典》編輯部

負責人：吕　健

工作人員：占旭東
吕瑞鋒
徐樂帥
王　珺
陳麗娟
張旭東

《造紙與印刷工業分典》責任編輯

李夢生

圖書在版編目(CIP)數據

中華大典·工業典·造紙與印刷工業分典／《中華大典》工作委員會,《中華大典》編纂委員會編. —上海：上海古籍出版社，2016.10
ISBN 978-7-5325-7943-3

Ⅰ.①中… Ⅱ.①中… ②中… Ⅲ.①百科全書—中國②造紙工業—工業史—中國③印刷史—中國 Ⅳ.①Z227②F426.8

中國版本圖書館 CIP 數據核字(2016)第 018421 號

中華大典·工業典·造紙與印刷工業分典(全二册)

編纂：《中華大典》工作委員會
《中華大典》編纂委員會
出版：上海古籍出版社
上海世紀出版股份有限公司
(上海瑞金二路二七二號 郵政編碼 二〇〇〇二〇)
(1)網址：www.guji.com.cn
(2)E-mail：gujil@guji.com.cn
(3)易文網網址：www.ewen.co
印刷：上海中華商務聯合印刷有限公司
發行：上海世紀出版股份有限公司發行中心
上海古籍出版社
開本：七八七×一〇九二毫米 十六開
印張：八五·五 字數：二六七〇千字
二〇一六年十月第一版 二〇一六年十月第一次印刷
ISBN 978-7-5325-7943-3/K·2149
定價：六八〇圓